2023

年 版

法律法规全书系列

中华人民共和国

市场监管法律法规全书

MARKET SUPERVISION LAWS
AND REGULATIONS

·含相关政策·

法律出版社法规中心 编

法律出版社
LAW PRESS·CHINA
北京

图书在版编目(CIP)数据

中华人民共和国市场监管法律法规全书：含相关政策／法律出版社法规中心编. --4版. --北京：法律出版社，2023
(法律法规全书系列)
ISBN 978-7-5197-7266-6

Ⅰ. ①中… Ⅱ. ①法… Ⅲ. ①市场监管-法规-汇编-中国 Ⅳ. ①D922.294.9

中国版本图书馆CIP数据核字(2022)第200891号

中华人民共和国市场监管法律法规全书(含相关政策)
ZHONGHUA RENMIN GONGHEGUO SHICHANG JIANGUAN FALÜ FAGUI QUANSHU(HAN XIANGGUAN ZHENGCE)

法律出版社法规中心 编

责任编辑 陶玉霞
装帧设计 臧晓飞

出版发行 法律出版社
编辑统筹 法规出版分社
责任校对 张红蕊
责任印制 耿润瑜
经　　销 新华书店

开本 787毫米×960毫米 1/16
印张 52　　字数 1700千
版本 2023年1月第4版
印次 2023年1月第1次印刷
印刷 永清县金鑫印刷有限公司

地址：北京市丰台区莲花池西里7号(100073)
网址：www.lawpress.com.cn
投稿邮箱：info@lawpress.com.cn
举报盗版邮箱：jbwq@lawpress.com.cn
销售电话：010-83938349
客服电话：010-83938350
咨询电话：010-63939796

书号：ISBN 978-7-5197-7266-6　　定价：108.00元
凡购买本社图书，如有印装错误，我社负责退换。电话：010-83938349

编辑出版说明

随着广大人民群众收入水平的提高和科技变革加快,我国消费经济进入繁荣发展时期。营造安全放心的市场消费环境,维护人民群众身体健康和生命安全成为市场监管的重中之重。加强和改善市场监管,需要构建完善的市场监管机构和监管体制。2018 年 3 月,根据国务院机构改革方案的要求,组建国家市场监督管理总局,作为国务院直属机构。为了方便广大读者更好地学习和掌握相关法律,运用法律维护自身权益,通过合法途径解决纠纷,我们精心编辑出版了这本《中华人民共和国市场监管法律法规全书(含相关政策)》。本书具有以下特点:

一、收录全面,编排合理,查询方便

收录改革开放以来至 2022 年 11 月期间公布的与市场监管相关的法律、行政法规、司法解释、部门规章及重要的政策规定。内容包括综合,登记注册管理(细分为公司企业登记注册、外商投资企业登记注册、合伙企业登记、个人独资企业登记、个体工商户登记、农民专业合作社登记),市场规范管理(细分为信用监督管理、合同行政管理、价格监督、反垄断与反不正当竞争、规范直销打击传销、网络市场监管),消费者权益保护,知识产权保护(细分为商标保护、专利保护),广告监督(细分为综合、各类广告监管、广告审查),质检监督(细分为产品质量、特种设备安全、计量与标准化、认证认可),食品药品安全(细分为食品安全、药品监督管理、医疗器械管理、化妆品管理)等,分类细致,全面覆盖市场监督管理的方方面面。本书具有体例清晰、查询方便的特点。

二、特设导读、条旨、案例,实用性强

全书部分章节特设“导读”栏目,对本部分核心内容进行解读;对重点法律附加条旨,可指引读者迅速找到自己需要的条文。收录最高人民法院公开的本领域指导案例,可供参考。

三、特色服务,动态增补

为保持本书与新法的同步更新,避免读者在一定周期内重复购书,特结合法律出版社法规中心的资源优势提供动态增补服务。读者可扫描封底二维码,查看、下载免费增补材料。

由于编者水平有限,还望读者在使用过程中不吝赐教,提出您的宝贵意见(邮箱地址:faguizhongxin@163.com),以便本书继续修订完善。谢谢!

法律出版社法规中心

2022 年 12 月

总　目　录

目　录

一、综　合

二、登记注册管理

1. 公司企业登记注册

2. 外商投资企业登记注册

3. 合伙企业登记

① 目录中对有修改的文件,将其第一次公布的时间和最近一次修改的时间一并列出,在正文中收录的是最新修改后的文本。特此说明。

五、知识产权保护

1. 商标保护

(1)综合

(2)商标注册使用与评审

(3)特殊标志、官方标志保护

(4)商标争议处理与侵权查处

【指导案例】

2. 专利保护

六、广告监督

1. 综合

2. 各类广告监管

3. 广告审查

七、质检监督

1. 产品质量

2. 特种设备安全

3. 计量与标准化

4. 认证认可

八、食品药品安全

1. 食品安全

（1）综合

2. 药品监督管理

① 因篇幅所限，带*号文件收录在二维码中，请读者扫描书后二维码阅读。

一、综　合

资料补充栏

中华人民共和国行政强制法

1. 2011年6月30日第十一届全国人民代表大会常务委员会第二十一次会议通过
2. 2011年6月30日中华人民共和国主席令第49号公布
3. 自2012年1月1日起施行

目　　录

第一章　总　　则

第一条　【立法目的】[①]为了规范行政强制的设定和实施,保障和监督行政机关依法履行职责,维护公共利益和社会秩序,保护公民、法人和其他组织的合法权益,根据宪法,制定本法。

第二条　【行政强制】本法所称行政强制,包括行政强制措施和行政强制执行。

行政强制措施,是指行政机关在行政管理过程中,为制止违法行为、防止证据损毁、避免危害发生、控制危险扩大等情形,依法对公民的人身自由实施暂时性限制,或者对公民、法人或者其他组织的财物实施暂时性控制的行为。

行政强制执行,是指行政机关或者行政机关申请人民法院,对不履行行政决定的公民、法人或者其他组织,依法强制履行义务的行为。

第三条　【适用范围】行政强制的设定和实施,适用本法。

发生或者即将发生自然灾害、事故灾难、公共卫生事件或者社会安全事件等突发事件,行政机关采取应急措施或者临时措施,依照有关法律、行政法规的规定执行。

行政机关采取金融业审慎监管措施、进出境货物强制性技术监控措施,依照有关法律、行政法规的规定执行。

第四条　【合法性原则】行政强制的设定和实施,应当依照法定的权限、范围、条件和程序。

第五条　【适当性原则】行政强制的设定和实施,应当适当。采用非强制手段可以达到行政管理目的的,不得设定和实施行政强制。

第六条　【教育与强制相结合原则】实施行政强制,应当坚持教育与强制相结合。

第七条　【不得利用行政强制权谋取利益】行政机关及其工作人员不得利用行政强制权为单位或者个人谋取利益。

第八条　【正当程序和权利救济】公民、法人或者其他组织对行政机关实施行政强制,享有陈述权、申辩权;有权依法申请行政复议或者提起行政诉讼;因行政机关违法实施行政强制受到损害的,有权依法要求赔偿。

公民、法人或者其他组织因人民法院在强制执行中有违法行为或者扩大强制执行范围受到损害的,有权依法要求赔偿。

第二章　行政强制的种类和设定

第九条　【行政强制措施的种类】行政强制措施的种类:

(一)限制公民人身自由;
(二)查封场所、设施或者财物;
(三)扣押财物;
(四)冻结存款、汇款;
(五)其他行政强制措施。

第十条　【行政强制措施的设定权】行政强制措施由法律设定。

尚未制定法律,且属于国务院行政管理职权事项的,行政法规可以设定除本法第九条第一项、第四项和应当由法律规定的行政强制措施以外的其他行政强制措施。

尚未制定法律、行政法规,且属于地方性事务的,地方性法规可以设定本法第九条第二项、第三项的行政强制措施。

法律、法规以外的其他规范性文件不得设定行政强制措施。

第十一条　【行政法规、地方性法规的规定权】法律对行

---

① 条文主旨为编者所加,下同。

政强制措施的对象、条件、种类作了规定的，行政法规、地方性法规不得作出扩大规定。

法律中未设定行政强制措施的，行政法规、地方性法规不得设定行政强制措施。但是，法律规定特定事项由行政法规规定具体管理措施的，行政法规可以设定除本法第九条第一项、第四项和应当由法律规定的行政强制措施以外的其他行政强制措施。

第十二条　**【行政强制执行的方式】**行政强制执行的方式：

（一）加处罚款或者滞纳金；

（二）划拨存款、汇款；

（三）拍卖或者依法处理查封、扣押的场所、设施或者财物；

（四）排除妨碍、恢复原状；

（五）代履行；

（六）其他强制执行方式。

第十三条　**【行政强制执行的设定权】**行政强制执行由法律设定。

法律没有规定行政机关强制执行的，作出行政决定的行政机关应当申请人民法院强制执行。

第十四条　**【设定行政强制应听取意见和说明必要性】**起草法律草案、法规草案，拟设定行政强制的，起草单位应当采取听证会、论证会等形式听取意见，并向制定机关说明设定该行政强制的必要性、可能产生的影响以及听取和采纳意见的情况。

第十五条　**【已设定行政强制的评价】**行政强制的设定机关应当定期对其设定的行政强制进行评价，并对不适当的行政强制及时予以修改或者废止。

行政强制的实施机关可以对已设定的行政强制的实施情况及存在的必要性适时进行评价，并将意见报告该行政强制的设定机关。

公民、法人或者其他组织可以向行政强制的设定机关和实施机关就行政强制的设定和实施提出意见和建议。有关机关应当认真研究论证，并以适当方式予以反馈。

第三章　行政强制措施实施程序

第一节　一般规定

第十六条　**【实施行政强制措施的条件】**行政机关履行行政管理职责，依照法律、法规的规定，实施行政强制措施。

违法行为情节显著轻微或者没有明显社会危害的，可以不采取行政强制措施。

第十七条　**【实施主体】**行政强制措施由法律、法规规定的行政机关在法定职权范围内实施。行政强制措施权不得委托。

依据《中华人民共和国行政处罚法》的规定行使相对集中行政处罚权的行政机关，可以实施法律、法规规定的与行政处罚权有关的行政强制措施。

行政强制措施应当由行政机关具备资格的行政执法人员实施，其他人员不得实施。

第十八条　**【一般实施程序】**行政机关实施行政强制措施应当遵守下列规定：

（一）实施前须向行政机关负责人报告并经批准；

（二）由两名以上行政执法人员实施；

（三）出示执法身份证件；

（四）通知当事人到场；

（五）当场告知当事人采取行政强制措施的理由、依据以及当事人依法享有的权利、救济途径；

（六）听取当事人的陈述和申辩；

（七）制作现场笔录；

（八）现场笔录由当事人和行政执法人员签名或者盖章，当事人拒绝的，在笔录中予以注明；

（九）当事人不到场的，邀请见证人到场，由见证人和行政执法人员在现场笔录上签名或者盖章；

（十）法律、法规规定的其他程序。

第十九条　**【即时强制】**情况紧急，需要当场实施行政强制措施的，行政执法人员应当在二十四小时内向行政机关负责人报告，并补办批准手续。行政机关负责人认为不应当采取行政强制措施的，应当立即解除。

第二十条　**【限制人身自由的程序】**依照法律规定实施限制公民人身自由的行政强制措施，除应当履行本法第十八条规定的程序外，还应当遵守下列规定：

（一）当场告知或者实施行政强制措施后立即通知当事人家属实施行政强制措施的行政机关、地点和期限；

（二）在紧急情况下当场实施行政强制措施的，在返回行政机关后，立即向行政机关负责人报告并补办批准手续；

（三）法律规定的其他程序。

实施限制人身自由的行政强制措施不得超过法定期限。实施行政强制措施的目的已经达到或者条件已经消失，应当立即解除。

第二十一条　**【涉嫌犯罪应当移送司法机关】**违法行为涉嫌犯罪应当移送司法机关的，行政机关应当将查封、扣押、冻结的财物一并移送，并书面告知当事人。

第二节　查封、扣押

第二十二条　【查封、扣押的实施主体】查封、扣押应当由法律、法规规定的行政机关实施，其他任何行政机关或者组织不得实施。

第二十三条　【查封、扣押的对象】查封、扣押限于涉案的场所、设施或者财物，不得查封、扣押与违法行为无关的场所、设施或者财物；不得查封、扣押公民个人及其所扶养家属的生活必需品。

当事人的场所、设施或者财物已被其他国家机关依法查封的，不得重复查封。

第二十四条　【查封、扣押实施程序】行政机关决定实施查封、扣押的，应当履行本法第十八条规定的程序，制作并当场交付查封、扣押决定书和清单。

查封、扣押决定书应当载明下列事项：

（一）当事人的姓名或者名称、地址；

（二）查封、扣押的理由、依据和期限；

（三）查封、扣押场所、设施或者财物的名称、数量等；

（四）申请行政复议或者提起行政诉讼的途径和期限；

（五）行政机关的名称、印章和日期。

查封、扣押清单一式二份，由当事人和行政机关分别保存。

第二十五条　【查封、扣押的期限和检测费用的承担】查封、扣押的期限不得超过三十日；情况复杂的，经行政机关负责人批准，可以延长，但是延长期限不得超过三十日。法律、行政法规另有规定的除外。

延长查封、扣押的决定应当及时书面告知当事人，并说明理由。

对物品需要进行检测、检验、检疫或者技术鉴定的，查封、扣押的期间不包括检测、检验、检疫或者技术鉴定的期间。检测、检验、检疫或者技术鉴定的期间应当明确，并书面告知当事人。检测、检验、检疫或者技术鉴定的费用由行政机关承担。

第二十六条　【查封、扣押财物的保管】对查封、扣押的场所、设施或者财物，行政机关应当妥善保管，不得使用或者损毁；造成损失的，应当承担赔偿责任。

对查封的场所、设施或者财物，行政机关可以委托第三人保管，第三人不得损毁或者擅自转移、处置。因第三人的原因造成的损失，行政机关先行赔付后，有权向第三人追偿。

因查封、扣押发生的保管费用由行政机关承担。

第二十七条　【查封、扣押财物的处理】行政机关采取查封、扣押措施后，应当及时查清事实，在本法第二十五条规定的期限内作出处理决定。对违法事实清楚，依法应当没收的非法财物予以没收；法律、行政法规规定应当销毁的，依法销毁；应当解除查封、扣押的，作出解除查封、扣押的决定。

第二十八条　【查封、扣押的解除】有下列情形之一的，行政机关应当及时作出解除查封、扣押决定：

（一）当事人没有违法行为；

（二）查封、扣押的场所、设施或者财物与违法行为无关；

（三）行政机关对违法行为已经作出处理决定，不再需要查封、扣押；

（四）查封、扣押期限已经届满；

（五）其他不再需要采取查封、扣押措施的情形。

解除查封、扣押应当立即退还财物；已将鲜活物品或者其他不易保管的财物拍卖或者变卖的，退还拍卖或者变卖所得款项。变卖价格明显低于市场价格，给当事人造成损失的，应当给予补偿。

第三节　冻　　结

第二十九条　【冻结的实施主体与数额】冻结存款、汇款应当由法律规定的行政机关实施，不得委托给其他行政机关或者组织；其他任何行政机关或者组织不得冻结存款、汇款。

冻结存款、汇款的数额应当与违法行为涉及的金额相当；已被其他国家机关依法冻结的，不得重复冻结。

第三十条　【冻结的程序】行政机关依照法律规定决定实施冻结存款、汇款的，应当履行本法第十八条第一项、第二项、第三项、第七项规定的程序，并向金融机构交付冻结通知书。

金融机构接到行政机关依法作出的冻结通知书后，应当立即予以冻结，不得拖延，不得在冻结前向当事人泄露信息。

法律规定以外的行政机关或者组织要求冻结当事人存款、汇款的，金融机构应当拒绝。

第三十一条　【冻结决定书的内容和交付期限】依照法律规定冻结存款、汇款的，作出决定的行政机关应当在三日内向当事人交付冻结决定书。冻结决定书应当载明下列事项：

（一）当事人的姓名或者名称、地址；

（二）冻结的理由、依据和期限；

（三）冻结的账号和数额；

（四）申请行政复议或者提起行政诉讼的途径和期限；

（五）行政机关的名称、印章和日期。

第三十二条 【冻结的期限与延长】自冻结存款、汇款之日起三十日内，行政机关应当作出处理决定或者作出解除冻结决定；情况复杂的，经行政机关负责人批准，可以延长，但是延长期限不得超过三十日。法律另有规定的除外。

延长冻结的决定应当及时书面告知当事人，并说明理由。

第三十三条 【冻结的解除】有下列情形之一的，行政机关应当及时作出解除冻结决定：

（一）当事人没有违法行为；

（二）冻结的存款、汇款与违法行为无关；

（三）行政机关对违法行为已经作出处理决定，不再需要冻结；

（四）冻结期限已经届满；

（五）其他不再需要采取冻结措施的情形。

行政机关作出解除冻结决定的，应当及时通知金融机构和当事人。金融机构接到通知后，应当立即解除冻结。

行政机关逾期未作出处理决定或者解除冻结决定的，金融机构应当自冻结期满之日起解除冻结。

第四章 行政机关强制执行程序

第一节 一般规定

第三十四条 【行政机关强制执行】行政机关依法作出行政决定后，当事人在行政机关决定的期限内不履行义务的，具有行政强制执行权的行政机关依照本章规定强制执行。

第三十五条 【催告程序】行政机关作出强制执行决定前，应当事先催告当事人履行义务。催告应当以书面形式作出，并载明下列事项：

（一）履行义务的期限；

（二）履行义务的方式；

（三）涉及金钱给付的，应当有明确的金额和给付方式；

（四）当事人依法享有的陈述权和申辩权。

第三十六条 【当事人的陈述权、申辩权】当事人收到催告书后有权进行陈述和申辩。行政机关应当充分听取当事人的意见，对当事人提出的事实、理由和证据，应当进行记录、复核。当事人提出的事实、理由或者证据成立的，行政机关应当采纳。

第三十七条 【强制执行决定书】经催告，当事人逾期仍不履行行政决定，且无正当理由的，行政机关可以作出强制执行决定。

强制执行决定应当以书面形式作出，并载明下列事项：

（一）当事人的姓名或者名称、地址；

（二）强制执行的理由和依据；

（三）强制执行的方式和时间；

（四）申请行政复议或者提起行政诉讼的途径和期限；

（五）行政机关的名称、印章和日期。

在催告期间，对有证据证明有转移或者隐匿财物迹象的，行政机关可以作出立即强制执行决定。

第三十八条 【催告书、强制执行决定书的送达】催告书、行政强制执行决定书应当直接送达当事人。当事人拒绝接收或者无法直接送达当事人的，应当依照《中华人民共和国民事诉讼法》的有关规定送达。

第三十九条 【中止执行】有下列情形之一的，中止执行：

（一）当事人履行行政决定确有困难或者暂无履行能力的；

（二）第三人对执行标的主张权利，确有理由的；

（三）执行可能造成难以弥补的损失，且中止执行不损害公共利益的；

（四）行政机关认为需要中止执行的其他情形。

中止执行的情形消失后，行政机关应当恢复执行。对没有明显社会危害，当事人确无能力履行，中止执行满三年未恢复执行的，行政机关不再执行。

第四十条 【终结执行】有下列情形之一的，终结执行：

（一）公民死亡，无遗产可供执行，又无义务承受人的；

（二）法人或者其他组织终止，无财产可供执行，又无义务承受人的；

（三）执行标的灭失的；

（四）据以执行的行政决定被撤销的；

（五）行政机关认为需要终结执行的其他情形。

第四十一条 【执行回转】在执行中或者执行完毕后，据以执行的行政决定被撤销、变更，或者执行错误的，应当恢复原状或者退还财物；不能恢复原状或者退还财物的，依法给予赔偿。

第四十二条 【执行和解】实施行政强制执行，行政机关可以在不损害公共利益和他人合法权益的情况下，与当事人达成执行协议。执行协议可以约定分阶段履行；当事人采取补救措施的，可以减免加处的罚款或者滞纳金。

执行协议应当履行。当事人不履行执行协议的，行政机关应当恢复强制执行。

第四十三条 【文明执法】行政机关不得在夜间或者法定节假日实施行政强制执行。但是,情况紧急的除外。

行政机关不得对居民生活采取停止供水、供电、供热、供燃气等方式迫使当事人履行相关行政决定。

第四十四条 【违法建筑物、构筑物、设施强制的拆除】对违法的建筑物、构筑物、设施等需要强制拆除的,应当由行政机关予以公告,限期当事人自行拆除。当事人在法定期限内不申请行政复议或者提起行政诉讼,又不拆除的,行政机关可以依法强制拆除。

第二节 金钱给付义务的执行

第四十五条 【加处罚款或者滞纳金】行政机关依法作出金钱给付义务的行政决定,当事人逾期不履行的,行政机关可以依法加处罚款或者滞纳金。加处罚款或者滞纳金的标准应当告知当事人。

加处罚款或者滞纳金的数额不得超出金钱给付义务的数额。

第四十六条 【金钱给付义务的直接强制执行】行政机关依照本法第四十五条规定实施加处罚款或者滞纳金超过三十日,经催告当事人仍不履行的,具有行政强制执行权的行政机关可以强制执行。

行政机关实施强制执行前,需要采取查封、扣押、冻结措施的,依照本法第三章规定办理。

没有行政强制执行权的行政机关应当申请人民法院强制执行。但是,当事人在法定期限内不申请行政复议或者提起行政诉讼,经催告仍不履行的,在实施行政管理过程中已经采取查封、扣押措施的行政机关,可以将查封、扣押的财物依法拍卖抵缴罚款。

第四十七条 【划拨存款、汇款】划拨存款、汇款应当由法律规定的行政机关决定,并书面通知金融机构。金融机构接到行政机关依法作出划拨存款、汇款的决定后,应当立即划拨。

法律规定以外的行政机关或者组织要求划拨当事人存款、汇款的,金融机构应当拒绝。

第四十八条 【委托拍卖】依法拍卖财物,由行政机关委托拍卖机构依照《中华人民共和国拍卖法》的规定办理。

第四十九条 【划拨存款、汇款的上缴】划拨的存款、汇款以及拍卖和依法处理所得的款项应当上缴国库或者划入财政专户。任何行政机关或者个人不得以任何形式截留、私分或者变相私分。

第三节 代 履 行

第五十条 【代履行】行政机关依法作出要求当事人履行排除妨碍、恢复原状等义务的行政决定,当事人逾期不履行,经催告仍不履行,其后果已经或者将危害交通安全、造成环境污染或者破坏自然资源的,行政机关可以代履行,或者委托没有利害关系的第三人代履行。

第五十一条 【代履行的实施程序、费用】代履行应当遵守下列规定:

(一)代履行前送达决定书,代履行决定书应当载明当事人的姓名或者名称、地址,代履行的理由和依据、方式和时间、标的、费用预算以及代履行人;

(二)代履行三日前,催告当事人履行,当事人履行的,停止代履行;

(三)代履行时,作出决定的行政机关应当派员到场监督;

(四)代履行完毕,行政机关到场监督的工作人员、代履行人和当事人或者见证人应当在执行文书上签名或者盖章。

代履行的费用按照成本合理确定,由当事人承担。但是,法律另有规定的除外。

代履行不得采用暴力、胁迫以及其他非法方式。

第五十二条 【立即代履行】需要立即清除道路、河道、航道或者公共场所的遗洒物、障碍物或污染物,当事人不能清除的,行政机关可以决定立即实施代履行;当事人不在场的,行政机关应当在事后立即通知当事人,并依法作出处理。

第五章 申请人民法院强制执行

第五十三条 【申请法院强制执行】当事人在法定期限内不申请行政复议或者提起行政诉讼,又不履行行政决定的,没有行政强制执行权的行政机关可以自期限届满之日起三个月内,依照本章规定申请人民法院强制执行。

第五十四条 【催告与执行管辖】行政机关申请人民法院强制执行前,应当催告当事人履行义务。催告书送达十日后当事人仍未履行义务的,行政机关可以向所在地有管辖权的人民法院申请强制执行;执行对象是不动产的,向不动产所在地有管辖权的人民法院申请强制执行。

第五十五条 【申请强制执行提供的材料】行政机关向人民法院申请强制执行,应当提供下列材料:

(一)强制执行申请书;

(二)行政决定书及作出决定的事实、理由和依据;

(三)当事人的意见及行政机关催告情况;

(四)申请强制执行标的情况;

(五)法律、行政法规规定的其他材料。

强制执行申请书应当由行政机关负责人签名，加盖行政机关的印章，并注明日期。

第五十六条　【申请的受理】人民法院接到行政机关强制执行的申请，应当在五日内受理。

行政机关对人民法院不予受理的裁定有异议的，可以在十五日内向上一级人民法院申请复议，上一级人民法院应当自收到复议申请之日起十五日内作出是否受理的裁定。

第五十七条　【申请的书面审查】人民法院对行政机关强制执行的申请进行书面审查，对符合本法第五十五条规定，且行政决定具备法定执行效力的，除本法第五十八条规定的情形外，人民法院应当自受理之日起七日内作出执行裁定。

第五十八条　【申请的违法审查】人民法院发现有下列情形之一的，在作出裁定前可以听取被执行人和行政机关的意见：

（一）明显缺乏事实根据的；

（二）明显缺乏法律、法规依据的；

（三）其他明显违法并损害被执行人合法权益的。

人民法院应当自受理之日起三十日内作出是否执行的裁定。裁定不予执行的，应当说明理由，并在五日内将不予执行的裁定送达行政机关。

行政机关对人民法院不予执行的裁定有异议的，可以自收到裁定之日起十五日内向上一级人民法院申请复议，上一级人民法院应当自收到复议申请之日起三十日内作出是否执行的裁定。

第五十九条　【申请法院立即执行】因情况紧急，为保障公共安全，行政机关可以申请人民法院立即执行。经人民法院院长批准，人民法院应当自作出执行裁定之日起五日内执行。

第六十条　【执行费用】行政机关申请人民法院强制执行，不缴纳申请费。强制执行的费用由被执行人承担。

人民法院以划拨、拍卖方式强制执行的，可以在划拨、拍卖后将强制执行的费用扣除。

依法拍卖财物，由人民法院委托拍卖机构依照《中华人民共和国拍卖法》的规定办理。

划拨的存款、汇款以及拍卖和依法处理所得的款项应当上缴国库或者划入财政专户，不得以任何形式截留、私分或者变相私分。

第六章　法律责任

第六十一条　【违法实施行政强制的法律责任】行政机关实施行政强制，有下列情形之一的，由上级行政机关或者有关部门责令改正，对直接负责的主管人员和其他直接责任人员依法给予处分：

（一）没有法律、法规依据的；

（二）改变行政强制对象、条件、方式的；

（三）违反法定程序实施行政强制的；

（四）违反本法规定，在夜间或者法定节假日实施行政强制执行的；

（五）对居民生活采取停止供水、供电、供热、供燃气等方式迫使当事人履行相关行政决定的；

（六）有其他违法实施行政强制情形的。

第六十二条　【违法实施查封、扣押、冻结的法律责任】违反本法规定，行政机关有下列情形之一的，由上级行政机关或者有关部门责令改正，对直接负责的主管人员和其他直接责任人员依法给予处分：

（一）扩大查封、扣押、冻结范围的；

（二）使用或者损毁查封、扣押场所、设施或者财物的；

（三）在查封、扣押法定期间不作出处理决定或者未依法及时解除查封、扣押的；

（四）在冻结存款、汇款法定期间不作出处理决定或者未依法及时解除冻结的。

第六十三条　【截留、私分或变相私分和据为己有的法律责任】行政机关将查封、扣押的财物或者划拨的存款、汇款以及拍卖和依法处理所得的款项，截留、私分或者变相私分的，由财政部门或者有关部门予以追缴；对直接负责的主管人员和其他直接责任人员依法给予记大过、降级、撤职或者开除的处分。

行政机关工作人员利用职务上的便利，将查封、扣押的场所、设施或者财物据为己有的，由上级行政机关或者有关部门责令改正，依法给予记大过、降级、撤职或者开除的处分。

第六十四条　【利用行政强制权为单位或者个人谋取利益的法律责任】行政机关及其工作人员利用行政强制权为单位或者个人谋取利益的，由上级行政机关或者有关部门责令改正，对直接负责的主管人员和其他直接责任人员依法给予处分。

第六十五条　【金融机构违法冻结、划拨的法律责任】违反本法规定，金融机构有下列行为之一的，由金融业监督管理机构责令改正，对直接负责的主管人员和其他直接责任人员依法给予处分：

（一）在冻结前向当事人泄露信息的；

（二）对应当立即冻结、划拨的存款、汇款不冻结或者不划拨，致使存款、汇款转移的；

（三）将不应当冻结、划拨的存款、汇款予以冻结或者划拨的；

（四）未及时解除冻结存款、汇款的。

第六十六条 【款项未划入规定账户的法律责任】违反本法规定，金融机构将款项划入国库或者财政专户以外的其他账户的，由金融业监督管理机构责令改正，并处以违法划拨款项二倍的罚款；对直接负责的主管人员和其他直接责任人员依法给予处分。

违反本法规定，行政机关、人民法院指令金融机构将款项划入国库或者财政专户以外的其他账户的，对直接负责的主管人员和其他直接责任人员依法给予处分。

第六十七条 【人民法院违法执行的法律责任】人民法院及其工作人员在强制执行中有违法行为或者扩大强制执行范围的，对直接负责的主管人员和其他直接责任人员依法给予处分。

第六十八条 【赔偿责任和刑事责任】违反本法规定，给公民、法人或者其他组织造成损失的，依法给予赔偿。

违反本法规定，构成犯罪的，依法追究刑事责任。

第七章 附 则

第六十九条 【期限的计算】本法中十日以内期限的规定是指工作日，不含法定节假日。

第七十条 【法律、行政法规授权的具有管理公共事务职能的组织的主体资格】法律、行政法规授权的具有管理公共事务职能的组织在法定授权范围内，以自己的名义实施行政强制，适用本法有关行政机关的规定。

第七十一条 【施行日期】本法自2012年1月1日起施行。

中华人民共和国行政复议法

1. 1999年4月29日第九届全国人民代表大会常务委员会第九次会议通过

2. 根据2009年8月27日第十一届全国人民代表大会常务委员会第十次会议《关于修改部分法律的决定》第一次修正

3. 根据2017年9月1日第十二届全国人民代表大会常务委员会第二十九次会议《关于修改〈中华人民共和国法官法〉等八部法律的决定》第二次修正

目 录

第一章 总 则

第一条 【立法目的】为了防止和纠正违法的或者不当的具体行政行为，保护公民、法人和其他组织的合法权益，保障和监督行政机关依法行使职权，根据宪法，制定本法。

第二条 【适用范围】公民、法人或者其他组织认为具体行政行为侵犯其合法权益，向行政机关提出行政复议申请，行政机关受理行政复议申请、作出行政复议决定，适用本法。

第三条 【复议机关及其职责】依照本法履行行政复议职责的行政机关是行政复议机关。行政复议机关负责法制工作的机构具体办理行政复议事项，履行下列职责：

（一）受理行政复议申请；

（二）向有关组织和人员调查取证，查阅文件和资料；

（三）审查申请行政复议的具体行政行为是否合法与适当，拟订行政复议决定；

（四）处理或者转送对本法第七条所列有关规定的审查申请；

（五）对行政机关违反本法规定的行为依照规定的权限和程序提出处理建议；

（六）办理因不服行政复议决定提起行政诉讼的应诉事项；

（七）法律、法规规定的其他职责。

行政机关中初次从事行政复议的人员，应当通过国家统一法律职业资格考试取得法律职业资格。

第四条 【复议原则】行政复议机关履行行政复议职责，应当遵循合法、公正、公开、及时、便民的原则，坚持有错必纠，保障法律、法规的正确实施。

第五条 【司法救济】公民、法人或者其他组织对行政复议决定不服的，可以依照行政诉讼法的规定向人民法院提起行政诉讼，但是法律规定行政复议决定为最终裁决的除外。

第二章 行政复议范围

第六条 【复议范围】有下列情形之一的，公民、法人或者其他组织可以依照本法申请行政复议：

（一）对行政机关作出的警告、罚款、没收违法所得、没收非法财物、责令停产停业、暂扣或者吊销许可证、暂扣或者吊销执照、行政拘留等行政处罚决定不服的；

（二）对行政机关作出的限制人身自由或者查封、扣押、冻结财产等行政强制措施决定不服的；

（三）对行政机关作出的有关许可证、执照、资质证、资格证等证书变更、中止、撤销的决定不服的；

（四）对行政机关作出的关于确认土地、矿藏、水流、森林、山岭、草原、荒地、滩涂、海域等自然资源的所有权或者使用权的决定不服的；

（五）认为行政机关侵犯合法的经营自主权的；

（六）认为行政机关变更或者废止农业承包合同，侵犯其合法权益的；

（七）认为行政机关违法集资、征收财物、摊派费用或者违法要求履行其他义务的；

（八）认为符合法定条件，申请行政机关颁发许可证、执照、资质证、资格证等证书，或者申请行政机关审批、登记有关事项，行政机关没有依法办理的；

（九）申请行政机关履行保护人身权利、财产权利、受教育权利的法定职责，行政机关没有依法履行的；

（十）申请行政机关依法发放抚恤金、社会保险金或者最低生活保障费，行政机关没有依法发放的；

（十一）认为行政机关的其他具体行政行为侵犯其合法权益的。

第七条　【规定的审查】公民、法人或者其他组织认为行政机关的具体行政行为所依据的下列规定不合法，在对具体行政行为申请行政复议时，可以一并向行政复议机关提出对该规定的审查申请：

（一）国务院部门的规定；

（二）县级以上地方各级人民政府及其工作部门的规定；

（三）乡、镇人民政府的规定。

前款所列规定不含国务院部、委员会规章和地方人民政府规章。规章的审查依照法律、行政法规办理。

第八条　【申诉及诉讼】不服行政机关作出的行政处分或者其他人事处理决定的，依照有关法律、行政法规的规定提出申诉。

不服行政机关对民事纠纷作出的调解或者其他处理，依法申请仲裁或者向人民法院提起诉讼。

第三章　行政复议申请

第九条　【申请期限】公民、法人或者其他组织认为具体行政行为侵犯其合法权益的，可以自知道该具体行政行为之日起六十日内提出行政复议申请；但是法律规定的申请期限超过六十日的除外。

因不可抗力或者其他正当理由耽误法定申请期限的，申请期限自障碍消除之日起继续计算。

第十条　【复议申请人】依照本法申请行政复议的公民、法人或者其他组织是申请人。

有权申请行政复议的公民死亡的，其近亲属可以申请行政复议。有权申请行政复议的公民为无民事行为能力人或者限制民事行为能力人的，其法定代理人可以代为申请行政复议。有权申请行政复议的法人或者其他组织终止的，承受其权利的法人或者其他组织可以申请行政复议。

同申请行政复议的具体行政行为有利害关系的其他公民、法人或者其他组织，可以作为第三人参加行政复议。

公民、法人或者其他组织对行政机关的具体行政行为不服申请行政复议的，作出具体行政行为的行政机关是被申请人。

申请人、第三人可以委托代理人代为参加行政复议。

第十一条　【复议申请】申请人申请行政复议，可以书面申请，也可以口头申请；口头申请的，行政复议机关应当当场记录申请人的基本情况、行政复议请求、申请行政复议的主要事实、理由和时间。

第十二条　【部门具体行政行为的复议机关】对县级以上地方各级人民政府工作部门的具体行政行为不服的，由申请人选择，可以向该部门的本级人民政府申请行政复议，也可以向上一级主管部门申请行政复议。

对海关、金融、国税、外汇管理等实行垂直领导的行政机关和国家安全机关的具体行政行为不服的，向上一级主管部门申请行政复议。

第十三条　【对其他行政机关具体行政行为不服的复议申请】对地方各级人民政府的具体行政行为不服的，向上一级地方人民政府申请行政复议。

对省、自治区人民政府依法设立的派出机关所属的县级地方人民政府的具体行政行为不服的，向该派出机关申请行政复议。

第十四条　【诉讼或裁决】对国务院部门或者省、自治区、直辖市人民政府的具体行政行为不服的，向作出该具体行政行为的国务院部门或者省、自治区、直辖市人民政府申请行政复议。对行政复议决定不服的，可以向人民法院提起行政诉讼；也可以向国务院申请裁决，国务院依照本法的规定作出最终裁决。

第十五条　**【其他机关具体行政行为的复议机关】**对本法第十二条、第十三条、第十四条规定以外的其他行政机关、组织的具体行政行为不服的，按照下列规定申请行政复议：

（一）对县级以上地方人民政府依法设立的派出机关的具体行政行为不服的，向设立该派出机关的人民政府申请行政复议；

（二）对政府工作部门依法设立的派出机构依照法律、法规或者规章规定，以自己的名义作出的具体行政行为不服的，向设立该派出机构的部门或者该部门的本级地方人民政府申请行政复议；

（三）对法律、法规授权的组织的具体行政行为不服的，分别向直接管理该组织的地方人民政府、地方人民政府工作部门或者国务院部门申请行政复议；

（四）对两个或者两个以上行政机关以共同的名义作出的具体行政行为不服的，向其共同上一级行政机关申请行政复议；

（五）对被撤销的行政机关在撤销前所作出的具体行政行为不服的，向继续行使其职权的行政机关的上一级行政机关申请行政复议。

有前款所列情形之一的，申请人也可以向具体行政行为发生地的县级地方人民政府提出行政复议申请，由接受申请的县级地方人民政府依照本法第十八条的规定办理。

第十六条　**【复议与诉讼的选择】**公民、法人或者其他组织申请行政复议，行政复议机关已经依法受理的，或者法律、法规规定应当先向行政复议机关申请行政复议、对行政复议决定不服再向人民法院提起行政诉讼的，在法定行政复议期限内不得向人民法院提起行政诉讼。

公民、法人或者其他组织向人民法院提起行政诉讼，人民法院已经依法受理的，不得申请行政复议。

第四章　行政复议受理

第十七条　**【复议的受理】**行政复议机关收到行政复议申请后，应当在五日内进行审查，对不符合本法规定的行政复议申请，决定不予受理，并书面告知申请人；对符合本法规定，但是不属于本机关受理的行政复议申请，应当告知申请人向有关行政复议机关提出。

除前款规定外，行政复议申请自行政复议机关负责法制工作的机构收到之日起即为受理。

第十八条　**【复议申请的转送】**依照本法第十五条第二款的规定接受行政复议申请的县级地方人民政府，对依照本法第十五条第一款的规定属于其他行政复议机关受理的行政复议申请，应当自接到该行政复议申请之日起七日内，转送有关行政复议机关，并告知申请人。接受转送的行政复议机关应当依照本法第十七条的规定办理。

第十九条　**【复议之后的行政诉讼】**法律、法规规定应当先向行政复议机关申请行政复议、对行政复议决定不服再向人民法院提起行政诉讼的，行政复议机关决定不予受理或者受理后超过行政复议期限不作答复的，公民、法人或者其他组织可以自收到不予受理决定书之日起或者行政复议期满之日起十五日内，依法向人民法院提起行政诉讼。

第二十条　**【上级机关责令受理及直接受理】**公民、法人或者其他组织依法提出行政复议申请，行政复议机关无正当理由不予受理的，上级行政机关应当责令其受理；必要时，上级行政机关也可以直接受理。

第二十一条　**【执行停止事项】**行政复议期间具体行政行为不停止执行；但是，有下列情形之一的，可以停止执行：

（一）被申请人认为需要停止执行的；

（二）行政复议机关认为需要停止执行的；

（三）申请人申请停止执行，行政复议机关认为其要求合理，决定停止执行的；

（四）法律规定停止执行的。

第五章　行政复议决定

第二十二条　**【书面审查原则及例外】**行政复议原则上采取书面审查的办法，但是申请人提出要求或者行政复议机关负责法制工作的机构认为有必要时，可以向有关组织和人员调查情况，听取申请人、被申请人和第三人的意见。

第二十三条　**【复议程序事项】**行政复议机关负责法制工作的机构应当自行政复议申请受理之日起七日内，将行政复议申请书副本或者行政复议申请笔录复印件发送被申请人。被申请人应当自收到申请书副本或者申请笔录复印件之日起十日内，提出书面答复，并提交当初作出具体行政行为的证据、依据和其他有关材料。

申请人、第三人可以查阅被申请人提出的书面答复、作出具体行政行为的证据、依据和其他有关材料，除涉及国家秘密、商业秘密或者个人隐私外，行政复议机关不得拒绝。

第二十四条　**【被申请人不得自行取证】**在行政复议过程中，被申请人不得自行向申请人和其他有关组织或者个人收集证据。

第二十五条　**【申请撤回】**行政复议决定作出前，申请人要求撤回行政复议申请的，经说明理由，可以撤回；撤回行政复议申请的，行政复议终止。

第二十六条 【复议机关对规定的处理】申请人在申请行政复议时，一并提出对本法第七条所列有关规定的审查申请的，行政复议机关对该规定有权处理的，应当在三十日内依法处理；无权处理的，应当在七日内按照法定程序转送有权处理的行政机关依法处理，有权处理的行政机关应当在六十日内依法处理。处理期间，中止对具体行政行为的审查。

第二十七条 【对具体行政行为合法性的审查处理】行政复议机关在对被申请人作出的具体行政行为进行审查时，认为其依据不合法，本机关有权处理的，应当在三十日内依法处理；无权处理的，应当在七日内按照法定程序转送有权处理的国家机关依法处理。处理期间，中止对具体行政行为的审查。

第二十八条 【复议决定的作出】行政复议机关负责法制工作的机构应当对被申请人作出的具体行政行为进行审查，提出意见，经行政复议机关的负责人同意或者集体讨论通过后，按照下列规定作出行政复议决定：

（一）具体行政行为认定事实清楚，证据确凿，适用依据正确，程序合法，内容适当的，决定维持；

（二）被申请人不履行法定职责的，决定其在一定期限内履行；

（三）具体行政行为有下列情形之一的，决定撤销、变更或者确认该具体行政行为违法；决定撤销或者确认该具体行政行为违法的，可以责令被申请人在一定期限内重新作出具体行政行为：

1. 主要事实不清、证据不足的；
2. 适用依据错误的；
3. 违反法定程序的；
4. 超越或者滥用职权的；
5. 具体行政行为明显不当的。

（四）被申请人不按照本法第二十三条的规定提出书面答复、提交当初作出具体行政行为的证据、依据和其他有关材料的，视为该具体行政行为没有证据、依据，决定撤销该具体行政行为。

行政复议机关责令被申请人重新作出具体行政行为的，被申请人不得以同一的事实和理由作出与原具体行政行为相同或者基本相同的具体行政行为。

第二十九条 【行政赔偿】申请人在申请行政复议时可以一并提出行政赔偿请求，行政复议机关对符合国家赔偿法的有关规定应当给予赔偿的，在决定撤销、变更具体行政行为或者确认具体行政行为违法时，应当同时决定被申请人依法给予赔偿。

申请人在申请行政复议时没有提出行政赔偿请求的，行政复议机关在依法决定撤销或者变更罚款，撤销违法集资、没收财物、征收财物、摊派费用以及对财产的查封、扣押、冻结等具体行政行为时，应当同时责令被申请人返还财产，解除对财产的查封、扣押、冻结措施，或者赔偿相应的价款。

第三十条 【对侵犯自然资源所有权或使用权行为的先行复议原则】公民、法人或者其他组织认为行政机关的具体行政行为侵犯其已经依法取得的土地、矿藏、水流、森林、山岭、草原、荒地、滩涂、海域等自然资源的所有权或者使用权的，应当先申请行政复议；对行政复议决定不服的，可以依法向人民法院提起行政诉讼。

根据国务院或者省、自治区、直辖市人民政府对行政区划的勘定、调整或者征收土地的决定，省、自治区、直辖市人民政府确认土地、矿藏、水流、森林、山岭、草原、荒地、滩涂、海域等自然资源的所有权或者使用权的行政复议决定为最终裁决。

第三十一条 【复议期限】行政复议机关应当自受理申请之日起六十日内作出行政复议决定；但是法律规定的行政复议期限少于六十日的除外。情况复杂，不能在规定期限内作出行政复议决定的，经行政复议机关的负责人批准，可以适当延长，并告知申请人和被申请人；但是延长期限最多不超过三十日。

行政复议机关作出行政复议决定，应当制作行政复议决定书，并加盖印章。

行政复议决定书一经送达，即发生法律效力。

第三十二条 【复议决定的履行】被申请人应当履行行政复议决定。

被申请人不履行或者无正当理由拖延履行行政复议决定的，行政复议机关或者有关上级行政机关应当责令其限期履行。

第三十三条 【不履行复议决定的处理】申请人逾期不起诉又不履行行政复议决定的，或者不履行最终裁决的行政复议决定的，按照下列规定分别处理：

（一）维持具体行政行为的行政复议决定，由作出具体行政行为的行政机关依法强制执行，或者申请人民法院强制执行；

（二）变更具体行政行为的行政复议决定，由行政复议机关依法强制执行，或者申请人民法院强制执行。

第六章 法律责任

第三十四条 【复议机关不依法履行职责的处罚】行政复议机关违反本法规定，无正当理由不予受理依法提出的行政复议申请或者不按照规定转送行政复议申请的，或者在法定期限内不作出行政复议决定的，对直接负责的主管人员和其他直接责任人员依法给予警告、记过、记大过的行政处分；经责令受理仍不受理或者不按照规定转送行政复议申请，造成严重后果的，依法给予降级、撤职、开除的行政处分。

第三十五条　【渎职处罚】行政复议机关工作人员在行政复议活动中，徇私舞弊或者有其他渎职、失职行为的，依法给予警告、记过、记大过的行政处分；情节严重的，依法给予降级、撤职、开除的行政处分；构成犯罪的，依法追究刑事责任。

第三十六条　【被申请人不提交答复、资料和阻碍他人复议申请的处罚】被申请人违反本法规定，不提出书面答复或者不提交作出具体行政行为的证据、依据和其他有关材料，或者阻挠、变相阻挠公民、法人或者其他组织依法申请行政复议的，对直接负责的主管人员和其他直接责任人员依法给予警告、记过、记大过的行政处分；进行报复陷害的，依法给予降级、撤职、开除的行政处分；构成犯罪的，依法追究刑事责任。

第三十七条　【不履行、拖延履行复议决定的处罚】被申请人不履行或者无正当理由拖延履行行政复议决定的，对直接负责的主管人员和其他直接责任人员依法给予警告、记过、记大过的行政处分；经责令履行仍拒不履行的，依法给予降级、撤职、开除的行政处分。

第三十八条　【复议机关的建议权】行政复议机关负责法制工作的机构发现有无正当理由不予受理行政复议申请、不按照规定期限作出行政复议决定、徇私舞弊、对申请人打击报复或者不履行行政复议决定等情形的，应当向有关行政机关提出建议，有关行政机关应当依照本法和有关法律、行政法规的规定作出处理。

第七章　附　　则

第三十九条　【经费来源】行政复议机关受理行政复议申请，不得向申请人收取任何费用。行政复议活动所需经费，应当列入本机关的行政经费，由本级财政予以保障。

第四十条　【期间计算和文书送达】行政复议期间的计算和行政复议文书的送达，依照民事诉讼法关于期间、送达的规定执行。

本法关于行政复议期间有关"五日"、"七日"的规定是指工作日，不含节假日。

第四十一条　【适用范围补充规定】外国人、无国籍人、外国组织在中华人民共和国境内申请行政复议，适用本法。

第四十二条　【法律冲突的解决】本法施行前公布的法律有关行政复议的规定与本法的规定不一致的，以本法的规定为准。

第四十三条　【施行日期】本法自1999年10月1日起施行。1990年12月24日国务院发布、1994年10月9日国务院修订发布的《行政复议条例》同时废止。

中华人民共和国行政许可法

1. 2003年8月27日第十届全国人民代表大会常务委员会第四次会议通过

2. 根据2019年4月23日第十三届全国人民代表大会常务委员会第十次会议《关于修改〈中华人民共和国建筑法〉等八部法律的决定》修正

目　　录

第一章　总　　则

第一条　【立法目的】为了规范行政许可的设定和实施，保护公民、法人和其他组织的合法权益，维护公共利益和社会秩序，保障和监督行政机关有效实施行政管理，根据宪法，制定本法。

第二条　【含义】本法所称行政许可，是指行政机关根据公民、法人或者其他组织的申请，经依法审查，准予其从事特定活动的行为。

第三条　【适用范围】行政许可的设定和实施，适用本法。

有关行政机关对其他机关或者对其直接管理的事业单位的人事、财务、外事等事项的审批，不适用本法。

第四条 【依法设定和实施】设定和实施行政许可，应当依照法定的权限、范围、条件和程序。

第五条 【公开、公平、公正原则】设定和实施行政许可，应当遵循公开、公平、公正、非歧视的原则。

有关行政许可的规定应当公布；未经公布的，不得作为实施行政许可的依据。行政许可的实施和结果，除涉及国家秘密、商业秘密或者个人隐私的外，应当公开。未经申请人同意，行政机关及其工作人员、参与专家评审等的人员不得披露申请人提交的商业秘密、未披露信息或者保密商务信息，法律另有规定或者涉及国家安全、重大社会公共利益的除外；行政机关依法公开申请人前述信息的，允许申请人在合理期限内提出异议。

符合法定条件、标准的，申请人有依法取得行政许可的平等权利，行政机关不得歧视任何人。

第六条 【便民原则】实施行政许可，应当遵循便民的原则，提高办事效率，提供优质服务。

第七条 【公民、法人的合法权益】公民、法人或者其他组织对行政机关实施行政许可，享有陈述权、申辩权；有权依法申请行政复议或者提起行政诉讼；其合法权益因行政机关违法实施行政许可受到损害的，有权依法要求赔偿。

第八条 【禁止随意更改许可】公民、法人或者其他组织依法取得的行政许可受法律保护，行政机关不得擅自改变已经生效的行政许可。

行政许可所依据的法律、法规、规章修改或者废止，或者准予行政许可所依据的客观情况发生重大变化的，为了公共利益的需要，行政机关可以依法变更或者撤回已经生效的行政许可。由此给公民、法人或者其他组织造成财产损失的，行政机关应当依法给予补偿。

第九条 【禁止随意转让许可】依法取得的行政许可，除法律、法规规定依照法定条件和程序可以转让的外，不得转让。

第十条 【健全许可监督】县级以上人民政府应当建立健全对行政机关实施行政许可的监督制度，加强对行政机关实施行政许可的监督检查。

行政机关应当对公民、法人或者其他组织从事行政许可事项的活动实施有效监督。

第二章 行政许可的设定

第十一条 【设定目的】设定行政许可，应当遵循经济和社会发展规律，有利于发挥公民、法人或者其他组织的积极性、主动性，维护公共利益和社会秩序，促进经济、社会和生态环境协调发展。

第十二条 【可设定事项】下列事项可以设定行政许可：

（一）直接涉及国家安全、公共安全、经济宏观调控、生态环境保护以及直接关系人身健康、生命财产安全等特定活动，需要按照法定条件予以批准的事项；

（二）有限自然资源开发利用、公共资源配置以及直接关系公共利益的特定行业的市场准入等，需要赋予特定权利的事项；

（三）提供公众服务并且直接关系公共利益的职业、行业，需要确定具备特殊信誉、特殊条件或者特殊技能等资格、资质的事项；

（四）直接关系公共安全、人身健康、生命财产安全的重要设备、设施、产品、物品，需要按照技术标准、技术规范，通过检验、检测、检疫等方式进行审定的事项；

（五）企业或者其他组织的设立等，需要确定主体资格的事项；

（六）法律、行政法规规定可以设定行政许可的其他事项。

第十三条 【可以不设的事项】本法第十二条所列事项，通过下列方式能够予以规范的，可以不设行政许可：

（一）公民、法人或者其他组织能够自主决定的；

（二）市场竞争机制能够有效调节的；

（三）行业组织或者中介机构能够自律管理的；

（四）行政机关采用事后监督等其他行政管理方式能够解决的。

第十四条 【法律、行政法规和行政决定设定行政许可权限】本法第十二条所列事项，法律可以设定行政许可。尚未制定法律的，行政法规可以设定行政许可。

必要时，国务院可以采用发布决定的方式设定行政许可。实施后，除临时性行政许可事项外，国务院应当及时提请全国人民代表大会及其常务委员会制定法律，或者自行制定行政法规。

第十五条 【地方性法规、地方政府规章设定行政许可权限】本法第十二条所列事项，尚未制定法律、行政法规的，地方性法规可以设定行政许可；尚未制定法律、行政法规和地方性法规的，因行政管理的需要，确需立即实施行政许可的，省、自治区、直辖市人民政府规章可以设定临时性的行政许可。临时性的行政许可实施满一年需要继续实施的，应当提请本级人民代表大会及其常务委员会制定地方性法规。

地方性法规和省、自治区、直辖市人民政府规章，不得设定应当由国家统一确定的公民、法人或者其他组织的资格、资质的行政许可；不得设定企业或者其他组织的设立登记及其前置性行政许可。其设定的行政许可，不得限制其他地区的个人或者企业到本地区从事生产经营和提供服务，不得限制其他地区的商品进入本地区市场。

第十六条　【规定具体许可】行政法规可以在法律设定的行政许可事项范围内，对实施该行政许可作出具体规定。

地方性法规可以在法律、行政法规设定的行政许可事项范围内，对实施该行政许可作出具体规定。

规章可以在上位法设定的行政许可事项范围内，对实施该行政许可作出具体规定。

法规、规章对实施上位法设定的行政许可作出的具体规定，不得增设行政许可；对行政许可条件作出的具体规定，不得增设违反上位法的其他条件。

第十七条　【禁止越权设定】除本法第十四条、第十五条规定的外，其他规范性文件一律不得设定行政许可。

第十八条　【设定的具体内容】设定行政许可，应当规定行政许可的实施机关、条件、程序、期限。

第十九条　【设定前的意见听取】起草法律草案、法规草案和省、自治区、直辖市人民政府规章草案，拟设定行政许可的，起草单位应当采取听证会、论证会等形式听取意见，并向制定机关说明设定该行政许可的必要性、对经济和社会可能产生的影响以及听取和采纳意见的情况。

第二十条　【设定与实施情况评价】行政许可的设定机关应当定期对其设定的行政许可进行评价；对已设定的行政许可，认为通过本法第十三条所列方式能够解决的，应当对设定该行政许可的规定及时予以修改或者废止。

行政许可的实施机关可以对已设定的行政许可的实施情况及存在的必要性适时进行评价，并将意见报告该行政许可的设定机关。

公民、法人或者其他组织可以向行政许可的设定机关和实施机关就行政许可的设定和实施提出意见和建议。

第二十一条　【有关地区经济事务行政许可的取消】省、自治区、直辖市人民政府对行政法规设定的有关经济事务的行政许可，根据本行政区域经济和社会发展情况，认为通过本法第十三条所列方式能够解决的，报国务院批准后，可以在本行政区域内停止实施该行政许可。

第三章　行政许可的实施机关

第二十二条　【法定职权范围内实施】行政许可由具有行政许可权的行政机关在其法定职权范围内实施。

第二十三条　【法定授权实施】法律、法规授权的具有管理公共事务职能的组织，在法定授权范围内，以自己的名义实施行政许可。被授权的组织适用本法有关行政机关的规定。

第二十四条　【委托实施】行政机关在其法定职权范围内，依照法律、法规、规章的规定，可以委托其他行政机关实施行政许可。委托机关应当将受委托行政机关和受委托实施行政许可的内容予以公告。

委托行政机关对受委托行政机关实施行政许可的行为应当负责监督，并对该行为的后果承担法律责任。

受委托行政机关在委托范围内，以委托行政机关名义实施行政许可；不得再委托其他组织或者个人实施行政许可。

第二十五条　【集中行使许可权】经国务院批准，省、自治区、直辖市人民政府根据精简、统一、效能的原则，可以决定一个行政机关行使有关行政机关的行政许可权。

第二十六条　【统一、联合实施】行政许可需要行政机关内设的多个机构办理的，该行政机关应当确定一个机构统一受理行政许可申请，统一送达行政许可决定。

行政许可依法由地方人民政府两个以上部门分别实施的，本级人民政府可以确定一个部门受理行政许可申请并转告有关部门分别提出意见后统一办理，或者组织有关部门联合办理、集中办理。

第二十七条　【禁止非法实施】行政机关实施行政许可，不得向申请人提出购买指定商品、接受有偿服务等不正当要求。

行政机关工作人员办理行政许可，不得索取或者收受申请人的财物，不得谋取其他利益。

第二十八条　【专业技术组织优先行政机关实施的行为】对直接关系公共安全、人身健康、生命财产安全的设备、设施、产品、物品的检验、检测、检疫，除法律、行政法规规定由行政机关实施的外，应当逐步由符合法定条件的专业技术组织实施。专业技术组织及其有关人员对所实施的检验、检测、检疫结论承担法律责任。

第四章　行政许可的实施程序

第一节　申请与受理

第二十九条　【申请要件】公民、法人或者其他组织从事特定活动，依法需要取得行政许可的，应当向行政机关提出申请。申请书需要采用格式文本的，行政机关应当向申请人提供行政许可申请书格式文本。申请书格式文本中不得包含与申请行政许可事项没有直接关系的内容。

申请人可以委托代理人提出行政许可申请。但是，依法应当由申请人到行政机关办公场所提出行政许可申请的除外。

行政许可申请可以通过信函、电报、电传、传真、电子数据交换和电子邮件等方式提出。

第三十条 【许可公示】行政机关应当将法律、法规、规章规定的有关行政许可的事项、依据、条件、数量、程序、期限以及需要提交的全部材料的目录和申请书示范文本等在办公场所公示。

申请人要求行政机关对公示内容予以说明、解释的，行政机关应当说明、解释，提供准确、可靠的信息。

第三十一条 【申请材料真实】申请人申请行政许可，应当如实向行政机关提交有关材料和反映真实情况，并对其申请材料实质内容的真实性负责。行政机关不得要求申请人提交与其申请的行政许可事项无关的技术资料和其他材料。

行政机关及其工作人员不得以转让技术作为取得行政许可的条件；不得在实施行政许可的过程中，直接或者间接地要求转让技术。

第三十二条 【申请处理】行政机关对申请人提出的行政许可申请，应当根据下列情况分别作出处理：

（一）申请事项依法不需要取得行政许可的，应当即时告知申请人不受理；

（二）申请事项依法不属于本行政机关职权范围的，应当即时作出不予受理的决定，并告知申请人向有关行政机关申请；

（三）申请材料存在可以当场更正的错误的，应当允许申请人当场更正；

（四）申请材料不齐全或者不符合法定形式的，应当当场或者在五日内一次告知申请人需要补正的全部内容，逾期不告知的，自收到申请材料之日起即为受理；

（五）申请事项属于本行政机关职权范围，申请材料齐全、符合法定形式，或者申请人按照本行政机关的要求提交全部补正申请材料的，应当受理行政许可申请。

行政机关受理或者不予受理行政许可申请，应当出具加盖本行政机关专用印章和注明日期的书面凭证。

第三十三条 【推行电子政务】行政机关应当建立和完善有关制度，推行电子政务，在行政机关的网站上公布行政许可事项，方便申请人采取数据电文等方式提出行政许可申请；应当与其他行政机关共享有关行政许可信息，提高办事效率。

第二节 审查与决定

第三十四条 【申请材料的审查、核实】行政机关应当对申请人提交的申请材料进行审查。

申请人提交的申请材料齐全、符合法定形式，行政机关能够当场作出决定的，应当当场作出书面的行政许可决定。

根据法定条件和程序，需要对申请材料的实质内容进行核实的，行政机关应当指派两名以上工作人员进行核查。

第三十五条 【下级对上级行政机关直接报送初审】依法应当先经下级行政机关审查后报上级行政机关决定的行政许可，下级行政机关应当在法定期限内将初步审查意见和全部申请材料直接报送上级行政机关。上级行政机关不得要求申请人重复提供申请材料。

第三十六条 【利害关系人意见】行政机关对行政许可申请进行审查时，发现行政许可事项直接关系他人重大利益的，应当告知该利害关系人。申请人、利害关系人有权进行陈述和申辩。行政机关应当听取申请人、利害关系人的意见。

第三十七条 【许可决定期限】行政机关对行政许可申请进行审查后，除当场作出行政许可决定的外，应当在法定期限内按照规定程序作出行政许可决定。

第三十八条 【许可决定的作出】申请人的申请符合法定条件、标准的，行政机关应当依法作出准予行政许可的书面决定。

行政机关依法作出不予行政许可的书面决定的，应当说明理由，并告知申请人享有依法申请行政复议或者提起行政诉讼的权利。

第三十九条 【行政许可证件形式】行政机关作出准予行政许可的决定，需要颁发行政许可证件的，应当向申请人颁发加盖本行政机关印章的下列行政许可证件：

（一）许可证、执照或者其他许可证书；

（二）资格证、资质证或者其他合格证书；

（三）行政机关的批准文件或者证明文件；

（四）法律、法规规定的其他行政许可证件。

行政机关实施检验、检测、检疫的，可以在检验、检测、检疫合格的设备、设施、产品、物品上加贴标签或者加盖检验、检测、检疫印章。

第四十条 【行政许可公开】行政机关作出的准予行政许可决定，应当予以公开，公众有权查阅。

第四十一条 【许可的效力范围】法律、行政法规设定的行政许可，其适用范围没有地域限制的，申请人取得的行政许可在全国范围内有效。

第三节　期　　限

第四十二条　【作出许可决定的期限】除可以当场作出行政许可决定的外，行政机关应当自受理行政许可申请之日起二十日内作出行政许可决定。二十日内不能作出决定的，经本行政机关负责人批准，可以延长十日，并应当将延长期限的理由告知申请人。但是，法律、法规另有规定的，依照其规定。

依照本法第二十六条的规定，行政许可采取统一办理或者联合办理、集中办理的，办理的时间不得超过四十五日；四十五日内不能办结的，经本级人民政府负责人批准，可以延长十五日，并应当将延长期限的理由告知申请人。

第四十三条　【下级行政机关初审期限】依法应当先经下级行政机关审查后报上级行政机关决定的行政许可，下级行政机关应当自其受理行政许可申请之日起二十日内审查完毕。但是，法律、法规另有规定的，依照其规定。

第四十四条　【行政许可证件的颁发、送达期限】行政机关作出准予行政许可的决定，应当自作出决定之日起十日内向申请人颁发、送达行政许可证件，或者加贴标签、加盖检验、检测、检疫印章。

第四十五条　【需排除时限】行政机关作出行政许可决定，依法需要听证、招标、拍卖、检验、检测、检疫、鉴定和专家评审的，所需时间不计算在本节规定的期限内。行政机关应当将所需时间书面告知申请人。

第四节　听　　证

第四十六条　【适用范围】法律、法规、规章规定实施行政许可应当听证的事项，或者行政机关认为需要听证的其他涉及公共利益的重大行政许可事项，行政机关应当向社会公告，并举行听证。

第四十七条　【听证权的告知和听证费用】行政许可直接涉及申请人与他人之间重大利益关系的，行政机关在作出行政许可决定前，应当告知申请人、利害关系人享有要求听证的权利；申请人、利害关系人在被告知听证权利之日起五日内提出听证申请的，行政机关应当在二十日内组织听证。

申请人、利害关系人不承担行政机关组织听证的费用。

第四十八条　【听证程序】听证按照下列程序进行：

（一）行政机关应当于举行听证的七日前将举行听证的时间、地点通知申请人、利害关系人，必要时予以公告；

（二）听证应当公开举行；

（三）行政机关应当指定审查该行政许可申请的工作人员以外的人员为听证主持人，申请人、利害关系人认为主持人与该行政许可事项有直接利害关系的，有权申请回避；

（四）举行听证时，审查该行政许可申请的工作人员应当提供审查意见的证据、理由，申请人、利害关系人可以提出证据，并进行申辩和质证；

（五）听证应当制作笔录，听证笔录应当交听证参加人确认无误后签字或者盖章。

行政机关应当根据听证笔录，作出行政许可决定。

第五节　变更与延续

第四十九条　【变更程序】被许可人要求变更行政许可事项的，应当向作出行政许可决定的行政机关提出申请；符合法定条件、标准的，行政机关应当依法办理变更手续。

第五十条　【许可有效期的延续】被许可人需要延续依法取得的行政许可的有效期的，应当在该行政许可有效期届满三十日前向作出行政许可决定的行政机关提出申请。但是，法律、法规、规章另有规定的，依照其规定。

行政机关应当根据被许可人的申请，在该行政许可有效期届满前作出是否准予延续的决定；逾期未作决定的，视为准予延续。

第六节　特别规定

第五十一条　【特别程序优先适用】实施行政许可的程序，本节有规定的，适用本节规定；本节没有规定的，适用本章其他有关规定。

第五十二条　【国务院实施行政许可的程序】国务院实施行政许可的程序，适用有关法律、行政法规的规定。

第五十三条　【特许许可方式】实施本法第十二条第二项所列事项的行政许可的，行政机关应当通过招标、拍卖等公平竞争的方式作出决定。但是，法律、行政法规另有规定的，依照其规定。

行政机关通过招标、拍卖等方式作出行政许可决定的具体程序，依照有关法律、行政法规的规定。

行政机关按照招标、拍卖程序确定中标人、买受人后，应当作出准予行政许可的决定，并依法向中标人、买受人颁发行政许可证件。

行政机关违反本条规定，不采用招标、拍卖方式，或者违反招标、拍卖程序，损害申请人合法权益的，申请人可以依法申请行政复议或者提起行政诉讼。

第五十四条 【认可许可】实施本法第十二条第三项所列事项的行政许可，赋予公民特定资格，依法应当举行国家考试的，行政机关根据考试成绩和其他法定条件作出行政许可决定；赋予法人或者其他组织特定的资格、资质的，行政机关根据申请人的专业人员构成、技术条件、经营业绩和管理水平等的考核结果作出行政许可决定。但是，法律、行政法规另有规定的，依照其规定。

公民特定资格的考试依法由行政机关或者行业组织实施，公开举行。行政机关或者行业组织应当事先公布资格考试的报名条件、报考办法、考试科目以及考试大纲。但是，不得组织强制性的资格考试的考前培训，不得指定教材或者其他助考材料。

第五十五条 【核准许可】实施本法第十二条第四项所列事项的行政许可的，应当按照技术标准、技术规范依法进行检验、检测、检疫，行政机关根据检验、检测、检疫的结果作出行政许可决定。

行政机关实施检验、检测、检疫，应当自受理申请之日起五日内指派两名以上工作人员按照技术标准、技术规范进行检验、检测、检疫。不需要对检验、检测、检疫结果作进一步技术分析即可认定设备、设施、产品、物品是否符合技术标准、技术规范的，行政机关应当当场作出行政许可决定。

行政机关根据检验、检测、检疫结果，作出不予行政许可决定的，应当书面说明不予行政许可所依据的技术标准、技术规范。

第五十六条 【登记许可】实施本法第十二条第五项所列事项的行政许可，申请人提交的申请材料齐全、符合法定形式的，行政机关应当当场予以登记。需要对申请材料的实质内容进行核实的，行政机关依照本法第三十四条第三款的规定办理。

第五十七条 【按序许可】有数量限制的行政许可，两个或者两个以上申请人的申请均符合法定条件、标准的，行政机关应当根据受理行政许可申请的先后顺序作出准予行政许可的决定。但是，法律、行政法规另有规定的，依照其规定。

第五章 行政许可的费用

第五十八条 【禁止违规收费及经费的财政保障】行政机关实施行政许可和对行政许可事项进行监督检查，不得收取任何费用。但是，法律、行政法规另有规定的，依照其规定。

行政机关提供行政许可申请书格式文本，不得收费。

行政机关实施行政许可所需经费应当列入本行政机关的预算，由本级财政予以保障，按照批准的预算予以核拨。

第五十九条 【依法收费并上缴】行政机关实施行政许可，依照法律、行政法规收取费用的，应当按照公布的法定项目和标准收费；所收取的费用必须全部上缴国库，任何机关或者个人不得以任何形式截留、挪用、私分或者变相私分。财政部门不得以任何形式向行政机关返还或者变相返还实施行政许可所收取的费用。

第六章 监督检查

第六十条 【上级对下级的监查】上级行政机关应当加强对下级行政机关实施行政许可的监督检查，及时纠正行政许可实施中的违法行为。

第六十一条 【对被许可人的监管】行政机关应当建立健全监督制度，通过核查反映被许可人从事行政许可事项活动情况的有关材料，履行监督责任。

行政机关依法对被许可人从事行政许可事项的活动进行监督检查时，应当将监督检查的情况和处理结果予以记录，由监督检查人员签字后归档。公众有权查阅行政机关监督检查记录。

行政机关应当创造条件，实现与被许可人、其他有关行政机关的计算机档案系统互联，核查被许可人从事行政许可事项活动情况。

第六十二条 【对被许可产品、场所、设备的监管】行政机关可以对被许可人生产经营的产品依法进行抽样检查、检验、检测，对其生产经营场所依法进行实地检查。检查时，行政机关可以依法查阅或者要求被许可人报送有关材料；被许可人应当如实提供有关情况和材料。

行政机关根据法律、行政法规的规定，对直接关系公共安全、人身健康、生命财产安全的重要设备、设施进行定期检验。对检验合格的，行政机关应当发给相应的证明文件。

第六十三条 【违法监督检查】行政机关实施监督检查，不得妨碍被许可人正常的生产经营活动，不得索取或者收受被许可人的财物，不得谋取其他利益。

第六十四条 【对被许可人跨域违法行为的抄告】被许可人在作出行政许可决定的行政机关管辖区域外违法从事行政许可事项活动的，违法行为发生地的行政机关应当依法将被许可人的违法事实、处理结果抄告作出行政许可决定的行政机关。

第六十五条 【举报监督】个人和组织发现违法从事行政许可事项的活动，有权向行政机关举报，行政机关应当及时核实、处理。

第六十六条 【对资源开发、利用被许可人的监管】被许可人未依法履行开发利用自然资源义务或者未依法履行利用公共资源义务的，行政机关应当责令限期改正；被许可人在规定期限内不改正的，行政机关应当依照有关法律、行政法规的规定予以处理。

第六十七条　【对市场准入被许可人的监管】取得直接关系公共利益的特定行业的市场准入行政许可的被许可人，应当按照国家规定的服务标准、资费标准和行政机关依法规定的条件，向用户提供安全、方便、稳定和价格合理的服务，并履行普遍服务的义务；未经作出行政许可决定的行政机关批准，不得擅自停业、歇业。

被许可人不履行前款规定的义务的，行政机关应当责令限期改正，或者依法采取有效措施督促其履行义务。

第六十八条　【对重要设备、设施的自检、监查】对直接关系公共安全、人身健康、生命财产安全的重要设备、设施，行政机关应当督促设计、建造、安装和使用单位建立相应的自检制度。

行政机关在监督检查时，发现直接关系公共安全、人身健康、生命财产安全的重要设备、设施存在安全隐患的，应当责令停止建造、安装和使用，并责令设计、建造、安装和使用单位立即改正。

第六十九条　【对违法行政许可的撤销】有下列情形之一的，作出行政许可决定的行政机关或者其上级行政机关，根据利害关系人的请求或者依据职权，可以撤销行政许可：

（一）行政机关工作人员滥用职权、玩忽职守作出准予行政许可决定的；

（二）超越法定职权作出准予行政许可决定的；

（三）违反法定程序作出准予行政许可决定的；

（四）对不具备申请资格或者不符合法定条件的申请人准予行政许可的；

（五）依法可以撤销行政许可的其他情形。

被许可人以欺骗、贿赂等不正当手段取得行政许可的，应当予以撤销。

依照前两款的规定撤销行政许可，可能对公共利益造成重大损害的，不予撤销。

依照本条第一款的规定撤销行政许可，被许可人的合法权益受到损害的，行政机关应当依法给予赔偿。依照本条第二款的规定撤销行政许可的，被许可人基于行政许可取得的利益不受保护。

第七十条　【行政许可注销】有下列情形之一的，行政机关应当依法办理有关行政许可的注销手续：

（一）行政许可有效期届满未延续的；

（二）赋予公民特定资格的行政许可，该公民死亡或者丧失行为能力的；

（三）法人或者其他组织依法终止的；

（四）行政许可依法被撤销、撤回，或者行政许可证件依法被吊销的；

（五）因不可抗力导致行政许可事项无法实施的；

（六）法律、法规规定的应当注销行政许可的其他情形。

第七章　法律责任

第七十一条　【违规许可的改正、撤销】违反本法第十七条规定设定的行政许可，有关机关应当责令设定该行政许可的机关改正，或者依法予以撤销。

第七十二条　【行政机关及其工作人员的违规责任】行政机关及其工作人员违反本法的规定，有下列情形之一的，由其上级行政机关或者监察机关责令改正；情节严重的，对直接负责的主管人员和其他直接责任人员依法给予行政处分：

（一）对符合法定条件的行政许可申请不予受理的；

（二）不在办公场所公示依法应当公示的材料的；

（三）在受理、审查、决定行政许可过程中，未向申请人、利害关系人履行法定告知义务的；

（四）申请人提交的申请材料不齐全、不符合法定形式，不一次告知申请人必须补正的全部内容的；

（五）违法披露申请人提交的商业秘密、未披露信息或者保密商务信息的；

（六）以转让技术作为取得行政许可的条件，或者在实施行政许可的过程中直接或者间接地要求转让技术的；

（七）未依法说明不受理行政许可申请或者不予行政许可的理由的；

（八）依法应当举行听证而不举行听证的。

第七十三条　【行政机关工作人员违法收取财物】行政机关工作人员办理行政许可、实施监督检查，索取或者收受他人财物或者谋取其他利益，构成犯罪的，依法追究刑事责任；尚不构成犯罪的，依法给予行政处分。

第七十四条　【行政机关违法实施许可】行政机关实施行政许可，有下列情形之一的，由其上级行政机关或者监察机关责令改正，对直接负责的主管人员和其他直接责任人员依法给予行政处分；构成犯罪的，依法追究刑事责任：

（一）对不符合法定条件的申请人准予行政许可或者超越法定职权作出准予行政许可决定的；

（二）对符合法定条件的申请人不予行政许可或者不在法定期限内作出准予行政许可决定的；

（三）依法应当根据招标、拍卖结果或者考试成绩择优作出准予行政许可决定，未经招标、拍卖或者考试，或者不根据招标、拍卖结果或者考试成绩择优作出准予行政许可决定的。

第七十五条　【行政机关违规收费】行政机关实施行政许可，擅自收费或者不按照法定项目和标准收费的，由其上级行政机关或者监察机关责令退还非法收取的费用；对直接负责的主管人员和其他直接责任人员依法给予行政处分。

截留、挪用、私分或者变相私分实施行政许可依法收取的费用的，予以追缴；对直接负责的主管人员和其他直接责任人员依法给予行政处分；构成犯罪的，依法追究刑事责任。

第七十六条　【损害赔偿责任】行政机关违法实施行政许可，给当事人的合法权益造成损害的，应当依照国家赔偿法的规定给予赔偿。

第七十七条　【行政机关不履行监督或监督不力】行政机关不依法履行监督职责或者监督不力，造成严重后果的，由其上级行政机关或者监察机关责令改正，对直接负责的主管人员和其他直接责任人员依法给予行政处分；构成犯罪的，依法追究刑事责任。

第七十八条　【对有隐瞒情况等行为的申请人的处理】行政许可申请人隐瞒有关情况或者提供虚假材料申请行政许可的，行政机关不予受理或者不予行政许可，并给予警告；行政许可申请属于直接关系公共安全、人身健康、生命财产安全事项的，申请人在一年内不得再次申请该行政许可。

第七十九条　【对以欺骗等手段取得许可的处罚】被许可人以欺骗、贿赂等不正当手段取得行政许可的，行政机关应当依法给予行政处罚；取得的行政许可属于直接关系公共安全、人身健康、生命财产安全事项的，申请人在三年内不得再次申请该行政许可；构成犯罪的，依法追究刑事责任。

第八十条　【对被许可人违法行为的处罚】被许可人有下列行为之一的，行政机关应当依法给予行政处罚；构成犯罪的，依法追究刑事责任：

（一）涂改、倒卖、出租、出借行政许可证件，或者以其他形式非法转让行政许可的；

（二）超越行政许可范围进行活动的；

（三）向负责监督检查的行政机关隐瞒有关情况、提供虚假材料或者拒绝提供反映其活动情况的真实材料的；

（四）法律、法规、规章规定的其他违法行为。

第八十一条　【对未经许可擅自从事相关活动的处罚】公民、法人或者其他组织未经行政许可，擅自从事依法应当取得行政许可的活动的，行政机关应当依法采取措施予以制止，并依法给予行政处罚；构成犯罪的，依法追究刑事责任。

第八章　附　　则

第八十二条　【期限的计算】本法规定的行政机关实施行政许可的期限以工作日计算，不含法定节假日。

第八十三条　【施行日期】本法自2004年7月1日起施行。

本法施行前有关行政许可的规定，制定机关应当依照本法规定予以清理；不符合本法规定的，自本法施行之日起停止执行。

中华人民共和国行政处罚法

1. 1996年3月17日第八届全国人民代表大会第四次会议通过

2. 根据2009年8月27日第十一届全国人民代表大会常务委员会第十次会议《关于修改部分法律的决定》第一次修正

3. 根据2017年9月1日第十二届全国人民代表大会常务委员会第二十九次会议《关于修改〈中华人民共和国法官法〉等八部法律的决定》第二次修正

4. 2021年1月22日第十三届全国人民代表大会常务委员会第二十五次会议修订

目　　录

第一章 总 则

第一条 【立法目的】为了规范行政处罚的设定和实施，保障和监督行政机关有效实施行政管理，维护公共利益和社会秩序，保护公民、法人或者其他组织的合法权益，根据宪法，制定本法。

第二条 【行政处罚定义】行政处罚是指行政机关依法对违反行政管理秩序的公民、法人或者其他组织，以减损权益或者增加义务的方式予以惩戒的行为。

第三条 【适用范围】行政处罚的设定和实施，适用本法。

第四条 【处罚法定】公民、法人或者其他组织违反行政管理秩序的行为，应当给予行政处罚的，依照本法由法律、法规、规章规定，并由行政机关依照本法规定的程序实施。

第五条 【公正、公开原则和过罚相当原则】行政处罚遵循公正、公开的原则。

设定和实施行政处罚必须以事实为依据，与违法行为的事实、性质、情节以及社会危害程度相当。

对违法行为给予行政处罚的规定必须公布；未经公布的，不得作为行政处罚的依据。

第六条 【处罚与教育相结合原则】实施行政处罚，纠正违法行为，应当坚持处罚与教育相结合，教育公民、法人或者其他组织自觉守法。

第七条 【权利保障原则】公民、法人或者其他组织对行政机关所给予的行政处罚，享有陈述权、申辩权；对行政处罚不服的，有权依法申请行政复议或者提起行政诉讼。

公民、法人或者其他组织因行政机关违法给予行政处罚受到损害的，有权依法提出赔偿要求。

第八条 【民事责任与禁止以罚代刑】公民、法人或者其他组织因违法行为受到行政处罚，其违法行为对他人造成损害的，应当依法承担民事责任。

违法行为构成犯罪，应当依法追究刑事责任的，不得以行政处罚代替刑事处罚。

第二章 行政处罚的种类和设定

第九条 【行政处罚的种类】行政处罚的种类：

（一）警告、通报批评；

（二）罚款、没收违法所得、没收非法财物；

（三）暂扣许可证件、降低资质等级、吊销许可证件；

（四）限制开展生产经营活动、责令停产停业、责令关闭、限制从业；

（五）行政拘留；

（六）法律、行政法规规定的其他行政处罚。

第十条 【法律的行政处罚设定权】法律可以设定各种行政处罚。

限制人身自由的行政处罚，只能由法律设定。

第十一条 【行政法规的行政处罚设定权】行政法规可以设定除限制人身自由以外的行政处罚。

法律对违法行为已经作出行政处罚规定，行政法规需要作出具体规定的，必须在法律规定的给予行政处罚的行为、种类和幅度的范围内规定。

法律对违法行为未作出行政处罚规定，行政法规为实施法律，可以补充设定行政处罚。拟补充设定行政处罚的，应当通过听证会、论证会等形式广泛听取意见，并向制定机关作出书面说明。行政法规报送备案时，应当说明补充设定行政处罚的情况。

第十二条 【地方性法规的行政处罚设定权】地方性法规可以设定除限制人身自由、吊销营业执照以外的行政处罚。

法律、行政法规对违法行为已经作出行政处罚规定，地方性法规需要作出具体规定的，必须在法律、行政法规规定的给予行政处罚的行为、种类和幅度的范围内规定。

法律、行政法规对违法行为未作出行政处罚规定，地方性法规为实施法律、行政法规，可以补充设定行政处罚。拟补充设定行政处罚的，应当通过听证会、论证会等形式广泛听取意见，并向制定机关作出书面说明。地方性法规报送备案时，应当说明补充设定行政处罚的情况。

第十三条 【国务院部门规章的行政处罚设定权】国务院部门规章可以在法律、行政法规规定的给予行政处罚的行为、种类和幅度的范围内作出具体规定。

尚未制定法律、行政法规的，国务院部门规章对违反行政管理秩序的行为，可以设定警告、通报批评或者一定数额罚款的行政处罚。罚款的限额由国务院规定。

第十四条 【地方政府规章的行政处罚设定权】地方政府规章可以在法律、法规规定的给予行政处罚的行为、种类和幅度的范围内作出具体规定。

尚未制定法律、法规的，地方政府规章对违反行政管理秩序的行为，可以设定警告、通报批评或者一定数额罚款的行政处罚。罚款的限额由省、自治区、直辖市人民代表大会常务委员会规定。

第十五条 【行政处罚的评估】国务院部门和省、自治区、直辖市人民政府及其有关部门应当定期组织评估行政处罚的实施情况和必要性,对不适当的行政处罚事项及种类、罚款数额等,应当提出修改或者废止的建议。

第十六条 【其他规范性文件不得设定行政处罚】除法律、法规、规章外,其他规范性文件不得设定行政处罚。

第三章 行政处罚的实施机关

第十七条 【行政处罚的实施主体】行政处罚由具有行政处罚权的行政机关在法定职权范围内实施。

第十八条 【相对集中行政处罚权】国家在城市管理、市场监管、生态环境、文化市场、交通运输、应急管理、农业等领域推行建立综合行政执法制度,相对集中行政处罚权。

国务院或者省、自治区、直辖市人民政府可以决定一个行政机关行使有关行政机关的行政处罚权。

限制人身自由的行政处罚权只能由公安机关和法律规定的其他机关行使。

第十九条 【行政处罚的授权】法律、法规授权的具有管理公共事务职能的组织可以在法定授权范围内实施行政处罚。

第二十条 【行政处罚的委托】行政机关依照法律、法规、规章的规定,可以在其法定权限内书面委托符合本法第二十一条规定条件的组织实施行政处罚。行政机关不得委托其他组织或者个人实施行政处罚。

委托书应当载明委托的具体事项、权限、期限等内容。委托行政机关和受委托组织应当将委托书向社会公布。

委托行政机关对受委托组织实施行政处罚的行为应当负责监督,并对该行为的后果承担法律责任。

受委托组织在委托范围内,以委托行政机关名义实施行政处罚;不得再委托其他组织或者个人实施行政处罚。

第二十一条 【受委托组织的条件】受委托组织必须符合以下条件:

(一)依法成立并具有管理公共事务职能;

(二)有熟悉有关法律、法规、规章和业务并取得行政执法资格的工作人员;

(三)需要进行技术检查或者技术鉴定的,应当有条件组织进行相应的技术检查或者技术鉴定。

第四章 行政处罚的管辖和适用

第二十二条 【行政处罚的地域管辖】行政处罚由违法行为发生地的行政机关管辖。法律、行政法规、部门规章另有规定的,从其规定。

第二十三条 【行政处罚的级别管辖和职能管辖】行政处罚由县级以上地方人民政府具有行政处罚权的行政机关管辖。法律、行政法规另有规定的,从其规定。

第二十四条 【下放行政处罚权的条件与情形】省、自治区、直辖市根据当地实际情况,可以决定将基层管理迫切需要的县级人民政府部门的行政处罚权交由能够有效承接的乡镇人民政府、街道办事处行使,并定期组织评估。决定应当公布。

承接行政处罚权的乡镇人民政府、街道办事处应当加强执法能力建设,按照规定范围、依照法定程序实施行政处罚。

有关地方人民政府及其部门应当加强组织协调、业务指导、执法监督,建立健全行政处罚协调配合机制,完善评议、考核制度。

第二十五条 【行政处罚的管辖归属】两个以上行政机关都有管辖权的,由最先立案的行政机关管辖。

对管辖发生争议的,应当协商解决,协商不成的,报请共同的上一级行政机关指定管辖;也可以直接由共同的上一级行政机关指定管辖。

第二十六条 【行政处罚的协助实施请求权】行政机关因实施行政处罚的需要,可以向有关机关提出协助请求。协助事项属于被请求机关职权范围内的,应当依法予以协助。

第二十七条 【行政处罚案件的移送管辖】违法行为涉嫌犯罪的,行政机关应当及时将案件移送司法机关,依法追究刑事责任。对依法不需要追究刑事责任或者免予刑事处罚,但应当给予行政处罚的,司法机关应当及时将案件移送有关行政机关。

行政处罚实施机关与司法机关之间应当加强协调配合,建立健全案件移送制度,加强证据材料移交、接收衔接,完善案件处理信息通报机制。

第二十八条 【责令改正与没收违法所得】行政机关实施行政处罚时,应当责令当事人改正或者限期改正违法行为。

当事人有违法所得,除依法应当退赔的外,应当予以没收。违法所得是指实施违法行为所取得的款项。法律、行政法规、部门规章对违法所得的计算另有规定的,从其规定。

第二十九条 【一事不再罚】对当事人的同一个违法行为,不得给予两次以上罚款的行政处罚。同一个违法行为违反多个法律规范应当给予罚款处罚的,按照罚款数额高的规定处罚。

第三十条　【未成年人的行政处罚】不满十四周岁的未成年人有违法行为的，不予行政处罚，责令监护人加以管教；已满十四周岁不满十八周岁的未成年人有违法行为的，应当从轻或者减轻行政处罚。

第三十一条　【精神状况异常及智力低下的人的行政处罚】精神病人、智力残疾人在不能辨认或者不能控制自己行为时有违法行为的，不予行政处罚，但应当责令其监护人严加看管和治疗。间歇性精神病人在精神正常时有违法行为的，应当给予行政处罚。尚未完全丧失辨认或者控制自己行为能力的精神病人、智力残疾人有违法行为的，可以从轻或者减轻行政处罚。

第三十二条　【从轻或者减轻行政处罚】当事人有下列情形之一，应当从轻或者减轻行政处罚：

（一）主动消除或者减轻违法行为危害后果的；

（二）受他人胁迫或者诱骗实施违法行为的；

（三）主动供述行政机关尚未掌握的违法行为的；

（四）配合行政机关查处违法行为有立功表现的；

（五）法律、法规、规章规定其他应当从轻或者减轻行政处罚的。

第三十三条　【免予处罚】违法行为轻微并及时改正，没有造成危害后果的，不予行政处罚。初次违法且危害后果轻微并及时改正的，可以不予行政处罚。

当事人有证据足以证明没有主观过错的，不予行政处罚。法律、行政法规另有规定的，从其规定。

对当事人的违法行为依法不予行政处罚的，行政机关应当对当事人进行教育。

第三十四条　【裁量基准的制定】行政机关可以依法制定行政处罚裁量基准，规范行使行政处罚裁量权。行政处罚裁量基准应当向社会公布。

第三十五条　【刑罚的折抵】违法行为构成犯罪，人民法院判处拘役或者有期徒刑时，行政机关已经给予当事人行政拘留的，应当依法折抵相应刑期。

违法行为构成犯罪，人民法院判处罚金时，行政机关已经给予当事人罚款的，应当折抵相应罚金；行政机关尚未给予当事人罚款的，不再给予罚款。

第三十六条　【行政处罚追责时效】违法行为在二年内未被发现的，不再给予行政处罚；涉及公民生命健康安全、金融安全且有危害后果的，上述期限延长至五年。法律另有规定的除外。

前款规定的期限，从违法行为发生之日起计算；违法行为有连续或者继续状态的，从行为终了之日起计算。

第三十七条　【从旧兼从轻原则】实施行政处罚，适用违法行为发生时的法律、法规、规章的规定。但是，作出行政处罚决定时，法律、法规、规章已被修改或者废止，且新的规定处罚较轻或者不认为是违法的，适用新的规定。

第三十八条　【无效的行政处罚】行政处罚没有依据或者实施主体不具有行政主体资格的，行政处罚无效。

违反法定程序构成重大且明显违法的，行政处罚无效。

第五章　行政处罚的决定

第一节　一般规定

第三十九条　【行政处罚公示制度】行政处罚的实施机关、立案依据、实施程序和救济渠道等信息应当公示。

第四十条　【行政处罚的前提条件】公民、法人或者其他组织违反行政管理秩序的行为，依法应当给予行政处罚的，行政机关必须查明事实；违法事实不清、证据不足的，不得给予行政处罚。

第四十一条　【电子监控设备的配置程序、内容审核、权利告知】行政机关依照法律、行政法规规定利用电子技术监控设备收集、固定违法事实的，应当经过法制和技术审核，确保电子技术监控设备符合标准、设置合理、标志明显，设置地点应当向社会公布。

电子技术监控设备记录违法事实应当真实、清晰、完整、准确。行政机关应当审核记录内容是否符合要求；未经审核或者经审核不符合要求的，不得作为行政处罚的证据。

行政机关应当及时告知当事人违法事实，并采取信息化手段或者其他措施，为当事人查询、陈述和申辩提供便利。不得限制或者变相限制当事人享有的陈述权、申辩权。

第四十二条　【对行政执法人员的执法要求】行政处罚应当由具有行政执法资格的执法人员实施。执法人员不得少于两人，法律另有规定的除外。

执法人员应当文明执法，尊重和保护当事人合法权益。

第四十三条　【行政执法人员回避制度】执法人员与案件有直接利害关系或者有其他关系可能影响公正执法的，应当回避。

当事人认为执法人员与案件有直接利害关系或者有其他关系可能影响公正执法的，有权申请回避。

当事人提出回避申请的，行政机关应当依法审查，由行政机关负责人决定。决定作出之前，不停止调查。

第四十四条　【行政机关的告知义务】行政机关在作出

行政处罚决定之前，应当告知当事人拟作出的行政处罚内容及事实、理由、依据，并告知当事人依法享有的陈述、申辩、要求听证等权利。

第四十五条　【当事人的陈述权和申辩权】当事人有权进行陈述和申辩。行政机关必须充分听取当事人的意见，对当事人提出的事实、理由和证据，应当进行复核；当事人提出的事实、理由或者证据成立的，行政机关应当采纳。

行政机关不得因当事人陈述、申辩而给予更重的处罚。

第四十六条　【证据的种类及适用规则】证据包括：

（一）书证；

（二）物证；

（三）视听资料；

（四）电子数据；

（五）证人证言；

（六）当事人的陈述；

（七）鉴定意见；

（八）勘验笔录、现场笔录。

证据必须经查证属实，方可作为认定案件事实的根据。

以非法手段取得的证据，不得作为认定案件事实的根据。

第四十七条　【行政执法全过程记录制度】行政机关应当依法以文字、音像等形式，对行政处罚的启动、调查取证、审核、决定、送达、执行等进行全过程记录，归档保存。

第四十八条　【行政处罚决定信息公开】具有一定社会影响的行政处罚决定应当依法公开。

公开的行政处罚决定被依法变更、撤销、确认违法或者确认无效的，行政机关应当在三日内撤回行政处罚决定信息并公开说明理由。

第四十九条　【重大突发事件从快处理、从重处罚】发生重大传染病疫情等突发事件，为了控制、减轻和消除突发事件引起的社会危害，行政机关对违反突发事件应对措施的行为，依法快速、从重处罚。

第五十条　【保护国家秘密、商业秘密或者个人隐私义务】行政机关及其工作人员对实施行政处罚过程中知悉的国家秘密、商业秘密或者个人隐私，应当依法予以保密。

第二节　简易程序

第五十一条　【行政机关当场处罚】违法事实确凿并有法定依据，对公民处以二百元以下、对法人或者其他组织处以三千元以下罚款或者警告的行政处罚的，可以当场作出行政处罚决定。法律另有规定的，从其规定。

第五十二条　【行政机关当场处罚需履行法定手续】执法人员当场作出行政处罚决定的，应当向当事人出示执法证件，填写预定格式、编有号码的行政处罚决定书，并当场交付当事人。当事人拒绝签收的，应当在行政处罚决定书上注明。

前款规定的行政处罚决定书应当载明当事人的违法行为，行政处罚的种类和依据、罚款数额、时间、地点，申请行政复议、提起行政诉讼的途径和期限以及行政机关名称，并由执法人员签名或者盖章。

执法人员当场作出的行政处罚决定，应当报所属行政机关备案。

第五十三条　【行政机关当场处罚履行方式】对当场作出的行政处罚决定，当事人应当依照本法第六十七条至第六十九条的规定履行。

第三节　普通程序

第五十四条　【处罚前调查取证程序】除本法第五十一条规定的可以当场作出的行政处罚外，行政机关发现公民、法人或者其他组织有依法应当给予行政处罚的行为的，必须全面、客观、公正地调查，收集有关证据；必要时，依照法律、法规的规定，可以进行检查。

符合立案标准的，行政机关应当及时立案。

第五十五条　【执法人员调查中应出示证件及调查对象配合义务】执法人员在调查或者进行检查时，应当主动向当事人或者有关人员出示执法证件。当事人或者有关人员有权要求执法人员出示执法证件。执法人员不出示执法证件的，当事人或者有关人员有权拒绝接受调查或者检查。

当事人或者有关人员应当如实回答询问，并协助调查或者检查，不得拒绝或者阻挠。询问或者检查应当制作笔录。

第五十六条　【取证方法和程序】行政机关在收集证据时，可以采取抽样取证的方法；在证据可能灭失或者以后难以取得的情况下，经行政机关负责人批准，可以先行登记保存，并应当在七日内及时作出处理决定，在此期间，当事人或者有关人员不得销毁或者转移证据。

第五十七条　【处罚决定】调查终结，行政机关负责人应当对调查结果进行审查，根据不同情况，分别作出如下决定：

（一）确有应受行政处罚的违法行为的，根据情节轻重及具体情况，作出行政处罚决定；

（二）违法行为轻微，依法可以不予行政处罚的，不予行政处罚；

（三）违法事实不能成立的，不予行政处罚；

（四）违法行为涉嫌犯罪的，移送司法机关。

对情节复杂或者重大违法行为给予行政处罚，行政机关负责人应当集体讨论决定。

第五十八条　【特定事项法制审核制度】有下列情形之一，在行政机关负责人作出行政处罚的决定之前，应当由从事行政处罚决定法制审核的人员进行法制审核；未经法制审核或者审核未通过的，不得作出决定：

（一）涉及重大公共利益的；

（二）直接关系当事人或者第三人重大权益，经过听证程序的；

（三）案件情况疑难复杂、涉及多个法律关系的；

（四）法律、法规规定应当进行法制审核的其他情形。

行政机关中初次从事行政处罚决定法制审核的人员，应当通过国家统一法律职业资格考试取得法律职业资格。

第五十九条　【行政处罚决定书的制作和内容】行政机关依照本法第五十七条的规定给予行政处罚，应当制作行政处罚决定书。行政处罚决定书应当载明下列事项：

（一）当事人的姓名或者名称、地址；

（二）违反法律、法规、规章的事实和证据；

（三）行政处罚的种类和依据；

（四）行政处罚的履行方式和期限；

（五）申请行政复议、提起行政诉讼的途径和期限；

（六）作出行政处罚决定的行政机关名称和作出决定的日期。

行政处罚决定书必须盖有作出行政处罚决定的行政机关的印章。

第六十条　【行政处罚期限】行政机关应当自行政处罚案件立案之日起九十日内作出行政处罚决定。法律、法规、规章另有规定的，从其规定。

第六十一条　【行政处罚决定书的送达】行政处罚决定书应当在宣告后当场交付当事人；当事人不在场的，行政机关应当在七日内依照《中华人民共和国民事诉讼法》的有关规定，将行政处罚决定书送达当事人。

当事人同意并签订确认书的，行政机关可以采用传真、电子邮件等方式，将行政处罚决定书等送达当事人。

第六十二条　【不得做出行政处罚决定的情形】行政机关及其执法人员在作出行政处罚决定之前，未依照本法第四十四条、第四十五条的规定向当事人告知拟作出的行政处罚内容及事实、理由、依据，或者拒绝听取当事人的陈述、申辩，不得作出行政处罚决定；当事人明确放弃陈述或者申辩权利的除外。

第四节　听证程序

第六十三条　【行政处罚听证程序的适用范围】行政机关拟作出下列行政处罚决定，应当告知当事人有要求听证的权利，当事人要求听证的，行政机关应当组织听证：

（一）较大数额罚款；

（二）没收较大数额违法所得、没收较大价值非法财物；

（三）降低资质等级、吊销许可证件；

（四）责令停产停业、责令关闭、限制从业；

（五）其他较重的行政处罚；

（六）法律、法规、规章规定的其他情形。

当事人不承担行政机关组织听证的费用。

第六十四条　【行政处罚的听证程序】听证应当依照以下程序组织：

（一）当事人要求听证的，应当在行政机关告知后五日内提出；

（二）行政机关应当在举行听证的七日前，通知当事人及有关人员听证的时间、地点；

（三）除涉及国家秘密、商业秘密或者个人隐私依法予以保密外，听证公开举行；

（四）听证由行政机关指定的非本案调查人员主持；当事人认为主持人与本案有直接利害关系的，有权申请回避；

（五）当事人可以亲自参加听证，也可以委托一至二人代理；

（六）当事人及其代理人无正当理由拒不出席听证或者未经许可中途退出听证的，视为放弃听证权利，行政机关终止听证；

（七）举行听证时，调查人员提出当事人违法的事实、证据和行政处罚建议，当事人进行申辩和质证；

（八）听证应当制作笔录。笔录应当交当事人或者其代理人核对无误后签字或者盖章。当事人或者其代理人拒绝签字或者盖章的，由听证主持人在笔录中注明。

第六十五条　【听证笔录及处罚决定】听证结束后，行政机关应当根据听证笔录，依照本法第五十七条的规定，作出决定。

第六章 行政处罚的执行

第六十六条 【履行期限】行政处罚决定依法作出后，当事人应当在行政处罚决定书载明的期限内，予以履行。

当事人确有经济困难，需要延期或者分期缴纳罚款的，经当事人申请和行政机关批准，可以暂缓或者分期缴纳。

第六十七条 【罚缴分离原则】作出罚款决定的行政机关应当与收缴罚款的机构分离。

除依照本法第六十八条、第六十九条的规定当场收缴的罚款外，作出行政处罚决定的行政机关及其执法人员不得自行收缴罚款。

当事人应当自收到行政处罚决定书之日起十五日内，到指定的银行或者通过电子支付系统缴纳罚款。银行应当收受罚款，并将罚款直接上缴国库。

第六十八条 【当场收缴罚款情形】依照本法第五十一条的规定当场作出行政处罚决定，有下列情形之一，执法人员可以当场收缴罚款：

（一）依法给予一百元以下罚款的；

（二）不当场收缴事后难以执行的。

第六十九条 【边远地区当场收缴罚款】在边远、水上、交通不便地区，行政机关及其执法人员依照本法第五十一条、第五十七条的规定作出罚款决定后，当事人到指定的银行或者通过电子支付系统缴纳罚款确有困难，经当事人提出，行政机关及其执法人员可以当场收缴罚款。

第七十条 【罚款收据】行政机关及其执法人员当场收缴罚款的，必须向当事人出具国务院财政部门或者省、自治区、直辖市人民政府财政部门统一制发的专用票据；不出具财政部门统一制发的专用票据的，当事人有权拒绝缴纳罚款。

第七十一条 【当场收缴罚款的上缴程序】执法人员当场收缴的罚款，应当自收缴罚款之日起二日内，交至行政机关；在水上当场收缴的罚款，应当自抵岸之日起二日内交至行政机关；行政机关应当在二日内将罚款缴付指定的银行。

第七十二条 【执行措施】当事人逾期不履行行政处罚决定的，作出行政处罚决定的行政机关可以采取下列措施：

（一）到期不缴纳罚款的，每日按罚款数额的百分之三加处罚款，加处罚款的数额不得超出罚款的数额；

（二）根据法律规定，将查封、扣押的财物拍卖、依法处理或者将冻结的存款、汇款划拨抵缴罚款；

（三）根据法律规定，采取其他行政强制执行方式；

（四）依照《中华人民共和国行政强制法》的规定申请人民法院强制执行。

行政机关批准延期、分期缴纳罚款的，申请人民法院强制执行的期限，自暂缓或者分期缴纳罚款期限结束之日起计算。

第七十三条 【复议、诉讼期间行政处罚不停止执行】当事人对行政处罚决定不服，申请行政复议或者提起行政诉讼的，行政处罚不停止执行，法律另有规定的除外。

当事人对限制人身自由的行政处罚决定不服，申请行政复议或者提起行政诉讼的，可以向作出决定的机关提出暂缓执行申请。符合法律规定情形的，应当暂缓执行。

当事人申请行政复议或者提起行政诉讼的，加处罚款的数额在行政复议或者行政诉讼期间不予计算。

第七十四条 【罚没非法财物的处理】除依法应当予以销毁的物品外，依法没收的非法财物必须按照国家规定公开拍卖或者按照国家有关规定处理。

罚款、没收的违法所得或者没收非法财物拍卖的款项，必须全部上缴国库，任何行政机关或者个人不得以任何形式截留、私分或者变相私分。

罚款、没收的违法所得或者没收非法财物拍卖的款项，不得同作出行政处罚决定的行政机关及其工作人员的考核、考评直接或者变相挂钩。除依法应当退还、退赔的外，财政部门不得以任何形式向作出行政处罚决定的行政机关返还罚款、没收的违法所得或者没收非法财物拍卖的款项。

第七十五条 【行政处罚监督制度】行政机关应当建立健全对行政处罚的监督制度。县级以上人民政府应当定期组织开展行政执法评议、考核，加强对行政处罚的监督检查，规范和保障行政处罚的实施。

行政机关实施行政处罚应当接受社会监督。公民、法人或者其他组织对行政机关实施行政处罚的行为，有权申诉或者检举；行政机关应当认真审查，发现有错误的，应当主动改正。

第七章 法律责任

第七十六条 【违法行政处罚实施人员的法律责任】行政机关实施行政处罚，有下列情形之一，由上级行政机关或者有关机关责令改正，对直接负责的主管人员和其他直接责任人员依法给予处分：

（一）没有法定的行政处罚依据的；

（二）擅自改变行政处罚种类、幅度的；

（三）违反法定的行政处罚程序的；

（四）违反本法第二十条关于委托处罚的规定的；

（五）执法人员未取得执法证件的。

行政机关对符合立案标准的案件不及时立案的，依照前款规定予以处理。

第七十七条　【违法使用单据的法律责任】行政机关对当事人进行处罚不使用罚款、没收财物单据或者使用非法定部门制发的罚款、没收财物单据的，当事人有权拒绝，并有权予以检举，由上级行政机关或者有关机关对使用的非法单据予以收缴销毁，对直接负责的主管人员和其他直接责任人员依法给予处分。

第七十八条　【违反罚缴分离的法律责任】行政机关违反本法第六十七条的规定自行收缴罚款的，财政部门违反本法第七十四条的规定向行政机关返还罚款、没收的违法所得或者拍卖款项的，由上级行政机关或者有关机关责令改正，对直接负责的主管人员和其他直接责任人员依法给予处分。

第七十九条　【截留私分罚没款的法律责任】行政机关截留、私分或者变相私分罚款、没收的违法所得或者财物的，由财政部门或者有关机关予以追缴，对直接负责的主管人员和其他直接责任人员依法给予处分；情节严重构成犯罪的，依法追究刑事责任。

执法人员利用职务上的便利，索取或者收受他人财物、将收缴罚款据为己有，构成犯罪的，依法追究刑事责任；情节轻微不构成犯罪的，依法给予处分。

第八十条　【使用、损毁查封、扣押财物的法律责任】行政机关使用或者损毁查封、扣押的财物，对当事人造成损失的，应当依法予以赔偿，对直接负责的主管人员和其他直接责任人员依法给予处分。

第八十一条　【违法行政检查和违法行政强制执行的法律责任】行政机关违法实施检查措施或者执行措施，给公民人身或者财产造成损害、给法人或者其他组织造成损失的，应当依法予以赔偿，对直接负责的主管人员和其他直接责任人员依法给予处分；情节严重构成犯罪的，依法追究刑事责任。

第八十二条　【以罚代刑的法律责任】行政机关对应当依法移交司法机关追究刑事责任的案件不移交，以行政处罚代替刑事处罚，由上级行政机关或者有关机关责令改正，对直接负责的主管人员和其他直接责任人员依法给予处分；情节严重构成犯罪的，依法追究刑事责任。

第八十三条　【执法人员不作为致损应担责】行政机关对应当予以制止和处罚的违法行为不予制止、处罚，致使公民、法人或者其他组织的合法权益、公共利益和社会秩序遭受损害的，对直接负责的主管人员和其他直接责任人员依法给予处分；情节严重构成犯罪的，依法追究刑事责任。

第八章　附　　则

第八十四条　【法的对象效力范围】外国人、无国籍人、外国组织在中华人民共和国领域内有违法行为，应当给予行政处罚的，适用本法，法律另有规定的除外。

第八十五条　【期限】本法中“二日”“三日”“五日”“七日”的规定是指工作日，不含法定节假日。

第八十六条　【施行日期】本法自2021年7月15日起施行。

优化营商环境条例

1. 2019年10月22日国务院令第722号公布
2. 自2020年1月1日起施行

第一章　总　　则

第一条　为了持续优化营商环境，不断解放和发展社会生产力，加快建设现代化经济体系，推动高质量发展，制定本条例。

第二条　本条例所称营商环境，是指企业等市场主体在市场经济活动中所涉及的体制机制性因素和条件。

第三条　国家持续深化简政放权、放管结合、优化服务改革，最大限度减少政府对市场资源的直接配置，最大限度减少政府对市场活动的直接干预，加强和规范事中事后监管，着力提升政务服务能力和水平，切实降低制度性交易成本，更大激发市场活力和社会创造力，增强发展动力。

各级人民政府及其部门应当坚持政务公开透明，以公开为常态、不公开为例外，全面推进决策、执行、管理、服务、结果公开。

第四条　优化营商环境应当坚持市场化、法治化、国际化原则，以市场主体需求为导向，以深刻转变政府职能为核心，创新体制机制、强化协同联动、完善法治保障，对标国际先进水平，为各类市场主体投资兴业营造稳定、公平、透明、可预期的良好环境。

第五条　国家加快建立统一开放、竞争有序的现代市场体系，依法促进各类生产要素自由流动，保障各类市场主体公平参与市场竞争。

第六条　国家鼓励、支持、引导非公有制经济发展，激发非公有制经济活力和创造力。

国家进一步扩大对外开放，积极促进外商投资，平等对待内资企业、外商投资企业等各类市场主体。

第七条　各级人民政府应当加强对优化营商环境工作的组织领导，完善优化营商环境的政策措施，建立健全统筹推进、督促落实优化营商环境工作的相关机制，及时协调、解决优化营商环境工作中的重大问题。

县级以上人民政府有关部门应当按照职责分工，做好优化营商环境的相关工作。县级以上地方人民政府根据实际情况，可以明确优化营商环境工作的主管部门。

国家鼓励和支持各地区、各部门结合实际情况，在法治框架内积极探索原创性、差异化的优化营商环境具体措施；对探索中出现失误或者偏差，符合规定条件的，可以予以免责或者减轻责任。

第八条　国家建立和完善以市场主体和社会公众满意度为导向的营商环境评价体系，发挥营商环境评价对优化营商环境的引领和督促作用。

开展营商环境评价，不得影响各地区、各部门正常工作，不得影响市场主体正常生产经营活动或者增加市场主体负担。

任何单位不得利用营商环境评价谋取利益。

第九条　市场主体应当遵守法律法规，恪守社会公德和商业道德，诚实守信、公平竞争，履行安全、质量、劳动者权益保护、消费者权益保护等方面的法定义务，在国际经贸活动中遵循国际通行规则。

第二章　市场主体保护

第十条　国家坚持权利平等、机会平等、规则平等，保障各种所有制经济平等受到法律保护。

第十一条　市场主体依法享有经营自主权。对依法应当由市场主体自主决策的各类事项，任何单位和个人不得干预。

第十二条　国家保障各类市场主体依法平等使用资金、技术、人力资源、土地使用权及其他自然资源等各类生产要素和公共服务资源。

各类市场主体依法平等适用国家支持发展的政策。政府及其有关部门在政府资金安排、土地供应、税费减免、资质许可、标准制定、项目申报、职称评定、人力资源政策等方面，应当依法平等对待各类市场主体，不得制定或者实施歧视性政策措施。

第十三条　招标投标和政府采购应当公开透明、公平公正，依法平等对待各类所有制和不同地区的市场主体，不得以不合理条件或者产品产地来源等进行限制或者排斥。

政府有关部门应当加强招标投标和政府采购监管，依法纠正和查处违法违规行为。

第十四条　国家依法保护市场主体的财产权和其他合法权益，保护企业经营者人身和财产安全。

严禁违反法定权限、条件、程序对市场主体的财产和企业经营者个人财产实施查封、冻结和扣押等行政强制措施；依法确需实施前述行政强制措施的，应当限定在所必需的范围内。

禁止在法律、法规规定之外要求市场主体提供财力、物力或者人力的摊派行为。市场主体有权拒绝任何形式的摊派。

第十五条　国家建立知识产权侵权惩罚性赔偿制度，推动建立知识产权快速协同保护机制，健全知识产权纠纷多元化解决机制和知识产权维权援助机制，加大对知识产权的保护力度。

国家持续深化商标注册、专利申请便利化改革，提高商标注册、专利申请审查效率。

第十六条　国家加大中小投资者权益保护力度，完善中小投资者权益保护机制，保障中小投资者的知情权、参与权，提升中小投资者维护合法权益的便利度。

第十七条　除法律、法规另有规定外，市场主体有权自主决定加入或者退出行业协会商会等社会组织，任何单位和个人不得干预。

除法律、法规另有规定外，任何单位和个人不得强制或者变相强制市场主体参加评比、达标、表彰、培训、考核、考试以及类似活动，不得借前述活动向市场主体收费或者变相收费。

第十八条　国家推动建立全国统一的市场主体维权服务平台，为市场主体提供高效、便捷的维权服务。

第三章　市场环境

第十九条　国家持续深化商事制度改革，统一企业登记业务规范，统一数据标准和平台服务接口，采用统一社会信用代码进行登记管理。

国家推进"证照分离"改革，持续精简涉企经营许可事项，依法采取直接取消审批、审批改为备案、实行告知承诺、优化审批服务等方式，对所有涉企经营许可事项进行分类管理，为企业取得营业执照后开展相关经营活动提供便利。除法律、行政法规规定的特定领域外，涉企经营许可事项不得作为企业登记的前置条件。

政府有关部门应当按照国家有关规定，简化企业从申请设立到具备一般性经营条件所需办理的手续。在国家规定的企业开办时限内，各地区应当确定并公开具体办理时间。

企业申请办理住所等相关变更登记的，有关部门应当依法及时办理，不得限制。除法律、法规、规章另有规定外，企业迁移后其持有的有效许可证件不再重复办理。

第二十条　国家持续放宽市场准入，并实行全国统一的市场准入负面清单制度。市场准入负面清单以外的领域，各类市场主体均可以依法平等进入。

各地区、各部门不得另行制定市场准入性质的负面清单。

第二十一条　政府有关部门应当加大反垄断和反不正当竞争执法力度，有效预防和制止市场经济活动中的垄断行为、不正当竞争行为以及滥用行政权力排除、限制竞争的行为，营造公平竞争的市场环境。

第二十二条　国家建立健全统一开放、竞争有序的人力资源市场体系，打破城乡、地区、行业分割和身份、性别等歧视，促进人力资源有序社会性流动和合理配置。

第二十三条　政府及其有关部门应当完善政策措施、强化创新服务，鼓励和支持市场主体拓展创新空间，持续推进产品、技术、商业模式、管理等创新，充分发挥市场主体在推动科技成果转化中的作用。

第二十四条　政府及其有关部门应当严格落实国家各项减税降费政策，及时研究解决政策落实中的具体问题，确保减税降费政策全面、及时惠及市场主体。

第二十五条　设立政府性基金、涉企行政事业性收费、涉企保证金，应当有法律、行政法规依据或者经国务院批准。对政府性基金、涉企行政事业性收费、涉企保证金以及实行政府定价的经营服务性收费，实行目录清单管理并向社会公开，目录清单之外的前述收费和保证金一律不得执行。推广以金融机构保函替代现金缴纳涉企保证金。

第二十六条　国家鼓励和支持金融机构加大对民营企业、中小企业的支持力度，降低民营企业、中小企业综合融资成本。

金融监督管理部门应当完善对商业银行等金融机构的监管考核和激励机制，鼓励、引导其增加对民营企业、中小企业的信贷投放，并合理增加中长期贷款和信用贷款支持，提高贷款审批效率。

商业银行等金融机构在授信中不得设置不合理条件，不得对民营企业、中小企业设置歧视性要求。商业银行等金融机构应当按照国家有关规定规范收费行为，不得违规向服务对象收取不合理费用。商业银行应当向社会公开开设企业账户的服务标准、资费标准和办理时限。

第二十七条　国家促进多层次资本市场规范健康发展，拓宽市场主体融资渠道，支持符合条件的民营企业、中小企业依法发行股票、债券以及其他融资工具，扩大直接融资规模。

第二十八条　供水、供电、供气、供热等公用企事业单位应当向社会公开服务标准、资费标准等信息，为市场主体提供安全、便捷、稳定和价格合理的服务，不得强迫市场主体接受不合理的服务条件，不得以任何名义收取不合理费用。各地区应当优化报装流程，在国家规定的报装办理时限内确定并公开具体办理时间。

政府有关部门应当加强对公用企事业单位运营的监督管理。

第二十九条　行业协会商会应当依照法律、法规和章程，加强行业自律，及时反映行业诉求，为市场主体提供信息咨询、宣传培训、市场拓展、权益保护、纠纷处理等方面的服务。

国家依法严格规范行业协会商会的收费、评比、认证等行为。

第三十条　国家加强社会信用体系建设，持续推进政务诚信、商务诚信、社会诚信和司法公信建设，提高全社会诚信意识和信用水平，维护信用信息安全，严格保护商业秘密和个人隐私。

第三十一条　地方各级人民政府及其有关部门应当履行向市场主体依法作出的政策承诺以及依法订立的各类合同，不得以行政区划调整、政府换届、机构或者职能调整以及相关责任人更替等为由违约毁约。因国家利益、社会公共利益需要改变政策承诺、合同约定的，应当依照法定权限和程序进行，并依法对市场主体因此受到的损失予以补偿。

第三十二条　国家机关、事业单位不得违约拖欠市场主体的货物、工程、服务等账款，大型企业不得利用优势地位拖欠中小企业账款。

县级以上人民政府及其有关部门应当加大对国家机关、事业单位拖欠市场主体账款的清理力度，并通过加强预算管理、严格责任追究等措施，建立防范和治理国家机关、事业单位拖欠市场主体账款的长效机制。

第三十三条　政府有关部门应当优化市场主体注销办理流程，精简申请材料、压缩办理时间、降低注销成本。对设立后未开展生产经营活动或者无债权债务的市场主体，可以按照简易程序办理注销。对有债权债务的市场主体，在债权债务依法解决后及时办理注销。

县级以上地方人民政府应当根据需要建立企业破

产工作协调机制，协调解决企业破产过程中涉及的有关问题。

第四章　政务服务

第三十四条　政府及其有关部门应当进一步增强服务意识，切实转变工作作风，为市场主体提供规范、便利、高效的政务服务。

第三十五条　政府及其有关部门应当推进政务服务标准化，按照减环节、减材料、减时限的要求，编制并向社会公开政务服务事项（包括行政权力事项和公共服务事项，下同）标准化工作流程和办事指南，细化量化政务服务标准，压缩自由裁量权，推进同一事项实行无差别受理、同标准办理。没有法律、法规、规章依据，不得增设政务服务事项的办理条件和环节。

第三十六条　政府及其有关部门办理政务服务事项，应当根据实际情况，推行当场办结、一次办结、限时办结等制度，实现集中办理、就近办理、网上办理、异地可办。需要市场主体补正有关材料、手续的，应当一次性告知需要补正的内容；需要进行现场踏勘、现场核查、技术审查、听证论证的，应当及时安排、限时办结。

法律、法规、规章以及国家有关规定对政务服务事项办理时限有规定的，应当在规定的时限内尽快办结；没有规定的，应当按照合理、高效的原则确定办理时限并按时办结。各地区可以在国家规定的政务服务事项办理时限内进一步压减时间，并应当向社会公开；超过办理时间的，办理单位应当公开说明理由。

地方各级人民政府已设立政务服务大厅的，本行政区域内各类政务服务事项一般应当进驻政务服务大厅统一办理。对政务服务大厅中部门分设的服务窗口，应当创造条件整合为综合窗口，提供一站式服务。

第三十七条　国家加快建设全国一体化在线政务服务平台（以下称一体化在线平台），推动政务服务事项在全国范围内实现"一网通办"。除法律、法规另有规定或者涉及国家秘密等情形外，政务服务事项应当按照国务院确定的步骤，纳入一体化在线平台办理。

国家依托一体化在线平台，推动政务信息系统整合，优化政务流程，促进政务服务跨地区、跨部门、跨层级数据共享和业务协同。政府及其有关部门应当按照国家有关规定，提供数据共享服务，及时将有关政务服务数据上传至一体化在线平台，加强共享数据使用全过程管理，确保共享数据安全。

国家建立电子证照共享服务系统，实现电子证照跨地区、跨部门共享和全国范围内互信互认。各地区、各部门应当加强电子证照的推广应用。

各地区、各部门应当推动政务服务大厅与政务服务平台全面对接融合。市场主体有权自主选择政务服务办理渠道，行政机关不得限定办理渠道。

第三十八条　政府及其有关部门应当通过政府网站、一体化在线平台，集中公布涉及市场主体的法律、法规、规章、行政规范性文件和各类政策措施，并通过多种途径和方式加强宣传解读。

第三十九条　国家严格控制新设行政许可。新设行政许可应当按照行政许可法和国务院的规定严格设定标准，并进行合法性、必要性和合理性审查论证。对通过事中事后监管或者市场机制能够解决以及行政许可法和国务院规定不得设立行政许可的事项，一律不得设立行政许可，严禁以备案、登记、注册、目录、规划、年检、年报、监制、认定、认证、审定以及其他任何形式变相设定或者实施行政许可。

法律、行政法规和国务院决定对相关管理事项已作出规定，但未采取行政许可管理方式的，地方不得就该事项设定行政许可。对相关管理事项尚未制定法律、行政法规的，地方可以依法就该事项设定行政许可。

第四十条　国家实行行政许可清单管理制度，适时调整行政许可清单并向社会公布，清单之外不得违法实施行政许可。

国家大力精简已有行政许可。对已取消的行政许可，行政机关不得继续实施或者变相实施，不得转由行业协会商会或者其他组织实施。

对实行行政许可管理的事项，行政机关应当通过整合实施、下放审批层级等多种方式，优化审批服务，提高审批效率，减轻市场主体负担。符合相关条件和要求的，可以按照有关规定采取告知承诺的方式办理。

第四十一条　县级以上地方人民政府应当深化投资审批制度改革，根据项目性质、投资规模等分类规范投资审批程序，精简审批要件，简化技术审查事项，强化项目决策与用地、规划等建设条件落实的协同，实行与相关审批在线并联办理。

第四十二条　设区的市级以上地方人民政府应当按照国家有关规定，优化工程建设项目（不包括特殊工程和交通、水利、能源等领域的重大工程）审批流程，推行并联审批、多图联审、联合竣工验收等方式，简化审批手续，提高审批效能。

在依法设立的开发区、新区和其他有条件的区域，按照国家有关规定推行区域评估，由设区的市级以上地方人民政府组织对一定区域内压覆重要矿产资源、地质灾害危险性等事项进行统一评估，不再对区域内的市场主体单独提出评估要求。区域评估的费用不得由市场主体承担。

第四十三条　作为办理行政审批条件的中介服务事项（以下称法定行政审批中介服务）应当有法律、法规或者国务院决定依据；没有依据的，不得作为办理行政审批的条件。中介服务机构应当明确办理法定行政审批中介服务的条件、流程、时限、收费标准，并向社会公开。

国家加快推进中介服务机构与行政机关脱钩。行政机关不得为市场主体指定或者变相指定中介服务机构；除法定行政审批中介服务外，不得强制或者变相强制市场主体接受中介服务。行政机关所属事业单位、主管的社会组织及其举办的企业不得开展与本机关所负责行政审批相关的中介服务，法律、行政法规另有规定的除外。

行政机关在行政审批过程中需要委托中介服务机构开展技术性服务的，应当通过竞争性方式选择中介服务机构，并自行承担服务费用，不得转嫁给市场主体承担。

第四十四条　证明事项应当有法律、法规或者国务院决定依据。

设定证明事项，应当坚持确有必要、从严控制的原则。对通过法定证照、法定文书、书面告知承诺、政府部门内部核查和部门间核查、网络核验、合同凭证等能够办理，能够被其他材料涵盖或者替代，以及开具单位无法调查核实的，不得设定证明事项。

政府有关部门应当公布证明事项清单，逐项列明设定依据、索要单位、开具单位、办理指南等。清单之外，政府部门、公用企事业单位和服务机构不得索要证明。各地区、各部门之间应当加强证明的互认共享，避免重复索要证明。

第四十五条　政府及其有关部门应当按照国家促进跨境贸易便利化的有关要求，依法削减进出口环节审批事项，取消不必要的监管要求，优化简化通关流程，提高通关效率，清理规范口岸收费，降低通关成本，推动口岸和国际贸易领域相关业务统一通过国际贸易“单一窗口”办理。

第四十六条　税务机关应当精简办税资料和流程，简并申报缴税次数，公开涉税事项办理时限，压减办税时间，加大推广使用电子发票的力度，逐步实现全程网上办税，持续优化纳税服务。

第四十七条　不动产登记机构应当按照国家有关规定，加强部门协作，实行不动产登记、交易和缴税一窗受理、并行办理，压缩办理时间，降低办理成本。在国家规定的不动产登记时限内，各地区应当确定并公开具体办理时间。

国家推动建立统一的动产和权利担保登记公示系统，逐步实现市场主体在一个平台上办理动产和权利担保登记。纳入统一登记公示系统的动产和权利范围另行规定。

第四十八条　政府及其有关部门应当按照构建亲清新型政商关系的要求，建立畅通有效的政企沟通机制，采取多种方式及时听取市场主体的反映和诉求，了解市场主体生产经营中遇到的困难和问题，并依法帮助其解决。

建立政企沟通机制，应当充分尊重市场主体意愿，增强针对性和有效性，不得干扰市场主体正常生产经营活动，不得增加市场主体负担。

第四十九条　政府及其有关部门应当建立便利、畅通的渠道，受理有关营商环境的投诉和举报。

第五十条　新闻媒体应当及时、准确宣传优化营商环境的措施和成效，为优化营商环境创造良好舆论氛围。

国家鼓励对营商环境进行舆论监督，但禁止捏造虚假信息或者歪曲事实进行不实报道。

第五章　监管执法

第五十一条　政府有关部门应当严格按照法律法规和职责，落实监管责任，明确监管对象和范围、厘清监管事权，依法对市场主体进行监管，实现监管全覆盖。

第五十二条　国家健全公开透明的监管规则和标准体系。国务院有关部门应当分领域制定全国统一、简明易行的监管规则和标准，并向社会公开。

第五十三条　政府及其有关部门应当按照国家关于加快构建以信用为基础的新型监管机制的要求，创新和完善信用监管，强化信用监管的支撑保障，加强信用监管的组织实施，不断提升信用监管效能。

第五十四条　国家推行“双随机、一公开”监管，除直接涉及公共安全和人民群众生命健康等特殊行业、重点领域外，市场监管领域的行政检查应当通过随机抽取检查对象、随机选派执法检查人员、抽查事项及查处结果及时向社会公开的方式进行。针对同一检查对象的多个检查事项，应当尽可能合并或者纳入跨部门联合抽查范围。

对直接涉及公共安全和人民群众生命健康等特殊行业、重点领域，依法依规实行全覆盖的重点监管，并严格规范重点监管的程序;对通过投诉举报、转办交办、数据监测等发现的问题,应当有针对性地进行检查并依法依规处理。

第五十五条 政府及其有关部门应当按照鼓励创新的原则,对新技术、新产业、新业态、新模式等实行包容审慎监管,针对其性质、特点分类制定和实行相应的监管规则和标准,留足发展空间,同时确保质量和安全,不得简单化予以禁止或者不予监管。

第五十六条 政府及其有关部门应当充分运用互联网、大数据等技术手段,依托国家统一建立的在线监管系统,加强监管信息归集共享和关联整合,推行以远程监管、移动监管、预警防控为特征的非现场监管,提升监管的精准化、智能化水平。

第五十七条 国家建立健全跨部门、跨区域行政执法联动响应和协作机制,实现违法线索互联、监管标准互通、处理结果互认。

国家统筹配置行政执法职能和执法资源,在相关领域推行综合行政执法,整合精简执法队伍,减少执法主体和执法层级,提高基层执法能力。

第五十八条 行政执法机关应当按照国家有关规定,全面落实行政执法公示、行政执法全过程记录和重大行政执法决定法制审核制度,实现行政执法信息及时准确公示、行政执法全过程留痕和可回溯管理、重大行政执法决定法制审核全覆盖。

第五十九条 行政执法中应当推广运用说服教育、劝导示范、行政指导等非强制性手段,依法慎重实施行政强制。采用非强制性手段能够达到行政管理目的的,不得实施行政强制;违法行为情节轻微或者社会危害较小的,可以不实施行政强制;确需实施行政强制的,应当尽可能减少对市场主体正常生产经营活动的影响。

开展清理整顿、专项整治等活动,应当严格依法进行,除涉及人民群众生命安全、发生重特大事故或者举办国家重大活动,并报经有权机关批准外,不得在相关区域采取要求相关行业、领域的市场主体普遍停产、停业的措施。

禁止将罚没收入与行政执法机关利益挂钩。

第六十条 国家健全行政执法自由裁量基准制度,合理确定裁量范围、种类和幅度,规范行政执法自由裁量权的行使。

第六章 法治保障

第六十一条 国家根据优化营商环境需要,依照法定权限和程序及时制定或者修改、废止有关法律、法规、规章、行政规范性文件。

优化营商环境的改革措施涉及调整实施现行法律、行政法规等有关规定的,依照法定程序经有权机关授权后,可以先行先试。

第六十二条 制定与市场主体生产经营活动密切相关的行政法规、规章、行政规范性文件,应当按照国务院的规定,充分听取市场主体、行业协会商会的意见。

除依法需要保密外,制定与市场主体生产经营活动密切相关的行政法规、规章、行政规范性文件,应当通过报纸、网络等向社会公开征求意见,并建立健全意见采纳情况反馈机制。向社会公开征求意见的期限一般不少于30日。

第六十三条 制定与市场主体生产经营活动密切相关的行政法规、规章、行政规范性文件,应当按照国务院的规定进行公平竞争审查。

制定涉及市场主体权利义务的行政规范性文件,应当按照国务院的规定进行合法性审核。

市场主体认为地方性法规同行政法规相抵触,或者认为规章同法律、行政法规相抵触的,可以向国务院书面提出审查建议,由有关机关按照规定程序处理。

第六十四条 没有法律、法规或者国务院决定和命令依据的,行政规范性文件不得减损市场主体合法权益或者增加其义务,不得设置市场准入和退出条件,不得干预市场主体正常生产经营活动。

涉及市场主体权利义务的行政规范性文件应当按照法定要求和程序予以公布,未经公布的不得作为行政管理依据。

第六十五条 制定与市场主体生产经营活动密切相关的行政法规、规章、行政规范性文件,应当结合实际,确定是否为市场主体留出必要的适应调整期。

政府及其有关部门应当统筹协调、合理把握规章、行政规范性文件等的出台节奏,全面评估政策效果,避免因政策叠加或者相互不协调对市场主体正常生产经营活动造成不利影响。

第六十六条 国家完善调解、仲裁、行政裁决、行政复议、诉讼等有机衔接、相互协调的多元化纠纷解决机制,为市场主体提供高效、便捷的纠纷解决途径。

第六十七条 国家加强法治宣传教育,落实国家机关普法责任制,提高国家工作人员依法履职能力,引导市场主体合法经营、依法维护自身合法权益,不断增强全社会的法治意识,为营造法治化营商环境提供基础性支撑。

第六十八条　政府及其有关部门应当整合律师、公证、司法鉴定、调解、仲裁等公共法律服务资源，加快推进公共法律服务体系建设，全面提升公共法律服务能力和水平，为优化营商环境提供全方位法律服务。

第六十九条　政府和有关部门及其工作人员有下列情形之一的，依法依规追究责任：

（一）违法干预应当由市场主体自主决策的事项；

（二）制定或者实施政策措施不依法平等对待各类市场主体；

（三）违反法定权限、条件、程序对市场主体的财产和企业经营者个人财产实施查封、冻结和扣押等行政强制措施；

（四）在法律、法规规定之外要求市场主体提供财力、物力或者人力；

（五）没有法律、法规依据，强制或者变相强制市场主体参加评比、达标、表彰、培训、考核、考试以及类似活动，或者借前述活动向市场主体收费或者变相收费；

（六）违法设立或者在目录清单之外执行政府性基金、涉企行政事业性收费、涉企保证金；

（七）不履行向市场主体依法作出的政策承诺以及依法订立的各类合同，或者违约拖欠市场主体的货物、工程、服务等账款；

（八）变相设定或者实施行政许可，继续实施或者变相实施已取消的行政许可，或者转由行业协会商会或者其他组织实施已取消的行政许可；

（九）为市场主体指定或者变相指定中介服务机构，或者违法强制市场主体接受中介服务；

（十）制定与市场主体生产经营活动密切相关的行政法规、规章、行政规范性文件时，不按照规定听取市场主体、行业协会商会的意见；

（十一）其他不履行优化营商环境职责或者损害营商环境的情形。

第七十条　公用企事业单位有下列情形之一的，由有关部门责令改正，依法追究法律责任：

（一）不向社会公开服务标准、资费标准、办理时限等信息；

（二）强迫市场主体接受不合理的服务条件；

（三）向市场主体收取不合理费用。

第七十一条　行业协会商会、中介服务机构有下列情形之一的，由有关部门责令改正，依法追究法律责任：

（一）违法开展收费、评比、认证等行为；

（二）违法干预市场主体加入或者退出行业协会商会等社会组织；

（三）没有法律、法规依据，强制或者变相强制市场主体参加评比、达标、表彰、培训、考核、考试以及类似活动，或者借前述活动向市场主体收费或者变相收费；

（四）不向社会公开办理法定行政审批中介服务的条件、流程、时限、收费标准；

（五）违法强制或者变相强制市场主体接受中介服务。

第七章　附　　则

第七十二条　本条例自2020年1月1日起施行。

国务院关于加强和规范事中事后监管的指导意见

1. 2019年9月6日
2. 国发〔2019〕18号

各省、自治区、直辖市人民政府，国务院各部委、各直属机构：

为深刻转变政府职能，深化简政放权、放管结合、优化服务改革，进一步加强和规范事中事后监管，以公正监管促进公平竞争，加快打造市场化法治化国际化营商环境，提出以下意见。

一、总体要求

（一）指导思想。以习近平新时代中国特色社会主义思想为指导，全面贯彻党的十九大和十九届二中、三中全会精神，牢固树立新发展理念，充分发挥市场在资源配置中的决定性作用，更好发挥政府作用，持续深化“放管服”改革，坚持放管结合、并重，把更多行政资源从事前审批转到加强事中事后监管上来，落实监管责任，健全监管规则，创新监管方式，加快构建权责明确、公平公正、公开透明、简约高效的事中事后监管体系，形成市场自律、政府监管、社会监督互为支撑的协同监管格局，切实管出公平、管出效率、管出活力，促进提高市场主体竞争力和市场效率，推动经济社会持续健康发展。

（二）基本原则。

依法监管。坚持权责法定、依法行政，法定职责必须为，法无授权不可为，严格按照法律法规规定履行监管责任，规范监管行为，推进事中事后监管法治化、制度化、规范化。

公平公正。对各类市场主体一视同仁，坚决破除妨碍公平竞争的体制机制障碍，依法保护各类市场主体合法权益，确保权利公平、机会公平、规则公平。

公开透明。坚持以公开为常态、不公开为例外，全面推进政府监管规则、标准、过程、结果等依法公开，让监管执法在阳光下运行，给市场主体以稳定预期。

分级分类。根据不同领域特点和风险程度，区分一般领域和可能造成严重不良后果、涉及安全的重要领域，分别确定监管内容、方式和频次，提升事中事后监管精准化水平。对新兴产业实施包容审慎监管，促进新动能发展壮大。

科学高效。充分发挥现代科技手段在事中事后监管中的作用，依托互联网、大数据、物联网、云计算、人工智能、区块链等新技术推动监管创新，努力做到监管效能最大化、监管成本最优化、对市场主体干扰最小化。

寓管于服。推进政府监管与服务相互结合、相互促进，坚持行"简约"之道，做到程序、要件等删繁就简、利企便民，营造良好发展环境，增强人民群众幸福感、获得感和安全感。

二、夯实监管责任

（三）明确监管对象和范围。要严格按照法律法规和"三定"规定明确的监管职责和监管事项，依法对市场主体进行监管，做到监管全覆盖，杜绝监管盲区和真空。除法律法规另有规定外，各部门对负责审批或指导实施的行政许可事项，负责事中事后监管；实行相对集中行政许可权改革的，要加强审管衔接，把监管责任落到实处，确保事有人管、责有人负；对已经取消审批但仍需政府监管的事项，主管部门负责事中事后监管；对下放审批权的事项，要同时调整监管层级，确保审批监管权责统一；对审批改为备案的事项，主管部门要加强核查，对未经备案从事相关经营活动的市场主体依法予以查处；对没有专门执法力量的行业和领域，审批或主管部门可通过委托执法、联合执法等方式，会同相关综合执法部门查处违法违规行为，相关综合执法部门要积极予以支持。

（四）厘清监管事权。各部门要充分发挥在规则和标准制定、风险研判、统筹协调等方面的作用，指导本系统开展事中事后监管。对涉及面广、较为重大复杂的监管领域和监管事项，主责部门要发挥牵头作用，相关部门要协同配合，建立健全工作协调机制。省级人民政府要统筹制定本行政区域内监管计划任务，指导和督促省级部门、市县级人民政府加强和规范监管执法；垂直管理部门要统筹制定本系统监管计划任务，并加强与属地政府的协同配合。市县级人民政府要把主要精力放在加强公正监管上，维护良好的市场秩序。

三、健全监管规则和标准

（五）健全制度化监管规则。各部门要围绕服务企业发展，分领域制订全国统一、简明易行的监管规则和标准，并向社会公开，以科学合理的规则标准提升监管有效性，降低遵从和执法成本。对边界模糊、执行弹性大的监管规则和标准，要抓紧清理规范和修订完善。要结合权责清单编制，在国家"互联网＋监管"系统监管事项目录清单基础上，全面梳理各级政府和部门职责范围内的监管事项，明确监管主体、监管对象、监管措施、设定依据、处理方式等内容，纳入国家"互联网＋监管"系统统一管理并动态更新，提升监管规范化、标准化水平。强化竞争政策的基础性地位，落实并完善公平竞争审查制度，加快清理妨碍全国统一市场和公平竞争的各种规定和做法。

（六）加强标准体系建设。加快建立完善各领域国家标准和行业标准，明确市场主体应当执行的管理标准、技术标准、安全标准、产品标准，严格依照标准开展监管。精简整合强制性标准，重点加强安全、卫生、节能、环保等领域的标准建设，优化强制性标准底线。鼓励企业、社会团体制定高于强制性标准的标准，开展标准自我声明公开并承诺执行落实，推动有关产品、技术、质量、服务等标准与国际接轨互认。适应新经济新技术发展趋势，及时修订调整已有标准，加快新产业新业态标准的研究制定。加强质量认证体系建设，对涉及安全、健康、环保等方面的产品依法实施强制性认证。

四、创新和完善监管方式

（七）深入推进"互联网＋监管"。依托国家"互联网＋监管"系统，联通汇聚全国信用信息共享平台、国家企业信用信息公示系统等重要监管平台数据，以及各级政府部门、社会投诉举报、第三方平台等数据，加强监管信息归集共享，将政府履职过程中形成的行政检查、行政处罚、行政强制等信息以及司法判决、违法失信、抽查抽检等信息进行关联整合，并归集到相关市场主体名下。充分运用大数据等技术，加强对风险的跟踪预警。探索推行以远程监管、移动监管、预警防控为特征的非现场监管，提升监管精准化、智能化水平。

（八）提升信用监管效能。以统一社会信用代码为标识，依法依规建立权威、统一、可查询的市场主体信用记录。大力推行信用承诺制度，将信用承诺履行情况纳入信用记录。推进信用分级分类监管，依据企业信用情况，在监管方式、抽查比例和频次等方面采取差异化措施。规范认定并设立市场主体信用"黑名单"，建立企业信用与自然人信用挂钩机制，强化跨行业、跨领域、跨部门失信联合惩戒，对失信主体在行业准入、项目审批、获得信贷、发票领用、出口退税、出入境、高消费等方面依法予以限制。建立健全信用修复、异议申诉等机制。在保护涉及公共安全、国家秘密、商业秘密和个人隐私等信息的前提下，依法公开在行政管理中掌握的信用信息，为社会公众提供便捷高效的信用查询服务。

（九）全面实施"双随机、一公开"监管。在市场监管领域全面实行随机抽取检查对象、随机选派执法检查人员、抽查情况及查处结果及时向社会公开，除特殊行业、重点领域外，原则上所有日常涉企行政检查都应通过"双随机、一公开"的方式进行。不断完善"双随机、一公开"监管相关配套制度和工作机制，健全跨部门随机抽查事项清单，将更多事项纳入跨部门联合抽查范围。将随机抽查的比例频次、被抽查概率与抽查对象的信用等级、风险程度挂钩，对有不良信用记录、风险高的要加大抽查力度，对信用较好、风险较低的可适当减少抽查。抽查结果要分别通过国家企业信用信息公示系统、"信用中国"网站、国家"互联网＋监管"系统等全面进行公示。

（十）对重点领域实行重点监管。对直接涉及公共安全和人民群众生命健康等特殊重点领域，依法依规实行全覆盖的重点监管，强化全过程质量管理，加强安全生产监管执法，严格落实生产、经营、使用、检测、监管等各环节质量和安全责任，守住质量和安全底线。对食品、药品、医疗器械、特种设备等重点产品，建立健全以产品编码管理为手段的追溯体系，形成来源可查、去向可追、责任可究的信息链条。地方各级政府可根据区域和行业风险特点，探索建立重点监管清单制度，严格控制重点监管事项数量，规范重点监管程序，并筛选确定重点监管的生产经营单位，实行跟踪监管、直接指导。

（十一）落实和完善包容审慎监管。对新技术、新产业、新业态、新模式，要按照鼓励创新原则，留足发展空间，同时坚守质量和安全底线，严禁简单封杀或放任不管。加强对新生事物发展规律研究，分类量身定制监管规则和标准。对看得准、有发展前景的，要引导其健康规范发展；对一时看不准的，设置一定的"观察期"，对出现的问题及时引导或处置；对潜在风险大、可能造成严重不良后果的，严格监管；对非法经营的，坚决依法予以查处。推进线上线下一体化监管，统一执法标准和尺度。

（十二）依法开展案件查办。对监管中发现的违法违规问题，综合运用行政强制、行政处罚、联合惩戒、移送司法机关处理等手段，依法进行惩处。对情节轻微、负面影响较小的苗头性问题，在坚持依法行政的同时，主要采取约谈、警告、责令改正等措施，及时予以纠正。对情节和后果严重的，要依法责令下架召回、停工停产或撤销吊销相关证照，涉及犯罪的要及时移送司法机关处理。建立完善违法严惩制度、惩罚性赔偿和巨额罚款制度、终身禁入机制，让严重违法者付出高昂成本。

五、构建协同监管格局

（十三）加强政府协同监管。加快转变传统监管方式，打破条块分割，打通准入、生产、流通、消费等监管环节，建立健全跨部门、跨区域执法联动响应和协作机制，实现违法线索互联、监管标准互通、处理结果互认。深化市场监管、生态环境保护、交通运输、农业、文化市场综合行政执法改革，在其他具备条件的领域也要积极推进综合行政执法改革，统筹配置行政处罚职能和执法资源，相对集中行政处罚权，整合精简执法队伍，推进行政执法权限和力量向基层乡镇街道延伸下沉，逐步实现基层一支队伍管执法，解决多头多层重复执法问题。

（十四）强化市场主体责任。建立完善市场主体首负责任制，促使市场主体在安全生产、质量管理、营销宣传、售后服务、诚信纳税等方面加强自我监督、履行法定义务。督促涉及公众健康和安全等的企业建立完善内控和风险防范机制，落实专人负责，强化员工安全教育，加强内部安全检查。规范企业信息披露，进一步加强年报公示，推行"自我声明＋信用管理"模式，推动企业开展标准自我声明和服务质量公开承诺。加快建立产品质量安全事故强制报告制度，切实保障公众知情权。

（十五）提升行业自治水平。推动行业协会商会建立健全行业经营自律规范、自律公约和职业道德准则，规范会员行为。鼓励行业协会商会参与制定国家标准、行业规划和政策法规，制定发布行业产品和服务标准。发挥行业协会商会在权益保护、纠纷处理、行业信用建设和信用监管等方面的作用，支持行业协会商会开展或参与公益诉讼、专业调解工作。规范行业协会商会收费、评奖、认证等行为。

（十六）发挥社会监督作用。建立"吹哨人"、内部举报人等制度，对举报严重违法违规行为和重大风险隐患的有功人员予以重奖和严格保护。畅通群众监督渠道，整合优化政府投诉举报平台功能，力争做到"一号响应"。依法规范牟利性"打假"和索赔行为。培育信用服务机构，鼓励开展信用评级和第三方评估。发挥会计、法律、资产评估、认证检验检测、公证、仲裁、税务等专业机构的监督作用，在监管执法中更多参考专业意见。强化舆论监督，持续曝光典型案件，震慑违法行为。

六、提升监管规范性和透明度

（十七）规范涉企行政检查和处罚。对涉企现场检查事项进行全面梳理论证，通过取消、整合、转为非现场检查等方式，压减重复或不必要的检查事项，着力解决涉企现场检查事项多、频次高、随意检查等问题。清理规范行政处罚事项，对重复处罚、标准不一、上位法已作调整的事项及时进行精简和规范。加强行政执法事项目录管理，从源头上减少不必要的执法事项。健全行政执法自由裁量基准制度，合理确定裁量范围、种类和幅度，严格限定裁量权的行使。禁止将罚没收入与行政执法机关利益挂钩。

（十八）全面推进监管执法公开。聚焦行政执法的源头、过程、结果等关键环节，严格落实行政执法公示、执法全过程记录、重大执法决定法制审核制度。建立统一的执法信息公示平台，按照"谁执法谁公示"原则，除涉及国家秘密、商业秘密、个人隐私等依法不予公开的信息外，行政执法职责、依据、程序、结果等都应对社会公开。对行政执法的启动、调查取证、审核决定、送达执行等全过程进行记录，做到全程留痕和可回溯管理。重大行政执法决定必须经过法制审核，未经法制审核或审核未通过的，不得作出决定。

（十九）健全尽职免责、失职问责办法。全面落实行政执法责任制和问责制，促进监管执法部门和工作人员履职尽责、廉洁自律、公平公正执法。对忠于职守、履职尽责的，要给予表扬和鼓励；对未履行、不当履行或违法履行监管职责的，严肃追责问责；涉嫌犯罪的，移送有关机关依法处理。加快完善各监管执法领域尽职免责办法，明确履职标准和评判界线，对严格依据法律法规履行监管职责、监管对象出现问题的，应结合动机态度、客观条件、程序方法、性质程度、后果影响以及挽回损失等情况进行综合分析，符合条件的要予以免责。

七、强化组织保障

（二十）认真抓好责任落实。各地区、各部门要认真贯彻落实党中央、国务院决策部署，按照本意见提出的各项措施和要求，落实和强化监管责任，科学配置监管资源，鼓励基层探索创新，细化实化监管措施，切实维护公平竞争秩序。将地方政府公正监管水平纳入中国营商环境评价指标体系。国务院办公厅负责对本意见落实工作的跟踪督促，确保各项任务和措施落实到位。

（二十一）加强法治保障。按照重大改革于法有据的要求，根据监管工作需要和经济社会发展变化，加快推进相关法律法规和规章立改废释工作，为事中事后监管提供健全的法治保障。加强监管执法与司法的衔接，建立监管部门、公安机关、检察机关间案情通报机制，完善案件移送标准和程序。

（二十二）加强监管能力建设。加快建设高素质、职业化、专业化的监管执法队伍，扎实做好技能提升工作，大力培养"一专多能"的监管执法人员。推进人财物等监管资源向基层下沉，保障基层经费和装备投入。推进执法装备标准化建设，提高现代科技手段在执法办案中的应用水平。

国务院办公厅关于市场监督管理综合行政执法有关事项的通知

1．2022年9月9日

2．国办函〔2022〕94号

各省、自治区、直辖市人民政府，国务院各部委、各直属机构：

《市场监督管理综合行政执法事项指导目录》（以下简称《指导目录》）是落实统一实行市场监管执法要求、明确市场监管综合行政执法职能的重要文件，2022年版《指导目录》已经国务院原则同意。根据深化党和国家机构改革有关部署，经国务院批准，现就有关事项通知如下：

一、《指导目录》实施要以习近平新时代中国特色社会主义思想为指导，按照党中央、国务院决策部署，扎实推进市场监管综合行政执法改革，统筹配置行政执法职能和执法资源，切实解决多头多层重复执法问题，严格规范公正文明执法。

二、《指导目录》主要梳理规范市场监管领域依据法律、行政法规设定的行政处罚和行政强制事项，以及部门规章设定的警告、罚款的行政处罚事项，并将按程序进行动态调整。行政处罚和行政强制事项的实施依据均为现行有效的法律法规规章原文，不涉及增加行政相对人责任义务等内容。《指导目录》中的行政执法事项涉及相关部门职责的，由相关部门根据法律、行政法规、部门规章的规定依法实施。各省、自治区、直辖市可根据法律、行政法规、部门规章立改废释和地方立法等情况，对有关事项进行补充、细化和完善，建立动态调整和长效管理机制。有关事项和目录按程序审核确认后，要在政府门户网站等载体上以适当方式公开，接受社会监督。

三、切实加强对市场监管领域行政处罚和行政强制事项的源头治理，稳定市场预期，激发市场主体活力。凡没有法律法规规章依据的行政执法事项一律取消。需要保留或新增的行政执法事项，要依法逐条逐项进行合法性、合理性和必要性审查。虽有法定依据但长期未发生且无实施必要的、交叉重复的行政执法事项，要大力清理，及时提出取消或调整的意见建议。需修改法律法规规章的，要按程序先修法再调整《指导目录》，先立后破，有序推进。

四、对列入《指导目录》的行政执法事项，要按照减少执法层级、推动执法力量下沉的要求，区分不同事项和不同管理体制，结合实际明晰第一责任主体，把查处违法行为的责任压实。坚持有权必有责、有责要担当、失责必追究，逐一厘清与行政执法权相对应的责任事项，明确责任主体、问责依据、追责情形和免责事由，健全问责机制。严禁以属地管理为名将执法责任转嫁给基层。对不按要求履职尽责的单位和个人，依纪依法追究责任。

五、按照公开透明高效原则和履职需要，制定统一的市场监管综合行政执法程序规定，明确行政执法事项的工作程序、履职要求、办理时限、行为规范等，消除行政执法中的模糊条款，压减自由裁量权，促进同一事项相同情形同基准裁量、同标准处罚。将市场监管综合行政执法事项纳入地方综合行政执法指挥调度平台统一管理，积极推行"互联网＋统一指挥＋综合执法"，加强部门联动和协调配合，逐步实现行政执法行为、环节、结果等全过程网上留痕，强化对行政执法权运行的监督。

六、按照突出重点、务求实效原则，聚焦市场监管领域与市场主体、群众关系最密切的行政执法事项，着力解决反映强烈的突出问题，让市场主体、群众切实感受到改革成果。制定简明易懂的行政执法履职要求和相应的问责办法，加强宣传，让市场主体、群众能够看得懂、用得上，方便查询、使用和监督。结合市场监管形势任务和执法特点，探索形成可量化的综合行政执法履职评估办法，作为统筹使用和优化配置编制资源的重要依据。畅通投诉受理、跟踪查询、结果反馈渠道，鼓励支持市场主体、群众和社会组织、新闻媒体对行政执法进行监督。

七、各地区、各部门要高度重视深化市场监管综合行政执法改革，全面落实清权、减权、制权、晒权等改革要求，统筹推进机构改革、职能转变和作风建设。要切实加强组织领导，落实工作责任，明确时间节点和要求，做细做实各项工作，确保改革举措落地生效。市场监管总局要强化对地方市场监管部门的业务指导，推动完善执法程序，严格执法责任，加强执法监督，不断提高市场监管综合行政执法效能和依法行政水平。中央编办要会同司法部加强统筹协调和指导把关。

《指导目录》由市场监管总局根据本通知精神印发。

市场监督管理执法监督暂行规定

1. 2019年12月31日国家市场监督管理总局令第22号公布

2. 自2020年4月1日起施行

第一条　为了督促市场监督管理部门依法履行职责，规范行政执法行为，保护自然人、法人和其他组织的合法权益，根据有关法律、行政法规，制定本规定。

第二条　本规定所称执法监督，是指上级市场监督管理部门对下级市场监督管理部门，各级市场监督管理部门对本部门所属机构、派出机构和执法人员的行政执法及其相关行为进行的检查、审核、评议、纠正等活动。

市场监督管理部门开展执法监督，适用本规定；法律、法规、规章另有规定的，依照其规定。

第三条　执法监督应当坚持监督执法与促进执法相结合、纠正错误与改进工作相结合的原则，保证法律、法规、规章的正确实施。

第四条　各级市场监督管理部门应当加强对执法监督工作的领导，建立健全执法监督工作机制，统筹解决执法监督工作中的重大问题。

第五条　各级市场监督管理部门内设的各业务机构根据职责分工和相关规定，负责实施本业务领域的执法监督工作。

各级市场监督管理部门法制机构在本级市场监督管理部门领导下，具体负责组织、协调、指导和实施执法监督工作。

第六条　执法监督主要包括下列内容：

（一）依法履行市场监督管理执法职责情况；

（二）行政规范性文件的合法性；

（三）公平竞争审查情况；

（四）行政处罚、行政许可、行政强制等具体行政行为的合法性和适当性；

（五）行政处罚裁量基准制度实施情况；

（六）行政执法公示、执法全过程记录、重大执法决定法制审核制度实施情况；

（七）行政复议、行政诉讼、行政执法与刑事司法衔接等制度落实情况；

（八）行政执法责任制的落实情况；

（九）其他需要监督的内容。

第七条　执法监督主要采取下列方式：

（一）行政规范性文件合法性审核；

（二）公平竞争审查；

（三）行政处罚案件审核、听证；

（四）重大执法决定法制审核；

（五）行政复议；

（六）专项执法检查；

（七）执法评议考核；

（八）执法案卷评查；

（九）法治建设评价；

（十）依法可以采取的其他监督方式。

第八条　本规定第七条第（一）项至第（五）项所规定的执法监督方式，依照法律、法规、规章和有关规定执行。

本规定第七条第（六）项至第（八）项所规定的执法监督方式，由市场监督管理部门内设的各业务机构和法制机构单独或者共同实施。

本规定第七条第（九）项所规定的执法监督方式，由市场监督管理部门法制机构实施。

第九条　市场监督管理部门主要针对下列事项开展专项执法检查：

（一）法律、法规、规章、行政规范性文件的执行情况；

（二）重要执法制度的实施情况；

（三）行政执法中具有普遍性的热点、难点、重点问题；

（四）上级机关和有关部门交办、转办、移送的执法事项；

（五）社会公众反映强烈的执法事项；

（六）其他需要开展专项执法检查的事项。

市场监督管理部门应当加强对专项执法检查的统筹安排，统一制定专项执法检查计划，合理确定专项执法检查事项。

第十条　市场监督管理部门主要针对下列事项开展执法评议考核：

（一）执法主体是否合法；

（二）执法行为是否规范；

（三）执法制度是否健全；

（四）执法效果是否良好；

（五）其他需要评议的事项。

市场监督管理部门开展执法评议考核，应当确定执法评议考核的范围和重点，加强评议考核结果运用，落实评议考核奖惩措施。

第十一条　市场监督管理部门主要针对下列事项开展行政处罚案卷评查：

（一）实施行政处罚的主体是否合法；

（二）认定的事实是否清楚，证据是否确凿；

（三）适用法律依据是否准确；

（四）程序是否合法；

（五）自由裁量权运用是否适当；

（六）涉嫌犯罪的案件是否移送司法机关；

（七）案卷的制作、管理是否规范；

（八）需要评查的其他事项。

市场监督管理部门主要针对下列事项开展行政许可案卷评查：

（一）实施行政许可的主体是否合法；

（二）行政许可项目是否有法律、法规、规章依据；

（三）申请材料是否齐全、是否符合法定形式；

（四）实质审查是否符合法定要求；

（五）适用法律依据是否准确；

（六）程序是否合法；

（七）案卷的制作、管理是否规范；

（八）需要评查的其他事项。

市场监督管理部门对其他行政执法案卷的评查事项，参照前款规定执行。

第十二条　市场监督管理部门应当根据法治政府建设的部署和要求，对本级和下级市场监督管理部门法治建设情况进行评价。

法治市场监督管理建设评价办法、指标体系和评分标准由国家市场监督管理总局另行制定。

第十三条　市场监督管理部门在开展执法监督时，可以采取下列措施：

（一）查阅、复制、调取行政执法案卷和其他有关材料；

（二）询问行政执法人员、行政相对人和其他相关人员；

（三）召开座谈会、论证会，开展问卷调查，组织第三方评估；

（四）现场检查、网上检查、查看执法业务管理系统；

（五）走访、回访、暗访；

（六）依法可以采取的其他措施。

第十四条　下级市场监督管理部门应当及时向上级市场监督管理部门报送开展执法监督工作的情况及相关数据。

上级市场监督管理部门可以根据工作需要，要求下级市场监督管理部门报送开展执法监督工作的情况及相关数据。

各级市场监督管理部门应当加强执法监督的信息化建设，实现执法监督信息的互通和共享。

第十五条　市场监督管理部门应当对开展执法监督的情况及时进行汇总、分析。相关执法监督情况经本级市场监督管理部门负责人批准后，可以在适当范围内通报。

第十六条　上级市场监督管理部门在执法监督工作中发现下级市场监督管理部门在履行法定执法职责中存在突出问题的，经本级市场监督管理部门负责人批准，可以约谈下级市场监督管理部门负责人。

第十七条　市场监督管理部门发现本部门所属机构、派出机构和执法人员存在不履行、违法履行或者不当履行法定职责情形的，应当及时予以纠正。

第十八条　上级市场监督管理部门发现下级市场监督管理部门及其执法人员可能存在不履行、违法履行或者不当履行法定职责情形的，经本级市场监督管理部门负责人批准，可以发出执法监督通知书，要求提供相关材料或者情况说明。

下级市场监督管理部门收到执法监督通知书后，应当于十个工作日内提供相关材料或者情况说明。

第十九条　上级市场监督管理部门发出执法监督通知书后，经过调查核实，认为下级市场监督管理部门及其执法人员存在不履行、违法履行或者不当履行法定职责情形的，经本级市场监督管理部门负责人批准，可以发出执法监督决定书，要求下级市场监督管理部门限期纠正；必要时可以直接纠正。

下级市场监督管理部门应当在执法监督决定书规定的期限内纠正相关行为，并于纠正后十个工作日内向上级市场监督管理部门报告纠正情况。

第二十条　下级市场监督管理部门对执法监督决定有异议的，可以在五个工作日内申请复查，上级市场监督管理部门应当自收到申请之日起十个工作日内予以复查并答复。

第二十一条　上级市场监督管理部门发现下级市场监督管理部门行政执法工作中存在普遍性问题或者区域性风险，经本级市场监督管理部门负责人批准，可以向下级市场监督管理部门发出执法监督意见书，提出完善制度或者改进工作的要求。

下级市场监督管理部门应当在规定期限内将有关情况报告上级市场监督管理部门。

第二十二条　下级市场监督管理部门不执行执法监督通知书、决定书或者意见书的，上级市场监督管理部门可以责令改正、通报批评，并可以建议有权机关对负有责任的主管人员和相关责任人员予以批评教育、调离执法岗位或者处分。

第二十三条　市场监督管理部门在执法监督中，发现存在不履行、违法履行或者不当履行法定职责情形需要追责问责的，应当根据有关规定处理。

第二十四条　市场监督管理部门应当建立执法容错机制，明确履职标准，完善尽职免责办法。

第二十五条　药品监督管理部门和知识产权行政部门实施执法监督，适用本规定。

第二十六条　本规定自2020年4月1日起施行。2004年1月18日原国家质量监督检验检疫总局令第59号公布的《质量监督检验检疫行政执法监督与行政执法过错责任追究办法》和2015年9月15日原国家工商行政管理总局令第78号公布的《工商行政管理机关执法监督规定》同时废止。

市场监督管理行政执法责任制规定

1. 2021年5月26日国家市场监督管理总局令第41号公布
2. 自2021年7月15日起施行

第一条　为了落实行政执法责任制，监督和保障市场监督管理部门工作人员依法履行职责，激励新时代新担当新作为，结合市场监督管理工作实际，制定本规定。

第二条　市场监督管理部门实施行政执法责任制，适用本规定。

第三条　实施行政执法责任制，应当坚持党的领导，遵循职权法定、权责一致、过罚相当、约束与激励并重、惩戒与教育相结合的原则,做到失职追责、尽职免责。

第四条 市场监督管理部门应当加强领导,组织、协调和推动实施行政执法责任制,各所属机构在职责范围内做好相关工作。

上级市场监督管理部门依法指导和监督下级市场监督管理部门实施行政执法责任制。

第五条 市场监督管理部门应当按照本级人民政府的部署,梳理行政执法依据,编制权责清单,以适当形式向社会公众公开,并根据法律、法规、规章的制修订情况及时调整。

第六条 市场监督管理部门应当以权责清单为基础,将本单位依法承担的行政执法职责分解落实到所属执法机构和执法岗位。

分解落实所属执法机构、执法岗位的执法职责,不得擅自增加或者减少本单位的行政执法权限。

第七条 市场监督管理部门应当对照权责清单,对直接影响行政相对人权利义务的重要权责事项,按照不同权力类型制定办事指南和运行流程图,并以适当形式向社会公众公开。

第八条 市场监督管理部门工作人员应当在法定权限范围内依照法定程序行使职权,做到严格规范公正文明执法,不得玩忽职守、超越职权、滥用职权。

第九条 市场监督管理部门工作人员因故意或者重大过失,违法履行行政执法职责,造成危害后果或者不良影响的,构成行政执法过错行为,应当依法承担行政执法责任。法律、法规对具体行政执法过错行为的构成要件另有规定的,依照其规定。

第十条 有下列情形之一的,应当依法追究有关工作人员的行政执法责任:

(一)超越法定职权作出准予行政许可决定的;

(二)对符合法定条件的行政许可申请不予受理且情节严重的,或者未依照法定条件作出准予或者不予行政许可决定的;

(三)无法定依据实施行政处罚、行政强制,或者变相实施行政强制的;

(四)对符合行政处罚立案标准的案件不及时立案,或者实施行政处罚的办案人员未取得行政执法证件的;

(五)擅自改变行政处罚种类、幅度,或者改变行政强制对象、条件、方式的;

(六)违反相关法定程序实施行政许可且情节严重的,或者违反法定程序实施行政处罚、行政强制的;

(七)违法扩大查封、扣押范围的;

(八)使用或者损毁查封、扣押场所、设施或者财物的;

(九)在查封、扣押法定期间不作出处理决定或者未依法及时解除查封、扣押的;

(十)截留、私分、变相私分罚款、没收的违法所得或者财物、查封或者扣押的财物以及拍卖和依法处理所得款项的;

(十一)违法实行检查措施或者执行措施,给公民人身或者财产造成损害、给法人或者其他组织造成损失的;

(十二)对应当依法移交司法机关追究刑事责任的案件不移交,以行政处罚代替刑事处罚的;

(十三)对属于市场监督管理职权范围的举报不依法处理,造成严重后果的;

(十四)对应当予以制止和处罚的违法行为不予制止、处罚,致使公民、法人或者其他组织的合法权益、公共利益和社会秩序遭受损害的;

(十五)不履行或者无正当理由拖延履行行政复议决定的;

(十六)对被许可人从事行政许可事项的活动,不依法履行监督职责或者监督不力,造成严重后果的;

(十七)泄露国家秘密、工作秘密,或者泄露因履行职责掌握的商业秘密、个人隐私,造成不良后果或者影响的;

(十八)法律、法规、规章规定的其他应当追究行政执法责任的情形。

第十一条 下列情形不构成行政执法过错行为,不应追究有关工作人员的行政执法责任:

(一)因行政执法依据不明确或者对有关事实和依据的理解认识不一致,致使行政执法行为出现偏差的,但故意违法的除外;

(二)因行政相对人隐瞒有关情况或者提供虚假材料导致作出错误判断,且已按规定履行审查职责的;

(三)依据检验、检测、鉴定报告或者专家评审意见等作出行政执法决定,且已按规定履行审查职责的;

(四)行政相对人未依法申请行政许可或者登记备案,在其违法行为造成不良影响前,市场监督管理部门未接到举报或者由于客观原因未能发现的,但未按规定履行监督检查职责的除外;

(五)因出现新的证据,致使原认定事实或者案件性质发生变化的,但故意隐瞒或者因重大过失遗漏证据的除外;

（六）按照年度监督检查、“双随机、一公开”监管等检查计划已经认真履行监督检查职责，或者虽尚未进行监督检查，但未超过法定或者规定时限，行政相对人违法的；

（七）因科学技术、监管手段等客观条件的限制，未能发现存在问题或者无法定性的；

（八）发生事故或者其他突发事件，非由市场监督管理部门不履行或者不正确履行法定职责行为直接引起的；

（九）对发现的违法行为或者事故隐患已经依法查处、责令改正或者采取行政强制措施，因行政相对人拒不改正、逃避检查、擅自违法生产经营或者违法启用查封、扣押的设备设施等行为造成危害后果或者不良影响的；

（十）在集体决策中对错误决策提出明确反对意见或者保留意见的；

（十一）发现上级的决定、命令或者文件有错误，已向上级提出改正或者撤销的意见，上级不予改变或者要求继续执行的，但执行明显违法的决定、命令或者文件的除外；

（十二）因不可抗力或者其他难以克服的因素，导致未能依法履行职责的；

（十三）其他依法不应追究行政执法责任的情形。

第十二条　在推进行政执法改革创新中因缺乏经验、先行先试出现的失误，尚无明确限制的探索性试验中的失误，为推动发展的无意过失，免予或者不予追究行政执法责任。但是，应当依法予以纠正。

第十三条　市场监督管理部门对发现的行政执法过错行为线索，依照《行政机关公务员处分条例》等规定的程序予以调查和处理。

第十四条　追究行政执法责任，应当以法律、法规、规章的规定为依据，综合考虑行政执法过错行为的性质、情节、危害程度以及工作人员的主观过错等因素，做到事实清楚、证据确凿、定性准确、处理恰当、程序合法、手续完备。

第十五条　市场监督管理部门对存在行政执法过错行为的工作人员，可以依规依纪依法给予组织处理或者处分。

行政执法过错行为情节轻微，且具有法定从轻或者减轻情形的，可以对有关工作人员进行谈话提醒、批评教育、责令检查或者予以诫勉，并可以作出调离行政执法岗位、取消行政执法资格等处理，免予或者不予处分。

从轻、减轻以及从重追究行政执法责任的情形，依照有关法律、法规、规章的规定执行。

第十六条　市场监督管理部门发现有关工作人员涉嫌违犯党纪或者涉嫌职务违法、职务犯罪的，应当依照有关规定及时移送纪检监察机关处理。

对同一行政执法过错行为，监察机关已经给予政务处分的，市场监督管理部门不再给予处分。

第十七条　纪检监察等有权机关、单位介入调查的，市场监督管理部门可以按照要求对有关工作人员是否依法履职、是否存在行政执法过错行为等问题，组织相关专业人员进行论证并出具书面论证意见，作为有权机关、单位认定责任的参考。

第十八条　市场监督管理部门工作人员依法履行职责受法律保护，非因法定事由、非经法定程序，不受处分。

第十九条　市场监督管理部门工作人员依法履行职责时，有权拒绝任何单位和个人违反法定职责、法定程序或者有碍执法公正的要求。

第二十条　市场监督管理部门应当为工作人员依法履行职责提供必要的办公用房、执法装备、后勤保障等条件，并采取措施保障其人身健康和生命安全。

第二十一条　市场监督管理部门工作人员因依法履职遭受不实举报、诬告以及诽谤、侮辱的，市场监督管理部门应当以适当形式及时澄清事实，消除不良影响，维护其合法权益。

第二十二条　市场监督管理部门应当建立健全行政执法激励机制，对行政执法工作成效突出的工作人员予以表彰和奖励。

第二十三条　本规定所称行政执法，是指市场监督管理部门依法行使行政职权的行为，包括行政许可、行政处罚、行政强制、行政检查、行政确认等行政行为。

第二十四条　药品监督管理部门和知识产权行政部门实施行政执法责任制，适用本规定。

法律、法规授权履行市场监督管理职能的组织实施行政执法责任制，适用本规定。

第二十五条　本规定自2021年7月15日起施行。

市场监督管理行政处罚听证办法

1. 2018年12月21日国家市场监督管理总局令第3号公布
2. 根据2021年7月2日国家市场监督管理总局令第42号《关于修改〈市场监督管理行政处罚程序暂行规定〉等二部规章的决定》修正

第一章　总　　则

第一条　为了规范市场监督管理行政处罚听证程序，保障市场监督管理部门依法实施行政处罚，保护自然人、法人和其他组织的合法权益，根据《中华人民共和国行政处罚法》的有关规定，制定本办法。

第二条 市场监督管理部门组织行政处罚听证，适用本办法。

第三条 市场监督管理部门组织行政处罚听证，应当遵循公开、公正、效率的原则，保障和便利当事人依法行使陈述权和申辩权。

第四条 市场监督管理部门行政处罚案件听证实行回避制度。听证主持人、听证员、记录员、翻译人员与案件有直接利害关系或者有其他关系可能影响公正执法的，应当回避。

听证员、记录员、翻译人员的回避，由听证主持人决定；听证主持人的回避，由市场监督管理部门负责人决定。

第二章 申请和受理

第五条 市场监督管理部门拟作出下列行政处罚决定，应当告知当事人有要求听证的权利：

（一）责令停产停业、责令关闭、限制从业；

（二）降低资质等级、吊销许可证件或者营业执照；

（三）对自然人处以一万元以上、对法人或者其他组织处以十万元以上罚款；

（四）对自然人、法人或者其他组织作出没收违法所得和非法财物价值总额达到第三项所列数额的行政处罚；

（五）其他较重的行政处罚；

（六）法律、法规、规章规定的其他情形。

各省、自治区、直辖市人大常委会或者人民政府对前款第三项、第四项所列罚没数额有具体规定的，可以从其规定。

第六条 向当事人告知听证权利时，应当书面告知当事人拟作出的行政处罚内容及事实、理由、依据。

第七条 当事人要求听证的，可以在告知书送达回证上签署意见，也可以自收到告知书之日起五个工作日内提出。当事人以口头形式提出的，办案人员应当将情况记入笔录，并由当事人在笔录上签名或者盖章。

当事人自告知书送达之日起五个工作日内，未要求听证的，视为放弃此权利。

当事人在规定期限内要求听证的，市场监督管理部门应当依照本办法的规定组织听证。

第三章 听证组织机构、听证人员和听证参加人

第八条 听证由市场监督管理部门法制机构或者其他机构负责组织。

第九条 听证人员包括听证主持人、听证员和记录员。

第十条 听证参加人包括当事人及其代理人、第三人、办案人员、证人、翻译人员、鉴定人以及其他有关人员。

第十一条 听证主持人由市场监督管理部门负责人指定。必要时，可以设一至二名听证员，协助听证主持人进行听证。

记录员由听证主持人指定，具体承担听证准备和听证记录工作。

办案人员不得担任听证主持人、听证员和记录员。

第十二条 听证主持人在听证程序中行使下列职责：

（一）决定举行听证的时间、地点；

（二）审查听证参加人资格；

（三）主持听证；

（四）维持听证秩序；

（五）决定听证的中止或者终止，宣布听证结束；

（六）本办法赋予的其他职责。

听证主持人应当公开、公正地履行主持听证的职责，不得妨碍当事人、第三人行使陈述权、申辩权。

第十三条 要求听证的自然人、法人或者其他组织是听证的当事人。

第十四条 与听证案件有利害关系的其他自然人、法人或者其他组织，可以作为第三人申请参加听证，或者由听证主持人通知其参加听证。

第十五条 当事人、第三人可以委托一至二人代为参加听证。

委托他人代为参加听证的，应当向市场监督管理部门提交由委托人签名或者盖章的授权委托书以及委托代理人的身份证明文件。

授权委托书应当载明委托事项及权限。委托代理人代为撤回听证申请或者明确放弃听证权利的，必须有委托人的明确授权。

第十六条 办案人员应当参加听证。

第十七条 与听证案件有关的证人、鉴定人等经听证主持人同意，可以到场参加听证。

第四章 听 证 准 备

第十八条 市场监督管理部门应当自收到当事人要求听证的申请之日起三个工作日内，确定听证主持人。

第十九条 办案人员应当自确定听证主持人之日起三个

工作日内,将案件材料移交听证主持人,由听证主持人审阅案件材料,准备听证提纲。

第二十条　听证主持人应当自接到办案人员移交的案件材料之日起五个工作日内确定听证的时间、地点,并应当于举行听证的七个工作日前将听证通知书送达当事人。

听证通知书中应当载明听证时间、听证地点及听证主持人、听证员、记录员、翻译人员的姓名,并告知当事人有申请回避的权利。

第三人参加听证的,听证主持人应当在举行听证的七个工作日前将听证的时间、地点通知第三人。

第二十一条　听证主持人应当于举行听证的七个工作日前将听证的时间、地点通知办案人员,并退回案件材料。

第二十二条　除涉及国家秘密、商业秘密或者个人隐私依法予以保密外,听证应当公开举行。

公开举行听证的,市场监督管理部门应当于举行听证的三个工作日前公告当事人的姓名或者名称、案由以及举行听证的时间、地点。

第五章　举行听证

第二十三条　听证开始前,记录员应当查明听证参加人是否到场,并向到场人员宣布以下听证纪律:

(一)服从听证主持人的指挥,未经听证主持人允许不得发言、提问;

(二)未经听证主持人允许不得录音、录像和摄影;

(三)听证参加人未经听证主持人允许不得退场;

(四)不得大声喧哗,不得鼓掌、哄闹或者进行其他妨碍听证秩序的活动。

第二十四条　听证主持人核对听证参加人,说明案由,宣布听证主持人、听证员、记录员、翻译人员名单,告知听证参加人在听证中的权利义务,询问当事人是否提出回避申请。

第二十五条　听证按下列程序进行:

(一)办案人员提出当事人违法的事实、证据、行政处罚建议及依据;

(二)当事人及其委托代理人进行陈述和申辩;

(三)第三人及其委托代理人进行陈述;

(四)质证;

(五)辩论;

(六)听证主持人按照第三人、办案人员、当事人的先后顺序征询各方最后意见。

当事人可以当场提出证明自己主张的证据,听证主持人应当接收。

第二十六条　有下列情形之一的,可以中止听证:

(一)当事人因不可抗力无法参加听证的;

(二)当事人死亡或者终止,需要确定相关权利义务承受人的;

(三)当事人临时提出回避申请,无法当场作出决定的;

(四)需要通知新的证人到场或者需要重新鉴定的;

(五)其他需要中止听证的情形。

中止听证的情形消失后,听证主持人应当恢复听证。

第二十七条　有下列情形之一的,可以终止听证:

(一)当事人撤回听证申请或者明确放弃听证权利的;

(二)当事人无正当理由拒不到场参加听证的;

(三)当事人未经听证主持人允许中途退场的;

(四)当事人死亡或者终止,并且无权利义务承受人的;

(五)其他需要终止听证的情形。

第二十八条　记录员应当如实记录,制作听证笔录。听证笔录应当载明听证时间、地点、案由,听证人员、听证参加人姓名,各方意见以及其他需要载明的事项。

听证会结束后,听证笔录应当经听证参加人核对无误后,由听证参加人当场签名或者盖章。当事人、第三人拒绝签名或者盖章的,由听证主持人在听证笔录中注明。

第二十九条　听证结束后,听证主持人应当在五个工作日内撰写听证报告,由听证主持人、听证员签名,连同听证笔录送办案机构,由其连同其他案件材料一并上报市场监督管理部门负责人。

市场监督管理部门应当根据听证笔录,结合听证报告提出的意见建议,依照《市场监督管理行政处罚程序规定》的有关规定,作出决定。

第三十条　听证报告应当包括以下内容:

(一)听证案由;

(二)听证人员、听证参加人;

(三)听证的时间、地点;

(四)听证的基本情况;

(五)处理意见和建议;

(六)需要报告的其他事项。

第六章　附　　则

第三十一条　本办法中的“以上”、“内”均包括本数。

第三十二条　国务院药品监督管理部门和省级药品监督管理部门组织行政处罚听证，适用本办法。

法律、法规授权的履行市场监督管理职能的组织组织行政处罚听证，适用本办法。

第三十三条　本办法中有关执法文书的送达适用《市场监督管理行政处罚程序规定》的有关规定。

第三十四条　市场监督管理部门应当保障听证经费，提供组织听证所必需的场地、设备以及其他便利条件。

市场监督管理部门举行听证，不得向当事人收取费用。

第三十五条　本办法自2019年4月1日施行。2005年12月30日原国家食品药品监督管理局令第23号公布的《国家食品药品监督管理局听证规则（试行）》、2007年9月4日原国家工商行政管理总局令第29号公布的《工商行政管理机关行政处罚案件听证规则》同时废止。

市场监管领域重大违法行为举报奖励暂行办法

1. 2021年7月30日国家市场监督管理总局、财政部发布
2. 国市监稽规〔2021〕4号
3. 自2021年12月1日起施行

第一章　总　　则

第一条　为了鼓励社会公众积极举报市场监管领域重大违法行为，推动社会共治，根据市场监管领域相关法律法规和国家有关规定，制定本办法。

第二条　各级市场监督管理部门受理社会公众（以下统称举报人，应当为自然人）举报属于其职责范围内的重大违法行为，经查证属实结案后给予相应奖励，适用本办法。

本办法所称重大违法行为是指涉嫌犯罪或者依法被处以责令停产停业、责令关闭、吊销（撤销）许可证件、较大数额罚没款等行政处罚的违法行为。地方性法规或者地方政府规章对重大违法行为有具体规定的，可以从其规定。较大数额罚没款由省级以上市场监督管理部门商本级政府财政部门结合实际确定。

第三条　举报下列重大违法行为，经查证属实结案后，给予相应奖励：

（一）违反食品、药品、特种设备、工业产品质量安全相关法律法规规定的重大违法行为；

（二）具有区域性、系统性风险的重大违法行为；

（三）市场监管领域具有较大社会影响，严重危害人民群众人身、财产安全的重大违法行为；

（四）涉嫌犯罪移送司法机关被追究刑事责任的违法行为。

经市场监督管理部门依法认定，需要给予举报奖励的，按照本办法规定执行。

第四条　举报人可以通过市场监督管理部门公布的接收投诉举报的互联网、电话、传真、邮寄地址、窗口等渠道，向各级市场监督管理部门举报市场监管领域重大违法行为。

第五条　举报人可以实名或者匿名举报。实名举报应当提供真实身份证明和有效联系方式，匿名举报人有举报奖励诉求的，应当承诺不属于第十条规定的情形，提供能够辨别其举报身份的信息作为身份代码，并与市场监督管理部门专人约定举报密码、举报处理结果和奖励权利的告知方式。

匿名举报人接到奖励领取告知，并决定领取奖励的，应当主动提供身份代码、举报密码等信息，便于市场监督管理部门验明身份。

省级市场监督管理部门可以结合实际制定匿名举报奖励发放的特别程序规定。

第六条　各级市场监督管理部门应当建立健全举报奖励管理制度。做好举报奖励资金的计算、核审、发放工作。

第七条　举报奖励资金按照国家有关规定由各级人民政府纳入本级预算管理，并接受财政、审计部门的监督。

第二章　奖 励 条 件

第八条　获得举报奖励应当同时符合下列条件：

（一）有明确的被举报对象和具体违法事实或者违法犯罪线索，并提供了关键证据；

（二）举报内容事先未被市场监督管理部门掌握；

（三）举报内容经市场监督管理部门查处结案并被行政处罚，或者依法移送司法机关被追究刑事责任。

第九条　举报奖励的实施应当遵循以下原则：

（一）同一案件由两个及以上举报人分别以同一线索举报的，奖励第一时间举报人；

（二）两个及以上举报人联名举报同一案件的，按同一案件进行举报奖励分配；

（三）举报人举报同一事项，不重复奖励；同一案件由两个及以上举报人分别举报的，奖励总金额不得超过第十二条规定的对应奖励等级中最高标准；

（四）最终认定的违法事实与举报事项完全不一致的，不予奖励；最终认定的违法事实与举报事项部分一致的，只计算相一致部分的奖励金额；除举报事项

外,还认定其他违法事实的,其他违法事实部分不计算奖励金额;

(五)上级市场监督管理部门受理的跨区域的举报,最终由两个或者两个以上市场监督管理部门分别调查处理的,负责调查处理的市场监督管理部门分别就本行政区域内的举报查实部分进行奖励。

第十条 有下列情形之一的,不予奖励:

(一)市场监督管理部门工作人员或者具有法定监督、报告义务人员的举报;

(二)侵权行为的被侵权方及其委托代理人或者利害关系人的举报;

(三)实施违法行为人的举报(内部举报人除外);

(四)有任何证据证明举报人因举报行为获得其他市场主体给予的任何形式的报酬、奖励的;

(五)其他不符合法律、法规规定的奖励情形。

第三章 奖励标准

第十一条 举报奖励分为三个等级:

(一)一级举报奖励。该等级认定标准是提供被举报方的详细违法事实及直接证据,举报内容与违法事实完全相符,举报事项经查证属于特别重大违法行为或者涉嫌犯罪;

(二)二级举报奖励。该等级认定标准是提供被举报方的违法事实及直接证据,举报内容与违法事实完全相符;

(三)三级举报奖励。该等级认定标准是提供被举报方的基本违法事实及相关证据,举报内容与违法事实基本相符。

第十二条 对于有罚没款的案件,市场监督管理部门按照下列标准计算奖励金额,并综合考虑涉案货值、社会影响程度等因素,确定最终奖励金额:

(一)属于一级举报奖励的,按罚没款的5%给予奖励。按此计算不足5000元的,给予5000元奖励;

(二)属于二级举报奖励的,按罚没款的3%给予奖励。按此计算不足3000元的,给予3000元奖励;

(三)属于三级举报奖励的,按罚没款的1%给予奖励。按此计算不足1000元的,给予1000元奖励。

无罚没款的案件,一级举报奖励至三级举报奖励的奖励金额应当分别不低于5000元、3000元、1000元。

违法主体内部人员举报的,在征得本级政府财政部门同意的情况下,适当提高前款规定的奖励标准。

第十三条 每起案件的举报奖励金额上限为100万元,根据本办法第十二条规定确定的奖励金额不得突破该上限。单笔奖励金额达到50万元以上(含50万元)的,由发放举报奖励资金的市场监督管理部门商本级政府财政部门确定。

第十四条 市场监督管理部门已经实施行政处罚或者未实施行政处罚移送司法机关追究刑事责任的,分别不同情况依据本办法第十二条的规定给予奖励。

第四章 奖励程序

第十五条 负责举报调查办理、作出最终处理决定的市场监督管理部门在举报查处结案或者移送追究刑事责任后,对于符合本办法规定奖励条件的,应当在15个工作日内告知举报人。举报奖励由举报人申请启动奖励程序。

第十六条 举报奖励实施部门应当对举报奖励等级、奖励标准等予以认定,确定奖励金额,并将奖励决定告知举报人。

第十七条 奖励资金的支付,按照国库集中支付制度有关规定执行。

第十八条 举报人应当在被告知奖励决定之日起30个工作日内,由本人凭有效身份证明领取奖励。委托他人代领的,受托人须同时持有举报人授权委托书、举报人和受托人的有效身份证明。

特殊情况可适当延长举报奖励领取期限,最长不得超过10个工作日。举报人无正当理由逾期未领取奖金的,视为主动放弃。

第十九条 举报人对奖励金额有异议的,可以在奖励决定告知之日起10个工作日内,向实施举报奖励的市场监督管理部门提出复核申请。

第五章 监督管理

第二十条 市场监督管理部门应当加强对奖励资金的申报和发放管理,建立健全举报奖励责任制度,严肃财经纪律。设立举报档案,做好汇总统计工作。

第二十一条 市场监督管理部门应当依法保护举报人的合法权益,严格为举报人保密,不得泄露举报人的相关信息。

第二十二条 市场监督管理部门工作人员在实施举报奖励过程中,有下列情形的,视情节轻重给予政务处分;涉嫌犯罪的,依法追究刑事责任:

(一)伪造或者教唆、伙同他人伪造举报材料,冒领举报奖励资金的;

(二)泄露举报人信息的;

(三)向被举报人通风报信,帮助其逃避查处的;

(四)其他应当依法承担法律责任的行为。

第二十三条　举报人伪造材料、隐瞒事实,取得举报奖励,或者经市场监督管理部门查实不符合奖励条件的,市场监督管理部门有权收回奖励奖金。举报人故意捏造事实诬告他人,或者弄虚作假骗取奖励资金,依法承担相应责任;涉嫌犯罪的,依法追究刑事责任。

第六章　附　　则

第二十四条　国务院药品监督管理部门和省级药品监督管理部门实施举报奖励,适用本办法。

第二十五条　各省、自治区、直辖市和计划单列市、新疆生产建设兵团市场监督管理部门可以会同本级政府财政部门依据本办法制定本行政区域的实施细则,并报国家市场监督管理总局和财政部备案。

第二十六条　本办法由国家市场监督管理总局会同财政部解释。

第二十七条　本办法自2021年12月1日起施行。《财政部 工商总局 质检总局关于印发〈举报制售假冒伪劣产品违法犯罪活动有功人员奖励办法〉的通知》(财行〔2001〕175号)、《食品药品监管总局 财政部关于印发〈食品药品违法行为举报奖励办法〉的通知》(食药监稽〔2017〕67号)同时废止。

市场监督管理行政许可程序暂行规定

1. 2019年8月21日国家市场监督管理总局令第16号公布
2. 根据2022年3月24日国家市场监督管理总局令第55号《关于修改和废止部分规章的决定》修正

第一章　总　　则

第一条　为了规范市场监督管理行政许可程序,根据《中华人民共和国行政许可法》等法律、行政法规,制定本规定。

第二条　市场监督管理部门实施行政许可,适用本规定。

第三条　市场监督管理部门应当遵循公开、公平、公正、非歧视和便民原则,依照法定的权限、范围、条件和程序实施行政许可。

第四条　市场监督管理部门应当按照规定公示行政许可的事项、依据、条件、数量、实施主体、程序、期限(包括检验、检测、检疫、鉴定、专家评审期限)、收费依据(包括收费项目及标准)以及申请书示范文本、申请材料目录等内容。

第五条　符合法定要求的电子申请材料、电子证照、电子印章、电子签名、电子档案与纸质申请材料、纸质证照、实物印章、手写签名或者盖章、纸质档案具有同等法律效力。

第二章　实 施 机 关

第六条　市场监督管理部门应当在法律、法规、规章规定的职权范围内实施行政许可。

第七条　上级市场监督管理部门可以将其法定职权范围内的行政许可,依照法律、法规、规章的规定,委托下级市场监督管理部门实施。

委托机关对受委托机关实施行政许可的后果承担法律责任。

受委托机关应当在委托权限范围内以委托机关的名义实施行政许可,不得再委托其他组织或者个人实施。

第八条　委托实施行政许可的,委托机关可以将行政许可的受理、审查、决定、变更、延续、撤回、撤销、注销等权限全部或者部分委托给受委托机关。

委托实施行政许可,委托机关和受委托机关应当签订委托书。委托书应当包含以下内容:

(一)委托机关名称;

(二)受委托机关名称;

(三)委托实施行政许可的事项以及委托权限;

(四)委托机关与受委托机关的权利和义务;

(五)委托期限。

需要延续委托期限的,委托机关应当在委托期限届满十五日前与受委托机关重新签订委托书。不再延续委托期限的,期限届满前已经受理或者启动撤回、撤销程序的行政许可,按照原委托权限实施。

第九条　委托机关应当向社会公告受委托机关和委托实施行政许可的事项、委托依据、委托权限、委托期限等内容。受委托机关应当按照本规定第四条规定公示委托实施的行政许可有关内容。

委托机关变更、中止或者终止行政许可委托的,应当在变更、中止或者终止行政许可委托十日前向社会公告。

第十条　市场监督管理部门实施行政许可,依法需要对设备、设施、产品、物品等进行检验、检测、检疫或者鉴定、专家评审的,可以委托专业技术组织实施。法律、法规、规章对专业技术组织的条件有要求的,应当委托符合法定条件的专业技术组织。

专业技术组织接受委托实施检验、检测、检疫或者鉴定、专家评审的费用由市场监督管理部门承担。法律、法规另有规定的,依照其规定。

专业技术组织及其有关人员对所实施的检验、检测、检疫或者鉴定、评审结论承担法律责任。

第三章 准入程序

第一节 申请与受理

第十一条 自然人、法人或者其他组织申请行政许可需要采用申请书格式文本的，市场监督管理部门应当向申请人提供格式文本。申请书格式文本不得包含与申请行政许可事项没有直接关系的内容。

第十二条 申请人可以委托代理人提出行政许可申请。但是，依法应当由申请人本人到市场监督管理部门行政许可受理窗口提出行政许可申请的除外。

委托他人代为提出行政许可申请的，应当向市场监督管理部门提交由委托人签字或者盖章的授权委托书以及委托人、委托代理人的身份证明文件。

第十三条 申请人可以到市场监督管理部门行政许可受理窗口提出申请，也可以通过信函、传真、电子邮件或者电子政务平台提出申请，并对其提交的申请材料真实性负责。

第十四条 申请人到市场监督管理部门行政许可受理窗口提出申请的，以申请人提交申请材料的时间为收到申请材料的时间。

申请人通过信函提出申请的，以市场监督管理部门收讫信函的时间为收到申请材料的时间。

申请人通过传真、电子邮件或者电子政务平台提出申请的，以申请材料到达市场监督管理部门指定的传真号码、电子邮件地址或者电子政务平台的时间为收到申请材料的时间。

第十五条 市场监督管理部门对申请人提出的行政许可申请，应当根据下列情况分别作出处理：

（一）申请事项依法不需要取得行政许可的，应当即时作出不予受理的决定，并说明理由。

（二）申请事项依法不属于本行政机关职权范围的，应当即时作出不予受理的决定，并告知申请人向有关行政机关申请。

（三）申请材料存在可以当场更正的错误的，应当允许申请人当场更正，由申请人在更正处签字或者盖章，并注明更正日期。更正后申请材料齐全、符合法定形式的，应当予以受理。

（四）申请材料不齐全或者不符合法定形式的，应当即时或者自收到申请材料之日起五日内一次告知申请人需要补正的全部内容和合理的补正期限。按照规定需要在告知时一并退回申请材料的，应当予以退回。申请人无正当理由逾期不予补正的，视为放弃行政许可申请，市场监督管理部门无需作出不予受理的决定。市场监督管理部门逾期未告知申请人补正的，自收到申请材料之日起即为受理。

（五）申请事项属于本行政机关职权范围，申请材料齐全、符合法定形式，或者申请人按照本行政机关的要求提交全部补正申请材料的，应当受理行政许可申请。

第十六条 市场监督管理部门受理或者不予受理行政许可申请，或者告知申请人补正申请材料的，应当出具加盖本行政机关行政许可专用印章并注明日期的纸质或者电子凭证。

第十七条 能够即时作出行政许可决定的，可以不出具受理凭证。

第二节 审查与决定

第十八条 市场监督管理部门应当对申请人提交的申请材料进行审查。

申请人提交的申请材料齐全、符合法定形式，能够即时作出行政许可决定的，市场监督管理部门应当即时作出行政许可决定。

按照法律、法规、规章规定，需要核对申请材料原件的，市场监督管理部门应当核对原件并注明核对情况。申请人不能提供申请材料原件或者核对发现申请材料与原件不符，属于行政许可申请不符合法定条件、标准的，市场监督管理部门应当直接作出不予行政许可的决定。

根据法定条件和程序，需要对申请材料的实质内容进行核实的，市场监督管理部门应当指派两名以上工作人员进行核查。

法律、法规、规章对经营者集中、药品经营等行政许可审查程序另有规定的，依照其规定。

第十九条 市场监督管理部门对行政许可申请进行审查时，发现行政许可事项直接关系他人重大利益的，应当告知该利害关系人，并告知申请人、利害关系人依法享有陈述、申辩和要求举行听证的权利。

申请人、利害关系人陈述、申辩的，市场监督管理部门应当记录。申请人、利害关系人申请听证的，市场监督管理部门应当按照本规定第五章规定组织听证。

第二十条 实施检验、检测、检疫或者鉴定、专家评审的组织及其有关人员应当按照法律、法规、规章以及有关技术要求的规定开展工作。

法律、法规、规章以及有关技术要求对检验、检测、检疫或者鉴定、专家评审的时限有规定的，应当遵守其规定；没有规定的，实施行政许可的市场监督管理部门应当确定合理时限。

第二十一条　经审查需要整改的，申请人应当按照规定的时限和要求予以整改。除法律、法规、规章另有规定外，逾期未予整改或者整改不合格的，市场监督管理部门应当认定行政许可申请不符合法定条件、标准。

第二十二条　行政许可申请符合法定条件、标准的，市场监督管理部门应当作出准予行政许可的决定。

行政许可申请不符合法定条件、标准的，市场监督管理部门应当作出不予行政许可的决定，说明理由并告知申请人享有申请行政复议或者提起行政诉讼的权利。

市场监督管理部门作出准予或者不予行政许可决定的，应当出具加盖本行政机关印章并注明日期的纸质或者电子凭证。

第二十三条　法律、法规、规章和国务院文件规定市场监督管理部门作出不实施进一步审查决定，以及逾期未作出进一步审查决定或者不予行政许可决定，视为准予行政许可的，依照其规定。

第二十四条　行政许可的实施和结果，除涉及国家秘密、商业秘密或者个人隐私的外，应当公开。

第三节　变更与延续

第二十五条　被许可人要求变更行政许可事项的，应当向作出行政许可决定的市场监督管理部门提出变更申请。变更申请符合法定条件、标准的，市场监督管理部门应当予以变更。

法律、法规、规章对变更跨辖区住所登记的市场监督管理部门、变更或者解除经营者集中限制性条件的程序另有规定的，依照其规定。

第二十六条　行政许可所依据的法律、法规、规章修改或者废止，或者准予行政许可所依据的客观情况发生重大变化的，为了公共利益的需要，市场监督管理部门可以依法变更已经生效的行政许可。由此给自然人、法人或者其他组织造成财产损失的，作出变更行政许可决定的市场监督管理部门应当依法给予补偿。

依据前款规定实施的行政许可变更，参照行政许可撤回程序执行。

第二十七条　被许可人需要延续行政许可有效期的，应当在行政许可有效期届满三十日前向作出行政许可决定的市场监督管理部门提出延续申请。法律、法规、规章对被许可人的延续方式或者提出延续申请的期限等另有规定的，依照其规定。

市场监督管理部门应当根据被许可人的申请，在该行政许可有效期届满前作出是否准予延续的决定；逾期未作决定的，视为准予延续。

延续后的行政许可有效期自原行政许可有效期届满次日起算。

第二十八条　因纸质行政许可证件遗失或者损毁，被许可人申请补办的，作出行政许可决定的市场监督管理部门应当予以补办。法律、法规、规章对补办工业产品生产许可证等行政许可证件的市场监督管理部门另有规定的，依照其规定。

补办的行政许可证件实质内容与原行政许可证件一致。

第二十九条　行政许可证件记载的事项存在文字错误，被许可人向作出行政许可决定的市场监督管理部门申请更正的，市场监督管理部门应当予以更正。

作出行政许可决定的市场监督管理部门发现行政许可证件记载的事项存在文字错误的，应当予以更正。

除更正事项外，更正后的行政许可证件实质内容与原行政许可证件一致。

市场监督管理部门应当收回原行政许可证件或者公告原行政许可证件作废，并将更正后的行政许可证件依法送达被许可人。

第四节　终止与期限

第三十条　行政许可申请受理后行政许可决定作出前，有下列情形之一的，市场监督管理部门应当终止实施行政许可：

（一）申请人申请终止实施行政许可的；

（二）赋予自然人、法人或者其他组织特定资格的行政许可，该自然人死亡或者丧失行为能力，法人或者其他组织依法终止的；

（三）因法律、法规、规章修改或者废止，或者根据有关改革决定，申请事项不再需要取得行政许可的；

（四）按照法律、行政法规规定需要缴纳费用，但申请人未在规定期限内予以缴纳的；

（五）因不可抗力需要终止实施行政许可的；

（六）法律、法规、规章规定的应当终止实施行政许可的其他情形。

第三十一条　市场监督管理部门终止实施行政许可的，应当出具加盖本行政机关行政许可专用印章并注明日期的纸质或者电子凭证。

第三十二条　市场监督管理部门终止实施行政许可，申请人已经缴纳费用的，应当将费用退还申请人，但收费项目涉及的行政许可环节已经完成的除外。

第三十三条　除即时作出行政许可决定外，市场监督管理部门应当在《中华人民共和国行政许可法》规定期限内作出行政许可决定。但是，法律、法规另有规定的，依照其规定。

第三十四条　市场监督管理部门作出行政许可决定，依法需要听证、检验、检测、检疫、鉴定、专家评审的，所需时间不计算在本节规定的期限内。市场监督管理部门应当将所需时间书面告知申请人。

第三十五条　市场监督管理部门作出准予行政许可决定，需要颁发行政许可证件或者加贴标签、加盖检验、检测、检疫印章的，应当自作出决定之日起十日内向申请人颁发、送达行政许可证件或者加贴标签、加盖检验、检测、检疫印章。

第四章　退出程序

第一节　撤　　回

第三十六条　有下列情形之一的，市场监督管理部门为了公共利益的需要，可以依法撤回已经生效的行政许可：

（一）行政许可依据的法律、法规、规章修改或者废止的；

（二）准予行政许可所依据的客观情况发生重大变化的。

第三十七条　行政许可所依据的法律、行政法规修改或者废止的，国家市场监督管理总局认为需要撤回行政许可的，应当向社会公告撤回行政许可的事实、理由和依据。

行政许可所依据的地方性法规、地方政府规章修改或者废止的，地方性法规、地方政府规章制定机关所在地市场监督管理部门认为需要撤回行政许可的，参照前款执行。

作出行政许可决定的市场监督管理部门应当按照公告要求撤回行政许可，向被许可人出具加盖本行政机关印章并注明日期的纸质或者电子凭证，或者向社会统一公告撤回行政许可的决定。

第三十八条　准予行政许可所依据的客观情况发生重大变化的，作出行政许可决定的市场监督管理部门可以根据被许可人、利害关系人的申请或者依据职权，对可能需要撤回的行政许可进行审查。

作出行政许可撤回决定前，市场监督管理部门应当将拟撤回行政许可的事实、理由和依据书面告知被许可人，并告知被许可人依法享有陈述、申辩和要求举行听证的权利。市场监督管理部门发现行政许可事项直接关系他人重大利益的，还应当同时告知该利害关系人。

被许可人、利害关系人陈述、申辩的，市场监督管理部门应当记录。被许可人、利害关系人自被告知之日起五日内未行使陈述权、申辩权的，视为放弃此权利。被许可人、利害关系人申请听证的，市场监督管理部门应当按照本规定第五章规定组织听证。

市场监督管理部门作出撤回行政许可决定的，应当出具加盖本行政机关印章并注明日期的纸质或者电子凭证。

第三十九条　撤回行政许可给自然人、法人或者其他组织造成财产损失的，作出撤回行政许可决定的市场监督管理部门应当依法给予补偿。

第二节　撤　　销

第四十条　有下列情形之一的，作出行政许可决定的市场监督管理部门或者其上级市场监督管理部门，根据利害关系人的申请或者依据职权，可以撤销行政许可：

（一）滥用职权、玩忽职守作出准予行政许可决定的；

（二）超越法定职权作出准予行政许可决定的；

（三）违反法定程序作出准予行政许可决定的；

（四）对不具备申请资格或者不符合法定条件的申请人准予行政许可的；

（五）依法可以撤销行政许可的其他情形。

第四十一条　被许可人以欺骗、贿赂等不正当手段取得行政许可的，作出行政许可决定的市场监督管理部门或者其上级市场监督管理部门应当予以撤销。

第四十二条　市场监督管理部门发现其作出的行政许可决定可能存在本规定第四十条、第四十一条规定情形的，参照《市场监督管理行政处罚程序规定》有关规定进行调查核实。

发现其他市场监督管理部门作出的行政许可决定可能存在本规定第四十条、第四十一条规定情形的，应当将有关材料和证据移送作出行政许可决定的市场监督管理部门。

上级市场监督管理部门发现下级市场监督管理部门作出的行政许可决定可能存在本规定第四十条、第四十一条规定情形的，可以自行调查核实，也可以责令作出行政许可决定的市场监督管理部门调查核实。

第四十三条　作出撤销行政许可决定前，市场监督管理部门应当将拟撤销行政许可的事实、理由和依据书面告知被许可人，并告知被许可人依法享有陈述、申辩和要求举行听证的权利。市场监督管理部门发现行政许可事项直接关系他人重大利益的，还应当同时告知该利害关系人。

第四十四条 被许可人、利害关系人陈述、申辩的，市场监督管理部门应当记录。被许可人、利害关系人自被告知之日起五日内未行使陈述权、申辩权的，视为放弃此权利。

被许可人、利害关系人申请听证的，市场监督管理部门应当按照本规定第五章规定组织听证。

第四十五条 市场监督管理部门应当自本行政机关发现行政许可决定存在本规定第四十条、第四十一条规定情形之日起六十日内作出是否撤销的决定。不能在规定期限内作出决定的，经本行政机关负责人批准，可以延长二十日。

需要听证、检验、检测、检疫、鉴定、专家评审的，所需时间不计算在前款规定的期限内。

第四十六条 市场监督管理部门作出撤销行政许可决定的，应当出具加盖本行政机关印章并注明日期的纸质或者电子凭证。

第四十七条 撤销行政许可，可能对公共利益造成重大损害的，不予撤销。

依照本规定第四十条规定撤销行政许可，被许可人的合法权益受到损害的，作出被撤销的行政许可决定的市场监督管理部门应当依法给予赔偿。依照本规定第四十一条规定撤销行政许可的，被许可人基于行政许可取得的利益不受保护。

第三节 注 销

第四十八条 有下列情形之一的，作出行政许可决定的市场监督管理部门依据申请办理行政许可注销手续：

（一）被许可人不再从事行政许可活动，并且不存在因涉嫌违法正在被市场监督管理部门或者司法机关调查的情形，申请办理注销手续的；

（二）被许可人或者清算人申请办理涉及主体资格的行政许可注销手续的；

（三）赋予自然人特定资格的行政许可，该自然人死亡或者丧失行为能力，其近亲属申请办理注销手续的；

（四）因不可抗力导致行政许可事项无法实施，被许可人申请办理注销手续的；

（五）法律、法规规定的依据申请办理行政许可注销手续的其他情形。

第四十九条 有下列情形之一的，作出行政许可决定的市场监督管理部门依据职权办理行政许可注销手续：

（一）行政许可有效期届满未延续的，但涉及主体资格的行政许可除外；

（二）赋予自然人特定资格的行政许可，市场监督管理部门发现该自然人死亡或者丧失行为能力，并且其近亲属未在其死亡或者丧失行为能力之日起六十日内申请办理注销手续的；

（三）法人或者其他组织依法终止的；

（四）行政许可依法被撤销、撤回，或者行政许可证件依法被吊销的，但涉及主体资格的行政许可除外；

（五）法律、法规规定的依据职权办理行政许可注销手续的其他情形。

第五十条 法律、法规、规章对办理食品生产、食品经营等行政许可注销手续另有规定的，依照其规定。

第五十一条 市场监督管理部门发现本行政区域内存在有本规定第四十九条规定的情形但尚未被注销的行政许可的，应当逐级上报或者通报作出行政许可决定的市场监督管理部门。收到报告或者通报的市场监督管理部门依法办理注销手续。

第五十二条 注销行政许可的，作出行政许可决定的市场监督管理部门应当收回行政许可证件或者公告行政许可证件作废。

第五章 听 证 程 序

第五十三条 法律、法规、规章规定实施行政许可应当听证的事项，或者市场监督管理部门认为需要听证的其他涉及公共利益的重大行政许可事项，市场监督管理部门应当向社会公告，并举行听证。

行政许可直接涉及行政许可申请人与他人之间重大利益关系，行政许可申请人、利害关系人申请听证的，应当自被告知听证权利之日起五日内提出听证申请。市场监督管理部门应当自收到听证申请之日起二十日内组织听证。行政许可申请人、利害关系人未在被告知听证权利之日起五日内提出听证申请的，视为放弃此权利。

行政许可因存在本规定第三十六条第二项、第四十条、第四十一条规定情形可能被撤回、撤销，被许可人、利害关系人申请听证的，参照本条第二款规定执行。

第五十四条 市场监督管理部门应当自依据职权决定组织听证之日起三日内或者自收到听证申请之日起三日内确定听证主持人。必要时，可以设一至二名听证员，协助听证主持人进行听证。记录员由听证主持人指定，具体承担听证准备和听证记录工作。

与听证的行政许可相关的工作人员不得担任听证主持人、听证员和记录员。

第五十五条 行政许可申请人或者被许可人、申请听证的利害关系人是听证当事人。

与行政许可有利害关系的其他组织或者个人,可以作为第三人申请参加听证,或者由听证主持人通知其参加听证。

与行政许可有关的证人、鉴定人等经听证主持人同意,可以参加听证。

听证当事人、第三人以及与行政许可有关的证人、鉴定人等,不承担市场监督管理部门组织听证的费用。

第五十六条　听证当事人、第三人可以委托一至二人代为参加听证。

委托他人代为参加听证的,应当向市场监督管理部门提交由委托人签字或者盖章的授权委托书以及委托人、委托代理人的身份证明文件。

授权委托书应当载明委托事项及权限。委托代理人代为撤回听证申请或者明确放弃听证权利的,应当具有委托人的明确授权。

第五十七条　听证准备及听证参照《市场监督管理行政处罚听证办法》有关规定执行。

第五十八条　记录员应当如实记录听证情况。听证当事人、第三人以及与行政许可有关的证人、鉴定人等应当在听证会结束后核对听证笔录,经核对无误后当场签字或者盖章。听证当事人、第三人拒绝签字或者盖章的,应当予以记录。

第五十九条　市场监督管理部门应当根据听证笔录,作出有关行政许可决定。

第六章　送达程序

第六十条　市场监督管理部门按照本规定作出的行政许可相关凭证或者行政许可证件,应当依法送达行政许可申请人或者被许可人。

第六十一条　行政许可申请人、被许可人应当提供有效的联系电话和通讯地址,配合市场监督管理部门送达行政许可相关凭证或者行政许可证件。

第六十二条　市场监督管理部门参照《市场监督管理行政处罚程序规定》有关规定进行送达。

第七章　监督管理

第六十三条　国家市场监督管理总局以及地方性法规、地方政府规章制定机关所在地市场监督管理部门可以根据工作需要对本行政机关以及下级市场监督管理部门行政许可的实施情况及其必要性进行评价。

自然人、法人或者其他组织可以向市场监督管理部门就行政许可的实施提出意见和建议。

第六十四条　市场监督管理部门可以自行评价,也可以委托第三方机构进行评价。评价可以采取问卷调查、听证会、论证会、座谈会等方式进行。

第六十五条　行政许可评价的内容应当包括:

(一)实施行政许可的总体状况;

(二)实施行政许可的社会效益和社会成本;

(三)实施行政许可是否达到预期的管理目标;

(四)行政许可在实施过程中遇到的问题和原因;

(五)行政许可继续实施的必要性和合理性;

(六)其他需要评价的内容。

第六十六条　国家市场监督管理总局完成评价后,应当对法律、行政法规设定的行政许可提出取消、保留、合并或者调整行政许可实施层级等意见建议,并形成评价报告,报送行政许可设定机关。

地方性法规、地方政府规章制定机关所在地市场监督管理部门完成评价后,对法律、行政法规设定的行政许可,应当将评价报告报送国家市场监督管理总局;对地方性法规、地方政府规章设定的行政许可,应当将评价报告报送行政许可设定机关。

第六十七条　市场监督管理部门发现本行政机关实施的行政许可存在违法或者不当的,应当及时予以纠正。

上级市场监督管理部门应当加强对下级市场监督管理部门实施行政许可的监督检查,及时发现和纠正行政许可实施中的违法或者不当行为。

第六十八条　委托实施行政许可的,委托机关应当通过定期或者不定期检查等方式,加强对受委托机关实施行政许可的监督检查,及时发现和纠正行政许可实施中的违法或者不当行为。

第六十九条　行政许可依法需要实施检验、检测、检疫或者鉴定、专家评审的,市场监督管理部门应当加强对有关组织和人员的监督检查,及时发现和纠正检验、检测、检疫或者鉴定、专家评审活动中的违法或者不当行为。

第八章　法律责任

第七十条　行政许可申请人隐瞒有关情况或者提供虚假材料申请行政许可的,市场监督管理部门不予受理或者不予行政许可,并给予警告;行政许可申请属于直接关系公共安全、人身健康、生命财产安全事项的,行政许可申请人在一年内不得再次申请该行政许可。

第七十一条　被许可人以欺骗、贿赂等不正当手段取得行政许可的,市场监督管理部门应当依法给予行政处罚;取得的行政许可属于直接关系公共安全、人身健康、生命财产安全事项的,被许可人在三年内不得再次申请该行政许可;涉嫌构成犯罪,依法需要追究刑事责任的,按照有关规定移送公安机关。

第七十二条　受委托机关超越委托权限或者再委托其他组织和个人实施行政许可的，由委托机关责令改正，予以通报。

第七十三条　市场监督管理部门及其工作人员有下列情形之一的，由其上级市场监督管理部门责令改正；情节严重的，对直接负责的主管人员和其他直接责任人员依法给予行政处分：

（一）对符合法定条件的行政许可申请不予受理的；

（二）未按照规定公示依法应当公示的内容的；

（三）未向行政许可申请人、利害关系人履行法定告知义务的；

（四）申请人提交的申请材料不齐全或者不符合法定形式，未一次告知申请人需要补正的全部内容的；

（五）未依法说明不予受理行政许可申请或者不予行政许可的理由的；

（六）依法应当举行听证而未举行的。

第九章　附　　则

第七十四条　本规定下列用语的含义：

行政许可撤回，指因存在法定事由，为了公共利益的需要，市场监督管理部门依法确认已经生效的行政许可失效的行为。

行政许可撤销，指因市场监督管理部门与被许可人一方或者双方在作出行政许可决定前存在法定过错，由市场监督管理部门对已经生效的行政许可依法确认无效的行为。

行政许可注销，指因存在导致行政许可效力终结的法定事由，市场监督管理部门依据法定程序收回行政许可证件或者确认行政许可证件作废的行为。

第七十五条　市场监督管理部门在履行职责过程中产生的行政许可准予、变更、延续、撤回、撤销、注销等信息，按照有关规定予以公示。

第七十六条　除法律、行政法规另有规定外，市场监督管理部门实施行政许可，不得收取费用。

第七十七条　本规定规定的期限以工作日计算，不含法定节假日。按照日计算期限的，开始的当日不计入，自下一日开始计算。

本规定所称“以上”，包含本数。

第七十八条　药品监督管理部门和知识产权行政部门实施行政许可，适用本规定。

第七十九条　本规定自2019年10月1日起施行。2012年10月26日原国家质量监督检验检疫总局令第149号公布的《质量监督检验检疫行政许可实施办法》同时废止。

市场监督管理投诉举报处理暂行办法

1. 2019年11月30日国家市场监督管理总局令第20号公布
2. 根据2022年3月24日国家市场监督管理总局令第55号《关于修改和废止部分规章的决定》第一次修正
3. 根据2022年9月29日国家市场监督管理总局令第61号《关于修改和废止部分部门规章的决定》第二次修正

第一条　为规范市场监督管理投诉举报处理工作，保护自然人、法人或者其他组织合法权益，根据《中华人民共和国消费者权益保护法》等法律、行政法规，制定本办法。

第二条　市场监督管理部门处理投诉举报，适用本办法。

第三条　本办法所称的投诉，是指消费者为生活消费需要购买、使用商品或者接受服务，与经营者发生消费者权益争议，请求市场监督管理部门解决该争议的行为。

本办法所称的举报，是指自然人、法人或者其他组织向市场监督管理部门反映经营者涉嫌违反市场监督管理法律、法规、规章线索的行为。

第四条　国家市场监督管理总局主管全国投诉举报处理工作，指导地方市场监督管理部门投诉举报处理工作。

县级以上地方市场监督管理部门负责本行政区域内的投诉举报处理工作。

第五条　市场监督管理部门处理投诉举报，应当遵循公正、高效的原则，做到适用依据正确、程序合法。

第六条　鼓励社会公众和新闻媒体对涉嫌违反市场监督管理法律、法规、规章的行为依法进行社会监督和舆论监督。

鼓励消费者通过在线消费纠纷解决机制、消费维权服务站、消费维权绿色通道、第三方争议解决机制等方式与经营者协商解决消费者权益争议。

第七条　向市场监督管理部门同时提出投诉和举报，或者提供的材料同时包含投诉和举报内容的，市场监督管理部门应当按照本办法规定的程序对投诉和举报予以分别处理。

第八条　向市场监督管理部门提出投诉举报的，应当通过市场监督管理部门公布的接收投诉举报的互联网、电话、传真、邮寄地址、窗口等渠道进行。

第九条　投诉应当提供下列材料：

（一）投诉人的姓名、电话号码、通讯地址；

（二）被投诉人的名称（姓名）、地址；

（三）具体的投诉请求以及消费者权益争议事实。

投诉人采取非书面方式进行投诉的，市场监督管理部门工作人员应当记录前款规定信息。

第十条　委托他人代为投诉的，除提供本办法第九条第一款规定的材料外，还应当提供授权委托书原件以及受托人身份证明。

授权委托书应当载明委托事项、权限和期限，由委托人签名。

第十一条　投诉人为两人以上，基于同一消费者权益争议投诉同一经营者的，经投诉人同意，市场监督管理部门可以按共同投诉处理。

共同投诉可以由投诉人书面推选两名代表人进行投诉。代表人的投诉行为对其代表的投诉人发生效力，但代表人变更、放弃投诉请求或者达成调解协议的，应当经被代表的投诉人同意。

第十二条　投诉由被投诉人实际经营地或者住所地县级市场监督管理部门处理。

对电子商务平台经营者以及通过自建网站、其他网络服务销售商品或者提供服务的电子商务经营者的投诉，由其住所地县级市场监督管理部门处理。对平台内经营者的投诉，由其实际经营地或者平台经营者住所地县级市场监督管理部门处理。

上级市场监督管理部门认为有必要的，可以处理下级市场监督管理部门收到的投诉。下级市场监督管理部门认为需要由上级市场监督管理部门处理本行政机关收到的投诉的，可以报请上级市场监督管理部门决定。

第十三条　对同一消费者权益争议的投诉，两个以上市场监督管理部门均有处理权限的，由先收到投诉的市场监督管理部门处理。

第十四条　具有本办法规定的处理权限的市场监督管理部门，应当自收到投诉之日起七个工作日内作出受理或者不予受理的决定，并告知投诉人。

第十五条　投诉有下列情形之一的，市场监督管理部门不予受理：

（一）投诉事项不属于市场监督管理部门职责，或者本行政机关不具有处理权限的；

（二）法院、仲裁机构、市场监督管理部门或者其他行政机关、消费者协会或者依法成立的其他调解组织已经受理或者处理过同一消费者权益争议的；

（三）不是为生活消费需要购买、使用商品或者接受服务，或者不能证明与被投诉人之间存在消费者权益争议的；

（四）除法律另有规定外，投诉人知道或者应当知道自己的权益受到被投诉人侵害之日起超过三年的；

（五）未提供本办法第九条第一款和第十条规定的材料的；

（六）法律、法规、规章规定不予受理的其他情形。

第十六条　市场监督管理部门经投诉人和被投诉人同意，采用调解的方式处理投诉，但法律、法规另有规定的，依照其规定。

鼓励投诉人和被投诉人平等协商，自行和解。

第十七条　市场监督管理部门可以委托消费者协会或者依法成立的其他调解组织等单位代为调解。

受委托单位在委托范围内以委托的市场监督管理部门名义进行调解，不得再委托其他组织或者个人。

第十八条　调解可以采取现场调解方式，也可以采取互联网、电话、音频、视频等非现场调解方式。

采取现场调解方式的，市场监督管理部门或者其委托单位应当提前告知投诉人和被投诉人调解的时间、地点、调解人员等。

第十九条　调解由市场监督管理部门或者其委托单位工作人员主持，并可以根据需要邀请有关人员协助。

调解人员是投诉人或者被投诉人的近亲属或者有其他利害关系，可能影响公正处理投诉的，应当回避。投诉人或者被投诉人对调解人员提出回避申请的，市场监督管理部门应当中止调解，并作出是否回避的决定。

第二十条　需要进行检定、检验、检测、鉴定的，由投诉人和被投诉人协商一致，共同委托具备相应条件的技术机构承担。

除法律、法规另有规定的外，检定、检验、检测、鉴定所需费用由投诉人和被投诉人协商一致承担。

检定、检验、检测、鉴定所需时间不计算在调解期限内。

第二十一条　有下列情形之一的，终止调解：

（一）投诉人撤回投诉或者双方自行和解的；

（二）投诉人与被投诉人对委托承担检定、检验、检测、鉴定工作的技术机构或者费用承担无法协商一致的；

（三）投诉人或者被投诉人无正当理由不参加调解，或者被投诉人明确拒绝调解的；

（四）经组织调解，投诉人或者被投诉人明确表示无法达成调解协议的；

（五）自投诉受理之日起四十五个工作日内投诉人和被投诉人未能达成调解协议的；

（六）市场监督管理部门受理投诉后，发现存在本办法第十五条规定情形的；

（七）法律、法规、规章规定的应当终止调解的其他情形。

终止调解的，市场监督管理部门应当自作出终止调解决定之日起七个工作日内告知投诉人和被投诉人。

第二十二条　经现场调解达成调解协议的，市场监督管理部门应当制作调解书，但调解协议已经即时履行或者双方同意不制作调解书的除外。调解书由投诉人和被投诉人双方签字或者盖章，并加盖市场监督管理部门印章，交投诉人和被投诉人各执一份，市场监督管理部门留存一份归档。

未制作调解书的，市场监督管理部门应当做好调解记录备查。

第二十三条　市场监督管理部门在调解中发现涉嫌违反市场监督管理法律、法规、规章线索的，应当自发现之日起十五个工作日内予以核查，并按照市场监督管理行政处罚有关规定予以处理。特殊情况下，核查时限可以延长十五个工作日。法律、法规、规章另有规定的，依照其规定。

对消费者权益争议的调解不免除经营者依法应当承担的其他法律责任。

第二十四条　举报人应当提供涉嫌违反市场监督管理法律、法规、规章的具体线索，对举报内容的真实性负责。举报人采取非书面方式进行举报的，市场监督管理部门工作人员应当记录。

鼓励经营者内部人员依法举报经营者涉嫌违反市场监督管理法律、法规、规章的行为。

第二十五条　举报由被举报行为发生地的县级以上市场监督管理部门处理。法律、行政法规、部门规章另有规定的，从其规定。

第二十六条　县级市场监督管理部门派出机构在县级市场监督管理部门确定的权限范围内以县级市场监督管理部门的名义处理举报，法律、法规、规章授权以派出机构名义处理举报的除外。

第二十七条　对电子商务平台经营者和通过自建网站、其他网络服务销售商品或者提供服务的电子商务经营者的举报，由其住所地县级以上市场监督管理部门处理。

对平台内经营者的举报，由其实际经营地县级以上市场监督管理部门处理。电子商务平台经营者住所地县级以上市场监督管理部门先行收到举报的，也可以予以处理。

第二十八条　对利用广播、电影、电视、报纸、期刊、互联网等大众传播媒介发布违法广告的举报，由广告发布者所在地市场监督管理部门处理。广告发布者所在地市场监督管理部门处理对异地广告主、广告经营者的举报有困难的，可以将对广告主、广告经营者的举报移送广告主、广告经营者所在地市场监督管理部门处理。

对互联网广告的举报，广告主所在地、广告经营者所在地市场监督管理部门先行收到举报的，也可以予以处理。

对广告主自行发布违法互联网广告的举报，由广告主所在地市场监督管理部门处理。

第二十九条　收到举报的市场监督管理部门不具备处理权限的，应当告知举报人直接向有处理权限的市场监督管理部门提出。

第三十条　两个以上市场监督管理部门因处理权限发生争议的，应当自发生争议之日起七个工作日内协商解决，协商不成的，报请共同的上一级市场监督管理部门指定处理机关；也可以直接由共同的上一级市场监督管理部门指定处理机关。

第三十一条　市场监督管理部门应当按照市场监督管理行政处罚等有关规定处理举报。

举报人实名举报的，有处理权限的市场监督管理部门还应当自作出是否立案决定之日起五个工作日内告知举报人。

第三十二条　法律、法规、规章规定市场监督管理部门应当将举报处理结果告知举报人或者对举报人实行奖励的，市场监督管理部门应当予以告知或者奖励。

第三十三条　市场监督管理部门应当对举报人的信息予以保密，不得将举报人个人信息、举报办理情况等泄露给被举报人或者与办理举报工作无关的人员，但提供的材料同时包含投诉和举报内容，并且需要向被举报人提供组织调解所必需信息的除外。

第三十四条　市场监督管理部门应当加强对本行政区域投诉举报信息的统计、分析、应用，定期公布投诉举报统计分析报告，依法公示消费投诉信息。

第三十五条　对投诉举报处理工作中获悉的国家秘密以及公开后可能危及国家安全、公共安全、经济安全、社会稳定的信息，市场监督管理部门应当严格保密。

涉及商业秘密、个人隐私等信息，确需公开的，依照《中华人民共和国政府信息公开条例》等有关规定执行。

第三十六条　市场监督管理部门应当畅通全国12315平台、12315专用电话等投诉举报接收渠道，实行统一的投诉举报数据标准和用户规则，实现全国投诉举报信息一体化。

第三十七条　县级以上地方市场监督管理部门统一接收投诉举报的工作机构，应当及时将投诉举报分送有处理权限的下级市场监督管理部门或者同级市场监督管理部门相关机构处理。

同级市场监督管理部门相关机构收到分送的投诉举报的，应当按照本办法有关规定及时处理。不具备处理权限的，应当及时反馈统一接收投诉举报的工作机构，不得自行移送。

第三十八条　市场监督管理部门处理依法提起的除本办法第三条规定以外的其他投诉的，可以参照本办法执行。

举报涉嫌违反《中华人民共和国反垄断法》的行为的，按照国家市场监督管理总局专项规定执行。专项规定未作规定的，可以参照本办法执行。

药品监督管理部门、知识产权行政部门处理投诉举报，适用本办法，但法律、法规另有规定的，依照其规定。

第三十九条　自然人、法人或者其他组织反映国家机关、事业单位、代行政府职能的社会团体及其他组织的行政事业性收费问题的，按照《信访工作条例》有关规定处理。

以投诉举报形式进行咨询、政府信息公开申请、行政复议申请、信访、纪检监察检举控告等活动的，不适用本办法，市场监督管理部门可以告知通过相应途径提出。

第四十条　本办法自2020年1月1日起施行。1998年3月12日原国家质量技术监督局令第51号公布的《产品质量申诉处理办法》、2014年2月14日原国家工商行政管理总局令第62号公布的《工商行政管理部门处理消费者投诉办法》、2016年1月12日原国家食品药品监督管理总局令第21号公布的《食品药品投诉举报管理办法》同时废止。

市场监督管理行政处罚程序规定

1. 2018年12月21日国家市场监督管理总局令第2号公布
2. 根据2021年7月2日国家市场监督管理总局令第42号《关于修改〈市场监督管理行政处罚程序暂行规定〉等二部规章的决定》第一次修正
3. 根据2022年9月29日国家市场监督管理总局令第61号《关于修改和废止部分部门规章的决定》第二次修正

第一章　总　　则

第一条　为了规范市场监督管理行政处罚程序，保障市场监督管理部门依法实施行政处罚，保护自然人、法人和其他组织的合法权益，根据《中华人民共和国行政处罚法》《中华人民共和国行政强制法》等法律、行政法规，制定本规定。

第二条　市场监督管理部门实施行政处罚，适用本规定。

第三条　市场监督管理部门实施行政处罚，应当遵循公正、公开的原则，坚持处罚与教育相结合，做到事实清楚、证据确凿、适用依据正确、程序合法、处罚适当。

第四条　市场监督管理部门实施行政处罚实行回避制度。参与案件办理的有关人员与案件有直接利害关系或者有其他关系可能影响公正执法的，应当回避。市场监督管理部门主要负责人的回避，由市场监督管理部门负责人集体讨论决定；市场监督管理部门其他负责人的回避，由市场监督管理部门主要负责人决定；其他有关人员的回避，由市场监督管理部门负责人决定。

回避决定作出之前，不停止案件调查。

第五条　市场监督管理部门及参与案件办理的有关人员对实施行政处罚过程中知悉的国家秘密、商业秘密和个人隐私应当依法予以保密。

第六条　上级市场监督管理部门对下级市场监督管理部门实施行政处罚，应当加强监督。

各级市场监督管理部门对本部门内设机构及其派出机构、受委托组织实施行政处罚，应当加强监督。

第二章　管　　辖

第七条　行政处罚由违法行为发生地的县级以上市场监督管理部门管辖。法律、行政法规、部门规章另有规定的，从其规定。

第八条　县级、设区的市级市场监督管理部门依职权管辖本辖区内发生的行政处罚案件。法律、法规、规章规定由省级以上市场监督管理部门管辖的，从其规定。

第九条　市场监督管理部门派出机构在本部门确定的权

限范围内以本部门的名义实施行政处罚，法律、法规授权以派出机构名义实施行政处罚的除外。

县级以上市场监督管理部门可以在法定权限内书面委托符合《中华人民共和国行政处罚法》规定条件的组织实施行政处罚。受委托组织在委托范围内，以委托行政机关名义实施行政处罚；不得再委托其他任何组织或者个人实施行政处罚。

委托书应当载明委托的具体事项、权限、期限等内容。委托行政机关和受委托组织应当将委托书向社会公布。

第十条 网络交易平台经营者和通过自建网站、其他网络服务销售商品或者提供服务的网络交易经营者的违法行为由其住所地县级以上市场监督管理部门管辖。

平台内经营者的违法行为由其实际经营地县级以上市场监督管理部门管辖。网络交易平台经营者住所地县级以上市场监督管理部门先行发现违法线索或者收到投诉、举报的，也可以进行管辖。

第十一条 对利用广播、电影、电视、报纸、期刊、互联网等大众传播媒介发布违法广告的行为实施行政处罚，由广告发布者所在地市场监督管理部门管辖。广告发布者所在地市场监督管理部门管辖异地广告主、广告经营者有困难的，可以将广告主、广告经营者的违法情况移送广告主、广告经营者所在地市场监督管理部门处理。

对于互联网广告违法行为，广告主所在地、广告经营者所在地市场监督管理部门先行发现违法线索或者收到投诉、举报的，也可以进行管辖。

对广告主自行发布违法互联网广告的行为实施行政处罚，由广告主所在地市场监督管理部门管辖。

第十二条 对当事人的同一违法行为，两个以上市场监督管理部门都有管辖权的，由最先立案的市场监督管理部门管辖。

第十三条 两个以上市场监督管理部门因管辖权发生争议的，应当自发生争议之日起七个工作日内协商解决，协商不成的，报请共同的上一级市场监督管理部门指定管辖；也可以直接由共同的上一级市场监督管理部门指定管辖。

第十四条 市场监督管理部门发现立案查处的案件不属于本部门管辖的，应当将案件移送有管辖权的市场监督管理部门。受移送的市场监督管理部门对管辖权有异议的，应当报请共同的上一级市场监督管理部门指定管辖，不得再自行移送。

第十五条 上级市场监督管理部门认为必要时，可以将本部门管辖的案件交由下级市场监督管理部门管辖。法律、法规、规章明确规定案件应当由上级市场监督管理部门管辖的，上级市场监督管理部门不得将案件交由下级市场监督管理部门管辖。

上级市场监督管理部门认为必要时，可以直接查处下级市场监督管理部门管辖的案件，也可以将下级市场监督管理部门管辖的案件指定其他下级市场监督管理部门管辖。

下级市场监督管理部门认为依法由其管辖的案件存在特殊原因，难以办理的，可以报请上一级市场监督管理部门管辖或者指定管辖。

第十六条 报请上一级市场监督管理部门管辖或者指定管辖的，上一级市场监督管理部门应当在收到报送材料之日起七个工作日内确定案件的管辖部门。

第十七条 市场监督管理部门发现立案查处的案件属于其他行政管理部门管辖的，应当及时依法移送其他有关部门。

市场监督管理部门发现违法行为涉嫌犯罪的，应当及时将案件移送司法机关，并对涉案物品以及与案件有关的其他材料依照有关规定办理交接手续。

第三章 行政处罚的普通程序

第十八条 市场监督管理部门对依据监督检查职权或者通过投诉、举报、其他部门移送、上级交办等途径发现的违法行为线索，应当自发现线索或者收到材料之日起十五个工作日内予以核查，由市场监督管理部门负责人决定是否立案；特殊情况下，经市场监督管理部门负责人批准，可以延长十五个工作日。法律、法规、规章另有规定的除外。

检测、检验、检疫、鉴定以及权利人辨认或者鉴别等所需时间，不计入前款规定期限。

第十九条 经核查，符合下列条件的，应当立案：

（一）有证据初步证明存在违反市场监督管理法律、法规、规章的行为；

（二）依据市场监督管理法律、法规、规章应当给予行政处罚；

（三）属于本部门管辖；

（四）在给予行政处罚的法定期限内。

决定立案的，应当填写立案审批表，由办案机构负责人指定两名以上具有行政执法资格的办案人员负责调查处理。

第二十条 经核查，有下列情形之一的，可以不予立案：

（一）违法行为轻微并及时改正，没有造成危害后果；

（二）初次违法且危害后果轻微并及时改正；

（三）当事人有证据足以证明没有主观过错，但法律、行政法规另有规定的除外；

（四）依法可以不予立案的其他情形。

决定不予立案的，应当填写不予立案审批表。

第二十一条　办案人员应当全面、客观、公正、及时进行案件调查，收集、调取证据，并依照法律、法规、规章的规定进行检查。

首次向当事人收集、调取证据的，应当告知其享有陈述权、申辩权以及申请回避的权利。

第二十二条　办案人员调查或者进行检查时不得少于两人，并应当主动向当事人或者有关人员出示执法证件。

第二十三条　办案人员应当依法收集证据。证据包括：

（一）书证；

（二）物证；

（三）视听资料；

（四）电子数据；

（五）证人证言；

（六）当事人的陈述；

（七）鉴定意见；

（八）勘验笔录、现场笔录。

立案前核查或者监督检查过程中依法取得的证据材料，可以作为案件的证据使用。

对于移送的案件，移送机关依职权调查收集的证据材料，可以作为案件的证据使用。

上述证据，应当符合法律、法规、规章关于证据的规定，并经查证属实，才能作为认定案件事实的根据。以非法手段取得的证据，不得作为认定案件事实的根据。

第二十四条　收集、调取的书证、物证应当是原件、原物。调取原件、原物有困难的，可以提取复制件、影印件或者抄录件，也可以拍摄或者制作足以反映原件、原物外形或者内容的照片、录像。复制件、影印件、抄录件和照片、录像由证据提供人核对无误后注明与原件、原物一致，并注明出证日期、证据出处，同时签名或者盖章。

第二十五条　收集、调取的视听资料应当是有关资料的原始载体。调取视听资料原始载体有困难的，可以提取复制件，并注明制作方法、制作时间、制作人等。声音资料应当附有该声音内容的文字记录。

第二十六条　收集、调取的电子数据应当是有关数据的原始载体。收集电子数据原始载体有困难的，可以采用拷贝复制、委托分析、书式固定、拍照录像等方式取证，并注明制作方法、制作时间、制作人等。

市场监督管理部门可以利用互联网信息系统或者设备收集、固定违法行为证据。用来收集、固定违法行为证据的互联网信息系统或者设备应当符合相关规定，保证所收集、固定电子数据的真实性、完整性。

市场监督管理部门可以指派或者聘请具有专门知识的人员，辅助办案人员对案件关联的电子数据进行调查取证。

市场监督管理部门依照法律、行政法规规定利用电子技术监控设备收集、固定违法事实的，依照《中华人民共和国行政处罚法》有关规定执行。

第二十七条　在中华人民共和国领域外形成的公文书证，应当经所在国公证机关证明，或者履行中华人民共和国与该所在国订立的有关条约中规定的证明手续。涉及身份关系的证据，应当经所在国公证机关证明，并经中华人民共和国驻该国使领馆认证，或者履行中华人民共和国与该所在国订立的有关条约中规定的证明手续。

在中华人民共和国香港特别行政区、澳门特别行政区和台湾地区形成的证据，应当履行相关的证明手续。

外文书证或者外国语视听资料等证据应当附有由具有翻译资质的机构翻译的或者其他翻译准确的中文译本，由翻译机构盖章或者翻译人员签名。

第二十八条　对有违法嫌疑的物品或者场所进行检查时，应当通知当事人到场。办案人员应当制作现场笔录，载明时间、地点、事件等内容，由办案人员、当事人签名或者盖章。

第二十九条　办案人员可以询问当事人及其他有关单位和个人。询问应当个别进行。询问应当制作笔录，询问笔录应当交被询问人核对；对阅读有困难的，应当向其宣读。笔录如有差错、遗漏，应当允许其更正或者补充。涂改部分应当由被询问人签名、盖章或者以其他方式确认。经核对无误后，由被询问人在笔录上逐页签名、盖章或者以其他方式确认。办案人员应当在笔录上签名。

第三十条　办案人员可以要求当事人及其他有关单位和个人在一定期限内提供证明材料或者与涉嫌违法行为有关的其他材料，并由材料提供人在有关材料上签名或者盖章。

市场监督管理部门在查处侵权假冒等案件过程中，可以要求权利人对涉案产品是否为权利人生产或者其许可生产的产品进行辨认，也可以要求其对有关事项进行鉴别。

第三十一条 市场监督管理部门抽样取证时，应当通知当事人到场。办案人员应当制作抽样记录，对样品加贴封条，开具清单，由办案人员、当事人在封条和相关记录上签名或者盖章。

通过网络、电话购买等方式抽样取证的，应当采取拍照、截屏、录音、录像等方式对交易过程、商品拆包查验及封样等过程进行记录。

法律、法规、规章或者国家有关规定对实施抽样机构的资质或者抽样方式有明确要求的，市场监督管理部门应当委托相关机构或者按照规定方式抽取样品。

第三十二条 为查明案情，需要对案件中专门事项进行检测、检验、检疫、鉴定的，市场监督管理部门应当委托具有法定资质的机构进行；没有法定资质机构的，可以委托其他具备条件的机构进行。检测、检验、检疫、鉴定结果应当告知当事人。

第三十三条 在证据可能灭失或者以后难以取得的情况下，市场监督管理部门可以对与涉嫌违法行为有关的证据采取先行登记保存措施。采取或者解除先行登记保存措施，应当经市场监督管理部门负责人批准。

情况紧急，需要当场采取先行登记保存措施的，办案人员应当在二十四小时内向市场监督管理部门负责人报告，并补办批准手续。市场监督管理部门负责人认为不应当采取先行登记保存措施的，应当立即解除。

第三十四条 先行登记保存有关证据，应当当场清点，开具清单，由当事人和办案人员签名或者盖章，交当事人一份，并当场交付先行登记保存证据通知书。

先行登记保存期间，当事人或者有关人员不得损毁、销毁或者转移证据。

第三十五条 对于先行登记保存的证据，应当在七个工作日内采取以下措施：

（一）根据情况及时采取记录、复制、拍照、录像等证据保全措施；

（二）需要检测、检验、检疫、鉴定的，送交检测、检验、检疫、鉴定；

（三）依据有关法律、法规规定可以采取查封、扣押等行政强制措施的，决定采取行政强制措施；

（四）违法事实成立，应当予以没收的，作出行政处罚决定，没收违法物品；

（五）违法事实不成立，或者违法事实成立但依法不应当予以查封、扣押或者没收的，决定解除先行登记保存措施。

逾期未采取相关措施的，先行登记保存措施自动解除。

第三十六条 市场监督管理部门可以依据法律、法规的规定采取查封、扣押等行政强制措施。采取或者解除行政强制措施，应当经市场监督管理部门负责人批准。

情况紧急，需要当场采取行政强制措施的，办案人员应当在二十四小时内向市场监督管理部门负责人报告，并补办批准手续。市场监督管理部门负责人认为不应当采取行政强制措施的，应当立即解除。

第三十七条 市场监督管理部门实施行政强制措施应当依照《中华人民共和国行政强制法》规定的程序进行，并当场交付实施行政强制措施决定书和清单。

第三十八条 查封、扣押的期限不得超过三十日；情况复杂的，经市场监督管理部门负责人批准，可以延长，但是延长期限不得超过三十日。法律、行政法规另有规定的除外。

延长查封、扣押的决定应当及时书面告知当事人，并说明理由。

对物品需要进行检测、检验、检疫、鉴定的，查封、扣押的期间不包括检测、检验、检疫、鉴定的期间。检测、检验、检疫、鉴定的期间应当明确，并书面告知当事人。

第三十九条 扣押当事人托运的物品，应当制作协助扣押通知书，通知有关单位协助办理，并书面通知当事人。

第四十条 对当事人家存或者寄存的涉嫌违法物品，需要扣押的，责令当事人取出；当事人拒绝取出的，应当会同当地有关部门或者单位将其取出，并办理扣押手续。

第四十一条 查封、扣押的场所、设施或者财物应当妥善保管，不得使用或者损毁；市场监督管理部门可以委托第三人保管，第三人不得损毁或者擅自转移、处置。

查封的场所、设施或者财物，应当加贴市场监督管理部门封条，任何人不得随意动用。

除法律、法规另有规定外，容易损毁、灭失、变质、保管困难或者保管费用过高、季节性商品等不宜长期保存的物品，在确定为罚没财物前，经权利人同意或者申请，并经市场监督管理部门负责人批准，在采取相关措施留存证据后，可以依法先行处置；权利人不明确的，可以依法公告，公告期满后仍没有权利人同意或者申请的，可以依法先行处置。先行处置所得款项按照涉案现金管理。

第四十二条 有下列情形之一的，市场监督管理部门应当及时作出解除查封、扣押决定：

（一）当事人没有违法行为；

（二）查封、扣押的场所、设施或者财物与违法行为无关；

（三）对违法行为已经作出处理决定，不再需要查封、扣押；

（四）查封、扣押期限已经届满；

（五）其他不再需要采取查封、扣押措施的情形。

解除查封、扣押应当立即退还财物，并由办案人员和当事人在财物清单上签名或者盖章。市场监督管理部门已将财物依法先行处置并有所得款项的，应当退还所得款项。先行处置明显不当，给当事人造成损失的，应当给予补偿。

当事人下落不明或者无法确定涉案物品所有人的，应当按照本规定第八十二条第五项规定的公告送达方式告知领取。公告期满仍无人领取的，经市场监督管理部门负责人批准，将涉案物品上缴或者依法拍卖后将所得款项上缴国库。

第四十三条　办案人员在调查取证过程中，无法通知当事人，当事人不到场或者拒绝接受调查，当事人拒绝签名、盖章或者以其他方式确认的，办案人员应当在笔录或者其他材料上注明情况，并采取录音、录像等方式记录，必要时可以邀请有关人员作为见证人。

第四十四条　进行现场检查、询问当事人及其他有关单位和个人、抽样取证、采取先行登记保存措施、实施查封或者扣押等行政强制措施时，按照有关规定采取拍照、录音、录像等方式记录现场情况。

第四十五条　市场监督管理部门在办理行政处罚案件时，确需有关机关或者其他市场监督管理部门协助调查取证的，应当出具协助调查函。

收到协助调查函的市场监督管理部门对属于本部门职权范围的协助事项应当予以协助，在接到协助调查函之日起十五个工作日内完成相关工作。需要延期完成的，应当在期限届满前告知提出协查请求的市场监督管理部门。

第四十六条　有下列情形之一的，经市场监督管理部门负责人批准，中止案件调查：

（一）行政处罚决定须以相关案件的裁判结果或者其他行政决定为依据，而相关案件尚未审结或者其他行政决定尚未作出的；

（二）涉及法律适用等问题，需要送请有权机关作出解释或者确认的；

（三）因不可抗力致使案件暂时无法调查的；

（四）因当事人下落不明致使案件暂时无法调查的；

（五）其他应当中止调查的情形。

中止调查的原因消除后，应当立即恢复案件调查。

第四十七条　因涉嫌违法的自然人死亡或者法人、其他组织终止，并且无权利义务承受人等原因，致使案件调查无法继续进行的，经市场监督管理部门负责人批准，案件终止调查。

第四十八条　案件调查终结，办案机构应当撰写调查终结报告。案件调查终结报告包括以下内容：

（一）当事人的基本情况；

（二）案件来源、调查经过及采取行政强制措施的情况；

（三）调查认定的事实及主要证据；

（四）违法行为性质；

（五）处理意见及依据；

（六）自由裁量的理由等其他需要说明的事项。

第四十九条　办案机构应当将调查终结报告连同案件材料，交由市场监督管理部门审核机构进行审核。

审核分为法制审核和案件审核。

办案人员不得作为审核人员。

第五十条　对情节复杂或者重大违法行为给予行政处罚的下列案件，在市场监督管理部门负责人作出行政处罚的决定之前，应当由从事行政处罚决定法制审核的人员进行法制审核；未经法制审核或者审核未通过的，不得作出决定：

（一）涉及重大公共利益的；

（二）直接关系当事人或者第三人重大权益，经过听证程序的；

（三）案件情况疑难复杂、涉及多个法律关系的；

（四）法律、法规规定应当进行法制审核的其他情形。

前款第二项规定的案件，在听证程序结束后进行法制审核。

县级以上市场监督管理部门可以对第一款的法制审核案件范围作出具体规定。

第五十一条　法制审核由市场监督管理部门法制机构或者其他机构负责实施。

市场监督管理部门中初次从事行政处罚决定法制审核的人员，应当通过国家统一法律职业资格考试取得法律职业资格。

第五十二条　除本规定第五十条第一款规定以外适用普通程序的案件，应当进行案件审核。

案件审核由市场监督管理部门办案机构或者其他机构负责实施。

市场监督管理部门派出机构以自己的名义实施行

政处罚的案件，由派出机构负责案件审核。

第五十三条　审核的主要内容包括：

（一）是否具有管辖权；

（二）当事人的基本情况是否清楚；

（三）案件事实是否清楚、证据是否充分；

（四）定性是否准确；

（五）适用依据是否正确；

（六）程序是否合法；

（七）处理是否适当。

第五十四条　审核机构对案件进行审核，区别不同情况提出书面意见和建议：

（一）对事实清楚、证据充分、定性准确、适用依据正确、程序合法、处理适当的案件，同意案件处理意见；

（二）对定性不准、适用依据错误、程序不合法、处理不当的案件，建议纠正；

（三）对事实不清、证据不足的案件，建议补充调查；

（四）认为有必要提出的其他意见和建议。

第五十五条　审核机构应当自接到审核材料之日起十个工作日内完成审核。特殊情况下，经市场监督管理部门负责人批准可以延长。

第五十六条　审核机构完成审核并退回案件材料后，对于拟给予行政处罚的案件，办案机构应当将案件材料、行政处罚建议及审核意见报市场监督管理部门负责人批准，并依法履行告知等程序；对于建议给予其他行政处理的案件，办案机构应当将案件材料、审核意见报市场监督管理部门负责人审查决定。

第五十七条　拟给予行政处罚的案件，市场监督管理部门在作出行政处罚决定之前，应当书面告知当事人拟作出的行政处罚内容及事实、理由、依据，并告知当事人依法享有陈述权、申辩权。拟作出的行政处罚属于听证范围的，还应当告知当事人有要求听证的权利。法律、法规规定在行政处罚决定作出前需责令当事人退还多收价款的，一并告知拟责令退还的数额。

当事人自告知书送达之日起五个工作日内，未行使陈述、申辩权，未要求听证的，视为放弃此权利。

第五十八条　市场监督管理部门在告知当事人拟作出的行政处罚决定后，应当充分听取当事人的意见，对当事人提出的事实、理由和证据进行复核。当事人提出的事实、理由或者证据成立的，市场监督管理部门应当予以采纳，不得因当事人陈述、申辩或者要求听证而给予更重的行政处罚。

第五十九条　法律、法规要求责令当事人退还多收价款的，市场监督管理部门应当在听取当事人意见后作出行政处罚决定前，向当事人发出责令退款通知书，责令当事人限期退还。难以查找多付价款的消费者或者其他经营者的，责令公告查找。

第六十条　市场监督管理部门负责人经对案件调查终结报告、审核意见、当事人陈述和申辩意见或者听证报告等进行审查，根据不同情况，分别作出以下决定：

（一）确有依法应当给予行政处罚的违法行为的，根据情节轻重及具体情况，作出行政处罚决定；

（二）确有违法行为，但有依法不予行政处罚情形的，不予行政处罚；

（三）违法事实不能成立的，不予行政处罚；

（四）不属于市场监督管理部门管辖的，移送其他行政管理部门处理；

（五）违法行为涉嫌犯罪的，移送司法机关。

对本规定第五十条第一款规定的案件，拟给予行政处罚的，应当由市场监督管理部门负责人集体讨论决定。

第六十一条　对当事人的违法行为依法不予行政处罚的，市场监督管理部门应当对当事人进行教育。

第六十二条　市场监督管理部门作出行政处罚决定，应当制作行政处罚决定书，并加盖本部门印章。行政处罚决定书的内容包括：

（一）当事人的姓名或者名称、地址等基本情况；

（二）违反法律、法规、规章的事实和证据；

（三）当事人陈述、申辩的采纳情况及理由；

（四）行政处罚的内容和依据；

（五）行政处罚的履行方式和期限；

（六）申请行政复议、提起行政诉讼的途径和期限；

（七）作出行政处罚决定的市场监督管理部门的名称和作出决定的日期。

第六十三条　市场监督管理部门作出的具有一定社会影响的行政处罚决定应当按照有关规定向社会公开。

公开的行政处罚决定被依法变更、撤销、确认违法或者确认无效的，市场监督管理部门应当在三个工作日内撤回行政处罚决定信息并公开说明理由。

第六十四条　适用普通程序办理的案件应当自立案之日起九十日内作出处理决定。因案情复杂或者其他原因，不能在规定期限内作出处理决定的，经市场监督管理部门负责人批准，可以延长三十日。案情特别复杂或者有其他特殊情况，经延期仍不能作出处理决定的，应当由市场监督管理部门负责人集体讨论决定是否继续延期,决定继续延期的,应当同时确定延长的合理期限。

案件处理过程中,中止、听证、公告和检测、检验、检疫、鉴定、权利人辨认或者鉴别、责令退还多收价款等时间不计入前款所指的案件办理期限。

第六十五条　发生重大传染病疫情等突发事件,为了控制、减轻和消除突发事件引起的社会危害,市场监督管理部门对违反突发事件应对措施的行为,依法快速、从重处罚。

第四章　行政处罚的简易程序

第六十六条　违法事实确凿并有法定依据,对自然人处以二百元以下、对法人或者其他组织处以三千元以下罚款或者警告的行政处罚的,可以当场作出行政处罚决定。法律另有规定的,从其规定。

第六十七条　适用简易程序当场查处违法行为,办案人员应当向当事人出示执法证件,当场调查违法事实,收集必要的证据,填写预定格式、编有号码的行政处罚决定书。

行政处罚决定书应当由办案人员签名或者盖章,并当场交付当事人。当事人拒绝签收的,应当在行政处罚决定书上注明。

第六十八条　当场制作的行政处罚决定书应当载明当事人的基本情况、违法行为、行政处罚依据、处罚种类、罚款数额、缴款途径和期限、救济途径和期限、部门名称、时间、地点,并加盖市场监督管理部门印章。

第六十九条　办案人员在行政处罚决定作出前,应当告知当事人拟作出的行政处罚内容及事实、理由、依据,并告知当事人有权进行陈述和申辩。当事人进行陈述和申辩的,办案人员应当记入笔录。

第七十条　适用简易程序查处案件的有关材料,办案人员应当在作出行政处罚决定之日起七个工作日内交至所在的市场监督管理部门归档保存。

第五章　执行与结案

第七十一条　行政处罚决定依法作出后,当事人应当在行政处罚决定书载明的期限内予以履行。

当事人对行政处罚决定不服申请行政复议或者提起行政诉讼的,行政处罚不停止执行,法律另有规定的除外。

第七十二条　市场监督管理部门对当事人作出罚款、没收违法所得行政处罚的,当事人应当自收到行政处罚决定书之日起十五日内,通过指定银行或者电子支付系统缴纳罚没款。有下列情形之一的,可以由办案人员当场收缴罚款:

(一)当场处以一百元以下罚款的;

(二)当场对自然人处以二百元以下、对法人或者其他组织处以三千元以下罚款,不当场收缴事后难以执行的;

(三)在边远、水上、交通不便地区,当事人向指定银行或者通过电子支付系统缴纳罚款确有困难,经当事人提出的。

办案人员当场收缴罚款的,必须向当事人出具国务院财政部门或者省、自治区、直辖市财政部门统一制发的专用票据。

第七十三条　办案人员当场收缴的罚款,应当自收缴罚款之日起二个工作日内交至所在市场监督管理部门。在水上当场收缴的罚款,应当自抵岸之日起二个工作日内交至所在市场监督管理部门。市场监督管理部门应当在二个工作日内将罚款缴付指定银行。

第七十四条　当事人确有经济困难,需要延期或者分期缴纳罚款的,应当提出书面申请。经市场监督管理部门负责人批准,同意当事人暂缓或者分期缴纳罚款的,市场监督管理部门应当书面告知当事人暂缓或者分期的期限。

第七十五条　当事人逾期不缴纳罚款的,市场监督管理部门可以每日按罚款数额的百分之三加处罚款,加处罚款的数额不得超出罚款的数额。

第七十六条　当事人在法定期限内不申请行政复议或者提起行政诉讼,又不履行行政处罚决定,且在收到催告书十个工作日后仍不履行行政处罚决定的,市场监督管理部门可以在期限届满之日起三个月内依法申请人民法院强制执行。

市场监督管理部门批准延期、分期缴纳罚款的,申请人民法院强制执行的期限,自暂缓或者分期缴纳罚款期限结束之日起计算。

第七十七条　适用普通程序的案件有以下情形之一的,办案机构应当在十五个工作日内填写结案审批表,经市场监督管理部门负责人批准后,予以结案:

(一)行政处罚决定执行完毕的;

(二)人民法院裁定终结执行的;

(三)案件终止调查的;

(四)作出本规定第六十条第一款第二项至五项决定的;

(五)其他应予结案的情形。

第七十八条　结案后,办案人员应当将案件材料按照档案管理的有关规定立卷归档。案卷归档应当一案一卷、材料齐全、规范有序。

案卷可以分正卷、副卷。正卷按照下列顺序归档：

（一）立案审批表；

（二）行政处罚决定书及送达回证；

（三）对当事人制发的其他法律文书及送达回证；

（四）证据材料；

（五）听证笔录；

（六）财物处理单据；

（七）其他有关材料。

副卷按照下列顺序归档：

（一）案源材料；

（二）调查终结报告；

（三）审核意见；

（四）听证报告；

（五）结案审批表；

（六）其他有关材料。

案卷的保管和查阅，按照档案管理的有关规定执行。

第七十九条　市场监督管理部门应当依法以文字、音像等形式，对行政处罚的启动、调查取证、审核、决定、送达、执行等进行全过程记录，依照本规定第七十八条的规定归档保存。

第六章　期间、送达

第八十条　期间以时、日、月计算，期间开始的时或者日不计算在内。期间不包括在途时间。期间届满的最后一日为法定节假日的，以法定节假日后的第一日为期间届满的日期。

第八十一条　市场监督管理部门送达行政处罚决定书，应当在宣告后当场交付当事人。当事人不在场的，应当在七个工作日内按照本规定第八十二条、第八十三条的规定，将行政处罚决定书送达当事人。

第八十二条　市场监督管理部门送达执法文书，应当按照下列方式进行：

（一）直接送达的，由受送达人在送达回证上注明签收日期，并签名或者盖章，受送达人在送达回证上注明的签收日期为送达日期。受送达人是自然人的，本人不在时交其同住成年家属签收；受送达人是法人或者其他组织的，应当由法人的法定代表人、其他组织的主要负责人或者该法人、其他组织负责收件的人签收；受送达人有代理人的，可以送交其代理人签收；受送达人已向市场监督管理部门指定代收人的，送交代收人签收。受送达人的同住成年家属，法人或者其他组织负责收件的人，代理人或者代收人在送达回证上签收的日期为送达日期。

（二）受送达人或者其同住成年家属拒绝签收的，市场监督管理部门可以邀请有关基层组织或者所在单位的代表到场，说明情况，在送达回证上载明拒收事由和日期，由送达人、见证人签名或者以其他方式确认，将执法文书留在受送达人的住所；也可以将执法文书留在受送达人的住所，并采取拍照、录像等方式记录送达过程，即视为送达。

（三）经受送达人同意并签订送达地址确认书，可以采用手机短信、传真、电子邮件、即时通讯账号等能够确认其收悉的电子方式送达执法文书，市场监督管理部门应当通过拍照、截屏、录音、录像等方式予以记录，手机短信、传真、电子邮件、即时通讯信息等到达受送达人特定系统的日期为送达日期。

（四）直接送达有困难的，可以邮寄送达或者委托当地市场监督管理部门、转交其他部门代为送达。邮寄送达的，以回执上注明的收件日期为送达日期；委托、转交送达的，受送达人的签收日期为送达日期。

（五）受送达人下落不明或者采取上述方式无法送达的，可以在市场监督管理部门公告栏和受送达人住所地张贴公告，也可以在报纸或者市场监督管理部门门户网站等刊登公告。自公告发布之日起经过三十日，即视为送达。公告送达，应当在案件材料中载明原因和经过。在市场监督管理部门公告栏和受送达人住所地张贴公告的，应当采取拍照、录像等方式记录张贴过程。

第八十三条　市场监督管理部门可以要求受送达人签署送达地址确认书，送达至受送达人确认的地址，即视为送达。受送达人送达地址发生变更的，应当及时书面告知市场监督管理部门；未及时告知的，市场监督管理部门按原地址送达，视为依法送达。

因受送达人提供的送达地址不准确、送达地址变更未书面告知市场监督管理部门，导致执法文书未能被受送达人实际接收的，直接送达的，执法文书留在该地址之日为送达之日；邮寄送达的，执法文书被退回之日为送达之日。

第七章　附　　则

第八十四条　本规定中的“以上”“以下”“内”均包括本数。

第八十五条　国务院药品监督管理部门和省级药品监督管理部门实施行政处罚，适用本规定。

法律、法规授权的履行市场监督管理职能的组织实施行政处罚，适用本规定。

对违反《中华人民共和国反垄断法》规定的行为实施行政处罚的程序，按照国务院市场监督管理部门专项规定执行。专项规定未作规定的，参照本规定执行。

第八十六条　行政处罚文书格式范本，由国务院市场监督管理部门统一制定。各省级市场监督管理部门可以参照文书格式范本，制定本行政区域适用的行政处罚文书格式并自行印制。

第八十七条　本规定自 2019 年 4 月 1 日起施行。1996 年 9 月 18 日原国家技术监督局令第 45 号公布的《技术监督行政处罚委托实施办法》、2001 年 4 月 9 日原国家质量技术监督局令第 16 号公布的《质量技术监督罚没物品管理和处置办法》、2007 年 9 月 4 日原国家工商行政管理总局令第 28 号公布的《工商行政管理机关行政处罚程序规定》、2011 年 3 月 2 日原国家质量监督检验检疫总局令第 137 号公布的《质量技术监督行政处罚程序规定》、2011 年 3 月 2 日原国家质量监督检验检疫总局令第 138 号公布的《质量技术监督行政处罚案件审理规定》、2014 年 4 月 28 日原国家食品药品监督管理总局令第 3 号公布的《食品药品行政处罚程序规定》同时废止。

关于规范市场监督管理行政处罚裁量权的指导意见

1. 2022 年 10 月 8 日国家市场监督管理总局发布
2. 自发布之日起施行

第一条　为了规范市场监督管理行政处罚行为，保障市场监管部门依法行使行政处罚裁量权，保护自然人、法人和其他组织的合法权益，根据《中华人民共和国行政处罚法》等法律、法规、规章和国家有关规定，结合市场监管工作实际，制定本意见。

第二条　本意见所称行政处罚裁量权，是指各级市场监管部门在实施行政处罚时，根据法律、法规、规章的规定，综合考虑违法行为的事实、性质、情节、社会危害程度以及当事人主观过错等因素，决定是否给予行政处罚、给予行政处罚的种类和幅度的权限。

第三条　市场监管部门行使行政处罚裁量权，应当坚持以下原则：

（一）合法原则。依据法定权限，符合法律、法规、规章规定的裁量条件、处罚种类和幅度，遵守法定程序。

（二）过罚相当原则。以事实为依据，处罚的种类和幅度与违法行为的事实、性质、情节、社会危害程度等相当。

（三）公平公正原则。对违法事实、性质、情节、社会危害程度等基本相同的违法行为实施行政处罚时，适用的法律依据、处罚种类和幅度基本一致。

（四）处罚和教育相结合原则。兼顾纠正违法行为和教育当事人，引导当事人自觉守法。

（五）综合裁量原则。综合考虑个案情况，兼顾地区经济社会发展状况、当事人主客观情况等相关因素，实现政治效果、社会效果、法律效果的统一。

第四条　省级和设区的市级市场监管部门可以参照本意见，结合地区实际制定行政处罚裁量权基准。

县级市场监管部门可以在法定范围内，对上级市场监管部门制定的行政处罚裁量权基准适用的标准、条件、种类、幅度、方式、时限予以合理细化量化。

第五条　对同一行政处罚事项，上级市场监管部门已经制定行政处罚裁量权基准的，下级市场监管部门原则上应当直接适用；如下级市场监管部门不能直接适用，可以结合地区经济社会发展状况，在法律、法规、规章规定的行政处罚裁量权范围内进行合理细化量化，但不能超出上级市场监管部门划定的阶次或者幅度。

下级市场监管部门制定的行政处罚裁量权基准与上级市场监管部门制定的行政处罚裁量权基准冲突的，应当适用上级市场监管部门制定的行政处罚裁量权基准。

第六条　行政处罚裁量权基准应当包括违法行为、法定依据、裁量阶次、适用条件和具体标准等内容。

制定行政处罚裁量权基准，应当对以下内容进行细化和量化：

（一）法律、法规、规章规定可以选择决定是否给予行政处罚的，明确是否给予处罚的具体情形；

（二）法律、法规、规章规定可以选择行政处罚种类的，明确适用不同处罚种类的具体情形；

（三）法律、法规、规章规定可以选择行政处罚幅度的，明确划分易于操作的裁量阶次，并确定适用不同阶次的具体情形；

（四）法律、法规、规章规定可以单处或者并处行政处罚的，明确规定单处或者并处行政处罚的具体情形；

（五）需要在法定处罚种类或者幅度以下减轻行政处罚的，应当在严格评估后明确具体情形、适用条件和处罚标准。

第七条　市场监管部门实施行政处罚应当以法律、法规、规章为依据。有行政处罚裁量权基准的，应当在行政处罚决定书中对行政处罚裁量权基准的适用情况予以明确。

第八条　市场监管部门实施行政处罚，适用本部门制定的行政处罚裁量权基准可能出现明显不当、显失公平，或者行政处罚裁量权基准适用的客观情况发生变化的，经本部门主要负责人批准或者集体讨论通过后可以调整适用，批准材料或者集体讨论记录应列入处罚案卷归档保存。

适用上级市场监管部门制定的行政处罚裁量权基准可能出现前款情形的，逐级报请该基准制定部门批准后，可以调整适用。

第九条　建立行政处罚裁量权基准动态调整机制，行政处罚裁量权基准所依据的法律、法规、规章作出修改，或者客观情况发生重大变化的，及时进行调整。

第十条　本意见中下列用语的含义如下：

（一）不予行政处罚是指因法定原因对特定违法行为不给予行政处罚。

（二）减轻行政处罚是指适用法定行政处罚最低限度以下的处罚种类或处罚幅度。包括在违法行为应当受到的一种或者几种处罚种类之外选择更轻的处罚种类，或者在应当并处时不并处，也包括在法定最低罚款限值以下确定罚款数额。

（三）从轻行政处罚是指在依法可以选择的处罚种类和处罚幅度内，适用较轻、较少的处罚种类或者较低的处罚幅度。其中，罚款的数额应当在从最低限到最高限这一幅度中较低的30%部分。

（四）从重行政处罚是指在依法可以选择的处罚种类和处罚幅度内，适用较重、较多的处罚种类或者较高的处罚幅度。其中，罚款的数额应当在从最低限到最高限这一幅度中较高的30%部分。

第十一条　有下列情形之一的，应当依法不予行政处罚：

（一）不满十四周岁的未成年人有违法行为的；

（二）精神病人、智力残疾人在不能辨认或者不能控制自己行为时有违法行为的；

（三）违法行为轻微并及时改正，没有造成危害后果的；

（四）除法律、行政法规另有规定外，当事人有证据足以证明没有主观过错的；

（五）除法律另有规定外，涉及公民生命健康安全、金融安全且有危害后果的违法行为在五年内未被发现的，其他违法行为在二年内未被发现的；

（六）其他依法应当不予行政处罚的。

第十二条　初次违法且危害后果轻微并及时改正的，可以不予行政处罚。

市场监管部门可以依照有关规定制定轻微违法行为依法免予处罚清单并进行动态调整。

第十三条　有下列情形之一的，应当依法从轻或者减轻行政处罚：

（一）已满十四周岁不满十八周岁的未成年人有违法行为的；

（二）主动消除或者减轻违法行为危害后果的；

（三）受他人胁迫或者诱骗实施违法行为的；

（四）主动供述市场监管部门尚未掌握的违法行为的；

（五）配合市场监管部门查处违法行为有立功表现的，包括但不限于当事人揭发市场监管领域其他重大违法行为或者提供查处市场监管领域其他重大违法行为的关键线索或证据，并经查证属实的；

（六）其他依法应当从轻或者减轻行政处罚的。

第十四条　有下列情形之一的，可以依法从轻或者减轻行政处罚：

（一）尚未完全丧失辨认或者控制自己行为能力的精神病人、智力残疾人有违法行为的；

（二）积极配合市场监管部门调查并主动提供证据材料的；

（三）违法行为轻微，社会危害性较小的；

（四）在共同违法行为中起次要或者辅助作用的；

（五）当事人因残疾或者重大疾病等原因生活确有困难的；

（六）其他依法可以从轻或者减轻行政处罚的。

第十五条　有下列情形之一的，应当依法从重行政处罚：

（一）在重大传染病疫情等突发事件期间，有违反突发事件应对措施行为的；

（二）其他依法应当从重行政处罚的。

第十六条　有下列情形之一的，可以依法从重行政处罚：

（一）违法行为造成他人人身伤亡或者重大财产损失等严重危害后果的；

（二）教唆、胁迫、诱骗他人实施违法行为的；

（三）因同一性质的违法行为受过刑事处罚，或者一年内因同一性质的违法行为受过行政处罚的；

（四）阻碍或者拒不配合行政执法人员依法执行职务或者对行政执法人员打击报复的；

（五）隐藏、转移、损毁、使用、处置市场监管部门依法查封、扣押的财物或者先行登记保存的证据的；

（六）伪造、隐匿、毁灭证据的；

（七）其他依法可以从重行政处罚的。

当事人因前款第四至六项所涉行为已被行政处罚的，该行为不再作为从重行政处罚情节。

第十七条　当事人既有从轻或者减轻行政处罚情节，又有从重行政处罚情节的，市场监管部门应当结合案件情况综合考虑后作出裁量决定。

第十八条　市场监管部门制定的行政处罚裁量权基准应当主动向社会公开。

第十九条　市场监管部门应当按照《市场监督管理执法监督暂行规定》（市场监管总局令第22号）的要求，加强对行政处罚裁量权基准制度执行情况的监督检查。

第二十条　本意见自发布之日起实施。《市场监管总局关于规范市场监督管理行政处罚裁量权的指导意见》（国市监法〔2019〕244号）同时废止。

二、登记注册管理

《中华人民共和国市场主体登记管理条例》导读

市场主体登记管理制度是市场主体开展经营活动的基础性制度，事关市场主体合法权益保护、市场秩序维护以及营商环境持续优化。改革开放以来，我国先后出台了《中华人民共和国企业法人登记管理条例》《企业名称登记管理规定》《中华人民共和国公司登记管理条例》《中华人民共和国合伙企业登记管理办法》《企业法人法定代表人登记管理规定》《农民专业合作社登记管理条例》《个体工商户条例》等多部规范市场主体登记管理的行政法规，在推动经济发展、促进创业就业等方面发挥了重要作用。与此同时，现行市场主体登记管理制度也逐渐暴露出一些与新时期市场主体发展不适应、不协调的问题。

为了完善统一的市场主体登记立法，更好地推进法治化市场建设，维护良好市场秩序和市场主体合法权益。司法部会同市场监管总局认真总结市场主体登记制度改革成果，深入调研论证，广泛听取有关部门、地方人民政府、市场主体、有关行业协会和社会公众的意见建议，起草了《市场主体登记管理条例（草案）》，2021 年 7 月 27 日，国务院总理李克强签署第 746 号国务院令，公布《中华人民共和国市场主体登记管理条例》（以下简称《条例》），自 2022 年 3 月 1 日起施行。

《条例》适用于在中国境内以营利为目的的从事经营活动的各类市场主体，包括：公司、非公司企业法人、个人独资企业、合伙企业、农民专业合作社（联合社）以及它们的分支机构，个体工商户，外国公司分支机构，以及法律、行政法规规定的其他市场主体。市场主体应当依照《条例》办理市场主体登记。市场主体登记包括设立登记、变更登记和注销登记。除法律、行政法规规定无需办理登记的外，未经登记，不得以市场主体名义从事经营活动。

市场主体登记管理遵循依法合规、规范统一、公开透明、便捷高效的原则。《条例》对登记机关提出了具体工作要求：国务院市场监督管理部门主管全国市场主体登记管理工作，应当加强信息化建设，加强信息共享，制定统一的市场主体登记数据和系统建设规范。县级以上地方人民政府市场监督管理部门主管本辖区市场主体登记管理工作，加强统筹指导和监督管理。登记机关应当优化市场主体登记办理流程，推行当场办结、一次办结、限时办结等制度，实现集中办理、就近办理、网上办理、异地可办，提升市场主体登记便利化程度。国务院市场监督管理部门和国务院有关部门应当推动市场主体登记信息与其他政府信息的共享和运用，提升政府服务效能。

《条例》规定，市场主体的一般登记事项包括：名称，主体类型，经营范围，住所或者主要经营场所，注册资本或者出资额，法定代表人、执行事务合伙人或者负责人姓名等。此外，不同组织形态的市场主体还应当分别登记其他相关事项，例如有限责任公司股东、股份有限公司发起人、个人独资企业的投资人、合伙企业的合伙人及其承担责任方式等。市场主体的备案事项包括：市场主体的章程或者合伙协议，经营期限或者合伙期限，认缴出资数额，公司董事、监事、高级管理人员，农民专业合作社（联合社）成员，参加经营的个体工商户家庭成员姓名，公司、合伙企业等市场主体受益所有人相关信息等事项。

新冠肺炎疫情发生以来，部分市场主体因受疫情影响，暂时无法开展经营活动，但仍有较强的经营意愿和能力。为降低市场主体维持成本，保护市场主体合法权益，《条例》规定了歇业制度：因自然灾害、事故灾难、公共卫生事件、社会安全事件等原因造成经营困难的，市场主体可以自主决定在一定时期内歇业。市场主体应当在歇业前与职工依法协商劳动关系处理等有关事项。市场主体应当在歇业前向登记机关办理备案，登记机关通过国家企业信用信息公示系统向社会公示歇业期限、法律文书送达地址等信息。市场主体的歇业期限最长不得超过3年，在歇业期间开展经营活动的视为恢复营业。市场主体歇业期间，可以以法律文书送达地址代替住所或者主要经营场所。

2022年3月1日《条例》施行之日，《中华人民共和国公司登记管理条例》《中华人民共和国企业法人登记管理条例》《中华人民共和国合伙企业登记管理办法》《农民专业合作社登记管理条例》《企业法人法定代表人登记管理规定》同时废止。

1. 公司企业登记注册

中华人民共和国公司法（节录）

1. 1993年12月29日第八届全国人民代表大会常务委员会第五次会议通过
2. 根据1999年12月25日第九届全国人民代表大会常务委员会第十三次会议《关于修改〈中华人民共和国公司法〉的决定》第一次修正
3. 根据2004年8月28日第十届全国人民代表大会常务委员会第十一次会议《关于修改〈中华人民共和国公司法〉的决定》第二次修正
4. 2005年10月27日第十届全国人民代表大会常务委员会第十八次会议修订
5. 根据2013年12月28日第十二届全国人民代表大会常务委员会第六次会议《关于修改〈中华人民共和国海洋环境保护法〉等七部法律的决定》第三次修正
6. 根据2018年10月26日第十三届全国人民代表大会常务委员会第六次会议《关于修改〈中华人民共和国公司法〉的决定》第四次修正

第六条 【公司设立的准则主义】设立公司，应当依法向公司登记机关申请设立登记。符合本法规定的设立条件的，由公司登记机关分别登记为有限责任公司或者股份有限公司；不符合本法规定的设立条件的，不得登记为有限责任公司或者股份有限公司。

法律、行政法规规定设立公司必须报经批准的，应当在公司登记前依法办理批准手续。

公众可以向公司登记机关申请查询公司登记事项，公司登记机关应当提供查询服务。

第七条 【公司营业执照】依法设立的公司，由公司登记机关发给公司营业执照。公司营业执照签发日期为公司成立日期。

公司营业执照应当载明公司的名称、住所、注册资本、经营范围、法定代表人姓名等事项。

公司营业执照记载的事项发生变更的，公司应当依法办理变更登记，由公司登记机关换发营业执照。

第八条 【公司的名称】依照本法设立的有限责任公司，必须在公司名称中标明有限责任公司或者有限公司字样。

依照本法设立的股份有限公司，必须在公司名称中标明股份有限公司或者股份公司字样。

第九条 【公司形式变更的准则主义与债权债务承继】有限责任公司变更为股份有限公司，应当符合本法规定的股份有限公司的条件。股份有限公司变更为有限责任公司，应当符合本法规定的有限责任公司的条件。

有限责任公司变更为股份有限公司的，或者股份有限公司变更为有限责任公司的，公司变更前的债权、债务由变更后的公司承继。

第十条 【公司的住所】公司以其主要办事机构所在地为住所。

第十一条 【公司的章程】设立公司必须依法制定公司章程。公司章程对公司、股东、董事、监事、高级管理人员具有约束力。

第十二条 【公司的经营范围】公司的经营范围由公司章程规定，并依法登记。公司可以修改公司章程，改变经营范围，但是应当办理变更登记。

公司的经营范围中属于法律、行政法规规定须经批准的项目，应当依法经过批准。

第十三条 【公司法定代表人】公司法定代表人依照公司章程的规定，由董事长、执行董事或者经理担任，并依法登记。公司法定代表人变更，应当办理变更登记。

第十四条 【分公司与子公司】公司可以设立分公司。设立分公司，应当向公司登记机关申请登记，领取营业执照。分公司不具有法人资格，其民事责任由公司承担。

公司可以设立子公司，子公司具有法人资格，依法独立承担民事责任。

第十五条 【公司的转投资及其限制】公司可以向其他企业投资；但是，除法律另有规定外，不得成为对所投资企业的债务承担连带责任的出资人。

第十六条 【公司转投资及提供担保的程序规定】公司向其他企业投资或者为他人提供担保，依照公司章程的规定，由董事会或者股东会、股东大会决议；公司章程对投资或者担保的总额及单项投资或者担保的数额有限额规定的，不得超过规定的限额。

公司为公司股东或者实际控制人提供担保的，必须经股东会或者股东大会决议。

前款规定的股东或者受前款规定的实际控制人支配的股东，不得参加前款规定事项的表决。该项表决由出席会议的其他股东所持表决权的过半数通过。

第十七条 【公司的劳动保护等义务】公司必须保护职工的合法权益，依法与职工签订劳动合同，参加社会保险，加强劳动保护，实现安全生产。

公司应当采用多种形式，加强公司职工的职业教育和岗位培训，提高职工素质。

第十八条 【公司的工会及民主管理】公司职工依照《中华人民共和国工会法》组织工会，开展工会活动，维护职工合法权益。公司应当为本公司工会提供必要的活动条件。公司工会代表职工就职工的劳动报酬、工作时间、福利、保险和劳动安全卫生等事项依法与公司签订集体合同。

公司依照宪法和有关法律的规定，通过职工代表大会或者其他形式，实行民主管理。

公司研究决定改制以及经营方面的重大问题、制定重要的规章制度时，应当听取公司工会的意见，并通过职工代表大会或者其他形式听取职工的意见和建议。

第十九条 【公司中的中国共产党组织】在公司中，根据中国共产党章程的规定，设立中国共产党的组织，开展党的活动。公司应当为党组织的活动提供必要条件。

第二十条 【股东滥用权利的责任】公司股东应当遵守法律、行政法规和公司章程，依法行使股东权利，不得滥用股东权利损害公司或者其他股东的利益；不得滥用公司法人独立地位和股东有限责任损害公司债权人的利益。

公司股东滥用股东权利给公司或者其他股东造成损失的，应当依法承担赔偿责任。

公司股东滥用公司法人独立地位和股东有限责任，逃避债务，严重损害公司债权人利益的，应当对公司债务承担连带责任。

第二十一条 【禁止关联行为】公司的控股股东、实际控制人、董事、监事、高级管理人员不得利用其关联关系损害公司利益。

违反前款规定，给公司造成损失的，应当承担赔偿责任。

第二十二条 【无效决议及其法律后果】公司股东会或者股东大会、董事会的决议内容违反法律、行政法规的无效。

股东会或者股东大会、董事会的会议召集程序、表决方式违反法律、行政法规或者公司章程，或者决议内容违反公司章程的，股东可以自决议作出之日起六十日内，请求人民法院撤销。

股东依照前款规定提起诉讼的，人民法院可以应公司的请求，要求股东提供相应担保。

公司根据股东会或者股东大会、董事会决议已办理变更登记的，人民法院宣告该决议无效或者撤销该决议后，公司应当向公司登记机关申请撤销变更登记。

第二十六条 【有限责任公司的注册资本】有限责任公司的注册资本为在公司登记机关登记的全体股东认缴的出资额。

法律、行政法规以及国务院决定对有限责任公司注册资本实缴、注册资本最低限额另有规定的，从其规定。

第三十二条 【股东名册】有限责任公司应当置备股东名册，记载下列事项：

（一）股东的姓名或者名称及住所；

（二）股东的出资额；

（三）出资证明书编号。

记载于股东名册的股东，可以依股东名册主张行使股东权利。

公司应当将股东的姓名或者名称向公司登记机关登记；登记事项发生变更的，应当办理变更登记。未经登记或者变更登记的，不得对抗第三人。

第五十九条 【公司登记与营业执照中的投资者身份注明】一人有限责任公司应当在公司登记中注明自然人独资或者法人独资，并在公司营业执照中载明。

第九十二条 【申请设立登记文件】董事会应于创立大会结束后三十日内，向公司登记机关报送下列文件，申请设立登记：

（一）公司登记申请书；

（二）创立大会的会议记录；

（三）公司章程；

（四）验资证明；

（五）法定代表人、董事、监事的任职文件及其身份证明；

（六）发起人的法人资格证明或者自然人身份证明；

（七）公司住所证明。

以募集方式设立股份有限公司公开发行股票的，还应当向公司登记机关报送国务院证券监督管理机构的核准文件。

第一百七十九条 【公司合并、分立、增资、减资的登记要求】公司合并或者分立，登记事项发生变更的，应当依法向公司登记机关办理变更登记；公司解散的，应当依法办理公司注销登记；设立新公司的，应当依法办理公司设立登记。

公司增加或者减少注册资本，应当依法向公司登记机关办理变更登记。

第一百九十二条 【外国公司分支机构的设立申请及审批】外国公司在中国境内设立分支机构，必须向中国主管机关提出申请，并提交其公司章程、所属国的公司登记证书等有关文件，经批准后，向公司登记机关依法办理登记，领取营业执照。

外国公司分支机构的审批办法由国务院另行规定。

第一百九十八条　【公司登记违法的法律责任】违反本法规定，虚报注册资本、提交虚假材料或者采取其他欺诈手段隐瞒重要事实取得公司登记的，由公司登记机关责令改正，对虚报注册资本的公司，处以虚报注册资本金额百分之五以上百分之十五以下的罚款；对提交虚假材料或者采取其他欺诈手段隐瞒重要事实的公司，处以五万元以上五十万元以下的罚款；情节严重的，撤销公司登记或者吊销营业执照。

第一百九十九条　【公司的发起人、股东出资违法的法律责任】公司的发起人、股东虚假出资，未交付或者未按期交付作为出资的货币或者非货币财产的，由公司登记机关责令改正，处以虚假出资金额百分之五以上百分之十五以下的罚款。

第二百条　【公司的发起人、股东抽逃出资的法律责任】公司的发起人、股东在公司成立后，抽逃其出资的，由公司登记机关责令改正，处以所抽逃出资金额百分之五以上百分之十五以下的罚款。

第二百零一条　【公司另立会计账簿的法律责任】公司违反本法规定，在法定的会计账簿以外另立会计账簿的，由县级以上人民政府财政部门责令改正，处以五万元以上五十万元以下的罚款。

第二百零二条　【提交财务会计报告违法的法律责任】公司在依法向有关主管部门提供的财务会计报告等材料上作虚假记载或者隐瞒重要事实的，由有关主管部门对直接负责的主管人员和其他直接责任人员处以三万元以上三十万元以下的罚款。

第二百零三条　【违法提取法定公积金的法律责任】公司不依照本法规定提取法定公积金的，由县级以上人民政府财政部门责令如数补足应当提取的金额，可以对公司处以二十万元以下的罚款。

第二百零四条　【公司在合并、分立、减少注册资本和清算中的违法行为及其法律责任】公司在合并、分立、减少注册资本或者进行清算时，不依照本法规定通知或者公告债权人的，由公司登记机关责令改正，对公司处以一万元以上十万元以下的罚款。

公司在进行清算时，隐匿财产，对资产负债表或者财产清单作虚假记载或者在未清偿债务前分配公司财产的，由公司登记机关责令改正，对公司处以隐匿财产或者未清偿债务前分配公司财产金额百分之五以上百分之十以下的罚款；对直接负责的主管人员和其他直接责任人员处以一万元以上十万元以下的罚款。

第二百零五条　【公司在清算期间违法经营的法律责任】公司在清算期间开展与清算无关的经营活动的，由公司登记机关予以警告，没收违法所得。

第二百零六条　【清算组及其成立对其违法行为的法律责任】清算组不依照本法规定向公司登记机关报送清算报告，或者报送清算报告隐瞒重要事实或者有重大遗漏的，由公司登记机关责令改正。

清算组成员利用职权徇私舞弊、谋取非法收入或者侵占公司财产的，由公司登记机关责令退还公司财产，没收违法所得，并可以处以违法所得一倍以上五倍以下的罚款。

第二百零七条　【资产评估、验资或验证机构对其违法行为的法律责任】承担资产评估、验资或者验证的机构提供虚假材料的，由公司登记机关没收违法所得，处以违法所得一倍以上五倍以下的罚款，并可以由有关主管部门依法责令该机构停业、吊销直接责任人员的资格证书，吊销营业执照。

承担资产评估、验资或者验证的机构因过失提供有重大遗漏的报告的，由公司登记机关责令改正，情节较重的，处以所得收入一倍以上五倍以下的罚款，并可以由有关主管部门依法责令该机构停业、吊销直接责任人员的资格证书，吊销营业执照。

承担资产评估、验资或者验证的机构因其出具的评估结果、验资或者验证证明不实，给公司债权人造成损失的，除能够证明自己没有过错的外，在其评估或者证明不实的金额范围内承担赔偿责任。

第二百零八条　【登记机关违法行为的法律责任】公司登记机关对不符合本法规定条件的登记申请予以登记，或者对符合本法规定条件的登记申请不予登记的，对直接负责的主管人员和其他直接责任人员，依法给予行政处分。

第二百零九条　【登记机关上级部门违法行为的法律责任】公司登记机关的上级部门强令公司登记机关对不符合本法规定条件的登记申请予以登记，或者对符合本法规定条件的登记申请不予登记的，或者对违法登记进行包庇的，对直接负责的主管人员和其他直接责任人员依法给予行政处分。

第二百一十条　【假冒公司的违法行为及其法律责任】未依法登记为有限责任公司或者股份有限公司，而冒用有限责任公司或者股份有限公司名义的，或者未依法登记为有限责任公司或者股份有限公司的分公司，而冒用有限责任公司或者股份有限公司的分公司名义的，由公司登记机关责令改正或者予以取缔，可以并处十万元以下的罚款。

第二百一十一条　【不当停业及不依法办理变更登记的法律责任】公司成立后无正当理由超过六个月未开业的，或者开业后自行停业连续六个月以上的，可以由公司登记机关吊销营业执照。

公司登记事项发生变更时，未依照本法规定办理有关变更登记的，由公司登记机关责令限期登记；逾期不登记的，处以一万元以上十万元以下的罚款。

第二百一十二条　【外国公司擅自在中国境内设立分支机构的法律责任】外国公司违反本法规定，擅自在中国境内设立分支机构的，由公司登记机关责令改正或者关闭，可以并处五万元以上二十万元以下的罚款。

第二百一十三条　【危害国家安全与社会公共利益的法律责任】利用公司名义从事危害国家安全、社会公共利益的严重违法行为的，吊销营业执照。

中华人民共和国
市场主体登记管理条例

1. 2021年7月27日国务院令第746号公布
2. 自2022年3月1日起施行

第一章　总　　则

第一条　为了规范市场主体登记管理行为，推进法治化市场建设，维护良好市场秩序和市场主体合法权益，优化营商环境，制定本条例。

第二条　本条例所称市场主体，是指在中华人民共和国境内以营利为目的从事经营活动的下列自然人、法人及非法人组织：

（一）公司、非公司企业法人及其分支机构；

（二）个人独资企业、合伙企业及其分支机构；

（三）农民专业合作社（联合社）及其分支机构；

（四）个体工商户；

（五）外国公司分支机构；

（六）法律、行政法规规定的其他市场主体。

第三条　市场主体应当依照本条例办理登记。未经登记，不得以市场主体名义从事经营活动。法律、行政法规规定无需办理登记的除外。

市场主体登记包括设立登记、变更登记和注销登记。

第四条　市场主体登记管理应当遵循依法合规、规范统一、公开透明、便捷高效的原则。

第五条　国务院市场监督管理部门主管全国市场主体登记管理工作。

县级以上地方人民政府市场监督管理部门主管本辖区市场主体登记管理工作，加强统筹指导和监督管理。

第六条　国务院市场监督管理部门应当加强信息化建设，制定统一的市场主体登记数据和系统建设规范。

县级以上地方人民政府承担市场主体登记工作的部门（以下称登记机关）应当优化市场主体登记办理流程，提高市场主体登记效率，推行当场办结、一次办结、限时办结等制度，实现集中办理、就近办理、网上办理、异地可办，提升市场主体登记便利化程度。

第七条　国务院市场监督管理部门和国务院有关部门应当推动市场主体登记信息与其他政府信息的共享和运用，提升政府服务效能。

第二章　登 记 事 项

第八条　市场主体的一般登记事项包括：

（一）名称；

（二）主体类型；

（三）经营范围；

（四）住所或者主要经营场所；

（五）注册资本或者出资额；

（六）法定代表人、执行事务合伙人或者负责人姓名。

除前款规定外，还应当根据市场主体类型登记下列事项：

（一）有限责任公司股东、股份有限公司发起人、非公司企业法人出资人的姓名或者名称；

（二）个人独资企业的投资人姓名及居所；

（三）合伙企业的合伙人名称或者姓名、住所、承担责任方式；

（四）个体工商户的经营者姓名、住所、经营场所；

（五）法律、行政法规规定的其他事项。

第九条　市场主体的下列事项应当向登记机关办理备案：

（一）章程或者合伙协议；

（二）经营期限或者合伙期限；

（三）有限责任公司股东或者股份有限公司发起人认缴的出资数额，合伙企业合伙人认缴或者实际缴付的出资数额、缴付期限和出资方式；

（四）公司董事、监事、高级管理人员；

（五）农民专业合作社（联合社）成员；

（六）参加经营的个体工商户家庭成员姓名；

（七）市场主体登记联络员、外商投资企业法律文件送达接受人；

（八）公司、合伙企业等市场主体受益所有人相关信息；

（九）法律、行政法规规定的其他事项。

第十条 市场主体只能登记一个名称，经登记的市场主体名称受法律保护。

市场主体名称由申请人依法自主申报。

第十一条 市场主体只能登记一个住所或者主要经营场所。

电子商务平台内的自然人经营者可以根据国家有关规定，将电子商务平台提供的网络经营场所作为经营场所。

省、自治区、直辖市人民政府可以根据有关法律、行政法规的规定和本地区实际情况，自行或者授权下级人民政府对住所或者主要经营场所作出更加便利市场主体从事经营活动的具体规定。

第十二条 有下列情形之一的，不得担任公司、非公司企业法人的法定代表人：

（一）无民事行为能力或者限制民事行为能力；

（二）因贪污、贿赂、侵占财产、挪用财产或者破坏社会主义市场经济秩序被判处刑罚，执行期满未逾5年，或者因犯罪被剥夺政治权利，执行期满未逾5年；

（三）担任破产清算的公司、非公司企业法人的法定代表人、董事或者厂长、经理，对破产负有个人责任的，自破产清算完结之日起未逾3年；

（四）担任因违法被吊销营业执照、责令关闭的公司、非公司企业法人的法定代表人，并负有个人责任的，自被吊销营业执照之日起未逾3年；

（五）个人所负数额较大的债务到期未清偿；

（六）法律、行政法规规定的其他情形。

第十三条 除法律、行政法规或者国务院决定另有规定外，市场主体的注册资本或者出资额实行认缴登记制，以人民币表示。

出资方式应当符合法律、行政法规的规定。公司股东、非公司企业法人出资人、农民专业合作社（联合社）成员不得以劳务、信用、自然人姓名、商誉、特许经营权或者设定担保的财产等作价出资。

第十四条 市场主体的经营范围包括一般经营项目和许可经营项目。经营范围中属于在登记前依法须经批准的许可经营项目，市场主体应当在申请登记时提交有关批准文件。

市场主体应当按照登记机关公布的经营项目分类标准办理经营范围登记。

第三章 登记规范

第十五条 市场主体实行实名登记。申请人应当配合登记机关核验身份信息。

第十六条 申请办理市场主体登记，应当提交下列材料：

（一）申请书；

（二）申请人资格文件、自然人身份证明；

（三）住所或者主要经营场所相关文件；

（四）公司、非公司企业法人、农民专业合作社（联合社）章程或者合伙企业合伙协议；

（五）法律、行政法规和国务院市场监督管理部门规定提交的其他材料。

国务院市场监督管理部门应当根据市场主体类型分别制定登记材料清单和文书格式样本，通过政府网站、登记机关服务窗口等向社会公开。

登记机关能够通过政务信息共享平台获取的市场主体登记相关信息，不得要求申请人重复提供。

第十七条 申请人应当对提交材料的真实性、合法性和有效性负责。

第十八条 申请人可以委托其他自然人或者中介机构代其办理市场主体登记。受委托的自然人或者中介机构代为办理登记事宜应当遵守有关规定，不得提供虚假信息和材料。

第十九条 登记机关应当对申请材料进行形式审查。对申请材料齐全、符合法定形式的予以确认并当场登记。不能当场登记的，应当在3个工作日内予以登记；情形复杂的，经登记机关负责人批准，可以再延长3个工作日。

申请材料不齐全或者不符合法定形式的，登记机关应当一次性告知申请人需要补正的材料。

第二十条 登记申请不符合法律、行政法规规定，或者可能危害国家安全、社会公共利益的，登记机关不予登记并说明理由。

第二十一条 申请人申请市场主体设立登记，登记机关依法予以登记的，签发营业执照。营业执照签发日期为市场主体的成立日期。

法律、行政法规或者国务院决定规定设立市场主体须经批准的，应当在批准文件有效期内向登记机关申请登记。

第二十二条 营业执照分为正本和副本，具有同等法律效力。

电子营业执照与纸质营业执照具有同等法律效力。

营业执照样式、电子营业执照标准由国务院市场监督管理部门统一制定。

第二十三条 市场主体设立分支机构,应当向分支机构所在地的登记机关申请登记。

第二十四条 市场主体变更登记事项,应当自作出变更决议、决定或者法定变更事项发生之日起30日内向登记机关申请变更登记。

市场主体变更登记事项属于依法须经批准的,申请人应当在批准文件有效期内向登记机关申请变更登记。

第二十五条 公司、非公司企业法人的法定代表人在任职期间发生本条例第十二条所列情形之一的,应当向登记机关申请变更登记。

第二十六条 市场主体变更经营范围,属于依法须经批准的项目的,应当自批准之日起30日内申请变更登记。许可证或者批准文件被吊销、撤销或者有效期届满的,应当自许可证或者批准文件被吊销、撤销或者有效期届满之日起30日内向登记机关申请变更登记或者办理注销登记。

第二十七条 市场主体变更住所或者主要经营场所跨登记机关辖区的,应当在迁入新的住所或者主要经营场所前,向迁入地登记机关申请变更登记。迁出地登记机关无正当理由不得拒绝移交市场主体档案等相关材料。

第二十八条 市场主体变更登记涉及营业执照记载事项的,登记机关应当及时为市场主体换发营业执照。

第二十九条 市场主体变更本条例第九条规定的备案事项的,应当自作出变更决议、决定或者法定变更事项发生之日起30日内向登记机关办理备案。农民专业合作社(联合社)成员发生变更的,应当自本会计年度终了之日起90日内向登记机关办理备案。

第三十条 因自然灾害、事故灾难、公共卫生事件、社会安全事件等原因造成经营困难的,市场主体可以自主决定在一定时期内歇业。法律、行政法规另有规定的除外。

市场主体应当在歇业前与职工依法协商劳动关系处理等有关事项。

市场主体应当在歇业前向登记机关办理备案。登记机关通过国家企业信用信息公示系统向社会公示歇业期限、法律文书送达地址等信息。

市场主体歇业的期限最长不得超过3年。市场主体在歇业期间开展经营活动的,视为恢复营业,市场主体应当通过国家企业信用信息公示系统向社会公示。

市场主体歇业期间,可以以法律文书送达地址代替住所或者主要经营场所。

第三十一条 市场主体因解散、被宣告破产或者其他法定事由需要终止的,应当依法向登记机关申请注销登记。经登记机关注销登记,市场主体终止。

市场主体注销依法须经批准的,应当经批准后向登记机关申请注销登记。

第三十二条 市场主体注销登记前依法应当清算的,清算组应当自成立之日起10日内将清算组成员、清算组负责人名单通过国家企业信用信息公示系统公告。清算组可以通过国家企业信用信息公示系统发布债权人公告。

清算组应当自清算结束之日起30日内向登记机关申请注销登记。市场主体申请注销登记前,应当依法办理分支机构注销登记。

第三十三条 市场主体未发生债权债务或者已将债权债务清偿完结,未发生或者已结清清偿费用、职工工资、社会保险费用、法定补偿金、应缴纳税款(滞纳金、罚款),并由全体投资人书面承诺对上述情况的真实性承担法律责任的,可以按照简易程序办理注销登记。

市场主体应当将承诺书及注销登记申请通过国家企业信用信息公示系统公示,公示期为20日。在公示期内无相关部门、债权人及其他利害关系人提出异议的,市场主体可以于公示期届满之日起20日内向登记机关申请注销登记。

个体工商户按照简易程序办理注销登记的,无需公示,由登记机关将个体工商户的注销登记申请推送至税务等有关部门,有关部门在10日内没有提出异议的,可以直接办理注销登记。

市场主体注销依法须经批准的,或者市场主体被吊销营业执照、责令关闭、撤销,或者被列入经营异常名录的,不适用简易注销程序。

第三十四条 人民法院裁定强制清算或者裁定宣告破产的,有关清算组、破产管理人可以持人民法院终结强制清算程序的裁定或者终结破产程序的裁定,直接向登记机关申请办理注销登记。

第四章 监督管理

第三十五条 市场主体应当按照国家有关规定公示年度报告和登记相关信息。

第三十六条 市场主体应当将营业执照置于住所或者主要经营场所的醒目位置。从事电子商务经营的市场主体应当在其首页显著位置持续公示营业执照信息或者相关链接标识。

第三十七条 任何单位和个人不得伪造、涂改、出租、出借、转让营业执照。

营业执照遗失或者毁坏的，市场主体应当通过国家企业信用信息公示系统声明作废，申请补领。

登记机关依法作出变更登记、注销登记和撤销登记决定的，市场主体应当缴回营业执照。拒不缴回或者无法缴回营业执照的，由登记机关通过国家企业信用信息公示系统公告营业执照作废。

第三十八条 登记机关应当根据市场主体的信用风险状况实施分级分类监管。

登记机关应当采取随机抽取检查对象、随机选派执法检查人员的方式，对市场主体登记事项进行监督检查，并及时向社会公开监督检查结果。

第三十九条 登记机关对市场主体涉嫌违反本条例规定的行为进行查处，可以行使下列职权：

（一）进入市场主体的经营场所实施现场检查；

（二）查阅、复制、收集与市场主体经营活动有关的合同、票据、账簿以及其他资料；

（三）向与市场主体经营活动有关的单位和个人调查了解情况；

（四）依法责令市场主体停止相关经营活动；

（五）依法查询涉嫌违法的市场主体的银行账户；

（六）法律、行政法规规定的其他职权。

登记机关行使前款第四项、第五项规定的职权的，应当经登记机关主要负责人批准。

第四十条 提交虚假材料或者采取其他欺诈手段隐瞒重要事实取得市场主体登记的，受虚假市场主体登记影响的自然人、法人和其他组织可以向登记机关提出撤销市场主体登记的申请。

登记机关受理申请后，应当及时开展调查。经调查认定存在虚假市场主体登记情形的，登记机关应当撤销市场主体登记。相关市场主体和人员无法联系或者拒不配合的，登记机关可以将相关市场主体的登记时间、登记事项等通过国家企业信用信息公示系统向社会公示，公示期为 45 日。相关市场主体及其利害关系人在公示期内没有提出异议的，登记机关可以撤销市场主体登记。

因虚假市场主体登记被撤销的市场主体，其直接责任人自市场主体登记被撤销之日起 3 年内不得再次申请市场主体登记。登记机关应当通过国家企业信用信息公示系统予以公示。

第四十一条 有下列情形之一的，登记机关可以不予撤销市场主体登记：

（一）撤销市场主体登记可能对社会公共利益造成重大损害；

（二）撤销市场主体登记后无法恢复到登记前的状态；

（三）法律、行政法规规定的其他情形。

第四十二条 登记机关或者其上级机关认定撤销市场主体登记决定错误的，可以撤销该决定，恢复原登记状态，并通过国家企业信用信息公示系统公示。

第五章 法律责任

第四十三条 未经设立登记从事经营活动的，由登记机关责令改正，没收违法所得；拒不改正的，处 1 万元以上 10 万元以下的罚款；情节严重的，依法责令关闭停业，并处 10 万元以上 50 万元以下的罚款。

第四十四条 提交虚假材料或者采取其他欺诈手段隐瞒重要事实取得市场主体登记的，由登记机关责令改正，没收违法所得，并处 5 万元以上 20 万元以下的罚款；情节严重的，处 20 万元以上 100 万元以下的罚款，吊销营业执照。

第四十五条 实行注册资本实缴登记制的市场主体虚报注册资本取得市场主体登记的，由登记机关责令改正，处虚报注册资本金额 5% 以上 15% 以下的罚款；情节严重的，吊销营业执照。

实行注册资本实缴登记制的市场主体的发起人、股东虚假出资，未交付或者未按期交付作为出资的货币或者非货币财产的，或者在市场主体成立后抽逃出资的，由登记机关责令改正，处虚假出资金额 5% 以上 15% 以下的罚款。

第四十六条 市场主体未依照本条例办理变更登记的，由登记机关责令改正；拒不改正的，处 1 万元以上 10 万元以下的罚款；情节严重的，吊销营业执照。

第四十七条 市场主体未依照本条例办理备案的，由登记机关责令改正；拒不改正的，处 5 万元以下的罚款。

第四十八条 市场主体未依照本条例将营业执照置于住所或者主要经营场所醒目位置的，由登记机关责令改正；拒不改正的，处 3 万元以下的罚款。

从事电子商务经营的市场主体未在其首页显著位置持续公示营业执照信息或者相关链接标识的，由登记机关依照《中华人民共和国电子商务法》处罚。

市场主体伪造、涂改、出租、出借、转让营业执照的，由登记机关没收违法所得，处 10 万元以下的罚款；情节严重的，处 10 万元以上 50 万元以下的罚款，吊销营业执照。

第四十九条　违反本条例规定的，登记机关确定罚款金额时，应当综合考虑市场主体的类型、规模、违法情节等因素。

第五十条　登记机关及其工作人员违反本条例规定未履行职责或者履行职责不当的，对直接负责的主管人员和其他直接责任人员依法给予处分。

第五十一条　违反本条例规定，构成犯罪的，依法追究刑事责任。

第五十二条　法律、行政法规对市场主体登记管理违法行为处罚另有规定的，从其规定。

第六章　附　　则

第五十三条　国务院市场监督管理部门可以依照本条例制定市场主体登记和监督管理的具体办法。

第五十四条　无固定经营场所摊贩的管理办法，由省、自治区、直辖市人民政府根据当地实际情况另行规定。

第五十五条　本条例自2022年3月1日起施行。《中华人民共和国公司登记管理条例》、《中华人民共和国企业法人登记管理条例》、《中华人民共和国合伙企业登记管理办法》、《农民专业合作社登记管理条例》、《企业法人法定代表人登记管理规定》同时废止。

中华人民共和国
市场主体登记管理条例实施细则

1. 2022年3月1日国家市场监督管理总局令第52号公布
2. 自公布之日起施行

第一章　总　　则

第一条　根据《中华人民共和国市场主体登记管理条例》（以下简称《条例》）等有关法律法规，制定本实施细则。

第二条　市场主体登记管理应当遵循依法合规、规范统一、公开透明、便捷高效的原则。

第三条　国家市场监督管理总局主管全国市场主体统一登记管理工作，制定市场主体登记管理的制度措施，推进登记全程电子化，规范登记行为，指导地方登记机关依法有序开展登记管理工作。

县级以上地方市场监督管理部门主管本辖区市场主体登记管理工作，加强对辖区内市场主体登记管理工作的统筹指导和监督管理，提升登记管理水平。

县级市场监督管理部门的派出机构可以依法承担个体工商户等市场主体的登记管理职责。

各级登记机关依法履行登记管理职责，执行全国统一的登记管理政策文件和规范要求，使用统一的登记材料、文书格式，以及省级统一的市场主体登记管理系统，优化登记办理流程，推行网上办理等便捷方式，健全数据安全管理制度，提供规范化、标准化登记管理服务。

第四条　省级以上人民政府或者其授权的国有资产监督管理机构履行出资人职责的公司，以及该公司投资设立并持有50%以上股权或者股份的公司的登记管理由省级登记机关负责；股份有限公司的登记管理由地市级以上地方登记机关负责。

除前款规定的情形外，省级市场监督管理部门依法对本辖区登记管辖作出统一规定；上级登记机关在特定情形下，可以依法将部分市场主体登记管理工作交由下级登记机关承担，或者承担下级登记机关的部分登记管理工作。

外商投资企业登记管理由国家市场监督管理总局或者其授权的地方市场监督管理部门负责。

第五条　国家市场监督管理总局应当加强信息化建设，统一登记管理业务规范、数据标准和平台服务接口，归集全国市场主体登记管理信息。

省级市场监督管理部门主管本辖区登记管理信息化建设，建立统一的市场主体登记管理系统，归集市场主体登记管理信息，规范市场主体登记注册流程，提升政务服务水平，强化部门间信息共享和业务协同，提升市场主体登记管理便利化程度。

第二章　登记事项

第六条　市场主体应当按照类型依法登记下列事项：

（一）公司：名称、类型、经营范围、住所、注册资本、法定代表人姓名、有限责任公司股东或者股份有限公司发起人姓名或者名称。

（二）非公司企业法人：名称、类型、经营范围、住所、出资额、法定代表人姓名、出资人（主管部门）名称。

（三）个人独资企业：名称、类型、经营范围、住所、出资额、投资人姓名及居所。

（四）合伙企业：名称、类型、经营范围、主要经营场所、出资额、执行事务合伙人名称或者姓名，合伙人名称或者姓名、住所、承担责任方式。执行事务合伙人是法人或者其他组织的，登记事项还应当包括其委派的代表姓名。

（五）农民专业合作社（联合社）：名称、类型、经营范围、住所、出资额、法定代表人姓名。

（六）分支机构：名称、类型、经营范围、经营场所、负责人姓名。

（七）个体工商户：组成形式、经营范围、经营场所，经营者姓名、住所。个体工商户使用名称的，登记事项还应当包括名称。

（八）法律、行政法规规定的其他事项。

第七条 市场主体应当按照类型依法备案下列事项：

（一）公司：章程、经营期限、有限责任公司股东或者股份有限公司发起人认缴的出资数额、董事、监事、高级管理人员、登记联络员、外商投资公司法律文件送达接受人。

（二）非公司企业法人：章程、经营期限、登记联络员。

（三）个人独资企业：登记联络员。

（四）合伙企业：合伙协议、合伙期限、合伙人认缴或者实际缴付的出资数额、缴付期限和出资方式、登记联络员、外商投资合伙企业法律文件送达接受人。

（五）农民专业合作社（联合社）：章程、成员、登记联络员。

（六）分支机构：登记联络员。

（七）个体工商户：家庭参加经营的家庭成员姓名、登记联络员。

（八）公司、合伙企业等市场主体受益所有人相关信息。

（九）法律、行政法规规定的其他事项。

上述备案事项由登记机关在设立登记时一并进行信息采集。

受益所有人信息管理制度由中国人民银行会同国家市场监督管理总局另行制定。

第八条 市场主体名称由申请人依法自主申报。

第九条 申请人应当依法申请登记下列市场主体类型：

（一）有限责任公司、股份有限公司；

（二）全民所有制企业、集体所有制企业、联营企业；

（三）个人独资企业；

（四）普通合伙（含特殊普通合伙）企业、有限合伙企业；

（五）农民专业合作社、农民专业合作社联合社；

（六）个人经营的个体工商户、家庭经营的个体工商户。

分支机构应当按所属市场主体类型注明分公司或者相应的分支机构。

第十条 申请人应当根据市场主体类型依法向其住所（主要经营场所、经营场所）所在地具有登记管辖权的登记机关办理登记。

第十一条 申请人申请登记市场主体法定代表人、执行事务合伙人（含委派代表），应当符合章程或者协议约定。

合伙协议未约定或者全体合伙人未决定委托执行事务合伙人的，除有限合伙人外，申请人应当将其他合伙人均登记为执行事务合伙人。

第十二条 申请人应当按照国家市场监督管理总局发布的经营范围规范目录，根据市场主体主要行业或者经营特征自主选择一般经营项目和许可经营项目，申请办理经营范围登记。

第十三条 申请人申请登记的市场主体注册资本（出资额）应当符合章程或者协议约定。

市场主体注册资本（出资额）以人民币表示。外商投资企业的注册资本（出资额）可以用可自由兑换的货币表示。

依法以境内公司股权或者债权出资的，应当权属清楚、权能完整，依法可以评估、转让，符合公司章程规定。

第三章 登记规范

第十四条 申请人可以自行或者指定代表人、委托代理人办理市场主体登记、备案事项。

第十五条 申请人应当在申请材料上签名或者盖章。

申请人可以通过全国统一电子营业执照系统等电子签名工具和途径进行电子签名或者电子签章。符合法律规定的可靠电子签名、电子签章与手写签名或者盖章具有同等法律效力。

第十六条 在办理登记、备案事项时，申请人应当配合登记机关通过实名认证系统，采用人脸识别等方式对下列人员进行实名验证：

（一）法定代表人、执行事务合伙人（含委派代表）、负责人；

（二）有限责任公司股东、股份有限公司发起人、公司董事、监事及高级管理人员；

（三）个人独资企业投资人、合伙企业合伙人、农民专业合作社（联合社）成员、个体工商户经营者；

（四）市场主体登记联络员、外商投资企业法律文件送达接受人；

（五）指定的代表人或者委托代理人。

因特殊原因，当事人无法通过实名认证系统核验身份信息的，可以提交经依法公证的自然人身份证明文件，或者由本人持身份证件到现场办理。

第十七条 办理市场主体登记、备案事项，申请人可以到登记机关现场提交申请，也可以通过市场主体登记注册系统提出申请。

申请人对申请材料的真实性、合法性、有效性负责。

办理市场主体登记、备案事项，应当遵守法律法规，诚实守信，不得利用市场主体登记，牟取非法利益，扰乱市场秩序，危害国家安全、社会公共利益。

第十八条 申请材料齐全、符合法定形式的，登记机关予以确认，并当场登记，出具登记通知书，及时制发营业执照。

不予当场登记的，登记机关应当向申请人出具接收申请材料凭证，并在3个工作日内对申请材料进行审查；情形复杂的，经登记机关负责人批准，可以延长3个工作日，并书面告知申请人。

申请材料不齐全或者不符合法定形式的，登记机关应当将申请材料退还申请人，并一次性告知申请人需要补正的材料。申请人补正后，应当重新提交申请材料。

不属于市场主体登记范畴或者不属于本登记机关登记管辖范围的事项，登记机关应当告知申请人向有关行政机关申请。

第十九条 市场主体登记申请不符合法律、行政法规或者国务院决定规定，或者可能危害国家安全、社会公共利益的，登记机关不予登记，并出具不予登记通知书。

利害关系人就市场主体申请材料的真实性、合法性、有效性或者其他有关实体权利提起诉讼或者仲裁，对登记机关依法登记造成影响的，申请人应当在诉讼或者仲裁终结后，向登记机关申请办理登记。

第二十条 市场主体法定代表人依法受到任职资格限制的，在申请办理其他变更登记时，应当依法及时申请办理法定代表人变更登记。

市场主体因通过登记的住所（主要经营场所、经营场所）无法取得联系被列入经营异常名录的，在申请办理其他变更登记时，应当依法及时申请办理住所（主要经营场所、经营场所）变更登记。

第二十一条 公司或者农民专业合作社（联合社）合并、分立的，可以通过国家企业信用信息公示系统公告，公告期45日，应当于公告期届满后申请办理登记。

非公司企业法人合并、分立的，应当经出资人（主管部门）批准，自批准之日起30日内申请办理登记。

市场主体设立分支机构的，应当自决定作出之日起30日内向分支机构所在地登记机关申请办理登记。

第二十二条 法律、行政法规或者国务院决定规定市场主体申请登记、备案事项前需要审批的，在办理登记、备案时，应当在有效期内提交有关批准文件或者许可证书。有关批准文件或者许可证书未规定有效期限，自批准之日起超过90日的，申请人应当报审批机关确认其效力或者另行报批。

市场主体设立后，前款规定批准文件或者许可证书内容有变化、被吊销、撤销或者有效期届满的，应当自批准文件、许可证书重新批准之日或者被吊销、撤销、有效期届满之日起30日内申请办理变更登记或者注销登记。

第二十三条 市场主体营业执照应当载明名称、法定代表人（执行事务合伙人、个人独资企业投资人、经营者或者负责人）姓名、类型（组成形式）、注册资本（出资额）、住所（主要经营场所、经营场所）、经营范围、登记机关、成立日期、统一社会信用代码。

电子营业执照与纸质营业执照具有同等法律效力，市场主体可以凭电子营业执照开展经营活动。

市场主体在办理涉及营业执照记载事项变更登记或者申请注销登记时，需要在提交申请时一并缴回纸质营业执照正、副本。对于市场主体营业执照拒不缴回或者无法缴回的，登记机关在完成变更登记或者注销登记后，通过国家企业信用信息公示系统公告营业执照作废。

第二十四条 外国投资者在中国境内设立外商投资企业，其主体资格文件或者自然人身份证明应当经所在国家公证机关公证并经中国驻该国使（领）馆认证。中国与有关国家缔结或者共同参加的国际条约对认证另有规定的除外。

香港特别行政区、澳门特别行政区和台湾地区投资者的主体资格文件或者自然人身份证明应当按照专项规定或者协议，依法提供当地公证机构的公证文件。按照国家有关规定，无需提供公证文件的除外。

第四章　设立登记

第二十五条 申请办理设立登记，应当提交下列材料：

（一）申请书；

（二）申请人主体资格文件或者自然人身份证明；

（三）住所（主要经营场所、经营场所）相关文件；

（四）公司、非公司企业法人、农民专业合作社（联合社）章程或者合伙企业合伙协议。

第二十六条 申请办理公司设立登记，还应当提交法定代表人、董事、监事和高级管理人员的任职文件和自然人身份证明。

除前款规定的材料外，募集设立股份有限公司还应当提交依法设立的验资机构出具的验资证明；公开发行股票的，还应当提交国务院证券监督管理机构的核准或者注册文件。涉及发起人首次出资属于非货币财产的，还应当提交已办理财产权转移手续的证明文件。

第二十七条 申请设立非公司企业法人，还应当提交法定代表人的任职文件和自然人身份证明。

第二十八条 申请设立合伙企业，还应当提交下列材料：

（一）法律、行政法规规定设立特殊的普通合伙企业需要提交合伙人的职业资格文件的，提交相应材料。

（二）全体合伙人决定委托执行事务合伙人的，应当提交全体合伙人的委托书和执行事务合伙人的主体资格文件或者自然人身份证明。执行事务合伙人是法人或者其他组织的，还应当提交其委派代表的委托书和自然人身份证明。

第二十九条 申请设立农民专业合作社（联合社），还应当提交下列材料：

（一）全体设立人签名或者盖章的设立大会纪要；

（二）法定代表人、理事的任职文件和自然人身份证明；

（三）成员名册和出资清单，以及成员主体资格文件或者自然人身份证明。

第三十条 申请办理分支机构设立登记，还应当提交负责人的任职文件和自然人身份证明。

第五章　变更登记

第三十一条 市场主体变更登记事项，应当自作出变更决议、决定或者法定变更事项发生之日起30日内申请办理变更登记。

市场主体登记事项变更涉及分支机构登记事项变更的，应当自市场主体登记事项变更登记之日起30日内申请办理分支机构变更登记。

第三十二条 申请办理变更登记，应当提交申请书，并根据市场主体类型及具体变更事项分别提交下列材料：

（一）公司变更事项涉及章程修改的，应当提交修改后的章程或者章程修正案；需要对修改章程作出决议决定的，还应当提交相关决议决定；

（二）合伙企业应当提交全体合伙人或者合伙协议约定的人员签署的变更决定书；变更事项涉及修改合伙协议的，应当提交由全体合伙人签署或者合伙协议约定的人员签署修改或者补充的合伙协议；

（三）农民专业合作社（联合社）应当提交成员大会或者成员代表大会作出的变更决议；变更事项涉及章程修改的应当提交修改后的章程或者章程修正案。

第三十三条 市场主体更换法定代表人、执行事务合伙人（含委派代表）、负责人的变更登记申请由新任法定代表人、执行事务合伙人（含委派代表）、负责人签署。

第三十四条 市场主体变更名称，可以自主申报名称并在保留期届满前申请变更登记，也可以直接申请变更登记。

第三十五条 市场主体变更住所（主要经营场所、经营场所），应当在迁入新住所（主要经营场所、经营场所）前向迁入地登记机关申请变更登记，并提交新的住所（主要经营场所、经营场所）使用相关文件。

第三十六条 市场主体变更注册资本或者出资额的，应当办理变更登记。

公司增加注册资本，有限责任公司股东认缴新增资本的出资和股份有限公司的股东认购新股的，应当按照设立时缴纳出资和缴纳股款的规定执行。股份有限公司以公开发行新股方式或者上市公司以非公开发行新股方式增加注册资本，还应当提交国务院证券监督管理机构的核准或者注册文件。

公司减少注册资本，可以通过国家企业信用信息公示系统公告，公告期45日，应当于公告期届满后申请变更登记。法律、行政法规或者国务院决定对公司注册资本有最低限额规定的，减少后的注册资本应当不少于最低限额。

外商投资企业注册资本（出资额）币种发生变更，应当向登记机关申请变更登记。

第三十七条 公司变更类型，应当按照拟变更公司类型的设立条件，在规定的期限内申请变更登记，并提交有关材料。

非公司企业法人申请改制为公司，应当按照拟变更的公司类型设立条件，在规定期限内申请变更登记，并提交有关材料。

个体工商户申请转变为企业组织形式，应当按照拟变更的企业类型设立条件申请登记。

第三十八条 个体工商户变更经营者，应当在办理注销登记后，由新的经营者重新申请办理登记。双方经营者同时申请办理的，登记机关可以合并办理。

第三十九条 市场主体变更备案事项的，应当按照《条例》第二十九条规定办理备案。

农民专业合作社因成员发生变更，农民成员低于法定比例的，应当自事由发生之日起6个月内采取吸收新的农民成员入社等方式使农民成员达到法定比例。农民专业合作社联合社成员退社，成员数低于联合社设立法定条件的，应当自事由发生之日起6个月内采取吸收新的成员入社等方式使农民专业合作社联合社成员达到法定条件。

第六章　歇　　业

第四十条　因自然灾害、事故灾难、公共卫生事件、社会安全事件等原因造成经营困难的，市场主体可以自主决定在一定时期内歇业。法律、行政法规另有规定的除外。

第四十一条　市场主体决定歇业，应当在歇业前向登记机关办理备案。登记机关通过国家企业信用信息公示系统向社会公示歇业期限、法律文书送达地址等信息。

以法律文书送达地址代替住所（主要经营场所、经营场所）的，应当提交法律文书送达地址确认书。

市场主体延长歇业期限，应当于期限届满前30日内按规定办理。

第四十二条　市场主体办理歇业备案后，自主决定开展或者已实际开展经营活动的，应当于30日内在国家企业信用信息公示系统上公示终止歇业。

市场主体恢复营业时，登记、备案事项发生变化的，应当及时办理变更登记或者备案。以法律文书送达地址代替住所（主要经营场所、经营场所）的，应当及时办理住所（主要经营场所、经营场所）变更登记。

市场主体备案的歇业期限届满，或者累计歇业满3年，视为自动恢复经营，决定不再经营的，应当及时办理注销登记。

第四十三条　歇业期间，市场主体以法律文书送达地址代替原登记的住所（主要经营场所、经营场所）的，不改变歇业市场主体的登记管辖。

第七章　注销登记

第四十四条　市场主体因解散、被宣告破产或者其他法定事由需要终止的，应当依法向登记机关申请注销登记。依法需要清算的，应当自清算结束之日起30日内申请注销登记。依法不需要清算的，应当自决定作出之日起30日内申请注销登记。市场主体申请注销后，不得从事与注销无关的生产经营活动。自登记机关予以注销登记之日起，市场主体终止。

第四十五条　市场主体注销登记前依法应当清算的，清算组应当自成立之日起10日内将清算组成员、清算组负责人名单通过国家企业信用信息公示系统公告。清算组可以通过国家企业信用信息公示系统发布债权人公告。

第四十六条　申请办理注销登记，应当提交下列材料：

（一）申请书；

（二）依法作出解散、注销的决议或者决定，或者被行政机关吊销营业执照、责令关闭、撤销的文件；

（三）清算报告、负责清理债权债务的文件或者清理债务完结的证明；

（四）税务部门出具的清税证明。

除前款规定外，人民法院指定清算人、破产管理人进行清算的，应当提交人民法院指定证明；合伙企业分支机构申请注销登记，还应当提交全体合伙人签署的注销分支机构决定书。

个体工商户申请注销登记的，无需提交第二项、第三项材料；因合并、分立而申请市场主体注销登记的，无需提交第三项材料。

第四十七条　申请办理简易注销登记，应当提交申请书和全体投资人承诺书。

第四十八条　有下列情形之一的，市场主体不得申请办理简易注销登记：

（一）在经营异常名录或者市场监督管理严重违法失信名单中的；

（二）存在股权（财产份额）被冻结、出质或者动产抵押，或者对其他市场主体存在投资的；

（三）正在被立案调查或者采取行政强制措施，正在诉讼或者仲裁程序中的；

（四）被吊销营业执照、责令关闭、撤销的；

（五）受到罚款等行政处罚尚未执行完毕的；

（六）不符合《条例》第三十三条规定的其他情形。

第四十九条　申请办理简易注销登记，市场主体应当将承诺书及注销登记申请通过国家企业信用信息公示系统公示，公示期为20日。

在公示期内无相关部门、债权人及其他利害关系人提出异议的，市场主体可以于公示期届满之日起20日内向登记机关申请注销登记。

第八章　撤销登记

第五十条　对涉嫌提交虚假材料或者采取其他欺诈手段隐瞒重要事实取得市场主体登记的行为，登记机关可以根据当事人申请或者依职权主动进行调查。

第五十一条　受虚假登记影响的自然人、法人和其他组织，可以向登记机关提出撤销市场主体登记申请。涉嫌冒用自然人身份的虚假登记，被冒用人应当配合登记机关通过线上或者线下途径核验身份信息。

涉嫌虚假登记市场主体的登记机关发生变更的，由现登记机关负责处理撤销登记，原登记机关应当协助进行调查。

第五十二条　登记机关收到申请后，应当在 3 个工作日内作出是否受理的决定，并书面通知申请人。

有下列情形之一的，登记机关可以不予受理：

（一）涉嫌冒用自然人身份的虚假登记，被冒用人未能通过身份信息核验的；

（二）涉嫌虚假登记的市场主体已注销的，申请撤销注销登记的除外；

（三）其他依法不予受理的情形。

第五十三条　登记机关受理申请后，应当于 3 个月内完成调查，并及时作出撤销或者不予撤销市场主体登记的决定。情形复杂的，经登记机关负责人批准，可以延长 3 个月。

在调查期间，相关市场主体和人员无法联系或者拒不配合的，登记机关可以将涉嫌虚假登记市场主体的登记时间、登记事项，以及登记机关联系方式等信息通过国家企业信用信息公示系统向社会公示，公示期 45 日。相关市场主体及其利害关系人在公示期内没有提出异议的，登记机关可以撤销市场主体登记。

第五十四条　有下列情形之一的，经当事人或者其他利害关系人申请，登记机关可以中止调查：

（一）有证据证明与涉嫌虚假登记相关的民事权利存在争议的；

（二）涉嫌虚假登记的市场主体正在诉讼或者仲裁程序中的；

（三）登记机关收到有关部门出具的书面意见，证明涉嫌虚假登记的市场主体或者其法定代表人、负责人存在违法案件尚未结案，或者尚未履行相关法定义务的。

第五十五条　有下列情形之一的，登记机关可以不予撤销市场主体登记：

（一）撤销市场主体登记可能对社会公共利益造成重大损害；

（二）撤销市场主体登记后无法恢复到登记前的状态；

（三）法律、行政法规规定的其他情形。

第五十六条　登记机关作出撤销登记决定后，应当通过国家企业信用信息公示系统向社会公示。

第五十七条　同一登记包含多个登记事项，其中部分登记事项被认定为虚假，撤销虚假的登记事项不影响市场主体存续的，登记机关可以仅撤销虚假的登记事项。

第五十八条　撤销市场主体备案事项的，参照本章规定执行。

第九章　档案管理

第五十九条　登记机关应当负责建立市场主体登记管理档案，对在登记、备案过程中形成的具有保存价值的文件依法分类，有序收集管理，推动档案电子化、影像化，提供市场主体登记管理档案查询服务。

第六十条　申请查询市场主体登记管理档案，应当按照下列要求提交材料：

（一）公安机关、国家安全机关、检察机关、审判机关、纪检监察机关、审计机关等国家机关进行查询，应当出具本部门公函及查询人员的有效证件；

（二）市场主体查询自身登记管理档案，应当出具授权委托书及查询人员的有效证件；

（三）律师查询与承办法律事务有关市场主体登记管理档案，应当出具执业证书、律师事务所证明以及相关承诺书。

除前款规定情形外，省级以上市场监督管理部门可以结合工作实际，依法对档案查询范围以及提交材料作出规定。

第六十一条　登记管理档案查询内容涉及国家秘密、商业秘密、个人信息的，应当按照有关法律法规规定办理。

第六十二条　市场主体发生住所（主要经营场所、经营场所）迁移的，登记机关应当于 3 个月内将所有登记管理档案移交迁入地登记机关管理。档案迁出、迁入应当记录备案。

第十章　监督管理

第六十三条　市场主体应当于每年 1 月 1 日至 6 月 30 日，通过国家企业信用信息公示系统报送上一年度年度报告，并向社会公示。

个体工商户可以通过纸质方式报送年度报告，并自主选择年度报告内容是否向社会公示。

歇业的市场主体应当按时公示年度报告。

第六十四条　市场主体应当将营业执照（含电子营业执照）置于住所（主要经营场所、经营场所）的醒目位置。

从事电子商务经营的市场主体应当在其首页显著位置持续公示营业执照信息或者其链接标识。

营业执照记载的信息发生变更时，市场主体应当于 15 日内完成对应信息的更新公示。市场主体被吊销营业执照的，登记机关应当将吊销情况标注于电子营业执照中。

第六十五条　登记机关应当对登记注册、行政许可、日常监管、行政执法中的相关信息进行归集，根据市场主体的信用风险状况实施分级分类监管，并强化信用风险分类结果的综合应用。

第六十六条 登记机关应当随机抽取检查对象、随机选派执法检查人员，对市场主体的登记备案事项、公示信息情况等进行抽查，并将抽查检查结果通过国家企业信用信息公示系统向社会公示。必要时可以委托会计师事务所、税务师事务所、律师事务所等专业机构开展审计、验资、咨询等相关工作，依法使用其他政府部门作出的检查、核查结果或者专业机构作出的专业结论。

第六十七条 市场主体被撤销设立登记、吊销营业执照、责令关闭，6个月内未办理清算组公告或者未申请注销登记的，登记机关可以在国家企业信用信息公示系统上对其作出特别标注并予以公示。

第十一章 法律责任

第六十八条 未经设立登记从事一般经营活动的，由登记机关责令改正，没收违法所得；拒不改正的，处1万元以上10万元以下的罚款；情节严重的，依法责令关闭停业，并处10万元以上50万元以下的罚款。

第六十九条 未经设立登记从事许可经营活动或者未依法取得许可从事经营活动的，由法律、法规或者国务院决定规定的部门予以查处；法律、法规或者国务院决定没有规定或者规定不明确的，由省、自治区、直辖市人民政府确定的部门予以查处。

第七十条 市场主体未按照法律、行政法规规定的期限公示或者报送年度报告的，由登记机关列入经营异常名录，可以处1万元以下的罚款。

第七十一条 提交虚假材料或者采取其他欺诈手段隐瞒重要事实取得市场主体登记的，由登记机关依法责令改正，没收违法所得，并处5万元以上20万元以下的罚款；情节严重的，处20万元以上100万元以下的罚款，吊销营业执照。

明知或者应当知道申请人提交虚假材料或者采取其他欺诈手段隐瞒重要事实进行市场主体登记，仍接受委托代为办理，或者协助其进行虚假登记的，由登记机关没收违法所得，处10万元以下的罚款。

虚假市场主体登记的直接责任人自市场主体登记被撤销之日起3年内不得再次申请市场主体登记。登记机关应当通过国家企业信用信息公示系统予以公示。

第七十二条 市场主体未按规定办理变更登记的，由登记机关责令改正；拒不改正的，处1万元以上10万元以下的罚款；情节严重的，吊销营业执照。

第七十三条 市场主体未按规定办理备案的，由登记机关责令改正；拒不改正的，处5万元以下的罚款。

依法应当办理受益所有人信息备案的市场主体，未办理备案的，按照前款规定处理。

第七十四条 市场主体未按照本实施细则第四十二条规定公示终止歇业的，由登记机关责令改正；拒不改正的，处3万元以下的罚款。

第七十五条 市场主体未按规定将营业执照置于住所（主要经营场所、经营场所）醒目位置的，由登记机关责令改正；拒不改正的，处3万元以下的罚款。

电子商务经营者未在首页显著位置持续公示营业执照信息或者相关链接标识的，由登记机关依照《中华人民共和国电子商务法》处罚。

市场主体伪造、涂改、出租、出借、转让营业执照的，由登记机关没收违法所得，处10万元以下的罚款；情节严重的，处10万元以上50万元以下的罚款，吊销营业执照。

第七十六条 利用市场主体登记，牟取非法利益，扰乱市场秩序，危害国家安全、社会公共利益的，法律、行政法规有规定的，依照其规定；法律、行政法规没有规定的，由登记机关处10万元以下的罚款。

第七十七条 违反本实施细则规定，登记机关确定罚款幅度时，应当综合考虑市场主体的类型、规模、违法情节等因素。

情节轻微并及时改正，没有造成危害后果的，依法不予行政处罚。初次违法且危害后果轻微并及时改正的，可以不予行政处罚。当事人有证据足以证明没有主观过错的，不予行政处罚。

第十二章 附则

第七十八条 本实施细则所指申请人，包括设立登记时的申请人、依法设立后的市场主体。

第七十九条 人民法院办理案件需要登记机关协助执行的，登记机关应当按照人民法院的生效法律文书和协助执行通知书，在法定职责范围内办理协助执行事项。

第八十条 国家市场监督管理总局根据法律、行政法规、国务院决定及本实施细则，制定登记注册前置审批目录、登记材料和文书格式。

第八十一条 法律、行政法规或者国务院决定对登记管理另有规定的，从其规定。

第八十二条 本实施细则自公布之日起施行。1988年11月3日原国家工商行政管理局令第1号公布的《中华人民共和国企业法人登记管理条例施行细则》，2000年1月13日原国家工商行政管理局令第94号公布的《个人独资企业登记管理办法》，2011年9月30日原国家工商行政管理总局令第56号公布的《个体工商户登记管理办法》,2014年2月20日原国家工商行政管理总局令第64号公布的《公司注册资本登记管理规定》,2015年8月27日原国家工商行政管理总局令第76号公布的《企业经营范围登记管理规定》同时废止。

企业名称登记管理规定

1. 1991年5月6日国家工商行政管理局令第7号发布
2. 根据2012年11月9日国务院令第628号《关于修改和废止部分行政法规的决定》第一次修订
3. 2020年12月14日国务院第118次常务会议修订通过
4. 2020年12月28日国务院令第734号公布
5. 自2021年3月1日起施行

第一条 为了规范企业名称登记管理,保护企业的合法权益,维护社会经济秩序,优化营商环境,制定本规定。

第二条 县级以上人民政府市场监督管理部门(以下统称企业登记机关)负责中国境内设立企业的企业名称登记管理。

国务院市场监督管理部门主管全国企业名称登记管理工作,负责制定企业名称登记管理的具体规范。

省、自治区、直辖市人民政府市场监督管理部门负责建立本行政区域统一的企业名称申报系统和企业名称数据库,并向社会开放。

第三条 企业登记机关应当不断提升企业名称登记管理规范化、便利化水平,为企业和群众提供高效、便捷的服务。

第四条 企业只能登记一个企业名称,企业名称受法律保护。

第五条 企业名称应当使用规范汉字。民族自治地方的企业名称可以同时使用本民族自治地方通用的民族文字。

第六条 企业名称由行政区划名称、字号、行业或者经营特点、组织形式组成。跨省、自治区、直辖市经营的企业,其名称可以不含行政区划名称;跨行业综合经营的企业,其名称可以不含行业或者经营特点。

第七条 企业名称中的行政区划名称应当是企业所在地的县级以上地方行政区划名称。市辖区名称在企业名称中使用时应当同时冠以其所属的设区的市的行政区划名称。开发区、垦区等区域名称在企业名称中使用时应当与行政区划名称连用,不得单独使用。

第八条 企业名称中的字号应当由两个以上汉字组成。

县级以上地方行政区划名称、行业或者经营特点不得作为字号,另有含义的除外。

第九条 企业名称中的行业或者经营特点应当根据企业的主营业务和国民经济行业分类标准标明。国民经济行业分类标准中没有规定的,可以参照行业习惯或者专业文献等表述。

第十条 企业应当根据其组织结构或者责任形式,依法在企业名称中标明组织形式。

第十一条 企业名称不得有下列情形:

(一)损害国家尊严或者利益;

(二)损害社会公共利益或者妨碍社会公共秩序;

(三)使用或者变相使用政党、党政军机关、群团组织名称及其简称、特定称谓和部队番号;

(四)使用外国国家(地区)、国际组织名称及其通用简称、特定称谓;

(五)含有淫秽、色情、赌博、迷信、恐怖、暴力的内容;

(六)含有民族、种族、宗教、性别歧视的内容;

(七)违背公序良俗或者可能有其他不良影响;

(八)可能使公众受骗或者产生误解;

(九)法律、行政法规以及国家规定禁止的其他情形。

第十二条 企业名称冠以"中国"、"中华"、"中央"、"全国"、"国家"等字词,应当按照有关规定从严审核,并报国务院批准。国务院市场监督管理部门负责制定具体管理办法。

企业名称中间含有"中国"、"中华"、"全国"、"国家"等字词的,该字词应当是行业限定语。

使用外国投资者字号的外商独资或者控股的外商投资企业,企业名称中可以含有"(中国)"字样。

第十三条 企业分支机构名称应当冠以其所从属企业的名称,并缀以"分公司"、"分厂"、"分店"等字词。境外企业分支机构还应当在名称中标明该企业的国籍及责任形式。

第十四条 企业集团名称应当与控股企业名称的行政区划名称、字号、行业或者经营特点一致。控股企业可以在其名称的组织形式之前使用"集团"或者"(集团)"字样。

第十五条 有投资关系或者经过授权的企业,其名称中可以含有另一个企业的名称或者其他法人、非法人组织的名称。

第十六条 企业名称由申请人自主申报。

申请人可以通过企业名称申报系统或者在企业登

记机关服务窗口提交有关信息和材料，对拟定的企业名称进行查询、比对和筛选，选取符合本规定要求的企业名称。

申请人提交的信息和材料应当真实、准确、完整，并承诺因其企业名称与他人企业名称近似侵犯他人合法权益的，依法承担法律责任。

第十七条 在同一企业登记机关，申请人拟定的企业名称中的字号不得与下列同行业或者不使用行业、经营特点表述的企业名称中的字号相同：

（一）已经登记或者在保留期内的企业名称，有投资关系的除外；

（二）已经注销或者变更登记未满1年的原企业名称，有投资关系或者受让企业名称的除外；

（三）被撤销设立登记或者被撤销变更登记未满1年的原企业名称，有投资关系的除外。

第十八条 企业登记机关对通过企业名称申报系统提交完成的企业名称予以保留，保留期为2个月。设立企业依法应当报经批准或者企业经营范围中有在登记前须经批准的项目的，保留期为1年。

申请人应当在保留期届满前办理企业登记。

第十九条 企业名称转让或者授权他人使用的，相关企业应当依法通过国家企业信用信息公示系统向社会公示。

第二十条 企业登记机关在办理企业登记时，发现企业名称不符合本规定的，不予登记并书面说明理由。

企业登记机关发现已经登记的企业名称不符合本规定的，应当及时纠正。其他单位或者个人认为已经登记的企业名称不符合本规定的，可以请求企业登记机关予以纠正。

第二十一条 企业认为其他企业名称侵犯本企业名称合法权益的，可以向人民法院起诉或者请求为涉嫌侵权企业办理登记的企业登记机关处理。

企业登记机关受理申请后，可以进行调解；调解不成的，企业登记机关应当自受理之日起3个月内作出行政裁决。

第二十二条 利用企业名称实施不正当竞争等行为的，依照有关法律、行政法规的规定处理。

第二十三条 使用企业名称应当遵守法律法规，诚实守信，不得损害他人合法权益。

人民法院或者企业登记机关依法认定企业名称应当停止使用的，企业应当自收到人民法院生效的法律文书或者企业登记机关的处理决定之日起30日内办理企业名称变更登记。名称变更前，由企业登记机关以统一社会信用代码代替其名称。企业逾期未办理变更登记的，企业登记机关将其列入经营异常名录；完成变更登记后，企业登记机关将其移出经营异常名录。

第二十四条 申请人登记或者使用企业名称违反本规定的，依照企业登记相关法律、行政法规的规定予以处罚。

企业登记机关对不符合本规定的企业名称予以登记，或者对符合本规定的企业名称不予登记的，对直接负责的主管人员和其他直接责任人员，依法给予行政处分。

第二十五条 农民专业合作社和个体工商户的名称登记管理，参照本规定执行。

第二十六条 本规定自2021年3月1日起施行。

国务院关于在全国推开“证照分离”改革的通知

1. 2018年9月27日
2. 国发〔2018〕35号

各省、自治区、直辖市人民政府，国务院各部委、各直属机构：

“证照分离”改革在上海市浦东新区试点并在更大范围复制推广以来，有效降低了企业制度性交易成本，取得了显著成效。为进一步破解“准入不准营”问题，激发市场主体活力，加快推进政府职能深刻转变，营造法治化、国际化、便利化的营商环境，在前期试点基础上，国务院决定在全国推开“证照分离”改革。现就有关事项通知如下：

一、总体要求

（一）指导思想。

全面贯彻党的十九大和十九届二中、三中全会精神，坚持以习近平新时代中国特色社会主义思想为指导，按照党中央、国务院决策部署，牢固树立和贯彻落实新发展理念，紧紧围绕简政放权、放管结合、优化服务，落实“证照分离”改革要求，进一步厘清政府与市场关系，全面改革审批方式，精简涉企证照，加强事中事后综合监管，创新政府管理方式，进一步营造稳定、公平、透明、可预期的市场准入环境，充分释放市场活力，推动经济高质量发展。

（二）基本原则。

——突出照后减证，能减尽减，能合则合。除涉及国家安全、公共安全、金融安全、生态安全和公众健康等重大公共利益外，分别采用适当管理方式将许可类的“证”分离出来，尽可能减少审批发证，有效区分“证”、“照”功能，着力破解“准入不准营”难题。

——做到放管结合，放管并重，宽进严管。该放给市场和社会的权一定要放足、放到位，该政府管的事一定要管好、管到位。始终把放管结合置于突出位置，做好审批和监管的有效衔接，从事前审批向强化事中事后监管转变，加强综合监管。

——坚持依法改革，于法有据，稳妥推进。做好顶层设计，依法推动对涉企行政审批事项采取直接取消审批、审批改为备案、实行告知承诺、优化准入服务等改革方式，涉及修改法律、行政法规、国务院决定及相关规章的，要按法定程序修改后实施。

（三）工作目标。

2018 年 11 月 10 日起，在全国范围内对第一批 106 项涉企行政审批事项分别按照直接取消审批、审批改为备案、实行告知承诺、优化准入服务等四种方式实施“证照分离”改革。加强事中事后监管，建立部门间信息共享、协同监管和联合奖惩机制，形成全过程监管体系。建立长效机制，同步探索推进中央事权与地方事权的涉企行政审批事项改革，做到成熟一批复制推广一批，逐步减少涉企行政审批事项，在全国有序推开“证照分离”改革，对所有涉及市场准入的行政审批事项按照“证照分离”改革模式进行分类管理，实现全覆盖，为企业进入市场提供便利。

二、重点内容

（一）明确改革方式。

对纳入“证照分离”改革范围的涉企（含个体工商户、农民专业合作社）行政审批事项分别采取以下四种方式进行管理。

1. 直接取消审批。对设定必要性已不存在、市场机制能够有效调节、行业组织或中介机构能够有效实现行业自律管理的行政审批事项，直接取消。市场主体办理营业执照后即可开展相关经营活动。

2. 取消审批，改为备案。对取消审批后有关部门需及时准确获得相关信息，以更好开展行业引导、制定产业政策和维护公共利益的行政审批事项，改为备案。市场主体报送材料后即可开展相关经营活动，有关部门不再进行审批。

3. 简化审批，实行告知承诺。对暂时不能取消审批，但通过事中事后监管能够纠正不符合审批条件行为的行政审批事项，实行告知承诺。有关部门要履职尽责，制作告知承诺书，并向申请人提供示范文本，一次性告知申请人审批条件和所需材料，对申请人承诺符合审批条件并提交有关材料的，当场办理审批。市场主体要诚信守诺，达到法定条件后再从事特定经营活动。有关部门实行全覆盖例行检查，发现实际情况与承诺内容不符的，依法撤销审批并予以从重处罚。

4. 完善措施，优化准入服务。对关系国家安全、公共安全、金融安全、生态安全和公众健康等重大公共利益的行政审批事项，保留审批，优化准入服务。要针对市场主体关心的难点痛点问题，精简审批材料，公示审批事项和程序；要压缩审批时限，明确受理条件和办理标准；要减少审批环节，科学设计流程；要下放审批权限，增强审批透明度和可预期性，提高登记审批效率。

（二）统筹推进“证照分离”和“多证合一”改革。

通过“证照分离”改革，有效区分“证”、“照”功能，让更多市场主体持照即可经营，着力解决“准入不准营”问题。营业执照是登记主管部门依照法定条件和程序，对市场主体资格和一般营业能力进行确认后，颁发给市场主体的法律文件。“多证合一”改革后，营业执照记载的信息和事项更加丰富，市场主体凭营业执照即可开展一般经营活动。许可证是审批主管部门依法颁发给特定市场主体的凭证。这类市场主体需持营业执照和许可证方可从事特定经营活动。各地要统筹推进“证照分离”和“多证合一”改革。对于“证照分离”改革后属于信息采集、记载公示、管理备查类的事项，原则上要通过“多证合一”改革尽可能整合到营业执照上，真正实现市场主体“一照一码走天下”。

（三）加强事中事后监管。

加快建立以信息归集共享为基础、以信息公示为手段、以信用监管为核心的新型监管制度。切实贯彻“谁审批、谁监管，谁主管、谁监管”原则，行业主管部门应当切实承担监管责任，针对改革事项分类制定完善监管办法，明确监管标准、监管方式和监管措施，加强公正监管，避免出现监管真空。全面推进“双随机、一公开”监管，构建全国统一的“双随机”抽查工作机制和制度规范，逐步实现跨部门“双随机”联合抽查常态化，推进抽查检查信息统一归集和全面公开，建立完善惩罚性赔偿、“履职照单免责、失职照单问责”等制度，探索建立监管履职标准，使基层监管部门在“双随机”抽查时权责明确、放心履职。健全跨区域、跨层级、跨部门协同监管机制，进一步推进联合执法，建立统一“黑名单”制度，对失信主体在行业准入环节依法实施限制。探索对新技术、新产业、新模式、新产品、新业态采取包容审慎的监管方式，着力为新动能成长营造良好政策环境。强化企业的市场秩序第一责任人意识，建立完善信用修复机制，更好发挥专业服务机构的社会监督作用，引导社会力量共同参与市场秩序治理，逐步构建完善多元共治格局。

（四）加快推进信息归集共享。

各地区、各部门要依托已有设施资源和政府统一数据共享交换平台，进一步完善全国和省级信用信息共享平台、国家企业信用信息公示系统，在更大范围、更深层次实现市场主体基础信息、相关信用信息、违法违规信息归集共享和业务协同。加快完善政府部门涉企信息资源归集目录，建立全国统一标准的企业法人单位基础信息资源库。健全市场监管部门与行政审批部门、行业主管部门之间对备案事项目录和后置审批事项目录的动态维护机制，明确事项表述、审批部门及层级、经营范围表述等内容。市场监管部门应当按照统一的数据标准，通过省级人民政府统一数据共享交换平台将信息及时推送告知行政审批部门、行业主管部门。行政审批部门、行业主管部门应当将备案事项和后置审批事项信息通过“信用中国”网站和国家企业信用信息公示系统记于相对应市场主体名下，并对外公示。

三、保障措施

（一）加强组织领导。

各省、自治区、直辖市人民政府要加强统筹，层层压实责任，确保积极稳妥推进“证照分离”改革。各地区、各部门要结合实际，针对具体改革事项，细化改革举措和事中事后监管措施，逐一制定出台直接取消审批、审批改为备案、实行告知承诺、优化准入服务的具体管理措施，并于2018年11月10日前将具体措施报送市场监管总局备案，同时向社会公开；要推动修改完善相关法律法规，做好相关规章和规范性文件立改废工作。各级市场监管部门要切实肩负起责任，勇于担当，主动作为，扎实推进改革。

（二）强化宣传培训。

各地区、各部门要运用通俗易懂的宣传方式，做好改革政策宣传解读工作，扩大各项改革政策的知晓度，及时回应社会关切，营造有利于改革的良好氛围。要加强培训，提升工作人员业务素质和服务意识，确保改革顺利推进。

（三）狠抓工作落实。

各地区、各部门要以钉钉子精神全面抓好改革任务落实，健全激励约束机制和容错纠错机制，充分调动推进改革的积极性和主动性，鼓励和支持创新开展工作。要强化督查问责，对抓落实有力有效的，适时予以表彰；对未依法依规履行职责的，要严肃问责。

附件：第一批全国推开“证照分离”改革的具体事项表（略）

电子营业执照管理办法（试行）

1. 2018年12月17日市场监管总局发布
2. 国市监注〔2018〕249号

第一条　为规范电子营业执照的应用与管理，维护市场主体的合法权益，依据《公司法》《电子签名法》《网络安全法》等法律法规和国务院有关文件规定，制定本办法。

第二条　本办法适用于市场监管部门发放和管理电子营业执照的行为，市场主体领取、下载及使用电子营业执照的行为，以及电子营业执照的政务和商务应用的行为。

本办法所称电子营业执照，是指由市场监管部门依据国家有关法律法规、按照统一标准规范核发的载有市场主体登记信息的法律电子证件。电子营业执照与纸质营业执照具有同等法律效力，是市场主体取得主体资格的合法凭证。

本办法所称电子营业执照文件，是指按照全国统一版式和格式记载市场主体登记事项，并经市场监管部门依法加签数字签名的电子文档。

本规定所称电子营业执照应用程序，是指由市场监管总局提供的，安装并运行在手机等智能移动终端上，支撑电子营业执照应用的软件。

本办法所称电子营业执照系统，是指由市场监管总局统一建设、部署和管理的，用于电子营业执照签发、存储、管理、验证和应用的相关数据文件、标准规范、软件系统及硬件设备的总称。

本办法所称市场主体，是指各类企业、个体工商户和农民专业合作社。

第三条　电子营业执照系统是全国统一的市场主体身份验证系统，支持市场主体身份全国范围内的通用验证和识别。电子营业执照具备防伪、防篡改、防抵赖等信息安全保障特性。

第四条　市场监管部门是发放和管理电子营业执照的法定部门。市场监管部门发放电子营业执照不向市场主体收取费用。

第五条 市场监管总局负责全国电子营业执照工作的总体部署和统筹推进；负责电子营业执照系统的规划、建设和管理；负责电子营业执照管理规范、技术方案和标准的制定；负责全国统一的电子营业执照库和市场主体身份验证系统的建设和管理；负责推进电子营业执照在全国范围内跨区域、跨层级和跨行业的应用。

各省（自治区、直辖市）市场监管部门负责本地区电子营业执照的发放和管理；负责推进电子营业执照在本地区的应用；负责本地区电子营业执照系统相关建设、运行、维护和安全管理。

各市（县、区）市场监管部门依法负责本辖区电子营业执照的发放、管理和应用。

第六条 市场主体设立登记后，即时生成电子营业执照并存储于电子营业执照库。电子营业执照通过手机等装载有电子营业执照应用程序的智能移动终端进行领取、下载和使用。

电子营业执照的下载、使用，采用真实身份信息登记制度。在确认持照人身份和市场主体身份之间关系时，持照人须出示有效的身份证明或需对持照人进行基于个人身份等真实信息的认证或登记。

第七条 市场主体设立登记后首次领取和下载电子营业执照，以及办理变更登记后重新领取和下载电子营业执照，应由经市场监管部门登记的公司的法定代表人、合伙企业的执行事务合伙人、个人独资企业的投资人、个体工商户的经营者、农民专业合作社的法定代表人以及各类企业分支机构的负责人（下称法定代表人）领取和下载。

合伙企业有数个合伙人执行合伙事务的，应当协商决定由一名执行事务合伙人领取和下载合伙企业电子营业执照。

第八条 法定代表人领取电子营业执照后，可自行或授权其他证照管理人员保管、持有、使用电子营业执照。市场主体对其电子营业执照的管理和授权使用行为的合法性、真实性、合理性等负责。

第九条 市场主体办理涉及营业执照记载事项变更登记的，原下载至移动终端的电子营业执照需重新下载。变更法定代表人登记的，原法定代表人下载的电子营业执照将无法继续使用，新任法定代表人需要重新下载电子营业执照。

载有电子营业执照的移动终端丢失或损坏的，法定代表人可使用其他移动终端重新下载电子营业执照，原移动终端存储的电子营业执照将无法继续使用。

第十条 电子营业执照适用于需要提供市场主体身份凭证的场合，包括但不限于下列情形：

（一）出示营业执照以表明市场主体身份，或使用营业执照进行市场主体身份认证和证明的；

（二）办理市场主体登记注册业务的；

（三）以市场主体身份登录网上系统或平台，办理各项业务、开展经营活动的；

（四）登录国家企业信用信息公示系统报送年度报告、自主公示信息的；

（五）以市场主体身份对电子文件、表单或数据等进行电子签名的；

（六）在互联网上公开营业执照信息和链接标识的；

（七）授权相关个人或单位共享、传输或获取其市场主体数据信息的；

（八）按照法律、法规和相关规定需要使用和提供营业执照的。

第十一条 社会公众、相关单位和机构使用电子营业执照应用程序或接入电子营业执照系统，可实时联网验证市场主体电子营业执照真伪、查询市场主体身份信息及状态，并可同步比对查验电子营业执照持照人相关信息。

电子营业执照应用程序中加载的电子营业执照验证二维码和条形码，为电子营业执照验证专用码。

第十二条 电子营业执照文件存储于市场监管总局电子营业执照库，市场主体可自行下载、存储或打印电子营业执照文件。打印的电子营业执照文件可用于信息展示和需要提交纸质营业执照复印件的情形，按规定需要加盖市场主体印章的，遵其规定。市场主体对使用其自行下载或打印的电子营业执照文件行为的真实性、合法性和合理性负责。

只领取电子营业执照的市场主体，应下载并打印电子营业执照文件，置于住所或营业场所的醒目位置，或通过电子显示屏等方式亮明电子营业执照。

第十三条 电子营业执照文件的内容和版式与纸质营业执照基本相同。电子营业执照文件中标注“电子营业执照”水印和数字签名值，不显示登记机关印章。按照本办法第十一条规定的方式，可比对查验电子营业执照文件真伪。

电子营业执照文件中加载的二维码为电子营业执照文件专用二维码。

第十四条 电子营业执照系统为国家政务服务平台提供市场主体统一身份认证服务和电子营业执照文件数

据，各级市场监管部门应做好相关保障工作，并应积极支持各相关单位充分应用电子营业执照，提高服务效能、降低市场主体办事成本。

第十五条　市场主体使用电子营业执照可以对数据电文进行电子签名，符合《电子签名法》第十三条规定条件的，电子签名与手写签名或者盖章具有同等的法律效力。

第十六条　市场监管总局负责全国市场主体电子营业执照应用接入的统一管理，授权省级市场监管部门管理所辖范围内电子营业执照的接入工作。省级区域内电子营业执照的应用接入，应向省级市场监管部门提出接入申请，由省级市场监管部门批准后报市场监管总局登记注册局备案。跨省级区域的电子营业执照应用接入，由省级市场监管部门向市场监管总局登记注册局提出接入申请，经批准后实施。

电子营业执照系统接入的流程规范和技术标准由市场监管总局统一制定。

第十七条　接入电子营业执照系统，核验电子营业执照、存储或使用市场主体电子营业执照文件及信息的相关单位和团体，应当依法履行以下义务：

（一）应当保证电子营业执照系统和电子营业执照应用程序的完整性和统一性；

（二）应当建立健全用户信息安全保护机制，依法严格履行信息安全保护义务，严格落实信息安全管理责任；

（三）应当符合电子营业执照有关实人、实名、实照的使用原则，保障市场主体电子身份凭证安全；

（四）应当遵循合法、正当、必要的原则，并应当控制在自身业务体系中应用；对于电子营业执照的下载、出示、核验、身份认证、电子签名等基本应用功能，不允许额外收取市场主体使用费用；

（五）通过电子营业执照共享、传输市场主体登记信息的，应明示收集使用信息的目的、方式和范围，并经市场主体授权同意；

（六）应当支持市场主体通过手机等智能移动终端使用电子营业执照，为市场主体使用电子营业执照提供方便。

第十八条　任何单位和个人不得伪造、篡改和非法使用电子营业执照，不得攻击、侵入、干扰、破坏电子营业执照系统。如有违反规定，根据有关法律法规进行处理。

第十九条　本办法由市场监管总局负责解释，自印发之日起施行。

企业名称禁限用规则

1. 2017年7月31日国家工商行政管理总局发布
2. 工商企注字〔2017〕133号

第一章　总　　则

第一条　为规范企业名称审核行为，建立、完善企业名称比对系统，为申请人提供更加便利的企业名称登记、核准服务，根据《公司法》《企业法人登记管理条例》《公司登记管理条例》《企业名称登记管理规定》《企业名称登记管理实施办法》和工商总局有关规范性文件等制定本规则。

第二条　本规则适用于企业名称登记、核准有关业务。企业名称审核人员依据本规则对企业名称申请是否存在有关禁限用内容进行审查，按照有关规定作出核准或者驳回的决定。

第三条　企业登记机关可以依据本规则建立、完善企业名称比对系统，为申请人提供企业名称筛查服务。企业名称自主申报改革试点地区可以参照本规则，建立、完善比对、申报系统，为申请人提供自主申报、自负其责的登记服务。

第二章　禁止性规则

第四条　企业名称不得与同一企业登记机关已登记注册、核准的同行业企业名称相同。

以下情形适用于本条款规定：

（一）与同一登记机关已登记、或者已核准但尚未登记且仍在有效期内、或者已申请尚未核准的同行业企业名称相同；

（二）与办理注销登记未满1年的同行业企业名称相同；

（三）与同一登记机关企业变更名称未满1年的原同行业名称相同；

（四）与被撤销设立登记和被吊销营业执照尚未办理注销登记的同行业企业名称相同。

第五条　企业名称不得含有有损于国家、社会公共利益的内容和文字。

以下情形适用于本条款规定：

（一）有消极或不良政治影响的。如“支那”“黑太阳”“大地主”等。

（二）宣扬恐怖主义、分裂主义和极端主义的。如“九一一”“东突”“占中”等。

（三）带有殖民文化色彩，有损民族尊严和伤害人民感情的。如“大东亚”“大和”“福尔摩萨”等。

（四）带有种族、民族、性别等歧视倾向的。如“黑鬼”等。

（五）含有封建文化糟粕、违背社会良好风尚或不尊重民族风俗习惯的。如“鬼都”“妻妾成群”等。

（六）涉及毒品、淫秽、色情、暴力、赌博的。如“海洛因”“推牌九”等。

第六条 企业名称不得含有可能对公众造成欺骗或者误解的内容和文字。

以下情形适用于本条款规定：

（一）含有党和国家领导人、老一辈革命家、知名烈士和知名模范的姓名的。如“董存瑞”“雷锋”等。

（二）含有非法组织名称或者反动政治人物、公众熟知的反面人物的姓名的。如“法轮功”“汪精卫”“秦桧”等。

（三）含有宗教组织名称或带有显著宗教色彩的。如“基督教”“佛教”“伊斯兰教”等。

第七条 企业名称不得含有外国国家（地区）名称、国际组织名称。

第八条 企业名称不得含有政党名称、党政军机关名称、群团组织名称、社会组织名称及部队番号。

第九条 企业名称应当使用符合国家规范的汉字，不得使用外文、字母和阿拉伯数字。

第十条 企业名称不得含有其他法律、行政法规规定禁止的内容和文字。

第十一条 企业名称应当由行政区划、字号、行业、组织形式依次组成。企业名称中的行政区划是本企业所在地县级以上行政区划的名称或地名。市辖区的名称不能单独用作企业名称中的行政区划。

第十二条 企业名称中的字号应当由2个以上的符合国家规范的汉字组成，行政区划、行业、组织形式不得用作字号。

第十三条 企业应当根据其主营业务，依照国家行业分类标准划分的类别，在企业名称中标明所属行业或者经营特点。国家法律、法规以及国务院决定等对企业名称中的行业有特殊要求的，应当在企业名称中标明。不得在企业名称中标示国家法律、法规以及国务院决定等禁止经营的行业。

第十四条 企业应当根据其组织结构或者责任形式在名称中标明符合国家法律、法规以及国务院决定规定的组织形式，不得使用与其组织结构或者责任形式不一致的组织形式。

第三章 限制性规则

第十五条 企业名称不得与同一企业登记机关已登记注册、核准的同行业企业名称近似，但有投资关系的除外。

第十六条 企业法人名称中不得含有其他非营利法人的名称，但有投资关系或者经该法人授权，且使用该法人简称或者特定称谓的除外。该法人的简称或者特定称谓有其他含义或者指向不确定的，可以不经授权。

第十七条 企业名称中不得含有另一个企业名称，但有投资关系或者经该企业授权，且使用该企业的简称或者特定称谓的除外。该企业的简称或者特定称谓有其他含义或者指向不确定的，可以不经授权。

第十八条 企业名称不得明示或者暗示为非营利组织或者超出企业设立的目的，但有其他含义或者法律、法规以及国务院决定另有规定的除外。

第十九条 除国务院决定设立的企业外，企业名称不得冠以“中国”“中华”“全国”“国家”“国际”等字样；在企业名称中间使用“中国”“中华”“全国”“国家”“国际”等字样的，该字样应是行业的限定语；使用外国（地区）出资企业字号的外商独资企业、外方控股的外商投资企业，可以在名称中间使用“（中国）”字样。以上三类企业名称需经工商总局核准，但在企业名称中间使用“国际”字样的除外。

第二十条 企业名称应当冠以企业所在地省（包括自治区、直辖市）或者市（包括州、地、盟）或者县（包括市辖区、自治县、旗）行政区划名称，但符合以下条件之一、经工商总局核准的，企业名称可以不含企业所在地行政区划：

（一）国务院批准的；

（二）工商总局登记注册的；

（三）注册资本（或注册资金）不少于5000万元人民币的；

（四）工商总局另有规定的。

第二十一条 市辖区名称与市行政区划连用的企业名称，由市企业登记机关核准。省、市、县行政区划连用的企业名称，由最高级别行政区的企业登记机关核准。上级企业登记机关可以授权下级机关核准应当由本机关核准的企业名称。

第二十二条 企业名称的字号应当由字、词或其组合构成，不得使用语句、句群和段落，但具有显著识别性或有其他含义的短句除外。

第二十三条 企业名称的字号不得含有“国家级”“最高级”“最佳”等带有误导性内容和文字，但有其他含义或者作部分使用、且字号整体有其他含义的除外。

第二十四条　企业名称的字号不得以外国国家（地区）所属辖区、城市名称及其简称、特定称谓作字号，但有其他含义或者作部分使用、且字号整体具有其他含义的除外。

第二十五条　行政区划不得用作字号，但县以上行政区划的地名具有其他含义的除外。

第二十六条　企业名称不得以职业、职位、学位、职称、军衔、警衔等及其简称、特定称谓作字号，但有其他含义或者作部分使用、且字号整体有其他含义的除外。

第二十七条　企业不得使用工商总局曾经给予驰名商标保护的规范汉字作同行业企业名称的字号，但已经取得该驰名商标持有人授权的除外。

第二十八条　企业名称中的行业不得使用与主营业务不一致的用语表述，符合以下条件的可以不使用国民经济行业类别用语表述企业所从事的行业：

（一）企业经济活动性质分别属于国民经济行业5个以上大类；

（二）企业注册资本（或注册资金）1亿元以上或者是企业集团的母公司；

（三）与同一企业登记机关登记、核准的同类别企业名称中的字号不相同。

第二十九条　法律、法规、国务院决定以及工商总局规章、规范性文件对企业名称的行业表述有特别规定的从其规定。

第四章　附　　则

第三十条　地方企业登记机关可以根据地方性法规、政府规定，细化禁限用内容。

第三十一条　农民专业合作社、个体工商户和非法人分支机构（营业单位）名称的登记、核准，参照本规则执行。

第三十二条　本规则根据相关法律、法规以及国务院决定等的调整适时调整并公布。

第三十三条　本规则由工商总局解释。

企业名称相同相近比对规则

1．2017年7月31日国家工商行政管理总局发布
2．工商企注字〔2017〕133号

第一条　为进一步推进企业名称登记管理改革，建立、完善企业名称比对系统，为申请人提供高效比对服务，依据《企业名称登记管理规定》《企业名称登记管理实施办法》《工商总局关于提高登记效率积极推进企业名称登记管理改革的意见》（工商企注字〔2017〕54号）等制定本规则。

第二条　本规则适用于企业登记机关利用信息化技术，建立、完善企业名称比对系统，为申请人申请企业名称提供比对服务。企业登记机关应当将比对结果以在线网页等方式呈现给申请人，供其参考、选择。

第三条　申请人提交的企业名称登记、核准申请有下列情形之一的，比对系统提示为企业名称相同：

（一）与同一企业登记机关已登记、核准的企业名称完全相同。

（二）与同一企业登记机关已登记、核准的企业名称行政区划、字号、行业和组织形式排列顺序不同但文字相同。如：北京红光酒业发展有限公司与红光（北京）酒业发展有限公司。

（三）与同一企业登记机关已登记、核准的企业名称字号、行业文字相同但行政区划或者组织形式不同。如：北京红光酒业有限公司与红光酒业有限公司；北京红光酒业有限公司与北京红光酒厂。

第四条　申请人提交的企业名称登记、核准申请有下列情形之一的，比对系统提示为企业名称相近：

（一）与同一企业登记机关已登记、核准的同行业企业名称字号相同，行业表述不同但含义相同。如：万青地产有限公司与万青房地产有限公司、万青置业有限公司。

（二）与同一企业登记机关已登记、核准的同行业企业名称字号的字音相同，行业表述相同或者行业表述不同但内容相同。如：北京牛栏山酒业有限公司与北京牛兰山酒业有限公司、北京牛蓝山白酒有限公司。

（三）字号包含同一企业登记机关已登记、核准同行业企业名称字号或者被其包含，行业表述相同或者行业表述不同但内容相同。如：北京阿里巴巴网络科技有限公司与北京阿里巴巴巴巴网络科技有限公司、北京阿里巴巴在线信息科技有限公司。

（四）字号与同一企业登记机关已登记、核准同行业企业名称字号部分字音相同，行业表述相同或者行业表述不同但内容相同。如：北京阿里巴巴科技有限公司与北京马云阿理巴巴科技有限公司、北京阿理巴巴金控技术有限公司。

（五）不含行业表述或者以实业、发展等不使用国民经济行业分类用语表述行业的，包含或者被包含同一企业登记机关已登记、核准的同类别企业名称的字号，或者其字号的字音相同，或者其包含、被包含的部分字音相同。如：北京牛兰山有限公司与北京金牛栏山有限公司;北京全聚德有限公司与北京荃巨得有限公司、北京宏荃聚德实业有限公司。

第五条 申请人通过比对系统查询申请企业名称时,拟申请的企业名称与同一企业登记机关已登记、核准的企业名称相同的,列出相同的企业名称,提示该申请不能通过;拟申请的企业名称与同一企业登记机关已登记、核准的企业名称相近的,列出相近的企业名称清单,提示该申请可以通过,但存在审核不予核准的可能,存在虽然核准,但在使用中可能面临侵权纠纷,甚至以不适宜的企业名称被强制变更的风险。

第六条 地方企业登记机关可以根据地方政府要求、改革需要和技术条件等,细化比对规则,不断提高比对智能化服务水平。

第七条 农民专业合作社、个体工商户名称和非法人分支机构(营业单位)的比对,参照本规则执行。

第八条 本规则由工商总局解释。

市场监管总局关于进一步推进企业简易注销登记改革的通知

1. 2018年8月24日
2. 国市监注〔2018〕153号

各省、自治区、直辖市及计划单列市、副省级市工商行政管理局、市场监督管理部门:

2017年3月1日,企业简易注销登记改革在全国范围内全面实行。一年多来,改革取得了积极成效,但也存在一些问题。为全面贯彻落实国务院关于深化“放管服”改革转变政府职能的决策部署,进一步推动落实企业简易注销登记改革任务,为企业退出市场提供更加便利化服务,现将有关事项通知如下:

一、支持各地试点进一步优化企业简易注销登记程序

在全国推开企业简易注销登记改革基础上,各地要坚持“便捷高效、公开透明、控制风险”的基本原则,依托自贸试验区、国家级经济功能区和有条件的地区,继续探索试点拓展改革适用范围、压缩公告时间等改革举措,进一步优化企业简易注销登记程序,支持未开业和无债权债务企业快速退出市场,形成可复制推广的市场退出制度创新成果。各省(区、市)工商和市场监管部门要结合本地实际,及时总结成熟经验,指导试点地区所在地工商和市场监管部门尽快研究制定试点实施方案,并于2018年10月1日前将试点实施方案报送总局。试点实施方案经总局批准后实施。

二、鼓励各地探索构建企业注销登记服务平台

鼓励有条件的地区充分运用信息化手段,依托现有政务服务平台,探索建立全流程一体化企业注销登记服务平台,打通工商、税务、商务、海关、人民银行、人力资源社会保障等各有关部门办理企业市场退出业务流程,实现办事流程清晰透明、企业信息互通共享,为企业提供各部门办理结果反馈、全流程进度跟踪等功能的电子政务服务。

三、扎实推进各项改革举措的贯彻落实

各地工商和市场监管部门要继续全面贯彻落实《工商总局关于全面推进企业简易注销登记改革的指导意见》(工商企注字〔2016〕253号)和《工商总局 税务总局关于加强信息共享和联合监管的通知》(工商企注字〔2018〕11号)部署的工作任务,扎实推进企业简易注销登记改革,及时总结先进经验,聚焦重点难点问题;加强部门协同,有效防范逃避纳税和债务等风险;注重舆论宣传引导,确保已经出台的各项改革举措真正落实到位,有效释放改革红利。

各地工商和市场监管部门在推进企业简易注销登记改革过程中,要注意收集汇总遇到的新情况、新问题,并及时上报总局登记注册局。

市场监管总局关于启用新版营业执照的通知

1. 2018年12月19日
2. 国市监注〔2018〕253号

各省、自治区、直辖市及新疆生产建设兵团市场监管局(厅、委):

营业执照是登记机关依法颁发给各类市场主体的重要凭证,是市场主体登记工作的直接体现。商事制度改革以来,营业执照所关联的市场主体信息越来越丰富,应用领域越来越广泛。随着机构改革的稳步推进,市场监管总局决定,对现版营业执照进行改革,调整相关内容,重新设计并启用新版营业执照。现将有关事项通知如下:

一、调整版面内容。新版营业执照照面版式统一调整为横版,设有正本和副本。正本尺寸为:297mm(高)×420mm(宽);副本内芯尺寸为:210mm(高)×297mm(宽)。副本配套发放封皮,副本封皮尺寸为:225mm(高)×310mm(宽)。正副本照面按照《营业执照印制标准(2019年版)》印制国徽、边框、标题(营业执照)、国家企业信用信息公示系统网址、登记机关公章、年月日、国家市场监督管理总局监制等内容。正副本照面按照《营业执照打印标准(2019 年版)》打印统一社会信用代码及号码、记载事项名称及内容、二维码等内容,其中副本照面加打年报提示语。《外国(地区)企业常驻代表机构登记证》《外国(地区)企业常驻代表机构代表证》中的监制单位名称等一并进行调整。

二、增加二维码功能。新版营业执照对原版营业执照的二维码功能进行统一调整,实现二维码与国家企业信用信息公示系统上公示的企业信息精准联接,并在营业执照上增加"扫描二维码登录'国家企业信用信息公示系统'了解更多登记、备案、许可、监管信息"提示语,鼓励社会各界通过扫描二维码直接查询该市场主体的公示信息,方便社会各界了解市场主体情况,进一步扩大营业执照在社会管理领域的重要作用,为市场主体自律、部门监管和社会共治奠定坚实基础。

三、保持 8 种格式。新版营业执照维持原版执照的 8 种格式不变,以保证法定记载事项清晰明确,保持营业执照的稳定性和一贯性。即:A 格式适用公司法人,B 格式适用非公司法人,C 格式适用合伙企业,D 格式适用农民专业合作社法人,E 格式适用个人独资企业,F 格式适用个体工商户,G 格式适用内资非法人企业、内资非公司企业分支机构、内资分公司、外商投资企业分支机构、合伙企业分支机构、个人独资企业分支机构、外国(地区)企业在中国境内从事生产经营活动等,H 格式适用农民专业合作社分支机构。

四、领取印制资料。新版营业执照由市场监管总局委托制作单位制成印刷胶片、水印纸样和执照样品,版权归总局所有,免费发放各省、自治区、直辖市及新疆生产建设兵团市场监管局(厅、委)使用并提供相关技术支持。各省、自治区、直辖市及新疆生产建设兵团市场监管局(厅、委)应当自收到本通知之日起 15 日内,指派专人持介绍信到总局领取印刷胶片、水印纸样和执照样品。

五、加强印刷管理。各省、自治区、直辖市及新疆生产建设兵团市场监管局(厅、委)统一负责本辖区新版营业执照和《外国(地区)企业常驻代表机构登记证》《外国(地区)企业常驻代表机构代表证》印制的组织工作。要按照有关规定和印制标准中明确的资质要求确定印制企业,加强对印制质量、数量等工作的监督管理,保证印制质量和安全。对于产品质量不合格的印制企业,禁止其产品出厂,并予以销毁;对于擅自将印制的执照流传到社会的印制企业,应取消对该企业的印制委托;未经省一级市场监管部门确定或其他非法印制营业执照的,要依法予以处理。

六、规范民族文字使用。民族自治地区已经按照《工商总局关于启用新版营业执照有关问题的通知》(工商企字〔2014〕30 号)要求由原省(自治区)工商局报原工商总局批准并备案的,可以在新版营业执照上同时使用本民族文字。未报原工商总局批准并备案的,应当由省(自治区)市场监管部门报市场监管总局批准并备案后,方可同时使用少数民族文字。

七、按时启用换发。自 2019 年 3 月 1 日起,经登记机关准予设立、变更登记以及补发营业执照的各类市场主体,颁发新版营业执照(含新版《外国(地区)企业常驻代表机构登记证》《外国(地区)企业常驻代表机构代表证》,下同)。之前存续的各类市场主体,可以继续使用原版营业执照,也可以申请换发新版营业执照。

八、推进电子营业执照应用。各省、自治区、直辖市及新疆生产建设兵团市场监管局(厅、委)要按照市场监管总局的标准规范做好电子营业执照的改版工作,对于领取了新版纸质营业执照的市场主体要同步生成新版电子营业执照并存入电子营业执照库。要继续推进电子营业执照跨区域、跨行业、跨领域的应用,鼓励市场主体下载并使用电子营业执照。

各省、自治区、直辖市及新疆生产建设兵团市场监管局(厅、委)要加强领导,精心组织,强化责任,做好准备,确保按时进行新版营业执照的启用换发工作。新版营业执照在使用中出现的情况及问题,要及时报告市场监管总局。

2. 外商投资企业登记注册

中华人民共和国外商投资法

1. 2019年3月15日第十三届全国人民代表大会第二次会议通过
2. 2019年3月15日中华人民共和国主席令第26号公布
3. 自2020年1月1日起施行

目　　录

第一章　总　　则

第一条　【立法目的】为了进一步扩大对外开放，积极促进外商投资，保护外商投资合法权益，规范外商投资管理，推动形成全面开放新格局，促进社会主义市场经济健康发展，根据宪法，制定本法。

第二条　【适用范围】在中华人民共和国境内（以下简称中国境内）的外商投资，适用本法。

本法所称外商投资，是指外国的自然人、企业或者其他组织（以下称外国投资者）直接或者间接在中国境内进行的投资活动，包括下列情形：

（一）外国投资者单独或者与其他投资者共同在中国境内设立外商投资企业；

（二）外国投资者取得中国境内企业的股份、股权、财产份额或者其他类似权益；

（三）外国投资者单独或者与其他投资者共同在中国境内投资新建项目；

（四）法律、行政法规或者国务院规定的其他方式的投资。

本法所称外商投资企业，是指全部或者部分由外国投资者投资，依照中国法律在中国境内经登记注册设立的企业。

第三条　【国家鼓励外商投资】国家坚持对外开放的基本国策，鼓励外国投资者依法在中国境内投资。

国家实行高水平投资自由化便利化政策，建立和完善外商投资促进机制，营造稳定、透明、可预期和公平竞争的市场环境。

第四条　【外商投资准入管理】国家对外商投资实行准入前国民待遇加负面清单管理制度。

前款所称准入前国民待遇，是指在投资准入阶段给予外国投资者及其投资不低于本国投资者及其投资的待遇；所称负面清单，是指国家规定在特定领域对外商投资实施的准入特别管理措施。国家对负面清单之外的外商投资，给予国民待遇。

负面清单由国务院发布或者批准发布。

中华人民共和国缔结或者参加的国际条约、协定对外国投资者准入待遇有更优惠规定的，可以按照相关规定执行。

第五条　【保护外国投资者权益】国家依法保护外国投资者在中国境内的投资、收益和其他合法权益。

第六条　【遵纪守法原则】在中国境内进行投资活动的外国投资者、外商投资企业，应当遵守中国法律法规，不得危害中国国家安全、损害社会公共利益。

第七条　【职能分工】国务院商务主管部门、投资主管部门按照职责分工，开展外商投资促进、保护和管理工作；国务院其他有关部门在各自职责范围内，负责外商投资促进、保护和管理的相关工作。

县级以上地方人民政府有关部门依照法律法规和本级人民政府确定的职责分工，开展外商投资促进、保护和管理工作。

第八条　【建立工会】外商投资企业职工依法建立工会组织，开展工会活动，维护职工的合法权益。外商投资企业应当为本企业工会提供必要的活动条件。

第二章　投 资 促 进

第九条　【平等原则】外商投资企业依法平等适用国家支持企业发展的各项政策。

第十条　【征求建议与信息公开】制定与外商投资有关的法律、法规、规章，应当采取适当方式征求外商投资企业的意见和建议。

与外商投资有关的规范性文件、裁判文书等，应当依法及时公布。

第十一条　【外商投资服务体系】国家建立健全外商投资服务体系，为外国投资者和外商投资企业提供法律法规、政策措施、投资项目信息等方面的咨询和服务。

第十二条　【国际投资合作机制】国家与其他国家和地区、国际组织建立多边、双边投资促进合作机制，加强投资领域的国际交流与合作。

第十三条　【促进外商投资】国家根据需要，设立特殊经济区域，或者在部分地区实行外商投资试验性政策措施，促进外商投资，扩大对外开放。

第十四条 【依法享受优惠待遇】国家根据国民经济和社会发展需要，鼓励和引导外国投资者在特定行业、领域、地区投资。外国投资者、外商投资企业可以依照法律、行政法规或者国务院的规定享受优惠待遇。

第十五条 【依法平等参与标准的制定】国家保障外商投资企业依法平等参与标准制定工作，强化标准制定的信息公开和社会监督。

国家制定的强制性标准平等适用于外商投资企业。

第十六条 【公平竞争与平等对待】国家保障外商投资企业依法通过公平竞争参与政府采购活动。政府采购依法对外商投资企业在中国境内生产的产品、提供的服务平等对待。

第十七条 【依法融资】外商投资企业可以依法通过公开发行股票、公司债券等证券和其他方式进行融资。

第十八条 【地方政府制定外商投资促进和便利化政策措施】县级以上地方人民政府可以根据法律、行政法规、地方性法规的规定，在法定权限内制定外商投资促进和便利化政策措施。

第十九条 【便利、高效、透明原则】各级人民政府及其有关部门应当按照便利、高效、透明的原则，简化办事程序，提高办事效率，优化政务服务，进一步提高外商投资服务水平。

有关主管部门应当编制和公布外商投资指引，为外国投资者和外商投资企业提供服务和便利。

第三章 投资保护

第二十条 【不征收原则】国家对外国投资者的投资不实行征收。

在特殊情况下，国家为了公共利益的需要，可以依照法律规定对外国投资者的投资实行征收或者征用。征收、征用应当依照法定程序进行，并及时给予公平、合理的补偿。

第二十一条 【自由汇入汇出】外国投资者在中国境内的出资、利润、资本收益、资产处置所得、知识产权许可使用费、依法获得的补偿或者赔偿、清算所得等，可以依法以人民币或者外汇自由汇入、汇出。

第二十二条 【知识产权保护与技术合作】国家保护外国投资者和外商投资企业的知识产权，保护知识产权权利人和相关权利人的合法权益；对知识产权侵权行为，严格依法追究法律责任。

国家鼓励在外商投资过程中基于自愿原则和商业规则开展技术合作。技术合作的条件由投资各方遵循公平原则平等协商确定。行政机关及其工作人员不得利用行政手段强制转让技术。

第二十三条 【保密义务】行政机关及其工作人员对于履行职责过程中知悉的外国投资者、外商投资企业的商业秘密，应当依法予以保密，不得泄露或者非法向他人提供。

第二十四条 【政府部门应依法制定规范性文件】各级人民政府及其有关部门制定涉及外商投资的规范性文件，应当符合法律法规的规定；没有法律、行政法规依据的，不得减损外商投资企业的合法权益或者增加其义务，不得设置市场准入和退出条件，不得干预外商投资企业的正常生产经营活动。

第二十五条 【政府部门的履约义务】地方各级人民政府及其有关部门应当履行向外国投资者、外商投资企业依法作出的政策承诺以及依法订立的各类合同。

因国家利益、社会公共利益需要改变政策承诺、合同约定的，应当依照法定权限和程序进行，并依法对外国投资者、外商投资企业因此受到的损失予以补偿。

第二十六条 【投诉工作机制】国家建立外商投资企业投诉工作机制，及时处理外商投资企业或者其投资者反映的问题，协调完善相关政策措施。

外商投资企业或者其投资者认为行政机关及其工作人员的行政行为侵犯其合法权益的，可以通过外商投资企业投诉工作机制申请协调解决。

外商投资企业或者其投资者认为行政机关及其工作人员的行政行为侵犯其合法权益的，除依照前款规定通过外商投资企业投诉工作机制申请协调解决外，还可以依法申请行政复议、提起行政诉讼。

第二十七条 【依法自愿组建参加商会、协会】外商投资企业可以依法成立和自愿参加商会、协会。商会、协会依照法律法规和章程的规定开展相关活动，维护会员的合法权益。

第四章 投资管理

第二十八条 【负面清单】外商投资准入负面清单规定禁止投资的领域，外国投资者不得投资。

外商投资准入负面清单规定限制投资的领域，外国投资者进行投资应当符合负面清单规定的条件。

外商投资准入负面清单以外的领域，按照内外资一致的原则实施管理。

第二十九条 【核准备案】外商投资需要办理投资项目核准、备案的，按照国家有关规定执行。

第三十条 【外商投资行政许可】外国投资者在依法需

要取得许可的行业、领域进行投资的，应当依法办理相关许可手续。

有关主管部门应当按照与内资一致的条件和程序，审核外国投资者的许可申请，法律、行政法规另有规定的除外。

第三十一条 【企业组织形式、组织机构及活动准则的法律适用】外商投资企业的组织形式、组织机构及其活动准则，适用《中华人民共和国公司法》、《中华人民共和国合伙企业法》等法律的规定。

第三十二条 【依法生产经营和接受监督检查】外商投资企业开展生产经营活动，应当遵守法律、行政法规有关劳动保护、社会保险的规定，依照法律、行政法规和国家有关规定办理税收、会计、外汇等事宜，并接受相关主管部门依法实施的监督检查。

第三十三条 【经营者集中审查】外国投资者并购中国境内企业或者以其他方式参与经营者集中的，应当依照《中华人民共和国反垄断法》的规定接受经营者集中审查。

第三十四条 【外商投资信息报告制度】国家建立外商投资信息报告制度。外国投资者或者外商投资企业应当通过企业登记系统以及企业信用信息公示系统向商务主管部门报送投资信息。

外商投资信息报告的内容和范围按照确有必要的原则确定；通过部门信息共享能够获得的投资信息，不得再行要求报送。

第三十五条 【安全审查制度】国家建立外商投资安全审查制度，对影响或者可能影响国家安全的外商投资进行安全审查。

依法作出的安全审查决定为最终决定。

第五章 法律责任

第三十六条 【违反负面清单规定的处罚】外国投资者投资外商投资准入负面清单规定禁止投资的领域的，由有关主管部门责令停止投资活动，限期处分股份、资产或者采取其他必要措施，恢复到实施投资前的状态；有违法所得的，没收违法所得。

外国投资者的投资活动违反外商投资准入负面清单规定的限制性准入特别管理措施的，由有关主管部门责令限期改正，采取必要措施满足准入特别管理措施的要求；逾期不改正的，依照前款规定处理。

外国投资者的投资活动违反外商投资准入负面清单规定的，除依照前两款规定处理外，还应当依法承担相应的法律责任。

第三十七条 【违反外商投资信息报告制度的处罚】外国投资者、外商投资企业违反本法规定，未按照外商投资信息报告制度的要求报送投资信息的，由商务主管部门责令限期改正；逾期不改正的，处十万元以上五十万元以下的罚款。

第三十八条 【违法违规处罚】对外国投资者、外商投资企业违反法律、法规的行为，由有关部门依法查处，并按照国家有关规定纳入信用信息系统。

第三十九条 【行政机关工作人员违法违规的处罚】行政机关工作人员在外商投资促进、保护和管理工作中滥用职权、玩忽职守、徇私舞弊的，或者泄露、非法向他人提供履行职责过程中知悉的商业秘密的，依法给予处分；构成犯罪的，依法追究刑事责任。

第六章 附 则

第四十条 【对等反制措施】任何国家或者地区在投资方面对中华人民共和国采取歧视性的禁止、限制或者其他类似措施的，中华人民共和国可以根据实际情况对该国家或者该地区采取相应的措施。

第四十一条 【金融例外】对外国投资者在中国境内投资银行业、证券业、保险业等金融行业，或者在证券市场、外汇市场等金融市场进行投资的管理，国家另有规定的，依照其规定。

第四十二条 【施行日期与过渡期】本法自2020年1月1日起施行。《中华人民共和国中外合资经营企业法》、《中华人民共和国外资企业法》、《中华人民共和国中外合作经营企业法》同时废止。

本法施行前依照《中华人民共和国中外合资经营企业法》、《中华人民共和国外资企业法》、《中华人民共和国中外合作经营企业法》设立的外商投资企业，在本法施行后五年内可以继续保留原企业组织形式等。具体实施办法由国务院规定。

中华人民共和国外商投资法实施条例

1. 2019年12月26日国务院令第723号公布
2. 自2020年1月1日起施行

第一章 总 则

第一条 根据《中华人民共和国外商投资法》（以下简称外商投资法），制定本条例。

第二条 国家鼓励和促进外商投资，保护外商投资合法权益，规范外商投资管理，持续优化外商投资环境，推进更高水平对外开放。

第三条 外商投资法第二条第二款第一项、第三项所称其他投资者,包括中国的自然人在内。

第四条 外商投资准入负面清单(以下简称负面清单)由国务院投资主管部门会同国务院商务主管部门等有关部门提出,报国务院发布或者报国务院批准后由国务院投资主管部门、商务主管部门发布。

国家根据进一步扩大对外开放和经济社会发展需要,适时调整负面清单。调整负面清单的程序,适用前款规定。

第五条 国务院商务主管部门、投资主管部门以及其他有关部门按照职责分工,密切配合、相互协作,共同做好外商投资促进、保护和管理工作。

县级以上地方人民政府应当加强对外商投资促进、保护和管理工作的组织领导,支持、督促有关部门依照法律法规和职责分工开展外商投资促进、保护和管理工作,及时协调、解决外商投资促进、保护和管理工作中的重大问题。

第二章 投资促进

第六条 政府及其有关部门在政府资金安排、土地供应、税费减免、资质许可、标准制定、项目申报、人力资源政策等方面,应当依法平等对待外商投资企业和内资企业。

政府及其有关部门制定的支持企业发展的政策应当依法公开;对政策实施中需要由企业申请办理的事项,政府及其有关部门应当公开申请办理的条件、流程、时限等,并在审核中依法平等对待外商投资企业和内资企业。

第七条 制定与外商投资有关的行政法规、规章、规范性文件,或者政府及其有关部门起草与外商投资有关的法律、地方性法规,应当根据实际情况,采取书面征求意见以及召开座谈会、论证会、听证会等多种形式,听取外商投资企业和有关商会、协会等方面的意见和建议;对反映集中或者涉及外商投资企业重大权利义务问题的意见和建议,应当通过适当方式反馈采纳的情况。

与外商投资有关的规范性文件应当依法及时公布,未经公布的不得作为行政管理依据。与外商投资企业生产经营活动密切相关的规范性文件,应当结合实际,合理确定公布到施行之间的时间。

第八条 各级人民政府应当按照政府主导、多方参与的原则,建立健全外商投资服务体系,不断提升外商投资服务能力和水平。

第九条 政府及其有关部门应当通过政府网站、全国一体化在线政务服务平台集中列明有关外商投资的法律、法规、规章、规范性文件、政策措施和投资项目信息,并通过多种途径和方式加强宣传、解读,为外国投资者和外商投资企业提供咨询、指导等服务。

第十条 外商投资法第十三条所称特殊经济区域,是指经国家批准设立、实行更大力度的对外开放政策措施的特定区域。

国家在部分地区实行的外商投资试验性政策措施,经实践证明可行的,根据实际情况在其他地区或者全国范围内推广。

第十一条 国家根据国民经济和社会发展需要,制定鼓励外商投资产业目录,列明鼓励和引导外国投资者投资的特定行业、领域、地区。鼓励外商投资产业目录由国务院投资主管部门会同国务院商务主管部门等有关部门拟订,报国务院批准后由国务院投资主管部门、商务主管部门发布。

第十二条 外国投资者、外商投资企业可以依照法律、行政法规或者国务院的规定,享受财政、税收、金融、用地等方面的优惠待遇。

外国投资者以其在中国境内的投资收益在中国境内扩大投资的,依法享受相应的优惠待遇。

第十三条 外商投资企业依法和内资企业平等参与国家标准、行业标准、地方标准和团体标准的制定、修订工作。外商投资企业可以根据需要自行制定或者与其他企业联合制定企业标准。

外商投资企业可以向标准化行政主管部门和有关行政主管部门提出标准的立项建议,在标准立项、起草、技术审查以及标准实施信息反馈、评估等过程中提出意见和建议,并按照规定承担标准起草、技术审查的相关工作以及标准的外文翻译工作。

标准化行政主管部门和有关行政主管部门应当建立健全相关工作机制,提高标准制定、修订的透明度,推进标准制定、修订全过程信息公开。

第十四条 国家制定的强制性标准对外商投资企业和内资企业平等适用,不得专门针对外商投资企业适用高于强制性标准的技术要求。

第十五条 政府及其有关部门不得阻挠和限制外商投资企业自由进入本地区和本行业的政府采购市场。

政府采购的采购人、采购代理机构不得在政府采购信息发布、供应商条件确定和资格审查、评标标准等方面,对外商投资企业实行差别待遇或者歧视待遇,不得以所有制形式、组织形式、股权结构、投资者国别、产品或者服务品牌以及其他不合理的条件对供应商予以限定，不得对外商投资企业在中国境内生产的产品、提供的服务和内资企业区别对待。

第十六条 外商投资企业可以依照《中华人民共和国政府采购法》（以下简称政府采购法）及其实施条例的规定，就政府采购活动事项向采购人、采购代理机构提出询问、质疑，向政府采购监督管理部门投诉。采购人、采购代理机构、政府采购监督管理部门应当在规定的时限内作出答复或者处理决定。

第十七条 政府采购监督管理部门和其他有关部门应当加强对政府采购活动的监督检查，依法纠正和查处对外商投资企业实行差别待遇或者歧视待遇等违法违规行为。

第十八条 外商投资企业可以依法在中国境内或者境外通过公开发行股票、公司债券等证券，以及公开或者非公开发行其他融资工具、借用外债等方式进行融资。

第十九条 县级以上地方人民政府可以根据法律、行政法规、地方性法规的规定，在法定权限内制定费用减免、用地指标保障、公共服务提供等方面的外商投资促进和便利化政策措施。

县级以上地方人民政府制定外商投资促进和便利化政策措施，应当以推动高质量发展为导向，有利于提高经济效益、社会效益、生态效益，有利于持续优化外商投资环境。

第二十条 有关主管部门应当编制和公布外商投资指引，为外国投资者和外商投资企业提供服务和便利。外商投资指引应当包括投资环境介绍、外商投资办事指南、投资项目信息以及相关数据信息等内容，并及时更新。

第三章 投资保护

第二十一条 国家对外国投资者的投资不实行征收。

在特殊情况下，国家为了公共利益的需要依照法律规定对外国投资者的投资实行征收的，应当依照法定程序、以非歧视性的方式进行，并按照被征收投资的市场价值及时给予补偿。

外国投资者对征收决定不服的，可以依法申请行政复议或者提起行政诉讼。

第二十二条 外国投资者在中国境内的出资、利润、资本收益、资产处置所得、取得的知识产权许可使用费、依法获得的补偿或者赔偿、清算所得等，可以依法以人民币或者外汇自由汇入、汇出，任何单位和个人不得违法对币种、数额以及汇入、汇出的频次等进行限制。

外商投资企业的外籍职工和香港、澳门、台湾职工的工资收入和其他合法收入，可以依法自由汇出。

第二十三条 国家加大对知识产权侵权行为的惩处力度，持续强化知识产权执法，推动建立知识产权快速协同保护机制，健全知识产权纠纷多元化解决机制，平等保护外国投资者和外商投资企业的知识产权。

标准制定中涉及外国投资者和外商投资企业专利的，应当按照标准涉及专利的有关管理规定办理。

第二十四条 行政机关（包括法律、法规授权的具有管理公共事务职能的组织，下同）及其工作人员不得利用实施行政许可、行政检查、行政处罚、行政强制以及其他行政手段，强制或者变相强制外国投资者、外商投资企业转让技术。

第二十五条 行政机关依法履行职责，确需外国投资者、外商投资企业提供涉及商业秘密的材料、信息的，应当限定在履行职责所必需的范围内，并严格控制知悉范围，与履行职责无关的人员不得接触有关材料、信息。

行政机关应当建立健全内部管理制度，采取有效措施保护履行职责过程中知悉的外国投资者、外商投资企业的商业秘密；依法需要与其他行政机关共享信息的，应当对信息中含有的商业秘密进行保密处理，防止泄露。

第二十六条 政府及其有关部门制定涉及外商投资的规范性文件，应当按照国务院的规定进行合法性审核。

外国投资者、外商投资企业认为行政行为所依据的国务院部门和地方人民政府及其部门制定的规范性文件不合法，在依法对行政行为申请行政复议或者提起行政诉讼时，可以一并请求对该规范性文件进行审查。

第二十七条 外商投资法第二十五条所称政策承诺，是指地方各级人民政府及其有关部门在法定权限内，就外国投资者、外商投资企业在本地区投资所适用的支持政策、享受的优惠待遇和便利条件等作出的书面承诺。政策承诺的内容应当符合法律、法规规定。

第二十八条 地方各级人民政府及其有关部门应当履行向外国投资者、外商投资企业依法作出的政策承诺以及依法订立的各类合同，不得以行政区划调整、政府换届、机构或者职能调整以及相关责任人更替等为由违约毁约。因国家利益、社会公共利益需要改变政策承诺、合同约定的，应当依照法定权限和程序进行，并依法对外国投资者、外商投资企业因此受到的损失及时予以公平、合理的补偿。

第二十九条 县级以上人民政府及其有关部门应当按照公开透明、高效便利的原则，建立健全外商投资企业投诉工作机制，及时处理外商投资企业或者其投资者反映的问题，协调完善相关政策措施。

国务院商务主管部门会同国务院有关部门建立外商投资企业投诉工作部际联席会议制度，协调、推动中央层面的外商投资企业投诉工作，对地方的外商投资企业投诉工作进行指导和监督。县级以上地方人民政府应当指定部门或者机构负责受理本地区外商投资企业或者其投资者的投诉。

国务院商务主管部门、县级以上地方人民政府指定的部门或者机构应当完善投诉工作规则、健全投诉方式、明确投诉处理时限。投诉工作规则、投诉方式、投诉处理时限应当对外公布。

第三十条 外商投资企业或者其投资者认为行政机关及其工作人员的行政行为侵犯其合法权益，通过外商投资企业投诉工作机制申请协调解决的，有关方面进行协调时可以向被申请的行政机关及其工作人员了解情况，被申请的行政机关及其工作人员应当予以配合。协调结果应当以书面形式及时告知申请人。

外商投资企业或者其投资者依照前款规定申请协调解决有关问题的，不影响其依法申请行政复议、提起行政诉讼。

第三十一条 对外商投资企业或者其投资者通过外商投资企业投诉工作机制反映或者申请协调解决问题，任何单位和个人不得压制或者打击报复。

除外商投资企业投诉工作机制外，外商投资企业或者其投资者还可以通过其他合法途径向政府及其有关部门反映问题。

第三十二条 外商投资企业可以依法成立商会、协会。除法律、法规另有规定外，外商投资企业有权自主决定参加或者退出商会、协会，任何单位和个人不得干预。

商会、协会应当依照法律法规和章程的规定，加强行业自律，及时反映行业诉求，为会员提供信息咨询、宣传培训、市场拓展、经贸交流、权益保护、纠纷处理等方面的服务。

国家支持商会、协会依照法律法规和章程的规定开展相关活动。

第四章 投资管理

第三十三条 负面清单规定禁止投资的领域，外国投资者不得投资。负面清单规定限制投资的领域，外国投资者进行投资应当符合负面清单规定的股权要求、高级管理人员要求等限制性准入特别管理措施。

第三十四条 有关主管部门在依法履行职责过程中，对外国投资者拟投资负面清单内领域，但不符合负面清单规定的，不予办理许可、企业登记注册等相关事项；涉及固定资产投资项目核准的，不予办理相关核准事项。

有关主管部门应当对负面清单规定执行情况加强监督检查，发现外国投资者投资负面清单规定禁止投资的领域，或者外国投资者的投资活动违反负面清单规定的限制性准入特别管理措施的，依照外商投资法第三十六条的规定予以处理。

第三十五条 外国投资者在依法需要取得许可的行业、领域进行投资的，除法律、行政法规另有规定外，负责实施许可的有关主管部门应当按照与内资一致的条件和程序，审核外国投资者的许可申请，不得在许可条件、申请材料、审核环节、审核时限等方面对外国投资者设置歧视性要求。

负责实施许可的有关主管部门应当通过多种方式，优化审批服务，提高审批效率。对符合相关条件和要求的许可事项，可以按照有关规定采取告知承诺的方式办理。

第三十六条 外商投资需要办理投资项目核准、备案的，按照国家有关规定执行。

第三十七条 外商投资企业的登记注册，由国务院市场监督管理部门或者其授权的地方人民政府市场监督管理部门依法办理。国务院市场监督管理部门应当公布其授权的市场监督管理部门名单。

外商投资企业的注册资本可以用人民币表示，也可以用可自由兑换货币表示。

第三十八条 外国投资者或者外商投资企业应当通过企业登记系统以及企业信用信息公示系统向商务主管部门报送投资信息。国务院商务主管部门、市场监督管理部门应当做好相关业务系统的对接和工作衔接，并为外国投资者或者外商投资企业报送投资信息提供指导。

第三十九条 外商投资信息报告的内容、范围、频次和具体流程，由国务院商务主管部门会同国务院市场监督管理部门等有关部门按照确有必要、高效便利的原则确定并公布。商务主管部门、其他有关部门应当加强信息共享，通过部门信息共享能够获得的投资信息，不得再行要求外国投资者或者外商投资企业报送。

外国投资者或者外商投资企业报送的投资信息应当真实、准确、完整。

第四十条 国家建立外商投资安全审查制度，对影响或者可能影响国家安全的外商投资进行安全审查。

第五章 法律责任

第四十一条 政府和有关部门及其工作人员有下列情形

之一的,依法依规追究责任:

(一)制定或者实施有关政策不依法平等对待外商投资企业和内资企业;

(二)违法限制外商投资企业平等参与标准制定、修订工作,或者专门针对外商投资企业适用高于强制性标准的技术要求;

(三)违法限制外国投资者汇入、汇出资金;

(四)不履行向外国投资者、外商投资企业依法作出的政策承诺以及依法订立的各类合同,超出法定权限作出政策承诺,或者政策承诺的内容不符合法律、法规规定。

第四十二条 政府采购的采购人、采购代理机构以不合理的条件对外商投资企业实行差别待遇或者歧视待遇的,依照政府采购法及其实施条例的规定追究其法律责任;影响或者可能影响中标、成交结果的,依照政府采购法及其实施条例的规定处理。

政府采购监督管理部门对外商投资企业的投诉逾期未作处理的,对直接负责的主管人员和其他直接责任人员依法给予处分。

第四十三条 行政机关及其工作人员利用行政手段强制或者变相强制外国投资者、外商投资企业转让技术的,对直接负责的主管人员和其他直接责任人员依法给予处分。

第六章 附 则

第四十四条 外商投资法施行前依照《中华人民共和国中外合资经营企业法》、《中华人民共和国外资企业法》、《中华人民共和国中外合作经营企业法》设立的外商投资企业(以下称现有外商投资企业),在外商投资法施行后5年内,可以依照《中华人民共和国公司法》、《中华人民共和国合伙企业法》等法律的规定调整其组织形式、组织机构等,并依法办理变更登记,也可以继续保留原企业组织形式、组织机构等。

自2025年1月1日起,对未依法调整组织形式、组织机构等并办理变更登记的现有外商投资企业,市场监督管理部门不予办理其申请的其他登记事项,并将相关情形予以公示。

第四十五条 现有外商投资企业办理组织形式、组织机构等变更登记的具体事宜,由国务院市场监督管理部门规定并公布。国务院市场监督管理部门应当加强对变更登记工作的指导,负责办理变更登记的市场监督管理部门应当通过多种方式优化服务,为企业办理变更登记提供便利。

第四十六条 现有外商投资企业的组织形式、组织机构等依法调整后,原合营、合作各方在合同中约定的股权或者权益转让办法、收益分配办法、剩余财产分配办法等,可以继续按照约定办理。

第四十七条 外商投资企业在中国境内投资,适用外商投资法和本条例的有关规定。

第四十八条 香港特别行政区、澳门特别行政区投资者在内地投资,参照外商投资法和本条例执行;法律、行政法规或者国务院另有规定的,从其规定。

台湾地区投资者在大陆投资,适用《中华人民共和国台湾同胞投资保护法》(以下简称台湾同胞投资保护法)及其实施细则的规定;台湾同胞投资保护法及其实施细则未规定的事项,参照外商投资法和本条例执行。

定居在国外的中国公民在中国境内投资,参照外商投资法和本条例执行;法律、行政法规或者国务院另有规定的,从其规定。

第四十九条 本条例自2020年1月1日起施行。《中华人民共和国中外合资经营企业法实施条例》、《中外合资经营企业合营期限暂行规定》、《中华人民共和国外资企业法实施细则》、《中华人民共和国中外合作经营企业法实施细则》同时废止。

2020年1月1日前制定的有关外商投资的规定与外商投资法和本条例不一致的,以外商投资法和本条例的规定为准。

外国企业常驻代表机构登记管理条例

1. 2010年11月19日国务院令第584号公布
2. 根据2013年7月18日国务院令第638号《关于废止和修改部分行政法规的决定》第一次修订
3. 根据2018年9月18日国务院令第703号《关于修改部分行政法规的决定》第二次修订

第一章 总 则

第一条 为了规范外国企业常驻代表机构的设立及其业务活动,制定本条例。

第二条 本条例所称外国企业常驻代表机构(以下简称代表机构),是指外国企业依照本条例规定,在中国境内设立的从事与该外国企业业务有关的非营利性活动的办事机构。代表机构不具有法人资格。

第三条 代表机构应当遵守中国法律,不得损害中国国家安全和社会公共利益。

第四条 代表机构设立、变更、终止,应当依照本条例规定办理登记。

外国企业申请办理代表机构登记,应当对申请文件、材料的真实性负责。

第五条 省、自治区、直辖市人民政府市场监督管理部门是代表机构的登记和管理机关(以下简称登记机关)。

登记机关应当与其他有关部门建立信息共享机制,相互提供有关代表机构的信息。

第六条 代表机构应当于每年3月1日至6月30日向登记机关提交年度报告。年度报告的内容包括外国企业的合法存续情况、代表机构的业务活动开展情况及其经会计师事务所审计的费用收支情况等相关情况。

第七条 代表机构应当依法设置会计账簿,真实记载外国企业经费拨付和代表机构费用收支情况,并置于代表机构驻在场所。

代表机构不得使用其他企业、组织或者个人的账户。

第八条 外国企业委派的首席代表、代表以及代表机构的工作人员应当遵守法律、行政法规关于出入境、居留、就业、纳税、外汇登记等规定;违反规定的,由有关部门依照法律、行政法规的相关规定予以处理。

第二章 登记事项

第九条 代表机构的登记事项包括:代表机构名称、首席代表姓名、业务范围、驻在场所、驻在期限、外国企业名称及其住所。

第十条 代表机构名称应当由以下部分依次组成:外国企业国籍、外国企业中文名称、驻在城市名称以及“代表处”字样,并不得含有下列内容和文字:

(一)有损于中国国家安全或者社会公共利益的;

(二)国际组织名称;

(三)法律、行政法规或者国务院规定禁止的。

代表机构应当以登记机关登记的名称从事业务活动。

第十一条 外国企业应当委派一名首席代表。首席代表在外国企业书面授权范围内,可以代表外国企业签署代表机构登记申请文件。

外国企业可以根据业务需要,委派1至3名代表。

第十二条 有下列情形之一的,不得担任首席代表、代表:

(一)因损害中国国家安全或者社会公共利益,被判处刑罚的;

(二)因从事损害中国国家安全或者社会公共利益等违法活动,依法被撤销设立登记、吊销登记证或者被有关部门依法责令关闭的代表机构的首席代表、代表,自被撤销、吊销或者责令关闭之日起未逾5年的;

(三)国务院市场监督管理部门规定的其他情形。

第十三条 代表机构不得从事营利性活动。

中国缔结或者参加的国际条约、协定另有规定的,从其规定,但是中国声明保留的条款除外。

第十四条 代表机构可以从事与外国企业业务有关的下列活动:

(一)与外国企业产品或者服务有关的市场调查、展示、宣传活动;

(二)与外国企业产品销售、服务提供、境内采购、境内投资有关的联络活动。

法律、行政法规或者国务院规定代表机构从事前款规定的业务活动须经批准的,应当取得批准。

第十五条 代表机构的驻在场所由外国企业自行选择。

根据国家安全和社会公共利益需要,有关部门可以要求代表机构调整驻在场所,并及时通知登记机关。

第十六条 代表机构的驻在期限不得超过外国企业的存续期限。

第十七条 登记机关应当将代表机构登记事项记载于代表机构登记簿,供社会公众查阅、复制。

第十八条 代表机构应当将登记机关颁发的外国企业常驻代表机构登记证(以下简称登记证)置于代表机构驻在场所的显著位置。

第十九条 任何单位和个人不得伪造、涂改、出租、出借、转让登记证和首席代表、代表的代表证(以下简称代表证)。

登记证和代表证遗失或者毁坏的,代表机构应当在指定的媒体上声明作废,申请补领。

登记机关依法作出准予变更登记、准予注销登记、撤销变更登记、吊销登记证决定的,代表机构原登记证和原首席代表、代表的代表证自动失效。

第二十条 代表机构设立、变更,外国企业应当在登记机关指定的媒体上向社会公告。

代表机构注销或者被依法撤销设立登记、吊销登记证的,由登记机关进行公告。

第二十一条 登记机关对代表机构涉嫌违反本条例的行为进行查处,可以依法行使下列职权:

(一)向有关的单位和个人调查、了解情况;

(二)查阅、复制、查封、扣押与违法行为有关的合同、票据、账簿以及其他资料;

(三)查封、扣押专门用于从事违法行为的工具、设备、原材料、产品(商品)等财物;

（四）查询从事违法行为的代表机构的账户以及与存款有关的会计凭证、账簿、对账单等。

第三章 设立登记

第二十二条 设立代表机构应当向登记机关申请设立登记。

第二十三条 外国企业申请设立代表机构，应当向登记机关提交下列文件、材料：

（一）代表机构设立登记申请书；

（二）外国企业住所证明和存续2年以上的合法营业证明；

（三）外国企业章程或者组织协议；

（四）外国企业对首席代表、代表的任命文件；

（五）首席代表、代表的身份证明和简历；

（六）同外国企业有业务往来的金融机构出具的资金信用证明；

（七）代表机构驻在场所的合法使用证明。

法律、行政法规或者国务院规定设立代表机构须经批准的，外国企业应当自批准之日起90日内向登记机关申请设立登记，并提交有关批准文件。

中国缔结或者参加的国际条约、协定规定可以设立从事营利性活动的代表机构的，还应当依照法律、行政法规或者国务院规定提交相应文件。

第二十四条 登记机关应当自受理申请之日起15日内作出是否准予登记的决定，作出决定前可以根据需要征求有关部门的意见。作出准予登记决定的，应当自作出决定之日起5日内向申请人颁发登记证和代表证；作出不予登记决定的，应当自作出决定之日起5日内向申请人出具登记驳回通知书，说明不予登记的理由。

登记证签发日期为代表机构成立日期。

第二十五条 代表机构、首席代表和代表凭登记证、代表证申请办理居留、就业、纳税、外汇登记等有关手续。

第四章 变更登记

第二十六条 代表机构登记事项发生变更，外国企业应当向登记机关申请变更登记。

第二十七条 变更登记事项的，应当自登记事项发生变更之日起60日内申请变更登记。

变更登记事项依照法律、行政法规或者国务院规定在登记前须经批准的，应当自批准之日起30日内申请变更登记。

第二十八条 代表机构驻在期限届满后继续从事业务活动的，外国企业应当在驻在期限届满前60日内向登记机关申请变更登记。

第二十九条 申请代表机构变更登记，应当提交代表机构变更登记申请书以及国务院市场监督管理部门规定提交的相关文件。

变更登记事项依照法律、行政法规或者国务院规定在登记前须经批准的，还应当提交有关批准文件。

第三十条 登记机关应当自受理申请之日起10日内作出是否准予变更登记的决定。作出准予变更登记决定的，应当自作出决定之日起5日内换发登记证和代表证；作出不予变更登记决定的，应当自作出决定之日起5日内向申请人出具变更登记驳回通知书，说明不予变更登记的理由。

第三十一条 外国企业的有权签字人、企业责任形式、资本（资产）、经营范围以及代表发生变更的，外国企业应当自上述事项发生变更之日起60日内向登记机关备案。

第五章 注销登记

第三十二条 有下列情形之一的，外国企业应当在下列事项发生之日起60日内向登记机关申请注销登记：

（一）外国企业撤销代表机构；

（二）代表机构驻在期限届满不再继续从事业务活动；

（三）外国企业终止；

（四）代表机构依法被撤销批准或者责令关闭。

第三十三条 外国企业申请代表机构注销登记，应当向登记机关提交下列文件：

（一）代表机构注销登记申请书；

（二）代表机构税务登记注销证明；

（三）海关、外汇部门出具的相关事宜已清理完结或者该代表机构未办理相关手续的证明；

（四）国务院市场监督管理部门规定提交的其他文件。

法律、行政法规或者国务院规定代表机构终止活动须经批准的，还应当提交有关批准文件。

第三十四条 登记机关应当自受理申请之日起10日内作出是否准予注销登记的决定。作出准予注销决定的，应当自作出决定之日起5日内出具准予注销通知书，收缴登记证和代表证；作出不予注销登记决定的，应当自作出决定之日起5日内向申请人出具注销登记驳回通知书，说明不予注销登记的理由。

第六章 法律责任

第三十五条 未经登记，擅自设立代表机构或者从事代表机构业务活动的，由登记机关责令停止活动，处以5

万元以上20万元以下的罚款。

代表机构违反本条例规定从事营利性活动的，由登记机关责令改正，没收违法所得，没收专门用于从事营利性活动的工具、设备、原材料、产品（商品）等财物，处以5万元以上50万元以下罚款；情节严重的，吊销登记证。

第三十六条　提交虚假材料或者采取其他欺诈手段隐瞒真实情况，取得代表机构登记或者备案的，由登记机关责令改正，对代表机构处以2万元以上20万元以下的罚款，对直接负责的主管人员和其他直接责任人员处以1000元以上1万元以下的罚款；情节严重的，由登记机关撤销登记或者吊销登记证，缴销代表证。

代表机构提交的年度报告隐瞒真实情况、弄虚作假的，由登记机关责令改正，对代表机构处以2万元以上20万元以下的罚款；情节严重的，吊销登记证。

伪造、涂改、出租、出借、转让登记证、代表证的，由登记机关对代表机构处以1万元以上10万元以下的罚款；对直接负责的主管人员和其他直接责任人员处以1000元以上1万元以下的罚款；情节严重的，吊销登记证，缴销代表证。

第三十七条　代表机构违反本条例第十四条规定从事业务活动以外活动的，由登记机关责令限期改正；逾期未改正的，处以1万元以上10万元以下的罚款；情节严重的，吊销登记证。

第三十八条　有下列情形之一的，由登记机关责令限期改正，处以1万元以上3万元以下的罚款；逾期未改正的，吊销登记证：

（一）未依照本条例规定提交年度报告的；

（二）未按照登记机关登记的名称从事业务活动的；

（三）未按照中国政府有关部门要求调整驻在场所的；

（四）未依照本条例规定公告其设立、变更情况的；

（五）未依照本条例规定办理有关变更登记、注销登记或者备案的。

第三十九条　代表机构从事危害中国国家安全或者社会公共利益等严重违法活动的，由登记机关吊销登记证。

代表机构违反本条例规定被撤销设立登记、吊销登记证，或者被中国政府有关部门依法责令关闭的，自被撤销、吊销或者责令关闭之日起5年内，设立该代表机构的外国企业不得在中国境内设立代表机构。

第四十条　登记机关及其工作人员滥用职权、玩忽职守、徇私舞弊，未依照本条例规定办理登记、查处违法行为，或者支持、包庇、纵容违法行为的，依法给予处分。

第四十一条　违反本条例规定，构成违反治安管理行为的，依照《中华人民共和国治安管理处罚法》的规定予以处罚；构成犯罪的，依法追究刑事责任。

第七章　附　　则

第四十二条　本条例所称外国企业，是指依照外国法律在中国境外设立的营利性组织。

第四十三条　代表机构登记的收费项目依照国务院财政部门、价格主管部门的有关规定执行，代表机构登记的收费标准依照国务院价格主管部门、财政部门的有关规定执行。

第四十四条　香港特别行政区、澳门特别行政区和台湾地区企业在中国境内设立代表机构的，参照本条例规定进行登记管理。

第四十五条　本条例自2011年3月1日起施行。1983年3月5日经国务院批准，1983年3月15日原国家工商行政管理局发布的《关于外国企业常驻代表机构登记管理办法》同时废止。

外商投资企业授权登记管理办法

1. 2022年3月1日国家市场监督管理总局令第51号公布
2. 自2022年4月1日起施行

第一条　为了规范外商投资企业登记管理工作，明确各级市场监督管理部门职责，根据《中华人民共和国外商投资法》、《中华人民共和国外商投资法实施条例》等法律法规制定本办法。

第二条　外商投资企业及其分支机构登记管理授权和规范，适用本办法。

外国公司分支机构以及其他依照国家规定应当执行外资产业政策的企业、香港特别行政区和澳门特别行政区投资者在内地、台湾地区投资者在大陆投资设立的企业及其分支机构登记管理授权和规范，参照本办法执行。

第三条　国家市场监督管理总局负责全国的外商投资企业登记管理，并可以根据本办法规定的条件授权地方人民政府市场监督管理部门承担外商投资企业登记管理工作。

被授权的地方人民政府市场监督管理部门（以下简称被授权局）以自己的名义在被授权范围内承担外

商投资企业登记管理工作。

未经国家市场监督管理总局授权，不得开展或者变相开展外商投资企业登记管理工作。

第四条 具备下列条件的市场监督管理部门可以申请外商投资企业登记管理授权：

（一）辖区内外商投资达到一定规模，或者已经设立的外商投资企业达50户以上；

（二）能够正确执行国家企业登记管理法律法规和外商投资管理政策；

（三）有从事企业登记注册的专职机构和编制，有稳定的工作人员，其数量与能力应当与开展被授权工作的要求相适应；

（四）有较好的办公条件，包括必要的硬件设备、畅通的网络环境和统一数据标准、业务规范、平台数据接口的登记注册系统等，能及时将企业登记注册信息和外商投资信息报告信息上传至国家市场监督管理总局；

（五）有健全的外商投资企业登记管理工作制度。

第五条 申请外商投资企业登记管理授权，应当提交下列文件：

（一）申请局签署的授权申请书，申请书应当列明具备本办法第四条所规定授权条件的情况以及申请授权的范围；

（二）负责外商投资企业登记管理工作的人员名单，名单应当载明职务、参加业务培训情况；

（三）有关外商投资企业登记管理工作制度的文件。

第六条 省级以下市场监督管理部门申请授权的，应当向省级市场监督管理部门提出书面报告。省级市场监督管理部门经审查，认为符合本办法规定条件的，应当出具审查报告，与申请局提交的申请文件一并报国家市场监督管理总局。

第七条 国家市场监督管理总局经审查，对申请局符合本办法规定条件的，应当作出授权决定，授权其承担外商投资企业登记管理工作。

国家市场监督管理总局应当在官网公布并及时更新其授权的市场监督管理部门名单。

第八条 被授权局的登记管辖范围由国家市场监督管理总局根据有关法律法规，结合实际情况确定，并在授权文件中列明。

被授权局负责其登记管辖范围内外商投资企业的设立、变更、注销登记、备案及其监督管理。

第九条 被授权局应当严格按照下列要求开展外商投资企业登记管理工作：

（一）以自己的名义在被授权范围内依法作出具体行政行为；

（二）严格遵守国家法律法规规章，严格执行外商投资准入前国民待遇加负面清单管理制度，强化登记管理秩序，维护国家经济安全；

（三）严格执行授权局的工作部署和要求，认真接受授权局指导和监督；

（四）被授权局执行涉及外商投资企业登记管理的地方性法规、地方政府规章和政策文件，应当事先报告授权局，征求授权局意见。

被授权局为省级以下市场监督管理部门的，应当接受省级被授权局的指导和监督，认真执行其工作部署和工作要求。

被授权局名称等情况发生变化或者不再履行外商投资企业登记管理职能的，应当由省级市场监督管理部门及时向国家市场监督管理总局申请变更或者撤销授权。

第十条 被授权局在外商投资企业登记管理工作中不得存在下列情形：

（一）超越被授权范围开展工作；

（二）转授权给其他行政管理部门；

（三）拒不接受授权局指导或者执行授权局的规定；

（四）在工作中弄虚作假或者存在其他严重失职行为；

（五）其他违反法律法规以及本办法规定的情形。

第十一条 国家市场监督管理总局对被授权局存在第十条所列情形以及不再符合授权条件的，可以作出以下处理：

（一）责令被授权局撤销或者改正其违法或者不适当的行政行为；

（二）直接撤销被授权局违法或者不适当的行政行为；

（三）通报批评；

（四）建议有关机关对直接责任人员按规定给予处分，构成犯罪的，依法追究刑事责任；

（五）撤销部分或者全部授权。

第十二条 上级市场监督管理部门对下级被授权局在外商投资企业登记管理工作中存在第十条所列情形的，可以作出以下处理：

（一）责令被授权局撤销、变更或者改正其不适当的行政行为；

（二）建议国家市场监督管理总局撤销被授权局的不适当行政行为；

（三）在辖区内通报批评；

（四）建议有关机关对直接责任人员给予处分，构成犯罪的，依法追究刑事责任；

（五）建议国家市场监督管理总局撤销部分或者全部授权。

第十三条 本办法自2022年4月1日起施行。2002年12月10日原国家工商行政管理总局令第4号公布的《外商投资企业授权登记管理办法》同时废止。

3. 合伙企业登记

中华人民共和国合伙企业法

1. 1997年2月23日第八届全国人民代表大会常务委员会第二十四次会议通过
2. 2006年8月27日第十届全国人民代表大会常务委员会第二十三次会议修订
3. 自2007年6月1日起施行

目　　录

第一章　总　　则

第一条　【立法目的】为了规范合伙企业的行为，保护合伙企业及其合伙人、债权人的合法权益，维护社会经济秩序，促进社会主义市场经济的发展，制定本法。

第二条　【定义和分类】本法所称合伙企业，是指自然人、法人和其他组织依照本法在中国境内设立的普通合伙企业和有限合伙企业。

普通合伙企业由普通合伙人组成，合伙人对合伙企业债务承担无限连带责任。本法对普通合伙人承担责任的形式有特别规定的，从其规定。

有限合伙企业由普通合伙人和有限合伙人组成，普通合伙人对合伙企业债务承担无限连带责任，有限合伙人以其认缴的出资额为限对合伙企业债务承担责任。

第三条　【普通合伙人的限制】国有独资公司、国有企业、上市公司以及公益性的事业单位、社会团体不得成为普通合伙人。

第四条　【合伙协议的订立】合伙协议依法由全体合伙人协商一致、以书面形式订立。

第五条　【合伙原则】订立合伙协议、设立合伙企业，应当遵循自愿、平等、公平、诚实信用原则。

第六条　【所得税缴纳】合伙企业的生产经营所得和其他所得，按照国家有关税收规定，由合伙人分别缴纳所得税。

第七条　【合伙企业及其合伙人的社会责任】合伙企业及其合伙人必须遵守法律、行政法规，遵守社会公德、商业道德，承担社会责任。

第八条　【法律保护】合伙企业及其合伙人的合法财产及其权益受法律保护。

第九条　【申请设立合伙企业所需文件】申请设立合伙企业，应当向企业登记机关提交登记申请书、合伙协议书、合伙人身份证明等文件。

合伙企业的经营范围中有属于法律、行政法规规定在登记前须经批准的项目的，该项经营业务应当依法经过批准，并在登记时提交批准文件。

第十条　【申请材料提交后的处理】申请人提交的登记申请材料齐全、符合法定形式，企业登记机关能够当场登记的，应予当场登记，发给营业执照。

除前款规定情形外，企业登记机关应当自受理申请之日起二十日内，作出是否登记的决定。予以登记的，发给营业执照；不予登记的，应当给予书面答复，并说明理由。

第十一条　【营业执照】合伙企业的营业执照签发日期，为合伙企业成立日期。

合伙企业领取营业执照前，合伙人不得以合伙企业名义从事合伙业务。

第十二条　【分支机构的设立】合伙企业设立分支机构，应当向分支机构所在地的企业登记机关申请登记，领取营业执照。

第十三条　【变更登记】合伙企业登记事项发生变更的，执行合伙事务的合伙人应当自作出变更决定或者发生变更事由之日起十五日内，向企业登记机关申请办理变更登记。

第二章　普通合伙企业

第一节　合伙企业设立

第十四条　【设立条件】设立合伙企业，应当具备下列条件：

（一）有二个以上合伙人。合伙人为自然人的，应当具有完全民事行为能力；

（二）有书面合伙协议；
（三）有合伙人认缴或者实际缴付的出资；
（四）有合伙企业的名称和生产经营场所；
（五）法律、行政法规规定的其他条件。

第十五条 **【企业名称】**合伙企业名称中应当标明“普通合伙”字样。

第十六条 **【出资方式】**合伙人可以用货币、实物、知识产权、土地使用权或者其他财产权利出资，也可以用劳务出资。

合伙人以实物、知识产权、土地使用权或者其他财产权利出资，需要评估作价的，可以由全体合伙人协商确定，也可以由全体合伙人委托法定评估机构评估。

合伙人以劳务出资的，其评估办法由全体合伙人协商确定，并在合伙协议中载明。

第十七条 **【出资义务的履行】**合伙人应当按照合伙协议约定的出资方式、数额和缴付期限，履行出资义务。

以非货币财产出资的，依照法律、行政法规的规定，需要办理财产权转移手续的，应当依法办理。

第十八条 **【合伙协议内容】**合伙协议应当载明下列事项：

（一）合伙企业的名称和主要经营场所的地点；
（二）合伙目的和合伙经营范围；
（三）合伙人的姓名或者名称、住所；
（四）合伙人的出资方式、数额和缴付期限；
（五）利润分配、亏损分担方式；
（六）合伙事务的执行；
（七）入伙与退伙；
（八）争议解决办法；
（九）合伙企业的解散与清算；
（十）违约责任。

第十九条 **【合伙协议的生效、修改或补充】**合伙协议经全体合伙人签名、盖章后生效。合伙人按照合伙协议享有权利，履行义务。

修改或者补充合伙协议，应当经全体合伙人一致同意；但是，合伙协议另有约定的除外。

合伙协议未约定或者约定不明确的事项，由合伙人协商决定；协商不成的，依照本法和其他有关法律、行政法规的规定处理。

第二节 合伙企业财产

第二十条 **【财产范围】**合伙人的出资、以合伙企业名义取得的收益和依法取得的其他财产，均为合伙企业的财产。

第二十一条 **【禁止清算前分割合伙财产】**合伙人在合伙企业清算前，不得请求分割合伙企业的财产；但是，本法另有规定的除外。

合伙人在合伙企业清算前私自转移或者处分合伙企业财产的，合伙企业不得以此对抗善意第三人。

第二十二条 **【合伙财产份额的转让】**除合伙协议另有约定外，合伙人向合伙人以外的人转让其在合伙企业中的全部或者部分财产份额时，须经其他合伙人一致同意。

合伙人之间转让在合伙企业中的全部或者部分财产份额时，应当通知其他合伙人。

第二十三条 **【合伙人的优先购买权】**合伙人向合伙人以外的人转让其在合伙企业中的财产份额的，在同等条件下，其他合伙人有优先购买权；但是，合伙协议另有约定的除外。

第二十四条 **【合伙财产份额受让人的权利】**合伙人以外的人依法受让合伙人在合伙企业中的财产份额的，经修改合伙协议即成为合伙企业的合伙人，依照本法和修改后的合伙协议享有权利，履行义务。

第二十五条 **【合伙财产份额的出质】**合伙人以其在合伙企业中的财产份额出质的，须经其他合伙人一致同意；未经其他合伙人一致同意，其行为无效，由此给善意第三人造成损失的，由行为人依法承担赔偿责任。

第三节 合伙事务执行

第二十六条 **【同等执行权利及委托执行】**合伙人对执行合伙事务享有同等的权利。

按照合伙协议的约定或者经全体合伙人决定，可以委托一个或者数个合伙人对外代表合伙企业，执行合伙事务。

作为合伙人的法人、其他组织执行合伙事务的，由其委派的代表执行。

第二十七条 **【监督执行的权利】**依照本法第二十六条第二款规定委托一个或者数个合伙人执行合伙事务的，其他合伙人不再执行合伙事务。

不执行合伙事务的合伙人有权监督执行事务合伙人执行合伙事务的情况。

第二十八条 **【执行人的权利义务】**由一个或者数个合伙人执行合伙事务的，执行事务合伙人应当定期向其他合伙人报告事务执行情况以及合伙企业的经营和财务状况，其执行合伙事务所产生的收益归合伙企业，所产生的费用和亏损由合伙企业承担。

合伙人为了解合伙企业的经营状况和财务状况，有权查阅合伙企业会计账簿等财务资料。

第二十九条 **【执行异议；委托执行的撤销】**合伙人分别

执行合伙事务的，执行事务合伙人可以对其他合伙人执行的事务提出异议。提出异议时，应当暂停该项事务的执行。如果发生争议，依照本法第三十条规定作出决定。

受委托执行合伙事务的合伙人不按照合伙协议或者全体合伙人的决定执行事务的，其他合伙人可以决定撤销该委托。

第三十条　【合伙企业的表决方法】合伙人对合伙企业有关事项作出决议，按照合伙协议约定的表决办法办理。合伙协议未约定或者约定不明确的，实行合伙人一人一票并经全体合伙人过半数通过的表决办法。

本法对合伙企业的表决办法另有规定的，从其规定。

第三十一条　【应经全体合伙人同意的事项】除合伙协议另有约定外，合伙企业的下列事项应当经全体合伙人一致同意：

（一）改变合伙企业的名称；

（二）改变合伙企业的经营范围、主要经营场所的地点；

（三）处分合伙企业的不动产；

（四）转让或者处分合伙企业的知识产权和其他财产权利；

（五）以合伙企业名义为他人提供担保；

（六）聘任合伙人以外的人担任合伙企业的经营管理人员。

第三十二条　【合伙人的禁止经营行为】合伙人不得自营或者同他人合作经营与本合伙企业相竞争的业务。

除合伙协议另有约定或者经全体合伙人一致同意外，合伙人不得同本合伙企业进行交易。

合伙人不得从事损害本合伙企业利益的活动。

第三十三条　【利润分配与亏损分担】合伙企业的利润分配、亏损分担，按照合伙协议的约定办理；合伙协议未约定或者约定不明确的，由合伙人协商决定；协商不成的，由合伙人按照实缴出资比例分配、分担；无法确定出资比例的，由合伙人平均分配、分担。

合伙协议不得约定将全部利润分配给部分合伙人或者由部分合伙人承担全部亏损。

第三十四条　【合伙出资的增减】合伙人按照合伙协议的约定或者经全体合伙人决定，可以增加或者减少对合伙企业的出资。

第三十五条　【企业经营管理人员的职责】被聘任的合伙企业的经营管理人员应当在合伙企业授权范围内履行职务。

被聘任的合伙企业的经营管理人员，超越合伙企业授权范围履行职务，或者在履行职务过程中因故意或者重大过失给合伙企业造成损失的，依法承担赔偿责任。

第三十六条　【财务、会计制度】合伙企业应当依照法律、行政法规的规定建立企业财务、会计制度。

第四节　合伙企业与第三人关系

第三十七条　【内部限制不对抗善意第三人】合伙企业对合伙人执行合伙事务以及对外代表合伙企业权利的限制，不得对抗善意第三人。

第三十八条　【债务清偿】合伙企业对其债务，应先以其全部财产进行清偿。

第三十九条　【合伙人的无限连带责任】合伙企业不能清偿到期债务的，合伙人承担无限连带责任。

第四十条　【合伙人的追偿权】合伙人由于承担无限连带责任，清偿数额超过本法第三十三条第一款规定的其亏损分担比例的，有权向其他合伙人追偿。

第四十一条　【合伙人自身债务与合伙企业债务的关系】合伙人发生与合伙企业无关的债务，相关债权人不得以其债权抵销其对合伙企业的债务；也不得代位行使合伙人在合伙企业中的权利。

第四十二条　【合伙人自身债务的清偿；对合伙人财产份额的强制执行】合伙人的自有财产不足清偿其与合伙企业无关的债务的，该合伙人可以以其从合伙企业中分取的收益用于清偿；债权人也可以依法请求人民法院强制执行该合伙人在合伙企业中的财产份额用于清偿。

人民法院强制执行合伙人的财产份额时，应当通知全体合伙人，其他合伙人有优先购买权；其他合伙人未购买，又不同意将该财产份额转让给他人的，依照本法第五十一条的规定为该合伙人办理退伙结算，或者办理削减该合伙人相应财产份额的结算。

第五节　入伙、退伙

第四十三条　【新合伙人入伙的条件】新合伙人入伙，除合伙协议另有约定外，应当经全体合伙人一致同意，并依法订立书面入伙协议。

订立入伙协议时，原合伙人应当向新合伙人如实告知原合伙企业的经营状况和财务状况。

第四十四条　【新合伙人的权利义务】入伙的新合伙人与原合伙人享有同等权利，承担同等责任。入伙协议另有约定的，从其约定。

新合伙人对入伙前合伙企业的债务承担无限连带

责任。

第四十五条 【约定合伙期限内的退伙】合伙协议约定合伙期限的，在合伙企业存续期间，有下列情形之一的，合伙人可以退伙：

(一)合伙协议约定的退伙事由出现；

(二)经全体合伙人一致同意；

(三)发生合伙人难以继续参加合伙的事由；

(四)其他合伙人严重违反合伙协议约定的义务。

第四十六条 【未约定合伙期限的退伙】合伙协议未约定合伙期限的，合伙人在不给合伙企业事务执行造成不利影响的情况下，可以退伙，但应当提前三十日通知其他合伙人。

第四十七条 【违法退伙的赔偿责任】合伙人违反本法第四十五条、第四十六条的规定退伙的，应当赔偿由此给合伙企业造成的损失。

第四十八条 【当然退伙情形】合伙人有下列情形之一的，当然退伙：

(一)作为合伙人的自然人死亡或者被依法宣告死亡；

(二)个人丧失偿债能力；

(三)作为合伙人的法人或者其他组织依法被吊销营业执照、责令关闭、撤销，或者被宣告破产；

(四)法律规定或者合伙协议约定合伙人必须具有相关资格而丧失该资格；

(五)合伙人在合伙企业中的全部财产份额被人民法院强制执行。

合伙人被依法认定为无民事行为能力人或者限制民事行为能力人的，经其他合伙人一致同意，可以依法转为有限合伙人，普通合伙企业依法转为有限合伙企业。其他合伙人未能一致同意的，该无民事行为能力或者限制民事行为能力的合伙人退伙。

退伙事由实际发生之日为退伙生效日。

第四十九条 【除名情形】合伙人有下列情形之一的，经其他合伙人一致同意，可以决议将其除名：

(一)未履行出资义务；

(二)因故意或者重大过失给合伙企业造成损失；

(三)执行合伙事务时有不正当行为；

(四)发生合伙协议约定的事由。

对合伙人的除名决议应当书面通知被除名人。被除名人接到除名通知之日，除名生效，被除名人退伙。

被除名人对除名决议有异议的，可以自接到除名通知之日起三十日内，向人民法院起诉。

第五十条 【合伙财产份额的继承】合伙人死亡或者被依法宣告死亡的，对该合伙人在合伙企业中的财产份额享有合法继承权的继承人，按照合伙协议的约定或者经全体合伙人一致同意，从继承开始之日起，取得该合伙企业的合伙人资格。

有下列情形之一的，合伙企业应当向合伙人的继承人退还被继承合伙人的财产份额：

(一)继承人不愿意成为合伙人；

(二)法律规定或者合伙协议约定合伙人必须具有相关资格，而该继承人未取得该资格；

(三)合伙协议约定不能成为合伙人的其他情形。

合伙人的继承人为无民事行为能力人或者限制民事行为能力人的，经全体合伙人一致同意，可以依法成为有限合伙人，普通合伙企业依法转为有限合伙企业。全体合伙人未能一致同意的，合伙企业应当将被继承合伙人的财产份额退还该继承人。

第五十一条 【退伙结算】合伙人退伙，其他合伙人应当与该退伙人按照退伙时的合伙企业财产状况进行结算，退还退伙人的财产份额。退伙人对给合伙企业造成的损失负有赔偿责任的，相应扣减其应当赔偿的数额。

退伙时有未了结的合伙企业事务的，待该事务了结后进行结算。

第五十二条 【合伙财产份额的退还】退伙人在合伙企业中财产份额的退还办法，由合伙协议约定或者由全体合伙人决定，可以退还货币，也可以退还实物。

第五十三条 【退伙后的责任】退伙人对基于其退伙前的原因发生的合伙企业债务，承担无限连带责任。

第五十四条 【退伙人的亏损分担】合伙人退伙时，合伙企业财产少于合伙企业债务的，退伙人应当依照本法第三十三条第一款的规定分担亏损。

第六节 特殊的普通合伙企业

第五十五条 【定义和法律适用】以专业知识和专门技能为客户提供有偿服务的专业服务机构，可以设立为特殊的普通合伙企业。

特殊的普通合伙企业是指合伙人依照本法第五十七条的规定承担责任的普通合伙企业。

特殊的普通合伙企业适用本节规定；本节未作规定的，适用本章第一节至第五节的规定。

第五十六条 【企业名称】特殊的普通合伙企业名称中应当标明“特殊普通合伙”字样。

第五十七条 【合伙人的责任承担】一个合伙人或者数个合伙人在执业活动中因故意或者重大过失造成合伙企业债务的，应当承担无限责任或者无限连带责任，其他合伙人以其在合伙企业中的财产份额为限承担责任。

合伙人在执业活动中非因故意或者重大过失造成的合伙企业债务以及合伙企业的其他债务，由全体合伙人承担无限连带责任。

第五十八条 【个别合伙人的责任追究】合伙人执业活动中因故意或者重大过失造成的合伙企业债务，以合伙企业财产对外承担责任后，该合伙人应当按照合伙协议的约定对给合伙企业造成的损失承担赔偿责任。

第五十九条 【执业风险基金】特殊的普通合伙企业应当建立执业风险基金、办理职业保险。

执业风险基金用于偿付合伙人执业活动造成的债务。执业风险基金应当单独立户管理。具体管理办法由国务院规定。

第三章 有限合伙企业

第六十条 【法律适用】有限合伙企业及其合伙人适用本章规定；本章未作规定的，适用本法第二章第一节至第五节关于普通合伙企业及其合伙人的规定。

第六十一条 【设立的人数限制】有限合伙企业由二个以上五十个以下合伙人设立；但是，法律另有规定的除外。

有限合伙企业至少应当有一个普通合伙人。

第六十二条 【企业名称】有限合伙企业名称中应当标明“有限合伙”字样。

第六十三条 【合伙协议内容】合伙协议除符合本法第十八条的规定外，还应当载明下列事项：

（一）普通合伙人和有限合伙人的姓名或者名称、住所；

（二）执行事务合伙人应具备的条件和选择程序；

（三）执行事务合伙人权限与违约处理办法；

（四）执行事务合伙人的除名条件和更换程序；

（五）有限合伙人入伙、退伙的条件、程序以及相关责任；

（六）有限合伙人和普通合伙人相互转变程序。

第六十四条 【出资方式】有限合伙人可以用货币、实物、知识产权、土地使用权或者其他财产权利作价出资。

有限合伙人不得以劳务出资。

第六十五条 【出资义务】有限合伙人应当按照合伙协议的约定按期足额缴纳出资；未按期足额缴纳的，应当承担补缴义务，并对其他合伙人承担违约责任。

第六十六条 【登记事项】有限合伙企业登记事项中应当载明有限合伙人的姓名或者名称及认缴的出资数额。

第六十七条 【合伙事务执行】有限合伙企业由普通合伙人执行合伙事务。执行事务合伙人可以要求在合伙协议中确定执行事务的报酬及报酬提取方式。

第六十八条 【不视为执行合伙事务的行为】有限合伙人不执行合伙事务，不得对外代表有限合伙企业。

有限合伙人的下列行为，不视为执行合伙事务：

（一）参与决定普通合伙人入伙、退伙；

（二）对企业的经营管理提出建议；

（三）参与选择承办有限合伙企业审计业务的会计师事务所；

（四）获取经审计的有限合伙企业财务会计报告；

（五）对涉及自身利益的情况，查阅有限合伙企业财务会计账簿等财务资料；

（六）在有限合伙企业中的利益受到侵害时，向有责任的合伙人主张权利或者提起诉讼；

（七）执行事务合伙人怠于行使权利时，督促其行使权利或者为了本企业的利益以自己的名义提起诉讼；

（八）依法为本企业提供担保。

第六十九条 【利润分配】有限合伙企业不得将全部利润分配给部分合伙人；但是，合伙协议另有约定的除外。

第七十条 【允许自我交易】有限合伙人可以同本有限合伙企业进行交易；但是，合伙协议另有约定的除外。

第七十一条 【允许同业竞争】有限合伙人可以自营或者同他人合作经营与本有限合伙企业相竞争的业务；但是，合伙协议另有约定的除外。

第七十二条 【允许财产份额出质】有限合伙人可以将其在有限合伙企业中的财产份额出质；但是，合伙协议另有约定的除外。

第七十三条 【允许财产份额转让】有限合伙人可以按照合伙协议的约定向合伙人以外的人转让其在有限合伙企业中的财产份额，但应当提前三十日通知其他合伙人。

第七十四条 【有限合伙人自身债务的清偿及对财产份额的强制执行】有限合伙人的自有财产不足清偿其与合伙企业无关的债务的，该合伙人可以以其从有限合伙企业中分取的收益用于清偿；债权人也可以依法请求人民法院强制执行该合伙人在有限合伙企业中的财产份额用于清偿。

人民法院强制执行有限合伙人的财产份额时，应当通知全体合伙人。在同等条件下，其他合伙人有优先购买权。

第七十五条　【企业解散及类型变通】有限合伙企业仅剩有限合伙人的，应当解散；有限合伙企业仅剩普通合伙人的，转为普通合伙企业。

第七十六条　【有限合伙人的责任承担】第三人有理由相信有限合伙人为普通合伙人并与其交易的，该有限合伙人对该笔交易承担与普通合伙人同样的责任。

有限合伙人未经授权以有限合伙企业名义与他人进行交易，给有限合伙企业或者其他合伙人造成损失的，该有限合伙人应当承担赔偿责任。

第七十七条　【新入伙的有限合伙人对入伙前企业债务的承担】新入伙的有限合伙人对入伙前有限合伙企业的债务，以其认缴的出资额为限承担责任。

第七十八条　【当然退伙】有限合伙人有本法第四十八条第一款第一项、第三项至第五项所列情形之一的，当然退伙。

第七十九条　【不得要求退伙的情形】作为有限合伙人的自然人在有限合伙企业存续期间丧失民事行为能力的，其他合伙人不得因此要求其退伙。

第八十条　【有限合伙人资格的继承】作为有限合伙人的自然人死亡、被依法宣告死亡或者作为有限合伙人的法人及其他组织终止时，其继承人或者权利承受人可以依法取得该有限合伙人在有限合伙企业中的资格。

第八十一条　【退伙后的责任承担】有限合伙人退伙后，对基于其退伙前的原因发生的有限合伙企业债务，以其退伙时从有限合伙企业中取回的财产承担责任。

第八十二条　【普通合伙人与有限合伙人互相转变的条件】除合伙协议另有约定外，普通合伙人转变为有限合伙人，或者有限合伙人转变为普通合伙人，应当经全体合伙人一致同意。

第八十三条　【有限合伙人转变为普通合伙人的责任承担】有限合伙人转变为普通合伙人的，对其作为有限合伙人期间有限合伙企业发生的债务承担无限连带责任。

第八十四条　【普通合伙人转变为有限合伙人的责任承担】普通合伙人转变为有限合伙人的，对其作为普通合伙人期间合伙企业发生的债务承担无限连带责任。

第四章　合伙企业解散、清算

第八十五条　【解散情形】合伙企业有下列情形之一的，应当解散：

（一）合伙期限届满，合伙人决定不再经营；

（二）合伙协议约定的解散事由出现；

（三）全体合伙人决定解散；

（四）合伙人已不具备法定人数满三十天；

（五）合伙协议约定的合伙目的已经实现或者无法实现；

（六）依法被吊销营业执照、责令关闭或者被撤销；

（七）法律、行政法规规定的其他原因。

第八十六条　【清算人的确定】合伙企业解散，应当由清算人进行清算。

清算人由全体合伙人担任；经全体合伙人过半数同意，可以自合伙企业解散事由出现后十五日内指定一个或者数个合伙人，或者委托第三人，担任清算人。

自合伙企业解散事由出现之日起十五日内未确定清算人的，合伙人或者其他利害关系人可以申请人民法院指定清算人。

第八十七条　【清算人职权】清算人在清算期间执行下列事务：

（一）清理合伙企业财产，分别编制资产负债表和财产清单；

（二）处理与清算有关的合伙企业未了结事务；

（三）清缴所欠税款；

（四）清理债权、债务；

（五）处理合伙企业清偿债务后的剩余财产；

（六）代表合伙企业参加诉讼或者仲裁活动。

第八十八条　【债权申报】清算人自被确定之日起十日内将合伙企业解散事项通知债权人，并于六十日内在报纸上公告。债权人应当自接到通知书之日起三十日内，未接到通知书的自公告之日起四十五日内，向清算人申报债权。

债权人申报债权，应当说明债权的有关事项，并提供证明材料。清算人应当对债权进行登记。

清算期间，合伙企业存续，但不得开展与清算无关的经营活动。

第八十九条　【财产分配】合伙企业财产在支付清算费用和职工工资、社会保险费用、法定补偿金以及缴纳所欠税款、清偿债务后的剩余财产，依照本法第三十三条第一款的规定进行分配。

第九十条　【清算报告】清算结束，清算人应当编制清算报告，经全体合伙人签名、盖章后，在十五日内向企业登记机关报送清算报告，申请办理合伙企业注销登记。

第九十一条　【企业注销后原普通合伙人的责任】合伙

企业注销后，原普通合伙人对合伙企业存续期间的债务仍应承担无限连带责任。

第九十二条　【企业破产】合伙企业不能清偿到期债务的，债权人可以依法向人民法院提出破产清算申请，也可以要求普通合伙人清偿。

合伙企业依法被宣告破产的，普通合伙人对合伙企业债务仍应承担无限连带责任。

第五章　法律责任

第九十三条　【提交虚假文件或骗取登记的法律责任】违反本法规定，提交虚假文件或者采取其他欺骗手段，取得合伙企业登记的，由企业登记机关责令改正，处以五千元以上五万元以下的罚款；情节严重的，撤销企业登记，并处以五万元以上二十万元以下的罚款。

第九十四条　【未在其名称中标明合伙类别的法律责任】违反本法规定，合伙企业未在其名称中标明“普通合伙”、“特殊普通合伙”或者“有限合伙”字样的，由企业登记机关责令限期改正，处以二千元以上一万元以下的罚款。

第九十五条　【未领取营业执照或未办理变更登记的法律责任】违反本法规定，未领取营业执照，而以合伙企业或者合伙企业分支机构名义从事合伙业务的，由企业登记机关责令停止，处以五千元以上五万元以下的罚款。

合伙企业登记事项发生变更时，未依照本法规定办理变更登记的，由企业登记机关责令限期登记；逾期不登记的，处以二千元以上二万元以下的罚款。

合伙企业登记事项发生变更，执行合伙事务的合伙人未按期申请办理变更登记的，应当赔偿由此给合伙企业、其他合伙人或者善意第三人造成的损失。

第九十六条　【合伙人或从业人员滥用职权的赔偿责任】合伙人执行合伙事务，或者合伙企业从业人员利用职务上的便利，将应当归合伙企业的利益据为己有的，或者采取其他手段侵占合伙企业财产的，应当将该利益和财产退还合伙企业；给合伙企业或者其他合伙人造成损失的，依法承担赔偿责任。

第九十七条　【合伙人擅自处理须经全体合伙人一致同意始得执行的事务的赔偿责任】合伙人对本法规定或者合伙协议约定必须经全体合伙人一致同意始得执行的事务擅自处理，给合伙企业或者其他合伙人造成损失的，依法承担赔偿责任。

第九十八条　【不具有事务执行权的合伙人擅自执行合伙事务的赔偿责任】不具有事务执行权的合伙人擅自执行合伙事务，给合伙企业或者其他合伙人造成损失的，依法承担赔偿责任。

第九十九条　【合伙人同业竞争的后果和赔偿责任】合伙人违反本法规定或者合伙协议的约定，从事与本合伙企业相竞争的业务或者与本合伙企业进行交易的，该收益归合伙企业所有；给合伙企业或者其他合伙人造成损失的，依法承担赔偿责任。

第一百条　【清算人不报送或报送虚假、有重大遗漏清算报告的法律责任】清算人未依照本法规定向企业登记机关报送清算报告，或者报送清算报告隐瞒重要事实，或者有重大遗漏的，由企业登记机关责令改正。由此产生的费用和损失，由清算人承担和赔偿。

第一百零一条　【清算人滥用职权的赔偿责任】清算人执行清算事务，牟取非法收入或者侵占合伙企业财产的，应当将该收入和侵占的财产退还合伙企业；给合伙企业或者其他合伙人造成损失的，依法承担赔偿责任。

第一百零二条　【清算人损害债权人利益的赔偿责任】清算人违反本法规定，隐匿、转移合伙企业财产，对资产负债表或者财产清单作虚假记载，或者在未清偿债务前分配财产，损害债权人利益的，依法承担赔偿责任。

第一百零三条　【合伙人违反合伙协议的违约责任；履行合伙协议发生争议的解决途径】合伙人违反合伙协议的，应当依法承担违约责任。

合伙人履行合伙协议发生争议的，合伙人可以通过协商或者调解解决。不愿通过协商、调解解决或者协商、调解不成的，可以按照合伙协议约定的仲裁条款或者事后达成的书面仲裁协议，向仲裁机构申请仲裁。合伙协议中未订立仲裁条款，事后又没有达成书面仲裁协议的，可以向人民法院起诉。

第一百零四条　【行政管理人员的行政责任】有关行政管理机关的工作人员违反本法规定，滥用职权、徇私舞弊、收受贿赂、侵害合伙企业合法权益的，依法给予行政处分。

第一百零五条　【刑事责任】违反本法规定，构成犯罪的，依法追究刑事责任。

第一百零六条　【民事赔偿优先】违反本法规定，应当承担民事赔偿责任和缴纳罚款、罚金，其财产不足以同时支付的，先承担民事赔偿责任。

第六章　附　　则

第一百零七条　【合伙制非企业专业服务机构的法律适用】非企业专业服务机构依据有关法律采取合伙制的，其合伙人承担责任的形式可以适用本法关于特殊的普通合伙企业合伙人承担责任的规定。

第一百零八条　【外国企业或个人在中国设立合伙企业的管理办法】外国企业或者个人在中国境内设立合伙企业的管理办法由国务院规定。

第一百零九条　【施行日期】本法自2007年6月1日起施行。

国家工商行政管理总局关于合伙企业名称登记有关问题的答复

1．2008年2月4日

2．工商个字〔2008〕18号

湖南省工商行政管理局：

你局《关于合伙企业名称登记有关问题的请示》（湘工商个字〔2008〕9号）收悉。经研究，答复如下：

合伙企业名称中的组织形式可以直接使用“合伙企业”字样。

4. 个人独资企业登记

中华人民共和国个人独资企业法

1. *1999年8月30日第九届全国人民代表大会常务委员会第十一次会议通过*
2. *1999年8月30日中华人民共和国主席令第20号公布*
3. *自2000年1月1日起施行*

目　　录

第一章　总　　则

第一条　【立法目的】为了规范个人独资企业的行为，保护个人独资企业投资人和债权人的合法权益，维护社会经济秩序，促进社会主义市场经济的发展，根据宪法，制定本法。

第二条　【定义】本法所称个人独资企业，是指依照本法在中国境内设立，由一个自然人投资，财产为投资人个人所有，投资人以其个人财产对企业债务承担无限责任的经营实体。

第三条　【住所】个人独资企业以其主要办事机构所在地为住所。

第四条　【依法经营】个人独资企业从事经营活动必须遵守法律、行政法规，遵守诚实信用原则，不得损害社会公共利益。

个人独资企业应当依法履行纳税义务。

第五条　【权益保护】国家依法保护个人独资企业的财产和其他合法权益。

第六条　【依法招聘职工、建立工会】个人独资企业应当依法招用职工。职工的合法权益受法律保护。

个人独资企业职工依法建立工会，工会依法开展活动。

第七条　【党的活动】在个人独资企业中的中国共产党党员依照中国共产党章程进行活动。

第二章　个人独资企业的设立

第八条　【设立条件】设立个人独资企业应当具备下列条件：

（一）投资人为一个自然人；

（二）有合法的企业名称；

（三）有投资人申报的出资；

（四）有固定的生产经营场所和必要的生产经营条件；

（五）有必要的从业人员。

第九条　【申请程序】申请设立个人独资企业，应当由投资人或者其委托的代理人向个人独资企业所在地的登记机关提交设立申请书、投资人身份证明、生产经营场所使用证明等文件。委托代理人申请设立登记时，应当出具投资人的委托书和代理人的合法证明。

个人独资企业不得从事法律、行政法规禁止经营的业务；从事法律、行政法规规定须报经有关部门审批的业务，应当在申请设立登记时提交有关部门的批准文件。

第十条　【申请书内容】个人独资企业设立申请书应当载明下列事项：

（一）企业的名称和住所；

（二）投资人的姓名和居所；

（三）投资人的出资额和出资方式；

（四）经营范围。

第十一条　【名称】个人独资企业的名称应当与其责任形式及从事的营业相符合。

第十二条　【登记】登记机关应当在收到设立申请文件之日起十五日内，对符合本法规定条件的，予以登记，发给营业执照；对不符合本法规定条件的，不予登记，并应当给予书面答复，说明理由。

第十三条　【执照签发】个人独资企业的营业执照的签发日期，为个人独资企业成立日期。

在领取个人独资企业营业执照前，投资人不得以个人独资企业名义从事经营活动。

第十四条　【分支机构的设立】个人独资企业设立分支机构，应当由投资人或者其委托的代理人向分支机构所在地的登记机关申请登记，领取营业执照。

分支机构经核准登记后，应将登记情况报该分支机构隶属的个人独资企业的登记机关备案。

分支机构的民事责任由设立该分支机构的个人独资企业承担。

第十五条　【变更登记】个人独资企业存续期间登记事项发生变更的，应当在作出变更决定之日起的十五日内依法向登记机关申请办理变更登记。

第三章　个人独资企业的投资人及事务管理

第十六条　【禁止设立】法律、行政法规禁止从事营利性活动的人，不得作为投资人申请设立个人独资企业。

第十七条　【财产权】个人独资企业投资人对本企业的财产依法享有所有权，其有关权利可以依法进行转让或继承。

第十八条　【无限责任】个人独资企业投资人在申请企业设立登记时明确以其家庭共有财产作为个人出资的，应当依法以家庭共有财产对企业债务承担无限责任。

第十九条　【管理】个人独资企业投资人可以自行管理企业事务，也可以委托或者聘用其他具有民事行为能力的人负责企业的事务管理。

投资人委托或者聘用他人管理个人独资企业事务，应当与受托人或者被聘用的人签订书面合同，明确委托的具体内容和授予的权利范围。

受托人或者被聘用的人员应当履行诚信、勤勉义务，按照与投资人签订的合同负责个人独资企业的事务管理。

投资人对受托人或者被聘用的人员职权的限制，不得对抗善意第三人。

第二十条　【管理人员的禁止行为】投资人委托或者聘用的管理个人独资企业事务的人员不得有下列行为：

（一）利用职务上的便利，索取或者收受贿赂；

（二）利用职务或者工作上的便利侵占企业财产；

（三）挪用企业的资金归个人使用或者借贷给他人；

（四）擅自将企业资金以个人名义或者以他人名义开立帐户储存；

（五）擅自以企业财产提供担保；

（六）未经投资人同意，从事与本企业相竞争的业务；

（七）未经投资人同意，同本企业订立合同或者进行交易；

（八）未经投资人同意，擅自将企业商标或者其他知识产权转让给他人使用；

（九）泄露本企业的商业秘密；

（十）法律、行政法规禁止的其他行为。

第二十一条　【财务】个人独资企业应当依法设置会计帐簿，进行会计核算。

第二十二条　【职工权益保护】个人独资企业招用职工的，应当依法与职工签订劳动合同，保障职工的劳动安全，按时、足额发放职工工资。

第二十三条　【职工保险】个人独资企业应当按照国家规定参加社会保险，为职工缴纳社会保险费。

第二十四条　【企业权利】个人独资企业可以依法申请贷款、取得土地使用权，并享有法律、行政法规规定的其他权利。

第二十五条　【禁止摊派】任何单位和个人不得违反法律、行政法规的规定，以任何方式强制个人独资企业提供财力、物力、人力；对于违法强制提供财力、物力、人力的行为，个人独资企业有权拒绝。

第四章　个人独资企业的解散和清算

第二十六条　【解散情形】个人独资企业有下列情形之一时，应当解散：

（一）投资人决定解散；

（二）投资人死亡或者被宣告死亡，无继承人或者继承人决定放弃继承；

（三）被依法吊销营业执照；

（四）法律、行政法规规定的其他情形。

第二十七条　【解散程序】个人独资企业解散，由投资人自行清算或者由债权人申请人民法院指定清算人进行清算。

投资人自行清算的，应当在清算前十五日内书面通知债权人，无法通知的，应当予以公告。债权人应当在接到通知之日起三十日内，未接到通知的应当在公告之日起六十日内，向投资人申报其债权。

第二十八条　【解散后的责任】个人独资企业解散后，原投资人对个人独资企业存续期间的债务仍应承担偿还责任，但债权人在五年内未向债务人提出偿债请求的，该责任消灭。

第二十九条　【债务清偿】个人独资企业解散的，财产应当按照下列顺序清偿：

（一）所欠职工工资和社会保险费用；

（二）所欠税款；

（三）其他债务。

第三十条　【清算期内的禁止行为】清算期间，个人独资企业不得开展与清算目的无关的经营活动。在按前条规定清偿债务前，投资人不得转移、隐匿财产。

第三十一条　【个人其他财产清偿】个人独资企业财产不足以清偿债务的，投资人应当以其个人的其他财产予以清偿。

第三十二条　【注销登记】个人独资企业清算结束后，投资人或者人民法院指定的清算人应当编制清算报告，并于十五日内到登记机关办理注销登记。

第五章 法律责任

第三十三条 【欺骗登记】违反本法规定，提交虚假文件或采取其他欺骗手段，取得企业登记的，责令改正，处以五千元以下的罚款；情节严重的，并处吊销营业执照。

第三十四条 【擅自更名责任】违反本法规定，个人独资企业使用的名称与其在登记机关登记的名称不相符合的，责令限期改正，处以二千元以下的罚款。

第三十五条 【涂改、出租、转让执照责任】涂改、出租、转让营业执照的，责令改正，没收违法所得，处以三千元以下的罚款；情节严重的，吊销营业执照。

伪造营业执照的，责令停业，没收违法所得，处以五千元以下的罚款。构成犯罪的，依法追究刑事责任。

第三十六条 【不开业或停业责任】个人独资企业成立后无正当理由超过六个月未开业的，或者开业后自行停业连续六个月以上的，吊销营业执照。

第三十七条 【未登记或变更登记责任】违反本法规定，未领取营业执照，以个人独资企业名义从事经营活动的，责令停止经营活动，处以三千元以下的罚款。

个人独资企业登记事项发生变更时，未按本法规定办理有关变更登记的，责令限期办理变更登记；逾期不办理的，处以二千元以下的罚款。

第三十八条 【管理人责任】投资人委托或者聘用的人员管理个人独资企业事务时违反双方订立的合同，给投资人造成损害的，承担民事赔偿责任。

第三十九条 【企业侵犯职工利益责任】个人独资企业违反本法规定，侵犯职工合法权益，未保障职工劳动安全，不缴纳社会保险费用的，按照有关法律、行政法规予以处罚，并追究有关责任人员的责任。

第四十条 【管理人侵犯财产责任】投资人委托或者聘用的人员违反本法第二十条规定，侵犯个人独资企业财产权益的，责令退还侵占的财产；给企业造成损失的，依法承担赔偿责任；有违法所得的，没收违法所得；构成犯罪的，依法追究刑事责任。

第四十一条 【摊派责任】违反法律、行政法规的规定强制个人独资企业提供财力、物力、人力的，按照有关法律、行政法规予以处罚，并追究有关责任人员的责任。

第四十二条 【企业逃避债务责任】个人独资企业及其投资人在清算前或清算期间隐匿或转移财产，逃避债务的，依法追回其财产，并按照有关规定予以处罚；构成犯罪的，依法追究刑事责任。

第四十三条 【责任顺序】投资人违反本法规定，应当承担民事赔偿责任和缴纳罚款、罚金，其财产不足以支付的，或者被判处没收财产的，应当先承担民事赔偿责任。

第四十四条 【登记机关责任】登记机关对不符合本法规定条件的个人独资企业予以登记，或者对符合本法规定条件的企业不予登记的，对直接责任人员依法给予行政处分；构成犯罪的，依法追究刑事责任。

第四十五条 【登记机关上级主管人员责任】登记机关的上级部门的有关主管人员强令登记机关对不符合本法规定条件的企业予以登记，或者对符合本法规定条件的企业不予登记的，或者对登记机关的违法登记行为进行包庇的，对直接责任人员依法给予行政处分；构成犯罪的，依法追究刑事责任。

第四十六条 【不予登记的救济】登记机关对符合法定条件的申请不予登记或者超过法定时限不予答复的，当事人可依法申请行政复议或提起行政诉讼。

第六章 附 则

第四十七条 【适用范围】外商独资企业不适用本法。

第四十八条 【施行日期】本法自 2000 年 1 月 1 日起施行。

国家工商行政管理局关于自然人出资设立有限责任公司登记注册和监督管理问题的通知

1. 1994 年 11 月 18 日

2. 工商个字〔1994〕第 325 号

各省、自治区、直辖市及计划单列市工商行政管理局：

《公司法》实施后，为了统一规范工商行政管理机关内部的发照机构，同时，便于对自然人出资设立的有限责任公司进行有效监督管理。经研究，现就有关问题通知如下：

一、由自然人出资设立有限责任公司的设立、变更、注销登记的受理、审查、核准、平时的监督管理及年度检验，按照《公司登记管理条例》的有关规定，由个体私营经济管理机构（处、科、股）负责。

二、由自然人出资设立有限责任公司的申请名称预先核准、颁发《企业法人营业执照》及档案管理，统一由企业注册机构（处、科、股），按照《公司登记管理条例》的有关规定办理。为了便于个体私营经济管理机构掌握情况和进行监督管理，企业注册机构将档案复印件转个体私营经济管理机构。

三、私营非公司企业（独资企业、合伙企业）的登记注册、监督管理，仍按原登记注册及监督管理的分工，不作变动。

四、由自然人出资设立有限责任公司的登记注册、监督管理的具体内容和要求，应统一执行《公司法》、《公司登记管理条例》和有关法律、法规及国家工商行政管理局的有关规定。

五、《公司法》施行前已登记成立的私营有限责任公司，凡不完全具备《公司法》、《公司登记管理条例》有关条件的，应当按照国家规定的具体办法和要求，逐步予以规范。

六、凡由自然人为主申请，自然人出资额占注册资本51%以上的有限责任公司，其登记注册和监督管理，适用上述规定。

七、各级工商行政管理机关的个体私营经济管理机构和企业注册机构，应当加强协调，密切配合，认真做好上述工作。

5. 个体工商户登记

促进个体工商户发展条例

1. 2022年10月1日国务院令第755号公布
2. 自2022年11月1日起施行

第一条 为了鼓励、支持和引导个体经济健康发展，维护个体工商户合法权益，稳定和扩大城乡就业，充分发挥个体工商户在国民经济和社会发展中的重要作用，制定本条例。

第二条 有经营能力的公民在中华人民共和国境内从事工商业经营，依法登记为个体工商户的，适用本条例。

第三条 促进个体工商户发展工作坚持中国共产党的领导，发挥党组织在个体工商户发展中的引领作用和党员先锋模范作用。

个体工商户中的党组织和党员按照中国共产党章程的规定开展党的活动。

第四条 个体经济是社会主义市场经济的重要组成部分，个体工商户是重要的市场主体，在繁荣经济、增加就业、推动创业创新、方便群众生活等方面发挥着重要作用。

国家持续深化简政放权、放管结合、优化服务改革，优化营商环境，积极扶持、加强引导、依法规范，为个体工商户健康发展创造有利条件。

第五条 国家对个体工商户实行市场平等准入、公平待遇的原则。

第六条 个体工商户可以个人经营，也可以家庭经营。个体工商户的财产权、经营自主权等合法权益受法律保护，任何单位和个人不得侵害或者非法干预。

第七条 国务院建立促进个体工商户发展部际联席会议制度，研究并推进实施促进个体工商户发展的重大政策措施，统筹协调促进个体工商户发展工作中的重大事项。

国务院市场监督管理部门会同有关部门加强对促进个体工商户发展工作的宏观指导、综合协调和监督检查。

第八条 国务院发展改革、财政、人力资源社会保障、住房城乡建设、商务、金融、税务、市场监督管理等有关部门在各自职责范围内研究制定税费支持、创业扶持、职业技能培训、社会保障、金融服务、登记注册、权益保护等方面的政策措施，做好促进个体工商户发展工作。

第九条 县级以上地方人民政府应当将促进个体工商户发展纳入本级国民经济和社会发展规划，结合本行政区域个体工商户发展情况制定具体措施并组织实施，为个体工商户发展提供支持。

第十条 国家加强个体工商户发展状况监测分析，定期开展抽样调查、监测统计和活跃度分析，强化个体工商户发展信息的归集、共享和运用。

第十一条 市场主体登记机关应当为个体工商户提供依法合规、规范统一、公开透明、便捷高效的登记服务。

第十二条 国务院市场监督管理部门应当根据个体工商户发展特点，改革完善个体工商户年度报告制度，简化内容、优化流程，提供简易便捷的年度报告服务。

第十三条 个体工商户可以自愿变更经营者或者转型为企业。变更经营者的，可以直接向市场主体登记机关申请办理变更登记。涉及有关行政许可的，行政许可部门应当简化手续，依法为个体工商户提供便利。

个体工商户变更经营者或者转型为企业的，应当结清依法应缴纳的税款等，对原有债权债务作出妥善处理，不得损害他人的合法权益。

第十四条 国家加强个体工商户公共服务平台体系建设，为个体工商户提供法律政策、市场供求、招聘用工、创业培训、金融支持等信息服务。

第十五条 依法成立的个体劳动者协会在市场监督管理部门指导下，充分发挥桥梁纽带作用，推动个体工商户党的建设，为个体工商户提供服务，维护个体工商户合法权益，引导个体工商户诚信自律。

个体工商户自愿加入个体劳动者协会。

第十六条 政府及其有关部门在制定相关政策措施时，应当充分听取个体工商户以及相关行业组织的意见，不得违反规定在资质许可、项目申报、政府采购、招标投标等方面对个体工商户制定或者实施歧视性政策措施。

第十七条 县级以上地方人民政府应当结合本行政区域实际情况，根据个体工商户的行业类型、经营规模、经营特点等，对个体工商户实施分型分类培育和精准帮扶。

第十八条 县级以上地方人民政府应当采取有效措施，为个体工商户增加经营场所供给，降低经营场所使用成本。

第十九条 国家鼓励和引导创业投资机构和社会资金支持个体工商户发展。

县级以上地方人民政府应当充分发挥各类资金作

用，为个体工商户在创业创新、贷款融资、职业技能培训等方面提供资金支持。

第二十条 国家实行有利于个体工商户发展的财税政策。

县级以上地方人民政府及其有关部门应当严格落实相关财税支持政策，确保精准、及时惠及个体工商户。

第二十一条 国家推动建立和完善个体工商户信用评价体系，鼓励金融机构开发和提供适合个体工商户发展特点的金融产品和服务，扩大个体工商户贷款规模和覆盖面，提高贷款精准性和便利度。

第二十二条 县级以上地方人民政府应当支持个体工商户参加社会保险，对符合条件的个体工商户给予相应的支持。

第二十三条 县级以上地方人民政府应当完善创业扶持政策，支持个体工商户参加职业技能培训，鼓励各类公共就业服务机构为个体工商户提供招聘用工服务。

第二十四条 县级以上地方人民政府应当结合城乡社区服务体系建设，支持个体工商户在社区从事与居民日常生活密切相关的经营活动，满足居民日常生活消费需求。

第二十五条 国家引导和支持个体工商户加快数字化发展、实现线上线下一体化经营。

平台经营者应当在入驻条件、服务规则、收费标准等方面，为个体工商户线上经营提供支持，不得利用服务协议、平台规则、数据算法、技术等手段，对平台内个体工商户进行不合理限制、附加不合理条件或者收取不合理费用。

第二十六条 国家加大对个体工商户的字号、商标、专利、商业秘密等权利的保护力度。

国家鼓励和支持个体工商户提升知识产权的创造运用水平、增强市场竞争力。

第二十七条 县级以上地方人民政府制定实施城乡建设规划及城市和交通管理、市容环境治理、产业升级等相关政策措施，应当充分考虑个体工商户经营需要和实际困难，实施引导帮扶。

第二十八条 各级人民政府对因自然灾害、事故灾难、公共卫生事件、社会安全事件等原因造成经营困难的个体工商户，结合实际情况及时采取纾困帮扶措施。

第二十九条 政府及其有关部门按照国家有关规定，对个体工商户先进典型进行表彰奖励，不断提升个体工商户经营者的荣誉感。

第三十条 任何单位和个人不得违反法律法规和国家有关规定向个体工商户收费或者变相收费，不得擅自扩大收费范围或者提高收费标准，不得向个体工商户集资、摊派，不得强行要求个体工商户提供赞助或者接受有偿服务。

任何单位和个人不得诱导、强迫劳动者登记注册为个体工商户。

第三十一条 机关、企业事业单位不得要求个体工商户接受不合理的付款期限、方式、条件和违约责任等交易条件，不得违约拖欠个体工商户账款，不得通过强制个体工商户接受商业汇票等非现金支付方式变相拖欠账款。

第三十二条 县级以上地方人民政府应当提升个体工商户发展质量，不得将个体工商户数量增长率、年度报告率等作为绩效考核评价指标。

第三十三条 个体工商户对违反本条例规定、侵害自身合法权益的行为，有权向有关部门投诉、举报。

县级以上地方人民政府及其有关部门应当畅通投诉、举报途径，并依法及时处理。

第三十四条 个体工商户应当依法经营、诚实守信，自觉履行劳动用工、安全生产、食品安全、职业卫生、环境保护、公平竞争等方面的法定义务。

对涉及公共安全和人民群众生命健康等重点领域，有关行政部门应当加强监督管理，维护良好市场秩序。

第三十五条 个体工商户开展经营活动违反有关法律规定的，有关行政部门应当按照教育和惩戒相结合、过罚相当的原则，依法予以处理。

第三十六条 政府及其有关部门的工作人员在促进个体工商户发展工作中不履行或者不正确履行职责，损害个体工商户合法权益，造成严重后果的，依法依规给予处分；构成犯罪的，依法追究刑事责任。

第三十七条 香港特别行政区、澳门特别行政区永久性居民中的中国公民，台湾地区居民可以按照国家有关规定，申请登记为个体工商户。

第三十八条 省、自治区、直辖市可以结合本行政区域实际情况，制定促进个体工商户发展的具体办法。

第三十九条 本条例自2022年11月1日起施行。《个体工商户条例》同时废止。

个体工商户分层分类登记管理办法

1. 2005年2月5日国家工商行政管理总局发布

2. 工商个字〔2005〕第26号

为全面推行个体工商户分层分类登记管理改革，

加强基层工商所监管执法规范化建设，支持引导个体经济健康发展，依据《中华人民共和国行政许可法》、《中华人民共和国行政处罚法》、《城乡个体工商户管理暂行条例》、《工商行政管理所条例》、《无照经营查处取缔办法》，制定本办法。

一、委托登记、委托验照和委托备案

（一）市、县工商行政管理局以及大中城市工商行政管理分局可以依法委托符合条件的工商所对个体工商户进行设立、变更、注销登记和验照，委托符合条件的工商所对从事经营活动但依照有关规定免予工商登记的个体经营者进行备案。

经营项目涉及前置许可、专项审批的个体工商户登记注册和验照，仍由市、县工商行政管理局以及大中城市工商行政管理分局负责办理。

（二）受委托的工商所应当以市、县工商行政管理局以及大中城市工商行政管理分局名义行使以上受委托职权。

（三）市、县工商行政管理局以及大中城市工商行政管理分局应当依法以书面形式明确规定委托的具体事宜，载明以下内容：

1. 委托单位及法定代表人；
2. 受委托单位、负责人和承办人；
3. 委托的法律依据；
4. 决定委托的程序；
5. 委托事项及权限；
6. 委托权限的终止事由；
7. 委托时间。

（四）受委托工商所应当具备以下条件：

1. 有必要的登记场所、计算机互联网等办公设备，工商所和县级工商行政管理局之间能够实现实时的信息查询和数据交换；

2. 有熟悉登记业务、能熟练操作计算机、胜任个体工商户登记、验照等有关工作的工作人员。

（五）受委托工商所应当根据《个体工商户登记程序规定》（国家工商行政管理总局令第 13 号）进行个体工商户设立、变更、注销登记，并依据委托行使登记机关的登记管理职权，履行相关登记服务职能。

（六）受委托工商所应当根据国家工商行政管理总局印发的《个体工商户、个人独资企业、合伙企业登记申请材料及格式规范》（工商个字〔2004〕第 118 号）规定对申请材料进行审查。

（七）受委托工商所登记个体工商户，应当推行“一审一核制”。

（八）受委托工商所核准个体工商户名称字号，应当在市、县工商行政管理局以及大中城市工商行政管理分局统一的个体工商户名称字号查询系统中进行实时查询，随到随审。

（九）受委托工商所核发个体工商户营业执照，应当由委托的市、县工商行政管理局以及大中城市工商行政管理分局统一盖章；委托的市、县工商行政管理局以及大中城市工商行政管理分局应当根据全国统一的《个体工商户营业执照注册号编码规则》，为受委托工商所划定顺序号段，受委托工商所应当在划定号段内按顺序编写注册号，不得挑取、弃用或另行编号。

（十）受委托工商所应当建立、完善并妥善管理辖区内个体工商户档案，不断完善动态的经济户口资料。

（十一）受委托工商所应当依照国家工商行政管理总局《个体私营经济统计报表制度》要求，及时对辖区内个体工商户登记情况进行统计，及时报送相关统计报表。

（十二）受委托工商所依据委托行使市、县工商行政管理局以及大中城市工商行政管理分局对个体工商户进行验照的职权。

（十三）对通过验照的个体工商户，受委托工商所应当在其营业执照上加贴验照标记。

（十四）对不予通过验照的个体工商户，受委托工商所应当依照《城乡个体工商户管理暂行条例》、《城乡个体工商户管理暂行条例施行细则》等有关规定进行处理。

（十五）受委托工商所应当严格遵守收费规定，严禁在验照之际擅自增加收费项目、提高收费标准和搭车收费。

（十六）工商行政管理机关依照国家有关政策法规对农村流动小商小贩免予工商登记，对农民在集贸市场或者地方人民政府指定区域内销售自产农副产品免予工商登记。

工商行政管理机关根据监管执法工作的需要对从事经营活动但依照有关规定免予工商登记的个体经营者进行备案，记录其基本经营情况，以掌握市场交易动态，规范经营者行为，维护正常的市场秩序。

（十七）受委托工商所依据市、县工商行政管理局以及大中城市工商行政管理分局委托对本辖区内符合本办法第十六条规定的个体经营者进行备案。

（十八）受委托工商所应当结合日常巡查和查处取缔无照经营，对免予工商登记个体经营者的基本经营情况进行备案。

备案应当记录以下内容：

1. 经营者姓名、身份证号；

2. 经营范围；

3. 经营方式；

4. 经营地点或流动经营的流动范围。

(十九)受委托工商所按规定进行备案不得向备案人收取任何费用。

(二十)受委托工商所应当加强对备案经营者的日常巡查，并依据《中华人民共和国消费者权益保护法》、《中华人民共和国食品卫生法》、《城乡集市贸易管理办法》等法律法规对备案人的违法经营活动依法进行处罚；受委托工商所应当通过备案甄别不符合免予工商登记条件的无照经营者，依据《无照经营查处取缔办法》进行查处。

(二十一)受委托工商所应当建立备案台帐，及时将巡查中发现的备案人经营变更情况载入备案记录。

二、信用分类监管

(二十二)个体工商户信用分类监管是工商行政管理机关立足工商行政管理职能，利用信息化手段，依法对所掌握个体工商户的市场准入、经营行为、市场退出等信息进行内部信用评价，按不同评价划分不同的监管类别，实行分类管理的监管方式。

(二十三)工商行政管理机关实行个体工商户信用分类监管是完善市场主体信用监管体系的重要环节，应当与企业信用分类监管相衔接，在金信工程的总体要求下进行，并结合基层经济户口管理推进网络化进程。

(二十四)个体工商户信用监管指标体系由市场准入指标、经营行为指标、市场退出指标以及参照指标组成。

(二十五)市场准入指标，反映在确认市场主体资格和经营资格过程中个体工商户的信用状况。核心在于个体工商户是否符合法定条件，提交的申请材料是否真实、合法、有效。内容包括：

1. 字号名称；

2. 经营者的姓名、身份证号；

3. 前置审批文件；

4. 经营范围及经营方式；

5. 经营场所使用证明；

6. 变更登记情况。

(二十六)经营行为指标，反映的是个体工商户在经营活动中的信用状况，核心在于个体工商户是否守法经营，在交易活动中是否遵循诚实信用原则。内容包括：

1. 经营范围、经营方式等登记事项遵守情况；

2. 消费者和群众对其投诉、举报的情况；

3. 合同履约和经营活动守信情况；

4. 验照情况；

5. 遵守商标、广告、公平交易、市场规范管理等法律法规的情况；

6. 其他经营行为。

(二十七)市场退出指标，反映的是个体工商户在退出市场过程中的信用状况，核心在于是否依法退出市场。内容包括：

1. 注销登记情况；

2. 吊销营业执照情况。

(二十八)参照指标，反映特定经营行业和特定经营地域对个体工商户守法经营状况的影响，是对个体工商户实施以信用评价为基础的分类监管时作为合理调整监管重点的参考指标。内容包括：

1. 特定经营行业：文化娱乐、互联网上网、中介服务、洗浴、美容美发、小煤窑、非煤矿山、化学危险品、石油存贮销售等需要取得行政许可或需进行备案的经营项目；

2. 特定经营地域：主要街巷、闹市区、学校和党政机关周边、旅游景点、城乡结合部、城乡商品交易会场、农村集贸市场等重点地区。

(二十九)依据个体工商户信用指标所反映的信用状况，将个体工商户信用标准分为守信标准、警示标准、一般失信标准和严重失信标准四类。

(三十)守信标准，遵守法律法规和诚实信用原则，具有良好商业信用。具体认定标准是：近两年内无任何违反工商行政管理法规的不良行为记录，近两年内验照均为合格的。

(三十一)警示标准，有轻微失信行为。具体认定标准是：近两年内有轻微违反工商行政管理法规的不良行为记录的。

(三十二)一般失信标准，有较严重的违法行为。具体认定标准是：近两年内有严重违反工商行政管理法规的不良行为记录的。

(三十三)严重失信标准，有严重违法行为，被责令停业或被依法吊销营业执照的。

(三十四)结合个体工商户登记、监管信息和个体工商户信用标准，将个体工商户相应地分为A、B、C、D四级管理。A级为守信个体工商户，用绿牌表示；B级为警示个体工商户，用蓝牌表示；C 级为一般失信个体工商户，用黄牌表示；D 级为严重失信个体工商户，用黑牌表示。工商行政管理机关特别是基层工商所应当对不同类别个体工商户实施不同的管理措施，合理地调整监管重点，科学地分配监管力量。

（三十五）对 A 级个体工商户，要建立信用激励机制，予以重点扶持。符合验照免审条件的，免予审查；除专项检查和举报外一般免予日常检查；在服务方面应开辟“绿色通道”，提供便利。

（三十六）对 B 级个体工商户，要建立信用预警机制，在日常工作中予以提示，在办理变更登记和验照时进行重点审查。

（三十七）对 C 级个体工商户，要作为重点监管对象，加强日常巡查，增加检查次数，在办理登记和验照时进行重点审查。

（三十八）对 D 级个体工商户，要建立严重失信淘汰机制。属于责令停止营业的，要依法缴回营业执照及其副本或临时营业执照；属于吊销营业执照的，要及时发布吊销公告。

（三十九）个体工商户信用记录是建立“经济户口”的重要内容。市、县工商行政管理局以及大中城市工商行政管理分局及其派出机构在日常工作中，要按照“谁登记，谁录入；谁检查，谁录入；谁处罚，谁录入”的原则，及时、准确、完整地记录个体工商户的各种信用信息，并通过录入计算机，实行网络化管理。

（四十）对涉及个体工商户信用的重大信息实行网上传递，对所有行政处罚要按照结果公开的原则，作为个体工商户信用信息予以记录并提供社会查询；对吊销营业执照的个体工商户要依法发布吊销公告。

（四十一）各级工商行政管理机关要按照个体工商户信用监管指标体系和实施分类管理的要求，加强信息网络建设，本着统一规划、统一标准、统一信息库的原则，在国家工商行政管理总局金信工程框架下开发相关信用监管软件，建立统一的个体工商户信用监管平台，并通过联网实现全系统资源共享。国家工商行政管理总局负责开发能够实时涵盖全国个体私营经济信用监管系统有关数据的统计分析软件，形成工商总局、省、市、县局和基层工商所五级纵向贯通的网络。

（四十二）基层工商所要结合市场巡查对本辖区管理的个体工商户进行分类，并结合企业信用分类监管一并纳入网络化管理，把分层分类登记管理改革与网络化建设、经济户口管理有机结合起来，促进个体工商户信用体系建设。

三、监督与处罚

（四十三）各级工商行政管理机关要认真落实个体工商户分层分类登记管理的配套措施，深化基层市场主体经济户口管理、市场巡查和信息化、制度化建设，进一步推进基层工商所改革进程。要切实加强对工商所分层分类登记管理工作的监督和指导，加强基层工商所干部队伍建设，提高人员素质，建立健全各项行政执法规章制度；改善工商所的办公条件；加快本辖区内的红盾计算机网络和 12315 综合执法网络的建设，全面提高基层工商所的监管执法能力。

（四十四）工商所的行政处罚权限依照《工商行政管理所条例》的规定执行。受委托工商所对本辖区的个体工商户和进行备案的个体经营者依法进行日常监管。

（四十五）受委托工商所在行使受委托的登记、验照和备案职权中有违法或不当行政行为的，进行委托的市、县工商行政管理局以及大中城市工商行政管理分局应当责令其限期整改，并追究相关人员的责任。

（四十六）工商行政管理机关和基层工商所的工作人员在执行本规定中玩忽职守、滥用职权，或者利用职务上的便利，以权谋私、执法违法的，要依法依纪严肃处理；构成犯罪的，依法追究刑事责任。

（四十七）各省、自治区、直辖市工商行政管理局可以结合本地区实际情况，依照本办法制定具体的落实措施或实施意见，并报国家工商行政管理总局备案。

（四十八）本办法自发文之日起施行。

个体工商户名称登记管理办法

1. 2008 年 12 月 31 日国家工商行政管理总局令第 38 号公布
2. 自 2009 年 4 月 1 日起施行

第一条 为了加强个体工商户名称的登记管理，规范个体工商户名称的使用，维护经营者和消费者的合法权益，保护个体工商户名称所有人的合法权利，根据有关法律、行政法规，制定本办法。

第二条 个体工商户可以不使用名称。个体工商户决定使用名称的，该名称的登记注册适用本办法。

第三条 国家工商行政管理总局主管全国个体工商户名称的登记管理工作。

省、自治区和直辖市工商行政管理局负责本地区个体工商户的名称登记管理工作。

县（市）工商行政管理局以及大中城市工商行政管理分局是个体工商户名称的登记机关。登记机关可以委托工商行政管理所以登记机关名义办理个体工商户名称登记。

第四条 登记机关有权纠正已登记注册的不适宜的个体工商户名称，上级机关有权纠正下级机关已登记注册的不适宜的个体工商户名称。

第五条 个体工商户决定使用名称的，应当向登记机关提出申请，经核准登记后方可使用。

一户个体工商户只准使用一个名称。

第六条 个体工商户名称由行政区划、字号、行业、组织形式依次组成。

第七条 个体工商户名称中的行政区划是指个体工商户所在县（市）和市辖区名称。行政区划之后可以缀以个体工商户经营场所所在地的乡镇、街道或者行政村、社区、市场名称。

第八条 经营者姓名可以作为个体工商户名称中的字号使用。

县级以上行政区划不得用作字号，但行政区划的地名具有其他含义的除外。

第九条 个体工商户名称中的行业应当反映其主要经营活动内容或者经营特点，其行业表述应当参照《国民经济行业分类》的中类、小类行业类别名称或具体经营项目。

第十条 个体工商户名称组织形式可以选用“厂”、“店”、“馆”、“部”、“行”、“中心”等字样，但不得使用“企业”、“公司”和“农民专业合作社”字样。

第十一条 个体工商户名称不得含有下列内容和文字：

（一）有损于国家、社会公共利益的；

（二）违反社会公序良俗，不尊重民族、宗教习俗的；

（三）可能对公众造成欺骗或者误解的；

（四）外国国家（地区）名称、国际组织名称；

（五）政党名称、党政军机关名称、群众组织名称、社团组织名称及其简称、部队番号；

（六）“中国”、“中华”、“全国”、“国家”、“国际”字词；

（七）汉语拼音、字母、外国文字、标点符号；

（八）不符合国家规范的语言文字；

（九）法律、法规规定禁止的其他内容和文字。

第十二条 个体工商户申请办理名称登记，经营范围涉及登记前置许可的，应当申请名称预先核准。申请人应当以登记机关核准的名称报送有关部门办理前置审批手续。

经营范围不涉及前置许可，可以申请名称预先核准，也可以与个体工商户设立或者变更登记一并申请办理。

登记机关办理名称预先核准，不得收取费用。

第十三条 申请个体工商户名称预先核准，应当由申请人或申请人委托的代理人向经营场所所在地的登记机关提交以下材料：

（一）个体工商户名称预先核准申请书；

（二）经营者的身份证明；

（三）经营者委托代理人办理的，还应当提交委托书和代理人的身份证明。

第十四条 受理个体工商户名称预先核准申请后，登记机关应当当场作出核准登记或者驳回申请的决定。核准登记的，应当发给《个体工商户名称预先核准通知书》；驳回申请的，应当发给《个体工商户名称驳回通知书》，并当场向申请人说明驳回的理由。

受委托办理个体工商户名称登记的工商行政管理所，依法不能当场作出决定的，应当在5日内作出核准或驳回的决定。

第十五条 预先核准的个体工商户名称保留期为6个月。保留期满，申请人仍未办理个体工商户设立或者变更登记的，预先核准的名称自动失效。申请人可以在保留期期满日前1个月内向登记机关书面申请延期，经登记机关批准保留期可以延长6个月。

预先核准的个体工商户名称在保留期内，不得转让，不得用于经营活动。

第十六条 个体工商户拟变更名称的，应当向其登记机关申请名称变更登记。

个体工商户名称中含有应当经过行政许可方可经营的项目，因行政许可被吊销、撤销或者期限届满不得再从事该项经营活动的，应当自行政许可被吊销、撤销或者期限届满之日起30日内向原登记机关申请名称变更登记。

第十七条 两个及两个以上申请人向同一登记机关申请登记相同个体工商户名称的，登记机关依照申请在先原则核定。

第十八条 在同一登记机关管辖区域内个体工商户名称申请有下列情形之一的，不予核准登记：

（一）与已登记注册或已预先核准的企业、个体工商户名称相同；

（二）与其他企业变更名称未满1年的原名称相同；

（三）与被吊销营业执照未满3年的企业或者被吊销营业执照未满1年的个体工商户名称相同的；

（四）与注销登记未满1年的企业名称相同的。

第十九条 个体工商户名称牌匾可以适当简化，但不得对公众造成欺骗或者误解。

第二十条 个体工商户有下列行为之一的，由工商行政管理机关责令改正；情节严重的，处1000元以下罚款：

（一）因经营范围涉及的登记前置许可被撤销不得再从事某项业务，但其名称又表明仍在开展该项业务，未在规定期限内申请名称变更登记的；

（二）擅自使用他人已经登记注册的市场主体名称或者有其他侵犯市场主体名称权行为的。

第二十一条 登记机关强行要求或者变相强行要求个体工商户使用名称，对不符合规定条件的个体工商户名称登记申请予以登记，或者对符合规定条件的个体工商户名称登记申请不予登记的，对直接负责的主管人员和其他直接责任人员，依法追究责任。

第二十二条 个体工商户名称争议解决程序，参照适用《企业名称登记管理实施办法》的有关规定。

第二十三条 个体工商户名称登记管理有关文书式样由国家工商行政管理总局统一制定。

第二十四条 省、自治区和直辖市工商行政管理局可以结合本地区实际情况，依照本办法制定具体的实施办法。

第二十五条 本办法于2009年4月1日起施行。

6. 农民专业合作社登记

中华人民共和国农民专业合作社法

1. 2006年10月31日第十届全国人民代表大会常务委员会第二十四次会议通过
2. 2017年12月27日第十二届全国人民代表大会常务委员会第三十一次会议修订
3. 自2018年7月1日起施行

目　　录

第一章　总　　则

第一条　【立法目的】为了规范农民专业合作社的组织和行为,鼓励、支持、引导农民专业合作社的发展,保护农民专业合作社及其成员的合法权益,推进农业农村现代化,制定本法。

第二条　【定义】本法所称农民专业合作社,是指在农村家庭承包经营基础上,农产品的生产经营者或者农业生产经营服务的提供者、利用者,自愿联合、民主管理的互助性经济组织。

第三条　【功能】农民专业合作社以其成员为主要服务对象,开展以下一种或者多种业务:

(一)农业生产资料的购买、使用;

(二)农产品的生产、销售、加工、运输、贮藏及其他相关服务;

(三)农村民间工艺及制品、休闲农业和乡村旅游资源的开发经营等;

(四)与农业生产经营有关的技术、信息、设施建设运营等服务。

第四条　【遵循原则】农民专业合作社应当遵循下列原则:

(一)成员以农民为主体;

(二)以服务成员为宗旨,谋求全体成员的共同利益;

(三)入社自愿、退社自由;

(四)成员地位平等,实行民主管理;

(五)盈余主要按照成员与农民专业合作社的交易量(额)比例返还。

第五条　【法人资格】农民专业合作社依照本法登记,取得法人资格。

农民专业合作社对由成员出资、公积金、国家财政直接补助、他人捐赠以及合法取得的其他资产所形成的财产,享有占有、使用和处分的权利,并以上述财产对债务承担责任。

第六条　【责任限度】农民专业合作社成员以其账户内记载的出资额和公积金份额为限对农民专业合作社承担责任。

第七条　【合法利益受保护】国家保障农民专业合作社享有与其他市场主体平等的法律地位。

国家保护农民专业合作社及其成员的合法权益,任何单位和个人不得侵犯。

第八条　【诚信守法】农民专业合作社从事生产经营活动,应当遵守法律,遵守社会公德、商业道德,诚实守信,不得从事与章程规定无关的活动。

第九条　【设立或加入农民专业合作社联合社】农民专业合作社为扩大生产经营和服务的规模,发展产业化经营,提高市场竞争力,可以依法自愿设立或者加入农民专业合作社联合社。

第十条　【国家扶持政策】国家通过财政支持、税收优惠和金融、科技、人才的扶持以及产业政策引导等措施,促进农民专业合作社的发展。

国家鼓励和支持公民、法人和其他组织为农民专业合作社提供帮助和服务。

对发展农民专业合作社事业做出突出贡献的单位和个人,按照国家有关规定予以表彰和奖励。

第十一条　【综合协调机制】县级以上人民政府应当建立农民专业合作社工作的综合协调机制,统筹指导、协调、推动农民专业合作社的建设和发展。

县级以上人民政府农业主管部门、其他有关部门和组织应当依据各自职责,对农民专业合作社的建设和发展给予指导、扶持和服务。

第二章　设立和登记

第十二条　【设立条件】设立农民专业合作社,应当具备下列条件：

（一）有五名以上符合本法第十九条、第二十条规定的成员；

（二）有符合本法规定的章程；

（三）有符合本法规定的组织机构；

（四）有符合法律、行政法规规定的名称和章程确定的住所；

（五）有符合章程规定的成员出资。

第十三条　【出资形式】农民专业合作社成员可以用货币出资，也可以用实物、知识产权、土地经营权、林权等可以用货币估价并可以依法转让的非货币财产，以及章程规定的其他方式作价出资；但是，法律、行政法规规定不得作为出资的财产除外。

农民专业合作社成员不得以对该社或者其他成员的债权，充抵出资；不得以缴纳的出资，抵销对该社或者其他成员的债务。

第十四条　【设立大会】设立农民专业合作社，应当召开由全体设立人参加的设立大会。设立时自愿成为该社成员的人为设立人。

设立大会行使下列职权：

（一）通过本社章程，章程应当由全体设立人一致通过；

（二）选举产生理事长、理事、执行监事或者监事会成员；

（三）审议其他重大事项。

第十五条　【章程载明事项】农民专业合作社章程应当载明下列事项：

（一）名称和住所；

（二）业务范围；

（三）成员资格及入社、退社和除名；

（四）成员的权利和义务；

（五）组织机构及其产生办法、职权、任期、议事规则；

（六）成员的出资方式、出资额，成员出资的转让、继承、担保；

（七）财务管理和盈余分配、亏损处理；

（八）章程修改程序；

（九）解散事由和清算办法；

（十）公告事项及发布方式；

（十一）附加表决权的设立、行使方式和行使范围；

（十二）需要载明的其他事项。

第十六条　【申请设立登记文件】设立农民专业合作社，应当向工商行政管理部门提交下列文件，申请设立登记：

（一）登记申请书；

（二）全体设立人签名、盖章的设立大会纪要；

（三）全体设立人签名、盖章的章程；

（四）法定代表人、理事的任职文件及身份证明；

（五）出资成员签名、盖章的出资清单；

（六）住所使用证明；

（七）法律、行政法规规定的其他文件。

登记机关应当自受理登记申请之日起二十日内办理完毕，向符合登记条件的申请者颁发营业执照，登记类型为农民专业合作社。

农民专业合作社法定登记事项变更的，应当申请变更登记。

登记机关应当将农民专业合作社的登记信息通报同级农业等有关部门。

农民专业合作社登记办法由国务院规定。办理登记不得收取费用。

第十七条　【报送年度报告并公示】农民专业合作社应当按照国家有关规定，向登记机关报送年度报告，并向社会公示。

第十八条　【依法向企业投资并承担责任】农民专业合作社可以依法向公司等企业投资，以其出资额为限对所投资企业承担责任。

第三章　成　　员

第十九条　【成员资格】具有民事行为能力的公民，以及从事与农民专业合作社业务直接有关的生产经营活动的企业、事业单位或者社会组织，能够利用农民专业合作社提供的服务，承认并遵守农民专业合作社章程，履行章程规定的入社手续的，可以成为农民专业合作社的成员。但是，具有管理公共事务职能的单位不得加入农民专业合作社。

农民专业合作社应当置备成员名册，并报登记机关。

第二十条　【成员的组成要求】农民专业合作社的成员中，农民至少应当占成员总数的百分之八十。

成员总数二十人以下的，可以有一个企业、事业单位或者社会组织成员；成员总数超过二十人的，企业、事业单位和社会组织成员不得超过成员总数的百分之五。

第二十一条　【成员权利】农民专业合作社成员享有下列权利：

（一）参加成员大会，并享有表决权、选举权和被选举权，按照章程规定对本社实行民主管理；

（二）利用本社提供的服务和生产经营设施；

（三）按照章程规定或者成员大会决议分享盈余；

（四）查阅本社的章程、成员名册、成员大会或者成员代表大会记录、理事会会议决议、监事会会议决议、财务会计报告、会计账簿和财务审计报告；

（五）章程规定的其他权利。

第二十二条　【表决权】农民专业合作社成员大会选举和表决，实行一人一票制，成员各享有一票的基本表决权。

出资额或者与本社交易量（额）较大的成员按照章程规定，可以享有附加表决权。本社的附加表决权总票数，不得超过本社成员基本表决权总票数的百分之二十。享有附加表决权的成员及其享有的附加表决权数，应当在每次成员大会召开时告知出席会议的全体成员。

第二十三条　【成员义务】农民专业合作社成员承担下列义务：

（一）执行成员大会、成员代表大会和理事会的决议；

（二）按照章程规定向本社出资；

（三）按照章程规定与本社进行交易；

（四）按照章程规定承担亏损；

（五）章程规定的其他义务。

第二十四条　【加入申请】符合本法第十九条、第二十条规定的公民、企业、事业单位或者社会组织，要求加入已成立的农民专业合作社，应当向理事长或者理事会提出书面申请，经成员大会或者成员代表大会表决通过后，成为本社成员。

第二十五条　【退社】农民专业合作社成员要求退社的，应当在会计年度终了的三个月前向理事长或者理事会提出书面申请；其中，企业、事业单位或者社会组织成员退社，应当在会计年度终了的六个月前提出；章程另有规定的，从其规定。退社成员的成员资格自会计年度终了时终止。

第二十六条　【除名】农民专业合作社成员不遵守农民专业合作社的章程、成员大会或者成员代表大会的决议，或者严重危害其他成员及农民专业合作社利益的，可以予以除名。

成员的除名，应当经成员大会或者成员代表大会表决通过。

在实施前款规定时，应当为该成员提供陈述意见的机会。

被除名成员的成员资格自会计年度终了时终止。

第二十七条　【资格终止后原合同的履行】成员在其资格终止前与农民专业合作社已订立的合同，应当继续履行；章程另有规定或者与本社另有约定的除外。

第二十八条　【资格终止后的清算】成员资格终止的，农民专业合作社应当按照章程规定的方式和期限，退还记载在该成员账户内的出资额和公积金份额；对成员资格终止前的可分配盈余，依照本法第四十四条的规定向其返还。

资格终止的成员应当按照章程规定分摊资格终止前本社的亏损及债务。

第四章　组织机构

第二十九条　【成员大会的职权】农民专业合作社成员大会由全体成员组成，是本社的权力机构，行使下列职权：

（一）修改章程；

（二）选举和罢免理事长、理事、执行监事或者监事会成员；

（三）决定重大财产处置、对外投资、对外担保和生产经营活动中的其他重大事项；

（四）批准年度业务报告、盈余分配方案、亏损处理方案；

（五）对合并、分立、解散、清算，以及设立、加入联合社等作出决议；

（六）决定聘用经营管理人员和专业技术人员的数量、资格和任期；

（七）听取理事长或者理事会关于成员变动情况的报告，对成员的入社、除名等作出决议；

（八）公积金的提取及使用；

（九）章程规定的其他职权。

第三十条　【出席人数和议事规则】农民专业合作社召开成员大会，出席人数应当达到成员总数三分之二以上。

成员大会选举或者作出决议，应当由本社成员表决权总数过半数通过；作出修改章程或者合并、分立、解散，以及设立、加入联合社的决议应当由本社成员表决权总数的三分之二以上通过。章程对表决权数有较高规定的，从其规定。

第三十一条　【成员大会的召开】农民专业合作社成员大会每年至少召开一次，会议的召集由章程规定。有下列情形之一的，应当在二十日内召开临时成员大会：

（一）百分之三十以上的成员提议；

（二）执行监事或者监事会提议；

（三）章程规定的其他情形。

第三十二条 【成员代表大会】农民专业合作社成员超过一百五十人的，可以按照章程规定设立成员代表大会。成员代表大会按照章程规定可以行使成员大会的部分或者全部职权。

依法设立成员代表大会的，成员代表人数一般为成员总人数的百分之十，最低人数为五十一人。

第三十三条 【理事会和监事会】农民专业合作社设理事长一名，可以设理事会。理事长为本社的法定代表人。

农民专业合作社可以设执行监事或者监事会。理事长、理事、经理和财务会计人员不得兼任监事。

理事长、理事、执行监事或者监事会成员，由成员大会从本社成员中选举产生，依照本法和章程的规定行使职权，对成员大会负责。

理事会会议、监事会会议的表决，实行一人一票。

第三十四条 【会议记录】农民专业合作社的成员大会、成员代表大会、理事会、监事会，应当将所议事项的决定作成会议记录，出席会议的成员、成员代表、理事、监事应当在会议记录上签名。

第三十五条 【聘任经理和财会人员】农民专业合作社的理事长或者理事会可以按照成员大会的决定聘任经理和财务会计人员，理事长或者理事可以兼任经理。经理按照章程规定或者理事会的决定，可以聘任其他人员。

经理按照章程规定和理事长或者理事会授权，负责具体生产经营活动。

第三十六条 【理事长、理事和管理人员的禁止行为】农民专业合作社的理事长、理事和管理人员不得有下列行为：

（一）侵占、挪用或者私分本社资产；

（二）违反章程规定或者未经成员大会同意，将本社资金借贷给他人或者以本社资产为他人提供担保；

（三）接受他人与本社交易的佣金归为己有；

（四）从事损害本社经济利益的其他活动。

理事长、理事和管理人员违反前款规定所得的收入，应当归本社所有；给本社造成损失的，应当承担赔偿责任。

第三十七条 【竞业禁止】农民专业合作社的理事长、理事、经理不得兼任业务性质相同的其他农民专业合作社的理事长、理事、监事、经理。

第三十八条 【任职限制】执行与农民专业合作社业务有关公务的人员，不得担任农民专业合作社的理事长、理事、监事、经理或者财务会计人员。

第五章 财务管理

第三十九条 【财务管理与会计核算】农民专业合作社应当按照国务院财政部门制定的财务会计制度进行财务管理和会计核算。

第四十条 【财务资料的置备】农民专业合作社的理事长或者理事会应当按照章程规定，组织编制年度业务报告、盈余分配方案、亏损处理方案以及财务会计报告，于成员大会召开的十五日前，置备于办公地点，供成员查阅。

第四十一条 【分别核算】农民专业合作社与其成员的交易、与利用其提供的服务的非成员的交易，应当分别核算。

第四十二条 【公积金】农民专业合作社可以按照章程规定或者成员大会决议从当年盈余中提取公积金。公积金用于弥补亏损、扩大生产经营或者转为成员出资。

每年提取的公积金按照章程规定量化为每个成员的份额。

第四十三条 【成员账户的记载内容】农民专业合作社应当为每个成员设立成员账户，主要记载下列内容：

（一）该成员的出资额；

（二）量化为该成员的公积金份额；

（三）该成员与本社的交易量（额）。

第四十四条 【可分配盈余】在弥补亏损、提取公积金后的当年盈余，为农民专业合作社的可分配盈余。可分配盈余主要按照成员与本社的交易量（额）比例返还。

可分配盈余按成员与本社的交易量（额）比例返还的返还总额不得低于可分配盈余的百分之六十；返还后的剩余部分，以成员账户中记载的出资额和公积金份额，以及本社接受国家财政直接补助和他人捐赠形成的财产平均量化到成员的份额，按比例分配给本社成员。

经成员大会或者成员代表大会表决同意，可以将全部或者部分可分配盈余转为对农民专业合作社的出资，并记载在成员账户中。

具体分配办法按照章程规定或者经成员大会决议确定。

第四十五条 【审计】设立执行监事或者监事会的农民专业合作社，由执行监事或者监事会负责对本社的财务进行内部审计，审计结果应当向成员大会报告。

成员大会也可以委托社会中介机构对本社的财务进行审计。

第六章　合并、分立、解散和清算

第四十六条　【合并后债权债务的承诺】农民专业合作社合并，应当自合并决议作出之日起十日内通知债权人。合并各方的债权、债务应当由合并后存续或者新设的组织承继。

第四十七条　【分立的财产分割和债务承担】农民专业合作社分立，其财产作相应的分割，并应当自分立决议作出之日起十日内通知债权人。分立前的债务由分立后的组织承担连带责任。但是，在分立前与债权人就债务清偿达成的书面协议另有约定的除外。

第四十八条　【解散事由和清算程序】农民专业合作社因下列原因解散：

（一）章程规定的解散事由出现；

（二）成员大会决议解散；

（三）因合并或者分立需要解散；

（四）依法被吊销营业执照或者被撤销。

因前款第一项、第二项、第四项原因解散的，应当在解散事由出现之日起十五日内由成员大会推举成员组成清算组，开始解散清算。逾期不能组成清算组的，成员、债权人可以向人民法院申请指定成员组成清算组进行清算，人民法院应当受理该申请，并及时指定成员组成清算组进行清算。

第四十九条　【清算组的职责】清算组自成立之日起接管农民专业合作社，负责处理与清算有关未了结业务，清理财产和债权、债务，分配清偿债务后的剩余财产，代表农民专业合作社参与诉讼、仲裁或者其他法律程序，并在清算结束时办理注销登记。

第五十条　【公告和债权申报】清算组应当自成立之日起十日内通知农民专业合作社成员和债权人，并于六十日内在报纸上公告。债权人应当自接到通知之日起三十日内，未接到通知的自公告之日起四十五日内，向清算组申报债权。如果在规定期间内全部成员、债权人均已收到通知，免除清算组的公告义务。

债权人申报债权，应当说明债权的有关事项，并提供证明材料。清算组应当对债权进行审查、登记。

在申报债权期间，清算组不得对债权人进行清偿。

第五十一条　【不能办理成员退社手续的情形】农民专业合作社因本法第四十八条第一款的原因解散，或者人民法院受理破产申请时，不能办理成员退社手续。

第五十二条　【清算组的清偿工作】清算组负责制定包括清偿农民专业合作社员工的工资及社会保险费用，清偿所欠税款和其他各项债务，以及分配剩余财产在内的清算方案，经成员大会通过或者申请人民法院确认后实施。

清算组发现农民专业合作社的财产不足以清偿债务的，应当依法向人民法院申请破产。

第五十三条　【特别财产不可分配】农民专业合作社接受国家财政直接补助形成的财产，在解散、破产清算时，不得作为可分配剩余资产分配给成员，具体按照国务院财政部门有关规定执行。

第五十四条　【清算组成员的义务和违法责任】清算组成员应当忠于职守，依法履行清算义务，因故意或者重大过失给农民专业合作社成员及债权人造成损失的，应当承担赔偿责任。

第五十五条　【优先清偿的款项】农民专业合作社破产适用企业破产法的有关规定。但是，破产财产在清偿破产费用和共益债务后，应当优先清偿破产前与农民成员已发生交易但尚未结清的款项。

第七章　农民专业合作社联合社

第五十六条　【联合社的设立条件】三个以上的农民专业合作社在自愿的基础上，可以出资设立农民专业合作社联合社。

农民专业合作社联合社应当有自己的名称、组织机构和住所，由联合社全体成员制定并承认的章程，以及符合章程规定的成员出资。

第五十七条　【联合社登记规定】农民专业合作社联合社依照本法登记，取得法人资格，领取营业执照，登记类型为农民专业合作社联合社。

第五十八条　【联合社及其成员的责任承担】农民专业合作社联合社以其全部财产对该社的债务承担责任；农民专业合作社联合社的成员以其出资额为限对农民专业合作社联合社承担责任。

第五十九条　【联合社成员大会的职权】农民专业合作社联合社应当设立由全体成员参加的成员大会，其职权包括修改农民专业合作社联合社章程，选举和罢免农民专业合作社联合社理事长、理事和监事，决定农民专业合作社联合社的经营方案及盈余分配，决定对外投资和担保方案等重大事项。

农民专业合作社联合社不设成员代表大会，可以根据需要设立理事会、监事会或者执行监事。理事长、理事应当由成员社选派的人员担任。

第六十条　【联合社成员大会选举表决】农民专业合作社联合社的成员大会选举和表决，实行一社一票。

第六十一条　【联合社的盈余分配】农民专业合作社联

合社可分配盈余的分配办法，按照本法规定的原则由农民专业合作社联合社章程规定。

第六十二条 【联合社成员退社】农民专业合作社联合社成员退社，应当在会计年度终了的六个月前以书面形式向理事会提出。退社成员的成员资格自会计年度终了时终止。

第六十三条 【未明确规定的法律适用】本章对农民专业合作社联合社没有规定的，适用本法关于农民专业合作社的规定。

第八章 扶持措施

第六十四条 【建设项目的委托实施】国家支持发展农业和农村经济的建设项目，可以委托和安排有条件的农民专业合作社实施。

第六十五条 【财政资金扶持】中央和地方财政应当分别安排资金，支持农民专业合作社开展信息、培训、农产品标准与认证、农业生产基础设施建设、市场营销和技术推广等服务。国家对革命老区、民族地区、边疆地区和贫困地区的农民专业合作社给予优先扶助。

县级以上人民政府有关部门应当依法加强对财政补助资金使用情况的监督。

第六十六条 【政策性金融机构的资金支持】国家政策性金融机构应当采取多种形式，为农民专业合作社提供多渠道的资金支持。具体支持政策由国务院规定。

国家鼓励商业性金融机构采取多种形式，为农民专业合作社及其成员提供金融服务。

国家鼓励保险机构为农民专业合作社提供多种形式的农业保险服务。鼓励农民专业合作社依法开展互助保险。

第六十七条 【税收优惠】农民专业合作社享受国家规定的对农业生产、加工、流通、服务和其他涉农经济活动相应的税收优惠。

第六十八条 【用电用地管理】农民专业合作社从事农产品初加工用电执行农业生产用电价格，农民专业合作社生产性配套辅助设施用地按农用地管理，具体办法由国务院有关部门规定。

第九章 法律责任

第六十九条 【侵犯专业合作社及其成员财产权的责任】侵占、挪用、截留、私分或者以其他方式侵犯农民专业合作社及其成员的合法财产，非法干预农民专业合作社及其成员的生产经营活动，向农民专业合作社及其成员摊派，强迫农民专业合作社及其成员接受有偿服务，造成农民专业合作社经济损失的，依法追究法律责任。

第七十条 【违法登记的责任】农民专业合作社向登记机关提供虚假登记材料或者采取其他欺诈手段取得登记的，由登记机关责令改正，可以处五千元以下罚款；情节严重的，撤销登记或者吊销营业执照。

第七十一条 【连续两年未从事经营活动的后果】农民专业合作社连续两年未从事经营活动的，吊销其营业执照。

第七十二条 【提供虚假财务报告的责任】农民专业合作社在依法向有关主管部门提供的财务报告等材料中，作虚假记载或者隐瞒重要事实的，依法追究法律责任。

第十章 附 则

第七十三条 【法律适用】国有农场、林场、牧场、渔场等企业中实行承包租赁经营、从事农业生产经营或者服务的职工，兴办农民专业合作社适用本法。

第七十四条 【施行日期】本法自 2018 年 7 月 1 日起施行。

农民专业合作社年度报告公示暂行办法

1. 2014 年 8 月 19 日国家工商行政管理总局令第 70 号公布
2. 自 2014 年 10 月 1 日起施行

第一条 为规范农民专业合作社年度报告公示，依据《农民专业合作社登记管理条例》、《企业信息公示暂行条例》、《注册资本登记制度改革方案》等行政法规和国务院有关规定，制定本办法。

第二条 农民专业合作社年度报告的报送、公示适用本办法。

第三条 国家工商行政管理总局和省、自治区、直辖市工商行政管理局分别负责全国和各省、自治区、直辖市农民专业合作社年度报告公示的管理工作，并对下级工商行政管理部门开展年度报告公示工作进行指导和监督。

各级工商行政管理部门负责其登记的农民专业合作社的年度报告公示相关工作。

第四条 农民专业合作社应当于每年 1 月 1 日至 6 月 30 日，通过企业信用信息公示系统向工商行政管理部门报送上一年度年度报告，并向社会公示。

当年设立登记的农民专业合作社，自下一年起报送并公示年度报告。

第五条　农民专业合作社年度报告内容包括：

（一）行政许可取得和变动信息；

（二）生产经营信息；

（三）资产状况信息；

（四）开设的网站或者从事网络经营的网店的名称、网址等信息；

（五）联系方式信息；

（六）国家工商行政管理总局要求公示的其他信息。

第六条　农民专业合作社应当对其年度报告内容的真实性、及时性负责。

第七条　农民专业合作社发现其公示的年度报告内容不准确的，应当及时更正，更正应当在每年6月30日之前完成。更正前后内容同时公示。

第八条　省、自治区、直辖市工商行政管理局应当组织对农民专业合作社年度报告公示信息进行随机抽查。

抽查的农民专业合作社名单和抽查结果应当通过企业信用信息公示系统公示。

农民专业合作社年度报告公示信息的抽查比例、抽查方式、抽查程序参照《企业公示信息抽查暂行办法》有关规定执行。

第九条　公民、法人或者其他组织发现农民专业合作社公示的信息虚假的，可以向工商行政管理部门举报。工商行政管理部门应当自收到举报材料之日起20个工作日内进行核查，予以处理，并将处理结果书面告知举报人。

第十条　农民专业合作社未按照本办法规定的期限报送年度报告并公示的，工商行政管理部门应当自当年年度报告公示结束之日起10个工作日内作出将其列入经营异常名录的决定，并通过企业信用信息公示系统向社会公示。

第十一条　农民专业合作社年度报告公示信息隐瞒真实情况、弄虚作假的，工商行政管理部门应当自查实之日起10个工作日内作出将其列入经营异常名录的决定，并通过企业信用信息公示系统向社会公示。

第十二条　工商行政管理部门在依法履职过程中通过登记的住所无法与农民专业合作社取得联系的，应当自查实之日起10个工作日内作出将其列入经营异常名录的决定，并通过企业信用信息公示系统向社会公示。

第十三条　依照本办法第十条规定被列入经营异常名录的农民专业合作社，可以在补报未报年份的年度报告并公示后，申请移出经营异常名录，工商行政管理部门应当自收到申请之日起5个工作日内作出移出决定。

第十四条　依照本办法第十一条规定被列入经营异常名录的农民专业合作社，更正其公示的年度报告信息后，可以向工商行政管理部门申请移出经营异常名录，工商行政管理部门应当自查实之日起5个工作日内作出移出决定。

第十五条　依照本办法第十二条规定被列入经营异常名录的农民专业合作社，依法办理住所变更登记，或者提出通过登记的住所可以重新取得联系，申请移出经营异常名录的，工商行政管理部门应当自查实之日起5个工作日内作出移出决定。

第十六条　农民专业合作社对其被列入经营异常名录有异议的，可以自公示之日起30日内向作出决定的工商行政管理部门提出书面申请并提交相关证明材料，工商行政管理部门应当在5个工作日内决定是否受理。予以受理的，应当在20个工作日内核实，并将核实结果书面告知申请人；不予受理的，将不予受理的理由书面告知申请人。

工商行政管理部门通过核实发现将农民专业合作社列入经营异常名录存在错误的，应当自查实之日起5个工作日内予以更正。

第十七条　对农民专业合作社被列入、移出经营异常名录的决定，可以依法申请行政复议或者提起行政诉讼。

第十八条　工商行政管理部门未依照本办法的有关规定履行职责的，由上一级工商行政管理部门责令改正；情节严重的，对负有责任的主管人员和其他直接责任人员依照有关规定予以处理。

第十九条　农民专业合作社年度报告及公示内容格式，由国家工商行政管理总局统一制定。

第二十条　本办法由国家工商行政管理总局负责解释。

第二十一条　本办法自2014年10月1日起施行。

国家工商行政管理总局关于农民专业合作社登记管理的若干意见

1. 2007年6月21日

2. 工商个字〔2007〕126号

《中华人民共和国农民专业合作社法》（以下简称《农民专业合作社法》）和《中华人民共和国农民专业合作社登记管理条例》（以下简称《条例》）是中国特色

社会主义法律体系的重要组成部分。它们的施行对于推动农村经济结构调整和农业产业化经营、拓宽农民就业增收渠道和增加农民收入、加快建设社会主义新农村具有重大的现实意义和深远的历史意义。各级工商行政管理机关要增强支持服务农民专业合作社的自觉性,自 2007 年 7 月 1 日起,依法开展农民专业合作社登记管理和服务工作。依据《农民专业合作社法》、《条例》和有关法律法规,现就农民专业合作社登记管理工作提出如下意见:

一、关于农民专业合作社的登记管辖和登记事项

(一)县(旗)、县级市工商行政管理局和地区(州、盟)、地级市工商行政管理局的分局,以及直辖市的工商行政管理分局负责本辖区内农民专业合作社的登记。

(二)农民专业合作社名称依次由行政区划、字号、行业、组织形式组成,组织形式应当标明"专业合作社"字样。农民专业合作社只准使用一个名称,在登记机关辖区内不得与已登记注册的同行业农民专业合作社名称相同。

(三)农民专业合作社业务范围涉及登记前置许可的,应当在设立登记前向登记机关申请农民专业合作社名称预先核准,并提交全体设立人指定代表或者委托代理人签署的名称预先核准申请书。登记机关准予名称预先核准的,出具名称预先核准通知书。申请者应当以登记机关核准的名称报送有关部门申请登记前置许可。

(四)农民专业合作社依法登记的住所只能有一个,且应当在其登记机关辖区内。农民专业合作社的住所使用证明:以成员自有场所作为住所的,应当提交该社有权使用的证明及场所的产权证明;租用他人场所的,应当提交租赁协议及场所的产权证明;因场所在农村没有房管部门颁发的产权证明的,可提交场所所在地村民委员会出具的证明。农民专业合作社变更住所的,应当在迁入新住所前申请变更登记,并提交新的住所使用证明。

(五)农民专业合作社提交的成员出资清单材料内容齐全、符合法定形式的,登记机关以出资清单载明的成员出资总额的数额,核定农民专业合作社的成员出资总额。

(六)登记机关应当按照下列原则核定农民专业合作社的业务范围:对申请人根据其章程提出的申请,依据《农民专业合作社法》和《条例》的有关规定核定业务范围,如组织采购、供应成员所需的农业生产资料;组织收购、销售成员及同类生产经营者的产品;开展成员所需的农产品加工、运输、贮藏等服务;引进新技术、新品种,开展与农业生产经营有关的技术培训、技术交流和信息咨询服务等。涉及登记前置许可的经营项目,如"种子生产经营"、"种畜禽生产经营"等,应当按照国家有关部门许可或者审批的经营项目核定业务范围。不涉及登记前置许可的经营项目,根据申请人的申请,还可以参照国民经济行业分类标准的中类或者小类核定业务范围。

二、关于农民专业合作社的合并、分立和注销登记

(七)因合并、分立而存续的农民专业合作社,其登记事项发生变化的,应当申请变更登记;因合并、分立而新设立的农民专业合作社,应当申请设立登记。农民专业合作社因分立申请变更登记或新设立登记的,除应当提交《条例》规定的有关文件外,还应当提交成员大会或者成员代表大会依法做出的分立决议,以及农民专业合作社债务清偿或者债务担保情况的说明。

(八)成立清算组的农民专业合作社申请注销登记,除应当提交《条例》第二十五条规定的有关文件外,还应当提交成员大会推举成员组成清算组或者人民法院指定成员组成清算组的文件,以及清算组成员、负责人名单。

(九)有分支机构的农民专业合作社申请注销登记,除应当提交《条例》第二十五规定的有关文件外,还应当提交其分支机构注销登记的证明。

三、关于农民专业合作社分支机构的登记

(十)农民专业合作社分支机构的登记事项包括:名称、经营场所、负责人姓名、业务范围。分支机构的名称适用国家有关企业名称登记管理的规定。分支机构的业务范围不得超出农民专业合作社的业务范围。

(十一)农民专业合作社设立分支机构,应当提交法定代表人根据成员大会决议签署的分支机构设立登记申请书、加盖农民专业合作社印章的营业执照复印件、经营场所使用证明、分支机构负责人任职文件和身份证明、法定代表人指定代表或者委托代理人的证明。分支机构业务范围涉及登记前置许可的,还应当提交有关批准文件。登记机关准予设立登记的,发给《农民专业合作社分支机构营业执照》。

(十二)农民专业合作社分支机构变更登记事项的,应当自决定做出之日或者事由发生之日起 30 日内,向登记机关申请变更登记,并提交由法定代表人根据成员大会变更决议签署的变更登记申请书。变更经营场所的,还应当提交新的经营场所使用证明;变更业

务范围涉及登记前置许可的，还应当提交有关批准文件；变更负责人姓名的，还应当提交新的《农民专业合作社分支机构负责人登记表》。登记机关准予变更登记的，换发《农民专业合作社分支机构营业执照》。

（十三）农民专业合作社分支机构被农民专业合作社撤销或者依法被吊销营业执照的，农民专业合作社应当自决定做出之日或者事由发生之日起30日内，向分支机构的登记机关申请注销登记，并提交法定代表人签署的注销登记申请书、分支机构营业执照和法定代表人指定代表或者委托代理人的证明。

四、关于农民专业合作社的备案程序

（十四）农民专业合作社发生备案事由的，应当在规定的期限内向登记机关报送《农民专业合作社备案表》，以及修改后的成员名册或者修改后的章程（章程修正案）。

（十五）农民专业合作社报送的备案材料齐全，符合法定形式的，登记机关予以备案，并发给报送人《农民专业合作社备案回执》。对备案材料不齐全或者不符合规定的，应当当场告知报送人需要补正的全部内容。

五、关于《条例》施行前设立的农民专业合作社的登记

（十六）《条例》施行前设立的农民专业合作社，已采用公司、非公司企业法人或者合伙企业等组织形式在工商行政管理机关登记，且属于《农民专业合作社法》、《条例》调整范围的，应当自2007年7月1日至2008年6月30日期间，依法办理农民专业合作社登记。具体操作办法：根据申请人的申请，既可以先办理注销登记，再办理设立登记；也可以适用变更登记程序，提交《农民专业合作社变更登记申请书》、债务承接的说明和《条例》第十一条规定设立登记应当提交的有关文件。登记机关准予设立登记或者变更登记的，核发或者换发《农民专业合作社法人营业执照》。

（十七）《条例》施行前已在工商行政管理机关登记的农民专业合作社，自愿保留公司、非公司企业法人或者合伙企业等原有组织形式的，不再办理农民专业合作社登记，但其名称不应当含有“专业合作社”字样。

（十八）《条例》施行前设立的农民专业合作社，未在工商行政管理机关登记但属于《农民专业合作社法》、《条例》调整范围的，应当自2007年7月1日起，依法向登记机关申请农民专业合作社设立登记。自2008年7月1日起，未经登记，不得以农民专业合作社名义从事经营活动。

六、关于对农民专业合作社的服务和监管

（十九）基层工商登记机关要设立农民专业合作社登记的服务窗口和“绿色通道”，免费为农民专业合作社申办者提供政策法规方面的咨询服务，提供申请、受理、审批一站式服务，切实提高工作效率和服务质量。

（二十）登记机关应当以农民专业合作社登记管理的数据为基础，建立、健全农民专业合作社登记管理数据库和信用分类监管制度。公众及有关部门、组织可以向登记机关查询农民专业合作社的登记信息，登记机关应当提供查询服务。

（二十一）登记机关要加强对农民专业合作社的监督管理。建立、健全定期回访制度，通过实地检查，发现有提交虚假材料或者采取其他欺诈手段取得农民专业合作社登记的，责令改正；情节严重的，撤销农民专业合作社登记。建立、健全日常巡查制度，检查农民专业合作社登记事项发生变更是否申请变更登记；是否因成员变更使农民成员低于法定比例满6个月；是否从事业务范围以外的经营活动；是否变造、出租、出借、转让营业执照，对有以上违法行为之一的，责令改正；情节严重的，吊销营业执照。

国家工商行政管理总局、农业部关于进一步做好农民专业合作社登记与相关管理工作的意见

1. 2013年12月18日
2. 工商个字〔2013〕199号

《中华人民共和国农民专业合作社法》颁布实施以来，各级工商行政管理、农业行政管理部门充分发挥职能作用，积极服务和促进农民专业合作社发展，农民专业合作社数量快速增长，实力逐步增强，在发展现代农业、促进农民增收、建设社会主义新农村中发挥了重要作用。为贯彻落实《中共中央国务院关于加快发展现代农业进一步增强农村发展活力的若干意见》（中发〔2013〕1号）精神，按照“积极发展、逐步规范、强化扶持、提升素质”的要求，进一步加强农民专业合作社登记及相关管理，促进农民专业合作社健康发展，现提出如下意见：

一、进一步规范农民专业合作社管理工作

（一）按照《中华人民共和国农民专业合作社法》、《农民专业合作社登记管理条例》的要求，农民专业合作社成员应依法在工商行政管理部门备案。各级登记机关应加强对农民专业合作社申办者的宣传引导，按照法律法规对农民专业合作社所有成员予以备案。

（二）已迁入城镇居住但仍保留土地承包经营权的居民申请设立农民专业合作社可以按照农民身份对待，其成员身份证明为居民身份证、土地承包经营权证，或者村民委员会（居民委员会）出具的身份证明。

（三）国有农（牧、渔、林）场等企业、事业单位中实行承包经营、从事农产品生产经营或农业生产经营服务的职工可以参照《中华人民共和国农民专业合作社法》、《农民专业合作社登记管理条例》设立农民专业合作社。从事农产品生产经营的，在登记时应当提交土地承包经营合同；从事农业生产经营服务（包括农业技术服务、农产品运输、农机服务、养殖等）的，在登记时应当提交本人居民身份证和由所在国有农（牧、渔、林）场出具的身份确认文件。符合上述条件的职工人数或职工与农民人数之和至少应当占成员总数的80%。

（四）村民委员会不能成为农民专业合作社的单位成员。不得混淆村民委员会管理公共事务的职能与农民专业合作社的经济组织功能、实行"村社合一"。

（五）依照《中华人民共和国农民专业合作社法》的要求，遵循民管、民享、民受益和农民自愿的原则推进农民专业合作社发展，不得采取自上而下、行政命令的方法强行推动设立农民专业合作社或者农民专业合作社联合社。

（六）扎实推进农民专业合作社示范社建设。制定农民专业合作社示范社评定标准，建立科学的示范社申报、审核评定和动态监测机制，将示范社作为政策扶持重点，引导农民专业合作社积极创建示范社。

二、建立农民专业合作社年报制度

（七）建立农民专业合作社年报制度，掌握农民专业合作社登记事项执行情况和经营运行状态，是落实《农民专业合作社财务会计制度（试行）》的客观要求，是为农民专业合作社积累商业信誉，提供信用服务，引导农民专业合作社规范发展的有效途径。

（八）农民专业合作社每年定期向登记机关报送农民专业合作社年度报告书，在登记机关指定网站上公示其年报的相关资料，并对公示年报信息的真实性负责。

（九）工商行政管理、农业行政管理部门应对农民专业合作社年报信息的填报加强指导，帮助农民专业合作社完整准确公示信息。要运用年报信息开展监督管理、行政指导、政策扶持和配套服务。要建立年报信息抽查核查制度，对年报信息的真实性进行核查，对年报中弄虚作假的，要依法予以处理。要将年报信息填报情况作为示范社动态监测的重要内容，对未按规定时间进行年度申报或申报信息不完整的，在动态监测中予以标注。

三、积极探索开展农民专业合作社联合社登记管理工作

（十）引导农民专业合作社以产品和产业为纽带开展合作与联合，积极探索农民专业合作社联合社登记管理办法。

（十一）农民专业合作社联合社应当由农民专业合作社根据发展需要自愿联合组建，以服务成员为宗旨，实行民主管理。

（十二）农民专业合作社联合社设立、变更、注销及备案登记参照《中华人民共和国农民专业合作社法》、《农民专业合作社登记管理条例》相关规定办理，在设立登记时领取《农民专业合作社法人营业执照》。

（十三）农民专业合作社联合社成员应为农民专业合作社，且成员数应在3个以上。设立农民专业合作社联合社应有符合《中华人民共和国农民专业合作社法》、《农民专业合作社登记管理条例》规定的章程、组织机构、成员出资、业务范围。农民专业合作社联合社可以与其成员使用同一住所。

（十四）农民专业合作社联合社名称依次由行政区划、字号、行业、组织形式组成，组织形式应当标明"专业合作社联合社"字样，并符合国家有关名称登记管理规定。

（十五）农民专业合作社联合社由住所所在地的县（市）、区以上工商行政管理部门登记。

各地工商行政管理部门和农业行政管理部门要认真贯彻落实本《意见》精神，加强沟通协作，建立高效的会商机制，加强研究、定期交流、信息共享、密切配合，共同做好农民专业合作社登记管理、跟踪服务与指导工作。执行过程中遇到的新情况、新问题，要及时报告工商总局和农业部。

三、市场规范管理

资料补充栏

1. 信用监督管理

企业信息公示暂行条例

1. 2014年8月7日国务院令第654号公布
2. 自2014年10月1日起施行

第一条 为了保障公平竞争,促进企业诚信自律,规范企业信息公示,强化企业信用约束,维护交易安全,提高政府监管效能,扩大社会监督,制定本条例。

第二条 本条例所称企业信息,是指在工商行政管理部门登记的企业从事生产经营活动过程中形成的信息,以及政府部门在履行职责过程中产生的能够反映企业状况的信息。

第三条 企业信息公示应当真实、及时。公示的企业信息涉及国家秘密、国家安全或者社会公共利益的,应当报请主管的保密行政管理部门或者国家安全机关批准。县级以上地方人民政府有关部门公示的企业信息涉及企业商业秘密或者个人隐私的,应当报请上级主管部门批准。

第四条 省、自治区、直辖市人民政府领导本行政区域的企业信息公示工作,按照国家社会信用信息平台建设的总体要求,推动本行政区域企业信用信息公示系统的建设。

第五条 国务院工商行政管理部门推进、监督企业信息公示工作,组织企业信用信息公示系统的建设。国务院其他有关部门依照本条例规定做好企业信息公示相关工作。

县级以上地方人民政府有关部门依照本条例规定做好企业信息公示工作。

第六条 工商行政管理部门应当通过企业信用信息公示系统,公示其在履行职责过程中产生的下列企业信息:

(一)注册登记、备案信息;

(二)动产抵押登记信息;

(三)股权出质登记信息;

(四)行政处罚信息;

(五)其他依法应当公示的信息。

前款规定的企业信息应当自产生之日起20个工作日内予以公示。

第七条 工商行政管理部门以外的其他政府部门(以下简称其他政府部门)应当公示其在履行职责过程中产生的下列企业信息:

(一)行政许可准予、变更、延续信息;

(二)行政处罚信息;

(三)其他依法应当公示的信息。

其他政府部门可以通过企业信用信息公示系统,也可以通过其他系统公示前款规定的企业信息。工商行政管理部门和其他政府部门应当按照国家社会信用信息平台建设的总体要求,实现企业信息的互联共享。

第八条 企业应当于每年1月1日至6月30日,通过企业信用信息公示系统向工商行政管理部门报送上一年度年度报告,并向社会公示。

当年设立登记的企业,自下一年起报送并公示年度报告。

第九条 企业年度报告内容包括:

(一)企业通信地址、邮政编码、联系电话、电子邮箱等信息;

(二)企业开业、歇业、清算等存续状态信息;

(三)企业投资设立企业、购买股权信息;

(四)企业为有限责任公司或者股份有限公司的,其股东或者发起人认缴和实缴的出资额、出资时间、出资方式等信息;

(五)有限责任公司股东股权转让等股权变更信息;

(六)企业网站以及从事网络经营的网店的名称、网址等信息;

(七)企业从业人数、资产总额、负债总额、对外提供保证担保、所有者权益合计、营业总收入、主营业务收入、利润总额、净利润、纳税总额信息。

前款第一项至第六项规定的信息应当向社会公示,第七项规定的信息由企业选择是否向社会公示。

经企业同意,公民、法人或者其他组织可以查询企业选择不公示的信息。

第十条 企业应当自下列信息形成之日起20个工作日内通过企业信用信息公示系统向社会公示:

(一)有限责任公司股东或者股份有限公司发起人认缴和实缴的出资额、出资时间、出资方式等信息;

(二)有限责任公司股东股权转让等股权变更信息;

(三)行政许可取得、变更、延续信息;

(四)知识产权出质登记信息;

(五)受到行政处罚的信息;

(六)其他依法应当公示的信息。

工商行政管理部门发现企业未依照前款规定履行公示义务的，应当责令其限期履行。

第十一条　政府部门和企业分别对其公示信息的真实性、及时性负责。

第十二条　政府部门发现其公示的信息不准确的，应当及时更正。公民、法人或者其他组织有证据证明政府部门公示的信息不准确的，有权要求该政府部门予以更正。

企业发现其公示的信息不准确的，应当及时更正；但是，企业年度报告公示信息的更正应当在每年6月30日之前完成。更正前后的信息应当同时公示。

第十三条　公民、法人或者其他组织发现企业公示的信息虚假的，可以向工商行政管理部门举报，接到举报的工商行政管理部门应当自接到举报材料之日起20个工作日内进行核查，予以处理，并将处理情况书面告知举报人。

公民、法人或者其他组织对依照本条例规定公示的企业信息有疑问的，可以向政府部门申请查询，收到查询申请的政府部门应当自收到申请之日起20个工作日内书面答复申请人。

第十四条　国务院工商行政管理部门和省、自治区、直辖市人民政府工商行政管理部门应当按照公平规范的要求，根据企业注册号等随机摇号，确定抽查的企业，组织对企业公示信息的情况进行检查。

工商行政管理部门抽查企业公示的信息，可以采取书面检查、实地核查、网络监测等方式。工商行政管理部门抽查企业公示的信息，可以委托会计师事务所、税务师事务所、律师事务所等专业机构开展相关工作，并依法利用其他政府部门作出的检查、核查结果或者专业机构作出的专业结论。

抽查结果由工商行政管理部门通过企业信用信息公示系统向社会公布。

第十五条　工商行政管理部门对企业公示的信息依法开展抽查或者根据举报进行核查，企业应当配合，接受询问调查，如实反映情况，提供相关材料。

对不予配合情节严重的企业，工商行政管理部门应当通过企业信用信息公示系统公示。

第十六条　任何公民、法人或者其他组织不得非法修改公示的企业信息，不得非法获取企业信息。

第十七条　有下列情形之一的，由县级以上工商行政管理部门列入经营异常名录，通过企业信用信息公示系统向社会公示，提醒其履行公示义务；情节严重的，由有关主管部门依照有关法律、行政法规规定给予行政处罚；造成他人损失的，依法承担赔偿责任；构成犯罪的，依法追究刑事责任：

（一）企业未按照本条例规定的期限公示年度报告或者未按照工商行政管理部门责令的期限公示有关企业信息的；

（二）企业公示信息隐瞒真实情况、弄虚作假的。

被列入经营异常名录的企业依照本条例规定履行公示义务的，由县级以上工商行政管理部门移出经营异常名录；满3年未依照本条例规定履行公示义务的，由国务院工商行政管理部门或者省、自治区、直辖市人民政府工商行政管理部门列入严重违法企业名单，并通过企业信用信息公示系统向社会公示。被列入严重违法企业名单的企业的法定代表人、负责人，3年内不得担任其他企业的法定代表人、负责人。

企业自被列入严重违法企业名单之日起满5年未再发生第一款规定情形的，由国务院工商行政管理部门或者省、自治区、直辖市人民政府工商行政管理部门移出严重违法企业名单。

第十八条　县级以上地方人民政府及其有关部门应当建立健全信用约束机制，在政府采购、工程招投标、国有土地出让、授予荣誉称号等工作中，将企业信息作为重要考量因素，对被列入经营异常名录或者严重违法企业名单的企业依法予以限制或者禁入。

第十九条　政府部门未依照本条例规定履行职责的，由监察机关、上一级政府部门责令改正；情节严重的，对负有责任的主管人员和其他直接责任人员依法给予处分；构成犯罪的，依法追究刑事责任。

第二十条　非法修改公示的企业信息，或者非法获取企业信息的，依照有关法律、行政法规规定追究法律责任。

第二十一条　公民、法人或者其他组织认为政府部门在企业信息公示工作中的具体行政行为侵犯其合法权益的，可以依法申请行政复议或者提起行政诉讼。

第二十二条　企业依照本条例规定公示信息，不免除其依照其他有关法律、行政法规规定公示信息的义务。

第二十三条　法律、法规授权的具有管理公共事务职能的组织公示企业信息适用本条例关于政府部门公示企业信息的规定。

第二十四条　国务院工商行政管理部门负责制定企业信用信息公示系统的技术规范。

个体工商户、农民专业合作社信息公示的具体办法由国务院工商行政管理部门另行制定。

第二十五条　本条例自2014年10月1日起施行。

无证无照经营查处办法

1. 2017年8月6日国务院令第684号公布
2. 自2017年10月1日起施行

第一条 为了维护社会主义市场经济秩序，促进公平竞争，保护经营者和消费者的合法权益，制定本办法。

第二条 任何单位或者个人不得违反法律、法规、国务院决定的规定，从事无证无照经营。

第三条 下列经营活动，不属于无证无照经营：

（一）在县级以上地方人民政府指定的场所和时间，销售农副产品、日常生活用品，或者个人利用自己的技能从事依法无须取得许可的便民劳务活动；

（二）依照法律、行政法规、国务院决定的规定，从事无须取得许可或者办理注册登记的经营活动。

第四条 县级以上地方人民政府负责组织、协调本行政区域的无证无照经营查处工作，建立有关部门分工负责、协调配合的无证无照经营查处工作机制。

第五条 经营者未依法取得许可从事经营活动的，由法律、法规、国务院决定规定的部门予以查处；法律、法规、国务院决定没有规定或者规定不明确的，由省、自治区、直辖市人民政府确定的部门予以查处。

第六条 经营者未依法取得营业执照从事经营活动的，由履行工商行政管理职责的部门（以下称工商行政管理部门）予以查处。

第七条 经营者未依法取得许可且未依法取得营业执照从事经营活动的，依照本办法第五条的规定予以查处。

第八条 工商行政管理部门以及法律、法规、国务院决定规定的部门和省、自治区、直辖市人民政府确定的部门（以下统称查处部门）应当依法履行职责，密切协同配合，利用信息网络平台加强信息共享；发现不属于本部门查处职责的无证无照经营，应当及时通报有关部门。

第九条 任何单位或者个人有权向查处部门举报无证无照经营。

查处部门应当向社会公开受理举报的电话、信箱或者电子邮件地址，并安排人员受理举报，依法予以处理。对实名举报的，查处部门应当告知处理结果，并为举报人保密。

第十条 查处部门依法查处无证无照经营，应当坚持查处与引导相结合、处罚与教育相结合的原则，对具备办理证照的法定条件、经营者有继续经营意愿的，应当督促、引导其依法办理相应证照。

第十一条 县级以上人民政府工商行政管理部门对涉嫌无照经营进行查处，可以行使下列职权：

（一）责令停止相关经营活动；

（二）向与涉嫌无照经营有关的单位和个人调查了解有关情况；

（三）进入涉嫌从事无照经营的场所实施现场检查；

（四）查阅、复制与涉嫌无照经营有关的合同、票据、账簿以及其他有关资料。

对涉嫌从事无照经营的场所，可以予以查封；对涉嫌用于无照经营的工具、设备、原材料、产品（商品）等物品，可以予以查封、扣押。

对涉嫌无证经营进行查处，依照相关法律、法规的规定采取措施。

第十二条 从事无证经营的，由查处部门依照相关法律、法规的规定予以处罚。

第十三条 从事无照经营的，由工商行政管理部门依照相关法律、行政法规的规定予以处罚。法律、行政法规对无照经营的处罚没有明确规定的，由工商行政管理部门责令停止违法行为，没收违法所得，并处1万元以下的罚款。

第十四条 明知属于无照经营而为经营者提供经营场所，或者提供运输、保管、仓储等条件的，由工商行政管理部门责令停止违法行为，没收违法所得，可以处5000元以下的罚款。

第十五条 任何单位或者个人从事无证无照经营的，由查处部门记入信用记录，并依照相关法律、法规的规定予以公示。

第十六条 妨害查处部门查处无证无照经营，构成违反治安管理行为的，由公安机关依照《中华人民共和国治安管理处罚法》的规定予以处罚。

第十七条 查处部门及其工作人员滥用职权、玩忽职守、徇私舞弊的，对负有责任的领导人员和直接责任人员依法给予处分。

第十八条 违反本办法规定，构成犯罪的，依法追究刑事责任。

第十九条 本办法自2017年10月1日起施行。2003年1月6日国务院公布的《无照经营查处取缔办法》同时废止。

市场监督管理信用修复管理办法

1．2021年7月30日国家市场监督管理总局发布
2．国市监信规〔2021〕3号
3．自2021年9月1日起施行

第一条 为了规范市场监督管理部门信用修复管理工作，鼓励违法失信当事人（以下简称当事人）主动纠正违法失信行为、消除不良影响、重塑良好信用，保障当事人合法权益，优化营商环境，依据《国务院办公厅关于进一步完善失信约束制度 构建诚信建设长效机制的指导意见》（国办发〔2020〕49号）、《市场监督管理严重违法失信名单管理办法》《市场监督管理行政处罚信息公示规定》等，制定本办法。

第二条 本办法所称信用修复管理，是指市场监督管理部门按照规定的程序，将符合条件的当事人依法移出经营异常名录、恢复个体工商户正常记载状态、提前移出严重违法失信名单、提前停止通过国家企业信用信息公示系统（以下简称公示系统）公示行政处罚等相关信息，并依法解除相关管理措施，按照规定及时将信用修复信息与有关部门共享。

第三条 国家市场监督管理总局负责组织、指导全国的信用修复管理工作。

县级以上地方市场监督管理部门依据本办法规定负责信用修复管理工作。

第四条 经营异常名录、严重违法失信名单信用修复管理工作由作出列入决定的市场监督管理部门负责。

个体工商户经营异常状态信用修复管理工作由作出标记的市场监督管理部门负责。

行政处罚信息信用修复管理工作由作出行政处罚决定的市场监督管理部门负责。

作出决定或者标记的市场监督管理部门和当事人登记地（住所地）不属于同一省、自治区、直辖市的，应当自作出决定之日起三个工作日内，将相关信息交换至登记地（住所地）市场监督管理部门，由其协助停止公示相关信息。

第五条 被列入经营异常名录或者被标记为经营异常状态的当事人，符合下列情形之一的，可以依照本办法规定申请信用修复：

（一）补报未报年份年度报告并公示；

（二）已经履行即时信息公示义务；

（三）已经更正其隐瞒真实情况、弄虚作假的公示信息；

（四）依法办理住所或者经营场所变更登记，或者当事人提出通过登记的住所或者经营场所可以重新取得联系。

第六条 除《市场监督管理行政处罚信息公示规定》第十四条第三款规定的行政处罚，或者仅受到警告、通报批评和较低数额罚款外，其他行政处罚信息公示期满六个月，其中食品、药品、特种设备领域行政处罚信息公示期满一年，且符合下列情形的当事人，可以申请信用修复：

（一）已经自觉履行行政处罚决定中规定的义务；

（二）已经主动消除危害后果和不良影响；

（三）未因同一类违法行为再次受到市场监督管理部门行政处罚；

（四）未在经营异常名录和严重违法失信名单中。

第七条 当事人被列入严重违法失信名单满一年，且符合下列情形的，可以依照本办法规定申请信用修复：

（一）已经自觉履行行政处罚决定中规定的义务；

（二）已经主动消除危害后果和不良影响；

（三）未再受到市场监督管理部门较重行政处罚。

依照法律、行政法规规定，实施相应管理措施期限尚未届满的，不得申请提前移出。

第八条 当事人申请信用修复，应当提交以下材料：

（一）信用修复申请书；

（二）守信承诺书；

（三）履行法定义务、纠正违法行为的相关材料；

（四）国家市场监督管理总局要求提交的其他材料。

当事人可以到市场监督管理部门，或者通过公示系统向市场监督管理部门提出申请。

市场监督管理部门应当自收到申请之日起二个工作日内作出是否受理的决定。申请材料齐全、符合法定形式的，应当予以受理，并告知当事人。不予受理的，应当告知当事人，并说明理由。

第九条 市场监督管理部门可以采取网上核实、书面核实、实地核实等方式，对当事人履行法定义务、纠正违法行为等情况进行核实。

第十条 当事人按照本办法第五条（一）（二）项规定申请移出经营异常名录或者申请恢复个体工商户正常记载状态的，市场监督管理部门应当自收到申请之日起五个工作日内作出决定，移出经营异常名录，或者恢复个体工商户正常记载状态。

当事人按照本办法第五条（三）（四）项规定申请

移出经营异常名录或者申请恢复个体工商户正常记载状态的，市场监督管理部门应当自查实之日起五个工作日内作出决定，移出经营异常名录，或者恢复个体工商户正常记载状态。

当事人按照本办法第六条、第七条规定申请信用修复的，市场监督管理部门应当自受理之日起十五个工作日内作出决定。准予提前停止公示行政处罚信息或者移出严重违法失信名单的，应当自作出决定之日起三个工作日内，停止公示相关信息，并依法解除相关管理措施。不予提前停止公示行政处罚信息或者移出严重违法失信名单的，应当告知当事人，并说明理由。

依照法律、行政法规规定，实施相应管理措施期限尚未届满的除外。

第十一条 市场监督管理部门应当自移出经营异常名录、严重违法失信名单，恢复个体工商户正常记载状态，或者停止公示行政处罚等相关信息后三个工作日内，将相关信息推送至其他部门。

第十二条 按照“谁认定、谁修复”原则，登记地（住所地）市场监督管理部门应当自收到其他部门提供的信用修复信息之日起五个工作日内，配合在公示系统中停止公示、标注失信信息。

第十三条 当事人故意隐瞒真实情况、弄虚作假，情节严重的，由市场监督管理部门撤销准予信用修复的决定，恢复之前状态。市场监督管理部门行政处罚信息、严重违法失信名单公示期重新计算。

第十四条 市场监督管理部门可以通过书面、电子邮件、手机短信、网络等方式告知当事人。

第十五条 法律、法规和党中央、国务院政策文件明确规定不可信用修复的，市场监督管理部门不予信用修复。

第十六条 当事人对市场监督管理部门信用修复的决定，可以依法申请行政复议或者提起行政诉讼。

第十七条 市场监督管理部门未依照本办法规定履行职责的，上级市场监督管理部门应当责令改正。对负有责任的主管人员和其他直接责任人员依照《市场监督管理行政执法责任制规定》等予以处理。

严禁在信用修复管理中收取任何费用。

第十八条 药品监督管理部门、知识产权管理部门实施信用修复管理，适用本办法。

第十九条 市场监督管理部门信用修复管理文书格式范本由国家市场监督管理总局统一制定。

第二十条 本办法自2021年9月1日起施行。

市场监督管理严重违法失信名单管理办法

1. 2021年7月30日国家市场监督管理总局令第44号公布
2. 自2021年9月1日起施行

第一条 为了规范市场监督管理部门严重违法失信名单管理，强化信用监管，扩大社会监督，促进诚信自律，依照有关法律、行政法规，制定本办法。

第二条 当事人违反法律、行政法规，性质恶劣、情节严重、社会危害较大，受到市场监督管理部门较重行政处罚的，由市场监督管理部门依照本办法规定列入严重违法失信名单，通过国家企业信用信息公示系统公示，并实施相应管理措施。

前款所称较重行政处罚包括：

（一）依照行政处罚裁量基准，按照从重处罚原则处以罚款；

（二）降低资质等级，吊销许可证件、营业执照；

（三）限制开展生产经营活动、责令停产停业、责令关闭、限制从业；

（四）法律、行政法规和部门规章规定的其他较重行政处罚。

第三条 国家市场监督管理总局负责组织、指导全国的严重违法失信名单管理工作。

县级以上地方市场监督管理部门依照本办法规定负责严重违法失信名单管理工作。

第四条 市场监督管理部门应当按照规定将严重违法失信名单信息与其他有关部门共享，依照法律、行政法规和党中央、国务院政策文件实施联合惩戒。

第五条 实施下列食品安全领域违法行为，且属于本办法第二条规定情形的，列入严重违法失信名单（食品安全严重违法生产经营者黑名单）：

（一）未依法取得食品生产经营许可从事食品生产经营活动；

（二）用非食品原料生产食品；在食品中添加食品添加剂以外的化学物质和其他可能危害人体健康的物质；生产经营营养成分不符合食品安全标准的专供婴幼儿和其他特定人群的主辅食品；生产经营添加药品的食品；生产经营病死、毒死或者死因不明的禽、畜、兽、水产动物肉类及其制品；生产经营未按规定进行检疫或者检疫不合格的肉类；生产经营国家为防病等特殊需要明令禁止生产经营的食品；

（三）生产经营致病性微生物，农药残留、兽药残留、生物毒素、重金属等污染物质以及其他危害人体健康的物质含量超过食品安全标准限量的食品、食品添加剂；生产经营用超过保质期的食品原料、食品添加剂生产的食品、食品添加剂；生产经营未按规定注册的保健食品、特殊医学用途配方食品、婴幼儿配方乳粉，或者未按注册的产品配方、生产工艺等技术要求组织生产；生产经营的食品标签、说明书含有虚假内容，涉及疾病预防、治疗功能，或者生产经营保健食品之外的食品的标签、说明书声称具有保健功能；

（四）其他违反食品安全法律、行政法规规定，严重危害人民群众身体健康和生命安全的违法行为。

第六条 实施下列药品、医疗器械、化妆品领域违法行为，且属于本办法第二条规定情形的，列入严重违法失信名单：

（一）生产销售假药、劣药；违法生产、销售国家有特殊管理要求的药品（含疫苗）；生产、进口、销售未取得药品批准证明文件的药品（含疫苗）；

（二）生产、销售未经注册的第二、三类医疗器械；

（三）生产、销售非法添加可能危害人体健康物质的化妆品；

（四）其他违反药品、医疗器械、化妆品法律、行政法规规定，严重危害人民群众身体健康和生命安全的违法行为。

第七条 实施下列质量安全领域违法行为，且属于本办法第二条规定情形的，列入严重违法失信名单：

（一）生产、销售、出租、使用未取得生产许可、国家明令淘汰、已经报废、未经检验或者检验不合格的特种设备；对不符合安全技术规范要求的移动式压力容器和气瓶进行充装；

（二）生产销售不符合保障身体健康和生命安全的国家标准的产品，在产品中掺杂、掺假，以假充真、以次充好，或者以不合格产品冒充合格产品，生产销售国家明令淘汰的产品；

（三）产品质量监督抽查不合格，受到省级以上人民政府市场监督管理部门公告，经公告后复查仍不合格；

（四）出具虚假或者严重失实的检验、检测、认证、认可结论，严重危害质量安全；

（五）伪造、冒用、买卖认证标志或者认证证书；未经认证擅自出厂、销售、进口或者在其他经营性活动中使用被列入强制性产品认证目录内的产品；

（六）其他违反质量安全领域法律、行政法规规定，严重危害人民群众身体健康和生命安全的违法行为。

第八条 实施下列侵害消费者权益的违法行为，且属于本办法第二条规定情形的，列入严重违法失信名单：

（一）侵害消费者人格尊严、个人信息依法得到保护等权利；

（二）预收费用后为逃避或者拒绝履行义务，关门停业或者迁移服务场所，未按照约定提供商品或者服务，且被市场监督管理部门确认为无法取得联系；

（三）制造、销售、使用以欺骗消费者为目的的计量器具；抄袭、串通、篡改计量比对数据，伪造数据、出具虚假计量校准证书或者报告，侵害消费者权益；

（四）经责令召回仍拒绝或者拖延实施缺陷产品召回；

（五）其他违反法律、行政法规规定，严重侵害消费者权益的违法行为。

第九条 实施下列破坏公平竞争秩序和扰乱市场秩序的违法行为，且属于本办法第二条规定情形的，列入严重违法失信名单：

（一）侵犯商业秘密、商业诋毁、组织虚假交易等严重破坏公平竞争秩序的不正当竞争行为；

（二）故意侵犯知识产权；提交非正常专利申请、恶意商标注册申请损害社会公共利益；从事严重违法专利、商标代理行为；

（三）价格串通、低价倾销、哄抬价格；对关系国计民生的商品或者服务不执行政府定价、政府指导价，不执行为应对突发事件采取的价格干预措施、紧急措施；

（四）组织、策划传销或者为传销提供便利条件；

（五）发布关系消费者生命健康的商品或者服务的虚假广告；

（六）其他违反法律、行政法规规定，严重破坏公平竞争秩序和扰乱市场秩序的违法行为。

第十条 实施下列违法行为，且属于本办法第二条规定情形的，列入严重违法失信名单：

（一）未依法取得其他许可从事经营活动；

（二）提交虚假材料或者采取其他手段隐瞒重要事实，取得行政许可，取得、变更或者注销市场主体登记，或者涂改、倒卖、出租、出售许可证件、营业执照；

（三）拒绝、阻碍、干扰市场监督管理部门依法开展监督检查和事故调查。

第十一条 当事人在市场监督管理部门作出行政处罚、行政裁决等行政决定后，有履行能力但拒不履行、逃避执行等，严重影响市场监督管理部门公信力的，列入严重违法失信名单。

法律、行政法规和党中央、国务院政策文件对市场主体相关责任人员列入严重违法失信名单有规定的,依照其规定。

第十二条 市场监督管理部门判断违法行为是否属于性质恶劣、情节严重、社会危害较大的情形,应当综合考虑主观恶意、违法频次、持续时间、处罚类型、罚没款数额、产品货值金额、对人民群众生命健康的危害、财产损失和社会影响等因素。

当事人有证据足以证明没有主观故意的,不列入严重违法失信名单。

第十三条 市场监督管理部门在作出行政处罚决定时应当对是否列入严重违法失信名单作出决定。列入决定书应当载明事由、依据、惩戒措施提示、移出条件和程序以及救济措施等。在作出列入决定前,应当告知当事人作出决定的事由、依据和当事人依法享有的权利。告知、听证、送达、异议处理等程序应当与行政处罚程序一并实施。

依照前款规定作出列入严重违法失信名单决定的,严重违法失信名单管理工作由作出行政处罚的市场监督管理部门负责。

因本办法第十一条规定的情形列入严重违法失信名单的,可以单独作出列入决定。告知、听证、送达、异议处理等程序应当参照行政处罚程序实施。

第十四条 作出列入决定的市场监督管理部门和当事人登记地(住所地)在同一省、自治区、直辖市的,作出列入决定的市场监督管理部门应当自作出决定之日起二十个工作日内将相关信息通过国家企业信用信息公示系统进行公示。

作出列入决定的市场监督管理部门和当事人登记地(住所地)不在同一省、自治区、直辖市的,作出列入决定的市场监督管理部门应当自作出决定之日起十个工作日内将列入严重违法失信名单信息推送至当事人登记地(住所地)市场监督管理部门,由其协助在收到信息之日起十个工作日内通过国家企业信用信息公示系统进行公示。

第十五条 市场监督管理部门对被列入严重违法失信名单的当事人实施下列管理措施:

(一)依据法律、行政法规和党中央、国务院政策文件,在审查行政许可、资质、资格、委托承担政府采购项目、工程招投标时作为重要考量因素;

(二)列为重点监管对象,提高检查频次,依法严格监管;

(三)不适用告知承诺制;

(四)不予授予市场监督管理部门荣誉称号等表彰奖励;

(五)法律、行政法规和党中央、国务院政策文件规定的其他管理措施。

第十六条 当事人被列入严重违法失信名单满一年,且符合下列条件的,可以依照本办法规定向市场监督管理部门申请提前移出:

(一)已经自觉履行行政处罚决定中规定的义务;

(二)已经主动消除危害后果和不良影响;

(三)未再受到市场监督管理部门较重行政处罚。

依照法律、行政法规规定,实施相应管理措施期限尚未届满的,不得申请提前移出。

第十七条 当事人申请提前移出的,应当提交申请书,守信承诺书,履行本办法第十六条第一款第一项、第二项规定义务的相关材料,说明事实、理由。

市场监督管理部门应当自收到申请之日起二个工作日内作出是否受理的决定。申请材料齐全、符合法定形式的,应当予以受理。

市场监督管理部门应当自受理之日起十五个工作日内对申请进行核实,并决定是否予以移出。

第十八条 市场监督管理部门决定移出的,应当于三个工作日内停止公示相关信息,并解除相关管理措施。

第十九条 列入严重违法失信名单所依据的行政处罚被撤销、确认违法或者无效的,市场监督管理部门应当撤销对当事人的列入决定,于三个工作日内停止公示相关信息,并解除相关管理措施。

第二十条 申请移出的当事人故意隐瞒真实情况、提供虚假资料,情节严重的,由市场监督管理部门撤销移出决定,恢复列入状态。公示期重新计算。

第二十一条 当事人被列入严重违法失信名单之日起满三年的,由列入严重违法失信名单的市场监督管理部门移出,停止公示相关信息,并解除相关管理措施。依照法律法规实施限制开展生产经营活动、限制从业等措施超过三年的,按照实际限制期限执行。

第二十二条 县级、设区的市级市场监督管理部门作出列入严重违法失信名单决定的,应当报经上一级市场监督管理部门同意。

第二十三条 当事人对被列入、移出严重违法失信名单的决定不服的,可以依法申请行政复议或者提起行政诉讼。

第二十四条 市场监督管理部门对收到的人民法院生效法律文书,根据法律、行政法规和党中央、国务院政策文件需要实施严重违法失信名单管理的,参照本办法执行。

第二十五条　药品监督管理部门、知识产权管理部门严重违法失信名单管理适用本办法。

第二十六条　本办法自2021年9月1日起施行。2015年12月30日原国家工商行政管理总局令第83号公布的《严重违法失信企业名单管理暂行办法》同时废止。

市场监督管理行政处罚信息公示规定

1．2021年7月30日国家市场监督管理总局令第45号公布
2．自2021年9月1日起施行

第一条　为了加快构建以信用为基础的新型市场监管机制，强化市场主体信用监管，促进社会共治，维护公平竞争的市场秩序，根据相关法律、行政法规以及国务院有关规定，制定本规定。

第二条　市场监督管理部门对适用普通程序作出行政处罚决定的相关信息，应当记录于国家企业信用信息公示系统，并向社会公示。

仅受到警告行政处罚的不予公示。法律、行政法规另有规定的除外。

依法登记的市场主体的行政处罚公示信息应当记于市场主体名下。

第三条　市场监督管理部门公示行政处罚信息，应当遵循合法、客观、及时、规范的原则。

第四条　依照本规定第二条公示的行政处罚信息主要包括行政处罚决定书和行政处罚信息摘要。

市场监督管理部门应当严格依照国家市场监督管理总局的有关规定制作行政处罚决定书，并制作行政处罚信息摘要附于行政处罚决定书之前。

行政处罚信息摘要的内容包括：行政处罚决定书文号、行政处罚当事人基本情况、违法行为类型、行政处罚内容、作出行政处罚决定的行政机关名称和日期。

第五条　市场监督管理部门应当依照《中华人民共和国保守国家秘密法》以及其他法律法规的有关规定，建立健全行政处罚信息保密审查机制。公示的行政处罚信息不得泄露国家秘密，不得危及国家安全、公共安全、经济安全和社会稳定。

第六条　市场监督管理部门公示行政处罚信息，应当遵守法律法规关于商业秘密和个人信息保护的有关规定，对信息进行必要的处理。

第七条　市场监督管理部门公示的行政处罚决定书，除依照本规定第六条的要求进行处理的以外，内容应当与送达行政处罚当事人的行政处罚决定书一致。

第八条　对于应当公示的行政处罚决定，在送达行政处罚决定书时，市场监督管理部门应当书面告知行政处罚当事人行政处罚信息将向社会进行公示。

第九条　作出行政处罚决定的市场监督管理部门和行政处罚当事人登记地（住所地）在同一省、自治区、直辖市的，作出行政处罚决定的市场监督管理部门应当自作出行政处罚决定之日起二十个工作日内将行政处罚信息通过国家企业信用信息公示系统进行公示。

第十条　作出行政处罚决定的市场监督管理部门和行政处罚当事人登记地（住所地）不在同一省、自治区、直辖市的，作出行政处罚决定的市场监督管理部门应当自作出行政处罚决定之日起十个工作日内通过本省、自治区、直辖市市场监督管理部门将行政处罚信息推送至当事人登记地（住所地）市场监督管理部门，由其协助在收到行政处罚信息之日起十个工作日内将行政处罚信息通过国家企业信用信息公示系统进行公示。

第十一条　行政处罚决定被依法变更、撤销、确认违法或者确认无效的，市场监督管理部门应当在三个工作日内撤回行政处罚公示信息并说明理由。

第十二条　市场监督管理部门发现其公示的行政处罚信息不准确的，应当及时更正。公民、法人或者其他组织有证据证明市场监督管理部门公示的行政处罚信息不准确的，有权要求该市场监督管理部门予以更正。

第十三条　仅受到通报批评或者较低数额罚款的行政处罚信息自公示之日起届满三个月的，停止公示。其他行政处罚信息自公示之日起届满三年的，停止公示。

前款所称较低数额罚款由省级以上市场监督管理部门结合工作实际规定。

依照法律法规被限制开展生产经营活动、限制从业超过三年的，公示期按照实际限制期限执行。

第十四条　行政处罚信息公示达到规定时限要求，且同时符合以下条件的，可以向作出行政处罚决定的市场监督管理部门申请提前停止公示：

（一）已经自觉履行行政处罚决定中规定的义务；

（二）已经主动消除危害后果和不良影响；

（三）未因同一类违法行为再次受到市场监督管理部门行政处罚；

（四）未在经营异常名录和严重违法失信名单中。

前款所称时限要求和提前停止公示的具体实施办法由国家市场监督管理总局另行规定。

当事人受到责令停产停业、限制开展生产经营活动、限制从业、降低资质等级、吊销许可证件、吊销营业执照以及国家市场监督管理总局规定的其他较为严重行政处罚的，不得提前停止公示。

第十五条　各省、自治区、直辖市市场监督管理部门应当按照本规定及时完善国家企业信用信息公示系统，提供操作便捷的检索、查阅方式，方便公众检索、查阅行政处罚信息。

第十六条　市场监督管理部门应当严格履行行政处罚信息公示职责，按照“谁办案、谁录入、谁负责”的原则建立健全行政处罚信息公示内部审核和管理制度。办案机构应当及时准确录入行政处罚信息。负责企业信用信息公示工作的机构应当加强行政处罚信息公示的日常管理。

第十七条　国家市场监督管理总局负责指导和监督地方市场监督管理部门行政处罚信息公示工作，制定国家企业信用信息公示系统公示行政处罚信息的有关标准规范和技术要求。

各省、自治区、直辖市市场监督管理部门负责组织、指导、监督辖区内各级市场监督管理部门行政处罚信息公示工作，并可以根据本规定结合工作实际制定实施细则。

第十八条　国务院药品监督管理部门和省级药品监督管理部门实施行政处罚信息公示，适用本规定。

第十九条　本规定自2021年9月1日起施行。2014年8月19日原国家工商行政管理总局令第71号公布的《工商行政管理行政处罚信息公示暂行规定》同时废止。

工商总局办公厅关于进一步做好严重违法失信企业名单管理工作的通知

1. 2018年3月7日
2. 办字〔2018〕31号

各省、自治区、直辖市工商行政管理局、市场监督管理部门：

严重违法失信企业名单管理是企业信用监管的重要内容，是对严重违法失信企业实施部门间联合惩戒的重要依据，是推进社会诚信体系建设、加强事中事后监管的重要手段。《严重违法失信企业名单管理暂行办法》《工商总局办公厅关于做好严重违法失信企业名单管理工作的通知》实施以来，随着经济社会的发展，出现了一些新情况、新问题。各级工商和市场监管部门要进一步更新监管理念，针对当前严重违法失信企业名单管理工作中的突出问题，研究提出对策措施，积极探索科学高效的严重违法失信企业名单管理机制和方式方法，更好发挥企业信用监管作用，深入推进构建健康有序、充满活力的市场秩序。现就有关事项通知如下：

一、加大长期未经营企业清理吊销力度

根据《工商总局税务总局关于清理长期停业未经营企业工作有关问题的通知》精神，重点针对长期列入经营异常名录未申请移出的企业，进一步加大清理吊销力度。企业被吊销营业执照或办理注销登记后，不再列入经营异常名录和严重违法失信企业名单。

二、审慎准确列入严重违法失信企业名单

要全面正确理解、准确适用《企业信息公示暂行条例》《严重违法失信企业名单管理暂行办法》等法规规章的规定。对因涉行政处罚案件被列入严重违法失信企业名单的，要全面严格核实相关案件情况，正确区分案件类型、情节、危害，做到证据确凿、定性准确。对于违法情节恶劣、造成严重危害后果的企业，要坚决依法列入严重违法失信企业名单，加大联合惩戒力度。

三、建立完善信用修复机制

鼓励探索信用修复制度，建立自我承诺、主动纠错、信息公示的信用修复机制。拓宽修复渠道、丰富修复方式，鼓励企业重塑信用。

四、网络交易违法失信行为管理

依据《严重违法失信企业名单管理暂行办法》第十九条“网络交易违法失信行为管理办法，由国家工商行政管理总局另行制定”的规定，对网络交易违法失信行为的管理，需依据工商总局拟制定出台的相关文件实施后开展相关工作。

五、及时做好公告提示

自企业被列入经营异常名录满3年前60日，通过国家企业信用信息公示系统发布“列入企业经营异常名录满三年提示公告”，提醒企业履行相关义务。

六、强化严重违法失信企业名单的应用

加强经营异常名录和严重违法失信企业名单的监测、分析、应用，为市场监管和政府决策提供支撑。积极推动将严重违法失信企业名单信息与政府部门、行业协会、平台型企业等实现互联共享，推进失信联合惩戒和社会共治。

七、加强组织实施

（一）加强组织协调。

严重违法失信企业名单管理工作责任重大、任务繁重，社会各方高度关注。各地工商、市场监管部门要高度重视，进一步健全工作机制，明确职责分工。要主动向当地党委、政府汇报，取得工作支持，积极稳妥做好严重违法失信企业名单管理工作。

（二）强化技术保障。

各地工商、市场监管部门要按照《工商总局办公厅关于做好严重违法失信企业名单管理工作的通知》要求，进一步强化严重违法失信企业名单管理系统、执法办案系统、异地行政处罚信息交换系统、国家企业信用信息公示系统等多个信息化系统的互联互通，实现各业务工作顺畅协同支撑。

（三）加强舆情引导。

各地工商、市场监管部门要高度重视严重违法失信企业名单管理工作的宣传和解读，认真做好应急预案，加强舆情引导和应对，形成良好工作氛围和舆论环境。

各地工商、市场监管部门在严重违法失信企业名单管理工作遇到问题，请及时与总局联系。

市场监管总局关于撤销冒用他人身份信息取得公司登记的指导意见

1. *2019年6月28日*
2. *国市监信〔2019〕128号*

各省、自治区、直辖市及新疆生产建设兵团市场监管局（厅、委）：

商事制度改革以来，各级市场监管部门深入贯彻落实党中央、国务院决策部署，着力提高市场准入便利化程度，降低制度性交易成本，营商环境得到显著优化，创新创业活力得到有效释放，群众满意度和获得感明显增强。与此同时，少数不法分子违背诚实信用原则，冒用他人身份信息取得公司登记（以下简称冒名登记），干扰了正常的公司登记注册秩序，群众反映强烈，社会高度关注。

市场监管部门作为法定的企业登记机关，必须牢固树立以人民为中心的发展理念，想群众之所想，急群众之所急，扎实开展撤销冒名登记工作，有效回应公众期待和社会关切，切实维护商事登记权威性和“放管服”改革成果，切实保障广大人民群众的合法权益。

为做好撤销冒名登记工作，现提出如下指导意见：

一、积极应对群众诉求

对于被冒用身份信息取得公司登记的人民群众（以下简称被冒用人）撤销冒名登记的反映，各级市场监管部门应积极应对负责。撤销冒名登记工作由作出该次登记决定的市场监管部门（以下简称登记机关）负责。登记机关发生过变更的，由现登记机关负责撤销。

被冒用人本人向登记机关反映被冒名登记情况的，登记机关及时做好记录。被冒用人本人不能到场反映的，登记机关应对其进行远程身份核验。

登记机关要认真核验被冒用人本人签字的撤销登记申请及其身份证件复印件（本人到场的，核实原件）。被冒用人还可以一并提供身份证件丢失报警回执、身份证件遗失公告、银行挂失身份证件记录、由专业机构出具的笔迹鉴定报告等有助于认定冒名登记基本事实的文件材料。

二、做好公示和调查工作

登记机关应将公司涉嫌冒名登记的情况（包括被冒名登记时间、具体登记事项、登记机关联系方式等）通过国家企业信用信息公示系统（以下简称公示系统）及时向社会公示。公示期45日。公示期内调查终结并作出调查结论的，终止公示。

登记机关要通过查阅冒名登记行为涉及的档案材料，对公司住所或经营场所进行现场检查，询问公司相关人员、登记代理人或利害关系人等方式，对冒名登记基本事实进行调查，并根据需要征询公安、税务、金融、人力资源社会保障等相关部门意见。

利害关系人主张与冒名登记相关的民事权利正在诉讼过程中，人民法院尚未作出判决、裁定或生效判决、裁定尚未执行完毕的；或者有证据证明冒名登记涉及的股权存在争议，各方尚未达成一致的，登记机关应中止调查，并相应延长公示期。

三、审慎作出撤销登记决定

登记机关在调查终结或公示期满后作出调查结论，并据此作出撤销或不予撤销登记的决定。公司在调查前已被吊销营业执照的，不影响登记机关作出撤销登记的决定，但因提交虚假材料或者采取其他欺诈手段隐瞒重要事实取得公司登记、被吊销营业执照的除外。

登记机关调查认定冒名登记基本事实清楚，或者公司和相关人员无法取得联系或不配合调查且公示期内无利害关系人提出异议，登记机关认为冒名登记成立的，应依法作出撤销登记决定。

有证据证明被冒用人对该次登记知情或事后曾予追认，或者公示期内利害关系人提出异议经调查属实，登记机关认为冒名登记不成立的,应依法作出不予撤销登记决定。

人民法院生效判决或裁定已认定冒名登记事实的,登记机关应作出撤销登记决定。公安、税务、金融、人力资源社会保障等相关部门出具书面意见不同意撤销登记,或者撤销登记可能对公共利益造成重大损害的,登记机关应作出不予撤销登记决定。

登记机关应将撤销(不予撤销)登记决定送达冒名登记的公司及被冒用人。在调查过程中已发现公司通过登记住所或经营场所无法联系的,可以直接采取公告方式送达该公司。

四、准确公示撤销信息

登记机关作出撤销登记决定后,应在登记注册系统标注作出撤销决定的状态,并通过公示系统向社会公示。撤销公司设立登记的,公示公司名称、成立日期、被撤销登记日期和原因、作出撤销决定的登记机关等基本信息。撤销公司变更登记的,恢复公示冒名登记前的信息,同时公示撤销冒名登记相关信息。撤销公司注销登记的,公示注销前的信息,并标注"已撤销注销登记,恢复主体资格"。

撤销冒名登记所形成的全部材料,要单独立卷,归入公司登记档案。

五、强化信用惩戒

总局建立全国虚假登记责任人数据库。登记机关负责将冒名登记的直接责任人录入虚假登记责任人数据库。对再次提交登记申请材料或作为登记申请人的,可以进行严格审查。对虚构事实或提交虚假证明材料,逃避债务、偷漏税款或进行其他违法犯罪活动的,登记机关配合有关部门进行查处,并实施信用惩戒。

对冒名取得公司变更或注销登记,被撤销登记的,应按照《严重违法失信企业名单管理暂行办法》的规定,将所涉公司列入严重违法失信企业名单。

六、做好后续处理工作

冒名登记被撤销后,因冒名登记导致的被冒用人相关信用惩戒和市场禁入措施停止执行。登记机关应及时更新数据,解除信用约束措施。

登记机关或其上级机关认定撤销登记的决定错误的,可以撤销该决定,恢复公司原登记状态,并通过公示系统进行公示。

七、加强部门协调配合

各级市场监管部门要在地方党委政府的领导下,加强与公安、税务等相关政府部门和司法机关的协调配合。在撤销冒名登记工作中发现的其他违法行为线索,应当移送有管辖权的部门处理;涉嫌犯罪的,应当移送公安机关。要做好部门间信息共享工作,及时推送撤销冒名登记相关数据,推进被冒用人无辜受限问题的解决。

八、做好工作保障

各省(区、市)市场监管部门要结合实际情况,制定撤销冒名登记的细化措施,明确撤销冒名登记工作的职责分工、工作流程、审批权限、档案管理等。要按照总局相关技术方案的要求做好公示系统优化改造,及时调整登记注册系统,为撤销冒名登记工作提供有效支撑。

撤销冒用他人身份信息取得个人独资企业、合伙企业、非公司制企业、农民专业合作社、个体工商户等市场主体的登记,以及撤销冒用他人身份取得公司董事、监事、高级管理人员、清算组成员等备案的,参照本意见执行。

在撤销冒名登记工作中遇到的问题,请及时报告总局相关司局。

2. 合同行政管理

中华人民共和国民法典(节录)

1. 2020年5月28日第十三届全国人民代表大会第三次会议通过
2. 2020年5月28日中华人民共和国主席令第45号公布
3. 自2021年1月1日起施行

第三编 合 同
第一分编 通 则
第二章 合同的订立

第四百六十九条 【合同订立形式】当事人订立合同,可以采用书面形式、口头形式或者其他形式。

书面形式是合同书、信件、电报、电传、传真等可以有形地表现所载内容的形式。

以电子数据交换、电子邮件等方式能够有形地表现所载内容,并可以随时调取查用的数据电文,视为书面形式。

第四百七十条 【合同主要条款与示范文本】合同的内容由当事人约定,一般包括下列条款:

(一)当事人的姓名或者名称和住所;

(二)标的;

(三)数量;

(四)质量;

(五)价款或者报酬;

(六)履行期限、地点和方式;

(七)违约责任;

(八)解决争议的方法。

当事人可以参照各类合同的示范文本订立合同。

第四百七十一条 【合同订立方式】当事人订立合同,可以采取要约、承诺方式或者其他方式。

第四百七十二条 【要约的定义及构成条件】要约是希望与他人订立合同的意思表示,该意思表示应当符合下列条件:

(一)内容具体确定;

(二)表明经受要约人承诺,要约人即受该意思表示约束。

第四百七十三条 【要约邀请】要约邀请是希望他人向自己发出要约的表示。拍卖公告、招标公告、招股说明书、债券募集办法、基金招募说明书、商业广告和宣传、寄送的价目表等为要约邀请。

商业广告和宣传的内容符合要约条件的,构成要约。

第四百七十四条 【要约生效时间】要约生效的时间适用本法第一百三十七条的规定。

第四百七十五条 【要约撤回】要约可以撤回。要约的撤回适用本法第一百四十一条的规定。

第四百七十六条 【要约不得撤销情形】要约可以撤销,但是有下列情形之一的除外:

(一)要约人以确定承诺期限或者其他形式明示要约不可撤销;

(二)受要约人有理由认为要约是不可撤销的,并已经为履行合同做了合理准备工作。

第四百七十七条 【要约撤销】撤销要约的意思表示以对话方式作出的,该意思表示的内容应当在受要约人作出承诺之前为受要约人所知道;撤销要约的意思表示以非对话方式作出的,应当在受要约人作出承诺之前到达受要约人。

第四百七十八条 【要约失效】有下列情形之一的,要约失效:

(一)要约被拒绝;

(二)要约被依法撤销;

(三)承诺期限届满,受要约人未作出承诺;

(四)受要约人对要约的内容作出实质性变更。

第四百七十九条 【承诺的定义】承诺是受要约人同意要约的意思表示。

第四百八十条 【承诺的方式】承诺应当以通知的方式作出;但是,根据交易习惯或者要约表明可以通过行为作出承诺的除外。

第四百八十一条 【承诺的期限】承诺应当在要约确定的期限内到达要约人。

要约没有确定承诺期限的,承诺应当依照下列规定到达:

(一)要约以对话方式作出的,应当即时作出承诺;

(二)要约以非对话方式作出的,承诺应当在合理期限内到达。

第四百八十二条 【承诺期限的起算点】要约以信件或者电报作出的,承诺期限自信件载明的日期或者电报交发之日开始计算。信件未载明日期的,自投寄该信件的邮戳日期开始计算。要约以电话、传真、电子邮件等快速通讯方式作出的,承诺期限自要约到达受要约人时开始计算。

第四百八十三条　【合同成立时间】承诺生效时合同成立,但是法律另有规定或者当事人另有约定的除外。

第四百八十四条　【承诺生效时间】以通知方式作出的承诺,生效的时间适用本法第一百三十七条的规定。

承诺不需要通知的,根据交易习惯或者要约的要求作出承诺的行为时生效。

第四百八十五条　【承诺的撤回】承诺可以撤回。承诺的撤回适用本法第一百四十一条的规定。

第四百八十六条　【逾期承诺】受要约人超过承诺期限发出承诺,或者在承诺期限内发出承诺,按照通常情形不能及时到达要约人的,为新要约;但是,要约人及时通知受要约人该承诺有效的除外。

第四百八十七条　【因传递迟延造成逾期承诺的法律效果】受要约人在承诺期限内发出承诺,按照通常情形能够及时到达要约人,但是因其他原因致使承诺到达要约人时超过承诺期限的,除要约人及时通知受要约人因承诺超过期限不接受该承诺外,该承诺有效。

第四百八十八条　【承诺对要约内容的实质性变更】承诺的内容应当与要约的内容一致。受要约人对要约的内容作出实质性变更的,为新要约。有关合同标的、数量、质量、价款或者报酬、履行期限、履行地点和方式、违约责任和解决争议方法等的变更,是对要约内容的实质性变更。

第四百八十九条　【承诺对要约内容的非实质性变更】承诺对要约的内容作出非实质性变更的,除要约人及时表示反对或者要约表明承诺不得对要约的内容作出任何变更外,该承诺有效,合同的内容以承诺的内容为准。

第四百九十条　【采用书面形式订立的合同成立时间】当事人采用合同书形式订立合同的,自当事人均签名、盖章或者按指印时合同成立。在签名、盖章或者按指印之前,当事人一方已经履行主要义务,对方接受时,该合同成立。

法律、行政法规规定或者当事人约定合同应当采用书面形式订立,当事人未采用书面形式但是一方已经履行主要义务,对方接受时,该合同成立。

第四百九十一条　【签订确认书的合同及电子合同成立时间】当事人采用信件、数据电文等形式订立合同要求签订确认书的,签订确认书时合同成立。

当事人一方通过互联网等信息网络发布的商品或者服务信息符合要约条件的,对方选择该商品或者服务并提交订单成功时合同成立,但是当事人另有约定的除外。

第四百九十二条　【合同成立地点】承诺生效的地点为合同成立的地点。

采用数据电文形式订立合同的,收件人的主营业地为合同成立的地点;没有主营业地的,其住所地为合同成立的地点。当事人另有约定的,按照其约定。

第四百九十三条　【书面合同成立地点】当事人采用合同书形式订立合同的,最后签名、盖章或者按指印的地点为合同成立的地点,但是当事人另有约定的除外。

第四百九十四条　【强制缔约义务】国家根据抢险救灾、疫情防控或者其他需要下达国家订货任务、指令性任务的,有关民事主体之间应当依照有关法律、行政法规规定的权利和义务订立合同。

依照法律、行政法规的规定负有发出要约义务的当事人,应当及时发出合理的要约。

依照法律、行政法规的规定负有作出承诺义务的当事人,不得拒绝对方合理的订立合同要求。

第四百九十五条　【预约合同】当事人约定在将来一定期限内订立合同的认购书、订购书、预订书等,构成预约合同。

当事人一方不履行预约合同约定的订立合同义务的,对方可以请求其承担预约合同的违约责任。

第四百九十六条　【格式条款】格式条款是当事人为了重复使用而预先拟定,并在订立合同时未与对方协商的条款。

采用格式条款订立合同的,提供格式条款的一方应当遵循公平原则确定当事人之间的权利和义务,并采取合理的方式提示对方注意免除或者减轻其责任等与对方有重大利害关系的条款,按照对方的要求,对该条款予以说明。提供格式条款的一方未履行提示或者说明义务,致使对方没有注意或者理解与其有重大利害关系的条款的,对方可以主张该条款不成为合同的内容。

第四百九十七条　【格式条款无效的情形】有下列情形之一的,该格式条款无效:

(一)具有本法第一编第六章第三节和本法第五百零六条规定的无效情形;

(二)提供格式条款一方不合理地免除或者减轻其责任、加重对方责任、限制对方主要权利;

(三)提供格式条款一方排除对方主要权利。

第四百九十八条　【格式条款的解释】对格式条款的理解发生争议的,应当按照通常理解予以解释。对格式条款有两种以上解释的,应当作出不利于提供格式条款一方的解释。格式条款和非格式条款不一致的,应当采用非格式条款。

第四百九十九条　【悬赏广告】悬赏人以公开方式声明对完成特定行为的人支付报酬的，完成该行为的人可以请求其支付。

第五百条　【缔约过失责任】当事人在订立合同过程中有下列情形之一，造成对方损失的，应当承担赔偿责任：

（一）假借订立合同，恶意进行磋商；

（二）故意隐瞒与订立合同有关的重要事实或者提供虚假情况；

（三）有其他违背诚信原则的行为。

第五百零一条　【当事人保密义务】当事人在订立合同过程中知悉的商业秘密或者其他应当保密的信息，无论合同是否成立，不得泄露或者不正当地使用；泄露、不正当地使用该商业秘密或者信息，造成对方损失的，应当承担赔偿责任。

第三章　合同的效力

第五百零二条　【合同生效时间】依法成立的合同，自成立时生效，但是法律另有规定或者当事人另有约定的除外。

依照法律、行政法规的规定，合同应当办理批准等手续的，依照其规定。未办理批准等手续影响合同生效的，不影响合同中履行报批等义务条款以及相关条款的效力。应当办理申请批准等手续的当事人未履行义务的，对方可以请求其承担违反该义务的责任。

依照法律、行政法规的规定，合同的变更、转让、解除等情形应当办理批准等手续的，适用前款规定。

第五百零三条　【被代理人对无权代理合同的追认】无权代理人以被代理人的名义订立合同，被代理人已经开始履行合同义务或者接受相对人履行的，视为对合同的追认。

第五百零四条　【越权订立的合同效力】法人的法定代表人或者非法人组织的负责人超越权限订立的合同，除相对人知道或者应当知道其超越权限外，该代表行为有效，订立的合同对法人或者非法人组织发生效力。

第五百零五条　【超越经营范围订立的合同效力】当事人超越经营范围订立的合同的效力，应当依照本法第一编第六章第三节和本编的有关规定确定，不得仅以超越经营范围确认合同无效。

第五百零六条　【免责条款效力】合同中的下列免责条款无效：

（一）造成对方人身损害的；

（二）因故意或者重大过失造成对方财产损失的。

第五百零七条　【争议解决条款效力】合同不生效、无效、被撤销或者终止的，不影响合同中有关解决争议方法的条款的效力。

第五百零八条　【合同效力援引规定】本编对合同的效力没有规定的，适用本法第一编第六章的有关规定。

第四章　合同的履行

第五百零九条　【合同履行的原则】当事人应当按照约定全面履行自己的义务。

当事人应当遵循诚信原则，根据合同的性质、目的和交易习惯履行通知、协助、保密等义务。

当事人在履行合同过程中，应当避免浪费资源、污染环境和破坏生态。

第五百一十条　【合同没有约定或者约定不明的补救措施】合同生效后，当事人就质量、价款或者报酬、履行地点等内容没有约定或者约定不明确的，可以协议补充；不能达成补充协议的，按照合同相关条款或者交易习惯确定。

第五百一十一条　【合同约定不明确时的履行】当事人就有关合同内容约定不明确，依据前条规定仍不能确定的，适用下列规定：

（一）质量要求不明确的，按照强制性国家标准履行；没有强制性国家标准的，按照推荐性国家标准履行；没有推荐性国家标准的，按照行业标准履行；没有国家标准、行业标准的，按照通常标准或者符合合同目的的特定标准履行。

（二）价款或者报酬不明确的，按照订立合同时履行地的市场价格履行；依法应当执行政府定价或者政府指导价的，依照规定履行。

（三）履行地点不明确，给付货币的，在接受货币一方所在地履行；交付不动产的，在不动产所在地履行；其他标的，在履行义务一方所在地履行。

（四）履行期限不明确的，债务人可以随时履行，债权人也可以随时请求履行，但是应当给对方必要的准备时间。

（五）履行方式不明确的，按照有利于实现合同目的的方式履行。

（六）履行费用的负担不明确的，由履行义务一方负担；因债权人原因增加的履行费用，由债权人负担。

第五百一十二条　【电子合同标的交付时间】通过互联网等信息网络订立的电子合同的标的为交付商品并采用快递物流方式交付的，收货人的签收时间为交付时间。电子合同的标的为提供服务的，生成的电子凭证或者实物凭证中载明的时间为提供服务时间；前述凭证没有载明时间或者载明时间与实际提供服务时间不一致的，以实际提供服务的时间为准。

电子合同的标的物为采用在线传输方式交付的，合同标的物进入对方当事人指定的特定系统且能够检索识别的时间为交付时间。

电子合同当事人对交付商品或者提供服务的方式、时间另有约定的，按照其约定。

第五百一十三条 【政府定价、政府指导价】执行政府定价或者政府指导价的，在合同约定的交付期限内政府价格调整时，按照交付时的价格计价。逾期交付标的物的，遇价格上涨时，按照原价格执行；价格下降时，按照新价格执行。逾期提取标的物或者逾期付款的，遇价格上涨时，按照新价格执行；价格下降时，按照原价格执行。

第五百一十四条 【金钱之债中对于履行币种约定不明时的处理】以支付金钱为内容的债，除法律另有规定或者当事人另有约定外，债权人可以请求债务人以实际履行地的法定货币履行。

第五百一十五条 【选择之债中选择权归属与移转】标的有多项而债务人只需履行其中一项的，债务人享有选择权；但是，法律另有规定、当事人另有约定或者另有交易习惯的除外。

享有选择权的当事人在约定期限内或者履行期限届满未作选择，经催告后在合理期限内仍未选择的，选择权转移至对方。

第五百一十六条 【选择权的行使】当事人行使选择权应当及时通知对方，通知到达对方时，标的确定。标的确定后不得变更，但是经对方同意的除外。

可选择的标的发生不能履行情形的，享有选择权的当事人不得选择不能履行的标的，但是该不能履行的情形是由对方造成的除外。

第五百一十七条 【按份之债】债权人为二人以上，标的可分，按照份额各自享有债权的，为按份债权；债务人为二人以上，标的可分，按照份额各自负担债务的，为按份债务。

按份债权人或者按份债务人的份额难以确定的，视为份额相同。

第五百一十八条 【连带之债】债权人为二人以上，部分或者全部债权人均可以请求债务人履行债务的，为连带债权；债务人为二人以上，债权人可以请求部分或者全部债务人履行全部债务的，为连带债务。

连带债权或者连带债务，由法律规定或者当事人约定。

第五百一十九条 【连带债务人的份额确定及追偿权】连带债务人之间的份额难以确定的，视为份额相同。

实际承担债务超过自己份额的连带债务人，有权就超出部分在其他连带债务人未履行的份额范围内向其追偿，并相应地享有债权人的权利，但是不得损害债权人的利益。其他连带债务人对债权人的抗辩，可以向该债务人主张。

被追偿的连带债务人不能履行其应分担份额的，其他连带债务人应当在相应范围内按比例分担。

第五百二十条 【连带债务涉他效力】部分连带债务人履行、抵销债务或者提存标的物的，其他债务人对债权人的债务在相应范围内消灭；该债务人可以依据前条规定向其他债务人追偿。

部分连带债务人的债务被债权人免除的，在该连带债务人应当承担的份额范围内，其他债务人对债权人的债务消灭。

部分连带债务人的债务与债权人的债权同归于一人的，在扣除该债务人应当承担的份额后，债权人对其他债务人的债权继续存在。

债权人对部分连带债务人的给付受领迟延的，对其他连带债务人发生效力。

第五百二十一条 【连带债权的内外部关系及法律适用】连带债权人之间的份额难以确定的，视为份额相同。

实际受领债权的连带债权人，应当按比例向其他连带债权人返还。

连带债权参照适用本章连带债务的有关规定。

第五百二十二条 【向第三人履行的合同】当事人约定由债务人向第三人履行债务，债务人未向第三人履行债务或者履行债务不符合约定的，应当向债权人承担违约责任。

法律规定或者当事人约定第三人可以直接请求债务人向其履行债务，第三人未在合理期限内明确拒绝，债务人未向第三人履行债务或者履行债务不符合约定的，第三人可以请求债务人承担违约责任；债务人对债权人的抗辩，可以向第三人主张。

第五百二十三条 【由第三人履行的合同】当事人约定由第三人向债权人履行债务，第三人不履行债务或者履行债务不符合约定的，债务人应当向债权人承担违约责任。

第五百二十四条 【第三人代为履行】债务人不履行债务，第三人对履行该债务具有合法利益的，第三人有权向债权人代为履行；但是，根据债务性质、按照当事人约定或者依照法律规定只能由债务人履行的除外。

债权人接受第三人履行后，其对债务人的债权转让给第三人，但是债务人和第三人另有约定的除外。

第五百二十五条 【同时履行抗辩权】当事人互负债务，没有先后履行顺序的，应当同时履行。一方在对方履行之前有权拒绝其履行请求。一方在对方履行债务不符合约定时，有权拒绝其相应的履行请求。

第五百二十六条 【后履行抗辩权】当事人互负债务，有先后履行顺序，应当先履行债务一方未履行的，后履行一方有权拒绝其履行请求。先履行一方履行债务不符合约定的，后履行一方有权拒绝其相应的履行请求。

第五百二十七条 【不安抗辩权】应当先履行债务的当事人，有确切证据证明对方有下列情形之一的，可以中止履行：

（一）经营状况严重恶化；

（二）转移财产、抽逃资金，以逃避债务；

（三）丧失商业信誉；

（四）有丧失或者可能丧失履行债务能力的其他情形。

当事人没有确切证据中止履行的，应当承担违约责任。

第五百二十八条 【不安抗辩权的效力】当事人依据前条规定中止履行的，应当及时通知对方。对方提供适当担保的，应当恢复履行。中止履行后，对方在合理期限内未恢复履行能力且未提供适当担保的，视为以自己的行为表明不履行主要债务，中止履行的一方可以解除合同并可以请求对方承担违约责任。

第五百二十九条 【因债权人原因致债务履行困难时的处理】债权人分立、合并或者变更住所没有通知债务人，致使履行债务发生困难的，债务人可以中止履行或者将标的物提存。

第五百三十条 【债务人提前履行债务】债权人可以拒绝债务人提前履行债务，但是提前履行不损害债权人利益的除外。

债务人提前履行债务给债权人增加的费用，由债务人负担。

第五百三十一条 【债务人部分履行债务】债权人可以拒绝债务人部分履行债务，但是部分履行不损害债权人利益的除外。

债务人部分履行债务给债权人增加的费用，由债务人负担。

第五百三十二条 【当事人姓名等变化对合同履行的影响】合同生效后，当事人不得因姓名、名称的变更或者法定代表人、负责人、承办人的变动而不履行合同义务。

第五百三十三条 【情势变更】合同成立后，合同的基础条件发生了当事人在订立合同时无法预见的、不属于商业风险的重大变化，继续履行合同对于当事人一方明显不公平的，受不利影响的当事人可以与对方重新协商；在合理期限内协商不成的，当事人可以请求人民法院或者仲裁机构变更或者解除合同。

人民法院或者仲裁机构应当结合案件的实际情况，根据公平原则变更或者解除合同。

第五百三十四条 【合同监管】对当事人利用合同实施危害国家利益、社会公共利益行为的，市场监督管理和其他有关行政主管部门依照法律、行政法规的规定负责监督处理。

第五章 合同的保全

第五百三十五条 【债权人代位权】因债务人怠于行使其债权或者与该债权有关的从权利，影响债权人的到期债权实现的，债权人可以向人民法院请求以自己的名义代位行使债务人对相对人的权利，但是该权利专属于债务人自身的除外。

代位权的行使范围以债权人的到期债权为限。债权人行使代位权的必要费用，由债务人负担。

相对人对债务人的抗辩，可以向债权人主张。

第五百三十六条 【保存行为】债权人的债权到期前，债务人的债权或者与该债权有关的从权利存在诉讼时效期间即将届满或者未及时申报破产债权等情形，影响债权人的债权实现的，债权人可以代位向债务人的相对人请求其向债务人履行、向破产管理人申报或者作出其他必要的行为。

第五百三十七条 【债权人代位权行使效果】人民法院认定代位权成立的，由债务人的相对人向债权人履行义务，债权人接受履行后，债权人与债务人、债务人与相对人之间相应的权利义务终止。债务人对相对人的债权或者与该债权有关的从权利被采取保全、执行措施，或者债务人破产的，依照相关法律的规定处理。

第五百三十八条 【撤销债务人无偿行为】债务人以放弃其债权、放弃债权担保、无偿转让财产等方式无偿处分财产权益，或者恶意延长其到期债权的履行期限，影响债权人的债权实现的，债权人可以请求人民法院撤销债务人的行为。

第五百三十九条 【撤销债务人有偿行为】债务人以明显不合理的低价转让财产、以明显不合理的高价受让他人财产或者为他人的债务提供担保，影响债权人的债权实现，债务人的相对人知道或者应当知道该情形的，债权人可以请求人民法院撤销债务人的行为。

第五百四十条 【债权人撤销权行使范围以及必要费用承担】撤销权的行使范围以债权人的债权为限。债权人行使撤销权的必要费用，由债务人负担。

第五百四十一条 【债权人撤销权行使期间】撤销权自债权人知道或者应当知道撤销事由之日起一年内行使。自债务人的行为发生之日起五年内没有行使撤销权的，该撤销权消灭。

第五百四十二条 【债权人撤销权行使效果】债务人影响债权人的债权实现的行为被撤销的，自始没有法律约束力。

第六章 合同的变更和转让

第五百四十三条 【协议变更合同】当事人协商一致，可以变更合同。

第五百四十四条 【变更不明确推定为未变更】当事人对合同变更的内容约定不明确的，推定为未变更。

第五百四十五条 【债权转让】债权人可以将债权的全部或者部分转让给第三人，但是有下列情形之一的除外：

（一）根据债权性质不得转让；

（二）按照当事人约定不得转让；

（三）依照法律规定不得转让。

当事人约定非金钱债权不得转让的，不得对抗善意第三人。当事人约定金钱债权不得转让的，不得对抗第三人。

第五百四十六条 【债权转让通知】债权人转让债权，未通知债务人的，该转让对债务人不发生效力。

债权转让的通知不得撤销，但是经受让人同意的除外。

第五百四十七条 【债权转让时从权利一并变动】债权人转让债权的，受让人取得与债权有关的从权利，但是该从权利专属于债权人自身的除外。

受让人取得从权利不因该从权利未办理转移登记手续或者未转移占有而受到影响。

第五百四十八条 【债权转让时债务人抗辩权】债务人接到债权转让通知后，债务人对让与人的抗辩，可以向受让人主张。

第五百四十九条 【债权转让时债务人抵销权】有下列情形之一的，债务人可以向受让人主张抵销：

（一）债务人接到债权转让通知时，债务人对让与人享有债权，且债务人的债权先于转让的债权到期或者同时到期；

（二）债务人的债权与转让的债权是基于同一合同产生。

第五百五十条 【债权转让增加的履行费用的负担】因债权转让增加的履行费用，由让与人负担。

第五百五十一条 【债务转移】债务人将债务的全部或者部分转移给第三人的，应当经债权人同意。

债务人或者第三人可以催告债权人在合理期限内予以同意，债权人未作表示的，视为不同意。

第五百五十二条 【债务加入】第三人与债务人约定加入债务并通知债权人，或者第三人向债权人表示愿意加入债务，债权人未在合理期限内明确拒绝的，债权人可以请求第三人在其愿意承担的债务范围内和债务人承担连带债务。

第五百五十三条 【债务转移时新债务人抗辩和抵销】债务人转移债务的，新债务人可以主张原债务人对债权人的抗辩；原债务人对债权人享有债权的，新债务人不得向债权人主张抵销。

第五百五十四条 【债务转移时从债务一并转移】债务人转移债务的，新债务人应当承担与主债务有关的从债务，但是该从债务专属于原债务人自身的除外。

第五百五十五条 【合同权利义务一并转让】当事人一方经对方同意，可以将自己在合同中的权利和义务一并转让给第三人。

第五百五十六条 【合同权利义务一并转让的法律适用】合同的权利和义务一并转让的，适用债权转让、债务转移的有关规定。

第七章 合同的权利义务终止

第五百五十七条 【债权债务终止情形】有下列情形之一的，债权债务终止：

（一）债务已经履行；

（二）债务相互抵销；

（三）债务人依法将标的物提存；

（四）债权人免除债务；

（五）债权债务同归于一人；

（六）法律规定或者当事人约定终止的其他情形。

合同解除的，该合同的权利义务关系终止。

第五百五十八条 【后合同义务】债权债务终止后，当事人应当遵循诚信等原则，根据交易习惯履行通知、协助、保密、旧物回收等义务。

第五百五十九条 【债权的从权利消灭】债权债务终止时，债权的从权利同时消灭，但是法律另有规定或者当事人另有约定的除外。

第五百六十条 【债的清偿抵充顺序】债务人对同一债

权人负担的数项债务种类相同，债务人的给付不足以清偿全部债务的，除当事人另有约定外，由债务人在清偿时指定其履行的债务。

债务人未作指定的，应当优先履行已经到期的债务；数项债务均到期的，优先履行对债权人缺乏担保或者担保最少的债务；均无担保或者担保相等的，优先履行债务人负担较重的债务；负担相同的，按照债务到期的先后顺序履行；到期时间相同的，按照债务比例履行。

第五百六十一条　【费用、利息和主债务的抵充顺序】债务人在履行主债务外还应当支付利息和实现债权的有关费用，其给付不足以清偿全部债务的，除当事人另有约定外，应当按照下列顺序履行：

（一）实现债权的有关费用；

（二）利息；

（三）主债务。

第五百六十二条　【合同约定解除】当事人协商一致，可以解除合同。

当事人可以约定一方解除合同的事由。解除合同的事由发生时，解除权人可以解除合同。

第五百六十三条　【合同法定解除】有下列情形之一的，当事人可以解除合同：

（一）因不可抗力致使不能实现合同目的；

（二）在履行期限届满前，当事人一方明确表示或者以自己的行为表明不履行主要债务；

（三）当事人一方迟延履行主要债务，经催告后在合理期限内仍未履行；

（四）当事人一方迟延履行债务或者有其他违约行为致使不能实现合同目的；

（五）法律规定的其他情形。

以持续履行的债务为内容的不定期合同，当事人可以随时解除合同，但是应当在合理期限之前通知对方。

第五百六十四条　【解除权行使期限】法律规定或者当事人约定解除权行使期限，期限届满当事人不行使的，该权利消灭。

法律没有规定或者当事人没有约定解除权行使期限，自解除权人知道或者应当知道解除事由之日起一年内不行使，或者经对方催告后在合理期限内不行使的，该权利消灭。

第五百六十五条　【合同解除程序】当事人一方依法主张解除合同的，应当通知对方。合同自通知到达对方时解除；通知载明债务人在一定期限内不履行债务则合同自动解除，债务人在该期限内未履行债务的，合同自通知载明的期限届满时解除。对方对解除合同有异议的，任何一方当事人均可以请求人民法院或者仲裁机构确认解除行为的效力。

当事人一方未通知对方，直接以提起诉讼或者申请仲裁的方式依法主张解除合同，人民法院或者仲裁机构确认该主张的，合同自起诉状副本或者仲裁申请书副本送达对方时解除。

第五百六十六条　【合同解除的效力】合同解除后，尚未履行的，终止履行；已经履行的，根据履行情况和合同性质，当事人可以请求恢复原状或者采取其他补救措施，并有权请求赔偿损失。

合同因违约解除的，解除权人可以请求违约方承担违约责任，但是当事人另有约定的除外。

主合同解除后，担保人对债务人应当承担的民事责任仍应当承担担保责任，但是担保合同另有约定的除外。

第五百六十七条　【合同终止后有关结算和清理条款效力】合同的权利义务关系终止，不影响合同中结算和清理条款的效力。

第五百六十八条　【债务法定抵销】当事人互负债务，该债务的标的物种类、品质相同的，任何一方可以将自己的债务与对方的到期债务抵销；但是，根据债务性质、按照当事人约定或者依照法律规定不得抵销的除外。

当事人主张抵销的，应当通知对方。通知自到达对方时生效。抵销不得附条件或者附期限。

第五百六十九条　【债务约定抵销】当事人互负债务，标的物种类、品质不相同的，经协商一致，也可以抵销。

第五百七十条　【标的物提存的条件】有下列情形之一，难以履行债务的，债务人可以将标的物提存：

（一）债权人无正当理由拒绝受领；

（二）债权人下落不明；

（三）债权人死亡未确定继承人、遗产管理人，或者丧失民事行为能力未确定监护人；

（四）法律规定的其他情形。

标的物不适于提存或者提存费用过高的，债务人依法可以拍卖或者变卖标的物，提存所得的价款。

第五百七十一条　【提存成立及提存对债务人效力】债务人将标的物或者将标的物依法拍卖、变卖所得价款交付提存部门时，提存成立。

提存成立的，视为债务人在其提存范围内已经交付标的物。

第五百七十二条　【提存通知】标的物提存后，债务人应当及时通知债权人或者债权人的继承人、遗产管理人、监护人、财产代管人。

第五百七十三条 【提存期间风险、孳息和提存费用】标的物提存后，毁损、灭失的风险由债权人承担。提存期间，标的物的孳息归债权人所有。提存费用由债权人负担。

第五百七十四条 【提存物的受领及受领权消灭】债权人可以随时领取提存物。但是，债权人对债务人负有到期债务的，在债权人未履行债务或者提供担保之前，提存部门根据债务人的要求应当拒绝其领取提存物。

债权人领取提存物的权利，自提存之日起五年内不行使而消灭，提存物扣除提存费用后归国家所有。但是，债权人未履行对债务人的到期债务，或者债权人向提存部门书面表示放弃领取提存物权利的，债务人负担提存费用后有权取回提存物。

第五百七十五条 【债务免除】债权人免除债务人部分或者全部债务的，债权债务部分或者全部终止，但是债务人在合理期限内拒绝的除外。

第五百七十六条 【债权债务混同】债权和债务同归于一人的，债权债务终止，但是损害第三人利益的除外。

第八章 违约责任

第五百七十七条 【违约责任】当事人一方不履行合同义务或者履行合同义务不符合约定的，应当承担继续履行、采取补救措施或者赔偿损失等违约责任。

第五百七十八条 【预期违约责任】当事人一方明确表示或者以自己的行为表明不履行合同义务的，对方可以在履行期限届满前请求其承担违约责任。

第五百七十九条 【金钱债务继续履行】当事人一方未支付价款、报酬、租金、利息，或者不履行其他金钱债务的，对方可以请求其支付。

第五百八十条 【非金钱债务继续履行责任及违约责任】当事人一方不履行非金钱债务或者履行非金钱债务不符合约定的，对方可以请求履行，但是有下列情形之一的除外：

（一）法律上或者事实上不能履行；

（二）债务的标的不适于强制履行或者履行费用过高；

（三）债权人在合理期限内未请求履行。

有前款规定的除外情形之一，致使不能实现合同目的的，人民法院或者仲裁机构可以根据当事人的请求终止合同权利义务关系，但是不影响违约责任的承担。

第五百八十一条 【替代履行】当事人一方不履行债务或者履行债务不符合约定，根据债务的性质不得强制履行的，对方可以请求其负担由第三人替代履行的费用。

第五百八十二条 【瑕疵履行的补救】履行不符合约定的，应当按照当事人的约定承担违约责任。对违约责任没有约定或者约定不明确，依据本法第五百一十条的规定仍不能确定的，受损害方根据标的的性质以及损失的大小，可以合理选择请求对方承担修理、重作、更换、退货、减少价款或者报酬等违约责任。

第五百八十三条 【违约损害赔偿责任】当事人一方不履行合同义务或者履行合同义务不符合约定的，在履行义务或者采取补救措施后，对方还有其他损失的，应当赔偿损失。

第五百八十四条 【损害赔偿范围】当事人一方不履行合同义务或者履行合同义务不符合约定，造成对方损失的，损失赔偿额应当相当于因违约所造成的损失，包括合同履行后可以获得的利益；但是，不得超过违约一方订立合同时预见到或者应当预见到的因违约可能造成的损失。

第五百八十五条 【违约金】当事人可以约定一方违约时应当根据违约情况向对方支付一定数额的违约金，也可以约定因违约产生的损失赔偿额的计算方法。

约定的违约金低于造成的损失的，人民法院或者仲裁机构可以根据当事人的请求予以增加；约定的违约金过分高于造成的损失的，人民法院或者仲裁机构可以根据当事人的请求予以适当减少。

当事人就迟延履行约定违约金的，违约方支付违约金后，还应当履行债务。

第五百八十六条 【定金担保】当事人可以约定一方向对方给付定金作为债权的担保。定金合同自实际交付定金时成立。

定金的数额由当事人约定；但是，不得超过主合同标的额的百分之二十，超过部分不产生定金的效力。实际交付的定金数额多于或者少于约定数额的，视为变更约定的定金数额。

第五百八十七条 【定金罚则】债务人履行债务的，定金应当抵作价款或者收回。给付定金的一方不履行债务或者履行债务不符合约定，致使不能实现合同目的的，无权请求返还定金；收受定金的一方不履行债务或者履行债务不符合约定，致使不能实现合同目的的，应当双倍返还定金。

第五百八十八条 【违约金与定金竞合时的责任】当事

人既约定违约金,又约定定金的,一方违约时,对方可以选择适用违约金或者定金条款。

定金不足以弥补一方违约造成的损失的,对方可以请求赔偿超过定金数额的损失。

第五百八十九条　**【拒绝受领和受领迟延】**债务人按照约定履行债务,债权人无正当理由拒绝受领的,债务人可以请求债权人赔偿增加的费用。

在债权人受领迟延期间,债务人无须支付利息。

第五百九十条　**【不可抗力】**当事人一方因不可抗力不能履行合同的,根据不可抗力的影响,部分或者全部免除责任,但是法律另有规定的除外。因不可抗力不能履行合同的,应当及时通知对方,以减轻可能给对方造成的损失,并应当在合理期限内提供证明。

当事人迟延履行后发生不可抗力的,不免除其违约责任。

第五百九十一条　**【减损规则】**当事人一方违约后,对方应当采取适当措施防止损失的扩大;没有采取适当措施致使损失扩大的,不得就扩大的损失请求赔偿。

当事人因防止损失扩大而支出的合理费用,由违约方负担。

第五百九十二条　**【双方违约和与有过错】**当事人都违反合同的,应当各自承担相应的责任。

当事人一方违约造成对方损失,对方对损失的发生有过错的,可以减少相应的损失赔偿额。

第五百九十三条　**【第三人原因造成违约时违约责任承担】**当事人一方因第三人的原因造成违约的,应当依法向对方承担违约责任。当事人一方和第三人之间的纠纷,依照法律规定或者按照约定处理。

第五百九十四条　**【国际贸易合同诉讼时效和仲裁时效】**因国际货物买卖合同和技术进出口合同争议提起诉讼或者申请仲裁的时效期间为四年。

合同违法行为监督处理办法

1. 2010年10月13日国家工商行政管理总局令第51号公布

2. 根据2020年12月31日国家市场监督管理总局令第34号《关于修改和废止部分规章的决定》修正

第一条　为了维护市场经济秩序,保护国家利益、社会公共利益和当事人合法权益,依据《中华人民共和国民法典》和有关法律法规的规定,制定本办法。

第二条　本办法所称合同违法行为,是指自然人、法人、其他组织利用合同,以牟取非法利益为目的,违反法律法规及本办法的行为。

第三条　当事人订立、履行合同,应当遵守法律、行政法规,尊重社会公德,不得扰乱社会经济秩序,损害国家利益、社会公共利益。

第四条　各级市场监督管理部门在职权范围内,依照有关法律法规及本办法的规定,负责监督处理合同违法行为。

第五条　各级市场监督管理部门依法监督处理合同违法行为,实行查处与引导相结合,处罚与教育相结合,推行行政指导,督促、引导当事人依法订立、履行合同,维护国家利益、社会公共利益。

第六条　当事人不得利用合同实施下列欺诈行为,危害国家利益、社会公共利益:

(一)伪造合同;

(二)虚构合同主体资格或者盗用、冒用他人名义订立合同;

(三)虚构合同标的或者虚构货源、销售渠道诱人订立、履行合同;

(四)发布或者利用虚假信息,诱人订立合同;

(五)隐瞒重要事实,诱骗对方当事人做出错误的意思表示订立合同,或者诱骗对方当事人履行合同;

(六)没有实际履行能力,以先履行小额合同或者部分履行合同的方法,诱骗对方当事人订立、履行合同;

(七)恶意设置事实上不能履行的条款,造成对方当事人无法履行合同;

(八)编造虚假理由中止(终止)合同,骗取财物;

(九)提供虚假担保;

(十)采用其他欺诈手段订立、履行合同。

第七条　当事人不得利用合同实施下列危害国家利益、社会公共利益的行为:

(一)以贿赂、胁迫等手段订立、履行合同,损害国家利益、社会公共利益;

(二)以恶意串通手段订立、履行合同,损害国家利益、社会公共利益;

(三)非法买卖国家禁止或者限制买卖的财物;

(四)没有正当理由,不履行国家指令性合同义务;

(五)其他危害国家利益、社会公共利益的合同违法行为。

第八条　任何单位和个人不得在知道或者应当知道的情况下,为他人实施本办法第六条、第七条规定的违法行为,提供证明、执照、印章、账户及其他便利条件。

第九条 经营者与消费者采用格式条款订立合同的,经营者不得在格式条款中免除自己的下列责任:

(一)造成消费者人身伤害的责任;

(二)因故意或者重大过失造成消费者财产损失的责任;

(三)对提供的商品或者服务依法应当承担的保证责任;

(四)因违约依法应当承担的违约责任;

(五)依法应当承担的其他责任。

第十条 经营者与消费者采用格式条款订立合同的,经营者不得在格式条款中加重消费者下列责任:

(一)违约金或者损害赔偿金超过法定数额或者合理数额;

(二)承担应当由格式条款提供方承担的经营风险责任;

(三)其他依照法律法规不应由消费者承担的责任。

第十一条 经营者与消费者采用格式条款订立合同的,经营者不得在格式条款中排除消费者下列权利:

(一)依法变更或者解除合同的权利;

(二)请求支付违约金的权利;

(三)请求损害赔偿的权利;

(四)解释格式条款的权利;

(五)就格式条款争议提起诉讼的权利;

(六)消费者依法应当享有的其他权利。

第十二条 当事人违反本办法第六条、第七条、第八条、第九条、第十条、第十一条规定,法律法规已有规定的,从其规定;法律法规没有规定的,市场监督管理部门视其情节轻重,分别给予警告,处以违法所得额三倍以下,但最高不超过三万元的罚款,没有违法所得的,处以一万元以下的罚款。

第十三条 当事人合同违法行为轻微并及时纠正,没有造成危害后果的,应当依法不予行政处罚;主动消除或者减轻危害后果的,应当依法从轻或者减轻行政处罚;经督促、引导,能够主动改正或者及时中止合同违法行为的,可以依法从轻行政处罚。

第十四条 违反本办法规定涉嫌犯罪的,市场监督管理部门应当按照有关规定,移交司法机关追究其刑事责任。

第十五条 本办法由国家市场监督管理总局负责解释。

第十六条 本办法自 2010 年 11 月 13 日起施行。

3. 价格监督

中华人民共和国价格法

1. 1997年12月29日第八届全国人民代表大会常务委员会第二十九次会议通过
2. 1997年12月29日中华人民共和国主席令第92号公布
3. 自1998年5月1日起施行

目　　录

第一章　总　　则

第一条　【立法目的】为了规范价格行为，发挥价格合理配置资源的作用，稳定市场价格总水平，保护消费者和经营者的合法权益，促进社会主义市场经济健康发展，制定本法。

第二条　【适用范围】在中华人民共和国境内发生的价格行为，适用本法。

本法所称价格包括商品价格和服务价格。

商品价格是指各类有形产品和无形资产的价格。

服务价格是指各类有偿服务的收费。

第三条　【价格机制】国家实行并逐步完善宏观经济调控下主要由市场形成价格的机制。价格的制定应当符合价值规律，大多数商品和服务价格实行市场调节价，极少数商品和服务价格实行政府指导价或者政府定价。

市场调节价，是指由经营者自主制定，通过市场竞争形成的价格。

本法所称经营者是指从事生产、经营商品或者提供有偿服务的法人、其他组织和个人。

政府指导价，是指依照本法规定，由政府价格主管部门或者其他有关部门，按照定价权限和范围规定基准价及其浮动幅度，指导经营者制定的价格。

政府定价，是指依照本法规定，由政府价格主管部门或者其他有关部门，按照定价权限和范围制定的价格。

第四条　【价格秩序】国家支持和促进公平、公开、合法的市场竞争，维护正常的价格秩序，对价格活动实行管理、监督和必要的调控。

第五条　【价格主管部门】国务院价格主管部门统一负责全国的价格工作。国务院其他有关部门在各自的职责范围内，负责有关的价格工作。

县级以上地方各级人民政府价格主管部门负责本行政区域内的价格工作。县级以上地方各级人民政府其他有关部门在各自的职责范围内，负责有关的价格工作。

第二章　经营者的价格行为

第六条　【自主定价】商品价格和服务价格，除依照本法第十八条规定适用政府指导价或者政府定价外，实行市场调节价，由经营者依照本法自主制定。

第七条　【定价原则】经营者定价，应当遵循公平、合法和诚实信用的原则。

第八条　【定价依据】经营者定价的基本依据是生产经营成本和市场供求状况。

第九条　【价格合理】经营者应当努力改进生产经营管理，降低生产经营成本，为消费者提供价格合理的商品和服务，并在市场竞争中获取合法利润。

第十条　【准确记录成本】经营者应当根据其经营条件建立、健全内部价格管理制度，准确记录与核定商品和服务的生产经营成本，不得弄虚作假。

第十一条　【价格活动权利】经营者进行价格活动，享有下列权利：

（一）自主制定属于市场调节的价格；

（二）在政府指导价规定的幅度内制定价格；

（三）制定属于政府指导价、政府定价产品范围内的新产品的试销价格，特定产品除外；

（四）检举、控告侵犯其依法自主定价权利的行为。

第十二条　【价格活动守法】经营者进行价格活动，应当遵守法律、法规，执行依法制定的政府指导价、政府定价和法定的价格干预措施、紧急措施。

第十三条　【价格、商品明示】经营者销售、收购商品和提供服务，应当按照政府价格主管部门的规定明码标价，注明商品的品名、产地、规格、等级、计价单位、价格或者服务的项目、收费标准等有关情况。

经营者不得在标价之外加价出售商品，不得收取任何未予标明的费用。

第十四条 【禁止的价格行为】经营者不得有下列不正当价格行为：

（一）相互串通，操纵市场价格，损害其他经营者或者消费者的合法权益；

（二）在依法降价处理鲜活商品、季节性商品、积压商品等商品外，为了排挤竞争对手或者独占市场，以低于成本的价格倾销，扰乱正常的生产经营秩序，损害国家利益或者其他经营者的合法权益；

（三）捏造、散布涨价信息，哄抬价格，推动商品价格过高上涨的；

（四）利用虚假的或者使人误解的价格手段，诱骗消费者或者其他经营者与其进行交易；

（五）提供相同商品或者服务，对具有同等交易条件的其他经营者实行价格歧视；

（六）采取抬高等级或者压低等级等手段收购、销售商品或者提供服务，变相提高或者压低价格；

（七）违反法律、法规的规定牟取暴利；

（八）法律、行政法规禁止的其他不正当价格行为。

第十五条 【中介收费】各类中介机构提供有偿服务收取费用，应当遵守本法的规定。法律另有规定的，按照有关规定执行。

第十六条 【进出口商品价格】经营者销售进口商品、收购出口商品，应当遵守本章的有关规定，维护国内市场秩序。

第十七条 【行业组织义务】行业组织应当遵守价格法律、法规，加强价格自律，接受政府价格主管部门的工作指导。

第三章 政府的定价行为

第十八条 【政府定价范围】下列商品和服务价格，政府在必要时可以实行政府指导价或者政府定价：

（一）与国民经济发展和人民生活关系重大的极少数商品价格；

（二）资源稀缺的少数商品价格；

（三）自然垄断经营的商品价格；

（四）重要的公用事业价格；

（五）重要的公益性服务价格。

第十九条 【政府定价目录】政府指导价、政府定价的定价权限和具体适用范围，以中央的和地方的定价目录为依据。

中央定价目录由国务院价格主管部门制定、修订，报国务院批准后公布。

地方定价目录由省、自治区、直辖市人民政府价格主管部门按照中央定价目录规定的定价权限和具体适用范围制定，经本级人民政府审核同意，报国务院价格主管部门审定后公布。

省、自治区、直辖市人民政府以下各级地方人民政府不得制定定价目录。

第二十条 【价格主管部门】国务院价格主管部门和其他有关部门，按照中央定价目录规定的定价权限和具体适用范围制定政府指导价、政府定价；其中重要的商品和服务价格的政府指导价、政府定价，应当按照规定经国务院批准。

省、自治区、直辖市人民政府价格主管部门和其他有关部门，应当按照地方定价目录规定的定价权限和具体适用范围制定在本地区执行的政府指导价、政府定价。

市、县人民政府可以根据省、自治区、直辖市人民政府的授权，按照地方定价目录规定的定价权限和具体适用范围制定在本地区执行的政府指导价、政府定价。

第二十一条 【政府定价依据】制定政府指导价、政府定价，应当依据有关商品或者服务的社会平均成本和市场供求状况、国民经济与社会发展要求以及社会承受能力，实行合理的购销差价、批零差价、地区差价和季节差价。

第二十二条 【价格、成本调查】政府价格主管部门和其他有关部门制定政府指导价、政府定价，应当开展价格、成本调查，听取消费者、经营者和有关方面的意见。

政府价格主管部门开展对政府指导价、政府定价的价格、成本调查时，有关单位应当如实反映情况，提供必需的帐簿、文件以及其他资料。

第二十三条 【价格听证】制定关系群众切身利益的公用事业价格、公益性服务价格、自然垄断经营的商品价格等政府指导价、政府定价，应当建立听证会制度，由政府价格主管部门主持，征求消费者、经营者和有关方面的意见，论证其必要性、可行性。

第二十四条 【价格公布】政府指导价、政府定价制定后，由制定价格的部门向消费者、经营者公布。

第二十五条 【价格调整】政府指导价、政府定价的具体适用范围、价格水平，应当根据经济运行情况，按照规定的定价权限和程序适时调整。

消费者、经营者可以对政府指导价、政府定价提出调整建议。

第四章 价格总水平调控

第二十六条 【调控目标】稳定市场价格总水平是国家

重要的宏观经济政策目标。国家根据国民经济发展的需要和社会承受能力,确定市场价格总水平调控目标,列入国民经济和社会发展计划,并综合运用货币、财政、投资、进出口等方面的政策和措施,予以实现。

第二十七条　【调控手段】政府可以建立重要商品储备制度,设立价格调节基金,调控价格,稳定市场。

第二十八条　【价格监测】为适应价格调控和管理的需要,政府价格主管部门应当建立价格监测制度,对重要商品、服务价格的变动进行监测。

第二十九条　【农产品保护价】政府在粮食等重要农产品的市场购买价格过低时,可以在收购中实行保护价格,并采取相应的经济措施保证其实现。

第三十条　【价格干预】当重要商品和服务价格显著上涨或者有可能显著上涨,国务院和省、自治区、直辖市人民政府可以对部分价格采取限定差价率或者利润率、规定限价、实行提价申报制度和调价备案制度等干预措施。

省、自治区、直辖市人民政府采取前款规的干预措施,应当报国务院备案。

第三十一条　【紧急措施】当市场价格总水平出现剧烈波动等异常状态时,国务院可以在全国范围内或者部分区域内采取临时集中定价权限、部分或者全面冻结价格的紧急措施。

第三十二条　【解除干预、紧急措施】依照本法第三十条、第三十一条的规定实行干预措施、紧急措施的情形消除后,应当及时解除干预措施、紧急措施。

第五章　价格监督检查

第三十三条　【价格监督主体】县级以上各级人民政府价格主管部门,依法对价格活动进行监督检查,并依照本法的规定对价格违法行为实施行政处罚。

第三十四条　【监督职权】政府价格主管部门进行价格监督检查时,可以行使下列职权:

(一)询问当事人或者有关人员,并要求其提供证明材料和与价格违法行为有关的其他资料;

(二)查询、复制与价格违法行为有关的帐簿、单据、凭证、文件及其他资料,核对与价格违法行为有关的银行资料;

(三)检查与价格违法行为有关的财物,必要时可以责令当事人暂停相关营业;

(四)在证据可能灭失或者以后难以取得的情况下,可以依法先行登记保存,当事人或者有关人员不得转移、隐匿或者销毁。

第三十五条　【被检查者义务】经营者接受政府价格主管部门的监督检查时,应当如实提供价格监督检查所必需的帐簿、单据、凭证、文件以及其他资料。

第三十六条　【工作人员义务】政府部门价格工作人员不得将依法取得的资料或者了解的情况用于依法进行价格管理以外的任何其他目的,不得泄露当事人的商业秘密。

第三十七条　【社会监督】消费者组织、职工价格监督组织、居民委员会、村民委员会等组织以及消费者,有权对价格行为进行社会监督。政府价格主管部门应当充分发挥群众的价格监督作用。

新闻单位有权进行价格舆论监督。

第三十八条　【举报制度】政府价格主管部门应当建立对价格违法行为的举报制度。

任何单位和个人均有权对价格违法行为进行举报。政府价格主管部门应当对举报者给予鼓励,并负责为举报者保密。

第六章　法律责任

第三十九条　【不执行行政措施责任】经营者不执行政府指导价、政府定价以及法定的价格干预措施、紧急措施的,责令改正,没收违法所得,可以并处违法所得五倍以下的罚款;没有违法所得的,可以处以罚款;情节严重的,责令停业整顿。

第四十条　【不正当价格行为处罚】经营者有本法第十四条所列行为之一的,责令改正,没收违法所得,可以并处违法所得五倍以下的罚款;没有违法所得的,予以警告,可以并处罚款;情节严重的,责令停业整顿,或者由工商行政管理机关吊销营业执照。有关法律对本法第十四条所列行为的处罚及处罚机关另有规定的,可以依照有关法律的规定执行。

有本法第十四条第(一)项、第(二)项所列行为,属于是全国性的,由国务院价格主管部门认定;属于是省及省以下区域性的,由省、自治区、直辖市人民政府价格主管部门认定。

第四十一条　【民事责任】经营者因价格违法行为致使消费者或者其他经营者多付价款的,应当退还多付部分;造成损害的,应当依法承担赔偿责任。

第四十二条　【不明码标价责任】经营者违反明码标价规定的,责令改正,没收违法所得,可以并处五千元以下的罚款。

第四十三条　【经营者拒绝暂停营业、转移财务责任】经营者被责令暂停相关营业而不停止的,或者转移、隐匿、销毁依法登记保存的财物的,处相关营业所得或者转移、隐匿、销毁的财物价值一倍以上三倍以下的罚款。

第四十四条 【不按规定提供资料责任】拒绝按照规定提供监督检查所需资料或者提供虚假资料的，责令改正，予以警告；逾期不改正的，可以处以罚款。

第四十五条 【政府工作人员违法行政责任】地方各级人民政府或者各级人民政府有关部门违反本法规定，超越定价权限和范围擅自制定、调整价格或者不执行法定的价格干预措施、紧急措施的，责令改正，并可以通报批评；对直接负责的主管人员和其他直接责任人员，依法给予行政处分。

第四十六条 【价格工作人员违法责任】价格工作人员泄露国家秘密、商业秘密以及滥用职权、徇私舞弊、玩忽职守、索贿受贿，构成犯罪的，依法追究刑事责任；尚不构成犯罪的，依法给予处分。

第七章 附　　则

第四十七条 【收费管理、除外适用】国家行政机关的收费，应当依法进行，严格控制收费项目，限定收费范围、标准。收费的具体管理办法由国务院另行制定。

利率、汇率、保险费率、证券及期货价格，适用有关法律、行政法规的规定，不适用本法。

第四十八条 【施行日期】本法自 1998 年 5 月 1 日起施行。

中华人民共和国价格管理条例

1987 年 9 月 11 日国务院发布施行

第一章 总　　则

第一条 为了贯彻执行国家的价格方针、政策，加强价格管理，保持市场价格的基本稳定，安定人民生活，保障经济体制改革的顺利进行，促进社会主义有计划商品经济的发展，制定本条例。

第二条 价格管理应当在保障国家利益的前提下，保护生产者、经营者和消费者的合法经济利益，正确处理中央、地方、部门、企业相互之间的经济利益关系。

第三条 国家对价格管理采取直接管理和间接控制相结合的原则，实行国家定价、国家指导价和市场调节价三种价格形式。

第四条 国家对价格工作实行统一领导、分级管理。

各级人民政府物价管理机关（以下简称物价部门），各级人民政府有关业务主管部门以及企业、事业单位价格管理机构和人员，应当严格遵守国家价格法规和政策，做好价格管理和监督工作。

第二章 价格的制定和管理

第五条 本条例所指的价格包括：

（一）各类商品的价格；

（二）各种经营性服务的收费标准（以下简称收费标准）。

第六条 商品价格构成包括生产商品的社会平均成本、税金、利润以及正常的流通费用。

第七条 制定、调整实行国家定价和国家指导价的商品价格，应当接近商品价值，反映供求状况，符合国家政策要求，并且遵循下列原则：

（一）各类商品价格应当保持合理的比价关系；

（二）应当有明确的质量标准或者等级规格标准，实行按质定价；

（三）在减少流通环节、降低流通费用的前提下，实行合理的购销差价、批零差价、地区差价和季节差价。

第八条 国家定价是指由县级以上（含县级，以下同）各级人民政府物价部门、业务主管部门按照国家规定权限制定的商品价格和收费标准。

国家指导价是指由县级以上各级人民政府物价部门、业务主管部门按照国家规定权限，通过规定基准价和浮动幅度、差率、利润率、最高限价和最低保护价等，指导企业制定的商品价格和收费标准。

市场调节价是指由生产者、经营者制定的商品价格和收费标准。

第九条 实行国家定价、国家指导价的商品分工管理目录、收费项目分工管理目录，由国家物价部门和国家物价部门授权省、自治区、直辖市人民政府物价部门制定、调整。

第十条 制定、调整商品价格和收费标准，必须按照国家规定的权限和程序执行。任何地区、部门、单位和个人，都不得超越权限擅自制定、调整商品价格和收费标准。

第十一条 国务院有关业务主管部门、地方各级人民政府应当掌握市场商品价格信息，通过国营工商企业、物资供销企业、供销社组织货源，参与市场调节，平抑市场商品价格。在市场调节价出现暴涨暴落时，物价部门可以在一定时期内对部分商品价格规定最高限价、最低保护价和提价申报制度。

第十二条 物价部门应当对城乡集贸市场和个体工商户的价格加强管理和监督。

第三章 价格管理职责

第十三条 国家物价部门在价格管理方面履行下列职责：

（一）研究拟订国家的价格方针、政策、计划和改革方案，经国务院批准后组织实施；

（二）研究拟订价格法规草案；

（三）负责全国的价格管理和综合平衡工作；

（四）按照价格管理权限，规定商品和收费的作价原则、作价办法，制定、调整分管的商品价格和收费标准，重要的商品价格和收费标准的制定、调整，应当会商国务院有关业务主管部门后报国务院批准；

（五）指导、监督国务院业务主管部门和省、自治区、直辖市人民政府的价格工作，检查、处理违反价格法规和政策的行为（以下简称价格违法行为）；

（六）协调、处理国务院业务主管部门之间，省、自治区、直辖市之间，国务院业务主管部门与省、自治区、直辖市之间的价格争议；

（七）建立全国价格信息网络，开展价格信息服务工作；

（八）国务院赋予的其他职责。

第十四条 国务院业务主管部门在价格管理方面履行下列职责：

（一）负责组织、监督本系统、本行业贯彻执行国家的价格方针、政策和法规；

（二）按照价格管理权限，规定商品和收费的作价原则、作价办法，制定、调整分管的商品价格和收费标准；

（三）组织、监督本系统、本行业执行规定的商品价格和收费标准；

（四）指导本系统、本行业价格工作，协调、处理本系统、本行业内的价格争议，协助物价检查机构查处价格违法行为；

（五）对国家物价部门管理的商品价格和收费标准提供有关资料，提出价格调整方案；

（六）建立本系统、本行业的价格信息网络，开展价格信息服务工作。

第十五条 省、自治区、直辖市人民政府物价部门在价格管理方面履行下列职责：

（一）贯彻执行国家的价格方针、政策和法规；

（二）组织、监督有关部门实施国家物价部门和国务院业务主管部门制定的商品价格和收费标准；

（三）负责本地区的价格管理和综合平衡工作，会同有关部门拟订本地区价格计划草案，经批准后组织实施；

（四）按照价格管理权限，规定商品和收费的作价原则、作价办法，制定、调整分管的商品价格和收费标准，重要的商品价格和收费标准应当报省、自治区、直辖市人民政府批准，并报国家物价部门和国务院有关业务主管部门备案；

（五）指导、监督同级业务主管部门、下级人民政府以及本地区内企业、事业单位的价格工作，检查、处理价格违法行为；

（六）协调、处理本地区内的价格争议；

（七）建立本地区价格信息网络，开展价格信息服务工作；

（八）省、自治区、直辖市人民政府赋予的其他职责。

第十六条 省、自治区、直辖市人民政府业务主管部门和市、县人民政府的物价部门、业务主管部门的价格管理职责，由省、自治区、直辖市人民政府参照本章的有关条款规定。

第四章 企业的价格权利和义务

第十七条 企业在价格方面享有下列权利：

（一）对实行国家指导价的商品和收费项目，按照有关规定制定商品价格和收费标准；

（二）制定实行市场调节价的商品价格和收费标准；

（三）对经有关部门鉴定确认、物价部门批准实行优质加价的产品，在规定的加价幅度内制定商品价格，按照规定权限确定残损废次商品的处理价格；

（四）在国家规定期限内制定新产品的试销价格；

（五）对实行国家定价、国家指导价的商品价格和收费标准的制定、调整提出建议。

第十八条 企业在价格方面应当履行下列义务：

（一）遵照执行国家的价格方针、政策和法规，执行国家定价、国家指导价；

（二）如实上报实行国家定价、国家指导价的商品和收费项目的有关定价资料；

（三）服从物价部门的价格管理，接受价格监督检查，如实提供价格检查所必需的成本、帐簿等有关资料；

（四）执行物价部门规定的商品价格和收费标准的申报、备案制度；

（五）零售商业、饮食行业、服务行业等，必须按照规定明码标价。

第十九条 事业单位、个体工商户在价格方面的权利和义务,参照本条例第十七条、第十八条的规定执行。

第五章 价格监督检查

第二十条 各级物价部门的物价检查机构,依法行使价格监督检查和处理价格违法行为的职权。对同级人民政府业务主管部门、下级人民政府以及本地区内的企业、事业单位和个体工商户执行价格法规、政策进行监督检查。

第二十一条 物价检查机构受上级物价检查机构的业务指导。地方各级物价检查机构主要负责人的任免,应当事前征得上一级物价部门的同意。

第二十二条 物价检查机构应当依靠和发动群众监督检查价格,协同工会和街道办事处组织职工价格监督站和群众价格监督站,开展群众性的价格监督检查活动。物价部门要发挥消费者协会监督价格的作用,依法查处消费者协会反映的价格违法行为。

第二十三条 群众价格监督组织监督检查的重点,应当是同人民生活关系密切的消费品价格和服务收费标准。

群众价格监督人员进行价格监督检查活动时,应当佩带标志,出示价格检查证。

第二十四条 地方各级人民政府应当加强对价格监督检查工作的领导,组织有关部门和社会有关方面人员定期或者不定期地对价格法规、政策的执行情况进行监督检查。

第二十五条 工商行政管理、审计、财政、税务、公安、标准、计量以及银行等部门,应当积极配合物价检查机构做好价格监督检查和处理价格违法行为的工作。

第二十六条 对价格违法行为,任何单位和个人都有权检举揭发。物价检查机构应当为检举者保密,并按规定对检举揭发或者协助查处价格违法行为有功人员给予奖励。

对群众价格监督组织中工作有成绩者,应当按规定给予奖励。

第二十七条 对检举揭发或者查处价格违法行为者进行打击、报复的,依法追究责任。

第二十八条 物价检查人员必须依法办事。对滥用职权、贪污受贿、徇私舞弊、玩忽职守的,依照国家有关规定给予处分;情节严重,构成犯罪的,由司法机关依法追究刑事责任。

第六章 罚 则

第二十九条 下列行为属于价格违法行为:

(一)不执行国家定价收购、销售商品或者收取费用的;

(二)违反国家指导价的定价原则,制定、调整商品价格或者收费标准的;

(三)抬级抬价、压级压价的;

(四)违反规定将计划内生产资料转为计划外高价出售的;

(五)将定量内供应城镇居民的商品按议价销售的;

(六)违反规定层层加价销售商品的;

(七)自立名目滥收费用的;

(八)采取以次充好、短尺少秤、降低质量等手段,变相提高商品价格或者收费标准的;

(九)企业之间或者行业组织商定垄断价格的;

(十)不执行提价申报制度的;

(十一)不按规定明码标价的;

(十二)泄露国家价格机密的;

(十三)其他违反价格法规、政策的行为。

第三十条 对有前条行为之一的,物价检查机构应当根据情节按照下列规定处罚:

(一)通报批评;

(二)责令将非法所得退还购买者或者用户;

(三)不能退还的非法所得由物价检查机构予以没收;

(四)罚款;

(五)提请工商行政管理机关吊销营业执照;

(六)对企业、事业单位的直接责任人员和主管人员处以罚款,并可以建议有关部门给予处分。

以上处罚,可以并处。

第三十一条 对拒缴非法所得或者罚款的,物价检查机构可以按照有关规定通知其开户银行予以划拨。对没有银行帐户或者银行帐户内无资金的,物价检查机构有权将其商品变卖抵缴。

被处罚的单位和个体工商户,其退还或者被收缴的非法所得,应当抵减其结案年度的销售收入或者营业收入。企业、事业单位的罚款应当在自有资金、预算包干经费或者预算外资金中支出。

第三十二条 被处罚的单位和个人对处罚决定不服的,可以在收到处罚通知之日起十五日内,向上一级物价检查机构申请复议。上一级物价检查机构应当在收到复议申请之日起三十日内作出复议决定。复议期间,原处罚决定照常执行。申诉人对复议决定不服的,可以在收到复议通知之日起十五日内,向人民法院起诉。

第三十三条 国家物价部门对各级物价检查机构、上级物价检查机构对下级物价检查机构已经生效的处罚决定，如果发现确有错误，有权纠正或者责令重新处理。

第三十四条　拒绝、阻碍物价检查人员依法执行职务的，由公安机关依照《中华人民共和国治安管理处罚条例》的规定予以处罚；情节严重，构成犯罪的，由司法机关依法追究刑事责任。

第三十五条　各级人民政府物价部门、业务主管部门及其工作人员违反价格管理权限、程序，制定、调整商品价格或者收费标准的，由上级物价部门或者同级物价部门负责纠正，并按干部管理权限追究有关人员的责任。

对泄露国家价格机密的，依法追究责任。

第七章　附　　则

第三十六条　对行政性收费、事业性收费，物价部门应当根据国家的价格方针、政策进行管理和监督，并会同有关部门核定收费标准。

第三十七条　在我国境内设立的外商投资企业价格管理按照国家有关规定执行。

第三十八条　本条例由国家物价局负责解释；施行细则由国家物价局制定。

第三十九条　本条例自发布之日起施行，1982 年 7 月 7 日国务院发布的《物价管理暂行条例》同时废止。

价格违法行为行政处罚规定

1. 1999 年 7 月 10 日国务院批准
2. 1999 年 8 月 1 日国家发展计划委员会令第 1 号公布
3. 根据 2006 年 2 月 21 日国务院令第 461 号《关于修改〈价格违法行为行政处罚规定〉的决定》第一次修订
4. 根据 2008 年 1 月 13 日国务院令第 515 号《关于修改〈价格违法行为行政处罚规定〉的决定》第二次修订
5. 根据 2010 年 12 月 4 日国务院令第 585 号《关于修改〈价格违法行为行政处罚规定〉的决定》第三次修订

第一条　为了依法惩处价格违法行为，维护正常的价格秩序，保护消费者和经营者的合法权益，根据《中华人民共和国价格法》（以下简称价格法）的有关规定，制定本规定。

第二条　县级以上各级人民政府价格主管部门依法对价格活动进行监督检查，并决定对价格违法行为的行政处罚。

第三条　价格违法行为的行政处罚由价格违法行为发生地的地方人民政府价格主管部门决定；国务院价格主管部门规定由其上级价格主管部门决定的，从其规定。

第四条　经营者违反价格法第十四条的规定，有下列行为之一的，责令改正，没收违法所得，并处违法所得 5 倍以下的罚款；没有违法所得的，处 10 万元以上 100 万元以下的罚款；情节严重的，责令停业整顿，或者由工商行政管理机关吊销营业执照：

（一）除依法降价处理鲜活商品、季节性商品、积压商品等商品外，为了排挤竞争对手或者独占市场，以低于成本的价格倾销，扰乱正常的生产经营秩序，损害国家利益或者其他经营者的合法权益的；

（二）提供相同商品或者服务，对具有同等交易条件的其他经营者实行价格歧视的。

第五条　经营者违反价格法第十四条的规定，相互串通，操纵市场价格，造成商品价格较大幅度上涨的，责令改正，没收违法所得，并处违法所得 5 倍以下的罚款；没有违法所得的，处 10 万元以上 100 万元以下的罚款，情节较重的处 100 万元以上 500 万元以下的罚款；情节严重的，责令停业整顿，或者由工商行政管理机关吊销营业执照。

除前款规定情形外，经营者相互串通，操纵市场价格，损害其他经营者或者消费者合法权益的，依照本规定第四条的规定处罚。

行业协会或者其他单位组织经营者相互串通，操纵市场价格的，对经营者依照前两款的规定处罚；对行业协会或者其他单位，可以处 50 万元以下的罚款，情节严重的，由登记管理机关依法撤销登记、吊销执照。

第六条　经营者违反价格法第十四条的规定，有下列推动商品价格过快、过高上涨行为之一的，责令改正，没收违法所得，并处违法所得 5 倍以下的罚款；没有违法所得的，处 5 万元以上 50 万元以下的罚款，情节较重的处 50 万元以上 300 万元以下的罚款；情节严重的，责令停业整顿，或者由工商行政管理机关吊销营业执照：

（一）捏造、散布涨价信息，扰乱市场价格秩序的；

（二）除生产自用外，超出正常的存储数量或者存储周期，大量囤积市场供应紧张、价格发生异常波动的商品，经价格主管部门告诫仍继续囤积的；

（三）利用其他手段哄抬价格，推动商品价格过快、过高上涨的。

行业协会或者为商品交易提供服务的单位有前款

规定的违法行为的，可以处 50 万元以下的罚款；情节严重的，由登记管理机关依法撤销登记、吊销执照。

前两款规定以外的其他单位散布虚假涨价信息，扰乱市场价格秩序，依法应当由其他主管机关查处的，价格主管部门可以提出依法处罚的建议，有关主管机关应当依法处罚。

第七条 经营者违反价格法第十四条的规定，利用虚假的或者使人误解的价格手段，诱骗消费者或者其他经营者与其进行交易的，责令改正，没收违法所得，并处违法所得 5 倍以下的罚款；没有违法所得的，处 5 万元以上 50 万元以下的罚款；情节严重的，责令停业整顿，或者由工商行政管理机关吊销营业执照。

第八条 经营者违反价格法第十四条的规定，采取抬高等级或者压低等级等手段销售、收购商品或者提供服务，变相提高或者压低价格的，责令改正，没收违法所得，并处违法所得 5 倍以下的罚款；没有违法所得的，处 2 万元以上 20 万元以下的罚款；情节严重的，责令停业整顿，或者由工商行政管理机关吊销营业执照。

第九条 经营者不执行政府指导价、政府定价，有下列行为之一的，责令改正，没收违法所得，并处违法所得 5 倍以下的罚款；没有违法所得的，处 5 万元以上 50 万元以下的罚款，情节较重的处 50 万元以上 200 万元以下的罚款；情节严重的，责令停业整顿：

（一）超出政府指导价浮动幅度制定价格的；

（二）高于或者低于政府定价制定价格的；

（三）擅自制定属于政府指导价、政府定价范围内的商品或者服务价格的；

（四）提前或者推迟执行政府指导价、政府定价的；

（五）自立收费项目或者自定标准收费的；

（六）采取分解收费项目、重复收费、扩大收费范围等方式变相提高收费标准的；

（七）对政府明令取消的收费项目继续收费的；

（八）违反规定以保证金、抵押金等形式变相收费的；

（九）强制或者变相强制服务并收费的；

（十）不按照规定提供服务而收取费用的；

（十一）不执行政府指导价、政府定价的其他行为。

第十条 经营者不执行法定的价格干预措施、紧急措施，有下列行为之一的，责令改正，没收违法所得，并处违法所得 5 倍以下的罚款；没有违法所得的，处 10 万元以上 100 万元以下的罚款，情节较重的处 100 万元以上 500 万元以下的罚款；情节严重的，责令停业整顿：

（一）不执行提价申报或者调价备案制度的；

（二）超过规定的差价率、利润率幅度的；

（三）不执行规定的限价、最低保护价的；

（四）不执行集中定价权限措施的；

（五）不执行冻结价格措施的；

（六）不执行法定的价格干预措施、紧急措施的其他行为。

第十一条 本规定第四条、第七条至第九条规定中经营者为个人的，对其没有违法所得的价格违法行为，可以处 10 万元以下的罚款。

本规定第五条、第六条、第十条规定中经营者为个人的，对其没有违法所得的价格违法行为，按照前款规定处罚；情节严重的，处 10 万元以上 50 万元以下的罚款。

第十二条 经营者违反法律、法规的规定牟取暴利的，责令改正，没收违法所得，可以并处违法所得 5 倍以下的罚款；情节严重的，责令停业整顿，或者由工商行政管理机关吊销营业执照。

第十三条 经营者违反明码标价规定，有下列行为之一的，责令改正，没收违法所得，可以并处 5000 元以下的罚款：

（一）不标明价格的；

（二）不按照规定的内容和方式明码标价的；

（三）在标价之外加价出售商品或者收取未标明的费用的；

（四）违反明码标价规定的其他行为。

第十四条 拒绝提供价格监督检查所需资料或者提供虚假资料的，责令改正，给予警告；逾期不改正的，可以处 10 万元以下的罚款，对直接负责的主管人员和其他直接责任人员给予纪律处分。

第十五条 政府价格主管部门进行价格监督检查时，发现经营者的违法行为同时具有下列三种情形的，可以依照价格法第三十四条第（三）项的规定责令其暂停相关营业：

（一）违法行为情节复杂或者情节严重，经查明后可能给予较重处罚的；

（二）不暂停相关营业，违法行为将继续的；

（三）不暂停相关营业，可能影响违法事实的认定，采取其他措施又不足以保证查明的。

政府价格主管部门进行价格监督检查时，执法人员不得少于 2 人，并应当向经营者或者有关人员出示证件。

第十六条 本规定第四条至第十三条规定中的违法所得,属于价格法第四十一条规定的消费者或者其他经营者多付价款的,责令经营者限期退还。难以查找多付价款的消费者或者其他经营者的,责令公告查找。

经营者拒不按照前款规定退还消费者或者其他经营者多付的价款,以及期限届满没有退还消费者或者其他经营者多付的价款,由政府价格主管部门予以没收,消费者或者其他经营者要求退还时,由经营者依法承担民事责任。

第十七条 经营者有《中华人民共和国行政处罚法》第二十七条所列情形的,应当依法从轻或者减轻处罚。

经营者有下列情形之一的,应当从重处罚:

(一)价格违法行为严重或者社会影响较大的;

(二)屡查屡犯的;

(三)伪造、涂改或者转移、销毁证据的;

(四)转移与价格违法行为有关的资金或者商品的;

(五)经营者拒不按照本规定第十六条第一款规定退还消费者或者其他经营者多付价款的;

(六)应予从重处罚的其他价格违法行为。

第十八条 本规定中以违法所得计算罚款数额的,违法所得无法确定时,按照没有违法所得的规定处罚。

第十九条 有本规定所列价格违法行为严重扰乱市场秩序,构成犯罪的,依法追究刑事责任。

第二十条 经营者对政府价格主管部门作出的处罚决定不服的,应当先依法申请行政复议;对行政复议决定不服的,可以依法向人民法院提起诉讼。

第二十一条 逾期不缴纳罚款的,每日按罚款数额的3%加处罚款;逾期不缴纳违法所得的,每日按违法所得数额的2‰加处罚款。

第二十二条 任何单位和个人有本规定所列价格违法行为,情节严重,拒不改正的,政府价格主管部门除依照本规定给予处罚外,可以公告其价格违法行为,直至其改正。

第二十三条 有关法律对价格法第十四条所列行为的处罚及处罚机关另有规定的,可以依照有关法律的规定执行。

第二十四条 价格执法人员泄露国家秘密、经营者的商业秘密或者滥用职权、玩忽职守、徇私舞弊,构成犯罪的,依法追究刑事责任;尚不构成犯罪的,依法给予处分。

第二十五条 本规定自公布之日起施行。

价格违法多收价款计算办法

1. 2001年11月30日国家发展计划委员会发布
2. 计价检〔2001〕2607号
3. 自2002年1月1日起施行

第一条 为明确价格违法多收价款计算办法,依法实施价格行政处罚,根据《中华人民共和国价格法》、《价格违法行为行政处罚规定》的有关规定,制定本办法。

第二条 多收价款是指经营者从事生产、经营商品或者提供有偿服务,违反国家价格法律、法规、规章和其他规范性文件,致使消费者或者其他经营者多付的价款。

第三条 《价格违法行为行政处罚规定》第六条所列价格违法行为多收价款的计算办法:

(一)抬高等级销售商品或者提供服务获得的多收价款=(实际执行价格-按规定等级应执行价格)×数量;

(二)压低等级收购商品或者提供服务获得的多收价款=(按规定等级应执行价格-实际执行价格)×数量。

第四条 《价格违法行为行政处罚规定》第七条所列价格违法行为多收价款的计算办法:

(一)超出政府指导价浮动幅度获得的多收价款=〔实际执行价格-政府指导价基准价×(1+浮动幅度的上限)〕×数量;

(二)高于政府定价获得的多收价款=(实际执行价格-政府定价)×数量;

(三)擅自制定属于政府指导价范围内的商品或者服务价格获得的多收价款=〔实际执行价格-政府指导价基准价×(1+浮动幅度的上限)〕×数量;

(四)擅自制定属于政府定价范围内的商品或者服务价格获得的多收价款=(实际执行价格-政府定价)×数量;

(五)提前执行政府指导价提价规定获得的多收价款=(提价后实际执行价格-提价前的价格)×数量;

(六)提前执行政府定价提价规定获得的多收价款=(提价后的价格-提价前的价格)×数量;

(七)推迟执行政府指导价降价规定获得的多收价款=〔降价前实际执行价格-降价后的政府指导价基准价×(1+浮动幅度的上限)〕×数量;

(八)推迟执行政府定价降价规定获得的多收价

款 =（降价前的价格 - 降价后的价格）× 数量；

（九）自立项目、自定标准并收费获得的全部金额；

本项是指法律、法规、规章和其他规范性文件规定了收费项目和标准，并明确规定不得再制定项目和标准，经营者违反规定自立项目、自定标准并收费的行为；

（十）分解收费项目获得的多收价款 =（实际收费标准 - 规定收费的标准）× 数量；

（十一）重复收费、超出收费范围收费获得的全部金额；

（十二）对政府明令取消的收费项目继续收费获得的全部金额；

（十三）违反规定以保证金、抵押金等形式变相收费获得的全部金额；

（十四）强制或者变相强制服务并收费获得的全部金额；

（十五）不按照规定提供服务获得的多收价款 =（实际收费标准 - 实际提供服务应收费标准）× 数量。

第五条　《价格违法行为行政处罚规定》第八条所列价格违法行为多收价款的计算办法：

（一）高于政府规定的差价率或者利润率幅度获得的多收价款 = 经营额 ×（实际执行的差价率或者利润率 - 政府规定的差价率或者利润率）；

（二）高于规定限价获得的多收价款 =（实际执行价格 - 规定限价）× 数量；

（三）不执行集中定价权限措施获得的全部金额；

（四）不执行冻结价格措施获得的全部金额。

第六条　经营者在标价之外加价出售商品或者收取未标明费用获得的多收价款 =（实际销售价格 - 明码标示价格）× 数量。

第七条　《价格违法行为行政处罚规定》所列的其他价格违法行为有多收价款的计算办法，由国家发展计划委员会另行规定。

第八条　本办法由国家发展计划委员会负责解释。

第九条　本办法自 2002 年 1 月 1 日起施行。

明码标价和禁止价格欺诈规定

1. 2022 年 4 月 14 日国家市场监督管理总局令第 56 号公布
2. 自 2022 年 7 月 1 日起施行

第一条　为了规范经营者明码标价行为，预防和制止价格欺诈，维护市场价格秩序，保护消费者、经营者合法权益和社会公共利益，根据《中华人民共和国价格法》《价格违法行为行政处罚规定》等法律、行政法规，制定本规定。

第二条　本规定适用于市场监督管理部门对经营者违反明码标价规定行为和价格欺诈行为的监督管理和查处。

本规定所称明码标价，是指经营者在销售、收购商品和提供服务过程中，依法公开标示价格等信息的行为。

本规定所称价格欺诈，是指经营者利用虚假的或者使人误解的价格手段，诱骗消费者或者其他经营者与其进行交易的行为。

第三条　经营者应当遵循公开、公平、诚实信用的原则，不得利用价格手段侵犯消费者和其他经营者的合法权益、扰乱市场价格秩序。

第四条　卖场、商场、市场、网络交易平台经营者等交易场所提供者（以下简称交易场所提供者）应当依法配合市场监督管理部门对场所内（平台内）经营者开展价格监督管理工作。

交易场所提供者发现场所内（平台内）经营者有违反本规定行为的，应当依法采取必要处置措施，保存有关信息记录，依法承担相应义务和责任。

交易场所提供者应当尊重场所内（平台内）经营者的经营自主权，不得强制或者变相强制场所内（平台内）经营者参与价格促销活动。

第五条　经营者销售、收购商品和提供服务时，应当按照市场监督管理部门的规定明码标价。

明码标价应当根据商品和服务、行业、区域等特点，做到真实准确、货签对位、标识醒目。

设区的市级以上市场监督管理部门可以根据特定行业、特定区域的交易习惯等特点，结合价格监督管理实际，规定可以不实行明码标价的商品和服务、行业、交易场所。

第六条　经营者应当以显著方式进行明码标价，明确标示价格所对应的商品或者服务。经营者根据不同交易条件实行不同价格的，应当标明交易条件以及与其对应的价格。

商品或者服务的价格发生变动时，经营者应当及时调整相应标价。

第七条　经营者销售商品应当标示商品的品名、价格和计价单位。同一品牌或者种类的商品，因颜色、形状、规格、产地、等级等特征不同而实行不同价格的，经营者应当针对不同的价格分别标示品名，以示区别。

经营者提供服务应当标示服务项目、服务内容和价格或者计价方法。

经营者可以根据实际经营情况，自行增加标示与价格有关的质地、服务标准、结算方法等其他信息。

设区的市级以上市场监督管理部门对于特定商品和服务，可以增加规定明码标价应当标示的内容。

第八条　经营者在销售商品或者提供服务时，不得在标价之外加价出售商品或者提供服务，不得收取任何未予标明的费用。

第九条　经营者标示价格，一般应当使用阿拉伯数字标明人民币金额。

经营者标示其他价格信息，一般应当使用规范汉字；可以根据自身经营需要，同时使用外国文字。民族自治地方的经营者，可以依法自主决定增加使用当地通用的一种或者几种文字。

第十条　经营者收购粮食等农产品，应当将品种、规格、等级和收购价格等信息告知农产品出售者或者在收购场所公示。

第十一条　经营者销售商品，同时有偿提供配送、搬运、安装、调试等附带服务的，应当按照本规定第七条的规定，对附带服务进行明码标价。

附带服务不由销售商品的经营者提供的，应当以显著方式区分标记或者说明。

第十二条　经营者可以选择采用标价签（含电子标价签）、标价牌、价目表（册）、展示板、电子屏幕、商品实物或者模型展示、图片展示以及其他有效形式进行明码标价。金融、交通运输、医疗卫生等同时提供多项服务的行业，可以同时采用电子查询系统的方式进行明码标价。

县级以上市场监督管理部门可以发布标价签、标价牌、价目表（册）等的参考样式。

法律、行政法规对经营者的标价形式有规定的，应当依照其规定。

第十三条　经营者通过网络等方式销售商品或者提供服务的，应当通过网络页面，以文字、图像等方式进行明码标价。

第十四条　交易场所提供者为场所内（平台内）经营者提供标价模板的，应当符合本规定的要求。

第十五条　经营者提供服务，实行先消费后结算的，除按照本规定进行明码标价外，还应当在结算前向消费者出具结算清单，列明所消费的服务项目、价格以及总收费金额等信息。

第十六条　经营者在销售商品或者提供服务时进行价格比较的，标明的被比较价格信息应当真实准确。

经营者未标明被比较价格的详细信息的，被比较价格应当不高于该经营者在同一经营场所进行价格比较前七日内的最低成交价格；前七日内没有交易的，应当不高于本次价格比较前最后一次交易价格。

与厂商建议零售价进行价格比较的，应当明确标示被比较价格为厂商建议零售价。厂商建议零售价发生变动时，应当立即更新。

第十七条　经营者没有合理理由，不得在折价、减价前临时显著提高标示价格并作为折价、减价计算基准。

经营者不得采用无依据或者无从比较的价格，作为折价、减价的计算基准或者被比较价格。

第十八条　经营者赠送物品或者服务（以下简称赠品）的，应当标示赠品的品名、数量。赠品标示价格或者价值的，应当标示赠品在同一经营场所当前销售价格。

第十九条　经营者不得实施下列价格欺诈行为：

（一）谎称商品和服务价格为政府定价或者政府指导价；

（二）以低价诱骗消费者或者其他经营者，以高价进行结算；

（三）通过虚假折价、减价或者价格比较等方式销售商品或者提供服务；

（四）销售商品或者提供服务时，使用欺骗性、误导性的语言、文字、数字、图片或者视频等标示价格以及其他价格信息；

（五）无正当理由拒绝履行或者不完全履行价格承诺；

（六）不标示或者显著弱化标示对消费者或者其他经营者不利的价格条件，诱骗消费者或者其他经营者与其进行交易；

（七）通过积分、礼券、兑换券、代金券等折抵价款时，拒不按约定折抵价款；

（八）其他价格欺诈行为。

第二十条　网络交易经营者不得实施下列行为：

（一）在首页或者其他显著位置标示的商品或者服务价格低于在详情页面标示的价格；

（二）公布的促销活动范围、规则与实际促销活动范围、规则不一致；

（三）其他虚假的或者使人误解的价格标示和价格促销行为。

网络交易平台经营者不得利用技术手段等强制平台内经营者进行虚假的或者使人误解的价格标示。

第二十一条　有下列情形之一的，不属于第十九条规定的价格欺诈行为：

（一）经营者有证据足以证明没有主观故意；

（二）实际成交价格能够使消费者或者与其进行交易的其他经营者获得更大价格优惠；

（三）成交结算后，实际折价、减价幅度与标示幅度不完全一致，但符合舍零取整等交易习惯。

第二十二条　经营者违反本规定有关明码标价规定的，由县级以上市场监督管理部门依照《中华人民共和国价格法》《价格违法行为行政处罚规定》有关规定进行处罚。

第二十三条　经营者违反本规定第十六条至第二十条规定的，由县级以上市场监督管理部门依照《中华人民共和国价格法》《中华人民共和国反不正当竞争法》《中华人民共和国电子商务法》《价格违法行为行政处罚规定》等法律、行政法规进行处罚。

第二十四条　交易场所提供者违反本规定第四条第二款、第三款，法律、行政法规有规定的，依照其规定；法律、行政法规没有规定的，由县级以上市场监督管理部门责令改正，可以处三万元以下罚款；情节严重的，处三万元以上十万元以下罚款。

第二十五条　交易场所提供者提供的标价模板不符合本规定的，由县级以上市场监督管理部门责令改正，可以处三万元以下罚款；情节严重的，处三万元以上十万元以下罚款。

第二十六条　经营者违反本规定，但能够主动消除或者减轻危害后果，及时退还消费者或者其他经营者多付价款的，依法从轻或者减轻处罚。

经营者违反本规定，但未实际损害消费者或者其他经营者合法权益，违法行为轻微并及时改正，没有造成危害后果的，依法不予处罚；初次违法且危害后果轻微并及时改正的，可以依法不予处罚。

第二十七条　本规定自2022年7月1日起施行。2000年10月31日原中华人民共和国国家发展计划委员会令第8号发布的《关于商品和服务实行明码标价的规定》、2001年11月7日原中华人民共和国国家发展计划委员会令第15号发布的《禁止价格欺诈行为的规定》同时废止。

市场监管总局关于查处哄抬价格违法行为的指导意见

1. 2022年6月2日

2. 国市监竞争发〔2022〕60号

各省、自治区、直辖市和新疆生产建设兵团市场监管局（厅、委）：

当前，受国际局势和疫情影响，部分领域出现价格异常波动。为维护市场价格基本稳定，规范市场监管部门执法行为，现就市场监管部门查处哄抬价格违法行为时如何适用《中华人民共和国价格法》《价格违法行为行政处罚规定》等法律法规，提出以下指导意见：

一、哄抬价格违法行为认定

（一）经营者有下列推动或者可能推动商品价格过快、过高上涨行为之一的，市场监管部门可以认定构成《价格违法行为行政处罚规定》第六条第一项规定的哄抬价格违法行为：

1. 捏造生产、进货成本信息并散布的；

2. 捏造货源紧张或者市场需求激增信息并散布的；

3. 捏造其他经营者已经或者准备提价信息并散布的；

4. 散布信息含有“即将全面提价”“涨价潮”等紧迫性用语或者诱导性用语，推高价格预期的；

5. 散布信息，诱导其他经营者提高价格的；

6. 捏造、散布推动或者可能推动商品价格过快、过高上涨的其他信息的。

（二）经营者有下列推动或者可能推动商品价格过快、过高上涨行为之一的，市场监管部门可以认定构成《价格违法行为行政处罚规定》第六条第二项规定的哄抬价格违法行为：

1. 生产环节经营者，无正当理由不及时将已生产的产品对外销售，超出正常的存储数量或者存储周期，大量囤积市场供应紧张、价格发生异常波动的商品，经市场监管部门告诫仍继续囤积的；

2. 生产环节经营者，除生产自用外，超出正常的存储数量或者存储周期，大量囤积市场供应紧张、价格发生异常波动的原材料，经市场监管部门告诫仍继续囤积的；

3. 流通环节经营者，无正当理由不及时将商品对外销售，超出正常的存储数量或者存储周期，大量囤积市场供应紧张、价格发生异常波动的商品，经市场监管部门告诫仍继续囤积的。

经营者存在前款规定情形，但能够证明其行为属于按照政府或者政府有关部门要求进行物资储备或者调拨的，不构成哄抬价格违法行为。

市场监管部门已经通过公告、会议、约谈、书面提醒等形式，公开告诫不得囤积的，视为已依法履行告诫程序，可以不再单独告诫。

（三）经营者有下列推动商品价格过快、过高上涨行为之一的，市场监管部门可以认定构成《价格违法行为行政处罚规定》第六条第三项规定的哄抬价格违法行为：

1. 在销售商品过程中，强制搭售商品，变相大幅度提高商品价格的；

2. 未提高商品价格，但不合理大幅度提高运输费用或者收取其他不合理费用的；

3. 在成本未明显增加时大幅度提高商品价格，或者成本虽有增加但商品价格上涨幅度明显高于成本增长幅度的；

4. 利用其他手段哄抬价格，推动商品价格过快、过高上涨的。

前款“大幅度提高”“明显高于”等，由市场监管部门综合考虑经营者的实际经营状况、主观恶意、商品种类和违法行为社会危害程度等因素，在案件查办过程中结合实际具体认定。

二、法律适用

经营者构成哄抬价格违法行为的，依据《中华人民共和国价格法》第十四条、第四十条和《价格违法行为行政处罚规定》第六条规定处罚。经营者有下列情形之一的，可以依法从重处罚：

（一）捏造、散布商品供求关系紧张的虚假信息，引发市场恐慌，推高价格预期的；

（二）同时使用多种手段哄抬价格的；

（三）哄抬价格行为持续时间长、影响范围广的；

（四）一年内有两次以上哄抬价格违法行为被查处的；

（五）伪造、隐匿、毁灭相关证据材料的；

（六）阻碍或者拒不配合依法开展的价格监督检查的；

（七）其他可以被认定为依法从重的情形。

行业协会或者为商品交易提供服务的单位构成哄抬价格违法行为的，依据《价格违法行为行政处罚规定》第六条规定处罚。

经营者不执行法定的价格干预措施、紧急措施的，依照《中华人民共和国价格法》第三十九条和《价格违法行为行政处罚规定》第十条规定处罚。经营者相互串通，操纵市场价格，造成商品价格较大幅度上涨的，依照《中华人民共和国价格法》第十四条、第四十条和《价格违法行为行政处罚规定》第五条规定处罚。

三、工作要求

（一）坚持依法行政。在自然灾害、公共卫生事件等突发事件期间，应急、涉疫物资以及重要民生商品服务价格会出现或者可能出现异常波动。国际国内市场供求失衡，也会导致大宗商品价格大幅上涨。在上述条件下，市场监管部门要充分运用市场化、法治化手段，依法查处哄抬价格等违法行为，切实维护市场价格秩序。

（二）提高价格异常波动处置能力。各级市场监管部门要健全市场价格异常波动应急机制，完善应急处置预案，强化监测预警，密切掌握价格动态，研判分析价格走势，提高价格异常波动的敏锐性，增强监管的预判性、有效性、针对性。

（三）加大监管执法力度。各级市场监管部门要加大市场巡查力度，及时梳理投诉举报线索，密切关注群众反映问题，加强对重点区域、重点环节、重点商品的价格监管，依法查处哄抬价格等价格违法行为。对性质严重、社会影响大的典型案例要公开曝光，发挥震慑和警示作用。

（四）充分发挥行政指导作用。各级市场监管部门要通过行政指导、行政约谈等形式进行提醒告诫，做好价格监管政策解读，督促指导经营者依法合规经营，形成良好社会预期。密切关注价格舆情，及时回应社会关切，发布权威信息，维护市场价格秩序。

（五）做好相关政策衔接。市场监管部门查处经营者哄抬服务价格违法行为，可以参照本意见。各省、自治区、直辖市和新疆生产建设兵团市场监管部门可以根据本意见，制定具体实施意见。市场监管部门发现经营者哄抬价格违法行为构成犯罪的，应当依法移送公安机关。《市场监管总局关于新型冠状病毒感染肺炎疫情防控期间查处哄抬价格违法行为的指导意见》（国市监竞争〔2020〕21 号）同时废止。

本意见自发布之日起施行。

4. 反垄断与反不正当竞争

(1)反垄断

中华人民共和国反垄断法

1. 2007年8月30日第十届全国人民代表大会常务委员会第二十九次会议通过
2. 根据2022年6月24日第十三届全国人民代表大会常务委员会第三十五次会议《关于修改〈中华人民共和国反垄断法〉的决定》修正

目　　录

第一章　总　　则

第一条　【立法目的】为了预防和制止垄断行为,保护市场公平竞争,鼓励创新,提高经济运行效率,维护消费者利益和社会公共利益,促进社会主义市场经济健康发展,制定本法。

第二条　【调整对象和适用范围】中华人民共和国境内经济活动中的垄断行为,适用本法;中华人民共和国境外的垄断行为,对境内市场竞争产生排除、限制影响的,适用本法。

第三条　【垄断行为的基本种类】本法规定的垄断行为包括:

(一)经营者达成垄断协议;

(二)经营者滥用市场支配地位;

(三)具有或者可能具有排除、限制竞争效果的经营者集中。

第四条　【工作领导、竞争政策和竞争规则】反垄断工作坚持中国共产党的领导。

国家坚持市场化、法治化原则,强化竞争政策基础地位,制定和实施与社会主义市场经济相适应的竞争规则,完善宏观调控,健全统一、开放、竞争、有序的市场体系。

第五条　【公平竞争审查制度】国家建立健全公平竞争审查制度。

行政机关和法律、法规授权的具有管理公共事务职能的组织在制定涉及市场主体经济活动的规定时,应当进行公平竞争审查。

第六条　【对经营者集中的原则规定】经营者可以通过公平竞争、自愿联合,依法实施集中,扩大经营规模,提高市场竞争能力。

第七条　【禁止滥用市场支配地位的原则规定】具有市场支配地位的经营者,不得滥用市场支配地位,排除、限制竞争。

第八条　【对特定行业经营者的规范】国有经济占控制地位的关系国民经济命脉和国家安全的行业以及依法实行专营专卖的行业,国家对其经营者的合法经营活动予以保护,并对经营者的经营行为及其商品和服务的价格依法实施监管和调控,维护消费者利益,促进技术进步。

前款规定行业的经营者应当依法经营,诚实守信,严格自律,接受社会公众的监督,不得利用其控制地位或者专营专卖地位损害消费者利益。

第九条　【对数字经济领域反垄断的原则规定】经营者不得利用数据和算法、技术、资本优势以及平台规则等从事本法禁止的垄断行为。

第十条　【对行政性垄断的原则规定】行政机关和法律、法规授权的具有管理公共事务职能的组织不得滥用行政权力,排除、限制竞争。

第十一条　【反垄断规则制度和反垄断监管】国家健全完善反垄断规则制度,强化反垄断监管力量,提高监管能力和监管体系现代化水平,加强反垄断执法司法,依法公正高效审理垄断案件,健全行政执法和司法衔接机制,维护公平竞争秩序。

第十二条　【国务院反垄断委员会的职能】国务院设立反垄断委员会,负责组织、协调、指导反垄断工作,履行下列职责:

(一)研究拟订有关竞争政策;

(二)组织调查、评估市场总体竞争状况,发布评估报告;

(三)制定、发布反垄断指南;

(四)协调反垄断行政执法工作;

(五)国务院规定的其他职责。

国务院反垄断委员会的组成和工作规则由国务院

规定。

第十三条 【国务院反垄断执法机构】国务院反垄断执法机构负责反垄断统一执法工作。

国务院反垄断执法机构根据工作需要，可以授权省、自治区、直辖市人民政府相应的机构，依照本法规定负责有关反垄断执法工作。

第十四条 【行业协会的自律】行业协会应当加强行业自律，引导本行业的经营者依法竞争，合规经营，维护市场竞争秩序。

第十五条 【经营者和相关市场的定义】本法所称经营者，是指从事商品生产、经营或者提供服务的自然人、法人和非法人组织。

本法所称相关市场，是指经营者在一定时期内就特定商品或者服务（以下统称商品）进行竞争的商品范围和地域范围。

第二章 垄断协议

第十六条 【垄断协议的定义】本法所称垄断协议，是指排除、限制竞争的协议、决定或者其他协同行为。

第十七条 【横向垄断协议】禁止具有竞争关系的经营者达成下列垄断协议：

（一）固定或者变更商品价格；

（二）限制商品的生产数量或者销售数量；

（三）分割销售市场或者原材料采购市场；

（四）限制购买新技术、新设备或者限制开发新技术、新产品；

（五）联合抵制交易；

（六）国务院反垄断执法机构认定的其他垄断协议。

第十八条 【纵向垄断协议和安全港规则】禁止经营者与交易相对人达成下列垄断协议：

（一）固定向第三人转售商品的价格；

（二）限定向第三人转售商品的最低价格；

（三）国务院反垄断执法机构认定的其他垄断协议。

对前款第一项和第二项规定的协议，经营者能够证明其不具有排除、限制竞争效果的，不予禁止。

经营者能够证明其在相关市场的市场份额低于国务院反垄断执法机构规定的标准，并符合国务院反垄断执法机构规定的其他条件的，不予禁止。

第十九条 【轴辐协议】经营者不得组织其他经营者达成垄断协议或者为其他经营者达成垄断协议提供实质性帮助。

第二十条 【垄断协议的豁免】经营者能够证明所达成的协议属于下列情形之一的，不适用本法第十七条、第十八条第一款、第十九条的规定：

（一）为改进技术、研究开发新产品的；

（二）为提高产品质量、降低成本、增进效率，统一产品规格、标准或者实行专业化分工的；

（三）为提高中小经营者经营效率，增强中小经营者竞争力的；

（四）为实现节约能源、保护环境、救灾救助等社会公共利益的；

（五）因经济不景气，为缓解销售量严重下降或者生产明显过剩的；

（六）为保障对外贸易和对外经济合作中的正当利益的；

（七）法律和国务院规定的其他情形。

属于前款第一项至第五项情形，不适用本法第十七条、第十八条第一款、第十九条规定的，经营者还应当证明所达成的协议不会严重限制相关市场的竞争，并且能够使消费者分享由此产生的利益。

第二十一条 【禁止行业协会组织从事垄断协议】行业协会不得组织本行业的经营者从事本章禁止的垄断行为。

第三章 滥用市场支配地位

第二十二条 【市场支配地位定义和滥用市场支配地位的情形】禁止具有市场支配地位的经营者从事下列滥用市场支配地位的行为：

（一）以不公平的高价销售商品或者以不公平的低价购买商品；

（二）没有正当理由，以低于成本的价格销售商品；

（三）没有正当理由，拒绝与交易相对人进行交易；

（四）没有正当理由，限定交易相对人只能与其进行交易或者只能与其指定的经营者进行交易；

（五）没有正当理由搭售商品，或者在交易时附加其他不合理的交易条件；

（六）没有正当理由，对条件相同的交易相对人在交易价格等交易条件上实行差别待遇；

（七）国务院反垄断执法机构认定的其他滥用市场支配地位的行为。

具有市场支配地位的经营者不得利用数据和算法、技术以及平台规则等从事前款规定的滥用市场支配地位的行为。

本法所称市场支配地位，是指经营者在相关市场内具有能够控制商品价格、数量或者其他交易条件，或者能够阻碍、影响其他经营者进入相关市场能力的市场地位。

第二十三条 【认定市场支配地位的因素】认定经营者具有市场支配地位，应当依据下列因素：

（一）该经营者在相关市场的市场份额，以及相关市场的竞争状况；

（二）该经营者控制销售市场或者原材料采购市场的能力；

（三）该经营者的财力和技术条件；

（四）其他经营者对该经营者在交易上的依赖程度；

（五）其他经营者进入相关市场的难易程度；

（六）与认定该经营者市场支配地位有关的其他因素。

第二十四条 【市场支配地位推定】有下列情形之一的，可以推定经营者具有市场支配地位：

（一）一个经营者在相关市场的市场份额达到二分之一的；

（二）两个经营者在相关市场的市场份额合计达到三分之二的；

（三）三个经营者在相关市场的市场份额合计达到四分之三的。

有前款第二项、第三项规定的情形，其中有的经营者市场份额不足十分之一的，不应当推定该经营者具有市场支配地位。

被推定具有市场支配地位的经营者，有证据证明不具有市场支配地位的，不应当认定其具有市场支配地位。

第四章 经营者集中

第二十五条 【经营者集中的情形】经营者集中是指下列情形：

（一）经营者合并；

（二）经营者通过取得股权或者资产的方式取得对其他经营者的控制权；

（三）经营者通过合同等方式取得对其他经营者的控制权或者能够对其他经营者施加决定性影响。

第二十六条 【经营者集中申报】经营者集中达到国务院规定的申报标准的，经营者应当事先向国务院反垄断执法机构申报，未申报的不得实施集中。

经营者集中未达到国务院规定的申报标准，但有证据证明该经营者集中具有或者可能具有排除、限制竞争效果的，国务院反垄断执法机构可以要求经营者申报。

经营者未依照前两款规定进行申报的，国务院反垄断执法机构应当依法进行调查。

第二十七条 【经营者集中申报的豁免】经营者集中有下列情形之一的，可以不向国务院反垄断执法机构申报：

（一）参与集中的一个经营者拥有其他每个经营者百分之五十以上有表决权的股份或者资产的；

（二）参与集中的每个经营者百分之五十以上有表决权的股份或者资产被同一个未参与集中的经营者拥有的。

第二十八条 【经营者集中申报提交的文件和资料】经营者向国务院反垄断执法机构申报集中，应当提交下列文件、资料：

（一）申报书；

（二）集中对相关市场竞争状况影响的说明；

（三）集中协议；

（四）参与集中的经营者经会计师事务所审计的上一会计年度财务会计报告；

（五）国务院反垄断执法机构规定的其他文件、资料。

申报书应当载明参与集中的经营者的名称、住所、经营范围、预定实施集中的日期和国务院反垄断执法机构规定的其他事项。

第二十九条 【资料补正】经营者提交的文件、资料不完备的，应当在国务院反垄断执法机构规定的期限内补交文件、资料。经营者逾期未补交文件、资料的，视为未申报。

第三十条 【经营者集中的初步审查】国务院反垄断执法机构应当自收到经营者提交的符合本法第二十八条规定的文件、资料之日起三十日内，对申报的经营者集中进行初步审查，作出是否实施进一步审查的决定，并书面通知经营者。国务院反垄断执法机构作出决定前，经营者不得实施集中。

国务院反垄断执法机构作出不实施进一步审查的决定或者逾期未作出决定的，经营者可以实施集中。

第三十一条 【经营者集中的进一步审查】国务院反垄断执法机构决定实施进一步审查的，应当自决定之日起九十日内审查完毕，作出是否禁止经营者集中的决定，并书面通知经营者。作出禁止经营者集中的决定，应当说明理由。审查期间，经营者不得实施集中。

有下列情形之一的，国务院反垄断执法机构经书面通知经营者，可以延长前款规定的审查期限，但最长不得超过六十日：

（一）经营者同意延长审查期限的；

（二）经营者提交的文件、资料不准确，需要进一步核实的；

（三）经营者申报后有关情况发生重大变化的。

国务院反垄断执法机构逾期未作出决定的，经营者可以实施集中。

第三十二条　【经营者集中的停钟制度】有下列情形之一的，国务院反垄断执法机构可以决定中止计算经营者集中的审查期限，并书面通知经营者：

（一）经营者未按照规定提交文件、资料，导致审查工作无法进行；

（二）出现对经营者集中审查具有重大影响的新情况、新事实，不经核实将导致审查工作无法进行；

（三）需要对经营者集中附加的限制性条件进一步评估，且经营者提出中止请求。

自中止计算审查期限的情形消除之日起，审查期限继续计算，国务院反垄断执法机构应当书面通知经营者。

第三十三条　【审查考虑的因素】审查经营者集中，应当考虑下列因素：

（一）参与集中的经营者在相关市场的市场份额及其对市场的控制力；

（二）相关市场的市场集中度；

（三）经营者集中对市场进入、技术进步的影响；

（四）经营者集中对消费者和其他有关经营者的影响；

（五）经营者集中对国民经济发展的影响；

（六）国务院反垄断执法机构认为应当考虑的影响市场竞争的其他因素。

第三十四条　【经营者集中的禁止及豁免】经营者集中具有或者可能具有排除、限制竞争效果的，国务院反垄断执法机构应当作出禁止经营者集中的决定。但是，经营者能够证明该集中对竞争产生的有利影响明显大于不利影响，或者符合社会公共利益的，国务院反垄断执法机构可以作出对经营者集中不予禁止的决定。

第三十五条　【附条件批准集中】对不予禁止的经营者集中，国务院反垄断执法机构可以决定附加减少集中对竞争产生不利影响的限制性条件。

第三十六条　【决定和公告】国务院反垄断执法机构应当将禁止经营者集中的决定或者对经营者集中附加限制性条件的决定，及时向社会公布。

第三十七条　【分类分级审查】国务院反垄断执法机构应当健全经营者集中分类分级审查制度，依法加强对涉及国计民生等重要领域的经营者集中的审查，提高审查质量和效率。

第三十八条　【反垄断审查和国家安全审查】对外资并购境内企业或者以其他方式参与经营者集中，涉及国家安全的，除依照本法规定进行经营者集中审查外，还应当按照国家有关规定进行国家安全审查。

第五章　滥用行政权力排除、限制竞争

第三十九条　【禁止指定交易】行政机关和法律、法规授权的具有管理公共事务职能的组织不得滥用行政权力，限定或者变相限定单位或者个人经营、购买、使用其指定的经营者提供的商品。

第四十条　【禁止妨碍经营者进入相关市场或实行不平等待遇】行政机关和法律、法规授权的具有管理公共事务职能的组织不得滥用行政权力，通过与经营者签订合作协议、备忘录等方式，妨碍其他经营者进入相关市场或者对其他经营者实行不平等待遇，排除、限制竞争。

第四十一条　【禁止妨碍商品在地区间自由流通】行政机关和法律、法规授权的具有管理公共事务职能的组织不得滥用行政权力，实施下列行为，妨碍商品在地区之间的自由流通：

（一）对外地商品设定歧视性收费项目、实行歧视性收费标准，或者规定歧视性价格；

（二）对外地商品规定与本地同类商品不同的技术要求、检验标准，或者对外地商品采取重复检验、重复认证等歧视性技术措施，限制外地商品进入本地市场；

（三）采取专门针对外地商品的行政许可，限制外地商品进入本地市场；

（四）设置关卡或者采取其他手段，阻碍外地商品进入或者本地商品运出；

（五）妨碍商品在地区之间自由流通的其他行为。

第四十二条　【禁止排斥或限制经营者参加招标投标及其他经营活动】行政机关和法律、法规授权的具有管理公共事务职能的组织不得滥用行政权力，以设定歧视性资质要求、评审标准或者不依法发布信息等方式，排斥或者限制经营者参加招标投标以及其他经营活动。

第四十三条　【禁止排斥、限制、强制或者变相强制在本地投资或者设立分支机构】行政机关和法律、法规授权的具有管理公共事务职能的组织不得滥用行政权力，采取与本地经营者不平等待遇等方式，排斥、限制、

强制或者变相强制外地经营者在本地投资或者设立分支机构。

第四十四条 【禁止强制经营者从事垄断行为】行政机关和法律、法规授权的具有管理公共事务职能的组织不得滥用行政权力，强制或者变相强制经营者从事本法规定的垄断行为。

第四十五条 【禁止制定含有排除、限制竞争内容的规定】行政机关和法律、法规授权的具有管理公共事务职能的组织不得滥用行政权力，制定含有排除、限制竞争内容的规定。

第六章 对涉嫌垄断行为的调查

第四十六条 【涉嫌垄断行为的举报和调查】反垄断执法机构依法对涉嫌垄断行为进行调查。

对涉嫌垄断行为，任何单位和个人有权向反垄断执法机构举报。反垄断执法机构应当为举报人保密。

举报采用书面形式并提供相关事实和证据的，反垄断执法机构应当进行必要的调查。

第四十七条 【调查措施】反垄断执法机构调查涉嫌垄断行为，可以采取下列措施：

（一）进入被调查的经营者的营业场所或者其他有关场所进行检查；

（二）询问被调查的经营者、利害关系人或者其他有关单位或者个人，要求其说明有关情况；

（三）查阅、复制被调查的经营者、利害关系人或者其他有关单位或者个人的有关单证、协议、会计账簿、业务函电、电子数据等文件、资料；

（四）查封、扣押相关证据；

（五）查询经营者的银行账户。

采取前款规定的措施，应当向反垄断执法机构主要负责人书面报告，并经批准。

第四十八条 【调查程序】反垄断执法机构调查涉嫌垄断行为，执法人员不得少于二人，并应当出示执法证件。

执法人员进行询问和调查，应当制作笔录，并由被询问人或者被调查人签字。

第四十九条 【保密义务】反垄断执法机构及其工作人员对执法过程中知悉的商业秘密、个人隐私和个人信息依法负有保密义务。

第五十条 【被调查者的配合调查义务】被调查的经营者、利害关系人或者其他有关单位或者个人应当配合反垄断执法机构依法履行职责，不得拒绝、阻碍反垄断执法机构的调查。

第五十一条 【被调查者陈述意见的权利】被调查的经营者、利害关系人有权陈述意见。反垄断执法机构应当对被调查的经营者、利害关系人提出的事实、理由和证据进行核实。

第五十二条 【对垄断行为的处理和公布】反垄断执法机构对涉嫌垄断行为调查核实后，认为构成垄断行为的，应当依法作出处理决定，并可以向社会公布。

第五十三条 【经营者承诺制度】对反垄断执法机构调查的涉嫌垄断行为，被调查的经营者承诺在反垄断执法机构认可的期限内采取具体措施消除该行为后果的，反垄断执法机构可以决定中止调查。中止调查的决定应当载明被调查的经营者承诺的具体内容。

反垄断执法机构决定中止调查的，应当对经营者履行承诺的情况进行监督。经营者履行承诺的，反垄断执法机构可以决定终止调查。

有下列情形之一的，反垄断执法机构应当恢复调查：

（一）经营者未履行承诺的；

（二）作出中止调查决定所依据的事实发生重大变化的；

（三）中止调查的决定是基于经营者提供的不完整或者不真实的信息作出的。

第五十四条 【行政性垄断被调查者的配合调查义务】反垄断执法机构依法对涉嫌滥用行政权力排除、限制竞争的行为进行调查，有关单位或者个人应当配合。

第五十五条 【对涉嫌违法主体的约谈】经营者、行政机关和法律、法规授权的具有管理公共事务职能的组织，涉嫌违反本法规定的，反垄断执法机构可以对其法定代表人或者负责人进行约谈，要求其提出改进措施。

第七章 法律责任

第五十六条 【垄断协议的法律责任】经营者违反本法规定，达成并实施垄断协议的，由反垄断执法机构责令停止违法行为，没收违法所得，并处上一年度销售额百分之一以上百分之十以下的罚款，上一年度没有销售额的，处五百万元以下的罚款；尚未实施所达成的垄断协议的，可以处三百万元以下的罚款。经营者的法定代表人、主要负责人和直接责任人员对达成垄断协议负有个人责任的，可以处一百万元以下的罚款。

经营者组织其他经营者达成垄断协议或者为其他经营者达成垄断协议提供实质性帮助的，适用前款规定。

经营者主动向反垄断执法机构报告达成垄断协议的有关情况并提供重要证据的，反垄断执法机构可以酌情减轻或者免除对该经营者的处罚。

行业协会违反本法规定，组织本行业的经营者达成垄断协议的，由反垄断执法机构责令改正，可以处三百万元以下的罚款；情节严重的，社会团体登记管理机关可以依法撤销登记。

第五十七条　【经营者滥用市场支配地位的法律责任】经营者违反本法规定，滥用市场支配地位的，由反垄断执法机构责令停止违法行为，没收违法所得，并处上一年度销售额百分之一以上百分之十以下的罚款。

第五十八条　【经营者违法实施经营者集中的法律责任】经营者违反本法规定实施集中，且具有或者可能具有排除、限制竞争效果的，由国务院反垄断执法机构责令停止实施集中、限期处分股份或者资产、限期转让营业以及采取其他必要措施恢复到集中前的状态，处上一年度销售额百分之十以下的罚款；不具有排除、限制竞争效果的，处五百万元以下的罚款。

第五十九条　【反垄断罚款的裁量因素】对本法第五十六条、第五十七条、第五十八条规定的罚款，反垄断执法机构确定具体罚款数额时，应当考虑违法行为的性质、程度、持续时间和消除违法行为后果的情况等因素。

第六十条　【反垄断民事责任和检察公益诉讼】经营者实施垄断行为，给他人造成损失的，依法承担民事责任。

经营者实施垄断行为，损害社会公共利益的，设区的市级以上人民检察院可以依法向人民法院提起民事公益诉讼。

第六十一条　【行政性垄断的法律责任】行政机关和法律、法规授权的具有管理公共事务职能的组织滥用行政权力，实施排除、限制竞争行为的，由上级机关责令改正；对直接负责的主管人员和其他直接责任人员依法给予处分。反垄断执法机构可以向有关上级机关提出依法处理的建议。行政机关和法律、法规授权的具有管理公共事务职能的组织应当将有关改正情况书面报告上级机关和反垄断执法机构。

法律、行政法规对行政机关和法律、法规授权的具有管理公共事务职能的组织滥用行政权力实施排除、限制竞争行为的处理另有规定的，依照其规定。

第六十二条　【妨碍反垄断调查的法律责任】对反垄断执法机构依法实施的审查和调查，拒绝提供有关材料、信息，或者提供虚假材料、信息，或者隐匿、销毁、转移证据，或者有其他拒绝、阻碍调查行为的，由反垄断执法机构责令改正，对单位处上一年度销售额百分之一以下的罚款，上一年度没有销售额或者销售额难以计算的，处五百万元以下的罚款；对个人处五十万元以下的罚款。

第六十三条　【罚款的特别威慑】违反本法规定，情节特别严重、影响特别恶劣、造成特别严重后果的，国务院反垄断执法机构可以在本法第五十六条、第五十七条、第五十八条、第六十二条规定的罚款数额的二倍以上五倍以下确定具体罚款数额。

第六十四条　【违法经营者的信用记录】经营者因违反本法规定受到行政处罚的，按照国家有关规定记入信用记录，并向社会公示。

第六十五条　【行政复议和行政诉讼】对反垄断执法机构依据本法第三十四条、第三十五条作出的决定不服的，可以先依法申请行政复议；对行政复议决定不服的，可以依法提起行政诉讼。

对反垄断执法机构作出的前款规定以外的决定不服的，可以依法申请行政复议或者提起行政诉讼。

第六十六条　【执法人员的违法责任】反垄断执法机构工作人员滥用职权、玩忽职守、徇私舞弊或者泄露执法过程中知悉的商业秘密、个人隐私和个人信息的，依法给予处分。

第六十七条　【刑事责任】违反本法规定，构成犯罪的，依法追究刑事责任。

第八章　附　　则

第六十八条　【反垄断和知识产权保护】经营者依照有关知识产权的法律、行政法规规定行使知识产权的行为，不适用本法；但是，经营者滥用知识产权，排除、限制竞争的行为，适用本法。

第六十九条　【农业生产经营活动的除外适用】农业生产者及农村经济组织在农产品生产、加工、销售、运输、储存等经营活动中实施的联合或者协同行为，不适用本法。

第七十条　【施行日期】本法自2008年8月1日起施行。

国务院关于经营者集中申报标准的规定

1. 2008年8月3日国务院令第529号公布
2. 根据2018年9月18日国务院令第703号《关于修改部分行政法规的决定》修订

第一条　为了明确经营者集中的申报标准，根据《中华人民共和国反垄断法》，制定本规定。

第二条　经营者集中是指下列情形：

（一）经营者合并；

（二）经营者通过取得股权或者资产的方式取得对其他经营者的控制权；

（三）经营者通过合同等方式取得对其他经营者的控制权或者能够对其他经营者施加决定性影响。

第三条 经营者集中达到下列标准之一的，经营者应当事先向国务院反垄断执法机构申报，未申报的不得实施集中：

（一）参与集中的所有经营者上一会计年度在全球范围内的营业额合计超过100亿元人民币，并且其中至少两个经营者上一会计年度在中国境内的营业额均超过4亿元人民币；

（二）参与集中的所有经营者上一会计年度在中国境内的营业额合计超过20亿元人民币，并且其中至少两个经营者上一会计年度在中国境内的营业额均超过4亿元人民币。

营业额的计算，应当考虑银行、保险、证券、期货等特殊行业、领域的实际情况，具体办法由国务院反垄断执法机构会同国务院有关部门制定。

第四条 经营者集中未达到本规定第三条规定的申报标准，但按照规定程序收集的事实和证据表明该经营者集中具有或者可能具有排除、限制竞争效果的，国务院反垄断执法机构应当依法进行调查。

第五条 本规定自公布之日起施行。

制止滥用行政权力排除、限制竞争行为暂行规定

1. 2019年6月26日国家市场监督管理总局令第12号公布
2. 自2019年9月1日起施行

第一条 为了预防和制止滥用行政权力排除、限制竞争行为，根据《中华人民共和国反垄断法》（以下简称反垄断法），制定本规定。

第二条 国家市场监督管理总局（以下简称市场监管总局）负责滥用行政权力排除、限制竞争行为的反垄断执法工作。

市场监管总局根据反垄断法第十条第二款规定，授权各省、自治区、直辖市人民政府市场监督管理部门（以下统称省级市场监管部门）负责本行政区域内滥用行政权力排除、限制竞争行为的反垄断执法工作。

本规定所称反垄断执法机构包括市场监管总局和省级市场监管部门。

第三条 市场监管总局负责对下列滥用行政权力排除、限制竞争行为进行调查，提出依法处理的建议（以下简称查处）：

（一）在全国范围内有影响的；

（二）省级人民政府实施的；

（三）案情较为复杂或者市场监管总局认为有必要直接查处的。

前款所列的滥用行政权力排除、限制竞争行为，市场监管总局可以指定省级市场监管部门查处。

省级市场监管部门查处滥用行政权力排除、限制竞争行为时，发现不属于本部门查处范围，或者虽属于本部门查处范围，但有必要由市场监管总局查处的，应当及时向市场监管总局报告。

第四条 行政机关和法律、法规授权的具有管理公共事务职能的组织不得滥用行政权力，实施下列行为，限定或者变相限定单位或者个人经营、购买、使用其指定的经营者提供的商品和服务（以下统称商品）：

（一）以明确要求、暗示、拒绝或者拖延行政审批、重复检查、不予接入平台或者网络等方式，限定或者变相限定经营、购买、使用特定经营者提供的商品；

（二）通过限制投标人所在地、所有制形式、组织形式等方式，限定或者变相限定经营、购买、使用特定投标人提供的商品；

（三）没有法律、法规依据，通过设置项目库、名录库等方式，限定或者变相限定经营、购买、使用特定经营者提供的商品；

（四）限定或者变相限定单位或者个人经营、购买、使用其指定的经营者提供的商品的其他行为。

第五条 行政机关和法律、法规授权的具有管理公共事务职能的组织不得滥用行政权力，实施下列行为，妨碍商品在地区之间的自由流通：

（一）对外地商品设定歧视性收费项目、实行歧视性收费标准，或者规定歧视性价格、实行歧视性补贴政策；

（二）对外地商品规定与本地同类商品不同的技术要求、检验标准，或者对外地商品采取重复检验、重复认证等措施，阻碍、限制外地商品进入本地市场；

（三）没有法律、法规依据，采取专门针对外地商品的行政许可、备案，或者对外地商品实施行政许可、备案时，设定不同的许可或者备案条件、程序、期限等，阻碍、限制外地商品进入本地市场；

（四）没有法律、法规依据，设置关卡、通过软件或者互联网设置屏蔽等手段，阻碍、限制外地商品进入本地市场或者本地商品运往外地市场；

（五）妨碍商品在地区之间自由流通的其他行为。

第六条　行政机关和法律、法规授权的具有管理公共事务职能的组织不得滥用行政权力，实施下列行为，排斥或者限制外地经营者参加本地的招标投标活动：

（一）不依法发布信息；

（二）明确外地经营者不能参与本地特定的招标投标活动；

（三）对外地经营者设定歧视性的资质要求或者评审标准；

（四）通过设定与招标项目的具体特点和实际需要不相适应或者与合同履行无关的资格、技术和商务条件，变相限制外地经营者参加本地招标投标活动；

（五）排斥或者限制外地经营者参加本地招标投标活动的其他行为。

第七条　行政机关和法律、法规授权的具有管理公共事务职能的组织不得滥用行政权力，实施下列行为，排斥或者限制外地经营者在本地投资或者设立分支机构：

（一）拒绝外地经营者在本地投资或者设立分支机构；

（二）没有法律、法规依据，对外地经营者在本地投资的规模、方式以及设立分支机构的地址、商业模式等进行限制；

（三）对外地经营者在本地的投资或者设立的分支机构在投资、经营规模、经营方式、税费缴纳等方面规定与本地经营者不同的要求，在安全生产、节能环保、质量标准等方面实行歧视性待遇；

（四）排斥或者限制外地经营者在本地投资或者设立分支机构的其他行为。

第八条　行政机关和法律、法规授权的具有管理公共事务职能的组织不得滥用行政权力，强制或者变相强制经营者从事反垄断法规定的垄断行为。

第九条　行政机关不得滥用行政权力，以规定、办法、决定、公告、通知、意见、会议纪要等形式，制定、发布含有排除、限制竞争内容的市场准入、产业发展、招商引资、招标投标、政府采购、经营行为规范、资质标准等涉及市场主体经济活动的规章、规范性文件和其他政策措施。

第十条　反垄断执法机构依据职权，或者通过举报、上级机关交办、其他机关移送、下级机关报告等途径，发现涉嫌滥用行政权力排除、限制竞争行为。

第十一条　对涉嫌滥用行政权力排除、限制竞争行为，任何单位和个人有权向反垄断执法机构举报。反垄断执法机构应当为举报人保密。

第十二条　举报采用书面形式并提供相关事实和证据的，反垄断执法机构应当进行必要的调查。书面举报一般包括下列内容：

（一）举报人的基本情况；

（二）被举报人的基本情况；

（三）涉嫌滥用行政权力排除、限制竞争行为的相关事实和证据；

（四）是否就同一事实已向其他行政机关举报或者向人民法院提起诉讼。

第十三条　反垄断执法机构负责所管辖案件的受理。省级以下市场监管部门收到举报材料或者发现案件线索的，应当在7个工作日内将相关材料报送省级市场监管部门。

对于被举报人信息不完整、相关事实不清晰的举报，受理机关可以通知举报人及时补正。

第十四条　反垄断执法机构经过对涉嫌滥用行政权力排除、限制竞争行为的必要调查，决定是否立案。

当事人在上述调查期间已经采取措施停止相关行为，消除相关后果的，可以不予立案。

省级市场监管部门应当自立案之日起7个工作日内向市场监管总局备案。

第十五条　立案后，反垄断执法机构应当及时进行调查，依法向有关单位和个人了解情况，收集、调取证据。

第十六条　市场监管总局在查处涉嫌滥用行政权力排除、限制竞争行为时，可以委托省级市场监管部门进行调查。

省级市场监管部门在查处涉嫌滥用行政权力排除、限制竞争行为时，可以委托下级市场监管部门进行调查。

受委托的市场监管部门在委托范围内，以委托机关的名义进行调查，不得再委托其他行政机关、组织或者个人进行调查。

第十七条　省级市场监管部门查处涉嫌滥用行政权力排除、限制竞争行为时，可以根据需要商请相关省级市场监管部门协助调查，相关省级市场监管部门应当予以协助。

第十八条　被调查单位和个人有权陈述意见。

反垄断执法机构应当对被调查单位和个人提出的事实、理由和证据进行核实。

第十九条　经调查，反垄断执法机构认为构成滥用行政权力排除、限制竞争行为的，可以向有关上级机关提出依法处理的建议。

在调查期间，当事人主动采取措施停止相关行为，消除相关后果的，反垄断执法机构可以结束调查。

经调查，反垄断执法机构认为不构成滥用行政权力排除、限制竞争行为的，应当结束调查。

第二十条 反垄断执法机构向有关上级机关提出依法处理建议的，应当制作行政建议书。行政建议书应当载明以下事项：

（一）主送单位名称；

（二）被调查单位名称；

（三）违法事实；

（四）被调查单位的陈述意见及采纳情况；

（五）处理建议及依据；

（六）反垄断执法机构名称、公章及日期。

前款第五项规定的处理建议应当具体、明确，可以包括停止实施有关行为、废止有关文件并向社会公开、修改文件的有关内容并向社会公开文件的修改情况等。

第二十一条 省级市场监管部门在提出依法处理的建议或者结束调查前，应当向市场监管总局报告。提出依法处理的建议后 7 个工作日内，向市场监管总局备案。

反垄断执法机构认为构成滥用行政权力排除、限制竞争行为的，依法向社会公布。

第二十二条 市场监管总局应当加强对省级市场监管部门查处滥用行政权力排除、限制竞争行为的指导和监督，统一执法标准。

省级市场监管部门应当严格按照市场监管总局相关规定查处滥用行政权力排除、限制竞争行为。

第二十三条 对反垄断执法机构依法实施的调查，当事人拒绝提供有关材料、信息，或者提供虚假材料、信息，或者隐匿、销毁、转移证据，或者有其他拒绝、阻碍调查行为的，反垄断执法机构可以向其上级机关、监察机关等反映情况。

第二十四条 反垄断执法机构工作人员滥用职权、玩忽职守、徇私舞弊或者泄露执法过程中知悉的国家秘密和商业秘密的，依照有关规定处理。

第二十五条 本规定自 2019 年 9 月 1 日起施行。2009 年 5 月 26 日原国家工商行政管理总局令第 41 号公布的《工商行政管理机关制止滥用行政权力排除、限制竞争行为程序规定》、2010 年 12 月 31 日原国家工商行政管理总局令第 55 号公布的《工商行政管理机关制止滥用行政权力排除、限制竞争行为的规定》同时废止。

关于禁止滥用知识产权排除、限制竞争行为的规定

1. 2015 年 4 月 7 日国家工商行政管理总局令第 74 号公布

2. 根据 2020 年 10 月 23 日国家市场监督管理总局令第 31 号《关于修改部分规章的决定》修订

第一条 为了保护市场公平竞争和激励创新，制止经营者滥用知识产权排除、限制竞争的行为，根据《中华人民共和国反垄断法》（以下简称《反垄断法》），制定本规定。

第二条 反垄断与保护知识产权具有共同的目标，即促进竞争和创新，提高经济运行效率，维护消费者利益和社会公共利益。

经营者依照有关知识产权的法律、行政法规规定行使知识产权的行为，不适用《反垄断法》；但是，经营者滥用知识产权，排除、限制竞争的行为，适用《反垄断法》。

第三条 本规定所称滥用知识产权排除、限制竞争行为，是指经营者违反《反垄断法》的规定行使知识产权，实施垄断协议、滥用市场支配地位等垄断行为。

本规定所称相关市场，包括相关商品市场和相关地域市场，依据《反垄断法》和《国务院反垄断委员会关于相关市场界定的指南》进行界定，并考虑知识产权、创新等因素的影响。在涉及知识产权许可等反垄断执法工作中，相关商品市场可以是技术市场，也可以是含有特定知识产权的产品市场。相关技术市场是指由行使知识产权所涉及的技术和可以相互替代的同类技术之间相互竞争所构成的市场。

第四条 经营者之间不得利用行使知识产权的方式达成《反垄断法》第十三条、第十四条所禁止的垄断协议。但是，经营者能够证明所达成的协议符合《反垄断法》第十五条规定的除外。

第五条 经营者行使知识产权的行为有下列情形之一的，可以不被认定为《反垄断法》第十三条第一款第六项和第十四条第三项所禁止的垄断协议，但是有相反的证据证明该协议具有排除、限制竞争效果的除外：

（一）具有竞争关系的经营者在受其行为影响的相关市场上的市场份额合计不超过百分之二十，或者在相关市场上存在至少四个可以以合理成本得到的其他独立控制的替代性技术；

（二）经营者与交易相对人在相关市场上的市场

份额均不超过百分之三十，或者在相关市场上存在至少两个可以以合理成本得到的其他独立控制的替代性技术。

第六条 具有市场支配地位的经营者不得在行使知识产权的过程中滥用市场支配地位，排除、限制竞争。

市场支配地位根据《反垄断法》第十八条和第十九条的规定进行认定和推定。经营者拥有知识产权可以构成认定其市场支配地位的因素之一，但不能仅根据经营者拥有知识产权推定其在相关市场上具有市场支配地位。

第七条 具有市场支配地位的经营者没有正当理由，不得在其知识产权构成生产经营活动必需设施的情况下，拒绝许可其他经营者以合理条件使用该知识产权，排除、限制竞争。

认定前款行为需要同时考虑下列因素：

（一）该项知识产权在相关市场上不能被合理替代，为其他经营者参与相关市场的竞争所必需；

（二）拒绝许可该知识产权将会导致相关市场上的竞争或者创新受到不利影响，损害消费者利益或者公共利益；

（三）许可该知识产权对该经营者不会造成不合理的损害。

第八条 具有市场支配地位的经营者没有正当理由，不得在行使知识产权的过程中，实施下列限定交易行为，排除、限制竞争：

（一）限定交易相对人只能与其进行交易；

（二）限定交易相对人只能与其指定的经营者进行交易。

第九条 具有市场支配地位的经营者没有正当理由，不得在行使知识产权的过程中，实施同时符合下列条件的搭售行为，排除、限制竞争：

（一）违背交易惯例、消费习惯等或者无视商品的功能，将不同商品强制捆绑销售或者组合销售；

（二）实施搭售行为使该经营者将其在搭售品市场的支配地位延伸到被搭售品市场，排除、限制了其他经营者在搭售品或者被搭售品市场上的竞争。

第十条 具有市场支配地位的经营者没有正当理由，不得在行使知识产权的过程中，实施下列附加不合理限制条件的行为，排除、限制竞争：

（一）要求交易相对人将其改进的技术进行独占性的回授；

（二）禁止交易相对人对其知识产权的有效性提出质疑；

（三）限制交易相对人在许可协议期限届满后，在不侵犯知识产权的情况下利用竞争性的商品或者技术；

（四）对保护期已经届满或者被认定无效的知识产权继续行使权利；

（五）禁止交易相对人与第三方进行交易；

（六）对交易相对人附加其他不合理的限制条件。

第十一条 具有市场支配地位的经营者没有正当理由，不得在行使知识产权的过程中，对条件相同的交易相对人实行差别待遇，排除、限制竞争。

第十二条 经营者不得在行使知识产权的过程中，利用专利联营从事排除、限制竞争的行为。

专利联营的成员不得利用专利联营交换产量、市场划分等有关竞争的敏感信息，达成《反垄断法》第十三条、第十四条所禁止的垄断协议。但是，经营者能够证明所达成的协议符合《反垄断法》第十五条规定的除外。

具有市场支配地位的专利联营管理组织没有正当理由，不得利用专利联营实施下列滥用市场支配地位的行为，排除、限制竞争：

（一）限制联营成员在联营之外作为独立许可人许可专利；

（二）限制联营成员或者被许可人独立或者与第三方联合研发与联营专利相竞争的技术；

（三）强迫被许可人将其改进或者研发的技术独占性地回授给专利联营管理组织或者联营成员；

（四）禁止被许可人质疑联营专利的有效性；

（五）对条件相同的联营成员或者同一相关市场的被许可人在交易条件上实行差别待遇；

（六）国家市场监督管理总局认定的其他滥用市场支配地位行为。

本规定所称专利联营，是指两个或者两个以上的专利权人通过某种形式将各自拥有的专利共同许可给第三方的协议安排。其形式可以是为此目的成立的专门合资公司，也可以是委托某一联营成员或者某独立的第三方进行管理。

第十三条 经营者不得在行使知识产权的过程中，利用标准（含国家技术规范的强制性要求，下同）的制定和实施从事排除、限制竞争的行为。

具有市场支配地位的经营者没有正当理由，不得在标准的制定和实施过程中实施下列排除、限制竞争行为：

（一）在参与标准制定的过程中，故意不向标准制定组织披露其权利信息,或者明确放弃其权利,但是在某项标准涉及该专利后却对该标准的实施者主张其专利权。

（二）在其专利成为标准必要专利后,违背公平、合理和无歧视原则,实施拒绝许可、搭售商品或者在交易时附加其他的不合理交易条件等排除、限制竞争的行为。

本规定所称标准必要专利,是指实施该项标准所必不可少的专利。

第十四条 经营者涉嫌滥用知识产权排除、限制竞争行为的,反垄断执法机构依据《反垄断法》和《禁止垄断协议暂行规定》、《禁止滥用市场支配地位行为暂行规定》进行调查。

本规定所称反垄断执法机构包括国家市场监督管理总局和各省、自治区、直辖市市场监督管理部门。

第十五条 分析认定经营者涉嫌滥用知识产权排除、限制竞争行为,可以采取以下步骤:

（一）确定经营者行使知识产权行为的性质和表现形式;

（二）确定行使知识产权的经营者之间相互关系的性质;

（三）界定行使知识产权所涉及的相关市场;

（四）认定行使知识产权的经营者的市场地位;

（五）分析经营者行使知识产权的行为对相关市场竞争的影响。

分析认定经营者之间关系的性质需要考虑行使知识产权行为本身的特点。在涉及知识产权许可的情况下,原本具有竞争关系的经营者之间在许可合同中是交易关系,而在许可人和被许可人都利用该知识产权生产产品的市场上则又是竞争关系。但是,如果当事人之间在订立许可协议时不是竞争关系,在协议订立之后才产生竞争关系的,则仍然不视为竞争者之间的协议,除非原协议发生实质性的变更。

第十六条 分析认定经营者行使知识产权的行为对竞争的影响,应当考虑下列因素:

（一）经营者与交易相对人的市场地位;

（二）相关市场的市场集中度;

（三）进入相关市场的难易程度;

（四）产业惯例与产业的发展阶段;

（五）在产量、区域、消费者等方面进行限制的时间和效力范围;

（六）对促进创新和技术推广的影响;

（七）经营者的创新能力和技术变化的速度;

（八）与认定行使知识产权的行为对竞争影响有关的其他因素。

第十七条 经营者滥用知识产权排除、限制竞争的行为构成垄断协议的,由反垄断执法机构责令停止违法行为,没收违法所得,并处上一年度销售额百分之一以上百分之十以下的罚款;尚未实施所达成的垄断协议的,可以处五十万元以下的罚款。

经营者滥用知识产权排除、限制竞争的行为构成滥用市场支配地位的,由反垄断执法机构责令停止违法行为,没收违法所得,并处上一年度销售额百分之一以上百分之十以下的罚款。

反垄断执法机构确定具体罚款数额时,应当考虑违法行为的性质、情节、程度、持续的时间等因素。

第十八条 本规定由国家市场监督管理总局负责解释。

第十九条 本规定自2015年8月1日起施行。

禁止垄断协议暂行规定

1. 2019年6月26日国家市场监督管理总局令第10号公布
2. 根据2022年3月24日国家市场监督管理总局令第55号《关于修改和废止部分规章的决定》修正

第一条 为了预防和制止垄断协议,根据《中华人民共和国反垄断法》(以下简称反垄断法),制定本规定。

第二条 国家市场监督管理总局(以下简称市场监管总局)负责垄断协议的反垄断执法工作。

市场监管总局根据反垄断法第十条第二款规定,授权各省、自治区、直辖市市场监督管理部门(以下简称省级市场监管部门)负责本行政区域内垄断协议的反垄断执法工作。

本规定所称反垄断执法机构包括市场监管总局和省级市场监管部门。

第三条 市场监管总局负责查处下列垄断协议:

（一）跨省、自治区、直辖市的;

（二）案情较为复杂或者在全国有重大影响的;

（三）市场监管总局认为有必要直接查处的。

前款所列垄断协议,市场监管总局可以指定省级市场监管部门查处。

省级市场监管部门根据授权查处垄断协议时,发现不属于本部门查处范围,或者虽属于本部门查处范围,但有必要由市场监管总局查处的,应当及时向市场监管总局报告。

第四条 反垄断执法机构查处垄断协议时,应当平等对待所有经营者。

第五条　垄断协议是指排除、限制竞争的协议、决定或者其他协同行为。

协议或者决定可以是书面、口头等形式。

其他协同行为是指经营者之间虽未明确订立协议或者决定，但实质上存在协调一致的行为。

第六条　认定其他协同行为，应当考虑下列因素：

（一）经营者的市场行为是否具有一致性；

（二）经营者之间是否进行过意思联络或者信息交流；

（三）经营者能否对行为的一致性作出合理解释；

（四）相关市场的市场结构、竞争状况、市场变化等情况。

第七条　禁止具有竞争关系的经营者就商品或者服务（以下统称商品）价格达成下列垄断协议：

（一）固定或者变更价格水平、价格变动幅度、利润水平或者折扣、手续费等其他费用；

（二）约定采用据以计算价格的标准公式；

（三）限制参与协议的经营者的自主定价权；

（四）通过其他方式固定或者变更价格。

第八条　禁止具有竞争关系的经营者就限制商品的生产数量或者销售数量达成下列垄断协议：

（一）以限制产量、固定产量、停止生产等方式限制商品的生产数量，或者限制特定品种、型号商品的生产数量；

（二）以限制商品投放量等方式限制商品的销售数量，或者限制特定品种、型号商品的销售数量；

（三）通过其他方式限制商品的生产数量或者销售数量。

第九条　禁止具有竞争关系的经营者就分割销售市场或者原材料采购市场达成下列垄断协议：

（一）划分商品销售地域、市场份额、销售对象、销售收入、销售利润或者销售商品的种类、数量、时间；

（二）划分原料、半成品、零部件、相关设备等原材料的采购区域、种类、数量、时间或者供应商；

（三）通过其他方式分割销售市场或者原材料采购市场。

前款规定中的原材料还包括经营者生产经营所必需的技术和服务。

第十条　禁止具有竞争关系的经营者就限制购买新技术、新设备或者限制开发新技术、新产品达成下列垄断协议：

（一）限制购买、使用新技术、新工艺；

（二）限制购买、租赁、使用新设备、新产品；

（三）限制投资、研发新技术、新工艺、新产品；

（四）拒绝使用新技术、新工艺、新设备、新产品；

（五）通过其他方式限制购买新技术、新设备或者限制开发新技术、新产品。

第十一条　禁止具有竞争关系的经营者就联合抵制交易达成下列垄断协议：

（一）联合拒绝向特定经营者供应或者销售商品；

（二）联合拒绝采购或者销售特定经营者的商品；

（三）联合限定特定经营者不得与其具有竞争关系的经营者进行交易；

（四）通过其他方式联合抵制交易。

第十二条　禁止经营者与交易相对人就商品价格达成下列垄断协议：

（一）固定向第三人转售商品的价格水平、价格变动幅度、利润水平或者折扣、手续费等其他费用；

（二）限定向第三人转售商品的最低价格，或者通过限定价格变动幅度、利润水平或者折扣、手续费等其他费用限定向第三人转售商品的最低价格；

（三）通过其他方式固定转售商品价格或者限定转售商品最低价格。

第十三条　不属于本规定第七条至第十二条所列情形的其他协议、决定或者协同行为，有证据证明排除、限制竞争的，应当认定为垄断协议并予以禁止。

前款规定的垄断协议由市场监管总局负责认定，认定时应当考虑下列因素：

（一）经营者达成、实施协议的事实；

（二）市场竞争状况；

（三）经营者在相关市场中的市场份额及其对市场的控制力；

（四）协议对商品价格、数量、质量等方面的影响；

（五）协议对市场进入、技术进步等方面的影响；

（六）协议对消费者、其他经营者的影响；

（七）与认定垄断协议有关的其他因素。

第十四条　禁止行业协会从事下列行为：

（一）制定、发布含有排除、限制竞争内容的行业协会章程、规则、决定、通知、标准等；

（二）召集、组织或者推动本行业的经营者达成含有排除、限制竞争内容的协议、决议、纪要、备忘录等；

（三）其他组织本行业经营者达成或者实施垄断协议的行为。

本规定所称行业协会是指由同行业经济组织和个人组成，行使行业服务和自律管理职能的各种协会、学会、商会、联合会、促进会等社会团体法人。

第十五条 反垄断执法机构依据职权，或者通过举报、上级机关交办、其他机关移送、下级机关报告、经营者主动报告等途径，发现涉嫌垄断协议。

第十六条 举报采用书面形式并提供相关事实和证据的，反垄断执法机构应当进行必要的调查。书面举报一般包括下列内容：

（一）举报人的基本情况；

（二）被举报人的基本情况；

（三）涉嫌垄断协议的相关事实和证据；

（四）是否就同一事实已向其他行政机关举报或者向人民法院提起诉讼。

反垄断执法机构根据工作需要，可以要求举报人补充举报材料。

第十七条 反垄断执法机构经过对涉嫌垄断协议的必要调查，决定是否立案。

省级市场监管部门应当自立案之日起7个工作日内向市场监管总局备案。

第十八条 市场监管总局在查处垄断协议时，可以委托省级市场监管部门进行调查。

省级市场监管部门在查处垄断协议时，可以委托下级市场监管部门进行调查。

受委托的市场监管部门在委托范围内，以委托机关的名义实施调查，不得再委托其他行政机关、组织或者个人进行调查。

第十九条 省级市场监管部门查处涉嫌垄断协议时，可以根据需要商请相关省级市场监管部门协助调查，相关省级市场监管部门应当予以协助。

第二十条 反垄断执法机构对垄断协议进行行政处罚的，应当依法制作行政处罚决定书。

行政处罚决定书的内容包括：

（一）经营者的姓名或者名称、地址等基本情况；

（二）案件来源及调查经过；

（三）违法事实和相关证据；

（四）经营者陈述、申辩的采纳情况及理由；

（五）行政处罚的内容和依据；

（六）行政处罚的履行方式、期限；

（七）不服行政处罚决定，申请行政复议或者提起行政诉讼的途径和期限；

（八）作出行政处罚决定的反垄断执法机构名称和作出决定的日期。

第二十一条 涉嫌垄断协议的经营者在被调查期间，可以提出中止调查申请，承诺在反垄断执法机构认可的期限内采取具体措施消除行为影响。

中止调查申请应当以书面形式提出，并由经营者负责人签字并盖章。申请书应当载明下列事项：

（一）涉嫌垄断协议的事实；

（二）承诺采取消除行为后果的具体措施；

（三）履行承诺的时限；

（四）需要承诺的其他内容。

反垄断执法机构对涉嫌垄断协议调查核实后，认为构成垄断协议的，应当依法作出处理决定，不再接受经营者提出的中止调查申请。

第二十二条 反垄断执法机构根据被调查经营者的中止调查申请，在考虑行为的性质、持续时间、后果、社会影响、经营者承诺的措施及其预期效果等具体情况后，决定是否中止调查。

对于符合本规定第七条至第九条规定的涉嫌垄断协议，反垄断执法机构不得接受中止调查申请。

第二十三条 反垄断执法机构决定中止调查的，应当制作中止调查决定书。

中止调查决定书应当载明被调查经营者涉嫌达成垄断协议的事实、承诺的具体内容、消除影响的具体措施、履行承诺的时限以及未履行或者未完全履行承诺的法律后果等内容。

第二十四条 决定中止调查的，反垄断执法机构应当对经营者履行承诺的情况进行监督。

经营者应当在规定的时限内向反垄断执法机构书面报告承诺履行情况。

第二十五条 反垄断执法机构确定经营者已经履行承诺的，可以决定终止调查，并制作终止调查决定书。

终止调查决定书应当载明被调查经营者涉嫌垄断协议的事实、承诺的具体内容、履行承诺的情况、监督情况等内容。

有下列情形之一的，反垄断执法机构应当恢复调查：

（一）经营者未履行或者未完全履行承诺的；

（二）作出中止调查决定所依据的事实发生重大变化的；

（三）中止调查决定是基于经营者提供的不完整或者不真实的信息作出的。

第二十六条 经营者能够证明被调查的垄断协议属于反垄断法第十五条规定情形的，不适用本规定第七条至第十三条的规定。

第二十七条 反垄断执法机构认定被调查的垄断协议是否属于反垄断法第十五条规定的情形，应当考虑下列因素：

（一）协议实现该情形的具体形式和效果；

（二）协议与实现该情形之间的因果关系；

（三）协议是否是实现该情形的必要条件；

（四）其他可以证明协议属于相关情形的因素。

反垄断执法机构认定消费者能否分享协议产生的利益，应当考虑消费者是否因协议的达成、实施在商品价格、质量、种类等方面获得利益。

第二十八条　反垄断执法机构认定被调查的垄断协议属于反垄断法第十五条规定情形的，应当终止调查并制作终止调查决定书。终止调查决定书应当载明协议的基本情况、适用反垄断法第十五条的依据和理由等内容。

反垄断执法机构作出终止调查决定后，因情况发生重大变化，导致被调查的协议不再符合反垄断法第十五条规定情形的，反垄断执法机构应当重新启动调查。

第二十九条　省级市场监管部门作出中止调查决定、终止调查决定或者行政处罚告知前，应当向市场监管总局报告。

省级市场监管部门向被调查经营者送达中止调查决定书、终止调查决定书或者行政处罚决定书后，应当在7个工作日内向市场监管总局备案。

第三十条　反垄断执法机构作出行政处理决定后，依法向社会公布。其中，行政处罚信息应当依法通过国家企业信用信息公示系统向社会公示。

第三十一条　市场监管总局应当加强对省级市场监管部门查处垄断协议的指导和监督，统一执法标准。

省级市场监管部门应当严格按照市场监管总局相关规定查处垄断协议案件。

第三十二条　经营者违反本规定，达成并实施垄断协议的，由反垄断执法机构责令停止违法行为，没收违法所得，并处上一年度销售额百分之一以上百分之十以下的罚款；尚未实施所达成的垄断协议的，可以处五十万元以下的罚款。

行业协会违反本规定，组织本行业的经营者达成垄断协议的，反垄断执法机构可以对其处五十万元以下的罚款；情节严重的，反垄断执法机构可以提请社会团体登记管理机关依法撤销登记。

反垄断执法机构确定具体罚款数额时，应当考虑违法行为的性质、情节、程度、持续时间等因素。

经营者因行政机关和法律、法规授权的具有管理公共事务职能的组织滥用行政权力而达成垄断协议的，按照前款规定处理。经营者能够证明其达成垄断协议是被动遵守行政命令所导致的，可以依法从轻或者减轻处罚。

第三十三条　参与垄断协议的经营者主动报告达成垄断协议有关情况并提供重要证据的，可以申请依法减轻或者免除处罚。

重要证据是指能够对反垄断执法机构启动调查或者对认定垄断协议起到关键性作用的证据，包括参与垄断协议的经营者、涉及的商品范围、达成协议的内容和方式、协议的具体实施等情况。

第三十四条　经营者根据本规定第三十三条提出申请的，反垄断执法机构应当根据经营者主动报告的时间顺序、提供证据的重要程度以及达成、实施垄断协议的有关情况，决定是否减轻或者免除处罚。

对于第一个申请者，反垄断执法机构可以免除处罚或者按照不低于百分之八十的幅度减轻罚款；对于第二个申请者，可以按照百分之三十至百分之五十的幅度减轻罚款；对于第三个申请者，可以按照百分之二十至百分之三十的幅度减轻罚款。

第三十五条　本规定对垄断协议调查、处罚程序未做规定的，依照《市场监督管理行政处罚程序规定》执行，有关时限、立案、案件管辖的规定除外。

反垄断执法机构组织行政处罚听证的，依照《市场监督管理行政处罚听证办法》执行。

第三十六条　本规定自2019年9月1日起施行。2009年5月26日原国家工商行政管理总局令第42号公布的《工商行政管理机关查处垄断协议、滥用市场支配地位案件程序规定》、2010年12月31日原国家工商行政管理总局令第53号公布的《工商行政管理机关禁止垄断协议行为的规定》同时废止。

禁止滥用市场支配地位行为暂行规定

1. 2019年6月26日国家市场监督管理总局令第11号公布

2. 根据2022年3月24日国家市场监督管理总局令第55号《关于修改和废止部分规章的决定》修正

第一条　为了预防和制止滥用市场支配地位行为，根据《中华人民共和国反垄断法》（以下简称反垄断法），制定本规定。

第二条　国家市场监督管理总局（以下简称市场监管总局）负责滥用市场支配地位行为的反垄断执法工作。

市场监管总局根据反垄断法第十条第二款规定，

授权各省、自治区、直辖市市场监督管理部门（以下简称省级市场监管部门）负责本行政区域内滥用市场支配地位行为的反垄断执法工作。

本规定所称反垄断执法机构包括市场监管总局和省级市场监管部门。

第三条 市场监管总局负责查处下列滥用市场支配地位行为：

（一）跨省、自治区、直辖市的；

（二）案情较为复杂或者在全国有重大影响的；

（三）市场监管总局认为有必要直接查处的。

前款所列滥用市场支配地位行为，市场监管总局可以指定省级市场监管部门查处。

省级市场监管部门根据授权查处滥用市场支配地位行为时，发现不属于本部门查处范围，或者虽属于本部门查处范围，但有必要由市场监管总局查处的，应当及时向市场监管总局报告。

第四条 反垄断执法机构查处滥用市场支配地位行为时，应当平等对待所有经营者。

第五条 市场支配地位是指经营者在相关市场内具有能够控制商品或者服务（以下统称商品）价格、数量或者其他交易条件，或者能够阻碍、影响其他经营者进入相关市场能力的市场地位。

本条所称其他交易条件是指除商品价格、数量之外能够对市场交易产生实质影响的其他因素，包括商品品种、商品品质、付款条件、交付方式、售后服务、交易选择、技术约束等。

本条所称能够阻碍、影响其他经营者进入相关市场，包括排除其他经营者进入相关市场，或者延缓其他经营者在合理时间内进入相关市场，或者导致其他经营者虽能够进入该相关市场但进入成本大幅提高，无法与现有经营者开展有效竞争等情形。

第六条 根据反垄断法第十八条第一项，确定经营者在相关市场的市场份额，可以考虑一定时期内经营者的特定商品销售金额、销售数量或者其他指标在相关市场所占的比重。

分析相关市场竞争状况，可以考虑相关市场的发展状况、现有竞争者的数量和市场份额、商品差异程度、创新和技术变化、销售和采购模式、潜在竞争者情况等因素。

第七条 根据反垄断法第十八条第二项，确定经营者控制销售市场或者原材料采购市场的能力，可以考虑该经营者控制产业链上下游市场的能力，控制销售渠道或者采购渠道的能力，影响或者决定价格、数量、合同期限或者其他交易条件的能力，以及优先获得企业生产经营所必需的原料、半成品、零部件、相关设备以及需要投入的其他资源的能力等因素。

第八条 根据反垄断法第十八条第三项，确定经营者的财力和技术条件，可以考虑该经营者的资产规模、盈利能力、融资能力、研发能力、技术装备、技术创新和应用能力、拥有的知识产权等，以及该财力和技术条件能够以何种方式和程度促进该经营者业务扩张或者巩固、维持市场地位等因素。

第九条 根据反垄断法第十八条第四项，确定其他经营者对该经营者在交易上的依赖程度，可以考虑其他经营者与该经营者之间的交易关系、交易量、交易持续时间、在合理时间内转向其他交易相对人的难易程度等因素。

第十条 根据反垄断法第十八条第五项，确定其他经营者进入相关市场的难易程度，可以考虑市场准入、获取必要资源的难度、采购和销售渠道的控制情况、资金投入规模、技术壁垒、品牌依赖、用户转换成本、消费习惯等因素。

第十一条 根据反垄断法第十八条和本规定第六条至第十条规定认定互联网等新经济业态经营者具有市场支配地位，可以考虑相关行业竞争特点、经营模式、用户数量、网络效应、锁定效应、技术特性、市场创新、掌握和处理相关数据的能力及经营者在关联市场的市场力量等因素。

第十二条 根据反垄断法第十八条和本规定第六条至第十条认定知识产权领域经营者具有市场支配地位，可以考虑知识产权的替代性、下游市场对利用知识产权所提供商品的依赖程度、交易相对人对经营者的制衡能力等因素。

第十三条 认定两个以上的经营者具有市场支配地位，除考虑本规定第六条至第十二条规定的因素外，还应当考虑市场结构、相关市场透明度、相关商品同质化程度、经营者行为一致性等因素。

第十四条 禁止具有市场支配地位的经营者以不公平的高价销售商品或者以不公平的低价购买商品。

认定“不公平的高价”或者“不公平的低价”，可以考虑下列因素：

（一）销售价格或者购买价格是否明显高于或者明显低于其他经营者在相同或者相似市场条件下销售或者购买同种商品或者可比较商品的价格；

（二）销售价格或者购买价格是否明显高于或者明显低于同一经营者在其他相同或者相似市场条件区

域销售或者购买商品的价格；

（三）在成本基本稳定的情况下，是否超过正常幅度提高销售价格或者降低购买价格；

（四）销售商品的提价幅度是否明显高于成本增长幅度，或者购买商品的降价幅度是否明显高于交易相对人成本降低幅度；

（五）需要考虑的其他相关因素。

认定市场条件相同或者相似，应当考虑销售渠道、销售模式、供求状况、监管环境、交易环节、成本结构、交易情况等因素。

第十五条 禁止具有市场支配地位的经营者没有正当理由，以低于成本的价格销售商品。

认定低于成本的价格销售商品，应当重点考虑价格是否低于平均可变成本。平均可变成本是指随着生产的商品数量变化而变动的每单位成本。涉及互联网等新经济业态中的免费模式，应当综合考虑经营者提供的免费商品以及相关收费商品等情况。

本条所称"正当理由"包括：

（一）降价处理鲜活商品、季节性商品、有效期限即将到期的商品和积压商品的；

（二）因清偿债务、转产、歇业降价销售商品的；

（三）在合理期限内为推广新商品进行促销的；

（四）能够证明行为具有正当性的其他理由。

第十六条 禁止具有市场支配地位的经营者没有正当理由，通过下列方式拒绝与交易相对人进行交易：

（一）实质性削减与交易相对人的现有交易数量；

（二）拖延、中断与交易相对人的现有交易；

（三）拒绝与交易相对人进行新的交易；

（四）设置限制性条件，使交易相对人难以与其进行交易；

（五）拒绝交易相对人在生产经营活动中，以合理条件使用其必需设施。

在依据前款第五项认定经营者滥用市场支配地位时，应当综合考虑以合理的投入另行投资建设或者另行开发建造该设施的可行性、交易相对人有效开展生产经营活动对该设施的依赖程度、该经营者提供该设施的可能性以及对自身生产经营活动造成的影响等因素。

本条所称"正当理由"包括：

（一）因不可抗力等客观原因无法进行交易；

（二）交易相对人有不良信用记录或者出现经营状况恶化等情况，影响交易安全；

（三）与交易相对人进行交易将使经营者利益发生不当减损；

（四）能够证明行为具有正当性的其他理由。

第十七条 禁止具有市场支配地位的经营者没有正当理由，从事下列限定交易行为：

（一）限定交易相对人只能与其进行交易；

（二）限定交易相对人只能与其指定的经营者进行交易；

（三）限定交易相对人不得与特定经营者进行交易。

从事上述限定交易行为可以是直接限定，也可以是以设定交易条件等方式变相限定。

本条所称"正当理由"包括：

（一）为满足产品安全要求所必须；

（二）为保护知识产权所必须；

（三）为保护针对交易进行的特定投资所必须；

（四）能够证明行为具有正当性的其他理由。

第十八条 禁止具有市场支配地位的经营者没有正当理由搭售商品，或者在交易时附加其他不合理的交易条件：

（一）违背交易惯例、消费习惯或者无视商品的功能，将不同商品捆绑销售或者组合销售；

（二）对合同期限、支付方式、商品的运输及交付方式或者服务的提供方式等附加不合理的限制；

（三）对商品的销售地域、销售对象、售后服务等附加不合理的限制；

（四）交易时在价格之外附加不合理费用；

（五）附加与交易标的无关的交易条件。

本条所称"正当理由"包括：

（一）符合正当的行业惯例和交易习惯；

（二）为满足产品安全要求所必须；

（三）为实现特定技术所必须；

（四）能够证明行为具有正当性的其他理由。

第十九条 禁止具有市场支配地位的经营者没有正当理由，对条件相同的交易相对人在交易条件上实行下列差别待遇：

（一）实行不同的交易价格、数量、品种、品质等级；

（二）实行不同的数量折扣等优惠条件；

（三）实行不同的付款条件、交付方式；

（四）实行不同的保修内容和期限、维修内容和时间、零配件供应、技术指导等售后服务条件。

条件相同是指交易相对人之间在交易安全、交易成本、规模和能力、信用状况、所处交易环节、交易持续时间等方面不存在实质性影响交易的差别。

本条所称“正当理由”包括：

（一）根据交易相对人实际需求且符合正当的交易习惯和行业惯例，实行不同交易条件；

（二）针对新用户的首次交易在合理期限内开展的优惠活动；

（三）能够证明行为具有正当性的其他理由。

第二十条　反垄断执法机构认定本规定第十四条所称的“不公平”和第十五条至第十九条所称的“正当理由”，还应当考虑下列因素：

（一）有关行为是否为法律、法规所规定；

（二）有关行为对社会公共利益的影响；

（三）有关行为对经济运行效率、经济发展的影响；

（四）有关行为是否为经营者正常经营及实现正常效益所必须；

（五）有关行为对经营者业务发展、未来投资、创新方面的影响；

（六）有关行为是否能够使交易相对人或者消费者获益。

第二十一条　市场监管总局认定其他滥用市场支配地位行为，应当同时符合下列条件：

（一）经营者具有市场支配地位；

（二）经营者实施了排除、限制竞争行为；

（三）经营者实施相关行为不具有正当理由；

（四）经营者相关行为对市场竞争具有排除、限制影响。

第二十二条　供水、供电、供气、供热、电信、有线电视、邮政、交通运输等公用事业领域经营者应当依法经营，不得滥用其市场支配地位损害消费者利益。

第二十三条　反垄断执法机构依据职权，或者通过举报、上级机关交办、其他机关移送、下级机关报告、经营者主动报告等途径，发现涉嫌滥用市场支配地位行为。

第二十四条　举报采用书面形式并提供相关事实和证据的，反垄断执法机构应当进行必要的调查。书面举报一般包括下列内容：

（一）举报人的基本情况；

（二）被举报人的基本情况；

（三）涉嫌滥用市场支配地位行为的相关事实和证据；

（四）是否就同一事实已向其他行政机关举报或者向人民法院提起诉讼。

反垄断执法机构根据工作需要，可以要求举报人补充举报材料。

第二十五条　反垄断执法机构经过对涉嫌滥用市场支配地位行为必要的调查，决定是否立案。

省级市场监管部门应当自立案之日起7个工作日内向市场监管总局备案。

第二十六条　市场监管总局在查处滥用市场支配地位行为时，可以委托省级市场监管部门进行调查。

省级市场监管部门在查处滥用市场支配地位行为时，可以委托下级市场监管部门进行调查。

受委托的市场监管部门在委托范围内，以委托机关的名义实施调查，不得再委托其他行政机关、组织或者个人进行调查。

第二十七条　省级市场监管部门查处涉嫌滥用市场支配地位行为时，可以根据需要商请相关省级市场监管部门协助调查，相关省级市场监管部门应当予以协助。

第二十八条　反垄断执法机构对滥用市场支配地位行为进行行政处罚的，应当依法制作行政处罚决定书。

行政处罚决定书的内容包括：

（一）经营者的姓名或者名称、地址等基本情况；

（二）案件来源及调查经过；

（三）违法事实和相关证据；

（四）经营者陈述、申辩的采纳情况及理由；

（五）行政处罚的内容和依据；

（六）行政处罚的履行方式、期限；

（七）不服行政处罚决定，申请行政复议或者提起行政诉讼的途径和期限；

（八）作出行政处罚决定的反垄断执法机构名称和作出决定的日期。

第二十九条　涉嫌滥用市场支配地位的经营者在被调查期间，可以提出中止调查申请，承诺在反垄断执法机构认可的期限内采取具体措施消除行为影响。

中止调查申请应当以书面形式提出，并由经营者负责人签字并盖章。申请书应当载明下列事项：

（一）涉嫌滥用市场支配地位行为的事实；

（二）承诺采取消除行为后果的具体措施；

（三）履行承诺的时限；

（四）需要承诺的其他内容。

反垄断执法机构对涉嫌滥用市场支配地位行为调查核实后，认为构成涉嫌滥用市场支配地位行为的，应当依法作出处理决定，不再接受经营者提出的中止调查申请。

第三十条　反垄断执法机构根据被调查经营者的中止调查申请，在考虑行为的性质、持续时间、后果、社会影响、经营者承诺的措施及其预期效果等具体情况后，决定是否中止调查。

第三十一条　反垄断执法机构决定中止调查的，应当制作中止调查决定书。

中止调查决定书应当载明被调查经营者涉嫌滥用市场支配地位行为的事实、承诺的具体内容、消除影响的具体措施、履行承诺的时限以及未履行或者未完全履行承诺的法律后果等内容。

第三十二条　决定中止调查的，反垄断执法机构应当对经营者履行承诺的情况进行监督。

经营者应当在规定的时限内向反垄断执法机构书面报告承诺履行情况。

第三十三条　反垄断执法机构确定经营者已经履行承诺的，可以决定终止调查，并制作终止调查决定书。

终止调查决定书应当载明被调查经营者涉嫌滥用市场支配地位行为的事实、承诺的具体内容、履行承诺的情况、监督情况等内容。

有下列情形之一的，反垄断执法机构应当恢复调查：

（一）经营者未履行或者未完全履行承诺的；

（二）作出中止调查决定所依据的事实发生重大变化的；

（三）中止调查决定是基于经营者提供的不完整或者不真实的信息作出的。

第三十四条　省级市场监管部门作出中止调查决定、终止调查决定或者行政处罚告知前，应当向市场监管总局报告。

省级市场监管部门向被调查经营者送达中止调查决定书、终止调查决定书或者行政处罚决定书后，应当在7个工作日内向市场监管总局备案。

第三十五条　反垄断执法机构作出行政处理决定后，依法向社会公布。其中，行政处罚信息应当依法通过国家企业信用信息公示系统向社会公示。

第三十六条　市场监管总局应当加强对省级市场监管部门查处滥用市场支配地位行为的指导和监督，统一执法标准。

省级市场监管部门应当严格按照市场监管总局相关规定查处滥用市场支配地位行为。

第三十七条　经营者滥用市场支配地位的，由反垄断执法机构责令停止违法行为，没收违法所得，并处上一年度销售额百分之一以上百分之十以下的罚款。

反垄断执法机构确定具体罚款数额时，应当考虑违法行为的性质、情节、程度、持续时间等因素。

经营者因行政机关和法律、法规授权的具有管理公共事务职能的组织滥用行政权力而滥用市场支配地位的，按照前款规定处理。经营者能够证明其从事的滥用市场支配地位行为是被动遵守行政命令所导致的，可以依法从轻或者减轻处罚。

第三十八条　本规定对滥用市场支配地位行为调查、处罚程序未做规定的，依照《市场监督管理行政处罚程序规定》执行，有关时限、立案、案件管辖的规定除外。

反垄断执法机构组织行政处罚听证的，依照《市场监督管理行政处罚听证办法》执行。

第三十九条　本规定自2019年9月1日起施行。2010年12月31日原国家工商行政管理总局令第54号公布的《工商行政管理机关禁止滥用市场支配地位行为规定》同时废止。

经营者集中审查暂行规定

1. 2020年10月23日国家市场监督管理总局令第30号公布

2. 根据2022年3月24日国家市场监督管理总局令第55号《关于修改和废止部分规章的决定》修正

第一章　总　　则

第一条　为规范经营者集中反垄断审查工作，根据《中华人民共和国反垄断法》（以下简称反垄断法）和《国务院关于经营者集中申报标准的规定》，制定本规定。

第二条　国家市场监督管理总局（以下简称市场监管总局）负责经营者集中反垄断审查工作，并对违法实施的经营者集中进行调查处理。

市场监管总局根据工作需要，可以委托省、自治区、直辖市市场监管部门实施经营者集中审查。

第三条　本规定所称经营者集中，是指反垄断法第二十条所规定的下列情形：

（一）经营者合并；

（二）经营者通过取得股权或者资产的方式取得对其他经营者的控制权；

（三）经营者通过合同等方式取得对其他经营者的控制权或者能够对其他经营者施加决定性影响。

第四条　判断经营者是否通过交易取得对其他经营者的控制权或者能够对其他经营者施加决定性影响，应当考虑下列因素：

（一）交易的目的和未来的计划；

（二）交易前后其他经营者的股权结构及其变化；

（三）其他经营者股东大会的表决事项及其表决机制，以及其历史出席率和表决情况；

（四）其他经营者董事会或者监事会的组成及其表决机制；

（五）其他经营者高级管理人员的任免等；

（六）其他经营者股东、董事之间的关系，是否存在委托行使投票权、一致行动人等；

（七）该经营者与其他经营者是否存在重大商业关系、合作协议等；

（八）其他应当考虑的因素。

第五条　市场监管总局开展经营者集中反垄断审查工作时，应当平等对待所有经营者。

第二章　经营者集中申报

第六条　经营者集中达到国务院规定的申报标准（以下简称申报标准）的，经营者应当事先向市场监管总局申报，未申报的不得实施集中。

经营者集中未达到申报标准，但按照规定程序收集的事实和证据表明该经营者集中具有或者可能具有排除、限制竞争效果的，市场监管总局应当依法进行调查。

第七条　营业额包括相关经营者上一会计年度内销售产品和提供服务所获得的收入，扣除相关税金及附加。

第八条　参与集中的经营者的营业额，应当为该经营者以及申报时与该经营者存在直接或者间接控制关系的所有经营者的营业额总和，但是不包括上述经营者之间的营业额。

经营者取得其他经营者的组成部分时，出让方不再对该组成部分拥有控制权或者不能施加决定性影响的，目标经营者的营业额仅包括该组成部分的营业额。

参与集中的经营者之间或者参与集中的经营者和未参与集中的经营者之间有共同控制的其他经营者时，参与集中的经营者的营业额应当包括被共同控制的经营者与第三方经营者之间的营业额，且此营业额只计算一次。

金融业经营者营业额的计算，按照金融业经营者集中申报营业额计算相关规定执行。

第九条　相同经营者之间在两年内多次实施的未达到申报标准的经营者集中，应当视为一次集中，集中时间从最后一次交易算起，参与集中的经营者的营业额应当将多次交易合并计算。经营者通过与其有控制关系的其他经营者实施上述行为，依照本规定处理。

前款所称两年内是指从第一次交易完成之日起至最后一次交易签订协议之日止的期间。

第十条　市场监管总局加强对经营者集中申报的指导。在正式申报前，经营者可以以书面方式就集中申报事宜向市场监管总局提出商谈的具体问题。

第十一条　通过合并方式实施的经营者集中，合并各方均为申报义务人；其他情形的经营者集中，取得控制权或者能够施加决定性影响的经营者为申报义务人，其他经营者予以配合。

同一项经营者集中有多个申报义务人的，可以委托一个申报义务人申报。被委托的申报义务人未申报的，其他申报义务人不能免除申报义务。申报义务人未申报的，其他参与集中的经营者可以提出申报。

申报人可以自行申报，也可以依法委托他人代理申报。

第十二条　申报文件、资料应当包括如下内容：

（一）申报书。申报书应当载明参与集中的经营者的名称、住所、经营范围、预定实施集中的日期，并附申报人身份证件或者注册登记文件，境外申报人还须提交当地公证机关的公证文件和相关的认证文件。委托代理人申报的，应当提交授权委托书。

（二）集中对相关市场竞争状况影响的说明。包括集中交易概况；相关市场界定；参与集中的经营者在相关市场的市场份额及其对市场的控制力；主要竞争者及其市场份额；市场集中度；市场进入；行业发展现状；集中对市场竞争结构、行业发展、技术进步、国民经济发展、消费者以及其他经营者的影响；集中对相关市场竞争影响的效果评估及依据。

（三）集中协议。包括各种形式的集中协议文件，如协议书、合同以及相应的补充文件等。

（四）参与集中的经营者经会计师事务所审计的上一会计年度财务会计报告。

（五）市场监管总局要求提交的其他文件、资料。

申报人应当对申报文件、资料的真实性负责。

第十三条　申报人应当对申报文件、资料中的商业秘密、未披露信息或者保密商务信息进行标注，并且同时提交申报文件、资料的公开版本和保密版本。申报文件、资料应当使用中文。

第十四条　市场监管总局应当对申报人提交的文件、资料进行核查，发现申报文件、资料不完备的，可以要求申报人在规定期限内补交。申报人逾期未补交的，视为未申报。

第十五条　市场监管总局经核查认为申报文件、资料符合法定要求的，应当自收到完备的申报文件、资料之日予以立案并书面通知申报人。

第十六条 经营者集中未达到申报标准，参与集中的经营者自愿提出经营者集中申报，市场监管总局收到申报文件、资料后经审查认为有必要立案的，应当按照反垄断法予以立案审查并作出决定。

第十七条 符合下列情形之一的，经营者可以作为简易案件申报，市场监管总局按照简易案件程序进行审查：

（一）在同一相关市场，参与集中的经营者所占的市场份额之和小于百分之十五；在上下游市场，参与集中的经营者所占的市场份额均小于百分之二十五；不在同一相关市场也不存在上下游关系的参与集中的经营者，在与交易有关的每个市场所占的市场份额均小于百分之二十五；

（二）参与集中的经营者在中国境外设立合营企业，合营企业不在中国境内从事经济活动的；

（三）参与集中的经营者收购境外企业股权或者资产，该境外企业不在中国境内从事经济活动的；

（四）由两个以上经营者共同控制的合营企业，通过集中被其中一个或者一个以上经营者控制的。

第十八条 符合本规定第十七条但存在下列情形之一的经营者集中，不视为简易案件：

（一）由两个以上经营者共同控制的合营企业，通过集中被其中的一个经营者控制，该经营者与合营企业属于同一相关市场的竞争者，且市场份额之和大于百分之十五的；

（二）经营者集中涉及的相关市场难以界定的；

（三）经营者集中对市场进入、技术进步可能产生不利影响的；

（四）经营者集中对消费者和其他有关经营者可能产生不利影响的；

（五）经营者集中对国民经济发展可能产生不利影响的；

（六）市场监管总局认为可能对市场竞争产生不利影响的其他情形。

第三章 经营者集中审查

第十九条 市场监管总局应当自立案之日起三十日内，对申报的经营者集中进行初步审查，作出是否实施进一步审查的决定，并书面通知经营者。

市场监管总局决定实施进一步审查的，应当自决定之日起九十日内审查完毕，作出是否禁止经营者集中的决定，并书面通知经营者。符合反垄断法第二十六条第二款规定情形的，市场监管总局可以延长本款规定的审查期限，最长不得超过六十日。

第二十条 在市场监管总局作出审查决定之前，申报人要求撤回经营者集中申报的，应当提交书面申请并说明理由。经市场监管总局同意，申报人可以撤回申报。

集中交易情况或者相关市场竞争状况发生重大变化，需要重新申报的，申报人应当申请撤回。

撤回经营者集中申报的，审查程序终止。市场监管总局同意撤回申报不视为对集中的批准。

第二十一条 在审查过程中，市场监管总局可以根据审查需要，要求申报人在规定时限内补充提供相关文件、资料。

申报人可以主动提供有助于对经营者集中进行审查和作出决定的有关文件、资料。

第二十二条 在审查过程中，参与集中的经营者可以通过信函、传真、电子邮件等方式向市场监管总局就有关申报事项进行书面陈述，市场监管总局应当听取当事人的陈述。

第二十三条 在审查过程中，市场监管总局可以根据审查需要，征求有关政府部门、行业协会、经营者、消费者等单位或者个人的意见。

第二十四条 审查经营者集中，应当考虑下列因素：

（一）参与集中的经营者在相关市场的市场份额及其对市场的控制力；

（二）相关市场的市场集中度；

（三）经营者集中对市场进入、技术进步的影响；

（四）经营者集中对消费者和其他有关经营者的影响；

（五）经营者集中对国民经济发展的影响；

（六）应当考虑的影响市场竞争的其他因素。

第二十五条 评估经营者集中的竞争影响，可以考察相关经营者单独或者共同排除、限制竞争的能力、动机及可能性。

集中涉及上下游市场或者关联市场的，可以考察相关经营者利用在一个或者多个市场的控制力，排除、限制其他市场竞争的能力、动机及可能性。

第二十六条 评估参与集中的经营者对市场的控制力，可以考虑参与集中的经营者在相关市场的市场份额、产品或者服务的替代程度、控制销售市场或者原材料采购市场的能力、财力和技术条件，以及相关市场的市场结构、其他经营者的生产能力、下游客户购买能力和转换供应商的能力、潜在竞争者进入的抵消效果等因素。

评估相关市场的市场集中度，可以考虑相关市场的经营者数量及市场份额等因素。

第二十七条 评估经营者集中对市场进入的影响，可以考虑经营者通过控制生产要素、销售和采购渠道、关键技术、关键设施等方式影响市场进入的情况，并考虑进入的可能性、及时性和充分性。

评估经营者集中对技术进步的影响，可以考虑经营者集中对技术创新动力、技术研发投入和利用、技术资源整合等方面的影响。

第二十八条　评估经营者集中对消费者的影响，可以考虑经营者集中对产品或者服务的数量、价格、质量、多样化等方面的影响。

评估经营者集中对其他有关经营者的影响，可以考虑经营者集中对同一相关市场、上下游市场或者关联市场经营者的市场进入、交易机会等竞争条件的影响。

第二十九条　评估经营者集中对国民经济发展的影响，可以考虑经营者集中对经济效率、经营规模及其对相关行业发展等方面的影响。

第三十条　评估经营者集中的竞争影响，还可以综合考虑集中对公共利益的影响、参与集中的经营者是否为濒临破产的企业等因素。

第三十一条　市场监管总局认为经营者集中具有或者可能具有排除、限制竞争效果的，应当告知申报人，并设定一个允许参与集中的经营者提交书面意见的合理期限。

参与集中的经营者的书面意见应当包括相关事实和理由，并提供相应证据。参与集中的经营者逾期未提交书面意见的，视为无异议。

第三十二条　为减少集中具有或者可能具有的排除、限制竞争的效果，参与集中的经营者可以向市场监管总局提出附加限制性条件承诺方案。

市场监管总局应当对承诺方案的有效性、可行性和及时性进行评估，并及时将评估结果通知申报人。

市场监管总局认为承诺方案不足以减少集中对竞争的不利影响的，可以与参与集中的经营者就限制性条件进行磋商，要求其在合理期限内提出其他承诺方案。

第三十三条　根据经营者集中交易具体情况，限制性条件可以包括如下种类：

（一）剥离有形资产、知识产权等无形资产或者相关权益（以下简称剥离业务）等结构性条件；

（二）开放其网络或者平台等基础设施、许可关键技术（包括专利、专有技术或者其他知识产权）、终止排他性协议等行为性条件；

（三）结构性条件和行为性条件相结合的综合性条件。

剥离业务一般应当具有在相关市场开展有效竞争所需要的所有要素，包括有形资产、无形资产、股权、关键人员以及客户协议或者供应协议等权益。剥离对象可以是参与集中经营者的子公司、分支机构或者业务部门。

第三十四条　承诺方案存在不能实施的风险的，参与集中的经营者可以提出备选方案。备选方案应当在首选方案无法实施后生效，并且比首选方案的条件更为严格。

承诺方案为剥离，但存在下列情形之一的，参与集中的经营者可以在承诺方案中提出特定买方和剥离时间建议：

（一）剥离存在较大困难；

（二）剥离前维持剥离业务的竞争性和可销售性存在较大风险；

（三）买方身份对剥离业务能否恢复市场竞争具有重要影响；

（四）市场监管总局认为有必要的其他情形。

第三十五条　对于具有或者可能具有排除、限制竞争效果的经营者集中，参与集中的经营者提出的附加限制性条件承诺方案能够有效减少集中对竞争产生的不利影响的，市场监管总局可以作出附加限制性条件批准决定。参与集中的经营者未能在规定期限内提出附加限制性条件承诺方案，或者所提出的承诺方案不能有效减少集中对竞争产生的不利影响的，市场监管总局应当作出禁止经营者集中的决定。

第四章　限制性条件的监督和实施

第三十六条　对于附加限制性条件批准的经营者集中，义务人应当严格履行审查决定规定的义务，并按规定向市场监管总局报告限制性条件履行情况。

市场监管总局可以自行或者通过受托人对义务人履行限制性条件的行为进行监督检查。通过受托人监督检查的，市场监管总局应当在审查决定中予以明确。受托人包括监督受托人和剥离受托人。

义务人，是指附加限制性条件批准经营者集中的审查决定中要求履行相关义务的经营者。

监督受托人，是指受义务人委托并经市场监管总局评估确定，负责对义务人实施限制性条件进行监督并向市场监管总局报告的自然人、法人或者其他组织。

剥离受托人，是指受义务人委托并经市场监管总局评估确定，在受托剥离阶段负责出售剥离业务并向市场监管总局报告的自然人、法人或者其他组织。

第三十七条 通过受托人监督检查的，义务人应当在市场监管总局作出审查决定之日起十五日内向市场监管总局提交监督受托人人选。限制性条件为剥离的，义务人应当在进入受托剥离阶段三十日前向市场监管总局提交剥离受托人人选。受托人应当符合下列要求：

（一）独立于义务人和剥离业务的买方；

（二）具有履行受托人职责的专业团队，团队成员应当具有对限制性条件进行监督所需的专业知识、技能及相关经验；

（三）能够提出可行的工作方案；

（四）过去五年未在担任受托人过程中受到处罚；

（五）市场监管总局提出的其他要求。

市场监管总局评估确定受托人后，义务人应当与受托人签订书面协议，明确各自权利和义务，并报市场监管总局同意。受托人应当勤勉、尽职地履行职责。义务人支付受托人报酬，并为受托人提供必要的支持和便利。

第三十八条 附加限制性条件为剥离的，剥离义务人应当在审查决定规定的期限内，自行找到合适的剥离业务买方、签订出售协议，并报经市场监管总局批准后完成剥离。剥离义务人未能在规定期限内完成剥离的，市场监管总局可以要求义务人委托剥离受托人在规定的期限内寻找合适的剥离业务买方。剥离业务买方应当符合下列要求：

（一）独立于参与集中的经营者；

（二）拥有必要的资源、能力并有意愿使用剥离业务参与市场竞争；

（三）取得其他监管机构的批准；

（四）不得向参与集中的经营者融资购买剥离业务；

（五）市场监管总局根据具体案件情况提出的其他要求。

买方已有或者能够从其他途径获得剥离业务中的部分资产或者权益时，可以向市场监管总局申请对剥离业务的范围进行必要调整。

第三十九条 义务人提交市场监管总局审查的监督受托人、剥离受托人、剥离业务买方人选原则上各不少于三家。在特殊情况下，经市场监管总局同意，上述人选可少于三家。

市场监管总局应当对义务人提交的受托人及委托协议、剥离业务买方人选及出售协议进行审查，以确保其符合审查决定要求。

限制性条件为剥离的，市场监管总局上述审查所用时间不计入剥离期限。

第四十条 审查决定未规定自行剥离期限的，剥离义务人应当在审查决定作出之日起六个月内找到适当的买方并签订出售协议。经剥离义务人申请并说明理由，市场监管总局可以酌情延长自行剥离期限，但延期最长不得超过三个月。

审查决定未规定受托剥离期限的，剥离受托人应当在受托剥离开始之日起六个月内找到适当的买方并签订出售协议。

第四十一条 剥离义务人应当在市场监管总局审查批准买方和出售协议后，与买方签订出售协议，并自签订之日起三个月内将剥离业务转移给买方，完成所有权转移等相关法律程序。经剥离义务人申请并说明理由，市场监管总局可以酌情延长业务转移的期限。

第四十二条 经市场监管总局批准的买方购买剥离业务达到申报标准的，取得控制权的经营者应当将其作为一项新的经营者集中向市场监管总局申报。市场监管总局作出审查决定之前，剥离义务人不得将剥离业务出售给买方。

第四十三条 在剥离完成之前，为确保剥离业务的存续性、竞争性和可销售性，剥离义务人应当履行下列义务：

（一）保持剥离业务与其保留的业务之间相互独立，并采取一切必要措施以最符合剥离业务发展的方式进行管理；

（二）不得实施任何可能对剥离业务有不利影响的行为，包括聘用被剥离业务的关键员工，获得剥离业务的商业秘密或者其他保密信息等；

（三）指定专门的管理人，负责管理剥离业务。管理人在监督受托人的监督下履行职责，其任命和更换应当得到监督受托人的同意；

（四）确保潜在买方能够以公平合理的方式获得有关剥离业务的充分信息，评估剥离业务的商业价值和发展潜力；

（五）根据买方的要求向其提供必要的支持和便利，确保剥离业务的顺利交接和稳定经营；

（六）向买方及时移交剥离业务并履行相关法律程序。

第四十四条 监督受托人应当在市场监管总局的监督下履行下列职责：

（一）监督义务人履行本规定、审查决定及相关协议规定的义务；

（二）对剥离义务人推荐的买方人选、拟签订的出

售协议进行评估,并向市场监管总局提交评估报告;

（三）监督剥离业务出售协议的执行,并定期向市场监管总局提交监督报告;

（四）协调剥离义务人与潜在买方就剥离事项产生的争议;

（五）按照市场监管总局的要求提交其他与义务人履行限制性条件有关的报告。

未经市场监管总局同意,监督受托人不得披露其在履行职责过程中向市场监管总局提交的各种报告及相关信息。

第四十五条 在受托剥离阶段,剥离受托人负责为剥离业务找到买方并达成出售协议。

剥离受托人有权以无底价方式出售剥离业务。

第四十六条 审查决定应当规定附加限制性条件的期限。

根据审查决定,限制性条件到期自动解除的,经市场监管总局核查,义务人未违反审查决定的,限制性条件自动解除。义务人存在违反审查决定情形的,市场监管总局可以适当延长附加限制性条件的期限,并及时向社会公布。

根据审查决定,限制性条件到期后义务人需要申请解除的,义务人应当提交书面申请并说明理由。市场监管总局评估后决定解除限制性条件的,应当及时向社会公布。

限制性条件为剥离,经市场监管总局核查,义务人履行完成所有义务的,限制性条件自动解除。

第四十七条 审查决定生效期间,市场监管总局可以主动或者应义务人申请对限制性条件进行重新审查,变更或者解除限制性条件。市场监管总局决定变更或者解除限制性条件的,应当及时向社会公布。

市场监管总局变更或者解除限制性条件时,应当考虑下列因素:

（一）集中交易方是否发生重大变化;

（二）相关市场竞争状况是否发生实质性变化;

（三）实施限制性条件是否无必要或者不可能;

（四）应当考虑的其他因素。

第五章　对违法实施经营者集中的调查

第四十八条 经营者集中达到申报标准,经营者未申报实施集中、申报后未经批准实施集中或者违反审查决定的,依照本章规定进行调查。

第四十九条 对涉嫌违法实施经营者集中,任何单位和个人有权向市场监管总局举报。市场监管总局应当为举报人保密。

举报采用书面形式,并提供举报人和被举报人基本情况、涉嫌违法实施经营者集中的相关事实和证据等内容的,市场监管总局应当进行必要的核查。

第五十条 对有初步事实和证据表明存在违法实施经营者集中嫌疑的,市场监管总局应当予以立案,并书面通知被调查的经营者。

第五十一条 被调查的经营者应当在立案通知送达之日起三十日内,向市场监管总局提交是否属于经营者集中、是否达到申报标准、是否申报、是否违法实施等有关的文件、资料。

第五十二条 市场监管总局应当自收到被调查的经营者依照本规定第五十一条提交的文件、资料之日起三十日内,对被调查的交易是否属于违法实施经营者集中完成初步调查。

属于违法实施经营者集中的,市场监管总局应当作出实施进一步调查的决定,并书面通知被调查的经营者。经营者应当停止违法行为。

不属于违法实施经营者集中的,市场监管总局应当作出不实施进一步调查的决定,并书面通知被调查的经营者。

第五十三条 市场监管总局决定实施进一步调查的,被调查的经营者应当自收到市场监管总局书面通知之日起三十日内,依照本规定关于经营者集中申报文件、资料的规定向市场监管总局提交相关文件、资料。

市场监管总局应当自收到被调查的经营者提交的符合前款规定的文件、资料之日起一百二十日内,完成进一步调查。

在进一步调查阶段,市场监管总局应当按照反垄断法及本规定,对被调查的交易是否具有或者可能具有排除、限制竞争效果进行评估。

第五十四条 在调查过程中,被调查的经营者、利害关系人有权陈述意见。市场监管总局应当对被调查的经营者、利害关系人提出的事实、理由和证据进行核实。

第五十五条 市场监管总局在作出行政处罚决定前,应当将作出行政处罚决定的事实、理由和依据告知被调查的经营者。

被调查的经营者应当在市场监管总局规定的期限内提交书面意见。书面意见应当包括相关事实和证据。

第五十六条 市场监管总局对违法实施经营者集中应当依法作出处理决定,并可以向社会公布。

第六章　法律责任

第五十七条 经营者违反反垄断法规定实施集中的,依照反垄断法第四十八条规定予以处罚。

第五十八条 申报人隐瞒有关情况或者提供虚假材料的，市场监管总局对经营者集中申报不予立案或者撤销立案，并可以依照反垄断法第五十二条规定予以处罚。

第五十九条 受托人未按要求履行职责的，由市场监管总局责令改正；情节严重的，可以要求义务人更换受托人，并对受托人处三万元以下的罚款。

第六十条 剥离业务的买方未按规定履行义务，影响限制性条件实施的，由市场监管总局责令改正，并可以处三万元以下的罚款。

第七章 附 则

第六十一条 市场监管总局以及其他单位和个人对于知悉的商业秘密、未披露信息或者保密商务信息承担保密义务，但根据法律法规规定应当披露的或者事先取得权利人同意的除外。

第六十二条 对未达到申报标准但是具有或者可能具有排除、限制竞争效果的经营者集中，市场监管总局可以依照本规定收集事实和证据，并进行调查。

第六十三条 在审查或者调查过程中，市场监管总局可以组织听证。听证程序依照《市场监督管理行政许可程序暂行规定》《市场监督管理行政处罚听证办法》执行。

第六十四条 对于需要送达经营者的书面文件，送达方式参照《市场监督管理行政处罚程序规定》执行。

第六十五条 本规定自 2020 年 12 月 1 日起施行。

公平竞争审查制度实施细则

1. 2021 年 6 月 29 日国家市场监督管理总局、发展改革委、财政部、商务部、司法部发布
2. 国市监反垄规〔2021〕2 号

第一章 总 则

第一条 为全面落实公平竞争审查制度，健全公平竞争审查机制，规范有效开展审查工作，根据《中华人民共和国反垄断法》、《国务院关于在市场体系建设中建立公平竞争审查制度的意见》（国发〔2016〕34 号，以下简称《意见》），制定本细则。

第二条 行政机关以及法律、法规授权的具有管理公共事务职能的组织（以下统称政策制定机关），在制定市场准入和退出、产业发展、招商引资、招标投标、政府采购、经营行为规范、资质标准等涉及市场主体经济活动的规章、规范性文件、其他政策性文件以及“一事一议”形式的具体政策措施（以下统称政策措施）时，应当进行公平竞争审查，评估对市场竞争的影响，防止排除、限制市场竞争。

经公平竞争审查认为不具有排除、限制竞争效果或者符合例外规定的，可以实施；具有排除、限制竞争效果且不符合例外规定的，应当不予出台或者调整至符合相关要求后出台；未经公平竞争审查的，不得出台。

第三条 涉及市场主体经济活动的行政法规、国务院制定的政策措施，以及政府部门负责起草的地方性法规、自治条例和单行条例，由起草部门在起草过程中按照本细则规定进行公平竞争审查。未经公平竞争审查的，不得提交审议。

以县级以上地方各级人民政府名义出台的政策措施，由起草部门或者本级人民政府指定的相关部门进行公平竞争审查。起草部门在审查过程中，可以会同本级市场监管部门进行公平竞争审查。未经审查的，不得提交审议。

以多个部门名义联合制定出台的政策措施，由牵头部门负责公平竞争审查，其他部门在各自职责范围内参与公平竞争审查。政策措施涉及其他部门职权的，政策制定机关在公平竞争审查中应当充分征求其意见。

第四条 市场监管总局、发展改革委、财政部、商务部会同有关部门，建立健全公平竞争审查工作部际联席会议制度，统筹协调和监督指导全国公平竞争审查工作。

县级以上地方各级人民政府负责建立健全本地区公平竞争审查工作联席会议制度（以下简称联席会议），统筹协调和监督指导本地区公平竞争审查工作，原则上由本级人民政府分管负责同志担任联席会议召集人。联席会议办公室设在市场监管部门，承担联席会议日常工作。

地方各级联席会议应当每年向本级人民政府和上一级联席会议报告本地区公平竞争审查制度实施情况，接受其指导和监督。

第二章 审查机制和程序

第五条 政策制定机关应当建立健全公平竞争内部审查机制，明确审查机构和程序，可以由政策制定机关的具体业务机构负责，也可以采取内部特定机构统一审查或者由具体业务机构初审后提交特定机构复核等方式。

第六条 政策制定机关开展公平竞争审查应当遵循审查

基本流程(可参考附件1),识别相关政策措施是否属于审查对象、判断是否违反审查标准、分析是否适用例外规定。属于审查对象的,经审查后应当形成明确的书面审查结论。审查结论应当包括政策措施名称、涉及行业领域、性质类别、起草机构、审查机构、征求意见情况、审查结论、适用例外规定情况、审查机构主要负责人意见等内容(可参考附件2)。政策措施出台后,审查结论由政策制定机关存档备查。

未形成书面审查结论出台政策措施的,视为未进行公平竞争审查。

第七条 政策制定机关开展公平竞争审查,应当以适当方式征求利害关系人意见,或者通过政府部门网站、政务新媒体等便于社会公众知晓的方式公开征求意见,并在书面审查结论中说明征求意见情况。

在起草政策措施的其他环节已征求过利害关系人意见或者向社会公开征求意见的,可以不再专门就公平竞争审查问题征求意见。对出台前需要保密或者有正当理由需要限定知悉范围的政策措施,由政策制定机关按照相关法律法规处理。

利害关系人指参与相关市场竞争的经营者、上下游经营者、行业协会商会、消费者以及政策措施可能影响其公平参与市场竞争的其他市场主体。

第八条 政策制定机关进行公平竞争审查,可以咨询专家学者、法律顾问、专业机构的意见。征求上述方面意见的,应当在书面审查结论中说明有关情况。

各级联席会议办公室可以根据实际工作需要,建立公平竞争审查工作专家库,便于政策制定机关进行咨询。

第九条 政策制定机关可以就公平竞争审查中遇到的具体问题,向本级联席会议办公室提出咨询。提出咨询请求的政策制定机关,应当提供书面咨询函、政策措施文稿、起草说明、相关法律法规依据及其他相关材料。联席会议办公室应当在收到书面咨询函后及时研究回复。

对涉及重大公共利益,且在制定过程中被多个单位或者个人反映或者举报涉嫌排除、限制竞争的政策措施,本级联席会议办公室可以主动向政策制定机关提出公平竞争审查意见。

第十条 对多个部门联合制定或者涉及多个部门职责的政策措施,在公平竞争审查中出现较大争议或者部门意见难以协调一致时,政策制定机关可以提请本级联席会议协调。联席会议办公室认为确有必要的,可以根据相关工作规则召开会议进行协调。仍无法协调一致的,由政策制定机关提交上级机关决定。

第十一条 政策制定机关应当对本年度公平竞争审查工作进行总结,于次年1月15日前将书面总结报告报送本级联席会议办公室。

地方各级联席会议办公室汇总形成本级公平竞争审查工作总体情况,于次年1月20日前报送本级人民政府和上一级联席会议办公室,并以适当方式向社会公开。

第十二条 对经公平竞争审查后出台的政策措施,政策制定机关应当对其影响统一市场和公平竞争的情况进行定期评估。评估报告应当向社会公开征求意见,评估结果应当向社会公开。经评估认为妨碍统一市场和公平竞争的,应当及时废止或者修改完善。定期评估可以每三年进行一次,或者在定期清理规章、规范性文件时一并评估。

第三章 审查标准

第十三条 市场准入和退出标准。

(一)不得设置不合理或者歧视性的准入和退出条件,包括但不限于:

1. 设置明显不必要或者超出实际需要的准入和退出条件,排斥或者限制经营者参与市场竞争;

2. 没有法律、行政法规或者国务院规定依据,对不同所有制、地区、组织形式的经营者实施不合理的差别化待遇,设置不平等的市场准入和退出条件;

3. 没有法律、行政法规或者国务院规定依据,以备案、登记、注册、目录、年检、年报、监制、认定、认证、认可、检验、监测、审定、指定、配号、复检、复审、换证、要求设立分支机构以及其他任何形式,设定或者变相设定市场准入障碍;

4. 没有法律、行政法规或者国务院规定依据,对企业注销、破产、挂牌转让、搬迁转移等设定或者变相设定市场退出障碍;

5. 以行政许可、行政检查、行政处罚、行政强制等方式,强制或者变相强制企业转让技术,设定或者变相设定市场准入和退出障碍。

(二)未经公平竞争不得授予经营者特许经营权,包括但不限于:

1. 在一般竞争性领域实施特许经营或者以特许经营为名增设行政许可;

2. 未明确特许经营权期限或者未经法定程序延长特许经营权期限;

3. 未依法采取招标、竞争性谈判等竞争方式,直接将特许经营权授予特定经营者;

4. 设置歧视性条件，使经营者无法公平参与特许经营权竞争。

（三）不得限定经营、购买、使用特定经营者提供的商品和服务，包括但不限于：

1. 以明确要求、暗示、拒绝或者拖延行政审批、重复检查、不予接入平台或者网络、违法违规给予奖励补贴等方式，限定或者变相限定经营、购买、使用特定经营者提供的商品和服务；

2. 在招标投标、政府采购中限定投标人所在地、所有制形式、组织形式，或者设定其他不合理的条件排斥或者限制经营者参与招标投标、政府采购活动；

3. 没有法律、行政法规或者国务院规定依据，通过设置不合理的项目库、名录库、备选库、资格库等条件，排斥或限制潜在经营者提供商品和服务。

（四）不得设置没有法律、行政法规或者国务院规定依据的审批或者具有行政审批性质的事前备案程序，包括但不限于：

1. 没有法律、行政法规或者国务院规定依据，增设行政审批事项，增加行政审批环节、条件和程序；

2. 没有法律、行政法规或者国务院规定依据，设置具有行政审批性质的前置性备案程序。

（五）不得对市场准入负面清单以外的行业、领域、业务等设置审批程序，主要指没有法律、行政法规或者国务院规定依据，采取禁止进入、限制市场主体资质、限制股权比例、限制经营范围和商业模式等方式，限制或者变相限制市场准入。

第十四条 商品和要素自由流动标准。

（一）不得对外地和进口商品、服务实行歧视性价格和歧视性补贴政策，包括但不限于：

1. 制定政府定价或者政府指导价时，对外地和进口同类商品、服务制定歧视性价格；

2. 对相关商品、服务进行补贴时，对外地同类商品、服务，国际经贸协定允许外的进口同类商品以及我国作出国际承诺的进口同类服务不予补贴或者给予较低补贴。

（二）不得限制外地和进口商品、服务进入本地市场或者阻碍本地商品运出、服务输出，包括但不限于：

1. 对外地商品、服务规定与本地同类商品、服务不同的技术要求、检验标准，或者采取重复检验、重复认证等歧视性技术措施；

2. 对进口商品规定与本地同类商品不同的技术要求、检验标准，或者采取重复检验、重复认证等歧视性技术措施；

3. 没有法律、行政法规或者国务院规定依据，对进口服务规定与本地同类服务不同的技术要求、检验标准，或者采取重复检验、重复认证等歧视性技术措施；

4. 设置专门针对外地和进口商品、服务的专营、专卖、审批、许可、备案，或者规定不同的条件、程序和期限等；

5. 在道路、车站、港口、航空港或者本行政区域边界设置关卡，阻碍外地和进口商品、服务进入本地市场或者本地商品运出和服务输出；

6. 通过软件或者互联网设置屏蔽以及采取其他手段，阻碍外地和进口商品、服务进入本地市场或者本地商品运出和服务输出。

（三）不得排斥或者限制外地经营者参加本地招标投标活动，包括但不限于：

1. 不依法及时、有效、完整地发布招标信息；

2. 直接规定外地经营者不能参与本地特定的招标投标活动；

3. 对外地经营者设定歧视性的资质资格要求或者评标评审标准；

4. 将经营者在本地区的业绩、所获得的奖项荣誉作为投标条件、加分条件、中标条件或者用于评价企业信用等级，限制或者变相限制外地经营者参加本地招标投标活动；

5. 没有法律、行政法规或者国务院规定依据，要求经营者在本地注册设立分支机构，在本地拥有一定办公面积，在本地缴纳社会保险等，限制或者变相限制外地经营者参加本地招标投标活动；

6. 通过设定与招标项目的具体特点和实际需要不相适应或者与合同履行无关的资格、技术和商务条件，限制或者变相限制外地经营者参加本地招标投标活动。

（四）不得排斥、限制或者强制外地经营者在本地投资或者设立分支机构，包括但不限于：

1. 直接拒绝外地经营者在本地投资或者设立分支机构；

2. 没有法律、行政法规或者国务院规定依据，对外地经营者在本地投资的规模、方式以及设立分支机构的地址、模式等进行限制；

3. 没有法律、行政法规或者国务院规定依据，直接强制外地经营者在本地投资或者设立分支机构；

4. 没有法律、行政法规或者国务院规定依据，将在本地投资或者设立分支机构作为参与本地招标投标、享受补贴和优惠政策等的必要条件，变相强制外地经营者在本地投资或者设立分支机构。

（五）不得对外地经营者在本地的投资或者设立的分支机构实行歧视性待遇，侵害其合法权益，包括但不限于：

1. 对外地经营者在本地的投资不给予与本地经营者同等的政策待遇；

2. 对外地经营者在本地设立的分支机构在经营规模、经营方式、税费缴纳等方面规定与本地经营者不同的要求；

3. 在节能环保、安全生产、健康卫生、工程质量、市场监管等方面，对外地经营者在本地设立的分支机构规定歧视性监管标准和要求。

第十五条 影响生产经营成本标准。

（一）不得违法给予特定经营者优惠政策，包括但不限于：

1. 没有法律、行政法规或者国务院规定依据，给予特定经营者财政奖励和补贴；

2. 没有专门的税收法律、法规和国务院规定依据，给予特定经营者税收优惠政策；

3. 没有法律、行政法规或者国务院规定依据，在土地、劳动力、资本、技术、数据等要素获取方面，给予特定经营者优惠政策；

4. 没有法律、行政法规或者国务院规定依据，在环保标准、排污权限等方面给予特定经营者特殊待遇；

5. 没有法律、行政法规或者国务院规定依据，对特定经营者减免、缓征或停征行政事业性收费、政府性基金、住房公积金等。

给予特定经营者的优惠政策应当依法公开。

（二）安排财政支出一般不得与特定经营者缴纳的税收或非税收入挂钩，主要指根据特定经营者缴纳的税收或者非税收入情况，采取列收列支或者违法违规采取先征后返、即征即退等形式，对特定经营者进行返还，或者给予特定经营者财政奖励或补贴、减免土地等自然资源有偿使用收入等优惠政策。

（三）不得违法违规减免或者缓征特定经营者应当缴纳的社会保险费用，主要指没有法律、行政法规或者国务院规定依据，根据经营者规模、所有制形式、组织形式、地区等因素，减免或者缓征特定经营者需要缴纳的基本养老保险费、基本医疗保险费、失业保险费、工伤保险费、生育保险费等。

（四）不得在法律规定之外要求经营者提供或扣留经营者各类保证金，包括但不限于：

1. 没有法律、行政法规依据或者经国务院批准，要求经营者交纳各类保证金；

2. 限定只能以现金形式交纳投标保证金或履约保证金；

3. 在经营者履行相关程序或者完成相关事项后，不依法退还经营者交纳的保证金及银行同期存款利息。

第十六条 影响生产经营行为标准。

（一）不得强制经营者从事《中华人民共和国反垄断法》禁止的垄断行为，主要指以行政命令、行政授权、行政指导等方式或者通过行业协会商会，强制、组织或者引导经营者达成垄断协议、滥用市场支配地位，以及实施具有或者可能具有排除、限制竞争效果的经营者集中等行为。

（二）不得违法披露或者违法要求经营者披露生产经营敏感信息，为经营者实施垄断行为提供便利条件。生产经营敏感信息是指除依据法律、行政法规或者国务院规定需要公开之外，生产经营者未主动公开，通过公开渠道无法采集的生产经营数据。主要包括：拟定价格、成本、营业收入、利润、生产数量、销售数量、生产销售计划、进出口数量、经销商信息、终端客户信息等。

（三）不得超越定价权限进行政府定价，包括但不限于：

1. 对实行政府指导价的商品、服务进行政府定价；

2. 对不属于本级政府定价目录范围内的商品、服务制定政府定价或者政府指导价；

3. 违反《中华人民共和国价格法》等法律法规采取价格干预措施。

（四）不得违法干预实行市场调节价的商品和服务的价格水平，包括但不限于：

1. 制定公布商品和服务的统一执行价、参考价；

2. 规定商品和服务的最高或者最低限价；

3. 干预影响商品和服务价格水平的手续费、折扣或者其他费用。

第四章 例外规定

第十七条 属于下列情形之一的政策措施，虽然在一定程度上具有限制竞争的效果，但在符合规定的情况下可以出台实施：

（一）维护国家经济安全、文化安全、科技安全或者涉及国防建设的；

（二）为实现扶贫开发、救灾救助等社会保障目的；

（三）为实现节约能源资源、保护生态环境、维护公共卫生健康安全等社会公共利益的；

（四）法律、行政法规规定的其他情形。

属于前款第一项至第三项情形的，政策制定机关应当说明相关政策措施对实现政策目的不可或缺，且不会严重限制市场竞争，并明确实施期限。

第十八条　政策制定机关应当在书面审查结论中说明政策措施是否适用例外规定。认为适用例外规定的，应当对符合适用例外规定的情形和条件进行详细说明。

第十九条　政策制定机关应当逐年评估适用例外规定的政策措施的实施效果，形成书面评估报告。实施期限到期或者未达到预期效果的政策措施，应当及时停止执行或者进行调整。

第五章　第三方评估

第二十条　政策制定机关可以根据工作实际，委托具备相应评估能力的高等院校、科研院所、专业咨询公司等第三方机构，对有关政策措施进行公平竞争评估，或者对公平竞争审查有关工作进行评估。

各级联席会议办公室可以委托第三方机构，对本地公平竞争审查制度总体实施情况开展评估。

第二十一条　政策制定机关在开展公平竞争审查工作的以下阶段和环节，均可以采取第三方评估方式进行：

（一）对拟出台的政策措施进行公平竞争审查；

（二）对经公平竞争审查出台的政策措施进行定期评估；

（三）对适用例外规定出台的政策措施进行逐年评估；

（四）对公平竞争审查制度实施情况进行综合评价；

（五）与公平竞争审查工作相关的其他阶段和环节。

第二十二条　对拟出台的政策措施进行公平竞争审查时，存在以下情形之一的，应当引入第三方评估：

（一）政策制定机关拟适用例外规定的；

（二）被多个单位或者个人反映或者举报涉嫌违反公平竞争审查标准的。

第二十三条　第三方评估结果作为政策制定机关开展公平竞争审查、评价制度实施成效、制定工作推进方案的重要参考。对拟出台的政策措施进行第三方评估的，政策制定机关应当在书面审查结论中说明评估情况。最终做出的审查结论与第三方评估结果不一致的，应当在书面审查结论中说明理由。

第二十四条　第三方评估经费纳入预算管理。政策制定机关依法依规做好第三方评估经费保障。

第六章　监督与责任追究

第二十五条　政策制定机关涉嫌未进行公平竞争审查或者违反审查标准出台政策措施的，任何单位和个人可以向政策制定机关反映，也可以向政策制定机关的上级机关或者本级及以上市场监管部门举报。反映或者举报采用书面形式并提供相关事实依据的，有关部门要及时予以处理。涉嫌违反《中华人民共和国反垄断法》的，由反垄断执法机构依法调查。

第二十六条　政策制定机关未进行公平竞争审查出台政策措施的，应当及时补做审查。发现存在违反公平竞争审查标准问题的，应当按照相关程序停止执行或者调整相关政策措施。停止执行或者调整相关政策措施的，应当依照《中华人民共和国政府信息公开条例》要求向社会公开。

第二十七条　政策制定机关的上级机关经核实认定政策制定机关未进行公平竞争审查或者违反审查标准出台政策措施的，应当责令其改正；拒不改正或者不及时改正的，对直接负责的主管人员和其他直接责任人员依据《中华人民共和国公务员法》、《中华人民共和国公职人员政务处分法》、《行政机关公务员处分条例》等法律法规给予处分。本级及以上市场监管部门可以向政策制定机关或者其上级机关提出整改建议；整改情况要及时向有关方面反馈。违反《中华人民共和国反垄断法》的，反垄断执法机构可以向有关上级机关提出依法处理的建议。相关处理决定和建议依法向社会公开。

第二十八条　市场监管总局负责牵头组织政策措施抽查，检查有关政策措施是否履行审查程序、审查流程是否规范、审查结论是否准确等。对市场主体反映比较强烈、问题比较集中、滥用行政权力排除限制竞争行为多发的行业和地区，进行重点抽查。抽查结果及时反馈被抽查单位，并以适当方式向社会公开。对抽查发现的排除、限制竞争问题，被抽查单位应当及时整改。

各地应当结合实际，建立本地区政策措施抽查机制。

第二十九条　县级以上地方各级人民政府建立健全公平竞争审查考核制度，对落实公平竞争审查制度成效显著的单位予以表扬激励，对工作推进不力的进行督促整改，对工作中出现问题并造成不良后果的依法依规严肃处理。

第七章 附 则

第三十条 各地区、各部门在遵循《意见》和本细则规定的基础上，可以根据本地区、本行业实际情况，制定公平竞争审查工作办法和具体措施。

第三十一条 本细则自公布之日起实施。《公平竞争审查制度实施细则(暂行)》(发改价监〔2017〕1849号)同时废止。

附件：(略)

市场监管总局关于反垄断执法授权的通知

1. 2018年12月28日

2. 国市监反垄断〔2018〕265号

各省、自治区、直辖市市场监督管理局(厅、委)：

为了加强和优化政府反垄断职能，充实反垄断执法力量，有效维护市场公平竞争，促进全国统一开放、竞争有序市场体系建设，根据工作需要，按照《中华人民共和国反垄断法》有关规定，现授权各省、自治区、直辖市人民政府市场监督管理部门(以下统称省级市场监管部门)，负责本行政区域内有关反垄断执法工作，并就有关事宜通知如下：

一、建立科学高效反垄断执法机制

(一)市场监管总局负责反垄断统一执法，直接管辖或者授权有关省级市场监管部门管辖下列案件：

1. 跨省、自治区、直辖市的垄断协议、滥用市场支配地位和滥用行政权力排除限制竞争案件，以及省级人民政府实施的滥用行政权力排除限制竞争行为。

2. 案情较为复杂或者在全国有重大影响的垄断协议、滥用市场支配地位和滥用行政权力排除限制竞争案件。

3. 总局认为有必要直接管辖的垄断协议、滥用市场支配地位和滥用行政权力排除限制竞争案件。

(二)省级市场监管部门负责本行政区域内垄断协议、滥用市场支配地位、滥用行政权力排除限制竞争案件反垄断执法工作，以本机关名义依法作出处理。省级市场监管部门发现案件属于总局管辖范围的，要及时将案件移交总局。省级市场监管部门对属于本机关管辖范围的案件，认为有必要由总局管辖的，可以报请总局决定。

(三)总局在案件审查和调查过程中，可以委托省级市场监管部门开展相应的调查。省级市场监管部门应当积极配合总局做好反垄断执法工作。省级市场监管部门在反垄断执法过程中，可以委托其他省级市场监管部门或者下级市场监管部门开展调查。受委托的市场监管部门在委托范围内，以委托机关的名义实施调查，不得再委托其他行政机关、组织或者个人实施调查。

(四)省级市场监管部门对案件管辖产生异议的，报请总局决定。

二、严格依法履行法定职责

(一)*积极开展反垄断执法。*总局和省级市场监管部门要将执法作为推进反垄断工作的主要内容，切实加强反垄断案件查办，着力预防和制止垄断行为。省级市场监管部门要严格依法做好管辖范围内反垄断有关举报受理、线索核查、立案调查和案件处理等工作，做到有案必查、违法必究，坚决防止和克服地方保护主义和市场分割。对不依法行政、违反法律规定执法办案的，总局将视情况改变授权方式或者撤销授权。工作人员滥用职权、玩忽职守、徇私舞弊或者泄露执法过程中知悉的商业秘密的，要严肃追究法律责任。

(二)*统一执法尺度和标准。*总局要加强对全国反垄断工作的指导和协调。省级市场监管部门要严格依照法律规定和总局统一要求，按照事实清楚、证据确凿、定性准确、处理恰当、手续完备、程序合法的原则，开展反垄断执法工作。省级市场监管部门要在立案后10个工作日内，将立案情况向总局备案；立案前可以就相关事宜与总局沟通。在拟作出销案决定、行政处罚事先告知、行政处罚决定、中止调查、恢复调查和终止调查决定，以及拟对滥用行政权力排除限制竞争行为提出依法处理建议前，要将案件有关情况和文书草稿向总局报告，接受总局的指导和监督。案件调查和处理中的其他重大或者疑难事项，要及时向总局报告。

(三)*加强案件信息公开。*总局和省级市场监管部门要按照有关规定要求，通过国家企业信用信息公示系统，做好相关涉企信息的公示工作。总局建设和进一步完善反垄断执法信息发布平台。省级市场监管部门要在作出行政处罚决定、中止和终止调查决定以及对滥用行政权力排除限制竞争行为提出依法处理建议后5个工作日内，将有关文书报送总局。总局与省级市场监管部门同步向社会公布反垄断执法信息。

三、切实加强组织保障

(一)*加强对反垄断工作的组织领导。*反垄断工作是优化营商环境的重要内容，是市场在资源配置中起决定性作用的重要保障。省级市场监管部门要充分认识反垄断工作的重要意义，结合本地实际，研究采取切实有效的反垄断工作举措，当好市场公平竞争的维护者和消费者利益的保护者。每年年底前，省级市场监管部门要将当年反垄断工作总体情况及时上报总局。

（二）配备反垄断专业执法资源。反垄断执法任务繁重、专业性很强。省级市场监管部门要科学配置执法资源，明确专门负责反垄断执法的机构和人员，为有效开展反垄断执法工作提供有力的组织保障。建立健全反垄断执法人才选拔和培养机制，逐步建立省级反垄断执法人才库，形成一支高素质、专业化、相对稳定的反垄断执法队伍。

（三）不断增强反垄断执法能力。省级市场监管部门要在总局指导下，定期组织开展反垄断执法人员培训，通过专家授课、交流研讨、案例剖析等多种方式，学习反垄断有关法律规定、理论基础、典型案例和执法经验。加强与高等院校等科研机构的沟通交流，开展反垄断立法执法重点难点问题研究，提升反垄断执法能力和水平。

（四）深入开展竞争宣传倡导。省级市场监管部门要结合本地实际，切实做好本行政区域内的竞争宣传倡导工作。严格落实“谁执法谁普法”的普法责任制要求，大力宣传反垄断法律法规和要求。建立行政执法人员以案释法制度，充分发挥典型案例的引导、规范、预防与教育功能，增强市场主体和社会公众的竞争法律意识，营造有利于公平竞争的社会氛围。

国家市场监督管理总局反垄断局关于经营者集中申报的指导意见

2018年9月29日修订公布

依据《中华人民共和国反垄断法》（以下简称《反垄断法》）、《国务院关于经营者集中申报标准的规定》（以下简称《规定》）和《经营者集中申报办法》（以下简称《办法》）等相关法律法规，达到申报标准的经营者集中，经营者应当事先向国家市场监督管理总局申报，未申报的不得实施集中。为方便经营者申报，国家市场监督管理总局制订了相关指导意见，供经营者参考。

第一条　本指导意见所称经营者集中，是指《反垄断法》第20条所规定的下列情形：

（一）经营者合并；

（二）经营者通过取得股权或者资产的方式取得对其他经营者的控制权；

（三）经营者通过合同等方式取得对其他经营者的控制权或者能够对其他经营者施加决定性影响。

第二条　本指导意见所称申报标准，是指《规定》第三条所规定的下列标准：

（一）参与集中的所有经营者上一会计年度在全球范围内的营业额合计超过100亿元人民币，并且其中至少两个经营者上一会计年度在中国境内的营业额均超过4亿元人民币；

（二）参与集中的所有经营者上一会计年度在中国境内的营业额合计超过20亿元人民币，并且其中至少两个经营者上一会计年度在中国境内的营业额均超过4亿元人民币。

第三条　经营者集中所指的控制权，包括单独控制权和共同控制权。

判断经营者是否通过交易取得对其他经营者的控制权或者能够对其他经营者施加决定性影响（控制权和决定性影响以下统称为“控制权”），取决于大量法律和事实因素。集中协议和其他经营者的章程是重要判断依据，但不是唯一的依据。虽然从集中协议和章程中无法判断取得控制权，但由于其他股权分散等原因，实际上赋予了该经营者事实上的控制权，也属于经营者集中所指的控制权取得。判断经营者是否通过交易取得其他经营者的控制权，通常考虑包括但不限于下列因素：

（一）交易的目的和未来的计划；

（二）交易前后其他经营者的股权结构及其变化；

（三）其他经营者股东大会的表决事项及其表决机制，以及其历史出席率和表决情况；

（四）其他经营者董事会或监事会的组成及其表决机制；

（五）其他经营者高级管理人员的任免等；

（六）其他经营者股东、董事之间的关系，是否存在委托行使投票权、一致行动人等；

（七）该经营者与其他经营者是否存在重大商业关系、合作协议等。

控制权取得，可由经营者直接取得，也可通过其已控制的经营者间接取得。

第四条　对于新设合营企业，如果至少有两个经营者共同控制该合营企业，则构成经营者集中；如果仅有一个经营者单独控制该合营企业，其他的经营者没有控制权，则不构成经营者集中。

第五条　营业额包括相关经营者上一会计年度内销售产品和提供服务所获得的收入，扣除相关税金及其附加。

本指导意见第二条所称“在中国境内”，是指经营者产品或服务的买方所在地在中国境内。包括经营者从中国之外的国家或地区向中国的出口，但不包括其从中国向中国之外的国家或地区出口的产品或服务。

本指导意见第二条所称“在全球范围内”，包括在中国境内的营业额。

金融业营业额的计算，按照《金融业经营者集中申报营业额计算办法》执行。

第六条 参与集中的单个经营者的营业额应当为下述经营者的营业额总和：

（一）该单个经营者；

（二）第（一）项所指经营者直接或间接控制的其他经营者；

（三）直接或间接控制第（一）项所指经营者的其他经营者；

（四）第（三）项所指经营者直接或间接控制的其他经营者；

（五）第（一）至（四）项所指经营者中两个或两个以上经营者共同控制的其他经营者。

参与集中的单个经营者的营业额不包括上述（一）至（五）项所列经营者之间发生的营业额，也不包括其在上一会计年度或之前已出售或不再具有控制权的经营者的营业额。

参与集中的单个经营者之间或者参与集中的经营者和未参与集中的经营者之间有共同控制的其他经营者，参与集中的单个经营者的营业额应当包括被共同控制的经营者与第三方经营者之间的营业额，且此营业额只计算一次。

如果参与集中的单个经营者之间有共同控制的其他经营者，则参与集中的所有经营者的合计营业额不应包括被共同控制的经营者与任何一个共同控制他的参与集中的经营者，或与后者有控制关系的经营者之间发生的营业额。

如果参与集中的经营者被两个或两个以上经营者共同控制，其营业额应包括所有控制方的营业额。

第七条 在一项经营者集中包括收购一个或多个经营者的一部分时，如果卖方在交易后对被出售部分不再拥有控制权时，则对于卖方而言，只计算集中涉及部分的营业额。

上述规定主要包括两种情形：一是在出售资产的情况下，卖方对被出售的资产不再拥有控制权，则只计算该资产所产生的营业额；二是在出售目标公司全部或部分股权的情况下，卖方在交易完成后对目标公司不再拥有控制权，则只计算该目标公司的营业额。

第八条 相同经营者之间在两年内多次实施的未达申报标准的经营者集中，应当视为一次集中交易，集中发生时间从最后一次交易算起，该经营者集中的营业额应当将多次交易合并计算。经营者通过与其有控制关系的其他经营者实施的上述行为，依照本条款处理。

第九条 在反垄断局决定立案审查前，经营者可就已申报或拟申报的经营者集中，向反垄断局申请商谈。反垄断局将根据商谈申请方提供的信息，就其关心的问题提供指导意见。

商谈不是经营者集中申报的必经程序，经营者自行决定是否申请商谈。

第十条 商谈申请应当以书面方式，通过传真、邮寄等方式提交反垄断局。商谈申请须包括如下内容：

（一）交易概况、交易各方的基本信息等文件和资料；

（二）拟商谈问题；

（三）参与商谈人员的姓名、国籍、单位及职务；

（四）建议的商谈时间；

（五）联系人及其联系方式等。

第十一条 商谈涉及的交易应是真实和相对确定的，且拟商谈的问题应与拟申报或已申报集中直接有关。商谈的问题可以包括：

（一）交易是否需要申报。包括相关交易是否属于经营者集中，是否达到申报标准等；

（二）需要提交的申报文件资料。包括申报文件资料的信息种类、形式、内容和详略程度等；

（三）具体法律和事实问题。包括如何界定相关商品市场和相关地域市场、是否符合《关于经营者集中简易案件适用标准的暂行规定》等；

（四）就申报和审查程序提供指导。包括申报的时间、申报义务人、申报和审查的时限、简易案件申报程序、非简易案件申报程序、审查程序等；

（五）其他相关问题。例如交易是否存在未依法申报问题等。

第十二条 反垄断局收到商谈申请后，根据案件具体情况及拟商谈问题确定是否以及如何安排商谈。

对于商谈申请内容不完整的，反垄断局可以要求经营者提交补充资料。经营者应当在反垄断局规定的时间内补交。

第十三条 通过合并方式实施的经营者集中，由参与合并的各方经营者申报；其他方式的经营者集中，由取得控制权的经营者申报，其他经营者予以配合。

在同一案件中，有申报义务的经营者是两个或两个以上时,可以约定由其中一个经营者负责申报,也可以共同申报。约定一个经营者申报而没有申报的,其他有申报义务的经营者不因上述约定而减免其未依法申报法律责任。

申报义务人未进行集中申报的,其他参与集中的经营者可以提出申报。

第十四条 申报人应当在集中协议签署后,集中实施前向国家市场监督管理总局申报。

以公开要约方式收购上市公司的,已公告的要约收购报告书可视同为已签署的集中协议。

第十五条 申报人应在能够提交符合《反垄断法》第23条规定的申报文件、资料后提出申报。

申报人将申报文件、资料提交反垄断局,反垄断局向申报人出具《国家市场监督管理总局经营者集中材料接收单》。接收单仅表示已收到申报材料,并不表示反垄断局已立案审查。

第十六条 反垄断局应对申报人提交的文件、资料进行审核。

申报人提交的文件、资料不完备、不完整或不准确的,应当在反垄断局规定的时限内补充、修改、澄清和说明。

反垄断局审核后,认为申报文件、资料(包括补充的文件、资料)符合《反垄断法》第23条规定的,应当立案审查,并向申报人递送立案通知。

第十七条 申报人应当通过《经营者集中反垄断审查申报表》客户端申报软件,选择填报《经营者集中反垄断审查申报表》或《经营者集中简易案件反垄断审查申报表》编辑申报文件材料,该客户端申报软件可以在国家市场监督管理总局反垄断局网站下载。

第十八条 在申报后发生申报人知悉或应当知悉的重大变化,或发生应披露的新情况的,申报人应及时书面通知反垄断局。

对于申报后发生实质性变化的交易,申报人应将该交易作为一次新的集中重新申报。

第十九条 符合下列情形之一的,申报人可以书面申请撤回申报:

(一)交易不属于经营者集中的;

(二)集中未达到申报标准的;

(三)集中符合本指导意见第二十五条规定的;

(四)集中发生实质性变化,需要重新申报的;

(五)集中各方放弃交易的。

对于符合上述情形的交易,反垄断局审核后应书面同意其撤回。

第二十条 申报的文件、资料应当包括如下内容:

(一)申报书。申报书应当载明参与集中的经营者的名称、住所、经营范围、预定实施集中的日期。申报人身份证明或注册登记证明,境外申报人须提交当地有关机构出具的公证和认证文件。委托代理人申报的,应当提交经申报人签字的授权委托书;

(二)集中对相关市场竞争状况影响的说明。包括:集中交易概况;集中的动机、目的和经济合理性分析;相关市场界定;参与集中的经营者在相关市场的市场份额及其对市场的控制力;主要竞争者及其市场份额;市场集中度;市场进入;行业发展现状;集中对市场竞争结构、行业发展、技术进步、国民经济发展、消费者以及其他经营者的影响等;

(三)集中协议。包括:各种形式的集中协议文件,如协议书、合同以及相应的补充文件等;

(四)参与集中的经营者经会计师事务所审计的上一会计年度财务会计报告;

(五)反垄断局要求提交的其他文件资料。

第二十一条 除本指导意见第二十条要求提供的文件、资料外,申报人可以自愿提供有助于反垄断局对该集中进行审查和做出决定的其他文件、资料,如地方政府和主管部门等有关方面的意见,支持集中协议的各类报告,包括集中交易的可行性研究报告、尽职调查报告、行业发展研究报告、集中策划报告以及交易后前景发展预测报告等。

第二十二条 申报人提交纸质申报文件、资料的同时,应当提交内容相同的光盘电子文档。纸质申报文件、资料应合理编辑装订,以附件形式提供的文件材料,应提供附件目录,并以易于查找的方式标明每一个附件的名称及位置。电子文档应合理组织以方便查阅。

第二十三条 申报人应当提交中文撰写的文件、资料。文件、资料的原件是外文书写的,应当提交中文翻译件和外文原件。文件、资料为副本、复印件或传真件的,应当根据反垄断局的要求出示原件供验证。

相关外文文件、资料较长的,申报人可以提交中文摘要和外文原件。反垄断局可以根据工作需要要求申报人补充提交全部文件的中文翻译件。

对于申报文件、资料中的外国公司等外文专有名词,须提交中文译名。

第二十四条 申报人应当同时提交申报文件、资料的书面保密版本和公开版本,以及包括上述全部内容的电子光盘各一套。申报人应当对申报文件、资料中的商业秘密和其他需要保密的信息进行标注。

第二十五条 经营者集中有下列情形之一的，可以不向国家市场监督管理总局申报：

（一）参与集中的一个经营者拥有其他每个经营者百分之五十以上有表决权的股份或者资产的；

（二）参与集中的每个经营者百分之五十以上有表决权的股份或者资产被同一个未参与集中的经营者拥有的。

第二十六条 简易案件申报参考《关于经营者集中简易案件申报的指导意见（试行）》。

第二十七条 申报人故意隐瞒重要情况，拒绝提供相关材料、信息，或者提供虚假材料、信息的，反垄断局可以不予立案，已立案的可以撤销相关立案决定，并根据《反垄断法》第52条规定追究相关经营者或个人的法律责任。

第二十八条 经营者可以自行商谈、申报，也可以依法委托其他人代理。

经营者委托其他人代理的，应出具授权委托书。

第二十九条 经营者集中未达申报标准，经营者自愿申报的，反垄断局收到申报文件、资料后经审核认为有必要立案的，应当按照《反垄断法》的规定进行立案审查并作出决定。

在前款所述申报和立案审查期间，参与集中的经营者可以自行决定是否暂停实施其交易，并承担相应的后果。

第三十条 反垄断局对在办理经营者集中商谈和申报工作中知悉的商业秘密和其他需要保密的信息承担保密义务。

国家市场监督管理总局反垄断局关于经营者集中申报文件资料的指导意见

2018年9月29日修订公布

为方便经营者申报，依据《中华人民共和国反垄断法》第23条，规定如下申报文件资料，供经营者申报参考。申报人可参照申报表格式（附后）制作申报文件材料。

第一条 申报书应当载明参与集中的经营者的名称、住所、经营范围、集中的性质、集中的背景、预定实施集中的日期、集中将影响的市场、集中的商业考虑、经济合理性以及集中所符合的申报标准。

申报书内容应简明，并由申报人或其委托代理人签字。申报书应附一份不包含商业秘密和国家秘密的摘要。

第二条 集中各方的基本情况，包括但不限于：企业名称、注册地、经营范围、企业形式、联系人（姓名、职务、联系方式）、最近一个会计年度的营业额（包括全球和中国境内）、公司规模及业界地位、公司设立和重要变更的历史情况等。

集中申报人应提供其身份证明或注册登记证明。若申报人为境外企业或自然人，还应提交当地相关机构出具的公证认证文件。

申报人委托他人代理申报的，应出具授权委托书，并提供其联系方式及文件送达地址。境外申报人应委托在境内有住所的代理人或文件签收人，并提供联系方式。

第三条 与集中各方存在关联关系的企业和自然人名单及简介。可以使用组织系统图或其他图表来说明上述企业和个人之间的股权结构、实际控制等关联关系。

对于从事与所申报集中相关业务的公司，应做更详细的介绍。除参照本指导意见第二条介绍关联方情况外，还应详细介绍其产品（服务）的情况。

对于在中国境内成立的公司（包括外商投资企业及其境内投资企业）、常驻代表机构、分公司和其他在中国境内登记的实体机构，应提供营业执照（如系外商投资企业，还应提交批准证书）。

第四条 集中交易概况，包括：达成集中交易的背景情况；集中的性质和方式（如资产收购、股权收购、合并、组建合营企业等）；交易标的、交易金额（如经评估或有关部门认可，应提供相应文件）、预计完成日期；集中完成后相关公司的控制和关联关系（必要时可用图表表示公司结构）；集中所涉行业和主要产品（包括其产能、产量、销量、价格、成本等情况）；集中的动机、目的或经济合理性分析；集中后的市场发展前景和发展计划。

第五条 集中对相关市场竞争状况影响的说明，包括但不限于：

1. 相关市场界定及理由，包括对产品市场和地域市场的界定。界定相关产品市场可以从产品本身的特性、价格、用途、消费者需求和偏好、需求和供应替代性等角度进行分析。界定相关地域市场可以从行业特点、产品性质、运输、关税、保险、消费习惯等角度分析。界定相关市场必要时应提供相关数据进行相应的经济学分析。

2. 相关市场基本状况，包括但不限于从市场总体规模及发展现状、主要市场竞争者及其市场份额和联系方式、市场集中度、相关市场产品进出口状况及关税、运输成本、各国价格水平等方面分析，并提供数据来源和计算依据、证明文件等。

3. 集中对市场结构的影响，包括但不限于从集中各方最近两年营业额及市场份额、集中各方经营方式等方面分析，并提供数据来源和计算依据、证明文件等。

4. 相关市场的上、下游主要企业、联系人及联系方式，其中应列明与集中各方存在上、下游交易的主要企业，并介绍与上、下游企业开展交易的基本情况。

5. 相关市场的供应结构和需求结构。

第六条 市场进入分析，包括但不限于：

1. 进入相关市场在事实和法律等方面的障碍。

2. 因知识产权而产生的限制，并说明集中各方在相关市场中作为知识产权许可人或被许可人的情况。

3. 相关产品规模经济的重要性，相关市场上竞争者的数量和规模等。

4. 潜在市场竞争和可能的市场进入。迅速进入相关市场并展开有效竞争的可能性和难易程度。

5. 列举近几年相关市场上的重大市场进入或退出情况，如有可能请提交进入或退出企业名称、联系方式等详细情况。

第七条 相关市场内经营者横向或纵向合作协议情况，例如是否存在研发、专利使用权转让、联合生产、分销、长期供应以及信息交换等方面的协议。如有可能，应提交上述协议的进一步情况。

第八条 集中对市场结构、行业发展、竞争者、上下游经营者、消费者、技术进步、经济发展和公共利益的影响。

第九条 集中可能产生的效率及相应的支持文件，应分析效率如何实现、实现时间、量化方式、消费者受益程度、不通过集中是否无法实现该效率等情况。

第十条 集中各方在相关市场以外其他市场的规模和竞争能力情况。

第十一条 集中协议，应包括与集中相关的全部交易文件及其补充文件和附件。如果集中协议为外文，应同时报送中文译本或主要部分中文摘要。

第十二条 集中各方上一会计年度经审计的财务报表。如果会计报表为外文，应同时报送中文译本或主要部分中文摘要。

第十三条 集中各方内部或外部编制的有助于评估集中的分析和报告文件等，例如集中交易的可行性研究报告、尽职调查报告、行业发展研究报告、集中策划报告以及交易后前景发展预测报告等。上述报告应一并提供编制人员和日期。

第十四条 如果集中被禁止，可能对经营者及相关市场的影响。

第十五条 相关市场的行业协会信息，包括是否存在行业协会，协会的名称、负责人以及联系方式等。还可以提供相关行业内的专家信息。

第十六条 有关方面对本次集中的意见，如地方政府和主管部门的意见、社会各界对本集中的反映和社会影响预测。可以整理汇总各方面意见并附上相关文件资料。

第十七条 本集中在其他司法管辖区的申报审查情况。

第十八条 其他需要向主管机关说明的情况。如集中涉及破产企业、国家安全、产业政策、国有资产、其他部门职能、驰名商标等问题，应就以上问题作出特别说明。

第十九条 集中各方或（和）其授权代理人签署的就申报文件资料真实性和（或）来源准确性的声明。

国家市场监督管理总局反垄断局关于经营者集中简易案件申报的指导意见

2018年9月29日修订公布

为方便经营者申报，国家市场监督管理总局反垄断局依据《中华人民共和国反垄断法》和《关于经营者集中简易案件适用标准的暂行规定》（以下简称《规定》）等规定，制定本指导意见（试行），供经营者在申报经营者集中简易案件时参考。

第一条 在正式申报前，经营者可以就拟申报的交易是否符合简易案件标准等问题向反垄断局申请商谈。商谈申请应以书面方式，通过传真、邮寄或专人递送等方式提交。

商谈不是经营者集中简易案件申报的必经程序，经营者自行决定是否申请商谈。

第二条 对于符合简易案件标准的经营者集中，申报人可以申请作为简易案件申报；申报人未申请的，应作为非简易案件申报。

第三条 申报的文件、资料包括如下内容：

（一）申报书。申报书应当载明参与集中的经营者的名称、住所、经营范围、预定实施集中的日期。申报人身份证明或注册登记证明，境外申报人须提交当地有关机构出具的公证和认证文件。集中委托代理人申报的，应当提交经申报人签字的授权委托书。

（二）集中对相关市场竞争状况影响的说明。包括：集中交易概况；相关市场界定；参与集中的经营者在相关市场的市场份额；主要竞争者及其市场份额；集中对相关市场竞争状况影响的效果评估及依据等。

（三）集中协议。包括各种形式的集中协议文件，如协议书、合同以及相应的补充文件等。

（四）参与集中的经营者经会计师事务所审计的上一会计年度财务会计报告。

（五）反垄断局要求提交的其他文件资料。

第四条 申报人可以通过《经营者集中反垄断审查申报表》客户端申报软件，选择填报《经营者集中简易案件反垄断审查申报表》（见附件 1）编辑申报文件材料，该客户端申报软件可在国家市场监督管理总局反垄断局网站下载。

第五条 反垄断局收到申报文件、资料后，出具《国家市场监督管理总局经营者集中材料接收单》，但接收单不表明申报文件、资料符合《反垄断法》第 23 条规定。

第六条 申报人应同时提交申报文件资料的公开版本和保密版本。申报人应对申报文件资料中的商业秘密进行标注。

第七条 经审核申报材料，符合简易案件标准的经营者集中，反垄断局按简易案件立案；不符合简易案件标准的经营者集中，申报人应按非简易案件重新申报。

申报人提交的文件、资料不齐备、不完整或不准确的，应在反垄断局规定的时限内补充、修改、澄清或说明。

第八条 申报人在申报时应填报《经营者集中简易案件公示表》（以下简称《公示表》，见附件 2）。

简易案件立案后，反垄断局对申报人《公示表》在国家市场监督管理总局反垄断局网站（待总局三定方案明确后，由信息中心统一建设并确定网址）予以公示，公示期为 10 日。

第九条 在公示期内，任何单位和个人（第三方）均可对该案是否应被认定为简易案件向反垄断局提交书面意见。第三方认为公示案件不应被认定为简易案件的，应在公示期内向反垄断局提出异议，并提供相关证据和联系方法。

反垄断局应对第三方的意见和证据进行核实。对于没有提供联系方法，或提供虚假联系方法，致使无法核实意见和证据的，反垄断局不予采信。

反垄断局在审查时发现根据《规定》不应认定为简易案件的，应撤销简易案件认定，并要求申报人按非简易案件重新申报。

第十条 反垄断局在立案前拟退回简易案件申请，或立案后拟撤销简易案件认定时，应听取申报人的意见，并对其提出的事实、理由和证据进行核实。

第十一条 申报人隐瞒重要情况或者提供虚假材料、误导性信息的，反垄断局可以责令申报人按非简易案件重新申报，并依据《反垄断法》第 52 条规定追究相关经营者和个人的法律责任。

附件：（略）

国家市场监督管理总局反垄断局关于规范经营者集中案件申报名称的指导意见

2018 年 9 月 29 日修订公布

为规范经营者集中案件申报名称，国家市场监督管理总局反垄断局依据《中华人民共和国反垄断法》以及《经营者集中申报办法》、《经营者集中审查办法》等规定，制定本指导意见。

第一条 经营者在申报材料中应当使用统一的经营者集中（以下简称集中）案件名称。

集中案件名称应当反映集中的基本情况，用语符合法律规定且规范、简洁、通顺。

第二条 集中情形是经营者 A（简称 A，下文其他字母情况相同）和 B 合并的，案件名称应表述为“A 与 B 合并案”。

第三条 集中情形是 A 收购 B 股权的，案件名称应表述为“A 收购 B 股权案”，不需要含有股权比例。

集中情形是 A 收购 B 持有的 C 股权的，案件名称应表述为“A 收购 C 股权案”，不需要含有 B 的名称和股权比例，无论交易后 B 是否对 C 具有控制权。

集中情形是 A 通过一个或多个子公司收购 B 股权的，案件名称应表述为“A 收购 B 股权案”，不需要含有子公司的名称。

增资扩股类集中属于股权收购情形，案件名称适用本条规定。

第四条 集中情形是 A 收购 B、C 等两家或两家以上公司股权的，案件名称应表述为“A 收购 B 等 n 家公司股权案”，n 为被收购的公司数量。

第五条 集中情形是 A 和 B 收购 C 股权的，一般情况下案件名称应表述为“A 与 B 收购 C 股权案”，A 和 B 按照收购股权比例高低排序；如果只有 A 通过集中取得了控制权，B 并未取得控制权，则案件名称应表述为“A 收购 C 股权案”。

集中情形是A和B等两个以上经营者收购C股权的，案件名称应表述为“A与B等经营者收购C股权案”。

集中情形是A和B通过设立特殊目的公司E收购C股权的，案件名称应表述为“A与B收购C股权案”。

第六条　集中情形是A收购B部分资产（或业务）的，案件名称应表述为“A收购B部分资产（或业务）案”。

集中情形是A收购B持有的C资产（或业务）的，案件名称应表述为“A收购C资产（或业务）案”，不需要含有B的名称。

集中情形是A收购B持有的C股权和D资产（或业务）的，案件名称应表述为“A收购B部分业务案”，不需要含有C和D的名称。

经营者通过子公司收购资产（或业务）的，案件名称中关于子公司的处理，参照本指导意见第三条第三款规定。

第七条　集中情形是A通过合同等方式取得B的控制权的，案件名称应表述为“A通过合同（或其他方式）取得B的控制权案”。

第八条　集中情形是A通过合同等方式能够对B施加决定性影响的，案件名称应表述为“A通过合同（或其他方式）对B施加决定性影响案”。

第九条　集中情形是A和B新设合营企业的，案件名称应表述为“A与B新设合营企业案”，A和B按照持有合营企业股权比例高低排序。

集中情形是A和B等两个以上经营者新设合营企业的，案件名称应表述为“A与B等经营者新设合营企业案”。

经营者通过子公司新设合营企业的，案件名称中关于子公司的处理，参照本指导意见第三条第三款规定。

第十条　集中案件名称中应当使用规范准确的经营者全称。经营者在中国市场监督管理部门登记注册的，应当使用登记注册的名称。没有在中国市场监督管理部门登记注册的境外经营者，应当使用准确汉语译名；没有准确汉语译名的，应当使用其在注册地登记注册的外文名称。

第十一条　集中案件名称中不应含有经营者集中申报、反垄断申报等词语。

第十二条　本指导意见自公布之日起施行。

最高人民法院关于审理因垄断行为引发的民事纠纷案件应用法律若干问题的规定

1. 2012年1月30日最高人民法院审判委员会第1539次会议通过、2012年5月3日公布、自2012年6月1日起施行（法释〔2012〕5号）

2. 根据2020年12月23日最高人民法院审判委员会第1823次会议通过、2020年12月29日公布的《最高人民法院关于修改〈最高人民法院关于审理侵犯专利权纠纷案件应用法律若干问题的解释（二）〉等十八件知识产权类司法解释的决定》（法释〔2020〕19号）修正

为正确审理因垄断行为引发的民事纠纷案件，制止垄断行为，保护和促进市场公平竞争，维护消费者利益和社会公共利益，根据《中华人民共和国民法典》《中华人民共和国反垄断法》和《中华人民共和国民事诉讼法》等法律的相关规定，制定本规定。

第一条　本规定所称因垄断行为引发的民事纠纷案件（以下简称垄断民事纠纷案件），是指因垄断行为受到损失以及因合同内容、行业协会的章程等违反反垄断法而发生争议的自然人、法人或者非法人组织，向人民法院提起的民事诉讼案件。

第二条　原告直接向人民法院提起民事诉讼，或者在反垄断执法机构认定构成垄断行为的处理决定发生法律效力后向人民法院提起民事诉讼，并符合法律规定的其他受理条件的，人民法院应当受理。

第三条　第一审垄断民事纠纷案件，由知识产权法院，省、自治区、直辖市人民政府所在地的市、计划单列市中级人民法院以及最高人民法院指定的中级人民法院管辖。

第四条　垄断民事纠纷案件的地域管辖，根据案件具体情况，依照民事诉讼法及相关司法解释有关侵权纠纷、合同纠纷等的管辖规定确定。

第五条　民事纠纷案件立案时的案由并非垄断纠纷，被告以原告实施了垄断行为为由提出抗辩或者反诉且有证据支持，或者案件需要依据反垄断法作出裁判，但受诉人民法院没有垄断民事纠纷案件管辖权的，应当将案件移送有管辖权的人民法院。

第六条　两个或者两个以上原告因同一垄断行为向有管辖权的同一法院分别提起诉讼的，人民法院可以合并审理。

两个或者两个以上原告因同一垄断行为向有管辖

权的不同法院分别提起诉讼的，后立案的法院在得知有关法院先立案的情况后，应当在七日内裁定将案件移送先立案的法院；受移送的法院可以合并审理。被告应当在答辩阶段主动向受诉人民法院提供其因同一行为在其他法院涉诉的相关信息。

第七条 被诉垄断行为属于反垄断法第十三条第一款第一项至第五项规定的垄断协议的，被告应对该协议不具有排除、限制竞争的效果承担举证责任。

第八条 被诉垄断行为属于反垄断法第十七条第一款规定的滥用市场支配地位的，原告应当对被告在相关市场内具有支配地位和其滥用市场支配地位承担举证责任。

被告以其行为具有正当性为由进行抗辩的，应当承担举证责任。

第九条 被诉垄断行为属于公用企业或者其他依法具有独占地位的经营者滥用市场支配地位的，人民法院可以根据市场结构和竞争状况的具体情况，认定被告在相关市场内具有支配地位，但有相反证据足以推翻的除外。

第十条 原告可以以被告对外发布的信息作为证明其具有市场支配地位的证据。被告对外发布的信息能够证明其在相关市场内具有支配地位的，人民法院可以据此作出认定，但有相反证据足以推翻的除外。

第十一条 证据涉及国家秘密、商业秘密、个人隐私或者其他依法应当保密的内容的，人民法院可以依职权或者当事人的申请采取不公开开庭、限制或者禁止复制、仅对代理律师展示、责令签署保密承诺书等保护措施。

第十二条 当事人可以向人民法院申请一至二名具有相应专门知识的人员出庭，就案件的专门性问题进行说明。

第十三条 当事人可以向人民法院申请委托专业机构或者专业人员就案件的专门性问题作出市场调查或者经济分析报告。经人民法院同意，双方当事人可以协商确定专业机构或者专业人员；协商不成的，由人民法院指定。

人民法院可以参照民事诉讼法及相关司法解释有关鉴定意见的规定，对前款规定的市场调查或者经济分析报告进行审查判断。

第十四条 被告实施垄断行为，给原告造成损失的，根据原告的诉讼请求和查明的事实，人民法院可以依法判令被告承担停止侵害、赔偿损失等民事责任。

根据原告的请求，人民法院可以将原告因调查、制止垄断行为所支付的合理开支计入损失赔偿范围。

第十五条 被诉合同内容、行业协会的章程等违反反垄断法或者其他法律、行政法规的强制性规定的，人民法院应当依法认定其无效。但是，该强制性规定不导致该民事法律行为无效的除外。

第十六条 因垄断行为产生的损害赔偿请求权诉讼时效期间，从原告知道或者应当知道权益受到损害以及义务人之日起计算。

原告向反垄断执法机构举报被诉垄断行为的，诉讼时效从其举报之日起中断。反垄断执法机构决定不立案、撤销案件或者决定终止调查的，诉讼时效期间从原告知道或者应当知道不立案、撤销案件或者终止调查之日起重新计算。反垄断执法机构调查后认定构成垄断行为的，诉讼时效期间从原告知道或者应当知道反垄断执法机构认定构成垄断行为的处理决定发生法律效力之日起重新计算。

原告知道或者应当知道权益受到损害以及义务人之日起超过三年，如果起诉时被诉垄断行为仍然持续，被告提出诉讼时效抗辩的，损害赔偿应当自原告向人民法院起诉之日起向前推算三年计算。自权利受到损害之日起超过二十年的，人民法院不予保护，有特殊情况的，人民法院可以根据权利人的申请决定延长。

· 指导案例 ·

最高人民法院指导案例78号
——北京奇虎科技有限公司诉腾讯科技（深圳）有限公司、深圳市腾讯计算机系统有限公司滥用市场支配地位纠纷案

（最高人民法院审判委员会讨论通过
2017年3月6日发布）

【关键词】

民事　滥用市场支配地位　垄断　相关市场

【裁判要点】

1. 在反垄断案件的审理中，界定相关市场通常是重要的分析步骤。但是，能否明确界定相关市场取决于案件具体情况。在滥用市场支配地位的案件中，界定相关市场是评估经营者的市场力量及被诉垄断行为对竞争影响的工具，其本身并非目的。如果通过排除或者妨碍竞争的直接证据，能够对经营者的市场地位及被诉垄断行为的市场影响进行评估，则不需要在每一个滥用市场支配地位的案件中，都明确而清楚地界定相关市场。

2. 假定垄断者测试(HMT)是普遍适用的界定相关市场的分析思路。在实际运用时,假定垄断者测试可以通过价格上涨(SSNIP)或质量下降(SSNDQ)等方法进行。互联网即时通信服务的免费特征使用户具有较高的价格敏感度,采用价格上涨的测试方法将导致相关市场界定过宽,应当采用质量下降的假定垄断者测试进行定性分析。

3. 基于互联网即时通信服务低成本、高覆盖的特点,在界定其相关地域市场时,应当根据多数需求者选择商品的实际区域、法律法规的规定、境外竞争者的现状及进入相关地域市场的及时性等因素,进行综合评估。

4. 在互联网领域中,市场份额只是判断市场支配地位的一项比较粗糙且可能具有误导性的指标,其在认定市场支配力方面的地位和作用必须根据案件具体情况确定。

【相关法条】

《中华人民共和国反垄断法》第 17 条、第 18 条、第 19 条

【基本案情】

北京奇虎科技有限公司(以下简称奇虎公司)、奇智软件(北京)有限公司于 2010 年 10 月 29 日发布扣扣保镖软件。2010 年 11 月 3 日,腾讯科技(深圳)有限公司(以下简称腾讯公司)发布《致广大 QQ 用户的一封信》,在装有 360 软件的电脑上停止运行 QQ 软件。11 月 4 日,奇虎公司宣布召回扣扣保镖软件。同日,360 安全中心亦宣布,在国家有关部门的强力干预下,目前 QQ 和 360 软件已经实现了完全兼容。2010 年 9 月,腾讯 QQ 即时通信软件与 QQ 软件管理一起打包安装,安装过程中并未提示用户将同时安装 QQ 软件管理。2010 年 9 月 21 日,腾讯公司发出公告称,正在使用的 QQ 软件管理和 QQ 医生将自动升级为 QQ 电脑管家。奇虎公司诉至广东省高级人民法院,指控腾讯公司滥用其在即时通信软件及服务相关市场的市场支配地位。奇虎公司主张,腾讯公司和深圳市腾讯计算机系统有限公司(以下简称腾讯计算机公司)在即时通信软件及服务相关市场具有市场支配地位,两公司明示禁止其用户使用奇虎公司的 360 软件,否则停止 QQ 软件服务;拒绝向安装有 360 软件的用户提供相关的软件服务,强制用户删除 360 软件;采取技术手段,阻止安装了 360 浏览器的用户访问 QQ 空间,上述行为构成限制交易;腾讯公司和腾讯计算机公司将 QQ 软件管家与即时通信软件相捆绑,以升级 QQ 软件管家的名义安装 QQ 医生,构成捆绑销售。请求判令腾讯公司和腾讯计算机公司立即停止滥用市场支配地位的垄断行为,连带赔偿奇虎公司经济损失 1.5 亿元。

【裁判结果】

广东省高级人民法院于 2013 年 3 月 20 日作出(2011)粤高法民三初字第 2 号民事判决:驳回北京奇虎科技有限公司的诉讼请求。北京奇虎科技有限公司不服,提出上诉。最高人民法院于 2014 年 10 月 8 日作出(2013)民三终字第 4 号民事判决:驳回上诉、维持原判。

【裁判理由】

法院生效裁判认为:本案中涉及的争议焦点主要包括,一是如何界定本案中的相关市场,二是被上诉人是否具有市场支配地位,三是被上诉人是否构成反垄断法所禁止的滥用市场支配地位行为等几个方面。

一、如何界定本案中的相关市场

该争议焦点可以进一步细化为一些具体问题,择要概括如下:

首先,并非在任何滥用市场支配地位的案件中均必须明确而清楚地界定相关市场。竞争行为都是在一定的市场范围内发生和展开的,界定相关市场可以明确经营者之间竞争的市场范围及其面对的竞争约束。在滥用市场支配地位的案件中,合理地界定相关市场,对于正确认定经营者的市场地位、分析经营者的行为对市场竞争的影响、判断经营者行为是否违法,以及在违法情况下需承担的法律责任等关键问题,具有重要意义。因此,在反垄断案件的审理中,界定相关市场通常是重要的分析步骤。尽管如此,是否能够明确界定相关市场取决于案件具体情况,尤其是案件证据、相关数据的可获得性、相关领域竞争的复杂性等。在滥用市场支配地位案件的审理中,界定相关市场是评估经营者的市场力量及被诉垄断行为对竞争的影响的工具,其本身并非目的。即使不明确界定相关市场,也可以通过排除或者妨碍竞争的直接证据对被诉经营者的市场地位及被诉垄断行为可能的市场影响进行评估。因此,并非在每一个滥用市场支配地位的案件中均必须明确而清楚地界定相关市场。一审法院实际上已经对本案相关市场进行了界定,只是由于本案相关市场的边界具有模糊性,一审法院仅对其边界的可能性进行了分析而没有对相关市场的边界给出明确结论。有鉴于此,奇虎公司关于一审法院未对本案相关商品市场作出明确界定,属于本案基本事实认定不清的理由不能成立。

其次,关于"假定垄断者测试"方法可否适用于免费商品领域问题。法院生效裁判认为:第一,作为界定相关市场的一种分析思路,假定垄断者测试(HMT)具有普遍的适用性。实践中,假定垄断者测试的分析方法有多种,既可以通过数量不大但有意义且并非短暂的价格上涨(SSNIP)的方法进行,又可以通过数量不大但有意义且

并非短暂的质量下降(SSNDQ)的方法进行。同时,作为一种分析思路或者思考方法,假定垄断者测试在实际运用时既可以通过定性分析的方法进行,又可以在条件允许的情况下通过定量分析的方法进行。第二,在实践中,选择何种方法进行假定垄断者测试取决于案件所涉市场竞争领域以及可获得的相关数据的具体情况。如果特定市场领域的商品同质化特征比较明显,价格竞争是较为重要的竞争形式,则采用数量不大但有意义且并非短暂的价格上涨(SSNIP)的方法较为可行。但是如果在产品差异化非常明显且质量、服务、创新、消费者体验等非价格竞争成为重要竞争形式的领域,采用数量不大但有意义且并非短暂的价格上涨(SSNIP)的方法则存在较大困难。特别是,当特定领域商品的市场均衡价格为零时,运用SSNIP方法尤为困难。在运用SSNIP方法时,通常需要确定适当的基准价格,进行5% -10%幅度的价格上涨,然后确定需求者的反应。在基准价格为零的情况下,如果进行5% -10%幅度的价格增长,增长后其价格仍为零;如果将价格从零提升到一个较小的正价格,则相当于价格增长幅度的无限增大,意味着商品特性或者经营模式发生较大变化,因而难以进行SSNIP测试。第三,关于假定垄断者测试在本案中的可适用性问题。互联网服务提供商在互联网领域的竞争中更加注重质量、服务、创新等方面的竞争而不是价格竞争。在免费的互联网基础即时通信服务已经长期存在并成为通行商业模式的情况下,用户具有极高的价格敏感度,改变免费策略转而收取哪怕是较小数额的费用都可能导致用户的大量流失。同时,将价格由免费转变为收费也意味着商品特性和经营模式的重大变化,即由免费商品转变为收费商品,由间接盈利模式转变为直接盈利模式。在这种情况下,如果采取基于相对价格上涨的假定垄断者测试,很可能将不具有替代关系的商品纳入相关市场中,导致相关市场界定过宽。因此,基于相对价格上涨的假定垄断者测试并不完全适宜在本案中适用。尽管基于相对价格上涨的假定垄断者测试难以在本案中完全适用,但仍可以采取该方法的变通形式,例如基于质量下降的假定垄断者测试。由于质量下降程度较难评估以及相关数据难以获得,因此可以采用质量下降的假定垄断者测试进行定性分析而不是定量分析。

再次,关于本案相关市场是否应确定为互联网应用平台问题。上诉人认为,互联网应用平台与本案的相关市场界定无关;被上诉人则认为,互联网竞争实际上是平台的竞争,本案的相关市场范围远远超出了即时通信服务市场。法院生效裁判针对互联网领域平台竞争的特点,阐述了相关市场界定时应如何考虑平台竞争的特点及处理方式,认为:第一,互联网竞争一定程度地呈现出平台竞争的特征。被诉垄断行为发生时,互联网的平台竞争特征已经比较明显。互联网经营者通过特定的切入点进入互联网领域,在不同类型和需求的消费者之间发挥中介作用,以此创造价值。第二,判断本案相关商品市场是否应确定为互联网应用平台,其关键问题在于,网络平台之间为争夺用户注意力和广告主的相互竞争是否完全跨越了由产品或者服务特点所决定的界限,并给经营者施加了足够强大的竞争约束。这一问题的答案最终取决于实证检验。在缺乏确切的实证数据的情况下,至少注意如下方面:首先,互联网应用平台之间争夺用户注意力和广告主的竞争以其提供的关键核心产品或者服务为基础。其次,互联网应用平台的关键核心产品或者服务在属性、特征、功能、用途等方面上存在较大的不同。虽然广告主可能不关心这些产品或者服务的差异,只关心广告的价格和效果,因而可能将不同的互联网应用平台视为彼此可以替代,但是对于免费端的广大用户而言,其很难将不同平台提供的功能和用途完全不同的产品或者服务视为可以有效地相互替代。一个试图查找某个历史人物生平的用户通常会选择使用搜索引擎而不是即时通信,其几乎不会认为两者可以相互替代。再次,互联网应用平台关键核心产品或者服务的特性、功能、用途等差异决定了其所争夺的主要用户群体和广告主可能存在差异,因而在获取经济利益的模式、目标用户群、所提供的后续市场产品等方面存在较大区别。最后,本案中应该关注的是被上诉人是否利用了其在即时通信领域中可能的市场支配力量排除、限制互联网安全软件领域的竞争,将其在即时通信领域中可能存在的市场支配力量延伸到安全软件领域,这一竞争过程更多地发生在免费的用户端。鉴于上述理由,在本案相关市场界定阶段互联网平台竞争的特性不是主要考虑因素。第三,本案中对互联网企业平台竞争特征的考虑方式。相关市场界定的目的是为了明确经营者所面对的竞争约束,合理认定经营者的市场地位,并正确判断其行为对市场竞争的影响。即使不在相关市场界定阶段主要考虑互联网平台竞争的特性,但为了正确认定经营者的市场地位,仍然可以在识别经营者的市场地位和市场控制力时予以适当考虑。因此,对于本案,不在相关市场界定阶段主要考虑互联网平台竞争的特性并不意味着忽视这一特性,而是为了以更恰当的方式考虑这一特性。

最后,关于即时通信服务相关地域市场界定需要注意的问题。法院生效裁判认为:本案相关地域市场的界定，应从中国大陆地区的即时通信服务市场这一目标地域开始，对本案相关地域市场进行考察。因为基于互联网的即时通信服务可以低成本、低代价到达或者覆盖全球，并无额外的、值得关注的运输成本、价格成本或者技术障碍，所以在界定相关地域市场时，将主要考虑多数需求者选择商品的实际区域、法律法规的规定、境外竞争者的现状及其进入相关地域市场的及时性等因素。由于每一个因素均不是决定性的，因此需要根据上述因素进行综合评估。首先，中国大陆地区境内绝大多数用户均选择使用中国大陆地区范围内的经营者提供的即时通信服务。中国大陆地区境内用户对于国际即时通信产品并无较高的关注度。其次，我国有关互联网的行政法规规章等对经营即时通信服务规定了明确的要求和条件。我国对即时通信等增值电信业务实行行政许可制度，外国经营者通常不能直接进入我国大陆境内经营，需要以中外合资经营企业的方式进入并取得相应的行政许可。再次，位于境外的即时通信服务经营者的实际情况。在本案被诉垄断行为发生前，多数主要国际即时通信经营者例如MSN、雅虎、Skype、谷歌等均已经通过合资的方式进入中国大陆地区市场。因此，在被诉垄断行为发生时，尚未进入我国大陆境内的主要国际即时通信服务经营者已经很少。如果我国大陆境内的即时通信服务质量小幅下降，已没有多少境外即时通信服务经营者可供境内用户选择。最后，境外即时通信服务经营者在较短的时间内（例如一年）及时进入中国大陆地区并发展到足以制约境内经营者的规模存在较大困难。境外即时通信服务经营者首先需要通过合资方式建立企业、满足一系列许可条件并取得相应的行政许可，这在相当程度上延缓了境外经营者的进入时间。综上，本案相关地域市场应为中国大陆地区市场。

综合本案其他证据和实际情况，本案相关市场应界定为中国大陆地区即时通信服务市场，既包括个人电脑端即时通信服务，又包括移动端即时通信服务；既包括综合性即时通信服务，又包括文字、音频以及视频等非综合性即时通信服务。

二、被上诉人是否具有市场支配地位

对于经营者在相关市场中的市场份额在认定其市场支配力方面的地位和作用，法院生效裁判认为：市场份额在认定市场支配力方面的地位和作用必须根据案件具体情况确定。一般而言，市场份额越高，持续的时间越长，就越可能预示着市场支配地位的存在。尽管如此，市场份额只是判断市场支配地位的一项比较粗糙且可能具有误导性的指标。在市场进入比较容易，或者高市场份额源于经营者更高的市场效率或者提供了更优异的产品，或者市场外产品对经营者形成较强的竞争约束等情况下，高的市场份额并不能直接推断出市场支配地位的存在。特别是，互联网环境下的竞争存在高度动态的特征，相关市场的边界远不如传统领域那样清晰，在此情况下，更不能高估市场份额的指示作用，而应更多地关注市场进入、经营者的市场行为、对竞争的影响等有助于判断市场支配地位的具体事实和证据。

结合上述思路，法院生效裁判从市场份额、相关市场的竞争状况、被诉经营者控制商品价格、数量或者其他交易条件的能力、该经营者的财力和技术条件、其他经营者对该经营者在交易上的依赖程度、其他经营者进入相关市场的难易程度等方面，对被上诉人是否具有市场支配地位进行考量和分析。最终认定本案现有证据并不足以支持被上诉人具有市场支配地位的结论。

三、被上诉人是否构成反垄断法所禁止的滥用市场支配地位行为

法院生效裁判打破了传统的分析滥用市场支配地位行为的“三步法”，采用了更为灵活的分析步骤和方法，认为：原则上，如果被诉经营者不具有市场支配地位，则无需对其是否滥用市场支配地位进行分析，可以直接认定其不构成反垄断法所禁止的滥用市场支配地位行为。不过，在相关市场边界较为模糊、被诉经营者是否具有市场支配地位不甚明确时，可以进一步分析被诉垄断行为对竞争的影响效果，以检验关于其是否具有市场支配地位的结论正确与否。此外，即使被诉经营者具有市场支配地位，判断其是否构成滥用市场支配地位，也需要综合评估该行为对消费者和竞争造成的消极效果和可能具有的积极效果，进而对该行为的合法性与否作出判断。本案主要涉及两个方面的问题：

一是关于被上诉人实施的“产品不兼容”行为（用户二选一）是否构成反垄断法禁止的限制交易行为。根据反垄断法第十七条的规定，具有市场支配地位的经营者，没有正当理由，限定交易相对人只能与其进行交易或者只能与其指定的经营者进行交易的，构成滥用市场支配地位。上诉人主张，被上诉人没有正当理由，强制用户停止使用并卸载上诉人的软件，构成反垄断法所禁止的滥用市场支配地位限制交易行为。对此，法院生效裁判认为，虽然被上诉人实施的“产品不兼容”行为对用户造成了不便，但是并未导致排除或者限制竞争的明显效果。这一方面说明被上诉人实施的“产品不兼容”行为不构成反垄断法所禁止的滥用市场支配地位行为，也从另一方面佐证了被上诉人不具有市场支配地位的结论。

二是被上诉人是否构成反垄断法所禁止的搭售行为。根据反垄断法第十七条的规定，具有市场支配地位的经营者，没有正当理由搭售商品，或者在交易时附加其他不合理的交易条件的，构成滥用市场支配地位。上诉人主张，被上诉人将QQ软件管家与即时通信软件捆绑搭售，并且以升级QQ软件管家的名义安装QQ医生，不符合交易惯例、消费习惯或者商品的功能，消费者选择权受到了限制，不具有正当理由；一审判决关于被诉搭售行为产生排除、限制竞争效果的举证责任分配错误。对此，法院生效裁判认为，上诉人关于被上诉人实施了滥用市场支配地位行为的上诉理由不能成立。

最高人民法院指导案例79号
——吴小秦诉陕西广电网络传媒（集团）股份有限公司捆绑交易纠纷案

（最高人民法院审判委员会讨论通过
2017年3月6日发布）

【关键词】

民事　捆绑交易　垄断　市场支配地位　搭售

【裁判要点】

1. 作为特定区域内唯一合法经营有线电视传输业务的经营者及电视节目集中播控者，在市场准入、市场份额、经营地位、经营规模等各要素上均具有优势，可以认定该经营者占有市场支配地位。

2. 经营者利用市场支配地位，将数字电视基本收视维护费和数字电视付费节目费捆绑在一起向消费者收取，侵害了消费者的消费选择权，不利于其他服务提供者进入数字电视服务市场。经营者即使存在两项服务分别收费的例外情形，也不足以否认其构成反垄断法所禁止的搭售。

【相关法条】

《中华人民共和国反垄断法》第17条第1款第5项

【基本案情】

原告吴小秦诉称：2012年5月10日，其前往陕西广电网络传媒（集团）股份有限公司（以下简称广电公司）缴纳数字电视基本收视维护费得知，该项费用由每月25元调至30元，吴小秦遂缴纳了3个月费用90元，其中数字电视基本收视维护费75元、数字电视节目费15元。之后，吴小秦获悉数字电视节目应由用户自由选择，自愿订购。吴小秦认为，广电公司属于公用企业，在数字电视市场内具有支配地位，其收取数字电视节目费的行为剥夺了自己的自主选择权，构成搭售，故诉至法院，请求判令：确认被告2012年5月10日收取其数字电视节目费15元的行为无效，被告返还原告15元。

广电公司辩称：广电公司作为陕西省内唯一电视节目集中播控者，向选择收看基本收视节目之外的消费者收取费用，符合反垄断法的规定；广电公司具备陕西省有线电视市场支配地位，鼓励用户选择有线电视套餐，但并未滥用市场支配地位，强行规定用户在基本收视业务之外必须消费的服务项目，用户有自主选择权；垄断行为的认定属于行政权力，而不是司法权力，原告没有请求认定垄断行为无效的权利；广电公司虽然推出了一系列满足用户进行个性化选择的电视套餐，但从没有进行强制搭售的行为，保证了绝大多数群众收看更多电视节目的选择权利；故请求驳回原告要求确认广电公司增加节目并收取费用无效的请求；愿意积极解决吴小秦的第二项诉讼请求。

法院经审理查明：2012年5月10日，吴小秦前往广电公司缴纳数字电视基本收视维护费时获悉，数字电视基本收视维护费每月最低标准由25元上调至30元。吴小秦缴纳了2012年5月10日至8月9日的数字电视基本收视维护费90元。广电公司向吴小秦出具的收费专用发票载明：数字电视基本收视维护费75元及数字电视节目费15元。之后，吴小秦通过广电公司客户服务中心（服务电话96766）咨询，广电公司节目升级增加了不同的收费节目，有不同的套餐，其中最低套餐基本收视费每年360元，用户每次最少应缴纳3个月费用。广电公司是经陕西省政府批准，陕西境内唯一合法经营有线电视传输业务的经营者和唯一电视节目集中播控者。广电公司承认其在有线电视传输业务中在陕西省占有支配地位。

另查，2004年12月2日国家发展改革委、国家广电总局印发的《有线电视基本收视维护费管理暂行办法》规定：有线电视基本收视维护费实行政府定价，收费标准由价格主管部门制定。2005年7月11日国家广电总局关于印发《推进试点单位有线电视数字化整体转换的若干意见（试行）》的通知规定，各试点单位在推进整体转换过程中，要重视付费频道等新业务的推广，供用户自由选择，自愿订购。陕西省物价局于2006年5月29日出台的《关于全省数字电视基本收视维护费标准的通知》规定：数字电视基本收视维护费收费标准为：以居民用户收看一台电视机使用一个接收终端为计费单位。全省县城以上城市居民用户每主终端每月25元；有线数字电视用户可根据实际情况自愿选择按月、按季或按年度缴纳基本收视维护费。国家发展改革委、国家广电总局于2009年8月25日出台的《关于加强有线电视收费管理等有关问题的通知》指出:有线电视基本收视维护费实行政府定价;有线电视增值业务服务和数字电视付费节目收费,由有线电视运营机构自行确定。

二审中,广电公司提供了四份收费专用发票复印件,证明在5月10日前后,广电公司的营业厅收取过25元的月服务费,因无原件,吴小秦不予质证。庭后广电公司提供了其中三张的原件,双方进行了核对与质证。该票据上均显示一年交费金额为300元,即每月25元。广电公司提供了五张票据的原件,包括一审提供过原件的三张,交易地点均为咸阳市。由此证明广电公司在5月10日前后,提供过每月25元的收费服务。

再审中,广电公司提交了其2016年网站收费套餐截图、关于印发《2016年大众业务实施办法(试行)的通知》、2016年部分客户收费发票。

【裁判结果】

陕西省西安市中级人民法院于2013年1月5日作出(2012)西民四初字第438号民事判决:1.确认陕西广电网络传媒(集团)股份有限公司2012年5月10日收取原告吴小秦数字电视节目费15元的行为无效;2.陕西广电网络传媒(集团)股份有限公司于本判决生效之日起十日内返还吴小秦15元。陕西广电网络传媒(集团)股份有限公司提起上诉,陕西省高级人民法院于2013年9月12日作出(2013)陕民三终字第38号民事判决:1.撤销一审判决;2.驳回吴小秦的诉讼请求。吴小秦不服二审判决,向最高人民法院提出再审申请。最高人民法院于2016年5月31日作出(2016)最高法民再98号民事判决:1.撤销陕西省高级人民法院(2013)陕民三终字第38号民事判决;2.维持陕西省西安市中级人民法院(2012)西民四初字第438号民事判决。

【裁判理由】

法院生效裁判认为:本案争议焦点包括,一是本案诉争行为是否违反了反垄断法第十七条第五项之规定,二是一审法院适用反垄断法是否适当。

一、关于本案诉争行为是否违反了反垄断法第十七条第五项之规定

反垄断法第十七条第五项规定,禁止具有市场支配地位的经营者没有正当理由搭售商品或者在交易时附加其他不合理的交易条件。本案中,广电公司在一审答辩中明确认可其"是经陕西省政府批准,陕西境内唯一合法经营有线电视传输业务的经营者。作为陕西省内唯一电视节目集中播控者,广电公司具备陕西省有线电视市场支配地位,鼓励用户选择更丰富的有线电视套餐,但并未滥用市场支配地位,也未强行规定用户在基本收视业务之外必须消费的服务项目。"二审中,广电公司虽对此不予认可,但并未举出其不具有市场支配地位的相应证据。再审审查过程中,广电公司对一、二审法院认定其具有市场支配地位的事实并未提出异议。鉴于广电公司作为陕西境内唯一合法经营有线电视传输业务的经营者,陕西省内唯一电视节目集中播控者,一、二审法院在查明事实的基础上认定在有线电视传输市场中,广电公司在市场准入、市场份额、经营地位、经营规模等各要素上均具有优势,占有支配地位,并无不当。

关于广电公司在向吴小秦提供服务时是否构成搭售的问题。反垄断法第十七条第五项规定禁止具有市场支配地位的经营者没有正当理由搭售商品。本案中,根据原审法院查明的事实,广电公司在提供服务时其工作人员告知吴小秦每月最低收费标准已从2012年3月起由25元上调为30元,每次最少缴纳一个季度,并未告知吴小秦可以单独缴纳数字电视基本收视维护费或者数字电视付费节目费。吴小秦通过广电公司客户服务中心(服务电话号码96766)咨询获悉,广电公司节目升级,增加了不同的收费节目,有不同的套餐,其中最低套餐基本收视费为每年360元,每月30元,用户每次最少应缴纳3个月费用。根据前述事实并结合广电公司给吴小秦开具的收费专用发票记载的收费项目——数字电视基本收视维护费75元及数字电视节目费15元的事实,可以认定广电公司实际上是将数字电视基本收视节目和数字电视付费节目捆绑在一起向吴小秦销售,并没有告知吴小秦是否可以单独选购数字电视基本收视服务的服务项目。此外,从广电公司客户服务中心(服务电话号码96766)的答复中亦可佐证广电公司在提供此服务时,是将数字电视基本收视维护费和数字电视付费节目费一起收取并提供。虽然广电公司在二审中提交了其向其他用户单独收取数字电视基本收视维护费的相关票据,但该证据仅能证明广电公司在收取该费用时存在客户服务中心说明的套餐之外的例外情形。再审中,广电公司并未对客户服务中心说明的套餐之外的例外情形作出合理解释,其提交的单独收取相关费用的票据亦发生在本案诉讼之后,不足以证明诉讼时的情形,对此不予采信。因此,存在客户服务中心说明的套餐之外的例外情形并不足以否认广电公司将数字电视基本收视维护费和数字电视付费节目费一起收取的普遍做法。二审法院认定广电公司不仅提供了组合服务,也提供了基本服务,证据不足,应予纠正。因此,现有证据不能证明

普通消费者可以仅缴纳电视基本收视维护费或者数字电视付费节目费，即不能证明消费者选择权的存在。二审法院在不能证明是否有选择权的情况下直接认为本案属于未告知消费者有选择权而涉及侵犯消费者知情权的问题，进而在此基础上，认定为广电公司的销售行为未构成反垄断法所规制的没有正当理由的搭售，事实和法律依据不足，应予纠正。

根据本院查明的事实，数字电视基本收视维护费和数字电视付费节目费属于两项单独的服务。在原审诉讼及本院诉讼中，广电公司未证明将两项服务一起提供符合提供数字电视服务的交易习惯；同时，如将数字电视基本收视维护费和数字电视付费节目费分别收取，现亦无证据证明会损害该两种服务的性能和使用价值；广电公司更未对前述行为说明其正当理由，在此情形下，广电公司利用其市场支配地位，将数字电视基本收视维护费和数字电视付费节目费一起收取，客观上影响消费者选择其他服务提供者提供相关数字付费节目，同时也不利于其他服务提供者进入电视服务市场，对市场竞争具有不利的效果。因此一审法院认定其违反了反垄断法第十七条第五项之规定，并无不当。吴小秦部分再审申请理由成立，予以支持。

二、关于一审法院适用反垄断法是否适当

本案诉讼中，广电公司在答辩中认为本案的发生实质上是一个有关吴小秦基于消费者权益保护法所应当享受的权利是否被侵犯的纠纷，而与垄断行为无关，认为一审法院不应当依照反垄断法及相关规定，认为其处于市场支配地位，从而确认其收费行为无效。根据《最高人民法院关于适用〈中华人民共和国民事诉讼法〉的解释》第二百二十六条及第二百二十八条的规定，人民法院应当根据当事人的诉讼请求、答辩意见以及证据交换的情况，归纳争议焦点，并就归纳的争议焦点征求当事人的意见。在法庭审理时，应当围绕当事人争议的事实、证据和法律适用等焦点问题进行。根据查明的事实，吴小秦在其诉状中明确主张"被告收取原告数字电视节目费，实际上是为原告在提供上述服务范围外增加提供服务内容，对此原告应当具有自主选择权。被告属于公用企业或者其他依法具有独占地位的经营者，在数字电视市场内具有支配地位。被告的上述行为违反了反垄断法第十七条第一款第五项关于'禁止具有市场支配地位的经营者从事没有正当理由搭售商品，或者在交易时附加其他不合理的交易条件的滥用市场支配地位行为'，侵害了原告的合法权益。原告依照《最高人民法院关于审理因垄断行为引发的民事纠纷案件应用法律若干问题的规定》，提起民事诉讼，请求人民法院依法确认被告的捆绑交易行为无效，判令其返还原告15元。"在该诉状中，吴小秦并未主张其消费者权益受到损害，因此一审法院根据吴小秦的诉讼请求适用反垄断法进行审理，并无不当。

综上，广电公司在陕西省境内有线电视传输服务市场上具有市场支配地位，其将数字电视基本收视服务和数字电视付费节目服务捆绑在一起向吴小秦销售，违反了反垄断法第十七条第一款第五项之规定。吴小秦关于确认广电公司收取其数字电视节目费15元的行为无效和请求判令返还15元的再审请求成立。一审判决认定事实清楚，适用法律正确，应予维持，二审判决认定事实依据不足，适用法律有误，应予纠正。

（2）反不正当竞争

中华人民共和国反不正当竞争法

1. 1993年9月2日第八届全国人民代表大会常务委员会第三次会议通过

2. 2017年11月4日第十二届全国人民代表大会常务委员会第三十次会议修订

3. 根据2019年4月23日第十三届全国人民代表大会常务委员会第十次会议《关于修改〈中华人民共和国建筑法〉等八部法律的决定》修正

目　　录

第一章　总　　则

第一条　【立法目的】为了促进社会主义市场经济健康发展，鼓励和保护公平竞争，制止不正当竞争行为，保护经营者和消费者的合法权益，制定本法。

第二条　【原则与概念】经营者在生产经营活动中，应当遵循自愿、平等、公平、诚信的原则，遵守法律和商业道德。

本法所称的不正当竞争行为，是指经营者在生产经营活动中，违反本法规定，扰乱市场竞争秩序，损害其他经营者或者消费者的合法权益的行为。

本法所称的经营者，是指从事商品生产、经营或者提供服务（以下所称商品包括服务）的自然人、法人和非法人组织。

第三条　【各级政府职责】各级人民政府应当采取措施，制止不正当竞争行为，为公平竞争创造良好的环境和条件。

国务院建立反不正当竞争工作协调机制，研究决定反不正当竞争重大政策，协调处理维护市场竞争秩序的重大问题。

第四条　【政府部门职责】县级以上人民政府履行工商行政管理职责的部门对不正当竞争行为进行查处；法律、行政法规规定由其他部门查处的，依照其规定。

第五条　【监督、自律】国家鼓励、支持和保护一切组织和个人对不正当竞争行为进行社会监督。

国家机关及其工作人员不得支持、包庇不正当竞争行为。

行业组织应当加强行业自律，引导、规范会员依法竞争，维护市场竞争秩序。

第二章　不正当竞争行为

第六条　【禁止实施混淆行为】经营者不得实施下列混淆行为，引人误认为是他人商品或者与他人存在特定联系：

（一）擅自使用与他人有一定影响的商品名称、包装、装潢等相同或者近似的标识；

（二）擅自使用他人有一定影响的企业名称（包括简称、字号等）、社会组织名称（包括简称等）、姓名（包括笔名、艺名、译名等）；

（三）擅自使用他人有一定影响的域名主体部分、网站名称、网页等；

（四）其他足以引人误认为是他人商品或者与他人存在特定联系的混淆行为。

第七条　【禁止贿赂方式经营】经营者不得采用财物或者其他手段贿赂下列单位或者个人，以谋取交易机会或者竞争优势：

（一）交易相对方的工作人员；

（二）受交易相对方委托办理相关事务的单位或者个人；

（三）利用职权或者影响力影响交易的单位或者个人。

经营者在交易活动中，可以以明示方式向交易相对方支付折扣，或者向中间人支付佣金。经营者向交易相对方支付折扣、向中间人支付佣金的，应当如实入账。接受折扣、佣金的经营者也应当如实入账。

经营者的工作人员进行贿赂的，应当认定为经营者的行为；但是，经营者有证据证明该工作人员的行为与为经营者谋取交易机会或者竞争优势无关的除外。

第八条　【禁止虚假或引人误解的商业宣传】经营者不得对其商品的性能、功能、质量、销售状况、用户评价、曾获荣誉等作虚假或者引人误解的商业宣传，欺骗、误导消费者。

经营者不得通过组织虚假交易等方式，帮助其他经营者进行虚假或者引人误解的商业宣传。

第九条　【禁止实施侵犯商业秘密的行为】经营者不得实施下列侵犯商业秘密的行为：

（一）以盗窃、贿赂、欺诈、胁迫、电子侵入或者其他不正当手段获取权利人的商业秘密；

（二）披露、使用或者允许他人使用以前项手段获取的权利人的商业秘密；

（三）违反保密义务或者违反权利人有关保守商业秘密的要求，披露、使用或者允许他人使用其所掌握的商业秘密；

（四）教唆、引诱、帮助他人违反保密义务或者违反权利人有关保守商业秘密的要求，获取、披露、使用或者允许他人使用权利人的商业秘密。

经营者以外的其他自然人、法人和非法人组织实施前款所列违法行为的，视为侵犯商业秘密。

第三人明知或者应知商业秘密权利人的员工、前员工或者其他单位、个人实施本条第一款所列违法行为，仍获取、披露、使用或者允许他人使用该商业秘密的，视为侵犯商业秘密。

本法所称的商业秘密，是指不为公众所知悉、具有商业价值并经权利人采取相应保密措施的技术信息、经营信息等商业信息。

第十条　【有奖销售的禁止情形】经营者进行有奖销售不得存在下列情形：

（一）所设奖的种类、兑奖条件、奖金金额或者奖品等有奖销售信息不明确，影响兑奖；

（二）采用谎称有奖或者故意让内定人员中奖的欺骗方式进行有奖销售；

（三）抽奖式的有奖销售，最高奖的金额超过五万元。

第十一条　【禁止损害商誉】经营者不得编造、传播虚假信息或者误导性信息，损害竞争对手的商业信誉、商品声誉。

第十二条　【网络生产经营规范】经营者利用网络从事生产经营活动，应当遵守本法的各项规定。

经营者不得利用技术手段，通过影响用户选择或者其他方式，实施下列妨碍、破坏其他经营者合法提供的网络产品或者服务正常运行的行为：

（一）未经其他经营者同意，在其合法提供的网络产品或者服务中，插入链接、强制进行目标跳转；

（二）误导、欺骗、强迫用户修改、关闭、卸载其他经营者合法提供的网络产品或者服务；

（三）恶意对其他经营者合法提供的网络产品或者服务实施不兼容；

（四）其他妨碍、破坏其他经营者合法提供的网络产品或者服务正常运行的行为。

第三章　对涉嫌不正当竞争行为的调查

第十三条　【监督机关职权】监督检查部门调查涉嫌不正当竞争行为，可以采取下列措施：

（一）进入涉嫌不正当竞争行为的经营场所进行检查；

（二）询问被调查的经营者、利害关系人及其他有关单位、个人，要求其说明有关情况或者提供与被调查行为有关的其他资料；

（三）查询、复制与涉嫌不正当竞争行为有关的协议、账簿、单据、文件、记录、业务函电和其他资料；

（四）查封、扣押与涉嫌不正当竞争行为有关的财物；

（五）查询涉嫌不正当竞争行为的经营者的银行账户。

采取前款规定的措施，应当向监督检查部门主要负责人书面报告，并经批准。采取前款第四项、第五项规定的措施，应当向设区的市级以上人民政府监督检查部门主要负责人书面报告，并经批准。

监督检查部门调查涉嫌不正当竞争行为，应当遵守《中华人民共和国行政强制法》和其他有关法律、行政法规的规定，并应当将查处结果及时向社会公开。

第十四条　【被调查者的协作义务】监督检查部门调查涉嫌不正当竞争行为，被调查的经营者、利害关系人及其他有关单位、个人应当如实提供有关资料或者情况。

第十五条　【保密义务】监督检查部门及其工作人员对调查过程中知悉的商业秘密负有保密义务。

第十六条　【举报】对涉嫌不正当竞争行为，任何单位和个人有权向监督检查部门举报，监督检查部门接到举报后应当依法及时处理。

监督检查部门应当向社会公开受理举报的电话、信箱或者电子邮件地址，并为举报人保密。对实名举报并提供相关事实和证据的，监督检查部门应当将处理结果告知举报人。

第四章　法律责任

第十七条　【民事责任及赔偿范围】经营者违反本法规定，给他人造成损害的，应当依法承担民事责任。

经营者的合法权益受到不正当竞争行为损害的，可以向人民法院提起诉讼。

因不正当竞争行为受到损害的经营者的赔偿数额，按照其因被侵权所受到的实际损失确定；实际损失难以计算的，按照侵权人因侵权所获得的利益确定。经营者恶意实施侵犯商业秘密行为，情节严重的，可以在按照上述方法确定数额的一倍以上五倍以下确定赔偿数额。赔偿数额还应当包括经营者为制止侵权行为所支付的合理开支。

经营者违反本法第六条、第九条规定，权利人因被侵权所受到的实际损失、侵权人因侵权所获得的利益难以确定的，由人民法院根据侵权行为的情节判决给予权利人五百万元以下的赔偿。

第十八条　【实施混淆行为的责任】经营者违反本法第六条规定实施混淆行为的，由监督检查部门责令停止违法行为，没收违法商品。违法经营额五万元以上的，可以并处违法经营额五倍以下的罚款；没有违法经营额或者违法经营额不足五万元的，可以并处二十五万元以下的罚款。情节严重的，吊销营业执照。

经营者登记的企业名称违反本法第六条规定的，应当及时办理名称变更登记；名称变更前，由原企业登记机关以统一社会信用代码代替其名称。

第十九条　【贿赂责任】经营者违反本法第七条规定贿赂他人的，由监督检查部门没收违法所得，处十万元以上三百万元以下的罚款。情节严重的，吊销营业执照。

第二十条　【涉虚假或引人误解宣传的责任】经营者违反本法第八条规定对其商品作虚假或者引人误解的商业宣传，或者通过组织虚假交易等方式帮助其他经营者进行虚假或者引人误解的商业宣传的，由监督检查部门责令停止违法行为，处二十万元以上一百万元以下的罚款；情节严重的，处一百万元以上二百万元以下的罚款，可以吊销营业执照。

经营者违反本法第八条规定，属于发布虚假广告的，依照《中华人民共和国广告法》的规定处罚。

第二十一条　【侵犯商业秘密的责任】经营者以及其他自然人、法人和非法人组织违反本法第九条规定侵犯商业秘密的，由监督检查部门责令停止违法行为，没收违法所得，处十万元以上一百万元以下的罚款；情节严重的,处五十万元以上五百万元以下的罚款。

第二十二条 **【违法有奖销售的责任】**经营者违反本法第十条规定进行有奖销售的,由监督检查部门责令停止违法行为,处五万元以上五十万元以下的罚款。

第二十三条 **【违法损害竞争对手商誉的责任】**经营者违反本法第十一条规定损害竞争对手商业信誉、商品声誉的,由监督检查部门责令停止违法行为、消除影响,处十万元以上五十万元以下的罚款;情节严重的,处五十万元以上三百万元以下的罚款。

第二十四条 **【妨碍、破坏网络产品或服务正常运行的责任】**经营者违反本法第十二条规定妨碍、破坏其他经营者合法提供的网络产品或者服务正常运行的,由监督检查部门责令停止违法行为,处十万元以上五十万元以下的罚款;情节严重的,处五十万元以上三百万元以下的罚款。

第二十五条 **【从轻或减轻、免予处罚】**经营者违反本法规定从事不正当竞争,有主动消除或者减轻违法行为危害后果等法定情形的,依法从轻或者减轻行政处罚;违法行为轻微并及时纠正,没有造成危害后果的,不予行政处罚。

第二十六条 **【信用记录公示】**经营者违反本法规定从事不正当竞争,受到行政处罚的,由监督检查部门记入信用记录,并依照有关法律、行政法规的规定予以公示。

第二十七条 **【民事责任优先承担】**经营者违反本法规定,应当承担民事责任、行政责任和刑事责任,其财产不足以支付的,优先用于承担民事责任。

第二十八条 **【拒绝、阻碍调查的责任】**妨害监督检查部门依照本法履行职责,拒绝、阻碍调查的,由监督检查部门责令改正,对个人可以处五千元以下的罚款,对单位可以处五万元以下的罚款,并可以由公安机关依法给予治安管理处罚。

第二十九条 **【行政复议或诉讼】**当事人对监督检查部门作出的决定不服的,可以依法申请行政复议或者提起行政诉讼。

第三十条 **【渎职处分】**监督检查部门的工作人员滥用职权、玩忽职守、徇私舞弊或者泄露调查过程中知悉的商业秘密的,依法给予处分。

第三十一条 **【刑事责任】**违反本法规定,构成犯罪的,依法追究刑事责任。

第三十二条 **【不存在侵犯商业秘密的证据提供】**在侵犯商业秘密的民事审判程序中,商业秘密权利人提供初步证据,证明其已经对所主张的商业秘密采取保密措施,且合理表明商业秘密被侵犯,涉嫌侵权人应当证明权利人所主张的商业秘密不属于本法规定的商业秘密。

商业秘密权利人提供初步证据合理表明商业秘密被侵犯,且提供以下证据之一的,涉嫌侵权人应当证明其不存在侵犯商业秘密的行为:

(一)有证据表明涉嫌侵权人有渠道或者机会获取商业秘密,且其使用的信息与该商业秘密实质上相同;

(二)有证据表明商业秘密已经被涉嫌侵权人披露、使用或者有被披露、使用的风险;

(三)有其他证据表明商业秘密被涉嫌侵权人侵犯。

第五章 附 则

第三十三条 **【施行日期】**本法自 2018 年 1 月 1 日起施行。

关于禁止仿冒知名商品特有的名称、包装、装潢的不正当竞争行为的若干规定

1995 年 7 月 6 日国家工商行政管理局令第 33 号公布施行

第一条 为了制止仿冒知名商品特有的名称、包装、装潢的不正当竞争行为,根据《中华人民共和国反不正当竞争法》(以下简称《反不正当竞争法》)的有关规定,制定本规定。

第二条 仿冒知名商品特有的名称、包装、装潢的不正当竞争行为,是指违反《反不正当竞争法》第五条第(二)项规定,擅自将他人知名商品特有的商品名称、包装、装潢作相同或者近似使用,造成与他人的知名商品相混淆,使购买者误认为是该知名商品的行为。

前款所称使购买者误认为是该知名商品,包括足以使购买者误认为是该知名商品。

第三条 本规定所称知名商品,是指在市场上具有一定知名度,为相关公众所知悉的商品。

本规定所称特有,是指商品名称、包装、装潢非为相关商品所通用,并具有显著的区别性特征。

本规定所称知名商品特有的名称,是指知名商品独有的与通用名称有显著区别的商品名称。但该名称已经作为商标注册的除外。

本规定所称包装,是指为识别商品以及方便携带、储运而使用在商品上的辅助物和容器。

本规定所称装潢，是指为识别与美化商品而在商品或者其包装上附加的文字、图案、色彩及其排列组合。

第四条 商品的名称、包装、装潢被他人擅自作相同或者近似使用，足以造成购买者误认的，该商品即可认定为知名商品。

特有的商品名称、包装、装潢应当依照使用在先的原则予以认定。

第五条 对使用与知名商品近似的名称、包装、装潢，可以根据主要部分和整体印象相近，一般购买者施以普通注意力会发生误认等综合分析认定。

一般购买者已经发生误认或者混淆的，可以认定为近似。

第六条 县级以上工商行政管理机关在监督检查仿冒知名商品特有的名称、包装、装潢的不正当竞争行为时，对知名商品和特有的名称、包装、装潢一并予以认定。

第七条 经营者有本规定第二条所列行为的，县级以上工商行政管理机关可以依照《反不正当竞争法》第二十一条第二款的规定对其进行处罚。

第八条 经营者有本规定第二条所列行为的，工商行政管理机关除依前条规定予以处罚外，对侵权物品可作如下处理：

（一）收缴并销毁或者责令并监督侵权人销毁尚未使用的侵权的包装和装潢；

（二）责令并监督侵权人消除现存商品上侵权的商品名称、包装和装潢；

（三）收缴直接专门用于印制侵权的商品包装和装潢的模具、印板和其他作案工具；

（四）采取前三项措施不足以制止侵权行为的，或者侵权的商品名称、包装和装潢与商品难以分离的，责令并监督侵权人销毁侵权物品。

第九条 销售明知或者应知是仿冒知名商品特有的名称、包装、装潢的商品的，比照本规定第七条、第八条的规定予以处罚。

第十条 知名商品经营者已经取得专利的知名商品特有的包装、装潢被仿冒的，工商行政管理机关可以依据《反不正当竞争法》及本规定对侵权人予以处罚。

第十一条 本规定自公布之日起施行。

关于禁止商业贿赂行为的暂行规定

1996 年 11 月 15 日国家工商行政管理局令第 60 号公布施行

第一条 为制止商业贿赂行为，维护公平竞争秩序，根据《中华人民共和国反不正当竞争法》（以下简称《反不正当竞争法》）的有关规定，制定本规定。

第二条 经营者不得违反《反不正当竞争法》第八条规定，采用商业贿赂手段销售或者购买商品。

本规定所称商业贿赂，是指经营者为销售或者购买商品而采用财物或者其他手段贿赂对方单位或者个人的行为。

前款所称财物，是指现金和实物，包括经营者为销售或者购买商品，假借促销费、宣传费、赞助费、科研费、劳务费、咨询费、佣金等名义，或者以报销各种费用等方式，给付对方单位或者个人的财物。

第二款所称其他手段，是指提供国内外各种名义的旅游、考察等给付财物以外的其他利益的手段。

第三条 经营者的职工采用商业贿赂手段为经营者销售或者购买商品的行为，应当认定为经营者的行为。

第四条 任何单位或者个人在销售或者购买商品时不得收受或者索取贿赂。

第五条 在帐外暗中给予对方单位或者个人回扣的，以行贿论处；对方单位或者个人在帐外暗中收受回扣的，以受贿论处。

本规定所称回扣，是指经营者销售商品时在帐外暗中以现金、实物或者其他方式退给对方单位或者个人的一定比例的商品价款。

本规定所称帐外暗中，是指未在依法设立的反映其生产经营活动或者行政事业经费收支的财务帐上按照财务会计制度规定明确如实记载，包括不记入财务帐、转入其他财务帐或者做假帐等。

第六条 经营者销售商品，可以以明示方式给予对方折扣。经营者给予对方折扣的，必须如实入帐；经营者或者其他单位接受折扣的，必须如实入帐。

本规定所称折扣，即商品购销中的让利，是指经营者在销售商品时，以明示并如实入帐的方式给予对方的价格优惠，包括支付价款时对价款总额按一定比例即时予以扣除和支付价款总额后再按一定比例予以退还两种形式。

本规定所称明示和入帐，是指根据合同约定的金额和支付方式，在依法设立的反映其生产经营活动或者行政事业经费收支的财务帐上按照财务会计制度规定明确如实记载。

第七条 经营者销售或者购买商品，可以以明示方式给中间人佣金。经营者给中间人佣金的，必须如实入帐；中间人接受佣金的，必须如实入帐。

本规定所称佣金，是指经营者在市场交易中给予为其提供服务的具有合法经营资格的中间人的劳务报酬。

第八条　经营者在商品交易中不得向对方单位或者其个人附赠现金或者物品。但按照商业惯例赠送小额广告礼品的除外。

违反前款规定的，视为商业贿赂行为。

第九条　经营者违反本规定以行贿手段销售或者购买商品的，由工商行政管理机关依照《反不正当竞争法》第二十二条的规定，根据情节处以1万元以上20万元以下的罚款，有违法所得的，应当予以没收；构成犯罪的，移交司法机关依法追究刑事责任。

有关单位或者个人购买或者销售商品时收受贿赂的，由工商行政管理机关按照前款的规定处罚；构成犯罪的，移交司法机关依法追究刑事责任。

第十条　商业贿赂行为由县级以上工商行政管理机关监督检查。

工商行政管理机关在监督检查商业贿赂行为时，可以对行贿行为和受贿行为一并予以调查处理。

第十一条　经营者在以贿赂手段销售或者购买商品中，同时有其他违反工商行政管理法规行为的，对贿赂行为和其他违法行为应当一并处罚。

第十二条　本规定自公布之日起施行。

关于禁止侵犯商业秘密行为的若干规定

1. 1995年11月23日国家工商行政管理局令第41号公布

2. 根据1998年12月3日国家工商行政管理局令第86号《修改〈经济合同示范文本管理办法〉等33件规章中超越〈行政处罚法〉规定处罚权限的内容》修正

第一条　为了制止侵犯商业秘密的行为，保护商业秘密权利人的合法权益，维护社会主义市场经济秩序，根据《中华人民共和国反不正当竞争法》（以下简称《反不正当竞争法》）的有关规定，制定本规定。

第二条　本规定所称商业秘密，是指不为公众所知悉、能为权利人带来经济利益、具有实用性并经权利人采取保密措施的技术信息和经营信息。

本规定所称不为公众所知悉，是指该信息是不能从公开渠道直接获取的。

本规定所称能为权利人带来经济利益、具有实用性，是指该信息具有确定的可应用性，能为权利人带来现实的或者潜在的经济利益或者竞争优势。

本规定所称权利人采取保密措施，包括订立保密协议，建立保密制度及采取其他合理的保密措施。

本规定所称技术信息和经营信息，包括设计、程序、产品配方、制作工艺、制作方法、管理诀窍、客户名单、货源情报、产销策略、招投标中的标底及标书内容等信息。

本规定所称权利人，是指依法对商业秘密享有所有权或者使用权的公民、法人或者其他组织。

第三条　禁止下列侵犯商业秘密的行为：

（一）以盗窃、利诱、胁迫或者其他不正当手段获取权利人的商业秘密；

（二）披露、使用或者允许他人使用以前项手段获取的权利人的商业秘密；

（三）与权利人有业务关系的单位和个人违反合同约定或者违反权利人保守商业秘密的要求，披露、使用或者允许他人使用其所掌握的权利人的商业秘密；

（四）权利人的职工违反合同约定或者违反权利人保守商业秘密的要求，披露、使用或者允许他人使用其所掌握的权利人的商业秘密。

第三人明知或者应知前款所列违法行为，获取、使用或者披露他人的商业秘密，视为侵犯商业秘密。

第四条　侵犯商业秘密行为由县级以上工商行政管理机关认定处理。

第五条　权利人（申请人）认为其商业秘密受到侵害，向工商行政管理机关申请查处侵权行为时，应当提供商业秘密及侵权行为存在的有关证据。

被检查的单位和个人（被申请人）及利害关系人、证明人，应当如实向工商行政管理机关提供有关证据。

权利人能证明被申请人所使用的信息与自己的商业秘密具有一致性或者相同性，同时能证明被申请人有获取其商业秘密的条件，而被申请人不能提供或者拒不提供其所使用的信息是合法获得或者使用的证据的，工商行政管理机关可以根据有关证据，认定被申请人有侵权行为。

第六条　对被申请人违法披露、使用、允许他人使用商业秘密将给权利人造成不可挽回的损失的，应权利人请求并由权利人出具自愿对强制措施后果承担责任的书面保证，工商行政管理机关可以责令被申请人停止销售使用权利人商业秘密生产的产品。

第七条　违反本规定第三条的，由工商行政管理机关依照《反不正当竞争法》第二十五条的规定，责令停止违法行为，并可以根据情节处以1万元以上20万元以下的罚款。

工商行政管理机关在依照前款规定予以处罚时，对侵权物品可以作如下处理：

（一）责令并监督侵权人将载有商业秘密的图纸、软件及其他有关资料返还权利人。

（二）监督侵权人销毁使用权利人商业秘密生产的、流入市场将会造成商业秘密公开的产品。但权利人同意收购、销售等其他处理方式的除外。

第八条 对侵权人拒不执行处罚决定，继续实施本规定第三条所列行为的，视为新的违法行为，从重予以处罚。

第九条 权利人因损害赔偿问题向工商行政管理机关提出调解要求的，工商行政管理机关可以进行调解。

权利人也可以直接向人民法院起诉，请求损害赔偿。

第十条 国家机关及其公务人员在履行公务时，不得披露或者允许他人使用权利人的商业秘密。

工商行政管理机关的办案人员在监督检查侵犯商业秘密的不正当竞争行为时，应当对权利人的商业秘密予以保密。

第十一条 本规定由国家工商行政管理局负责解释。

第十二条 本规定自公布之日起施行。

规范促销行为暂行规定

1. *2020年10月29日国家市场监督管理总局令第32号公布*
2. *自2020年12月1日起施行*

第一章 总 则

第一条 为了规范经营者的促销行为，维护公平竞争的市场秩序，保护消费者、经营者合法权益，根据《中华人民共和国反不正当竞争法》（以下简称反不正当竞争法）、《中华人民共和国价格法》（以下简称价格法）、《中华人民共和国消费者权益保护法》（以下简称消费者权益保护法）等法律和行政法规，制定本规定。

第二条 经营者在中华人民共和国境内以销售商品、提供服务（以下所称商品包括提供服务）或者获取竞争优势为目的，通过有奖销售、价格、免费试用等方式开展促销，应当遵守本规定。

第三条 县级以上市场监督管理部门依法对经营者的促销行为进行监督检查，对违反本规定的行为实施行政处罚。

第四条 鼓励、支持和保护一切组织和个人对促销活动中的违法行为进行社会监督。

第二章 促销行为一般规范

第五条 经营者开展促销活动，应当真实准确，清晰醒目标示活动信息，不得利用虚假商业信息、虚构交易或者评价等方式作虚假或者引人误解的商业宣传，欺骗、误导消费者或者相关公众（以下简称消费者）。

第六条 经营者通过商业广告、产品说明、销售推介、实物样品或者通知、声明、店堂告示等方式作出优惠承诺的，应当履行承诺。

第七条 卖场、商场、市场、电子商务平台经营者等交易场所提供者（以下简称交易场所提供者）统一组织场所内（平台内）经营者开展促销的，应当制定相应方案，公示促销规则、促销期限以及对消费者不利的限制性条件，向场所内（平台内）经营者提示促销行为注意事项。

第八条 交易场所提供者发现场所内（平台内）经营者在统一组织的促销中出现违法行为的，应当依法采取必要处置措施，保存有关信息记录，依法承担相应义务和责任，并协助市场监督管理部门查处违法行为。

第九条 经营者不得假借促销等名义，通过财物或者其他手段贿赂他人，以谋取交易机会或者竞争优势。

第十条 经营者在促销活动中提供的奖品或者赠品必须符合国家有关规定，不得以侵权或者不合格产品、国家明令淘汰并停止销售的商品等作为奖品或者赠品。

国家对禁止用于促销活动的商品有规定的，依照其规定。

第三章 有奖销售行为规范

第十一条 本规定所称有奖销售，是指经营者以销售商品或者获取竞争优势为目的，向消费者提供奖金、物品或者其他利益的行为，包括抽奖式和附赠式等有奖销售。

抽奖式有奖销售是指经营者以抽签、摇号、游戏等带有偶然性或者不确定性的方法，决定消费者是否中奖的有奖销售行为。

附赠式有奖销售是指经营者向满足一定条件的消费者提供奖金、物品或者其他利益的有奖销售行为。

经政府或者政府有关部门依法批准的有奖募捐及其他彩票发售活动，不适用本规定。

第十二条 经营者为了推广移动客户端、招揽客户、提高知名度、获取流量、提高点击率等，附带性地提供物品、奖金或者其他利益的行为，属于本规定所称的有奖销售。

第十三条 经营者在有奖销售前，应当明确公布奖项种类、参与条件、参与方式、开奖时间、开奖方式、奖金金额或者奖品价格、奖品品名、奖品种类、奖品数量或者中奖概率、兑奖时间、兑奖条件、兑奖方式、奖品交付方式、弃奖条件、主办方及其联系方式等信息，不得变更，不得附加条件，不得影响兑奖，但有利于消费者的除外。

在现场即时开奖的有奖销售活动中，对超过五百元奖项的兑奖情况，应当随时公示。

第十四条 奖品为积分、礼券、兑换券、代金券等形式的，应当公布兑换规则、使用范围、有效期限以及其他限制性条件等详细内容；需要向其他经营者兑换的，应当公布其他经营者的名称、兑换地点或者兑换途径。

第十五条 经营者进行有奖销售，不得采用以下谎称有奖的方式：

（一）虚构奖项、奖品、奖金金额等；

（二）仅在活动范围中的特定区域投放奖品；

（三）在活动期间将带有中奖标志的商品、奖券不投放、未全部投放市场；

（四）将带有不同奖金金额或者奖品标志的商品、奖券按不同时间投放市场；

（五）未按照向消费者明示的信息兑奖；

（六）其他谎称有奖的方式。

第十六条 经营者进行有奖销售，不得采用让内部员工、指定单位或者个人中奖等故意让内定人员中奖的欺骗方式。

第十七条 抽奖式有奖销售最高奖的金额不得超过五万元。有下列情形之一的，认定为最高奖的金额超过五万元：

（一）最高奖设置多个中奖者的，其中任意一个中奖者的最高奖金额超过五万元；

（二）同一奖券或者购买一次商品具有两次或者两次以上获奖机会的，累计金额超过五万元；

（三）以物品使用权、服务等形式作为奖品的，该物品使用权、服务等的市场价格超过五万元；

（四）以游戏装备、账户等网络虚拟物品作为奖品的，该物品市场价格超过五万元；

（五）以降价、优惠、打折等方式作为奖品的，降价、优惠、打折等利益折算价格超过五万元；

（六）以彩票、抽奖券等作为奖品的，该彩票、抽奖券可能的最高奖金额超过五万元；

（七）以提供就业机会、聘为顾问等名义，并以给付薪金等方式设置奖励，最高奖的金额超过五万元；

（八）以其他形式进行抽奖式有奖销售，最高奖金额超过五万元。

第十八条 经营者以非现金形式的物品或者其他利益作为奖品的，按照同期市场同类商品的价格计算其金额。

第十九条 经营者应当建立档案，如实、准确、完整地记录设奖规则、公示信息、兑奖结果、获奖人员等内容，妥善保存两年并依法接受监督检查。

第四章 价格促销行为规范

第二十条 经营者开展价格促销活动有附加条件的，应当显著标明条件。经营者开展限时减价、折价等价格促销活动的，应当显著标明期限。

第二十一条 经营者折价、减价，应当标明或者通过其他方便消费者认知的方式表明折价、减价的基准。

未标明或者表明基准的，其折价、减价应当以同一经营者在同一经营场所内，在本次促销活动前七日内最低成交价格为基准。如果前七日内没有交易的，折价、减价应当以本次促销活动前最后一次交易价格为基准。

第二十二条 经营者通过积分、礼券、兑换券、代金券等折抵价款的，应当以显著方式标明或者通过店堂告示等方式公开折价计算的具体办法。

未标明或者公开折价计算具体办法的，应当以经营者接受兑换时的标价作为折价计算基准。

第五章 法律责任

第二十三条 违反本规定第五条，构成虚假宣传的，由市场监督管理部门依据反不正当竞争法第二十条的规定进行处罚。

第二十四条 违反本规定第六条、第八条、第十条，法律法规有规定的，从其规定；法律法规没有规定的，由县级以上市场监督管理部门责令改正；可处违法所得三倍以下罚款，但最高不超过三万元；没有违法所得的，可处一万元以下罚款。

第二十五条 违反本规定第七条，未公示促销规则、促销期限以及对消费者不利的限制性条件，法律法规有规定的，从其规定；法律法规没有规定的，由县级以上市场监督管理部门责令改正，可以处一万元以下罚款。

第二十六条 违反本规定第九条，构成商业贿赂的，由市场监督管理部门依据反不正当竞争法第十九条的规定进行处罚。

第二十七条 违反本规定第十三条第一款、第十四条、第十五条、第十六条、第十七条，由市场监督管理部门依据反不正当竞争法第二十二条的规定进行处罚。

第二十八条　违反本规定第十三条第二款、第十九条，由县级以上市场监督管理部门责令改正，可以处一万元以下罚款。

第二十九条　违反本规定第二十条、第二十一条、第二十二条，构成价格违法行为的，由市场监督管理部门依据价格监管法律法规进行处罚。

第三十条　市场监督管理部门作出行政处罚决定后，应当依法通过国家企业信用信息公示系统向社会公示。

第六章　附　　则

第三十一条　本规定自2020年12月1日起施行。1993年12月24日原国家工商行政管理局令第19号发布的《关于禁止有奖销售活动中不正当竞争行为的若干规定》同时废止。

国家工商行政管理局关于擅自制造、销售知名商品特有包装、装潢的行为如何定性处罚问题的答复

1. 1997年5月7日
2. 工商公字〔1997〕第128号

湖南省工商行政管理局：

你局《关于制造、销售知名商品特有包装的行为应如何定性处罚的请示》（湘工商法字〔1996〕188号）收悉。现答复如下：

擅自制造、销售他人知名商品特有的包装、装潢的行为，其后果足以导致市场混淆，属于《反不正当竞争法》第五条第（二）项规定的擅自使用知名商品特有的包装、装潢的不正当竞争行为，应依据《反不正当竞争法》和《关于禁止仿冒知名商品特有的名称、包装、装潢的不正当竞争行为的若干规定》予以处罚。

国家工商行政管理局关于商业秘密构成要件问题的答复

1. 1998年6月12日
2. 工商公字〔1998〕第109号

江苏省工商行政管理局：

你局《关于权利人提供的技术信息能否定为商业秘密的请示》（苏工商〔1998〕41号）收悉。经研究，答复如下：

商业秘密的构成要件有三：一是该信息不为公众所知悉。即该信息是不能从公开渠道直接获取的；二是该信息能为权利人带来经济利益，具有实用性；三是权利人对该信息采取了保密措施。概括地说，不能从公开渠道直接获取的，能为权利人带来经济利益，具有实用性，并经权利人采取保密措施的信息，即为《反不正当竞争法》所保护的商业秘密。

权利人采取保密措施，包括口头或书面的保密协议、对商业秘密权利人的职工或与商业秘密权利人有业务关系的他人提出保密要求等合理措施。只要权利人提出了保密要求，商业秘密权利人的职工或与商业秘密权利人有业务关系的他人知道或应该知道存在商业秘密，即为权利人采取了合理的保密措施，职工或他人就对权利人承担保密义务。

国家工商行政管理总局关于擅自将他人知名商品特有的包装、装潢作相同或者近似使用并取得外观设计专利的行为定性处理问题的答复

1. 2003年3月17日
2. 工商公字〔2003〕第39号

四川省工商行政管理局：

你局《关于对擅自将他人知名商品特有的包装、装潢作相同或者近似使用并取得外观设计专利的行为能否按〈反不正当竞争法〉予以查处的请示》（川工商办〔2003〕26号）收悉。经研究，答复如下：

知名商品特有的包装、装潢是《反不正当竞争法》保护的一项重要权利，对其应当按照使用在先的原则予以认定和保护。经营者擅自将他人知名商品特有的包装、装潢作相同或者近似使用，并取得外观设计专利的行为，侵害他人知名商品特有的包装、装潢的在先使用权，造成或者足以造成购买者误认或者混淆的，违反了《反不正当竞争法》第五条第（二）项的规定，构成不正当竞争行为，应当按照《反不正当竞争法》和国家工商行政管理总局《关于禁止仿冒知名商品特有的名称、包装、装潢的不正当竞争行为的若干规定》予以查处。

国家工商行政管理总局关于擅自将他人知名餐饮服务特有的装饰、装修风格作相同或近似使用的行为定性处理问题的答复

1. 2003年6月25日
2. 工商公字〔2003〕第85号

海南省工商行政管理局：

你局《关于擅自将他人知名餐饮服务特有的装饰、装修风格作相同或近似使用的行为定性处理问题的请示》（琼工商公消字〔2003〕33号）收悉。经研究，答复如下：

一、《反不正当竞争法》第二条第三款明确规定，该法所称“商品”包括“服务”，因此，服务业的竞争行为应受《反不正当竞争法》规制，工商行政管理机关有权查处服务业中的不正当竞争行为。

二、在餐饮服务中，对服务起到美化和识别作用的装饰设计、装修风格，属于餐饮服务的装潢。经营者擅自将他人知名餐饮服务特有的装饰、装修风格作相同或近似使用，造成或足以造成市场混淆或者误认的行为，构成《反不正当竞争法》第五条第（二）项禁止的不正当竞争行为，可以按照《反不正当竞争法》以及国家工商行政管理总局《关于禁止仿冒知名商品特有的名称、包装、装潢的不正当竞争行为的若干规定》予以处罚。

国家工商行政管理总局关于网站在提供网上购物服务中从事有奖销售活动是否构成不正当竞争行为问题的答复

1. 2004年3月17日
2. 工商公字〔2004〕第46号

浙江省工商行政管理局：

你局《关于网站在提供网上购物服务中从事有奖销售活动是否构成不正当竞争行为的请示》（浙工商检〔2004〕1号）收悉。经研究，答复如下：

网站经营者在提供网络服务、网上购物等经营活动中，为招揽广告客户、提高网站知名度及提高登录者的点击率，附带性地提供物品、金钱或者其他经济上的利益行为，构成有奖销售，应依照《反不正当竞争法》第十三条予以规范。

以带有偶然性的方法决定中奖者，且最高奖的金额超过5000元的行为，属于《反不正当竞争法》第十三条禁止的不正当有奖销售行为，应当依法予以处理。

最高人民法院关于适用《中华人民共和国反不正当竞争法》若干问题的解释

1. 2022年1月29日最高人民法院审判委员会第1862次会议通过
2. 2022年3月16日公布
3. 法释〔2022〕9号
4. 自2022年3月20日起施行

为正确审理因不正当竞争行为引发的民事案件，根据《中华人民共和国民法典》《中华人民共和国反不正当竞争法》《中华人民共和国民事诉讼法》等有关法律规定，结合审判实践，制定本解释。

第一条　经营者扰乱市场竞争秩序，损害其他经营者或者消费者合法权益，且属于违反反不正当竞争法第二章及专利法、商标法、著作权法等规定之外情形的，人民法院可以适用反不正当竞争法第二条予以认定。

第二条　与经营者在生产经营活动中存在可能的争夺交易机会、损害竞争优势等关系的市场主体，人民法院可以认定为反不正当竞争法第二条规定的“其他经营者”。

第三条　特定商业领域普遍遵循和认可的行为规范，人民法院可以认定为反不正当竞争法第二条规定的“商业道德”。

人民法院应当结合案件具体情况，综合考虑行业规则或者商业惯例、经营者的主观状态、交易相对人的选择意愿、对消费者权益、市场竞争秩序、社会公共利益的影响等因素，依法判断经营者是否违反商业道德。

人民法院认定经营者是否违反商业道德时，可以参考行业主管部门、行业协会或者自律组织制定的从业规范、技术规范、自律公约等。

第四条　具有一定的市场知名度并具有区别商品来源的显著特征的标识，人民法院可以认定为反不正当竞争法第六条规定的“有一定影响的”标识。

人民法院认定反不正当竞争法第六条规定的标识是否具有一定的市场知名度，应当综合考虑中国境内相关公众的知悉程度，商品销售的时间、区域、数额和

对象，宣传的持续时间、程度和地域范围，标识受保护的情况等因素。

第五条 反不正当竞争法第六条规定的标识有下列情形之一的，人民法院应当认定其不具有区别商品来源的显著特征：

（一）商品的通用名称、图形、型号；

（二）仅直接表示商品的质量、主要原料、功能、用途、重量、数量及其他特点的标识；

（三）仅由商品自身的性质产生的形状，为获得技术效果而需有的商品形状以及使商品具有实质性价值的形状；

（四）其他缺乏显著特征的标识。

前款第一项、第二项、第四项规定的标识经过使用取得显著特征，并具有一定的市场知名度，当事人请求依据反不正当竞争法第六条规定予以保护的，人民法院应予支持。

第六条 因客观描述、说明商品而正当使用下列标识，当事人主张属于反不正当竞争法第六条规定的情形的，人民法院不予支持：

（一）含有本商品的通用名称、图形、型号；

（二）直接表示商品的质量、主要原料、功能、用途、重量、数量以及其他特点；

（三）含有地名。

第七条 反不正当竞争法第六条规定的标识或者其显著识别部分属于商标法第十条第一款规定的不得作为商标使用的标志，当事人请求依据反不正当竞争法第六条规定予以保护的，人民法院不予支持。

第八条 由经营者营业场所的装饰、营业用具的式样、营业人员的服饰等构成的具有独特风格的整体营业形象，人民法院可以认定为反不正当竞争法第六条第一项规定的“装潢”。

第九条 市场主体登记管理部门依法登记的企业名称，以及在中国境内进行商业使用的境外企业名称，人民法院可以认定为反不正当竞争法第六条第二项规定的“企业名称”。

有一定影响的个体工商户、农民专业合作社（联合社）以及法律、行政法规规定的其他市场主体的名称（包括简称、字号等），人民法院可以依照反不正当竞争法第六条第二项予以认定。

第十条 在中国境内将有一定影响的标识用于商品、商品包装或者容器以及商品交易文书上，或者广告宣传、展览以及其他商业活动中，用于识别商品来源的行为，人民法院可以认定为反不正当竞争法第六条规定的“使用”。

第十一条 经营者擅自使用与他人有一定影响的企业名称（包括简称、字号等）、社会组织名称（包括简称等）、姓名（包括笔名、艺名、译名等）、域名主体部分、网站名称、网页等近似的标识，引人误认为是他人商品或者与他人存在特定联系，当事人主张属于反不正当竞争法第六条第二项、第三项规定的情形的，人民法院应予支持。

第十二条 人民法院认定与反不正当竞争法第六条规定的“有一定影响的”标识相同或者近似，可以参照商标相同或者近似的判断原则和方法。

反不正当竞争法第六条规定的“引人误认为是他人商品或者与他人存在特定联系”，包括误认为与他人具有商业联合、许可使用、商业冠名、广告代言等特定联系。

在相同商品上使用相同或者视觉上基本无差别的商品名称、包装、装潢等标识，应当视为足以造成与他人有一定影响的标识相混淆。

第十三条 经营者实施下列混淆行为之一，足以引人误认为是他人商品或者与他人存在特定联系的，人民法院可以依照反不正当竞争法第六条第四项予以认定：

（一）擅自使用反不正当竞争法第六条第一项、第二项、第三项规定以外“有一定影响的”标识；

（二）将他人注册商标、未注册的驰名商标作为企业名称中的字号使用，误导公众。

第十四条 经营者销售带有违反反不正当竞争法第六条规定的标识的商品，引人误认为是他人商品或者与他人存在特定联系，当事人主张构成反不正当竞争法第六条规定的情形的，人民法院应予支持。

销售不知道是前款规定的侵权商品，能证明该商品是自己合法取得并说明提供者，经营者主张不承担赔偿责任的，人民法院应予支持。

第十五条 故意为他人实施混淆行为提供仓储、运输、邮寄、印制、隐匿、经营场所等便利条件，当事人请求依据民法典第一千一百六十九条第一款予以认定的，人民法院应予支持。

第十六条 经营者在商业宣传过程中，提供不真实的商品相关信息，欺骗、误导相关公众的，人民法院应当认定为反不正当竞争法第八条第一款规定的虚假的商业宣传。

第十七条 经营者具有下列行为之一，欺骗、误导相关公众的，人民法院可以认定为反不正当竞争法第八条第一款规定的“引人误解的商业宣传”：

（一）对商品作片面的宣传或者对比；

（二）将科学上未定论的观点、现象等当作定论的事实用于商品宣传；

（三）使用歧义性语言进行商业宣传；

（四）其他足以引人误解的商业宣传行为。

人民法院应当根据日常生活经验、相关公众一般注意力、发生误解的事实和被宣传对象的实际情况等因素，对引人误解的商业宣传行为进行认定。

第十八条　当事人主张经营者违反反不正当竞争法第八条第一款的规定并请求赔偿损失的，应当举证证明其因虚假或者引人误解的商业宣传行为受到损失。

第十九条　当事人主张经营者实施了反不正当竞争法第十一条规定的商业诋毁行为的，应当举证证明其为该商业诋毁行为的特定损害对象。

第二十条　经营者传播他人编造的虚假信息或者误导性信息，损害竞争对手的商业信誉、商品声誉的，人民法院应当依照反不正当竞争法第十一条予以认定。

第二十一条　未经其他经营者和用户同意而直接发生的目标跳转，人民法院应当认定为反不正当竞争法第十二条第二款第一项规定的“强制进行目标跳转”。

仅插入链接，目标跳转由用户触发的，人民法院应当综合考虑插入链接的具体方式、是否具有合理理由以及对用户利益和其他经营者利益的影响等因素，认定该行为是否违反反不正当竞争法第十二条第二款第一项的规定。

第二十二条　经营者事前未明确提示并经用户同意，以误导、欺骗、强迫用户修改、关闭、卸载等方式，恶意干扰或者破坏其他经营者合法提供的网络产品或者服务，人民法院应当依照反不正当竞争法第十二条第二款第二项予以认定。

第二十三条　对于反不正当竞争法第二条、第八条、第十一条、第十二条规定的不正当竞争行为，权利人因被侵权所受到的实际损失、侵权人因侵权所获得的利益难以确定，当事人主张依据反不正当竞争法第十七条第四款确定赔偿数额的，人民法院应予支持。

第二十四条　对于同一侵权人针对同一主体在同一时间和地域范围实施的侵权行为，人民法院已经认定侵害著作权、专利权或者注册商标专用权等并判令承担民事责任，当事人又以该行为构成不正当竞争为由请求同一侵权人承担民事责任的，人民法院不予支持。

第二十五条　依据反不正当竞争法第六条的规定，当事人主张判令被告停止使用或者变更其企业名称的诉讼请求依法应予支持的，人民法院应当判令停止使用该企业名称。

第二十六条　因不正当竞争行为提起的民事诉讼，由侵权行为地或者被告住所地人民法院管辖。

当事人主张仅以网络购买者可以任意选择的收货地作为侵权行为地的，人民法院不予支持。

第二十七条　被诉不正当竞争行为发生在中华人民共和国领域外，但侵权结果发生在中华人民共和国领域内，当事人主张由该侵权结果发生地人民法院管辖的，人民法院应予支持。

第二十八条　反不正当竞争法修改决定施行以后人民法院受理的不正当竞争民事案件，涉及该决定施行前发生的行为的，适用修改前的反不正当竞争法；涉及该决定施行前发生、持续到该决定施行以后的行为的，适用修改后的反不正当竞争法。

第二十九条　本解释自2022年3月20日起施行。《最高人民法院关于审理不正当竞争民事案件应用法律若干问题的解释》（法释〔2007〕2号）同时废止。

本解释施行以后尚未终审的案件，适用本解释；施行以前已经终审的案件，不适用本解释再审。

·指导案例·

最高人民法院指导案例47号
——意大利费列罗公司诉蒙特莎（张家港）食品有限公司、天津经济技术开发区正元行销有限公司不正当竞争纠纷案

（最高人民法院审判委员会讨论通过
2015年4月15日发布）

【关键词】

民事　不正当竞争　知名商品　特有包装、装潢

【裁判要点】

1.反不正当竞争法所称的知名商品，是指在中国境内具有一定的市场知名度，为相关公众所知悉的商品。在国际上已知名的商品，我国对其特有的名称、包装、装潢的保护，仍应以其在中国境内为相关公众所知悉为必要。故认定该知名商品，应当结合该商品在中国境内的销售时间、销售区域、销售额和销售对象，进行宣传的持续时间、程度和地域范围，作为知名商品受保护的情况等因素，并适当考虑该商品在国外已知名的情况，进行综合判断。

2. 反不正当竞争法所保护的知名商品特有的包装、装潢，是指能够区别商品来源的盛装或者保护商品的容器等包装，以及在商品或者其包装上附加的文字、图案、色彩及其排列组合所构成的装潢。

3. 对他人能够区别商品来源的知名商品特有的包装、装潢，进行足以引起市场混淆、误认的全面模仿，属于不正当竞争行为。

【相关法条】

《中华人民共和国反不正当竞争法》第五条第二项

【基本案情】

原告意大利费列罗公司（以下简称费列罗公司）诉称：被告蒙特莎（张家港）食品有限公司（以下简称蒙特莎公司）仿冒原告产品，擅自使用与原告知名商品特有的包装、装潢相同或近似的包装、装潢，使消费者产生混淆。被告蒙特莎公司的上述行为及被告天津经济技术开发区正元行销有限公司（以下简称正元公司）销售仿冒产品的行为已给原告造成重大经济损失。请求判令蒙特莎公司不得生产、销售，正元公司不得销售符合前述费列罗公司巧克力产品特有的任意一项或者几项组合的包装、装潢的产品或者任何与费列罗公司的上述包装、装潢相似的足以引起消费者误认的巧克力产品，并赔礼道歉、消除影响、承担诉讼费用，蒙特莎公司赔偿损失300万元。

被告蒙特莎公司辩称：原告涉案产品在中国境内市场并没有被相关公众所知悉，而蒙特莎公司生产的金莎巧克力产品在中国境内消费者中享有很高的知名度，属于知名商品。原告诉请中要求保护的包装、装潢是国内外同类巧克力产品的通用包装、装潢，不具有独创性和特异性。蒙特莎公司生产的金莎巧克力使用的包装、装潢是其和专业设计人员合作开发的，并非仿冒他人已有的包装、装潢。普通消费者只需施加一般的注意，就不会混淆原、被告各自生产的巧克力产品。原告认为自己产品的包装涵盖了商标、外观设计、著作权等多项知识产权，但未明确指出被控侵权产品的包装、装潢具体侵犯了其何种权利，其起诉要求保护的客体模糊不清。故原告起诉无事实和法律依据，请求驳回原告的诉讼请求。

法院经审理查明：费列罗公司于1946年在意大利成立，1982年其生产的费列罗巧克力投放市场，曾在亚洲多个国家和地区的电视、报刊、杂志发布广告。在我国台湾和香港地区，费列罗巧克力取名“金莎”巧克力，并分别于1990年6月和1993年在我国台湾和香港地区注册“金莎”商标。1984年2月，费列罗巧克力通过中国粮油食品进出口总公司采取寄售方式进入了国内市场，主要在免税店和机场商店等当时政策所允许的场所销售，并延续到1993年前。1986年10月，费列罗公司在中国注册了“FERRERO ROCHER”和图形（椭圆花边图案）以及其组合的系列商标，并在中国境内销售的巧克力商品上使用。费列罗巧克力使用的包装、装潢的主要特征是：1. 每一粒球状巧克力用金色纸质包装；2. 在金色球状包装上配以印有“FERRERO ROCHER”商标的椭圆形金边标签作为装潢；3. 每一粒金球状巧克力均有咖啡色纸质底托作为装潢；4. 若干形状的塑料透明包装，以呈现金球状内包装；5. 塑料透明包装上使用椭圆形金边图案作为装潢，椭圆形内配有产品图案和商标，并由商标处延伸出红金颜色的绶带状图案。费列罗巧克力产品的8粒装、16粒装、24粒装以及30粒装立体包装于1984年在世界知识产权组织申请为立体商标。费列罗公司自1993年开始，以广东、上海、北京地区为核心逐步加大费列罗巧克力在国内的报纸、期刊和室外广告的宣传力度，相继在一些大中城市设立专柜进行销售，并通过赞助一些商业和体育活动，提高其产品的知名度。2000年6月，其“FERRERO ROCHER”商标被国家工商行政管理部门列入全国重点商标保护名录。我国广东、河北等地工商行政管理部门曾多次查处仿冒费列罗巧克力包装、装潢的行为。

蒙特莎公司是1991年12月张家港市乳品一厂与比利时费塔代尔有限公司合资成立的生产、销售各种花色巧克力的中外合资企业。张家港市乳品一厂自1990年开始生产金莎巧克力，并于1990年4月23日申请注册“金莎”文字商标，1991年4月经国家工商行政管理局商标局核准注册。2002年，张家港市乳品一厂向蒙特莎公司转让“金莎”商标，于2002年11月25日提出申请，并于2004年4月21日经国家工商管理总局商标局核准转让。由此蒙特莎公司开始生产、销售金莎巧克力。蒙特莎公司生产、销售金莎巧克力产品，其除将“金莎”更换为“金莎 TRESOR DORE”组合商标外，仍延续使用张家港市乳品一厂金莎巧克力产品使用的包装、装潢。被控侵权的金莎 TRESOR DORE 巧克力包装、装潢为：每粒金莎 TRESOR DORE 巧克力呈球状并均由金色锡纸包装；在每粒金球状包装顶部均配以印有“金莎 TRESOR DORE”商标的椭圆形金边标签；每粒金球状巧克力均配有底面平滑无褶皱、侧面带波浪褶皱的呈碗状的咖啡色纸质底托；外包装为透明塑料纸或塑料盒；外包装正中处使用椭圆金边图案，内配产品图案及金莎 TRESOR DORE 商标，并由此延伸出红金色绶带。以上特征与费列罗公司起诉中请求保护的包装、装潢在整体印象和主要部分上相近似。正元公司为蒙特莎公司生产的金莎

TRESOR DORE 巧克力在天津市的经销商。2003 年 1 月，费列罗公司经天津市公证处公证，在天津市河东区正元公司处购买了被控侵权产品。

【裁判结果】

天津市第二中级人民法院于 2005 年 2 月 7 日作出(2003)二中民三初字第 63 号民事判决：判令驳回费列罗公司对蒙特莎公司、正元公司的诉讼请求。费列罗公司提起上诉，天津市高级人民法院于 2006 年 1 月 9 日作出(2005)津高民三终字第 36 号判决：1. 撤销一审判决；2. 蒙特莎公司立即停止使用金莎 TRESOR DORE 系列巧克力侵权包装、装潢；3. 蒙特莎公司赔偿费列罗公司人民币 700000 元，于本判决生效后十五日内给付；4. 责令正元公司立即停止销售使用侵权包装、装潢的金莎 TRESOR DORE 系列巧克力；5. 驳回费列罗公司其他诉讼请求。蒙特莎公司不服二审判决，向最高人民法院提出再审申请。最高人民法院于 2008 年 3 月 24 日作出(2006)民三提字第 3 号民事判决：1. 维持天津市高级人民法院(2005)津高民三终字第 36 号民事判决第一项、第五项；2. 变更天津市高级人民法院(2005)津高民三终字第 36 号民事判决第二项为：蒙特莎公司立即停止在本案金莎 TRESOR DORE 系列巧克力商品上使用与费列罗系列巧克力商品特有的包装、装潢相近似的包装、装潢的不正当竞争行为；3. 变更天津市高级人民法院(2005)津高民三终字第 36 号民事判决第三项为：蒙特莎公司自本判决送达后十五日内，赔偿费列罗公司人民币 500000 元；4. 变更天津市高级人民法院(2005)津高民三终字第 36 号民事判决第四项为：责令正元公司立即停止销售上述金莎 TREDOR DORE 系列巧克力商品。

【裁判理由】

最高人民法院认为：本案主要涉及费列罗巧克力是否为在先知名商品，费列罗巧克力使用的包装、装潢是否为特有的包装、装潢，以及蒙特莎公司生产的金莎 TRESOR DORE 巧克力使用包装、装潢是否构成不正当竞争行为等争议焦点问题。

一、关于费列罗巧克力是否为在先知名商品

根据中国粮油食品进出口总公司与费列罗公司签订的寄售合同、寄售合同确认书等证据，二审法院认定费列罗巧克力自 1984 年开始在中国境内销售无误。反不正当竞争法所指的知名商品，是在中国境内具有一定的市场知名度，为相关公众所知悉的商品。在国际已知名的商品，我国法律对其特有名称、包装、装潢的保护，仍应以在中国境内为相关公众所知悉为必要。其所主张的商品或者服务具有知名度，通常系由在中国境内生产、销售或者从事其他经营活动而产生。认定知名商品，应当考虑该商品的销售时间、销售区域、销售额和销售对象，进行宣传的持续时间、程度和地域范围，作为知名商品受保护的情况等因素，进行综合判断；也不排除适当考虑国外已知名的因素。本案二审判决中关于“对商品知名状况的评价应根据其在国内外特定市场的知名度综合判定，不能理解为仅指在中国境内知名的商品”的表述欠当，但根据费列罗巧克力进入中国市场的时间、销售情况以及费列罗公司进行的多种宣传活动，认定其属于在中国境内的相关市场中具有较高知名度的知名商品正确。蒙特莎公司关于费列罗巧克力在中国境内市场知名的时间晚于金莎 TRESOR DORE 巧克力的主张不能成立。此外，费列罗公司费列罗巧克力的包装、装潢使用在先，蒙特莎公司主张其使用的涉案包装、装潢为自主开发设计缺乏充分证据支持，二审判决认定蒙特莎公司擅自使用费列罗巧克力特有包装、装潢正确。

二、关于费列罗巧克力使用的包装、装潢是否具有特有性

盛装或者保护商品的容器等包装，以及在商品或者其包装上附加的文字、图案、色彩及其排列组合所构成的装潢，在其能够区别商品来源时，即属于反不正当竞争法保护的特有包装、装潢。费列罗公司请求保护的费列罗巧克力使用的包装、装潢系由一系列要素构成。如果仅仅以锡箔纸包裹球状巧克力，采用透明塑料外包装，呈现巧克力内包装等方式进行简单的组合，所形成的包装、装潢因无区别商品来源的显著特征而不具有特有性；而且这种组合中的各个要素也属于食品包装行业中通用的包装、装潢元素，不能被独占使用。但是，锡纸、纸托、塑料盒等包装材质与形状、颜色的排列组合有很大的选择空间；将商标标签附加在包装上，该标签的尺寸、图案、构图方法等亦有很大的设计自由度。在可以自由设计的范围内，将包装、装潢各要素独特排列组合，使其具有区别商品来源的显著特征，可以构成商品特有的包装、装潢。费列罗巧克力所使用的包装、装潢因其构成要素在文字、图形、色彩、形状、大小等方面的排列组合具有独特性，形成了显著的整体形象，且与商品的功能性无关，经过长时间使用和大量宣传，已足以使相关公众将上述包装、装潢的整体形象与费列罗公司的费列罗巧克力商品联系起来，具有识别其商品来源的作用，应当属于反不正当竞争法第五条第二项所保护的特有的包装、装潢。蒙特莎公司关于判定涉案包装、装潢为特有，会使巧克力行业的通用包装、装潢被费列罗公司排他性独占使用，垄断国内球形巧克力市场等理由，不能成立。

三、关于相关公众是否容易对费列罗巧克力与金莎TRESOR DORE巧克力引起混淆、误认

对商品包装、装潢的设计，不同经营者之间可以相互学习、借鉴，并在此基础上进行创新设计，形成有明显区别各自商品的包装、装潢。这种做法是市场经营和竞争的必然要求。就本案而言，蒙特莎公司可以充分利用巧克力包装、装潢设计中的通用要素，自由设计与他人在先使用的特有包装、装潢具有明显区别的包装、装潢。但是，对他人具有识别商品来源意义的特有包装、装潢，则不能作足以引起市场混淆、误认的全面模仿，否则就会构成不正当的市场竞争。我国反不正当竞争法中规定的混淆、误认，是指足以使相关公众对商品的来源产生误认，包括误认为与知名商品的经营者具有许可使用、关联企业关系等特定联系。本案中，由于费列罗巧克力使用的包装、装潢的整体形象具有区别商品来源的显著特征，蒙特莎公司在其巧克力商品上使用的包装、装潢与费列罗巧克力特有包装、装潢，又达到在视觉上非常近似的程度。即使双方商品存在价格、质量、口味、消费层次等方面的差异和厂商名称、商标不同等因素，也未免使相关公众易于误认金莎TRESOR DORE巧克力与费列罗巧克力存在某种经济上的联系。据此，再审申请人关于本案相似包装、装潢不会构成消费者混淆、误认的理由不能成立。

综上，蒙特莎公司在其生产的金莎TRESOR DORE巧克力商品上，擅自使用与费列罗公司的费列罗巧克力特有的包装、装潢相近似的包装、装潢，足以引起相关公众对商品来源的混淆、误认，构成不正当竞争。

最高人民法院指导案例161号
——广州王老吉大健康产业有限公司诉加多宝（中国）饮料有限公司虚假宣传纠纷案

（最高人民法院审判委员会讨论通过
2021年7月23日发布）

【关键词】

民事　反不正当竞争　虚假宣传　广告语　引人误解　不正当占用商誉

【裁判要点】

人民法院认定广告是否构成反不正当竞争法规定的虚假宣传行为，应结合相关广告语的内容是否有歧义，是否易使相关公众产生误解以及行为人是否有虚假宣传的过错等因素判断。一方当事人基于双方曾经的商标使用许可合同关系以及自身为提升相关商标商誉所做出的贡献等因素，发布涉案广告语，告知消费者基本事实，符合客观情况，不存在易使相关公众误解的可能，也不存在不正当地占用相关商标的知名度和良好商誉的过错，不构成反不正当竞争法规定的虚假宣传行为。

【相关法条】

《中华人民共和国反不正当竞争法》（2019年修正）第8条第1款（本案适用的是1993年施行的《中华人民共和国反不正当竞争法》第9条第1款）

【基本案情】

广州医药集团有限公司（以下简称广药集团）是第626155号、3980709号、9095940号“王老吉”系列注册商标的商标权人。上述商标核定使用的商品种类均为第32类：包括无酒精饮料、果汁、植物饮料等。1995年3月28日、9月14日，鸿道集团有限公司（以下简称鸿道集团）与广州羊城药业股份有限公司王老吉食品饮料分公司分别签订《商标使用许可合同》和《商标使用许可合同补充协议》，取得独家使用第626155号商标生产销售带有“王老吉”三个字的红色纸包装和罐装清凉茶饮料的使用权。1997年6月14日，陈鸿道被国家专利局授予《外观设计专利证书》，获得外观设计名称为“罐帖”的“王老吉”外观设计专利。2000年5月2日，广药集团（许可人）与鸿道集团（被许可人）签订《商标许可协议》，约定许可人授权被许可人使用第626155号“王老吉”注册商标生产销售红色罐装及红色瓶装王老吉凉茶。被许可人未经许可人书面同意，不得将该商标再许可其他第三者使用，但属被许可人投资（包括全资或合资）的企业使用该商标时，不在此限，但需知会许可人；许可人除自身及其下属企业已生产销售的绿色纸包装“王老吉”清凉茶外，许可人不得在第32类商品（饮料类）上使用“王老吉”商标或授权第三者使用“王老吉”商标，双方约定许可的性质为独占许可，许可期限自2000年5月2日至2010年5月2日止。1998年9月，鸿道集团投资成立东莞加多宝食品饮料有限公司，后更名为广东加多宝饮料食品有限公司。加多宝（中国）饮料有限公司（以下简称加多宝中国公司）成立于2004年3月，属于加多宝集团关联企业。

此后，通过鸿道集团及其关联公司长期多渠道的营销、公益活动和广告宣传，培育红罐“王老吉”凉茶品牌，并获得众多荣誉，如罐装“王老吉”凉茶饮料在2003年被广东省佛山市中级人民法院认定为知名商品，“王老吉”罐装凉茶的装潢被认定为知名商品包装装潢；罐装“王老吉”凉茶多次被有关行业协会等评为“最具影响力品牌”；根据中国行业企业信息发布中心的证明，罐装

"王老吉"凉茶在2007—2012年度均获得市场销量或销售额的第一名等等。加多宝中国公司成立后开始使用前述"王老吉"商标生产红色罐装凉茶(罐身对称两面从上至下印有"王老吉"商标)。

2012年5月9日,中国国际经济贸易仲裁委员会对广药集团与鸿道集团之间的商标许可合同纠纷作出终局裁决:(一)《"王老吉"商标许可补充协议》和《关于"王老吉"商标使用许可合同的补充协议》无效;(二)鸿道集团停止使用"王老吉"商标。

2012年5月25日,广药集团与广州王老吉大健康产业有限公司(以下简称大健康公司)签订《商标使用许可合同》,许可大健康公司使用第3980709号"王老吉"商标。大健康公司在2012年6月份左右,开始生产"王老吉"红色罐装凉茶。

2013年3月,大健康公司在重庆市几处超市分别购买到外包装印有"全国销量领先的红罐凉茶改名加多宝"字样广告语的"加多宝"红罐凉茶产品及标有"全国销量领先的红罐凉茶改名加多宝"字样广告语的手提袋。根据重庆市公证处(2013)渝证字第17516号公证书载明,在"www.womai.com"中粮我买网网站上,有"加多宝"红罐凉茶产品销售,在销售页面上,有"全国销量领先的红罐凉茶改名加多宝"字样的广告宣传。根据(2013)渝证字第20363号公证书载明,在央视网广告频道VIP品牌俱乐部中,亦印有"全国销量领先的红罐凉茶改名加多宝"字样的"加多宝"红罐凉茶产品的广告宣传。2012年5月16日,人民网食品频道以"红罐王老吉改名'加多宝'配方工艺均不变"为题做了报道。2012年5月18日,搜狐新闻以"红罐王老吉改名加多宝"为题做了报道。2012年5月23日,中国食品报电子版以"加多宝就是以前的王老吉"为题做了报道;同日,网易新闻也以"红罐'王老吉'正式更名'加多宝'"为题做了报道,并标注信息来源于《北京晚报》。2012年6月1日,《中国青年报》以"加多宝凉茶全国上市红罐王老吉正式改名"为题做了报道。

大健康公司认为,上述广告内容与客观事实不符,使消费者形成错误认识,请求确认加多宝中国公司发布的包含涉案广告词的广告构成反不正当竞争法规定的不正当竞争,系虚假宣传,并判令立即停止发布包含涉案广告语或与之相似的广告词的电视、网络、报纸和杂志等媒体广告等。

【裁判结果】

重庆市第五中级人民法院于2014年6月26日作出(2013)渝五中法民初字第00345号民事判决:一、确认被告加多宝中国公司发布的包含"全国销量领先的红罐凉茶改名加多宝"广告词的宣传行为构成不正当竞争的虚假宣传行为;二、被告加多宝中国公司立即停止使用并销毁、删除和撤换包含"全国销量领先的红罐凉茶改名加多宝"广告词的产品包装和电视、网络、视频及平面媒体广告;三、被告加多宝中国公司在本判决生效后十日内在《重庆日报》上公开发表声明以消除影响(声明内容须经本院审核);四、被告加多宝中国公司在本判决生效后十日内赔偿原告大健康公司经济损失及合理开支40万元;五、驳回原告大健康公司的其他诉讼请求。宣判后,加多宝中国公司和大健康公司提出上诉。重庆市高级人民法院于2015年12月15日作出(2014)渝高法民终字第00318号民事判决,驳回上诉,维持原判。加多宝中国公司不服,向最高人民法院申请再审。最高人民法院于2019年5月28日作出(2017)最高法民再151号民事判决:一、撤销重庆市高级人民法院(2014)渝高法民终字第00318号民事判决;二、撤销重庆市第五中级人民法院(2013)渝五中法民初字第00345号民事判决;三、驳回大健康公司的诉讼请求。

【裁判理由】

最高人民法院认为,加多宝中国公司使用"全国销量领先的红罐凉茶改名加多宝"广告语的行为是否构成虚假宣传,需要结合具体案情,根据日常生活经验,以相关公众的一般注意力,判断涉案广告语是否片面、是否有歧义,是否易使相关公众产生误解。

首先,从涉案广告语的含义看,加多宝中国公司对涉案广告语"全国销量领先的红罐凉茶改名加多宝"的描述和宣传是真实和符合客观事实的。根据查明的事实,鸿道集团自1995年取得"王老吉"商标的许可使用权后独家生产销售"王老吉"红罐凉茶,直到2012年5月9日中国国际经济贸易仲裁委员会对广药集团与鸿道集团之间的商标许可合同作出仲裁裁决,鸿道集团停止使用"王老吉"商标,在长达十七年的时间内加多宝中国公司及其关联公司作为"王老吉"商标的被许可使用人,通过多年的广告宣传和使用,已经使"王老吉"红罐凉茶在凉茶市场具有很高知名度和美誉度。根据中国行业企业信息发布中心的证明,罐装"王老吉"凉茶在2007—2012年度,均获得市场销量或销售额的第一名。而在"王老吉"商标许可使用期间,广药集团并不生产和销售"王老吉"红罐凉茶。因此,涉案广告语前半部分"全国销量领先的红罐凉茶"的描述与统计结论相吻合,不存在虚假情形,且其指向性也非常明确,指向的是加多宝中国公司及其关联公司生产和销售的"王老吉"红罐凉茶。2012年

5月9日,“王老吉”商标许可协议被中国国际经济贸易仲裁委员会裁决无效,加多宝中国公司及其关联公司开始生产“加多宝”红罐凉茶,因此在涉案广告语后半部分宣称“改名加多宝”也是客观事实的描述。

其次,从反不正当竞争法规制虚假宣传的目的看,反不正当竞争法是通过制止对商品或者服务的虚假宣传行为,维护公平的市场竞争秩序。一方面,从不正当竞争行为人的角度分析,侵权人通过对产品或服务的虚假宣传,如对产地、性能、用途、生产期限、生产者等不真实或片面的宣传,获取市场竞争优势和市场机会,损害权利人的利益;另一方面,从消费者角度分析,正是由于侵权人对商品或服务的虚假宣传,使消费者发生误认误购,损害权利人的利益。因此,反不正当竞争法上的虚假宣传立足点在于引人误解的虚假宣传,如果对商品或服务的宣传并不会使相关公众产生误解,则不是反不正当竞争法上规制的虚假宣传行为。本案中,在商标使用许可期间,加多宝中国公司及其关联公司通过多年持续、大规模的宣传使用行为,不仅显著提升了王老吉红罐凉茶的知名度,而且向消费者传递王老吉红罐凉茶的实际经营主体为加多宝中国公司及其关联公司。由于加多宝中国公司及其关联公司在商标许可使用期间生产“王老吉”红罐凉茶已经具有很高知名度,相关公众普遍认知的是加多宝中国公司生产的“王老吉”红罐凉茶,而不是大健康公司于2012年6月份左右生产和销售的“王老吉”红罐凉茶。在加多宝中国公司及其关联公司不再生产“王老吉”红罐凉茶后,加多宝中国公司使用涉案广告语实际上是向相关公众行使告知义务,告知相关公众以前的“王老吉”红罐凉茶现在商标已经为加多宝,否则相关公众反而会误认为大健康公司生产的“王老吉”红罐凉茶为原来加多宝中国公司生产的“王老吉”红罐凉茶。因此,加多宝中国公司使用涉案广告语不存在易使相关公众误认误购的可能性,反而没有涉案广告语的使用,相关公众会发生误认误购的可能性。

再次,涉案广告语“全国销量领先的红罐凉茶改名加多宝”是否不正当地完全占用了“王老吉”红罐凉茶的知名度和良好商誉,使“王老吉”红罐凉茶无形中失去了原来拥有的知名度和商誉,并使相关公众误认为“王老吉”商标已经停止使用或不再使用。其一,虽然“王老吉”商标知名度和良好声誉是广药集团作为商标所有人和加多宝中国公司及其关联公司共同宣传使用的结果,但是“王老吉”商标知名度的提升和巨大商誉却主要源于加多宝中国公司及其关联公司在商标许可使用期间大量的宣传使用。加多宝中国公司使用涉案广告语即便占用了“王老吉”商标的一部分商誉,但由于“王老吉”商标商誉主要源于加多宝中国公司及其关联公司的贡献,因此这种占用具有一定合理性。其二,广药集团收回“王老吉”商标后,开始授权许可大健康公司生产“王老吉”红罐凉茶,这种使用行为本身即已获得了王老吉商标商誉和美誉度。其三,2012年6月大健康公司开始生产“王老吉”红罐凉茶,因此消费者看到涉案广告语客观上并不会误认为“王老吉”商标已经停止使用或不再使用,凝结在“王老吉”红罐凉茶上的商誉在大健康公司生产“王老吉”红罐凉茶后,自然为大健康公司所享有。其四,大健康公司是在商标许可合同仲裁裁决无效后才开始生产“王老吉”红罐凉茶,此前其并不生产红罐凉茶,因此涉案广告语并不能使其生产的“王老吉”红罐凉茶无形中失去了原来拥有的知名度和商誉。

本案中,涉案广告语虽然没有完整反映商标许可使用期间以及商标许可合同终止后,加多宝中国公司为何使用、终止使用并变更商标的相关事实,确有不妥,但是加多宝中国公司在商标许可合同终止后,为保有在商标许可期间其对“王老吉”红罐凉茶商誉提升所做出的贡献而享有的权益,将“王老吉”红罐凉茶改名“加多宝”的基本事实向消费者告知,其主观上并无明显不当;在客观上,基于广告语的简短扼要特点,以及“王老吉”商标许可使用情况、加多宝中国公司及其关联公司对提升“王老吉”商标商誉所做出的巨大贡献,消费者对王老吉红罐凉茶实际经营主体的认知,结合消费者的一般注意力、发生误解的事实和被宣传对象的实际情况,加多宝中国公司使用涉案广告语并不产生引人误解的效果,并未损坏公平竞争的市场秩序和消费者的合法权益,不构成虚假宣传行为。即便部分消费者在看到涉案广告语后有可能会产生“王老吉”商标改为“加多宝”商标,原来的“王老吉”商标已经停止使用或不再使用的认知,也属于商标许可使用关系中商标控制人与实际使用人相分离后,尤其是商标许可关系终止后,相关市场可能产生混淆的后果,但该混淆的后果并不必然产生反不正当竞争法上的“引人误解”的效果。

5. 规范直销、打击传销

禁止传销条例

1. 2005年8月23日国务院令第444号公布
2. 自2005年11月1日起施行

第一章　总　　则

第一条　为了防止欺诈，保护公民、法人和其他组织的合法权益，维护社会主义市场经济秩序，保持社会稳定，制定本条例。

第二条　本条例所称传销，是指组织者或者经营者发展人员，通过对被发展人员以其直接或者间接发展的人员数量或者销售业绩为依据计算和给付报酬，或者要求被发展人员以交纳一定费用为条件取得加入资格等方式牟取非法利益，扰乱经济秩序，影响社会稳定的行为。

第三条　县级以上地方人民政府应当加强对查处传销工作的领导，支持、督促各有关部门依法履行监督管理职责。

县级以上地方人民政府应当根据需要，建立查处传销工作的协调机制，对查处传销工作中的重大问题及时予以协调、解决。

第四条　工商行政管理部门、公安机关应当依照本条例的规定，在各自的职责范围内查处传销行为。

第五条　工商行政管理部门、公安机关依法查处传销行为，应当坚持教育与处罚相结合的原则，教育公民、法人或者其他组织自觉守法。

第六条　任何单位和个人有权向工商行政管理部门、公安机关举报传销行为。工商行政管理部门、公安机关接到举报后，应当立即调查核实，依法查处，并为举报人保密；经调查属实的，依照国家有关规定对举报人给予奖励。

第二章　传销行为的种类与查处机关

第七条　下列行为，属于传销行为：

（一）组织者或者经营者通过发展人员，要求被发展人员发展其他人员加入，对发展的人员以其直接或者间接滚动发展的人员数量为依据计算和给付报酬（包括物质奖励和其他经济利益，下同），牟取非法利益的；

（二）组织者或者经营者通过发展人员，要求被发展人员交纳费用或者以认购商品等方式变相交纳费用，取得加入或者发展其他人员加入的资格，牟取非法利益的；

（三）组织者或者经营者通过发展人员，要求被发展人员发展其他人员加入，形成上下线关系，并以下线的销售业绩为依据计算和给付上线报酬，牟取非法利益的。

第八条　工商行政管理部门依照本条例的规定，负责查处本条例第七条规定的传销行为。

第九条　利用互联网等媒体发布含有本条例第七条规定的传销信息的，由工商行政管理部门会同电信等有关部门依照本条例的规定查处。

第十条　在传销中以介绍工作、从事经营活动等名义欺骗他人离开居所地非法聚集并限制其人身自由的，由公安机关会同工商行政管理部门依法查处。

第十一条　商务、教育、民政、财政、劳动保障、电信、税务等有关部门和单位，应当依照各自职责和有关法律、行政法规的规定配合工商行政管理部门、公安机关查处传销行为。

第十二条　农村村民委员会、城市居民委员会等基层组织，应当在当地人民政府指导下，协助有关部门查处传销行为。

第十三条　工商行政管理部门查处传销行为，对涉嫌犯罪的，应当依法移送公安机关立案侦查；公安机关立案侦查传销案件，对经侦查不构成犯罪的，应当依法移交工商行政管理部门查处。

第三章　查处措施和程序

第十四条　县级以上工商行政管理部门对涉嫌传销行为进行查处时，可以采取下列措施：

（一）责令停止相关活动；

（二）向涉嫌传销的组织者、经营者和个人调查、了解有关情况；

（三）进入涉嫌传销的经营场所和培训、集会等活动场所，实施现场检查；

（四）查阅、复制、查封、扣押涉嫌传销的有关合同、票据、账簿等资料；

（五）查封、扣押涉嫌专门用于传销的产品（商品）、工具、设备、原材料等财物；

（六）查封涉嫌传销的经营场所；

（七）查询涉嫌传销的组织者或者经营者的账户及与存款有关的会计凭证、账簿、对账单等；

（八）对有证据证明转移或者隐匿违法资金的，可以申请司法机关予以冻结。

工商行政管理部门采取前款规定的措施,应当向县级以上工商行政管理部门主要负责人书面或者口头报告并经批准。遇有紧急情况需要当场采取前款规定措施的,应当在事后立即报告并补办相关手续;其中,实施前款规定的查封、扣押,以及第(七)项、第(八)项规定的措施,应当事先经县级以上工商行政管理部门主要负责人书面批准。

第十五条 工商行政管理部门对涉嫌传销行为进行查处时,执法人员不得少于2人。

执法人员与当事人有直接利害关系的,应当回避。

第十六条 工商行政管理部门的执法人员对涉嫌传销行为进行查处时,应当向当事人或者有关人员出示证件。

第十七条 工商行政管理部门实施查封、扣押,应当向当事人当场交付查封、扣押决定书和查封、扣押财物及资料清单。

在交通不便地区或者不及时实施查封、扣押可能影响案件查处的,可以先行实施查封、扣押,并应当在24小时内补办查封、扣押决定书,送达当事人。

第十八条 工商行政管理部门实施查封、扣押的期限不得超过30日;案件情况复杂的,经县级以上工商行政管理部门主要负责人批准,可以延长15日。

对被查封、扣押的财物,工商行政管理部门应当妥善保管,不得使用或者损毁;造成损失的,应当承担赔偿责任。但是,因不可抗力造成的损失除外。

第十九条 工商行政管理部门实施查封、扣押,应当及时查清事实,在查封、扣押期间作出处理决定。

对于经调查核实属于传销行为的,应当依法没收被查封、扣押的非法财物;对于经调查核实没有传销行为或者不再需要查封、扣押的,应当在作出处理决定后立即解除查封,退还被扣押的财物。

工商行政管理部门逾期未作出处理决定的,被查封的物品视为解除查封,被扣押的财物应当予以退还。拒不退还的,当事人可以向人民法院提起行政诉讼。

第二十条 工商行政管理部门及其工作人员违反本条例的规定使用或者损毁被查封、扣押的财物,造成当事人经济损失的,应当承担赔偿责任。

第二十一条 工商行政管理部门对涉嫌传销行为进行查处时,当事人有权陈述和申辩。

第二十二条 工商行政管理部门对涉嫌传销行为进行查处时,应当制作现场笔录。

现场笔录和查封、扣押清单由当事人、见证人和执法人员签名或者盖章,当事人不在现场或者当事人、见证人拒绝签名或者盖章的,执法人员应当在现场笔录中予以注明。

第二十三条 对于经查证属于传销行为的,工商行政管理部门、公安机关可以向社会公开发布警示、提示。

向社会公开发布警示、提示应当经县级以上工商行政管理部门主要负责人或者公安机关主要负责人批准。

第四章 法律责任

第二十四条 有本条例第七条规定的行为,组织策划传销的,由工商行政管理部门没收非法财物,没收违法所得,处50万元以上200万元以下的罚款;构成犯罪的,依法追究刑事责任。

有本条例第七条规定的行为,介绍、诱骗、胁迫他人参加传销的,由工商行政管理部门责令停止违法行为,没收非法财物,没收违法所得,处10万元以上50万元以下的罚款;构成犯罪的,依法追究刑事责任。

有本条例第七条规定的行为,参加传销的,由工商行政管理部门责令停止违法行为,可以处2000元以下的罚款。

第二十五条 工商行政管理部门依照本条例第二十四条的规定进行处罚时,可以依照有关法律、行政法规的规定,责令停业整顿或者吊销营业执照。

第二十六条 为本条例第七条规定的传销行为提供经营场所、培训场所、货源、保管、仓储等条件的,由工商行政管理部门责令停止违法行为,没收违法所得,处5万元以上50万元以下的罚款。

为本条例第七条规定的传销行为提供互联网信息服务的,由工商行政管理部门责令停止违法行为,并通知有关部门依照《互联网信息服务管理办法》予以处罚。

第二十七条 当事人擅自动用、调换、转移、损毁被查封、扣押财物的,由工商行政管理部门责令停止违法行为,处被动用、调换、转移、损毁财物价值5%以上20%以下的罚款;拒不改正的,处被动用、调换、转移、损毁财物价值1倍以上3倍以下的罚款。

第二十八条 有本条例第十条规定的行为或者拒绝、阻碍工商行政管理部门的执法人员依法查处传销行为,构成违反治安管理行为的,由公安机关依照治安管理的法律、行政法规规定处罚;构成犯罪的,依法追究刑事责任。

第二十九条 工商行政管理部门、公安机关及其工作人员滥用职权、玩忽职守、徇私舞弊,未依照本条例规定的职责和程序查处传销行为,或者发现传销行为不予查处,或者支持、包庇、纵容传销行为,构成犯罪的,对直接负责的主管人员和其他直接责任人员，依法追究刑事责任；尚不构成犯罪的，依法给予行政处分。

第五章　附　　则

第三十条　本条例自2005年11月1日起施行。

直销管理条例

1. 2005年8月23日国务院令第443号公布
2. 根据2017年3月1日国务院令第676号《关于修改和废止部分行政法规的决定》修订

第一章　总　　则

第一条　为规范直销行为，加强对直销活动的监管，防止欺诈，保护消费者的合法权益和社会公共利益，制定本条例。

第二条　在中华人民共和国境内从事直销活动，应当遵守本条例。

直销产品的范围由国务院商务主管部门会同国务院工商行政管理部门根据直销业的发展状况和消费者的需求确定、公布。

第三条　本条例所称直销，是指直销企业招募直销员，由直销员在固定营业场所之外直接向最终消费者（以下简称消费者）推销产品的经销方式。

本条例所称直销企业，是指依照本条例规定经批准采取直销方式销售产品的企业。

本条例所称直销员，是指在固定营业场所之外将产品直接推销给消费者的人员。

第四条　在中华人民共和国境内设立的企业（以下简称企业），可以依照本条例规定申请成为以直销方式销售本企业生产的产品以及其母公司、控股公司生产产品的直销企业。

直销企业可以依法取得贸易权和分销权。

第五条　直销企业及其直销员从事直销活动，不得有欺骗、误导等宣传和推销行为。

第六条　国务院商务主管部门和工商行政管理部门依照其职责分工和本条例规定，负责对直销企业和直销员及其直销活动实施监督管理。

第二章　直销企业及其分支机构的设立和变更

第七条　申请成为直销企业，应当具备下列条件：

（一）投资者具有良好的商业信誉，在提出申请前连续5年没有重大违法经营记录；外国投资者还应当有3年以上在中国境外从事直销活动的经验；

（二）实缴注册资本不低于人民币8000万元；

（三）依照本条例规定在指定银行足额缴纳了保证金；

（四）依照规定建立了信息报备和披露制度。

第八条　申请成为直销企业应当填写申请表，并提交下列申请文件、资料：

（一）符合本条例第七条规定条件的证明材料；

（二）企业章程，属于中外合资、合作企业的，还应当提供合资或者合作企业合同；

（三）市场计划报告书，包括依照本条例第十条规定拟定的经当地县级以上人民政府认可的从事直销活动地区的服务网点方案；

（四）符合国家标准的产品说明；

（五）拟与直销员签订的推销合同样本；

（六）会计师事务所出具的验资报告；

（七）企业与指定银行达成的同意依照本条例规定使用保证金的协议。

第九条　申请人应当通过所在地省、自治区、直辖市商务主管部门向国务院商务主管部门提出申请。省、自治区、直辖市商务主管部门应当自收到申请文件、资料之日起7日内，将申请文件、资料报送国务院商务主管部门。国务院商务主管部门应当自收到全部申请文件、资料之日起90日内，经征求国务院工商行政管理部门的意见，作出批准或者不予批准的决定。予以批准的，由国务院商务主管部门颁发直销经营许可证。

申请人持国务院商务主管部门颁发的直销经营许可证，依法向工商行政管理部门申请变更登记。

国务院商务主管部门审查颁发直销经营许可证，应当考虑国家安全、社会公共利益和直销业发展状况等因素。

第十条　直销企业从事直销活动，必须在拟从事直销活动的省、自治区、直辖市设立负责该行政区域内直销业务的分支机构（以下简称分支机构）。

直销企业在其从事直销活动的地区应当建立便于并满足消费者、直销员了解产品价格、退换货及企业依法提供其他服务的服务网点。服务网点的设立应当符合当地县级以上人民政府的要求。

直销企业申请设立分支机构，应当提供符合前款规定条件的证明文件和资料，并应当依照本条例第九条第一款规定的程序提出申请。获得批准后，依法向工商行政管理部门办理登记。

第十一条　直销企业有关本条例第八条第一项、第二项、第三项、第五项、第六项、第七项所列内容发生重大变更的，应当依照本条例第九条第一款规定的程序报国务院商务主管部门批准。

第十二条 国务院商务主管部门应当将直销企业及其分支机构的名单在政府网站上公布，并及时进行更新。

第三章 直销员的招募和培训

第十三条 直销企业及其分支机构可以招募直销员。直销企业及其分支机构以外的任何单位和个人不得招募直销员。

直销员的合法推销活动不以无照经营查处。

第十四条 直销企业及其分支机构不得发布宣传直销员销售报酬的广告，不得以缴纳费用或者购买商品作为成为直销员的条件。

第十五条 直销企业及其分支机构不得招募下列人员为直销员：

（一）未满18周岁的人员；

（二）无民事行为能力或者限制民事行为能力的人员；

（三）全日制在校学生；

（四）教师、医务人员、公务员和现役军人；

（五）直销企业的正式员工；

（六）境外人员；

（七）法律、行政法规规定不得从事兼职的人员。

第十六条 直销企业及其分支机构招募直销员应当与其签订推销合同，并保证直销员只在其一个分支机构所在的省、自治区、直辖市行政区域内已设立服务网点的地区开展直销活动。未与直销企业或者其分支机构签订推销合同的人员，不得以任何方式从事直销活动。

第十七条 直销员自签订推销合同之日起60日内可以随时解除推销合同；60日后，直销员解除推销合同应当提前15日通知直销企业。

第十八条 直销企业应当对拟招募的直销员进行业务培训和考试，考试合格后由直销企业颁发直销员证。未取得直销员证，任何人不得从事直销活动。

直销企业进行直销员业务培训和考试，不得收取任何费用。

直销企业以外的单位和个人，不得以任何名义组织直销员业务培训。

第十九条 对直销员进行业务培训的授课人员应当是直销企业的正式员工，并符合下列条件：

（一）在本企业工作1年以上；

（二）具有高等教育本科以上学历和相关的法律、市场营销专业知识；

（三）无因故意犯罪受刑事处罚的记录；

（四）无重大违法经营记录。

直销企业应当向符合前款规定的授课人员颁发直销培训员证，并将取得直销培训员证的人员名单报国务院商务主管部门备案。国务院商务主管部门应当将取得直销培训员证的人员名单，在政府网站上公布。

境外人员不得从事直销员业务培训。

第二十条 直销企业颁发的直销员证、直销培训员证应当依照国务院商务主管部门规定的式样印制。

第二十一条 直销企业应当对直销员业务培训的合法性、培训秩序和培训场所的安全负责。

直销企业及其直销培训员应当对直销员业务培训授课内容的合法性负责。

直销员业务培训的具体管理办法由国务院商务主管部门、国务院工商行政管理部门会同有关部门另行制定。

第四章 直 销 活 动

第二十二条 直销员向消费者推销产品，应当遵守下列规定：

（一）出示直销员证和推销合同；

（二）未经消费者同意，不得进入消费者住所强行推销产品，消费者要求其停止推销活动的，应当立即停止，并离开消费者住所；

（三）成交前，向消费者详细介绍本企业的退货制度；

（四）成交后，向消费者提供发票和由直销企业出具的含有退货制度、直销企业当地服务网点地址和电话号码等内容的售货凭证。

第二十三条 直销企业应当在直销产品上标明产品价格，该价格与服务网点展示的产品价格应当一致。直销员必须按照标明的价格向消费者推销产品。

第二十四条 直销企业至少应当按月支付直销员报酬。直销企业支付给直销员的报酬只能按照直销员本人直接向消费者销售产品的收入计算，报酬总额（包括佣金、奖金、各种形式的奖励以及其他经济利益等）不得超过直销员本人直接向消费者销售产品收入的30%。

第二十五条 直销企业应当建立并实行完善的换货和退货制度。

消费者自购买直销产品之日起30日内，产品未开封的，可以凭直销企业开具的发票或者售货凭证向直销企业及其分支机构、所在地的服务网点或者推销产品的直销员办理换货和退货；直销企业及其分支机构、所在地的服务网点和直销员应当自消费者提出换货或者退货要求之日起 7 日内，按照发票或者售货凭证标明的价款办理换货和退货。

直销员自购买直销产品之日起 30 日内，产品未开封的，可以凭直销企业开具的发票或者售货凭证向直销企业及其分支机构或者所在地的服务网点办理换货和退货；直销企业及其分支机构和所在地的服务网点应当自直销员提出换货或者退货要求之日起 7 日内，按照发票或者售货凭证标明的价款办理换货和退货。

不属于前两款规定情形，消费者、直销员要求换货和退货的，直销企业及其分支机构、所在地的服务网点和直销员应当依照有关法律法规的规定或者合同的约定，办理换货和退货。

第二十六条　直销企业与直销员、直销企业及其直销员与消费者因换货或者退货发生纠纷的，由前者承担举证责任。

第二十七条　直销企业对其直销员的直销行为承担连带责任，能够证明直销员的直销行为与本企业无关的除外。

第二十八条　直销企业应当依照国务院商务主管部门和国务院工商行政管理部门的规定，建立并实行完备的信息报备和披露制度。

直销企业信息报备和披露的内容、方式及相关要求，由国务院商务主管部门和国务院工商行政管理部门另行规定。

第五章　保　证　金

第二十九条　直销企业应当在国务院商务主管部门和国务院工商行政管理部门共同指定的银行开设专门账户，存入保证金。

保证金的数额在直销企业设立时为人民币 2000 万元；直销企业运营后，保证金应当按月进行调整，其数额应当保持在直销企业上一个月直销产品销售收入 15% 的水平，但最高不超过人民币 1 亿元，最低不少于人民币 2000 万元。保证金的利息属于直销企业。

第三十条　出现下列情形之一，国务院商务主管部门和国务院工商行政管理部门共同决定，可以使用保证金：

（一）无正当理由，直销企业不向直销员支付报酬，或者不向直销员、消费者支付退货款的；

（二）直销企业发生停业、合并、解散、转让、破产等情况，无力向直销员支付报酬或者无力向直销员和消费者支付退货款的；

（三）因直销产品问题给消费者造成损失，依法应当进行赔偿，直销企业无正当理由拒绝赔偿或者无力赔偿的。

第三十一条　保证金依照本条例第三十条规定使用后，直销企业应当在 1 个月内将保证金的数额补足到本条例第二十九条第二款规定的水平。

第三十二条　直销企业不得以保证金对外担保或者违反本条例规定用于清偿债务。

第三十三条　直销企业不再从事直销活动的，凭国务院商务主管部门和国务院工商行政管理部门出具的凭证，可以向银行取回保证金。

第三十四条　国务院商务主管部门和国务院工商行政管理部门共同负责保证金的日常监管工作。

保证金存缴、使用的具体管理办法由国务院商务主管部门、国务院工商行政管理部门会同有关部门另行制定。

第六章　监 督 管 理

第三十五条　工商行政管理部门负责对直销企业和直销员及其直销活动实施日常的监督管理。工商行政管理部门可以采取下列措施进行现场检查：

（一）进入相关企业进行检查；

（二）要求相关企业提供有关文件、资料和证明材料；

（三）询问当事人、利害关系人和其他有关人员，并要求其提供有关材料；

（四）查阅、复制、查封、扣押相关企业与直销活动有关的材料和非法财物；

（五）检查有关人员的直销培训员证、直销员证等证件。

工商行政管理部门依照前款规定进行现场检查时，检查人员不得少于 2 人，并应当出示合法证件；实施查封、扣押的，必须经县级以上工商行政管理部门主要负责人批准。

第三十六条　工商行政管理部门实施日常监督管理，发现有关企业有涉嫌违反本条例行为的，经县级以上工商行政管理部门主要负责人批准，可以责令其暂时停止有关的经营活动。

第三十七条　工商行政管理部门应当设立并公布举报电话，接受对违反本条例行为的举报和投诉，并及时进行调查处理。

工商行政管理部门应当为举报人保密；对举报有功人员，应当依照国家有关规定给予奖励。

第七章　法 律 责 任

第三十八条　对直销企业和直销员及其直销活动实施监督管理的有关部门及其工作人员，对不符合本条例规定条件的申请予以许可或者不依照本条例规定履行监督管理职责的，对直接负责的主管人员和其他直接责任人员，依法给予行政处分；构成犯罪的，依法追究刑事责任。对不符合本条例规定条件的申请予以的许可，由作出许可决定的有关部门撤销。

第三十九条　违反本条例第九条和第十条规定，未经批准从事直销活动的，由工商行政管理部门责令改正，没收直销产品和违法销售收入，处5万元以上30万元以下的罚款；情节严重的，处30万元以上50万元以下的罚款，并依法予以取缔；构成犯罪的，依法追究刑事责任。

第四十条　申请人通过欺骗、贿赂等手段取得本条例第九条和第十条设定的许可的，由工商行政管理部门没收直销产品和违法销售收入，处5万元以上30万元以下的罚款，由国务院商务主管部门撤销其相应的许可，申请人不得再提出申请；情节严重的，处30万元以上50万元以下的罚款，并依法予以取缔；构成犯罪的，依法追究刑事责任。

第四十一条　直销企业违反本条例第十一条规定的，由工商行政管理部门责令改正，处3万元以上30万元以下的罚款；对不再符合直销经营许可条件的，由国务院商务主管部门吊销其直销经营许可证。

第四十二条　直销企业违反规定，超出直销产品范围从事直销经营活动的，由工商行政管理部门责令改正，没收直销产品和违法销售收入，处5万元以上30万元以下的罚款；情节严重的，处30万元以上50万元以下的罚款，由工商行政管理部门吊销有违法经营行为的直销企业分支机构的营业执照直至由国务院商务主管部门吊销直销企业的直销经营许可证。

第四十三条　直销企业及其直销员违反本条例规定，有欺骗、误导等宣传和推销行为的，对直销企业，由工商行政管理部门处3万元以上10万元以下的罚款；情节严重的，处10万元以上30万元以下的罚款，由工商行政管理部门吊销有违法经营行为的直销企业分支机构的营业执照直至由国务院商务主管部门吊销直销企业的直销经营许可证。对直销员，由工商行政管理部门处5万元以下的罚款；情节严重的，责令直销企业撤销其直销员资格。

第四十四条　直销企业及其分支机构违反本条例规定招募直销员的，由工商行政管理部门责令改正，处3万元以上10万元以下的罚款；情节严重的，处10万元以上30万元以下的罚款，由工商行政管理部门吊销有违法经营行为的直销企业分支机构的营业执照直至由国务院商务主管部门吊销直销企业的直销经营许可证。

第四十五条　违反本条例规定，未取得直销员证从事直销活动的，由工商行政管理部门责令改正，没收直销产品和违法销售收入，可以处2万元以下的罚款；情节严重的，处2万元以上20万元以下的罚款。

第四十六条　直销企业进行直销员业务培训违反本条例规定的，由工商行政管理部门责令改正，没收违法所得，处3万元以上10万元以下的罚款；情节严重的，处10万元以上30万元以下的罚款，由工商行政管理部门吊销有违法经营行为的直销企业分支机构的营业执照直至由国务院商务主管部门吊销直销企业的直销经营许可证；对授课人员，由工商行政管理部门处5万元以下的罚款，是直销培训员的，责令直销企业撤销其直销培训员资格。

直销企业以外的单位和个人组织直销员业务培训的，由工商行政管理部门责令改正，没收违法所得，处2万元以上20万元以下的罚款。

第四十七条　直销员违反本条例第二十二条规定的，由工商行政管理部门没收违法销售收入，可以处5万元以下的罚款；情节严重的，责令直销企业撤销其直销员资格，并对直销企业处1万元以上10万元以下的罚款。

第四十八条　直销企业违反本条例第二十三条规定的，依照价格法的有关规定处理。

第四十九条　直销企业违反本条例第二十四条和第二十五条规定的，由工商行政管理部门责令改正，处5万元以上30万元以下的罚款；情节严重的，处30万元以上50万元以下的罚款，由工商行政管理部门吊销有违法经营行为的直销企业分支机构的营业执照直至由国务院商务主管部门吊销直销企业的直销经营许可证。

第五十条　直销企业未依照有关规定进行信息报备和披露的，由工商行政管理部门责令限期改正，处10万元以下的罚款；情节严重的，处10万元以上30万元以下的罚款；拒不改正的，由国务院商务主管部门吊销其直销经营许可证。

第五十一条　直销企业违反本条例第五章有关规定的，由工商行政管理部门责令限期改正，处10万元以下的罚款；拒不改正的，处10万元以上30万元以下的罚款，由国务院商务主管部门吊销其直销经营许可证。

第五十二条　违反本条例的违法行为同时违反《禁止传销条例》的，依照《禁止传销条例》有关规定予以处罚。

第八章　附　　则

第五十三条　直销企业拟成立直销企业协会等社团组织，应当经国务院商务主管部门批准，凭批准文件依法申请登记。

第五十四条　香港特别行政区、澳门特别行政区和台湾地区的投资者在境内投资建立直销企业，开展直销活动的，参照本条例有关外国投资者的规定办理。

第五十五条　本条例自2005年12月1日起施行。

国家工商行政管理总局关于加强直销监督管理工作的意见

1. 2007年11月28日

2. 工商直字〔2007〕263号

各省、自治区、直辖市及计划单列市工商行政管理局：

《直销管理条例》颁布实施以来，各级工商行政管理机关认真履行职责，直销监督管理工作稳步推进。随着直销市场的开放，在市场和监督管理工作中出现了一些新情况、新问题。按照“监管与发展统一、监管与服务统一、监管与维权统一、监管与执法统一”的要求，根据《直销管理条例》及有关法律、法规规定，现就加强直销监督管理工作提出如下意见：

一、依法对直销企业进行登记管理

1. 明确登记范围。工商行政管理机关应当依法对直销企业、直销企业的省级分支机构及直销企业设立的从事直销业务之外经营活动的其他分支机构进行登记管理。直销企业在其从事直销活动区域内设立的开展产品价格展示、介绍、退换货及仅为直销员销售需要而提供储货、发货等其他服务的服务网点，不从事经营活动的，不需要在工商行政管理机关注册登记。

2. 规范名称核准。直销企业从事直销业务的省级分公司名称按照“直销企业名称+所在省（自治区、直辖市）名称+分公司”核准。

3. 核定经营项目。直销企业经营范围中直销经营项目，应当载明直销区域和直销产品范围，文字表述方式为“在经批准的区域内（具体见《直销经营许可证》或政府直销行业管理网站）招募、培训直销员，直销本企业生产产品以及其母公司、控股公司生产产品（具体产品种类限于《直销经营许可证》或政府直销行业管理网站公布的产品目录）”。

4. 严格登记管辖。取得直销经营许可的企业，由该企业的原登记机关负责办理变更登记；直销企业设立的从事直销业务的省级分公司，由分公司所在地的省级工商行政管理机关负责登记。

5. 统一法律适用。工商行政管理机关对于直销企业、直销企业的省级分支机构及直销企业设立的从事直销业务之外经营活动的其他分支机构违反登记管理规定的，应当按照登记管理的有关规定处罚。

二、加强对直销企业直销员招募、培训和计酬的监督管理

6. 监督直销员招募活动。工商行政管理机关要监督并指导直销企业及其省级分支机构依法招募直销员，指导直销企业把好招募人员资格审核关，防止《直销管理条例》禁止的人员进入直销员队伍。严肃查处下列违法行为：

（1）直销企业及其省级分支机构违反规定招募直销员的；

（2）直销企业在招募活动中出现欺骗、误导等宣传行为的；

（3）以缴纳费用或者购买商品作为成为直销员的条件的。

7. 监督直销员业务培训活动。直销员业务培训活动的主体只能是直销企业，直销企业可以委托其省级分支机构协助组织直销员业务培训活动。工商行政管理机关要监督直销企业按照《直销管理条例》及《直销员业务培训管理办法》的规定组织直销员业务培训、考试和发证工作。监督检查直销企业的直销培训员是否持证上岗。严肃查处直销企业以外的单位和个人从事直销员业务培训活动。要加强对直销员业务培训内容、网上培训的监督管理，直销员业务培训内容要符合法律规定，指导直销企业网上培训依法进行，并保证参加网上培训、考试人员与所招募直销员的一致性。

8. 监督计酬行为。监督直销企业按照《直销管理条例》的规定，建立健全并实施计酬制度。工商行政管理机关要注意及时掌握企业有关报备信息，了解掌握直销员的销售情况和企业计酬情况，重点了解掌握直销企业及其分支机构发放给直销员的报酬总额是否超过该直销员直接销售额规定比例的情况。严肃查处团队计酬行为。

三、加强网上监督管理

9. 查阅企业报备信息。直销企业注册地及注册所在地省级工商行政管理机关可以查阅在本辖区注册的直销企业报备信息；直销活动地省级工商行政管理机关可以查阅在本辖区开展直销活动的直销企业报备的基本信息和在本辖区的直销活动信息。直销活动地区的省级以下工商行政管理机关在办理案件时需要查阅直销企业报备信息的，由省级工商行政管理机关制定具体办法。工商行政管理机关及其工作人员要切实保护企业的商业秘密，依职权获得的直销企业信息，仅用于直销监督管理工作，不得向其他无关人员或部门泄露。

10. 报备披露信息监督管理管辖。直销企业注册地省级工商行政管理机关负责指导直销企业注册地工商行政管理机关监督管理本辖区直销企业报备、披露信息,查处报备、披露信息中的违法行为。其他地方工商行政管理机关发现直销企业信息报备、披露中发布虚假信息及严重误导性陈述或者遗漏重大信息的,应当将线索和证据移送直销企业注册地工商行政管理机关。

四、建立健全直销监督管理工作机制

11. 建立日常监督管理机制。各级工商行政管理机关要认真按照《直销管理条例》和有关法律、法规、规章的规定,积极探索日常监督管理方式,建立健全日常监督管理机制。

12. 建立警示提示制度。各级工商行政管理机关发现直销企业出现问题苗头,要适时提醒;对出现问题的企业要及时指正,提出告诫,督促企业整改;对投诉举报的处理要定期公布;在对涉嫌违法直销及传销行为认真查处后,对典型案例要择机公布。

13. 建立信息沟通机制。建立直销监督管理信息报送制度。省级工商行政管理局要重点掌握本辖区查办案件的情况和监督管理工作中发现的重大问题,并及时向国家工商行政管理总局报告。要加强与有关部门沟通,定期交流直销企业准入和直销市场监督管理情况。要加强与工商行政管理机关内部其他职能部门的联系,及时掌握相关情况。

14. 建立直销企业信用分类监管制度。根据实施企业信用监督管理的要求,汇集直销企业市场准入、经营行为和市场退出等方面的信用指标,设定守信、警示、失信、严重失信 4 个等级标准,将直销企业的诚信记录和不良记录纳入信用监督管理系统,作为评价直销企业信用等级、实施分类管理的重要依据。促进直销企业的诚信经营、守法经营。

五、依法查处擅自从事直销等违法行为,严厉打击传销违法活动

15. 工商行政管理机关依法重点查处下列违法行为:

(1)未获得直销经营许可从事直销员招募活动的;

(2)未获得直销经营许可从事直销员培训活动的;

(3)未获得直销经营许可从事直销销售活动的;

(4)直销企业超出批准区域从事直销活动的;

(5)直销企业超出产品核准范围直销产品的;

(6)直销企业未完成服务网点备案从事直销活动的。

16. 工商行政管理机关在查处违法从事直销活动的同时,要严厉打击以"直销"、"连锁销售"、"特许经营"等名义从事传销的违法行为。

六、按照管辖权限开展监督管理工作

17. 国家工商行政管理总局负责研究拟定直销监督管理的规章制度及具体措施、办法;按照职责分工和法律规定负责对直销企业和直销员及其直销活动实施监督管理;组织查处违法直销大要案件;指导地方各级工商行政管理机关开展直销监督管理工作。

18. 省级工商行政管理机关负责指导协调本辖区工商行政管理机关开展直销监督管理工作,制定有关制度;组织开展对本辖区直销企业或者直销企业省级分支机构的行政指导;受理举报投诉,依职权查处本辖区内发生的违反《直销管理条例》的重大、复杂案件。根据需要,可以确定本辖区各级工商行政管理机关案件管辖的具体权限。

19. 市、县级工商行政管理机关负责对直销企业在本辖区直销活动的日常监督管理;受理有关直销活动的举报投诉;依职权查处本辖区内发生的违反《直销管理条例》的案件。其中,对直销企业涉嫌违反《直销管理条例》、《禁止传销条例》规定需要立案调查的,应当报省级工商行政管理机关备案。

20. 企业注册地工商行政管理机关除履行级别管辖规定职责外,还应当负责建立在本辖区注册的直销企业管理档案,并对其进行行政指导;督促直销企业真实、准确、及时、完整地进行信息报备和披露;负责直销企业在网站发布违法信息的案件查处工作。

七、切实加强执法队伍建设

21. 提高政治素质。要牢固树立正确的世界观、人生观、价值观,牢记党的宗旨,努力做到"四个统一",为人民掌好权、用好权。要加强社会主义思想道德教育和职业道德教育,增强政治意识和大局意识,培养良好的职业操守。

22. 提高业务素质。要加强对法律、经济和管理等知识的学习,加强对直销监督管理工作中新问题、新情况的研究。加强对办公自动化、信息网络技术、电子政务等知识的学习,研究掌握网上监督管理、信用分类管理、行政指导等业务本领。严格规范执法行为。

23. 加强作风建设。要大力开展党的优良传统教育,倡导良好风气,增强忧患意识、公仆意识,弘扬求真务实精神。要加强党风廉政建设,落实有关制度和各项纪律规定,不断增强宗旨意识和廉政意识,作到严格自律,廉洁从政,公平执法。

6. 网络市场监管

中华人民共和国电子商务法

1. 2018年8月31日第十三届全国人民代表大会常务委员会第五次会议通过
2. 2018年8月31日中华人民共和国主席令第7号公布
3. 自2019年1月1日起施行

目　　录

第一章　总　　则

第一条　【促进发展、规范秩序、保障权益】为了保障电子商务各方主体的合法权益,规范电子商务行为,维护市场秩序,促进电子商务持续健康发展,制定本法。

第二条　【电子商务的内涵、外延与适用范围】中华人民共和国境内的电子商务活动,适用本法。

本法所称电子商务,是指通过互联网等信息网络销售商品或者提供服务的经营活动。

法律、行政法规对销售商品或者提供服务有规定的,适用其规定。金融类产品和服务,利用信息网络提供新闻信息、音视频节目、出版以及文化产品等内容方面的服务,不适用本法。

第三条　【电子商务新业态、新技术、新模式】国家鼓励发展电子商务新业态,创新商业模式,促进电子商务技术研发和推广应用,推进电子商务诚信体系建设,营造有利于电子商务创新发展的市场环境,充分发挥电子商务在推动高质量发展、满足人民日益增长的美好生活需要、构建开放型经济方面的重要作用。

第四条　【线上线下一致与融合发展】国家平等对待线上线下商务活动,促进线上线下融合发展,各级人民政府和有关部门不得采取歧视性的政策措施,不得滥用行政权力排除、限制市场竞争。

第五条　【电子商务经营者义务和责任】电子商务经营者从事经营活动,应当遵循自愿、平等、公平、诚信的原则,遵守法律和商业道德,公平参与市场竞争,履行消费者权益保护、环境保护、知识产权保护、网络安全与个人信息保护等方面的义务,承担产品和服务质量责任,接受政府和社会的监督。

第六条　【电子商务发展促进与监督管理】国务院有关部门按照职责分工负责电子商务发展促进、监督管理等工作。县级以上地方各级人民政府可以根据本行政区域的实际情况,确定本行政区域内电子商务的部门职责划分。

第七条　【电子商务的协同管理与市场共治】国家建立符合电子商务特点的协同管理体系,推动形成有关部门、电子商务行业组织、电子商务经营者、消费者等共同参与的电子商务市场治理体系。

第八条　【行业自律与规范】电子商务行业组织按照本组织章程开展行业自律,建立健全行业规范,推动行业诚信建设,监督、引导本行业经营者公平参与市场竞争。

第二章　电子商务经营者

第一节　一般规定

第九条　【电子商务经营主体定义与划分】本法所称电子商务经营者,是指通过互联网等信息网络从事销售商品或者提供服务的经营活动的自然人、法人和非法人组织,包括电子商务平台经营者、平台内经营者以及通过自建网站、其他网络服务销售商品或者提供服务的电子商务经营者。

本法所称电子商务平台经营者,是指在电子商务中为交易双方或者多方提供网络经营场所、交易撮合、信息发布等服务,供交易双方或者多方独立开展交易活动的法人或者非法人组织。

本法所称平台内经营者,是指通过电子商务平台销售商品或者提供服务的电子商务经营者。

第十条　【电子商务经营者办理市场主体登记的不同情形】电子商务经营者应当依法办理市场主体登记。但是,个人销售自产农副产品、家庭手工业产品,个人利用自己的技能从事依法无须取得许可的便民劳务活动和零星小额交易活动,以及依照法律、行政法规不需要进行登记的除外。

第十一条　【依法履行纳税义务与办理纳税登记】电子商务经营者应当依法履行纳税义务,并依法享受税收优惠。

依照前条规定不需要办理市场主体登记的电子商务经营者在首次纳税义务发生后，应当依照税收征收管理法律、行政法规的规定申请办理税务登记，并如实申报纳税。

第十二条 【电子商务经营者依法取得行政许可】电子商务经营者从事经营活动，依法需要取得相关行政许可的，应当依法取得行政许可。

第十三条 【不得从事法律禁止的商品或者服务交易】电子商务经营者销售的商品或者提供的服务应当符合保障人身、财产安全的要求和环境保护要求，不得销售或者提供法律、行政法规禁止交易的商品或者服务。

第十四条 【电子发票与纸质发票具有同等法律效力】电子商务经营者销售商品或者提供服务应当依法出具纸质发票或者电子发票等购货凭证或者服务单据。电子发票与纸质发票具有同等法律效力。

第十五条 【电子商务经营者亮照经营义务】电子商务经营者应当在其首页显著位置，持续公示营业执照信息、与其经营业务有关的行政许可信息、属于依照本法第十条规定的不需要办理市场主体登记情形等信息，或者上述信息的链接标识。

前款规定的信息发生变更的，电子商务经营者应当及时更新公示信息。

第十六条 【电子商务经营者自行终止业务的信息公示义务】电子商务经营者自行终止从事电子商务的，应当提前三十日在首页显著位置持续公示有关信息。

第十七条 【全面、真实、准确、及时地披露商品、服务信息】电子商务经营者应当全面、真实、准确、及时地披露商品或者服务信息，保障消费者的知情权和选择权。电子商务经营者不得以虚构交易、编造用户评价等方式进行虚假或者引人误解的商业宣传，欺骗、误导消费者。

第十八条 【不得通过定向搜索侵害消费者的知情权和选择权】电子商务经营者根据消费者的兴趣爱好、消费习惯等特征向其提供商品或者服务的搜索结果的，应当同时向该消费者提供不针对其个人特征的选项，尊重和平等保护消费者合法权益。

电子商务经营者向消费者发送广告的，应当遵守《中华人民共和国广告法》的有关规定。

第十九条 【禁止搭售商品或者服务】电子商务经营者搭售商品或者服务，应当以显著方式提请消费者注意，不得将搭售商品或者服务作为默认同意的选项。

第二十条 【电子商务经营者交付商品和服务的在途风险和责任】电子商务经营者应当按照承诺或者与消费者约定的方式、时限向消费者交付商品或者服务，并承担商品运输中的风险和责任。但是，消费者另行选择快递物流服务提供者的除外。

第二十一条 【电子商务经营者收取和退还押金】电子商务经营者按照约定向消费者收取押金的，应当明示押金退还的方式、程序，不得对押金退还设置不合理条件。消费者申请退还押金，符合押金退还条件的，电子商务经营者应当及时退还。

第二十二条 【电子商务经营者不得滥用市场支配地位】电子商务经营者因其技术优势、用户数量、对相关行业的控制能力以及其他经营者对该电子商务经营者在交易上的依赖程度等因素而具有市场支配地位的，不得滥用市场支配地位，排除、限制竞争。

第二十三条 【电子商务经营者的个人信息保护义务】电子商务经营者收集、使用其用户的个人信息，应当遵守法律、行政法规有关个人信息保护的规定。

第二十四条 【用户信息的查询、更正、删除等】电子商务经营者应当明示用户信息查询、更正、删除以及用户注销的方式、程序，不得对用户信息查询、更正、删除以及用户注销设置不合理条件。

电子商务经营者收到用户信息查询或者更正、删除的申请的，应当在核实身份后及时提供查询或者更正、删除用户信息。用户注销的，电子商务经营者应当立即删除该用户的信息；依照法律、行政法规的规定或者双方约定保存的，依照其规定。

第二十五条 【电子商务数据信息提供义务与安全保护】有关主管部门依照法律、行政法规的规定要求电子商务经营者提供有关电子商务数据信息的，电子商务经营者应当提供。有关主管部门应当采取必要措施保护电子商务经营者提供的数据信息的安全，并对其中的个人信息、隐私和商业秘密严格保密，不得泄露、出售或者非法向他人提供。

第二十六条 【跨境电子商务的法律适用】电子商务经营者从事跨境电子商务，应当遵守进出口监督管理的法律、行政法规和国家有关规定。

第二节 电子商务平台经营者

第二十七条 【平台经营者对平台内经营者的身份和信息管理】电子商务平台经营者应当要求申请进入平台销售商品或者提供服务的经营者提交其身份、地址、联系方式、行政许可等真实信息，进行核验、登记，建立登记档案，并定期核验更新。

电子商务平台经营者为进入平台销售商品或者提供服务的非经营用户提供服务，应当遵守本节有关规定。

第二十八条 【平台内经营者的身份信息和纳税信息报送】电子商务平台经营者应当按照规定向市场监督管理部门报送平台内经营者的身份信息，提示未办理市场主体登记的经营者依法办理登记，并配合市场监督管理部门，针对电子商务的特点，为应当办理市场主体登记的经营者办理登记提供便利。

电子商务平台经营者应当依照税收征收管理法律、行政法规的规定，向税务部门报送平台内经营者的身份信息和与纳税有关的信息，并应当提示依照本法第十条规定不需要办理市场主体登记的电子商务经营者依照本法第十一条第二款的规定办理税务登记。

第二十九条 【平台经营者对商品或者服务信息的审查、处置和报告】电子商务平台经营者发现平台内的商品或者服务信息存在违反本法第十二条、第十三条规定情形的，应当依法采取必要的处置措施，并向有关主管部门报告。

第三十条 【网络安全与交易安全保障】电子商务平台经营者应当采取技术措施和其他必要措施保证其网络安全、稳定运行，防范网络违法犯罪活动，有效应对网络安全事件，保障电子商务交易安全。

电子商务平台经营者应当制定网络安全事件应急预案，发生网络安全事件时，应当立即启动应急预案，采取相应的补救措施，并向有关主管部门报告。

第三十一条 【商品和服务信息、交易信息记录和保存】电子商务平台经营者应当记录、保存平台上发布的商品和服务信息、交易信息，并确保信息的完整性、保密性、可用性。商品和服务信息、交易信息保存时间自交易完成之日起不少于三年；法律、行政法规另有规定的，依照其规定。

第三十二条 【平台经营者的服务协议和交易规则制定】电子商务平台经营者应当遵循公开、公平、公正的原则，制定平台服务协议和交易规则，明确进入和退出平台、商品和服务质量保障、消费者权益保护、个人信息保护等方面的权利和义务。

第三十三条 【平台经营者的服务协议和交易规则的公示】电子商务平台经营者应当在其首页显著位置持续公示平台服务协议和交易规则信息或者上述信息的链接标识，并保证经营者和消费者能够便利、完整地阅览和下载。

第三十四条 【平台经营者的服务协议和交易规则修改】电子商务平台经营者修改平台服务协议和交易规则，应当在其首页显著位置公开征求意见，采取合理措施确保有关各方能够及时充分表达意见。修改内容应当至少在实施前七日予以公示。

平台内经营者不接受修改内容，要求退出平台的，电子商务平台经营者不得阻止，并按照修改前的服务协议和交易规则承担相关责任。

第三十五条 【不得进行不合理限制、附加不合理条件、收取不合理费用】电子商务平台经营者不得利用服务协议、交易规则以及技术等手段，对平台内经营者在平台内的交易、交易价格以及与其他经营者的交易等进行不合理限制或者附加不合理条件，或者向平台内经营者收取不合理费用。

第三十六条 【违法违规行为处置信息公示义务】电子商务平台经营者依据平台服务协议和交易规则对平台内经营者违反法律、法规的行为实施警示、暂停或者终止服务等措施的，应当及时公示。

第三十七条 【自营业务的区分标记】电子商务平台经营者在其平台上开展自营业务的，应当以显著方式区分标记自营业务和平台内经营者开展的业务，不得误导消费者。

电子商务平台经营者对其标记为自营的业务依法承担商品销售者或者服务提供者的民事责任。

第三十八条 【平台经营者的连带责任与相应责任】电子商务平台经营者知道或者应当知道平台内经营者销售的商品或者提供的服务不符合保障人身、财产安全的要求，或者有其他侵害消费者合法权益行为，未采取必要措施的，依法与该平台内经营者承担连带责任。

对关系消费者生命健康的商品或者服务，电子商务平台经营者对平台内经营者的资质资格未尽到审核义务，或者对消费者未尽到安全保障义务，造成消费者损害的，依法承担相应的责任。

第三十九条 【信用评价制度与信用评价规则】电子商务平台经营者应当建立健全信用评价制度，公示信用评价规则，为消费者提供对平台内销售的商品或者提供的服务进行评价的途径。

电子商务平台经营者不得删除消费者对其平台内销售的商品或者提供的服务的评价。

第四十条 【竞价排名业务的广告标注义务】电子商务平台经营者应当根据商品或者服务的价格、销量、信用等以多种方式向消费者显示商品或者服务的搜索结果；对于竞价排名的商品或者服务，应当显著标明“广告”。

第四十一条 【知识产权保护规则】电子商务平台经营

者应当建立知识产权保护规则，与知识产权权利人加强合作，依法保护知识产权。

第四十二条　【知识产权权利人的通知与平台经营者的删除等措施】知识产权权利人认为其知识产权受到侵害的，有权通知电子商务平台经营者采取删除、屏蔽、断开链接、终止交易和服务等必要措施。通知应当包括构成侵权的初步证据。

电子商务平台经营者接到通知后，应当及时采取必要措施，并将该通知转送平台内经营者；未及时采取必要措施的，对损害的扩大部分与平台内经营者承担连带责任。

因通知错误造成平台内经营者损害的，依法承担民事责任。恶意发出错误通知，造成平台内经营者损失的，加倍承担赔偿责任。

第四十三条　【平台内经营者的声明及平台经营者采取措施的终止】平台内经营者接到转送的通知后，可以向电子商务平台经营者提交不存在侵权行为的声明。声明应当包括不存在侵权行为的初步证据。

电子商务平台经营者接到声明后，应当将该声明转送发出通知的知识产权权利人，并告知其可以向有关主管部门投诉或者向人民法院起诉。电子商务平台经营者在转送声明到达知识产权权利人后十五日内，未收到权利人已经投诉或者起诉通知的，应当及时终止所采取的措施。

第四十四条　【知识产权人的通知、平台内经营者采取的措施以及平台内经营者声明的公示】电子商务平台经营者应当及时公示收到的本法第四十二条、第四十三条规定的通知、声明及处理结果。

第四十五条　【平台经营者知识产权侵权责任】电子商务平台经营者知道或者应当知道平台内经营者侵犯知识产权的，应当采取删除、屏蔽、断开链接、终止交易和服务等必要措施；未采取必要措施的，与侵权人承担连带责任。

第四十六条　【合规经营与不得从事的交易活动】除本法第九条第二款规定的服务外，电子商务平台经营者可以按照平台服务协议和交易规则，为经营者之间的电子商务提供仓储、物流、支付结算、交收等服务。电子商务平台经营者为经营者之间的电子商务提供服务，应当遵守法律、行政法规和国家有关规定，不得采取集中竞价、做市商等集中交易方式进行交易，不得进行标准化合约交易。

第三章　电子商务合同的订立与履行

第四十七条　【电子商务合同的法律适用】电子商务当事人订立和履行合同，适用本章和《中华人民共和国民法总则》《中华人民共和国合同法》《中华人民共和国电子签名法》等法律的规定。

第四十八条　【自动信息系统的法律效力与行为能力推定】电子商务当事人使用自动信息系统订立或者履行合同的行为对使用该系统的当事人具有法律效力。

在电子商务中推定当事人具有相应的民事行为能力。但是，有相反证据足以推翻的除外。

第四十九条　【电子商务合同成立】电子商务经营者发布的商品或者服务信息符合要约条件的，用户选择该商品或者服务并提交订单成功，合同成立。当事人另有约定的，从其约定。

电子商务经营者不得以格式条款等方式约定消费者支付价款后合同不成立；格式条款等含有该内容的，其内容无效。

第五十条　【电子商务合同订立规范】电子商务经营者应当清晰、全面、明确地告知用户订立合同的步骤、注意事项、下载方法等事项，并保证用户能够便利、完整地阅览和下载。

电子商务经营者应当保证用户在提交订单前可以更正输入错误。

第五十一条　【合同标的交付时间与方式】合同标的为交付商品并采用快递物流方式交付的，收货人签收时间为交付时间。合同标的为提供服务的，生成的电子凭证或者实物凭证中载明的时间为交付时间；前述凭证没有载明时间或者载明时间与实际提供服务时间不一致的，实际提供服务的时间为交付时间。

合同标的为采用在线传输方式交付的，合同标的进入对方当事人指定的特定系统并且能够检索识别的时间为交付时间。

合同当事人对交付方式、交付时间另有约定的，从其约定。

第五十二条　【使用快递物流方式交付商品的法律规范】电子商务当事人可以约定采用快递物流方式交付商品。

快递物流服务提供者为电子商务提供快递物流服务，应当遵守法律、行政法规，并应当符合承诺的服务规范和时限。快递物流服务提供者在交付商品时，应当提示收货人当面查验；交由他人代收的，应当经收货人同意。

快递物流服务提供者应当按照规定使用环保包装材料，实现包装材料的减量化和再利用。

快递物流服务提供者在提供快递物流服务的同

时,可以接受电子商务经营者的委托提供代收货款服务。

第五十三条 【电子支付服务提供者的义务】电子商务当事人可以约定采用电子支付方式支付价款。

电子支付服务提供者为电子商务提供电子支付服务,应当遵守国家规定,告知用户电子支付服务的功能、使用方法、注意事项、相关风险和收费标准等事项,不得附加不合理交易条件。电子支付服务提供者应当确保电子支付指令的完整性、一致性、可跟踪稽核和不可篡改。

电子支付服务提供者应当向用户免费提供对账服务以及最近三年的交易记录。

第五十四条 【电子支付安全管理要求】电子支付服务提供者提供电子支付服务不符合国家有关支付安全管理要求,造成用户损失的,应当承担赔偿责任。

第五十五条 【错误支付的法律责任】用户在发出支付指令前,应当核对支付指令所包含的金额、收款人等完整信息。

支付指令发生错误的,电子支付服务提供者应当及时查找原因,并采取相关措施予以纠正。造成用户损失的,电子支付服务提供者应当承担赔偿责任,但能够证明支付错误非自身原因造成的除外。

第五十六条 【向用户提供支付确认信息的义务】电子支付服务提供者完成电子支付后,应当及时准确地向用户提供符合约定方式的确认支付的信息。

第五十七条 【未授权支付】用户应当妥善保管交易密码、电子签名数据等安全工具。用户发现安全工具遗失、被盗用或者未经授权的支付的,应当及时通知电子支付服务提供者。

未经授权的支付造成的损失,由电子支付服务提供者承担;电子支付服务提供者能够证明未经授权的支付是因用户的过错造成的,不承担责任。

电子支付服务提供者发现支付指令未经授权,或者收到用户支付指令未经授权的通知时,应当立即采取措施防止损失扩大。电子支付服务提供者未及时采取措施导致损失扩大的,对损失扩大部分承担责任。

第四章 电子商务争议解决

第五十八条 【商品、服务质量担保机制和先行赔偿责任】国家鼓励电子商务平台经营者建立有利于电子商务发展和消费者权益保护的商品、服务质量担保机制。

电子商务平台经营者与平台内经营者协议设立消费者权益保证金的,双方应当就消费者权益保证金的提取数额、管理、使用和退还办法等作出明确约定。

消费者要求电子商务平台经营者承担先行赔偿责任以及电子商务平台经营者赔偿后向平台内经营者的追偿,适用《中华人民共和国消费者权益保护法》的有关规定。

第五十九条 【电子商务经营者的投诉举报机制】电子商务经营者应当建立便捷、有效的投诉、举报机制,公开投诉、举报方式等信息,及时受理并处理投诉、举报。

第六十条 【电子商务争议五种解决方式】电子商务争议可以通过协商和解,请求消费者组织、行业协会或者其他依法成立的调解组织调解,向有关部门投诉,提请仲裁,或者提起诉讼等方式解决。

第六十一条 【协助维权义务】消费者在电子商务平台购买商品或者接受服务,与平台内经营者发生争议时,电子商务平台经营者应当积极协助消费者维护合法权益。

第六十二条 【电子商务经营者提供原始合同和交易记录的义务】在电子商务争议处理中,电子商务经营者应当提供原始合同和交易记录。因电子商务经营者丢失、伪造、篡改、销毁、隐匿或者拒绝提供前述资料,致使人民法院、仲裁机构或者有关机关无法查明事实的,电子商务经营者应当承担相应的法律责任。

第六十三条 【电子商务平台争议在线解决机制】电子商务平台经营者可以建立争议在线解决机制,制定并公示争议解决规则,根据自愿原则,公平、公正地解决当事人的争议。

第五章 电子商务促进

第六十四条 【电子商务发展规划和产业政策】国务院和省、自治区、直辖市人民政府应当将电子商务发展纳入国民经济和社会发展规划,制定科学合理的产业政策,促进电子商务创新发展。

第六十五条 【电子商务绿色发展】国务院和县级以上地方人民政府及其有关部门应当采取措施,支持、推动绿色包装、仓储、运输,促进电子商务绿色发展。

第六十六条 【基础设施建设、统计制度和标准体系建设】国家推动电子商务基础设施和物流网络建设,完善电子商务统计制度,加强电子商务标准体系建设。

第六十七条 【电子商务与各产业融合发展】国家推动电子商务在国民经济各个领域的应用,支持电子商务与各产业融合发展。

第六十八条 【农村电子商务与精准扶贫】国家促进农业生产、加工、流通等环节的互联网技术应用,鼓励各类社会资源加强合作,促进农村电子商务发展,发挥电子商务在精准扶贫中的作用。

第六十九条 【电子商务交易安全与公共数据共享】国家维护电子商务交易安全，保护电子商务用户信息，鼓励电子商务数据开发应用，保障电子商务数据依法有序自由流动。

国家采取措施推动建立公共数据共享机制，促进电子商务经营者依法利用公共数据。

第七十条 【电子商务信用评价】国家支持依法设立的信用评价机构开展电子商务信用评价，向社会提供电子商务信用评价服务。

第七十一条 【跨境电子商务便利化、综合服务与小微企业支持】国家促进跨境电子商务发展，建立健全适应跨境电子商务特点的海关、税收、进出境检验检疫、支付结算等管理制度，提高跨境电子商务各环节便利化水平，支持跨境电子商务平台经营者等为跨境电子商务提供仓储物流、报关、报检等服务。

国家支持小型微型企业从事跨境电子商务。

第七十二条 【单一窗口与电子单证】国家进出口管理部门应当推进跨境电子商务海关申报、纳税、检验检疫等环节的综合服务和监管体系建设，优化监管流程，推动实现信息共享、监管互认、执法互助，提高跨境电子商务服务和监管效率。跨境电子商务经营者可以凭电子单证向国家进出口管理部门办理有关手续。

第七十三条 【国际交流与合作】国家推动建立与不同国家、地区之间跨境电子商务的交流合作，参与电子商务国际规则的制定，促进电子签名、电子身份等国际互认。

国家推动建立与不同国家、地区之间的跨境电子商务争议解决机制。

第六章 法律责任

第七十四条 【电子商务经营者的民事责任】电子商务经营者销售商品或者提供服务，不履行合同义务或者履行合同义务不符合约定，或者造成他人损害的，依法承担民事责任。

第七十五条 【电子商务经营者违法违规的法律责任衔接】电子商务经营者违反本法第十二条、第十三条规定，未取得相关行政许可从事经营活动，或者销售、提供法律、行政法规禁止交易的商品、服务，或者不履行本法第二十五条规定的信息提供义务，电子商务平台经营者违反本法第四十六条规定，采取集中交易方式进行交易，或者进行标准化合约交易的，依照有关法律、行政法规的规定处罚。

第七十六条 【电子商务经营者违反信息公示以及用户信息管理的相关规定的行政处罚】电子商务经营者违反本法规定，有下列行为之一的，由市场监督管理部门责令限期改正，可以处一万元以下的罚款，对其中的电子商务平台经营者，依照本法第八十一条第一款的规定处罚：

（一）未在首页显著位置公示营业执照信息、行政许可信息、属于不需要办理市场主体登记情形等信息，或者上述信息的链接标识的；

（二）未在首页显著位置持续公示终止电子商务的有关信息的；

（三）未明示用户信息查询、更正、删除以及用户注销的方式、程序，或者对用户信息查询、更正、删除以及用户注销设置不合理条件的。

电子商务平台经营者对违反前款规定的平台内经营者未采取必要措施的，由市场监督管理部门责令限期改正，可以处二万元以上十万元以下的罚款。

第七十七条 【违法提供搜索结果或者搭售商品、服务的行政处罚】电子商务经营者违反本法第十八条第一款规定提供搜索结果，或者违反本法第十九条规定搭售商品、服务的，由市场监督管理部门责令限期改正，没收违法所得，可以并处五万元以上二十万元以下的罚款；情节严重的，并处二十万元以上五十万元以下的罚款。

第七十八条 【违反押金管理规定的行政处罚】电子商务经营者违反本法第二十一条规定，未向消费者明示押金退还的方式、程序，对押金退还设置不合理条件，或者不及时退还押金的，由有关主管部门责令限期改正，可以处五万元以上二十万元以下的罚款；情节严重的，处二十万元以上五十万元以下的罚款。

第七十九条 【违反个人信息保护义务、网络安全保障义务的法律责任衔接规定】电子商务经营者违反法律、行政法规有关个人信息保护的规定，或者不履行本法第三十条和有关法律、行政法规规定的网络安全保障义务的，依照《中华人民共和国网络安全法》等法律、行政法规的规定处罚。

第八十条 【违反核验登记、信息报送、违法信息处置、商品和服务信息、交易信息保存义务的行政处罚】电子商务平台经营者有下列行为之一的，由有关主管部门责令限期改正；逾期不改正的，处二万元以上十万元以下的罚款；情节严重的，责令停业整顿，并处十万元以上五十万元以下的罚款：

（一）不履行本法第二十七条规定的核验、登记义务的；

（二）不按照本法第二十八条规定向市场监督管

理部门、税务部门报送有关信息的；

（三）不按照本法第二十九条规定对违法情形采取必要的处置措施，或者未向有关主管部门报告的；

（四）不履行本法第三十一条规定的商品和服务信息、交易信息保存义务的。

法律、行政法规对前款规定的违法行为的处罚另有规定的，依照其规定。

第八十一条　【违反服务协议、交易规则管理、自营业务标注、信用评价管理、广告标注义务的行政处罚】电子商务平台经营者违反本法规定，有下列行为之一的，由市场监督管理部门责令限期改正，可以处二万元以上十万元以下的罚款；情节严重的，处十万元以上五十万元以下的罚款：

（一）未在首页显著位置持续公示平台服务协议、交易规则信息或者上述信息的链接标识的；

（二）修改交易规则未在首页显著位置公开征求意见，未按照规定的时间提前公示修改内容，或者阻止平台内经营者退出的；

（三）未以显著方式区分标记自营业务和平台内经营者开展的业务的；

（四）未为消费者提供对平台内销售的商品或者提供的服务进行评价的途径，或者擅自删除消费者的评价的。

电子商务平台经营者违反本法第四十条规定，对竞价排名的商品或者服务未显著标明“广告”的，依照《中华人民共和国广告法》的规定处罚。

第八十二条　【对平台内经营者进行不合理限制、附加不合理条件、收取不合理费用的行政处罚】电子商务平台经营者违反本法第三十五条规定，对平台内经营者在平台内的交易、交易价格或者与其他经营者的交易等进行不合理限制或者附加不合理条件，或者向平台内经营者收取不合理费用的，由市场监督管理部门责令限期改正，可以处五万元以上五十万元以下的罚款；情节严重的，处五十万元以上二百万元以下的罚款。

第八十三条　【平台经营者未履行审核义务以及未尽到安全保障义务的行政处罚】电子商务平台经营者违反本法第三十八条规定，对平台内经营者侵害消费者合法权益行为未采取必要措施，或者对平台内经营者未尽到资质资格审核义务，或者对消费者未尽到安全保障义务的，由市场监督管理部门责令限期改正，可以处五万元以上五十万元以下的罚款；情节严重的，责令停业整顿，并处五十万元以上二百万元以下的罚款。

第八十四条　【平台知识产权侵权的行政处罚】电子商务平台经营者违反本法第四十二条、第四十五条规定，对平台内经营者实施侵犯知识产权行为未依法采取必要措施的，由有关知识产权行政部门责令限期改正；逾期不改正的，处五万元以上五十万元以下的罚款；情节严重的，处五十万元以上二百万元以下的罚款。

第八十五条　【产品质量、反垄断、反不正当竞争、知识产权保护、消费者权益保护等法律的法律责任的衔接性规定】电子商务经营者违反本法规定，销售的商品或者提供的服务不符合保障人身、财产安全的要求，实施虚假或者引人误解的商业宣传等不正当竞争行为，滥用市场支配地位，或者实施侵犯知识产权、侵害消费者权益等行为的，依照有关法律的规定处罚。

第八十六条　【违法行为的信用档案记录与公示】电子商务经营者有本法规定的违法行为的，依照有关法律、行政法规的规定记入信用档案，并予以公示。

第八十七条　【电子商务监管部门工作人员的违法行为的法律责任】依法负有电子商务监督管理职责的部门的工作人员，玩忽职守、滥用职权、徇私舞弊，或者泄露、出售或者非法向他人提供在履行职责中所知悉的个人信息、隐私和商业秘密的，依法追究法律责任。

第八十八条　【违法行为的治安管理处罚和刑事责任】违反本法规定，构成违反治安管理行为的，依法给予治安管理处罚；构成犯罪的，依法追究刑事责任。

第七章　附　　则

第八十九条　【施行日期】本法自 2019 年 1 月 1 日起施行。

网络交易服务规范

1. 2009 年 4 月 2 日商务部公告 2009 年第 21 号公布
2. 自 2009 年 12 月 1 日起施行

前　　言

本标准由中华人民共和国商务部提出并归口。

本标准主要起草单位：上海科识通信息科技有限公司。

本标准主要起草人：朱继平、张立平、张媛媛。

1　范　　围

本标准针对电子商务 B2B、B2C 和 C2C 模式的特点，规定了各模式中网络交易方、网络交易平台提供商、网络支付平台提供商和网络交易辅助服务提供商的行为服务规范。

本标准适用于中国境内所有的网络交易服务行为。

2 术语和定义

2.1 网络交易 network transaction

网络交易,是指发生在企业(或其他组织机构)之间(business to business,简称 B2B)、企业(或其他组织机构)与消费者之间(business to consumer,简称 B2C)、消费者之间(consumer to consumer,简称 C2C)通过网络手段缔结的商品或服务交易。

2.2 网络交易服务 network transaction service

网络交易方、网络交易平台提供商、网络支付平台提供商和网络交易辅助服务提供商为缔结和履行网络交易所提供的各种服务。

2.3 网络交易方 network transaction party

通过网络进行交易的双方,分为:

a)卖方:利用网络出售商品或提供服务。

b)买方:利用网络购买商品或获得服务。

2.4 网络交易平台 network transaction platform

为网络交易提供商品或服务交易的系统。

2.5 网络交易平台提供商 network transaction platform provider

为网络交易提供交易平台,并进行平台运营和管理的法人或法人委派的行为主体。

2.6 网络支付平台 network payment platform

为网络交易提供交易安全支付服务的系统。

2.7 网络支付平台提供商 network payment platform provider

为网络交易提供网络安全支付平台,并进行平台运营和管理的法人或法人委派的行为主体。

2.8 网络交易辅助服务 network transaction aid service

为网络交易提供其他所需的服务活动,如:交易物的运输或寄递、交易保险、数字证书认证等。

2.9 网络交易辅助服务提供商 network transaction aid service provider

为网络交易提供辅助服务的法人或法人委派的行为主体。

3 基本要求

3.1 遵守国家法律法规及相关部门规章标准

网络交易方、网络交易平台提供商、网络支付平台提供商和网络交易辅助服务提供商应遵守国家有关法律法规及相关部门的规章标准等。

3.2 遵守网络技术规范和安全规范

网络交易以网络技术为基础,网络交易方、网络交易平台提供商、网络支付平台提供商和网络交易辅助服务提供商应遵守相关的网络技术规范和安全规范等。

3.3 遵循诚信自律原则

网络交易方、网络交易平台提供商、网络支付平台提供商和网络交易辅助服务提供商应遵循诚信自律的原则。

3.4 保护知识产权

网络交易方、网络交易平台提供商、网络支付平台提供商和网络交易辅助服务提供商应遵守国家有关知识产权的法律法规,不得侵害他人的专利权、商标权、著作权等,并有权利和义务保护相关知识产权。

3.5 严格禁止国家法律法规等规定的违法行为

严格禁止通过网络从事法律法规和国家其他有关规定禁止的违法犯罪行为,如赌博、洗钱、传销以及贩卖枪支、毒品、禁药、盗版软件、淫秽商品和服务等。

网络交易不得提供和买卖未经审批的需要相应资质的商品或服务,禁止采用各种手段规避按照法律法规和国家其他有关规定必须具备相应资质才能开展的经营活动,如期货、烟草、石油和药品等。

4 B2B 模式网络交易服务规范

4.1 网络交易方

4.1.1 具备合法的主体资格

网络交易方应具备法人或法人委派的行为主体资格,在网络注册和交易的过程中,网络交易方应使用真实身份和真实信息,同时还需在网上提供相应的资质证明以便核准查询,如:营业执照、税务登记证、特殊业务许可证(如涉及特殊业务)以及真实的实体经营地址和联系方式等。

4.1.2 保证商品或服务信息发布准确

卖方应在网络交易平台上如实发布商品或服务信息,并对商品或服务的内容进行必要和明确的说明。

4.1.3 严格按照订单或合同提供商品或服务

卖方应严格按照订单或合同提供商品或服务,并保证其销售商品或服务的质量,不得提供假冒伪劣的商品或服务,并应积极为买方提供完善的售前、售中和售后服务。

4.1.4 选择安全的支付方式

网络交易方可以根据实际情况选择支付方式,如网上支付、货到付款或款到发货等,提高防风险意识。在进行网上支付时,应注意账户和密码的保密。

4.1.5 交易凭据的保存

网络交易方应妥善保存交易记录文档,包括发货单、汇款单和发票等有法律效力的凭证,保存年限不低于法律法规认可的年限。

在涉及大额或重要交易时,可以生成必要的书面文件或采取其他合理措施记录和保存交易信息。

4.1.6 权益保护

网络交易方的各项合法权利和权益受法律保护,不得以任何手段对其合法的权利和权益进行侵害。

非经交易方同意,网络交易平台提供商、网络支付平台提供商和辅助服务提供商不得向第三方披露、转让或出售交易当事人名单、交易记录等涉及用户隐私或商业秘密的数据,但通过正常途径已经为公众获知的资料或法律法规另有规定的不在此列。

4.1.7 交易纠纷处理

网络交易双方发生交易纠纷时,网络交易平台提供商、网络支付平台提供商和网络交易辅助服务提供商应积极协助取证和纠纷协调解决。

4.2 网络交易平台提供商

4.2.1 具备合法的主体资格

网络交易平台提供商应具备法人或法人委派的行为主体资格,在网络交易平台上应提供相应的资质证明以便核准查询,如:营业执照、税务登记证等。

4.2.2 建立完善的规章制度

网络交易平台提供商应提供规范化的网上交易服务,建立健全其规章制度,如交易系统安全制度、用户注册管理制度、保证金管理制度、信息监管和举报制度、交易数据存储和备份制度、交易纠纷处理制度等。

4.2.3 保证交易系统的稳定和安全

网络交易平台提供商应按照国家信息安全登记保护制度的有关规定和要求建设、运行、维护网络交易平台系统,落实网络安全保护技术措施。

网络交易平台提供商应高度重视网络交易平台系统的稳定和安全,采取各种合理有力的措施保证网络交易系统稳定和安全地运行。

4.2.4 用户注册管理

网络交易平台提供商应要求网络交易方进行用户注册,并提供企业(或其他组织机构)真实身份信息。网络交易平台提供商应在可行的范围内采取合理措施对用户注册信息的真实性进行审查和注册资料的备份。如果发现和证实用户使用虚假信息进行注册和交易,网络交易平台提供商有权利和责任及时对该用户进行注销,并保存有关记录。

网络交易平台提供商应定期核验其平台上交易方的经营凭证,网络交易各方应及时在网上提供近期通过主管部门年审的相应经营凭证。

网络交易平台提供商应对用户的注册信息至少保存3年(从最后一次登录算起),同时网络交易平台提供商还应保存和及时更新用户登录日志。对于发布有害或违法信息的用户,网络交易平台提供商有权利对该用户进行及时注销,并保存有关记录。

4.2.5 保证金收取和管理

网络交易平台提供商可以依法根据交易的具体情况对网络交易方收取一定的保证金,并建立严格的保证金管理制度。保证金通常只用于交易纠纷的处理或争议方信用的必要保证,保证金的额度或比例可以根据承担的防风险责任的具体情况约定。

保证金的所有权属于保证金缴纳方所有,网络交易平台提供商应以合法、合理的方式对保证金进行管理,不得对保证金进行非法挪用、转移等。

4.2.6 网络交易信息监管

网络交易平台提供商有责任审核和监控交易方发布的商品信息、公开论坛和用户反馈栏中的信息,对有害或违法信息应当立即予以删除,并保存有关记录。

如有第三方主诉网络交易平台中的信息或公开论坛、用户反馈等栏目中的信息侵犯其合法权益,在该诉求方提供其身份证明、事实证明和具体网络链接地址的情况下,网络交易平台提供商应当予以及时删除。

网络交易平台提供商应建立商品或服务违规举报机制,实现交易方等对网络销售假冒伪劣商品或服务进行及时的违规举报,并在严重情况下报告国家有关部门进行处理。

4.2.7 交易数据存储和备份

网络交易平台提供商应及时保存其平台上发生的网络交易的相关信息、记录或资料,包括商品名称、商品介绍、交易数量、交易单价、交易金额、交易时间以及交易方的名称、地址、联系方式等,保存时间自交易完成之日起不得少于3年,涉税资料需根据国家相关部门规定年限保存。

网络交易平台提供商应具备数据存储、数据备份、灾难恢复和相应技术手段,保证上述资料的完整性、准确性、安全性和不可更改性,并在必要权限核查后可检索查用。

4.2.8 交易纠纷处理

网络交易平台提供商应提供网上纠纷处理机制和投诉渠道,当发生纠纷时,网络交易平台提供商应积极协调交易方利益,协助取证和纠纷事项处理。

4.3　网络支付平台提供商

4.3.1　具备合法的主体资格

网络支付平台提供商应具备法人或法人委派的行为主体资格,在网络支付平台上应提供相应的主体资质证明以便核准查询,如:营业执照、税务登记证等。

网络支付平台提供商应具备通过银行业金融机构或经国家有关部门批准的非金融企业法人提供电子商务交易支付清算服务的功能,并确保在线支付的安全、有效。

4.3.2　建立完善的规章制度

网络支付平台提供商应提供规范化的网络支付服务,建立健全其规章制度,如支付系统安全制度、用户注册管理制度、账户和资金安全管理制度、信息监管和举报制度、支付数据存储和备份制度等。

4.3.3　保证支付系统的稳定和安全

网络支付平台提供商应按照国家信息安全登记保护制度的有关规定和要求建设、运行、维护网络支付平台系统,落实网络安全保护技术措施。

网络支付平台提供商应高度重视网络支付平台系统的稳定和安全,采取各种合理有力的措施保证网络支付系统稳定和安全地运行。

4.3.4　用户注册管理

网络支付平台提供商应要求网络交易方进行用户注册,并提供企业真实身份信息。网络支付平台提供商应在可行的范围内采取合理措施对用户注册信息的真实性进行审查和注册资料的备份。如果发现和证实用户使用虚假信息进行注册,网络支付平台提供商有权利及时对该用户进行注销,并保存有关记录。

4.3.5　保证账户和资金安全

网络支付平台提供商应根据网络交易的特点,采取合理有力的措施保证用户身份信息、账户以及密码的安全,保证交易资金的安全。

网络支付平台提供商不得以任何方式恶意占压资金、非法套现、挪用或转移资金以及非法融资等。

4.3.6　支付数据存储和备份

网络支付平台提供商应及时保存其平台上发生的网络支付的相关信息、记录或资料,保存时间自支付完成之日起不得少于3年,国家另有规定资料保存年限除外。

网络支付平台提供商应具备数据存储、数据备份、灾难恢复和相应技术手段,保证上述资料的完整性、准确性、安全性和不可更改性,并在必要权限核查后可检索查用。

4.3.7　纠纷处理

网络支付平台提供商应提供网上纠纷处理机制和投诉渠道,当发生纠纷时,网络支付平台提供商应积极协助取证和纠纷协调处理。

4.4　网络交易辅助服务提供商

4.4.1　具备合法的主体资格

网络交易辅助服务提供商应具备法人或法人委派的行为主体资格,当网络交易辅助服务提供商通过网络提供服务时,则需要在相应网络上提供其主体资质证明以便核准查询,如:营业执照、税务登记证等。

4.4.2　建立完善的规章制度

网络交易辅助服务提供商应提供规范化的交易辅助服务,建立健全其规章制度,如辅助服务管理制度、辅助服务数据存储和备份制度、辅助服务纠纷处理制度等。

4.4.3　保证辅助服务的稳定和安全

网络交易辅助服务提供商应按照交易辅助服务的要求提供稳定和安全的辅助服务,并采取各种合理有力的措施保证辅助服务的稳定和安全。

4.4.4　辅助服务数据存储和备份

网络交易辅助服务提供商应保存与其发生辅助服务的相关信息、记录或资料,保存时间自辅助服务结束之日起不得少于3年,国家另有规定资料保存年限除外。

网络交易辅助服务提供商应保证辅助服务数据的完整性、准确性、安全性和不可更改性,并在必要权限核查后可检索查用。

4.4.5　纠纷处理

网络交易辅助服务提供商应提供辅助服务纠纷处理机制和投诉渠道,当发生纠纷时,网络交易辅助服务提供商应积极协助取证和纠纷协调处理。

5　B2C模式网络交易服务规范

5.1　网络交易方

5.1.1　使用真实身份

网络交易方在网络注册和交易的过程中,应使用真实的企业(或其他组织机构)身份信息或个人身份信息,对于企业(或其他组织机构)交易方,还需在网上提供相应的资质证明以便核准查询,如:营业执照、税务登记证、特殊业务许可证(如涉及特殊业务)以及真实的实体经营地址和联系方式等。

5.1.2　保证商品或服务信息发布准确

卖方应在网络交易平台上如实发布商品或服务信息,并对商品或服务的内容进行必要和明确的说明。

5.1.3　保证商品或服务的质量

卖方应保证其销售商品或服务的质量,并为买方提供完善的售前、售中和售后服务。

当销售商品存在缺陷时,卖方应积极配合有关部门进行缺陷产品的调查评估和召回工作。

5.1.4 选择安全的支付手段

网络交易方可以根据实际情况选择支付方式,如网上支付、货到付款或款到发货等,提高防风险意识。在进行网上支付时,应注意账户和密码的保密。

5.1.5 交易凭据的保存

网络交易方应妥善保存交易记录文档,包括发货单、汇款单和发票等有法律效力的凭证,保存年限不低于法律法规认可的年限。

5.1.6 权益保护

网络交易方的各项合法权利和权益受法律保护,不得以任何手段对其合法的权利和权益进行侵害。

非经交易方同意,网络交易平台提供商、网络支付平台提供商和辅助服务提供商不得向第三方披露、转让或出售交易当事人名单、交易记录等涉及用户隐私或商业秘密的数据,但通过正常途径已经为公众获知的资料或法律法规另有规定的不在此列。

5.1.7 交易纠纷处理

网络交易双方发生交易纠纷时,网络交易平台提供商、网络支付平台提供商和网络交易辅助服务提供商应积极协助取证和纠纷协调解决。

5.2 网络交易平台提供商

5.2.1 具备合法的主体资格

网络交易平台提供商应具备法人或法人委派的行为主体资格,在网络交易平台上应提供相应的资质证明以便核准查询,如:营业执照、税务登记证等。

5.2.2 建立完善的规章制度

网络交易平台提供商应提供规范化的网上交易服务,建立健全其规章制度,如交易系统安全制度、用户注册管理制度、保证金管理制度、信息监管和举报制度、交易数据存储和备份制度、交易纠纷处理制度等。

5.2.3 保证交易系统的稳定和安全

网络交易平台提供商应按照国家信息安全登记保护制度的有关规定和要求建设、运行、维护网络交易平台系统,落实网络安全保护技术措施。

网络交易平台提供商应高度重视网络交易平台系统的稳定和安全,采取各种合理有力的措施保证网络交易系统稳定和安全地运行。

5.2.4 用户注册管理

网络交易平台提供商应要求网络交易方进行用户注册,并提供企业(或其他组织机构)真实身份信息或个人真实身份信息。网络交易平台提供商应在可行的范围内采取合理措施对用户注册信息的真实性进行审查和注册资料的备份。如果发现和证实用户使用虚假信息进行注册和交易,网络交易平台提供商有权利和责任及时对该用户进行注销,并保存有关记录。

网络交易平台提供商应定期核验其平台上交易方的经营凭证,网络交易各方应及时在网上提供近期通过主管部门年审的相应经营凭证。

网络交易平台提供商应对用户的注册信息至少保存2年(从最后一次登录算起),同时网络交易平台提供商还应保存和及时更新用户登录日志。对于发布有害或违法信息的用户,网络交易平台提供商有权利对该用户进行及时注销,并保存有关记录。

5.2.5 保证金收取和管理

网络交易平台提供商可以依法根据交易的具体情况对网络交易方收取一定的保证金,并建立严格的保证金管理制度。保证金通常只用于交易纠纷的处理或争议方信用的必要保证,保证金的额度或比例可以根据承担的防风险责任的具体情况约定。

保证金的所有权属于保证金缴纳方所有,网络交易平台提供商应以合法、合理的方式对保证金进行管理,不得对保证金进行非法挪用、转移等。

5.2.6 网络交易信息监管

网络交易平台提供商有责任审核和监控交易方发布的商品信息、公开论坛和用户反馈栏中的信息,对有害或违法信息应当立即予以删除,并保存有关记录。

如有第三方主诉网络交易平台中的信息或公开论坛、用户反馈等栏目中的信息侵犯其合法权益,在该诉求方提供其身份证明、事实证明和具体网络链接地址的情况下,网络交易平台提供商应当予以及时删除。

网络交易平台提供商应建立商品或服务违规举报机制,实现交易方等对网络销售假冒伪劣商品或服务进行及时的违规举报,并在严重情况下报告国家有关部门进行处理。

5.2.7 交易数据存储和备份

网络交易平台提供商应及时保存其平台上发生的网络交易的相关信息、记录或资料,包括商品名称、商品介绍、交易数量、交易单价、交易金额、交易时间以及交易方的名称、地址、联系方式等,保存时间自交易完成之日起不得少于2年,涉税资料需根据国家相关部门规定年限保存。

网络交易平台提供商应具备数据存储、数据备份、灾难恢复和相应技术手段,保证上述资料的完整性、准确性、安全性和不可更改性,并在必要权限核查后可检索查用。

对于网络游戏或网络社区里的虚拟交易物如虚拟货

币、虚拟道具等,其生产和交易平台提供商不仅要记录虚拟交易物的原始生产数据(网络虚拟交易物应具有唯一编码),还要记录虚拟交易物在交易过程中产生的相关交易数据,并不得更改。

5.2.8 交易纠纷处理

网络交易平台提供商应提供网上纠纷处理机制和投诉渠道,当发生纠纷时,网络交易平台提供商应积极协调交易方利益,协助取证和纠纷事项处理。

5.3 网络支付平台提供商

5.3.1 具备合法的主体资格

网络支付平台提供商应具备法人或法人委派的行为主体资格,在网络支付平台上应提供相应的主体资质证明以便核准查询,如:营业执照、税务登记证等。

网络支付平台提供商应具备通过银行业金融机构或经国家有关部门批准的非金融企业法人提供电子商务交易支付清算服务的功能,并确保在线支付的安全、有效。

5.3.2 建立完善的规章制度

网络支付平台提供商应提供规范化的网络支付服务,建立健全其规章制度,如支付系统安全制度、用户注册管理制度、账户和资金安全管理制度、信息监管和举报制度、支付数据存储和备份制度等。

5.3.3 保证支付系统的稳定和安全

网络支付平台提供商应按照国家信息安全登记保护制度的有关规定和要求建设、运行、维护网络支付平台系统,落实网络安全保护技术措施。

网络支付平台提供商应高度重视网络支付平台系统的稳定和安全,采取各种合理有力的措施保证网络支付系统稳定和安全地运行。

5.3.4 用户注册管理

网络支付平台提供商应要求网络交易方进行用户注册,并提供企业真实身份信息或个人真实身份信息。网络支付平台提供商应在可行的范围内采取合理措施对用户注册信息的真实性进行审查和注册资料的备份。如果发现和证实用户使用虚假信息进行注册,网络支付平台提供商有权利及时对该用户进行注销,并保存有关记录。

网络支付平台提供商应对用户的注册信息至少保存2年(从最后一次登录算起),同时网络支付平台提供商还应保存和及时更新用户登录日志。

5.3.5 保证账户和资金安全

网络支付平台提供商应根据网络交易的特点,采取合理有力的措施保证用户身份信息、账户以及密码的安全,保证交易资金的安全。

网络支付平台提供商不得以任何方式恶意占压资金、非法套现、挪用或转移资金以及非法融资等。

5.3.6 支付数据存储和备份

网络支付平台提供商应及时保存其平台上发生的网络支付的相关信息、记录或资料,保存时间自支付完成之日起不得少于2年,国家另有规定资料保存年限除外。

网络支付平台提供商应具备数据存储、数据备份、灾难恢复和相应技术手段,保证上述资料的完整性、准确性、安全性和不可更改性,并在必要权限核查后可检索查用。

5.3.7 纠纷处理

网络支付平台提供商应提供网上纠纷处理机制和投诉渠道,当发生纠纷时,网络支付平台提供商应积极协助取证和纠纷协调处理。

5.4 网络交易辅助服务提供商

5.4.1 具备合法的主体资格

网络交易辅助服务提供商应具备法人或法人委派的行为主体资格,当网络交易辅助服务提供商通过网络提供服务时,则需要在相应网络上提供其主体资质证明以便核准查询,如:营业执照、税务登记证等。

5.4.2 建立完善的规章制度

网络交易辅助服务提供商应提供规范化的交易辅助服务,建立健全其规章制度,如辅助服务管理制度、辅助服务数据存储和备份制度、辅助服务纠纷处理制度等。

5.4.3 保证辅助服务的稳定和安全

网络交易辅助服务提供商应按照交易辅助服务的要求提供稳定和安全的辅助服务,并采取各种合理有力的措施保证辅助服务的稳定和安全。

5.4.4 辅助服务数据存储和备份

网络交易辅助服务提供商应保存与其发生辅助服务的相关信息、记录或资料,保存时间自辅助服务结束之日起不得少于2年,国家另有规定资料保存年限除外。

网络交易辅助服务提供商应保证辅助服务数据的完整性、准确性、安全性和不可更改性,并在必要权限核查后可检索查用。

5.4.5 纠纷处理

网络交易辅助服务提供商应提供辅助服务纠纷处理机制和投诉渠道,当发生纠纷时,网络交易辅助服务提供商应积极协助取证和纠纷协调处理。

6 C2C模式网络交易服务规范

6.1 网络交易方

6.1.1 使用真实身份

网络交易方在网络注册和交易的过程中,应使用真实的个人身份信息,如真实姓名、住址、联系方式等。

6.1.2 保证商品或服务信息发布准确

卖方应在网络交易平台上如实发布商品或服务信息，并对商品或服务的内容进行必要和明确的说明。

6.1.3 保证商品或服务的质量

卖方应保证其销售商品或服务的质量，不得提供假冒伪劣的商品或服务。

6.1.4 选择安全的支付手段

网络交易方可以根据实际情况选择支付方式，如网上支付、货到付款或款到发货等，提高防风险意识。在进行网上支付时，应注意账户和密码的保密。

6.1.5 交易凭据的保存

网络交易方应妥善保存交易记录文档，包括发货单、汇款单和发票等有法律效力的凭证，保存年限不低于法律法规认可的年限。

6.1.6 权益保护

网络交易方的各项合法权利和权益受法律保护，不得以任何手段对其合法的权利和权益进行侵害。

非经交易方同意，网络交易平台提供商、网络支付平台提供商和辅助服务提供商不得向第三方披露、转让或出售交易当事人名单、交易记录等涉及用户隐私或商业秘密的数据，但通过正常途径已经为公众获知的资料或法律法规另有规定的不在此列。

6.1.7 交易纠纷处理

网络交易双方发生交易纠纷时，网络交易平台提供商、网络支付平台提供商和网络交易辅助服务提供商应积极协助取证和纠纷协调解决。

6.2 网络交易平台提供商

6.2.1 具备合法的主体资格

网络交易平台提供商应具备法人或法人委派的行为主体资格，在网络交易平台上应提供相应的资质证明以便核准查询，如：营业执照、税务登记证等。

6.2.2 建立完善的规章制度

网络交易平台提供商应提供规范化的网上交易服务，建立健全其规章制度，如交易系统安全制度、用户注册管理制度、信息监管和举报制度、交易数据存储和备份制度、交易纠纷处理制度等。

6.2.3 保证交易系统的稳定和安全

网络交易平台提供商应按照国家信息安全登记保护制度的有关规定和要求建设、运行、维护网络交易平台系统，落实网络安全保护技术措施。

网络交易平台提供商应高度重视网络交易平台系统的稳定和安全，采取各种合理有力的措施保证网络交易系统稳定和安全地运行。

6.2.4 用户注册管理

网络交易平台提供商应要求网络交易方进行用户注册，并提供个人真实身份信息。网络交易平台提供商应在可行的范围内采取合理措施对用户注册信息的真实性进行审查和注册资料的备份。如果发现和证实用户使用虚假信息进行注册和交易，网络交易平台提供商有权利和责任及时对该用户进行注销，并保存有关记录。

网络交易平台提供商应对用户的注册信息至少保存1年（从最后一次登录算起），同时网络交易平台提供商还应保存和及时更新用户登录日志。对于发布有害或违法信息的用户，网络交易平台提供商有权利对该用户进行及时注销，并保存有关记录。

6.2.5 网络交易信息监管

网络交易平台提供商有责任审核和监控交易方发布的商品或服务信息、公开论坛和用户反馈栏中的信息，对有害或违法信息应当立即予以删除，并保存有关记录。

如有第三方主诉网络交易平台中的信息或公开论坛、用户反馈等栏目中的信息侵犯其合法权益，在该诉求方提供其身份证明、事实证明和具体网络链接地址的情况下，网络交易平台提供商应当予以及时删除。

网络交易平台提供商应建立商品或服务违规举报机制，实现交易方等对网络销售假冒伪劣商品或服务进行及时的违规举报，并在严重情况下报告国家有关部门进行处理。

6.2.6 交易数据存储和备份

网络交易平台提供商应及时保存其平台上发生的网络交易的相关信息、记录或资料，包括商品名称、商品介绍、交易数量、交易单价、交易金额、交易时间以及交易方的名称、地址、联系方式等，保存时间自交易完成之日起不得少于1年，涉税资料需根据国家相关部门规定年限保存。

网络交易平台提供商应具备数据存储、数据备份、灾难恢复和相应技术手段，保证上述资料的完整性、准确性、安全性和不可更改性，并在必要权限核查后可检索查用。

6.2.7 交易纠纷处理

网络交易平台提供商应提供网上纠纷处理机制和投诉渠道，当发生纠纷时，网络交易平台提供商应积极协调交易方利益，协助取证和纠纷事项处理。

6.3 网络支付平台提供商

6.3.1 具备合法的主体资格

网络支付平台提供商应具备法人或法人委派的行为主体资格，在网络支付平台上应提供相应的主体资质证明以便核准查询,如:营业执照、税务登记证等。

网络支付平台提供商应具备通过银行业金融机构或经国家有关部门批准的非金融企业法人提供电子商务交易支付清算服务的功能,并确保在线支付的安全、有效。

6.3.2 建立完善的规章制度

网络支付平台提供商应提供规范化的网络支付服务,建立健全其规章制度,如支付系统安全制度、用户注册管理制度、账户和资金安全管理制度、信息监管和举报制度、支付数据存储和备份制度等。

6.3.3 保证支付系统的稳定和安全

网络支付平台提供商应按照国家信息安全登记保护制度的有关规定和要求建设、运行、维护网络支付平台系统,落实网络安全保护技术措施。

网络支付平台提供商应高度重视网络支付平台系统的稳定和安全,采取各种合理有力的措施保证网络支付系统稳定和安全地运行。

6.3.4 用户注册管理

网络支付平台提供商应要求网络交易方进行用户注册,并提供个人真实身份信息。网络支付平台提供商应在可行的范围内采取合理措施对用户注册信息的真实性进行审查和注册资料的备份。如果发现和证实用户使用虚假信息进行注册,网络支付平台提供商有权利及时对该用户进行注销,并保存有关记录。

6.3.5 保证账户和资金安全

网络支付平台提供商应根据网络交易的特点,采取合理有力的措施保证用户身份信息、账户以及密码的安全,保证交易资金的安全。

网络支付平台提供商不得以任何方式恶意占压资金、非法套现、挪用或转移资金以及非法融资等。

6.3.6 支付数据存储和备份

网络支付平台提供商应及时保存其平台上发生的网络支付的相关信息、记录或资料,保存时间自支付完成之日起不得少于2年,国家另有规定资料保存年限除外。

网络支付平台提供商应具备数据存储、数据备份、灾难恢复和相应技术手段,保证上述资料的完整性、准确性、安全性和不可更改性,并在必要权限核查后可检索查用。

6.3.7 纠纷处理

网络支付平台提供商应提供网上纠纷处理机制和投诉渠道,当发生纠纷时,网络支付平台提供商应积极协助取证和纠纷协调处理。

6.4 网络交易辅助服务提供商

6.4.1 具备合法的主体资格

网络交易辅助服务提供商应具备法人或法人委派的行为主体资格,当网络交易辅助服务提供商通过网络提供服务时,则需要在相应网络上提供其主体资质证明以便核准查询,如:营业执照、税务登记证等。

6.4.2 建立完善的规章制度

网络交易辅助服务提供商应提供规范化的交易辅助服务,建立健全其规章制度,如辅助服务管理制度、辅助服务数据存储和备份制度、辅助服务纠纷处理制度等。

6.4.3 保证辅助服务的稳定和安全

网络交易辅助服务提供商应按照交易辅助服务的要求提供稳定和安全的辅助服务,并采取各种合理有力的措施保证辅助服务的稳定和安全。

6.4.4 辅助服务数据存储和备份

网络交易辅助服务提供商应保存与其发生辅助服务的相关信息、记录或资料,保存时间自辅助服务结束之日起不得少于1年,国家另有规定资料保存年限除外。

网络交易辅助服务提供商应保证辅助服务数据的完整性、准确性、安全性和不可更改性,并在必要权限核查后可检索查用。

6.4.5 纠纷处理

网络交易辅助服务提供商应提供辅助服务纠纷处理机制和投诉渠道,当发生纠纷时,网络交易辅助服务提供商应积极协助取证和纠纷协调处理。

网络购买商品七日
无理由退货暂行办法

1. 2017年1月6日国家工商行政管理总局令第90号公布

2. 根据2020年10月23日国家市场监督管理总局令第31号《关于修改部分规章的决定》修订

第一章 总 则

第一条 为保障《消费者权益保护法》七日无理由退货规定的实施,保护消费者合法权益,促进电子商务健康发展,根据《消费者权益保护法》等相关法律、行政法规,制定本办法。

第二条 消费者为生活消费需要通过网络购买商品,自收到商品之日起七日内依照《消费者权益保护法》第二十五条规定退货的,适用本办法。

第三条 网络商品销售者应当依法履行七日无理由退货义务。

网络交易平台提供者应当引导和督促平台上的网络商品销售者履行七日无理由退货义务,进行监督检查,并提供技术保障。

第四条　消费者行使七日无理由退货权利和网络商品销售者履行七日无理由退货义务都应当遵循公平、诚实信用的原则，遵守商业道德。

第五条　鼓励网络商品销售者作出比本办法更有利于消费者的无理由退货承诺。

第二章　不适用退货的商品范围和商品完好标准

第六条　下列商品不适用七日无理由退货规定：

（一）消费者定作的商品；

（二）鲜活易腐的商品；

（三）在线下载或者消费者拆封的音像制品、计算机软件等数字化商品；

（四）交付的报纸、期刊。

第七条　下列性质的商品经消费者在购买时确认，可以不适用七日无理由退货规定：

（一）拆封后易影响人身安全或者生命健康的商品，或者拆封后易导致商品品质发生改变的商品；

（二）一经激活或者试用后价值贬损较大的商品；

（三）销售时已明示的临近保质期的商品、有瑕疵的商品。

第八条　消费者退回的商品应当完好。

商品能够保持原有品质、功能，商品本身、配件、商标标识齐全的，视为商品完好。

消费者基于查验需要而打开商品包装，或者为确认商品的品质、功能而进行合理的调试不影响商品的完好。

第九条　对超出查验和确认商品品质、功能需要而使用商品，导致商品价值贬损较大的，视为商品不完好。具体判定标准如下：

（一）食品（含保健食品）、化妆品、医疗器械、计生用品：必要的一次性密封包装被损坏；

（二）电子电器类：进行未经授权的维修、改动，破坏、涂改强制性产品认证标志、指示标贴、机器序列号等，有难以恢复原状的外观类使用痕迹，或者产生激活、授权信息、不合理的个人使用数据留存等数据类使用痕迹；

（三）服装、鞋帽、箱包、玩具、家纺、家居类：商标标识被摘、标识被剪，商品受污、受损。

第三章　退货程序

第十条　选择无理由退货的消费者应当自收到商品之日起七日内向网络商品销售者发出退货通知。

七日期间自消费者签收商品的次日开始起算。

第十一条　网络商品销售者收到退货通知后应当及时向消费者提供真实、准确的退货地址、退货联系人、退货联系电话等有效联系信息。

消费者获得上述信息后应当及时退回商品，并保留退货凭证。

第十二条　消费者退货时应当将商品本身、配件及赠品一并退回。

赠品包括赠送的实物、积分、代金券、优惠券等形式。如果赠品不能一并退回，经营者可以要求消费者按照事先标明的赠品价格支付赠品价款。

第十三条　消费者退回的商品完好的，网络商品销售者应当在收到退回商品之日起七日内向消费者返还已支付的商品价款。

第十四条　退款方式比照购买商品的支付方式。经营者与消费者另有约定的，从其约定。

购买商品时采用多种方式支付价款的，一般应当按照各种支付方式的实际支付价款以相应方式退款。

除征得消费者明确表示同意的以外，网络商品销售者不应当自行指定其他退款方式。

第十五条　消费者采用积分、代金券、优惠券等形式支付价款的，网络商品销售者在消费者退还商品后应当以相应形式返还消费者。对积分、代金券、优惠券的使用和返还有约定的，可以从其约定。

第十六条　消费者购买商品时采用信用卡支付方式并支付手续费的，网络商品销售者退款时可以不退回手续费。

消费者购买商品时采用信用卡支付方式并被网络商品销售者免除手续费的，网络商品销售者可以在退款时扣除手续费。

第十七条　退货价款以消费者实际支出的价款为准。

套装或者满减优惠活动中的部分商品退货，导致不能再享受优惠的，根据购买时各商品价格进行结算，多退少补。

第十八条　商品退回所产生的运费依法由消费者承担。经营者与消费者另有约定的，按照约定。

消费者参加满足一定条件免运费活动，但退货后已不能达到免运费活动要求的，网络商品销售者在退款时可以扣除运费。

第十九条　网络商品销售者可以与消费者约定退货方式，但不应当限制消费者的退货方式。

网络商品销售者可以免费上门取货，也可以征得消费者同意后有偿上门取货。

第四章　特别规定

第二十条　网络商品销售者应当采取技术手段或者其他

措施,对于本办法第六条规定的不适用七日无理由退货的商品进行明确标注。

符合本办法第七条规定的商品,网络商品销售者应当在商品销售必经流程中设置显著的确认程序,供消费者对单次购买行为进行确认。如无确认,网络商品销售者不得拒绝七日无理由退货。

第二十一条 网络交易平台提供者应当与其平台上的网络商品销售者订立协议,明确双方七日无理由退货各自的权利、义务和责任。

第二十二条 网络交易平台提供者应当依法建立、完善其平台七日无理由退货规则以及配套的消费者权益保护有关制度,在其首页显著位置持续公示,并保证消费者能够便利、完整地阅览和下载。

第二十三条 网络交易平台提供者应当对其平台上的网络商品销售者履行七日无理由退货义务建立检查监控制度,发现有违反相关法律、法规、规章的,应当及时采取制止措施,并向网络交易平台提供者或者网络商品销售者所在地市场监督管理部门报告,必要时可以停止对其提供平台服务。

第二十四条 网络交易平台提供者应当建立消费纠纷和解和消费维权自律制度。消费者在网络交易平台上购买商品,因退货而发生消费纠纷或其合法权益受到损害时,要求网络交易平台提供者调解的,网络交易平台提供者应当调解;消费者通过其他渠道维权的,网络交易平台提供者应当向消费者提供其平台上的网络商品销售者的真实名称、地址和有效联系方式,积极协助消费者维护自身合法权益。

第二十五条 网络商品销售者应当建立完善的七日无理由退货商品检验和处理程序。

对能够完全恢复到初始销售状态的七日无理由退货商品,可以作为全新商品再次销售;对不能够完全恢复到初始销售状态的七日无理由退货商品而再次销售的,应当通过显著的方式将商品的实际情况明确标注。

第五章 监督检查

第二十六条 市场监督管理部门应当加强对网络商品销售者和网络交易平台提供者经营行为的监督检查,督促和引导其建立健全经营者首问和赔偿先付制度,依法履行网络购买商品七日无理由退货义务。

第二十七条 市场监督管理部门应当及时受理和依法处理消费者有关七日无理由退货的投诉、举报。

第二十八条 市场监督管理部门应当依照公正、公开、及时的原则,综合运用建议、约谈、示范等方式,加强对网络商品销售者和网络交易平台提供者履行七日无理由退货法定义务的行政指导。

第二十九条 市场监督管理部门在对网络商品交易的监督检查中,发现经营者存在拒不履行七日无理由退货义务,侵害消费者合法权益行为的,应当依法进行查处,同时将相关处罚信息计入信用档案,向社会公布。

第六章 法律责任

第三十条 网络商品销售者违反本办法第六条、第七条规定,擅自扩大不适用七日无理由退货的商品范围的,按照《消费者权益保护法》第五十六条第一款第(八)项规定予以处罚。

第三十一条 网络商品销售者违反本办法规定,有下列情形之一的,依照《消费者权益保护法》第五十六条第一款第(八)项规定予以处罚:

(一)未经消费者在购买时确认,擅自以商品不适用七日无理由退货为由拒绝退货,或者以消费者已拆封、查验影响商品完好为由拒绝退货的;

(二)自收到消费者退货要求之日起超过十五日未办理退货手续,或者未向消费者提供真实、准确的退货地址、退货联系人等有效联系信息,致使消费者无法办理退货手续的;

(三)在收到退回商品之日起超过十五日未向消费者返还已支付的商品价款的。

第三十二条 网络交易平台提供者违反本办法第二十二条规定的,依照《电子商务法》第八十一条第一款第(一)项规定予以处罚。

第三十三条 网络商品销售者违反本办法第二十五条规定,销售不能够完全恢复到初始状态的无理由退货商品,且未通过显著的方式明确标注商品实际情况的,违反其他法律、行政法规的,依照有关法律、行政法规的规定处罚;法律、行政法规未作规定的,予以警告,责令改正,并处一万元以上三万元以下的罚款。

第三十四条 网络交易平台提供者拒绝协助市场监督管理部门对涉嫌违法行为采取措施、开展调查的,予以警告,责令改正;拒不改正的,处三万元以下的罚款。

第七章 附 则

第三十五条 网络商品销售者提供的商品不符合质量要求,消费者要求退货的,适用《消费者权益保护法》第二十四条以及其他相关规定。

第三十六条 经营者采用电视、电话、邮购等方式销售商品,依照本办法执行。

第三十七条 本办法由国家市场监督管理总局负责解释。

第三十八条 本办法自 2017 年 3 月 15 日起施行。

网络交易监督管理办法

1. 2021年3月15日国家市场监督管理总局令第37号公布
2. 自2021年5月1日起施行

第一章　总　　则

第一条　为了规范网络交易活动，维护网络交易秩序，保障网络交易各方主体合法权益，促进数字经济持续健康发展，根据有关法律、行政法规，制定本办法。

第二条　在中华人民共和国境内，通过互联网等信息网络（以下简称通过网络）销售商品或者提供服务的经营活动以及市场监督管理部门对其进行监督管理，适用本办法。

在网络社交、网络直播等信息网络活动中销售商品或者提供服务的经营活动，适用本办法。

第三条　网络交易经营者从事经营活动，应当遵循自愿、平等、公平、诚信原则，遵守法律、法规、规章和商业道德、公序良俗，公平参与市场竞争，认真履行法定义务，积极承担主体责任，接受社会各界监督。

第四条　网络交易监督管理坚持鼓励创新、包容审慎、严守底线、线上线下一体化监管的原则。

第五条　国家市场监督管理总局负责组织指导全国网络交易监督管理工作。

县级以上地方市场监督管理部门负责本行政区域内的网络交易监督管理工作。

第六条　市场监督管理部门引导网络交易经营者、网络交易行业组织、消费者组织、消费者共同参与网络交易市场治理，推动完善多元参与、有效协同、规范有序的网络交易市场治理体系。

第二章　网络交易经营者

第一节　一般规定

第七条　本办法所称网络交易经营者，是指组织、开展网络交易活动的自然人、法人和非法人组织，包括网络交易平台经营者、平台内经营者、自建网站经营者以及通过其他网络服务开展网络交易活动的网络交易经营者。

本办法所称网络交易平台经营者，是指在网络交易活动中为交易双方或者多方提供网络经营场所、交易撮合、信息发布等服务，供交易双方或者多方独立开展网络交易活动的法人或者非法人组织。

本办法所称平台内经营者，是指通过网络交易平台开展网络交易活动的网络交易经营者。

网络社交、网络直播等网络服务提供者为经营者提供网络经营场所、商品浏览、订单生成、在线支付等网络交易平台服务的，应当依法履行网络交易平台经营者的义务。通过上述网络交易平台服务开展网络交易活动的经营者，应当依法履行平台内经营者的义务。

第八条　网络交易经营者不得违反法律、法规、国务院决定的规定，从事无证无照经营。除《中华人民共和国电子商务法》第十条规定的不需要进行登记的情形外，网络交易经营者应当依法办理市场主体登记。

个人通过网络从事保洁、洗涤、缝纫、理发、搬家、配制钥匙、管道疏通、家电家具修理修配等依法无须取得许可的便民劳务活动，依照《中华人民共和国电子商务法》第十条的规定不需要进行登记。

个人从事网络交易活动，年交易额累计不超过10万元的，依照《中华人民共和国电子商务法》第十条的规定不需要进行登记。同一经营者在同一平台或者不同平台开设多家网店的，各网店交易额合并计算。个人从事的零星小额交易须依法取得行政许可的，应当依法办理市场主体登记。

第九条　仅通过网络开展经营活动的平台内经营者申请登记为个体工商户的，可以将网络经营场所登记为经营场所，将经常居住地登记为住所，其住所所在地的县、自治县、不设区的市、市辖区市场监督管理部门为其登记机关。同一经营者有两个以上网络经营场所的，应当一并登记。

第十条　平台内经营者申请将网络经营场所登记为经营场所的，由其入驻的网络交易平台为其出具符合登记机关要求的网络经营场所相关材料。

第十一条　网络交易经营者销售的商品或者提供的服务应当符合保障人身、财产安全的要求和环境保护要求，不得销售或者提供法律、行政法规禁止交易，损害国家利益和社会公共利益，违背公序良俗的商品或者服务。

第十二条　网络交易经营者应当在其网站首页或者从事经营活动的主页面显著位置，持续公示经营者主体信息或者该信息的链接标识。鼓励网络交易经营者链接到国家市场监督管理总局电子营业执照亮照系统，公示其营业执照信息。

已经办理市场主体登记的网络交易经营者应当如实公示下列营业执照信息以及与其经营业务有关的行政许可等信息，或者该信息的链接标识：

（一）企业应当公示其营业执照登载的统一社会信用代码、名称、企业类型、法定代表人（负责人）、住

所、注册资本(出资额)等信息;

(二)个体工商户应当公示其营业执照登载的统一社会信用代码、名称、经营者姓名、经营场所、组成形式等信息;

(三)农民专业合作社、农民专业合作社联合社应当公示其营业执照登载的统一社会信用代码、名称、法定代表人、住所、成员出资总额等信息。

依照《中华人民共和国电子商务法》第十条规定不需要进行登记的经营者应当根据自身实际经营活动类型,如实公示以下自我声明以及实际经营地址、联系方式等信息,或者该信息的链接标识:

(一)"个人销售自产农副产品,依法不需要办理市场主体登记";

(二)"个人销售家庭手工业产品,依法不需要办理市场主体登记";

(三)"个人利用自己的技能从事依法无须取得许可的便民劳务活动,依法不需要办理市场主体登记";

(四)"个人从事零星小额交易活动,依法不需要办理市场主体登记"。

网络交易经营者公示的信息发生变更的,应当在十个工作日内完成更新公示。

第十三条 网络交易经营者收集、使用消费者个人信息,应当遵循合法、正当、必要的原则,明示收集、使用信息的目的、方式和范围,并经消费者同意。网络交易经营者收集、使用消费者个人信息,应当公开其收集、使用规则,不得违反法律、法规的规定和双方的约定收集、使用信息。

网络交易经营者不得采用一次概括授权、默认授权、与其他授权捆绑、停止安装使用等方式,强迫或者变相强迫消费者同意收集、使用与经营活动无直接关系的信息。收集、使用个人生物特征、医疗健康、金融账户、个人行踪等敏感信息的,应当逐项取得消费者同意。

网络交易经营者及其工作人员应当对收集的个人信息严格保密,除依法配合监管执法活动外,未经被收集者授权同意,不得向包括关联方在内的任何第三方提供。

第十四条 网络交易经营者不得违反《中华人民共和国反不正当竞争法》等规定,实施扰乱市场竞争秩序,损害其他经营者或者消费者合法权益的不正当竞争行为。

网络交易经营者不得以下列方式,作虚假或者引人误解的商业宣传,欺骗、误导消费者:

(一)虚构交易、编造用户评价;

(二)采用误导性展示等方式,将好评前置、差评后置,或者不显著区分不同商品或者服务的评价等;

(三)采用谎称现货、虚构预订、虚假抢购等方式进行虚假营销;

(四)虚构点击量、关注度等流量数据,以及虚构点赞、打赏等交易互动数据。

网络交易经营者不得实施混淆行为,引人误认为是他人商品、服务或者与他人存在特定联系。

网络交易经营者不得编造、传播虚假信息或者误导性信息,损害竞争对手的商业信誉、商品声誉。

第十五条 消费者评价中包含法律、行政法规、规章禁止发布或者传输的信息的,网络交易经营者可以依法予以技术处理。

第十六条 网络交易经营者未经消费者同意或者请求,不得向其发送商业性信息。

网络交易经营者发送商业性信息时,应当明示其真实身份和联系方式,并向消费者提供显著、简便、免费的拒绝继续接收的方式。消费者明确表示拒绝的,应当立即停止发送,不得更换名义后再次发送。

第十七条 网络交易经营者以直接捆绑或者提供多种可选项方式向消费者搭售商品或者服务的,应当以显著方式提醒消费者注意。提供多种可选项方式的,不得将搭售商品或者服务的任何选项设定为消费者默认同意,不得将消费者以往交易中选择的选项在后续独立交易中设定为消费者默认选择。

第十八条 网络交易经营者采取自动展期、自动续费等方式提供服务的,应当在消费者接受服务前和自动展期、自动续费等日期前五日,以显著方式提请消费者注意,由消费者自主选择;在服务期间内,应当为消费者提供显著、简便的随时取消或者变更的选项,并不得收取不合理费用。

第十九条 网络交易经营者应当全面、真实、准确、及时地披露商品或者服务信息,保障消费者的知情权和选择权。

第二十条 通过网络社交、网络直播等网络服务开展网络交易活动的网络交易经营者,应当以显著方式展示商品或者服务及其实际经营主体、售后服务等信息,或者上述信息的链接标识。

网络直播服务提供者对网络交易活动的直播视频保存时间自直播结束之日起不少于三年。

第二十一条 网络交易经营者向消费者提供商品或者服务使用格式条款、通知、声明等的,应当以显著方式提请消费者注意与消费者有重大利害关系的内容，并按照消费者的要求予以说明，不得作出含有下列内容的规定：

（一）免除或者部分免除网络交易经营者对其所提供的商品或者服务应当承担的修理、重作、更换、退货、补足商品数量、退还货款和服务费用、赔偿损失等责任；

（二）排除或者限制消费者提出修理、更换、退货、赔偿损失以及获得违约金和其他合理赔偿的权利；

（三）排除或者限制消费者依法投诉、举报、请求调解、申请仲裁、提起诉讼的权利；

（四）排除或者限制消费者依法变更或者解除合同的权利；

（五）规定网络交易经营者单方享有解释权或者最终解释权；

（六）其他对消费者不公平、不合理的规定。

第二十二条 网络交易经营者应当按照国家市场监督管理总局及其授权的省级市场监督管理部门的要求，提供特定时段、特定品类、特定区域的商品或者服务的价格、销量、销售额等数据信息。

第二十三条 网络交易经营者自行终止从事网络交易活动的，应当提前三十日在其网站首页或者从事经营活动的主页面显著位置，持续公示终止网络交易活动公告等有关信息，并采取合理、必要、及时的措施保障消费者和相关经营者的合法权益。

第二节 网络交易平台经营者

第二十四条 网络交易平台经营者应当要求申请进入平台销售商品或者提供服务的经营者提交其身份、地址、联系方式、行政许可等真实信息，进行核验、登记，建立登记档案，并至少每六个月核验更新一次。

网络交易平台经营者应当对未办理市场主体登记的平台内经营者进行动态监测，对超过本办法第八条第三款规定额度的，及时提醒其依法办理市场主体登记。

第二十五条 网络交易平台经营者应当依照法律、行政法规的规定，向市场监督管理部门报送有关信息。

网络交易平台经营者应当分别于每年1月和7月向住所地省级市场监督管理部门报送平台内经营者的下列身份信息：

（一）已办理市场主体登记的平台内经营者的名称（姓名）、统一社会信用代码、实际经营地址、联系方式、网店名称以及网址链接等信息；

（二）未办理市场主体登记的平台内经营者的姓名、身份证件号码、实际经营地址、联系方式、网店名称以及网址链接、属于依法不需要办理市场主体登记的具体情形的自我声明等信息；其中，对超过本办法第八条第三款规定额度的平台内经营者进行特别标示。

鼓励网络交易平台经营者与市场监督管理部门建立开放数据接口等形式的自动化信息报送机制。

第二十六条 网络交易平台经营者应当为平台内经营者依法履行信息公示义务提供技术支持。平台内经营者公示的信息发生变更的，应当在三个工作日内将变更情况报送平台，平台应当在七个工作日内进行核验，完成更新公示。

第二十七条 网络交易平台经营者应当以显著方式区分标记已办理市场主体登记的经营者和未办理市场主体登记的经营者，确保消费者能够清晰辨认。

第二十八条 网络交易平台经营者修改平台服务协议和交易规则的，应当完整保存修改后的版本生效之日前三年的全部历史版本，并保证经营者和消费者能够便利、完整地阅览和下载。

第二十九条 网络交易平台经营者应当对平台内经营者及其发布的商品或者服务信息建立检查监控制度。网络交易平台经营者发现平台内的商品或者服务信息有违反市场监督管理法律、法规、规章，损害国家利益和社会公共利益，违背公序良俗的，应当依法采取必要的处置措施，保存有关记录，并向平台住所地县级以上市场监督管理部门报告。

第三十条 网络交易平台经营者依据法律、法规、规章的规定或者平台服务协议和交易规则对平台内经营者违法行为采取警示、暂停或者终止服务等处理措施的，应当自决定作出处理措施之日起一个工作日内予以公示，载明平台内经营者的网店名称、违法行为、处理措施等信息。警示、暂停服务等短期处理措施的相关信息应当持续公示至处理措施实施期满之日止。

第三十一条 网络交易平台经营者对平台内经营者身份信息的保存时间自其退出平台之日起不少于三年；对商品或者服务信息，支付记录、物流快递、退换货以及售后等交易信息的保存时间自交易完成之日起不少于三年。法律、行政法规另有规定的，依照其规定。

第三十二条 网络交易平台经营者不得违反《中华人民共和国电子商务法》第三十五条的规定，对平台内经营者在平台内的交易、交易价格以及与其他经营者的交易等进行不合理限制或者附加不合理条件，干涉平台内经营者的自主经营。具体包括：

（一）通过搜索降权、下架商品、限制经营、屏蔽店铺、提高服务收费等方式，禁止或者限制平台内经营者自主选择在多个平台开展经营活动，或者利用不正当手段限制其仅在特定平台开展经营活动；

（二）禁止或者限制平台内经营者自主选择快递物流等交易辅助服务提供者；

（三）其他干涉平台内经营者自主经营的行为。

第三章　监督管理

第三十三条　县级以上地方市场监督管理部门应当在日常管理和执法活动中加强协同配合。

网络交易平台经营者住所地省级市场监督管理部门应当根据工作需要，及时将掌握的平台内经营者身份信息与其实际经营地的省级市场监督管理部门共享。

第三十四条　市场监督管理部门在依法开展监督检查、案件调查、事故处置、缺陷消费品召回、消费争议处理等监管执法活动时，可以要求网络交易平台经营者提供有关的平台内经营者身份信息，商品或者服务信息，支付记录、物流快递、退换货以及售后等交易信息。网络交易平台经营者应当提供，并在技术方面积极配合市场监督管理部门开展网络交易违法行为监测工作。

为网络交易经营者提供宣传推广、支付结算、物流快递、网络接入、服务器托管、虚拟主机、云服务、网站网页设计制作等服务的经营者（以下简称其他服务提供者），应当及时协助市场监督管理部门依法查处网络交易违法行为，提供其掌握的有关数据信息。法律、行政法规另有规定的，依照其规定。

市场监督管理部门发现网络交易经营者有违法行为，依法要求网络交易平台经营者、其他服务提供者采取措施制止的，网络交易平台经营者、其他服务提供者应当予以配合。

第三十五条　市场监督管理部门对涉嫌违法的网络交易行为进行查处时，可以依法采取下列措施：

（一）对与涉嫌违法的网络交易行为有关的场所进行现场检查；

（二）查阅、复制与涉嫌违法的网络交易行为有关的合同、票据、账簿等有关资料；

（三）收集、调取、复制与涉嫌违法的网络交易行为有关的电子数据；

（四）询问涉嫌从事违法的网络交易行为的当事人；

（五）向与涉嫌违法的网络交易行为有关的自然人、法人和非法人组织调查了解有关情况；

（六）法律、法规规定可以采取的其他措施。

采取前款规定的措施，依法需要报经批准的，应当办理批准手续。

市场监督管理部门对网络交易违法行为的技术监测记录资料，可以作为实施行政处罚或者采取行政措施的电子数据证据。

第三十六条　市场监督管理部门应当采取必要措施保护网络交易经营者提供的数据信息的安全，并对其中的个人信息、隐私和商业秘密严格保密。

第三十七条　市场监督管理部门依法对网络交易经营者实施信用监管，将网络交易经营者的注册登记、备案、行政许可、抽查检查结果、行政处罚、列入经营异常名录和严重违法失信企业名单等信息，通过国家企业信用信息公示系统统一归集并公示。对存在严重违法失信行为的，依法实施联合惩戒。

前款规定的信息还可以通过市场监督管理部门官方网站、网络搜索引擎、经营者从事经营活动的主页面显著位置等途径公示。

第三十八条　网络交易经营者未依法履行法定责任和义务，扰乱或者可能扰乱网络交易秩序，影响消费者合法权益的，市场监督管理部门可以依职责对其法定代表人或者主要负责人进行约谈，要求其采取措施进行整改。

第四章　法律责任

第三十九条　法律、行政法规对网络交易违法行为的处罚已有规定的，依照其规定。

第四十条　网络交易平台经营者违反本办法第十条，拒不为入驻的平台内经营者出具网络经营场所相关材料的，由市场监督管理部门责令限期改正；逾期不改正的，处一万元以上三万元以下罚款。

第四十一条　网络交易经营者违反本办法第十一条、第十三条、第十六条、第十八条，法律、行政法规有规定的，依照其规定；法律、行政法规没有规定的，由市场监督管理部门依职责责令限期改正，可以处五千元以上三万元以下罚款。

第四十二条　网络交易经营者违反本办法第十二条、第二十三条，未履行法定信息公示义务的，依照《中华人民共和国电子商务法》第七十六条的规定进行处罚。对其中的网络交易平台经营者，依照《中华人民共和国电子商务法》第八十一条第一款的规定进行处罚。

第四十三条　网络交易经营者违反本办法第十四条的，依照《中华人民共和国反不正当竞争法》的相关规定进行处罚。

第四十四条　网络交易经营者违反本办法第十七条的，

依照《中华人民共和国电子商务法》第七十七条的规定进行处罚。

第四十五条　网络交易经营者违反本办法第二十条，法律、行政法规有规定的，依照其规定；法律、行政法规没有规定的，由市场监督管理部门责令限期改正；逾期不改正的，处一万元以下罚款。

第四十六条　网络交易经营者违反本办法第二十二条的，由市场监督管理部门责令限期改正；逾期不改正的，处五千元以上三万元以下罚款。

第四十七条　网络交易平台经营者违反本办法第二十四条第一款、第二十五条第二款、第三十一条，不履行法定核验、登记义务，有关信息报送义务，商品和服务信息、交易信息保存义务的，依照《中华人民共和国电子商务法》第八十条的规定进行处罚。

第四十八条　网络交易平台经营者违反本办法第二十七条、第二十八条、第三十条的，由市场监督管理部门责令限期改正；逾期不改正的，处一万元以上三万元以下罚款。

第四十九条　网络交易平台经营者违反本办法第二十九条，法律、行政法规有规定的，依照其规定；法律、行政法规没有规定的，由市场监督管理部门依职责责令限期改正，可以处一万元以上三万元以下罚款。

第五十条　网络交易平台经营者违反本办法第三十二条的，依照《中华人民共和国电子商务法》第八十二条的规定进行处罚。

第五十一条　网络交易经营者销售商品或者提供服务，不履行合同义务或者履行合同义务不符合约定，或者造成他人损害的，依法承担民事责任。

第五十二条　网络交易平台经营者知道或者应当知道平台内经营者销售的商品或者提供的服务不符合保障人身、财产安全的要求，或者有其他侵害消费者合法权益行为，未采取必要措施的，依法与该平台内经营者承担连带责任。

对关系消费者生命健康的商品或者服务，网络交易平台经营者对平台内经营者的资质资格未尽到审核义务，或者对消费者未尽到安全保障义务，造成消费者损害的，依法承担相应的责任。

第五十三条　对市场监督管理部门依法开展的监管执法活动，拒绝依照本办法规定提供有关材料、信息，或者提供虚假材料、信息，或者隐匿、销毁、转移证据，或者有其他拒绝、阻碍监管执法行为，法律、行政法规、其他市场监督管理部门规章有规定的，依照其规定；法律、行政法规、其他市场监督管理部门规章没有规定的，由市场监督管理部门责令改正，可以处五千元以上三万元以下罚款。

第五十四条　市场监督管理部门的工作人员，玩忽职守、滥用职权、徇私舞弊，或者泄露、出售或者非法向他人提供在履行职责中所知悉的个人信息、隐私和商业秘密的，依法追究法律责任。

第五十五条　违反本办法规定，构成犯罪的，依法追究刑事责任。

第五章　附　　则

第五十六条　本办法自2021年5月1日起施行。2014年1月26日原国家工商行政管理总局令第60号公布的《网络交易管理办法》同时废止。

网络食品安全违法行为查处办法

1. 2016年7月13日国家食品药品监督管理总局令第27号公布

2. 根据2021年4月2日国家市场监督管理总局令第38号《关于废止和修改部分规章的决定》修正

第一章　总　　则

第一条　为依法查处网络食品安全违法行为，加强网络食品安全监督管理，保证食品安全，根据《中华人民共和国食品安全法》等法律法规，制定本办法。

第二条　在中华人民共和国境内网络食品交易第三方平台提供者以及通过第三方平台或者自建的网站进行交易的食品生产经营者（以下简称入网食品生产经营者）违反食品安全法律、法规、规章或者食品安全标准行为的查处，适用本办法。

第三条　国家市场监督管理总局负责监督指导全国网络食品安全违法行为查处工作。

县级以上地方市场监督管理部门负责本行政区域内网络食品安全违法行为查处工作。

第四条　网络食品交易第三方平台提供者和入网食品生产经营者应当履行法律、法规和规章规定的食品安全义务。

网络食品交易第三方平台提供者和入网食品生产经营者应当对网络食品安全信息的真实性负责。

第五条　网络食品交易第三方平台提供者和入网食品生产经营者应当配合市场监督管理部门对网络食品安全违法行为的查处，按照市场监督管理部门的要求提供网络食品交易相关数据和信息。

第六条　鼓励网络食品交易第三方平台提供者和入网食

品生产经营者开展食品安全法律、法规以及食品安全标准和食品安全知识的普及工作。

第七条 任何组织或者个人均可向市场监督管理部门举报网络食品安全违法行为。

第二章 网络食品安全义务

第八条 网络食品交易第三方平台提供者应当在通信主管部门批准后30个工作日内,向所在地省级市场监督管理部门备案,取得备案号。

通过自建网站交易的食品生产经营者应当在通信主管部门批准后30个工作日内,向所在地市、县级市场监督管理部门备案,取得备案号。

省级和市、县级市场监督管理部门应当自完成备案后7个工作日内向社会公开相关备案信息。

备案信息包括域名、IP地址、电信业务经营许可证、企业名称、法定代表人或者负责人姓名、备案号等。

第九条 网络食品交易第三方平台提供者和通过自建网站交易的食品生产经营者应当具备数据备份、故障恢复等技术条件,保障网络食品交易数据和资料的可靠性与安全性。

第十条 网络食品交易第三方平台提供者应当建立入网食品生产经营者审查登记、食品安全自查、食品安全违法行为制止及报告、严重违法行为平台服务停止、食品安全投诉举报处理等制度,并在网络平台上公开。

第十一条 网络食品交易第三方平台提供者应当对入网食品生产经营者食品生产经营许可证、入网食品添加剂生产企业生产许可证等材料进行审查,如实记录并及时更新。

网络食品交易第三方平台提供者应当对入网食用农产品生产经营者营业执照、入网食品添加剂经营者营业执照以及入网交易食用农产品的个人的身份证号码、住址、联系方式等信息进行登记,如实记录并及时更新。

第十二条 网络食品交易第三方平台提供者应当建立入网食品生产经营者档案,记录入网食品生产经营者的基本情况、食品安全管理人员等信息。

第十三条 网络食品交易第三方平台提供者和通过自建网站交易食品的生产经营者应当记录、保存食品交易信息,保存时间不得少于产品保质期满后6个月;没有明确保质期的,保存时间不得少于2年。

第十四条 网络食品交易第三方平台提供者应当设置专门的网络食品安全管理机构或者指定专职食品安全管理人员,对平台上的食品经营行为及信息进行检查。

网络食品交易第三方平台提供者发现存在食品安全违法行为的,应当及时制止,并向所在地县级市场监督管理部门报告。

第十五条 网络食品交易第三方平台提供者发现入网食品生产经营者有下列严重违法行为之一的,应当停止向其提供网络交易平台服务:

(一)入网食品生产经营者因涉嫌食品安全犯罪被立案侦查或者提起公诉的;

(二)入网食品生产经营者因食品安全相关犯罪被人民法院判处刑罚的;

(三)入网食品生产经营者因食品安全违法行为被公安机关拘留或者给予其他治安管理处罚的;

(四)入网食品生产经营者被市场监督管理部门依法作出吊销许可证、责令停产停业等处罚的。

第十六条 入网食品生产经营者应当依法取得许可,入网食品生产者应当按照许可的类别范围销售食品,入网食品经营者应当按照许可的经营项目范围从事食品经营。法律、法规规定不需要取得食品生产经营许可的除外。

取得食品生产许可的食品生产者,通过网络销售其生产的食品,不需要取得食品经营许可。取得食品经营许可的食品经营者通过网络销售其制作加工的食品,不需要取得食品生产许可。

第十七条 入网食品生产经营者不得从事下列行为:

(一)网上刊载的食品名称、成分或者配料表、产地、保质期、贮存条件,生产者名称、地址等信息与食品标签或者标识不一致。

(二)网上刊载的非保健食品信息明示或者暗示具有保健功能;网上刊载的保健食品的注册证书或者备案凭证等信息与注册或者备案信息不一致。

(三)网上刊载的婴幼儿配方乳粉产品信息明示或者暗示具有益智、增加抵抗力、提高免疫力、保护肠道等功能或者保健作用。

(四)对在贮存、运输、食用等方面有特殊要求的食品,未在网上刊载的食品信息中予以说明和提示。

(五)法律、法规规定禁止从事的其他行为。

第十八条 通过第三方平台进行交易的食品生产经营者应当在其经营活动主页面显著位置公示其食品生产经营许可证。通过自建网站交易的食品生产经营者应当在其网站首页显著位置公示营业执照、食品生产经营许可证。

餐饮服务提供者还应当同时公示其餐饮服务食品安全监督量化分级管理信息。相关信息应当画面清晰,容易辨识。

第十九条 入网销售保健食品、特殊医学用途配方食品、婴幼儿配方乳粉的食品生产经营者，除依照本办法第十八条的规定公示相关信息外，还应当依法公示产品注册证书或者备案凭证，持有广告审查批准文号的还应当公示广告审查批准文号，并链接至市场监督管理部门网站对应的数据查询页面。保健食品还应当显著标明“本品不能代替药物”。

特殊医学用途配方食品中特定全营养配方食品不得进行网络交易。

第二十条 网络交易的食品有保鲜、保温、冷藏或者冷冻等特殊贮存条件要求的，入网食品生产经营者应当采取能够保证食品安全的贮存、运输措施，或者委托具备相应贮存、运输能力的企业贮存、配送。

第三章 网络食品安全违法行为查处管理

第二十一条 对网络食品交易第三方平台提供者食品安全违法行为的查处，由网络食品交易第三方平台提供者所在地县级以上地方市场监督管理部门管辖。

对网络食品交易第三方平台提供者分支机构的食品安全违法行为的查处，由网络食品交易第三方平台提供者所在地或者分支机构所在地县级以上地方市场监督管理部门管辖。

对入网食品生产经营者食品安全违法行为的查处，由入网食品生产经营者所在地或者生产经营场所所在地县级以上地方市场监督管理部门管辖；对应当取得食品生产经营许可而没有取得许可的违法行为的查处，由入网食品生产经营者所在地、实际生产经营地县级以上地方市场监督管理部门管辖。

因网络食品交易引发食品安全事故或者其他严重危害后果的，也可以由网络食品安全违法行为发生地或者违法行为结果地的县级以上地方市场监督管理部门管辖。

第二十二条 两个以上市场监督管理部门都有管辖权的网络食品安全违法案件，由最先立案查处的市场监督管理部门管辖。对管辖有争议的，由双方协商解决。协商不成的，报请共同的上一级市场监督管理部门指定管辖。

第二十三条 消费者因网络食品安全违法问题进行投诉举报的，由网络食品交易第三方平台提供者所在地、入网食品生产经营者所在地或者生产经营场所所在地等县级以上地方市场监督管理部门处理。

第二十四条 县级以上地方市场监督管理部门，对网络食品安全违法行为进行调查处理时，可以行使下列职权：

（一）进入当事人网络食品交易场所实施现场检查；

（二）对网络交易的食品进行抽样检验；

（三）询问有关当事人，调查其从事网络食品交易行为的相关情况；

（四）查阅、复制当事人的交易数据、合同、票据、账簿以及其他相关资料；

（五）调取网络交易的技术监测、记录资料；

（六）法律、法规规定可以采取的其他措施。

第二十五条 县级以上市场监督管理部门通过网络购买样品进行检验的，应当按照相关规定填写抽样单，记录抽检样品的名称、类别以及数量，购买样品的人员以及付款账户、注册账号、收货地址、联系方式，并留存相关票据。买样人员应当对网络购买样品包装等进行查验，对样品和备份样品分别封样，并采取拍照或者录像等手段记录拆封过程。

第二十六条 检验结果不符合食品安全标准的，市场监督管理部门应当按照有关规定及时将检验结果通知被抽样的入网食品生产经营者。入网食品生产经营者应当采取停止生产经营、封存不合格食品等措施，控制食品安全风险。

通过网络食品交易第三方平台购买样品的，应当同时将检验结果通知网络食品交易第三方平台提供者。网络食品交易第三方平台提供者应当依法制止不合格食品的销售。

入网食品生产经营者联系方式不详的，网络食品交易第三方平台提供者应当协助通知。入网食品生产经营者无法联系的，网络食品交易第三方平台提供者应当停止向其提供网络食品交易平台服务。

第二十七条 网络食品交易第三方平台提供者和入网食品生产经营者有下列情形之一的，县级以上市场监督管理部门可以对其法定代表人或者主要负责人进行责任约谈：

（一）发生食品安全问题，可能引发食品安全风险蔓延的；

（二）未及时妥善处理投诉举报的食品安全问题，可能存在食品安全隐患的；

（三）未及时采取有效措施排查、消除食品安全隐患，落实食品安全责任的；

（四）县级以上市场监督管理部门认为需要进行责任约谈的其他情形。

责任约谈不影响市场监督管理部门依法对其进行行政处理，责任约谈情况及后续处理情况应当向社会公开。

被约谈者无正当理由未按照要求落实整改的，县级以上地方市场监督管理部门应当增加监督检查频次。

第四章 法律责任

第二十八条 食品安全法等法律法规对网络食品安全违法行为已有规定的，从其规定。

第二十九条 违反本办法第八条规定，网络食品交易第三方平台提供者和通过自建网站交易的食品生产经营者未履行相应备案义务的，由县级以上地方市场监督管理部门责令改正，给予警告；拒不改正的，处5000元以上3万元以下罚款。

第三十条 违反本办法第九条规定，网络食品交易第三方平台提供者和通过自建网站交易的食品生产经营者不具备数据备份、故障恢复等技术条件，不能保障网络食品交易数据和资料的可靠性与安全性的，由县级以上地方市场监督管理部门责令改正，给予警告；拒不改正的，处3万元罚款。

第三十一条 违反本办法第十条规定，网络食品交易第三方平台提供者未按要求建立入网食品生产经营者审查登记、食品安全自查、食品安全违法行为制止及报告、严重违法行为平台服务停止、食品安全投诉举报处理等制度的或者未公开以上制度的，由县级以上地方市场监督管理部门责令改正，给予警告；拒不改正的，处5000元以上3万元以下罚款。

第三十二条 违反本办法第十一条规定，网络食品交易第三方平台提供者未对入网食品生产经营者的相关材料及信息进行审查登记、如实记录并更新的，由县级以上地方市场监督管理部门依照食品安全法第一百三十一条的规定处罚。

第三十三条 违反本办法第十二条规定，网络食品交易第三方平台提供者未建立入网食品生产经营者档案、记录入网食品生产经营者相关信息的，由县级以上地方市场监督管理部门责令改正，给予警告；拒不改正的，处5000元以上3万元以下罚款。

第三十四条 违反本办法第十三条规定，网络食品交易第三方平台提供者未按要求记录、保存食品交易信息的，由县级以上地方市场监督管理部门责令改正，给予警告；拒不改正的，处5000元以上3万元以下罚款。

第三十五条 违反本办法第十四条规定，网络食品交易第三方平台提供者未设置专门的网络食品安全管理机构或者指定专职食品安全管理人员对平台上的食品安全经营行为及信息进行检查的，由县级以上地方市场监督管理部门责令改正，给予警告；拒不改正的，处5000元以上3万元以下罚款。

第三十六条 违反本办法第十五条规定，网络食品交易第三方平台提供者发现入网食品生产经营者有严重违法行为未停止提供网络交易平台服务的，由县级以上地方市场监督管理部门依照食品安全法第一百三十一条的规定处罚。

第三十七条 网络食品交易第三方平台提供者未履行相关义务，导致发生下列严重后果之一的，由县级以上地方市场监督管理部门依照食品安全法第一百三十一条的规定责令停业，并将相关情况移送通信主管部门处理：

（一）致人死亡或者造成严重人身伤害的；

（二）发生较大级别以上食品安全事故的；

（三）发生较为严重的食源性疾病的；

（四）侵犯消费者合法权益，造成严重不良社会影响的；

（五）引发其他的严重后果的。

第三十八条 违反本办法第十六条规定，入网食品生产经营者未依法取得食品生产经营许可的，或者入网食品生产者超过许可的类别范围销售食品、入网食品经营者超过许可的经营项目范围从事食品经营的，依照食品安全法第一百二十二条的规定处罚。

第三十九条 入网食品生产经营者违反本办法第十七条禁止性规定的，由县级以上地方市场监督管理部门责令改正，给予警告；拒不改正的，处5000元以上3万元以下罚款。

第四十条 违反本办法第十八条规定，入网食品生产经营者未按要求进行信息公示的，由县级以上地方市场监督管理部门责令改正，给予警告；拒不改正的，处5000元以上3万元以下罚款。

第四十一条 违反本办法第十九条第一款规定，食品生产经营者未按要求公示特殊食品相关信息的，由县级以上地方市场监督管理部门责令改正，给予警告；拒不改正的，处5000元以上3万元以下罚款。

违反本办法第十九条第二款规定，食品生产经营者通过网络销售特定全营养配方食品的，由县级以上地方市场监督管理部门处3万元罚款。

第四十二条 违反本办法第二十条规定，入网食品生产经营者未按要求采取保证食品安全的贮存、运输措施，或者委托不具备相应贮存、运输能力的企业从事贮存、配送的，由县级以上地方市场监督管理部门依照食品安全法第一百三十二条的规定处罚。

第四十三条 违反本办法规定，网络食品交易第三方平台提供者、入网食品生产经营者提供虚假信息的，由县级以上地方市场监督管理部门责令改正，处1万元以上3万元以下罚款。

第四十四条　网络食品交易第三方平台提供者、入网食品生产经营者违反食品安全法规定，构成犯罪的，依法追究刑事责任。

第四十五条　市场监督管理部门工作人员不履行职责或者滥用职权、玩忽职守、徇私舞弊的，依法追究行政责任；构成犯罪的，移送司法机关，依法追究刑事责任。

第五章　附　　则

第四十六条　对食品生产加工小作坊、食品摊贩等的网络食品安全违法行为的查处，可以参照本办法执行。

第四十七条　市场监督管理部门依法对网络食品安全违法行为进行查处的，应当自行政处罚决定书作出之日起20个工作日内，公开行政处罚决定书。

第四十八条　本办法自2016年10月1日起施行。

网络安全审查办法

1. 2021年12月28日国家互联网信息办公室、国家发展和改革委员会、工业和信息化部、公安部、国家安全部、财政部、商务部、中国人民银行、国家市场监督管理总局、国家广播电视总局、中国证券监督管理委员会、国家保密局、国家密码管理局令第8号公布

2. 自2022年2月15日起施行

第一条　为了确保关键信息基础设施供应链安全，保障网络安全和数据安全，维护国家安全，根据《中华人民共和国国家安全法》、《中华人民共和国网络安全法》、《中华人民共和国数据安全法》、《关键信息基础设施安全保护条例》，制定本办法。

第二条　关键信息基础设施运营者采购网络产品和服务，网络平台运营者开展数据处理活动，影响或者可能影响国家安全的，应当按照本办法进行网络安全审查。

前款规定的关键信息基础设施运营者、网络平台运营者统称为当事人。

第三条　网络安全审查坚持防范网络安全风险与促进先进技术应用相结合、过程公正透明与知识产权保护相结合、事前审查与持续监管相结合、企业承诺与社会监督相结合，从产品和服务以及数据处理活动安全性、可能带来的国家安全风险等方面进行审查。

第四条　在中央网络安全和信息化委员会领导下，国家互联网信息办公室会同中华人民共和国国家发展和改革委员会、中华人民共和国工业和信息化部、中华人民共和国公安部、中华人民共和国国家安全部、中华人民共和国财政部、中华人民共和国商务部、中国人民银行、国家市场监督管理总局、国家广播电视总局、中国证券监督管理委员会、国家保密局、国家密码管理局建立国家网络安全审查工作机制。

网络安全审查办公室设在国家互联网信息办公室，负责制定网络安全审查相关制度规范，组织网络安全审查。

第五条　关键信息基础设施运营者采购网络产品和服务的，应当预判该产品和服务投入使用后可能带来的国家安全风险。影响或者可能影响国家安全的，应当向网络安全审查办公室申报网络安全审查。

关键信息基础设施安全保护工作部门可以制定本行业、本领域预判指南。

第六条　对于申报网络安全审查的采购活动，关键信息基础设施运营者应当通过采购文件、协议等要求产品和服务提供者配合网络安全审查，包括承诺不利用提供产品和服务的便利条件非法获取用户数据、非法控制和操纵用户设备，无正当理由不中断产品供应或者必要的技术支持服务等。

第七条　掌握超过100万用户个人信息的网络平台运营者赴国外上市，必须向网络安全审查办公室申报网络安全审查。

第八条　当事人申报网络安全审查，应当提交以下材料：

（一）申报书；

（二）关于影响或者可能影响国家安全的分析报告；

（三）采购文件、协议、拟签订的合同或者拟提交的首次公开募股（IPO）等上市申请文件；

（四）网络安全审查工作需要的其他材料。

第九条　网络安全审查办公室应当自收到符合本办法第八条规定的审查申报材料起10个工作日内，确定是否需要审查并书面通知当事人。

第十条　网络安全审查重点评估相关对象或者情形的以下国家安全风险因素：

（一）产品和服务使用后带来的关键信息基础设施被非法控制、遭受干扰或者破坏的风险；

（二）产品和服务供应中断对关键信息基础设施业务连续性的危害；

（三）产品和服务的安全性、开放性、透明性、来源的多样性，供应渠道的可靠性以及因为政治、外交、贸易等因素导致供应中断的风险；

（四）产品和服务提供者遵守中国法律、行政法规、部门规章情况；

（五）核心数据、重要数据或者大量个人信息被窃取、泄露、毁损以及非法利用、非法出境的风险；

（六）上市存在关键信息基础设施、核心数据、重要数据或者大量个人信息被外国政府影响、控制、恶意利用的风险，以及网络信息安全风险；

（七）其他可能危害关键信息基础设施安全、网络安全和数据安全的因素。

第十一条 网络安全审查办公室认为需要开展网络安全审查的，应当自向当事人发出书面通知之日起30个工作日内完成初步审查，包括形成审查结论建议和将审查结论建议发送网络安全审查工作机制成员单位、相关部门征求意见；情况复杂的，可以延长15个工作日。

第十二条 网络安全审查工作机制成员单位和相关部门应当自收到审查结论建议之日起15个工作日内书面回复意见。

网络安全审查工作机制成员单位、相关部门意见一致的，网络安全审查办公室以书面形式将审查结论通知当事人；意见不一致的，按照特别审查程序处理，并通知当事人。

第十三条 按照特别审查程序处理的，网络安全审查办公室应当听取相关单位和部门意见，进行深入分析评估，再次形成审查结论建议，并征求网络安全审查工作机制成员单位和相关部门意见，按程序报中央网络安全和信息化委员会批准后，形成审查结论并书面通知当事人。

第十四条 特别审查程序一般应当在90个工作日内完成，情况复杂的可以延长。

第十五条 网络安全审查办公室要求提供补充材料的，当事人、产品和服务提供者应当予以配合。提交补充材料的时间不计入审查时间。

第十六条 网络安全审查工作机制成员单位认为影响或者可能影响国家安全的网络产品和服务以及数据处理活动，由网络安全审查办公室按程序报中央网络安全和信息化委员会批准后，依照本办法的规定进行审查。

为了防范风险，当事人应当在审查期间按照网络安全审查要求采取预防和消减风险的措施。

第十七条 参与网络安全审查的相关机构和人员应当严格保护知识产权，对在审查工作中知悉的商业秘密、个人信息，当事人、产品和服务提供者提交的未公开材料，以及其他未公开信息承担保密义务；未经信息提供方同意，不得向无关方披露或者用于审查以外的目的。

第十八条 当事人或者网络产品和服务提供者认为审查人员有失客观公正，或者未能对审查工作中知悉的信息承担保密义务的，可以向网络安全审查办公室或者有关部门举报。

第十九条 当事人应当督促产品和服务提供者履行网络安全审查中作出的承诺。

网络安全审查办公室通过接受举报等形式加强事前事中事后监督。

第二十条 当事人违反本办法规定的，依照《中华人民共和国网络安全法》、《中华人民共和国数据安全法》的规定处理。

第二十一条 本办法所称网络产品和服务主要指核心网络设备、重要通信产品、高性能计算机和服务器、大容量存储设备、大型数据库和应用软件、网络安全设备、云计算服务，以及其他对关键信息基础设施安全、网络安全和数据安全有重要影响的网络产品和服务。

第二十二条 涉及国家秘密信息的，依照国家有关保密规定执行。

国家对数据安全审查、外商投资安全审查另有规定的，应当同时符合其规定。

第二十三条 本办法自2022年2月15日起施行。2020年4月13日公布的《网络安全审查办法》（国家互联网信息办公室、国家发展和改革委员会、工业和信息化部、公安部、国家安全部、财政部、商务部、中国人民银行、国家市场监督管理总局、国家广播电视总局、国家保密局、国家密码管理局令第6号）同时废止。

市场监管总局关于加强网络直播营销活动监管的指导意见

1. *2020年11月5日*
2. *国市监广〔2020〕175号*

各省、自治区、直辖市及新疆生产建设兵团市场监管局（厅、委）：

为加强网络直播营销活动监管，保护消费者合法权益，促进直播营销新业态健康发展，依据有关法律、行政法规和市场监管部门职责，现提出以下意见。

一、总体要求

以习近平新时代中国特色社会主义思想为指导，全面贯彻党的十九大和十九届二中、三中、四中、五中全会精神，认真落实党中央、国务院决策部署，坚持依法行政，坚持包容审慎，创新监管理念，积极探索适应新业态特点、有利于各类市场主体公平竞争的监管方式，依法查处网络直播营销活动中侵犯消费者合法权益、侵犯知识产权、破坏市场秩序等违法行为，促进网络直播营销健康发展，营造公平有序的竞争环境、安全放心的消费环境。

二、压实有关主体法律责任

（一）压实网络平台法律责任。网络平台为采用网络直播方式销售商品或提供服务的经营者提供网络经营场所、交易撮合、信息发布等服务，供交易双方或多方独立开展交易活动的，特别是网络平台开放网络直播推广服务经营者入驻功能、为采用网络直播方式推广商品或服务的经营者提供直播技术服务的，应按照《电子商务法》规定履行电子商务平台经营者的责任和义务。

网络平台为商品经营者（含服务提供者，下同）或网络直播者提供付费导流等服务，对网络直播营销活动进行宣传、推广，构成商业广告的，应按照《广告法》规定履行广告发布者或广告经营者的责任和义务。

网络平台以其他方式为其用户提供网络直播技术服务，应根据平台是否参与运营、分佣、平台对用户的控制力等具体情形，适用《电子商务法》关于电子商务平台经营者的相关责任和义务，或适用法律法规关于网络服务提供者的责任和义务。

（二）压实商品经营者法律责任。通过网络直播销售商品或提供服务，应按照《电子商务法》、《消费者权益保护法》、《反不正当竞争法》、《产品质量法》、《食品安全法》、《广告法》、《价格法》、《商标法》、《专利法》等相关法律规定，履行相应的责任和义务。

（三）压实网络直播者法律责任。自然人、法人或其他组织采用网络直播方式对商品或服务的性能、功能、质量、销售状况、用户评价、曾获荣誉等作宣传，应当真实、合法，符合《反不正当竞争法》有关规定。直播内容构成商业广告的，应按照《广告法》规定履行广告发布者、广告经营者或广告代言人的责任和义务。

三、严格规范网络直播营销行为

（四）规范商品或服务营销范围。商品经营者通过网络直播销售商品或提供服务，应遵守相关法律法规，建立并执行商品进货检查验收制度。不得通过网络直播销售法律、法规规定禁止生产、销售的商品或服务；不得通过网络直播发布法律、法规规定禁止在大众传播媒介发布的商业广告；不得通过网络直播销售禁止进行网络交易的商品或服务。

（五）规范广告审查发布。在网络直播营销活动中发布法律、行政法规规定应进行发布前审查的广告，应严格遵守广告审查有关规定。未经审查不得发布医疗、药品、医疗器械、农药、兽药、保健食品和特殊医学用途配方食品等法律、行政法规规定应当进行发布前审查的广告。

（六）保障消费者知情权和选择权。商品经营者通过网络直播销售商品或者服务的，应当在其网店首页显著位置，持续公示营业执照信息、与其经营业务有关的行政许可信息，并向消费者提供经营地址、联系方式、售后服务等信息。网络平台应当为公示上述信息提供技术支持等便利条件。

四、依法查处网络直播营销违法行为

（七）依法查处电子商务违法行为。针对网络直播营销中平台责任落实不到位等问题，依据《电子商务法》，重点查处擅自删除消费者评价、对平台内经营者侵害消费者合法权益行为未采取必要措施、未尽到资质资格审核义务、对消费者未尽到安全保障义务等违法行为。

（八）依法查处侵犯消费者合法权益违法行为。针对网络直播营销中售后服务保障不力等问题，依据《消费者权益保护法》，重点查处对消费者依法提出的修理、重作、更换、退货、补足商品数量、退还货款和服务费用或者赔偿损失的要求，故意拖延或者无理拒绝等违法行为。

（九）依法查处不正当竞争违法行为。针对网络直播营销中虚构交易或评价、网络直播者欺骗和误导消费者等不正当竞争问题，依据《反不正当竞争法》，重点查处实施虚假或者引人误解的商业宣传、帮助其他经营者进行虚假或者引人误解的商业宣传、仿冒混淆、商业诋毁和违法有奖销售等违法行为。

（十）依法查处产品质量违法行为。针对网络直播营销中售卖假冒伪劣产品等问题，依据《产品质量法》，重点查处在产品中掺杂掺假、以假充真、以次充好、以不合格产品冒充合格产品、伪造产品的产地和伪造或冒用他人厂名厂址等违法行为。

（十一）依法查处侵犯知识产权违法行为。针对网络直播营销中售卖侵犯知识产权产品等问题，依据《商标法》、《专利法》，重点查处侵犯注册商标专用权、假冒专利等违法行为。

（十二）依法查处食品安全违法行为。针对网络直播营销中的食品安全问题，依据《食品安全法》，重点查处无经营资质销售食品、销售不符合食品安全标准的食品、销售标注虚假生产日期或超过保质期的食品等违法行为。

（十三）依法查处广告违法行为。针对网络直播营销中发布虚假违法广告问题，依据《广告法》，重点查处发布虚假广告、发布违背社会良好风尚的违法广告和违规广告代言等违法行为。

（十四）依法查处价格违法行为。针对网络直播营销中价格违法问题，依据《价格法》，重点查处哄抬价格、利用虚假的或者使人误解的价格手段诱骗消费者进行交易等违法行为。

各地市场监管部门要高度重视网络直播营销活动监管工作，加强组织领导，充分发挥综合执法优势，切实提升网络直播营销活动监管效能和水平。要加强与网信、公安、广电等部门的沟通协作，强化信息共享与协调配合，提升监管合力。要切实加大案件查办工作力度，做好行刑衔接工作，发现违法行为涉嫌犯罪的，应当及时将案件移送司法机关。

最高人民法院关于审理网络消费纠纷案件适用法律若干问题的规定（一）

1. *2022年2月15日最高人民法院审判委员会第1864次会议通过*
2. *2022年3月1日公布*
3. *法释〔2022〕8号*
4. *自2022年3月15日起施行*

为正确审理网络消费纠纷案件，依法保护消费者合法权益，促进网络经济健康持续发展，根据《中华人民共和国民法典》《中华人民共和国消费者权益保护法》《中华人民共和国电子商务法》《中华人民共和国民事诉讼法》等法律规定，结合审判实践，制定本规定。

第一条 电子商务经营者提供的格式条款有以下内容的，人民法院应当依法认定无效：

（一）收货人签收商品即视为认可商品质量符合约定；

（二）电子商务平台经营者依法应承担的责任一概由平台内经营者承担；

（三）电子商务经营者享有单方解释权或者最终解释权；

（四）排除或者限制消费者依法投诉、举报、请求调解、申请仲裁、提起诉讼的权利；

（五）其他排除或者限制消费者权利、减轻或者免除电子商务经营者责任、加重消费者责任等对消费者不公平、不合理的内容。

第二条 电子商务经营者就消费者权益保护法第二十五条第一款规定的四项除外商品做出七日内无理由退货承诺，消费者主张电子商务经营者应当遵守其承诺的，人民法院应予支持。

第三条 消费者因检查商品的必要对商品进行拆封查验且不影响商品完好，电子商务经营者以商品已拆封为由主张不适用消费者权益保护法第二十五条规定的无理由退货制度的，人民法院不予支持，但法律另有规定的除外。

第四条 电子商务平台经营者以标记自营业务方式或者虽未标记自营但实际开展自营业务所销售的商品或者提供的服务损害消费者合法权益，消费者主张电子商务平台经营者承担商品销售者或者服务提供者责任的，人民法院应予支持。

电子商务平台经营者虽非实际开展自营业务，但其所作标识等足以误导消费者使消费者相信系电子商务平台经营者自营，消费者主张电子商务平台经营者承担商品销售者或者服务提供者责任的，人民法院应予支持。

第五条 平台内经营者出售商品或者提供服务过程中，其工作人员引导消费者通过交易平台提供的支付方式以外的方式进行支付，消费者主张平台内经营者承担商品销售者或者服务提供者责任，平台内经营者以未经过交易平台支付为由抗辩的，人民法院不予支持。

第六条 注册网络经营账号开设网络店铺的平台内经营者，通过协议等方式将网络账号及店铺转让给其他经营者，但未依法进行相关经营主体信息变更公示，实际经营者的经营活动给消费者造成损害，消费者主张注册经营者、实际经营者承担赔偿责任的，人民法院应予支持。

第七条 消费者在二手商品网络交易平台购买商品受到损害，人民法院综合销售者出售商品的性质、来源、数量、价格、频率、是否有其他销售渠道、收入等情况，能够认定销售者系从事商业经营活动，消费者主张销售者依据消费者权益保护法承担经营者责任的，人民法院应予支持。

第八条 电子商务经营者在促销活动中提供的奖品、赠品或者消费者换购的商品给消费者造成损害，消费者主张电子商务经营者承担赔偿责任，电子商务经营者以奖品、赠品属于免费提供或者商品属于换购为由主张免责的，人民法院不予支持。

第九条 电子商务经营者与他人签订的以虚构交易、虚构点击量、编造用户评价等方式进行虚假宣传的合同，人民法院应当依法认定无效。

第十条 平台内经营者销售商品或者提供服务损害消费者合法权益，其向消费者承诺的赔偿标准高于相关法定赔偿标准，消费者主张平台内经营者按照承诺赔偿的，人民法院应依法予以支持。

第十一条 平台内经营者开设网络直播间销售商品，其工作人员在网络直播中因虚假宣传等给消费者造成损害，消费者主张平台内经营者承担赔偿责任的，人民法院应予支持。

第十二条 消费者因在网络直播间点击购买商品合法权益受到损害，直播间运营者不能证明已经以足以使消费者辨别的方式标明其并非销售者并标明实际销售者的，消费者主张直播间运营者承担商品销售者责任的，人民法院应予支持。

直播间运营者能够证明已经尽到前款所列标明义务的，人民法院应当综合交易外观、直播间运营者与经营者的约定、与经营者的合作模式、交易过程以及消费者认知等因素予以认定。

第十三条 网络直播营销平台经营者通过网络直播方式开展自营业务销售商品，消费者主张其承担商品销售者责任的，人民法院应予支持。

第十四条 网络直播间销售商品损害消费者合法权益，网络直播营销平台经营者不能提供直播间运营者的真实姓名、名称、地址和有效联系方式的，消费者依据消费者权益保护法第四十四条规定向网络直播营销平台经营者请求赔偿的，人民法院应予支持。网络直播营销平台经营者承担责任后，向直播间运营者追偿的，人民法院应予支持。

第十五条 网络直播营销平台经营者对依法需取得食品经营许可的网络直播间的食品经营资质未尽到法定审核义务，使消费者的合法权益受到损害，消费者依据食品安全法第一百三十一条等规定主张网络直播营销平台经营者与直播间运营者承担连带责任的，人民法院应予支持。

第十六条 网络直播营销平台经营者知道或者应当知道网络直播间销售的商品不符合保障人身、财产安全的要求，或者有其他侵害消费者合法权益行为，未采取必要措施，消费者依据电子商务法第三十八条等规定主张网络直播营销平台经营者与直播间运营者承担连带责任的，人民法院应予支持。

第十七条 直播间运营者知道或者应当知道经营者提供的商品不符合保障人身、财产安全的要求，或者有其他侵害消费者合法权益行为，仍为其推广，给消费者造成损害，消费者依据民法典第一千一百六十八条等规定主张直播间运营者与提供该商品的经营者承担连带责任的，人民法院应予支持。

第十八条 网络餐饮服务平台经营者违反食品安全法第六十二条和第一百三十一条规定，未对入网餐饮服务提供者进行实名登记、审查许可证，或者未履行报告、停止提供网络交易平台服务等义务，使消费者的合法权益受到损害，消费者主张网络餐饮服务平台经营者与入网餐饮服务提供者承担连带责任的，人民法院应予支持。

第十九条 入网餐饮服务提供者所经营食品损害消费者合法权益，消费者主张入网餐饮服务提供者承担经营者责任，入网餐饮服务提供者以订单系委托他人加工制作为由抗辩的，人民法院不予支持。

第二十条 本规定自 2022 年 3 月 15 日起施行。

四、消费者权益保护

《中华人民共和国消费者权益保护法》导读

2013年10月25日，十二届全国人大常委会第五次会议通过了《全国人民代表大会常务委员会关于修改〈中华人民共和国消费者权益保护法〉的决定》，该修改决定自2014年3月15日起施行。

消费者权益保护法是八届全国人大常委会第四次会议于1993年10月31日通过，自1994年1月1日起施行的。该法施行以来，对保护消费者的合法权益，形成消费者权益保护的社会理念，规范经营者的经营行为，维护社会经济秩序，促进社会主义市场经济健康发展，发挥了重要作用。但是，随着经济社会的不断发展，我国消费方式、消费结构和消费理念发生了很大变化。在消费方式方面，随着互联网的兴起与发展，网络销售、网络购物渐成规模。在消费结构方面，消费品和经营者提供的服务种类日趋丰富，自住商品房、机动车、金融服务等成为消费者日常生活中新的消费对象。在消费理念方面，在提升消费生活水平的同时，文明、健康和节约资源、保护环境的消费观念逐渐形成。针对消费者权益保护领域出现的这些新情况、新问题，有必要适时修改消费者权益保护法，完善消费者权益保护法律制度。

根据十一届全国人大常委会立法规划，全国人大常委会法制工作机构从2011年10月着手研究修改工作。修改工作注意把握以下几点：一是秉持以人为本的立法理念，认真总结消费者权益保护法的实施经验，切实加强对消费者权益的保护。二是针对消费领域出现的新情况、新问题，着重解决广大人民群众十分关注的突出问题，并尽量把保护消费者权益的制度落到实处。三是适应转变经济发展方式的要求，营造良好的法治环境，增强人民群众消费信心，并引导节约资源和保护环境的合理消费。四是按照加强和创新社会管理的需要，进一步发挥消费者协会等社会组织的作用，强化有关部门对保护消费者权益的监管职责，减少、预防消费纠纷。在修法过程中，全国人大常委会法制工作机构多次听取有关部门和地方、人民法院、人大代表、消费者协会及消费者、有关企业等经营者、专家学者和律师等方面的意见，到一些地方实地调研，反复研究修改，形成了消费者权益保护法修正案草案，草案经2013年4月常委会第二次会议、8月常委会第四次会议和10月常委会第五次会议三次审议通过。

这次修改从加强社会诚信建设、充实细化消费者权益、强化经营者义务与责任、规范网络购物等新的消费方式、进一步发挥消费者协会的作用、进一步明确行政部门的监管职责等方面对现行消费者权益保护法作了修改完善。

在加强社会诚信建设方面，针对一些经营者诚信缺失，悖离社会公德，违法经营，严重损害消费者权益的情形，一是规定经营者向消费者提供商品或者服务，应当恪守社会公德，诚信经营，保障消费者合法权益。二是对经营者掺杂、掺假，以假充真，以次充好，以不合格商品冒充合格商品，虚假宣传等行为，规定除依照法律、法规规定予以处罚外，由处罚机关记入信用档案，向社会公布。这些规定有利于引导经营者自觉履行法定义务并承担社会责任，培育诚信的消费环境，增强人民群众的消费信心。

在充实细化消费者权益的规定方面，针对实践中有的经营者非法收集、使用消费者的个人信息，擅自泄露或者非法向他人提供消费者个人信息，严重影响消费者正常生活，侵害消费者的合法权益的情况，对消费者个人信息得到保护的权利作了规定。

在强化经营者的义务与责任方面，针对实践中较多发生的消费者权益受到损害的情形以及维权难的情况，一是增加规定经营者向消费者提供商品或者服务，不得设定不公平、不合理的交易条件，不得强制交易。二是明确经营者召回缺陷商品的义务，对提供的商品或者服务存在缺陷，有危及人身、财产安全危险的，应当采取召回等措施。三是明确经营者对耐用商品等的瑕疵举证责任。四是完善"三包"规定，强化退货、更换、修理的义务，促使经营者保证商品和服务质量。五是强化广告经营者、发布者的责任，对设计、制作、发布关系消费者生命健康商品或者服务的虚假广告，造成消费者损害的，应当与提供该商品或者服务的经营者承担连带责任。六是加大对欺诈行为的惩罚力度，增加规定经营者明知商品或者服务存在缺陷，仍然向消费者提供，造成消费者或者其他受害人死亡或者健康严重损害的，受害人有权要求经营者依照本法第四十九条、第五十一条等法律规定赔偿损失，并有权要求所受损失两倍以下的惩罚性赔偿。

在规范网络购物等新的消费方式方面，针对网络销售等新的消费方式与传统消费方式的不同特点，一是对网络购物中经营者提供的信息不真实、不完整问题，作出了经营者应当向消费者提供真实、全面信息的规定。二是建立了无理由退货制度，赋予消费者在七日内无理由退货的权利。三是规定了网络交易平台提供者不能提供销售者或者服务者真实名称、地址和有效联系方式的，应当承担先行赔付责任。

在进一步发挥消费者协会作用方面，一是将消费者协会的定性修改为"社会组织"；二是明确了消费者协会履行职责的公益性；三是各级人民政府对消费者协会履行职责应当予以必要的经费等支持；四是规定对侵害众多消费者合法权益的行为，中国消费者协会以及在省、自治区、直辖市设立的消费者协会，可以向人民法院提起诉讼。

在进一步明确行政部门监管职责方面，一是规定有关行政部门在各自的职责范围内，应当对经营者提供的商品和服务进行抽查检验，并向社会及时公布抽查检验结果；二是规定有关行政部门发现并认定经营者提供的商品和服务存在缺陷，应当立即责令经营者采取召回等措施；三是消费者向有关行政部门投诉的，该部门应当自收到投诉之日起七个工作日内予以处理并告知消费者；四是加大对损害消费者合法权益行为的行政处罚力度。

中华人民共和国消费者权益保护法

1. 1993年10月31日第八届全国人民代表大会常务委员会第四次会议通过
2. 根据2009年8月27日第十一届全国人民代表大会常务委员会第十次会议《关于修改部分法律的决定》第一次修正
3. 根据2013年10月25日第十二届全国人民代表大会常务委员会第五次会议《关于修改〈中华人民共和国消费者权益保护法〉的决定》第二次修正

目　　录

第一章　总　　则

第一条　【立法目的】为保护消费者的合法权益，维护社会经济秩序，促进社会主义市场经济健康发展，制定本法。

第二条　【消费者的范围】消费者为生活消费需要购买、使用商品或者接受服务，其权益受本法保护；本法未作规定的，受其他有关法律、法规保护。

第三条　【经营者的范围】经营者为消费者提供其生产、销售的商品或者提供服务，应当遵守本法；本法未作规定的，应当遵守其他有关法律、法规。

第四条　【基本原则】经营者与消费者进行交易，应当遵循自愿、平等、公平、诚实信用的原则。

第五条　【国家对消费者的保护】国家保护消费者的合法权益不受侵害。

国家采取措施，保障消费者依法行使权利，维护消费者的合法权益。

国家倡导文明、健康、节约资源和保护环境的消费方式，反对浪费。

第六条　【社会对消费者的保护】保护消费者的合法权益是全社会的共同责任。

国家鼓励、支持一切组织和个人对损害消费者合法权益的行为进行社会监督。

大众传播媒介应当做好维护消费者合法权益的宣传，对损害消费者合法权益的行为进行舆论监督。

第二章　消费者的权利

第七条　【人身、财产安全的权利】消费者在购买、使用商品和接受服务时享有人身、财产安全不受损害的权利。

消费者有权要求经营者提供的商品和服务，符合保障人身、财产安全的要求。

第八条　【商品、服务知悉权】消费者享有知悉其购买、使用的商品或者接受的服务的真实情况的权利。

消费者有权根据商品或者服务的不同情况，要求经营者提供商品的价格、产地、生产者、用途、性能、规格、等级、主要成份、生产日期、有效期限、检验合格证明、使用方法说明书、售后服务，或者服务的内容、规格、费用等有关情况。

第九条　【自主选择权】消费者享有自主选择商品或者服务的权利。

消费者有权自主选择提供商品或者服务的经营者，自主选择商品品种或者服务方式，自主决定购买或者不购买任何一种商品、接受或者不接受任何一项服务。

消费者在自主选择商品或者服务时，有权进行比较、鉴别和挑选。

第十条　【公平交易权】消费者享有公平交易的权利。

消费者在购买商品或者接受服务时，有权获得质量保障、价格合理、计量正确等公平交易条件，有权拒绝经营者的强制交易行为。

第十一条　【损害赔偿权】消费者因购买、使用商品或者接受服务受到人身、财产损害的，享有依法获得赔偿的权利。

第十二条　【结社权】消费者享有依法成立维护自身合法权益的社会组织的权利。

第十三条　【知识了解权】消费者享有获得有关消费和消费者权益保护方面的知识的权利。

消费者应当努力掌握所需商品或者服务的知识和使用技能，正确使用商品，提高自我保护意识。

第十四条　【受尊重权】消费者在购买、使用商品和接受服务时，享有人格尊严、民族风俗习惯得到尊重的权利，享有个人信息依法得到保护的权利。

第十五条　【监督权】消费者享有对商品和服务以及保护消费者权益工作进行监督的权利。

消费者有权检举、控告侵害消费者权益的行为和国家机关及其工作人员在保护消费者权益工作中的违法失职行为，有权对保护消费者权益工作提出批评、建议。

第三章　经营者的义务

第十六条　【守法义务】经营者向消费者提供商品或者服务，应当依照本法和其他有关法律、法规的规定履行义务。

经营者和消费者有约定的，应当按照约定履行义务，但双方的约定不得违背法律、法规的规定。

经营者向消费者提供商品或者服务，应当恪守社会公德，诚信经营，保障消费者的合法权益；不得设定不公平、不合理的交易条件，不得强制交易。

第十七条　【接受监督义务】经营者应当听取消费者对其提供的商品或者服务的意见，接受消费者的监督。

第十八条　【安全保障义务】经营者应当保证其提供的商品或者服务符合保障人身、财产安全的要求。对可能危及人身、财产安全的商品和服务，应当向消费者作出真实的说明和明确的警示，并说明和标明正确使用商品或者接受服务的方法以及防止危害发生的方法。

宾馆、商场、餐馆、银行、机场、车站、港口、影剧院等经营场所的经营者，应当对消费者尽到安全保障义务。

第十九条　【缺陷报告和告知等义务】经营者发现其提供的商品或者服务存在缺陷，有危及人身、财产安全危险的，应当立即向有关行政部门报告和告知消费者，并采取停止销售、警示、召回、无害化处理、销毁、停止生产或者服务等措施。采取召回措施的，经营者应当承担消费者因商品被召回支出的必要费用。

第二十条　【真实信息告知义务】经营者向消费者提供有关商品或者服务的质量、性能、用途、有效期限等信息，应当真实、全面，不得作虚假或者引人误解的宣传。

经营者对消费者就其提供的商品或者服务的质量和使用方法等问题提出的询问，应当作出真实、明确的答复。

经营者提供商品或者服务应当明码标价。

第二十一条　【真实标记义务】经营者应当标明其真实名称和标记。

租赁他人柜台或者场地的经营者，应当标明其真实名称和标记。

第二十二条　【出具单据义务】经营者提供商品或者服务，应当按照国家有关规定或者商业惯例向消费者出具发票等购货凭证或者服务单据；消费者索要发票等购货凭证或者服务单据的，经营者必须出具。

第二十三条　【质量保证义务】经营者应当保证在正常使用商品或者接受服务的情况下其提供的商品或者服务应当具有的质量、性能、用途和有效期限；但消费者在购买该商品或者接受该服务前已经知道其存在瑕疵，且存在该瑕疵不违反法律强制性规定的除外。

经营者以广告、产品说明、实物样品或者其他方式表明商品或者服务的质量状况的，应当保证其提供的商品或者服务的实际质量与表明的质量状况相符。

经营者提供的机动车、计算机、电视机、电冰箱、空调器、洗衣机等耐用商品或者装饰装修等服务，消费者自接受商品或者服务之日起六个月内发现瑕疵，发生争议的，由经营者承担有关瑕疵的举证责任。

第二十四条　【售后服务义务】经营者提供的商品或者服务不符合质量要求的，消费者可以依照国家规定、当事人约定退货，或者要求经营者履行更换、修理等义务。没有国家规定和当事人约定的，消费者可以自收到商品之日起七日内退货；七日后符合法定解除合同条件的，消费者可以及时退货，不符合法定解除合同条件的，可以要求经营者履行更换、修理等义务。

依照前款规定进行退货、更换、修理的，经营者应当承担运输等必要费用。

第二十五条　【特殊方式销售商品的退货义务】经营者采用网络、电视、电话、邮购等方式销售商品，消费者有权自收到商品之日起七日内退货，且无需说明理由，但下列商品除外：

（一）消费者定作的；

（二）鲜活易腐的；

（三）在线下载或者消费者拆封的音像制品、计算机软件等数字化商品；

（四）交付的报纸、期刊。

除前款所列商品外，其他根据商品性质并经消费者在购买时确认不宜退货的商品，不适用无理由退货。

消费者退货的商品应当完好。经营者应当自收到退回商品之日起七日内返还消费者支付的商品价款。退回商品的运费由消费者承担；经营者和消费者另有约定的，按照约定。

第二十六条　【格式条款的使用与禁止】经营者在经营活动中使用格式条款的，应当以显著方式提请消费者注意商品或者服务的数量和质量、价款或者费用、履行期限和方式、安全注意事项和风险警示、售后服务、民事责任等与消费者有重大利害关系的内容，并按照消费者的要求予以说明。

经营者不得以格式条款、通知、声明、店堂告示等方式，作出排除或者限制消费者权利、减轻或者免除经营者责任、加重消费者责任等对消费者不公平、不合理的规定，不得利用格式条款并借助技术手段强制交易。

格式条款、通知、声明、店堂告示等含有前款所列内容的，其内容无效。

第二十七条 【禁止侵犯消费者人身权】经营者不得对消费者进行侮辱、诽谤，不得搜查消费者的身体及其携带的物品，不得侵犯消费者的人身自由。

第二十八条 【特殊经营者的信息提供义务】采用网络、电视、电话、邮购等方式提供商品或者服务的经营者，以及提供证券、保险、银行等金融服务的经营者，应当向消费者提供经营地址、联系方式、商品或者服务的数量和质量、价款或者费用、履行期限和方式、安全注意事项和风险警示、售后服务、民事责任等信息。

第二十九条 【消费者个人信息保护义务】经营者收集、使用消费者个人信息，应当遵循合法、正当、必要的原则，明示收集、使用信息的目的、方式和范围，并经消费者同意。经营者收集、使用消费者个人信息，应当公开其收集、使用规则，不得违反法律、法规的规定和双方的约定收集、使用信息。

经营者及其工作人员对收集的消费者个人信息必须严格保密，不得泄露、出售或者非法向他人提供。经营者应当采取技术措施和其他必要措施，确保信息安全，防止消费者个人信息泄露、丢失。在发生或者可能发生信息泄露、丢失的情况时，应当立即采取补救措施。

经营者未经消费者同意或者请求，或者消费者明确表示拒绝的，不得向其发送商业性信息。

第四章 国家对消费者合法权益的保护

第三十条 【立法参与】国家制定有关消费者权益的法律、法规、规章和强制性标准，应当听取消费者和消费者协会等组织的意见。

第三十一条 【政府监管】各级人民政府应当加强领导，组织、协调、督促有关行政部门做好保护消费者合法权益的工作，落实保护消费者合法权益的职责。

各级人民政府应当加强监督，预防危害消费者人身、财产安全行为的发生，及时制止危害消费者人身、财产安全的行为。

第三十二条 【主管部门】各级人民政府工商行政管理部门和其他有关行政部门应当依照法律、法规的规定，在各自的职责范围内，采取措施，保护消费者的合法权益。

有关行政部门应当听取消费者和消费者协会等组织对经营者交易行为、商品和服务质量问题的意见，及时调查处理。

第三十三条 【有关部门的抽查检验等职责】有关行政部门在各自的职责范围内，应当定期或者不定期对经营者提供的商品和服务进行抽查检验，并及时向社会公布抽查检验结果。

有关行政部门发现并认定经营者提供的商品或者服务存在缺陷，有危及人身、财产安全危险的，应当立即责令经营者采取停止销售、警示、召回、无害化处理、销毁、停止生产或者服务等措施。

第三十四条 【违法惩处】有关国家机关应当依照法律、法规的规定，惩处经营者在提供商品和服务中侵害消费者合法权益的违法犯罪行为。

第三十五条 【方便诉讼】人民法院应当采取措施，方便消费者提起诉讼。对符合《中华人民共和国民事诉讼法》起诉条件的消费者权益争议，必须受理，及时审理。

第五章 消费者组织

第三十六条 【消费者组织】消费者协会和其他消费者组织是依法成立的对商品和服务进行社会监督的保护消费者合法权益的社会组织。

第三十七条 【消费者协会的职能】消费者协会履行下列公益性职责：

（一）向消费者提供消费信息和咨询服务，提高消费者维护自身合法权益的能力，引导文明、健康、节约资源和保护环境的消费方式；

（二）参与制定有关消费者权益的法律、法规、规章和强制性标准；

（三）参与有关行政部门对商品和服务的监督、检查；

（四）就有关消费者合法权益的问题，向有关部门反映、查询，提出建议；

（五）受理消费者的投诉，并对投诉事项进行调查、调解；

（六）投诉事项涉及商品和服务质量问题的，可以委托具备资格的鉴定人鉴定，鉴定人应当告知鉴定意见；

（七）就损害消费者合法权益的行为，支持受损害的消费者提起诉讼或者依照本法提起诉讼；

（八）对损害消费者合法权益的行为，通过大众传播媒介予以揭露、批评。

各级人民政府对消费者协会履行职责应当予以必要的经费等支持。

消费者协会应当认真履行保护消费者合法权益的职责，听取消费者的意见和建议，接受社会监督。

依法成立的其他消费者组织依照法律、法规及其章程的规定，开展保护消费者合法权益的活动。

第三十八条　【禁止消费者组织牟利】消费者组织不得从事商品经营和营利性服务，不得以收取费用或者其他牟取利益的方式向消费者推荐商品和服务。

第六章　争议的解决

第三十九条　【争议解决途径】消费者和经营者发生消费者权益争议的，可以通过下列途径解决：

（一）与经营者协商和解；

（二）请求消费者协会或者依法成立的其他调解组织调解；

（三）向有关行政部门投诉；

（四）根据与经营者达成的仲裁协议提请仲裁机构仲裁；

（五）向人民法院提起诉讼。

第四十条　【赔偿请求权的行使】消费者在购买、使用商品时，其合法权益受到损害的，可以向销售者要求赔偿。销售者赔偿后，属于生产者的责任或者属于向销售者提供商品的其他销售者的责任的，销售者有权向生产者或者其他销售者追偿。

消费者或者其他受害人因商品缺陷造成人身、财产损害的，可以向销售者要求赔偿，也可以向生产者要求赔偿。属于生产者责任的，销售者赔偿后，有权向生产者追偿。属于销售者责任的，生产者赔偿后，有权向销售者追偿。

消费者在接受服务时，其合法权益受到损害的，可以向服务者要求赔偿。

第四十一条　【企业合并、分立的赔偿】消费者在购买、使用商品或者接受服务时，其合法权益受到损害，因原企业分立、合并的，可以向变更后承受其权利义务的企业要求赔偿。

第四十二条　【使用他人执照经营的损害赔偿】使用他人营业执照的违法经营者提供商品或者服务，损害消费者合法权益的，消费者可以向其要求赔偿，也可以向营业执照的持有人要求赔偿。

第四十三条　【展销、租赁柜台经营的损害赔偿】消费者在展销会、租赁柜台购买商品或者接受服务，其合法权益受到损害的，可以向销售者或者服务者要求赔偿。展销会结束或者柜台租赁期满后，也可以向展销会的举办者、柜台的出租者要求赔偿。展销会的举办者、柜台的出租者赔偿后，有权向销售者或者服务者追偿。

第四十四条　【网络交易损害赔偿的责任承担】消费者通过网络交易平台购买商品或者接受服务，其合法权益受到损害的，可以向销售者或者服务者要求赔偿。网络交易平台提供者不能提供销售者或者服务者的真实名称、地址和有效联系方式的，消费者也可以向网络交易平台提供者要求赔偿；网络交易平台提供者作出更有利于消费者的承诺的，应当履行承诺。网络交易平台提供者赔偿后，有权向销售者或者服务者追偿。

网络交易平台提供者明知或者应知销售者或者服务者利用其平台侵害消费者合法权益，未采取必要措施的，依法与该销售者或者服务者承担连带责任。

第四十五条　【利用虚假宣传方式经营的损害赔偿】消费者因经营者利用虚假广告或者其他虚假宣传方式提供商品或者服务，其合法权益受到损害的，可以向经营者要求赔偿。广告经营者、发布者发布虚假广告的，消费者可以请求行政主管部门予以惩处。广告经营者、发布者不能提供经营者的真实名称、地址和有效联系方式的，应当承担赔偿责任。

广告经营者、发布者设计、制作、发布关系消费者生命健康商品或者服务的虚假广告，造成消费者损害的，应当与提供该商品或者服务的经营者承担连带责任。

社会团体或者其他组织、个人在关系消费者生命健康商品或者服务的虚假广告或者其他虚假宣传中向消费者推荐商品或者服务，造成消费者损害的，应当与提供该商品或者服务的经营者承担连带责任。

第四十六条　【投诉的处理】消费者向有关行政部门投诉的，该部门应当自收到投诉之日起七个工作日内，予以处理并告知消费者。

第四十七条　【消费者公益诉讼】对侵害众多消费者合法权益的行为，中国消费者协会以及在省、自治区、直辖市设立的消费者协会，可以向人民法院提起诉讼。

第七章　法律责任

第四十八条　【承担民事责任的情形】经营者提供商品或者服务有下列情形之一的，除本法另有规定外，应当依照其他有关法律、法规的规定，承担民事责任：

（一）商品或者服务存在缺陷的；

（二）不具备商品应当具备的使用性能而出售时未作说明的；

（三）不符合在商品或者其包装上注明采用的商品标准的；

（四）不符合商品说明、实物样品等方式表明的质量状况的；

（五）生产国家明令淘汰的商品或者销售失效、变质的商品的；

（六）销售的商品数量不足的；

（七）服务的内容和费用违反约定的；

（八）对消费者提出的修理、重作、更换、退货、补足商品数量、退还货款和服务费用或者赔偿损失的要求，故意拖延或者无理拒绝的；

（九）法律、法规规定的其他损害消费者权益的情形。

经营者对消费者未尽到安全保障义务，造成消费者损害的，应当承担侵权责任。

第四十九条 【造成消费者人身伤害或死亡的民事责任】经营者提供商品或者服务，造成消费者或者其他受害人人身伤害的，应当赔偿医疗费、护理费、交通费等为治疗和康复支出的合理费用，以及因误工减少的收入。造成残疾的，还应当赔偿残疾生活辅助具费和残疾赔偿金。造成死亡的，还应当赔偿丧葬费和死亡赔偿金。

第五十条 【侵害消费者人格尊严、人身自由或个人信息的民事责任】经营者侵害消费者的人格尊严、侵犯消费者人身自由或者侵害消费者个人信息依法得到保护的权利的，应当停止侵害、恢复名誉、消除影响、赔礼道歉，并赔偿损失。

第五十一条 【造成消费者严重精神损害的民事责任】经营者有侮辱诽谤、搜查身体、侵犯人身自由等侵害消费者或者其他受害人人身权益的行为，造成严重精神损害的，受害人可以要求精神损害赔偿。

第五十二条 【造成消费者财产损害的民事责任】经营者提供商品或者服务，造成消费者财产损害的，应当依照法律规定或者当事人约定承担修理、重作、更换、退货、补足商品数量、退还货款和服务费用或者赔偿损失等民事责任。

第五十三条 【预收款方式的违约责任】经营者以预收款方式提供商品或者服务的，应当按照约定提供。未按照约定提供的，应当按照消费者的要求履行约定或者退回预付款；并应当承担预付款的利息、消费者必须支付的合理费用。

第五十四条 【不合格商品的民事责任】依法经有关行政部门认定为不合格的商品，消费者要求退货的，经营者应当负责退货。

第五十五条 【欺诈经营的民事责任】经营者提供商品或者服务有欺诈行为的，应当按照消费者的要求增加赔偿其受到的损失，增加赔偿的金额为消费者购买商品的价款或者接受服务的费用的三倍；增加赔偿的金额不足五百元的，为五百元。法律另有规定的，依照其规定。

经营者明知商品或者服务存在缺陷，仍然向消费者提供，造成消费者或者其他受害人死亡或者健康严重损害的，受害人有权要求经营者依照本法第四十九条、第五十一条等法律规定赔偿损失，并有权要求所受损失二倍以下的惩罚性赔偿。

第五十六条 【承担行政责任的情形】经营者有下列情形之一，除承担相应的民事责任外，其他有关法律、法规对处罚机关和处罚方式有规定的，依照法律、法规的规定执行；法律、法规未作规定的，由工商行政管理部门或者其他有关行政部门责令改正，可以根据情节单处或者并处警告、没收违法所得、处以违法所得一倍以上十倍以下的罚款，没有违法所得的，处以五十万元以下的罚款；情节严重的，责令停业整顿、吊销营业执照：

（一）提供的商品或者服务不符合保障人身、财产安全要求的；

（二）在商品中掺杂、掺假，以假充真，以次充好，或者以不合格商品冒充合格商品的；

（三）生产国家明令淘汰的商品或者销售失效、变质的商品的；

（四）伪造商品的产地，伪造或者冒用他人的厂名、厂址，篡改生产日期，伪造或者冒用认证标志等质量标志的；

（五）销售的商品应当检验、检疫而未检验、检疫或者伪造检验、检疫结果的；

（六）对商品或者服务作虚假或者引人误解的宣传的；

（七）拒绝或者拖延有关行政部门责令对缺陷商品或者服务采取停止销售、警示、召回、无害化处理、销毁、停止生产或者服务等措施的；

（八）对消费者提出的修理、重作、更换、退货、补足商品数量、退还货款和服务费用或者赔偿损失的要求，故意拖延或者无理拒绝的；

（九）侵害消费者人格尊严、侵犯消费者人身自由或者侵害消费者个人信息依法得到保护的权利的；

（十）法律、法规规定的对损害消费者权益应当予以处罚的其他情形。

经营者有前款规定情形的，除依照法律、法规规定予以处罚外，处罚机关应当记入信用档案，向社会公布。

第五十七条 【承担刑事责任的情形】经营者违反本法规定提供商品或者服务，侵害消费者合法权益，构成犯罪的，依法追究刑事责任。

第五十八条 【民事赔偿责任优先】经营者违反本法规定，应当承担民事赔偿责任和缴纳罚款、罚金，其财产不足以同时支付的，先承担民事赔偿责任。

第五十九条　【对行政处罚的复议或起诉】经营者对行政处罚决定不服的，可以依法申请行政复议或者提起行政诉讼。

第六十条　【妨害公务的法律责任】以暴力、威胁等方法阻碍有关行政部门工作人员依法执行职务的，依法追究刑事责任；拒绝、阻碍有关行政部门工作人员依法执行职务，未使用暴力、威胁方法的，由公安机关依照《中华人民共和国治安管理处罚法》的规定处罚。

第六十一条　【玩忽职守或包庇的法律责任】国家机关工作人员玩忽职守或者包庇经营者侵害消费者合法权益的行为的，由其所在单位或者上级机关给予行政处分；情节严重，构成犯罪的，依法追究刑事责任。

第八章　附　　则

第六十二条　【购买、使用农资参照本法】农民购买、使用直接用于农业生产的生产资料，参照本法执行。

第六十三条　【施行日期】本法自 1994 年 1 月 1 日起施行。

侵害消费者权益行为处罚办法

1. 2015 年 1 月 5 日国家工商行政管理总局令第 73 号公布

2. 根据 2020 年 10 月 23 日国家市场监督管理总局令第 31 号《关于修改部分规章的决定》修订

第一条　为依法制止侵害消费者权益行为，保护消费者的合法权益，维护社会经济秩序，根据《消费者权益保护法》等法律法规，制定本办法。

第二条　市场监督管理部门依照《消费者权益保护法》等法律法规和本办法的规定，保护消费者为生活消费需要购买、使用商品或者接受服务的权益，对经营者侵害消费者权益的行为实施行政处罚。

第三条　市场监督管理部门依法对侵害消费者权益行为实施行政处罚，应当依照公正、公开、及时的原则，坚持处罚与教育相结合，综合运用建议、约谈、示范等方式实施行政指导，督促和指导经营者履行法定义务。

第四条　经营者为消费者提供商品或者服务，应当遵循自愿、平等、公平、诚实信用的原则，依照《消费者权益保护法》等法律法规的规定和与消费者的约定履行义务，不得侵害消费者合法权益。

第五条　经营者提供商品或者服务不得有下列行为：

（一）销售的商品或者提供的服务不符合保障人身、财产安全要求；

（二）销售失效、变质的商品；

（三）销售伪造产地、伪造或者冒用他人的厂名、厂址、篡改生产日期的商品；

（四）销售伪造或者冒用认证标志等质量标志的商品；

（五）销售的商品或者提供的服务侵犯他人注册商标专用权；

（六）销售伪造或者冒用知名商品特有的名称、包装、装潢的商品；

（七）在销售的商品中掺杂、掺假，以假充真，以次充好，以不合格商品冒充合格商品；

（八）销售国家明令淘汰并停止销售的商品；

（九）提供商品或者服务中故意使用不合格的计量器具或者破坏计量器具准确度；

（十）骗取消费者价款或者费用而不提供或者不按照约定提供商品或者服务。

第六条　经营者向消费者提供有关商品或者服务的信息应当真实、全面、准确，不得有下列虚假或者引人误解的宣传行为：

（一）不以真实名称和标记提供商品或者服务；

（二）以虚假或者引人误解的商品说明、商品标准、实物样品等方式销售商品或者服务；

（三）作虚假或者引人误解的现场说明和演示；

（四）采用虚构交易、虚标成交量、虚假评论或者雇佣他人等方式进行欺骗性销售诱导；

（五）以虚假的“清仓价”、“甩卖价”、“最低价”、“优惠价”或者其他欺骗性价格表示销售商品或者服务；

（六）以虚假的“有奖销售”、“还本销售”、“体验销售”等方式销售商品或者服务；

（七）谎称正品销售“处理品”、“残次品”、“等外品”等商品；

（八）夸大或隐瞒所提供的商品或者服务的数量、质量、性能等与消费者有重大利害关系的信息误导消费者；

（九）以其他虚假或者引人误解的宣传方式误导消费者。

第七条　经营者对市场监督管理部门责令其对提供的缺陷商品或者服务采取停止销售或者服务等措施，不得拒绝或者拖延。经营者未按照责令停止销售或者服务通知、公告要求采取措施的，视为拒绝或者拖延。

第八条　经营者提供商品或者服务，应当依照法律规定或者当事人约定承担修理、重作、更换、退货、补足商品数量、退还货款和服务费用或者赔偿损失等民事责任，不得故意拖延或者无理拒绝消费者的合法要求。经营者有下列情形之一并超过十五日的，视为故意拖延或者无理拒绝：

（一）经有关行政部门依法认定为不合格商品，自消费者提出退货要求之日起未退货的；

（二）自国家规定、当事人约定期满之日起或者不符合质量要求的自消费者提出要求之日起，无正当理由拒不履行修理、重作、更换、退货、补足商品数量、退还货款和服务费用或者赔偿损失等义务的。

第九条 经营者采用网络、电视、电话、邮购等方式销售商品，应当依照法律规定承担无理由退货义务，不得故意拖延或者无理拒绝。经营者有下列情形之一的，视为故意拖延或者无理拒绝：

（一）对于适用无理由退货的商品，自收到消费者退货要求之日起超过十五日未办理退货手续，或者未向消费者提供真实、准确的退货地址、退货联系人等有效联系信息，致使消费者无法办理退货手续；

（二）未经消费者确认，以自行规定该商品不适用无理由退货为由拒绝退货；

（三）以消费者已拆封、查验影响商品完好为由拒绝退货；

（四）自收到退回商品之日起无正当理由超过十五日未向消费者返还已支付的商品价款。

第十条 经营者以预收款方式提供商品或者服务，应当与消费者明确约定商品或者服务的数量和质量、价款或者费用、履行期限和方式、安全注意事项和风险警示、售后服务、民事责任等内容。未按约定提供商品或者服务的，应当按照消费者的要求履行约定或者退回预付款，并应当承担预付款的利息、消费者必须支付的合理费用。对退款无约定的，按照有利于消费者的计算方式折算退款金额。

经营者对消费者提出的合理退款要求，明确表示不予退款，或者自约定期满之日起、无约定期限的自消费者提出退款要求之日起超过十五日未退款的，视为故意拖延或者无理拒绝。

第十一条 经营者收集、使用消费者个人信息，应当遵循合法、正当、必要的原则，明示收集、使用信息的目的、方式和范围，并经消费者同意。经营者不得有下列行为：

（一）未经消费者同意，收集、使用消费者个人信息；

（二）泄露、出售或者非法向他人提供所收集的消费者个人信息；

（三）未经消费者同意或者请求，或者消费者明确表示拒绝，向其发送商业性信息。

前款中的消费者个人信息是指经营者在提供商品或者服务活动中收集的消费者姓名、性别、职业、出生日期、身份证件号码、住址、联系方式、收入和财产状况、健康状况、消费情况等能够单独或者与其他信息结合识别消费者的信息。

第十二条 经营者向消费者提供商品或者服务使用格式条款、通知、声明、店堂告示等的，应当以显著方式提请消费者注意与消费者有重大利害关系的内容，并按照消费者的要求予以说明，不得作出含有下列内容的规定：

（一）免除或者部分免除经营者对其所提供的商品或者服务应当承担的修理、重作、更换、退货、补足商品数量、退还货款和服务费用、赔偿损失等责任；

（二）排除或者限制消费者提出修理、更换、退货、赔偿损失以及获得违约金和其他合理赔偿的权利；

（三）排除或者限制消费者依法投诉、举报、提起诉讼的权利；

（四）强制或者变相强制消费者购买和使用其提供的或者其指定的经营者提供的商品或者服务，对不接受其不合理条件的消费者拒绝提供相应商品或者服务，或者提高收费标准；

（五）规定经营者有权任意变更或者解除合同，限制消费者依法变更或者解除合同权利；

（六）规定经营者单方享有解释权或者最终解释权；

（七）其他对消费者不公平、不合理的规定。

第十三条 从事服务业的经营者不得有下列行为：

（一）从事为消费者提供修理、加工、安装、装饰装修等服务的经营者谎报用工用料，故意损坏、偷换零部件或材料，使用不符合国家质量标准或者与约定不相符的零部件或材料，更换不需要更换的零部件，或者偷工减料、加收费用，损害消费者权益的；

（二）从事房屋租赁、家政服务等中介服务的经营者提供虚假信息或者采取欺骗、恶意串通等手段损害消费者权益的。

第十四条 经营者有本办法第五条至第十一条规定的情形之一，其他法律、法规有规定的，依照法律、法规的规定执行；法律、法规未作规定的，由市场监督管理部门依照《消费者权益保护法》第五十六条予以处罚。

第十五条 经营者违反本办法第十二条、第十三条规定，其他法律、法规有规定的，依照法律、法规的规定执行；

法律、法规未作规定的，由市场监督管理部门责令改正，可以单处或者并处警告，违法所得三倍以下、但最高不超过三万元的罚款，没有违法所得的，处以一万元以下的罚款。

第十六条　经营者有本办法第五条第（一）项至第（六）项规定行为之一且不能证明自己并非欺骗、误导消费者而实施此种行为的，属于欺诈行为。

经营者有本办法第五条第（七）项至第（十）项、第六条和第十三条规定行为之一的，属于欺诈行为。

第十七条　经营者对市场监督管理部门作出的行政处罚决定不服的，可以依法申请行政复议或者提起行政诉讼。

第十八条　侵害消费者权益违法行为涉嫌犯罪的，市场监督管理部门应当按照有关规定，移送司法机关追究其刑事责任。

第十九条　市场监督管理部门依照法律法规及本办法规定对经营者予以行政处罚的，应当记入经营者的信用档案，并通过企业信用信息公示系统等及时向社会公布。

企业应当依据《企业信息公示暂行条例》的规定，通过企业信用信息公示系统及时向社会公布相关行政处罚信息。

第二十条　市场监督管理执法人员玩忽职守或者包庇经营者侵害消费者合法权益的行为的，应当依法给予行政处分；涉嫌犯罪的，依法移送司法机关。

第二十一条　本办法由国家市场监督管理总局负责解释。

第二十二条　本办法自2015年3月15日起施行。1996年3月15日国家工商行政管理局发布的《欺诈消费者行为处罚办法》（国家工商行政管理局令第50号）同时废止。

缺陷汽车产品召回管理条例

1．2012年10月22日国务院令第626号公布

2．根据2019年3月2日国务院令第709号《关于修改部分行政法规的决定》修订

第一条　为了规范缺陷汽车产品召回，加强监督管理，保障人身、财产安全，制定本条例。

第二条　在中国境内生产、销售的汽车和汽车挂车（以下统称汽车产品）的召回及其监督管理，适用本条例。

第三条　本条例所称缺陷，是指由于设计、制造、标识等原因导致的在同一批次、型号或者类别的汽车产品中普遍存在的不符合保障人身、财产安全的国家标准、行业标准的情形或者其他危及人身、财产安全的不合理的危险。

本条例所称召回，是指汽车产品生产者对其已售出的汽车产品采取措施消除缺陷的活动。

第四条　国务院产品质量监督部门负责全国缺陷汽车产品召回的监督管理工作。

国务院有关部门在各自职责范围内负责缺陷汽车产品召回的相关监督管理工作。

第五条　国务院产品质量监督部门根据工作需要，可以委托省、自治区、直辖市人民政府产品质量监督部门负责缺陷汽车产品召回监督管理的部分工作。

国务院产品质量监督部门缺陷产品召回技术机构按照国务院产品质量监督部门的规定，承担缺陷汽车产品召回的具体技术工作。

第六条　任何单位和个人有权向产品质量监督部门投诉汽车产品可能存在的缺陷，国务院产品质量监督部门应当以便于公众知晓的方式向社会公布受理投诉的电话、电子邮箱和通信地址。

国务院产品质量监督部门应当建立缺陷汽车产品召回信息管理系统，收集汇总、分析处理有关缺陷汽车产品信息。

产品质量监督部门、汽车产品主管部门、商务主管部门、海关、公安机关交通管理部门、交通运输主管部门等有关部门应当建立汽车产品的生产、销售、进口、登记检验、维修、消费者投诉、召回等信息的共享机制。

第七条　产品质量监督部门和有关部门、机构及其工作人员对履行本条例规定职责所知悉的商业秘密和个人信息，不得泄露。

第八条　对缺陷汽车产品，生产者应当依照本条例全部召回；生产者未实施召回的，国务院产品质量监督部门应当依照本条例责令其召回。

本条例所称生产者，是指在中国境内依法设立的生产汽车产品并以其名义颁发产品合格证的企业。

从中国境外进口汽车产品到境内销售的企业，视为前款所称的生产者。

第九条　生产者应当建立并保存汽车产品设计、制造、标识、检验等方面的信息记录以及汽车产品初次销售的车主信息记录，保存期不得少于10年。

第十条　生产者应当将下列信息报国务院产品质量监督部门备案：

（一）生产者基本信息；

（二）汽车产品技术参数和汽车产品初次销售的

车主信息；

（三）因汽车产品存在危及人身、财产安全的故障而发生修理、更换、退货的信息；

（四）汽车产品在中国境外实施召回的信息；

（五）国务院产品质量监督部门要求备案的其他信息。

第十一条 销售、租赁、维修汽车产品的经营者（以下统称经营者）应当按照国务院产品质量监督部门的规定建立并保存汽车产品相关信息记录，保存期不得少于5年。

经营者获知汽车产品存在缺陷的，应当立即停止销售、租赁、使用缺陷汽车产品，并协助生产者实施召回。

经营者应当向国务院产品质量监督部门报告和向生产者通报所获知的汽车产品可能存在缺陷的相关信息。

第十二条 生产者获知汽车产品可能存在缺陷的，应当立即组织调查分析，并如实向国务院产品质量监督部门报告调查分析结果。

生产者确认汽车产品存在缺陷的，应当立即停止生产、销售、进口缺陷汽车产品，并实施召回。

第十三条 国务院产品质量监督部门获知汽车产品可能存在缺陷的，应当立即通知生产者开展调查分析；生产者未按照通知开展调查分析的，国务院产品质量监督部门应当开展缺陷调查。

国务院产品质量监督部门认为汽车产品可能存在会造成严重后果的缺陷的，可以直接开展缺陷调查。

第十四条 国务院产品质量监督部门开展缺陷调查，可以进入生产者、经营者的生产经营场所进行现场调查，查阅、复制相关资料和记录，向相关单位和个人了解汽车产品可能存在缺陷的情况。

生产者应当配合缺陷调查，提供调查需要的有关资料、产品和专用设备。经营者应当配合缺陷调查，提供调查需要的有关资料。

国务院产品质量监督部门不得将生产者、经营者提供的资料、产品和专用设备用于缺陷调查所需的技术检测和鉴定以外的用途。

第十五条 国务院产品质量监督部门调查认为汽车产品存在缺陷的，应当通知生产者实施召回。

生产者认为其汽车产品不存在缺陷的，可以自收到通知之日起15个工作日内向国务院产品质量监督部门提出异议，并提供证明材料。国务院产品质量监督部门应当组织与生产者无利害关系的专家对证明材料进行论证，必要时对汽车产品进行技术检测或者鉴定。

生产者既不按照通知实施召回又不在本条第二款规定期限内提出异议的，或者经国务院产品质量监督部门依照本条第二款规定组织论证、技术检测、鉴定确认汽车产品存在缺陷的，国务院产品质量监督部门应当责令生产者实施召回；生产者应当立即停止生产、销售、进口缺陷汽车产品，并实施召回。

第十六条 生产者实施召回，应当按照国务院产品质量监督部门的规定制定召回计划，并报国务院产品质量监督部门备案。修改已备案的召回计划应当重新备案。

生产者应当按照召回计划实施召回。

第十七条 生产者应当将报国务院产品质量监督部门备案的召回计划同时通报销售者，销售者应当停止销售缺陷汽车产品。

第十八条 生产者实施召回，应当以便于公众知晓的方式发布信息，告知车主汽车产品存在的缺陷、避免损害发生的应急处置方法和生产者消除缺陷的措施等事项。

国务院产品质量监督部门应当及时向社会公布已经确认的缺陷汽车产品信息以及生产者实施召回的相关信息。

车主应当配合生产者实施召回。

第十九条 对实施召回的缺陷汽车产品，生产者应当及时采取修正或者补充标识、修理、更换、退货等措施消除缺陷。

生产者应当承担消除缺陷的费用和必要的运送缺陷汽车产品的费用。

第二十条 生产者应当按照国务院产品质量监督部门的规定提交召回阶段性报告和召回总结报告。

第二十一条 国务院产品质量监督部门应当对召回实施情况进行监督，并组织与生产者无利害关系的专家对生产者消除缺陷的效果进行评估。

第二十二条 生产者违反本条例规定，有下列情形之一的，由产品质量监督部门责令改正；拒不改正的，处5万元以上20万元以下的罚款：

（一）未按照规定保存有关汽车产品、车主的信息记录；

（二）未按照规定备案有关信息、召回计划；

（三）未按照规定提交有关召回报告。

第二十三条 违反本条例规定，有下列情形之一的，由产品质量监督部门责令改正；拒不改正的，处50万元以上100万元以下的罚款；有违法所得的，并处没收违法所得；情节严重的，由许可机关吊销有关许可：

（一）生产者、经营者不配合产品质量监督部门缺陷调查；

（二）生产者未按照已备案的召回计划实施召回；

（三）生产者未将召回计划通报销售者。

第二十四条　生产者违反本条例规定，有下列情形之一的，由产品质量监督部门责令改正，处缺陷汽车产品货值金额1%以上10%以下的罚款；有违法所得的，并处没收违法所得；情节严重的，由许可机关吊销有关许可：

（一）未停止生产、销售或者进口缺陷汽车产品；

（二）隐瞒缺陷情况；

（三）经责令召回拒不召回。

第二十五条　违反本条例规定，从事缺陷汽车产品召回监督管理工作的人员有下列行为之一的，依法给予处分：

（一）将生产者、经营者提供的资料、产品和专用设备用于缺陷调查所需的技术检测和鉴定以外的用途；

（二）泄露当事人商业秘密或者个人信息；

（三）其他玩忽职守、徇私舞弊、滥用职权行为。

第二十六条　违反本条例规定，构成犯罪的，依法追究刑事责任。

第二十七条　汽车产品出厂时未随车装备的轮胎存在缺陷的，由轮胎的生产者负责召回。具体办法由国务院产品质量监督部门参照本条例制定。

第二十八条　生产者依照本条例召回缺陷汽车产品，不免除其依法应当承担的责任。

汽车产品存在本条例规定的缺陷以外的质量问题的，车主有权依照产品质量法、消费者权益保护法等法律、行政法规和国家有关规定以及合同约定，要求生产者、销售者承担修理、更换、退货、赔偿损失等相应的法律责任。

第二十九条　本条例自2013年1月1日起施行。

部分商品修理更换退货责任规定

1．1995年8月25日国家经济贸易委员会、国家技术监督局、国家工商行政管理局、财政部发布

2．国经贸〔1995〕458号

第一条　为保护消费者的合法权益，明确销售者、修理者、生产者承担的部分商品的修理、更换、退货（以下称为三包）的责任和义务，根据《中华人民共和国产品质量法》、《中华人民共和国消费者权益保护法》及有关规定制定本规定。

第二条　本规定所称部分商品，系指《实施三包的部分商品目录》（以下简称目录）中所列产品。

目录由国务院产品质量监督管理部门会同商业主管部门、工业主管部门共同制定和调整，由国务院产品质量监督管理部门发布。

第三条　列入目录的产品实行谁经销谁负责三包的原则。销售者与生产者、销售者与供货者、销售者与修理者之间订立的合同，不得免除本规定的三包责任和义务。

第四条　目录中规定的指标是履行三包规定的最基本要求。国家鼓励销售者和生产者制定严于本规定的三包实施细则。

本规定不免除未列入目录产品的三包责任和销售者、生产者向消费者承诺的高于列入目录产品三包的责任。

第五条　销售者应当履行下列义务：

（一）不能保证实施三包规定的，不得销售目录所列产品；

（二）保持销售产品的质量；

（三）执行进货检查验收制度，不符合法定标识要求的，一律不准销售；

（四）产品出售时，应当开箱检验，正确调试，介绍使用维护事项、三包方式及修理单位，提供有效发票和三包凭证；

（五）妥善处理消费者的查询、投诉，并提供服务。

第六条　修理者应当履行下列义务：

（一）承担修理服务业务；

（二）维护销售者、生产者的信誉，不得使用与产品技术要求不符的元器件和零配件。认真记录故障及修理后产品质量状况，保证修理后的产品能够正常使用30日以上；

（三）保证修理费用和修理配件全部用于修理。接受销售者、生产者的监督和检查；

（四）承担因自身修理失误造成的责任和损失；

（五）接受消费者有关产品修理质量的查询。

第七条　生产者应当履行下列义务：

（一）明确三包方式。生产者自行设置或者指定修理单位的，必须随产品向消费者提供三包凭证、修理单位的名单、地址、联系电话等；

（二）向负责修理的销售者、修理者提供修理技术资料、合格的修理配件，负责培训，提供修理费用。保证在产品停产后五年内继续提供符合技术要求的零配件；

（三）妥善处理消费者直接或者间接的查询，并提供服务。

第八条 三包有效期自开具发票之日起计算，扣除因修理占用和无零配件待修的时间。

三包有效期内消费者凭发票及三包凭证办理修理、换货、退货。

第九条 产品自售出之日起 7 日内，发生性能故障，消费者可以选择退货、换货或修理。退货时，销售者应当按发票价格一次退清货款，然后依法向生产者、供货者追偿或者按购销合同办理。

第十条 产品自售出之日起 15 日内，发生性能故障，消费者可选择换货或者修理。换货时，销售者应当免费为消费者调换同型号同规格的产品，然后依法向生产者、供货者追偿或者按购销合同办理。

第十一条 在三包有效期内，修理两次，仍不能正常使用的产品，凭修理者提供的修理记录和证明，由销售者负责为消费者免费调换同型号同规格的产品或者按本规定第十三条的规定退货，然后依法向生产者、供货者追偿或者按购销合同办理。

第十二条 在三包有效期内，因生产者未供应零配件，自送修之日起超过 90 日未修好的，修理者应当在修理状况中注明，销售者凭此据免费为消费者调换同型号同规格产品。然后依法向生产者、供货者追偿或者按购销合同办理。

因修理者自身原因使修理期超过 30 日的，由其免费为消费者调换同型号同规格产品。费用由修理者承担。

第十三条 在三包有效期内，符合换货条件的，销售者因无同型号同规格产品，消费者不愿调换其他型号、规格产品而要求退货的，销售者应当予以退货；有同型号同规格产品，消费者不愿调换而要求退货的，销售者应当予以退货，对已使用过的商品按本规定收取折旧费。

折旧费计算自开具发票之日起至退货之日止，其中应当扣除修理占用和待修的时间。

第十四条 换货时，凡属残次产品、不合格产品或者修理过的产品均不得提供给消费者。

换货后的三包有效期自换货之日起重新计算。由销售者在发票背面加盖更换章并提供新的三包凭证或者在三包凭证背面加盖更换章。

第十五条 在三包有效期内，除因消费者使用保管不当致使产品不能正常使用外，由修理者免费修理（包括材料费和工时费）。

对应当进行三包的大件产品，修理者应当提供合理的运输费用，然后依法向生产者或者销售者追偿，或者按合同办理。

第十六条 在三包有效期内，提倡销售者、修理者、生产者上门提供三包服务。

第十七条 属下列情况之一者，不实行三包，但是可以实行收费修理：

（一）消费者因使用、维护、保管不当造成损坏的；

（二）非承担三包修理者拆动造成损坏的；

（三）无三包凭证及有效发票的；

（四）三包凭证型号与修理产品型号不符或者涂改的；

（五）因不可抗力造成损坏的。

第十八条 修理费用由生产者提供。修理费用指三包有效期内保证正常修理的待支费用。

第十九条 销售者负责修理的产品，生产者按照合同或者协议一次拨出费用，具体办法由产销双方商定。销售者委托或者指定修理者的，其修理费的支付形式由销售者和修理者双方合同约定。专款专用。生产者自行选择其他方式或者自行设置修理网点的，由生产者直接提供修理费用。

第二十条 生产者、销售者、修理者破产、倒闭、兼并、分立的，其三包责任按国家有关法规执行。

第二十一条 消费者因产品三包问题与销售者、修理者、生产者发生纠纷时，可以向消费者协会、质量管理协会、用户委员会和其他有关组织申请调解，有关组织应当积极受理。

第二十二条 销售者、修理者、生产者未按本规定执行三包的，消费者可以向产品质量监督管理部门或者工商行政管理部门申诉，由上述部门责令其按三包规定办理。消费者也可以依法申请仲裁解决，还可以直接向人民法院起诉。

第二十三条 本规定由国务院产品质量监督管理部门负责解释。

第二十四条 本规定自发布之日起施行。原国家经济委员会等八部委局发布的国标发〔1986〕177 号《部分国产家用电器三包规定》同时废止。其他有关规定与本规定不符的，以本规定为准。

附件：

实施三包的部分商品目录（第一批）[①]

名　　称	三包有效期（年）		主要部件名称	折旧率（日）	备　　注
	整机	主要部件			
自行车	1	2	车架、变速器	0.05%	
彩色电视机	1	3	显像管、行输出变压器、高频头、集成电路	0.1%	
黑白电视机	1	3	显像管、行输出变压器、高频头、集成电路	0.05%	
等离子电视机	1	3	显示屏、驱动组件、逻辑组件、高频调谐器	0.1%	
液晶电视机	1	3	显示屏、背光组件、逻辑组件、高频调谐器	0.1%	
家用录像机	1	1	磁鼓电机、主导轴电机、加载电机、集成电路	0.1%	
摄像机	1	1	磁鼓电机、主导轴电机、加载电机、带盘电机、镜头、集成电路、磁头	0.1%	
收录机	0.5	1	电机、激光头、集成电路、电位器	0.05%	含音响
电子琴	1		无	0.05%	87 键（含）以上
家用电冰箱	1	3	压缩机、风扇电机、温控器、蒸发器、电磁阀、过滤器、冷凝器、毛细管	0.05%	含冰柜
洗衣机	1	3	电机、定时器、程控器、电容器	0.05%	
电风扇	1	3	电机、定时器、程控器	0.05%	
微波炉	1	2	电机、磁控管、定时器	0.05%	
吸尘器	1	3	电机	0.05%	
家用空调器	1	3	压缩机、风扇电机、温控器	0.1%	
吸排油烟机	0.5	1	电机	0.05%	
燃气热水器	1	1	电子打火部分	0.05%	
缝纫机	1		无	0.05%	
钟表	1		无	0.05%	50 元以上
摩托车	见备注①		发动机	0.2%	①三包有效期为 1 年或行驶里程6000 km，达到其中一项者。②含残疾人三轮摩托车，其他三轮摩托车除外。

① 本目录已根据国家质量监督检验检疫总局公告 2011 年第 20 号《关于将平板电视机商品纳入〈部分商品维修更换退货责任规定〉调整范围的公告》修订。——编者注

移动电话机商品修理、更换、退货责任规定

1. *2001年9月17日国家质量监督检验检疫总局、国家工商行政管理总局、信息产业部令第4号公布*
2. *自2001年11月15日起施行*

第一条 为了切实保护消费者的合法权益，明确移动电话机商品销售者、修理者和生产者的修理、更换、退货（以下称“三包”）责任和义务，根据《中华人民共和国产品质量法》、《中华人民共和国消费者权益保护法》、《中华人民共和国电信条例》制定本规定。

第二条 本规定适用于在中华人民共和国境内销售的由无线接入的移动电话机商品（包括手持式移动电话机、车载移动电话机、固定台站电话机及其附件，见本规定附录1《实施三包的移动电话机商品目录》）。

第三条 移动电话机商品实行谁销售谁负责三包的原则。销售者与生产者或供货者、销售者与修理者、生产者或供货者与修理者之间订立的合同，不得免除本规定的三包责任和义务。

第四条 本规定是实行移动电话机商品三包的最基本要求。国家鼓励销售者、生产者作出更有利于维护消费者合法权益的、严于本规定的三包承诺。承诺作为明示担保，应当依法履行，否则应当依法承担责任。

第五条 销售者应当承担以下责任和义务：

（一）销售移动电话机商品，应当严格执行本规定；

（二）应当执行进货检查验收制度；

（三）应当采取措施，保持销售的移动电话机商品的质量；

（四）销售时，应当符合以下要求：

1. 开箱检验，正确调试，当面向消费者交验移动电话机商品；

2. 核对移动电话机主机机身号（IMEI串号）和进网标志、附件的出厂序号（批号）、产品商标和型号；

3. 介绍产品的基本性能，使用、维护和保养方法，以及三包方式和修理者；

4. 提供三包凭证、有效发货票，三包凭证应当准确完整地填写（见附录2《移动电话机商品三包凭证》）并加盖销售者印章，有效发货票应当注明主机机身号（IMEI串号）、附件的出厂序号（批号）、产品商标及型号、销售日期、销售者印章、金额等内容；

（五）不得销售不符合法定标识要求、不符合说明书等明示的性能及功能，或者产品质量不合格的移动电话机商品；不得销售未标注生产日期的电池；

（六）在三包有效期内，移动电话机商品出现故障，销售者应当根据本规定承担三包责任，不得故意拖延或无理拒绝；

（七）妥善处理消费者的查询、投诉，并提供服务。

第六条 修理者应当承担以下责任和义务：

（一）修理者应当具有行业主管部门委托的维修资质审批机构颁发的证书，维修人员应当经培训考核，持证上岗；

（二）承担三包有效期内的免费修理业务和三包有效期外的收费修理业务；

（三）维护销售者、生产者的信誉，应使用与产品技术要求和质量标准要求相符的新的零配件；认真记录修理前故障情况、故障处理情况和修理后的质量状况；

（四）按有关修理代理合同或者协议的约定，保证修理费用和修理配件全部用于修理；接受销售者或者生产者的监督和检查；

（五）保持常用维修配件的储备量，确保维修工作正常进行，避免因零配件缺少而延误维修时间；

（六）向消费者当面交验修理好的移动电话机商品并如实完整地在三包凭证上填写修理者名称、地址、邮政编码、电话及维修记录；

（七）承担因自身修理过错造成的责任和损失；

（八）妥善处理消费者投诉，接受消费者有关商品修理质量的查询。

第七条 生产者（进口者视同生产者）应当承担以下责任和义务：

（一）具有信息产业部颁发的电信设备进网许可证书；移动电话机主机机身贴有进网许可标志，并随机携带该机型的产品使用说明书、合格证和三包凭证；产品说明书应当按国家标准GB 5296.1《消费品使用说明总则》规定要求编写，应当明确产品的功能特点、适用范围、使用、维护与保养方法、注意和警示事项、常规故障判断等；三包凭证应当符合本规定附录2《移动电话机商品三包凭证》的要求；

（二）保证移动电话机商品符合法定标识要求、符合产品说明书等明示的性能及功能，保证产品质量合格；应当明示待机时间，在电池显著位置清晰地标注生产日期；

（三）应当自行设置或者指定与销售规模相适应的具有维修资质证书的修理者负责三包有效期内的修理，并提供修理者的名称、地址、邮政编码、联系电话等；修理者名称和地址撤销或者变更的，应当及时公告；

（四）按照有关修理代理合同或者协议的约定，提供三包有效期内发生的维修费用；维修费用在产品流通的各个环节不得截留，应当最终全部支付给修理者；

（五）按照有关修理代理合同或者协议的约定，提供足够的合格零配件；保证能够在产品停产后二年内，继续提供符合技术要求的零配件；

（六）按照有关修理代理合同或者协议的约定，提供必需的维修技术软件、技术资料、技术培训等技术支持；

（七）妥善处理消费者的投诉、查询，并提供咨询服务。

第八条 移动电话机主机三包有效期为一年，附件的三包有效期见附录1《实施三包的移动电话机商品目录》。三包有效期自开具发货票之日起计算，扣除因修理占用、无零配件待修延误的时间。三包有效期的最后一天为法定休假日的，以休假日的次日为三包有效期的最后一天。

第九条 在三包有效期内，消费者依照本规定享受修理、更换、退货的权利，修理、换货、退货应当凭发货票和三包凭证办理。

消费者丢失发货票和三包凭证，但能够提供发货票底联或者发货票（底联）复印件等有效证据，证明该移动电话机商品在三包有效期内的，销售者、修理者、生产者应当依照本规定承担免费修理、更换责任。

消费者丢失发货票和三包凭证，且不能提供发货票底联或者发货票（底联）复印件等有效证据，但依照主机机身号（IMEI串号）显示的出厂日期推算仍在三包有效期内的，应当以出厂日期后的第90日为三包有效期的起始日期，销售者、修理者、生产者应当按照本规定负责免费修理。

第十条 在三包有效期内，移动电话机主机出现质量问题的，由修理者免费修理。修理者应当保证修理后的移动电话机商品能够正常使用30日以上。

第十一条 自售出之日起7日内，移动电话机主机出现附录3《移动电话机商品性能故障表》所列性能故障的，消费者可以选择退货、换货或者修理。消费者要求换货时，销售者应当免费为消费者更换同型号同规格的移动电话机。消费者要求退货时，销售者应当负责免费为消费者退货，并按发货票价格一次退清货款。

第十二条 自售出之日起第8日至第15日内，移动电话机主机出现附录3《移动电话机商品性能故障表》所列性能故障的，消费者可以选择换货或者修理。消费者要求换货时，销售者应当免费为消费者更换同型号同规格的移动电话机主机。

第十三条 在三包有效期内，移动电话机主机出现附录3《移动电话机商品性能故障表》所列性能故障，经两次修理，仍不能正常使用的，凭三包凭证中修理者提供的修理记录，由销售者负责为消费者免费更换同型号同规格的移动电话机主机。

第十四条 在三包有效期内，电池、充电器、移动终端卡、外接有线耳机、数据接口卡等移动电话机附件出现本规定附录3《移动电话机商品性能故障表》所列性能故障的，销售者应当为消费者免费更换同品牌同型号同规格的附件。更换两次仍不能正常使用的，销售者应当负责免费为消费者退货，单独销售的，按发货票价格一次退还货款；与主机一起销售的，按退货当时单独销售的价格一次退还货款。

第十五条 送修的移动电话机主机在7日内不能修好的，修理者应当免费给消费者提供备用机，待原机修好后收回备用机。

第十六条 因生产者未按合同或者协议提供零配件，使维修者延误了维修时间，并自送修之日起超过60日未修好的，凭发货票和三包凭证中修理者提供的修理记录，由销售者负责免费为消费者更换同型号同规格的移动电话机主机。

第十七条 因修理者自身原因，使修理时间超过30日未修好的，凭发货票和三包凭证中修理者提供的修理记录由销售者负责免费为消费者更换同型号同规格的移动电话机主机。

第十八条 符合换货条件，但销售者无同型号同规格商品，消费者不愿意调换其他型号规格的商品而要求退货的，销售者应当负责免费为消费者退货，并按发货票的价格一次退清货款。

第十九条 符合换货条件，并且销售者有同型号同规格移动电话机商品，消费者不愿意调换而要求退货的，销售者应当予以退货，但对于使用过的商品应当按本规定附录1《实施三包的移动电话机商品目录》规定的折旧率收取折旧费。折旧费的计算日期自开具发货票之日起至退货之日止，其中应当扣除修理占用和待修时间。

第二十条　换货时,应当提供新的商品。

第二十一条　换货后,商品三包有效期自换货之日起重新计算。由销售者在发货票背面加盖印章,注明更换日期,并提供新的三包凭证。

第二十二条　销售者按本规定为消费者退货、换货后,属于生产者、供货者责任的,依法向负有责任的生产者、供货者追偿,或者按购销合同办理;属于修理者责任的,依法向修理者追偿,或者按代理修理合同或者协议办理。生产者、供货者按照上述规定赔偿后,属于修理者责任的,依法向修理者追偿,或者按代理修理合同或者协议办理。

第二十三条　对于在经营活动中赠送的移动电话机商品,应当按照本规定承担三包责任。

第二十四条　属下列情况之一的移动电话机商品,不实行三包,但可以实行合理的收费修理:

(一)超过三包有效期的;

(二)无三包凭证及有效发货票的,但能够证明该移动电话机商品在三包有效期内的除外;

(三)三包凭证上的内容与商品实物标识不符或者涂改的;

(四)未按产品使用说明书要求使用、维护、保养而造成损坏的;

(五)非承担三包的修理者拆动造成损坏的;

(六)因不可抗力造成损坏的。

第二十五条　生产者、销售者、修理者破产、倒闭、兼并、分立的,其三包责任按国家有关法律法规执行。

第二十六条　消费者因商品三包问题与销售者、修理者、生产者发生纠纷时,可以向消费者协会、信息产业部门移动电话机(电话机)产品质量投诉中心、质量管理协会用户委员会和其他有关组织申请调解,有关组织应当积极受理。

第二十七条　销售者、修理者、生产者未按本规定承担三包责任的,消费者可以向产品质量监督部门申诉机构或者工商行政管理部门消费者申诉举报中心申诉,由产品质量监督部门或者工商行政管理部门责令其改正。

销售者、修理者、生产者对消费者提出的修理、更换、退货的要求故意拖延或者无理拒绝的,由工商行政管理部门、产品质量监督部门、信息产业部门依据有关法律法规的规定予以处罚,并向社会公布。

第二十八条　销售者、修理者、生产者未按本规定承担三包责任的,消费者也可以依照《仲裁法》的规定与销售者、修理者或生产者达成仲裁协议,向国家设立的仲裁机构申请裁决;还可以直接向人民法院起诉。

第二十九条　需要进行商品质量检验或者鉴定的,可以委托依法考核合格和授权的产品质量检验机构或者省级以上产品质量监督部门进行产品质量检验或者鉴定。

第三十条　本规定由国家质量监督检验检疫总局、国家工商行政管理总局和信息产业部按职责分工负责解释。

第三十一条　本规定从2001年11月15日起实行。

附录:(略)

固定电话机商品修理、更换、退货责任规定

1. 2001年9月17日国家质量监督检验检疫总局、国家工商行政管理总局、信息产业部令第4号公布

2. 自2001年11月15日起施行

第一条　为了切实保护消费者的合法权益,明确固定电话机商品销售者、修理者和生产者的修理、更换、退货(以下简称"三包")责任和义务,根据《中华人民共和国产品质量法》、《中华人民共和国消费者权益保护法》《中华人民共和国电信条例》制定本规定。

第二条　本规定适用于在中华人民共和国境内销售的,由有线用户线接入的按键电话机、无绳电话机、ISDN数字电话机及各种功能装置(以下简称固定电话机商品),见本规定附录1《实施三包的固定电话机商品目录》。

第三条　固定电话机商品实行谁销售谁负责三包的原则。销售者与生产者、销售者与供货者、销售者与修理者之间订立的合同,不得免除本规定的三包责任和义务。

第四条　本规定是固定电话机商品实行三包规定的最基本要求。国家鼓励销售者、生产者制定更有利于维护消费者合法权益的,严于本规定要求的三包承诺。承诺作为明示担保,应当依法履行,否则应当依法承担责任。

第五条　销售者应当承担以下责任和义务:

(一)销售固定电话机商品,应当严格执行本规定;

(二)执行进货检查验收制度,不得销售不符合法定标识要求和不合格的固定电话机;

（三）销售时，向消费者当面交验产品使用说明书明示的全部主附件并试机；提供有效发货票、产品合格证、三包凭证和产品使用说明书；介绍商品性能，使用方法、维护保养事项、三包方式和修理单位，正确填写三包凭证；

（四）对于符合本规定退货或者换货条件的固定电话机商品，应当按照本规定为消费者办理退货或者换货，不得故意拖延推诿，无理拒绝；

（五）对于消费者提出的质量问题负责与生产者或者修理者联系，不得无理拒绝；

（六）妥善处理消费者的查询、投诉，并提供服务。

第六条 修理者应当承担以下责任和义务：

（一）承担三包有效期内的免费修理业务和超过三包有效期的收费修理业务；

（二）修理者应当具有行业主管部门委托的维修资质审核机构颁发的证书，维修人员应当经培训考核，持证上岗；

（三）维护销售者、生产者的信誉，应使用与产品技术要求和质量标准要求相符的新的零配件；认真记录修理前故障情况、故障处理情况和修理后的质量状况；

（四）向消费者当面交验修理好的固定电话机商品和维修记录；

（五）承担因自身修理过错造成的责任和损失；

（六）按有关修理代理合同或协议的约定，保证修理费用和修理配件用于修理，接受销售者、生产者的监督和检查；

（七）保持维修配件的储备量，确保维修工作正常进行，避免因零配件缺少而延误维修时间；

（八）妥善处理消费者的投诉，接受消费者有关商品修理质量的查询。

第七条 生产者（固定电话机进口者视同生产者）应当承担以下责任和义务：

（一）具有信息产业主管部门颁发的电信设备进网许可证书；机身贴有进网许可标志，并随机携带该产品使用说明书、产品合格证和三包凭证；

（二）产品使用说明书应按国家标准 GB 5296.1《消费品使用说明总则》的规定编写；

（三）三包凭证应当符合本规定附录2《固定电话机三包凭证》的要求；

（四）生产者应当自行设置或者指定具有资质证书的修理者负责三包有效期内的修理；固定电话机携带的三包凭证或者资料上应注明修理者名称、地址、联系电话等；

（五）按有关修理代理合同或协议的约定，提供三包有效期内发生的修理费用；该费用在产品流通的各个环节不得截留，最终应当全部支付给修理者；

（六）向承担三包的修理者提供合格的、足够的维修配件，满足维修需求，并保证产品停产后二年内继续提供符合技术要求的零配件；

（七）向承担三包的修理者提供技术资料，负责技术培训，检查修理业务，给予技术上的指导；

（八）妥善处理消费者的投诉、查询，并提供咨询服务。

第八条 固定电话机商品的三包有效期见本规定附录1《实施三包的固定电话机商品目录》。三包有效期自开具发货票之日起计算，扣除因修理占用、无零配件待修延误的时间。三包有效期的最后一天为法定休假日的，以休假日的次日为三包有效期的最后一天。

第九条 在三包有效期内，消费者依照本规定享受修理、更换、退货权利，凭发货票和三包凭证办理修理、换货、退货。

如果消费者丢失发货票和三包凭证，但能够提供证据证明该固定电话机商品在三包有效期内，销售者、修理者、生产者应当依照本规定承担修理、更换、退货责任。

第十条 在三包期内，固定电话机商品出现质量问题的，由修理者免费修理。修理者应当保证修理后的固定电话机商品能够正常使用30日以上。

第十一条 自售出之日起7日内，固定电话机商品出现附录3《固定电话机性能故障表》所列性能故障时，消费者可以选择退货、换货或修理。消费者要求退货的，销售者应当免费为消费者退货，并按发货票价格一次退清货款。

第十二条 售出后第8日至15日内，固定电话机商品出现附录3《固定电话机性能故障表》所列性能故障时，由消费者选择换货或者修理。消费者要求换货时，销售者应当免费为消费者调换同型号固定电话机商品。

第十三条 在三包有效期内、固定电话机商品出现本规定附录3《固定电话机性能故障表》所列性能故障，经两次修理，仍不能正常使用的，凭修理者提供的修理记录，由销售者负责为消费者免费调换同型号固定电话机商品。

第十四条 单独销售的电池、电源变压器，在三包有效期内，出现本规定附录3《固定电话机性能故障表》所列性能故障，销售者应当为消费者免费调换同品牌同型号电池、电源变压器；调换后的三包有效期重新计算。调换两次后仍不能正常使用的，销售者应当免费为消费者退货，并按发货票价格一次退清货款。

第十五条 在三包有效期内，符合换货条件的，销售者无同型号固定电话机商品，消费者不愿意调换其他型号的固定电话机商品而要求退货的，销售者应当负责为消费者免费退货，并按发货票价格一次退清货款。

第十六条 在三包有效期内，符合换货条件的，销售者有同型号固定电话机商品、消费者不愿调换而要求退货的，销售者应当予以退货，但应当按本规定附录1《实施三包的固定电话机商品目录》规定的折旧率收取折旧费。

折旧费的计算日期自开具发货票之日起至退货之日止，其中应当扣除修理占用和待修时间。

第十七条 换货时，应当提供新机，凡不合格产品均不得提供给消费者。

第十八条 换货后的三包有效期自换货之日起重新计算。由销售者在发货票背面加盖印章，注明更换日期，并提供新的三包凭证。

第十九条 在三包有效期内固定电话机商品出现故障，由修理者免费（包括材料费和工时费）修理。

第二十条 在三包有效期内，送修的固定电话机商品，在三日内不能修好的，修理者应当免费为消费者提供备用机，待原机修好后收回备用机。

第二十一条 在三包有效期内，送修的固定电话机商品因生产者未按代理修理合同或者协议提供零配件，自送修之日起超过60日未修好的，凭发货票和修理者提供的修理记录，由销售者负责免费为消费者调换同型号固定电话机商品。

第二十二条 因修理者自身原因使修理期超过30日的，消费者凭发货票和修理者提供的修理记录，由销售者负责免费为消费者调换同型号固定电话机商品。

第二十三条 销售者按本规定为消费者退货、换货后，属于生产者、供货者责任的，依法向负有责任的生产者或者供货者追偿，或者按购销合同办理；属于修理者责任的，依法向负有责任的修理者追偿，或者按代理修理合同或者协议办理。

生产者、供货者赔偿后，属于修理者责任的，依法向修理者追偿，或者按代理修理合同或者协议办理。

第二十四条 属下列情况之一的固定电话机，不实行三包，但可以实行合理的收费修理：

（一）超过三包有效期的；

（二）无三包凭证及有效发货票的，但能够证明该固定电话机商品在三包有效期内的除外；

（三）三包凭证上的内容与商品实物标识不符或者涂改的；

（四）未按产品使用说明书的要求使用、维护、保管而造成损坏的；

（五）非承担三包的修理者拆动造成损坏的；

（六）因不可抗力造成损坏的。

第二十五条 生产者、销售者、修理者破产、倒闭、兼并、分立的，其三包责任按国家有关法律法规执行。

第二十六条 消费者因三包问题与销售者、修理者、生产者发生纠纷时，可以向消费者协会、信息产业部移动电话机（固定电话机）产品质量投诉中心、质量管理协会用户委员会和其它有关组织申请调解，有关组织应当积极受理。

第二十七条 销售者、修理者、生产者未按本规定执行三包的，消费者可以向产品质量监督部门质量申诉机构或者工商行政管理部门消费者申诉举报中心申诉，由产品质量监督部门或者工商行政管理部门责令其改正。

销售者、修理者、生产者对消费者提出的修理、更换、退货要求故意拖延或者无理拒绝的，由工商行政管理部门、产品质量监督部门、信息产业部门依据有关法律法规的规定予以处罚，并向社会公布。

第二十八条 销售者、修理者、生产者未按本规定承担三包责任的，消费者也可以依照《仲裁法》的规定，与销售者、修理者或生产者达成仲裁协议，向国家设立的仲裁机构申请裁决，还可以直接向人民法院起诉。

第二十九条 需要进行产品质量检验或者鉴定的，可以委托依法考核合格和授权的产品质量检验机构或者省级以上产品质量监督部门进行产品质量检验或者鉴定。

第三十条 本规定由国家质量监督检验检疫总局、国家工商行政管理总局和信息产业部按职责分工负责解释。

第三十一条 本规定从2001年11月15日起实行。

附录：（略）

微型计算机商品修理、更换、退货责任规定

1. 2002年7月23日国家质量监督检验检疫总局、信息产业部令第24号公布
2. 自2002年9月1日起施行

第一条 为了保护消费者合法权益,明确微型计算机商品销售者、修理者和生产者的修理、更换、退货(以下简称三包)责任和义务,根据《中华人民共和国产品质量法》、《中华人民共和国消费者权益保护法》等法律的有关规定制定本规定。

第二条 本规定适用于在中华人民共和国境内销售的列入本规定《实施三包的微型计算机商品目录》(见附件1)的微型计算机主机、外部设备、选购件及软件(以下简称微型计算机商品)。

第三条 微型计算机商品实行谁销售谁负责三包的原则。销售者与生产者、销售者与供货者、销售者与修理者之间订立的合同,不得免除本规定的三包责任和义务。

第四条 本规定是微型计算机商品实行三包的最基本要求。国家鼓励销售者、生产者制定更有利于维护消费者合法权益的严于本规定的三包承诺。承诺作为明示担保,应当依法履行,否则应当依法承担责任。

第五条 销售者应当承担以下责任和义务:

(一)应当严格执行本规定;

(二)执行进货检查验收制度;

(三)采取有效措施,保持销售商品的质量;

(四)销售时,应当符合以下要求:

1. 应当说明微型计算机商品的配置,开箱检验,正确调试,保证商品符合产品使用说明明示的配置和产品质量状况,当面向消费者交验商品;

2. 核对商品商标、型号和编号;

3. 介绍产品的使用、维护和保养方法以及三包方式和修理者;

4. 明示三包有效期,提供三包凭证、有效发货票、产品合格证和产品使用说明;三包凭证应当按本规定《微型计算机商品三包凭证》(见附件2)的要求准确完整地填写,并加盖销售者印章;有效发货票应当注明商品商标及型号、销售日期、销售者印章、金额等内容;

(五)不得销售不符合法定标识要求的,不符合产品使用说明所述的性能及功能的,或者不合格的微型计算机商品;

(六)随销售的微型计算机商品一起赠送的微型计算机商品,应当负责三包;

(七)预装软件、随机销售和随机赠送的软件应当明示软件名称、版本、使用有效期、生产者名称;不得销售盗版软件;不得赠送盗版软件;

(八)销售软件时,应当验证软件介质的完好性;

(九)应当积极主动地与生产者、修理者加强联系,建立用户档案,做好三包服务工作;

(十)妥善处理消费者的查询、投诉,并提供服务。

第六条 修理者应当承担以下责任和义务:

(一)修理者应当具有维修资质证书,维修人员应当具有执业资格,持证上岗;

(二)承担三包有效期内的免费修理、软件维护业务和三包有效期外的收费修理业务;

(三)维护销售者、生产者的信誉,应使用新的、符合产品技术要求和质量标准要求的部件和元器件;

(四)按有关修理代理合同或者协议的约定,保证修理费用和修理用部件和元器件全部用于修理;

(五)接受生产者、销售者的监督和检查;

(六)保持常用维修部件和元器件的储备量,确保维修工作正常进行,避免因维修部件和元器件缺少延误维修时间;

(七)认真、如实、完整地填写维修记录,记录故障、修理情况和修理后的质量状况,向消费者当面交验修理好的微型计算机商品和维修记录;

(八)承担因自身修理失误造成的责任和损失;

(九)妥善处理消费者的投诉,接受消费者有关商品修理质量的查询。

第七条 生产者(微型计算机商品的供货者和进口者视同生产者)应当承担以下责任和义务:

(一)微型计算机商品应当随机配有产品的中文使用说明、产品合格证和三包凭证;产品使用说明应按照国家标准GB 5296.1《消费品使用说明》和GB 5296.2《家用和类似用途电器的使用说明》的规定编写;产品使用说明应当明确微型计算机商品硬件、软件的配置和兼容性,明示基本功能的操作程序;三包凭证应当符合本规定《微型计算机商品三包凭证》的要求;

(二)应当自行设置或者指定具有维修资质的修理单位负责三包有效期内的修理,并提供修理者单位的名称、地址、联系电话等;修理者名称、地址、联系电话撤销或者变更的,应当及时告知消费者;

（三）按有关修理代理合同或者协议的约定，提供合格的、足够的修理配件，满足维修的需求；

（四）按有关修理代理合同或者协议的约定，提供三包有效期内发生的修理费用；维修费用在产品流通的各个环节不得截留，应当全部支付给修理者；

（五）按有关修理代理合同或者协议的约定，提供技术资料，技术培训等技术支持；

（六）妥善处理消费者的投诉、查询，并及时提供咨询服务。

第八条 微型计算机商品的三包有效期分为整机三包有效期、主要部件三包有效期。三包有效期见本规定《实施三包的微型计算机商品目录》。三包有效期自开具发货票之日起计算，扣除因修理占用、无零配件待修延误的时间。三包有效期的最后一天为法定休假日的，以休假日的次日为三包有效期的最后一天。

第九条 在三包有效期内，消费者凭发货票和三包凭证办理修理、换货、退货。如果消费者丢失发货票和三包凭证，但能够证明该微型计算机商品在三包有效期内，销售者、修理者、生产者应当按照本规定负责修理、更换。

第十条 在整机三包有效期内，微型计算机商品出现质量问题，应当由修理者负责免费维护、修理，并保证修理后的商品能够正常使用30日以上。

在主要部件三包有效期内，主要部件出现故障，应当由修理者负责免费修理或者免费更换新的主要部件（包括工时费和材料费）。

第十一条 自售出之日起7日内，微型计算机主机、外设商品出现本规定《微型计算机商品性能故障表》（见附件3）所列性能故障时，消费者可以选择退货、换货或者修理。消费者要求退货时，销售者应当负责免费为消费者退货，并按发货票价格一次退清货款。

第十二条 售出后第8日至第15日内，微型计算机主机、外设商品出现本规定《微型计算机商品性能故障表》所列性能故障时，消费者可选择换货或者修理。消费者要求换货时，销售者应当负责为消费者调换同型号同规格的商品；同型号同规格的产品停止生产时，应当调换不低于原产品性能的同品牌商品。

第十三条 在整机三包有效期内，微型计算机主机、外设商品出现本规定《微型计算机商品性能故障表》所列性能故障，经两次修理，仍不能正常使用的，凭修理者提供的修理记录，由销售者负责免费为消费者调换同型号同规格的商品；同型号同规格产品停产的，应当调换不低于原产品性能的同品牌商品。

第十四条 在整机三包有效期内，符合第十三条规定的换货条件的，销售者既无同型号同规格的商品，也无不低于原产品性能的同品牌商品，消费者要求退货的，销售者应当负责免费为消费者退货，并按发货票价格一次退清货款。

第十五条 在整机三包有效期内，符合第十三条规定的换货条件的，销售者有同型号同规格的商品或者不低于原产品性能的同品牌商品，消费者不愿意换货而要求退货的，销售者应当予以退货，并按本规定《实施三包的微型计算机商品目录》规定的折旧率收取折旧费。

折旧费的计算日期自开具发货票之日起，至退货之日止，其中应当扣除修理占用和待修的时间。

第十六条 微型计算机主机商品符合退货条件时，销售者应当负责为消费者将与主机同时销售的显示器、键盘、鼠标器等商品一并退货。

第十七条 在三包有效期内，选购件出现本规定《微型计算机商品性能故障表》所列性能故障，销售者应当负责为消费者免费调换新的选购件。选购件更换两次后仍不能正常使用的，销售者应当负责免费为消费者退货，并按发货票价格一次退清货款。

第十八条 在三包有效期内，软件出现本规定《微型计算机商品性能故障表》所列性能故障，销售者应当为消费者免费更换新的同样软件。更换后仍不能正常使用的，应当由销售者负责免费为消费者退货，并按发货票价格一次退清货款。

第十九条 性能故障的判断，应当按商品销售时的配置，并在产品使用说明规定的状态下进行。

第二十条 整机换货时，应当提供新的商品。

第二十一条 整机换货后的三包有效期自换货之日起重新计算。由销售者在发货票背面加盖印章，并提供新的三包凭证。

第二十二条 更换主要部件时，应当使用新的主要部件。更换后的主要部件三包有效期自更换之日起重新计算，记录在维修记录的维修情况一栏中。

第二十三条 因修理者自身原因使修理期超过30日的，凭发货票和修理记录，由销售者负责为消费者调换同规格同型号商品；销售者无原规格型号商品的，应当调换不低于原商品性能的同品牌商品。

第二十四条 在三包有效期内，因生产者未供应零配件，自送修之日起超过60日未修好的，修理者应当在修理状况中注明，凭发货票和修理者提供的修理记录由销售者负责为消费者调换同规格同型号商品；销售者无原规格型号产品的，应当调换不低于原商品性能的同品牌商品。

第二十五条 销售者按本规定为消费者退货、换货后，属于生产者、供货者责任的，依法向负有责任的生产者、供货者追偿，或者按购销合同办理；属于修理者责任的，依法向修理者追偿，或者按修理代理合同或者协议办理。生产者、供货者赔偿后，属于修理者责任的，依法向修理者追偿，或者按修理代理合同或者协议办理。

第二十六条 生产者、销售者、修理者破产、兼并、分立的，其三包责任按国家有关法律、法规执行。

第二十七条 生产者提供三包有效期内发生的修理费用，各个流通环节均不得截留，最终应当全部支付给修理者。

第二十八条 属下列情况之一的微型计算机商品，不实行三包：

（一）超过三包有效期的；

（二）未按产品使用说明的要求使用、维护、保管而造成损坏的；

（三）非承担三包的修理者拆动造成损坏的；

（四）无有效三包凭证及有效发货票的（能够证明该商品在三包有效期内的除外）；

（五）擅自涂改三包凭证的；

（六）三包凭证上的产品型号或编号与商品实物不相符合的；

（七）使用盗版软件造成损坏的；

（八）使用过程中感染病毒造成损坏的；

（九）无厂名、厂址、生产日期、产品合格证的；

（十）因不可抗力造成损坏的。

第二十九条 消费者因三包问题与销售者、修理者、生产者发生纠纷时，可以向消费者协会和其它消费者组织申请调解，有关组织应当积极受理。

第三十条 销售者、修理者、生产者未按本规定执行三包的，消费者可以向产品质量监督管理部门申诉机构申诉，由产品质量监督管理部门责令其按三包规定办理。

销售者、修理者、生产者对消费者提出的修理、更换、退货的要求故意拖延或者无理拒绝的，由产品质量监督管理部门予以处罚，并予以公告。

第三十一条 销售者、修理者、生产者未按本规定执行三包的，消费者也可以依照《仲裁法》的规定，与销售者、修理者或者生产者达成仲裁协议，向国家设立的仲裁机构申请裁决，或者直接向人民法院起诉。

第三十二条 需要进行商品质量检验或者鉴定的，可以委托依法设置并被授权的产品质量检验机构或者省级以上质量技术监督部门指定的鉴定组织单位，进行产品质量检验或者鉴定。

第三十三条 有关维修资质管理办法，由国家质量监督检验检疫总局和信息产业部另行制定。

第三十四条 本规定由国家质量监督检验检疫总局、信息产业部按职能分工负责解释。

第三十五条 本规定自2002年9月1日起实行。

附件：（略）

家用视听商品修理、更换、退货责任规定

1. 2002年7月23日国家质量监督检验检疫总局、信息产业部令第24号公布

2. 自2002年9月1日起施行

第一条 为了切实保护消费者的合法权益，明确家用视听商品销售者、修理者和生产者应当承担的修理、更换、退货（以下简称三包）责任和义务，根据《中华人民共和国产品质量法》《中华人民共和国消费者权益保护法》等法律的有关规定制定本规定。

第二条 本规定适用于在中华人民共和国境内销售的列入本规定《实施三包的家用视听商品目录》（见附件1）的家用视盘机、音频功率放大器和扬声器系统（音箱）（以下简称家用视听商品）。

电视机、家用录象机、摄象机、收录机三包责任适用《部分商品修理更换退货责任规定》。

第三条 家用视听商品实行谁销售谁负责三包的原则。销售者与生产者、销售者与供货者、销售者与修理者之间订立的合同，不得免除本规定的三包责任和义务。

第四条 本规定是家用视听商品实行三包规定的基本要求。国家鼓励销售者、生产者制定更有利于维护消费者合法权益的严于本规定要求的三包承诺。承诺作为明示担保，应依法承担责任。

第五条 销售者应承担以下责任和义务：

（一）应当严格执行本规定；

（二）应当执行进货检查验收制度；

（三）应当采取措施，保持销售的家用视听商品质量；

（四）销售时，应当符合以下要求：

1. 开箱检验，正确调试，当面向消费者交验家用视听商品；

2. 介绍产品的基本性能，使用、维护和保养方法以及三包方式和修理者；

3. 提供三包凭证、有效发货票、产品使用说明书；三包凭证应当按本规定《家用视听商品三包凭证》（见附件2）的要求，准确完整地填写，并加盖销售者印章；有效发货票应当注明产品商标及型号、销售日期、销售者印章、金额等内容；

（五）不得销售不符合法定标识要求的，不符合使用说明书等明示的性能及功能的，或者产品质量不合格的家用视听商品；

（六）在三包有效期内，家用视听商品出现故障，销售者应当根据本规定承担三包责任，不得故意拖延或无理拒绝；

（七）妥善处理消费者的查询、投诉，并提供服务。

第六条 修理者应承担以下责任和义务：

（一）修理者应当具有维修资质证书，维修人员应当具有执业资格，持证上岗；

（二）承担三包有效期内的免费修理业务和三包有效期外的收费修理业务；

（三）维护销售者、生产者的信誉，应使用新的、符合产品技术要求和质量标准要求的零配件；

（四）认真、如实、完整地填写维修记录，记录修理前故障情况、故障处理情况和修理后的质量状况；

（五）向消费者当面试机、交验修理好的家用视听商品和维修记录；

（六）保持常用维修配件的储备量，确保维修工作及时进行，避免因零配件缺少而延误维修时间；

（七）按有关修理代理合同或协议的约定，保证修理费用和修理配件全部用于修理；

（八）接受销售者、生产者的监督和检查；

（九）承担因自身修理失误造成的责任和损失；

（十）妥善处理消费者的投诉，接受消费者有关产品修理质量的查询。

第七条 生产者（供货者和进口者视同生产者）应当承担以下责任和义务：

（一）出厂销售的家用视听商品应随机携带该型号的产品使用说明书、合格证和三包凭证；产品使用说明书应按国家标准 GB 5296.1《消费品使用说明书总则》的规定编写；三包凭证应当符合《家用视听商品三包凭证》的要求；

（二）生产者自行设置或者指定具有维修资质的修理单位负责三包有效期的修理，并在随家用视听商品携带的三包凭证上提供修理者单位的名称、地址、联系电话等；修理者名称、地址、联系电话撤销或者变更的，应当及时告知消费者；

（三）向修理者提供合格的、足够的维修配件，满足维修的需求；

（四）按有关修理代理合同或协议的约定，提供三包有效期内发生的修理费用；维修费用在产品流通的各个环节不得截留，应当最终全部支付给修理者；

（五）按照有关修理代理合同或者协议的约定，提供技术资料、技术培训等技术支持；

（六）妥善处理消费者投诉、查询并提供咨询服务。

第八条 家用视听商品的三包有效期分为整机三包有效期、主要部件三包有效期。三包有效期见本规定《实施三包的家用视听商品目录》。

第九条 三包有效期自开具发货票之日起计算，扣除因修理占用、无零配件待修造成的延误时间。三包有效期的最后一天为法定休假日的，以休假日次日为三包有效期的最后一天。

第十条 在三包有效期内，家用视听商品消费者凭发货票和三包凭证办理修理、更换、退货。如消费者丢失发货票和三包凭证，但能够有效证明该商品是在三包有效期内，销售者、修理者、生产者应当按照本规定负责修理、更换。

第十一条 在整机三包有效期内，家用视听商品出现质量问题的，由修理者负责免费修理（包括工时费、材料费）。修理者应当保证修理后的家用视听商品能够正常使用30日以上。承诺上门服务的，应当免费上门服务。

在主要部件三包有效期内，主要部件出现故障，应当由修理者负责免费修理或者更换主要部件（包括工时费、材料费）。

更换主要部件时，应当使用新的主要部件。更换后的主要部件三包有效期自更换之日起重新计算，记录在维修记录的维修情况一栏中。

第十二条 家用视听商品自售出之日起7日内（扣除首次安装调试占用的时间），出现本规定《家用视盘机性能故障表》（见附件3）、《家用音频功率放大器性能故障表》（见附件4）、《家用扬声器系统性能故障表》（见附件5）所列性能故障时，消费者可以选择退货、换货或者修理。消费者要求退货的，销售者应当负责为消费者免费退货，并按发货票价格一次退清货款。

第十三条 家用视听商品自售出后第8日至15日内（扣除首次安装调试占用的时间），出现本规定《家用视盘机性能故障表》、《家用音频功率放大器性能故障表》、《家用扬声器系统性能故障表》所列性能故障时，消费者可以选择换货或修理；消费者要求换货的，销售者应当按消费者的要求，免费为消费者更换同型号的家用视听商品。

第十四条 在整机三包有效期内，家用视听商品出现本规定《家用视盘机性能故障表》、《家用音频功率放大器性能故障表》、《家用扬声器系统性能故障表》所列性能故障，经两次修理仍不能正常使用的，凭修理者提供的修理记录，由销售者负责为消费者免费更换同型号的家用视听商品。

第十五条 在整机三包有效期内，符合第十四条换货条件的，因销售者没有同型号的家用视听商品，消费者又不愿意更换其它型号而要求退货的，销售者应当负责为消费者免费退货，按发货票价格一次退清货款。

第十六条 在整机三包有效期内，符合第十四条换货条件的，销售者有同型号的家用视听商品为消费者更换，但是消费者不愿意更换而要求退货的，销售者应当予以退货，对于已经使用过的家用视听商品按本规定《实施三包的家用视听商品目录》规定的折旧率和发货票价格收取折旧费。

折旧费的计算日期，自开具发货票之日起，至退货之日止，其中应当扣除首次安装时间、修理占用和待修时间。

第十七条 在三包有效期内，因修理者原因，使修理期超过30日的，由销售者负责为消费者免费更换同型号家用视听商品。

第十八条 在三包有效期内，因生产者未按合同或者协议提供零配件，延误维修时间，自送修之日起超过60日仍未修好的，修理者应在修理记录中注明，凭此据由销售者负责为消费者免费更换同型号家用视听商品。

第十九条 更换家用视听商品时，应当提供新的商品。

第二十条 换货后的三包有效期自换货之日起重新计算，由销售者在发货票背面加盖印章，注明更换日期，并提供新的三包凭证。

第二十一条 就近未设修理单位的，由销售者负责三包。消费者可以与销售者协商，或经销售者同意与生产者协商，解决修理办法及运输费问题。

第二十二条 销售者按本规定为消费者退货、换货后，属于生产者、供货者责任的，依法向负有责任的生产者、供货者追偿，或者按购销合同办理；属于修理者责任的，依法向修理者追偿，或者按修理代理合同或者协议办理。生产者、供货者赔偿后，属于修理者责任的，依法向修理者追偿，或者按代理修理合同或者协议办理。

第二十三条 生产者、销售者、修理者破产、兼并、分立的，其三包责任按国家有关法律、法规执行。

第二十四条 属下列情况之一的家用视听商品，不实行三包：

（一）超过三包有效期的；

（二）未按产品使用说明书要求使用、维护、保管而造成损坏的；

（三）非承担三包的修理者拆动造成损坏的；

（四）无三包凭证和有效发货票的；

（五）三包凭证上的内容与商品实物标识不符或者涂改的；

（六）因不可抗力造成损坏的。

第二十五条 消费者因三包问题与销售者、修理者、生产者发生纠纷时，可以向消费者协会和其他消费者组织申请调解，有关组织应当积极受理。

第二十六条 销售者、修理者、生产者未按本规定执行三包的，消费者可以向产品质量监督管理部门质量申诉处理机构申诉，由产品质量监督管理部门责令其按三包规定办理。

销售者、修理者、生产者对消费者提出的修理、更换、退货的要求故意拖延或者无理拒绝的，由产品质量监督管理部门予以处罚，并予以公告。

第二十七条 消费者因三包问题与销售者、修理者、生产者发生纠纷，可以依照《仲裁法》的规定，与销售者、修理者、生产者达成仲裁协议，向国家设立的仲裁机构申请裁决，或者直接向人民法院起诉。

第二十八条 需要进行产品质量检验或者鉴定的，可以委托依法设置并被授权的产品质量检验机构或者省级以上质量技术监督部门指定的鉴定组织单位，进行产品质量检验或者鉴定。

第二十九条 有关维修资质管理办法，由国家质量监督检验检疫总局和信息产业部另行制定。

第三十条 本规定由国家质量监督检验检疫总局、信息产业部按职能分工负责解释。

第三十一条 本规定自2002年9月1日起施行。

附件：（略）

农业机械产品修理、更换、退货责任规定

1. 2010年3月13日国家质量监督检验检疫总局、国家工商行政管理总局、农业部、工业和信息化部令第126号公布

2. 自2010年6月1日起施行

第一章 总 则

第一条 为维护农业机械产品用户的合法权益，提高农

业机械产品质量和售后服务质量，明确农业机械产品生产者、销售者、修理者的修理、更换、退货（以下简称为三包）责任，依照《中华人民共和国产品质量法》、《中华人民共和国农业机械化促进法》等有关法律法规，制定本规定。

第二条　本规定所称农业机械产品（以下称农机产品），是指用于农业生产及其产品初加工等相关农事活动的机械、设备。

第三条　在中华人民共和国境内从事农机产品的生产、销售、修理活动的，应当遵守本规定。

第四条　农机产品实行谁销售谁负责三包的原则。

销售者承担三包责任，换货或退货后，属于生产者的责任的，可以依法向生产者追偿。

在三包有效期内，因修理者的过错造成他人损失的，依照有关法律和代理修理合同承担责任。

第五条　本规定是生产者、销售者、修理者向农机用户承担农机产品三包责任的基本要求。国家鼓励生产者、销售者、修理者做出更有利于维护农机用户合法权益的、严于本规定的三包责任承诺。

销售者与农机用户另有约定的，销售者的三包责任依照约定执行，但约定不得免除依照法律、法规以及本规定应当履行的义务。

第六条　国务院工业主管部门负责制定并组织实施农业机械工业产业政策和有关规划。国务院产品质量监督部门、工商行政管理部门、农业机械化主管部门在各自职责范围内按照本规定的要求，根据生产者的三包凭证样本、产品使用说明书以及农机用户投诉等，建立信息披露制度，对生产者、销售者和修理者的三包承诺、农机用户集中反映的农机产品质量问题和服务质量问题向社会进行公布，督促生产者、销售者、修理者改进产品质量和服务质量。

第二章　生产者的义务

第七条　生产者应当建立农机产品出厂记录制度，严格执行出厂检验制度，未经检验合格的农机产品，不得销售。

依法实施生产许可证管理或强制性产品认证管理的农机产品，应当获得生产许可证证书或认证证书并施加生产许可证标志或认证标志。

第八条　农机产品应当具有产品合格证、产品使用说明书、产品三包凭证等随机文件：

（一）产品使用说明书应当按照农业机械使用说明书编写规则国家标准或行业标准规定的要求编写，并应列出该机中易损件的名称、规格、型号；产品所具有的使用性能、安全性能，未列入国家标准的，其适用范围、技术性能指标、工作条件、工作环境、安全操作要求、警示标志或说明应当在使用说明书中明确；

（二）有关工具、附件、备件等随附物品的清单；

（三）农机产品三包凭证应当包括以下内容：产品品牌、型号规格、生产日期、购买日期、产品编号，生产者的名称、联系地址和电话，已经指定销售者、修理者的，应当注明名称、联系地址、电话、三包项目、三包有效期、销售记录、修理记录和按照本规定第二十四条规定应当明示的内容等相关信息；销售记录应当包括销售者、销售地点、销售日期和购机发票号码等项目；修理记录应当包括送修时间、交货时间、送修故障、修理情况、换退货证明等项目。

第九条　生产者应当在销售区域范围内建立农机产品的维修网点，与修理者签订代理修理合同，依法约定农机产品三包责任等有关事项。

第十条　生产者应当保证农机产品停产后五年内继续提供零部件。

第十一条　生产者应当妥善处理农机用户的投诉、查询，提供服务，并在农忙季节及时处理各种农机产品三包问题。

第三章　销售者的义务

第十二条　销售者应当执行进货检查验收制度，严格审验生产者的经营资格，仔细验明农机产品合格证明、产品标识、产品使用说明书和三包凭证。对实施生产许可证管理、强制性产品认证管理的农机产品，应当验明生产许可证证书和生产许可证标志、认证证书和认证标志。

第十三条　销售者销售农机产品时，应当建立销售记录制度，并按照农机产品使用说明书告知以下内容：

（一）农机产品的用途、适用范围、性能等；

（二）农机产品主机与机具间的正确配置；

（三）农机产品已行驶的里程或已工作时间及使用的状况。

第十四条　销售者交付农机产品时，应当符合下列要求：

（一）当面交验、试机；

（二）交付随附的工具、附件、备件；

（三）提供财政税务部门统一监制的购机发票、三包凭证、中文产品使用说明书及其它随附文件；

（四）明示农机产品三包有效期和三包方式；

（五）提供由生产者或销售者授权或委托的修理者的名称、联系地址和电话；

（六）在三包凭证上填写销售者有关信息；

（七）进行必要的操作、维护和安全注意事项的培训。

对于进口农机产品，还应当提供海关出具的货物进口证明和检验检疫机构出具的入境货物检验检疫证明。

第十五条　销售者可以同修理者签订代理修理合同，在合同中约定三包有效期内的修理责任以及在农忙季节及时排除各种农机产品故障的措施。

第十六条　销售者应当妥善处理农机产品质量问题的咨询、查询和投诉。

第四章　修理者的义务

第十七条　修理者应当与生产者或销售者订立代理修理合同，按照合同的约定，保证修理费用和维修零部件用于三包有效期内的修理。

代理修理合同应当约定生产者或销售者提供的维修技术资料、技术培训、维修零部件、维修费、运输费等。

第十八条　修理者应当承担三包期内的属于本规定范围内免费修理业务，按照合同接受生产者、销售者的监督检查。

第十九条　修理者应当严格执行零部件的进货检查验收制度，不得使用质量不合格的零部件，认真做好维修记录，记录修理前的故障和修理后的产品质量状况。

第二十条　修理者应当完整、真实、清晰地填写修理记录。修理记录内容应当包括送修时间、送修故障、检查结果、故障原因分析、维护和修理项目、材料费和工时费，以及运输费、农机用户签名等；有行驶里程的，应当注明。

第二十一条　修理者应当向农机用户当面交验修理后的农机产品及修理记录，试机运行正常后交付其使用，并保证在维修质量保证期内正常使用。

第二十二条　修理者应当保持常用维修零部件的合理储备，确保维修工作的正常进行，避免因缺少维修零部件而延误维修时间。农忙季节应当有及时排除农机产品故障的能力和措施。

第二十三条　修理者应当积极开展上门修理和电话咨询服务，妥善处理农机用户关于修理的查询和修理质量的投诉。

第五章　农机产品三包责任

第二十四条　农机产品的三包有效期自销售者开具购机发票之日起计算，三包有效期包括整机三包有效期，主要部件质量保证期，易损件和其它零部件的质量保证期。

内燃机、拖拉机、联合收割机、插秧机的整机三包有效期及其主要部件的质量保证期应当不少于本规定附件 1 规定的时间。内燃机单机作为商品出售给农机用户的，计为整机，其包含的主要零部件由生产者明示在三包凭证上。拖拉机、联合收割机、插秧机的主要部件由生产者明示在三包凭证上。

其他农机产品的整机三包有效期及其主要部件或系统的名称和质量保证期，由生产者明示在三包凭证上，且有效期不得少于一年。

内燃机作为农机产品配套动力的，其三包有效期和主要部件的质量保证期按农机产品的整机的三包有效期和主要部件质量保证期执行。

农机产品的易损件及其它零部件的质量保证期达不到整机三包有效期的，其所属的部件或系统的名称和合理的质量保证期由生产者明示在三包凭证上。

第二十五条　农机用户丢失三包凭证，但能证明其所购农机产品在三包有效期内的，可以向销售者申请补办三包凭证，并依照本规定继续享受有关权利。销售者应当在接到农机用户申请后 10 个工作日内予以补办。销售者、生产者、修理者不得拒绝承担三包责任。

由于销售者的原因，购机发票或三包凭证上的农机产品品牌、型号等与要求三包的农机产品不符的，销售者不得拒绝履行三包责任。

在三包有效期内发生所有权转移的，三包凭证和购机发票随之转移，农机用户凭原始三包凭证和购机发票继续享有三包权利。

第二十六条　三包有效期内，农机产品出现质量问题，农机用户凭三包凭证在指定的或者约定的修理者处进行免费修理，维修产生的工时费、材料费及合理的运输费等由三包责任人承担；符合本规定换货、退货条件，农机用户要求换货、退货的，凭三包凭证、修理记录、购机发票更换、退货；因质量问题给农机用户造成损失的，销售者应当依法负责赔偿相应的损失。

第二十七条　三包有效期内，农机产品存在本规定范围的质量问题的，修理者一般应当自送修之日起 30 个工作日内完成修理工作，并保证正常使用。

第二十八条　三包有效期内，送修的农机产品自送修之日起超过 30 个工作日未修好，农机用户可以选择继续修理或换货。要求换货的，销售者应当凭三包凭证、维护和修理记录、购机发票免费更换同型号同规格的产品。

第二十九条　三包有效期内，农机产品因出现同一严重质量问题，累计修理2次后仍出现同一质量问题无法正常使用的；或农机产品购机的第一个作业季开始30日内，除因易损件外，农机产品因同一一般质量问题累计修理2次后，又出现同一质量问题的，农机用户可以凭三包凭证、维护和修理记录、购机发票，选择更换相关的主要部件或系统，由销售者负责免费更换。

第三十条 三包有效期内或农机产品购机的第一个作业季开始30日内，农机产品因本规定第二十九条的规定更换主要部件或系统后，又出现相同质量问题，农机用户可以选择换货，由销售者负责免费更换；换货后仍然出现相同质量问题的，农机用户可以选择退货，由销售者负责免费退货。

第三十一条 三包有效期内，符合本规定更换主要部件的条件或换货条件的，销售者应当提供新的、合格的主要部件或整机产品，并更新三包凭证，更换后的主要部件的质量保证期或更换后的整机产品的三包有效期自更换之日起重新计算。

符合退货条件或因销售者无同型号同规格产品予以换货的，农机用户要求退货的，销售者应当按照购机发票金额全价一次退清货款。

第三十二条 因生产者、销售者未明确告知农机产品的适用范围而导致农机产品不能正常作业的，农机用户在农机产品购机的第一个作业季开始30日内可以凭三包凭证和购机发票选择退货，由销售者负责按照购机发票金额全价退款。

第三十三条 整机三包有效期内，联合收割机、拖拉机、播种机、插秧机等产品在农忙作业季节出现质量问题的，在服务网点范围内，属于整机或主要部件的，修理者应当在接到报修后3日内予以排除；属于易损件或是其他零件的质量问题的，应当在接到报修后1日内予以排除。在服务网点范围外的，农忙季节出现的故障修理由销售者与农机用户协商。

国家鼓励农机产品生产者、销售者、修理者农忙时期开展现场的有关售后服务活动。

第三十四条 三包有效期内，销售者不履行三包义务的，或者农机产品需要进行质量检验或鉴定的，三包有效期自农机用户的请求之日起中止计算，三包有效期按照中止的天数延长；造成直接损失的，应当依法赔偿。

第六章 责任免除

第三十五条 农机用户应当按照有关规定和农机产品的使用说明书进行操作或使用。

第三十六条 赠送的农机产品，不得免除生产者、销售者和修理者依法应当承担的三包责任。

第三十七条 销售者、生产者、修理者能够证明发生下列情况之一的，不承担三包责任：

（一）农机用户无法证明该农机产品在三包有效期内的；

（二）产品超出三包有效期的。

第三十八条 销售者、生产者、修理者能够证明发生下列情况之一的，对于所涉及部分，不承担三包责任：

（一）因未按照使用说明书要求正确使用、维护，造成损坏的；

（二）使用说明书中明示不得改装、拆卸，而自行改装、拆卸改变机器性能或者造成损坏的；

（三）发生故障后，农机用户自行处置不当造成对故障原因无法做出技术鉴定的；

（四）因非产品质量原因发生其他人为损坏的；

（五）因不可抗力造成损坏的。

第七章 争议处理

第三十九条 产品质量监督部门、工商行政管理部门、农业机械化主管部门应当认真履行三包有关质量问题监管职责。

生产者未按照本规定第二十四条履行明示义务的，或通过明示内容有意规避责任的，由产品质量监督部门依法予以处理。

销售者未按照本规定履行三包义务的，由工商行政管理部门依法予以处理。

维修者未按照本规定履行三包义务的，由农业机械化主管部门依法予以处理。

第四十条 农机用户因三包责任问题与销售者、生产者、修理者发生纠纷的，可以按照公平、诚实、信用的原则进行协商解决。

协商不能解决的，农机用户可以向当地工商行政管理部门、产品质量监督部门或者农业机械化主管部门设立的投诉机构进行投诉，或者依法向消费者权益保护组织等反映情况，当事人要求调解的，可以调解解决。

第四十一条 因三包责任问题协商或调解不成的，农机用户可以依照《中华人民共和国仲裁法》的规定申请仲裁，也可以直接向人民法院起诉。

第四十二条 需要进行质量检验或者鉴定的，农机用户可以委托依法取得资质的农机产品质量检验机构进行质量检验或者鉴定。

质量检验或者鉴定所需费用按照法律、法规的规定或者双方约定的办法解决。

第八章　附　　则

第四十三条　本规定下列用语的含义：

本规定所称质量问题，是指在合理使用的情况下，农机产品的使用性能不符合产品使用说明中明示的状况；或者农机产品不具备应当具备的使用性能；或者农机产品不符合生产者在农机或其包装上注明执行的产品标准。质量问题包括：

（一）严重质量问题，是指农机产品的重要性能严重下降，超过有关标准要求或明示的范围；或者农机产品主要部件报废或修理费用较高，必须更换的；或者正常使用的情况下农机产品自身出现故障影响人身安全的质量问题。

（二）一般质量问题，是指除严重质量问题外的其他质量问题，包括易损件的质量问题，但不包括农机用户按照农机产品使用说明书的维修、保养、调整或检修方法能用随机工具可以排除的轻度故障。

内燃机、拖拉机、联合收割机、插秧机严重质量问题见本规定附件 2。

本规定所称农业机械产品用户（简称农机用户），是指为从事农业生产活动购买、使用农机产品的公民、法人和其他经济组织。

本规定所称生产者，是指生产、装配及改装农机产品的企业。农机产品的供货商或进口者视同生产者承担相应的三包责任。

本规定所称销售者，是指以其名义向农机用户直接交付农机产品并收取货款、开具购机发票的单位或者个人。生产者直接向农机用户销售农机产品的视同本规定中的销售者。

本规定所称修理者，是指与生产者或销售者订立代理修理合同，在三包有效期内，为农机用户提供农机产品维护、修理的单位或者个人。

第四十四条　农机产品因用于非农业生产活动而出现的质量问题符合法律规定的有关修理、更换或退货条件的，可以参照本规定执行。

第四十五条　本规定由国家质量监督检验检疫总局、国家工商行政管理总局、农业部、工业和信息化部按职责分工负责解释。

第四十六条　本规定自 2010 年 6 月 1 日起施行。1998 年 3 月 12 日原国家经济贸易委员会、国家技术监督局、国家工商行政管理局、国内贸易部、机械工业部、农业部发布的《农业机械产品修理、更换、退货责任规定》（国经贸质〔1998〕123 号）同时废止。

附件：（略）

医疗器械召回管理办法

1. 2017 年 1 月 25 日国家食品药品监督管理总局令第 29 号公布
2. 自 2017 年 5 月 1 日起施行

第一章　总　　则

第一条　为加强医疗器械监督管理，控制存在缺陷的医疗器械产品，消除医疗器械安全隐患，保证医疗器械的安全、有效，保障人体健康和生命安全，根据《医疗器械监督管理条例》，制定本办法。

第二条　中华人民共和国境内已上市医疗器械的召回及其监督管理，适用本办法。

第三条　本办法所称医疗器械召回，是指医疗器械生产企业按照规定的程序对其已上市销售的某一类别、型号或者批次的存在缺陷的医疗器械产品，采取警示、检查、修理、重新标签、修改并完善说明书、软件更新、替换、收回、销毁等方式进行处理的行为。

前款所述医疗器械生产企业，是指境内医疗器械产品注册人或者备案人、进口医疗器械的境外制造厂商在中国境内指定的代理人。

第四条　本办法所称存在缺陷的医疗器械产品包括：

（一）正常使用情况下存在可能危及人体健康和生命安全的不合理风险的产品；

（二）不符合强制性标准、经注册或者备案的产品技术要求的产品；

（三）不符合医疗器械生产、经营质量管理有关规定导致可能存在不合理风险的产品；

（四）其他需要召回的产品。

第五条　医疗器械生产企业是控制与消除产品缺陷的责任主体，应当主动对缺陷产品实施召回。

第六条　医疗器械生产企业应当按照本办法的规定建立健全医疗器械召回管理制度，收集医疗器械安全相关信息，对可能的缺陷产品进行调查、评估，及时召回缺陷产品。

进口医疗器械的境外制造厂商在中国境内指定的代理人应当将仅在境外实施医疗器械召回的有关信息及时报告国家食品药品监督管理总局；凡涉及在境内实施召回的，中国境内指定的代理人应当按照本办法的规定组织实施。

医疗器械经营企业、使用单位应当积极协助医疗器械生产企业对缺陷产品进行调查、评估，主动配合生产企业履行召回义务，按照召回计划及时传达、反馈医疗器械召回信息,控制和收回缺陷产品。

第七条 医疗器械经营企业、使用单位发现其经营、使用的医疗器械可能为缺陷产品的,应当立即暂停销售或者使用该医疗器械,及时通知医疗器械生产企业或者供货商,并向所在地省、自治区、直辖市食品药品监督管理部门报告;使用单位为医疗机构的,还应当同时向所在地省、自治区、直辖市卫生行政部门报告。

医疗器械经营企业、使用单位所在地省、自治区、直辖市食品药品监督管理部门收到报告后,应当及时通报医疗器械生产企业所在地省、自治区、直辖市食品药品监督管理部门。

第八条 召回医疗器械的生产企业所在地省、自治区、直辖市食品药品监督管理部门负责医疗器械召回的监督管理,其他省、自治区、直辖市食品药品监督管理部门应当配合做好本行政区域内医疗器械召回的有关工作。

国家食品药品监督管理总局监督全国医疗器械召回的管理工作。

第九条 国家食品药品监督管理总局和省、自治区、直辖市食品药品监督管理部门应当按照医疗器械召回信息通报和信息公开有关制度,采取有效途径向社会公布缺陷产品信息和召回信息,必要时向同级卫生行政部门通报相关信息。

第二章 医疗器械缺陷的调查与评估

第十条 医疗器械生产企业应当按照规定建立健全医疗器械质量管理体系和医疗器械不良事件监测系统,收集、记录医疗器械的质量投诉信息和医疗器械不良事件信息,对收集的信息进行分析,对可能存在的缺陷进行调查和评估。

医疗器械经营企业、使用单位应当配合医疗器械生产企业对有关医疗器械缺陷进行调查,并提供有关资料。

第十一条 医疗器械生产企业应当按照规定及时将收集的医疗器械不良事件信息向食品药品监督管理部门报告,食品药品监督管理部门可以对医疗器械不良事件或者可能存在的缺陷进行分析和调查,医疗器械生产企业、经营企业、使用单位应当予以配合。

第十二条 对存在缺陷的医疗器械产品进行评估的主要内容包括:

(一)产品是否符合强制性标准、经注册或者备案的产品技术要求;

(二)在使用医疗器械过程中是否发生过故障或者伤害;

(三)在现有使用环境下是否会造成伤害,是否有科学文献、研究、相关试验或者验证能够解释伤害发生的原因;

(四)伤害所涉及的地区范围和人群特点;

(五)对人体健康造成的伤害程度;

(六)伤害发生的概率;

(七)发生伤害的短期和长期后果;

(八)其他可能对人体造成伤害的因素。

第十三条 根据医疗器械缺陷的严重程度,医疗器械召回分为:

(一)一级召回:使用该医疗器械可能或者已经引起严重健康危害的。

(二)二级召回:使用该医疗器械可能或者已经引起暂时的或者可逆的健康危害的。

(三)三级召回:使用该医疗器械引起危害的可能性较小但仍需要召回的。

医疗器械生产企业应当根据具体情况确定召回级别并根据召回级别与医疗器械的销售和使用情况,科学设计召回计划并组织实施。

第三章 主动召回

第十四条 医疗器械生产企业按照本办法第十条、第十二条的要求进行调查评估后,确定医疗器械产品存在缺陷的,应当立即决定并实施召回,同时向社会发布产品召回信息。

实施一级召回的,医疗器械召回公告应当在国家食品药品监督管理总局网站和中央主要媒体上发布;实施二级、三级召回的,医疗器械召回公告应当在省、自治区、直辖市食品药品监督管理部门网站发布,省、自治区、直辖市食品药品监督管理部门网站发布的召回公告应当与国家食品药品监督管理总局网站链接。

第十五条 医疗器械生产企业作出医疗器械召回决定的,一级召回应当在1日内,二级召回应当在3日内,三级召回应当在7日内,通知到有关医疗器械经营企业、使用单位或者告知使用者。

召回通知应当包括以下内容:

(一)召回医疗器械名称、型号规格、批次等基本信息;

(二)召回的原因;

(三)召回的要求,如立即暂停销售和使用该产品、将召回通知转发到相关经营企业或者使用单位等;

(四)召回医疗器械的处理方式。

第十六条 医疗器械生产企业作出医疗器械召回决定的,应当立即向所在地省、自治区、直辖市食品药品监督管理部门和批准该产品注册或者办理备案的食品药品监督管理部门提交医疗器械召回事件报告表，并在5个工作日内将调查评估报告和召回计划提交至所在地省、自治区、直辖市食品药品监督管理部门和批准注册或者办理备案的食品药品监督管理部门备案。

医疗器械生产企业所在地省、自治区、直辖市食品药品监督管理部门应当在收到召回事件报告表1个工作日内将召回的有关情况报告国家食品药品监督管理总局。

第十七条　调查评估报告应当包括以下内容：

（一）召回医疗器械的具体情况，包括名称、型号规格、批次等基本信息；

（二）实施召回的原因；

（三）调查评估结果；

（四）召回分级。

召回计划应当包括以下内容：

（一）医疗器械生产销售情况及拟召回的数量；

（二）召回措施的具体内容，包括实施的组织、范围和时限等；

（三）召回信息的公布途径与范围；

（四）召回的预期效果；

（五）医疗器械召回后的处理措施。

第十八条　医疗器械生产企业所在地省、自治区、直辖市食品药品监督管理部门可以对生产企业提交的召回计划进行评估，认为生产企业所采取的措施不能有效消除产品缺陷或者控制产品风险的，应当书面要求其采取提高召回等级、扩大召回范围、缩短召回时间或者改变召回产品的处理方式等更为有效的措施进行处理。医疗器械生产企业应当按照食品药品监督管理部门的要求修改召回计划并组织实施。

第十九条　医疗器械生产企业对上报的召回计划进行变更的，应当及时报所在地省、自治区、直辖市食品药品监督管理部门备案。

第二十条　医疗器械生产企业在实施召回的过程中，应当根据召回计划定期向所在地省、自治区、直辖市食品药品监督管理部门提交召回计划实施情况报告。

第二十一条　医疗器械生产企业对召回医疗器械的处理应当有详细的记录，并向医疗器械生产企业所在地省、自治区、直辖市食品药品监督管理部门报告，记录应当保存至医疗器械注册证失效后5年，第一类医疗器械召回的处理记录应当保存5年。对通过警示、检查、修理、重新标签、修改并完善说明书、软件更新、替换、销毁等方式能够消除产品缺陷的，可以在产品所在地完成上述行为。需要销毁的，应当在食品药品监督管理部门监督下销毁。

第二十二条　医疗器械生产企业应当在召回完成后10个工作日内对召回效果进行评估，并向所在地省、自治区、直辖市食品药品监督管理部门提交医疗器械召回总结评估报告。

第二十三条　医疗器械生产企业所在地省、自治区、直辖市食品药品监督管理部门应当自收到总结评估报告之日起10个工作日内对报告进行审查，并对召回效果进行评估；认为召回尚未有效消除产品缺陷或者控制产品风险的，应当书面要求生产企业重新召回。医疗器械生产企业应当按照食品药品监督管理部门的要求进行重新召回。

第四章　责令召回

第二十四条　食品药品监督管理部门经过调查评估，认为医疗器械生产企业应当召回存在缺陷的医疗器械产品而未主动召回的，应当责令医疗器械生产企业召回医疗器械。

责令召回的决定可以由医疗器械生产企业所在地省、自治区、直辖市食品药品监督管理部门作出，也可以由批准该医疗器械注册或者办理备案的食品药品监督管理部门作出。作出该决定的食品药品监督管理部门，应当在其网站向社会公布责令召回信息。

医疗器械生产企业应当按照食品药品监督管理部门的要求进行召回，并按本办法第十四条第二款的规定向社会公布产品召回信息。

必要时，食品药品监督管理部门可以要求医疗器械生产企业、经营企业和使用单位立即暂停生产、销售和使用，并告知使用者立即暂停使用该缺陷产品。

第二十五条　食品药品监督管理部门作出责令召回决定，应当将责令召回通知书送达医疗器械生产企业，通知书包括以下内容：

（一）召回医疗器械的具体情况，包括名称、型号规格、批次等基本信息；

（二）实施召回的原因；

（三）调查评估结果；

（四）召回要求，包括范围和时限等。

第二十六条　医疗器械生产企业收到责令召回通知书后，应当按照本办法第十五条、第十六条的规定通知医疗器械经营企业和使用单位或者告知使用者，制定、提交召回计划，并组织实施。

第二十七条　医疗器械生产企业应当按照本办法第十九条、第二十条、第二十一条、第二十二条的规定向食品药品监督管理部门报告医疗器械召回的相关情况，进行召回医疗器械的后续处理。

食品药品监督管理部门应当按照本办法第二十三条的规定对医疗器械生产企业提交的医疗器械召回总结评估报告进行审查,并对召回效果进行评价,必要时通报同级卫生行政部门。经过审查和评价,认为召回不彻底、尚未有效消除产品缺陷或者控制产品风险的,食品药品监督管理部门应当书面要求医疗器械生产企业重新召回。医疗器械生产企业应当按照食品药品监督管理部门的要求进行重新召回。

第五章 法律责任

第二十八条 医疗器械生产企业因违反法律、法规、规章规定造成上市医疗器械存在缺陷,依法应当给予行政处罚,但该企业已经采取召回措施主动消除或者减轻危害后果的,食品药品监督管理部门依照《中华人民共和国行政处罚法》的规定给予从轻或者减轻处罚;违法行为轻微并及时纠正,没有造成危害后果的,不予处罚。

医疗器械生产企业召回医疗器械的,不免除其依法应当承担的其他法律责任。

第二十九条 医疗器械生产企业违反本办法第二十四条规定,拒绝召回医疗器械的,依据《医疗器械监督管理条例》第六十六条的规定进行处理。

第三十条 医疗器械生产企业有下列情形之一的,予以警告,责令限期改正,并处3万元以下罚款:

(一)违反本办法第十四条规定,未按照要求及时向社会发布产品召回信息的;

(二)违反本办法第十五条规定,未在规定时间内将召回医疗器械的决定通知到医疗器械经营企业、使用单位或者告知使用者的;

(三)违反本办法第十八条、第二十三条、第二十七条第二款规定,未按照食品药品监督管理部门要求采取改正措施或者重新召回医疗器械的;

(四)违反本办法第二十一条规定,未对召回医疗器械的处理作详细记录或者未向食品药品监督管理部门报告的。

第三十一条 医疗器械生产企业有下列情形之一的,予以警告,责令限期改正;逾期未改正的,处3万元以下罚款:

(一)未按照本办法规定建立医疗器械召回管理制度的;

(二)拒绝配合食品药品监督管理部门开展调查的;

(三)未按照本办法规定提交医疗器械召回事件报告表、调查评估报告和召回计划、医疗器械召回计划实施情况和总结评估报告的;

(四)变更召回计划,未报食品药品监督管理部门备案的。

第三十二条 医疗器械经营企业、使用单位违反本办法第七条第一款规定的,责令停止销售、使用存在缺陷的医疗器械,并处5000元以上3万元以下罚款;造成严重后果的,由原发证部门吊销《医疗器械经营许可证》。

第三十三条 医疗器械经营企业、使用单位拒绝配合有关医疗器械缺陷调查、拒绝协助医疗器械生产企业召回医疗器械的,予以警告,责令限期改正;逾期拒不改正的,处3万元以下罚款。

第三十四条 食品药品监督管理部门及其工作人员不履行医疗器械监督管理职责或者滥用职权、玩忽职守,有下列情形之一的,由监察机关或者任免机关根据情节轻重,对直接负责的主管人员和其他直接责任人员给予批评教育,或者依法给予警告、记过或者记大过的处分;造成严重后果的,给予降级、撤职或者开除的处分:

(一)未按规定向社会发布召回信息的;

(二)未按规定向相关部门报告或者通报有关召回信息的;

(三)应当责令召回而未采取责令召回措施的;

(四)违反本办法第二十三条和第二十七条第二款规定,未能督促医疗器械生产企业有效实施召回的。

第六章 附 则

第三十五条 召回的医疗器械已经植入人体的,医疗器械生产企业应当与医疗机构和患者共同协商,根据召回的不同原因,提出对患者的处理意见和应当采取的预案措施。

第三十六条 召回的医疗器械给患者造成损害的,患者可以向医疗器械生产企业要求赔偿,也可以向医疗器械经营企业、使用单位要求赔偿。患者向医疗器械经营企业、使用单位要求赔偿的,医疗器械经营企业、使用单位赔偿后,有权向负有责任的医疗器械生产企业追偿。

第三十七条 本办法自2017年5月1日起施行。2011年7月1日起施行的《医疗器械召回管理办法(试行)》(中华人民共和国卫生部令第82号)同时废止。

消费品召回管理暂行规定

1. 2019年11月21日国家市场监督管理总局令第19号公布
2. 自2020年1月1日起施行

第一条　为了规范缺陷消费品召回工作，保障人体健康和人身、财产安全，根据《中华人民共和国消费者权益保护法》等法律、行政法规，制定本规定。

第二条　中华人民共和国境内缺陷消费品的召回及其监督管理，适用本规定。

法律、行政法规、部门规章对消费品的监督管理部门或者召回程序等另有规定的，依照其规定。

第三条　本规定所称消费品，是指消费者为生活消费需要购买、使用的产品。

本规定所称缺陷，是指因设计、制造、警示等原因，致使同一批次、型号或者类别的消费品中普遍存在的危及人身、财产安全的不合理危险。

本规定所称召回，是指生产者对存在缺陷的消费品，通过补充或者修正警示标识、修理、更换、退货等补救措施，消除缺陷或者降低安全风险的活动。

第四条　生产者应当对其生产的消费品的安全负责。消费品存在缺陷的，生产者应当实施召回。

第五条　国家市场监督管理总局负责指导协调、监督管理全国缺陷消费品召回工作。

省级市场监督管理部门负责监督管理本行政区域内缺陷消费品召回工作。

省级以上市场监督管理部门可以委托相关技术机构承担缺陷消费品召回的具体技术工作。

第六条　任何单位或者个人有权向市场监督管理部门反映消费品可能存在缺陷的信息。

市场监督管理部门应当畅通信息反映渠道，收集汇总、分析处理消费品可能存在缺陷的信息。

第七条　生产者和从事消费品销售、租赁、修理等活动的其他经营者（以下简称其他经营者）应当建立消费品缺陷信息的收集核实和分析处理制度。

鼓励生产者和其他经营者建立消费品可追溯制度。

第八条　生产者和其他经营者发现其生产经营的消费品存在以下情形之一的，应当自发现之日起二个工作日内向所在地省级市场监督管理部门报告：

（一）已经造成或者可能造成死亡、严重人身伤害、重大财产损失的；

（二）在中华人民共和国境外实施召回的。

省级市场监督管理部门接到前款规定事项报告，发现消费品生产者不在本行政区域内的，应当自发现之日起二个工作日内通报生产者所在地省级市场监督管理部门。

第九条　生产者发现消费品可能存在缺陷的，应当立即组织调查分析。

省级市场监督管理部门发现本行政区域内生产者生产的消费品可能存在缺陷的，应当自发现之日起三个工作日内通知生产者开展调查分析。生产者应当按照通知要求开展调查分析，并将调查分析结果报告省级市场监督管理部门。

经调查分析认为消费品存在缺陷的，生产者应当立即实施召回，不得隐瞒缺陷。

第十条　生产者未按照通知要求开展调查分析，或者省级市场监督管理部门认为调查分析结果不足以证明消费品不存在缺陷的，省级市场监督管理部门应当组织缺陷调查。

省级以上市场监督管理部门认为消费品可能存在足以造成严重后果或者影响范围较大的缺陷的，可以直接组织缺陷调查。

第十一条　市场监督管理部门组织缺陷调查，可以进入生产者和其他经营者的生产经营场所进行现场调查，查阅、复制相关资料和记录，向相关单位和个人了解消费品可能存在缺陷的情况，组织相关技术机构和专家进行技术分析和风险评估，必要时可以约谈生产者。

生产者和其他经营者应当配合市场监督管理部门开展的缺陷调查，提供调查需要的资料、消费品和专用设备等。

第十二条　经缺陷调查认为消费品存在缺陷的，组织缺陷调查的市场监督管理部门应当通知生产者实施召回。

生产者接到召回通知，认为消费品存在缺陷的，应当立即实施召回。

第十三条　生产者认为消费品不存在缺陷的，可以自收到通知之日起十个工作日内向通知其召回的市场监督管理部门提出异议，并提供相关材料。

接到异议的市场监督管理部门应当审查相关材料，必要时组织相关技术机构或者专家采用检验、检测、鉴定或者论证等方式进行缺陷认定，并将认定结果通知生产者。认定消费品存在缺陷的，生产者应当立即实施召回。

第十四条　生产者既不按照市场监督管理部门通知要求

实施召回又未在规定期限内提出异议,或者经缺陷认定确认消费品存在缺陷但仍未实施召回的,由国家市场监督管理总局责令其实施召回。生产者应当立即实施召回。

第十五条 生产者认为消费品存在缺陷或者被责令实施召回的,应当立即停止生产、销售、进口缺陷消费品,通知其他经营者停止经营。

生产者应当承担消费者因消费品被召回支出的必要费用。

第十六条 其他经营者接到生产者通知的,应当立即停止经营存在缺陷的消费品,并协助生产者实施召回。

第十七条 生产者主动实施召回的,应当自调查分析认为消费品存在缺陷之日起十个工作日内向所在地省级市场监督管理部门报告召回计划。

生产者按照市场监督管理部门通知实施召回的,应当自接到通知之日起十个工作日内向通知其召回的市场监督管理部门报告召回计划。

生产者被责令实施召回的,应当自被责令召回之日起十个工作日内向国家市场监督管理总局报告召回计划。

第十八条 召回计划应当包括以下内容:

(一)需要召回的消费品范围、存在的缺陷以及避免损害发生的应急处置方式;

(二)具体的召回措施;

(三)召回的负责机构、联系方式、进度安排;

(四)其他需要报告的内容。

第十九条 接到召回计划报告的市场监督管理部门应当通过消费品召回管理信息系统向社会公示生产者报告的召回计划。

生产者应当自召回计划报告之日起三个工作日内以便于公众知晓的方式发布召回信息,并接受公众咨询。其他经营者应当在其门店、网站等经营场所公开生产者发布的召回信息。

第二十条 生产者应当按照召回计划实施召回。对采取更换、退货方式召回的缺陷消费品,生产者应当按照有关规定进行处理。未消除缺陷或者降低安全风险的,不得再次销售或者交付使用。

第二十一条 生产者应当自召回实施之日起每三个月向报告召回计划的市场监督管理部门提交召回阶段性总结,并在完成召回计划后十五个工作日内提交召回总结。

生产者应当制作并保存召回记录。召回记录的保存期不得少于五年。

第二十二条 生产者发现召回的消费品范围不准确、召回措施未能消除缺陷或者降低安全风险的,应当重新实施召回。

接到召回计划报告的市场监督管理部门应当对生产者召回实施情况进行监督。发现生产者召回的消费品范围不准确、召回措施未能消除缺陷或者降低安全风险的,应当通知生产者重新实施召回。

第二十三条 参与缺陷消费品召回监督管理相关工作的单位及其人员对工作中获悉的商业秘密、个人隐私,应当依法保密。

第二十四条 生产者经责令召回仍拒绝或者拖延实施召回的,按照《中华人民共和国消费者权益保护法》第五十六条规定处理。

第二十五条 生产者和其他经营者违反本规定第八条第一款、第十一条第二款、第十五条至第十七条、第十九条第二款、第二十条、第二十一条规定,由省级市场监督管理部门责令限期改正;逾期未改正的,处一万元以上三万元以下罚款;涉嫌构成犯罪,依法需要追究刑事责任的,按照有关规定移送公安机关。

第二十六条 从事缺陷消费品召回监督管理工作的人员滥用职权、玩忽职守、徇私舞弊的,对直接负责的主管人员和其他直接责任人员依法给予行政处分。

第二十七条 市场监督管理部门应当将责令召回情况及行政处罚信息记入信用档案,依法向社会公布。

第二十八条 生产者按照本规定召回缺陷消费品,不免除其依法应当承担的其他法律责任。

第二十九条 进口消费品的境外生产者指定的在中华人民共和国境内实施召回的机构,视为本规定所称生产者;境外生产者未指定的,进口商视为本规定所称生产者。

第三十条 根据需要,市级、县级市场监督管理部门可以负责省级市场监督管理部门缺陷消费品召回监督管理部分工作,具体职责分工由省级市场监督管理部门确定。

第三十一条 除消费品以外,法律、行政法规规定由市场监督管理部门负责监督管理召回活动的其他产品,可以参照本规定执行。

第三十二条 本规定自 2020 年 1 月 1 日起施行。2007 年 8 月 27 日原国家质量监督检验检疫总局令第 101 号公布的《儿童玩具召回管理规定》同时废止。

食品召回管理办法

1. 2015年3月11日国家食品药品监督管理总局令第12号公布

2. 根据2020年10月23日国家市场监督管理总局令第31号《关于修改部分规章的决定》修订

第一章　总　　则

第一条　为加强食品生产经营管理，减少和避免不安全食品的危害，保障公众身体健康和生命安全，根据《中华人民共和国食品安全法》及其实施条例等法律法规的规定，制定本办法。

第二条　在中华人民共和国境内，不安全食品的停止生产经营、召回和处置及其监督管理，适用本办法。

不安全食品是指食品安全法律法规规定禁止生产经营的食品以及其他有证据证明可能危害人体健康的食品。

第三条　食品生产经营者应当依法承担食品安全第一责任人的义务，建立健全相关管理制度，收集、分析食品安全信息，依法履行不安全食品的停止生产经营、召回和处置义务。

第四条　国家市场监督管理总局负责指导全国不安全食品停止生产经营、召回和处置的监督管理工作。

县级以上地方市场监督管理部门负责本行政区域的不安全食品停止生产经营、召回和处置的监督管理工作。

第五条　县级以上市场监督管理部门组织建立由医学、毒理、化学、食品、法律等相关领域专家组成的食品安全专家库，为不安全食品的停止生产经营、召回和处置提供专业支持。

第六条　国家市场监督管理总局负责汇总分析全国不安全食品的停止生产经营、召回和处置信息，根据食品安全风险因素，完善食品安全监督管理措施。

县级以上地方市场监督管理部门负责收集、分析和处理本行政区域不安全食品的停止生产经营、召回和处置信息，监督食品生产经营者落实主体责任。

第七条　鼓励和支持食品行业协会加强行业自律，制定行业规范，引导和促进食品生产经营者依法履行不安全食品的停止生产经营、召回和处置义务。

鼓励和支持公众对不安全食品的停止生产经营、召回和处置等活动进行社会监督。

第二章　停止生产经营

第八条　食品生产经营者发现其生产经营的食品属于不安全食品的，应当立即停止生产经营，采取通知或者公告的方式告知相关食品生产经营者停止生产经营、消费者停止食用，并采取必要的措施防控食品安全风险。

食品生产经营者未依法停止生产经营不安全食品的，县级以上市场监督管理部门可以责令其停止生产经营不安全食品。

第九条　食品集中交易市场的开办者、食品经营柜台的出租者、食品展销会的举办者发现食品经营者经营的食品属于不安全食品的，应当及时采取有效措施，确保相关经营者停止经营不安全食品。

第十条　网络食品交易第三方平台提供者发现网络食品经营者经营的食品属于不安全食品的，应当依法采取停止网络交易平台服务等措施，确保网络食品经营者停止经营不安全食品。

第十一条　食品生产经营者生产经营的不安全食品未销售给消费者，尚处于其他生产经营者控制中的，食品生产经营者应当立即追回不安全食品，并采取必要措施消除风险。

第三章　召　　回

第十二条　食品生产者通过自检自查、公众投诉举报、经营者和监督管理部门告知等方式知悉其生产经营的食品属于不安全食品的，应当主动召回。

食品生产者应当主动召回不安全食品而没有主动召回的，县级以上市场监督管理部门可以责令其召回。

第十三条　根据食品安全风险的严重和紧急程度，食品召回分为三级：

（一）一级召回：食用后已经或者可能导致严重健康损害甚至死亡的，食品生产者应当在知悉食品安全风险后24小时内启动召回，并向县级以上地方市场监督管理部门报告召回计划。

（二）二级召回：食用后已经或者可能导致一般健康损害，食品生产者应当在知悉食品安全风险后48小时内启动召回，并向县级以上地方市场监督管理部门报告召回计划。

（三）三级召回：标签、标识存在虚假标注的食品，食品生产者应当在知悉食品安全风险后72小时内启动召回，并向县级以上地方市场监督管理部门报告召回计划。标签、标识存在瑕疵，食用后不会造成健康损害的食品，食品生产者应当改正，可以自愿召回。

第十四条　食品生产者应当按照召回计划召回不安全食品。

县级以上地方市场监督管理部门收到食品生产者的召回计划后，必要时可以组织专家对召回计划进行评估。评估结论认为召回计划应当修改的，食品生产者应当立即修改，并按照修改后的召回计划实施召回。

第十五条 食品召回计划应当包括下列内容：

（一）食品生产者的名称、住所、法定代表人、具体负责人、联系方式等基本情况；

（二）食品名称、商标、规格、生产日期、批次、数量以及召回的区域范围；

（三）召回原因及危害后果；

（四）召回等级、流程及时限；

（五）召回通知或者公告的内容及发布方式；

（六）相关食品生产经营者的义务和责任；

（七）召回食品的处置措施、费用承担情况；

（八）召回的预期效果。

第十六条 食品召回公告应当包括下列内容：

（一）食品生产者的名称、住所、法定代表人、具体负责人、联系电话、电子邮箱等；

（二）食品名称、商标、规格、生产日期、批次等；

（三）召回原因、等级、起止日期、区域范围；

（四）相关食品生产经营者的义务和消费者退货及赔偿的流程。

第十七条 不安全食品在本省、自治区、直辖市销售的，食品召回公告应当在省级市场监督管理部门网站和省级主要媒体上发布。省级市场监督管理部门网站发布的召回公告应当与国家市场监督管理总局网站链接。

不安全食品在两个以上省、自治区、直辖市销售的，食品召回公告应当在国家市场监督管理总局网站和中央主要媒体上发布。

第十八条 实施一级召回的，食品生产者应当自公告发布之日起10个工作日内完成召回工作。

实施二级召回的，食品生产者应当自公告发布之日起20个工作日内完成召回工作。

实施三级召回的，食品生产者应当自公告发布之日起30个工作日内完成召回工作。

情况复杂的，经县级以上地方市场监督管理部门同意，食品生产者可以适当延长召回时间并公布。

第十九条 食品经营者知悉食品生产者召回不安全食品后，应当立即采取停止购进、销售，封存不安全食品，在经营场所醒目位置张贴生产者发布的召回公告等措施，配合食品生产者开展召回工作。

第二十条 食品经营者对因自身原因所导致的不安全食品，应当根据法律法规的规定在其经营的范围内主动召回。

食品经营者召回不安全食品应当告知供货商。供货商应当及时告知生产者。

食品经营者在召回通知或者公告中应当特别注明系因其自身的原因导致食品出现不安全问题。

第二十一条 因生产者无法确定、破产等原因无法召回不安全食品的，食品经营者应当在其经营的范围内主动召回不安全食品。

第二十二条 食品经营者召回不安全食品的程序，参照食品生产者召回不安全食品的相关规定处理。

第四章 处 置

第二十三条 食品生产经营者应当依据法律法规的规定，对因停止生产经营、召回等原因退出市场的不安全食品采取补救、无害化处理、销毁等处置措施。

食品生产经营者未依法处置不安全食品的，县级以上地方市场监督管理部门可以责令其依法处置不安全食品。

第二十四条 对违法添加非食用物质、腐败变质、病死畜禽等严重危害人体健康和生命安全的不安全食品，食品生产经营者应当立即就地销毁。

不具备就地销毁条件的，可由不安全食品生产经营者集中销毁处理。食品生产经营者在集中销毁处理前，应当向县级以上地方市场监督管理部门报告。

第二十五条 对因标签、标识等不符合食品安全标准而被召回的食品，食品生产者可以在采取补救措施且能保证食品安全的情况下继续销售，销售时应当向消费者明示补救措施。

第二十六条 对不安全食品进行无害化处理，能够实现资源循环利用的，食品生产经营者可以按照国家有关规定进行处理。

第二十七条 食品生产经营者对不安全食品处置方式不能确定的，应当组织相关专家进行评估，并根据评估意见进行处置。

第二十八条 食品生产经营者应当如实记录停止生产经营、召回和处置不安全食品的名称、商标、规格、生产日期、批次、数量等内容。记录保存期限不得少于2年。

第五章 监督管理

第二十九条 县级以上地方市场监督管理部门发现不安全食品的，应当通知相关食品生产经营者停止生产经营或者召回，采取相关措施消除食品安全风险。

第三十条 县级以上地方市场监督管理部门发现食品生产经营者生产经营的食品可能属于不安全食品的，可以开展调查分析，相关食品生产经营者应当积极协助。

第三十一条 县级以上地方市场监督管理部门可以对食

品生产经营者停止生产经营、召回和处置不安全食品情况进行现场监督检查。

第三十二条 食品生产经营者停止生产经营、召回和处置的不安全食品存在较大风险的，应当在停止生产经营、召回和处置不安全食品结束后5个工作日内向县级以上地方市场监督管理部门书面报告情况。

第三十三条 县级以上地方市场监督管理部门可以要求食品生产经营者定期或者不定期报告不安全食品停止生产经营、召回和处置情况。

第三十四条 县级以上地方市场监督管理部门可以对食品生产经营者提交的不安全食品停止生产经营、召回和处置报告进行评价。

评价结论认为食品生产经营者采取的措施不足以控制食品安全风险的，县级以上地方市场监督管理部门应当责令食品生产经营者采取更为有效的措施停止生产经营、召回和处置不安全食品。

第三十五条 为预防和控制食品安全风险，县级以上地方市场监督管理部门可以发布预警信息，要求相关食品生产经营者停止生产经营不安全食品，提示消费者停止食用不安全食品。

第三十六条 县级以上地方市场监督管理部门将不安全食品停止生产经营、召回和处置情况记入食品生产经营者信用档案。

第六章 法律责任

第三十七条 食品生产经营者违反本办法有关不安全食品停止生产经营、召回和处置的规定，食品安全法律法规有规定的，依照相关规定处理。

第三十八条 食品生产经营者违反本办法第八条第一款、第十二条第一款、第十三条、第十四条、第二十条第一款、第二十一条、第二十三条第一款、第二十四条第一款的规定，不立即停止生产经营、不主动召回、不按规定时限启动召回、不按照召回计划召回不安全食品或者不按照规定处置不安全食品的，由市场监督管理部门给予警告，并处1万元以上3万元以下罚款。

第三十九条 食品经营者违反本办法第十九条的规定，不配合食品生产者召回不安全食品的，由市场监督管理部门给予警告，并处5000元以上3万元以下罚款。

第四十条 食品生产经营者违反本办法第十三条、第二十四条第二款、第三十二条的规定，未按规定履行相关报告义务的，由市场监督管理部门责令改正，给予警告；拒不改正的，处2000元以上2万元以下罚款。

第四十一条 食品生产经营者违反本办法第二十三条第二款的规定，市场监督管理部门责令食品生产经营者依法处置不安全食品，食品生产经营者拒绝或者拖延履行的，由市场监督管理部门给予警告，并处2万元以上3万元以下罚款。

第四十二条 食品生产经营者违反本办法第二十八条的规定，未按规定记录保存不安全食品停止生产经营、召回和处置情况的，由市场监督管理部门责令改正，给予警告；拒不改正的，处2000元以上2万元以下罚款。

第四十三条 食品生产经营者停止生产经营、召回和处置不安全食品，不免除其依法应当承担的其他法律责任。

食品生产经营者主动采取停止生产经营、召回和处置不安全食品措施，消除或者减轻危害后果的，依法从轻或者减轻处罚；违法情节轻微并及时纠正，没有造成危害后果的，不予行政处罚。

第四十四条 县级以上地方市场监督管理部门不依法履行本办法规定的职责，造成不良后果的，依照《中华人民共和国食品安全法》的有关规定，对直接负责的主管人员和其他直接责任人员给予行政处分。

第七章 附 则

第四十五条 本办法适用于食品、食品添加剂和保健食品。

食品生产经营者对进入批发、零售市场或者生产加工企业后的食用农产品的停止经营、召回和处置，参照本办法执行。

第四十六条 本办法自2015年9月1日起施行。

机动车排放召回管理规定

1. 2021年4月27日国家市场监督管理总局、生态环境部令第40号公布

2. 自2021年7月1日起施行

第一条 为了规范机动车排放召回工作，保护和改善环境，保障人体健康，根据《中华人民共和国大气污染防治法》等法律、行政法规，制定本规定。

第二条 在中华人民共和国境内开展机动车排放召回及其监督管理，适用本规定。

第三条 本规定所称排放召回，是指机动车生产者采取措施消除机动车排放危害的活动。

本规定所称排放危害，是指因设计、生产缺陷或者不符合规定的环境保护耐久性要求，致使同一批次、型号或者类别的机动车中普遍存在的不符合大气污染物排放国家标准的情形。

第四条 机动车存在排放危害的，其生产者应当实施召回。

进口机动车的进口商，视为本规定所称的机动车生产者。

第五条 国家市场监督管理总局会同生态环境部负责机动车排放召回监督管理工作。

国家市场监督管理总局和生态环境部可以根据工作需要，委托各自的下一级行政机关承担本行政区域内机动车排放召回监督管理有关工作。

国家市场监督管理总局和生态环境部可以委托相关技术机构承担排放召回的技术工作。

第六条 国家市场监督管理总局负责建立机动车排放召回信息系统和监督管理平台，与生态环境部建立信息共享机制，开展信息会商。

第七条 生态环境部负责收集和分析机动车排放检验检测信息、污染控制技术信息和排放投诉举报信息。

设区的市级以上地方生态环境部门应当收集和分析机动车排放检验检测信息、污染控制技术信息和排放投诉举报信息，并将可能与排放危害相关的信息逐级上报至生态环境部。

第八条 机动车生产者应当记录并保存机动车设计、制造、排放检验检测等信息以及机动车初次销售的机动车所有人信息，保存期限不得少于10年。

第九条 机动车生产者应当及时通过机动车排放召回信息系统报告下列信息：

（一）排放零部件的名称和质保期信息；

（二）排放零部件的异常故障维修信息和故障原因分析报告；

（三）与机动车排放有关的维修与远程升级等技术服务通报、公告等信息；

（四）机动车在用符合性检验信息；

（五）与机动车排放有关的诉讼、仲裁等信息；

（六）在中华人民共和国境外实施的机动车排放召回信息；

（七）需要报告的与机动车排放有关的其他信息。

前款规定信息发生变化的，机动车生产者应当自变化之日起20个工作日内重新报告。

第十条 从事机动车销售、租赁、维修活动的经营者（以下统称机动车经营者）应当记录并保存机动车型号、规格、车辆识别代号、数量以及具体的销售、租赁、维修等信息，保存期限不得少于5年。

第十一条 机动车经营者、排放零部件生产者发现机动车可能存在排放危害的，应当向国家市场监督管理总局报告，并通知机动车生产者。

第十二条 机动车生产者发现机动车可能存在排放危害的，应当立即进行调查分析，并向国家市场监督管理总局报告调查分析结果。机动车生产者认为机动车存在排放危害的，应当立即实施召回。

第十三条 国家市场监督管理总局通过车辆测试等途径发现机动车可能存在排放危害的，应当立即书面通知机动车生产者进行调查分析。

机动车生产者收到调查分析通知的，应当立即进行调查分析，并向国家市场监督管理总局报告调查分析结果。生产者认为机动车存在排放危害的，应当立即实施召回。

第十四条 有下列情形之一的，国家市场监督管理总局会同生态环境部可以对机动车生产者进行调查，必要时还可以对排放零部件生产者进行调查：

（一）机动车生产者未按照通知要求进行调查分析，或者调查分析结果不足以证明机动车不存在排放危害的；

（二）机动车造成严重大气污染的；

（三）生态环境部在大气污染防治监督检查中发现机动车可能存在排放危害的。

第十五条 国家市场监督管理总局会同生态环境部进行调查，可以采取下列措施：

（一）进入机动车生产者、经营者以及排放零部件生产者的生产经营场所和机动车集中停放地进行现场调查；

（二）查阅、复制相关资料和记录；

（三）向有关单位和个人询问机动车可能存在排放危害的情况；

（四）委托技术机构开展机动车排放检验检测；

（五）法律、行政法规规定的可以采取的其他措施。

机动车生产者、经营者以及排放零部件生产者应当配合调查。

第十六条 经调查认为机动车存在排放危害的，国家市场监督管理总局应当书面通知机动车生产者实施召回。机动车生产者认为机动车存在排放危害的，应当立即实施召回。

第十七条 机动车生产者认为机动车不存在排放危害的，可以自收到通知之日起15个工作日内向国家市场监督管理总局提出书面异议，并提交证明材料。

国家市场监督管理总局应当会同生态环境部对机动车生产者提交的材料进行审查，必要时可以组织与机动车生产者无利害关系的专家采用论证、检验检测或者鉴定等方式进行认定。

第十八条 机动车生产者既不按照国家市场监督管理总局通知要求实施召回又未在规定期限内提出异议，或者经认定确认机动车存在排放危害的，国家市场监督管理总局应当会同生态环境部书面责令机动车生产者实施召回。

第十九条 机动车生产者认为机动车存在排放危害或者收到责令召回通知书的，应当立即停止生产、进口、销售存在排放危害的机动车。

第二十条 机动车生产者应当制定召回计划，并自认为机动车存在排放危害或者收到责令召回通知书之日起5个工作日内向国家市场监督管理总局提交召回计划。

机动车生产者应当按照召回计划实施召回。确需修改召回计划的，机动车生产者应当自修改之日起5个工作日内重新提交，并说明修改理由。

第二十一条 召回计划应当包括下列内容：

（一）召回的机动车范围、存在的排放危害以及应急措施；

（二）具体的召回措施；

（三）召回的负责机构、联系方式、进度安排等；

（四）需要报告的其他事项。

机动车生产者应当对召回计划的真实性、准确性及召回措施的有效性负责。

第二十二条 机动车生产者应当将召回计划及时通知机动车经营者，并自提交召回计划之日起5个工作日内向社会发布召回信息，自提交召回计划之日起30个工作日内通知机动车所有人，并提供咨询服务。

国家市场监督管理总局应当向社会公示机动车生产者的召回计划。

第二十三条 机动车经营者收到召回计划的，应当立即停止销售、租赁存在排放危害的机动车，配合机动车生产者实施召回。

机动车所有人应当配合生产者实施召回。机动车未完成排放召回的，机动车排放检验机构应当在排放检验检测时提醒机动车所有人。

第二十四条 机动车生产者应当采取修正或者补充标识、修理、更换、退货等措施消除排放危害，并承担机动车消除排放危害的费用。

未消除排放危害的机动车，不得再次销售或者交付使用。

第二十五条 机动车生产者应当自召回实施之日起每3个月通过机动车排放召回信息系统提交召回阶段性报告。国家市场监督管理总局、生态环境部另有要求的，依照其要求。

第二十六条 机动车生产者应当自完成召回计划之日起15个工作日内通过机动车排放召回信息系统提交召回总结报告。

第二十七条 机动车生产者应当保存机动车排放召回记录，保存期限不得少于10年。

第二十八条 国家市场监督管理总局应当会同生态环境部对机动车排放召回实施情况进行监督，必要时可以组织与机动车生产者无利害关系的专家对召回效果进行评估。

发现召回范围不准确、召回措施无法有效消除排放危害的，国家市场监督管理总局应当会同生态环境部通知生产者重新实施召回。

第二十九条 从事机动车排放召回监督管理工作的人员不得将机动车生产者、经营者和排放零部件生产者提供的资料或者专用设备用于其他用途，不得泄露获悉的商业秘密或者个人信息。

第三十条 违反本规定，有下列情形之一的，由市场监督管理部门责令改正，处三万元以下罚款：

（一）机动车生产者、经营者未保存相关信息或者记录的；

（二）机动车生产者、经营者或者排放零部件生产者不配合调查的；

（三）机动车生产者未提交召回计划或者未按照召回计划实施召回的；

（四）机动车生产者未按照要求将召回计划通知机动车经营者或者机动车所有人，或者未向社会发布召回信息的；

（五）机动车经营者收到召回计划后未停止销售、租赁存在排放危害的机动车的；

（六）机动车生产者未提交召回阶段性报告或者召回总结报告的。

第三十一条 机动车生产者依照本规定实施机动车排放召回的，不免除其依法应当承担的其他法律责任。

第三十二条 市场监督管理部门应当将责令召回情况及行政处罚信息记入信用记录，依法向社会公布。

第三十三条 非道路移动机械的排放召回，以及机动车存在除排放危害外其他不合理排放大气污染物情形的，参照本规定执行。

第三十四条 本规定自2021年7月1日起施行。

家用汽车产品修理更换退货责任规定

1. 2021年7月22日国家市场监督管理总局令第43号公布
2. 自2022年1月1日起施行

第一章 总 则

第一条 为了明确家用汽车产品修理、更换、退货(以下统称三包)责任,保护消费者合法权益,根据《中华人民共和国产品质量法》、《中华人民共和国消费者权益保护法》等法律,制定本规定。

第二条 在中华人民共和国境内销售的家用汽车产品的三包,适用本规定。

第三条 三包责任由销售者依法承担。销售者依照本规定承担三包责任后,属于生产者责任或者其他经营者责任的,销售者有权向生产者、其他经营者追偿。

从中华人民共和国境外进口家用汽车产品到境内销售的企业,视为生产者。

第四条 家用汽车产品经营者之间可以订立合同约定三包责任的承担,但不得侵害消费者合法权益,不得免除或者减轻本规定所规定的质量义务和三包责任。

鼓励经营者作出严于本规定、更有利于保护消费者合法权益的三包承诺。承诺一经作出,应当依法履行。

第五条 家用汽车产品消费者、经营者行使权利、履行义务或者承担责任,应当遵循诚实信用原则。

家用汽车产品经营者不得故意拖延或者无正当理由拒绝消费者提出的符合本规定的三包要求。

第六条 国家市场监督管理总局(以下简称市场监管总局)负责指导协调、监督管理全国家用汽车产品三包工作,建立家用汽车产品三包信息公开制度,委托相关技术机构承担具体技术工作。

县级以上地方市场监督管理部门负责指导协调、监督管理本行政区域内家用汽车产品三包工作。

第二章 经营者义务

第七条 生产者生产的家用汽车产品应当符合法律、法规规定以及当事人约定的质量要求。未经检验合格,不得出厂销售。

第八条 生产者应当为家用汽车产品配备中文产品合格证或者相关证明、产品一致性证书、产品使用说明书、三包凭证、维修保养手册等随车文件。随车提供工具、附件等物品的,还应当附随车物品清单。

第九条 三包凭证应当包括下列内容:

(一)产品品牌、型号、车辆类型、车辆识别代号(VIN)、生产日期;

(二)生产者的名称、地址、邮政编码、客服电话;

(三)销售者的名称、地址、邮政编码、客服电话、开具购车发票的日期、交付车辆的日期;

(四)生产者或者销售者约定的修理者(以下简称修理者)网点信息的查询方式;

(五)家用汽车产品的三包条款、包修期、三包有效期、使用补偿系数;

(六)主要零部件、特殊零部件的种类范围,易损耗零部件的种类范围及其质量保证期;

(七)家用纯电动、插电式混合动力汽车产品的动力蓄电池在包修期、三包有效期内的容量衰减限值;

(八)按照规定需要明示的其他内容。

第十条 生产者应当向市场监管总局备案生产者基本信息、车型信息、约定的销售和修理网点资料、产品使用说明书、三包凭证、维修保养手册和退换车信息等,但生产者已经在缺陷汽车产品召回信息管理系统上备案的信息除外。

备案信息发生变化的,生产者应当自变化之日起20个工作日内更新备案。

第十一条 生产者应当积极配合销售者、修理者履行其义务,不得故意拖延或者无正当理由拒绝销售者、修理者按照本规定提出的协助、追偿等事项。

第十二条 销售者应当建立进货检查验收制度,验明家用汽车产品的随车文件。

第十三条 销售者应当向消费者交付合格的家用汽车产品,并履行下列规定:

(一)与消费者共同查验家用汽车产品的外观、内饰等可以现场查验的质量状况;

(二)向消费者交付随车文件以及购车发票;

(三)按照随车物品清单向消费者交付随车工具、附件等物品;

(四)对照随车文件,告知消费者家用汽车产品的三包条款、包修期、三包有效期、使用补偿系数、修理者网点信息的查询方式;

(五)提醒消费者阅读安全注意事项并按照产品使用说明书的要求使用、维护、保养家用汽车产品。

第十四条 消费者遗失三包凭证的,可以向销售者申请补办。销售者应当及时免费补办。

第十五条 包修期内家用汽车产品因质量问题不能安全行驶的,修理者应当提供免费修理咨询服务;咨询服务无法解决的，应当开展现场服务，并承担必要的车辆拖运费用。

第十六条　包修期内修理者用于修理的零部件应当是生产者提供或者认可的合格零部件，并且其质量不得低于原车配置的零部件质量。

第十七条　修理者应当建立修理记录存档制度。修理记录保存期限不得低于6年。

修理记录应当包括送修时间、行驶里程、消费者质量问题陈述、检查结果、修理项目、更换的零部件名称和编号、材料费、工时及工时费、车辆拖运费用、提供备用车或者交通费用补偿的情况、交车时间、修理者和消费者签名或者盖章等信息，并提供给消费者一份。

消费者因遗失修理记录或者其他原因需要查阅或者复印修理记录，修理者应当提供便利。

第三章　三 包 责 任

第十八条　家用汽车产品的三包有效期不得低于2年或者行驶里程50,000公里，以先到者为准；包修期不得低于3年或者行驶里程60,000公里，以先到者为准。

三包有效期和包修期自销售者开具购车发票之日起计算；开具购车发票日期与交付家用汽车产品日期不一致的，自交付之日起计算。

第十九条　家用汽车产品在包修期内出现质量问题或者易损耗零部件在其质量保证期内出现质量问题的，消费者可以凭三包凭证选择修理者免费修理（包括免除工时费和材料费）。

修理者能够通过查询相关信息系统等方式核实购买信息的，应当免除消费者提供三包凭证的义务。

第二十条　家用汽车产品自三包有效期起算之日起60日内或者行驶里程3000公里之内（以先到者为准），因发动机、变速器、动力蓄电池、行驶驱动电机的主要零部件出现质量问题的，消费者可以凭三包凭证选择更换发动机、变速器、动力蓄电池、行驶驱动电机。修理者应当免费更换。

第二十一条　家用汽车产品在包修期内因质量问题单次修理时间超过5日（包括等待修理零部件时间）的，修理者应当自第6日起为消费者提供备用车，或者向消费者支付合理的交通费用补偿。经营者与消费者另有约定的，按照约定的方式予以补偿。

第二十二条　家用汽车产品自三包有效期起算之日起7日内，因质量问题需要更换发动机、变速器、动力蓄电池、行驶驱动电机或者其主要零部件的，消费者可以凭购车发票、三包凭证选择更换家用汽车产品或者退货。销售者应当免费更换或者退货。

第二十三条　家用汽车产品自三包有效期起算之日起60日内或者行驶里程3000公里之内（以先到者为准），因质量问题出现转向系统失效、制动系统失效、车身开裂、燃油泄漏或者动力蓄电池起火的，消费者可以凭购车发票、三包凭证选择更换家用汽车产品或者退货。销售者应当免费更换或者退货。

第二十四条　家用汽车产品在三包有效期内出现下列情形之一，消费者凭购车发票、三包凭证选择更换家用汽车产品或者退货的，销售者应当更换或者退货：

（一）因严重安全性能故障累计进行2次修理，但仍未排除该故障或者出现新的严重安全性能故障的；

（二）发动机、变速器、动力蓄电池、行驶驱动电机因其质量问题累计更换2次，仍不能正常使用的；

（三）发动机、变速器、动力蓄电池、行驶驱动电机、转向系统、制动系统、悬架系统、传动系统、污染控制装置、车身的同一主要零部件因其质量问题累计更换2次，仍不能正常使用的；

（四）因质量问题累计修理时间超过30日，或者因同一质量问题累计修理超过4次的。

发动机、变速器、动力蓄电池、行驶驱动电机的更换次数与其主要零部件的更换次数不重复计算。

需要根据车辆识别代号（VIN）等定制的防盗系统、全车主线束等特殊零部件和动力蓄电池的运输时间，以及外出救援路途所占用的时间，不计入本条第一款第（四）项规定的修理时间。

第二十五条　家用汽车产品符合本规定规定的更换条件，销售者无同品牌同型号家用汽车产品的，应当向消费者更换不低于原车配置的家用汽车产品。无不低于原车配置的家用汽车产品，消费者凭购车发票、三包凭证选择退货的，销售者应当退货。

第二十六条　销售者为消费者更换家用汽车产品或者退货，应当赔偿消费者下列损失：

（一）车辆登记费用；

（二）销售者收取的扣除相应折旧后的加装、装饰费用；

（三）销售者向消费者收取的相关服务费用。

相关税费、保险费按照国家有关规定执行。

第二十七条　消费者依照本规定第二十四条第一款规定更换家用汽车产品或者退货的，应当向销售者支付家用汽车产品使用补偿费。补偿费的计算方式为：

补偿费 = 车价款（元）× 行驶里程（公里）/1000（公里）× n。

使用补偿系数 n 由生产者确定并明示在三包凭证

上。使用补偿系数 n 不得高于 0.5%。

第二十八条 三包有效期内销售者收到消费者提出的更换家用汽车产品或者退货要求的，应当自收到相关要求之日起 10 个工作日内向消费者作出答复。不符合更换或者退货条件的，应当在答复中说明理由。

符合更换或者退货条件的，销售者应当自消费者提出更换或者退货要求之日起 20 个工作日内为消费者完成更换或者退货，并出具换车证明或者退车证明；20 个工作日内不能完成家用汽车产品更换的，消费者可以要求退货，但因消费者原因造成的延迟除外。

第二十九条 按照本规定更换的家用汽车产品，其三包有效期和包修期自更换之日起重新计算。

第三十条 包修期内家用汽车产品所有权发生转移的，三包凭证应当随车转移。三包责任不因家用汽车产品所有权的转移而改变。

第三十一条 经营者合并、分立、变更、破产的，其三包责任按照有关法律、法规的规定执行。

第三十二条 包修期内家用汽车产品有下列情形之一的，可以免除经营者对下列质量问题承担的三包责任：

（一）消费者购买时已经被书面告知家用汽车产品存在不违反法律、法规或者强制性国家标准的瑕疵；

（二）消费者未按照使用说明书或者三包凭证要求，使用、维护、保养家用汽车产品而造成的损坏；

（三）使用说明书明示不得对家用汽车产品进行改装、调整、拆卸，但消费者仍然改装、调整、拆卸而造成的损坏；

（四）发生质量问题，消费者自行处置不当而造成的损坏；

（五）因不可抗力造成的损坏。

经营者不得限制消费者自主选择对家用汽车产品维护、保养的企业，并将其作为拒绝承担三包责任的理由。

第三十三条 销售者销售按照本规定更换、退货的家用汽车产品的，应当检验合格，并书面告知其属于“三包换退车”以及更换、退货的原因。

“三包换退车”的三包责任，按照当事人约定执行。

第四章 争议的处理

第三十四条 发生三包责任争议，可以通过下列途径解决：

（一）协商和解；

（二）请求消费者协会或者依法成立的其他调解组织调解；

（三）向市场监督管理部门等有关行政机关投诉；

（四）根据当事人达成的仲裁协议提请仲裁机构仲裁；

（五）向人民法院提起诉讼。

第三十五条 鼓励有关组织建立第三方家用汽车产品三包责任争议处理机制，为消费者免费提供公正、专业、便捷、高效的汽车三包责任争议处理服务。

第三十六条 市场监督管理部门处理三包责任争议投诉举报，按照市场监督管理部门有关投诉举报处理的规定执行。

省级市场监督管理部门可以建立家用汽车产品三包责任争议处理技术咨询人员库，为处理三包责任争议提供技术支持。

第五章 法律责任

第三十七条 未按照本规定第二章规定履行经营者义务，法律、法规对违法行为处罚有规定的，依照法律、法规执行；法律、法规没有规定的，予以警告，责令限期改正，情节严重的，处一万元以上三万元以下罚款。

第三十八条 故意拖延或者无正当理由拒绝承担本规定第三章规定的三包责任的，依照《中华人民共和国消费者权益保护法》第五十六条执行。

第三十九条 本规定所规定的行政处罚，由县级以上地方市场监督管理部门依法实施。行政处罚信息记入国家企业信用信息公示系统，向社会公示。

第六章 附　则

第四十条 本规定下列用语的含义：

家用汽车产品，指消费者为生活消费需要而购买和使用的乘用车和皮卡车。

乘用车，指按照有关国家标准规定的除专用乘用车以外的乘用车。

质量问题，指家用汽车产品质量不符合法律、法规、强制性国家标准以及企业明示采用的标准或者明示的质量状况，或者存在影响正常使用的其他情形。

严重安全性能故障，指家用汽车产品存在的危及人身、财产安全，致使无法安全使用的质量问题，包括安全装置不能起到应有的保护作用或者存在起火等危险的情形。

单次修理时间，指自消费者与修理者确定修理之时至完成修理之时。以小时计算，每满 24 小时，为 1 日；余下时间不足 24 小时的，以 1 日计。

累计修理时间，指单次修理时间累加之和。

第四十一条 家用汽车产品的主要零部件、特殊零部件、易损耗零部件的种类范围，按照有关国家标准确定。

第四十二条 本规定自2022年1月1日起施行。2012年12月29日原国家质量监督检验检疫总局令第150号公布的《家用汽车产品修理、更换、退货责任规定》同时废止。

药品召回管理办法

1. *2022年10月24日国家药品监督管理局公告2022年第92号修订*
2. *自2022年11月1日起施行*

第一章 总 则

第一条 为加强药品质量监管，保障公众用药安全，根据《中华人民共和国药品管理法》《中华人民共和国疫苗管理法》《中华人民共和国药品管理法实施条例》等法律法规，制定本办法。

第二条 中华人民共和国境内生产和上市药品的召回及其监督管理，适用本办法。

第三条 本办法所称药品召回，是指药品上市许可持有人（以下称持有人）按照规定的程序收回已上市的存在质量问题或者其他安全隐患药品，并采取相应措施，及时控制风险、消除隐患的活动。

第四条 本办法所称质量问题或者其他安全隐患，是指由于研制、生产、储运、标识等原因导致药品不符合法定要求，或者其他可能使药品具有的危及人体健康和生命安全的不合理危险。

第五条 持有人是控制风险和消除隐患的责任主体，应当建立并完善药品召回制度，收集药品质量和安全的相关信息，对可能存在的质量问题或者其他安全隐患进行调查、评估，及时召回存在质量问题或者其他安全隐患的药品。

药品生产企业、药品经营企业、药品使用单位应当积极协助持有人对可能存在质量问题或者其他安全隐患的药品进行调查、评估，主动配合持有人履行召回义务，按照召回计划及时传达、反馈药品召回信息，控制和收回存在质量问题或者其他安全隐患的药品。

第六条 药品生产企业、药品经营企业、药品使用单位发现其生产、销售或者使用的药品可能存在质量问题或者其他安全隐患的，应当及时通知持有人，必要时应当暂停生产、放行、销售、使用，并向所在地省、自治区、直辖市人民政府药品监督管理部门报告，通知和报告的信息应当真实。

第七条 持有人、药品生产企业、药品经营企业、药品使用单位应当按规定建立并实施药品追溯制度，保存完整的购销记录，保证上市药品的可溯源。

第八条 省、自治区、直辖市人民政府药品监督管理部门负责本行政区域内药品召回的监督管理工作。

市县级地方人民政府药品监督管理部门负责配合、协助做好药品召回的有关工作，负责行政区域内药品经营企业、药品使用单位协助召回情况的监督管理工作。

国家药品监督管理局负责指导全国药品召回的管理工作。

第九条 国家药品监督管理局和省、自治区、直辖市人民政府药品监督管理部门应当按照药品信息公开有关制度，采取有效途径向社会公布存在质量问题或者其他安全隐患的药品信息和召回信息，必要时向同级卫生健康主管部门通报相关信息。

持有人应当制定药品召回信息公开制度，依法主动公布药品召回信息。

第二章 调查与评估

第十条 持有人应当主动收集、记录药品的质量问题、药品不良反应/事件、其他安全风险信息，对可能存在的质量问题或者其他安全隐患进行调查和评估。

药品生产企业、药品经营企业、药品使用单位应当配合持有人对有关药品质量问题或者其他安全隐患进行调查，并提供有关资料。

第十一条 对可能存在质量问题或者其他安全隐患的药品进行调查，应当根据实际情况确定调查内容，可以包括：

（一）已发生药品不良反应/事件的种类、范围及原因；

（二）药品处方、生产工艺等是否符合相应药品标准、核准的生产工艺要求；

（三）药品生产过程是否符合药品生产质量管理规范；生产过程中的变更是否符合药品注册管理和相关变更技术指导原则等规定；

（四）药品储存、运输等是否符合药品经营质量管理规范；

（五）药品使用是否符合药品临床应用指导原则、临床诊疗指南和药品说明书、标签规定等；

（六）药品主要使用人群的构成及比例；

（七）可能存在质量问题或者其他安全隐患的药品批次、数量及流通区域和范围；

（八）其他可能影响药品质量和安全的因素。

第十二条　对存在质量问题或者其他安全隐患药品评估的主要内容包括：

（一）该药品引发危害的可能性，以及是否已经对人体健康造成了危害；

（二）对主要使用人群的危害影响；

（三）对特殊人群，尤其是高危人群的危害影响，如老年人、儿童、孕妇、肝肾功能不全者、外科手术病人等；

（四）危害的严重与紧急程度；

（五）危害导致的后果。

第十三条　根据药品质量问题或者其他安全隐患的严重程度，药品召回分为：

（一）一级召回：使用该药品可能或者已经引起严重健康危害的；

（二）二级召回：使用该药品可能或者已经引起暂时或者可逆的健康危害的；

（三）三级召回：使用该药品一般不会引起健康危害，但由于其他原因需要收回的。

第十四条　持有人应当根据调查和评估结果和药品召回等级，形成调查评估报告，科学制定召回计划。

调查评估报告应当包括以下内容：

（一）召回药品的具体情况，包括名称、规格、批次等基本信息；

（二）实施召回的原因；

（三）调查评估结果；

（四）召回等级。

召回计划应当包括以下内容：

（一）药品生产销售情况及拟召回的数量；

（二）召回措施具体内容，包括实施的组织、范围和时限等；

（三）召回信息的公布途径和范围；

（四）召回的预期效果；

（五）药品召回后的处理措施；

（六）联系人的姓名及联系方式。

第三章　主动召回

第十五条　持有人经调查评估后，确定药品存在质量问题或者其他安全隐患的，应当立即决定并实施召回，同时通过企业官方网站或者药品相关行业媒体向社会发布召回信息。召回信息应当包括以下内容：药品名称、规格、批次、持有人、药品生产企业、召回原因、召回等级等。

实施一级、二级召回的，持有人还应当申请在所在地省、自治区、直辖市人民政府药品监督管理部门网站依法发布召回信息。省、自治区、直辖市人民政府药品监督管理部门网站发布的药品召回信息应当与国家药品监督管理局网站链接。

第十六条　持有人作出药品召回决定的，一级召回在1日内，二级召回在3日内，三级召回在7日内，应当发出召回通知，通知到药品生产企业、药品经营企业、药品使用单位等，同时向所在地省、自治区、直辖市人民政府药品监督管理部门备案调查评估报告、召回计划和召回通知。召回通知应当包括以下内容：

（一）召回药品的具体情况，包括名称、规格、批次等基本信息；

（二）召回的原因；

（三）召回等级；

（四）召回要求，如立即暂停生产、放行、销售、使用；转发召回通知等；

（五）召回处理措施，如召回药品外包装标识、隔离存放措施、储运条件、监督销毁等。

第十七条　持有人在实施召回过程中，一级召回每日，二级召回每3日，三级召回每7日，向所在地省、自治区、直辖市人民政府药品监督管理部门报告药品召回进展情况。

召回过程中，持有人应当及时评估召回效果，发现召回不彻底的，应当变更召回计划，扩大召回范围或者重新召回。变更召回计划的，应当及时向所在地省、自治区、直辖市人民政府药品监督管理部门备案。

第十八条　持有人应当明确召回药品的标识及存放要求，召回药品的外包装标识、隔离存放措施等，应当与正常药品明显区别，防止差错、混淆。对需要特殊储存条件的，在其储存和转运过程中，应当保证储存条件符合规定。

第十九条　召回药品需要销毁的，应当在持有人、药品生产企业或者储存召回药品所在地县级以上人民政府药品监督管理部门或者公证机构监督下销毁。

对通过更换标签、修改并完善说明书、重新外包装等方式能够消除隐患的，或者对不符合药品标准但尚不影响安全性、有效性的中药饮片，且能够通过返工等方式解决该问题的，可以适当处理后再上市。相关处理操作应当符合相应药品质量管理规范等要求，不得延长药品有效期或者保质期。

持有人对召回药品的处理应当有详细的记录，记录应当保存5年且不得少于药品有效期后1年。

第二十条　持有人应当按照《药品管理法》第八十二条规定，在召回完成后10个工作日内，将药品召回和处理情况向所在地省、自治区、直辖市人民政府药品监督管理部门和卫生健康主管部门报告。

持有人应当在药品年度报告中说明报告期内药品召回情况。

第二十一条　境外生产药品涉及在境内实施召回的，境外持有人指定的在中国境内履行持有人义务的企业法人（以下称境内代理人）应当按照本办法组织实施召回，并向其所在地省、自治区、直辖市人民政府药品监督管理部门和卫生健康主管部门报告药品召回和处理情况。

境外持有人在境外实施药品召回，经综合评估认为属于下列情形的，其境内代理人应当于境外召回启动后10个工作日内，向所在地省、自治区、直辖市人民政府药品监督管理部门报告召回药品的名称、规格、批次、召回原因等信息：

（一）与境内上市药品为同一品种，但不涉及境内药品规格、批次或者剂型的；

（二）与境内上市药品共用生产线的；

（三）其他需要向药品监督管理部门报告的。

境外持有人应当综合研判境外实施召回情况，如需要在中国境内召回的，应当按照本条第一款规定组织实施召回。

第四章　责令召回

第二十二条　有以下情形之一的，省、自治区、直辖市人民政府药品监督管理部门应当责令持有人召回药品：

（一）药品监督管理部门经过调查评估，认为持有人应当召回药品而未召回的；

（二）药品监督管理部门经对持有人主动召回结果审查，认为持有人召回药品不彻底的。

第二十三条　省、自治区、直辖市人民政府药品监督管理部门责令召回药品的，应当按本办法第九条、第十五条相关规定向社会公布责令召回药品信息，要求持有人、药品生产企业、药品经营企业和药品使用单位停止生产、放行、销售、使用。

持有人应当按照责令召回要求实施召回，并按照本办法第十五条相关规定向社会发布药品召回信息。

第二十四条　省、自治区、直辖市人民政府药品监督管理部门作出责令召回决定，应当将责令召回通知书送达持有人。责令召回通知书应当包括以下内容：

（一）召回药品的具体情况，包括名称、规格、批次等基本信息；

（二）实施召回的原因；

（三）审查评价和/或调查评估结果；

（四）召回等级；

（五）召回要求，包括范围和时限等。

第二十五条　持有人在收到责令召回通知书后，应当按照本办法第十四条、第十六条的规定，通知药品生产企业、药品经营企业和药品使用单位，制定、备案召回计划，并组织实施。

第二十六条　持有人在实施召回过程中，应当按照本办法第十七条相关要求向所在地省、自治区、直辖市人民政府药品监督管理部门报告药品召回进展情况。

第二十七条　持有人应当按照本办法第十八条、第十九条规定做好后续处理和记录，并在完成召回和处理后10个工作日内向所在地省、自治区、直辖市人民政府药品监督管理部门和卫生健康主管部门提交药品召回的总结报告。

第二十八条　省、自治区、直辖市人民政府药品监督管理部门应当自收到总结报告之日起10个工作日内进行审查，并对召回效果进行评价，必要时组织专家进行审查和评价。认为召回尚未有效控制风险或者消除隐患的，应当书面要求持有人重新召回。

第二十九条　对持有人违反本办法规定，在其所在地省、自治区、直辖市人民政府药品监督管理部门责令其召回后而拒不召回的，药品生产企业、药品经营企业、药品使用单位不配合召回的，相应省、自治区、直辖市人民政府药品监督管理部门应当按照《药品管理法》第一百三十五条的规定进行查处。

第五章　附　则

第三十条　在中国境内上市疫苗的召回程序适用本办法。疫苗存在或者疑似存在质量问题的处置要求应当按照《疫苗管理法》的规定执行。

第三十一条　境内持有人发现出口药品存在质量问题或者其他安全隐患的，应当及时通报进口国（地区）药品监管机构和采购方，需要在境外实施召回的，应当按照进口国（地区）有关法律法规及采购合同的规定组织实施召回。

第三十二条　中药饮片、中药配方颗粒的召回，其生产企业按照本办法实施。

第三十三条　本办法自2022年11月1日施行。

五、知识产权保护

资料补充栏

1. 商标保护

(1)综　合

中华人民共和国商标法

1. 1982年8月23日第五届全国人民代表大会常务委员会第二十四次会议通过
2. 根据1993年2月22日第七届全国人民代表大会常务委员会第三十次会议《关于修改〈中华人民共和国商标法〉的决定》第一次修正
3. 根据2001年10月27日第九届全国人民代表大会常务委员会第二十四次会议《关于修改〈中华人民共和国商标法〉的决定》第二次修正
4. 根据2013年8月30日第十二届全国人民代表大会常务委员会第四次会议《关于修改〈中华人民共和国商标法〉的决定》第三次修正
5. 根据2019年4月23日第十三届全国人民代表大会常务委员会第十次会议《关于修改〈中华人民共和国建筑法〉等八部法律的决定》第四次修正

目　录

第一章　总　　则

第一条　【立法宗旨】为了加强商标管理,保护商标专用权,促使生产、经营者保证商品和服务质量,维护商标信誉,以保障消费者和生产、经营者的利益,促进社会主义市场经济的发展,特制定本法。

第二条　【商标主管部门】国务院工商行政管理部门商标局主管全国商标注册和管理的工作。

国务院工商行政管理部门设立商标评审委员会,负责处理商标争议事宜。

第三条　【注册商标及其分类、保护】经商标局核准注册的商标为注册商标,包括商品商标、服务商标和集体商标、证明商标;商标注册人享有商标专用权,受法律保护。

本法所称集体商标,是指以团体、协会或者其他组织名义注册,供该组织成员在商事活动中使用,以表明使用者在该组织中的成员资格的标志。

本法所称证明商标,是指由对某种商品或者服务具有监督能力的组织所控制,而由该组织以外的单位或者个人使用于其商品或者服务,用以证明该商品或者服务的原产地、原料、制造方法、质量或者其他特定品质的标志。

集体商标、证明商标注册和管理的特殊事项,由国务院工商行政管理部门规定。

第四条　【商标注册】自然人、法人或者其他组织在生产经营活动中,对其商品或者服务需要取得商标专用权的,应当向商标局申请商标注册。不以使用为目的的恶意商标注册申请,应当予以驳回。

本法有关商品商标的规定,适用于服务商标。

第五条　【注册商标共有】两个以上的自然人、法人或者其他组织可以共同向商标局申请注册同一商标,共同享有和行使该商标专用权。

第六条　【商标强制注册】法律、行政法规规定必须使用注册商标的商品,必须申请商标注册,未经核准注册的,不得在市场销售。

第七条　【诚实信用原则和商品质量】申请注册和使用商标,应当遵循诚实信用原则。

商标使用人应当对其使用商标的商品质量负责。各级工商行政管理部门应当通过商标管理,制止欺骗消费者的行为。

第八条　【商标的本质特征和构成要素】任何能够将自然人、法人或者其他组织的商品与他人的商品区别开的标志,包括文字、图形、字母、数字、三维标志、颜色组合和声音等,以及上述要素的组合,均可以作为商标申请注册。

第九条　【申请注册和使用商标的原则】申请注册的商标,应当有显著特征,便于识别,并不得与他人在先取得的合法权利相冲突。

商标注册人有权标明“注册商标”或者注册标记。

第十条　【不得作为商标使用的标志】下列标志不得作为商标使用:

(一)同中华人民共和国的国家名称、国旗、国徽、国歌、军旗、军徽、军歌、勋章等相同或者近似的,以及同中央国家机关的名称、标志、所在地特定地点的名称或者标志性建筑物的名称、图形相同的；

（二）同外国的国家名称、国旗、国徽、军旗等相同或者近似的，但经该国政府同意的除外；

（三）同政府间国际组织的名称、旗帜、徽记等相同或者近似的，但经该组织同意或者不易误导公众的除外；

（四）与表明实施控制、予以保证的官方标志、检验印记相同或者近似的，但经授权的除外；

（五）同"红十字"、"红新月"的名称、标志相同或者近似的；

（六）带有民族歧视性的；

（七）带有欺骗性，容易使公众对商品的质量等特点或者产地产生误认的；

（八）有害于社会主义道德风尚或者有其他不良影响的。

县级以上行政区划的地名或者公众知晓的外国地名，不得作为商标。但是，地名具有其他含义或者作为集体商标、证明商标组成部分的除外；已经注册的使用地名的商标继续有效。

第十一条　【不得作为商标注册的标志及显著特征的取得】下列标志不得作为商标注册：

（一）仅有本商品的通用名称、图形、型号的；

（二）仅直接表示商品的质量、主要原料、功能、用途、重量、数量及其他特点的；

（三）其他缺乏显著特征的。

前款所列标志经过使用取得显著特征，并便于识别的，可以作为商标注册。

第十二条　【三维标志商标的限制】以三维标志申请注册商标的，仅由商品自身的性质产生的形状、为获得技术效果而需有的商品形状或者使商品具有实质性价值的形状，不得注册。

第十三条　【驰名商标的特别保护】为相关公众所熟知的商标，持有人认为其权利受到侵害时，可以依照本法规定请求驰名商标保护。

就相同或者类似商品申请注册的商标是复制、摹仿或者翻译他人未在中国注册的驰名商标，容易导致混淆的，不予注册并禁止使用。

就不相同或者不相类似商品申请注册的商标是复制、摹仿或者翻译他人已经在中国注册的驰名商标，误导公众，致使该驰名商标注册人的利益可能受到损害的，不予注册并禁止使用。

第十四条　【驰名商标认定】驰名商标应当根据当事人的请求，作为处理涉及商标案件需要认定的事实进行认定。认定驰名商标应当考虑下列因素：

（一）相关公众对该商标的知晓程度；

（二）该商标使用的持续时间；

（三）该商标的任何宣传工作的持续时间、程度和地理范围；

（四）该商标作为驰名商标受保护的记录；

（五）该商标驰名的其他因素。

在商标注册审查、工商行政管理部门查处商标违法案件过程中，当事人依照本法第十三条规定主张权利的，商标局根据审查、处理案件的需要，可以对商标驰名情况作出认定。

在商标争议处理过程中，当事人依照本法第十三条规定主张权利的，商标评审委员会根据处理案件的需要，可以对商标驰名情况作出认定。

在商标民事、行政案件审理过程中，当事人依照本法第十三条规定主张权利的，最高人民法院指定的人民法院根据审理案件的需要，可以对商标驰名情况作出认定。

生产、经营者不得将"驰名商标"字样用于商品、商品包装或者容器上，或者用于广告宣传、展览以及其他商业活动中。

第十五条　【禁止恶意抢注】未经授权，代理人或者代表人以自己的名义将被代理人或者被代表人的商标进行注册，被代理人或者被代表人提出异议的，不予注册并禁止使用。

就同一种商品或者类似商品申请注册的商标与他人在先使用的未注册商标相同或者近似，申请人与该他人具有前款规定以外的合同、业务往来关系或者其他关系而明知该他人商标存在，该他人提出异议的，不予注册。

第十六条　【地理标志】商标中有商品的地理标志，而该商品并非来源于该标志所标示的地区，误导公众的，不予注册并禁止使用；但是，已经善意取得注册的继续有效。

前款所称地理标志，是指标示某商品来源于某地区，该商品的特定质量、信誉或者其他特征，主要由该地区的自然因素或者人文因素所决定的标志。

第十七条　【外国人或者外国企业在我国申请商标注册】外国人或者外国企业在中国申请商标注册的，应当按其所属国和中华人民共和国签订的协议或者共同参加的国际条约办理，或者按对等原则办理。

第十八条　【商标代理】申请商标注册或者办理其他商标事宜，可以自行办理，也可以委托依法设立的商标代理机构办理。

外国人或者外国企业在中国申请商标注册和办理其他商标事宜的，应当委托依法设立的商标代理机构办理。

第十九条 【商标代理机构的行为规范】商标代理机构应当遵循诚实信用原则，遵守法律、行政法规，按照被代理人的委托办理商标注册申请或者其他商标事宜；对在代理过程中知悉的被代理人的商业秘密，负有保密义务。

委托人申请注册的商标可能存在本法规定不得注册情形的，商标代理机构应当明确告知委托人。

商标代理机构知道或者应当知道委托人申请注册的商标属于本法第四条、第十五条和第三十二条规定情形的，不得接受其委托。

商标代理机构除对其代理服务申请商标注册外，不得申请注册其他商标。

第二十条 【商标代理行业组织】商标代理行业组织应当按照章程规定，严格执行吸纳会员的条件，对违反行业自律规范的会员实行惩戒。商标代理行业组织对其吸纳的会员和对会员的惩戒情况，应当及时向社会公布。

第二十一条 【商标国际注册】商标国际注册遵循中华人民共和国缔结或者参加的有关国际条约确立的制度，具体办法由国务院规定。

第二章 商标注册的申请

第二十二条 【商标注册申请的提出】商标注册申请人应当按规定的商品分类表填报使用商标的商品类别和商品名称，提出注册申请。

商标注册申请人可以通过一份申请就多个类别的商品申请注册同一商标。

商标注册申请等有关文件，可以以书面方式或者数据电文方式提出。

第二十三条 【核定使用范围之外需另行申请】注册商标需要在核定使用范围之外的商品上取得商标专用权的，应当另行提出注册申请。

第二十四条 【改变标志需重新注册】注册商标需要改变其标志的，应当重新提出注册申请。

第二十五条 【优先权】商标注册申请人自其商标在外国第一次提出商标注册申请之日起六个月内，又在中国就相同商品以同一商标提出商标注册申请的，依照该外国同中国签订的协议或者共同参加的国际条约，或者按照相互承认优先权的原则，可以享有优先权。

依照前款要求优先权的，应当在提出商标注册申请的时候提出书面声明，并且在三个月内提交第一次提出的商标注册申请文件的副本；未提出书面声明或者逾期未提交商标注册申请文件副本的，视为未要求优先权。

第二十六条 【国际展览会中的临时保护】商标在中国政府主办的或者承认的国际展览会展出的商品上首次使用的，自该商品展出之日起六个月内，该商标的注册申请人可以享有优先权。

依照前款要求优先权的，应当在提出商标注册申请的时候提出书面声明，并且在三个月内提交展出其商品的展览会名称、在展出商品上使用该商标的证据、展出日期等证明文件；未提出书面声明或者逾期未提交证明文件的，视为未要求优先权。

第二十七条 【申请商标注册的行为规则】为申请商标注册所申报的事项和所提供的材料应当真实、准确、完整。

第三章 商标注册的审查和核准

第二十八条 【初步审查】对申请注册的商标，商标局应当自收到商标注册申请文件之日起九个月内审查完毕，符合本法有关规定的，予以初步审定公告。

第二十九条 【说明或者修正】在审查过程中，商标局认为商标注册申请内容需要说明或者修正的，可以要求申请人做出说明或者修正。申请人未做出说明或者修正的，不影响商标局做出审查决定。

第三十条 【驳回申请】申请注册的商标，凡不符合本法有关规定或者同他人在同一种商品或者类似商品上已经注册的或者初步审定的商标相同或者近似的，由商标局驳回申请，不予公告。

第三十一条 【申请在先原则】两个或者两个以上的商标注册申请人，在同一种商品或者类似商品上，以相同或者近似的商标申请注册的，初步审定并公告申请在先的商标；同一天申请的，初步审定并公告使用在先的商标，驳回其他人的申请，不予公告。

第三十二条 【保护在先权利和禁止恶意抢注】申请商标注册不得损害他人现有的在先权利，也不得以不正当手段抢先注册他人已经使用并有一定影响的商标。

第三十三条 【商标异议程序和核准注册】对初步审定公告的商标，自公告之日起三个月内，在先权利人、利害关系人认为违反本法第十三条第二款和第三款、第十五条、第十六条第一款、第三十条、第三十一条、第三十二条规定的，或者任何人认为违反本法第四条、第十条、第十一条、第十二条、第十九条第四款规定的，可以向商标局提出异议。公告期满无异议的，予以核准注册,发给商标注册证,并予公告。

第三十四条 【驳回申请的救济程序】对驳回申请、不予公告的商标,商标局应当书面通知商标注册申请人。商标注册申请人不服的,可以自收到通知之日起十五日内向商标评审委员会申请复审。商标评审委员会应当自收到申请之日起九个月内做出决定,并书面通知申请人。有特殊情况需要延长的,经国务院工商行政管理部门批准,可以延长三个月。当事人对商标评审委员会的决定不服的,可以自收到通知之日起三十日内向人民法院起诉。

第三十五条 【商标异议的处理程序】对初步审定公告的商标提出异议的,商标局应当听取异议人和被异议人陈述事实和理由,经调查核实后,自公告期满之日起十二个月内做出是否准予注册的决定,并书面通知异议人和被异议人。有特殊情况需要延长的,经国务院工商行政管理部门批准,可以延长六个月。

商标局做出准予注册决定的,发给商标注册证,并予公告。异议人不服的,可以依照本法第四十四条、第四十五条的规定向商标评审委员会请求宣告该注册商标无效。

商标局做出不予注册决定,被异议人不服的,可以自收到通知之日起十五日内向商标评审委员会申请复审。商标评审委员会应当自收到申请之日起十二个月内做出复审决定,并书面通知异议人和被异议人。有特殊情况需要延长的,经国务院工商行政管理部门批准,可以延长六个月。被异议人对商标评审委员会的决定不服的,可以自收到通知之日起三十日内向人民法院起诉。人民法院应当通知异议人作为第三人参加诉讼。

商标评审委员会在依照前款规定进行复审的过程中,所涉及的在先权利的确定必须以人民法院正在审理或者行政机关正在处理的另一案件的结果为依据的,可以中止审查。中止原因消除后,应当恢复审查程序。

第三十六条 【决定的生效时间、权利取得时间及其效力】法定期限届满,当事人对商标局做出的驳回申请决定、不予注册决定不申请复审或者对商标评审委员会做出的复审决定不向人民法院起诉的,驳回申请决定、不予注册决定或者复审决定生效。

经审查异议不成立而准予注册的商标,商标注册申请人取得商标专用权的时间自初步审定公告三个月期满之日起计算。自该商标公告期满之日起至准予注册决定做出前,对他人在同一种或者类似商品上使用与该商标相同或者近似的标志的行为不具有追溯力;但是,因该使用人的恶意给商标注册人造成的损失,应当给予赔偿。

第三十七条 【及时审查】对商标注册申请和商标复审申请应当及时进行审查。

第三十八条 【更正】商标注册申请人或者注册人发现商标申请文件或者注册文件有明显错误的,可以申请更正。商标局依法在其职权范围内作出更正,并通知当事人。

前款所称更正错误不涉及商标申请文件或者注册文件的实质性内容。

第四章 注册商标的续展、变更、转让和使用许可

第三十九条 【有效期】注册商标的有效期为十年,自核准注册之日起计算。

第四十条 【续展手续】注册商标有效期满,需要继续使用的,商标注册人应当在期满前十二个月内按照规定办理续展手续;在此期间未能办理的,可以给予六个月的宽展期。每次续展注册的有效期为十年,自该商标上一届有效期满次日起计算。期满未办理续展手续的,注销其注册商标。

商标局应当对续展注册的商标予以公告。

第四十一条 【变更】注册商标需要变更注册人的名义、地址或者其他注册事项的,应当提出变更申请。

第四十二条 【转让】转让注册商标的,转让人和受让人应当签订转让协议,并共同向商标局提出申请。受让人应当保证使用该注册商标的商品质量。

转让注册商标的,商标注册人对其在同一种商品上注册的近似的商标,或者在类似商品上注册的相同或者近似的商标,应当一并转让。

对容易导致混淆或者有其他不良影响的转让,商标局不予核准,书面通知申请人并说明理由。

转让注册商标经核准后,予以公告。受让人自公告之日起享有商标专用权。

第四十三条 【使用许可】商标注册人可以通过签订商标使用许可合同,许可他人使用其注册商标。许可人应当监督被许可人使用其注册商标的商品质量。被许可人应当保证使用该注册商标的商品质量。

经许可使用他人注册商标的,必须在使用该注册商标的商品上标明被许可人的名称和商品产地。

许可他人使用其注册商标的,许可人应当将其商标使用许可报商标局备案,由商标局公告。商标使用

许可未经备案不得对抗善意第三人。

第五章 注册商标的无效宣告

第四十四条 【违反绝对拒绝注册理由的无效程序】已经注册的商标，违反本法第四条、第十条、第十一条、第十二条、第十九条第四款规定的，或者是以欺骗手段或者其他不正当手段取得注册的，由商标局宣告该注册商标无效；其他单位或者个人可以请求商标评审委员会宣告该注册商标无效。

商标局做出宣告注册商标无效的决定，应当书面通知当事人。当事人对商标局的决定不服的，可以自收到通知之日起十五日内向商标评审委员会申请复审。商标评审委员会应当自收到申请之日起九个月内做出决定，并书面通知当事人。有特殊情况需要延长的，经国务院工商行政管理部门批准，可以延长三个月。当事人对商标评审委员会的决定不服的，可以自收到通知之日起三十日内向人民法院起诉。

其他单位或者个人请求商标评审委员会宣告注册商标无效的，商标评审委员会收到申请后，应当书面通知有关当事人，并限期提出答辩。商标评审委员会应当自收到申请之日起九个月内做出维持注册商标或者宣告注册商标无效的裁定，并书面通知当事人。有特殊情况需要延长的，经国务院工商行政管理部门批准，可以延长三个月。当事人对商标评审委员会的裁定不服的，可以自收到通知之日起三十日内向人民法院起诉。人民法院应当通知商标裁定程序的对方当事人作为第三人参加诉讼。

第四十五条 【违反相对拒绝注册理由的无效程序】已经注册的商标，违反本法第十三条第二款和第三款、第十五条、第十六条第一款、第三十条、第三十一条、第三十二条规定的，自商标注册之日起五年内，在先权利人或者利害关系人可以请求商标评审委员会宣告该注册商标无效。对恶意注册的，驰名商标所有人不受五年的时间限制。

商标评审委员会收到宣告注册商标无效的申请后，应当书面通知有关当事人，并限期提出答辩。商标评审委员会应当自收到申请之日起十二个月内做出维持注册商标或者宣告注册商标无效的裁定，并书面通知当事人。有特殊情况需要延长的，经国务院工商行政管理部门批准，可以延长六个月。当事人对商标评审委员会的裁定不服的，可以自收到通知之日起三十日内向人民法院起诉。人民法院应当通知商标裁定程序的对方当事人作为第三人参加诉讼。

商标评审委员会在依照前款规定对无效宣告请求进行审查的过程中，所涉及的在先权利的确定必须以人民法院正在审理或者行政机关正在处理的另一案件的结果为依据的，可以中止审查。中止原因消除后，应当恢复审查程序。

第四十六条 【无效审查决定、裁定的生效】法定期限届满，当事人对商标局宣告注册商标无效的决定不申请复审或者对商标评审委员会的复审决定、维持注册商标或者宣告注册商标无效的裁定不向人民法院起诉的，商标局的决定或者商标评审委员会的复审决定、裁定生效。

第四十七条 【商标无效的法律效力】依照本法第四十四条、第四十五条的规定宣告无效的注册商标，由商标局予以公告，该注册商标专用权视为自始即不存在。

宣告注册商标无效的决定或者裁定，对宣告无效前人民法院做出并已执行的商标侵权案件的判决、裁定、调解书和工商行政管理部门做出并已执行的商标侵权案件的处理决定以及已经履行的商标转让或者使用许可合同不具有追溯力。但是，因商标注册人的恶意给他人造成的损失，应当给予赔偿。

依照前款规定不返还商标侵权赔偿金、商标转让费、商标使用费，明显违反公平原则的，应当全部或者部分返还。

第六章 商标使用的管理

第四十八条 【商标使用】本法所称商标的使用，是指将商标用于商品、商品包装或者容器以及商品交易文书上，或者将商标用于广告宣传、展览以及其他商业活动中，用于识别商品来源的行为。

第四十九条 【注册商标的撤销】商标注册人在使用注册商标的过程中，自行改变注册商标、注册人名义、地址或者其他注册事项的，由地方工商行政管理部门责令限期改正；期满不改正的，由商标局撤销其注册商标。

注册商标成为其核定使用的商品的通用名称或者没有正当理由连续三年不使用的，任何单位或者个人可以向商标局申请撤销该注册商标。商标局应当自收到申请之日起九个月内做出决定。有特殊情况需要延长的，经国务院工商行政管理部门批准，可以延长三个月。

第五十条 【一年内不予核准】注册商标被撤销、被宣告无效或者期满不再续展的，自撤销、宣告无效或者注销之日起一年内，商标局对与该商标相同或者近似的商标注册申请，不予核准。

第五十一条 【违反强制注册规定的法律责任】违反本

法第六条规定的，由地方工商行政管理部门责令限期申请注册，违法经营额五万元以上的，可以处违法经营额百分之二十以下的罚款，没有违法经营额或者违法经营额不足五万元的，可以处一万元以下的罚款。

第五十二条 【不当使用未注册商标的法律责任】将未注册商标冒充注册商标使用的，或者使用未注册商标违反本法第十条规定的，由地方工商行政管理部门予以制止，限期改正，并可以予以通报，违法经营额五万元以上的，可以处违法经营额百分之二十以下的罚款，没有违法经营额或者违法经营额不足五万元的，可以处一万元以下的罚款。

第五十三条 【违法使用“驰名商标”字样的法律责任】违反本法第十四条第五款规定的，由地方工商行政管理部门责令改正，处十万元罚款。

第五十四条 【撤销决定的救济程序】对商标局撤销或者不予撤销注册商标的决定，当事人不服的，可以自收到通知之日起十五日内向商标评审委员会申请复审。商标评审委员会应当自收到申请之日起九个月内做出决定，并书面通知当事人。有特殊情况需要延长的，经国务院工商行政管理部门批准，可以延长三个月。当事人对商标评审委员会的决定不服的，可以自收到通知之日起三十日内向人民法院起诉。

第五十五条 【撤销决定的生效及其效力】法定期限届满，当事人对商标局做出的撤销注册商标的决定不申请复审或者对商标评审委员会做出的复审决定不向人民法院起诉的，撤销注册商标的决定、复审决定生效。

被撤销的注册商标，由商标局予以公告，该注册商标专用权自公告之日起终止。

第七章 注册商标专用权的保护

第五十六条 【保护范围】注册商标的专用权，以核准注册的商标和核定使用的商品为限。

第五十七条 【商标侵权的情形】有下列行为之一的，均属侵犯注册商标专用权：

（一）未经商标注册人的许可，在同一种商品上使用与其注册商标相同的商标的；

（二）未经商标注册人的许可，在同一种商品上使用与其注册商标近似的商标，或者在类似商品上使用与其注册商标相同或者近似的商标，容易导致混淆的；

（三）销售侵犯注册商标专用权的商品的；

（四）伪造、擅自制造他人注册商标标识或者销售伪造、擅自制造的注册商标标识的；

（五）未经商标注册人同意，更换其注册商标并将该更换商标的商品又投入市场的；

（六）故意为侵犯他人商标专用权行为提供便利条件，帮助他人实施侵犯商标专用权行为的；

（七）给他人的注册商标专用权造成其他损害的。

第五十八条 【将商标用作企业字号】将他人注册商标、未注册的驰名商标作为企业名称中的字号使用，误导公众，构成不正当竞争行为的，依照《中华人民共和国反不正当竞争法》处理。

第五十九条 【注册商标专用权的限制】注册商标中含有的本商品的通用名称、图形、型号，或者直接表示商品的质量、主要原料、功能、用途、重量、数量及其他特点，或者含有的地名，注册商标专用权人无权禁止他人正当使用。

三维标志注册商标中含有的商品自身的性质产生的形状、为获得技术效果而需有的商品形状或者使商品具有实质性价值的形状，注册商标专用权人无权禁止他人正当使用。

商标注册人申请商标注册前，他人已经在同一种商品或者类似商品上先于商标注册人使用与注册商标相同或者近似并有一定影响的商标的，注册商标专用权人无权禁止该使用人在原使用范围内继续使用该商标，但可以要求其附加适当区别标识。

第六十条 【商标侵权的处理】有本法第五十七条所列侵犯注册商标专用权行为之一，引起纠纷的，由当事人协商解决；不愿协商或者协商不成的，商标注册人或者利害关系人可以向人民法院起诉，也可以请求工商行政管理部门处理。

工商行政管理部门处理时，认定侵权行为成立的，责令立即停止侵权行为，没收、销毁侵权商品和主要用于制造侵权商品、伪造注册商标标识的工具，违法经营额五万元以上的，可以处违法经营额五倍以下的罚款，没有违法经营额或者违法经营额不足五万元的，可以处二十五万元以下的罚款。对五年内实施两次以上商标侵权行为或者有其他严重情节的，应当从重处罚。销售不知道是侵犯注册商标专用权的商品，能证明该商品是自己合法取得并说明提供者的，由工商行政管理部门责令停止销售。

对侵犯商标专用权的赔偿数额的争议，当事人可以请求进行处理的工商行政管理部门调解，也可以依照《中华人民共和国民事诉讼法》向人民法院起诉。经工商行政管理部门调解，当事人未达成协议或者调解书生效后不履行的，当事人可以依照《中华人民共和国民事诉讼法》向人民法院起诉。

第六十一条 【商标侵权的查处和司法移送】对侵犯注

册商标专用权的行为，工商行政管理部门有权依法查处；涉嫌犯罪的，应当及时移送司法机关依法处理。

第六十二条　【工商部门的职权及中止查处】县级以上工商行政管理部门根据已经取得的违法嫌疑证据或者举报，对涉嫌侵犯他人注册商标专用权的行为进行查处时，可以行使下列职权：

（一）询问有关当事人，调查与侵犯他人注册商标专用权有关的情况；

（二）查阅、复制当事人与侵权活动有关的合同、发票、账簿以及其他有关资料；

（三）对当事人涉嫌从事侵犯他人注册商标专用权活动的场所实施现场检查；

（四）检查与侵权活动有关的物品；对有证据证明是侵犯他人注册商标专用权的物品，可以查封或者扣押。

工商行政管理部门依法行使前款规定的职权时，当事人应当予以协助、配合，不得拒绝、阻挠。

在查处商标侵权案件过程中，对商标权属存在争议或者权利人同时向人民法院提起商标侵权诉讼的，工商行政管理部门可以中止案件的查处。中止原因消除后，应当恢复或者终结案件查处程序。

第六十三条　【商标侵权的赔偿数额】侵犯商标专用权的赔偿数额，按照权利人因被侵权所受到的实际损失确定；实际损失难以确定的，可以按照侵权人因侵权所获得的利益确定；权利人的损失或者侵权人获得的利益难以确定的，参照该商标许可使用费的倍数合理确定。对恶意侵犯商标专用权，情节严重的，可以在按照上述方法确定数额的一倍以上五倍以下确定赔偿数额。赔偿数额应当包括权利人为制止侵权行为所支付的合理开支。

人民法院为确定赔偿数额，在权利人已经尽力举证，而与侵权行为相关的账簿、资料主要由侵权人掌握的情况下，可以责令侵权人提供与侵权行为相关的账簿、资料；侵权人不提供或者提供虚假的账簿、资料的，人民法院可以参考权利人的主张和提供的证据判定赔偿数额。

权利人因被侵权所受到的实际损失、侵权人因侵权所获得的利益、注册商标许可使用费难以确定的，由人民法院根据侵权行为的情节判决给予五百万元以下的赔偿。

人民法院审理商标纠纷案件，应权利人请求，对属于假冒注册商标的商品，除特殊情况外，责令销毁；对主要用于制造假冒注册商标的商品的材料、工具，责令销毁，且不予补偿；或者在特殊情况下，责令禁止前述材料、工具进入商业渠道，且不予补偿。

假冒注册商标的商品不得在仅去除假冒注册商标后进入商业渠道。

第六十四条　【不承担赔偿责任的情形】注册商标专用权人请求赔偿，被控侵权人以注册商标专用权人未使用注册商标提出抗辩的，人民法院可以要求注册商标专用权人提供此前三年内实际使用该注册商标的证据。注册商标专用权人不能证明此前三年内实际使用过该注册商标，也不能证明因侵权行为受到其他损失的，被控侵权人不承担赔偿责任。

销售不知道是侵犯注册商标专用权的商品，能证明该商品是自己合法取得并说明提供者的，不承担赔偿责任。

第六十五条　【诉前临时措施】商标注册人或者利害关系人有证据证明他人正在实施或者即将实施侵犯其注册商标专用权的行为，如不及时制止将会使其合法权益受到难以弥补的损害的，可以依法在起诉前向人民法院申请采取责令停止有关行为和财产保全的措施。

第六十六条　【诉前证据保全】为制止侵权行为，在证据可能灭失或者以后难以取得的情况下，商标注册人或者利害关系人可以依法在起诉前向人民法院申请保全证据。

第六十七条　【刑事责任】未经商标注册人许可，在同一种商品上使用与其注册商标相同的商标，构成犯罪的，除赔偿被侵权人的损失外，依法追究刑事责任。

伪造、擅自制造他人注册商标标识或者销售伪造、擅自制造的注册商标标识，构成犯罪的，除赔偿被侵权人的损失外，依法追究刑事责任。

销售明知是假冒注册商标的商品，构成犯罪的，除赔偿被侵权人的损失外，依法追究刑事责任。

第六十八条　【商标代理机构的法律责任】商标代理机构有下列行为之一的，由工商行政管理部门责令限期改正，给予警告，处一万元以上十万元以下的罚款；对直接负责的主管人员和其他直接责任人员给予警告，处五千元以上五万元以下的罚款；构成犯罪的，依法追究刑事责任：

（一）办理商标事宜过程中，伪造、变造或者使用伪造、变造的法律文件、印章、签名的；

（二）以诋毁其他商标代理机构等手段招徕商标代理业务或者以其他不正当手段扰乱商标代理市场秩序的；

（三）违反本法第四条、第十九条第三款和第四款规定的。

商标代理机构有前款规定行为的，由工商行政管理部门记入信用档案；情节严重的，商标局、商标评审委员会并可以决定停止受理其办理商标代理业务，予以公告。

商标代理机构违反诚实信用原则，侵害委托人合法利益的，应当依法承担民事责任，并由商标代理行业组织按照章程规定予以惩戒。

对恶意申请商标注册的，根据情节给予警告、罚款等行政处罚；对恶意提起商标诉讼的，由人民法院依法给予处罚。

第六十九条 【国家机关工作人员的行为规范】从事商标注册、管理和复审工作的国家机关工作人员必须秉公执法，廉洁自律，忠于职守，文明服务。

商标局、商标评审委员会以及从事商标注册、管理和复审工作的国家机关工作人员不得从事商标代理业务和商品生产经营活动。

第七十条 【工商部门的内部监督】工商行政管理部门应当建立健全内部监督制度，对负责商标注册、管理和复审工作的国家机关工作人员执行法律、行政法规和遵守纪律的情况，进行监督检查。

第七十一条 【国家机关工作人员的法律责任】从事商标注册、管理和复审工作的国家机关工作人员玩忽职守、滥用职权、徇私舞弊，违法办理商标注册、管理和复审事项，收受当事人财物，牟取不正当利益，构成犯罪的，依法追究刑事责任；尚不构成犯罪的，依法给予处分。

第八章 附 则

第七十二条 【费用】申请商标注册和办理其他商标事宜的，应当缴纳费用，具体收费标准另定。

第七十三条 【施行日期及效力】本法自1983年3月1日起施行。1963年4月10日国务院公布的《商标管理条例》同时废止；其他有关商标管理的规定，凡与本法抵触的，同时失效。

本法施行前已经注册的商标继续有效。

商标代理监督管理规定

1. *2022年10月27日国家市场监督管理总局令第63号公布*
2. *自2022年12月1日起施行*

第一章 总 则

第一条 为了规范商标代理行为，提升商标代理服务质量，维护商标代理市场的正常秩序，促进商标代理行业健康发展，根据《中华人民共和国商标法》（以下简称商标法）、《中华人民共和国商标法实施条例》（以下简称商标法实施条例）以及其他有关法律法规，制定本规定。

第二条 商标代理机构接受委托人的委托，可以以委托人的名义在代理权限范围内依法办理以下事宜：

（一）商标注册申请；

（二）商标变更、续展、转让、注销；

（三）商标异议；

（四）商标撤销、无效宣告；

（五）商标复审、商标纠纷的处理；

（六）其他商标事宜。

本规定所称商标代理机构，包括经市场主体登记机关依法登记从事商标代理业务的服务机构和从事商标代理业务的律师事务所。

第三条 商标代理机构和商标代理从业人员应当遵守法律法规和国家有关规定，遵循诚实信用原则，恪守职业道德，规范从业行为，提升商标代理服务质量，维护委托人的合法权益和商标代理市场正常秩序。

本规定所称商标代理从业人员包括商标代理机构的负责人，以及受商标代理机构指派承办商标代理业务的本机构工作人员。

商标代理从业人员应当遵纪守法，有良好的信用状况，品行良好，熟悉商标法律法规，具备依法从事商标代理业务的能力。

第四条 商标代理行业组织是商标代理行业的自律性组织。

商标代理行业组织应当严格行业自律，依照章程规定，制定行业自律规范和惩戒规则，加强业务培训和职业道德、职业纪律教育，组织引导商标代理机构和商标代理从业人员依法规范从事代理业务，不断提高行业服务水平。

知识产权管理部门依法加强对商标代理行业组织的监督和指导，支持商标代理行业组织加强行业自律和规范。

鼓励商标代理机构、商标代理从业人员依法参加商标代理行业组织。

第二章 商标代理机构备案

第五条 商标代理机构从事国家知识产权局主管的商标事宜代理业务的，应当依法及时向国家知识产权局备案。

商标代理机构备案的有效期为三年。有效期届满需要继续从事代理业务的，商标代理机构可以在有效期届满前六个月内办理延续备案。每次延续备案的有效期为三年，自原备案有效期满次日起计算。

第六条 商标代理机构的备案信息包括：

（一）营业执照或者律师事务所执业许可证；

（二）商标代理机构的名称、住所、联系方式、统一社会信用代码，负责人、非上市公司的股东、合伙人姓名；

（三）商标代理从业人员姓名、身份证件号码、联系方式；

（四）法律法规以及国家知识产权局规定应当提供的其他信息。

国家知识产权局能够通过政务信息共享平台获取的相关信息，不得要求商标代理机构重复提供。

第七条 商标代理机构备案信息发生变化的，应当自实际发生变化或者有关主管部门登记、批准之日起三十日内向国家知识产权局办理变更备案，并提交相应材料。

第八条 商标代理机构申请市场主体注销登记，备案有效期届满未办理延续或者自行决定不再从事商标代理业务，被撤销或者被吊销营业执照、律师事务所执业许可证，或者国家知识产权局决定永久停止受理其办理商标代理业务的，应当在妥善处理未办结的商标代理业务后，向国家知识产权局办理注销备案。

商标代理机构存在前款规定情形的，国家知识产权局应当在商标网上服务系统、商标代理系统中进行标注，并不再受理其提交的商标代理业务申请，但处理未办结商标代理业务的除外。

商标代理机构应当在申请市场主体注销登记或者自行决定不再从事商标代理业务前，或者自接到撤销、吊销决定书、永久停止受理其办理商标代理业务决定之日起三十日内，按照法律法规规定和合同约定妥善处理未办结的商标代理业务，通知委托人办理商标代理变更，或者经委托人同意与其他已经备案的商标代理机构签订业务移转协议。

第九条 商标代理机构提交的备案、变更备案、延续备案或者注销备案材料符合规定的，国家知识产权局应当及时予以办理，通知商标代理机构并依法向社会公示。

第三章 商标代理行为规范

第十条 商标代理机构从事商标代理业务不得采取欺诈、诱骗等不正当手段，不得损害国家利益、社会公共利益和他人合法权益。

商标代理机构不得以其法定代表人、股东、合伙人、实际控制人、高级管理人员、员工等的名义变相申请注册或者受让其代理服务以外的其他商标，也不得通过另行设立市场主体或者通过与其存在关联关系的市场主体等其他方式变相从事上述行为。

第十一条 商标代理机构应当积极履行管理职责，规范本机构商标代理从业人员职业行为，建立健全质量管理、利益冲突审查、恶意申请筛查、投诉处理、保密管理、人员管理、财务管理、档案管理等管理制度，对本机构商标代理从业人员遵守法律法规、行业规范等情况进行监督，发现问题及时予以纠正。

商标代理机构应当加强对本机构商标代理从业人员的职业道德和职业纪律教育，组织开展业务学习，为其参加业务培训和继续教育提供条件。

第十二条 商标代理机构应当在其住所或者经营场所醒目位置悬挂营业执照或者律师事务所执业许可证。

商标代理机构通过网络从事商标代理业务的，应当在其网站首页或者从事经营活动的主页面显著位置持续公示机构名称、经营场所、经营范围等营业执照或者律师事务所执业许可证记载的信息，以及其他商标代理业务备案信息等。

第十三条 商标代理机构从事商标代理业务，应当与委托人以书面形式签订商标代理委托合同，依法约定双方的权利义务以及其他事项。商标代理委托合同不得违反法律法规以及国家有关规定。

第十四条 商标代理机构接受委托办理商标代理业务，应当进行利益冲突审查，不得在同一案件中接受有利益冲突的双方当事人委托。

第十五条 商标代理机构应当按照委托人的要求依法办理商标注册申请或者其他商标事宜；在代理过程中应当遵守关于商业秘密和个人信息保护的有关规定。

委托人申请注册的商标可能存在商标法规定不得注册情形的，商标代理机构应当以书面通知等方式明确告知委托人。

商标代理机构知道或者应当知道委托人申请注册的商标属于商标法第四条、第十五条和第三十二条规定情形的，不得接受其委托。

商标代理机构应当严格履行代理职责，依据商标法第二十七条，对委托人所申报的事项和提供的商标注册申请或者办理其他商标事宜的材料进行核对，及时向委托人通报委托事项办理进展情况、送交法律文书和材料，无正当理由不得拖延。

第十六条 商标代理从业人员应当根据商标代理机构的指派承办商标代理业务，不得以个人名义自行接受委托。

商标代理从业人员不得同时在两个以上商标代理机构从事商标代理业务。

第十七条　商标代理机构向国家知识产权局提交的有关文件，应当加盖本代理机构公章并由相关商标代理从业人员签字。

商标代理机构和商标代理从业人员对其盖章和签字办理的商标代理业务负责。

第十八条　商标代理机构应当对所承办业务的案卷和有关材料及时立卷归档，妥善保管。

商标代理机构的记录应当真实、准确、完整。

第十九条　商标代理机构收费应当遵守相关法律法规，遵循自愿、公平、合理和诚实信用原则，兼顾经济效益和社会效益。

第四章　商标代理监管

第二十条　知识产权管理部门建立商标代理机构和商标代理从业人员信用档案。

国家知识产权局对信用档案信息进行归集整理，开展商标代理行业分级分类评价。地方知识产权管理部门、市场监督管理部门、商标代理行业组织应当协助做好信用档案信息的归集整理工作。

第二十一条　以下信息应当记入商标代理机构和商标代理从业人员信用档案：

（一）商标代理机构和商标代理从业人员受到行政处罚的信息；

（二）商标代理机构接受监督检查的信息；

（三）商标代理机构和商标代理从业人员加入商标代理行业组织信息，受到商标代理行业组织惩戒的信息；

（四）商标代理机构被列入经营异常名录或者严重违法失信名单的信息；

（五）其他可以反映商标代理机构信用状况的信息。

第二十二条　商标代理机构应当按照国家有关规定报送年度报告。

第二十三条　商标代理机构故意侵犯知识产权，提交恶意商标注册申请，损害社会公共利益，从事严重违法商标代理行为，性质恶劣、情节严重、社会危害较大，受到较重行政处罚的，按照《市场监督管理严重违法失信名单管理办法》等有关规定列入严重违法失信名单。

第二十四条　知识产权管理部门依法对商标代理机构和商标代理从业人员代理行为进行监督检查，可以依法查阅、复制有关材料，询问当事人或者其他与案件有关的单位和个人，要求当事人或者有关人员在一定期限内如实提供有关材料，以及采取其他合法必要合理的措施。商标代理机构和商标代理从业人员应当予以协助配合。

第二十五条　知识产权管理部门应当引导商标代理机构合法从事商标代理业务，提升服务质量。

对存在商标代理违法违规行为的商标代理机构或者商标代理从业人员，知识产权管理部门可以依职责对其进行约谈、提出意见，督促其及时整改。

第二十六条　知识产权管理部门负责商标代理等信息的发布和公示工作，健全与市场监督管理部门之间的信息共享、查处情况通报、业务指导等协同配合机制。

第五章　商标代理违法行为的处理

第二十七条　有下列情形之一的，属于商标法第六十八条第一款第一项规定的办理商标事宜过程中，伪造、变造或者使用伪造、变造的法律文件、印章、签名的行为：

（一）伪造、变造国家机关公文、印章的；

（二）伪造、变造国家机关之外其他单位的法律文件、印章的；

（三）伪造、变造签名的；

（四）知道或者应当知道属于伪造、变造的公文、法律文件、印章、签名，仍然使用的；

（五）其他伪造、变造或者使用伪造、变造的法律文件、印章、签名的情形。

第二十八条　有下列情形之一的，属于以诋毁其他商标代理机构等手段招徕商标代理业务的行为：

（一）编造、传播虚假信息或者误导性信息，损害其他商标代理机构商业声誉的；

（二）教唆、帮助他人编造、传播虚假信息或者误导性信息，损害其他商标代理机构商业声誉的；

（三）其他以诋毁其他商标代理机构等手段招徕商标代理业务的情形。

第二十九条　有下列情形之一的，属于商标法第六十八条第一款第二项规定的以其他不正当手段扰乱商标代理市场秩序的行为：

（一）知道或者应当知道委托人以欺骗手段或者其他不正当手段申请注册，或者利用突发事件、公众人物、舆论热点等信息，恶意申请注册有害于社会主义道德风尚或者有其他不良影响的商标，仍接受委托的；

（二）向从事商标注册和管理工作的人员进行贿赂或者利益输送，或者违反规定获取尚未公开的商标注册相关信息、请托转递涉案材料等，牟取不正当利益的；

（三）违反法律法规和国家有关从业限制的规定，聘用曾从事商标注册和管理工作的人员，经知识产权管理部门告知后，拖延或者拒绝纠正其聘用行为的；

（四）代理不同的委托人申请注册相同或者类似商品或者服务上的相同商标的，申请时在先商标已经无效的除外；

（五）知道或者应当知道转让商标属于恶意申请的注册商标，仍帮助恶意注册人办理转让的；

（六）假冒国家机关官方网站、邮箱、电话等或者以国家机关工作人员的名义提供虚假信息误导公众，或者向委托人提供商标业务相关材料或者收取费用牟取不正当利益的；

（七）知道或者应当知道委托人滥用商标权仍接受委托，或者指使商标权利人滥用商标权牟取不正当利益的；

（八）知道或者应当知道委托人使用的是伪造、变造、编造的虚假商标材料，仍帮助委托人提交，或者与委托人恶意串通制作、提交虚假商标申请等材料的；

（九）虚构事实向主管部门举报其他商标代理机构的；

（十）为排挤竞争对手，以低于成本的价格提供服务的；

（十一）其他以不正当手段扰乱商标代理市场秩序的情形。

第三十条 有下列情形之一的，属于商标法第十九条第三款、第四款规定的行为：

（一）曾经代理委托人申请注册商标或者办理异议、无效宣告以及复审事宜，委托人商标因违反商标法第四条、第十五条或者第三十二条规定，被国家知识产权局生效的决定或者裁定驳回申请、不予核准注册或者宣告无效，仍代理其在同一种或者类似商品上再次提交相同或者近似商标注册申请的；

（二）曾经代理委托人办理其他商标业务，知悉委托人商标存在违反商标法第四条、第十五条或者第三十二条规定的情形，仍接受委托的；

（三）违反本规定第十条第二款规定的；

（四）其他属于商标法第十九条第三款、第四款规定的情形。

第三十一条 有下列情形之一的，属于以欺诈、虚假宣传、引人误解或者商业贿赂等方式招徕业务的行为：

（一）与他人恶意串通或者虚构事实，诱骗委托人委托其办理商标事宜的；

（二）以承诺结果、夸大自身代理业务成功率等形式误导委托人的；

（三）伪造或者变造荣誉、资质资格，欺骗、误导公众的；

（四）以盗窃、贿赂、欺诈、胁迫或者其他不正当手段获取商标信息，或者披露、使用、允许他人使用以前述手段获取的商标信息，以谋取交易机会的；

（五）明示或者暗示可以通过非正常方式加速办理商标事宜，或者提高办理商标事宜成功率，误导委托人的；

（六）以给予财物或者其他手段贿赂单位或者个人，以谋取交易机会的；

（七）其他以不正当手段招徕商标代理业务的情形。

第三十二条 有下列情形之一的，属于商标法实施条例第八十八条第三项规定的在同一商标案件中接受有利益冲突的双方当事人委托的行为：

（一）在商标异议、撤销、宣告无效案件或者复审、诉讼程序中接受双方当事人委托的；

（二）曾代理委托人申请商标注册，又代理其他人对同一商标提出商标异议、撤销、宣告无效申请的；

（三）其他在同一案件中接受有利益冲突的双方当事人委托的情形。

第三十三条 商标代理机构通过网络从事商标代理业务，有下列行为之一的，《中华人民共和国反垄断法》《中华人民共和国反不正当竞争法》《中华人民共和国价格法》《中华人民共和国广告法》等法律法规有规定的，从其规定；没有规定的，由市场监督管理部门给予警告，可以处五万元以下罚款；情节严重的，处五万元以上十万元以下罚款：

（一）利用其客户资源、平台数据以及其他经营者对其在商标代理服务上的依赖程度等因素，恶意排挤竞争对手的；

（二）通过编造用户评价、伪造业务量等方式进行虚假或者引人误解的商业宣传，欺骗、误导委托人的；

（三）通过电子侵入、擅自外挂插件等方式，影响商标网上服务系统、商标代理系统等正常运行的；

（四）通过网络展示具有重大不良影响商标的；

（五）其他通过网络实施的违法商标代理行为。

第三十四条 市场监督管理部门依据商标法第六十八条规定对商标代理机构的违法行为进行查处后，依照有关规定将查处情况通报国家知识产权局。国家知识产权局收到通报，或者发现商标代理机构存在商标法第六十八条第一款行为，情节严重的，可以依法作出停止受理其办理商标代理业务六个月以上直至永久停止受理的决定，并予公告。

因商标代理违法行为，两年内受到三次以上行政处罚的，属于前款规定情节严重的情形。

商标代理机构被停止受理商标代理业务的，在停止受理业务期间，或者未按照本规定第八条第三款规定妥善处理未办结商标代理业务的，该商标代理机构负责人、直接责任人员以及负有管理责任的股东、合伙人不得在商标代理机构新任负责人、股东、合伙人。

第三十五条 国家知识产权局作出的停止受理商标代理机构办理商标代理业务决定有期限的，期限届满并且已改正违法行为的，恢复受理该商标代理机构业务，并予公告。

第三十六条 从事商标代理业务的商标代理机构，未依法办理备案、变更备案、延续备案或者注销备案，未妥善处理未办结的商标代理业务，或者违反本规定第十五条第四款规定，损害委托人利益或者扰乱商标代理市场秩序的，由国家知识产权局予以通报，并记入商标代理机构信用档案。

商标代理机构有前款所述情形的，由市场监督管理部门责令限期改正；期满不改正的，给予警告，情节严重的，处十万元以下罚款。

第三十七条 知识产权管理部门应当健全内部监督制度，对从事商标注册和管理工作的人员执行法律法规和遵守纪律的情况加强监督检查。

从事商标注册和管理工作的人员必须秉公执法，廉洁自律，忠于职守，文明服务，不得从事商标代理业务或者违反规定从事、参与营利性活动。从事商标注册和管理工作的人员离职后的从业限制，依照或者参照《中华人民共和国公务员法》等法律法规和国家有关规定执行。

第三十八条 从事商标注册和管理工作的人员玩忽职守、滥用职权、徇私舞弊，违法办理商标注册事项和其他商标事宜，收受商标代理机构或者商标代理从业人员财物，牟取不正当利益的，应当依法进行处理；构成犯罪的，依法追究刑事责任。

第三十九条 知识产权管理部门对违法违纪行为涉及的商标，应当依据商标法以及相关法律法规严格审查和监督管理，并及时处理。

第四十条 法律法规对商标代理机构经营活动违法行为的处理另有规定的，从其规定。

第四十一条 律师事务所和律师从事商标代理业务除遵守法律法规和本规定外，还应当遵守国家其他有关规定。

第四十二条 除本规定第二条规定的商标代理机构外，其他机构或者个人违反本规定从事商标代理业务或者与商标代理业务有关的其他活动，参照本规定处理。

第四十三条 本规定自 2022 年 12 月 1 日起施行。

律师事务所从事商标代理业务管理办法

1. 2012 年 11 月 6 日国家工商行政管理总局、司法部发布
2. 工商标字〔2012〕192 号
3. 自 2013 年 1 月 1 日起施行

第一章 总 则

第一条 为了规范律师事务所及其律师从事商标代理的执业行为，维护商标代理法律服务秩序，保障委托人的合法权益，根据《中华人民共和国商标法》、《中华人民共和国律师法》等法律、法规、规章的规定，制定本办法。

第二条 律师事务所及其律师从事商标代理业务，适用本办法。

本办法所称律师事务所，是指律师的执业机构。

本办法所称律师，是指依法取得律师执业证书，受律师事务所指派为当事人提供法律服务的执业人员。

第三条 律师事务所及其律师从事商标代理业务，应当依法、诚信、尽责执业，恪守律师职业道德和执业纪律，接受当事人和社会的监督。

第四条 工商行政管理机关和司法行政机关依法对律师事务所及其律师从事商标代理业务活动进行监督管理。

第二章 业务范围及备案

第五条 律师事务所可以接受当事人委托，指派律师办理下列商标代理业务：

（一）代理商标注册申请、变更、续展、转让、补证、质权登记、许可合同备案、异议、注销、撤销以及马德里国际注册等国家工商行政管理总局商标局（以下简称商标局）主管的有关商标事宜；

（二）代理商标注册驳回复审、异议复审、撤销复审及注册商标争议案件等国家工商行政管理总局商标评审委员会（以下简称商评委）主管的有关商标事宜；

（三）代理其他商标国际注册有关事宜；

（四）代理商标侵权证据调查、商标侵权投诉；

（五）代理商标行政复议、诉讼案件；

（六）代理参加商标纠纷调解、仲裁等活动；

（七）担任商标法律顾问，提供商标法律咨询，代写商标法律事务文书；

（八）代理其他商标法律事务。

律师事务所从事前款第一项、第二项商标代理业务，应当向商标局办理备案。

第六条 律师事务所办理备案，应当向商标局提交下列材料：

（一）备案申请书，其中应当载明律师事务所名称、住所、组织形式、负责人、电话、传真、电子邮箱、邮政编码等信息；

（二）加盖本所印章的律师事务所执业许可证复印件。

申请材料齐备的，商标局应当自收到申请之日起15日内完成备案并予以公告；申请材料不齐备的，应当通知申请人补正后予以备案。

第七条 律师事务所名称、住所、负责人、联系方式等备案事项变更的，应当在变更后30日内向商标局办理变更备案。办理变更备案，应当提交下列材料：

（一）变更备案事项申请书；

（二）律师事务所所在地司法行政机关出具的该所变更事项证明文件；

（三）加盖本所印章的律师事务所执业许可证复印件。

变更除名称、住所、负责人以外备案事项的，可以不提交前款第二项规定的材料。

第八条 办理商标代理业务备案的律师事务所终止的，应当向商标局申请结算和注销备案。申请结算，应当提交下列材料（一式两份）：

（一）结算申请书，载明申请事项、开户银行、账号、收款人、经办人及联系方式等；

（二）该所已上报商标局和商评委的商标代理业务清单；

（三）该所出具的授权经办人办理结算手续的证明文件。

商标局应当自收到申请之日起三个月内办结律师事务所结算手续，出具结算证明，注销其从事商标代理业务的备案并予以公告。

第三章　业务规则

第九条 律师承办商标代理业务，应当由律师事务所统一接受委托，与委托人签订书面委托合同，按照国家规定统一收取费用并如实入账。

律师事务所受理商标代理业务，应该依照有关规定进行利益冲突审查，不得违反规定受理与本所承办的法律事务及其委托人有利益冲突的商标代理业务。

第十条 律师承办商标代理业务，应当按照委托合同约定，严格履行代理职责，及时向委托人通报委托事项办理进展情况，无正当理由不得拖延、拒绝代理。

委托事项违法，委托人利用律师提供的服务从事违法活动，委托人故意隐瞒重要事实、隐匿证据或者提供虚假、伪造证据的，律师有权拒绝代理。

第十一条 律师就商标代理出具的法律意见、提供的相关文件，应当符合有关法律、法规、规章的规定，符合商标局、商评委和地方工商行政管理机关的要求，应当真实、准确、完整，并经律师事务所审查无误后盖章出具。

第十二条 向商标局办理备案的律师事务所，应当按规定将商标规费预付款汇至商标局账户。

商标规费预付款余额不足的，由商标局或者商评委按照《商标法实施条例》第十八条第一款的规定，对律师事务所代理的商标申请不予受理。

第十三条 律师事务所及其律师承办商标代理业务，不得委托其他单位或者个人代为办理，不得与非法律服务机构、非商标代理组织合作办理。

第十四条 律师只能在一个律师事务所执业，不得同时在其他商标代理组织从事商标代理业务。

第十五条 律师事务所及其律师承办商标代理业务，应当遵守律师执业保密规定。未经委托人同意，不得将代理事项及相关信息泄露给其他单位或者个人。

第十六条 律师事务所及其律师不得以诋毁其他律师事务所和律师、商标代理组织和商标代理人或者支付介绍费等不正当手段承揽商标代理业务。

第十七条 律师事务所及其律师承办商标代理业务，不得利用提供法律服务的便利牟取当事人争议的权益，不得接受对方当事人的财物或者其他利益，不得与对方当事人或者第三人恶意串通，侵害委托人权益。

第十八条 律师事务所在终止事由发生后，有未办结的商标代理业务的，应当及时与委托人协商终止委托代理关系，或者告知委托人办理变更委托代理手续；委托人为外国人或者外国企业的，应当协助其办理变更委托代理手续。

律师变更执业机构、终止执业或者受到停止执业处罚的，应当在律师事务所安排下，及时办妥其承办但尚未办结的商标代理业务的交接手续。

第十九条 律师事务所应当加强对律师从事商标代理业

务的监督，及时纠正律师在商标代理执业活动中的违法违规行为，调处律师在执业中与委托人之间的纠纷。

律师事务所应当组织律师参加商标业务培训，开展经验交流和业务研讨，提高律师商标代理业务水平。

第四章 监督管理

第二十条 律师事务所及其律师从事商标代理业务有违反法律、法规和规章行为，需要给予警告、罚款处罚的，由受理投诉、发现问题的工商行政管理机关、司法行政机关分别依据有关法律、法规和规章的规定实施处罚；需要对律师事务所给予停业整顿或者吊销执业许可证书处罚、对律师给予停止执业或者吊销律师执业证书处罚的，由司法行政机关依法实施处罚；有违反律师行业规范行为的，由律师协会给予相应的行业惩戒。

律师和律师事务所从事商标代理业务的违法行为涉嫌犯罪的，应当移送司法机关处理。

第二十一条 律师事务所及其律师违反本办法第七条、第八条、第十八条的规定，导致商标局或者商评委发出的文件无法按规定时限送达的，其法律后果由律师事务所及其律师承担。

律师事务所及其律师违反本办法第七条、第八条、第十八条的规定，导致送达文件被退回或者被委托人投诉的，经查实，商标局可以按照规定予以公开通报。

第二十二条 律师事务所依法受到停业整顿处罚的，在其停业整顿期间，商标局或者商评委可以暂停受理该律师事务所新的商标代理业务。

向商标局办理备案的律师事务所受到停业整顿处罚的，应当及时将受到处罚的情况及处罚期限报告商标局和商评委。

第二十三条 工商行政管理机关和司法行政机关在查处律师事务所和律师从事商标代理业务违法行为的工作中，应当相互配合，互通情况，建立协调协商机制。对于依法应当由对方实施处罚的，及时移送对方处理；一方实施处罚后，应当将处罚结果书面告知另一方。

第五章 附则

第二十四条 本办法由国家工商行政管理总局和司法部负责解释。

第二十五条 本办法自2013年1月1日起施行。

国家工商行政管理总局关于如何处理商标专用权与外观设计专利权冲突问题的批复

1. 2009年11月9日
2. 工商标函字〔2009〕291号

广东省工商行政管理局：

你局《关于如何处理商标专用权与外观设计专利权冲突问题的请示》（粤工商标字〔2009〕353号）收悉。经研究，现就函中请示的问题批复如下：

一、商标专用权和外观设计专利权是重要的知识产权，分别受《商标法》和《专利法》的保护。这些权利的取得与行使，应当遵循诚实信用原则，不得以不正当手段侵害他人的在先权利。

二、外观设计专利对他人在先商标专用权构成侵害的，工商行政管理机关可以依照《商标法》及其实施条例的有关规定，及时作出处理。

(2)商标注册使用与评审

商标评审规则

1. 1995年11月2日国家工商行政管理局令第37号公布
2. 根据2002年9月17日国家工商行政管理总局令第3号第一次修订
3. 根据2005年9月26日国家工商行政管理总局令第20号第二次修订
4. 根据2014年5月28日国家工商行政管理总局令第65号第三次修订

第一章 总则

第一条 为规范商标评审程序，根据《中华人民共和国商标法》（以下简称商标法）和《中华人民共和国商标法实施条例》（以下简称实施条例），制定本规则。

第二条 根据商标法及实施条例的规定，国家工商行政管理总局商标评审委员会（以下简称商标评审委员会）负责处理下列商标评审案件：

（一）不服国家工商行政管理总局商标局（以下简称商标局）驳回商标注册申请决定，依照商标法第三十四条规定申请复审的案件；

（二）不服商标局不予注册决定，依照商标法第三十五条第三款规定申请复审的案件；

（三）对已经注册的商标，依照商标法第四十四条第一款、第四十五条第一款规定请求无效宣告的案件；

（四）不服商标局宣告注册商标无效决定，依照商标法第四十四条第二款规定申请复审的案件；

（五）不服商标局撤销或者不予撤销注册商标决定，依照商标法第五十四条规定申请复审的案件。

在商标评审程序中，前款第（一）项所指请求复审的商标统称为申请商标，第（二）项所指请求复审的商标统称为被异议商标，第（三）项所指请求无效宣告的商标统称为争议商标，第（四）、（五）项所指请求复审的商标统称为复审商标。本规则中，前述商标统称为评审商标。

第三条　当事人参加商标评审活动，可以以书面方式或者数据电文方式办理。

数据电文方式办理的具体办法由商标评审委员会另行制定。

第四条　商标评审委员会审理商标评审案件实行书面审理，但依照实施条例第六十条规定决定进行口头审理的除外。

口头审理的具体办法由商标评审委员会另行制定。

第五条　商标评审委员会根据商标法、实施条例和本规则做出的决定和裁定，应当以书面方式或者数据电文方式送达有关当事人，并说明理由。

第六条　除本规则另有规定外，商标评审委员会审理商标评审案件实行合议制度，由三名以上的单数商标评审人员组成合议组进行审理。

合议组审理案件，实行少数服从多数的原则。

第七条　当事人或者利害关系人依照实施条例第七条的规定申请商标评审人员回避的，应当以书面方式办理，并说明理由。

第八条　在商标评审期间，当事人有权依法处分自己的商标权和与商标评审有关的权利。在不损害社会公共利益、第三方权利的前提下，当事人之间可以自行或者经调解以书面方式达成和解。

对于当事人达成和解的案件，商标评审委员会可以结案，也可以做出决定或者裁定。

第九条　商标评审案件的共同申请人和共有商标的当事人办理商标评审事宜，应当依照实施条例第十六条第一款的规定确定一个代表人。

代表人参与评审的行为对其所代表的当事人发生效力，但代表人变更、放弃评审请求或者承认对方当事人评审请求的，应当有被代表的当事人书面授权。

商标评审委员会的文件应当送达代表人。

第十条　外国人或者外国企业办理商标评审事宜，在中国有经常居所或者营业所的，可以委托依法设立的商标代理机构办理，也可以直接办理；在中国没有经常居所或者营业所的，应当委托依法设立的商标代理机构办理。

第十一条　代理权限发生变更、代理关系解除或者变更代理人的，当事人应当及时书面告知商标评审委员会。

第十二条　当事人及其代理人可以申请查阅本案有关材料。

第二章　申请与受理

第十三条　申请商标评审，应当符合下列条件：

（一）申请人须有合法的主体资格；

（二）在法定期限内提出；

（三）属于商标评审委员会的评审范围；

（四）依法提交符合规定的申请书及有关材料；

（五）有明确的评审请求、事实、理由和法律依据；

（六）依法缴纳评审费用。

第十四条　申请商标评审，应当向商标评审委员会提交申请书；有被申请人的，应当按照被申请人的数量提交相应份数的副本；评审商标发生转让、移转、变更，已向商标局提出申请但是尚未核准公告的，当事人应当提供相应的证明文件；基于商标局的决定书申请复审的，还应当同时附送商标局的决定书。

第十五条　申请书应当载明下列事项：

（一）申请人的名称、通信地址、联系人和联系电话。评审申请有被申请人的，应当载明被申请人的名称和地址。委托商标代理机构办理商标评审事宜的，还应当载明商标代理机构的名称、地址、联系人和联系电话；

（二）评审商标及其申请号或者初步审定号、注册号和刊登该商标的《商标公告》的期号；

（三）明确的评审请求和所依据的事实、理由及法律依据。

第十六条　商标评审申请不符合本规则第十三条第（一）、（二）、（三）、（六）项规定条件之一的，商标评审委员会不予受理，书面通知申请人，并说明理由。

第十七条　商标评审申请不符合本规则第十三条第（四）、（五）项规定条件之一的，或者未按照实施条例和本规则规定提交有关证明文件的，或者有其他需要补正情形的，商标评审委员会应当向申请人发出补正通知，申请人应当自收到补正通知之日起三十日内补正。

经补正仍不符合规定的，商标评审委员会不予受理，书面通知申请人，并说明理由。未在规定期限内补正的，依照实施条例第五十七条规定，视为申请人撤回评审申请，商标评审委员会应当书面通知申请人。

第十八条　商标评审申请经审查符合受理条件的，商标评审委员会应当在三十日内向申请人发出《受理通知书》。

第十九条　商标评审委员会已经受理的商标评审申请，有下列情形之一的，属于不符合受理条件，应当依照实施条例第五十七条规定予以驳回：

（一）违反实施条例第六十二条规定，申请人撤回商标评审申请后，又以相同的事实和理由再次提出评审申请的；

（二）违反实施条例第六十二条规定，对商标评审委员会已经做出的裁定或者决定，以相同的事实和理由再次提出评审申请的；

（三）其他不符合受理条件的情形。

对经不予注册复审程序予以核准注册的商标提起宣告注册商标无效的，不受前款第（二）项规定限制。

商标评审委员会驳回商标评审申请，应当书面通知申请人，并说明理由。

第二十条　当事人参加评审活动，应当按照对方当事人的数量，提交相应份数的申请书、答辩书、意见书、质证意见及证据材料副本，副本内容应当与正本内容相同。不符合前述要求且经补正仍不符合要求的，依照本规则第十七条第二款的规定，不予受理评审申请，或者视为未提交相关材料。

第二十一条　评审申请有被申请人的，商标评审委员会受理后，应当及时将申请书副本及有关证据材料送达被申请人。被申请人应当自收到申请材料之日起三十日内向商标评审委员会提交答辩书及其副本；未在规定期限内答辩的，不影响商标评审委员会的评审。

商标评审委员会审理不服商标局不予注册决定的复审案件，应当通知原异议人参加并提出意见。原异议人应当在收到申请材料之日起三十日内向商标评审委员会提交意见书及其副本；未在规定期限内提出意见的，不影响案件审理。

第二十二条　被申请人参加答辩和原异议人参加不予注册复审程序应当有合法的主体资格。

商标评审答辩书、意见书及有关证据材料应当按照规定的格式和要求填写、提供。

不符合第二款规定或者有其他需要补正情形的，商标评审委员会向被申请人或者原异议人发出补正通知，被申请人或者原异议人应当自收到补正通知之日起三十日内补正。经补正仍不符合规定或者未在法定期限内补正的，视为未答辩或者未提出意见，不影响商标评审委员会的评审。

第二十三条　当事人需要在提出评审申请或者答辩后补充有关证据材料的，应当在申请书或者答辩书中声明，并自提交申请书或者答辩书之日起三个月内一次性提交；未在申请书或者答辩书中声明或者期满未提交的，视为放弃补充证据材料。但是，在期满后生成或者当事人有其他正当理由未能在期满前提交的证据，在期满后提交的，商标评审委员会将证据交对方当事人并质证后可以采信。

对当事人在法定期限内提供的证据材料，有对方当事人的，商标评审委员会应当将该证据材料副本送达给对方当事人。当事人应当在收到证据材料副本之日起三十日内进行质证。

第二十四条　当事人应当对其提交的证据材料逐一分类编号和制作目录清单，对证据材料的来源、待证的具体事实作简要说明，并签名盖章。

商标评审委员会收到当事人提交的证据材料后，应当按目录清单核对证据材料，并由经办人员在回执上签收，注明提交日期。

第二十五条　当事人名称或者通信地址等事项发生变更的，应当及时通知商标评审委员会，并依需要提供相应的证明文件。

第二十六条　在商标评审程序中，当事人的商标发生转让、移转的，受让人或者承继人应当及时以书面方式声明承受相关主体地位，参加后续评审程序并承担相应的评审后果。

未书面声明且不影响评审案件审理的，商标评审委员会可以将受让人或者承继人列为当事人做出决定或者裁定。

第三章　审　　理

第二十七条　商标评审委员会审理商标评审案件实行合议制度。但有下列情形之一的案件，可以由商标评审人员一人独任评审：

（一）仅涉及商标法第三十条和第三十一条所指在先商标权利冲突的案件中，评审时权利冲突已消除的；

（二）被请求撤销或者无效宣告的商标已经丧失专用权的；

（三）依照本规则第三十二条规定应当予以结

案的；

（四）其他可以独任评审的案件。

第二十八条 当事人或者利害关系人依照实施条例第七条和本规则第七条的规定对商标评审人员提出回避申请的，被申请回避的商标评审人员在商标评审委员会做出是否回避的决定前，应当暂停参与本案的审理工作。

商标评审委员会在做出决定、裁定后收到当事人或者利害关系人提出的回避申请的，不影响评审决定、裁定的有效性。但评审人员确实存在需要回避的情形的，商标评审委员会应当依法做出处理。

第二十九条 商标评审委员会审理商标评审案件，应当依照实施条例第五十二条、第五十三条、第五十四条、第五十五条、第五十六条的规定予以审理。

第三十条 经不予注册复审程序予以核准注册的商标，原异议人向商标评审委员会请求无效宣告的，商标评审委员会应当另行组成合议组进行审理。

第三十一条 依照商标法第三十五条第四款、第四十五条第三款和实施条例第十一条第（五）项的规定，需要等待在先权利案件审理结果的，商标评审委员会可以决定暂缓审理该商标评审案件。

第三十二条 有下列情形之一的，终止评审，予以结案：

（一）申请人死亡或者终止后没有继承人或者继承人放弃评审权利的；

（二）申请人撤回评审申请的；

（三）当事人自行或者经调解达成和解协议，可以结案的；

（四）其他应当终止评审的情形。

商标评审委员会予以结案，应当书面通知有关当事人，并说明理由。

第三十三条 合议组审理案件应当制作合议笔录，并由合议组成员签名。合议组成员有不同意见的，应当如实记入合议笔录。

经审理终结的案件，商标评审委员会依法做出决定、裁定。

第三十四条 商标评审委员会做出的决定、裁定应当载明下列内容：

（一）当事人的评审请求、争议的事实、理由和证据；

（二）决定或者裁定认定的事实、理由和适用的法律依据；

（三）决定或者裁定结论；

（四）可以供当事人选用的后续程序和时限；

（五）决定或者裁定做出的日期。

决定、裁定由合议组成员署名，加盖商标评审委员会印章。

第三十五条 对商标评审委员会做出的决定、裁定，当事人不服向人民法院起诉的，应当在向人民法院递交起诉状的同时或者至迟十五日内将该起诉状副本抄送或者另行将起诉信息书面告知商标评审委员会。

除商标评审委员会做出的准予初步审定或者予以核准注册的决定外，商标评审委员会自发出决定、裁定之日起四个月内未收到来自人民法院应诉通知或者当事人提交的起诉状副本、书面起诉通知的，该决定、裁定移送商标局执行。

商标评审委员会自收到当事人提交的起诉状副本或者书面起诉通知之日起四个月内未收到来自人民法院应诉通知的，相关决定、裁定移送商标局执行。

第三十六条 在一审行政诉讼程序中，若因商标评审决定、裁定所引证的商标已经丧失在先权利导致决定、裁定事实认定、法律适用发生变化的，在原告撤诉的情况下，商标评审委员会可以撤回原决定或者裁定，并依据新的事实，重新做出商标评审决定或者裁定。

商标评审决定、裁定送达当事人后，商标评审委员会发现存在文字错误等非实质性错误的，可以向评审当事人发送更正通知书对错误内容进行更正。

第三十七条 商标评审决定、裁定经人民法院生效判决撤销的，商标评审委员会应当重新组成合议组，及时审理，并做出重审决定、裁定。

重审程序中，商标评审委员会对当事人新提出的评审请求和法律依据不列入重审范围；对当事人补充提交的足以影响案件审理结果的证据可以予以采信，有对方当事人的，应当送达对方当事人予以质证。

第四章 证据规则

第三十八条 当事人对自己提出的评审请求所依据的事实或者反驳对方评审请求所依据的事实有责任提供证据加以证明。

证据包括书证、物证、视听资料、电子数据、证人证言、鉴定意见、当事人的陈述等。

没有证据或者证据不足以证明当事人的事实主张的，由负有举证责任的当事人承担不利后果。

一方当事人对另一方当事人陈述的案件事实明确表示承认的，另一方当事人无需举证，但商标评审委员会认为确有必要举证的除外。

当事人委托代理人参加评审的，代理人的承认视为当事人的承认。但未经特别授权的代理人对事实的承认直接导致承认对方评审请求的除外；当事人在场但对其代理人的承认不作否认表示的，视为当事人的承认。

第三十九条 下列事实，当事人无需举证证明：

（一）众所周知的事实；

（二）自然规律及定理；

（三）根据法律规定或者已知事实和日常生活经验法则，能推定出的另一事实；

（四）已为人民法院发生法律效力的裁判所确认的事实；

（五）已为仲裁机构的生效裁决所确认的事实；

（六）已为有效公证文书所证明的事实。

前款（一）、（三）、（四）、（五）、（六）项，有相反证据足以推翻的除外。

第四十条 当事人向商标评审委员会提供书证的，应当提供原件，包括原本、正本和副本。提供原件有困难的，可以提供相应的复印件、照片、节录本；提供由有关部门保管的书证原件的复制件、影印件或者抄录件的，应当注明出处，经该部门核对无异后加盖其印章。

当事人向商标评审委员会提供物证的，应当提供原物。提供原物有困难的，可以提供相应的复制件或者证明该物证的照片、录像等其他证据；原物为数量较多的种类物的，可以提供其中的一部分。

一方当事人对另一方当事人所提书证、物证的复制件、照片、录像等存在怀疑并有相应证据支持的，或者商标评审委员会认为有必要的，被质疑的当事人应当提供或者出示有关证据的原件或者经公证的复印件。

第四十一条 当事人向商标评审委员会提供的证据系在中华人民共和国领域外形成，或者在香港、澳门、台湾地区形成，对方当事人对该证据的真实性存在怀疑并有相应证据支持的，或者商标评审委员会认为必要的，应当依照有关规定办理相应的公证认证手续。

第四十二条 当事人向商标评审委员会提供外文书证或者外文说明资料，应当附有中文译文。未提交中文译文的，该外文证据视为未提交。

对方当事人对译文具体内容有异议的，应当对有异议的部分提交中文译文。必要时，可以委托双方当事人认可的单位对全文，或者所使用或者有异议的部分进行翻译。

双方当事人对委托翻译达不成协议的，商标评审委员会可以指定专业翻译单位对全文，或者所使用的或者有异议的部分进行翻译。委托翻译所需费用由双方当事人各承担50%；拒绝支付翻译费用的，视为其承认对方提交的译文。

第四十三条 对单一证据有无证明力和证明力大小可以从下列方面进行审核认定：

（一）证据是否原件、原物，复印件、复制品与原件、原物是否相符；

（二）证据与本案事实是否相关；

（三）证据的形式、来源是否符合法律规定；

（四）证据的内容是否真实；

（五）证人或者提供证据的人，与当事人有无利害关系。

第四十四条 评审人员对案件的全部证据，应当从各证据与案件事实的关联程度、各证据之间的联系等方面进行综合审查判断。

有对方当事人的，未经交换质证的证据不应当予以采信。

第四十五条 下列证据不能单独作为认定案件事实的依据：

（一）未成年人所作的与其年龄和智力状况不相适应的证言；

（二）与一方当事人有亲属关系、隶属关系或者其他密切关系的证人所作的对该当事人有利的证言，或者与一方当事人有不利关系的证人所作的对该当事人不利的证言；

（三）应当参加口头审理作证而无正当理由不参加的证人证言；

（四）难以识别是否经过修改的视听资料；

（五）无法与原件、原物核对的复制件或者复制品；

（六）经一方当事人或者他人改动，对方当事人不予认可的证据材料；

（七）其他不能单独作为认定案件事实依据的证据材料。

第四十六条 一方当事人提出的下列证据，对方当事人提出异议但没有足以反驳的相反证据的，商标评审委员会应当确认其证明力：

（一）书证原件或者与书证原件核对无误的复印件、照片、副本、节录本；

（二）物证原物或者与物证原物核对无误的复制件、照片、录像资料等；

（三）有其他证据佐证并以合法手段取得的、无疑点的视听资料或者与视听资料核对无误的复制件。

第四十七条 一方当事人委托鉴定部门做出的鉴定结

论，另一方当事人没有足以反驳的相反证据和理由的，可以确认其证明力。

第四十八条 一方当事人提出的证据，另一方当事人认可或者提出的相反证据不足以反驳的，商标评审委员会可以确认其证明力。

一方当事人提出的证据，另一方当事人有异议并提出反驳证据，对方当事人对反驳证据认可的，可以确认反驳证据的证明力。

第四十九条 双方当事人对同一事实分别举出相反的证据，但都没有足够的依据否定对方证据的，商标评审委员会应当结合案件情况，判断一方提供证据的证明力是否明显大于另一方提供证据的证明力，并对证明力较大的证据予以确认。

因证据的证明力无法判断导致争议事实难以认定的，商标评审委员会应当依据举证责任分配原则做出判断。

第五十条 评审程序中，当事人在申请书、答辩书、陈述及其委托代理人的代理词中承认的对己方不利的事实和认可的证据，商标评审委员会应当予以确认，但当事人反悔并有相反证据足以推翻的除外。

第五十一条 商标评审委员会就数个证据对同一事实的证明力，可以依照下列原则认定：

（一）国家机关以及其他职能部门依职权制作的公文文书优于其他书证；

（二）鉴定结论、档案材料以及经过公证或者登记的书证优于其他书证、视听资料和证人证言；

（三）原件、原物优于复制件、复制品；

（四）法定鉴定部门的鉴定结论优于其他鉴定部门的鉴定结论；

（五）原始证据优于传来证据；

（六）其他证人证言优于与当事人有亲属关系或者其他密切关系的证人提供的对该当事人有利的证言；

（七）参加口头审理作证的证人证言优于未参加口头审理作证的证人证言；

（八）数个种类不同、内容一致的证据优于一个孤立的证据。

第五章 期间、送达

第五十二条 期间包括法定期间和商标评审委员会指定的期间。期间应当依照实施条例第十二条的规定计算。

第五十三条 当事人向商标评审委员会提交的文件或者材料的日期，直接递交的，以递交日为准；邮寄的，以寄出的邮戳日为准；邮戳日不清晰或者没有邮戳的，以商标评审委员会实际收到日为准，但是当事人能够提出实际邮戳日证据的除外。通过邮政企业以外的快递企业递交的，以快递企业收寄日为准；收寄日不明确的，以商标评审委员会实际收到日为准，但是当事人能够提出实际收寄日证据的除外。以数据电文方式提交的，以进入商标评审委员会电子系统的日期为准。

当事人向商标评审委员会邮寄文件，应当使用给据邮件。

当事人向商标评审委员会提交文件，应当在文件中标明商标申请号或者注册号、申请人名称。提交的文件内容，以书面方式提交的，以商标评审委员会所存档案记录为准；以数据电文方式提交的，以商标评审委员会数据库记录为准，但是当事人确有证据证明商标评审委员会档案、数据库记录有错误的除外。

第五十四条 商标评审委员会的各种文件，可以通过邮寄、直接递交、数据电文或者其他方式送达当事人；以数据电文方式送达当事人的，应当经当事人同意。当事人委托商标代理机构的，文件送达商标代理机构视为送达当事人。

商标评审委员会向当事人送达各种文件的日期，邮寄的，以当事人收到的邮戳日为准；邮戳日不清晰或者没有邮戳的，自文件发出之日起满十五日，视为送达当事人，但当事人能够证明实际收到日的除外；直接递交的，以递交日为准。以数据电文方式送达的，自文件发出之日满十五日，视为送达当事人；文件通过上述方式无法送达的，可以通过公告方式送达当事人，自公告发布之日起满三十日，该文件视为已经送达。

商标评审委员会向当事人邮寄送达文件被退回后通过公告送达的，后续文件均采取公告送达方式，但当事人在公告送达后明确告知通信地址的除外。

第五十五条 依照实施条例第五条第三款的规定，商标评审案件的被申请人或者原异议人是在中国没有经常居所或者营业所的外国人或者外国企业的，由该评审商标注册申请书中载明的国内接收人负责接收商标评审程序的有关法律文件；商标评审委员会将有关法律文件送达该国内接收人，视为送达当事人。

依照前款规定无法确定国内接收人的，由商标局原审程序中的或者最后一个申请办理该商标相关事宜的商标代理机构承担商标评审程序中有关法律文件的签收及转达义务；商标评审委员会将有关法律文件送达该商标代理机构。商标代理机构在有关法律文件送达之前已经与国外当事人解除商标代理关系的，应当以书面形式向商标评审委员会说明有关情况，并自收到文件之日起十日内将有关法律文件交回商标评审委员会，由商标评审委员会另行送达。

马德里国际注册商标涉及国际局转发相关书件的，应当提交相应的送达证据。未提交的，应当书面说明原因，自国际局发文之日起满十五日视为送达。

上述方式无法送达的，公告送达。

第六章　附　　则

第五十六条　从事商标评审工作的国家机关工作人员玩忽职守、滥用职权、徇私舞弊，违法办理商标评审事项，收受当事人财物，牟取不正当利益的，依法给予处分。

第五十七条　对于当事人不服商标局做出的驳回商标注册申请决定在 2014 年 5 月 1 日以前向商标评审委员会提出复审申请，商标评审委员会于 2014 年 5 月 1 日以后（含 5 月 1 日，下同）审理的案件，适用修改后的商标法。

对于当事人不服商标局做出的异议裁定在 2014 年 5 月 1 日以前向商标评审委员会提出复审申请，商标评审委员会于 2014 年 5 月 1 日以后审理的案件，当事人提出异议和复审的主体资格适用修改前的商标法，其他程序问题和实体问题适用修改后的商标法。

对于已经注册的商标，当事人在 2014 年 5 月 1 日以前向商标评审委员会提出争议和撤销复审申请，商标评审委员会于 2014 年 5 月 1 日以后审理的案件，相关程序问题适用修改后的商标法，实体问题适用修改前的商标法。

对于当事人在 2014 年 5 月 1 日以前向商标评审委员会提出申请的商标评审案件，应当自 2014 年 5 月 1 日起开始计算审理期限。

第五十八条　办理商标评审事宜的文书格式，由商标评审委员会制定并公布。

第五十九条　本规则由国家工商行政管理总局负责解释。

第六十条　本规则自 2014 年 6 月 1 日起施行。

商标使用许可合同备案办法

1. 1997 年 8 月 1 日国家工商行政管理局发布
2. 商标〔1997〕39 号

第一条　为了加强对商标使用许可合同的管理，规范商标使用许可行为，根据《中华人民共和国商标法》及《中华人民共和国商标法实施细则》的有关规定，制订本办法。

第二条　商标注册人许可他人使用其注册商标，必须签订商标使用许可合同。

第三条　订立商标使用许可合同，应当遵循自愿和诚实信用的原则。

任何单位和个人不得利用许可合同从事违法活动，损害社会公共利益和消费者权益。

第四条　商标使用许可合同自签订之日起三个月内，许可人应当将许可合同副本报送商标局备案。

第五条　向商标局办理商标使用许可合同备案事宜的，可以委托国家工商行政管理局认可的商标代理组织代理，也可以直接到商标局办理。

许可人是外国人或者外国企业的，应当委托国家工商行政管理局指定的商标代理组织代理。

第六条　商标使用许可合同至少应当包括下列内容：

（一）许可使用的商标及其注册证号；

（二）许可使用的商品范围；

（三）许可使用期限；

（四）许可使用商标的标识提供方式；

（五）许可人对被许可人使用其注册商标的商品质量进行监督的条款；

（六）在使用许可人注册商标的商品上标明被许可人的名称和商品产地的条款。

第七条　申请商标使用许可合同备案，应当提交下列书件：

（一）商标使用许可合同备案表；

（二）商标使用许可合同副本；

（三）许可使用商标的注册证复印件。

人用药品商标使用许可合同备案，应当同时附送被许可人取得的卫生行政管理部门的有效证明文件。

卷烟、雪茄烟和有包装烟丝的商标使用许可合同备案，应当同时附送被许可人取得的国家烟草主管部门批准生产的有效证明文件。

外文书件应当同时附送中文译本。

第八条　商标注册人通过被许可人许可第三方使用其注册商标的，其商标使用许可合同中应当含有允许被许可人许可第三方使用的内容或者出具相应的授权书。

第九条　申请商标使用许可合同备案，应当按照许可使用的商标数量填报商标使用许可合同备案表，并附送相应的使用许可合同副本及《商标注册证》复印件。

通过一份合同许可一个被许可人使用多个商标的，许可人应当按照商标数量报送商标使用许可合同备案表及《商标注册证》复印件，但可以只报送一份使用许可合同副本。

第十条　申请商标使用许可合同备案，许可人应当按照许可使用的商标数量缴纳备案费。

缴纳备案费可以采取直接向商标局缴纳的方式，也可以采取委托商标代理组织缴纳的方式。具体收费标准依照有关商标业务收费的规定执行。

第十一条　有下列情形之一的，商标局不予备案：

（一）许可人不是被许可商标的注册人的；

（二）许可使用的商标与注册商标不一致的；

（三）许可使用商标的注册证号与所提供商标注册证号不符的；

（四）许可使用的期限超过该注册商标的有效期限的；

（五）许可使用的商品超出了该注册商标核定使用的商品范围的；

（六）商标使用许可合同缺少本办法第六条所列内容的；

（七）备案申请缺少本办法第七条所列书件的；

（八）未缴纳商标使用许可合同备案费的；

（九）备案申请中的外文书件未附中文译本的；

（十）其他不予备案的情形。

第十二条　商标使用许可合同备案书件齐备，符合《商标法》及《商标法实施细则》有关规定的，商标局予以备案。

已备案的商标使用许可合同，由商标局向备案申请人发出备案通知书，并集中刊登在每月第2期《商标公告》上。

第十三条　不符合备案要求的，商标局予以退回并说明理由。

许可人应当自收到退回备案材料之日起一个月内，按照商标局指定的内容补正再报送备案。

第十四条　有下列情形之一的，应当重新申请商标使用许可合同备案：

（一）许可使用的商品范围变更的；

（二）许可使用的期限变更的；

（三）许可使用的商标所有权发生转移的；

（四）其他应当重新申请备案的情形。

第十五条　有下列情形之一的，许可人和被许可人应当书面通知商标局及其各自所在地县级工商行政管理机关：

（一）许可人名义变更的；

（二）被许可人名义变更的；

（三）商标使用许可合同提前终止的；

（四）其他需要通知的情形。

第十六条　对以欺骗手段或者其他不正当手段取得备案的，由商标局注销其商标使用许可合同备案并予以公告。

第十七条　对已备案的商标使用许可合同，任何单位和个人均可以提出书面查询申请，并按照有关规定交纳查询费。

第十八条　按照《商标法实施细则》第三十五条的规定，许可人和被许可人应当在许可合同签订之日起三个月内，将许可合同副本交送其所在地工商行政管理机关存查，具体存查办法可以参照本办法执行。

第十九条　县级以上工商行政管理机关依据《商标法》及其他法律、法规和规章的规定，负责对商标使用许可行为的指导、监督和管理。

第二十条　利用商标使用许可合同从事违法活动的，由县级以上工商行政管理机关依据《商标法》及其他法律、法规和规章的规定处理；构成犯罪的，依法追究刑事责任。

第二十一条　本办法所称商标许可人是指商标使用许可合同中许可他人使用其注册商标的人，商标被许可人是指符合《商标法》及《商标法实施细则》有关规定并经商标注册人授权使用其商标的人。

本办法有关商品商标的规定，适用于业务商标。

第二十二条　商标使用许可合同示范文本由商标局制定并公布。

第二十三条　本办法自发布之日起施行。商标局1985年2月25日颁发的《商标使用许可合同备案注意事项》同时废止。

附件1：

商标使用许可合同
（示范文本）

合同编号：

签订地点：

商标使用许可人（甲方）________

商标使用被许可人（乙方）________

根据《中华人民共和国商标法》第二十六条和《商标法实施细则》第三十五条规定，甲、乙双方遵循自愿和诚实信用的原则，经协商一致，签订本商标使用许可合同。

一、甲方将已注册的使用在____类____商品上的第____号____商标，许可乙方使用在____类____商品上。

商标标识：

二、许可使用的期限自________年____月____日起至________年____月____日止。合同期满，如需延长使用时间，由甲、乙双方另行续订商标使用许可合同。

三、甲方有权监督乙方使用注册商标的商品质量，乙方应当保证使用该注册商标的商品质量。具体措施为：____。

四、乙方必须在使用该注册商标的商品上标明自己的企业名称和商品产地。

五、乙方不得任意改变甲方注册商标的文字、图形或者其组合，并不得超越许可的商品范围使用甲方的注册商标。

六、未经甲方授权，乙方不得以任何形式和理由将甲方注册商标许可第三方使用。

七、注册商标标识的提供方式：

八、许可使用费及支付方式：

九、本合同提前终止时，甲、乙双方应当分别自终止之日起一个月内书面通知商标局及其各自所在地县级工商行政管理机关。

十、违约责任：

十一、纠纷解决方式：

十二、其他事宜：

本合同一式____份，自签订之日起三个月内，由甲、乙双方分别将合同副本交送所在地县级工商行政管理机关存查，并由甲方报送商标局备案。

商标使用许可人	商标使用被许可人
（甲方）	（乙方）
（签章）	（签章）
法定代表人	法定代表人
地址	地址
邮编	邮编

年　　月　　日

附件2：

国家工商行政管理局商标局
商标使用许可合同备案通知书

标合同备案字〔　　〕号

________：

根据《中华人民共和国商标法》及《中华人民共和国商标法实施细则》有关规定，你（　）于________年____月____日报送我局的许可______使用的第____号______商标使用许可合同副本，经审查，我局予以备案。

商标使用许可合同备案号为__________。

特此通知。

（商标局章）

年　　月　　日

集体商标、证明商标注册和管理办法

1. 2003年4月17日国家工商行政管理总局令第6号公布
2. 自2003年6月1日起施行

第一条　根据《中华人民共和国商标法》（以下简称商标法）第三条的规定，制定本办法。

第二条　集体商标、证明商标的注册和管理，依照商标法、《中华人民共和国商标法实施条例》（以下简称实施条例）和本办法的有关规定进行。

第三条　本办法有关商品的规定，适用于服务。

第四条　申请集体商标注册的，应当附送主体资格证明文件并应当详细说明该集体组织成员的名称和地址；以地理标志作为集体商标申请注册的，应当附送主体资格证明文件并应当详细说明其所具有的或者其委托的机构具有的专业技术人员、专业检测设备等情况，以表明其具有监督使用该地理标志商品的特定品质的能力。

申请以地理标志作为集体商标注册的团体、协会或者其他组织，应当由来自该地理标志标示的地区范围内的成员组成。

第五条　申请证明商标注册的，应当附送主体资格证明文件并应当详细说明其所具有的或者其委托的机构具有的专业技术人员、专业检测设备等情况，以表明其具有监督该证明商标所证明的特定商品品质的能力。

第六条　申请以地理标志作为集体商标、证明商标注册的，还应当附送管辖该地理标志所标示地区的人民政府或者行业主管部门的批准文件。

外国人或者外国企业申请以地理标志作为集体商标、证明商标注册的，申请人应当提供该地理标志以其名义在其原属国受法律保护的证明。

第七条　以地理标志作为集体商标、证明商标注册的，应当在申请书件中说明下列内容：

（一）该地理标志所标示的商品的特定质量、信誉或者其他特征；

（二）该商品的特定质量、信誉或者其他特征与该地理标志所标示的地区的自然因素和人文因素的关系；

（三）该地理标志所标示的地区的范围。

第八条　作为集体商标、证明商标申请注册的地理标志，可以是该地理标志标示地区的名称，也可以是能够标示某商品来源于该地区的其他可视性标志。

前款所称地区无需与该地区的现行行政区划名称、范围完全一致。

第九条　多个葡萄酒地理标志构成同音字或者同形字的，在这些地理标志能够彼此区分且不误导公众的情况下，每个地理标志都可以作为集体商标或者证明商标申请注册。

第十条　集体商标的使用管理规则应当包括：

（一）使用集体商标的宗旨；

（二）使用该集体商标的商品的品质；

（三）使用该集体商标的手续；

（四）使用该集体商标的权利、义务；

（五）成员违反其使用管理规则应当承担的责任；

（六）注册人对使用该集体商标商品的检验监督制度。

第十一条　证明商标的使用管理规则应当包括：

（一）使用证明商标的宗旨；

（二）该证明商标证明的商品的特定品质；

（三）使用该证明商标的条件；

（四）使用该证明商标的手续；

（五）使用该证明商标的权利、义务；

（六）使用人违反该使用管理规则应当承担的责任；

（七）注册人对使用该证明商标商品的检验监督制度。

第十二条　使用他人作为集体商标、证明商标注册的葡萄酒、烈性酒地理标志标示并非来源于该地理标志所标示地区的葡萄酒、烈性酒，即使同时标出了商品的真正来源地，或者使用的是翻译文字，或者伴有诸如某某“种”、某某“型”、某某“式”、某某“类”等表述的，适用商标法第十六条的规定。

第十三条　集体商标、证明商标的初步审定公告的内容，应当包括该商标的使用管理规则的全文或者摘要。

集体商标、证明商标注册人对使用管理规则的任何修改，应报经商标局审查核准，并自公告之日起生效。

第十四条　集体商标注册人的成员发生变化的，注册人应当向商标局申请变更注册事项，由商标局公告。

第十五条　证明商标注册人准许他人使用其商标的，注册人应当在一年内报商标局备案，由商标局公告。

第十六条　申请转让集体商标、证明商标的，受让人应当具备相应的主体资格，并符合商标法、实施条例和本办法的规定。

集体商标、证明商标发生移转的，权利继受人应当具备相应的主体资格，并符合商标法、实施条例和本办法的规定。

第十七条　集体商标注册人的集体成员，在履行该集体商标使用管理规则规定的手续后，可以使用该集体商标。

集体商标不得许可非集体成员使用。

第十八条　凡符合证明商标使用管理规则规定条件的，在履行该证明商标使用管理规则规定的手续后，可以使用该证明商标，注册人不得拒绝办理手续。

实施条例第六条第二款中的正当使用该地理标志是指正当使用该地理标志中的地名。

第十九条　使用集体商标的，注册人应发给使用人《集体商标使用证》；使用证明商标的，注册人应发给使用人《证明商标使用证》。

第二十条　证明商标的注册人不得在自己提供的商品上使用该证明商标。

第二十一条　集体商标、证明商标注册人没有对该商标的使用进行有效管理或者控制，致使该商标使用的商品达不到其使用管理规则的要求，对消费者造成损害的，由工商行政管理部门责令限期改正；拒不改正的，处以违法所得三倍以下的罚款，但最高不超过三万元；没有违法所得的，处以一万元以下的罚款。

第二十二条　违反实施条例第六条、本办法第十四条、第十五条、第十七条、第十八条、第二十条规定的，由工商行政管理部门责令限期改正；拒不改正的，处以违法所得三倍以下的罚款，但最高不超过三万元；没有违法所得的，处以一万元以下的罚款。

第二十三条　本办法自 2003 年 6 月 1 日起施行。国家工商行政管理局 1994 年 12 月 30 日发布的《集体商标、证明商标注册和管理办法》同时废止。

委托地方工商和市场监管部门受理商标注册申请暂行规定

1．2016 年 8 月 31 日国家工商行政管理总局发布

2．工商标字〔2016〕168 号

3．自 2016 年 9 月 1 日起施行

第一条　为方便申请人办理商标注册申请，推进商标注册便利化，加强对委托地方工商和市场监管部门（以下简称受托单位）受理商标注册申请工作的管理，特制定本规定。

第二条 县级以上（以省会城市、地级市为主）工商、市场监管部门受工商总局商标局（以下简称商标局）委托，在地方政务大厅或注册大厅设立商标注册申请受理窗口，代为办理商标注册申请受理等业务。

第三条 县级以上（以省会城市、地级市为主）工商、市场监管部门拟开展商标注册申请受理业务的，须填写《地方工商和市场监管部门开展商标注册申请受理业务审批表》（附表），由省（自治区、直辖市）工商、市场监管部门提出意见后报送商标局。按照便利化原则，兼顾区域分布、商标申请量等因素，经审核确有设立必要且具备运行条件的，经商标局批准并公告后开展受理业务。

第四条 商标局工作职责：

（一）确定受托单位受理业务范围和受理区域范围；

（二）制定工作规程、业务质量标准和业务质量管理办法；

（三）根据业务工作需要，对受托单位工作人员进行业务培训；

（四）对受托单位商标注册申请受理和规费收缴等工作进行指导和检查。

第五条 受托单位工作职责：

（一）负责商标受理业务机构设置、人员安排、网络联通建设、办公场所和相关设备配置；

（二）根据商标局有关规定，制定和落实业务质量管理办法；

（三）加强与商标局业务联系，定期向商标局汇报工作；

（四）办理商标局委托的其他工作。

第六条 受理窗口工作职责：

（一）在政务大厅或注册大厅设置“商标受理业务”的明显标识；

（二）负责指定区域内商标注册申请受理、规费收缴、代发商标注册证等工作。接收、审核商标注册申请文件，对符合受理条件的商标注册申请确定申请日；

（三）做好商标注册申请文件管理工作；

（四）开展商标注册申请相关业务的查询、咨询等服务性工作。

第七条 受托单位及其受理窗口工作人员应当依法行政，廉洁自律，忠于职守，文明服务。

（一）严格遵守有关法律、法规及商标局有关规定，结合自身实际情况，制定相关规章制度。建立优良工作秩序，提供优质高效服务；

（二）严格遵守财务管理制度。加强账务管理，不得超范围、超标准收取费用；收取规费应按期如数上缴，不得擅自挪用、滞留，保证国家规费的安全；

（三）依法行政，公正廉洁。不得泄漏或越权使用未公开的商标注册申请信息，牟取不当利益。

第八条 对违反本规定的受托单位，商标局将对其通报批评，情节严重者，将责令其停止工作进行整顿，直至取消委托业务。

对违反本规定，产生恶劣影响并造成损失的，视具体情况追究受托单位负责人和相关人员行政或法律责任。

第九条 本规定由商标局负责解释。

第十条 本规定自2016年9月1日起施行。

关于商标电子申请的规定

1. 2019年8月27日国家知识产权局公告第323号发布
2. 自2019年9月1日起施行

第一条 为规范商标电子申请行为，根据《中华人民共和国商标法》及《中华人民共和国商标法实施条例》，制定本规定。

第二条 本规定适用于在国家知识产权局商标网上服务系统开通的各类商标电子申请业务。

第三条 本规定所称商标电子申请是指当事人将商标申请文件以符合规定的电子文件形式通过商标网上服务系统向国家知识产权局提出的商标申请。

商标文件电子送达是指国家知识产权局通过商标网上服务系统以电子文件形式向当事人送达商标文件。

第四条 当事人提交商标电子申请或者接受商标文件电子送达的，应当依照本规定与国家知识产权局签订《商标网上服务系统用户使用协议》（以下简称用户协议），通过商标网上服务系统进行用户注册，按要求填写的用户信息应当真实有效。

第五条 当事人可以自行办理商标电子申请事宜，也可以委托依法设立的商标代理机构办理。

委托商标代理机构办理的，代理机构应当与国家知识产权局签订用户协议。

未委托商标代理机构办理共同申请注册同一商标

或者办理其他共有商标事宜的，由商标法实施条例第十六条所述的代表人提交商标电子申请。

第六条　提交商标电子申请文件或者材料的，应当遵守规定的文件格式、数据标准、操作规范和传输方式。

第七条　提交商标电子申请文件或者材料的日期以国家知识产权局商标网上服务系统收到商标电子申请文件或材料的时间为准，商标网上服务系统未能正常接收的，视为未提交。

第八条　提交商标电子申请文件或者材料的内容以国家知识产权局档案、数据库记录为准，但是当事人确有证据证明记录有错误的除外。

第九条　当事人提交商标电子申请后，国家知识产权局不再接受以纸件形式提交的与本次申请相关的后续材料，但是必要时，可以要求当事人在指定期限内提交对应的纸件材料、实物证据等。

第十条　国家知识产权局电子送达商标文件的日期，以文件发出之日起满15日视为送达当事人。

第十一条　对于国家知识产权局电子送达的商标文件，当事人应当及时登录国家知识产权局商标网上服务系统查看；未登录或者未查看的，不属于商标法实施条例第十条规定的无法送达的情形，不再通过公告方式送达。

第十二条　商标法及其实施条例中关于商标申请和商标文件的所有规定，除专门针对以纸件形式提交的商标申请和商标文件的规定之外，均适用于商标电子申请。

第十三条　本规定自2019年9月1日起施行。

规范商标申请注册行为若干规定

1. *2019年10月11日国家市场监督管理总局令第17号公布*
2. *自2019年12月1日起施行*

第一条　为了规范商标申请注册行为，规制恶意商标申请，维护商标注册管理秩序，保护社会公共利益，根据《中华人民共和国商标法》（以下简称商标法）和《中华人民共和国商标法实施条例》（以下简称商标法实施条例），制定本规定。

第二条　申请商标注册，应当遵守法律、行政法规和部门规章的规定，具有取得商标专用权的实际需要。

第三条　申请商标注册应当遵循诚实信用原则。不得有下列行为：

（一）属于商标法第四条规定的不以使用为目的恶意申请商标注册的；

（二）属于商标法第十三条规定，复制、摹仿或者翻译他人驰名商标的；

（三）属于商标法第十五条规定，代理人、代表人未经授权申请注册被代理人或者被代表人商标的；基于合同、业务往来关系或者其他关系明知他人在先使用的商标存在而申请注册该商标的；

（四）属于商标法第三十二条规定，损害他人现有的在先权利或者以不正当手段抢先注册他人已经使用并有一定影响的商标的；

（五）以欺骗或者其他不正当手段申请商标注册的；

（六）其他违反诚实信用原则，违背公序良俗，或者有其他不良影响的。

第四条　商标代理机构应当遵循诚实信用原则。知道或者应当知道委托人申请商标注册属于下列情形之一的，不得接受其委托：

（一）属于商标法第四条规定的不以使用为目的恶意申请商标注册的；

（二）属于商标法第十五条规定的；

（三）属于商标法第三十二条规定的。

商标代理机构除对其代理服务申请商标注册外，不得申请注册其他商标，不得以不正当手段扰乱商标代理市场秩序。

第五条　对申请注册的商标，商标注册部门发现属于违反商标法第四条规定的不以使用为目的的恶意商标注册申请，应当依法驳回，不予公告。

具体审查规程由商标注册部门根据商标法和商标法实施条例另行制定。

第六条　对初步审定公告的商标，在公告期内，因违反本规定的理由被提出异议的，商标注册部门经审查认为异议理由成立，应当依法作出不予注册决定。

对申请驳回复审和不予注册复审的商标，商标注册部门经审理认为属于违反本规定情形的，应当依法作出驳回或者不予注册的决定。

第七条　对已注册的商标，因违反本规定的理由，在法定期限内被提出宣告注册商标无效申请的，商标注册部门经审理认为宣告无效理由成立，应当依法作出宣告注册商标无效的裁定。

对已注册的商标，商标注册部门发现属于违反本规定情形的，应当依据商标法第四十四条规定，宣告该注册商标无效。

第八条　商标注册部门在判断商标注册申请是否属于违反商标法第四条规定时，可以综合考虑以下因素：

（一）申请人或者与其存在关联关系的自然人、法人、其他组织申请注册商标数量、指定使用的类别、商标交易情况等；

（二）申请人所在行业、经营状况等；

（三）申请人被已生效的行政决定或者裁定、司法判决认定曾从事商标恶意注册行为、侵犯他人注册商标专用权行为的情况；

（四）申请注册的商标与他人有一定知名度的商标相同或者近似的情况；

（五）申请注册的商标与知名人物姓名、企业字号、企业名称简称或者其他商业标识等相同或者近似的情况；

（六）商标注册部门认为应当考虑的其他因素。

第九条　商标转让情况不影响商标注册部门对违反本规定第三条情形的认定。

第十条　注册商标没有正当理由连续三年不使用的，任何单位或者个人可以向商标注册部门申请撤销该注册商标。商标注册部门受理后应当通知商标注册人，限其自收到通知之日起两个月内提交该商标在撤销申请提出前使用的证据材料或者说明不使用的正当理由；期满未提供使用的证据材料或者证据材料无效并没有正当理由的，由商标注册部门撤销其注册商标。

第十一条　商标注册部门作出本规定第五条、第六条、第七条所述决定或者裁定后，予以公布。

第十二条　对违反本规定第三条恶意申请商标注册的申请人，依据商标法第六十八条第四款的规定，由申请人所在地或者违法行为发生地县级以上市场监督管理部门根据情节给予警告、罚款等行政处罚。有违法所得的，可以处违法所得三倍最高不超过三万元的罚款；没有违法所得的，可以处一万元以下的罚款。

第十三条　对违反本规定第四条的商标代理机构，依据商标法第六十八条的规定，由行为人所在地或者违法行为发生地县级以上市场监督管理部门责令限期改正，给予警告，处一万元以上十万元以下的罚款；对直接负责的主管人员和其他直接责任人员给予警告，处五千元以上五万元以下的罚款；构成犯罪的，依法追究刑事责任。情节严重的，知识产权管理部门可以决定停止受理该商标代理机构办理商标代理业务，予以公告。

第十四条　作出行政处罚决定的政府部门应当依法将处罚信息通过国家企业信用信息公示系统向社会公示。

第十五条　对违反本规定第四条的商标代理机构，由知识产权管理部门对其负责人进行整改约谈。

第十六条　知识产权管理部门、市场监督管理部门应当积极引导申请人依法申请商标注册、商标代理机构依法从事商标代理业务，规范生产经营活动中使用注册商标的行为。

知识产权管理部门应当进一步畅通商标申请渠道、优化商标注册流程，提升商标公共服务水平，为申请人直接申请注册商标提供便利化服务。

第十七条　知识产权管理部门应当健全内部监督制度，对从事商标注册工作的国家机关工作人员执行法律、行政法规和遵守纪律的情况加强监督检查。

从事商标注册工作的国家机关工作人员玩忽职守、滥用职权、徇私舞弊，违法办理商标注册事项，收受当事人财物，牟取不正当利益的，应当依法给予处分；构成犯罪的，依法追究刑事责任。

第十八条　商标代理行业组织应当完善行业自律规范，加强行业自律，对违反行业自律规范的会员实行惩戒，并及时向社会公布。

第十九条　本规定自2019年12月1日起施行。

商标印制管理办法

1. 1996年9月5日国家工商行政管理局令第57号公布
2. 根据1998年12月3日国家工商行政管理局令第86号第一次修订
3. 根据2004年8月19日国家工商行政管理总局令第15号第二次修订
4. 根据2020年10月23日国家市场监督管理总局令第31号《关于修改部分规章的决定》第三次修订

第一条　为了加强商标印制管理，保护注册商标专用权，维护社会主义市场经济秩序，根据《中华人民共和国商标法》、《中华人民共和国商标法实施条例》（以下分别简称《商标法》、《商标法实施条例》）的有关规定，制定本办法。

第二条　以印刷、印染、制版、刻字、织字、晒蚀、印铁、铸模、冲压、烫印、贴花等方式制作商标标识的，应当遵守本办法。

第三条　商标印制委托人委托商标印制单位印制商标的，应当出示营业执照副本或者合法的营业证明或者身份证明。

第四条　商标印制委托人委托印制注册商标的，应当出示《商标注册证》,并另行提供一份复印件。

签订商标使用许可合同使用他人注册商标,被许可人需印制商标的,还应当出示商标使用许可合同文本并提供一份复印件;商标注册人单独授权被许可人印制商标的,还应当出示授权书并提供一份复印件。

第五条 委托印制注册商标的,商标印制委托人提供的有关证明文件及商标图样应当符合下列要求:

(一)所印制的商标样稿应当与《商标注册证》上的商标图样相同;

(二)被许可人印制商标标识的,应有明确的授权书,或其所提供的《商标使用许可合同》含有许可人允许其印制商标标识的内容;

(三)被许可人的商标标识样稿应当标明被许可人的企业名称和地址;其注册标记的使用符合《商标法实施条例》的有关规定。

第六条 委托印制未注册商标的,商标印制委托人提供的商标图样应当符合下列要求:

(一)所印制的商标不得违反《商标法》第十条的规定;

(二)所印制的商标不得标注"注册商标"字样或者使用注册标记。

第七条 商标印制单位应当对商标印制委托人提供的证明文件和商标图样进行核查。

商标印制委托人未提供本办法第三条、第四条所规定的证明文件,或者其要求印制的商标标识不符合本办法第五条、第六条规定的,商标印制单位不得承接印制。

第八条 商标印制单位承印符合本办法规定的商标印制业务的,商标印制业务管理人员应当按照要求填写《商标印制业务登记表》,载明商标印制委托人所提供的证明文件的主要内容,《商标印制业务登记表》中的图样应当由商标印制单位业务主管人员加盖骑缝章。

商标标识印制完毕,商标印制单位应当在15天内提取标识样品,连同《商标印制业务登记表》、《商标注册证》复印件、商标使用许可合同复印件、商标印制授权书复印件等一并造册存档。

第九条 商标印制单位应当建立商标标识出入库制度,商标标识出入库应当登记台帐。废次标识应当集中进行销毁,不得流入社会。

第十条 商标印制档案及商标标识出入库台帐应当存档备查,存查期为两年。

第十一条 商标印制单位违反本办法第七条至第十条规定的,由所在地市场监督管理部门责令其限期改正,并视其情节予以警告,处以非法所得额三倍以下的罚款,但最高不超过三万元,没有违法所得的,可以处以一万元以下的罚款。

第十二条 擅自设立商标印刷企业或者擅自从事商标印刷经营活动的,由所在地或者行为地市场监督管理部门依照《印刷业管理条例》的有关规定予以处理。

第十三条 商标印制单位违反第七条规定承接印制业务,且印制的商标与他人注册商标相同或者近似的,属于《商标法实施条例》第七十五条所述的商标侵权行为,由所在地或者行为地市场监督管理部门依《商标法》的有关规定予以处理。

第十四条 商标印制单位的违法行为构成犯罪的,所在地或者行为地市场监督管理部门应及时将案件移送司法机关追究刑事责任。

第十五条 本办法所称"商标印制"是指印刷、制作商标标识的行为。

本办法所称"商标标识"是指与商品配套一同进入流通领域的带有商标的有形载体,包括注册商标标识和未注册商标标识。

本办法所称"商标印制委托人"是指要求印制商标标识的商标注册人、未注册商标使用人、注册商标被许可使用人以及符合《商标法》规定的其他商标使用人。

本办法所称"商标印制单位"是指依法登记从事商标印制业务的企业和个体工商户。

本办法所称《商标注册证》包括国家知识产权局所发的有关变更、续展、转让等证明文件。

第十六条 本办法自2004年9月1日起施行。国家工商行政管理局1996年9月5日发布的《商标印制管理办法》同时废止。

(3)特殊标志、官方标志保护

特殊标志管理条例

1996年7月13日国务院令第202号公布施行

第一章 总　　则

第一条 为了加强对特殊标志的管理,推动文化、体育、科学研究及其他社会公益活动的发展,保护特殊标志所有人、使用人和消费者的合法权益,制定本条例。

第二条 本条例所称特殊标志,是指经国务院批准举办的全国性和国际性的文化、体育、科学研究及其他社会公益活动所使用的,由文字、图形组成的名称及缩写、会徽、吉祥物等标志。

第三条 经国务院工商行政管理部门核准登记的特殊标志,受本条例保护。

第四条 含有下列内容的文字、图形组成的特殊标志,不予登记:

(一)有损于国家或者国际组织的尊严或者形象的;

(二)有害于社会善良习俗和公共秩序的;

(三)带有民族歧视性,不利于民族团结的;

(四)缺乏显著性,不便于识别的;

(五)法律、行政法规禁止的其他内容。

第五条 特殊标志所有人使用或者许可他人使用特殊标志所募集的资金,必须用于特殊标志所服务的社会公益事业,并接受国务院财政部门、审计部门的监督。

第二章 特殊标志的登记

第六条 举办社会公益活动的组织者或者筹备者对其使用的名称、会徽、吉祥物等特殊标志,需要保护的,应当向国务院工商行政管理部门提出登记申请。

登记申请可以直接办理,也可以委托他人代理。

第七条 申请特殊标志登记,应当填写特殊标志登记申请书并提交下列文件:

(一)国务院批准举办该社会公益活动的文件;

(二)准许他人使用特殊标志的条件及管理办法;

(三)特殊标志图样5份,黑白墨稿1份。图样应当清晰,便于粘贴,用光洁耐用的纸张印制或者用照片代替,长和宽不大于10厘米、不小于5厘米;

(四)委托他人代理的,应当附代理人委托书,注明委托事项和权限;

(五)国务院工商行政管理部门认为应当提交的其他文件。

第八条 国务院工商行政管理部门收到申请后,按照以下规定处理:

(一)符合本条例有关规定,申请文件齐备无误的,自收到申请之日起15日内,发给特殊标志登记申请受理通知书,并在发出通知之日起2个月内,将特殊标志有关事项、图样和核准使用的商品和服务项目,在特殊标志登记簿上登记,发给特殊标志登记证书。

特殊标志经核准登记后,由国务院工商行政管理部门公告。

(二)申请文件不齐备或者有误的,自收到申请之日起10日内发给特殊标志登记申请补正通知书,并限其自收到通知之日起15日内予以补正;期满不补正或者补正仍不符合规定的,发给特殊标志登记申请不予受理通知书。

(三)违反本条例第四条规定的,自收到申请之日起15日内发给特殊标志登记申请驳回通知书。申请人对驳回通知不服的,可以自收到驳回通知之日起15日内,向国务院工商行政管理部门申请复议。

前款所列各类通知书,由国务院工商行政管理部门送达申请人或者其代理人。因故不能直接送交的,以国务院工商行政管理部门公告或者邮寄之日起的20日为送达日期。

第九条 特殊标志有效期为4年,自核准登记之日起计算。

特殊标志所有人可以在有效期满前3个月内提出延期申请,延长的期限由国务院工商行政管理部门根据实际情况和需要决定。

特殊标志所有人变更地址,应当自变更之日起1个月内报国务院工商行政管理部门备案。

第十条 已获准登记的特殊标志有下列情形之一的,任何单位和个人可以在特殊标志公告刊登之日至其有效期满的期间,向国务院工商行政管理部门申明理由并提供相应证据,请求宣告特殊标志登记无效:

(一)同已在先申请的特殊标志相同或者近似的;

(二)同已在先申请注册的商标或者已获得注册的商标相同或者近似的;

(三)同已在先申请外观设计专利或者已依法取得专利权的外观设计专利相同或者近似的;

(四)侵犯他人著作权的。

第十一条 国务院工商行政管理部门自收到特殊标志登记无效申请之日起10日内,通知被申请人并限其自收到通知之日起15日内作出答辩。

被申请人拒绝答辩或者无正当理由超过答辩期限的,视为放弃答辩的权利。

第十二条 国务院工商行政管理部门自收到特殊标志登记无效申请之日起3个月内作出裁定,并通知当事人;当事人对裁定不服的,可以自收到通知之日起15日内,向国务院工商行政管理部门申请复议。

第三章 特殊标志的使用与保护

第十三条 特殊标志所有人可以在与其公益活动相关的广告、纪念品及其他物品上使用该标志,并许可他人在国务院工商行政管理部门核准使用该标志的商品或者服务项目上使用。

第十四条 特殊标志的使用人应当是依法成立的企业、事业单位、社会团体、个体工商户。

特殊标志使用人应当同所有人签订书面使用

合同。

特殊标志使用人应当自合同签订之日起 1 个月内，将合同副本报国务院工商行政管理部门备案，并报使用人所在地县级以上人民政府工商行政管理部门存查。

第十五条　特殊标志所有人或者使用人有下列行为之一的，由其所在地或者行为发生地县级以上人民政府工商行政管理部门责令改正，可以处 5 万元以下的罚款；情节严重的，由县级以上人民政府工商行政管理部门责令使用人停止使用该特殊标志，由国务院工商行政管理部门撤销所有人的特殊标志登记：

（一）擅自改变特殊标志文字、图形的；

（二）许可他人使用特殊标志，未签订使用合同，或者使用人在规定期限内未报国务院工商行政管理部门备案或者未报所在地县级以上人民政府工商行政管理机关存查的；

（三）超出核准登记的商品或者服务范围使用的。

第十六条　有下列行为之一的，由县级以上人民政府工商行政管理部门责令侵权人立即停止侵权行为，没收侵权商品，没收违法所得，并处违法所得 5 倍以下的罚款，没有违法所得的，处 1 万元以下的罚款：

（一）擅自使用与所有人的特殊标志相同或者近似的文字、图形或者其组合的；

（二）未经特殊标志所有人许可，擅自制造、销售其特殊标志或者将其特殊标志用于商业活动的；

（三）有给特殊标志所有人造成经济损失的其他行为的。

第十七条　特殊标志所有人或者使用人发现特殊标志所有权或者使用权被侵害时，可以向侵权人所在地或者侵权行为发生地县级以上人民政府工商行政管理部门投诉；也可以直接向人民法院起诉。

工商行政管理部门受理特殊标志侵权案件投诉的，应当依特殊标志所有人的请求，就侵权的民事赔偿主持调解；调解不成的，特殊标志所有人可以向人民法院起诉。

第十八条　工商行政管理部门受理特殊标志侵权案件，在调查取证时，可以行使下列职权，有关当事人应当予以协助，不得拒绝：

（一）询问有关当事人；

（二）检查与侵权活动有关的物品；

（三）调查与侵权活动有关的行为；

（四）查阅、复制与侵权活动有关的合同、账册等业务资料。

第四章　附　　则

第十九条　特殊标志申请费、公告费、登记费的收费标准，由国务院财政部门、物价部门会同国务院工商行政管理部门制定。

第二十条　申请特殊标志登记有关文书格式由国务院工商行政管理部门制定。

第二十一条　经国务院批准代表中国参加国际性文化、体育、科学研究等活动的组织所使用的名称、徽记、吉祥物等标志的保护，参照本条例的规定施行。

第二十二条　本条例自发布之日起施行。

奥林匹克标志保护条例

1. 2002 年 2 月 4 日国务院令第 345 号公布
2. 2018 年 6 月 28 日国务院令第 699 号修订公布
3. 自 2018 年 7 月 31 日起施行

第一条　为了加强对奥林匹克标志的保护，保障奥林匹克标志权利人的合法权益，促进奥林匹克运动发展，制定本条例。

第二条　本条例所称奥林匹克标志，是指：

（一）国际奥林匹克委员会的奥林匹克五环图案标志、奥林匹克旗、奥林匹克格言、奥林匹克徽记、奥林匹克会歌；

（二）奥林匹克、奥林匹亚、奥林匹克运动会及其简称等专有名称；

（三）中国奥林匹克委员会的名称、徽记、标志；

（四）中国境内申请承办奥林匹克运动会的机构的名称、徽记、标志；

（五）在中国境内举办的奥林匹克运动会的名称及其简称、吉祥物、会歌、火炬造型、口号、“主办城市名称 + 举办年份”等标志，以及其组织机构的名称、徽记；

（六）《奥林匹克宪章》和相关奥林匹克运动会主办城市合同中规定的其他与在中国境内举办的奥林匹克运动会有关的标志。

第三条　本条例所称奥林匹克标志权利人，是指国际奥林匹克委员会、中国奥林匹克委员会和中国境内申请承办奥林匹克运动会的机构、在中国境内举办的奥林匹克运动会的组织机构。

国际奥林匹克委员会、中国奥林匹克委员会和中国境内申请承办奥林匹克运动会的机构、在中国境内举办的奥林匹克运动会的组织机构之间的权利划分，依照《奥林匹克宪章》和相关奥林匹克运动会主办城市合同确定。

第四条 奥林匹克标志权利人依照本条例对奥林匹克标志享有专有权。

未经奥林匹克标志权利人许可，任何人不得为商业目的使用奥林匹克标志。

第五条 本条例所称为商业目的使用，是指以营利为目的，以下列方式利用奥林匹克标志：

（一）将奥林匹克标志用于商品、商品包装或者容器以及商品交易文书上；

（二）将奥林匹克标志用于服务项目中；

（三）将奥林匹克标志用于广告宣传、商业展览、营业性演出以及其他商业活动中；

（四）销售、进口、出口含有奥林匹克标志的商品；

（五）制造或者销售奥林匹克标志；

（六）其他以营利为目的利用奥林匹克标志的行为。

第六条 除本条例第五条规定外，利用与奥林匹克运动有关的元素开展活动，足以引人误认为与奥林匹克标志权利人之间有赞助或者其他支持关系，构成不正当竞争行为的，依照《中华人民共和国反不正当竞争法》处理。

第七条 国务院市场监督管理部门、知识产权主管部门依据本条例的规定，负责全国的奥林匹克标志保护工作。

县级以上地方市场监督管理部门依据本条例的规定，负责本行政区域内的奥林匹克标志保护工作。

第八条 奥林匹克标志权利人应当将奥林匹克标志提交国务院知识产权主管部门，由国务院知识产权主管部门公告。

第九条 奥林匹克标志有效期为10年，自公告之日起计算。

奥林匹克标志权利人可以在有效期满前12个月内办理续展手续，每次续展的有效期为10年，自该奥林匹克标志上一届有效期满次日起计算。国务院知识产权主管部门应当对续展的奥林匹克标志予以公告。

第十条 取得奥林匹克标志权利人许可，为商业目的使用奥林匹克标志的，应当同奥林匹克标志权利人订立使用许可合同。奥林匹克标志权利人应当将其许可使用奥林匹克标志的种类、被许可人、许可使用的商品或者服务项目、时限、地域范围等信息及时披露。

被许可人应当在使用许可合同约定的奥林匹克标志种类、许可使用的商品或者服务项目、时限、地域范围内使用奥林匹克标志。

第十一条 本条例施行前已经依法使用奥林匹克标志的，可以在原有范围内继续使用。

第十二条 未经奥林匹克标志权利人许可，为商业目的擅自使用奥林匹克标志，或者使用足以引人误认的近似标志，即侵犯奥林匹克标志专有权，引起纠纷的，由当事人协商解决；不愿协商或者协商不成的，奥林匹克标志权利人或者利害关系人可以向人民法院提起诉讼，也可以请求市场监督管理部门处理。市场监督管理部门处理时，认定侵权行为成立的，责令立即停止侵权行为，没收、销毁侵权商品和主要用于制造侵权商品或者为商业目的擅自制造奥林匹克标志的工具。违法经营额5万元以上的，可以并处违法经营额5倍以下的罚款，没有违法经营额或者违法经营额不足5万元的，可以并处25万元以下的罚款。当事人对处理决定不服的，可以依照《中华人民共和国行政复议法》申请行政复议，也可以直接依照《中华人民共和国行政诉讼法》向人民法院提起诉讼。进行处理的市场监督管理部门应当事人的请求，可以就侵犯奥林匹克标志专有权的赔偿数额进行调解；调解不成的，当事人可以依照《中华人民共和国民事诉讼法》向人民法院提起诉讼。

利用奥林匹克标志进行诈骗等活动，构成犯罪的，依法追究刑事责任。

第十三条 对侵犯奥林匹克标志专有权的行为，市场监督管理部门有权依法查处。

市场监督管理部门根据已经取得的违法嫌疑证据或者举报，对涉嫌侵犯奥林匹克标志专有权的行为进行查处时，可以行使下列职权：

（一）询问有关当事人，调查与侵犯奥林匹克标志专有权有关的情况；

（二）查阅、复制与侵权活动有关的合同、发票、账簿以及其他有关资料；

（三）对当事人涉嫌侵犯奥林匹克标志专有权活动的场所实施现场检查；

（四）检查与侵权活动有关的物品；对有证据证明是侵犯奥林匹克标志专有权的物品，予以查封或者扣押。

市场监督管理部门依法行使前款规定的职权时，当事人应当予以协助、配合，不得拒绝、阻挠。

第十四条 进出口货物涉嫌侵犯奥林匹克标志专有权的，由海关参照《中华人民共和国海关法》和《中华人民共和国知识产权海关保护条例》规定的权限和程序查处。

第十五条　侵犯奥林匹克标志专有权的赔偿数额，按照权利人因被侵权所受到的损失或者侵权人因侵权所获得的利益确定，包括为制止侵权行为所支付的合理开支；被侵权人的损失或者侵权人获得的利益难以确定的，参照该奥林匹克标志许可使用费合理确定。

销售不知道是侵犯奥林匹克标志专有权的商品，能证明该商品是自己合法取得并说明提供者的，不承担赔偿责任。

第十六条　奥林匹克标志除依照本条例受到保护外，还可以依照《中华人民共和国著作权法》、《中华人民共和国商标法》、《中华人民共和国专利法》、《特殊标志管理条例》等法律、行政法规的规定获得保护。

第十七条　对残奥会有关标志的保护，参照本条例执行。

第十八条　本条例自 2018 年 7 月 31 日起施行。

展会知识产权保护办法

1. *2006 年 1 月 13 日商务部、国家工商行政管理总局、国家版权局、国家知识产权局令 2006 年第 1 号公布*
2. *自 2006 年 3 月 1 日起施行*

第一章　总　　则

第一条　为加强展会期间知识产权保护，维护会展业秩序，推动会展业的健康发展，根据《中华人民共和国对外贸易法》、《中华人民共和国专利法》、《中华人民共和国商标法》和《中华人民共和国著作权法》及相关行政法规等制定本办法。

第二条　本办法适用于在中华人民共和国境内举办的各类经济技术贸易展览会、展销会、博览会、交易会、展示会等活动中有关专利、商标、版权的保护。

第三条　展会管理部门应加强对展会期间知识产权保护的协调、监督、检查，维护展会的正常交易秩序。

第四条　展会主办方应当依法维护知识产权权利人的合法权益。展会主办方在招商招展时，应加强对参展方有关知识产权的保护和对参展项目（包括展品、展板及相关宣传资料等）的知识产权状况的审查。在展会期间，展会主办方应当积极配合知识产权行政管理部门的知识产权保护工作。

展会主办方可通过与参展方签订参展期间知识产权保护条款或合同的形式，加强展会知识产权保护工作。

第五条　参展方应当合法参展，不得侵犯他人知识产权，并应对知识产权行政管理部门或司法部门的调查予以配合。

第二章　投 诉 处 理

第六条　展会时间在 3 天以上（含 3 天），展会管理部门认为有必要的，展会主办方应在展会期间设立知识产权投诉机构。设立投诉机构的展会举办地知识产权行政管理部门应当派员进驻，并依法对侵权案件进行处理。

未设立投诉机构的，展会举办地知识产权行政管理部门应当加强对展会知识产权保护的指导、监督和有关案件的处理，展会主办方应当将展会举办地的相关知识产权行政管理部门的联系人、联系方式等在展会场馆的显著位置予以公示。

第七条　展会知识产权投诉机构应由展会主办方、展会管理部门、专利、商标、版权等知识产权行政管理部门的人员组成，其职责包括：

（一）接受知识产权权利人的投诉，暂停涉嫌侵犯知识产权的展品在展会期间展出；

（二）将有关投诉材料移交相关知识产权行政管理部门；

（三）协调和督促投诉的处理；

（四）对展会知识产权保护信息进行统计和分析；

（五）其他相关事项。

第八条　知识产权权利人可以向展会知识产权投诉机构投诉也可直接向知识产权行政管理部门投诉。权利人向投诉机构投诉的，应当提交以下材料：

（一）合法有效的知识产权权属证明：涉及专利的，应当提交专利证书、专利公告文本、专利权人的身份证明、专利法律状态证明；涉及商标的，应当提交商标注册证明文件，并由投诉人签章确认，商标权利人身份证明；涉及著作权的，应当提交著作权权利证明、著作权人身份证明；

（二）涉嫌侵权当事人的基本信息；

（三）涉嫌侵权的理由和证据；

（四）委托代理人投诉的，应提交授权委托书。

第九条　不符合本办法第八条规定的，展会知识产权投诉机构应当及时通知投诉人或者请求人补充有关材料。未予补充的，不予接受。

第十条　投诉人提交虚假投诉材料或其他因投诉不实给被投诉人带来损失的，应当承担相应法律责任。

第十一条　展会知识产权投诉机构在收到符合本办法第八条规定的投诉材料后，应于 24 小时内将其移交有关知识产权行政管理部门。

第十二条　地方知识产权行政管理部门受理投诉或者处理请求的，应当通知展会主办方，并及时通知被投诉人或者被请求人。

第十三条　在处理侵犯知识产权的投诉或者请求程序中，地方知识产权行政管理部门可以根据展会的展期指定被投诉人或者被请求人的答辩期限。

第十四条　被投诉人或者被请求人提交答辩书后，除非有必要作进一步调查，地方知识产权行政管理部门应当及时作出决定并送交双方当事人。

被投诉人或者被请求人逾期未提交答辩书的，不影响地方知识产权行政管理部门作出决定。

第十五条　展会结束后，相关知识产权行政管理部门应当及时将有关处理结果通告展会主办方。展会主办方应当做好展会知识产权保护的统计分析工作，并将有关情况及时报展会管理部门。

第三章　展会期间专利保护

第十六条　展会投诉机构需要地方知识产权局协助的，地方知识产权局应当积极配合，参与展会知识产权保护工作。地方知识产权局在展会期间的工作可以包括：

（一）接受展会投诉机构移交的关于涉嫌侵犯专利权的投诉，依照专利法律法规的有关规定进行处理；

（二）受理展出项目涉嫌侵犯专利权的专利侵权纠纷处理请求，依照专利法第五十七条的规定进行处理；

（三）受理展出项目涉嫌假冒他人专利和冒充专利的举报，或者依职权查处展出项目中假冒他人专利和冒充专利的行为，依据《专利法》第五十八条和第五十九条的规定进行处罚。

第十七条　有下列情形之一的，地方知识产权局对侵犯专利权的投诉或者处理请求不予受理：

（一）投诉人或者请求人已经向人民法院提起专利侵权诉讼的；

（二）专利权正处于无效宣告请求程序之中的；

（三）专利权存在权属纠纷，正处于人民法院的审理程序或者管理专利工作的部门的调解程序之中的；

（四）专利权已经终止，专利权人正在办理权利恢复的。

第十八条　地方知识产权局在通知被投诉人或者被请求人时，可以即行调查取证，查阅、复制与案件有关的文件，询问当事人，采用拍照、摄像等方式进行现场勘验，也可以抽样取证。

地方知识产权局收集证据应当制作笔录，由承办人员、被调查取证的当事人签名盖章。被调查取证的当事人拒绝签名盖章的，应当在笔录上注明原因；有其他人在现场的，也可同时由其他人签名。

第四章　展会期间商标保护

第十九条　展会投诉机构需要地方工商行政管理部门协助的，地方工商行政管理部门应当积极配合，参与展会知识产权保护工作。地方工商行政管理部门在展会期间的工作可以包括：

（一）接受展会投诉机构移交的关于涉嫌侵犯商标权的投诉，依照商标法律法规的有关规定进行处理；

（二）受理符合《商标法》第五十二条规定的侵犯商标专用权的投诉；

（三）依职权查处商标违法案件。

第二十条　有下列情形之一的，地方工商行政管理部门对侵犯商标专用权的投诉或者处理请求不予受理：

（一）投诉人或者请求人已经向人民法院提起商标侵权诉讼的；

（二）商标权已经无效或者被撤销的。

第二十一条　地方工商行政管理部门决定受理后，可以根据商标法律法规等相关规定进行调查和处理。

第五章　展会期间著作权保护

第二十二条　展会投诉机构需要地方著作权行政管理部门协助的，地方著作权行政管理部门应当积极配合，参与展会知识产权保护工作。地方著作权行政管理部门在展会期间的工作可以包括：

（一）接受展会投诉机构移交的关于涉嫌侵犯著作权的投诉，依照著作权法律法规的有关规定进行处理；

（二）受理符合《著作权法》第四十七条规定的侵犯著作权的投诉，根据著作权法的有关规定进行处罚。

第二十三条　地方著作权行政管理部门在受理投诉或请求后，可以采取以下手段收集证据：

（一）查阅、复制与涉嫌侵权行为有关的文件档案、账簿和其他书面材料；

（二）对涉嫌侵权复制品进行抽样取证；

（三）对涉嫌侵权复制品进行登记保存。

第六章　法 律 责 任

第二十四条　对涉嫌侵犯知识产权的投诉，地方知识产权行政管理部门认定侵权成立的，应会同会展管理部门依法对参展方进行处理。

第二十五条　对涉嫌侵犯发明或者实用新型专利权的处理请求，地方知识产权局认定侵权成立的，应当依据

《专利法》第十一条第一款关于禁止许诺销售行为的规定以及《专利法》第五十七条关于责令侵权人立即停止侵权行为的规定作出处理决定，责令被请求人从展会上撤出侵权展品，销毁介绍侵权展品的宣传材料，更换介绍侵权项目的展板。

对涉嫌侵犯外观设计专利权的处理请求，被请求人在展会上销售其展品，地方知识产权局认定侵权成立的，应当依据《专利法》第十一条第二款关于禁止销售行为的规定以及第五十七条关于责令侵权人立即停止侵权行为的规定作出处理决定，责令被请求人从展会上撤出侵权展品。

第二十六条 在展会期间假冒他人专利或以非专利产品冒充专利产品，以非专利方法冒充专利方法的，地方知识产权局应当依据《专利法》第五十八条和第五十九条规定进行处罚。

第二十七条 对有关商标案件的处理请求，地方工商行政管理部门认定侵权成立的，应当根据《商标法》、《商标法实施条例》等相关规定进行处罚。

第二十八条 对侵犯著作权及相关权利的处理请求，地方著作权行政管理部门认定侵权成立的，应当根据《著作权法》第四十七条的规定进行处罚，没收、销毁侵权展品及介绍侵权展品的宣传材料，更换介绍展出项目的展板。

第二十九条 经调查，被投诉或者被请求的展出项目已经由人民法院或者知识产权行政管理部门作出判定侵权成立的判决或者决定并发生法律效力的，地方知识产权行政管理部门可以直接作出第二十六条、第二十七条、第二十八条和第二十九条所述的处理决定。

第三十条 请求人除请求制止被请求人的侵权展出行为之外，还请求制止同一被请求人的其他侵犯知识产权行为的，地方知识产权行政管理部门对发生在其管辖地域之内的涉嫌侵权行为，可以依照相关知识产权法律法规以及规章的规定进行处理。

第三十一条 参展方侵权成立的，展会管理部门可依法对有关参展方予以公告；参展方连续两次以上侵权行为成立的，展会主办方应禁止有关参展方参加下一届展会。

第三十二条 主办方对展会知识产权保护不力的，展会管理部门应对主办方给予警告，并视情节依法对其再次举办相关展会的申请不予批准。

第七章 附 则

第三十三条 展会结束时案件尚未处理完毕的，案件的有关事实和证据可经展会主办方确认，由展会举办地知识产权行政管理部门在15个工作日内移交有管辖权的知识产权行政管理部门依法处理。

第三十四条 本办法中的知识产权行政管理部门是指专利、商标和版权行政管理部门；本办法中的展会管理部门是指展会的审批或者登记部门。

第三十五条 本办法自2006年3月1日起实施。

驰名商标认定和保护规定

1. 2003年4月17日国家工商行政管理总局令第5号发布
2. 根据2014年7月3日国家工商行政管理总局令第66号修订

第一条 为规范驰名商标认定工作，保护驰名商标持有人的合法权益，根据《中华人民共和国商标法》（以下简称商标法）、《中华人民共和国商标法实施条例》（以下简称实施条例），制定本规定。

第二条 驰名商标是在中国为相关公众所熟知的商标。

相关公众包括与使用商标所标示的某类商品或者服务有关的消费者，生产前述商品或者提供服务的其他经营者以及经销渠道中所涉及的销售者和相关人员等。

第三条 商标局、商标评审委员会根据当事人请求和审查、处理案件的需要，负责在商标注册审查、商标争议处理和工商行政管理部门查处商标违法案件过程中认定和保护驰名商标。

第四条 驰名商标认定遵循个案认定、被动保护的原则。

第五条 当事人依照商标法第三十三条规定向商标局提出异议，并依照商标法第十三条规定请求驰名商标保护的，可以向商标局提出驰名商标保护的书面请求并提交其商标构成驰名商标的证据材料。

第六条 当事人在商标不予注册复审案件和请求无效宣告案件中，依照商标法第十三条规定请求驰名商标保护的，可以向商标评审委员会提出驰名商标保护的书面请求并提交其商标构成驰名商标的证据材料。

第七条 涉及驰名商标保护的商标违法案件由市（地、州）级以上工商行政管理部门管辖。当事人请求工商行政管理部门查处商标违法行为，并依照商标法第十三条规定请求驰名商标保护的，可以向违法行为发生地的市（地、州）级以上工商行政管理部门进行投诉，并提出驰名商标保护的书面请求，提交证明其商标构成驰名商标的证据材料。

第八条 当事人请求驰名商标保护应当遵循诚实信用原

则，并对事实及所提交的证据材料的真实性负责。

第九条　以下材料可以作为证明符合商标法第十四条第一款规定的证据材料：

（一）证明相关公众对该商标知晓程度的材料。

（二）证明该商标使用持续时间的材料，如该商标使用、注册的历史和范围的材料。该商标为未注册商标的，应当提供证明其使用持续时间不少于五年的材料。该商标为注册商标的，应当提供证明其注册时间不少于三年或者持续使用时间不少于五年的材料。

（三）证明该商标的任何宣传工作的持续时间、程度和地理范围的材料，如近三年广告宣传和促销活动的方式、地域范围、宣传媒体的种类以及广告投放量等材料。

（四）证明该商标曾在中国或者其他国家和地区作为驰名商标受保护的材料。

（五）证明该商标驰名的其他证据材料，如使用该商标的主要商品在近三年的销售收入、市场占有率、净利润、纳税额、销售区域等材料。

前款所称"三年"、"五年"，是指被提出异议的商标注册申请日期、被提出无效宣告请求的商标注册申请日期之前的三年、五年，以及在查处商标违法案件中提出驰名商标保护请求日期之前的三年、五年。

第十条　当事人依照本规定第五条、第六条规定提出驰名商标保护请求的，商标局、商标评审委员会应当在商标法第三十五条、第三十七条、第四十五条规定的期限内及时作出处理。

第十一条　当事人依照本规定第七条规定请求工商行政管理部门查处商标违法行为的，工商行政管理部门应当对投诉材料予以核查，依照《工商行政管理机关行政处罚程序规定》的有关规定决定是否立案。决定立案的，工商行政管理部门应当对当事人提交的驰名商标保护请求及相关证据材料是否符合商标法第十三条、第十四条、实施条例第三条和本规定第九条规定进行初步核实和审查。经初步核查符合规定的，应当自立案之日起三十日内将驰名商标认定请示、案件材料副本一并报送上级工商行政管理部门。经审查不符合规定的，应当依照《工商行政管理机关行政处罚程序规定》的规定及时作出处理。

第十二条　省（自治区、直辖市）工商行政管理部门应当对本辖区内市（地、州）级工商行政管理部门报送的驰名商标认定相关材料是否符合商标法第十三条、第十四条、实施条例第三条和本规定第九条规定进行核实和审查。经核查符合规定的，应当自收到驰名商标认定相关材料之日起三十日内，将驰名商标认定请示、案件材料副本一并报送商标局。经审查不符合规定的，应当将有关材料退回原立案机关，由其依照《工商行政管理机关行政处罚程序规定》的规定及时作出处理。

第十三条　商标局、商标评审委员会在认定驰名商标时，应当综合考虑商标法第十四条第一款和本规定第九条所列各项因素，但不以满足全部因素为前提。

商标局、商标评审委员会在认定驰名商标时，需要地方工商行政管理部门核实有关情况的，相关地方工商行政管理部门应当予以协助。

第十四条　商标局经对省（自治区、直辖市）工商行政管理部门报送的驰名商标认定相关材料进行审查，认定构成驰名商标的，应当向报送请示的省（自治区、直辖市）工商行政管理部门作出批复。

立案的工商行政管理部门应当自商标局作出认定批复后六十日内依法予以处理，并将行政处罚决定书抄报所在省（自治区、直辖市）工商行政管理部门。省（自治区、直辖市）工商行政管理部门应当自收到抄报的行政处罚决定书之日起三十日内将案件处理情况及行政处罚决定书副本报送商标局。

第十五条　各级工商行政管理部门在商标注册和管理工作中应当加强对驰名商标的保护，维护权利人和消费者合法权益。商标违法行为涉嫌犯罪的，应当将案件及时移送司法机关。

第十六条　商标注册审查、商标争议处理和工商行政管理部门查处商标违法案件过程中，当事人依照商标法第十三条规定请求驰名商标保护时，可以提供该商标曾在我国作为驰名商标受保护的记录。

当事人请求驰名商标保护的范围与已被作为驰名商标予以保护的范围基本相同，且对方当事人对该商标驰名无异议，或者虽有异议，但异议理由和提供的证据明显不足以支持该异议的，商标局、商标评审委员会、商标违法案件立案部门可以根据该保护记录，结合相关证据，给予该商标驰名商标保护。

第十七条　在商标违法案件中，当事人通过弄虚作假或者提供虚假证据材料等不正当手段骗取驰名商标保护的，由商标局撤销对涉案商标已作出的认定，并通知报送驰名商标认定请示的省（自治区、直辖市）工商行政管理部门。

第十八条　地方工商行政管理部门违反本规定第十一条、第十二条规定未履行对驰名商标认定相关材料进行核实和审查职责，或者违反本规定第十三条第二款规定未予以协助或者未履行核实职责，或者违反本规定第十四条第二款规定逾期未对商标违法案件作出处理或者逾期未报送处理情况的，由上一级工商行政管理部门予以通报，并责令其整改。

第十九条　各级工商行政管理部门应当建立健全驰名商标认定工作监督检查制度。

第二十条　参与驰名商标认定与保护相关工作的人员，玩忽职守、滥用职权、徇私舞弊，违法办理驰名商标认定有关事项，收受当事人财物，牟取不正当利益的，依照有关规定予以处理。

第二十一条　本规定自公布之日起 30 日后施行。2003 年 4 月 17 日国家工商行政管理总局公布的《驰名商标认定和保护规定》同时废止。

（4）商标争议处理与侵权查处

商标侵权判断标准

1. 2020 年 6 月 15 日国家知识产权局发布
2. 国知发保字〔2020〕23 号

第一条　为加强商标执法指导工作，统一执法标准，提升执法水平，强化商标专用权保护，根据《中华人民共和国商标法》（以下简称商标法）、《中华人民共和国商标法实施条例》（以下简称商标法实施条例）以及相关法律法规、部门规章，制定本标准。

第二条　商标执法相关部门在处理、查处商标侵权案件时适用本标准。

第三条　判断是否构成商标侵权，一般需要判断涉嫌侵权行为是否构成商标法意义上的商标的使用。

商标的使用，是指将商标用于商品、商品包装、容器、服务场所以及交易文书上，或者将商标用于广告宣传、展览以及其他商业活动中，用以识别商品或者服务来源的行为。

第四条　商标用于商品、商品包装、容器以及商品交易文书上的具体表现形式包括但不限于：

（一）采取直接贴附、刻印、烙印或者编织等方式将商标附着在商品、商品包装、容器、标签等上，或者使用在商品附加标牌、产品说明书、介绍手册、价目表等上；

（二）商标使用在与商品销售有联系的交易文书上，包括商品销售合同、发票、票据、收据、商品进出口检验检疫证明、报关单据等。

第五条　商标用于服务场所以及服务交易文书上的具体表现形式包括但不限于：

（一）商标直接使用于服务场所，包括介绍手册、工作人员服饰、招贴、菜单、价目表、名片、奖券、办公文具、信笺以及其他提供服务所使用的相关物品上；

（二）商标使用于和服务有联系的文件资料上，如发票、票据、收据、汇款单据、服务协议、维修维护证明等。

第六条　商标用于广告宣传、展览以及其他商业活动中的具体表现形式包括但不限于：

（一）商标使用在广播、电视、电影、互联网等媒体中，或者使用在公开发行的出版物上，或者使用在广告牌、邮寄广告或者其他广告载体上；

（二）商标在展览会、博览会上使用，包括在展览会、博览会上提供的使用商标的印刷品、展台照片、参展证明及其他资料；

（三）商标使用在网站、即时通讯工具、社交网络平台、应用程序等载体上；

（四）商标使用在二维码等信息载体上；

（五）商标使用在店铺招牌、店堂装饰装潢上。

第七条　判断是否为商标的使用应当综合考虑使用人的主观意图、使用方式、宣传方式、行业惯例、消费者认知等因素。

第八条　未经商标注册人许可的情形包括未获得许可或者超出许可的商品或者服务的类别、期限、数量等。

第九条　同一种商品是指涉嫌侵权人实际生产销售的商品名称与他人注册商标核定使用的商品名称相同的商品，或者二者商品名称不同但在功能、用途、主要原料、生产部门、消费对象、销售渠道等方面相同或者基本相同，相关公众一般认为是同种商品。

同一种服务是指涉嫌侵权人实际提供的服务名称与他人注册商标核定使用的服务名称相同的服务，或者二者服务名称不同但在服务的目的、内容、方式、提供者、对象、场所等方面相同或者基本相同，相关公众一般认为是同种服务。

核定使用的商品或者服务名称是指国家知识产权局在商标注册工作中对商品或者服务使用的名称，包括《类似商品和服务区分表》（以下简称区分表）中列出的商品或者服务名称和未在区分表中列出但在商标注册中接受的商品或者服务名称。

第十条　类似商品是指在功能、用途、主要原料、生产部门、消费对象、销售渠道等方面具有一定共同性的商品。

类似服务是指在服务的目的、内容、方式、提供者、对象、场所等方面具有一定共同性的服务。

第十一条 判断是否属于同一种商品或者同一种服务、类似商品或者类似服务，应当在权利人注册商标核定使用的商品或者服务与涉嫌侵权的商品或者服务之间进行比对。

第十二条 判断涉嫌侵权的商品或者服务与他人注册商标核定使用的商品或者服务是否构成同一种商品或者同一种服务、类似商品或者类似服务，参照现行区分表进行认定。

对于区分表未涵盖的商品，应当基于相关公众的一般认识，综合考虑商品的功能、用途、主要原料、生产部门、消费对象、销售渠道等因素认定是否构成同一种或者类似商品；

对于区分表未涵盖的服务，应当基于相关公众的一般认识，综合考虑服务的目的、内容、方式、提供者、对象、场所等因素认定是否构成同一种或者类似服务。

第十三条 与注册商标相同的商标是指涉嫌侵权的商标与他人注册商标完全相同，以及虽有不同但视觉效果或者声音商标的听觉感知基本无差别、相关公众难以分辨的商标。

第十四条 涉嫌侵权的商标与他人注册商标相比较，可以认定与注册商标相同的情形包括：

（一）文字商标有下列情形之一的：

1. 文字构成、排列顺序均相同的；

2. 改变注册商标的字体、字母大小写、文字横竖排列，与注册商标之间基本无差别的；

3. 改变注册商标的文字、字母、数字等之间的间距，与注册商标之间基本无差别的；

4. 改变注册商标颜色，不影响体现注册商标显著特征的；

5. 在注册商标上仅增加商品通用名称、图形、型号等缺乏显著特征内容，不影响体现注册商标显著特征的；

（二）图形商标在构图要素、表现形式等视觉上基本无差别的；

（三）文字图形组合商标的文字构成、图形外观及其排列组合方式相同，商标在整体视觉上基本无差别的；

（四）立体商标中的显著三维标志和显著平面要素相同，或者基本无差别的；

（五）颜色组合商标中组合的颜色和排列的方式相同，或者基本无差别的；

（六）声音商标的听觉感知和整体音乐形象相同，或者基本无差别的；

（七）其他与注册商标在视觉效果或者听觉感知上基本无差别的。

第十五条 与注册商标近似的商标是指涉嫌侵权的商标与他人注册商标相比较，文字商标的字形、读音、含义近似，或者图形商标的构图、着色、外形近似，或者文字图形组合商标的整体排列组合方式和外形近似，或者立体商标的三维标志的形状和外形近似，或者颜色组合商标的颜色或者组合近似，或者声音商标的听觉感知或者整体音乐形象近似等。

第十六条 涉嫌侵权的商标与他人注册商标是否构成近似，参照现行《商标审查及审理标准》关于商标近似的规定进行判断。

第十七条 判断商标是否相同或者近似，应当在权利人的注册商标与涉嫌侵权商标之间进行比对。

第十八条 判断与注册商标相同或者近似的商标时，应当以相关公众的一般注意力和认知力为标准，采用隔离观察、整体比对和主要部分比对的方法进行认定。

第十九条 在商标侵权判断中，在同一种商品或者同一种服务上使用近似商标，或者在类似商品或者类似服务上使用相同、近似商标的情形下，还应当对是否容易导致混淆进行判断。

第二十条 商标法规定的容易导致混淆包括以下情形：

（一）足以使相关公众认为涉案商品或者服务是由注册商标权利人生产或者提供；

（二）足以使相关公众认为涉案商品或者服务的提供者与注册商标权利人存在投资、许可、加盟或者合作等关系。

第二十一条 商标执法相关部门判断是否容易导致混淆，应当综合考量以下因素以及各因素之间的相互影响：

（一）商标的近似情况；

（二）商品或者服务的类似情况；

（三）注册商标的显著性和知名度；

（四）商品或者服务的特点及商标使用的方式；

（五）相关公众的注意和认知程度；

（六）其他相关因素。

第二十二条 自行改变注册商标或者将多件注册商标组合使用，与他人在同一种商品或者服务上的注册商标相同的，属于商标法第五十七条第一项规定的商标侵权行为。

自行改变注册商标或者将多件注册商标组合使用，与他人在同一种或者类似商品或者服务上的注册商标近似、容易导致混淆的，属于商标法第五十七条第二项规定的商标侵权行为。

第二十三条 在同一种商品或者服务上，将企业名称中的字号突出使用，与他人注册商标相同的，属于商标法第五十七条第一项规定的商标侵权行为。

在同一种或者类似商品或者服务上，将企业名称中的字号突出使用，与他人注册商标近似、容易导致混淆的，属于商标法第五十七条第二项规定的商标侵权行为。

第二十四条 不指定颜色的注册商标，可以自由附着颜色，但以攀附为目的附着颜色，与他人在同一种或者类似商品或者服务上的注册商标近似、容易导致混淆的，属于商标法第五十七条第二项规定的商标侵权行为。

注册商标知名度较高，涉嫌侵权人与注册商标权利人处于同一行业或者具有较大关联性的行业，且无正当理由使用与注册商标相同或者近似标志的，应当认定涉嫌侵权人具有攀附意图。

第二十五条 在包工包料的加工承揽经营活动中，承揽人使用侵犯注册商标专用权商品的，属于商标法第五十七条第三项规定的商标侵权行为。

第二十六条 经营者在销售商品时，附赠侵犯注册商标专用权商品的，属于商标法第五十七条第三项规定的商标侵权行为。

第二十七条 有下列情形之一的，不属于商标法第六十条第二款规定的“销售不知道是侵犯注册商标专用权的商品”：

（一）进货渠道不符合商业惯例，且价格明显低于市场价格的；

（二）拒不提供账目、销售记录等会计凭证，或者会计凭证弄虚作假的；

（三）案发后转移、销毁物证，或者提供虚假证明、虚假情况的；

（四）类似违法情形受到处理后再犯的；

（五）其他可以认定当事人明知或者应知的。

第二十八条 商标法第六十条第二款规定的“说明提供者”是指涉嫌侵权人主动提供供货商的名称、经营地址、联系方式等准确信息或者线索。

对于因涉嫌侵权人提供虚假或者无法核实的信息导致不能找到提供者的，不视为“说明提供者”。

第二十九条 涉嫌侵权人属于商标法第六十条第二款规定的销售不知道是侵犯注册商标专用权的商品的，对其侵权商品责令停止销售，对供货商立案查处或者将案件线索移送具有管辖权的商标执法相关部门查处。

对责令停止销售的侵权商品，侵权人再次销售的，应当依法查处。

第三十条 市场主办方、展会主办方、柜台出租人、电子商务平台等经营者怠于履行管理职责，明知或者应知市场内经营者、参展方、柜台承租人、平台内电子商务经营者实施商标侵权行为而不予制止的；或者虽然不知情，但经商标执法相关部门通知或者商标权利人持生效的行政、司法文书告知后，仍未采取必要措施制止商标侵权行为的，属于商标法第五十七条第六项规定的商标侵权行为。

第三十一条 将与他人注册商标相同或者相近似的文字注册为域名，并且通过该域名进行相关商品或者服务交易的电子商务，容易使相关公众产生误认的，属于商标法第五十七条第七项规定的商标侵权行为。

第三十二条 在查处商标侵权案件时，应当保护合法在先权利。

以外观设计专利权、作品著作权抗辩他人注册商标专用权的，若注册商标的申请日先于外观设计专利申请日或者有证据证明的该著作权作品创作完成日，商标执法相关部门可以对商标侵权案件进行查处。

第三十三条 商标法第五十九条第三款规定的“有一定影响的商标”是指在国内在先使用并为一定范围内相关公众所知晓的未注册商标。

有一定影响的商标的认定，应当考虑该商标的持续使用时间、销售量、经营额、广告宣传等因素进行综合判断。

使用人有下列情形的，不视为在原使用范围内继续使用：

（一）增加该商标使用的具体商品或者服务；

（二）改变该商标的图形、文字、色彩、结构、书写方式等内容，但以与他人注册商标相区别为目的而进行的改变除外；

（三）超出原使用范围的其他情形。

第三十四条 商标法第六十条第二款规定的“五年内实施两次以上商标侵权行为”指同一当事人被商标执法相关部门、人民法院认定侵犯他人注册商标专用权的行政处罚或者判决生效之日起，五年内又实施商标侵权行为的。

第三十五条 正在国家知识产权局审理或者人民法院诉讼中的下列案件，可以适用商标法第六十二条第三款关于“中止”的规定：

（一）注册商标处于无效宣告中的；

（二）注册商标处于续展宽展期的；

（三）注册商标权属存在其他争议情形的。

第三十六条 在查处商标侵权案件过程中，商标执法相关部门可以要求权利人对涉案商品是否为权利人生产或者其许可生产的商品出具书面辨认意见。权利人应当对其辨认意见承担相应法律责任。

商标执法相关部门应当审查辨认人出具辨认意见的主体资格及辨认意见的真实性。涉嫌侵权人无相反证据推翻该辨认意见的，商标执法相关部门将该辨认意见作为证据予以采纳。

第三十七条 本标准由国家知识产权局负责解释。

第三十八条 本标准自公布之日起施行。

国家工商行政管理总局关于侵权商品有关问题的批复

1. 2003年8月8日
2. 工商标字〔2003〕第99号

福建省工商行政管理局：

你局《关于制造侵权商品的原辅材料和商标标识如何处理的请示》（闽工商标〔2003〕156号）收悉。经研究，现批复如下：

在查处商标侵权案件过程中，侵犯他人商标专用权的商标标识和现场查封的仅用于制造侵权商品的原辅材料属于《商标法》第五十三条中所述的侵权商品。

最高人民法院关于审理商标授权确权行政案件若干问题的规定

1. 2016年12月12日最高人民法院审判委员会第1703次会议通过、2017年1月10日公布、自2017年3月1日起施行（法释〔2017〕2号）
2. 根据2020年12月23日最高人民法院审判委员会第1823次会议通过、2020年12月29日公布的《最高人民法院关于修改〈最高人民法院关于审理侵犯专利权纠纷案件应用法律若干问题的解释（二）〉等十八件知识产权类司法解释的决定》（法释〔2020〕19号）修正

为正确审理商标授权确权行政案件，根据《中华人民共和国商标法》《中华人民共和国行政诉讼法》等法律规定，结合审判实践，制定本规定。

第一条 本规定所称商标授权确权行政案件，是指相对人或者利害关系人因不服国家知识产权局作出的商标驳回复审、商标不予注册复审、商标撤销复审、商标无效宣告及无效宣告复审等行政行为，向人民法院提起诉讼的案件。

第二条 人民法院对商标授权确权行政行为进行审查的范围，一般应根据原告的诉讼请求及理由确定。原告在诉讼中未提出主张，但国家知识产权局相关认定存在明显不当的，人民法院在各方当事人陈述意见后，可以对相关事由进行审查并作出裁判。

第三条 商标法第十条第一款第（一）项规定的同中华人民共和国的国家名称等"相同或者近似"，是指商标标志整体上与国家名称等相同或者近似。

对于含有中华人民共和国的国家名称等，但整体上并不相同或者不相近似的标志，如果该标志作为商标注册可能导致损害国家尊严的，人民法院可以认定属于商标法第十条第一款第（八）项规定的情形。

第四条 商标标志或者其构成要素带有欺骗性，容易使公众对商品的质量等特点或者产地产生误认，国家知识产权局认定其属于2001年修正的商标法第十条第一款第（七）项规定情形的，人民法院予以支持。

第五条 商标标志或者其构成要素可能对我国社会公共利益和公共秩序产生消极、负面影响的，人民法院可以认定其属于商标法第十条第一款第（八）项规定的"其他不良影响"。

将政治、经济、文化、宗教、民族等领域公众人物姓名等申请注册为商标，属于前款所指的"其他不良影响"。

第六条 商标标志由县级以上行政区划的地名或者公众知晓的外国地名和其他要素组成，如果整体上具有区别于地名的含义，人民法院应当认定其不属于商标法第十条第二款所指情形。

第七条 人民法院审查诉争商标是否具有显著特征，应当根据商标所指定使用商品的相关公众的通常认识，判断该商标整体上是否具有显著特征。商标标志中含有描述性要素，但不影响其整体具有显著特征的；或者描述性标志以独特方式加以表现，相关公众能够以其识别商品来源的，应当认定其具有显著特征。

第八条 诉争商标为外文标志时，人民法院应当根据中国境内相关公众的通常认识，对该外文商标是否具有显著特征进行审查判断。标志中外文的固有含义可能影响其在指定使用商品上的显著特征，但相关公众对该固有含义的认知程度较低，能够以该标志识别商品来源的，可以认定其具有显著特征。

第九条 仅以商品自身形状或者自身形状的一部分作为三维标志申请注册商标，相关公众一般情况下不易将其识别为指示商品来源标志的，该三维标志不具有作为商标的显著特征。

该形状系申请人所独创或者最早使用并不能当然导致其具有作为商标的显著特征。

第一款所称标志经过长期或者广泛使用，相关公众能够通过该标志识别商品来源的，可以认定该标志具有显著特征。

第十条 诉争商标属于法定的商品名称或者约定俗成的商品名称的，人民法院应当认定其属于商标法第十一条第一款第（一）项所指的通用名称。依据法律规定或者国家标准、行业标准属于商品通用名称的，应当认定为通用名称。相关公众普遍认为某一名称能够指代一类商品的，应当认定为约定俗成的通用名称。被专业工具书、辞典等列为商品名称的，可以作为认定约定俗成的通用名称的参考。

约定俗成的通用名称一般以全国范围内相关公众的通常认识为判断标准。对于由于历史传统、风土人情、地理环境等原因形成的相关市场固定的商品，在该相关市场内通用的称谓，人民法院可以认定为通用名称。

诉争商标申请人明知或者应知其申请注册的商标为部分区域内约定俗成的商品名称的，人民法院可以视其申请注册的商标为通用名称。

人民法院审查判断诉争商标是否属于通用名称，一般以商标申请日时的事实状态为准。核准注册时事实状态发生变化的，以核准注册时的事实状态判断其是否属于通用名称。

第十一条 商标标志只是或者主要是描述、说明所使用商品的质量、主要原料、功能、用途、重量、数量、产地等的，人民法院应当认定其属于商标法第十一条第一款第（二）项规定的情形。商标标志或者其构成要素暗示商品的特点，但不影响其识别商品来源功能的，不属于该项所规定的情形。

第十二条 当事人依据商标法第十三条第二款主张诉争商标构成对其未注册的驰名商标的复制、摹仿或者翻译而不应予以注册或者应予无效的，人民法院应当综合考量如下因素以及因素之间的相互影响，认定是否容易导致混淆：

（一）商标标志的近似程度；

（二）商品的类似程度；

（三）请求保护商标的显著性和知名程度；

（四）相关公众的注意程度；

（五）其他相关因素。

商标申请人的主观意图以及实际混淆的证据可以作为判断混淆可能性的参考因素。

第十三条 当事人依据商标法第十三条第三款主张诉争商标构成对其已注册的驰名商标的复制、摹仿或者翻译而不应予以注册或者应予无效的，人民法院应当综合考虑如下因素，以认定诉争商标的使用是否足以使相关公众认为其与驰名商标具有相当程度的联系，从而误导公众，致使驰名商标注册人的利益可能受到损害：

（一）引证商标的显著性和知名程度；

（二）商标标志是否足够近似；

（三）指定使用的商品情况；

（四）相关公众的重合程度及注意程度；

（五）与引证商标近似的标志被其他市场主体合法使用的情况或者其他相关因素。

第十四条 当事人主张诉争商标构成对其已注册的驰名商标的复制、摹仿或者翻译而不应予以注册或者应予无效，国家知识产权局依据商标法第三十条规定裁决支持其主张的，如果诉争商标注册未满五年，人民法院在当事人陈述意见之后，可以按照商标法第三十条规定进行审理；如果诉争商标注册已满五年，应当适用商标法第十三条第三款进行审理。

第十五条 商标代理人、代表人或者经销、代理等销售代理关系意义上的代理人、代表人未经授权，以自己的名义将与被代理人或者被代表人的商标相同或者近似的商标在相同或者类似商品上申请注册的，人民法院适用商标法第十五条第一款的规定进行审理。

在为建立代理或者代表关系的磋商阶段，前款规定的代理人或者代表人将被代理人或者被代表人的商标申请注册的，人民法院适用商标法第十五条第一款的规定进行审理。

商标申请人与代理人或者代表人之间存在亲属关系等特定身份关系的，可以推定其商标注册行为系与该代理人或者代表人恶意串通，人民法院适用商标法第十五条第一款的规定进行审理。

第十六条 以下情形可以认定为商标法第十五条第二款中规定的“其他关系”：

（一）商标申请人与在先使用人之间具有亲属关系；

（二）商标申请人与在先使用人之间具有劳动关系；

（三）商标申请人与在先使用人营业地址邻近；

（四）商标申请人与在先使用人曾就达成代理、代表关系进行过磋商，但未形成代理、代表关系；

（五）商标申请人与在先使用人曾就达成合同、业务往来关系进行过磋商，但未达成合同、业务往来关系。

第十七条　地理标志利害关系人依据商标法第十六条主张他人商标不应予以注册或者应予无效，如果诉争商标指定使用的商品与地理标志产品并非相同商品，而地理标志利害关系人能够证明诉争商标使用在该产品上仍然容易导致相关公众误认为该产品来源于该地区并因此具有特定的质量、信誉或者其他特征的，人民法院予以支持。

如果该地理标志已经注册为集体商标或者证明商标，集体商标或者证明商标的权利人或者利害关系人可选择依据该条或者另行依据商标法第十三条、第三十条等主张权利。

第十八条　商标法第三十二条规定的在先权利，包括当事人在诉争商标申请日之前享有的民事权利或者其他应予保护的合法权益。诉争商标核准注册时在先权利已不存在的，不影响诉争商标的注册。

第十九条　当事人主张诉争商标损害其在先著作权的，人民法院应当依照著作权法等相关规定，对所主张的客体是否构成作品、当事人是否为著作权人或者其他有权主张著作权的利害关系人以及诉争商标是否构成对著作权的侵害等进行审查。

商标标志构成受著作权法保护的作品的，当事人提供的涉及商标标志的设计底稿、原件、取得权利的合同、诉争商标申请日之前的著作权登记证书等，均可以作为证明著作权归属的初步证据。

商标公告、商标注册证等可以作为确定商标申请人为有权主张商标标志著作权的利害关系人的初步证据。

第二十条　当事人主张诉争商标损害其姓名权，如果相关公众认为该商标标志指代了该自然人，容易认为标记有该商标的商品系经过该自然人许可或者与该自然人存在特定联系的，人民法院应当认定该商标损害了该自然人的姓名权。

当事人以其笔名、艺名、译名等特定名称主张姓名权，该特定名称具有一定的知名度，与该自然人建立了稳定的对应关系，相关公众以其指代该自然人的，人民法院予以支持。

第二十一条　当事人主张的字号具有一定的市场知名度，他人未经许可申请注册与该字号相同或者近似的商标，容易导致相关公众对商品来源产生混淆，当事人以此主张构成在先权益的，人民法院予以支持。

当事人以具有一定市场知名度并已与企业建立稳定对应关系的企业名称的简称为依据提出主张的，适用前款规定。

第二十二条　当事人主张诉争商标损害角色形象著作权的，人民法院按照本规定第十九条进行审查。

对于著作权保护期限内的作品，如果作品名称、作品中的角色名称等具有较高知名度，将其作为商标使用在相关商品上容易导致相关公众误认为其经过权利人的许可或者与权利人存在特定联系，当事人以此主张构成在先权益的，人民法院予以支持。

第二十三条　在先使用人主张商标申请人以不正当手段抢先注册其在先使用并有一定影响的商标的，如果在先使用商标已经有一定影响，而商标申请人明知或者应知该商标，即可推定其构成“以不正当手段抢先注册”。但商标申请人举证证明其没有利用在先使用商标商誉的恶意的除外。

在先使用人举证证明其在先商标有一定的持续使用时间、区域、销售量或者广告宣传的，人民法院可以认定为有一定影响。

在先使用人主张商标申请人在与其不相类似的商品上申请注册其在先使用并有一定影响的商标，违反商标法第三十二条规定的，人民法院不予支持。

第二十四条　以欺骗手段以外的其他方式扰乱商标注册秩序、损害公共利益、不正当占用公共资源或者谋取不正当利益的，人民法院可以认定其属于商标法第四十四条第一款规定的“其他不正当手段”。

第二十五条　人民法院判断诉争商标申请人是否“恶意注册”他人驰名商标，应综合考虑引证商标的知名度、诉争商标申请人申请诉争商标的理由以及使用诉争商标的具体情形来判断其主观意图。引证商标知名度高、诉争商标申请人没有正当理由的，人民法院可以推定其注册构成商标法第四十五条第一款所指的“恶意注册”。

第二十六条　商标权人自行使用、他人经许可使用以及其他不违背商标权人意志的使用，均可认定为商标法第四十九条第二款所称的使用。

实际使用的商标标志与核准注册的商标标志有细微差别，但未改变其显著特征的，可以视为注册商标的使用。

没有实际使用注册商标，仅有转让或者许可行为；

或者仅是公布商标注册信息、声明享有注册商标专用权的,不认定为商标使用。

商标权人有真实使用商标的意图,并且有实际使用的必要准备,但因其他客观原因尚未实际使用注册商标的,人民法院可以认定其有正当理由。

第二十七条 当事人主张国家知识产权局下列情形属于行政诉讼法第七十条第(三)项规定的"违反法定程序"的,人民法院予以支持:

(一)遗漏当事人提出的评审理由,对当事人权利产生实际影响的;

(二)评审程序中未告知合议组成员,经审查确有应当回避事由而未回避的;

(三)未通知适格当事人参加评审,该方当事人明确提出异议的;

(四)其他违反法定程序的情形。

第二十八条 人民法院审理商标授权确权行政案件的过程中,国家知识产权局对诉争商标予以驳回、不予核准注册或者予以无效宣告的事由不复存在的,人民法院可以依据新的事实撤销国家知识产权局相关裁决,并判令其根据变更后的事实重新作出裁决。

第二十九条 当事人依据在原行政行为之后新发现的证据,或者在原行政程序中因客观原因无法取得或在规定的期限内不能提供的证据,或者新的法律依据提出的评审申请,不属于以"相同的事实和理由"再次提出评审申请。

在商标驳回复审程序中,国家知识产权局以申请商标与引证商标不构成使用在同一种或者类似商品上的相同或者近似商标为由准予申请商标初步审定公告后,以下情形不视为"以相同的事实和理由"再次提出评审申请:

(一)引证商标所有人或者利害关系人依据该引证商标提出异议,国家知识产权局予以支持,被异议商标申请人申请复审的;

(二)引证商标所有人或者利害关系人在申请商标获准注册后依据该引证商标申请宣告其无效的。

第三十条 人民法院生效裁判对于相关事实和法律适用已作出明确认定,相对人或者利害关系人对于国家知识产权局依据该生效裁判重新作出的裁决提起诉讼的,人民法院依法裁定不予受理;已经受理的,裁定驳回起诉。

第三十一条 本规定自2017年3月1日起施行。人民法院依据2001年修正的商标法审理的商标授权确权行政案件可参照适用本规定。

·指导案例·

最高人民法院指导案例58号
——成都同德福合川桃片有限公司诉重庆市合川区同德福桃片有限公司、余晓华侵害商标权及不正当竞争纠纷案

(最高人民法院审判委员会讨论通过
2016年5月20日发布)

【关键词】

民事 侵害商标权 不正当竞争 老字号 虚假宣传

【裁判要点】

1. 与"老字号"无历史渊源的个人或企业将"老字号"或与其近似的字号注册为商标后,以"老字号"的历史进行宣传的,应认定为虚假宣传,构成不正当竞争。

2. 与"老字号"具有历史渊源的个人或企业在未违反诚实信用原则的前提下,将"老字号"注册为个体工商户字号或企业名称,未引人误认且未突出使用该字号的,不构成不正当竞争或侵犯注册商标专用权。

【相关法条】

《中华人民共和国商标法》第57条第7项

《中华人民共和国反不正当竞争法》第2条、第9条

【基本案情】

原告(反诉被告)成都同德福合川桃片食品有限公司(以下简称成都同德福公司)诉称,成都同德福公司为"同德福TONGDEFU及图"商标权人,余晓华先后成立的个体工商户和重庆市合川区同德福桃片有限公司(以下简称重庆同德福公司),在其字号及生产的桃片外包装上突出使用了"同德福",侵害了原告享有的"同德福TONGDEFU及图"注册商标专用权并构成不正当竞争。请求法院判令重庆同德福公司、余晓华停止使用并注销含有"同德福"字号的企业名称;停止侵犯原告商标专用权的行为,登报赔礼道歉、消除影响,赔偿原告经济、商誉损失50万元及合理开支5066.4元。

被告(反诉原告)重庆同德福公司、余晓华共同答辩并反诉称,重庆同德福公司的前身为始创于1898年的同德福斋铺,虽然同德福斋铺因公私合营而停止生产,但未中断独特技艺的代代相传。"同德福"第四代传人余晓华继承祖业先后注册了个体工商户和公司,规范使用其企业名称及字号,重庆同德福公司、余晓华的注册行为是

善意的，不构成侵权。成都同德福公司与老字号“同德福”并没有直接的历史渊源，但其将“同德福”商标与老字号“同德福”进行关联的宣传，属于虚假宣传。而且，成都同德福公司擅自使用“同德福”知名商品名称，构成不正当竞争。请求法院判令成都同德福公司停止虚假宣传，在全国性报纸上登报消除影响；停止对“同德福”知名商品特有名称的侵权行为。

法院经审理查明：开业于1898年的同德福斋铺，在1916年至1956年期间，先后由余鸿春、余复光、余永祚三代人经营。在20世纪20年代至50年代期间，“同德福”商号享有较高知名度。1956年，由于公私合营，同德福斋铺停止经营。1998年，合川市桃片厂温江分厂获准注册了第1215206号“同德福TONGDEFU及图”商标，核定使用范围为第30类，即糕点、桃片（糕点）、可可产品、人造咖啡。2000年11月7日，前述商标的注册人名义经核准变更为成都同德福公司。成都同德福公司的多种产品外包装使用了“老字号”“百年老牌”字样、“‘同德福牌’桃片简介：‘同德福牌’桃片创制于清乾隆年间（或1840年），有着悠久的历史文化”等字样。成都同德福公司网站中“公司简介”页面将《合川文史资料选辑（第二辑）》中关于同德福斋铺的历史用于其“同德福”牌合川桃片的宣传。

2002年1月4日，余永祚之子余晓华注册个体工商户，字号名称为合川市老字号同德福桃片厂，经营范围为桃片、小食品自产自销。2007年，其字号名称变更为重庆市合川区同德福桃片厂，后注销。2011年5月6日，重庆同德福公司成立，法定代表人为余晓华，经营范围为糕点（烘烤类糕点、熟粉类糕点）生产，该公司是第6626473号“余复光1898”图文商标、第7587928号“余晓华”图文商标的注册商标专用权人。重庆同德福公司的多种产品外包装使用了“老字号【同德福】商号，始创于清光绪23年（1898年）历史悠久”等介绍同德福斋铺历史及获奖情况的内容，部分产品在该段文字后注明“以上文字内容摘自《合川县志》”；“【同德福】颂：同德福，在合川，驰名远，开百年，做桃片，四代传，品质高，价亦廉，讲诚信，无欺言，买卖公，热情谈”；“合川桃片”“重庆市合川区同德福桃片有限公司”等字样。

【裁判结果】

重庆市第一中级人民法院于2013年7月3日作出（2013）渝一中法民初字第00273号民事判决：一、成都同德福公司立即停止涉案的虚假宣传行为。二、成都同德福公司就其虚假宣传行为于本判决生效之日起连续五日在其网站刊登声明消除影响。三、驳回成都同德福公司的全部诉讼请求。四、驳回重庆同德福公司、余晓华的其他反诉请求。一审宣判后，成都同德福公司不服，提起上诉。重庆市高级人民法院于2013年12月17日作出（2013）渝高法民终字00292号民事判决：驳回上诉，维持原判。

【裁判理由】

法院生效裁判认为：个体工商户余晓华及重庆同德福公司与成都同德福公司经营范围相似，存在竞争关系；其字号中包含“同德福”三个字与成都同德福公司的“同德福TONGDEFU及图”注册商标的文字部分相同，与该商标构成近似。其登记字号的行为是否构成不正当竞争关键在于该行为是否违反诚实信用原则。成都同德福公司的证据不足以证明“同德福TONGDEFU及图”商标已经具有相当知名度，即便他人将“同德福”登记为字号并规范使用，不会引起相关公众误认，因而不能说明余晓华将个体工商户字号注册为“同德福”具有“搭便车”的恶意。而且，在二十世纪二十年代至五十年代期间，“同德福”商号享有较高商誉。同德福斋铺先后由余鸿春、余复光、余永祚三代人经营，尤其是在余复光经营期间，同德福斋铺生产的桃片获得了较多荣誉。余晓华系余复光之孙、余永祚之子，基于同德福斋铺的商号曾经获得的知名度及其与同德福斋铺经营者之间的直系亲属关系，将个体工商户字号登记为“同德福”具有合理性。余晓华登记个体工商户字号的行为是善意的，并未违反诚实信用原则，不构成不正当竞争。基于经营的延续性，其变更个体工商户字号的行为以及重庆同德福公司登记公司名称的行为亦不构成不正当竞争。

从重庆同德福公司产品的外包装来看，重庆同德福公司使用的是企业全称，标注于外包装正面底部，“同德福”三字位于企业全称之中，与整体保持一致，没有以简称等形式单独突出使用，也没有为突出显示而采取任何变化，且整体文字大小、字形、颜色与其他部分相比不突出。因此，重庆同德福公司在产品外包装上标注企业名称的行为系规范使用，不构成突出使用字号，也不构成侵犯商标权。就重庆同德福公司标注“同德福颂”的行为而言，“同德福颂”四字相对于其具体内容（三十六字打油诗）字体略大，但视觉上形成一个整体。其具体内容系根据史料记载的同德福斋铺曾经在商品外包装上使用过的一段类似文字改编，意在表明“同德福”商号的历史和经营理念，并非为突出“同德福”三个字。且重庆同德福公司的产品外包装使用了多项商业标识，其中“合川桃片”集体商标特别突出，其自有商标也比较明显，并同时标注了“合川桃片”地理标志及重庆市非物质文化遗产，相对于这些标识来看，"同德福颂"及其具体内容仅属于普通描述性文字，明显不具有商业标识的形式，也不够突出醒目，客观上不容易使消费者对商品来源产生误认，亦不具备替代商标的功能。因此，重庆同德福公司标注"同德福颂"的行为不属于侵犯商标权意义上的"突出使用"，不构成侵犯商标权。

成都同德福公司的网站上登载的部分"同德福牌"桃片的历史及荣誉，与史料记载的同德福斋铺的历史及荣誉一致，且在其网站上标注了史料来源，但并未举证证明其与同德福斋铺存在何种联系。此外，成都同德福公司还在其产品外包装标明其为"百年老牌""老字号""始创于清朝乾隆年间"等字样，而其"同德福 TONGDEFU 及图"商标核准注册的时间是 1998 年，就其采取前述标注行为的依据，成都同德福公司亦未举证证明。成都同德福公司的前述行为与事实不符，容易使消费者对于其品牌的起源、历史及其与同德福斋铺的关系产生误解，进而取得竞争上的优势，构成虚假宣传，应承担相应的停止侵权、消除影响的民事责任。

最高人民法院指导案例 82 号
——王碎永诉深圳歌力思服饰股份有限公司、杭州银泰世纪百货有限公司侵害商标权纠纷案

（最高人民法院审判委员会讨论通过
2017 年 3 月 6 日发布）

【关键词】

民事 侵害商标权 诚实信用 权利滥用

【裁判要点】

当事人违反诚实信用原则，损害他人合法权益，扰乱市场正当竞争秩序，恶意取得、行使商标权并主张他人侵权的，人民法院应当以构成权利滥用为由，判决对其诉讼请求不予支持。

【相关法条】

《中华人民共和国民事诉讼法》第 13 条

《中华人民共和国商标法》第 52 条

【基本案情】

深圳歌力思服装实业有限公司成立于 1999 年 6 月 8 日。2008 年 12 月 18 日，该公司通过受让方式取得第 1348583 号"歌力思"商标，该商标核定使用于第 25 类的服装等商品之上，核准注册于 1999 年 12 月。2009 年 11 月 19 日，该商标经核准续展注册，有效期自 2009 年 12 月 28 日至 2019 年 12 月 27 日。深圳歌力思服装实业有限公司还是第 4225104 号"ELLASSAY"的商标注册人。该商标核定使用商品为第 18 类的（动物）皮；钱包；旅行包；文件夹（皮革制）；皮制带子；裘皮；伞；手杖；手提包；购物袋。注册有效期限自 2008 年 4 月 14 日至 2018 年 4 月 13 日。2011 年 11 月 4 日，深圳歌力思服装实业有限公司更名为深圳歌力思服饰股份有限公司（以下简称歌力思公司，即本案一审被告人）。2012 年 3 月 1 日，上述"歌力思"商标的注册人相应变更为歌力思公司。

一审原告人王碎永于 2011 年 6 月申请注册了第 7925873 号"歌力思"商标，该商标核定使用商品为第 18 类的钱包、手提包等。王碎永还曾于 2004 年 7 月 7 日申请注册第 4157840 号"歌力思及图"商标。后因北京市高级人民法院于 2014 年 4 月 2 日作出的二审判决认定，该商标损害了歌力思公司的关联企业歌力思投资管理有限公司的在先字号权，因此不应予以核准注册。

自 2011 年 9 月起，王碎永先后在杭州、南京、上海、福州等地的"ELLASSAY"专柜，通过公证程序购买了带有"品牌中文名：歌力思，品牌英文名：ELLASSAY"字样吊牌的皮包。2012 年 3 月 7 日，王碎永以歌力思公司及杭州银泰世纪百货有限公司（以下简称杭州银泰公司）生产、销售上述皮包的行为构成对王碎永拥有的"歌力思"商标、"歌力思及图"商标权的侵害为由，提起诉讼。

【裁判结果】

杭州市中级人民法院于 2013 年 2 月 1 日作出（2012）浙杭知初字第 362 号民事判决，认为歌力思公司及杭州银泰公司生产、销售被诉侵权商品的行为侵害了王碎永的注册商标专用权，判决歌力思公司、杭州银泰公司承担停止侵权行为、赔偿王碎永经济损失及合理费用共计 10 万元及消除影响。歌力思公司不服，提起上诉。浙江省高级人民法院于 2013 年 6 月 7 日作出（2013）浙知终字第 222 号民事判决，驳回上诉、维持原判。歌力思公司及王碎永均不服，向最高人民法院申请再审。最高人民法院裁定提审本案，并于 2014 年 8 月 14 日作出（2014）民提字第 24 号判决，撤销一审、二审判决，驳回王碎永的全部诉讼请求。

【裁判理由】

法院生效裁判认为，诚实信用原则是一切市场活动参与者所应遵循的基本准则。一方面，它鼓励和支持人们通过诚实劳动积累社会财富和创造社会价值，并保护在此基础上形成的财产性权益，以及基于合法、正当的目的支配该财产性权益的自由和权利；另一方面，它又要求人们在市场活动中讲究信用、诚实不欺，在不损害他人合

法利益、社会公共利益和市场秩序的前提下追求自己的利益。民事诉讼活动同样应当遵循诚实信用原则。一方面，它保障当事人有权在法律规定的范围内行使和处分自己的民事权利和诉讼权利；另一方面，它又要求当事人在不损害他人和社会公共利益的前提下，善意、审慎地行使自己的权利。任何违背法律目的和精神，以损害他人正当权益为目的，恶意取得并行使权利、扰乱市场正当竞争秩序的行为均属于权利滥用，其相关权利主张不应得到法律的保护和支持。

第4157840号“歌力思及图”商标迄今为止尚未被核准注册，王碎永无权据此对他人提起侵害商标权之诉。对于歌力思公司、杭州银泰公司的行为是否侵害王碎永的第7925873号“歌力思”商标权的问题，首先，歌力思公司拥有合法的在先权利基础。歌力思公司及其关联企业最早将“歌力思”作为企业字号使用的时间为1996年，最早在服装等商品上取得“歌力思”注册商标专用权的时间为1999年。经长期使用和广泛宣传，作为企业字号和注册商标的“歌力思”已经具有了较高的市场知名度，歌力思公司对前述商业标识享有合法的在先权利。其次，歌力思公司在本案中的使用行为系基于合法的权利基础，使用方式和行为性质均具有正当性。从销售场所来看，歌力思公司对被诉侵权商品的展示和销售行为均完成于杭州银泰公司的歌力思专柜，专柜通过标注歌力思公司的“ELLASSAY”商标等方式，明确表明了被诉侵权商品的提供者。在歌力思公司的字号、商标等商业标识已经具有较高的市场知名度，而王碎永未能举证证明其“歌力思”商标同样具有知名度的情况下，歌力思公司在其专柜中销售被诉侵权商品的行为，不会使普通消费者误认该商品来自于王碎永。从歌力思公司的具体使用方式来看，被诉侵权商品的外包装、商品内的显著部位均明确标注了“ELLASSAY”商标，而仅在商品吊牌之上使用了“品牌中文名：歌力思”的字样。由于“歌力思”本身就是歌力思公司的企业字号，且与其“ELLASSAY”商标具有互为指代关系，故歌力思公司在被诉侵权商品的吊牌上使用“歌力思”文字来指代商品生产者的做法并无明显不妥，不具有攀附王碎永“歌力思”商标知名度的主观意图，亦不会为普通消费者正确识别被诉侵权商品的来源制造障碍。在此基础上，杭州银泰公司销售被诉侵权商品的行为亦不为法律所禁止。最后，王碎永取得和行使“歌力思”商标权的行为难谓正当。“歌力思”商标由中文文字“歌力思”构成，与歌力思公司在先使用的企业字号及在先注册的“歌力思”商标的文字构成完全相同。“歌力思”本身为无固有含义的臆造词，具有较强的固有显著性，依常理判断，在完全没有接触或知悉的情况下，因巧合而出现雷同注册的可能性较低。作为地域接近、经营范围关联程度较高的商品经营者，王碎永对“歌力思”字号及商标完全不了解的可能性较低。在上述情形之下，王碎永仍在手提包、钱包等商品上申请注册“歌力思”商标，其行为难谓正当。王碎永以非善意取得的商标权对歌力思公司的正当使用行为提起的侵权之诉，构成权利滥用。

2. 专利保护

中华人民共和国专利法

1. 1984年3月12日第六届全国人民代表大会常务委员会第四次会议通过
2. 根据1992年9月4日第七届全国人民代表大会常务委员会第二十七次会议《关于修改〈中华人民共和国专利法〉的决定》第一次修正
3. 根据2000年8月25日第九届全国人民代表大会常务委员会第十七次会议《关于修改〈中华人民共和国专利法〉的决定》第二次修正
4. 根据2008年12月27日第十一届全国人民代表大会常务委员会第六次会议《关于修改〈中华人民共和国专利法〉的决定》第三次修正
5. 根据2020年10月17日第十三届全国人民代表大会常务委员会第二十二次会议《关于修改〈中华人民共和国专利法〉的决定》第四次修正

目　　录

第一章　总　　则

第一条　【立法目的】为了保护专利权人的合法权益，鼓励发明创造，推动发明创造的应用，提高创新能力，促进科学技术进步和经济社会发展，制定本法。

第二条　【发明创造范围】本法所称的发明创造是指发明、实用新型和外观设计。

发明，是指对产品、方法或者其改进所提出的新的技术方案。

实用新型，是指对产品的形状、构造或者其结合所提出的适于实用的新的技术方案。

外观设计，是指对产品的整体或者局部的形状、图案或者其结合以及色彩与形状、图案的结合所作出的富有美感并适于工业应用的新设计。

第三条　【管理部门】国务院专利行政部门负责管理全国的专利工作；统一受理和审查专利申请，依法授予专利权。

省、自治区、直辖市人民政府管理专利工作的部门负责本行政区域内的专利管理工作。

第四条　【保密处理】申请专利的发明创造涉及国家安全或者重大利益需要保密的，按照国家有关规定办理。

第五条　【不授予专利权的情形】对违反法律、社会公德或者妨害公共利益的发明创造，不授予专利权。

对违反法律、行政法规的规定获取或者利用遗传资源，并依赖该遗传资源完成的发明创造，不授予专利权。

第六条　【职务发明】执行本单位的任务或者主要是利用本单位的物质技术条件所完成的发明创造为职务发明创造。职务发明创造申请专利的权利属于该单位，申请被批准后，该单位为专利权人。该单位可以依法处置其职务发明创造申请专利的权利和专利权，促进相关发明创造的实施和运用。

非职务发明创造，申请专利的权利属于发明人或者设计人；申请被批准后，该发明人或者设计人为专利权人。

利用本单位的物质技术条件所完成的发明创造，单位与发明人或者设计人订有合同，对申请专利的权利和专利权的归属作出约定的，从其约定。

第七条　【非职务专利申请】对发明人或者设计人的非职务发明创造专利申请，任何单位或者个人不得压制。

第八条　【合作发明专利权归属】两个以上单位或者个人合作完成的发明创造、一个单位或者个人接受其他单位或者个人委托所完成的发明创造，除另有协议的以外，申请专利的权利属于完成或者共同完成的单位或者个人；申请被批准后，申请的单位或者个人为专利权人。

第九条　【同一发明创造只授一项专利】同样的发明创造只能授予一项专利权。但是，同一申请人同日对同样的发明创造既申请实用新型专利又申请发明专利，先获得的实用新型专利权尚未终止，且申请人声明放弃该实用新型专利权的，可以授予发明专利权。

两个以上的申请人分别就同样的发明创造申请专利的，专利权授予最先申请的人。

第十条　【申请权、专利权转让】专利申请权和专利权可以转让。

中国单位或者个人向外国人、外国企业或者外国其他组织转让专利申请权或者专利权的，应当依照有关法律、行政法规的规定办理手续。

转让专利申请权或者专利权的，当事人应当订立书面合同，并向国务院专利行政部门登记，由国务院专利行政部门予以公告。专利申请权或者专利权的转让自登记之日起生效。

第十一条 【排他规定】发明和实用新型专利权被授予后，除本法另有规定的以外，任何单位或者个人未经专利权人许可，都不得实施其专利，即不得为生产经营目的制造、使用、许诺销售、销售、进口其专利产品，或者使用其专利方法以及使用、许诺销售、销售、进口依照该专利方法直接获得的产品。

外观设计专利权被授予后，任何单位或者个人未经专利权人许可，都不得实施其专利，即不得为生产经营目的制造、许诺销售、销售、进口其外观设计专利产品。

第十二条 【许可合同】任何单位或者个人实施他人专利的，应当与专利权人订立实施许可合同，向专利权人支付专利使用费。被许可人无权允许合同规定以外的任何单位或者个人实施该专利。

第十三条 【实施费用支付】发明专利申请公布后，申请人可以要求实施其发明的单位或者个人支付适当的费用。

第十四条 【共有专利权的实施】专利申请权或者专利权的共有人对权利的行使有约定的，从其约定。没有约定的，共有人可以单独实施或者以普通许可方式许可他人实施该专利；许可他人实施该专利的，收取的使用费应当在共有人之间分配。

除前款规定的情形外，行使共有的专利申请权或者专利权应当取得全体共有人的同意。

第十五条 【职务发明奖励】被授予专利权的单位应当对职务发明创造的发明人或者设计人给予奖励；发明创造专利实施后，根据其推广应用的范围和取得的经济效益，对发明人或者设计人给予合理的报酬。

国家鼓励被授予专利权的单位实行产权激励，采取股权、期权、分红等方式，使发明人或者设计人合理分享创新收益。

第十六条 【署名权与标识权】发明人或者设计人有权在专利文件中写明自己是发明人或者设计人。

专利权人有权在其专利产品或者该产品的包装上标明专利标识。

第十七条 【涉外规定】在中国没有经常居所或者营业所的外国人、外国企业或者外国其他组织在中国申请专利的，依照其所属国同中国签订的协议或者共同参加的国际条约，或者依照互惠原则，根据本法办理。

第十八条 【外国人或组织专利事务委托】在中国没有经常居所或者营业所的外国人、外国企业或者外国其他组织在中国申请专利和办理其他专利事务的，应当委托依法设立的专利代理机构办理。

中国单位或者个人在国内申请专利和办理其他专利事务的，可以委托依法设立的专利代理机构办理。

专利代理机构应当遵守法律、行政法规，按照被代理人的委托办理专利申请或者其他专利事务；对被代理人发明创造的内容，除专利申请已经公布或者公告的以外，负有保密责任。专利代理机构的具体管理办法由国务院规定。

第十九条 【中国人涉外专利申请委托】任何单位或者个人将在中国完成的发明或者实用新型向外国申请专利的，应当事先报经国务院专利行政部门进行保密审查。保密审查的程序、期限等按照国务院的规定执行。

中国单位或者个人可以根据中华人民共和国参加的有关国际条约提出专利国际申请。申请人提出专利国际申请的，应当遵守前款规定。

国务院专利行政部门依照中华人民共和国参加的有关国际条约、本法和国务院有关规定处理专利国际申请。

对违反本条第一款规定向外国申请专利的发明或者实用新型，在中国申请专利的，不授予专利权。

第二十条 【滥用专利权的处理】申请专利和行使专利权应当遵循诚实信用原则。不得滥用专利权损害公共利益或者他人合法权益。

滥用专利权，排除或者限制竞争，构成垄断行为的，依照《中华人民共和国反垄断法》处理。

第二十一条 【专利审查要求】国务院专利行政部门应当按照客观、公正、准确、及时的要求，依法处理有关专利的申请和请求。

国务院专利行政部门应当加强专利信息公共服务体系建设，完整、准确、及时发布专利信息，提供专利基础数据，定期出版专利公报，促进专利信息传播与利用。

在专利申请公布或者公告前，国务院专利行政部门的工作人员及有关人员对其内容负有保密责任。

第二章 授予专利权的条件

第二十二条 【授予条件】授予专利权的发明和实用新型，应当具备新颖性、创造性和实用性。

新颖性，是指该发明或者实用新型不属于现有技术;也没有任何单位或者个人就同样的发明或者实用新型在申请日以前向国务院专利行政部门提出过申请,并记载在申请日以后公布的专利申请文件或者公告的专利文件中。

创造性,是指与现有技术相比,该发明具有突出的实质性特点和显著的进步,该实用新型具有实质性特点和进步。

实用性,是指该发明或者实用新型能够制造或者使用,并且能够产生积极效果。

本法所称现有技术,是指申请日以前在国内外为公众所知的技术。

第二十三条 【外观设计专利权授予条件】授予专利权的外观设计,应当不属于现有设计;也没有任何单位或者个人就同样的外观设计在申请日以前向国务院专利行政部门提出过申请,并记载在申请日以后公告的专利文件中。

授予专利权的外观设计与现有设计或者现有设计特征的组合相比,应当具有明显区别。

授予专利权的外观设计不得与他人在申请日以前已经取得的合法权利相冲突。

本法所称现有设计,是指申请日以前在国内外为公众所知的设计。

第二十四条 【新颖性保持特殊规定】申请专利的发明创造在申请日以前六个月内,有下列情形之一的,不丧失新颖性:

(一)在国家出现紧急状态或者非常情况时,为公共利益目的首次公开的;

(二)在中国政府主办或者承认的国际展览会上首次展出的;

(三)在规定的学术会议或者技术会议上首次发表的;

(四)他人未经申请人同意而泄露其内容的。

第二十五条 【不授予专利权的情形】对下列各项,不授予专利权:

(一)科学发现;

(二)智力活动的规则和方法;

(三)疾病的诊断和治疗方法;

(四)动物和植物品种;

(五)原子核变换方法以及用原子核变换方法获得的物质;

(六)对平面印刷品的图案、色彩或者二者的结合作出的主要起标识作用的设计。

对前款第(四)项所列产品的生产方法,可以依照本法规定授予专利权。

第三章 专利的申请

第二十六条 【发明或实用新型专利申请文件】申请发明或者实用新型专利的,应当提交请求书、说明书及其摘要和权利要求书等文件。

请求书应当写明发明或者实用新型的名称,发明人的姓名,申请人姓名或者名称、地址,以及其他事项。

说明书应当对发明或者实用新型作出清楚、完整的说明,以所属技术领域的技术人员能够实现为准;必要的时候,应当有附图。摘要应当简要说明发明或者实用新型的技术要点。

权利要求书应当以说明书为依据,清楚、简要地限定要求专利保护的范围。

依赖遗传资源完成的发明创造,申请人应当在专利申请文件中说明该遗传资源的直接来源和原始来源;申请人无法说明原始来源的,应当陈述理由。

第二十七条 【外观设计专利权申请文件】申请外观设计专利的,应当提交请求书、该外观设计的图片或者照片以及对该外观设计的简要说明等文件。

申请人提交的有关图片或者照片应当清楚地显示要求专利保护的产品的外观设计。

第二十八条 【申请日确定】国务院专利行政部门收到专利申请文件之日为申请日。如果申请文件是邮寄的,以寄出的邮戳日为申请日。

第二十九条 【申请优先权】申请人自发明或者实用新型在外国第一次提出专利申请之日起十二个月内,或者自外观设计在外国第一次提出专利申请之日起六个月内,又在中国就相同主题提出专利申请的,依照该外国同中国签订的协议或者共同参加的国际条约,或者依照相互承认优先权的原则,可以享有优先权。

申请人自发明或者实用新型在中国第一次提出专利申请之日起十二个月内,或者自外观设计在中国第一次提出专利申请之日起六个月内,又向国务院专利行政部门就相同主题提出专利申请的,可以享有优先权。

第三十条 【优先权书面声明】申请人要求发明、实用新型专利优先权的,应当在申请的时候提出书面声明,并且在第一次提出申请之日起十六个月内,提交第一次提出的专利申请文件的副本。

申请人要求外观设计专利优先权的,应当在申请的时候提出书面声明,并且在三个月内提交第一次提出的专利申请文件的副本。

申请人未提出书面声明或者逾期未提交专利申请

文件副本的，视为未要求优先权。

第三十一条 【专利数量确定】一件发明或者实用新型专利申请应当限于一项发明或者实用新型。属于一个总的发明构思的两项以上的发明或者实用新型，可以作为一件申请提出。

一件外观设计专利申请应当限于一项外观设计。同一产品两项以上的相似外观设计，或者用于同一类别并且成套出售或者使用的产品的两项以上外观设计，可以作为一件申请提出。

第三十二条 【申请撤回】申请人可以在被授予专利权之前随时撤回其专利申请。

第三十三条 【申请文件修改】申请人可以对其专利申请文件进行修改，但是，对发明和实用新型专利申请文件的修改不得超出原说明书和权利要求书记载的范围，对外观设计专利申请文件的修改不得超出原图片或者照片表示的范围。

第四章 专利申请的审查和批准

第三十四条 【审查结果公布】国务院专利行政部门收到发明专利申请后，经初步审查认为符合本法要求的，自申请日起满十八个月，即行公布。国务院专利行政部门可以根据申请人的请求早日公布其申请。

第三十五条 【实质审查】发明专利申请自申请日起三年内，国务院专利行政部门可以根据申请人随时提出的请求，对其申请进行实质审查；申请人无正当理由逾期不请求实质审查的，该申请即被视为撤回。

国务院专利行政部门认为必要的时候，可以自行对发明专利申请进行实质审查。

第三十六条 【实质审查资料提交】发明专利的申请人请求实质审查的时候，应当提交在申请日前与其发明有关的参考资料。

发明专利已经在外国提出过申请的，国务院专利行政部门可以要求申请人在指定期限内提交该国为审查其申请进行检索的资料或者审查结果的资料；无正当理由逾期不提交的，该申请即被视为撤回。

第三十七条 【申请不符合规定的处理】国务院专利行政部门对发明专利申请进行实质审查后，认为不符合本法规定的，应当通知申请人，要求其在指定的期限内陈述意见，或者对其申请进行修改；无正当理由逾期不答复的，该申请即被视为撤回。

第三十八条 【驳回申请情形】发明专利申请经申请人陈述意见或者进行修改后，国务院专利行政部门仍然认为不符合本法规定的，应当予以驳回。

第三十九条 【发明专利权的授予】发明专利申请经实质审查没有发现驳回理由的，由国务院专利行政部门作出授予发明专利权的决定，发给发明专利证书，同时予以登记和公告。发明专利权自公告之日起生效。

第四十条 【实用新型和外观设计专利权的授予】实用新型和外观设计专利申请经初步审查没有发现驳回理由的，由国务院专利行政部门作出授予实用新型专利权或者外观设计专利权的决定，发给相应的专利证书，同时予以登记和公告。实用新型专利权和外观设计专利权自公告之日起生效。

第四十一条 【专利申请复审】专利申请人对国务院专利行政部门驳回申请的决定不服的，可以自收到通知之日起三个月内向国务院专利行政部门请求复审。国务院专利行政部门复审后，作出决定，并通知专利申请人。

专利申请人对国务院专利行政部门的复审决定不服的，可以自收到通知之日起三个月内向人民法院起诉。

第五章 专利权的期限、终止和无效

第四十二条 【专利权期限】发明专利权的期限为二十年，实用新型专利权的期限为十年，外观设计专利权的期限为十五年，均自申请日起计算。

自发明专利申请日起满四年，且自实质审查请求之日起满三年后授予发明专利权的，国务院专利行政部门应专利权人的请求，就发明专利在授权过程中的不合理延迟给予专利权期限补偿，但由申请人引起的不合理延迟除外。

为补偿新药上市审评审批占用的时间，对在中国获得上市许可的新药相关发明专利，国务院专利行政部门应专利权人的请求给予专利权期限补偿。补偿期限不超过五年，新药批准上市后总有效专利权期限不超过十四年。

第四十三条 【年费】专利权人应当自被授予专利权的当年开始缴纳年费。

第四十四条 【专利权提前终止情形】有下列情形之一的，专利权在期限届满前终止：

（一）没有按照规定缴纳年费的；

（二）专利权人以书面声明放弃其专利权的。

专利权在期限届满前终止的，由国务院专利行政部门登记和公告。

第四十五条 【专利权授予异议】自国务院专利行政部门公告授予专利权之日起，任何单位或者个人认为该专利权的授予不符合本法有关规定的，可以请求国务院专利行政部门宣告该专利权无效。

第四十六条 【异议审查】国务院专利行政部门对宣告专利权无效的请求应当及时审查和作出决定,并通知请求人和专利权人。宣告专利权无效的决定,由国务院专利行政部门登记和公告。

对国务院专利行政部门宣告专利权无效或者维持专利权的决定不服的,可以自收到通知之日起三个月内向人民法院起诉。人民法院应当通知无效宣告请求程序的对方当事人作为第三人参加诉讼。

第四十七条 【专利权宣告无效的效力和处理】宣告无效的专利权视为自始即不存在。

宣告专利权无效的决定,对在宣告专利权无效前人民法院作出并已执行的专利侵权的判决、调解书,已经履行或者强制执行的专利侵权纠纷处理决定,以及已经履行的专利实施许可合同和专利权转让合同,不具有追溯力。但是因专利权人的恶意给他人造成的损失,应当给予赔偿。

依照前款规定不返还专利侵权赔偿金、专利使用费、专利权转让费,明显违反公平原则的,应当全部或者部分返还。

第六章 专利实施的特别许可

第四十八条 【加强专利公共服务】国务院专利行政部门、地方人民政府管理专利工作的部门应当会同同级相关部门采取措施,加强专利公共服务,促进专利实施和运用。

第四十九条 【公益发明】国有企业事业单位的发明专利,对国家利益或者公共利益具有重大意义的,国务院有关主管部门和省、自治区、直辖市人民政府报经国务院批准,可以决定在批准的范围内推广应用,允许指定的单位实施,由实施单位按照国家规定向专利权人支付使用费。

第五十条 【开放许可声明】专利权人自愿以书面方式向国务院专利行政部门声明愿意许可任何单位或者个人实施其专利,并明确许可使用费支付方式、标准的,由国务院专利行政部门予以公告,实行开放许可。就实用新型、外观设计专利提出开放许可声明的,应当提供专利权评价报告。

专利权人撤回开放许可声明的,应当以书面方式提出,并由国务院专利行政部门予以公告。开放许可声明被公告撤回的,不影响在先给予的开放许可的效力。

第五十一条 【开放许可使用费】任何单位或者个人有意愿实施开放许可的专利的,以书面方式通知专利权人,并依照公告的许可使用费支付方式、标准支付许可使用费后,即获得专利实施许可。

开放许可实施期间,对专利权人缴纳专利年费相应给予减免。

实行开放许可的专利权人可以与被许可人就许可使用费进行协商后给予普通许可,但不得就该专利给予独占或者排他许可。

第五十二条 【开放许可纠纷处理】当事人就实施开放许可发生纠纷的,由当事人协商解决;不愿协商或者协商不成的,可以请求国务院专利行政部门进行调解,也可以向人民法院起诉。

第五十三条 【对具备实施条件单位或个人的强制许可】有下列情形之一的,国务院专利行政部门根据具备实施条件的单位或者个人的申请,可以给予实施发明专利或者实用新型专利的强制许可:

(一)专利权人自专利权被授予之日起满三年,且自提出专利申请之日起满四年,无正当理由未实施或者未充分实施其专利的;

(二)专利权人行使专利权的行为被依法认定为垄断行为,为消除或者减少该行为对竞争产生的不利影响的。

第五十四条 【公益性强制许可】在国家出现紧急状态或者非常情况时,或者为了公共利益的目的,国务院专利行政部门可以给予实施发明专利或者实用新型专利的强制许可。

第五十五条 【药品专利强制许可】为了公共健康目的,对取得专利权的药品,国务院专利行政部门可以给予制造并将其出口到符合中华人民共和国参加的有关国际条约规定的国家或者地区的强制许可。

第五十六条 【依赖型专利强制许可】一项取得专利权的发明或者实用新型比前已经取得专利权的发明或者实用新型具有显著经济意义的重大技术进步,其实施又有赖于前一发明或者实用新型的实施的,国务院专利行政部门根据后一专利权人的申请,可以给予实施前一发明或者实用新型的强制许可。

在依照前款规定给予实施强制许可的情形下,国务院专利行政部门根据前一专利权人的申请,也可以给予实施后一发明或者实用新型的强制许可。

第五十七条 【半导体技术强制许可限制】强制许可涉及的发明创造为半导体技术的,其实施限于公共利益的目的和本法第五十三条第(二)项规定的情形。

第五十八条 【强制许可实施的重心】除依照本法第五十三条第(二)项、第五十五条规定给予的强制许可外,强制许可的实施应当主要为了供应国内市场。

第五十九条　【申请强制许可的证据提交】依照本法第五十三条第（一）项、第五十六条规定申请强制许可的单位或者个人应当提供证据，证明其以合理的条件请求专利权人许可其实施专利，但未能在合理的时间内获得许可。

第六十条　【强制许可的通知及公告】国务院专利行政部门作出的给予实施强制许可的决定，应当及时通知专利权人，并予以登记和公告。

给予实施强制许可的决定，应当根据强制许可的理由规定实施的范围和时间。强制许可的理由消除并不再发生时，国务院专利行政部门应当根据专利权人的请求，经审查后作出终止实施强制许可的决定。

第六十一条　【独占实施权的排除】取得实施强制许可的单位或者个人不享有独占的实施权，并且无权允许他人实施。

第六十二条　【费用支付】取得实施强制许可的单位或者个人应当付给专利权人合理的使用费，或者依照中华人民共和国参加的有关国际条约的规定处理使用费问题。付给使用费的，其数额由双方协商；双方不能达成协议的，由国务院专利行政部门裁决。

第六十三条　【起诉情形】专利权人对国务院专利行政部门关于实施强制许可的决定不服的，专利权人和取得实施强制许可的单位或者个人对国务院专利行政部门关于实施强制许可的使用费的裁决不服的，可以自收到通知之日起三个月内向人民法院起诉。

第七章　专利权的保护

第六十四条　【保护范围】发明或者实用新型专利权的保护范围以其权利要求的内容为准，说明书及附图可以用于解释权利要求的内容。

外观设计专利权的保护范围以表示在图片或者照片中的该产品的外观设计为准，简要说明可以用于解释图片或者照片所表示的该产品的外观设计。

第六十五条　【纠纷解决】未经专利权人许可，实施其专利，即侵犯其专利权，引起纠纷的，由当事人协商解决；不愿协商或者协商不成的，专利权人或者利害关系人可以向人民法院起诉，也可以请求管理专利工作的部门处理。管理专利工作的部门处理时，认定侵权行为成立的，可以责令侵权人立即停止侵权行为，当事人不服的，可以自收到处理通知之日起十五日内依照《中华人民共和国行政诉讼法》向人民法院起诉；侵权人期满不起诉又不停止侵权行为的，管理专利工作的部门可以申请人民法院强制执行。进行处理的管理专利工作的部门应当事人的请求，可以就侵犯专利权的赔偿数额进行调解；调解不成的，当事人可以依照《中华人民共和国民事诉讼法》向人民法院起诉。

第六十六条　【专利侵权纠纷的举证要求】专利侵权纠纷涉及新产品制造方法的发明专利的，制造同样产品的单位或者个人应当提供其产品制造方法不同于专利方法的证明。

专利侵权纠纷涉及实用新型专利或者外观设计专利的，人民法院或者管理专利工作的部门可以要求专利权人或者利害关系人出具由国务院专利行政部门对相关实用新型或者外观设计进行检索、分析和评价后作出的专利权评价报告，作为审理、处理专利侵权纠纷的证据；专利权人、利害关系人或者被控侵权人也可以主动出具专利权评价报告。

第六十七条　【不构成侵权情形】在专利侵权纠纷中，被控侵权人有证据证明其实施的技术或者设计属于现有技术或者现有设计的，不构成侵犯专利权。

第六十八条　【假冒专利的法律责任】假冒专利的，除依法承担民事责任外，由负责专利执法的部门责令改正并予公告，没收违法所得，可以处违法所得五倍以下的罚款；没有违法所得或者违法所得在五万元以下的，可以处二十五万元以下的罚款；构成犯罪的，依法追究刑事责任。

第六十九条　【查处涉嫌假冒专利行为】负责专利执法的部门根据已经取得的证据，对涉嫌假冒专利行为进行查处时，有权采取下列措施：

（一）询问有关当事人，调查与涉嫌违法行为有关的情况；

（二）对当事人涉嫌违法行为的场所实施现场检查；

（三）查阅、复制与涉嫌违法行为有关的合同、发票、账簿以及其他有关资料；

（四）检查与涉嫌违法行为有关的产品；

（五）对有证据证明是假冒专利的产品，可以查封或者扣押。

管理专利工作的部门应专利权人或者利害关系人的请求处理专利侵权纠纷时，可以采取前款第（一）项、第（二）项、第（四）项所列措施。

负责专利执法的部门、管理专利工作的部门依法行使前两款规定的职权时，当事人应当予以协助、配合，不得拒绝、阻挠。

第七十条　【专利侵权纠纷处理形式】国务院专利行政部门可以应专利权人或者利害关系人的请求处理在全国有重大影响的专利侵权纠纷。

地方人民政府管理专利工作的部门应专利权人或者利害关系人请求处理专利侵权纠纷，对在本行政区域内侵犯其同一专利权的案件可以合并处理；对跨区域侵犯其同一专利权的案件可以请求上级地方人民政府管理专利工作的部门处理。

第七十一条 【侵权赔偿数额确定】侵犯专利权的赔偿数额按照权利人因被侵权所受到的实际损失或者侵权人因侵权所获得的利益确定；权利人的损失或者侵权人获得的利益难以确定的，参照该专利许可使用费的倍数合理确定。对故意侵犯专利权，情节严重的，可以在按照上述方法确定数额的一倍以上五倍以下确定赔偿数额。

权利人的损失、侵权人获得的利益和专利许可使用费均难以确定的，人民法院可以根据专利权的类型、侵权行为的性质和情节等因素，确定给予三万元以上五百万元以下的赔偿。

赔偿数额还应当包括权利人为制止侵权行为所支付的合理开支。

人民法院为确定赔偿数额，在权利人已经尽力举证，而与侵权行为相关的账簿、资料主要由侵权人掌握的情况下，可以责令侵权人提供与侵权行为相关的账簿、资料；侵权人不提供或者提供虚假的账簿、资料的，人民法院可以参考权利人的主张和提供的证据判定赔偿数额。

第七十二条 【诉前保全】专利权人或者利害关系人有证据证明他人正在实施或者即将实施侵犯专利权、妨碍其实现权利的行为，如不及时制止将会使其合法权益受到难以弥补的损害的，可以在起诉前依法向人民法院申请采取财产保全、责令作出一定行为或者禁止作出一定行为的措施。

第七十三条 【诉前证据保全】为了制止专利侵权行为，在证据可能灭失或者以后难以取得的情况下，专利权人或者利害关系人可以在起诉前依法向人民法院申请保全证据。

第七十四条 【诉讼时效】侵犯专利权的诉讼时效为三年，自专利权人或者利害关系人知道或者应当知道侵权行为以及侵权人之日起计算。

发明专利申请公布后至专利权授予前使用该发明未支付适当使用费的，专利权人要求支付使用费的诉讼时效为三年，自专利权人知道或者应当知道他人使用其发明之日起计算，但是，专利权人于专利权授予之日前即已知道或者应当知道的，自专利权授予之日起计算。

第七十五条 【不视为侵权情形】有下列情形之一的，不视为侵犯专利权：

（一）专利产品或者依照专利方法直接获得的产品，由专利权人或者经其许可的单位、个人售出后，使用、许诺销售、销售、进口该产品的；

（二）在专利申请日前已经制造相同产品、使用相同方法或者已经作好制造、使用的必要准备，并且仅在原有范围内继续制造、使用的；

（三）临时通过中国领陆、领水、领空的外国运输工具，依照其所属国同中国签订的协议或者共同参加的国际条约，或者依照互惠原则，为运输工具自身需要而在其装置和设备中使用有关专利的；

（四）专为科学研究和实验而使用有关专利的；

（五）为提供行政审批所需要的信息，制造、使用、进口专利药品或者专利医疗器械的，以及专门为其制造、进口专利药品或者专利医疗器械的。

第七十六条 【药品相关专利权纠纷的解决】药品上市审评审批过程中，药品上市许可申请人与有关专利权人或者利害关系人，因申请注册的药品相关的专利权产生纠纷的，相关当事人可以向人民法院起诉，请求就申请注册的药品相关技术方案是否落入他人药品专利权保护范围作出判决。国务院药品监督管理部门在规定的期限内，可以根据人民法院生效裁判作出是否暂停批准相关药品上市的决定。

药品上市许可申请人与有关专利权人或者利害关系人也可以就申请注册的药品相关的专利权纠纷，向国务院专利行政部门请求行政裁决。

国务院药品监督管理部门会同国务院专利行政部门制定药品上市许可审批与药品上市许可申请阶段专利权纠纷解决的具体衔接办法，报国务院同意后实施。

第七十七条 【不承担赔偿责任情形】为生产经营目的使用、许诺销售或者销售不知道是未经专利权人许可而制造并售出的专利侵权产品，能证明该产品合法来源的，不承担赔偿责任。

第七十八条 【泄露国家秘密的处罚】违反本法第十九条规定向外国申请专利，泄露国家秘密的，由所在单位或者上级主管机关给予行政处分；构成犯罪的，依法追究刑事责任。

第七十九条 【主管部门推荐专利产品的禁止及处罚】管理专利工作的部门不得参与向社会推荐专利产品等经营活动。

管理专利工作的部门违反前款规定的，由其上级机关或者监察机关责令改正，消除影响，有违法收入的予以没收;情节严重的,对直接负责的主管人员和其他直接责任人员依法给予处分。

第八十条 【渎职处罚】从事专利管理工作的国家机关工作人员以及其他有关国家机关工作人员玩忽职守、滥用职权、徇私舞弊,构成犯罪的,依法追究刑事责任;尚不构成犯罪的,依法给予处分。

第八章 附 则

第八十一条 【手续费用缴纳】向国务院专利行政部门申请专利和办理其他手续,应当按照规定缴纳费用。

第八十二条 【施行日期】本法自 1985 年 4 月 1 日起施行。

专利代理条例

1. 1991 年 3 月 4 日国务院令第 76 号发布
2. 2018 年 11 月 6 日国务院令第 706 号修订公布
3. 自 2019 年 3 月 1 日起施行

第一章 总 则

第一条 为了规范专利代理行为,保障委托人、专利代理机构和专利代理师的合法权益,维护专利代理活动的正常秩序,促进专利代理行业健康发展,根据《中华人民共和国专利法》,制定本条例。

第二条 本条例所称专利代理,是指专利代理机构接受委托,以委托人的名义在代理权限范围内办理专利申请、宣告专利权无效等专利事务的行为。

第三条 任何单位和个人可以自行在国内申请专利和办理其他专利事务,也可以委托依法设立的专利代理机构办理,法律另有规定的除外。

专利代理机构应当按照委托人的委托办理专利事务。

第四条 专利代理机构和专利代理师执业应当遵守法律、行政法规,恪守职业道德、执业纪律,维护委托人的合法权益。

专利代理机构和专利代理师依法执业受法律保护。

第五条 国务院专利行政部门负责全国的专利代理管理工作。

省、自治区、直辖市人民政府管理专利工作的部门负责本行政区域内的专利代理管理工作。

第六条 专利代理机构和专利代理师可以依法成立和参加专利代理行业组织。

专利代理行业组织应当制定专利代理行业自律规范。专利代理行业自律规范不得与法律、行政法规相抵触。

国务院专利行政部门依法对专利代理行业组织进行监督、指导。

第二章 专利代理机构和专利代理师

第七条 专利代理机构的组织形式应当为合伙企业、有限责任公司等。

第八条 合伙企业、有限责任公司形式的专利代理机构从事专利代理业务应当具备下列条件:

(一)有符合法律、行政法规规定的专利代理机构名称;

(二)有书面合伙协议或者公司章程;

(三)有独立的经营场所;

(四)合伙人、股东符合国家有关规定。

第九条 从事专利代理业务,应当向国务院专利行政部门提出申请,提交有关材料,取得专利代理机构执业许可证。国务院专利行政部门应当自受理申请之日起 20 日内作出是否颁发专利代理机构执业许可证的决定。

专利代理机构合伙人、股东或者法定代表人等事项发生变化的,应当办理变更手续。

第十条 具有高等院校理工科专业专科以上学历的中国公民可以参加全国专利代理师资格考试;考试合格的,由国务院专利行政部门颁发专利代理师资格证。专利代理师资格考试办法由国务院专利行政部门制定。

第十一条 专利代理师执业应当取得专利代理师资格证,在专利代理机构实习满 1 年,并在一家专利代理机构从业。

第十二条 专利代理师首次执业,应当自执业之日起 30 日内向专利代理机构所在地省、自治区、直辖市人民政府管理专利工作的部门备案。

省、自治区、直辖市人民政府管理专利工作的部门应当为专利代理师通过互联网备案提供方便。

第三章 专利代理执业

第十三条 专利代理机构可以接受委托,代理专利申请、宣告专利权无效、转让专利申请权或者专利权以及订立专利实施许可合同等专利事务,也可以应当事人要求提供专利事务方面的咨询。

第十四条 专利代理机构接受委托,应当与委托人订立书面委托合同。专利代理机构接受委托后,不得就同一专利申请或者专利权的事务接受有利益冲突的其他当事人的委托。

专利代理机构应当指派在本机构执业的专利代理师承办专利代理业务，指派的专利代理师本人及其近亲属不得与其承办的专利代理业务有利益冲突。

第十五条 专利代理机构解散或者被撤销、吊销执业许可证的，应当妥善处理各种尚未办结的专利代理业务。

第十六条 专利代理师应当根据专利代理机构的指派承办专利代理业务，不得自行接受委托。

专利代理师不得同时在两个以上专利代理机构从事专利代理业务。

专利代理师对其签名办理的专利代理业务负责。

第十七条 专利代理机构和专利代理师对其在执业过程中了解的发明创造的内容，除专利申请已经公布或者公告的以外，负有保守秘密的义务。

第十八条 专利代理机构和专利代理师不得以自己的名义申请专利或者请求宣告专利权无效。

第十九条 国务院专利行政部门和地方人民政府管理专利工作的部门的工作人员离职后，在法律、行政法规规定的期限内不得从事专利代理工作。

曾在国务院专利行政部门或者地方人民政府管理专利工作的部门任职的专利代理师，不得对其审查、审理或者处理过的专利申请或专利案件进行代理。

第二十条 专利代理机构收费应当遵循自愿、公平和诚实信用原则，兼顾经济效益和社会效益。

国家鼓励专利代理机构和专利代理师为小微企业以及无收入或者低收入的发明人、设计人提供专利代理援助服务。

第二十一条 专利代理行业组织应当加强对会员的自律管理，组织开展专利代理师业务培训和职业道德、执业纪律教育，对违反行业自律规范的会员实行惩戒。

第二十二条 国务院专利行政部门和省、自治区、直辖市人民政府管理专利工作的部门应当采取随机抽查等方式，对专利代理机构和专利代理师的执业活动进行检查、监督，发现违反本条例规定的，及时依法予以处理，并向社会公布检查、处理结果。检查不得收取任何费用。

第二十三条 国务院专利行政部门和省、自治区、直辖市人民政府管理专利工作的部门应当加强专利代理公共信息发布，为公众了解专利代理机构经营情况、专利代理师执业情况提供查询服务。

第四章　法律责任

第二十四条 以隐瞒真实情况、弄虚作假手段取得专利代理机构执业许可证、专利代理师资格证的，由国务院专利行政部门撤销专利代理机构执业许可证、专利代理师资格证。

专利代理机构取得执业许可证后，因情况变化不再符合本条例规定的条件的，由国务院专利行政部门责令限期整改；逾期未改正或者整改不合格的，撤销执业许可证。

第二十五条 专利代理机构有下列行为之一的，由省、自治区、直辖市人民政府管理专利工作的部门责令限期改正，予以警告，可以处10万元以下的罚款；情节严重或者逾期未改正的，由国务院专利行政部门责令停止承接新的专利代理业务6个月至12个月，直至吊销专利代理机构执业许可证：

（一）合伙人、股东或者法定代表人等事项发生变化未办理变更手续；

（二）就同一专利申请或者专利权的事务接受有利益冲突的其他当事人的委托；

（三）指派专利代理师承办与其本人或者其近亲属有利益冲突的专利代理业务；

（四）泄露委托人的发明创造内容，或者以自己的名义申请专利或请求宣告专利权无效；

（五）疏于管理，造成严重后果。

专业代理机构在执业过程中泄露委托人的发明创造内容，涉及泄露国家秘密、侵犯商业秘密的，或者向有关行政、司法机关的工作人员行贿，提供虚假证据的，依照有关法律、行政法规的规定承担法律责任；由国务院专利行政部门吊销专利代理机构执业许可证。

第二十六条 专利代理师有下列行为之一的，由省、自治区、直辖市人民政府管理专利工作的部门责令限期改正，予以警告，可以处5万元以下的罚款；情节严重或者逾期未改正的，由国务院专利行政部门责令停止承办新的专利代理业务6个月至12个月，直至吊销专利代理师资格证：

（一）未依照本条例规定进行备案；

（二）自行接受委托办理专利代理业务；

（三）同时在两个以上专利代理机构从事专利代理业务；

（四）违反本条例规定对其审查、审理或者处理过的专利申请或专利案件进行代理；

（五）泄露委托人的发明创造内容，或者以自己的名义申请专利或请求宣告专利权无效。

专利代理师在执业过程中泄露委托人的发明创造内容，涉及泄露国家秘密、侵犯商业秘密的，或者向有关行政、司法机关的工作人员行贿，提供虚假证据的，依照有关法律、行政法规的规定承担法律责任;由国务院专利行政部门吊销专利代理师资格证。

第二十七条 违反本条例规定擅自开展专利代理业务的,由省、自治区、直辖市人民政府管理专利工作的部门责令停止违法行为,没收违法所得,并处违法所得1倍以上5倍以下的罚款。

第二十八条 国务院专利行政部门或者省、自治区、直辖市人民政府管理专利工作的部门的工作人员违反本条例规定,滥用职权、玩忽职守、徇私舞弊的,依法给予处分;构成犯罪的,依法追究刑事责任。

第五章 附 则

第二十九条 外国专利代理机构在中华人民共和国境内设立常驻代表机构,须经国务院专利行政部门批准。

第三十条 律师事务所可以依据《中华人民共和国律师法》、《中华人民共和国民事诉讼法》等法律、行政法规开展与专利有关的业务,但从事代理专利申请、宣告专利权无效业务应当遵守本条例规定,具体办法由国务院专利行政部门商国务院司法行政部门另行制定。

第三十一条 代理国防专利事务的专利代理机构和专利代理师的管理办法,由国务院专利行政部门商国家国防专利机构主管机关另行制定。

第三十二条 本条例自2019年3月1日起施行。

本条例施行前依法设立的专利代理机构以及依法执业的专利代理人,在本条例施行后可以继续以专利代理机构、专利代理师的名义开展专利代理业务。

专利实施许可合同备案办法

1. 2011年6月27日国家知识产权局令第62号公布
2. 自2011年8月1日起施行

第一条 为了切实保护专利权,规范专利实施许可行为,促进专利权的运用,根据《中华人民共和国专利法》、《中华人民共和国合同法》和相关法律法规,制定本办法。

第二条 国家知识产权局负责全国专利实施许可合同的备案工作。

第三条 专利实施许可的许可人应当是合法的专利权人或者其他权利人。

以共有的专利权订立专利实施许可合同的,除全体共有人另有约定或者《中华人民共和国专利法》另有规定的外,应当取得其他共有人的同意。

第四条 申请备案的专利实施许可合同应当以书面形式订立。

订立专利实施许可合同可以使用国家知识产权局统一制订的合同范本;采用其他合同文本的,应当符合《中华人民共和国合同法》的规定。

第五条 当事人应当自专利实施许可合同生效之日起3个月内办理备案手续。

第六条 在中国没有经常居所或者营业所的外国人、外国企业或者外国其他组织办理备案相关手续的,应当委托依法设立的专利代理机构办理。

中国单位或者个人办理备案相关手续的,可以委托依法设立的专利代理机构办理。

第七条 当事人可以通过邮寄、直接送交或者国家知识产权局规定的其他方式办理专利实施许可合同备案相关手续。

第八条 申请专利实施许可合同备案的,应当提交下列文件:

(一)许可人或者其委托的专利代理机构签字或者盖章的专利实施许可合同备案申请表;

(二)专利实施许可合同;

(三)双方当事人的身份证明;

(四)委托专利代理机构的,注明委托权限的委托书;

(五)其他需要提供的材料。

第九条 当事人提交的专利实施许可合同应当包括以下内容:

(一)当事人的姓名或者名称、地址;

(二)专利权项数以及每项专利权的名称、专利号、申请日、授权公告日;

(三)实施许可的种类和期限。

第十条 除身份证明外,当事人提交的其他各种文件应当使用中文。身份证明是外文的,当事人应当附送中文译文;未附送的,视为未提交。

第十一条 国家知识产权局自收到备案申请之日起7个工作日内进行审查并决定是否予以备案。

第十二条 备案申请经审查合格的,国家知识产权局应当向当事人出具《专利实施许可合同备案证明》。

备案申请有下列情形之一的,不予备案,并向当事人发送《专利实施许可合同不予备案通知书》:

(一)专利权已经终止或者被宣告无效的;

(二)许可人不是专利登记簿记载的专利权人或者有权授予许可的其他权利人的;

(三)专利实施许可合同不符合本办法第九条规定的;

（四）实施许可的期限超过专利权有效期的；

（五）共有专利权人违反法律规定或者约定订立专利实施许可合同的；

（六）专利权处于年费缴纳滞纳期的；

（七）因专利权的归属发生纠纷或者人民法院裁定对专利权采取保全措施，专利权的有关程序被中止的；

（八）同一专利实施许可合同重复申请备案的；

（九）专利权被质押的，但经质权人同意的除外；

（十）与已经备案的专利实施许可合同冲突的；

（十一）其他不应当予以备案的情形。

第十三条 专利实施许可合同备案后，国家知识产权局发现备案申请存在本办法第十二条第二款所列情形并且尚未消除的，应当撤销专利实施许可合同备案，并向当事人发出《撤销专利实施许可合同备案通知书》。

第十四条 专利实施许可合同备案的有关内容由国家知识产权局在专利登记簿上登记，并在专利公报上公告以下内容：许可人、被许可人、主分类号、专利号、申请日、授权公告日、实施许可的种类和期限、备案日期。

专利实施许可合同备案后变更、注销以及撤销的，国家知识产权局予以相应登记和公告。

第十五条 国家知识产权局建立专利实施许可合同备案数据库。公众可以查询专利实施许可合同备案的法律状态。

第十六条 当事人延长实施许可的期限的，应当在原实施许可的期限届满前2个月内，持变更协议、备案证明和其他有关文件向国家知识产权局办理备案变更手续。

变更专利实施许可合同其他内容的，参照前款规定办理。

第十七条 实施许可的期限届满或者提前解除专利实施许可合同的，当事人应当在期限届满或者订立解除协议后30日内持备案证明、解除协议和其他有关文件向国家知识产权局办理备案注销手续。

第十八条 经备案的专利实施许可合同涉及的专利权被宣告无效或者在期限届满前终止的，当事人应当及时办理备案注销手续。

第十九条 经备案的专利实施许可合同的种类、期限、许可使用费计算方法或者数额等，可以作为管理专利工作的部门对侵权赔偿数额进行调解的参照。

第二十条 当事人以专利申请实施许可合同申请备案的，参照本办法执行。

申请备案时，专利申请被驳回、撤回或者视为撤回的，不予备案。

第二十一条 当事人以专利申请实施许可合同申请备案的，专利申请被批准授予专利权后，当事人应当及时将专利申请实施许可合同名称及有关条款作相应变更；专利申请被驳回、撤回或者视为撤回的，当事人应当及时办理备案注销手续。

第二十二条 本办法自2011年8月1日起施行。2001年12月17日国家知识产权局令第十八号发布的《专利实施许可合同备案管理办法》同时废止。

专利实施强制许可办法

1. 2012年3月15日国家知识产权局令第64号公布
2. 自2012年5月1日起施行

第一章 总 则

第一条 为了规范实施发明专利或者实用新型专利的强制许可（以下简称强制许可）的给予、费用裁决和终止程序，根据《中华人民共和国专利法》（以下简称专利法）、《中华人民共和国专利法实施细则》及有关法律法规，制定本办法。

第二条 国家知识产权局负责受理和审查强制许可请求、强制许可使用费裁决请求和终止强制许可请求并作出决定。

第三条 请求给予强制许可、请求裁决强制许可使用费和请求终止强制许可，应当使用中文以书面形式办理。

依照本办法提交的各种证件、证明文件是外文的，国家知识产权局认为必要时，可以要求当事人在指定期限内附送中文译文；期满未附送的，视为未提交该证件、证明文件。

第四条 在中国没有经常居所或者营业所的外国人、外国企业或者外国其他组织办理强制许可事务的，应当委托依法设立的专利代理机构办理。

当事人委托专利代理机构办理强制许可事务的，应当提交委托书，写明委托权限。一方当事人有两个以上且未委托专利代理机构的，除另有声明外，以提交的书面文件中指明的第一当事人为该方代表人。

第二章 强制许可请求的提出与受理

第五条 专利权人自专利权被授予之日起满3年，且自提出专利申请之日起满4年，无正当理由未实施或者未充分实施其专利的，具备实施条件的单位或者个人可以根据专利法第四十八条第一项的规定，请求给予强制许可。

专利权人行使专利权的行为被依法认定为垄断行为的，为消除或者减少该行为对竞争产生的不利影响，具备实施条件的单位或者个人可以根据专利法第四十八条第二项的规定，请求给予强制许可。

第六条 在国家出现紧急状态或者非常情况时，或者为了公共利益的目的，国务院有关主管部门可以根据专利法第四十九条的规定，建议国家知识产权局给予其指定的具备实施条件的单位强制许可。

第七条 为了公共健康目的，具备实施条件的单位可以根据专利法第五十条的规定，请求给予制造取得专利权的药品并将其出口到下列国家或者地区的强制许可：

（一）最不发达国家或者地区；

（二）依照有关国际条约通知世界贸易组织表明希望作为进口方的该组织的发达成员或者发展中成员。

第八条 一项取得专利权的发明或者实用新型比前已经取得专利权的发明或者实用新型具有显著经济意义的重大技术进步，其实施又有赖于前一发明或者实用新型的实施的，该专利权人可以根据专利法第五十一条的规定请求给予实施前一专利的强制许可。国家知识产权局给予实施前一专利的强制许可的，前一专利权人也可以请求给予实施后一专利的强制许可。

第九条 请求给予强制许可的，应当提交强制许可请求书，写明下列各项：

（一）请求人的姓名或者名称、地址、邮政编码、联系人及电话。

（二）请求人的国籍或者注册的国家或者地区。

（三）请求给予强制许可的发明专利或者实用新型专利的名称、专利号、申请日、授权公告日，以及专利权人的姓名或者名称。

（四）请求给予强制许可的理由和事实、期限。

（五）请求人委托专利代理机构的，受托机构的名称、机构代码以及该机构指定的代理人的姓名、执业证号码、联系电话。

（六）请求人的签字或者盖章；委托专利代理机构的，还应当有该机构的盖章。

（七）附加文件清单。

（八）其他需要注明的事项。

请求书及其附加文件应当一式两份。

第十条 强制许可请求涉及两个或者两个以上的专利权人的，请求人应当按专利权人的数量提交请求书及其附加文件副本。

第十一条 根据专利法第四十八条第一项或者第五十一条的规定请求给予强制许可的，请求人应当提供证据，证明其以合理的条件请求专利权人许可其实施专利，但未能在合理的时间内获得许可。

根据专利法第四十八条第二项的规定请求给予强制许可的，请求人应当提交已经生效的司法机关或者反垄断执法机构依法将专利权人行使专利权的行为认定为垄断行为的判决或者决定。

第十二条 国务院有关主管部门根据专利法第四十九条建议给予强制许可的，应当指明下列各项：

（一）国家出现紧急状态或者非常情况，或者为了公共利益目的需要给予强制许可；

（二）建议给予强制许可的发明专利或者实用新型专利的名称、专利号、申请日、授权公告日，以及专利权人的姓名或者名称；

（三）建议给予强制许可的期限；

（四）指定的具备实施条件的单位名称、地址、邮政编码、联系人及电话；

（五）其他需要注明的事项。

第十三条 根据专利法第五十条的规定请求给予强制许可的，请求人应当提供进口方及其所需药品和给予强制许可的有关信息。

第十四条 强制许可请求有下列情形之一的，不予受理并通知请求人：

（一）请求给予强制许可的发明专利或者实用新型专利的专利号不明确或者难以确定；

（二）请求文件未使用中文；

（三）明显不具备请求强制许可的理由；

（四）请求给予强制许可的专利权已经终止或者被宣告无效。

第十五条 请求文件不符合本办法第四条、第九条、第十条规定的，请求人应当自收到通知之日起 15 日内进行补正。期满未补正的，该请求视为未提出。

第十六条 国家知识产权局受理强制许可请求的，应当及时将请求书副本送交专利权人。除另有指定的外，专利权人应当自收到通知之日起 15 日内陈述意见；期满未答复的，不影响国家知识产权局作出决定。

第三章 强制许可请求的审查和决定

第十七条 国家知识产权局应当对请求人陈述的理由、提供的信息和提交的有关证明文件以及专利权人陈述的意见进行审查;需要实地核查的,应当指派两名以上工作人员实地核查。

第十八条 请求人或者专利权人要求听证的,由国家知识产权局组织听证。

国家知识产权局应当在举行听证7日前通知请求人、专利权人和其他利害关系人。

除涉及国家秘密、商业秘密或者个人隐私外,听证公开进行。

举行听证时,请求人、专利权人和其他利害关系人可以进行申辩和质证。

举行听证时应当制作听证笔录,交听证参加人员确认无误后签字或者盖章。

根据专利法第四十九条或者第五十条的规定建议或者请求给予强制许可的,不适用听证程序。

第十九条 请求人在国家知识产权局作出决定前撤回其请求的,强制许可请求的审查程序终止。

在国家知识产权局作出决定前,请求人与专利权人订立了专利实施许可合同的,应当及时通知国家知识产权局,并撤回其强制许可请求。

第二十条 经审查认为强制许可请求有下列情形之一的,国家知识产权局应当作出驳回强制许可请求的决定:

(一)请求人不符合本办法第四条、第五条、第七条或者第八条的规定;

(二)请求给予强制许可的理由不符合专利法第四十八条、第五十条或者第五十一条的规定;

(三)强制许可请求涉及的发明创造是半导体技术的,其理由不符合专利法第五十二条的规定;

(四)强制许可请求不符合本办法第十一条或者第十三条的规定;

(五)请求人陈述的理由、提供的信息或者提交的有关证明文件不充分或者不真实。

国家知识产权局在作出驳回强制许可请求的决定前,应当通知请求人拟作出的决定及其理由。除另有指定的外,请求人可以自收到通知之日起15日内陈述意见。

第二十一条 经审查认为请求给予强制许可的理由成立的,国家知识产权局应当作出给予强制许可的决定。在作出给予强制许可的决定前,应当通知请求人和专利权人拟作出的决定及其理由。除另有指定的外,双方当事人可以自收到通知之日起15日内陈述意见。

国家知识产权局根据专利法第四十九条作出给予强制许可的决定前,应当通知专利权人拟作出的决定及其理由。

第二十二条 给予强制许可的决定应当写明下列各项:

(一)取得强制许可的单位或者个人的名称或者姓名、地址;

(二)被给予强制许可的发明专利或者实用新型专利的名称、专利号、申请日及授权公告日;

(三)给予强制许可的范围和期限;

(四)决定的理由、事实和法律依据;

(五)国家知识产权局的印章及负责人签字;

(六)决定的日期;

(七)其他有关事项。

给予强制许可的决定应当自作出之日起5日内通知请求人和专利权人。

第二十三条 国家知识产权局根据专利法第五十条作出给予强制许可的决定的,还应当在该决定中明确下列要求:

(一)依据强制许可制造的药品数量不得超过进口方所需的数量,并且必须全部出口到该进口方。

(二)依据强制许可制造的药品应当采用特定的标签或者标记明确注明该药品是依据强制许可而制造的;在可行并且不会对药品价格产生显著影响的情况下,应当对药品本身采用特殊的颜色或者形状,或者对药品采用特殊的包装。

(三)药品装运前,取得强制许可的单位应当在其网站或者世界贸易组织的有关网站上发布运往进口方的药品数量以及本条第二项所述的药品识别特征等信息。

第二十四条 国家知识产权局根据专利法第五十条作出给予强制许可的决定的,由国务院有关主管部门将下列信息通报世界贸易组织:

(一)取得强制许可的单位的名称和地址;

(二)出口药品的名称和数量;

(三)进口方;

(四)强制许可的期限;

(五)本办法第二十三条第三项所述网址。

第四章 强制许可使用费裁决请求的审查和裁决

第二十五条 请求裁决强制许可使用费的,应当提交强制许可使用费裁决请求书,写明下列各项:

(一)请求人的姓名或者名称、地址。

（二）请求人的国籍或者注册的国家或者地区。

（三）给予强制许可的决定的文号。

（四）被请求人的姓名或者名称、地址。

（五）请求裁决强制许可使用费的理由。

（六）请求人委托专利代理机构的，受托机构的名称、机构代码以及该机构指定的代理人的姓名、执业证号码、联系电话。

（七）请求人的签字或者盖章；委托专利代理机构的，还应当有该机构的盖章。

（八）附加文件清单。

（九）其他需要注明的事项。

请求书及其附加文件应当一式两份。

第二十六条 强制许可使用费裁决请求有下列情形之一的，不予受理并通知请求人：

（一）给予强制许可的决定尚未作出；

（二）请求人不是专利权人或者取得强制许可的单位或者个人；

（三）双方尚未进行协商或者经协商已经达成协议。

第二十七条 国家知识产权局受理强制许可使用费裁决请求的，应当及时将请求书副本送交对方当事人。除另有指定的外，对方当事人应当自收到通知之日起 15 日内陈述意见；期满未答复的，不影响国家知识产权局作出决定。

强制许可使用费裁决过程中，双方当事人可以提交书面意见。国家知识产权局可以根据案情需要听取双方当事人的口头意见。

第二十八条 请求人在国家知识产权局作出决定前撤回其裁决请求的，裁决程序终止。

第二十九条 国家知识产权局应当自收到请求书之日起 3 个月内作出强制许可使用费的裁决决定。

第三十条 强制许可使用费裁决决定应当写明下列各项：

（一）取得强制许可的单位或者个人的名称或者姓名、地址；

（二）被给予强制许可的发明专利或者实用新型专利的名称、专利号、申请日及授权公告日；

（三）裁决的内容及其理由；

（四）国家知识产权局的印章及负责人签字；

（五）决定的日期；

（六）其他有关事项。

强制许可使用费裁决决定应当自作出之日起 5 日内通知双方当事人。

第五章 终止强制许可请求的审查和决定

第三十一条 有下列情形之一的，强制许可自动终止：

（一）给予强制许可的决定规定的强制许可期限届满；

（二）被给予强制许可的发明专利或者实用新型专利终止或者被宣告无效。

第三十二条 给予强制许可的决定中规定的强制许可期限届满前，强制许可的理由消除并不再发生的，专利权人可以请求国家知识产权局作出终止强制许可的决定。

请求终止强制许可的，应当提交终止强制许可请求书，写明下列各项：

（一）专利权人的姓名或者名称、地址。

（二）专利权人的国籍或者注册的国家或者地区。

（三）请求终止的给予强制许可决定的文号。

（四）请求终止强制许可的理由和事实。

（五）专利权人委托专利代理机构的，受托机构的名称、机构代码以及该机构指定的代理人的姓名、执业证号码、联系电话。

（六）专利权人的签字或者盖章；委托专利代理机构的，还应当有该机构的盖章。

（七）附加文件清单。

（八）其他需要注明的事项。

请求书及其附加文件应当一式两份。

第三十三条 终止强制许可的请求有下列情形之一的，不予受理并通知请求人：

（一）请求人不是被给予强制许可的发明专利或者实用新型专利的专利权人；

（二）未写明请求终止的给予强制许可决定的文号；

（三）请求文件未使用中文；

（四）明显不具备终止强制许可的理由。

第三十四条 请求文件不符合本办法第三十二条规定的，请求人应当自收到通知之日起 15 日内进行补正。期满未补正的，该请求视为未提出。

第三十五条 国家知识产权局受理终止强制许可请求的，应当及时将请求书副本送交取得强制许可的单位或者个人。除另有指定的外，取得强制许可的单位或者个人应当自收到通知之日起 15 日内陈述意见；期满未答复的，不影响国家知识产权局作出决定。

第三十六条 国家知识产权局应当对专利权人陈述的理由和提交的有关证明文件以及取得强制许可的单位或

者个人陈述的意见进行审查;需要实地核查的,应当指派两名以上工作人员实地核查。

第三十七条　专利权人在国家知识产权局作出决定前撤回其请求的,相关程序终止。

第三十八条　经审查认为请求终止强制许可的理由不成立的,国家知识产权局应当作出驳回终止强制许可请求的决定。在作出驳回终止强制许可请求的决定前,应当通知专利权人拟作出的决定及其理由。除另有指定的外,专利权人可以自收到通知之日起15日内陈述意见。

第三十九条　经审查认为请求终止强制许可的理由成立的,国家知识产权局应当作出终止强制许可的决定。在作出终止强制许可的决定前,应当通知取得强制许可的单位或者个人拟作出的决定及其理由。除另有指定的外,取得强制许可的单位或者个人可以自收到通知之日起15日内陈述意见。

终止强制许可的决定应当写明下列各项:

(一)专利权人的姓名或者名称、地址;

(二)取得强制许可的单位或者个人的名称或者姓名、地址;

(三)被给予强制许可的发明专利或者实用新型专利的名称、专利号、申请日及授权公告日;

(四)给予强制许可的决定的文号;

(五)决定的事实和法律依据;

(六)国家知识产权局的印章及负责人签字;

(七)决定的日期;

(八)其他有关事项。

终止强制许可的决定应当自作出之日起5日内通知专利权人和取得强制许可的单位或者个人。

第六章　附　　则

第四十条　已经生效的给予强制许可的决定和终止强制许可的决定,以及强制许可自动终止的,应当在专利登记簿上登记并在专利公报上公告。

第四十一条　当事人对国家知识产权局关于强制许可的决定不服的,可以依法申请行政复议或者提起行政诉讼。

第四十二条　本办法由国家知识产权局负责解释。

第四十三条　本办法自2012年5月1日起施行。2003年6月13日国家知识产权局令第31号发布的《专利实施强制许可办法》和2005年11月29日国家知识产权局令第37号发布的《涉及公共健康问题的专利实施强制许可办法》同时废止。

专利行政执法办法

1. 2010年12月29日国家知识产权局令第60号发布

2. 根据2015年5月29日国家知识产权局令第71号《关于修改〈专利行政执法办法〉的决定》修正

第一章　总　　则

第一条　为深入推进依法行政,规范专利行政执法行为,保护专利权人和社会公众的合法权益,维护社会主义市场经济秩序,根据《中华人民共和国专利法》、《中华人民共和国专利法实施细则》以及其他有关法律法规,制定本办法。

第二条　管理专利工作的部门开展专利行政执法,即处理专利侵权纠纷、调解专利纠纷以及查处假冒专利行为,适用本办法。

第三条　管理专利工作的部门处理专利侵权纠纷应当以事实为依据、以法律为准绳,遵循公正、及时的原则。

管理专利工作的部门调解专利纠纷,应当遵循自愿、合法的原则,在查明事实、分清是非的基础上,促使当事人相互谅解,达成调解协议。

管理专利工作的部门查处假冒专利行为,应当以事实为依据、以法律为准绳,遵循公正、公开的原则,给予的行政处罚应当与违法行为的事实、性质、情节以及社会危害程度相当。

第四条　管理专利工作的部门应当加强专利行政执法力量建设,严格行政执法人员资格管理,落实行政执法责任制,规范开展专利行政执法。

专利行政执法人员(以下简称"执法人员")应当持有国家知识产权局或者省、自治区、直辖市人民政府颁发的行政执法证件。执法人员执行公务时应当严肃着装。

第五条　对有重大影响的专利侵权纠纷案件、假冒专利案件,国家知识产权局在必要时可以组织有关管理专利工作的部门处理、查处。

对于行为发生地涉及两个以上省、自治区、直辖市的重大案件,有关省、自治区、直辖市管理专利工作的部门可以报请国家知识产权局协调处理或者查处。

管理专利工作的部门开展专利行政执法遇到疑难问题的,国家知识产权局应当给予必要的指导和支持。

第六条　管理专利工作的部门可以依据本地实际,委托有实际处理能力的市、县级人民政府设立的专利管理部门查处假冒专利行为、调解专利纠纷。

委托方应当对受托方查处假冒专利和调解专利纠纷的行为进行监督和指导，并承担法律责任。

第七条　管理专利工作的部门指派的执法人员与当事人有直接利害关系的，应当回避，当事人有权申请其回避。当事人申请回避的，应当说明理由。

执法人员的回避，由管理专利工作部门的负责人决定。是否回避的决定作出前，被申请回避的人员应当暂停参与本案的工作。

第八条　管理专利工作的部门应当加强展会和电子商务领域的行政执法，快速调解、处理展会期间和电子商务平台上的专利侵权纠纷，及时查处假冒专利行为。

第九条　管理专利工作的部门应当加强行政执法信息化建设和信息共享。

第二章　专利侵权纠纷的处理

第十条　请求管理专利工作的部门处理专利侵权纠纷的，应当符合下列条件：

（一）请求人是专利权人或者利害关系人；

（二）有明确的被请求人；

（三）有明确的请求事项和具体事实、理由；

（四）属于受案管理专利工作的部门的受案和管辖范围；

（五）当事人没有就该专利侵权纠纷向人民法院起诉。

第一项所称利害关系人包括专利实施许可合同的被许可人、专利权人的合法继承人。专利实施许可合同的被许可人中，独占实施许可合同的被许可人可以单独提出请求；排他实施许可合同的被许可人在专利权人不请求的情况下，可以单独提出请求；除合同另有约定外，普通实施许可合同的被许可人不能单独提出请求。

第十一条　请求管理专利工作的部门处理专利侵权纠纷的，应当提交请求书及下列证明材料：

（一）主体资格证明，即个人应当提交居民身份证或者其他有效身份证件，单位应当提交有效的营业执照或者其他主体资格证明文件副本及法定代表人或者主要负责人的身份证明；

（二）专利权有效的证明，即专利登记簿副本，或者专利证书和当年缴纳专利年费的收据。

专利侵权纠纷涉及实用新型或者外观设计专利的，管理专利工作的部门可以要求请求人出具由国家知识产权局作出的专利权评价报告（实用新型专利检索报告）。

请求人应当按照被请求人的数量提供请求书副本及有关证据。

第十二条　请求书应当记载以下内容：

（一）请求人的姓名或者名称、地址，法定代表人或者主要负责人的姓名、职务，委托代理人的，代理人的姓名和代理机构的名称、地址；

（二）被请求人的姓名或者名称、地址；

（三）请求处理的事项以及事实和理由。

有关证据和证明材料可以以请求书附件的形式提交。

请求书应当由请求人签名或者盖章。

第十三条　请求符合本办法第十条规定条件的，管理专利工作的部门应当在收到请求书之日起5个工作日内立案并通知请求人，同时指定3名或者3名以上单数执法人员处理该专利侵权纠纷；请求不符合本办法第十条规定条件的，管理专利工作的部门应当在收到请求书之日起5个工作日内通知请求人不予受理，并说明理由。

第十四条　管理专利工作的部门应当在立案之日起5个工作日内将请求书及其附件的副本送达被请求人，要求其在收到之日起15日内提交答辩书并按照请求人的数量提供答辩书副本。被请求人逾期不提交答辩书的，不影响管理专利工作的部门进行处理。

被请求人提交答辩书的，管理专利工作的部门应当在收到之日起5个工作日内将答辩书副本送达请求人。

第十五条　管理专利工作的部门处理专利侵权纠纷案件时，可以根据当事人的意愿进行调解。双方当事人达成一致的，由管理专利工作的部门制作调解协议书，加盖其公章，并由双方当事人签名或者盖章。调解不成的，应当及时作出处理决定。

第十六条　管理专利工作的部门处理专利侵权纠纷，可以根据案情需要决定是否进行口头审理。管理专利工作的部门决定进行口头审理的，应当至少在口头审理3个工作日前将口头审理的时间、地点通知当事人。当事人无正当理由拒不参加的，或者未经允许中途退出的，对请求人按撤回请求处理，对被请求人按缺席处理。

第十七条　管理专利工作的部门举行口头审理的，应当将口头审理的参加人和审理要点记入笔录，经核对无误后，由执法人员和参加人签名或者盖章。

第十八条　专利法第五十九条第一款所称的“发明或者

实用新型专利权的保护范围以其权利要求的内容为准”，是指专利权的保护范围应当以其权利要求记载的技术特征所确定的范围为准，也包括与记载的技术特征相等同的特征所确定的范围。等同特征是指与记载的技术特征以基本相同的手段，实现基本相同的功能，达到基本相同的效果，并且所属领域的普通技术人员无需经过创造性劳动就能够联想到的特征。

第十九条 除达成调解协议或者请求人撤回请求之外，管理专利工作的部门处理专利侵权纠纷应当制作处理决定书，写明以下内容：

（一）当事人的姓名或者名称、地址。

（二）当事人陈述的事实和理由。

（三）认定侵权行为是否成立的理由和依据。

（四）处理决定认定侵权行为成立并需要责令侵权人立即停止侵权行为的，应当明确写明责令被请求人立即停止的侵权行为的类型、对象和范围；认定侵权行为不成立的，应当驳回请求人的请求。

（五）不服处理决定提起行政诉讼的途径和期限。

处理决定书应当加盖管理专利工作的部门的公章。

第二十条 管理专利工作的部门或者人民法院作出认定侵权成立并责令侵权人立即停止侵权行为的处理决定或者判决之后，被请求人就同一专利权再次作出相同类型的侵权行为，专利权人或者利害关系人请求处理的，管理专利工作的部门可以直接作出责令立即停止侵权行为的处理决定。

第二十一条 管理专利工作的部门处理专利侵权纠纷，应当自立案之日起 3 个月内结案。案件特别复杂需要延长期限的，应当由管理专利工作的部门负责人批准。经批准延长的期限，最多不超过 1 个月。

案件处理过程中的公告、鉴定、中止等时间不计入前款所述案件办理期限。

第三章 专利纠纷的调解

第二十二条 请求管理专利工作的部门调解专利纠纷的，应当提交请求书。

请求书应当记载以下内容：

（一）请求人的姓名或者名称、地址，法定代表人或者主要负责人的姓名、职务，委托代理人的，代理人的姓名和代理机构的名称、地址；

（二）被请求人的姓名或者名称、地址；

（三）请求调解的具体事项和理由。

单独请求调解侵犯专利权赔偿数额的，应当提交有关管理专利工作的部门作出的认定侵权行为成立的处理决定书副本。

第二十三条 管理专利工作的部门收到调解请求书后，应当及时将请求书副本通过寄交、直接送交或者其他方式送达被请求人，要求其在收到之日起 15 日内提交意见陈述书。

第二十四条 被请求人提交意见陈述书并同意进行调解的，管理专利工作的部门应当在收到意见陈述书之日起 5 个工作日内立案，并通知请求人和被请求人进行调解的时间和地点。

被请求人逾期未提交意见陈述书，或者在意见陈述书中表示不接受调解的，管理专利工作的部门不予立案，并通知请求人。

第二十五条 管理专利工作的部门调解专利纠纷可以邀请有关单位或者个人协助，被邀请的单位或者个人应当协助进行调解。

第二十六条 当事人经调解达成协议的，由管理专利工作的部门制作调解协议书，加盖其公章，并由双方当事人签名或者盖章；未能达成协议的，管理专利工作的部门以撤销案件的方式结案，并通知双方当事人。

第二十七条 因专利申请权或者专利权的归属纠纷请求调解的，当事人可以持管理专利工作的部门的受理通知书请求国家知识产权局中止该专利申请或者专利权的有关程序。

经调解达成协议的，当事人应当持调解协议书向国家知识产权局办理恢复手续；达不成协议的，当事人应当持管理专利工作的部门出具的撤销案件通知书向国家知识产权局办理恢复手续。自请求中止之日起满 1 年未请求延长中止的，国家知识产权局自行恢复有关程序。

第四章 假冒专利行为的查处

第二十八条 管理专利工作的部门发现或者接受举报、投诉发现涉嫌假冒专利行为的，应当自发现之日起 5 个工作日内或者收到举报、投诉之日起 10 个工作日内立案，并指定两名或者两名以上执法人员进行调查。

第二十九条 查处假冒专利行为由行为发生地的管理专利工作的部门管辖。

管理专利工作的部门对管辖权发生争议的，由其共同的上级人民政府管理专利工作的部门指定管辖；无共同上级人民政府管理专利工作的部门的，由国家知识产权局指定管辖。

第三十条 管理专利工作的部门查封、扣押涉嫌假冒专利产品的，应当经其负责人批准。查封、扣押时，应当向当事人出具有关通知书。

管理专利工作的部门查封、扣押涉嫌假冒专利产品，应当当场清点，制作笔录和清单，由当事人和执法人员签名或者盖章。当事人拒绝签名或者盖章的，由执法人员在笔录上注明。清单应当交当事人一份。

第三十一条　案件调查终结，经管理专利工作的部门负责人批准，根据案件情况分别作如下处理：

（一）假冒专利行为成立应当予以处罚的，依法给予行政处罚；

（二）假冒专利行为轻微并已及时改正的，免予处罚；

（三）假冒专利行为不成立的，依法撤销案件；

（四）涉嫌犯罪的，依法移送公安机关。

第三十二条　管理专利工作的部门作出行政处罚决定前，应当告知当事人作出处罚决定的事实、理由和依据，并告知当事人依法享有的权利。

管理专利工作的部门作出较大数额罚款的决定之前，应当告知当事人有要求举行听证的权利。当事人提出听证要求的，应当依法组织听证。

第三十三条　当事人有权进行陈述和申辩，管理专利工作的部门不得因当事人申辩而加重行政处罚。

管理专利工作的部门对当事人提出的事实、理由和证据应当进行核实。当事人提出的事实属实、理由成立的，管理专利工作的部门应当予以采纳。

第三十四条　对情节复杂或者重大违法行为给予较重的行政处罚的，应当由管理专利工作的部门负责人集体讨论决定。

第三十五条　经调查，假冒专利行为成立应当予以处罚的，管理专利工作的部门应当制作处罚决定书，写明以下内容：

（一）当事人的姓名或者名称、地址；

（二）认定假冒专利行为成立的证据、理由和依据；

（三）处罚的内容以及履行方式；

（四）不服处罚决定申请行政复议和提起行政诉讼的途径和期限。

处罚决定书应当加盖管理专利工作的部门的公章。

第三十六条　管理专利工作的部门查处假冒专利案件，应当自立案之日起1个月内结案。案件特别复杂需要延长期限的，应当由管理专利工作的部门负责人批准。经批准延长的期限，最多不超过15日。

案件处理过程中听证、公告等时间不计入前款所述案件办理期限。

第五章　调查取证

第三十七条　在专利侵权纠纷处理过程中，当事人因客观原因不能自行收集部分证据的，可以书面请求管理专利工作的部门调查取证。管理专利工作的部门根据情况决定是否调查收集有关证据。

在处理专利侵权纠纷、查处假冒专利行为过程中，管理专利工作的部门可以根据需要依职权调查收集有关证据。

执法人员调查收集有关证据时，应当向当事人或者有关人员出示其行政执法证件。当事人和有关人员应当协助、配合，如实反映情况，不得拒绝、阻挠。

第三十八条　管理专利工作的部门调查收集证据可以查阅、复制与案件有关的合同、账册等有关文件；询问当事人和证人；采用测量、拍照、摄像等方式进行现场勘验。涉嫌侵犯制造方法专利权的，管理专利工作的部门可以要求被调查人进行现场演示。

管理专利工作的部门调查收集证据应当制作笔录。笔录应当由执法人员、被调查的单位或者个人签名或者盖章。被调查的单位或者个人拒绝签名或者盖章的，由执法人员在笔录上注明。

第三十九条　管理专利工作的部门调查收集证据可以采取抽样取证的方式。

涉及产品专利的，可以从涉嫌侵权的产品中抽取一部分作为样品；涉及方法专利的，可以从涉嫌依照该方法直接获得的产品中抽取一部分作为样品。被抽取样品的数量应当以能够证明事实为限。

管理专利工作的部门进行抽样取证应当制作笔录和清单，写明被抽取样品的名称、特征、数量以及保存地点，由执法人员、被调查的单位或者个人签字或者盖章。被调查的单位或者个人拒绝签名或者盖章的，由执法人员在笔录上注明。清单应当交被调查人一份。

第四十条　在证据可能灭失或者以后难以取得，又无法进行抽样取证的情况下，管理专利工作的部门可以进行登记保存，并在7日内作出决定。

经登记保存的证据，被调查的单位或者个人不得销毁或者转移。

管理专利工作的部门进行登记保存应当制作笔录和清单，写明被登记保存证据的名称、特征、数量以及保存地点，由执法人员、被调查的单位或者个人签名或者盖章。被调查的单位或者个人拒绝签名或者盖章的，由执法人员在笔录上注明。清单应当交被调查人一份。

第四十一条　管理专利工作的部门需要委托其他管理专

利工作的部门协助调查收集证据的，应当提出明确的要求。接受委托的部门应当及时、认真地协助调查收集证据，并尽快回复。

第四十二条 海关对被扣留的侵权嫌疑货物进行调查，请求管理专利工作的部门提供协助的，管理专利工作的部门应当依法予以协助。

管理专利工作的部门处理涉及进出口货物的专利案件的，可以请求海关提供协助。

第六章 法律责任

第四十三条 管理专利工作的部门认定专利侵权行为成立，作出处理决定，责令侵权人立即停止侵权行为的，应当采取下列制止侵权行为的措施：

（一）侵权人制造专利侵权产品的，责令其立即停止制造行为，销毁制造侵权产品的专用设备、模具，并且不得销售、使用尚未售出的侵权产品或者以任何其他形式将其投放市场；侵权产品难以保存的，责令侵权人销毁该产品。

（二）侵权人未经专利权人许可使用专利方法的，责令侵权人立即停止使用行为，销毁实施专利方法的专用设备、模具，并且不得销售、使用尚未售出的依照专利方法所直接获得的侵权产品或者以任何其他形式将其投放市场；侵权产品难以保存的，责令侵权人销毁该产品。

（三）侵权人销售专利侵权产品或者依照专利方法直接获得的侵权产品的，责令其立即停止销售行为，并且不得使用尚未售出的侵权产品或者以任何其他形式将其投放市场；尚未售出的侵权产品难以保存的，责令侵权人销毁该产品。

（四）侵权人许诺销售专利侵权产品或者依照专利方法直接获得的侵权产品的，责令其立即停止许诺销售行为，消除影响，并且不得进行任何实际销售行为。

（五）侵权人进口专利侵权产品或者依照专利方法直接获得的侵权产品的，责令侵权人立即停止进口行为；侵权产品已经入境的，不得销售、使用该侵权产品或者以任何其他形式将其投放市场；侵权产品难以保存的，责令侵权人销毁该产品；侵权产品尚未入境的，可以将处理决定通知有关海关。

（六）责令侵权的参展方采取从展会上撤出侵权展品、销毁或者封存相应的宣传材料、更换或者遮盖相应的展板等撤展措施。

（七）停止侵权行为的其他必要措施。

管理专利工作的部门认定电子商务平台上的专利侵权行为成立，作出处理决定的，应当通知电子商务平台提供者及时对专利侵权产品或者依照专利方法直接获得的侵权产品相关网页采取删除、屏蔽或者断开链接等措施。

第四十四条 管理专利工作的部门作出认定专利侵权行为成立并责令侵权人立即停止侵权行为的处理决定后，被请求人向人民法院提起行政诉讼的，在诉讼期间不停止决定的执行。

侵权人对管理专利工作的部门作出的认定侵权行为成立的处理决定期满不起诉又不停止侵权行为的，管理专利工作的部门可以申请人民法院强制执行。

第四十五条 管理专利工作的部门认定假冒专利行为成立的，应当责令行为人采取下列改正措施：

（一）在未被授予专利权的产品或者其包装上标注专利标识、专利权被宣告无效后或者终止后继续在产品或者其包装上标注专利标识或者未经许可在产品或者产品包装上标注他人的专利号的，立即停止标注行为，消除尚未售出的产品或者其包装上的专利标识；产品上的专利标识难以消除的，销毁该产品或者包装。

（二）销售第（一）项所述产品的，立即停止销售行为。

（三）在产品说明书等材料中将未被授予专利权的技术或者设计称为专利技术或者专利设计，将专利申请称为专利，或者未经许可使用他人的专利号，使公众将所涉及的技术或者设计误认为是他人的专利技术或者专利设计的，立即停止发放该材料，销毁尚未发出的材料，并消除影响。

（四）伪造或者变造专利证书、专利文件或者专利申请文件的，立即停止伪造或者变造行为，销毁伪造或者变造的专利证书、专利文件或者专利申请文件，并消除影响。

（五）责令假冒专利的参展方采取从展会上撤出假冒专利展品、销毁或者封存相应的宣传材料、更换或者遮盖相应的展板等撤展措施。

（六）其他必要的改正措施。

管理专利工作的部门认定电子商务平台上的假冒专利行为成立的，应当通知电子商务平台提供者及时对假冒专利产品相关网页采取删除、屏蔽或者断开链接等措施。

第四十六条 管理专利工作的部门作出认定专利侵权行为成立并责令侵权人立即停止侵权行为的决定，或者认定假冒专利行为成立并作出处罚决定的，应当自作出决定之日起20个工作日内予以公开，通过政府网站等途径及时发布执法信息。

第四十七条　管理专利工作的部门认定假冒专利行为成立的，可以按照下列方式确定行为人的违法所得：

（一）销售假冒专利的产品的，以产品销售价格乘以所销售产品的数量作为其违法所得；

（二）订立假冒专利的合同的，以收取的费用作为其违法所得。

第四十八条　管理专利工作的部门作出处罚决定后，当事人申请行政复议或者向人民法院提起行政诉讼的，在行政复议或者诉讼期间不停止决定的执行。

第四十九条　假冒专利行为的行为人应当自收到处罚决定书之日起15日内，到指定的银行缴纳处罚决定书写明的罚款；到期不缴纳的，每日按罚款数额的3%加处罚款。

第五十条　拒绝、阻碍管理专利工作的部门依法执行公务的，由公安机关根据《中华人民共和国治安管理处罚法》的规定给予处罚；情节严重构成犯罪的，由司法机关依法追究刑事责任。

第七章　附　　则

第五十一条　管理专利工作的部门可以通过寄交、直接送交、留置送达、公告送达或者其他方式送达有关法律文书和材料。

第五十二条　本办法由国家知识产权局负责解释。

第五十三条　本办法自2011年2月1日起施行。2001年12月17日国家知识产权局令第十九号发布的《专利行政执法办法》同时废止。

专利代理管理办法

1．2019年4月4日国家市场监督管理总局令第6号公布
2．自2019年5月1日起施行

第一章　总　　则

第一条　为了规范专利代理行为，保障委托人、专利代理机构以及专利代理师的合法权益，维护专利代理行业的正常秩序，促进专利代理行业健康发展，根据《中华人民共和国专利法》《专利代理条例》以及其他有关法律、行政法规的规定，制定本办法。

第二条　国家知识产权局和省、自治区、直辖市人民政府管理专利工作的部门依法对专利代理机构和专利代理师进行管理和监督。

第三条　国家知识产权局和省、自治区、直辖市人民政府管理专利工作的部门应当按照公平公正公开、依法有序、透明高效的原则对专利代理执业活动进行检查和监督。

第四条　专利代理机构和专利代理师可以依法成立和参加全国性或者地方性专利代理行业组织。专利代理行业组织是社会团体，是专利代理师的自律性组织。

专利代理行业组织应当制定专利代理行业自律规范，行业自律规范不得与法律、行政法规、部门规章相抵触。专利代理机构、专利代理师应当遵守行业自律规范。

第五条　专利代理机构和专利代理师执业应当遵守法律、行政法规和本办法，恪守职业道德、执业纪律，诚实守信，规范执业，提升专利代理质量，维护委托人的合法权益和专利代理行业正常秩序。

第六条　国家知识产权局和省、自治区、直辖市人民政府管理专利工作的部门可以根据实际情况，通过制定政策、建立机制等措施，支持引导专利代理机构为小微企业以及无收入或者低收入的发明人、设计人提供专利代理援助服务。

鼓励专利代理行业组织和专利代理机构利用自身资源开展专利代理援助工作。

第七条　国家知识产权局和省、自治区、直辖市人民政府管理专利工作的部门应当加强电子政务建设和专利代理公共信息发布，优化专利代理管理系统，方便专利代理机构、专利代理师和公众办理事务、查询信息。

第八条　任何单位、个人未经许可，不得代理专利申请和宣告专利权无效等业务。

第二章　专利代理机构

第九条　专利代理机构的组织形式应当为合伙企业、有限责任公司等。合伙人、股东应当为中国公民。

第十条　合伙企业形式的专利代理机构申请办理执业许可证的，应当具备下列条件：

（一）有符合法律、行政法规和本办法第十四条规定的专利代理机构名称；

（二）有书面合伙协议；

（三）有独立的经营场所；

（四）有两名以上合伙人；

（五）合伙人具有专利代理师资格证，并有两年以上专利代理师执业经历。

第十一条　有限责任公司形式的专利代理机构申请办理执业许可证的，应当具备下列条件：

（一）有符合法律、行政法规和本办法第十四条规定的专利代理机构名称；

（二）有书面公司章程；

（三）有独立的经营场所；

（四）有五名以上股东；

（五）五分之四以上股东以及公司法定代表人具有专利代理师资格证，并有两年以上专利代理师执业经历。

第十二条 律师事务所申请办理执业许可证的，应当具备下列条件：

（一）有独立的经营场所；

（二）有两名以上合伙人或者专职律师具有专利代理师资格证。

第十三条 有下列情形之一的，不得作为专利代理机构的合伙人、股东：

（一）不具有完全民事行为能力；

（二）因故意犯罪受过刑事处罚；

（三）不能专职在专利代理机构工作；

（四）所在专利代理机构解散或者被撤销、吊销执业许可证，未妥善处理各种尚未办结的专利代理业务。

专利代理机构以欺骗、贿赂等不正当手段取得执业许可证，被依法撤销、吊销的，其合伙人、股东、法定代表人自处罚决定作出之日起三年内不得在专利代理机构新任合伙人或者股东、法定代表人。

第十四条 专利代理机构只能使用一个名称。除律师事务所外，专利代理机构的名称中应当含有“专利代理”或者“知识产权代理”等字样。专利代理机构分支机构的名称由专利代理机构全名称、分支机构所在城市名称或者所在地区名称和“分公司”或者“分所”等组成。

专利代理机构的名称不得在全国范围内与正在使用或者已经使用过的专利代理机构的名称相同或者近似。

律师事务所申请办理执业许可证的，可以使用该律师事务所的名称。

第十五条 申请专利代理机构执业许可证的，应当通过专利代理管理系统向国家知识产权局提交申请书和下列申请材料：

（一）合伙企业形式的专利代理机构应当提交营业执照、合伙协议和合伙人身份证件扫描件；

（二）有限责任公司形式的专利代理机构应当提交营业执照、公司章程和股东身份证件扫描件；

（三）律师事务所应当提交律师事务所执业许可证和具有专利代理师资格证的合伙人、专职律师身份证件扫描件。

申请人应当对其申请材料实质内容的真实性负责。必要时，国家知识产权局可以要求申请人提供原件进行核实。法律、行政法规和国务院决定另有规定的除外。

第十六条 申请材料不符合本办法第十五条规定的，国家知识产权局应当自收到申请材料之日起五日内一次告知申请人需要补正的全部内容，逾期未告知的，自收到申请材料之日起视为受理；申请材料齐全、符合法定形式，或者申请人按照要求提交全部补正申请材料的，应当受理该申请。受理或者不予受理申请的，应当书面通知申请人并说明理由。

国家知识产权局应当自受理之日起十日内予以审核，对符合规定条件的，予以批准，向申请人颁发专利代理机构执业许可证；对不符合规定条件的，不予批准，书面通知申请人并说明理由。

第十七条 专利代理机构名称、经营场所、合伙协议或者公司章程、合伙人或者执行事务合伙人、股东或者法定代表人发生变化的，应当自办理企业变更登记之日起三十日内向国家知识产权局申请办理变更手续；律师事务所具有专利代理师资格证的合伙人或者专职律师等事项发生变化的，应当自司法行政部门批准之日起三十日内向国家知识产权局申请办理变更手续。

国家知识产权局应当自申请受理之日起十日内作出相应决定，对符合本办法规定的事项予以变更。

第十八条 专利代理机构在国家知识产权局登记的信息应当与其在市场监督管理部门或者司法行政部门的登记信息一致。

第十九条 专利代理机构解散或者不再办理专利代理业务的，应当在妥善处理各种尚未办结的业务后，向国家知识产权局办理注销专利代理机构执业许可证手续。

专利代理机构注销营业执照，或者营业执照、执业许可证被撤销、吊销的，应当在营业执照注销三十日前或者接到撤销、吊销通知书之日起三十日内通知委托人解除委托合同，妥善处理尚未办结的业务，并向国家知识产权局办理注销专利代理机构执业许可证的手续。未妥善处理全部专利代理业务的，专利代理机构的合伙人、股东不得办理专利代理师执业备案变更。

第二十条 专利代理机构设立分支机构办理专利代理业务的，应当具备下列条件：

（一）办理专利代理业务时间满两年；

（二）有十名以上专利代理师执业，拟设分支机构应当有一名以上专利代理师执业，并且分支机构负责人应当具有专利代理师资格证；

（三）专利代理师不得同时在两个以上的分支机构担任负责人；

（四）设立分支机构前三年内未受过专利代理行政处罚；

（五）设立分支机构时未被列入经营异常名录或者严重违法失信名单。

第二十一条 专利代理机构的分支机构不得以自己的名义办理专利代理业务。专利代理机构应当对其分支机构的执业活动承担法律责任。

第二十二条 专利代理机构设立、变更或者注销分支机构的，应当自完成分支机构相关企业或者司法登记手续之日起三十日内，通过专利代理管理系统向分支机构所在地的省、自治区、直辖市人民政府管理专利工作的部门进行备案。

备案应当填写备案表并上传下列材料：

（一）设立分支机构的，上传分支机构营业执照或者律师事务所分所执业许可证扫描件；

（二）变更分支机构注册事项的，上传变更以后的分支机构营业执照或者律师事务所分所执业许可证扫描件；

（三）注销分支机构的，上传妥善处理完各种事项的说明。

第二十三条 专利代理机构应当建立健全质量管理、利益冲突审查、投诉处理、年度考核等执业管理制度以及人员管理、财务管理、档案管理等运营制度，对专利代理师在执业活动中遵守职业道德、执业纪律的情况进行监督。

专利代理机构的股东应当遵守国家有关规定，恪守专利代理职业道德、执业纪律，维护专利代理行业正常秩序。

第二十四条 专利代理机构通过互联网平台宣传、承接专利代理业务的，应当遵守《中华人民共和国电子商务法》等相关规定。

前款所述专利代理机构应当在首页显著位置持续公示并及时更新专利代理机构执业许可证等信息。

第三章　专利代理师

第二十五条 专利代理机构应当依法按照自愿和协商一致的原则与其聘用的专利代理师订立劳动合同。专利代理师应当受专利代理机构指派承办专利代理业务，不得自行接受委托。

第二十六条 专利代理师执业应当符合下列条件：

（一）具有完全民事行为能力；

（二）取得专利代理师资格证；

（三）在专利代理机构实习满一年，但具有律师执业经历或者三年以上专利审查经历的人员除外；

（四）在专利代理机构担任合伙人、股东，或者与专利代理机构签订劳动合同；

（五）能专职从事专利代理业务。

符合前款所列全部条件之日为执业之日。

第二十七条 专利代理实习人员进行专利代理业务实习，应当接受专利代理机构的指导。

第二十八条 专利代理师首次执业的，应当自执业之日起三十日内通过专利代理管理系统向专利代理机构所在地的省、自治区、直辖市人民政府管理专利工作的部门进行执业备案。

备案应当填写备案表并上传下列材料：

（一）本人身份证件扫描件；

（二）与专利代理机构签订的劳动合同；

（三）实习评价材料。

专利代理师应当对其备案材料实质内容的真实性负责。必要时，省、自治区、直辖市人民政府管理专利工作的部门可以要求提供原件进行核实。

第二十九条 专利代理师从专利代理机构离职的，应当妥善办理业务移交手续，并自离职之日起三十日内通过专利代理管理系统向专利代理机构所在地的省、自治区、直辖市人民政府管理专利工作的部门提交解聘证明等，进行执业备案变更。

专利代理师转换执业专利代理机构的，应当自转换执业之日起三十日内进行执业备案变更，上传与专利代理机构签订的劳动合同或者担任股东、合伙人的证明。

未在规定时间内变更执业备案的，视为逾期未主动履行备案变更手续，省、自治区、直辖市人民政府管理专利工作的部门核实后可以直接予以变更。

第四章　专利代理行业组织

第三十条 专利代理行业组织应当严格行业自律，组织引导专利代理机构和专利代理师依法规范执业，不断提高行业服务水平。

第三十一条 国家知识产权局和省、自治区、直辖市人民政府管理专利工作的部门根据国家有关规定对专利代理行业组织进行监督和管理。

第三十二条 专利代理行业组织应当依法履行下列职责：

（一）维护专利代理机构和专利代理师的合法权益；

（二）制定行业自律规范，加强行业自律，对会员实施考核、奖励和惩戒，及时向社会公布其吸纳的会员信息和对会员的惩戒情况；

（三）组织专利代理机构、专利代理师开展专利代理援助服务；

（四）组织专利代理师实习培训和执业培训，以及职业道德、执业纪律教育；

（五）按照国家有关规定推荐专利代理师担任诉讼代理人；

（六）指导专利代理机构完善管理制度，提升专利代理服务质量；

（七）指导专利代理机构开展实习工作；

（八）开展专利代理行业国际交流；

（九）其他依法应当履行的职责。

第三十三条 专利代理行业组织应当建立健全非执业会员制度，鼓励取得专利代理师资格证的非执业人员参加专利代理行业组织、参与专利代理行业组织事务，加强非执业会员的培训和交流。

第五章 专利代理监管

第三十四条 国家知识产权局组织指导全国的专利代理机构年度报告、经营异常名录和严重违法失信名单的公示工作。

第三十五条 专利代理机构应当按照国家有关规定提交年度报告。年度报告应当包括以下内容：

（一）专利代理机构通信地址、邮政编码、联系电话、电子邮箱等信息；

（二）执行事务合伙人或者法定代表人、合伙人或者股东、专利代理师的姓名，从业人数信息；

（三）合伙人、股东的出资额、出资时间、出资方式等信息；

（四）设立分支机构的信息；

（五）专利代理机构通过互联网等信息网络提供专利代理服务的信息网络平台名称、网址等信息；

（六）专利代理机构办理专利申请、宣告专利权无效、转让、许可、纠纷的行政处理和诉讼、质押融资等业务信息；

（七）专利代理机构资产总额、负债总额、营业总收入、主营业务收入、利润总额、净利润、纳税总额等信息；

（八）专利代理机构设立境外分支机构、其从业人员获得境外专利代理从业资质的信息；

（九）其他应当予以报告的信息。

律师事务所可仅提交其从事专利事务相关的内容。

第三十六条 国家知识产权局以及省、自治区、直辖市人民政府管理专利工作的部门的工作人员应当对专利代理机构年度报告中不予公示的内容保密。

第三十七条 专利代理机构有下列情形之一的，按照国家有关规定列入经营异常名录：

（一）未在规定的期限提交年度报告；

（二）取得专利代理机构执业许可证或者提交年度报告时提供虚假信息；

（三）擅自变更名称、办公场所、执行事务合伙人或者法定代表人、合伙人或者股东；

（四）分支机构设立、变更、注销未按照规定办理备案手续；

（五）不再符合执业许可条件，省、自治区、直辖市人民政府管理专利工作的部门责令其整改，期限届满仍不符合条件；

（六）专利代理机构公示信息与其在市场监督管理部门或者司法行政部门的登记信息不一致；

（七）通过登记的经营场所无法联系。

第三十八条 专利代理机构有下列情形之一的，按照国家有关规定列入严重违法失信名单：

（一）被列入经营异常名录满三年仍未履行相关义务；

（二）受到责令停止承接新的专利代理业务、吊销专利代理机构执业许可证的专利代理行政处罚。

第三十九条 国家知识产权局指导省、自治区、直辖市人民政府管理专利工作的部门对专利代理机构和专利代理师的执业活动情况进行检查、监督。

专利代理机构跨省设立分支机构的，其分支机构应当由分支机构所在地的省、自治区、直辖市人民政府管理专利工作的部门进行检查、监督。该专利代理机构所在地的省、自治区、直辖市人民政府管理专利工作的部门应当予以协助。

第四十条 国家知识产权局和省、自治区、直辖市人民政府管理专利工作的部门应当采取书面检查、实地检查、网络监测等方式对专利代理机构和专利代理师进行检查、监督。

在检查过程中应当随机抽取检查对象，随机选派执法检查人员。发现违法违规情况的，应当及时依法处理，并向社会公布检查、处理结果。对已被列入经营异常名录或者严重违法失信名单的专利代理机构，省、自治区、直辖市人民政府管理专利工作的部门应当进行实地检查。

第四十一条 省、自治区、直辖市人民政府管理专利工作的部门应当重点对下列事项进行检查、监督：

（一）专利代理机构是否符合执业许可条件；

（二）专利代理机构合伙人、股东以及法定代表人是否符合规定；

（三）专利代理机构年度报告的信息是否真实、完整、有效，与其在市场监督管理部门或者司法行政部门公示的信息是否一致；

（四）专利代理机构是否存在本办法第三十七条规定的情形；

（五）专利代理机构是否建立健全执业管理制度和运营制度等情况；

（六）专利代理师是否符合执业条件并履行备案手续；

（七）未取得专利代理执业许可的单位或者个人是否存在擅自开展专利代理业务的违法行为。

第四十二条 省、自治区、直辖市人民政府管理专利工作的部门依法进行检查监督时，应当将检查监督的情况和处理结果予以记录，由检查监督人员签字后归档。

当事人应当配合省、自治区、直辖市人民政府管理专利工作的部门的检查监督，接受询问，如实提供有关情况和材料。

第四十三条 国家知识产权局和省、自治区、直辖市人民政府管理专利工作的部门对存在违法违规行为的机构或者人员，可以进行警示谈话、提出意见，督促及时整改。

第四十四条 国家知识产权局和省、自治区、直辖市人民政府管理专利工作的部门应当督促专利代理机构贯彻实施专利代理相关服务规范，引导专利代理机构提升服务质量。

第四十五条 国家知识产权局应当及时向社会公布专利代理机构执业许可证取得、变更、注销、撤销、吊销等相关信息，以及专利代理师的执业备案、撤销、吊销等相关信息。

国家知识产权局和省、自治区、直辖市人民政府管理专利工作的部门应当及时向社会公示专利代理机构年度报告信息，列入或者移出经营异常名录、严重违法失信名单信息，行政处罚信息，以及对专利代理执业活动的检查情况。行政处罚、检查监督结果纳入国家企业信用信息公示系统向社会公布。

律师事务所、律师受到专利代理行政处罚的，应当由国家知识产权局和省、自治区、直辖市人民政府管理专利工作的部门将信息通报相关司法行政部门。

第六章 专利代理违法行为的处理

第四十六条 任何单位或者个人认为专利代理机构、专利代理师的执业活动违反专利代理管理有关法律、行政法规、部门规章规定，或者认为存在擅自开展专利代理业务情形的，可以向省、自治区、直辖市人民政府管理专利工作的部门投诉和举报。

省、自治区、直辖市人民政府管理专利工作的部门收到投诉和举报后，应当依据市场监督管理投诉举报处理办法、行政处罚程序等有关规定进行调查处理。本办法另有规定的除外。

第四十七条 对具有重大影响的专利代理违法违规行为，国家知识产权局可以协调或者指定有关省、自治区、直辖市人民政府管理专利工作的部门进行处理。对于专利代理违法行为的处理涉及两个以上省、自治区、直辖市人民政府管理专利工作的部门的，可以报请国家知识产权局组织协调处理。

对省、自治区、直辖市人民政府管理专利工作的部门专利代理违法行为处理工作，国家知识产权局依法进行监督。

第四十八条 省、自治区、直辖市人民政府管理专利工作的部门可以依据本地实际，要求下一级人民政府管理专利工作的部门协助处理专利代理违法违规行为；也可以依法委托有实际处理能力的管理公共事务的事业组织处理专利代理违法违规行为。

委托方应当对受托方的行为进行监督和指导，并承担法律责任。

第四十九条 省、自治区、直辖市人民政府管理专利工作的部门应当及时、全面、客观、公正地调查收集与案件有关的证据。可以通过下列方式对案件事实进行调查核实：

（一）要求当事人提交书面意见陈述；

（二）询问当事人；

（三）到当事人所在地进行现场调查，可以调阅有关业务案卷和档案材料；

（四）其他必要、合理的方式。

第五十条 案件调查终结后，省、自治区、直辖市人民政府管理专利工作的部门认为应当对专利代理机构作出责令停止承接新的专利代理业务、吊销执业许可证，或者对专利代理师作出责令停止承办新的专利代理业务、吊销专利代理师资格证行政处罚的，应当及时报送调查结果和处罚建议，提请国家知识产权局处理。

第五十一条 专利代理机构有下列情形之一的，属于《专利代理条例》第二十五条规定的“疏于管理，造成严重后果”的违法行为：

（一）因故意或者重大过失给委托人、第三人利益造成损失，或者损害社会公共利益；

（二）从事非正常专利申请行为，严重扰乱专利工作秩序；

（三）诋毁其他专利代理师、专利代理机构，以不正当手段招揽业务，存在弄虚作假行为，严重扰乱行业秩序，受到有关行政机关处罚；

（四）严重干扰专利审查工作或者专利行政执法工作正常进行；

（五）专利代理师从专利代理机构离职未妥善办理业务移交手续，造成严重后果；

（六）专利代理机构执业许可证信息与市场监督管理部门、司法行政部门的登记信息或者实际情况不一致，未按照要求整改，给社会公众造成重大误解；

（七）分支机构设立、变更、注销不符合规定的条件或者没有按照规定备案，严重损害当事人利益；

（八）默许、指派专利代理师在未经其本人撰写或者审核的专利申请等法律文件上签名，严重损害当事人利益；

（九）涂改、倒卖、出租、出借专利代理机构执业许可证，严重扰乱行业秩序。

第五十二条 有下列情形之一的，属于《专利代理条例》第二十七条规定的“擅自开展专利代理业务”的违法行为：

（一）通过租用、借用等方式利用他人资质开展专利代理业务；

（二）未取得专利代理机构执业许可证或者不符合专利代理师执业条件，擅自代理专利申请、宣告专利权无效等相关业务，或者以专利代理机构、专利代理师的名义招揽业务；

（三）专利代理机构执业许可证或者专利代理师资格证被撤销或者吊销后，擅自代理专利申请、宣告专利权无效等相关业务，或者以专利代理机构、专利代理师的名义招揽业务。

第五十三条 专利代理师对其签名办理的专利代理业务负责。对于非经本人办理的专利事务，专利代理师有权拒绝在相关法律文件上签名。

专利代理师因专利代理质量等原因给委托人、第三人利益造成损失或者损害社会公共利益的，省、自治区、直辖市人民政府管理专利工作的部门可以对签名的专利代理师予以警告。

第五十四条 国家知识产权局按照有关规定，对专利代理领域严重失信主体开展联合惩戒。

第五十五条 法律、行政法规对专利代理机构经营活动违法行为的处理另有规定的，从其规定。

第七章 附 则

第五十六条 本办法由国家市场监督管理总局负责解释。

第五十七条 本办法中二十日以内期限的规定是指工作日，不含法定节假日。

第五十八条 本办法自2019年5月1日起施行。2015年4月30日国家知识产权局令第70号发布的《专利代理管理办法》、2002年12月12日国家知识产权局令第25号发布的《专利代理惩戒规则（试行）》同时废止。

专利申请集中审查管理办法（试行）

1. 2019年8月30日国家知识产权局发布
2. 国知发法字〔2019〕47号

第一条 为了落实《国务院关于新形势下加快知识产权强国建设的若干意见》（国发〔2015〕71号）要求，支持培育核心专利，加快产业专利布局，推进国家知识产权战略实施和知识产权强国建设，服务创新驱动发展战略，制定本办法。

第二条 集中审查是指为了加强对专利申请组合整体技术的理解，提高审查意见通知书的有效性，提升审查质量和审查效率，国家知识产权局依申请人或省级知识产权管理部门等提出的请求，围绕同一项关键技术的专利申请组合集中进行审查的专利审查模式。

第三条 请求进行集中审查的专利申请应当符合以下条件：

（一）实质审查请求已生效且未开始审查的发明专利申请。对于同一申请人同日对同样的发明创造既申请实用新型专利又申请发明专利的，该发明专利申请暂不纳入集中审查范围。

（二）涉及国家重点优势产业，或对国家利益、公共利益具有重大意义。

（三）同一批次内申请数量不低于50件，且实质审查请求生效时间跨度不超过一年。

（四）未享受过优先审查等其他审查政策。

第四条 提出集中审查的请求人需向国家知识产权局专利局审查业务管理部（下称“审查业务管理部”）提交集中审查请求材料，材料中应详细说明请求集中审查的具体理由，专利申请清单以及每一件专利申请与专利申请组合的对应关系，全部专利申请人的签字或盖章以及联系人和联系方式。专利申请清单同时还应当提交一份电子件。

第五条 专利申请集中审查工作由审查业务管理部和国家知识产权局专利局审查部门单位（下称“审查部门单位”）共同组织开展。

第六条 审查业务管理部负责集中审查工作的统筹与协调，主要包括以下内容：

（一）对集中审查请求进行受理、审核。

（二）综合考虑申请人需求、案源审序和所属技术领域的审查能力等因素，集中审查的启动时间一般在实审生效已满3个月后，并在案源系统中对集中审查案件进行标记。

（三）组织相关审查部门单位实施集中审查。

（四）其他需要统筹与协调的工作。

第七条 审查部门单位负责案件的集中审查，主要包括以下内容：

（一）成立集中审查工作管理小组，组织协调本部门单位的集中审查工作。

（二）组织审查质量高、经验丰富、责任心强的优秀审查员承担集中审查工作。

（三）根据需要组织开展技术说明会、会晤、调研、巡回审查等。

（四）其他与集中审查有关工作。

第八条 经审批同意进行集中审查的，专利申请人应当积极配合集中审查实施，主要包括以下内容：

（一）根据审查部门单位的要求，提供相关技术资料。

（二）积极配合审查部门单位提出的技术说明会、会晤、调研、巡回审查等。

（三）及时对集中审查开展过程中的问题、经验、效果和价值等情况进行反馈。

（四）其他需要配合的工作。

第九条 正在实施集中审查的专利申请，有下列情形之一的，审查业务管理部或审查部门单位可以终止同批次集中审查程序：

（一）申请人提交虚假材料。

（二）申请人不履行本办法第八条相关义务。

（三）在审查过程中发现存在非正常专利申请。

（四）申请人主动提出终止集中审查程序。

（五）其他应终止集中审查程序的情形。

第十条 本办法由国家知识产权局专利局审查业务管理部负责解释。

第十一条 本办法自公布之日起施行。

重大专利侵权纠纷行政裁决办法

1. 2021年5月26日国家知识产权局公告第426号发布
2. 自2021年6月1日起施行

第一条 为贯彻落实党中央、国务院关于全面加强知识产权保护的决策部署，切实维护公平竞争的市场秩序，保障专利权人和社会公众的合法权益，根据《中华人民共和国专利法》（以下简称《专利法》）和有关法律、法规、规章，制定本办法。

第二条 本办法适用于国家知识产权局处理专利法第七十条第一款所称的在全国有重大影响的专利侵权纠纷（以下简称重大专利侵权纠纷）。

第三条 有以下情形之一的，属于重大专利侵权纠纷：

（一）涉及重大公共利益的；

（二）严重影响行业发展的；

（三）跨省级行政区域的重大案件；

（四）其他可能造成重大影响的专利侵权纠纷。

第四条 请求对重大专利侵权纠纷进行行政裁决的，应当符合第三条所述的情形，并具备下列条件：

（一）请求人是专利权人或者利害关系人；

（二）有明确的被请求人；

（三）有明确的请求事项和具体事实、理由；

（四）人民法院未就该专利侵权纠纷立案。

第五条 请求对重大专利侵权纠纷进行行政裁决的，应当依据《专利行政执法办法》的有关规定提交请求书及有关证据材料，同时还应当提交被请求人所在地或者侵权行为地省、自治区、直辖市管理专利工作的部门出具的符合本办法第三条所述情形的证明材料。

第六条 请求符合本办法第四条规定的，国家知识产权局应当自收到请求书之日起5个工作日内立案并通知请求人，同时指定3名或者3名以上单数办案人员组成合议组办理案件。案情特别复杂或者有其他特殊情况的，经批准，立案期限可以延长5个工作日。

请求不符合本办法第四条规定的，国家知识产权局应当在收到请求书之日起5个工作日内通知请求人不予立案，并说明理由。

对于不属于重大专利侵权纠纷的请求，国家知识产权局不予立案，并告知请求人可以向有管辖权的地方管理专利工作的部门请求处理。

第七条　省、自治区、直辖市管理专利工作的部门对于辖区内专利侵权纠纷处理请求，认为案情属于重大专利侵权纠纷的，可以报请国家知识产权局进行行政裁决。

第八条　办案人员应当持有国家知识产权局配发的办案证件。

第九条　办案人员有下列情形之一的应当自行回避：

（一）是当事人或者其代理人的近亲属的；

（二）与专利申请或者专利权有利害关系的；

（三）与当事人或者其代理人有其他关系，可能影响公正办案的。

当事人也有权申请办案人员回避。当事人申请回避的，应当说明理由。

办案人员的回避，由负责办案的部门决定。

第十条　国家知识产权局应当在立案之日起5个工作日内向被请求人发出请求书及其附件的副本，要求其在收到之日起15日内提交答辩书，并按照请求人的数量提供答辩书副本。被请求人逾期不提交答辩书的，不影响案件处理。

被请求人提交答辩书的，国家知识产权局应当在收到之日起5个工作日内将答辩书副本转送请求人。

国家知识产权局可以对侵犯其同一专利权的案件合并处理。

第十一条　案件办理过程中，请求人提出申请追加被请求人的，如果符合共同被请求人条件，国家知识产权局应当裁定追加并通知其他当事人，不符合共同被请求人条件但符合请求条件的，应当驳回追加申请，告知请求人另案提出请求。对于被请求人提出追加其他当事人为被请求人的，应当告知请求人。请求人同意追加的，裁定准许追加。请求人不同意的，可以追加其他当事人为第三人。追加被请求人或第三人的请求应当在口头审理前提出，否则不予支持。

第十二条　当事人对自己提出的主张，有责任提供证据。当事人因客观原因不能收集的证据，可以提交初步证据和理由，书面申请国家知识产权局调查或者检查。根据查明案件事实的需要，国家知识产权局也可以依法调查或者检查。

办案人员在调查或者检查时不得少于两人，并应当向当事人或者有关人员出示办案证件。

第十三条　办案人员在调查或者检查时，可以行使下列职权：

（一）询问有关当事人及其他有关单位和个人，调查与涉嫌专利侵权行为有关的情况；

（二）对当事人涉嫌专利侵权行为的场所实施现场检查；

（三）检查与涉嫌专利侵权行为有关的产品。

在调查或者检查时，当事人或者有关人员应当予以协助、配合，不得拒绝、阻挠。

根据工作需要和实际情况，国家知识产权局可以将相关案件调查工作委托地方管理专利工作的部门进行。

第十四条　专利侵权纠纷涉及复杂技术问题，需要进行检验鉴定的，国家知识产权局可以应当事人请求委托有关单位进行检验鉴定。当事人请求检验鉴定的，检验鉴定单位可以由双方当事人协商确定；协商不成的，由国家知识产权局指定。检验鉴定意见未经质证，不得作为定案依据。

当事人对鉴定费用有约定的，从其约定。没有约定的，鉴定费用由申请鉴定方先行支付，结案时由责任方承担。

第十五条　国家知识产权局可以指派技术调查官参与案件处理，提出技术调查意见。相关技术调查意见可以作为合议组认定技术事实的参考。技术调查官管理办法另行规定。

第十六条　国家知识产权局根据案情需要决定是否进行口头审理。进行口头审理的，应当至少在口头审理5个工作日前将口头审理的时间、地点通知当事人。当事人无正当理由拒不参加的，或者未经许可中途退出的，对请求人按撤回请求处理，对被请求人按缺席处理。

第十七条　有以下情形之一的，当事人可以申请中止案件办理，国家知识产权局也可以依职权决定中止案件办理：

（一）被请求人申请宣告涉案专利权无效并被国家知识产权局受理的；

（二）一方当事人死亡，需要等待继承人表明是否参加处理的；

（三）一方当事人丧失民事行为能力，尚未确定法定代理人的；

（四）作为一方当事人的法人或者其他组织终止，尚未确定权利义务承受人的；

（五）一方当事人因不可抗拒的事由，不能参加审理的；

（六）该案必须以另一案的审理结果为依据，而另一案尚未审结的；

（七）其他需要中止处理的情形。

第十八条　有下列情形之一的，国家知识产权局可以不中止案件处理：

（一）请求人出具的检索报告或专利权评价报告未发现实用新型或者外观设计专利权存在不符合授予专利权条件的缺陷；

（二）无效宣告程序已对该实用新型或者外观设计专利作出维持有效决定的；

（三）当事人提出的中止理由明显不成立的。

第十九条 有下列情形之一时，国家知识产权局可以撤销案件：

（一）立案后发现不符合受理条件的；

（二）请求人撤回处理请求的；

（三）请求人死亡或注销，没有继承人，或者继承人放弃处理请求的；

（四）被请求人死亡或注销，或者没有应当承担义务的人的；

（五）其他需要撤销案件的情形。

第二十条 在行政裁决期间，有关专利权被国家知识产权局宣告无效的，可以终止案件办理。有证据证明宣告上述权利无效的决定被生效的行政判决撤销的，权利人可以另行提起请求。

第二十一条 国家知识产权局可以组织当事人进行调解。双方当事人达成一致的，由国家知识产权局制作调解书，加盖公章，并由双方当事人签名或者盖章。调解不成的，应当及时作出行政裁决。

第二十二条 国家知识产权局处理专利侵权纠纷，应当自立案之日起三个月内结案。因案件复杂或者其他原因，不能在规定期限内结案的，经批准，可以延长一个月。案情特别复杂或者有其他特殊情况，经延期仍不能结案的，经批准继续延期的，应当同时确定延长的合理期限。

案件处理过程中，中止、公告、检验鉴定等时间不计入前款所指的案件办理期限。变更请求、追加共同被请求人、第三人的，办案期限从变更请求、确定共同被请求人、第三人之日起重新计算。

第二十三条 国家知识产权局作出行政裁决，应当制作行政裁决书，并加盖公章。行政裁决认定专利侵权行为成立的，应当责令立即停止侵权行为，并根据需要通知有关主管部门、地方人民政府有关部门协助配合及时制止侵权行为。当事人不服的，可以自收到行政裁决书之日起 15 日内，依照《中华人民共和国行政诉讼法》向人民法院起诉。除法律规定的情形外，诉讼期间不停止行政裁决的执行。被请求人期满不起诉又不停止侵权行为的，国家知识产权局可以向人民法院申请强制执行。

行政裁决作出后，应当按照《政府信息公开条例》及有关规定向社会公开。行政裁决公开时，应当删除涉及商业秘密的信息。

第二十四条 办案人员以及其他工作人员滥用职权、玩忽职守、徇私舞弊或者泄露办案过程中知悉的商业秘密，尚不构成犯罪的，依法给予政务处分；涉嫌犯罪的，移送司法机关处理。

第二十五条 本办法未作规定的，依照《专利行政执法办法》以及国家知识产权局关于专利侵权纠纷行政裁决有关规定执行。

第二十六条 本办法由国家知识产权局负责解释。

第二十七条 本办法自 2021 年 6 月 1 日起施行。

最高人民法院关于审理专利授权确权行政案件适用法律若干问题的规定(一)

1. 2020 年 8 月 24 日最高人民法院审判委员会第 1810 次会议通过

2. 2020 年 9 月 10 日公布

3. 法释〔2020〕8 号

4. 自 2020 年 9 月 12 日起施行

为正确审理专利授权确权行政案件，根据《中华人民共和国专利法》《中华人民共和国行政诉讼法》等法律规定，结合审判实际，制定本规定。

第一条 本规定所称专利授权行政案件，是指专利申请人因不服国务院专利行政部门作出的专利复审请求审查决定，向人民法院提起诉讼的案件。

本规定所称专利确权行政案件，是指专利权人或者无效宣告请求人因不服国务院专利行政部门作出的专利无效宣告请求审查决定，向人民法院提起诉讼的案件。

本规定所称被诉决定，是指国务院专利行政部门作出的专利复审请求审查决定、专利无效宣告请求审查决定。

第二条 人民法院应当以所属技术领域的技术人员在阅读权利要求书、说明书及附图后所理解的通常含义，界定权利要求的用语。权利要求的用语在说明书及附图中有明确定义或者说明的，按照其界定。

依照前款规定不能界定的，可以结合所属技术领域的技术人员通常采用的技术词典、技术手册、工具书、教科书、国家或者行业技术标准等界定。

第三条 人民法院在专利确权行政案件中界定权利要求的用语时，可以参考已被专利侵权民事案件生效裁判采纳的专利权人的相关陈述。

第四条 权利要求书、说明书及附图中的语法、文字、数字、标点、图形、符号等有明显错误或者歧义，但所属技术领域的技术人员通过阅读权利要求书、说明书及附图可以得出唯一理解的，人民法院应当根据该唯一理解作出认定。

第五条 当事人有证据证明专利申请人、专利权人违反诚实信用原则，虚构、编造说明书及附图中的具体实施方式、技术效果以及数据、图表等有关技术内容，并据此主张相关权利要求不符合专利法有关规定的，人民法院应予支持。

第六条 说明书未充分公开特定技术内容，导致在专利申请日有下列情形之一的，人民法院应当认定说明书及与该特定技术内容相关的权利要求不符合专利法第二十六条第三款的规定：

（一）权利要求限定的技术方案不能实施的；

（二）实施权利要求限定的技术方案不能解决发明或者实用新型所要解决的技术问题的；

（三）确认权利要求限定的技术方案能够解决发明或者实用新型所要解决的技术问题，需要付出过度劳动的。

当事人仅依据前款规定的未充分公开的特定技术内容，主张与该特定技术内容相关的权利要求符合专利法第二十六条第四款关于“权利要求书应当以说明书为依据”的规定的，人民法院不予支持。

第七条 所属技术领域的技术人员根据说明书及附图，认为权利要求有下列情形之一的，人民法院应当认定该权利要求不符合专利法第二十六条第四款关于清楚地限定要求专利保护的范围的规定：

（一）限定的发明主题类型不明确的；

（二）不能合理确定权利要求中技术特征的含义的；

（三）技术特征之间存在明显矛盾且无法合理解释的。

第八条 所属技术领域的技术人员阅读说明书及附图后，在申请日不能得到或者合理概括得出权利要求限定的技术方案的，人民法院应当认定该权利要求不符合专利法第二十六条第四款关于“权利要求书应当以说明书为依据”的规定。

第九条 以功能或者效果限定的技术特征，是指对于结构、组分、步骤、条件等技术特征或者技术特征之间的相互关系等，仅通过其在发明创造中所起的功能或者效果进行限定的技术特征，但所属技术领域的技术人员通过阅读权利要求即可直接、明确地确定实现该功能或者效果的具体实施方式的除外。

对于前款规定的以功能或者效果限定的技术特征，权利要求书、说明书及附图未公开能够实现该功能或者效果的任何具体实施方式的，人民法院应当认定说明书和具有该技术特征的权利要求不符合专利法第二十六条第三款的规定。

第十条 药品专利申请人在申请日以后提交补充实验数据，主张依赖该数据证明专利申请符合专利法第二十二条第三款、第二十六条第三款等规定的，人民法院应予审查。

第十一条 当事人对实验数据的真实性产生争议的，提交实验数据的一方当事人应当举证证明实验数据的来源和形成过程。人民法院可以通知实验负责人到庭，就实验原料、步骤、条件、环境或者参数以及完成实验的人员、机构等作出说明。

第十二条 人民法院确定权利要求限定的技术方案的技术领域，应当综合考虑主题名称等权利要求的全部内容、说明书关于技术领域和背景技术的记载，以及该技术方案所实现的功能和用途等。

第十三条 说明书及附图未明确记载区别技术特征在权利要求限定的技术方案中所能达到的技术效果的，人民法院可以结合所属技术领域的公知常识，根据区别技术特征与权利要求中其他技术特征的关系，区别技术特征在权利要求限定的技术方案中的作用等，认定所属技术领域的技术人员所能确定的该权利要求实际解决的技术问题。

被诉决定对权利要求实际解决的技术问题未认定或者认定错误的，不影响人民法院对权利要求的创造性依法作出认定。

第十四条 人民法院认定外观设计专利产品的一般消费者所具有的知识水平和认知能力，应当考虑申请日时外观设计专利产品的设计空间。设计空间较大的，人民法院可以认定一般消费者通常不容易注意到不同设计之间的较小区别；设计空间较小的，人民法院可以认定一般消费者通常更容易注意到不同设计之间的较小区别。

对于前款所称设计空间的认定，人民法院可以综合考虑下列因素：

（一）产品的功能、用途；

（二）现有设计的整体状况；

（三）惯常设计；

（四）法律、行政法规的强制性规定；

（五）国家、行业技术标准；

（六）需要考虑的其他因素。

第十五条 外观设计的图片、照片存在矛盾、缺失或者模糊不清等情形，导致一般消费者无法根据图片、照片及简要说明确定所要保护的外观设计的，人民法院应当认定其不符合专利法第二十七条第二款关于“清楚地显示要求专利保护的产品的外观设计”的规定。

第十六条 人民法院认定外观设计是否符合专利法第二十三条的规定，应当综合判断外观设计的整体视觉效果。

为实现特定技术功能必须具备或者仅有有限选择的设计特征，对于外观设计专利视觉效果的整体观察和综合判断不具有显著影响。

第十七条 外观设计与相同或者相近种类产品的一项现有设计相比，整体视觉效果相同或者属于仅具有局部细微区别等实质相同的情形的，人民法院应当认定其构成专利法第二十三条第一款规定的“属于现有设计”。

除前款规定的情形外，外观设计与相同或者相近种类产品的一项现有设计相比，二者的区别对整体视觉效果不具有显著影响的，人民法院应当认定其不具有专利法第二十三条第二款规定的“明显区别”。

人民法院应当根据外观设计产品的用途，认定产品种类是否相同或者相近。确定产品的用途，可以参考外观设计的简要说明、外观设计产品分类表、产品的功能以及产品销售、实际使用的情况等因素。

第十八条 外观设计专利与相同种类产品上同日申请的另一项外观设计专利相比，整体视觉效果相同或者属于仅具有局部细微区别等实质相同的情形的，人民法院应当认定其不符合专利法第九条关于“同样的发明创造只能授予一项专利权”的规定。

第十九条 外观设计与申请日以前提出申请、申请日以后公告，且属于相同或者相近种类产品的另一项外观设计相比，整体视觉效果相同或者属于仅具有局部细微区别等实质相同的情形的，人民法院应当认定其构成专利法第二十三条第一款规定的“同样的外观设计”。

第二十条 根据现有设计整体上给出的设计启示，以一般消费者容易想到的设计特征转用、拼合或者替换等方式，获得与外观设计专利的整体视觉效果相同或者仅具有局部细微区别等实质相同的外观设计，且不具有独特视觉效果的，人民法院应当认定该外观设计专利与现有设计特征的组合相比不具有专利法第二十三条第二款规定的“明显区别”。

具有下列情形之一的，人民法院可以认定存在前款所称的设计启示：

（一）将相同种类产品上不同部分的设计特征进行拼合或者替换的；

（二）现有设计公开了将特定种类产品的设计特征转用于外观设计专利产品的；

（三）现有设计公开了将不同的特定种类产品的外观设计特征进行拼合的；

（四）将现有设计中的图案直接或者仅做细微改变后用于外观设计专利产品的；

（五）将单一自然物的特征转用于外观设计专利产品的；

（六）单纯采用基本几何形状或者仅做细微改变后得到外观设计的；

（七）使用一般消费者公知的建筑物、作品、标识等的全部或者部分设计的。

第二十一条 人民法院在认定本规定第二十条所称的独特视觉效果时，可以综合考虑下列因素：

（一）外观设计专利产品的设计空间；

（二）产品种类的关联度；

（三）转用、拼合、替换的设计特征的数量和难易程度；

（四）需要考虑的其他因素。

第二十二条 专利法第二十三条第三款所称的“合法权利”，包括就作品、商标、地理标志、姓名、企业名称、肖像，以及有一定影响的商品名称、包装、装潢等享有的合法权利或者权益。

第二十三条 当事人主张专利复审、无效宣告请求审查程序中的下列情形属于行政诉讼法第七十条第三项规定的“违反法定程序的”，人民法院应予支持：

（一）遗漏当事人提出的理由和证据，且对当事人权利产生实质性影响的；

（二）未依法通知应当参加审查程序的专利申请人、专利权人及无效宣告请求人等，对其权利产生实质性影响的；

（三）未向当事人告知合议组组成人员，且合议组组成人员存在法定回避事由而未回避的；

（四）未给予被诉决定对其不利的一方当事人针对被诉决定所依据的理由、证据和认定的事实陈述意见的机会的；

（五）主动引入当事人未主张的公知常识或者惯常设计，未听取当事人意见且对当事人权利产生实质性影响的；

（六）其他违反法定程序，可能对当事人权利产生实质性影响的。

第二十四条 被诉决定有下列情形之一的，人民法院可以依照行政诉讼法第七十条的规定，判决部分撤销：

（一）被诉决定对于权利要求书中的部分权利要求的认定错误，其余正确的；

（二）被诉决定对于专利法第三十一条第二款规定的“一件外观设计专利申请”中的部分外观设计认定错误，其余正确的；

（三）其他可以判决部分撤销的情形。

第二十五条 被诉决定对当事人主张的全部无效理由和证据均已评述并宣告权利要求无效，人民法院认为被诉决定认定该权利要求无效的理由均不能成立的，应当判决撤销或者部分撤销该决定，并可视情判决被告就该权利要求重新作出审查决定。

第二十六条 审查决定系直接依据生效裁判重新作出且未引入新的事实和理由，当事人对该决定提起诉讼的，人民法院依法裁定不予受理；已经受理的，依法裁定驳回起诉。

第二十七条 被诉决定查明事实或者适用法律确有不当，但对专利授权确权的认定结论正确的，人民法院可以在纠正相关事实查明和法律适用的基础上判决驳回原告的诉讼请求。

第二十八条 当事人主张有关技术内容属于公知常识或者有关设计特征属于惯常设计的，人民法院可以要求其提供证据证明或者作出说明。

第二十九条 专利申请人、专利权人在专利授权确权行政案件中提供新的证据，用于证明专利申请不应当被驳回或者专利权应当维持有效的，人民法院一般应予审查。

第三十条 无效宣告请求人在专利确权行政案件中提供新的证据，人民法院一般不予审查，但下列证据除外：

（一）证明在专利无效宣告请求审查程序中已主张的公知常识或者惯常设计的；

（二）证明所属技术领域的技术人员或者一般消费者的知识水平和认知能力的；

（三）证明外观设计专利产品的设计空间或者现有设计的整体状况的；

（四）补强在专利无效宣告请求审查程序中已被采信证据的证明力的；

（五）反驳其他当事人在诉讼中提供的证据的。

第三十一条 人民法院可以要求当事人提供本规定第二十九条、第三十条规定的新的证据。

当事人向人民法院提供的证据系其在专利复审、无效宣告请求审查程序中被依法要求提供但无正当理由未提供的，人民法院一般不予采纳。

第三十二条 本规定自2020年9月12日起施行。

本规定施行后，人民法院正在审理的一审、二审案件适用本规定；施行前已经作出生效裁判的案件，不适用本规定再审。

六、广告监督

《中华人民共和国广告法》导读

改革开放以来，我国广告业在快速发展的同时，也存在一些问题，突出表现在两个方面：一方面，利用广告推销假冒伪劣产品，贬低竞争对手，进行不正当竞争；另一方面，广告主、广告经营者、广告发布者的权利、义务责任不够明确，行为不够规范。这些问题表明，随着广告业的发展，制定广告法是十分必要的。1994 年 10 月 27 日，八届全国人大常委会第十次会议审议通过了《中华人民共和国广告法》，共六章四十九条，对以下主要内容作了规定：

（一）关于调整对象。广告法规定，广告主、广告经营者、广告发布者在中华人民共和国境内从事广告活动，应当遵守本法。本法所称广告，是指商品经营者或者服务提供者承担费用，通过一定媒介和形式直接或者间接地介绍自己所推销的商品或者所提供的服务的商业广告。这样规定，一是明确了广告法的调整对象限于商业广告。二是明确了广告法只调整以广告形式发布经济信息的活动，不调整通过新闻或者其他非广告形式传播经济信息的行为。

（二）广告准则。广告法对广告的一般标准和特殊商品广告的特殊要求，作了比较明确、具体的规定。关于广告的一般标准，主要要求：广告应当真实、合法；广告不得含有虚假的内容；广告主、广告经营者、广告发布者应当守法，遵循公平、诚实信用原则；广告应当清楚、明白，具有可识别性。关于对特殊商品广告的特殊要求，广告法对药品、医疗器械、农药、化妆品、食品、烟酒等涉及人体健康以及人身、财产安全的商品广告的特殊要求作了规定。

（三）对广告活动的监督管理。(1) 明确县级以上人民政府工商行政管理部门是广告监督管理机关。(2) 明确广告主自行或者委托他人设计、制作、发布广告，应当具有或者提供真实、合法、有效的证明文件。(3) 明确了广告主、广告经营者、广告发布者遵守广告准则、依法进行广告活动的义务。(4) 确定了广告审查制度。这些规定，形成了一套比较系统、完整的广告监督管理制度。

（四）关于法律责任。广告法对广告主、广告经营者、广告发布者发布违法广告、非法从事广告活动以及广告审查者不依法履行审查义务应当承担的法律责任（包括民事责任、行政责任以及刑事责任）作了规定。

2015 年 4 月 24 日，十二届全国人大常委会第十四次会议对广告法进行了修订，修订后的广告法共六章七十五条，主要修订内容包括：

（一）补充、完善广告准则。一是对药品、医疗器械广告准则作了完善，新增保健食品、医疗广告准则，禁止除药品、医疗器械、医疗广告外的其他广告涉及疾病治疗功能。二是补充、完善农药、兽药广告准则，增加饲料、饲料添加剂广告准则和种子、种畜禽、水产苗种和种养殖广告准则。三是增加教育、培训、招商、房地产广告准则。四是对发布烟草广告的媒介、形式和场所作了更严格的限制，明确规定不得设置户外烟草广告。

（二）严格规范广告主体的行为。一是明确广告主应当对广告内容的真实性负责。二是增加广告荐证者的行为规范。三是增加专条规定未成年人保护问题。四是规定公共场所的管理者或者电信业务经营者、互联网信息服务提供者的广告管理责任。

同时，经过对现行广告法规定的行政许可进行评估，取消了广告经营登记，并根据行政许可法的要求，进一步明确了广告发布登记的条件和登记机关。

（三）明确界定构成虚假广告的具体情形。修订后的法律明确规定下列情形构成虚假广告：一是推销的商品或者服务不存在的；二是推销的商品的性能、功能、产地、用途、质量、规格、成分、价格、生产者、有效期限、销售状况、曾获荣誉等信息，或者服务的内容、提供者、形式、质量、价格、销售状况、曾获荣誉等信息，以及与商品或者服务有关的允诺等与实际情况不符，对购买行为有实质性影响的；三是使用虚构、伪造或者无法验证的科研成果、统计资料、调查结果、文摘、引用语等信息作证明材料的；四是虚构使用商品或者接受服务的效果的。

（四）提高法律责任的可操作性和震慑力。一是加大惩处力度。对发布虚假广告等重点违法行为提高罚款幅度，对2年内有3次以上严重违法行为或者有其他严重情节的加重处罚，对广告费用无法计算的规定相应的罚款额度。二是增加广告荐证者的法律责任。规定广告荐证者明知或者应知广告虚假仍在广告中对商品、服务作推荐、证明的，由工商行政管理部门没收违法所得，并处违法所得1倍以上2倍以下的罚款；损害消费者合法权益的，依法承担连带责任。三是补充规定民事责任。在现行广告法有关民事责任条款的基础上，规定广告主、广告经营者、广告发布者、广告荐证者违反其他法律、行政法规规定，损害消费者合法权益的，消费者有权依照有关产品质量、消费者权益保护、合同、侵权责任、食品安全等法律、行政法规的规定，要求其承担相应法律责任。

此外，本次修订还规定国家鼓励、支持开展公益广告宣传活动，公益广告的管理办法，由国务院工商行政管理部门会同有关部门制定。

为全面落实党的十九届三中全会通过的《中共中央关于深化党和国家机构改革的决定》《深化党和国家机构改革方案》和十三届全国人大一次会议批准的《国务院机构改革方案》，确保行政机关依法履行职责，2018年10月26日，十三届全国人大常委会第六次会议通过《关于修改〈中华人民共和国野生动物保护法〉等十五部法律的规定》，对广告法的部分条款做了修正。

为了进一步推进“放管服”改革，节约立法成本，2021年4月29日，十三届全国人大常委会第二十八次会议对广告法进行第二次修正，将“放管服”改革涉及的相关事项一并进行了统筹。

1. 综　合

中华人民共和国广告法

1. 1994年10月27日第八届全国人民代表大会常务委员会第十次会议通过
2. 2015年4月24日第十二届全国人民代表大会常务委员会第十四次会议修订
3. 根据2018年10月26日第十三届全国人民代表大会常务委员会第六次会议《关于修改〈中华人民共和国野生动物保护法〉等十五部法律的决定》第一次修正
4. 根据2021年4月29日第十三届全国人民代表大会常务委员会第二十八次会议《关于修改〈中华人民共和国道路交通安全法〉等八部法律的决定》第二次修正

目　　录

第一章　总　　则

第一条　【立法目的】为了规范广告活动，保护消费者的合法权益，促进广告业的健康发展，维护社会经济秩序，制定本法。

第二条　【调整范围及定义】在中华人民共和国境内，商品经营者或者服务提供者通过一定媒介和形式直接或者间接地介绍自己所推销的商品或者服务的商业广告活动，适用本法。

本法所称广告主，是指为推销商品或者服务，自行或者委托他人设计、制作、发布广告的自然人、法人或者其他组织。

本法所称广告经营者，是指接受委托提供广告设计、制作、代理服务的自然人、法人或者其他组织。

本法所称广告发布者，是指为广告主或者广告主委托的广告经营者发布广告的自然人、法人或者其他组织。

本法所称广告代言人，是指广告主以外的，在广告中以自己的名义或者形象对商品、服务作推荐、证明的自然人、法人或者其他组织。

第三条　【内容和形式要求】广告应当真实、合法，以健康的表现形式表达广告内容，符合社会主义精神文明建设和弘扬中华民族优秀传统文化的要求。

第四条　【真实性原则】广告不得含有虚假或者引人误解的内容，不得欺骗、误导消费者。

广告主应当对广告内容的真实性负责。

第五条　【基本行为规范】广告主、广告经营者、广告发布者从事广告活动，应当遵守法律、法规，诚实信用，公平竞争。

第六条　【监督管理体制】国务院市场监督管理部门主管全国的广告监督管理工作，国务院有关部门在各自的职责范围内负责广告管理相关工作。

县级以上地方市场监督管理部门主管本行政区域的广告监督管理工作，县级以上地方人民政府有关部门在各自的职责范围内负责广告管理相关工作。

第七条　【行业组织】广告行业组织依照法律、法规和章程的规定，制定行业规范，加强行业自律，促进行业发展，引导会员依法从事广告活动，推动广告行业诚信建设。

第二章　广告内容准则

第八条　【广告表述】广告中对商品的性能、功能、产地、用途、质量、成分、价格、生产者、有效期限、允诺等或者对服务的内容、提供者、形式、质量、价格、允诺等有表示的，应当准确、清楚、明白。

广告中表明推销的商品或者服务附带赠送的，应当明示所附带赠送商品或者服务的品种、规格、数量、期限和方式。

法律、行政法规规定广告中应当明示的内容，应当显著、清晰表示。

第九条　【一般禁止情形】广告不得有下列情形：

（一）使用或者变相使用中华人民共和国的国旗、国歌、国徽，军旗、军歌、军徽；

（二）使用或者变相使用国家机关、国家机关工作人员的名义或者形象；

（三）使用“国家级”、“最高级”、“最佳”等用语；

（四）损害国家的尊严或者利益，泄露国家秘密；

（五）妨碍社会安定，损害社会公共利益；

（六）危害人身、财产安全，泄露个人隐私；

（七）妨碍社会公共秩序或者违背社会良好风尚；

（八）含有淫秽、色情、赌博、迷信、恐怖、暴力的内容；

（九）含有民族、种族、宗教、性别歧视的内容；

（十）妨碍环境、自然资源或者文化遗产保护；

（十一）法律、行政法规规定禁止的其他情形。

第十条 【保护未成年人和残疾人】广告不得损害未成年人和残疾人的身心健康。

第十一条 【涉及行政许可和引证内容的广告】广告内容涉及的事项需要取得行政许可的，应当与许可的内容相符合。

广告使用数据、统计资料、调查结果、文摘、引用语等引证内容的，应当真实、准确，并表明出处。引证内容有适用范围和有效期限的，应当明确表示。

第十二条 【涉及专利的广告】广告中涉及专利产品或者专利方法的，应当标明专利号和专利种类。

未取得专利权的，不得在广告中谎称取得专利权。

禁止使用未授予专利权的专利申请和已经终止、撤销、无效的专利作广告。

第十三条 【广告不得含有贬低内容】广告不得贬低其他生产经营者的商品或者服务。

第十四条 【广告可识别性以及发布要求】广告应当具有可识别性，能够使消费者辨明其为广告。

大众传播媒介不得以新闻报道形式变相发布广告。通过大众传播媒介发布的广告应当显著标明“广告”，与其他非广告信息相区别，不得使消费者产生误解。

广播电台、电视台发布广告，应当遵守国务院有关部门关于时长、方式的规定，并应当对广告时长作出明显提示。

第十五条 【处方药、易制毒化学品、戒毒等广告】麻醉药品、精神药品、医疗用毒性药品、放射性药品等特殊药品，药品类易制毒化学品，以及戒毒治疗的药品、医疗器械和治疗方法，不得作广告。

前款规定以外的处方药，只能在国务院卫生行政部门和国务院药品监督管理部门共同指定的医学、药学专业刊物上作广告。

第十六条 【医疗、药品、医疗器械广告】医疗、药品、医疗器械广告不得含有下列内容：

（一）表示功效、安全性的断言或者保证；

（二）说明治愈率或者有效率；

（三）与其他药品、医疗器械的功效和安全性或者其他医疗机构比较；

（四）利用广告代言人作推荐、证明；

（五）法律、行政法规规定禁止的其他内容。

药品广告的内容不得与国务院药品监督管理部门批准的说明书不一致，并应当显著标明禁忌、不良反应。处方药广告应当显著标明“本广告仅供医学药学专业人士阅读”，非处方药广告应当显著标明“请按药品说明书或者在药师指导下购买和使用”。

推荐给个人自用的医疗器械的广告，应当显著标明“请仔细阅读产品说明书或者在医务人员的指导下购买和使用”。医疗器械产品注册证明文件中有禁忌内容、注意事项的，广告中应当显著标明“禁忌内容或者注意事项详见说明书”。

第十七条 【禁止使用医药用语】除医疗、药品、医疗器械广告外，禁止其他任何广告涉及疾病治疗功能，并不得使用医疗用语或者易使推销的商品与药品、医疗器械相混淆的用语。

第十八条 【保健食品广告】保健食品广告不得含有下列内容：

（一）表示功效、安全性的断言或者保证；

（二）涉及疾病预防、治疗功能；

（三）声称或者暗示广告商品为保障健康所必需；

（四）与药品、其他保健食品进行比较；

（五）利用广告代言人作推荐、证明；

（六）法律、行政法规规定禁止的其他内容。

保健食品广告应当显著标明“本品不能代替药物”。

第十九条 【禁止变相发布广告】广播电台、电视台、报刊音像出版单位、互联网信息服务提供者不得以介绍健康、养生知识等形式变相发布医疗、药品、医疗器械、保健食品广告。

第二十条 【母乳代用品广告】禁止在大众传播媒介或者公共场所发布声称全部或者部分替代母乳的婴儿乳制品、饮料和其他食品广告。

第二十一条 【农药、兽药、饲料和饲料添加剂广告】农药、兽药、饲料和饲料添加剂广告不得含有下列内容：

（一）表示功效、安全性的断言或者保证；

（二）利用科研单位、学术机构、技术推广机构、行业协会或者专业人士、用户的名义或者形象作推荐、证明；

（三）说明有效率；

（四）违反安全使用规程的文字、语言或者画面；

（五）法律、行政法规规定禁止的其他内容。

第二十二条 【烟草广告】禁止在大众传播媒介或者公共场所、公共交通工具、户外发布烟草广告。禁止向未成年人发送任何形式的烟草广告。

禁止利用其他商品或者服务的广告、公益广告，宣传烟草制品名称、商标、包装、装潢以及类似内容。

烟草制品生产者或者销售者发布的迁址、更名、招聘等启事中，不得含有烟草制品名称、商标、包装、装潢以及类似内容。

第二十三条　【酒类广告】酒类广告不得含有下列内容：

（一）诱导、怂恿饮酒或者宣传无节制饮酒；

（二）出现饮酒的动作；

（三）表现驾驶车、船、飞机等活动；

（四）明示或者暗示饮酒有消除紧张和焦虑、增加体力等功效。

第二十四条　【教育、培训广告】教育、培训广告不得含有下列内容：

（一）对升学、通过考试、获得学位学历或者合格证书，或者对教育、培训的效果作出明示或者暗示的保证性承诺；

（二）明示或者暗示有相关考试机构或者其工作人员、考试命题人员参与教育、培训；

（三）利用科研单位、学术机构、教育机构、行业协会、专业人士、受益者的名义或者形象作推荐、证明。

第二十五条　【有投资回报预期的商品或者服务广告】招商等有投资回报预期的商品或者服务广告，应当对可能存在的风险以及风险责任承担有合理提示或者警示，并不得含有下列内容：

（一）对未来效果、收益或者与其相关的情况作出保证性承诺，明示或者暗示保本、无风险或者保收益等，国家另有规定的除外；

（二）利用学术机构、行业协会、专业人士、受益者的名义或者形象作推荐、证明。

第二十六条　【房地产广告】房地产广告，房源信息应当真实，面积应当表明为建筑面积或者套内建筑面积，并不得含有下列内容：

（一）升值或者投资回报的承诺；

（二）以项目到达某一具体参照物的所需时间表示项目位置；

（三）违反国家有关价格管理的规定；

（四）对规划或者建设中的交通、商业、文化教育设施以及其他市政条件作误导宣传。

第二十七条　【种养殖广告】农作物种子、林木种子、草种子、种畜禽、水产苗种和种养殖广告关于品种名称、生产性能、生长量或者产量、品质、抗性、特殊使用价值、经济价值、适宜种植或者养殖的范围和条件等方面的表述应当真实、清楚、明白，并不得含有下列内容：

（一）作科学上无法验证的断言；

（二）表示功效的断言或者保证；

（三）对经济效益进行分析、预测或者作保证性承诺；

（四）利用科研单位、学术机构、技术推广机构、行业协会或者专业人士、用户的名义或者形象作推荐、证明。

第二十八条　【虚假广告】广告以虚假或者引人误解的内容欺骗、误导消费者的，构成虚假广告。

广告有下列情形之一的，为虚假广告：

（一）商品或者服务不存在的；

（二）商品的性能、功能、产地、用途、质量、规格、成分、价格、生产者、有效期限、销售状况、曾获荣誉等信息，或者服务的内容、提供者、形式、质量、价格、销售状况、曾获荣誉等信息，以及与商品或者服务有关的允诺等信息与实际情况不符，对购买行为有实质性影响的；

（三）使用虚构、伪造或者无法验证的科研成果、统计资料、调查结果、文摘、引用语等信息作证明材料的；

（四）虚构使用商品或者接受服务的效果的；

（五）以虚假或者引人误解的内容欺骗、误导消费者的其他情形。

第三章　广告行为规范

第二十九条　【从事广告发布业务的条件】广播电台、电视台、报刊出版单位从事广告发布业务的，应当设有专门从事广告业务的机构，配备必要的人员，具有与发布广告相适应的场所、设备。

第三十条　【广告合同】广告主、广告经营者、广告发布者之间在广告活动中应当依法订立书面合同。

第三十一条　【禁止不正当竞争】广告主、广告经营者、广告发布者不得在广告活动中进行任何形式的不正当竞争。

第三十二条　【受委托方的合法经营资格】广告主委托设计、制作、发布广告，应当委托具有合法经营资格的广告经营者、广告发布者。

第三十三条　【广告涉及他人人身权利时的义务】广告主或者广告经营者在广告中使用他人名义或者形象的，应当事先取得其书面同意；使用无民事行为能力人、限制民事行为能力人的名义或者形象的，应当事先取得其监护人的书面同意。

第三十四条　【广告业务管理制度和查验、核对义务】广告经营者、广告发布者应当按照国家有关规定，建立、健全广告业务的承接登记、审核、档案管理制度。

广告经营者、广告发布者依据法律、行政法规查验有关证明文件，核对广告内容。对内容不符或者证明文件不全的广告，广告经营者不得提供设计、制作、代理服务，广告发布者不得发布。

第三十五条　【广告收费标准和办法】广告经营者、广告发布者应当公布其收费标准和收费办法。

第三十六条　【媒介传播效果资料真实】广告发布者向广告主、广告经营者提供的覆盖率、收视率、点击率、发行量等资料应当真实。

第三十七条　【不得提供广告服务的情形】法律、行政法规规定禁止生产、销售的产品或者提供的服务，以及禁止发布广告的商品或者服务，任何单位或者个人不得设计、制作、代理、发布广告。

第三十八条　【广告代言人的义务】广告代言人在广告中对商品、服务作推荐、证明，应当依据事实，符合本法和有关法律、行政法规规定，并不得为其未使用过的商品或者未接受过的服务作推荐、证明。

不得利用不满十周岁的未成年人作为广告代言人。

对在虚假广告中作推荐、证明受到行政处罚未满三年的自然人、法人或者其他组织，不得利用其作为广告代言人。

第三十九条　【广告不得侵扰中小学生、幼儿】不得在中小学校、幼儿园内开展广告活动，不得利用中小学生和幼儿的教材、教辅材料、练习册、文具、教具、校服、校车等发布或者变相发布广告，但公益广告除外。

第四十条　【针对未成年人的广告】在针对未成年人的大众传播媒介上不得发布医疗、药品、保健食品、医疗器械、化妆品、酒类、美容广告，以及不利于未成年人身心健康的网络游戏广告。

针对不满十四周岁的未成年人的商品或者服务的广告不得含有下列内容：

（一）劝诱其要求家长购买广告商品或者服务；

（二）可能引发其模仿不安全行为。

第四十一条　【户外广告的监管】县级以上地方人民政府应当组织有关部门加强对利用户外场所、空间、设施等发布户外广告的监督管理，制定户外广告设置规划和安全要求。

户外广告的管理办法，由地方性法规、地方政府规章规定。

第四十二条　【禁止设置户外广告的情形】有下列情形之一的，不得设置户外广告：

（一）利用交通安全设施、交通标志的；

（二）影响市政公共设施、交通安全设施、交通标志、消防设施、消防安全标志使用的；

（三）妨碍生产或者人民生活，损害市容市貌的；

（四）在国家机关、文物保护单位、风景名胜区等的建筑控制地带，或者县级以上地方人民政府禁止设置户外广告的区域设置的。

第四十三条　【垃圾广告】任何单位或者个人未经当事人同意或者请求，不得向其住宅、交通工具等发送广告，也不得以电子信息方式向其发送广告。

以电子信息方式发送广告的，应当明示发送者的真实身份和联系方式，并向接收者提供拒绝继续接收的方式。

第四十四条　【互联网广告】利用互联网从事广告活动，适用本法的各项规定。

利用互联网发布、发送广告，不得影响用户正常使用网络。在互联网页面以弹出等形式发布的广告，应当显著标明关闭标志，确保一键关闭。

第四十五条　【“第三方平台”义务】公共场所的管理者或者电信业务经营者、互联网信息服务提供者对其明知或者应知的利用其场所或者信息传输、发布平台发送、发布违法广告的，应当予以制止。

第四章　监督管理

第四十六条　【特殊商品和服务广告发布前审查】发布医疗、药品、医疗器械、农药、兽药和保健食品广告，以及法律、行政法规规定应当进行审查的其他广告，应当在发布前由有关部门（以下称广告审查机关）对广告内容进行审查；未经审查，不得发布。

第四十七条　【广告发布前审查程序】广告主申请广告审查，应当依照法律、行政法规向广告审查机关提交有关证明文件。

广告审查机关应当依照法律、行政法规规定作出审查决定，并应当将审查批准文件抄送同级市场监督管理部门。广告审查机关应当及时向社会公布批准的广告。

第四十八条　【广告审查批准文件不得伪造、变造或者转让】任何单位或者个人不得伪造、变造或者转让广告审查批准文件。

第四十九条　【市场监督管理部门职权和义务】市场监督管理部门履行广告监督管理职责，可以行使下列职权：

（一）对涉嫌从事违法广告活动的场所实施现场检查；

（二）询问涉嫌违法当事人或者其法定代表人、主要负责人和其他有关人员，对有关单位或者个人进行调查；

（三）要求涉嫌违法当事人限期提供有关证明文件；

（四）查阅、复制与涉嫌违法广告有关的合同、票据、账簿、广告作品和其他有关资料；

（五）查封、扣押与涉嫌违法广告直接相关的广告物品、经营工具、设备等财物；

（六）责令暂停发布可能造成严重后果的涉嫌违法广告；

（七）法律、行政法规规定的其他职权。

市场监督管理部门应当建立健全广告监测制度，完善监测措施，及时发现和依法查处违法广告行为。

第五十条 【授权制定利用大众传播媒介发布广告的行为规范】国务院市场监督管理部门会同国务院有关部门，制定大众传播媒介广告发布行为规范。

第五十一条 【配合监管义务】市场监督管理部门依照本法规定行使职权，当事人应当协助、配合，不得拒绝、阻挠。

第五十二条 【保密义务】市场监督管理部门和有关部门及其工作人员对其在广告监督管理活动中知悉的商业秘密负有保密义务。

第五十三条 【投诉和举报】任何单位或者个人有权向市场监督管理部门和有关部门投诉、举报违反本法的行为。市场监督管理部门和有关部门应当向社会公开受理投诉、举报的电话、信箱或者电子邮件地址，接到投诉、举报的部门应当自收到投诉之日起七个工作日内，予以处理并告知投诉、举报人。

市场监督管理部门和有关部门不依法履行职责的，任何单位或者个人有权向其上级机关或者监察机关举报。接到举报的机关应当依法作出处理，并将处理结果及时告知举报人。

有关部门应当为投诉、举报人保密。

第五十四条 【社会监督】消费者协会和其他消费者组织对违反本法规定，发布虚假广告侵害消费者合法权益，以及其他损害社会公共利益的行为，依法进行社会监督。

第五章 法律责任

第五十五条 【虚假广告行政、刑事责任】违反本法规定，发布虚假广告的，由市场监督管理部门责令停止发布广告，责令广告主在相应范围内消除影响，处广告费用三倍以上五倍以下的罚款，广告费用无法计算或者明显偏低的，处二十万元以上一百万元以下的罚款；两年内有三次以上违法行为或者有其他严重情节的，处广告费用五倍以上十倍以下的罚款，广告费用无法计算或者明显偏低的，处一百万元以上二百万元以下的罚款，可以吊销营业执照，并由广告审查机关撤销广告审查批准文件、一年内不受理其广告审查申请。

医疗机构有前款规定违法行为，情节严重的，除由市场监督管理部门依照本法处罚外，卫生行政部门可以吊销诊疗科目或者吊销医疗机构执业许可证。

广告经营者、广告发布者明知或者应知广告虚假仍设计、制作、代理、发布的，由市场监督管理部门没收广告费用，并处广告费用三倍以上五倍以下的罚款，广告费用无法计算或者明显偏低的，处二十万元以上一百万元以下的罚款；两年内有三次以上违法行为或者有其他严重情节的，处广告费用五倍以上十倍以下的罚款，广告费用无法计算或者明显偏低的，处一百万元以上二百万元以下的罚款，并可以由有关部门暂停广告发布业务、吊销营业执照。

广告主、广告经营者、广告发布者有本条第一款、第三款规定行为，构成犯罪的，依法追究刑事责任。

第五十六条 【虚假广告民事责任】违反本法规定，发布虚假广告，欺骗、误导消费者，使购买商品或者接受服务的消费者的合法权益受到损害的，由广告主依法承担民事责任。广告经营者、广告发布者不能提供广告主的真实名称、地址和有效联系方式的，消费者可以要求广告经营者、广告发布者先行赔偿。

关系消费者生命健康的商品或者服务的虚假广告，造成消费者损害的，其广告经营者、广告发布者、广告代言人应当与广告主承担连带责任。

前款规定以外的商品或者服务的虚假广告，造成消费者损害的，其广告经营者、广告发布者、广告代言人，明知或者应知广告虚假仍设计、制作、代理、发布或者作推荐、证明的，应当与广告主承担连带责任。

第五十七条 【发布违反基本准则或者本法禁止发布的广告的责任】有下列行为之一的，由市场监督管理部门责令停止发布广告，对广告主处二十万元以上一百万元以下的罚款，情节严重的，并可以吊销营业执照，由广告审查机关撤销广告审查批准文件、一年内不受理其广告审查申请；对广告经营者、广告发布者，由市场监督管理部门没收广告费用，处二十万元以上一百万元以下的罚款，情节严重的，并可以吊销营业执照：

（一）发布有本法第九条、第十条规定的禁止情形的广告的；

（二）违反本法第十五条规定发布处方药广告、药品类易制毒化学品广告、戒毒治疗的医疗器械和治疗方法广告的；

（三）违反本法第二十条规定，发布声称全部或者部分替代母乳的婴儿乳制品、饮料和其他食品广告的；

（四）违反本法第二十二条规定发布烟草广告的；

（五）违反本法第三十七条规定，利用广告推销禁止生产、销售的产品或者提供的服务，或者禁止发布广告的商品或者服务的；

（六）违反本法第四十条第一款规定，在针对未成年人的大众传播媒介上发布医疗、药品、保健食品、医疗器械、化妆品、酒类、美容广告，以及不利于未成年人身心健康的网络游戏广告的。

第五十八条　【发布违反特殊准则、违法使用广告代言人或者未经依法审查的广告的责任】有下列行为之一的，由市场监督管理部门责令停止发布广告，责令广告主在相应范围内消除影响，处广告费用一倍以上三倍以下的罚款，广告费用无法计算或者明显偏低的，处十万元以上二十万元以下的罚款；情节严重的，处广告费用三倍以上五倍以下的罚款，广告费用无法计算或者明显偏低的，处二十万元以上一百万元以下的罚款，可以吊销营业执照，并由广告审查机关撤销广告审查批准文件、一年内不受理其广告审查申请：

（一）违反本法第十六条规定发布医疗、药品、医疗器械广告的；

（二）违反本法第十七条规定，在广告中涉及疾病治疗功能，以及使用医疗用语或者易使推销的商品与药品、医疗器械相混淆的用语的；

（三）违反本法第十八条规定发布保健食品广告的；

（四）违反本法第二十一条规定发布农药、兽药、饲料和饲料添加剂广告的；

（五）违反本法第二十三条规定发布酒类广告的；

（六）违反本法第二十四条规定发布教育、培训广告的；

（七）违反本法第二十五条规定发布招商等有投资回报预期的商品或者服务广告的；

（八）违反本法第二十六条规定发布房地产广告的；

（九）违反本法第二十七条规定发布农作物种子、林木种子、草种子、种畜禽、水产苗种和种养殖广告的；

（十）违反本法第三十八条第二款规定，利用不满十周岁的未成年人作为广告代言人的；

（十一）违反本法第三十八条第三款规定，利用自然人、法人或者其他组织作为广告代言人的；

（十二）违反本法第三十九条规定，在中小学校、幼儿园内或者利用与中小学生、幼儿有关的物品发布广告的；

（十三）违反本法第四十条第二款规定，发布针对不满十四周岁的未成年人的商品或者服务的广告的；

（十四）违反本法第四十六条规定，未经审查发布广告的。

医疗机构有前款规定违法行为，情节严重的，除由市场监督管理部门依照本法处罚外，卫生行政部门可以吊销诊疗科目或者吊销医疗机构执业许可证。

广告经营者、广告发布者明知或者应知有本条第一款规定违法行为仍设计、制作、代理、发布的，由市场监督管理部门没收广告费用，并处广告费用一倍以上三倍以下的罚款，广告费用无法计算或者明显偏低的，处十万元以上二十万元以下的罚款；情节严重的，处广告费用三倍以上五倍以下的罚款，广告费用无法计算或者明显偏低的，处二十万元以上一百万元以下的罚款，并可以由有关部门暂停广告发布业务、吊销营业执照。

第五十九条　【发布违反一般准则或者贬低他人商品或服务的广告的责任】有下列行为之一的，由市场监督管理部门责令停止发布广告，对广告主处十万元以下的罚款：

（一）广告内容违反本法第八条规定的；

（二）广告引证内容违反本法第十一条规定的；

（三）涉及专利的广告违反本法第十二条规定的；

（四）违反本法第十三条规定，广告贬低其他生产经营者的商品或者服务的。

广告经营者、广告发布者明知或者应知有前款规定违法行为仍设计、制作、代理、发布的，由市场监督管理部门处十万元以下的罚款。

广告违反本法第十四条规定，不具有可识别性的，或者违反本法第十九条规定，变相发布医疗、药品、医疗器械、保健食品广告的，由市场监督管理部门责令改正，对广告发布者处十万元以下的罚款。

第六十条　【广告经营者、广告发布者未依法进行广告业务管理的责任】违反本法第三十四条规定，广告经营者、广告发布者未按照国家有关规定建立、健全广告业务管理制度的，或者未对广告内容进行核对的，由市场监督管理部门责令改正，可以处五万元以下的罚款。

违反本法第三十五条规定，广告经营者、广告发布者未公布其收费标准和收费办法的，由价格主管部门责令改正，可以处五万元以下的罚款。

第六十一条　【广告代言人的责任】广告代言人有下列情形之一的，由市场监督管理部门没收违法所得，并处违法所得一倍以上二倍以下的罚款：

（一）违反本法第十六条第一款第四项规定，在医疗、药品、医疗器械广告中作推荐、证明的；

（二）违反本法第十八条第一款第五项规定，在保健食品广告中作推荐、证明的；

（三）违反本法第三十八条第一款规定，为其未使用过的商品或者未接受过的服务作推荐、证明的；

（四）明知或者应知广告虚假仍在广告中对商品、服务作推荐、证明的。

第六十二条　【未经同意或者请求向他人发送广告、违法利用互联网发布广告的责任】违反本法第四十三条规定发送广告的，由有关部门责令停止违法行为，对广告主处五千元以上三万元以下的罚款。

违反本法第四十四条第二款规定，利用互联网发布广告，未显著标明关闭标志，确保一键关闭的，由市场监督管理部门责令改正，对广告主处五千元以上三万元以下的罚款。

第六十三条　【公共场所的管理者和电信业务经营者、互联网信息服务提供者未依法制止违法广告活动的责任】违反本法第四十五条规定，公共场所的管理者和电信业务经营者、互联网信息服务提供者，明知或者应知广告活动违法不予制止的，由市场监督管理部门没收违法所得，违法所得五万元以上的，并处违法所得一倍以上三倍以下的罚款，违法所得不足五万元的，并处一万元以上五万元以下的罚款；情节严重的，由有关部门依法停止相关业务。

第六十四条　【隐瞒真实情况或者提供虚假材料申请广告审查的责任】违反本法规定，隐瞒真实情况或者提供虚假材料申请广告审查的，广告审查机关不予受理或者不予批准，予以警告，一年内不受理该申请人的广告审查申请；以欺骗、贿赂等不正当手段取得广告审查批准的，广告审查机关予以撤销，处十万元以上二十万元以下的罚款，三年内不受理该申请人的广告审查申请。

第六十五条　【伪造、变造或者转让广告审查批准文件的责任】违反本法规定，伪造、变造或者转让广告审查批准文件的，由市场监督管理部门没收违法所得，并处一万元以上十万元以下的罚款。

第六十六条　【信用档案制度】有本法规定的违法行为的，由市场监督管理部门记入信用档案，并依照有关法律、行政法规规定予以公示。

第六十七条　【广播电台、电视台、报刊音像出版单位及其主管部门的责任】广播电台、电视台、报刊音像出版单位发布违法广告，或者以新闻报道形式变相发布广告，或者以介绍健康、养生知识等形式变相发布医疗、药品、医疗器械、保健食品广告，市场监督管理部门依照本法给予处罚的，应当通报新闻出版、广播电视主管部门以及其他有关部门。新闻出版、广播电视主管部门以及其他有关部门应当依法对负有责任的主管人员和直接责任人员给予处分；情节严重的，并可以暂停媒体的广告发布业务。

新闻出版、广播电视主管部门以及其他有关部门未依照前款规定对广播电台、电视台、报刊音像出版单位进行处理的，对负有责任的主管人员和直接责任人员，依法给予处分。

第六十八条　【民事责任】广告主、广告经营者、广告发布者违反本法规定，有下列侵权行为之一的，依法承担民事责任：

（一）在广告中损害未成年人或者残疾人的身心健康的；

（二）假冒他人专利的；

（三）贬低其他生产经营者的商品、服务的；

（四）在广告中未经同意使用他人名义或者形象的；

（五）其他侵犯他人合法民事权益的。

第六十九条　【对公司、企业广告违法行为负有个人责任的法定代表人的责任】因发布虚假广告，或者有其他本法规定的违法行为，被吊销营业执照的公司、企业的法定代表人，对违法行为负有个人责任的，自该公司、企业被吊销营业执照之日起三年内不得担任公司、企业的董事、监事、高级管理人员。

第七十条　【拒绝、阻挠市场监督部门监督检查等违反治安管理行为的责任】违反本法规定，拒绝、阻挠市场监督管理部门监督检查，或者有其他构成违反治安管理行为的，依法给予治安管理处罚；构成犯罪的，依法追究刑事责任。

第七十一条　【广告审查机关的责任】广告审查机关对违法的广告内容作出审查批准决定的，对负有责任的主管人员和直接责任人员，由任免机关或者监察机关依法给予处分；构成犯罪的，依法追究刑事责任。

第七十二条　【广告管理部门及其工作人员的责任】市场监督管理部门对在履行广告监测职责中发现的违法广告行为或者对经投诉、举报的违法广告行为，不依法予以查处的，对负有责任的主管人员和直接责任人员，依法给予处分。

市场监督管理部门和负责广告管理相关工作的有关部门的工作人员玩忽职守、滥用职权、徇私舞弊的，依法给予处分。

有前两款行为，构成犯罪的，依法追究刑事责任。

第六章 附 则

第七十三条 **【公益广告】**国家鼓励、支持开展公益广告宣传活动，传播社会主义核心价值观，倡导文明风尚。

大众传播媒介有义务发布公益广告。广播电台、电视台、报刊出版单位应当按照规定的版面、时段、时长发布公益广告。公益广告的管理办法，由国务院市场监督管理部门会同有关部门制定。

第七十四条 **【施行日期】**本法自2015年9月1日起施行。

广告管理条例

1. 1987年10月26日国务院发布
2. 国发〔1987〕94号
3. 自1987年12月1日起施行

第一条 为了加强广告管理，推动广告事业的发展，有效地利用广告媒介为社会主义建设服务，制定本条例。

第二条 凡通过报刊、广播、电视、电影、路牌、橱窗、印刷品、霓虹灯等媒介或者形式，在中华人民共和国境内刊播、设置、张贴广告，均属本条例管理范围。

第三条 广告内容必须真实、健康、清晰、明白，不得以任何形式欺骗用户和消费者。

第四条 在广告经营活动中，禁止垄断和不正当竞争行为。

第五条 广告的管理机关是国家工商行政管理机关和地方各级工商行政管理机关。

第六条 经营广告业务的单位和个体工商户（以下简称广告经营者），应当按照本条例和有关法规的规定，向工商行政管理机关申请，分别情况办理审批登记手续：

（一）专营广告业务的企业，发给《企业法人营业执照》；

（二）兼营广告业务的事业单位，发给《广告经营许可证》；

（三）具备经营广告业务能力的个体工商户，发给《营业执照》；

（四）兼营广告业务的企业，应当办理经营范围变更登记。

第七条 广告客户申请刊播、设置、张贴的广告，其内容应当在广告客户的经营范围或者国家许可的范围内。

第八条 广告有下列内容之一的，不得刊播、设置、张贴：

（一）违反我国法律、法规的；

（二）损害我国民族尊严的；

（三）有中国国旗、国徽、国歌标志、国歌音响的；

（四）有反动、淫秽、迷信、荒诞内容的；

（五）弄虚作假的；

（六）贬低同类产品的。

第九条 新闻单位刊播广告，应当有明确的标志。新闻单位不得以新闻报道形式刊播广告，收取费用；新闻记者不得借采访名义招揽广告。

第十条 禁止利用广播、电视、报刊为卷烟做广告。

获得国家级、部级、省级各类奖的优质名酒，经工商行政管理机关批准，可以做广告。

第十一条 申请刊播、设置、张贴下列广告，应当提交有关证明：

（一）标明质量标准的商品广告，应当提交省辖市以上标准化管理部门或者经计量认证合格的质量检验机构的证明；

（二）标明获奖的商品广告，应当提交本届、本年度或者数届、数年度连续获奖的证书，并在广告中注明获奖级别和颁奖部门；

（三）标明优质产品称号的商品广告，应当提交政府颁发的优质产品证书，并在广告中标明授予优质产品称号的时间和部门；

（四）标明专利权的商品广告，应当提交专利证书；

（五）标明注册商标的商品广告，应当提交商标注册证；

（六）实施生产许可证的产品广告，应当提交生产许可证；

（七）文化、教育、卫生广告，应当提交上级行政主管部门的证明；

（八）其他各类广告，需要提交证明的，应当提交政府有关部门或者其授权单位的证明。

第十二条 广告经营者承办或者代理广告业务，应当查验证明，审查广告内容。对违反本条例规定的广告，不得刊播、设置、张贴。

第十三条 户外广告的设置、张贴，由当地人民政府组织工商行政管理、城建、环保、公安等有关部门制订规划，工商行政管理机关负责监督实施。

在政府机关和文物保护单位周围的建筑控制地带

以及当地人民政府禁止设置、张贴广告的区域，不得设置、张贴广告。

第十四条　广告收费标准，由广告经营者制订，报当地工商行政管理机关和物价管理机关备案。

第十五条　广告业务代理费标准，由国家工商行政管理机关会同国家物价管理机关制定。

户外广告场地费、建筑物占用费的收费标准，由当地工商行政管理机关会同物价、城建部门协商制订，报当地人民政府批准。

第十六条　广告经营者必须按照国家规定设置广告会计帐簿，依法纳税，并接受财政、审计、工商行政管理部门的监督检查。

第十七条　广告经营者承办或者代理广告业务，应当与客户或者被代理人签订书面合同，明确各方的责任。

第十八条　广告客户或者广告经营者违反本条例规定，由工商行政管理机关根据其情节轻重，分别给予下列处罚：

（一）停止发布广告；

（二）责令公开更正；

（三）通报批评；

（四）没收非法所得；

（五）罚款；

（六）停业整顿；

（七）吊销营业执照或者广告经营许可证。

违反本条例规定，情节严重，构成犯罪的，由司法机关依法追究刑事责任。

第十九条　广告客户和广告经营者对工商行政管理机关处罚决定不服的，可以在收到处罚通知之日起十五日内，向上一级工商行政管理机关申请复议。对复议决定仍不服的，可以在收到复议决定之日起三十日内，向人民法院起诉。

第二十条　广告客户和广告经营者违反本条例规定，使用户和消费者蒙受损失，或者有其他侵权行为的，应当承担赔偿责任。

损害赔偿，受害人可以请求县以上工商行政管理机关处理。当事人对工商行政管理机关处理不服的，可以向人民法院起诉。受害人也可以直接向人民法院起诉。

第二十一条　本条例由国家工商行政管理局负责解释；施行细则由国家工商行政管理局制定。

第二十二条　本条例自1987年12月1日起施行。1982年2月6日国务院发布的《广告管理暂行条例》同时废止。

广告服务明码标价规定

1. 2005年11月28日国家发展和改革委员会、国家工商行政管理总局发布

2. 发改价检〔2005〕2502号

3. 自2006年1月1日起施行

第一条　为规范广告经营单位的价格（收费）行为，维护广告行业的价格秩序，提高广告服务价格的透明度，加强对广告行业的管理，健全广告监管制度，促进广告行业的健康发展，根据《中华人民共和国价格法》、《中华人民共和国广告法》，以及国家发展改革委员会《关于商品和服务实行明码标价的规定》、《禁止价格欺诈行为的规定》制定本规定。

第二条　在中华人民共和国境内提供广告服务的广告经营单位的价格（收费）行为，适用本规定。

第三条　广告经营单位向广告主提供服务，应当按照本规定的要求，公开明示广告服务价格以及收费等相关内容。

广告服务价格实行市场调节价，由广告经营单位依据经营服务成本和市场供求状况自主制定价格。

第四条　广告经营单位实行明码标价，应当遵循公开、公平和诚实信用的原则，遵守价格法律、法规和政策。

第五条　政府价格主管部门是明码标价的管理机关，其价格监督检查机构负责对广告服务价格（收费）明码标价的内容、方式进行监制，并负责对广告经营单位实施明码标价情况进行监督检查。各级工商行政管理部门协助价格主管部门对广告经营单位实施明码标价进行监督管理。

第六条　广告经营单位明码标价应当做到价目齐全，标价内容真实明确，字迹清晰规范，标示醒目。以文字（含图表）方式标价的，一律以阿拉伯数字标明人民币金额。

第七条　广告服务明码标价的内容包括：广告经营单位名称、服务项目、服务内容、收费标准、计费方式等。

实行优惠条件的，还应当标明收费的优惠条件（时段、版面、频次等）和标准，或者免费服务的项目范围。

第八条　广告经营单位明码标价可采取媒体通告、公示栏、公示牌、价目表、收费手册、互联网查询、多媒体终端查询、语音播报，以及公众认可的其他方式进行事先公示。并应当公布相应的查询方式或客户服务电话。

第九条　广告经营单位应当在营业场所或业务代办场所的显著位置实行明码标价公示。

第十条　广告经营单位同广告主结算，或对外发布广告费用时，应当以人民币为标价单位。

第十一条　广告经营单位应当给广告主提供合法结算票据，并应当附结算清单，分项如实填写广告服务和项目、内容、收费标准等。

第十二条　广告经营单位对发布广告的服务价格如作调整，应当及时更改明码标价相关内容，并保留变动记录，以备查证。

第十三条　广播、电视、报刊等广告经营单位应当在确定或调整广告发布价格（收费）标准实施三日前，通过不同方式公布。并同时以书面形式报送具有管辖权的价格主管部门的价格监督检查机构和工商行政管理部门备存。

第十四条　广告经营单位明码标价，应当公布价格举报电话“12358”，方便群众进行监督。

第十五条　广告经营单位不得利用虚假的或者使人误解的标价内容、标价方式进行价格欺诈。不得在标价之外收取任何未予标明的费用。

第十六条　广告经营单位不按规定明码标价，或者利用标价进行价格欺诈的，由政府价格主管部门依照《中华人民共和国价格法》、《价格违法行为行政处罚规定》、《关于商品和服务实行明码标价的规定》、《禁止价格欺诈行为的规定》进行处罚。

第十七条　本规定自2006年1月1日起施行。

2. 各类广告监管

医疗广告管理办法

1. 1993年9月27日国家工商行政管理局、卫生部令第16号公布
2. 根据2005年9月28日国家工商行政管理总局令第21号《关于按照新修订的〈广告管理条例施行细则〉调整有关广告监管规章相应条款的决定》修订
3. 2006年11月10日国家工商行政管理总局、卫生部令第26号修订公布
4. 自2007年1月1日起施行

第一条 为加强医疗广告管理，保障人民身体健康，根据《广告法》、《医疗机构管理条例》、《中医药条例》等法律法规的规定，制定本办法。

第二条 本办法所称医疗广告，是指利用各种媒介或者形式直接或间接介绍医疗机构或医疗服务的广告。

第三条 医疗机构发布医疗广告，应当在发布前申请医疗广告审查。未取得《医疗广告审查证明》，不得发布医疗广告。

第四条 工商行政管理机关负责医疗广告的监督管理。

卫生行政部门、中医药管理部门负责医疗广告的审查，并对医疗机构进行监督管理。

第五条 非医疗机构不得发布医疗广告，医疗机构不得以内部科室名义发布医疗广告。

第六条 医疗广告内容仅限于以下项目：

（一）医疗机构第一名称；

（二）医疗机构地址；

（三）所有制形式；

（四）医疗机构类别；

（五）诊疗科目；

（六）床位数；

（七）接诊时间；

（八）联系电话。

（一）至（六）项发布的内容必须与卫生行政部门、中医药管理部门核发的《医疗机构执业许可证》或其副本载明的内容一致。

第七条 医疗广告的表现形式不得含有以下情形：

（一）涉及医疗技术、诊疗方法、疾病名称、药物的；

（二）保证治愈或者隐含保证治愈的；

（三）宣传治愈率、有效率等诊疗效果的；

（四）淫秽、迷信、荒诞的；

（五）贬低他人的；

（六）利用患者、卫生技术人员、医学教育科研机构及人员以及其他社会社团、组织的名义、形象作证明的；

（七）使用解放军和武警部队名义的；

（八）法律、行政法规规定禁止的其他情形。

第八条 医疗机构发布医疗广告，应当向其所在地省级卫生行政部门申请，并提交以下材料：

（一）《医疗广告审查申请表》；

（二）《医疗机构执业许可证》副本原件和复印件，复印件应当加盖核发其《医疗机构执业许可证》的卫生行政部门公章；

（三）医疗广告成品样件。电视、广播广告可以先提交镜头脚本和广播文稿。

中医、中西医结合、民族医医疗机构发布医疗广告，应当向其所在地省级中医药管理部门申请。

第九条 省级卫生行政部门、中医药管理部门应当自受理之日起20日内对医疗广告成品样件内容进行审查。卫生行政部门、中医药管理部门需要请有关专家进行审查的，可延长10日。

对审查合格的医疗广告，省级卫生行政部门、中医药管理部门发给《医疗广告审查证明》，并将通过审查的医疗广告样件和核发的《医疗广告审查证明》予以公示；对审查不合格的医疗广告，应当书面通知医疗机构并告知理由。

第十条 省级卫生行政部门、中医药管理部门应对已审查的医疗广告成品样件和审查意见予以备案保存，保存时间自《医疗广告审查证明》生效之日起至少两年。

第十一条 《医疗广告审查申请表》、《医疗广告审查证明》的格式由卫生部、国家中医药管理局规定。

第十二条 省级卫生行政部门、中医药管理部门应在核发《医疗广告审查证明》之日起五个工作日内，将《医疗广告审查证明》抄送本地同级工商行政管理机关。

第十三条 《医疗广告审查证明》的有效期为一年。到期后仍需继续发布医疗广告的，应重新提出审查申请。

第十四条 发布医疗广告应当标注医疗机构第一名称和《医疗广告审查证明》文号。

第十五条 医疗机构发布户外医疗广告，应在取得《医疗广告审查证明》后，按照《户外广告登记管理规定》办理登记。

医疗机构在其法定控制地带标示仅含有医疗机构

名称的户外广告，无需申请医疗广告审查和户外广告登记。

第十六条 禁止利用新闻形式、医疗资讯服务类专题节(栏)目发布或变相发布医疗广告。

有关医疗机构的人物专访、专题报道等宣传内容，可以出现医疗机构名称，但不得出现有关医疗机构的地址、联系方式等医疗广告内容；不得在同一媒介的同一时间段或者版面发布该医疗机构的广告。

第十七条 医疗机构应当按照《医疗广告审查证明》核准的广告成品样件内容与媒体类别发布医疗广告。

医疗广告内容需要改动或者医疗机构的执业情况发生变化，与经审查的医疗广告成品样件内容不符的，医疗机构应当重新提出审查申请。

第十八条 广告经营者、广告发布者发布医疗广告，应当由其广告审查员查验《医疗广告审查证明》，核实广告内容。

第十九条 有下列情况之一的，省级卫生行政部门、中医药管理部门应当收回《医疗广告审查证明》，并告知有关医疗机构：

（一）医疗机构受到停业整顿、吊销《医疗机构执业许可证》的；

（二）医疗机构停业、歇业或被注销的；

（三）其他应当收回《医疗广告审查证明》的情形。

第二十条 医疗机构违反本办法规定发布医疗广告，县级以上地方卫生行政部门、中医药管理部门应责令其限期改正，给予警告；情节严重的，核发《医疗机构执业许可证》的卫生行政部门、中医药管理部门可以责令其停业整顿、吊销有关诊疗科目，直至吊销《医疗机构执业许可证》。

未取得《医疗机构执业许可证》发布医疗广告的，按非法行医处罚。

第二十一条 医疗机构篡改《医疗广告审查证明》内容发布医疗广告的，省级卫生行政部门、中医药管理部门应当撤销《医疗广告审查证明》，并在一年内不受理该医疗机构的广告审查申请。

省级卫生行政部门、中医药管理部门撤销《医疗广告审查证明》后，应当自作出行政处理决定之日起5个工作日内通知同级工商行政管理机关，工商行政管理机关应当依法予以查处。

第二十二条 工商行政管理机关对违反本办法规定的广告主、广告经营者、广告发布者依据《广告法》、《反不正当竞争法》予以处罚，对情节严重，造成严重后果的，可以并处一至六个月暂停发布医疗广告、直至取消广告经营者、广告发布者的医疗广告经营和发布资格的处罚。法律法规没有规定的，工商行政管理机关应当对负有责任的广告主、广告经营者、广告发布者给予警告或者处以一万元以上三万元以下的罚款；医疗广告内容涉嫌虚假的，工商行政管理机关可根据需要会同卫生行政部门、中医药管理部门作出认定。

第二十三条 本办法自2007年1月1日起施行。

广播电视广告播出管理办法

1. 2009年9月8日国家广播电影电视总局令第61号公布
2. 自2010年1月1日起施行

第一章　总　　则

第一条 为了规范广播电视广告播出秩序，促进广播电视广告业健康发展，保障公民合法权益，依据《中华人民共和国广告法》、《广播电视管理条例》等法律、行政法规，制定本办法。

第二条 广播电台、电视台（含广播电视台）等广播电视播出机构（以下简称“播出机构”）的广告播出活动，以及广播电视传输机构的相关活动，适用本办法。

第三条 本办法所称广播电视广告包括公益广告和商业广告（含资讯服务、广播购物和电视购物短片广告等）。

第四条 广播电视广告播出活动应当坚持以人为本，遵循合法、真实、公平、诚实信用的原则。

第五条 广播影视行政部门对广播电视广告播出活动实行属地管理、分级负责。

国务院广播影视行政部门负责全国广播电视广告播出活动的监督管理工作。

县级以上地方人民政府广播影视行政部门负责本行政区域内广播电视广告播出活动的监督管理工作。

第六条 广播影视行政部门鼓励广播电视公益广告制作和播出，对成绩显著的组织、个人予以表彰。

第二章　广告内容

第七条 广播电视广告是广播电视节目的重要组成部分，应当坚持正确导向，树立良好文化品位，与广播电视节目相和谐。

第八条 广播电视广告禁止含有下列内容：

（一）反对宪法确定的基本原则的；

（二）危害国家统一、主权和领土完整，危害国家安全，或者损害国家荣誉和利益的；

（三）煽动民族仇恨、民族歧视，侵害民族风俗习惯，伤害民族感情，破坏民族团结，违反宗教政策的；

（四）扰乱社会秩序，破坏社会稳定的；

（五）宣扬邪教、淫秽、赌博、暴力、迷信，危害社会公德或者民族优秀文化传统的；

（六）侮辱、歧视或者诽谤他人，侵害他人合法权益的；

（七）诱使未成年人产生不良行为或者不良价值观，危害其身心健康的；

（八）使用绝对化语言，欺骗、误导公众，故意使用错别字或者篡改成语的；

（九）商业广告中使用、变相使用中华人民共和国国旗、国徽、国歌，使用、变相使用国家领导人、领袖人物的名义、形象、声音、名言、字体或者国家机关和国家机关工作人员的名义、形象的；

（十）药品、医疗器械、医疗和健康资讯类广告中含有宣传治愈率、有效率，或者以医生、专家、患者、公众人物等形象做疗效证明的；

（十一）法律、行政法规和国家有关规定禁止的其他内容。

第九条 禁止播出下列广播电视广告：

（一）以新闻报道形式发布的广告；

（二）烟草制品广告；

（三）处方药品广告；

（四）治疗恶性肿瘤、肝病、性病或者提高性功能的药品、食品、医疗器械、医疗广告；

（五）姓名解析、运程分析、缘份测试、交友聊天等声讯服务广告；

（六）出现“母乳代用品”用语的乳制品广告；

（七）法律、行政法规和国家有关规定禁止播出的其他广告。

第十条 时政新闻类节（栏）目不得以企业或者产品名称等冠名。有关人物专访、企业专题报道等节目中不得含有地址和联系方式等内容。

第十一条 投资咨询、金融理财和连锁加盟等具有投资性质的广告，应当含有“投资有风险”等警示内容。

第十二条 除福利彩票、体育彩票等依法批准的广告外，不得播出其他具有博彩性质的广告。

第三章 广告播出

第十三条 广播电视广告播出应当合理编排。其中，商业广告应当控制总量、均衡配置。

第十四条 广播电视广告播出不得影响广播电视节目的完整性。除在节目自然段的间歇外，不得随意插播广告。

第十五条 播出机构每套节目每小时商业广告播出时长不得超过12分钟。其中，广播电台在11:00至13:00之间、电视台在19:00至21:00之间，商业广告播出总时长不得超过18分钟。

在执行转播、直播任务等特殊情况下，商业广告可以顺延播出。

第十六条 播出机构每套节目每日公益广告播出时长不得少于商业广告时长的3%。其中，广播电台在11:00至13:00之间、电视台在19:00至21:00之间，公益广告播出数量不得少于4条（次）。

第十七条 播出电视剧时，可以在每集（以45分钟计）中插播2次商业广告，每次时长不得超过1分30秒。其中，在19:00至21:00之间播出电视剧时，每集中可以插播1次商业广告，时长不得超过1分钟。

播出电影时，插播商业广告的时长和次数参照前款规定执行。

第十八条 在电影、电视剧中插播商业广告，应当对广告时长进行提示。

第十九条 除电影、电视剧剧场或者节（栏）目冠名标识外，禁止播出任何形式的挂角广告。

第二十条 电影、电视剧剧场或者节（栏）目冠名标识不得含有下列情形：

（一）单独出现企业、产品名称，或者剧场、节（栏）目名称难以辨认的；

（二）标识尺寸大于台标，或者企业、产品名称的字体尺寸大于剧场、节（栏）目名称的；

（三）翻滚变化，每次显示时长超过5分钟，或者每段冠名标识显示间隔少于10分钟的；

（四）出现经营服务范围、项目、功能、联系方式、形象代言人等文字、图像的。

第二十一条 电影、电视剧剧场或者节（栏）目不得以治疗皮肤病、癫痫、痔疮、脚气、妇科、生殖泌尿系统等疾病的药品或者医疗机构作冠名。

第二十二条 转播、传输广播电视节目时，必须保证被转播、传输节目的完整性。不得替换、遮盖所转播、传输节目中的广告；不得以游动字幕、叠加字幕、挂角广告等任何形式插播自行组织的广告。

第二十三条 经批准在境内落地的境外电视频道中播出的广告，其内容应当符合中国法律、法规和本办法的规定。

第二十四条 播出商业广告应当尊重公众生活习惯。在

6:30 至 7:30、11:30 至 12:30 以及 18:30 至 20:00 的公众用餐时间，不得播出治疗皮肤病、痔疮、脚气、妇科、生殖泌尿系统等疾病的药品、医疗器械、医疗和妇女卫生用品广告。

第二十五条　播出机构应当严格控制酒类商业广告，不得在以未成年人为主要传播对象的频率、频道、节（栏）目中播出。广播电台每套节目每小时播出的烈性酒类商业广告，不得超过 2 条；电视台每套节目每日播出的烈性酒类商业广告不得超过 12 条，其中 19:00 至 21:00 之间不得超过 2 条。

第二十六条　在中小学生假期和未成年人相对集中的收听、收视时段，或者以未成年人为主要传播对象的频率、频道、节（栏）目中，不得播出不适宜未成年人收听、收视的商业广告。

第二十七条　播出电视商业广告时不得隐匿台标和频道标识。

第二十八条　广告主、广告经营者不得通过广告投放等方式干预、影响广播电视节目的正常播出。

第四章　监 督 管 理

第二十九条　县级以上人民政府广播影视行政部门应当加强对本行政区域内广播电视广告播出活动的监督管理，建立、完善监督管理制度和技术手段。

第三十条　县级以上人民政府广播影视行政部门应当建立公众举报机制，公布举报电话，及时调查、处理并公布结果。

第三十一条　县级以上地方人民政府广播影视行政部门在对广播电视广告违法行为作出处理决定后 5 个工作日内，应当将处理情况报上一级人民政府广播影视行政部门备案。

第三十二条　因公共利益需要等特殊情况，省、自治区、直辖市以上人民政府广播影视行政部门可以要求播出机构在指定时段播出特定的公益广告，或者作出暂停播出商业广告的决定。

第三十三条　播出机构从事广告经营活动应当取得合法资质，非广告经营部门不得从事广播电视广告经营活动，记者不得借采访名义承揽广告业务。

第三十四条　播出机构应当建立广告经营、审查、播出管理制度，负责对所播出的广告进行审查。

第三十五条　播出机构应当加强对广告业务承接登记、审核等档案资料的保存和管理。

第三十六条　药品、医疗器械、医疗、食品、化妆品、农药、兽药、金融理财等须经有关行政部门审批的商业广告，播出机构在播出前应当严格审验其依法批准的文件、材料。不得播出未经审批、材料不全或者与审批通过的内容不一致的商业广告。

第三十七条　制作和播出药品、医疗器械、医疗和健康资讯类广告需要聘请医学专家作为嘉宾的，播出机构应当核验嘉宾的医师执业证书、工作证、职称证明等相关证明文件，并在广告中据实提示，不得聘请无有关专业资质的人员担当嘉宾。

第三十八条　因广告主、广告经营者提供虚假证明文件导致播出的广告违反本办法规定的，广播影视行政部门可以对有关播出机构减轻或者免除处罚。

第三十九条　国务院广播影视行政部门推动建立播出机构行业自律组织。该组织可以按照章程的规定，采取向社会公告、推荐和撤销“广播电视广告播出行业自律示范单位”等措施，加强行业自律。

第五章　法 律 责 任

第四十条　违反本办法第八条、第九条的规定，由县级以上人民政府广播影视行政部门责令停止违法行为或者责令改正，给予警告，可以并处三万元以下罚款；情节严重的，由原发证机关吊销《广播电视频道许可证》、《广播电视播出机构许可证》。

第四十一条　违反本办法第十五条、第十六条、第十七条的规定，以及违反本办法第二十二条规定插播广告的，由县级以上人民政府广播影视行政部门依据《广播电视管理条例》第五十条、第五十一条的有关规定给予处罚。

第四十二条　违反本办法第十条、第十二条、第十九条、第二十条、第二十一条、第二十四条至第二十八条、第三十四条、第三十六条、第三十七条的规定，或者违反本办法第二十二条规定替换、遮盖广告的，由县级以上人民政府广播影视行政部门责令停止违法行为或者责令改正，给予警告，可以并处二万元以下罚款。

第四十三条　违反本办法规定的播出机构，由县级以上人民政府广播影视行政部门依据国家有关规定予以处理。

第四十四条　广播影视行政部门工作人员滥用职权、玩忽职守、徇私舞弊或者未依照本办法规定履行职责的，对负有责任的主管人员和直接责任人员依法给予处分。

第六章　附　　则

第四十五条　本办法自 2010 年 1 月 1 日起施行。2003 年 9 月 15 日国家广播电影电视总局发布的《广播电视广告播放管理暂行办法》同时废止。

《广播电视广告播出管理办法》的补充规定

1. 2011年11月25日国家广播电影电视总局令第66号发布
2. 自2012年1月1日起施行

为贯彻落实《中共中央关于深化文化体制改革推动社会主义文化大发展大繁荣若干重大问题的决定》,坚持把社会效益放在首位,充分发挥广播电视构建公共文化服务体系、提高公共文化服务水平、保障人民基本文化权益的作用,现对《广播电视广告播出管理办法》(国家广播电影电视总局令第61号)作如下补充规定:

一、第十七条修改为:"播出电视剧时,不得在每集(以四十五分钟计)中间以任何形式插播广告。

播出电影时,插播广告参照前款规定执行。"

二、删除第十八条。

三、本补充规定自2012年1月1日起施行。

此外,根据本规定对《广播电视广告播出管理办法》(国家广播电影电视总局令第61号)部分条文的文字作相应调整和修改。

公益广告促进和管理暂行办法

1. 2016年1月15日国家工商行政管理总局、国家互联网信息办公室、工业和信息化部、住房城乡建设部、交通运输部、国家新闻出版广电总局令第84号公布
2. 自2016年3月1日起施行

第一条　为促进公益广告事业发展,规范公益广告管理,发挥公益广告在社会主义经济建设、政治建设、文化建设、社会建设、生态文明建设中的积极作用,根据《中华人民共和国广告法》和有关规定,制定本办法。

第二条　本办法所称公益广告,是指传播社会主义核心价值观,倡导良好道德风尚,促进公民文明素质和社会文明程度提高,维护国家和社会公共利益的非营利性广告。

政务信息、服务信息等各类公共信息以及专题宣传片等不属于本办法所称的公益广告。

第三条　国家鼓励、支持开展公益广告活动,鼓励、支持、引导单位和个人以提供资金、技术、劳动力、智力成果、媒介资源等方式参与公益广告宣传。

各类广告发布媒介均有义务刊播公益广告。

第四条　公益广告活动在中央和各级精神文明建设指导委员会指导协调下开展。

工商行政管理部门履行广告监管和指导广告业发展职责,负责公益广告工作的规划和有关管理工作。

新闻出版广电部门负责新闻出版和广播电视媒体公益广告制作、刊播活动的指导和管理。

通信主管部门负责电信业务经营者公益广告制作、刊播活动的指导和管理。

网信部门负责互联网企业公益广告制作、刊播活动的指导和管理。

铁路、公路、水路、民航等交通运输管理部门负责公共交通运载工具及相关场站公益广告刊播活动的指导和管理。

住房城乡建设部门负责城市户外广告设施设置、建筑工地围挡、风景名胜区公益广告刊播活动的指导和管理。

精神文明建设指导委员会其他成员单位应当积极做好公益广告有关工作,涉及本部门职责的,应当予以支持,并做好相关管理工作。

第五条　公益广告应当保证质量,内容符合下列规定:

(一)价值导向正确,符合国家法律法规和社会主义道德规范要求;

(二)体现国家和社会公共利益;

(三)语言文字使用规范;

(四)艺术表现形式得当,文化品位良好。

第六条　公益广告内容应当与商业广告内容相区别,商业广告中涉及社会责任内容的,不属于公益广告。

第七条　企业出资设计、制作、发布或者冠名的公益广告,可以标注企业名称和商标标识,但应当符合以下要求:

(一)不得标注商品或者服务的名称以及其他与宣传、推销商品或者服务有关的内容,包括单位地址、网址、电话号码、其他联系方式等;

(二)平面作品标注企业名称和商标标识的面积不得超过广告面积的1/5;

(三)音频、视频作品显示企业名称和商标标识的时间不得超过5秒或者总时长的1/5,使用标版形式标注企业名称和商标标识的时间不得超过3秒或者总时长的1/5;

(四)公益广告画面中出现的企业名称或者商标标识不得使社会公众在视觉程度上降低对公益广告内容的感受和认知;

（五）不得以公益广告名义变相设计、制作、发布商业广告。

违反前款规定的，视为商业广告。

第八条 公益广告稿源包括公益广告通稿、公益广告作品库稿件以及自行设计制作稿件。

各类广告发布媒介均有义务刊播精神文明建设指导委员会审定的公益广告通稿作品。

公益广告主管部门建立公益广告作品库，稿件供社会无偿选择使用。

单位和个人自行设计制作发布公益广告，公益广告主管部门应当无偿提供指导服务。

第九条 广播电台、电视台按照新闻出版广电部门规定的条（次），在每套节目每日播出公益广告。其中，广播电台在6:00至8:00之间、11:00至13:00之间，电视台在19:00至21:00之间，播出数量不得少于主管部门规定的条（次）。

中央主要报纸平均每日出版16版（含）以上的，平均每月刊登公益广告总量不少于8个整版；平均每日出版少于16版多于8版的，平均每月刊登公益广告总量不少于6个整版；平均每日出版8版（含）以下的，平均每月刊登公益广告总量不少于4个整版。省（自治区、直辖市）和省会、副省级城市党报平均每日出版12版（含）以上的，平均每月刊登公益广告总量不少于6个整版；平均每日出版12版（不含）以下的，平均每月刊登公益广告总量不少于4个整版。其他各级党报、晚报、都市报和行业报，平均每月刊登公益广告总量不少于2个整版。

中央主要时政类期刊以及各省（自治区、直辖市）和省会、副省级城市时政类期刊平均每期至少刊登公益广告1个页面；其他大众生活、文摘类期刊，平均每两期至少刊登公益广告1个页面。

政府网站、新闻网站、经营性网站等应当每天在网站、客户端以及核心产品的显著位置宣传展示公益广告。其中，刊播时间应当在6:00至24:00之间，数量不少于主管部门规定的条（次）。鼓励网站结合自身特点原创公益广告，充分运用新技术新手段进行文字、图片、视频、游戏、动漫等多样化展示，论坛、博客、微博客、即时通讯工具等多渠道传播，网页、平板电脑、手机等多终端覆盖，长期宣传展示公益广告。

电信业务经营者要运用手机媒体及相关经营业务经常性刊播公益广告。

第十条 有关部门和单位应当运用各类社会媒介刊播公益广告。

机场、车站、码头、影剧院、商场、宾馆、商业街区、城市社区、广场、公园、风景名胜区等公共场所的广告设施或者其他适当位置，公交车、地铁、长途客车、火车、飞机等公共交通工具的广告刊播介质或者其他适当位置，适当地段的建筑工地围挡、景观灯杆等构筑物，均有义务刊播公益广告通稿作品或者经主管部门审定的其他公益广告。此类场所公益广告的设置发布应当整齐、安全，与环境相协调，美化周边环境。

工商行政管理、住房城乡建设等部门鼓励、支持有关单位和个人在商品包装或者装潢、企业名称、商标标识、建筑设计、家具设计、服装设计等日常生活事物中，合理融入社会主流价值，传播中华文化，弘扬中国精神。

第十一条 国家支持和鼓励在生产、生活领域增加公益广告设施和发布渠道，扩大社会影响。

住房城乡建设部门编制户外广告设施设置规划，应当规划一定比例公益广告空间设施。发布广告设施招标计划时，应当将发布一定数量公益广告作为前提条件。

第十二条 公益广告主管部门应当制定并公布年度公益广告活动规划。

公益广告发布者应当于每季度第一个月5日前，将上一季度发布公益广告的情况报当地工商行政管理部门备案。广播、电视、报纸、期刊以及电信业务经营者、互联网企业等还应当将发布公益广告的情况分别报当地新闻出版广电、通信主管部门、网信部门备案。

工商行政管理部门对广告媒介单位发布公益广告情况进行监测和检查，定期公布公益广告发布情况。

第十三条 发布公益广告情况纳入文明城市、文明单位、文明网站创建工作测评。

广告行业组织应当将会员单位发布公益广告情况纳入行业自律考评。

第十四条 公益广告设计制作者依法享有公益广告著作权，任何单位和个人应依法使用公益广告作品，未经著作权人同意，不得擅自使用或者更改使用。

第十五条 公益广告活动违反本办法规定，有关法律、法规、规章有规定的，由有关部门依法予以处罚；有关法律、法规、规章没有规定的，由有关部门予以批评、劝诫，责令改正。

第十六条 本办法自2016年3月1日起施行。

互联网广告管理暂行办法

1. 2016年7月4日国家工商行政管理总局令第87号公布
2. 自2016年9月1日起施行

第一条　为了规范互联网广告活动，保护消费者的合法权益，促进互联网广告业的健康发展，维护公平竞争的市场经济秩序，根据《中华人民共和国广告法》（以下简称广告法）等法律、行政法规，制定本办法。

第二条　利用互联网从事广告活动，适用广告法和本办法的规定。

第三条　本办法所称互联网广告，是指通过网站、网页、互联网应用程序等互联网媒介，以文字、图片、音频、视频或者其他形式，直接或者间接地推销商品或者服务的商业广告。

前款所称互联网广告包括：

（一）推销商品或者服务的含有链接的文字、图片或者视频等形式的广告；

（二）推销商品或者服务的电子邮件广告；

（三）推销商品或者服务的付费搜索广告；

（四）推销商品或者服务的商业性展示中的广告，法律、法规和规章规定经营者应当向消费者提供的信息的展示依照其规定；

（五）其他通过互联网媒介推销商品或者服务的商业广告。

第四条　鼓励和支持广告行业组织依照法律、法规、规章和章程的规定，制定行业规范，加强行业自律，促进行业发展，引导会员依法从事互联网广告活动，推动互联网广告行业诚信建设。

第五条　法律、行政法规规定禁止生产、销售的商品或者提供的服务，以及禁止发布广告的商品或者服务，任何单位或者个人不得在互联网上设计、制作、代理、发布广告。

禁止利用互联网发布处方药和烟草的广告。

第六条　医疗、药品、特殊医学用途配方食品、医疗器械、农药、兽药、保健食品广告等法律、行政法规规定须经广告审查机关进行审查的特殊商品或者服务的广告，未经审查，不得发布。

第七条　互联网广告应当具有可识别性，显著标明“广告”，使消费者能够辨明其为广告。

付费搜索广告应当与自然搜索结果明显区分。

第八条　利用互联网发布、发送广告，不得影响用户正常使用网络。在互联网页面以弹出等形式发布的广告，应当显著标明关闭标志，确保一键关闭。

不得以欺骗方式诱使用户点击广告内容。

未经允许，不得在用户发送的电子邮件中附加广告或者广告链接。

第九条　互联网广告主、广告经营者、广告发布者之间在互联网广告活动中应当依法订立书面合同。

第十条　互联网广告主应当对广告内容的真实性负责。

广告主发布互联网广告需具备的主体身份、行政许可、引证内容等证明文件，应当真实、合法、有效。

广告主可以通过自设网站或者拥有合法使用权的互联网媒介自行发布广告，也可以委托互联网广告经营者、广告发布者发布广告。

互联网广告主委托互联网广告经营者、广告发布者发布广告，修改广告内容时，应当以书面形式或者其他可以被确认的方式通知为其提供服务的互联网广告经营者、广告发布者。

第十一条　为广告主或者广告经营者推送或者展示互联网广告，并能够核对广告内容、决定广告发布的自然人、法人或者其他组织，是互联网广告的发布者。

第十二条　互联网广告发布者、广告经营者应当按照国家有关规定建立、健全互联网广告业务的承接登记、审核、档案管理制度；审核查验并登记广告主的名称、地址和有效联系方式等主体身份信息，建立登记档案并定期核实更新。

互联网广告发布者、广告经营者应当查验有关证明文件，核对广告内容，对内容不符或者证明文件不全的广告，不得设计、制作、代理、发布。

互联网广告发布者、广告经营者应当配备熟悉广告法规的广告审查人员；有条件的还应当设立专门机构，负责互联网广告的审查。

第十三条　互联网广告可以以程序化购买广告的方式，通过广告需求方平台、媒介方平台以及广告信息交换平台等所提供的信息整合、数据分析等服务进行有针对性地发布。

通过程序化购买广告方式发布的互联网广告，广告需求方平台经营者应当清晰标明广告来源。

第十四条　广告需求方平台是指整合广告主需求，为广告主提供发布服务的广告主服务平台。广告需求方平台的经营者是互联网广告发布者、广告经营者。

媒介方平台是指整合媒介方资源，为媒介所有者或者管理者提供程序化的广告分配和筛选的媒介服务平台。

广告信息交换平台是提供数据交换、分析匹配、交易结算等服务的数据处理平台。

第十五条　广告需求方平台经营者、媒介方平台经营者、广告信息交换平台经营者以及媒介方平台的成员，在订立互联网广告合同时，应当查验合同相对方的主体身份证明文件、真实名称、地址和有效联系方式等信息，建立登记档案并定期核实更新。

媒介方平台经营者、广告信息交换平台经营者以及媒介方平台成员，对其明知或者应知的违法广告，应当采取删除、屏蔽、断开链接等技术措施和管理措施，予以制止。

第十六条　互联网广告活动中不得有下列行为：

（一）提供或者利用应用程序、硬件等对他人正当经营的广告采取拦截、过滤、覆盖、快进等限制措施；

（二）利用网络通路、网络设备、应用程序等破坏正常广告数据传输，篡改或者遮挡他人正当经营的广告，擅自加载广告；

（三）利用虚假的统计数据、传播效果或者互联网媒介价值，诱导错误报价，谋取不正当利益或者损害他人利益。

第十七条　未参与互联网广告经营活动，仅为互联网广告提供信息服务的互联网信息服务提供者，对其明知或者应知利用其信息服务发布违法广告的，应当予以制止。

第十八条　对互联网广告违法行为实施行政处罚，由广告发布者所在地工商行政管理部门管辖。广告发布者所在地工商行政管理部门管辖异地广告主、广告经营者有困难的，可以将广告主、广告经营者的违法情况移交广告主、广告经营者所在地工商行政管理部门处理。

广告主所在地、广告经营者所在地工商行政管理部门先行发现违法线索或者收到投诉、举报的，也可以进行管辖。

对广告主自行发布的违法广告实施行政处罚，由广告主所在地工商行政管理部门管辖。

第十九条　工商行政管理部门在查处违法广告时，可以行使下列职权：

（一）对涉嫌从事违法广告活动的场所实施现场检查；

（二）询问涉嫌违法的有关当事人，对有关单位或者个人进行调查；

（三）要求涉嫌违法当事人限期提供有关证明文件；

（四）查阅、复制与涉嫌违法广告有关的合同、票据、账簿、广告作品和互联网广告后台数据，采用截屏、页面另存、拍照等方法确认互联网广告内容；

（五）责令暂停发布可能造成严重后果的涉嫌违法广告。

工商行政管理部门依法行使前款规定的职权时，当事人应当协助、配合，不得拒绝、阻挠或者隐瞒真实情况。

第二十条　工商行政管理部门对互联网广告的技术监测记录资料，可以作为对违法的互联网广告实施行政处罚或者采取行政措施的电子数据证据。

第二十一条　违反本办法第五条第一款规定，利用互联网广告推销禁止生产、销售的产品或者提供的服务，或者禁止发布广告的商品或者服务的，依照广告法第五十七条第五项的规定予以处罚；违反第二款的规定，利用互联网发布处方药、烟草广告的，依照广告法第五十七条第二项、第四项的规定予以处罚。

第二十二条　违反本办法第六条规定，未经审查发布广告的，依照广告法第五十八条第一款第十四项的规定予以处罚。

第二十三条　互联网广告违反本办法第七条规定，不具有可识别性的，依照广告法第五十九条第三款的规定予以处罚。

第二十四条　违反本办法第八条第一款规定，利用互联网发布广告，未显著标明关闭标志并确保一键关闭的，依照广告法第六十三条第二款的规定进行处罚；违反第二款、第三款规定，以欺骗方式诱使用户点击广告内容的，或者未经允许，在用户发送的电子邮件中附加广告或者广告链接的，责令改正，处一万元以上三万元以下的罚款。

第二十五条　违反本办法第十二条第一款、第二款规定，互联网广告发布者、广告经营者未按照国家有关规定建立、健全广告业务管理制度的，或者未对广告内容进行核对的，依照广告法第六十一条第一款的规定予以处罚。

第二十六条　有下列情形之一的，责令改正，处一万元以上三万元以下的罚款：

（一）广告需求方平台经营者违反本办法第十三条第二款规定，通过程序化购买方式发布的广告未标明来源的；

（二）媒介方平台经营者、广告信息交换平台经营者以及媒介方平台成员，违反本办法第十五条第一款、第二款规定，未履行相关义务的。

第二十七条　违反本办法第十七条规定，互联网信息服务提供者明知或者应知互联网广告活动违法不予制止的,依照广告法第六十四条规定予以处罚。

第二十八条 工商行政管理部门依照广告法和本办法规定所做出的行政处罚决定,应当通过企业信用信息公示系统依法向社会公示。

第二十九条 本办法自2016年9月1日起施行。

房地产广告发布规定

1. 2015年12月24日国家工商行政管理总局令第80号公布

2. 根据2021年4月2日国家市场监督管理总局令第38号《关于废止和修改部分规章的决定》修正

第一条 发布房地产广告,应当遵守《中华人民共和国广告法》(以下简称《广告法》)、《中华人民共和国城市房地产管理法》、《中华人民共和国土地管理法》及国家有关规定。

第二条 本规定所称房地产广告,指房地产开发企业、房地产权利人、房地产中介服务机构发布的房地产项目预售、预租、出售、出租、项目转让以及其他房地产项目介绍的广告。

居民私人及非经营性售房、租房、换房广告,不适用本规定。

第三条 房地产广告必须真实、合法、科学、准确,不得欺骗、误导消费者。

第四条 房地产广告,房源信息应当真实,面积应当表明为建筑面积或者套内建筑面积,并不得含有下列内容:

(一)升值或者投资回报的承诺;

(二)以项目到达某一具体参照物的所需时间表示项目位置;

(三)违反国家有关价格管理的规定;

(四)对规划或者建设中的交通、商业、文化教育设施以及其他市政条件作误导宣传。

第五条 凡下列情况的房地产,不得发布广告:

(一)在未经依法取得国有土地使用权的土地上开发建设的;

(二)在未经国家征用的集体所有的土地上建设的;

(三)司法机关和行政机关依法裁定、决定查封或者以其他形式限制房地产权利的;

(四)预售房地产,但未取得该项目预售许可证的;

(五)权属有争议的;

(六)违反国家有关规定建设的;

(七)不符合工程质量标准,经验收不合格的;

(八)法律、行政法规规定禁止的其他情形。

第六条 发布房地产广告,应当具有或者提供下列相应真实、合法、有效的证明文件:

(一)房地产开发企业、房地产权利人、房地产中介服务机构的营业执照或者其他主体资格证明;

(二)房地产主管部门颁发的房地产开发企业资质证书;

(三)自然资源主管部门颁发的项目土地使用权证明;

(四)工程竣工验收合格证明;

(五)发布房地产项目预售、出售广告,应当具有地方政府建设主管部门颁发的预售、销售许可证证明;出租、项目转让广告,应当具有相应的产权证明;

(六)中介机构发布所代理的房地产项目广告,应当提供业主委托证明;

(七)确认广告内容真实性的其他证明文件。

第七条 房地产预售、销售广告,必须载明以下事项:

(一)开发企业名称;

(二)中介服务机构代理销售的,载明该机构名称;

(三)预售或者销售许可证书号。

广告中仅介绍房地产项目名称的,可以不必载明上述事项。

第八条 房地产广告不得含有风水、占卜等封建迷信内容,对项目情况进行的说明、渲染,不得有悖社会良好风尚。

第九条 房地产广告中涉及所有权或者使用权的,所有或者使用的基本单位应当是有实际意义的完整的生产、生活空间。

第十条 房地产广告中对价格有表示的,应当清楚表示为实际的销售价格,明示价格的有效期限。

第十一条 房地产广告中的项目位置示意图,应当准确、清楚,比例恰当。

第十二条 房地产广告中涉及的交通、商业、文化教育设施及其他市政条件等,如在规划或者建设中,应当在广告中注明。

第十三条 房地产广告涉及内部结构、装修装饰的,应当真实、准确。

第十四条 房地产广告中不得利用其他项目的形象、环境作为本项目的效果。

第十五条　房地产广告中使用建筑设计效果图或者模型照片的，应当在广告中注明。

第十六条　房地产广告中不得出现融资或者变相融资的内容。

第十七条　房地产广告中涉及贷款服务的，应当载明提供贷款的银行名称及贷款额度、年期。

第十八条　房地产广告中不得含有广告主能够为入住者办理户口、就业、升学等事项的承诺。

第十九条　房地产广告中涉及物业管理内容的，应当符合国家有关规定；涉及尚未实现的物业管理内容，应当在广告中注明。

第二十条　房地产广告中涉及房地产价格评估的，应当表明评估单位、估价师和评估时间；使用其他数据、统计资料、文摘、引用语的，应当真实、准确，表明出处。

第二十一条　违反本规定发布广告，《广告法》及其他法律法规有规定的，依照有关法律法规规定予以处罚。法律法规没有规定的，对负有责任的广告主、广告经营者、广告发布者，处以违法所得三倍以下但不超过三万元的罚款；没有违法所得的，处以一万元以下的罚款。

第二十二条　本规定自2016年2月1日起施行。1998年12月3日国家工商行政管理局令第86号公布的《房地产广告发布暂行规定》同时废止。

医疗美容广告执法指南

2021年11月1日国家市场监督管理总局公告2021年第37号发布

严厉打击虚假违法医疗美容广告对于保护消费者合法权益、维护人民群众身体健康和生命安全意义重大。为规范和加强医疗美容广告监管，有效维护医疗美容广告市场秩序，保护消费者合法权益，依据《中华人民共和国广告法》《医疗广告管理办法》等法律、法规和规章的规定，制定本指南。

一、本指南旨在向地方各级市场监管部门提示医疗美容广告监管工作中需要重点关注的问题，为地方各级市场监管部门加强医疗美容广告监管工作提供指引。

二、本指南所称医疗美容，是指运用手术、药物、医疗器械以及其他具有创伤性或者侵入性的医学技术方法对人的容貌和人体各部位形态进行的修复与再塑。

本指南所称医疗美容广告，是指通过一定媒介或者形式直接或间接介绍美容医疗机构或者医疗美容服务的商业广告。

三、医疗美容广告属于医疗广告，广告主必须依法取得医疗机构执业许可证才能发布或者委托发布医疗美容广告。广告主发布医疗美容广告，必须依法取得《医疗广告审查证明》；广告经营者、广告发布者设计、制作、代理、发布医疗美容广告必须依法查验《医疗广告审查证明》，并严格按核准内容发布。

四、美容医疗机构依据《消费者权益保护法》《电子商务法》等法律法规及国务院卫生健康行政部门规定的内容、形式和途径主动公开医疗美容服务信息，不具有商业目的，一般不视为商业广告行为。

五、市场监管部门依法整治各类医疗美容广告乱象，着力解决危害性大、群众反映集中的问题，对以下情形予以重点打击：

（一）违背社会良好风尚，制造"容貌焦虑"，将容貌不佳与"低能""懒惰""贫穷"等负面评价因素做不当关联或者将容貌出众与"高素质""勤奋""成功"等积极评价因素做不当关联。

（二）违反药品、医疗器械、广告等法律法规规定，对未经药品管理部门审批或者备案的药品、医疗器械作广告。

（三）宣传未经卫生健康行政部门审批、备案的诊疗科目和服务项目。

（四）宣传诊疗效果或者对诊疗的安全性、功效做保证性承诺。

（五）利用行业协会以及其他社会社团或组织的名义、形象作证明，使用患者名义或者形象进行诊疗前后效果对比或者作证明。

（六）利用广告代言人为医疗美容做推荐、证明。医疗美容广告中出现的所谓"推荐官""体验官"等，以自己名义或者形象为医疗美容做推荐证明的，应当被认定为广告代言人。

（七）以介绍健康、养生知识、人物专访、新闻报道等形式变相发布医疗美容广告。

（八）对食品、保健食品、消毒产品、化妆品宣传与医疗美容相关的疾病治疗功能。

（九）其他违反广告法律法规规定，严重侵害群众权益的行为。

六、市场监管部门在医疗美容广告监管过程中，发现从事医疗美容活动的机构未取得执业许可或未经过备案的，以及生活美容机构等非医疗机构开展医疗美容广告宣传的，要及时通报同级卫生健康行政部门。

七、市场监管部门在医疗美容广告监管过程中，发现相关广告主未取得《医疗广告审查证明》或者未按《医疗广告审查证明》内容发布医疗广告的，依照《广告法》处理的同时，要通报同级卫生健康行政部门。

八、医疗美容广告中涉及“医生”“专家”的，市场监管部门应注意以下情形：

（一）医疗美容广告中出现的卫生技术人员、医疗教育科研机构及其人员的名义、形象属实的，应认定为使用医生或者专业人士为医疗广告代言的广告违法行为。

（二）广告中将未依法取得医师执业资格或医疗教育、科研相关职称的人宣称为“医生”“医学专家”等医学专业人士，足以误导消费者认为其属于医生等专业人士的，应认定为虚假医疗美容广告。相关人员涉嫌非法行医的，要及时通报同级卫生健康行政部门。

（三）对卫生技术人员、医疗教育科研人员的专访、专题报道中出现有关美容医疗机构的地址和联系方式等内容的，应认定为以介绍健康、养生知识、人物专访、新闻报道等形式变相发布医疗美容广告。

九、各级市场监管部门在医疗美容广告监管过程中，发现相关违法行为涉嫌犯罪的，依照有关规定移送公安机关。

十、各级市场监管部门要指导、督促网络平台建立健全内部审核机制，在广告发布、提供互联网信息服务过程中，拦截违法违规医疗美容广告宣传信息。网络平台经营者未依法履行平台责任的，市场监管部门依法从严查处。

3. 广告审查

大众传播媒介广告发布审查规定

1. 2012年2月9日国家工商行政管理总局、中共中央宣传部、国务院新闻办公室、公安部、监察部、国务院纠风办、工业和信息化部、卫生部、国家广播电影电视总局、新闻出版总署、国家食品药品监督管理局、国家中医药管理局发布

2. 工商广字〔2012〕26号

根据《中华人民共和国广告法》等法律法规有关广告发布者应查验证明文件、核实广告内容、建立健全广告管理制度的要求,为进一步落实大众传播媒介的广告发布审查责任,制定本规定。

一、大众传播媒介应当履行法定的广告审查义务,在广告发布前查验相关广告证明文件、核实广告内容,确保广告真实、合法,符合社会主义精神文明建设要求。

二、大众传播媒介应当明确广告审查责任。广告审查员负责广告审查的具体工作,广告经营管理部门负责人负责广告复审,分管领导负责广告审核。

三、大众传播媒介应当配备广告审查员。广告审查员应当参加广告法律法规及广告业务培训,经培训合格后,履行以下职责:

(1)审查本单位发布的广告,提出书面意见;

(2)管理本单位的广告审查档案;

(3)提出改进本单位广告审查工作的意见和建议;

(4)协助处理本单位广告管理的其他有关事宜。

四、大众传播媒介的广告审查员应当按照下列程序进行审查:

(1)查验各类广告证明文件的真实性、合法性、有效性,对证明文件不全的,要求补充证明文件;

(2)审核广告内容是否真实、合法,是否符合社会主义精神文明建设的要求;

(3)检查广告表现形式和使用的语言文字是否符合有关规定;

(4)审查广告整体效果,确认其不致引起消费者的误解;

(5)提出对该广告同意、不同意或者要求修改的书面意见。

广告审查员应当主动登录相关政府网站,查询了解相关部门公布的广告批准文件、违法广告公告、广告监测监管等信息。

五、大众传播媒介的广告经营管理部门负责人、分管领导应当对广告审查员审查通过的广告进行复查、审核。经复查、审核符合广告法律法规规定的广告,方可发布。

六、大众传播媒介应当依法建立广告业务的承接登记、审核、档案管理制度。广告审查的书面意见应当与广告档案一同保存备查。

七、大众传播媒介对群众举报、投诉的广告,应当责成广告审查员重新审查核实,要求广告主就被举报、投诉的事项做出说明,补充提供有关证明材料。

对广告主不能提供证明材料或者提供的有关证明材料不足以证实广告内容的真实性、合法性,大众传播媒介应当立即停止发布该广告。

八、大众传播媒介每年度应当对广告审查员、广告经营管理部门负责人进行广告审查工作绩效考核。

对年度内未认真履行广告审查职责,致使违法广告多次发布的,大众传播媒介应当对广告审查员及相关负责人给予批评教育、调离工作岗位等处理。

九、广告监督管理机关应当加强广告发布审查工作的行政指导,在日常广告监测监管、处理广告举报投诉、查办广告违法案件等工作中,了解掌握大众传播媒介及广告审查员落实广告发布审查制度、履行审查职责的情况,并向有关部门通报情况,提出有关建议。

十、广告监督管理机关应当加强大众传播媒介广告审查员、广告经营管理部门负责人的广告法律法规培训工作,定期组织新任广告审查员培训和广告审查员广告法律法规知识更新培训。

十一、大众传播媒介的行政主管部门应当监督、督促大众传播媒介认真执行广告发布的有关规定,切实落实广告发布审查责任,依法审查广告。

十二、大众传播媒介的行政主管部门应当对不执行广告发布审查规定,导致严重虚假违法广告屡禁不止、广告违法率居高不下,造成恶劣社会影响及后果的大众传播媒介,予以警示告诫、通报批评等处理,依照有关规定追究主管领导和相关责任人的责任。

十三、本规定所称大众传播媒介是指广播电视播出机构、报纸期刊出版单位以及互联网信息服务单位。

大众传播媒介以外的其他广告发布者,参照本规定执行。

药品、医疗器械、保健食品、特殊医学用途配方食品广告审查管理暂行办法

1. 2019年12月24日国家市场监督管理总局令第21号公布
2. 自2020年3月1日起施行

第一条　为加强药品、医疗器械、保健食品和特殊医学用途配方食品广告监督管理，规范广告审查工作，维护广告市场秩序，保护消费者合法权益，根据《中华人民共和国广告法》等法律、行政法规，制定本办法。

第二条　药品、医疗器械、保健食品和特殊医学用途配方食品广告的审查适用本办法。

未经审查不得发布药品、医疗器械、保健食品和特殊医学用途配方食品广告。

第三条　药品、医疗器械、保健食品和特殊医学用途配方食品广告应当真实、合法，不得含有虚假或者引人误解的内容。

广告主应当对药品、医疗器械、保健食品和特殊医学用途配方食品广告内容的真实性和合法性负责。

第四条　国家市场监督管理总局负责组织指导药品、医疗器械、保健食品和特殊医学用途配方食品广告审查工作。

各省、自治区、直辖市市场监督管理部门、药品监督管理部门（以下称广告审查机关）负责药品、医疗器械、保健食品和特殊医学用途配方食品广告审查，依法可以委托其他行政机关具体实施广告审查。

第五条　药品广告的内容应当以国务院药品监督管理部门核准的说明书为准。药品广告涉及药品名称、药品适应症或者功能主治、药理作用等内容的，不得超出说明书范围。

药品广告应当显著标明禁忌、不良反应，处方药广告还应当显著标明“本广告仅供医学药学专业人士阅读”，非处方药广告还应当显著标明非处方药标识（OTC）和“请按药品说明书或者在药师指导下购买和使用”。

第六条　医疗器械广告的内容应当以药品监督管理部门批准的注册证书或者备案凭证、注册或者备案的产品说明书内容为准。医疗器械广告涉及医疗器械名称、适用范围、作用机理或者结构及组成等内容的，不得超出注册证书或者备案凭证、注册或者备案的产品说明书范围。

推荐给个人自用的医疗器械的广告，应当显著标明“请仔细阅读产品说明书或者在医务人员的指导下购买和使用”。医疗器械产品注册证书中有禁忌内容、注意事项的，广告应当显著标明“禁忌内容或者注意事项详见说明书”。

第七条　保健食品广告的内容应当以市场监督管理部门批准的注册证书或者备案凭证、注册或者备案的产品说明书内容为准，不得涉及疾病预防、治疗功能。保健食品广告涉及保健功能、产品功效成分或者标志性成分及含量、适宜人群或者食用量等内容的，不得超出注册证书或者备案凭证、注册或者备案的产品说明书范围。

保健食品广告应当显著标明“保健食品不是药物，不能代替药物治疗疾病”，声明本品不能代替药物，并显著标明保健食品标志、适宜人群和不适宜人群。

第八条　特殊医学用途配方食品广告的内容应当以国家市场监督管理总局批准的注册证书和产品标签、说明书为准。特殊医学用途配方食品广告涉及产品名称、配方、营养学特征、适用人群等内容的，不得超出注册证书、产品标签、说明书范围。

特殊医学用途配方食品广告应当显著标明适用人群、“不适用于非目标人群使用”“请在医生或者临床营养师指导下使用”。

第九条　药品、医疗器械、保健食品和特殊医学用途配方食品广告应当显著标明广告批准文号。

第十条　药品、医疗器械、保健食品和特殊医学用途配方食品广告中应当显著标明的内容，其字体和颜色必须清晰可见、易于辨认，在视频广告中应当持续显示。

第十一条　药品、医疗器械、保健食品和特殊医学用途配方食品广告不得违反《中华人民共和国广告法》第九条、第十六条、第十七条、第十八条、第十九条规定，不得包含下列情形：

（一）使用或者变相使用国家机关、国家机关工作人员、军队单位或者军队人员的名义或者形象，或者利用军队装备、设施等从事广告宣传；

（二）使用科研单位、学术机构、行业协会或者专家、学者、医师、药师、临床营养师、患者等的名义或者形象作推荐、证明；

（三）违反科学规律，明示或者暗示可以治疗所有疾病、适应所有症状、适应所有人群，或者正常生活和治疗病症所必需等内容；

（四）引起公众对所处健康状况和所患疾病产生不必要的担忧和恐惧，或者使公众误解不使用该产品会患某种疾病或者加重病情的内容；

（五）含有“安全”“安全无毒副作用”“毒副作用小”；明示或者暗示成分为“天然”，因而安全性有保证等内容；

（六）含有“热销、抢购、试用”“家庭必备、免费治疗、免费赠送”等诱导性内容，“评比、排序、推荐、指定、选用、获奖”等综合性评价内容，“无效退款、保险公司保险”等保证性内容，怂恿消费者任意、过量使用药品、保健食品和特殊医学用途配方食品的内容；

（七）含有医疗机构的名称、地址、联系方式、诊疗项目、诊疗方法以及有关义诊、医疗咨询电话、开设特约门诊等医疗服务的内容；

（八）法律、行政法规规定不得含有的其他内容。

第十二条 药品、医疗器械、保健食品和特殊医学用途配方食品注册证明文件或者备案凭证持有人及其授权同意的生产、经营企业为广告申请人（以下简称申请人）。

申请人可以委托代理人办理药品、医疗器械、保健食品和特殊医学用途配方食品广告审查申请。

第十三条 药品、特殊医学用途配方食品广告审查申请应当依法向生产企业或者进口代理人等广告主所在地广告审查机关提出。

医疗器械、保健食品广告审查申请应当依法向生产企业或者进口代理人所在地广告审查机关提出。

第十四条 申请药品、医疗器械、保健食品、特殊医学用途配方食品广告审查，应当依法提交《广告审查表》、与发布内容一致的广告样件，以及下列合法有效的材料：

（一）申请人的主体资格相关材料，或者合法有效的登记文件；

（二）产品注册证明文件或者备案凭证、注册或者备案的产品标签和说明书，以及生产许可文件；

（三）广告中涉及的知识产权相关有效证明材料。

经授权同意作为申请人的生产、经营企业，还应当提交合法的授权文件；委托代理人进行申请的，还应当提交委托书和代理人的主体资格相关材料。

第十五条 申请人可以到广告审查机关受理窗口提出申请，也可以通过信函、传真、电子邮件或者电子政务平台提交药品、医疗器械、保健食品和特殊医学用途配方食品广告申请。

广告审查机关收到申请人提交的申请后，应当在五个工作日内作出受理或者不予受理决定。申请材料齐全、符合法定形式的，应当予以受理，出具《广告审查受理通知书》。申请材料不齐全、不符合法定形式的，应当一次性告知申请人需要补正的全部内容。

第十六条 广告审查机关应当对申请人提交的材料进行审查，自受理之日起十个工作日内完成审查工作。经审查，对符合法律、行政法规和本办法规定的广告，应当作出审查批准的决定，编发广告批准文号。

对不符合法律、行政法规和本办法规定的广告，应当作出不予批准的决定，送达申请人并说明理由，同时告知其享有依法申请行政复议或者提起行政诉讼的权利。

第十七条 经审查批准的药品、医疗器械、保健食品和特殊医学用途配方食品广告，广告审查机关应当通过本部门网站以及其他方便公众查询的方式，在十个工作日内向社会公开。公开的信息应当包括广告批准文号、申请人名称、广告发布内容、广告批准文号有效期、广告类别、产品名称、产品注册证明文件或者备案凭证编号等内容。

第十八条 药品、医疗器械、保健食品和特殊医学用途配方食品广告批准文号的有效期与产品注册证明文件、备案凭证或者生产许可文件最短的有效期一致。

产品注册证明文件、备案凭证或者生产许可文件未规定有效期的，广告批准文号有效期为两年。

第十九条 申请人有下列情形的，不得继续发布审查批准的广告，并应当主动申请注销药品、医疗器械、保健食品和特殊医学用途配方食品广告批准文号：

（一）主体资格证照被吊销、撤销、注销的；

（二）产品注册证明文件、备案凭证或者生产许可文件被撤销、注销的；

（三）法律、行政法规规定应当注销的其他情形。

广告审查机关发现申请人有前款情形的，应当依法注销其药品、医疗器械、保健食品和特殊医学用途配方食品广告批准文号。

第二十条 广告主、广告经营者、广告发布者应当严格按照审查通过的内容发布药品、医疗器械、保健食品和特殊医学用途配方食品广告，不得进行剪辑、拼接、修改。

已经审查通过的广告内容需要改动的，应当重新申请广告审查。

第二十一条 下列药品、医疗器械、保健食品和特殊医学用途配方食品不得发布广告：

（一）麻醉药品、精神药品、医疗用毒性药品、放射

性药品、药品类易制毒化学品,以及戒毒治疗的药品、医疗器械;

(二)军队特需药品、军队医疗机构配制的制剂;

(三)医疗机构配制的制剂;

(四)依法停止或者禁止生产、销售或者使用的药品、医疗器械、保健食品和特殊医学用途配方食品;

(五)法律、行政法规禁止发布广告的情形。

第二十二条 本办法第二十一条规定以外的处方药和特殊医学用途配方食品中的特定全营养配方食品广告只能在国务院卫生行政部门和国务院药品监督管理部门共同指定的医学、药学专业刊物上发布。

不得利用处方药或者特定全营养配方食品的名称为各种活动冠名进行广告宣传。不得使用与处方药名称或者特定全营养配方食品名称相同的商标、企业字号在医学、药学专业刊物以外的媒介变相发布广告,也不得利用该商标、企业字号为各种活动冠名进行广告宣传。

特殊医学用途婴儿配方食品广告不得在大众传播媒介或者公共场所发布。

第二十三条 药品、医疗器械、保健食品和特殊医学用途配方食品广告中只宣传产品名称(含药品通用名称和药品商品名称)的,不再对其内容进行审查。

第二十四条 经广告审查机关审查通过并向社会公开的药品广告,可以依法在全国范围内发布。

第二十五条 违反本办法第十条规定,未显著、清晰表示广告中应当显著标明内容的,按照《中华人民共和国广告法》第五十九条处罚。

第二十六条 有下列情形之一的,按照《中华人民共和国广告法》第五十八条处罚:

(一)违反本办法第二条第二款规定,未经审查发布药品、医疗器械、保健食品和特殊医学用途配方食品广告;

(二)违反本办法第十九条规定或者广告批准文号已超过有效期,仍继续发布药品、医疗器械、保健食品和特殊医学用途配方食品广告;

(三)违反本办法第二十条规定,未按照审查通过的内容发布药品、医疗器械、保健食品和特殊医学用途配方食品广告。

第二十七条 违反本办法第十一条第二项至第五项规定,发布药品、医疗器械、保健食品和特殊医学用途配方食品广告的,依照《中华人民共和国广告法》第五十八条的规定处罚;构成虚假广告的,依照《中华人民共和国广告法》第五十五条的规定处罚。

第二十八条 违反本办法第十一条第六项至第八项规定,发布药品、医疗器械、保健食品和特殊医学用途配方食品广告的,《中华人民共和国广告法》及其他法律法规有规定的,依照相关规定处罚,没有规定的,由县级以上市场监督管理部门责令改正;对负有责任的广告主、广告经营者、广告发布者处以违法所得三倍以下罚款,但最高不超过三万元;没有违法所得的,可处一万元以下罚款。

第二十九条 违反本办法第十一条第一项、第二十一条、第二十二条规定的,按照《中华人民共和国广告法》第五十七条处罚。

第三十条 有下列情形之一的,按照《中华人民共和国广告法》第六十五条处罚:

(一)隐瞒真实情况或者提供虚假材料申请药品、医疗器械、保健食品和特殊医学用途配方食品广告审查的;

(二)以欺骗、贿赂等不正当手段取得药品、医疗器械、保健食品和特殊医学用途配方食品广告批准文号的。

第三十一条 市场监督管理部门对违反本办法规定的行为作出行政处罚决定后,应当依法通过国家企业信用信息公示系统向社会公示。

第三十二条 广告审查机关的工作人员玩忽职守、滥用职权、徇私舞弊的,依法给予处分。构成犯罪的,依法追究刑事责任。

第三十三条 本办法涉及的文书格式范本由国家市场监督管理总局统一制定。

第三十四条 本办法自2020年3月1日起施行。1996年12月30日原国家工商行政管理局令第72号公布的《食品广告发布暂行规定》,2007年3月3日原国家工商行政管理总局、原国家食品药品监督管理局令第27号公布的《药品广告审查发布标准》,2007年3月13日原国家食品药品监督管理局、原国家工商行政管理总局令第27号发布的《药品广告审查办法》,2009年4月7日原卫生部、原国家工商行政管理总局、原国家食品药品监督管理局令第65号发布的《医疗器械广告审查办法》,2009年4月28日原国家工商行政管理总局、原卫生部、原国家食品药品监督管理局令第40号公布的《医疗器械广告审查发布标准》同时废止。

农药广告审查发布规定

1. 2015年12月24日国家工商行政管理总局令第81号公布

2. 根据2020年10月23日国家市场监督管理总局令第31号《关于修改部分规章的决定》修订

第一条　为了保证农药广告的真实、合法、科学,制定本规定。

第二条　发布农药广告,应当遵守《中华人民共和国广告法》(以下简称《广告法》)及国家有关农药管理的规定。

第三条　未经国家批准登记的农药不得发布广告。

第四条　农药广告内容应当与《农药登记证》和《农药登记公告》的内容相符,不得任意扩大范围。

第五条　农药广告不得含有下列内容:

(一)表示功效、安全性的断言或者保证;

(二)利用科研单位、学术机构、技术推广机构、行业协会或者专业人士、用户的名义或者形象作推荐、证明;

(三)说明有效率;

(四)违反安全使用规程的文字、语言或者画面;

(五)法律、行政法规规定禁止的其他内容。

第六条　农药广告不得贬低同类产品,不得与其他农药进行功效和安全性对比。

第七条　农药广告中不得含有评比、排序、推荐、指定、选用、获奖等综合性评价内容。

第八条　农药广告中不得使用直接或者暗示的方法,以及模棱两可、言过其实的用语,使人在产品的安全性、适用性或者政府批准等方面产生误解。

第九条　农药广告中不得滥用未经国家认可的研究成果或者不科学的词句、术语。

第十条　农药广告中不得含有"无效退款"、"保险公司保险"等承诺。

第十一条　农药广告的批准文号应当列为广告内容同时发布。

第十二条　违反本规定的农药广告,广告经营者不得设计、制作,广告发布者不得发布。

第十三条　违反本规定发布广告,《广告法》及其他法律法规有规定的,依照有关法律法规规定予以处罚。法律法规没有规定的,对负有责任的广告主、广告经营者、广告发布者,处以违法所得三倍以下但不超过三万元的罚款;没有违法所得的,处以一万元以下的罚款。

第十四条　本规定自2016年2月1日起施行。1995年3月28日国家工商行政管理局第28号令公布的《农药广告审查标准》同时废止。

兽药广告审查发布规定

1. 2015年12月24日国家工商行政管理总局令第82号公布

2. 根据2020年10月23日国家市场监督管理总局令第31号《关于修改部分规章的决定》修订

第一条　为了保证兽药广告的真实、合法、科学,制定本规定。

第二条　发布兽药广告,应当遵守《中华人民共和国广告法》(以下简称《广告法》)及国家有关兽药管理的规定。

第三条　下列兽药不得发布广告:

(一)兽用麻醉药品、精神药品以及兽医医疗单位配制的兽药制剂;

(二)所含成分的种类、含量、名称与兽药国家标准不符的兽药;

(三)临床应用发现超出规定毒副作用的兽药;

(四)国务院农牧行政管理部门明令禁止使用的,未取得兽药产品批准文号或者未取得《进口兽药注册证书》的兽药。

第四条　兽药广告不得含有下列内容:

(一)表示功效、安全性的断言或者保证;

(二)利用科研单位、学术机构、技术推广机构、行业协会或者专业人士、用户的名义或者形象作推荐、证明;

(三)说明有效率;

(四)违反安全使用规程的文字、语言或者画面;

(五)法律、行政法规规定禁止的其他内容。

第五条　兽药广告不得贬低同类产品,不得与其他兽药进行功效和安全性对比。

第六条　兽药广告中不得含有"最高技术"、"最高科学"、"最进步制法"、"包治百病"等绝对化的表示。

第七条　兽药广告中不得含有评比、排序、推荐、指定、选用、获奖等综合性评价内容。

第八条　兽药广告不得含有直接显示疾病症状和病理的画面,也不得含有"无效退款"、"保险公司保险"等承诺。

第九条 兽药广告中兽药的使用范围不得超出国家兽药标准的规定。

第十条 兽药广告的批准文号应当列为广告内容同时发布。

第十一条 违反本规定的兽药广告,广告经营者不得设计、制作,广告发布者不得发布。

第十二条 违反本规定发布广告,《广告法》及其他法律法规有规定的,依照有关法律法规规定予以处罚。法律法规没有规定的,对负有责任的广告主、广告经营者、广告发布者,处以违法所得三倍以下但不超过三万元的罚款;没有违法所得的,处以一万元以下的罚款。

第十三条 本规定自 2016 年 2 月 1 日起施行。1995 年 3 月 28 日国家工商行政管理局第 26 号令公布的《兽药广告审查标准》同时废止。

七、质检监督

《中华人民共和国产品质量法》导读

为依法加强对产品质量的监督管理，七届全国人大常委会第三十次会议于 1993 年 2 月通过了《中华人民共和国产品质量法》，从当年 9 月 1 日起施行。产品质量法是一部为了加强对产品质量的监督管理而制定的法律。坚持质量第一，把质量看作一个战略问题，高度重视产品质量，这是贯穿于产品质量法中的根本指导思想。产品质量法的施行，对于增强全民族的产品质量意识，提高我国产品质量的总体水平，明确产品质量责任，惩治生产、销售伪劣产品的行为，保护消费者的合法权益，维护社会主义市场经济秩序，发挥了重要作用。2000 年 7 月 8 日，九届全国人大常委会第十六次会议通过了《关于修改〈中华人民共和国产品质量法〉的决定》，该决定自 2000 年 9 月 1 日起施行。修改中新增条文 25 条，修改原有条文 20 条，删去原有条文 2 条，使产品质量法从原有的 51 条增至现行的 74 条。2009 年 8 月 27 日及 2018 年 12 月 29 日，全国人大常委会对产品质量法的部分条款又作了个别文字修改。产品质量法的主要内容如下：

（一）总则

总则部分的主要内容包括：（1）本法的立法目的；（2）本法的适用范围；（3）对生产者、销售者内部产品质量管理的基本要求；（4）产品质量责任的责任主体及产品质量责任的法律适用；（5）对产品质量欺诈行为的禁止性规定；（6）国家鼓励提高产品质量的主要措施；（7）各级人民政府在产品质量问题上的主要职责；（8）产品质量的监督体制；（9）对政府及其他国家机关工作人员包庇、放纵产品生产、销售中违反本法规定行为的禁止性规定；（10）对违反本法的行为的检举及对检举的奖励；（11）禁止在产品质量问题上搞地方保护和部门保护。

（二）产品质量的监督

在市场经济条件下，一般的产品质量问题，主要依靠市场竞争来解决。通过市场竞争中的优胜劣汰机制，促使企业提高产品质量，增强市场竞争能力。但是，政府作为社会经济活动的宏观组织者和管理者，也必须对产品质量进行必要的监督和宏观管理，以维护社会经济秩序，保护消费者的合法权益。

本法明确提出了对产品质量都应经检验合格的要求，并以法律形式确立了国家对产品质量实施监督的基本制度，主要包括：（1）对涉及保障人体健康和人身、财产安全的产品实行严格的强制监督管理的制度；（2）产品质量监督部门依法对产品质量实行监督抽查并对抽查结果进行公告的制度；（3）推行企业质量体系认证和产品质量认证的制度；（4）产品质量监督部门和工商行政管理部门对涉嫌在产品生产、销售活动中从事违反本法的行为可以依法实施强制检查和采取必要的查封、扣押等强制措施的制度等。这些法定的基本制度，既为加强对产品质量的监督管理提供了法律依据，又为产品质量监督部门对产品质量监督行政执法活动提供了必须遵守的行为规范。此外，在这一章中还对产品质量检验机构的资格、产品质量检验机构、认证机构执业的基本要求，以及消费者及保护消费者权益的社会组织在产品质量问题上的权利等问题作了规定。

（三）产品质量责任制度

本法分两节，分别规定了生产者的产品质量责任和义务及销售者的产品质量责任和义务。产品质量责任制度的主要内容有：

生产者、销售者是产品质量责任的承担者，是产品质量的责任主体；

生产者应当对其生产的产品质量负责，产品存在缺陷造成损害的，生产者应当承担赔偿责任；

由于销售者的过错使产品存在缺陷，造成损害的，销售者应当承担赔偿责任；

因产品缺陷造成损害的，受害人可以向生产者要求赔偿，也可以向销售者要求赔偿；

产品质量有瑕疵的，生产者、销售者负瑕疵担保责任，采取修理、更换、退货等救济措施；给购买者造成损失的，承担赔偿责任；

产品质量应当是：不存在危及人身、财产安全的不合理的危险，具备产品应当具备的使用性能，符合在产品或者其包装上注明采用的产品标准，符合以产品说明、实物样品等方式表明的质量状况；

禁止生产、销售不符合保障人体健康和人身、财产安全的标准和要求的工业产品；

产品质量应当检验合格，不得以不合格产品冒充合格产品。

（四）损害赔偿

本法关于因产品质量问题引起的损害赔偿的规定，共九条，分别规定了以下内容：(1)关于销售者对其出售产品的质量问题应承担的民事责任；(2)关于产品质量存在缺陷造成他人损害的民事责任即产品责任的规定；(3)产品缺陷的定义；(4)产品质量纠纷的解决途径；(5)仲裁机构或者人民法院的委托检验。

（五）罚则

本法共分二十四条，对违反本法规定的行为的处罚作了规定。

一是，对于与产品质量活动有关的违法的人与事，明确加以限制，造成危害的严加制裁，这是治理产品质量的实际需要，也是为了保护国家和社会的利益。

二是，处罚的重点主要是生产、销售不符合保障人体健康和人身、财产安全的国家标准、行业标准的产品的行为，制假售假行为，以及其他违法产品的生产、销售行为。

三是，处罚力度大，处罚的方式可操作性强。比如罚款，除了改变罚款基数外，实际上也更易于计算罚款的基数，一般来说，计算货值比计算违法所得更易于操作，当然这里也包含了加重处罚。

四是，处罚的对象不仅有产品生产者、销售者，而且还有产品质量中介机构，产品质量的监督者，国家机关工作人员，以及参与质量违法活动的运输、保管、仓储、制假技术的提供者。

五是，对于执法者，一方面规范其执法行为，另一方面也授予了权力，维护执法者的权威，受法律保护，要求秉公执法，严格执法，执法者也要受监督，依法履行职责。

六是，产品质量法的罚则，一般是规定行政责任、刑事责任的，但在一些条款中也涉及民事责任，这样并不影响在前面各章中有关民事责任的规定。

总之，产品质量法是一部内容丰富的法律，涉及的范围也较为广泛，它是适合中国国情的，也借鉴了国外关于产品责任立法的经验。经过修改，得到了充实与完善，适应了当前以及今后一段时间内产品质量方面的需要，有重要意义。

1. 产品质量

中华人民共和国产品质量法

1. 1993年2月22日第七届全国人民代表大会常务委员会第三十次会议通过
2. 根据2000年7月8日第九届全国人民代表大会常务委员会第十六次会议《关于修改〈中华人民共和国产品质量法〉的决定》第一次修正
3. 根据2009年8月27日第十一届全国人民代表大会常务委员会第十次会议《关于修改部分法律的决定》第二次修正
4. 根据2018年12月29日第十三届全国人民代表大会常务委员会第七次会议《关于修改〈中华人民共和国产品质量法〉等五部法律的决定》第三次修正

目　　录

第一章　总　　则

第一条　【立法目的】为了加强对产品质量的监督管理，提高产品质量水平，明确产品质量责任，保护消费者的合法权益，维护社会经济秩序，制定本法。

第二条　【适用范围】在中华人民共和国境内从事产品生产、销售活动，必须遵守本法。

本法所称产品是指经过加工、制作，用于销售的产品。

建设工程不适用本法规定；但是，建设工程使用的建筑材料、建筑构配件和设备，属于前款规定的产品范围的，适用本法规定。

第三条　【生产者、销售者质量管理责任】生产者、销售者应当建立健全内部产品质量管理制度，严格实施岗位质量规范、质量责任以及相应的考核办法。

第四条　【责任依据】生产者、销售者依照本法规定承担产品质量责任。

第五条　【禁止性条款】禁止伪造或者冒用认证标志等质量标志；禁止伪造产品的产地，伪造或者冒用他人的厂名、厂址；禁止在生产、销售的产品中掺杂、掺假，以假充真，以次充好。

第六条　【国家扶持】国家鼓励推行科学的质量管理方法，采用先进的科学技术，鼓励企业产品质量达到并且超过行业标准、国家标准和国际标准。

对产品质量管理先进和产品质量达到国际先进水平、成绩显著的单位和个人，给予奖励。

第七条　【政府职责】各级人民政府应当把提高产品质量纳入国民经济和社会发展规划，加强对产品质量工作的统筹规划和组织领导，引导、督促生产者、销售者加强产品质量管理，提高产品质量，组织各有关部门依法采取措施，制止产品生产、销售中违反本法规定的行为，保障本法的施行。

第八条　【主管部门】国务院市场监督管理部门主管全国产品质量监督工作。国务院有关部门在各自的职责范围内负责产品质量监督工作。

县级以上地方市场监督管理部门主管本行政区域内的产品质量监督工作。县级以上地方人民政府有关部门在各自的职责范围内负责产品质量监督工作。

法律对产品质量的监督部门另有规定的，依照有关法律的规定执行。

第九条　【工作人员职责】各级人民政府工作人员和其他国家机关工作人员不得滥用职权、玩忽职守或者徇私舞弊，包庇、放纵本地区、本系统发生的产品生产、销售中违反本法规定的行为，或者阻挠、干预依法对产品生产、销售中违反本法规定的行为进行查处。

各级地方人民政府和其他国家机关有包庇、放纵产品生产、销售中违反本法规定的行为的，依法追究其主要负责人的法律责任。

第十条　【检举和奖励】任何单位和个人有权对违反本法规定的行为，向市场监督管理部门或者其他有关部门检举。

市场监督管理部门和有关部门应当为检举人保密，并按照省、自治区、直辖市人民政府的规定给予奖励。

第十一条　【市场准入】任何单位和个人不得排斥非本地区或者非本系统企业生产的质量合格产品进入本地区、本系统。

第二章　产品质量的监督

第十二条　【产品质量检验】产品质量应当检验合格，不得以不合格产品冒充合格产品。

第十三条　【产品安全】可能危及人体健康和人身、财产安全的工业产品，必须符合保障人体健康和人身、财产安全的国家标准、行业标准；未制定国家标准、行业标准的，必须符合保障人体健康和人身、财产安全的要求。

禁止生产、销售不符合保障人体健康和人身、财产安全的标准和要求的工业产品。具体管理办法由国务院规定。

第十四条　【质量体系认证】国家根据国际通用的质量管理标准，推行企业质量体系认证制度。企业根据自愿原则可以向国务院市场监督管理部门认可的或者国务院市场监督管理部门授权的部门认可的认证机构申请企业质量体系认证。经认证合格的，由认证机构颁发企业质量体系认证证书。

国家参照国际先进的产品标准和技术要求，推行产品质量认证制度。企业根据自愿原则可以向国务院市场监督管理部门认可的或者国务院市场监督管理部门授权的部门认可的认证机构申请产品质量认证。经认证合格的，由认证机构颁发产品质量认证证书，准许企业在产品或者其包装上使用产品质量认证标志。

第十五条　【质量监督检查】国家对产品质量实行以抽查为主要方式的监督检查制度，对可能危及人体健康和人身、财产安全的产品，影响国计民生的重要工业产品以及消费者、有关组织反映有质量问题的产品进行抽查。抽查的样品应当在市场上或者企业成品仓库内的待销产品中随机抽取。监督抽查工作由国务院市场监督管理部门规划和组织。县级以上地方市场监督管理部门在本行政区域内也可以组织监督抽查。法律对产品质量的监督检查另有规定的，依照有关法律的规定执行。

国家监督抽查的产品，地方不得另行重复抽查；上级监督抽查的产品，下级不得另行重复抽查。

根据监督抽查的需要，可以对产品进行检验。检验抽取样品的数量不得超过检验的合理需要，并不得向被检查人收取检验费用。监督抽查所需检验费用按照国务院规定列支。

生产者、销售者对抽查检验的结果有异议的，可以自收到检验结果之日起十五日内向实施监督抽查的市场监督管理部门或者其上级市场监督管理部门申请复检，由受理复检的市场监督管理部门作出复检结论。

第十六条　【质量检查配合】对依法进行的产品质量监督检查，生产者、销售者不得拒绝。

第十七条　【质量不合格的处理】依照本法规定进行监督抽查的产品质量不合格的，由实施监督抽查的市场监督管理部门责令其生产者、销售者限期改正。逾期不改正的，由省级以上人民政府市场监督管理部门予以公告；公告后经复查仍不合格的，责令停业，限期整顿；整顿期满后经复查产品质量仍不合格的，吊销营业执照。

监督抽查的产品有严重质量问题的，依照本法第五章的有关规定处罚。

第十八条　【对涉嫌违法行为的查处】县级以上市场监督管理部门根据已经取得的违法嫌疑证据或者举报，对涉嫌违反本法规定的行为进行查处时，可以行使下列职权：

（一）对当事人涉嫌从事违反本法的生产、销售活动的场所实施现场检查；

（二）向当事人的法定代表人、主要负责人和其他有关人员调查、了解与涉嫌从事违反本法的生产、销售活动有关的情况；

（三）查阅、复制当事人有关的合同、发票、帐簿以及其他有关资料；

（四）对有根据认为不符合保障人体健康和人身、财产安全的国家标准、行业标准的产品或者有其他严重质量问题的产品，以及直接用于生产、销售该项产品的原辅材料、包装物、生产工具，予以查封或者扣押。

第十九条　【检验机构资格】产品质量检验机构必须具备相应的检测条件和能力，经省级以上人民政府市场监督管理部门或者其授权的部门考核合格后，方可承担产品质量检验工作。法律、行政法规对产品质量检验机构另有规定的，依照有关法律、行政法规的规定执行。

第二十条　【中介机构设立】从事产品质量检验、认证的社会中介机构必须依法设立，不得与行政机关和其他国家机关存在隶属关系或者其他利益关系。

第二十一条　【质量检验及认证要求】产品质量检验机构、认证机构必须依法按照有关标准，客观、公正地出具检验结果或者认证证明。

产品质量认证机构应当依照国家规定对准许使用认证标志的产品进行认证后的跟踪检查；对不符合认证标准而使用认证标志的，要求其改正；情节严重的，取消其使用认证标志的资格。

第二十二条　【消费者权利】消费者有权就产品质量问题，向产品的生产者、销售者查询；向市场监督管理部门及有关部门申诉，接受申诉的部门应当负责处理。

第二十三条　【支持起诉】保护消费者权益的社会组织可以就消费者反映的产品质量问题建议有关部门负责处理，支持消费者对因产品质量造成的损害向人民法院起诉。

第二十四条　【产品质量状况公告】国务院和省、自治区、直辖市人民政府的市场监督管理部门应当定期发布其监督抽查的产品的质量状况公告。

第二十五条　【质检部门推荐禁止】市场监督管理部门或者其他国家机关以及产品质量检验机构不得向社会推荐生产者的产品；不得以对产品进行监制、监销等方式参与产品经营活动。

第三章　生产者、销售者的产品质量责任和义务

第一节　生产者的产品质量责任和义务

第二十六条　【生产者产品质量责任】生产者应当对其生产的产品质量负责。

产品质量应当符合下列要求：

（一）不存在危及人身、财产安全的不合理的危险，有保障人体健康和人身、财产安全的国家标准、行业标准的，应当符合该标准；

（二）具备产品应当具备的使用性能，但是，对产品存在使用性能的瑕疵作出说明的除外；

（三）符合在产品或者其包装上注明采用的产品标准，符合以产品说明、实物样品等方式表明的质量状况。

第二十七条　【标识要求】产品或者其包装上的标识必须真实，并符合下列要求：

（一）有产品质量检验合格证明；

（二）有中文标明的产品名称、生产厂厂名和厂址；

（三）根据产品的特点和使用要求，需要标明产品规格、等级、所含主要成份的名称和含量的，用中文相应予以标明；需要事先让消费者知晓的，应当在外包装上标明，或者预先向消费者提供有关资料；

（四）限期使用的产品，应当在显著位置清晰地标明生产日期和安全使用期或者失效日期；

（五）使用不当，容易造成产品本身损坏或者可能危及人身、财产安全的产品，应当有警示标志或者中文警示说明。

裸装的食品和其他根据产品的特点难以附加标识的裸装产品，可以不附加产品标识。

第二十八条　【特殊产品包装】易碎、易燃、易爆、有毒、有腐蚀性、有放射性等危险物品以及储运中不能倒置和其他有特殊要求的产品，其包装质量必须符合相应要求，依照国家有关规定作出警示标志或者中文警示说明，标明储运注意事项。

第二十九条　【淘汰产品禁止生产】生产者不得生产国家明令淘汰的产品。

第三十条　【伪造产地、厂名、厂址的禁止】生产者不得伪造产地，不得伪造或者冒用他人的厂名、厂址。

第三十一条　【禁止伪造、冒用质量标志】生产者不得伪造或者冒用认证标志等质量标志。

第三十二条　【掺假禁止】生产者生产产品，不得掺杂、掺假，不得以假充真、以次充好，不得以不合格产品冒充合格产品。

第二节　销售者的产品质量责任和义务

第三十三条　【进货检验】销售者应当建立并执行进货检查验收制度，验明产品合格证明和其他标识。

第三十四条　【产品质量保持】销售者应当采取措施，保持销售产品的质量。

第三十五条　【失效产品禁止销售】销售者不得销售国家明令淘汰并停止销售的产品和失效、变质的产品。

第三十六条　【标识要求】销售者销售的产品的标识应当符合本法第二十七条的规定。

第三十七条　【伪造产地、厂址、厂名禁止】销售者不得伪造产地，不得伪造或者冒用他人的厂名、厂址。

第三十八条　【认证标志冒用、伪造禁止】销售者不得伪造或者冒用认证标志等质量标志。

第三十九条　【掺假禁止】销售者销售产品，不得掺杂、掺假，不得以假充真、以次充好，不得以不合格产品冒充合格产品。

第四章　损害赔偿

第四十条　【售出产品不合格时的处理】售出的产品有下列情形之一的，销售者应当负责修理、更换、退货；给购买产品的消费者造成损失的，销售者应当赔偿损失：

（一）不具备产品应当具备的使用性能而事先未作说明的；

（二）不符合在产品或者其包装上注明采用的产品标准的；

（三）不符合以产品说明、实物样品等方式表明的质量状况的。

销售者依照前款规定负责修理、更换、退货、赔偿

损失后，属于生产者的责任或者属于向销售者提供产品的其他销售者（以下简称供货者）的责任的，销售者有权向生产者、供货者追偿。

销售者未按照第一款规定给予修理、更换、退货或者赔偿损失的，由市场监督管理部门责令改正。

生产者之间，销售者之间，生产者与销售者之间订立的买卖合同、承揽合同有不同约定的，合同当事人按照合同约定执行。

第四十一条　【生产者责任承担情形】因产品存在缺陷造成人身、缺陷产品以外的其他财产（以下简称他人财产）损害的，生产者应当承担赔偿责任。

生产者能够证明有下列情形之一的，不承担赔偿责任：

（一）未将产品投入流通的；

（二）产品投入流通时，引起损害的缺陷尚不存在的；

（三）将产品投入流通时的科学技术水平尚不能发现缺陷的存在的。

第四十二条　【销售者责任承担情形】由于销售者的过错使产品存在缺陷，造成人身、他人财产损害的，销售者应当承担赔偿责任。

销售者不能指明缺陷产品的生产者也不能指明缺陷产品的供货者的，销售者应当承担赔偿责任。

第四十三条　【产品损害赔偿责任的承担】因产品存在缺陷造成人身、他人财产损害的，受害人可以向产品的生产者要求赔偿，也可以向产品的销售者要求赔偿。属于产品的生产者的责任，产品的销售者赔偿的，产品的销售者有权向产品的生产者追偿。属于产品的销售者的责任，产品的生产者赔偿的，产品的生产者有权向产品的销售者追偿。

第四十四条　【赔偿范围】因产品存在缺陷造成受害人人身伤害的，侵害人应当赔偿医疗费、治疗期间的护理费、因误工减少的收入等费用；造成残疾的，还应当支付残疾者生活自助具费、生活补助费、残疾赔偿金以及由其扶养的人所必需的生活费等费用；造成受害人死亡的，并应当支付丧葬费、死亡赔偿金以及由死者生前扶养的人所必需的生活费等费用。

因产品存在缺陷造成受害人财产损失的，侵害人应当恢复原状或者折价赔偿。受害人因此遭受其他重大损失的，侵害人应当赔偿损失。

第四十五条　【诉讼时效】因产品存在缺陷造成损害要求赔偿的诉讼时效期间为二年，自当事人知道或者应当知道其权益受到损害时起计算。

因产品存在缺陷造成损害要求赔偿的请求权，在造成损害的缺陷产品交付最初消费者满十年丧失；但是，尚未超过明示的安全使用期的除外。

第四十六条　【缺陷解释】本法所称缺陷，是指产品存在危及人身、他人财产安全的不合理的危险；产品有保障人体健康和人身、财产安全的国家标准、行业标准的，是指不符合该标准。

第四十七条　【质量纠纷解决办法】因产品质量发生民事纠纷时，当事人可以通过协商或者调解解决。当事人不愿通过协商、调解解决或者协商、调解不成的，可以根据当事人各方的协议向仲裁机构申请仲裁；当事人各方没有达成仲裁协议或者仲裁协议无效的，可以直接向人民法院起诉。

第四十八条　【质检委托】仲裁机构或者人民法院可以委托本法第十九条规定的产品质量检验机构，对有关产品质量进行检验。

第五章　罚　　则

第四十九条　【违反安全标准规定的处理】生产、销售不符合保障人体健康和人身、财产安全的国家标准、行业标准的产品的，责令停止生产、销售，没收违法生产、销售的产品，并处违法生产、销售产品（包括已售出和未售出的产品，下同）货值金额等值以上三倍以下的罚款；有违法所得的，并处没收违法所得；情节严重的，吊销营业执照；构成犯罪的，依法追究刑事责任。

第五十条　【掺假处理】在产品中掺杂、掺假，以假充真，以次充好，或者以不合格产品冒充合格产品的，责令停止生产、销售，没收违法生产、销售的产品，并处违法生产、销售产品货值金额百分之五十以上三倍以下的罚款；有违法所得的，并处没收违法所得；情节严重的，吊销营业执照；构成犯罪的，依法追究刑事责任。

第五十一条　【生产禁止性产品处理】生产国家明令淘汰的产品的，销售国家明令淘汰并停止销售的产品的，责令停止生产、销售，没收违法生产、销售的产品，并处违法生产、销售产品货值金额等值以下的罚款；有违法所得的，并处没收违法所得；情节严重的，吊销营业执照。

第五十二条　【销售失效产品处理】销售失效、变质的产品的，责令停止销售，没收违法销售的产品，并处违法销售产品货值金额二倍以下的罚款；有违法所得的，并处没收违法所得；情节严重的，吊销营业执照；构成犯罪的，依法追究刑事责任。

第五十三条　【伪造产地、厂名、厂址的处理】伪造产品产地的，伪造或者冒用他人厂名、厂址的，伪造或者冒用认证标志等质量标志的，责令改正，没收违法生产、销售的产品，并处违法生产、销售产品货值金额等值以下的罚款；有违法所得的，并处没收违法所得；情节严重的，吊销营业执照。

第五十四条 【标识不合格的处理】产品标识不符合本法第二十七条规定的，责令改正；有包装的产品标识不符合本法第二十七条第（四）项、第（五）项规定，情节严重的，责令停止生产、销售，并处违法生产、销售产品货值金额百分之三十以下的罚款；有违法所得的，并处没收违法所得。

第五十五条 【从轻情节】销售者销售本法第四十九条至第五十三条规定禁止销售的产品，有充分证据证明其不知道该产品为禁止销售的产品并如实说明其进货来源的，可以从轻或者减轻处罚。

第五十六条 【拒检处理】拒绝接受依法进行的产品质量监督检查的，给予警告，责令改正；拒不改正的，责令停业整顿；情节特别严重的，吊销营业执照。

第五十七条 【伪造检验证明的处理】产品质量检验机构、认证机构伪造检验结果或者出具虚假证明的，责令改正，对单位处五万元以上十万元以下的罚款，对直接负责的主管人员和其他直接责任人员处一万元以上五万元以下的罚款；有违法所得的，并处没收违法所得；情节严重的，取消其检验资格、认证资格；构成犯罪的，依法追究刑事责任。

产品质量检验机构、认证机构出具的检验结果或者证明不实，造成损失的，应当承担相应的赔偿责任；造成重大损失的，撤销其检验资格、认证资格。

产品质量认证机构违反本法第二十一条第二款的规定，对不符合认证标准而使用认证标志的产品，未依法要求其改正或者取消其使用认证标志资格的，对因产品不符合认证标准给消费者造成的损失，与产品的生产者、销售者承担连带责任；情节严重的，撤销其认证资格。

第五十八条 【团体、中介机构连带责任】社会团体、社会中介机构对产品质量作出承诺、保证，而该产品又不符合其承诺、保证的质量要求，给消费者造成损失的，与产品的生产者、销售者承担连带责任。

第五十九条 【广告误导处理】在广告中对产品质量作虚假宣传，欺骗和误导消费者的，依照《中华人民共和国广告法》的规定追究法律责任。

第六十条 【伪劣产品生产工具的没收责任】对生产者专门用于生产本法第四十九条、第五十一条所列的产品或者以假充真的产品的原辅材料、包装物、生产工具，应当予以没收。

第六十一条 【非法运输、保管仓储的处理】知道或者应当知道属于本法规定禁止生产、销售的产品而为其提供运输、保管、仓储等便利条件的，或者为以假充真的产品提供制假生产技术的，没收全部运输、保管、仓储或者提供制假生产技术的收入，并处违法收入百分之五十以上三倍以下的罚款；构成犯罪的，依法追究刑事责任。

第六十二条 【违反第49条至第52条的处理】服务业的经营者将本法第四十九条至第五十二条规定禁止销售的产品用于经营性服务的，责令停止使用；对知道或者应当知道所使用的产品属于本法规定禁止销售的产品的，按照违法使用的产品（包括已使用和尚未使用的产品）的货值金额，依照本法对销售者的处罚规定处罚。

第六十三条 【封、押物品隐匿、变卖的处理】隐匿、转移、变卖、损毁被市场监督管理部门查封、扣押的物品的，处被隐匿、转移、变卖、损毁物品货值金额等值以上三倍以下的罚款；有违法所得的，并处没收违法所得。

第六十四条 【执行优先的规定】违反本法规定，应当承担民事赔偿责任和缴纳罚款、罚金，其财产不足以同时支付时，先承担民事赔偿责任。

第六十五条 【对政府工作人员的处罚】各级人民政府工作人员和其他国家机关工作人员有下列情形之一的，依法给予行政处分；构成犯罪的，依法追究刑事责任：

（一）包庇、放纵产品生产、销售中违反本法规定行为的；

（二）向从事违反本法规定的生产、销售活动的当事人通风报信，帮助其逃避查处的；

（三）阻挠、干预市场监督管理部门依法对产品生产、销售中违反本法规定的行为进行查处，造成严重后果的。

第六十六条 【质检部门超规索样和收取处理检验费】市场监督管理部门在产品质量监督抽查中超过规定的数量索取样品或者向被检查人收取检验费用的，由上级市场监督管理部门或者监察机关责令退还；情节严重的，对直接负责的主管人员和其他直接责任人员依法给予行政处分。

第六十七条 【质检部门违反第25条的处理】市场监督管理部门或者其他国家机关违反本法第二十五条的规定，向社会推荐生产者的产品或者以监制、监销等方式参与产品经营活动的，由其上级机关或者监察机关责令改正，消除影响，有违法收入的予以没收；情节严重的，对直接负责的主管人员和其他直接责任人员依法给予行政处分。

产品质量检验机构有前款所列违法行为的，由市场监督管理部门责令改正，消除影响，有违法收入的予以没收，可以并处违法收入一倍以下的罚款；情节严重的，撤销其质量检验资格。

第六十八条　**【渎职处罚】**市场监督管理部门的工作人员滥用职权、玩忽职守、徇私舞弊，构成犯罪的，依法追究刑事责任；尚不构成犯罪的，依法给予行政处分。

第六十九条　**【阻扰公务的处罚】**以暴力、威胁方法阻碍市场监督管理部门的工作人员依法执行职务的，依法追究刑事责任；拒绝、阻碍未使用暴力、威胁方法的，由公安机关依照治安管理处罚法的规定处罚。

第七十条　**【处罚权限】**本法第四十九条至第五十七条、第六十条至第六十三条规定的行政处罚由市场监督管理部门决定。法律、行政法规对行使行政处罚权的机关另有规定的，依照有关法律、行政法规的规定执行。

第七十一条　**【没收产品处理】**对依照本法规定没收的产品，依照国家有关规定进行销毁或者采取其他方式处理。

第七十二条　**【货值计算】**本法第四十九条至第五十四条、第六十二条、第六十三条所规定的货值金额以违法生产、销售产品的标价计算；没有标价的，按照同类产品的市场价格计算。

第六章　附　　则

第七十三条　**【特殊规定】**军工产品质量监督管理办法，由国务院、中央军事委员会另行制定。

因核设施、核产品造成损害的赔偿责任，法律、行政法规另有规定的，依照其规定。

第七十四条　**【施行日期】**本法自 1993 年 9 月 1 日起施行。

产品质量监督试行办法

1. 1985 年 3 月 7 日国务院批准

2. 1985 年 3 月 15 日国家标准局发布

3. 根据 2011 年 1 月 8 日国务院令第 588 号《关于废止和修改部分行政法规的决定》修订

第一条　为了加强对产品的质量监督，促使企业贯彻执行产品技术标准，提高产品质量和经济效益，以适应社会主义现代化建设和人民生活的需要，制定本办法。

第二条　国家标准局主管全国的产品质量监督工作，省、自治区、直辖市人民政府标准化管理部门负责管理本地区的产品质量监督工作，其主要任务是：

（一）监督检查产品技术标准的贯彻执行；

（二）负责产品质量监督检验网的规划和协调工作；

（三）管理产品质量认证工作；

（四）参与优质产品的审定，监督检查优质产品标志的正确使用；

（五）对产品质量争议进行仲裁。

第三条　实行产品质量监督的重点是：

（一）有关人身安全和健康的产品；

（二）关系国计民生的重要产品；

（三）获得优质荣誉的产品；

（四）同群众关系密切的市场商品。

第四条　计量器具检定、药品检验、食品卫生检验及检疫、动植物及其产品检疫、锅炉及压力容器安全监督检验、进出口商品检验和船舶（包括海上平台）、主要船用设备及材料、集装箱的船舶规范检验，按照国家的有关规定办理。

第五条　国务院主管产品生产的部门，应当督促企业贯彻执行产品技术标准，不断提高产品质量。

第六条　企业必须贯彻执行产品技术标准，对产品质量负责。出厂和销售的产品，必须达到产品技术标准，有质量检验合格证。在产品或其包装上应当标明工厂名称和地址。有关安全的产品，必须附有安全使用说明书。不合格品不得以合格品出厂和销售；危及人身安全和健康的不合格品，严禁出厂和销售。

企业应当接受标准化管理部门对产品的质量监督，如实提供检验样品和有关资料，并在检验测试手段和工作条件方面提供方便。

第七条　标准化管理部门根据工作需要设产品质量监督员，负责分管范围内的产品质量监督工作。产品质量监督员应当从熟悉产品技术标准，具有产品质量检验实践经验，责任心强、办事公正的工程技术人员中考核选任。

第八条　国家标准局根据工作需要，按产品类别设国家级产品质量监督检验测试中心，承担指定产品的质量监督检验任务。国家级产品质量监督检验测试中心，由国家标准局会同有关部门从现有的检验力量较强的检验测试机构或科研单位中审定，并发给证书和印章。其主要职责是：

（一）对全国同类产品的质量进行重点抽检；

（二）承担产品质量认证检验和产品质量争议仲裁检验；

（三）对报审和获奖优质产品的质量进行检验；

（四）对各地承担同类产品质量监督检验任务的机构进行技术指导，统一检验方法；

（五）承担或参与国家标准的制订、修订和标准的验证工作。

第九条 在工业比较集中的城市，标准化管理部门应当根据工作需要建立健全专职的产品质量监督检验所。

第十条 地方各级标准化管理部门根据工作需要，按产品类别设产品质量监督检验站，承担指定产品的质量监督检验任务。产品质量监督检验站，由标准化管理部门会同有关部门从现有的检验力量较强的检验测试机构或科研单位中审定，并发给证书和印章。

第十一条 产品质量监督检验所、站的主要职责是：

（一）承担产品质量监督检验和产品质量争议仲裁检验，对市场商品进行抽检；

（二）对报审和获奖优质产品的质量进行检验；

（三）承担新产品投产前的质量鉴定检验和产品质量认证检验；

（四）指导和帮助企业建立健全产品质量检验制度，正确执行统一的检验方法。

第十二条 对于不按产品技术标准生产的产品，标准化管理部门有权制止产品出厂销售，责令企业停发质量检验合格证，追回已售出的可能危及人身安全和健康的不合格品。

第十三条 有下列情形之一的，标准化管理部门应当根据情节，分别给予批评、警告、通报，并限期改进；情节严重的，可处以罚款，追究主要责任者的行政或经济责任，提请有关主管部门责令企业停产整顿或吊销其产品生产许可证、营业执照：

（一）不执行产品技术标准的；

（二）以次充好，弄虚作假，粗制滥造，严重违反产品技术标准的；

（三）不具备基本生产技术条件，产品质量低劣的。

触犯刑律或违反国家其他法律的，依法惩处。

第十四条 获得国家质量奖或优质产品标志的产品，如质量下降、不符合优质条件，标准化管理部门有权责令该产品生产企业停止使用国家质量奖或优质产品标志，并限期达到原有质量水平；逾期未达到的，提请有关主管部门取消优质荣誉称号，收回国家质量奖或优质产品证书、标志，并予通报。

第十五条 产品质量监督检验人员，必须正确行使职权，坚持原则，秉公办事，不得玩忽职守，徇私舞弊。如有违反，应当根据情节轻重，给予批评教育或行政处分，直至追究法律责任。

第十六条 产品质量监督检验机构对产品进行质量监督检验，得酌收检验费，具体办法由国家标准局和省、自治区、直辖市标准化管理部门制定。

第十七条 省、自治区、直辖市可根据本办法制定具体规定。

第十八条 本办法自发布之日起施行。

医疗器械产品质量管理办法

1985年11月29日国家医药管理局发布

第一章 总 则

一、凡生产医疗器械产品的企业必须执行本办法。

二、医疗器械产品是救死扶伤的工具，其质量好坏直接关系到人民的身体健康。医疗器械工业必须坚持“质量第一”的方针，加强质量管理，从根本上保证产品质量，提高社会效益和经济效益。

三、质量管理的根本任务是提高产品质量、降低消耗。为此，凡生产医疗器械产品的企业，必须加强质量管理。积极采用科学的管理技能和先进技术，生产出满足用户需要的产品，为我国医疗卫生事业和人民健康作出贡献。

四、加强质量管理的各项基础性工作是提高企业素质、提高劳动生产率的根本途径。企业要健全各项管理制度，要加强标准化工作、计量工作、理化检验工作、质量责任制、质量情报工作等。特别要重视对现场原始数据的采集、整理、分析和质量信息的反馈。这些工作要以产品质量为中心，溶为一体，相互促进，共同形成质量管理的基本工作体系。要抓好职工的技术培训和全面质量管理教育，全面提高全体职工的素质，这是提高企业素质的关键。

五、全面质量管理是一种科学的质量管理方法，各企业都要积极推行。结合本企业的实际情况，逐步取代传统的管理方式。企业要研究影响产品质量的各种因素，积极开展群众性的质量管理小组活动，逐步建立质量保证体系，以优良的工作质量，保证产品质量。

六、产品质量检验应严格执行标准，要把检验工作贯穿于产品制造的全过程。在开发设计新产品时就应落实试验顺序、检验项目、方法，同时研制测试设备。在检验工作中要积极采用统一的基础标准，通用的测试方法、测试仪器、抽样方法和数据处理方法，不断提高检测水平。

第二章 机构及职责

七、企业要把质量工作作为企业经济活动的中心，企业的厂长应主管质量工作，对产品质量负全面责任。

八、企业应设置专门的质量管理机构，负责日常质量管理工作。其职责主要是：

1. 贯彻执行国家和上级部门的质量工作方针、政策、协助厂长拟订质量工作长远规划和制订企业年度质量方针、目标、并分解落实到各职能部门。

2. 在厂长直接领导下，负责组织、协调、督促检查各部门的质量管理活动。

3. 组织有关部门编制产品质量升级创优计划，产品质量考核计划，并督促检查计划的执行。

4. 组织指导企业的全面质量管理工作，负责建立和健全质量保证体系，并督促检查各部门的工作。

5. 组织制订本企业的质量经济责任制和奖惩条例。

6. 制订降低质量成本的目标和方案，协同财会部门进行质量成本的汇集，分类和计算，努力降低质量成本。

7. 组织职工开展质量管理小组活动，制订有关的各项制度，帮助选好课题，定期召开成果发表会，做好评审工作。质量管理小组的建立和活动应报请主管部门登记。

8. 制订对职工的全面质量管理教育计划，并负责实施。

9. 收集、汇总、分析厂内外的质量信息，并反馈到有关部门。

10. 负责与外协厂签订外协产品的质量协议。

11. 组织本企业的质量审核，定期地对本企业的产品质量、现行质量体系及其效果进行评价，找出所存在的问题并提出改进建议。

九、加强质量检验工作，企业应设立质量检验科，质量检验科科长的任免，须征得上一级领导机关的同意。质量检验科负责监督、检查产品质量标准的贯彻、执行。其职责：

1. 按照标准和有关合同，组织和监督对原材料、外购件、外协件、毛坯件、半成品直到成品出厂的质量检验工作，并做好原始记录，建立产品质量档案。

2. 根据产品质量考核计划，提出相应的质量考核指标。检查全厂各道工序的质量检验工作，定期组织对产品质量检查考核（包括成品和部件），并统计上报全厂质量指标完成情况。

3. 贯彻“预防为主”的方针：在关键工序必须设立质量控制点，加强信息反馈。坚持首件检验、中间检验、最终检验。

4. 贯彻不合格产品、不合格产品批不出厂的原则。负责签发产品出厂质量检验合格证，在质量问题上发生矛盾时，企业领导应以检验部门的检验数据为准。

5. 会同设计部门进行周期检查，以保证生产的产品符合规定的标准和技术要求。

6. 参与新产品、改型产品的设计审查和工艺审查，协助做好新产品的鉴定工作，编写有关试验及检验报告。

7. 质量检验人员应由责任心强、能坚持原则并精通业务的人员担任。检验中应按产品图纸、工艺规程、技术标准进行检验并作出正确判定。对重大质量事故，有责任及时向上级质量部门如实反映情况。

8. 做好检验人员的定期业务培训工作，保持检验人员的相对稳定，检验员的任免，须征得厂长的同意。

十、企业要积极开展对用户的技术服务工作，研究产品使用效果和用户的使用要求，不断改进产品质量。应设置专门机构或专人负责用户服务工作。其职责：

1. 建立用户访问制度，对出厂产品进行使用效果和用户要求的调查。认真及时处理用户来信来访，建立用户对产品意见和处理结果的档案，及时反馈质量信息。

2. 医院设备类或电子仪器类产品，应传授安装、调试、使用和维修技术知识，帮助用户培养使用、维修人员，解决使用中的疑难问题。

3. 对于产品中的易损件，应保证提供备品、备件。

4. 有条件的企业要设立服务网点。

第三章 工程质量

十一、生产部门要充分做好生产前的准备工作，安排好加工周期和检验周期。认真编制好生产计划，保证正常的生产秩序，防止突击装配、突击检验的做法。禁止未经训练的其他人员参加装配和关键工序操作。搞好工艺卫生，改善零部件的加工、运输，提高装配和包装质量。

十二、技术部门应保证产品图纸、工艺规程等技术文件正确、完整、统一，并严格贯彻国家标准、专业标准或经上报主管部门批准的企业标准，不得擅自降低标准要求。正常生产的产品图纸、工艺文件的更改，必须经过必要的实验，并办理审批手续。

十三、新产品经鉴定合格后，应对产品图纸、质量标准、工艺文件、工艺装备等进行必要的整理和完善工作，具备条件后才可投产。对轮番生产的产品要做好产品上、下场的管理工作，投产前要对技术文件、工艺装备进行检查，发现问题及时解决，确保产品质量。

十四、新工艺、新技术用于生产，必须经过鉴定验证，并须经过技术和质量管理部门同意。材料代用和零件回用，必须保证产品性能、寿命、安全性、可靠性、零件互换性。

十五、要重视产品的内在质量。对产品质量的评价要逐步考核其内在质量指标，如使用寿命、平均无故障工作时间、能耗效率、精度保证性、性能稳定性、噪声、振动，特别是医用电气设备要符合安全要求。

十六、要认真组织好设备管理和维护工作，开展“三好”(管好、用好、修好)、“四会”(会使用，会保养，会检查，会排除故障)活动，保持设备精度，努力提高设备完好率。

十七、教育全体职工提高质量意识。对各级领导干部和全体职工要按规定进行有关提高产品质量方面的技术业务培训、考核。

十八、加强计量工作。企业要设立专门管理计量工作的机构或人员，要配齐必要的计量器具和测试仪器、设备，并使其处于完好状态。贯彻执行计量法令和计量管理制度。

第四章 奖 惩

十九、达到各级优质产品要求的医疗器械产品，可申请省、自治区、直辖市、国家医药管理局和国家优质产品奖。

二十、申报国家优质产品必须是分等办法规定的优等品；申报国家医药管理局优质产品必须是分等办法规定的一等品，其具体质量指标按当年分等细则要求执行。

二十一、医疗器械产品实行优质优价政策，并应执行择优供应原料、燃料、动力的原则，确保优质产品的生产。

二十二、要把提高产品质量与企业职工个人利益结合起来，对在质量管理、提高产品质量、降低消耗上做出成绩的先进集体和个人要给予荣誉奖励和物质奖励。

二十三、要建立质量事故报告制度。企业出现质量事故要查明原因，及时上报，杜绝类似事故发生。对于造成重大质量事故的企业必须追究领导责任，并上报中国医疗器械工业公司，对于直接责任者要给予处分。当年发生重大质量事故的产品，不得申报评选各级优质产品。重大质量事故是指由于产品质量低劣，造成重大医疗事故者或由于质量问题造成5000元以上经济损失者。

二十四、对于产品质量长期低劣，用户意见很大的企业应限期改进，必要时应停产整顿。在产品质量上若发现弄虚作假欺骗用户的情况，应追究责任严肃处理。

第五章 附 则

二十五、本办法自公布之日起执行。医疗器械行业各部门应根据各自情况，制订出相应的质量管理工作细则，并报主管部门备案。

二十六、本管理办法在与国家有关规定有矛盾时，以国家规定为准。

二十七、本管理办法解释权属于中国医疗器械工业公司。

产品质量监督抽查实施规范管理规定

1. 2014年12月11日国家质检总局产品质量监督司发布
2. 质检监函〔2014〕71号

第一章 总 则

第一条 为规范产品质量监督抽查实施规范(以下简称实施规范)的制修订工作，根据《产品质量监督抽查管理办法》、《国家质量监督检验检疫总局规范性文件管理办法》等规定，制定本规定。

第二条 本规定所称实施规范，是指由国家质量监督检验检疫总局依据法律法规、有关标准、国家相关规定等制定并公告发布的实施监督抽查的工作规范，属于产品质量监督抽查抽样、检验和判定的技术性规范。

第三条 实施规范按专业分为日用及纺织品、电子电器、轻工产品、建筑和装饰装修材料、农业生产资料、机械及安防、电工及材料等7类。

第四条 国家质量监督检验检疫总局产品质量监督司(以下简称监督司)负责管理实施规范的制修订工作，统一规划和组建产品质量国家监督抽查技术评审组(以下简称评审组)，确定实施规范的主编单位和参编单位。

评审组负责组织主编单位完成实施规范的制修订工作。实施规范的主编单位负责组织参编单位起草实施规范、提交评审、适时修订等相关工作。参编单位配合主编单位完成实施规范的相关工作。

第五条 实施规范的制修订应遵循科学合理、可操作和突出重点的原则。

第二章　实施规范的制定

第六条　政府部门、行业协会、检验机构、生产企业等根据需要,可向监督司或评审组提出制定实施规范的建议。

第七条　评审组负责收集实施规范编制建议,提出实施规范编制计划建议,填写《产品质量监督抽查实施规范编制(修订)计划建议表》(附件1),提交监督司。

第八条　监督司负责审核、批准和下达编制计划,编制计划包括实施规范名称、产品分类及代码、主编单位和参编单位。

第九条　主编单位收到实施规范编制任务后,填写《产品质量监督抽查实施规范编制情况反馈表》(附件2),在5个工作日内反馈评审组。结合工作实际,需要变更主编单位或参编单位的,由评审组报监督司批准后实施。

第十条　主编单位组织参编单位按照《产品质量监督抽查实施规范编写指南》(附件3)共同起草实施规范,并编写实施规范编制说明,内容包括:

(一)工作简要过程,任务来源、主要参加单位和工作组成员等;

(二)实施规范编写原则和主要内容,修订时应列出与原实施规范的主要差异和理由;

(三)与现行法律、法规、政策及相关标准的协调性;

(四)重要内容的解释和其它应予说明的事项。

编制单位应将实施规范征求意见稿向生产企业、行业协会、标委会、检验机构及有关监管部门等征求意见,收集《产品质量监督抽查实施规范征求意见表》(附件4)。主编单位根据意见修改完善实施规范,填写《产品质量监督抽查实施规范征求意见汇总处理表》(附件5)。

第十一条　评审组按专业组分别负责组织初审。初审时,由主编单位向各归口的专业组提交以下材料:

(一)实施规范(报批稿);

(二)实施规范编制说明;

(三)产品质量监督抽查实施规范征求意见汇总处理表;

(四)实施规范引用的主要产品标准等文件和参考资料。

第十二条　初审采用会审形式,必要时,可邀请相关领域的专家或代表参加。实施规范编制人员不得作为专家组成员参加该实施规范的评审。

审查内容主要包括:

(一)实施规范内容的完整性;

(二)实施规范与国家法律法规和强制性标准规定的符合性;

(三)抽样和检验环节的可操作性;

(四)检验项目的重要性;

(五)判定原则和异议处理的科学性、合理性;

(六)征求意见的代表性和广泛性。

评审后形成评审意见,填写《产品质量监督抽查实施规范评审意见表》(见附件6)。

第十三条　主编单位按评审意见修改后再次提交各专业组。必要时,各专业组可进行二次会审或函审。评审通过的实施规范由各专业组提交评审组的综合保障组。

第十四条　综合保障组负责组织各专业组的2~3名专家(包括各专业组的组长)组成复审组,按照统一原则进行复审,必要时,可邀请相关领域的专家或代表参加。复审后形成评审意见,由各专业组将评审意见反馈主编单位进行修改。

各专业组修改完善后,将实施规范的相关材料提交综合保障组,由综合保障组统一规范排版格式后,将实施规范(包括编制说明和征求意见汇总处理表)上报监督司。

实施规范制定过程中需要保存的文件(纸质版和电子版)由综合保障组统一整理存档。

第十五条　监督司负责将实施规范、起草说明以及其他相关材料送质检总局法规司进行合法性审查。审查通过后,报局长专题会审议,审议通过后,以质检总局公告的形式在总局网站上向社会公布。

第三章　实施规范的修订

第十六条　实施规范发布实施后,各专业组需要定期组织主编单位进行复审,原则上复审周期一般不超过三年。

经复审需确认或废止的实施规范,由各专业组审核后报送监督司,监督司按照规范性文件的管理规定,适时进行清理评估,并以公告形式予以公布。需修订的实施规范列入修订计划,统一组织修订。修订参照编制过程,按照本规定第九条到第十四条规定执行。

第十七条　评审组和主编单位应关注实施规范的实施情况、相关产品标准情况等。有下列情形之一的,主编单位应及时主动组织修订,并提出修订建议:

(一)国家有关法律、法规、规章以及产业政策作出调整或者重新规定的;

（二）新发布了相关国家标准、行业标准等；

（三）规范性引用文件中相应的国家标准、行业标准等作了修订的；

（四）实施规范实施过程中存在重大问题的；

（五）其他应当立即进行修订的。

第十八条 实施规范的技术内容只作少量修改时，以《产品质量监督抽查实施规范修改通知单》（简称《修改通知单》，附件7）的形式进行修订。

主编单位向专业组提交《产品质量监督抽查实施规范修改申请》（以下简称《修改申请》）和《修改通知单》，《修改申请》应写明实施规范修改的依据和原因等，必要时还须附交有关验证材料。专业组对主编单位提交的文件进行函审或会审，并填写《产品质量监督抽查实施规范评审意见表》。评审通过后由各专业组提交监督司，并抄送综合保障组。

监督司会签法规司后，负责将《修改通知单》以质检总局公告的形式在质检总局网站上向社会公布。

第四章 实施规范的实施

第十九条 对已制定实施规范的产品，组织实施产品质量国家监督抽查，应采用实施规范；组织实施针对特殊情况的国家监督专项抽查、地方监督抽查等，可以根据监管工作需要，参照实施规范执行。

第二十条 对尚未制定实施规范的产品，需要组织实施监督抽查时，组织监督抽查的部门应当参照《产品质量监督抽查实施规范编写指南》制定实施细则，确有必要时应向监督司或评审组提出制定实施规范的建议。

第二十一条 监督司适时组织对实施规范的执行情况和适用情况进行检查和评估。

第五章 附　　则

第二十二条 本规定由监督司负责解释。

第二十三条 本规定自发布之日起实施。

附件：（略）

产品质量监督抽查管理暂行办法

1. 2019年11月21日国家市场监督管理总局令第18号公布
2. 自2020年1月1日起施行

第一章 总　　则

第一条 为了加强产品质量监督管理，规范产品质量监督抽查工作，保护消费者的合法权益，根据《中华人民共和国产品质量法》和《中华人民共和国消费者权益保护法》等法律、行政法规，制定本办法。

第二条 市场监督管理部门对本行政区域内生产、销售的产品实施监督抽查，适用本办法。

法律、行政法规、部门规章对产品质量监督抽查另有规定的，依照其规定。

第三条 本办法所称监督抽查，是指市场监督管理部门为监督产品质量，依法组织对在中华人民共和国境内生产、销售的产品进行抽样、检验，并进行处理的活动。

第四条 监督抽查分为由国家市场监督管理总局组织的国家监督抽查和县级以上地方市场监督管理部门组织的地方监督抽查。

第五条 国家市场监督管理总局负责统筹管理、指导协调全国监督抽查工作，组织实施国家监督抽查，汇总、分析全国监督抽查信息。

省级市场监督管理部门负责统一管理本行政区域内地方监督抽查工作，组织实施本级监督抽查，汇总、分析本行政区域监督抽查信息。

市级、县级市场监督管理部门负责组织实施本级监督抽查，汇总、分析本行政区域监督抽查信息，配合上级市场监督管理部门在本行政区域内开展抽样工作，承担监督抽查结果处理工作。

第六条 监督抽查所需样品的抽取、购买、运输、检验、处置以及复查等工作费用，按照国家有关规定列入同级政府财政预算。

第七条 生产者、销售者应当配合监督抽查，如实提供监督抽查所需材料和信息，不得以任何方式阻碍、拒绝监督抽查。

第八条 同一市场监督管理部门不得在六个月内对同一生产者按照同一标准生产的同一商标、同一规格型号的产品（以下简称同一产品）进行两次以上监督抽查。

被抽样生产者、销售者在抽样时能够证明同一产品在六个月内经上级市场监督管理部门监督抽查的，下级市场监督管理部门不得重复抽查。

对监督抽查发现的不合格产品的跟踪抽查和为应对突发事件开展的监督抽查，不适用前两款规定。

第九条 监督抽查实行抽检分离制度。除现场检验外，抽样人员不得承担其抽样产品的检验工作。

第十条 组织监督抽查的市场监督管理部门应当按照法

律、行政法规有关规定公开监督抽查结果。

未经组织监督抽查的市场监督管理部门同意，任何单位和个人不得擅自公开监督抽查结果。

第二章 监督抽查的组织

第十一条 国家市场监督管理总局负责制定国家监督抽查年度计划，并通报省级市场监督管理部门。

县级以上地方市场监督管理部门负责制定本级监督抽查年度计划，并报送上一级市场监督管理部门备案。

第十二条 组织监督抽查的市场监督管理部门应当根据本级监督抽查年度计划，制定监督抽查方案和监督抽查实施细则。

监督抽查方案应当包括抽查产品范围、工作分工、进度要求等内容。监督抽查实施细则应当包括抽样方法、检验项目、检验方法、判定规则等内容。

监督抽查实施细则应当在抽样前向社会公开。

第十三条 组织监督抽查的市场监督管理部门应当按照政府采购等有关要求，确定承担监督抽查抽样、检验工作的抽样机构、检验机构，并签订委托协议，明确权利、义务、违约责任等内容。

法律、行政法规对抽样机构、检验机构的资质有规定的，应当委托具备法定资质的机构。

第十四条 抽样机构、检验机构应当在委托范围内开展抽样、检验工作，保证抽样、检验工作及其结果的客观、公正、真实。

抽样机构、检验机构不得有下列行为：

（一）在实施抽样前以任何方式将监督抽查方案有关内容告知被抽样生产者、销售者；

（二）转包检验任务或者未经组织监督抽查的市场监督管理部门同意分包检验任务；

（三）出具虚假检验报告；

（四）在承担监督抽查相关工作期间，与被抽样生产者、销售者签订监督抽查同类产品的有偿服务协议或者接受被抽样生产者、销售者对同一产品的委托检验；

（五）利用监督抽查结果开展产品推荐、评比，出具监督抽查产品合格证书、牌匾等；

（六）利用承担监督抽查相关工作的便利，牟取非法或者不当利益；

（七）违反规定向被抽样生产者、销售者收取抽样、检验等与监督抽查有关的费用。

第三章 抽　　样

第一节 现 场 抽 样

第十五条 市场监督管理部门应当自行抽样或者委托抽样机构抽样，并按照有关规定随机抽取被抽样生产者、销售者，随机选派抽样人员。

抽样人员应当熟悉相关法律、行政法规、部门规章以及标准等规定。

第十六条 抽样人员不得少于两人，并向被抽样生产者、销售者出示组织监督抽查的市场监督管理部门出具的监督抽查通知书、抽样人员身份证明。抽样机构执行抽样任务的，还应当出示组织监督抽查的市场监督管理部门出具的授权委托书复印件。

抽样人员应当告知被抽样生产者、销售者抽查产品范围、抽样方法等。

第十七条 样品应当由抽样人员在被抽样生产者、销售者的待销产品中随机抽取，不得由被抽样生产者、销售者自行抽样。

抽样人员发现被抽样生产者、销售者涉嫌存在无证无照等无需检验即可判定违法的情形的，应当终止抽样，立即报告组织监督抽查的市场监督管理部门，并同时报告涉嫌违法的被抽样生产者、销售者所在地县级市场监督管理部门。

第十八条 有下列情形之一的，抽样人员不得抽样：

（一）待销产品数量不符合监督抽查实施细则要求的；

（二）有充分证据表明拟抽样产品不用于销售，或者只用于出口并且出口合同对产品质量另有约定的；

（三）产品或者其包装上标注“试制”、“处理”、“样品”等字样的。

第十九条 抽样人员应当按照监督抽查实施细则所规定的抽样方法进行抽样。

抽样人员应当使用规定的抽样文书记录抽样信息，并对抽样场所、贮存环境、被抽样产品的标识、库存数量、抽样过程等通过拍照或者录像的方式留存证据。

抽样文书应当经抽样人员和被抽样生产者、销售者签字。被抽样生产者、销售者拒绝签字的，抽样人员应当在抽样文书上注明情况，必要时可以邀请有关人员作为见证人。

抽样文书确需更正或者补充的，应当由被抽样生产者、销售者在更正或者补充处以签名、盖章等方式予以确认。

第二十条 因被抽样生产者、销售者转产、停业等原因致使无法抽样的，抽样人员应当如实记录，报送组织监督抽查的市场监督管理部门。

第二十一条 被抽样生产者、销售者以明显不合理的样品价格等方式阻碍、拒绝或者不配合抽样的，抽样人员应当如实记录，立即报告组织监督抽查的市场监督管理部门，并同时报告被抽样生产者、销售者所在地县级市场监督管理部门。

第二十二条 样品分为检验样品和备用样品。

除不以破坏性试验方式进行检验，并且不会对样品质量造成实质性影响的外，抽样人员应当购买检验样品。购买检验样品的价格以生产、销售产品的标价为准；没有标价的，以同类产品的市场价格为准。

备用样品由被抽样生产者、销售者先行无偿提供。

法律、行政法规、部门规章对样品获取方式另有规定的，依照其规定。

第二十三条 抽样人员应当采取有效的防拆封措施，对检验样品和备用样品分别封样，并由抽样人员和被抽样生产者、销售者签字确认。

第二十四条 样品应当由抽样人员携带或者寄递至检验机构进行检验。对于易碎品、危险化学品等对运输、贮存过程有特殊要求的样品，应当采取有效措施，保证样品的运输、贮存过程符合国家有关规定，不发生影响检验结论的变化。

样品需要先行存放在被抽样生产者、销售者处的，应当予以封存，并加施封存标识。被抽样生产者、销售者应当妥善保管封存的样品，不得隐匿、转移、变卖、损毁。

第二节 网络抽样

第二十五条 市场监督管理部门对电子商务经营者销售的本行政区域内的生产者生产的产品和本行政区域内的电子商务经营者销售的产品进行抽样时，可以以消费者的名义买样。

第二十六条 市场监督管理部门进行网络抽样的，应当记录抽样人员以及付款账户、注册账号、收货地址、联系方式等信息。抽样人员应当通过截图、拍照或者录像的方式记录被抽样销售者信息、样品网页展示信息，以及订单信息、支付记录等。

第二十七条 抽样人员购买的样品应当包括检验样品和备用样品。

第二十八条 抽样人员收到样品后，应当通过拍照或者录像的方式记录拆封过程，对寄递包装、样品包装、样品标识、样品寄递情形等进行查验，对检验样品和备用样品分别封样，并将检验样品和备用样品携带或者寄递至检验机构进行检验。

抽样人员应当根据样品情况填写抽样文书。抽样文书经抽样人员签字并加盖抽样单位公章后，与监督抽查通知书一并寄送被抽样销售者。抽样机构执行买样任务的，还应当寄送组织监督抽查的市场监督管理部门出具的授权委托书复印件。

第四章 检　验

第二十九条 检验人员收到样品后，应当通过拍照或者录像的方式检查记录样品的外观、状态、封条有无破损以及其他可能对检验结论产生影响的情形，并核对样品与抽样文书的记录是否相符。

对于抽样不规范的样品，检验人员应当拒绝接收并书面说明理由，同时向组织监督抽查的市场监督管理部门报告。

对于网络抽样的检验样品和备用样品，应当分别加贴相应标识后，按照有关要求予以存放。

第三十条 被抽样产品实行生产许可、强制性产品认证等管理的，检验人员应当在检验前核实样品的生产者是否符合相应要求。

检验人员发现样品的生产者涉嫌存在无证无照等无需检验即可判定违法的情形的，应当终止检验，立即报告组织监督抽查的市场监督管理部门，并同时报告涉嫌违法的样品的生产者所在地县级市场监督管理部门。

第三十一条 检验人员应当按照监督抽查实施细则所规定的检验项目、检验方法、判定规则等进行检验。

检验中发现因样品失效或者其他原因致使检验无法进行的，检验人员应当如实记录，并提供相关证明材料，报送组织监督抽查的市场监督管理部门。

第三十二条 检验机构出具检验报告，应当内容真实齐全、数据准确、结论明确，并按照有关规定签字、盖章。

检验机构和检验人员应当对其出具的检验报告负责。

第三十三条 检验机构应当在规定时间内将检验报告及有关材料报送组织监督抽查的市场监督管理部门。

第三十四条 检验结论为合格并且属于无偿提供的样品，组织监督抽查的市场监督管理部门应当在提出异议处理申请期限届满后及时退还。

前款规定以外的其他样品，组织监督抽查的市场监督管理部门应当在提出异议处理申请期限届满后按照有关规定处理。

第五章　异议处理

第三十五条　组织监督抽查的市场监督管理部门应当及时将检验结论书面告知被抽样生产者、销售者，并同时告知其依法享有的权利。

样品属于在销售者处现场抽取的，组织监督抽查的市场监督管理部门还应当同时书面告知样品标称的生产者。

样品属于通过网络抽样方式购买的，还应当同时书面告知电子商务平台经营者和样品标称的生产者。

第三十六条　被抽样生产者、销售者有异议的，应当自收到检验结论书面告知之日起十五日内向组织监督抽查的市场监督管理部门提出书面异议处理申请，并提交相关材料。

第三十七条　被抽样生产者、销售者对抽样过程、样品真实性等有异议的，收到异议处理申请的市场监督管理部门应当组织异议处理，并将处理结论书面告知申请人。

被抽样生产者、销售者对检验结论有异议，提出书面复检申请并阐明理由的，收到异议处理申请的市场监督管理部门应当组织研究。对需要复检并具备检验条件的，应当组织复检。

除不以破坏性试验方式进行检验，并且不会对样品质量造成实质性影响的外，组织复检的市场监督管理部门应当向被抽样生产者、销售者支付备用样品费用。

第三十八条　申请人应当自收到市场监督管理部门复检通知之日起七日内办理复检手续。逾期未办理的，视为放弃复检。

第三十九条　市场监督管理部门应当自申请人办理复检手续之日起十日内确定具备相应资质的检验机构进行复检。

复检机构与初检机构不得为同一机构，但组织监督抽查的省级以上市场监督管理部门行政区域内或者组织监督抽查的市级、县级市场监督管理部门所在省辖区内仅有一个检验机构具备相应资质的除外。

第四十条　被抽样生产者、销售者隐匿、转移、变卖、损毁备用样品的，应当终止复检，并以初检结论为最终结论。

第四十一条　复检机构应当通过拍照或者录像的方式检查记录备用样品的外观、状态、封条有无破损以及其他可能对检验结论产生影响的情形，并核对备用样品与抽样文书的记录是否相符。

第四十二条　复检机构应当在规定时间内按照监督抽查实施细则所规定的检验方法、判定规则等对与异议相关的检验项目进行复检，并将复检结论及时报送组织复检的市场监督管理部门，由组织复检的市场监督管理部门书面告知复检申请人。复检结论为最终结论。

第四十三条　复检费用由申请人向复检机构先行支付。复检结论与初检结论一致的，复检费用由申请人承担；与初检结论不一致的，复检费用由组织监督抽查的市场监督管理部门承担。

第六章　结果处理

第四十四条　组织监督抽查的市场监督管理部门应当汇总分析、依法公开监督抽查结果，并向地方人民政府、上一级市场监督管理部门和同级有关部门通报监督抽查情况。

组织地方监督抽查的市场监督管理部门发现不合格产品为本行政区域以外的生产者生产的，应当及时通报生产者所在地同级市场监督管理部门。

第四十五条　对检验结论为不合格的产品，被抽样生产者、销售者应当立即停止生产、销售同一产品。

第四十六条　负责结果处理的市场监督管理部门应当责令不合格产品的被抽样生产者、销售者自责令之日起六十日内予以改正。

第四十七条　负责结果处理的市场监督管理部门应当自责令之日起七十五日内按照监督抽查实施细则组织复查。

被抽样生产者、销售者经复查不合格的，负责结果处理的市场监督管理部门应当逐级上报至省级市场监督管理部门，由其向社会公告。

第四十八条　负责结果处理的市场监督管理部门应当在公告之日起六十日后九十日前对被抽样生产者、销售者组织复查，经复查仍不合格的，按照《中华人民共和国产品质量法》第十七条规定，责令停业，限期整顿；整顿期满后经复查仍不合格的，吊销营业执照。

第四十九条　复查所需样品由被抽样生产者、销售者无偿提供。

除为提供复查所需样品外，被抽样生产者、销售者在经负责结果处理的市场监督管理部门认定复查合格前，不得恢复生产、销售同一产品。

第五十条　监督抽查发现产品存在区域性、行业性质量问题，市场监督管理部门可以会同其他有关部门、行业组织召开质量分析会，指导相关产品生产者、销售者加强质量管理。

第七章　法律责任

第五十一条　被抽样生产者、销售者有下列情形之一的，由县级市场监督管理部门按照有关法律、行政法规规定处理；法律、行政法规未作规定的，处三万元以下罚款；涉嫌构成犯罪，依法需要追究刑事责任的，按照有关规定移送公安机关：

（一）被抽样产品存在严重质量问题的；

（二）阻碍、拒绝或者不配合依法进行的监督抽查的；

（三）未经负责结果处理的市场监督管理部门认定复查合格而恢复生产、销售同一产品的；

（四）隐匿、转移、变卖、损毁样品的。

第五十二条　抽样机构、检验机构及其工作人员违反本办法第九条、第十四条第二款规定的，由县级市场监督管理部门按照有关法律、行政法规规定处理；法律、行政法规未作规定的，处三万元以下罚款；涉嫌构成犯罪，依法需要追究刑事责任的，按照有关规定移送公安机关。

第五十三条　市场监督管理部门工作人员滥用职权、玩忽职守、徇私舞弊的，对直接负责的主管人员和其他直接责任人员依法给予行政处分。

第八章　附　　则

第五十四条　市场监督管理部门应当妥善保存抽样文书等有关材料、证据，保存期限不得少于两年。

第五十五条　本办法中所称“日”为公历日。期间届满的最后一日为法定节假日的，以法定节假日后的第一日为期间届满的日期。

第五十六条　本办法自2020年1月1日起施行。2010年12月29日原国家质量监督检验检疫总局令第133号公布的《产品质量监督抽查管理办法》、2014年2月14日原国家工商行政管理总局令第61号公布的《流通领域商品质量抽查检验办法》、2016年3月17日原国家工商行政管理总局令第85号公布的《流通领域商品质量监督管理办法》同时废止。

产品防伪监督管理办法

1. 2002年11月1日国家质量监督检验检疫总局令第27号公布

2. 根据2016年10月18日国家质量监督检验检疫总局令第184号《关于修改和废止部分规章的决定》第一次修正

3. 根据2018年3月6日国家质量监督检验检疫总局令第196号《关于废止和修改部分规章的决定》第二次修正

4. 根据2022年9月29日国家市场监督管理总局令第61号《关于修改和废止部分部门规章的决定》第三次修正

第一条　为了加强对产品防伪的监督管理，预防和打击假冒违法活动，维护市场经济秩序，有效地保护产品生产者、使用者和消费者的合法权益，根据《中华人民共和国产品质量法》，制定本办法。

第二条　在中华人民共和国境内从事防伪技术、防伪技术产品及防伪鉴别装置的研制、生产、使用，应当遵守本办法。

法律、行政法规及国务院另有规定的除外。

第三条　国家市场监督管理总局负责对产品防伪实施统一监督管理，全国防伪技术产品管理办公室（以下简称全国防伪办）承担全国产品防伪监督管理的具体实施工作。

各省、自治区、直辖市市场监督管理部门（以下简称省级市场监督管理部门）负责本行政区内产品防伪的监督管理。

第四条　产品防伪的监督管理实行由国家市场监督管理总局统一管理，相关部门配合，中介机构参与，企业自律的原则。

第五条　产品防伪监督管理机构、中介机构、技术评审机构、检测机构及其工作人员必须坚持科学、公正、实事求是的原则，保守防伪技术秘密；不得滥用职权、徇私舞弊、泄露或扩散防伪技术秘密。

第六条　防伪技术产品生产企业应当遵守下列规定：

（一）严格执行防伪技术产品的国家标准、行业标准及企业标准；

（二）防伪技术产品的生产须签定有书面合同，明确双方的权利、义务和违约责任；禁止无合同非法生产、买卖防伪技术产品或者含有防伪技术产品的包装物、标签等；

（三）必须保证防伪技术产品供货的唯一性，不得为合同规定以外的第三方生产相同或者近似的防伪技术产品；

（四）不得生产或者接受他人委托生产假冒的防伪技术产品；

（五）严格执行保密制度，保守防伪技术秘密。

第七条 防伪技术产品生产企业在承接防伪技术产品生产任务时，必须查验委托方提供的有关证明材料，包括：

（一）营业执照等统一社会信用代码证书副本或者有关身份证明材料；

（二）使用防伪技术产品的产品名称、型号以及国家市场监督管理总局认定的质量检验机构对该产品的检验合格报告；

（三）印制带有防伪标识的商标、质量标志的，应当出具商标持有证明与质量标志认定证明；

（四）境外组织或个人委托生产时，还应当出示其所属国或者地区的合法身份证明和营业证明。

第八条 防伪技术产品生产企业对所生产的产品质量负责，其产品防伪功能或者防伪鉴别能力下降，不能满足用户要求时，应当立即停止生产并报全国防伪办；给用户造成损失的，应当依法承担经济赔偿责任。

第九条 国家市场监督管理总局对防伪技术产品质量实施国家监督抽查，地方监督抽查由县级以上地方市场监督管理部门在本行政区域内组织实施。

第十条 政府鼓励防伪中介机构发挥防伪技术产品推广应用的桥梁作用，鼓励企业采用防伪技术产品。

第十一条 国务院有关部门或者行业牵头单位应用防伪技术对某类产品实行统一防伪管理的，须会同国家市场监督管理总局向社会招标，择优选用防伪技术与防伪技术产品。

第十二条 防伪技术产品的使用者应当遵守下列规定：

（一）必须选用合格的防伪技术产品；

（二）使用防伪技术产品，应当专项专用，不得擅自扩大使用范围或者自行更换；

（三）保守防伪技术秘密。

第十三条 防伪技术产品使用者如发现所用防伪技术产品防伪功能不佳、防伪失效时，可向防伪技术产品生产企业反映，并报市场监督管理部门协助处理。

第十四条 生产不符合有关强制性标准的防伪技术产品的，按照《中华人民共和国产品质量法》有关规定予以处罚。

第十五条 产品防伪技术评审机构、检验机构出具与事实不符的结论与数据的，按照《中华人民共和国产品质量法》第五十七条的规定处罚。

第十六条 从事产品防伪管理的国家工作人员滥用职权、徇私舞弊或者泄露防伪技术机密的，给予行政处分；构成犯罪的，依法追究刑事责任。

第十七条 本办法所称产品防伪是指防伪技术的开发、防伪技术产品的生产、应用，并以防伪技术手段向社会明示产品真实性担保的全过程。

本办法所称防伪技术是指为了达到防伪的目的而采取的，在规定范围内能准确鉴别真伪并不易被仿制、复制的技术。所指防伪技术产品是以防伪为目的，采用了防伪技术制成的，具有防伪功能的产品。

第十八条 本办法由国家市场监督管理总局负责解释。

第十九条 本办法自2002年12月1日起施行，原国家技术监督局1996年1月公布的《防伪技术产品管理办法（试行）》（技监局综发〔1996〕22号）同时废止。

2. 特种设备安全

中华人民共和国特种设备安全法

1. 2013年6月29日第十二届全国人民代表大会常务委员会第三次会议通过
2. 2013年6月29日中华人民共和国主席令第4号公布
3. 自2014年1月1日起施行

目　录

第一章　总　则

第一条　【立法目的】为了加强特种设备安全工作，预防特种设备事故，保障人身和财产安全，促进经济社会发展，制定本法。

第二条　【调整范围】特种设备的生产（包括设计、制造、安装、改造、修理）、经营、使用、检验、检测和特种设备安全的监督管理，适用本法。

本法所称特种设备，是指对人身和财产安全有较大危险性的锅炉、压力容器（含气瓶）、压力管道、电梯、起重机械、客运索道、大型游乐设施、场（厂）内专用机动车辆，以及法律、行政法规规定适用本法的其他特种设备。

国家对特种设备实行目录管理。特种设备目录由国务院负责特种设备安全监督管理的部门制定，报国务院批准后执行。

第三条　【基本原则】特种设备安全工作应当坚持安全第一、预防为主、节能环保、综合治理的原则。

第四条　【安全监督管理方式】国家对特种设备的生产、经营、使用，实施分类的、全过程的安全监督管理。

第五条　【安全监督管理行政部门】国务院负责特种设备安全监督管理的部门对全国特种设备安全实施监督管理。县级以上地方各级人民政府负责特种设备安全监督管理的部门对本行政区域内特种设备安全实施监督管理。

第六条　【领导安全工作】国务院和地方各级人民政府应当加强对特种设备安全工作的领导，督促各有关部门依法履行监督管理职责。

县级以上地方各级人民政府应当建立协调机制，及时协调、解决特种设备安全监督管理中存在的问题。

第七条　【遵纪守法】特种设备生产、经营、使用单位应当遵守本法和其他有关法律、法规，建立、健全特种设备安全和节能责任制度，加强特种设备安全和节能管理，确保特种设备生产、经营、使用安全，符合节能要求。

第八条　【技术规范】特种设备生产、经营、使用、检验、检测应当遵守有关特种设备安全技术规范及相关标准。

特种设备安全技术规范由国务院负责特种设备安全监督管理的部门制定。

第九条　【行业自律】特种设备行业协会应当加强行业自律，推进行业诚信体系建设，提高特种设备安全管理水平。

第十条　【支持研究与推广应用】国家支持有关特种设备安全的科学技术研究，鼓励先进技术和先进管理方法的推广应用，对做出突出贡献的单位和个人给予奖励。

第十一条　【宣传教育】负责特种设备安全监督管理的部门应当加强特种设备安全宣传教育，普及特种设备安全知识，增强社会公众的特种设备安全意识。

第十二条　【举报】任何单位和个人有权向负责特种设备安全监督管理的部门和有关部门举报涉及特种设备安全的违法行为，接到举报的部门应当及时处理。

第二章　生产、经营、使用

第一节　一般规定

第十三条　【单位及主要负责人】特种设备生产、经营、使用单位及其主要负责人对其生产、经营、使用的特种设备安全负责。

特种设备生产、经营、使用单位应当按照国家有关规定配备特种设备安全管理人员、检测人员和作业人员，并对其进行必要的安全教育和技能培训。

第十四条　【取得相应资格】特种设备安全管理人员、检测人员和作业人员应当按照国家有关规定取得相应资格，方可从事相关工作。特种设备安全管理人员、检测人员和作业人员应当严格执行安全技术规范和管理制度，保证特种设备安全。

第十五条　【检测、保养与检验】特种设备生产、经营、使用单位对其生产、经营、使用的特种设备应当进行自行检测和维护保养，对国家规定实行检验的特种设备应当及时申报并接受检验。

第十六条　【技术评审】特种设备采用新材料、新技术、新工艺，与安全技术规范的要求不一致，或者安全技术规范未作要求、可能对安全性能有重大影响的，应当向国务院负责特种设备安全监督管理的部门申报，由国务院负责特种设备安全监督管理的部门及时委托安全技术咨询机构或者相关专业机构进行技术评审，评审结果经国务院负责特种设备安全监督管理的部门批准，方可投入生产、使用。

国务院负责特种设备安全监督管理的部门应当将允许使用的新材料、新技术、新工艺的有关技术要求，及时纳入安全技术规范。

第十七条　【责任保险】国家鼓励投保特种设备安全责任保险。

第二节　生　　产

第十八条　【许可制度】国家按照分类监督管理的原则对特种设备生产实行许可制度。特种设备生产单位应当具备下列条件，并经负责特种设备安全监督管理的部门许可，方可从事生产活动：

（一）有与生产相适应的专业技术人员；

（二）有与生产相适应的设备、设施和工作场所；

（三）有健全的质量保证、安全管理和岗位责任等制度。

第十九条　【对安全性能负责】特种设备生产单位应当保证特种设备生产符合安全技术规范及相关标准的要求，对其生产的特种设备的安全性能负责。不得生产不符合安全性能要求和能效指标以及国家明令淘汰的特种设备。

第二十条　【设计文件的鉴定与型式试验】锅炉、气瓶、氧舱、客运索道、大型游乐设施的设计文件，应当经负责特种设备安全监督管理的部门核准的检验机构鉴定，方可用于制造。

特种设备产品、部件或者试制的特种设备新产品、新部件以及特种设备采用的新材料，按照安全技术规范的要求需要通过型式试验进行安全性验证的，应当经负责特种设备安全监督管理的部门核准的检验机构进行型式试验。

第二十一条　【附随资料、文件，设置铭牌、标志、说明】特种设备出厂时，应当随附安全技术规范要求的设计文件、产品质量合格证明、安装及使用维护保养说明、监督检验证明等相关技术资料和文件，并在特种设备显著位置设置产品铭牌、安全警示标志及其说明。

第二十二条　【电梯的安装、改造、修理】电梯的安装、改造、修理，必须由电梯制造单位或者其委托的依照本法取得相应许可的单位进行。电梯制造单位委托其他单位进行电梯安装、改造、修理的，应当对其安装、改造、修理进行安全指导和监控，并按照安全技术规范的要求进行校验和调试。电梯制造单位对电梯安全性能负责。

第二十三条　【事前书面告知义务】特种设备安装、改造、修理的施工单位应当在施工前将拟进行的特种设备安装、改造、修理情况书面告知直辖市或者设区的市级人民政府负责特种设备安全监督管理的部门。

第二十四条　【验收后资料文件移交义务】特种设备安装、改造、修理竣工后，安装、改造、修理的施工单位应当在验收后三十日内将相关技术资料和文件移交特种设备使用单位。特种设备使用单位应当将其存入该特种设备的安全技术档案。

第二十五条　【对特殊设备的监督检验】锅炉、压力容器、压力管道元件等特种设备的制造过程和锅炉、压力容器、压力管道、电梯、起重机械、客运索道、大型游乐设施的安装、改造、重大修理过程，应当经特种设备检验机构按照安全技术规范的要求进行监督检验；未经监督检验或者监督检验不合格的，不得出厂或者交付使用。

第二十六条　【缺陷特种设备召回制度】国家建立缺陷特种设备召回制度。因生产原因造成特种设备存在危及安全的同一性缺陷的，特种设备生产单位应当立即停止生产，主动召回。

国务院负责特种设备安全监督管理的部门发现特种设备存在应当召回而未召回的情形时，应当责令特种设备生产单位召回。

第三节　经　　营

第二十七条　【建立检查验收和销售记录制度】特种设备销售单位销售的特种设备，应当符合安全技术规范及相关标准的要求，其设计文件、产品质量合格证明、安装及使用维护保养说明、监督检验证明等相关技术资料和文件应当齐全。

特种设备销售单位应当建立特种设备检查验收和

销售记录制度。

禁止销售未取得许可生产的特种设备，未经检验和检验不合格的特种设备，或者国家明令淘汰和已经报废的特种设备。

第二十八条 【禁止出租、维护保养的情形】特种设备出租单位不得出租未取得许可生产的特种设备或者国家明令淘汰和已经报废的特种设备，以及未按照安全技术规范的要求进行维护保养和未经检验或者检验不合格的特种设备。

第二十九条 【出租期间的使用管理和维护保养义务】特种设备在出租期间的使用管理和维护保养义务由特种设备出租单位承担，法律另有规定或者当事人另有约定的除外。

第三十条 【对进口特种设备的要求】进口的特种设备应当符合我国安全技术规范的要求，并经检验合格；需要取得我国特种设备生产许可的，应当取得许可。

进口特种设备随附的技术资料和文件应当符合本法第二十一条的规定，其安装及使用维护保养说明、产品铭牌、安全警示标志及其说明应当采用中文。

特种设备的进出口检验，应当遵守有关进出口商品检验的法律、行政法规。

第三十一条 【进口特种设备的提前告知义务】进口特种设备，应当向进口地负责特种设备安全监督管理的部门履行提前告知义务。

第四节 使 用

第三十二条 【使用与禁止使用的要求】特种设备使用单位应当使用取得许可生产并经检验合格的特种设备。

禁止使用国家明令淘汰和已经报废的特种设备。

第三十三条 【使用登记】特种设备使用单位应当在特种设备投入使用前或者投入使用后三十日内，向负责特种设备安全监督管理的部门办理使用登记，取得使用登记证书。登记标志应当置于该特种设备的显著位置。

第三十四条 【建立安全管理制度】特种设备使用单位应当建立岗位责任、隐患治理、应急救援等安全管理制度，制定操作规程，保证特种设备安全运行。

第三十五条 【安全技术档案】特种设备使用单位应当建立特种设备安全技术档案。安全技术档案应当包括以下内容：

（一）特种设备的设计文件、产品质量合格证明、安装及使用维护保养说明、监督检验证明等相关技术资料和文件；

（二）特种设备的定期检验和定期自行检查记录；

（三）特种设备的日常使用状况记录；

（四）特种设备及其附属仪器仪表的维护保养记录；

（五）特种设备的运行故障和事故记录。

第三十六条 【对特种设备的使用安全负责】电梯、客运索道、大型游乐设施等为公众提供服务的特种设备的运营使用单位，应当对特种设备的使用安全负责，设置特种设备安全管理机构或者配备专职的特种设备安全管理人员；其他特种设备使用单位，应当根据情况设置特种设备安全管理机构或者配备专职、兼职的特种设备安全管理人员。

第三十七条 【安全距离、安全防护措施】特种设备的使用应当具有规定的安全距离、安全防护措施。

与特种设备安全相关的建筑物、附属设施，应当符合有关法律、行政法规的规定。

第三十八条 【共有特种设备的管理】特种设备属于共有的，共有人可以委托物业服务单位或者其他管理人管理特种设备，受托人履行本法规定的特种设备使用单位的义务，承担相应责任。共有人未委托的，由共有人或者实际管理人履行管理义务，承担相应责任。

第三十九条 【维护保养和定期自行检查】特种设备使用单位应当对其使用的特种设备进行经常性维护保养和定期自行检查，并作出记录。

特种设备使用单位应当对其使用的特种设备的安全附件、安全保护装置进行定期校验、检修，并作出记录。

第四十条 【定期检验】特种设备使用单位应当按照安全技术规范的要求，在检验合格有效期届满前一个月向特种设备检验机构提出定期检验要求。

特种设备检验机构接到定期检验要求后，应当按照安全技术规范的要求及时进行安全性能检验。特种设备使用单位应当将定期检验标志置于该特种设备的显著位置。

未经定期检验或者检验不合格的特种设备，不得继续使用。

第四十一条 【经常性检查、及时报告义务】特种设备安全管理人员应当对特种设备使用状况进行经常性检查，发现问题应当立即处理；情况紧急时，可以决定停止使用特种设备并及时报告本单位有关负责人。

特种设备作业人员在作业过程中发现事故隐患或者其他不安全因素，应当立即向特种设备安全管理人员和单位有关负责人报告；特种设备运行不正常时，特种设备作业人员应当按照操作规程采取有效措施保证安全。

第四十二条　【全面检查】特种设备出现故障或者发生异常情况，特种设备使用单位应当对其进行全面检查，消除事故隐患，方可继续使用。

第四十三条　【电梯、客运索道、大型游乐设施的安全要求】客运索道、大型游乐设施在每日投入使用前，其运营使用单位应当进行试运行和例行安全检查，并对安全附件和安全保护装置进行检查确认。

电梯、客运索道、大型游乐设施的运营使用单位应当将电梯、客运索道、大型游乐设施的安全使用说明、安全注意事项和警示标志置于易于为乘客注意的显著位置。

公众乘坐或者操作电梯、客运索道、大型游乐设施，应当遵守安全使用说明和安全注意事项的要求，服从有关工作人员的管理和指挥；遇有运行不正常时，应当按照安全指引，有序撤离。

第四十四条　【锅炉的安全要求】锅炉使用单位应当按照安全技术规范的要求进行锅炉水（介）质处理，并接受特种设备检验机构的定期检验。

从事锅炉清洗，应当按照安全技术规范的要求进行，并接受特种设备检验机构的监督检验。

第四十五条　【电梯的维护保养】电梯的维护保养应当由电梯制造单位或者依照本法取得许可的安装、改造、修理单位进行。

电梯的维护保养单位应当在维护保养中严格执行安全技术规范的要求，保证其维护保养的电梯的安全性能，并负责落实现场安全防护措施，保证施工安全。

电梯的维护保养单位应当对其维护保养的电梯的安全性能负责；接到故障通知后，应当立即赶赴现场，并采取必要的应急救援措施。

第四十六条　【电梯制造单位的义务】电梯投入使用后，电梯制造单位应当对其制造的电梯的安全运行情况进行跟踪调查和了解，对电梯的维护保养单位或者使用单位在维护保养和安全运行方面存在的问题，提出改进建议，并提供必要的技术帮助；发现电梯存在严重事故隐患时，应当及时告知电梯使用单位，并向负责特种设备安全监督管理的部门报告。电梯制造单位对调查和了解的情况，应当作出记录。

第四十七条　【变更登记】特种设备进行改造、修理，按照规定需要变更使用登记的，应当办理变更登记，方可继续使用。

第四十八条　【特种设备的报废】特种设备存在严重事故隐患，无改造、修理价值，或者达到安全技术规范规定的其他报废条件的，特种设备使用单位应当依法履行报废义务，采取必要措施消除该特种设备的使用功能，并向原登记的负责特种设备安全监督管理的部门办理使用登记证书注销手续。

前款规定报废条件以外的特种设备，达到设计使用年限可以继续使用的，应当按照安全技术规范的要求通过检验或者安全评估，并办理使用登记证书变更，方可继续使用。允许继续使用的，应当采取加强检验、检测和维护保养等措施，确保使用安全。

第四十九条　【充装活动的安全要求】移动式压力容器、气瓶充装单位，应当具备下列条件，并经负责特种设备安全监督管理的部门许可，方可从事充装活动：

（一）有与充装和管理相适应的管理人员和技术人员；

（二）有与充装和管理相适应的充装设备、检测手段、场地厂房、器具、安全设施；

（三）有健全的充装管理制度、责任制度、处理措施。

充装单位应当建立充装前后的检查、记录制度，禁止对不符合安全技术规范要求的移动式压力容器和气瓶进行充装。

气瓶充装单位应当向气体使用者提供符合安全技术规范要求的气瓶，对气体使用者进行气瓶安全使用指导，并按照安全技术规范的要求办理气瓶使用登记，及时申报定期检验。

第三章　检验、检测

第五十条　【检验、检测机构的资质】从事本法规定的监督检验、定期检验的特种设备检验机构，以及为特种设备生产、经营、使用提供检测服务的特种设备检测机构，应当具备下列条件，并经负责特种设备安全监督管理的部门核准，方可从事检验、检测工作：

（一）有与检验、检测工作相适应的检验、检测人员；

（二）有与检验、检测工作相适应的检验、检测仪器和设备；

（三）有健全的检验、检测管理制度和责任制度。

第五十一条　【检验、检测人员的资格与执业】特种设备检验、检测机构的检验、检测人员应当经考核，取得检验、检测人员资格，方可从事检验、检测工作。

特种设备检验、检测机构的检验、检测人员不得同时在两个以上检验、检测机构中执业；变更执业机构的，应当依法办理变更手续。

第五十二条　【遵纪守法】特种设备检验、检测工作应当遵守法律、行政法规的规定，并按照安全技术规范的要求进行。

特种设备检验、检测机构及其检验、检测人员应当依法为特种设备生产、经营、使用单位提供安全、可靠、便捷、诚信的检验、检测服务。

第五十三条　【检验、检测结果与鉴定结论】特种设备检验、检测机构及其检验、检测人员应当客观、公正、及时地出具检验、检测报告，并对检验、检测结果和鉴定结论负责。

特种设备检验、检测机构及其检验、检测人员在检验、检测中发现特种设备存在严重事故隐患时，应当及时告知相关单位，并立即向负责特种设备安全监督管理的部门报告。

负责特种设备安全监督管理的部门应当组织对特种设备检验、检测机构的检验、检测结果和鉴定结论进行监督抽查，但应当防止重复抽查。监督抽查结果应当向社会公布。

第五十四条　【生产、经营、使用单位提供资料义务】特种设备生产、经营、使用单位应当按照安全技术规范的要求向特种设备检验、检测机构及其检验、检测人员提供特种设备相关资料和必要的检验、检测条件，并对资料的真实性负责。

第五十五条　【检验、检测机构与人员的保密义务】特种设备检验、检测机构及其检验、检测人员对检验、检测过程中知悉的商业秘密，负有保密义务。

特种设备检验、检测机构及其检验、检测人员不得从事有关特种设备的生产、经营活动，不得推荐或者监制、监销特种设备。

第五十六条　【投诉】特种设备检验机构及其检验人员利用检验工作故意刁难特种设备生产、经营、使用单位的，特种设备生产、经营、使用单位有权向负责特种设备安全监督管理的部门投诉，接到投诉的部门应当及时进行调查处理。

第四章　监 督 管 理

第五十七条　【负责监督检查的行政单位；重点安全监督检查】负责特种设备安全监督管理的部门依照本法规定，对特种设备生产、经营、使用单位和检验、检测机构实施监督检查。

负责特种设备安全监督管理的部门应当对学校、幼儿园以及医院、车站、客运码头、商场、体育场馆、展览馆、公园等公众聚集场所的特种设备，实施重点安全监督检查。

第五十八条　【许可审查】负责特种设备安全监督管理的部门实施本法规定的许可工作，应当依照本法和其他有关法律、行政法规规定的条件和程序以及安全技术规范的要求进行审查；不符合规定的，不得许可。

第五十九条　【程序公开与受理期限】负责特种设备安全监督管理的部门在办理本法规定的许可时，其受理、审查、许可的程序必须公开，并应当自受理申请之日起三十日内，作出许可或者不予许可的决定；不予许可的，应当书面向申请人说明理由。

第六十条　【监督管理档案和信息查询系统；督促报废】负责特种设备安全监督管理的部门对依法办理使用登记的特种设备应当建立完整的监督管理档案和信息查询系统；对达到报废条件的特种设备，应当及时督促特种设备使用单位依法履行报废义务。

第六十一条　【履行监督检查职责的职权】负责特种设备安全监督管理的部门在依法履行监督检查职责时，可以行使下列职权：

（一）进入现场进行检查，向特种设备生产、经营、使用单位和检验、检测机构的主要负责人和其他有关人员调查、了解有关情况；

（二）根据举报或者取得的涉嫌违法证据，查阅、复制特种设备生产、经营、使用单位和检验、检测机构的有关合同、发票、账簿以及其他有关资料；

（三）对有证据表明不符合安全技术规范要求或者存在严重事故隐患的特种设备实施查封、扣押；

（四）对流入市场的达到报废条件或者已经报废的特种设备实施查封、扣押；

（五）对违反本法规定的行为作出行政处罚决定。

第六十二条　【书面指令】负责特种设备安全监督管理的部门在依法履行职责过程中，发现违反本法规定和安全技术规范要求的行为或者特种设备存在事故隐患时，应当以书面形式发出特种设备安全监察指令，责令有关单位及时采取措施予以改正或者消除事故隐患。紧急情况下要求有关单位采取紧急处置措施的，应当随后补发特种设备安全监察指令。

第六十三条　【对重大违法行为和严重事故隐患的处理】负责特种设备安全监督管理的部门在依法履行职责过程中，发现重大违法行为或者特种设备存在严重事故隐患时，应当责令有关单位立即停止违法行为、采取措施消除事故隐患，并及时向上级负责特种设备安全监督管理的部门报告。接到报告的负责特种设备安全监督管理的部门应当采取必要措施，及时予以处理。

对违法行为、严重事故隐患的处理需要当地人民政府和有关部门的支持、配合时，负责特种设备安全监督管理的部门应当报告当地人民政府，并通知其他有关部门。当地人民政府和其他有关部门应当采取必要措施，及时予以处理。

第六十四条　【不得要求重复许可、重复检验】地方各级人民政府负责特种设备安全监督管理的部门不得要求已经依照本法规定在其他地方取得许可的特种设备生产单位重复取得许可，不得要求对已经依照本法规定在其他地方检验合格的特种设备重复进行检验。

第六十五条　【对安全监察人员的要求】负责特种设备安全监督管理的部门的安全监察人员应当熟悉相关法律、法规，具有相应的专业知识和工作经验，取得特种设备安全行政执法证件。

特种设备安全监察人员应当忠于职守、坚持原则、秉公执法。

负责特种设备安全监督管理的部门实施安全监督检查时，应当有二名以上特种设备安全监察人员参加，并出示有效的特种设备安全行政执法证件。

第六十六条　【记录】负责特种设备安全监督管理的部门对特种设备生产、经营、使用单位和检验、检测机构实施监督检查，应当对每次监督检查的内容、发现的问题及处理情况作出记录，并由参加监督检查的特种设备安全监察人员和被检查单位的有关负责人签字后归档。被检查单位的有关负责人拒绝签字的，特种设备安全监察人员应当将情况记录在案。

第六十七条　【禁止推荐、监制、监销；保密义务】负责特种设备安全监督管理的部门及其工作人员不得推荐或者监制、监销特种设备；对履行职责过程中知悉的商业秘密负有保密义务。

第六十八条　【定期公布总体状况】国务院负责特种设备安全监督管理的部门和省、自治区、直辖市人民政府负责特种设备安全监督管理的部门应当定期向社会公布特种设备安全总体状况。

第五章　事故应急救援与调查处理

第六十九条　【应急预案】国务院负责特种设备安全监督管理的部门应当依法组织制定特种设备重特大事故应急预案，报国务院批准后纳入国家突发事件应急预案体系。

县级以上地方各级人民政府及其负责特种设备安全监督管理的部门应当依法组织制定本行政区域内特种设备事故应急预案，建立或者纳入相应的应急处置与救援体系。

特种设备使用单位应当制定特种设备事故应急专项预案，并定期进行应急演练。

第七十条　【特种设备发生事故后的处理】特种设备发生事故后，事故发生单位应当按照应急预案采取措施，组织抢救，防止事故扩大，减少人员伤亡和财产损失，保护事故现场和有关证据，并及时向事故发生地县级以上人民政府负责特种设备安全监督管理的部门和有关部门报告。

县级以上人民政府负责特种设备安全监督管理的部门接到事故报告，应当尽快核实情况，立即向本级人民政府报告，并按照规定逐级上报。必要时，负责特种设备安全监督管理的部门可以越级上报事故情况。对特别重大事故、重大事故，国务院负责特种设备安全监督管理的部门应当立即报告国务院并通报国务院安全生产监督管理部门等有关部门。

与事故相关的单位和人员不得迟报、谎报或者瞒报事故情况，不得隐匿、毁灭有关证据或者故意破坏事故现场。

第七十一条　【事故发生后人民政府的职责】事故发生地人民政府接到事故报告，应当依法启动应急预案，采取应急处置措施，组织应急救援。

第七十二条　【事故调查】特种设备发生特别重大事故，由国务院或者国务院授权有关部门组织事故调查组进行调查。

发生重大事故，由国务院负责特种设备安全监督管理的部门会同有关部门组织事故调查组进行调查。

发生较大事故，由省、自治区、直辖市人民政府负责特种设备安全监督管理的部门会同有关部门组织事故调查组进行调查。

发生一般事故，由设区的市级人民政府负责特种设备安全监督管理的部门会同有关部门组织事故调查组进行调查。

事故调查组应当依法、独立、公正开展调查，提出事故调查报告。

第七十三条　【事故报告与责任承担】组织事故调查的部门应当将事故调查报告报本级人民政府，并报上一级人民政府负责特种设备安全监督管理的部门备案。有关部门和单位应当依照法律、行政法规的规定，追究事故责任单位和人员的责任。

事故责任单位应当依法落实整改措施，预防同类事故发生。事故造成损害的，事故责任单位应当依法承担赔偿责任。

第六章　法律责任

第七十四条　【未经许可从事特种设备生产活动的处

罚】违反本法规定，未经许可从事特种设备生产活动的，责令停止生产，没收违法制造的特种设备，处十万元以上五十万元以下罚款；有违法所得的，没收违法所得；已经实施安装、改造、修理的，责令恢复原状或者责令限期由取得许可的单位重新安装、改造、修理。

第七十五条 【特种设备设计文件未经鉴定擅自用于制造的处罚】违反本法规定，特种设备的设计文件未经鉴定，擅自用于制造的，责令改正，没收违法制造的特种设备，处五万元以上五十万元以下罚款。

第七十六条 【未进行型式试验的处罚】违反本法规定，未进行型式试验的，责令限期改正；逾期未改正的，处三万元以上三十万元以下罚款。

第七十七条 【未按要求随附技术资料和文件的处罚】违反本法规定，特种设备出厂时，未按照安全技术规范的要求随附相关技术资料和文件的，责令限期改正；逾期未改正的，责令停止制造、销售，处二万元以上二十万元以下罚款；有违法所得的，没收违法所得。

第七十八条 【施工单位违规施工或逾期移交资料文件的处罚】违反本法规定，特种设备安装、改造、修理的施工单位在施工前未书面告知负责特种设备安全监督管理的部门即行施工的，或者在验收后三十日内未将相关技术资料和文件移交特种设备使用单位的，责令限期改正；逾期未改正的，处一万元以上十万元以下罚款。

第七十九条 【未经监督检验的处罚】违反本法规定，特种设备的制造、安装、改造、重大修理以及锅炉清洗过程，未经监督检验的，责令限期改正；逾期未改正的，处五万元以上二十万元以下罚款；有违法所得的，没收违法所得；情节严重的，吊销生产许可证。

第八十条 【电梯制造单位的法律责任】违反本法规定，电梯制造单位有下列情形之一的，责令限期改正；逾期未改正的，处一万元以上十万元以下罚款：

（一）未按照安全技术规范的要求对电梯进行校验、调试的；

（二）对电梯的安全运行情况进行跟踪调查和了解时，发现存在严重事故隐患，未及时告知电梯使用单位并向负责特种设备安全监督管理的部门报告的。

第八十一条 【特种设备生产单位的法律责任】违反本法规定，特种设备生产单位有下列行为之一的，责令限期改正；逾期未改正的，责令停止生产，处五万元以上五十万元以下罚款；情节严重的，吊销生产许可证：

（一）不再具备生产条件、生产许可证已经过期或者超出许可范围生产的；

（二）明知特种设备存在同一性缺陷，未立即停止生产并召回的。

违反本法规定，特种设备生产单位生产、销售、交付国家明令淘汰的特种设备的，责令停止生产、销售，没收违法生产、销售、交付的特种设备，处三万元以上三十万元以下罚款；有违法所得的，没收违法所得。

特种设备生产单位涂改、倒卖、出租、出借生产许可证的，责令停止生产，处五万元以上五十万元以下罚款；情节严重的，吊销生产许可证。

第八十二条 【特种设备经营单位的法律责任】违反本法规定，特种设备经营单位有下列行为之一的，责令停止经营，没收违法经营的特种设备，处三万元以上三十万元以下罚款；有违法所得的，没收违法所得：

（一）销售、出租未取得许可生产，未经检验或者检验不合格的特种设备的；

（二）销售、出租国家明令淘汰、已经报废的特种设备，或者未按照安全技术规范的要求进行维护保养的特种设备的。

违反本法规定，特种设备销售单位未建立检查验收和销售记录制度，或者进口特种设备未履行提前告知义务的，责令改正，处一万元以上十万元以下罚款。

特种设备生产单位销售、交付未经检验或者检验不合格的特种设备的，依照本条第一款规定处罚；情节严重的，吊销生产许可证。

第八十三条 【特种设备使用单位的法律责任（一）】违反本法规定，特种设备使用单位有下列行为之一的，责令限期改正；逾期未改正的，责令停止使用有关特种设备，处一万元以上十万元以下罚款：

（一）使用特种设备未按照规定办理使用登记的；

（二）未建立特种设备安全技术档案或者安全技术档案不符合规定要求，或者未依法设置使用登记标志、定期检验标志的；

（三）未对其使用的特种设备进行经常性维护保养和定期自行检查，或者未对其使用的特种设备的安全附件、安全保护装置进行定期校验、检修，并作出记录的；

（四）未按照安全技术规范的要求及时申报并接受检验的；

（五）未按照安全技术规范的要求进行锅炉水（介）质处理的；

（六）未制定特种设备事故应急专项预案的。

第八十四条 【特种设备使用单位的法律责任（二）】违反本法规定，特种设备使用单位有下列行为之一的，责令停止使用有关特种设备，处三万元以上三十万元以下罚款：

（一）使用未取得许可生产，未经检验或者检验不合格的特种设备，或者国家明令淘汰、已经报废的特种设备的；

（二）特种设备出现故障或者发生异常情况，未对其进行全面检查、消除事故隐患，继续使用的；

（三）特种设备存在严重事故隐患，无改造、修理价值，或者达到安全技术规范规定的其他报废条件，未依法履行报废义务，并办理使用登记证书注销手续的。

第八十五条　【充装单位的法律责任】违反本法规定，移动式压力容器、气瓶充装单位有下列行为之一的，责令改正，处二万元以上二十万元以下罚款；情节严重的，吊销充装许可证：

（一）未按照规定实施充装前后的检查、记录制度的；

（二）对不符合安全技术规范要求的移动式压力容器和气瓶进行充装的。

违反本法规定，未经许可，擅自从事移动式压力容器或者气瓶充装活动的，予以取缔，没收违法充装的气瓶，处十万元以上五十万元以下罚款；有违法所得的，没收违法所得。

第八十六条　【特种设备生产、经营、使用的法律责任】违反本法规定，特种设备生产、经营、使用单位有下列情形之一的，责令限期改正；逾期未改正的，责令停止使用有关特种设备或者停产停业整顿，处一万元以上五万元以下罚款：

（一）未配备具有相应资格的特种设备安全管理人员、检测人员和作业人员的；

（二）使用未取得相应资格的人员从事特种设备安全管理、检测和作业的；

（三）未对特种设备安全管理人员、检测人员和作业人员进行安全教育和技能培训的。

第八十七条　【电梯、客运索道、大型游乐设施运营使用单位的法律责任】违反本法规定，电梯、客运索道、大型游乐设施的运营使用单位有下列情形之一的，责令限期改正；逾期未改正的，责令停止使用有关特种设备或者停产停业整顿，处二万元以上十万元以下罚款：

（一）未设置特种设备安全管理机构或者配备专职的特种设备安全管理人员的；

（二）客运索道、大型游乐设施每日投入使用前，未进行试运行和例行安全检查，未对安全附件和安全保护装置进行检查确认的；

（三）未将电梯、客运索道、大型游乐设施的安全使用说明、安全注意事项和警示标志置于易于为乘客注意的显著位置的。

第八十八条　【未经许可擅自从事电梯维护保养的处罚】违反本法规定，未经许可，擅自从事电梯维护保养的，责令停止违法行为，处一万元以上十万元以下罚款；有违法所得的，没收违法所得。

电梯的维护保养单位未按照本法规定以及安全技术规范的要求，进行电梯维护保养的，依照前款规定处罚。

第八十九条　【发生特种设备事故时的责任承担】发生特种设备事故，有下列情形之一的，对单位处五万元以上二十万元以下罚款；对主要负责人处一万元以上五万元以下罚款；主要负责人属于国家工作人员的，并依法给予处分：

（一）发生特种设备事故时，不立即组织抢救或者在事故调查处理期间擅离职守或者逃匿的；

（二）对特种设备事故迟报、谎报或者瞒报的。

第九十条　【发生特种设备事故时的罚款】发生事故，对负有责任的单位除要求其依法承担相应的赔偿等责任外，依照下列规定处以罚款：

（一）发生一般事故，处十万元以上二十万元以下罚款；

（二）发生较大事故，处二十万元以上五十万元以下罚款；

（三）发生重大事故，处五十万元以上二百万元以下罚款。

第九十一条　【事故主要负责人未履行职责或负有领导责任的处罚】对事故发生负有责任的单位的主要负责人未依法履行职责或者负有领导责任的，依照下列规定处以罚款；属于国家工作人员的，并依法给予处分：

（一）发生一般事故，处上一年年收入百分之三十的罚款；

（二）发生较大事故，处上一年年收入百分之四十的罚款；

（三）发生重大事故，处上一年年收入百分之六十的罚款。

第九十二条　【吊销资格的情形】违反本法规定，特种设备安全管理人员、检测人员和作业人员不履行岗位职责，违反操作规程和有关安全规章制度，造成事故的，吊销相关人员的资格。

第九十三条　【检验、检测机构及其人员的法律责任】违反本法规定，特种设备检验、检测机构及其检验、检测人员有下列行为之一的，责令改正，对机构处五万元以上二十万元以下罚款，对直接负责的主管人员和其他直接责任人员处五千元以上五万元以下罚款；情节严重的，吊销机构资质和有关人员的资格：

（一）未经核准或者超出核准范围、使用未取得相应资格的人员从事检验、检测的；

（二）未按照安全技术规范的要求进行检验、检测的；

（三）出具虚假的检验、检测结果和鉴定结论或者检验、检测结果和鉴定结论严重失实的；

（四）发现特种设备存在严重事故隐患，未及时告知相关单位，并立即向负责特种设备安全监督管理的部门报告的；

（五）泄露检验、检测过程中知悉的商业秘密的；

（六）从事有关特种设备的生产、经营活动的；

（七）推荐或者监制、监销特种设备的；

（八）利用检验工作故意刁难相关单位的。

违反本法规定，特种设备检验、检测机构的检验、检测人员同时在两个以上检验、检测机构中执业的，处五千元以上五万元以下罚款；情节严重的，吊销其资格。

第九十四条　【监督管理部门的法律责任】违反本法规定，负责特种设备安全监督管理的部门及其工作人员有下列行为之一的，由上级机关责令改正；对直接负责的主管人员和其他直接责任人员，依法给予处分：

（一）未依照法律、行政法规规定的条件、程序实施许可的；

（二）发现未经许可擅自从事特种设备的生产、使用或者检验、检测活动不予取缔或者不依法予以处理的；

（三）发现特种设备生产单位不再具备本法规定的条件而不吊销其许可证，或者发现特种设备生产、经营、使用违法行为不予查处的；

（四）发现特种设备检验、检测机构不再具备本法规定的条件而不撤销其核准，或者对其出具虚假的检验、检测结果和鉴定结论或者检验、检测结果和鉴定结论严重失实的行为不予查处的；

（五）发现违反本法规定和安全技术规范要求的行为或者特种设备存在事故隐患，不立即处理的；

（六）发现重大违法行为或者特种设备存在严重事故隐患，未及时向上级负责特种设备安全监督管理的部门报告，或者接到报告的负责特种设备安全监督管理的部门不立即处理的；

（七）要求已经依照本法规定在其他地方取得许可的特种设备生产单位重复取得许可，或者要求对已经依照本法规定在其他地方检验合格的特种设备重复进行检验的；

（八）推荐或者监制、监销特种设备的；

（九）泄露履行职责过程中知悉的商业秘密的；

（十）接到特种设备事故报告未立即向本级人民政府报告，并按照规定上报的；

（十一）迟报、漏报、谎报或者瞒报事故的；

（十二）妨碍事故救援或者事故调查处理的；

（十三）其他滥用职权、玩忽职守、徇私舞弊的行为。

第九十五条　【拒不接受监督检查，擅自动用、调换、转移、损毁被查封、扣押设备的法律责任】违反本法规定，特种设备生产、经营、使用单位或者检验、检测机构拒不接受负责特种设备安全监督管理的部门依法实施的监督检查的，责令限期改正；逾期未改正的，责令停产停业整顿，处二万元以上二十万元以下罚款。

特种设备生产、经营、使用单位擅自动用、调换、转移、损毁被查封、扣押的特种设备或者其主要部件的，责令改正，处五万元以上二十万元以下罚款；情节严重的，吊销生产许可证，注销特种设备使用登记证书。

第九十六条　【吊销许可证后的限制】违反本法规定，被依法吊销许可证的，自吊销许可证之日起三年内，负责特种设备安全监督管理的部门不予受理其新的许可申请。

第九十七条　【民事责任】违反本法规定，造成人身、财产损害的，依法承担民事责任。

违反本法规定，应当承担民事赔偿责任和缴纳罚款、罚金，其财产不足以同时支付时，先承担民事赔偿责任。

第九十八条　【治安管理处罚与刑事责任】违反本法规定，构成违反治安管理行为的，依法给予治安管理处罚；构成犯罪的，依法追究刑事责任。

第七章　附　　则

第九十九条　【适用相应法律法规】特种设备行政许可、检验的收费，依照法律、行政法规的规定执行。

第一百条　【适用例外】军事装备、核设施、航空航天器使用的特种设备安全的监督管理不适用本法。

铁路机车、海上设施和船舶、矿山井下使用的特种设备以及民用机场专用设备安全的监督管理，房屋建筑工地、市政工程工地用起重机械和场（厂）内专用机动车辆的安装、使用的监督管理，由有关部门依照本法和其他有关法律的规定实施。

第一百零一条　【**施行日期**】本法自 2014 年 1 月 1 日起施行。

特种设备安全监察条例

1. 2003 年 3 月 11 日国务院令第 373 号公布

2. 根据 2009 年 1 月 24 日国务院令第 549 号《关于修改〈特种设备安全监察条例〉的决定》修订

第一章　总　　则

第一条　为了加强特种设备的安全监察，防止和减少事故，保障人民群众生命和财产安全，促进经济发展，制定本条例。

第二条　本条例所称特种设备是指涉及生命安全、危险性较大的锅炉、压力容器（含气瓶，下同）、压力管道、电梯、起重机械、客运索道、大型游乐设施和场（厂）内专用机动车辆。

前款特种设备的目录由国务院负责特种设备安全监督管理的部门（以下简称国务院特种设备安全监督管理部门）制订，报国务院批准后执行。

第三条　特种设备的生产（含设计、制造、安装、改造、维修，下同）、使用、检验检测及其监督检查，应当遵守本条例，但本条例另有规定的除外。

军事装备、核设施、航空航天器、铁路机车、海上设施和船舶以及矿山井下使用的特种设备、民用机场专用设备的安全监察不适用本条例。

房屋建筑工地和市政工程工地用起重机械、场（厂）内专用机动车辆的安装、使用的监督管理，由建设行政主管部门依照有关法律、法规的规定执行。

第四条　国务院特种设备安全监督管理部门负责全国特种设备的安全监察工作，县以上地方负责特种设备安全监督管理的部门对本行政区域内特种设备实施安全监察（以下统称特种设备安全监督管理部门）。

第五条　特种设备生产、使用单位应当建立健全特种设备安全、节能管理制度和岗位安全、节能责任制度。

特种设备生产、使用单位的主要负责人应当对本单位特种设备的安全和节能全面负责。

特种设备生产、使用单位和特种设备检验检测机构，应当接受特种设备安全监督管理部门依法进行的特种设备安全监察。

第六条　特种设备检验检测机构，应当依照本条例规定，进行检验检测工作，对其检验检测结果、鉴定结论承担法律责任。

第七条　县级以上地方人民政府应当督促、支持特种设备安全监督管理部门依法履行安全监察职责，对特种设备安全监察中存在的重大问题及时予以协调、解决。

第八条　国家鼓励推行科学的管理方法，采用先进技术，提高特种设备安全性能和管理水平，增强特种设备生产、使用单位防范事故的能力，对取得显著成绩的单位和个人，给予奖励。

国家鼓励特种设备节能技术的研究、开发、示范和推广，促进特种设备节能技术创新和应用。

特种设备生产、使用单位和特种设备检验检测机构，应当保证必要的安全和节能投入。

国家鼓励实行特种设备责任保险制度，提高事故赔付能力。

第九条　任何单位和个人对违反本条例规定的行为，有权向特种设备安全监督管理部门和行政监察等有关部门举报。

特种设备安全监督管理部门应当建立特种设备安全监察举报制度，公布举报电话、信箱或者电子邮件地址，受理对特种设备生产、使用和检验检测违法行为的举报，并及时予以处理。

特种设备安全监督管理部门和行政监察等有关部门应当为举报人保密，并按照国家有关规定给予奖励。

第二章　特种设备的生产

第十条　特种设备生产单位，应当依照本条例规定以及国务院特种设备安全监督管理部门制订并公布的安全技术规范（以下简称安全技术规范）的要求，进行生产活动。

特种设备生产单位对其生产的特种设备的安全性能和能效指标负责，不得生产不符合安全性能要求和能效指标的特种设备，不得生产国家产业政策明令淘汰的特种设备。

第十一条　压力容器的设计单位应当经国务院特种设备安全监督管理部门许可，方可从事压力容器的设计活动。

压力容器的设计单位应当具备下列条件：

（一）有与压力容器设计相适应的设计人员、设计审核人员；

（二）有与压力容器设计相适应的场所和设备；

（三）有与压力容器设计相适应的健全的管理制度和责任制度。

第十二条　锅炉、压力容器中的气瓶（以下简称气瓶）、氧舱和客运索道、大型游乐设施以及高耗能特种设备的设计文件，应当经国务院特种设备安全监督管理部门核准的检验检测机构鉴定，方可用于制造。

第十三条　按照安全技术规范的要求，应当进行型式试验的特种设备产品、部件或者试制特种设备新产品、新部件、新材料，必须进行型式试验和能效测试。

第十四条　锅炉、压力容器、电梯、起重机械、客运索道、大型游乐设施及其安全附件、安全保护装置的制造、安装、改造单位，以及压力管道用管子、管件、阀门、法兰、补偿器、安全保护装置等（以下简称压力管道元件）的制造单位和场（厂）内专用机动车辆的制造、改造单位，应当经国务院特种设备安全监督管理部门许可，方可从事相应的活动。

前款特种设备的制造、安装、改造单位应当具备下列条件：

（一）有与特种设备制造、安装、改造相适应的专业技术人员和技术工人；

（二）有与特种设备制造、安装、改造相适应的生产条件和检测手段；

（三）有健全的质量管理制度和责任制度。

第十五条　特种设备出厂时，应当附有安全技术规范要求的设计文件、产品质量合格证明、安装及使用维修说明、监督检验证明等文件。

第十六条　锅炉、压力容器、电梯、起重机械、客运索道、大型游乐设施、场（厂）内专用机动车辆的维修单位，应当有与特种设备维修相适应的专业技术人员和技术工人以及必要的检测手段，并经省、自治区、直辖市特种设备安全监督管理部门许可，方可从事相应的维修活动。

第十七条　锅炉、压力容器、起重机械、客运索道、大型游乐设施的安装、改造、维修以及场（厂）内专用机动车辆的改造、维修，必须由依照本条例取得许可的单位进行。

电梯的安装、改造、维修，必须由电梯制造单位或者其通过合同委托、同意的依照本条例取得许可的单位进行。电梯制造单位对电梯质量以及安全运行涉及的质量问题负责。

特种设备安装、改造、维修的施工单位应当在施工前将拟进行的特种设备安装、改造、维修情况书面告知直辖市或者设区的市的特种设备安全监督管理部门，告知后即可施工。

第十八条　电梯井道的土建工程必须符合建筑工程质量要求。电梯安装施工过程中，电梯安装单位应当遵守施工现场的安全生产要求，落实现场安全防护措施。电梯安装施工过程中，施工现场的安全生产监督，由有关部门依照有关法律、行政法规的规定执行。

电梯安装施工过程中，电梯安装单位应当服从建筑施工总承包单位对施工现场的安全生产管理，并订立合同，明确各自的安全责任。

第十九条　电梯的制造、安装、改造和维修活动，必须严格遵守安全技术规范的要求。电梯制造单位委托或者同意其他单位进行电梯安装、改造、维修活动的，应当对其安装、改造、维修活动进行安全指导和监控。电梯的安装、改造、维修活动结束后，电梯制造单位应当按照安全技术规范的要求对电梯进行校验和调试，并对校验和调试的结果负责。

第二十条　锅炉、压力容器、电梯、起重机械、客运索道、大型游乐设施的安装、改造、维修以及场（厂）内专用机动车辆的改造、维修竣工后，安装、改造、维修的施工单位应当在验收后30日内将有关技术资料移交使用单位，高耗能特种设备还应当按照安全技术规范的要求提交能效测试报告。使用单位应当将其存入该特种设备的安全技术档案。

第二十一条　锅炉、压力容器、压力管道元件、起重机械、大型游乐设施的制造过程和锅炉、压力容器、电梯、起重机械、客运索道、大型游乐设施的安装、改造、重大维修过程，必须经国务院特种设备安全监督管理部门核准的检验检测机构按照安全技术规范的要求进行监督检验；未经监督检验合格的不得出厂或者交付使用。

第二十二条　移动式压力容器、气瓶充装单位应当经省、自治区、直辖市的特种设备安全监督管理部门许可，方可从事充装活动。

充装单位应当具备下列条件：

（一）有与充装和管理相适应的管理人员和技术人员；

（二）有与充装和管理相适应的充装设备、检测手段、场地厂房、器具、安全设施；

（三）有健全的充装管理制度、责任制度、紧急处理措施。

气瓶充装单位应当向气体使用者提供符合安全技术规范要求的气瓶，对使用者进行气瓶安全使用指导，并按照安全技术规范的要求办理气瓶使用登记，提出气瓶的定期检验要求。

第三章　特种设备的使用

第二十三条　特种设备使用单位，应当严格执行本条例和有关安全生产的法律、行政法规的规定，保证特种设备的安全使用。

第二十四条　特种设备使用单位应当使用符合安全技术规范要求的特种设备。特种设备投入使用前，使用单位应当核对其是否附有本条例第十五条规定的相关文件。

第二十五条　特种设备在投入使用前或者投入使用后30日内，特种设备使用单位应当向直辖市或者设区的市的特种设备安全监督管理部门登记。登记标志应当置于或者附着于该特种设备的显著位置。

第二十六条　特种设备使用单位应当建立特种设备安全技术档案。安全技术档案应当包括以下内容：

（一）特种设备的设计文件、制造单位、产品质量合格证明、使用维护说明等文件以及安装技术文件和资料；

（二）特种设备的定期检验和定期自行检查的记录；

（三）特种设备的日常使用状况记录；

（四）特种设备及其安全附件、安全保护装置、测量调控装置及有关附属仪器仪表的日常维护保养记录；

（五）特种设备运行故障和事故记录；

（六）高耗能特种设备的能效测试报告、能耗状况记录以及节能改造技术资料。

第二十七条　特种设备使用单位应当对在用特种设备进行经常性日常维护保养，并定期自行检查。

特种设备使用单位对在用特种设备应当至少每月进行一次自行检查，并作出记录。特种设备使用单位在对在用特种设备进行自行检查和日常维护保养时发现异常情况的，应当及时处理。

特种设备使用单位应当对在用特种设备的安全附件、安全保护装置、测量调控装置及有关附属仪器仪表进行定期校验、检修，并作出记录。

锅炉使用单位应当按照安全技术规范的要求进行锅炉水（介）质处理，并接受特种设备检验检测机构实施的水（介）质处理定期检验。

从事锅炉清洗的单位，应当按照安全技术规范的要求进行锅炉清洗，并接受特种设备检验检测机构实施的锅炉清洗过程监督检验。

第二十八条　特种设备使用单位应当按照安全技术规范的定期检验要求，在安全检验合格有效期届满前1个月向特种设备检验检测机构提出定期检验要求。

检验检测机构接到定期检验要求后，应当按照安全技术规范的要求及时进行安全性能检验和能效测试。

未经定期检验或者检验不合格的特种设备，不得继续使用。

第二十九条　特种设备出现故障或者发生异常情况，使用单位应当对其进行全面检查，消除事故隐患后，方可重新投入使用。

特种设备不符合能效指标的，特种设备使用单位应当采取相应措施进行整改。

第三十条　特种设备存在严重事故隐患，无改造、维修价值，或者超过安全技术规范规定使用年限，特种设备使用单位应当及时予以报废，并应当向原登记的特种设备安全监督管理部门办理注销。

第三十一条　电梯的日常维护保养必须由依照本条例取得许可的安装、改造、维修单位或者电梯制造单位进行。

电梯应当至少每15日进行一次清洁、润滑、调整和检查。

第三十二条　电梯的日常维护保养单位应当在维护保养中严格执行国家安全技术规范的要求，保证其维护保养的电梯的安全技术性能，并负责落实现场安全防护措施，保证施工安全。

电梯的日常维护保养单位，应当对其维护保养的电梯的安全性能负责。接到故障通知后，应当立即赶赴现场，并采取必要的应急救援措施。

第三十三条　电梯、客运索道、大型游乐设施等为公众提供服务的特种设备运营使用单位，应当设置特种设备安全管理机构或者配备专职的安全管理人员；其他特种设备使用单位，应当根据情况设置特种设备安全管理机构或者配备专职、兼职的安全管理人员。

特种设备的安全管理人员应当对特种设备使用状况进行经常性检查，发现问题的应当立即处理；情况紧急时，可以决定停止使用特种设备并及时报告本单位有关负责人。

第三十四条　客运索道、大型游乐设施的运营使用单位在客运索道、大型游乐设施每日投入使用前，应当进行试运行和例行安全检查，并对安全装置进行检查确认。

电梯、客运索道、大型游乐设施的运营使用单位应当将电梯、客运索道、大型游乐设施的安全注意事项和警示标志置于易于为乘客注意的显著位置。

第三十五条　客运索道、大型游乐设施的运营使用单位的主要负责人应当熟悉客运索道、大型游乐设施的相关安全知识，并全面负责客运索道、大型游乐设施的安全使用。

客运索道、大型游乐设施的运营使用单位的主要负责人至少应当每月召开一次会议，督促、检查客运索道、大型游乐设施的安全使用工作。

客运索道、大型游乐设施的运营使用单位，应当结合本单位的实际情况，配备相应数量的营救装备和急救物品。

第三十六条 电梯、客运索道、大型游乐设施的乘客应当遵守使用安全注意事项的要求，服从有关工作人员的指挥。

第三十七条 电梯投入使用后，电梯制造单位应当对其制造的电梯的安全运行情况进行跟踪调查和了解，对电梯的日常维护保养单位或者电梯的使用单位在安全运行方面存在的问题，提出改进建议，并提供必要的技术帮助。发现电梯存在严重事故隐患的，应当及时向特种设备安全监督管理部门报告。电梯制造单位对调查和了解的情况，应当作出记录。

第三十八条 锅炉、压力容器、电梯、起重机械、客运索道、大型游乐设施、场（厂）内专用机动车辆的作业人员及其相关管理人员（以下统称特种设备作业人员），应当按照国家有关规定经特种设备安全监督管理部门考核合格，取得国家统一格式的特种作业人员证书，方可从事相应的作业或者管理工作。

第三十九条 特种设备使用单位应当对特种设备作业人员进行特种设备安全、节能教育和培训，保证特种设备作业人员具备必要的特种设备安全、节能知识。

特种设备作业人员在作业中应当严格执行特种设备的操作规程和有关的安全规章制度。

第四十条 特种设备作业人员在作业过程中发现事故隐患或者其他不安全因素，应当立即向现场安全管理人员和单位有关负责人报告。

第四章 检验检测

第四十一条 从事本条例规定的监督检验、定期检验、型式试验以及专门为特种设备生产、使用、检验检测提供无损检测服务的特种设备检验检测机构，应当经国务院特种设备安全监督管理部门核准。

特种设备使用单位设立的特种设备检验检测机构，经国务院特种设备安全监督管理部门核准，负责本单位核准范围内的特种设备定期检验工作。

第四十二条 特种设备检验检测机构，应当具备下列条件：

（一）有与所从事的检验检测工作相适应的检验检测人员；

（二）有与所从事的检验检测工作相适应的检验检测仪器和设备；

（三）有健全的检验检测管理制度、检验检测责任制度。

第四十三条 特种设备的监督检验、定期检验、型式试验和无损检测应当由依照本条例经核准的特种设备检验检测机构进行。

特种设备检验检测工作应当符合安全技术规范的要求。

第四十四条 从事本条例规定的监督检验、定期检验、型式试验和无损检测的特种设备检验检测人员应当经国务院特种设备安全监督管理部门组织考核合格，取得检验检测人员证书，方可从事检验检测工作。

检验检测人员从事检验检测工作，必须在特种设备检验检测机构执业，但不得同时在两个以上检验检测机构中执业。

第四十五条 特种设备检验检测机构和检验检测人员进行特种设备检验检测，应当遵循诚信原则和方便企业的原则，为特种设备生产、使用单位提供可靠、便捷的检验检测服务。

特种设备检验检测机构和检验检测人员对涉及的被检验检测单位的商业秘密，负有保密义务。

第四十六条 特种设备检验检测机构和检验检测人员应当客观、公正、及时地出具检验检测结果、鉴定结论。检验检测结果、鉴定结论经检验检测人员签字后，由检验检测机构负责人签署。

特种设备检验检测机构和检验检测人员对检验检测结果、鉴定结论负责。

国务院特种设备安全监督管理部门应当组织对特种设备检验检测机构的检验检测结果、鉴定结论进行监督抽查。县以上地方负责特种设备安全监督管理的部门在本行政区域内也可以组织监督抽查，但是要防止重复抽查。监督抽查结果应当向社会公布。

第四十七条 特种设备检验检测机构和检验检测人员不得从事特种设备的生产、销售，不得以其名义推荐或者监制、监销特种设备。

第四十八条 特种设备检验检测机构进行特种设备检验检测，发现严重事故隐患或者能耗严重超标的，应当及时告知特种设备使用单位，并立即向特种设备安全监督管理部门报告。

第四十九条 特种设备检验检测机构和检验检测人员利用检验检测工作故意刁难特种设备生产、使用单位，特种设备生产、使用单位有权向特种设备安全监督管理部门投诉，接到投诉的特种设备安全监督管理部门应当及时进行调查处理。

第五章　监督检查

第五十条　特种设备安全监督管理部门依照本条例规定，对特种设备生产、使用单位和检验检测机构实施安全监察。

对学校、幼儿园以及车站、客运码头、商场、体育场馆、展览馆、公园等公众聚集场所的特种设备，特种设备安全监督管理部门应当实施重点安全监察。

第五十一条　特种设备安全监督管理部门根据举报或者取得的涉嫌违法证据，对涉嫌违反本条例规定的行为进行查处时，可以行使下列职权：

（一）向特种设备生产、使用单位和检验检测机构的法定代表人、主要负责人和其他有关人员调查、了解与涉嫌从事违反本条例的生产、使用、检验检测有关的情况；

（二）查阅、复制特种设备生产、使用单位和检验检测机构的有关合同、发票、账簿以及其他有关资料；

（三）对有证据表明不符合安全技术规范要求的或者有其他严重事故隐患、能耗严重超标的特种设备，予以查封或者扣押。

第五十二条　依照本条例规定实施许可、核准、登记的特种设备安全监督管理部门，应当严格依照本条例规定条件和安全技术规范要求对有关事项进行审查；不符合本条例规定条件和安全技术规范要求的，不得许可、核准、登记；在申请办理许可、核准期间，特种设备安全监督管理部门发现申请人未经许可从事特种设备相应活动或者伪造许可、核准证书的，不予受理或者不予许可、核准，并在1年内不再受理其新的许可、核准申请。

未依法取得许可、核准、登记的单位擅自从事特种设备的生产、使用或者检验检测活动的，特种设备安全监督管理部门应当依法予以处理。

违反本条例规定，被依法撤销许可的，自撤销许可之日起3年内，特种设备安全监督管理部门不予受理其新的许可申请。

第五十三条　特种设备安全监督管理部门在办理本条例规定的有关行政审批事项时，其受理、审查、许可、核准的程序必须公开，并应当自受理申请之日起30日内，作出许可、核准或者不予许可、核准的决定；不予许可、核准的，应当书面向申请人说明理由。

第五十四条　地方各级特种设备安全监督管理部门不得以任何形式进行地方保护和地区封锁，不得对已经依照本条例规定在其他地方取得许可的特种设备生产单位重复进行许可，也不得要求对依照本条例规定在其他地方检验检测合格的特种设备，重复进行检验检测。

第五十五条　特种设备安全监督管理部门的安全监察人员（以下简称特种设备安全监察人员）应当熟悉相关法律、法规、规章和安全技术规范，具有相应的专业知识和工作经验，并经国务院特种设备安全监督管理部门考核，取得特种设备安全监察人员证书。

特种设备安全监察人员应当忠于职守、坚持原则、秉公执法。

第五十六条　特种设备安全监督管理部门对特种设备生产、使用单位和检验检测机构实施安全监察时，应当有两名以上特种设备安全监察人员参加，并出示有效的特种设备安全监察人员证件。

第五十七条　特种设备安全监督管理部门对特种设备生产、使用单位和检验检测机构实施安全监察，应当对每次安全监察的内容、发现的问题及处理情况，作出记录，并由参加安全监察的特种设备安全监察人员和被检查单位的有关负责人签字后归档。被检查单位的有关负责人拒绝签字的，特种设备安全监察人员应当将情况记录在案。

第五十八条　特种设备安全监督管理部门对特种设备生产、使用单位和检验检测机构进行安全监察时，发现有违反本条例规定和安全技术规范要求的行为或者在用的特种设备存在事故隐患、不符合能效指标的，应当以书面形式发出特种设备安全监察指令，责令有关单位及时采取措施，予以改正或者消除事故隐患。紧急情况下需要采取紧急处置措施的，应当随后补发书面通知。

第五十九条　特种设备安全监督管理部门对特种设备生产、使用单位和检验检测机构进行安全监察，发现重大违法行为或者严重事故隐患时，应当在采取必要措施的同时，及时向上级特种设备安全监督管理部门报告。接到报告的特种设备安全监督管理部门应当采取必要措施，及时予以处理。

对违法行为、严重事故隐患或者不符合能效指标的处理需要当地人民政府和有关部门的支持、配合时，特种设备安全监督管理部门应当报告当地人民政府，并通知其他有关部门。当地人民政府和其他有关部门应当采取必要措施，及时予以处理。

第六十条　国务院特种设备安全监督管理部门和省、自治区、直辖市特种设备安全监督管理部门应当定期向社会公布特种设备安全以及能效状况。

公布特种设备安全以及能效状况，应当包括下列内容：

（一）特种设备质量安全状况；

（二）特种设备事故的情况、特点、原因分析、防范对策；

（三）特种设备能效状况；

（四）其他需要公布的情况。

第六章　事故预防和调查处理

第六十一条　有下列情形之一的，为特别重大事故：

（一）特种设备事故造成 30 人以上死亡，或者 100 人以上重伤（包括急性工业中毒，下同），或者 1 亿元以上直接经济损失的；

（二）600 兆瓦以上锅炉爆炸的；

（三）压力容器、压力管道有毒介质泄漏，造成 15 万人以上转移的；

（四）客运索道、大型游乐设施高空滞留 100 人以上并且时间在 48 小时以上的。

第六十二条　有下列情形之一的，为重大事故：

（一）特种设备事故造成 10 人以上 30 人以下死亡，或者 50 人以上 100 人以下重伤，或者 5000 万元以上 1 亿元以下直接经济损失的；

（二）600 兆瓦以上锅炉因安全故障中断运行 240 小时以上的；

（三）压力容器、压力管道有毒介质泄漏，造成 5 万人以上 15 万人以下转移的；

（四）客运索道、大型游乐设施高空滞留 100 人以上并且时间在 24 小时以上 48 小时以下的。

第六十三条　有下列情形之一的，为较大事故：

（一）特种设备事故造成 3 人以上 10 人以下死亡，或者 10 人以上 50 人以下重伤，或者 1000 万元以上 5000 万元以下直接经济损失的；

（二）锅炉、压力容器、压力管道爆炸的；

（三）压力容器、压力管道有毒介质泄漏，造成 1 万人以上 5 万人以下转移的；

（四）起重机械整体倾覆的；

（五）客运索道、大型游乐设施高空滞留人员 12 小时以上的。

第六十四条　有下列情形之一的，为一般事故：

（一）特种设备事故造成 3 人以下死亡，或者 10 人以下重伤，或者 1 万元以上 1000 万元以下直接经济损失的；

（二）压力容器、压力管道有毒介质泄漏，造成 500 人以上 1 万人以下转移的；

（三）电梯轿厢滞留人员 2 小时以上的；

（四）起重机械主要受力结构件折断或者起升机构坠落的；

（五）客运索道高空滞留人员 3.5 小时以上 12 小时以下的；

（六）大型游乐设施高空滞留人员 1 小时以上 12 小时以下的。

除前款规定外，国务院特种设备安全监督管理部门可以对一般事故的其他情形做出补充规定。

第六十五条　特种设备安全监督管理部门应当制定特种设备应急预案。特种设备使用单位应当制定事故应急专项预案，并定期进行事故应急演练。

压力容器、压力管道发生爆炸或者泄漏，在抢险救援时应当区分介质特性，严格按照相关预案规定程序处理，防止二次爆炸。

第六十六条　特种设备事故发生后，事故发生单位应当立即启动事故应急预案，组织抢救，防止事故扩大，减少人员伤亡和财产损失，并及时向事故发生地县以上特种设备安全监督管理部门和有关部门报告。

县以上特种设备安全监督管理部门接到事故报告，应当尽快核实有关情况，立即向所在地人民政府报告，并逐级上报事故情况。必要时，特种设备安全监督管理部门可以越级上报事故情况。对特别重大事故、重大事故，国务院特种设备安全监督管理部门应当立即报告国务院并通报国务院安全生产监督管理部门等有关部门。

第六十七条　特别重大事故由国务院或者国务院授权有关部门组织事故调查组进行调查。

重大事故由国务院特种设备安全监督管理部门会同有关部门组织事故调查组进行调查。

较大事故由省、自治区、直辖市特种设备安全监督管理部门会同有关部门组织事故调查组进行调查。

一般事故由设区的市的特种设备安全监督管理部门会同有关部门组织事故调查组进行调查。

第六十八条　事故调查报告应当由负责组织事故调查的特种设备安全监督管理部门的所在地人民政府批复，并报上一级特种设备安全监督管理部门备案。

有关机关应当按照批复，依照法律、行政法规规定的权限和程序，对事故责任单位和有关人员进行行政处罚，对负有事故责任的国家工作人员进行处分。

第六十九条　特种设备安全监督管理部门应当在有关地方人民政府的领导下，组织开展特种设备事故调查处理工作。

有关地方人民政府应当支持、配合上级人民政府或者特种设备安全监督管理部门的事故调查处理工作，并提供必要的便利条件。

第七十条 特种设备安全监督管理部门应当对发生事故的原因进行分析，并根据特种设备的管理和技术特点、事故情况对相关安全技术规范进行评估；需要制定或者修订相关安全技术规范的，应当及时制定或者修订。

第七十一条 本章所称的“以上”包括本数，所称的“以下”不包括本数。

第七章 法律责任

第七十二条 未经许可，擅自从事压力容器设计活动的，由特种设备安全监督管理部门予以取缔，处5万元以上20万元以下罚款；有违法所得的，没收违法所得；触犯刑律的，对负有责任的主管人员和其他直接责任人员依照刑法关于非法经营罪或者其他罪的规定，依法追究刑事责任。

第七十三条 锅炉、气瓶、氧舱和客运索道、大型游乐设施以及高耗能特种设备的设计文件，未经国务院特种设备安全监督管理部门核准的检验检测机构鉴定，擅自用于制造的，由特种设备安全监督管理部门责令改正，没收非法制造的产品，处5万元以上20万元以下罚款；触犯刑律的，对负有责任的主管人员和其他直接责任人员依照刑法关于生产、销售伪劣产品罪、非法经营罪或者其他罪的规定，依法追究刑事责任。

第七十四条 按照安全技术规范的要求应当进行型式试验的特种设备产品、部件或者试制特种设备新产品、新部件，未进行整机或者部件型式试验的，由特种设备安全监督管理部门责令限期改正；逾期未改正的，处2万元以上10万元以下罚款。

第七十五条 未经许可，擅自从事锅炉、压力容器、电梯、起重机械、客运索道、大型游乐设施、场(厂)内专用机动车辆及其安全附件、安全保护装置的制造、安装、改造以及压力管道元件的制造活动的，由特种设备安全监督管理部门予以取缔，没收非法制造的产品，已经实施安装、改造的，责令恢复原状或者责令限期由取得许可的单位重新安装、改造，处10万元以上50万元以下罚款；触犯刑律的，对负有责任的主管人员和其他直接责任人员依照刑法关于生产、销售伪劣产品罪、非法经营罪、重大责任事故罪或者其他罪的规定，依法追究刑事责任。

第七十六条 特种设备出厂时，未按照安全技术规范的要求附有设计文件、产品质量合格证明、安装及使用维修说明、监督检验证明等文件的，由特种设备安全监督管理部门责令改正；情节严重的，责令停止生产、销售，处违法生产、销售货值金额30%以下罚款；有违法所得的，没收违法所得。

第七十七条 未经许可，擅自从事锅炉、压力容器、电梯、起重机械、客运索道、大型游乐设施、场(厂)内专用机动车辆的维修或者日常维护保养的，由特种设备安全监督管理部门予以取缔，处1万元以上5万元以下罚款；有违法所得的，没收违法所得；触犯刑律的，对负有责任的主管人员和其他直接责任人员依照刑法关于非法经营罪、重大责任事故罪或者其他罪的规定，依法追究刑事责任。

第七十八条 锅炉、压力容器、电梯、起重机械、客运索道、大型游乐设施的安装、改造、维修的施工单位以及场(厂)内专用机动车辆的改造、维修单位，在施工前未将拟进行的特种设备安装、改造、维修情况书面告知直辖市或者设区的市的特种设备安全监督管理部门即行施工的，或者在验收后30日内未将有关技术资料移交锅炉、压力容器、电梯、起重机械、客运索道、大型游乐设施的使用单位的，由特种设备安全监督管理部门责令限期改正；逾期未改正的，处2000元以上1万元以下罚款。

第七十九条 锅炉、压力容器、压力管道元件、起重机械、大型游乐设施的制造过程和锅炉、压力容器、电梯、起重机械、客运索道、大型游乐设施的安装、改造、重大维修过程，以及锅炉清洗过程，未经国务院特种设备安全监督管理部门核准的检验检测机构按照安全技术规范的要求进行监督检验的，由特种设备安全监督管理部门责令改正，已经出厂的，没收违法生产、销售的产品，已经实施安装、改造、重大维修或者清洗的，责令限期进行监督检验，处5万元以上20万元以下罚款；有违法所得的，没收违法所得；情节严重的，撤销制造、安装、改造或者维修单位已经取得的许可，并由工商行政管理部门吊销其营业执照；触犯刑律的，对负有责任的主管人员和其他直接责任人员依照刑法关于生产、销售伪劣产品罪或者其他罪的规定，依法追究刑事责任。

第八十条 未经许可，擅自从事移动式压力容器或者气瓶充装活动的，由特种设备安全监督管理部门予以取缔，没收违法充装的气瓶，处10万元以上50万元以下罚款；有违法所得的，没收违法所得；触犯刑律的，对负有责任的主管人员和其他直接责任人员依照刑法关于非法经营罪或者其他罪的规定，依法追究刑事责任。

移动式压力容器、气瓶充装单位未按照安全技术规范的要求进行充装活动的，由特种设备安全监督管理部门责令改正，处2万元以上10万元以下罚款；情节严重的，撤销其充装资格。

第八十一条 电梯制造单位有下列情形之一的，由特种设备安全监督管理部门责令限期改正；逾期未改正的，予以通报批评：

（一）未依照本条例第十九条的规定对电梯进行校验、调试的；

（二）对电梯的安全运行情况进行跟踪调查和了解时，发现存在严重事故隐患，未及时向特种设备安全监督管理部门报告的。

第八十二条 已经取得许可、核准的特种设备生产单位、检验检测机构有下列行为之一的，由特种设备安全监督管理部门责令改正，处2万元以上10万元以下罚款；情节严重的，撤销其相应资格：

（一）未按照安全技术规范的要求办理许可证变更手续的；

（二）不再符合本条例规定或者安全技术规范要求的条件，继续从事特种设备生产、检验检测的；

（三）未依照本条例规定或者安全技术规范要求进行特种设备生产、检验检测的；

（四）伪造、变造、出租、出借、转让许可证书或者监督检验报告的。

第八十三条 特种设备使用单位有下列情形之一的，由特种设备安全监督管理部门责令限期改正；逾期未改正的，处2000元以上2万元以下罚款；情节严重的，责令停止使用或者停产停业整顿：

（一）特种设备投入使用前或者投入使用后30日内，未向特种设备安全监督管理部门登记，擅自将其投入使用的；

（二）未依照本条例第二十六条的规定，建立特种设备安全技术档案的；

（三）未依照本条例第二十七条的规定，对在用特种设备进行经常性日常维护保养和定期自行检查的，或者对在用特种设备的安全附件、安全保护装置、测量调控装置及有关附属仪器仪表进行定期校验、检修，并作出记录的；

（四）未按照安全技术规范的定期检验要求，在安全检验合格有效期届满前1个月向特种设备检验检测机构提出定期检验要求的；

（五）使用未经定期检验或者检验不合格的特种设备的；

（六）特种设备出现故障或者发生异常情况，未对其进行全面检查、消除事故隐患，继续投入使用的；

（七）未制定特种设备事故应急专项预案的；

（八）未依照本条例第三十一条第二款的规定，对电梯进行清洁、润滑、调整和检查的；

（九）未按照安全技术规范要求进行锅炉水（介）质处理的；

（十）特种设备不符合能效指标，未及时采取相应措施进行整改的。

特种设备使用单位使用未取得生产许可的单位生产的特种设备或者将非承压锅炉、非压力容器作为承压锅炉、压力容器使用的，由特种设备安全监督管理部门责令停止使用，予以没收，处2万元以上10万元以下罚款。

第八十四条 特种设备存在严重事故隐患，无改造、维修价值，或者超过安全技术规范规定的使用年限，特种设备使用单位未予以报废，并向原登记的特种设备安全监督管理部门办理注销的，由特种设备安全监督管理部门责令限期改正；逾期未改正的，处5万元以上20万元以下罚款。

第八十五条 电梯、客运索道、大型游乐设施的运营使用单位有下列情形之一的，由特种设备安全监督管理部门责令限期改正；逾期未改正的，责令停止使用或者停产停业整顿，处1万元以上5万元以下罚款：

（一）客运索道、大型游乐设施每日投入使用前，未进行试运行和例行安全检查，并对安全装置进行检查确认的；

（二）未将电梯、客运索道、大型游乐设施的安全注意事项和警示标志置于易于为乘客注意的显著位置的。

第八十六条 特种设备使用单位有下列情形之一的，由特种设备安全监督管理部门责令限期改正；逾期未改正的，责令停止使用或者停产停业整顿，处2000元以上2万元以下罚款：

（一）未依照本条例规定设置特种设备安全管理机构或者配备专职、兼职的安全管理人员的；

（二）从事特种设备作业的人员，未取得相应特种作业人员证书，上岗作业的；

（三）未对特种设备作业人员进行特种设备安全教育和培训的。

第八十七条 发生特种设备事故，有下列情形之一的，对单位，由特种设备安全监督管理部门处5万元以上20万元以下罚款；对主要负责人，由特种设备安全监督管理部门处4000元以上2万元以下罚款；属于国家工作人员的，依法给予处分；触犯刑律的，依照刑法关于重大责任事故罪或者其他罪的规定，依法追究刑事责任：

（一）特种设备使用单位的主要负责人在本单位发生特种设备事故时，不立即组织抢救或者在事故调查处理期间擅离职守或者逃匿的；

（二）特种设备使用单位的主要负责人对特种设备事故隐瞒不报、谎报或者拖延不报的。

第八十八条　对事故发生负有责任的单位，由特种设备安全监督管理部门依照下列规定处以罚款：

（一）发生一般事故的，处10万元以上20万元以下罚款；

（二）发生较大事故的，处20万元以上50万元以下罚款；

（三）发生重大事故的，处50万元以上200万元以下罚款。

第八十九条　对事故发生负有责任的单位的主要负责人未依法履行职责，导致事故发生的，由特种设备安全监督管理部门依照下列规定处以罚款；属于国家工作人员的，并依法给予处分；触犯刑律的，依照刑法关于重大责任事故罪或者其他罪的规定，依法追究刑事责任：

（一）发生一般事故的，处上一年年收入30%的罚款；

（二）发生较大事故的，处上一年年收入40%的罚款；

（三）发生重大事故的，处上一年年收入60%的罚款。

第九十条　特种设备作业人员违反特种设备的操作规程和有关的安全规章制度操作，或者在作业过程中发现事故隐患或者其他不安全因素，未立即向现场安全管理人员和单位有关负责人报告的，由特种设备使用单位给予批评教育、处分；情节严重的，撤销特种设备作业人员资格；触犯刑律的，依照刑法关于重大责任事故罪或者其他罪的规定，依法追究刑事责任。

第九十一条　未经核准，擅自从事本条例所规定的监督检验、定期检验、型式试验以及无损检测等检验检测活动的，由特种设备安全监督管理部门予以取缔，处5万元以上20万元以下罚款；有违法所得的，没收违法所得；触犯刑律的，对负有责任的主管人员和其他直接责任人员依照刑法关于非法经营罪或者其他罪的规定，依法追究刑事责任。

第九十二条　特种设备检验检测机构，有下列情形之一的，由特种设备安全监督管理部门处2万元以上10万元以下罚款；情节严重的，撤销其检验检测资格：

（一）聘用未经特种设备安全监督管理部门组织考核合格并取得检验检测人员证书的人员，从事相关检验检测工作的；

（二）在进行特种设备检验检测中，发现严重事故隐患或者能耗严重超标，未及时告知特种设备使用单位，并立即向特种设备安全监督管理部门报告的。

第九十三条　特种设备检验检测机构和检验检测人员，出具虚假的检验检测结果、鉴定结论或者检验检测结果、鉴定结论严重失实的，由特种设备安全监督管理部门对检验检测机构没收违法所得，处5万元以上20万元以下罚款，情节严重的，撤销其检验检测资格；对检验检测人员处5000元以上5万元以下罚款，情节严重的，撤销其检验检测资格，触犯刑律的，依照刑法关于中介组织人员提供虚假证明文件罪、中介组织人员出具证明文件重大失实罪或者其他罪的规定，依法追究刑事责任。

特种设备检验检测机构和检验检测人员，出具虚假的检验检测结果、鉴定结论或者检验检测结果、鉴定结论严重失实，造成损害的，应当承担赔偿责任。

第九十四条　特种设备检验检测机构或者检验检测人员从事特种设备的生产、销售，或者以其名义推荐或者监制、监销特种设备的，由特种设备安全监督管理部门撤销特种设备检验检测机构和检验检测人员的资格，处5万元以上20万元以下罚款；有违法所得的，没收违法所得。

第九十五条　特种设备检验检测机构和检验检测人员利用检验检测工作故意刁难特种设备生产、使用单位，由特种设备安全监督管理部门责令改正；拒不改正的，撤销其检验检测资格。

第九十六条　检验检测人员，从事检验检测工作，不在特种设备检验检测机构执业或者同时在两个以上检验检测机构中执业的，由特种设备安全监督管理部门责令改正，情节严重的，给予停止执业6个月以上2年以下的处罚；有违法所得的，没收违法所得。

第九十七条　特种设备安全监督管理部门及其特种设备安全监察人员，有下列违法行为之一的，对直接负责的主管人员和其他直接责任人员，依法给予降级或者撤职的处分；触犯刑律的，依照刑法关于受贿罪、滥用职权罪、玩忽职守罪或者其他罪的规定，依法追究刑事责任：

（一）不按照本条例规定的条件和安全技术规范要求，实施许可、核准、登记的；

（二）发现未经许可、核准、登记擅自从事特种设备的生产、使用或者检验检测活动不予取缔或者不依法予以处理的；

（三）发现特种设备生产、使用单位不再具备本条例规定的条件而不撤销其原许可，或者发现特种设备生产、使用违法行为不予查处的；

（四）发现特种设备检验检测机构不再具备本条例规定的条件而不撤销其原核准，或者对其出具虚假的检验检测结果、鉴定结论或者检验检测结果、鉴定结论严重失实的行为不予查处的；

（五）对依照本条例规定在其他地方取得许可的特种设备生产单位重复进行许可，或者对依照本条例规定在其他地方检验检测合格的特种设备，重复进行检验检测的；

（六）发现有违反本条例和安全技术规范的行为或者在用的特种设备存在严重事故隐患，不立即处理的；

（七）发现重大的违法行为或者严重事故隐患，未及时向上级特种设备安全监督管理部门报告，或者接到报告的特种设备安全监督管理部门不立即处理的；

（八）迟报、漏报、瞒报或者谎报事故的；

（九）妨碍事故救援或者事故调查处理的。

第九十八条　特种设备的生产、使用单位或者检验检测机构，拒不接受特种设备安全监督管理部门依法实施的安全监察的，由特种设备安全监督管理部门责令限期改正；逾期未改正的，责令停产停业整顿，处2万元以上10万元以下罚款；触犯刑律的，依照刑法关于妨害公务罪或者其他罪的规定，依法追究刑事责任。

特种设备生产、使用单位擅自动用、调换、转移、损毁被查封、扣押的特种设备或者其主要部件的，由特种设备安全监督管理部门责令改正，处5万元以上20万元以下罚款；情节严重的，撤销其相应资格。

第八章　附　　则

第九十九条　本条例下列用语的含义是：

（一）锅炉，是指利用各种燃料、电或者其他能源，将所盛装的液体加热到一定的参数，并对外输出热能的设备，其范围规定为容积大于或者等于30L的承压蒸汽锅炉；出口水压大于或者等于0.1MPa（表压），且额定功率大于或者等于0.1MW的承压热水锅炉；有机热载体锅炉。

（二）压力容器，是指盛装气体或者液体，承载一定压力的密闭设备，其范围规定为最高工作压力大于或者等于0.1MPa（表压），且压力与容积的乘积大于或者等于2.5MPa·L的气体、液化气体和最高工作温度高于或者等于标准沸点的液体的固定式容器和移动式容器；盛装公称工作压力大于或者等于0.2MPa（表压），且压力与容积的乘积大于或者等于1.0MPa·L的气体、液化气体和标准沸点等于或者低于60℃液体的气瓶；氧舱等。

（三）压力管道，是指利用一定的压力，用于输送气体或者液体的管状设备，其范围规定为最高工作压力大于或者等于0.1MPa（表压）的气体、液化气体、蒸汽介质或者可燃、易爆、有毒、有腐蚀性、最高工作温度高于或者等于标准沸点的液体介质，且公称直径大于25mm的管道。

（四）电梯，是指动力驱动，利用沿刚性导轨运行的箱体或者沿固定线路运行的梯级（踏步），进行升降或者平行运送人、货物的机电设备，包括载人（货）电梯、自动扶梯、自动人行道等。

（五）起重机械，是指用于垂直升降或者垂直升降并水平移动重物的机电设备，其范围规定为额定起重量大于或者等于0.5t的升降机；额定起重量大于或者等于1t，且提升高度大于或者等于2m的起重机和承重形式固定的电动葫芦等。

（六）客运索道，是指动力驱动，利用柔性绳索牵引箱体等运载工具运送人员的机电设备，包括客运架空索道、客运缆车、客运拖牵索道等。

（七）大型游乐设施，是指用于经营目的，承载乘客游乐的设施，其范围规定为设计最大运行线速度大于或者等于2m/s，或者运行高度距地面高于或者等于2m的载人大型游乐设施。

（八）场（厂）内专用机动车辆，是指除道路交通、农用车辆以外仅在工厂厂区、旅游景区、游乐场所等特定区域使用的专用机动车辆。

特种设备包括其所用的材料、附属的安全附件、安全保护装置和与安全保护装置相关的设施。

第一百条　压力管道设计、安装、使用的安全监督管理办法由国务院另行制定。

第一百零一条　国务院特种设备安全监督管理部门可以授权省、自治区、直辖市特种设备安全监督管理部门负责本条例规定的特种设备行政许可工作，具体办法由国务院特种设备安全监督管理部门制定。

第一百零二条　特种设备行政许可、检验检测，应当按照国家有关规定收取费用。

第一百零三条　本条例自2003年6月1日起施行。1982年2月6日国务院发布的《锅炉压力容器安全监察暂行条例》同时废止。

特种设备作业人员监督管理办法

1. 2005年1月10日国家质量监督检验检疫总局令第70号公布

2. 根据2011年5月3日国家质量监督检验检疫总局令第140号《关于修改〈特种设备作业人员监督管理办法〉的决定》修订

第一章　总　　则

第一条　为了加强特种设备作业人员监督管理工作，规范作业人员考核发证程序，保障特种设备安全运行，根据《中华人民共和国行政许可法》、《特种设备安全监察条例》和《国务院对确需保留的行政审批项目设定行政许可的决定》，制定本办法。

第二条　锅炉、压力容器（含气瓶）、压力管道、电梯、起重机械、客运索道、大型游乐设施、场（厂）内专用机动车辆等特种设备的作业人员及其相关管理人员统称特种设备作业人员。特种设备作业人员作业种类与项目目录由国家质量监督检验检疫总局统一发布。

从事特种设备作业的人员应当按照本办法的规定，经考核合格取得《特种设备作业人员证》，方可从事相应的作业或者管理工作。

第三条　国家质量监督检验检疫总局（以下简称国家质检总局）负责全国特种设备作业人员的监督管理，县以上质量技术监督部门负责本辖区内的特种设备作业人员的监督管理。

第四条　申请《特种设备作业人员证》的人员，应当首先向省级质量技术监督部门指定的特种设备作业人员考试机构（以下简称考试机构）报名参加考试。

对特种设备作业人员数量较少不需要在各省、自治区、直辖市设立考试机构的，由国家质检总局指定考试机构。

第五条　特种设备生产、使用单位（以下统称用人单位）应当聘（雇）用取得《特种设备作业人员证》的人员从事相关管理和作业工作，并对作业人员进行严格管理。

特种设备作业人员应当持证上岗，按章操作，发现隐患及时处置或者报告。

第二章　考试和审核发证程序

第六条　特种设备作业人员考核发证工作由县以上质量技术监督部门分级负责。省级质量技术监督部门决定具体的发证分级范围，负责对考核发证工作的日常监督管理。

申请人经指定的考试机构考试合格的，持考试合格凭证向考试场所所在地的发证部门申请办理《特种设备作业人员证》。

第七条　特种设备作业人员考试机构应当具备相应的场所、设备、师资、监考人员以及健全的考试管理制度等必备条件和能力，经发证部门批准，方可承担考试工作。

发证部门应当对考试机构进行监督，发现问题及时处理。

第八条　特种设备作业人员考试和审核发证程序包括：考试报名、考试、领证申请、受理、审核、发证。

第九条　发证部门和考试机构应当在办公处所公布本办法、考试和审核发证程序、考试作业人员种类、报考具体条件、收费依据和标准、考试机构名称及地点、考试计划等事项。其中，考试报名时间、考试科目、考试地点、考试时间等具体考试计划事项，应当在举行考试之日2个月前公布。

有条件的应当在有关网站、新闻媒体上公布。

第十条　申请《特种设备作业人员证》的人员应当符合下列条件：

（一）年龄在18周岁以上；

（二）身体健康并满足申请从事的作业种类对身体的特殊要求；

（三）有与申请作业种类相适应的文化程度；

（四）具有相应的安全技术知识与技能；

（五）符合安全技术规范规定的其他要求。

作业人员的具体条件应当按照相关安全技术规范的规定执行。

第十一条　用人单位应当对作业人员进行安全教育和培训，保证特种设备作业人员具备必要的特种设备安全作业知识、作业技能和及时进行知识更新。作业人员未能参加用人单位培训的，可以选择专业培训机构进行培训。

作业人员培训的内容按照国家质检总局制定的相关作业人员培训考核大纲等安全技术规范执行。

第十二条　符合条件的申请人员应当向考试机构提交有关证明材料，报名参加考试。

第十三条　考试机构应当制订和认真落实特种设备作业人员的考试组织工作的各项规章制度，严格按照公开、公正、公平的原则，组织实施特种设备作业人员的考试，确保考试工作质量。

第十四条　考试结束后，考试机构应当在20个工作日内将考试结果告知申请人，并公布考试成绩。

第十五条　考试合格的人员，凭考试结果通知单和其他相关证明材料，向发证部门申请办理《特种设备作业人员证》。

第十六条　发证部门应当在5个工作日内对报送材料进行审查，或者告知申请人补正申请材料，并作出是否受理的决定。能够当场审查的，应当当场办理。

第十七条　对同意受理的申请，发证部门应当在20个工作日内完成审核批准手续。准予发证的，在10个工作日内向申请人颁发《特种设备作业人员证》；不予发证的，应当书面说明理由。

第十八条　特种设备作业人员考核发证工作遵循便民、公开、高效的原则。为方便申请人办理考核发证事项，发证部门可以将受理和发放证书的地点设在考试报名地点，并在报名考试时委托考试机构对申请人是否符合报考条件进行审查，考试合格后发证部门可以直接办理受理手续和审核、发证事项。

第三章　证书使用及监督管理

第十九条　持有《特种设备作业人员证》的人员，必须经用人单位的法定代表人（负责人）或者其授权人雇（聘）用后，方可在许可的项目范围内作业。

第二十条　用人单位应当加强对特种设备作业现场和作业人员的管理，履行下列义务：

（一）制订特种设备操作规程和有关安全管理制度；

（二）聘用持证作业人员，并建立特种设备作业人员管理档案；

（三）对作业人员进行安全教育和培训；

（四）确保持证上岗和按章操作；

（五）提供必要的安全作业条件；

（六）其他规定的义务。

用人单位可以指定一名本单位管理人员作为特种设备安全管理负责人，具体负责前款规定的相关工作。

第二十一条　特种设备作业人员应当遵守以下规定：

（一）作业时随身携带证件，并自觉接受用人单位的安全管理和质量技术监督部门的监督检查；

（二）积极参加特种设备安全教育和安全技术培训；

（三）严格执行特种设备操作规程和有关安全规章制度；

（四）拒绝违章指挥；

（五）发现事故隐患或者不安全因素应当立即向现场管理人员和单位有关负责人报告；

（六）其他有关规定。

第二十二条　《特种设备作业人员证》每4年复审一次。持证人员应当在复审期届满3个月前，向发证部门提出复审申请。对持证人员在4年内符合有关安全技术规范规定的不间断作业要求和安全、节能教育培训要求，且无违章操作或者管理等不良记录、未造成事故的，发证部门应当按照有关安全技术规范的规定准予复审合格，并在证书正本上加盖发证部门复审合格章。

复审不合格、逾期未复审的，其《特种设备作业人员证》予以注销。

第二十三条　有下列情形之一的，应当撤销《特种设备作业人员证》：

（一）持证作业人员以考试作弊或者以其他欺骗方式取得《特种设备作业人员证》的；

（二）持证作业人员违反特种设备的操作规程和有关的安全规章制度操作，情节严重的；

（三）持证作业人员在作业过程中发现事故隐患或者其他不安全因素未立即报告，情节严重的；

（四）考试机构或者发证部门工作人员滥用职权、玩忽职守、违反法定程序或者超越发证范围考核发证的；

（五）依法可以撤销的其他情形。

违反前款第（一）项规定的，持证人3年内不得再次申请《特种设备作业人员证》。

第二十四条　《特种设备作业人员证》遗失或者损毁的，持证人应当及时报告发证部门，并在当地媒体予以公告。查证属实的，由发证部门补办证书。

第二十五条　任何单位和个人不得非法印制、伪造、涂改、倒卖、出租或者出借《特种设备作业人员证》。

第二十六条　各级质量技术监督部门应当对特种设备作业活动进行监督检查，查处违法作业行为。

第二十七条　发证部门应当加强对考试机构的监督管理，及时纠正违规行为，必要时应当派人现场监督考试的有关活动。

第二十八条　发证部门要建立特种设备作业人员监督管理档案，记录考核发证、复审和监督检查的情况。发证、复审及监督检查情况要定期向社会公布。

发证部门应当在发证或者复审合格后20个工作日内，将特种设备作业人员相关信息录入国家质检总局特种设备作业人员公示查询系统。

第二十九条　特种设备作业人员考试报名、考试、领证申请、受理、审核、发证等环节的具体规定，以及考试机构的设立、《特种设备作业人员证》的注销和复审等事项，按照国家质检总局制定的特种设备作业人员考核规则等安全技术规范执行。

第四章　罚　　则

第三十条　申请人隐瞒有关情况或者提供虚假材料申请《特种设备作业人员证》的，不予受理或者不予批准发证，并在1年内不得再次申请《特种设备作业人员证》。

第三十一条　有下列情形之一的，责令用人单位改正，并处1000元以上3万元以下罚款：

（一）违章指挥特种设备作业的；

（二）作业人员违反特种设备的操作规程和有关的安全规章制度操作，或者在作业过程中发现事故隐患或者其他不安全因素未立即向现场管理人员和单位有关负责人报告，用人单位未给予批评教育或者处分的。

第三十二条　非法印制、伪造、涂改、倒卖、出租、出借《特种设备作业人员证》，或者使用非法印制、伪造、涂改、倒卖、出租、出借《特种设备作业人员证》的，处1000元以下罚款；构成犯罪的，依法追究刑事责任。

第三十三条　发证部门未按规定程序组织考试和审核发证，或者发证部门未对考试机构严格监督管理影响特种设备作业人员考试质量的，由上一级发证部门责令整改；情节严重的，其负责的特种设备作业人员的考核工作由上一级发证部门组织实施。

第三十四条　考试机构未按规定程序组织考试工作，责令整改；情节严重的，暂停或者撤销其批准。

第三十五条　发证部门或者考试机构工作人员滥用职权、玩忽职守、以权谋私的，应当依法给予行政处分；构成犯罪的，依法追究刑事责任。

第三十六条　特种设备作业人员未取得《特种设备作业人员证》上岗作业，或者用人单位未对特种设备作业人员进行安全教育和培训的，按照《特种设备安全监察条例》第八十六条的规定对用人单位予以处罚。

第五章　附　　则

第三十七条　《特种设备作业人员证》的格式、印制等事项由国家质检总局统一规定。

第三十八条　考试收费按照财政和价格主管部门的规定执行。省级质量技术监督部门负责对本辖区内《特种设备作业人员证》考试收费工作进行监督检查，并按有关规定通报相关部门。

第三十九条　本办法不适用于从事房屋建筑工地和市政工程工地起重机械、场（厂）内专用机动车辆作业及其相关管理的人员。

第四十条　本办法由国家质检总局负责解释。

第四十一条　本办法自2005年7月1日起施行。原有规定与本办法要求不一致的，以本办法为准。

特种设备事故报告和调查处理规定

1. 2022年1月20日国家市场监督管理总局令第50号公布
2. 自2022年3月1日起施行

第一章　总　　则

第一条　为了规范特种设备事故报告和调查处理工作，及时准确查清事故原因，明确事故责任，预防和减少事故发生，根据《中华人民共和国特种设备安全法》《特种设备安全监察条例》等有关法律、行政法规的规定，制定本规定。

第二条　本规定所称特种设备事故，是指列入特种设备目录的特种设备因其本体原因及其安全装置或者附件损坏、失效，或者特种设备相关人员违反特种设备法律法规规章、安全技术规范造成的事故。

第三条　以下情形不属于本规定所称特种设备事故：

（一）《中华人民共和国特种设备安全法》第一百条规定的特种设备造成的事故；

（二）自然灾害等不可抗力或者交通事故、火灾事故等外部因素引发的事故；

（三）人为破坏或者利用特种设备实施违法犯罪导致的事故；

（四）特种设备具备使用功能前或者在拆卸、报废、转移等非作业状态下发生的事故；

（五）特种设备作业、检验、检测人员因劳动保护措施不当或者缺失而发生的事故；

（六）场（厂）内专用机动车辆驶出规定的工厂厂区、旅游景区、游乐场所等特定区域发生的事故。

第四条　国家市场监督管理总局负责监督指导全国特种设备事故报告、调查和处理工作。

各级市场监督管理部门在本级人民政府的领导和上级市场监督管理部门指导下，依法开展特种设备事故报告、调查和处理工作。

第五条　特种设备事故报告应当及时、准确、完整，任何单位和个人不得迟报、漏报、谎报或者瞒报。

特种设备事故调查处理应当实事求是、客观公正、尊重科学，及时、准确地查清事故经过、事故原因和事故损失，查明事故性质，认定事故责任，提出处理建议和整改措施。

第六条 任何单位和个人不得阻挠和干涉特种设备事故报告、调查和处理工作。

对特种设备事故报告、调查和处理中的违法行为，任何单位和个人有权向市场监督管理部门和其他有关部门举报，接到举报的部门应当依法及时处理。

第二章 事故报告

第七条 特种设备发生事故后，事故现场有关人员应当立即向事故发生单位负责人报告；事故发生单位的负责人接到报告后，应当于 1 小时内向事故发生地的县级以上市场监督管理部门和有关部门报告。

情况紧急时，事故现场有关人员可以直接向事故发生地的县级以上市场监督管理部门报告。

第八条 市场监督管理部门接到有关特种设备事故报告后，应当立即组织查证核实。属于特种设备事故的，应当向本级人民政府报告，并逐级报告上级市场监督管理部门直至国家市场监督管理总局。每级上报的时间不得超过 2 小时。必要时，可以越级上报事故情况。

对于一般事故、较大事故，接到事故报告的市场监督管理部门应当及时通报同级有关部门。对于重大事故、特别重大事故，国家市场监督管理总局应当立即报告国务院并及时通报国务院有关部门。

事故发生地与事故发生单位所在地不在同一行政区域的，事故发生地市场监督管理部门应当及时通知事故发生单位所在地市场监督管理部门。事故发生单位所在地市场监督管理部门应当配合做好事故调查处理相关工作。

第九条 市场监督管理部门逐级上报事故信息，应当采用快捷便利的通讯方式进行上报，同时通过特种设备事故管理系统进行上报。现场无法通过特种设备事故管理系统上报的，应当在接到事故报告后 24 小时内通过系统进行补报。

第十条 事故报告应当包括以下内容：

（一）事故发生的时间、地点、单位概况以及特种设备种类；

（二）事故发生简要经过、现场破坏情况、已经造成或者可能造成的伤亡和涉险人数、初步估计的直接经济损失；

（三）已经采取的措施；

（四）报告人姓名、联系电话；

（五）其他有必要报告的情况。

第十一条 事故报告后出现新情况的，以及对情况尚未报告清楚的，应当及时逐级续报。

自事故发生之日起 30 日内，事故伤亡人数发生变化的，应当在发生变化的 24 小时内及时续报。

第十二条 事故发生地县级市场监督管理部门接到事故报告后，应当及时派员赶赴事故现场，并按照特种设备应急预案的分工，在当地人民政府的领导下积极组织开展事故应急救援工作。

上级市场监督管理部门认为有必要时，可以派员赶赴事故现场进行指导，事故发生地县级以上市场监督管理部门应当积极配合。

第十三条 各级市场监督管理部门应当依法组织制定特种设备事故应急预案，建立应急值班制度，并向社会公布值班电话，接收特种设备事故报告信息。

第三章 事故调查

第十四条 发生特种设备事故后，事故发生单位及其人员应当妥善保护事故现场以及相关证据，及时收集、整理有关资料，为事故调查做好准备；必要时，应当对设备、场地、资料进行封存，由专人看管。

第十五条 特种设备事故调查依据特种设备安全法律、行政法规的相关规定，实行分级负责。

市场监督管理部门接到事故报告后，经过现场初步判断，因客观原因暂时无法确定是否为特种设备事故的，应当及时报告本级人民政府，并按照本级人民政府的意见开展相关工作。

第十六条 对于跨区域发生、事故调查处理情形复杂、舆论关注和群众反响强烈的特种设备事故等情况，上级市场监督管理部门可以对事故调查进行督办，必要时可以直接进行调查。

自事故发生之日起 30 日内事故等级发生变化，依法应当由上级市场监督管理部门组织事故调查的，上级市场监督管理部门可以会同本级有关部门进行事故调查，也可以经本级人民政府批准，委托下级市场监督管理部门继续组织进行事故调查。

自事故发生之日起超过 30 日，事故造成的伤亡人数或者直接经济损失发生变化的，按照原事故等级组织事故调查。

第十七条 对无重大社会影响、无人员死亡且事故原因明晰的特种设备一般事故和较大事故，负责组织事故调查的市场监督管理部门，报本级人民政府批准后，可以由市场监督管理部门独立开展事故调查工作。必要时，经本级人民政府批准，可以委托下级市场监督管理部门组织事故调查。

第十八条 负责组织事故调查的市场监督管理部门应当报请本级人民政府批准成立事故调查组。

根据事故的具体情况，事故调查组一般应当由市场监督管理部门会同有关部门组成。

事故调查组组长由负责事故调查的市场监督管理部门负责人或者指定的人员担任。

第十九条　事故调查组应当履行下列职责：

（一）查清事故发生前的特种设备状况；

（二）查明事故经过、人员伤亡、特种设备损坏、直接经济损失情况及其它后果；

（三）分析事故原因；

（四）认定事故性质和事故责任；

（五）提出对事故责任单位和责任人员的处理建议；

（六）总结事故教训，提出防范类似事故发生和整改措施的建议；

（七）提交事故调查报告；

（八）整理并移交有关事故调查资料。

第二十条　事故调查组成员应当具有特种设备事故调查工作所需要的知识和专长，与事故发生单位及相关人员不存在直接利害关系。

事故调查组成员应当服从调查组组长领导，在事故调查工作中正确履行职责，诚信公正，遵守事故调查组的纪律，不得泄露有关事故调查信息。

第二十一条　根据事故调查工作需要，事故调查组可以聘请有关专家参与事故调查；所聘请的专家应当具备特种设备安全监督管理、生产、检验检测或者科研教学等相关工作经验。设区的市级以上市场监督管理部门可以根据事故调查工作需要，组建特种设备事故调查专家库。

第二十二条　事故调查组有权向有关单位和个人了解与事故有关的情况，并要求其提供相关文件、资料。有关单位和个人不得拒绝，并对所提供情况和文件、资料的真实性负责。

事故发生单位的负责人和有关人员在事故调查期间不得擅离职守，并应当随时接受事故调查组的询问。

第二十三条　事故调查组应当依法严格开展事故现场保护、勘察、询问及调查取证等相关工作。

事故调查期间未经事故调查组同意，任何单位和个人不得擅自移动事故相关设备，不得隐匿、毁灭有关资料、物品，不得伪造或者故意破坏事故现场。

第二十四条　事故调查中需要进行技术鉴定的，事故调查组应当委托相关单位进行技术鉴定，接受委托的单位应当出具技术鉴定报告，并对其结论负责。

第二十五条　事故调查组认为需要对特种设备事故进行直接经济损失评估的，可以委托依法成立的评估机构进行。接受委托的评估机构应当出具评估报告，并对其结论负责。

第二十六条　事故调查组应当在全面审查证据的基础上查明引发事故的原因，认定事故性质。

第二十七条　事故调查组应当根据事故的主要原因和次要原因，认定事故责任。

事故调查组应当根据责任单位和责任人员行为与特种设备事故发生及其后果之间的因果关系，以及在特种设备事故中的影响程度，认定责任单位和责任人员所负的责任。责任单位和责任人员所负的责任分为全部责任、主要责任和次要责任。

责任单位或者责任人员伪造或者故意破坏事故现场，毁灭、伪造或者隐匿证据，瞒报或者谎报事故等，致使事故责任无法认定的，应当承担全部责任。

第二十八条　事故调查组应当向组织事故调查的市场监督管理部门提交事故调查报告。事故调查报告应当包括下列内容：

（一）事故发生单位情况和发生事故设备情况；

（二）事故发生经过和事故救援情况；

（三）事故造成的人员伤亡、设备损坏程度和直接经济损失；

（四）事故发生的原因和事故性质；

（五）事故责任的认定以及对事故责任单位和责任人员的处理建议；

（六）事故防范和整改措施；

（七）技术鉴定报告等有关证据材料。

事故调查报告应当由事故调查组集体会审，并经事故调查组全体成员签名。事故调查组成员有不同意见的，可以提交个人签名的书面材料，附在事故调查报告内。

第二十九条　组织事故调查的市场监督管理部门应当按照规定程序对事故调查报告以及资料进行完整性审核。必要时，可以向事故调查组提出追加调查的要求。

第三十条　特种设备事故调查应当自事故调查组成立之日起60日内结束。特殊情况下，经组织调查的市场监督管理部门批准，事故调查期限可以适当延长，但延长的期限最长不超过60日。

经济损失评估时间与技术鉴定时间不计入事故调查期限。

因无法进行事故现场勘察的，事故调查期限从具备现场勘察条件之日起计算。

第四章　事故处理

第三十一条　事故调查结束后，组织事故调查的市场监督管理部门应当将事故调查报告报本级人民政府批复，并报上一级市场监督管理部门备案。

第三十二条　组织事故调查的市场监督管理部门应当在接到批复之日起15日内，将事故调查报告及批复意见送达有关地方人民政府及有关部门，并抄送事故发生单位、责任单位和责任人员。

第三十三条　市场监督管理部门及有关部门应当根据批复后的事故调查报告，依照法定权限和程序，对负有事故责任的相关单位和人员实施行政处罚，对负有事故责任的公职人员进行处分。

市场监督管理部门及其工作人员在特种设备事故调查和处理中存在违纪违法行为的，由纪检监察机关依法给予党纪政务处分。

涉嫌犯罪的，依法移送监察机关、司法机关处理。

第三十四条　事故发生单位及事故责任相关单位应当落实事故防范和整改措施。防范和整改措施的落实情况应当接受工会和职工的监督。

事故责任单位应当及时将防范和整改措施的落实情况报事故发生地的市级市场监督管理部门。

第三十五条　事故调查处理情况由组织调查的市场监督管理部门按照《中华人民共和国政府信息公开条例》的有关规定，依法向社会公开。

第三十六条　事故调查的有关资料应当由组织事故调查的市场监督管理部门归档保存。

归档保存的材料包括现场勘察笔录、技术鉴定报告、事故调查报告、事故批复文件等。

第三十七条　组织事故调查的市场监督管理部门应当在接到事故调查报告批复之日起30日内将事故调查报告和批复意见逐级上报至国家市场监督管理总局。

第三十八条　组织事故调查的市场监督管理部门对事故调查中发现的需要制定或者修订的有关法律法规、安全技术规范和标准，应当及时报告上级市场监督管理部门，提出制定或者修订建议。

第三十九条　各级市场监督管理部门应当定期对本行政区域特种设备事故的情况、特点、原因进行统计分析，根据特种设备的管理和技术特点、事故情况，研究制定有针对性的工作措施，防止和减少类似事故的发生。

第五章　附　　则

第四十条　本规定所涉及的事故报告、调查协调、统计分析、报送等具体工作，由负责组织事故调查的市场监督管理部门负责，也可以委托相关特种设备事故调查处理机构承担。

第四十一条　与特种设备相关的其他安全事故，相关人民政府指定由市场监督管理部门组织事故调查的，可以参照本规定进行。

第四十二条　本规定自2022年3月1日起施行。2009年7月3日原国家质量监督检验检疫总局令第115号公布的《特种设备事故报告和调查处理规定》同时废止。

特种设备安全监督检查办法

1. 2022年5月26日国家市场监督管理总局令第57号公布
2. 自2022年7月1日起施行

第一章　总　　则

第一条　为了规范特种设备安全监督检查工作，落实特种设备生产、经营、使用单位和检验、检测机构安全责任，根据《中华人民共和国特种设备安全法》《特种设备安全监察条例》等法律、行政法规，制定本办法。

第二条　市场监督管理部门对特种设备生产（包括设计、制造、安装、改造、修理）、经营、使用（含充装，下同）单位和检验、检测机构实施监督检查，适用本办法。

第三条　国家市场监督管理总局负责监督指导全国特种设备安全监督检查工作，可以根据需要组织开展监督检查。

县级以上地方市场监督管理部门负责本行政区域内的特种设备安全监督检查工作，根据上级市场监督管理部门部署或者实际工作需要，组织开展监督检查。

市场监督管理所依照市场监管法律、法规、规章有关规定以及上级市场监督管理部门确定的权限，承担相关特种设备安全监督检查工作。

第四条　特种设备安全监督检查工作应当遵循风险防控、分级负责、分类实施、照单履职的原则。

第二章　监督检查分类

第五条　特种设备安全监督检查分为常规监督检查、专项监督检查、证后监督检查和其他监督检查。

第六条　市场监督管理部门依照年度常规监督检查计划，对特种设备生产、使用单位实施常规监督检查。

常规监督检查的项目和内容按照国家市场监督管理总局的有关规定执行。

第七条　市级市场监督管理部门负责制定年度常规监督检查计划，确定辖区内市场监督管理部门任务分工，并分级负责实施。

年度常规监督检查计划应当报告同级人民政府。对特种设备生产单位开展的年度常规监督检查计划还应当同时报告省级市场监督管理部门。

第八条　常规监督检查应当采用“双随机、一公开”方式，随机抽取被检查单位和特种设备安全监督检查人员（以下简称检查人员），并定期公布监督检查结果。

常规监督检查对象库应当将取得许可资格且住所地在本辖区的特种设备生产单位和本辖区办理特种设备使用登记的使用单位全部纳入。

特种设备生产单位制造地与住所地不在同一辖区的，由制造地的市级市场监督管理部门纳入常规监督检查对象库。

第九条　市级市场监督管理部门应当根据特种设备安全状况，确定常规监督检查重点单位名录，并对重点单位加大抽取比例。

符合以下情形之一的，应当列入重点单位名录：

（一）学校、幼儿园以及医院、车站、客运码头、机场、商场、体育场馆、展览馆、公园、旅游景区等公众聚集场所的特种设备使用单位；

（二）近二年使用的特种设备发生过事故并对事故负有责任的；

（三）涉及特种设备安全的投诉举报较多，且经调查属实的；

（四）市场监督管理部门认为应当列入的其他情形。

第十条　市场监督管理部门为防范区域性、系统性风险，做好重大活动、重点工程以及节假日等重点时段安全保障，或者根据各级人民政府和上级市场监督管理部门的统一部署，在特定时间内对特定区域、领域的特种设备生产、经营、使用单位和检验、检测机构实施专项监督检查。

第十一条　组织专项监督检查的市场监督管理部门应当制定专项监督检查工作方案，明确监督检查的范围、任务分工、进度安排等要求。

专项监督检查工作方案应当要求特种设备生产、经营、使用单位和检验、检测机构开展自查自纠，并规定专门的监督检查项目和内容，或者参照常规监督检查的项目和内容执行。

第十二条　市场监督管理部门对其许可的特种设备生产、充装单位和检验、检测机构是否持续保持许可条件、依法从事许可活动实施证后监督检查。

第十三条　证后监督检查由实施行政许可的市场监督管理部门负责组织实施，或者委托下级市场监督管理部门组织实施。

第十四条　组织实施证后监督检查的市场监督管理部门应当制定证后监督检查年度计划和工作方案。

证后监督检查年度计划应当明确检查对象、进度安排等要求，工作方案应当明确检查方式、检查内容等要求。

第十五条　市场监督管理部门开展证后监督检查应当采用“双随机、一公开”方式，随机抽取被检查单位和检查人员，并及时公布监督检查结果。

证后监督检查对象库应当将本机关许可的特种设备生产、充装单位和检验、检测机构全部列入。

第十六条　市场监督管理部门应当根据特种设备生产、充装质量安全状况或者特种设备检验、检测质量状况，确定证后监督检查重点单位名录，并对重点单位加大抽取比例。

符合以下情形之一的，应当列入重点单位名录：

（一）上一年度自我声明承诺换证的；

（二）上一年度生产、充装、检验、检测的特种设备发生过事故并对事故负有责任，或者因特种设备生产、充装、检验、检测问题被行政处罚的；

（三）上一年度因产品缺陷未履行主动召回义务被责令召回的；

（四）涉及特种设备安全的投诉举报较多，且经调查属实的；

（五）市场监督管理部门认为应当列入的其他情形。

第十七条　同一年度，对同一单位已经进行证后监督检查的不再进行常规监督检查。

第十八条　市场监督管理部门对其他部门移送、上级交办、投诉、举报等途径和检验、检测、监测等方式发现的特种设备安全违法行为或者事故隐患线索，根据需要可以对特种设备生产、经营、使用单位和检验、检测机构实施监督检查。开展监督检查前，应当确定针对性的监督检查项目和内容。

第三章　监督检查程序

第十九条　市场监督管理部门实施监督检查时，应当有二名以上检查人员参加，出示有效的特种设备安全行政执法证件，并说明检查的任务来源、依据、内容、要求等。

市场监督管理部门根据需要可以委托相关具有公益类事业单位法人资格的特种设备检验机构提供监督检查的技术支持和服务，或者邀请相关专业技术人员参加监督检查。

第二十条 特种设备生产、经营、使用单位和检验、检测机构及其人员应当积极配合市场监督管理部门依法实施的特种设备安全监督检查。

特种设备生产、经营、使用单位和检验、检测机构应当按照专项监督检查工作方案的要求开展自查自纠。

第二十一条 检查人员应当对监督检查的基本情况、发现的问题及处理措施等作出记录,并由检查人员和被检查单位的有关负责人在监督检查记录上签字确认。

第二十二条 检查人员可以根据监督检查情况,要求被检查单位提供相关材料。被检查单位应当如实提供,并在提供的材料上签名或者盖章。当场无法提供材料的,应当在检查人员通知的期限内提供。

第二十三条 市场监督管理部门在监督检查中,发现违反特种设备安全法律法规和安全技术规范的行为或者特种设备存在事故隐患的,应当依法发出特种设备安全监察指令,或者交由属地市场监督管理部门依法发出特种设备安全监察指令,责令被检查单位限期采取措施予以改正或者消除事故隐患。

市场监督管理部门发现重大违法行为或者特种设备存在严重事故隐患的,应当责令被检查单位立即停止违法行为、采取措施消除事故隐患。

第二十四条 本办法所称重大违法行为包括以下情形:

(一)未经许可,擅自从事特种设备生产、电梯维护保养、移动式压力容器充装或者气瓶充装活动的;

(二)未经核准,擅自从事特种设备检验、检测的;

(三)特种设备生产单位生产、销售、交付国家明令淘汰的特种设备,或者涂改、倒卖、出租、出借生产许可证的;

(四)特种设备经营单位销售、出租未取得许可生产、未经检验或者检验不合格、国家明令淘汰、已经报废的特种设备的;

(五)谎报或者瞒报特种设备事故的;

(六)检验、检测机构和人员出具虚假或者严重失实的检验、检测结果和鉴定结论的;

(七)被检查单位对严重事故隐患不予整改或者消除的;

(八)法律、行政法规和部门规章规定的其他重大违法行为。

第二十五条 特种设备存在严重事故隐患包括以下情形:

(一)特种设备未取得许可生产、国家明令淘汰、已经报废或者达到报废条件,继续使用的;

(二)特种设备未经监督检验或者经检验、检测不合格,继续使用的;

(三)特种设备安全附件、安全保护装置缺失或者失灵,继续使用的;

(四)特种设备发生过事故或者有明显故障,未对其进行全面检查、消除事故隐患,继续使用的;

(五)特种设备超过规定参数、使用范围使用的;

(六)市场监督管理部门认为属于严重事故隐患的其他情形。

第二十六条 市场监督管理部门在监督检查中,对有证据表明不符合安全技术规范要求、存在严重事故隐患、流入市场的达到报废条件或者已经报废的特种设备,应当依法实施查封、扣押。

当场能够整改的,可以不予查封、扣押。

第二十七条 监督检查中,被检查单位的有关负责人拒绝在特种设备安全监督检查记录或者相关文书上签字或者以其他方式确认的,检查人员应当在记录或者文书上注明情况,并采取拍照、录音、录像等方式记录,必要时可以邀请有关人员作为见证人。

被检查单位拒绝签收特种设备安全监察指令的,按照市场监督管理送达行政执法文书的有关规定执行,情节严重的,按照拒不执行特种设备安全监察指令予以处理。

第二十八条 被检查单位停产、停业或者确有其他无法实施监督检查情形的,检查人员可以终止监督检查,并记录相关情况。

第二十九条 被检查单位应当根据特种设备安全监察指令,在规定时间内予以改正,消除事故隐患,并提交整改报告。

市场监督管理部门应当在被检查单位提交整改报告后十个工作日内,对整改情况进行复查。复查可以通过现场检查、材料核查等方式实施。

采用现场检查进行复查的,复查程序适用本办法。

第三十条 发现重大违法行为或者严重事故隐患的,实施检查的市场监督管理部门应当及时报告上一级市场监督管理部门。

市场监督管理部门接到报告后,应当采取必要措施,及时予以处理。

第三十一条 监督检查中对拒绝接受检查、重大违法行为和严重事故隐患的处理,需要属地人民政府和有关部门支持、配合的,市场监督管理部门应当及时以书面形式报告属地人民政府或者通报有关部门,并提出相关安全监管建议。

接到报告或者通报的人民政府和其他有关部门依法采取必要措施及时处理时，市场监督管理部门应当积极予以配合。

第三十二条　特种设备安全行政处罚由违法行为发生地的县级以上市场监督管理部门实施。

违法行为发生地的县级以上市场监督管理部门依法吊销特种设备检验、检测人员及安全管理和作业人员行政许可的，应当将行政处罚决定抄送发证机关，由发证机关办理注销手续。

违法行为发生地的县级以上市场监督管理部门案件办理过程中，发现依法应当吊销特种设备生产、充装单位和特种设备检验、检测机构行政许可的，应当在作出相关行政处罚决定后，将涉及吊销许可证的违法行为证据材料移送发证机关，由发证机关依法予以吊销。

发现依法应当撤销许可的违法行为的，实施监督检查的市场监督管理部门应当及时向发证机关通报，并随附相关证据材料，由发证机关依法予以撤销。

第四章　法律责任

第三十三条　违反本办法的规定，特种设备有关法律法规已有法律责任规定的，依照相关规定处理；有关法律法规以及本办法其他条款没有规定法律责任的，责令限期改正；涉嫌构成犯罪，依法需要追究刑事责任的，按照有关规定移送公安机关、监察机关。

第三十四条　被检查单位无正当理由拒绝检查人员进入特种设备生产、经营、使用、检验、检测场所检查，不予配合或者拖延、阻碍监督检查正常开展的，按照《中华人民共和国特种设备安全法》第九十五条规定予以处理。构成违反治安管理行为的，移送公安机关，由公安机关依法给予治安管理处罚。

第三十五条　被检查单位未按要求进行自查自纠的，责令限期改正；逾期未改正的，处五千元以上三万元以下罚款。

被检查单位在检查中隐匿证据、提供虚假材料或者未在通知的期限内提供有关材料的，责令限期改正；逾期未改正的，处一万元以上十万元以下罚款。

第三十六条　特种设备生产、经营、使用单位和检验、检测机构违反本办法第二十九条第一款，拒不执行特种设备安全监察指令的，处五千元以上十万元以下罚款；情节严重的，处十万元以上二十万元以下罚款。

第三十七条　特种设备安全监督检查人员在监督检查中未依法履行职责，需要承担行政执法过错责任的，按照有关法律法规及《市场监督管理行政执法责任制规定》的有关规定执行。

市场监督管理部门及其工作人员在特种设备安全监督检查中涉嫌违纪违法的，移送纪检监察机关依法给予党纪政务处分；涉嫌犯罪的，移送监察机关、司法机关依法处理。

第五章　附　　则

第三十八条　特种设备安全监督检查人员履职所需装备按照市场监督管理基层执法装备配备的有关要求执行。

第三十九条　特种设备安全监督检查文书格式由国家市场监督管理总局制定。

第四十条　本办法自2022年7月1日起施行。

消防产品监督管理规定

1. 2012年8月13日公安部、国家工商行政管理总局、国家质量监督检验检疫总局令第122号公布

2. 自2013年1月1日起施行

第一章　总　　则

第一条　为了加强消防产品监督管理，提高消防产品质量，依据《中华人民共和国消防法》、《中华人民共和国产品质量法》、《中华人民共和国认证认可条例》等有关法律、行政法规，制定本规定。

第二条　在中华人民共和国境内生产、销售、使用消防产品，以及对消防产品质量实施监督管理，适用本规定。

本规定所称消防产品是指专门用于火灾预防、灭火救援和火灾防护、避难、逃生的产品。

第三条　消防产品必须符合国家标准；没有国家标准的，必须符合行业标准。未制定国家标准、行业标准的，应当符合消防安全要求，并符合保障人体健康、人身财产安全的要求和企业标准。

第四条　国家质量监督检验检疫总局、国家工商行政管理总局和公安部按照各自职责对生产、流通和使用领域的消防产品质量实施监督管理。

县级以上地方质量监督部门、工商行政管理部门和公安机关消防机构按照各自职责对本行政区域内生产、流通和使用领域的消防产品质量实施监督管理。

第二章　市场准入

第五条　依法实行强制性产品认证的消防产品，由具有法定资质的认证机构按照国家标准、行业标准的强制性要求认证合格后，方可生产、销售、使用。

消防产品认证机构应当将消防产品强制性认证有

关信息报国家认证认可监督管理委员会和公安部消防局。

实行强制性产品认证的消防产品目录由国家质量监督检验检疫总局、国家认证认可监督管理委员会会同公安部制定并公布,消防产品认证基本规范、认证规则由国家认证认可监督管理委员会制定并公布。

第六条 国家认证认可监督管理委员会应当按照《中华人民共和国认证认可条例》的有关规定,经评审并征求公安部消防局意见后,指定从事消防产品强制性产品认证活动的机构以及与认证有关的检查机构、实验室,并向社会公布。

第七条 消防产品认证机构及其工作人员应当按照有关规定从事认证活动,客观公正地出具认证结论,对认证结果负责。不得增加、减少、遗漏或者变更认证基本规范、认证规则规定的程序。

第八条 从事消防产品强制性产品认证活动的检查机构、实验室及其工作人员,应当确保检查、检测结果真实、准确,并对检查、检测结论负责。

第九条 新研制的尚未制定国家标准、行业标准的消防产品,经消防产品技术鉴定机构技术鉴定符合消防安全要求的,方可生产、销售、使用。消防安全要求由公安部制定。

消防产品技术鉴定机构应当具备国家认证认可监督管理委员会依法认定的向社会出具具有证明作用的数据和结果的消防产品实验室资格或者从事消防产品合格评定活动的认证机构资格。消防产品技术鉴定机构名录由公安部公布。

公安机关消防机构和认证认可监督管理部门按照各自职责对消防产品技术鉴定机构进行监督。

公安部会同国家认证认可监督管理委员会参照消防产品认证机构和实验室管理工作规则,制定消防产品技术鉴定工作程序和规范。

第十条 消防产品技术鉴定应当遵守以下程序:

(一)委托人向消防产品技术鉴定机构提出书面委托,并提供有关文件资料。

(二)消防产品技术鉴定机构依照有关规定对文件资料进行审核。

(三)文件资料经审核符合要求的,消防产品技术鉴定机构按照消防安全要求和有关规定,组织实施消防产品型式检验和工厂检查。

(四)经鉴定认为消防产品符合消防安全要求的,技术鉴定机构应当在接受委托之日起 90 日内颁发消防产品技术鉴定证书,并将消防产品有关信息报公安部消防局;认为不符合消防安全要求的,应当书面通知委托人,并说明理由。

消防产品检验时间不计入技术鉴定时限。

第十一条 消防产品技术鉴定机构及其工作人员应当按照有关规定开展技术鉴定工作,对技术鉴定结果负责。

第十二条 消防产品技术鉴定证书有效期为 3 年。

有效期届满,生产者需要继续生产消防产品的,应当在有效期届满前的 6 个月内,依照本规定第十条的规定,重新申请消防产品技术鉴定证书。

第十三条 在消防产品技术鉴定证书有效期内,消防产品的生产条件、检验手段、生产技术或者工艺发生变化,对性能产生重大影响的,生产者应当重新委托消防产品技术鉴定。

第十四条 在消防产品技术鉴定证书有效期内,相关消防产品的国家标准、行业标准颁布施行的,生产者应当保证生产的消防产品符合国家标准、行业标准。

前款规定的消防产品被列入强制性产品认证目录的,应当按照本规定实施强制性产品认证。未列入强制性产品认证目录的,在技术鉴定证书有效期届满后,不再实行技术鉴定。

第十五条 消防产品技术鉴定机构应当对其鉴定合格的产品实施有效的跟踪调查,鉴定合格的产品不能持续符合技术鉴定要求的,技术鉴定机构应当暂停其使用直至撤销鉴定证书,并予公布。

第十六条 经强制性产品认证合格或者技术鉴定合格的消防产品,公安部消防局应当予以公布。

第三章 产品质量责任和义务

第十七条 消防产品生产者应当对其生产的消防产品质量负责,建立有效的质量管理体系,保持消防产品的生产条件,保证产品质量、标志、标识符合相关法律法规和标准要求。不得生产应当获得而未获得市场准入资格的消防产品、不合格的消防产品或者国家明令淘汰的消防产品。

消防产品生产者应当建立消防产品销售流向登记制度,如实记录产品名称、批次、规格、数量、销售去向等内容。

第十八条 消防产品销售者应当建立并执行进货检查验收制度,验明产品合格证明和其他标识,不得销售应当获得而未获得市场准入资格的消防产品、不合格的消防产品或者国家明令淘汰的消防产品。

销售者应当采取措施,保持销售产品的质量。

第十九条 消防产品使用者应当查验产品合格证明、产品标识和有关证书,选用符合市场准入的、合格的消防产品。

建设工程设计单位在设计中选用的消防产品，应当注明产品规格、性能等技术指标，其质量要求应当符合国家标准、行业标准。当需要选用尚未制定国家标准、行业标准的消防产品时，应当选用经技术鉴定合格的消防产品。

建设工程施工企业应当按照工程设计要求、施工技术标准、合同的约定和消防产品有关技术标准，对进场的消防产品进行现场检查或者检验，如实记录进货来源、名称、批次、规格、数量等内容；现场检查或者检验不合格的，不得安装。现场检查记录或者检验报告应当存档备查。建设工程施工企业应当建立安装质量管理制度，严格执行有关标准、施工规范和相关要求，保证消防产品的安装质量。

工程监理单位应当依照法律、行政法规及有关技术标准、设计文件和建设工程承包合同对建设工程使用的消防产品的质量及其安装质量实施监督。

机关、团体、企业、事业等单位应当按照国家标准、行业标准定期组织对消防设施、器材进行维修保养，确保完好有效。

第四章 监督检查

第二十条 质量监督部门、工商行政管理部门依据《中华人民共和国产品质量法》以及相关规定对生产领域、流通领域的消防产品质量进行监督检查。

第二十一条 公安机关消防机构对使用领域的消防产品质量进行监督检查，实行日常监督检查和监督抽查相结合的方式。

第二十二条 公安机关消防机构在消防监督检查和建设工程消防监督管理工作中，对使用领域的消防产品质量进行日常监督检查，按照公安部《消防监督检查规定》、《建设工程消防监督管理规定》执行。

第二十三条 公安机关消防机构对使用领域的消防产品质量进行专项监督抽查，由省级以上公安机关消防机构制定监督抽查计划，由县级以上地方公安机关消防机构具体实施。

第二十四条 公安机关消防机构对使用领域的消防产品质量进行监督抽查，应当检查下列内容：

（一）列入强制性产品认证目录的消防产品是否具备强制性产品认证证书，新研制的尚未制定国家标准、行业标准的消防产品是否具备技术鉴定证书；

（二）按照强制性国家标准或者行业标准的规定，应当进行型式检验和出厂检验的消防产品，是否具备型式检验合格和出厂检验合格的证明文件；

（三）消防产品的外观标志、规格型号、结构部件、材料、性能参数、生产厂名、厂址与产地等是否符合有关规定；

（四）消防产品的关键性能是否符合消防产品现场检查判定规则的要求；

（五）法律、行政法规规定的其他内容。

第二十五条 公安机关消防机构实施消防产品质量监督抽查时，检查人员不得少于2人，并应当出示执法身份证件。

实施消防产品质量监督抽查应当填写检查记录，由检查人员、被检查单位管理人员签名；被检查单位管理人员对检查记录有异议或者拒绝签名的，检查人员应当在检查记录中注明。

第二十六条 公安机关消防机构应当根据本规定和消防产品现场检查判定规则，实施现场检查判定。对现场检查判定为不合格的，应当在3日内将判定结论送达被检查人。被检查人对消防产品现场检查判定结论有异议的，公安机关消防机构应当在5日内依照有关规定将样品送符合法定条件的产品质量检验机构进行监督检验，并自收到检验结果之日起3日内，将检验结果告知被检查人。

检验抽取的样品由被检查人无偿供给，其数量不得超过检验的合理需要。检验费用在规定经费中列支，不得向被检查人收取。

第二十七条 被检查人对公安机关消防机构抽样送检的产品检验结果有异议的，可以自收到检验结果之日起5日内向实施监督检查的公安机关消防机构提出书面复检申请。

公安机关消防机构受理复检申请，应当当场出具受理凭证。

公安机关消防机构受理复检申请后，应当在5日内将备用样品送检，自收到复检结果之日起3日内，将复检结果告知申请人。

复检申请以一次为限。复检合格的，费用列入监督抽查经费；不合格的，费用由申请人承担。

第二十八条 质量监督部门、工商行政管理部门接到对消防产品质量问题的举报投诉，应当按职责及时依法处理。对不属于本部门职责范围的，应当及时移交或者书面通报有关部门。

公安机关消防机构接到对消防产品质量问题的举报投诉，应当及时受理、登记，并按照公安部《公安机关办理行政案件程序规定》的相关规定和本规定中消防产品质量监督检查程序处理。

公安机关消防机构对举报投诉的消防产品质量问题进行核查后，对消防安全违法行为应当依法处理。核查、处理情况应当在3日内告知举报投诉人；无法告知的，应当在受理登记中注明。

第二十九条　公安机关消防机构发现使用依法应当获得市场准入资格而未获得准入资格的消防产品或者不合格的消防产品、国家明令淘汰的消防产品等使用领域消防产品质量违法行为，应当依法责令限期改正。

公安机关消防机构应当在收到当事人复查申请或者责令限期改正期限届满之日起3日内进行复查。复查应当填写记录。

第三十条　公安机关消防机构对发现的使用领域消防产品质量违法行为，应当依法查处，并及时将有关情况书面通报同级质量监督部门、工商行政管理部门；质量监督部门、工商行政管理部门应当对生产者、销售者依法及时查处。

第三十一条　质量监督部门、工商行政管理部门和公安机关消防机构应当按照有关规定，向社会公布消防产品质量监督检查情况、重大消防产品质量违法行为的行政处罚情况等信息。

第三十二条　任何单位和个人在接受质量监督部门、工商行政管理部门和公安机关消防机构依法开展的消防产品质量监督检查时，应当如实提供有关情况和资料。

任何单位和个人不得擅自转移、变卖、隐匿或者损毁被采取强制措施的物品，不得拒绝依法进行的监督检查。

第五章　法律责任

第三十三条　生产、销售不合格的消防产品或者国家明令淘汰的消防产品的，由质量监督部门或者工商行政管理部门依照《中华人民共和国产品质量法》的规定从重处罚。

第三十四条　有下列情形之一的，由公安机关消防机构责令改正，依照《中华人民共和国消防法》第五十九条处罚：

（一）建设单位要求建设工程施工企业使用不符合市场准入的消防产品、不合格的消防产品或者国家明令淘汰的消防产品的；

（二）建设工程设计单位选用不符合市场准入的消防产品，或者国家明令淘汰的消防产品进行消防设计的；

（三）建设工程施工企业安装不符合市场准入的消防产品、不合格的消防产品或者国家明令淘汰的消防产品的；

（四）工程监理单位与建设单位或者建设工程施工企业串通，弄虚作假，安装、使用不符合市场准入的消防产品、不合格的消防产品或者国家明令淘汰的消防产品的。

第三十五条　消防产品技术鉴定机构出具虚假文件的，由公安机关消防机构责令改正，依照《中华人民共和国消防法》第六十九条处罚。

第三十六条　人员密集场所使用不符合市场准入的消防产品的，由公安机关消防机构责令限期改正；逾期不改正的，依照《中华人民共和国消防法》第六十五条第二款处罚。

非人员密集场所使用不符合市场准入的消防产品、不合格的消防产品或者国家明令淘汰的消防产品的，由公安机关消防机构责令限期改正；逾期不改正的，对非经营性场所处500元以上1000元以下罚款，对经营性场所处5000元以上1万元以下罚款，并对直接负责的主管人员和其他直接责任人员处500元以下罚款。

第三十七条　公安机关消防机构及其工作人员进行消防产品监督执法，应当严格遵守廉政规定，坚持公正、文明执法，自觉接受单位和公民的监督。

公安机关及其工作人员不得指定消防产品的品牌、销售单位，不得参与或者干预建设工程消防产品的招投标活动，不得接受被检查单位、个人的财物或者其他不正当利益。

第三十八条　质量监督部门、工商行政管理部门、公安机关消防机构工作人员在消防产品监督管理中滥用职权、玩忽职守、徇私舞弊的，依法给予处分。

第三十九条　违反本规定，构成犯罪的，依法追究刑事责任。

第六章　附　　则

第四十条　消防产品目录由公安部消防局制定并公布。

第四十一条　消防产品进出口检验监管，由出入境检验检疫部门按照有关规定执行。

消防产品属于《中华人民共和国特种设备安全监察条例》规定的特种设备的，还应当遵守特种设备安全监察有关规定。

第四十二条　本规定中的“3日”、“5日”是指工作日，不含法定节假日。

第四十三条　公安机关消防机构执行本规定所需要的法律文书式样，由公安部制定。

第四十四条　本规定自2013年1月1日起施行。

高耗能特种设备节能监督管理办法

1. 2009年7月3日国家质量监督检验检疫总局令第116号公布

2. 根据2020年10月23日国家市场监督管理总局令第31号《关于修改部分规章的决定》修订

第一章 总 则

第一条 为加强高耗能特种设备节能审查和监管，提高能源利用效率，促进节能降耗，根据《中华人民共和国特种设备安全法》、《中华人民共和国节约能源法》、《特种设备安全监察条例》等法律、行政法规的规定，制定本办法。

第二条 本办法所称高耗能特种设备，是指在使用过程中能源消耗量或者转换量大，并具有较大节能空间的锅炉、换热压力容器等特种设备。

第三条 高耗能特种设备生产（含设计、制造、安装、改造、修理，下同）、使用、检验检测的节能监督管理，适用本办法。

第四条 国家市场监督管理总局（以下简称市场监管总局）负责综合管理全国高耗能特种设备的节能监督工作。

地方各级市场监督管理部门负责本行政区域内高耗能特种设备的节能监督管理工作。

第五条 高耗能特种设备节能监督管理实行安全监察与节能监管相结合的工作机制。

第六条 高耗能特种设备的生产单位、使用单位、检验检测机构应当按照国家有关法律、法规、特种设备安全技术规范等有关规范和标准的要求，履行节能义务，做好高耗能特种设备节能工作，并接受市场监管总局和地方各级市场监督管理部门的监督检查。

第七条 国家鼓励高耗能特种设备的生产单位、使用单位应用新技术、新工艺、新产品，提高特种设备能效水平。对取得显著成绩的单位和个人，按照有关规定予以奖励。

第二章 高耗能特种设备的生产

第八条 高耗能特种设备生产单位应当按照国家有关法律、法规、特种设备安全技术规范等有关规范和标准的要求进行生产，确保生产的高耗能特种设备符合能效指标要求。

特种设备生产单位不得生产不符合能效指标要求或者国家产业政策明令淘汰的高耗能特种设备。

第九条 高耗能特种设备的设计，应当在设备结构、系统设计、材料选用、工艺制定、计量与监控装置配备等方面符合有关技术规范和标准的节能要求。

第十条 高耗能特种设备的设计文件，应当经特种设备检验检测机构，按照有关特种设备安全技术规范和标准的规定进行鉴定，方可用于制造。未经鉴定或者鉴定不合格的，制造单位不得进行产品制造。

第十一条 高耗能特种设备制造企业的新产品应当进行能效测试。未经能效测试或者测试结果未达到能效指标要求的，不得进行批量制造。

锅炉、换热压力容器产品在试制时进行能效测试。

第十二条 特种设备检验检测机构接到高耗能特种设备制造单位的产品能效测试申请，应当按照有关特种设备安全技术规范和标准的要求进行测试，并出具能效测试报告。

第十三条 特种设备检验检测机构对高耗能特种设备制造、安装、改造、修理过程进行安全性能监督检验时，应当同时按照有关特种设备安全技术规范的规定，对能效测试报告等进行节能监督检查。

未经节能监督检查或者监督检查结果不符合要求的，不得出厂或者交付使用。

第十四条 高耗能特种设备出厂文件应当附有特种设备安全技术规范要求的产品能效测试报告和操作说明等文件。

第十五条 高耗能特种设备的安装、改造、修理，不得降低产品及其系统的原有能效指标。

特种设备检验检测机构发现设备和系统能效项目不符合相关特种设备安全技术规范要求时，应当及时告知高耗能特种设备安装、改造、修理单位。被告知单位应当依照特种设备安全技术规范要求进行评估或者能效测试，符合要求后方可交付使用。

第十六条 高耗能特种设备安装、改造、修理单位应当向使用单位移交有关节能技术资料。

第三章 高耗能特种设备的使用

第十七条 高耗能特种设备使用单位应当严格执行有关法律、法规、特种设备安全技术规范和标准的要求，确保设备及其相关系统安全、经济运行。

高耗能特种设备使用单位应当建立健全经济运行、能效计量监控与统计、能效考核等节能管理制度和岗位责任制度。

第十八条 高耗能特种设备使用单位应当使用符合能效指标要求的特种设备，按照有关特种设备安全技术规范、标准或者出厂文件的要求配备、安装辅机设备和能效监控装置、能源计量器具，并记录相关数据。

第十九条 高耗能特种设备使用单位办理特种设备使用

登记时，应当按照有关特种设备安全技术规范的要求，提供有关能效证明文件。对国家明令淘汰或者不符合能效指标要求的高耗能特种设备，不予办理使用登记。

第二十条 高耗能特种设备安全技术档案至少应当包括以下内容：

（一）含有设计能效指标的设计文件；

（二）能效测试报告；

（三）设备经济运行文件和操作说明书；

（四）日常运行能效监控记录、能耗状况记录；

（五）节能改造技术资料；

（六）能效定期检查记录。

第二十一条 对特种设备作业人员进行考核时，应当按照有关特种设备安全技术规范的规定，将节能管理知识和节能操作技能纳入高耗能特种设备的作业人员考核内容。

高耗能特种设备使用单位应当开展节能教育和培训，提高作业人员的节能意识和操作水平，确保特种设备安全、经济运行。高耗能特种设备的作业人员应当严格执行操作规程和节能管理制度。

第二十二条 锅炉使用单位应当按照特种设备安全技术规范的要求进行锅炉水（介）质处理，接受特种设备检验检测机构实施的水（介）质处理定期检验，保障锅炉安全运行、提高能源利用效率。

第二十三条 锅炉清洗单位应当按照有关特种设备安全技术规范的要求对锅炉进行清洗，接受特种设备检验检测机构实施的锅炉清洗过程监督检验，保证锅炉清洗工作安全有效进行。

第二十四条 特种设备检验检测机构在特种设备定期检验时，应当按照特种设备安全技术规范和标准的要求对高耗能特种设备使用单位的节能管理和设备的能效状况进行检查。发现不符合特种设备安全技术规范和标准要求的，应当要求使用单位进行整改。当检查结果异常或者偏离设计参数难以判断设备运行效率时，应当由从事高耗能特种设备能效测试的检验检测机构进行能效测试，以准确评价其能效状况。

第二十五条 高耗能特种设备及其系统的运行能效不符合特种设备安全技术规范等有关规范和标准要求的，使用单位应当分析原因，采取有效措施，实施整改或者节能改造。整改或者改造后仍不符合能效指标要求的，不得继续使用。

第二十六条 对在用国家明令淘汰的高耗能特种设备，使用单位应当在规定的期限内予以改造或者更换。到期未改造或者更换的，不得继续使用。

第四章 监督管理

第二十七条 高耗能特种设备节能产品推广目录、淘汰产品目录，依照《中华人民共和国节约能源法》制定并公布。

第二十八条 各级市场监督管理部门发现高耗能特种设备生产单位、使用单位和检验检测机构违反有关法律、法规、特种设备安全技术规范和标准的行为，应当依法予以处理。

第二十九条 地方各级市场监督管理部门应当加强对高耗能特种设备节能工作效果的信息收集，定期统计分析，及时向上一级质量技术监督部门报送，并将相关工作信息纳入特种设备动态监管体系。

第三十条 市场监管总局和省、自治区、直辖市市场监督管理部门应当定期向社会公布高耗能特种设备能效状况。

第三十一条 从事高耗能特种设备能效测试的检验检测机构，应当按照《特种设备安全监察条例》以及特种设备安全技术规范等有关规范和标准的要求，依法进行高耗能特种设备能效测试工作。

第三十二条 从事高耗能特种设备能效测试的检验检测机构，应当保证能效测试结果的准确性、公正性和可溯源性，对测试结果负责。

第三十三条 从事高耗能特种设备能效测试的检验检测机构，发现在用高耗能特种设备能耗严重超标的，应当及时告知使用单位，并报告所在地的特种设备安全监督管理部门。

第五章 附 则

第三十四条 高耗能特种设备的生产、使用、检验检测活动违反本办法规定的，依照《中华人民共和国节约能源法》、《特种设备安全监察条例》等相关法律法规的规定进行处罚和处分。

第三十五条 本办法由市场监管总局负责解释。

第三十六条 本办法自 2009 年 9 月 1 日起施行。

客运索道安全监督管理规定

1. 2016 年 2 月 25 日国家质量监督检验检疫总局令第 179 号公布

2. 根据 2020 年 10 月 23 日国家市场监督管理总局令第 31 号《关于修改部分规章的决定》修订

第一章 总 则

第一条 为了加强客运索道安全监督管理工作，预防和减少事故，保障人身和财产安全，根据《中华人民共和国特种设备安全法》等法律、行政法规，制定本规定。

第二条　客运索道的设计、制造、安装、改造、修理、使用、检验、检测和监督管理，应当遵守本规定。

第三条　国家市场监督管理总局（以下简称市场监管总局）负责综合管理全国客运索道安全监督管理工作。县级以上地方特种设备安全监督管理部门按照职责分工对本行政区域内客运索道安全实施监督管理。

第四条　鼓励推行客运索道相关责任保险制度，提高事故应急处置和赔付能力。

第二章　制　　造

第五条　客运索道制造单位应当依法取得制造许可，方可从事相应的制造活动。

客运索道制造许可实施分级管理，具体要求按照有关安全技术规范等规定执行。

第六条　客运索道设计完成后，设计文件应当由制造单位按照有关安全技术规范要求依法向特种设备检验机构申请鉴定，经鉴定符合要求后，方可用于制造。

第七条　客运索道制造单位应当按照设计文件、有关标准、安全技术规范等要求进行制造。

客运索道制造单位委托加工零部件或者外购零部件的，应当按照安全技术规范与本单位质量体系的要求，加强质量控制并依法承担责任。

第八条　按照安全技术规范的要求，应当进行型式试验的客运索道产品、部件或者试制的客运索道新产品、新部件，应当依法向特种设备检验机构申请进行型式试验。

第九条　客运索道出厂时，应当随附安全技术规范要求的设计文件、产品质量合格证明（以部件出厂的应提供部件产品质量合格证明）、安装图纸及说明、使用维护保养说明、型式试验合格证明、无损检测报告等。

客运索道使用维护保养说明书应当明示使用条件、技术参数、操作规程、试运行检查项目、人员要求、设备日常检查和定期检查项目、维护保养项目和要求、常见故障及排除方法、事故应急处置措施、主要受力部件检测和易损件更换的周期和方法等。

第十条　客运索道采用新材料、新技术、新工艺，与安全技术规范的要求不一致，或者安全技术规范未作要求、可能对安全性能有重大影响的，客运索道制造单位应当向市场监管总局申报，由市场监管总局及时委托安全技术咨询机构或者相关专业机构进行技术评审，评审结果经市场监管总局批准，方可投入制造、使用。

第三章　安装、改造、修理

第十一条　客运索道安装、改造、修理单位应当依法取得许可，方可从事相应的安装、改造、修理活动。

客运索道安装、改造许可实施分级管理，具体要求按照有关安全技术规范等规定执行。

第十二条　客运索道安装单位在客运索道安装施工前，应当确认设备基础、预埋件等符合客运索道安装和土建工程质量要求。

第十三条　客运索道安装、改造、修理单位应当在施工前，按照安全技术规范要求将相关情况通过信函、电报、电传、传真、电子数据交换和电子邮件等书面方式，告知作业所在地的特种设备安全监督管理部门，告知后即可施工。

第十四条　客运索道安装、改造、修理单位应当按照设计文件、标准、安全技术规范、施工方案等进行作业，加强现场施工质量管理。

第十五条　客运索道的安装、改造、重大修理过程，应当经特种设备检验机构按照安全技术规范的要求进行监督检验；未经监督检验或者监督检验不合格的不得交付使用。

第十六条　客运索道安装、改造、修理单位应当在验收后三十日内将安全技术规范要求的出厂文件、监督检验证明、无损检测报告以及竣工报告、调试及试运行记录、自检报告等安装、改造、修理相关技术资料和文件移交使用单位存档。

第四章　使　　用

第十七条　客运索道在投入使用前或者投入使用后三十日内，使用单位应当按照规定到登记部门办理使用登记。

第十八条　客运索道使用单位发生变更、客运索道报废的，应当按照安全技术规范等规定要求办理使用登记变更、注销。

第十九条　客运索道使用单位停用客运索道的，应当按照安全技术规范等规定执行，并到登记部门办理相关停用手续。

第二十条　客运索道使用单位不得使用未经监督检验、定期检验或者监督检验、定期检验不合格的客运索道。

第二十一条　客运索道使用单位主要负责人对客运索道安全使用负责。使用单位负责人应按照安全技术规范要求，定期对安全管理情况进行检查，发现问题应当立即处理。

第二十二条　客运索道使用单位安全管理人员应当履行

以下职责：

（一）负责建立安全管理制度并检查各项制度的落实情况；

（二）做好本单位客运索道的安全监督管理工作，负责组织设备自检，申报使用登记和定期检验；

（三）对客运索道使用状况进行检查，发现问题应当立即处理；情况紧急时，可以决定停止使用并及时报告本单位有关负责人；

（四）组织应急救援演习，协助事故调查处理；

（五）组织本单位人员的安全教育和培训；

（六）督促落实技术档案的管理；

（七）法律法规及安全技术规范等规定的其他内容。

第二十三条　客运索道使用单位应当按照安全技术规范等要求，配备作业人员，并加强对服务人员岗前培训教育，使其掌握基本的应急技能，协助作业人员进行应急处置。

作业人员应当履行以下职责：

（一）严格执行有关操作规程和操作人员守则；

（二）负责设备使用状况日常检查、维护保养，对日常检查、日常维护保养、故障排除情况如实记录，保证设备正常运行；

（三）每次运行前应当对保护乘客的安全装置进行检查确认；

（四）作业过程中发现事故隐患或者其他不安全因素，应当立即向安全管理人员和本单位有关负责人报告；

（五）熟悉应急救援流程，发现设备运行不正常时，应当按照操作规程采取措施保证安全；

（六）法律法规及安全技术规范等规定的其他内容。

第二十四条　使用单位应当建立健全以下安全管理制度：

（一）技术档案管理制度；

（二）安全操作规程；

（三）日常检查与定期自行检查制度；

（四）维护保养制度；

（五）定期报检制度；

（六）作业和服务人员守则；

（七）作业人员及相关服务人员安全培训考核制度；

（八）应急救援演练制度；

（九）意外事件和事故处理制度；

（十）法律法规及安全技术规范等规定的其他制度。

第二十五条　使用单位应对每条客运索道建立技术档案，并妥善保存，依法管理。

技术档案的内容包括：

（一）出厂文件；

（二）监督检验报告；

（三）使用登记相关文件；

（四）改造、重大修理技术资料和文件；

（五）年度自行检查记录；

（六）定期检验报告；

（七）应急救援演练记录；

（八）运行、维护保养、设备故障与事故处理记录；

（九）作业人员培训、考核和证书管理记录；

（十）法律法规及安全技术规范等规定的其他内容。

第二十六条　客运索道使用单位应当按照安全技术规范的要求，在定期检验周期届满前一个月向特种设备检验机构提出定期检验要求。

客运索道定期检验分为全面检验和年度检验，客运架空索道和客运缆车在安装监督检验合格后每三年进行一次全面检验，期间的两个年度，每年进行一次年度检验。客运拖牵索道每年进行一次年度检验。

第二十七条　客运索道使用单位应当按照安全技术规范和使用维护说明书的要求，开展设备运营前试运行检查、日常检查和维护保养、定期自行检查，并如实记录。对日常维护保养和试运行检查等自行检查中发现的异常情况，应当及时处理。在国家法定节假日或者开展大型活动等客运索道乘坐人员高峰期前，使用单位应当对客运索道进行全面检查维护，并加强日常检查和安全值班。

客运索道使用单位进行本单位设备的维护保养工作，应当按照有关安全技术规范要求配备人员、工具和设备。

第二十八条　客运索道使用单位应当在客运索道等待乘坐区域设置乘客引导标志，及时做好乘客引导工作，保证乘客出入畅通。

在客运索道的出入口处等显著位置应当张贴乘客须知、安全使用说明、安全注意事项，内容应包括乘客适应范围、禁忌事宜等，并按照安全技术规范和有关标准的要求悬挂警示标志。

第二十九条　客运索道使用单位应当制定应急专项预案，建立应急救援指挥机构，配备相应的救援人员以及相应数量的营救设备、急救物品。

客运索道使用单位应当加强营救设备、急救物品的存放和管理，对救援人员定期进行专业培训，每年至少组织一次应急救援演练。

第三十条　客运索道发生故障或者发生异常情况，使用单位应当立即停止使用，对其进行全面检查，消除事故隐患，经试运行正常后方可继续使用。

第三十一条　客运索道发生事故，使用单位应当立即停止使用，并按照应急预案采取措施，组织抢救，并及时向事故发生地特种设备安全监督管理部门和有关部门报告。

第五章　监督管理

第三十二条　特种设备安全监督管理部门依照《中华人民共和国特种设备安全法》等法律、行政法规和本规定，对客运索道的生产、使用单位和检验、检测机构实施监督检查。

第三十三条　特种设备安全监督管理部门发现重大违法行为或者客运索道存在严重事故隐患时，应当责令有关单位立即停止违法行为、采取措施消除事故隐患，并及时向上级特种设备安全监督管理部门报告。接到报告的特种设备安全监督管理部门应当采取必要措施，及时予以处理。

对违法行为、严重事故隐患的处理需要当地人民政府和有关部门的支持、配合时，特种设备安全监督管理部门应当报告当地人民政府，并通知有关部门。当地人民政府和有关部门应当采取必要措施，及时予以处理。

第三十四条　客运索道事故的调查处理，按照相关法律法规等规定执行。

第六章　法律责任

第三十五条　违反本规定要求，构成《中华人民共和国特种设备安全法》等法律、行政法规规定的违法行为的，按照其规定实施处罚。

第三十六条　客运索道使用单位未按照本规定开展应急救援演练的，责令限期改正；逾期未改正的，处三万元罚款。

第七章　附　　则

第三十七条　本规定下列用语的含义是：

使用单位，是指从事客运索道经营管理，向登记部门办理使用登记的单位。

维护保养，是指根据使用维护说明书的要求，对客运索道设备进行清洁、润滑、检查、调试、紧固连接件、更换易损件等，但不改变客运索道主体结构和性能参数的活动。

修理，是指通过设备部件拆解，更换、修复主要受力部件，以恢复设备功能或者提高设备的安全性能，但不改变客运索道主体结构、性能参数的活动。

重大修理，是指根据相关安全技术规范、标准要求，通过设备整体拆解，进行检查维护、无损检测或者零部件更换，以确保客运索道所有主要受力部件得到安全检查，但不改变客运索道主体结构、性能参数的活动。

改造，是指通过改变客运索道主要设备结构及其布局、传动方式、制动方式、运行参数、线路设计、电气控制系统等，致使客运索道主体结构、性能参数发生变化的活动。

第三十八条　本规定由市场监管总局负责解释。

第三十九条　本规定自2016年4月1日起实施。

大型游乐设施安全监察规定

1. 2013年8月15日国家质量监督检验检疫总局令第154号公布

2. 根据2021年4月2日国家市场监督管理总局令第38号《关于废止和修改部分规章的决定》修正

第一章　总　　则

第一条　为了加强大型游乐设施安全监察工作，防止和减少事故，保障人身和财产安全，根据《中华人民共和国特种设备安全法》、《特种设备安全监察条例》，制定本规定。

第二条　大型游乐设施的设计、制造、安装、改造、修理、使用、检验、检测及其监督检查，应当遵守本规定。

第三条　国家市场监督管理总局负责全国大型游乐设施安全监察工作的综合管理，县级以上地方市场监督管理部门负责本行政区域内大型游乐设施安全监察工作。

第四条　从事大型游乐设施设计文件鉴定、型式试验、监督检验、定期检验的特种设备检验机构，应当依法经核准，方可从事相应的活动，并对其鉴定结论、检验结果负责。

第五条　大型游乐设施制造、安装、改造、修理单位应当依法取得许可后方可从事相应的活动，并对其制造、安装、改造、修理的大型游乐设施的安全性能负责。

大型游乐设施运营使用单位对使用的大型游乐设

施安全负责。

第六条 鼓励推行大型游乐设施相关责任保险制度，提高事故应急处置和赔付能力。

第二章 大型游乐设施设计、制造、安装

第七条 制造单位应当对大型游乐设施的设计进行安全评价，提出安全风险防控措施。

对首次使用的新技术，制造单位应当验证其安全性能。

第八条 制造单位应当明示大型游乐设施整机、主要受力部件的设计使用期限。

对在整机设计使用期限内需要检验、检测或更换的部件，应当设计为可拆卸结构；对不能设计为可拆卸结构的部件，其设计使用期限不得低于整机设计使用期限。

第九条 大型游乐设施设计完成后，制造单位应当依法向特种设备检验机构申请设计文件鉴定。

特种设备检验机构应当按照安全技术规范的要求进行设计文件鉴定。

第十条 制造单位应当按照设计文件、标准、安全技术规范等要求进行制造。

制造单位委托加工零部件或者外购零部件的，应当按照其质量体系的要求，加强质量控制并依法承担责任。

第十一条 按照安全技术规范的要求，应当进行型式试验的大型游乐设施或者试制大型游乐设施新产品，制造单位应当依法向特种设备检验机构申请进行型式试验。

在申请型式试验之前，制造单位应当对试制的大型游乐设施新产品制定试验方案，进行安全性能试验和测试。

第十二条 大型游乐设施出厂时，应当附有主要受力部件质量合格证明、设计文件鉴定报告、安装及使用维护说明书等文件。移动式大型游乐设施还应当附有拆装说明书。

第十三条 大型游乐设施使用维护说明书应当明确规定使用条件、技术参数、操作规程、乘客须知、试运行检查项目、人员要求、设备日常检查和定期检查项目、维护保养项目和要求、常见故障及排除方法、事故应急处置方案、整机和主要受力部件设计使用期限、主要受力部件检测和易损件更换的周期和方法等。

第十四条 安装单位在安装施工前，应当确认场地、设备基础、预埋件等土建工程符合土建工程质量监督管理要求。

第十五条 安装单位应当在施工前将拟进行的大型游乐设施安装情况书面告知直辖市或者设区的市的市场监督管理部门，告知后即可施工。

移动式大型游乐设施重新安装的，安装单位应当在施工前按照规定告知直辖市或者设区的市的市场监督管理部门。

第十六条 安装单位应当落实质量管理体系和管理制度，严格按照设计文件、标准、安全技术规范、施工方案等进行作业，加强现场施工质量管理。

大型游乐设施安装施工现场的作业人员应当满足施工要求。

第十七条 大型游乐设施的安装过程应当按照安全技术规范规定的范围、项目和要求，由特种设备检验机构在企业自检的基础上进行安装监督检验；未经安装监督检验合格的不得交付使用；运营使用单位不得擅自使用未经安装监督检验合格的大型游乐设施。

第十八条 大型游乐设施安装竣工后，安装单位应当在大型游乐设施明显部位装设符合安全技术规范要求的铭牌。

安装单位应当在验收后30日内将出厂随机文件、型式试验合格证明、安装监督检验和无损检测报告，以及经制造单位确认的安装质量证明、产品质量合格证明、调试及试运行记录、自检报告等安装技术资料移交运营使用单位存档。

第三章 大型游乐设施使用

第十九条 大型游乐设施在投入使用前或者投入使用后30日内，运营使用单位应当向直辖市或者设区的市的市场监督管理部门登记。

移动式大型游乐设施在每次重新安装投入使用前或者投入使用后30日内，运营使用单位应当向直辖市或者设区的市的市场监督管理部门登记；移动式大型游乐设施拆卸后，应当在原使用登记部门办理注销手续。

运营使用单位应当将登记标志置于大型游乐设施进出口处等显著位置。

第二十条 运营使用单位应当在大型游乐设施安装监督检验完成后1年内，向特种设备检验机构提出首次定期检验申请；在大型游乐设施定期检验周期届满1个月前，运营使用单位应当向特种设备检验机构提出定期检验要求。

特种设备检验机构应当按照安全技术规范的要求进行定期检验。

第二十一条 运营使用单位应当建立健全安全管理制

度。安全管理制度应当包括以下主要内容：

（一）技术档案管理制度；

（二）安全操作规程；

（三）日常安全检查制度；

（四）维护保养制度；

（五）定期报检制度；

（六）作业和服务人员守则；

（七）作业人员及相关运营服务人员安全培训考核制度；

（八）应急救援演练制度；

（九）意外事件和事故处理制度；

（十）其他。

第二十二条　运营使用单位应当对每台（套）大型游乐设施建立技术档案，依法管理和保存。技术档案应当包括以下主要内容：

（一）安装技术资料；

（二）监督检验报告；

（三）使用登记表；

（四）改造、修理技术文件；

（五）年度自行检查的记录；

（六）定期检验报告；

（七）应急救援演练记录；

（八）运行、维护保养、设备故障与事故处理记录；

（九）作业人员培训、考核和证书管理记录；

（十）法律法规规定的其他内容。

第二十三条　运营使用单位应当按照安全技术规范和使用维护说明书的要求，开展设备运营前试运行检查、日常检查和维护保养、定期安全检查并如实记录。对日常维护保养和试运行检查等自行检查中发现的异常情况，应当及时处理。在国家法定节假日或举行大型群众性活动前，运营使用单位应当对大型游乐设施进行全面检查维护，并加强日常检查和安全值班。

运营使用单位进行本单位设备的维护保养工作，应当按照安全技术规范要求配备具有相应资格的作业人员、必备工具和设备。

第二十四条　运营使用单位应当在大型游乐设施的入口处等显著位置张贴乘客须知、安全注意事项和警示标志，注明设备的运动特点、乘客范围、禁忌事宜等。

第二十五条　运营使用单位应当制定应急预案，建立应急救援指挥机构，配备相应的救援人员、营救设备和急救物品。对每台（套）大型游乐设施还应当制定专门的应急预案。

运营使用单位应当加强营救设备、急救物品的存放和管理，对救援人员定期进行专业培训，每年至少对每台（套）大型游乐设施组织1次应急救援演练。

运营使用单位可以根据当地实际情况，与其他运营使用单位或消防救援等专业应急救援力量建立应急联动机制，制定联合应急预案，并定期进行联合演练。

第二十六条　运营使用单位法定代表人或负责人对大型游乐设施的安全使用管理负责。

第二十七条　运营使用单位应当设置专门的安全管理机构并配备安全管理人员，或者配备专职的安全管理人员，并保证设备运营期间，至少有1名安全管理人员在岗。

运营使用单位、安全管理机构和安全管理人员，应当履行以下职责：

（一）负责检查本单位各项安全管理制度的落实情况；

（二）负责制定并落实设备维护保养及安全检查计划；

（三）负责设备使用状况日常检查，排查事故隐患，发现问题应当停止使用设备，并及时报告本单位有关负责人；

（四）负责组织设备自检，申报使用登记和定期检验；

（五）负责组织应急救援演习；

（六）负责组织本单位人员的安全教育和培训；

（七）负责技术档案的管理。

第二十八条　运营使用单位应当按照安全技术规范和使用维护说明书要求，配备满足安全运营要求的持证操作人员，并加强对服务人员岗前培训教育，使其掌握基本的应急技能，协助操作人员进行应急处置。

操作人员应当履行以下职责：

（一）严格执行操作规程和操作人员守则。

（二）每次运行前应当向乘客告知安全注意事项，对保护乘客的安全装置进行检查确认。

（三）运行时应当密切注意乘客动态及设备运行状态，发现不正常情况，应当立即采取有效措施，消除安全隐患。

（四）熟悉应急救援流程。发生故障或突发事件，应当立即停止运行或采取紧急措施保护乘客，并立即向现场安全管理人员报告。

（五）如实记录设备的运行情况。

第二十九条　大型游乐设施进行改造的，改造单位应当重新设计，按照本规定进行设计文件鉴定、型式试验和监督检验，并对改造后的设备质量和安全性能负责。

大型游乐设施改造单位应当在施工前将拟进行的大型游乐设施改造情况书面告知直辖市或者设区的市的市场监督管理部门，告知后即可施工。

大型游乐设施改造竣工后，施工单位应当装设符合安全技术规范要求的铭牌，并在验收后30日内将符合第十八条要求的技术资料移交运营使用单位存档。

第三十条　大型游乐设施的修理、重大修理应当按照安全技术规范和使用维护说明书要求进行。大型游乐设施修理单位应当在施工前将拟进行的大型游乐设施修理情况书面告知直辖市或者设区的市的市场监督管理部门，告知后即可施工。

重大修理过程，必须经特种设备检验机构按照安全技术规范的要求进行重大修理监督检验；未经重大修理监督检验合格的不得交付使用；运营使用单位不得擅自使用未经重大修理监督检验合格的大型游乐设施。

大型游乐设施修理竣工后，施工单位应将有关大型游乐设施的自检报告等修理相关资料移交运营使用单位存档；大型游乐设施重大修理竣工后，施工单位应将有关大型游乐设施的自检报告、监督检验报告和无损检测报告等移交运营使用单位存档。

第三十一条　大型游乐设施改造、重大修理施工现场作业人员应当满足施工要求，具有相应特种设备作业人员资格的人数应当符合安全技术规范的要求。

第三十二条　大型游乐设施发生事故的，运营使用单位应当立即停止使用，并按照有关规定及时向县级以上地方市场监督管理部门报告。

对因设计、制造、安装原因引发故障、事故，存在质量安全问题隐患的，制造、安装单位应当对同类型设备进行排查，消除隐患。

第三十三条　对超过整机设计使用期限仍有修理、改造价值可以继续使用的大型游乐设施，运营使用单位应当按照安全技术规范的要求通过检验或者安全评估，并办理使用登记证书变更。运营使用单位应当加强对允许继续使用的大型游乐设施的使用管理，采取加强检验、检测和维护保养等措施，加大全面自检频次，确保使用安全。

大型游乐设施主要受力部件超过设计使用期限要求，且检验或者安全评估后不符合安全使用条件的，应当及时进行更换。

第三十四条　运营使用单位租借场地开展大型游乐设施经营的，应当与场地提供单位签订安全管理协议，落实安全管理制度。

场地提供单位应当核实大型游乐设施运营使用单位满足相关法律法规以及本规定要求的运营使用条件。

第四章　监督检查

第三十五条　市场监督管理部门依照《中华人民共和国特种设备安全法》、《特种设备安全监察条例》和本规定等有关要求，对大型游乐设施的生产、使用单位和检验、检测机构实施监督检查。

第三十六条　特种设备检验机构在开展检验前，应当告知负责使用登记的市场监督管理部门。检验完成后，应当将监督检验、定期检验报告向负责使用登记的市场监督管理部门备案。

检验人员应当按照安全技术规范要求向受检单位出具书面检验意见并报送负责使用登记的市场监督管理部门，对于现场不具备检验条件的，应当以书面形式向报检单位出具相关情况说明。

第三十七条　大型游乐设施事故的调查处理，按照法律法规的规定执行。

第五章　法律责任

第三十八条　大型游乐设施制造、安装单位违反本规定，有下列情形之一的，予以警告，处1万元以上3万元以下罚款：

（一）未对设计进行安全评价，提出安全风险防控措施的；

（二）未对设计中首次使用的新技术进行安全性能验证的；

（三）未明确整机、主要受力部件的设计使用期限的；

（四）未在大型游乐设施明显部位装设符合有关安全技术规范要求的铭牌的；

（五）使用维护说明书等出厂文件内容不符合本规定要求的；

（六）对因设计、制造、安装原因，存在质量安全问题隐患的，未按照本规定要求进行排查处理的。

第三十九条　大型游乐设施改造单位违反本规定，未进行设计文件鉴定的，予以警告，处1万元以上3万元以下罚款。

第四十条　大型游乐设施运营使用单位违反本规定，有下列情形之一的，予以警告，处1万元以上3万元以下罚款：

（一）设备运营期间，无安全管理人员在岗的；

（二）配备的持证操作人员未能满足安全运营要

求的；

（三）未及时更换超过设计使用期限要求且检验或者安全评估后不符合安全使用条件的主要受力部件的；

（四）租借场地开展大型游乐设施经营的，未与场地提供单位签订安全管理协议，落实安全管理制度的；

（五）未按照安全技术规范和使用维护说明书等要求进行重大修理的。

第四十一条 违反本规定安装、改造和重大修理施工现场的作业人员数量不能满足施工要求或具有相应特种设备作业人员资格的人数不符合安全技术规范要求的，予以警告，处5千元以上1万元以下罚款。

第四十二条 违反本规定要求，构成《中华人民共和国特种设备安全法》、《特种设备安全监察条例》等规定的违法行为的，按照其规定实施处罚。

第六章 附 则

第四十三条 本规定所称大型游乐设施，是指《特种设备安全监察条例》规定的用于经营目的，承载乘客游乐的设施，其范围规定为设计最大运行线速度大于或者等于2m/s，或者运行高度距地面高于或者等于2m的载人大型游乐设施。

移动式大型游乐设施，是指无专用土建基础，方便拆装、移动和运输的大型游乐设施。

第四十四条 本规定下列用语的含义是：

运营使用单位，是指从事大型游乐设施日常经营管理的，向市场监督管理部门办理使用登记的企业、个体工商户。

改造，是指通过改变主要受力部件、主要材料、设备运动形式、重要几何尺寸或主要控制系统等，致使大型游乐设施的主体结构、性能参数发生变化的活动。

维护保养，是指通过设备部件拆解，进行检查、系统调试、更换易损件，但不改变大型游乐设施的主体结构、性能参数的活动，以及日常检查工作中紧固连接件、设备除尘、设备润滑等活动。

修理，是指通过设备部件拆解，进行更换或维修主要受力部件，但不改变大型游乐设施的主体结构、性能参数的活动。

重大修理，是指通过设备整体拆解，进行检查、更换或维修主要受力部件、主要控制系统或安全装置功能，但不改变大型游乐设施的主体结构、性能参数的活动。

第四十五条 本规定由国家市场监督管理总局负责解释。

第四十六条 本规定自2014年1月1日起施行。原国家质量技术监督局2000年6月29日发布的《特种设备质量监督与安全监察规定》中关于大型游乐设施的规定与本规定不一致的，以本规定为准。

3. 计量与标准化

中华人民共和国计量法

1. 1985年9月6日第六届全国人民代表大会常务委员会第十二次会议通过
2. 根据2009年8月27日第十一届全国人民代表大会常务委员会第十次会议《关于修改部分法律的决定》第一次修正
3. 根据2013年12月28日第十二届全国人民代表大会常务委员会第六次会议《关于修改〈中华人民共和国海洋环境保护法〉等七部法律的决定》第二次修正
4. 根据2015年4月24日第十二届全国人民代表大会常务委员会第十四次会议《关于修改〈中华人民共和国计量法〉等五部法律的决定》第三次修正
5. 根据2017年12月27日第十二届全国人民代表大会常务委员会第三十一次会议《关于修改〈中华人民共和国招标投标法〉、〈中华人民共和国计量法〉的决定》第四次修正
6. 根据2018年10月26日第十三届全国人民代表大会常务委员会第六次会议《关于修改〈中华人民共和国野生动物保护法〉等十五部法律的决定》第五次修正

目　　录

第一章　总　　则

第一条　【立法目的】为了加强计量监督管理，保障国家计量单位制的统一和量值的准确可靠，有利于生产、贸易和科学技术的发展，适应社会主义现代化建设的需要，维护国家、人民的利益，制定本法。

第二条　【适用范围】在中华人民共和国境内，建立计量基准器具、计量标准器具，进行计量检定，制造、修理、销售、使用计量器具，必须遵守本法。

第三条　【法定计量单位制度】国家实行法定计量单位制度。

国际单位制计量单位和国家选定的其他计量单位，为国家法定计量单位。国家法定计量单位的名称、符号由国务院公布。

因特殊需要采用非法定计量单位的管理办法，由国务院计量行政部门另行制定。

第四条　【主管部门】国务院计量行政部门对全国计量工作实施统一监督管理。

县级以上地方人民政府计量行政部门对本行政区域内的计量工作实施监督管理。

第二章　计量基准器具、计量标准器具和计量检定

第五条　【基准器具】国务院计量行政部门负责建立各种计量基准器具，作为统一全国量值的最高依据。

第六条　【公用标准器具】县级以上地方人民政府计量行政部门根据本地区的需要，建立社会公用计量标准器具，经上级人民政府计量行政部门主持考核合格后使用。

第七条　【部门标准器具】国务院有关主管部门和省、自治区、直辖市人民政府有关主管部门，根据本部门的特殊需要，可以建立本部门使用的计量标准器具，其各项最高计量标准器具经同级人民政府计量行政部门主持考核合格后使用。

第八条　【单位标准器具】企业、事业单位根据需要，可以建立本单位使用的计量标准器具，其各项最高计量标准器具经有关人民政府计量行政部门主持考核合格后使用。

第九条　【强制检定】县级以上人民政府计量行政部门对社会公用计量标准器具，部门和企业、事业单位使用的最高计量标准器具，以及用于贸易结算、安全防护、医疗卫生、环境监测方面的列入强制检定目录的工作计量器具，实行强制检定。未按照规定申请检定或者检定不合格的，不得使用。实行强制检定的工作计量器具的目录和管理办法，由国务院制定。

对前款规定以外的其他计量标准器具和工作计量器具，使用单位应当自行定期检定或者送其他计量检定机构检定。

第十条　【检定系统表】计量检定必须按照国家计量检定系统表进行。国家计量检定系统表由国务院计量行政部门制定。

计量检定必须执行计量检定规程。国家计量检定规程由国务院计量行政部门制定。没有国家计量检定规程的，由国务院有关主管部门和省、自治区、直辖市人民政府计量行政部门分别制定部门计量检定规程和地方计量检定规程。

第十一条　**【就近检定】**计量检定工作应当按照经济合理的原则，就地就近进行。

第三章　计量器具管理

第十二条　**【设施和人员配备】**制造、修理计量器具的企业、事业单位，必须具有与所制造、修理的计量器具相适应的设施、人员和检定仪器设备。

第十三条　**【性能考核】**制造计量器具的企业、事业单位生产本单位未生产过的计量器具新产品，必须经省级以上人民政府计量行政部门对其样品的计量性能考核合格，方可投入生产。

第十四条　**【禁止违规制造、销售和进口非法定计量单位器具】**任何单位和个人不得违反规定制造、销售和进口非法定计量单位的计量器具。

第十五条　**【性能合格】**制造、修理计量器具的企业、事业单位必须对制造、修理的计量器具进行检定，保证产品计量性能合格，并对合格产品出具产品合格证。

第十六条　**【使用规定】**使用计量器具不得破坏其准确度，损害国家和消费者的利益。

第十七条　**【个体工商户操作规定】**个体工商户可以制造、修理简易的计量器具。

个体工商户制造、修理计量器具的范围和管理办法，由国务院计量行政部门制定。

第四章　计 量 监 督

第十八条　**【监督检查】**县级以上人民政府计量行政部门应当依法对制造、修理、销售、进口和使用计量器具，以及计量检定等相关计量活动进行监督检查。有关单位和个人不得拒绝、阻挠。

第十九条　**【监督员】**县级以上人民政府计量行政部门，根据需要设置计量监督员。计量监督员管理办法，由国务院计量行政部门制定。

第二十条　**【检定机构】**县级以上人民政府计量行政部门可以根据需要设置计量检定机构，或者授权其他单位的计量检定机构，执行强制检定和其他检定、测试任务。

执行前款规定的检定、测试任务的人员，必须经考核合格。

第二十一条　**【处理纠纷】**处理因计量器具准确度所引起的纠纷，以国家计量基准器具或者社会公用计量标准器具检定的数据为准。

第二十二条　**【质检机构】**为社会提供公证数据的产品质量检验机构，必须经省级以上人民政府计量行政部门对其计量检定、测试的能力和可靠性考核合格。

第五章　法 律 责 任

第二十三条　**【制造、销售未考核合格产品】**制造、销售未经考核合格的计量器具新产品的，责令停止制造、销售该种新产品，没收违法所得，可以并处罚款。

第二十四条　**【制造、修理、销售不合格产品】**制造、修理、销售的计量器具不合格的，没收违法所得，可以并处罚款。

第二十五条　**【违反送检规定】**属于强制检定范围的计量器具，未按照规定申请检定或者检定不合格继续使用的，责令停止使用，可以并处罚款。

第二十六条　**【使用不合格器具或破坏计量器具】**使用不合格的计量器具或者破坏计量器具准确度，给国家和消费者造成损失的，责令赔偿损失，没收计量器具和违法所得，可以并处罚款。

第二十七条　**【制造、销售、使用欺骗消费者的器具】**制造、销售、使用以欺骗消费者为目的的计量器具的，没收计量器具和违法所得，处以罚款；情节严重的，并对个人或者单位直接责任人员依照刑法有关规定追究刑事责任。

第二十八条　**【侵权】**违反本法规定，制造、修理、销售的计量器具不合格，造成人身伤亡或者重大财产损失的，依照刑法有关规定，对个人或者单位直接责任人员追究刑事责任。

第二十九条　**【渎职】**计量监督人员违法失职，情节严重的，依照刑法有关规定追究刑事责任；情节轻微的，给予行政处分。

第三十条　**【处罚机关】**本法规定的行政处罚，由县级以上地方人民政府计量行政部门决定。

第三十一条　**【救济措施】**当事人对行政处罚决定不服的，可以在接到处罚通知之日起十五日内向人民法院起诉；对罚款、没收违法所得的行政处罚决定期满不起诉又不履行的，由作出行政处罚决定的机关申请人民法院强制执行。

第六章　附　　则

第三十二条　**【国防计量办法】**中国人民解放军和国防科技工业系统计量工作的监督管理办法，由国务院、中央军事委员会依据本法另行制定。

第三十三条　**【实施细则】**国务院计量行政部门根据本法制定实施细则，报国务院批准施行。

第三十四条　**【施行日期】**本法自 1986 年 7 月 1 日起施行。

计量违法行为处罚细则

1. 1990年8月25日国家技术监督局令第14号公布
2. 根据2015年8月25日国家质量监督检验检疫总局令第166号《关于修改部分规章的决定》第一次修正
3. 根据2022年9月29日国家市场监督管理总局令第61号《关于修改和废止部分部门规章的决定》第二次修正

第一章　总　　则

第一条　根据《中华人民共和国计量法》《中华人民共和国计量法实施细则》及有关法律、法规的规定，制定本细则。

第二条　在中华人民共和国境内，对违反计量法律、法规行为的处罚，适用本细则。

第三条　县级以上地方人民政府计量行政部门负责对违反计量法律、法规的行为执行行政处罚。

法律、法规另有规定的，按法律、法规规定的执行。

第四条　处理违反计量法律、法规的行为，必须坚持以事实为依据，以法律为准绳，做到事实清楚，证据确凿，适用法律、法规正确，符合规定程序。

第二章　违反计量法律、法规的行为及处理

第五条　违反计量法律、法规使用非法定计量单位的，按以下规定处罚：

（一）非出版物使用非法定计量单位的，责令其改正。

（二）出版物使用非法定计量单位的，责令其停止销售，可并处一千元以下罚款。

第六条　损坏计量基准，或未经国务院计量行政部门批准，随意拆卸、改装计量基准，或自行中断、擅自终止检定工作的，对直接责任人员进行批评教育，给予行政处分；构成犯罪的，依法追究刑事责任。

第七条　社会公用计量标准，经检查达不到原考核条件的，责令其停止使用，限期整改。

第八条　部门和企业、事业单位使用的各项最高计量标准，违反计量法律、法规的，按以下规定处罚：

（一）未取得有关人民政府计量行政部门颁发的计量标准考核证书而开展检定的，责令其停止使用，可并处一千元以下罚款。

（二）计量标准考核证书有效期满，未经原发证机关复查合格而继续开展检定的，责令其停止使用，限期申请复查。

（三）考核合格投入使用的计量标准，经检查达不到原考核条件的，责令其停止使用，限期整改。

第九条　被授权单位违反计量法律、法规的，按以下规定处罚：

（一）被授权项目经检查达不到原考核条件的，责令其停止检定、测试，限期整改。

（二）超过授权项目擅自对外进行检定、测试的，责令其改正，停止开展超出授权范围的相关检定、测试活动。

（三）未经授权机关批准，擅自终止所承担的授权工作，给有关单位造成损失的，责令其赔偿损失。

第十条　未经有关人民政府计量行政部门授权，擅自对外进行检定、测试的，没收全部违法所得。给有关单位造成损失的，责令其赔偿损失。

第十一条　使用计量器具违反计量法律、法规的，按以下规定处罚：

（一）社会公用计量标准和部门、企业、事业单位各项最高计量标准，未按照规定申请检定的或超过检定周期而继续使用的，责令其停止使用，可并处五百元以下罚款；经检定不合格而继续使用的，责令其停止使用，可并处一千元以下罚款。

（二）属于强制检定的工作计量器具，未按照规定申请检定或超过检定周期而继续使用的，责令其停止使用，可并处五百元以下罚款；经检定不合格而继续使用的，责令其停止使用，可并处一千元以下罚款。

（三）属于非强制检定的计量器具，未按照规定自行定期检定或者送其他有权对社会开展检定工作的计量检定机构定期检定的，责令其停止使用，可并处二百元以下罚款；经检定不合格而继续使用的，责令其停止使用，可并处五百元以下罚款。

（四）在经销活动中，使用非法定计量单位计量器具的，没收该计量器具。

（五）使用不合格的计量器具给国家或消费者造成损失的，责令赔偿损失，没收计量器具和全部违法所得，可并处二千元以下罚款。

（六）使用以欺骗消费者为目的的计量器具或者破坏计量器具准确度、伪造数据，给国家或消费者造成损失的，责令赔偿损失，没收计量器具和全部违法所得，可并处二千元以下罚款；构成犯罪的，依法追究刑事责任。

第十二条　进口计量器具，以及外商（含外国制造商、经销商）或其代理人在中国销售计量器具，违反计量法律、法规的，按以下规定处罚：

（一）未经省、自治区、直辖市人民政府计量行政部门批准，进口、销售国务院规定废除的非法定计量单位的计量器具或国务院禁止使用的其他计量器具的，责令其停止进口、销售，没收计量器具和全部违法所得，可并处相当其违法所得百分之十至百分之五十的罚款。

（二）进口、销售列入《中华人民共和国进口计量器具型式审查目录》内的计量器具，未经国务院计量行政部门型式批准的，封存计量器具，责令其补办型式批准手续，没收全部违法所得，可并处相当其进口额或销售额百分之三十以下的罚款。

第十三条　制造、修理计量器具，违反计量法律、法规的，按以下规定处罚：

（一）未经批准制造国务院规定废除的非法定计量单位的计量器具和国务院禁止使用的其他计量器具的，责令其停止制造、销售，没收计量器具和全部违法所得，可并处相当其违法所得百分之十至百分之五十的罚款。

（二）制造、销售未经型式批准或样机试验合格的计量器具新产品的，责令其停止制造、销售，封存该种新产品，没收全部违法所得，可并处三千元以下罚款。

（三）企业、事业单位制造、修理的计量器具未经出厂检定或经检定不合格而出厂的，责令其停止出厂，没收全部违法所得；情节严重的，可并处三千元以下罚款。个体工商户制造、修理计量器具未经检定或经检定不合格而销售或交付用户使用的，责令其停止制造、修理或者重修、重检，没收全部违法所得；情节严重的，可并处五百元以下的罚款。

第十四条　制造、修理、销售以欺骗消费者为目的的计量器具的，没收计量器具和全部违法所得，可并处二千元以下罚款；构成犯罪的，对个人或单位直接责任人员，依法追究刑事责任。

第十五条　销售超过有效期的标准物质的，责令改正；逾期不改正的，处三万元以下罚款。

第十六条　经营销售残次计量器具零配件的，使用残次计量器具零配件组装、修理计量器具的，责令其停止经营销售，没收残次计量器具零配件及组装的计量器具和全部违法所得，可并处二千元以下的罚款；情节严重的，吊销其营业执照。

第十七条　伪造、盗用、倒卖检定印、证的，没收其非法检定印、证和全部违法所得，可并处二千元以下罚款；构成犯罪的，依法追究刑事责任。

第十八条　计量监督管理人员违法失职，情节轻微的，给予行政处分，或者由有关人民政府计量行政部门撤销其计量监督员职务；利用职权收受贿赂、徇私舞弊，构成犯罪的，依法追究刑事责任。

第十九条　负责计量器具新产品定型鉴定、样机试验的单位，泄漏申请单位提供的样机和技术文件、资料秘密的，按国家有关规定，赔偿申请单位的损失，并给予直接责任人员行政处分；构成犯罪的，依法追究刑事责任。

第二十条　计量检定人员有下列行为之一的，给予行政处分；构成犯罪的，依法追究刑事责任：

（一）违反检定规程进行计量检定的；

（二）使用未经考核合格的计量标准开展检定的；

（三）未取得计量检定证件进行计量检定的；

（四）伪造检定数据的。

第二十一条　计量检定人员出具错误数据，给送检一方造成损失的，由其所在的技术机构赔偿损失；情节轻微的，给予计量检定人员行政处分；构成犯罪的，依法追究其刑事责任。

第二十二条　执行强制检定的工作计量器具任务的机构无故拖延检定期限的，送检单位可免交检定费；给送检单位造成损失的，应赔偿损失；情节严重的，给予直接责任人员行政处分。

第二十三条　围攻、报复计量执法人员、检定人员，或以暴力威胁手段阻碍计量执法人员、检定人员执行公务的，提请公安机关或司法部门追究法律责任。

第三章　附　　则

第二十四条　本细则下列用语的含义是：

（一）伪造数据是指单位或个人使用合格的计量器具，进行不诚实的测量，出具虚假数据或者定量包装商品实际量与标注量不符的违法行为。

（二）出版物是指公开或内部发行的，除古籍和文学书籍以外的图书、报纸、期刊，以及除文艺作品外的音像制品。

（三）非出版物是指公文、统计报表、商品包装物、产品铭牌、说明书、标签标价、票据收据等。

第二十五条　本细则由国家市场监督管理总局负责解释。

第二十六条　本细则自发布之日起施行。

中华人民共和国标准化法

1. 1988年12月29日第七届全国人民代表大会常务委员会第五次会议通过
2. 2017年11月4日第十二届全国人民代表大会常务委员会第三十次会议修订
3. 自2018年1月1日起施行

目　　录

第一章　总　　则

第一条　【立法目的】为了加强标准化工作，提升产品和服务质量，促进科学技术进步，保障人身健康和生命财产安全，维护国家安全、生态环境安全，提高经济社会发展水平，制定本法。

第二条　【标准的范围和分类】本法所称标准（含标准样品），是指农业、工业、服务业以及社会事业等领域需要统一的技术要求。

标准包括国家标准、行业标准、地方标准和团体标准、企业标准。国家标准分为强制性标准、推荐性标准，行业标准、地方标准是推荐性标准。

强制性标准必须执行。国家鼓励采用推荐性标准。

第三条　【标准化工作的任务和保障】标准化工作的任务是制定标准、组织实施标准以及对标准的制定、实施进行监督。

县级以上人民政府应当将标准化工作纳入本级国民经济和社会发展规划，将标准化工作经费纳入本级预算。

第四条　【制定原则】制定标准应当在科学技术研究成果和社会实践经验的基础上，深入调查论证，广泛征求意见，保证标准的科学性、规范性、时效性，提高标准质量。

第五条　【主管部门】国务院标准化行政主管部门统一管理全国标准化工作。国务院有关行政主管部门分工管理本部门、本行业的标准化工作。

县级以上地方人民政府标准化行政主管部门统一管理本行政区域内的标准化工作。县级以上地方人民政府有关行政主管部门分工管理本行政区域内本部门、本行业的标准化工作。

第六条　【标准化协调机制】国务院建立标准化协调机制，统筹推进标准化重大改革，研究标准化重大政策，对跨部门跨领域、存在重大争议标准的制定和实施进行协调。

设区的市级以上地方人民政府可以根据工作需要建立标准化协调机制，统筹协调本行政区域内标准化工作重大事项。

第七条　【鼓励各方参与】国家鼓励企业、社会团体和教育、科研机构等开展或者参与标准化工作。

第八条　【鼓励参与国际标准化活动】国家积极推动参与国际标准化活动，开展标准化对外合作与交流，参与制定国际标准，结合国情采用国际标准，推进中国标准与国外标准之间的转化运用。

国家鼓励企业、社会团体和教育、科研机构等参与国际标准化活动。

第九条　【表彰奖励】对在标准化工作中做出显著成绩的单位和个人，按照国家有关规定给予表彰和奖励。

第二章　标准的制定

第十条　【强制性国家标准的制定范围和制定程序】对保障人身健康和生命财产安全、国家安全、生态环境安全以及满足经济社会管理基本需要的技术要求，应当制定强制性国家标准。

国务院有关行政主管部门依据职责负责强制性国家标准的项目提出、组织起草、征求意见和技术审查。国务院标准化行政主管部门负责强制性国家标准的立项、编号和对外通报。国务院标准化行政主管部门应当对拟制定的强制性国家标准是否符合前款规定进行立项审查，对符合前款规定的予以立项。

省、自治区、直辖市人民政府标准化行政主管部门可以向国务院标准化行政主管部门提出强制性国家标准的立项建议，由国务院标准化行政主管部门会同国务院有关行政主管部门决定。社会团体、企业事业组织以及公民可以向国务院标准化行政主管部门提出强制性国家标准的立项建议，国务院标准化行政主管部门认为需要立项的，会同国务院有关行政主管部门决定。

强制性国家标准由国务院批准发布或者授权批准发布。

法律、行政法规和国务院决定对强制性标准的制定另有规定的，从其规定。

第十一条　【推荐性国家标准的制定范围和制定主体】对满足基础通用、与强制性国家标准配套、对各有关行业起引领作用等需要的技术要求，可以制定推荐性国家标准。

推荐性国家标准由国务院标准化行政主管部门制定。

第十二条　【行业标准的制定范围、制定主体和备案】对没有推荐性国家标准、需要在全国某个行业范围内统一的技术要求，可以制定行业标准。

行业标准由国务院有关行政主管部门制定，报国务院标准化行政主管部门备案。

第十三条　【地方标准的制定范围、制定主体和备案】为满足地方自然条件、风俗习惯等特殊技术要求，可以制定地方标准。

地方标准由省、自治区、直辖市人民政府标准化行政主管部门制定；设区的市级人民政府标准化行政主管部门根据本行政区域的特殊需要，经所在地省、自治区、直辖市人民政府标准化行政主管部门批准，可以制定本行政区域的地方标准。地方标准由省、自治区、直辖市人民政府标准化行政主管部门报国务院标准化行政主管部门备案，由国务院标准化行政主管部门通报国务院有关行政主管部门。

第十四条　【优先制定急需标准】对保障人身健康和生命财产安全、国家安全、生态环境安全以及经济社会发展所急需的标准项目，制定标准的行政主管部门应当优先立项并及时完成。

第十五条　【强制性标准和推荐性标准制定的工作要求】制定强制性标准、推荐性标准，应当在立项时对有关行政主管部门、企业、社会团体、消费者和教育、科研机构等方面的实际需求进行调查，对制定标准的必要性、可行性进行论证评估；在制定过程中，应当按照便捷有效的原则采取多种方式征求意见，组织对标准相关事项进行调查分析、实验、论证，并做到有关标准之间的协调配套。

第十六条　【标准化技术委员会和专家组】制定推荐性标准，应当组织由相关方组成的标准化技术委员会，承担标准的起草、技术审查工作。制定强制性标准，可以委托相关标准化技术委员会承担标准的起草、技术审查工作。未组成标准化技术委员会的，应当成立专家组承担相关标准的起草、技术审查工作。标准化技术委员会和专家组的组成应当具有广泛代表性。

第十七条　【强制性标准和推荐性标准公开】强制性标准文本应当免费向社会公开。国家推动免费向社会公开推荐性标准文本。

第十八条　【团体标准的制定及其规范、引导、监督】国家鼓励学会、协会、商会、联合会、产业技术联盟等社会团体协调相关市场主体共同制定满足市场和创新需要的团体标准，由本团体成员约定采用或者按照本团体的规定供社会自愿采用。

制定团体标准，应当遵循开放、透明、公平的原则，保证各参与主体获取相关信息，反映各参与主体的共同需求，并应当组织对标准相关事项进行调查分析、实验、论证。

国务院标准化行政主管部门会同国务院有关行政主管部门对团体标准的制定进行规范、引导和监督。

第十九条　【企业标准的制定】企业可以根据需要自行制定企业标准，或者与其他企业联合制定企业标准。

第二十条　【支持自主创新制定团体标准和企业标准】国家支持在重要行业、战略性新兴产业、关键共性技术等领域利用自主创新技术制定团体标准、企业标准。

第二十一条　【技术要求】推荐性国家标准、行业标准、地方标准、团体标准、企业标准的技术要求不得低于强制性国家标准的相关技术要求。

国家鼓励社会团体、企业制定高于推荐性标准相关技术要求的团体标准、企业标准。

第二十二条　【标准制定的基本原则】制定标准应当有利于科学合理利用资源，推广科学技术成果，增强产品的安全性、通用性、可替换性，提高经济效益、社会效益、生态效益，做到技术上先进、经济上合理。

禁止利用标准实施妨碍商品、服务自由流通等排除、限制市场竞争的行为。

第二十三条　【标准化军民融合和资源共享】国家推进标准化军民融合和资源共享，提升军民标准通用化水平，积极推动在国防和军队建设中采用先进适用的民用标准，并将先进适用的军用标准转化为民用标准。

第二十四条　【标准编号】标准应当按照编号规则进行编号。标准的编号规则由国务院标准化行政主管部门制定并公布。

第三章　标准的实施

第二十五条　【强制性标准的法律效力】不符合强制性标准的产品、服务，不得生产、销售、进口或者提供。

第二十六条　【出口产品和服务的技术要求】出口产品、服务的技术要求，按照合同的约定执行。

第二十七条 【团体标准和企业标准自我声明公开和监督制度】国家实行团体标准、企业标准自我声明公开和监督制度。企业应当公开其执行的强制性标准、推荐性标准、团体标准或者企业标准的编号和名称;企业执行自行制定的企业标准的,还应当公开产品、服务的功能指标和产品的性能指标。国家鼓励团体标准、企业标准通过标准信息公共服务平台向社会公开。

企业应当按照标准组织生产经营活动,其生产的产品、提供的服务应当符合企业公开标准的技术要求。

第二十八条 【技术创新的标准化要求】企业研制新产品、改进产品,进行技术改造,应当符合本法规定的标准化要求。

第二十九条 【标准实施的统计分析报告和信息反馈、评估、复审制度】国家建立强制性标准实施情况统计分析报告制度。

国务院标准化行政主管部门和国务院有关行政主管部门、设区的市级以上地方人民政府标准化行政主管部门应当建立标准实施信息反馈和评估机制,根据反馈和评估情况对其制定的标准进行复审。标准的复审周期一般不超过五年。经过复审,对不适应经济社会发展需要和技术进步的应当及时修订或者废止。

第三十条 【标准之间重复交叉等情况的处理】国务院标准化行政主管部门根据标准实施信息反馈、评估、复审情况,对有关标准之间重复交叉或者不衔接配套的,应当会同国务院有关行政主管部门作出处理或者通过国务院标准化协调机制处理。

第三十一条 【标准化试点示范与宣传】县级以上人民政府应当支持开展标准化试点示范和宣传工作,传播标准化理念,推广标准化经验,推动全社会运用标准化方式组织生产、经营、管理和服务,发挥标准对促进转型升级、引领创新驱动的支撑作用。

第四章 监督管理

第三十二条 【监管职责】县级以上人民政府标准化行政主管部门、有关行政主管部门依据法定职责,对标准的制定进行指导和监督,对标准的实施进行监督检查。

第三十三条 【标准争议协调解决机制】国务院有关行政主管部门在标准制定、实施过程中出现争议的,由国务院标准化行政主管部门组织协商;协商不成的,由国务院标准化协调机制解决。

第三十四条 【标准编号、复审、备案的监督措施】国务院有关行政主管部门、设区的市级以上地方人民政府标准化行政主管部门未依照本法规定对标准进行编号、复审或者备案的,国务院标准化行政主管部门应当要求其说明情况,并限期改正。

第三十五条 【举报投诉措施】任何单位或者个人有权向标准化行政主管部门、有关行政主管部门举报、投诉违反本法规定的行为。

标准化行政主管部门、有关行政主管部门应当向社会公开受理举报、投诉的电话、信箱或者电子邮件地址,并安排人员受理举报、投诉。对实名举报人或者投诉人,受理举报、投诉的行政主管部门应当告知处理结果,为举报人保密,并按照国家有关规定对举报人给予奖励。

第五章 法律责任

第三十六条 【未按标准提供产品或服务的民事责任】生产、销售、进口产品或者提供服务不符合强制性标准,或者企业生产的产品、提供的服务不符合其公开标准的技术要求的,依法承担民事责任。

第三十七条 【违反强制性标准的行政责任和刑事责任】生产、销售、进口产品或者提供服务不符合强制性标准的,依照《中华人民共和国产品质量法》、《中华人民共和国进出口商品检验法》、《中华人民共和国消费者权益保护法》等法律、行政法规的规定查处,记入信用记录,并依照有关法律、行政法规的规定予以公示;构成犯罪的,依法追究刑事责任。

第三十八条 【未按要求公开企业标准的法律责任】企业未依照本法规定公开其执行的标准的,由标准化行政主管部门责令限期改正;逾期不改正的,在标准信息公共服务平台上公示。

第三十九条 【违反标准制定基本原则的法律责任】国务院有关行政主管部门、设区的市级以上地方人民政府标准化行政主管部门制定的标准不符合本法第二十一条第一款、第二十二条第一款规定的,应当及时改正;拒不改正的,由国务院标准化行政主管部门公告废止相关标准;对负有责任的领导人员和直接责任人员依法给予处分。

社会团体、企业制定的标准不符合本法第二十一条第一款、第二十二条第一款规定的,由标准化行政主管部门责令限期改正;逾期不改正的,由省级以上人民政府标准化行政主管部门废止相关标准,并在标准信息公共服务平台上公示。

违反本法第二十二条第二款规定,利用标准实施排除、限制市场竞争行为的,依照《中华人民共和国反垄断法》等法律、行政法规的规定处理。

第四十条　【未按要求编号、备案、复审的法律责任】国务院有关行政主管部门、设区的市级以上地方人民政府标准化行政主管部门未依照本法规定对标准进行编号或者备案，又未依照本法第三十四条的规定改正的，由国务院标准化行政主管部门撤销相关标准编号或者公告废止未备案标准；对负有责任的领导人员和直接责任人员依法给予处分。

国务院有关行政主管部门、设区的市级以上地方人民政府标准化行政主管部门未依照本法规定对其制定的标准进行复审，又未依照本法第三十四条的规定改正的，对负有责任的领导人员和直接责任人员依法给予处分。

第四十一条　【国务院标准化行政主管部门相关法律责任】国务院标准化行政主管部门未依照本法第十条第二款规定对制定强制性国家标准的项目予以立项，制定的标准不符合本法第二十一条第一款、第二十二条第一款规定，或者未依照本法规定对标准进行编号、复审或者予以备案的，应当及时改正；对负有责任的领导人员和直接责任人员可以依法给予处分。

第四十二条　【社会团体、企业未按要求编号的法律责任】社会团体、企业未依照本法规定对团体标准或者企业标准进行编号的，由标准化行政主管部门责令限期改正；逾期不改正的，由省级以上人民政府标准化行政主管部门撤销相关标准编号，并在标准信息公共服务平台上公示。

第四十三条　【监管人员的法律责任】标准化工作的监督、管理人员滥用职权、玩忽职守、徇私舞弊的，依法给予处分；构成犯罪的，依法追究刑事责任。

第六章　附　　则

第四十四条　【军用标准的管理】军用标准的制定、实施和监督办法，由国务院、中央军事委员会另行制定。

第四十五条　【施行日期】本法自 2018 年 1 月 1 日起施行。

国家标准管理办法

1. 2022 年 9 月 9 日国家市场监督管理总局令第 59 号公布
2. 自 2023 年 3 月 1 日起施行

第一章　总　　则

第一条　为了加强国家标准管理，规范国家标准制定、实施和监督，根据《中华人民共和国标准化法》，制定本办法。

第二条　国家标准的制定（包括项目提出、立项、组织起草、征求意见、技术审查、对外通报、编号、批准发布）、组织实施以及监督工作，适用本办法。

第三条　对农业、工业、服务业以及社会事业等领域需要在全国范围内统一的技术要求，可以制定国家标准（含国家标准样品），包括下列内容：

（一）通用的技术术语、符号、分类、代号（含代码）、文件格式、制图方法等通用技术语言要求和互换配合要求；

（二）资源、能源、环境的通用技术要求；

（三）通用基础件，基础原材料、重要产品和系统的技术要求；

（四）通用的试验、检验方法；

（五）社会管理、服务，以及生产和流通的管理等通用技术要求；

（六）工程建设的勘察、规划、设计、施工及验收的通用技术要求；

（七）对各有关行业起引领作用的技术要求；

（八）国家需要规范的其他技术要求。

对保障人身健康和生命财产安全、国家安全、生态环境安全以及满足经济社会管理基本需要的技术要求，应当制定强制性国家标准。

第四条　国家标准规定的技术指标以及有关分析试验方法，需要配套标准样品保证其有效实施的，应当制定相应的国家标准样品。标准样品管理按照国务院标准化行政主管部门的有关规定执行。

第五条　制定国家标准应当有利于便利经贸往来，支撑产业发展，促进科技进步，规范社会治理，实施国家战略。

第六条　积极推动结合国情采用国际标准。以国际标准为基础起草国家标准的，应当符合有关国际组织的版权政策。

鼓励国家标准与相应国际标准的制修订同步，加快适用国际标准的转化运用。

第七条　鼓励国际贸易、产能和装备合作领域，以及全球经济治理和可持续发展相关新兴领域的国家标准同步制定外文版。

鼓励同步开展国家标准中外文版制定。

第八条　国务院标准化行政主管部门统一管理国家标准制定工作，负责强制性国家标准的立项、编号、对外通报和依据授权批准发布；负责推荐性国家标准的立项、组织起草、征求意见、技术审查、编号和批准发布。

国务院有关行政主管部门依据职责负责强制性国家标准的项目提出、组织起草、征求意见、技术审查和组织实施。

由国务院标准化行政主管部门组建、相关方组成的全国专业标准化技术委员会(以下简称技术委员会),受国务院标准化行政主管部门委托,负责开展推荐性国家标准的起草、征求意见、技术审查、复审工作,承担归口推荐性国家标准的解释工作;受国务院有关行政主管部门委托,承担强制性国家标准的起草、技术审查工作;负责国家标准外文版的组织翻译和审查、实施情况评估和研究分析工作。

国务院标准化行政主管部门根据需要,可以委托国务院有关行政主管部门、有关行业协会,对技术委员会开展推荐性国家标准申请立项、国家标准报批等工作进行指导。

县级以上人民政府标准化行政主管部门和有关行政主管部门依据法定职责,对国家标准的实施进行监督检查。

第九条　对于跨部门跨领域、存在重大争议的国家标准的制定和实施,由国务院标准化行政主管部门组织协商,协商不成的报请国务院标准化协调机制解决。

第十条　国家标准及外文版依法受到版权保护,标准的批准发布主体享有标准的版权。

第十一条　国家标准一般不涉及专利。国家标准中涉及的专利应当是实施该标准必不可少的专利,其管理按照国家标准涉及专利的有关管理规定执行。

第十二条　制定国家标准应当在科学技术研究和社会实践经验的基础上,通过调查、论证、验证等方式,保证国家标准的科学性、规范性、适用性、时效性,提高国家标准质量。

制定国家标准应当公开、透明,广泛征求各方意见。

第十三条　国务院标准化行政主管部门建立国家标准验证工作制度。根据需要对国家标准的技术要求、试验检验方法等开展验证。

第十四条　制定国家标准应当做到有关标准之间的协调配套。

第十五条　鼓励科技成果转化为国家标准,围绕国家科研项目和市场创新活跃领域,同步推进科技研发和标准研制,提高科技成果向国家标准转化的时效性。

第十六条　对具有先进性、引领性,实施效果良好,需要在全国范围推广实施的团体标准,可以按程序制定为国家标准。

第十七条　对技术尚在发展中,需要引导其发展或者具有标准化价值的项目,可以制定为国家标准化指导性技术文件。

第二章　国家标准的制定

第十八条　政府部门、社会团体、企业事业组织以及公民可以根据国家有关发展规划和经济社会发展需要,向国务院有关行政主管部门提出国家标准的立项建议,也可以直接向国务院标准化行政主管部门提出国家标准的立项建议。

推荐性国家标准立项建议可以向技术委员会提出。

鼓励提出国家标准立项建议时同步提出国际标准立项申请。

第十九条　国务院标准化行政主管部门、国务院有关行政主管部门收到国家标准的立项建议后,应当对立项建议的必要性、可行性进行评估论证。国家标准的立项建议,可以委托技术委员会进行评估。

第二十条　强制性国家标准立项建议经评估后决定立项的,由国务院有关行政主管部门依据职责提出立项申请。

推荐性国家标准立项建议经评估后决定立项的,由技术委员会报国务院有关行政主管部门或者行业协会审核后,向国务院标准化行政主管部门提出立项申请。未成立技术委员会的,国务院有关行政主管部门可以依据职责直接提出推荐性国家标准项目立项申请。

立项申请材料应当包括项目申报书和标准草案。项目申报书应当说明制定国家标准的必要性、可行性,国内外标准情况、与国际标准一致性程度情况,主要技术要求,进度安排等。

第二十一条　国务院标准化行政主管部门组织国家标准专业审评机构对申请立项的国家标准项目进行评估,提出评估建议。

评估一般包括下列内容:

(一)本领域标准体系情况;

(二)标准技术水平、产业发展情况以及预期作用和效益;

(三)是否符合法律、行政法规的规定,是否与有关标准的技术要求协调衔接;

(四)与相关国际、国外标准的比对分析情况;

(五)是否符合本办法第三条、第四条、第五条规定。

第二十二条　对拟立项的国家标准项目,国务院标准化行政主管部门应当通过全国标准信息公共服务平台向社会公开征求意见，征求意见期限一般不少于三十日。必要时，可以书面征求国务院有关行政主管部门意见。

第二十三条　对立项存在重大分歧的，国务院标准化行政主管部门可以会同国务院有关行政主管部门、有关行业协会，组织技术委员会对争议内容进行协调，形成处理意见。

第二十四条　国务院标准化行政主管部门决定予以立项的，应当下达项目计划。

国务院标准化行政主管部门决定不予立项的，应当及时反馈并说明不予立项的理由。

第二十五条　强制性国家标准从计划下达到报送报批材料的期限一般不得超过二十四个月。推荐性国家标准从计划下达到报送报批材料的期限一般不得超过十八个月。

国家标准不能按照项目计划规定期限内报送的，应当提前三十日申请延期。强制性国家标准的延长时限不得超过十二个月，推荐性国家标准的延长时限不得超过六个月。

无法继续执行的，国务院标准化行政主管部门应当终止国家标准计划。

执行国家标准计划过程中，国务院标准化行政主管部门可以对国家标准计划的内容进行调整。

第二十六条　国务院有关行政主管部门或者技术委员会应当按照项目计划组织实施，及时开展国家标准起草工作。

国家标准起草，应当组建具有专业性和广泛代表性的起草工作组，开展国家标准起草的调研、论证（验证）、编制和征求意见处理等具体工作。

第二十七条　起草工作组应当按照标准编写的相关要求起草国家标准征求意见稿、编制说明以及有关材料。编制说明一般包括下列内容：

（一）工作简况，包括任务来源、制定背景、起草过程等；

（二）国家标准编制原则、主要内容及其确定依据，修订国家标准时，还包括修订前后技术内容的对比；

（三）试验验证的分析、综述报告，技术经济论证，预期的经济效益、社会效益和生态效益；

（四）与国际、国外同类标准技术内容的对比情况，或者与测试的国外样品、样机的有关数据对比情况；

（五）以国际标准为基础的起草情况，以及是否合规引用或者采用国际国外标准，并说明未采用国际标准的原因；

（六）与有关法律、行政法规及相关标准的关系；

（七）重大分歧意见的处理经过和依据；

（八）涉及专利的有关说明；

（九）实施国家标准的要求，以及组织措施、技术措施、过渡期和实施日期的建议等措施建议；

（十）其他应当说明的事项。

第二十八条　国家标准征求意见稿和编制说明应当通过有关门户网站、全国标准信息公共服务平台等渠道向社会公开征求意见，同时向涉及的其他国务院有关行政主管部门、企业事业单位、社会组织、消费者组织和科研机构等相关方征求意见。

国家标准公开征求意见期限一般不少于六十日。强制性国家标准在征求意见时应当按照世界贸易组织的要求对外通报。

国务院有关行政主管部门或者技术委员会应当对征集的意见进行处理，形成国家标准送审稿。

第二十九条　技术委员会应当采用会议形式对国家标准送审稿开展技术审查，重点审查技术要求的科学性、合理性、适用性、规范性。审查会议的组织和表决按照《全国专业标准化技术委员会管理办法》有关规定执行。

未成立技术委员会的，应当成立审查专家组采用会议形式开展技术审查。审查专家组成员应当具有代表性，由生产者、经营者、使用者、消费者、公共利益方等相关方组成，人数不得少于十五人。审查专家应当熟悉本领域技术和标准情况。技术审查应当协商一致，如需表决，四分之三以上同意为通过。起草人员不得承担技术审查工作。

审查会议应当形成会议纪要，并经与会全体专家签字。会议纪要应当真实反映审查情况，包括会议时间地点、会议议程、专家名单、具体的审查意见、审查结论等。

技术审查不通过的，应当根据审查意见修改后再次提交技术审查。无法协调一致的，可以提出计划项目终止申请。

第三十条　技术委员会应当根据审查意见形成国家标准报批稿、编制说明和意见处理表，经国务院有关行政主管部门或者行业协会审核后，报国务院标准化行政主管部门批准发布或者依据国务院授权批准发布。

未成立技术委员会的，国务院有关行政主管部门应当根据审查意见形成国家标准报批稿、编制说明和意见处理表，报国务院标准化行政主管部门批准发布或者依据国务院授权批准发布。

报批材料包括：

（一）报送公文；

（二）国家标准报批稿；

（三）编制说明；

（四）征求意见汇总处理表；

（五）审查会议纪要；

（六）需要报送的其他材料。

第三十一条　国务院标准化行政主管部门委托国家标准专业审评机构对国家标准的报批材料进行审核。国家标准专业审评机构应当审核下列内容：

（一）标准制定程序、报批材料、标准编写质量是否符合相关要求；

（二）标准技术内容的科学性、合理性，标准之间的协调性，重大分歧意见处理情况；

（三）是否符合有关法律、行政法规、产业政策、公平竞争的规定。

第三十二条　强制性国家标准由国务院批准发布或者授权批准发布。推荐性国家标准由国务院标准化行政主管部门统一批准、编号，以公告形式发布。

国家标准的代号由大写汉语拼音字母构成。强制性国家标准的代号为“GB”，推荐性国家标准的代号为“GB/T”，国家标准样品的代号为“GSB”。指导性技术文件的代号为“GB/Z”。

国家标准的编号由国家标准的代号、国家标准发布的顺序号和国家标准发布的年份号构成。国家标准样品的编号由国家标准样品的代号、分类目录号、发布顺序号、复制批次号和发布年份号构成。

第三十三条　应对突发紧急事件急需的国家标准，制定过程中可以缩短时限要求。

第三十四条　国家标准由国务院标准化行政主管部门委托出版机构出版。

国务院标准化行政主管部门按照有关规定在全国标准信息公共服务平台公开国家标准文本，供公众查阅。

第三章　国家标准的实施与监督

第三十五条　国家标准的发布与实施之间应当留出合理的过渡期。

国家标准发布后实施前，企业可以选择执行原国家标准或者新国家标准。

新国家标准实施后，原国家标准同时废止。

第三十六条　强制性国家标准必须执行。不符合强制性国家标准的产品、服务，不得生产、销售、进口或者提供。

推荐性国家标准鼓励采用。在基础设施建设、基本公共服务、社会治理、政府采购等活动中，鼓励实施推荐性国家标准。

第三十七条　国家标准发布后，各级标准化行政主管部门、有关行政主管部门、行业协会和技术委员会应当组织国家标准的宣贯和推广工作。

第三十八条　国家标准由国务院标准化行政主管部门解释，国家标准的解释与标准文本具有同等效力。解释发布后，国务院标准化行政主管部门应当自发布之日起二十日内在全国标准信息公共服务平台上公开解释文本。

对国家标准实施过程中有关具体技术问题的咨询，国务院标准化行政主管部门可以委托国务院有关行政主管部门、行业协会或者技术委员会答复。相关答复应当按照国家信息公开的有关规定进行公开。

第三十九条　企业和相关社会组织研制新产品、改进产品和服务、进行技术改造等，应当符合本办法规定的标准化要求。

第四十条　国务院标准化行政主管部门建立国家标准实施信息反馈机制，畅通信息反馈渠道。

鼓励个人和单位通过全国标准信息公共服务平台反馈国家标准在实施中产生的问题和修改建议。

各级标准化行政主管部门、有关行政主管部门、行业协会和技术委员会应当在日常工作中收集相关国家标准实施信息。

第四十一条　国务院标准化行政主管部门、国务院有关行政主管部门、行业协会、技术委员会应当及时对反馈的国家标准实施信息进行分析处理。

第四十二条　国务院标准化行政主管部门建立国家标准实施效果评估机制。国务院标准化行政主管部门根据国家标准实施情况，定期组织开展重点领域国家标准实施效果评估。国家标准实施效果评估应当包含下列内容：

（一）标准的实施范围；

（二）标准实施产生的经济效益、社会效益和生态效益；

（三）标准实施过程中发现的问题和修改建议。

第四十三条　国务院有关行政主管部门、有关行业协会或者技术委员会应当根据实施信息反馈、实施效果评估情况，以及经济社会和科学技术发展的需要，开展国家标准复审，提出继续有效、修订或者废止的复审结论，报国务院标准化行政主管部门。复审周期一般不超过五年。

复审结论为修订的，国务院有关行政主管部门、有关行业协会或者技术委员会应当在报送复审结论时提出修订项目。

复审结论为废止的，由国务院标准化行政主管部门通过全国标准信息公共服务平台向社会公开征求意见，征求意见一般不少于六十日。无重大分歧意见或者经协调一致的，由国务院标准化行政主管部门以公告形式废止。

第四十四条 国家标准发布后，个别技术要求需要调整、补充或者删减，可以通过修改单进行修改。修改单由国务院有关行政主管部门、有关行业协会或者技术委员会提出，国务院标准化行政主管部门按程序批准后以公告形式发布。国家标准的修改单与标准文本具有同等效力。

第四章 附 则

第四十五条 《强制性国家标准管理办法》对强制性国家标准的制定、组织实施和监督另有规定的，从其规定。

第四十六条 本办法自 2023 年 3 月 1 日起实施。1990 年 8 月 24 日原国家技术监督局第 10 号令公布的《国家标准管理办法》同时废止。

4. 认证认可

中华人民共和国认证认可条例

1. 2003 年 9 月 3 日国务院令第 390 号公布
2. 根据 2016 年 2 月 6 日国务院令第 666 号《关于修改部分行政法规的决定》第一次修订
3. 根据 2020 年 11 月 29 日国务院令第 732 号《关于修改和废止部分行政法规的决定》第二次修订

第一章 总 则

第一条 为了规范认证认可活动,提高产品、服务的质量和管理水平,促进经济和社会的发展,制定本条例。

第二条 本条例所称认证,是指由认证机构证明产品、服务、管理体系符合相关技术规范、相关技术规范的强制性要求或者标准的合格评定活动。

本条例所称认可,是指由认可机构对认证机构、检查机构、实验室以及从事评审、审核等认证活动人员的能力和执业资格,予以承认的合格评定活动。

第三条 在中华人民共和国境内从事认证认可活动,应当遵守本条例。

第四条 国家实行统一的认证认可监督管理制度。

国家对认证认可工作实行在国务院认证认可监督管理部门统一管理、监督和综合协调下,各有关方面共同实施的工作机制。

第五条 国务院认证认可监督管理部门应当依法对认证培训机构、认证咨询机构的活动加强监督管理。

第六条 认证认可活动应当遵循客观独立、公开公正、诚实信用的原则。

第七条 国家鼓励平等互利地开展认证认可国际互认活动。认证认可国际互认活动不得损害国家安全和社会公共利益。

第八条 从事认证认可活动的机构及其人员,对其所知悉的国家秘密和商业秘密负有保密义务。

第二章 认证机构

第九条 取得认证机构资质,应当经国务院认证认可监督管理部门批准,并在批准范围内从事认证活动。

未经批准,任何单位和个人不得从事认证活动。

第十条 取得认证机构资质,应当符合下列条件:

(一)取得法人资格;

(二)有固定的场所和必要的设施;

(三)有符合认证认可要求的管理制度;

(四)注册资本不得少于人民币 300 万元;

(五)有 10 名以上相应领域的专职认证人员。

从事产品认证活动的认证机构,还应当具备与从事相关产品认证活动相适应的检测、检查等技术能力。

第十一条 认证机构资质的申请和批准程序:

(一)认证机构资质的申请人,应当向国务院认证认可监督管理部门提出书面申请,并提交符合本条例第十条规定条件的证明文件;

(二)国务院认证认可监督管理部门自受理认证机构资质申请之日起 45 日内,应当作出是否批准的决定。涉及国务院有关部门职责的,应当征求国务院有关部门的意见。决定批准的,向申请人出具批准文件,决定不予批准的,应当书面通知申请人,并说明理由。

国务院认证认可监督管理部门应当公布依法取得认证机构资质的企业名录。

第十二条 境外认证机构在中华人民共和国境内设立代表机构,须向市场监督管理部门依法办理登记手续后,方可从事与所从属机构的业务范围相关的推广活动,但不得从事认证活动。

境外认证机构在中华人民共和国境内设立代表机构的登记,按照有关外商投资法律、行政法规和国家有关规定办理。

第十三条 认证机构不得与行政机关存在利益关系。

认证机构不得接受任何可能对认证活动的客观公正产生影响的资助;不得从事任何可能对认证活动的客观公正产生影响的产品开发、营销等活动。

认证机构不得与认证委托人存在资产、管理方面的利益关系。

第十四条 认证人员从事认证活动,应当在一个认证机构执业,不得同时在两个以上认证机构执业。

第十五条 向社会出具具有证明作用的数据和结果的检查机构、实验室,应当具备有关法律、行政法规规定的基本条件和能力,并依法经认定后,方可从事相应活动,认定结果由国务院认证认可监督管理部门公布。

第三章 认 证

第十六条 国家根据经济和社会发展的需要,推行产品、服务、管理体系认证。

第十七条 认证机构应当按照认证基本规范、认证规则从事认证活动。认证基本规范、认证规则由国务院认证认可监督管理部门制定;涉及国务院有关部门职责的,国务院认证认可监督管理部门应当会同国务院有关部门制定。

属于认证新领域，前款规定的部门尚未制定认证规则的，认证机构可以自行制定认证规则，并报国务院认证认可监督管理部门备案。

第十八条　任何法人、组织和个人可以自愿委托依法设立的认证机构进行产品、服务、管理体系认证。

第十九条　认证机构不得以委托人未参加认证咨询或者认证培训等为理由，拒绝提供本认证机构业务范围内的认证服务，也不得向委托人提出与认证活动无关的要求或者限制条件。

第二十条　认证机构应当公开认证基本规范、认证规则、收费标准等信息。

第二十一条　认证机构以及与认证有关的检查机构、实验室从事认证以及与认证有关的检查、检测活动，应当完成认证基本规范、认证规则规定的程序，确保认证、检查、检测的完整、客观、真实，不得增加、减少、遗漏程序。

认证机构以及与认证有关的检查机构、实验室应当对认证、检查、检测过程作出完整记录，归档留存。

第二十二条　认证机构及其认证人员应当及时作出认证结论，并保证认证结论的客观、真实。认证结论经认证人员签字后，由认证机构负责人签署。

认证机构及其认证人员对认证结果负责。

第二十三条　认证结论为产品、服务、管理体系符合认证要求的，认证机构应当及时向委托人出具认证证书。

第二十四条　获得认证证书的，应当在认证范围内使用认证证书和认证标志，不得利用产品、服务认证证书、认证标志和相关文字、符号，误导公众认为其管理体系已通过认证，也不得利用管理体系认证证书、认证标志和相关文字、符号，误导公众认为其产品、服务已通过认证。

第二十五条　认证机构可以自行制定认证标志。认证机构自行制定的认证标志的式样、文字和名称，不得违反法律、行政法规的规定，不得与国家推行的认证标志相同或者近似，不得妨碍社会管理，不得有损社会道德风尚。

第二十六条　认证机构应当对其认证的产品、服务、管理体系实施有效的跟踪调查，认证的产品、服务、管理体系不能持续符合认证要求的，认证机构应当暂停其使用直至撤销认证证书，并予公布。

第二十七条　为了保护国家安全、防止欺诈行为、保护人体健康或者安全、保护动植物生命或者健康、保护环境，国家规定相关产品必须经过认证的，应当经过认证并标注认证标志后，方可出厂、销售、进口或者在其他经营活动中使用。

第二十八条　国家对必须经过认证的产品，统一产品目录，统一技术规范的强制性要求、标准和合格评定程序，统一标志，统一收费标准。

统一的产品目录（以下简称目录）由国务院认证认可监督管理部门会同国务院有关部门制定、调整，由国务院认证认可监督管理部门发布，并会同有关方面共同实施。

第二十九条　列入目录的产品，必须经国务院认证认可监督管理部门指定的认证机构进行认证。

列入目录产品的认证标志，由国务院认证认可监督管理部门统一规定。

第三十条　列入目录的产品，涉及进出口商品检验目录的，应当在进出口商品检验时简化检验手续。

第三十一条　国务院认证认可监督管理部门指定的从事列入目录产品认证活动的认证机构以及与认证有关的实验室（以下简称指定的认证机构、实验室），应当是长期从事相关业务、无不良记录，且已经依照本条例的规定取得认可、具备从事相关认证活动能力的机构。国务院认证认可监督管理部门指定从事列入目录产品认证活动的认证机构，应当确保在每一列入目录产品领域至少指定两家符合本条例规定条件的机构。

国务院认证认可监督管理部门指定前款规定的认证机构、实验室，应当事先公布有关信息，并组织在相关领域公认的专家组成专家评审委员会，对符合前款规定要求的认证机构、实验室进行评审；经评审并征求国务院有关部门意见后，按照资源合理利用、公平竞争和便利、有效的原则，在公布的时间内作出决定。

第三十二条　国务院认证认可监督管理部门应当公布指定的认证机构、实验室名录及指定的业务范围。

未经指定的认证机构、实验室不得从事列入目录产品的认证以及与认证有关的检查、检测活动。

第三十三条　列入目录产品的生产者或者销售者、进口商，均可自行委托指定的认证机构进行认证。

第三十四条　指定的认证机构、实验室应当在指定业务范围内，为委托人提供方便、及时的认证、检查、检测服务，不得拖延，不得歧视、刁难委托人，不得牟取不当利益。

指定的认证机构不得向其他机构转让指定的认证业务。

第三十五条　指定的认证机构、实验室开展国际互认活动，应当在国务院认证认可监督管理部门或者经授权的国务院有关部门对外签署的国际互认协议框架内进行。

第四章　认　可

第三十六条　国务院认证认可监督管理部门确定的认可机构(以下简称认可机构),独立开展认可活动。

除国务院认证认可监督管理部门确定的认可机构外,其他任何单位不得直接或者变相从事认可活动。其他单位直接或者变相从事认可活动的,其认可结果无效。

第三十七条　认证机构、检查机构、实验室可以通过认可机构的认可,以保证其认证、检查、检测能力持续、稳定地符合认可条件。

第三十八条　从事评审、审核等认证活动的人员,应当经认可机构注册后,方可从事相应的认证活动。

第三十九条　认可机构应当具有与其认可范围相适应的质量体系,并建立内部审核制度,保证质量体系的有效实施。

第四十条　认可机构根据认可的需要,可以选聘从事认可评审活动的人员。从事认可评审活动的人员应当是相关领域公认的专家,熟悉有关法律、行政法规以及认可规则和程序,具有评审所需要的良好品德、专业知识和业务能力。

第四十一条　认可机构委托他人完成与认可有关的具体评审业务的,由认可机构对评审结论负责。

第四十二条　认可机构应当公开认可条件、认可程序、收费标准等信息。

认可机构受理认可申请,不得向申请人提出与认可活动无关的要求或者限制条件。

第四十三条　认可机构应当在公布的时间内,按照国家标准和国务院认证认可监督管理部门的规定,完成对认证机构、检查机构、实验室的评审,作出是否给予认可的决定,并对认可过程作出完整记录,归档留存。认可机构应当确保认可的客观公正和完整有效,并对认可结论负责。

认可机构应当向取得认可的认证机构、检查机构、实验室颁发认可证书,并公布取得认可的认证机构、检查机构、实验室名录。

第四十四条　认可机构应当按照国家标准和国务院认证认可监督管理部门的规定,对从事评审、审核等认证活动的人员进行考核,考核合格的,予以注册。

第四十五条　认可证书应当包括认可范围、认可标准、认可领域和有效期限。

第四十六条　取得认可的机构应当在取得认可的范围内使用认可证书和认可标志。取得认可的机构不当使用认可证书和认可标志的,认可机构应当暂停其使用直至撤销认可证书,并予公布。

第四十七条　认可机构应当对取得认可的机构和人员实施有效的跟踪监督,定期对取得认可的机构进行复评审,以验证其是否持续符合认可条件。取得认可的机构和人员不再符合认可条件的,认可机构应当撤销认可证书,并予公布。

取得认可的机构的从业人员和主要负责人、设施、自行制定的认证规则等与认可条件相关的情况发生变化的,应当及时告知认可机构。

第四十八条　认可机构不得接受任何可能对认可活动的客观公正产生影响的资助。

第四十九条　境内的认证机构、检查机构、实验室取得境外认可机构认可的,应当向国务院认证认可监督管理部门备案。

第五章　监督管理

第五十条　国务院认证认可监督管理部门可以采取组织同行评议,向被认证企业征求意见,对认证活动和认证结果进行抽查,要求认证机构以及与认证有关的检查机构、实验室报告业务活动情况的方式,对其遵守本条例的情况进行监督。发现有违反本条例行为的,应当及时查处,涉及国务院有关部门职责的,应当及时通报有关部门。

第五十一条　国务院认证认可监督管理部门应当重点对指定的认证机构、实验室进行监督,对其认证、检查、检测活动进行定期或者不定期的检查。指定的认证机构、实验室,应当定期向国务院认证认可监督管理部门提交报告,并对报告的真实性负责;报告应当对从事列入目录产品认证、检查、检测活动的情况作出说明。

第五十二条　认可机构应当定期向国务院认证认可监督管理部门提交报告,并对报告的真实性负责;报告应当对认可机构执行认可制度的情况、从事认可活动的情况、从业人员的工作情况作出说明。

国务院认证认可监督管理部门应当对认可机构的报告作出评价,并采取查阅认可活动档案资料、向有关人员了解情况等方式,对认可机构实施监督。

第五十三条　国务院认证认可监督管理部门可以根据认证认可监督管理的需要,就有关事项询问认可机构、认证机构、检查机构、实验室的主要负责人,调查了解情况,给予告诫,有关人员应当积极配合。

第五十四条　县级以上地方人民政府市场监督管理部门在国务院认证认可监督管理部门的授权范围内,依照本条例的规定对认证活动实施监督管理。

国务院认证认可监督管理部门授权的县级以上地

方人民政府市场监督管理部门，以下称地方认证监督管理部门。

第五十五条 任何单位和个人对认证认可违法行为，有权向国务院认证认可监督管理部门和地方认证监督管理部门举报。国务院认证认可监督管理部门和地方认证监督管理部门应当及时调查处理，并为举报人保密。

第六章 法律责任

第五十六条 未经批准擅自从事认证活动的，予以取缔，处10万元以上50万元以下的罚款，有违法所得的，没收违法所得。

第五十七条 境外认证机构未经登记在中华人民共和国境内设立代表机构的，予以取缔，处5万元以上20万元以下的罚款。

经登记设立的境外认证机构代表机构在中华人民共和国境内从事认证活动的，责令改正，处10万元以上50万元以下的罚款，有违法所得的，没收违法所得；情节严重的，撤销批准文件，并予公布。

第五十八条 认证机构接受可能对认证活动的客观公正产生影响的资助，或者从事可能对认证活动的客观公正产生影响的产品开发、营销等活动，或者与认证委托人存在资产、管理方面的利益关系的，责令停业整顿；情节严重的，撤销批准文件，并予公布；有违法所得的，没收违法所得；构成犯罪的，依法追究刑事责任。

第五十九条 认证机构有下列情形之一的，责令改正，处5万元以上20万元以下的罚款，有违法所得的，没收违法所得；情节严重的，责令停业整顿，直至撤销批准文件，并予公布：

（一）超出批准范围从事认证活动的；

（二）增加、减少、遗漏认证基本规范、认证规则规定的程序的；

（三）未对其认证的产品、服务、管理体系实施有效的跟踪调查，或者发现其认证的产品、服务、管理体系不能持续符合认证要求，不及时暂停其使用或者撤销认证证书并予公布的；

（四）聘用未经认可机构注册的人员从事认证活动的。

与认证有关的检查机构、实验室增加、减少、遗漏认证基本规范、认证规则规定的程序的，依照前款规定处罚。

第六十条 认证机构有下列情形之一的，责令限期改正；逾期未改正的，处2万元以上10万元以下的罚款：

（一）以委托人未参加认证咨询或者认证培训等为理由，拒绝提供本认证机构业务范围内的认证服务，或者向委托人提出与认证活动无关的要求或者限制条件的；

（二）自行制定的认证标志的式样、文字和名称，与国家推行的认证标志相同或者近似，或者妨碍社会管理，或者有损社会道德风尚的；

（三）未公开认证基本规范、认证规则、收费标准等信息的；

（四）未对认证过程作出完整记录，归档留存的；

（五）未及时向其认证的委托人出具认证证书的。

与认证有关的检查机构、实验室未对与认证有关的检查、检测过程作出完整记录，归档留存的，依照前款规定处罚。

第六十一条 认证机构出具虚假的认证结论，或者出具的认证结论严重失实的，撤销批准文件，并予公布；对直接负责的主管人员和负有直接责任的认证人员，撤销其执业资格；构成犯罪的，依法追究刑事责任；造成损害的，认证机构应当承担相应的赔偿责任。

指定的认证机构有前款规定的违法行为的，同时撤销指定。

第六十二条 认证人员从事认证活动，不在认证机构执业或者同时在两个以上认证机构执业的，责令改正，给予停止执业6个月以上2年以下的处罚，仍不改正的，撤销其执业资格。

第六十三条 认证机构以及与认证有关的实验室未经指定擅自从事列入目录产品的认证以及与认证有关的检查、检测活动的，责令改正，处10万元以上50万元以下的罚款，有违法所得的，没收违法所得。

认证机构未经指定擅自从事列入目录产品的认证活动的，撤销批准文件，并予公布。

第六十四条 指定的认证机构、实验室超出指定的业务范围从事列入目录产品的认证以及与认证有关的检查、检测活动的，责令改正，处10万元以上50万元以下的罚款，有违法所得的，没收违法所得；情节严重的，撤销指定直至撤销批准文件，并予公布。

指定的认证机构转让指定的认证业务的，依照前款规定处罚。

第六十五条 认证机构、检查机构、实验室取得境外认可机构认可，未向国务院认证认可监督管理部门备案的，给予警告，并予公布。

第六十六条 列入目录的产品未经认证，擅自出厂、销售、进口或者在其他经营活动中使用的，责令改正，处5万元以上20万元以下的罚款，有违法所得的，没收违法所得。

第六十七条　认可机构有下列情形之一的，责令改正；情节严重的，对主要负责人和负有责任的人员撤职或者解聘：

（一）对不符合认可条件的机构和人员予以认可的；

（二）发现取得认可的机构和人员不符合认可条件，不及时撤销认可证书，并予公布的；

（三）接受可能对认可活动的客观公正产生影响的资助的。

被撤职或者解聘的认可机构主要负责人和负有责任的人员，自被撤职或者解聘之日起5年内不得从事认可活动。

第六十八条　认可机构有下列情形之一的，责令改正；对主要负责人和负有责任的人员给予警告：

（一）受理认可申请，向申请人提出与认可活动无关的要求或者限制条件的；

（二）未在公布的时间内完成认可活动，或者未公开认可条件、认可程序、收费标准等信息的；

（三）发现取得认可的机构不当使用认可证书和认可标志，不及时暂停其使用或者撤销认可证书并予公布的；

（四）未对认可过程作出完整记录，归档留存的。

第六十九条　国务院认证认可监督管理部门和地方认证监督管理部门及其工作人员，滥用职权、徇私舞弊、玩忽职守，有下列行为之一的，对直接负责的主管人员和其他直接责任人员，依法给予降级或者撤职的行政处分；构成犯罪的，依法追究刑事责任：

（一）不按照本条例规定的条件和程序，实施批准和指定的；

（二）发现认证机构不再符合本条例规定的批准或者指定条件，不撤销批准文件或者指定的；

（三）发现指定的实验室不再符合本条例规定的指定条件，不撤销指定的；

（四）发现认证机构以及与认证有关的检查机构、实验室出具虚假的认证以及与认证有关的检查、检测结论或者出具的认证以及与认证有关的检查、检测结论严重失实，不予查处的；

（五）发现本条例规定的其他认证认可违法行为，不予查处的。

第七十条　伪造、冒用、买卖认证标志或者认证证书的，依照《中华人民共和国产品质量法》等法律的规定查处。

第七十一条　本条例规定的行政处罚，由国务院认证认可监督管理部门或者其授权的地方认证监督管理部门按照各自职责实施。法律、其他行政法规另有规定的，依照法律、其他行政法规的规定执行。

第七十二条　认证人员自被撤销执业资格之日起5年内，认可机构不再受理其注册申请。

第七十三条　认证机构未对其认证的产品实施有效的跟踪调查，或者发现其认证的产品不能持续符合认证要求，不及时暂停或者撤销认证证书和要求其停止使用认证标志给消费者造成损失的，与生产者、销售者承担连带责任。

第七章　附　　则

第七十四条　药品生产、经营企业质量管理规范认证，实验动物质量合格认证，军工产品的认证，以及从事军工产品校准、检测的实验室及其人员的认可，不适用本条例。

依照本条例经批准的认证机构从事矿山、危险化学品、烟花爆竹生产经营单位管理体系认证，由国务院安全生产监督管理部门结合安全生产的特殊要求组织；从事矿山、危险化学品、烟花爆竹生产经营单位安全生产综合评价的认证机构，经国务院安全生产监督管理部门推荐，方可取得认可机构的认可。

第七十五条　认证认可收费，应当符合国家有关价格法律、行政法规的规定。

第七十六条　认证培训机构、认证咨询机构的管理办法由国务院认证认可监督管理部门制定。

第七十七条　本条例自2003年11月1日起施行。1991年5月7日国务院发布的《中华人民共和国产品质量认证管理条例》同时废止。

认证机构及认证人员失信管理暂行规定

2018年7月6日国家认证认可监督管理委员会公告2018年第30号公布施行

第一条　为加强认证行业信用体系建设，倡导诚实守信，惩戒失信行为，根据《中华人民共和国认证认可条例》、《认证机构管理办法》以及国家有关信用管理要求，制定本规定。

第二条　本规定所称认证机构及认证人员失信，是指认证机构、认证人员违背诚实信用原则，发生严重违反法律、行政法规、部门规章的行为。

第三条　本规定所称认证机构及认证人员失信管理，是指国家认证认可监督管理委员会（以下简称认监委）

对认证机构及认证人员失信信息进行汇集、发布、更新，并对失信认证机构和认证人员采取惩戒措施。

第四条 地方认证监督管理部门、认可机构、认证认可行业协会等相关各方发现认证机构及认证人员存在虚假认证等失信行为的，应及时将相关证据线索报送认监委。

任何单位和个人均可向认监委提供认证机构及认证人员的失信行为信息。

第五条 认监委对有关方面提供的认证机构及认证人员失信行为证据线索依法进行调查处理。

第六条 有下列情形之一的，认证机构及认证人员将被认监委列入失信名录：

（一）认证机构出具虚假或者严重失实的认证结论，被撤销批准文件；

（二）认证机构超出批准范围从事认证活动，被撤销批准文件；

（三）认证机构以欺骗、贿赂等不正当手段取得认证机构资质，被撤销批准文件；

（四）申请人在申请认证机构资质过程中，隐瞒有关情况或者提供虚假材料，被给予行政处罚；

（五）认证人员对出具虚假认证结论负有直接责任或者存在其他严重违法违规行为，被撤销执业资格；

（六）认证机构及认证人员被列入其他部委发布的国家信用信息失信主体名录。

第七条 认监委在其官方网站上统一公布认证机构及认证人员失信名录。

认证机构失信名录信息包括：机构名称、统一社会信用代码、法定代表人、主要负责人姓名及其身份证件类型和号码、失信行为事实。

认证人员失信名录信息包括：认证人员姓名、身份证件类型和号码、所在认证机构名称、失信行为事实。

第八条 认证机构及认证人员对公布的失信名录有异议的，可以向认监委提出书面申请并提交相关证明材料。认监委应当在收到申请后20个工作日内进行核实，并将核实结果告知申请人。

认监委通过核实发现失信名录信息存在错误的，应当自查实之日起5个工作日内予以更正。

第九条 认监委对列入失信名录的认证机构及认证人员采取以下惩戒措施：

（一）认证机构资质的申请人及其法定代表人、主要负责人、认证人员列入失信名录的，对其认证机构资质申请不予批准；

（二）认证机构及其法定代表人、主要负责人、认证人员列入失信名录的，对其认证机构资质延续、认证领域扩大申请不予批准；

（三）认证机构法定代表人、主要负责人、认证人员列入失信名录的，其所在认证机构列入重点行政监管对象。

第十条 认监委参与国家相关部门对失信主体的联合惩戒；认证机构及认证人员失信信息将按照规定与国家相关信用信息查询平台共享。

认监委推动国家相关部门对失信认证机构及认证人员实施联合惩戒。

第十一条 满足下列条件的，失信名录所列认证机构及认证人员可以向认监委提出书面信用修复申请：

（一）本规定第六条第（一）、（二）项所涉及的失信信息，相关处理已满6年；

（二）本规定第六条第（三）项所涉及的失信信息，相关处理已满3年；

（三）本规定第六条第（四）项所涉及的失信信息，相关处理已满1年；

（四）本规定第六条第（五）项所涉及的失信信息，相关处理已满5年；

（五）本规定第六条第（六）项所涉及的失信信息，相关认证机构及认证人员已从国家信用信息失信主体名录中移出。

第十二条 认监委在其官方网站上对信用修复申请进行公示。自公示之日起5个工作日内无异议的，将相关认证机构及认证人员从公布的失信名录中移出。

列入失信管理所依据的行政处罚决定被撤销的，认监委应当自决定被撤销之日起5个工作日内将涉及的认证机构及认证人员从公布的失信名录中移出。

第十三条 认可机构、认证认可行业协会应建立各自的认证机构及认证人员失信管理制度。

第十四条 本规定由认监委负责解释。

第十五条 本规定自发布之日起施行。

绿色产品标识使用管理办法

1. 2019年5月5日国家市场监督管理总局公告2019年第20号发布

2. 自2019年6月1日起施行

第一章 总 则

第一条 为加快推进生态文明体制建设，规范绿色产品标识使用，依据国家有关法律、行政法规以及《生态文明体制改革总体方案》、《国务院办公厅关于建立统一的绿色产品标准、认证、标识体系的意见》(国办发〔2016〕86号)的相关要求,按照"市场导向、开放共享、社会共治"的原则,制定本办法。

第二条　市场监管总局统一发布绿色产品标识,建设和管理绿色产品标识信息平台(以下简称信息平台),并对绿色产品标识使用实施监督管理。

结合绿色产品认证制度建立实际情况,相关认证机构、获证企业根据需要自愿使用绿色产品标识。使用绿色产品标识时,应遵守本办法所规定相关要求。

第三条　绿色产品标识适用范围。

(一)认证活动一:认证机构对列入国家统一的绿色产品认证目录的产品,依据绿色产品评价标准清单中的标准,按照市场监管总局统一制定发布的绿色产品认证规则开展的认证活动;

(二)认证活动二:市场监管总局联合国务院有关部门共同推行统一的涉及资源、能源、环境、品质等绿色属性(如环保、节能、节水、循环、低碳、再生、有机、有害物质限制使用等,以下简称绿色属性)的认证制度,认证机构按照相关制度明确的认证规则及评价依据开展的认证活动;

(三)市场监管总局联合国务院有关部门共同推行的涉及绿色属性的自我声明等合格评定活动(以下简称其他绿色属性合格评定活动)。

第二章　绿色产品标识的样式

第四条　绿色产品标识的基本图案如下所示。

获得认证的产品或其随附文件使用本标识时,应同时在绿色产品标识右侧标注发证机构标志;同一产品获得两家及以上认证机构颁发的绿色属性认证证书时,标注相应全部发证机构标志。

认证活动一的绿色产品标识样式为:

CHINA GREEN PRODUCT
中国绿色产品
认证机构标志

认证活动二的绿色产品标识样式为:

认证机构标志

对认证活动二,若需要在基本图案上标注其他识别信息的,须在相应制度方案中予以明确。

其他绿色属性合格评定活动如使用绿色产品标识的,样式在相应制度方案中予以明确。

第五条　绿色产品标识基本图案的矢量图可在信息平台自行下载。绿色产品标识可按比例放大或缩小,标注后应清晰可识。

第三章　绿色产品标识的使用

第六条　除相关制度方案或认证机构另行要求外,企业可自主选择任意制作工艺(如印制、模压等)在产品本体、铭牌、包装、随附文件(如说明书、合格证等)、操作系统、电子销售平台等位置使用或展示绿色产品标识。

绿色产品标识的颜色应选用白色底版、绿色图案。

第七条　从事本办法所述认证活动一、认证活动二的认证机构应经市场监管总局批准,并在批准范围内从事认证活动、使用绿色产品标识。

获得批准的认证机构应结合本办法要求,制定并公布本机构绿色产品标识使用管理要求。认证机构授权获证企业使用绿色产品标识时,应在信息平台(www.chinagreenproduct.cn)上完成认证信息报送,所报送内容包括产品及企业信息、认证模式、认证/检验检测机构信息、获证证书信息及产品绿色属性的评价依据、评价项目、限值指标等。

第八条　对同一产品获得两家及以上认证机构颁发的绿色属性认证证书的,信息平台通过企业数据及产品型号对该产品所涉及全部绿色属性认证信息予以整合发布。

第九条　完成认证信息报送后,信息平台将生成含有对应产品全部绿色属性信息的二维码并提供下载链接,企业可自愿将二维码标注在所对应产品的适当位置(如:产品本体、铭牌、包装、随附文件、操作系统、电子销售平台等),以供政策采信或消费识别选择。

第十条　其他绿色属性合格评定活动如使用绿色产品标识的,具体使用方式及符合性信息报送要求须在相应制度方案中予以明确。

第四章　绿色产品标识的监督管理

第十一条　绿色产品标识使用方(认证机构、获证企业等)应建立具体管理措施,确保绿色产品标识依据本办法正确使用和标注。

第十二条　认证及自我声明等合格评定活动中存在的绿色产品标识违规使用相关情况,依据有关法律法规进行处罚。对涉企行政处罚信息,将通过国家企业信用信息公示系统依法向社会公示。

第五章　附　　则

第十三条　本办法由市场监管总局负责解释。

第十四条　本办法自 2019 年 6 月 1 日起实施。

认证机构管理办法

1. 2017 年 11 月 14 日国家质量监督检验检疫总局令第 193 号公布

2. 根据 2020 年 10 月 23 日国家市场监督管理总局令第 31 号《关于修改部分规章的决定》修订

第一章　总　　则

第一条　为了加强对认证机构的监督管理,规范认证活动,提高认证有效性,根据《中华人民共和国认证认可条例》(以下简称《认证认可条例》)等有关法律、行政法规的规定,制定本办法。

第二条　本办法所称认证机构,是指依法取得资质,对产品、服务和管理体系是否符合标准、相关技术规范要求,独立进行合格评定的具有法人资格的证明机构。

第三条　在中华人民共和国境内从事认证活动的认证机构及其监督管理,适用本办法。

第四条　国务院认证认可监督管理部门主管认证机构的资质审批及监督管理工作。

县级以上地方认证监督管理部门依照本办法的规定,负责所辖区域内认证机构从事认证活动的监督管理。

第五条　认证机构从事认证活动应当遵循公正公开、客观独立、诚实信用的原则,维护社会信用体系。

第六条　认证机构及其人员对其认证活动中所知悉的国家秘密、商业秘密负有保密义务。

第二章　资 质 审 批

第七条　取得认证机构资质,应当经国务院认证认可监督管理部门批准。未经批准,任何单位和个人不得从事认证活动。

第八条　取得认证机构资质,应当符合下列条件:

(一)取得法人资格;

(二)有固定的办公场所和必要的设施;

(三)有符合认证认可要求的管理制度;

(四)注册资本不得少于人民币 300 万元;

(五)有 10 名以上相应领域的专职认证人员。

从事产品认证活动的认证机构,还应当具备与从事相关产品认证活动相适应的检测、检查等技术能力。

第九条　认证机构资质审批程序:

(一)认证机构资质的申请人(以下简称申请人)应当向国务院认证认可监督管理部门提出申请,提交符合本办法第八条规定条件的相关证明文件,并对其真实性、有效性、合法性负责。

(二)国务院认证认可监督管理部门应当对申请人提交的证明文件进行初审,并自收到之日起 5 日内作出受理或者不予受理的书面决定。对申请材料不齐全或者不符合法定形式的,应当一次性告知申请人需要补正的全部内容。

(三)国务院认证认可监督管理部门应当自受理认证机构资质申请之日起 45 日内,作出是否批准的决定。决定批准的,向申请人出具《认证机构批准书》。决定不予批准的,应当书面通知申请人,并说明理由。

需要对申请人的认证、检测、检查等技术能力进行专家评审的,专家评审时间不得超过 30 日。评审时间不计算在审批期限内。

第十条　国务院认证认可监督管理部门制定、调整和公布认证领域目录,认证机构应当在批准的认证领域内,按照认证基本规范、认证规则从事认证活动。

属于认证新领域,国务院认证认可监督管理部门尚未制定认证规则的,认证机构可以自行制定认证规则,并在认证规则发布后 30 日内,将认证规则相关信息报国务院认证认可监督管理部门备案。

第十一条　认证机构有下列情形之一的,应当自变更之日起 30 日内,向国务院认证认可监督管理部门申请办理《认证机构批准书》变更手续:

(一)缩小批准认证领域的;

(二)变更法人性质、股东、注册资本的;

(三)合并或者分立的;

(四)变更名称、住所、法定代表人的。

扩大认证领域的,由国务院认证认可监督管理部门按照本办法第九条的规定予以办理。

第十二条　《认证机构批准书》有效期为 6 年。

认证机构需要延续《认证机构批准书》有效期的,应当在《认证机构批准书》有效期届满 30 日前向国务院认证认可监督管理部门提出申请。

国务院认证认可监督管理部门应当对提出延续申请的认证机构依照本办法规定的资质条件和审批程序进行书面复查，并在《认证机构批准书》有效期届满前作出是否准予延续的决定。

第三章　行为规范

第十三条　认证机构应当建立风险防范机制，对其从事认证活动可能引发的风险和责任，采取合理、有效措施，并承担相应的社会责任。

认证机构不得超出批准范围从事认证活动。

第十四条　认证机构应当建立健全认证人员管理制度，定期对认证人员进行培训，保证其能力持续符合国家关于认证人员职业资格的相关要求。

认证机构不得聘用国家法律法规和国家政策禁止或者限制从事认证活动的人员。

第十五条　认证机构应当通过其网站或者其他形式公布以下信息并保证其真实、有效：

（一）依法从事认证活动的自我声明；

（二）认证领域、认证规则、认证证书样式、认证标志样式；

（三）设立的承担其认证活动的分支机构名称、地址和认证活动内容；

（四）认证收费标准；

（五）认证证书有效、暂停、注销或者撤销的状态。

强制性产品认证机构还应当按照国务院认证认可监督管理部门的相关规定，公布其强制性产品认证相关信息。

第十六条　认证机构从事认证活动，应当符合认证基本规范、认证规则规定的程序要求，确保认证过程完整、客观、真实，不得增加、减少或者遗漏程序要求。

第十七条　认证机构在从事认证活动时，应当对认证对象的下列情况进行核实：

（一）具备相关法定资质、资格；

（二）委托认证的产品、服务、管理体系等符合相关法律法规的要求；

（三）未列入严重违法失信名单。

认证对象不符合上述要求的，认证机构不得向其出具认证证书。

第十八条　认证机构及其认证人员应当及时作出认证结论，保证其客观、真实并承担相应法律责任。

认证机构及其认证人员不得出具虚假或者严重失实的认证结论。有下列情形之一的，属于出具虚假或者严重失实的认证结论：

（一）认证人员未按照认证规则要求，应当进入现场而未进入现场进行审核、检查或者审查的；

（二）冒名顶替其他认证人员实施审核、检查或者审查的；

（三）伪造认证档案、记录和资料的；

（四）认证证书载明的事项内容严重失实的；

（五）向未通过认证的认证对象出卖或者转让认证证书的。

第十九条　认证结论符合认证要求的，认证机构应当及时向认证对象出具认证证书。

认证机构应当通过其网站或者其他形式，向公众提供查询认证证书有效性的方式。

第二十条　认证机构应当要求认证对象正确使用认证证书和认证标志，对未按照规定使用的，认证机构应当采取有效的纠正措施。

第二十一条　认证机构应当对其认证的产品、服务、管理体系实施有效的跟踪监督。

不能持续符合认证要求的，认证机构应当在确认相关情况后 5 日内，暂停认证对象相应的认证证书。暂停期限届满仍不符合要求的，应当撤销其相应认证证书。

暂停期限按照认证规则的相关规定执行。

第二十二条　认证机构应当对认证过程做出完整记录，保留相应认证资料。

认证记录和认证资料应当真实、准确，归档留存时间为认证证书有效期届满或者被注销、撤销之日起 2 年以上，认证记录应当使用中文。

在认证证书有效期内，认证活动参与各方盖章或者签字的认证记录、认证资料等，应当保存具有法律效力的原件。

第二十三条　认证机构应当及时向国务院认证认可监督管理部门报送以下信息，并保证其真实、有效：

（一）认证计划信息；

（二）与认证结果相关的认证活动、认证人员、认证对象信息；

（三）认证证书的有效、暂停、注销或者撤销状态信息；

（四）设立承担其认证活动的分支机构信息。

认证机构在获得批准的认证领域内，与境外认证机构签订认证结果仅在境外使用的分包合约，应当自签订分包合约之日起 10 日内向国务院认证认可监督管理部门报送信息。

第二十四条　认证机构应当在每年 3 月底之前向国务院认证认可监督管理部门提交以下报告，并保证其真实、有效：

（一）上一年度工作报告：主要包括从业基本情况、人员、业务状况以及符合国家资质要求的会计师事务所出具的财务会计审计报告等内容；

（二）社会责任报告：主要包括机构概况、机构核心价值观与发展理念、机构最高管理者的社会责任承诺、机构社会责任战略、机构社会责任绩效等内容。

第二十五条 认证机构和认证对象应当对国务院认证认可监督管理部门、地方认证监督管理部门实施的监督检查工作予以配合，对有关事项的询问和调查如实提供相关材料和信息。

第四章 监督管理

第二十六条 国务院认证认可监督管理部门对认证机构遵守《认证认可条例》、本办法以及相关部门规章的情况进行监督检查。

地方认证监督管理部门根据法定职责分工，对所辖区域内的认证活动、认证结果实施日常监督检查，查处违法行为，并建立相应的协调工作机制。

地方认证监督管理部门应当将违法行为查处的相关信息及时报送国务院认证认可监督管理部门。

第二十七条 国务院认证认可监督管理部门、地方认证监督管理部门对认证机构的认证活动、认证结果实行随机抽查，抽查结果应当及时向社会公开。

国务院认证认可监督管理部门、地方认证监督管理部门结合随机抽查、行政处罚、投诉举报、严重违法失信名单以及大数据分析等信息，对认证机构实行分类监管。

第二十八条 国务院认证认可监督管理部门在其网站公布以下信息：

（一）依法取得资质的认证机构名录；

（二）认证机构依据本办法第二十四条规定报送的报告；

（三）随机抽查结果；

（四）对认证机构及其认证人员的行政处罚信息；

（五）认证机构及其法定代表人、主要负责人、认证人员严重违法失信名单。

第二十九条 认证机构资质的申请人及其法定代表人、主要负责人、认证人员等列入严重违法失信名单的，对其认证机构资质申请不予批准。

认证机构及其法定代表人、主要负责人、认证人员列入严重违法失信名单的，对其认证机构资质延续、认证领域扩大申请不予批准。

第三十条 国务院认证认可监督管理部门、地方认证监督管理部门在监督检查中发现认证机构有下列情形之一的，应当给予告诫，并责令其改正：

（一）未依照本办法第十五条规定，公布信息的；

（二）未依照本办法第十九条第二款规定，向公众提供认证证书有效性查询方式的。

第三十一条 有下列情形之一的，国务院认证认可监督管理部门根据利害关系人的请求或者依据职权，可以撤销《认证机构批准书》：

（一）国务院认证认可监督管理部门工作人员滥用职权、玩忽职守出具的；

（二）超越法定职权出具的；

（三）违反法定程序出具的；

（四）对不具备申请资格或者不符合法定条件的申请人出具的；

（五）认证机构已不具备或者不能持续符合法定条件和能力的；

（六）依法可以撤销的其他情形。

以欺骗、贿赂等不正当手段取得认证机构资质的，国务院认证认可监督管理部门应当撤销《认证机构批准书》；申请人在3年内不得再次申请认证机构资质。

第三十二条 认证机构有下列情形之一的，国务院认证认可监督管理部门应当办理《认证机构批准书》注销手续：

（一）《认证机构批准书》有效期届满，未申请延续或者复查不予延续的；

（二）《认证机构批准书》依法被撤销的；

（三）认证机构申请注销的；

（四）认证机构依法终止的；

（五）法律法规规定应当注销的其他情形。

第三十三条 认证机构可以通过认可机构的认可，证明其认证能力能够持续符合相关要求。

认可机构应当对取得认可的认证机构进行有效跟踪监督，对认可监督中发现的违法行为，及时报告国务院认证认可监督管理部门。

第三十四条 认证认可协会应当加强对认证机构和认证人员的行业自律管理，发现认证机构或者认证人员的违法行为，及时报告国务院认证认可监督管理部门。

第三十五条 任何单位和个人对认证活动中的违法行为，有权向国务院认证认可监督管理部门和地方认证监督管理部门举报。国务院认证认可监督管理部门和地方认证监督管理部门应当及时调查处理，并为举报人保密。

第五章 法律责任

第三十六条 隐瞒有关情况或者提供虚假材料申请认证机构资质的，国务院认证认可监督管理部门不予受理或者不予批准，并给予警告；申请人在 1 年内不得再次申请认证机构资质。

第三十七条 认证机构有下列情形之一的，国务院认证认可监督管理部门应当责令其限期改正，给予警告并予公布：

（一）未依照本办法第十条第二款规定，将认证规则相关信息报国务院认证认可监督管理部门备案的；

（二）未依照本办法第十一条规定，办理变更手续的；

（三）未依照本办法第十四条规定，认证人员能力不能持续符合国家职业资格的相关要求，或者聘用国家法律法规和国家政策禁止或者限制从事认证活动的人员的；

（四）未依照本办法第二十三条、第二十四条规定，向国务院认证认可监督管理部门报送信息和报告的。

第三十八条 认证机构有下列情形之一的，地方认证监督管理部门应当责令其改正，并处 3 万元罚款：

（一）受到告诫或者警告后仍未改正的；

（二）违反本办法第十七条规定，向认证对象出具认证证书的；

（三）违反本办法第二十条规定，发现认证对象未正确使用认证证书和认证标志，未采取有效措施纠正的；

（四）违反本办法第二十五条规定，在监督检查工作中不予配合和协助，拒绝、隐瞒或者不如实提供相关材料和信息的。

第三十九条 认证机构违反本办法第十六条规定，增加、减少、遗漏程序要求的，依照《认证认可条例》第六十条的规定进行处罚。认证机构被责令停业整顿的，停业整顿期限为 6 个月，期间不得从事认证活动。

认证机构增加、减少、遗漏程序要求，情节轻微且不影响认证结论的客观、真实或者认证有效性的，应当责令其限期改正。逾期未改正或者经改正仍不符合要求的，依照前款规定进行处罚。

第四十条 认证机构违反本办法第十八条规定，出具虚假或者严重失实认证结论的，依照《认证认可条例》第六十二条的规定进行处罚。

第四十一条 认证机构违反《认证认可条例》等有关法律、行政法规规定的，依照相关规定追究其法律责任。

第四十二条 国务院认证认可监督管理部门和地方认证监督管理部门及其工作人员应当依法对认证活动实施监督，有滥用职权、徇私舞弊、玩忽职守等违法行为的，依法给予行政处分；构成犯罪的，依法追究刑事责任。

第六章 附则

第四十三条 本办法中国务院认证认可监督管理部门实施行政许可的期限以工作日计算，不含法定节假日。

第四十四条 香港、澳门和台湾地区在大陆的投资企业取得认证机构资质，依照本办法第八条的规定办理，并遵守本办法规定。

第四十五条 本办法由国务院认证认可监督管理部门负责解释。

第四十六条 本办法自 2018 年 1 月 1 日起施行。国家质检总局 2011 年 7 月 20 日公布的《认证机构管理办法》、2015 年 5 月 11 日公布的《国家质量监督检验检疫总局关于修改〈认证机构管理办法〉的决定》同时废止。

检验检测机构监督管理办法

1. 2021 年 4 月 8 日国家市场监督管理总局令第 39 号公布
2. 自 2021 年 6 月 1 日起施行

第一条 为了加强检验检测机构监督管理工作，规范检验检测机构从业行为，营造公平有序的检验检测市场环境，依照《中华人民共和国计量法》及其实施细则、《中华人民共和国认证认可条例》等法律、行政法规，制定本办法。

第二条 在中华人民共和国境内检验检测机构从事向社会出具具有证明作用的检验检测数据、结果、报告（以下统称检验检测报告）的活动及其监督管理，适用本办法。

法律、行政法规对检验检测机构的监督管理另有规定的，依照其规定。

第三条 本办法所称检验检测机构，是指依法成立，依据相关标准等规定利用仪器设备、环境设施等技术条件和专业技能，对产品或者其他特定对象进行检验检测的专业技术组织。

第四条 国家市场监督管理总局统一负责、综合协调检验检测机构监督管理工作。

省级市场监督管理部门负责本行政区域内检验检测机构监督管理工作。

地（市）、县级市场监督管理部门负责本行政区域内检验检测机构监督检查工作。

第五条　检验检测机构及其人员应当对其出具的检验检测报告负责，依法承担民事、行政和刑事法律责任。

第六条　检验检测机构及其人员从事检验检测活动应当遵守法律、行政法规、部门规章的规定，遵循客观独立、公平公正、诚实信用原则，恪守职业道德，承担社会责任。

检验检测机构及其人员应当独立于其出具的检验检测报告所涉及的利益相关方，不受任何可能干扰其技术判断的因素影响，保证其出具的检验检测报告真实、客观、准确、完整。

第七条　从事检验检测活动的人员，不得同时在两个以上检验检测机构从业。检验检测授权签字人应当符合相关技术能力要求。

法律、行政法规对检验检测人员或者授权签字人的执业资格或者禁止从业另有规定的，依照其规定。

第八条　检验检测机构应当按照国家有关强制性规定的样品管理、仪器设备管理与使用、检验检测规程或者方法、数据传输与保存等要求进行检验检测。

检验检测机构与委托人可以对不涉及国家有关强制性规定的检验检测规程或者方法等作出约定。

第九条　检验检测机构对委托人送检的样品进行检验的，检验检测报告对样品所检项目的符合性情况负责，送检样品的代表性和真实性由委托人负责。

第十条　需要分包检验检测项目的，检验检测机构应当分包给具备相应条件和能力的检验检测机构，并事先取得委托人对分包的检验检测项目以及拟承担分包项目的检验检测机构的同意。

检验检测机构应当在检验检测报告中注明分包的检验检测项目以及承担分包项目的检验检测机构。

第十一条　检验检测机构应当在其检验检测报告上加盖检验检测机构公章或者检验检测专用章，由授权签字人在其技术能力范围内签发。

检验检测报告用语应当符合相关要求，列明标准等技术依据。检验检测报告存在文字错误，确需更正的，检验检测机构应当按照标准等规定进行更正，并予以标注或者说明。

第十二条　检验检测机构应当对检验检测原始记录和报告进行归档留存。保存期限不少于6年。

第十三条　检验检测机构不得出具不实检验检测报告。

检验检测机构出具的检验检测报告存在下列情形之一，并且数据、结果存在错误或者无法复核的，属于不实检验检测报告：

（一）样品的采集、标识、分发、流转、制备、保存、处置不符合标准等规定，存在样品污染、混淆、损毁、性状异常改变等情形的；

（二）使用未经检定或者校准的仪器、设备、设施的；

（三）违反国家有关强制性规定的检验检测规程或者方法的；

（四）未按照标准等规定传输、保存原始数据和报告的。

第十四条　检验检测机构不得出具虚假检验检测报告。

检验检测机构出具的检验检测报告存在下列情形之一的，属于虚假检验检测报告：

（一）未经检验检测的；

（二）伪造、变造原始数据、记录，或者未按照标准等规定采用原始数据、记录的；

（三）减少、遗漏或者变更标准等规定的应当检验检测的项目，或者改变关键检验检测条件的；

（四）调换检验检测样品或者改变其原有状态进行检验检测的；

（五）伪造检验检测机构公章或者检验检测专用章，或者伪造授权签字人签名或者签发时间的。

第十五条　检验检测机构及其人员应当对其在检验检测工作中所知悉的国家秘密、商业秘密予以保密。

第十六条　检验检测机构应当在其官方网站或者以其他公开方式对其遵守法定要求、独立公正从业、履行社会责任、严守诚实信用等情况进行自我声明，并对声明内容的真实性、全面性、准确性负责。

检验检测机构应当向所在地省级市场监督管理部门报告持续符合相应条件和要求、遵守从业规范、开展检验检测活动以及统计数据等信息。

检验检测机构在检验检测活动中发现普遍存在的产品质量问题的，应当及时向市场监督管理部门报告。

第十七条　县级以上市场监督管理部门应当依据检验检测机构年度监督检查计划，随机抽取检查对象、随机选派执法检查人员开展监督检查工作。

因应对突发事件等需要，县级以上市场监督管理部门可以应急开展相关监督检查工作。

国家市场监督管理总局可以根据工作需要，委托省级市场监督管理部门开展监督检查。

第十八条　省级以上市场监督管理部门可以根据工作需要，定期组织检验检测机构能力验证工作，并公布能力验证结果。

检验检测机构应当按照要求参加前款规定的能力

验证工作。

第十九条　省级市场监督管理部门可以结合风险程度、能力验证及监督检查结果、投诉举报情况等，对本行政区域内检验检测机构进行分类监管。

第二十条　市场监督管理部门可以依法行使下列职权：

（一）进入检验检测机构进行现场检查；

（二）向检验检测机构、委托人等有关单位及人员询问、调查有关情况或者验证相关检验检测活动；

（三）查阅、复制有关检验检测原始记录、报告、发票、账簿及其他相关资料；

（四）法律、行政法规规定的其他职权。

检验检测机构应当采取自查自改措施，依法从事检验检测活动，并积极配合市场监督管理部门开展的监督检查工作。

第二十一条　县级以上地方市场监督管理部门应当定期逐级上报年度检验检测机构监督检查结果等信息，并将检验检测机构违法行为查处情况通报实施资质认定的市场监督管理部门和同级有关行业主管部门。

第二十二条　县级以上市场监督管理部门应当依法公开监督检查结果，并将检验检测机构受到的行政处罚等信息纳入国家企业信用信息公示系统等平台。

第二十三条　任何单位和个人有权向县级以上市场监督管理部门举报检验检测机构违反本办法规定的行为。

第二十四条　县级以上市场监督管理部门发现检验检测机构存在不符合本办法规定，但无需追究行政和刑事法律责任的情形的，可以采用说服教育、提醒纠正等非强制性手段予以处理。

第二十五条　检验检测机构有下列情形之一的，由县级以上市场监督管理部门责令限期改正；逾期未改正或者改正后仍不符合要求的，处3万元以下罚款：

（一）违反本办法第八条第一款规定，进行检验检测的；

（二）违反本办法第十条规定分包检验检测项目，或者应当注明而未注明的；

（三）违反本办法第十一条第一款规定，未在检验检测报告上加盖检验检测机构公章或者检验检测专用章，或者未经授权签字人签发或者授权签字人超出其技术能力范围签发的。

第二十六条　检验检测机构有下列情形之一的，法律、法规对撤销、吊销、取消检验检测资质或者证书等有行政处罚规定的，依照法律、法规的规定执行；法律、法规未作规定的，由县级以上市场监督管理部门责令限期改正，处3万元罚款：

（一）违反本办法第十三条规定，出具不实检验检测报告的；

（二）违反本办法第十四条规定，出具虚假检验检测报告的。

第二十七条　市场监督管理部门工作人员玩忽职守、滥用职权、徇私舞弊的，依法予以处理；涉嫌构成犯罪，依法需要追究刑事责任的，按照有关规定移送公安机关。

第二十八条　本办法自2021年6月1日起施行。

强制性产品认证管理规定

1. 2009年7月3日国家质量监督检验检疫总局令第117号公布

2. 根据2022年9月29日国家市场监督管理总局令第61号《关于修改和废止部分部门规章的决定》修正

第一章　总　　则

第一条　为规范强制性产品认证工作，提高认证有效性，维护国家、社会和公共利益，根据《中华人民共和国认证认可条例》（以下简称认证认可条例）等法律、行政法规以及国家有关规定，制定本规定。

第二条　为保护国家安全、防止欺诈行为、保护人体健康或者安全、保护动植物生命或者健康、保护环境，国家规定的相关产品必须经过认证（以下简称强制性产品认证），并标注认证标志后，方可出厂、销售、进口或者在其他经营活动中使用。

第三条　国家市场监督管理总局（以下简称市场监管总局）主管全国强制性产品认证工作，负责全国强制性产品认证工作的组织实施、监督管理和综合协调。

县级以上地方市场监督管理部门负责所辖区域内强制性产品认证活动的监督管理工作。

第四条　国家对实施强制性产品认证的产品，统一产品目录（以下简称目录），统一技术规范的强制性要求、标准和合格评定程序，统一认证标志，统一收费标准。

市场监管总局会同国务院有关部门制定和调整目录，目录由市场监管总局发布，并会同有关方面共同实施。

第五条　国家鼓励开展平等互利的强制性产品认证国际互认活动，互认活动应当在市场监管总局或者其授权的有关部门对外签署的国际互认协议框架内进行。

第六条　从事强制性产品认证活动的机构及其人员，对其从业活动中所知悉的商业秘密及生产技术、工艺等技术秘密和信息负有保密义务。

第二章　认证实施

第七条　强制性产品认证基本规范、认证规则由市场监管总局制定、发布。

第八条　强制性产品认证应当适用以下单一认证模式或者多项认证模式的组合，具体模式包括：

（一）设计鉴定；

（二）型式试验；

（三）生产现场抽取样品检测或者检查；

（四）市场抽样检测或者检查；

（五）企业质量保证能力和产品一致性检查；

（六）获证后的跟踪检查。

产品认证模式应当依据产品的性能，对涉及公共安全、人体健康和环境等方面可能产生的危害程度、产品的生命周期、生产、进口产品的风险状况等综合因素，按照科学、便利等原则予以确定。

第九条　认证规则应当包括以下内容：

（一）适用的产品范围；

（二）适用的产品所对应的国家标准、行业标准和国家技术规范的强制性要求；

（三）认证模式；

（四）申请单元划分原则或者规定；

（五）抽样和送样要求；

（六）关键元器件或者原材料的确认要求（需要时）；

（七）检测标准的要求（需要时）；

（八）工厂检查的要求；

（九）获证后跟踪检查的要求；

（十）认证证书有效期的要求；

（十一）获证产品标注认证标志的要求；

（十二）其他规定。

第十条　列入目录产品的生产者或者销售者、进口商（以下统称认证委托人）应当委托经市场监管总局指定的认证机构（以下简称认证机构）对其生产、销售或者进口的产品进行认证。

委托其他企业生产列入目录产品的，委托企业或者被委托企业均可以向认证机构进行认证委托。

第十一条　认证委托人应当按照具体产品认证规则的规定，向认证机构提供相关技术材料。

销售者、进口商作为认证委托人时，还应当向认证机构提供销售者与生产者或者进口商与生产者订立的相关合同副本。

委托其他企业生产列入目录产品的，认证委托人还应当向认证机构提供委托企业与被委托企业订立的相关合同副本。

第十二条　认证机构受理认证委托后，应当按照具体产品认证规则的规定，安排产品型式试验和工厂检查。

第十三条　认证委托人应当保证其提供的样品与实际生产的产品一致，认证机构应当对认证委托人提供样品的真实性进行审查。

认证机构应当按照认证规则的要求，根据产品特点和实际情况，采取认证委托人送样、现场抽样或者现场封样后由认证委托人送样等抽样方式，委托经市场监管总局指定的实验室（以下简称实验室）对样品进行产品型式试验。

第十四条　实验室对样品进行产品型式试验，应当确保检测结论的真实、准确，并对检测全过程作出完整记录，归档留存，保证检测过程和结果的记录具有可追溯性，配合认证机构对获证产品进行有效的跟踪检查。

实验室及其有关人员应当对其作出的检测报告内容以及检测结论负责，对样品真实性有疑义的，应当向认证机构说明情况，并作出相应处理。

第十五条　需要进行工厂检查的，认证机构应当委派具有国家注册资格的强制性产品认证检查员，对产品生产企业的质量保证能力、生产产品与型式试验样品的一致性等情况，依照具体产品认证规则进行检查。

认证机构及其强制性产品认证检查员应当对检查结论负责。

第十六条　认证机构完成产品型式试验和工厂检查后，对符合认证要求的，一般情况下自受理认证委托起90天内向认证委托人出具认证证书。

对不符合认证要求的，应当书面通知认证委托人，并说明理由。

认证机构及其有关人员应当对其作出的认证结论负责。

第十七条　认证机构应当通过现场产品检测或者检查、市场产品抽样检测或者检查、质量保证能力检查等方式，对获证产品及其生产企业实施分类管理和有效的跟踪检查，控制并验证获证产品与型式试验样品的一致性、生产企业的质量保证能力持续符合认证要求。

第十八条　认证机构应当对跟踪检查全过程作出完整记录，归档留存，保证认证过程和结果具有可追溯性。

对于不能持续符合认证要求的，认证机构应当根据相应情形作出予以暂停或者撤销认证证书的处理，并予公布。

第十九条　认证机构应当按照认证规则的规定，根据获证产品的安全等级、产品质量稳定性以及产品生产企业的良好记录和不良记录情况等因素，对获证产品及其生产企业进行跟踪检查的分类管理，确定合理的跟踪检查频次。

第三章 认证证书和认证标志

第二十条 市场监管总局统一规定强制性产品认证证书（以下简称认证证书）的格式、内容和强制性产品认证标志（以下简称认证标志）的式样、种类。

第二十一条 认证证书应当包括以下基本内容：

（一）认证委托人名称、地址；

（二）产品生产者（制造商）名称、地址；

（三）被委托生产企业名称、地址（需要时）；

（四）产品名称和产品系列、规格、型号；

（五）认证依据；

（六）认证模式（需要时）；

（七）发证日期和有效期限；

（八）发证机构；

（九）证书编号；

（十）其他需要标注的内容。

第二十二条 认证证书有效期为5年。

认证机构应当根据其对获证产品及其生产企业的跟踪检查的情况，在认证证书上注明年度检查有效状态的查询网址和电话。

认证证书有效期届满，需要延续使用的，认证委托人应当在认证证书有效期届满前90天内申请办理。

第二十三条 获证产品及其销售包装上标注认证证书所含内容的，应当与认证证书的内容相一致，并符合国家有关产品标识标注管理规定。

第二十四条 有下列情形之一的，认证委托人应当向认证机构申请认证证书的变更，由认证机构根据不同情况作出相应处理：

（一）获证产品命名方式改变导致产品名称、型号变化或者获证产品的生产者、生产企业名称、地址名称发生变更的，经认证机构核实后，变更认证证书；

（二）获证产品型号变更，但不涉及安全性能和电磁兼容内部结构变化；或者获证产品减少同种产品型号的，经认证机构确认后，变更认证证书；

（三）获证产品的关键元器件、规格和型号，以及涉及整机安全或者电磁兼容的设计、结构、工艺和材料或者原材料生产企业等发生变更的，经认证机构重新检测合格后，变更认证证书；

（四）获证产品生产企业地点或者其质量保证体系、生产条件等发生变更的，经认证机构重新工厂检查合格后，变更认证证书；

（五）其他应当变更的情形。

第二十五条 认证委托人需要扩展其获证产品覆盖范围的，应当向认证机构申请认证证书的扩展，认证机构应当核查扩展产品与原获证产品的一致性，确认原认证结果对扩展产品的有效性。经确认合格后，可以根据认证委托人的要求单独出具认证证书或者重新出具认证证书。

认证机构可以按照认证规则的要求，针对差异性补充进行产品型式试验或者工厂检查。

第二十六条 有下列情形之一的，认证机构应当注销认证证书，并对外公布：

（一）认证证书有效期届满，认证委托人未申请延续使用的；

（二）获证产品不再生产的；

（三）获证产品型号已列入国家明令淘汰或者禁止生产的产品目录的；

（四）认证委托人申请注销的；

（五）其他依法应当注销的情形。

第二十七条 有下列情形之一的，认证机构应当按照认证规则规定的期限暂停认证证书，并对外公布：

（一）产品适用的认证依据或者认证规则发生变更，规定期限内产品未符合变更要求的；

（二）跟踪检查中发现认证委托人违反认证规则等规定的；

（三）无正当理由拒绝接受跟踪检查或者跟踪检查发现产品不能持续符合认证要求的；

（四）认证委托人申请暂停的；

（五）其他依法应当暂停的情形。

第二十八条 有下列情形之一的，认证机构应当撤销认证证书，并对外公布：

（一）获证产品存在缺陷，导致质量安全事故的；

（二）跟踪检查中发现获证产品与认证委托人提供的样品不一致的；

（三）认证证书暂停期间，认证委托人未采取整改措施或者整改后仍不合格的；

（四）认证委托人以欺骗、贿赂等不正当手段获得认证证书的；

（五）其他依法应当撤销的情形。

第二十九条 获证产品被注销、暂停或者撤销认证证书的，认证机构应当确定不符合认证要求的产品类别和范围。

自认证证书注销、撤销之日起或者认证证书暂停期间，不符合认证要求的产品，不得继续出厂、销售、进口或者在其他经营活动中使用。

第三十条　认证标志的式样由基本图案、认证种类标注组成，基本图案如下图：

基本图案中“CCC”为“中国强制性认证”的英文名称“China Compulsory Certification”的英文缩写。

第三十一条　在认证标志基本图案的右侧标注认证种类，由代表该产品认证种类的英文单词的缩写字母组成。

市场监管总局根据强制性产品认证工作的需要，制定有关认证种类标注的具体要求。

第三十二条　认证委托人应当建立认证标志使用管理制度，对认证标志的使用情况如实记录和存档，按照认证规则规定在产品及其包装、广告、产品介绍等宣传材料中正确使用和标注认证标志。

第三十三条　任何单位和个人不得伪造、变造、冒用、买卖和转让认证证书和认证标志。

第四章　监 督 管 理

第三十四条　市场监管总局对认证机构、实验室的认证、检测活动实施年度监督检查和不定期的专项监督检查。

第三十五条　认证机构应当将获证产品的认证委托人、获证产品及其生产企业，以及认证证书被注销、暂停或者撤销的信息向市场监管总局和省级市场监督管理部门进行通报。

第三十六条　市场监管总局统一计划，采取定期或者不定期的方式对获证产品进行监督检查。

获证产品生产者、销售者、进口商和经营活动使用者不得拒绝监督检查。

市场监管总局建立获证产品及其生产者公布制度，向社会公布监督检查结果。

第三十七条　县级以上地方市场监督管理部门负责对所辖区域内强制性产品认证活动实施监督检查，对违法行为进行查处。

列入目录内的产品未经认证，但尚未出厂、销售的，县级以上地方市场监督管理部门应当告诫其产品生产企业及时进行强制性产品认证。

第三十八条　县级以上地方市场监督管理部门进行强制性产品认证监督检查时，可以依法进入生产经营场所实施现场检查，查阅、复制有关合同、票据、帐薄以及其他资料，查封、扣押未经认证的产品或者不符合认证要求的产品。

第三十九条　列入目录产品的生产者、销售商发现其生产、销售的产品存在安全隐患，可能对人体健康和生命安全造成损害的，应当向社会公布有关信息，主动采取召回产品等救济措施，并依照有关规定向相关监督管理部门报告。

列入目录产品的生产者、销售商未履行前款规定义务的，市场监管总局应当启动产品召回程序，责令生产者召回产品，销售者停止销售产品。

第四十条　出入境检验检疫机构应当对列入目录的进口产品实施入境验证管理，查验认证证书、认证标志等证明文件，核对货证是否相符。验证不合格的，依照相关法律法规予以处理，对列入目录的进口产品实施后续监管。

第四十一条　列入目录的进境物品符合下列情形之一的，入境时无需办理强制性产品认证：

（一）外国驻华使馆、领事馆或者国际组织驻华机构及其外交人员的自用物品；

（二）香港、澳门特别行政区政府驻大陆官方机构及其工作人员的自用物品；

（三）入境人员随身从境外带入境内的自用物品；

（四）外国政府援助、赠送的物品；

（五）其他依法无需办理强制性产品认证的情形。

第四十二条　有下列情形之一的，列入目录产品的生产者、进口商、销售商或者其代理人可以向所在地市场监督管理部门提出免予办理强制性产品认证申请，提交相关证明材料、责任担保书、产品符合性声明（包括型式试验报告）等资料，并根据需要进行产品检测，经批准取得《免予办理强制性产品认证证明》后，方可进口，并按照申报用途使用：

（一）为科研、测试所需的产品；

（二）为考核技术引进生产线所需的零部件；

（三）直接为最终用户维修目的所需的产品；

（四）工厂生产线/成套生产线配套所需的设备/部件（不包含办公用品）；

（五）仅用于商业展示，但不销售的产品；

（六）暂时进口后需退运出关的产品（含展览品）；

（七）以整机全数出口为目的而用一般贸易方式进口的零部件；

（八）以整机全数出口为目的而用进料或者来料加工方式进口的零部件；

（九）其他因特殊用途免予办理强制性产品认证的情形。

第四十三条 认证机构、实验室有下列情形之一的，市场监管总局应当责令其停业整顿，停业整顿期间不得从事指定范围内的强制性产品认证、检测活动：

（一）增加、减少、遗漏或者变更认证基本规范、认证规则规定的程序的；

（二）未对其认证的产品实施有效的跟踪调查，或者发现其认证的产品不能持续符合认证要求，不及时暂停或者撤销认证证书并予以公布的；

（三）未对认证、检测过程作出完整记录，归档留存，情节严重的；

（四）使用未取得相应资质的人员从事认证、检测活动的，情节严重的；

（五）未对认证委托人提供样品的真实性进行有效审查的；

（六）阻挠、干扰监管部门认证执法检查的；

（七）对不属于目录内产品进行强制性产品认证的；

（八）其他违反法律法规规定的。

第四十四条 有下列情形之一的，市场监管总局根据利害关系人的请求或者依据职权，可以撤销对认证机构、实验室的指定：

（一）工作人员滥用职权、玩忽职守作出指定决定的；

（二）超越法定职权作出指定决定的；

（三）违反法定程序作出指定决定的；

（四）对不具备指定资格的认证机构、实验室准予指定的；

（五）依法可以撤销指定决定的其他情形。

第四十五条 认证机构或者实验室以欺骗、贿赂等不正当手段获得指定的，由市场监管总局撤销指定，并予以公布。

认证机构或者实验室自被撤销指定之日起3年内不得再次申请指定。

第四十六条 从事强制性产品认证活动的人员出具虚假或者不实结论，编造虚假或者不实文件、记录的，予以撤销执业资格；自撤销之日起5年内，中国认证认可协会认证人员注册机构不再受理其注册申请。

第四十七条 认证委托人对认证机构的认证决定有异议的，可以向认证机构提出申诉。

第四十八条 任何单位和个人对强制性产品认证活动中的违法违规行为，有权向市场监督管理部门举报，市场监督管理部门应当及时调查处理，并为举报人保密。

第五章 罚 则

第四十九条 列入目录的产品未经认证，擅自出厂、销售、进口或者在其他经营活动中使用的，由县级以上地方市场监督管理部门依照认证认可条例第六十六条规定予以处罚。

第五十条 列入目录的产品经过认证后，不按照法定条件、要求从事生产经营活动或者生产、销售不符合法定要求的产品的，由县级以上地方市场监督管理部门依照《国务院关于加强食品等产品安全监督管理的特别规定》第二条、第三条第二款规定予以处理。

第五十一条 违反本规定第二十九条第二款规定，认证证书注销、撤销或者暂停期间，不符合认证要求的产品，继续出厂、销售、进口或者在其他经营活动中使用的，由县级以上地方市场监督管理部门依照认证认可条例第六十六条规定予以处罚。

第五十二条 违反本规定第四十二条规定，编造虚假材料骗取《免予办理强制性产品认证证明》或者获得《免予办理强制性产品认证证明》后产品未按照原申报用途使用的，由市场监督管理部门责令其改正，撤销《免予办理强制性产品认证证明》，并依照认证认可条例第六十六条规定予以处罚。

第五十三条 伪造、变造、出租、出借、冒用、买卖或者转让认证证书的，由县级以上地方市场监督管理部门责令其改正，处3万元罚款。

转让或者倒卖认证标志的，由县级以上地方市场监督管理部门责令其改正，处3万元以下罚款。

第五十四条 有下列情形之一的，由县级以上地方市场监督管理部门责令其改正，处3万元以下的罚款：

（一）违反本规定第十三条第一款规定，认证委托人提供的样品与实际生产的产品不一致的；

（二）违反本规定第二十四条规定，未按照规定向认证机构申请认证证书变更，擅自出厂、销售、进口或者在其他经营活动中使用列入目录产品的；

（三）违反本规定第二十五条规定，未按照规定向认证机构申请认证证书扩展，擅自出厂、销售、进口或者在其他经营活动中使用列入目录产品的。

第五十五条 有下列情形之一的，由县级以上地方市场监督管理部门责令其限期改正，逾期未改正的，处2万元以下罚款。

（一）违反本规定第二十三条规定，获证产品及其销售包装上标注的认证证书所含内容与认证证书内容不一致的；

（二）违反本规定第三十二条规定，未按照规定使用认证标志的。

第五十六条　认证机构、实验室出具虚假结论或者出具的结论严重失实的，市场监管总局应当撤销对其指定；对直接负责的主管人员和负有直接责任的人员，撤销相应从业资格；构成犯罪的，依法追究刑事责任；造成损失的，承担相应的赔偿责任。

第五十七条　认证机构、实验室有下列情形之一的，市场监管总局应当责令其改正，情节严重的，撤销对其指定直至撤销认证机构批准文件。

（一）超出指定的业务范围从事列入目录产品的认证以及与认证有关的检测活动的；

（二）转让指定认证业务的；

（三）停业整顿期间继续从事指定范围内的强制性产品认证、检测活动的；

（四）停业整顿期满后，经检查仍不符合整改要求的。

第五十八条　市场监管总局和县级以上地方市场监督管理部门及其工作人员，滥用职权、徇私舞弊、玩忽职守的，依法给予行政处分；构成犯罪的，依法追究刑事责任。

第五十九条　对于强制性产品认证活动中的其他违法行为，依照有关法律、行政法规的规定予以处罚。

第六章　附　　则

第六十条　强制性产品认证应当依照国家有关规定收取费用。

第六十一条　本规定由市场监管总局负责解释。

第六十二条　本规定自 2009 年 9 月 1 日起施行。国家质检总局 2001 年 12 月 3 日公布的《强制性产品认证管理规定》同时废止。

八、食品药品安全

《中华人民共和国食品安全法》导读

我国食品安全的法制化管理始于20世纪50年代，当时卫生部发布了一些单项规章和标准对食品卫生进行监督管理，此后国务院于1965年颁布了《食品卫生管理试行条例》，使我国的食品卫生管理工作更加规范。随着经济社会的发展，五届全国人大常委会第二十五次会议于1982年11月通过了食品卫生法（试行）。在这部法律试行了十多年后，八届全国人大常委会第十六次会议于1995年10月审议通过了正式的食品卫生法。2009年，又在食品卫生法的基础上，制定了食品安全法。

党的十八大以来，我国进一步改革完善食品安全监管体制，着力建立最严格的食品安全监管制度，积极推进食品安全社会共治格局。为了以法律形式固定监管体制改革成果，完善监管制度机制，解决当前食品安全领域存在的突出问题，更好地保护人民群众的食品安全，有必要修订食品安全法。

食品安全法修订草案于2014年6月由国务院提交十二届全国人大常委会第九次会议进行初次审议，2014年12月，十二届全国人大常委会第十二次会议再次审议，2015年4月，十二届全国人大常委会第十四次会议进行第三次审议，并最终于4月24日表决通过，于2015年10月1日起施行。修订后的食品安全法确认了食品安全监管体制改革的成果，规定："国务院食品药品监督管理部门依照本法和国务院规定的职责，对食品生产经营活动实施监督管理。国务院卫生行政部门依照本法和国务院规定的职责，组织开展食品安全风险监测和风险评估，会同国务院食品药品监督管理部门制定并公布食品安全国家标准。国务院其他有关部门依照本法和国务院规定的职责，承担有关食品安全工作。"

2018年，根据国务院机构改革方案的要求，将国家工商行政管理总局的职责，国家质量监督检验检疫总局的职责，国家食品药品监督管理总局的职责，国家发展和改革委员会的价格监督检查与反垄断执法职责，商务部的经营者集中反垄断执法以及国务院反垄断委员会办公室等职责整合，组建国家市场监督管理总局，作为国务院直属机构。相应的，本法将食品药品监督管理的相关规定，修改表述为"食品安全监督管理"；并结合机构改革实际，对相关条款的内容进行了调整。

为深化"证照分离"改革，2021年4月29日，十三届全国人大常委会第二十八次会议通过《关于修改〈中华人民共和国道路交通安全法〉等八部法律的决定》，对食品安全法第35条第1款的内容作出修改。

资料补充栏

1. 食品安全

(1)综　合

中华人民共和国食品安全法

1. 2009年2月28日第十一届全国人民代表大会常务委员会第七次会议通过
2. 2015年4月24日第十二届全国人民代表大会常务委员会第十四次会议修订
3. 根据2018年12月29日第十三届全国人民代表大会常务委员会第七次会议《关于修改〈中华人民共和国产品质量法〉等五部法律的决定》第一次修正
4. 根据2021年4月29日第十三届全国人民代表大会常务委员会第二十八次会议《关于修改〈中华人民共和国道路交通安全法〉等八部法律的决定》第二次修正

目　　录

第一章　总　　则

第一条　【立法目的】为了保证食品安全,保障公众身体健康和生命安全,制定本法。

第二条　【调整范围】在中华人民共和国境内从事下列活动,应当遵守本法:

（一）食品生产和加工（以下称食品生产），食品销售和餐饮服务（以下称食品经营）；

（二）食品添加剂的生产经营；

（三）用于食品的包装材料、容器、洗涤剂、消毒剂和用于食品生产经营的工具、设备（以下称食品相关产品）的生产经营；

（四）食品生产经营者使用食品添加剂、食品相关产品；

（五）食品的贮存和运输；

（六）对食品、食品添加剂、食品相关产品的安全管理。

供食用的源于农业的初级产品（以下称食用农产品）的质量安全管理,遵守《中华人民共和国农产品质量安全法》的规定。但是,食用农产品的市场销售、有关质量安全标准的制定、有关安全信息的公布和本法对农业投入品作出规定的,应当遵守本法的规定。

第三条　【食品安全工作方针】食品安全工作实行预防为主、风险管理、全程控制、社会共治,建立科学、严格的监督管理制度。

第四条　【食品生产经营者社会责任】食品生产经营者对其生产经营食品的安全负责。

食品生产经营者应当依照法律、法规和食品安全标准从事生产经营活动,保证食品安全,诚信自律,对社会和公众负责,接受社会监督,承担社会责任。

第五条　【食品安全监管体制】国务院设立食品安全委员会,其职责由国务院规定。

国务院食品安全监督管理部门依照本法和国务院规定的职责,对食品生产经营活动实施监督管理。

国务院卫生行政部门依照本法和国务院规定的职责,组织开展食品安全风险监测和风险评估,会同国务院食品安全监督管理部门制定并公布食品安全国家标准。

国务院其他有关部门依照本法和国务院规定的职责,承担有关食品安全工作。

第六条　【地方政府职责】县级以上地方人民政府对本行政区域的食品安全监督管理工作负责,统一领导、组织、协调本行政区域的食品安全监督管理工作以及食品安全突发事件应对工作,建立健全食品安全全程监督管理工作机制和信息共享机制。

县级以上地方人民政府依照本法和国务院的规定,确定本级食品安全监督管理、卫生行政部门和其他有关部门的职责。有关部门在各自职责范围内负责本行政区域的食品安全监督管理工作。

县级人民政府食品安全监督管理部门可以在乡镇或者特定区域设立派出机构。

第七条　【评议、考核制度】县级以上地方人民政府实行食品安全监督管理责任制。上级人民政府负责对下一级人民政府的食品安全监督管理工作进行评议、考核。县级以上地方人民政府负责对本级食品安全监督管理部门和其他有关部门的食品安全监督管理工作进行评议、考核。

第八条 【监督部门沟通配合】县级以上人民政府应当将食品安全工作纳入本级国民经济和社会发展规划,将食品安全工作经费列入本级政府财政预算,加强食品安全监督管理能力建设,为食品安全工作提供保障。

县级以上人民政府食品安全监督管理部门和其他有关部门应当加强沟通、密切配合,按照各自职责分工,依法行使职权,承担责任。

第九条 【行业协会等的责任】食品行业协会应当加强行业自律,按照章程建立健全行业规范和奖惩机制,提供食品安全信息、技术等服务,引导和督促食品生产经营者依法生产经营,推动行业诚信建设,宣传、普及食品安全知识。

消费者协会和其他消费者组织对违反本法规定,损害消费者合法权益的行为,依法进行社会监督。

第十条 【食品安全的宣传教育】各级人民政府应当加强食品安全的宣传教育,普及食品安全知识,鼓励社会组织、基层群众性自治组织、食品生产经营者开展食品安全法律、法规以及食品安全标准和知识的普及工作,倡导健康的饮食方式,增强消费者食品安全意识和自我保护能力。

新闻媒体应当开展食品安全法律、法规以及食品安全标准和知识的公益宣传,并对食品安全违法行为进行舆论监督。有关食品安全的宣传报道应当真实、公正。

第十一条 【食品安全基础研究】国家鼓励和支持开展与食品安全有关的基础研究、应用研究,鼓励和支持食品生产经营者为提高食品安全水平采用先进技术和先进管理规范。

国家对农药的使用实行严格的管理制度,加快淘汰剧毒、高毒、高残留农药,推动替代产品的研发和应用,鼓励使用高效低毒低残留农药。

第十二条 【举报违法行为】任何组织或者个人有权举报食品安全违法行为,依法向有关部门了解食品安全信息,对食品安全监督管理工作提出意见和建议。

第十三条 【表彰与奖励】对在食品安全工作中做出突出贡献的单位和个人,按照国家有关规定给予表彰、奖励。

第二章 食品安全风险监测和评估

第十四条 【食品安全风险监测制度】国家建立食品安全风险监测制度,对食源性疾病、食品污染以及食品中的有害因素进行监测。

国务院卫生行政部门会同国务院食品安全监督管理等部门,制定、实施国家食品安全风险监测计划。

国务院食品安全监督管理部门和其他有关部门获知有关食品安全风险信息后,应当立即核实并向国务院卫生行政部门通报。对有关部门通报的食品安全风险信息以及医疗机构报告的食源性疾病等有关疾病信息,国务院卫生行政部门应当会同国务院有关部门分析研究,认为必要的,及时调整国家食品安全风险监测计划。

省、自治区、直辖市人民政府卫生行政部门会同同级食品安全监督管理等部门,根据国家食品安全风险监测计划,结合本行政区域的具体情况,制定、调整本行政区域的食品安全风险监测方案,报国务院卫生行政部门备案并实施。

第十五条 【食品安全风险监测工作】承担食品安全风险监测工作的技术机构应当根据食品安全风险监测计划和监测方案开展监测工作,保证监测数据真实、准确,并按照食品安全风险监测计划和监测方案的要求报送监测数据和分析结果。

食品安全风险监测工作人员有权进入相关食用农产品种植养殖、食品生产经营场所采集样品、收集相关数据。采集样品应当按照市场价格支付费用。

第十六条 【食品安全风险监测结果通报】食品安全风险监测结果表明可能存在食品安全隐患的,县级以上人民政府卫生行政部门应当及时将相关信息通报同级食品安全监督管理等部门,并报告本级人民政府和上级人民政府卫生行政部门。食品安全监督管理等部门应当组织开展进一步调查。

第十七条 【食品安全风险评估制度】国家建立食品安全风险评估制度,运用科学方法,根据食品安全风险监测信息、科学数据以及有关信息,对食品、食品添加剂、食品相关产品中生物性、化学性和物理性危害因素进行风险评估。

国务院卫生行政部门负责组织食品安全风险评估工作,成立由医学、农业、食品、营养、生物、环境等方面的专家组成的食品安全风险评估专家委员会进行食品安全风险评估。食品安全风险评估结果由国务院卫生行政部门公布。

对农药、肥料、兽药、饲料和饲料添加剂等的安全性评估,应当有食品安全风险评估专家委员会的专家参加。

食品安全风险评估不得向生产经营者收取费用,采集样品应当按照市场价格支付费用。

第十八条　【食品安全风险评估情形】有下列情形之一的,应当进行食品安全风险评估:

(一)通过食品安全风险监测或者接到举报发现食品、食品添加剂、食品相关产品可能存在安全隐患的;

(二)为制定或者修订食品安全国家标准提供科学依据需要进行风险评估的;

(三)为确定监督管理的重点领域、重点品种需要进行风险评估的;

(四)发现新的可能危害食品安全因素的;

(五)需要判断某一因素是否构成食品安全隐患的;

(六)国务院卫生行政部门认为需要进行风险评估的其他情形。

第十九条　【食品安全风险评估配合协作】国务院食品安全监督管理、农业行政等部门在监督管理工作中发现需要进行食品安全风险评估的,应当向国务院卫生行政部门提出食品安全风险评估的建议,并提供风险来源、相关检验数据和结论等信息、资料。属于本法第十八条规定情形的,国务院卫生行政部门应当及时进行食品安全风险评估,并向国务院有关部门通报评估结果。

第二十条　【卫生、农业部门信息共享】省级以上人民政府卫生行政、农业行政部门应当及时相互通报食品、食用农产品安全风险监测信息。

国务院卫生行政、农业行政部门应当及时相互通报食品、食用农产品安全风险评估结果等信息。

第二十一条　【食品安全风险评估的作用】食品安全风险评估结果是制定、修订食品安全标准和实施食品安全监督管理的科学依据。

经食品安全风险评估,得出食品、食品添加剂、食品相关产品不安全结论的,国务院食品安全监督管理等部门应当依据各自职责立即向社会公告,告知消费者停止食用或者使用,并采取相应措施,确保该食品、食品添加剂、食品相关产品停止生产经营;需要制定、修订相关食品安全国家标准的,国务院卫生行政部门应当会同国务院食品安全监督管理部门立即制定、修订。

第二十二条　【食品安全风险警示】国务院食品安全监督管理部门应当会同国务院有关部门,根据食品安全风险评估结果、食品安全监督管理信息,对食品安全状况进行综合分析。对经综合分析表明可能具有较高程度安全风险的食品,国务院食品安全监督管理部门应当及时提出食品安全风险警示,并向社会公布。

第二十三条　【食品安全风险交流】县级以上人民政府食品安全监督管理部门和其他有关部门、食品安全风险评估专家委员会及其技术机构,应当按照科学、客观、及时、公开的原则,组织食品生产经营者、食品检验机构、认证机构、食品行业协会、消费者协会以及新闻媒体等,就食品安全风险评估信息和食品安全监督管理信息进行交流沟通。

第三章　食品安全标准

第二十四条　【制定食品安全标准的原则】制定食品安全标准,应当以保障公众身体健康为宗旨,做到科学合理、安全可靠。

第二十五条　【食品安全标准的强制性】食品安全标准是强制执行的标准。除食品安全标准外,不得制定其他食品强制性标准。

第二十六条　【食品安全标准的内容】食品安全标准应当包括下列内容:

(一)食品、食品添加剂、食品相关产品中的致病性微生物,农药残留、兽药残留、生物毒素、重金属等污染物质以及其他危害人体健康物质的限量规定;

(二)食品添加剂的品种、使用范围、用量;

(三)专供婴幼儿和其他特定人群的主辅食品的营养成分要求;

(四)对与卫生、营养等食品安全要求有关的标签、标志、说明书的要求;

(五)食品生产经营过程的卫生要求;

(六)与食品安全有关的质量要求;

(七)与食品安全有关的食品检验方法与规程;

(八)其他需要制定为食品安全标准的内容。

第二十七条　【食品安全国家标准的制定】食品安全国家标准由国务院卫生行政部门会同国务院食品安全监督管理部门制定、公布,国务院标准化行政部门提供国家标准编号。

食品中农药残留、兽药残留的限量规定及其检验方法与规程由国务院卫生行政部门、国务院农业行政部门会同国务院食品安全监督管理部门制定。

屠宰畜、禽的检验规程由国务院农业行政部门会同国务院卫生行政部门制定。

第二十八条　【食品安全国家标准的制定要求和程序】

制定食品安全国家标准，应当依据食品安全风险评估结果并充分考虑食用农产品安全风险评估结果，参照相关的国际标准和国际食品安全风险评估结果，并将食品安全国家标准草案向社会公布，广泛听取食品生产经营者、消费者、有关部门等方面的意见。

食品安全国家标准应当经国务院卫生行政部门组织的食品安全国家标准审评委员会审查通过。食品安全国家标准审评委员会由医学、农业、食品、营养、生物、环境等方面的专家以及国务院有关部门、食品行业协会、消费者协会的代表组成，对食品安全国家标准草案的科学性和实用性等进行审查。

第二十九条 【食品安全地方标准】对地方特色食品，没有食品安全国家标准的，省、自治区、直辖市人民政府卫生行政部门可以制定并公布食品安全地方标准，报国务院卫生行政部门备案。食品安全国家标准制定后，该地方标准即行废止。

第三十条 【食品安全企业标准】国家鼓励食品生产企业制定严于食品安全国家标准或者地方标准的企业标准，在本企业适用，并报省、自治区、直辖市人民政府卫生行政部门备案。

第三十一条 【食品安全标准的公布】省级以上人民政府卫生行政部门应当在其网站上公布制定和备案的食品安全国家标准、地方标准和企业标准，供公众免费查阅、下载。

对食品安全标准执行过程中的问题，县级以上人民政府卫生行政部门应当会同有关部门及时给予指导、解答。

第三十二条 【食品安全标准的跟踪评价】省级以上人民政府卫生行政部门应当会同同级食品安全监督管理、农业行政等部门，分别对食品安全国家标准和地方标准的执行情况进行跟踪评价，并根据评价结果及时修订食品安全标准。

省级以上人民政府食品安全监督管理、农业行政等部门应当对食品安全标准执行中存在的问题进行收集、汇总，并及时向同级卫生行政部门通报。

食品生产经营者、食品行业协会发现食品安全标准在执行中存在问题的，应当立即向卫生行政部门报告。

第四章 食品生产经营

第一节 一般规定

第三十三条 【食品生产经营要求】食品生产经营应当符合食品安全标准，并符合下列要求：

（一）具有与生产经营的食品品种、数量相适应的食品原料处理和食品加工、包装、贮存等场所，保持该场所环境整洁，并与有毒、有害场所以及其他污染源保持规定的距离；

（二）具有与生产经营的食品品种、数量相适应的生产经营设备或者设施，有相应的消毒、更衣、盥洗、采光、照明、通风、防腐、防尘、防蝇、防鼠、防虫、洗涤以及处理废水、存放垃圾和废弃物的设备或者设施；

（三）有专职或者兼职的食品安全专业技术人员、食品安全管理人员和保证食品安全的规章制度；

（四）具有合理的设备布局和工艺流程，防止待加工食品与直接入口食品、原料与成品交叉污染，避免食品接触有毒物、不洁物；

（五）餐具、饮具和盛放直接入口食品的容器，使用前应当洗净、消毒，炊具、用具用后应当洗净，保持清洁；

（六）贮存、运输和装卸食品的容器、工具和设备应当安全、无害，保持清洁，防止食品污染，并符合保证食品安全所需的温度、湿度等特殊要求，不得将食品与有毒、有害物品一同贮存、运输；

（七）直接入口的食品应当使用无毒、清洁的包装材料、餐具、饮具和容器；

（八）食品生产经营人员应当保持个人卫生，生产经营食品时，应当将手洗净，穿戴清洁的工作衣、帽等；销售无包装的直接入口食品时，应当使用无毒、清洁的容器、售货工具和设备；

（九）用水应当符合国家规定的生活饮用水卫生标准；

（十）使用的洗涤剂、消毒剂应当对人体安全、无害；

（十一）法律、法规规定的其他要求。

非食品生产经营者从事食品贮存、运输和装卸的，应当符合前款第六项的规定。

第三十四条 【禁止生产经营的食品、食品添加剂、食品相关产品】禁止生产经营下列食品、食品添加剂、食品相关产品：

（一）用非食品原料生产的食品或者添加食品添加剂以外的化学物质和其他可能危害人体健康物质的食品，或者用回收食品作为原料生产的食品；

（二）致病性微生物，农药残留、兽药残留、生物毒素、重金属等污染物质以及其他危害人体健康的物质含量超过食品安全标准限量的食品、食品添加剂、食品相关产品；

（三）用超过保质期的食品原料、食品添加剂生产的食品、食品添加剂；

（四）超范围、超限量使用食品添加剂的食品；

（五）营养成分不符合食品安全标准的专供婴幼儿和其他特定人群的主辅食品；

（六）腐败变质、油脂酸败、霉变生虫、污秽不洁、混有异物、掺假掺杂或者感官性状异常的食品、食品添加剂；

（七）病死、毒死或者死因不明的禽、畜、兽、水产动物肉类及其制品；

（八）未按规定进行检疫或者检疫不合格的肉类，或者未经检验或者检验不合格的肉类制品；

（九）被包装材料、容器、运输工具等污染的食品、食品添加剂；

（十）标注虚假生产日期、保质期或者超过保质期的食品、食品添加剂；

（十一）无标签的预包装食品、食品添加剂；

（十二）国家为防病等特殊需要明令禁止生产经营的食品；

（十三）其他不符合法律、法规或者食品安全标准的食品、食品添加剂、食品相关产品。

第三十五条　【食品生产经营许可】国家对食品生产经营实行许可制度。从事食品生产、食品销售、餐饮服务，应当依法取得许可。但是，销售食用农产品和仅销售预包装食品的，不需要取得许可。仅销售预包装食品的，应当报所在地县级以上地方人民政府食品安全监督管理部门备案。

县级以上地方人民政府食品安全监督管理部门应当依照《中华人民共和国行政许可法》的规定，审核申请人提交的本法第三十三条第一款第一项至第四项规定要求的相关资料，必要时对申请人的生产经营场所进行现场核查；对符合规定条件的，准予许可；对不符合规定条件的，不予许可并书面说明理由。

第三十六条　【食品生产加工小作坊和食品摊贩等的管理】食品生产加工小作坊和食品摊贩等从事食品生产经营活动，应当符合本法规定的与其生产经营规模、条件相适应的食品安全要求，保证所生产经营的食品卫生、无毒、无害，食品安全监督管理部门应当对其加强监督管理。

县级以上地方人民政府应当对食品生产加工小作坊、食品摊贩等进行综合治理，加强服务和统一规划，改善其生产经营环境，鼓励和支持其改进生产经营条件，进入集中交易市场、店铺等固定场所经营，或者在指定的临时经营区域、时段经营。

食品生产加工小作坊和食品摊贩等的具体管理办法由省、自治区、直辖市制定。

第三十七条　【“三新”产品许可】利用新的食品原料生产食品，或者生产食品添加剂新品种、食品相关产品新品种，应当向国务院卫生行政部门提交相关产品的安全性评估材料。国务院卫生行政部门应当自收到申请之日起六十日内组织审查；对符合食品安全要求的，准予许可并公布；对不符合食品安全要求的，不予许可并书面说明理由。

第三十八条　【食品中不得添加药品】生产经营的食品中不得添加药品，但是可以添加按照传统既是食品又是中药材的物质。按照传统既是食品又是中药材的物质目录由国务院卫生行政部门会同国务院食品安全监督管理部门制定、公布。

第三十九条　【食品添加剂生产许可】国家对食品添加剂生产实行许可制度。从事食品添加剂生产，应当具有与所生产食品添加剂品种相适应的场所、生产设备或者设施、专业技术人员和管理制度，并依照本法第三十五条第二款规定的程序，取得食品添加剂生产许可。

生产食品添加剂应当符合法律、法规和食品安全国家标准。

第四十条　【食品添加剂允许使用的条件和使用要求】食品添加剂应当在技术上确有必要且经过风险评估证明安全可靠，方可列入允许使用的范围；有关食品安全国家标准应当根据技术必要性和食品安全风险评估结果及时修订。

食品生产经营者应当按照食品安全国家标准使用食品添加剂。

第四十一条　【生产食品相关产品的要求】生产食品相关产品应当符合法律、法规和食品安全国家标准。对直接接触食品的包装材料等具有较高风险的食品相关产品，按照国家有关工业产品生产许可证管理的规定实施生产许可。食品安全监督管理部门应当加强对食品相关产品生产活动的监督管理。

第四十二条　【食品安全全程追溯制度】国家建立食品安全全程追溯制度。

食品生产经营者应当依照本法的规定，建立食品安全追溯体系，保证食品可追溯。国家鼓励食品生产经营者采用信息化手段采集、留存生产经营信息，建立食品安全追溯体系。

国务院食品安全监督管理部门会同国务院农业行政等有关部门建立食品安全全程追溯协作机制。

第四十三条　【食品规模化生产和食品安全责任保险】地方各级人民政府应当采取措施鼓励食品规模化生产和连锁经营、配送。

国家鼓励食品生产经营企业参加食品安全责任保险。

第二节　生产经营过程控制

第四十四条　【企业的食品安全管理制度要求】食品生产经营企业应当建立健全食品安全管理制度，对职工进行食品安全知识培训，加强食品检验工作，依法从事生产经营活动。

食品生产经营企业的主要负责人应当落实企业食品安全管理制度，对本企业的食品安全工作全面负责。

食品生产经营企业应当配备食品安全管理人员，加强对其培训和考核。经考核不具备食品安全管理能力的，不得上岗。食品安全监督管理部门应当对企业食品安全管理人员随机进行监督抽查考核并公布考核情况。监督抽查考核不得收取费用。

第四十五条　【从业人员健康管理制度】食品生产经营者应当建立并执行从业人员健康管理制度。患有国务院卫生行政部门规定的有碍食品安全疾病的人员，不得从事接触直接入口食品的工作。

从事接触直接入口食品工作的食品生产经营人员应当每年进行健康检查，取得健康证明后方可上岗工作。

第四十六条　【生产企业实施控制要求】食品生产企业应当就下列事项制定并实施控制要求，保证所生产的食品符合食品安全标准：

（一）原料采购、原料验收、投料等原料控制；

（二）生产工序、设备、贮存、包装等生产关键环节控制；

（三）原料检验、半成品检验、成品出厂检验等检验控制；

（四）运输和交付控制。

第四十七条　【自查制度】食品生产经营者应当建立食品安全自查制度，定期对食品安全状况进行检查评价。生产经营条件发生变化，不再符合食品安全要求的，食品生产经营者应当立即采取整改措施；有发生食品安全事故潜在风险的，应当立即停止食品生产经营活动，并向所在地县级人民政府食品安全监督管理部门报告。

第四十八条　【鼓励食品生产经营企业符合良好生产规范】国家鼓励食品生产经营企业符合良好生产规范要求，实施危害分析与关键控制点体系，提高食品安全管理水平。

对通过良好生产规范、危害分析与关键控制点体系认证的食品生产经营企业，认证机构应当依法实施跟踪调查；对不再符合认证要求的企业，应当依法撤销认证，及时向县级以上人民政府食品安全监督管理部门通报，并向社会公布。认证机构实施跟踪调查不得收取费用。

第四十九条　【农业投入品的使用】食用农产品生产者应当按照食品安全标准和国家有关规定使用农药、肥料、兽药、饲料和饲料添加剂等农业投入品，严格执行农业投入品使用安全间隔期或者休药期的规定，不得使用国家明令禁止的农业投入品。禁止将剧毒、高毒农药用于蔬菜、瓜果、茶叶和中草药材等国家规定的农作物。

食用农产品的生产企业和农民专业合作经济组织应当建立农业投入品使用记录制度。

县级以上人民政府农业行政部门应当加强对农业投入品使用的监督管理和指导，建立健全农业投入品安全使用制度。

第五十条　【食品生产者的进货查验记录制度】食品生产者采购食品原料、食品添加剂、食品相关产品，应当查验供货者的许可证和产品合格证明；对无法提供合格证明的食品原料，应当按照食品安全标准进行检验；不得采购或者使用不符合食品安全标准的食品原料、食品添加剂、食品相关产品。

食品生产企业应当建立食品原料、食品添加剂、食品相关产品进货查验记录制度，如实记录食品原料、食品添加剂、食品相关产品的名称、规格、数量、生产日期或者生产批号、保质期、进货日期以及供货者名称、地址、联系方式等内容，并保存相关凭证。记录和凭证保存期限不得少于产品保质期满后六个月；没有明确保质期的，保存期限不得少于二年。

第五十一条　【食品出厂检验记录制度】食品生产企业应当建立食品出厂检验记录制度，查验出厂食品的检验合格证和安全状况，如实记录食品的名称、规格、数量、生产日期或者生产批号、保质期、检验合格证号、销售日期以及购货者名称、地址、联系方式等内容，并保存相关凭证。记录和凭证保存期限应当符合本法第五十条第二款的规定。

第五十二条　【食品原料、食品添加剂、食品相关产品的质量检验】食品、食品添加剂、食品相关产品的生产者，应当按照食品安全标准对所生产的食品、食品添加剂、食品相关产品进行检验，检验合格后方可出厂或者销售。

第五十三条　【食品经营者的进货查验记录制度】食品经营者采购食品，应当查验供货者的许可证和食品出厂检验合格证或者其他合格证明（以下称合格证明文件）。

食品经营企业应当建立食品进货查验记录制度，如实记录食品的名称、规格、数量、生产日期或者生产批号、保质期、进货日期以及供货者名称、地址、联系方式等内容，并保存相关凭证。记录和凭证保存期限应当符合本法第五十条第二款的规定。

实行统一配送经营方式的食品经营企业，可以由企业总部统一查验供货者的许可证和食品合格证明文件，进行食品进货查验记录。

从事食品批发业务的经营企业应当建立食品销售记录制度，如实记录批发食品的名称、规格、数量、生产日期或者生产批号、保质期、销售日期以及购货者名称、地址、联系方式等内容，并保存相关凭证。记录和凭证保存期限应当符合本法第五十条第二款的规定。

第五十四条　【食品经营者贮存食品的要求】食品经营者应当按照保证食品安全的要求贮存食品，定期检查库存食品，及时清理变质或者超过保质期的食品。

食品经营者贮存散装食品，应当在贮存位置标明食品的名称、生产日期或者生产批号、保质期、生产者名称及联系方式等内容。

第五十五条　【餐饮服务提供者原料控制要求】餐饮服务提供者应当制定并实施原料控制要求，不得采购不符合食品安全标准的食品原料。倡导餐饮服务提供者公开加工过程，公示食品原料及其来源等信息。

餐饮服务提供者在加工过程中应当检查待加工的食品及原料，发现有本法第三十四条第六项规定情形的，不得加工或者使用。

第五十六条　【餐饮服务提供者的食品安全管理】餐饮服务提供者应当定期维护食品加工、贮存、陈列等设施、设备；定期清洗、校验保温设施及冷藏、冷冻设施。

餐饮服务提供者应当按照要求对餐具、饮具进行清洗消毒，不得使用未经清洗消毒的餐具、饮具；餐饮服务提供者委托清洗消毒餐具、饮具的，应当委托符合本法规定条件的餐具、饮具集中消毒服务单位。

第五十七条　【集中用餐单位的要求】学校、托幼机构、养老机构、建筑工地等集中用餐单位的食堂应当严格遵守法律、法规和食品安全标准；从供餐单位订餐的，应当从取得食品生产经营许可的企业订购，并按照要求对订购的食品进行查验。供餐单位应当严格遵守法律、法规和食品安全标准，当餐加工，确保食品安全。

学校、托幼机构、养老机构、建筑工地等集中用餐单位的主管部门应当加强对集中用餐单位的食品安全教育和日常管理，降低食品安全风险，及时消除食品安全隐患。

第五十八条　【餐具、饮具集中消毒服务单位的要求】餐具、饮具集中消毒服务单位应当具备相应的作业场所、清洗消毒设备或者设施，用水和使用的洗涤剂、消毒剂应当符合相关食品安全国家标准和其他国家标准、卫生规范。

餐具、饮具集中消毒服务单位应当对消毒餐具、饮具进行逐批检验，检验合格后方可出厂，并应当随附消毒合格证明。消毒后的餐具、饮具应当在独立包装上标注单位名称、地址、联系方式、消毒日期以及使用期限等内容。

第五十九条　【食品添加剂生产者的出厂检验记录制度】食品添加剂生产者应当建立食品添加剂出厂检验记录制度，查验出厂产品的检验合格证和安全状况，如实记录食品添加剂的名称、规格、数量、生产日期或者生产批号、保质期、检验合格证号、销售日期以及购货者名称、地址、联系方式等相关内容，并保存相关凭证。记录和凭证保存期限应当符合本法第五十条第二款的规定。

第六十条　【食品添加剂经营者的进货查验记录制度】食品添加剂经营者采购食品添加剂，应当依法查验供货者的许可证和产品合格证明文件，如实记录食品添加剂的名称、规格、数量、生产日期或者生产批号、保质期、进货日期以及供货者名称、地址、联系方式等内容，并保存相关凭证。记录和凭证保存期限应当符合本法第五十条第二款的规定。

第六十一条　【集中交易市场等的食品安全管理责任】集中交易市场的开办者、柜台出租者和展销会举办者，应当依法审查入场食品经营者的许可证，明确其食品安全管理责任，定期对其经营环境和条件进行检查，发现其有违反本法规定行为的，应当及时制止并立即报告所在地县级人民政府食品安全监督管理部门。

第六十二条　【网络食品交易第三方平台提供者的义务】网络食品交易第三方平台提供者应当对入网食品经营者进行实名登记，明确其食品安全管理责任；依法应当取得许可证的，还应当审查其许可证。

网络食品交易第三方平台提供者发现入网食品经营者有违反本法规定行为的，应当及时制止并立即报告所在地县级人民政府食品安全监督管理部门；发现严重违法行为的，应当立即停止提供网络交易平台服务。

第六十三条 【食品召回制度】国家建立食品召回制度。食品生产者发现其生产的食品不符合食品安全标准或者有证据证明可能危害人体健康的，应当立即停止生产，召回已经上市销售的食品，通知相关生产经营者和消费者，并记录召回和通知情况。

食品经营者发现其经营的食品有前款规定情形的，应当立即停止经营，通知相关生产经营者和消费者，并记录停止经营和通知情况。食品生产者认为应当召回的，应当立即召回。由于食品经营者的原因造成其经营的食品有前款规定情形的，食品经营者应当召回。

食品生产经营者应当对召回的食品采取无害化处理、销毁等措施，防止其再次流入市场。但是，对因标签、标志或者说明书不符合食品安全标准而被召回的食品，食品生产者在采取补救措施且能保证食品安全的情况下可以继续销售；销售时应当向消费者明示补救措施。

食品生产经营者应当将食品召回和处理情况向所在地县级人民政府食品安全监督管理部门报告；需要对召回的食品进行无害化处理、销毁的，应当提前报告时间、地点。食品安全监督管理部门认为必要的，可以实施现场监督。

食品生产经营者未依照本条规定召回或者停止经营的，县级以上人民政府食品安全监督管理部门可以责令其召回或者停止经营。

第六十四条 【食用农产品批发市场的管理】食用农产品批发市场应当配备检验设备和检验人员或者委托符合本法规定的食品检验机构，对进入该批发市场销售的食用农产品进行抽样检验；发现不符合食品安全标准的，应当要求销售者立即停止销售，并向食品安全监督管理部门报告。

第六十五条 【食用农产品销售者进货查验记录制度】食用农产品销售者应当建立食用农产品进货查验记录制度，如实记录食用农产品的名称、数量、进货日期以及供货者名称、地址、联系方式等内容，并保存相关凭证。记录和凭证保存期限不得少于六个月。

第六十六条 【食用农产品销售环节使用食品添加剂和包装材料的要求】进入市场销售的食用农产品在包装、保鲜、贮存、运输中使用保鲜剂、防腐剂等食品添加剂和包装材料等食品相关产品，应当符合食品安全国家标准。

第三节 标签、说明书和广告

第六十七条 【预包装食品标签】预包装食品的包装上应当有标签。标签应当标明下列事项：

（一）名称、规格、净含量、生产日期；

（二）成分或者配料表；

（三）生产者的名称、地址、联系方式；

（四）保质期；

（五）产品标准代号；

（六）贮存条件；

（七）所使用的食品添加剂在国家标准中的通用名称；

（八）生产许可证编号；

（九）法律、法规或者食品安全标准规定应当标明的其他事项。

专供婴幼儿和其他特定人群的主辅食品，其标签还应当标明主要营养成分及其含量。

食品安全国家标准对标签标注事项另有规定的，从其规定。

第六十八条 【散装食品标注的要求】食品经营者销售散装食品，应当在散装食品的容器、外包装上标明食品的名称、生产日期或者生产批号、保质期以及生产经营者名称、地址、联系方式等内容。

第六十九条 【转基因食品的标示】生产经营转基因食品应当按照规定显著标示。

第七十条 【食品添加剂标签、说明书和包装的要求】食品添加剂应当有标签、说明书和包装。标签、说明书应当载明本法第六十七条第一款第一项至第六项、第八项、第九项规定的事项，以及食品添加剂的使用范围、用量、使用方法，并在标签上载明“食品添加剂”字样。

第七十一条 【标签、说明书的真实性要求】食品和食品添加剂的标签、说明书，不得含有虚假内容，不得涉及疾病预防、治疗功能。生产经营者对其提供的标签、说明书的内容负责。

食品和食品添加剂的标签、说明书应当清楚、明显，生产日期、保质期等事项应当显著标注，容易辨识。

食品和食品添加剂与其标签、说明书的内容不符的，不得上市销售。

第七十二条 【预包装食品的销售要求】食品经营者应当按照食品标签标示的警示标志、警示说明或者注意事项的要求销售食品。

第七十三条 【食品广告要求】食品广告的内容应当真实合法，不得含有虚假内容，不得涉及疾病预防、治疗功能。食品生产经营者对食品广告内容的真实性、合法性负责。

县级以上人民政府食品安全监督管理部门和其他有关部门以及食品检验机构、食品行业协会不得以广告或者其他形式向消费者推荐食品。消费者组织不得以收取费用或者其他牟取利益的方式向消费者推荐食品。

第四节　特殊食品

第七十四条　【特殊食品严格监管原则】国家对保健食品、特殊医学用途配方食品和婴幼儿配方食品等特殊食品实行严格监督管理。

第七十五条　【保健食品原料目录和功能目录】保健食品声称保健功能，应当具有科学依据，不得对人体产生急性、亚急性或者慢性危害。

保健食品原料目录和允许保健食品声称的保健功能目录，由国务院食品安全监督管理部门会同国务院卫生行政部门、国家中医药管理部门制定、调整并公布。

保健食品原料目录应当包括原料名称、用量及其对应的功效；列入保健食品原料目录的原料只能用于保健食品生产，不得用于其他食品生产。

第七十六条　【保健食品注册和备案制度】使用保健食品原料目录以外原料的保健食品和首次进口的保健食品应当经国务院食品安全监督管理部门注册。但是，首次进口的保健食品中属于补充维生素、矿物质等营养物质的，应当报国务院食品安全监督管理部门备案。其他保健食品应当报省、自治区、直辖市人民政府食品安全监督管理部门备案。

进口的保健食品应当是出口国（地区）主管部门准许上市销售的产品。

第七十七条　【保健食品注册和备案的材料】依法应当注册的保健食品，注册时应当提交保健食品的研发报告、产品配方、生产工艺、安全性和保健功能评价、标签、说明书等材料及样品，并提供相关证明文件。国务院食品安全监督管理部门经组织技术审评，对符合安全和功能声称要求的，准予注册；对不符合要求的，不予注册并书面说明理由。对使用保健食品原料目录以外原料的保健食品作出准予注册决定的，应当及时将该原料纳入保健食品原料目录。

依法应当备案的保健食品，备案时应当提交产品配方、生产工艺、标签、说明书以及表明产品安全性和保健功能的材料。

第七十八条　【保健食品标签和说明书】保健食品的标签、说明书不得涉及疾病预防、治疗功能，内容应当真实，与注册或者备案的内容相一致，载明适宜人群、不适宜人群、功效成分或者标志性成分及其含量等，并声明“本品不能代替药物”。保健食品的功能和成分应当与标签、说明书相一致。

第七十九条　【保健食品广告】保健食品广告除应当符合本法第七十三条第一款的规定外，还应当声明“本品不能代替药物”；其内容应当经生产企业所在地省、自治区、直辖市人民政府食品安全监督管理部门审查批准，取得保健食品广告批准文件。省、自治区、直辖市人民政府食品安全监督管理部门应当公布并及时更新已经批准的保健食品广告目录以及批准的广告内容。

第八十条　【特殊医学用途配方食品】特殊医学用途配方食品应当经国务院食品安全监督管理部门注册。注册时，应当提交产品配方、生产工艺、标签、说明书以及表明产品安全性、营养充足性和特殊医学用途临床效果的材料。

特殊医学用途配方食品广告适用《中华人民共和国广告法》和其他法律、行政法规关于药品广告管理的规定。

第八十一条　【婴幼儿配方食品】婴幼儿配方食品生产企业应当实施从原料进厂到成品出厂的全过程质量控制，对出厂的婴幼儿配方食品实施逐批检验，保证食品安全。

生产婴幼儿配方食品使用的生鲜乳、辅料等食品原料、食品添加剂等，应当符合法律、行政法规的规定和食品安全国家标准，保证婴幼儿生长发育所需的营养成分。

婴幼儿配方食品生产企业应当将食品原料、食品添加剂、产品配方及标签等事项向省、自治区、直辖市人民政府食品安全监督管理部门备案。

婴幼儿配方乳粉的产品配方应当经国务院食品安全监督管理部门注册。注册时，应当提交配方研发报告和其他表明配方科学性、安全性的材料。

不得以分装方式生产婴幼儿配方乳粉，同一企业不得用同一配方生产不同品牌的婴幼儿配方乳粉。

第八十二条　【材料的真实性和保密等要求】保健食品、特殊医学用途配方食品、婴幼儿配方乳粉的注册人或者备案人应当对其提交材料的真实性负责。

省级以上人民政府食品安全监督管理部门应当及时公布注册或者备案的保健食品、特殊医学用途配方食品、婴幼儿配方乳粉目录，并对注册或者备案中获知的企业商业秘密予以保密。

保健食品、特殊医学用途配方食品、婴幼儿配方乳粉生产企业应当按照注册或者备案的产品配方、生产工艺等技术要求组织生产。

第八十三条 【特殊食品生产质量管理体系】生产保健食品,特殊医学用途配方食品、婴幼儿配方食品和其他专供特定人群的主辅食品的企业,应当按照良好生产规范的要求建立与所生产食品相适应的生产质量管理体系,定期对该体系的运行情况进行自查,保证其有效运行,并向所在地县级人民政府食品安全监督管理部门提交自查报告。

第五章 食品检验

第八十四条 【食品检验机构】食品检验机构按照国家有关认证认可的规定取得资质认定后,方可从事食品检验活动。但是,法律另有规定的除外。

食品检验机构的资质认定条件和检验规范,由国务院食品安全监督管理部门规定。

符合本法规定的食品检验机构出具的检验报告具有同等效力。

县级以上人民政府应当整合食品检验资源,实现资源共享。

第八十五条 【食品检验人】食品检验由食品检验机构指定的检验人独立进行。

检验人应当依照有关法律、法规的规定,并按照食品安全标准和检验规范对食品进行检验,尊重科学,恪守职业道德,保证出具的检验数据和结论客观、公正,不得出具虚假检验报告。

第八十六条 【检验机构与检验人负责制】食品检验实行食品检验机构与检验人负责制。食品检验报告应当加盖食品检验机构公章,并有检验人的签名或者盖章。食品检验机构和检验人对出具的食品检验报告负责。

第八十七条 【监督抽检】县级以上人民政府食品安全监督管理部门应当对食品进行定期或者不定期的抽样检验,并依据有关规定公布检验结果,不得免检。进行抽样检验,应当购买抽取的样品,委托符合本法规定的食品检验机构进行检验,并支付相关费用;不得向食品生产经营者收取检验费和其他费用。

第八十八条 【复检】对依照本法规定实施的检验结论有异议的,食品生产经营者可以自收到检验结论之日起七个工作日内向实施抽样检验的食品安全监督管理部门或者其上一级食品安全监督管理部门提出复检申请,由受理复检申请的食品安全监督管理部门在公布的复检机构名录中随机确定复检机构进行复检。复检机构出具的复检结论为最终检验结论。复检机构与初检机构不得为同一机构。复检机构名录由国务院认证认可监督管理、食品安全监督管理、卫生行政、农业行政等部门共同公布。

采用国家规定的快速检测方法对食用农产品进行抽查检测,被抽查人对检测结果有异议的,可以自收到检测结果时起四小时内申请复检。复检不得采用快速检测方法。

第八十九条 【自行检验和委托检验】食品生产企业可以自行对所生产的食品进行检验,也可以委托符合本法规定的食品检验机构进行检验。

食品行业协会和消费者协会等组织、消费者需要委托食品检验机构对食品进行检验的,应当委托符合本法规定的食品检验机构进行。

第九十条 【食品添加剂检验】食品添加剂的检验,适用本法有关食品检验的规定。

第六章 食品进出口

第九十一条 【进出口食品安全的监督管理部门】国家出入境检验检疫部门对进出口食品安全实施监督管理。

第九十二条 【进口食品、食品添加剂、食品相关产品的要求】进口的食品、食品添加剂、食品相关产品应当符合我国食品安全国家标准。

进口的食品、食品添加剂应当经出入境检验检疫机构依照进出口商品检验相关法律、行政法规的规定检验合格。

进口的食品、食品添加剂应当按照国家出入境检验检疫部门的要求随附合格证明材料。

第九十三条 【进口尚无食品安全国家标准食品等的程序】进口尚无食品安全国家标准的食品,由境外出口商、境外生产企业或者其委托的进口商向国务院卫生行政部门提交所执行的相关国家(地区)标准或者国际标准。国务院卫生行政部门对相关标准进行审查,认为符合食品安全要求的,决定暂予适用,并及时制定相应的食品安全国家标准。进口利用新的食品原料生产的食品或者进口食品添加剂新品种、食品相关产品新品种,依照本法第三十七条的规定办理。

出入境检验检疫机构按照国务院卫生行政部门的要求,对前款规定的食品、食品添加剂、食品相关产品进行检验。检验结果应当公开。

第九十四条 【境外出口商、境外生产企业、进口商的义务】境外出口商、境外生产企业应当保证向我国出口的食品、食品添加剂、食品相关产品符合本法以及我国其他有关法律、行政法规的规定和食品安全国家标准的要求,并对标签、说明书的内容负责。

进口商应当建立境外出口商、境外生产企业审核制度,重点审核前款规定的内容;审核不合格的,不得进口。

发现进口食品不符合我国食品安全国家标准或者有证据证明可能危害人体健康的,进口商应当立即停止进口,并依照本法第六十三条的规定召回。

第九十五条　【进口食品、食品添加剂、食品相关产品风险的应对措施】境外发生的食品安全事件可能对我国境内造成影响,或者在进口食品、食品添加剂、食品相关产品中发现严重食品安全问题的,国家出入境检验检疫部门应当及时采取风险预警或者控制措施,并向国务院食品安全监督管理、卫生行政、农业行政部门通报。接到通报的部门应当及时采取相应措施。

县级以上人民政府食品安全监督管理部门对国内市场上销售的进口食品、食品添加剂实施监督管理。发现存在严重食品安全问题的,国务院食品安全监督管理部门应当及时向国家出入境检验检疫部门通报。国家出入境检验检疫部门应当及时采取相应措施。

第九十六条　【境外出口商、代理商、进口商和境外食品生产企业的备案与注册】向我国境内出口食品的境外出口商或者代理商、进口食品的进口商应当向国家出入境检验检疫部门备案。向我国境内出口食品的境外食品生产企业应当经国家出入境检验检疫部门注册。已经注册的境外食品生产企业提供虚假材料,或者因其自身的原因致使进口食品发生重大食品安全事故的,国家出入境检验检疫部门应当撤销注册并公告。

国家出入境检验检疫部门应当定期公布已经备案的境外出口商、代理商、进口商和已经注册的境外食品生产企业名单。

第九十七条　【进口预包装食品、食品添加剂的标签、说明书】进口的预包装食品、食品添加剂应当有中文标签;依法应当有说明书的,还应当有中文说明书。标签、说明书应当符合本法以及我国其他有关法律、行政法规的规定和食品安全国家标准的要求,并载明食品的原产地以及境内代理商的名称、地址、联系方式。预包装食品没有中文标签、中文说明书或者标签、说明书不符合本条规定的,不得进口。

第九十八条　【食品、食品添加剂的进口和销售记录制度】进口商应当建立食品、食品添加剂进口和销售记录制度,如实记录食品、食品添加剂的名称、规格、数量、生产日期、生产或者进口批号、保质期、境外出口商和购货者名称、地址及联系方式、交货日期等内容,并保存相关凭证。记录和凭证保存期限应当符合本法第五十条第二款的规定。

第九十九条　【出口食品的监督管理】出口食品生产企业应当保证其出口食品符合进口国(地区)的标准或者合同要求。

出口食品生产企业和出口食品原料种植、养殖场应当向国家出入境检验检疫部门备案。

第一百条　【进出口食品安全信息及信用管理】国家出入境检验检疫部门应当收集、汇总下列进出口食品安全信息,并及时通报相关部门、机构和企业:

(一)出入境检验检疫机构对进出口食品实施检验检疫发现的食品安全信息;

(二)食品行业协会和消费者协会等组织、消费者反映的进口食品安全信息;

(三)国际组织、境外政府机构发布的风险预警信息及其他食品安全信息,以及境外食品行业协会等组织、消费者反映的食品安全信息;

(四)其他食品安全信息。

国家出入境检验检疫部门应当对进出口食品的进口商、出口商和出口食品生产企业实施信用管理,建立信用记录,并依法向社会公布。对有不良记录的进口商、出口商和出口食品生产企业,应当加强对其进出口食品的检验检疫。

第一百零一条　【国家出入境检验检疫部门的评估和审查职责】国家出入境检验检疫部门可以对向我国境内出口食品的国家(地区)的食品安全管理体系和食品安全状况进行评估和审查,并根据评估和审查结果,确定相应检验检疫要求。

第七章　食品安全事故处置

第一百零二条　【食品安全事故应急预案】国务院组织制定国家食品安全事故应急预案。

县级以上地方人民政府应当根据有关法律、法规的规定和上级人民政府的食品安全事故应急预案以及本行政区域的实际情况,制定本行政区域的食品安全事故应急预案,并报上一级人民政府备案。

食品安全事故应急预案应当对食品安全事故分级、事故处置组织指挥体系与职责、预防预警机制、处置程序、应急保障措施等作出规定。

食品生产经营企业应当制定食品安全事故处置方案,定期检查本企业各项食品安全防范措施的落实情况,及时消除事故隐患。

第一百零三条　【应急处置、报告、通报】发生食品安全事故的单位应当立即采取措施,防止事故扩大。事故单位和接收病人进行治疗的单位应当及时向事故发生地县级人民政府食品安全监督管理、卫生行政部门报告。

县级以上人民政府农业行政等部门在日常监督管理中发现食品安全事故或者接到事故举报,应当立即向同级食品安全监督管理部门通报。

发生食品安全事故,接到报告的县级人民政府食品安全监督管理部门应当按照应急预案的规定向本级人民政府和上级人民政府食品安全监督管理部门报告。县级人民政府和上级人民政府食品安全监督管理部门应当按照应急预案的规定上报。

任何单位和个人不得对食品安全事故隐瞒、谎报、缓报,不得隐匿、伪造、毁灭有关证据。

第一百零四条 **【医疗机构报告】**医疗机构发现其接收的病人属于食源性疾病病人或者疑似病人的,应当按照规定及时将相关信息向所在地县级人民政府卫生行政部门报告。县级人民政府卫生行政部门认为与食品安全有关的,应当及时通报同级食品安全监督管理部门。

县级以上人民政府卫生行政部门在调查处理传染病或者其他突发公共卫生事件中发现与食品安全相关的信息,应当及时通报同级食品安全监督管理部门。

第一百零五条 **【防止、减轻社会危害的措施】**县级以上人民政府食品安全监督管理部门接到食品安全事故的报告后,应当立即会同同级卫生行政、农业行政等部门进行调查处理,并采取下列措施,防止或者减轻社会危害:

(一)开展应急救援工作,组织救治因食品安全事故导致人身伤害的人员;

(二)封存可能导致食品安全事故的食品及其原料,并立即进行检验;对确认属于被污染的食品及其原料,责令食品生产经营者依照本法第六十三条的规定召回或者停止经营;

(三)封存被污染的食品相关产品,并责令进行清洗消毒;

(四)做好信息发布工作,依法对食品安全事故及其处理情况进行发布,并对可能产生的危害加以解释、说明。

发生食品安全事故需要启动应急预案的,县级以上人民政府应当立即成立事故处置指挥机构,启动应急预案,依照前款和应急预案的规定进行处置。

发生食品安全事故,县级以上疾病预防控制机构应当对事故现场进行卫生处理,并对与事故有关的因素开展流行病学调查,有关部门应当予以协助。县级以上疾病预防控制机构应当向同级食品安全监督管理、卫生行政部门提交流行病学调查报告。

第一百零六条 **【事故责任调查】**发生食品安全事故,设区的市级以上人民政府食品安全监督管理部门应当立即会同有关部门进行事故责任调查,督促有关部门履行职责,向本级人民政府和上一级人民政府食品安全监督管理部门提出事故责任调查处理报告。

涉及两个以上省、自治区、直辖市的重大食品安全事故由国务院食品安全监督管理部门依照前款规定组织事故责任调查。

第一百零七条 **【事故责任调查原则、主要任务】**调查食品安全事故,应当坚持实事求是、尊重科学的原则,及时、准确查清事故性质和原因,认定事故责任,提出整改措施。

调查食品安全事故,除了查明事故单位的责任,还应当查明有关监督管理部门、食品检验机构、认证机构及其工作人员的责任。

第一百零八条 **【调查部分的权力】**食品安全事故调查部门有权向有关单位和个人了解与事故有关的情况,并要求提供相关资料和样品。有关单位和个人应当予以配合,按照要求提供相关资料和样品,不得拒绝。

任何单位和个人不得阻挠、干涉食品安全事故的调查处理。

第八章 监督管理

第一百零九条 **【食品安全风险分级管理】**县级以上人民政府食品安全监督管理部门根据食品安全风险监测、风险评估结果和食品安全状况等,确定监督管理的重点、方式和频次,实施风险分级管理。

县级以上地方人民政府组织本级食品安全监督管理、农业行政等部门制定本行政区域的食品安全年度监督管理计划,向社会公布并组织实施。

食品安全年度监督管理计划应当将下列事项作为监督管理的重点:

(一)专供婴幼儿和其他特定人群的主辅食品;

(二)保健食品生产过程中的添加行为和按照注册或者备案的技术要求组织生产的情况,保健食品标签、说明书以及宣传材料中有关功能宣传的情况;

(三)发生食品安全事故风险较高的食品生产经营者;

(四)食品安全风险监测结果表明可能存在食品安全隐患的事项。

第一百一十条 **【食品安全监督检查措施】**县级以上人

民政府食品安全监督管理部门履行食品安全监督管理职责，有权采取下列措施，对生产经营者遵守本法的情况进行监督检查：

（一）进入生产经营场所实施现场检查；

（二）对生产经营的食品、食品添加剂、食品相关产品进行抽样检验；

（三）查阅、复制有关合同、票据、账簿以及其他有关资料；

（四）查封、扣押有证据证明不符合食品安全标准或者有证据证明存在安全隐患以及用于违法生产经营的食品、食品添加剂、食品相关产品；

（五）查封违法从事生产经营活动的场所。

第一百一十一条　【临时限量值和临时检验方法】对食品安全风险评估结果证明食品存在安全隐患，需要制定、修订食品安全标准的，在制定、修订食品安全标准前，国务院卫生行政部门应当及时会同国务院有关部门规定食品中有害物质的临时限量值和临时检验方法，作为生产经营和监督管理的依据。

第一百一十二条　【快速检测】县级以上人民政府食品安全监督管理部门在食品安全监督管理工作中可以采用国家规定的快速检测方法对食品进行抽查检测。

对抽查检测结果表明可能不符合食品安全标准的食品，应当依照本法第八十七条的规定进行检验。抽查检测结果确定有关食品不符合食品安全标准的，可以作为行政处罚的依据。

第一百一十三条　【食品安全信用档案】县级以上人民政府食品安全监督管理部门应当建立食品生产经营者食品安全信用档案，记录许可颁发、日常监督检查结果、违法行为查处等情况，依法向社会公布并实时更新；对有不良信用记录的食品生产经营者增加监督检查频次，对违法行为情节严重的食品生产经营者，可以通报投资主管部门、证券监督管理机构和有关的金融机构。

第一百一十四条　【对食品生产经营者进行责任约谈】食品生产经营过程中存在食品安全隐患，未及时采取措施消除的，县级以上人民政府食品安全监督管理部门可以对食品生产经营者的法定代表人或者主要负责人进行责任约谈。食品生产经营者应当立即采取措施，进行整改，消除隐患。责任约谈情况和整改情况应当纳入食品生产经营者食品安全信用档案。

第一百一十五条　【有奖举报】县级以上人民政府食品安全监督管理等部门应当公布本部门的电子邮件地址或者电话，接受咨询、投诉、举报。接到咨询、投诉、举报，对属于本部门职责的，应当受理并在法定期限内及时答复、核实、处理；对不属于本部门职责的，应当移交有权处理的部门并书面通知咨询、投诉、举报人。有权处理的部门应当在法定期限内及时处理，不得推诿。对查证属实的举报，给予举报人奖励。

有关部门应当对举报人的信息予以保密，保护举报人的合法权益。举报人举报所在企业的，该企业不得以解除、变更劳动合同或者其他方式对举报人进行打击报复。

第一百一十六条　【加强食品安全执法人员管理】县级以上人民政府食品安全监督管理等部门应当加强对执法人员食品安全法律、法规、标准和专业知识与执法能力等的培训，并组织考核。不具备相应知识和能力的，不得从事食品安全执法工作。

食品生产经营者、食品行业协会、消费者协会等发现食品安全执法人员在执法过程中有违反法律、法规规定的行为以及不规范执法行为的，可以向本级或者上级人民政府食品安全监督管理等部门或者监察机关投诉、举报。接到投诉、举报的部门或者机关应当进行核实，并将经核实的情况向食品安全执法人员所在部门通报；涉嫌违法违纪的，按照本法和有关规定处理。

第一百一十七条　【对食品安全监管部门等进行责任约谈】县级以上人民政府食品安全监督管理等部门未及时发现食品安全系统性风险，未及时消除监督管理区域内的食品安全隐患的，本级人民政府可以对其主要负责人进行责任约谈。

地方人民政府未履行食品安全职责，未及时消除区域性重大食品安全隐患的，上级人民政府可以对其主要负责人进行责任约谈。

被约谈的食品安全监督管理等部门、地方人民政府应当立即采取措施，对食品安全监督管理工作进行整改。

责任约谈情况和整改情况应当纳入地方人民政府和有关部门食品安全监督管理工作评议、考核记录。

第一百一十八条　【食品安全信息统一公布】国家建立统一的食品安全信息平台，实行食品安全信息统一公布制度。国家食品安全总体情况、食品安全风险警示信息、重大食品安全事故及其调查处理信息和国务院确定需要统一公布的其他信息由国务院食品安全监督管理部门统一公布。食品安全风险警示信息和重大食品安全事故及其调查处理信息的影响限于特定区域的，也可以由有关省、自治区、直辖市人民政府食品安全监督管理部门公布。未经授权不得发布上述信息。

县级以上人民政府食品安全监督管理、农业行政部门依据各自职责公布食品安全日常监督管理信息。

公布食品安全信息，应当做到准确、及时，并进行必要的解释说明，避免误导消费者和社会舆论。

第一百一十九条 【食品安全信息的报告、通报制度】县级以上地方人民政府食品安全监督管理、卫生行政、农业行政部门获知本法规定需要统一公布的信息，应当向上级主管部门报告，由上级主管部门立即报告国务院食品安全监督管理部门；必要时，可以直接向国务院食品安全监督管理部门报告。

县级以上人民政府食品安全监督管理、卫生行政、农业行政部门应当相互通报获知的食品安全信息。

第一百二十条 【不得编造、散布虚假食品安全信息】任何单位和个人不得编造、散布虚假食品安全信息。

县级以上人民政府食品安全监督管理部门发现可能误导消费者和社会舆论的食品安全信息，应当立即组织有关部门、专业机构、相关食品生产经营者等进行核实、分析，并及时公布结果。

第一百二十一条 【涉嫌食品安全犯罪案件处理】县级以上人民政府食品安全监督管理等部门发现涉嫌食品安全犯罪的，应当按照有关规定及时将案件移送公安机关。对移送的案件，公安机关应当及时审查；认为有犯罪事实需要追究刑事责任的，应当立案侦查。

公安机关在食品安全犯罪案件侦查过程中认为没有犯罪事实，或者犯罪事实显著轻微，不需要追究刑事责任，但依法应当追究行政责任的，应当及时将案件移送食品安全监督管理等部门和监察机关，有关部门应当依法处理。

公安机关商请食品安全监督管理、生态环境等部门提供检验结论、认定意见以及对涉案物品进行无害化处理等协助的，有关部门应当及时提供，予以协助。

第九章 法 律 责 任

第一百二十二条 【未经许可从事食品生产经营活动等的法律责任】违反本法规定，未取得食品生产经营许可从事食品生产经营活动，或者未取得食品添加剂生产许可从事食品添加剂生产活动的，由县级以上人民政府食品安全监督管理部门没收违法所得和违法生产经营的食品、食品添加剂以及用于违法生产经营的工具、设备、原料等物品；违法生产经营的食品、食品添加剂货值金额不足一万元的，并处五万元以上十万元以下罚款；货值金额一万元以上的，并处货值金额十倍以上二十倍以下罚款。

明知从事前款规定的违法行为，仍为其提供生产经营场所或者其他条件的，由县级以上人民政府食品安全监督管理部门责令停止违法行为，没收违法所得，并处五万元以上十万元以下罚款；使消费者的合法权益受到损害的，应当与食品、食品添加剂生产经营者承担连带责任。

第一百二十三条 【八类最严重违法食品生产经营行为的法律责任】违反本法规定，有下列情形之一，尚不构成犯罪的，由县级以上人民政府食品安全监督管理部门没收违法所得和违法生产经营的食品，并可以没收用于违法生产经营的工具、设备、原料等物品；违法生产经营的食品货值金额不足一万元的，并处十万元以上十五万元以下罚款；货值金额一万元以上的，并处货值金额十五倍以上三十倍以下罚款；情节严重的，吊销许可证，并可以由公安机关对其直接负责的主管人员和其他直接责任人员处五日以上十五日以下拘留：

（一）用非食品原料生产食品、在食品中添加食品添加剂以外的化学物质和其他可能危害人体健康的物质，或者用回收食品作为原料生产食品，或者经营上述食品；

（二）生产经营营养成分不符合食品安全标准的专供婴幼儿和其他特定人群的主辅食品；

（三）经营病死、毒死或者死因不明的禽、畜、兽、水产动物肉类，或者生产经营其制品；

（四）经营未按规定进行检疫或者检疫不合格的肉类，或者生产经营未经检验或者检验不合格的肉类制品；

（五）生产经营国家为防病等特殊需要明令禁止生产经营的食品；

（六）生产经营添加药品的食品。

明知从事前款规定的违法行为，仍为其提供生产经营场所或者其他条件的，由县级以上人民政府食品安全监督管理部门责令停止违法行为，没收违法所得，并处十万元以上二十万元以下罚款；使消费者的合法权益受到损害的，应当与食品生产经营者承担连带责任。

违法使用剧毒、高毒农药的，除依照有关法律、法规规定给予处罚外，可以由公安机关依照第一款规定给予拘留。

第一百二十四条 【十一类违法生产经营行为的法律责任】违反本法规定，有下列情形之一，尚不构成犯罪的，由县级以上人民政府食品安全监督管理部门没收违法所得和违法生产经营的食品、食品添加剂，并可以没收用于违法生产经营的工具、设备、原料等物品；违法生产经营的食品、食品添加剂货值金额不足一万元的，并处五万元以上十万元以下罚款；货值金额一万元以上的，并处货值金额十倍以上二十倍以下罚款；情节严重的，吊销许可证：

（一）生产经营致病性微生物，农药残留、兽药残留、生物毒素、重金属等污染物质以及其他危害人体健康的物质含量超过食品安全标准限量的食品、食品添加剂；

（二）用超过保质期的食品原料、食品添加剂生产食品、食品添加剂，或者经营上述食品、食品添加剂；

（三）生产经营超范围、超限量使用食品添加剂的食品；

（四）生产经营腐败变质、油脂酸败、霉变生虫、污秽不洁、混有异物、掺假掺杂或者感官性状异常的食品、食品添加剂；

（五）生产经营标注虚假生产日期、保质期或者超过保质期的食品、食品添加剂；

（六）生产经营未按规定注册的保健食品、特殊医学用途配方食品、婴幼儿配方乳粉，或者未按注册的产品配方、生产工艺等技术要求组织生产；

（七）以分装方式生产婴幼儿配方乳粉，或者同一企业以同一配方生产不同品牌的婴幼儿配方乳粉；

（八）利用新的食品原料生产食品，或者生产食品添加剂新品种，未通过安全性评估；

（九）食品生产经营者在食品安全监督管理部门责令其召回或者停止经营后，仍拒不召回或者停止经营。

除前款和本法第一百二十三条、第一百二十五条规定的情形外，生产经营不符合法律、法规或者食品安全标准的食品、食品添加剂的，依照前款规定给予处罚。

生产食品相关产品新品种，未通过安全性评估，或者生产不符合食品安全标准的食品相关产品的，由县级以上人民政府食品安全监督管理部门依照第一款规定给予处罚。

第一百二十五条　【四类违法生产经营行为的法律责任】违反本法规定，有下列情形之一的，由县级以上人民政府食品安全监督管理部门没收违法所得和违法生产经营的食品、食品添加剂，并可以没收用于违法生产经营的工具、设备、原料等物品；违法生产经营的食品、食品添加剂货值金额不足一万元的，并处五千元以上五万元以下罚款；货值金额一万元以上的，并处货值金额五倍以上十倍以下罚款；情节严重的，责令停产停业，直至吊销许可证：

（一）生产经营被包装材料、容器、运输工具等污染的食品、食品添加剂；

（二）生产经营无标签的预包装食品、食品添加剂或者标签、说明书不符合本法规定的食品、食品添加剂；

（三）生产经营转基因食品未按规定进行标示；

（四）食品生产经营者采购或者使用不符合食品安全标准的食品原料、食品添加剂、食品相关产品。

生产经营的食品、食品添加剂的标签、说明书存在瑕疵但不影响食品安全且不会对消费者造成误导的，由县级以上人民政府食品安全监督管理部门责令改正；拒不改正的，处二千元以下罚款。

第一百二十六条　【生产经营过程违法行为的法律责任】违反本法规定，有下列情形之一的，由县级以上人民政府食品安全监督管理部门责令改正，给予警告；拒不改正的，处五千元以上五万元以下罚款；情节严重的，责令停产停业，直至吊销许可证：

（一）食品、食品添加剂生产者未按规定对采购的食品原料和生产的食品、食品添加剂进行检验；

（二）食品生产经营企业未按规定建立食品安全管理制度，或者未按规定配备或者培训、考核食品安全管理人员；

（三）食品、食品添加剂生产经营者进货时未查验许可证和相关证明文件，或者未按规定建立并遵守进货查验记录、出厂检验记录和销售记录制度；

（四）食品生产经营企业未制定食品安全事故处置方案；

（五）餐具、饮具和盛放直接入口食品的容器，使用前未经洗净、消毒或者清洗消毒不合格，或者餐饮服务设施、设备未按规定定期维护、清洗、校验；

（六）食品生产经营者安排未取得健康证明或者患有国务院卫生行政部门规定的有碍食品安全疾病的人员从事接触直接入口食品的工作；

（七）食品经营者未按规定要求销售食品；

（八）保健食品生产企业未按规定向食品安全监督管理部门备案，或者未按备案的产品配方、生产工艺等技术要求组织生产；

（九）婴幼儿配方食品生产企业未将食品原料、食品添加剂、产品配方、标签等向食品安全监督管理部门备案；

（十）特殊食品生产企业未按规定建立生产质量管理体系并有效运行，或者未定期提交自查报告；

（十一）食品生产经营者未定期对食品安全状况进行检查评价，或者生产经营条件发生变化，未按规定处理；

（十二）学校、托幼机构、养老机构、建筑工地等集中用餐单位未按规定履行食品安全管理责任；

（十三）食品生产企业、餐饮服务提供者未按规定制定、实施生产经营过程控制要求。

餐具、饮具集中消毒服务单位违反本法规定用水，使用洗涤剂、消毒剂，或者出厂的餐具、饮具未按规定检验合格并随附消毒合格证明，或者未按规定在独立包装上标注相关内容的，由县级以上人民政府卫生行政部门依照前款规定给予处罚。

食品相关产品生产者未按规定对生产的食品相关产品进行检验的，由县级以上人民政府食品安全监督管理部门依照第一款规定给予处罚。

食用农产品销售者违反本法第六十五条规定的，由县级以上人民政府食品安全监督管理部门依照第一款规定给予处罚。

第一百二十七条　【食品生产加工小作坊、食品摊贩等的违法行为如何处罚】对食品生产加工小作坊、食品摊贩等的违法行为的处罚，依照省、自治区、直辖市制定的具体管理办法执行。

第一百二十八条　【事故单位违法行为的法律责任】违反本法规定，事故单位在发生食品安全事故后未进行处置、报告的，由有关主管部门按照各自职责分工责令改正，给予警告；隐匿、伪造、毁灭有关证据的，责令停产停业，没收违法所得，并处十万元以上五十万元以下罚款；造成严重后果的，吊销许可证。

第一百二十九条　【进出口违法行为的法律责任】违反本法规定，有下列情形之一的，由出入境检验检疫机构依照本法第一百二十四条的规定给予处罚：

（一）提供虚假材料，进口不符合我国食品安全国家标准的食品、食品添加剂、食品相关产品；

（二）进口尚无食品安全国家标准的食品，未提交所执行的标准并经国务院卫生行政部门审查，或者进口利用新的食品原料生产的食品或者进口食品添加剂新品种、食品相关产品新品种，未通过安全性评估；

（三）未遵守本法的规定出口食品；

（四）进口商在有关主管部门责令其依照本法规定召回进口的食品后，仍拒不召回。

违反本法规定，进口商未建立并遵守食品、食品添加剂进口和销售记录制度、境外出口商或者生产企业审核制度的，由出入境检验检疫机构依照本法第一百二十六条的规定给予处罚。

第一百三十条　【集中交易市场违法行为的法律责任】违反本法规定，集中交易市场的开办者、柜台出租者、展销会的举办者允许未依法取得许可的食品经营者进入市场销售食品，或者未履行检查、报告等义务的，由县级以上人民政府食品安全监督管理部门责令改正，没收违法所得，并处五万元以上二十万元以下罚款；造成严重后果的，责令停业，直至由原发证部门吊销许可证；使消费者的合法权益受到损害的，应当与食品经营者承担连带责任。

食用农产品批发市场违反本法第六十四条规定的，依照前款规定承担责任。

第一百三十一条　【网络食品交易违法行为的法律责任】违反本法规定，网络食品交易第三方平台提供者未对入网食品经营者进行实名登记、审查许可证，或者未履行报告、停止提供网络交易平台服务等义务的，由县级以上人民政府食品安全监督管理部门责令改正，没收违法所得，并处五万元以上二十万元以下罚款；造成严重后果的，责令停业，直至由原发证部门吊销许可证；使消费者的合法权益受到损害的，应当与食品经营者承担连带责任。

消费者通过网络食品交易第三方平台购买食品，其合法权益受到损害的，可以向入网食品经营者或者食品生产者要求赔偿。网络食品交易第三方平台提供者不能提供入网食品经营者的真实名称、地址和有效联系方式的，由网络食品交易第三方平台提供者赔偿。网络食品交易第三方平台提供者赔偿后，有权向入网食品经营者或者食品生产者追偿。网络食品交易第三方平台提供者作出更有利于消费者承诺的，应当履行其承诺。

第一百三十二条　【食品贮存、运输和装卸违法行为的法律责任】违反本法规定，未按要求进行食品贮存、运输和装卸的，由县级以上人民政府食品安全监督管理等部门按照各自职责分工责令改正，给予警告；拒不改正的，责令停产停业，并处一万元以上五万元以下罚款；情节严重的，吊销许可证。

第一百三十三条　【拒绝、阻挠、干涉开展食品安全工作等的法律责任】违反本法规定，拒绝、阻挠、干涉有关部门、机构及其工作人员依法开展食品安全监督检查、事故调查处理、风险监测和风险评估的，由有关主管部门按照各自职责分工责令停产停业，并处二千元以上五万元以下罚款；情节严重的，吊销许可证；构成违反治安管理行为的，由公安机关依法给予治安管理处罚。

违反本法规定，对举报人以解除、变更劳动合同或者其他方式打击报复的，应当依照有关法律的规定承担责任。

第一百三十四条　【屡次违法的法律责任】食品生产经营者在一年内累计三次因违反本法规定受到责令停产停业、吊销许可证以外处罚的，由食品安全监督管理部门责令停产停业，直至吊销许可证。

第一百三十五条　【严重违法犯罪者的从业禁止】被吊销许可证的食品生产经营者及其法定代表人、直接负责的主管人员和其他直接责任人员自处罚决定作出之日起五年内不得申请食品生产经营许可，或者从事食品生产经营管理工作、担任食品生产经营企业食品安全管理人员。

因食品安全犯罪被判处有期徒刑以上刑罚的，终身不得从事食品生产经营管理工作，也不得担任食品生产经营企业食品安全管理人员。

食品生产经营者聘用人员违反前两款规定的，由县级以上人民政府食品安全监督管理部门吊销许可证。

第一百三十六条　【食品经营者免予处罚的情形】食品经营者履行了本法规定的进货查验等义务，有充分证据证明其不知道所采购的食品不符合食品安全标准，并能如实说明其进货来源的，可以免予处罚，但应当依法没收其不符合食品安全标准的食品；造成人身、财产或者其他损害的，依法承担赔偿责任。

第一百三十七条　【提供虚假食品安全风险监测、评估信息的法律责任】违反本法规定，承担食品安全风险监测、风险评估工作的技术机构、技术人员提供虚假监测、评估信息的，依法对技术机构直接负责的主管人员和技术人员给予撤职、开除处分；有执业资格的，由授予其资格的主管部门吊销执业证书。

第一百三十八条　【虚假检验报告的法律责任】违反本法规定，食品检验机构、食品检验人员出具虚假检验报告的，由授予其资质的主管部门或者机构撤销该食品检验机构的检验资质，没收所收取的检验费用，并处检验费用五倍以上十倍以下罚款，检验费用不足一万元的，并处五万元以上十万元以下罚款；依法对食品检验机构直接负责的主管人员和食品检验人员给予撤职或者开除处分；导致发生重大食品安全事故的，对直接负责的主管人员和食品检验人员给予开除处分。

违反本法规定，受到开除处分的食品检验机构人员，自处分决定作出之日起十年内不得从事食品检验工作；因食品安全违法行为受到刑事处罚或者因出具虚假检验报告导致发生重大食品安全事故受到开除处分的食品检验机构人员，终身不得从事食品检验工作。食品检验机构聘用不得从事食品检验工作的人员的，由授予其资质的主管部门或者机构撤销该食品检验机构的检验资质。

食品检验机构出具虚假检验报告，使消费者的合法权益受到损害的，应当与食品生产经营者承担连带责任。

第一百三十九条　【虚假认证的法律责任】违反本法规定，认证机构出具虚假认证结论，由认证认可监督管理部门没收所收取的认证费用，并处认证费用五倍以上十倍以下罚款，认证费用不足一万元的，并处五万元以上十万元以下罚款；情节严重的，责令停业，直至撤销认证机构批准文件，并向社会公布；对直接负责的主管人员和负有直接责任的认证人员，撤销其执业资格。

认证机构出具虚假认证结论，使消费者的合法权益受到损害的，应当与食品生产经营者承担连带责任。

第一百四十条　【虚假宣传和违法推荐食品的法律责任】违反本法规定，在广告中对食品作虚假宣传，欺骗消费者，或者发布未取得批准文件、广告内容与批准文件不一致的保健食品广告的，依照《中华人民共和国广告法》的规定给予处罚。

广告经营者、发布者设计、制作、发布虚假食品广告，使消费者的合法权益受到损害的，应当与食品生产经营者承担连带责任。

社会团体或者其他组织、个人在虚假广告或者其他虚假宣传中向消费者推荐食品，使消费者的合法权益受到损害的，应当与食品生产经营者承担连带责任。

违反本法规定，食品安全监督管理等部门、食品检验机构、食品行业协会以广告或者其他形式向消费者推荐食品，消费者组织以收取费用或者其他牟取利益的方式向消费者推荐食品的，由有关主管部门没收违法所得，依法对直接负责的主管人员和其他直接责任人员给予记大过、降级或者撤职处分；情节严重的，给予开除处分。

对食品作虚假宣传且情节严重的，由省级以上人民政府食品安全监督管理部门决定暂停销售该食品，并向社会公布；仍然销售该食品的，由县级以上人民政府食品安全监督管理部门没收违法所得和违法销售的食品，并处二万元以上五万元以下罚款。

第一百四十一条　【编造、散布虚假信息的法律责任】违反本法规定，编造、散布虚假食品安全信息，构成违反治安管理行为的，由公安机关依法给予治安管理处罚。

媒体编造、散布虚假食品安全信息的，由有关主管部门依法给予处罚，并对直接负责的主管人员和其他直接责任人员给予处分；使公民、法人或者其他组织的合法权益受到损害的，依法承担消除影响、恢复名誉、赔偿损失、赔礼道歉等民事责任。

第一百四十二条 【食品安全事故处置有关法律责任】违反本法规定，县级以上地方人民政府有下列行为之一的，对直接负责的主管人员和其他直接责任人员给予记大过处分；情节较重的，给予降级或者撤职处分；情节严重的，给予开除处分；造成严重后果的，其主要负责人还应当引咎辞职：

（一）对发生在本行政区域内的食品安全事故，未及时组织协调有关部门开展有效处置，造成不良影响或者损失；

（二）对本行政区域内涉及多环节的区域性食品安全问题，未及时组织整治，造成不良影响或者损失；

（三）隐瞒、谎报、缓报食品安全事故；

（四）本行政区域内发生特别重大食品安全事故，或者连续发生重大食品安全事故。

第一百四十三条 【政府不作为有关法律责任】违反本法规定，县级以上地方人民政府有下列行为之一的，对直接负责的主管人员和其他直接责任人员给予警告、记过或者记大过处分；造成严重后果的，给予降级或者撤职处分：

（一）未确定有关部门的食品安全监督管理职责，未建立健全食品安全全程监督管理工作机制和信息共享机制，未落实食品安全监督管理责任制；

（二）未制定本行政区域的食品安全事故应急预案，或者发生食品安全事故后未按规定立即成立事故处置指挥机构、启动应急预案。

第一百四十四条 【监管部门有关法律责任】违反本法规定，县级以上人民政府食品安全监督管理、卫生行政、农业行政等部门有下列行为之一的，对直接负责的主管人员和其他直接责任人员给予记大过处分；情节较重的，给予降级或者撤职处分；情节严重的，给予开除处分；造成严重后果的，其主要负责人还应当引咎辞职：

（一）隐瞒、谎报、缓报食品安全事故；

（二）未按规定查处食品安全事故，或者接到食品安全事故报告未及时处理，造成事故扩大或者蔓延；

（三）经食品安全风险评估得出食品、食品添加剂、食品相关产品不安全结论后，未及时采取相应措施，造成食品安全事故或者不良社会影响；

（四）对不符合条件的申请人准予许可，或者超越法定职权准予许可；

（五）不履行食品安全监督管理职责，导致发生食品安全事故。

第一百四十五条 【监管部门有关法律责任】违反本法规定，县级以上人民政府食品安全监督管理、卫生行政、农业行政等部门有下列行为之一，造成不良后果的，对直接负责的主管人员和其他直接责任人员给予警告、记过或者记大过处分；情节较重的，给予降级或者撤职处分；情节严重的，给予开除处分：

（一）在获知有关食品安全信息后，未按规定向上级主管部门和本级人民政府报告，或者未按规定相互通报；

（二）未按规定公布食品安全信息；

（三）不履行法定职责，对查处食品安全违法行为不配合，或者滥用职权、玩忽职守、徇私舞弊。

第一百四十六条 【行政检查和行政强制法律责任】食品安全监督管理等部门在履行食品安全监督管理职责过程中，违法实施检查、强制等执法措施，给生产经营者造成损失的，应当依法予以赔偿，对直接负责的主管人员和其他直接责任人员依法给予处分。

第一百四十七条 【民事责任优先原则】违反本法规定，造成人身、财产或者其他损害的，依法承担赔偿责任。生产经营者财产不足以同时承担民事赔偿责任和缴纳罚款、罚金时，先承担民事赔偿责任。

第一百四十八条 【首付责任制和惩罚性赔偿】消费者因不符合食品安全标准的食品受到损害的，可以向经营者要求赔偿损失，也可以向生产者要求赔偿损失。接到消费者赔偿要求的生产经营者，应当实行首负责任制，先行赔付，不得推诿；属于生产者责任的，经营者赔偿后有权向生产者追偿；属于经营者责任的，生产者赔偿后有权向经营者追偿。

生产不符合食品安全标准的食品或者经营明知是不符合食品安全标准的食品，消费者除要求赔偿损失外，还可以向生产者或者经营者要求支付价款十倍或者损失三倍的赔偿金；增加赔偿的金额不足一千元的，为一千元。但是，食品的标签、说明书存在不影响食品安全且不会对消费者造成误导的瑕疵的除外。

第一百四十九条 【刑事责任】违反本法规定，构成犯罪的，依法追究刑事责任。

第十章 附　　则

第一百五十条 【有关用语的含义】本法下列用语的含义：

食品，指各种供人食用或者饮用的成品和原料以及按照传统既是食品又是中药材的物品，但是不包括以治疗为目的的物品。

食品安全，指食品无毒、无害，符合应当有的营养要求，对人体健康不造成任何急性、亚急性或者慢性危害。

预包装食品，指预先定量包装或者制作在包装材料、容器中的食品。

食品添加剂，指为改善食品品质和色、香、味以及为防腐、保鲜和加工工艺的需要而加入食品中的人工合成或者天然物质，包括营养强化剂。

用于食品的包装材料和容器，指包装、盛放食品或者食品添加剂用的纸、竹、木、金属、搪瓷、陶瓷、塑料、橡胶、天然纤维、化学纤维、玻璃等制品和直接接触食品或者食品添加剂的涂料。

用于食品生产经营的工具、设备，指在食品或者食品添加剂生产、销售、使用过程中直接接触食品或者食品添加剂的机械、管道、传送带、容器、用具、餐具等。

用于食品的洗涤剂、消毒剂，指直接用于洗涤或者消毒食品、餐具、饮具以及直接接触食品的工具、设备或者食品包装材料和容器的物质。

食品保质期，指食品在标明的贮存条件下保持品质的期限。

食源性疾病，指食品中致病因素进入人体引起的感染性、中毒性等疾病，包括食物中毒。

食品安全事故，指食源性疾病、食品污染等源于食品，对人体健康有危害或者可能有危害的事故。

第一百五十一条 【**转基因食品和食盐的有关管理规定**】转基因食品和食盐的食品安全管理，本法未作规定的，适用其他法律、行政法规的规定。

第一百五十二条 【**铁路、民航的食品安全管理**】铁路、民航运营中食品安全的管理办法由国务院食品安全监督管理部门会同国务院有关部门依照本法制定。

保健食品的具体管理办法由国务院食品安全监督管理部门依照本法制定。

食品相关产品生产活动的具体管理办法由国务院食品安全监督管理部门依照本法制定。

国境口岸食品的监督管理由出入境检验检疫机构依照本法以及有关法律、行政法规的规定实施。

军队专用食品和自供食品的食品安全管理办法由中央军事委员会依照本法制定。

第一百五十三条 【**监管体制的调整**】国务院根据实际需要，可以对食品安全监督管理体制作出调整。

第一百五十四条 【**施行日期**】本法自2015年10月1日起施行。

中华人民共和国
食品安全法实施条例

1. 2009年7月20日国务院令第557号公布
2. 根据2016年2月6日国务院令第666号《关于修改部分行政法规的决定》修订
3. 2019年10月11日国务院令第721号修订公布
4. 自2019年12月1日起施行

第一章 总 则

第一条 根据《中华人民共和国食品安全法》（以下简称食品安全法），制定本条例。

第二条 食品生产经营者应当依照法律、法规和食品安全标准从事生产经营活动，建立健全食品安全管理制度，采取有效措施预防和控制食品安全风险，保证食品安全。

第三条 国务院食品安全委员会负责分析食品安全形势，研究部署、统筹指导食品安全工作，提出食品安全监督管理的重大政策措施，督促落实食品安全监督管理责任。县级以上地方人民政府食品安全委员会按照本级人民政府规定的职责开展工作。

第四条 县级以上人民政府建立统一权威的食品安全监督管理体制，加强食品安全监督管理能力建设。

县级以上人民政府食品安全监督管理部门和其他有关部门应当依法履行职责，加强协调配合，做好食品安全监督管理工作。

乡镇人民政府和街道办事处应当支持、协助县级人民政府食品安全监督管理部门及其派出机构依法开展食品安全监督管理工作。

第五条 国家将食品安全知识纳入国民素质教育内容，普及食品安全科学常识和法律知识，提高全社会的食品安全意识。

第二章 食品安全风险监测和评估

第六条 县级以上人民政府卫生行政部门会同同级食品安全监督管理等部门建立食品安全风险监测会商机制，汇总、分析风险监测数据，研判食品安全风险，形成食品安全风险监测分析报告，报本级人民政府；县级以上地方人民政府卫生行政部门还应当将食品安全风险监测分析报告同时报上一级人民政府卫生行政部门。

食品安全风险监测会商的具体办法由国务院卫生行政部门会同国务院食品安全监督管理等部门制定。

第七条　食品安全风险监测结果表明存在食品安全隐患，食品安全监督管理等部门经进一步调查确认有必要通知相关食品生产经营者的，应当及时通知。

接到通知的食品生产经营者应当立即进行自查，发现食品不符合食品安全标准或者有证据证明可能危害人体健康的，应当依照食品安全法第六十三条的规定停止生产、经营，实施食品召回，并报告相关情况。

第八条　国务院卫生行政、食品安全监督管理等部门发现需要对农药、肥料、兽药、饲料和饲料添加剂等进行安全性评估的，应当向国务院农业行政部门提出安全性评估建议。国务院农业行政部门应当及时组织评估，并向国务院有关部门通报评估结果。

第九条　国务院食品安全监督管理部门和其他有关部门建立食品安全风险信息交流机制，明确食品安全风险信息交流的内容、程序和要求。

第三章　食品安全标准

第十条　国务院卫生行政部门会同国务院食品安全监督管理、农业行政等部门制定食品安全国家标准规划及其年度实施计划。国务院卫生行政部门应当在其网站上公布食品安全国家标准规划及其年度实施计划的草案，公开征求意见。

第十一条　省、自治区、直辖市人民政府卫生行政部门依照食品安全法第二十九条的规定制定食品安全地方标准，应当公开征求意见。省、自治区、直辖市人民政府卫生行政部门应当自食品安全地方标准公布之日起30个工作日内，将地方标准报国务院卫生行政部门备案。国务院卫生行政部门发现备案的食品安全地方标准违反法律、法规或者食品安全国家标准的，应当及时予以纠正。

食品安全地方标准依法废止的，省、自治区、直辖市人民政府卫生行政部门应当及时在其网站上公布废止情况。

第十二条　保健食品、特殊医学用途配方食品、婴幼儿配方食品等特殊食品不属于地方特色食品，不得对其制定食品安全地方标准。

第十三条　食品安全标准公布后，食品生产经营者可以在食品安全标准规定的实施日期之前实施并公开提前实施情况。

第十四条　食品生产企业不得制定低于食品安全国家标准或者地方标准要求的企业标准。食品生产企业制定食品安全指标严于食品安全国家标准或者地方标准的企业标准的，应当报省、自治区、直辖市人民政府卫生行政部门备案。

食品生产企业制定企业标准的，应当公开，供公众免费查阅。

第四章　食品生产经营

第十五条　食品生产经营许可的有效期为5年。

食品生产经营者的生产经营条件发生变化，不再符合食品生产经营要求的，食品生产经营者应当立即采取整改措施；需要重新办理许可手续的，应当依法办理。

第十六条　国务院卫生行政部门应当及时公布新的食品原料、食品添加剂新品种和食品相关产品新品种目录以及所适用的食品安全国家标准。

对按照传统既是食品又是中药材的物质目录，国务院卫生行政部门会同国务院食品安全监督管理部门应当及时更新。

第十七条　国务院食品安全监督管理部门会同国务院农业行政等有关部门明确食品安全全程追溯基本要求，指导食品生产经营者通过信息化手段建立、完善食品安全追溯体系。

食品安全监督管理等部门应当将婴幼儿配方食品等针对特定人群的食品以及其他食品安全风险较高或者销售量大的食品的追溯体系建设作为监督检查的重点。

第十八条　食品生产经营者应当建立食品安全追溯体系，依照食品安全法的规定如实记录并保存进货查验、出厂检验、食品销售等信息，保证食品可追溯。

第十九条　食品生产经营企业的主要负责人对本企业的食品安全工作全面负责，建立并落实本企业的食品安全责任制，加强供货者管理、进货查验和出厂检验、生产经营过程控制、食品安全自查等工作。食品生产经营企业的食品安全管理人员应当协助企业主要负责人做好食品安全管理工作。

第二十条　食品生产经营企业应当加强对食品安全管理人员的培训和考核。食品安全管理人员应当掌握与其岗位相适应的食品安全法律、法规、标准和专业知识，具备食品安全管理能力。食品安全监督管理部门应当对企业食品安全管理人员进行随机监督抽查考核。考核指南由国务院食品安全监督管理部门制定、公布。

第二十一条　食品、食品添加剂生产经营者委托生产食品、食品添加剂的，应当委托取得食品生产许可、食品添加剂生产许可的生产者生产，并对其生产行为进行监督，对委托生产的食品、食品添加剂的安全负责。受托方应当依照法律、法规、食品安全标准以及合同约定进行生产,对生产行为负责,并接受委托方的监督。

第二十二条 食品生产经营者不得在食品生产、加工场所贮存依照本条例第六十三条规定制定的名录中的物质。

第二十三条 对食品进行辐照加工,应当遵守食品安全国家标准,并按照食品安全国家标准的要求对辐照加工食品进行检验和标注。

第二十四条 贮存、运输对温度、湿度等有特殊要求的食品,应当具备保温、冷藏或者冷冻等设备设施,并保持有效运行。

第二十五条 食品生产经营者委托贮存、运输食品的,应当对受托方的食品安全保障能力进行审核,并监督受托方按照保证食品安全的要求贮存、运输食品。受托方应当保证食品贮存、运输条件符合食品安全的要求,加强食品贮存、运输过程管理。

接受食品生产经营者委托贮存、运输食品的,应当如实记录委托方和收货方的名称、地址、联系方式等内容。记录保存期限不得少于贮存、运输结束后 2 年。

非食品生产经营者从事对温度、湿度等有特殊要求的食品贮存业务的,应当自取得营业执照之日起 30 个工作日内向所在地县级人民政府食品安全监督管理部门备案。

第二十六条 餐饮服务提供者委托餐具饮具集中消毒服务单位提供清洗消毒服务的,应当查验、留存餐具饮具集中消毒服务单位的营业执照复印件和消毒合格证明。保存期限不得少于消毒餐具饮具使用期限到期后 6 个月。

第二十七条 餐具饮具集中消毒服务单位应当建立餐具饮具出厂检验记录制度,如实记录出厂餐具饮具的数量、消毒日期和批号、使用期限、出厂日期以及委托方名称、地址、联系方式等内容。出厂检验记录保存期限不得少于消毒餐具饮具使用期限到期后 6 个月。消毒后的餐具饮具应当在独立包装上标注单位名称、地址、联系方式、消毒日期和批号以及使用期限等内容。

第二十八条 学校、托幼机构、养老机构、建筑工地等集中用餐单位的食堂应当执行原料控制、餐具饮具清洗消毒、食品留样等制度,并依照食品安全法第四十七条的规定定期开展食堂食品安全自查。

承包经营集中用餐单位食堂的,应当依法取得食品经营许可,并对食堂的食品安全负责。集中用餐单位应当督促承包方落实食品安全管理制度,承担管理责任。

第二十九条 食品生产经营者应当对变质、超过保质期或者回收的食品进行显著标示或者单独存放在有明确标志的场所,及时采取无害化处理、销毁等措施并如实记录。

食品安全法所称回收食品,是指已经售出,因违反法律、法规、食品安全标准或者超过保质期等原因,被召回或者退回的食品,不包括依照食品安全法第六十三条第三款的规定可以继续销售的食品。

第三十条 县级以上地方人民政府根据需要建设必要的食品无害化处理和销毁设施。食品生产经营者可以按照规定使用政府建设的设施对食品进行无害化处理或者予以销毁。

第三十一条 食品集中交易市场的开办者、食品展销会的举办者应当在市场开业或者展销会举办前向所在地县级人民政府食品安全监督管理部门报告。

第三十二条 网络食品交易第三方平台提供者应当妥善保存入网食品经营者的登记信息和交易信息。县级以上人民政府食品安全监督管理部门开展食品安全监督检查、食品安全案件调查处理、食品安全事故处置确需了解有关信息的,经其负责人批准,可以要求网络食品交易第三方平台提供者提供,网络食品交易第三方平台提供者应当按照要求提供。县级以上人民政府食品安全监督管理部门及其工作人员对网络食品交易第三方平台提供者提供的信息依法负有保密义务。

第三十三条 生产经营转基因食品应当显著标示,标示办法由国务院食品安全监督管理部门会同国务院农业行政部门制定。

第三十四条 禁止利用包括会议、讲座、健康咨询在内的任何方式对食品进行虚假宣传。食品安全监督管理部门发现虚假宣传行为的,应当依法及时处理。

第三十五条 保健食品生产工艺有原料提取、纯化等前处理工序的,生产企业应当具备相应的原料前处理能力。

第三十六条 特殊医学用途配方食品生产企业应当按照食品安全国家标准规定的检验项目对出厂产品实施逐批检验。

特殊医学用途配方食品中的特定全营养配方食品应当通过医疗机构或者药品零售企业向消费者销售。医疗机构、药品零售企业销售特定全营养配方食品的,不需要取得食品经营许可,但是应当遵守食品安全法和本条例关于食品销售的规定。

第三十七条 特殊医学用途配方食品中的特定全营养配方食品广告按照处方药广告管理,其他类别的特殊医学用途配方食品广告按照非处方药广告管理。

第三十八条　对保健食品之外的其他食品，不得声称具有保健功能。

对添加食品安全国家标准规定的选择性添加物质的婴幼儿配方食品，不得以选择性添加物质命名。

第三十九条　特殊食品的标签、说明书内容应当与注册或者备案的标签、说明书一致。销售特殊食品，应当核对食品标签、说明书内容是否与注册或者备案的标签、说明书一致，不一致的不得销售。省级以上人民政府食品安全监督管理部门应当在其网站上公布注册或者备案的特殊食品的标签、说明书。

特殊食品不得与普通食品或者药品混放销售。

第五章　食品检验

第四十条　对食品进行抽样检验，应当按照食品安全标准、注册或者备案的特殊食品的产品技术要求以及国家有关规定确定的检验项目和检验方法进行。

第四十一条　对可能掺杂掺假的食品，按照现有食品安全标准规定的检验项目和检验方法以及依照食品安全法第一百一十一条和本条例第六十三条规定制定的检验项目和检验方法无法检验的，国务院食品安全监督管理部门可以制定补充检验项目和检验方法，用于对食品的抽样检验、食品安全案件调查处理和食品安全事故处置。

第四十二条　依照食品安全法第八十八条的规定申请复检的，申请人应当向复检机构先行支付复检费用。复检结论表明食品不合格的，复检费用由复检申请人承担；复检结论表明食品合格的，复检费用由实施抽样检验的食品安全监督管理部门承担。

复检机构无正当理由不得拒绝承担复检任务。

第四十三条　任何单位和个人不得发布未依法取得资质认定的食品检验机构出具的食品检验信息，不得利用上述检验信息对食品、食品生产经营者进行等级评定，欺骗、误导消费者。

第六章　食品进出口

第四十四条　进口商进口食品、食品添加剂，应当按照规定向出入境检验检疫机构报检，如实申报产品相关信息，并随附法律、行政法规规定的合格证明材料。

第四十五条　进口食品运达口岸后，应当存放在出入境检验检疫机构指定或者认可的场所；需要移动的，应当按照出入境检验检疫机构的要求采取必要的安全防护措施。大宗散装进口食品应当在卸货口岸进行检验。

第四十六条　国家出入境检验检疫部门根据风险管理需要，可以对部分食品实行指定口岸进口。

第四十七条　国务院卫生行政部门依照食品安全法第九十三条的规定对境外出口商、境外生产企业或者其委托的进口商提交的相关国家（地区）标准或者国际标准进行审查，认为符合食品安全要求的，决定暂予适用并予以公布；暂予适用的标准公布前，不得进口尚无食品安全国家标准的食品。

食品安全国家标准中通用标准已经涵盖的食品不属于食品安全法第九十三条规定的尚无食品安全国家标准的食品。

第四十八条　进口商应当建立境外出口商、境外生产企业审核制度，重点审核境外出口商、境外生产企业制定和执行食品安全风险控制措施的情况以及向我国出口的食品是否符合食品安全法、本条例和其他有关法律、行政法规的规定以及食品安全国家标准的要求。

第四十九条　进口商依照食品安全法第九十四条第三款的规定召回进口食品的，应当将食品召回和处理情况向所在地县级人民政府食品安全监督管理部门和所在地出入境检验检疫机构报告。

第五十条　国家出入境检验检疫部门发现已经注册的境外食品生产企业不再符合注册要求的，应当责令其在规定期限内整改，整改期间暂停进口其生产的食品；经整改仍不符合注册要求的，国家出入境检验检疫部门应当撤销境外食品生产企业注册并公告。

第五十一条　对通过我国良好生产规范、危害分析与关键控制点体系认证的境外生产企业，认证机构应当依法实施跟踪调查。对不再符合认证要求的企业，认证机构应当依法撤销认证并向社会公布。

第五十二条　境外发生的食品安全事件可能对我国境内造成影响，或者在进口食品、食品添加剂、食品相关产品中发现严重食品安全问题的，国家出入境检验检疫部门应当及时进行风险预警，并可以对相关的食品、食品添加剂、食品相关产品采取下列控制措施：

（一）退货或者销毁处理；

（二）有条件地限制进口；

（三）暂停或者禁止进口。

第五十三条　出口食品、食品添加剂的生产企业应当保证其出口食品、食品添加剂符合进口国家（地区）的标准或者合同要求；我国缔结或者参加的国际条约、协定有要求的，还应当符合国际条约、协定的要求。

第七章　食品安全事故处置

第五十四条　食品安全事故按照国家食品安全事故应急预案实行分级管理。县级以上人民政府食品安全监督管理部门会同同级有关部门负责食品安全事故调查处理。

县级以上人民政府应当根据实际情况及时修改、完善食品安全事故应急预案。

第五十五条　县级以上人民政府应当完善食品安全事故应急管理机制,改善应急装备,做好应急物资储备和应急队伍建设,加强应急培训、演练。

第五十六条　发生食品安全事故的单位应当对导致或者可能导致食品安全事故的食品及原料、工具、设备、设施等,立即采取封存等控制措施。

第五十七条　县级以上人民政府食品安全监督管理部门接到食品安全事故报告后,应当立即会同同级卫生行政、农业行政等部门依照食品安全法第一百零五条的规定进行调查处理。食品安全监督管理部门应当对事故单位封存的食品及原料、工具、设备、设施等予以保护,需要封存而事故单位尚未封存的应当直接封存或者责令事故单位立即封存,并通知疾病预防控制机构对与事故有关的因素开展流行病学调查。

疾病预防控制机构应当在调查结束后向同级食品安全监督管理、卫生行政部门同时提交流行病学调查报告。

任何单位和个人不得拒绝、阻挠疾病预防控制机构开展流行病学调查。有关部门应当对疾病预防控制机构开展流行病学调查予以协助。

第五十八条　国务院食品安全监督管理部门会同国务院卫生行政、农业行政等部门定期对全国食品安全事故情况进行分析,完善食品安全监督管理措施,预防和减少事故的发生。

第八章　监督管理

第五十九条　设区的市级以上人民政府食品安全监督管理部门根据监督管理工作需要,可以对由下级人民政府食品安全监督管理部门负责日常监督管理的食品生产经营者实施随机监督检查,也可以组织下级人民政府食品安全监督管理部门对食品生产经营者实施异地监督检查。

设区的市级以上人民政府食品安全监督管理部门认为必要的,可以直接调查处理下级人民政府食品安全监督管理部门管辖的食品安全违法案件,也可以指定其他下级人民政府食品安全监督管理部门调查处理。

第六十条　国家建立食品安全检查员制度,依托现有资源加强职业化检查员队伍建设,强化考核培训,提高检查员专业化水平。

第六十一条　县级以上人民政府食品安全监督管理部门依照食品安全法第一百一十条的规定实施查封、扣押措施,查封、扣押的期限不得超过30日;情况复杂的,经实施查封、扣押措施的食品安全监督管理部门负责人批准,可以延长,延长期限不得超过45日。

第六十二条　网络食品交易第三方平台多次出现入网食品经营者违法经营或者入网食品经营者的违法经营行为造成严重后果的,县级以上人民政府食品安全监督管理部门可以对网络食品交易第三方平台提供者的法定代表人或者主要负责人进行责任约谈。

第六十三条　国务院食品安全监督管理部门会同国务院卫生行政等部门根据食源性疾病信息、食品安全风险监测信息和监督管理信息等,对发现的添加或者可能添加到食品中的非食品用化学物质和其他可能危害人体健康的物质,制定名录及检测方法并予以公布。

第六十四条　县级以上地方人民政府卫生行政部门应当对餐具饮具集中消毒服务单位进行监督检查,发现不符合法律、法规、国家相关标准以及相关卫生规范等要求的,应当及时调查处理。监督检查的结果应当向社会公布。

第六十五条　国家实行食品安全违法行为举报奖励制度,对查证属实的举报,给予举报人奖励。举报人举报所在企业食品安全重大违法犯罪行为的,应当加大奖励力度。有关部门应当对举报人的信息予以保密,保护举报人的合法权益。食品安全违法行为举报奖励办法由国务院食品安全监督管理部门会同国务院财政等有关部门制定。

食品安全违法行为举报奖励资金纳入各级人民政府预算。

第六十六条　国务院食品安全监督管理部门应当会同国务院有关部门建立守信联合激励和失信联合惩戒机制,结合食品生产经营者信用档案,建立严重违法生产经营者黑名单制度,将食品安全信用状况与准入、融资、信贷、征信等相衔接,及时向社会公布。

第九章　法律责任

第六十七条　有下列情形之一的,属于食品安全法第一百二十三条至第一百二十六条、第一百三十二条以及本条例第七十二条、第七十三条规定的情节严重情形:

(一)违法行为涉及的产品货值金额2万元以上或者违法行为持续时间3个月以上;

(二)造成食源性疾病并出现死亡病例,或者造成30人以上食源性疾病但未出现死亡病例;

(三)故意提供虚假信息或者隐瞒真实情况;

（四）拒绝、逃避监督检查；

（五）因违反食品安全法律、法规受到行政处罚后1年内又实施同一性质的食品安全违法行为，或者因违反食品安全法律、法规受到刑事处罚后又实施食品安全违法行为；

（六）其他情节严重的情形。

对情节严重的违法行为处以罚款时，应当依法从重从严。

第六十八条 有下列情形之一的，依照食品安全法第一百二十五条第一款、本条例第七十五条的规定给予处罚：

（一）在食品生产、加工场所贮存依照本条例第六十三条规定制定的名录中的物质；

（二）生产经营的保健食品之外的食品的标签、说明书声称具有保健功能；

（三）以食品安全国家标准规定的选择性添加物质命名婴幼儿配方食品；

（四）生产经营的特殊食品的标签、说明书内容与注册或者备案的标签、说明书不一致。

第六十九条 有下列情形之一的，依照食品安全法第一百二十六条第一款、本条例第七十五条的规定给予处罚：

（一）接受食品生产经营者委托贮存、运输食品，未按照规定记录保存信息；

（二）餐饮服务提供者未查验、留存餐具饮具集中消毒服务单位的营业执照复印件和消毒合格证明；

（三）食品生产经营者未按照规定对变质、超过保质期或者回收的食品进行标示或者存放，或者未及时对上述食品采取无害化处理、销毁等措施并如实记录；

（四）医疗机构和药品零售企业之外的单位或者个人向消费者销售特殊医学用途配方食品中的特定全营养配方食品；

（五）将特殊食品与普通食品或者药品混放销售。

第七十条 除食品安全法第一百二十五条第一款、第一百二十六条规定的情形外，食品生产经营者的生产经营行为不符合食品安全法第三十三条第一款第五项、第七项至第十项的规定，或者不符合有关食品生产经营过程要求的食品安全国家标准的，依照食品安全法第一百二十六条第一款、本条例第七十五条的规定给予处罚。

第七十一条 餐具饮具集中消毒服务单位未按照规定建立并遵守出厂检验记录制度的，由县级以上人民政府卫生行政部门依照食品安全法第一百二十六条第一款、本条例第七十五条的规定给予处罚。

第七十二条 从事对温度、湿度等有特殊要求的食品贮存业务的非食品生产经营者，食品集中交易市场的开办者、食品展销会的举办者，未按照规定备案或者报告的，由县级以上人民政府食品安全监督管理部门责令改正，给予警告；拒不改正的，处1万元以上5万元以下罚款；情节严重的，责令停产停业，并处5万元以上20万元以下罚款。

第七十三条 利用会议、讲座、健康咨询等方式对食品进行虚假宣传的，由县级以上人民政府食品安全监督管理部门责令消除影响，有违法所得的，没收违法所得；情节严重的，依照食品安全法第一百四十条第五款的规定进行处罚；属于单位违法的，还应当依照本条例第七十五条的规定对单位的法定代表人、主要负责人、直接负责的主管人员和其他直接责任人员给予处罚。

第七十四条 食品生产经营者生产经营的食品符合食品安全标准但不符合食品所标注的企业标准规定的食品安全指标的，由县级以上人民政府食品安全监督管理部门给予警告，并责令食品经营者停止经营该食品，责令食品生产企业改正；拒不停止经营或者改正的，没收不符合企业标准规定的食品安全指标的食品，货值金额不足1万元的，并处1万元以上5万元以下罚款，货值金额1万元以上的，并处货值金额5倍以上10倍以下罚款。

第七十五条 食品生产经营企业等单位有食品安全法规定的违法情形，除依照食品安全法的规定给予处罚外，有下列情形之一的，对单位的法定代表人、主要负责人、直接负责的主管人员和其他直接责任人员处以其上一年度从本单位取得收入的1倍以上10倍以下罚款：

（一）故意实施违法行为；

（二）违法行为性质恶劣；

（三）违法行为造成严重后果。

属于食品安全法第一百二十五条第二款规定情形的，不适用前款规定。

第七十六条 食品生产经营者依照食品安全法第六十三条第一款、第二款的规定停止生产、经营，实施食品召回，或者采取其他有效措施减轻或者消除食品安全风险，未造成危害后果的，可以从轻或者减轻处罚。

第七十七条 县级以上地方人民政府食品安全监督管理等部门对有食品安全法第一百二十三条规定的违法情形且情节严重，可能需要行政拘留的，应当及时将案件及有关材料移送同级公安机关。公安机关认为需要补充材料的，食品安全监督管理等部门应当及时提供。公安机关经审查认为不符合行政拘留条件的，应当及时将案件及有关材料退回移送的食品安全监督管理等部门。

第七十八条　公安机关对发现的食品安全违法行为，经审查没有犯罪事实或者立案侦查后认为不需要追究刑事责任，但依法应当予以行政拘留的，应当及时作出行政拘留的处罚决定；不需要予以行政拘留但依法应当追究其他行政责任的，应当及时将案件及有关材料移送同级食品安全监督管理等部门。

第七十九条　复检机构无正当理由拒绝承担复检任务的，由县级以上人民政府食品安全监督管理部门给予警告，无正当理由1年内2次拒绝承担复检任务的，由国务院有关部门撤销其复检机构资质并向社会公布。

第八十条　发布未依法取得资质认定的食品检验机构出具的食品检验信息，或者利用上述检验信息对食品、食品生产经营者进行等级评定，欺骗、误导消费者的，由县级以上人民政府食品安全监督管理部门责令改正，有违法所得的，没收违法所得，并处10万元以上50万元以下罚款；拒不改正的，处50万元以上100万元以下罚款；构成违反治安管理行为的，由公安机关依法给予治安管理处罚。

第八十一条　食品安全监督管理部门依照食品安全法、本条例对违法单位或者个人处以30万元以上罚款的，由设区的市级以上人民政府食品安全监督管理部门决定。罚款具体处罚权限由国务院食品安全监督管理部门规定。

第八十二条　阻碍食品安全监督管理等部门工作人员依法执行职务，构成违反治安管理行为的，由公安机关依法给予治安管理处罚。

第八十三条　县级以上人民政府食品安全监督管理等部门发现单位或者个人违反食品安全法第一百二十条第一款规定，编造、散布虚假食品安全信息，涉嫌构成违反治安管理行为的，应当将相关情况通报同级公安机关。

第八十四条　县级以上人民政府食品安全监督管理部门及其工作人员违法向他人提供网络食品交易第三方平台提供者提供的信息的，依照食品安全法第一百四十五条的规定给予处分。

第八十五条　违反本条例规定，构成犯罪的，依法追究刑事责任。

第十章　附　　则

第八十六条　本条例自2019年12月1日起施行。

国务院关于加强食品等产品安全监督管理的特别规定

2007年7月26日国务院令第503号公布施行

第一条　为了加强食品等产品安全监督管理，进一步明确生产经营者、监督管理部门和地方人民政府的责任，加强各监督管理部门的协调、配合，保障人体健康和生命安全，制定本规定。

第二条　本规定所称产品除食品外，还包括食用农产品、药品等与人体健康和生命安全有关的产品。

对产品安全监督管理，法律有规定的，适用法律规定；法律没有规定或者规定不明确的，适用本规定。

第三条　生产经营者应当对其生产、销售的产品安全负责，不得生产、销售不符合法定要求的产品。

依照法律、行政法规规定生产、销售产品需要取得许可证照或者需要经过认证的，应当按照法定条件、要求从事生产经营活动。不按照法定条件、要求从事生产经营活动或者生产、销售不符合法定要求产品的，由农业、卫生、质检、商务、工商、药品等监督管理部门依据各自职责，没收违法所得、产品和用于违法生产的工具、设备、原材料等物品，货值金额不足5000元的，并处5万元罚款；货值金额5000元以上不足1万元的，并处10万元罚款；货值金额1万元以上的，并处货值金额10倍以上20倍以下的罚款；造成严重后果的，由原发证部门吊销许可证照；构成非法经营罪或者生产、销售伪劣商品罪等犯罪的，依法追究刑事责任。

生产经营者不再符合法定条件、要求，继续从事生产经营活动的，由原发证部门吊销许可证照，并在当地主要媒体上公告被吊销许可证照的生产经营者名单；构成非法经营罪或者生产、销售伪劣商品罪等犯罪的，依法追究刑事责任。

依法应当取得许可证照而未取得许可证照从事生产经营活动的，由农业、卫生、质检、商务、工商、药品等监督管理部门依据各自职责，没收违法所得、产品和用于违法生产的工具、设备、原材料等物品，货值金额不足1万元的，并处10万元罚款；货值金额1万元以上的，并处货值金额10倍以上20倍以下的罚款；构成非法经营罪的，依法追究刑事责任。

有关行业协会应当加强行业自律，监督生产经营者的生产经营活动；加强公众健康知识的普及、宣传，引导消费者选择合法生产经营者生产、销售的产品以及有合法标识的产品。

第四条　生产者生产产品所使用的原料、辅料、添加剂、农业投入品，应当符合法律、行政法规的规定和国家强制性标准。

违反前款规定，违法使用原料、辅料、添加剂、农业投入品的，由农业、卫生、质检、商务、药品等监督管理部门依据各自职责没收违法所得，货值金额不足5000元的，并处2万元罚款；货值金额5000元以上不足1万元的，并处5万元罚款；货值金额1万元以上的，并处货值金额5倍以上10倍以下的罚款；造成严重后果的，由原发证部门吊销许可证照；构成生产、销售伪劣商品罪的，依法追究刑事责任。

第五条　销售者必须建立并执行进货检查验收制度，审验供货商的经营资格，验明产品合格证明和产品标识，并建立产品进货台账，如实记录产品名称、规格、数量、供货商及其联系方式、进货时间等内容。从事产品批发业务的销售企业应当建立产品销售台账，如实记录批发的产品品种、规格、数量、流向等内容。在产品集中交易场所销售自制产品的生产企业应当比照从事产品批发业务的销售企业的规定，履行建立产品销售台账的义务。进货台账和销售台账保存期限不得少于2年。销售者应当向供货商按照产品生产批次索要符合法定条件的检验机构出具的检验报告或者由供货商签字或者盖章的检验报告复印件；不能提供检验报告或者检验报告复印件的产品，不得销售。

违反前款规定的，由工商、药品监督管理部门依据各自职责责令停止销售；不能提供检验报告或者检验报告复印件销售产品的，没收违法所得和违法销售的产品，并处货值金额3倍的罚款；造成严重后果的，由原发证部门吊销许可证照。

第六条　产品集中交易市场的开办企业、产品经营柜台出租企业、产品展销会的举办企业，应当审查入场销售者的经营资格，明确入场销售者的产品安全管理责任，定期对入场销售者的经营环境、条件、内部安全管理制度和经营产品是否符合法定要求进行检查，发现销售不符合法定要求产品或者其他违法行为的，应当及时制止并立即报告所在地工商行政管理部门。

违反前款规定的，由工商行政管理部门处以1000元以上5万元以下的罚款；情节严重的，责令停业整顿；造成严重后果的，吊销营业执照。

第七条　出口产品的生产经营者应当保证其出口产品符合进口国（地区）的标准或者合同要求。法律规定产品必须经过检验方可出口的，应当经符合法律规定的机构检验合格。

出口产品检验人员应当依照法律、行政法规规定和有关标准、程序、方法进行检验，对其出具的检验证单等负责。

出入境检验检疫机构和商务、药品等监督管理部门应当建立出口产品的生产经营者良好记录和不良记录，并予以公布。对有良好记录的出口产品的生产经营者，简化检验检疫手续。

出口产品的生产经营者逃避产品检验或者弄虚作假的，由出入境检验检疫机构和药品监督管理部门依据各自职责，没收违法所得和产品，并处货值金额3倍的罚款；构成犯罪的，依法追究刑事责任。

第八条　进口产品应当符合我国国家技术规范的强制性要求以及我国与出口国（地区）签订的协议规定的检验要求。

质检、药品监督管理部门依据生产经营者的诚信度和质量管理水平以及进口产品风险评估的结果，对进口产品实施分类管理，并对进口产品的收货人实施备案管理。进口产品的收货人应当如实记录进口产品流向。记录保存期限不得少于2年。

质检、药品监督管理部门发现不符合法定要求产品时，可以将不符合法定要求产品的进货人、报检人、代理人列入不良记录名单。进口产品的进货人、销售者弄虚作假的，由质检、药品监督管理部门依据各自职责，没收违法所得和产品，并处货值金额3倍的罚款；构成犯罪的，依法追究刑事责任。进口产品的报检人、代理人弄虚作假的，取消报检资格，并处货值金额等值的罚款。

第九条　生产企业发现其生产的产品存在安全隐患，可能对人体健康和生命安全造成损害的，应当向社会公布有关信息，通知销售者停止销售，告知消费者停止使用，主动召回产品，并向有关监督管理部门报告；销售者应当立即停止销售该产品。销售者发现其销售的产品存在安全隐患，可能对人体健康和生命安全造成损害的，应当立即停止销售该产品，通知生产企业或者供货商，并向有关监督管理部门报告。

生产企业和销售者不履行前款规定义务的，由农业、卫生、质检、商务、工商、药品等监督管理部门依据各自职责，责令生产企业召回产品、销售者停止销售，对生产企业并处货值金额3倍的罚款，对销售者并处1000元以上5万元以下的罚款；造成严重后果的，由原发证部门吊销许可证照。

第十条　县级以上地方人民政府应当将产品安全监督管

理纳入政府工作考核目标，对本行政区域内的产品安全监督管理负总责，统一领导、协调本行政区域内的监督管理工作，建立健全监督管理协调机制，加强对行政执法的协调、监督；统一领导、指挥产品安全突发事件应对工作，依法组织查处产品安全事故；建立监督管理责任制，对各监督管理部门进行评议、考核。质检、工商和药品等监督管理部门应当在所在地同级人民政府的统一协调下，依法做好产品安全监督管理工作。

县级以上地方人民政府不履行产品安全监督管理的领导、协调职责，本行政区域内一年多次出现产品安全事故、造成严重社会影响的，由监察机关或者任免机关对政府的主要负责人和直接负责的主管人员给予记大过、降级或者撤职的处分。

第十一条　国务院质检、卫生、农业等主管部门在各自职责范围内尽快制定、修改或者起草相关国家标准，加快建立统一管理、协调配套、符合实际、科学合理的产品标准体系。

第十二条　县级以上人民政府及其部门对产品安全实施监督管理，应当按照法定权限和程序履行职责，做到公开、公平、公正。对生产经营者同一违法行为，不得给予2次以上罚款的行政处罚；对涉嫌构成犯罪、依法需要追究刑事责任的，应当依照《行政执法机关移送涉嫌犯罪案件的规定》，向公安机关移送。

农业、卫生、质检、商务、工商、药品等监督管理部门应当依据各自职责对生产经营者进行监督检查，并对其遵守强制性标准、法定要求的情况予以记录，由监督检查人员签字后归档。监督检查记录应当作为其直接负责主管人员定期考核的内容。公众有权查阅监督检查记录。

第十三条　生产经营者有下列情形之一的，农业、卫生、质检、商务、工商、药品等监督管理部门应当依据各自职责采取措施，纠正违法行为，防止或者减少危害发生，并依照本规定予以处罚：

（一）依法应当取得许可证照而未取得许可证照从事生产经营活动的；

（二）取得许可证照或者经过认证后，不按照法定条件、要求从事生产经营活动或者生产、销售不符合法定要求产品的；

（三）生产经营者不再符合法定条件、要求继续从事生产经营活动的；

（四）生产者生产产品不按照法律、行政法规的规定和国家强制性标准使用原料、辅料、添加剂、农业投入品的；

（五）销售者没有建立并执行进货检查验收制度，并建立产品进货台账的；

（六）生产企业和销售者发现其生产、销售的产品存在安全隐患，可能对人体健康和生命安全造成损害，不履行本规定的义务的；

（七）生产经营者违反法律、行政法规和本规定的其他有关规定的。

农业、卫生、质检、商务、工商、药品等监督管理部门不履行前款规定职责、造成后果的，由监察机关或者任免机关对其主要负责人、直接负责的主管人员和其他直接责任人员给予记大过或者降级的处分；造成严重后果的，给予其主要负责人、直接负责的主管人员和其他直接责任人员撤职或者开除的处分；其主要负责人、直接负责的主管人员和其他直接责任人员构成渎职罪的，依法追究刑事责任。

违反本规定，滥用职权或者有其他渎职行为的，由监察机关或者任免机关对其主要负责人、直接负责的主管人员和其他直接责任人员给予记过或者记大过的处分；造成严重后果的，给予其主要负责人、直接负责的主管人员和其他直接责任人员降级或者撤职的处分；其主要负责人、直接负责的主管人员和其他直接责任人员构成渎职罪的，依法追究刑事责任。

第十四条　农业、卫生、质检、商务、工商、药品等监督管理部门发现违反本规定的行为，属于其他监督管理部门职责的，应当立即书面通知并移交有权处理的监督管理部门处理。有权处理的部门应当立即处理，不得推诿；因不立即处理或者推诿造成后果的，由监察机关或者任免机关对其主要负责人、直接负责的主管人员和其他直接责任人员给予记大过或者降级的处分。

第十五条　农业、卫生、质检、商务、工商、药品等监督管理部门履行各自产品安全监督管理职责，有下列职权：

（一）进入生产经营场所实施现场检查；

（二）查阅、复制、查封、扣押有关合同、票据、账簿以及其他有关资料；

（三）查封、扣押不符合法定要求的产品，违法使用的原料、辅料、添加剂、农业投入品以及用于违法生产的工具、设备；

（四）查封存在危害人体健康和生命安全重大隐患的生产经营场所。

第十六条　农业、卫生、质检、商务、工商、药品等监督管理部门应当建立生产经营者违法行为记录制度，对违法行为的情况予以记录并公布；对有多次违法行为记录的生产经营者，吊销许可证照。

第十七条　检验检测机构出具虚假检验报告，造成严重后果的，由授予其资质的部门吊销其检验检测资质；构成犯罪的，对直接负责的主管人员和其他直接责任人员依法追究刑事责任。

第十八条　发生产品安全事故或者其他对社会造成严重影响的产品安全事件时，农业、卫生、质检、商务、工商、药品等监督管理部门必须在各自职责范围内及时作出反应，采取措施，控制事态发展，减少损失，依照国务院规定发布信息，做好有关善后工作。

第十九条　任何组织或者个人对违反本规定的行为有权举报。接到举报的部门应当为举报人保密。举报经调查属实的，受理举报的部门应当给予举报人奖励。

农业、卫生、质检、商务、工商、药品等监督管理部门应当公布本单位的电子邮件地址或者举报电话；对接到的举报，应当及时、完整地进行记录并妥善保存。举报的事项属于本部门职责的，应当受理，并依法进行核实、处理、答复；不属于本部门职责的，应当转交有权处理的部门，并告知举报人。

第二十条　本规定自公布之日起施行。

食品生产企业安全生产监督管理暂行规定

1. 2014年1月3日国家安全监管总局令第66号公布

2. 根据2015年5月29日国家安全监管总局令第80号《关于废止和修改劳动防护用品和安全培训等领域十部规章的决定》修正

第一章　总　　则

第一条　为加强食品生产企业的安全生产工作，防止和减少生产安全事故，保障从业人员的生命和财产安全，根据《中华人民共和国安全生产法》等有关法律、行政法规，制定本规定。

第二条　食品生产企业的安全生产及其监督管理，适用本规定。农副产品从种植养殖环节进入批发、零售市场或者生产加工企业前的安全生产及其监督管理，不适用本规定。

本规定所称食品生产企业，是指以农业、渔业、畜牧业、林业或者化学工业的产品、半成品为原料，通过工业化加工、制作，为人们提供食用或者饮用的物品的企业。

第三条　国家安全生产监督管理总局对全国食品生产企业的安全生产工作实施监督管理。

县级以上地方人民政府安全生产监督管理部门和有关部门（以下统称负责食品生产企业安全生产监管的部门）根据本级人民政府规定的职责，按照属地监管、分级负责的原则，对本行政区域内食品生产企业的安全生产工作实施监督管理。

食品生产企业的工程建设安全、消防安全和特种设备安全，依照法律、行政法规的规定由县级以上地方人民政府相关部门负责专项监督管理。

第四条　食品生产企业是安全生产的责任主体，其主要负责人对本企业的安全生产工作全面负责，分管安全生产工作的负责人和其他负责人对其职责范围内的安全生产工作负责。

集团公司对其所属或者控股的食品生产企业的安全生产工作负主管责任。

第二章　安全生产的基本要求

第五条　食品生产企业应当严格遵守有关安全生产法律、行政法规和国家标准、行业标准的规定，建立健全安全生产责任制、安全生产规章制度和安全操作规程。

第六条　从业人员超过100人的食品生产企业，应当设置安全生产管理机构或者配备3名以上专职安全生产管理人员，鼓励配备注册安全工程师从事安全生产管理工作。

前款规定以外的其他食品生产企业，应当配备专职或者兼职安全生产管理人员，或者委托安全生产中介机构提供安全生产服务。

委托安全生产中介机构提供安全生产技术、管理服务的，保证安全生产的责任仍由本企业负责。

第七条　食品生产企业应当支持安全生产管理机构和安全生产管理人员履行管理职责，并保证其开展工作所必须的条件。

食品生产企业作出涉及安全生产的决策，应当听取安全生产管理机构以及安全生产管理人员的意见，不得因安全生产管理人员依法履行职责而降低其工资、福利等待遇或者解除与其订立的劳动合同。

第八条　食品生产企业应当推进安全生产标准化建设，强化安全生产基础，做到安全管理标准化、设施设备标准化、作业现场标准化和作业行为标准化，并持续改进，不断提高企业本质安全水平。

第九条　食品生产企业新建、改建和扩建建设项目（以下统称建设项目）的安全设施，必须与主体工程同时设计、同时施工、同时投入生产和使用。安全设施投资应当纳入建设项目概算。

第十条　食品生产企业应当委托具备国家规定资质的工

程设计单位、施工单位和监理单位，对建设工程进行设计、施工和监理。

工程设计单位、施工单位和监理单位应当按照有关法律、行政法规、国家标准或者行业标准的规定进行设计、施工和监理，并对其工作成果负责。

第十一条 食品生产企业应当按照有关法律、行政法规的规定，加强工程建设、消防、特种设备的安全管理；对于需要有关部门审批和验收的事项，应当依法向有关部门提出申请；未经有关部门依法批准或者验收合格的，不得投入生产和使用。

第十二条 食品生产企业应当建立健全事故隐患排查治理制度，明确事故隐患治理的措施、责任、资金、时限和预案，采取技术、管理措施，及时发现并消除事故隐患。事故隐患排查治理情况应当如实记录，向从业人员通报，并按规定报告所在地负责食品生产企业安全生产监管的部门。

第十三条 食品生产企业的加工、制作等项目有多个承包单位、承租单位，或者存在空间交叉的，应当对承包单位、承租单位的安全生产工作进行统一协调、管理。承包单位、承租单位应当服从食品生产企业的统一管理，并对作业现场的安全生产负责。

第十四条 食品生产企业应当对新录用、季节性复工、调整工作岗位和离岗半年以上重新上岗的从业人员，进行相应的安全生产教育培训。未经安全生产教育培训合格的从业人员，不得上岗作业。

第十五条 食品生产企业应当定期组织开展危险源辨识，并将其工作场所存在和作业过程中可能产生的危险因素、防范措施和事故应急措施等如实书面告知从业人员，不得隐瞒或者欺骗。

从业人员发现直接危及人身安全的紧急情况时，有权停止作业或者在采取可能的应急措施后撤离作业场所。食品生产企业不得因此降低其工资、福利待遇或者解除劳动合同。

第三章 作业过程的安全管理

第十六条 食品生产企业的作业场所应当符合下列要求：

（一）生产设施设备，按照国家有关规定配备有温度、压力、流量、液位以及粉尘浓度、可燃和有毒气体浓度等工艺指标的超限报警装置；

（二）用电设备设施和场所，采取保护措施，并在配电设备设施上安装剩余电流动作保护装置或者其他防止触电的装置；

（三）涉及烘制、油炸等高温的设施设备和岗位，采用必要的防过热自动报警切断和隔热板、墙等保护设施；

（四）涉及淀粉等可燃性粉尘爆炸危险的场所、设施设备，采用惰化、抑爆、阻爆、泄爆等措施防止粉尘爆炸，现场安全管理措施和条件符合《粉尘防爆安全规程》（GB 15577）等国家标准或者行业标准的要求；

（五）油库（罐）、燃气站、除尘器、压缩空气站、压力容器、压力管道、电缆隧道（沟）等重点防火防爆部位，采取有效、可靠的监控、监测、预警、防火、防爆、防毒等安全措施。安全附件和联锁装置不得随意拆弃和解除，声、光报警等信号不得随意切断；

（六）制冷车间符合《冷库设计规范》（GB 50072）、《冷库安全规程》（GB 28009）等国家标准或者行业标准的规定，设置气体浓度报警装置，且与制冷电机联锁、与事故排风机联动。在包装间、分割间等人员密集场所，严禁采用氨直接蒸发的制冷系统。

第十七条 食品生产企业涉及生产、储存和使用危险化学品的，应当严格按照《危险化学品安全管理条例》等法律、行政法规、国家标准或者行业标准的规定，根据危险化学品的种类和危险特性，在生产、储存和使用场所设置相应的监测、监控、通风、防晒、调温、防火、灭火、防爆、泄压、防毒、中和、防潮、防雷、防静电、防腐、防泄漏以及防护围堤等安全设施设备，并对安全设施设备进行经常性维护保养，保证其正常运行。

食品生产企业的中间产品为危险化学品的，应当依照有关规定取得危险化学品安全生产许可证。

第十八条 食品生产企业应当定期组织对作业场所、仓库、设备设施使用、从业人员持证、劳动防护用品配备和使用、危险源管理情况进行检查，对检查发现的问题应当立即整改；不能立即整改的，应当制定相应的防范措施和整改计划，限期整改。检查应当作好记录，并由有关人员签字。

第十九条 食品生产企业应当加强日常消防安全管理，按照有关规定配置并保持消防设施完好有效。生产作业场所应当设有标志明显、符合要求的安全出口和疏散通道，禁止封堵、锁闭生产作业场所的安全出口和疏散通道。

第二十条 食品生产企业应当使用符合安全技术规范要求的特种设备，并按照国家规定向有关部门登记，进行定期检验。

食品生产企业应当在有危险因素的场所和有关设施、设备上设置明显的安全警示标志和警示说明。

第二十一条 食品生产企业进行高处作业、吊装作业、临近高压输电线路作业、电焊气焊等动火作业，以及在污水池等有限空间内作业的，应当实行作业审批制度，安排专门人员负责现场安全管理，落实现场安全管理措施。

第四章 监督管理

第二十二条 县级以上人民政府负责食品生产企业安全生产监管的部门及其行政执法人员应当在其职责范围内加强对食品生产企业安全生产的监督检查，对违反有关安全生产法律、行政法规、国家标准或者行业标准和本规定的违法行为，依法实施行政处罚。

第二十三条 县级以上地方人民政府负责食品生产企业安全生产监管的部门应当将食品生产企业纳入年度执法工作计划，明确检查的重点企业、关键事项、时间和标准，对检查中发现的重大事故隐患实施挂牌督办。

第二十四条 县级以上地方人民政府负责食品生产企业安全生产监管的部门接到食品生产企业报告的重大事故隐患后，应当根据需要，进行现场核查，督促食品生产企业按照治理方案排除事故隐患，防止事故发生；必要时，可以责令食品生产企业暂时停产停业或者停止使用；重大事故隐患治理后，经县级以上地方人民政府负责食品生产企业安全生产监管的部门审查同意，方可恢复生产经营和使用。

第二十五条 县级以上地方人民政府负责食品生产企业安全生产监管的部门对食品生产企业进行监督检查时，发现其存在工程建设、消防和特种设备等方面的事故隐患或者违法行为的，应当及时移送本级人民政府有关部门处理。

第五章 法律责任

第二十六条 食品生产企业有下列行为之一的，责令限期改正，可以处5万元以下的罚款；逾期未改正的，责令停产停业整顿，并处5万元以上10万元以下的罚款，对其直接负责的主管人员和其他直接责任人员处1万元以上2万元以下的罚款：

（一）未按照规定设置安全生产管理机构或者配备安全生产管理人员的；

（二）未如实记录安全生产教育和培训情况的；

（三）未将事故隐患排查治理情况如实记录或者未向从业人员通报的。

第二十七条 食品生产企业不具备法律、行政法规和国家标准或者行业标准规定的安全生产条件，经停产整顿后仍不具备安全生产条件的，县级以上地方人民政府负责食品生产企业安全生产监管的部门应当提请本级人民政府依法予以关闭。

第二十八条 监督检查人员在对食品生产企业进行监督检查时，滥用职权、玩忽职守、徇私舞弊的，依照有关规定给予处分；构成犯罪的，依法追究刑事责任。

第二十九条 本规定的行政处罚由县级以上地方人民政府负责食品生产企业安全生产监管的部门实施，有关法律、法规和规章对行政处罚的种类、幅度和决定机关另有规定的，依照其规定。

第六章 附 则

第三十条 本规定自2014年3月1日起施行。

食品经营许可管理办法

1. 2015年8月31日国家食品药品监督管理总局令第17号公布

2. 根据2017年11月7日国家食品药品监督管理总局令第37号《关于修改部分规章的决定》修正

第一章 总 则

第一条 为规范食品经营许可活动，加强食品经营监督管理，保障食品安全，根据《中华人民共和国食品安全法》、《中华人民共和国行政许可法》等法律法规，制定本办法。

第二条 在中华人民共和国境内，从事食品销售和餐饮服务活动，应当依法取得食品经营许可。

食品经营许可的申请、受理、审查、决定及其监督检查，适用本办法。

第三条 食品经营许可应当遵循依法、公开、公平、公正、便民、高效的原则。

第四条 食品经营许可实行一地一证原则，即食品经营者在一个经营场所从事食品经营活动，应当取得一个食品经营许可证。

第五条 食品药品监督管理部门按照食品经营主体业态和经营项目的风险程度对食品经营实施分类许可。

第六条 国家食品药品监督管理总局负责监督指导全国食品经营许可管理工作。

县级以上地方食品药品监督管理部门负责本行政区域内的食品经营许可管理工作。

省、自治区、直辖市食品药品监督管理部门可以根据食品类别和食品安全风险状况，确定市、县级食品药品监督管理部门的食品经营许可管理权限。

第七条 国家食品药品监督管理总局负责制定食品经营许可审查通则。

县级以上地方食品药品监督管理部门实施食品经营许可审查，应当遵守食品经营许可审查通则。

第八条 县级以上食品药品监督管理部门应当加快信息化建设，在行政机关的网站上公布经营许可事项，方便申请人采取数据电文等方式提出经营许可申请，提高办事效率。

第二章 申请与受理

第九条 申请食品经营许可，应当先行取得营业执照等合法主体资格。

企业法人、合伙企业、个人独资企业、个体工商户等，以营业执照载明的主体作为申请人。

机关、事业单位、社会团体、民办非企业单位、企业等申办单位食堂，以机关或者事业单位法人登记证、社会团体登记证或者营业执照等载明的主体作为申请人。

第十条 申请食品经营许可，应当按照食品经营主体业态和经营项目分类提出。

食品经营主体业态分为食品销售经营者、餐饮服务经营者、单位食堂。食品经营者申请通过网络经营、建立中央厨房或者从事集体用餐配送的，应当在主体业态后以括号标注。

食品经营项目分为预包装食品销售（含冷藏冷冻食品、不含冷藏冷冻食品）、散装食品销售（含冷藏冷冻食品、不含冷藏冷冻食品）、特殊食品销售（保健食品、特殊医学用途配方食品、婴幼儿配方乳粉、其他婴幼儿配方食品）、其他类食品销售；热食类食品制售、冷食类食品制售、生食类食品制售、糕点类食品制售、自制饮品制售、其他类食品制售等。

列入其他类食品销售和其他类食品制售的具体品种应当报国家食品药品监督管理总局批准后执行，并明确标注。具有热、冷、生、固态、液态等多种情形，难以明确归类的食品，可以按照食品安全风险等级最高的情形进行归类。

国家食品药品监督管理总局可以根据监督管理工作需要对食品经营项目类别进行调整。

第十一条 申请食品经营许可，应当符合下列条件：

（一）具有与经营的食品品种、数量相适应的食品原料处理和食品加工、销售、贮存等场所，保持该场所环境整洁，并与有毒、有害场所以及其他污染源保持规定的距离；

（二）具有与经营的食品品种、数量相适应的经营设备或者设施，有相应的消毒、更衣、盥洗、采光、照明、通风、防腐、防尘、防蝇、防鼠、防虫、洗涤以及处理废水、存放垃圾和废弃物的设备或者设施；

（三）有专职或者兼职的食品安全管理人员和保证食品安全的规章制度；

（四）具有合理的设备布局和工艺流程，防止待加工食品与直接入口食品、原料与成品交叉污染，避免食品接触有毒物、不洁物；

（五）法律、法规规定的其他条件。

第十二条 申请食品经营许可，应当向申请人所在地县级以上地方食品药品监督管理部门提交下列材料：

（一）食品经营许可申请书；

（二）营业执照或者其他主体资格证明文件复印件；

（三）与食品经营相适应的主要设备设施布局、操作流程等文件；

（四）食品安全自查、从业人员健康管理、进货查验记录、食品安全事故处置等保证食品安全的规章制度。

利用自动售货设备从事食品销售的，申请人还应当提交自动售货设备的产品合格证明、具体放置地点，经营者名称、住所、联系方式、食品经营许可证的公示方法等材料。

申请人委托他人办理食品经营许可申请的，代理人应当提交授权委托书以及代理人的身份证明文件。

第十三条 申请人应当如实向食品药品监督管理部门提交有关材料和反映真实情况，对申请材料的真实性负责，并在申请书等材料上签名或者盖章。

第十四条 县级以上地方食品药品监督管理部门对申请人提出的食品经营许可申请，应当根据下列情况分别作出处理：

（一）申请事项依法不需要取得食品经营许可的，应当即时告知申请人不受理。

（二）申请事项依法不属于食品药品监督管理部门职权范围的，应当即时作出不予受理的决定，并告知申请人向有关行政机关申请。

（三）申请材料存在可以当场更正的错误的，应当允许申请人当场更正，由申请人在更正处签名或者盖章，注明更正日期。

（四）申请材料不齐全或者不符合法定形式的，应当当场或者在5个工作日内一次告知申请人需要补正的全部内容。当场告知的，应当将申请材料退回申请人；在5个工作日内告知的，应当收取申请材料并出具收到申请材料的凭据。逾期不告知的，自收到申请材料之日起即为受理。

（五）申请材料齐全、符合法定形式，或者申请人按照要求提交全部补正材料的，应当受理食品经营许可申请。

第十五条　县级以上地方食品药品监督管理部门对申请人提出的申请决定予以受理的，应当出具受理通知书；决定不予受理的，应当出具不予受理通知书，说明不予受理的理由，并告知申请人依法享有申请行政复议或者提起行政诉讼的权利。

第三章　审查与决定

第十六条　县级以上地方食品药品监督管理部门应当对申请人提交的许可申请材料进行审查。需要对申请材料的实质内容进行核实的，应当进行现场核查。仅申请预包装食品销售（不含冷藏冷冻食品）的，以及食品经营许可变更不改变设施和布局的，可以不进行现场核查。

现场核查应当由符合要求的核查人员进行。核查人员不得少于2人。核查人员应当出示有效证件，填写食品经营许可现场核查表，制作现场核查记录，经申请人核对无误后，由核查人员和申请人在核查表和记录上签名或者盖章。申请人拒绝签名或者盖章的，核查人员应当注明情况。

食品药品监督管理部门可以委托下级食品药品监督管理部门，对受理的食品经营许可申请进行现场核查。

核查人员应当自接受现场核查任务之日起10个工作日内，完成对经营场所的现场核查。

第十七条　除可以当场作出行政许可决定的外，县级以上地方食品药品监督管理部门应当自受理申请之日起20个工作日内作出是否准予行政许可的决定。因特殊原因需要延长期限的，经本行政机关负责人批准，可以延长10个工作日，并应当将延长期限的理由告知申请人。

第十八条　县级以上地方食品药品监督管理部门应当根据申请材料审查和现场核查等情况，对符合条件的，作出准予经营许可的决定，并自作出决定之日起10个工作日内向申请人颁发食品经营许可证；对不符合条件的，应当及时作出不予许可的书面决定并说明理由，同时告知申请人依法享有申请行政复议或者提起行政诉讼的权利。

第十九条　食品经营许可证发证日期为许可决定作出的日期，有效期为5年。

第二十条　县级以上地方食品药品监督管理部门认为食品经营许可申请涉及公共利益的重大事项，需要听证的，应当向社会公告并举行听证。

第二十一条　食品经营许可直接涉及申请人与他人之间重大利益关系的，县级以上地方食品药品监督管理部门在作出行政许可决定前，应当告知申请人、利害关系人享有要求听证的权利。

申请人、利害关系人在被告知听证权利之日起5个工作日内提出听证申请的，食品药品监督管理部门应当在20个工作日内组织听证。听证期限不计算在行政许可审查期限之内。

第四章　许可证管理

第二十二条　食品经营许可证分为正本、副本。正本、副本具有同等法律效力。

国家食品药品监督管理总局负责制定食品经营许可证正本、副本式样。省、自治区、直辖市食品药品监督管理部门负责本行政区域食品经营许可证的印制、发放等管理工作。

第二十三条　食品经营许可证应当载明：经营者名称、社会信用代码（个体经营者为身份证号码）、法定代表人（负责人）、住所、经营场所、主体业态、经营项目、许可证编号、有效期、日常监督管理机构、日常监督管理人员、投诉举报电话、发证机关、签发人、发证日期和二维码。

在经营场所外设置仓库（包括自有和租赁）的，还应当在副本中载明仓库具体地址。

第二十四条　食品经营许可证编号由JY（“经营”的汉语拼音字母缩写）和14位阿拉伯数字组成。数字从左至右依次为：1位主体业态代码、2位省（自治区、直辖市）代码、2位市（地）代码、2位县（区）代码、6位顺序码、1位校验码。

第二十五条　日常监督管理人员为负责对食品经营活动进行日常监督管理的工作人员。日常监督管理人员发生变化的，可以通过签章的方式在许可证上变更。

第二十六条　食品经营者应当妥善保管食品经营许可证，不得伪造、涂改、倒卖、出租、出借、转让。

食品经营者应当在经营场所的显著位置悬挂或者摆放食品经营许可证正本。

第五章　变更、延续、补办与注销

第二十七条　食品经营许可证载明的许可事项发生变化的，食品经营者应当在变化后10个工作日内向原发证的食品药品监督管理部门申请变更经营许可。

经营场所发生变化的，应当重新申请食品经营许可。外设仓库地址发生变化的，食品经营者应当在变化后10个工作日内向原发证的食品药品监督管理部门报告。

第二十八条 申请变更食品经营许可的，应当提交下列申请材料：

（一）食品经营许可变更申请书；

（二）食品经营许可证正本、副本；

（三）与变更食品经营许可事项有关的其他材料。

第二十九条 食品经营者需要延续依法取得的食品经营许可的有效期的，应当在该食品经营许可有效期届满30个工作日前，向原发证的食品药品监督管理部门提出申请。

第三十条 食品经营者申请延续食品经营许可，应当提交下列材料：

（一）食品经营许可延续申请书；

（二）食品经营许可证正本、副本；

（三）与延续食品经营许可事项有关的其他材料。

第三十一条 县级以上地方食品药品监督管理部门应当根据被许可人的延续申请，在该食品经营许可有效期届满前作出是否准予延续的决定。

第三十二条 县级以上地方食品药品监督管理部门应当对变更或者延续食品经营许可的申请材料进行审查。

申请人声明经营条件未发生变化的，县级以上地方食品药品监督管理部门可以不再进行现场核查。

申请人的经营条件发生变化，可能影响食品安全的，食品药品监督管理部门应当就变化情况进行现场核查。

第三十三条 原发证的食品药品监督管理部门决定准予变更的，应当向申请人颁发新的食品经营许可证。食品经营许可证编号不变，发证日期为食品药品监督管理部门作出变更许可决定的日期，有效期与原证书一致。

第三十四条 原发证的食品药品监督管理部门决定准予延续的，应当向申请人颁发新的食品经营许可证，许可证编号不变，有效期自食品药品监督管理部门作出延续许可决定之日起计算。

不符合许可条件的，原发证的食品药品监督管理部门应当作出不予延续食品经营许可的书面决定，并说明理由。

第三十五条 食品经营许可证遗失、损坏的，应当向原发证的食品药品监督管理部门申请补办，并提交下列材料：

（一）食品经营许可证补办申请书。

（二）食品经营许可证遗失的，申请人应当提交在县级以上地方食品药品监督管理部门网站或者其他县级以上主要媒体上刊登遗失公告的材料；食品经营许可证损坏的，应当提交损坏的食品经营许可证原件。

材料符合要求的，县级以上地方食品药品监督管理部门应当在受理后20个工作日内予以补发。

因遗失、损坏补发的食品经营许可证，许可证编号不变，发证日期和有效期与原证书保持一致。

第三十六条 食品经营者终止食品经营，食品经营许可被撤回、撤销或者食品经营许可证被吊销的，应当在30个工作日内向原发证的食品药品监督管理部门申请办理注销手续。

食品经营者申请注销食品经营许可的，应当向原发证的食品药品监督管理部门提交下列材料：

（一）食品经营许可注销申请书；

（二）食品经营许可证正本、副本；

（三）与注销食品经营许可有关的其他材料。

第三十七条 有下列情形之一，食品经营者未按规定申请办理注销手续的，原发证的食品药品监督管理部门应当依法办理食品经营许可注销手续：

（一）食品经营许可有效期届满未申请延续的；

（二）食品经营者主体资格依法终止的；

（三）食品经营许可依法被撤回、撤销或者食品经营许可证依法被吊销的；

（四）因不可抗力导致食品经营许可事项无法实施的；

（五）法律法规规定的应当注销食品经营许可的其他情形。

食品经营许可被注销的，许可证编号不得再次使用。

第三十八条 食品经营许可证变更、延续、补办与注销的有关程序参照本办法第二章和第三章的有关规定执行。

第六章 监督检查

第三十九条 县级以上地方食品药品监督管理部门应当依据法律法规规定的职责，对食品经营者的许可事项进行监督检查。

第四十条 县级以上地方食品药品监督管理部门应当建立食品许可管理信息平台，便于公民、法人和其他社会组织查询。

县级以上地方食品药品监督管理部门应当将食品经营许可颁发、许可事项检查、日常监督检查、许可违法行为查处等情况记入食品经营者食品安全信用档案，并依法向社会公布；对有不良信用记录的食品经营者应当增加监督检查频次。

第四十一条　县级以上地方食品药品监督管理部门日常监督管理人员负责所管辖食品经营者许可事项的监督检查，必要时，应当依法对相关食品仓储、物流企业进行检查。

日常监督管理人员应当按照规定的频次对所管辖的食品经营者实施全覆盖检查。

第四十二条　县级以上地方食品药品监督管理部门及其工作人员履行食品经营许可管理职责，应当自觉接受食品经营者和社会监督。

接到有关工作人员在食品经营许可管理过程中存在违法行为的举报，食品药品监督管理部门应当及时进行调查核实。情况属实的，应当立即纠正。

第四十三条　县级以上地方食品药品监督管理部门应当建立食品经营许可档案管理制度，将办理食品经营许可的有关材料、发证情况及时归档。

第四十四条　国家食品药品监督管理总局可以定期或者不定期组织对全国食品经营许可工作进行监督检查；省、自治区、直辖市食品药品监督管理部门可以定期或者不定期组织对本行政区域内的食品经营许可工作进行监督检查。

第七章　法 律 责 任

第四十五条　未取得食品经营许可从事食品经营活动的，由县级以上地方食品药品监督管理部门依照《中华人民共和国食品安全法》第一百二十二条的规定给予处罚。

第四十六条　许可申请人隐瞒真实情况或者提供虚假材料申请食品经营许可的，由县级以上地方食品药品监督管理部门给予警告。申请人在1年内不得再次申请食品经营许可。

第四十七条　被许可人以欺骗、贿赂等不正当手段取得食品经营许可的，由原发证的食品药品监督管理部门撤销许可，并处1万元以上3万元以下罚款。被许可人在3年内不得再次申请食品经营许可。

第四十八条　违反本办法第二十六条第一款规定，食品经营者伪造、涂改、倒卖、出租、出借、转让食品经营许可证的，由县级以上地方食品药品监督管理部门责令改正，给予警告，并处1万元以下罚款；情节严重的，处1万元以上3万元以下罚款。

违反本办法第二十六条第二款规定，食品经营者未按规定在经营场所的显著位置悬挂或者摆放食品经营许可证的，由县级以上地方食品药品监督管理部门责令改正；拒不改正的，给予警告。

第四十九条　违反本办法第二十七条第一款规定，食品经营许可证载明的许可事项发生变化，食品经营者未按规定申请变更经营许可的，由原发证的食品药品监督管理部门责令改正，给予警告；拒不改正的，处2000元以上1万元以下罚款。

违反本办法第二十七条第二款规定或者第三十六条第一款规定，食品经营者外设仓库地址发生变化，未按规定报告的，或者食品经营者终止食品经营，食品经营许可被撤回、撤销或者食品经营许可证被吊销，未按规定申请办理注销手续的，由原发证的食品药品监督管理部门责令改正；拒不改正的，给予警告，并处2000元以下罚款。

第五十条　被吊销经营许可证的食品经营者及其法定代表人、直接负责的主管人员和其他直接责任人员自处罚决定作出之日起5年内不得申请食品生产经营许可，或者从事食品生产经营管理工作、担任食品生产经营企业食品安全管理人员。

第五十一条　食品药品监督管理部门对不符合条件的申请人准予许可，或者超越法定职权准予许可的，依照《中华人民共和国食品安全法》第一百四十四条的规定给予处分。

第八章　附　　则

第五十二条　本办法下列用语的含义：

（一）单位食堂，指设于机关、事业单位、社会团体、民办非企业单位、企业等，供应内部职工、学生等集中就餐的餐饮服务提供者；

（二）预包装食品，指预先定量包装或者制作在包装材料和容器中的食品，包括预先定量包装以及预先定量制作在包装材料和容器中并且在一定量限范围内具有统一的质量或体积标识的食品；

（三）散装食品，指无预先定量包装，需称重销售的食品，包括无包装和带非定量包装的食品；

（四）热食类食品，指食品原料经粗加工、切配并经过蒸、煮、烹、煎、炒、烤、炸等烹饪工艺制作，在一定热度状态下食用的即食食品，含火锅和烧烤等烹饪方式加工而成的食品等；

（五）冷食类食品，指一般无需再加热，在常温或者低温状态下即可食用的食品，含熟食卤味、生食瓜果蔬菜、腌菜等；

（六）生食类食品，一般特指生食水产品；

（七）糕点类食品，指以粮、糖、油、蛋、奶等为主要原料经焙烤等工艺现场加工而成的食品，含裱花蛋糕等；

（八）自制饮品，指经营者现场制作的各种饮料，含冰淇淋等；

（九）中央厨房，指由餐饮单位建立的，具有独立场所及设施设备，集中完成食品成品或者半成品加工制作并配送的食品经营者；

（十）集体用餐配送单位，指根据服务对象订购要求，集中加工、分送食品但不提供就餐场所的食品经营者；

（十一）其他类食品，指区域性销售食品、民族特色食品、地方特色食品等。

本办法所称的特殊医学用途配方食品，是指国家食品药品监督管理总局按照分类管理原则确定的可以在商场、超市等食品销售场所销售的特殊医学用途配方食品。

第五十三条 对食品摊贩等的监督管理，按照省、自治区、直辖市制定的具体管理办法执行。

第五十四条 食品经营者在本办法施行前已经取得的许可证在有效期内继续有效。

第五十五条 各省、自治区、直辖市食品药品监督管理部门可以根据本行政区域实际情况，制定有关食品经营许可管理的具体实施办法。

第五十六条 食品药品监督管理部门制作的食品经营许可电子证书与印制的食品经营许可证书具有同等法律效力。

第五十七条 本办法自2015年10月1日起施行。

食品检验工作规范

1. 2016年12月30日国家食品药品监督管理总局发布
2. 食药监科〔2016〕170号

第一章 总 则

第一条 为规范食品检验工作，依据《中华人民共和国食品安全法》（以下简称《食品安全法》）及其实施条例，特制定本规范。

第二条 本规范适用于依据《食品安全法》及其实施条例的规定开展的食品检验工作。

第三条 食品检验机构（以下简称检验机构）及其检验人应当依照有关法律法规的规定，并按照本规范和食品安全标准对食品进行检验。但是，法律法规另有规定的除外。检验机构及其检验人应当尊重科学，恪守职业道德，保证出具的检验数据和结论客观、公正、准确、可追溯，不得出具虚假检验数据和报告。

第四条 检验机构应当符合《食品检验机构资质认定条件》，并按照国家有关认证认可的规定取得资质认定后，方可在资质有效期和批准的检验能力范围内开展食品检验工作，法律法规另有规定的除外。承担复检工作的检验机构还应当按照《食品安全法》规定取得食品复检机构资格。

第五条 检验机构应当确保其组织、管理体系、检验能力、人员、环境和设施、设备和标准物质等方面持续符合资质认定条件和要求，并与其所开展的检验工作相适应。

第六条 检验机构及其检验人员应当遵循客观独立、公平公正、诚实信用原则，独立于食品检验工作所涉及的利益相关方，并通过识别诚信要素、实施针对性监控、建立保障制度等措施确保不受任何来自内外部的不正当的商业、财务和其他方面的压力和影响，保证检验工作的独立性、公正性和诚信。检验机构及其检验人员不得有以下情形：

（一）与其所从事的检验工作委托方、数据和结果使用方或者其他相关方，存在影响公平公正的关系；

（二）利用检验数据和结果进行检验工作之外的有偿活动；

（三）参与和检验项目或者类似的竞争性项目有关系的产品的生产、经营活动；

（四）向委托方、利益相关方索取不正当利益；

（五）泄露检验工作中所知悉的国家秘密、商业秘密和技术秘密；

（六）以广告或者其他形式向消费者推荐食品；

（七）参与其他任何影响检验工作独立性、公正性和诚信的活动。

第七条 食品检验实行检验机构与检验人负责制。检验机构和检验人对出具的食品检验数据和报告及检验工作行为负责。

第八条 检验机构应当履行社会责任，主动参与食品安全社会共治。在查办食品安全案件、协助司法机关进行检验、认定，以及发生食品安全突发事件时，检验机构应当建立绿色通道，配合政府相关部门优先完成相应的稽查检验和应急检验等任务。

第九条 检验机构应当按照国家有关法律法规的规定，实施实验室安全控制、人员健康保护和环境保护，规范危险品、废弃物、实验动物等的管理和处置，加强安全检查，制定安全事故应急处置程序，保障实验室安全和公共安全。

第十条 检验机构应当明确各类技术人员和管理人员职责和权限，建立检验责任追究制度以及检验事故分析、评估和处理制度等相应工作制度,强化责任意识,确保管理体系有效运行。

第十一条 鼓励和支持检验机构围绕食品安全监管、食品产业现状和发展需求,积极开展检验技术、设备、标准物质研发,参与食品安全标准的制修订工作,加强质量管理方法研究,并利用信息技术建设抽样系统、业务流程管理平台和检验数据共享平台等信息化管理系统,不断提高检验能力、工作效率、管理水平和服务水平。

第二章 抽(采)样和样品的管理

第十二条 承担抽(采)样工作的检验机构应当建立食品抽(采)样工作控制程序,制定抽(采)样计划,明确技术要求,规范抽(采)样流程,加强对抽(采)样人员的培训考核,确保抽(采)样工作的有效性。

第十三条 检验机构应当按照相关标准、技术规范或委托方的要求进行样品采集、运输、流转、处置等,并保存相关记录。抽(采)样过程应当确保样品的完整性、安全性和稳定性。样品数量应当满足检验工作的需要。网络食品的抽取还应当按照国家相关规定做好电子版样品信息和有关凭证的保存以及样品查验工作。

风险监测、案件稽查、事故调查、应急处置等工作中的抽(采)样,应当按照国家相关规定执行。

第十四条 检验机构应当有样品的标识系统,并规范样品的接收、储存、流转、制备、处置等工作,确保样品在整个检验期间处于受控状态,避免混淆、污染、损坏、丢失、退化等影响检验工作的情况出现。样品的保存期限应当满足相关法律法规、标准要求。

第十五条 检验机构应当建立超过保存期限的样品无害化处置程序并保存相关审批、处置记录。

第三章 检　验

第十六条 食品检验由检验机构指定的检验人独立进行,检验应当严格依据标准检验方法或经确认的非标准检验方法,确保方法中相关要求的有效实施。因实际情况,对方法的合理性偏离,应当有文件规定,并经技术判断和批准以及在客户接受的情况下实施。

第十七条 检验机构应当对检验工作如实进行记录,原始记录应当有检验人员的签名或者等效标识,确保检验记录信息完整,可追溯、复现检验过程。

第十八条 检验机构应当建立检验结果复验程序,在检验结果不合格或存疑等情况时进行复验并保存记录,确保数据结果准确可靠。

第十九条 检验机构应当规范检验方法的使用管理。标准检验方法使用前应当进行证实,并保存相关记录。因工作需要,检验机构可以采用经确认的非标准检验方法,但应事先征得委托方同意。如检验方法发生变化,应当重新进行证实或确认。

第二十条 因风险监测、案件稽查、事故调查、应急处置等工作以及其他食品安全紧急情况需要,对尚未建立食品安全标准检验方法的,检验机构可采用非食品安全标准等规定的检验项目和检验方法,并符合国家相关规定的要求。

第二十一条 检验机构应当严格按照相关法律法规的规定开展复检工作,确保复检程序合法合规,检验结果公正有效。初检机构可对复检过程进行观察,复检机构应当予以配合。

第四章 结果报告

第二十二条 食品检验报告应当有检验机构资质认定标志以及检验机构公章或经法人授权的检验机构检验专用章,并有授权签字人的签名或者等效标识。检验机构出具的电子版检验报告和原始记录的效力按照国家有关签章的法律法规执行。

第二十三条 检验机构应当严格按照相关法律法规关于检验时限规定和客户要求,在规定的期限内完成委托检验工作,出具结果报告。

第二十四条 检验机构应当建立食品安全风险信息报告制度,在检验工作中发现食品存在严重安全问题或高风险问题,以及区域性、系统性、行业性食品安全风险隐患时,应当及时向所在地县级以上食品药品监督管理部门报告,并保留书面报告复印件、检验报告和原始记录。

第五章 质量管理

第二十五条 检验机构应当健全组织机构,建立、实施和持续保持与检验工作相适应的管理体系。开展人体功能性评价的机构还应当具备独立的伦理审评委员会,建立与人体试食试验相适应的管理体系。

第二十六条 检验机构应当建立健全人员持证上岗制度,规范人员的录用、培训、管理,加强对人员关于食品安全法律法规、标准规范、操作技能、质量控制要求、实验室安全与防护知识、量值溯源和数据处理知识等的培训考核,确保人员能力持续满足工作需求。从事国家规定的特定检验工作的人员应当取得相关法律法规所规定的资格。检验机构不得聘用相关法律法规禁止从事食品检验工作的人员。

第二十七条 检验机构应当确保其环境条件不会使检验

结果无效，或不会对检验质量产生不良影响。对相互影响的检验区域应当有效隔离，防止干扰或者交叉污染。微生物实验室和毒理学实验室生物安全等级管理应当符合国家相关规定。开展动物实验的实验室空间布局、环境设施还应当满足国家关于相应级别动物实验室管理的要求。

第二十八条　检验机构应当建立健全仪器设备、标准物质、标准菌（毒）种管理制度，规范管理使用，加强核查，确保其准确可靠，并满足溯源性要求。

第二十九条　检验机构应当密切关注食品安全风险信息和食品行业的发展动态，及时收集政府相关部门发布的食品安全和检验检测相关法律法规、公告公示，确保管理体系内部和外部文件有效。检验机构还应当定期开展食品安全标准查新，及时证实能够正确使用更新的标准检验方法，并向资质认定部门申请标准检验方法变更。

第三十条　检验机构应当规范对影响检验结果的标准物质、标准菌（毒）种、血清、试剂和消耗材料等供应品的购买、验收、储存等工作，并定期对供应商进行评价，列出合格供应商名单。实验动物和动物饲料的购买、验收、使用还应当满足国家相关规定的要求。

第三十一条　检验机构应当建立健全投诉处理制度，及时处理对检验结果的异议和投诉，并保存有关记录。

第三十二条　检验机构应当建立健全档案管理制度，指定专人负责，并有措施确保存档材料的安全性、完整性。档案保存期限应当满足相关法律法规要求和检验工作追溯需要。

第三十三条　检验机构应当对检验工作实施内部质量控制和质量监督，有计划地进行内部审核和管理评审，采取纠正和预防等措施定期审查和完善管理体系，不断提升检验能力，并保存相关记录。

第三十四条　检验机构应当定期采取但不限于加标回收、样品复测、人员比对、仪器比对、空白试验、对照试验、使用有证标准物质或质控样品、通过质控图持续监控等方式，加强结果质量控制，确保检验结果准确可靠。

第三十五条　检验机构应当积极参加实验室间比对试验或能力验证，覆盖领域和参加频次应当与其检验能力情况和检验工作需求相适应，并针对可疑或不满意结果采取有效措施进行改进。

第三十六条　运用计算机与信息技术或自动化设备对检验数据和相关信息采集、记录、处理、分析、报告、存储、传输或检索的，以及利用“互联网＋”模式为客户提供服务的，检验机构应当确保数据信息的安全性、完整性和真实性，并对上述工作与认证认可相关要求和本规范附件要求的符合性进行完整的确认，保留确认记录。

第三十七条　承担政府相关部门委托检验的机构应当制定相应的工作制度和程序，实施针对性的专项质量控制活动，严格按照任务委托部门制定的计划、实施方案和指定的检验方法进行抽（采）样、检验和结果上报，不得有意回避或者选择性抽样，不得事先有意告知被抽样单位，不得瞒报、谎报数据结果等信息，不得擅自对外发布或者泄露数据。根据工作需要，检验机构应当接受任务委托部门安排，完成稽查检验和应急检验等任务。

第六章　监督管理

第三十八条　检验机构应当在其官方网站或者以其他公开方式，公布取得资质认定的检验能力范围、工作流程和期限、异议处理和投诉程序以及向社会公开遵守法律法规、独立公正从业、履行社会责任等承诺，并接受社会公众监督。

第三十九条　违反本规范规定，检验机构和检验人员有出具虚假检验数据和检验报告等法律法规禁止行为的，未建立食品安全风险信息报告制度不能及时上报安全风险隐患的，以及承担政府相关部门委托检验任务违反有关工作要求的，依照《食品安全法》及其实施条例等法律法规的有关规定予以追究法律责任。

第四十条　国家食品药品监督管理总局负责本规范实施的监督工作。各级食品药品监督管理部门依照本规范对承担其委托检验任务的检验机构开展监督管理工作。

第七章　附　　则

第四十一条　适用本规范的检验机构主要包括政府有关部门设立的检验机构和高等院校、科研院所、社会第三方等单位所属的检验机构等依法取得资质认定的机构。

本规范所要求的检验方法证实，指检验机构提供证据证明能够正确使用标准方法实施检验；所要求的检验方法确认，指检验机构提供证据证明方法能够满足预期用途；所要求的复验是指同一检验机构对原样品进行的再次检验，以进一步确认检验结果。

第四十二条　本规范由国家食品药品监督管理总局负责解释。

第四十三条　本规范自发布之日起施行。

附件：（略）

食品安全抽样检验管理办法

1. 2019年8月8日国家市场监督管理总局令第15号公布
2. 根据2022年9月29日国家市场监督管理总局令第61号《关于修改和废止部分部门规章的决定》修正

第一章　总　　则

第一条　为规范食品安全抽样检验工作，加强食品安全监督管理，保障公众身体健康和生命安全，根据《中华人民共和国食品安全法》等法律法规，制定本办法。

第二条　市场监督管理部门组织实施的食品安全监督抽检和风险监测的抽样检验工作，适用本办法。

第三条　国家市场监督管理总局负责组织开展全国性食品安全抽样检验工作，监督指导地方市场监督管理部门组织实施食品安全抽样检验工作。

县级以上地方市场监督管理部门负责组织开展本级食品安全抽样检验工作，并按照规定实施上级市场监督管理部门组织的食品安全抽样检验工作。

第四条　市场监督管理部门应当按照科学、公开、公平、公正的原则，以发现和查处食品安全问题为导向，依法对食品生产经营活动全过程组织开展食品安全抽样检验工作。

食品生产经营者是食品安全第一责任人，应当依法配合市场监督管理部门组织实施的食品安全抽样检验工作。

第五条　市场监督管理部门应当与承担食品安全抽样、检验任务的技术机构（以下简称承检机构）签订委托协议，明确双方权利和义务。

承检机构应当依照有关法律、法规规定取得资质认定后方可从事检验活动。承检机构进行检验，应当尊重科学，恪守职业道德，保证出具的检验数据和结论客观、公正，不得出具虚假检验报告。

市场监督管理部门应当对承检机构的抽样检验工作进行监督检查，发现存在检验能力缺陷或者有重大检验质量问题等情形的，应当按照有关规定及时处理。

第六条　国家市场监督管理总局建立国家食品安全抽样检验信息系统，定期分析食品安全抽样检验数据，加强食品安全风险预警，完善并督促落实相关监督管理制度。

县级以上地方市场监督管理部门应当按照规定通过国家食品安全抽样检验信息系统，及时报送并汇总分析食品安全抽样检验数据。

第七条　国家市场监督管理总局负责组织制定食品安全抽样检验指导规范。

开展食品安全抽样检验工作应当遵守食品安全抽样检验指导规范。

第二章　计　　划

第八条　国家市场监督管理总局根据食品安全监管工作的需要，制定全国性食品安全抽样检验年度计划。

县级以上地方市场监督管理部门应当根据上级市场监督管理部门制定的抽样检验年度计划并结合实际情况，制定本行政区域的食品安全抽样检验工作方案。

市场监督管理部门可以根据工作需要不定期开展食品安全抽样检验工作。

第九条　食品安全抽样检验工作计划和工作方案应当包括下列内容：

（一）抽样检验的食品品种；

（二）抽样环节、抽样方法、抽样数量等抽样工作要求；

（三）检验项目、检验方法、判定依据等检验工作要求；

（四）抽检结果及汇总分析的报送方式和时限；

（五）法律、法规、规章和食品安全标准规定的其他内容。

第十条　下列食品应当作为食品安全抽样检验工作计划的重点：

（一）风险程度高以及污染水平呈上升趋势的食品；

（二）流通范围广、消费量大、消费者投诉举报多的食品；

（三）风险监测、监督检查、专项整治、案件稽查、事故调查、应急处置等工作表明存在较大隐患的食品；

（四）专供婴幼儿和其他特定人群的主辅食品；

（五）学校和托幼机构食堂以及旅游景区餐饮服务单位、中央厨房、集体用餐配送单位经营的食品；

（六）有关部门公布的可能违法添加非食用物质的食品；

（七）已在境外造成健康危害并有证据表明可能在国内产生危害的食品；

（八）其他应当作为抽样检验工作重点的食品。

第三章　抽　　样

第十一条　市场监督管理部门可以自行抽样或者委托承检机构抽样。食品安全抽样工作应当遵守随机选取抽样对象、随机确定抽样人员的要求。

县级以上地方市场监督管理部门应当按照上级市场监督管理部门的要求，配合做好食品安全抽样工作。

第十二条　食品安全抽样检验应当支付样品费用。

第十三条　抽样单位应当建立食品抽样管理制度，明确岗位职责、抽样流程和工作纪律，加强对抽样人员的培训和指导，保证抽样工作质量。

抽样人员应当熟悉食品安全法律、法规、规章和食品安全标准等的相关规定。

第十四条　抽样人员执行现场抽样任务时不得少于2人，并向被抽样食品生产经营者出示抽样检验告知书及有效身份证明文件。由承检机构执行抽样任务的，还应当出示任务委托书。

案件稽查、事故调查中的食品安全抽样活动，应当由食品安全行政执法人员进行或者陪同。

承担食品安全抽样检验任务的抽样单位和相关人员不得提前通知被抽样食品生产经营者。

第十五条　抽样人员现场抽样时，应当记录被抽样食品生产经营者的营业执照、许可证等可追溯信息。

抽样人员可以从食品经营者的经营场所、仓库以及食品生产者的成品库待销产品中随机抽取样品，不得由食品生产经营者自行提供样品。

抽样数量原则上应当满足检验和复检的要求。

第十六条　风险监测、案件稽查、事故调查、应急处置中的抽样，不受抽样数量、抽样地点、被抽样单位是否具备合法资质等限制。

第十七条　食品安全监督抽检中的样品分为检验样品和复检备份样品。

现场抽样的，抽样人员应当采取有效的防拆封措施，对检验样品和复检备份样品分别封样，并由抽样人员和被抽样食品生产经营者签字或者盖章确认。

抽样人员应当保存购物票据，并对抽样场所、贮存环境、样品信息等通过拍照或者录像等方式留存证据。

第十八条　市场监督管理部门开展网络食品安全抽样检验时，应当记录买样人员以及付款账户、注册账号、收货地址、联系方式等信息。买样人员应当通过截图、拍照或者录像等方式记录被抽样网络食品生产经营者信息、样品网页展示信息，以及订单信息、支付记录等。

抽样人员收到样品后，应当通过拍照或者录像等方式记录拆封过程，对递送包装、样品包装、样品储运条件等进行查验，并对检验样品和复检备份样品分别封样。

第十九条　抽样人员应当使用规范的抽样文书，详细记录抽样信息。记录保存期限不得少于2年。

现场抽样时，抽样人员应当书面告知被抽样食品生产经营者依法享有的权利和应当承担的义务。被抽样食品生产经营者应当在食品安全抽样文书上签字或者盖章，不得拒绝或者阻挠食品安全抽样工作。

第二十条　现场抽样时，样品、抽样文书以及相关资料应当由抽样人员于5个工作日内携带或者寄送至承检机构，不得由被抽样食品生产经营者自行送样和寄送文书。因客观原因需要延长送样期限的，应当经组织抽样检验的市场监督管理部门同意。

对有特殊贮存和运输要求的样品，抽样人员应当采取相应措施，保证样品贮存、运输过程符合国家相关规定和包装标示的要求，不发生影响检验结论的变化。

第二十一条　抽样人员发现食品生产经营者涉嫌违法、生产经营的食品及原料没有合法来源或者无正当理由拒绝接受食品安全抽样的，应当报告有管辖权的市场监督管理部门进行处理。

第四章　检验与结果报送

第二十二条　食品安全抽样检验的样品由承检机构保存。

承检机构接收样品时，应当查验、记录样品的外观、状态、封条有无破损以及其他可能对检验结论产生影响的情况，并核对样品与抽样文书信息，将检验样品和复检备份样品分别加贴相应标识后，按照要求入库存放。

对抽样不规范的样品，承检机构应当拒绝接收并书面说明理由，及时向组织或者实施食品安全抽样检验的市场监督管理部门报告。

第二十三条　食品安全监督抽检应当采用食品安全标准规定的检验项目和检验方法。没有食品安全标准的，应当采用依照法律法规制定的临时限量值、临时检验方法或者补充检验方法。

风险监测、案件稽查、事故调查、应急处置等工作中，在没有前款规定的检验方法的情况下，可以采用其他检验方法分析查找食品安全问题的原因。所采用的方法应当遵循技术手段先进的原则，并取得国家或者省级市场监督管理部门同意。

第二十四条　食品安全抽样检验实行承检机构与检验人负责制。承检机构出具的食品安全检验报告应当加盖机构公章，并有检验人的签名或者盖章。承检机构和检验人对出具的食品安全检验报告负责。

承检机构应当自收到样品之日起20个工作日内出具检验报告。市场监督管理部门与承检机构另有约定的，从其约定。

未经组织实施抽样检验任务的市场监督管理部门同意，承检机构不得分包或者转包检验任务。

第二十五条　食品安全监督抽检的检验结论合格的，承检机构应当自检验结论作出之日起3个月内妥善保存复检备份样品。复检备份样品剩余保质期不足3个月的，应当保存至保质期结束。合格备份样品能合理再利用、且符合省级以上市场监督管理部门有关要求的，可不受上述保存时间限制。

检验结论不合格的，承检机构应当自检验结论作出之日起6个月内妥善保存复检备份样品。复检备份样品剩余保质期不足6个月的，应当保存至保质期结束。

第二十六条　食品安全监督抽检的检验结论合格的，承检机构应当在检验结论作出后7个工作日内将检验结论报送组织或者委托实施抽样检验的市场监督管理部门。

抽样检验结论不合格的，承检机构应当在检验结论作出后2个工作日内报告组织或者委托实施抽样检验的市场监督管理部门。

第二十七条　国家市场监督管理总局组织的食品安全监督抽检的检验结论不合格的，承检机构除按照相关要求报告外，还应当通过国家食品安全抽样检验信息系统及时通报抽样地以及标称的食品生产者住所地市场监督管理部门。

地方市场监督管理部门组织或者实施食品安全监督抽检的检验结论不合格的，抽样地与标称食品生产者住所地不在同一省级行政区域的，抽样地市场监督管理部门应当在收到不合格检验结论后通过国家食品安全抽样检验信息系统及时通报标称的食品生产者住所地同级市场监督管理部门。同一省级行政区域内不合格检验结论的通报按照抽检地省级市场监督管理部门规定的程序和时限通报。

通过网络食品交易第三方平台抽样的，除按照前两款的规定通报外，还应当同时通报网络食品交易第三方平台提供者住所地市场监督管理部门。

第二十八条　食品安全监督抽检的抽样检验结论表明不合格食品可能对身体健康和生命安全造成严重危害的，市场监督管理部门和承检机构应当按照规定立即报告或者通报。

案件稽查、事故调查、应急处置中的检验结论的通报和报告，不受本办法规定时限限制。

第二十九条　县级以上地方市场监督管理部门收到监督抽检不合格检验结论后，应当按照省级以上市场监督管理部门的规定，在5个工作日内将检验报告和抽样检验结果通知书送达被抽样食品生产经营者、食品集中交易市场开办者、网络食品交易第三方平台提供者，并告知其依法享有的权利和应当承担的义务。

第五章　复检和异议

第三十条　食品生产经营者对依照本办法规定实施的监督抽检检验结论有异议的，可以自收到检验结论之日起7个工作日内，向实施监督抽检的市场监督管理部门或者其上一级市场监督管理部门提出书面复检申请。向国家市场监督管理总局提出复检申请的，国家市场监督管理总局可以委托复检申请人住所地省级市场监督管理部门负责办理。逾期未提出的，不予受理。

第三十一条　有下列情形之一的，不予复检：

（一）检验结论为微生物指标不合格的；

（二）复检备份样品超过保质期的；

（三）逾期提出复检申请的；

（四）其他原因导致备份样品无法实现复检目的的；

（五）法律、法规、规章以及食品安全标准规定的不予复检的其他情形。

第三十二条　市场监督管理部门应当自收到复检申请材料之日起5个工作日内，出具受理或者不予受理通知书。不予受理的，应当书面说明理由。

市场监督管理部门应当自出具受理通知书之日起5个工作日内，在公布的复检机构名录中，遵循便捷高效原则，随机确定复检机构进行复检。复检机构不得与初检机构为同一机构。因客观原因不能及时确定复检机构的，可以延长5个工作日，并向申请人说明理由。

复检机构无正当理由不得拒绝复检任务，确实无法承担复检任务的，应当在2个工作日内向相关市场监督管理部门作出书面说明。

复检机构与复检申请人存在日常检验业务委托等利害关系的，不得接受复检申请。

第三十三条　初检机构应当自复检机构确定后3个工作日内，将备份样品移交至复检机构。因客观原因不能按时移交的，经受理复检的市场监督管理部门同意，可以延长3个工作日。复检样品的递送方式由初检机构和申请人协商确定。

复检机构接到备份样品后，应当通过拍照或者录像等方式对备份样品外包装、封条等完整性进行确认，并做好样品接收记录。复检备份样品封条、包装破坏，或者出现其他对结果判定产生影响的情况，复检机构应当及时书面报告市场监督管理部门。

第三十四条　复检机构实施复检，应当使用与初检机构一致的检验方法。实施复检时，食品安全标准对检验方法有新的规定的，从其规定。

初检机构可以派员观察复检机构的复检实施过程，复检机构应当予以配合。初检机构不得干扰复检工作。

第三十五条　复检机构应当自收到备份样品之日起10个工作日内，向市场监督管理部门提交复检结论。市场监督管理部门与复检机构对时限另有约定的，从其约定。复检机构出具的复检结论为最终检验结论。

市场监督管理部门应当自收到复检结论之日起5个工作日内，将复检结论通知申请人，并通报不合格食品生产经营者住所地市场监督管理部门。

第三十六条　复检申请人应当向复检机构先行支付复检费用。复检结论与初检结论一致的，复检费用由复检申请人承担。复检结论与初检结论不一致的，复检费用由实施监督抽检的市场监督管理部门承担。

复检费用包括检验费用和样品递送产生的相关费用。

第三十七条　在食品安全监督抽检工作中，食品生产经营者可以对其生产经营食品的抽样过程、样品真实性、检验方法、标准适用等事项依法提出异议处理申请。

对抽样过程有异议的，申请人应当在抽样完成后7个工作日内，向实施监督抽检的市场监督管理部门提出书面申请，并提交相关证明材料。

对样品真实性、检验方法、标准适用等事项有异议的，申请人应当自收到不合格结论通知之日起7个工作日内，向组织实施监督抽检的市场监督管理部门提出书面申请，并提交相关证明材料。

向国家市场监督管理总局提出异议申请的，国家市场监督管理总局可以委托申请人住所地省级市场监督管理部门负责办理。

第三十八条　异议申请材料不符合要求或者证明材料不齐全的，市场监督管理部门应当当场或者在5个工作日内一次告知申请人需要补正的全部内容。

市场监督管理部门应当自收到申请材料之日起5个工作日内，出具受理或者不予受理通知书。不予受理的，应当书面说明理由。

第三十九条　异议审核需要其他市场监督管理部门协助的，相关市场监督管理部门应当积极配合。

对抽样过程有异议的，市场监督管理部门应当自受理之日起20个工作日内，完成异议审核，并将审核结论书面告知申请人。

对样品真实性、检验方法、标准适用等事项有异议的，市场监督管理部门应当自受理之日起30个工作日内，完成异议审核，并将审核结论书面告知申请人。需商请有关部门明确检验以及判定依据相关要求的，所需时间不计算在内。

市场监督管理部门应当根据异议核查实际情况依法进行处理，并及时将异议处理申请受理情况及审核结论，通报不合格食品生产经营者住所地市场监督管理部门。

第六章　核查处置及信息发布

第四十条　食品生产经营者收到监督抽检不合格检验结论后，应当立即采取封存不合格食品，暂停生产、经营不合格食品，通知相关生产经营者和消费者，召回已上市销售的不合格食品等风险控制措施，排查不合格原因并进行整改，及时向住所地市场监督管理部门报告处理情况，积极配合市场监督管理部门的调查处理，不得拒绝、逃避。

在复检和异议期间，食品生产经营者不得停止履行前款规定的义务。食品生产经营者未主动履行的，市场监督管理部门应当责令其履行。

在国家利益、公共利益需要时，或者为处置重大食品安全突发事件，经省级以上市场监督管理部门同意，可以由省级以上市场监督管理部门组织调查分析或者再次抽样检验，查明不合格原因。

第四十一条　食品安全风险监测结果表明存在食品安全隐患的，省级以上市场监督管理部门应当组织相关领域专家进一步调查和分析研判，确认有必要通知相关食品生产经营者的，应当及时通知。

接到通知的食品生产经营者应当立即进行自查，发现食品不符合食品安全标准或者有证据证明可能危害人体健康的，应当依照食品安全法第六十三条的规定停止生产、经营，实施食品召回，并报告相关情况。

食品生产经营者未主动履行前款规定义务的，市场监督管理部门应当责令其履行，并可以对食品生产经营者的法定代表人或者主要负责人进行责任约谈。

第四十二条　食品经营者收到监督抽检不合格检验结论后，应当按照国家市场监督管理总局的规定在被抽检经营场所显著位置公示相关不合格产品信息。

第四十三条　市场监督管理部门收到监督抽检不合格检验结论后，应当及时启动核查处置工作，督促食品生产经营者履行法定义务，依法开展调查处理。必要时，上级市场监督管理部门可以直接组织调查处理。

县级以上地方市场监督管理部门组织的监督抽检，检验结论表明不合格食品含有违法添加的非食用物质，或者存在致病性微生物、农药残留、兽药残留、生物毒素、重金属以及其他危害人体健康的物质严重超出标准限量等情形的，应当依法及时处理并逐级报告至国家市场监督管理总局。

第四十四条　调查中发现涉及其他部门职责的，应当将有关信息通报相关职能部门。有委托生产情形的，受托方食品生产者住所地市场监督管理部门在开展核查处置的同时，还应当通报委托方食品生产经营者住所地市场监督管理部门。

第四十五条　市场监督管理部门应当在 90 日内完成不合格食品的核查处置工作。需要延长办理期限的，应当书面报请负责核查处置的市场监督管理部门负责人批准。

第四十六条　市场监督管理部门应当通过政府网站等媒体及时向社会公开监督抽检结果和不合格食品核查处置的相关信息，并按照要求将相关信息记入食品生产经营者信用档案。市场监督管理部门公布食品安全监督抽检不合格信息，包括被抽检食品名称、规格、商标、生产日期或者批号、不合格项目，标称的生产者名称、地址，以及被抽样单位名称、地址等。

可能对公共利益产生重大影响的食品安全监督抽检信息，市场监督管理部门应当在信息公布前加强分析研判，科学、准确公布信息，必要时，应当通报相关部门并报告同级人民政府或者上级市场监督管理部门。

任何单位和个人不得擅自发布、泄露市场监督管理部门组织的食品安全监督抽检信息。

第七章　法 律 责 任

第四十七条　食品生产经营者违反本办法的规定，无正当理由拒绝、阻挠或者干涉食品安全抽样检验、风险监测和调查处理的，由县级以上人民政府市场监督管理部门依照食品安全法第一百三十三条第一款的规定处罚；违反治安管理处罚法有关规定的，由市场监督管理部门依法移交公安机关处理。

食品生产经营者违反本办法第三十七条的规定，提供虚假证明材料的，由市场监督管理部门给予警告，并处 1 万元以上 3 万元以下罚款。

违反本办法第四十二条的规定，食品经营者未按规定公示相关不合格产品信息的，由市场监督管理部门责令改正；拒不改正的，给予警告，并处 2000 元以上 3 万元以下罚款。

第四十八条　违反本办法第四十条、第四十一条的规定，经市场监督管理部门责令履行后，食品生产经营者仍拒不召回或者停止经营的，由县级以上人民政府市场监督管理部门依照食品安全法第一百二十四条第一款的规定处罚。

第四十九条　市场监督管理部门应当依法将食品生产经营者受到的行政处罚等信息归集至国家企业信用信息公示系统，记于食品生产经营者名下并向社会公示。对存在严重违法失信行为的，按照规定实施联合惩戒。

第五十条　有下列情形之一的，市场监督管理部门应当按照有关规定依法处理并向社会公布；构成犯罪的，依法移送司法机关处理。

（一）调换样品、伪造检验数据或者出具虚假检验报告的；

（二）利用抽样检验工作之便牟取不正当利益的；

（三）违反规定事先通知被抽检食品生产经营者的；

（四）擅自发布食品安全抽样检验信息的；

（五）未按照规定的时限和程序报告不合格检验结论，造成严重后果的；

（六）有其他违法行为的。

有前款规定的第（一）项情形的，市场监督管理部门终身不得委托其承担抽样检验任务；有前款规定的第（一）项以外其他情形的，市场监督管理部门五年内不得委托其承担抽样检验任务。

复检机构有第一款规定的情形，或者无正当理由拒绝承担复检任务的，由县级以上人民政府市场监督管理部门给予警告；无正当理由 1 年内 2 次拒绝承担复检任务的，由国务院市场监督管理部门商有关部门撤销其复检机构资质并向社会公布。

第五十一条　市场监督管理部门及其工作人员有违反法律、法规以及本办法规定和有关纪律要求的，应当依据食品安全法和相关规定，对直接负责的主管人员和其他直接责任人员，给予相应的处分；构成犯罪的，依法移送司法机关处理。

第八章　附　　则

第五十二条　本办法所称监督抽检是指市场监督管理部门按照法定程序和食品安全标准等规定，以排查风险为目的，对食品组织的抽样、检验、复检、处理等活动。

本办法所称风险监测是指市场监督管理部门对没有食品安全标准的风险因素，开展监测、分析、处理的活动。

第五十三条　市场监督管理部门可以参照本办法的有关规定组织开展评价性抽检。

评价性抽检是指依据法定程序和食品安全标准等规定开展抽样检验，对市场上食品总体安全状况进行评估的活动。

第五十四条 食品添加剂的检验，适用本办法有关食品检验的规定。

餐饮食品、食用农产品进入食品生产经营环节的抽样检验以及保质期短的食品、节令性食品的抽样检验，参照本办法执行。

市场监督管理部门可以参照本办法关于网络食品安全监督抽检的规定对自动售卖机、无人超市等没有实际经营人员的食品经营者组织实施抽样检验。

第五十五条 承检机构制作的电子检验报告与出具的书面检验报告具有同等法律效力。

第五十六条 本办法自 2019 年 10 月 1 日起施行。

食品生产许可管理办法

1. 2020 年 1 月 2 日国家市场监督管理总局令第 24 号公布
2. 自 2020 年 3 月 1 日起施行

第一章 总 则

第一条 为规范食品、食品添加剂生产许可活动，加强食品生产监督管理，保障食品安全，根据《中华人民共和国行政许可法》《中华人民共和国食品安全法》《中华人民共和国食品安全法实施条例》等法律法规，制定本办法。

第二条 在中华人民共和国境内，从事食品生产活动，应当依法取得食品生产许可。

食品生产许可的申请、受理、审查、决定及其监督检查，适用本办法。

第三条 食品生产许可应当遵循依法、公开、公平、公正、便民、高效的原则。

第四条 食品生产许可实行一企一证原则，即同一个食品生产者从事食品生产活动，应当取得一个食品生产许可证。

第五条 市场监督管理部门按照食品的风险程度，结合食品原料、生产工艺等因素，对食品生产实施分类许可。

第六条 国家市场监督管理总局负责监督指导全国食品生产许可管理工作。

县级以上地方市场监督管理部门负责本行政区域内的食品生产许可监督管理工作。

第七条 省、自治区、直辖市市场监督管理部门可以根据食品类别和食品安全风险状况，确定市、县级市场监督管理部门的食品生产许可管理权限。

保健食品、特殊医学用途配方食品、婴幼儿配方食品、婴幼儿辅助食品、食盐等食品的生产许可，由省、自治区、直辖市市场监督管理部门负责。

第八条 国家市场监督管理总局负责制定食品生产许可审查通则和细则。

省、自治区、直辖市市场监督管理部门可以根据本行政区域食品生产许可审查工作的需要，对地方特色食品制定食品生产许可审查细则，在本行政区域内实施，并向国家市场监督管理总局报告。国家市场监督管理总局制定公布相关食品生产许可审查细则后，地方特色食品生产许可审查细则自行废止。

县级以上地方市场监督管理部门实施食品生产许可审查，应当遵守食品生产许可审查通则和细则。

第九条 县级以上地方市场监督管理部门应当加快信息化建设，推进许可申请、受理、审查、发证、查询等全流程网上办理，并在行政机关的网站上公布生产许可事项，提高办事效率。

第二章 申请与受理

第十条 申请食品生产许可，应当先行取得营业执照等合法主体资格。

企业法人、合伙企业、个人独资企业、个体工商户、农民专业合作组织等，以营业执照载明的主体作为申请人。

第十一条 申请食品生产许可，应当按照以下食品类别提出：粮食加工品，食用油、油脂及其制品，调味品，肉制品，乳制品，饮料，方便食品，饼干，罐头，冷冻饮品，速冻食品，薯类和膨化食品，糖果制品，茶叶及相关制品，酒类，蔬菜制品，水果制品，炒货食品及坚果制品，蛋制品，可可及焙烤咖啡产品，食糖，水产制品，淀粉及淀粉制品，糕点，豆制品，蜂产品，保健食品，特殊医学用途配方食品，婴幼儿配方食品，特殊膳食食品，其他食品等。

国家市场监督管理总局可以根据监督管理工作需要对食品类别进行调整。

第十二条 申请食品生产许可，应当符合下列条件：

（一）具有与生产的食品品种、数量相适应的食品原料处理和食品加工、包装、贮存等场所，保持该场所环境整洁，并与有毒、有害场所以及其他污染源保持规定的距离；

（二）具有与生产的食品品种、数量相适应的生产设备或者设施，有相应的消毒、更衣、盥洗、采光、照明、通风、防腐、防尘、防蝇、防鼠、防虫、洗涤以及处理废水、存放垃圾和废弃物的设备或者设施；保健食品生产工艺有原料提取、纯化等前处理工序的，需要具备与生产的品种、数量相适应的原料前处理设备或者设施；

（三）有专职或者兼职的食品安全专业技术人员、食品安全管理人员和保证食品安全的规章制度；

（四）具有合理的设备布局和工艺流程，防止待加工食品与直接入口食品、原料与成品交叉污染，避免食品接触有毒物、不洁物；

（五）法律、法规规定的其他条件。

第十三条　申请食品生产许可，应当向申请人所在地县级以上地方市场监督管理部门提交下列材料：

（一）食品生产许可申请书；

（二）食品生产设备布局图和食品生产工艺流程图；

（三）食品生产主要设备、设施清单；

（四）专职或者兼职的食品安全专业技术人员、食品安全管理人员信息和食品安全管理制度。

第十四条　申请保健食品、特殊医学用途配方食品、婴幼儿配方食品等特殊食品的生产许可，还应当提交与所生产食品相适应的生产质量管理体系文件以及相关注册和备案文件。

第十五条　从事食品添加剂生产活动，应当依法取得食品添加剂生产许可。

申请食品添加剂生产许可，应当具备与所生产食品添加剂品种相适应的场所、生产设备或者设施、食品安全管理人员、专业技术人员和管理制度。

第十六条　申请食品添加剂生产许可，应当向申请人所在地县级以上地方市场监督管理部门提交下列材料：

（一）食品添加剂生产许可申请书；

（二）食品添加剂生产设备布局图和生产工艺流程图；

（三）食品添加剂生产主要设备、设施清单；

（四）专职或者兼职的食品安全专业技术人员、食品安全管理人员信息和食品安全管理制度。

第十七条　申请人应当如实向市场监督管理部门提交有关材料和反映真实情况，对申请材料的真实性负责，并在申请书等材料上签名或者盖章。

第十八条　申请人申请生产多个类别食品的，由申请人按照省级市场监督管理部门确定的食品生产许可管理权限，自主选择其中一个受理部门提交申请材料。受理部门应当及时告知有相应审批权限的市场监督管理部门，组织联合审查。

第十九条　县级以上地方市场监督管理部门对申请人提出的食品生产许可申请，应当根据下列情况分别作出处理：

（一）申请事项依法不需要取得食品生产许可的，应当即时告知申请人不受理；

（二）申请事项依法不属于市场监督管理部门职权范围的，应当即时作出不予受理的决定，并告知申请人向有关行政机关申请；

（三）申请材料存在可以当场更正的错误的，应当允许申请人当场更正，由申请人在更正处签名或者盖章，注明更正日期；

（四）申请材料不齐全或者不符合法定形式的，应当当场或者在5个工作日内一次告知申请人需要补正的全部内容。当场告知的，应当将申请材料退回申请人；在5个工作日内告知的，应当收取申请材料并出具收到申请材料的凭据。逾期不告知的，自收到申请材料之日起即为受理；

（五）申请材料齐全、符合法定形式，或者申请人按照要求提交全部补正材料的，应当受理食品生产许可申请。

第二十条　县级以上地方市场监督管理部门对申请人提出的申请决定予以受理的，应当出具受理通知书；决定不予受理的，应当出具不予受理通知书，说明不予受理的理由，并告知申请人依法享有申请行政复议或者提起行政诉讼的权利。

第三章　审查与决定

第二十一条　县级以上地方市场监督管理部门应当对申请人提交的申请材料进行审查。需要对申请材料的实质内容进行核实的，应当进行现场核查。

市场监督管理部门开展食品生产许可现场核查时，应当按照申请材料进行核查。对首次申请许可或者增加食品类别的变更许可的，根据食品生产工艺流程等要求，核查试制食品的检验报告。开展食品添加剂生产许可现场核查时，可以根据食品添加剂品种特点，核查试制食品添加剂的检验报告和复配食品添加剂配方等。试制食品检验可以由生产者自行检验，或者委托有资质的食品检验机构检验。

现场核查应当由食品安全监管人员进行，根据需要可以聘请专业技术人员作为核查人员参加现场核查。核查人员不得少于2人。核查人员应当出示有效证件，填写食品生产许可现场核查表，制作现场核查记录，经申请人核对无误后，由核查人员和申请人在核查表和记录上签名或者盖章。申请人拒绝签名或者盖章的，核查人员应当注明情况。

申请保健食品、特殊医学用途配方食品、婴幼儿配方乳粉生产许可，在产品注册或者产品配方注册时经过现场核查的项目，可以不再重复进行现场核查。

市场监督管理部门可以委托下级市场监督管理部门，对受理的食品生产许可申请进行现场核查。特殊食品生产许可的现场核查原则上不得委托下级市场监督管理部门实施。

核查人员应当自接受现场核查任务之日起5个工作日内，完成对生产场所的现场核查。

第二十二条 除可以当场作出行政许可决定的外，县级以上地方市场监督管理部门应当自受理申请之日起10个工作日内作出是否准予行政许可的决定。因特殊原因需要延长期限的，经本行政机关负责人批准，可以延长5个工作日，并应当将延长期限的理由告知申请人。

第二十三条 县级以上地方市场监督管理部门应当根据申请材料审查和现场核查等情况，对符合条件的，作出准予生产许可的决定，并自作出决定之日起5个工作日内向申请人颁发食品生产许可证；对不符合条件的，应当及时作出不予许可的书面决定并说明理由，同时告知申请人依法享有申请行政复议或者提起行政诉讼的权利。

第二十四条 食品添加剂生产许可申请符合条件的，由申请人所在地县级以上地方市场监督管理部门依法颁发食品生产许可证，并标注食品添加剂。

第二十五条 食品生产许可证发证日期为许可决定作出的日期，有效期为5年。

第二十六条 县级以上地方市场监督管理部门认为食品生产许可申请涉及公共利益的重大事项，需要听证的，应当向社会公告并举行听证。

第二十七条 食品生产许可直接涉及申请人与他人之间重大利益关系的，县级以上地方市场监督管理部门在作出行政许可决定前，应当告知申请人、利害关系人享有要求听证的权利。

申请人、利害关系人在被告知听证权利之日起5个工作日内提出听证申请的，市场监督管理部门应当在20个工作日内组织听证。听证期限不计算在行政许可审查期限之内。

第四章 许可证管理

第二十八条 食品生产许可证分为正本、副本。正本、副本具有同等法律效力。

国家市场监督管理总局负责制定食品生产许可证式样。省、自治区、直辖市市场监督管理部门负责本行政区域食品生产许可证的印制、发放等管理工作。

第二十九条 食品生产许可证应当载明：生产者名称、社会信用代码、法定代表人（负责人）、住所、生产地址、食品类别、许可证编号、有效期、发证机关、发证日期和二维码。

副本还应当载明食品明细。生产保健食品、特殊医学用途配方食品、婴幼儿配方食品的，还应当载明产品或者产品配方的注册号或者备案登记号；接受委托生产保健食品的，还应当载明委托企业名称及住所等相关信息。

第三十条 食品生产许可证编号由SC（“生产”的汉语拼音字母缩写）和14位阿拉伯数字组成。数字从左至右依次为：3位食品类别编码、2位省（自治区、直辖市）代码、2位市（地）代码、2位县（区）代码、4位顺序码、1位校验码。

第三十一条 食品生产者应当妥善保管食品生产许可证，不得伪造、涂改、倒卖、出租、出借、转让。

食品生产者应当在生产场所的显著位置悬挂或者摆放食品生产许可证正本。

第五章 变更、延续与注销

第三十二条 食品生产许可证有效期内，食品生产者名称、现有设备布局和工艺流程、主要生产设备设施、食品类别等事项发生变化，需要变更食品生产许可证载明的许可事项的，食品生产者应当在变化后10个工作日内向原发证的市场监督管理部门提出变更申请。

食品生产者的生产场所迁址的，应当重新申请食品生产许可。

食品生产许可证副本载明的同一食品类别内的事项发生变化的，食品生产者应当在变化后10个工作日内向原发证的市场监督管理部门报告。

食品生产者的生产条件发生变化，不再符合食品生产要求，需要重新办理许可手续的，应当依法办理。

第三十三条 申请变更食品生产许可的，应当提交下列申请材料：

（一）食品生产许可变更申请书；

（二）与变更食品生产许可事项有关的其他材料。

第三十四条 食品生产者需要延续依法取得的食品生产许可的有效期的，应当在该食品生产许可有效期届满30个工作日前，向原发证的市场监督管理部门提出申请。

第三十五条 食品生产者申请延续食品生产许可，应当提交下列材料：

（一）食品生产许可延续申请书；

（二）与延续食品生产许可事项有关的其他材料。

保健食品、特殊医学用途配方食品、婴幼儿配方食品的生产企业申请延续食品生产许可的，还应当提供生产质量管理体系运行情况的自查报告。

第三十六条　县级以上地方市场监督管理部门应当根据被许可人的延续申请，在该食品生产许可有效期届满前作出是否准予延续的决定。

第三十七条　县级以上地方市场监督管理部门应当对变更或者延续食品生产许可的申请材料进行审查，并按照本办法第二十一条的规定实施现场核查。

申请人声明生产条件未发生变化的，县级以上地方市场监督管理部门可以不再进行现场核查。

申请人的生产条件及周边环境发生变化，可能影响食品安全的，市场监督管理部门应当就变化情况进行现场核查。

保健食品、特殊医学用途配方食品、婴幼儿配方食品注册或者备案的生产工艺发生变化的，应当先办理注册或者备案变更手续。

第三十八条　市场监督管理部门决定准予变更的，应当向申请人颁发新的食品生产许可证。食品生产许可证编号不变，发证日期为市场监督管理部门作出变更许可决定的日期，有效期与原证书一致。但是，对因迁址等原因而进行全面现场核查的，其换发的食品生产许可证有效期自发证之日起计算。

因食品安全国家标准发生重大变化，国家和省级市场监督管理部门决定组织重新核查而换发的食品生产许可证，其发证日期以重新批准日期为准，有效期自重新发证之日起计算。

第三十九条　市场监督管理部门决定准予延续的，应当向申请人颁发新的食品生产许可证，许可证编号不变，有效期自市场监督管理部门作出延续许可决定之日起计算。

不符合许可条件的，市场监督管理部门应当作出不予延续食品生产许可的书面决定，并说明理由。

第四十条　食品生产者终止食品生产，食品生产许可被撤回、撤销，应当在20个工作日内向原发证的市场监督管理部门申请办理注销手续。

食品生产者申请注销食品生产许可的，应当向原发证的市场监督管理部门提交食品生产许可注销申请书。

食品生产许可被注销的，许可证编号不得再次使用。

第四十一条　有下列情形之一，食品生产者未按规定申请办理注销手续的，原发证的市场监督管理部门应当依法办理食品生产许可注销手续，并在网站进行公示：

（一）食品生产许可有效期届满未申请延续的；

（二）食品生产者主体资格依法终止的；

（三）食品生产许可依法被撤回、撤销或者食品生产许可证依法被吊销的；

（四）因不可抗力导致食品生产许可事项无法实施的；

（五）法律法规规定的应当注销食品生产许可的其他情形。

第四十二条　食品生产许可证变更、延续与注销的有关程序参照本办法第二章、第三章的有关规定执行。

第六章　监督检查

第四十三条　县级以上地方市场监督管理部门应当依据法律法规规定的职责，对食品生产者的许可事项进行监督检查。

第四十四条　县级以上地方市场监督管理部门应当建立食品许可管理信息平台，便于公民、法人和其他社会组织查询。

县级以上地方市场监督管理部门应当将食品生产许可颁发、许可事项检查、日常监督检查、许可违法行为查处等情况记入食品生产者食品安全信用档案，并通过国家企业信用信息公示系统向社会公示；对有不良信用记录的食品生产者应当增加监督检查频次。

第四十五条　县级以上地方市场监督管理部门及其工作人员履行食品生产许可管理职责，应当自觉接受食品生产者和社会监督。

接到有关工作人员在食品生产许可管理过程中存在违法行为的举报，市场监督管理部门应当及时进行调查核实。情况属实的，应当立即纠正。

第四十六条　县级以上地方市场监督管理部门应当建立食品生产许可档案管理制度，将办理食品生产许可的有关材料、发证情况及时归档。

第四十七条　国家市场监督管理总局可以定期或者不定期组织对全国食品生产许可工作进行监督检查；省、自治区、直辖市市场监督管理部门可以定期或者不定期组织对本行政区域内的食品生产许可工作进行监督检查。

第四十八条　未经申请人同意，行政机关及其工作人员、参加现场核查的人员不得披露申请人提交的商业秘密、未披露信息或者保密商务信息，法律另有规定或者涉及国家安全、重大社会公共利益的除外。

第七章　法律责任

第四十九条　未取得食品生产许可从事食品生产活动的，由县级以上地方市场监督管理部门依照《中华人民共和国食品安全法》第一百二十二条的规定给予处罚。

食品生产者生产的食品不属于食品生产许可证上载明的食品类别的，视为未取得食品生产许可从事食品生产活动。

第五十条　许可申请人隐瞒真实情况或者提供虚假材料申请食品生产许可的，由县级以上地方市场监督管理部门给予警告。申请人在1年内不得再次申请食品生产许可。

第五十一条　被许可人以欺骗、贿赂等不正当手段取得食品生产许可的，由原发证的市场监督管理部门撤销许可，并处1万元以上3万元以下罚款。被许可人在3年内不得再次申请食品生产许可。

第五十二条　违反本办法第三十一条第一款规定，食品生产者伪造、涂改、倒卖、出租、出借、转让食品生产许可证的，由县级以上地方市场监督管理部门责令改正，给予警告，并处1万元以下罚款；情节严重的，处1万元以上3万元以下罚款。

违反本办法第三十一条第二款规定，食品生产者未按规定在生产场所的显著位置悬挂或者摆放食品生产许可证的，由县级以上地方市场监督管理部门责令改正；拒不改正的，给予警告。

第五十三条　违反本办法第三十二条第一款规定，食品生产许可证有效期内，食品生产者名称、现有设备布局和工艺流程、主要生产设备设施等事项发生变化，需要变更食品生产许可证载明的许可事项，未按规定申请变更的，由原发证的市场监督管理部门责令改正，给予警告；拒不改正的，处1万元以上3万元以下罚款。

违反本办法第三十二条第二款规定，食品生产者的生产场所迁址后未重新申请取得食品生产许可从事食品生产活动的，由县级以上地方市场监督管理部门依照《中华人民共和国食品安全法》第一百二十二条的规定给予处罚。

违反本办法第三十二条第三款、第四十条第一款规定，食品生产许可证副本载明的同一食品类别内的事项发生变化，食品生产者未按规定报告的，食品生产者终止食品生产，食品生产许可被撤回、撤销或者食品生产许可证被吊销，未按规定申请办理注销手续的，由原发证的市场监督管理部门责令改正；拒不改正的，给予警告，并处5000元以下罚款。

第五十四条　食品生产者违反本办法规定，有《中华人民共和国食品安全法实施条例》第七十五条第一款规定的情形的，依法对单位的法定代表人、主要负责人、直接负责的主管人员和其他直接责任人员给予处罚。

被吊销生产许可证的食品生产者及其法定代表人、直接负责的主管人员和其他直接责任人员自处罚决定作出之日起5年内不得申请食品生产经营许可，或者从事食品生产经营管理工作、担任食品生产经营企业食品安全管理人员。

第五十五条　市场监督管理部门对不符合条件的申请人准予许可，或者超越法定职权准予许可的，依照《中华人民共和国食品安全法》第一百四十四条的规定给予处分。

第八章　附　　则

第五十六条　取得食品经营许可的餐饮服务提供者在其餐饮服务场所制作加工食品，不需要取得本办法规定的食品生产许可。

第五十七条　食品添加剂的生产许可管理原则、程序、监督检查和法律责任，适用本办法有关食品生产许可的规定。

第五十八条　对食品生产加工小作坊的监督管理，按照省、自治区、直辖市制定的具体管理办法执行。

第五十九条　各省、自治区、直辖市市场监督管理部门可以根据本行政区域实际情况，制定有关食品生产许可管理的具体实施办法。

第六十条　市场监督管理部门制作的食品生产许可电子证书与印制的食品生产许可证书具有同等法律效力。

第六十一条　本办法自2020年3月1日起施行。原国家食品药品监督管理总局2015年8月31日公布，根据2017年11月7日原国家食品药品监督管理总局《关于修改部分规章的决定》修正的《食品生产许可管理办法》同时废止。

食品生产经营监督检查管理办法

1. 2021年12月24日国家市场监督管理总局令第49号公布
2. 自2022年3月15日起施行

第一章　总　　则

第一条　为了加强和规范对食品生产经营活动的监督检查，督促食品生产经营者落实主体责任，保障食品安全，根据《中华人民共和国食品安全法》及其实施条例等法律法规，制定本办法。

第二条　市场监督管理部门对食品（含食品添加剂）生产经营者执行食品安全法律、法规、规章和食品安全标准等情况实施监督检查，适用本办法。

第三条　监督检查应当遵循属地负责、风险管理、程序合法、公正公开的原则。

第四条　食品生产经营者应当对其生产经营食品的安全负责，积极配合市场监督管理部门实施监督检查。

第五条　县级以上地方市场监督管理部门应当按照规定在覆盖所有食品生产经营者的基础上，结合食品生产经营者信用状况，随机选取食品生产经营者、随机选派监督检查人员实施监督检查。

第六条　市场监督管理部门应当加强监督检查信息化建设，记录、归集、分析监督检查信息，加强数据整合、共享和利用，完善监督检查措施，提升智慧监管水平。

第二章　监督检查事权

第七条　国家市场监督管理总局负责监督指导全国食品生产经营监督检查工作，可以根据需要组织开展监督检查。

第八条　省级市场监督管理部门负责监督指导本行政区域内食品生产经营监督检查工作，重点组织和协调对产品风险高、影响区域广的食品生产经营者的监督检查。

第九条　设区的市级（以下简称市级）、县级市场监督管理部门负责本行政区域内食品生产经营监督检查工作。

市级市场监督管理部门可以结合本行政区域食品生产经营者规模、风险、分布等实际情况，按照本级人民政府要求，划分本行政区域监督检查事权，确保监督检查覆盖本行政区域所有食品生产经营者。

第十条　市级以上市场监督管理部门根据监督管理工作需要，可以对由下级市场监督管理部门负责日常监督管理的食品生产经营者实施随机监督检查，也可以组织下级市场监督管理部门对食品生产经营者实施异地监督检查。

市场监督管理部门应当协助、配合上级市场监督管理部门在本行政区域内开展监督检查。

第十一条　市场监督管理部门之间涉及管辖争议的监督检查事项，应当报请共同上一级市场监督管理部门确定。

第十二条　上级市场监督管理部门可以定期或者不定期组织对下级市场监督管理部门的监督检查工作进行监督指导。

第三章　监督检查要点

第十三条　国家市场监督管理总局根据法律、法规、规章和食品安全标准等有关规定，制定国家食品生产经营监督检查要点表，明确监督检查的主要内容。按照风险管理的原则，检查要点表分为一般项目和重点项目。

第十四条　省级市场监督管理部门可以按照国家食品生产经营监督检查要点表，结合实际细化，制定本行政区域食品生产经营监督检查要点表。

省级市场监督管理部门针对食品生产经营新业态、新技术、新模式，补充制定相应的食品生产经营监督检查要点，并在出台后30日内向国家市场监督管理总局报告。

第十五条　食品生产环节监督检查要点应当包括食品生产者资质、生产环境条件、进货查验、生产过程控制、产品检验、贮存及交付控制、不合格食品管理和食品召回、标签和说明书、食品安全自查、从业人员管理、信息记录和追溯、食品安全事故处置等情况。

第十六条　委托生产食品、食品添加剂的，委托方、受托方应当遵守法律、法规、食品安全标准以及合同的约定，并将委托生产的食品品种、委托期限、委托方对受托方生产行为的监督等情况予以单独记录，留档备查。市场监督管理部门应当将上述委托生产情况作为监督检查的重点。

第十七条　食品销售环节监督检查要点应当包括食品销售者资质、一般规定执行、禁止性规定执行、经营场所环境卫生、经营过程控制、进货查验、食品贮存、食品召回、温度控制及记录、过期及其他不符合食品安全标准食品处置、标签和说明书、食品安全自查、从业人员管理、食品安全事故处置、进口食品销售、食用农产品销售、网络食品销售等情况。

第十八条　特殊食品生产环节监督检查要点，除应当包括本办法第十五条规定的内容，还应当包括注册备案要求执行、生产质量管理体系运行、原辅料管理等情况。保健食品生产环节的监督检查要点还应当包括原料前处理等情况。

特殊食品销售环节监督检查要点，除应当包括本办法第十七条规定的内容，还应当包括禁止混放要求落实、标签和说明书核对等情况。

第十九条　集中交易市场开办者、展销会举办者监督检查要点应当包括举办前报告、入场食品经营者的资质审查、食品安全管理责任明确、经营环境和条件检查等情况。

对温度、湿度有特殊要求的食品贮存业务的非食品生产经营者的监督检查要点应当包括备案、信息记录和追溯、食品安全要求落实等情况。

第二十条　餐饮服务环节监督检查要点应当包括餐饮服务提供者资质、从业人员健康管理、原料控制、加工制作过程、食品添加剂使用管理、场所和设备设施清洁维护、餐饮具清洗消毒、食品安全事故处置等情况。

餐饮服务环节的监督检查应当强化学校等集中用餐单位供餐的食品安全要求。

第四章　监督检查程序

第二十一条　县级以上地方市场监督管理部门应当按照本级人民政府食品安全年度监督管理计划，综合考虑食品类别、企业规模、管理水平、食品安全状况、风险等级、信用档案记录等因素，编制年度监督检查计划。

县级以上地方市场监督管理部门按照国家市场监督管理总局的规定，根据风险管理的原则，结合食品生产经营者的食品类别、业态规模、风险控制能力、信用状况、监督检查等情况，将食品生产经营者的风险等级从低到高分为 A 级风险、B 级风险、C 级风险、D 级风险四个等级。

第二十二条　市场监督管理部门应当每两年对本行政区域内所有食品生产经营者至少进行一次覆盖全部检查要点的监督检查。

市场监督管理部门应当对特殊食品生产者，风险等级为 C 级、D 级的食品生产者，风险等级为 D 级的食品经营者以及中央厨房、集体用餐配送单位等高风险食品生产经营者实施重点监督检查，并可以根据实际情况增加日常监督检查频次。

市场监督管理部门可以根据工作需要，对通过食品安全抽样检验等发现问题线索的食品生产经营者实施飞行检查，对特殊食品、高风险大宗消费食品生产企业和大型食品经营企业等的质量管理体系运行情况实施体系检查。

第二十三条　市场监督管理部门组织实施监督检查应当由 2 名以上（含 2 名）监督检查人员参加。检查人员较多的，可以组成检查组。市场监督管理部门根据需要可以聘请相关领域专业技术人员参加监督检查。

检查人员与检查对象之间存在直接利害关系或者其他可能影响检查公正情形的，应当回避。

第二十四条　检查人员应当当场出示有效执法证件或者市场监督管理部门出具的检查任务书。

第二十五条　市场监督管理部门实施监督检查，有权采取下列措施，被检查单位不得拒绝、阻挠、干涉：

（一）进入食品生产经营等场所实施现场检查；

（二）对被检查单位生产经营的食品进行抽样检验；

（三）查阅、复制有关合同、票据、账簿以及其他有关资料；

（四）查封、扣押有证据证明不符合食品安全标准或者有证据证明存在安全隐患以及用于违法生产经营的食品、工具和设备；

（五）查封违法从事食品生产经营活动的场所；

（六）法律法规规定的其他措施。

第二十六条　食品生产经营者应当配合监督检查工作，按照市场监督管理部门的要求，开放食品生产经营场所，回答相关询问，提供相关合同、票据、账簿以及前次监督检查结果和整改情况等其他有关资料，协助生产经营现场检查和抽样检验，并为检查人员提供必要的工作条件。

第二十七条　检查人员应当按照本办法规定和检查要点要求开展监督检查，并对监督检查情况如实记录。除飞行检查外，实施监督检查应当覆盖检查要点所有检查项目。

第二十八条　市场监督管理部门实施监督检查，可以根据需要，依照食品安全抽样检验管理有关规定，对被检查单位生产经营的原料、半成品、成品等进行抽样检验。

第二十九条　市场监督管理部门实施监督检查时，可以依法对企业食品安全管理人员随机进行监督抽查考核并公布考核情况。抽查考核不合格的，应当督促企业限期整改，并及时安排补考。

第三十条　检查人员在监督检查中应当对发现的问题进行记录，必要时可以拍摄现场情况，收集或者复印相关合同、票据、账簿以及其他有关资料。

检查人员认为食品生产经营者涉嫌违法违规的相关证据可能灭失或者以后难以取得的，可以依法采取证据保全或者行政强制措施，并执行市场监管行政处罚程序相关规定。

检查记录以及相关证据，可以作为行政处罚的依据。

第三十一条　检查人员应当综合监督检查情况进行判定，确定检查结果。

有发生食品安全事故潜在风险的，食品生产经营者应当立即停止生产经营活动。

第三十二条 发现食品生产经营者不符合监督检查要点表重点项目,影响食品安全的,市场监督管理部门应当依法进行调查处理。

第三十三条 发现食品生产经营者不符合监督检查要点表一般项目,但情节显著轻微不影响食品安全的,市场监督管理部门应当当场责令其整改。

可以当场整改的,检查人员应当对食品生产经营者采取的整改措施以及整改情况进行记录;需要限期整改的,市场监督管理部门应当书面提出整改要求和时限。被检查单位应当按期整改,并将整改情况报告市场监督管理部门。市场监督管理部门应当跟踪整改情况并记录整改结果。

不符合监督检查要点表一般项目,影响食品安全的,市场监督管理部门应当依法进行调查处理。

第三十四条 食品生产经营者应当按照检查人员要求,在现场检查、询问、抽样检验等文书以及收集、复印的有关资料上签字或者盖章。

被检查单位拒绝在相关文书、资料上签字或者盖章的,检查人员应当注明原因,并可以邀请有关人员作为见证人签字、盖章,或者采取录音、录像等方式进行记录,作为监督执法的依据。

第三十五条 检查人员应当将监督检查结果现场书面告知食品生产经营者。需要进行检验检测的,市场监督管理部门应当及时告知检验结论。

上级市场监督管理部门组织的监督检查,还应当将监督检查结果抄送食品生产经营者所在地市场监督管理部门。

第五章 监督管理

第三十六条 市场监督管理部门在监督检查中发现食品不符合食品安全法律、法规、规章和食品安全标准的,在依法调查处理的同时,应当及时督促食品生产经营者追查相关食品的来源和流向,查明原因、控制风险,并根据需要通报相关市场监督管理部门。

第三十七条 监督检查中发现生产经营的食品、食品添加剂的标签、说明书存在食品安全法第一百二十五条第二款规定的瑕疵的,市场监督管理部门应当责令当事人改正。经食品生产者采取补救措施且能保证食品安全的食品、食品添加剂可以继续销售;销售时应当向消费者明示补救措施。

认定标签、说明书瑕疵,应当综合考虑标注内容与食品安全的关联性、当事人的主观过错、消费者对食品安全的理解和选择等因素。有下列情形之一的,可以认定为食品安全法第一百二十五条第二款规定的标签、说明书瑕疵:

(一)文字、符号、数字的字号、字体、字高不规范,出现错别字、多字、漏字、繁体字,或者外文翻译不准确以及外文字号、字高大于中文等的;

(二)净含量、规格的标示方式和格式不规范,或者对没有特殊贮存条件要求的食品,未按照规定标注贮存条件的;

(三)食品、食品添加剂以及配料使用的俗称或者简称等不规范的;

(四)营养成分表、配料表顺序、数值、单位标示不规范,或者营养成分表数值修约间隔、“0”界限值、标示单位不规范的;

(五)对有证据证明未实际添加的成分,标注了“未添加”,但未按照规定标示具体含量的;

(六)国家市场监督管理总局认定的其他情节轻微,不影响食品安全,没有故意误导消费者的情形。

第三十八条 市场监督管理部门在监督检查中发现违法案件线索,对不属于本部门职责或者超出管辖范围的,应当及时移送有权处理的部门;涉嫌犯罪的,应当依法移送公安机关。

第三十九条 市场监督管理部门应当于检查结果信息形成后20个工作日内向社会公开。

检查结果对消费者有重要影响的,食品生产经营者应当按照规定在食品生产经营场所醒目位置张贴或者公开展示监督检查结果记录表,并保持至下次监督检查。有条件的可以通过电子屏幕等信息化方式向消费者展示监督检查结果记录表。

第四十条 监督检查中发现存在食品安全隐患,食品生产经营者未及时采取有效措施消除的,市场监督管理部门可以对食品生产经营者的法定代表人或者主要负责人进行责任约谈。

第四十一条 监督检查结果,以及市场监督管理部门约谈食品生产经营者情况和食品生产经营者整改情况应当记入食品生产经营者食品安全信用档案。对存在严重违法失信行为的,按照规定实施联合惩戒。

第四十二条 对同一食品生产经营者,上级市场监督管理部门已经开展监督检查的,下级市场监督管理部门原则上三个月内不再重复检查已检查的项目,但食品生产经营者涉嫌违法或者存在明显食品安全隐患等情形的除外。

第四十三条 上级市场监督管理部门发现下级市场监督管理部门的监督检查工作不符合法律法规和本办法规定要求的,应当根据需要督促其再次组织监督检查或者自行组织监督检查。

第四十四条 县级以上市场监督管理部门应当加强专业化职业化检查员队伍建设，定期对检查人员开展培训与考核，提升检查人员食品安全法律、法规、规章、标准和专业知识等方面的能力和水平。

第四十五条 县级以上市场监督管理部门应当按照规定安排充足的经费，配备满足监督检查工作需要的采样、检验检测、拍摄、移动办公、安全防护等工具、设备。

第四十六条 检查人员（含聘用制检查人员和相关领域专业技术人员）在实施监督检查过程中，应当严格遵守有关法律法规、廉政纪律和工作要求，不得违反规定泄露监督检查相关情况以及被检查单位的商业秘密、未披露信息或者保密商务信息。

实施飞行检查，检查人员不得事先告知被检查单位飞行检查内容、检查人员行程等检查相关信息。

第四十七条 鼓励食品生产经营者选择有相关资质的食品安全第三方专业机构及其专业化、职业化的专业技术人员对自身的食品安全状况进行评价，评价结果可以作为市场监督管理部门监督检查的参考。

第六章 法律责任

第四十八条 食品生产经营者未按照规定在显著位置张贴或者公开展示相关监督检查结果记录表，撕毁、涂改监督检查结果记录表，或者未保持日常监督检查结果记录表至下次日常监督检查的，由县级以上地方市场监督管理部门责令改正；拒不改正的，给予警告，可以并处5000元以上5万元以下罚款。

第四十九条 食品生产经营者有下列拒绝、阻挠、干涉市场监督管理部门进行监督检查情形之一的，由县级以上市场监督管理部门依照食品安全法第一百三十三条第一款的规定进行处理：

（一）拒绝、拖延、限制检查人员进入被检查场所或者区域的，或者限制检查时间的；

（二）拒绝或者限制抽取样品、录像、拍照和复印等调查取证工作的；

（三）无正当理由不提供或者延迟提供与检查相关的合同、记录、票据、账簿、电子数据等材料的；

（四）以主要负责人、主管人员或者相关工作人员不在岗为由，或者故意以停止生产经营等方式欺骗、误导、逃避检查的；

（五）以暴力、威胁等方法阻碍检查人员依法履行职责的；

（六）隐藏、转移、变卖、损毁检查人员依法查封、扣押的财物的；

（七）伪造、隐匿、毁灭证据或者提供虚假情况的；

（八）其他妨碍检查人员履行职责的。

第五十条 食品生产经营者拒绝、阻挠、干涉监督检查，违反治安管理处罚相关规定的，由市场监督管理部门依法移交公安机关处理。

食品生产经营者以暴力、威胁等方法阻碍检查人员依法履行职责，涉嫌犯罪的，由市场监督管理部门依法移交公安机关处理。

第五十一条 发现食品生产经营者有食品安全法实施条例第六十七条第一款规定的情形，属于情节严重的，市场监督管理部门应当依法从严处理。对情节严重的违法行为处以罚款时，应当依法从重从严。

食品生产经营者违反食品安全法律、法规、规章和食品安全标准的规定，属于初次违法且危害后果轻微并及时改正的，可以不予行政处罚。

当事人有证据足以证明没有主观过错的，不予行政处罚。法律、行政法规另有规定的，从其规定。

第五十二条 市场监督管理部门及其工作人员有违反法律、法规以及本办法规定和有关纪律要求的，应当依据食品安全法和相关规定，对直接负责的主管人员和其他直接责任人员，给予相应的处分；涉嫌犯罪的，依法移交司法机关处理。

第七章 附　　则

第五十三条 本办法所称日常监督检查是指市级、县级市场监督管理部门按照年度食品生产经营监督检查计划，对本行政区域内食品生产经营者开展的常规性检查。

本办法所称飞行检查是指市场监督管理部门根据监督管理工作需要以及问题线索等，对食品生产经营者依法开展的不预先告知的监督检查。

本办法所称体系检查是指市场监督管理部门以风险防控为导向，对特殊食品、高风险大宗食品生产企业和大型食品经营企业等的质量管理体系执行情况依法开展的系统性监督检查。

第五十四条 地方市场监督管理部门对食品生产加工小作坊、食品摊贩、小餐饮等的监督检查，省、自治区、直辖市没有规定的，可以参照本办法执行。

第五十五条 本办法自2022年3月15日起施行。原国家食品药品监督管理总局2016年3月4日发布的《食品生产经营日常监督检查管理办法》同时废止。

查处生产经营含金银箔粉食品违法行为规定

1. 2022年6月23日国家市场监督管理总局、农业农村部、国家卫生健康委员会、海关总署公告2022年第20号发布
2. 自发布之日起施行

第一条　为了加强食品安全监督管理，严厉查处生产经营含金(银)箔金(银)粉类物质(以下简称金银箔粉)食品违法行为，维护人民群众身体健康，净化市场消费环境，根据《中华人民共和国食品安全法》《中华人民共和国广告法》《中华人民共和国农产品质量安全法》等法律法规，制定本规定。

第二条　金银箔粉未列入《食品安全国家标准 食品添加剂使用标准》(GB 2760)，不属于食品添加剂，不是食品原料，不能用于食品生产经营。

第三条　本规定所称含金银箔粉食品是指食品生产经营者在生产加工制作的食品中添加金银箔粉、用于销售的食品。

第四条　食品生产者应当按照食品安全法律法规及标准生产加工食品，加强原辅料采购控制，不得采购使用金银箔粉生产加工食品。

第五条　食品、食用农产品销售者应当加强进货查验，不得采购销售含金银箔粉食品及食用农产品。餐饮服务提供者应当加强原料采购、加工制作管理，不得制作、售卖含金银箔粉的餐食。

第六条　食品进口商应当依法进口食品，进口的食品应当符合我国食品安全国家标准，不得进口含金银箔粉食品和用于食品生产经营的金银箔粉。

第七条　网络食品交易第三方平台应当严格落实主体责任，加强平台内经营者资质审核。网络食品交易第三方平台应当对平台上的食品经营行为及信息进行检查，禁止入网食品生产经营者宣传、销售含金银箔粉食品。网络食品交易第三方平台发现入网食品生产经营者宣传、销售含金银箔粉食品的，应当及时制止并立即报告所在地县级市场监管部门；发现严重违法行为的，应当立即停止提供网络交易平台服务。

第八条　入网食品生产经营者应当依法经营，不得通过互联网等信息网络宣传、销售含金银箔粉食品。任何单位和个人不得通过互联网等信息网络宣传金银箔粉可食用。

第九条　相关广告主体在食品广告中不得宣传金银箔粉可食用，不得宣传食品中添加金银箔粉具有保健功能、治疗功效等，不得以食品添加金银箔粉为噱头宣扬奢靡享乐、拜金主义等。

第十条　食用农产品生产者、销售者应当依法从事食用农产品生产经营活动，保障食用农产品质量安全，不得生产销售含金银箔粉的食用农产品，不得以添加金银箔粉为噱头炒作食用农产品。

第十一条　县级以上地方市场监管部门、农业农村主管部门、各级海关，应当加强食品安全监管和监测，发现违反本规定生产经营含金银箔粉食品和宣传金银箔粉可食用的，应当依法予以查处。

第十二条　县级以上地方市场监管部门发现食品生产经营者违反本规定第四条、第五条规定的，应当按照食品安全法相关规定予以查处，涉嫌犯罪的，依法移送公安机关；发现违反本规定第七条规定的，应当按照食品安全法、网络交易监督管理办法等相关规定予以查处；发现违反本规定第八条规定的，应当按照食品安全法、广告法等相关规定予以查处。

第十三条　海关发现进口商违反本规定第六条规定的，应责令其销毁或退运并按照食品安全法有关规定予以查处；发现已经进口的，有关主管部门应督促进口商立即停止销售，实施召回，进口商拒不召回的，海关依据食品安全法相关规定予以处罚。

第十四条　县级以上地方农业农村主管部门、市场监管部门发现食用农产品生产者、销售者违反本规定第十条规定的，应当按照农产品质量安全法、食品安全法等相关规定予以查处，涉嫌犯罪的，依法移送公安机关。

第十五条　卫生健康行政部门应当会同相关部门开展食品安全科普宣传，适时组织专家解读含金银箔粉食品的安全风险，及时发布消费警示。

第十六条　各相关部门、食品行业协会应当加强食品安全宣传和营养健康教育，倡导健康饮食方式，引导科学理性消费。

第十七条　任何组织或者个人发现生产经营含金银箔粉食品、宣传金银箔粉可食用等违法行为的，可向相关部门投诉举报。

第十八条　本规定自发布之日起施行。

企业落实食品安全主体责任监督管理规定

1. 2022年9月22日国家市场监督管理总局令第60号公布
2. 自2022年11月1日起施行

第一条 为了督促企业落实食品安全主体责任，强化企业主要负责人食品安全责任，规范食品安全管理人员行为，根据《中华人民共和国食品安全法》及其实施条例等法律法规，制定本规定。

第二条 在中华人民共和国境内，食品生产经营企业主要负责人以及食品安全总监、食品安全员等食品安全管理人员，依法落实食品安全责任的行为及其监督管理，适用本规定。

第三条 食品生产经营企业应当建立健全食品安全管理制度，落实食品安全责任制，依法配备与企业规模、食品类别、风险等级、管理水平、安全状况等相适应的食品安全总监、食品安全员等食品安全管理人员，明确企业主要负责人、食品安全总监、食品安全员等的岗位职责。

企业主要负责人对本企业食品安全工作全面负责，建立并落实食品安全主体责任的长效机制。食品安全总监、食品安全员应当按照岗位职责协助企业主要负责人做好食品安全管理工作。

第四条 食品生产经营企业主要负责人应当支持和保障食品安全总监、食品安全员依法开展食品安全管理工作，在作出涉及食品安全的重大决策前，应当充分听取食品安全总监和食品安全员的意见和建议。

食品安全总监、食品安全员发现有食品安全事故潜在风险的，应当提出停止相关食品生产经营活动等否决建议，企业应当立即分析研判，采取处置措施，消除风险隐患。

第五条 在依法配备食品安全员的基础上，下列食品生产经营企业、集中用餐单位的食堂应当配备食品安全总监：

（一）特殊食品生产企业；

（二）大中型食品生产企业；

（三）大中型餐饮服务企业、连锁餐饮企业总部；

（四）大中型食品销售企业、连锁销售企业总部；

（五）用餐人数300人以上的托幼机构食堂、用餐人数500人以上的学校食堂，以及用餐人数或者供餐人数超过1000人的单位。

县级以上地方市场监督管理部门应当结合本地区实际，指导本辖区具备条件的企业配备食品安全总监。

第六条 食品安全总监、食品安全员应当具备下列食品安全管理能力：

（一）掌握相应的食品安全法律法规、食品安全标准；

（二）具备识别和防控相应食品安全风险的专业知识；

（三）熟悉本企业食品安全相关设施设备、工艺流程、操作规程等生产经营过程控制要求；

（四）参加企业组织的食品安全管理人员培训并通过考核；

（五）其他应当具备的食品安全管理能力。

食品生产经营企业可以将符合前款规定的企业负责人、食品安全管理人员明确为食品安全总监、食品安全员。

第七条 因食品安全违法被吊销许可证的企业，其法定代表人、直接负责的主管人员和其他直接责任人员，自处罚决定作出之日起五年内不得担任食品安全总监、食品安全员。

因食品安全犯罪被判处有期徒刑以上刑罚的人员，终身不得担任食品安全总监、食品安全员。

第八条 食品安全总监按照职责要求直接对本企业主要负责人负责，协助主要负责人做好食品安全管理工作，承担下列职责：

（一）组织拟定食品安全管理制度，督促落实食品安全责任制，明确从业人员健康管理、供货者管理、进货查验、生产经营过程控制、出厂检验、追溯体系建设、投诉举报处理等食品安全方面的责任要求；

（二）组织拟定并督促落实食品安全风险防控措施，定期组织食品安全自查，评估食品安全状况，及时向企业主要负责人报告食品安全工作情况并提出改进措施，阻止、纠正食品安全违法行为，按照规定组织实施食品召回；

（三）组织拟定食品安全事故处置方案，组织开展应急演练，落实食品安全事故报告义务，采取措施防止事故扩大；

（四）负责管理、督促、指导食品安全员按照职责做好相关工作，组织开展职工食品安全教育、培训、考核；

（五）接受和配合监督管理部门开展食品安全监督检查等工作，如实提供有关情况；

（六）其他食品安全管理责任。

食品生产经营企业应当按照前款规定，结合企业实际，细化制定《食品安全总监职责》。

第九条 食品安全员按照职责要求对食品安全总监或者企业主要负责人负责，从事食品安全管理具体工作，承担下列职责：

（一）督促落实食品生产经营过程控制要求；

（二）检查食品安全管理制度执行情况，管理维护食品安全生产经营过程记录材料，按照要求保存相关资料；

（三）对不符合食品安全标准的食品或者有证据证明可能危害人体健康的食品以及发现的食品安全风险隐患，及时采取有效措施整改并报告；

（四）记录和管理从业人员健康状况、卫生状况；

（五）配合有关部门调查处理食品安全事故；

（六）其他食品安全管理责任。

食品生产经营企业应当按照前款规定，结合企业实际，细化制定《食品安全员守则》。

第十条 食品生产经营企业应当建立基于食品安全风险防控的动态管理机制，结合企业实际，落实自查要求，制定食品安全风险管控清单，建立健全日管控、周排查、月调度工作制度和机制。

第十一条 企业应当建立食品安全日管控制度。食品安全员每日根据风险管控清单进行检查，形成《每日食品安全检查记录》，对发现的食品安全风险隐患，应当立即采取防范措施，按照程序及时上报食品安全总监或者企业主要负责人。未发现问题的，也应当予以记录，实行零风险报告。

第十二条 企业应当建立食品安全周排查制度。食品安全总监或者食品安全员每周至少组织1次风险隐患排查，分析研判食品安全管理情况，研究解决日管控中发现的问题，形成《每周食品安全排查治理报告》。

第十三条 企业应当建立食品安全月调度制度。企业主要负责人每月至少听取1次食品安全总监管理工作情况汇报，对当月食品安全日常管理、风险隐患排查治理等情况进行工作总结，对下个月重点工作作出调度安排，形成《每月食品安全调度会议纪要》。

第十四条 食品生产经营企业应当将主要负责人、食品安全总监、食品安全员等人员的设立、调整情况，《食品安全总监职责》《食品安全员守则》以及食品安全总监、食品安全员提出的意见建议和报告等履职情况予以记录并存档备查。

第十五条 市场监督管理部门应当将企业建立并落实食品安全责任制等管理制度，企业在日管控、周排查、月调度中发现的食品安全风险隐患以及整改情况，作为监督检查的重要内容。

第十六条 食品生产经营企业应当组织对本企业职工进行食品安全知识培训，对食品安全总监、食品安全员进行法律、法规、标准和专业知识培训、考核，并对培训、考核情况予以记录，存档备查。

县级以上地方市场监督管理部门按照国家市场监督管理总局制定的食品安全管理人员考核指南，组织对本辖区食品生产经营企业的食品安全总监、食品安全员随机进行监督抽查考核并公布考核结果。监督抽查考核不得收取费用。

抽查考核不合格，不再符合食品生产经营要求的，食品生产经营企业应当立即采取整改措施。

第十七条 食品生产经营企业应当为食品安全总监、食品安全员提供必要的工作条件、教育培训和岗位待遇，充分保障其依法履行职责。

鼓励企业建立对食品安全总监、食品安全员的激励机制，对工作成效显著的给予表彰和奖励。

第十八条 食品生产经营企业未按规定建立食品安全管理制度，或者未按规定配备、培训、考核食品安全总监、食品安全员等食品安全管理人员，或者未按责任制要求落实食品安全责任的，由县级以上地方市场监督管理部门依照食品安全法第一百二十六条第一款的规定责令改正，给予警告；拒不改正的，处5000元以上5万元以下罚款；情节严重的，责令停产停业，直至吊销许可证。法律、行政法规有规定的，依照其规定。

第十九条 食品生产经营企业等单位有食品安全法规定的违法情形，除依照食品安全法的规定给予处罚外，有下列情形之一的，对单位的法定代表人、主要负责人、直接负责的主管人员和其他直接责任人员处以其上一年度从本单位取得收入的1倍以上10倍以下罚款：

（一）故意实施违法行为；

（二）违法行为性质恶劣；

（三）违法行为造成严重后果。

食品生产经营企业及其主要负责人无正当理由未采纳食品安全总监、食品安全员依照本规定第四条第二款提出的否决建议的，属于前款规定的故意实施违法行为的情形。食品安全总监、食品安全员已经依法履职尽责的，不予处罚。

第二十条 食品生产经营企业主要负责人是指在本企业生产经营中承担全面领导责任的法定代表人、实际控制人等主要决策人。

直接负责的主管人员是指在违法行为中负有直接

管理责任的人员,包括食品安全总监等。

其他直接责任人员是指具体实施违法行为并起较大作用的人员,既可以是单位的生产经营管理人员,也可以是单位的职工,包括食品安全员等。

第二十一条 网络食品交易第三方平台、大型食品仓储企业、食品集中交易市场开办者、食品展销会举办者可以参照本规定执行。

省、自治区、直辖市市场监督管理部门可以根据本地区实际,参照本规定制定其他食品生产经营者落实食品安全主体责任的管理办法。

第二十二条 本规定自2022年11月1日起施行。

食品相关产品质量安全监督管理暂行办法

1. 2022年10月8日国家市场监督管理总局令第62号公布
2. 自2023年3月1日起施行

第一章 总 则

第一条 为了加强食品相关产品质量安全监督管理,保障公众身体健康和生命安全,根据《中华人民共和国食品安全法》《中华人民共和国产品质量法》等有关法律、法规,制定本办法。

第二条 在中华人民共和国境内生产、销售食品相关产品及其监督管理适用本办法。法律、法规、规章对食品相关产品质量安全监督管理另有规定的从其规定。

食品生产经营中使用食品相关产品的监督管理按照有关规定执行。

第三条 食品相关产品质量安全工作实行预防为主、风险管理、全程控制、社会共治,建立科学、严格的监督管理制度。

第四条 国家市场监督管理总局监督指导全国食品相关产品质量安全监督管理工作。

省级市场监督管理部门负责监督指导和组织本行政区域内食品相关产品质量安全监督管理工作。

市级及以下市场监督管理部门负责实施本行政区域内食品相关产品质量安全监督管理工作。

第二章 生产销售

第五条 生产者、销售者对其生产、销售的食品相关产品质量安全负责。

第六条 禁止生产、销售下列食品相关产品:

(一)使用不符合食品安全标准及相关公告的原辅料和添加剂,以及其他可能危害人体健康的物质生产的食品相关产品,或者超范围、超限量使用添加剂生产的食品相关产品;

(二)致病性微生物,农药残留、兽药残留、生物毒素、重金属等污染物质以及其他危害人体健康的物质含量和迁移量超过食品安全标准限量的食品相关产品;

(三)在食品相关产品中掺杂、掺假,以假充真,以次充好或者以不合格食品相关产品冒充合格食品相关产品;

(四)国家明令淘汰或者失效、变质的食品相关产品;

(五)伪造产地,伪造或者冒用他人厂名、厂址、质量标志的食品相关产品;

(六)其他不符合法律、法规、规章、食品安全标准及其他强制性规定的食品相关产品。

第七条 国家建立食品相关产品生产企业质量安全管理人员制度。食品相关产品生产者应当建立并落实食品相关产品质量安全责任制,配备与其企业规模、产品类别、风险等级、管理水平、安全状况等相适应的质量安全总监、质量安全员等质量安全管理人员,明确企业主要负责人、质量安全总监、质量安全员等不同层级管理人员的岗位职责。

企业主要负责人对食品相关产品质量安全工作全面负责,建立并落实质量安全主体责任的管理制度和长效机制。质量安全总监、质量安全员应当协助企业主要负责人做好食品相关产品质量安全管理工作。

第八条 在依法配备质量安全员的基础上,直接接触食品的包装材料等具有较高风险的食品相关产品生产者,应当配备质量安全总监。

食品相关产品质量安全总监和质量安全员具体管理要求,参照国家食品安全主体责任管理制度执行。

第九条 食品相关产品生产者应当建立并实施原辅料控制,生产、贮存、包装等生产关键环节控制,过程、出厂等检验控制,运输及交付控制等食品相关产品质量安全管理制度,保证生产全过程控制和所生产的食品相关产品符合食品安全标准及其他强制性规定的要求。

食品相关产品生产者应当制定食品相关产品质量安全事故处置方案,定期检查各项质量安全防范措施的落实情况,及时消除事故隐患。

第十条 食品相关产品生产者实施原辅料控制,应当包括采购、验收、贮存和使用等过程,形成并保存相关过程记录。

食品相关产品生产者应当对首次使用的原辅料、配方和生产工艺进行安全评估及验证，并保存相关记录。

第十一条　食品相关产品生产者应当通过自行检验，或者委托具备相应资质的检验机构对产品进行检验，形成并保存相应记录，检验合格后方可出厂或者销售。

食品相关产品生产者应当建立不合格产品管理制度，对检验结果不合格的产品进行相应处置。

第十二条　食品相关产品销售者应当建立并实施食品相关产品进货查验制度，验明供货者营业执照、相关许可证件、产品合格证明和产品标识，如实记录食品相关产品的名称、数量、进货日期以及供货者名称、地址、联系方式等内容，并保存相关凭证。

第十三条　本办法第十条、第十一条和第十二条要求形成的相关记录和凭证保存期限不得少于产品保质期，产品保质期不足二年的或者没有明确保质期的，保存期限不得少于二年。

第十四条　食品相关产品生产者应当建立食品相关产品质量安全追溯制度，保证从原辅料和添加剂采购到产品销售所有环节均可有效追溯。

鼓励食品相关产品生产者、销售者采用信息化手段采集、留存生产和销售信息，建立食品相关产品质量安全追溯体系。

第十五条　食品相关产品标识信息应当清晰、真实、准确，不得欺骗、误导消费者。标识信息应当标明下列事项：

（一）食品相关产品名称；

（二）生产者名称、地址、联系方式；

（三）生产日期和保质期（适用时）；

（四）执行标准；

（五）材质和类别；

（六）注意事项或者警示信息；

（七）法律、法规、规章、食品安全标准及其他强制性规定要求的应当标明的其他事项。

食品相关产品还应当按照有关标准要求在显著位置标注“食品接触用”“食品包装用”等用语或者标志。

食品安全标准对食品相关产品标识信息另有其他要求的，从其规定。

第十六条　鼓励食品相关产品生产者将所生产的食品相关产品有关内容向社会公示。鼓励有条件的食品相关产品生产者以电子信息、追溯信息码等方式进行公示。

第十七条　食品相关产品需要召回的，按照国家召回管理的有关规定执行。

第十八条　鼓励食品相关产品生产者、销售者参加相关安全责任保险。

第三章　监督管理

第十九条　对直接接触食品的包装材料等具有较高风险的食品相关产品，按照国家有关工业产品生产许可证管理的规定实施生产许可。食品相关产品生产许可实行告知承诺审批和全覆盖例行检查。

省级市场监督管理部门负责组织实施本行政区域内食品相关产品生产许可和监督管理。根据需要，省级市场监督管理部门可以将食品相关产品生产许可委托下级市场监督管理部门实施。

第二十条　市场监督管理部门建立分层分级、精准防控、末端发力、终端见效工作机制，以“双随机、一公开”监管为主要方式，随机抽取检查对象，随机选派检查人员对食品相关产品生产者、销售者实施日常监督检查，及时向社会公开检查事项及检查结果。

市场监督管理部门实施日常监督检查主要包括书面审查和现场检查。必要时，可以邀请检验检测机构、科研院所等技术机构为日常监督检查提供技术支撑。

第二十一条　对食品相关产品生产者实施日常监督检查的事项包括：生产者资质、生产环境条件、设备设施管理、原辅料控制、生产关键环节控制、检验控制、运输及交付控制、标识信息、不合格品管理和产品召回、从业人员管理、信息记录和追溯、质量安全事故处置等情况。

第二十二条　对食品相关产品销售者实施日常监督检查的事项包括：销售者资质、进货查验结果、食品相关产品贮存、标识信息、质量安全事故处置等情况。

第二十三条　市场监督管理部门实施日常监督检查，可以要求食品相关产品生产者、销售者如实提供本办法第二十一条、第二十二条规定的相关材料。必要时，可以要求被检查单位作出说明或者提供补充材料。

日常监督检查发现食品相关产品可能存在质量安全问题的，市场监督管理部门可以组织技术机构对工艺控制参数、记录的数据参数或者食品相关产品进行抽样检验、测试、验证。

市场监督管理部门应当记录、汇总和分析食品相关产品日常监督检查信息。

第二十四条　市场监督管理部门对其他部门移送、上级交办、投诉、举报等途径和检验检测、风险监测等方式发现的食品相关产品质量安全问题线索，根据需要可以对食品相关产品生产者、销售者及其产品实施针对性监督检查。

第二十五条　县级以上地方市场监督管理部门对食品相关产品生产者、销售者进行监督检查时，有权采取下列措施：

（一）进入生产、销售场所实施现场检查；

（二）对生产、销售的食品相关产品进行抽样检验；

（三）查阅、复制有关合同、票据、账簿以及其他有关资料；

（四）查封、扣押有证据证明不符合食品安全标准或者有证据证明存在质量安全隐患以及用于违法生产经营的食品相关产品、工具、设备；

（五）查封违法从事食品相关产品生产经营活动的场所；

（六）法律法规规定的其他措施。

第二十六条　县级以上地方市场监督管理部门应当对监督检查中发现的问题，书面提出整改要求及期限。被检查企业应当按期整改，并将整改情况报告市场监督管理部门。

对监督检查中发现的违法行为，应当依法查处；不属于本部门职责或者超出监管范围的，应当及时移送有权处理的部门；涉嫌构成犯罪的，应当及时移送公安机关。

第二十七条　市场监督管理部门对可能危及人体健康和人身、财产安全的食品相关产品，影响国计民生以及消费者、有关组织反映有质量安全问题的食品相关产品，依据产品质量监督抽查有关规定进行监督抽查。法律、法规、规章对食品相关产品质量安全的监督抽查另有规定的，依照有关规定执行。

第二十八条　县级以上地方市场监督管理部门应当建立完善本行政区域内食品相关产品生产者名录数据库。鼓励运用信息化手段实现电子化管理。

县级以上地方市场监督管理部门可以根据食品相关产品质量安全风险监测、风险评估结果和质量安全状况等，结合企业信用风险分类结果，对食品相关产品生产者实施质量安全风险分级监督管理。

第二十九条　国家市场监督管理总局按照有关规定实施国家食品相关产品质量安全风险监测。省级市场监督管理部门按照本行政区域的食品相关产品质量安全风险监测方案，开展食品相关产品质量安全风险监测工作。风险监测结果表明可能存在质量安全隐患的，应当将相关信息通报同级卫生行政等部门。

承担食品相关产品质量安全风险监测工作的技术机构应当根据食品相关产品质量安全风险监测计划和监测方案开展监测工作，保证监测数据真实、准确，并按照要求报送监测数据和分析结果。

第三十条　国家市场监督管理总局按照国家有关规定向相关部门通报食品相关产品质量安全信息。

县级以上地方市场监督管理部门按照有关要求向上一级市场监督管理部门、同级相关部门通报食品相关产品质量安全信息。通报信息涉及其他地区的，应当及时向相关地区同级部门通报。

第三十一条　食品相关产品质量安全信息包括以下内容：

（一）食品相关产品生产许可、监督抽查、监督检查和风险监测中发现的食品相关产品质量安全信息；

（二）有关部门通报的，行业协会和消费者协会等组织、企业和消费者反映的食品相关产品质量安全信息；

（三）舆情反映的食品相关产品质量安全信息；

（四）其他与食品相关产品质量安全有关的信息。

第三十二条　市场监督管理部门对食品相关产品质量安全风险信息可以组织风险研判，进行食品相关产品质量安全状况综合分析，或者会同同级人民政府有关部门、行业组织、企业等共同研判。认为需要进行风险评估的，应当向同级卫生行政部门提出风险评估的建议。

第三十三条　市场监督管理部门实施食品相关产品生产许可、全覆盖例行检查、监督检查以及产品质量监督抽查中作出的行政处罚信息，依法记入国家企业信用信息公示系统，向社会公示。

第四章　法律责任

第三十四条　违反本办法规定，法律、法规对违法行为处罚已有规定的，依照其规定执行。

第三十五条　违反本办法第六条第一项规定，使用不符合食品安全标准及相关公告的原辅料和添加剂，以及其他可能危害人体健康的物质作为原辅料生产食品相关产品，或者超范围、超限量使用添加剂生产食品相关产品的，处十万元以下罚款；情节严重的，处二十万元以下罚款。

第三十六条　违反本办法规定，有下列情形之一的，责令限期改正；逾期不改或者改正后仍然不符合要求的，处三万元以下罚款；情节严重的，处五万元以下罚款：

（一）食品相关产品生产者未建立并实施本办法第九条第一款规定的食品相关产品质量安全管理制度的；

（二）食品相关产品生产者未按照本办法第九条

第二款规定制定食品相关产品质量安全事故处置方案的；

（三）食品相关产品生产者未按照本办法第十条规定实施原辅料控制以及开展相关安全评估验证的；

（四）食品相关产品生产者未按照本办法第十一条第二款规定建立并实施不合格产品管理制度、对检验结果不合格的产品进行相应处置的；

（五）食品相关产品销售者未按照本办法第十二条建立并实施进货查验制度的。

第三十七条　市场监督管理部门工作人员，在食品相关产品质量安全监督管理工作中玩忽职守、滥用职权、徇私舞弊的，依法追究法律责任；涉嫌违纪违法的，移送纪检监察机关依纪依规依法给予党纪政务处分；涉嫌违法犯罪的，移送监察机关、司法机关依法处理。

第五章　附　　则

第三十八条　本办法所称食品相关产品，是指用于食品的包装材料、容器、洗涤剂、消毒剂和用于食品生产经营的工具、设备。其中，消毒剂的质量安全监督管理按照有关规定执行。

第三十九条　本办法自 2023 年 3 月 1 日起施行。

最高人民法院关于审理食品安全民事纠纷案件适用法律若干问题的解释（一）

1. 2020 年 10 月 19 日最高人民法院审判委员会第 1813 次会议通过
2. 2020 年 12 月 8 日公布
3. 法释〔2020〕14 号
4. 自 2021 年 1 月 1 日起施行

为正确审理食品安全民事纠纷案件，保障公众身体健康和生命安全，根据《中华人民共和国民法典》《中华人民共和国食品安全法》《中华人民共和国消费者权益保护法》《中华人民共和国民事诉讼法》等法律的规定，结合民事审判实践，制定本解释。

第一条　消费者因不符合食品安全标准的食品受到损害，依据食品安全法第一百四十八条第一款规定诉请食品生产者或者经营者赔偿损失，被诉的生产者或者经营者以赔偿责任应由生产经营者中的另一方承担为由主张免责的，人民法院不予支持。属于生产者责任的，经营者赔偿后有权向生产者追偿；属于经营者责任的，生产者赔偿后有权向经营者追偿。

第二条　电子商务平台经营者以标记自营业务方式所销售的食品或者虽未标记自营但实际开展自营业务所销售的食品不符合食品安全标准，消费者依据食品安全法第一百四十八条规定主张电子商务平台经营者承担作为食品经营者的赔偿责任的，人民法院应予支持。

电子商务平台经营者虽非实际开展自营业务，但其所作标识等足以误导消费者让消费者相信系电子商务平台经营者自营，消费者依据食品安全法第一百四十八条规定主张电子商务平台经营者承担作为食品经营者的赔偿责任的，人民法院应予支持。

第三条　电子商务平台经营者违反食品安全法第六十二条和第一百三十一条规定，未对平台内食品经营者进行实名登记、审查许可证，或者未履行报告、停止提供网络交易平台服务等义务，使消费者的合法权益受到损害，消费者主张电子商务平台经营者与平台内食品经营者承担连带责任的，人民法院应予支持。

第四条　公共交通运输的承运人向旅客提供的食品不符合食品安全标准，旅客主张承运人依据食品安全法第一百四十八条规定承担作为食品生产者或者经营者的赔偿责任的，人民法院应予支持；承运人以其不是食品的生产经营者或者食品是免费提供为由进行免责抗辩的，人民法院不予支持。

第五条　有关单位或者个人明知食品生产经营者从事食品安全法第一百二十三条第一款规定的违法行为而仍为其提供设备、技术、原料、销售渠道、运输、储存或者其他便利条件，消费者主张该单位或者个人依据食品安全法第一百二十三条第二款的规定与食品生产经营者承担连带责任的，人民法院应予支持。

第六条　食品经营者具有下列情形之一，消费者主张构成食品安全法第一百四十八条规定的“明知”的，人民法院应予支持：

（一）已过食品标明的保质期但仍然销售的；

（二）未能提供所售食品的合法进货来源的；

（三）以明显不合理的低价进货且无合理原因的；

（四）未依法履行进货查验义务的；

（五）虚假标注、更改食品生产日期、批号的；

（六）转移、隐匿、非法销毁食品进销货记录或者故意提供虚假信息的；

（七）其他能够认定为明知的情形。

第七条　消费者认为生产经营者生产经营不符合食品安全标准的食品同时构成欺诈的，有权选择依据食品安全法第一百四十八条第二款或者消费者权益保护法第五十五条第一款规定主张食品生产者或者经营者承担惩罚性赔偿责任。

第八条　经营者经营明知是不符合食品安全标准的食品，但向消费者承诺的赔偿标准高于食品安全法第一百四十八条规定的赔偿标准，消费者主张经营者按照承诺赔偿的，人民法院应当依法予以支持。

第九条　食品符合食品安全标准但未达到生产经营者承诺的质量标准，消费者依照民法典、消费者权益保护法等法律规定主张生产经营者承担责任的，人民法院应予支持，但消费者主张生产经营者依据食品安全法第一百四十八条规定承担赔偿责任的，人民法院不予支持。

第十条　食品不符合食品安全标准，消费者主张生产者或者经营者依据食品安全法第一百四十八条第二款规定承担惩罚性赔偿责任，生产者或者经营者以未造成消费者人身损害为由抗辩的，人民法院不予支持。

第十一条　生产经营未标明生产者名称、地址、成分或者配料表，或者未清晰标明生产日期、保质期的预包装食品，消费者主张生产者或者经营者依据食品安全法第一百四十八条第二款规定承担惩罚性赔偿责任的，人民法院应予支持，但法律、行政法规、食品安全国家标准对标签标注事项另有规定的除外。

第十二条　进口的食品不符合我国食品安全国家标准或者国务院卫生行政部门决定暂予适用的标准，消费者主张销售者、进口商等经营者依据食品安全法第一百四十八条规定承担赔偿责任，销售者、进口商等经营者仅以进口的食品符合出口地食品安全标准或者已经过我国出入境检验检疫机构检验检疫为由进行免责抗辩的，人民法院不予支持。

第十三条　生产经营不符合食品安全标准的食品，侵害众多消费者合法权益，损害社会公共利益，民事诉讼法、消费者权益保护法等法律规定的机关和有关组织依法提起公益诉讼的，人民法院应予受理。

第十四条　本解释自2021年1月1日起施行。

本解释施行后人民法院正在审理的一审、二审案件适用本解释。

本解释施行前已经终审，本解释施行后当事人申请再审或者按照审判监督程序决定再审的案件，不适用本解释。

最高人民法院以前发布的司法解释与本解释不一致的，以本解释为准。

最高人民法院、最高人民检察院关于办理危害食品安全刑事案件适用法律若干问题的解释

1. *2021年12月13日最高人民法院审判委员会第1856次会议、2021年12月29日最高人民检察院第十三届检察委员会第八十四次会议通过*
2. *2021年12月30日公布*
3. *法释〔2021〕24号*
4. *自2022年1月1日起施行*

为依法惩治危害食品安全犯罪，保障人民群众身体健康、生命安全，根据《中华人民共和国刑法》《中华人民共和国刑事诉讼法》的有关规定，对办理此类刑事案件适用法律的若干问题解释如下：

第一条　生产、销售不符合食品安全标准的食品，具有下列情形之一的，应当认定为刑法第一百四十三条规定的“足以造成严重食物中毒事故或者其他严重食源性疾病”：

（一）含有严重超出标准限量的致病性微生物、农药残留、兽药残留、生物毒素、重金属等污染物质以及其他严重危害人体健康的物质的；

（二）属于病死、死因不明或者检验检疫不合格的畜、禽、兽、水产动物肉类及其制品的；

（三）属于国家为防控疾病等特殊需要明令禁止生产、销售的；

（四）特殊医学用途配方食品、专供婴幼儿的主辅食品营养成分严重不符合食品安全标准的；

（五）其他足以造成严重食物中毒事故或者严重食源性疾病的情形。

第二条　生产、销售不符合食品安全标准的食品，具有下列情形之一的，应当认定为刑法第一百四十三条规定的“对人体健康造成严重危害”：

（一）造成轻伤以上伤害的；

（二）造成轻度残疾或者中度残疾的；

（三）造成器官组织损伤导致一般功能障碍或者严重功能障碍的；

（四）造成十人以上严重食物中毒或者其他严重食源性疾病的；

（五）其他对人体健康造成严重危害的情形。

第三条　生产、销售不符合食品安全标准的食品，具有下列情形之一的，应当认定为刑法第一百四十三条规定

的“其他严重情节”：

（一）生产、销售金额二十万元以上的；

（二）生产、销售金额十万元以上不满二十万元，不符合食品安全标准的食品数量较大或者生产、销售持续时间六个月以上的；

（三）生产、销售金额十万元以上不满二十万元，属于特殊医学用途配方食品、专供婴幼儿的主辅食品的；

（四）生产、销售金额十万元以上不满二十万元，且在中小学校园、托幼机构、养老机构及周边面向未成年人、老年人销售的；

（五）生产、销售金额十万元以上不满二十万元，曾因危害食品安全犯罪受过刑事处罚或者二年内因危害食品安全违法行为受过行政处罚的；

（六）其他情节严重的情形。

第四条　生产、销售不符合食品安全标准的食品，具有下列情形之一的，应当认定为刑法第一百四十三条规定的“后果特别严重”：

（一）致人死亡的；

（二）造成重度残疾以上的；

（三）造成三人以上重伤、中度残疾或者器官组织损伤导致严重功能障碍的；

（四）造成十人以上轻伤、五人以上轻度残疾或者器官组织损伤导致一般功能障碍的；

（五）造成三十人以上严重食物中毒或者其他严重食源性疾病的；

（六）其他特别严重的后果。

第五条　在食品生产、销售、运输、贮存等过程中，违反食品安全标准，超限量或者超范围滥用食品添加剂，足以造成严重食物中毒事故或者其他严重食源性疾病的，依照刑法第一百四十三条的规定以生产、销售不符合安全标准的食品罪定罪处罚。

在食用农产品种植、养殖、销售、运输、贮存等过程中，违反食品安全标准，超限量或者超范围滥用添加剂、农药、兽药等，足以造成严重食物中毒事故或者其他严重食源性疾病的，适用前款的规定定罪处罚。

第六条　生产、销售有毒、有害食品，具有本解释第二条规定情形之一的，应当认定为刑法第一百四十四条规定的“对人体健康造成严重危害”。

第七条　生产、销售有毒、有害食品，具有下列情形之一的，应当认定为刑法第一百四十四条规定的“其他严重情节”：

（一）生产、销售金额二十万元以上不满五十万元的；

（二）生产、销售金额十万元以上不满二十万元，有毒、有害食品数量较大或者生产、销售持续时间六个月以上的；

（三）生产、销售金额十万元以上不满二十万元，属于特殊医学用途配方食品、专供婴幼儿的主辅食品的；

（四）生产、销售金额十万元以上不满二十万元，且在中小学校园、托幼机构、养老机构及周边面向未成年人、老年人销售的；

（五）生产、销售金额十万元以上不满二十万元，曾因危害食品安全犯罪受过刑事处罚或者二年内因危害食品安全违法行为受过行政处罚的；

（六）有毒、有害的非食品原料毒害性强或者含量高的；

（七）其他情节严重的情形。

第八条　生产、销售有毒、有害食品，生产、销售金额五十万元以上，或者具有本解释第四条第二项至第六项规定的情形之一的，应当认定为刑法第一百四十四条规定的“其他特别严重情节”。

第九条　下列物质应当认定为刑法第一百四十四条规定的“有毒、有害的非食品原料”：

（一）因危害人体健康，被法律、法规禁止在食品生产经营活动中添加、使用的物质；

（二）因危害人体健康，被国务院有关部门列入《食品中可能违法添加的非食用物质名单》《保健食品中可能非法添加的物质名单》和国务院有关部门公告的禁用农药、《食品动物中禁止使用的药品及其他化合物清单》等名单上的物质；

（三）其他有毒、有害的物质。

第十条　刑法第一百四十四条规定的“明知”，应当综合行为人的认知能力、食品质量、进货或者销售的渠道及价格等主、客观因素进行认定。

具有下列情形之一的，可以认定为刑法第一百四十四条规定的“明知”，但存在相反证据并经查证属实的除外：

（一）长期从事相关食品、食用农产品生产、种植、养殖、销售、运输、贮存行业，不依法履行保障食品安全义务的；

（二）没有合法有效的购货凭证，且不能提供或者拒不提供销售的相关食品来源的；

（三）以明显低于市场价格进货或者销售且无合理原因的；

（四）在有关部门发出禁令或者食品安全预警的情况下继续销售的；

（五）因实施危害食品安全行为受过行政处罚或者刑事处罚，又实施同种行为的；

（六）其他足以认定行为人明知的情形。

第十一条 在食品生产、销售、运输、贮存等过程中，掺入有毒、有害的非食品原料，或者使用有毒、有害的非食品原料生产食品的，依照刑法第一百四十四条的规定以生产、销售有毒、有害食品罪定罪处罚。

在食用农产品种植、养殖、销售、运输、贮存等过程中，使用禁用农药、食品动物中禁止使用的药品及其他化合物等有毒、有害的非食品原料，适用前款的规定定罪处罚。

在保健食品或者其他食品中非法添加国家禁用药物等有毒、有害的非食品原料的，适用第一款的规定定罪处罚。

第十二条 在食品生产、销售、运输、贮存等过程中，使用不符合食品安全标准的食品包装材料、容器、洗涤剂、消毒剂，或者用于食品生产经营的工具、设备等，造成食品被污染，符合刑法第一百四十三条、第一百四十四条规定的，以生产、销售不符合安全标准的食品罪或者生产、销售有毒、有害食品罪定罪处罚。

第十三条 生产、销售不符合食品安全标准的食品，有毒、有害食品，符合刑法第一百四十三条、第一百四十四条规定的，以生产、销售不符合安全标准的食品罪或者生产、销售有毒、有害食品罪定罪处罚。同时构成其他犯罪的，依照处罚较重的规定定罪处罚。

生产、销售不符合食品安全标准的食品，无证据证明足以造成严重食物中毒事故或者其他严重食源性疾病，不构成生产、销售不符合安全标准的食品罪，但构成生产、销售伪劣产品罪，妨害动植物防疫、检疫罪等其他犯罪的，依照该其他犯罪定罪处罚。

第十四条 明知他人生产、销售不符合食品安全标准的食品，有毒、有害食品，具有下列情形之一的，以生产、销售不符合安全标准的食品罪或者生产、销售有毒、有害食品罪的共犯论处：

（一）提供资金、贷款、账号、发票、证明、许可证件的；

（二）提供生产、经营场所或者运输、贮存、保管、邮寄、销售渠道等便利条件的；

（三）提供生产技术或者食品原料、食品添加剂、食品相关产品或者有毒、有害的非食品原料的；

（四）提供广告宣传的；

（五）提供其他帮助行为的。

第十五条 生产、销售不符合食品安全标准的食品添加剂，用于食品的包装材料、容器、洗涤剂、消毒剂，或者用于食品生产经营的工具、设备等，符合刑法第一百四十条规定的，以生产、销售伪劣产品罪定罪处罚。

生产、销售用超过保质期的食品原料、超过保质期的食品、回收食品作为原料的食品，或者以更改生产日期、保质期、改换包装等方式销售超过保质期的食品、回收食品，适用前款的规定定罪处罚。

实施前两款行为，同时构成生产、销售不符合安全标准的食品罪，生产、销售不符合安全标准的产品罪等其他犯罪的，依照处罚较重的规定定罪处罚。

第十六条 以提供给他人生产、销售食品为目的，违反国家规定，生产、销售国家禁止用于食品生产、销售的非食品原料，情节严重的，依照刑法第二百二十五条的规定以非法经营罪定罪处罚。

以提供给他人生产、销售食用农产品为目的，违反国家规定，生产、销售国家禁用农药、食品动物中禁止使用的药品及其他化合物等有毒、有害的非食品原料，或者生产、销售添加上述有毒、有害的非食品原料的农药、兽药、饲料、饲料添加剂、饲料原料，情节严重的，依照前款的规定定罪处罚。

第十七条 违反国家规定，私设生猪屠宰厂（场），从事生猪屠宰、销售等经营活动，情节严重的，依照刑法第二百二十五条的规定以非法经营罪定罪处罚。

在畜禽屠宰相关环节，对畜禽使用食品动物中禁止使用的药品及其他化合物等有毒、有害的非食品原料，依照刑法第一百四十四条的规定以生产、销售有毒、有害食品罪定罪处罚；对畜禽注水或者注入其他物质，足以造成严重食物中毒事故或者其他严重食源性疾病的，依照刑法第一百四十三条的规定以生产、销售不符合安全标准的食品罪定罪处罚；虽不足以造成严重食物中毒事故或者其他严重食源性疾病，但符合刑法第一百四十条规定的，以生产、销售伪劣产品罪定罪处罚。

第十八条 实施本解释规定的非法经营行为，非法经营数额在十万元以上，或者违法所得数额在五万元以上的，应当认定为刑法第二百二十五条规定的"情节严重"；非法经营数额在五十万元以上，或者违法所得数额在二十五万元以上的，应当认定为刑法第二百二十五条规定的"情节特别严重"。

实施本解释规定的非法经营行为，同时构成生产、销售伪劣产品罪，生产、销售不符合安全标准的食品罪,生产、销售有毒、有害食品罪,生产、销售伪劣农药、兽药罪等其他犯罪的,依照处罚较重的规定定罪处罚。

第十九条 违反国家规定,利用广告对保健食品或者其他食品作虚假宣传,符合刑法第二百二十二条规定的,以虚假广告罪定罪处罚;以非法占有为目的,利用销售保健食品或者其他食品诈骗财物,符合刑法第二百六十六条规定的,以诈骗罪定罪处罚。同时构成生产、销售伪劣产品罪等其他犯罪的,依照处罚较重的规定定罪处罚。

第二十条 负有食品安全监督管理职责的国家机关工作人员,滥用职权或者玩忽职守,构成食品监管渎职罪,同时构成徇私舞弊不移交刑事案件罪、商检徇私舞弊罪、动植物检疫徇私舞弊罪、放纵制售伪劣商品犯罪行为罪等其他渎职犯罪的,依照处罚较重的规定定罪处罚。

负有食品安全监督管理职责的国家机关工作人员滥用职权或者玩忽职守,不构成食品监管渎职罪,但构成前款规定的其他渎职犯罪的,依照该其他犯罪定罪处罚。

负有食品安全监督管理职责的国家机关工作人员与他人共谋,利用其职务行为帮助他人实施危害食品安全犯罪行为,同时构成渎职犯罪和危害食品安全犯罪共犯的,依照处罚较重的规定定罪从重处罚。

第二十一条 犯生产、销售不符合安全标准的食品罪,生产、销售有毒、有害食品罪,一般应当依法判处生产、销售金额二倍以上的罚金。

共同犯罪的,对各共同犯罪人合计判处的罚金一般应当在生产、销售金额的二倍以上。

第二十二条 对实施本解释规定之犯罪的犯罪分子,应当依照刑法规定的条件,严格适用缓刑、免予刑事处罚。对于依法适用缓刑的,可以根据犯罪情况,同时宣告禁止令。

对于被不起诉或者免予刑事处罚的行为人,需要给予行政处罚、政务处分或者其他处分的,依法移送有关主管机关处理。

第二十三条 单位实施本解释规定的犯罪的,对单位判处罚金,并对直接负责的主管人员和其他直接责任人员,依照本解释规定的定罪量刑标准处罚。

第二十四条 “足以造成严重食物中毒事故或者其他严重食源性疾病”“有毒、有害的非食品原料”等专门性问题难以确定的,司法机关可以依据鉴定意见、检验报告、地市级以上相关行政主管部门组织出具的书面意见,结合其他证据作出认定。必要时,专门性问题由省级以上相关行政主管部门组织出具书面意见。

第二十五条 本解释所称“二年内”,以第一次违法行为受到行政处罚的生效之日与又实施相应行为之日的时间间隔计算确定。

第二十六条 本解释自2022年1月1日起施行。本解释公布实施后,《最高人民法院、最高人民检察院关于办理危害食品安全刑事案件适用法律若干问题的解释》(法释〔2013〕12号)同时废止;之前发布的司法解释与本解释不一致的,以本解释为准。

(2)保健食品

保健食品管理办法

1. 1996年3月15日卫生部令第46号发布
2. 自1996年6月1日起施行

第一章 总 则

第一条 为加强保健食品的监督管理,保证保健食品质量,根据《中华人民共和国食品卫生法》(下称《食品卫生法》)的有关规定,制定本办法。

第二条 本办法所称保健食品系指表明具有特定保健功能的食品。即适宜于特定人群食用,具有调节机体功能,不以治疗疾病为目的的食品。

第三条 国务院卫生行政部门(以下简称卫生部)对保健食品、保健食品说明书实行审批制度。

第二章 保健食品的审批

第四条 保健食品必须符合下列要求:

(一)经必要的动物和/或人群功能试验,证明其具有明确、稳定的保健作用;

(二)各种原料及其产品必须符合食品卫生要求,对人体不产生任何急性、亚急性或慢性危害;

(三)配方的组成及用量必须具有科学依据,具有明确的功效成分。如在现有技术条件下不能明确功效成分,应确定与保健功能有关的主要原料名称;

(四)标签、说明书及广告不得宣传疗效作用。

第五条 凡声称具有保健功能的食品必须经卫生部审查确认。研制者应向所在地的省级卫生行政部门提出申请。经初审同意后,报卫生部审批。卫生部对审查合格的保健食品发给《保健食品批准证书》,批准文号为“卫食健字( )第 号”。获得《保健食品批准证书》的食品准许使用卫生部规定的保健食品标志(标志图案见附件)。

第六条 申请《保健食品批准证书》时,必须提交下列资料:

(一)保健食品申请表;

(二)保健食品的配方、生产工艺及质量标准;

(三)毒理学安全性评价报告;

(四)保健功能评价报告;

(五)保健食品的功效成分名单,以及功效成分的定性和/或定量检验方法、稳定性试验报告。因在现有技术条件下,不能明确功效成分的,则须提交食品中与保健功能相关的主要原料名单;

(六)产品的样品及其卫生学检验报告;

(七)标签及说明书(送审样);

(八)国内外有关资料;

(九)根据有关规定或产品特性应提交的其他材料。

第七条 卫生部和省级卫生行政部门应分别成立评审委员会承担技术评审工作,委员会应由食品卫生、营养、毒理、医学及其他相关专业的专家组成。

第八条 卫生部评审委员会每年举行四次评审会,一般在每季度的最后一个月召开。经初审合格的全部材料必须在每季度第一个月底前寄到卫生部。卫生部根据评审意见,在评审后的30个工作日内,作出是否批准的决定。

卫生部评审委员会对申报的保健食品认为有必要复验的,由卫生部指定的检验机构进行复验。复验费用由保健食品申请者承担。

第九条 由两个或两个以上合作者共同申请同一保健食品时,《保健食品批准证书》共同署名,但证书只发给所有合作者共同确定的负责者。申请者,除提交本办法所列各项资料外,还应提交由所有合作者签章的负责者推荐书。

第十条 《保健食品批准证书》持有者可凭此证书转让技术或与他方共同合作生产。转让时,应与受让方共同向卫生部申领《保健食品批准证书》副本。申领时,应持《保健食品批准证书》,并提供有效的技术转让合同书。《保健食品批准证书》副本发放给受让方,受让方无权再进行技术转让。

第十一条 已由国家有关部门批准生产经营的药品,不得申请《保健食品批准证书》。

第十二条 进口保健食品时,进口商或代理人必须向卫生部提出申请。申请时,除提供第六条所需的材料外,还要提供出产国(地区)或国际组织的有关标准,以及生产、销售国(地区)有关卫生机构出具的允许生产或销售的证明。

第十三条 卫生部对审查合格的进口保健食品发放《进口保健食品批准证书》,取得《进口保健食品批准证书》的产品必须在包装上标注批准文号和卫生部规定的保健食品标志。

口岸进口食品卫生监督检验机构凭《进口保健食品批准证书》进行检验,合格后放行。

第三章 保健食品的生产经营

第十四条 在生产保健食品前,食品生产企业必须向所在地的省级卫生行政部门提出申请,经省级卫生行政部门审查同意并在申请者的卫生许可证上加注“××保健食品”的许可项目后方可进行生产。

第十五条 申请生产保健食品时,必须提交下列资料:

(一)有直接管辖权的卫生行政部门发放的有效食品生产经营卫生许可证;

(二)《保健食品批准证书》正本或副本;

(三)生产企业制订的保健食品企业标准、生产企业卫生规范及制订说明;

(四)技术转让或合作生产的,应提交与《保健食品批准证书》的持有者签定的技术转让或合作生产的有效合同书;

(五)生产条件、生产技术人员、质量保证体系的情况介绍;

(六)三批产品的质量与卫生检验报告。

第十六条 未经卫生部审查批准的食品,不得以保健食品名义生产经营;未经省级卫生行政部门审查批准的企业,不得生产保健食品。

第十七条 保健食品生产者必须按照批准的内容组织生产,不得改变产品的配方、生产工艺、企业产品质量标准以及产品名称、标签、说明书等。

第十八条 保健食品的生产过程、生产条件必须符合相应的食品生产企业卫生规范或其他有关卫生要求。选用的工艺应能保持产品的功效成分的稳定性。加工过程中功效成分不损失,不破坏,不转化和不产生有害的中间体。

第十九条 应采用定型包装。直接与保健食品接触的包装材料或容器必须符合有关卫生标准或卫生要求。包装材料或容器及其包装方式应有利于保持保健食品功效成分的稳定。

第二十条 保健食品经营者采购保健食品时,必须索取卫生部发放的《保健食品批准证书》复印件和产品检验合格证。

采购进口保健食品应索取《进口保健食品批准证

书》复印件及口岸进口食品卫生监督检验机构的检验合格证。

第四章 保健食品标签、说明书及广告宣传

第二十一条 保健食品标签和说明书必须符合国家有关标准和要求，并标明下列内容：

（一）保健作用和适宜人群；

（二）食用方法和适宜的食用量；

（三）贮藏方法；

（四）功效成分的名称及含量。因在现有技术条件下，不能明确功效成分的，则须标明与保健功能有关的原料名称；

（五）保健食品批准文号；

（六）保健食品标志；

（七）有关标准或要求所规定的其他标签内容。

第二十二条 保健食品的名称应当准确、科学，不得使用人名、地名、代号及夸大或容易误解的名称，不得使用产品中非主要功效成分的名称。

第二十三条 保健食品的标签、说明书和广告内容必须真实，符合其产品质量要求。不得有暗示可使疾病痊愈的宣传。

第二十四条 严禁利用封建迷信进行保健食品的宣传。

第二十五条 未经卫生部按本办法审查批准的食品，不得以保健食品名义进行宣传。

第五章 保健食品的监督管理

第二十六条 根据《食品卫生法》以及卫生部有关规章和标准，各级卫生行政部门应加强对保健食品的监督、监测及管理。卫生部对已经批准生产的保健食品可以组织监督抽查，并向社会公布抽查结果。

第二十七条 卫生部可根据以下情况确定对已经批准的保健食品进行重新审查：

（一）科学发展后，对原来审批的保健食品的功能有认识上的改变；

（二）产品的配方、生产工艺以及保健功能受到可能有改变的质疑；

（三）保健食品监督监测工作需要。

经审查不合格或不接受重新审查者，由卫生部撤销其《保健食品批准证书》。合格者，原证书仍然有效。

第二十八条 保健食品生产经营者的一般卫生监督管理，按照《食品卫生法》及有关规定执行。

第六章 罚 则

第二十九条 凡有下列情形之一者，由县级以上地方人民政府卫生行政部门按《食品卫生法》第四十五条进行处罚。

（一）未经卫生部按本办法审查批准，而以保健食品名义生产、经营的；

（二）未按保健食品批准进口，而以保健食品名义进行经营的；

（三）保健食品的名称、标签、说明书未按照核准内容使用的。

第三十条 保健食品广告中宣传疗效或利用封建迷信进行保健食品宣传的，按照国家工商行政管理局和卫生部《食品广告管理办法》的有关规定进行处罚。

第三十一条 违反《食品卫生法》或其他有关卫生要求的，依照相应规定进行处罚。

第七章 附 则

第三十二条 保健食品标准和功能评价方法由卫生部制订并批准颁布。

第三十三条 保健食品的功能评价和检测、安全性毒理学评价由卫生部认定的检验机构承担。

第三十四条 本办法由卫生部解释。

第三十五条 本办法自1996年6月1日起实施，其他卫生管理办法与本办法不一致的，以本办法为准。

保健食品标识规定

1. 1996年7月18日卫生部发布

2. 卫监发〔1996〕第38号

第一条 为了加强对保健食品标识和产品说明书的监督管理，根据《中华人民共和国食品卫生法》（以下简称《食品卫生法》）和《保健食品管理办法》的有关要求，特制定本规定。

第二条 本规定适用于在国内销售的一切国产和进口保健食品。

第三条 本规定所用定义如下：

保健食品：系指表明具有特定保健功能的食品。即适宜于特定人群食用，具有调节机体功能，不以治疗疾病为目的的食品。

功效成分：指保健食品中产生保健作用的组分。

食品标识：即通常所说的食品标签，包括食品包装上的文字、图形、符号以及说明物。借以显示或说明食品的特征、作用、保存条件与期限、食用人群与食用方法，以及其他有关信息。

最小销售包装：指销售过程中，以最小交货单元交

付给消费者的食品包装。

主要展示版面:指消费者选购商品时,在包装标签上最容易看到或展示面积最大的表面,一般的食品销售包装至少有一个表面可用作主要展示版面。

信息版面:是紧接“主要展示版面”右侧的包装表面。如果因包装设计原因,紧接“主要展示版面”右侧的“信息版面”不能满足标签标示的要求(如折叠的包装袋)时,则“信息版面”可选择右侧版面右侧的下一个版面。

保健食品专用名称:表明保健食品的主要原料、产品物理形态、主要加工工艺等食品属性的名称。

保健食品作用名称:在保健食品名称中,用于表明保健食品主要作用的名称部分。

保健作用声明短语:以短语形式,对保健作用的简单介绍或描述。

第四条 保健食品标识与产品说明书的所有标识内容必须符合以下基本原则:

保健食品名称、保健作用、功效成分、适宜人群和保健食品批准文号必须与卫生部颁发的《保健食品批准证书》所载明的内容相一致。

应科学、通俗易懂,不得利用封建迷信进行保健食品宣传。

应与产品的质量要求相符,不得以误导性的文字、图形、符号描述或暗示某一保健食品或保健食品的某一性质与另一产品的相似或相同。

不得以虚假、夸张或欺骗性的文字、图形、符号描述或暗示保健食品的保健作用,也不得描述或暗示保健食品具有治疗疾病的功用。

第五条 保健食品标识与产品说明书的标示方式必须符合以下基本原则:

保健食品标识不得与包装容器分开,所附的产品说明书应置于产品外包装内。

各项标识内容应按本办法的规定标示于相应的版面内,当有一个“信息版面”不够时,可标于第二个“信息版面”。

保健食品标识和产品说明书的文字、图形、符号必须清晰、醒目、直观、易于辨认和识读。背景和底色应采用对比色。

保健食品标识和产品说明书的文字、图形、符号必须牢固、持久,不得在流通和食用过程中变得模糊甚至脱落。

必须以规范的汉字为主要文字,可以同时使用汉语拼音、少数民族文字或外文,但必须与汉字内容有直接的对应关系,并书写正确。所使用的汉字拼音或外国文字不得大于相应的汉字。

计量单位必须采用国家法定的计量单位。

第六条 保健食品标识与产品说明书必须标示本《办法》附件1所规定的各项内容,其标示方式必须符合本《办法》附件1所规定的相应要求。

第七条 凡保健食品标识和产品说明书的标示内容或标示方式不符合本《办法》者,依照《食品卫生法》第四十五、四十六条处罚。

第八条 本规定由卫生部负责解释。

第九条 本规定自颁布之日起实施。

附件:(略)

保健食品原料目录与保健功能目录管理办法

1. 2019年8月2日国家市场监督管理总局令第13号公布
2. 自2019年10月1日起施行

第一章 总 则

第一条 为了规范保健食品原料目录和允许保健食品声称的保健功能目录的管理工作,根据《中华人民共和国食品安全法》,制定本办法。

第二条 中华人民共和国境内生产经营的保健食品的原料目录和允许保健食品声称的保健功能目录的制定、调整和公布适用本办法。

第三条 保健食品原料目录,是指依照本办法制定的保健食品原料的信息列表,包括原料名称、用量及其对应的功效。

允许保健食品声称的保健功能目录(以下简称保健功能目录),是指依照本办法制定的具有明确评价方法和判定标准的保健功能信息列表。

第四条 保健食品原料目录和保健功能目录的制定、调整和公布,应当以保障食品安全和促进公众健康为宗旨,遵循依法、科学、公开、公正的原则。

第五条 国家市场监督管理总局会同国家卫生健康委员会、国家中医药管理局制定、调整并公布保健食品原料目录和保健功能目录。

第六条 国家市场监督管理总局食品审评机构(以下简称审评机构)负责组织拟订保健食品原料目录和保健功能目录,接收纳入或者调整保健食品原料目录和保健功能目录的建议。

第二章　保健食品原料目录管理

第七条　除维生素、矿物质等营养物质外，纳入保健食品原料目录的原料应当符合下列要求：

（一）具有国内外食用历史，原料安全性确切，在批准注册的保健食品中已经使用；

（二）原料对应的功效已经纳入现行的保健功能目录；

（三）原料及其用量范围、对应的功效、生产工艺、检测方法等产品技术要求可以实现标准化管理，确保依据目录备案的产品质量一致性。

第八条　有下列情形之一的，不得列入保健食品原料目录：

（一）存在食用安全风险以及原料安全性不确切的；

（二）无法制定技术要求进行标准化管理和不具备工业化大生产条件的；

（三）法律法规以及国务院有关部门禁止食用，或者不符合生态环境和资源法律法规要求等其他禁止纳入的情形。

第九条　任何单位或者个人在开展相关研究的基础上，可以向审评机构提出拟纳入或者调整保健食品原料目录的建议。

第十条　国家市场监督管理总局可以根据保健食品注册和监督管理情况，选择具备能力的技术机构对已批准注册的保健食品中使用目录外原料情况进行研究分析。符合要求的，技术机构应当及时提出拟纳入或者调整保健食品原料目录的建议。

第十一条　提出拟纳入或者调整保健食品原料目录的建议应当包括下列材料：

（一）原料名称，必要时提供原料对应的拉丁学名、来源、使用部位以及规格等；

（二）用量范围及其对应的功效；

（三）工艺要求、质量标准、功效成分或者标志性成分及其含量范围和相应的检测方法、适宜人群和不适宜人群相关说明、注意事项等；

（四）人群食用不良反应情况；

（五）纳入目录的依据等其他相关材料。

建议调整保健食品原料目录的，还需要提供调整理由、依据和相关材料。

第十二条　审评机构对拟纳入或者调整保健食品原料目录的建议材料进行技术评价，结合批准注册保健食品中原料使用的情况，作出准予或者不予将原料纳入保健食品原料目录或者调整保健食品原料目录的技术评价结论，并报送国家市场监督管理总局。

第十三条　国家市场监督管理总局对审评机构报送的技术评价结论等相关材料的完整性、规范性进行初步审查，拟纳入或者调整保健食品原料目录的，应当公开征求意见，并修改完善。

第十四条　国家市场监督管理总局对审评机构报送的拟纳入或者调整保健食品原料目录的材料进行审查，符合要求的，会同国家卫生健康委员会、国家中医药管理局及时公布纳入或者调整的保健食品原料目录。

第十五条　有下列情形之一的，国家市场监督管理总局组织对保健食品原料目录中的原料进行再评价，根据再评价结果，会同国家卫生健康委员会、国家中医药管理局对目录进行相应调整：

（一）新的研究发现原料存在食用安全性问题；

（二）食品安全风险监测或者保健食品安全监管中发现原料存在食用安全风险或者问题；

（三）新的研究证实原料每日用量范围与对应功效需要调整的或者功效声称不够科学、严谨；

（四）其他需要再评价的情形。

第三章　保健功能目录管理

第十六条　纳入保健功能目录的保健功能应当符合下列要求：

（一）以补充膳食营养物质、维持改善机体健康状态或者降低疾病发生风险因素为目的；

（二）具有明确的健康消费需求，能够被正确理解和认知；

（三）具有充足的科学依据，以及科学的评价方法和判定标准；

（四）以传统养生保健理论为指导的保健功能，符合传统中医养生保健理论；

（五）具有明确的适宜人群和不适宜人群。

第十七条　有下列情形之一的，不得列入保健功能目录：

（一）涉及疾病的预防、治疗、诊断作用；

（二）庸俗或者带有封建迷信色彩；

（三）可能误导消费者等其他情形。

第十八条　任何单位或者个人在开展相关研究的基础上，可以向审评机构提出拟纳入或者调整保健功能目录的建议。

第十九条　国家市场监督管理总局可以根据保健食品注册和监督管理情况，选择具备能力的技术机构开展保健功能相关研究。符合要求的，技术机构应当及时提出拟纳入或者调整保健功能目录的建议。

第二十条 提出拟纳入或者调整保健功能目录的建议应当提供下列材料：

(一)保健功能名称、解释、机理以及依据；

(二)保健功能研究报告，包括保健功能的人群健康需求分析，保健功能与机体健康效应的分析以及综述，保健功能试验的原理依据、适用范围，以及其他相关科学研究资料；

(三)保健功能评价方法以及判定标准，对应的样品动物实验或者人体试食试验等功能检验报告；

(四)相同或者类似功能在国内外的研究应用情况；

(五)有关科学文献依据以及其他材料。

建议调整保健功能目录的，还需要提供调整的理由、依据和相关材料。

第二十一条 审评机构对拟纳入或者调整保健功能目录的建议材料进行技术评价，综合作出技术评价结论，并报送国家市场监督管理总局：

(一)对保健功能科学、合理、必要性充足，保健功能评价方法和判定标准适用、稳定、可操作的，作出纳入或者调整保健功能目录的技术评价结论；

(二)对保健功能不科学、不合理、必要性不充足，保健功能评价方法和判定标准不适用、不稳定、没有可操作性的，作出不予纳入或者调整的技术评价建议。

第二十二条 国家市场监督管理总局对审评机构报送的技术评价结论等相关材料的完整性、规范性进行初步审查，拟纳入或者调整保健食品功能目录的，应当公开征求意见，并修改完善。

第二十三条 国家市场监督管理总局对审评机构报送的拟纳入或者调整保健功能目录的材料进行审查，符合要求的，会同国家卫生健康委员会、国家中医药管理局，及时公布纳入或者调整的保健功能目录。

第二十四条 有下列情形之一的，国家市场监督管理总局及时组织对保健功能目录中的保健功能进行再评价，根据再评价结果，会同国家卫生健康委员会、国家中医药管理局对目录进行相应调整：

(一)实际应用和新的科学共识发现保健功能评价方法与判定标准存在问题，需要重新进行评价和论证；

(二)列入保健功能目录中的保健功能缺乏实际健康消费需求；

(三)其他需要再评价的情形。

第四章 附 则

第二十五条 保健食品原料目录的制定、按照传统既是食品又是中药材物质目录的制定、新食品原料的审查等工作应当相互衔接。

第二十六条 本办法自2019年10月1日起施行。

保健食品标注警示用语指南

1. 2019年6月10日国家市场监督管理总局公告2019年第29号发布

2. 自2020年1月1日起施行

保健食品适用于特定人群食用，但不以治疗疾病为目的。为指导保健食品警示用语标注，使消费者更易于区分保健食品与普通食品、药品，引导消费者理性消费，根据《中华人民共和国食品安全法》《保健食品注册与备案管理办法》等法律法规，研究制定了《保健食品标注警示用语指南》。

一、警示用语

保健食品标签设置警示用语区及警示用语。警示用语区位于最小销售包装包装物(容器)的主要展示版面，所占面积不应小于其所在面的20%。警示用语区内文字与警示用语区背景有明显色差。警示用语使用黑体字印刷，包括以下内容：

保健食品不是药物，不能代替药物治疗疾病。

当主要展示版面的表面积大于或等于100平方厘米时，字体高度不小于6.0毫米。当主要展示版面的表面积小于100平方厘米时，警示用语字体最小高度按照上述规定等比例变化。

二、生产日期和保质期

保健食品在产品最小销售包装(容器)外明显位置清晰标注生产日期和保质期。如果日期标注采用“见包装物某部位”的形式，应当准确标注所在包装物的具体部位。

1. 日期标注应当与所在位置的背景色形成鲜明对比，易于识别，采用激光蚀刻方式进行标注的除外。日期标注不得另外加贴、补印或者篡改。

2. 多层包装的单件保健食品以与食品直接接触的内包装的完成时间为生产日期。

3. 当同一预包装内含有多个单件食品时，外包装上标注各单件食品的生产日期和保质期。

4. 按年、月、日的顺序标注日期。日期中年、月、日可用空格、斜线、连字符、句点等符号分隔，或者不用分隔符。年代号应当使用4位数字标注，月、日应当分别使用2位数字标注。

5. 保质期的标注使用“保质期至XXXX年XX月XX日”的方式描述。

三、投诉服务电话

保健食品标签标注投诉服务电话、服务时段等信息。投诉服务电话字体与“保健功能”的字体一致。

保健食品生产经营企业保证在承诺的服务时段内接听、处理消费者投诉、举报，并记录、保存相关服务信息至少2年。

四、消费提示

保健食品经营者在经营保健食品的场所、网络平台等显要位置标注“保健食品不是药物，不能代替药物治疗疾病”等消费提示信息，引导消费者理性消费。保健食品消费提示参考模板详见附件。

附件

保健食品消费提示

1. 保健食品是食品，不是药物，不能代替药物治疗疾病。

2. 选购保健食品要认清、认准产品包装上的保健食品标志及保健食品批准文号，依据其功能和适宜人群科学选用并按标签、说明书的要求食用。保健食品产品注册信息可在国家市场监督管理总局网站查询。

3. 选购保健食品要到正规的商场、超市、药店等经营单位购买，并索要发票或销售凭据。

4. 消费者如对所购买的保健食品质量安全有质疑，或发现存在虚假宣传等违法行为，请及时向当地市场监管部门举报，也可拨打投诉举报电话：12315。

(3)餐饮食品

网络餐饮服务食品安全监督管理办法

1. 2017年11月6日国家食品药品监督管理总局令第36号公布

2. 根据2020年10月23日国家市场监督管理总局令第31号《关于修改部分规章的决定》修订

第一条 为加强网络餐饮服务食品安全监督管理，规范网络餐饮服务经营行为，保证餐饮食品安全，保障公众身体健康，根据《中华人民共和国食品安全法》等法律法规，制定本办法。

第二条 在中华人民共和国境内，网络餐饮服务第三方平台提供者、通过第三方平台和自建网站提供餐饮服务的餐饮服务提供者（以下简称入网餐饮服务提供者），利用互联网提供餐饮服务及其监督管理，适用本办法。

第三条 国家市场监督管理总局负责指导全国网络餐饮服务食品安全监督管理工作，并组织开展网络餐饮服务食品安全监测。

县级以上地方市场监督管理部门负责本行政区域内网络餐饮服务食品安全监督管理工作。

第四条 入网餐饮服务提供者应当具有实体经营门店并依法取得食品经营许可证，并按照食品经营许可证载明的主体业态、经营项目从事经营活动，不得超范围经营。

第五条 网络餐饮服务第三方平台提供者应当在通信主管部门批准后30个工作日内，向所在地省级市场监督管理部门备案。自建网站餐饮服务提供者应当在通信主管部门备案后30个工作日内，向所在地县级市场监督管理部门备案。备案内容包括域名、IP地址、电信业务经营许可证或者备案号、企业名称、地址、法定代表人或者负责人姓名等。

网络餐饮服务第三方平台提供者设立从事网络餐饮服务分支机构的，应当在设立后30个工作日内，向所在地县级市场监督管理部门备案。备案内容包括分支机构名称、地址、法定代表人或者负责人姓名等。

市场监督管理部门应当及时向社会公开相关备案信息。

第六条 网络餐饮服务第三方平台提供者应当建立并执行入网餐饮服务提供者审查登记、食品安全违法行为制止及报告、严重违法行为平台服务停止、食品安全事故处置等制度，并在网络平台上公开相关制度。

第七条 网络餐饮服务第三方平台提供者应当设置专门的食品安全管理机构，配备专职食品安全管理人员，每年对食品安全管理人员进行培训和考核。培训和考核记录保存期限不得少于2年。经考核不具备食品安全管理能力的，不得上岗。

第八条 网络餐饮服务第三方平台提供者应当对入网餐饮服务提供者的食品经营许可证进行审查，登记入网餐饮服务提供者的名称、地址、法定代表人或者负责人及联系方式等信息，保证入网餐饮服务提供者食品经营许可证载明的经营场所等许可信息真实。

网络餐饮服务第三方平台提供者应当与入网餐饮服务提供者签订食品安全协议，明确食品安全责任。

第九条 网络餐饮服务第三方平台提供者和入网餐饮服务提供者应当在餐饮服务经营活动主页面公示餐饮服务提供者的食品经营许可证。食品经营许可等信息发生变更的，应当及时更新。

第十条 网络餐饮服务第三方平台提供者和入网餐饮服务提供者应当在网上公示餐饮服务提供者的名称、地址、量化分级信息，公示的信息应当真实。

第十一条 入网餐饮服务提供者应当在网上公示菜品名称和主要原料名称，公示的信息应当真实。

第十二条 网络餐饮服务第三方平台提供者提供食品容器、餐具和包装材料的，所提供的食品容器、餐具和包装材料应当无毒、清洁。

鼓励网络餐饮服务第三方平台提供者提供可降解的食品容器、餐具和包装材料。

第十三条 网络餐饮服务第三方平台提供者和入网餐饮服务提供者应当加强对送餐人员的食品安全培训和管理。委托送餐单位送餐的，送餐单位应当加强对送餐人员的食品安全培训和管理。培训记录保存期限不得少于2年。

第十四条 送餐人员应当保持个人卫生，使用安全、无害的配送容器，保持容器清洁，并定期进行清洗消毒。送餐人员应当核对配送食品，保证配送过程食品不受污染。

第十五条 网络餐饮服务第三方平台提供者和自建网站餐饮服务提供者应当履行记录义务，如实记录网络订餐的订单信息，包括食品的名称、下单时间、送餐人员、送达时间以及收货地址，信息保存时间不得少于6个月。

第十六条 网络餐饮服务第三方平台提供者应当对入网餐饮服务提供者的经营行为进行抽查和监测。

网络餐饮服务第三方平台提供者发现入网餐饮服务提供者存在违法行为的，应当及时制止并立即报告入网餐饮服务提供者所在地县级市场监督管理部门；发现严重违法行为的，应当立即停止提供网络交易平台服务。

第十七条 网络餐饮服务第三方平台提供者应当建立投诉举报处理制度，公开投诉举报方式，对涉及消费者食品安全的投诉举报及时进行处理。

第十八条 入网餐饮服务提供者加工制作餐饮食品应当符合下列要求：

（一）制定并实施原料控制要求，选择资质合法、保证原料质量安全的供货商，或者从原料生产基地、超市采购原料，做好食品原料索证索票和进货查验记录，不得采购不符合食品安全标准的食品及原料；

（二）在加工过程中应当检查待加工的食品及原料，发现有腐败变质、油脂酸败、霉变生虫、污秽不洁、混有异物、掺假掺杂或者感官性状异常的，不得加工使用；

（三）定期维护食品贮存、加工、清洗消毒等设施、设备，定期清洗和校验保温、冷藏和冷冻等设施、设备，保证设施、设备运转正常；

（四）在自己的加工操作区内加工食品，不得将订单委托其他食品经营者加工制作；

（五）网络销售的餐饮食品应当与实体店销售的餐饮食品质量安全保持一致。

第十九条 入网餐饮服务提供者应当使用无毒、清洁的食品容器、餐具和包装材料，并对餐饮食品进行包装，避免送餐人员直接接触食品，确保送餐过程中食品不受污染。

第二十条 入网餐饮服务提供者配送有保鲜、保温、冷藏或者冷冻等特殊要求食品的，应当采取能保证食品安全的保存、配送措施。

第二十一条 国家市场监督管理总局组织监测发现网络餐饮服务第三方平台提供者和入网餐饮服务提供者存在违法行为的，通知有关省级市场监督管理部门依法组织查处。

第二十二条 县级以上地方市场监督管理部门接到网络餐饮服务第三方平台提供者报告入网餐饮服务提供者存在违法行为的，应当及时依法查处。

第二十三条 县级以上地方市场监督管理部门应当加强对网络餐饮服务食品安全的监督检查，发现网络餐饮服务第三方平台提供者和入网餐饮服务提供者存在违法行为的，依法进行查处。

第二十四条 县级以上地方市场监督管理部门对网络餐饮服务交易活动的技术监测记录资料，可以依法作为认定相关事实的依据。

第二十五条 县级以上地方市场监督管理部门对于消费者投诉举报反映的线索，应当及时进行核查，被投诉举报人涉嫌违法的，依法进行查处。

第二十六条 县级以上地方市场监督管理部门查处的入网餐饮服务提供者有严重违法行为的，应当通知网络餐饮服务第三方平台提供者，要求其立即停止对入网餐饮服务提供者提供网络交易平台服务。

第二十七条 违反本办法第四条规定，入网餐饮服务提供者不具备实体经营门店，未依法取得食品经营许可证的，由县级以上地方市场监督管理部门依照食品安全法第一百二十二条的规定处罚。

第二十八条 违反本办法第五条规定，网络餐饮服务第三方平台提供者以及分支机构或者自建网站餐饮服务提供者未履行相应备案义务的，由县级以上地方市场监督管理部门责令改正，给予警告；拒不改正的，处5000元以上3万元以下罚款。

第二十九条 违反本办法第六条规定，网络餐饮服务第三方平台提供者未按要求建立、执行并公开相关制度的，由县级以上地方市场监督管理部门责令改正，给予警告；拒不改正的，处5000元以上3万元以下罚款。

第三十条 违反本办法第七条规定，网络餐饮服务第三方平台提供者未设置专门的食品安全管理机构，配备专职食品安全管理人员，或者未按要求对食品安全管理人员进行培训、考核并保存记录的，由县级以上地方市场监督管理部门责令改正，给予警告；拒不改正的，处5000元以上3万元以下罚款。

第三十一条 违反本办法第八条第一款规定，网络餐饮服务第三方平台提供者未对入网餐饮服务提供者的食品经营许可证进行审查，未登记入网餐饮服务提供者的名称、地址、法定代表人或者负责人及联系方式等信息，或者入网餐饮服务提供者食品经营许可证载明的经营场所等许可信息不真实的，由县级以上地方市场监督管理部门依照食品安全法第一百三十一条的规定处罚。

违反本办法第八条第二款规定，网络餐饮服务第三方平台提供者未与入网餐饮服务提供者签订食品安全协议的，由县级以上地方市场监督管理部门责令改正，给予警告；拒不改正的，处5000元以上3万元以下罚款。

第三十二条 违反本办法第九条、第十条、第十一条规定，网络餐饮服务第三方平台提供者和入网餐饮服务提供者未按要求进行信息公示和更新的，由县级以上地方市场监督管理部门责令改正，给予警告；拒不改正的，处5000元以上3万元以下罚款。

第三十三条 违反本办法第十二条规定，网络餐饮服务第三方平台提供者提供的食品配送容器、餐具和包装材料不符合规定的，由县级以上地方市场监督管理部门按照食品安全法第一百三十二条的规定处罚。

第三十四条 违反本办法第十三条规定，网络餐饮服务第三方平台提供者和入网餐饮服务提供者未对送餐人员进行食品安全培训和管理，或者送餐单位未对送餐人员进行食品安全培训和管理，或者未按要求保存培训记录的，由县级以上地方市场监督管理部门责令改正，给予警告；拒不改正的，处5000元以上3万元以下罚款。

第三十五条 违反本办法第十四条规定，送餐人员未履行使用安全、无害的配送容器等义务的，由县级以上地方市场监督管理部门对送餐人员所在单位按照食品安全法第一百三十二条的规定处罚。

第三十六条 违反本办法第十五条规定，网络餐饮服务第三方平台提供者和自建网站餐饮服务提供者未按要求记录、保存网络订餐信息的，由县级以上地方市场监督管理部门责令改正，给予警告；拒不改正的，处5000元以上3万元以下罚款。

第三十七条 违反本办法第十六条第一款规定，网络餐饮服务第三方平台提供者未对入网餐饮服务提供者的经营行为进行抽查和监测的，由县级以上地方市场监督管理部门责令改正，给予警告；拒不改正的，处5000元以上3万元以下罚款。

违反本办法第十六条第二款规定，网络餐饮服务第三方平台提供者发现入网餐饮服务提供者存在违法行为，未及时制止并立即报告入网餐饮服务提供者所在地县级市场监督管理部门的，或者发现入网餐饮服务提供者存在严重违法行为，未立即停止提供网络交易平台服务的，由县级以上地方市场监督管理部门依照食品安全法第一百三十一条的规定处罚。

第三十八条 违反本办法第十七条规定，网络餐饮服务第三方平台提供者未按要求建立消费者投诉举报处理制度，公开投诉举报方式，或者未对涉及消费者食品安全的投诉举报及时进行处理的，由县级以上地方市场监督管理部门责令改正，给予警告；拒不改正的，处5000元以上3万元以下罚款。

第三十九条 违反本办法第十八条第（一）项规定，入网餐饮服务提供者未履行制定实施原料控制要求等义务的，由县级以上地方市场监督管理部门依照食品安全法第一百二十六条第一款的规定处罚。

违反本办法第十八条第（二）项规定，入网餐饮服务提供者使用腐败变质、油脂酸败、霉变生虫、污秽不洁、混有异物、掺假掺杂或者感官性状异常等原料加工食品的，由县级以上地方市场监督管理部门依照食品安全法第一百二十四条第一款的规定处罚。

违反本办法第十八条第（三）项规定，入网餐饮服务提供者未定期维护食品贮存、加工、清洗消毒等设施、设备，或者未定期清洗和校验保温、冷藏和冷冻等设施、设备的，由县级以上地方市场监督管理部门依照食品安全法第一百二十六条第一款的规定处罚。

违反本办法第十八条第（四）项、第（五）项规定，入网餐饮服务提供者将订单委托其他食品经营者加工制作，或者网络销售的餐饮食品未与实体店销售的餐饮食品质量安全保持一致的，由县级以上地方市场监督管理部门责令改正，给予警告；拒不改正的，处5000元以上3万元以下罚款。

第四十条 违反本办法第十九条规定，入网餐饮服务提供者未履行相应的包装义务的，由县级以上地方市场监督管理部门责令改正，给予警告；拒不改正的，处5000元以上3万元以下罚款。

第四十一条 违反本办法第二十条规定，入网餐饮服务提供者配送有保鲜、保温、冷藏或者冷冻等特殊要求食品，未采取能保证食品安全的保存、配送措施的，由县级以上地方市场监督管理部门依照食品安全法第一百三十二条的规定处罚。

第四十二条 县级以上地方市场监督管理部门应当自对网络餐饮服务第三方平台提供者和入网餐饮服务提供者违法行为作出处罚决定之日起20个工作日内在网上公开行政处罚决定书。

第四十三条 省、自治区、直辖市的地方性法规和政府规章对小餐饮网络经营作出规定的，按照其规定执行。

本办法对网络餐饮服务食品安全违法行为的查处未作规定的，按照《网络食品安全违法行为查处办法》执行。

第四十四条 网络餐饮服务第三方平台提供者和入网餐饮服务提供者违反食品安全法规定，构成犯罪的，依法追究刑事责任。

第四十五条 餐饮服务连锁公司总部建立网站为其门店提供网络交易服务的，参照本办法关于网络餐饮服务第三方平台提供者的规定执行。

第四十六条 本办法自2018年1月1日起施行。

餐饮服务食品安全监督抽检工作规范

1. 2010年8月23日国家食品药品监督管理局发布
2. 国食药监食〔2010〕342号

第一章 总 则

第一条 为加强餐饮服务食品安全监管，规范餐饮服务食品安全监督抽检工作，根据《食品安全法》、《食品安全法实施条例》和《餐饮服务食品安全监督管理办法》等法律、法规和规章，制定本规范。

第二条 餐饮服务食品安全监督抽检是指餐饮服务食品安全监管部门对餐饮服务提供者所使用的食品（含原料、半成品和成品）、食品添加剂、食品相关产品、餐饮服务场所和环境等依法进行抽样和检验的活动。

第三条 食品药品监管部门开展餐饮服务食品安全监督抽检工作，应当坚持依法、科学、客观、公正的原则，严格遵守本规范。

第四条 餐饮服务食品安全监督抽检应当按成本价购买所抽取的样品，不得收取被抽检单位的检验费和其他任何费用。

第二章 计划和方案

第五条 餐饮服务食品安全监督抽检的重点是：

（一）餐饮服务提供者使用的主要食品原、辅料；

（二）餐饮服务提供者使用的食品添加剂和食品相关产品；

（三）餐饮服务食品加工经营的重点环节；

（四）食物中毒事件报告较多的业态和场所；

（五）对人体有潜在危害、对其安全性必须严格控制的物质。

第六条 国家食品药品监督管理局根据国家食品安全风险监测结果和食品安全监管部门食品安全风险通报、食品安全调查与评价结果以及餐饮服务食品安全监管工作需要，制定国家餐饮服务食品安全监督抽检工作计划。

第七条 省级食品药品监管部门应当根据国家餐饮服务食品安全监督抽检工作计划和本区域餐饮服务食品安全监管工作中发现的突出问题，有针对性地制定本区域餐饮服务食品安全监督抽检工作方案，开展餐饮服务食品安全监督抽检工作。

省级食品药品监管部门应当在规定时间内将本区域餐饮服务食品安全监督抽检方案报送国家食品药品监督管理局。

第八条 餐饮服务食品安全监督抽检工作方案至少应当包括下列内容：

（一）承担抽样任务的监管机构、负责人及其负责的抽样区域等；

（二）承担检验任务的技术机构、负责人及其负责的检验任务等；

（三）抽检样品的种类、来源、批次、频次和检验项目等；

（四）采样方法、抽样量、样品封装、传递和储运条件等；

(五)检验方法标准和检验依据或其他判定标准等;

(六)结果汇总和报送机构;

(七)完成时间和结果报送日期。

第九条 建立餐饮服务食品安全调查评价与监督抽检联动机制。国家食品药品监督管理局及时将食品安全调查与评价执行过程中发现的餐饮服务食品安全隐患通报省级食品药品监管部门。省级食品药品监管部门应当根据通报,确定重点地区、重点环节、重点产品和重点危害因素,及时开展监督抽检。

国家食品药品监督管理局根据餐饮服务食品安全监督抽检中发现的问题和隐患,结合社会经济发展需要,可适时调整食品安全调查与评价的区域、环节、品种、项目和频率等。

第十条 建立餐饮服务食品安全监督抽检与执法联动机制。对经确认不合格的样品或按程序进行复检后仍不合格的样品,食品药品监管部门应当及时依法查处。

第三章 抽　　样

第十一条 监督抽检实行抽、检分离制度。抽样任务主要由当地食品药品监管部门或其执法机构负责。检验任务主要由依法取得资质认定的食品检验机构负责。根据需要,食品药品监管部门可以要求检验机构协助进行抽样和样品预处理等工作。

第十二条 抽样人员不得少于2名。抽样人员在抽样前应当向被抽检单位出示证件和监督抽检通知书,并告知监督抽检的性质和抽样内容等。

抽样人员应当准确、客观、完整填写《产品样品采样记录》或《非产品样品采样记录》,并分别加盖食品药品监管部门和被抽检单位公章,且由抽样人员和被抽检单位在场人员签字。被抽检单位无公章或无法现场盖章的,由被抽检单位负责人或者其授权的人员签字确认。

现场无法抽取到样品的,应当由被抽检单位出具抽样未果证明。

第十三条 抽取样品时,抽样量应当不少于检验需要量的3倍。对于均匀性较好的样品,应当现场分为三份,一份检验,两份留样;对于均匀性不好的样品,抽样量应当满足实验室处理分样的需要,检验前将抽取的样本分为三份,一份检验,两份留样,并做好分样操作记录。

食品安全国家标准对抽样量有特别规定的,依照其规定。

第十四条 被抽检单位遇有下列情况之一的,可以拒绝接受抽样:

(一)抽样人员少于2人;

(二)抽样人员应当携带的监督抽检通知书和证件等材料不齐全;

(三)被抽检单位或抽检品种等与监督抽检通知书不一致;

(四)抽样日期超过监督抽检通知书有效期限。

第十五条 被抽检单位无正当理由而拒绝抽样,抽样人员应当向被抽检单位告知拒绝抽样的后果和处理措施。如果被抽检单位仍拒绝抽样,抽样人员应当现场填写拒绝抽样说明书并签字,及时向当地食品药品监管部门报告,由当地食品药品监管部门按抽检不合格处理。

第十六条 抽取的样品应当严格按照样品的物理、化学和生物学等特性,或其标签标识上注明的储运条件储藏运输,以确保样品在检测前的完整性和原始性。在样品储运过程中,应当配备温、湿度测量仪表,建立温、湿度测量记录。

第四章 检　　验

第十七条 承检机构应当具备食品检验机构资质,并由制定餐饮服务食品安全监督抽检工作方案的食品药品监管部门遴选和公告。

第十八条 食品检验机构接收样品时应当有专人负责检查、记录样品的外观、状态、封条有无破损及其他可能对检验结果或者综合判定产生影响的情况,并确认样品与采样记录是否相符,对检验样品和备份样品分别加贴相应标识后入库。必要时,在不影响样品检验结果的情况下,可以将样品进行分装或者重新包装编号。

第十九条 样品的前处理应当严格按照检验方法标准的要求进行,样品处理量应当能满足方法检测限的要求。

第二十条 食品检验机构应当遵循检验规程,按照监督抽检方案中规定的方法和依据进行检验和判定。检验方法应当采用食品安全国家标准中规定的方法或其他具有法律效力的检验方法。

第二十一条 承检的食品检验机构应当按照相关要求,对检测方法进行方法学验证,按照相应标准建立本实验室的标准操作程序,并经食品检验机构技术负责人审核发布。

第二十二条 在餐饮服务食品安全监督抽检工作中,可以采用国家食品药品监督管理局认定的快速检测方法进行初步筛查。

对初步筛查结果表明不符合相关食品安全标准的,可采取临时控制措施,并依照《食品安全法》第六十条第三款的规定进行检验。

快速检测方法的认定办法另行规定。经认定的快速检测方法,由国家食品药品监督管理局公告。

第二十三条 食品检验机构未经委托检验部门同意,不得分包、转包餐饮服务食品安全监督抽检任务。

第二十四条 检验过程中遇有样品失效或者其他致使检验无法进行的情况时,必须如实记录,经食品检验机构的质量负责人签字确认,并具有相应的证明材料。

第二十五条 检验数据处理应当遵循测量误差与数据处理技术规程。

第二十六条 检验结果接近限量标准的临界值时,承检的食品检验机构应当重新选择实验室备份样品安排复检,复检结果为最终结果。

第二十七条 食品检验机构应当将检验结果及时报送委托检验的食品药品监管部门。对检验结果不合格的,还应当附具检验报告。

第二十八条 被抽检单位对检验结果有异议的,应当自收到检验结果告知书之日起10日内,向委托检验的食品药品监管部门提出书面复检申请,逾期则视为认同结果。

复检依照《食品安全法实施条例》第三十四条、第三十五条的规定执行。

第五章 监督管理

第二十九条 省级食品药品监管部门执行国家食品药品监督管理局下达的监督抽检任务,应当按照相关要求向国家食品药品监督管理局提交样品登记汇总表、抽检结果汇总表、不合格样品汇总表和不合格被抽检单位名录等材料,并编制监督抽检年度总结报告。

第三十条 监督抽检的结果公开应当严格遵循《食品安全法》和《食品安全法实施条例》中关于食品安全信息管理的规定,并按照本规范规定的程序,对不合格样品进行确认后方可发布。

抽检不合格产品涉及其他监管环节的,应当按照法律法规要求,将抽检结果通报有关监管部门。

第三十一条 省级食品药品监管部门应当根据相关要求,对项目执行情况进行绩效自评,并在项目总结时,将自评报告报送国家食品药品监督管理局。

国家食品药品监督管理局在项目完成3个月内,组织开展项目绩效评价与考核。

第三十二条 参与监督抽检的工作人员应当严格遵守国家法律法规,恪守职业道德,秉公执法,廉洁公正,不得弄虚作假。检验人员应当独立按时完成任务,保证出具的检验数据和结论客观、公正,不得出具虚假的检验报告。

第三十三条 承担监督抽检任务的单位和人员应当严格遵守国家相关保密规定。监督抽检结果未经管理部门许可,不得向任何单位和个人泄露。

第三十四条 任何单位和个人对餐饮服务食品安全监督抽检工作中的违规违法行为,有权向食品药品监管部门举报,接受举报的部门应当及时组织调查处理,并将调查处理的情况告知举报人。

第三十五条 对违反抽样工作规定的,由抽样单位做出相应的处理,并报上级食品药品监管部门备案。如抽样单位明知有违纪行为而不做处理的,由上级食品药品监管部门责成其做出处理并给予通报批评。

对违反检验工作规定,伪造检验结果,或因出具检验结果不实而造成损失的,依照《食品安全法》及相关法律法规的规定做出处理。

第三十六条 地方食品药品监管部门无正当理由未按时间要求上报数据结果的,由上级食品药品监管部门责令整改。

第六章 附 则

第三十七条 本规范由国家食品药品监督管理局负责解释。

第三十八条 食品药品监管部门开展其他相关监督抽检工作,参照本规范执行。

第三十九条 本规范自发布之日起施行。

附件:1. 食品分析方法学验证(略)
2. 监督抽检文书要求(略)
3. 项目绩效自评要求(略)

重大活动餐饮服务食品安全监督管理规范

1. 2011年2月15日国家食品药品监督管理局发布
2. 国食药监食〔2011〕67号

第一章 总 则

第一条 为规范重大活动餐饮服务食品安全管理,确保重大活动餐饮服务食品安全,根据《食品安全法》、《食品安全法实施条例》、《餐饮服务食品安全监督管理办法》等法律、法规及规章,制定本规范。

第二条 本规范适用于各级政府确定的具有特定规模和

影响的政治、经济、文化、体育以及其他重大活动的餐饮服务食品安全监督管理。

第三条 国家食品药品监督管理局负责对重大活动餐饮服务食品安全管理工作进行指导、协调和监督。地方各级餐饮服务食品安全监管部门负责对本辖区内重大活动餐饮服务食品安全工作进行监督管理。

第四条 重大活动餐饮服务食品安全监督管理坚持预防为主、科学管理、属地负责、分级监督的原则。

第五条 餐饮服务食品安全监管部门、重大活动主办单位、餐饮服务提供者建立有效的食品安全信息沟通机制，共同做好重大活动餐饮服务食品安全保障工作。

第六条 鼓励餐饮服务提供者在重大活动中采用先进的科学技术和管理规范，配备先进的食品安全检验设备，提高科学管理水平。

第二章 主办单位责任

第七条 主办单位应当建立健全餐饮服务食品安全管理机构，负责重大活动餐饮服务食品安全管理，对重大活动餐饮服务食品安全负责。

第八条 主办单位应当选择符合下列条件的餐饮服务提供者承担重大活动餐饮服务保障：

（一）餐饮服务食品安全监督管理量化分级 A 级（或具备与 A 级标准相当的条件）；

（二）具备与重大活动供餐人数、供餐形式相适应的餐饮服务提供能力；

（三）配备专职食品安全管理人员；

（四）餐饮服务食品安全监管部门提出的其他要求。

第九条 主办单位应于活动举办前 20 个工作日向餐饮服务食品安全监管部门通报重大活动相关信息，包括活动名称、时间、地点、人数、会议代表食宿安排；主办单位名称、联系人、联系方式；餐饮服务提供者名称、地址、联系人、联系方式；重要宴会、赞助食品等相关情况。

第十条 主办单位在重大活动期间要确保餐饮服务食品安全监管部门开展餐饮服务食品安全监督执法所必要的工作条件。

第十一条 主办单位应当协助餐饮服务食品安全监管部门加强餐饮服务食品安全监管，督促餐饮服务提供者落实餐饮服务食品安全责任，并根据餐饮服务食品安全监管部门的建议，调整餐饮服务提供者。

第三章 餐饮服务提供者责任

第十二条 餐饮服务提供者为重大活动提供餐饮服务，依法承担餐饮服务食品安全责任，保证食品安全。

第十三条 餐饮服务提供者应当积极配合餐饮服务食品安全监管部门及其派驻工作人员的监督管理，对监管部门及其工作人员所提出的意见认真整改。在重大活动开展前，餐饮服务提供者应与餐饮服务食品安全监管部门签订责任承诺书。

第十四条 餐饮服务提供者应当建立重大活动餐饮服务食品安全工作管理机构，制定重大活动餐饮服务食品安全实施方案和食品安全事故应急处置方案，并将方案及时报送餐饮服务食品安全监管部门和主办单位。

第十五条 餐饮服务提供者应当制定重大活动食谱，并经餐饮服务食品安全监管部门审核；实施原料采购控制要求，确定合格供应商，加强采购检验，落实索证索票、进货查验和台账登记制度，确保所购食品、食品添加剂和食品相关产品符合食品安全标准。

第十六条 餐饮服务提供者应当加强对食品加工、贮存、陈列等设施设备的定期维护，加强对保温设施及冷藏、冷冻设施的定期清洗、校验，加强对餐具、饮具的清洗、消毒。

第十七条 餐饮服务提供者应当依法加强从业人员的健康管理，确保从业人员的健康状况符合相关要求。

第十八条 餐饮服务提供者应当与主办单位共同做好餐饮服务从业人员的培训，满足重大活动的特殊需求。

第十九条 重大活动餐饮服务食品留样应当按品种分别存放于清洗消毒后的密闭专用容器内，在冷藏条件下存放 48 小时以上，每个品种留样量应满足检验需要，并做好记录。食品留样存放的冰箱应专用，并专人负责，上锁保管。

第二十条 有下列情形之一的，餐饮服务提供者应停止使用相关食品、食品添加剂和食品相关产品：

（一）法律法规禁止生产经营的食品、食品添加剂和食品相关产品；

（二）检验检测不合格的生活饮用水和食品；

（三）超过保质期的食品、食品添加剂；

（四）外购的散装直接入口熟食制品；

（五）监管部门在食谱审查时认定不适宜提供的食品。

第四章 监管部门责任

第二十一条 餐饮服务食品安全监管部门应当制定重大活动餐饮服务食品安全保障工作方案和食品安全事故应急预案。

第二十二条 餐饮服务食品安全监管部门应当按照重大活动的特点，确定餐饮服务食品安全监管方式和方法，并要求主办单位提供必要的条件。

第二十三条 餐饮服务食品安全监管部门应当制定重大活动餐饮服务食品安全信息报告和通报制度，明确报告和通报的主体、事项、时限及相关责任。

第二十四条 餐饮服务食品安全监管部门应当在活动期间加强对重大活动餐饮服务提供者的事前监督检查。检查发现安全隐患，应当及时提出整改要求，并监督整改；对不能保证餐饮食品安全的餐饮服务提供者，及时提请或要求主办单位予以更换。

第二十五条 餐饮服务食品安全监管部门应当对重大活动餐饮服务提供者提供的食谱进行审定。

第五章 监督程序

第二十六条 餐饮服务食品安全监管部门应当根据重大活动餐饮服务食品安全工作需要，选派2名或2名以上的监督员，执行重大活动餐饮服务食品安全驻点监督工作，对食品加工制作重点环节进行动态监督，填写检查笔录和监督意见书。监督过程中如遇有重大食品安全问题，驻点监督人员不能现场解决的，应及时向有关部门报告。

第二十七条 餐饮服务食品安全监管部门对重大活动餐饮服务提供者进行资格审核，开展加工制作环境、冷菜制作、餐用具清洗消毒、食品留样等现场检查，对不能满足接待任务要求的、不能保证食品安全的餐饮服务提供者，应及时提请或要求主办单位予以更换。

第二十八条 餐饮服务食品安全监管部门应当及时对重大活动采购的重点食品及其原料进行抽样检验。

第二十九条 餐饮服务食品安全监管部门应当及时对重大活动餐饮服务食品安全进行现场检查，并制作现场检查笔录和监督意见书等，对餐饮服务提供者不符合相关法律法规要求的情况责令限期整改，并及时通报主办单位。

第三十条 发生食物中毒或疑似食物中毒时，主办单位、餐饮服务提供者、驻点监管人员应当依法依规向有关部门报告，餐饮服务监管部门应当立即封存可能导致食品安全事故的食品及其原料、工具及用具、设备设施和现场，协助、配合有关部门开展食品安全事故调查。

第三十一条 重大活动餐饮服务食品安全保障工作结束之日起10个工作日，餐饮服务食品安全监管部门应当对重大活动食品安全监督工作做出书面总结，并将有关资料归档保存。

第六章 附则

第三十二条 本规范由国家食品药品监督管理局负责解释。

第三十三条 各省、自治区、直辖市餐饮服务食品安全监管部门可结合本地实际，制定重大活动餐饮服务食品安全监督管理规范实施细则。

第三十四条 本规范自发布之日起施行。

餐饮服务明厨亮灶工作指导意见

1. 2018年4月26日国家市场监督管理总局发布
2. 国市监食监二〔2018〕32号

第一条 为督促餐饮服务提供者加强食品安全管理，诚信守法经营，规范公开加工过程，推动餐饮服务食品安全社会共治，根据《中华人民共和国食品安全法》有关规定，制定本意见。

第二条 本意见所称明厨亮灶，是指餐饮服务提供者采用透明、视频等方式，向社会公众展示餐饮服务相关过程的一种形式。

鼓励餐饮服务提供者实施明厨亮灶。

第三条 公开的重点内容包括厨房环境卫生、冷食类食品加工制作、生食类食品加工制作、烹饪和餐饮具清洗消毒（使用洗碗机进行清洗消毒以及提供一次性和集中清洗消毒的餐饮具除外）等。

第四条 国家市场监督管理总局负责指导餐饮服务明厨亮灶工作。

省级食品安全监管部门负责指导管理本行政区域餐饮服务明厨亮灶工作。

市、县级食品安全监管部门负责管理本行政区域餐饮服务明厨亮灶工作。

第五条 餐饮服务提供者应当主体资质合法、原料来源清晰、加工过程规范、厨房环境卫生、工具用具洁净、人员衣帽干净。

第六条 餐饮服务提供者采用透明式展示的，可通过建造透明玻璃窗、玻璃墙的方式向社会公众展示。

透明玻璃表面要光滑整洁、通透明亮，无积尘、无油垢。玻璃上的粘贴画不得遮挡视线，玻璃两侧不宜存放遮挡视线的物品。

透明玻璃要定期清洁，保持视线清晰。

第七条 餐饮服务提供者采用视频式展示的，可通过视频直播的方式向社会公众展示，要保证就餐人员在就餐场所能看到展示的内容。

第八条 餐饮服务提供者也可以将视频信息上传至网络平台。

鼓励中小学食堂、养老院食堂、集体用餐配送单位等餐饮服务提供者将视频信息上传至网络平台。

第九条 鼓励采用视频式展示的入网餐饮服务提供者将视频信息上传至其加入的网络餐饮服务第三方平台。

网络餐饮服务第三方平台要为视频信息上传、社会公众观看提供接口、展示页面。

第十条 视频直播展示的设备由视频采集设备、展示设备和储存设备三部分组成。

第十一条 摄像头安装要满足以下要求：

（一）粗加工区，可以看到该区域的卫生状况；

（二）烹饪区，可以看到地面、工作台面和设施设备干净程度，人员穿戴工作衣帽情况；

（三）专间、专用操作区域，可以看到工作台面和设施设备干净程度，人员穿戴工作衣帽情况，食品加工过程；

（四）餐饮具清洗消毒区，可以看到餐饮具回收、清洗、消毒、保洁等过程。

第十二条 餐饮服务提供者要保证采集的视频信息清晰展示在就餐场所显示屏或上传至网络平台。视频信息保存不少于7天。

第十三条 餐饮服务提供者一经启用视频展示设备，就要保证在加工制作、就餐时间设备正常运行，在该时间段不得在展示设备上改播其他内容。

第十四条 餐饮服务提供者要定期维护视频展示设备，一旦发现设备不能正常使用，要及时维修。

第十五条 餐饮服务提供者要加强内部管理，持续保持公开内容的真实、合规。

第十六条 餐饮服务提供者要在就餐场所醒目位置公布食品安全监管部门的举报电话。

第十七条 食品安全监管部门对餐饮服务提供者进行监督检查时，要对其明厨亮灶的情况进行检查和指导。

第十八条 社会公众通过明厨亮灶发现餐饮服务提供者有违法违规行为的，可以向食品安全监管部门举报。

食品安全监管部门对社会公众投诉举报反映的线索，要进行调查核实，属于违法行为的，及时依法处理，并反馈投诉举报人。

第十九条 各省、自治区、直辖市食品安全监管部门可结合本地实际，制定餐饮服务明厨亮灶工作实施方案。

第二十条 本意见自发布之日起施行。

（4）食用农产品

中华人民共和国农产品质量安全法

1. 2006年4月29日第十届全国人民代表大会常务委员会第二十一次会议通过

2. 根据2018年10月26日第十三届全国人民代表大会常务委员会第六次会议《关于修改〈中华人民共和国野生动物保护法〉等十五部法律的决定》修正

3. 2022年9月2日第十三届全国人民代表大会常务委员会第三十六次会议修订

目　　录

第一章　总　　则

第一条 【立法目的】为了保障农产品质量安全，维护公众健康，促进农业和农村经济发展，制定本法。

第二条 【农产品及农产品质量安全的含义】本法所称农产品，是指来源于种植业、林业、畜牧业和渔业等的初级产品，即在农业活动中获得的植物、动物、微生物及其产品。

本法所称农产品质量安全，是指农产品质量达到农产品质量安全标准，符合保障人的健康、安全的要求。

第三条 【适用范围】与农产品质量安全有关的农产品生产经营及其监督管理活动，适用本法。

《中华人民共和国食品安全法》对食用农产品的市场销售、有关质量安全标准的制定、有关安全信息的公布和农业投入品已经作出规定的，应当遵守其规定。

第四条 【监督管理制度】国家加强农产品质量安全工作，实行源头治理、风险管理、全程控制，建立科学、严格的监督管理制度，构建协同、高效的社会共治体系。

第五条 【国务院各部门的监督管理职责】国务院农业农村主管部门、市场监督管理部门依照本法和规定的职责,对农产品质量安全实施监督管理。

国务院其他有关部门依照本法和规定的职责承担农产品质量安全的有关工作。

第六条 【地方各级政府的监督管理职责】县级以上地方人民政府对本行政区域的农产品质量安全工作负责,统一领导、组织、协调本行政区域的农产品质量安全工作,建立健全农产品质量安全工作机制,提高农产品质量安全水平。

县级以上地方人民政府应当依照本法和有关规定,确定本级农业农村主管部门、市场监督管理部门和其他有关部门的农产品质量安全监督管理工作职责。各有关部门在职责范围内负责本行政区域的农产品质量安全监督管理工作。

乡镇人民政府应当落实农产品质量安全监督管理责任,协助上级人民政府及其有关部门做好农产品质量安全监督管理工作。

第七条 【生产经营者责任】农产品生产经营者应当对其生产经营的农产品质量安全负责。

农产品生产经营者应当依照法律、法规和农产品质量安全标准从事生产经营活动,诚信自律,接受社会监督,承担社会责任。

第八条 【加强农产品质量安全监管】县级以上人民政府应当将农产品质量安全管理工作纳入本级国民经济和社会发展规划,所需经费列入本级预算,加强农产品质量安全监督管理能力建设。

第九条 【标准化生产】国家引导、推广农产品标准化生产,鼓励和支持生产绿色优质农产品,禁止生产、销售不符合国家规定的农产品质量安全标准的农产品。

第十条 【科技研究】国家支持农产品质量安全科学技术研究,推行科学的质量安全管理方法,推广先进安全的生产技术。国家加强农产品质量安全科学技术国际交流与合作。

第十一条 【加强农产品质量安全宣传】各级人民政府及有关部门应当加强农产品质量安全知识的宣传,发挥基层群众性自治组织、农村集体经济组织的优势和作用,指导农产品生产经营者加强质量安全管理,保障农产品消费安全。

新闻媒体应当开展农产品质量安全法律、法规和农产品质量安全知识的公益宣传,对违法行为进行舆论监督。有关农产品质量安全的宣传报道应当真实、公正。

第十二条 【农民专业合作社和农产品行业协会的职责】农民专业合作社和农产品行业协会等应当及时为其成员提供生产技术服务,建立农产品质量安全管理制度,健全农产品质量安全控制体系,加强自律管理。

第二章 农产品质量安全风险管理和标准制定

第十三条 【风险监测制度】国家建立农产品质量安全风险监测制度。

国务院农业农村主管部门应当制定国家农产品质量安全风险监测计划,并对重点区域、重点农产品品种进行质量安全风险监测。省、自治区、直辖市人民政府农业农村主管部门应当根据国家农产品质量安全风险监测计划,结合本行政区域农产品生产经营实际,制定本行政区域的农产品质量安全风险监测实施方案,并报国务院农业农村主管部门备案。县级以上地方人民政府农业农村主管部门负责组织实施本行政区域的农产品质量安全风险监测。

县级以上人民政府市场监督管理部门和其他有关部门获知有关农产品质量安全风险信息后,应当立即核实并向同级农业农村主管部门通报。接到通报的农业农村主管部门应当及时上报。制定农产品质量安全风险监测计划、实施方案的部门应当及时研究分析,必要时进行调整。

第十四条 【风险评估制度】国家建立农产品质量安全风险评估制度。

国务院农业农村主管部门应当设立农产品质量安全风险评估专家委员会,对可能影响农产品质量安全的潜在危害进行风险分析和评估。国务院卫生健康、市场监督管理等部门发现需要对农产品进行质量安全风险评估的,应当向国务院农业农村主管部门提出风险评估建议。

农产品质量安全风险评估专家委员会由农业、食品、营养、生物、环境、医学、化工等方面的专家组成。

第十五条 【风险监测、评估工作的开展】国务院农业农村主管部门应当根据农产品质量安全风险监测、风险评估结果采取相应的管理措施,并将农产品质量安全风险监测、风险评估结果及时通报国务院市场监督管理、卫生健康等部门和有关省、自治区、直辖市人民政府农业农村主管部门。

县级以上人民政府农业农村主管部门开展农产品质量安全风险监测和风险评估工作时,可以根据需要进入农产品产地、储存场所及批发、零售市场。采集样品应当按照市场价格支付费用。

第十六条 【农产品质量安全标准体系】国家建立健全

农产品质量安全标准体系，确保严格实施。农产品质量安全标准是强制执行的标准，包括以下与农产品质量安全有关的要求：

（一）农业投入品质量要求、使用范围、用法、用量、安全间隔期和休药期规定；

（二）农产品产地环境、生产过程管控、储存、运输要求；

（三）农产品关键成分指标等要求；

（四）与屠宰畜禽有关的检验规程；

（五）其他与农产品质量安全有关的强制性要求。

《中华人民共和国食品安全法》对食用农产品的有关质量安全标准作出规定的，依照其规定执行。

第十七条　【标准的制定和发布】农产品质量安全标准的制定和发布，依照法律、行政法规的规定执行。

制定农产品质量安全标准应当充分考虑农产品质量安全风险评估结果，并听取农产品生产经营者、消费者、有关部门、行业协会等的意见，保障农产品消费安全。

第十八条　【标准的修订】农产品质量安全标准应当根据科学技术发展水平以及农产品质量安全的需要，及时修订。

第十九条　【标准的推进实施】农产品质量安全标准由农业农村主管部门商有关部门推进实施。

第三章　农产品产地

第二十条　【产地监测制度】国家建立健全农产品产地监测制度。

县级以上地方人民政府农业农村主管部门应当会同同级生态环境、自然资源等部门制定农产品产地监测计划，加强农产品产地安全调查、监测和评价工作。

第二十一条　【特定农产品禁止生产区域的划定和管理】县级以上地方人民政府农业农村主管部门应当会同同级生态环境、自然资源等部门按照保障农产品质量安全的要求，根据农产品品种特性和产地安全调查、监测、评价结果，依照土壤污染防治等法律、法规的规定提出划定特定农产品禁止生产区域的建议，报本级人民政府批准后实施。

任何单位和个人不得在特定农产品禁止生产区域种植、养殖、捕捞、采集特定农产品和建立特定农产品生产基地。

特定农产品禁止生产区域划定和管理的具体办法由国务院农业农村主管部门商国务院生态环境、自然资源等部门制定。

第二十二条　【禁止违法向农产品产地排放或者倾倒有毒有害物质】任何单位和个人不得违反有关环境保护法律、法规的规定向农产品产地排放或者倾倒废水、废气、固体废物或者其他有毒有害物质。

农业生产用水和用作肥料的固体废物，应当符合法律、法规和国家有关强制性标准的要求。

第二十三条　【农业投入品的使用和处置】农产品生产者应当科学合理使用农药、兽药、肥料、农用薄膜等农业投入品，防止对农产品产地造成污染。

农药、肥料、农用薄膜等农业投入品的生产者、经营者、使用者应当按照国家有关规定回收并妥善处置包装物和废弃物。

第二十四条　【改善农产品生产条件】县级以上人民政府应当采取措施，加强农产品基地建设，推进农业标准化示范建设，改善农产品的生产条件。

第四章　农产品生产

第二十五条　【制定技术要求和操作规程，加强培训和指导】县级以上地方人民政府农业农村主管部门应当根据本地区的实际情况，制定保障农产品质量安全的生产技术要求和操作规程，并加强对农产品生产经营者的培训和指导。

农业技术推广机构应当加强对农产品生产经营者质量安全知识和技能的培训。国家鼓励科研教育机构开展农产品质量安全培训。

第二十六条　【加强农产品质量安全管理】农产品生产企业、农民专业合作社、农业社会化服务组织应当加强农产品质量安全管理。

农产品生产企业应当建立农产品质量安全管理制度，配备相应的技术人员；不具备配备条件的，应当委托具有专业技术知识的人员进行农产品质量安全指导。

国家鼓励和支持农产品生产企业、农民专业合作社、农业社会化服务组织建立和实施危害分析和关键控制点体系，实施良好农业规范，提高农产品质量安全管理水平。

第二十七条　【农产品生产记录】农产品生产企业、农民专业合作社、农业社会化服务组织应当建立农产品生产记录，如实记载下列事项：

（一）使用农业投入品的名称、来源、用法、用量和使用、停用的日期；

（二）动物疫病、农作物病虫害的发生和防治情况；

（三）收获、屠宰或者捕捞的日期。

农产品生产记录应当至少保存二年。禁止伪造、变造农产品生产记录。

国家鼓励其他农产品生产者建立农产品生产记录。

第二十八条　【农业投入品许可制度及其监督抽查】对可能影响农产品质量安全的农药、兽药、饲料和饲料添加剂、肥料、兽医器械，依照有关法律、行政法规的规定实行许可制度。

省级以上人民政府农业农村主管部门应当定期或者不定期组织对可能危及农产品质量安全的农药、兽药、饲料和饲料添加剂、肥料等农业投入品进行监督抽查，并公布抽查结果。

农药、兽药经营者应当依照有关法律、行政法规的规定建立销售台账，记录购买者、销售日期和药品施用范围等内容。

第二十九条　【依法、科学使用农业投入品】农产品生产经营者应当依照有关法律、行政法规和国家有关强制性标准、国务院农业农村主管部门的规定，科学合理使用农药、兽药、饲料和饲料添加剂、肥料等农业投入品，严格执行农业投入品使用安全间隔期或者休药期的规定；不得超范围、超剂量使用农业投入品危及农产品质量安全。

禁止在农产品生产经营过程中使用国家禁止使用的农业投入品以及其他有毒有害物质。

第三十条　【农产品生产场所及使用物品的质量要求】农产品生产场所以及生产活动中使用的设施、设备、消毒剂、洗涤剂等应当符合国家有关质量安全规定，防止污染农产品。

第三十一条　【农业投入品的安全使用制度】县级以上人民政府农业农村主管部门应当加强对农业投入品使用的监督管理和指导，建立健全农业投入品的安全使用制度，推广农业投入品科学使用技术，普及安全、环保农业投入品的使用。

第三十二条　【打造农产品品牌】国家鼓励和支持农产品生产经营者选用优质特色农产品品种，采用绿色生产技术和全程质量控制技术，生产绿色优质农产品，实施分等分级，提高农产品品质，打造农产品品牌。

第三十三条　【保障冷链农产品质量安全】国家支持农产品产地冷链物流基础设施建设，健全有关农产品冷链物流标准、服务规范和监管保障机制，保障冷链物流农产品畅通高效、安全便捷，扩大高品质市场供给。

从事农产品冷链物流的生产经营者应当依照法律、法规和有关农产品质量安全标准，加强冷链技术创新与应用、质量安全控制，执行对冷链物流农产品及其包装、运输工具、作业环境等的检验检测检疫要求，保证冷链农产品质量安全。

第五章　农产品销售

第三十四条　【农产品质量安全监测】销售的农产品应当符合农产品质量安全标准。

农产品生产企业、农民专业合作社应当根据质量安全控制要求自行或者委托检测机构对农产品质量安全进行检测；经检测不符合农产品质量安全标准的农产品，应当及时采取管控措施，且不得销售。

农业技术推广等机构应当为农户等农产品生产经营者提供农产品检测技术服务。

第三十五条　【农产品包装、保鲜、储存、运输的要求】农产品在包装、保鲜、储存、运输中所使用的保鲜剂、防腐剂、添加剂、包装材料等，应当符合国家有关强制性标准以及其他农产品质量安全规定。

储存、运输农产品的容器、工具和设备应当安全、无害。禁止将农产品与有毒有害物质一同储存、运输，防止污染农产品。

第三十六条　【禁止销售的农产品】有下列情形之一的农产品，不得销售：

（一）含有国家禁止使用的农药、兽药或者其他化合物；

（二）农药、兽药等化学物质残留或者含有的重金属等有毒有害物质不符合农产品质量安全标准；

（三）含有的致病性寄生虫、微生物或者生物毒素不符合农产品质量安全标准；

（四）未按照国家有关强制性标准以及其他农产品质量安全规定使用保鲜剂、防腐剂、添加剂、包装材料等，或者使用的保鲜剂、防腐剂、添加剂、包装材料等不符合国家有关强制性标准以及其他质量安全规定；

（五）病死、毒死或者死因不明的动物及其产品；

（六）其他不符合农产品质量安全标准的情形。

对前款规定不得销售的农产品，应当依照法律、法规的规定进行处置。

第三十七条　【农产品批发市场、农产品销售企业和食品生产者对农产品的检测、查验和检验】农产品批发市场应当按照规定设立或者委托检测机构，对进场销售的农产品质量安全状况进行抽查检测；发现不符合农产品质量安全标准的，应当要求销售者立即停止销售，并向所在地市场监督管理、农业农村等部门报告。

农产品销售企业对其销售的农产品，应当建立健全进货检查验收制度；经查验不符合农产品质量安全标准的，不得销售。

食品生产者采购农产品等食品原料，应当依照《中华人民共和国食品安全法》的规定查验许可证和合格证明，对无法提供合格证明的，应当按照规定进行检验。

第三十八条　【农产品的包装或者附加标识及要求】农产品生产企业、农民专业合作社以及从事农产品收购的单位或者个人销售的农产品，按照规定应当包装或者附加承诺达标合格证等标识的，须经包装或者附加标识后方可销售。包装物或者标识上应当按照规定标明产品的品名、产地、生产者、生产日期、保质期、产品质量等级等内容；使用添加剂的，还应当按照规定标明添加剂的名称。具体办法由国务院农业农村主管部门制定。

第三十九条　【承诺达标合格证】农产品生产企业、农民专业合作社应当执行法律、法规的规定和国家有关强制性标准，保证其销售的农产品符合农产品质量安全标准，并根据质量安全控制、检测结果等开具承诺达标合格证，承诺不使用禁用的农药、兽药及其他化合物且使用的常规农药、兽药残留不超标等。鼓励和支持农户销售农产品时开具承诺达标合格证。法律、行政法规对畜禽产品的质量安全合格证明有特别规定的，应当遵守其规定。

从事农产品收购的单位或者个人应当按照规定收取、保存承诺达标合格证或者其他质量安全合格证明，对其收购的农产品进行混装或者分装后销售的，应当按照规定开具承诺达标合格证。

农产品批发市场应当建立健全农产品承诺达标合格证查验等制度。

县级以上人民政府农业农村主管部门应当做好承诺达标合格证有关工作的指导服务，加强日常监督检查。

农产品质量安全承诺达标合格证管理办法由国务院农业农村主管部门会同国务院有关部门制定。

第四十条　【网络销售的管理】农产品生产经营者通过网络平台销售农产品的，应当依照本法和《中华人民共和国电子商务法》、《中华人民共和国食品安全法》等法律、法规的规定，严格落实质量安全责任，保证其销售的农产品符合质量安全标准。网络平台经营者应当依法加强对农产品生产经营者的管理。

第四十一条　【质量安全追溯管理】国家对列入农产品质量安全追溯目录的农产品实施追溯管理。国务院农业农村主管部门应当会同国务院市场监督管理等部门建立农产品质量安全追溯协作机制。农产品质量安全追溯管理办法和追溯目录由国务院农业农村主管部门会同国务院市场监督管理等部门制定。

国家鼓励具备信息化条件的农产品生产经营者采用现代信息技术手段采集、留存生产记录、购销记录等生产经营信息。

第四十二条　【农产品质量标志和地理标志】农产品质量符合国家规定的有关优质农产品标准的，农产品生产经营者可以申请使用农产品质量标志。禁止冒用农产品质量标志。

国家加强地理标志农产品保护和管理。

第四十三条　【转基因农产品的标识】属于农业转基因生物的农产品，应当按照农业转基因生物安全管理的有关规定进行标识。

第四十四条　【农产品检疫】依法需要实施检疫的动植物及其产品，应当附具检疫标志、检疫证明。

第六章　监督管理

第四十五条　【全程监管协作机制】县级以上人民政府农业农村主管部门和市场监督管理等部门应当建立健全农产品质量安全全程监督管理协作机制，确保农产品从生产到消费各环节的质量安全。

县级以上人民政府农业农村主管部门和市场监督管理部门应当加强收购、储存、运输过程中农产品质量安全监督管理的协调配合和执法衔接，及时通报和共享农产品质量安全监督管理信息，并按照职责权限，发布有关农产品质量安全日常监督管理信息。

第四十六条　【监督抽查和质量安全风险分级管理】县级以上人民政府农业农村主管部门应当根据农产品质量安全风险监测、风险评估结果和农产品质量安全状况等，制定监督抽查计划，确定农产品质量安全监督抽查的重点、方式和频次，并实施农产品质量安全风险分级管理。

第四十七条　【随机抽查机制】县级以上人民政府农业农村主管部门应当建立健全随机抽查机制，按照监督抽查计划，组织开展农产品质量安全监督抽查。

农产品质量安全监督抽查检测应当委托符合本法规定条件的农产品质量安全检测机构进行。监督抽查不得向被抽查人收取费用，抽取的样品应当按照市场价格支付费用，并不得超过国务院农业农村主管部门规定的数量。

上级农业农村主管部门监督抽查的同批次农产品，下级农业农村主管部门不得另行重复抽查。

第四十八条　【检测机构】农产品质量安全检测应当充分利用现有的符合条件的检测机构。

从事农产品质量安全检测的机构，应当具备相应的检测条件和能力，由省级以上人民政府农业农村主管部门或者其授权的部门考核合格。具体办法由国务院农业农村主管部门制定。

农产品质量安全检测机构应当依法经资质认定。

第四十九条　【检测工作人员和机构的要求】从事农产品质量安全检测工作的人员，应当具备相应的专业知识和实际操作技能，遵纪守法，恪守职业道德。

农产品质量安全检测机构对出具的检测报告负责。检测报告应当客观公正，检测数据应当真实可靠，禁止出具虚假检测报告。

第五十条　【快速检测方法及其结果的效力】县级以上地方人民政府农业农村主管部门可以采用国务院农业农村主管部门会同国务院市场监督管理等部门认定的快速检测方法，开展农产品质量安全监督抽查检测。抽查检测结果确定有关农产品不符合农产品质量安全标准的，可以作为行政处罚的证据。

第五十一条　【对检测结果有异议的处理】农产品生产经营者对监督抽查检测结果有异议的，可以自收到检测结果之日起五个工作日内，向实施农产品质量安全监督抽查的农业农村主管部门或者其上一级农业农村主管部门申请复检。复检机构与初检机构不得为同一机构。

采用快速检测方法进行农产品质量安全监督抽查检测，被抽查人对检测结果有异议的，可以自收到检测结果时起四小时内申请复检。复检不得采用快速检测方法。

复检机构应当自收到复检样品之日起七个工作日内出具检测报告。

因检测结果错误给当事人造成损害的，依法承担赔偿责任。

第五十二条　【日常检查】县级以上地方人民政府农业农村主管部门应当加强对农产品生产的监督管理，开展日常检查，重点检查农产品产地环境、农业投入品购买和使用、农产品生产记录、承诺达标合格证开具等情况。

国家鼓励和支持基层群众性自治组织建立农产品质量安全信息员工作制度，协助开展有关工作。

第五十三条　【监督检查的措施及生产经营者的协助、配合义务】开展农产品质量安全监督检查，有权采取下列措施：

（一）进入生产经营场所进行现场检查，调查了解农产品质量安全的有关情况；

（二）查阅、复制农产品生产记录、购销台账等与农产品质量安全有关的资料；

（三）抽样检测生产经营的农产品和使用的农业投入品以及其他有关产品；

（四）查封、扣押有证据证明存在农产品质量安全隐患或者经检测不符合农产品质量安全标准的农产品；

（五）查封、扣押有证据证明可能危及农产品质量安全或者经检测不符合产品质量标准的农业投入品以及其他有毒有害物质；

（六）查封、扣押用于违法生产经营农产品的设施、设备、场所以及运输工具；

（七）收缴伪造的农产品质量标志。

农产品生产经营者应当协助、配合农产品质量安全监督检查，不得拒绝、阻挠。

第五十四条　【信用体系建设】县级以上人民政府农业农村等部门应当加强农产品质量安全信用体系建设，建立农产品生产经营者信用记录，记载行政处罚等信息，推进农产品质量安全信用信息的应用和管理。

第五十五条　【未及时处理质量安全隐患的后果】农产品生产经营过程中存在质量安全隐患，未及时采取措施消除的，县级以上地方人民政府农业农村主管部门可以对农产品生产经营者的法定代表人或者主要负责人进行责任约谈。农产品生产经营者应当立即采取措施，进行整改，消除隐患。

第五十六条　【社会监督和投诉举报制度】国家鼓励消费者协会和其他单位或者个人对农产品质量安全进行社会监督，对农产品质量安全监督管理工作提出意见和建议。任何单位和个人有权对违反本法的行为进行检举控告、投诉举报。

县级以上人民政府农业农村主管部门应当建立农产品质量安全投诉举报制度，公开投诉举报渠道，收到投诉举报后，应当及时处理。对不属于本部门职责的，应当移交有权处理的部门并书面通知投诉举报人。

第五十七条　【执法人员的专业技术培训及考核】县级以上地方人民政府农业农村主管部门应当加强对农产品质量安全执法人员的专业技术培训并组织考核。不具备相应知识和能力的，不得从事农产品质量安全执法工作。

第五十八条　【人民政府履职不力的后果】上级人民政府应当督促下级人民政府履行农产品质量安全职责。对农产品质量安全责任落实不力、问题突出的地方人民政府，上级人民政府可以对其主要负责人进行责任约谈。被约谈的地方人民政府应当立即采取整改措施。

第五十九条 【质量安全突发事件应急预案】国务院农业农村主管部门应当会同国务院有关部门制定国家农产品质量安全突发事件应急预案,并与国家食品安全事故应急预案相衔接。

县级以上地方人民政府应当根据有关法律、行政法规的规定和上级人民政府的农产品质量安全突发事件应急预案,制定本行政区域的农产品质量安全突发事件应急预案。

发生农产品质量安全事故时,有关单位和个人应当采取控制措施,及时向所在地乡镇人民政府和县级人民政府农业农村等部门报告;收到报告的机关应当按照农产品质量安全突发事件应急预案及时处理并报本级人民政府、上级人民政府有关部门。发生重大农产品质量安全事故时,按照规定上报国务院及其有关部门。

任何单位和个人不得隐瞒、谎报、缓报农产品质量安全事故,不得隐匿、伪造、毁灭有关证据。

第六十条 【监督检查的法律依据】县级以上地方人民政府市场监督管理部门依照本法和《中华人民共和国食品安全法》等法律、法规的规定,对农产品进入批发、零售市场或者生产加工企业后的生产经营活动进行监督检查。

第六十一条 【对涉嫌犯罪行为的审查、处罚和部门协助】县级以上人民政府农业农村、市场监督管理等部门发现农产品质量安全违法行为涉嫌犯罪的,应当及时将案件移送公安机关。对移送的案件,公安机关应当及时审查;认为有犯罪事实需要追究刑事责任的,应当立案侦查。

公安机关对依法不需要追究刑事责任但应当给予行政处罚的,应当及时将案件移送农业农村、市场监督管理等部门,有关部门应当依法处理。

公安机关商请农业农村、市场监督管理、生态环境等部门提供检验结论、认定意见以及对涉案农产品进行无害化处理等协助的,有关部门应当及时提供、予以协助。

第七章 法律责任

第六十二条 【地方各级政府直接负责的主管人员和其他直接责任人员的法律责任】违反本法规定,地方各级人民政府有下列情形之一的,对直接负责的主管人员和其他直接责任人员给予警告、记过、记大过处分;造成严重后果的,给予降级或者撤职处分:

(一)未确定有关部门的农产品质量安全监督管理工作职责,未建立健全农产品质量安全工作机制,或者未落实农产品质量安全监督管理责任;

(二)未制定本行政区域的农产品质量安全突发事件应急预案,或者发生农产品质量安全事故后未按照规定启动应急预案。

第六十三条 【县级以上政府部门直接负责的主管人员和其他责任人员的法律责任】违反本法规定,县级以上人民政府农业农村等部门有下列行为之一的,对直接负责的主管人员和其他直接责任人员给予记大过处分;情节较重的,给予降级或者撤职处分;情节严重的,给予开除处分;造成严重后果的,其主要负责人还应当引咎辞职:

(一)隐瞒、谎报、缓报农产品质量安全事故或者隐匿、伪造、毁灭有关证据;

(二)未按照规定查处农产品质量安全事故,或者接到农产品质量安全事故报告未及时处理,造成事故扩大或者蔓延;

(三)发现农产品质量安全重大风险隐患后,未及时采取相应措施,造成农产品质量安全事故或者不良社会影响;

(四)不履行农产品质量安全监督管理职责,导致发生农产品质量安全事故。

第六十四条 【县级以上政府部门违法实施执法措施的法律责任】县级以上地方人民政府农业农村、市场监督管理等部门在履行农产品质量安全监督管理职责过程中,违法实施检查、强制等执法措施,给农产品生产经营者造成损失的,应当依法予以赔偿,对直接负责的主管人员和其他直接责任人员依法给予处分。

第六十五条 【质量安全检测机构、检测人员出具虚假检测报告的法律责任】农产品质量安全检测机构、检测人员出具虚假检测报告的,由县级以上人民政府农业农村主管部门没收所收取的检测费用,检测费用不足一万元的,并处五万元以上十万元以下罚款,检测费用一万元以上的,并处检测费用五倍以上十倍以下罚款;对直接负责的主管人员和其他直接责任人员处一万元以上五万元以下罚款;使消费者的合法权益受到损害的,农产品质量安全检测机构应当与农产品生产经营者承担连带责任。

因农产品质量安全违法行为受到刑事处罚或者因出具虚假检测报告导致发生重大农产品质量安全事故的检测人员,终身不得从事农产品质量安全检测工作。农产品质量安全检测机构不得聘用上述人员。

农产品质量安全检测机构有前两款违法行为的，由授予其资质的主管部门或者机构吊销该农产品质量安全检测机构的资质证书。

第六十六条 【违法在特定农产品禁止生产区域进行农产品生产及违法向农产品产地排放或者倾倒有毒有害物质的法律责任】违反本法规定，在特定农产品禁止生产区域种植、养殖、捕捞、采集特定农产品或者建立特定农产品生产基地的，由县级以上地方人民政府农业农村主管部门责令停止违法行为，没收农产品和违法所得，并处违法所得一倍以上三倍以下罚款。

违反法律、法规规定，向农产品产地排放或者倾倒废水、废气、固体废物或者其他有毒有害物质的，依照有关环境保护法律、法规的规定处理、处罚；造成损害的，依法承担赔偿责任。

第六十七条 【农业投入品的生产者、经营者、使用者违规回收和处置农业投入品的法律责任】农药、肥料、农用薄膜等农业投入品的生产者、经营者、使用者未按照规定回收并妥善处置包装物或者废弃物的，由县级以上地方人民政府农业农村主管部门依照有关法律、法规的规定处理、处罚。

第六十八条 【农产品生产企业的法律责任】违反本法规定，农产品生产企业有下列情形之一的，由县级以上地方人民政府农业农村主管部门责令限期改正；逾期不改正的，处五千元以上五万元以下罚款：

（一）未建立农产品质量安全管理制度；

（二）未配备相应的农产品质量安全管理技术人员，且未委托具有专业技术知识的人员进行农产品质量安全指导。

第六十九条 【农产品生产企业、农民专业合作社、农业社会化服务组织的法律责任】农产品生产企业、农民专业合作社、农业社会化服务组织未依照本法规定建立、保存农产品生产记录，或者伪造、变造农产品生产记录的，由县级以上地方人民政府农业农村主管部门责令限期改正；逾期不改正的，处二千元以上二万元以下罚款。

第七十条 【农产品生产经营者的法律责任之一】违反本法规定，农产品生产经营者有下列行为之一，尚不构成犯罪的，由县级以上地方人民政府农业农村主管部门责令停止生产经营、追回已经销售的农产品，对违法生产经营的农产品进行无害化处理或者予以监督销毁，没收违法所得，并可以没收用于违法生产经营的工具、设备、原料等物品；违法生产经营的农产品货值金额不足一万元的，并处十万元以上十五万元以下罚款，货值金额一万元以上的，并处货值金额十五倍以上三十倍以下罚款；对农户，并处一千元以上一万元以下罚款；情节严重的，有许可证的吊销许可证，并可以由公安机关对其直接负责的主管人员和其他直接责任人员处五日以上十五日以下拘留：

（一）在农产品生产经营过程中使用国家禁止使用的农业投入品或者其他有毒有害物质；

（二）销售含有国家禁止使用的农药、兽药或者其他化合物的农产品；

（三）销售病死、毒死或者死因不明的动物及其产品。

明知农产品生产经营者从事前款规定的违法行为，仍为其提供生产经营场所或者其他条件的，由县级以上地方人民政府农业农村主管部门责令停止违法行为，没收违法所得，并处十万元以上二十万元以下罚款；使消费者的合法权益受到损害的，应当与农产品生产经营者承担连带责任。

第七十一条 【农产品生产经营者的法律责任之二】违反本法规定，农产品生产经营者有下列行为之一，尚不构成犯罪的，由县级以上地方人民政府农业农村主管部门责令停止生产经营、追回已经销售的农产品，对违法生产经营的农产品进行无害化处理或者予以监督销毁，没收违法所得，并可以没收用于违法生产经营的工具、设备、原料等物品；违法生产经营的农产品货值金额不足一万元的，并处五万元以上十万元以下罚款，货值金额一万元以上的，并处货值金额十倍以上二十倍以下罚款；对农户，并处五百元以上五千元以下罚款：

（一）销售农药、兽药等化学物质残留或者含有的重金属等有毒有害物质不符合农产品质量安全标准的农产品；

（二）销售含有的致病性寄生虫、微生物或者生物毒素不符合农产品质量安全标准的农产品；

（三）销售其他不符合农产品质量安全标准的农产品。

第七十二条 【农产品生产经营者的法律责任之三】违反本法规定，农产品生产经营者有下列行为之一的，由县级以上地方人民政府农业农村主管部门责令停止生产经营、追回已经销售的农产品，对违法生产经营的农产品进行无害化处理或者予以监督销毁，没收违法所得，并可以没收用于违法生产经营的工具、设备、原料等物品；违法生产经营的农产品货值金额不足一万元的，并处五千元以上五万元以下罚款，货值金额一万元以上的，并处货值金额五倍以上十倍以下罚款；对农户，并处三百元以上三千元以下罚款：

（一）在农产品生产场所以及生产活动中使用的设施、设备、消毒剂、洗涤剂等不符合国家有关质量安全规定；

（二）未按照国家有关强制性标准或者其他农产品质量安全规定使用保鲜剂、防腐剂、添加剂、包装材料等，或者使用的保鲜剂、防腐剂、添加剂、包装材料等不符合国家有关强制性标准或者其他质量安全规定；

（三）将农产品与有毒有害物质一同储存、运输。

第七十三条 【未开具、收取、保存达标合格证的法律责任】违反本法规定，有下列行为之一的，由县级以上地方人民政府农业农村主管部门按照职责给予批评教育，责令限期改正；逾期不改正的，处一百元以上一千元以下罚款：

（一）农产品生产企业、农民专业合作社、从事农产品收购的单位或者个人未按照规定开具承诺达标合格证；

（二）从事农产品收购的单位或者个人未按照规定收取、保存承诺达标合格证或者其他合格证明。

第七十四条 【农产品生产经营者冒用农产品质量标志，或者销售冒用农产品质量标志的农产品的法律责任】农产品生产经营者冒用农产品质量标志，或者销售冒用农产品质量标志的农产品的，由县级以上地方人民政府农业农村主管部门按照职责责令改正，没收违法所得；违法生产经营的农产品货值金额不足五千元的，并处五千元以上五万元以下罚款，货值金额五千元以上的，并处货值金额十倍以上二十倍以下罚款。

第七十五条 【违反农产品质量安全追溯管理规定的法律责任】违反本法关于农产品质量安全追溯规定的，由县级以上地方人民政府农业农村主管部门按照职责责令限期改正；逾期不改正的，可以处一万元以下罚款。

第七十六条 【拒绝、阻挠依法开展的农产品质量安全监督检查、事故调查处理、抽样检测和风险评估的法律责任】违反本法规定，拒绝、阻挠依法开展的农产品质量安全监督检查、事故调查处理、抽样检测和风险评估的，由有关主管部门按照职责责令停产停业，并处二千元以上五万元以下罚款；构成违反治安管理行为的，由公安机关依法给予治安管理处罚。

第七十七条 【法律适用】《中华人民共和国食品安全法》对食用农产品进入批发、零售市场或者生产加工企业后的违法行为和法律责任有规定的，由县级以上地方人民政府市场监督管理部门依照其规定进行处罚。

第七十八条 【刑事责任】违反本法规定，构成犯罪的，依法追究刑事责任。

第七十九条 【民事责任】违反本法规定，给消费者造成人身、财产或者其他损害的，依法承担民事赔偿责任。生产经营者财产不足以同时承担民事赔偿责任和缴纳罚款、罚金时，先承担民事赔偿责任。

食用农产品生产经营者违反本法规定，污染环境、侵害众多消费者合法权益，损害社会公共利益的，人民检察院可以依照《中华人民共和国民事诉讼法》、《中华人民共和国行政诉讼法》等法律的规定向人民法院提起诉讼。

第八章 附 则

第八十条 【其他适用规定】粮食收购、储存、运输环节的质量安全管理，依照有关粮食管理的法律、行政法规执行。

第八十一条 【施行日期】本法自 2023 年 1 月 1 日起施行。

无公害农产品管理办法

1. 2002 年 4 月 29 日国家质量监督检验检疫总局、农业部令第 12 号发布

2. 根据 2007 年 11 月 8 日农业部令第 6 号《农业部现行规章清理结果》修正

第一章 总 则

第一条 为加强对无公害农产品的管理，维护消费者权益，提高农产品质量，保护农业生态环境，促进农业可持续发展，制定本办法。

第二条 本办法所称无公害农产品，是指产地环境、生产过程和产品质量符合国家有关标准和规范的要求，经认证合格获得认证证书并允许使用无公害农产品标志的未经加工或者初加工的食用农产品。

第三条 无公害农产品管理工作，由政府推动，并实行产地认定和产品认证的工作模式。

第四条 在中华人民共和国境内从事无公害农产品生产、产地认定、产品认证和监督管理等活动，适用本办法。

第五条 全国无公害农产品的管理及质量监督工作，由农业部门、国家质量监督检验检疫部门和国家认证认可监督管理委员会按照“三定”方案赋予的职责和国务院的有关规定，分工负责，共同做好工作。

第六条　各级农业行政主管部门和质量监督检验检疫部门应当在政策、资金、技术等方面扶持无公害农产品的发展，组织无公害农产品新技术的研究、开发和推广。

第七条　国家鼓励生产单位和个人申请无公害农产品产地认定和产品认证。

实施无公害农产品认证的产品范围由农业部、国家认证认可监督管理委员会共同确定、调整。

第八条　国家适时推行强制性无公害农产品认证制度。

第二章　产地条件与生产管理

第九条　无公害农产品产地应当符合下列条件：

（一）产地环境符合无公害农产品产地环境的标准要求；

（二）区域范围明确；

（三）具备一定的生产规模。

第十条　无公害农产品的生产管理应当符合下列条件：

（一）生产过程符合无公害农产品生产技术的标准要求；

（二）有相应的专业技术和管理人员；

（三）有完善的质量控制措施，并有完整的生产和销售记录档案。

第十一条　从事无公害农产品生产的单位或者个人，应当严格按规定使用农业投入品。禁止使用国家禁用、淘汰的农业投入品。

第十二条　无公害农产品产地应当树立标示牌，标明范围、产品品种、责任人。

第三章　产 地 认 定

第十三条　省级农业行政主管部门根据本办法的规定负责组织实施本辖区内无公害农产品产地的认定工作。

第十四条　申请无公害农产品产地认定的单位或者个人（以下简称申请人），应当向县级农业行政主管部门提交书面申请，书面申请应当包括以下内容：

（一）申请人的姓名（名称）、地址、电话号码；

（二）产地的区域范围、生产规模；

（三）无公害农产品生产计划；

（四）产地环境说明；

（五）无公害农产品质量控制措施；

（六）有关专业技术和管理人员的资质证明材料；

（七）保证执行无公害农产品标准和规范的声明；

（八）其他有关材料。

第十五条　县级农业行政主管部门自收到申请之日起，在10个工作日内完成对申请材料的初审工作。

申请材料初审不符合要求的，应当书面通知申请人。

第十六条　申请材料初审符合要求的，县级农业行政主管部门应当逐级将推荐意见和有关材料上报省级农业行政主管部门。

第十七条　省级农业行政主管部门自收到推荐意见和有关材料之日起，在10个工作日内完成对有关材料的审核工作，符合要求的，组织有关人员对产地环境、区域范围、生产规模、质量控制措施、生产计划等进行现场检查。

现场检查不符合要求的，应当书面通知申请人。

第十八条　现场检查符合要求的，应当通知申请人委托具有资质资格的检测机构，对产地环境进行检测。

承担产地环境检测任务的机构，根据检测结果出具产地环境检测报告。

第十九条　省级农业行政主管部门对材料审核、现场检查和产地环境检测结果符合要求的，应当自收到现场检查报告和产地环境检测报告之日起，30个工作日内颁发无公害农产品产地认定证书，并报农业部和国家认证认可监督管理委员会备案。

不符合要求的，应当书面通知申请人。

第二十条　无公害农产品产地认定证书有效期为3年。期满需要继续使用的，应当在有效期满90日前按照本办法规定的无公害农产品产地认定程序，重新办理。

第四章　无公害农产品认证

第二十一条　无公害农产品的认证机构，由国家认证认可监督管理委员会审批，并获得国家认证认可监督管理委员会授权的认可机构的资格认可后，方可从事无公害农产品认证活动。

第二十二条　申请无公害产品认证的单位或者个人（以下简称申请人），应当向认证机构提交书面申请，书面申请应当包括以下内容：

（一）申请人的姓名（名称）、地址、电话号码；

（二）产品品种、产地的区域范围和生产规模；

（三）无公害农产品生产计划；

（四）产地环境说明；

（五）无公害农产品质量控制措施；

（六）有关专业技术和管理人员的资质证明材料；

（七）保证执行无公害农产品标准和规范的声明；

（八）无公害农产品产地认定证书；

（九）生产过程记录档案；

（十）认证机构要求提交的其他材料。

第二十三条　认证机构自收到无公害农产品认证申请之日起，应当在15个工作日内完成对申请材料的审核。

材料审核不符合要求的，应当书面通知申请人。

第二十四条 符合要求的，认证机构可以根据需要派员对产地环境、区域范围、生产规模、质量控制措施、生产计划、标准和规范的执行情况等进行现场检查。

现场检查不符合要求的，应当书面通知申请人。

第二十五条 材料审核符合要求的、或者材料审核和现场检查符合要求的（限于需要对现场进行检查时），认证机构应当通知申请人委托具有资质资格的检测机构对产品进行检测。承担产品检测任务的机构，根据检测结果出具产品检测报告。

第二十六条 认证机构对材料审核、现场检查（限于需要对现场进行检查时）和产品检测结果符合要求的，应当自收到现场检查报告和产品检测报告之日起，30个工作日内颁发无公害农产品认证证书。

不符合要求的，应当书面通知申请人。

第二十七条 认证机构应当自颁发无公害农产品认证证书后30个工作日内，将其颁发的认证证书副本同时报农业部和国家认证认可监督管理委员会备案，由农业部和国家认证认可监督管理委员会公告。

第二十八条 无公害农产品认证证书有效期为3年。期满需要继续使用的，应当在有效期满90日前按照本办法规定的无公害农产品认证程序，重新办理。

在有效期内生产无公害农产品认证证书以外的产品品种的，应当向原无公害农产品认证机构办理认证证书的变更手续。

第二十九条 无公害农产品产地认定证书、产品认证证书格式由农业部、国家认证认可监督管理委员会规定。

第五章 标志管理

第三十条 农业部和国家认证认可监督管理委员会制定并发布《无公害农产品标志管理办法》。

第三十一条 无公害农产品标志应当在认证的品种、数量等范围内使用。

第三十二条 获得无公害农产品认证证书的单位或者个人，可以在证书规定的产品、包装、标签、广告、说明书上使用无公害农产品标志。

第六章 监督管理

第三十三条 农业部、国家质量监督检验检疫总局、国家认证认可监督管理委员会和国务院有关部门根据职责分工依法组织对无公害农产品的生产、销售和无公害农产品标志使用等活动进行监督管理。

（一）查阅或者要求生产者、销售者提供有关材料；

（二）对无公害农产品产地认定工作进行监督；

（三）对无公害农产品认证机构的认证工作进行监督；

（四）对无公害农产品的检测机构的检测工作进行检查；

（五）对使用无公害农产品标志的产品进行检查、检验和鉴定；

（六）必要时对无公害农产品经营场所进行检查。

第三十四条 认证机构对获得认证的产品进行跟踪检查，受理有关的投诉、申诉工作。

第三十五条 任何单位和个人不得伪造、冒用、转让、买卖无公害农产品产地认定证书、产品认证证书和标志。

第七章 罚 则

第三十六条 获得无公害农产品产地认定证书的单位或者个人违反本办法，有下列情形之一的，由省级农业行政主管部门予以警告，并责令限期改正；逾期未改正的，撤销其无公害农产品产地认定证书：

（一）无公害农产品产地被污染或者产地环境达不到标准要求的；

（二）无公害农产品产地使用的农业投入品不符合无公害农产品相关标准要求的；

（三）擅自扩大无公害农产品产地范围的。

第三十七条 违反本办法第三十五条规定的，由县级以上农业行政主管部门和各地质量监督检验检疫部门根据各自的职责分工责令其停止，并可处以违法所得1倍以上3倍以下的罚款，但最高罚款不得超过3万元；没有违法所得的，可以处1万元以下的罚款。

法律、法规对处罚另有规定的，从其规定。

第三十八条 获得无公害农产品认证并加贴标志的产品，经检查、检测、鉴定，不符合无公害农产品质量标准要求的，由县级以上农业行政主管部门或者各地质量监督检验检疫部门责令停止使用无公害农产品标志，由认证机构暂停或者撤销认证证书。

第三十九条 从事无公害农产品管理的工作人员滥用职权、徇私舞弊、玩忽职守的，由所在单位或者所在单位的上级行政主管部门给予行政处分；构成犯罪的，依法追究刑事责任。

第八章 附 则

第四十条 从事无公害农产品的产地认定的部门和产品认证的机构不得收取费用。检测机构的检测、无公害农产品标志按国家规定收取费用。

第四十一条 本办法由农业部、国家质量监督检验检疫总局和国家认证认可监督管理委员会负责解释。

第四十二条 本办法自发布之日起施行。

食用农产品市场销售质量安全监督管理办法

1. 2016年1月5日国家食品药品监督管理总局令第20号公布

2. 自2016年3月1日起施行

第一章 总 则

第一条 为规范食用农产品市场销售行为,加强食用农产品市场销售质量安全监督管理,保证食用农产品质量安全,根据《中华人民共和国食品安全法》等法律法规,制定本办法。

第二条 食用农产品市场销售质量安全及其监督管理适用本办法。

本办法所称食用农产品市场销售,是指通过集中交易市场、商场、超市、便利店等销售食用农产品的活动。

本办法所称集中交易市场,是指销售食用农产品的批发市场和零售市场(含农贸市场)。

第三条 国家食品药品监督管理总局负责监督指导全国食用农产品市场销售质量安全的监督管理工作。

省、自治区、直辖市食品药品监督管理部门负责监督指导本行政区域食用农产品市场销售质量安全的监督管理工作。

市、县级食品药品监督管理部门负责本行政区域食用农产品市场销售质量安全的监督管理工作。

第四条 食用农产品市场销售质量安全及其监督管理工作坚持预防为主、风险管理原则,推进产地准出与市场准入衔接,保证市场销售的食用农产品可追溯。

第五条 县级以上食品药品监督管理部门应当与相关部门建立健全食用农产品市场销售质量安全监督管理协作机制。

第六条 集中交易市场开办者应当依法对入场销售者履行管理义务,保障市场规范运行。

食用农产品销售者(以下简称销售者)应当依照法律法规和食品安全标准从事销售活动,保证食用农产品质量安全。

第七条 县级以上食品药品监督管理部门应当加强信息化建设,汇总分析食用农产品质量安全信息,加强监督管理,防范食品安全风险。

集中交易市场开办者和销售者应当按照食品药品监督管理部门的要求提供并公开食用农产品质量安全数据信息。

鼓励集中交易市场开办者和销售者建立食品安全追溯体系,利用信息化手段采集和记录所销售的食用农产品信息。

第八条 集中交易市场开办者相关行业协会和食用农产品相关行业协会应当加强行业自律,督促集中交易市场开办者和销售者履行法律义务。

第二章 集中交易市场开办者义务

第九条 集中交易市场开办者应当建立健全食品安全管理制度,督促销售者履行义务,加强食用农产品质量安全风险防控。

集中交易市场开办者主要负责人应当落实食品安全管理制度,对本市场的食用农产品质量安全工作全面负责。

集中交易市场开办者应当配备专职或者兼职食品安全管理人员、专业技术人员,明确入场销售者的食品安全管理责任,组织食品安全知识培训。

集中交易市场开办者应当制定食品安全事故处置方案,根据食用农产品风险程度确定检查重点、方式、频次等,定期检查食品安全事故防范措施落实情况,及时消除食用农产品质量安全隐患。

第十条 集中交易市场开办者应当按照食用农产品类别实行分区销售。

集中交易市场开办者销售和贮存食用农产品的环境、设施、设备等应当符合食用农产品质量安全的要求。

第十一条 集中交易市场开办者应当建立入场销售者档案,如实记录销售者名称或者姓名、社会信用代码或者身份证号码、联系方式、住所、食用农产品主要品种、进货渠道、产地等信息。

销售者档案信息保存期限不少于销售者停止销售后6个月。集中交易市场开办者应当对销售者档案及时更新,保证其准确性、真实性和完整性。

集中交易市场开办者应当如实向所在地县级食品药品监督管理部门报告市场名称、住所、类型、法定代表人或者负责人姓名、食品安全管理制度、食用农产品主要种类、摊位数量等信息。

第十二条 集中交易市场开办者应当查验并留存入场销售者的社会信用代码或者身份证复印件,食用农产品产地证明或者购货凭证、合格证明文件。

销售者无法提供食用农产品产地证明或者购货凭证、合格证明文件的，集中交易市场开办者应当进行抽样检验或者快速检测；抽样检验或者快速检测合格的，方可进入市场销售。

第十三条　食用农产品生产企业或者农民专业合作经济组织及其成员生产的食用农产品，由本单位出具产地证明；其他食用农产品生产者或者个人生产的食用农产品，由村民委员会、乡镇政府等出具产地证明；无公害农产品、绿色食品、有机农产品以及农产品地理标志等食用农产品标志上所标注的产地信息，可以作为产地证明。

第十四条　供货者提供的销售凭证、销售者与供货者签订的食用农产品采购协议，可以作为食用农产品购货凭证。

第十五条　有关部门出具的食用农产品质量安全合格证明或者销售者自检合格证明等可以作为合格证明文件。

销售按照有关规定需要检疫、检验的肉类，应当提供检疫合格证明、肉类检验合格证明等证明文件。

销售进口食用农产品，应当提供出入境检验检疫部门出具的入境货物检验检疫证明等证明文件。

第十六条　集中交易市场开办者应当建立食用农产品检查制度，对销售者的销售环境和条件以及食用农产品质量安全状况进行检查。

集中交易市场开办者发现存在食用农产品不符合食品安全标准等违法行为的，应当要求销售者立即停止销售，依照集中交易市场管理规定或者与销售者签订的协议进行处理，并向所在地县级食品药品监督管理部门报告。

第十七条　集中交易市场开办者应当在醒目位置及时公布食品安全管理制度、食品安全管理人员、食用农产品抽样检验结果以及不合格食用农产品处理结果、投诉举报电话等信息。

第十八条　批发市场开办者应当与入场销售者签订食用农产品质量安全协议，明确双方食用农产品质量安全权利义务；未签订食用农产品质量安全协议的，不得进入批发市场进行销售。

鼓励零售市场开办者与销售者签订食用农产品质量安全协议，明确双方食用农产品质量安全权利义务。

第十九条　批发市场开办者应当配备检验设备和检验人员，或者委托具有资质的食品检验机构，开展食用农产品抽样检验或者快速检测，并根据食用农产品种类和风险等级确定抽样检验或者快速检测频次。

鼓励零售市场开办者配备检验设备和检验人员，或者委托具有资质的食品检验机构，开展食用农产品抽样检验或者快速检测。

第二十条　批发市场开办者应当印制统一格式的销售凭证，载明食用农产品名称、产地、数量、销售日期以及销售者名称、地址、联系方式等项目。销售凭证可以作为销售者的销售记录和其他购货者的进货查验记录凭证。

销售者应当按照销售凭证的要求如实记录。记录和销售凭证保存期限不得少于6个月。

第二十一条　与屠宰厂（场）、食用农产品种植养殖基地签订协议的批发市场开办者应当对屠宰厂（场）和食用农产品种植养殖基地进行实地考察，了解食用农产品生产过程以及相关信息，查验种植养殖基地食用农产品相关证明材料以及票据等。

第二十二条　鼓励食用农产品批发市场开办者改造升级，更新设施、设备和场所，提高食品安全保障能力和水平。

鼓励批发市场开办者与取得无公害农产品、绿色食品、有机农产品、农产品地理标志等认证的食用农产品种植养殖基地或者生产加工企业签订食用农产品质量安全合作协议。

第三章　销售者义务

第二十三条　销售者应当具有与其销售的食用农产品品种、数量相适应的销售和贮存场所，保持场所环境整洁，并与有毒、有害场所以及其他污染源保持适当的距离。

第二十四条　销售者应当具有与其销售的食用农产品品种、数量相适应的销售设备或者设施。

销售冷藏、冷冻食用农产品的，应当配备与销售品种相适应的冷藏、冷冻设施，并符合保证食用农产品质量安全所需要的温度、湿度和环境等特殊要求。

鼓励采用冷链、净菜上市、畜禽产品冷鲜上市等方式销售食用农产品。

第二十五条　禁止销售下列食用农产品：

（一）使用国家禁止的兽药和剧毒、高毒农药，或者添加食品添加剂以外的化学物质和其他可能危害人体健康的物质的；

（二）致病性微生物、农药残留、兽药残留、生物毒素、重金属等污染物质以及其他危害人体健康的物质含量超过食品安全标准限量的；

（三）超范围、超限量使用食品添加剂的；

（四）腐败变质、油脂酸败、霉变生虫、污秽不洁、

混有异物、掺假掺杂或者感官性状异常的;

(五)病死、毒死或者死因不明的禽、畜、兽、水产动物肉类;

(六)未按规定进行检疫或者检疫不合格的肉类;

(七)未按规定进行检验或者检验不合格的肉类;

(八)使用的保鲜剂、防腐剂等食品添加剂和包装材料等食品相关产品不符合食品安全国家标准的;

(九)被包装材料、容器、运输工具等污染的;

(十)标注虚假生产日期、保质期或者超过保质期的;

(十一)国家为防病等特殊需要明令禁止销售的;

(十二)标注虚假的食用农产品产地、生产者名称、生产者地址,或者标注伪造、冒用的认证标志等质量标志的;

(十三)其他不符合法律、法规或者食品安全标准的。

第二十六条 销售者采购食用农产品,应当按照规定查验相关证明材料,不符合要求的,不得采购和销售。

销售者应当建立食用农产品进货查验记录制度,如实记录食用农产品名称、数量、进货日期以及供货者名称、地址、联系方式等内容,并保存相关凭证。记录和凭证保存期限不得少于6个月。

实行统一配送销售方式的食用农产品销售企业,可以由企业总部统一建立进货查验记录制度;所属各销售门店应当保存总部的配送清单以及相应的合格证明文件。配送清单和合格证明文件保存期限不得少于6个月。

从事食用农产品批发业务的销售企业,应当建立食用农产品销售记录制度,如实记录批发食用农产品名称、数量、销售日期以及购货者名称、地址、联系方式等内容,并保存相关凭证。记录和凭证保存期限不得少于6个月。

鼓励和引导有条件的销售企业采用扫描、拍照、数据交换、电子表格等方式,建立食用农产品进货查验记录制度。

第二十七条 销售者贮存食用农产品,应当定期检查库存,及时清理腐败变质、油脂酸败、霉变生虫、污秽不洁或者感官性状异常的食用农产品。

销售者贮存食用农产品,应当如实记录食用农产品名称、产地、贮存日期、生产者或者供货者名称或者姓名、联系方式等内容,并在贮存场所保存记录。记录和凭证保存期限不得少于6个月。

第二十八条 销售者租赁仓库的,应当选择能够保障食用农产品质量安全的食用农产品贮存服务提供者。

贮存服务提供者应当按照食用农产品质量安全的要求贮存食用农产品,履行下列义务:

(一)如实向所在地县级食品药品监督管理部门报告其名称、地址、法定代表人或者负责人姓名、社会信用代码或者身份证号码、联系方式以及所提供服务的销售者名称、贮存的食用农产品品种、数量等信息;

(二)查验所提供服务的销售者的营业执照或者身份证明和食用农产品产地或者来源证明、合格证明文件,并建立进出货台账,记录食用农产品名称、产地、贮存日期、出货日期、销售者名称或者姓名、联系方式等。进出货台账和相关证明材料保存期限不得少于6个月;

(三)保证贮存食用农产品的容器、工具和设备安全无害,保持清洁,防止污染,保证食用农产品质量安全所需的温度、湿度和环境等特殊要求,不得将食用农产品与有毒、有害物品一同贮存;

(四)贮存肉类冻品应当查验并留存检疫合格证明、肉类检验合格证明等证明文件;

(五)贮存进口食用农产品,应当查验并记录出入境检验检疫部门出具的入境货物检验检疫证明等证明文件;

(六)定期检查库存食用农产品,发现销售者有违法行为的,应当及时制止并立即报告所在地县级食品药品监督管理部门;

(七)法律、法规规定的其他义务。

第二十九条 销售者自行运输或者委托承运人运输食用农产品的,运输容器、工具和设备应当安全无害,保持清洁,防止污染,并符合保证食用农产品质量安全所需的温度、湿度和环境等特殊要求,不得将食用农产品与有毒、有害物品一同运输。

承运人应当按照有关部门的规定履行相关食品安全义务。

第三十条 销售企业应当建立健全食用农产品质量安全管理制度,配备必要的食品安全管理人员,对职工进行食品安全知识培训,制定食品安全事故处置方案,依法从事食用农产品销售活动。

鼓励销售企业配备相应的检验设备和检验人员,加强食用农产品检验工作。

第三十一条 销售者应当建立食用农产品质量安全自查制度,定期对食用农产品质量安全情况进行检查,发现不符合食用农产品质量安全要求的,应当立即停止销售并采取整改措施;有发生食品安全事故潜在风险的,应当立即停止销售并向所在地县级食品药品监督管理部门报告。

第三十二条　销售按照规定应当包装或者附加标签的食用农产品，在包装或者附加标签后方可销售。包装或者标签上应当按照规定标注食用农产品名称、产地、生产者、生产日期等内容；对保质期有要求的，应当标注保质期；保质期与贮藏条件有关的，应当予以标明；有分级标准或者使用食品添加剂的，应当标明产品质量等级或者食品添加剂名称。

食用农产品标签所用文字应当使用规范的中文，标注的内容应当清楚、明显，不得含有虚假、错误或者其他误导性内容。

第三十三条　销售获得无公害农产品、绿色食品、有机农产品等认证的食用农产品以及省级以上农业行政部门规定的其他需要包装销售的食用农产品应当包装，并标注相应标志和发证机构，鲜活畜、禽、水产品等除外。

第三十四条　销售未包装的食用农产品，应当在摊位（柜台）明显位置如实公布食用农产品名称、产地、生产者或者销售者名称或者姓名等信息。

鼓励采取附加标签、标示带、说明书等方式标明食用农产名称、产地、生产者或者销售者名称或者姓名、保存条件以及最佳食用期等内容。

第三十五条　进口食用农产品的包装或者标签应当符合我国法律、行政法规的规定和食品安全国家标准的要求，并载明原产地，境内代理商的名称、地址、联系方式。

进口鲜冻肉类产品的包装应当标明产品名称、原产国（地区）、生产企业名称、地址以及企业注册号、生产批号；外包装上应当以中文标明规格、产地、目的地、生产日期、保质期、储存温度等内容。

分装销售的进口食用农产品，应当在包装上保留原进口食用农产品全部信息以及分装企业、分装时间、地点、保质期等信息。

第三十六条　销售者发现其销售的食用农产品不符合食品安全标准或者有证据证明可能危害人体健康的，应当立即停止销售，通知相关生产经营者、消费者，并记录停止销售和通知情况。

由于销售者的原因造成其销售的食用农产品不符合食品安全标准或者有证据证明可能危害人体健康的，销售者应当召回。

对于停止销售的食用农产品，销售者应当按照要求采取无害化处理、销毁等措施，防止其再次流入市场。但是，因标签、标志或者说明书不符合食品安全标准而被召回的食用农产品，在采取补救措施且能保证食用农产品质量安全的情况下可以继续销售；销售时应当向消费者明示补救措施。

集中交易市场开办者、销售者应当将食用农产品停止销售、召回和处理情况向所在地县级食品药品监督管理部门报告，配合政府有关部门根据有关法律法规进行处理，并记录相关情况。

集中交易市场开办者、销售者未依照本办法停止销售或者召回的，县级以上地方食品药品监督管理部门可以责令其停止销售或者召回。

第四章　监督管理

第三十七条　县级以上地方食品药品监督管理部门应当按照当地人民政府制定的本行政区域食品安全年度监督管理计划，开展食用农产品市场销售质量安全监督管理工作。

市、县级食品药品监督管理部门应当根据年度监督检查计划、食用农产品风险程度等，确定监督检查的重点、方式和频次，对本行政区域的集中交易市场开办者、销售者、贮存服务提供者进行日常监督检查。

第三十八条　市、县级食品药品监督管理部门按照地方政府属地管理要求，可以依法采取下列措施，对集中交易市场开办者、销售者、贮存服务提供者遵守本办法情况进行日常监督检查：

（一）对食用农产品销售、贮存和运输等场所进行现场检查；

（二）对食用农产品进行抽样检验；

（三）向当事人和其他有关人员调查了解与食用农产品销售活动和质量安全有关的情况；

（四）检查食用农产品进货查验记录制度落实情况，查阅、复制与食用农产品质量安全有关的记录、协议、发票以及其他资料；

（五）对有证据证明不符合食品安全标准或者有证据证明存在质量安全隐患以及用于违法生产经营的食用农产品，有权查封、扣押、监督销毁；

（六）查封违法从事食用农产品销售活动的场所。

集中交易市场开办者、销售者、贮存服务提供者对食品药品监督管理部门实施的监督检查应当予以配合，不得拒绝、阻挠、干涉。

第三十九条　市、县级食品药品监督管理部门应当建立本行政区域集中交易市场开办者、销售者、贮存服务提供者食品安全信用档案，如实记录日常监督检查结果、违法行为查处等情况，依法向社会公布并实时更新。对有不良信用记录的集中交易市场开办者、销售者、贮存服务提供者增加监督检查频次;将违法行为情节严重的集中交易市场开办者、销售者、贮存服务提供者及其主要负责人和其他直接责任人的相关信息,列入严重违法者名单,并予以公布。

市、县级食品药品监督管理部门应当逐步建立销售者市场准入前信用承诺制度,要求销售者以规范格式向社会作出公开承诺,如存在违法失信销售行为将自愿接受信用惩戒。信用承诺纳入销售者信用档案,接受社会监督,并作为事中事后监督管理的参考。

第四十条 食用农产品在销售过程中存在质量安全隐患,未及时采取有效措施消除的,市、县级食品药品监督管理部门可以对集中交易市场开办者、销售者、贮存服务提供者的法定代表人或者主要负责人进行责任约谈。

被约谈者无正当理由拒不按时参加约谈或者未按要求落实整改的,食品药品监督管理部门应当记入集中交易市场开办者、销售者、贮存服务提供者食品安全信用档案。

第四十一条 县级以上地方食品药品监督管理部门应当将食用农产品监督抽检纳入年度检验检测工作计划,对食用农产品进行定期或者不定期抽样检验,并依据有关规定公布检验结果。

市、县级食品药品监督管理部门可以采用国家规定的快速检测方法对食用农产品质量安全进行抽查检测,抽查检测结果表明食用农产品可能存在质量安全隐患的,销售者应当暂停销售;抽查检测结果确定食用农产品不符合食品安全标准的,可以作为行政处罚的依据。

被抽查人对快速检测结果有异议的,可以自收到检测结果时起 4 小时内申请复检。复检结论仍不合格的,复检费用由申请人承担。复检不得采用快速检测方法。

第四十二条 市、县级食品药品监督管理部门应当依据职责公布食用农产品监督管理信息。

公布食用农产品监督管理信息,应当做到准确、及时、客观,并进行必要的解释说明,避免误导消费者和社会舆论。

第四十三条 市、县级食品药品监督管理部门发现批发市场有本办法禁止销售的食用农产品,在依法处理的同时,应当及时追查食用农产品来源和流向,查明原因、控制风险并报告上级食品药品监督管理部门,同时通报所涉地同级食品药品监督管理部门;涉及种植养殖和进出口环节的,还应当通报相关农业行政部门和出入境检验检疫部门。

第四十四条 市、县级食品药品监督管理部门发现超出其管辖范围的食用农产品质量安全案件线索,应当及时移送有管辖权的食品药品监督管理部门。

第四十五条 县级以上地方食品药品监督管理部门在监督管理中发现食用农产品质量安全事故,或者接到有关食用农产品质量安全事故的举报,应当立即会同相关部门进行调查处理,采取措施防止或者减少社会危害,按照应急预案的规定报告当地人民政府和上级食品药品监督管理部门,并在当地人民政府统一领导下及时开展调查处理。

第五章 法律责任

第四十六条 食用农产品市场销售质量安全的违法行为,食品安全法等法律法规已有规定的,依照其规定。

第四十七条 集中交易市场开办者违反本办法第九条至第十二条、第十六条第二款、第十七条规定,有下列情形之一的,由县级以上食品药品监督管理部门责令改正,给予警告;拒不改正的,处 5000 元以上 3 万元以下罚款:

(一)未建立或者落实食品安全管理制度的;

(二)未按要求配备食品安全管理人员、专业技术人员,或者未组织食品安全知识培训的;

(三)未制定食品安全事故处置方案的;

(四)未按食用农产品类别实行分区销售的;

(五)环境、设施、设备等不符合有关食用农产品质量安全要求的;

(六)未按要求建立入场销售者档案,或者未按要求保存和更新销售者档案的;

(七)未如实向所在地县级食品药品监督管理部门报告市场基本信息的;

(八)未查验并留存入场销售者的社会信用代码或者身份证复印件、食用农产品产地证明或者购货凭证、合格证明文件的;

(九)未进行抽样检验或者快速检测,允许无法提供食用农产品产地证明或者购货凭证、合格证明文件的销售者入场销售的;

(十)发现食用农产品不符合食品安全标准等违法行为,未依照集中交易市场管理规定或者与销售者签订的协议处理的;

(十一)未在醒目位置及时公布食用农产品质量安全管理制度、食品安全管理人员、食用农产品抽样检验结果以及不合格食用农产品处理结果、投诉举报电话等信息的。

第四十八条　批发市场开办者违反本办法第十八条第一款、第二十条规定，未与入场销售者签订食用农产品质量安全协议，或者未印制统一格式的食用农产品销售凭证的，由县级以上食品药品监督管理部门责令改正，给予警告；拒不改正的，处1万元以上3万元以下罚款。

第四十九条　销售者违反本办法第二十四条第二款规定，未按要求配备与销售品种相适应的冷藏、冷冻设施，或者温度、湿度和环境等不符合特殊要求的，由县级以上食品药品监督管理部门责令改正，给予警告；拒不改正的，处5000元以上3万元以下罚款。

第五十条　销售者违反本办法第二十五条第一项、第五项、第六项、第十一项规定的，由县级以上食品药品监督管理部门依照食品安全法第一百二十三条第一款的规定给予处罚。

违反本办法第二十五条第二项、第三项、第四项、第十项规定的，由县级以上食品药品监督管理部门依照食品安全法第一百二十四条第一款的规定给予处罚。

违反本办法第二十五条第七项、第十二项规定，销售未按规定进行检验的肉类，或者销售标注虚假的食用农产品产地、生产者名称、生产者地址，标注伪造、冒用的认证标志等质量标志的食用农产品的，由县级以上食品药品监督管理部门责令改正，处1万元以上3万元以下罚款。

违反本办法第二十五条第八项、第九项规定的，由县级以上食品药品监督管理部门依照食品安全法第一百二十五条第一款的规定给予处罚。

第五十一条　销售者违反本办法第二十八条第一款规定，未按要求选择贮存服务提供者，或者贮存服务提供者违反本办法第二十八条第二款规定，未履行食用农产品贮存相关义务的，由县级以上食品药品监督管理部门责令改正，给予警告；拒不改正的，处5000元以上3万元以下罚款。

第五十二条　销售者违反本办法第三十二条、第三十三条、第三十五条规定，未按要求进行包装或者附加标签的，由县级以上食品药品监督管理部门责令改正，给予警告；拒不改正的，处5000元以上3万元以下罚款。

第五十三条　销售者违反本办法第三十四条第一款规定，未按要求公布食用农产品相关信息的，由县级以上食品药品监督管理部门责令改正，给予警告；拒不改正的，处5000元以上1万元以下罚款。

第五十四条　销售者履行了本办法规定的食用农产品进货查验等义务，有充分证据证明其不知道所采购的食用农产品不符合食品安全标准，并能如实说明其进货来源的，可以免予处罚，但应当依法没收其不符合食品安全标准的食用农产品；造成人身、财产或者其他损害的，依法承担赔偿责任。

第五十五条　县级以上地方食品药品监督管理部门不履行食用农产品质量安全监督管理职责，或者滥用职权、玩忽职守、徇私舞弊的，依法追究直接负责的主管人员和其他直接责任人员的行政责任。

第五十六条　违法销售食用农产品涉嫌犯罪的，由县级以上地方食品药品监督管理部门依法移交公安机关追究刑事责任。

第六章　附　　则

第五十七条　本办法下列用语的含义：

食用农产品，指在农业活动中获得的供人食用的植物、动物、微生物及其产品。农业活动，指传统的种植、养殖、采摘、捕捞等农业活动，以及设施农业、生物工程等现代农业活动。植物、动物、微生物及其产品，指在农业活动中直接获得的，以及经过分拣、去皮、剥壳、干燥、粉碎、清洗、切割、冷冻、打蜡、分级、包装等加工，但未改变其基本自然性状和化学性质的产品。

食用农产品集中交易市场开办者，指依法设立、为食用农产品交易提供平台、场地、设施、服务以及日常管理的企业法人或者其他组织。

第五十八条　柜台出租者和展销会举办者销售食用农产品的，参照本办法对集中交易市场开办者的规定执行。

第五十九条　食品摊贩等销售食用农产品的具体管理规定由省、自治区、直辖市制定。

第六十条　本办法自2016年3月1日起施行。

（5）其　他

婴幼儿配方乳粉产品配方注册管理办法

1. 2016年6月6日国家食品药品监督管理总局令第26号公布
2. 自2016年10月1日起施行

第一章　总　　则

第一条　为严格婴幼儿配方乳粉产品配方注册管理，保证婴幼儿配方乳粉质量安全，根据《中华人民共和国食品安全法》等法律法规，制定本办法。

第二条 在中华人民共和国境内生产销售和进口的婴幼儿配方乳粉产品配方注册管理,适用本办法。

第三条 婴幼儿配方乳粉产品配方注册,是指国家食品药品监督管理总局依据本办法规定的程序和要求,对申请注册的婴幼儿配方乳粉产品配方进行审评,并决定是否准予注册的活动。

第四条 婴幼儿配方乳粉产品配方注册管理,应当遵循科学、严格、公开、公平、公正的原则。

第五条 国家食品药品监督管理总局负责婴幼儿配方乳粉产品配方注册管理工作。

国家食品药品监督管理总局行政受理机构(以下简称受理机构)负责婴幼儿配方乳粉产品配方注册申请的受理工作。

国家食品药品监督管理总局食品审评机构(以下简称审评机构)负责婴幼儿配方乳粉产品配方注册申请的审评工作。

国家食品药品监督管理总局审核查验机构(以下简称核查机构)负责婴幼儿配方乳粉产品配方注册的现场核查工作。

省、自治区、直辖市食品药品监督管理部门负责配合国家食品药品监督管理总局开展本行政区域婴幼儿配方乳粉产品配方注册的现场核查等工作。

第六条 申请人应当对提交材料的真实性、完整性、合法性负责,并承担法律责任。

申请人应当协助食品药品监督管理部门开展与注册相关的现场核查、抽样检验等工作。

第二章 申请与注册

第七条 申请人应当为拟在中华人民共和国境内生产并销售婴幼儿配方乳粉的生产企业或者拟向中华人民共和国出口婴幼儿配方乳粉的境外生产企业。

申请人应当具备与所生产婴幼儿配方乳粉相适应的研发能力、生产能力、检验能力,符合粉状婴幼儿配方食品良好生产规范要求,实施危害分析与关键控制点体系,对出厂产品按照有关法律法规和婴幼儿配方乳粉食品安全国家标准规定的项目实施逐批检验。

第八条 申请注册产品配方应当符合有关法律法规和食品安全国家标准的要求,并提供证明产品配方科学性、安全性的研发与论证报告和充足依据。

申请婴幼儿配方乳粉产品配方注册,应当向国家食品药品监督管理总局提交下列材料:

(一)婴幼儿配方乳粉产品配方注册申请书;

(二)申请人主体资质证明文件;

(三)原辅料的质量安全标准;

(四)产品配方研发报告;

(五)生产工艺说明;

(六)产品检验报告;

(七)研发能力、生产能力、检验能力的证明材料;

(八)其他表明配方科学性、安全性的材料。

第九条 同一企业申请注册两个以上同年龄段产品配方时,产品配方之间应当有明显差异,并经科学证实。每个企业原则上不得超过 3 个配方系列 9 种产品配方,每个配方系列包括婴儿配方乳粉(0—6 月龄,1 段)、较大婴儿配方乳粉(6—12 月龄,2 段)、幼儿配方乳粉(12—36 月龄,3 段)。

第十条 同一集团公司已经获得婴幼儿配方乳粉产品配方注册及生产许可的全资子公司可以使用集团公司内另一全资子公司已经注册的婴幼儿配方乳粉产品配方。组织生产前,集团公司应当向国家食品药品监督管理总局提交书面报告。

第十一条 受理机构对申请人提出的婴幼儿配方乳粉产品配方注册申请,应当根据下列情况分别作出处理:

(一)申请事项依法不需要进行注册的,应当即时告知申请人不受理;

(二)申请事项依法不属于国家食品药品监督管理总局职权范围的,应当即时作出不予受理的决定,并告知申请人向有关行政机关申请;

(三)申请材料存在可以当场更正的错误的,应当允许申请人当场更正;

(四)申请材料不齐全或者不符合法定形式的,应当当场或者在 5 个工作日内一次告知申请人需要补正的全部内容;逾期不告知的,自收到申请材料之日起即为受理;

(五)申请材料齐全、符合法定形式,或者申请人按照要求提交全部补正申请材料的,应当受理注册申请。

受理机构受理或者不予受理注册申请,应当出具加盖国家食品药品监督管理总局行政许可受理专用章和注明日期的书面凭证。

第十二条 受理机构应当在受理后 3 个工作日内将申请材料送交审评机构。

第十三条 审评机构应当对申请材料以及产品配方声称与产品配方注册内容的一致性进行审查,并根据实际需要通知核查机构对申请人开展现场核查,组织检验机构开展抽样检验,组织专家对专业问题进行论证,自收到受理材料之日起 60 个工作日内完成审评工作。

特殊情况下需要延长审评时间的,经审评机构负责人同意,可以延长 30 个工作日,延长决定应当书面告知申请人。

第十四条　核查机构应当自接到审评机构通知之日起 20 个工作日内完成对申请人研发能力、生产能力、检验能力等情况的现场核查,出具现场核查报告。

核查机构应当通知申请人所在地省级食品药品监督管理部门参与现场核查,省级食品药品监督管理部门应当派员参与。

第十五条　审评机构应当委托具有法定资质的食品检验机构开展抽样检验。

检验机构应当自接受委托之日起 30 个工作日内完成抽样检验工作,出具产品检验报告。

第十六条　对境外生产企业现场核查、抽样检验的工作时限,根据实际情况确定。

第十七条　审评机构应当根据申请人申请材料、现场核查报告、产品检验报告开展审评,并作出审评结论。

第十八条　审评机构作出不予注册审评结论的,应当向申请人发出拟不予注册的书面通知。申请人对通知有异议的,应当自收到通知之日起 20 个工作日内向审评机构提出书面复审申请并说明复审理由。复审的内容仅限于原申请事项及申请材料。

审评机构应当自受理复审申请之日起 30 个工作日内作出复审决定,并书面通知申请人。

第十九条　审评机构认为需要申请人补正材料的,应当一次性告知需要补正的全部内容。申请人应当在 3 个月内按照补正通知的要求一次补正材料。补正材料的时间不计算在审评时间内。逾期未补正的,按申请人不再提供补正材料处理。

第二十条　国家食品药品监督管理总局自受理申请之日起 20 个工作日内根据审评结论作出准予注册或者不予注册的决定。

受理机构应当自国家食品药品监督管理总局作出决定之日起 10 个工作日内向申请人发出婴幼儿配方乳粉产品配方注册证书或者不予注册决定。

第二十一条　现场核查、抽样检验、复审所需时间不计算在技术审评和注册决定的期限内。审评时间不计算在注册决定的期限内。

第二十二条　申请人对国家食品药品监督管理总局作出不予注册决定有异议的,可以向国家食品药品监督管理总局提出书面行政复议申请或者向人民法院提起行政诉讼。

第二十三条　婴幼儿配方乳粉产品配方注册证书及附件应当载明下列事项:

(一)产品名称;

(二)企业名称、法定代表人、生产地址;

(三)注册号、批准日期及有效期;

(四)生产工艺;

(五)产品配方。

婴幼儿配方乳粉产品配方注册号格式为:国食注字 YP +4 位年代号 +4 位顺序号,其中 YP 代表婴幼儿配方乳粉产品配方。

婴幼儿配方乳粉产品配方注册证书有效期为 5 年。

第二十四条　婴幼儿配方乳粉产品配方注册有效期内,婴幼儿配方乳粉产品配方注册证书遗失或者损毁的,申请人应当向受理机构提出书面申请并说明理由。因遗失申请补发的,应当在省、自治区、直辖市食品药品监督管理部门网站上发布遗失声明;因损坏申请补发的,应当交回婴幼儿配方乳粉产品配方注册证书原件。

国家食品药品监督管理总局自受理之日起 20 个工作日内予以补发。补发的婴幼儿配方乳粉产品配方注册证书应当标注原批准日期,并注明“补发”字样。

第二十五条　婴幼儿配方乳粉产品配方注册证书有效期内,需要变更注册证书及其附件载明事项的,申请人应当向国家食品药品监督管理总局提出变更注册申请,并提交下列材料:

(一)婴幼儿配方乳粉产品配方变更注册申请书;

(二)婴幼儿配方乳粉产品配方注册证书及附件;

(三)与变更事项有关的证明材料。

第二十六条　申请人申请产品配方变更等可能影响产品配方科学性、安全性的,审评机构应当根据实际需要按照本办法第十三条的规定组织开展审评,并作出审评结论。

申请人申请企业名称变更、生产地址名称变更等不影响产品配方科学性、安全性的,审评机构应当进行核实,并自受理机构受理之日起 10 个工作日内作出结论。申请人名称变更的,应当由变更后的申请人申请变更。

国家食品药品监督管理总局自接到审评结论之日起 10 个工作日内根据审评结论作出准予变更或者不予变更的决定。对符合条件的,依法办理变更手续,注册证书发证日期以变更批准日期为准,原注册号不变,证书有效期保持不变;不予变更注册的,作出不予变更注册决定。

第二十七条　婴幼儿配方乳粉产品配方注册证书有效期届满需要延续的,申请人应当在注册证书有效期届满

6个月前向国家食品药品监督管理总局提出延续注册申请，并提交下列材料：

（一）婴幼儿配方乳粉产品配方延续注册申请书；

（二）申请人主体资质证明文件；

（三）企业研发能力、生产能力、检验能力情况；

（四）企业生产质量管理体系自查报告；

（五）产品营养、安全方面的跟踪评价情况；

（六）生产企业所在地省、自治区、直辖市食品药品监督管理部门延续注册意见书；

（七）婴幼儿配方乳粉产品配方注册证书及附件。

审评机构应当根据实际需要对延续注册申请按照本办法第十三条组织开展审评，并作出审评结论。

国家食品药品监督管理总局自受理申请之日起20个工作日内作出准予延续注册或者不予延续注册的决定。准予延续注册的，向申请人换发注册证书，原注册号不变，证书有效期自批准之日起重新计算；不予延续注册的，应当作出不予延续注册决定。逾期未作决定的，视为准予延续。

第二十八条 有下列情形之一的，不予延续注册：

（一）未在规定时限内提出延续注册申请的；

（二）申请人在产品配方注册后5年内未按照注册配方组织生产的；

（三）企业未能保持注册时研发能力、生产能力、检验能力的；

（四）其他不符合有关规定的情形。

第二十九条 婴幼儿配方乳粉产品配方变更注册与延续注册的程序未作规定的，适用本办法有关婴幼儿乳粉产品配方注册的相关规定。

第三章 标签与说明书

第三十条 申请人申请婴幼儿配方乳粉产品配方注册的，应当提交标签和说明书样稿及标签、说明书中声称的说明、证明材料。

标签和说明书涉及婴幼儿配方乳粉产品配方的，应当与获得注册的产品配方的内容一致，并标注注册号。

第三十一条 产品名称中有动物性来源的，应当根据产品配方在配料表中如实标明使用的生乳、乳粉、乳清（蛋白）粉等乳制品原料的动物性来源。使用的乳制品原料有两种以上动物性来源时，应当标明各种动物性来源原料所占比例。

配料表应当将食用植物油具体的品种名称按照加入量的递减顺序标注。

营养成分表应当按照婴幼儿配方乳粉食品安全国家标准规定的营养素顺序列出，并按照能量、蛋白质、脂肪、碳水化合物、维生素、矿物质、可选择性成分等类别分类列出。

第三十二条 声称生乳、原料乳粉等原料来源的，应当如实标明具体来源地或者来源国，不得使用“进口奶源”“源自国外牧场”“生态牧场”“进口原料”等模糊信息。

第三十三条 声称应当注明婴幼儿配方乳粉适用月龄，可以同时使用“1段、2段、3段”的方式标注。

第三十四条 标签和说明书不得含有下列内容：

（一）涉及疾病预防、治疗功能；

（二）明示或者暗示具有保健作用；

（三）明示或者暗示具有益智、增加抵抗力或者免疫力、保护肠道等功能性表述；

（四）对于按照食品安全标准不应当在产品配方中含有或者使用的物质，以“不添加”“不含有”“零添加”等字样强调未使用或者不含有；

（五）虚假、夸大、违反科学原则或者绝对化的内容；

（六）与产品配方注册的内容不一致的声称。

第四章 监督管理

第三十五条 承担婴幼儿配方乳粉产品配方注册技术审评、现场核查、抽样检验、专家论证的机构和人员应当对出具的审评结论、现场核查报告、产品检验报告、专家意见等负责。

婴幼儿配方乳粉产品配方注册技术审评、现场核查、抽样检验、专家论证的机构和人员应当依照有关法律、法规、规章的规定，恪守职业道德，按照食品安全国家标准、技术规范等对婴幼儿配方乳粉产品配方进行技术审评、现场核查和抽样检验，保证相关工作科学、客观和公正。

第三十六条 食品药品监督管理部门接到有关单位或者个人举报的婴幼儿配方乳粉产品配方注册受理、技术审评、现场核查、抽样检验、专家论证、审批等工作中的违法违规行为，应当及时核实处理。

第三十七条 国家食品药品监督管理总局自批准之日起20个工作日内公布婴幼儿配方乳粉产品配方注册目录信息。

第三十八条 参与婴幼儿配方乳粉注册申请受理、技术审评、现场核查、抽样检验、专家论证等工作的机构和人员，应当保守在注册中知悉的商业秘密。

申请人应当按照国家有关规定对申请材料中的商业秘密进行标注并注明依据。

第三十九条 申请人拒绝现场核查或者抽样检验的，国家食品药品监督管理总局不批准其产品配方注册申请。

第四十条　有下列情形之一的，国家食品药品监督管理总局依据职权或者根据利害关系人的请求，可以撤销婴幼儿配方乳粉产品配方注册：

（一）工作人员滥用职权、玩忽职守作出准予注册决定的；

（二）超越法定职权作出准予注册决定的；

（三）违反法定程序作出准予注册决定的；

（四）对不具备申请资格或者不符合法定条件的申请人准予注册的；

（五）依法可以撤销注册的其他情形。

第四十一条　有下列情形之一的，由国家食品药品监督管理总局注销婴幼儿配方乳粉产品配方注册：

（一）企业申请注销的；

（二）企业依法终止的；

（三）注册证书有效期届满未延续的；

（四）注册依法被撤销、撤回，或者注册证书依法被吊销的；

（五）法律法规规定应当注销的其他情形。

第五章　法律责任

第四十二条　食品安全法等法律法规对婴幼儿配方乳粉产品配方注册违法行为已有规定的，从其规定。

第四十三条　申请人隐瞒有关情况或者提供虚假材料、样品申请婴幼儿配方乳粉产品配方注册的，国家食品药品监督管理总局不予受理或者不予注册，对申请人给予警告，并向社会公告。申请人在1年内不得再次申请婴幼儿配方乳粉产品配方注册；涉嫌犯罪的，依法移送公安机关，追究刑事责任。

申请人以欺骗、贿赂等不正当手段，或者隐瞒真实情况、提交虚假材料等方式取得婴幼儿配方乳粉产品配方注册证书的，国家食品药品监督管理总局依法予以撤销，处1万元以上3万元以下罚款。被许可人在3年内不得再次申请注册；涉嫌犯罪的，依法移送公安机关，追究刑事责任。

第四十四条　申请人变更不影响产品配方科学性、安全性的事项，未依法申请变更的，由县级以上食品药品监督管理部门责令改正，给予警告；拒不改正的，处1万元以上3万元以下罚款。

申请人变更可能影响产品配方科学性、安全性的事项，未依法申请变更的，由县级以上食品药品监督管理部门依照食品安全法第一百二十四条的规定处罚。

第四十五条　伪造、涂改、倒卖、出租、出借、转让婴幼儿配方乳粉产品配方注册证书的，由县级以上食品药品监督管理部门责令改正，给予警告，并处1万元以下罚款；情节严重的，处1万元以上3万元以下罚款；涉嫌犯罪的，依法移送公安机关，追究刑事责任。

第四十六条　婴幼儿配方乳粉生产销售者违反本办法第三十条至第三十四条规定的，由食品药品监督管理部门责令改正，并依法处以1万元以上3万元以下罚款。

第四十七条　食品药品监督管理部门及其工作人员对不符合条件的申请人准予注册，或者超越法定职权准予注册的，依照食品安全法第一百四十四条的规定处理。

食品药品监督管理部门及其工作人员在注册审评过程中滥用职权、玩忽职守、徇私舞弊的，依照食品安全法第一百四十五条的规定处理。

第六章　附　　则

第四十八条　本办法所称婴幼儿配方乳粉产品配方，是指生产婴幼儿配方乳粉使用的食品原料、食品添加剂及其使用量，以及产品中营养成分的含量。

第四十九条　本办法自2016年10月1日起施行。

关于进一步加强婴幼儿谷类辅助食品监管的规定

1. 2018年12月4日国家市场监督管理总局发布
2. 国市监食生〔2018〕239号

第一条　为规范婴幼儿谷类辅助食品生产经营行为，落实生产经营者主体责任，加强监管，防范风险，严惩违法违规，保障婴幼儿食品安全，根据《中华人民共和国食品安全法》等法律法规，制定本规定。

第二条　国家市场监督管理总局依法指导全国婴幼儿谷类辅助食品监管工作，省级或设区的市级市场监督管理部门组织实施本辖区内婴幼儿谷类辅助食品监管工作。原则上婴幼儿谷类辅助食品的生产许可由省级市场监督管理部门负责。

第三条　婴幼儿谷类辅助食品生产企业应当按照《中华人民共和国食品安全法》等法律法规、食品安全国家标准等相关规定，严格组织生产，保证婴幼儿谷类辅助食品的安全。

婴幼儿谷类辅助食品生产企业应当按照《食品生产许可管理办法》《婴幼儿辅助食品生产许可审查细

则》等规定，持续保持食品生产许可条件。

第四条 婴幼儿谷类辅助食品生产企业应当严格落实食品安全主体责任，企业主要负责人要对本企业的食品安全工作全面负责，设立食品安全管理机构，配备专职或者兼职的食品安全专业技术人员和管理人员，明确岗位职责，建立并严格执行食品安全管理制度。

第五条 婴幼儿谷类辅助食品生产企业应当严格执行原料进货把关义务，不符合食品安全国家标准的原料，一律不得使用。婴幼儿谷类辅助食品生产企业每年对大米、小米等主要原料供应商开展现场审核评估应不少于1次。使用大米为原料生产婴幼儿谷类辅助食品的生产企业，要对每批次大米的铅、镉等重金属项目进行查验。

第六条 生产婴幼儿谷类辅助食品要具备完整的生产工艺流程，应以谷物（大米、小米等）为主要原料进行生产。

第七条 婴幼儿谷类辅助食品生产企业应当严格执行食品添加剂使用规定，按照《食品安全国家标准　食品添加剂使用标准》（GB 2760）、《食品安全国家标准　食品营养强化剂使用标准》（GB 14880）及其增补公告等标准要求使用食品添加剂，严格把控食品添加剂和营养强化剂的使用量，不得超范围、超限量使用食品添加剂。

第八条 婴幼儿谷类辅助食品生产企业应当严格落实出厂检验制度，严格执行婴幼儿谷类辅助食品标准规定和国家卫生健康委发布的婴幼儿谷类辅助食品中镉的临时限量值规定要求，开展婴幼儿谷类辅助食品产品出厂检验，检验不合格的，一律不得出厂销售。

第九条 婴幼儿谷类辅助食品生产企业应当按照《食品安全国家标准　食品生产通用卫生规范》（GB 14881）等国家标准，建立质量管理体系，每年对该体系的运行情况进行自查应不少于1次，保证其有效运行，并向省级或设区市的市级市场监管部门提交自查报告。

第十条 婴幼儿谷类辅助食品生产企业应当建立婴幼儿辅助食品的原料采购、生产加工、运输、交付、贮存、销售等关键控制环节的全链条食品安全追溯体系；婴幼儿谷类辅助食品销售者应当建立婴幼儿辅助食品购入、运输、交付、贮存、销售等环节的食品安全追溯体系。

婴幼儿谷类辅助食品生产企业及销售者应真实地记录和保存食品质量安全信息，确保食品可追溯。

委托加工生产婴幼儿谷类辅助食品的，委托方和被委托方也应当遵守追溯相应规定。

第十一条 委托生产婴幼儿谷类辅助食品的，委托方与被委托方应当采取签订合同、协议等方式明确双方依法应当承担的相应责任。被委托方应当严格按照食品安全法等法律法规要求组织生产，确保生产的食品符合质量安全要求；委托方应当对委托生产的食品承担食品安全主体责任。

委托生产的婴幼儿谷类辅助食品，其包装上应当同时标注委托方的名称、地址和被委托方的名称、地址、生产许可证编号等内容。

第十二条 生产婴幼儿辅助食品大包装产品且不生产婴幼儿辅助食品最终销售包装产品的，不予生产许可。

禁止以分装方式生产婴幼儿谷类辅助食品。

第十三条 婴幼儿谷类辅助食品生产企业应当加强标签标识管理，按照《食品安全国家标准　预包装食品标签通则》（GB 7718）、《食品安全国家标准　预包装食品营养标签通则》（GB 28050）、《食品安全国家标准　预包装特殊膳食用食品标签》（GB 13432）、《食品安全国家标准　婴幼儿谷类辅助食品》（GB 10769）、《食品安全国家标准　辅食营养补充品》（GB 22570）等食品安全国家标准规定要求进行标识标注。

标签标注“婴幼儿食用”或“6个月以上婴幼儿食用”等表明专供婴幼儿食用的用语、图案的，应当真实、准确，其产品应符合食品安全国家标准关于“婴儿”或“幼儿”定义的要求；其广告应当真实、合法，不得含有虚假或者引人误解的内容，不得欺骗、误导消费者。

不得以虚假、夸大、使消费者误解或欺骗性的文字、图形等方式介绍食品，也不得利用字号大小或色差误导消费者。

第十四条 省级、设区的市级市场监管部门要以商场、超市和母婴店为重点，统筹城市、乡镇、农村等不同地区，兼顾线上、线下两种销售渠道，加强婴幼儿谷类辅助食品监督抽检工作，依法处置不合格食品及其生产经营者。

第十五条 省级、设区的市级市场监管部门要加大婴幼儿谷类辅助食品生产企业监管力度，在食品安全年度监督管理计划中将婴幼儿谷类辅助食品生产企业列为重点检查企业，加强对委托生产婴幼儿谷类辅助食品行为的监管，严格按照《中华人民共和国食品安全法》等相关法律法规规定，依法查处婴幼儿谷类辅助食品生产经营违法违规行为。

特殊医学用途配方食品生产许可审查细则

2019年1月29日国家市场监督管理总局公告2019年第5号发布施行

第一章 总 则

第一条 本细则适用于特殊医学用途配方食品的生产许可条件审查。细则中所称特殊医学用途配方食品，是指为满足进食受限、消化吸收障碍、代谢紊乱或者特定疾病状态人群对营养素或者膳食的特殊需要，专门加工配制而成的配方食品，包括适用于0月龄至12月龄的特殊医学用途婴儿配方食品和适用于1岁以上人群的特殊医学用途配方食品。

第二条 特殊医学用途配方食品申证类别名称分为：特殊医学用途配方食品（不含特殊医学用途婴儿配方食品），类别编号2801；特殊医学用途婴儿配方食品，类别编号2802。特殊医学用途配方食品生产许可食品类别、类别名称、品种明细等见表1。

表1 特殊医学用途配方食品生产许可类别目录

食品类别	类别编号	类别名称	品种明细	备注
特殊医学用途配方食品	2801	特殊医学用途配方食品（不含特殊医学用途婴儿配方食品）	全营养配方食品	产品注册号
			特定全营养配方食品：包括糖尿病全营养配方食品，呼吸系统疾病全营养配方食品，肾病全营养配方食品，肿瘤全营养配方食品，肝病全营养配方食品，肌肉衰减综合症全营养配方食品，创伤、感染、手术及其他应激状态全营养配方食品，炎性肠病全营养配方食品，食物蛋白过敏全营养配方食品，难治性癫痫全营养配方食品，胃肠道吸收障碍、胰腺炎全营养配方食品，脂肪酸代谢异常全营养配方食品，肥胖、减脂手术全营养配方食品等	
			非全营养配方食品：包括营养素组件，电解质配方，增稠组件，流质配方，氨基酸代谢障碍配方等	
特殊医学用途配方食品	2802	特殊医学用途婴儿配方食品	无乳糖配方	产品注册号
			低乳糖配方	
			乳蛋白部分水解配方	
			乳蛋白深度水解配方	
			氨基酸配方	
			早产/低出生体重婴儿配方	
			母乳营养补充剂	
			氨基酸代谢障碍配方	

第三条 特殊医学用途配方食品生产企业（以下简称"企业"）应当按照批准注册的产品配方、生产工艺等技术要求组织生产。仅有包装场地、工序、设备，没有完整生产工艺条件的，不予生产许可。

第四条 本细则中引用的文件、标准通过引用成为本细则的内容。凡是引用文件、标准，其最新版本（包括所有的修改单）适用于本细则。

第二章 生产场所

第五条 生产场所、周围环境以及厂区的布局、道路和绿化应当符合《食品生产许可审查通则》（以下简称《审查通则》）的相关要求。

第六条 厂房和车间的种类、布局应当与产品特性、生产工艺和生产能力相适应，符合《审查通则》的相关要求，避免交叉污染。生产车间通常包括原辅料预处理、称量配料、热处理、杀菌（灭菌）、干燥、混合（预混料）以及包装（灌装）等车间。企业可以根据产品批准注册的实际生产工艺需求适当调整车间的种类。

第七条 生产车间应当按照生产工艺和防止交叉污染的要求划分作业区的洁净级别，原则上分为一般作业区、准清洁作业区和清洁作业区。不同洁净级别的作业区域之间、湿区域与干燥区域之间应当设置有效的分隔。原则上生产车间及各洁净级别作业区的具体划分见表2。

表 2　特殊医学用途配方食品生产车间及作业区划分表

序号	产品类型	清洁作业区	准清洁作业区	一般作业区
1	液态产品	与空气环境接触的工序所在的车间（如称量、配料、灌装等）；有特殊清洁要求的区域（如存放已清洁消毒的内包装材料的暂存间等）。	原料预处理、热处理、杀菌或灭菌，原料的内包装清洁、包装材料消毒、理罐（听）以及其他加工车间等。	原料外包装清洁、外包装、收乳（使用生鲜乳为原料的）等车间以及原料、包装材料和成品仓库等。
2	固态（含粉状）产品	固态（含粉状）产品的裸露待包装的半成品贮存、充填及内包装车间等；干法生产工艺的称量、配料、投料、预混、混料等车间。	原料预处理、湿法加工区域（如称量配料、浓缩干燥等）、原料内包装清洁或隧道杀菌、包装材料消毒、理罐（听）以及其他加工车间等。	原料外包装清洁、外包装、收乳（使用生鲜乳为原料的）等车间以及原料、包装材料和成品仓库等。

对于灌装、封盖后灭菌的液态产品，其灌装、封盖后的灭菌工序可在一般作业区进行。

其他类型产品的生产车间及作业区划分参照表 2 执行。

第八条　清洁作业区应当安装具有过滤装置的独立的空气净化系统和空气调节设施，保持正压，防止未净化的空气进入清洁作业区以及蒸汽凝结。生产粉状产品的清洁作业区应当控制环境温度和空气湿度，无特殊要求时，温度应不高于 25℃，相对湿度应在 65% 以下。清洁作业区、准清洁作业区的空气洁净度应符合《食品安全国家标准　特殊医学用途配方食品良好生产规范》（GB 29923）中相应条款的控制要求，且清洁作业区与非清洁作业区之间的压差应大于等于 10Pa。

第九条　厂房和车间建筑物应保持完好，环境整洁，防止虫害的侵入及孳生。生产车间的墙壁、地面、顶棚、门窗等应当符合《审查通则》的相关要求。车间室内的顶棚、顶角还应易于清扫，避免灰尘积聚、结露、长霉或脱落等情形发生。清洁作业区、准清洁作业区及其他食品暴露场所的顶棚若为易于藏污纳垢的结构，宜加设平滑易清扫的天花板；若为钢筋混凝土结构，其室内顶棚应平坦无缝隙。地面应使用无毒、无味、不渗透、耐腐蚀的材料建造，其结构应易于排污和清洗。

第十条　产尘车间（如干燥物料或产品的取样、称量、混合、包装等）应当采取适当的除尘或粉尘收集措施，防止粉尘扩散，避免交叉污染。

第十一条　清洁作业区、准清洁作业区的对外出入口应装设能自动关闭（如安装自动感应器或闭门器等）的门和（或）空气幕。原料、包装材料、废弃物、设备等进出清洁作业区时，应有防止交叉污染的措施（如专用物流通道以及废弃物通道等）。

第十二条　清洁作业区需保持干燥，并尽量减少供排水设施和系统。如无法避免，应有防止污染的措施。

第十三条　原料、半成品、成品仓库应当符合《审查通则》的相关要求。接收区的布局和设施应能确保食品原料、食品添加剂和包装材料在进入仓储区前可对外包装进行必要的清洁。原料、半成品、成品、包装材料等应当依据性质的不同分设贮存场所，必要时应设有具备温度监控设施的冷藏（冻）库。同一仓库贮存性质不同物品时，应适当分离或分隔（如分类、分架、分区存放等），并有明显的标识。

第三章　设备设施

第十四条　企业应当配备与生产的产品品种、数量相适应的生产设备，设备的性能和精度应能满足生产加工的要求。用于混合的设备应能保证物料混合均匀；干燥设备的进风应当有空气过滤装置，排风应当有防止空气倒流装置，过滤装置应定期检查和维护；用于生产的计量器具和关键仪表应定期进行校准或检定。

第十五条　与食品直接接触的生产设备和工器具的内壁应采用不与物料反应、不吸附物料的材料，并应光滑、平整、无死角、耐腐蚀且易于清洗。

第十六条　供排水设施应当符合《审查通则》的相关要求。使用二次供水的，应符合《二次供水设施卫生规范》（GB 17051）的规定。排水系统内及其下方不应有生产用水的供水管路。

第十七条　企业应当配备与生产需求相适应的食品、工器具和设备的清洁设施，必要时配备相应的消毒设施。使用的洗涤剂、消毒剂应当符合相关规定以及《食品安全国家标准　洗涤剂》（GB 14930.1）、《食品安全国家标准　消毒剂》（GB 14930.2）的要求。

第十八条　废弃物存放设施应当符合《审查通则》的相关要求。盛装废弃物、加工副产品以及不可食用物或危险物质的容器应特别标识、构造合理且不透水，必要时容器应封闭，防止污染食品。应在适当地点设置废弃物临时存放设施，并依废弃物特性分类存放。易腐败的废弃物应及时清除。

第十九条　个人卫生设施应当符合《审查通则》的相关要求及下列要求：

（一）清洁作业区的入口应设置二次更衣室，二次更衣室内应设置阻拦式鞋柜、独立清洁作业区工作服存放柜及消毒设施，使用前后的工作服应分开存放。更衣室对应的不同洁净级别区域两边的门应防止同时被开启，更换清洁作业区工作服的房间的空气洁净度应达到清洁作业区的要求。

（二）准清洁作业区及一般作业区的工作服应符合相应区域的卫生要求，并配备帽子和工作鞋；清洁作业区的工作服应为连体式或一次性工作服，并配备帽子（或头罩）、口罩和工作鞋（或鞋罩）。

（三）人员进入生产作业区前的净化流程一般为：

1. 准清洁作业区：换鞋（穿戴鞋套或工作鞋靴消毒）→更外衣→洗手→更准清洁作业区工作服→手消毒。

2. 清洁作业区：换鞋（穿戴鞋套或工作鞋靴消毒）→更准清洁作业区工作服或外衣（人员不经过准清洁区的）→洗手（人员不经过准清洁作业区的或必要时）→手消毒→更清洁作业区工作服→手消毒。

如采取其他人员净化流程，应对净化效果进行验证，确保符合人员净化要求。

第二十条　通风设施应当符合《审查通则》的相关要求。在有异味及气体（蒸汽及有毒有害气体）或粉尘产生而有可能污染食品的区域，应有适当的排除、收集或控制装置。进气口应远离污染源和排气口，并设有空气过滤设备。

用于食品输送或包装、清洁食品接触面或设备的压缩空气或其他惰性气体应经过除油、除水、洁净过滤、除菌（必要时）等处理。

第二十一条　照明设施应当符合《审查通则》的相关要求。质量监控场所工作面的混合照度不宜低于540lx，加工场所工作面不宜低于220lx，其他场所不宜低于110lx，对光敏感的区域除外。

第二十二条　企业应当根据生产的需要，配备适宜的加热、冷却、冷冻以及用于监测温度和控制室温的设施。

第二十三条　企业应当具备与自行检验项目相适应的检验设备设施和试剂。检验室应当布局合理，检验设备的数量、性能、精度等应当满足相应的检验需求。相关食品安全国家标准和产品注册涉及的检验项目、检验方法修订或变更后，应及时配备相应的检验设备设施和试剂。

第四章　设备布局和工艺流程

第二十四条　生产设备应当按照工艺流程有序排列，合理布局，便于清洁、消毒和维护，避免交叉污染。

第二十五条　设备布局和工艺流程应当与批准注册的产品配方、生产工艺等技术要求保持一致。

第二十六条　企业应当按照产品批准注册的技术要求和GB 29923关于生产工艺特定处理步骤的要求，制定配料、称量、热处理、中间贮存、杀菌（商业无菌）、干燥（粉状产品）、冷却、混合、内包装（灌装）等生产工序的工艺文件，明确关键控制环节、技术参数及要求。

第五章　人员管理

第二十七条　企业应当配备与所生产特殊医学用途配方食品相适应的食品安全管理人员和食品安全专业技术人员（包括研发人员、检验人员等），并符合下列要求：

（一）应当设立独立的食品安全管理机构，明确食品安全管理职责，负责按照GB 29923的要求建立、实施和持续改进生产质量管理体系。

（二）企业负责人应当组织落实食品安全管理制度，对本企业的食品安全工作全面负责。食品安全管理机构负责人应具有食品、医药、营养学或相关专业本科以上学历，以及5年及以上从事食品或者药品生产的工作经历和管理经验，掌握特殊医学用途配方食品的质量安全知识，了解应承担的法律责任和义务，且经专业理论和实践培训合格，可独立行使食品安全管理职权，承担产品出厂放行责任，确保放行的每批产品符合食品安全国家标准和相关法律法规的要求。

（三）食品安全管理人员应具有食品、医药、营养学或相关专业本科以上学历，或专科以上学历并具有3年及以上从事食品或者药品生产的工作经历和生产管理经验。应经过培训并考核合格。经考核不具备食品安全管理能力的，不得上岗。

（四）食品安全技术人员应有食品、医药、营养学或相关专业本科以上学历，或专科以上学历并具有3年及以上相关工作经历。

从事检测的人员应具有食品、化学或相关专业专科以上的学历，或者具有3年及以上相关检测工作经历，经专业理论和实践培训，具备相应检测和仪器设备操作能力，考核合格后可授权开展检验工作。实验室负责人应具有食品、化学或相关专业本科以上学历，并具有3年及以上相关技术工作经历。每个检验项目应至少有2人具有独立检验的能力。

专职研发人员应有食品、医药、营养学或相关专业本科以上学历，掌握食品生产工艺、营养和质量安全等相关专业知识。

（五）生产管理部门负责人应具有食品、医药、营养学或相关专业本科以上学历，3 年及以上从事食品或者药品生产的工作经历和生产管理经验；或专科以上学历，具有 5 年及以上从事食品或者药品生产的工作经历和生产管理经验。生产操作人员应当掌握生产工艺操作规程，可按照技术文件进行生产，可熟练操作生产设备设施。生产操作人员的数量应当与生产需求相适应。

第二十八条 人员培训应当符合《审查通则》的相关要求。应根据岗位的不同需求制定年度培训计划，开展培训工作并保存培训记录。当食品安全相关法律、法规、标准更新时，应及时开展培训。

第二十九条 企业应当建立从业人员健康管理制度，明确患有国务院卫生行政部门规定的有碍食品安全疾病的或有明显皮肤损伤未愈合的人员，不得从事接触直接入口食品的工作。从事接触直接入口食品工作的食品生产人员应当每年进行健康检查，取得健康证明后方可上岗工作。

第六章 管理制度

第三十条 进货查验记录制度应当符合《审查通则》的相关要求。采购进口食品原料、食品添加剂时，应当查验每批物料随附的合格证明材料以及海关（或出入境检验检疫机构）出具的准予入境的产品合格证明。进口的食品原料、食品添加剂应当附有符合我国法律法规和食品安全国家标准要求的中文标签和（或）说明书，并载明原产地以及境内代理商的名称、地址、联系方式等。

第三十一条 企业应当设立下列原料控制要求：

（一）建立原料供应商审核制度。食品原料、食品添加剂和食品相关产品供应商（生产企业、经销商或进口商）的确定及变更应进行质量安全评估，并经食品安全管理机构批准后方可采购。进口食品原料、食品添加剂的境外生产企业及其进口商应在海关（或出入境检验检疫部门）定期公布的备案名单中。对食品原料、食品添加剂和食品相关产品供应商的审核至少应包括：供应商的资质证明文件、质量标准、产品合格证明；采购进口食品原料、食品添加剂的，还应审核进口商（含国内经销商）的相关证明文件（如授权委托书等）；如进行现场质量体系审核的，还应包括现场质量体系审核报告。食品安全管理机构应定期组织对蛋白质（包括蛋白水解物、氨基酸、肽类等）、脂肪（脂肪酸）、碳水化合物以及维生素、矿物质等主要营养素供应商的质量管理体系进行现场审核。应与采购的主要食品原料、食品添加剂和食品相关产品供应商签订质量安全协议，明确双方所承担的质量安全责任。

（二）建立原料采购验收管理制度。采购的食品原料、食品添加剂和食品相关产品的品种、质量标准应当符合食品安全国家标准和产品注册时的技术要求，并经验收合格后方可使用。直接进入干混合工序（无后续灭菌/杀菌工艺的）的原料的微生物指标应当达到终产品标准的要求；大豆原料应彻底灭酶（或在生产过程中灭酶），保证脲酶活性为阴性。生产特殊医学用途婴儿配方食品所使用的食品原料和食品添加剂不应含有谷蛋白，加入的淀粉应经过预糊化处理；不得使用氢化油脂、果糖和经辐照处理过的原料；生产 0—6 个月龄的特殊医学用途婴儿配方食品，应使用灰分≤1.5% 的乳清粉，或灰分≤5.5% 的乳清蛋白粉。

（三）建立原料贮存管理制度。食品原料、食品添加剂和食品相关产品应当在规定的贮存条件下保存，避免太阳直射、雨淋以及强烈的温度、湿度变化与撞击等，并标明相关物料信息和质量状态。验收合格的食品原料、食品添加剂标识应具有唯一性，并与进货查验（或检验）信息相对应，确保其使用情况可进行有效追溯。应定期检查和及时清理变质或超过保质期的食品原料、食品添加剂和食品相关产品；验收不合格的食品原料、食品添加剂和食品相关产品应当在指定区域与合格品分开放置并明显标记。含有过敏原的食品原料、食品添加剂应分区域或分库贮存，明确标识，避免交叉污染与误用。食品添加剂（包括营养强化剂）应由专人管理，专库或专区存放，并使用专用登记册（或仓库管理软件）记录其进货查验和使用情况。

（四）制定领料控制要求。应当建立食品原料、食品添加剂和食品相关产品领用记录，领用时应遵照“先进先出”或“效期先出”的原则。贮存时间较长、质量安全状况有可能发生变化的原料，应定期或在使用前抽样确认其质量安全状况。

（五）保存食品原料、食品添加剂和食品相关产品的采购、验收、贮存和运输记录。如采用计算机管理系统替代物理隔离对物料进行管控，则该方法应具有等同的安全（可控性）性，并参考 GB 29923 附录 A 的要求提供相应的评估报告。

（六）制定生产用水控制要求。与食品直接接触的生产用水、设备清洗用水、制冰和蒸汽用水等应符合《生活饮用水卫生标准》（GB 5749）的相关规定。生产液体产品时，与产品直接接触的生产用水应根据产品的特点制得（如去离子法、离子交换法、反渗透法或其他适当的加工方法），以确保满足产品质量和工艺的要求。

第三十二条　企业应当设立下列生产关键环节控制要求：

（一）控制生产加工的时间和温度。物料从投料至杀菌之间的时间应控制在工艺规定的安全范围内；应根据产品的特点制定有效杀灭微生物或抑制微生物生长繁殖的方法（如热处理，冷冻或冷藏保存等）；无菌灌装设备与UHT灭菌设备的连接、无菌灌装的环境应确保符合无菌灌装要求；需要灌装后灭菌的液态产品，从灌封到灭菌的时间应控制在工艺规程要求的时间限度内。

（二）控制空气的洁净度和湿度。应定期对清洁作业区、准清洁作业区的空气洁净度进行监测并保存监测记录，确保其空气洁净度符合本细则要求。应根据产品和工艺特点，控制相应生产区域的空气湿度，制定空气湿度关键限值，以减少有害微生物的繁殖。

（三）制定微生物监控计划。应参照《食品安全国家标准食品生产通用卫生规范》（GB 14881）附录A的要求，结合生产工艺及相关产品标准要求，制定生产过程的微生物监控计划。采用商业无菌操作进行最终灭菌的液态产品，应确定灭菌前产品微生物污染水平的监控标准，并定期监控。粉状特殊医学用途配方食品应根据GB 29923附录B的要求，对清洁作业区环境中沙门氏菌、阪崎肠杆菌和其他肠杆菌制定环境监控计划，并制定发现阳性监控结果时的评估及相关批次产品的处置措施，确保放行产品符合食品安全标准的要求。

（四）制定人员卫生控制要求。进入食品生产区的人员应整理个人卫生，进入清洁作业区的人员应定期或不定期进行体表微生物检查。进入生产区应规范穿着相应区域的工作服，并按要求洗手、消毒；头发应藏于工作帽内或使用发网约束。进入生产区不应配戴饰物、手表，不应化妆、染指甲、喷洒香水；不得携带或存放与食品生产无关的个人用品。使用卫生间、接触可能污染食品的物品、或从事与食品生产无关的其他活动后，再次从事接触食品、食品工器具、食品设备等与食品生产相关的活动前应洗手消毒。清洁作业区和准清洁作业区使用的工作服和工作鞋不能在指定区域以外的地方穿着。

（五）制定原料卫生控制要求。食品原料、食品添加剂和食品相关产品进入清洁作业区前应除去外包装或对外包装进行消毒，采取适当的物料净化措施（如经过缓冲间、隧道杀菌、风淋室或其他卫生控制措施）。直接用于干混合工序（无后续灭菌/杀菌工艺的）的原料的外包装应当完整且无虫害及其他污染的痕迹。拆包、投料过程中应检查直接接触物料的包装物有无破损，发现破损或其他异常情况，不得使用。

（六）制定称量配料控制要求。称量、配料过程应保证物料种类、数量与产品配方的要求一致，并由他人独立进行复核和记录。采用计算机信息系统实现称量、配料、混合、复核等自动化控制的，可以不采用人工复核，但计算机信息系统应有防错设计并定期校验。称量前应当采取适当方式检查称量设备，确定其性能和精度符合称量的需求。称量前应当检查并记录原料的名称、规格、生产日期（或批号）、保质期和供货者的名称等内容，称量结束后应对物料名称、规格、数量、生产日期、称量日期等进行标识。投料前应对物料名称、数量等信息进行核对，并按工艺文件规定的投料顺序进行投料。建立称量、配料相关记录，记录、核算每批产品的投料量、产量及物料平衡情况，确保物料平衡情况符合设定的限度以及生产相关信息的可追溯。发现物料平衡情况异常时应查明原因，采取措施，防范食品安全风险。

（七）制定生产工艺控制要求。生产过程中的生产工艺及工艺控制参数应符合产品注册时的技术要求，并有相关生产工艺控制记录。液态特殊医学用途配方食品采用商业无菌操作的，应参照GB 29923附录C的要求，制定相关生产工艺控制要求。

（八）制定产品防护管理要求。混合、溶解后的半成品应采用密闭暂存设备储存，不得裸露存放；冷却后的产品应采用密闭暂存设备储存。生产粉状产品过程中，从热处理到干燥前的输送管道和设备应保持密闭，并按规定进行清洁、消毒；无后续灭菌/杀菌工艺的粉状产品不得采用将半成品裸露在清洁作业区的作业方式（如人工筛粉、粉车晾粉等）。应制定设备故障、停电停水等特殊原因中断生产时的产品处置办法，保证对不符合标准的产品按不合格产品处置。当进行现场维修、维护及施工等工作时，应采取适当措施避免污染食品。

（九）制定产品包装控制要求。产品包装前应再次核对即将投入使用的包装材料的标识，确保包装材料正确使用，并做好记录。产品包装过程中应当检查有无金属或者异物混入、是否符合包装要求（如净含量、密封性等），确保包装后的产品合格。包装材料应清洁、无毒且符合国家相关规定。正常情况下包装材料不得重复使用，特殊情况下需重复使用的（如玻璃瓶、不锈钢容器等），应符合产品批准注册时的相关要求，并在使用前彻底清洗、消毒。

（十）制定产品共线生产与风险管控要求。不同品种的产品在同一条生产线上生产时，应经充分的食品安全风险分析（包括但不限于食物蛋白过敏风险），制定有效清洁措施且经有效验证，防止交叉污染，确保产品切换不对下一批产品产生影响，并应符合产品批准注册时的相应要求。

（十一）建立清场管理制度。应明确所生产产品的批次定义。不同批次、不同品种的产品在同一条生产线上生产时，各生产工序在生产结束后、更换品种或批次前，应对现场进行有效清洁并保存清场记录。清场负责人及复核人应在记录上签名。

（十二）建立清洁消毒制度。应根据原料、产品和工艺的特点，选择适合的清洁剂、消毒剂，并针对生产设备和环境制定有效的清洁消毒制度（包括清洁和消毒计划、操作规程及监督流程），并做好相关记录，保证生产场所、设备和设施等的清洁卫生。清洁剂、消毒剂的配制、使用方法应符合相关规定。

（十三）建立生产设备管理制度。设备使用前应进行验证或确认，生产前应检查设备是否处于正常状态，出现故障应及时排除，确保各项性能满足工艺要求。维修后的设备应进行再次验证或确认。制定设备使用、清洁、维护和维修的操作规程，并保存相应记录。设备台账、说明书、档案等应齐全、完整。

第三十三条　企业应当制定检验管理制度，规定原料检验、半成品检验、成品出厂检验的管理要求：

（一）建立原料检验管理制度。根据生产需求和保证质量安全的需要，制定原料检验（或验收）管理制度，规定食品原料、食品添加剂和食品相关产品的进货检验（或验收）标准、程序和判定准则。对无法提供合格证明文件的食品原料，应当按照食品安全标准通过自行检验或委托具备相应资质的食品检验机构进行检验。购入的含乳原料批批检验国家标准要求的项目及限制成分（如三聚氰胺）等项目。

（二）建立半成品检验管理制度。根据生产过程控制需求，设立监控半成品质量安全的检验管理制度，对半成品的质量安全情况进行监控。

（三）建立成品出厂检验管理制度。按照产品执行的食品安全国家标准和产品批准注册的技术要求，对出厂成品进行逐批全项目检验。成品出厂检验应当按照食品安全国家标准和（或）有关规定进行。

生产特殊医学用途婴儿配方食品的，成品出厂应当自行逐批全项目检验，且每年至少1次对全部出厂检验项目的检验能力进行验证。生产其他特殊医学用途配方食品的，可以委托有资质的第三方检验机构进行成品出厂检验，委托检验项目所需的检验设备设施，企业可以不再配备。

第三十四条　企业应当设立产品贮存和运输要求。产品的贮存和运输应符合产品标签所标识的贮存条件。应定期检查库存产品，必要时应有温度记录和（或）湿度记录。经检验后的产品应标识其质量状态。产品不得与有毒、有害或有异味的物品一同贮存运输。

第三十五条　企业应当建立出厂检验记录制度。食品出厂时，应当查验出厂食品的检验合格证和安全状况，记录食品的名称、规格、数量、生产日期或者生产批号、保质期、检验合格证号、销售日期以及购货者名称、地址、联系方式等信息，保存相关记录和凭证。

第三十六条　企业应当按照《审查通则》的相关要求建立不安全食品召回制度及不合格品管理制度：

（一）应当建立不安全食品召回制度，规定发现不安全食品时的停止生产、召回和处置不安全食品的相关要求。

（二）应当建立不合格品管理制度，对发现的食品原料、食品添加剂、食品相关产品以及半成品、成品中的不合格品进行标识、贮存、管理和处置。出厂检验不合格的成品不得作为原料生产食品。

第三十七条　企业应当按照《审查通则》的相关要求建立食品安全自查制度和食品安全事故处置方案，定期检查生产质量管理体系的运行情况，并向所在地县级市场监督管理部门提交自查报告。

第三十八条　企业应当根据食品安全法律、法规、规章、标准和有关规定建立生产质量管理体系，建立且不限于下列管理制度和要求：

（一）建立生产验证方案。应建立生产验证方案，对包括厂房和设备设施的安装、运行、性能以及生产工艺、质量控制方法等进行确认和产品验证。当影响产品质量（包括营养成分）的主要因素，如工艺、质量控制方法、主要原辅料、主要生产设备等发生改变时，以及生产一定周期后，应进行再验证，评估变化情况是否符合食品安全的要求。

（二）建立卫生监控制度。应制定针对生产环境、食品加工人员、设备及设施等的卫生监控制度，确立监控的范围、对象和频率，定期对卫生状况进行监控，记录并保存监控结果，发现问题及时整改。

（三）建立虫害控制制度。应准确绘制虫害控制平面图，标明捕鼠器、粘鼠板、灭蝇灯、室外诱饵投放点、生化信息素捕杀装置等放置的位置，定期检查虫害控制情况。发现有虫害痕迹时，应追查来源，消除隐患。

（四）建立清洁剂、消毒剂等化学品的管理制度。除清洁消毒必需和工艺需要，不应在生产场所使用和存放可能污染食品的化学品。清洁剂、消毒剂等应采用适宜的容器妥善保存，并明显标示、分类贮存，领用时应准确计量，做好使用记录。

（五）建立清洁消毒用具管理制度。清洁消毒前后的设备和工器具应分开放置，妥善保管，避免交叉污染。用于不同洁净级别作业区的清洁工具应有明确标识，不得混用。

（六）建立产品留样制度。每批产品均应留样，留样数量应满足复检要求。贮存产品留样的场所应满足产品贮存条件要求。产品留样应保存至保质期满，并有记录。

（七）建立文件、记录管理制度。建立文件管理制度，规定文件的批准、分发和使用要求，确保各相关场所使用的文件均为有效版本。建立记录管理制度，对从原料采购、生产加工、出厂检验直至产品销售的所有环节应详细记录，记录保存期限不得少于产品保质期满后六个月。

（八）建立工作服清洗保洁制度。准清洁作业区、清洁作业区工作服应及时更换并清洗，必要时应消毒。生产中应注意保持工作服干净完好，如受到污染，应及时更换。

（九）建立产品追溯制度。应确定产品分批原则和批号编制方式，合理划分生产批次，采用产品批号等方式进行标识，建立从原料采购、生产加工、出厂检验直至产品销售的所有环节的记录系统，确保对产品进行有效追溯。

（十）建立客户投诉处理管理制度。对客户提出的书面或口头意见、投诉，企业相关管理部门应作记录并查找原因，妥善处理。

第七章　附　　则

第三十九条　特殊医学用途配方食品产品注册时已抽样检验合格，生产许可现场核查时不再重复核查试制产品检验合格报告。

第四十条　本细则应与《审查通则》结合使用。特殊医学用途配方食品生产许可现场核查时应当按照本细则要求以及产品批准注册的相关内容进行核查。特殊医学用途配方食品的产品类别、产品配方、生产工艺以及产品标签、说明书等应当与产品批准注册的相关内容保持一致。

第四十一条　本细则由国家市场监督管理总局负责解释。

第四十二条　本细则自发布之日起施行。

学校食品安全与营养健康管理规定

1. 2019年2月20日教育部、国家市场监督管理总局、国家卫生健康委员会令第45号公布

2. 自2019年4月1日起施行

第一章　总　　则

第一条　为保障学生和教职工在校集中用餐的食品安全与营养健康，加强监督管理，根据《中华人民共和国食品安全法》（以下简称食品安全法）、《中华人民共和国教育法》《中华人民共和国食品安全法实施条例》等法律法规，制定本规定。

第二条　实施学历教育的各级各类学校、幼儿园（以下统称学校）集中用餐的食品安全与营养健康管理，适用本规定。

本规定所称集中用餐是指学校通过食堂供餐或者外购食品（包括从供餐单位订餐）等形式，集中向学生和教职工提供食品的行为。

第三条　学校集中用餐实行预防为主、全程监控、属地管理、学校落实的原则，建立教育、食品安全监督管理、卫生健康等部门分工负责的工作机制。

第四条　学校集中用餐应当坚持公益便利的原则，围绕采购、贮存、加工、配送、供餐等关键环节，健全学校食品安全风险防控体系，保障食品安全，促进营养健康。

第五条　学校应当按照食品安全法律法规规定和健康中国战略要求，建立健全相关制度，落实校园食品安全责任，开展食品安全与营养健康的宣传教育。

第二章 管理体制

第六条 县级以上地方人民政府依法统一领导、组织、协调学校食品安全监督管理工作以及食品安全突发事故应对工作，将学校食品安全纳入本地区食品安全事故应急预案和学校安全风险防控体系建设。

第七条 教育部门应当指导和督促学校建立健全食品安全与营养健康相关管理制度，将学校食品安全与营养健康管理工作作为学校落实安全风险防控职责、推进健康教育的重要内容，加强评价考核；指导、监督学校加强食品安全教育和日常管理，降低食品安全风险，及时消除食品安全隐患，提升营养健康水平，积极协助相关部门开展工作。

第八条 食品安全监督管理部门应当加强学校集中用餐食品安全监督管理，依法查处涉及学校的食品安全违法行为；建立学校食堂食品安全信用档案，及时向教育部门通报学校食品安全相关信息；对学校食堂食品安全管理人员进行抽查考核，指导学校做好食品安全管理和宣传教育；依法会同有关部门开展学校食品安全事故调查处理。

第九条 卫生健康主管部门应当组织开展校园食品安全风险和营养健康监测，对学校提供营养指导，倡导健康饮食理念，开展适应学校需求的营养健康专业人员培训；指导学校开展食源性疾病预防和营养健康的知识教育，依法开展相关疫情防控处置工作；组织医疗机构救治因学校食品安全事故导致人身伤害的人员。

第十条 区域性的中小学卫生保健机构、妇幼保健机构、疾病预防控制机构，根据职责或者相关主管部门要求，组织开展区域内学校食品安全与营养健康的监测、技术培训和业务指导等工作。

鼓励有条件的地区成立学生营养健康专业指导机构，根据不同年龄阶段学生的膳食营养指南和健康教育的相关规定，指导学校开展学生营养健康相关活动，引导合理搭配饮食。

第十一条 食品安全监督管理部门应当将学校校园及周边地区作为监督检查的重点，定期对学校食堂、供餐单位和校园内以及周边食品经营者开展检查；每学期应当会同教育部门对本行政区域内学校开展食品安全专项检查，督促指导学校落实食品安全责任。

第三章 学校职责

第十二条 学校食品安全实行校长（园长）负责制。

学校应当将食品安全作为学校安全工作的重要内容，建立健全并落实有关食品安全管理制度和工作要求，定期组织开展食品安全隐患排查。

第十三条 中小学、幼儿园应当建立集中用餐陪餐制度，每餐均应当有学校相关负责人与学生共同用餐，做好陪餐记录，及时发现和解决集中用餐过程中存在的问题。

有条件的中小学、幼儿园应当建立家长陪餐制度，健全相应工作机制，对陪餐家长在学校食品安全与营养健康等方面提出的意见建议及时进行研究反馈。

第十四条 学校应当配备专（兼）职食品安全管理人员和营养健康管理人员，建立并落实集中用餐岗位责任制度，明确食品安全与营养健康管理相关责任。

有条件的地方应当为中小学、幼儿园配备营养专业人员或者支持学校聘请营养专业人员，对膳食营养均衡等进行咨询指导，推广科学配餐、膳食营养等理念。

第十五条 学校食品安全与营养健康管理相关工作人员应当按照有关要求，定期接受培训与考核，学习食品安全与营养健康相关法律、法规、规章、标准和其他相关专业知识。

第十六条 学校应当建立集中用餐信息公开制度，利用公共信息平台等方式及时向师生家长公开食品进货来源、供餐单位等信息，组织师生家长代表参与食品安全与营养健康的管理和监督。

第十七条 学校应当根据卫生健康主管部门发布的学生餐营养指南等标准，针对不同年龄段在校学生营养健康需求，因地制宜引导学生科学营养用餐。

有条件的中小学、幼儿园应当每周公布学生餐带量食谱和营养素供给量。

第十八条 学校应当加强食品安全与营养健康的宣传教育，在全国食品安全宣传周、全民营养周、中国学生营养日、全国碘缺乏病防治日等重要时间节点，开展相关科学知识普及和宣传教育活动。

学校应当将食品安全与营养健康相关知识纳入健康教育教学内容，通过主题班会、课外实践等形式开展经常性宣传教育活动。

第十九条 中小学、幼儿园应当培养学生健康的饮食习惯，加强对学生营养不良与超重、肥胖的监测、评价和干预，利用家长学校等方式对学生家长进行食品安全与营养健康相关知识的宣传教育。

第二十条 中小学、幼儿园一般不得在校内设置小卖部、超市等食品经营场所，确有需要设置的，应当依法取得许可，并避免售卖高盐、高糖及高脂食品。

第二十一条　学校在食品采购、食堂管理、供餐单位选择等涉及学校集中用餐的重大事项上，应当以适当方式听取家长委员会或者学生代表大会、教职工代表大会意见，保障师生家长的知情权、参与权、选择权、监督权。

学校应当畅通食品安全投诉渠道，听取师生家长对食堂、外购食品以及其他有关食品安全的意见、建议。

第二十二条　鼓励学校参加食品安全责任保险。

第四章　食 堂 管 理

第二十三条　有条件的学校应当根据需要设置食堂，为学生和教职工提供服务。

学校自主经营的食堂应当坚持公益性原则，不以营利为目的。实施营养改善计划的农村义务教育学校食堂不得对外承包或者委托经营。

引入社会力量承包或者委托经营学校食堂的，应当以招投标等方式公开选择依法取得食品经营许可、能承担食品安全责任、社会信誉良好的餐饮服务单位或者符合条件的餐饮管理单位。

学校应当与承包方或者受委托经营方依法签订合同，明确双方在食品安全与营养健康方面的权利和义务，承担管理责任，督促其落实食品安全管理制度、履行食品安全与营养健康责任。承包方或者受委托经营方应当依照法律、法规、规章、食品安全标准以及合同约定进行经营，对食品安全负责，并接受委托方的监督。

第二十四条　学校食堂应当依法取得食品经营许可证，严格按照食品经营许可证载明的经营项目进行经营，并在食堂显著位置悬挂或者摆放许可证。

第二十五条　学校食堂应当建立食品安全与营养健康状况自查制度。经营条件发生变化，不再符合食品安全要求的，学校食堂应当立即整改；有发生食品安全事故潜在风险的，应当立即停止食品经营活动，并及时向所在地食品安全监督管理部门和教育部门报告。

第二十六条　学校食堂应当建立健全并落实食品安全管理制度，按照规定制定并执行场所及设施设备清洗消毒、维修保养校验、原料采购至供餐全过程控制管理、餐具饮具清洗消毒、食品添加剂使用管理等食品安全管理制度。

第二十七条　学校食堂应当建立并执行从业人员健康管理制度和培训制度。患有国家卫生健康委规定的有碍食品安全疾病的人员，不得从事接触直接入口食品的工作。从事接触直接入口食品工作的从业人员应当每年进行健康检查，取得健康证明后方可上岗工作，必要时应当进行临时健康检查。

学校食堂从业人员的健康证明应当在学校食堂显著位置进行统一公示。

学校食堂从业人员应当养成良好的个人卫生习惯，加工操作直接入口食品前应当洗手消毒，进入工作岗位前应当穿戴清洁的工作衣帽。

学校食堂从业人员不得有在食堂内吸烟等行为。

第二十八条　学校食堂应当建立食品安全追溯体系，如实、准确、完整记录并保存食品进货查验等信息，保证食品可追溯。鼓励食堂采用信息化手段采集、留存食品经营信息。

第二十九条　学校食堂应当具有与所经营的食品品种、数量、供餐人数相适应的场所并保持环境整洁，与有毒、有害场所以及其他污染源保持规定的距离。

第三十条　学校食堂应当根据所经营的食品品种、数量、供餐人数，配备相应的设施设备，并配备消毒、更衣、盥洗、采光、照明、通风、防腐、防尘、防蝇、防鼠、防虫、洗涤以及处理废水、存放垃圾和废弃物的设备或者设施。就餐区或者就餐区附近应当设置供用餐者清洗手部以及餐具、饮具的用水设施。

食品加工、贮存、陈列、转运等设施设备应当定期维护、清洗、消毒；保温设施及冷藏冷冻设施应当定期清洗、校验。

第三十一条　学校食堂应当具有合理的设备布局和工艺流程，防止待加工食品与直接入口食品、原料与成品或者半成品交叉污染，避免食品接触有毒物、不洁物。制售冷食类食品、生食类食品、裱花蛋糕、现榨果蔬汁等，应当按照有关要求设置专间或者专用操作区，专间应当在加工制作前进行消毒，并由专人加工操作。

第三十二条　学校食堂采购食品及原料应当遵循安全、健康、符合营养需要的原则。有条件的地方或者学校应当实行大宗食品公开招标、集中定点采购制度，签订采购合同时应当明确供货者食品安全责任和义务，保证食品安全。

第三十三条　学校食堂应当建立食品、食品添加剂和食品相关产品进货查验记录制度，如实准确记录名称、规格、数量、生产日期或者生产批号、保质期、进货日期以及供货者名称、地址、联系方式等内容，并保留载有上述信息的相关凭证。

进货查验记录和相关凭证保存期限不得少于产品保质期满后六个月；没有明确保质期的，保存期限不得少于二年。食用农产品的记录和凭证保存期限不得少于六个月。

第三十四条　学校食堂采购食品及原料，应当按照下列要求查验许可相关文件，并留存加盖公章（或者签字）的复印件或者其他凭证：

（一）从食品生产者采购食品的，应当查验其食品生产许可证和产品合格证明文件等；

（二）从食品经营者（商场、超市、便利店等）采购食品的，应当查验其食品经营许可证等；

（三）从食用农产品生产者直接采购的，应当查验并留存其社会信用代码或者身份证复印件；

（四）从集中交易市场采购食用农产品的，应当索取并留存由市场开办者或者经营者加盖公章（或者负责人签字）的购货凭证；

（五）采购肉类的应当查验肉类产品的检疫合格证明；采购肉类制品的应当查验肉类制品的检验合格证明。

第三十五条　学校食堂禁止采购、使用下列食品、食品添加剂、食品相关产品：

（一）超过保质期的食品、食品添加剂；

（二）腐败变质、油脂酸败、霉变生虫、污秽不洁、混有异物、掺假掺杂或者感官性状异常的食品、食品添加剂；

（三）未按规定进行检疫或者检疫不合格的肉类，或者未经检验或者检验不合格的肉类制品；

（四）不符合食品安全标准的食品原料、食品添加剂以及消毒剂、洗涤剂等食品相关产品；

（五）法律、法规、规章规定的其他禁止生产经营或者不符合食品安全标准的食品、食品添加剂、食品相关产品。

学校食堂在加工前应当检查待加工的食品及原料，发现有前款规定情形的，不得加工或者使用。

第三十六条　学校食堂提供蔬菜、水果以及按照国际惯例或者民族习惯需要提供的食品应当符合食品安全要求。

学校食堂不得采购、贮存、使用亚硝酸盐（包括亚硝酸钠、亚硝酸钾）。

中小学、幼儿园食堂不得制售冷荤类食品、生食类食品、裱花蛋糕，不得加工制作四季豆、鲜黄花菜、野生蘑菇、发芽土豆等高风险食品。省、自治区、直辖市食品安全监督管理部门可以结合实际制定本地区中小学、幼儿园集中用餐不得制售的高风险食品目录。

第三十七条　学校食堂应当按照保证食品安全的要求贮存食品，做到通风换气、分区分架分类、离墙离地存放、防蝇防鼠防虫设施完好，并定期检查库存，及时清理变质或者超过保质期的食品。

贮存散装食品，应当在贮存位置标明食品的名称、生产日期或者生产批号、保质期、生产者名称以及联系方式等内容。用于保存食品的冷藏冷冻设备，应当贴有标识，原料、半成品和成品应当分柜存放。

食品库房不得存放有毒、有害物品。

第三十八条　学校食堂应当设置专用的备餐间或者专用操作区，制定并在显著位置公示人员操作规范；备餐操作时应当避免食品受到污染。食品添加剂应当专人专柜（位）保管，按照有关规定做到标识清晰、计量使用、专册记录。

学校食堂制作的食品在烹饪后应当尽量当餐用完，需要熟制的食品应当烧熟煮透。需要再次利用的，应当按照相关规范采取热藏或者冷藏方式存放，并在确认没有腐败变质的情况下，对需要加热的食品经高温彻底加热后食用。

第三十九条　学校食堂用于加工动物性食品原料、植物性食品原料、水产品原料、半成品或者成品等的容器、工具应当从形状、材质、颜色、标识上明显区分，做到分开使用，固定存放，用后洗净并保持清洁。

学校食堂的餐具、饮具和盛放或者接触直接入口食品的容器、工具，使用前应当洗净、消毒。

第四十条　中小学、幼儿园食堂应当对每餐次加工制作的每种食品成品进行留样，每个品种留样量应当满足检验需要，不得少于125克，并记录留样食品名称、留样量、留样时间、留样人员等。留样食品应当由专柜冷藏保存48小时以上。

高等学校食堂加工制作的大型活动集体用餐，批量制售的热食、非即做即售的热食、冷食类食品、生食类食品、裱花蛋糕应当按照前款规定留样，其他加工食品根据相关规定留样。

第四十一条　学校食堂用水应当符合国家规定的生活饮用水卫生标准。

第四十二条　学校食堂产生的餐厨废弃物应当在餐后及时清除，并按照环保要求分类处理。

食堂应当设置专门的餐厨废弃物收集设施并明显标识，按照规定收集、存放餐厨废弃物，建立相关制度及台账，按照规定交由符合要求的生活垃圾运输单位或者餐厨垃圾处理单位处理。

第四十三条　学校食堂应当建立安全保卫制度，采取措施，禁止非食堂从业人员未经允许进入食品处理区。

学校在校园安全信息化建设中，应当优先在食堂食品库房、烹饪间、备餐间、专间、留样间、餐具饮具清洗消毒间等重点场所实现视频监控全覆盖。

第四十四条　有条件的学校食堂应当做到明厨亮灶，通过视频或者透明玻璃窗、玻璃墙等方式，公开食品加工过程。鼓励运用互联网等信息化手段，加强对食品来源、采购、加工制作全过程的监督。

第五章　外购食品管理

第四十五条　学校从供餐单位订餐的，应当建立健全校外供餐管理制度，选择取得食品经营许可、能承担食品安全责任、社会信誉良好的供餐单位。

学校应当与供餐单位签订供餐合同（或者协议），明确双方食品安全与营养健康的权利和义务，存档备查。

第四十六条　供餐单位应当严格遵守法律、法规和食品安全标准，当餐加工，并遵守本规定的要求，确保食品安全。

第四十七条　学校应当对供餐单位提供的食品随机进行外观查验和必要检验，并在供餐合同（或者协议）中明确约定不合格食品的处理方式。

第四十八条　学校需要现场分餐的，应当建立分餐管理制度。在教室分餐的，应当保障分餐环境卫生整洁。

第四十九条　学校外购食品的，应当索取相关凭证，查验产品包装标签，查看生产日期、保质期和保存条件。不能即时分发的，应当按照保证食品安全的要求贮存。

第六章　食品安全事故调查与应急处置

第五十条　学校应当建立集中用餐食品安全应急管理和突发事故报告制度，制定食品安全事故处置方案。发生集中用餐食品安全事故或者疑似食品安全事故时，应当立即采取下列措施：

（一）积极协助医疗机构进行救治；

（二）停止供餐，并按照规定向所在地教育、食品安全监督管理、卫生健康等部门报告；

（三）封存导致或者可能导致食品安全事故的食品及其原料、工具、用具、设备设施和现场，并按照食品安全监督管理部门要求采取控制措施；

（四）配合食品安全监管部门进行现场调查处理；

（五）配合相关部门对用餐师生进行调查，加强与师生家长联系，通报情况，做好沟通引导工作。

第五十一条　教育部门接到学校食品安全事故报告后，应当立即赶往现场协助相关部门进行调查处理，督促学校采取有效措施，防止事故扩大，并向上级人民政府教育部门报告。

学校发生食品安全事故需要启动应急预案的，教育部门应当立即向同级人民政府以及上一级教育部门报告，按照规定进行处置。

第五十二条　食品安全监督管理部门会同卫生健康、教育等部门依法对食品安全事故进行调查处理。

县级以上疾病预防控制机构接到报告后应当对事故现场进行卫生处理，并对与事故有关的因素开展流行病学调查，及时向同级食品安全监督管理、卫生健康等部门提交流行病学调查报告。

学校食品安全事故的性质、后果及其调查处理情况由食品安全监督管理部门会同卫生健康、教育等部门依法发布和解释。

第五十三条　教育部门和学校应当按照国家食品安全信息统一公布制度的规定建立健全学校食品安全信息公布机制，主动关注涉及本地本校食品安全舆情，除由相关部门统一公布的食品安全信息外，应当准确、及时、客观地向社会发布相关工作信息，回应社会关切。

第七章　责任追究

第五十四条　违反本规定第二十五条、第二十六条、第二十七条第一款、第三十三条，以及第三十四条第（一）项、第（二）项、第（五）项，学校食堂（或者供餐单位）未按规定建立食品安全管理制度，或者未按规定制定、实施餐饮服务经营过程控制要求的，由县级以上人民政府食品安全监督管理部门依照食品安全法第一百二十六条第一款的规定处罚。

违反本规定第三十四条第（三）项、第（四）项，学校食堂（或者供餐单位）未查验或者留存食用农产品生产者、集中交易市场开办者或者经营者的社会信用代码或者身份证复印件或者购货凭证、合格证明文件的，由县级以上人民政府食品安全监督管理部门责令改正；拒不改正的，给予警告，并处5000元以上3万元以下罚款。

第五十五条　违反本规定第三十六条第二款，学校食堂（或者供餐单位）采购、贮存亚硝酸盐（包括亚硝酸钠、亚硝酸钾）的，由县级以上人民政府食品安全监督管理部门责令改正，给予警告，并处5000元以上3万元以下罚款。

违反本规定第三十六条第三款，中小学、幼儿园食堂（或者供餐单位）制售冷荤类食品、生食类食品、裱花蛋糕，或者加工制作四季豆、鲜黄花菜、野生蘑菇、发芽土豆等高风险食品的，由县级以上人民政府食品安全监督管理部门责令改正；拒不改正的，给予警告，并处5000元以上3万元以下罚款。

第五十六条 违反本规定第四十条，学校食堂（或者供餐单位）未按要求留样的，由县级以上人民政府食品安全监督管理部门责令改正，给予警告；拒不改正的，处5000元以上3万元以下罚款。

第五十七条 有食品安全法以及本规定的违法情形，学校未履行食品安全管理责任，由县级以上人民政府食品安全管理部门会同教育部门对学校主要负责人进行约谈，由学校主管教育部门视情节对学校直接负责的主管人员和其他直接责任人员给予相应的处分。

实施营养改善计划的学校违反食品安全法律法规以及本规定的，应当从重处理。

第五十八条 学校食品安全的相关工作人员、相关负责人有下列行为之一的，由学校主管教育部门给予警告或者记过处分；情节较重的，应当给予降低岗位等级或者撤职处分；情节严重的，应当给予开除处分；构成犯罪的，依法移送司法机关处理：

（一）知道或者应当知道食品、食品原料劣质或者不合格而采购的，或者利用工作之便以其他方式谋取不正当利益的；

（二）在招投标和物资采购工作中违反有关规定，造成不良影响或者损失的；

（三）怠于履行职责或者工作不负责任、态度恶劣，造成不良影响的；

（四）违规操作致使师生人身遭受损害的；

（五）发生食品安全事故，擅离职守或者不按规定报告、不采取措施处置或者处置不力的；

（六）其他违反本规定要求的行为。

第五十九条 学校食品安全管理直接负责的主管人员和其他直接责任人员有下列情形之一的，由学校主管教育部门会同有关部门视情节给予相应的处分；构成犯罪的，依法移送司法机关处理：

（一）隐瞒、谎报、缓报食品安全事故的；

（二）隐匿、伪造、毁灭、转移不合格食品或者有关证据，逃避检查、使调查难以进行或者责任难以追究的；

（三）发生食品安全事故，未采取有效控制措施、组织抢救工作致使食物中毒事态扩大，或者未配合有关部门进行食物中毒调查、保留现场的；

（四）其他违反食品安全相关法律法规规定的行为。

第六十条 对于出现重大以上学校食品安全事故的地区，由国务院教育督导机构或者省级人民政府教育督导机构对县级以上地方人民政府相关负责人进行约谈，并依法提请有关部门予以追责。

第六十一条 县级以上人民政府食品安全监督管理、卫生健康、教育等部门未按照食品安全法等法律法规以及本规定要求履行监督管理职责，造成所辖区域内学校集中用餐发生食品安全事故的，应当依据食品安全法和相关规定，对直接负责的主管人员和其他直接责任人员，给予相应的处分；构成犯罪的，依法移送司法机关处理。

第八章 附　　则

第六十二条 本规定下列用语的含义：

学校食堂，指学校为学生和教职工提供就餐服务，具有相对独立的原料存放、食品加工制作、食品供应及就餐空间的餐饮服务提供者。

供餐单位，指根据服务对象订购要求，集中加工、分送食品但不提供就餐场所的食品经营者。

学校食堂从业人员，指食堂中从事食品采购、加工制作、供餐、餐饮具清洗消毒等与餐饮服务有关的工作人员。

现榨果蔬汁，指以新鲜水果、蔬菜为主要原料，经压榨、粉碎等方法现场加工制作的供消费者直接饮用的果蔬汁饮品，不包括采用浓浆、浓缩汁、果蔬粉调配成的饮料。

冷食类食品、生食类食品、裱花蛋糕的定义适用《食品经营许可管理办法》的有关规定。

第六十三条 供餐人数较少，难以建立食堂的学校，以及以简单加工学生自带粮食、蔬菜或者以为学生热饭为主的小规模农村学校的食品安全，可以参照食品安全法第三十六条的规定实施管理。

对提供用餐服务的教育培训机构，可以参照本规定管理。

第六十四条 本规定自2019年4月1日起施行，2002年9月20日教育部、原卫生部发布的《学校食堂与学生集体用餐卫生管理规定》同时废止。

食盐质量安全监督管理办法

1. 2020年1月2日国家市场监督管理总局令第23号公布
2. 自2020年3月1日起施行

第一条 为加强食盐质量安全监督管理，保障公众身体健康和生命安全,根据《中华人民共和国食品安全法》《中华人民共和国食品安全法实施条例》《食盐专营办法》等法律法规,制定本办法。

第二条　在中华人民共和国境内从事食盐生产经营活动,开展食盐质量安全监督管理,适用本办法。

第三条　国家市场监督管理总局负责全国食盐质量安全监督管理。

县级以上地方市场监督管理部门依据法定职责负责本行政区域内的食盐质量安全监督管理。

第四条　食盐生产经营者应当依照法律、法规、规章和食品安全标准从事生产经营活动,对食盐的质量安全负责。

第五条　依法成立的食盐行业组织应当加强行业自律,引导和督促食盐生产经营者依法生产经营,推动行业诚信建设,宣传、普及食盐质量安全知识。

第六条　从事食盐生产活动,应当依照《食品生产许可管理办法》的规定,取得食品生产许可。食盐的食品生产许可由省、自治区、直辖市市场监督管理部门负责。

从事食盐批发、零售活动,应当依照《食品经营许可管理办法》的规定,取得食品经营许可。

第七条　食盐生产经营者应当保证其生产经营的食盐符合法律、法规、规章和食品安全标准的规定。

食盐生产企业应当按照食品安全国家标准使用食品添加剂,不得超过食品安全国家标准规定的使用范围和限量。

食盐的贮存、运输,应当符合食品安全的要求。

第八条　食盐生产经营禁止下列行为:

(一)将液体盐(含天然卤水)作为食盐销售;

(二)将工业用盐和其他非食用盐作为食盐销售;

(三)将利用盐土、硝土或者工业废渣、废液制作的盐作为食盐销售;

(四)利用井矿盐卤水熬制食盐,或者将利用井矿盐卤水熬制的盐作为食盐销售;

(五)生产经营掺假掺杂、混有异物的食盐;

(六)生产经营其他不符合法律、法规、规章和食品安全标准的食盐。

禁止食盐零售单位销售散装食盐,禁止餐饮服务提供者采购、贮存、使用散装食盐。

第九条　食盐的包装上应当有标签。禁止销售无标签或者标签不符合法律、法规、规章和食品安全标准规定的食盐。

加碘食盐应当有明显标识并标明碘的含量。

未加碘食盐的标签应当在显著位置标注“未加碘”字样。

第十条　食盐生产经营企业应当建立健全并落实食品安全管理制度,实施生产经营过程控制要求,依法配备食品安全管理人员,落实食品安全责任。

第十一条　食盐生产经营者应当建立食盐质量安全追溯体系,落实生产销售全程记录制度,依照食品安全法的规定如实记录并保存进货查验、出厂检验、食盐销售等信息,保证食盐质量安全可追溯。记录和凭证保存期限不得少于产品保质期满后六个月;没有明确保质期的,保存期限不得少于二年。

鼓励食盐生产经营者采用信息化手段采集、留存生产经营信息。

第十二条　食盐生产经营者应当建立食品安全自查制度,定期对食盐质量安全状况进行检查评价。生产经营条件发生变化,不再符合食品安全要求的,食盐生产经营者应当立即采取整改措施;有发生食品安全事故潜在风险的,应当立即停止食盐生产经营活动,并向所在地县级市场监督管理部门报告。

第十三条　食盐生产经营者发现其生产经营的食盐不符合食品安全标准或者有证据证明可能危害人体健康的,应当立即停止生产经营,依法实施召回。

食盐生产经营者未主动履行前款规定义务的,县级以上市场监督管理部门可以责令其召回或者停止经营。

食盐生产经营者应当依法对召回的食盐采取无害化处理、销毁等措施,防止其再次流入市场。

第十四条　食盐生产和批发企业应当建立食品安全应急管理和突发事故报告制度,成立应急处置机构,制定应急处置方案,定期检查本企业各项防范措施的落实情况,及时消除食品安全隐患。

第十五条　县级以上市场监督管理部门应当按照食品安全风险管理的要求,加强食盐质量安全监督管理,增加对食盐质量安全抽样检验的频次,并将本行政区域内的食盐生产企业、食盐批发企业作为监督检查的重点。

第十六条　县级以上市场监督管理部门在监督检查、风险监测、抽样检验、案件查处等工作中,发现食盐质量安全隐患的,应当依法采取有效措施,预防和控制食盐质量安全风险。

第十七条　发生食盐质量安全事故,食盐生产经营者应当立即采取措施,防止事故扩大,按照规定及时报告,不得对事故隐瞒、谎报、缓报,不得隐匿、伪造、毁灭有关证据。

发生食盐质量安全事故，县级以上市场监督管理部门应当按照食品安全事故应急预案的规定报告，并立即会同相关部门进行调查处理，采取应急救援等措施，防止或者减轻社会危害。

第十八条 县级以上市场监督管理部门应当按照规定及时做好信息公布工作，及时准确公布食盐监督检查、抽样检验、案件查处等信息。

县级以上市场监督管理部门发现可能误导消费者和社会舆论的食盐质量安全信息，应当立即组织有关部门、专业机构、相关食盐生产经营者等进行核实、分析，并及时公布结果。

第十九条 违法生产经营食盐涉嫌犯罪的，县级以上市场监督管理部门应当按照有关规定及时将案件移送公安机关。

第二十条 食盐生产经营的违法行为，食品安全法及其实施条例等法律法规已有规定的，依照其规定。

第二十一条 违反本办法第六条，未取得食品生产经营许可从事食盐生产经营活动的，由县级以上市场监督管理部门依照食品安全法第一百二十二条的规定处罚。

第二十二条 违反本办法第八条第一款第一项至第四项的禁止性规定生产经营食盐的，由县级以上市场监督管理部门依照食品安全法第一百二十三条第一款的规定处罚。

第二十三条 违反本办法第八条第一款第五项，生产经营掺假掺杂、混有异物的食盐，由县级以上市场监督管理部门依照食品安全法第一百二十四条第一款的规定处罚。

第二十四条 违反本办法第八条第二款，食盐零售单位销售散装食盐，或者餐饮服务提供者采购、贮存、使用散装食盐的，由县级以上市场监督管理部门责令改正；拒不改正的，给予警告，并处 5000 元以上 3 万元以下罚款。

第二十五条 违反本办法第九条第一款、第二款，生产经营无标签或者标签不符合法律、法规、规章和食品安全标准规定的食盐的，或者加碘食盐的标签未标明碘的含量的，由县级以上市场监督管理部门依照食品安全法第一百二十五条第一款的规定处罚。

违反本办法第九条第三款，未加碘食盐的标签未在显著位置标注“未加碘”字样的，由县级以上市场监督管理部门责令改正；拒不改正的，给予警告，并处 5000 元以上 3 万元以下罚款。

第二十六条 县级以上市场监督管理部门应当依法将食盐生产经营者受到的行政处罚等信息归集至国家企业信用信息公示系统，记于食品生产经营者名下并向社会公示。对存在严重违法失信行为的，依法实施联合惩戒。

第二十七条 市场监督管理部门及其工作人员有违反法律、法规以及本办法规定和有关纪律要求的，应当依据食品安全法和相关规定，对直接负责的主管人员和其他直接责任人员，给予相应的处分。

第二十八条 本办法所称食盐，是指直接食用和制作食品所用的盐。

第二十九条 本办法自 2020 年 3 月 1 日起施行。

2. 药品监督管理

(1)综　合

中华人民共和国药品管理法

1. 1984年9月20日第六届全国人民代表大会常务委员会第七次会议通过
2. 2001年2月28日第九届全国人民代表大会常务委员会第二十次会议第一次修订
3. 根据2013年12月28日第十二届全国人民代表大会常务委员会第六次会议《关于修改〈中华人民共和国海洋环境保护法〉等七部法律的决定》第一次修正
4. 根据2015年4月24日第十二届全国人民代表大会常务委员会第十四次会议《关于修改〈中华人民共和国药品管理法〉的决定》第二次修正
5. 2019年8月26日第十三届全国人民代表大会常务委员会第十二次会议第二次修订

目　　录

第一章　总　　则

第一条　【立法目的】为了加强药品管理，保证药品质量，保障公众用药安全和合法权益，保护和促进公众健康，制定本法。

第二条　【适用范围及定义】在中华人民共和国境内从事药品研制、生产、经营、使用和监督管理活动，适用本法。

本法所称药品，是指用于预防、治疗、诊断人的疾病，有目的地调节人的生理机能并规定有适应症或者功能主治、用法和用量的物质，包括中药、化学药和生物制品等。

第三条　【工作方针】药品管理应当以人民健康为中心，坚持风险管理、全程管控、社会共治的原则，建立科学、严格的监督管理制度，全面提升药品质量，保障药品的安全、有效、可及。

第四条　【发展药和药材资源】国家发展现代药和传统药，充分发挥其在预防、医疗和保健中的作用。

国家保护野生药材资源和中药品种，鼓励培育道地中药材。

第五条　【鼓励创新与保护合法权益】国家鼓励研究和创制新药，保护公民、法人和其他组织研究、开发新药的合法权益。

第六条　【药品上市许可持有人制度】国家对药品管理实行药品上市许可持有人制度。药品上市许可持有人依法对药品研制、生产、经营、使用全过程中药品的安全性、有效性和质量可控性负责。

第七条　【全过程依法进行】从事药品研制、生产、经营、使用活动，应当遵守法律、法规、规章、标准和规范，保证全过程信息真实、准确、完整和可追溯。

第八条　【药品监督管理职能划分】国务院药品监督管理部门主管全国药品监督管理工作。国务院有关部门在各自职责范围内负责与药品有关的监督管理工作。国务院药品监督管理部门配合国务院有关部门，执行国家药品行业发展规划和产业政策。

省、自治区、直辖市人民政府药品监督管理部门负责本行政区域内的药品监督管理工作。设区的市级、县级人民政府承担药品监督管理职责的部门（以下称药品监督管理部门）负责本行政区域内的药品监督管理工作。县级以上地方人民政府有关部门在各自职责范围内负责与药品有关的监督管理工作。

第九条　【地方药品监督管理】县级以上地方人民政府对本行政区域内的药品监督管理工作负责，统一领导、组织、协调本行政区域内的药品监督管理工作以及药品安全突发事件应对工作，建立健全药品监督管理工作机制和信息共享机制。

第十条　【药品安全工作保障】县级以上人民政府应当将药品安全工作纳入本级国民经济和社会发展规划，将药品安全工作经费列入本级政府预算，加强药品监督管理能力建设，为药品安全工作提供保障。

第十一条　【药品专业技术机构工作职责】药品监督管理部门设置或者指定的药品专业技术机构，承担依法实施药品监督管理所需的审评、检验、核查、监测与评价等工作。

第十二条 【药品追溯制度和药物警戒制度】国家建立健全药品追溯制度。国务院药品监督管理部门应当制定统一的药品追溯标准和规范，推进药品追溯信息互通互享，实现药品可追溯。

国家建立药物警戒制度，对药品不良反应及其他与用药有关的有害反应进行监测、识别、评估和控制。

第十三条 【宣传和普及工作】各级人民政府及其有关部门、药品行业协会等应当加强药品安全宣传教育，开展药品安全法律法规等知识的普及工作。

新闻媒体应当开展药品安全法律法规等知识的公益宣传，并对药品违法行为进行舆论监督。有关药品的宣传报道应当全面、科学、客观、公正。

第十四条 【药品行业协会职责】药品行业协会应当加强行业自律，建立健全行业规范，推动行业诚信体系建设，引导和督促会员依法开展药品生产经营等活动。

第十五条 【表彰和奖励】县级以上人民政府及其有关部门对在药品研制、生产、经营、使用和监督管理工作中做出突出贡献的单位和个人，按照国家有关规定给予表彰、奖励。

第二章 药品研制和注册

第十六条 【国家支持鼓励措施】国家支持以临床价值为导向、对人的疾病具有明确或者特殊疗效的药物创新，鼓励具有新的治疗机理、治疗严重危及生命的疾病或者罕见病、对人体具有多靶向系统性调节干预功能等的新药研制，推动药品技术进步。

国家鼓励运用现代科学技术和传统中药研究方法开展中药科学技术研究和药物开发，建立和完善符合中药特点的技术评价体系，促进中药传承创新。

国家采取有效措施，鼓励儿童用药品的研制和创新，支持开发符合儿童生理特征的儿童用药品新品种、剂型和规格，对儿童用药品予以优先审评审批。

第十七条 【依法从事药品研制活动】从事药品研制活动，应当遵守药物非临床研究质量管理规范、药物临床试验质量管理规范，保证药品研制全过程持续符合法定要求。

药物非临床研究质量管理规范、药物临床试验质量管理规范由国务院药品监督管理部门会同国务院有关部门制定。

第十八条 【依规开展药物非临床研究活动】开展药物非临床研究，应当符合国家有关规定，有与研究项目相适应的人员、场地、设备、仪器和管理制度，保证有关数据、资料和样品的真实性。

第十九条 【开展药物临床试验备案制度】开展药物临床试验，应当按照国务院药品监督管理部门的规定如实报送研制方法、质量指标、药理及毒理试验结果等有关数据、资料和样品，经国务院药品监督管理部门批准。国务院药品监督管理部门应当自受理临床试验申请之日起六十个工作日内决定是否同意并通知临床试验申办者，逾期未通知的，视为同意。其中，开展生物等效性试验的，报国务院药品监督管理部门备案。

开展药物临床试验，应当在具备相应条件的临床试验机构进行。药物临床试验机构实行备案管理，具体办法由国务院药品监督管理部门、国务院卫生健康主管部门共同制定。

第二十条 【伦理审查工作制度】开展药物临床试验，应当符合伦理原则，制定临床试验方案，经伦理委员会审查同意。

伦理委员会应当建立伦理审查工作制度，保证伦理审查过程独立、客观、公正，监督规范开展药物临床试验，保障受试者合法权益，维护社会公共利益。

第二十一条 【如实说明和解释义务】实施药物临床试验，应当向受试者或者其监护人如实说明和解释临床试验的目的和风险等详细情况，取得受试者或者其监护人自愿签署的知情同意书，并采取有效措施保护受试者合法权益。

第二十二条 【及时调整方案与风险报告】药物临床试验期间，发现存在安全性问题或者其他风险的，临床试验申办者应当及时调整临床试验方案、暂停或者终止临床试验，并向国务院药品监督管理部门报告。必要时，国务院药品监督管理部门可以责令调整临床试验方案、暂停或者终止临床试验。

第二十三条 【支持拓展性临床试验】对正在开展临床试验的用于治疗严重危及生命且尚无有效治疗手段的疾病的药物，经医学观察可能获益，并且符合伦理原则的，经审查、知情同意后可以在开展临床试验的机构内用于其他病情相同的患者。

第二十四条 【药品注册制度】在中国境内上市的药品，应当经国务院药品监督管理部门批准，取得药品注册证书；但是，未实施审批管理的中药材和中药饮片除外。实施审批管理的中药材、中药饮片品种目录由国务院药品监督管理部门会同国务院中医药主管部门制定。

申请药品注册，应当提供真实、充分、可靠的数据、资料和样品，证明药品的安全性、有效性和质量可控性。

第二十五条 【审评审批制度】对申请注册的药品，国务院药品监督管理部门应当组织药学、医学和其他技术人员进行审评，对药品的安全性、有效性和质量可控性以及申请人的质量管理、风险防控和责任赔偿等能力进行审查；符合条件的，颁发药品注册证书。

国务院药品监督管理部门在审批药品时，对化学原料药一并审评审批，对相关辅料、直接接触药品的包装材料和容器一并审评，对药品的质量标准、生产工艺、标签和说明书一并核准。

本法所称辅料，是指生产药品和调配处方时所用的赋形剂和附加剂。

第二十六条 【附条件审批制度】对治疗严重危及生命且尚无有效治疗手段的疾病以及公共卫生方面急需的药品，药物临床试验已有数据显示疗效并能预测其临床价值的，可以附条件批准，并在药品注册证书中载明相关事项。

第二十七条 【完善药品审评审批工作制度】国务院药品监督管理部门应当完善药品审评审批工作制度，加强能力建设，建立健全沟通交流、专家咨询等机制，优化审评审批流程，提高审评审批效率。

批准上市药品的审评结论和依据应当依法公开，接受社会监督。对审评审批中知悉的商业秘密应当保密。

第二十八条 【符合国家药品标准】药品应当符合国家药品标准。经国务院药品监督管理部门核准的药品质量标准高于国家药品标准的，按照经核准的药品质量标准执行；没有国家药品标准的，应当符合经核准的药品质量标准。

国务院药品监督管理部门颁布的《中华人民共和国药典》和药品标准为国家药品标准。

国务院药品监督管理部门会同国务院卫生健康主管部门组织药典委员会，负责国家药品标准的制定和修订。

国务院药品监督管理部门设置或者指定的药品检验机构负责标定国家药品标准品、对照品。

第二十九条 【药品通用名称】列入国家药品标准的药品名称为药品通用名称。已经作为药品通用名称的，该名称不得作为药品商标使用。

第三章 药品上市许可持有人

第三十条 【药品上市许可持有人】药品上市许可持有人是指取得药品注册证书的企业或者药品研制机构等。

药品上市许可持有人应当依照本法规定，对药品的非临床研究、临床试验、生产经营、上市后研究、不良反应监测及报告与处理等承担责任。其他从事药品研制、生产、经营、储存、运输、使用等活动的单位和个人依法承担相应责任。

药品上市许可持有人的法定代表人、主要负责人对药品质量全面负责。

第三十一条 【建立药品质量保证体系】药品上市许可持有人应当建立药品质量保证体系，配备专门人员独立负责药品质量管理。

药品上市许可持有人应当对受托药品生产企业、药品经营企业的质量管理体系进行定期审核，监督其持续具备质量保证和控制能力。

第三十二条 【药品上市许可持有人生产药品】药品上市许可持有人可以自行生产药品，也可以委托药品生产企业生产。

药品上市许可持有人自行生产药品的，应当依照本法规定取得药品生产许可证；委托生产的，应当委托符合条件的药品生产企业。药品上市许可持有人和受托生产企业应当签订委托协议和质量协议，并严格履行协议约定的义务。

国务院药品监督管理部门制定药品委托生产质量协议指南，指导、监督药品上市许可持有人和受托生产企业履行药品质量保证义务。

血液制品、麻醉药品、精神药品、医疗用毒性药品、药品类易制毒化学品不得委托生产；但是，国务院药品监督管理部门另有规定的除外。

第三十三条 【建立药品上市放行规程】药品上市许可持有人应当建立药品上市放行规程，对药品生产企业出厂放行的药品进行审核，经质量受权人签字后方可放行。不符合国家药品标准的，不得放行。

第三十四条 【药品上市许可持有人销售药品】药品上市许可持有人可以自行销售其取得药品注册证书的药品，也可以委托药品经营企业销售。药品上市许可持有人从事药品零售活动的，应当取得药品经营许可证。

药品上市许可持有人自行销售药品的，应当具备本法第五十二条规定的条件；委托销售的，应当委托符合条件的药品经营企业。药品上市许可持有人和受托经营企业应当签订委托协议，并严格履行协议约定的义务。

第三十五条 【委托储存、运输药品】药品上市许可持有人、药品生产企业、药品经营企业委托储存、运输药品的，应当对受托方的质量保证能力和风险管理能力进行评估，与其签订委托协议，约定药品质量责任、操作规程等内容，并对受托方进行监督。

第三十六条 【药品追溯制度】药品上市许可持有人、药品生产企业、药品经营企业和医疗机构应当建立并实施药品追溯制度，按照规定提供追溯信息，保证药品可追溯。

第三十七条 【年度报告制度】药品上市许可持有人应当建立年度报告制度，每年将药品生产销售、上市后研究、风险管理等情况按照规定向省、自治区、直辖市人民政府药品监督管理部门报告。

第三十八条 【境外企业担任药品上市许可持有人】药品上市许可持有人为境外企业的，应当由其指定的在中国境内的企业法人履行药品上市许可持有人义务，与药品上市许可持有人承担连带责任。

第三十九条 【中药饮片生产企业义务】中药饮片生产企业履行药品上市许可持有人的相关义务，对中药饮片生产、销售实行全过程管理，建立中药饮片追溯体系，保证中药饮片安全、有效、可追溯。

第四十条 【药品上市许可转让】经国务院药品监督管理部门批准，药品上市许可持有人可以转让药品上市许可。受让方应当具备保障药品安全性、有效性和质量可控性的质量管理、风险防控和责任赔偿等能力，履行药品上市许可持有人义务。

第四章 药品生产

第四十一条 【药品生产许可证】从事药品生产活动，应当经所在地省、自治区、直辖市人民政府药品监督管理部门批准，取得药品生产许可证。无药品生产许可证的，不得生产药品。

药品生产许可证应当标明有效期和生产范围，到期重新审查发证。

第四十二条 【从事药品生产活动应当具备的条件】从事药品生产活动，应当具备以下条件：

（一）有依法经过资格认定的药学技术人员、工程技术人员及相应的技术工人；

（二）有与药品生产相适应的厂房、设施和卫生环境；

（三）有能对所生产药品进行质量管理和质量检验的机构、人员及必要的仪器设备；

（四）有保证药品质量的规章制度，并符合国务院药品监督管理部门依据本法制定的药品生产质量管理规范要求。

第四十三条 【依法从事药品生产活动】从事药品生产活动，应当遵守药品生产质量管理规范，建立健全药品生产质量管理体系，保证药品生产全过程持续符合法定要求。

药品生产企业的法定代表人、主要负责人对本企业的药品生产活动全面负责。

第四十四条 【药品生产标准】药品应当按照国家药品标准和经药品监督管理部门核准的生产工艺进行生产。生产、检验记录应当完整准确，不得编造。

中药饮片应当按照国家药品标准炮制；国家药品标准没有规定的，应当按照省、自治区、直辖市人民政府药品监督管理部门制定的炮制规范炮制。省、自治区、直辖市人民政府药品监督管理部门制定的炮制规范应当报国务院药品监督管理部门备案。不符合国家药品标准或者不按照省、自治区、直辖市人民政府药品监督管理部门制定的炮制规范炮制的，不得出厂、销售。

第四十五条 【原料、辅料】生产药品所需的原料、辅料，应当符合药用要求、药品生产质量管理规范的有关要求。

生产药品，应当按照规定对供应原料、辅料等的供应商进行审核，保证购进、使用的原料、辅料等符合前款规定要求。

第四十六条 【直接接触药品的包装材料和容器】直接接触药品的包装材料和容器，应当符合药用要求，符合保障人体健康、安全的标准。

对不合格的直接接触药品的包装材料和容器，由药品监督管理部门责令停止使用。

第四十七条 【质量检验】药品生产企业应当对药品进行质量检验。不符合国家药品标准的，不得出厂。

药品生产企业应当建立药品出厂放行规程，明确出厂放行的标准、条件。符合标准、条件的，经质量受权人签字后方可放行。

第四十八条 【药品包装】药品包装应当适合药品质量的要求，方便储存、运输和医疗使用。

发运中药材应当有包装。在每件包装上，应当注明品名、产地、日期、供货单位，并附有质量合格的标志。

第四十九条 【标签或者说明书】药品包装应当按照规定印有或者贴有标签并附有说明书。

标签或者说明书应当注明药品的通用名称、成份、规格、上市许可持有人及其地址、生产企业及其地址、批准文号、产品批号、生产日期、有效期、适应症或者功能主治、用法、用量、禁忌、不良反应和注意事项。标签、说明书中的文字应当清晰，生产日期、有效期等事项应当显著标注，容易辨识。

麻醉药品、精神药品、医疗用毒性药品、放射性药品、外用药品和非处方药的标签、说明书，应当印有规定的标志。

第五十条　【健康检查】药品上市许可持有人、药品生产企业、药品经营企业和医疗机构中直接接触药品的工作人员，应当每年进行健康检查。患有传染病或者其他可能污染药品的疾病的，不得从事直接接触药品的工作。

第五章　药品经营

第五十一条　【从事药品批发应取得批准】从事药品批发活动，应当经所在地省、自治区、直辖市人民政府药品监督管理部门批准，取得药品经营许可证。从事药品零售活动，应当经所在地县级以上地方人民政府药品监督管理部门批准，取得药品经营许可证。无药品经营许可证的，不得经营药品。

药品经营许可证应当标明有效期和经营范围，到期重新审查发证。

药品监督管理部门实施药品经营许可，除依据本法第五十二条规定的条件外，还应当遵循方便群众购药的原则。

第五十二条　【从事药品经营活动应当具备的条件】从事药品经营活动应当具备以下条件：

（一）有依法经过资格认定的药师或者其他药学技术人员；

（二）有与所经营药品相适应的营业场所、设备、仓储设施和卫生环境；

（三）有与所经营药品相适应的质量管理机构或者人员；

（四）有保证药品质量的规章制度，并符合国务院药品监督管理部门依据本法制定的药品经营质量管理规范要求。

第五十三条　【从事药品经营活动应当符合法定要求】从事药品经营活动，应当遵守药品经营质量管理规范，建立健全药品经营质量管理体系，保证药品经营全过程持续符合法定要求。

国家鼓励、引导药品零售连锁经营。从事药品零售连锁经营活动的企业总部，应当建立统一的质量管理制度，对所属零售企业的经营活动履行管理责任。

药品经营企业的法定代表人、主要负责人对本企业的药品经营活动全面负责。

第五十四条　【处方药与非处方药】国家对药品实行处方药与非处方药分类管理制度。具体办法由国务院药品监督管理部门会同国务院卫生健康主管部门制定。

第五十五条　【购进药品渠道】药品上市许可持有人、药品生产企业、药品经营企业和医疗机构应当从药品上市许可持有人或者具有药品生产、经营资格的企业购进药品；但是，购进未实施审批管理的中药材除外。

第五十六条　【进货检查验收制度】药品经营企业购进药品，应当建立并执行进货检查验收制度，验明药品合格证明和其他标识；不符合规定要求的，不得购进和销售。

第五十七条　【购销记录】药品经营企业购销药品，应当有真实、完整的购销记录。购销记录应当注明药品的通用名称、剂型、规格、产品批号、有效期、上市许可持有人、生产企业、购销单位、购销数量、购销价格、购销日期及国务院药品监督管理部门规定的其他内容。

第五十八条　【零售药品注意事项】药品经营企业零售药品应当准确无误，并正确说明用法、用量和注意事项；调配处方应当经过核对，对处方所列药品不得擅自更改或者代用。对有配伍禁忌或者超剂量的处方，应当拒绝调配；必要时，经处方医师更正或者重新签字，方可调配。

药品经营企业销售中药材，应当标明产地。

依法经过资格认定的药师或者其他药学技术人员负责本企业的药品管理、处方审核和调配、合理用药指导等工作。

第五十九条　【药品保管制度】药品经营企业应当制定和执行药品保管制度，采取必要的冷藏、防冻、防潮、防虫、防鼠等措施，保证药品质量。

药品入库和出库应当执行检查制度。

第六十条　【药品的集市贸易】城乡集市贸易市场可以出售中药材，国务院另有规定的除外。

第六十一条　【网络销售药品符合规定】药品上市许可持有人、药品经营企业通过网络销售药品，应当遵守本法药品经营的有关规定。具体管理办法由国务院药品监督管理部门会同国务院卫生健康主管部门等部门制定。

疫苗、血液制品、麻醉药品、精神药品、医疗用毒性药品、放射性药品、药品类易制毒化学品等国家实行特殊管理的药品不得在网络上销售。

第六十二条　【药品网络交易第三方平台提供者职责】药品网络交易第三方平台提供者应当按照国务院药品监督管理部门的规定，向所在地省、自治区、直辖市人民政府药品监督管理部门备案。

第三方平台提供者应当依法对申请进入平台经营的药品上市许可持有人、药品经营企业的资质等进行审核,保证其符合法定要求,并对发生在平台的药品经营行为进行管理。

第三方平台提供者发现进入平台经营的药品上市许可持有人、药品经营企业有违反本法规定行为的,应当及时制止并立即报告所在地县级人民政府药品监督管理部门;发现严重违法行为的,应当立即停止提供网络交易平台服务。

第六十三条 【**新药材的销售**】新发现和从境外引种的药材,经国务院药品监督管理部门批准后,方可销售。

第六十四条 【**药品须从特定口岸进口**】药品应当从允许药品进口的口岸进口,并由进口药品的企业向口岸所在地药品监督管理部门备案。海关凭药品监督管理部门出具的进口药品通关单办理通关手续。无进口药品通关单的,海关不得放行。

口岸所在地药品监督管理部门应当通知药品检验机构按照国务院药品监督管理部门的规定对进口药品进行抽查检验。

允许药品进口的口岸由国务院药品监督管理部门会同海关总署提出,报国务院批准。

第六十五条 【**急需进口少量药品规定**】医疗机构因临床急需进口少量药品的,经国务院药品监督管理部门或者国务院授权的省、自治区、直辖市人民政府批准,可以进口。进口的药品应当在指定医疗机构内用于特定医疗目的。

个人自用携带入境少量药品,按照国家有关规定办理。

第六十六条 【**麻醉药品和精神药品的进出口**】进口、出口麻醉药品和国家规定范围内的精神药品,应当持有国务院药品监督管理部门颁发的进口准许证、出口准许证。

第六十七条 【**禁止进口的药品**】禁止进口疗效不确切、不良反应大或者因其他原因危害人体健康的药品。

第六十八条 【**销售前或进口时须进行检验的药品**】国务院药品监督管理部门对下列药品在销售前或者进口时,应当指定药品检验机构进行检验;未经检验或者检验不合格的,不得销售或者进口:

(一)首次在中国境内销售的药品;

(二)国务院药品监督管理部门规定的生物制品;

(三)国务院规定的其他药品。

第六章 医疗机构药事管理

第六十九条 【**药剂技术工作**】医疗机构应当配备依法经过资格认定的药师或者其他药学技术人员,负责本单位的药品管理、处方审核和调配、合理用药指导等工作。非药学技术人员不得直接从事药剂技术工作。

第七十条 【**医疗机构的进货检查验收制度**】医疗机构购进药品,应当建立并执行进货检查验收制度,验明药品合格证明和其他标识;不符合规定要求的,不得购进和使用。

第七十一条 【**医疗机构保证药品质量**】医疗机构应当有与所使用药品相适应的场所、设备、仓储设施和卫生环境,制定和执行药品保管制度,采取必要的冷藏、防冻、防潮、防虫、防鼠等措施,保证药品质量。

第七十二条 【**医疗机构用药原则**】医疗机构应当坚持安全有效、经济合理的用药原则,遵循药品临床应用指导原则、临床诊疗指南和药品说明书等合理用药,对医师处方、用药医嘱的适宜性进行审核。

医疗机构以外的其他药品使用单位,应当遵守本法有关医疗机构使用药品的规定。

第七十三条 【**调配处方规定**】依法经过资格认定的药师或者其他药学技术人员调配处方,应当进行核对,对处方所列药品不得擅自更改或者代用。对有配伍禁忌或者超剂量的处方,应当拒绝调配;必要时,经处方医师更正或者重新签字,方可调配。

第七十四条 【**配制制剂应取得许可**】医疗机构配制制剂,应当经所在地省、自治区、直辖市人民政府药品监督管理部门批准,取得医疗机构制剂许可证。无医疗机构制剂许可证的,不得配制制剂。

医疗机构制剂许可证应当标明有效期,到期重新审查发证。

第七十五条 【**配制制剂条件**】医疗机构配制制剂,应当有能够保证制剂质量的设施、管理制度、检验仪器和卫生环境。

医疗机构配制制剂,应当按照经核准的工艺进行,所需的原料、辅料和包装材料等应当符合药用要求。

第七十六条 【**配制制剂的前提条件与使用限制**】医疗机构配制的制剂,应当是本单位临床需要而市场上没有供应的品种,并应当经所在地省、自治区、直辖市人民政府药品监督管理部门批准;但是,法律对配制中药制剂另有规定的除外。

医疗机构配制的制剂应当按照规定进行质量检验;合格的,凭医师处方在本单位使用。经国务院药品监督管理部门或者省、自治区、直辖市人民政府药品监督管理部门批准,医疗机构配制的制剂可以在指定的医疗机构之间调剂使用。

医疗机构配制的制剂不得在市场上销售。

第七章 药品上市后管理

第七十七条 【药品上市后风险管理计划】药品上市许可持有人应当制定药品上市后风险管理计划，主动开展药品上市后研究，对药品的安全性、有效性和质量可控性进行进一步确证，加强对已上市药品的持续管理。

第七十八条 【附条件批准药品的相应风险管理措施】对附条件批准的药品，药品上市许可持有人应当采取相应风险管理措施，并在规定期限内按照要求完成相关研究；逾期未按照要求完成研究或者不能证明其获益大于风险的，国务院药品监督管理部门应当依法处理，直至注销药品注册证书。

第七十九条 【药品生产过程的变更】对药品生产过程中的变更，按照其对药品安全性、有效性和质量可控性的风险和产生影响的程度，实行分类管理。属于重大变更的，应当经国务院药品监督管理部门批准，其他变更应当按照国务院药品监督管理部门的规定备案或者报告。

药品上市许可持有人应当按照国务院药品监督管理部门的规定，全面评估、验证变更事项对药品安全性、有效性和质量可控性的影响。

第八十条 【不良反应监测】药品上市许可持有人应当开展药品上市后不良反应监测，主动收集、跟踪分析疑似药品不良反应信息，对已识别风险的药品及时采取风险控制措施。

第八十一条 【考察本单位药品及采取的措施】药品上市许可持有人、药品生产企业、药品经营企业和医疗机构应当经常考察本单位所生产、经营、使用的药品质量、疗效和不良反应。发现疑似不良反应的，应当及时向药品监督管理部门和卫生健康主管部门报告。具体办法由国务院药品监督管理部门会同国务院卫生健康主管部门制定。

对已确认发生严重不良反应的药品，由国务院药品监督管理部门或者省、自治区、直辖市人民政府药品监督管理部门根据实际情况采取停止生产、销售、使用等紧急控制措施，并应当在五日内组织鉴定，自鉴定结论作出之日起十五日内依法作出行政处理决定。

第八十二条 【停止销售、生产并召回】药品存在质量问题或者其他安全隐患的，药品上市许可持有人应当立即停止销售，告知相关药品经营企业和医疗机构停止销售和使用，召回已销售的药品，及时公开召回信息，必要时应当立即停止生产，并将药品召回和处理情况向省、自治区、直辖市人民政府药品监督管理部门和卫生健康主管部门报告。药品生产企业、药品经营企业和医疗机构应当配合。

药品上市许可持有人依法应当召回药品而未召回的，省、自治区、直辖市人民政府药品监督管理部门应当责令其召回。

第八十三条 【定期开展上市后评价】药品上市许可持有人应当对已上市药品的安全性、有效性和质量可控性定期开展上市后评价。必要时，国务院药品监督管理部门可以责令药品上市许可持有人开展上市后评价或者直接组织开展上市后评价。

经评价，对疗效不确切、不良反应大或者因其他原因危害人体健康的药品，应当注销药品注册证书。

已被注销药品注册证书的药品，不得生产或者进口、销售和使用。

已被注销药品注册证书、超过有效期等的药品，应当由药品监督管理部门监督销毁或者依法采取其他无害化处理等措施。

第八章 药品价格和广告

第八十四条 【药品采购管理制度】国家完善药品采购管理制度，对药品价格进行监测，开展成本价格调查，加强药品价格监督检查，依法查处价格垄断、哄抬价格等药品价格违法行为，维护药品价格秩序。

第八十五条 【药品价格合理】依法实行市场调节价的药品，药品上市许可持有人、药品生产企业、药品经营企业和医疗机构应当按照公平、合理和诚实信用、质价相符的原则制定价格，为用药者提供价格合理的药品。

药品上市许可持有人、药品生产企业、药品经营企业和医疗机构应当遵守国务院药品价格主管部门关于药品价格管理的规定，制定和标明药品零售价格，禁止暴利、价格垄断和价格欺诈等行为。

第八十六条 【提供销售价格和数量等资料】药品上市许可持有人、药品生产企业、药品经营企业和医疗机构应当依法向药品价格主管部门提供其药品的实际购销价格和购销数量等资料。

第八十七条 【提供价格清单】医疗机构应当向患者提供所用药品的价格清单，按照规定如实公布其常用药品的价格，加强合理用药管理。具体办法由国务院卫生健康主管部门制定。

第八十八条 【禁止获得不正当利益】禁止药品上市许可持有人、药品生产企业、药品经营企业和医疗机构在药品购销中给予、收受回扣或者其他不正当利益。

禁止药品上市许可持有人、药品生产企业、药品经营企业或者代理人以任何名义给予使用其药品的医疗机构的负责人、药品采购人员、医师、药师等有关人员财物或者其他不正当利益。禁止医疗机构的负责人、药品采购人员、医师、药师等有关人员以任何名义收受药品上市许可持有人、药品生产企业、药品经营企业或者代理人给予的财物或者其他不正当利益。

第八十九条 【药品广告应当经过批准】药品广告应当经广告主所在地省、自治区、直辖市人民政府确定的广告审查机关批准;未经批准的,不得发布。

第九十条 【药品广告内容应当真实合法】药品广告的内容应当真实、合法,以国务院药品监督管理部门核准的药品说明书为准,不得含有虚假的内容。

药品广告不得含有表示功效、安全性的断言或者保证;不得利用国家机关、科研单位、学术机构、行业协会或者专家、学者、医师、药师、患者等的名义或者形象作推荐、证明。

非药品广告不得有涉及药品的宣传。

第九十一条 【适用其他规定】药品价格和广告,本法未作规定的,适用《中华人民共和国价格法》、《中华人民共和国反垄断法》、《中华人民共和国反不正当竞争法》、《中华人民共和国广告法》等的规定。

第九章 药品储备和供应

第九十二条 【药品储备制度】国家实行药品储备制度,建立中央和地方两级药品储备。

发生重大灾情、疫情或者其他突发事件时,依照《中华人民共和国突发事件应对法》的规定,可以紧急调用药品。

第九十三条 【基本药物制度】国家实行基本药物制度,遴选适当数量的基本药物品种,加强组织生产和储备,提高基本药物的供给能力,满足疾病防治基本用药需求。

第九十四条 【药品供求监测体系】国家建立药品供求监测体系,及时收集和汇总分析短缺药品供求信息,对短缺药品实行预警,采取应对措施。

第九十五条 【短缺药品清单管理制度】国家实行短缺药品清单管理制度。具体办法由国务院卫生健康主管部门会同国务院药品监督管理部门等部门制定。

药品上市许可持有人停止生产短缺药品的,应当按照规定向国务院药品监督管理部门或者省、自治区、直辖市人民政府药品监督管理部门报告。

第九十六条 【鼓励短缺药品的研制和生产】国家鼓励短缺药品的研制和生产,对临床急需的短缺药品、防治重大传染病和罕见病等疾病的新药予以优先审评审批。

第九十七条 【限制或者禁止出口短缺药品】对短缺药品,国务院可以限制或者禁止出口。必要时,国务院有关部门可以采取组织生产、价格干预和扩大进口等措施,保障药品供应。

药品上市许可持有人、药品生产企业、药品经营企业应当按照规定保障药品的生产和供应。

第十章 监督管理

第九十八条 【禁止假药劣药】禁止生产(包括配制,下同)、销售、使用假药、劣药。

有下列情形之一的,为假药:

(一)药品所含成份与国家药品标准规定的成份不符;

(二)以非药品冒充药品或者以他种药品冒充此种药品;

(三)变质的药品;

(四)药品所标明的适应症或者功能主治超出规定范围。

有下列情形之一的,为劣药:

(一)药品成份的含量不符合国家药品标准;

(二)被污染的药品;

(三)未标明或者更改有效期的药品;

(四)未注明或者更改产品批号的药品;

(五)超过有效期的药品;

(六)擅自添加防腐剂、辅料的药品;

(七)其他不符合药品标准的药品。

禁止未取得药品批准证明文件生产、进口药品;禁止使用未按照规定审评、审批的原料药、包装材料和容器生产药品。

第九十九条 【依法监督检查】药品监督管理部门应当依照法律、法规的规定对药品研制、生产、经营和药品使用单位使用药品等活动进行监督检查,必要时可以对为药品研制、生产、经营、使用提供产品或者服务的单位和个人进行延伸检查,有关单位和个人应当予以配合,不得拒绝和隐瞒。

药品监督管理部门应当对高风险的药品实施重点监督检查。

对有证据证明可能存在安全隐患的,药品监督管理部门根据监督检查情况,应当采取告诫、约谈、限期整改以及暂停生产、销售、使用、进口等措施,并及时公布检查处理结果。

药品监督管理部门进行监督检查时,应当出示证明文件,对监督检查中知悉的商业秘密应当保密。

第一百条 【抽查检验】药品监督管理部门根据监督管

理的需要，可以对药品质量进行抽查检验。抽查检验应当按照规定抽样，并不得收取任何费用；抽样应当购买样品。所需费用按照国务院规定列支。

对有证据证明可能危害人体健康的药品及其有关材料，药品监督管理部门可以查封、扣押，并在七日内作出行政处理决定；药品需要检验的，应当自检验报告书发出之日起十五日内作出行政处理决定。

第一百零一条　【公告药品质量抽查检验结果】国务院和省、自治区、直辖市人民政府的药品监督管理部门应当定期公告药品质量抽查检验结果；公告不当的，应当在原公告范围内予以更正。

第一百零二条　【申请复验】当事人对药品检验结果有异议的，可以自收到药品检验结果之日起七日内向原药品检验机构或者上一级药品监督管理部门设置或者指定的药品检验机构申请复验，也可以直接向国务院药品监督管理部门设置或者指定的药品检验机构申请复验。受理复验的药品检验机构应当在国务院药品监督管理部门规定的时间内作出复验结论。

第一百零三条　【药品监管权力】药品监督管理部门应当对药品上市许可持有人、药品生产企业、药品经营企业和药物非临床安全性评价研究机构、药物临床试验机构等遵守药品生产质量管理规范、药品经营质量管理规范、药物非临床研究质量管理规范、药物临床试验质量管理规范等情况进行检查，监督其持续符合法定要求。

第一百零四条　【药品检查员队伍】国家建立职业化、专业化药品检查员队伍。检查员应当熟悉药品法律法规，具备药品专业知识。

第一百零五条　【依法公布并及时更新】药品监督管理部门建立药品上市许可持有人、药品生产企业、药品经营企业、药物非临床安全性评价研究机构、药物临床试验机构和医疗机构药品安全信用档案，记录许可颁发、日常监督检查结果、违法行为查处等情况，依法向社会公布并及时更新；对有不良信用记录的，增加监督检查频次，并可以按照国家规定实施联合惩戒。

第一百零六条　【接受举报并保护举报人】药品监督管理部门应当公布本部门的电子邮件地址、电话，接受咨询、投诉、举报，并依法及时答复、核实、处理。对查证属实的举报，按照有关规定给予举报人奖励。

药品监督管理部门应当对举报人的信息予以保密，保护举报人的合法权益。举报人举报所在单位的，该单位不得以解除、变更劳动合同或者其他方式对举报人进行打击报复。

第一百零七条　【药品安全信息统一公布制度】国家实行药品安全信息统一公布制度。国家药品安全总体情况、药品安全风险警示信息、重大药品安全事件及其调查处理信息和国务院确定需要统一公布的其他信息由国务院药品监督管理部门统一公布。药品安全风险警示信息和重大药品安全事件及其调查处理信息的影响限于特定区域的，也可以由有关省、自治区、直辖市人民政府药品监督管理部门公布。未经授权不得发布上述信息。

公布药品安全信息，应当及时、准确、全面，并进行必要的说明，避免误导。

任何单位和个人不得编造、散布虚假药品安全信息。

第一百零八条　【药品安全事件应急预案】县级以上人民政府应当制定药品安全事件应急预案。药品上市许可持有人、药品生产企业、药品经营企业和医疗机构等应当制定本单位的药品安全事件处置方案，并组织开展培训和应急演练。

发生药品安全事件，县级以上人民政府应当按照应急预案立即组织开展应对工作；有关单位应当立即采取有效措施进行处置，防止危害扩大。

第一百零九条　【药品安全职责】药品监督管理部门未及时发现药品安全系统性风险，未及时消除监督管理区域内药品安全隐患的，本级人民政府或者上级人民政府药品监督管理部门应当对其主要负责人进行约谈。

地方人民政府未履行药品安全职责，未及时消除区域性重大药品安全隐患的，上级人民政府或者上级人民政府药品监督管理部门应当对其主要负责人进行约谈。

被约谈的部门和地方人民政府应当立即采取措施，对药品监督管理工作进行整改。

约谈情况和整改情况应当纳入有关部门和地方人民政府药品监督管理工作评议、考核记录。

第一百一十条　【禁止限制或排斥外地药品】地方人民政府及其药品监督管理部门不得以要求实施药品检验、审批等手段限制或者排斥非本地区药品上市许可持有人、药品生产企业生产的药品进入本地区。

第一百一十一条　【药品监督与检验的禁止事项】药品监督管理部门及其设置或者指定的药品专业技术机构不得参与药品生产经营活动，不得以其名义推荐或者监制、监销药品。

药品监督管理部门及其设置或者指定的药品专业

技术机构的工作人员不得参与药品生产经营活动。

第一百一十二条 【特殊管理规定】国务院对麻醉药品、精神药品、医疗用毒性药品、放射性药品、药品类易制毒化学品等有其他特殊管理规定的,依照其规定。

第一百一十三条 【药品违法行为涉嫌犯罪的处理措施】药品监督管理部门发现药品违法行为涉嫌犯罪的,应当及时将案件移送公安机关。

对依法不需要追究刑事责任或者免予刑事处罚,但应当追究行政责任的,公安机关、人民检察院、人民法院应当及时将案件移送药品监督管理部门。

公安机关、人民检察院、人民法院商请药品监督管理部门、生态环境主管部门等部门提供检验结论、认定意见以及对涉案药品进行无害化处理等协助的,有关部门应当及时提供,予以协助。

第十一章 法律责任

第一百一十四条 【刑事责任】违反本法规定,构成犯罪的,依法追究刑事责任。

第一百一十五条 【未取得许可证的处罚】未取得药品生产许可证、药品经营许可证或者医疗机构制剂许可证生产、销售药品的,责令关闭,没收违法生产、销售的药品和违法所得,并处违法生产、销售的药品(包括已售出和未售出的药品,下同)货值金额十五倍以上三十倍以下的罚款;货值金额不足十万元的,按十万元计算。

第一百一十六条 【生产、销售假药的处罚】生产、销售假药的,没收违法生产、销售的药品和违法所得,责令停产停业整顿,吊销药品批准证明文件,并处违法生产、销售的药品货值金额十五倍以上三十倍以下的罚款;货值金额不足十万元的,按十万元计算;情节严重的,吊销药品生产许可证、药品经营许可证或者医疗机构制剂许可证,十年内不受理其相应申请;药品上市许可持有人为境外企业的,十年内禁止其药品进口。

第一百一十七条 【生产、销售劣药的处罚】生产、销售劣药的,没收违法生产、销售的药品和违法所得,并处违法生产、销售的药品货值金额十倍以上二十倍以下的罚款;违法生产、批发的药品货值金额不足十万元的,按十万元计算,违法零售的药品货值金额不足一万元的,按一万元计算;情节严重的,责令停产停业整顿直至吊销药品批准证明文件、药品生产许可证、药品经营许可证或者医疗机构制剂许可证。

生产、销售的中药饮片不符合药品标准,尚不影响安全性、有效性的,责令限期改正,给予警告;可以处十万元以上五十万元以下的罚款。

第一百一十八条 【生产、销售假药、劣药且情节严重的处罚】生产、销售假药,或者生产、销售劣药且情节严重的,对法定代表人、主要负责人、直接负责的主管人员和其他责任人员,没收违法行为发生期间自本单位所获收入,并处所获收入百分之三十以上三倍以下的罚款,终身禁止从事药品生产经营活动,并可以由公安机关处五日以上十五日以下的拘留。

对生产者专门用于生产假药、劣药的原料、辅料、包装材料、生产设备予以没收。

第一百一十九条 【药品使用单位使用假药、劣药的处罚】药品使用单位使用假药、劣药的,按照销售假药、零售劣药的规定处罚;情节严重的,法定代表人、主要负责人、直接负责的主管人员和其他责任人员有医疗卫生人员执业证书的,还应当吊销执业证书。

第一百二十条 【储存、运输假药、劣药的处罚】知道或者应当知道属于假药、劣药或者本法第一百二十四条第一款第一项至第五项规定的药品,而为其提供储存、运输等便利条件的,没收全部储存、运输收入,并处违法收入一倍以上五倍以下的罚款;情节严重的,并处违法收入五倍以上十五倍以下的罚款;违法收入不足五万元的,按五万元计算。

第一百二十一条 【假药、劣药的处罚决定须载明质检结论】对假药、劣药的处罚决定,应当依法载明药品检验机构的质量检验结论。

第一百二十二条 【非法使用许可证或批准文件的处罚】伪造、变造、出租、出借、非法买卖许可证或者药品批准证明文件的,没收违法所得,并处违法所得一倍以上五倍以下的罚款;情节严重的,并处违法所得五倍以上十五倍以下的罚款,吊销药品生产许可证、药品经营许可证、医疗机构制剂许可证或者药品批准证明文件,对法定代表人、主要负责人、直接负责的主管人员和其他责任人员,处二万元以上二十万元以下的罚款,十年内禁止从事药品生产经营活动,并可以由公安机关处五日以上十五日以下的拘留;违法所得不足十万元的,按十万元计算。

第一百二十三条 【以欺骗手段获得相关文件的处罚】提供虚假的证明、数据、资料、样品或者采取其他手段骗取临床试验许可、药品生产许可、药品经营许可、医疗机构制剂许可或者药品注册等许可的,撤销相关许可,十年内不受理其相应申请,并处五十万元以上五百万元以下的罚款;情节严重的,对法定代表人、主要负责人、直接负责的主管人员和其他责任人员,处二万元以上二十万元以下的罚款,十年内禁止从事药品生产经营活动，并可以由公安机关处五日以上十五日以下的拘留。

第一百二十四条 【未取得药品批准证明文件生产、进口药品等行为的处罚】违反本法规定，有下列行为之一的，没收违法生产、进口、销售的药品和违法所得以及专门用于违法生产的原料、辅料、包装材料和生产设备，责令停产停业整顿，并处违法生产、进口、销售的药品货值金额十五倍以上三十倍以下的罚款；货值金额不足十万元的，按十万元计算；情节严重的，吊销药品批准证明文件直至吊销药品生产许可证、药品经营许可证或者医疗机构制剂许可证，对法定代表人、主要负责人、直接负责的主管人员和其他责任人员，没收违法行为发生期间自本单位所获收入，并处所获收入百分之三十以上三倍以下的罚款，十年直至终身禁止从事药品生产经营活动，并可以由公安机关处五日以上十五日以下的拘留：

（一）未取得药品批准证明文件生产、进口药品；

（二）使用采取欺骗手段取得的药品批准证明文件生产、进口药品；

（三）使用未经审评审批的原料药生产药品；

（四）应当检验而未经检验即销售药品；

（五）生产、销售国务院药品监督管理部门禁止使用的药品；

（六）编造生产、检验记录；

（七）未经批准在药品生产过程中进行重大变更。

销售前款第一项至第三项规定的药品，或者药品使用单位使用前款第一项至第五项规定的药品的，依照前款规定处罚；情节严重的，药品使用单位的法定代表人、主要负责人、直接负责的主管人员和其他责任人员有医疗卫生人员执业证书的，还应当吊销执业证书。

未经批准进口少量境外已合法上市的药品，情节较轻的，可以依法减轻或者免予处罚。

第一百二十五条 【未经批准开展药物临床试验等行为的处罚】违反本法规定，有下列行为之一的，没收违法生产、销售的药品和违法所得以及包装材料、容器，责令停产停业整顿，并处五十万元以上五百万元以下的罚款；情节严重的，吊销药品批准证明文件、药品生产许可证、药品经营许可证，对法定代表人、主要负责人、直接负责的主管人员和其他责任人员处二万元以上二十万元以下的罚款，十年直至终身禁止从事药品生产经营活动：

（一）未经批准开展药物临床试验；

（二）使用未经审评的直接接触药品的包装材料或者容器生产药品，或者销售该类药品；

（三）使用未经核准的标签、说明书。

第一百二十六条 【相关机构未遵守有关规范的处罚】除本法另有规定的情形外，药品上市许可持有人、药品生产企业、药品经营企业、药物非临床安全性评价研究机构、药物临床试验机构等未遵守药品生产质量管理规范、药品经营质量管理规范、药物非临床研究质量管理规范、药物临床试验质量管理规范等的，责令限期改正，给予警告；逾期不改正的，处十万元以上五十万元以下的罚款；情节严重的，处五十万元以上二百万元以下的罚款，责令停产停业整顿直至吊销药品批准证明文件、药品生产许可证、药品经营许可证等，药物非临床安全性评价研究机构、药物临床试验机构等五年内不得开展药物非临床安全性评价研究、药物临床试验，对法定代表人、主要负责人、直接负责的主管人员和其他责任人员，没收违法行为发生期间自本单位所获收入，并处所获收入百分之十以上百分之五十以下的罚款，十年直至终身禁止从事药品生产经营等活动。

第一百二十七条 【开展生物等效性试验未备案等行为的处罚】违反本法规定，有下列行为之一的，责令限期改正，给予警告；逾期不改正的，处十万元以上五十万元以下的罚款：

（一）开展生物等效性试验未备案；

（二）药物临床试验期间，发现存在安全性问题或者其他风险，临床试验申办者未及时调整临床试验方案、暂停或者终止临床试验，或者未向国务院药品监督管理部门报告；

（三）未按照规定建立并实施药品追溯制度；

（四）未按照规定提交年度报告；

（五）未按照规定对药品生产过程中的变更进行备案或者报告；

（六）未制定药品上市后风险管理计划；

（七）未按照规定开展药品上市后研究或者上市后评价。

第一百二十八条 【药品包装无规定标签或说明书的处罚】除依法应当按照假药、劣药处罚的外，药品包装未按照规定印有、贴有标签或者附有说明书，标签、说明书未按照规定注明相关信息或者印有规定标志的，责令改正，给予警告；情节严重的，吊销药品注册证书。

第一百二十九条 【违法购进药品的处罚】违反本法规定，药品上市许可持有人、药品生产企业、药品经营企业或者医疗机构未从药品上市许可持有人或者具有药品生产、经营资格的企业购进药品的，责令改正，没收违法购进的药品和违法所得，并处违法购进药品货值金额二倍以上十倍以下的罚款；情节严重的，并处货值金额十倍以上三十倍以下的罚款，吊销药品批准证明文件、药品生产许可证、药品经营许可证或者医疗机构执业许可证；货值金额不足五万元的，按五万元计算。

第一百三十条　【违法记录、说明、调配处方的处罚】违反本法规定，药品经营企业购销药品未按照规定进行记录，零售药品未正确说明用法、用量等事项，或者未按照规定调配处方的，责令改正，给予警告；情节严重的，吊销药品经营许可证。

第一百三十一条　【第三方平台未履行法定义务的处罚】违反本法规定，药品网络交易第三方平台提供者未履行资质审核、报告、停止提供网络交易平台服务等义务的，责令改正，没收违法所得，并处二十万元以上二百万元以下的罚款；情节严重的，责令停业整顿，并处二百万元以上五百万元以下的罚款。

第一百三十二条　【进口药品未备案的处罚】进口已获得药品注册证书的药品，未按照规定向允许药品进口的口岸所在地药品监督管理部门备案的，责令限期改正，给予警告；逾期不改正的，吊销药品注册证书。

第一百三十三条　【违规销售制剂的处罚】违反本法规定，医疗机构将其配制的制剂在市场上销售的，责令改正，没收违法销售的制剂和违法所得，并处违法销售制剂货值金额二倍以上五倍以下的罚款；情节严重的，并处货值金额五倍以上十五倍以下的罚款；货值金额不足五万元的，按五万元计算。

第一百三十四条　【药品上市许可持有人违规检测或报告的处罚】药品上市许可持有人未按照规定开展药品不良反应监测或者报告疑似药品不良反应的，责令限期改正，给予警告；逾期不改正的，责令停产停业整顿，并处十万元以上一百万元以下的罚款。

药品经营企业未按照规定报告疑似药品不良反应的，责令限期改正，给予警告；逾期不改正的，责令停产停业整顿，并处五万元以上五十万元以下的罚款。

医疗机构未按照规定报告疑似药品不良反应的，责令限期改正，给予警告；逾期不改正的，处五万元以上五十万元以下的罚款。

第一百三十五条　【拒不召回的处罚】药品上市许可持有人在省、自治区、直辖市人民政府药品监督管理部门责令其召回后，拒不召回的，处应召回药品货值金额五倍以上十倍以下的罚款；货值金额不足十万元的，按十万元计算；情节严重的，吊销药品批准证明文件、药品生产许可证、药品经营许可证，对法定代表人、主要负责人、直接负责的主管人员和其他责任人员，处二万元以上二十万元以下的罚款。药品生产企业、药品经营企业、医疗机构拒不配合召回的，处十万元以上五十万元以下的罚款。

第一百三十六条　【境外企业为药品上市许可持有人的适用规定】药品上市许可持有人为境外企业的，其指定的在中国境内的企业法人未依照本法规定履行相关义务的，适用本法有关药品上市许可持有人法律责任的规定。

第一百三十七条　【从重处罚的行为】有下列行为之一的，在本法规定的处罚幅度内从重处罚：

（一）以麻醉药品、精神药品、医疗用毒性药品、放射性药品、药品类易制毒化学品冒充其他药品，或者以其他药品冒充上述药品；

（二）生产、销售以孕产妇、儿童为主要使用对象的假药、劣药；

（三）生产、销售的生物制品属于假药、劣药；

（四）生产、销售假药、劣药，造成人身伤害后果；

（五）生产、销售假药、劣药，经处理后再犯；

（六）拒绝、逃避监督检查，伪造、销毁、隐匿有关证据材料，或者擅自动用查封、扣押物品。

第一百三十八条　【药品检验机构出具虚假检验报告的处罚】药品检验机构出具虚假检验报告的，责令改正，给予警告，对单位并处二十万元以上一百万元以下的罚款；对直接负责的主管人员和其他直接责任人员依法给予降级、撤职、开除处分，没收违法所得，并处五万元以下的罚款；情节严重的，撤销其检验资格。药品检验机构出具的检验结果不实，造成损失的，应当承担相应的赔偿责任。

第一百三十九条　【行政处罚的决定主体】本法第一百一十五条至第一百三十八条规定的行政处罚，由县级以上人民政府药品监督管理部门按照职责分工决定；撤销许可、吊销许可证件的，由原批准、发证的部门决定。

第一百四十条　【违法聘用的处罚】药品上市许可持有人、药品生产企业、药品经营企业或者医疗机构违反本法规定聘用人员的，由药品监督管理部门或者卫生健康主管部门责令解聘，处五万元以上二十万元以下的罚款。

第一百四十一条　【给予、收受回扣及不正当利益的处罚】药品上市许可持有人、药品生产企业、药品经营企业或者医疗机构在药品购销中给予、收受回扣或者其他不正当利益的，药品上市许可持有人、药品生产企业、药品经营企业或者代理人给予使用其药品的医疗机构的负责人、药品采购人员、医师、药师等有关人员财物或者其他不正当利益的，由市场监督管理部门没收违法所得，并处三十万元以上三百万元以下的罚款；情节严重的，吊销药品上市许可持有人、药品生产企业、药品经营企业营业执照，并由药品监督管理部门吊销药品批准证明文件、药品生产许可证、药品经营许可证。

药品上市许可持有人、药品生产企业、药品经营企业在药品研制、生产、经营中向国家工作人员行贿的，对法定代表人、主要负责人、直接负责的主管人员和其他责任人员终身禁止从事药品生产经营活动。

第一百四十二条　【收受财物或不正当利益的处罚】药品上市许可持有人、药品生产企业、药品经营企业的负责人、采购人员等有关人员在药品购销中收受其他药品上市许可持有人、药品生产企业、药品经营企业或者代理人给予的财物或者其他不正当利益的，没收违法所得，依法给予处罚；情节严重的，五年内禁止从事药品生产经营活动。

医疗机构的负责人、药品采购人员、医师、药师等有关人员收受药品上市许可持有人、药品生产企业、药品经营企业或者代理人给予的财物或者其他不正当利益的，由卫生健康主管部门或者本单位给予处分，没收违法所得；情节严重的，还应当吊销其执业证书。

第一百四十三条　【编造、散布虚假药品安全信息的处罚】违反本法规定，编造、散布虚假药品安全信息，构成违反治安管理行为的，由公安机关依法给予治安管理处罚。

第一百四十四条　【违规用药致损赔偿】药品上市许可持有人、药品生产企业、药品经营企业或者医疗机构违反本法规定，给用药者造成损害的，依法承担赔偿责任。

因药品质量问题受到损害的，受害人可以向药品上市许可持有人、药品生产企业请求赔偿损失，也可以向药品经营企业、医疗机构请求赔偿损失。接到受害人赔偿请求的，应当实行首负责任制，先行赔付；先行赔付后，可以依法追偿。

生产假药、劣药或者明知是假药、劣药仍然销售、使用的，受害人或者其近亲属除请求赔偿损失外，还可以请求支付价款十倍或者损失三倍的赔偿金；增加赔偿的金额不足一千元的，为一千元。

第一百四十五条　【药品监管部门参与生产经营活动的处罚】药品监督管理部门或者其设置、指定的药品专业技术机构参与药品生产经营活动的，由其上级主管机关责令改正，没收违法收入；情节严重的，对直接负责的主管人员和其他直接责任人员依法给予处分。

药品监督管理部门或者其设置、指定的药品专业技术机构的工作人员参与药品生产经营活动的，依法给予处分。

第一百四十六条　【违法收取检验费用的处罚】药品监督管理部门或者其设置、指定的药品检验机构在药品监督检验中违法收取检验费用的，由政府有关部门责令退还，对直接负责的主管人员和其他直接责任人员依法给予处分；情节严重的，撤销其检验资格。

第一百四十七条　【应撤销相关许可并处分的行为】违反本法规定，药品监督管理部门有下列行为之一的，应当撤销相关许可，对直接负责的主管人员和其他直接责任人员依法给予处分：

（一）不符合条件而批准进行药物临床试验；

（二）对不符合条件的药品颁发药品注册证书；

（三）对不符合条件的单位颁发药品生产许可证、药品经营许可证或者医疗机构制剂许可证。

第一百四十八条　【对县级以上地方人民政府直接责任人或主管人员的处分】违反本法规定，县级以上地方人民政府有下列行为之一的，对直接负责的主管人员和其他直接责任人员给予记过或者记大过处分；情节严重的，给予降级、撤职或者开除处分：

（一）瞒报、谎报、缓报、漏报药品安全事件；

（二）未及时消除区域性重大药品安全隐患，造成本行政区域内发生特别重大药品安全事件，或者连续发生重大药品安全事件；

（三）履行职责不力，造成严重不良影响或者重大损失。

第一百四十九条　【对药品监督管理等部门直接责任人员或主管人员的处分】违反本法规定，药品监督管理等部门有下列行为之一的，对直接负责的主管人员和其他直接责任人员给予记过或者记大过处分；情节较重的，给予降级或者撤职处分；情节严重的，给予开除处分：

（一）瞒报、谎报、缓报、漏报药品安全事件；

（二）对发现的药品安全违法行为未及时查处；

（三）未及时发现药品安全系统性风险，或者未及时消除监督管理区域内药品安全隐患，造成严重影响；

（四）其他不履行药品监督管理职责，造成严重不良影响或者重大损失。

第一百五十条　【滥用职权，失职、渎职的处罚】药品监督管理人员滥用职权、徇私舞弊、玩忽职守的，依法给予处分。

查处假药、劣药违法行为有失职、渎职行为的，对药品监督管理部门直接负责的主管人员和其他直接责任人员依法从重给予处分。

第一百五十一条 【货值金额的计算】本章规定的货值金额以违法生产、销售药品的标价计算；没有标价的，按照同类药品的市场价格计算。

第十二章 附 则

第一百五十二条 【立法委任】中药材种植、采集和饲养的管理，依照有关法律、法规的规定执行。

第一百五十三条 【立法委任】地区性民间习用药材的管理办法，由国务院药品监督管理部门会同国务院中医药主管部门制定。

第一百五十四条 【立法委任】中国人民解放军和中国人民武装警察部队执行本法的具体办法，由国务院、中央军事委员会依据本法制定。

第一百五十五条 【施行日期】本法自2019年12月1日起施行。

中华人民共和国疫苗管理法

1. 2019年6月29日第十三届全国人民代表大会常务委员会第十一次会议通过
2. 2019年6月29日中华人民共和国主席令第30号公布
3. 自2019年12月1日起施行

目 录

第一章 总 则

第一条 【立法目的】为了加强疫苗管理，保证疫苗质量和供应，规范预防接种，促进疫苗行业发展，保障公众健康，维护公共卫生安全，制定本法。

第二条 【适用范围及概念】在中华人民共和国境内从事疫苗研制、生产、流通和预防接种及其监督管理活动，适用本法。本法未作规定的，适用《中华人民共和国药品管理法》、《中华人民共和国传染病防治法》等法律、行政法规的规定。

本法所称疫苗，是指为预防、控制疾病的发生、流行，用于人体免疫接种的预防性生物制品，包括免疫规划疫苗和非免疫规划疫苗。

第三条 【疫苗管理制度】国家对疫苗实行最严格的管理制度，坚持安全第一、风险管理、全程管控、科学监管、社会共治。

第四条 【国家支持】国家坚持疫苗产品的战略性和公益性。

国家支持疫苗基础研究和应用研究，促进疫苗研制和创新，将预防、控制重大疾病的疫苗研制、生产和储备纳入国家战略。

国家制定疫苗行业发展规划和产业政策，支持疫苗产业发展和结构优化，鼓励疫苗生产规模化、集约化，不断提升疫苗生产工艺和质量水平。

第五条 【单位和个人的职责】疫苗上市许可持有人应当加强疫苗全生命周期质量管理，对疫苗的安全性、有效性和质量可控性负责。

从事疫苗研制、生产、流通和预防接种活动的单位和个人，应当遵守法律、法规、规章、标准和规范，保证全过程信息真实、准确、完整和可追溯，依法承担责任，接受社会监督。

第六条 【免疫规划制度】国家实行免疫规划制度。

居住在中国境内的居民，依法享有接种免疫规划疫苗的权利，履行接种免疫规划疫苗的义务。政府免费向居民提供免疫规划疫苗。

县级以上人民政府及其有关部门应当保障适龄儿童接种免疫规划疫苗。监护人应当依法保证适龄儿童按时接种免疫规划疫苗。

第七条 【政府职责】县级以上人民政府应当将疫苗安全工作和预防接种工作纳入本级国民经济和社会发展规划，加强疫苗监督管理能力建设，建立健全疫苗监督管理工作机制。

县级以上地方人民政府对本行政区域疫苗监督管理工作负责，统一领导、组织、协调本行政区域疫苗监督管理工作。

第八条 【主管部门】国务院药品监督管理部门负责全国疫苗监督管理工作。国务院卫生健康主管部门负责全国预防接种监督管理工作。国务院其他有关部门在各自职责范围内负责与疫苗有关的监督管理工作。

省、自治区、直辖市人民政府药品监督管理部门负责本行政区域疫苗监督管理工作。设区的市级、县级人民政府承担药品监督管理职责的部门（以下称药品监督管理部门）负责本行政区域疫苗监督管理工作。县级以上地方人民政府卫生健康主管部门负责本行政区域预防接种监督管理工作。县级以上地方人民政府其他有关部门在各自职责范围内负责与疫苗有关的监督管理工作。

第九条　【部门协调机制】国务院和省、自治区、直辖市人民政府建立部门协调机制，统筹协调疫苗监督管理有关工作，定期分析疫苗安全形势，加强疫苗监督管理，保障疫苗供应。

第十条　【疫苗全程电子追溯制度】国家实行疫苗全程电子追溯制度。

国务院药品监督管理部门会同国务院卫生健康主管部门制定统一的疫苗追溯标准和规范，建立全国疫苗电子追溯协同平台，整合疫苗生产、流通和预防接种全过程追溯信息，实现疫苗可追溯。

疫苗上市许可持有人应当建立疫苗电子追溯系统，与全国疫苗电子追溯协同平台相衔接，实现生产、流通和预防接种全过程最小包装单位疫苗可追溯、可核查。

疾病预防控制机构、接种单位应当依法如实记录疫苗流通、预防接种等情况，并按照规定向全国疫苗电子追溯协同平台提供追溯信息。

第十一条　【生物安全管理制度】疫苗研制、生产、检验等过程中应当建立健全生物安全管理制度，严格控制生物安全风险，加强菌毒株等病原微生物的生物安全管理，保护操作人员和公众的健康，保证菌毒株等病原微生物用途合法、正当。

疫苗研制、生产、检验等使用的菌毒株和细胞株，应当明确历史、生物学特征、代次，建立详细档案，保证来源合法、清晰、可追溯；来源不明的，不得使用。

第十二条　【知识宣传】各级人民政府及其有关部门、疾病预防控制机构、接种单位、疫苗上市许可持有人和疫苗行业协会等应当通过全国儿童预防接种日等活动定期开展疫苗安全法律、法规以及预防接种知识等的宣传教育、普及工作。

新闻媒体应当开展疫苗安全法律、法规以及预防接种知识等的公益宣传，并对疫苗违法行为进行舆论监督。有关疫苗的宣传报道应当全面、科学、客观、公正。

第十三条　【行业协会的职责】疫苗行业协会应当加强行业自律，建立健全行业规范，推动行业诚信体系建设，引导和督促会员依法开展生产经营等活动。

第二章　疫苗研制和注册

第十四条　【国家责任】国家根据疾病流行情况、人群免疫状况等因素，制定相关研制规划，安排必要资金，支持多联多价等新型疫苗的研制。

国家组织疫苗上市许可持有人、科研单位、医疗卫生机构联合攻关，研制疾病预防、控制急需的疫苗。

第十五条　【国家鼓励】国家鼓励疫苗上市许可持有人加大研制和创新资金投入，优化生产工艺，提升质量控制水平，推动疫苗技术进步。

第十六条　【疫苗临床试验依法批准】开展疫苗临床试验，应当经国务院药品监督管理部门依法批准。

疫苗临床试验应当由符合国务院药品监督管理部门和国务院卫生健康主管部门规定条件的三级医疗机构或者省级以上疾病预防控制机构实施或者组织实施。

国家鼓励符合条件的医疗机构、疾病预防控制机构等依法开展疫苗临床试验。

第十七条　【临床试验申办者的责任】疫苗临床试验申办者应当制定临床试验方案，建立临床试验安全监测与评价制度，审慎选择受试者，合理设置受试者群体和年龄组，并根据风险程度采取有效措施，保护受试者合法权益。

第十八条　【临床试验受试者的同意】开展疫苗临床试验，应当取得受试者的书面知情同意；受试者为无民事行为能力人的，应当取得其监护人的书面知情同意；受试者为限制民事行为能力人的，应当取得本人及其监护人的书面知情同意。

第十九条　【疫苗注册】在中国境内上市的疫苗应当经国务院药品监督管理部门批准，取得药品注册证书；申请疫苗注册，应当提供真实、充分、可靠的数据、资料和样品。

对疾病预防、控制急需的疫苗和创新疫苗，国务院药品监督管理部门应当予以优先审评审批。

第二十条　【急需疫苗的注册和疫苗的紧急使用】应对重大突发公共卫生事件急需的疫苗或者国务院卫生健康主管部门认定急需的其他疫苗，经评估获益大于风险的，国务院药品监督管理部门可以附条件批准疫苗注册申请。

出现特别重大突发公共卫生事件或者其他严重威

胁公众健康的紧急事件，国务院卫生健康主管部门根据传染病预防、控制需要提出紧急使用疫苗的建议，经国务院药品监督管理部门组织论证同意后可以在一定范围和期限内紧急使用。

第二十一条　【疫苗的核准范围和公布范围】国务院药品监督管理部门在批准疫苗注册申请时，对疫苗的生产工艺、质量控制标准和说明书、标签予以核准。

国务院药品监督管理部门应当在其网站上及时公布疫苗说明书、标签内容。

第三章　疫苗生产和批签发

第二十二条　【从事疫苗生产活动的条件】国家对疫苗生产实行严格准入制度。

从事疫苗生产活动，应当经省级以上人民政府药品监督管理部门批准，取得药品生产许可证。

从事疫苗生产活动，除符合《中华人民共和国药品管理法》规定的从事药品生产活动的条件外，还应当具备下列条件：

（一）具备适度规模和足够的产能储备；

（二）具有保证生物安全的制度和设施、设备；

（三）符合疾病预防、控制需要。

疫苗上市许可持有人应当具备疫苗生产能力；超出疫苗生产能力确需委托生产的，应当经国务院药品监督管理部门批准。接受委托生产的，应当遵守本法规定和国家有关规定，保证疫苗质量。

第二十三条　【对疫苗上市许可持有人的资质要求】疫苗上市许可持有人的法定代表人、主要负责人应当具有良好的信用记录，生产管理负责人、质量管理负责人、质量受权人等关键岗位人员应当具有相关专业背景和从业经历。

疫苗上市许可持有人应当加强对前款规定人员的培训和考核，及时将其任职和变更情况向省、自治区、直辖市人民政府药品监督管理部门报告。

第二十四条　【对疫苗质量和疫苗生产全过程的规范】疫苗应当按照经核准的生产工艺和质量控制标准进行生产和检验，生产全过程应当符合药品生产质量管理规范的要求。

疫苗上市许可持有人应当按照规定对疫苗生产全过程和疫苗质量进行审核、检验。

第二十五条　【疫苗生产质量管理体系】疫苗上市许可持有人应当建立完整的生产质量管理体系，持续加强偏差管理，采用信息化手段如实记录生产、检验过程中形成的所有数据，确保生产全过程持续符合法定要求。

第二十六条　【疫苗批签发制度】国家实行疫苗批签发制度。

每批疫苗销售前或者进口时，应当经国务院药品监督管理部门指定的批签发机构按照相关技术要求进行审核、检验。符合要求的，发给批签发证明；不符合要求的，发给不予批签发通知书。

不予批签发的疫苗不得销售，并应当由省、自治区、直辖市人民政府药品监督管理部门监督销毁；不予批签发的进口疫苗应当由口岸所在地药品监督管理部门监督销毁或者依法进行其他处理。

国务院药品监督管理部门、批签发机构应当及时公布上市疫苗批签发结果，供公众查询。

第二十七条　【疫苗批签发的申请】申请疫苗批签发应当按照规定向批签发机构提供批生产及检验记录摘要等资料和同批号产品等样品。进口疫苗还应当提供原产地证明、批签发证明；在原产地免予批签发的，应当提供免予批签发证明。

第二十八条　【免予批签发的情形】预防、控制传染病疫情或者应对突发事件急需的疫苗，经国务院药品监督管理部门批准，免予批签发。

第二十九条　【疫苗批签发的调整和核实】疫苗批签发应当逐批进行资料审核和抽样检验。疫苗批签发检验项目和检验频次应当根据疫苗质量风险评估情况进行动态调整。

对疫苗批签发申请资料或者样品的真实性有疑问，或者存在其他需要进一步核实的情况的，批签发机构应当予以核实，必要时应当采用现场抽样检验等方式组织开展现场核实。

第三十条　【疫苗重大质量风险的报告和检查】批签发机构在批签发过程中发现疫苗存在重大质量风险的，应当及时向国务院药品监督管理部门和省、自治区、直辖市人民政府药品监督管理部门报告。

接到报告的部门应当立即对疫苗上市许可持有人进行现场检查，根据检查结果通知批签发机构对疫苗上市许可持有人的相关产品或者所有产品不予批签发或者暂停批签发，并责令疫苗上市许可持有人整改。疫苗上市许可持有人应当立即整改，并及时将整改情况向责令其整改的部门报告。

第三十一条　【疫苗问题的记录和报告】对生产工艺偏差、质量差异、生产过程中的故障和事故以及采取的措施，疫苗上市许可持有人应当如实记录，并在相应批产品申请批签发的文件中载明；可能影响疫苗质量的，疫苗上市许可持有人应当立即采取措施，并向省、自治区、直辖市人民政府药品监督管理部门报告。

第四章 疫苗流通

第三十二条 【疫苗的招标和采购】国家免疫规划疫苗由国务院卫生健康主管部门会同国务院财政部门等组织集中招标或者统一谈判，形成并公布中标价格或者成交价格，各省、自治区、直辖市实行统一采购。

国家免疫规划疫苗以外的其他免疫规划疫苗、非免疫规划疫苗由各省、自治区、直辖市通过省级公共资源交易平台组织采购。

第三十三条 【疫苗的价格】疫苗的价格由疫苗上市许可持有人依法自主合理制定。疫苗的价格水平、差价率、利润率应当保持在合理幅度。

第三十四条 【疫苗使用计划】省级疾病预防控制机构应当根据国家免疫规划和本行政区域疾病预防、控制需要，制定本行政区域免疫规划疫苗使用计划，并按照国家有关规定向组织采购疫苗的部门报告，同时报省、自治区、直辖市人民政府卫生健康主管部门备案。

第三十五条 【疫苗的供应】疫苗上市许可持有人应当按照采购合同约定，向疾病预防控制机构供应疫苗。

疾病预防控制机构应当按照规定向接种单位供应疫苗。

疾病预防控制机构以外的单位和个人不得向接种单位供应疫苗，接种单位不得接收该疫苗。

第三十六条 【疫苗的配送】疫苗上市许可持有人应当按照采购合同约定，向疾病预防控制机构或者疾病预防控制机构指定的接种单位配送疫苗。

疫苗上市许可持有人、疾病预防控制机构自行配送疫苗应当具备疫苗冷链储存、运输条件，也可以委托符合条件的疫苗配送单位配送疫苗。

疾病预防控制机构配送非免疫规划疫苗可以收取储存、运输费用，具体办法由国务院财政部门会同国务院价格主管部门制定，收费标准由省、自治区、直辖市人民政府价格主管部门会同财政部门制定。

第三十七条 【疫苗的储存、运输】疾病预防控制机构、接种单位、疫苗上市许可持有人、疫苗配送单位应当遵守疫苗储存、运输管理规范，保证疫苗质量。

疫苗在储存、运输全过程中应当处于规定的温度环境，冷链储存、运输应当符合要求，并定时监测、记录温度。

疫苗储存、运输管理规范由国务院药品监督管理部门、国务院卫生健康主管部门共同制定。

第三十八条 【疫苗销售应提供的证明文件】疫苗上市许可持有人在销售疫苗时，应当提供加盖其印章的批签发证明复印件或者电子文件；销售进口疫苗的，还应当提供加盖其印章的进口药品通关单复印件或者电子文件。

疾病预防控制机构、接种单位在接收或者购进疫苗时，应当索取前款规定的证明文件，并保存至疫苗有效期满后不少于五年备查。

第三十九条 【疫苗销售、接收、购进、运输、储存、配送、供应的记录】疫苗上市许可持有人应当按照规定，建立真实、准确、完整的销售记录，并保存至疫苗有效期满后不少于五年备查。

疾病预防控制机构、接种单位、疫苗配送单位应当按照规定，建立真实、准确、完整的接收、购进、储存、配送、供应记录，并保存至疫苗有效期满后不少于五年备查。

疾病预防控制机构、接种单位接收或者购进疫苗时，应当索取本次运输、储存全过程温度监测记录，并保存至疫苗有效期满后不少于五年备查；对不能提供本次运输、储存全过程温度监测记录或者温度控制不符合要求的，不得接收或者购进，并应当立即向县级以上地方人民政府药品监督管理部门、卫生健康主管部门报告。

第四十条 【疫苗定期检查制度】疾病预防控制机构、接种单位应当建立疫苗定期检查制度，对存在包装无法识别、储存温度不符合要求、超过有效期等问题的疫苗，采取隔离存放、设置警示标志等措施，并按照国务院药品监督管理部门、卫生健康主管部门、生态环境主管部门的规定处置。疾病预防控制机构、接种单位应当如实记录处置情况，处置记录应当保存至疫苗有效期满后不少于五年备查。

第五章 预防接种

第四十一条 【国家免疫规划的制定、调整和执行】国务院卫生健康主管部门制定国家免疫规划；国家免疫规划疫苗种类由国务院卫生健康主管部门会同国务院财政部门拟订，报国务院批准后公布。

国务院卫生健康主管部门建立国家免疫规划专家咨询委员会，并会同国务院财政部门建立国家免疫规划疫苗种类动态调整机制。

省、自治区、直辖市人民政府在执行国家免疫规划时，可以根据本行政区域疾病预防、控制需要，增加免疫规划疫苗种类，报国务院卫生健康主管部门备案并公布。

第四十二条 【卫生健康主管部门的职责】国务院卫生健康主管部门应当制定、公布预防接种工作规范，强化预防接种规范化管理。

国务院卫生健康主管部门应当制定、公布国家免疫规划疫苗的免疫程序和非免疫规划疫苗的使用指导原则。

省、自治区、直辖市人民政府卫生健康主管部门应当结合本行政区域实际情况制定接种方案，并报国务院卫生健康主管部门备案。

第四十三条 【疾病预防控制机构的职责】各级疾病预防控制机构应当按照各自职责，开展与预防接种相关的宣传、培训、技术指导、监测、评价、流行病学调查、应急处置等工作。

第四十四条 【接种单位的条件和要求】接种单位应当具备下列条件：

（一）取得医疗机构执业许可证；

（二）具有经过县级人民政府卫生健康主管部门组织的预防接种专业培训并考核合格的医师、护士或者乡村医生；

（三）具有符合疫苗储存、运输管理规范的冷藏设施、设备和冷藏保管制度。

县级以上地方人民政府卫生健康主管部门指定符合条件的医疗机构承担责任区域内免疫规划疫苗接种工作。符合条件的医疗机构可以承担非免疫规划疫苗接种工作，并应当报颁发其医疗机构执业许可证的卫生健康主管部门备案。

接种单位应当加强内部管理，开展预防接种工作应当遵守预防接种工作规范、免疫程序、疫苗使用指导原则和接种方案。

各级疾病预防控制机构应当加强对接种单位预防接种工作的技术指导和疫苗使用的管理。

第四十五条 【接种的实施】医疗卫生人员实施接种，应当告知受种者或者其监护人所接种疫苗的品种、作用、禁忌、不良反应以及现场留观等注意事项，询问受种者的健康状况以及是否有接种禁忌等情况，并如实记录告知和询问情况。受种者或者其监护人应当如实提供受种者的健康状况和接种禁忌等情况。有接种禁忌不能接种的，医疗卫生人员应当向受种者或者其监护人提出医学建议，并如实记录提出医学建议情况。

医疗卫生人员在实施接种前，应当按照预防接种工作规范的要求，检查受种者健康状况、核查接种禁忌，查对预防接种证，检查疫苗、注射器的外观、批号、有效期，核对受种者的姓名、年龄和疫苗的品名、规格、剂量、接种部位、接种途径，做到受种者、预防接种证和疫苗信息相一致，确认无误后方可实施接种。

医疗卫生人员应当对符合接种条件的受种者实施接种。受种者在现场留观期间出现不良反应的，医疗卫生人员应当按照预防接种工作规范的要求，及时采取救治等措施。

第四十六条 【接种记录】医疗卫生人员应当按照国务院卫生健康主管部门的规定，真实、准确、完整记录疫苗的品种、上市许可持有人、最小包装单位的识别信息、有效期、接种时间、实施接种的医疗卫生人员、受种者等接种信息，确保接种信息可追溯、可查询。接种记录应当保存至疫苗有效期满后不少于五年备查。

第四十七条 【儿童预防接种制度】国家对儿童实行预防接种证制度。在儿童出生后一个月内，其监护人应当到儿童居住地承担预防接种工作的接种单位或者出生医院为其办理预防接种证。接种单位或者出生医院不得拒绝办理。监护人应当妥善保管预防接种证。

预防接种实行居住地管理，儿童离开原居住地期间，由现居住地承担预防接种工作的接种单位负责对其实施接种。

预防接种证的格式由国务院卫生健康主管部门规定。

第四十八条 【儿童预防接种证的查验】儿童入托、入学时，托幼机构、学校应当查验预防接种证，发现未按照规定接种免疫规划疫苗的，应当向儿童居住地或者托幼机构、学校所在地承担预防接种工作的接种单位报告，并配合接种单位督促其监护人按照规定补种。疾病预防控制机构应当为托幼机构、学校查验预防接种证等提供技术指导。

儿童入托、入学预防接种证查验办法由国务院卫生健康主管部门会同国务院教育行政部门制定。

第四十九条 【接种疫苗的费用】接种单位接种免疫规划疫苗不得收取任何费用。

接种单位接种非免疫规划疫苗，除收取疫苗费用外，还可以收取接种服务费。接种服务费的收费标准由省、自治区、直辖市人民政府价格主管部门会同财政部门制定。

第五十条 【群体性预防接种】县级以上地方人民政府卫生健康主管部门根据传染病监测和预警信息，为预防、控制传染病暴发、流行，报经本级人民政府决定，并报省级以上人民政府卫生健康主管部门备案，可以在本行政区域进行群体性预防接种。

需要在全国范围或者跨省、自治区、直辖市范围内进行群体性预防接种的，应当由国务院卫生健康主管部门决定。

作出群体性预防接种决定的县级以上地方人民政

府或者国务院卫生健康主管部门应当组织有关部门做好人员培训、宣传教育、物资调用等工作。

任何单位和个人不得擅自进行群体性预防接种。

第五十一条　【应急接种】传染病暴发、流行时，县级以上地方人民政府或者其卫生健康主管部门需要采取应急接种措施的，依照法律、行政法规的规定执行。

第六章　异常反应监测和处理

第五十二条　【预防接种异常反应的定义和排除】预防接种异常反应，是指合格的疫苗在实施规范接种过程中或者实施规范接种后造成受种者机体组织器官、功能损害，相关各方均无过错的药品不良反应。

下列情形不属于预防接种异常反应：

（一）因疫苗本身特性引起的接种后一般反应；

（二）因疫苗质量问题给受种者造成的损害；

（三）因接种单位违反预防接种工作规范、免疫程序、疫苗使用指导原则、接种方案给受种者造成的损害；

（四）受种者在接种时正处于某种疾病的潜伏期或者前驱期，接种后偶合发病；

（五）受种者有疫苗说明书规定的接种禁忌，在接种前受种者或者其监护人未如实提供受种者的健康状况和接种禁忌等情况，接种后受种者原有疾病急性复发或者病情加重；

（六）因心理因素发生的个体或者群体的心因性反应。

第五十三条　【预防接种异常反应的监测】国家加强预防接种异常反应监测。预防接种异常反应监测方案由国务院卫生健康主管部门会同国务院药品监督管理部门制定。

第五十四条　【疑似预防接种异常反应的报告和控制】接种单位、医疗机构等发现疑似预防接种异常反应的，应当按照规定向疾病预防控制机构报告。

疫苗上市许可持有人应当设立专门机构，配备专职人员，主动收集、跟踪分析疑似预防接种异常反应，及时采取风险控制措施，将疑似预防接种异常反应向疾病预防控制机构报告，将质量分析报告提交省、自治区、直辖市人民政府药品监督管理部门。

第五十五条　【对疑似预防接种异常反应的处理】对疑似预防接种异常反应，疾病预防控制机构应当按照规定及时报告，组织调查、诊断，并将调查、诊断结论告知受种者或者其监护人。对调查、诊断结论有争议的，可以根据国务院卫生健康主管部门制定的鉴定办法申请鉴定。

因预防接种导致受种者死亡、严重残疾，或者群体性疑似预防接种异常反应等对社会有重大影响的疑似预防接种异常反应，由设区的市级以上人民政府卫生健康主管部门、药品监督管理部门按照各自职责组织调查、处理。

第五十六条　【预防接种异常反应的补偿】国家实行预防接种异常反应补偿制度。实施接种过程中或者实施接种后出现受种者死亡、严重残疾、器官组织损伤等损害，属于预防接种异常反应或者不能排除的，应当给予补偿。补偿范围实行目录管理，并根据实际情况进行动态调整。

接种免疫规划疫苗所需的补偿费用，由省、自治区、直辖市人民政府财政部门在预防接种经费中安排；接种非免疫规划疫苗所需的补偿费用，由相关疫苗上市许可持有人承担。国家鼓励通过商业保险等多种形式对预防接种异常反应受种者予以补偿。

预防接种异常反应补偿应当及时、便民、合理。预防接种异常反应补偿范围、标准、程序由国务院规定，省、自治区、直辖市制定具体实施办法。

第七章　疫苗上市后管理

第五十七条　【疫苗的质量管理和研究】疫苗上市许可持有人应当建立健全疫苗全生命周期质量管理体系，制定并实施疫苗上市后风险管理计划，开展疫苗上市后研究，对疫苗的安全性、有效性和质量可控性进行进一步确证。

对批准疫苗注册申请时提出进一步研究要求的疫苗，疫苗上市许可持有人应当在规定期限内完成研究；逾期未完成研究或者不能证明其获益大于风险的，国务院药品监督管理部门应当依法处理，直至注销该疫苗的药品注册证书。

第五十八条　【疫苗质量跟踪和生产条件评估】疫苗上市许可持有人应当对疫苗进行质量跟踪分析，持续提升质量控制标准，改进生产工艺，提高生产工艺稳定性。

生产工艺、生产场地、关键设备等发生变更的，应当进行评估、验证，按照国务院药品监督管理部门有关变更管理的规定备案或者报告；变更可能影响疫苗安全性、有效性和质量可控性的，应当经国务院药品监督管理部门批准。

第五十九条　【疫苗信息的更新、备案和公布】疫苗上市许可持有人应当根据疫苗上市后研究、预防接种异常反应等情况持续更新说明书、标签，并按照规定申请核准或者备案。

国务院药品监督管理部门应当在其网站上及时公布更新后的疫苗说明书、标签内容。

第六十条 【疫苗质量的回顾分析和风险报告】疫苗上市许可持有人应当建立疫苗质量回顾分析和风险报告制度,每年将疫苗生产流通、上市后研究、风险管理等情况按照规定如实向国务院药品监督管理部门报告。

第六十一条 【疫苗的上市后评价】国务院药品监督管理部门可以根据实际情况,责令疫苗上市许可持有人开展上市后评价或者直接组织开展上市后评价。

对预防接种异常反应严重或者其他原因危害人体健康的疫苗,国务院药品监督管理部门应当注销该疫苗的药品注册证书。

第六十二条 【疫苗品种的上市后评价】国务院药品监督管理部门可以根据疾病预防、控制需要和疫苗行业发展情况,组织对疫苗品种开展上市后评价,发现该疫苗品种的产品设计、生产工艺、安全性、有效性或者质量可控性明显劣于预防、控制同种疾病的其他疫苗品种的,应当注销该品种所有疫苗的药品注册证书并废止相应的国家药品标准。

第八章 保 障 措 施

第六十三条 【政府的预算、补助和国家支持】县级以上人民政府应当将疫苗安全工作、购买免疫规划疫苗和预防接种工作以及信息化建设等所需经费纳入本级政府预算,保证免疫规划制度的实施。

县级人民政府按照国家有关规定对从事预防接种工作的乡村医生和其他基层医疗卫生人员给予补助。

国家根据需要对经济欠发达地区的预防接种工作给予支持。省、自治区、直辖市人民政府和设区的市级人民政府应当对经济欠发达地区的县级人民政府开展与预防接种相关的工作给予必要的经费补助。

第六十四条 【政府确定与预防接种相关项目的依据和范围】省、自治区、直辖市人民政府根据本行政区域传染病流行趋势,在国务院卫生健康主管部门确定的传染病预防、控制项目范围内,确定本行政区域与预防接种相关的项目,并保证项目的实施。

第六十五条 【疫苗的需求和供应】国务院卫生健康主管部门根据各省、自治区、直辖市国家免疫规划疫苗使用计划,向疫苗上市许可持有人提供国家免疫规划疫苗需求信息,疫苗上市许可持有人根据疫苗需求信息合理安排生产。

疫苗存在供应短缺风险时,国务院卫生健康主管部门、国务院药品监督管理部门提出建议,国务院工业和信息化主管部门、国务院财政部门应当采取有效措施,保障疫苗生产、供应。

疫苗上市许可持有人应当依法组织生产,保障疫苗供应;疫苗上市许可持有人停止疫苗生产的,应当及时向国务院药品监督管理部门或者省、自治区、直辖市人民政府药品监督管理部门报告。

第六十六条 【疫苗的储备】国家将疫苗纳入战略物资储备,实行中央和省级两级储备。

国务院工业和信息化主管部门、财政部门会同国务院卫生健康主管部门、公安部门、市场监督管理部门和药品监督管理部门,根据疾病预防、控制和公共卫生应急准备的需要,加强储备疫苗的产能、产品管理,建立动态调整机制。

第六十七条 【预防接种经费】各级财政安排用于预防接种的经费应当专款专用,任何单位和个人不得挪用、挤占。

有关单位和个人使用预防接种的经费应当依法接受审计机关的审计监督。

第六十八条 【疫苗责任强制保险】国家实行疫苗责任强制保险制度。

疫苗上市许可持有人应当按照规定投保疫苗责任强制保险。因疫苗质量问题造成受种者损害的,保险公司在承保的责任限额内予以赔付。

疫苗责任强制保险制度的具体实施办法,由国务院药品监督管理部门会同国务院卫生健康主管部门、保险监督管理机构等制定。

第六十九条 【预防、控制传染病的疫苗】传染病暴发、流行时,相关疫苗上市许可持有人应当及时生产和供应预防、控制传染病的疫苗。交通运输单位应当优先运输预防、控制传染病的疫苗。县级以上人民政府及其有关部门应当做好组织、协调、保障工作。

第九章 监 督 管 理

第七十条 【主管部门的职责范围】药品监督管理部门、卫生健康主管部门按照各自职责对疫苗研制、生产、流通和预防接种全过程进行监督管理,监督疫苗上市许可持有人、疾病预防控制机构、接种单位等依法履行义务。

药品监督管理部门依法对疫苗研制、生产、储存、运输以及预防接种中的疫苗质量进行监督检查。卫生健康主管部门依法对免疫规划制度的实施、预防接种活动进行监督检查。

药品监督管理部门应当加强对疫苗上市许可持有人的现场检查;必要时,可以对为疫苗研制、生产、流通等活动提供产品或者服务的单位和个人进行延伸检查;有关单位和个人应当予以配合,不得拒绝和隐瞒。

第七十一条 【疫苗的监督检查】国家建设中央和省级两级职业化、专业化药品检查员队伍,加强对疫苗的监督检查。

省、自治区、直辖市人民政府药品监督管理部门选派检查员入驻疫苗上市许可持有人。检查员负责监督检查药品生产质量管理规范执行情况,收集疫苗质量风险和违法违规线索,向省、自治区、直辖市人民政府药品监督管理部门报告情况并提出建议,对派驻期间的行为负责。

第七十二条 【相关人对疫苗质量问题的责任】疫苗质量管理存在安全隐患,疫苗上市许可持有人等未及时采取措施消除的,药品监督管理部门可以采取责任约谈、限期整改等措施。

严重违反药品相关质量管理规范的,药品监督管理部门应当责令暂停疫苗生产、销售、配送,立即整改;整改完成后,经药品监督管理部门检查符合要求的,方可恢复生产、销售、配送。

药品监督管理部门应当建立疫苗上市许可持有人及其相关人员信用记录制度,纳入全国信用信息共享平台,按照规定公示其严重失信信息,实施联合惩戒。

第七十三条 【疫苗质量问题的处理】疫苗存在或者疑似存在质量问题的,疫苗上市许可持有人、疾病预防控制机构、接种单位应当立即停止销售、配送、使用,必要时立即停止生产,按照规定向县级以上人民政府药品监督管理部门、卫生健康主管部门报告。卫生健康主管部门应当立即组织疾病预防控制机构和接种单位采取必要的应急处置措施,同时向上级人民政府卫生健康主管部门报告。药品监督管理部门应当依法采取查封、扣押等措施。对已经销售的疫苗,疫苗上市许可持有人应当及时通知相关疾病预防控制机构、疫苗配送单位、接种单位,按照规定召回,如实记录召回和通知情况,疾病预防控制机构、疫苗配送单位、接种单位应当予以配合。

未依照前款规定停止生产、销售、配送、使用或者召回疫苗的,县级以上人民政府药品监督管理部门、卫生健康主管部门应当按照各自职责责令停止生产、销售、配送、使用或者召回疫苗。

疫苗上市许可持有人、疾病预防控制机构、接种单位发现存在或者疑似存在质量问题的疫苗,不得瞒报、谎报、缓报、漏报,不得隐匿、伪造、毁灭有关证据。

第七十四条 【疫苗信息公开制度】疫苗上市许可持有人应当建立信息公开制度,按照规定在其网站上及时公开疫苗产品信息、说明书和标签、药品相关质量管理规范执行情况、批签发情况、召回情况、接受检查和处罚情况以及投保疫苗责任强制保险情况等信息。

第七十五条 【疫苗信息共享机制】国务院药品监督管理部门会同国务院卫生健康主管部门等建立疫苗质量、预防接种等信息共享机制。

省级以上人民政府药品监督管理部门、卫生健康主管部门等应当按照科学、客观、及时、公开的原则,组织疫苗上市许可持有人、疾病预防控制机构、接种单位、新闻媒体、科研单位等,就疫苗质量和预防接种等信息进行交流沟通。

第七十六条 【疫苗安全信息统一公布制度】国家实行疫苗安全信息统一公布制度。

疫苗安全风险警示信息、重大疫苗安全事故及其调查处理信息和国务院确定需要统一公布的其他疫苗安全信息,由国务院药品监督管理部门会同有关部门公布。全国预防接种异常反应报告情况,由国务院卫生健康主管部门会同国务院药品监督管理部门统一公布。未经授权不得发布上述信息。公布重大疫苗安全信息,应当及时、准确、全面,并按照规定进行科学评估,作出必要的解释说明。

县级以上人民政府药品监督管理部门发现可能误导公众和社会舆论的疫苗安全信息,应当立即会同卫生健康主管部门及其他有关部门、专业机构、相关疫苗上市许可持有人等进行核实、分析,并及时公布结果。

任何单位和个人不得编造、散布虚假疫苗安全信息。

第七十七条 【单位和个人的权利】任何单位和个人有权依法了解疫苗信息,对疫苗监督管理工作提出意见、建议。

任何单位和个人有权向卫生健康主管部门、药品监督管理部门等部门举报疫苗违法行为,对卫生健康主管部门、药品监督管理部门等部门及其工作人员未依法履行监督管理职责的情况有权向本级或者上级人民政府及其有关部门、监察机关举报。有关部门、机关应当及时核实、处理;对查证属实的举报,按照规定给予举报人奖励;举报人举报所在单位严重违法行为,查证属实的,给予重奖。

第七十八条 【疫苗安全事件的预案和处理】县级以上人民政府应当制定疫苗安全事件应急预案,对疫苗安全事件分级、处置组织指挥体系与职责、预防预警机制、处置程序、应急保障措施等作出规定。

疫苗上市许可持有人应当制定疫苗安全事件处置

方案，定期检查各项防范措施的落实情况，及时消除安全隐患。

发生疫苗安全事件，疫苗上市许可持有人应当立即向国务院药品监督管理部门或者省、自治区、直辖市人民政府药品监督管理部门报告；疾病预防控制机构、接种单位、医疗机构应当立即向县级以上人民政府卫生健康主管部门、药品监督管理部门报告。药品监督管理部门应当会同卫生健康主管部门按照应急预案的规定，成立疫苗安全事件处置指挥机构，开展医疗救治、风险控制、调查处理、信息发布、解释说明等工作，做好补种等善后处置工作。因质量问题造成的疫苗安全事件的补种费用由疫苗上市许可持有人承担。

有关单位和个人不得瞒报、谎报、缓报、漏报疫苗安全事件，不得隐匿、伪造、毁灭有关证据。

第十章　法律责任

第七十九条　【刑事责任】违反本法规定，构成犯罪的，依法从重追究刑事责任。

第八十条　【生产、销售假药、劣药的法律责任】生产、销售的疫苗属于假药的，由省级以上人民政府药品监督管理部门没收违法所得和违法生产、销售的疫苗以及专门用于违法生产疫苗的原料、辅料、包装材料、设备等物品，责令停产停业整顿，吊销药品注册证书，直至吊销药品生产许可证等，并处违法生产、销售疫苗货值金额十五倍以上五十倍以下的罚款，货值金额不足五十万元的，按五十万元计算。

生产、销售的疫苗属于劣药的，由省级以上人民政府药品监督管理部门没收违法所得和违法生产、销售的疫苗以及专门用于违法生产疫苗的原料、辅料、包装材料、设备等物品，责令停产停业整顿，并处违法生产、销售疫苗货值金额十倍以上三十倍以下的罚款，货值金额不足五十万元的，按五十万元计算；情节严重的，吊销药品注册证书，直至吊销药品生产许可证等。

生产、销售的疫苗属于假药，或者生产、销售的疫苗属于劣药且情节严重的，由省级以上人民政府药品监督管理部门对法定代表人、主要负责人、直接负责的主管人员和关键岗位人员以及其他责任人员，没收违法行为发生期间自本单位所获收入，并处所获收入一倍以上十倍以下的罚款，终身禁止从事药品生产经营活动，由公安机关处五日以上十五日以下拘留。

第八十一条　【严重违法行为的法律责任】有下列情形之一的，由省级以上人民政府药品监督管理部门没收违法所得和违法生产、销售的疫苗以及专门用于违法生产疫苗的原料、辅料、包装材料、设备等物品，责令停产停业整顿，并处违法生产、销售疫苗货值金额十五倍以上五十倍以下的罚款，货值金额不足五十万元的，按五十万元计算；情节严重的，吊销药品相关批准证明文件，直至吊销药品生产许可证等，对法定代表人、主要负责人、直接负责的主管人员和关键岗位人员以及其他责任人员，没收违法行为发生期间自本单位所获收入，并处所获收入百分之五十以上十倍以下的罚款，十年内直至终身禁止从事药品生产经营活动，由公安机关处五日以上十五日以下拘留：

（一）申请疫苗临床试验、注册、批签发提供虚假数据、资料、样品或者有其他欺骗行为；

（二）编造生产、检验记录或者更改产品批号；

（三）疾病预防控制机构以外的单位或者个人向接种单位供应疫苗；

（四）委托生产疫苗未经批准；

（五）生产工艺、生产场地、关键设备等发生变更按照规定应当经批准而未经批准；

（六）更新疫苗说明书、标签按照规定应当经核准而未经核准。

第八十二条　【违反药品相关质量管理规范的法律责任】除本法另有规定的情形外，疫苗上市许可持有人或者其他单位违反药品相关质量管理规范的，由县级以上人民政府药品监督管理部门责令改正，给予警告；拒不改正的，处二十万元以上五十万元以下的罚款；情节严重的，处五十万元以上三百万元以下的罚款，责令停产停业整顿，直至吊销药品相关批准证明文件、药品生产许可证等，对法定代表人、主要负责人、直接负责的主管人员和关键岗位人员以及其他责任人员，没收违法行为发生期间自本单位所获收入，并处所获收入百分之五十以上五倍以下的罚款，十年内直至终身禁止从事药品生产经营活动。

第八十三条　【疫苗上市许可持有人的违法责任】违反本法规定，疫苗上市许可持有人有下列情形之一的，由省级以上人民政府药品监督管理部门责令改正，给予警告；拒不改正的，处二十万元以上五十万元以下的罚款；情节严重的，责令停产停业整顿，并处五十万元以上二百万元以下的罚款：

（一）未按照规定建立疫苗电子追溯系统；

（二）法定代表人、主要负责人和生产管理负责人、质量管理负责人、质量受权人等关键岗位人员不符合规定条件或者未按照规定对其进行培训、考核；

（三）未按照规定报告或者备案；

（四）未按照规定开展上市后研究，或者未按照规定设立机构、配备人员主动收集、跟踪分析疑似预防接种异常反应；

（五）未按照规定投保疫苗责任强制保险；

（六）未按照规定建立信息公开制度。

第八十四条　【批签发机构的违法责任】违反本法规定，批签发机构有下列情形之一的，由国务院药品监督管理部门责令改正，给予警告，对主要负责人、直接负责的主管人员和其他直接责任人员依法给予警告直至降级处分：

（一）未按照规定进行审核和检验；

（二）未及时公布上市疫苗批签发结果；

（三）未按照规定进行核实；

（四）发现疫苗存在重大质量风险未按照规定报告。

违反本法规定，批签发机构未按照规定发给批签发证明或者不予批签发通知书的，由国务院药品监督管理部门责令改正，给予警告，对主要负责人、直接负责的主管人员和其他直接责任人员依法给予降级或者撤职处分；情节严重的，对主要负责人、直接负责的主管人员和其他直接责任人员依法给予开除处分。

第八十五条　【违反疫苗储存、运输管理规范的法律责任】疾病预防控制机构、接种单位、疫苗上市许可持有人、疫苗配送单位违反疫苗储存、运输管理规范有关冷链储存、运输要求的，由县级以上人民政府药品监督管理部门责令改正，给予警告，对违法储存、运输的疫苗予以销毁，没收违法所得；拒不改正的，对接种单位、疫苗上市许可持有人、疫苗配送单位处二十万元以上一百万元以下的罚款；情节严重的，对接种单位、疫苗上市许可持有人、疫苗配送单位处违法储存、运输疫苗货值金额十倍以上三十倍以下的罚款，货值金额不足十万元的，按十万元计算，责令疫苗上市许可持有人、疫苗配送单位停产停业整顿，直至吊销药品相关批准证明文件、药品生产许可证等，对疫苗上市许可持有人、疫苗配送单位的法定代表人、主要负责人、直接负责的主管人员和关键岗位人员以及其他责任人员依照本法第八十二条规定给予处罚。

疾病预防控制机构、接种单位有前款规定违法行为的，由县级以上人民政府卫生健康主管部门对主要负责人、直接负责的主管人员和其他直接责任人员依法给予警告直至撤职处分，责令负有责任的医疗卫生人员暂停一年以上十八个月以下执业活动；造成严重后果的，对主要负责人、直接负责的主管人员和其他直接责任人员依法给予开除处分，并可以吊销接种单位的接种资格，由原发证部门吊销负有责任的医疗卫生人员的执业证书。

第八十六条　【其他违反疫苗储存、运输管理规范行为的法律责任】疾病预防控制机构、接种单位、疫苗上市许可持有人、疫苗配送单位有本法第八十五条规定以外的违反疫苗储存、运输管理规范行为的，由县级以上人民政府药品监督管理部门责令改正，给予警告，没收违法所得；拒不改正的，对接种单位、疫苗上市许可持有人、疫苗配送单位处十万元以上三十万元以下的罚款；情节严重的，对接种单位、疫苗上市许可持有人、疫苗配送单位处违法储存、运输疫苗货值金额三倍以上十倍以下的罚款，货值金额不足十万元的，按十万元计算。

疾病预防控制机构、接种单位有前款规定违法行为的，县级以上人民政府卫生健康主管部门可以对主要负责人、直接负责的主管人员和其他直接责任人员依法给予警告直至撤职处分，责令负有责任的医疗卫生人员暂停六个月以上一年以下执业活动；造成严重后果的，对主要负责人、直接负责的主管人员和其他直接责任人员依法给予开除处分，由原发证部门吊销负有责任的医疗卫生人员的执业证书。

第八十七条　【违反疫苗供应、接收、采购、接种有关规定的法律责任】违反本法规定，疾病预防控制机构、接种单位有下列情形之一的，由县级以上人民政府卫生健康主管部门责令改正，给予警告，没收违法所得；情节严重的，对主要负责人、直接负责的主管人员和其他直接责任人员依法给予警告直至撤职处分，责令负有责任的医疗卫生人员暂停一年以上十八个月以下执业活动；造成严重后果的，对主要负责人、直接负责的主管人员和其他直接责任人员依法给予开除处分，由原发证部门吊销负有责任的医疗卫生人员的执业证书：

（一）未按照规定供应、接收、采购疫苗；

（二）接种疫苗未遵守预防接种工作规范、免疫程序、疫苗使用指导原则、接种方案；

（三）擅自进行群体性预防接种。

第八十八条　【违反疫苗信息有关规定的法律责任】违反本法规定，疾病预防控制机构、接种单位有下列情形之一的，由县级以上人民政府卫生健康主管部门责令改正，给予警告；情节严重的，对主要负责人、直接负责的主管人员和其他直接责任人员依法给予警告直至撤职处分，责令负有责任的医疗卫生人员暂停六个月以上一年以下执业活动；造成严重后果的，对主要负责人、直接负责的主管人员和其他直接责任人员依法给

予开除处分,由原发证部门吊销负有责任的医疗卫生人员的执业证书:

(一)未按照规定提供追溯信息;

(二)接收或者购进疫苗时未按照规定索取并保存相关证明文件、温度监测记录;

(三)未按照规定建立并保存疫苗接收、购进、储存、配送、供应、接种、处置记录;

(四)未按照规定告知、询问受种者或者其监护人有关情况。

第八十九条 【违反疑似预防接种异常反应、疫苗安全事件有关规定的法律责任】疾病预防控制机构、接种单位、医疗机构未按照规定报告疑似预防接种异常反应、疫苗安全事件等,或者未按照规定对疑似预防接种异常反应组织调查、诊断等的,由县级以上人民政府卫生健康主管部门责令改正,给予警告;情节严重的,对接种单位、医疗机构处五万元以上五十万元以下的罚款,对疾病预防控制机构、接种单位、医疗机构的主要负责人、直接负责的主管人员和其他直接责任人员依法给予警告直至撤职处分;造成严重后果的,对主要负责人、直接负责的主管人员和其他直接责任人员依法给予开除处分,由原发证部门吊销负有责任的医疗卫生人员的执业证书。

第九十条 【违反疫苗费用有关规定的法律责任】疾病预防控制机构、接种单位违反本法规定收取费用的,由县级以上人民政府卫生健康主管部门监督其将违法收取的费用退还给原缴费的单位或者个人,并由县级以上人民政府市场监督管理部门依法给予处罚。

第九十一条 【违法进行免疫规划疫苗接种、非免疫规划疫苗接种、群体性预防接种的法律责任】违反本法规定,未经县级以上地方人民政府卫生健康主管部门指定擅自从事免疫规划疫苗接种工作、从事非免疫规划疫苗接种工作不符合条件或者未备案的,由县级以上人民政府卫生健康主管部门责令改正,给予警告,没收违法所得和违法持有的疫苗,责令停业整顿,并处十万元以上一百万元以下的罚款,对主要负责人、直接负责的主管人员和其他直接责任人员依法给予处分。

违反本法规定,疾病预防控制机构、接种单位以外的单位或者个人擅自进行群体性预防接种的,由县级以上人民政府卫生健康主管部门责令改正,没收违法所得和违法持有的疫苗,并处违法持有的疫苗货值金额十倍以上三十倍以下的罚款,货值金额不足五万元的,按五万元计算。

第九十二条 【违反儿童接种疫苗有关规定的法律责任】监护人未依法保证适龄儿童按时接种免疫规划疫苗的,由县级人民政府卫生健康主管部门批评教育,责令改正。

托幼机构、学校在儿童入托、入学时未按照规定查验预防接种证,或者发现未按照规定接种的儿童后未向接种单位报告的,由县级以上地方人民政府教育行政部门责令改正,给予警告,对主要负责人、直接负责的主管人员和其他直接责任人员依法给予处分。

第九十三条 【违反疫苗安全信息有关规定的法律责任】编造、散布虚假疫苗安全信息,或者在接种单位寻衅滋事,构成违反治安管理行为的,由公安机关依法给予治安管理处罚。

报纸、期刊、广播、电视、互联网站等传播媒介编造、散布虚假疫苗安全信息的,由有关部门依法给予处罚,对主要负责人、直接负责的主管人员和其他直接责任人员依法给予处分。

第九十四条 【地方政府在疫苗监督管理工作中的违法责任】县级以上地方人民政府在疫苗监督管理工作中有下列情形之一的,对直接负责的主管人员和其他直接责任人员依法给予降级或者撤职处分;情节严重的,依法给予开除处分;造成严重后果的,其主要负责人应当引咎辞职:

(一)履行职责不力,造成严重不良影响或者重大损失;

(二)瞒报、谎报、缓报、漏报疫苗安全事件;

(三)干扰、阻碍对疫苗违法行为或者疫苗安全事件的调查;

(四)本行政区域发生特别重大疫苗安全事故,或者连续发生重大疫苗安全事故。

第九十五条 【主管部门在疫苗监督管理工作中的违法责任】药品监督管理部门、卫生健康主管部门等部门在疫苗监督管理工作中有下列情形之一的,对直接负责的主管人员和其他直接责任人员依法给予降级或者撤职处分;情节严重的,依法给予开除处分;造成严重后果的,其主要负责人应当引咎辞职:

(一)未履行监督检查职责,或者发现违法行为不及时查处;

(二)擅自进行群体性预防接种;

(三)瞒报、谎报、缓报、漏报疫苗安全事件;

(四)干扰、阻碍对疫苗违法行为或者疫苗安全事件的调查;

(五)泄露举报人的信息;

(六)接到疑似预防接种异常反应相关报告,未按照规定组织调查、处理；

（七）其他未履行疫苗监督管理职责的行为，造成严重不良影响或者重大损失。

第九十六条　【相关的赔偿责任】因疫苗质量问题造成受种者损害的，疫苗上市许可持有人应当依法承担赔偿责任。

疾病预防控制机构、接种单位因违反预防接种工作规范、免疫程序、疫苗使用指导原则、接种方案，造成受种者损害的，应当依法承担赔偿责任。

第十一章　附　　则

第九十七条　【术语定义】本法下列用语的含义是：

免疫规划疫苗，是指居民应当按照政府的规定接种的疫苗，包括国家免疫规划确定的疫苗，省、自治区、直辖市人民政府在执行国家免疫规划时增加的疫苗，以及县级以上人民政府或者其卫生健康主管部门组织的应急接种或者群体性预防接种所使用的疫苗。

非免疫规划疫苗，是指由居民自愿接种的其他疫苗。

疫苗上市许可持有人，是指依法取得疫苗药品注册证书和药品生产许可证的企业。

第九十八条　【疫苗的国际标准】国家鼓励疫苗生产企业按照国际采购要求生产、出口疫苗。

出口的疫苗应当符合进口国（地区）的标准或者合同要求。

第九十九条　【法律适用】出入境预防接种及所需疫苗的采购，由国境卫生检疫机关商国务院财政部门另行规定。

第一百条　【施行日期】本法自2019年12月1日起施行。

最高人民法院、最高人民检察院关于办理危害药品安全刑事案件适用法律若干问题的解释

1. *2022年2月28日最高人民法院审判委员会第1865次会议、2022年2月25日最高人民检察院第十三届检察委员会第九十二次会议通过*
2. *2022年3月3日公布*
3. *高检发释字〔2022〕1号*
4. *自2022年3月6日起施行*

为依法惩治危害药品安全犯罪，保障人民群众生命健康，维护药品管理秩序，根据《中华人民共和国刑法》《中华人民共和国刑事诉讼法》及《中华人民共和国药品管理法》等有关规定，现就办理此类刑事案件适用法律的若干问题解释如下：

第一条　生产、销售、提供假药，具有下列情形之一的，应当酌情从重处罚：

（一）涉案药品以孕产妇、儿童或者危重病人为主要使用对象的；

（二）涉案药品属于麻醉药品、精神药品、医疗用毒性药品、放射性药品、生物制品，或者以药品类易制毒化学品冒充其他药品的；

（三）涉案药品属于注射剂药品、急救药品的；

（四）涉案药品系用于应对自然灾害、事故灾难、公共卫生事件、社会安全事件等突发事件的；

（五）药品使用单位及其工作人员生产、销售假药的；

（六）其他应当酌情从重处罚的情形。

第二条　生产、销售、提供假药，具有下列情形之一的，应当认定为刑法第一百四十一条规定的“对人体健康造成严重危害”：

（一）造成轻伤或者重伤的；

（二）造成轻度残疾或者中度残疾的；

（三）造成器官组织损伤导致一般功能障碍或者严重功能障碍的；

（四）其他对人体健康造成严重危害的情形。

第三条　生产、销售、提供假药，具有下列情形之一的，应当认定为刑法第一百四十一条规定的“其他严重情节”：

（一）引发较大突发公共卫生事件的；

（二）生产、销售、提供假药的金额二十万元以上不满五十万元的；

（三）生产、销售、提供假药的金额十万元以上不满二十万元，并具有本解释第一条规定情形之一的；

（四）根据生产、销售、提供的时间、数量、假药种类、对人体健康危害程度等，应当认定为情节严重的。

第四条　生产、销售、提供假药，具有下列情形之一的，应当认定为刑法第一百四十一条规定的“其他特别严重情节”：

（一）致人重度残疾以上的；

（二）造成三人以上重伤、中度残疾或者器官组织损伤导致严重功能障碍的；

（三）造成五人以上轻度残疾或者器官组织损伤导致一般功能障碍的；

（四）造成十人以上轻伤的；

（五）引发重大、特别重大突发公共卫生事件的；

（六）生产、销售、提供假药的金额五十万元以上的；

（七）生产、销售、提供假药的金额二十万元以上不满五十万元，并具有本解释第一条规定情形之一的；

（八）根据生产、销售、提供的时间、数量、假药种类、对人体健康危害程度等，应当认定为情节特别严重的。

第五条　生产、销售、提供劣药，具有本解释第一条规定情形之一的，应当酌情从重处罚。

生产、销售、提供劣药，具有本解释第二条规定情形之一的，应当认定为刑法第一百四十二条规定的“对人体健康造成严重危害”。

生产、销售、提供劣药，致人死亡，或者具有本解释第四条第一项至第五项规定情形之一的，应当认定为刑法第一百四十二条规定的“后果特别严重”。

第六条　以生产、销售、提供假药、劣药为目的，合成、精制、提取、储存、加工炮制药品原料，或者在将药品原料、辅料、包装材料制成成品过程中，进行配料、混合、制剂、储存、包装的，应当认定为刑法第一百四十一条、第一百四十二条规定的“生产”。

药品使用单位及其工作人员明知是假药、劣药而有偿提供给他人使用的，应当认定为刑法第一百四十一条、第一百四十二条规定的“销售”；无偿提供给他人使用的，应当认定为刑法第一百四十一条、第一百四十二条规定的“提供”。

第七条　实施妨害药品管理的行为，具有下列情形之一的，应当认定为刑法第一百四十二条之一规定的“足以严重危害人体健康”：

（一）生产、销售国务院药品监督管理部门禁止使用的药品，综合生产、销售的时间、数量、禁止使用原因等情节，认为具有严重危害人体健康的现实危险的；

（二）未取得药品相关批准证明文件生产药品或者明知是上述药品而销售，涉案药品属于本解释第一条第一项至第三项规定情形的；

（三）未取得药品相关批准证明文件生产药品或者明知是上述药品而销售，涉案药品的适应症、功能主治或者成分不明的；

（四）未取得药品相关批准证明文件生产药品或者明知是上述药品而销售，涉案药品没有国家药品标准，且无核准的药品质量标准，但检出化学药成分的；

（五）未取得药品相关批准证明文件进口药品或者明知是上述药品而销售，涉案药品在境外也未合法上市的；

（六）在药物非临床研究或者药物临床试验过程中故意使用虚假试验用药品，或者瞒报与药物临床试验用药品相关的严重不良事件的；

（七）故意损毁原始药物非临床研究数据或者药物临床试验数据，或者编造受试动物信息、受试者信息、主要试验过程记录、研究数据、检测数据等药物非临床研究数据或者药物临床试验数据，影响药品的安全性、有效性和质量可控性的；

（八）编造生产、检验记录，影响药品的安全性、有效性和质量可控性的；

（九）其他足以严重危害人体健康的情形。

对于涉案药品是否在境外合法上市，应当根据境外药品监督管理部门或者权利人的证明等证据，结合犯罪嫌疑人、被告人及其辩护人提供的证据材料综合审查，依法作出认定。

对于“足以严重危害人体健康”难以确定的，根据地市级以上药品监督管理部门出具的认定意见，结合其他证据作出认定。

第八条　实施妨害药品管理的行为，具有本解释第二条规定情形之一的，应当认定为刑法第一百四十二条之一规定的“对人体健康造成严重危害”。

实施妨害药品管理的行为，足以严重危害人体健康，并具有下列情形之一的，应当认定为刑法第一百四十二条之一规定的“有其他严重情节”：

（一）生产、销售国务院药品监督管理部门禁止使用的药品，生产、销售的金额五十万元以上的；

（二）未取得药品相关批准证明文件生产、进口药品或者明知是上述药品而销售，生产、销售的金额五十万元以上的；

（三）药品申请注册中提供虚假的证明、数据、资料、样品或者采取其他欺骗手段，造成严重后果的；

（四）编造生产、检验记录，造成严重后果的；

（五）造成恶劣社会影响或者具有其他严重情节的情形。

实施刑法第一百四十二条之一规定的行为，同时又构成生产、销售、提供假药罪、生产、销售、提供劣药罪或者其他犯罪的，依照处罚较重的规定定罪处罚。

第九条　明知他人实施危害药品安全犯罪，而有下列情形之一的，以共同犯罪论处：

（一）提供资金、贷款、账号、发票、证明、许可证件的；

（二）提供生产、经营场所、设备或者运输、储存、保管、邮寄、销售渠道等便利条件的；

（三）提供生产技术或者原料、辅料、包装材料、标签、说明书的；

（四）提供虚假药物非临床研究报告、药物临床试验报告及相关材料的；

（五）提供广告宣传的；

（六）提供其他帮助的。

第十条　办理生产、销售、提供假药、生产、销售、提供劣药、妨害药品管理等刑事案件，应当结合行为人的从业经历、认知能力、药品质量、进货渠道和价格、销售渠道和价格以及生产、销售方式等事实综合判断认定行为人的主观故意。具有下列情形之一的，可以认定行为人有实施相关犯罪的主观故意，但有证据证明确实不具有故意的除外：

（一）药品价格明显异于市场价格的；

（二）向不具有资质的生产者、销售者购买药品，且不能提供合法有效的来历证明的；

（三）逃避、抗拒监督检查的；

（四）转移、隐匿、销毁涉案药品、进销货记录的；

（五）曾因实施危害药品安全违法犯罪行为受过处罚，又实施同类行为的；

（六）其他足以认定行为人主观故意的情形。

第十一条　以提供给他人生产、销售、提供药品为目的，违反国家规定，生产、销售不符合药用要求的原料、辅料，符合刑法第一百四十条规定的，以生产、销售伪劣产品罪从重处罚；同时构成其他犯罪的，依照处罚较重的规定定罪处罚。

第十二条　广告主、广告经营者、广告发布者违反国家规定，利用广告对药品作虚假宣传，情节严重的，依照刑法第二百二十二条的规定，以虚假广告罪定罪处罚。

第十三条　明知系利用医保骗保购买的药品而非法收购、销售，金额五万元以上的，应当依照刑法第三百一十二条的规定，以掩饰、隐瞒犯罪所得罪定罪处罚；指使、教唆、授意他人利用医保骗保购买药品，进而非法收购、销售，符合刑法第二百六十六条规定的，以诈骗罪定罪处罚。

对于利用医保骗保购买药品的行为人是否追究刑事责任，应当综合骗取医保基金的数额、手段、认罪悔罪态度等案件具体情节，依法妥当决定。利用医保骗保购买药品的行为人是否被追究刑事责任，不影响对非法收购、销售有关药品的行为人定罪处罚。

对于第一款规定的主观明知，应当根据药品标志、收购渠道、价格、规模及药品追溯信息等综合认定。

第十四条　负有药品安全监督管理职责的国家机关工作人员，滥用职权或者玩忽职守，构成药品监管渎职罪，同时构成商检徇私舞弊罪、商检失职罪等其他渎职犯罪的，依照处罚较重的规定定罪处罚。

负有药品安全监督管理职责的国家机关工作人员滥用职权或者玩忽职守，不构成药品监管渎职罪，但构成前款规定的其他渎职犯罪的，依照该其他犯罪定罪处罚。

负有药品安全监督管理职责的国家机关工作人员与他人共谋，利用其职务便利帮助他人实施危害药品安全犯罪行为，同时构成渎职犯罪和危害药品安全犯罪共犯的，依照处罚较重的规定定罪从重处罚。

第十五条　对于犯生产、销售、提供假药罪、生产、销售、提供劣药罪、妨害药品管理罪的，应当结合被告人的犯罪数额、违法所得，综合考虑被告人缴纳罚金的能力，依法判处罚金。罚金一般应当在生产、销售、提供的药品金额二倍以上；共同犯罪的，对各共同犯罪人合计判处的罚金一般应当在生产、销售、提供的药品金额二倍以上。

第十六条　对于犯生产、销售、提供假药罪、生产、销售、提供劣药罪、妨害药品管理罪的，应当依照刑法规定的条件，严格缓刑、免予刑事处罚的适用。对于被判处刑罚的，可以根据犯罪情况和预防再犯罪的需要，依法宣告职业禁止或者禁止令。《中华人民共和国药品管理法》等法律、行政法规另有规定的，从其规定。

对于被不起诉或者免予刑事处罚的行为人，需要给予行政处罚、政务处分或者其他处分的，依法移送有关主管机关处理。

第十七条　单位犯生产、销售、提供假药罪、生产、销售、提供劣药罪、妨害药品管理罪的，对单位判处罚金，并对直接负责的主管人员和其他直接责任人员，依照本解释规定的自然人犯罪的定罪量刑标准处罚。

单位犯罪的，对被告单位及其直接负责的主管人员、其他直接责任人员合计判处的罚金一般应当在生产、销售、提供的药品金额二倍以上。

第十八条　根据民间传统配方私自加工药品或者销售上述药品，数量不大，且未造成他人伤害后果或者延误诊治的，或者不以营利为目的实施带有自救、互助性质的生产、进口、销售药品的行为，不应当认定为犯罪。

对于是否属于民间传统配方难以确定的，根据地市级以上药品监督管理部门或者有关部门出具的认定意见，结合其他证据作出认定。

第十九条 刑法第一百四十一条、第一百四十二条规定的“假药”“劣药”，依照《中华人民共和国药品管理法》的规定认定。

对于《中华人民共和国药品管理法》第九十八条第二款第二项、第四项及第三款第三项至第六项规定的假药、劣药，能够根据现场查获的原料、包装，结合犯罪嫌疑人、被告人供述等证据材料作出判断的，可以由地市级以上药品监督管理部门出具认定意见。对于依据《中华人民共和国药品管理法》第九十八条第二款、第三款的其他规定认定假药、劣药，或者是否属于第九十八条第二款第二项、第三款第六项规定的假药、劣药存在争议的，应当由省级以上药品监督管理部门设置或者确定的药品检验机构进行检验，出具质量检验结论。司法机关根据认定意见、检验结论，结合其他证据作出认定。

第二十条 对于生产、提供药品的金额，以药品的货值金额计算；销售药品的金额，以所得和可得的全部违法收入计算。

第二十一条 本解释自2022年3月6日起施行。本解释公布施行后，《最高人民法院、最高人民检察院关于办理危害药品安全刑事案件适用法律若干问题的解释》（法释〔2014〕14号）、《最高人民法院、最高人民检察院关于办理药品、医疗器械注册申请材料造假刑事案件适用法律若干问题的解释》（法释〔2017〕15号）同时废止。

（2）药品注册

医疗机构制剂注册管理办法（试行）

1. 2005年6月22日国家食品药品监督管理局令第20号公布

2. 自2005年8月1日起施行

第一章 总 则

第一条 为加强医疗机构制剂的管理，规范医疗机构制剂的申报与审批，根据《中华人民共和国药品管理法》（以下简称《药品管理法》）及《中华人民共和国药品管理法实施条例》（以下简称《药品管理法实施条例》），制定本办法。

第二条 在中华人民共和国境内申请医疗机构制剂的配制、调剂使用，以及进行相关的审批、检验和监督管理，适用本办法。

第三条 医疗机构制剂，是指医疗机构根据本单位临床需要经批准而配制、自用的固定处方制剂。

医疗机构配制的制剂，应当是市场上没有供应的品种。

第四条 国家食品药品监督管理局负责全国医疗机构制剂的监督管理工作。

省、自治区、直辖市（食品）药品监督管理部门负责本辖区医疗机构制剂的审批和监督管理工作。

第五条 医疗机构制剂的申请人，应当是持有《医疗机构执业许可证》并取得《医疗机构制剂许可证》的医疗机构。

未取得《医疗机构制剂许可证》或者《医疗机构制剂许可证》无相应制剂剂型的“医院”类别的医疗机构可以申请医疗机构中药制剂，但是必须同时提出委托配制制剂的申请。接受委托配制的单位应当是取得《医疗机构制剂许可证》的医疗机构或者取得《药品生产质量管理规范》认证证书的药品生产企业。委托配制的制剂剂型应当与受托方持有的《医疗机构制剂许可证》或者《药品生产质量管理规范》认证证书所载明的范围一致。

第六条 医疗机构制剂只能在本医疗机构内凭执业医师或者执业助理医师的处方使用，并与《医疗机构执业许可证》所载明的诊疗范围一致。

第二章 申报与审批

第七条 申请医疗机构制剂，应当进行相应的临床前研究，包括处方筛选、配制工艺、质量指标、药理、毒理学研究等。

第八条 申请医疗机构制剂注册所报送的资料应当真实、完整、规范。

第九条 申请制剂所用的化学原料药及实施批准文号管理的中药材、中药饮片必须具有药品批准文号，并符合法定的药品标准。

第十条 申请人应当对其申请注册的制剂或者使用的处方、工艺、用途等，提供申请人或者他人在中国的专利及其权属状态说明；他人在中国存在专利的，申请人应当提交对他人的专利不构成侵权的声明。

第十一条 医疗机构制剂的名称，应当按照国家食品药品监督管理局颁布的药品命名原则命名，不得使用商品名称。

第十二条 医疗机构配制制剂使用的辅料和直接接触制剂的包装材料、容器等，应当符合国家食品药品监督管理局有关辅料、直接接触药品的包装材料和容器的管理规定。

第十三条 医疗机构制剂的说明书和包装标签由省、自治区、直辖市(食品)药品监督管理部门根据申请人申报的资料,在批准制剂申请时一并予以核准。

医疗机构制剂的说明书和包装标签应当按照国家食品药品监督管理局有关药品说明书和包装标签的管理规定印制,其文字、图案不得超出核准的内容,并需标注“本制剂仅限本医疗机构使用”字样。

第十四条 有下列情形之一的,不得作为医疗机构制剂申报:

(一)市场上已有供应的品种;

(二)含有未经国家食品药品监督管理局批准的活性成份的品种;

(三)除变态反应原外的生物制品;

(四)中药注射剂;

(五)中药、化学药组成的复方制剂;

(六)麻醉药品、精神药品、医疗用毒性药品、放射性药品;

(七)其他不符合国家有关规定的制剂。

第十五条 申请配制医疗机构制剂,申请人应当填写《医疗机构制剂注册申请表》,向所在地省、自治区、直辖市(食品)药品监督管理部门或者其委托的设区的市级(食品)药品监督管理机构提出申请,报送有关资料和制剂实样。

第十六条 收到申请的省、自治区、直辖市(食品)药品监督管理部门或者其委托的设区的市级(食品)药品监督管理机构对申报资料进行形式审查,符合要求的予以受理;不符合要求的,应当自收到申请材料之日起5日内书面通知申请人并说明理由,逾期未通知的自收到材料之日起即为受理。

第十七条 省、自治区、直辖市(食品)药品监督管理部门或者其委托的设区的市级(食品)药品监督管理机构应当在申请受理后10日内组织现场考察,抽取连续3批检验用样品,通知指定的药品检验所进行样品检验和质量标准技术复核。受委托的设区的市级(食品)药品监督管理机构应当在完成上述工作后将审查意见、考察报告及申报资料报送省、自治区、直辖市(食品)药品监督管理部门,并通知申请人。

第十八条 接到检验通知的药品检验所应当在40日内完成样品检验和质量标准技术复核,出具检验报告书及标准复核意见,报送省、自治区、直辖市(食品)药品监督管理部门并抄送通知其检验的(食品)药品监督管理机构和申请人。

第十九条 省、自治区、直辖市(食品)药品监督管理部门应当在收到全部资料后40日内组织完成技术审评,符合规定的,发给《医疗机构制剂临床研究批件》。

申请配制的化学制剂已有同品种获得制剂批准文号的,可以免于进行临床研究。

第二十条 临床研究用的制剂,应当按照《医疗机构制剂配制质量管理规范》或者《药品生产质量管理规范》的要求配制,配制的制剂应当符合经省、自治区、直辖市(食品)药品监督管理部门审定的质量标准。

第二十一条 医疗机构制剂的临床研究,应当在获得《医疗机构制剂临床研究批件》后,取得受试者知情同意书以及伦理委员会的同意,按照《药物临床试验质量管理规范》的要求实施。

第二十二条 医疗机构制剂的临床研究,应当在本医疗机构按照临床研究方案进行,受试例数不得少于60例。

第二十三条 完成临床研究后,申请人向所在地省、自治区、直辖市(食品)药品监督管理部门或者其委托的设区的市级(食品)药品监督管理机构报送临床研究总结资料。

第二十四条 省、自治区、直辖市(食品)药品监督管理部门收到全部申报资料后40日内组织完成技术审评,做出是否准予许可的决定。符合规定的,应当自做出准予许可决定之日起10日内向申请人核发《医疗机构制剂注册批件》及制剂批准文号,同时报国家食品药品监督管理局备案;不符合规定的,应当书面通知申请人并说明理由,同时告知申请人享有依法申请行政复议或者提起行政诉讼的权利。

第二十五条 医疗机构制剂批准文号的格式为:

X药制字H(Z)+4位年号+4位流水号。

X—省、自治区、直辖市简称,H—化学制剂,Z—中药制剂。

第三章 调剂使用

第二十六条 医疗机构制剂一般不得调剂使用。发生灾情、疫情、突发事件或者临床急需而市场没有供应时,需要调剂使用的,属省级辖区内医疗机构制剂调剂的,必须经所在地省、自治区、直辖市(食品)药品监督管理部门批准;属国家食品药品监督管理局规定的特殊制剂以及省、自治区、直辖市之间医疗机构制剂调剂的,必须经国家食品药品监督管理局批准。

第二十七条 省级辖区内申请医疗机构制剂调剂使用的,应当由使用单位向所在地省、自治区、直辖市(食品)药品监督管理部门提出申请,说明使用理由、期限、数量和范围,并报送有关资料。

省、自治区、直辖市之间医疗机构制剂的调剂使用以及国家食品药品监督管理局规定的特殊制剂的调剂使用,应当由取得制剂批准文号的医疗机构向所在地省、自治区、直辖市(食品)药品监督管理部门提出申请,说明使用理由、期限、数量和范围,经所在地省、自治区、直辖市(食品)药品监督管理部门审查同意后,由使用单位将审查意见和相关资料一并报送使用单位所在地省、自治区、直辖市(食品)药品监督管理部门审核同意后,报国家食品药品监督管理局审批。

第二十八条 取得制剂批准文号的医疗机构应当对调剂使用的医疗机构制剂的质量负责。接受调剂的医疗机构应当严格按照制剂的说明书使用制剂,并对超范围使用或者使用不当造成的不良后果承担责任。

第二十九条 医疗机构制剂的调剂使用,不得超出规定的期限、数量和范围。

第四章 补充申请与再注册

第三十条 医疗机构配制制剂,应当严格执行经批准的质量标准,并不得擅自变更工艺、处方、配制地点和委托配制单位。需要变更的,申请人应当提出补充申请,报送相关资料,经批准后方可执行。

第三十一条 医疗机构制剂批准文号的有效期为3年。有效期届满需要继续配制的,申请人应当在有效期届满前3个月按照原申请配制程序提出再注册申请,报送有关资料。

第三十二条 省、自治区、直辖市(食品)药品监督管理部门应当在受理再注册申请后30日内,作出是否批准再注册的决定。准予再注册的,应当自决定做出之日起10日内通知申请人,予以换发《医疗机构制剂注册批件》,并报国家食品药品监督管理局备案。

决定不予再注册的,应当书面通知申请人并说明理由,同时告知申请人享有依法申请行政复议或者提起行政诉讼的权利。

第三十三条 有下列情形之一的,省、自治区、直辖市(食品)药品监督管理部门不予批准再注册,并注销制剂批准文号:

(一)市场上已有供应的品种;

(二)按照本办法应予撤销批准文号的:

(三)未在规定时间内提出再注册申请的;

(四)其他不符合规定的。

第三十四条 已被注销批准文号的医疗机构制剂,不得配制和使用;已经配制的,由当地(食品)药品监督管理部门监督销毁或者处理。

第五章 监督管理

第三十五条 配制和使用制剂的医疗机构应当注意观察制剂不良反应,并按照国家食品药品监督管理局的有关规定报告和处理。

第三十六条 省、自治区、直辖市(食品)药品监督管理部门对质量不稳定、疗效不确切、不良反应大或者其他原因危害人体健康的医疗机构制剂,应当责令医疗机构停止配制,并撤销其批准文号。

已被撤销批准文号的医疗机构制剂,不得配制和使用;已经配制的,由当地(食品)药品监督管理部门监督销毁或者处理。

第三十七条 医疗机构制剂的抽查检验,按照国家食品药品监督管理局药品抽查检验的有关规定执行。

第三十八条 医疗机构不再具有配制制剂的资格或者条件时,其取得的相应制剂批准文号自行废止,并由省、自治区、直辖市(食品)药品监督管理部门予以注销,但允许委托配制的中药制剂批准文号除外。允许委托配制的中药制剂如需继续配制,可参照本办法第三十条变更委托配制单位的规定提出委托配制的补充申请。

第三十九条 未经批准,医疗机构擅自使用其他医疗机构配制的制剂的,依照《药品管理法》第八十条的规定给予处罚。

第四十条 医疗机构配制制剂,违反《药品管理法》第四十八条、第四十九条规定的,分别依照《药品管理法》第七十四条、第七十五条的规定给予处罚。

未按省、自治区、直辖市(食品)药品监督管理部门批准的标准配制制剂的,属于《药品管理法》第四十九条第三款第六项其他不符合药品标准规定的情形,依照《药品管理法》第七十五条的规定给予处罚。

第四十一条 提供虚假的证明文件、申报资料、样品或者采取其他欺骗手段申请批准证明文件的,省、自治区、直辖市(食品)药品监督管理部门对该申请不予受理,对申请人给予警告,1年内不受理其申请;已取得批准证明文件的,撤销其批准证明文件,5年内不受理其申请,并处1万元以上3万元以下罚款。

第四十二条 医疗机构配制的制剂不得在市场上销售或者变相销售,不得发布医疗机构制剂广告。

医疗机构将其配制的制剂在市场上销售或者变相销售的,依照《药品管理法》第八十四条的规定给予处罚。

第四十三条 省、自治区、直辖市(食品)药品监督管理部门违反本办法的行政行为,国家食品药品监督管理局应当责令其限期改正；逾期不改正的，由国家食品药品监督管理局予以改变或者撤销。

第六章　附　　则

第四十四条　本办法规定的行政机关实施行政许可的期限以工作日计算，不含法定节假日。

第四十五条　本办法中“固定处方制剂”，是指制剂处方固定不变，配制工艺成熟，并且可在临床上长期使用于某一病症的制剂。

第四十六条　省、自治区、直辖市（食品）药品监督管理部门可以根据本办法，结合本地实际制定实施细则。

第四十七条　本办法自2005年8月1日起施行。

附件：1. 医疗机构制剂注册申报资料要求（略）

2. 医疗机构制剂调剂使用申报资料项目（略）

3. 医疗机构制剂再注册申报资料项目（略）

4. 医疗机构制剂有关的申请表格及批件格式（略）

药品注册管理办法

1. 2020年1月22日国家市场监督管理总局令第27号公布
2. 自2020年7月1日起施行

第一章　总　　则

第一条　为规范药品注册行为，保证药品的安全、有效和质量可控，根据《中华人民共和国药品管理法》（以下简称《药品管理法》）、《中华人民共和国中医药法》、《中华人民共和国疫苗管理法》（以下简称《疫苗管理法》）、《中华人民共和国行政许可法》、《中华人民共和国药品管理法实施条例》等法律、行政法规，制定本办法。

第二条　在中华人民共和国境内以药品上市为目的，从事药品研制、注册及监督管理活动，适用本办法。

第三条　药品注册是指药品注册申请人（以下简称申请人）依照法定程序和相关要求提出药物临床试验、药品上市许可、再注册等申请以及补充申请，药品监督管理部门基于法律法规和现有科学认知进行安全性、有效性和质量可控性等审查，决定是否同意其申请的活动。

申请人取得药品注册证书后，为药品上市许可持有人（以下简称持有人）。

第四条　药品注册按照中药、化学药和生物制品等进行分类注册管理。

中药注册按照中药创新药、中药改良型新药、古代经典名方中药复方制剂、同名同方药等进行分类。

化学药注册按照化学药创新药、化学药改良型新药、仿制药等进行分类。

生物制品注册按照生物制品创新药、生物制品改良型新药、已上市生物制品（含生物类似药）等进行分类。

中药、化学药和生物制品等药品的细化分类和相应的申报资料要求，由国家药品监督管理局根据注册药品的产品特性、创新程度和审评管理需要组织制定，并向社会公布。

境外生产药品的注册申请，按照药品的细化分类和相应的申报资料要求执行。

第五条　国家药品监督管理局主管全国药品注册管理工作，负责建立药品注册管理工作体系和制度，制定药品注册管理规范，依法组织药品注册审评审批以及相关的监督管理工作。国家药品监督管理局药品审评中心（以下简称药品审评中心）负责药物临床试验申请、药品上市许可申请、补充申请和境外生产药品再注册申请等的审评。中国食品药品检定研究院（以下简称中检院）、国家药典委员会（以下简称药典委）、国家药品监督管理局食品药品审核查验中心（以下简称药品核查中心）、国家药品监督管理局药品评价中心（以下简称药品评价中心）、国家药品监督管理局行政事项受理服务和投诉举报中心、国家药品监督管理局信息中心（以下简称信息中心）等药品专业技术机构，承担依法实施药品注册管理所需的药品注册检验、通用名称核准、核查、监测与评价、制证送达以及相应的信息化建设与管理等相关工作。

第六条　省、自治区、直辖市药品监督管理部门负责本行政区域内以下药品注册相关管理工作：

（一）境内生产药品再注册申请的受理、审查和审批；

（二）药品上市后变更的备案、报告事项管理；

（三）组织对药物非临床安全性评价研究机构、药物临床试验机构的日常监管及违法行为的查处；

（四）参与国家药品监督管理局组织的药品注册核查、检验等工作；

（五）国家药品监督管理局委托实施的药品注册相关事项。

省、自治区、直辖市药品监督管理部门设置或者指定的药品专业技术机构，承担依法实施药品监督管理所需的审评、检验、核查、监测与评价等工作。

第七条 药品注册管理遵循公开、公平、公正原则，以临床价值为导向，鼓励研究和创制新药，积极推动仿制药发展。

国家药品监督管理局持续推进审评审批制度改革，优化审评审批程序，提高审评审批效率，建立以审评为主导，检验、核查、监测与评价等为支撑的药品注册管理体系。

第二章 基本制度和要求

第八条 从事药物研制和药品注册活动，应当遵守有关法律、法规、规章、标准和规范；参照相关技术指导原则，采用其他评价方法和技术的，应当证明其科学性、适用性；应当保证全过程信息真实、准确、完整和可追溯。

药品应当符合国家药品标准和经国家药品监督管理局核准的药品质量标准。经国家药品监督管理局核准的药品质量标准，为药品注册标准。药品注册标准应当符合《中华人民共和国药典》通用技术要求，不得低于《中华人民共和国药典》的规定。申报注册品种的检测项目或者指标不适用《中华人民共和国药典》的，申请人应当提供充分的支持性数据。

药品审评中心等专业技术机构，应当根据科学进展、行业发展实际和药品监督管理工作需要制定技术指导原则和程序，并向社会公布。

第九条 申请人应当为能够承担相应法律责任的企业或者药品研制机构等。境外申请人应当指定中国境内的企业法人办理相关药品注册事项。

第十条 申请人在申请药品上市注册前，应当完成药学、药理毒理学和药物临床试验等相关研究工作。药物非临床安全性评价研究应当在经过药物非临床研究质量管理规范认证的机构开展，并遵守药物非临床研究质量管理规范。药物临床试验应当经批准，其中生物等效性试验应当备案；药物临床试验应当在符合相关规定的药物临床试验机构开展，并遵守药物临床试验质量管理规范。

申请药品注册，应当提供真实、充分、可靠的数据、资料和样品，证明药品的安全性、有效性和质量可控性。

使用境外研究资料和数据支持药品注册的，其来源、研究机构或者实验室条件、质量体系要求及其他管理条件等应当符合国际人用药品注册技术要求协调会通行原则，并符合我国药品注册管理的相关要求。

第十一条 变更原药品注册批准证明文件及其附件所载明的事项或者内容的，申请人应当按照规定，参照相关技术指导原则，对药品变更进行充分研究和验证，充分评估变更可能对药品安全性、有效性和质量可控性的影响，按照变更程序提出补充申请、备案或者报告。

第十二条 药品注册证书有效期为五年，药品注册证书有效期内持有人应当持续保证上市药品的安全性、有效性和质量可控性，并在有效期届满前六个月申请药品再注册。

第十三条 国家药品监督管理局建立药品加快上市注册制度，支持以临床价值为导向的药物创新。对符合条件的药品注册申请，申请人可以申请适用突破性治疗药物、附条件批准、优先审评审批及特别审批程序。在药品研制和注册过程中，药品监督管理部门及其专业技术机构给予必要的技术指导、沟通交流、优先配置资源、缩短审评时限等政策和技术支持。

第十四条 国家药品监督管理局建立化学原料药、辅料及直接接触药品的包装材料和容器关联审评审批制度。在审批药品制剂时，对化学原料药一并审评审批，对相关辅料、直接接触药品的包装材料和容器一并审评。药品审评中心建立化学原料药、辅料及直接接触药品的包装材料和容器信息登记平台，对相关登记信息进行公示，供相关申请人或者持有人选择，并在相关药品制剂注册申请审评时关联审评。

第十五条 处方药和非处方药实行分类注册和转换管理。药品审评中心根据非处方药的特点，制定非处方药上市注册相关技术指导原则和程序，并向社会公布。药品评价中心制定处方药和非处方药上市后转换相关技术要求和程序，并向社会公布。

第十六条 申请人在药物临床试验申请前、药物临床试验过程中以及药品上市许可申请前等关键阶段，可以就重大问题与药品审评中心等专业技术机构进行沟通交流。药品注册过程中，药品审评中心等专业技术机构可以根据工作需要组织与申请人进行沟通交流。

沟通交流的程序、要求和时限，由药品审评中心等专业技术机构依照职能分别制定，并向社会公布。

第十七条 药品审评中心等专业技术机构根据工作需要建立专家咨询制度，成立专家咨询委员会，在审评、核查、检验、通用名称核准等过程中就重大问题听取专家意见，充分发挥专家的技术支撑作用。

第十八条 国家药品监督管理局建立收载新批准上市以及通过仿制药质量和疗效一致性评价的化学药品目录集，载明药品名称、活性成分、剂型、规格、是否为参比制剂、持有人等相关信息，及时更新并向社会公开。化学药品目录集收载程序和要求，由药品审评中心制定，并向社会公布。

第十九条　国家药品监督管理局支持中药传承和创新，建立和完善符合中药特点的注册管理制度和技术评价体系，鼓励运用现代科学技术和传统研究方法研制中药，加强中药质量控制，提高中药临床试验水平。

中药注册申请，申请人应当进行临床价值和资源评估，突出以临床价值为导向，促进资源可持续利用。

第三章　药品上市注册

第一节　药物临床试验

第二十条　本办法所称药物临床试验是指以药品上市注册为目的，为确定药物安全性与有效性在人体开展的药物研究。

第二十一条　药物临床试验分为Ⅰ期临床试验、Ⅱ期临床试验、Ⅲ期临床试验、Ⅳ期临床试验以及生物等效性试验。根据药物特点和研究目的，研究内容包括临床药理学研究、探索性临床试验、确证性临床试验和上市后研究。

第二十二条　药物临床试验应当在具备相应条件并按规定备案的药物临床试验机构开展。其中，疫苗临床试验应当由符合国家药品监督管理局和国家卫生健康委员会规定条件的三级医疗机构或者省级以上疾病预防控制机构实施或者组织实施。

第二十三条　申请人完成支持药物临床试验的药学、药理毒理学等研究后，提出药物临床试验申请的，应当按照申报资料要求提交相关研究资料。经形式审查，申报资料符合要求的，予以受理。药品审评中心应当组织药学、医学和其他技术人员对已受理的药物临床试验申请进行审评。对药物临床试验申请应当自受理之日起六十日内决定是否同意开展，并通过药品审评中心网站通知申请人审批结果；逾期未通知的，视为同意，申请人可以按照提交的方案开展药物临床试验。

申请人获准开展药物临床试验的为药物临床试验申办者（以下简称申办者）。

第二十四条　申请人拟开展生物等效性试验的，应当按照要求在药品审评中心网站完成生物等效性试验备案后，按照备案的方案开展相关研究工作。

第二十五条　开展药物临床试验，应当经伦理委员会审查同意。

药物临床试验用药品的管理应当符合药物临床试验质量管理规范的有关要求。

第二十六条　获准开展药物临床试验的，申办者在开展后续分期药物临床试验前，应当制定相应的药物临床试验方案，经伦理委员会审查同意后开展，并在药品审评中心网站提交相应的药物临床试验方案和支持性资料。

第二十七条　获准开展药物临床试验的药物拟增加适应症（或者功能主治）以及增加与其他药物联合用药的，申请人应当提出新的药物临床试验申请，经批准后方可开展新的药物临床试验。

获准上市的药品增加适应症（或者功能主治）需要开展药物临床试验的，应当提出新的药物临床试验申请。

第二十八条　申办者应当定期在药品审评中心网站提交研发期间安全性更新报告。研发期间安全性更新报告应当每年提交一次，于药物临床试验获准后每满一年后的两个月内提交。药品审评中心可以根据审查情况，要求申办者调整报告周期。

对于药物临床试验期间出现的可疑且非预期严重不良反应和其他潜在的严重安全性风险信息，申办者应当按照相关要求及时向药品审评中心报告。根据安全性风险严重程度，可以要求申办者采取调整药物临床试验方案、知情同意书、研究者手册等加强风险控制的措施，必要时可以要求申办者暂停或者终止药物临床试验。

研发期间安全性更新报告的具体要求由药品审评中心制定公布。

第二十九条　药物临床试验期间，发生药物临床试验方案变更、非临床或者药学的变化或者有新发现的，申办者应当按照规定，参照相关技术指导原则，充分评估对受试者安全的影响。

申办者评估认为不影响受试者安全的，可以直接实施并在研发期间安全性更新报告中报告。可能增加受试者安全性风险的，应当提出补充申请。对补充申请应当自受理之日起六十日内决定是否同意，并通过药品审评中心网站通知申请人审批结果；逾期未通知的，视为同意。

申办者发生变更的，由变更后的申办者承担药物临床试验的相关责任和义务。

第三十条　药物临床试验期间，发现存在安全性问题或者其他风险的，申办者应当及时调整临床试验方案、暂停或者终止临床试验，并向药品审评中心报告。

有下列情形之一的，可以要求申办者调整药物临床试验方案、暂停或者终止药物临床试验：

（一）伦理委员会未履行职责的；

（二）不能有效保证受试者安全的；

（三）申办者未按照要求提交研发期间安全性更新报告的；

（四）申办者未及时处置并报告可疑且非预期严重不良反应的；

（五）有证据证明研究药物无效的；

（六）临床试验用药品出现质量问题的；

（七）药物临床试验过程中弄虚作假的；

（八）其他违反药物临床试验质量管理规范的情形。

药物临床试验中出现大范围、非预期的严重不良反应，或者有证据证明临床试验用药品存在严重质量问题时，申办者和药物临床试验机构应当立即停止药物临床试验。药品监督管理部门依职责可以责令调整临床试验方案、暂停或者终止药物临床试验。

第三十一条 药物临床试验被责令暂停后，申办者拟继续开展药物临床试验的，应当在完成整改后提出恢复药物临床试验的补充申请，经审查同意后方可继续开展药物临床试验。药物临床试验暂停时间满三年且未申请并获准恢复药物临床试验的，该药物临床试验许可自行失效。

药物临床试验终止后，拟继续开展药物临床试验的，应当重新提出药物临床试验申请。

第三十二条 药物临床试验应当在批准后三年内实施。药物临床试验申请自获准之日起，三年内未有受试者签署知情同意书的，该药物临床试验许可自行失效。仍需实施药物临床试验的，应当重新申请。

第三十三条 申办者应当在开展药物临床试验前在药物临床试验登记与信息公示平台登记药物临床试验方案等信息。药物临床试验期间，申办者应当持续更新登记信息，并在药物临床试验结束后登记药物临床试验结果等信息。登记信息在平台进行公示，申办者对药物临床试验登记信息的真实性负责。

药物临床试验登记和信息公示的具体要求，由药品审评中心制定公布。

第二节 药品上市许可

第三十四条 申请人在完成支持药品上市注册的药学、药理毒理学和药物临床试验等研究，确定质量标准，完成商业规模生产工艺验证，并做好接受药品注册核查检验的准备后，提出药品上市许可申请，按照申报资料要求提交相关研究资料。经对申报资料进行形式审查，符合要求的，予以受理。

第三十五条 仿制药、按照药品管理的体外诊断试剂以及其他符合条件的情形，经申请人评估，认为无需或者不能开展药物临床试验，符合豁免药物临床试验条件的，申请人可以直接提出药品上市许可申请。豁免药物临床试验的技术指导原则和有关具体要求，由药品审评中心制定公布。

仿制药应当与参比制剂质量和疗效一致。申请人应当参照相关技术指导原则选择合理的参比制剂。

第三十六条 符合以下情形之一的，可以直接提出非处方药上市许可申请：

（一）境内已有相同活性成分、适应症（或者功能主治）、剂型、规格的非处方药上市的药品；

（二）经国家药品监督管理局确定的非处方药改变剂型或者规格，但不改变适应症（或者功能主治）、给药剂量以及给药途径的药品；

（三）使用国家药品监督管理局确定的非处方药的活性成份组成的新的复方制剂；

（四）其他直接申报非处方药上市许可的情形。

第三十七条 申报药品拟使用的药品通用名称，未列入国家药品标准或者药品注册标准的，申请人应当在提出药品上市许可申请时同时提出通用名称核准申请。药品上市许可申请受理后，通用名称核准相关资料转药典委，药典委核准后反馈药品审评中心。

申报药品拟使用的药品通用名称，已列入国家药品标准或者药品注册标准，药品审评中心在审评过程中认为需要核准药品通用名称的，应当通知药典委核准通用名称并提供相关资料，药典委核准后反馈药品审评中心。

药典委在核准药品通用名称时，应当与申请人做好沟通交流，并将核准结果告知申请人。

第三十八条 药品审评中心应当组织药学、医学和其他技术人员，按要求对已受理的药品上市许可申请进行审评。

审评过程中基于风险启动药品注册核查、检验，相关技术机构应当在规定时限内完成核查、检验工作。

药品审评中心根据药品注册申报资料、核查结果、检验结果等，对药品的安全性、有效性和质量可控性等进行综合审评，非处方药还应当转药品评价中心进行非处方药适宜性审查。

第三十九条 综合审评结论通过的，批准药品上市，发给药品注册证书。综合审评结论不通过的，作出不予批准决定。药品注册证书载明药品批准文号、持有人、生产企业等信息。非处方药的药品注册证书还应当注明非处方药类别。

经核准的药品生产工艺、质量标准、说明书和标签作为药品注册证书的附件一并发给申请人，必要时还应当附药品上市后研究要求。上述信息纳入药品品种档案，并根据上市后变更情况及时更新。

药品批准上市后，持有人应当按照国家药品监督管理局核准的生产工艺和质量标准生产药品，并按照药品生产质量管理规范要求进行细化和实施。

第四十条　药品上市许可申请审评期间，发生可能影响药品安全性、有效性和质量可控性的重大变更的，申请人应当撤回原注册申请，补充研究后重新申报。

申请人名称变更、注册地址名称变更等不涉及技术审评内容的，应当及时书面告知药品审评中心并提交相关证明性资料。

第三节　关联审评审批

第四十一条　药品审评中心在审评药品制剂注册申请时，对药品制剂选用的化学原料药、辅料及直接接触药品的包装材料和容器进行关联审评。

化学原料药、辅料及直接接触药品的包装材料和容器生产企业应当按照关联审评审批制度要求，在化学原料药、辅料及直接接触药品的包装材料和容器登记平台登记产品信息和研究资料。药品审评中心向社会公示登记号、产品名称、企业名称、生产地址等基本信息，供药品制剂注册申请人选择。

第四十二条　药品制剂申请人提出药品注册申请，可以直接选用已登记的化学原料药、辅料及直接接触药品的包装材料和容器；选用未登记的化学原料药、辅料及直接接触药品的包装材料和容器的，相关研究资料应当随药品制剂注册申请一并申报。

第四十三条　药品审评中心在审评药品制剂注册申请时，对药品制剂选用的化学原料药、辅料及直接接触药品的包装材料和容器进行关联审评，需补充资料的，按照补充资料程序要求药品制剂申请人或者化学原料药、辅料及直接接触药品的包装材料和容器登记企业补充资料，可以基于风险提出对化学原料药、辅料及直接接触药品的包装材料和容器企业进行延伸检查。

仿制境内已上市药品所用的化学原料药的，可以申请单独审评审批。

第四十四条　化学原料药、辅料及直接接触药品的包装材料和容器关联审评通过的或者单独审评审批通过的，药品审评中心在化学原料药、辅料及直接接触药品的包装材料和容器登记平台更新登记状态标识，向社会公示相关信息。其中，化学原料药同时发给化学原料药批准通知书及核准后的生产工艺、质量标准和标签，化学原料药批准通知书中载明登记号；不予批准的，发给化学原料药不予批准通知书。

未通过关联审评审批的，化学原料药、辅料及直接接触药品的包装材料和容器产品的登记状态维持不变，相关药品制剂申请不予批准。

第四节　药品注册核查

第四十五条　药品注册核查，是指为核实申报资料的真实性、一致性以及药品上市商业化生产条件，检查药品研制的合规性、数据可靠性等，对研制现场和生产现场开展的核查活动，以及必要时对药品注册申请所涉及的化学原料药、辅料及直接接触药品的包装材料和容器生产企业、供应商或者其他受托机构开展的延伸检查活动。

药品注册核查启动的原则、程序、时限和要求，由药品审评中心制定公布；药品注册核查实施的原则、程序、时限和要求，由药品核查中心制定公布。

第四十六条　药品审评中心根据药物创新程度、药物研究机构既往接受核查情况等，基于风险决定是否开展药品注册研制现场核查。

药品审评中心决定启动药品注册研制现场核查的，通知药品核查中心在审评期间组织实施核查，同时告知申请人。药品核查中心应当在规定时限内完成现场核查，并将核查情况、核查结论等相关材料反馈药品审评中心进行综合审评。

第四十七条　药品审评中心根据申报注册的品种、工艺、设施、既往接受核查情况等因素，基于风险决定是否启动药品注册生产现场核查。

对于创新药、改良型新药以及生物制品等，应当进行药品注册生产现场核查和上市前药品生产质量管理规范检查。

对于仿制药等，根据是否已获得相应生产范围药品生产许可证且已有同剂型品种上市等情况，基于风险进行药品注册生产现场核查、上市前药品生产质量管理规范检查。

第四十八条　药品注册申请受理后，药品审评中心应当在受理后四十日内进行初步审查，需要药品注册生产现场核查的，通知药品核查中心组织核查，提供核查所需的相关材料，同时告知申请人以及申请人或者生产企业所在地省、自治区、直辖市药品监督管理部门。药品核查中心原则上应当在审评时限届满四十日前完成核查工作，并将核查情况、核查结果等相关材料反馈至药品审评中心。

需要上市前药品生产质量管理规范检查的，由药品核查中心协调相关省、自治区、直辖市药品监督管理部门与药品注册生产现场核查同步实施。上市前药品生产质量管理规范检查的管理要求，按照药品生产监督管理办法的有关规定执行。

申请人应当在规定时限内接受核查。

第四十九条 药品审评中心在审评过程中，发现申报资料真实性存疑或者有明确线索举报等，需要现场检查核实的，应当启动有因检查，必要时进行抽样检验。

第五十条 申请药品上市许可时，申请人和生产企业应当已取得相应的药品生产许可证。

第五节 药品注册检验

第五十一条 药品注册检验，包括标准复核和样品检验。标准复核，是指对申请人申报药品标准中设定项目的科学性、检验方法的可行性、质控指标的合理性等进行的实验室评估。样品检验，是指按照申请人申报或者药品审评中心核定的药品质量标准对样品进行的实验室检验。

药品注册检验启动的原则、程序、时限等要求，由药品审评中心组织制定公布。药品注册申请受理前提出药品注册检验的具体工作程序和要求以及药品注册检验技术要求和规范，由中检院制定公布。

第五十二条 与国家药品标准收载的同品种药品使用的检验项目和检验方法一致的，可以不进行标准复核，只进行样品检验。其他情形应当进行标准复核和样品检验。

第五十三条 中检院或者经国家药品监督管理局指定的药品检验机构承担以下药品注册检验：

（一）创新药；

（二）改良型新药（中药除外）；

（三）生物制品、放射性药品和按照药品管理的体外诊断试剂；

（四）国家药品监督管理局规定的其他药品。

境外生产药品的药品注册检验由中检院组织口岸药品检验机构实施。

其他药品的注册检验，由申请人或者生产企业所在地省级药品检验机构承担。

第五十四条 申请人完成支持药品上市的药学相关研究，确定质量标准，并完成商业规模生产工艺验证后，可以在药品注册申请受理前向中检院或者省、自治区、直辖市药品监督管理部门提出药品注册检验；申请人未在药品注册申请受理前提出药品注册检验的，在药品注册申请受理后四十日内由药品审评中心启动药品注册检验。原则上申请人在药品注册申请受理前只能提出一次药品注册检验，不得同时向多个药品检验机构提出药品注册检验。

申请人提交的药品注册检验资料应当与药品注册申报资料的相应内容一致，不得在药品注册检验过程中变更药品检验机构、样品和资料等。

第五十五条 境内生产药品的注册申请，申请人在药品注册申请受理前提出药品注册检验的，向相关省、自治区、直辖市药品监督管理部门申请抽样，省、自治区、直辖市药品监督管理部门组织进行抽样并封签，由申请人将抽样单、样品、检验所需资料及标准物质等送至相应药品检验机构。

境外生产药品的注册申请，申请人在药品注册申请受理前提出药品注册检验的，申请人应当按规定要求抽取样品，并将样品、检验所需资料及标准物质等送至中检院。

第五十六条 境内生产药品的注册申请，药品注册申请受理后需要药品注册检验的，药品审评中心应当在受理后四十日内向药品检验机构和申请人发出药品注册检验通知。申请人向相关省、自治区、直辖市药品监督管理部门申请抽样，省、自治区、直辖市药品监督管理部门组织进行抽样并封签，申请人应当在规定时限内将抽样单、样品、检验所需资料及标准物质等送至相应药品检验机构。

境外生产药品的注册申请，药品注册申请受理后需要药品注册检验的，申请人应当按规定要求抽取样品，并将样品、检验所需资料及标准物质等送至中检院。

第五十七条 药品检验机构应当在五日内对申请人提交的检验用样品及资料等进行审核，作出是否接收的决定，同时告知药品审评中心。需要补正的，应当一次性告知申请人。

药品检验机构原则上应当在审评时限届满四十日前，将标准复核意见和检验报告反馈至药品审评中心。

第五十八条 在药品审评、核查过程中，发现申报资料真实性存疑或者有明确线索举报，或者认为有必要进行样品检验的，可抽取样品进行样品检验。

审评过程中，药品审评中心可以基于风险提出质量标准单项复核。

第四章 药品加快上市注册程序

第一节 突破性治疗药物程序

第五十九条 药物临床试验期间，用于防治严重危及生命或者严重影响生存质量的疾病，且尚无有效防治手段或者与现有治疗手段相比有足够证据表明具有明显临床优势的创新药或者改良型新药等，申请人可以申请适用突破性治疗药物程序。

第六十条 申请适用突破性治疗药物程序的，申请人应当向药品审评中心提出申请。符合条件的，药品审评中心按照程序公示后纳入突破性治疗药物程序。

第六十一条 对纳入突破性治疗药物程序的药物临床试验，给予以下政策支持：

（一）申请人可以在药物临床试验的关键阶段向药品审评中心提出沟通交流申请，药品审评中心安排审评人员进行沟通交流；

（二）申请人可以将阶段性研究资料提交药品审评中心，药品审评中心基于已有研究资料，对下一步研究方案提出意见或者建议，并反馈给申请人。

第六十二条 对纳入突破性治疗药物程序的药物临床试验，申请人发现不再符合纳入条件时，应当及时向药品审评中心提出终止突破性治疗药物程序。药品审评中心发现不再符合纳入条件的，应当及时终止该品种的突破性治疗药物程序，并告知申请人。

第二节 附条件批准程序

第六十三条 药物临床试验期间，符合以下情形的药品，可以申请附条件批准：

（一）治疗严重危及生命且尚无有效治疗手段的疾病的药品，药物临床试验已有数据证实疗效并能预测其临床价值的；

（二）公共卫生方面急需的药品，药物临床试验已有数据显示疗效并能预测其临床价值的；

（三）应对重大突发公共卫生事件急需的疫苗或者国家卫生健康委员会认定急需的其他疫苗，经评估获益大于风险的。

第六十四条 申请附条件批准的，申请人应当就附条件批准上市的条件和上市后继续完成的研究工作等与药品审评中心沟通交流，经沟通交流确认后提出药品上市许可申请。

经审评，符合附条件批准要求的，在药品注册证书中载明附条件批准药品注册证书的有效期、上市后需要继续完成的研究工作及完成时限等相关事项。

第六十五条 审评过程中，发现纳入附条件批准程序的药品注册申请不能满足附条件批准条件的，药品审评中心应当终止该品种附条件批准程序，并告知申请人按照正常程序研究申报。

第六十六条 对附条件批准的药品，持有人应当在药品上市后采取相应的风险管理措施，并在规定期限内按照要求完成药物临床试验等相关研究，以补充申请方式申报。

对批准疫苗注册申请时提出进一步研究要求的，疫苗持有人应当在规定期限内完成研究。

第六十七条 对附条件批准的药品，持有人逾期未按照要求完成研究或者不能证明其获益大于风险的，国家药品监督管理局应当依法处理，直至注销药品注册证书。

第三节 优先审评审批程序

第六十八条 药品上市许可申请时，以下具有明显临床价值的药品，可以申请适用优先审评审批程序：

（一）临床急需的短缺药品、防治重大传染病和罕见病等疾病的创新药和改良型新药；

（二）符合儿童生理特征的儿童用药品新品种、剂型和规格；

（三）疾病预防、控制急需的疫苗和创新疫苗；

（四）纳入突破性治疗药物程序的药品；

（五）符合附条件批准的药品；

（六）国家药品监督管理局规定其他优先审评审批的情形。

第六十九条 申请人在提出药品上市许可申请前，应当与药品审评中心沟通交流，经沟通交流确认后，在提出药品上市许可申请的同时，向药品审评中心提出优先审评审批申请。符合条件的，药品审评中心按照程序公示后纳入优先审评审批程序。

第七十条 对纳入优先审评审批程序的药品上市许可申请，给予以下政策支持：

（一）药品上市许可申请的审评时限为一百三十日；

（二）临床急需的境外已上市境内未上市的罕见病药品，审评时限为七十日；

（三）需要核查、检验和核准药品通用名称的，予以优先安排；

（四）经沟通交流确认后，可以补充提交技术资料。

第七十一条 审评过程中，发现纳入优先审评审批程序的药品注册申请不能满足优先审评审批条件的，药品审评中心应当终止该品种优先审评审批程序，按照正常审评程序审评，并告知申请人。

第四节 特别审批程序

第七十二条 在发生突发公共卫生事件的威胁时以及突发公共卫生事件发生后，国家药品监督管理局可以依法决定对突发公共卫生事件应急所需防治药品实行特别审批。

第七十三条　对实施特别审批的药品注册申请，国家药品监督管理局按照统一指挥、早期介入、快速高效、科学审批的原则，组织加快并同步开展药品注册受理、审评、核查、检验工作。特别审批的情形、程序、时限、要求等按照药品特别审批程序规定执行。

第七十四条　对纳入特别审批程序的药品，可以根据疾病防控的特定需要，限定其在一定期限和范围内使用。

第七十五条　对纳入特别审批程序的药品，发现其不再符合纳入条件的，应当终止该药品的特别审批程序，并告知申请人。

第五章　药品上市后变更和再注册

第一节　药品上市后研究和变更

第七十六条　持有人应当主动开展药品上市后研究，对药品的安全性、有效性和质量可控性进行进一步确证，加强对已上市药品的持续管理。

药品注册证书及附件要求持有人在药品上市后开展相关研究工作的，持有人应当在规定时限内完成并按照要求提出补充申请、备案或者报告。

药品批准上市后，持有人应当持续开展药品安全性和有效性研究，根据有关数据及时备案或者提出修订说明书的补充申请，不断更新完善说明书和标签。药品监督管理部门依职责可以根据药品不良反应监测和药品上市后评价结果等，要求持有人对说明书和标签进行修订。

第七十七条　药品上市后的变更，按照其对药品安全性、有效性和质量可控性的风险和产生影响的程度，实行分类管理，分为审批类变更、备案类变更和报告类变更。

持有人应当按照相关规定，参照相关技术指导原则，全面评估、验证变更事项对药品安全性、有效性和质量可控性的影响，进行相应的研究工作。

药品上市后变更研究的技术指导原则，由药品审评中心制定，并向社会公布。

第七十八条　以下变更，持有人应当以补充申请方式申报，经批准后实施：

（一）药品生产过程中的重大变更；

（二）药品说明书中涉及有效性内容以及增加安全性风险的其他内容的变更；

（三）持有人转让药品上市许可；

（四）国家药品监督管理局规定需要审批的其他变更。

第七十九条　以下变更，持有人应当在变更实施前，报所在地省、自治区、直辖市药品监督管理部门备案：

（一）药品生产过程中的中等变更；

（二）药品包装标签内容的变更；

（三）药品分包装；

（四）国家药品监督管理局规定需要备案的其他变更。

境外生产药品发生上述变更的，应当在变更实施前报药品审评中心备案。

药品分包装备案的程序和要求，由药品审评中心制定发布。

第八十条　以下变更，持有人应当在年度报告中报告：

（一）药品生产过程中的微小变更；

（二）国家药品监督管理局规定需要报告的其他变更。

第八十一条　药品上市后提出的补充申请，需要核查、检验的，参照本办法有关药品注册核查、检验程序进行。

第二节　药品再注册

第八十二条　持有人应当在药品注册证书有效期届满前六个月申请再注册。境内生产药品再注册申请由持有人向其所在地省、自治区、直辖市药品监督管理部门提出，境外生产药品再注册申请由持有人向药品审评中心提出。

第八十三条　药品再注册申请受理后，省、自治区、直辖市药品监督管理部门或者药品审评中心对持有人开展药品上市后评价和不良反应监测情况，按照药品批准证明文件和药品监督管理部门要求开展相关工作情况，以及药品批准证明文件载明信息变化情况等进行审查，符合规定的，予以再注册，发给药品再注册批准通知书。不符合规定的，不予再注册，并报请国家药品监督管理局注销药品注册证书。

第八十四条　有下列情形之一的，不予再注册：

（一）有效期届满未提出再注册申请的；

（二）药品注册证书有效期内持有人不能履行持续考察药品质量、疗效和不良反应责任的；

（三）未在规定时限内完成药品批准证明文件和药品监督管理部门要求的研究工作且无合理理由的；

（四）经上市后评价，属于疗效不确切、不良反应大或者因其他原因危害人体健康的；

（五）法律、行政法规规定的其他不予再注册情形。

对不予再注册的药品，药品注册证书有效期届满时予以注销。

第六章 受理、撤回申请、审批决定和争议解决

第八十五条 药品监督管理部门收到药品注册申请后进行形式审查,并根据下列情况分别作出是否受理的决定:

(一)申请事项依法不需要取得行政许可的,应当即时作出不予受理的决定,并说明理由。

(二)申请事项依法不属于本部门职权范围的,应当即时作出不予受理的决定,并告知申请人向有关行政机关申请。

(三)申报资料存在可以当场更正的错误的,应当允许申请人当场更正;更正后申请材料齐全、符合法定形式的,应当予以受理。

(四)申报资料不齐全或者不符合法定形式的,应当当场或者在五日内一次告知申请人需要补正的全部内容。按照规定需要在告知时一并退回申请材料的,应当予以退回。申请人应当在三十日内完成补正资料。申请人无正当理由逾期不予补正的,视为放弃申请,无需作出不予受理的决定。逾期未告知申请人补正的,自收到申请材料之日起即为受理。

(五)申请事项属于本部门职权范围,申报资料齐全、符合法定形式,或者申请人按照要求提交全部补正资料的,应当受理药品注册申请。

药品注册申请受理后,需要申请人缴纳费用的,申请人应当按规定缴纳费用。申请人未在规定期限内缴纳费用的,终止药品注册审评审批。

第八十六条 药品注册申请受理后,有药品安全性新发现的,申请人应当及时报告并补充相关资料。

第八十七条 药品注册申请受理后,需要申请人在原申报资料基础上补充新的技术资料的,药品审评中心原则上提出一次补充资料要求,列明全部问题后,以书面方式通知申请人在八十日内补充提交资料。申请人应当一次性按要求提交全部补充资料,补充资料时间不计入药品审评时限。药品审评中心收到申请人全部补充资料后启动审评,审评时限延长三分之一;适用优先审评审批程序的,审评时限延长四分之一。

不需要申请人补充新的技术资料,仅需要申请人对原申报资料进行解释说明的,药品审评中心通知申请人在五日内按照要求提交相关解释说明。

药品审评中心认为存在实质性缺陷无法补正的,不再要求申请人补充资料。基于已有申报资料做出不予批准的决定。

第八十八条 药物临床试验申请、药物临床试验期间的补充申请,在审评期间,不得补充新的技术资料;如需要开展新的研究,申请人可以在撤回后重新提出申请。

第八十九条 药品注册申请受理后,申请人可以提出撤回申请。同意撤回申请的,药品审评中心或者省、自治区、直辖市药品监督管理部门终止其注册程序,并告知药品注册核查、检验等技术机构。审评、核查和检验过程中发现涉嫌存在隐瞒真实情况或者提供虚假信息等违法行为的,依法处理,申请人不得撤回药品注册申请。

第九十条 药品注册期间,对于审评结论为不通过的,药品审评中心应当告知申请人不通过的理由,申请人可以在十五日内向药品审评中心提出异议。药品审评中心结合申请人的异议意见进行综合评估并反馈申请人。

申请人对综合评估结果仍有异议的,药品审评中心应当按照规定,在五十日内组织专家咨询委员会论证,并综合专家论证结果形成最终的审评结论。

申请人异议和专家论证时间不计入审评时限。

第九十一条 药品注册期间,申请人认为工作人员在药品注册受理、审评、核查、检验、审批等工作中违反规定或者有不规范行为的,可以向其所在单位或者上级机关投诉举报。

第九十二条 药品注册申请符合法定要求的,予以批准。

药品注册申请有下列情形之一的,不予批准:

(一)药物临床试验申请的研究资料不足以支持开展药物临床试验或者不能保障受试者安全的;

(二)申报资料显示其申请药品安全性、有效性、质量可控性等存在较大缺陷的;

(三)申报资料不能证明药品安全性、有效性、质量可控性,或者经评估认为药品风险大于获益的;

(四)申请人未能在规定时限内补充资料的;

(五)申请人拒绝接受或者无正当理由未在规定时限内接受药品注册核查、检验的;

(六)药品注册过程中认为申报资料不真实,申请人不能证明其真实性的;

(七)药品注册现场核查或者样品检验结果不符合规定的;

(八)法律法规规定的不应当批准的其他情形。

第九十三条 药品注册申请审批结束后,申请人对行政许可决定有异议的,可以依法提起行政复议或者行政诉讼。

第七章 工作时限

第九十四条 本办法所规定的时限是药品注册的受理、审评、核查、检验、审批等工作的最长时间。优先审评审批程序相关工作时限，按优先审评审批相关规定执行。

药品审评中心等专业技术机构应当明确本单位工作程序和时限，并向社会公布。

第九十五条 药品监督管理部门收到药品注册申请后进行形式审查，应当在五日内作出受理、补正或者不予受理决定。

第九十六条 药品注册审评时限，按照以下规定执行：

（一）药物临床试验申请、药物临床试验期间补充申请的审评审批时限为六十日；

（二）药品上市许可申请审评时限为二百日，其中优先审评审批程序的审评时限为一百三十日，临床急需境外已上市罕见病用药优先审评审批程序的审评时限为七十日；

（三）单独申报仿制境内已上市化学原料药的审评时限为二百日；

（四）审批类变更的补充申请审评时限为六十日，补充申请合并申报事项的，审评时限为八十日，其中涉及临床试验研究数据审查、药品注册核查检验的审评时限为二百日；

（五）药品通用名称核准时限为三十日；

（六）非处方药适宜性审核时限为三十日。

关联审评时限与其关联药品制剂的审评时限一致。

第九十七条 药品注册核查时限，按照以下规定执行：

（一）药品审评中心应当在药品注册申请受理后四十日内通知药品核查中心启动核查，并同时通知申请人；

（二）药品核查中心原则上在审评时限届满四十日前完成药品注册生产现场核查，并将核查情况、核查结果等相关材料反馈至药品审评中心。

第九十八条 药品注册检验时限，按照以下规定执行：

（一）样品检验时限为六十日，样品检验和标准复核同时进行的时限为九十日；

（二）药品注册检验过程中补充资料时限为三十日；

（三）药品检验机构原则上在审评时限届满四十日前完成药品注册检验相关工作，并将药品标准复核意见和检验报告反馈至药品审评中心。

第九十九条 药品再注册审查审批时限为一百二十日。

第一百条 行政审批决定应当在二十日内作出。

第一百零一条 药品监督管理部门应当自作出药品注册审批决定之日起十日内颁发、送达有关行政许可证件。

第一百零二条 因品种特性及审评、核查、检验等工作遇到特殊情况确需延长时限的，延长的时限不得超过原时限的二分之一，经药品审评、核查、检验等相关技术机构负责人批准后，由延长时限的技术机构书面告知申请人，并通知其他相关技术机构。

第一百零三条 以下时间不计入相关工作时限：

（一）申请人补充资料、核查后整改以及按要求核对生产工艺、质量标准和说明书等所占用的时间；

（二）因申请人原因延迟核查、检验、召开专家咨询会等的时间；

（三）根据法律法规的规定中止审评审批程序的，中止审评审批程序期间所占用的时间；

（四）启动境外核查的，境外核查所占用的时间。

第八章 监督管理

第一百零四条 国家药品监督管理局负责对药品审评中心等相关专业技术机构及省、自治区、直辖市药品监督管理部门承担药品注册管理相关工作的监督管理、考核评价与指导。

第一百零五条 药品监督管理部门应当依照法律、法规的规定对药品研制活动进行监督检查，必要时可以对为药品研制提供产品或者服务的单位和个人进行延伸检查，有关单位和个人应当予以配合，不得拒绝和隐瞒。

第一百零六条 信息中心负责建立药品品种档案，对药品实行编码管理，汇集药品注册申报、临床试验期间安全性相关报告、审评、核查、检验、审批以及药品上市后变更的审批、备案、报告等信息，并持续更新。药品品种档案和编码管理的相关制度，由信息中心制定公布。

第一百零七条 省、自治区、直辖市药品监督管理部门应当组织对辖区内药物非临床安全性评价研究机构、药物临床试验机构等遵守药物非临床研究质量管理规范、药物临床试验质量管理规范等情况进行日常监督检查，监督其持续符合法定要求。国家药品监督管理局根据需要进行药物非临床安全性评价研究机构、药物临床试验机构等研究机构的监督检查。

第一百零八条 国家药品监督管理局建立药品安全信用管理制度，药品核查中心负责建立药物非临床安全性评价研究机构、药物临床试验机构药品安全信用档案，记录许可颁发、日常监督检查结果、违法行为查处等情况，依法向社会公布并及时更新。药品监督管理部门对有不良信用记录的，增加监督检查频次，并可以按照国家规定实施联合惩戒。药物非临床安全性评价研究机构、药物临床试验机构药品安全信用档案的相关制度，由药品核查中心制定公布。

第一百零九条 国家药品监督管理局依法向社会公布药品注册审批事项清单及法律依据、审批要求和办理时限，向申请人公开药品注册进度，向社会公开批准上市药品的审评结论和依据以及监督检查发现的违法违规行为，接受社会监督。

批准上市药品的说明书应当向社会公开并及时更新。其中，疫苗还应当公开标签内容并及时更新。

未经申请人同意，药品监督管理部门、专业技术机构及其工作人员、参与专家评审等的人员不得披露申请人提交的商业秘密、未披露信息或者保密商务信息，法律另有规定或者涉及国家安全、重大社会公共利益的除外。

第一百一十条 具有下列情形之一的，由国家药品监督管理局注销药品注册证书，并予以公布：

（一）持有人自行提出注销药品注册证书的；

（二）按照本办法规定不予再注册的；

（三）持有人药品注册证书、药品生产许可证等行政许可被依法吊销或者撤销的；

（四）按照《药品管理法》第八十三条的规定，疗效不确切、不良反应大或者因其他原因危害人体健康的；

（五）按照《疫苗管理法》第六十一条的规定，经上市后评价，预防接种异常反应严重或者其他原因危害人体健康的；

（六）按照《疫苗管理法》第六十二条的规定，经上市后评价发现该疫苗品种的产品设计、生产工艺、安全性、有效性或者质量可控性明显劣于预防、控制同种疾病的其他疫苗品种的；

（七）违反法律、行政法规规定，未按照药品批准证明文件要求或者药品监督管理部门要求在规定时限内完成相应研究工作且无合理理由的；

（八）其他依法应当注销药品注册证书的情形。

第九章 法律责任

第一百一十一条 在药品注册过程中，提供虚假的证明、数据、资料、样品或者采取其他手段骗取临床试验许可或者药品注册等许可的，按照《药品管理法》第一百二十三条处理。

第一百一十二条 申请疫苗临床试验、注册提供虚假数据、资料、样品或者有其他欺骗行为的，按照《疫苗管理法》第八十一条进行处理。

第一百一十三条 在药品注册过程中，药物非临床安全性评价研究机构、药物临床试验机构等，未按照规定遵守药物非临床研究质量管理规范、药物临床试验质量管理规范等的，按照《药品管理法》第一百二十六条处理。

第一百一十四条 未经批准开展药物临床试验的，按照《药品管理法》第一百二十五条处理；开展生物等效性试验未备案的，按照《药品管理法》第一百二十七条处理。

第一百一十五条 药物临床试验期间，发现存在安全性问题或者其他风险，临床试验申办者未及时调整临床试验方案、暂停或者终止临床试验，或者未向国家药品监督管理局报告的，按照《药品管理法》第一百二十七条处理。

第一百一十六条 违反本办法第二十八条、第三十三条规定，申办者有下列情形之一的，责令限期改正；逾期不改正的，处一万元以上三万元以下罚款：

（一）开展药物临床试验前未按规定在药物临床试验登记与信息公示平台进行登记；

（二）未按规定提交研发期间安全性更新报告；

（三）药物临床试验结束后未登记临床试验结果等信息。

第一百一十七条 药品检验机构在承担药品注册所需要的检验工作时，出具虚假检验报告的，按照《药品管理法》第一百三十八条处理。

第一百一十八条 对不符合条件而批准进行药物临床试验、不符合条件的药品颁发药品注册证书的，按照《药品管理法》第一百四十七条处理。

第一百一十九条 药品监督管理部门及其工作人员在药品注册管理过程中有违法违规行为的，按照相关法律法规处理。

第十章 附 则

第一百二十条 麻醉药品、精神药品、医疗用毒性药品、放射性药品、药品类易制毒化学品等有其他特殊管理规定药品的注册申请，除按照本办法的规定办理外，还应当符合国家的其他有关规定。

第一百二十一条 出口疫苗的标准应当符合进口国（地区）的标准或者合同要求。

第一百二十二条 拟申报注册的药械组合产品，已有同类产品经属性界定为药品的，按照药品进行申报；尚未经属性界定的，申请人应当在申报注册前向国家药品监督管理局申请产品属性界定。属性界定为药品为主的，按照本办法规定的程序进行注册，其中属于医疗器械部分的研究资料由国家药品监督管理局医疗器械技术审评中心作出审评结论后，转交药品审评中心进行综合审评。

第一百二十三条 境内生产药品批准文号格式为：国药准字H(Z、S)＋四位年号＋四位顺序号。中国香港、澳门和台湾地区生产药品批准文号格式为：国药准字H(Z、S)C＋四位年号＋四位顺序号。

境外生产药品批准文号格式为：国药准字H(Z、S)J＋四位年号＋四位顺序号。

其中，H代表化学药，Z代表中药，S代表生物制品。

药品批准文号，不因上市后的注册事项的变更而改变。

中药另有规定的从其规定。

第一百二十四条 药品监督管理部门制作的药品注册批准证明电子文件及原料药批准文件电子文件与纸质文件具有同等法律效力。

第一百二十五条 本办法规定的期限以工作日计算。

第一百二十六条 本办法自2020年7月1日起施行。2007年7月10日原国家食品药品监督管理局令第28号公布的《药品注册管理办法》同时废止。

国家食品药品监督管理局关于进一步规范药品名称管理的通知

1. 2006年3月15日
2. 国食药监注〔2006〕99号

各省、自治区、直辖市食品药品监督管理局（药品监督管理局）：

针对当前社会反响药品名称混乱、一药多名等问题，为加强药品监督管理，维护公共健康利益，现就规范药品名称有关事宜通知如下：

一、药品必须使用通用名称，其命名应当符合《药品通用名称命名原则》的规定。

二、药品商品名称不得有夸大宣传、暗示疗效作用。应当符合《药品商品名称命名原则》的规定，并得到国家食品药品监督管理局批准后方可使用。

三、药品商品名称的使用范围应严格按照《药品注册管理办法》的规定，除新的化学结构、新的活性成份的药物，以及持有化合物专利的药品外，其他品种一律不得使用商品名称。

同一药品生产企业生产的同一药品，成份相同但剂型或规格不同的，应当使用同一商品名称。

四、药品广告宣传中不得单独使用商品名称，也不得使用未经批准作为商品名称使用的文字型商标。

五、自2006年6月1日起，新注册的药品，其名称和商标的使用应当符合《药品说明书和标签管理规定》（国家食品药品监督管理局令第24号）的要求。对已受理但不符合要求的商品名称的申请我局将不予批准。

六、为进一步规范药品名称，我局将于近期组织开展全国范围的专项治理整顿工作。

附件：

药品商品名称命名原则

一、由汉字组成，不得使用图形、字母、数字、符号等标志。

二、不得使用《中华人民共和国商标法》规定不得使用的文字。

三、不得使用以下文字：

（一）扩大或者暗示药品疗效的；

（二）表示治疗部位的；

（三）直接表示药品的剂型、质量、原料、功能、用途及其他特点的；

（四）直接表示使用对象特点的；

（五）涉及药理学、解剖学、生理学、病理学或者治疗学的；

（六）使用国际非专利药名（INN）的中文译名及其主要字词的；

（七）引用与药品通用名称音似或者形似的；

（八）引用药品习用名称或者曾用名称的；

（九）与他人使用的商品名称相同或者相似的；

（十）人名、地名、药品生产企业名称或者其他有特定含义的词汇。

(3)药品质量管理

药品生产监督管理办法

1. 2020年1月22日国家市场监督管理总局令第28号公布
2. 自2020年7月1日起施行

第一章 总 则

第一条 为加强药品生产监督管理，规范药品生产活动，根据《中华人民共和国药品管理法》(以下简称《药品管理法》)、《中华人民共和国中医药法》、《中华人民共和国疫苗管理法》(以下简称《疫苗管理法》)、《中华人民共和国行政许可法》、《中华人民共和国药品管理法实施条例》等法律、行政法规,制定本办法。

第二条　在中华人民共和国境内上市药品的生产及监督管理活动,应当遵守本办法。

第三条　从事药品生产活动,应当遵守法律、法规、规章、标准和规范,保证全过程信息真实、准确、完整和可追溯。

从事药品生产活动,应当经所在地省、自治区、直辖市药品监督管理部门批准,依法取得药品生产许可证,严格遵守药品生产质量管理规范,确保生产过程持续符合法定要求。

药品上市许可持有人应当建立药品质量保证体系,履行药品上市放行责任,对其取得药品注册证书的药品质量负责。

中药饮片生产企业应当履行药品上市许可持有人的相关义务,确保中药饮片生产过程持续符合法定要求。

原料药生产企业应当按照核准的生产工艺组织生产,严格遵守药品生产质量管理规范,确保生产过程持续符合法定要求。

经关联审评的辅料、直接接触药品的包装材料和容器的生产企业以及其他从事与药品相关生产活动的单位和个人依法承担相应责任。

第四条　药品上市许可持有人、药品生产企业应当建立并实施药品追溯制度,按照规定赋予药品各级销售包装单元追溯标识,通过信息化手段实施药品追溯,及时准确记录、保存药品追溯数据,并向药品追溯协同服务平台提供追溯信息。

第五条　国家药品监督管理局主管全国药品生产监督管理工作,对省、自治区、直辖市药品监督管理部门的药品生产监督管理工作进行监督和指导。

省、自治区、直辖市药品监督管理部门负责本行政区域内的药品生产监督管理,承担药品生产环节的许可、检查和处罚等工作。

国家药品监督管理局食品药品审核查验中心(以下简称核查中心)组织制定药品检查技术规范和文件,承担境外检查以及组织疫苗巡查等,分析评估检查发现风险、作出检查结论并提出处置建议,负责各省、自治区、直辖市药品检查机构质量管理体系的指导和评估。

国家药品监督管理局信息中心负责药品追溯协同服务平台、药品安全信用档案建设和管理,对药品生产场地进行统一编码。

药品监督管理部门依法设置或者指定的药品审评、检验、核查、监测与评价等专业技术机构,依职责承担相关技术工作并出具技术结论,为药品生产监督管理提供技术支撑。

第二章　生产许可

第六条　从事药品生产,应当符合以下条件:

(一)有依法经过资格认定的药学技术人员、工程技术人员及相应的技术工人,法定代表人、企业负责人、生产管理负责人(以下称生产负责人)、质量管理负责人(以下称质量负责人)、质量受权人及其他相关人员符合《药品管理法》《疫苗管理法》规定的条件;

(二)有与药品生产相适应的厂房、设施、设备和卫生环境;

(三)有能对所生产药品进行质量管理和质量检验的机构、人员;

(四)有能对所生产药品进行质量管理和质量检验的必要的仪器设备;

(五)有保证药品质量的规章制度,并符合药品生产质量管理规范要求。

从事疫苗生产活动的,还应当具备下列条件:

(一)具备适度规模和足够的产能储备;

(二)具有保证生物安全的制度和设施、设备;

(三)符合疾病预防、控制需要。

第七条　从事制剂、原料药、中药饮片生产活动,申请人应当按照本办法和国家药品监督管理局规定的申报资料要求,向所在地省、自治区、直辖市药品监督管理部门提出申请。

委托他人生产制剂的药品上市许可持有人,应当具备本办法第六条第一款第一项、第三项、第五项规定的条件,并与符合条件的药品生产企业签订委托协议和质量协议,将相关协议和实际生产场地申请资料合并提交至药品上市许可持有人所在地省、自治区、直辖市药品监督管理部门,按照本办法规定申请办理药品生产许可证。

申请人应当对其申请材料全部内容的真实性负责。

第八条　省、自治区、直辖市药品监督管理部门收到申请后,应当根据下列情况分别作出处理:

(一)申请事项依法不属于本部门职权范围的,应当即时作出不予受理的决定,并告知申请人向有关行政机关申请；

（二）申请事项依法不需要取得行政许可的，应当即时告知申请人不受理；

（三）申请材料存在可以当场更正的错误的，应当允许申请人当场更正；

（四）申请材料不齐全或者不符合形式审查要求的，应当当场或者在五日内发给申请人补正材料通知书，一次性告知申请人需要补正的全部内容，逾期不告知的，自收到申请材料之日起即为受理；

（五）申请材料齐全、符合形式审查要求，或者申请人按照要求提交全部补正材料的，予以受理。

省、自治区、直辖市药品监督管理部门受理或者不予受理药品生产许可证申请的，应当出具加盖本部门专用印章和注明日期的受理通知书或者不予受理通知书。

第九条　省、自治区、直辖市药品监督管理部门应当自受理之日起三十日内，作出决定。

经审查符合规定的，予以批准，并自书面批准决定作出之日起十日内颁发药品生产许可证；不符合规定的，作出不予批准的书面决定，并说明理由。

省、自治区、直辖市药品监督管理部门按照药品生产质量管理规范等有关规定组织开展申报资料技术审查和评定、现场检查。

第十条　省、自治区、直辖市药品监督管理部门应当在行政机关的网站和办公场所公示申请药品生产许可证所需要的条件、程序、期限、需要提交的全部材料的目录和申请书示范文本等。

省、自治区、直辖市药品监督管理部门颁发药品生产许可证的有关信息，应当予以公开，公众有权查阅。

第十一条　省、自治区、直辖市药品监督管理部门对申请办理药品生产许可证进行审查时，应当公开审批结果，并提供条件便利申请人查询审批进程。

未经申请人同意，药品监督管理部门、专业技术机构及其工作人员不得披露申请人提交的商业秘密、未披露信息或者保密商务信息，法律另有规定或者涉及国家安全、重大社会公共利益的除外。

第十二条　申请办理药品生产许可证直接涉及申请人与他人之间重大利益关系的，申请人、利害关系人依照法律、法规规定享有申请听证的权利。

在对药品生产企业的申请进行审查时，省、自治区、直辖市药品监督管理部门认为涉及公共利益的，应当向社会公告，并举行听证。

第十三条　药品生产许可证有效期为五年，分为正本和副本。药品生产许可证样式由国家药品监督管理局统一制定。药品生产许可证电子证书与纸质证书具有同等法律效力。

第十四条　药品生产许可证应当载明许可证编号、分类码、企业名称、统一社会信用代码、住所（经营场所）、法定代表人、企业负责人、生产负责人、质量负责人、质量受权人、生产地址和生产范围、发证机关、发证日期、有效期限等项目。

企业名称、统一社会信用代码、住所（经营场所）、法定代表人等项目应当与市场监督管理部门核发的营业执照中载明的相关内容一致。

第十五条　药品生产许可证载明事项分为许可事项和登记事项。

许可事项是指生产地址和生产范围等。

登记事项是指企业名称、住所（经营场所）、法定代表人、企业负责人、生产负责人、质量负责人、质量受权人等。

第十六条　变更药品生产许可证许可事项的，向原发证机关提出药品生产许可证变更申请。未经批准，不得擅自变更许可事项。

原发证机关应当自收到企业变更申请之日起十五日内作出是否准予变更的决定。不予变更的，应当书面说明理由，并告知申请人享有依法申请行政复议或者提起行政诉讼的权利。

变更生产地址或者生产范围，药品生产企业应当按照本办法第六条的规定及相关变更技术要求，提交涉及变更内容的有关材料，并报经所在地省、自治区、直辖市药品监督管理部门审查决定。

原址或者异地新建、改建、扩建车间或者生产线的，应当符合相关规定和技术要求，提交涉及变更内容的有关材料，并报经所在地省、自治区、直辖市药品监督管理部门进行药品生产质量管理规范符合性检查，检查结果应当通知企业。检查结果符合规定，产品符合放行要求的可以上市销售。有关变更情况，应当在药品生产许可证副本中载明。

上述变更事项涉及药品注册证书及其附件载明内容的，由省、自治区、直辖市药品监督管理部门批准后，报国家药品监督管理局药品审评中心更新药品注册证书及其附件相关内容。

第十七条　变更药品生产许可证登记事项的，应当在市场监督管理部门核准变更或者企业完成变更后三十日内，向原发证机关申请药品生产许可证变更登记。原发证机关应当自收到企业变更申请之日起十日内办理变更手续。

第十八条 药品生产许可证变更后，原发证机关应当在药品生产许可证副本上记录变更的内容和时间，并按照变更后的内容重新核发药品生产许可证正本，收回原药品生产许可证正本，变更后的药品生产许可证终止期限不变。

第十九条 药品生产许可证有效期届满，需要继续生产药品的，应当在有效期届满前六个月，向原发证机关申请重新发放药品生产许可证。

原发证机关结合企业遵守药品管理法律法规、药品生产质量管理规范和质量体系运行情况，根据风险管理原则进行审查，在药品生产许可证有效期届满前作出是否准予其重新发证的决定。符合规定准予重新发证的，收回原证，重新发证；不符合规定的，作出不予重新发证的书面决定，并说明理由，同时告知申请人享有依法申请行政复议或者提起行政诉讼的权利；逾期未作出决定的，视为同意重新发证，并予补办相应手续。

第二十条 有下列情形之一的，药品生产许可证由原发证机关注销，并予以公告：

（一）主动申请注销药品生产许可证的；

（二）药品生产许可证有效期届满未重新发证的；

（三）营业执照依法被吊销或者注销的；

（四）药品生产许可证依法被吊销或者撤销的；

（五）法律、法规规定应当注销行政许可的其他情形。

第二十一条 药品生产许可证遗失的，药品上市许可持有人、药品生产企业应当向原发证机关申请补发，原发证机关按照原核准事项在十日内补发药品生产许可证。许可证编号、有效期等与原许可证一致。

第二十二条 任何单位或者个人不得伪造、变造、出租、出借、买卖药品生产许可证。

第二十三条 省、自治区、直辖市药品监督管理部门应当将药品生产许可证核发、重新发证、变更、补发、吊销、撤销、注销等办理情况，在办理工作完成后十日内在药品安全信用档案中更新。

第三章 生产管理

第二十四条 从事药品生产活动，应当遵守药品生产质量管理规范，按照国家药品标准、经药品监督管理部门核准的药品注册标准和生产工艺进行生产，按照规定提交并持续更新场地管理文件，对质量体系运行过程进行风险评估和持续改进，保证药品生产全过程持续符合法定要求。生产、检验等记录应当完整准确，不得编造和篡改。

第二十五条 疫苗上市许可持有人应当具备疫苗生产、检验必需的厂房设施设备，配备具有资质的管理人员，建立完善质量管理体系，具备生产出符合注册要求疫苗的能力，超出疫苗生产能力确需委托生产的，应当经国家药品监督管理局批准。

第二十六条 从事药品生产活动，应当遵守药品生产质量管理规范，建立健全药品生产质量管理体系，涵盖影响药品质量的所有因素，保证药品生产全过程持续符合法定要求。

第二十七条 药品上市许可持有人应当建立药品质量保证体系，配备专门人员独立负责药品质量管理，对受托药品生产企业、药品经营企业的质量管理体系进行定期审核，监督其持续具备质量保证和控制能力。

第二十八条 药品上市许可持有人的法定代表人、主要负责人应当对药品质量全面负责，履行以下职责：

（一）配备专门质量负责人独立负责药品质量管理；

（二）配备专门质量受权人独立履行药品上市放行责任；

（三）监督质量管理体系正常运行；

（四）对药品生产企业、供应商等相关方与药品生产相关的活动定期开展质量体系审核，保证持续合规；

（五）按照变更技术要求，履行变更管理责任；

（六）对委托经营企业进行质量评估，与使用单位等进行信息沟通；

（七）配合药品监督管理部门对药品上市许可持有人及相关方的延伸检查；

（八）发生与药品质量有关的重大安全事件，应当及时报告并按持有人制定的风险管理计划开展风险处置，确保风险得到及时控制；

（九）其他法律法规规定的责任。

第二十九条 药品生产企业的法定代表人、主要负责人应当对本企业的药品生产活动全面负责，履行以下职责：

（一）配备专门质量负责人独立负责药品质量管理，监督质量管理规范执行，确保适当的生产过程控制和质量控制，保证药品符合国家药品标准和药品注册标准；

（二）配备专门质量受权人履行药品出厂放行责任；

（三）监督质量管理体系正常运行，保证药品生产过程控制、质量控制以及记录和数据真实性；

（四）发生与药品质量有关的重大安全事件，应当及时报告并按企业制定的风险管理计划开展风险处置，确保风险得到及时控制；

（五）其他法律法规规定的责任。

第三十条 药品上市许可持有人、药品生产企业应当每年对直接接触药品的工作人员进行健康检查并建立健康档案，避免患有传染病或者其他可能污染药品疾病的人员从事直接接触药品的生产活动。

第三十一条 药品上市许可持有人、药品生产企业在药品生产中，应当开展风险评估、控制、验证、沟通、审核等质量管理活动，对已识别的风险及时采取有效的风险控制措施，以保证产品质量。

第三十二条 从事药品生产活动，应当对使用的原料药、辅料、直接接触药品的包装材料和容器等相关物料供应商或者生产企业进行审核，保证购进、使用符合法规要求。

生产药品所需的原料、辅料，应当符合药用要求以及相应的生产质量管理规范的有关要求。直接接触药品的包装材料和容器，应当符合药用要求，符合保障人体健康、安全的标准。

第三十三条 经批准或者通过关联审评审批的原料药、辅料、直接接触药品的包装材料和容器的生产企业，应当遵守国家药品监督管理局制定的质量管理规范以及关联审评审批有关要求，确保质量保证体系持续合规，接受药品上市许可持有人的质量审核，接受药品监督管理部门的监督检查或者延伸检查。

第三十四条 药品生产企业应当确定需进行的确认与验证，按照确认与验证计划实施。定期对设施、设备、生产工艺及清洁方法进行评估，确认其持续保持验证状态。

第三十五条 药品生产企业应当采取防止污染、交叉污染、混淆和差错的控制措施，定期检查评估控制措施的适用性和有效性，以确保药品达到规定的国家药品标准和药品注册标准，并符合药品生产质量管理规范要求。

药品上市许可持有人和药品生产企业不得在药品生产厂房生产对药品质量有不利影响的其他产品。

第三十六条 药品包装操作应当采取降低混淆和差错风险的措施，药品包装应当确保有效期内的药品储存运输过程中不受污染。

药品说明书和标签中的表述应当科学、规范、准确，文字应当清晰易辨，不得以粘贴、剪切、涂改等方式进行修改或者补充。

第三十七条 药品生产企业应当建立药品出厂放行规程，明确出厂放行的标准、条件，并对药品质量检验结果、关键生产记录和偏差控制情况进行审核，对药品进行质量检验。符合标准、条件的，经质量受权人签字后方可出厂放行。

药品上市许可持有人应当建立药品上市放行规程，对药品生产企业出厂放行的药品检验结果和放行文件进行审核，经质量受权人签字后方可上市放行。

中药饮片符合国家药品标准或者省、自治区、直辖市药品监督管理部门制定的炮制规范的，方可出厂、销售。

第三十八条 药品上市许可持有人、药品生产企业应当每年进行自检，监控药品生产质量管理规范的实施情况，评估企业是否符合相关法规要求，并提出必要的纠正和预防措施。

第三十九条 药品上市许可持有人应当建立年度报告制度，按照国家药品监督管理局规定每年向省、自治区、直辖市药品监督管理部门报告药品生产销售、上市后研究、风险管理等情况。

疫苗上市许可持有人应当按照规定向国家药品监督管理局进行年度报告。

第四十条 药品上市许可持有人应当持续开展药品风险获益评估和控制，制定上市后药品风险管理计划，主动开展上市后研究，对药品的安全性、有效性和质量可控性进行进一步确证，加强对已上市药品的持续管理。

第四十一条 药品上市许可持有人应当建立药物警戒体系，按照国家药品监督管理局制定的药物警戒质量管理规范开展药物警戒工作。

药品上市许可持有人、药品生产企业应当经常考察本单位的药品质量、疗效和不良反应。发现疑似不良反应的，应当及时按照要求报告。

第四十二条 药品上市许可持有人委托生产药品的，应当符合药品管理的有关规定。

药品上市许可持有人委托符合条件的药品生产企业生产药品的，应当对受托方的质量保证能力和风险管理能力进行评估，根据国家药品监督管理局制定的药品委托生产质量协议指南要求，与其签订质量协议以及委托协议，监督受托方履行有关协议约定的义务。

受托方不得将接受委托生产的药品再次委托第三方生产。

经批准或者通过关联审评审批的原料药应当自行生产，不得再行委托他人生产。

第四十三条 药品上市许可持有人应当按照药品生产质

量管理规范的要求对生产工艺变更进行管理和控制，并根据核准的生产工艺制定工艺规程。生产工艺变更应当开展研究，并依法取得批准、备案或者进行报告，接受药品监督管理部门的监督检查。

第四十四条　药品上市许可持有人、药品生产企业应当每年对所生产的药品按照品种进行产品质量回顾分析、记录，以确认工艺稳定可靠，以及原料、辅料、成品现行质量标准的适用性。

第四十五条　药品上市许可持有人、药品生产企业的质量管理体系相关的组织机构、企业负责人、生产负责人、质量负责人、质量受权人发生变更的，应当自发生变更之日起三十日内，完成登记手续。

疫苗上市许可持有人应当自发生变更之日起十五日内，向所在地省、自治区、直辖市药品监督管理部门报告生产负责人、质量负责人、质量受权人等关键岗位人员的变更情况。

第四十六条　列入国家实施停产报告的短缺药品清单的药品，药品上市许可持有人停止生产的，应当在计划停产实施六个月前向所在地省、自治区、直辖市药品监督管理部门报告；发生非预期停产的，在三日内报告所在地省、自治区、直辖市药品监督管理部门。必要时，向国家药品监督管理局报告。

药品监督管理部门接到报告后，应当及时通报同级短缺药品供应保障工作会商联动机制牵头单位。

第四十七条　药品上市许可持有人为境外企业的，应当指定一家在中国境内的企业法人，履行《药品管理法》与本办法规定的药品上市许可持有人的义务，并负责协调配合境外检查工作。

第四十八条　药品上市许可持有人的生产场地在境外的，应当按照《药品管理法》与本办法规定组织生产，配合境外检查工作。

第四章　监督检查

第四十九条　省、自治区、直辖市药品监督管理部门负责对本行政区域内药品上市许可持有人，制剂、化学原料药、中药饮片生产企业的监督管理。

省、自治区、直辖市药品监督管理部门应当对原料、辅料、直接接触药品的包装材料和容器等供应商、生产企业开展日常监督检查，必要时开展延伸检查。

第五十条　药品上市许可持有人和受托生产企业不在同一省、自治区、直辖市的，由药品上市许可持有人所在地省、自治区、直辖市药品监督管理部门负责对药品上市许可持有人的监督管理，受托生产企业所在地省、自治区、直辖市药品监督管理部门负责对受托生产企业的监督管理。省、自治区、直辖市药品监督管理部门应当加强监督检查信息互相通报，及时将监督检查信息更新到药品安全信用档案中，可以根据通报情况和药品安全信用档案中监管信息更新情况开展调查，对药品上市许可持有人或者受托生产企业依法作出行政处理，必要时可以开展联合检查。

第五十一条　药品监督管理部门应当建立健全职业化、专业化检查员制度，明确检查员的资格标准、检查职责、分级管理、能力培训、行为规范、绩效评价和退出程序等规定，提升检查员的专业素质和工作水平。检查员应当熟悉药品法律法规，具备药品专业知识。

药品监督管理部门应当根据监管事权、药品产业规模及检查任务等，配备充足的检查员队伍，保障检查工作需要。有疫苗等高风险药品生产企业的地区，还应当配备相应数量的具有疫苗等高风险药品检查技能和经验的药品检查员。

第五十二条　省、自治区、直辖市药品监督管理部门根据监管需要，对持有药品生产许可证的药品上市许可申请人及其受托生产企业，按以下要求进行上市前的药品生产质量管理规范符合性检查：

（一）未通过与生产该药品的生产条件相适应的药品生产质量管理规范符合性检查的品种，应当进行上市前的药品生产质量管理规范符合性检查。其中，拟生产药品需要进行药品注册现场核查的，国家药品监督管理局药品审评中心通知核查中心，告知相关省、自治区、直辖市药品监督管理部门和申请人。核查中心协调相关省、自治区、直辖市药品监督管理部门，同步开展药品注册现场核查和上市前的药品生产质量管理规范符合性检查；

（二）拟生产药品不需要进行药品注册现场核查的，国家药品监督管理局药品审评中心告知生产场地所在地省、自治区、直辖市药品监督管理部门和申请人，相关省、自治区、直辖市药品监督管理部门自行开展上市前的药品生产质量管理规范符合性检查；

（三）已通过与生产该药品的生产条件相适应的药品生产质量管理规范符合性检查的品种，相关省、自治区、直辖市药品监督管理部门根据风险管理原则决定是否开展上市前的药品生产质量管理规范符合性检查。

开展上市前的药品生产质量管理规范符合性检查的，在检查结束后，应当将检查情况、检查结果等形成书面报告，作为对药品上市监管的重要依据。上市前的药品生产质量管理规范符合性检查涉及药品生产许可证事项变更的，由原发证的省、自治区、直辖市药品监督管理部门依变更程序作出决定。

通过相应上市前的药品生产质量管理规范符合性检查的商业规模批次，在取得药品注册证书后，符合产品放行要求的可以上市销售。药品上市许可持有人应当重点加强上述批次药品的生产销售、风险管理等措施。

第五十三条 药品生产监督检查的主要内容包括：

（一）药品上市许可持有人、药品生产企业执行有关法律、法规及实施药品生产质量管理规范、药物警戒质量管理规范以及有关技术规范等情况；

（二）药品生产活动是否与药品品种档案载明的相关内容一致；

（三）疫苗储存、运输管理规范执行情况；

（四）药品委托生产质量协议及委托协议；

（五）风险管理计划实施情况；

（六）变更管理情况。

监督检查包括许可检查、常规检查、有因检查和其他检查。

第五十四条 省、自治区、直辖市药品监督管理部门应当坚持风险管理、全程管控原则，根据风险研判情况，制定年度检查计划并开展监督检查。年度检查计划至少包括检查范围、内容、方式、重点、要求、时限、承担检查的机构等。

第五十五条 省、自治区、直辖市药品监督管理部门应当根据药品品种、剂型、管制类别等特点，结合国家药品安全总体情况、药品安全风险警示信息、重大药品安全事件及其调查处理信息等，以及既往检查、检验、不良反应监测、投诉举报等情况确定检查频次：

（一）对麻醉药品、第一类精神药品、药品类易制毒化学品生产企业每季度检查不少于一次；

（二）对疫苗、血液制品、放射性药品、医疗用毒性药品、无菌药品等高风险药品生产企业，每年不少于一次药品生产质量管理规范符合性检查；

（三）对上述产品之外的药品生产企业，每年抽取一定比例开展监督检查，但应当在三年内对本行政区域内企业全部进行检查；

（四）对原料、辅料、直接接触药品的包装材料和容器等供应商、生产企业每年抽取一定比例开展监督检查，五年内对本行政区域内企业全部进行检查。

省、自治区、直辖市药品监督管理部门可以结合本行政区域内药品生产监管工作实际情况，调整检查频次。

第五十六条 国家药品监督管理局和省、自治区、直辖市药品监督管理部门组织监督检查时，应当制定检查方案，明确检查标准，如实记录现场检查情况，需要抽样检验或者研究的，按照有关规定执行。检查结论应当清晰明确，检查发现的问题应当以书面形式告知被检查单位。需要整改的，应当提出整改内容及整改期限，必要时对整改后情况实施检查。

在进行监督检查时，药品监督管理部门应当指派两名以上检查人员实施监督检查，检查人员应当向被检查单位出示执法证件。药品监督管理部门工作人员对知悉的商业秘密应当保密。

第五十七条 监督检查时，药品上市许可持有人和药品生产企业应当根据检查需要说明情况、提供有关材料：

（一）药品生产场地管理文件以及变更材料；

（二）药品生产企业接受监督检查及整改落实情况；

（三）药品质量不合格的处理情况；

（四）药物警戒机构、人员、制度制定情况以及疑似药品不良反应监测、识别、评估、控制情况；

（五）实施附条件批准的品种，开展上市后研究的材料；

（六）需要审查的其他必要材料。

第五十八条 现场检查结束后，应当对现场检查情况进行分析汇总，并客观、公平、公正地对检查中发现的缺陷进行风险评定并作出现场检查结论。

派出单位负责对现场检查结论进行综合研判。

第五十九条 国家药品监督管理局和省、自治区、直辖市药品监督管理部门通过监督检查发现药品生产管理或者疫苗储存、运输管理存在缺陷，有证据证明可能存在安全隐患的，应当依法采取相应措施：

（一）基本符合药品生产质量管理规范要求，需要整改的，应当发出告诫信并依据风险相应采取告诫、约谈、限期整改等措施；

（二）药品存在质量问题或者其他安全隐患的，药品监督管理部门根据监督检查情况，应当发出告诫信，并依据风险相应采取暂停生产、销售、使用、进口等控制措施。

药品存在质量问题或者其他安全隐患的，药品上市许可持有人应当依法召回药品而未召回的，省、自治区、直辖市药品监督管理部门应当责令其召回。

风险消除后，采取控制措施的药品监督管理部门应当解除控制措施。

第六十条 开展药品生产监督检查过程中，发现存在药品质量安全风险的，应当及时向派出单位报告。药品监督管理部门经研判属于重大药品质量安全风险的，应当及时向上一级药品监督管理部门和同级地方人民政府报告。

第六十一条　开展药品生产监督检查过程中，发现存在涉嫌违反药品法律、法规、规章的行为，应当及时采取现场控制措施，按照规定做好证据收集工作。药品监督管理部门应当按照职责和权限依法查处，涉嫌犯罪的移送公安机关处理。

第六十二条　省、自治区、直辖市药品监督管理部门应当依法将本行政区域内药品上市许可持有人和药品生产企业的监管信息归入到药品安全信用档案管理，并保持相关数据的动态更新。监管信息包括药品生产许可、日常监督检查结果、违法行为查处、药品质量抽查检验、不良行为记录和投诉举报等内容。

第六十三条　国家药品监督管理局和省、自治区、直辖市药品监督管理部门在生产监督管理工作中，不得妨碍药品上市许可持有人、药品生产企业的正常生产活动，不得索取或者收受财物，不得谋取其他利益。

第六十四条　个人和组织发现药品上市许可持有人或者药品生产企业进行违法生产活动的，有权向药品监督管理部门举报，药品监督管理部门应当按照有关规定及时核实、处理。

第六十五条　发生与药品质量有关的重大安全事件，药品上市许可持有人应当立即对有关药品及其原料、辅料以及直接接触药品的包装材料和容器、相关生产线等采取封存等控制措施，并立即报告所在地省、自治区、直辖市药品监督管理部门和有关部门，省、自治区、直辖市药品监督管理部门应当在二十四小时内报告省级人民政府，同时报告国家药品监督管理局。

第六十六条　省、自治区、直辖市药品监督管理部门对有不良信用记录的药品上市许可持有人、药品生产企业，应当增加监督检查频次，并可以按照国家规定实施联合惩戒。

第六十七条　省、自治区、直辖市药品监督管理部门未及时发现生产环节药品安全系统性风险，未及时消除监督管理区域内药品安全隐患的，或者省级人民政府未履行药品安全职责，未及时消除区域性重大药品安全隐患的，国家药品监督管理局应当对其主要负责人进行约谈。

被约谈的省、自治区、直辖市药品监督管理部门和地方人民政府应当立即采取措施，对药品监督管理工作进行整改。

约谈情况和整改情况应当纳入省、自治区、直辖市药品监督管理部门和地方人民政府药品监督管理工作评议、考核记录。

第五章　法律责任

第六十八条　有下列情形之一的，按照《药品管理法》第一百一十五条给予处罚：

（一）药品上市许可持有人和药品生产企业变更生产地址、生产范围应当经批准而未经批准的；

（二）药品生产许可证超过有效期限仍进行生产的。

第六十九条　药品上市许可持有人和药品生产企业未按照药品生产质量管理规范的要求生产，有下列情形之一，属于《药品管理法》第一百二十六条规定的情节严重情形的，依法予以处罚：

（一）未配备专门质量负责人独立负责药品质量管理、监督质量管理规范执行；

（二）药品上市许可持有人未配备专门质量受权人履行药品上市放行责任；

（三）药品生产企业未配备专门质量受权人履行药品出厂放行责任；

（四）质量管理体系不能正常运行，药品生产过程控制、质量控制的记录和数据不真实；

（五）对已识别的风险未及时采取有效的风险控制措施，无法保证产品质量；

（六）其他严重违反药品生产质量管理规范的情形。

第七十条　辅料、直接接触药品的包装材料和容器的生产企业及供应商未遵守国家药品监督管理局制定的质量管理规范等相关要求，不能确保质量保证体系持续合规的，由所在地省、自治区、直辖市药品监督管理部门按照《药品管理法》第一百二十六条的规定给予处罚。

第七十一条　药品上市许可持有人和药品生产企业有下列情形之一的，由所在地省、自治区、直辖市药品监督管理部门处一万元以上三万元以下的罚款：

（一）企业名称、住所（经营场所）、法定代表人未按规定办理登记事项变更；

（二）未按照规定每年对直接接触药品的工作人员进行健康检查并建立健康档案；

（三）未按照规定对列入国家实施停产报告的短缺药品清单的药品进行停产报告。

第七十二条　药品监督管理部门有下列行为之一的，对直接负责的主管人员和其他直接责任人员按照《药品

管理法》第一百四十九条的规定给予处罚:

（一）瞒报、谎报、缓报、漏报药品安全事件;

（二）对发现的药品安全违法行为未及时查处;

（三）未及时发现药品安全系统性风险，或者未及时消除监督管理区域内药品安全隐患，造成严重影响;

（四）其他不履行药品监督管理职责，造成严重不良影响或者重大损失。

第六章　附　　则

第七十三条　本办法规定的期限以工作日计算。药品生产许可中技术审查和评定、现场检查、企业整改等所需时间不计入期限。

第七十四条　场地管理文件，是指由药品生产企业编写的药品生产活动概述性文件，是药品生产企业质量管理文件体系的一部分。场地管理文件有关要求另行制定。

经批准或者关联审评审批的原料药、辅料和直接接触药品的包装材料和容器生产场地、境外生产场地一并赋予统一编码。

第七十五条　告诫信，是指药品监督管理部门在药品监督管理活动中，对有证据证明可能存在安全隐患的，依法发出的信函。告诫信应当载明存在缺陷、问题和整改要求。

第七十六条　药品生产许可证编号格式为“省份简称 + 四位年号 + 四位顺序号”。企业变更名称等许可证项目以及重新发证，原药品生产许可证编号不变。

企业分立，在保留原药品生产许可证编号的同时，增加新的编号。企业合并，原药品生产许可证编号保留一个。

第七十七条　分类码是对许可证内生产范围进行统计归类的英文字母串。大写字母用于归类药品上市许可持有人和产品类型，包括：A 代表自行生产的药品上市许可持有人、B 代表委托生产的药品上市许可持有人、C 代表接受委托的药品生产企业、D 代表原料药生产企业；小写字母用于区分制剂属性，h 代表化学药、z 代表中成药、s 代表生物制品、d 代表按药品管理的体外诊断试剂、y 代表中药饮片、q 代表医用气体、t 代表特殊药品、x 代表其他。

第七十八条　药品生产许可证的生产范围应当按照《中华人民共和国药典》制剂通则及其他的国家药品标准等要求填写。

第七十九条　国家有关法律、法规对生产疫苗、血液制品、麻醉药品、精神药品、医疗用毒性药品、放射性药品、药品类易制毒化学品等另有规定的，依照其规定。

第八十条　出口的疫苗应当符合进口国（地区）的标准或者合同要求。

第八十一条　本办法自 2020 年 7 月 1 日起施行。2004 年 8 月 5 日原国家食品药品监督管理局令第 14 号公布的《药品生产监督管理办法》同时废止。

药品经营质量管理规范

1. 2000 年 4 月 30 日国家药品监督管理局令第 20 号公布

2. 2013 年 1 月 22 日卫生部令第 90 号第一次修订

3. 2015 年 6 月 25 日国家食品药品监督管理总局令第 13 号第二次修订

4. 根据 2016 年 7 月 13 日国家食品药品监督管理总局令第 28 号《关于修改〈药品经营质量管理规范〉的决定》修正

第一章　总　　则

第一条　为加强药品经营质量管理，规范药品经营行为，保障人体用药安全、有效，根据《中华人民共和国药品管理法》、《中华人民共和国药品管理法实施条例》，制定本规范。

第二条　本规范是药品经营管理和质量控制的基本准则。

企业应当在药品采购、储存、销售、运输等环节采取有效的质量控制措施，确保药品质量，并按照国家有关要求建立药品追溯系统，实现药品可追溯。

第三条　药品经营企业应当严格执行本规范。

药品生产企业销售药品、药品流通过程中其他涉及储存与运输药品的，也应当符合本规范相关要求。

第四条　药品经营企业应当坚持诚实守信，依法经营。禁止任何虚假、欺骗行为。

第二章　药品批发的质量管理

第一节　质量管理体系

第五条　企业应当依据有关法律法规及本规范的要求建立质量管理体系，确定质量方针，制定质量管理体系文件，开展质量策划、质量控制、质量保证、质量改进和质量风险管理等活动。

第六条　企业制定的质量方针文件应当明确企业总的质量目标和要求，并贯彻到药品经营活动的全过程。

第七条　企业质量管理体系应当与其经营范围和规模相适应，包括组织机构、人员、设施设备、质量管理体系文件及相应的计算机系统等。

第八条　企业应当定期以及在质量管理体系关键要素发

生重大变化时，组织开展内审。

第九条　企业应当对内审的情况进行分析，依据分析结论制定相应的质量管理体系改进措施，不断提高质量控制水平，保证质量管理体系持续有效运行。

第十条　企业应当采用前瞻或者回顾的方式，对药品流通过程中的质量风险进行评估、控制、沟通和审核。

第十一条　企业应当对药品供货单位、购货单位的质量管理体系进行评价，确认其质量保证能力和质量信誉，必要时进行实地考察。

第十二条　企业应当全员参与质量管理。各部门、岗位人员应当正确理解并履行职责，承担相应质量责任。

第二节　组织机构与质量管理职责

第十三条　企业应当设立与其经营活动和质量管理相适应的组织机构或者岗位，明确规定其职责、权限及相互关系。

第十四条　企业负责人是药品质量的主要责任人，全面负责企业日常管理，负责提供必要的条件，保证质量管理部门和质量管理人员有效履行职责，确保企业实现质量目标并按照本规范要求经营药品。

第十五条　企业质量负责人应当由高层管理人员担任，全面负责药品质量管理工作，独立履行职责，在企业内部对药品质量管理具有裁决权。

第十六条　企业应当设立质量管理部门，有效开展质量管理工作。质量管理部门的职责不得由其他部门及人员履行。

第十七条　质量管理部门应当履行以下职责：

（一）督促相关部门和岗位人员执行药品管理的法律法规及本规范；

（二）组织制订质量管理体系文件，并指导、监督文件的执行；

（三）负责对供货单位和购货单位的合法性、购进药品的合法性以及供货单位销售人员、购货单位采购人员的合法资格进行审核，并根据审核内容的变化进行动态管理；

（四）负责质量信息的收集和管理，并建立药品质量档案；

（五）负责药品的验收，指导并监督药品采购、储存、养护、销售、退货、运输等环节的质量管理工作；

（六）负责不合格药品的确认，对不合格药品的处理过程实施监督；

（七）负责药品质量投诉和质量事故的调查、处理及报告；

（八）负责假劣药品的报告；

（九）负责药品质量查询；

（十）负责指导设定计算机系统质量控制功能；

（十一）负责计算机系统操作权限的审核和质量管理基础数据的建立及更新；

（十二）组织验证、校准相关设施设备；

（十三）负责药品召回的管理；

（十四）负责药品不良反应的报告；

（十五）组织质量管理体系的内审和风险评估；

（十六）组织对药品供货单位及购货单位质量管理体系和服务质量的考察和评价；

（十七）组织对被委托运输的承运方运输条件和质量保障能力的审查；

（十八）协助开展质量管理教育和培训；

（十九）其他应当由质量管理部门履行的职责。

第三节　人员与培训

第十八条　企业从事药品经营和质量管理工作的人员，应当符合有关法律法规及本规范规定的资格要求，不得有相关法律法规禁止从业的情形。

第十九条　企业负责人应当具有大学专科以上学历或者中级以上专业技术职称，经过基本的药学专业知识培训，熟悉有关药品管理的法律法规及本规范。

第二十条　企业质量负责人应当具有大学本科以上学历、执业药师资格和3年以上药品经营质量管理工作经历，在质量管理工作中具备正确判断和保障实施的能力。

第二十一条　企业质量管理部门负责人应当具有执业药师资格和3年以上药品经营质量管理工作经历，能独立解决经营过程中的质量问题。

第二十二条　企业应当配备符合以下资格要求的质量管理、验收及养护等岗位人员：

（一）从事质量管理工作的，应当具有药学中专或者医学、生物、化学等相关专业大学专科以上学历或者具有药学初级以上专业技术职称。

（二）从事验收、养护工作的，应当具有药学或者医学、生物、化学等相关专业中专以上学历或者具有药学初级以上专业技术职称。

（三）从事中药材、中药饮片验收工作的，应当具有中药学专业中专以上学历或者具有中药学中级以上专业技术职称；从事中药材、中药饮片养护工作的，应当具有中药学专业中专以上学历或者具有中药学初级以上专业技术职称；直接收购地产中药材的，验收人员应当具有中药学中级以上专业技术职称。

从事疫苗配送的，还应当配备2名以上专业技术人员专门负责疫苗质量管理和验收工作。专业技术人员应当具有预防医学、药学、微生物学或者医学等专业本科以上学历及中级以上专业技术职称，并有 3 年以上从事疫苗管理或者技术工作经历。

第二十三条 从事质量管理、验收工作的人员应当在职在岗，不得兼职其他业务工作。

第二十四条 从事采购工作的人员应当具有药学或者医学、生物、化学等相关专业中专以上学历，从事销售、储存等工作的人员应当具有高中以上文化程度。

第二十五条 企业应当对各岗位人员进行与其职责和工作内容相关的岗前培训和继续培训，以符合本规范要求。

第二十六条 培训内容应当包括相关法律法规、药品专业知识及技能、质量管理制度、职责及岗位操作规程等。

第二十七条 企业应当按照培训管理制度制定年度培训计划并开展培训，使相关人员能正确理解并履行职责。培训工作应当做好记录并建立档案。

第二十八条 从事特殊管理的药品和冷藏冷冻药品的储存、运输等工作的人员，应当接受相关法律法规和专业知识培训并经考核合格后方可上岗。

第二十九条 企业应当制定员工个人卫生管理制度，储存、运输等岗位人员的着装应当符合劳动保护和产品防护的要求。

第三十条 质量管理、验收、养护、储存等直接接触药品岗位的人员应当进行岗前及年度健康检查，并建立健康档案。患有传染病或者其他可能污染药品的疾病的，不得从事直接接触药品的工作。身体条件不符合相应岗位特定要求的，不得从事相关工作。

第四节 质量管理体系文件

第三十一条 企业制定质量管理体系文件应当符合企业实际。文件包括质量管理制度、部门及岗位职责、操作规程、档案、报告、记录和凭证等。

第三十二条 文件的起草、修订、审核、批准、分发、保管，以及修改、撤销、替换、销毁等应当按照文件管理操作规程进行，并保存相关记录。

第三十三条 文件应当标明题目、种类、目的以及文件编号和版本号。文字应当准确、清晰、易懂。

文件应当分类存放，便于查阅。

第三十四条 企业应当定期审核、修订文件，使用的文件应当为现行有效的文本，已废止或者失效的文件除留档备查外，不得在工作现场出现。

第三十五条 企业应当保证各岗位获得与其工作内容相对应的必要文件，并严格按照规定开展工作。

第三十六条 质量管理制度应当包括以下内容：

（一）质量管理体系内审的规定；

（二）质量否决权的规定；

（三）质量管理文件的管理；

（四）质量信息的管理；

（五）供货单位、购货单位、供货单位销售人员及购货单位采购人员等资格审核的规定；

（六）药品采购、收货、验收、储存、养护、销售、出库、运输的管理；

（七）特殊管理的药品的规定；

（八）药品有效期的管理；

（九）不合格药品、药品销毁的管理；

（十）药品退货的管理；

（十一）药品召回的管理；

（十二）质量查询的管理；

（十三）质量事故、质量投诉的管理；

（十四）药品不良反应报告的规定；

（十五）环境卫生、人员健康的规定；

（十六）质量方面的教育、培训及考核的规定；

（十七）设施设备保管和维护的管理；

（十八）设施设备验证和校准的管理；

（十九）记录和凭证的管理；

（二十）计算机系统的管理；

（二十一）药品追溯的规定；

（二十二）其他应当规定的内容。

第三十七条 部门及岗位职责应当包括：

（一）质量管理、采购、储存、销售、运输、财务和信息管理等部门职责；

（二）企业负责人、质量负责人及质量管理、采购、储存、销售、运输、财务和信息管理等部门负责人的岗位职责；

（三）质量管理、采购、收货、验收、储存、养护、销售、出库复核、运输、财务、信息管理等岗位职责；

（四）与药品经营相关的其他岗位职责。

第三十八条 企业应当制定药品采购、收货、验收、储存、养护、销售、出库复核、运输等环节及计算机系统的操作规程。

第三十九条 企业应当建立药品采购、验收、养护、销售、出库复核、销后退回和购进退出、运输、储运温湿度监测、不合格药品处理等相关记录，做到真实、完整、准确、有效和可追溯。

第四十条 通过计算机系统记录数据时，有关人员应当按照操作规程，通过授权及密码登录后方可进行数据的录入或者复核；数据的更改应当经质量管理部门审核并在其监督下进行，更改过程应当留有记录。

第四十一条　书面记录及凭证应当及时填写，并做到字迹清晰，不得随意涂改，不得撕毁。更改记录的，应当注明理由、日期并签名，保持原有信息清晰可辨。

第四十二条　记录及凭证应当至少保存5年。疫苗、特殊管理的药品的记录及凭证按相关规定保存。

第五节　设施与设备

第四十三条　企业应当具有与其药品经营范围、经营规模相适应的经营场所和库房。

第四十四条　库房的选址、设计、布局、建造、改造和维护应当符合药品储存的要求，防止药品的污染、交叉污染、混淆和差错。

第四十五条　药品储存作业区、辅助作业区应当与办公区和生活区分开一定距离或者有隔离措施。

第四十六条　库房的规模及条件应当满足药品的合理、安全储存，并达到以下要求，便于开展储存作业：

（一）库房内外环境整洁，无污染源，库区地面硬化或者绿化；

（二）库房内墙、顶光洁，地面平整，门窗结构严密；

（三）库房有可靠的安全防护措施，能够对无关人员进入实行可控管理，防止药品被盗、替换或者混入假药；

（四）有防止室外装卸、搬运、接收、发运等作业受异常天气影响的措施。

第四十七条　库房应当配备以下设施设备：

（一）药品与地面之间有效隔离的设备；

（二）避光、通风、防潮、防虫、防鼠等设备；

（三）有效调控温湿度及室内外空气交换的设备；

（四）自动监测、记录库房温湿度的设备；

（五）符合储存作业要求的照明设备；

（六）用于零货拣选、拼箱发货操作及复核的作业区域和设备；

（七）包装物料的存放场所；

（八）验收、发货、退货的专用场所；

（九）不合格药品专用存放场所；

（十）经营特殊管理的药品有符合国家规定的储存设施。

第四十八条　经营中药材、中药饮片的，应当有专用的库房和养护工作场所，直接收购地产中药材的应当设置中药样品室（柜）。

第四十九条　储存、运输冷藏、冷冻药品的，应当配备以下设施设备：

（一）与其经营规模和品种相适应的冷库，储存疫苗的应当配备两个以上独立冷库；

（二）用于冷库温度自动监测、显示、记录、调控、报警的设备；

（三）冷库制冷设备的备用发电机组或者双回路供电系统；

（四）对有特殊低温要求的药品，应当配备符合其储存要求的设施设备；

（五）冷藏车及车载冷藏箱或者保温箱等设备。

第五十条　运输药品应当使用封闭式货物运输工具。

第五十一条　运输冷藏、冷冻药品的冷藏车及车载冷藏箱、保温箱应当符合药品运输过程中对温度控制的要求。冷藏车具有自动调控温度、显示温度、存储和读取温度监测数据的功能；冷藏箱及保温箱具有外部显示和采集箱体内温度数据的功能。

第五十二条　储存、运输设施设备的定期检查、清洁和维护应当由专人负责，并建立记录和档案。

第六节　校准与验证

第五十三条　企业应当按照国家有关规定，对计量器具、温湿度监测设备等定期进行校准或者检定。

企业应当对冷库、储运温湿度监测系统以及冷藏运输等设施设备进行使用前验证、定期验证及停用时间超过规定时限的验证。

第五十四条　企业应当根据相关验证管理制度，形成验证控制文件，包括验证方案、报告、评价、偏差处理和预防措施等。

第五十五条　验证应当按照预先确定和批准的方案实施，验证报告应当经过审核和批准，验证文件应当存档。

第五十六条　企业应当根据验证确定的参数及条件，正确、合理使用相关设施设备。

第七节　计算机系统

第五十七条　企业应当建立能够符合经营全过程管理及质量控制要求的计算机系统，实现药品可追溯。

第五十八条　企业计算机系统应当符合以下要求：

（一）有支持系统正常运行的服务器和终端机；

（二）有安全、稳定的网络环境，有固定接入互联网的方式和安全可靠的信息平台；

（三）有实现部门之间、岗位之间信息传输和数据共享的局域网；

（四）有药品经营业务票据生成、打印和管理功能；

（五）有符合本规范要求及企业管理实际需要的应用软件和相关数据库。

第五十九条 各类数据的录入、修改、保存等操作应当符合授权范围、操作规程和管理制度的要求，保证数据原始、真实、准确、安全和可追溯。

第六十条 计算机系统运行中涉及企业经营和管理的数据应当采用安全、可靠的方式储存并按日备份，备份数据应当存放在安全场所，记录类数据的保存时限应当符合本规范第四十二条的要求。

第八节 采 购

第六十一条 企业的采购活动应当符合以下要求：

（一）确定供货单位的合法资格；

（二）确定所购入药品的合法性；

（三）核实供货单位销售人员的合法资格；

（四）与供货单位签订质量保证协议。

采购中涉及的首营企业、首营品种，采购部门应当填写相关申请表格，经过质量管理部门和企业质量负责人的审核批准。必要时应当组织实地考察，对供货单位质量管理体系进行评价。

第六十二条 对首营企业的审核，应当查验加盖其公章原印章的以下资料，确认真实、有效：

（一）《药品生产许可证》或者《药品经营许可证》复印件；

（二）营业执照、税务登记、组织机构代码的证件复印件，及上一年度企业年度报告公示情况；

（三）《药品生产质量管理规范》认证证书或者《药品经营质量管理规范》认证证书复印件；

（四）相关印章、随货同行单（票）样式；

（五）开户户名、开户银行及账号。

第六十三条 采购首营品种应当审核药品的合法性，索取加盖供货单位公章原印章的药品生产或者进口批准证明文件复印件并予以审核，审核无误的方可采购。

以上资料应当归入药品质量档案。

第六十四条 企业应当核实、留存供货单位销售人员以下资料：

（一）加盖供货单位公章原印章的销售人员身份证复印件；

（二）加盖供货单位公章原印章和法定代表人印章或者签名的授权书，授权书应当载明被授权人姓名、身份证号码，以及授权销售的品种、地域、期限；

（三）供货单位及供货品种相关资料。

第六十五条 企业与供货单位签订的质量保证协议至少包括以下内容：

（一）明确双方质量责任；

（二）供货单位应当提供符合规定的资料且对其真实性、有效性负责；

（三）供货单位应当按照国家规定开具发票；

（四）药品质量符合药品标准等有关要求；

（五）药品包装、标签、说明书符合有关规定；

（六）药品运输的质量保证及责任；

（七）质量保证协议的有效期限。

第六十六条 采购药品时，企业应当向供货单位索取发票。发票应当列明药品的通用名称、规格、单位、数量、单价、金额等；不能全部列明的，应当附《销售货物或者提供应税劳务清单》，并加盖供货单位发票专用章原印章、注明税票号码。

第六十七条 发票上的购、销单位名称及金额、品名应当与付款流向及金额、品名一致，并与财务账目内容相对应。发票按有关规定保存。

第六十八条 采购药品应当建立采购记录。采购记录应当有药品的通用名称、剂型、规格、生产厂商、供货单位、数量、价格、购货日期等内容，采购中药材、中药饮片的还应当标明产地。

第六十九条 发生灾情、疫情、突发事件或者临床紧急救治等特殊情况，以及其他符合国家有关规定的情形，企业可采用直调方式购销药品，将已采购的药品不入本企业仓库，直接从供货单位发送到购货单位，并建立专门的采购记录，保证有效的质量跟踪和追溯。

第七十条 采购特殊管理的药品，应当严格按照国家有关规定进行。

第七十一条 企业应当定期对药品采购的整体情况进行综合质量评审，建立药品质量评审和供货单位质量档案，并进行动态跟踪管理。

第九节 收货与验收

第七十二条 企业应当按照规定的程序和要求对到货药品逐批进行收货、验收，防止不合格药品入库。

第七十三条 药品到货时，收货人员应当核实运输方式是否符合要求，并对照随货同行单（票）和采购记录核对药品，做到票、账、货相符。

随货同行单（票）应当包括供货单位、生产厂商、药品的通用名称、剂型、规格、批号、数量、收货单位、收货地址、发货日期等内容，并加盖供货单位药品出库专用章原印章。

第七十四条 冷藏、冷冻药品到货时，应当对其运输方式及运输过程的温度记录、运输时间等质量控制状况进行重点检查并记录。不符合温度要求的应当拒收。

第七十五条　收货人员对符合收货要求的药品，应当按品种特性要求放于相应待验区域，或者设置状态标志，通知验收。冷藏、冷冻药品应当在冷库内待验。

第七十六条　验收药品应当按照药品批号查验同批号的检验报告书。供货单位为批发企业的，检验报告书应当加盖其质量管理专用章原印章。检验报告书的传递和保存可以采用电子数据形式，但应当保证其合法性和有效性。

第七十七条　企业应当按照验收规定，对每次到货药品进行逐批抽样验收，抽取的样品应当具有代表性：

（一）同一批号的药品应当至少检查一个最小包装，但生产企业有特殊质量控制要求或者打开最小包装可能影响药品质量的，可不打开最小包装；

（二）破损、污染、渗液、封条损坏等包装异常以及零货、拼箱的，应当开箱检查至最小包装；

（三）外包装及封签完整的原料药、实施批签发管理的生物制品，可不开箱检查。

第七十八条　验收人员应当对抽样药品的外观、包装、标签、说明书以及相关的证明文件等逐一进行检查、核对；验收结束后，应当将抽取的完好样品放回原包装箱，加封并标示。

第七十九条　特殊管理的药品应当按照相关规定在专库或者专区内验收。

第八十条　验收药品应当做好验收记录，包括药品的通用名称、剂型、规格、批准文号、批号、生产日期、有效期、生产厂商、供货单位、到货数量、到货日期、验收合格数量、验收结果等内容。验收人员应当在验收记录上签署姓名和验收日期。

中药材验收记录应当包括品名、产地、供货单位、到货数量、验收合格数量等内容。中药饮片验收记录应当包括品名、规格、批号、产地、生产日期、生产厂商、供货单位、到货数量、验收合格数量等内容，实施批准文号管理的中药饮片还应当记录批准文号。

验收不合格的还应当注明不合格事项及处置措施。

第八十一条　企业应当建立库存记录，验收合格的药品应当及时入库登记；验收不合格的，不得入库，并由质量管理部门处理。

第八十二条　企业按本规范第六十九条规定进行药品直调的，可委托购货单位进行药品验收。购货单位应当严格按照本规范的要求验收药品，并建立专门的直调药品验收记录。验收当日应当将验收记录相关信息传递给直调企业。

第十节　储存与养护

第八十三条　企业应当根据药品的质量特性对药品进行合理储存，并符合以下要求：

（一）按包装标示的温度要求储存药品，包装上没有标示具体温度的，按照《中华人民共和国药典》规定的贮藏要求进行储存；

（二）储存药品相对湿度为35%－75%；

（三）在人工作业的库房储存药品，按质量状态实行色标管理，合格药品为绿色，不合格药品为红色，待确定药品为黄色；

（四）储存药品应当按照要求采取避光、遮光、通风、防潮、防虫、防鼠等措施；

（五）搬运和堆码药品应当严格按照外包装标示要求规范操作，堆码高度符合包装图示要求，避免损坏药品包装；

（六）药品按批号堆码，不同批号的药品不得混垛，垛间距不小于5厘米，与库房内墙、顶、温度调控设备及管道等设施间距不小于30厘米，与地面间距不小于10厘米；

（七）药品与非药品、外用药与其他药品分开存放，中药材和中药饮片分库存放；

（八）特殊管理的药品应当按照国家有关规定储存；

（九）拆除外包装的零货药品应当集中存放；

（十）储存药品的货架、托盘等设施设备应当保持清洁，无破损和杂物堆放；

（十一）未经批准的人员不得进入储存作业区，储存作业区内的人员不得有影响药品质量和安全的行为；

（十二）药品储存作业区内不得存放与储存管理无关的物品。

第八十四条　养护人员应当根据库房条件、外部环境、药品质量特性等对药品进行养护，主要内容是：

（一）指导和督促储存人员对药品进行合理储存与作业。

（二）检查并改善储存条件、防护措施、卫生环境。

（三）对库房温湿度进行有效监测、调控。

（四）按照养护计划对库存药品的外观、包装等质量状况进行检查，并建立养护记录；对储存条件有特殊要求的或者有效期较短的品种应当进行重点养护。

（五）发现有问题的药品应当及时在计算机系统

中锁定和记录，并通知质量管理部门处理。

（六）对中药材和中药饮片应当按其特性采取有效方法进行养护并记录，所采取的养护方法不得对药品造成污染。

（七）定期汇总、分析养护信息。

第八十五条 企业应当采用计算机系统对库存药品的有效期进行自动跟踪和控制，采取近效期预警及超过有效期自动锁定等措施，防止过期药品销售。

第八十六条 药品因破损而导致液体、气体、粉末泄漏时，应当迅速采取安全处理措施，防止对储存环境和其他药品造成污染。

第八十七条 对质量可疑的药品应当立即采取停售措施，并在计算机系统中锁定，同时报告质量管理部门确认。对存在质量问题的药品应当采取以下措施：

（一）存放于标志明显的专用场所，并有效隔离，不得销售；

（二）怀疑为假药的，及时报告食品药品监督管理部门；

（三）属于特殊管理的药品，按照国家有关规定处理；

（四）不合格药品的处理过程应当有完整的手续和记录；

（五）对不合格药品应当查明并分析原因，及时采取预防措施。

第八十八条 企业应当对库存药品定期盘点，做到账、货相符。

第十一节 销 售

第八十九条 企业应当将药品销售给合法的购货单位，并对购货单位的证明文件、采购人员及提货人员的身份证明进行核实，保证药品销售流向真实、合法。

第九十条 企业应当严格审核购货单位的生产范围、经营范围或者诊疗范围，并按照相应的范围销售药品。

第九十一条 企业销售药品，应当如实开具发票，做到票、账、货、款一致。

第九十二条 企业应当做好药品销售记录。销售记录应当包括药品的通用名称、规格、剂型、批号、有效期、生产厂商、购货单位、销售数量、单价、金额、销售日期等内容。按照本规范第六十九条规定进行药品直调的，应当建立专门的销售记录。

中药材销售记录应当包括品名、规格、产地、购货单位、销售数量、单价、金额、销售日期等内容；中药饮片销售记录应当包括品名、规格、批号、产地、生产厂商、购货单位、销售数量、单价、金额、销售日期等内容。

第九十三条 销售特殊管理的药品以及国家有专门管理要求的药品，应当严格按照国家有关规定执行。

第十二节 出 库

第九十四条 出库时应当对照销售记录进行复核。发现以下情况不得出库，并报告质量管理部门处理：

（一）药品包装出现破损、污染、封口不牢、衬垫不实、封条损坏等问题；

（二）包装内有异常响动或者液体渗漏；

（三）标签脱落、字迹模糊不清或者标识内容与实物不符；

（四）药品已超过有效期；

（五）其他异常情况的药品。

第九十五条 药品出库复核应当建立记录，包括购货单位、药品的通用名称、剂型、规格、数量、批号、有效期、生产厂商、出库日期、质量状况和复核人员等内容。

第九十六条 特殊管理的药品出库应当按照有关规定进行复核。

第九十七条 药品拼箱发货的代用包装箱应当有醒目的拼箱标志。

第九十八条 药品出库时，应当附加盖企业药品出库专用章原印章的随货同行单（票）。

企业按照本规范第六十九条规定直调药品的，直调药品出库时，由供货单位开具两份随货同行单（票），分别发往直调企业和购货单位。随货同行单（票）的内容应当符合本规范第七十三条第二款的要求，还应当标明直调企业名称。

第九十九条 冷藏、冷冻药品的装箱、装车等项作业，应当由专人负责并符合以下要求：

（一）车载冷藏箱或者保温箱在使用前应当达到相应的温度要求；

（二）应当在冷藏环境下完成冷藏、冷冻药品的装箱、封箱工作；

（三）装车前应当检查冷藏车辆的启动、运行状态，达到规定温度后方可装车；

（四）启运时应当做好运输记录，内容包括运输工具和启运时间等。

第十三节 运输与配送

第一百条 企业应当按照质量管理制度的要求，严格执行运输操作规程，并采取有效措施保证运输过程中的药品质量与安全。

第一百零一条 运输药品，应当根据药品的包装、质量特性并针对车况、道路、天气等因素，选用适宜的运输工具，采取相应措施防止出现破损、污染等问题。

第一百零二条 发运药品时，应当检查运输工具，发现运输条件不符合规定的，不得发运。运输药品过程中，运载工具应当保持密闭。

第一百零三条 企业应当严格按照外包装标示的要求搬运、装卸药品。

第一百零四条 企业应当根据药品的温度控制要求，在运输过程中采取必要的保温或者冷藏、冷冻措施。

运输过程中，药品不得直接接触冰袋、冰排等蓄冷剂，防止对药品质量造成影响。

第一百零五条 在冷藏、冷冻药品运输途中，应当实时监测并记录冷藏车、冷藏箱或者保温箱内的温度数据。

第一百零六条 企业应当制定冷藏、冷冻药品运输应急预案，对运输途中可能发生的设备故障、异常天气影响、交通拥堵等突发事件，能够采取相应的应对措施。

第一百零七条 企业委托其他单位运输药品的，应当对承运方运输药品的质量保障能力进行审计，索取运输车辆的相关资料，符合本规范运输设施设备条件和要求的方可委托。

第一百零八条 企业委托运输药品应当与承运方签订运输协议，明确药品质量责任、遵守运输操作规程和在途时限等内容。

第一百零九条 企业委托运输药品应当有记录，实现运输过程的质量追溯。记录至少包括发货时间、发货地址、收货单位、收货地址、货单号、药品件数、运输方式、委托经办人、承运单位，采用车辆运输的还应当载明车牌号，并留存驾驶人员的驾驶证复印件。记录应当至少保存5年。

第一百一十条 已装车的药品应当及时发运并尽快送达。委托运输的，企业应当要求并监督承运方严格履行委托运输协议，防止因在途时间过长影响药品质量。

第一百一十一条 企业应当采取运输安全管理措施，防止在运输过程中发生药品盗抢、遗失、调换等事故。

第一百一十二条 特殊管理的药品的运输应当符合国家有关规定。

第十四节 售后管理

第一百一十三条 企业应当加强对退货的管理，保证退货环节药品的质量和安全，防止混入假冒药品。

第一百一十四条 企业应当按照质量管理制度的要求，制定投诉管理操作规程，内容包括投诉渠道及方式、档案记录、调查与评估、处理措施、反馈和事后跟踪等。

第一百一十五条 企业应当配备专职或者兼职人员负责售后投诉管理，对投诉的质量问题查明原因，采取有效措施及时处理和反馈，并做好记录，必要时应当通知供货单位及药品生产企业。

第一百一十六条 企业应当及时将投诉及处理结果等信息记入档案，以便查询和跟踪。

第一百一十七条 企业发现已售出药品有严重质量问题，应当立即通知购货单位停售、追回并做好记录，同时向食品药品监督管理部门报告。

第一百一十八条 企业应当协助药品生产企业履行召回义务，按照召回计划的要求及时传达、反馈药品召回信息，控制和收回存在安全隐患的药品，并建立药品召回记录。

第一百一十九条 企业质量管理部门应当配备专职或者兼职人员，按照国家有关规定承担药品不良反应监测和报告工作。

第三章 药品零售的质量管理

第一节 质量管理与职责

第一百二十条 企业应当按照有关法律法规及本规范的要求制定质量管理文件，开展质量管理活动，确保药品质量。

第一百二十一条 企业应当具有与其经营范围和规模相适应的经营条件，包括组织机构、人员、设施设备、质量管理文件，并按照规定设置计算机系统。

第一百二十二条 企业负责人是药品质量的主要责任人，负责企业日常管理，负责提供必要的条件，保证质量管理部门和质量管理人员有效履行职责，确保企业按照本规范要求经营药品。

第一百二十三条 企业应当设置质量管理部门或者配备质量管理人员，履行以下职责：

（一）督促相关部门和岗位人员执行药品管理的法律法规及本规范；

（二）组织制订质量管理文件，并指导、监督文件的执行；

（三）负责对供货单位及其销售人员资格证明的审核；

（四）负责对所采购药品合法性的审核；

（五）负责药品的验收，指导并监督药品采购、储存、陈列、销售等环节的质量管理工作；

（六）负责药品质量查询及质量信息管理；

（七）负责药品质量投诉和质量事故的调查、处理及报告；

（八）负责对不合格药品的确认及处理；

（九）负责假劣药品的报告；

（十）负责药品不良反应的报告；

（十一）开展药品质量管理教育和培训；

（十二）负责计算机系统操作权限的审核、控制及质量管理基础数据的维护；

（十三）负责组织计量器具的校准及检定工作；

（十四）指导并监督药学服务工作；

（十五）其他应当由质量管理部门或者质量管理人员履行的职责。

第二节 人员管理

第一百二十四条 企业从事药品经营和质量管理工作的人员，应当符合有关法律法规及本规范规定的资格要求，不得有相关法律法规禁止从业的情形。

第一百二十五条 企业法定代表人或者企业负责人应当具备执业药师资格。

企业应当按照国家有关规定配备执业药师，负责处方审核，指导合理用药。

第一百二十六条 质量管理、验收、采购人员应当具有药学或者医学、生物、化学等相关专业学历或者具有药学专业技术职称。从事中药饮片质量管理、验收、采购人员应当具有中药学中专以上学历或者具有中药学专业初级以上专业技术职称。

营业员应当具有高中以上文化程度或者符合省级食品药品监督管理部门规定的条件。中药饮片调剂人员应当具有中药学中专以上学历或者具备中药调剂员资格。

第一百二十七条 企业各岗位人员应当接受相关法律法规及药品专业知识与技能的岗前培训和继续培训，以符合本规范要求。

第一百二十八条 企业应当按照培训管理制度制定年度培训计划并开展培训，使相关人员能正确理解并履行职责。培训工作应当做好记录并建立档案。

第一百二十九条 企业应当为销售特殊管理的药品、国家有专门管理要求的药品、冷藏药品的人员接受相应培训提供条件，使其掌握相关法律法规和专业知识。

第一百三十条 在营业场所内，企业工作人员应当穿着整洁、卫生的工作服。

第一百三十一条 企业应当对直接接触药品岗位的人员进行岗前及年度健康检查，并建立健康档案。患有传染病或者其他可能污染药品的疾病的，不得从事直接接触药品的工作。

第一百三十二条 在药品储存、陈列等区域不得存放与经营活动无关的物品及私人用品，在工作区域内不得有影响药品质量和安全的行为。

第三节 文件

第一百三十三条 企业应当按照有关法律法规及本规范规定，制定符合企业实际的质量管理文件。文件包括质量管理制度、岗位职责、操作规程、档案、记录和凭证等，并对质量管理文件定期审核、及时修订。

第一百三十四条 企业应当采取措施确保各岗位人员正确理解质量管理文件的内容，保证质量管理文件有效执行。

第一百三十五条 药品零售质量管理制度应当包括以下内容：

（一）药品采购、验收、陈列、销售等环节的管理，设置库房的还应当包括储存、养护的管理；

（二）供货单位和采购品种的审核；

（三）处方药销售的管理；

（四）药品拆零的管理；

（五）特殊管理的药品和国家有专门管理要求的药品的管理；

（六）记录和凭证的管理；

（七）收集和查询质量信息的管理；

（八）质量事故、质量投诉的管理；

（九）中药饮片处方审核、调配、核对的管理；

（十）药品有效期的管理；

（十一）不合格药品、药品销毁的管理；

（十二）环境卫生、人员健康的规定；

（十三）提供用药咨询、指导合理用药等药学服务的管理；

（十四）人员培训及考核的规定；

（十五）药品不良反应报告的规定；

（十六）计算机系统的管理；

（十七）药品追溯的规定；

（十八）其他应当规定的内容。

第一百三十六条 企业应当明确企业负责人、质量管理、采购、验收、营业员以及处方审核、调配等岗位的职责，设置库房的还应当包括储存、养护等岗位职责。

第一百三十七条 质量管理岗位、处方审核岗位的职责不得由其他岗位人员代为履行。

第一百三十八条 药品零售操作规程应当包括：

（一）药品采购、验收、销售；

（二）处方审核、调配、核对；

（三）中药饮片处方审核、调配、核对；

（四）药品拆零销售；

（五）特殊管理的药品和国家有专门管理要求的

药品的销售；

(六)营业场所药品陈列及检查；

(七)营业场所冷藏药品的存放；

(八)计算机系统的操作和管理；

(九)设置库房的还应当包括储存和养护的操作规程。

第一百三十九条 企业应当建立药品采购、验收、销售、陈列检查、温湿度监测、不合格药品处理等相关记录，做到真实、完整、准确、有效和可追溯。

第一百四十条 记录及相关凭证应当至少保存5年。特殊管理的药品的记录及凭证按相关规定保存。

第一百四十一条 通过计算机系统记录数据时，相关岗位人员应当按照操作规程，通过授权及密码登录计算机系统，进行数据的录入，保证数据原始、真实、准确、安全和可追溯。

第一百四十二条 电子记录数据应当以安全、可靠方式定期备份。

第四节 设施与设备

第一百四十三条 企业的营业场所应当与其药品经营范围、经营规模相适应，并与药品储存、办公、生活辅助及其他区域分开。

第一百四十四条 营业场所应当具有相应设施或者采取其他有效措施，避免药品受室外环境的影响，并做到宽敞、明亮、整洁、卫生。

第一百四十五条 营业场所应当有以下营业设备：

(一)货架和柜台；

(二)监测、调控温度的设备；

(三)经营中药饮片的，有存放饮片和处方调配的设备；

(四)经营冷藏药品的，有专用冷藏设备；

(五)经营第二类精神药品、毒性中药品种和罂粟壳的，有符合安全规定的专用存放设备；

(六)药品拆零销售所需的调配工具、包装用品。

第一百四十六条 企业应当建立能够符合经营和质量管理要求的计算机系统，并满足药品追溯的要求。

第一百四十七条 企业设置库房的，应当做到库房内墙、顶光洁，地面平整，门窗结构严密；有可靠的安全防护、防盗等措施。

第一百四十八条 仓库应当有以下设施设备：

(一)药品与地面之间有效隔离的设备；

(二)避光、通风、防潮、防虫、防鼠等设备；

(三)有效监测和调控温湿度的设备；

(四)符合储存作业要求的照明设备；

(五)验收专用场所；

(六)不合格药品专用存放场所；

(七)经营冷藏药品的，有与其经营品种及经营规模相适应的专用设备。

第一百四十九条 经营特殊管理的药品应当有符合国家规定的储存设施。

第一百五十条 储存中药饮片应当设立专用库房。

第一百五十一条 企业应当按照国家有关规定，对计量器具、温湿度监测设备等定期进行校准或者检定。

第五节 采购与验收

第一百五十二条 企业采购药品，应当符合本规范第二章第八节的相关规定。

第一百五十三条 药品到货时，收货人员应当按采购记录，对照供货单位的随货同行单(票)核实药品实物，做到票、账、货相符。

第一百五十四条 企业应当按规定的程序和要求对到货药品逐批进行验收，并按照本规范第八十条规定做好验收记录。

验收抽取的样品应当具有代表性。

第一百五十五条 冷藏药品到货时，应当按照本规范第七十四条规定进行检查。

第一百五十六条 验收药品应当按照本规范第七十六条规定查验药品检验报告书。

第一百五十七条 特殊管理的药品应当按照相关规定进行验收。

第一百五十八条 验收合格的药品应当及时入库或者上架，验收不合格的，不得入库或者上架，并报告质量管理人员处理。

第六节 陈列与储存

第一百五十九条 企业应当对营业场所温度进行监测和调控，以使营业场所的温度符合常温要求。

第一百六十条 企业应当定期进行卫生检查，保持环境整洁。存放、陈列药品的设备应当保持清洁卫生，不得放置与销售活动无关的物品，并采取防虫、防鼠等措施，防止污染药品。

第一百六十一条 药品的陈列应当符合以下要求：

(一)按剂型、用途以及储存要求分类陈列，并设置醒目标志，类别标签字迹清晰、放置准确。

(二)药品放置于货架(柜)，摆放整齐有序，避免阳光直射。

(三)处方药、非处方药分区陈列，并有处方药、非处方药专用标识。

（四）处方药不得采用开架自选的方式陈列和销售。

（五）外用药与其他药品分开摆放。

（六）拆零销售的药品集中存放于拆零专柜或者专区。

（七）第二类精神药品、毒性中药品种和罂粟壳不得陈列。

（八）冷藏药品放置在冷藏设备中，按规定对温度进行监测和记录，并保证存放温度符合要求。

（九）中药饮片柜斗谱的书写应当正名正字；装斗前应当复核，防止错斗、串斗；应当定期清斗，防止饮片生虫、发霉、变质；不同批号的饮片装斗前应当清斗并记录。

（十）经营非药品应当设置专区，与药品区域明显隔离，并有醒目标志。

第一百六十二条　企业应当定期对陈列、存放的药品进行检查，重点检查拆零药品和易变质、近效期、摆放时间较长的药品以及中药饮片。发现有质量疑问的药品应当及时撤柜，停止销售，由质量管理人员确认和处理，并保留相关记录。

第一百六十三条　企业应当对药品的有效期进行跟踪管理，防止近效期药品售出后可能发生的过期使用。

第一百六十四条　企业设置库房的，库房的药品储存与养护管理应当符合本规范第二章第十节的相关规定。

第七节　销售管理

第一百六十五条　企业应当在营业场所的显著位置悬挂《药品经营许可证》、营业执照、执业药师注册证等。

第一百六十六条　营业人员应当佩戴有照片、姓名、岗位等内容的工作牌，是执业药师和药学技术人员的，工作牌还应当标明执业资格或者药学专业技术职称。在岗执业的执业药师应当挂牌明示。

第一百六十七条　销售药品应当符合以下要求：

（一）处方经执业药师审核后方可调配；对处方所列药品不得擅自更改或者代用，对有配伍禁忌或者超剂量的处方，应当拒绝调配，但经处方医师更正或者重新签字确认的，可以调配；调配处方后经过核对方可销售。

（二）处方审核、调配、核对人员应当在处方上签字或者盖章，并按照有关规定保存处方或者其复印件。

（三）销售近效期药品应当向顾客告知有效期。

（四）销售中药饮片做到计量准确，并告知煎服方法及注意事项；提供中药饮片代煎服务，应当符合国家有关规定。

第一百六十八条　企业销售药品应当开具销售凭证，内容包括药品名称、生产厂商、数量、价格、批号、规格等，并做好销售记录。

第一百六十九条　药品拆零销售应当符合以下要求：

（一）负责拆零销售的人员经过专门培训；

（二）拆零的工作台及工具保持清洁、卫生，防止交叉污染；

（三）做好拆零销售记录，内容包括拆零起始日期、药品的通用名称、规格、批号、生产厂商、有效期、销售数量、销售日期、分拆及复核人员等；

（四）拆零销售应当使用洁净、卫生的包装，包装上注明药品名称、规格、数量、用法、用量、批号、有效期以及药店名称等内容；

（五）提供药品说明书原件或者复印件；

（六）拆零销售期间，保留原包装和说明书。

第一百七十条　销售特殊管理的药品和国家有专门管理要求的药品，应当严格执行国家有关规定。

第一百七十一条　药品广告宣传应当严格执行国家有关广告管理的规定。

第一百七十二条　非本企业在职人员不得在营业场所内从事药品销售相关活动。

第八节　售后管理

第一百七十三条　除药品质量原因外，药品一经售出，不得退换。

第一百七十四条　企业应当在营业场所公布食品药品监督管理部门的监督电话，设置顾客意见簿，及时处理顾客对药品质量的投诉。

第一百七十五条　企业应当按照国家有关药品不良反应报告制度的规定，收集、报告药品不良反应信息。

第一百七十六条　企业发现已售出药品有严重质量问题，应当及时采取措施追回药品并做好记录，同时向食品药品监督管理部门报告。

第一百七十七条　企业应当协助药品生产企业履行召回义务，控制和收回存在安全隐患的药品，并建立药品召回记录。

第四章　附　则

第一百七十八条　本规范下列术语的含义是：

（一）在职：与企业确定劳动关系的在册人员。

（二）在岗：相关岗位人员在工作时间内在规定的岗位履行职责。

（三）首营企业：采购药品时，与本企业首次发生供需关系的药品生产或者经营企业。

（四）首营品种：本企业首次采购的药品。

（五）原印章：企业在购销活动中，为证明企业身份在相关文件或者凭证上加盖的企业公章、发票专用章、质量管理专用章、药品出库专用章的原始印记，不能是印刷、影印、复印等复制后的印记。

（六）待验：对到货、销后退回的药品采用有效的方式进行隔离或者区分，在入库前等待质量验收的状态。

（七）零货：拆除了用于运输、储藏包装的药品。

（八）拼箱发货：将零货药品集中拼装至同一包装箱内发货的方式。

（九）拆零销售：将最小包装拆分销售的方式。

（十）国家有专门管理要求的药品：国家对蛋白同化制剂、肽类激素、含特殊药品复方制剂等品种实施特殊监管措施的药品。

第一百七十九条　药品零售连锁企业总部的管理应当符合本规范药品批发企业相关规定，门店的管理应当符合本规范药品零售企业相关规定。

第一百八十条　本规范为药品经营质量管理的基本要求。对企业信息化管理、药品储运温湿度自动监测、药品验收管理、药品冷链物流管理、零售连锁管理等具体要求，由国家食品药品监督管理总局以附录方式另行制定。

第一百八十一条　麻醉药品、精神药品、药品类易制毒化学品的追溯应当符合国家有关规定。

第一百八十二条　医疗机构药房和计划生育技术服务机构的药品采购、储存、养护等质量管理规范由国家食品药品监督管理总局商相关主管部门另行制定。

互联网销售药品的质量管理规定由国家食品药品监督管理总局另行制定。

第一百八十三条　药品经营企业违反本规范的，由食品药品监督管理部门按照《中华人民共和国药品管理法》第七十八条的规定给予处罚。

第一百八十四条　本规范自发布之日起施行，卫生部2013年6月1日施行的《药品经营质量管理规范》（中华人民共和国卫生部令第90号）同时废止。

药物非临床研究质量管理规范

1. 2017年7月27日国家食品药品监督管理总局令第34号公布

2. 自2017年9月1日起施行

第一章　总　　则

第一条　为保证药物非临床安全性评价研究的质量，保障公众用药安全，根据《中华人民共和国药品管理法》、《中华人民共和国药品管理法实施条例》，制定本规范。

第二条　本规范适用于为申请药品注册而进行的药物非临床安全性评价研究。药物非临床安全性评价研究的相关活动应当遵守本规范。以注册为目的的其他药物临床前相关研究活动参照本规范执行。

第三条　药物非临床安全性评价研究是药物研发的基础性工作，应当确保行为规范，数据真实、准确、完整。

第二章　术语及其定义

第四条　本规范下列术语的含义是：

（一）非临床研究质量管理规范，指有关非临床安全性评价研究机构运行管理和非临床安全性评价研究项目试验方案设计、组织实施、执行、检查、记录、存档和报告等全过程的质量管理要求。

（二）非临床安全性评价研究，指为评价药物安全性，在实验室条件下用实验系统进行的试验，包括安全药理学试验、单次给药毒性试验、重复给药毒性试验、生殖毒性试验、遗传毒性试验、致癌性试验、局部毒性试验、免疫原性试验、依赖性试验、毒代动力学试验以及与评价药物安全性有关的其他试验。

（三）非临床安全性评价研究机构（以下简称研究机构），指具备开展非临床安全性评价研究的人员、设施设备及质量管理体系等条件，从事药物非临床安全性评价研究的单位。

（四）多场所研究，指在不同研究机构或者同一研究机构中不同场所内共同实施完成的研究项目。该类研究项目只有一个试验方案、专题负责人，形成一个总结报告，专题负责人和实验系统所处的研究机构或者场所为“主研究场所”，其他负责实施研究工作的研究机构或者场所为“分研究场所”。

（五）机构负责人，指按照本规范的要求全面负责某一研究机构的组织和运行管理的人员。

（六）专题负责人，指全面负责组织实施非临床安全性评价研究中某项试验的人员。

（七）主要研究者，指在多场所研究中，代表专题负责人在分研究场所实施试验的人员。

（八）委托方，指委托研究机构进行非临床安全性评价研究的单位或者个人。

（九）质量保证部门，指研究机构内履行有关非临床安全性评价研究工作质量保证职能的部门，负责对每项研究及相关的设施、设备、人员、方法、操作和记录等进行检查，以保证研究工作符合本规范的要求。

（十）标准操作规程，指描述研究机构运行管理以及试验操作的程序性文件。

（十一）主计划表，指在研究机构内帮助掌握工作量和跟踪研究进程的信息汇总。

（十二）试验方案，指详细描述研究目的及试验设计的文件，包括其变更文件。

（十三）试验方案变更，指在试验方案批准之后，针对试验方案的内容所做的修改。

（十四）偏离，指非故意的或者由不可预见的因素导致的不符合试验方案或者标准操作规程要求的情况。

（十五）实验系统，指用于非临床安全性评价研究的动物、植物、微生物以及器官、组织、细胞、基因等。

（十六）受试物/供试品，指通过非临床研究进行安全性评价的物质。

（十七）对照品，指与受试物进行比较的物质。

（十八）溶媒，指用以混合、分散或者溶解受试物、对照品，以便将其给予实验系统的媒介物质。

（十九）批号，指用于识别“批”的一组数字或者字母加数字，以保证受试物或者对照品的可追溯性。

（二十）原始数据，指在第一时间获得的，记载研究工作的原始记录和有关文书或者材料，或者经核实的副本，包括工作记录、各种照片、缩微胶片、计算机打印资料、磁性载体、仪器设备记录的数据等。

（二十一）标本，指来源于实验系统，用于分析、测定或者保存的材料。

（二十二）研究开始日期，指专题负责人签字批准试验方案的日期。

（二十三）研究完成日期，指专题负责人签字批准总结报告的日期。

（二十四）计算机化系统，指由计算机控制的一组硬件与软件，共同执行一个或者一组特定的功能。

（二十五）验证，指证明某流程能够持续满足预期目的和质量属性的活动。

（二十六）电子数据，指任何以电子形式表现的文本、图表、数据、声音、图像等信息，由计算机化系统来完成其建立、修改、备份、维护、归档、检索或者分发。

（二十七）电子签名，指用于代替手写签名的一组计算机代码，与手写签名具有相同的法律效力。

（二十八）稽查轨迹，指按照时间顺序对系统活动进行连续记录，该记录足以重建、回顾、检查系统活动的过程，以便于掌握可能影响最终结果的活动及操作环境的改变。

（二十九）同行评议，指为保证数据质量而采用的一种复核程序，由同一领域的其他专家学者对研究者的研究计划或者结果进行评审。

第三章　组织机构和人员

第五条　研究机构应当建立完善的组织管理体系，配备机构负责人、质量保证部门和相应的工作人员。

第六条　研究机构的工作人员至少应当符合下列要求：

（一）接受过与其工作相关的教育或者专业培训，具备所承担工作需要的知识、工作经验和业务能力；

（二）掌握本规范中与其工作相关的要求，并严格执行；

（三）严格执行与所承担工作有关的标准操作规程，对研究中发生的偏离标准操作规程的情况应当及时记录并向专题负责人或者主要研究者书面报告；

（四）严格执行试验方案的要求，及时、准确、清楚地记录原始数据，并对原始数据的质量负责，对研究中发生的偏离试验方案的情况应当及时记录并向专题负责人或者主要研究者书面报告；

（五）根据工作岗位的需要采取必要的防护措施，最大限度地降低工作人员的安全风险，同时确保受试物、对照品和实验系统不受化学性、生物性或者放射性污染；

（六）定期进行体检，出现健康问题时，为确保研究的质量，应当避免参与可能影响研究的工作。

第七条　机构负责人全面负责本研究机构的运行管理，至少应当履行以下职责：

（一）确保研究机构的运行管理符合本规范的要求；

（二）确保研究机构具有足够数量、具备资质的人员，以及符合本规范要求的设施、仪器设备及材料，以保证研究项目及时、正常地运行；

（三）确保建立工作人员的教育背景、工作经历、培训情况、岗位描述等资料，并归档保存、及时更新；

（四）确保工作人员清楚地理解自己的职责及所承担的工作内容，如有必要应当提供与这些工作相关的培训；

（五）确保建立适当的、符合技术要求的标准操作规程，并确保工作人员严格遵守标准操作规程，所有新建和修改后的标准操作规程需经机构负责人签字批准方可生效，其原始文件作为档案进行保存；

（六）确保在研究机构内制定质量保证计划，由独立的质量保证人员执行，并确保其按照本规范的要求履行质量保证职责；

（七）确保制定主计划表并及时进行更新，确保定期对主计划表归档保存，主计划表应当至少包括研究名称或者代号、受试物名称或者代号、实验系统、研究类型、研究开始时间、研究状态、专题负责人姓名、委托方，涉及多场所研究时，还应当包括分研究场所及主要研究者的信息，以便掌握研究机构内所有非临床安全性评价研究工作的进展及资源分配情况；

（八）确保在研究开始前为每个试验指定一名具有适当资质、经验和培训经历的专题负责人，专题负责人的更换应当按照规定的程序进行并予以记录；

（九）作为分研究场所的机构负责人，在多场所研究的情况下，应当指定一名具有适当资质、经验和培训经历的主要研究者负责相应的试验工作，主要研究者的更换应当按照规定的程序进行并予以记录；

（十）确保质量保证部门的报告被及时处理，并采取必要的纠正、预防措施；

（十一）确保受试物、对照品具备必要的质量特性信息，并指定专人负责受试物、对照品的管理；

（十二）指定专人负责档案的管理；

（十三）确保计算机化系统适用于其使用目的，并且按照本规范的要求进行验证、使用和维护；

（十四）确保研究机构根据研究需要参加必要的检测实验室能力验证和比对活动；

（十五）与委托方签订书面合同，明确各方职责；

（十六）在多场所研究中，分研究场所的机构负责人，应履行以上所述除第（八）项要求之外的所有责任。

第八条　研究机构应当设立独立的质量保证部门负责检查本规范的执行情况，以保证研究的运行管理符合本规范要求。

质量保证人员的职责至少应当包括以下几个方面：

（一）保存正在实施中的研究的试验方案及试验方案修改的副本、现行标准操作规程的副本，并及时获得主计划表的副本；

（二）审查试验方案是否符合本规范的要求，审查工作应当记录归档；

（三）根据研究的内容和持续时间制定检查计划，对每项研究实施检查，以确认所有研究均按照本规范的要求进行，并记录检查的内容、发现的问题、提出的建议等；

（四）定期检查研究机构的运行管理状况，以确认研究机构的工作按照本规范的要求进行；

（五）对检查中发现的任何问题、提出的建议应当跟踪检查并核实整改结果；

（六）以书面形式及时向机构负责人或者专题负责人报告检查结果，对于多场所研究，分研究场所的质量保证人员需将检查结果报告给其研究机构内的主要研究者和机构负责人，以及主研究场所的机构负责人、专题负责人和质量保证人员；

（七）审查总结报告，签署质量保证声明，明确陈述检查的内容和检查时间，以及检查结果报告给机构负责人、专题负责人、主要研究者（多场所研究情况下）的日期，以确认其准确完整地描述了研究的方法、程序、结果，真实全面地反映研究的原始数据；

（八）审核研究机构内所有现行标准操作规程，参与标准操作规程的制定和修改。

第九条　专题负责人对研究的执行和总结报告负责，其职责至少应当包括以下方面：

（一）以签署姓名和日期的方式批准试验方案和试验方案变更，并确保质量保证人员、试验人员及时获得试验方案和试验方案变更的副本；

（二）及时提出修订、补充标准操作规程相关的建议；

（三）确保试验人员了解试验方案和试验方案变更、掌握相应标准操作规程的内容，并遵守其要求，确保及时记录研究中发生的任何偏离试验方案或者标准操作规程的情况，并评估这些情况对研究数据的质量和完整性造成的影响，必要时应当采取纠正措施；

（四）掌握研究工作的进展，确保及时、准确、完整地记录原始数据；

（五）及时处理质量保证部门提出的问题，确保研究工作符合本规范的要求；

（六）确保研究中所使用的仪器设备、计算机化系统得到确认或者验证，且处于适用状态；

（七）确保研究中给予实验系统的受试物、对照品制剂得到充分的检测，以保证其稳定性、浓度或者均一性符合研究要求；

（八）确保总结报告真实、完整地反映了原始数据，并在总结报告中签署姓名和日期予以批准；

（九）确保试验方案、总结报告、原始数据、标本、受试物或者对照品的留样样品等所有与研究相关的材料完整地归档保存；

（十）在多场所研究中，确保试验方案和总结报告中明确说明研究所涉及的主要研究者、主研究场所、分研究场所分别承担的任务；

（十一）多场所研究中，确保主要研究者所承担部分的试验工作符合本规范的要求。

第四章　设　　施

第十条　研究机构应当根据所从事的非临床安全性评价研究的需要建立相应的设施，并确保设施的环境条件满足工作的需要。各种设施应当布局合理、运转正常，并具有必要的功能划分和区隔，有效地避免可能对研究造成的干扰。

第十一条　具备能够满足研究需要的动物设施，并能根据需要调控温度、湿度、空气洁净度、通风和照明等环境条件。动物设施的条件应当与所使用的实验动物级别相符，其布局应当合理，避免实验系统、受试物、废弃物等之间发生相互污染。

动物设施应当符合以下要求：

（一）不同种属实验动物能够得到有效的隔离；

（二）同一种属不同研究的实验动物应能够得到有效的隔离，防止不同的受试物、对照品之间可能产生的交叉干扰；

（三）具备实验动物的检疫和患病实验动物的隔离、治疗设施；

（四）当受试物或者对照品含有挥发性、放射性或者生物危害性等物质时，研究机构应当为此研究提供单独的、有效隔离的动物设施，以避免对其他研究造成不利的影响；

（五）具备清洗消毒设施；

（六）具备饲料、垫料、笼具及其他实验用品的存放设施，易腐败变质的用品应当有适当的保管措施。

第十二条　与受试物和对照品相关的设施应当符合以下要求：

（一）具备受试物和对照品的接收、保管、配制及配制后制剂保管的独立房间或者区域，并采取必要的隔离措施，以避免受试物和对照品发生交叉污染或者相互混淆，相关的设施应当满足不同受试物、对照品对于贮藏温度、湿度、光照等环境条件的要求，以确保受试物和对照品在有效期内保持稳定；

（二）受试物和对照品及其制剂的保管区域与实验系统所在的区域应当有效地隔离，以防止其对研究产生不利的影响；

（三）受试物和对照品及其制剂的保管区域应当有必要的安全措施，以确保受试物和对照品及其制剂在贮藏保管期间的安全。

第十三条　档案保管的设施应当符合以下要求：

（一）防止未经授权批准的人员接触档案；

（二）计算机化的档案设施具备阻止未经授权访问和病毒防护等安全措施；

（三）根据档案贮藏条件的需要配备必要的设备，有效地控制火、水、虫、鼠、电力中断等危害因素；

（四）对于有特定环境条件调控要求的档案保管设施，进行充分的监测。

第十四条　研究机构应当具备收集和处置实验废弃物的设施；对不在研究机构内处置的废弃物，应当具备暂存或者转运的条件。

第五章　仪器设备和实验材料

第十五条　研究机构应当根据研究工作的需要配备相应的仪器设备，其性能应当满足使用目的，放置地点合理，并定期进行清洁、保养、测试、校准、确认或者验证等，以确保其性能符合要求。

第十六条　用于数据采集、传输、储存、处理、归档等的计算机化系统（或者包含有计算机系统的设备）应当进行验证。计算机化系统所产生的电子数据应当有保存完整的稽查轨迹和电子签名，以确保数据的完整性和有效性。

第十七条　对于仪器设备，应当有标准操作规程详细说明各仪器设备的使用与管理要求，对仪器设备的使用、清洁、保养、测试、校准、确认或者验证以及维修等应当予以详细记录并归档保存。

第十八条　受试物和对照品的使用和管理应当符合下列要求：

（一）受试物和对照品应当有专人保管，有完善的接收、登记和分发的手续，每一批的受试物和对照品的批号、稳定性、含量或者浓度、纯度及其他理化性质应当有记录，对照品为市售商品时，可使用其标签或者说明书内容；

（二）受试物和对照品的贮存保管条件应当符合其特定的要求，贮存的容器在保管、分发、使用时应当有标签，标明品名、缩写名、代号或者化学文摘登记号（CAS）、批号、浓度或者含量、有效期和贮存条件等信息；

（三）受试物和对照品在分发过程中应当避免污染或者变质，并记录分发、归还的日期和数量；

（四）当受试物和对照品需要与溶媒混合时，应当进行稳定性分析，确保受试物和对照品制剂处于稳定状态，并定期测定混合物制剂中受试物和对照品的浓度、均一性；

（五）试验持续时间超过四周的研究，所使用的每一个批号的受试物和对照品均应当留取足够的样本，以备重新分析的需要，并在研究完成后作为档案予以归档保存。

第十九条　实验室的试剂和溶液等均应当贴有标签，标明品名、浓度、贮存条件、配制日期及有效期等。研究中不得使用变质或者过期的试剂和溶液。

第六章　实验系统

第二十条　实验动物的管理应当符合下列要求：

（一）实验动物的使用应当关注动物福利，遵循"减少、替代和优化"的原则，试验方案实施前应当获得动物伦理委员会批准。

（二）详细记录实验动物的来源、到达日期、数量、健康情况等信息；新进入设施的实验动物应当进行隔离和检疫，以确认其健康状况满足研究的要求；研究过程中实验动物如出现患病等情况，应当及时给予隔离、治疗等处理，诊断、治疗等相应的措施应当予以记录。

（三）实验动物在首次给予受试物、对照品前，应当有足够的时间适应试验环境。

（四）实验动物应当有合适的个体识别标识，以避免实验动物的不同个体在移出或者移入时发生混淆。

（五）实验动物所处的环境及相关用具应当定期清洁、消毒以保持卫生。动物饲养室内使用的清洁剂、消毒剂及杀虫剂等，不得影响试验结果，并应当详细记录其名称、浓度、使用方法及使用的时间等。

（六）实验动物的饲料、垫料和饮水应当定期检验，确保其符合营养或者污染控制标准，其检验结果应当作为原始数据归档保存。

第二十一条　实验动物以外的其他实验系统的来源、数量（体积）、质量属性、接收日期等应当予以详细记录，并在合适的环境条件下保存和操作使用；使用前应当开展适用性评估，如出现质量问题应当给予适当的处理并重新评估其适用性。

第七章　标准操作规程

第二十二条　研究机构应当制定与其业务相适应的标准操作规程，以确保数据的可靠性。公开出版的教科书、文献、生产商制定的用户手册等技术资料可以作为标准操作规程的补充说明加以使用。需要制定的标准操作规程通常包括但不限于以下方面：

（一）标准操作规程的制定、修订和管理；

（二）质量保证程序；

（三）受试物和对照品的接收、标识、保存、处理、配制、领用及取样分析；

（四）动物房和实验室的准备及环境因素的调控；

（五）实验设施和仪器设备的维护、保养、校正、使用和管理等；

（六）计算机化系统的安全、验证、使用、管理、变更控制和备份；

（七）实验动物的接收、检疫、编号及饲养管理；

（八）实验动物的观察记录及试验操作；

（九）各种试验样品的采集、各种指标的检查和测定等操作技术；

（十）濒死或者死亡实验动物的检查、处理；

（十一）实验动物的解剖、组织病理学检查；

（十二）标本的采集、编号和检验；

（十三）各种试验数据的管理和处理；

（十四）工作人员的健康管理制度；

（十五）实验动物尸体及其他废弃物的处理。

第二十三条　标准操作规程及其修订版应当经过质量保证人员审查、机构负责人批准后方可生效。失效的标准操作规程除其原始文件归档保存之外，其余副本均应当及时销毁。

第二十四条　标准操作规程的制定、修订、批准、生效的日期及分发、销毁的情况均应当予以记录并归档保存。

第二十五条　标准操作规程的分发和存放应当确保工作人员使用方便。

第八章　研究工作的实施

第二十六条　每个试验均应当有名称或者代号，并在研究相关的文件资料及试验记录中统一使用该名称或者代号。试验中所采集的各种样本均应当标明该名称或者代号、样本编号和采集日期。

第二十七条　每项研究开始前，均应当起草一份试验方案，由质量保证部门对其符合本规范要求的情况进行审查并经专题负责人批准之后方可生效，专题负责人批准的日期作为研究的开始日期。接受委托的研究，试验方案应当经委托方认可。

第二十八条　需要修改试验方案时应当进行试验方案变更，并经质量保证部门审查，专题负责人批准。试验方案变更应当包含变更的内容、理由及日期，并与原试验方案一起保存。研究被取消或者终止时，试验方案变更应当说明取消或者终止的原因和终止的方法。

第二十九条　试验方案的主要内容应当包括：

（一）研究的名称或者代号，研究目的；

（二）所有参与研究的研究机构和委托方的名称、地址和联系方式；

（三）专题负责人和参加试验的主要工作人员姓名，多场所研究的情况下应当明确负责各部分试验工作的研究场所、主要研究者姓名及其所承担的工作内容；

（四）研究所依据的试验标准、技术指南或者文献以及研究遵守的非临床研究质量管理规范；

（五）受试物和对照品的名称、缩写名、代号、批号、稳定性、浓度或者含量、纯度、组分等有关理化性质及生物特性；

（六）研究用的溶媒、乳化剂及其他介质的名称、批号、有关的理化性质或者生物特性；

（七）实验系统及选择理由；

（八）实验系统的种、系、数量、年龄、性别、体重范围、来源、等级以及其他相关信息；

（九）实验系统的识别方法；

（十）试验的环境条件；

（十一）饲料、垫料、饮用水等的名称或者代号、来源、批号以及主要控制指标；

（十二）受试物和对照品的给药途径、方法、剂量、频率和用药期限及选择的理由；

（十三）各种指标的检测方法和频率；

（十四）数据统计处理方法；

（十五）档案的保存地点。

第三十条　参加研究的工作人员应当严格执行试验方案和相应的标准操作规程，记录试验产生的所有数据，并做到及时、直接、准确、清楚和不易消除，同时需注明记录日期、记录者签名。记录的数据需要修改时，应当保持原记录清楚可辨，并注明修改的理由及修改日期、修改者签名。电子数据的生成、修改应当符合以上要求。

研究过程中发生的任何偏离试验方案和标准操作规程的情况，都应当及时记录并报告给专题负责人，在多场所研究的情况下还应当报告给负责相关试验的主要研究者。专题负责人或者主要研究者应当评估对研究数据的可靠性造成的影响，必要时采取纠正措施。

第三十一条　进行病理学同行评议工作时，同行评议的计划、管理、记录和报告应当符合以下要求：

（一）病理学同行评议工作应当在试验方案或者试验方案变更中详细描述；

（二）病理学同行评议的过程，以及复查的标本和文件应当详细记录并可追溯；

（三）制定同行评议病理学家和专题病理学家意见分歧时的处理程序；

（四）同行评议后的结果与专题病理学家的诊断结果有重要变化时，应当在总结报告中论述说明；

（五）同行评议完成后由同行评议病理学家出具同行评议声明并签字注明日期；

（六）总结报告中应当注明同行评议病理学家的姓名、资质和单位。

第三十二条　所有研究均应当有总结报告。总结报告应当经质量保证部门审查，最终由专题负责人签字批准，批准日期作为研究完成的日期。研究被取消或者终止时，专题负责人应当撰写简要试验报告。

第三十三条　总结报告主要内容应当包括：

（一）研究的名称、代号及研究目的；

（二）所有参与研究的研究机构和委托方的名称、地址和联系方式；

（三）研究所依据的试验标准、技术指南或者文献以及研究遵守的非临床研究质量管理规范；

（四）研究起止日期；

（五）专题负责人、主要研究者以及参加工作的主要人员姓名和承担的工作内容；

（六）受试物和对照品的名称、缩写名、代号、批号、稳定性、含量、浓度、纯度、组分及其他质量特性、受试物和对照品制剂的分析结果，研究用的溶媒、乳化剂及其他介质的名称、批号、有关的理化性质或者生物特性；

（七）实验系统的种、系、数量、年龄、性别、体重范围、来源、实验动物合格证号、接收日期和饲养条件；

（八）受试物和对照品的给药途径、剂量、方法、频率和给药期限；

（九）受试物和对照品的剂量设计依据；

（十）各种指标的检测方法和频率；

（十一）分析数据所采用的统计方法；

（十二）结果和结论；

（十三）档案的保存地点；

（十四）所有影响本规范符合性、研究数据的可靠性的情况；

（十五）质量保证部门签署的质量保证声明；

（十六）专题负责人签署的、陈述研究符合本规范的声明；

（十七）多场所研究的情况下，还应当包括主要研究者签署姓名、日期的相关试验部分的报告。

第三十四条　总结报告被批准后，需要修改或者补充时，应当以修订文件的形式予以修改或者补充，详细说明修改或者补充的内容、理由，并经质量保证部门审查，由专题负责人签署姓名和日期予以批准。为了满足注册申报要求修改总结报告格式的情况不属于总结报告的修订。

第九章 质量保证

第三十五条 研究机构应当确保质量保证工作的独立性。质量保证人员不能参与具体研究的实施，或者承担可能影响其质量保证工作独立性的其他工作。

第三十六条 质量保证部门应当制定书面的质量保证计划，并指定执行人员，以确保研究机构的研究工作符合本规范的要求。

第三十七条 质量保证部门应当对质量保证活动制定相应的标准操作规程，包括质量保证部门的运行、质量保证计划及检查计划的制定、实施、记录和报告，以及相关资料的归档保存等。

第三十八条 质量保证检查可分为三种检查类型：

（一）基于研究的检查，该类检查一般基于特定研究项目的进度和关键阶段进行；

（二）基于设施的检查，该类检查一般基于研究机构内某个通用设施和活动（安装、支持服务、计算机系统、培训、环境监测、维护和校准等）进行；

（三）基于过程的检查，该类检查一般不基于特定研究项目，而是基于某个具有重复性质的程序或者过程来进行。

质量保证检查应当有过程记录和报告，必要时应当提供给监管部门检查。

第三十九条 质量保证部门应当对所有遵照本规范实施的研究项目进行审核并出具质量保证声明。质量保证声明应当包含完整的研究识别信息、相关质量保证检查活动以及报告的日期和阶段。任何对已完成总结报告的修改或者补充应当重新进行审核并签署质量保证声明。

第四十条 质量保证人员在签署质量保证声明前，应当确认试验符合本规范的要求，遵照试验方案和标准操作规程执行，确认总结报告准确、可靠地反映原始数据。

第十章 资料档案

第四十一条 专题负责人应当确保研究所有的资料，包括试验方案的原件、原始数据、标本、相关检测报告、留样受试物和对照品、总结报告的原件以及研究有关的各种文件，在研究实施过程中或者研究完成后及时归档，最长不超过 2 周，按标准操作规程的要求整理后，作为研究档案予以保存。

第四十二条 研究被取消或者终止时，专题负责人应当将已经生成的上述研究资料作为研究档案予以保存归档。

第四十三条 其他不属于研究档案范畴的资料，包括质量保证部门所有的检查记录及报告、主计划表、工作人员的教育背景、工作经历、培训情况、获准资质、岗位描述的资料、仪器设备及计算机化系统的相关资料、研究机构的人员组织结构文件、所有标准操作规程的历史版本文件、环境条件监测数据等，均应当定期归档保存。应当在标准操作规程中对具体的归档时限、负责人员提出明确要求。

第四十四条 档案应当由机构负责人指定的专人按标准操作规程的要求进行管理，并对其完整性负责，同时应当建立档案索引以便于检索。进入档案设施的人员需获得授权。档案设施中放入或者取出材料应当准确记录。

第四十五条 档案的保存期限应当满足以下要求：

（一）用于注册申报材料的研究，其档案保存期应当在药物上市后至少 5 年；

（二）未用于注册申报材料的研究（如终止的研究），其档案保存期为总结报告批准日后至少 5 年；

（三）其他不属于研究档案范畴的资料应当在其生成后保存至少 10 年。

第四十六条 档案保管期满时，可对档案采取包括销毁在内的必要处理，所采取的处理措施和过程应当按照标准操作规程进行，并有准确的记录。在可能的情况下，研究档案的处理应当得到委托方的同意。

第四十七条 对于质量容易变化的档案，如组织器官、电镜标本、血液涂片、受试物和对照品留样样品等，应当以能够进行有效评价为保存期限。对于电子数据，应当建立数据备份与恢复的标准操作规程，以确保其安全性、完整性和可读性，其保存期限应当符合本规范第四十五条的要求。

第四十八条 研究机构出于停业等原因不再执行本规范的要求、且没有合法的继承者时，其保管的档案应当转移到委托方的档案设施或者委托方指定的档案设施中进行保管，直至档案最终的保管期限。接收转移档案的档案设施应当严格执行本规范的要求，对其接收的档案进行有效的管理并接受监管部门的监督。

第十一章 委托方

第四十九条 委托方作为研究工作的发起者和研究结果的申报者，对用于申报注册的研究资料负责，并承担以下责任：

（一）理解本规范的要求，尤其是机构负责人、专题负责人、主要研究者的职责要求；

（二）委托非临床安全性评价研究前，通过考察等方式对研究机构进行评估，以确认其能够遵守本规范的要求进行研究；

（三）在研究开始之前，试验方案应当得到委托方的认可；

（四）告知研究机构受试物和对照品的相关安全信息，以确保研究机构采取必要的防护措施，避免人身健康和环境安全的潜在风险；

（五）对受试物和对照品的特性进行检测的工作可由委托方、其委托的研究机构或者实验室完成，委托方应当确保其提供的受试物、对照品的特性信息真实、准确；

（六）确保研究按照本规范的要求实施。

第十二章　附　　则

第五十条　本规范自2017年9月1日起施行，2003年8月6日发布的《药物非临床研究质量管理规范》（原国家食品药品监督管理局令第2号）同时废止。

（4）药品销售

互联网药品交易服务审批暂行规定

1. 2005年9月20日国家食品药品监督管理局发布
2. 国食药监市〔2005〕480号
3. 自2005年12月1日起施行

第一条　为加强药品监督管理，规范互联网药品交易，根据《中华人民共和国药品管理法》、《中华人民共和国药品管理法实施办法》及其他相关法律、法规，制定本规定。

第二条　在中华人民共和国境内从事互联网药品交易服务活动，必须遵守本规定。

本规定所称互联网药品交易服务，是指通过互联网提供药品（包括医疗器械、直接接触药品的包装材料和容器）交易服务的电子商务活动。

第三条　互联网药品交易服务包括为药品生产企业、药品经营企业和医疗机构之间的互联网药品交易提供的服务，药品生产企业、药品批发企业通过自身网站与本企业成员之外的其他企业进行的互联网药品交易以及向个人消费者提供的互联网药品交易服务。

本规定所称本企业成员，是指企业集团成员或者提供互联网药品交易服务的药品生产企业、药品批发企业对其拥有全部股权或者控股权的企业法人。

第四条　从事互联网药品交易服务的企业必须经过审查验收并取得互联网药品交易服务机构资格证书。

互联网药品交易服务机构的验收标准由国家食品药品监督管理局统一制定。互联网药品交易服务机构资格证书由国家食品药品监督管理局统一印制，有效期五年。

第五条　国家食品药品监督管理局对为药品生产企业、药品经营企业和医疗机构之间的互联网药品交易提供服务的企业进行审批。

省、自治区、直辖市（食品）药品监督管理部门对本行政区域内通过自身网站与本企业成员之外的其他企业进行互联网药品交易的药品生产企业、药品批发企业和向个人消费者提供互联网药品交易服务的企业进行审批。

第六条　为药品生产企业、药品经营企业和医疗机构之间的互联网药品交易提供服务的企业，应当具备以下条件：

（一）依法设立的企业法人；

（二）提供互联网药品交易服务的网站已获得从事互联网药品信息服务的资格；

（三）拥有与开展业务相适应的场所、设施、设备，并具备自我管理和维护的能力；

（四）具有健全的网络与交易安全保障措施以及完整的管理制度；

（五）具有完整保存交易记录的能力、设施和设备；

（六）具备网上查询、生成订单、电子合同、网上支付等交易服务功能；

（七）具有保证上网交易资料和信息的合法性、真实性的完善的管理制度、设备与技术措施；

（八）具有保证网络正常运营和日常维护的计算机专业技术人员，具有健全的企业内部管理机构和技术保障机构；

（九）具有药学或者相关专业本科学历，熟悉药品、医疗器械相关法规的专职专业人员组成的审核部门负责网上交易的审查工作。

第七条　为药品生产企业、药品经营企业和医疗机构之间的互联网药品交易提供服务的企业不得参与药品生产、经营；不得与行政机关、医疗机构和药品生产经营企业存在隶属关系、产权关系和其他经济利益关系。

第八条　通过自身网站与本企业成员之外的其他企业进行互联网药品交易的药品生产企业和药品批发企业应当具备以下条件：

（一）提供互联网药品交易服务的网站已获得从

事互联网药品信息服务的资格；

（二）具有与开展业务相适应的场所、设施、设备，并具备自我管理和维护的能力；

（三）具有健全的管理机构，具备网络与交易安全保障措施以及完整的管理制度；

（四）具有完整保存交易记录的设施、设备；

（五）具备网上查询、生成订单、电子合同等基本交易服务功能；

（六）具有保证网上交易的资料和信息的合法性、真实性的完善管理制度、设施、设备与技术措施。

第九条 向个人消费者提供互联网药品交易服务的企业，应当具备以下条件：

（一）依法设立的药品连锁零售企业；

（二）提供互联网药品交易服务的网站已获得从事互联网药品信息服务的资格；

（三）具有健全的网络与交易安全保障措施以及完整的管理制度；

（四）具有完整保存交易记录的能力、设施和设备；

（五）具备网上咨询、网上查询、生成定单、电子合同等基本交易服务功能；

（六）对上网交易的品种有完整的管理制度与措施；

（七）具有与上网交易的品种相适应的药品配送系统；

（八）具有执业药师负责网上实时咨询，并有保存完整咨询内容的设施、设备及相关管理制度；

（九）从事医疗器械交易服务，应当配备拥有医疗器械相关专业学历、熟悉医疗器械相关法规的专职专业人员。

第十条 申请从事互联网药品交易服务的企业，应当填写国家食品药品监督管理局统一制发的《从事互联网药品交易服务申请表》，向所在地省、自治区、直辖市（食品）药品监督管理部门提出申请，并提交以下材料：

（一）拟提供互联网药品交易服务的网站获准从事互联网药品信息服务的许可证复印件；

（二）业务发展计划及相关技术方案；

（三）保证交易用户与交易药品合法、真实、安全的管理措施；

（四）营业执照复印件；

（五）保障网络和交易安全的管理制度及措施；

（六）规定的专业技术人员的身份证明、学历证明复印件及简历；

（七）仪器设备汇总表；

（八）拟开展的基本业务流程说明及相关材料；

（九）企业法定代表人证明文件和企业各部门组织机构职能表。

第十一条 省、自治区、直辖市（食品）药品监督管理部门收到申请材料后，在5日内对申请材料进行形式审查。决定予以受理的，发给受理通知书；决定不予受理的，应当书面通知申请人并说明理由，同时告知申请人享有依法申请行政复议或者提起行政诉讼的权利。

第十二条 对于申请材料不规范、不完整的，省、自治区、直辖市（食品）药品监督管理部门应当在收到申请材料之日起5日内一次告知申请人需要补正的全部内容；逾期不告知的，自收到申请材料之日起即为受理。

第十三条 省、自治区、直辖市（食品）药品监督管理部门受理为药品生产企业、药品经营企业和医疗机构提供互联网药品交易服务的申请后，应当在10个工作日内向国家食品药品监督管理局报送相关申请材料。

国家食品药品监督管理局按照有关规定对申请材料进行审核，并在20个工作日内作出同意或者不同意进行现场验收的决定，并书面通知申请人，同时抄送受理申请的省、自治区、直辖市（食品）药品监督管理部门。

国家食品药品监督管理局同意进行现场验收的，应当在20个工作日内对申请人按验收标准组织进行现场验收。验收不合格的，书面通知申请人并说明理由，同时告知申请人享有依法申请行政复议或者提起行政诉讼的权利；验收合格的，国家食品药品监督管理局应当在10个工作日内向申请人核发并送达同意其从事互联网药品交易服务的互联网药品交易服务机构资格证书。

第十四条 省、自治区、直辖市（食品）药品监督管理部门按照有关规定对通过自身网站与本企业成员之外的其他企业进行互联网药品交易服务的药品生产企业、药品批发企业和向个人消费者提供互联网药品交易服务的申请人提交的材料进行审批，并在20个工作日内作出同意或者不同意进行现场验收的决定，并书面通知申请人。

省、自治区、直辖市（食品）药品监督管理部门同意进行现场验收的，应当在20个工作日内组织对申请人进行现场验收。验收不合格的，书面通知申请人并说明理由，同时告知申请人享有依法申请行政复议或者提起行政诉讼的权利；经验收合格的，省、自治区、直辖市(食品)药品监督管理部门应当在10个工作日内向申请人核发并送达同意其从事互联网药品交易服务的互联网药品交易服务机构资格证书。

第十五条 国家食品药品监督管理局和省、自治区、直辖市(食品)药品监督管理部门对申请人的申请进行审查时,发现行政许可事项直接关系到他人重大利益的,应当告知该利害关系人,并听取申请人、利害关系人的陈述和申辩。依法应当听证的,按照法律规定举行听证。

第十六条 提供虚假材料申请互联网药品交易服务的,(食品)药品监督管理部门不予受理,给予警告,一年内不受理该企业提出的从事互联网药品交易服务的申请。

提供虚假材料申请从事互联网药品交易服务取得互联网药品交易服务机构资格证书的,(食品)药品监督管理部门应当撤销其互联网药品交易服务机构资格证书,三年内不受理其从事互联网药品交易服务的申请。

第十七条 在依法获得(食品)药品监督管理部门颁发的互联网药品交易服务机构资格证书后,申请人应当按照《互联网信息服务管理办法》的规定,依法取得相应的电信业务经营许可证,或者履行相应的备案手续。

第十八条 提供互联网药品交易服务的企业必须在其网站首页显著位置标明互联网药品交易服务机构资格证书号码。

第十九条 提供互联网药品交易服务的企业必须严格审核参与互联网药品交易的药品生产企业、药品经营企业、医疗机构从事药品交易的资格及其交易药品的合法性。

对首次上网交易的药品生产企业、药品经营企业、医疗机构以及药品,提供互联网药品交易服务的企业必须索取、审核交易各方的资格证明文件和药品批准证明文件并进行备案。

第二十条 通过自身网站与本企业成员之外的其他企业进行互联网药品交易的药品生产企业和药品批发企业只能交易本企业生产或者本企业经营的药品,不得利用自身网站提供其他互联网药品交易服务。

第二十一条 向个人消费者提供互联网药品交易服务的企业只能在网上销售本企业经营的非处方药,不得向其他企业或者医疗机构销售药品。

第二十二条 在互联网上进行药品交易的药品生产企业、药品经营企业和医疗机构必须通过经(食品)药品监督管理部门和电信业务主管部门审核同意的互联网药品交易服务企业进行交易。参与互联网药品交易的医疗机构只能购买药品,不得上网销售药品。

第二十三条 提供互联网药品交易服务的企业变更网站网址、企业名称、企业法定代表人、企业地址等事项的,应填写《互联网药品交易服务变更申请表》,并提前30个工作日向原审批部门申请办理变更手续,变更程序与原申请程序相同。变更服务范围的原有的资格证书收回,按本规定重新申请,重新审批。

第二十四条 提供互联网药品交易服务的企业需要歇业、停业半年以上的,应在其停止服务前一个月向所在地省、自治区、直辖市(食品)药品监督管理部门提出书面备案申请。省、自治区、直辖市(食品)药品监督管理部门收到备案申请后,应当在10个工作日内通知电信管理部门。

在互联网药品交易服务机构资格证书有效期内,歇业、停业的企业需要恢复营业的,应当向其备案的省、自治区、直辖市(食品)药品监督管理部门申请重新验收,经验收合格,方可恢复营业。

第二十五条 互联网药品交易服务机构资格证书有效期届满,需要继续提供互联网药品交易服务的,提供互联网药品交易服务的企业应当在有效期届满前6个月内,向原发证机关申请换发互联网药品交易服务机构资格证书。

第二十六条 原发证机关按照原申请程序对换证申请进行审核,认为符合条件的,予以换发新证;认为不符合条件的,发给不予换证通知书并说明理由,原互联网药品交易服务机构资格证书由原发证机关收回并公告注销。

原发证机关应当在互联网药品交易服务机构资格证书有效期届满前作出是否准予换证的决定。逾期未作出决定的,视为准予换证,原发证机关应当在30个工作日内予以补办手续。

第二十七条 根据提供互联网药品交易服务的企业的书面申请,省、自治区、直辖市(食品)药品监督管理部门可以收回互联网药品交易服务机构资格证书,报国家食品药品监督管理局备案并公告注销。互联网药品交易服务机构资格证书被收回的,不得继续从事互联网药品交易服务。

第二十八条 未取得互联网药品交易服务机构资格证书,擅自从事互联网药品交易服务或者互联网药品交易服务机构资格证书超出有效期的,(食品)药品监督管理部门责令限期改正,给予警告;情节严重的,移交信息产业主管部门等有关部门依照有关法律、法规规定予以处罚。

第二十九条 提供互联网药品交易服务的企业有下列情形之一的,(食品)药品监督管理部门责令限期改正,给予警告;情节严重的,撤销其互联网药品交易服务机构资格,并注销其互联网药品交易服务机构资格证书:

(一)未在其网站主页显著位置标明互联网药品交易服务机构资格证书号码的;

(二)超出审核同意范围提供互联网药品交易服务的;

(三)为药品生产企业、药品经营企业和医疗机构之间的互联网药品交易提供服务的企业与行政机关、医疗机构和药品生产经营企业存在隶属关系、产权关系或者其他经济利益关系的;

(四)有关变更事项未经审批的。

第三十条 提供互联网药品交易服务的企业为未经许可的企业或者机构交易未经审批的药品提供服务的,(食品)药品监督管理部门依照有关法律法规给予处罚,撤销其互联网药品交易服务机构资格,并注销其互联网药品交易服务机构资格证书,同时移交信息产业主管部门等有关部门依照有关法律、法规规定予以处罚。

第三十一条 为药品生产企业、药品经营企业和医疗机构之间的互联网药品交易提供服务的企业直接参与药品经营的,(食品)药品监督管理部门依照《中华人民共和国药品管理法》第七十三条进行处罚,撤销其互联网药品交易服务机构资格,并注销其互联网药品交易服务机构资格证书,同时移交信息产业主管部门等有关部门依照有关法律、法规规定予以处罚。

第三十二条 向个人消费者提供互联网药品交易服务的药品连锁零售企业在网上销售处方药或者向其他企业或者医疗机构销售药品的,(食品)药品监督管理部门依照药品管理法律法规给予处罚,撤销其互联网药品交易服务机构资格,并注销其互联网药品交易服务机构资格证书,同时移交信息产业主管部门等有关部门依照有关法律、法规的规定予以处罚。

第三十三条 药品生产企业、药品经营企业和医疗机构通过未经审批同意或者超出审批同意范围的互联网药品交易服务企业进行互联网药品交易的,(食品)药品监督管理部门责令改正,给予警告。

第三十四条 (食品)药品监督管理部门在互联网药品交易服务审批中有违反《中华人民共和国行政许可法》第七十二、七十三、七十四、七十七规定情形的,按照有关规定处理。

第三十五条 (食品)药品监督管理部门应当对提供互联网药品交易服务的网站进行监督检查,并将检查情况向社会公告。

第三十六条 省、自治区、直辖市(食品)药品监督管理部门可根据本规定制定具体的审核要求和程序规定,并报国家食品药品监督管理局备案。

第三十七条 本规定自2005年12月1日起施行。

药品说明书和标签管理规定

1. 2006年3月15日国家食品药品监督管理局令第24号发布

2. 自2006年6月1日起施行

第一章 总 则

第一条 为规范药品说明书和标签的管理,根据《中华人民共和国药品管理法》和《中华人民共和国药品管理法实施条例》制定本规定。

第二条 在中华人民共和国境内上市销售的药品,其说明书和标签应当符合本规定的要求。

第三条 药品说明书和标签由国家食品药品监督管理局予以核准。

药品的标签应当以说明书为依据,其内容不得超出说明书的范围,不得印有暗示疗效、误导使用和不适当宣传产品的文字和标识。

第四条 药品包装必须按照规定印有或者贴有标签,不得夹带其他任何介绍或者宣传产品、企业的文字、音像及其他资料。

药品生产企业生产供上市销售的最小包装必须附有说明书。

第五条 药品说明书和标签的文字表述应当科学、规范、准确。非处方药说明书还应当使用容易理解的文字表述,以便患者自行判断、选择和使用。

第六条 药品说明书和标签中的文字应当清晰易辨,标识应当清楚醒目,不得有印字脱落或者粘贴不牢等现象,不得以粘贴、剪切、涂改等方式进行修改或者补充。

第七条 药品说明书和标签应当使用国家语言文字工作委员会公布的规范化汉字,增加其他文字对照的,应当以汉字表述为准。

第八条 出于保护公众健康和指导正确合理用药的目的,药品生产企业可以主动提出在药品说明书或者标签上加注警示语,国家食品药品监督管理局也可以要求药品生产企业在说明书或者标签上加注警示语。

第二章　药品说明书

第九条　药品说明书应当包含药品安全性、有效性的重要科学数据、结论和信息，用以指导安全、合理使用药品。药品说明书的具体格式、内容和书写要求由国家食品药品监督管理局制定并发布。

第十条　药品说明书对疾病名称、药学专业名词、药品名称、临床检验名称和结果的表述，应当采用国家统一颁布或规范的专用词汇，度量衡单位应当符合国家标准的规定。

第十一条　药品说明书应当列出全部活性成分或者组方中的全部中药药味。注射剂和非处方药还应当列出所用的全部辅料名称。药品处方中含有可能引起严重不良反应的成分或者辅料的，应当予以说明。

第十二条　药品生产企业应当主动跟踪药品上市后的安全性、有效性情况，需要对药品说明书进行修改的，应当及时提出申请。根据药品不良反应监测、药品再评价结果等信息，国家食品药品监督管理局也可以要求药品生产企业修改药品说明书。

第十三条　药品说明书获准修改后，药品生产企业应当将修改的内容立即通知相关药品经营企业、使用单位及其他部门，并按要求及时使用修改后的说明书和标签。

第十四条　药品说明书应当充分包含药品不良反应信息，详细注明药品不良反应。药品生产企业未根据药品上市后的安全性、有效性情况及时修改说明书或者未将药品不良反应在说明书中充分说明的，由此引起的不良后果由该生产企业承担。

第十五条　药品说明书核准日期和修改日期应当在说明书中醒目标示。

第三章　药品的标签

第十六条　药品的标签是指药品包装上印有或者贴有的内容，分为内标签和外标签。药品内标签指直接接触药品的包装的标签，外标签指内标签以外的其他包装的标签。

第十七条　药品的内标签应当包含药品通用名称、适应症或者功能主治、规格、用法用量、生产日期、产品批号、有效期、生产企业等内容。包装尺寸过小无法全部标明上述内容的，至少应当标注药品通用名称、规格、产品批号、有效期等内容。

第十八条　药品外标签应当注明药品通用名称、成分、性状、适应症或者功能主治、规格、用法用量、不良反应、禁忌、注意事项、贮藏、生产日期、产品批号、有效期、批准文号、生产企业等内容。适应症或者功能主治、用法用量、不良反应、禁忌、注意事项不能全部注明的，应当标出主要内容并注明“详见说明书”字样。

第十九条　用于运输、储藏的包装的标签，至少应当注明药品通用名称、规格、贮藏、生产日期、产品批号、有效期、批准文号、生产企业，也可以根据需要注明包装数量、运输注意事项或者其他标记等必要内容。

第二十条　原料药的标签应当注明药品名称、贮藏、生产日期、产品批号、有效期、执行标准、批准文号、生产企业，同时还需注明包装数量以及运输注意事项等必要内容。

第二十一条　同一药品生产企业生产的同一药品，药品规格和包装规格均相同的，其标签的内容、格式及颜色必须一致；药品规格或者包装规格不同的，其标签应当明显区别或者规格项明显标注。

同一药品生产企业生产的同一药品，分别按处方药与非处方药管理的，两者的包装颜色应当明显区别。

第二十二条　对贮藏有特殊要求的药品，应当在标签的醒目位置注明。

第二十三条　药品标签中的有效期应当按照年、月、日的顺序标注，年份用四位数字表示，月、日用两位数表示。其具体标注格式为“有效期至××××年××月”或者“有效期至××××年××月××日”；也可以用数字和其他符号表示为“有效期至××××.××.××”或者“有效期至××××/××/××”等。

预防用生物制品有效期的标注按照国家食品药品监督管理局批准的注册标准执行，治疗用生物制品有效期的标注自分装日期计算，其他药品有效期的标注自生产日期计算。

有效期若标注到日，应当为起算日期对应年月日的前一天，若标注到月，应当为起算月份对应年月的前一月。

第四章　药品名称和注册商标的使用

第二十四条　药品说明书和标签中标注的药品名称必须符合国家食品药品监督管理局公布的药品通用名称和商品名称的命名原则，并与药品批准证明文件的相应内容一致。

第二十五条　药品通用名称应当显著、突出，其字体、字号和颜色必须一致，并符合以下要求：

（一）对于横版标签，必须在上三分之一范围内显著位置标出；对于竖版标签，必须在右三分之一范围内显著位置标出；

（二）不得选用草书、篆书等不易识别的字体，不得使用斜体、中空、阴影等形式对字体进行修饰；

（三）字体颜色应当使用黑色或者白色，与相应的浅色或者深色背景形成强烈反差；

（四）除因包装尺寸的限制而无法同行书写的，不得分行书写。

第二十六条　药品商品名称不得与通用名称同行书写，其字体和颜色不得比通用名称更突出和显著，其字体以单字面积计不得大于通用名称所用字体的二分之一。

第二十七条　药品说明书和标签中禁止使用未经注册的商标以及其他未经国家食品药品监督管理局批准的药品名称。

药品标签使用注册商标的，应当印刷在药品标签的边角，含文字的，其字体以单字面积计不得大于通用名称所用字体的四分之一。

第五章　其他规定

第二十八条　麻醉药品、精神药品、医疗用毒性药品、放射性药品、外用药品和非处方药品等国家规定有专用标识的，其说明书和标签必须印有规定的标识。

国家对药品说明书和标签有特殊规定的，从其规定。

第二十九条　中药材、中药饮片的标签管理规定由国家食品药品监督管理局另行制定。

第三十条　药品说明书和标签不符合本规定的，按照《中华人民共和国药品管理法》的相关规定进行处罚。

第六章　附　　则

第三十一条　本规定自2006年6月1日起施行。国家药品监督管理局于2000年10月15日发布的《药品包装、标签和说明书管理规定（暂行）》同时废止。

国家食品药品监督管理局关于《药品说明书和标签管理规定》有关问题解释的通知

1. *2007年1月24日*
2. *国食药监注〔2007〕49号*

各省、自治区、直辖市食品药品监督管理局（药品监督管理局）：

《药品说明书和标签管理规定》（局令24号，以下简称《规定》）及其实施公告（国食药监注〔2006〕100号）、《关于进一步规范药品名称管理的通知》（国食药监注〔2006〕99号）发布后，国家局陆续收到一些省局、协会以及企业的来函，要求对其中的部分内容进行解释。经研究，现就有关问题明确如下。

一、药品说明书和标签修改的补充申请

已经批准注册的药品，其说明书和标签的格式、内容不符合《规定》的，均应当根据《关于实施〈药品说明书和标签管理规定〉有关事宜的公告》（以下简称《公告》）的要求提出补充申请。

化学药品、生物制品说明书和标签修改的补充申请按照《药品注册管理办法》关于补充申请的要求执行。国产药品由省级药品监督管理部门受理和审批并报国家局备案，省级药品监督管理部门审批日期为核准日期。进口药品由国家局受理和备案，备案日期为核准日期。进口分包装药品的说明书和标签应在进口药品说明书和标签同意备案后，报省级药品监督管理部门审批，其内容除分包装信息外，应当与进口药品的说明书和标签一致。

中药、天然药物说明书和标签修改的补充申请按照《关于印发中药、天然药物处方药说明书格式内容书写要求及撰写指导原则的通知》（国食药监注〔2006〕283号）执行。

非处方药说明书和标签修改的补充申请按照《药品注册管理办法》的要求执行，进口药品由国家局受理和备案，备案日期为修订日期。

药品生产企业提出补充申请时提交的药品说明书和标签可以是实样，也可以是设计样稿。

二、药品名称的使用

药品通用名称必须使用黑色或者白色，不得使用其他颜色。浅黑、灰黑、亮白、乳白等黑、白色号均可使用，但要与其背景形成强烈反差。

根据《关于进一步规范药品名称管理的通知》（国食药监注〔2006〕99号），自2006年6月1日起，属于下列情形的药品可以申请使用商品名称：

（一）新化学结构、新活性成份且在保护期、过渡期或者监测期内的药品；

（二）在我国具有化合物专利，且该专利在有效期内的药品。

2006年6月1日前批准使用的商品名称可以继续使用。

三、商标的使用

《规定》第二十七条所述的未经注册的商标包括

所有未取得《商标注册证》的商标。

《关于在药品广告中规范使用药品名称的通知》(国药监市〔2006〕216 号)明确规定,在药品广告中宣传注册商标的,必须同时使用药品通用名称。

四、标签中适应症等内容的书写

根据《规定》第十八条,药品适应症或者功能主治、用法用量、不良反应、禁忌、注意事项不能全部注明的,应当标出主要内容并注明"详见说明书"字样,不得仅注明"详见说明书"。注明的"主要内容"应当与说明书中的描述用语一致,不得修改和扩大范围。

适应症或者功能主治等项目难以标出主要内容或者标出主要内容易引起误用的,可以仅注明"详见说明书"。

药品标签印制的适应症(功能主治)的字体、字号和颜色应当一致,不得突出印制其中的部分内容。

五、药品内标签有效期的标注

按照《规定》第十七条,药品内标签应当标注有效期项。暂时由于包装尺寸或者技术设备等原因有效期确难以标注为"有效期至某年某月"的,可以标注有效期实际期限,如"有效期 24 个月"。

属于该情形的,药品生产企业应当按照《公告》第五条的要求提出补充申请,由省局受理,报国家局审批。

六、原料药的标签

运输用的药品标签,包括原料药的标签,可以按照《规定》的要求自行印制。

进口大包装制剂的标签按照原料药标签的要求管理。

七、标签中有关文字和标识的使用

根据《规定》第三条,药品标签不得超出说明书的范围,不得印制暗示疗效、误导使用和不适当宣传产品的文字和标识。因此,药品标签不得印制"××省专销"、"原装正品"、"进口原料"、"驰名商标"、"专利药品"、"××监制"、"××总经销"、"××总代理"等字样。

"企业防伪标识"、"企业识别码"、"企业形象标志"等不违背《规定》第三条规定的文字图案可以印制。

"印刷企业"、"印刷批次"等与药品的使用无关的,不得在药品标签中标注。

以企业名称等作为标签底纹的,不得以突出显示某一名称来弱化药品通用名称。

八、警示语的申请

药品生产企业按照《规定》第八条提出在药品说明书或者标签上增加警示语的,应当按照《药品注册管理办法》补充申请的要求和程序申报。涉及药品安全性信息或者根据国家局要求增加的,省局受理,国家局审批。

九、辅料的书写

注射液和非处方药应当按照《规定》第十一条列出处方中使用的全部辅料名称,辅料的种类和名称以批准注册或者批准变更时申报的处方书写。

十、《药品包装、标签和说明书管理规定(暂行)》已于 2006 年 6 月 1 日废止,因此根据该规定制定的《药品说明书规范细则(暂行)》(国药监注〔2001〕294 号)和《药品包装、标签规范细则(暂行)》(国药监注〔2001〕482 号)同时废止。

十一、根据国家局《关于开展麻醉药品和精神药品监控信息网络建设工作的通知》(国食药监安〔2006〕169 号),麻醉药品和精神药品的标签可以标注监管码。

十二、根据《反兴奋剂条例》,药品中含有兴奋剂目录所列禁用物质的,其说明书或者标签应当注明"运动员慎用"字样。

十三、对各单位在实施《规定》工作中提出的问题,国家局将在局网站设立局令第 24 号解答专栏,继续对相关问题进行明确和解释。

药品流通监督管理办法

1. *2007 年 1 月 31 日国家食品药品监督管理局令第 26 号公布*
2. *自 2007 年 5 月 1 日起施行*

第一章　总　　则

第一条　为加强药品监督管理,规范药品流通秩序,保证药品质量,根据《中华人民共和国药品管理法》(以下简称《药品管理法》)、《中华人民共和国药品管理法实施条例》(以下简称《药品管理法实施条例》)和有关法律、法规的规定,制定本办法。

第二条　在中华人民共和国境内从事药品购销及监督管理的单位或者个人,应当遵守本办法。

第三条　药品生产、经营企业、医疗机构应当对其生产、经营、使用的药品质量负责。

药品生产、经营企业在确保药品质量安全的前提下,应当适应现代药品流通发展方向,进行改革和创新。

第四条　药品监督管理部门鼓励个人和组织对药品流通实施社会监督。对违反本办法的行为，任何个人和组织都有权向药品监督管理部门举报和控告。

第二章　药品生产、经营企业购销药品的监督管理

第五条　药品生产、经营企业对其药品购销行为负责，对其销售人员或设立的办事机构以本企业名义从事的药品购销行为承担法律责任。

第六条　药品生产、经营企业应当对其购销人员进行药品相关的法律、法规和专业知识培训，建立培训档案，培训档案中应当记录培训时间、地点、内容及接受培训的人员。

第七条　药品生产、经营企业应当加强对药品销售人员的管理，并对其销售行为作出具体规定。

第八条　药品生产、经营企业不得在经药品监督管理部门核准的地址以外的场所储存或者现货销售药品。

第九条　药品生产企业只能销售本企业生产的药品，不得销售本企业受委托生产的或者他人生产的药品。

第十条　药品生产企业、药品批发企业销售药品时，应当提供下列资料：

（一）加盖本企业原印章的《药品生产许可证》或《药品经营许可证》和营业执照的复印件；

（二）加盖本企业原印章的所销售药品的批准证明文件复印件；

（三）销售进口药品的，按照国家有关规定提供相关证明文件。

药品生产企业、药品批发企业派出销售人员销售药品的，除本条前款规定的资料外，还应当提供加盖本企业原印章的授权书复印件。授权书原件应当载明授权销售的品种、地域、期限，注明销售人员的身份证号码，并加盖本企业原印章和企业法定代表人印章（或者签名）。销售人员应当出示授权书原件及本人身份证原件，供药品采购方核实。

第十一条　药品生产企业、药品批发企业销售药品时，应当开具标明供货单位名称、药品名称、生产厂商、批号、数量、价格等内容的销售凭证。

药品零售企业销售药品时，应当开具标明药品名称、生产厂商、数量、价格、批号等内容的销售凭证。

第十二条　药品生产、经营企业采购药品时，应按本办法第十条规定索取、查验、留存供货企业有关证件、资料，按本办法第十一条规定索取、留存销售凭证。

药品生产、经营企业按照本条前款规定留存的资料和销售凭证，应当保存至超过药品有效期1年，但不得少于3年。

第十三条　药品生产、经营企业知道或者应当知道他人从事无证生产、经营药品行为的，不得为其提供药品。

第十四条　药品生产、经营企业不得为他人以本企业的名义经营药品提供场所，或者资质证明文件，或者票据等便利条件。

第十五条　药品生产、经营企业不得以展示会、博览会、交易会、订货会、产品宣传会等方式现货销售药品。

第十六条　药品经营企业不得购进和销售医疗机构配制的制剂。

第十七条　未经药品监督管理部门审核同意，药品经营企业不得改变经营方式。

药品经营企业应当按照《药品经营许可证》许可的经营范围经营药品。

第十八条　药品零售企业应当按照国家食品药品监督管理局药品分类管理规定的要求，凭处方销售处方药。

经营处方药和甲类非处方药的药品零售企业，执业药师或者其他依法经资格认定的药学技术人员不在岗时，应当挂牌告知，并停止销售处方药和甲类非处方药。

第十九条　药品说明书要求低温、冷藏储存的药品，药品生产、经营企业应当按照有关规定，使用低温、冷藏设施设备运输和储存。

药品监督管理部门发现药品生产、经营企业违反本条前款规定的，应当立即查封、扣押所涉药品，并依法进行处理。

第二十条　药品生产、经营企业不得以搭售、买药品赠药品、买商品赠药品等方式向公众赠送处方药或者甲类非处方药。

第二十一条　药品生产、经营企业不得采用邮售、互联网交易等方式直接向公众销售处方药。

第二十二条　禁止非法收购药品。

第三章　医疗机构购进、储存药品的监督管理

第二十三条　医疗机构设置的药房，应当具有与所使用药品相适应的场所、设备、仓储设施和卫生环境，配备相应的药学技术人员，并设立药品质量管理机构或者配备质量管理人员，建立药品保管制度。

第二十四条　医疗机构购进药品时，应当按照本办法第十二条规定，索取、查验、保存供货企业有关证件、资

料、票据。

第二十五条 医疗机构购进药品，必须建立并执行进货检查验收制度，并建有真实完整的药品购进记录。药品购进记录必须注明药品的通用名称、生产厂商（中药材标明产地）、剂型、规格、批号、生产日期、有效期、批准文号、供货单位、数量、价格、购进日期。

药品购进记录必须保存至超过药品有效期1年，但不得少于3年。

第二十六条 医疗机构储存药品，应当制订和执行有关药品保管、养护的制度，并采取必要的冷藏、防冻、防潮、避光、通风、防火、防虫、防鼠等措施，保证药品质量。

医疗机构应当将药品与非药品分开存放；中药材、中药饮片、化学药品、中成药应分别储存、分类存放。

第二十七条 医疗机构和计划生育技术服务机构不得未经诊疗直接向患者提供药品。

第二十八条 医疗机构不得采用邮售、互联网交易等方式直接向公众销售处方药。

第二十九条 医疗机构以集中招标方式采购药品的，应当遵守《药品管理法》、《药品管理法实施条例》及本办法的有关规定。

第四章 法律责任

第三十条 有下列情形之一的，责令限期改正，给予警告；逾期不改正的，处以五千元以上二万元以下的罚款：

（一）药品生产、经营企业违反本办法第六条规定的；

（二）药品生产、批发企业违反本办法第十一条第一款规定的；

（三）药品生产、经营企业违反本办法第十二条，未按照规定留存有关资料、销售凭证的。

第三十一条 药品生产、经营企业违反本办法第七条规定的，给予警告，责令限期改正。

第三十二条 有下列情形之一的，依照《药品管理法》第七十三条规定，没收违法销售的药品和违法所得，并处违法销售的药品货值金额二倍以上五倍以下的罚款：

（一）药品生产、经营企业违反本办法第八条规定，在经药品监督管理部门核准的地址以外的场所现货销售药品的；

（二）药品生产企业违反本办法第九条规定的；

（三）药品生产、经营企业违反本办法第十五条规定的；

（四）药品经营企业违反本办法第十七条规定的。

第三十三条 药品生产、经营企业违反本办法第八条规定，在经药品监督管理部门核准的地址以外的场所储存药品的，按照《药品管理法实施条例》第七十四条的规定予以处罚。

第三十四条 药品零售企业违反本办法第十一条第二款规定的，责令改正，给予警告；逾期不改正的，处以五百元以下的罚款。

第三十五条 违反本办法第十三条规定，药品生产、经营企业知道或者应当知道他人从事无证生产、经营药品行为而为其提供药品的，给予警告，责令改正，并处一万元以下的罚款，情节严重的，处一万元以上三万元以下的罚款。

第三十六条 药品生产、经营企业违反本办法第十四条规定的，按照《药品管理法》第八十二条的规定予以处罚。

第三十七条 违反本办法第十六条规定，药品经营企业购进或者销售医疗机构配制的制剂的，按照《药品管理法》第八十条规定予以处罚。

第三十八条 药品零售企业违反本办法第十八条第一款规定的，责令限期改正，给予警告；逾期不改正或者情节严重的，处以一千元以下的罚款。

违反本办法第十八条第二款规定，药品零售企业在执业药师或者其他依法经过资格认定的药学技术人员不在岗时销售处方药或者甲类非处方药的，责令限期改正，给予警告；逾期不改正的，处以一千元以下的罚款。

第三十九条 药品生产、批发企业违反本办法第十九条规定，未在药品说明书规定的低温、冷藏条件下运输药品的，给予警告，责令限期改正；逾期不改正的，处以五千元以上二万元以下的罚款；有关药品经依法确认属于假劣药品的，按照《药品管理法》有关规定予以处罚。

药品生产、批发企业违反本办法第十九条规定，未在药品说明书规定的低温、冷藏条件下储存药品的，按照《药品管理法》第七十九条的规定予以处罚；有关药品经依法确认属于假劣药品的，按照《药品管理法》有关规定予以处罚。

第四十条 药品生产、经营企业违反本办法第二十条规定的，限期改正，给予警告；逾期不改正或者情节严重的，处以赠送药品货值金额二倍以下的罚款，但是最高不超过三万元。

第四十一条 违反本办法第二十三条至第二十七条的，责令限期改正，情节严重的，给予通报。

第四十二条　药品生产、经营企业违反本办法第二十一条、医疗机构违反本办法第二十八条规定，以邮售、互联网交易等方式直接向公众销售处方药的，责令改正，给予警告，并处销售药品货值金额二倍以下的罚款，但是最高不超过三万元。

第四十三条　违反本办法第二十二条规定非法收购药品的，按照《药品管理法》第七十三条的规定予以处罚。

第四十四条　药品监督管理部门及其工作人员玩忽职守，对应当予以制止和处罚的违法行为不予制止、处罚的，对直接负责的主管人员和其他直接责任人员给予行政处分；构成犯罪的，依法追究刑事责任。

第五章　附　　则

第四十五条　本办法所称药品现货销售，是指药品生产、经营企业或其委派的销售人员，在药品监督管理部门核准的地址以外的其他场所，携带药品现货向不特定对象现场销售药品的行为。

第四十六条　实行特殊管理的药品、疫苗、军队用药品的流通监督管理，有关法律、法规、规章另有规定的，从其规定。

第四十七条　本办法自 2007 年 5 月 1 日起施行。自本办法施行之日起，1999 年 8 月 1 日实施的国家药品监督管理局《药品流通监督管理办法(暂行)》(国家药品监督管理局第 7 号令)同时废止。

药品经营许可证管理办法

1. 2004 年 2 月 4 日国家食品药品监督管理局令第 6 号公布
2. 根据 2017 年 11 月 7 日国家食品药品监督管理总局令第 37 号《关于修改部分规章的决定》修正

第一章　总　　则

第一条　为加强药品经营许可工作的监督管理，根据《中华人民共和国药品管理法》、《中华人民共和国药品管理法实施条例》(以下简称《药品管理法》、《药品管理法实施条例》)的有关规定，制定本办法。

第二条　《药品经营许可证》发证、换证、变更及监督管理适用本办法。

第三条　国家食品药品监督管理总局主管全国药品经营许可的监督管理工作。

省、自治区、直辖市食品药品监督管理部门负责本辖区内药品批发企业《药品经营许可证》发证、换证、变更和日常监督管理工作，并指导和监督下级食品药品监督管理部门开展《药品经营许可证》的监督管理工作。

设区的市级食品药品监督管理部门或省、自治区、直辖市食品药品监督管理部门直接设置的县级食品药品监督管理部门负责本辖区内药品零售企业《药品经营许可证》发证、换证、变更和日常监督管理等工作。

第二章　申领《药品经营许可证》的条件

第四条　按照《药品管理法》第 14 条规定，开办药品批发企业，应符合省、自治区、直辖市药品批发企业合理布局的要求，并符合以下设置标准：

(一)具有保证所经营药品质量的规章制度。

(二)企业、企业法定代表人或企业负责人、质量管理负责人无《药品管理法》第 75 条、第 82 条规定的情形。

(三)具有与经营规模相适应的一定数量的执业药师。质量管理负责人具有大学以上学历，且必须是执业药师。

(四)具有能够保证药品储存质量要求的、与其经营品种和规模相适应的常温库、阴凉库、冷库。仓库中具有适合药品储存的专用货架和实现药品入库、传送、分检、上架、出库现代物流系统的装置和设备。

(五)具有独立的计算机管理信息系统，能覆盖企业内药品的购进、储存、销售以及经营和质量控制的全过程；能全面记录企业经营管理及实施《药品经营质量管理规范》方面的信息；符合《药品经营质量管理规范》对药品经营各环节的要求，并具有可以实现接受当地食品药品监督管理部门监管的条件。

(六)具有符合《药品经营质量管理规范》对药品营业场所及辅助、办公用房以及仓库管理、仓库内药品质量安全保障和进出库、在库储存与养护方面的条件。

国家对经营麻醉药品、精神药品、医疗用毒性药品、预防性生物制品另有规定的，从其规定。

第五条　开办药品零售企业，应符合当地常住人口数量、地域、交通状况和实际需要的要求，符合方便群众购药的原则，并符合以下设置规定：

(一)具有保证所经营药品质量的规章制度。

(二)具有依法经过资格认定的药学技术人员。

经营处方药、甲类非处方药的药品零售企业，必须配有执业药师或者其他依法经过资格认定的药学技术人员。质量负责人应有 1 年以上(含 1 年)药品经营质量管理工作经验。

经营乙类非处方药的药品零售企业，以及农村乡镇以下地区设立药品零售企业的，应当按照《药品管理法实施条例》第 15 条的规定配备业务人员，有条件的应当配备执业药师。企业营业时间，以上人员应当在岗。

（三）企业、企业法定代表人、企业负责人、质量负责人无《药品管理法》第75条、第82条规定情形的。

（四）具有与所经营药品相适应的营业场所、设备、仓储设施以及卫生环境。在超市等其他商业企业内设立零售药店的，必须具有独立的区域。

（五）具有能够配备满足当地消费者所需药品的能力，并能保证24小时供应。药品零售企业应备有的国家基本药物品种数量由各省、自治区、直辖市食品药品监督管理部门结合当地具体情况确定。

国家对经营麻醉药品、精神药品、医疗用毒性药品、预防性生物制品另有规定的，从其规定。

第六条　开办药品批发企业验收实施标准由国家食品药品监督管理总局制定。开办药品零售企业验收实施标准，由各省、自治区、直辖市食品药品监督管理部门依据本办法和《药品经营质量管理规范》的有关内容组织制定，并报国家食品药品监督管理总局备案。

第七条　药品经营企业经营范围的核定。

药品经营企业经营范围：

麻醉药品、精神药品、医疗用毒性药品；

生物制品；

中药材、中药饮片、中成药、化学原料药及其制剂、抗生素原料药及其制剂、生化药品。

从事药品零售的，应先核定经营类别，确定申办人经营处方药或非处方药、乙类非处方药的资格，并在经营范围中予以明确，再核定具体经营范围。

医疗用毒性药品、麻醉药品、精神药品、放射性药品和预防性生物制品的核定按照国家特殊药品管理和预防性生物制品管理的有关规定执行。

第三章　申领《药品经营许可证》的程序

第八条　开办药品批发企业按照以下程序办理《药品经营许可证》：

（一）申办人向拟办企业所在地的省、自治区、直辖市食品药品监督管理部门提出筹建申请，并提交以下材料：

1. 拟办企业法定代表人、企业负责人、质量负责人学历证明原件、复印件及个人简历；

2. 执业药师执业证书原件、复印件；

3. 拟经营药品的范围；

4. 拟设营业场所、设备、仓储设施及周边卫生环境等情况。

（二）食品药品监督管理部门对申办人提出的申请，应当根据下列情况分别作出处理：

1. 申请事项不属于本部门职权范围的，应当即时作出不予受理的决定，发给《不予受理通知书》，并告知申办人向有关食品药品监督管理部门申请。

2. 申请材料存在可以当场更正错误的，应当允许申办人当场更正。

3. 申请材料不齐或者不符合法定形式的，应当当场或者在5日内发给申办人《补正材料通知书》，一次性告知需要补正的全部内容。逾期不告知的，自收到申请材料之日起即为受理。

4. 申请事项属于本部门职权范围，材料齐全、符合法定形式，或者申办人按要求提交全部补正材料的，发给申办人《受理通知书》。《受理通知书》中注明的日期为受理日期。

（三）食品药品监督管理部门自受理申请之日起30个工作日内，依据本办法第四条规定对申报材料进行审查，作出是否同意筹建的决定，并书面通知申办人。不同意筹建的，应当说明理由，并告知申办人享有依法申请行政复议或者提起行政诉讼的权利。

（四）申办人完成筹建后，向受理申请的食品药品监督管理部门提出验收申请，并提交以下材料：

1. 药品经营许可证申请表；

2. 企业营业执照；

3. 拟办企业组织机构情况；

4. 营业场所、仓库平面布置图及房屋产权或使用权证明；

5. 依法经过资格认定的药学专业技术人员资格证书及聘书；

6. 拟办企业质量管理文件及仓储设施、设备目录。

（五）受理申请的食品药品监督管理部门在收到验收申请之日起30个工作日内，依据开办药品批发企业验收实施标准组织验收，作出是否发给《药品经营许可证》的决定。符合条件的，发给《药品经营许可证》；不符合条件的，应当书面通知申办人并说明理由，同时告知申办人享有依法申请行政复议或提起行政诉讼的权利。

第九条　开办药品零售企业按照以下程序办理《药品经营许可证》：

（一）申办人向拟办企业所在地设区的市级食品药品监督管理部门或省、自治区、直辖市食品药品监督管理部门直接设置的县级食品药品监督管理部门提出筹建申请，并提交以下材料：

1. 拟办企业法定代表人、企业负责人、质量负责人的学历、执业资格或职称证明原件、复印件及个人简历及专业技术人员资格证书、聘书；

2. 拟经营药品的范围；

3. 拟设营业场所、仓储设施、设备情况。

（二）食品药品监督管理部门对申办人提出的申请，应当根据下列情况分别作出处理：

1. 申请事项不属于本部门职权范围的，应当即时作出不予受理的决定，发给《不予受理通知书》，并告知申办人向有关食品药品监督管理部门申请。

2. 申请材料存在可以当场更正的错误的，应当允许申办人当场更正。

3. 申请材料不齐或者不符合法定形式的，应当当场或者在5日内发给申办人《补正材料通知书》，一次性告知需要补正的全部内容。逾期不告知的，自收到申请材料之日起即为受理。

4. 申请事项属于本部门职权范围，材料齐全、符合法定形式，或者申办人按要求提交全部补正材料的，发给申办人《受理通知书》。《受理通知书》中注明的日期为受理日期。

（三）食品药品监督管理部门自受理申请之日起30个工作日内，依据本办法第五条规定对申报材料进行审查，作出是否同意筹建的决定，并书面通知申办人。不同意筹建的，应当说明理由，并告知申办人依法享有申请行政复议或者提起行政诉讼的权利。

（四）申办人完成筹建后，向受理申请的食品药品监督管理部门提出验收申请，并提交以下材料：

1. 药品经营许可证申请表；

2. 企业营业执照；

3. 营业场所、仓库平面布置图及房屋产权或使用权证明；

4. 依法经过资格认定的药学专业技术人员资格证书及聘书；

5. 拟办企业质量管理文件及主要设施、设备目录。

（五）受理申请的食品药品监督管理部门在收到验收申请之日起15个工作日内，依据开办药品零售企业验收实施标准组织验收，作出是否发给《药品经营许可证》的决定。不符合条件的，应当书面通知申办人并说明理由，同时，告知申办人享有依法申请行政复议或提起行政诉讼的权利。

第十条 食品药品监督管理部门对申办人的申请进行审查时，发现行政许可事项直接关系到他人重大利益的，应当告知该利害关系人。受理部门应当听取申办人、利害关系人的陈述和申辩。依法应当听证的，按照法律规定举行听证。

第十一条 食品药品监督管理部门应当将已经颁发的《药品经营许可证》的有关信息予以公开，公众有权进行查阅。

对公开信息后发现企业在申领《药品经营许可证》过程中，有提供虚假文件、数据或其他欺骗行为的，应依法予以处理。

第十二条 《药品经营许可证》是企业从事药品经营活动的法定凭证，任何单位和个人不得伪造、变造、买卖、出租和出借。

第四章 《药品经营许可证》的变更与换发

第十三条 《药品经营许可证》变更分为许可事项变更和登记事项变更。

许可事项变更是指经营方式、经营范围、注册地址、仓库地址（包括增减仓库）、企业法定代表人或负责人以及质量负责人的变更。

登记事项变更是指上述事项以外的其他事项的变更。

第十四条 药品经营企业变更《药品经营许可证》许可事项的，应当在原许可事项发生变更30日前，向原发证机关申请《药品经营许可证》变更登记。未经批准，不得变更许可事项。

原发证机关应当自收到企业变更申请和变更申请资料之日起15个工作日内作出准予变更或不予变更的决定。

申请许可事项变更的，由原发证部门按照本办法规定的条件验收合格后，方可办理变更手续。

药品经营企业依法变更《药品经营许可证》的许可事项后，应依法向工商行政管理部门办理企业注册登记的有关变更手续。

企业分立、合并、改变经营方式、跨原管辖地迁移，按照本办法的规定重新办理《药品经营许可证》。

第十五条 企业法人的非法人分支机构变更《药品经营许可证》许可事项的，必须出具上级法人签署意见的变更申请书。

第十六条 企业因违法经营已被食品药品监督管理部门立案调查，尚未结案的；或已经作出行政处罚决定，尚未履行处罚的，发证机关应暂停受理其《药品经营许可证》的变更申请。

第十七条 药品经营企业变更《药品经营许可证》的登记事项的，应在工商行政管理部门核准变更后30日内，向原发证机关申请《药品经营许可证》变更登记。原发证机关应当自收到企业变更申请和变更申请资料之日起 15 个工作日内为其办理变更手续。

第十八条 《药品经营许可证》登记事项变更后，应由原发证机关在《药品经营许可证》副本上记录变更的内容和时间，并按变更后的内容重新核发《药品经营许可证》正本，收回原《药品经营许可证》正本。变更后的《药品经营许可证》有效期不变。

第十九条 《药品经营许可证》有效期为 5 年。有效期届满，需要继续经营药品的，持证企业应在有效期届满前 6 个月内，向原发证机关申请换发《药品经营许可证》。原发证机关按本办法规定的申办条件进行审查，符合条件的，收回原证，换发新证。不符合条件的，可限期 3 个月进行整改，整改后仍不符合条件的，注销原《药品经营许可证》。

食品药品监督管理部门根据药品经营企业的申请，应当在《药品经营许可证》有效期届满前作出是否准予其换证的决定。逾期未作出决定的，视为准予换证。

第五章 监督检查

第二十条 食品药品监督管理部门应加强对《药品经营许可证》持证企业的监督检查，持证企业应当按本办法规定接受监督检查。

第二十一条 监督检查的内容主要包括：

(一)企业名称、经营地址、仓库地址、企业法定代表人(企业负责人)、质量负责人、经营方式、经营范围、分支机构等重要事项的执行和变动情况；

(二)企业经营设施设备及仓储条件变动情况；

(三)企业实施《药品经营质量管理规范》情况；

(四)发证机关需要审查的其他有关事项。

第二十二条 监督检查可以采取书面检查、现场检查或者书面与现场检查相结合的方式。

(一)发证机关可以要求持证企业报送《药品经营许可证》相关材料，通过核查有关材料，履行监督职责；

(二)发证机关可以对持证企业进行现场检查。

有下列情况之一的企业，必须进行现场检查：

1. 上一年度新开办的企业；

2. 上一年度检查中存在问题的企业；

3. 因违反有关法律、法规，受到行政处罚的企业；

4. 发证机关认为需要进行现场检查的企业。

《药品经营许可证》换证工作当年，监督检查和换证审查工作可一并进行。

第二十三条 《药品经营许可证》现场检查标准，由发证机关按照开办药品批发企业验收实施标准、开办药品零售企业验收实施标准和《药品经营质量管理规范》认证检查标准及其现场检查项目制定，并报上一级食品药品监督管理部门备案。

第二十四条 对监督检查中发现有违反《药品经营质量管理规范》要求的经营企业，由发证机关责令限期进行整改。对违反《药品管理法》第 16 条规定，整改后仍不符合要求从事药品经营活动的，按《药品管理法》第 78 条规定处理。

第二十五条 发证机关依法对药品经营企业进行监督检查时，应当将监督检查的情况和处理结果予以记录，由监督检查人员签字后归档。公众有权查阅有关监督检查记录。现场检查的结果，发证机关应当在《药品经营许可证》副本上记录并予以公告。

第二十六条 有下列情形之一的，《药品经营许可证》由原发证机关注销：

(一)《药品经营许可证》有效期届满未换证的；

(二)药品经营企业终止经营药品或者关闭的；

(三)《药品经营许可证》被依法撤销、撤回、吊销、收回、缴销或者宣布无效的；

(四)不可抗力导致《药品经营许可证》的许可事项无法实施的；

(五)法律、法规规定的应当注销行政许可的其他情形。

食品药品监督管理部门注销《药品经营许可证》的，应当自注销之日起 5 个工作日内通知有关工商行政管理部门。

第二十七条 《药品经营许可证》包括正本和副本。正本、副本具有同等法律效力。

第二十八条 发证机关应建立《药品经营许可证》发证、换证、监督检查、变更等方面的工作档案，并在每季度上旬将《药品经营许可证》的发证、变更等情况报上一级食品药品监督管理部门。对因变更、换证、吊销、缴销等原因收回、作废的《药品经营许可证》，应建档保存 5 年。

第二十九条 企业遗失《药品经营许可证》，应立即向发证机关报告，并在发证机关指定的媒体上登载遗失声明。发证机关在企业登载遗失声明之日起满 1 个月后，按原核准事项补发《药品经营许可证》。

第三十条 企业终止经营药品或者关闭的，《药品经营许可证》由原发证机关缴销。

发证机关吊销或者注销、缴销《药品经营许可证》的，应当及时通知工商行政管理部门，并向社会公布。

第三十一条 《药品经营许可证》的正本应置于企业经

营场所的醒目位置。

第六章 附 则

第三十二条 《药品经营许可证》应当载明企业名称、法定代表人或企业负责人姓名、经营方式、经营范围、注册地址、仓库地址、《药品经营许可证》证号、流水号、发证机关、发证日期、有效期限等项目。

《药品经营许可证》正本、副本式样、编号方法，由国家食品药品监督管理总局统一制定。

第三十三条 《药品经营许可证》由国家食品药品监督管理总局统一印制。

第三十四条 食品药品监督管理部门制作的药品经营许可电子证书与印制的药品经营许可证书具有同等法律效力。

第三十五条 本办法自2004年4月1日起施行。

互联网药品信息服务管理办法

1. 2004年7月8日国家食品药品监督管理局令第9号公布

2. 根据2017年11月7日国家食品药品监督管理总局令第37号《关于修改部分规章的决定》修正

第一条 为加强药品监督管理，规范互联网药品信息服务活动，保证互联网药品信息的真实、准确，根据《中华人民共和国药品管理法》、《互联网信息服务管理办法》，制定本办法。

第二条 在中华人民共和国境内提供互联网药品信息服务活动，适用本办法。

本办法所称互联网药品信息服务，是指通过互联网向上网用户提供药品（含医疗器械）信息的服务活动。

第三条 互联网药品信息服务分为经营性和非经营性两类。

经营性互联网药品信息服务是指通过互联网向上网用户有偿提供药品信息等服务的活动。

非经营性互联网药品信息服务是指通过互联网向上网用户无偿提供公开的、共享性药品信息等服务的活动。

第四条 国家食品药品监督管理总局对全国提供互联网药品信息服务活动的网站实施监督管理。

省、自治区、直辖市食品药品监督管理部门对本行政区域内提供互联网药品信息服务活动的网站实施监督管理。

第五条 拟提供互联网药品信息服务的网站，应当在向国务院信息产业主管部门或者省级电信管理机构申请办理经营许可证或者办理备案手续之前，按照属地监督管理的原则，向该网站主办单位所在地省、自治区、直辖市食品药品监督管理部门提出申请，经审核同意后取得提供互联网药品信息服务的资格。

第六条 各省、自治区、直辖市食品药品监督管理部门对本辖区内申请提供互联网药品信息服务的互联网站进行审核，符合条件的核发《互联网药品信息服务资格证书》。

第七条 《互联网药品信息服务资格证书》的格式由国家食品药品监督管理总局统一制定。

第八条 提供互联网药品信息服务的网站，应当在其网站主页显著位置标注《互联网药品信息服务资格证书》的证书编号。

第九条 提供互联网药品信息服务网站所登载的药品信息必须科学、准确，必须符合国家的法律、法规和国家有关药品、医疗器械管理的相关规定。

提供互联网药品信息服务的网站不得发布麻醉药品、精神药品、医疗用毒性药品、放射性药品、戒毒药品和医疗机构制剂的产品信息。

第十条 提供互联网药品信息服务的网站发布的药品（含医疗器械）广告，必须经过食品药品监督管理部门审查批准。

提供互联网药品信息服务的网站发布的药品（含医疗器械）广告要注明广告审查批准文号。

第十一条 申请提供互联网药品信息服务，除应当符合《互联网信息服务管理办法》规定的要求外，还应当具备下列条件：

（一）互联网药品信息服务的提供者应当为依法设立的企事业单位或者其他组织；

（二）具有与开展互联网药品信息服务活动相适应的专业人员、设施及相关制度；

（三）有2名以上熟悉药品、医疗器械管理法律、法规和药品、医疗器械专业知识，或者依法经资格认定的药学、医疗器械技术人员。

第十二条 提供互联网药品信息服务的申请应当以一个网站为基本单元。

第十三条 申请提供互联网药品信息服务，应当填写国家食品药品监督管理总局统一制发的《互联网药品信息服务申请表》，向网站主办单位所在地省、自治区、直辖市食品药品监督管理部门提出申请，同时提交以下材料：

（一）企业营业执照复印件。

（二）网站域名注册的相关证书或者证明文件。从事互联网药品信息服务网站的中文名称，除与主办单位名称相同的以外，不得以“中国”、“中华”、“全国”等冠名；除取得药品招标代理机构资格证书的单位开办的互联网站外，其他提供互联网药品信息服务的网站名称中不得出现“电子商务”、“药品招商”、“药品招标”等内容。

（三）网站栏目设置说明（申请经营性互联网药品信息服务的网站需提供收费栏目及收费方式的说明）。

（四）网站对历史发布信息进行备份和查阅的相关管理制度及执行情况说明。

（五）食品药品监督管理部门在线浏览网站上所有栏目、内容的方法及操作说明。

（六）药品及医疗器械相关专业技术人员学历证明或者其专业技术资格证书复印件、网站负责人身份证复印件及简历。

（七）健全的网络与信息安全保障措施，包括网站安全保障措施、信息安全保密管理制度、用户信息安全管理制度。

（八）保证药品信息来源合法、真实、安全的管理措施、情况说明及相关证明。

第十四条 省、自治区、直辖市食品药品监督管理部门在收到申请材料之日起5日内做出受理与否的决定，受理的，发给受理通知书；不受理的，书面通知申请人并说明理由，同时告知申请人享有依法申请行政复议或者提起行政诉讼的权利。

第十五条 对于申请材料不规范、不完整的，省、自治区、直辖市食品药品监督管理部门自申请之日起5日内一次告知申请人需要补正的全部内容；逾期不告知的，自收到材料之日起即为受理。

第十六条 省、自治区、直辖市食品药品监督管理部门自受理之日起20日内对申请提供互联网药品信息服务的材料进行审核，并作出同意或者不同意的决定。同意的，由省、自治区、直辖市食品药品监督管理部门核发《互联网药品信息服务资格证书》，同时报国家食品药品监督管理总局备案并发布公告；不同意的，应当书面通知申请人并说明理由，同时告知申请人享有依法申请行政复议或者提起行政诉讼的权利。

国家食品药品监督管理总局对各省、自治区、直辖市食品药品监督管理部门的审核工作进行监督。

第十七条 《互联网药品信息服务资格证书》有效期为5年。有效期届满，需要继续提供互联网药品信息服务的，持证单位应当在有效期届满前6个月内，向原发证机关申请换发《互联网药品信息服务资格证书》。原发证机关进行审核后，认为符合条件的，予以换发新证；认为不符合条件的，发给不予换发新证的通知并说明理由，原《互联网药品信息服务资格证书》由原发证机关收回并公告注销。

省、自治区、直辖市食品药品监督管理部门根据申请人的申请，应当在《互联网药品信息服务资格证书》有效期届满前作出是否准予其换证的决定。逾期未作出决定的，视为准予换证。

第十八条 《互联网药品信息服务资格证书》可以根据互联网药品信息服务提供者的书面申请，由原发证机关收回，原发证机关应当报国家食品药品监督管理总局备案并发布公告。被收回《互联网药品信息服务资格证书》的网站不得继续从事互联网药品信息服务。

第十九条 互联网药品信息服务提供者变更下列事项之一的，应当向原发证机关申请办理变更手续，填写《互联网药品信息服务项目变更申请表》，同时提供下列相关证明文件：

（一）《互联网药品信息服务资格证书》中审核批准的项目（互联网药品信息服务提供者单位名称、网站名称、IP地址等）；

（二）互联网药品信息服务提供者的基本项目（地址、法定代表人、企业负责人等）；

（三）网站提供互联网药品信息服务的基本情况（服务方式、服务项目等）。

第二十条 省、自治区、直辖市食品药品监督管理部门自受理变更申请之日起20个工作日内作出是否同意变更的审核决定。同意变更的，将变更结果予以公告并报国家食品药品监督管理总局备案；不同意变更的，以书面形式通知申请人并说明理由。

第二十一条 省、自治区、直辖市食品药品监督管理部门对申请人的申请进行审查时，应当公示审批过程和审批结果。申请人和利害关系人可以对直接关系其重大利益的事项提交书面意见进行陈述和申辩。依法应当听证的，按照法定程序举行听证。

第二十二条 未取得或者超出有效期使用《互联网药品信息服务资格证书》从事互联网药品信息服务的，由国家食品药品监督管理总局或者省、自治区、直辖市食品药品监督管理部门给予警告，并责令其停止从事互联网药品信息服务；情节严重的，移送相关部门，依照有关法律、法规给予处罚。

第二十三条　提供互联网药品信息服务的网站不在其网站主页的显著位置标注《互联网药品信息服务资格证书》的证书编号的，国家食品药品监督管理总局或者省、自治区、直辖市食品药品监督管理部门给予警告，责令限期改正；在限定期限内拒不改正的，对提供非经营性互联网药品信息服务的网站处以500元以下罚款，对提供经营性互联网药品信息服务的网站处以5000元以上1万元以下罚款。

第二十四条　互联网药品信息服务提供者违反本办法，有下列情形之一的，由国家食品药品监督管理总局或者省、自治区、直辖市食品药品监督管理部门给予警告，责令限期改正；情节严重的，对提供非经营性互联网药品信息服务的网站处以1000元以下罚款，对提供经营性互联网药品信息服务的网站处以1万元以上3万元以下罚款；构成犯罪的，移送司法部门追究刑事责任：

（一）已经获得《互联网药品信息服务资格证书》，但提供的药品信息直接撮合药品网上交易的；

（二）已经获得《互联网药品信息服务资格证书》，但超出审核同意的范围提供互联网药品信息服务的；

（三）提供不真实互联网药品信息服务并造成不良社会影响的；

（四）擅自变更互联网药品信息服务项目的。

第二十五条　互联网药品信息服务提供者在其业务活动中，违法使用《互联网药品信息服务资格证书》的，由国家食品药品监督管理总局或者省、自治区、直辖市食品药品监督管理部门依照有关法律、法规的规定处罚。

第二十六条　省、自治区、直辖市食品药品监督管理部门违法对互联网药品信息服务申请作出审核批准的，原发证机关应当撤销原批准的《互联网药品信息服务资格证书》，由此给申请人的合法权益造成损害的，由原发证机关依照国家赔偿法的规定给予赔偿；对直接负责的主管人员和其他直接责任人员，由其所在单位或者上级机关依法给予行政处分。

第二十七条　省、自治区、直辖市食品药品监督管理部门应当对提供互联网药品信息服务的网站进行监督检查，并将检查情况向社会公告。

第二十八条　本办法由国家食品药品监督管理总局负责解释。

第二十九条　本办法自公布之日起施行。《互联网药品信息服务管理暂行规定》（国家药品监督管理局令第26号）同时废止。

药品网络销售监督管理办法

1. 2022年8月3日国家市场监督管理总局令第58号公布
2. 自2022年12月1日起施行

第一章　总　　则

第一条　为了规范药品网络销售和药品网络交易平台服务活动，保障公众用药安全，根据《中华人民共和国药品管理法》（以下简称药品管理法）等法律、行政法规，制定本办法。

第二条　在中华人民共和国境内从事药品网络销售、提供药品网络交易平台服务及其监督管理，应当遵守本办法。

第三条　国家药品监督管理局主管全国药品网络销售的监督管理工作。

省级药品监督管理部门负责本行政区域内药品网络销售的监督管理工作，负责监督管理药品网络交易第三方平台以及药品上市许可持有人、药品批发企业通过网络销售药品的活动。

设区的市级、县级承担药品监督管理职责的部门（以下称药品监督管理部门）负责本行政区域内药品网络销售的监督管理工作，负责监督管理药品零售企业通过网络销售药品的活动。

第四条　从事药品网络销售、提供药品网络交易平台服务，应当遵守药品法律、法规、规章、标准和规范，依法诚信经营，保障药品质量安全。

第五条　从事药品网络销售、提供药品网络交易平台服务，应当采取有效措施保证交易全过程信息真实、准确、完整和可追溯，并遵守国家个人信息保护的有关规定。

第六条　药品监督管理部门应当与相关部门加强协作，充分发挥行业组织等机构的作用，推进信用体系建设，促进社会共治。

第二章　药品网络销售管理

第七条　从事药品网络销售的，应当是具备保证网络销售药品安全能力的药品上市许可持有人或者药品经营企业。

中药饮片生产企业销售其生产的中药饮片，应当履行药品上市许可持有人相关义务。

第八条　药品网络销售企业应当按照经过批准的经营方式和经营范围经营。药品网络销售企业为药品上市许可持有人的，仅能销售其取得药品注册证书的药品。未取得药品零售资质的，不得向个人销售药品。

疫苗、血液制品、麻醉药品、精神药品、医疗用毒性药品、放射性药品、药品类易制毒化学品等国家实行特殊管理的药品不得在网络上销售，具体目录由国家药品监督管理局组织制定。

药品网络零售企业不得违反规定以买药品赠药品、买商品赠药品等方式向个人赠送处方药、甲类非处方药。

第九条 通过网络向个人销售处方药的，应当确保处方来源真实、可靠，并实行实名制。

药品网络零售企业应当与电子处方提供单位签订协议，并严格按照有关规定进行处方审核调配，对已经使用的电子处方进行标记，避免处方重复使用。

第三方平台承接电子处方的，应当对电子处方提供单位的情况进行核实，并签订协议。

药品网络零售企业接收的处方为纸质处方影印版本的，应当采取有效措施避免处方重复使用。

第十条 药品网络销售企业应当建立并实施药品质量安全管理、风险控制、药品追溯、储存配送管理、不良反应报告、投诉举报处理等制度。

药品网络零售企业还应当建立在线药学服务制度，由依法经过资格认定的药师或者其他药学技术人员开展处方审核调配、指导合理用药等工作。依法经过资格认定的药师或者其他药学技术人员数量应当与经营规模相适应。

第十一条 药品网络销售企业应当向药品监督管理部门报告企业名称、网站名称、应用程序名称、IP 地址、域名、药品生产许可证或者药品经营许可证等信息。信息发生变化的，应当在 10 个工作日内报告。

药品网络销售企业为药品上市许可持有人或者药品批发企业的，应当向所在地省级药品监督管理部门报告。药品网络销售企业为药品零售企业的，应当向所在地市县级药品监督管理部门报告。

第十二条 药品网络销售企业应当在网站首页或者经营活动的主页面显著位置，持续公示其药品生产或者经营许可证信息。药品网络零售企业还应当展示依法配备的药师或者其他药学技术人员的资格认定等信息。上述信息发生变化的，应当在 10 个工作日内予以更新。

第十三条 药品网络销售企业展示的药品相关信息应当真实、准确、合法。

从事处方药销售的药品网络零售企业，应当在每个药品展示页面下突出显示“处方药须凭处方在药师指导下购买和使用”等风险警示信息。处方药销售前，应当向消费者充分告知相关风险警示信息，并经消费者确认知情。

药品网络零售企业应当将处方药与非处方药区分展示，并在相关网页上显著标示处方药、非处方药。

药品网络零售企业在处方药销售主页面、首页面不得直接公开展示处方药包装、标签等信息。通过处方审核前，不得展示说明书等信息，不得提供处方药购买的相关服务。

第十四条 药品网络零售企业应当对药品配送的质量与安全负责。配送药品，应当根据药品数量、运输距离、运输时间、温湿度要求等情况，选择适宜的运输工具和设施设备，配送的药品应当放置在独立空间并明显标识，确保符合要求、全程可追溯。

药品网络零售企业委托配送的，应当对受托企业的质量管理体系进行审核，与受托企业签订质量协议，约定药品质量责任、操作规程等内容，并对受托方进行监督。

药品网络零售的具体配送要求由国家药品监督管理局另行制定。

第十五条 向个人销售药品的，应当按照规定出具销售凭证。销售凭证可以以电子形式出具，药品最小销售单元的销售记录应当清晰留存，确保可追溯。

药品网络销售企业应当完整保存供货企业资质文件、电子交易等记录。销售处方药的药品网络零售企业还应当保存处方、在线药学服务等记录。相关记录保存期限不少于 5 年，且不少于药品有效期满后 1 年。

第十六条 药品网络销售企业对存在质量问题或者安全隐患的药品，应当依法采取相应的风险控制措施，并及时在网站首页或者经营活动主页面公开相应信息。

第三章 平台管理

第十七条 第三方平台应当建立药品质量安全管理机构，配备药学技术人员承担药品质量安全管理工作，建立并实施药品质量安全、药品信息展示、处方审核、处方药实名购买、药品配送、交易记录保存、不良反应报告、投诉举报处理等管理制度。

第三方平台应当加强检查，对入驻平台的药品网络销售企业的药品信息展示、处方审核、药品销售和配送等行为进行管理，督促其严格履行法定义务。

第十八条 第三方平台应当将企业名称、法定代表人、统一社会信用代码、网站名称以及域名等信息向平台所在地省级药品监督管理部门备案。省级药品监督管理部门应当将平台备案信息公示。

第十九条 第三方平台应当在其网站首页或者从事药品经营活动的主页面显著位置，持续公示营业执照、相关行政许可和备案、联系方式、投诉举报方式等信息或者上述信息的链接标识。

第三方平台展示药品信息应当遵守本办法第十三条的规定。

第二十条 第三方平台应当对申请入驻的药品网络销售企业资质、质量安全保证能力等进行审核，对药品网络销售企业建立登记档案，至少每六个月核验更新一次，确保入驻的药品网络销售企业符合法定要求。

第三方平台应当与药品网络销售企业签订协议，明确双方药品质量安全责任。

第二十一条 第三方平台应当保存药品展示、交易记录与投诉举报等信息。保存期限不少于5年，且不少于药品有效期满后1年。第三方平台应当确保有关资料、信息和数据的真实、完整，并为入驻的药品网络销售企业自行保存数据提供便利。

第二十二条 第三方平台应当对药品网络销售活动建立检查监控制度。发现入驻的药品网络销售企业有违法行为的，应当及时制止并立即向所在地县级药品监督管理部门报告。

第二十三条 第三方平台发现下列严重违法行为的，应当立即停止提供网络交易平台服务，停止展示药品相关信息：

（一）不具备资质销售药品的；

（二）违反本办法第八条规定销售国家实行特殊管理的药品的；

（三）超过药品经营许可范围销售药品的；

（四）因违法行为被药品监督管理部门责令停止销售、吊销药品批准证明文件或者吊销药品经营许可证的；

（五）其他严重违法行为的。

药品注册证书被依法撤销、注销的，不得展示相关药品的信息。

第二十四条 出现突发公共卫生事件或者其他严重威胁公众健康的紧急事件时，第三方平台、药品网络销售企业应当遵守国家有关应急处置规定，依法采取相应的控制和处置措施。

药品上市许可持有人依法召回药品的，第三方平台、药品网络销售企业应当积极予以配合。

第二十五条 药品监督管理部门开展监督检查、案件查办、事件处置等工作时，第三方平台应当予以配合。药品监督管理部门发现药品网络销售企业存在违法行为，依法要求第三方平台采取措施制止的，第三方平台应当及时履行相关义务。

药品监督管理部门依照法律、行政法规要求提供有关平台内销售者、销售记录、药学服务以及追溯等信息的，第三方平台应当及时予以提供。

鼓励第三方平台与药品监督管理部门建立开放数据接口等形式的自动化信息报送机制。

第四章 监督检查

第二十六条 药品监督管理部门应当依照法律、法规、规章等规定，按照职责分工对第三方平台和药品网络销售企业实施监督检查。

第二十七条 药品监督管理部门对第三方平台和药品网络销售企业进行检查时，可以依法采取下列措施：

（一）进入药品网络销售和网络平台服务有关场所实施现场检查；

（二）对网络销售的药品进行抽样检验；

（三）询问有关人员，了解药品网络销售活动相关情况；

（四）依法查阅、复制交易数据、合同、票据、账簿以及其他相关资料；

（五）对有证据证明可能危害人体健康的药品及其有关材料，依法采取查封、扣押措施；

（六）法律、法规规定可以采取的其他措施。

必要时，药品监督管理部门可以对为药品研制、生产、经营、使用提供产品或者服务的单位和个人进行延伸检查。

第二十八条 对第三方平台、药品上市许可持有人、药品批发企业通过网络销售药品违法行为的查处，由省级药品监督管理部门负责。对药品网络零售企业违法行为的查处，由市县级药品监督管理部门负责。

药品网络销售违法行为由违法行为发生地的药品监督管理部门负责查处。因药品网络销售活动引发药品安全事件或者有证据证明可能危害人体健康的，也可以由违法行为结果地的药品监督管理部门负责。

第二十九条 药品监督管理部门应当加强药品网络销售监测工作。省级药品监督管理部门建立的药品网络销售监测平台，应当与国家药品网络销售监测平台实现数据对接。

药品监督管理部门对监测发现的违法行为，应当依法按照职责进行调查处置。

药品监督管理部门对网络销售违法行为的技术监测记录资料，可以依法作为实施行政处罚或者采取行政措施的电子数据证据。

第三十条 对有证据证明可能存在安全隐患的,药品监督管理部门应当根据监督检查情况,对药品网络销售企业或者第三方平台等采取告诫、约谈、限期整改以及暂停生产、销售、使用、进口等措施,并及时公布检查处理结果。

第三十一条 药品监督管理部门应当对药品网络销售企业或者第三方平台提供的个人信息和商业秘密严格保密,不得泄露、出售或者非法向他人提供。

第五章 法律责任

第三十二条 法律、行政法规对药品网络销售违法行为的处罚有规定的,依照其规定。药品监督管理部门发现药品网络销售违法行为涉嫌犯罪的,应当及时将案件移送公安机关。

第三十三条 违反本办法第八条第二款的规定,通过网络销售国家实行特殊管理的药品,法律、行政法规已有规定的,依照法律、行政法规的规定处罚。法律、行政法规未作规定的,责令限期改正,处5万元以上10万元以下罚款;造成危害后果的,处10万元以上20万元以下罚款。

第三十四条 违反本办法第九条第一款、第二款的规定,责令限期改正,处3万元以上5万元以下罚款;情节严重的,处5万元以上10万元以下罚款。

违反本办法第九条第三款的规定,责令限期改正,处5万元以上10万元以下罚款;造成危害后果的,处10万元以上20万元以下罚款。

违反本办法第九条第四款的规定,责令限期改正,处1万元以上3万元以下罚款;情节严重的,处3万元以上5万元以下罚款。

第三十五条 违反本办法第十一条的规定,责令限期改正;逾期不改正的,处1万元以上3万元以下罚款;情节严重的,处3万元以上5万元以下罚款。

第三十六条 违反本办法第十三条、第十九条第二款的规定,责令限期改正;逾期不改正的,处5万元以上10万元以下罚款。

第三十七条 违反本办法第十四条、第十五条的规定,药品网络销售企业未遵守药品经营质量管理规范的,依照药品管理法第一百二十六条的规定进行处罚。

第三十八条 违反本办法第十七条第一款的规定,责令限期改正,处3万元以上10万元以下罚款;造成危害后果的,处10万元以上20万元以下罚款。

第三十九条 违反本办法第十八条的规定,责令限期改正;逾期不改正的,处5万元以上10万元以下罚款;造成危害后果的,处10万元以上20万元以下罚款。

第四十条 违反本办法第二十条、第二十二条、第二十三条的规定,第三方平台未履行资质审核、报告、停止提供网络交易平台服务等义务的,依照药品管理法第一百三十一条的规定处罚。

第四十一条 药品监督管理部门及其工作人员不履行职责或者滥用职权、玩忽职守、徇私舞弊,依法追究法律责任;构成犯罪的,依法追究刑事责任。

第六章 附 则

第四十二条 本办法自2022年12月1日起施行。

(5)药品不良反应

药品不良反应报告和监测管理办法

1. 2011年5月4日卫生部令第81号公布
2. 自2011年7月1日起施行

第一章 总 则

第一条 为加强药品的上市后监管,规范药品不良反应报告和监测,及时、有效控制药品风险,保障公众用药安全,依据《中华人民共和国药品管理法》等有关法律法规,制定本办法。

第二条 在中华人民共和国境内开展药品不良反应报告、监测以及监督管理,适用本办法。

第三条 国家实行药品不良反应报告制度。药品生产企业(包括进口药品的境外制药厂商)、药品经营企业、医疗机构应当按照规定报告所发现的药品不良反应。

第四条 国家食品药品监督管理局主管全国药品不良反应报告和监测工作,地方各级药品监督管理部门主管本行政区域内的药品不良反应报告和监测工作。各级卫生行政部门负责本行政区域内医疗机构与实施药品不良反应报告制度有关的管理工作。

地方各级药品监督管理部门应当建立健全药品不良反应监测机构,负责本行政区域内药品不良反应报告和监测的技术工作。

第五条 国家鼓励公民、法人和其他组织报告药品不良反应。

第二章 职 责

第六条 国家食品药品监督管理局负责全国药品不良反应报告和监测的管理工作,并履行以下主要职责:

(一)与卫生部共同制定药品不良反应报告和监

测的管理规定和政策，并监督实施；

（二）与卫生部联合组织开展全国范围内影响较大并造成严重后果的药品群体不良事件的调查和处理，并发布相关信息；

（三）对已确认发生严重药品不良反应或者药品群体不良事件的药品依法采取紧急控制措施，作出行政处理决定，并向社会公布；

（四）通报全国药品不良反应报告和监测情况；

（五）组织检查药品生产、经营企业的药品不良反应报告和监测工作的开展情况，并与卫生部联合组织检查医疗机构的药品不良反应报告和监测工作的开展情况。

第七条　省、自治区、直辖市药品监督管理部门负责本行政区域内药品不良反应报告和监测的管理工作，并履行以下主要职责：

（一）根据本办法与同级卫生行政部门共同制定本行政区域内药品不良反应报告和监测的管理规定，并监督实施；

（二）与同级卫生行政部门联合组织开展本行政区域内发生的影响较大的药品群体不良事件的调查和处理，并发布相关信息；

（三）对已确认发生严重药品不良反应或者药品群体不良事件的药品依法采取紧急控制措施，作出行政处理决定，并向社会公布；

（四）通报本行政区域内药品不良反应报告和监测情况；

（五）组织检查本行政区域内药品生产、经营企业的药品不良反应报告和监测工作的开展情况，并与同级卫生行政部门联合组织检查本行政区域内医疗机构的药品不良反应报告和监测工作的开展情况；

（六）组织开展本行政区域内药品不良反应报告和监测的宣传、培训工作。

第八条　设区的市级、县级药品监督管理部门负责本行政区域内药品不良反应报告和监测的管理工作；与同级卫生行政部门联合组织开展本行政区域内发生的药品群体不良事件的调查，并采取必要控制措施；组织开展本行政区域内药品不良反应报告和监测的宣传、培训工作。

第九条　县级以上卫生行政部门应当加强对医疗机构临床用药的监督管理，在职责范围内依法对已确认的严重药品不良反应或者药品群体不良事件采取相关的紧急控制措施。

第十条　国家药品不良反应监测中心负责全国药品不良反应报告和监测的技术工作，并履行以下主要职责：

（一）承担国家药品不良反应报告和监测资料的收集、评价、反馈和上报，以及全国药品不良反应监测信息网络的建设和维护；

（二）制定药品不良反应报告和监测的技术标准和规范，对地方各级药品不良反应监测机构进行技术指导；

（三）组织开展严重药品不良反应的调查和评价，协助有关部门开展药品群体不良事件的调查；

（四）发布药品不良反应警示信息；

（五）承担药品不良反应报告和监测的宣传、培训、研究和国际交流工作。

第十一条　省级药品不良反应监测机构负责本行政区域内的药品不良反应报告和监测的技术工作，并履行以下主要职责：

（一）承担本行政区域内药品不良反应报告和监测资料的收集、评价、反馈和上报，以及药品不良反应监测信息网络的维护和管理；

（二）对设区的市级、县级药品不良反应监测机构进行技术指导；

（三）组织开展本行政区域内严重药品不良反应的调查和评价，协助有关部门开展药品群体不良事件的调查；

（四）组织开展本行政区域内药品不良反应报告和监测的宣传、培训工作。

第十二条　设区的市级、县级药品不良反应监测机构负责本行政区域内药品不良反应报告和监测资料的收集、核实、评价、反馈和上报；开展本行政区域内严重药品不良反应的调查和评价；协助有关部门开展药品群体不良事件的调查；承担药品不良反应报告和监测的宣传、培训等工作。

第十三条　药品生产、经营企业和医疗机构应当建立药品不良反应报告和监测管理制度。药品生产企业应当设立专门机构并配备专职人员，药品经营企业和医疗机构应当设立或者指定机构并配备专（兼）职人员，承担本单位的药品不良反应报告和监测工作。

第十四条　从事药品不良反应报告和监测的工作人员应当具有医学、药学、流行病学或者统计学等相关专业知识，具备科学分析评价药品不良反应的能力。

第三章　报告与处置

第一节　基本要求

第十五条　药品生产、经营企业和医疗机构获知或者发现可能与用药有关的不良反应，应当通过国家药品不良反应监测信息网络报告；不具备在线报告条件的，应当通过纸质报表报所在地药品不良反应监测机构，由所在地药品不良反应监测机构代为在线报告。

报告内容应当真实、完整、准确。

第十六条 各级药品不良反应监测机构应当对本行政区域内的药品不良反应报告和监测资料进行评价和管理。

第十七条 药品生产、经营企业和医疗机构应当配合药品监督管理部门、卫生行政部门和药品不良反应监测机构对药品不良反应或者群体不良事件的调查，并提供调查所需的资料。

第十八条 药品生产、经营企业和医疗机构应当建立并保存药品不良反应报告和监测档案。

第二节 个例药品不良反应

第十九条 药品生产、经营企业和医疗机构应当主动收集药品不良反应，获知或者发现药品不良反应后应当详细记录、分析和处理，填写《药品不良反应/事件报告表》（见附表1）并报告。

第二十条 新药监测期内的国产药品应当报告该药品的所有不良反应；其他国产药品，报告新的和严重的不良反应。

进口药品自首次获准进口之日起5年内，报告该进口药品的所有不良反应；满5年的，报告新的和严重的不良反应。

第二十一条 药品生产、经营企业和医疗机构发现或者获知新的、严重的药品不良反应应当在15日内报告，其中死亡病例须立即报告；其他药品不良反应应当在30日内报告。有随访信息的，应当及时报告。

第二十二条 药品生产企业应当对获知的死亡病例进行调查，详细了解死亡病例的基本信息、药品使用情况、不良反应发生及诊治情况等，并在15日内完成调查报告，报药品生产企业所在地的省级药品不良反应监测机构。

第二十三条 个人发现新的或者严重的药品不良反应，可以向经治医师报告，也可以向药品生产、经营企业或者当地的药品不良反应监测机构报告，必要时提供相关的病历资料。

第二十四条 设区的市级、县级药品不良反应监测机构应当对收到的药品不良反应报告的真实性、完整性和准确性进行审核。严重药品不良反应报告的审核和评价应当自收到报告之日起3个工作日内完成，其他报告的审核和评价应当在15个工作日内完成。

设区的市级、县级药品不良反应监测机构应当对死亡病例进行调查，详细了解死亡病例的基本信息、药品使用情况、不良反应发生及诊治情况等，自收到报告之日起15个工作日内完成调查报告，报同级药品监督管理部门和卫生行政部门，以及上一级药品不良反应监测机构。

第二十五条 省级药品不良反应监测机构应当在收到下一级药品不良反应监测机构提交的严重药品不良反应评价意见之日起7个工作日内完成评价工作。

对死亡病例，事件发生地和药品生产企业所在地的省级药品不良反应监测机构均应当及时根据调查报告进行分析、评价，必要时进行现场调查，并将评价结果报省级药品监督管理部门和卫生行政部门，以及国家药品不良反应监测中心。

第二十六条 国家药品不良反应监测中心应当及时对死亡病例进行分析、评价，并将评价结果报国家食品药品监督管理局和卫生部。

第三节 药品群体不良事件

第二十七条 药品生产、经营企业和医疗机构获知或者发现药品群体不良事件后，应当立即通过电话或者传真等方式报所在地的县级药品监督管理部门、卫生行政部门和药品不良反应监测机构，必要时可以越级报告；同时填写《药品群体不良事件基本信息表》（见附表2），对每一病例还应当及时填写《药品不良反应/事件报告表》，通过国家药品不良反应监测信息网络报告。

第二十八条 设区的市级、县级药品监督管理部门获知药品群体不良事件后，应当立即与同级卫生行政部门联合组织开展现场调查，并及时将调查结果逐级报至省级药品监督管理部门和卫生行政部门。

省级药品监督管理部门与同级卫生行政部门联合对设区的市级、县级的调查进行督促、指导，对药品群体不良事件进行分析、评价，对本行政区域内发生的影响较大的药品群体不良事件，还应当组织现场调查，评价和调查结果应当及时报国家食品药品监督管理局和卫生部。

对全国范围内影响较大并造成严重后果的药品群体不良事件，国家食品药品监督管理局应当与卫生部联合开展相关调查工作。

第二十九条 药品生产企业获知药品群体不良事件后应当立即开展调查，详细了解药品群体不良事件的发生、药品使用、患者诊治以及药品生产、储存、流通、既往类似不良事件等情况，在7日内完成调查报告，报所在地省级药品监督管理部门和药品不良反应监测机构；同时迅速开展自查，分析事件发生的原因，必要时应当暂停生产、销售、使用和召回相关药品，并报所在地省级药品监督管理部门。

第三十条　药品经营企业发现药品群体不良事件应当立即告知药品生产企业，同时迅速开展自查，必要时应当暂停药品的销售，并协助药品生产企业采取相关控制措施。

第三十一条　医疗机构发现药品群体不良事件后应当积极救治患者，迅速开展临床调查，分析事件发生的原因，必要时可采取暂停药品的使用等紧急措施。

第三十二条　药品监督管理部门可以采取暂停生产、销售、使用或者召回药品等控制措施。卫生行政部门应当采取措施积极组织救治患者。

第四节　境外发生的严重药品不良反应

第三十三条　进口药品和国产药品在境外发生的严重药品不良反应（包括自发报告系统收集的、上市后临床研究发现的、文献报道的），药品生产企业应当填写《境外发生的药品不良反应/事件报告表》（见附表3），自获知之日起30日内报送国家药品不良反应监测中心。国家药品不良反应监测中心要求提供原始报表及相关信息的，药品生产企业应当在5日内提交。

第三十四条　国家药品不良反应监测中心应当对收到的药品不良反应报告进行分析、评价，每半年向国家食品药品监督管理局和卫生部报告，发现提示药品可能存在安全隐患的信息应当及时报告。

第三十五条　进口药品和国产药品在境外因药品不良反应被暂停销售、使用或者撤市的，药品生产企业应当在获知后24小时内书面报国家食品药品监督管理局和国家药品不良反应监测中心。

第五节　定期安全性更新报告

第三十六条　药品生产企业应当对本企业生产药品的不良反应报告和监测资料进行定期汇总分析，汇总国内外安全性信息，进行风险和效益评估，撰写定期安全性更新报告。定期安全性更新报告的撰写规范由国家药品不良反应监测中心负责制定。

第三十七条　设立新药监测期的国产药品，应当自取得批准证明文件之日起每满1年提交一次定期安全性更新报告，直至首次再注册，之后每5年报告一次；其他国产药品，每5年报告一次。

首次进口的药品，自取得进口药品批准证明文件之日起每满一年提交一次定期安全性更新报告，直至首次再注册，之后每5年报告一次。

定期安全性更新报告的汇总时间以取得药品批准证明文件的日期为起点计，上报日期应当在汇总数据截止日期后60日内。

第三十八条　国产药品的定期安全性更新报告向药品生产企业所在地省级药品不良反应监测机构提交。进口药品（包括进口分包装药品）的定期安全性更新报告向国家药品不良反应监测中心提交。

第三十九条　省级药品不良反应监测机构应当对收到的定期安全性更新报告进行汇总、分析和评价，于每年4月1日前将上一年度定期安全性更新报告统计情况和分析评价结果报省级药品监督管理部门和国家药品不良反应监测中心。

第四十条　国家药品不良反应监测中心应当对收到的定期安全性更新报告进行汇总、分析和评价，于每年7月1日前将上一年度国产药品和进口药品的定期安全性更新报告统计情况和分析评价结果报国家食品药品监督管理局和卫生部。

第四章　药品重点监测

第四十一条　药品生产企业应当经常考察本企业生产药品的安全性，对新药监测期内的药品和首次进口5年内的药品，应当开展重点监测，并按要求对监测数据进行汇总、分析、评价和报告；对本企业生产的其他药品，应当根据安全性情况主动开展重点监测。

第四十二条　省级以上药品监督管理部门根据药品临床使用和不良反应监测情况，可以要求药品生产企业对特定药品进行重点监测；必要时，也可以直接组织药品不良反应监测机构、医疗机构和科研单位开展药品重点监测。

第四十三条　省级以上药品不良反应监测机构负责对药品生产企业开展的重点监测进行监督、检查，并对监测报告进行技术评价。

第四十四条　省级以上药品监督管理部门可以联合同级卫生行政部门指定医疗机构作为监测点，承担药品重点监测工作。

第五章　评价与控制

第四十五条　药品生产企业应当对收集到的药品不良反应报告和监测资料进行分析、评价，并主动开展药品安全性研究。

药品生产企业对已确认发生严重不良反应的药品，应当通过各种有效途径将药品不良反应、合理用药信息及时告知医务人员、患者和公众；采取修改标签和说明书，暂停生产、销售、使用和召回等措施，减少和防止药品不良反应的重复发生。对不良反应大的药品，应当主动申请注销其批准证明文件。

药品生产企业应当将药品安全性信息及采取的措施报所在地省级药品监督管理部门和国家食品药品监督管理局。

第四十六条 药品经营企业和医疗机构应当对收集到的药品不良反应报告和监测资料进行分析和评价，并采取有效措施减少和防止药品不良反应的重复发生。

第四十七条 省级药品不良反应监测机构应当每季度对收到的药品不良反应报告进行综合分析，提取需要关注的安全性信息，并进行评价，提出风险管理建议，及时报省级药品监督管理部门、卫生行政部门和国家药品不良反应监测中心。

省级药品监督管理部门根据分析评价结果，可以采取暂停生产、销售、使用和召回药品等措施，并监督检查，同时将采取的措施通报同级卫生行政部门。

第四十八条 国家药品不良反应监测中心应当每季度对收到的严重药品不良反应报告进行综合分析，提取需要关注的安全性信息，并进行评价，提出风险管理建议，及时报国家食品药品监督管理局和卫生部。

第四十九条 国家食品药品监督管理局根据药品分析评价结果，可以要求企业开展药品安全性、有效性相关研究。必要时，应当采取责令修改药品说明书，暂停生产、销售、使用和召回药品等措施，对不良反应大的药品，应当撤销药品批准证明文件，并将有关措施及时通报卫生部。

第五十条 省级以上药品不良反应监测机构根据分析评价工作需要，可以要求药品生产、经营企业和医疗机构提供相关资料，相关单位应当积极配合。

第六章 信息管理

第五十一条 各级药品不良反应监测机构应当对收到的药品不良反应报告和监测资料进行统计和分析，并以适当形式反馈。

第五十二条 国家药品不良反应监测中心应当根据对药品不良反应报告和监测资料的综合分析和评价结果，及时发布药品不良反应警示信息。

第五十三条 省级以上药品监督管理部门应当定期发布药品不良反应报告和监测情况。

第五十四条 下列信息由国家食品药品监督管理局和卫生部统一发布：

（一）影响较大并造成严重后果的药品群体不良事件；

（二）其他重要的药品不良反应信息和认为需要统一发布的信息。

前款规定统一发布的信息，国家食品药品监督管理局和卫生部也可以授权省级药品监督管理部门和卫生行政部门发布。

第五十五条 在药品不良反应报告和监测过程中获取的商业秘密、个人隐私、患者和报告者信息应当予以保密。

第五十六条 鼓励医疗机构、药品生产企业、药品经营企业之间共享药品不良反应信息。

第五十七条 药品不良反应报告的内容和统计资料是加强药品监督管理、指导合理用药的依据。

第七章 法律责任

第五十八条 药品生产企业有下列情形之一的，由所在地药品监督管理部门给予警告，责令限期改正，可以并处五千元以上三万元以下的罚款：

（一）未按照规定建立药品不良反应报告和监测管理制度，或者无专门机构、专职人员负责本单位药品不良反应报告和监测工作的；

（二）未建立和保存药品不良反应监测档案的；

（三）未按照要求开展药品不良反应或者群体不良事件报告、调查、评价和处理的；

（四）未按照要求提交定期安全性更新报告的；

（五）未按照要求开展重点监测的；

（六）不配合严重药品不良反应或者群体不良事件相关调查工作的；

（七）其他违反本办法规定的。

药品生产企业有前款规定第（四）项、第（五）项情形之一的，按照《药品注册管理办法》的规定对相应药品不予再注册。

第五十九条 药品经营企业有下列情形之一的，由所在地药品监督管理部门给予警告，责令限期改正；逾期不改的，处三万元以下的罚款：

（一）无专职或者兼职人员负责本单位药品不良反应监测工作的；

（二）未按照要求开展药品不良反应或者群体不良事件报告、调查、评价和处理的；

（三）不配合严重药品不良反应或者群体不良事件相关调查工作的。

第六十条 医疗机构有下列情形之一的，由所在地卫生行政部门给予警告，责令限期改正；逾期不改的，处三万元以下的罚款。情节严重并造成严重后果的，由所在地卫生行政部门对相关责任人给予行政处分：

（一）无专职或者兼职人员负责本单位药品不良反应监测工作的；

（二）未按照要求开展药品不良反应或者群体不良事件报告、调查、评价和处理的；

（三）不配合严重药品不良反应和群体不良事件相关调查工作的。

药品监督管理部门发现医疗机构有前款规定行为之一的，应当移交同级卫生行政部门处理。

卫生行政部门对医疗机构作出行政处罚决定的，应当及时通报同级药品监督管理部门。

第六十一条　各级药品监督管理部门、卫生行政部门和药品不良反应监测机构及其有关工作人员在药品不良反应报告和监测管理工作中违反本办法，造成严重后果的，依照有关规定给予行政处分。

第六十二条　药品生产、经营企业和医疗机构违反相关规定，给药品使用者造成损害的，依法承担赔偿责任。

第八章　附　　则

第六十三条　本办法下列用语的含义：

（一）药品不良反应，是指合格药品在正常用法用量下出现的与用药目的无关的有害反应。

（二）药品不良反应报告和监测，是指药品不良反应的发现、报告、评价和控制的过程。

（三）严重药品不良反应，是指因使用药品引起以下损害情形之一的反应：

1. 导致死亡；

2. 危及生命；

3. 致癌、致畸、致出生缺陷；

4. 导致显著的或者永久的人体伤残或者器官功能的损伤；

5. 导致住院或者住院时间延长；

6. 导致其他重要医学事件，如不进行治疗可能出现上述所列情况的。

（四）新的药品不良反应，是指药品说明书中未载明的不良反应。说明书中已有描述，但不良反应发生的性质、程度、后果或者频率与说明书描述不一致或者更严重的，按照新的药品不良反应处理。

（五）药品群体不良事件，是指同一药品在使用过程中，在相对集中的时间、区域内，对一定数量人群的身体健康或者生命安全造成损害或者威胁，需要予以紧急处置的事件。

同一药品：指同一生产企业生产的同一药品名称、同一剂型、同一规格的药品。

（六）药品重点监测，是指为进一步了解药品的临床使用和不良反应发生情况，研究不良反应的发生特征、严重程度、发生率等，开展的药品安全性监测活动。

第六十四条　进口药品的境外制药厂商可以委托其驻中国境内的办事机构或者中国境内代理机构，按照本办法对药品生产企业的规定，履行药品不良反应报告和监测义务。

第六十五条　卫生部和国家食品药品监督管理局对疫苗不良反应报告和监测另有规定的，从其规定。

第六十六条　医疗机构制剂的不良反应报告和监测管理办法由各省、自治区、直辖市药品监督管理部门会同同级卫生行政部门制定。

第六十七条　本办法自2011年7月1日起施行。国家食品药品监督管理局和卫生部于2004年3月4日公布的《药品不良反应报告和监测管理办法》（国家食品药品监督管理局令第7号）同时废止。

附表：（略）

国家食品药品监督管理局关于加强广防己等6种药材及其制剂监督管理的通知

1. 2004年8月5日

2. 国食药监注〔2004〕379号

各省、自治区、直辖市食品药品监督管理局（药品监督管理局）：

为保证人民群众用药安全，根据对含马兜铃酸药材及其制剂不良反应的报道以及毒副作用研究和结果的分析，决定加强对含马兜铃酸药材及其制剂的监督管理，现将有关事宜通知如下：

一、取消广防己（马兜铃科植物广防己 Aristolochia fangchi Y. C. Wu ex L. D. Chou et S. M. Hwang 的干燥根）药用标准，凡国家药品标准处方中含有广防己的中成药品种应于2004年9月30日前将处方中的广防己替换为《中国药典》2000年版一部收载的防己（防己科植物粉防己 Stephania tetrandra S. Moore 的干燥根）。

二、取消青木香（马兜铃科植物马兜铃 Aristolochia debilis Sieb. et Zucc. 的干燥根）药用标准，凡国家药品标准处方中含有青木香的中成药品种应于2004年9月30日前将处方中的青木香替换为《中国药典》2000年版一部收载的土木香（仅限于以菊科植物土木香 Inula helenium L. 的干燥根替换）。

三、替换后的中成药品种涉及原质量标准需要修订的，应将修订后的质量标准经省级食品药品监督管理部门审核后报国家食品药品监督管理局药品注册司，同时抄送国家药典委员会。

四、各省级食品药品监督管理部门应通知辖区内药品生产、经营和使用单位，含广防己、青木香的中药制剂必须严格按处方药管理，凭医师处方购买，在医师指导下使用，并定期检查肾功能，如发现肾功能异常应立即停药，并明确儿童及老年人慎用，孕妇、婴幼儿及肾功能不全者禁用。

五、各省级食品药品监督管理部门应对本辖区内生产的含广防己、青木香的中成药品种的处方替换情况进行监督检查，并于2004年10月31日前将检查结果报国家食品药品监督管理局药品注册司。凡2004年9月30日以后生产的中成药中仍含有广防己、青木香的，一律按假药查处。

六、凡含马兜铃、寻骨风、天仙藤和朱砂莲的中药制剂（品种名单见附件）严格按处方药管理，已作为非处方药管理的肺安片、朱砂莲胶囊、复方拳参片现按处方药管理，在零售药店购买必须凭医师处方。患者应在医师指导下严格按批准的功能主治服用。药品零售企业未凭处方销售含马兜铃、寻骨风、天仙藤和朱砂莲的中药制剂的，一律依法查处。

七、处方中含有马兜铃、寻骨风、天仙藤和朱砂莲的中药制剂生产单位必须于2004年9月30日前在药品标签和说明书的【注意事项】项下统一增加以下内容："（1）本品含×××药材，该药材含马兜铃酸，马兜铃酸可引起肾脏损害等不良反应。（2）本品为处方药，必须凭医师处方购买，在医师指导下使用，并定期检查肾功能，如发现肾功能异常应立即停药。（3）儿童及老年人慎用，孕妇、婴幼儿及肾功能不全者禁用"。对于原药品标签和说明书中没有标注【注意事项】项的，应增加【注意事项】项及上述内容，未按规定加注上述内容的，一律依法查处。

八、鼓励马兜铃、寻骨风、天仙藤和朱砂莲等药材代用品的研究，申请使用上述药材代用品的制剂应当根据《药品注册管理办法》的规定按照补充申请办理。

九、暂停受理含马兜铃、寻骨风、天仙藤和朱砂莲等4种药材的中成药的中药品种保护申请和已有国家标准药品的注册申请，暂停受理含上述4种药材制剂的新药注册申请。抗艾滋病病毒和用于诊断、预防艾滋病的新药，治疗恶性肿瘤、罕见病等的新药以及治疗尚无有效治疗手段的疾病的新药等特殊情况除外。

请各省、自治区、直辖市食品药品监督管理部门及时将本通知内容通知辖区内有关药品研制、生产、经营和使用单位遵照执行。

附件

含马兜铃、寻骨风、天仙藤和朱砂莲4种药材的中成药品种名单

序号	药品名称	标准来源	处方中含马兜铃酸的药材
1	喘息灵胶囊	部颁标准15册	马兜铃
2	肺安片	部颁标准15册	马兜铃
3	复方蛇胆川贝散	部颁标准11册	马兜铃
4	鸡鸣丸	部颁标准07册	马兜铃
5	鸡苏丸	部颁标准01册	马兜铃
6	京制咳嗽痰喘丸	部颁标准20册	马兜铃
7	七十味松石丸	地标升国标	马兜铃
8	青果止嗽丸	部颁标准03册	马兜铃
9	润肺化痰丸（鸡鸣丸）	部颁标准03册	马兜铃
10	十三味疏肝胶囊	地标升国标	马兜铃
11	胃福颗粒	部颁标准18册	马兜铃
12	消咳平喘口服液	地标升国标	马兜铃
13	新碧桃仙片	部颁标准02册	马兜铃
14	止嗽化痰胶囊	新药标准	马兜铃
15	止嗽化痰颗粒	新药转正19册	马兜铃
16	止嗽化痰丸	部颁标准10册	马兜铃
17	止嗽化痰丸	药典2000版一部	马兜铃
18	止嗽青果片	部颁标准20册	马兜铃
19	和胃降逆胶囊	地标升国标	天仙藤
20	香藤胶囊	地标升国标	天仙藤
21	杜仲壮骨胶囊	部颁标准12册	寻骨风
22	杜仲壮骨丸	部颁标准18册	寻骨风
23	风湿宁药酒	部颁标准19册	寻骨风
24	复方风湿药酒	地标升国标	寻骨风

续表

序号	药品名称	标准来源	处方中含马兜铃酸的药材
25	复方拳参片	部颁标准 10 册	寻骨风
26	祛风除湿药酒	部颁标准 13 册	寻骨风
27	三蛇药酒	部颁标准 01 册	寻骨风
28	伤湿镇痛膏	部颁标准 02 册	寻骨风
29	少林正骨精(酊剂)	部颁标准 06 册	寻骨风
30	神农药酒	部颁标准 15 册	寻骨风
31	益肾蠲痹丸	新药转正 01 册	寻骨风
32	金朱止泻片	新药标准	朱砂莲
33	朱砂莲胶囊	部颁标准 14 册	朱砂莲
34	保胃胶囊	地标升国标	朱砂莲
35	复方胃痛胶囊	地标升国标	九月生(朱砂莲)
36	九龙解毒胶囊	地标升国标	九月生(朱砂莲)

(6)药品分类管理

处方药与非处方药分类管理办法(试行)

1. 1999 年 6 月 18 日国家药品监督管理局令第 10 号公布
2. 自 2000 年 1 月 1 日起施行

第一条　为保障人民用药安全有效、使用方便,根据《中共中央、国务院关于卫生改革与发展的决定》,制定处方药与非处方药分类管理办法。

第二条　根据药品品种、规格、适应症、剂量及给药途径不同,对药品分别按处方药与非处方药进行管理。

处方药必须凭执业医师或执业助理医师处方才可调配、购买和使用;非处方药不需要凭执业医师或执业助理医师处方即可自行判断、购买和使用。

第三条　国家药品监督管理局负责处方药与非处方药分类管理办法的制定。各级药品监督管理部门负责辖区内处方药与非处方药分类管理的组织实施和监督管理。

第四条　国家药品监督管理局负责非处方药目录的遴选、审批、发布和调整工作。

第五条　处方药、非处方药生产企业必须具有《药品生产企业许可证》,其生产品种必须取得药品批准文号。

第六条　非处方药标签和说明书除符合规定外,用语应当科学、易懂,便于消费者自行判断、选择和使用。非处方药的标签和说明书必须经国家药品监督管理局批准。

第七条　非处方药的包装必须印有国家指定的非处方药专有标识,必须符合质量要求,方便储存、运输和使用。每个销售基本单元包装必须附有标签和说明书。

第八条　根据药品的安全性,非处方药分为甲、乙两类。

经营处方药、非处方药的批发企业和经营处方药、甲类非处方药的零售企业必须具有《药品经营企业许可证》。

经省级药品监督管理部门或其授权的药品监督管理部门批准的其他商业企业可以零售乙类非处方药。

第九条　零售乙类非处方药的商业企业必须配备专职的具有高中以上文化程度,经专业培训后,由省级药品监督管理部门或其授权的药品监督管理部门考核合格并取得上岗证的人员。

第十条　医疗机构根据医疗需要可以决定或推荐使用非处方药。

第十一条　消费者有权自主选购非处方药,并须按非处方药标签和说明书所示内容使用。

第十二条　处方药只准在专业性医药报刊进行广告宣传,非处方药经审批可以在大众传播媒介进行广告宣传。

第十三条　处方药与非处方药分类管理有关审批、流通、广告等具体办法另行制定。

第十四条　本办法由国家药品监督管理局负责解释。

第十五条　本办法自 2000 年 1 月 1 日起施行。

处方药与非处方药流通管理暂行规定

1. 1999 年 12 月 28 日国家食品药品监督管理局发布
2. 国药管市〔1999〕454 号
3. 自 2000 年 1 月 1 日起施行

第一章　总　　则

第一条　为了加强处方药、非处方药的流通管理,保证人民用药安全、有效、方便、及时,依据《中共中央、国务院关于卫生改革与发展的决定》和《处方药与非处方药分类管理办法》(试行),制定本规定。

第二条　凡在国内从事药品生产、批发、零售的企业及医疗机构适用于本规定。

第三条　国家实行特殊管理的处方药的生产销售、批发销售、调配、零售、使用按有关法律、法规执行。

第四条 本规定由县级以上药品监督管理部门监督实施。

第二章 生产、批发企业销售

第五条 处方药、非处方药的生产销售、批发销售业务必须由具有《药品生产企业许可证》、《药品经营企业许可证》的药品生产企业、药品批发企业经营。

第六条 药品生产、批发企业必须按照分类管理、分类销售的原则和规定向相应的具有合法经营资格的药品零售企业和医疗机构销售处方药和非处方药，并按有关药品监督管理规定保存销售记录备查。

第七条 进入药品流通领域的处方药和非处方药，其相应的警示语或忠告语应由生产企业醒目地印制在药品包装或药品使用说明书上。

相应的警示语或忠告语如下：

处方药：凭医师处方销售、购买和使用！

甲类非处方药、乙类非处方药：请仔细阅读药品使用说明书并按说明使用或在药师指导下购买和使用！

第八条 药品生产、批发企业不得以任何方式直接向病患者推荐、销售处方药。

第三章 药 店 零 售

第九条 销售处方药和甲类非处方药的零售药店必须具有《药品经营企业许可证》。

销售处方药和甲类非处方药的零售药店必须配备驻店执业药师或药师以上药学技术人员。

《药品经营企业许可证》和执业药师证书应悬挂在醒目、易见的地方。执业药师应佩戴标明其姓名、技术职称等内容的胸卡。

第十条 处方药必须凭执业医师或执业助理医师处方销售、购买和使用。

执业药师或药师必须对医师处方进行审核、签字后依据处方正确调配、销售药品。对处方不得擅自更改或代用。对有配伍禁忌或超剂量的处方，应当拒绝调配、销售，必要时，经处方医师更正或重新签字，方可调配、销售。

零售药店对处方必须留存 2 年以上备查。

第十一条 处方药不得采用开架自选销售方式。

第十二条 甲类非处方药、乙类非处方药可不凭医师处方销售、购买和使用，但病患者可以要求在执业药师或药师的指导下进行购买和使用。

执业药师或药师应对病患者选购非处方药提供用药指导或提出寻求医师治疗的建议。

第十三条 处方药、非处方药应当分柜摆放。

第十四条 处方药、非处方药不得采用有奖销售、附赠药品或礼品销售等销售方式，暂不允许采用网上销售方式。

第十五条 零售药店必须从具有《药品经营企业许可证》、《药品生产企业许可证》的药品批发企业、药品生产企业采购处方药和非处方药，并按有关药品监督管理规定保存采购记录备查。

第四章 医疗机构处方与使用

第十六条 处方药必须由执业医师或执业助理医师处方。医师处方必须遵循科学、合理、经济的原则，医疗机构应据此建立相应的管理制度。

第十七条 医疗机构可以根据临床及门诊医疗的需要按法律、法规的规定使用处方药和非处方药。

第十八条 医疗机构药房的条件及处方药、非处方药的采购、调配等活动可参照零售药店进行管理。

第五章 普通商业企业零售

第十九条 在药品零售网点数量不足、布局不合理的地区，普通商业企业可以销售乙类非处方药，但必须经过当地地市级以上药品监督管理部门审查、批准、登记，符合条件的颁发乙类非处方药准销标志。具体实施办法由省级药品监督管理部门制定。

根据便民利民的原则，销售乙类非处方药的普通商业企业也应合理布局。

鼓励并优先批准具有《药品经营企业许可证》的零售药店与普通商业企业合作在普通商业企业销售乙类非处方药。

第二十条 普通商业企业不得销售处方药和甲类非处方药，不得采用有奖销售、附赠药品或礼品销售等销售方式销售乙类非处方药，暂不允许采用网上销售方式销售乙类非处方药。

第二十一条 普通商业企业的乙类非处方药销售人员及有关管理人员必须经过当地地市级以上药品监督管理部门适当的药品管理法律、法规和专业知识培训、考核并持证上岗。

第二十二条 普通商业企业销售乙类非处方药时，应设立专门货架或专柜，并按法律法规的规定摆放药品。

第二十三条 普通商业企业必须从具有《药品经营企业许可证》、《药品生产企业许可证》的药品批发企业、药品生产企业采购乙类非处方药，并按有关药品监督管理规定保存采购记录备查。

第二十四条 普通商业连锁超市销售的乙类非处方药必

须由连锁总部统一从合法的供应渠道和供应商采购、配送，分店不得独自采购。

第二十五条　销售乙类非处方药的普通商业连锁超市其连锁总部必须具备与所经营药品和经营规模相适应的仓储条件，并配备1名以上药师以上技术职称的药学技术人员负责进货质量验收和日常质量管理工作。

第六章　附　　则

第二十六条　本规定由国家药品监督管理局负责解释。

第二十七条　本规定自2000年1月1日起开始施行。

药品安全信用分类管理暂行规定

1. 2004年9月13日国家食品药品监督管理局发布

2. 国食药监市〔2004〕454号

第一章　总　　则

第一条　为充分发挥药品、医疗器械监督管理职能，强化药品、医疗器械生产、经营企业和研制单位的信用意识，促进形成统一开放、公平竞争、规范有序的市场环境，依据药品、医疗器械监督管理法律法规，制定本规定。

第二条　药品安全信用分类管理单位包括药品、医疗器械生产、经营企业和研制单位。

第三条　国家食品药品监督管理局对各级食品药品监督管理部门开展信用分类管理工作进行指导和监督。

县级以上食品药品监督管理部门依据法定职责和工作权限，负责本辖区内的药品安全信用分类管理工作。

第四条　药品安全信用分类管理工作包括：建立药品、医疗器械生产经营企业和研制单位的信用信息档案，根据信用等级标准划分信用等级，并按照信用等级给予相应的奖惩。

第五条　各省（区、市）食品药品监督管理部门可以根据本辖区的实际情况，制定相应的具体实施方案，可根据辖区内的行业协会组织建设情况，发挥其在药品安全信用分类管理工作中的作用。

第二章　信用信息档案的建立和交流

第六条　药品安全信用信息档案的主要内容包括：

（一）药品、医疗器械生产、经营企业和研制单位登记注册信息：单位名称、注册地址、生产（经营）地址、法定代表人（负责人）及其身份证号码、企业类型、生产经营范围、生产经营方式、生产的具体品种、注册资金、生产经营期限以及生产、经营许可证或相关证照编号等。

（二）对药品、医疗器械生产、经营企业和研制单位的日常监管信息：食品药品监督管理部门对药品、医疗器械生产、经营企业和研制单位在开发、生产、经营药品、医疗器械的日常监管中，发现的违反药品、医疗器械监督管理法律、法规、规章和政策规定的行为。

第七条　药品安全信用信息档案不包括以下内容：

（一）药品、医疗器械生产、经营企业和研制单位的商业秘密和技术秘密；

（二）药品、医疗器械监督管理法律、法规、规章和各项政策调整范围之外的行为。

第八条　各级食品药品监督管理部门应根据工作权限采集和记录相关信用信息，并建立药品安全信用信息档案。

上级食品药品监督管理部门应对下级食品药品监督管理部门开展药品安全信用分类管理工作进行指导和监督。

第九条　各级食品药品监督管理部门记录的药品安全信用信息，应以行政处罚决定书、文件通知、专项通知书等形式或者电子文档形式，按照药品安全信用等级评定工作的工作分工，及时告知药品、医疗器械生产、经营企业和研制单位所在地省级食品药品监督管理部门。

第十条　药品安全信用信息档案实行专人负责制。具体操作人员必须认真细致核对相关内容。

第三章　信 用 等 级

第十一条　药品安全信用等级分为守信、警示、失信、严重失信四级。

第十二条　确定药品安全信用等级的原则为：

（一）以是否有因违反药品、医疗器械监督管理法律、法规和规章等而被处以刑事或者行政处罚作为信用等级划分的主要标准；

（二）以违法行为情节的轻重和主观过错的大小作为信用等级划分的辅助标准。

第十三条　守信等级：正常运营的药品、医疗器械生产、经营企业和研制单位在一年内无违法违规行为。

第十四条　警示等级：

（一）因违法违规行为受到警告，被责令改正的；

（二）因《药品管理法实施条例》第八十一条规定的行为受到处罚的。

第十五条　失信等级：

（一）因实施同一违法行为被连续警告、公告两次以上的；

（二）被处以罚款、没收违法所得、没收非法财物或者被撤销药品、医疗器械广告批准文号的。

第十六条 严重失信等级：

（一）连续被撤销两个以上药品、医疗器械广告批准文号的；

（二）被撤销批准证明文件、责令停产停业、暂扣生产（经营）许可证、暂扣营业执照的；

（三）药品企事业单位拒绝、阻挠执法人员依法进行监督检查、抽验和索取有关资料或者拒不配合执法人员依法进行案件调查的；

（四）因违反药品、医疗器械监督管理法律、法规构成犯罪的。

第十七条 药品安全信用等级采用动态认定的方法。食品药品监督管理部门应当按照药品安全信用等级划分标准，对已经达到某一信用等级的药品、医疗器械生产、经营企业和研制单位，作出相应的认定。

第十八条 被认定为警示等级的，在随后一年内无违法违规行为的，调升到守信等级。

第十九条 被认定为失信等级的，在随后一年内无违法违规行为的，调升到警示等级。

第二十条 被认定为严重失信等级的，在随后一年内无违法违规行为的，调升到失信等级。

第四章 激励与惩戒

第二十一条 食品药品监督管理部门对被认定为守信等级的，给予政策支持；对被认定为警示、失信或者严重失信等级的，采取防范、提示、加强日常和专项监管等措施予以惩戒。

第二十二条 被认定为守信等级的药品、医疗器械生产、经营企业和研制单位，食品药品监督管理部门可以：

（一）除专项检查和举报检查之外，适当减少或者免除日常监督检查的项目；

（二）定期公告其无违法违规行为的记录；

（三）在法律、法规允许的范围内，适当优先办理行政审批、审核手续。

第二十三条 被认定为警示等级的药品、医疗器械生产、经营企业和研制单位，食品药品监督管理部门可以：

（一）结案后进行回查；

（二）公示违法记录。

第二十四条 被认定为失信等级的药品、医疗器械生产、经营企业和研制单位，食品药品监督管理部门可以：

（一）结案后进行回查；

（二）增加日常监督检查的频次；

（三）公示违法记录。

第二十五条 被认定为严重失信等级的药品、医疗器械生产、经营企业和研制单位，食品药品监督管理部门可以：

（一）结案后进行回查；

（二）列为重点监督检查对象，进行重点专项监督检查；

（三）增加日常监督检查的频次；

（四）公示违法记录。

第五章 监督和责任

第二十六条 各级食品药品监督管理部门应当充分运用监督管理手段，建立并实施药品安全信用分类管理制度，在药品市场信用体系建设中发挥推动、规范、监督、服务作用。

第二十七条 违反本规定，采集、记录、公示的信息不真实，或者故意将虚假信息记入药品安全信用信息档案，造成损失和不良影响的，按有关规定追究具体责任人和主管领导的责任。

第六章 附 则

第二十八条 本规定由国家食品药品监督管理局负责解释。

第二十九条 本规定自发布之日起施行。

国家药品监督管理局关于公布非处方药专有标识及管理规定的通知

1. 1999 年 11 月 19 日

2. 国药管安〔1999〕399 号

各省、自治区、直辖市药品监督管理局或卫生厅（局）、医药管理部门：

为保障人民用药安全有效，保护消费者权益，方便药品执法监督，规范药品市场秩序，根据《处方药与非方药分类管理办法》（试行），我局从我国的基本国情出发，经研究并分别经局务会议审议通过和局长会议同意，制定并颁布非处方药专有标识和非处方药专有标识管理规定（暂行），请遵照执行。

各省级药品监督管理部门要及时将文件转发至药品生产、经营和使用单位，并通过多种方式进行广泛宣传，使广大消费者了解、识别非处方药专有标识。

药品生产、经营企业根据我局已发布的药品分类管理有关法规和规定，做好在药品标签、使用说明书、包装以及药品分类销售中使用非处方药专有标识的工作。

请各地药品监督管理部门将执行过程中出现的有关情况，及时报我局安全监管司。

非处方药专有标识管理规定（暂行）

为规范非处方药药品的管理，根据《处方药与非处方药分类管理办法》（试行），规定如下：

一、非处方药专有标识是用于已列入《国家非处方药目录》，并通过药品监督管理部门审核登记的非处方药药品标签、使用说明书、内包装、外包装的专有标识，也可用作经营非处方药药品的企业指南性标志。

二、国家药品监督管理局负责制定、公布非处方药专有标识及其管理规定。

三、非处方药药品自药品监督管理部门核发《非处方药药品审核登记证书》之日起，可以使用非处方药专有标识。

非处方药药品自药品监督管理部门核发《非处方药药品审核登记证书》之日起12个月后，其药品标签、使用说明书、内包装、外包装上必须印有非处方药专有标识。未印有非处方药专有标识的非处方药药品一律不准出厂。

四、经营非处方药药品的企业自2000年1月1日起可以使用非处方药专有标识。

经营非处方药药品的企业在使用非处方药专有标识时，必须按照国家药品监督管理局公布的坐标比例和色标要求使用。

五、非处方药专有标识图案分为红色和绿色，红色专有标识用于甲类非处方药药品，绿色专有标识用于乙类非处方药药品和用作指南性标志。

六、使用非处方药专有标识时，药品的使用说明书和大包装可以单色印刷，标签和其他包装必须按照国家药品监督管理局公布的色标要求印刷。单印刷时，非处方药专有标识下方必须标示“甲类”或“乙类”字样。

非处方药专有标识应与药品标签、使用说明书、内包装、外包装一体化印刷，其大小可根据实际需要设定，但必须醒目、清晰，并按照国家药品监督管理局公布的坐标比例使用。

非处方药药品标签、使用说明书和每个销售基本单元包装印有中文药品通用名称（商品名称）的一面（侧），其右上角是非处方药专有标识的固定位置。

七、违反本规定，按《药品管理法》及相关法律规定进行处罚。

八、本规定由国家药品监督管理局负责解释。

国家食品药品监督管理局关于公布非处方药说明书范本的通知

1. 2007年1月31日

2. 国食药监注〔2007〕54号

各省、自治区、直辖市食品药品监督管理局（药品监督管理局）：

为进一步规范非处方药说明书和标签的管理，国家局组织对已公布的非处方药品种说明书范本进行了修订，现就有关事宜通知如下：

一、修订后的非处方药说明书范本登录在国家食品药品监督管理局网站（http://www.sfda.gov.cn）上，请通知辖区内相关非处方药生产企业点击网站查阅。

二、非处方药说明书如列［药理作用］项，应按国家局公布的非处方药说明书范本［药理作用］项内容表述。非处方药说明书中相关项目如目前尚无内容，除［不良反应］和［禁忌］项应保留并在该项下以“尚不明确”表述外，其他项目可不保留。

三、非处方药说明书和标签的修改按《药品注册管理办法》的补充申请办理，非处方药审核登记工作不再进行。国家局《关于对第一批〈国家非处方药目录〉药品进行审核登记工作的通知》（国药管安〔1999〕425号）、《关于做好第一批非处方药药品审核登记工作的通知》（国药管安〔2002〕278号）和《关于第二批非处方药品进行审核登记工作的通知》（国药监安〔2002〕228号）同时废止。

（7）特殊药品管理

医疗用毒性药品管理办法

1988年12月27日国务院令第23号公布施行

第一条　为加强医疗用毒性药品的管理，防止中毒或死亡事故的发生，根据《中华人民共和国药品管理法》的规定，制定本办法。

第二条　医疗用毒性药品（以下简称毒性药品），系指毒性剧烈、治疗剂量与中毒剂量相近，使用不当会致人中毒或死亡的药品。

毒性药品的管理品种，由卫生部会同国家医药管理局、国家中医药管理局规定。

第三条 毒性药品年度生产、收购、供应和配制计划，由省、自治区、直辖市医药管理部门根据医疗需要制定，经省、自治区、直辖市卫生行政部门审核后，由医药管理部门下达给指定的毒性药品生产、收购、供应单位，并抄报卫生部、国家医药管理局和国家中医药管理局。生产单位不得擅自改变生产计划自行销售。

第四条 药厂必须由医药专业人员负责生产、配制和质量检验，并建立严格的管理制度，严防与其他药品混杂。每次配料，必须经2人以上复核无误，并详细记录每次生产所用原料和成品数，经手人要签字备查。所有工具、容器要处理干净，以防污染其他药品。标示量要准确无误，包装容器要有毒药标志。

第五条 毒性药品的收购、经营，由各级医药管理部门指定的药品经营单位负责；配方用药由国营药店、医疗单位负责。其他任何单位或者个人均不得从事毒性药品的收购、经营和配方业务。

第六条 收购、经营、加工、使用毒性药品的单位必须建立健全保管、验收、领发、核对等制度；严防收假、发错，严禁与其他药品混杂，做到划定仓间或仓位，专柜加锁并由专人保管。

毒性药品的包装容器上必须印有毒药标志。在运输毒性药品的过程中，应当采取有效措施，防止发生事故。

第七条 凡加工炮制毒性中药，必须按照《中华人民共和国药典》或者省、自治区、直辖市卫生行政部门制定的《炮制规范》的规定进行。药材符合药用要求的，方可供应、配方和用于中成药生产。

第八条 生产毒性药品及其制剂，必须严格执行生产工艺操作规程，在本单位药品检验人员的监督下准确投料，并建立完整的生产记录，保存五年备查。

在生产毒性药品过程中产生的废弃物，必须妥善处理，不得污染环境。

第九条 医疗单位供应和调配毒性药品，凭医生签名的正式处方。国营药店供应和调配毒性药品，凭盖有医生所在的医疗单位公章的正式处方。每次处方剂量不得超过二日极量。

调配处方时，必须认真负责，计量准确，按医嘱注明要求，并由配方人员及具有药师以上技术职称的复核人员签名盖章后方可发出。对处方未注明“生用”的毒性中药，应当付炮制品。如发现处方有疑问时，须经原处方医生重新审定后再行调配。处方1次有效，取药后处方保存二年备查。

第十条 科研和教学单位所需的毒性药品，必须持本单位的证明信，经单位所在地县以上卫生行政部门批准后，供应部门方能发售。

群众自配民间单、秘、验方需用毒性中药，购买时要持有本单位或者城市街道办事处、乡（镇）人民政府的证明信，供应部门方可发售。每次购用量不得超过2日极量。

第十一条 对违反本办法的规定，擅自生产、收购、经营毒性药品的单位或者个人，由县以上卫生行政部门没收其全部毒性药品，并处以警告或按非法所得的5至10倍罚款。情节严重、致人伤残或死亡，构成犯罪的，由司法机关依法追究其刑事责任。

第十二条 当事人对处罚不服的，可在接到处罚通知之日起15日内，向作出处理的机关的上级机关申请复议。但申请复议期间仍应执行原处罚决定。上级机关应在接到申请之日起10日内作出答复。对答复不服的，可在接到答复之日起15日内，向人民法院起诉。

第十三条 本办法由卫生部负责解释。

第十四条 本办法自发布之日起施行。1964年4月20日卫生部、商业部、化工部发布的《管理毒药、限制性剧药暂行规定》，1964年12月7日卫生部、商业部发布的《管理毒性中药的暂行办法》。1979年6月30日卫生部、国家医药管理总局发布的《医疗用毒药、限制性剧药管理规定》，同时废止。

放射性药品管理办法

1. 1989年1月13日国务院令第25号发布
2. 根据2011年1月8日国务院令第588号《关于废止和修改部分行政法规的决定》第一次修订
3. 根据2017年3月1日国务院令第676号《关于修改和废止部分行政法规的决定》第二次修订
4. 根据2022年3月29日国务院令第752号《关于修改和废止部分行政法规的决定》第三次修订

第一章　总　　则

第一条 为了加强放射性药品的管理，根据《中华人民共和国药品管理法》（以下称《药品管理法》）的规定，制定本办法。

第二条 放射性药品是指用于临床诊断或者治疗的放射性核素制剂或者其标记药物。

第三条　凡在中华人民共和国领域内进行放射性药品的研究、生产、经营、运输、使用、检验、监督管理的单位和个人都必须遵守本办法。

第四条　国务院药品监督管理部门负责全国放射性药品监督管理工作。国务院国防科技工业主管部门依据职责负责与放射性药品有关的管理工作。国务院环境保护主管部门负责与放射性药品有关的辐射安全与防护的监督管理工作。

第二章　放射性新药的研制、临床研究和审批

第五条　放射性新药的研制内容，包括工艺路线、质量标准、临床前药理及临床研究。研制单位在制订新药工艺路线的同时，必须研究该药的理化性能、纯度（包括核素纯度）及检验方法、药理、毒理、动物药代动力学、放射性比活度、剂量、剂型、稳定性等。

研制单位对放射免疫分析药盒必须进行可测限度、范围、特异性、准确度、精密度、稳定性等方法学的研究。

放射性新药的分类，按国务院药品监督管理部门有关药品注册的规定办理。

第六条　研制单位研制的放射性新药，在进行临床试验或者验证前，应当向国务院药品监督管理部门提出申请，按规定报送资料及样品，经国务院药品监督管理部门审批同意后，在国务院药品监督管理部门指定的药物临床试验机构进行临床研究。

第七条　研制单位在放射性新药临床研究结束后，向国务院药品监督管理部门提出申请，经国务院药品监督管理部门审核批准，发给新药证书。国务院药品监督管理部门在审核批准时，应当征求国务院国防科技工业主管部门的意见。

第八条　放射性新药投入生产，需由生产单位或者取得放射性药品生产许可证的研制单位，凭新药证书（副本）向国务院药品监督管理部门提出生产该药的申请，并提供样品，由国务院药品监督管理部门审核发给批准文号。

第三章　放射性药品的生产、经营和进出口

第九条　国家根据需要，对放射性药品的生产企业实行合理布局。

第十条　开办放射性药品生产、经营企业，必须具备《药品管理法》规定的条件，符合国家有关放射性同位素安全和防护的规定与标准，并履行环境影响评价文件的审批手续；开办放射性药品生产企业，经所在省、自治区、直辖市国防科技工业主管部门审查同意，所在省、自治区、直辖市药品监督管理部门审核批准后，由所在省、自治区、直辖市药品监督管理部门发给《放射性药品生产企业许可证》；开办放射性药品经营企业，经所在省、自治区、直辖市药品监督管理部门审核并征求所在省、自治区、直辖市国防科技工业主管部门意见后批准的，由所在省、自治区、直辖市药品监督管理部门发给《放射性药品经营企业许可证》。无许可证的生产、经营企业，一律不准生产、销售放射性药品。

第十一条　《放射性药品生产企业许可证》、《放射性药品经营企业许可证》的有效期为5年，期满前6个月，放射性药品生产、经营企业应当分别向原发证的药品监督管理部门重新提出申请，按第十条审批程序批准后，换发新证。

第十二条　放射性药品生产企业生产已有国家标准的放射性药品，必须经国务院药品监督管理部门征求国务院国防科技工业主管部门意见后审核批准，并发给批准文号。凡是改变国务院药品监督管理部门已批准的生产工艺路线和药品标准的，生产单位必须按原报批程序提出补充申请，经国务院药品监督管理部门批准后方能生产。

第十三条　放射性药品生产、经营企业，必须配备与生产、经营放射性药品相适应的专业技术人员，具有安全、防护和废气、废物、废水处理等设施，并建立严格的质量管理制度。

第十四条　放射性药品生产、经营企业，必须建立质量检验机构，严格实行生产全过程的质量控制和检验。产品出厂前，须经质量检验。符合国家药品标准的产品方可出厂，不符合标准的产品一律不准出厂。

经国务院药品监督管理部门审核批准的含有短半衰期放射性核素的药品，可以边检验边出厂，但发现质量不符合国家药品标准时，该药品的生产企业应当立即停止生产、销售，并立即通知使用单位停止使用，同时报告国务院药品监督管理、卫生行政、国防科技工业主管部门。

第十五条　放射性药品的生产、经营单位和医疗单位凭省、自治区、直辖市药品监督管理部门发给的《放射性药品生产企业许可证》、《放射性药品经营企业许可证》，医疗单位凭省、自治区、直辖市药品监督管理部门发给的《放射性药品使用许可证》，开展放射性药品的购销活动。

第十六条　进口的放射性药品品种，必须符合我国的药

品标准或者其他药用要求，并依照《药品管理法》的规定取得进口药品注册证书。

进出口放射性药品，应当按照国家有关对外贸易、放射性同位素安全和防护的规定，办理进出口手续。

第十七条 进口放射性药品，必须经国务院药品监督管理部门指定的药品检验机构抽样检验；检验合格的，方准进口。

对于经国务院药品监督管理部门审核批准的含有短半衰期放射性核素的药品，在保证安全使用的情况下，可以采取边进口检验，边投入使用的办法。进口检验单位发现药品质量不符合要求时，应当立即通知使用单位停止使用，并报告国务院药品监督管理、卫生行政、国防科技工业主管部门。

第四章 放射性药品的包装和运输

第十八条 放射性药品的包装必须安全实用，符合放射性药品质量要求，具有与放射性剂量相适应的防护装置。包装必须分内包装和外包装两部分，外包装必须贴有商标、标签、说明书和放射性药品标志，内包装必须贴有标签。

标签必须注明药品品名、放射性比活度、装量。

说明书除注明前款内容外，还须注明生产单位、批准文号、批号、主要成份、出厂日期、放射性核素半衰期、适应症、用法、用量、禁忌症、有效期和注意事项等。

第十九条 放射性药品的运输，按国家运输、邮政等部门制订的有关规定执行。

严禁任何单位和个人随身携带放射性药品乘坐公共交通运输工具。

第五章 放射性药品的使用

第二十条 医疗单位设置核医学科、室（同位素室），必须配备与其医疗任务相适应的并经核医学技术培训的技术人员。非核医学专业技术人员未经培训，不得从事放射性药品使用工作。

第二十一条 医疗单位使用放射性药品，必须符合国家有关放射性同位素安全和防护的规定。所在地的省、自治区、直辖市药品监督管理部门，应当根据医疗单位核医疗技术人员的水平、设备条件，核发相应等级的《放射性药品使用许可证》，无许可证的医疗单位不得临床使用放射性药品。

《放射性药品使用许可证》有效期为 5 年，期满前 6 个月，医疗单位应当向原发证的行政部门重新提出申请，经审核批准后，换发新证。

第二十二条 医疗单位配制、使用放射性制剂，应当符合《药品管理法》及其实施条例的相关规定。

第二十三条 持有《放射性药品使用许可证》的医疗单位，必须负责对使用的放射性药品进行临床质量检验，收集药品不良反应等项工作，并定期向所在地药品监督管理、卫生行政部门报告。由省、自治区、直辖市药品监督管理、卫生行政部门汇总后分别报国务院药品监督管理、卫生行政部门。

第二十四条 放射性药品使用后的废物（包括患者排出物），必须按国家有关规定妥善处置。

第六章 放射性药品标准和检验

第二十五条 放射性药品的国家标准，由国务院药品监督管理部门药典委员会负责制定和修订，报国务院药品监督管理部门审批颁发。

第二十六条 放射性药品的检验由国务院药品监督管理部门公布的药品检验机构承担。

第七章 附 则

第二十七条 对违反本办法规定的单位或者个人，由县以上药品监督管理、卫生行政部门，按照《药品管理法》和有关法规的规定处罚。

第二十八条 本办法自发布之日起施行。

麻醉药品和精神药品管理条例

1. 2005 年 8 月 3 日国务院令第 442 号公布
2. 根据 2013 年 12 月 7 日国务院令第 645 号《关于修改部分行政法规的决定》第一次修订
3. 根据 2016 年 2 月 6 日国务院令第 666 号《关于修改部分行政法规的决定》第二次修订

第一章 总 则

第一条 为加强麻醉药品和精神药品的管理，保证麻醉药品和精神药品的合法、安全、合理使用，防止流入非法渠道，根据药品管理法和其他有关法律的规定，制定本条例。

第二条 麻醉药品药用原植物的种植，麻醉药品和精神药品的实验研究、生产、经营、使用、储存、运输等活动以及监督管理，适用本条例。

麻醉药品和精神药品的进出口依照有关法律的规定办理。

第三条 本条例所称麻醉药品和精神药品，是指列入麻醉药品目录、精神药品目录（以下称目录）的药品和其他物质。精神药品分为第一类精神药品和第二类精神药品。

目录由国务院药品监督管理部门会同国务院公安部门、国务院卫生主管部门制定、调整并公布。

上市销售但尚未列入目录的药品和其他物质或者第二类精神药品发生滥用,已经造成或者可能造成严重社会危害的,国务院药品监督管理部门会同国务院公安部门、国务院卫生主管部门应当及时将该药品和该物质列入目录或者将该第二类精神药品调整为第一类精神药品。

第四条 国家对麻醉药品药用原植物以及麻醉药品和精神药品实行管制。除本条例另有规定的外,任何单位、个人不得进行麻醉药品药用原植物的种植以及麻醉药品和精神药品的实验研究、生产、经营、使用、储存、运输等活动。

第五条 国务院药品监督管理部门负责全国麻醉药品和精神药品的监督管理工作,并会同国务院农业主管部门对麻醉药品药用原植物实施监督管理。国务院公安部门负责对造成麻醉药品药用原植物、麻醉药品和精神药品流入非法渠道的行为进行查处。国务院其他有关主管部门在各自的职责范围内负责与麻醉药品和精神药品有关的管理工作。

省、自治区、直辖市人民政府药品监督管理部门负责本行政区域内麻醉药品和精神药品的监督管理工作。县级以上地方公安机关负责对本行政区域内造成麻醉药品和精神药品流入非法渠道的行为进行查处。县级以上地方人民政府其他有关主管部门在各自的职责范围内负责与麻醉药品和精神药品有关的管理工作。

第六条 麻醉药品和精神药品生产、经营企业和使用单位可以依法参加行业协会。行业协会应当加强行业自律管理。

第二章 种植、实验研究和生产

第七条 国家根据麻醉药品和精神药品的医疗、国家储备和企业生产所需原料的需要确定需求总量,对麻醉药品药用原植物的种植、麻醉药品和精神药品的生产实行总量控制。

国务院药品监督管理部门根据麻醉药品和精神药品的需求总量制定年度生产计划。

国务院药品监督管理部门和国务院农业主管部门根据麻醉药品年度生产计划,制定麻醉药品药用原植物年度种植计划。

第八条 麻醉药品药用原植物种植企业应当根据年度种植计划,种植麻醉药品药用原植物。

麻醉药品药用原植物种植企业应当向国务院药品监督管理部门和国务院农业主管部门定期报告种植情况。

第九条 麻醉药品药用原植物种植企业由国务院药品监督管理部门和国务院农业主管部门共同确定,其他单位和个人不得种植麻醉药品药用原植物。

第十条 开展麻醉药品和精神药品实验研究活动应当具备下列条件,并经国务院药品监督管理部门批准:

(一)以医疗、科学研究或者教学为目的;

(二)有保证实验所需麻醉药品和精神药品安全的措施和管理制度;

(三)单位及其工作人员 2 年内没有违反有关禁毒的法律、行政法规规定的行为。

第十一条 麻醉药品和精神药品的实验研究单位申请相关药品批准证明文件,应当依照药品管理法的规定办理;需要转让研究成果的,应当经国务院药品监督管理部门批准。

第十二条 药品研究单位在普通药品的实验研究过程中,产生本条例规定的管制品种的,应当立即停止实验研究活动,并向国务院药品监督管理部门报告。国务院药品监督管理部门应当根据情况,及时作出是否同意其继续实验研究的决定。

第十三条 麻醉药品和第一类精神药品的临床试验,不得以健康人为受试对象。

第十四条 国家对麻醉药品和精神药品实行定点生产制度。

国务院药品监督管理部门应当根据麻醉药品和精神药品的需求总量,确定麻醉药品和精神药品定点生产企业的数量和布局,并根据年度需求总量对数量和布局进行调整、公布。

第十五条 麻醉药品和精神药品的定点生产企业应当具备下列条件:

(一)有药品生产许可证;

(二)有麻醉药品和精神药品实验研究批准文件;

(三)有符合规定的麻醉药品和精神药品生产设施、储存条件和相应的安全管理设施;

(四)有通过网络实施企业安全生产管理和向药品监督管理部门报告生产信息的能力;

(五)有保证麻醉药品和精神药品安全生产的管理制度;

(六)有与麻醉药品和精神药品安全生产要求相适应的管理水平和经营规模;

(七)麻醉药品和精神药品生产管理、质量管理部门的人员应当熟悉麻醉药品和精神药品管理以及有关禁毒的法律、行政法规；

（八）没有生产、销售假药、劣药或者违反有关禁毒的法律、行政法规规定的行为；

（九）符合国务院药品监督管理部门公布的麻醉药品和精神药品定点生产企业数量和布局的要求。

第十六条　从事麻醉药品、精神药品生产的企业，应当经所在地省、自治区、直辖市人民政府药品监督管理部门批准。

第十七条　定点生产企业生产麻醉药品和精神药品，应当依照药品管理法的规定取得药品批准文号。

国务院药品监督管理部门应当组织医学、药学、社会学、伦理学和禁毒等方面的专家成立专家组，由专家组对申请首次上市的麻醉药品和精神药品的社会危害性和被滥用的可能性进行评价，并提出是否批准的建议。

未取得药品批准文号的，不得生产麻醉药品和精神药品。

第十八条　发生重大突发事件，定点生产企业无法正常生产或者不能保证供应麻醉药品和精神药品时，国务院药品监督管理部门可以决定其他药品生产企业生产麻醉药品和精神药品。

重大突发事件结束后，国务院药品监督管理部门应当及时决定前款规定的企业停止麻醉药品和精神药品的生产。

第十九条　定点生产企业应当严格按照麻醉药品和精神药品年度生产计划安排生产，并依照规定向所在地省、自治区、直辖市人民政府药品监督管理部门报告生产情况。

第二十条　定点生产企业应当依照本条例的规定，将麻醉药品和精神药品销售给具有麻醉药品和精神药品经营资格的企业或者依照本条例规定批准的其他单位。

第二十一条　麻醉药品和精神药品的标签应当印有国务院药品监督管理部门规定的标志。

第三章　经　　营

第二十二条　国家对麻醉药品和精神药品实行定点经营制度。

国务院药品监督管理部门应当根据麻醉药品和第一类精神药品的需求总量，确定麻醉药品和第一类精神药品的定点批发企业布局，并应当根据年度需求总量对布局进行调整、公布。

药品经营企业不得经营麻醉药品原料药和第一类精神药品原料药。但是，供医疗、科学研究、教学使用的小包装的上述药品可以由国务院药品监督管理部门规定的药品批发企业经营。

第二十三条　麻醉药品和精神药品定点批发企业除应当具备药品管理法第十五条规定的药品经营企业的开办条件外，还应当具备下列条件：

（一）有符合本条例规定的麻醉药品和精神药品储存条件；

（二）有通过网络实施企业安全管理和向药品监督管理部门报告经营信息的能力；

（三）单位及其工作人员2年内没有违反有关禁毒的法律、行政法规规定的行为；

（四）符合国务院药品监督管理部门公布的定点批发企业布局。

麻醉药品和第一类精神药品的定点批发企业，还应当具有保证供应责任区域内医疗机构所需麻醉药品和第一类精神药品的能力，并具有保证麻醉药品和第一类精神药品安全经营的管理制度。

第二十四条　跨省、自治区、直辖市从事麻醉药品和第一类精神药品批发业务的企业（以下称全国性批发企业），应当经国务院药品监督管理部门批准；在本省、自治区、直辖市行政区域内从事麻醉药品和第一类精神药品批发业务的企业（以下称区域性批发企业），应当经所在地省、自治区、直辖市人民政府药品监督管理部门批准。

专门从事第二类精神药品批发业务的企业，应当经所在地省、自治区、直辖市人民政府药品监督管理部门批准。

全国性批发企业和区域性批发企业可以从事第二类精神药品批发业务。

第二十五条　全国性批发企业可以向区域性批发企业，或者经批准可以向取得麻醉药品和第一类精神药品使用资格的医疗机构以及依照本条例规定批准的其他单位销售麻醉药品和第一类精神药品。

全国性批发企业向取得麻醉药品和第一类精神药品使用资格的医疗机构销售麻醉药品和第一类精神药品，应当经医疗机构所在地省、自治区、直辖市人民政府药品监督管理部门批准。

国务院药品监督管理部门在批准全国性批发企业时，应当明确其所承担供药责任的区域。

第二十六条　区域性批发企业可以向本省、自治区、直辖市行政区域内取得麻醉药品和第一类精神药品使用资格的医疗机构销售麻醉药品和第一类精神药品；由于特殊地理位置的原因，需要就近向其他省、自治区、直辖市行政区域内取得麻醉药品和第一类精神药品使用资格的医疗机构销售的，应当经企业所在地省、自治区、直辖市人民政府药品监督管理部门批准。审批情况由负责审批的药品监督管理部门在批准后5日内通报医疗机构所在地省、自治区、直辖市人民政府药品监督管理部门。

省、自治区、直辖市人民政府药品监督管理部门在批准区域性批发企业时，应当明确其所承担供药责任的区域。

区域性批发企业之间因医疗急需、运输困难等特殊情况需要调剂麻醉药品和第一类精神药品的，应当在调剂后2日内将调剂情况分别报所在地省、自治区、直辖市人民政府药品监督管理部门备案。

第二十七条　全国性批发企业应当从定点生产企业购进麻醉药品和第一类精神药品。

区域性批发企业可以从全国性批发企业购进麻醉药品和第一类精神药品；经所在地省、自治区、直辖市人民政府药品监督管理部门批准，也可以从定点生产企业购进麻醉药品和第一类精神药品。

第二十八条　全国性批发企业和区域性批发企业向医疗机构销售麻醉药品和第一类精神药品，应当将药品送至医疗机构。医疗机构不得自行提货。

第二十九条　第二类精神药品定点批发企业可以向医疗机构、定点批发企业和符合本条例第三十一条规定的药品零售企业以及依照本条例规定批准的其他单位销售第二类精神药品。

第三十条　麻醉药品和第一类精神药品不得零售。

禁止使用现金进行麻醉药品和精神药品交易，但是个人合法购买麻醉药品和精神药品的除外。

第三十一条　经所在地设区的市级药品监督管理部门批准，实行统一进货、统一配送、统一管理的药品零售连锁企业可以从事第二类精神药品零售业务。

第三十二条　第二类精神药品零售企业应当凭执业医师出具的处方，按规定剂量销售第二类精神药品，并将处方保存2年备查；禁止超剂量或者无处方销售第二类精神药品；不得向未成年人销售第二类精神药品。

第三十三条　麻醉药品和精神药品实行政府定价，在制定出厂和批发价格的基础上，逐步实行全国统一零售价格。具体办法由国务院价格主管部门制定。

第四章　使　　用

第三十四条　药品生产企业需要以麻醉药品和第一类精神药品为原料生产普通药品的，应当向所在地省、自治区、直辖市人民政府药品监督管理部门报送年度需求计划，由省、自治区、直辖市人民政府药品监督管理部门汇总报国务院药品监督管理部门批准后，向定点生产企业购买。

药品生产企业需要以第二类精神药品为原料生产普通药品的，应当将年度需求计划报所在地省、自治区、直辖市人民政府药品监督管理部门，并向定点批发企业或者定点生产企业购买。

第三十五条　食品、食品添加剂、化妆品、油漆等非药品生产企业需要使用咖啡因作为原料的，应当经所在地省、自治区、直辖市人民政府药品监督管理部门批准，向定点批发企业或者定点生产企业购买。

科学研究、教学单位需要使用麻醉药品和精神药品开展实验、教学活动的，应当经所在地省、自治区、直辖市人民政府药品监督管理部门批准，向定点批发企业或者定点生产企业购买。

需要使用麻醉药品和精神药品的标准品、对照品的，应当经所在地省、自治区、直辖市人民政府药品监督管理部门批准，向国务院药品监督管理部门批准的单位购买。

第三十六条　医疗机构需要使用麻醉药品和第一类精神药品的，应当经所在地设区的市级人民政府卫生主管部门批准，取得麻醉药品、第一类精神药品购用印鉴卡（以下称印鉴卡）。医疗机构应当凭印鉴卡向本省、自治区、直辖市行政区域内的定点批发企业购买麻醉药品和第一类精神药品。

设区的市级人民政府卫生主管部门发给医疗机构印鉴卡时，应当将取得印鉴卡的医疗机构情况抄送所在地设区的市级药品监督管理部门，并报省、自治区、直辖市人民政府卫生主管部门备案。省、自治区、直辖市人民政府卫生主管部门应当将取得印鉴卡的医疗机构名单向本行政区域内的定点批发企业通报。

第三十七条　医疗机构取得印鉴卡应当具备下列条件：

（一）有专职的麻醉药品和第一类精神药品管理人员；

（二）有获得麻醉药品和第一类精神药品处方资格的执业医师；

（三）有保证麻醉药品和第一类精神药品安全储存的设施和管理制度。

第三十八条　医疗机构应当按照国务院卫生主管部门的规定，对本单位执业医师进行有关麻醉药品和精神药品使用知识的培训、考核，经考核合格的，授予麻醉药品和第一类精神药品处方资格。执业医师取得麻醉药品和第一类精神药品的处方资格后，方可在本医疗机构开具麻醉药品和第一类精神药品处方,但不得为自己开具该种处方。

医疗机构应当将具有麻醉药品和第一类精神药品处方资格的执业医师名单及其变更情况,定期报送所在地设区的市级人民政府卫生主管部门,并抄送同级药品监督管理部门。

医务人员应当根据国务院卫生主管部门制定的临床应用指导原则,使用麻醉药品和精神药品。

第三十九条 具有麻醉药品和第一类精神药品处方资格的执业医师,根据临床应用指导原则,对确需使用麻醉药品或者第一类精神药品的患者,应当满足其合理用药需求。在医疗机构就诊的癌症疼痛患者和其他危重患者得不到麻醉药品或者第一类精神药品时,患者或者其亲属可以向执业医师提出申请。具有麻醉药品和第一类精神药品处方资格的执业医师认为要求合理的,应当及时为患者提供所需麻醉药品或者第一类精神药品。

第四十条 执业医师应当使用专用处方开具麻醉药品和精神药品,单张处方的最大用量应当符合国务院卫生主管部门的规定。

对麻醉药品和第一类精神药品处方,处方的调配人、核对人应当仔细核对,签署姓名,并予以登记;对不符合本条例规定的,处方的调配人、核对人应当拒绝发药。

麻醉药品和精神药品专用处方的格式由国务院卫生主管部门规定。

第四十一条 医疗机构应当对麻醉药品和精神药品处方进行专册登记,加强管理。麻醉药品处方至少保存3年,精神药品处方至少保存2年。

第四十二条 医疗机构抢救病人急需麻醉药品和第一类精神药品而本医疗机构无法提供时,可以从其他医疗机构或者定点批发企业紧急借用;抢救工作结束后,应当及时将借用情况报所在地设区的市级药品监督管理部门和卫生主管部门备案。

第四十三条 对临床需要而市场无供应的麻醉药品和精神药品,持有医疗机构制剂许可证和印鉴卡的医疗机构需要配制制剂的,应当经所在地省、自治区、直辖市人民政府药品监督管理部门批准。医疗机构配制的麻醉药品和精神药品制剂只能在本医疗机构使用,不得对外销售。

第四十四条 因治疗疾病需要,个人凭医疗机构出具的医疗诊断书、本人身份证明,可以携带单张处方最大用量以内的麻醉药品和第一类精神药品;携带麻醉药品和第一类精神药品出入境的,由海关根据自用、合理的原则放行。

医务人员为了医疗需要携带少量麻醉药品和精神药品出入境的,应当持有省级以上人民政府药品监督管理部门发放的携带麻醉药品和精神药品证明。海关凭携带麻醉药品和精神药品证明放行。

第四十五条 医疗机构、戒毒机构以开展戒毒治疗为目的,可以使用美沙酮或者国家确定的其他用于戒毒治疗的麻醉药品和精神药品。具体管理办法由国务院药品监督管理部门、国务院公安部门和国务院卫生主管部门制定。

第五章 储 存

第四十六条 麻醉药品药用原植物种植企业、定点生产企业、全国性批发企业和区域性批发企业以及国家设立的麻醉药品储存单位,应当设置储存麻醉药品和第一类精神药品的专库。该专库应当符合下列要求:

(一)安装专用防盗门,实行双人双锁管理;

(二)具有相应的防火设施;

(三)具有监控设施和报警装置,报警装置应当与公安机关报警系统联网。

全国性批发企业经国务院药品监督管理部门批准设立的药品储存点应当符合前款的规定。

麻醉药品定点生产企业应当将麻醉药品原料药和制剂分别存放。

第四十七条 麻醉药品和第一类精神药品的使用单位应当设立专库或者专柜储存麻醉药品和第一类精神药品。专库应当设有防盗设施并安装报警装置;专柜应当使用保险柜。专库和专柜应当实行双人双锁管理。

第四十八条 麻醉药品药用原植物种植企业、定点生产企业、全国性批发企业和区域性批发企业、国家设立的麻醉药品储存单位以及麻醉药品和第一类精神药品的使用单位,应当配备专人负责管理工作,并建立储存麻醉药品和第一类精神药品的专用账册。药品入库双人验收,出库双人复核,做到账物相符。专用账册的保存期限应当自药品有效期期满之日起不少于5年。

第四十九条 第二类精神药品经营企业应当在药品库房中设立独立的专库或者专柜储存第二类精神药品,并建立专用账册,实行专人管理。专用账册的保存期限应当自药品有效期期满之日起不少于5年。

第六章 运 输

第五十条 托运、承运和自行运输麻醉药品和精神药品的,应当采取安全保障措施,防止麻醉药品和精神药品在运输过程中被盗、被抢、丢失。

第五十一条　通过铁路运输麻醉药品和第一类精神药品的,应当使用集装箱或者铁路行李车运输,具体办法由国务院药品监督管理部门会同国务院铁路主管部门制定。

没有铁路需要通过公路或者水路运输麻醉药品和第一类精神药品的,应当由专人负责押运。

第五十二条　托运或者自行运输麻醉药品和第一类精神药品的单位,应当向所在地设区的市级药品监督管理部门申请领取运输证明。运输证明有效期为1年。

运输证明应当由专人保管,不得涂改、转让、转借。

第五十三条　托运人办理麻醉药品和第一类精神药品运输手续,应当将运输证明副本交付承运人。承运人应当查验、收存运输证明副本,并检查货物包装。没有运输证明或者货物包装不符合规定的,承运人不得承运。

承运人在运输过程中应当携带运输证明副本,以备查验。

第五十四条　邮寄麻醉药品和精神药品,寄件人应当提交所在地设区的市级药品监督管理部门出具的准予邮寄证明。邮政营业机构应当查验、收存准予邮寄证明;没有准予邮寄证明的,邮政营业机构不得收寄。

省、自治区、直辖市邮政主管部门指定符合安全保障条件的邮政营业机构负责收寄麻醉药品和精神药品。邮政营业机构收寄麻醉药品和精神药品,应当依法对收寄的麻醉药品和精神药品予以查验。

邮寄麻醉药品和精神药品的具体管理办法,由国务院药品监督管理部门会同国务院邮政主管部门制定。

第五十五条　定点生产企业、全国性批发企业和区域性批发企业之间运输麻醉药品、第一类精神药品,发货人在发货前应当向所在地省、自治区、直辖市人民政府药品监督管理部门报送本次运输的相关信息。属于跨省、自治区、直辖市运输的,收到信息的药品监督管理部门应当向收货人所在地的同级药品监督管理部门通报;属于在本省、自治区、直辖市行政区域内运输的,收到信息的药品监督管理部门应当向收货人所在地设区的市级药品监督管理部门通报。

第七章　审批程序和监督管理

第五十六条　申请人提出本条例规定的审批事项申请,应当提交能够证明其符合本条例规定条件的相关资料。审批部门应当自收到申请之日起40日内作出是否批准的决定;作出批准决定的,发给许可证明文件或者在相关许可证明文件上加注许可事项;作出不予批准决定的,应当书面说明理由。

确定定点生产企业和定点批发企业,审批部门应当在经审查符合条件的企业中,根据布局的要求,通过公平竞争的方式初步确定定点生产企业和定点批发企业,并予公布。其他符合条件的企业可以自公布之日起10日内向审批部门提出异议。审批部门应当自收到异议之日起20日内对异议进行审查,并作出是否调整的决定。

第五十七条　药品监督管理部门应当根据规定的职责权限,对麻醉药品药用原植物的种植以及麻醉药品和精神药品的实验研究、生产、经营、使用、储存、运输活动进行监督检查。

第五十八条　省级以上人民政府药品监督管理部门根据实际情况建立监控信息网络,对定点生产企业、定点批发企业和使用单位的麻醉药品和精神药品生产、进货、销售、库存、使用的数量以及流向实行实时监控,并与同级公安机关做到信息共享。

第五十九条　尚未连接监控信息网络的麻醉药品和精神药品定点生产企业、定点批发企业和使用单位,应当每月通过电子信息、传真、书面等方式,将本单位麻醉药品和精神药品生产、进货、销售、库存、使用的数量以及流向,报所在地设区的市级药品监督管理部门和公安机关;医疗机构还应当报所在地设区的市级人民政府卫生主管部门。

设区的市级药品监督管理部门应当每3个月向上一级药品监督管理部门报告本地区麻醉药品和精神药品的相关情况。

第六十条　对已经发生滥用,造成严重社会危害的麻醉药品和精神药品品种,国务院药品监督管理部门应当采取在一定期限内中止生产、经营、使用或者限定其使用范围和用途等措施。对不再作为药品使用的麻醉药品和精神药品,国务院药品监督管理部门应当撤销其药品批准文号和药品标准,并予以公布。

药品监督管理部门、卫生主管部门发现生产、经营企业和使用单位的麻醉药品和精神药品管理存在安全隐患时,应当责令其立即排除或者限期排除;对有证据证明可能流入非法渠道的,应当及时采取查封、扣押的行政强制措施,在7日内作出行政处理决定,并通报同级公安机关。

药品监督管理部门发现取得印鉴卡的医疗机构未依照规定购买麻醉药品和第一类精神药品时,应当及时通报同级卫生主管部门。接到通报的卫生主管部门应当立即调查处理。必要时,药品监督管理部门可以责令定点批发企业中止向该医疗机构销售麻醉药品和第一类精神药品。

第六十一条　麻醉药品和精神药品的生产、经营企业和使用单位对过期、损坏的麻醉药品和精神药品应当登记造册，并向所在地县级药品监督管理部门申请销毁。药品监督管理部门应当自接到申请之日起5日内到场监督销毁。医疗机构对存放在本单位的过期、损坏麻醉药品和精神药品，应当按照本条规定的程序向卫生主管部门提出申请，由卫生主管部门负责监督销毁。

对依法收缴的麻醉药品和精神药品，除经国务院药品监督管理部门或者国务院公安部门批准用于科学研究外，应当依照国家有关规定予以销毁。

第六十二条　县级以上人民政府卫生主管部门应当对执业医师开具麻醉药品和精神药品处方的情况进行监督检查。

第六十三条　药品监督管理部门、卫生主管部门和公安机关应当互相通报麻醉药品和精神药品生产、经营企业和使用单位的名单以及其他管理信息。

各级药品监督管理部门应当将在麻醉药品药用原植物的种植以及麻醉药品和精神药品的实验研究、生产、经营、使用、储存、运输等各环节的管理中的审批、撤销等事项通报同级公安机关。

麻醉药品和精神药品的经营企业、使用单位报送各级药品监督管理部门的备案事项，应当同时报送同级公安机关。

第六十四条　发生麻醉药品和精神药品被盗、被抢、丢失或者其他流入非法渠道的情形的，案发单位应当立即采取必要的控制措施，同时报告所在地县级公安机关和药品监督管理部门。医疗机构发生上述情形的，还应当报告其主管部门。

公安机关接到报告、举报，或者有证据证明麻醉药品和精神药品可能流入非法渠道时，应当及时开展调查，并可以对相关单位采取必要的控制措施。

药品监督管理部门、卫生主管部门以及其他有关部门应当配合公安机关开展工作。

第八章　法律责任

第六十五条　药品监督管理部门、卫生主管部门违反本条例的规定，有下列情形之一的，由其上级行政机关或者监察机关责令改正；情节严重的，对直接负责的主管人员和其他直接责任人员依法给予行政处分；构成犯罪的，依法追究刑事责任：

（一）对不符合条件的申请人准予行政许可或者超越法定职权作出准予行政许可决定的；

（二）未到场监督销毁过期、损坏的麻醉药品和精神药品的；

（三）未依法履行监督检查职责，应当发现而未发现违法行为、发现违法行为不及时查处，或者未依照本条例规定的程序实施监督检查的；

（四）违反本条例规定的其他失职、渎职行为。

第六十六条　麻醉药品药用原植物种植企业违反本条例的规定，有下列情形之一的，由药品监督管理部门责令限期改正，给予警告；逾期不改正的，处5万元以上10万元以下的罚款；情节严重的，取消其种植资格：

（一）未依照麻醉药品药用原植物年度种植计划进行种植的；

（二）未依照规定报告种植情况的；

（三）未依照规定储存麻醉药品的。

第六十七条　定点生产企业违反本条例的规定，有下列情形之一的，由药品监督管理部门责令限期改正，给予警告，并没收违法所得和违法销售的药品；逾期不改正的，责令停产，并处5万元以上10万元以下的罚款；情节严重的，取消其定点生产资格：

（一）未按照麻醉药品和精神药品年度生产计划安排生产的；

（二）未依照规定向药品监督管理部门报告生产情况的；

（三）未依照规定储存麻醉药品和精神药品，或者未依照规定建立、保存专用账册的；

（四）未依照规定销售麻醉药品和精神药品的；

（五）未依照规定销毁麻醉药品和精神药品的。

第六十八条　定点批发企业违反本条例的规定销售麻醉药品和精神药品，或者违反本条例的规定经营麻醉药品原料药和第一类精神药品原料药的，由药品监督管理部门责令限期改正，给予警告，并没收违法所得和违法销售的药品；逾期不改正的，责令停业，并处违法销售药品货值金额2倍以上5倍以下的罚款；情节严重的，取消其定点批发资格。

第六十九条　定点批发企业违反本条例的规定，有下列情形之一的，由药品监督管理部门责令限期改正，给予警告；逾期不改正的，责令停业，并处2万元以上5万元以下的罚款；情节严重的，取消其定点批发资格：

（一）未依照规定购进麻醉药品和第一类精神药品的；

（二）未保证供药责任区域内的麻醉药品和第一类精神药品的供应的；

（三）未对医疗机构履行送货义务的；

（四）未依照规定报告麻醉药品和精神药品的进货、销售、库存数量以及流向的；

（五）未依照规定储存麻醉药品和精神药品，或者未依照规定建立、保存专用账册的；

（六）未依照规定销毁麻醉药品和精神药品的；

（七）区域性批发企业之间违反本条例的规定调剂麻醉药品和第一类精神药品，或者因特殊情况调剂麻醉药品和第一类精神药品后未依照规定备案的。

第七十条 第二类精神药品零售企业违反本条例的规定储存、销售或者销毁第二类精神药品的，由药品监督管理部门责令限期改正，给予警告，并没收违法所得和违法销售的药品；逾期不改正的，责令停业，并处5000元以上2万元以下的罚款；情节严重的，取消其第二类精神药品零售资格。

第七十一条 本条例第三十四条、第三十五条规定的单位违反本条例的规定，购买麻醉药品和精神药品的，由药品监督管理部门没收违法购买的麻醉药品和精神药品，责令限期改正，给予警告；逾期不改正的，责令停产或者停止相关活动，并处2万元以上5万元以下的罚款。

第七十二条 取得印鉴卡的医疗机构违反本条例的规定，有下列情形之一的，由设区的市级人民政府卫生主管部门责令限期改正，给予警告；逾期不改正的，处5000元以上1万元以下的罚款；情节严重的，吊销其印鉴卡；对直接负责的主管人员和其他直接责任人员，依法给予降级、撤职、开除的处分：

（一）未依照规定购买、储存麻醉药品和第一类精神药品的；

（二）未依照规定保存麻醉药品和精神药品专用处方，或者未依照规定进行处方专册登记的；

（三）未依照规定报告麻醉药品和精神药品的进货、库存、使用数量的；

（四）紧急借用麻醉药品和第一类精神药品后未备案的；

（五）未依照规定销毁麻醉药品和精神药品的。

第七十三条 具有麻醉药品和第一类精神药品处方资格的执业医师，违反本条例的规定开具麻醉药品和第一类精神药品处方，或者未按照临床应用指导原则的要求使用麻醉药品和第一类精神药品的，由其所在医疗机构取消其麻醉药品和第一类精神药品处方资格；造成严重后果的，由原发证部门吊销其执业证书。执业医师未按照临床应用指导原则的要求使用第二类精神药品或者未使用专用处方开具第二类精神药品，造成严重后果的，由原发证部门吊销其执业证书。

未取得麻醉药品和第一类精神药品处方资格的执业医师擅自开具麻醉药品和第一类精神药品处方，由县级以上人民政府卫生主管部门给予警告，暂停其执业活动；造成严重后果的，吊销其执业证书；构成犯罪的，依法追究刑事责任。

处方的调配人、核对人违反本条例的规定未对麻醉药品和第一类精神药品处方进行核对，造成严重后果的，由原发证部门吊销其执业证书。

第七十四条 违反本条例的规定运输麻醉药品和精神药品的，由药品监督管理部门和运输管理部门依照各自职责，责令改正，给予警告，处2万元以上5万元以下的罚款。

收寄麻醉药品、精神药品的邮政营业机构未依照本条例的规定办理邮寄手续的，由邮政主管部门责令改正，给予警告；造成麻醉药品、精神药品邮件丢失的，依照邮政法律、行政法规的规定处理。

第七十五条 提供虚假材料、隐瞒有关情况，或者采取其他欺骗手段取得麻醉药品和精神药品的实验研究、生产、经营、使用资格的，由原审批部门撤销其已取得的资格，5年内不得提出有关麻醉药品和精神药品的申请；情节严重的，处1万元以上3万元以下的罚款，有药品生产许可证、药品经营许可证、医疗机构执业许可证的，依法吊销其许可证明文件。

第七十六条 药品研究单位在普通药品的实验研究和研制过程中，产生本条例规定管制的麻醉药品和精神药品，未依照本条例的规定报告的，由药品监督管理部门责令改正，给予警告，没收违法药品；拒不改正的，责令停止实验研究和研制活动。

第七十七条 药物临床试验机构以健康人为麻醉药品和第一类精神药品临床试验的受试对象的，由药品监督管理部门责令停止违法行为，给予警告；情节严重的，取消其药物临床试验机构的资格；构成犯罪的，依法追究刑事责任。对受试对象造成损害的，药物临床试验机构依法承担治疗和赔偿责任。

第七十八条 定点生产企业、定点批发企业和第二类精神药品零售企业生产、销售假劣麻醉药品和精神药品的，由药品监督管理部门取消其定点生产资格、定点批发资格或者第二类精神药品零售资格，并依照药品管理法的有关规定予以处罚。

第七十九条 定点生产企业、定点批发企业和其他单位使用现金进行麻醉药品和精神药品交易的，由药品监督管理部门责令改正，给予警告，没收违法交易的药品,并处5万元以上10万元以下的罚款。

第八十条 发生麻醉药品和精神药品被盗、被抢、丢失案件的单位,违反本条例的规定未采取必要的控制措施或者未依照本条例的规定报告的,由药品监督管理部门和卫生主管部门依照各自职责,责令改正,给予警告;情节严重的,处5000元以上1万元以下的罚款;有上级主管部门的,由其上级主管部门对直接负责的主管人员和其他直接责任人员,依法给予降级、撤职的处分。

第八十一条 依法取得麻醉药品药用原植物种植或者麻醉药品和精神药品实验研究、生产、经营、使用、运输等资格的单位,倒卖、转让、出租、出借、涂改其麻醉药品和精神药品许可证明文件的,由原审批部门吊销相应许可证明文件,没收违法所得;情节严重的,处违法所得2倍以上5倍以下的罚款;没有违法所得的,处2万元以上5万元以下的罚款;构成犯罪的,依法追究刑事责任。

第八十二条 违反本条例的规定,致使麻醉药品和精神药品流入非法渠道造成危害,构成犯罪的,依法追究刑事责任;尚不构成犯罪的,由县级以上公安机关处5万元以上10万元以下的罚款;有违法所得的,没收违法所得;情节严重的,处违法所得2倍以上5倍以下的罚款;由原发证部门吊销其药品生产、经营和使用许可证明文件。

药品监督管理部门、卫生主管部门在监督管理工作中发现前款规定情形的,应当立即通报所在地同级公安机关,并依照国家有关规定,将案件以及相关材料移送公安机关。

第八十三条 本章规定由药品监督管理部门作出的行政处罚,由县级以上药品监督管理部门按照国务院药品监督管理部门规定的职责分工决定。

第九章 附 则

第八十四条 本条例所称实验研究是指以医疗、科学研究或者教学为目的的临床前药物研究。

经批准可以开展与计划生育有关的临床医疗服务的计划生育技术服务机构需要使用麻醉药品和精神药品的,依照本条例有关医疗机构使用麻醉药品和精神药品的规定执行。

第八十五条 麻醉药品目录中的罂粟壳只能用于中药饮片和中成药的生产以及医疗配方使用。具体管理办法由国务院药品监督管理部门另行制定。

第八十六条 生产含麻醉药品的复方制剂,需要购进、储存、使用麻醉药品原料药的,应当遵守本条例有关麻醉药品管理的规定。

第八十七条 军队医疗机构麻醉药品和精神药品的供应、使用,由国务院药品监督管理部门会同中国人民解放军总后勤部依据本条例制定具体管理办法。

第八十八条 对动物用麻醉药品和精神药品的管理,由国务院兽医主管部门会同国务院药品监督管理部门依据本条例制定具体管理办法。

第八十九条 本条例自2005年11月1日起施行。1987年11月28日国务院发布的《麻醉药品管理办法》和1988年12月27日国务院发布的《精神药品管理办法》同时废止。

生物制品批签发管理办法

1. 2020年12月11日国家市场监督管理总局令第33号公布

2. 自2021年3月1日起施行

第一章 总 则

第一条 为了加强生物制品监督管理,规范生物制品批签发行为,保证生物制品安全、有效,根据《中华人民共和国药品管理法》(以下简称《药品管理法》)、《中华人民共和国疫苗管理法》(以下简称《疫苗管理法》)有关规定,制定本办法。

第二条 本办法所称生物制品批签发,是指国家药品监督管理局对获得上市许可的疫苗类制品、血液制品、用于血源筛查的体外诊断试剂以及国家药品监督管理局规定的其他生物制品,在每批产品上市销售前或者进口时,经指定的批签发机构进行审核、检验,对符合要求的发给批签发证明的活动。

未通过批签发的产品,不得上市销售或者进口。依法经国家药品监督管理局批准免予批签发的产品除外。

第三条 批签发申请人应当是持有药品批准证明文件的境内外药品上市许可持有人。境外药品上市许可持有人应当指定我国境内企业法人办理批签发。

批签发产品应当按照经核准的工艺生产,并应当符合国家药品标准和药品注册标准。生产全过程应当符合药品生产质量管理规范的要求。药品上市许可持有人应当建立完整的生产质量管理体系,持续加强偏差管理。药品上市许可持有人对批签发产品生产、检验等过程中形成的资料、记录和数据的真实性负责。批签发资料应当经药品上市许可持有人的质量受权人审核并签发。

每批产品上市销售前或者进口时,批签发申请人应当主动提出批签发申请,依法履行批签发活动中的法定义务,保证申请批签发的产品质量可靠以及批签发申请资料和样品的真实性。

第四条 国家药品监督管理局主管全国生物制品批签发工作,负责规定批签发品种范围,指定批签发机构,明确批签发工作要求,指导批签发工作的实施。

省、自治区、直辖市药品监督管理部门负责本行政区域批签发申请人的监督管理,负责组织对本行政区域内批签发产品的现场检查;协助批签发机构开展现场核实,组织批签发产品的现场抽样及批签发不合格产品的处置,对批签发过程中发现的重大质量风险及违法违规行为进行调查处理,并将调查处理结果及时通知批签发机构;对企业生产过程中出现的可能影响产品质量的重大偏差进行调查,并出具审核评估报告;负责本行政区域内批签发机构的日常管理。

国家药品监督管理局指定的批签发机构负责批签发的受理、资料审核、样品检验等工作,并依法作出批签发决定。

中国食品药品检定研究院(以下简称中检院)组织制定批签发技术要求和技术考核细则,对拟承担批签发工作或者扩大批签发品种范围的药品检验机构进行能力评估和考核,对其他批签发机构进行业务指导、技术培训和考核评估;组织协调批签发机构批签发工作的实施。

国家药品监督管理局食品药品审核查验中心(以下简称核查中心)承担批签发过程中的境外现场检查等工作。

第五条 国家药品监督管理局对批签发产品建立基于风险的监督管理体系。必要时,可以通过现场核实验证批签发申请资料的真实性、可靠性。

第六条 生物制品批签发审核、检验应当依据国家药品标准和药品注册标准。

第二章 批签发机构确定

第七条 批签发机构及其所负责的批签发品种由国家药品监督管理局确定。

国家药品监督管理局根据批签发工作需要,适时公布新增批签发机构及批签发机构扩增批签发品种的评定标准、程序和条件。

第八条 药品检验机构可以按照评定标准和条件要求向省、自治区、直辖市药品监督管理部门提交承担批签发工作或者扩增批签发品种的相关工作材料。省、自治区、直辖市药品监督管理部门审查认为符合批签发机构评定标准的,向国家药品监督管理局提出批签发机构评估申请。中检院对提出申请的药品检验机构进行能力评估和考核。国家药品监督管理局根据考核结果确定由该药品检验机构承担相应品种的批签发工作,或者同意该批签发机构扩大批签发品种范围。

第九条 中检院应当根据批签发工作需要,对批签发机构进行评估,评估情况及时报告国家药品监督管理局。

第十条 批签发机构有下列情形之一的,国家药品监督管理局可以要求该机构停止批签发工作:

(一)发生重大差错、造成严重后果的;

(二)出具虚假检验报告的;

(三)经评估不再具备批签发机构评定标准和条件要求的。

第三章 批签发申请

第十一条 新批准上市的生物制品首次申请批签发前,批签发申请人应当在生物制品批签发管理系统内登记建档。登记时应当提交以下资料:

(一)生物制品批签发品种登记表;

(二)药品批准证明文件;

(三)合法生产的相关文件。

相关资料符合要求的,中检院应当在10日内完成所申请品种在生物制品批签发管理系统内的登记确认。

登记信息发生变化时,批签发申请人应当及时在生物制品批签发管理系统内变更。

第十二条 对拟申请批签发的每个品种,批签发申请人应当建立独立的批签发生产及检验记录摘要模板,报中检院核定后,由中检院分发给批签发机构和申请人。批签发申请人需要修订已核定的批签发生产及检验记录摘要模板的,应当向中检院提出申请,经中检院核定后方可变更。

第十三条 按照批签发管理的生物制品,批签发申请人在生产、检验完成后,应当在生物制品批签发管理系统内填写生物制品批签发申请表,并根据申请批签发产品的药品上市许可持有人所在地或者拟进口口岸所在地批签发机构设置情况,向相应属地的批签发机构申请批签发。

第十四条 批签发申请人凭生物制品批签发申请表向省、自治区、直辖市药品监督管理部门或者其指定的抽样机构提出抽样申请,抽样人员在5日内组织现场抽样,并将所抽样品封存。批签发申请人将封存样品在规定条件下送至批签发机构办理批签发登记,同时提交批签发申请资料。

省、自治区、直辖市药品监督管理部门负责组织本行政区域生产或者进口的批签发产品的抽样工作，按照国家药品监督管理局药品抽样规定制定抽样管理程序，确定相对固定的抽样机构和人员并在批签发机构备案，定期对抽样机构和人员进行培训，对抽样工作进行督查指导。

第十五条 批签发申请人申请批签发时，应当提供以下证明性文件、资料及样品：

（一）生物制品批签发申请表；

（二）药品批准证明文件；

（三）合法生产的相关文件；

（四）上市后变更的批准或者备案文件；

（五）质量受权人签字并加盖企业公章的批生产及检验记录摘要；

（六）数量满足相应品种批签发检验要求的同批号产品，必要时提供与检验相关的中间产品、标准物质、试剂等材料；

（七）生产管理负责人、质量管理负责人、质量受权人等关键人员变动情况的说明；

（八）与产品质量相关的其他资料。

申请疫苗批签发的，还应当提交疫苗的生产工艺偏差、质量差异、生产过程中的故障和事故以及采取措施的记录清单和对疫苗质量影响的评估结论；可能影响疫苗质量的，还应当提交偏差报告，包括偏差描述、处理措施、风险评估结论、已采取或者计划采取的纠正和预防措施等。对可能影响质量的重大偏差，应当提供所在地省、自治区、直辖市药品监督管理部门的审核评估报告。

进口疫苗类制品和血液制品应当同时提交生产企业所在国家或者地区的原产地证明以及药品管理当局出具的批签发证明文件。进口产品在本国免予批签发的，应当提供免予批签发的证明性文件。相关证明性文件应当同时提供经公证的中文译本。相关证明性文件为复印件的，应当加盖企业公章。

生物制品批生产及检验记录摘要，是指概述某一批生物制品全部生产工艺流程和质量控制关键环节检验结果的文件。该文件应当由企业质量管理部门和质量受权人审核确定。

第十六条 批签发机构收到申请资料及样品后，应当立即核对，交接双方登记签字确认后，妥善保存。批签发申请人无法现场签字确认的，应当提前递交书面承诺。

批签发机构应当在5日内决定是否受理。同意受理的，出具批签发受理通知书；不予受理的，予以退回，发给不予受理通知书并说明理由。

申请资料不齐全或者不符合规定形式的，批签发机构应当在5日内一次性书面告知批签发申请人需要补正的全部内容及资料补正时限。逾期不告知的，自收到申请资料和样品之日起即为受理。

批签发申请人收到补正资料通知后，应当在10日内补正资料，逾期未补正且无正当理由的，视为放弃申请，无需作出不予受理的决定。

申请资料存在可以当场更正的错误的，应当允许批签发申请人当场更正。

未获批签发机构受理的，不得更换其他批签发机构再次申请。

第十七条 对于国家疾病防控应急需要的生物制品，经国家药品监督管理局批准，企业在完成生产后即可向批签发机构申请同步批签发。

在批签发机构作出批签发合格结论前，批签发申请人应当将批签发申请资料补充完整并提交批签发机构。

第十八条 预防、控制传染病疫情或者应对突发事件急需的疫苗，经国家药品监督管理局批准，免予批签发。

第四章 审核、检验、检查与签发

第十九条 疫苗批签发应当逐批进行资料审核和抽样检验，其他生物制品批签发可以采取资料审核的方式，也可以采取资料审核和样品检验相结合的方式进行，并可根据需要进行现场核实。对不同品种检验项目和检验比例，由中检院负责组织论证，并抄报国家药品监督管理局。批签发机构按照确定的检验要求进行检验。

批签发机构在对具体品种的批签发过程中，可以根据该品种的工艺及质量控制成熟度和既往批签发等情况进行综合评估，动态调整该品种的检验项目和检验频次。批签发产品出现不合格项目的，批签发机构应当对后续批次产品的相应项目增加检验频次。

第二十条 资料审核的内容包括：

（一）申请资料内容是否符合要求；

（二）生产用原辅材料、菌种、毒种、细胞等是否与国家药品监督管理局批准的一致；

（三）生产工艺和过程控制是否与国家药品监督管理局批准的一致并符合国家药品标准要求；

（四）产品原液、半成品和成品的检验项目、检验方法和结果是否符合国家药品标准和药品注册标准的要求；

（五）产品关键质量指标趋势分析是否存在异常；

（六）产品包装、标签及说明书是否与国家药品监督管理局核准的内容一致；

（七）生产工艺偏差等对产品质量影响的风险评估报告；

（八）其他需要审核的项目。

第二十一条 有下列情形之一的，产品应当按照注册标准进行全部项目检验，至少连续生产的三批产品批签发合格后，方可进行部分项目检验：

（一）批签发申请人新获国家药品监督管理局批准上市的产品；

（二）生产场地发生变更并经批准的；

（三）生产工艺发生重大变更并经批准的；

（四）产品连续两年未申请批签发的；

（五）因违反相关法律法规被责令停产后经批准恢复生产的；

（六）有信息提示相应产品的质量或者质量控制可能存在潜在风险的。

第二十二条 批签发机构应当在本办法规定的工作时限内完成批签发工作。批签发申请人补正资料的时间、现场核实、现场检查和技术评估时间不计入批签发工作时限。

疫苗类产品应当在60日内完成批签发，血液制品和用于血源筛查的体外诊断试剂应当在35日内完成批签发。需要复试的，批签发工作时限可延长该检验项目的两个检验周期，并告知批签发申请人。

因品种特性及检验项目原因确需延长批签发时限的，经中检院审核确定后予以公开。

第二十三条 批签发机构因不可抗力或者突发公共卫生事件应急处置等原因，在规定的时限内不能完成批签发工作的，应当将批签发延期的时限、理由及预期恢复的时间书面通知批签发申请人。确实难以完成的，由中检院协调其他批签发机构承担。

第二十四条 批签发机构在保证资料审核和样品检验等技术审查工作独立性的前提下，可就批签发过程中需要解释的具体问题与批签发申请人进行沟通核实。核实工作可通过电话沟通、书面通知等形式进行，必要时可开展现场核实。需要批签发申请人提供说明或者补充资料的，应当书面通知，并明确回复时限。

批签发机构对批签发申请资料及样品真实性需要进一步核对的，应当及时派员到生产企业进行现场核实，可采取现场调阅原始记录、现场查看设备及日志等措施，并可视情况进行现场抽样检验。开展现场核实工作应当按照生物制品批签发现场核实相关要求进行，并通知省、自治区、直辖市药品监督管理部门派监管执法人员予以协助。

第二十五条 有下列情形之一的，批签发机构应当通报批签发申请人所在地和生产场地所在地省、自治区、直辖市药品监督管理部门，提出现场检查建议，并抄报国家药品监督管理局：

（一）无菌检验不合格的；

（二）效力等有效性指标连续两批检验不合格的；

（三）资料审核提示产品生产质量控制可能存在严重问题的，或者生产工艺偏差、质量差异、生产过程中的故障和事故需进一步核查的；

（四）批签发申请资料或者样品可能存在真实性问题的；

（五）其他提示产品存在重大质量风险的情形。

在上述问题调查处理期间，对批签发申请人相应品种可以暂停受理或者签发。

进口生物制品批签发中发现上述情形的，批签发机构应当报告国家药品监督管理局，并提出现场检查等相关建议。

第二十六条 省、自治区、直辖市药品监督管理部门接到批签发机构通报和现场检查建议后，应当在10日内进行现场检查。

检查结束后10日内，省、自治区、直辖市药品监督管理部门应当组织对批签发机构提出的相关批次产品的质量风险进行技术评估，作出明确结论；特殊情况下可适当延长期限并说明理由。国家药品监督管理局接到批签发机构关于进口产品通报和现场检查建议后，根据风险评估情况，及时组织核查中心进行境外现场检查。境外现场检查时限根据具体情况确定。

检查机构应当根据检查发现的风险程度和涉及范围，对可能需要采取紧急措施的，提出风险控制建议。接到通报的药品监督管理部门应当通知批签发机构对批签发申请人的相关产品或者所有产品不予批签发或者暂停批签发，并责令批签发申请人整改。

批签发申请人在查清问题原因并整改完成后，向药品监督管理部门和批签发机构报告。药品监督管理部门经确认符合要求后通知批签发机构，方可恢复批签发。

第二十七条 药品监督管理部门在监督检查中发现生物制品存在重大质量风险的，应当根据检查结果及时通知批签发机构对药品上市许可持有人的相关产品不予批签发或者暂停批签发。

第二十八条 批签发申请人申请撤回批签发的，应当说明理由，经批签发机构同意后方可撤回；批签发申请人应当向所在地省、自治区、直辖市药品监督管理部门报告批签发申请撤回情况。批签发机构已经确认资料审核提示缺陷、检验结果不符合规定的，批签发申请人不得撤回。

同步批签发过程中出现检验结果不符合规定情况等需要申请撤回批签发的，应当说明理由，经批签发机构同意后方可撤回。

第二十九条　批签发机构根据资料审核、样品检验或者现场检查等结果作出批签发结论。符合要求的，签发生物制品批签发证明，加盖批签发专用章，发给批签发申请人。

批签发机构签发的批签发电子证明与印制的批签发证明具有同等法律效力。

按照批签发管理的生物制品在销售时，应当出具加盖企业印章的该批产品的生物制品批签发证明复印件或者电子文件。

第三十条　有下列情形之一的，不予批签发，向批签发申请人出具生物制品不予批签发通知书，并抄送批签发申请人所在地或者进口口岸所在地省、自治区、直辖市药品监督管理部门：

（一）资料审核不符合要求的；

（二）样品检验不合格的；

（三）现场核实发现存在真实性问题的；

（四）现场检查发现违反药品生产质量管理规范且存在严重缺陷的；

（五）现场检查发现产品存在系统性、重大质量风险的；

（六）批签发申请人无正当理由，未在规定时限内补正资料的；

（七）经综合评估存在重大质量风险的；

（八）其他不符合法律法规要求的。

第三十一条　不予批签发或者撤回批签发的生物制品，由所在地省、自治区、直辖市药品监督管理部门按照有关规定监督批签发申请人销毁。不予批签发或者撤回批签发的进口生物制品由口岸所在地药品监督管理部门监督销毁，或者依法进行其他处理。

第三十二条　在批签发工作中发现企业产品存在质量问题或者其他安全隐患，涉及已上市流通批次的，批签发机构应当立即通报批签发申请人所在地和生产场地所在地省、自治区、直辖市药品监督管理部门；涉及进口生物制品的应当通报进口口岸所在地省、自治区、直辖市药品监督管理部门。接到通报的药品监督管理部门立即通知批签发申请人。

批签发申请人应当立即采取停止销售、使用，召回缺陷产品等措施，并按照有关规定在药品监督管理部门的监督下予以销毁。批签发申请人将销毁记录同时报药品监督管理部门和相应的批签发机构。

药品监督管理部门可以根据风险评估情况，采取责任约谈、限期整改等措施。

批签发申请人召回产品的，不免除其依法应当承担的其他法律责任。

第三十三条　批签发机构应当对批签发工作情况进行年度总结，由中检院汇总分析后，于每年3月底前向国家药品监督管理局报告。

第五章　复　　审

第三十四条　批签发申请人对生物制品不予批签发通知书有异议的，可以自收到生物制品不予批签发通知书之日起7日内，向原批签发机构或者直接向中检院提出复审申请。

第三十五条　原批签发机构或者中检院应当在收到批签发申请人的复审申请之日起20日内作出是否复审的决定，复审内容仅限于原申请事项及原报送资料。需要复验的，其样品为原批签发机构保留的样品，其时限按照本办法第二十二条规定执行。

有下列情形之一的，不予复审：

（一）不合格项目为无菌、热原（细菌内毒素）等药品监督管理部门规定不得复验的项目；

（二）样品明显不均匀的；

（三）样品有效期不能满足检验需求的；

（四）批签发申请人书面承诺放弃复验的；

（五）未在规定时限内提出复审申请的；

（六）其他不宜进行复审的。

第三十六条　复审维持原决定的，发给生物制品批签发复审结果通知书，不再受理批签发申请人再次提出的复审申请；复审改变原结论的，收回原生物制品不予批签发通知书，发给生物制品批签发证明。

第六章　信息公开

第三十七条　国家药品监督管理局建立统一的生物制品批签发信息平台，公布批签发机构及调整情况、重大问题处理决定等信息，向批签发申请人提供可查询的批签发进度、批签发结论，及时公布已通过批签发的产品信息，供公众查询。

中检院负责生物制品批签发信息平台的日常运行和维护。

第三十八条 批签发机构应当在本机构网站或者申请受理场所公开批签发申请程序、需要提交的批签发材料目录和申请书示范文本、时限要求等信息。

第三十九条 已通过批签发的，批签发机构应当在7日内公开产品名称、批号、企业、效期、批签发证明编号等信息。

第七章 法律责任

第四十条 药品监督管理部门、批签发机构、核查中心及其工作人员在批签发工作中有下列情形之一的，依法对直接负责的主管人员和其他直接责任人员给予处分；构成犯罪的，依法追究刑事责任：

（一）对不符合法定条件的申请作出准予批签发结论或者超越法定职权作出批签发结论的；

（二）对符合法定条件的申请作出不予批签发结论的；

（三）批签发过程中违反程序要求，私自向批签发申请人或者第三方透露相关工作信息，造成严重后果的；

（四）批签发过程中收受、索取批签发申请人财物或者谋取其他利益的；

（五）未按规定进行现场检查的。

第四十一条 批签发机构在承担批签发相关工作时，出具虚假检验报告的，依照《药品管理法》第一百三十八条的规定予以处罚。

第四十二条 批签发申请人提供虚假资料或者样品，或者故意瞒报影响产品质量的重大变更情况，骗取生物制品批签发证明的，依照《药品管理法》第一百二十三条的规定予以处罚。

申请疫苗批签发提供虚假数据、资料、样品或者有其他欺骗行为的，依照《疫苗管理法》第八十一条的规定予以处罚。

伪造生物制品批签发证明的，依照《药品管理法》第一百二十二条的规定予以处罚。

第四十三条 销售、使用未获得生物制品批签发证明的生物制品的，依照《药品管理法》第一百二十四条的规定予以处罚。

第八章 附 则

第四十四条 本办法规定的期限以工作日计算，不含法定节假日。

第四十五条 按照批签发管理的生物制品进口时，还应当符合药品进口相关法律法规的规定。国家药品监督管理局规定批签发的生物制品，生物制品批签发证明可作为产品合格的通关证明。

出口疫苗应当符合进口国（地区）的标准或者合同要求，可按照进口国（地区）的标准或者合同要求申请批签发。

第四十六条 国家药品监督管理局负责颁布和更新批签发机构专用章，生物制品批签发专用章命名为“国家批签发机构专用章（X）”。其中，X代表批签发机构简称。

生物制品批签发申请表、生物制品批签发登记表、生物制品批签发证明、生物制品不予批签发通知书、生物制品批签发复审申请表、生物制品批签发复审结果通知书的格式由中检院统一制定并公布。

生物制品批签发证明、生物制品不予批签发通知书、生物制品批签发复审结果通知书，统一加盖生物制品批签发专用章。

第四十七条 生物制品批签发证明、生物制品不予批签发通知书、生物制品批签发复审结果通知书由批签发机构按照国家药品监督管理局规定的顺序编号，其格式为“批签 X（进）检 XXXXXXXX”，其中，前X符号代表批签发机构所在地省、自治区、直辖市行政区域或者机构的简称，进口生物制品使用“进”字；后8个X符号的前4位为公元年号，后4位为年内顺序号。

第四十八条 本办法自2021年3月1日起施行。2017年12月29日原国家食品药品监督管理总局令第39号公布的《生物制品批签发管理办法》同时废止。

3. 医疗器械管理

医疗器械监督管理条例

1. 2000 年 1 月 4 日国务院令第 276 号公布
2. 2014 年 2 月 12 日国务院第 39 次常务会议修订通过
3. 根据 2017 年 5 月 4 日国务院令第 680 号《关于修改〈医疗器械监督管理条例〉的决定》修订
4. 2020 年 12 月 21 日国务院第 119 次常务会议修订通过
5. 2021 年 2 月 9 日国务院令第 739 号公布
6. 自 2021 年 6 月 1 日起施行

第一章　总　　则

第一条　为了保证医疗器械的安全、有效,保障人体健康和生命安全,促进医疗器械产业发展,制定本条例。

第二条　在中华人民共和国境内从事医疗器械的研制、生产、经营、使用活动及其监督管理,适用本条例。

第三条　国务院药品监督管理部门负责全国医疗器械监督管理工作。

国务院有关部门在各自的职责范围内负责与医疗器械有关的监督管理工作。

第四条　县级以上地方人民政府应当加强对本行政区域的医疗器械监督管理工作的领导,组织协调本行政区域内的医疗器械监督管理工作以及突发事件应对工作,加强医疗器械监督管理能力建设,为医疗器械安全工作提供保障。

县级以上地方人民政府负责药品监督管理的部门负责本行政区域的医疗器械监督管理工作。县级以上地方人民政府有关部门在各自的职责范围内负责与医疗器械有关的监督管理工作。

第五条　医疗器械监督管理遵循风险管理、全程管控、科学监管、社会共治的原则。

第六条　国家对医疗器械按照风险程度实行分类管理。

第一类是风险程度低,实行常规管理可以保证其安全、有效的医疗器械。

第二类是具有中度风险,需要严格控制管理以保证其安全、有效的医疗器械。

第三类是具有较高风险,需要采取特别措施严格控制管理以保证其安全、有效的医疗器械。

评价医疗器械风险程度,应当考虑医疗器械的预期目的、结构特征、使用方法等因素。

国务院药品监督管理部门负责制定医疗器械的分类规则和分类目录,并根据医疗器械生产、经营、使用情况,及时对医疗器械的风险变化进行分析、评价,对分类规则和分类目录进行调整。制定、调整分类规则和分类目录,应当充分听取医疗器械注册人、备案人、生产经营企业以及使用单位、行业组织的意见,并参考国际医疗器械分类实践。医疗器械分类规则和分类目录应当向社会公布。

第七条　医疗器械产品应当符合医疗器械强制性国家标准;尚无强制性国家标准的,应当符合医疗器械强制性行业标准。

第八条　国家制定医疗器械产业规划和政策,将医疗器械创新纳入发展重点,对创新医疗器械予以优先审评审批,支持创新医疗器械临床推广和使用,推动医疗器械产业高质量发展。国务院药品监督管理部门应当配合国务院有关部门,贯彻实施国家医疗器械产业规划和引导政策。

第九条　国家完善医疗器械创新体系,支持医疗器械的基础研究和应用研究,促进医疗器械新技术的推广和应用,在科技立项、融资、信贷、招标采购、医疗保险等方面予以支持。支持企业设立或者联合组建研制机构,鼓励企业与高等学校、科研院所、医疗机构等合作开展医疗器械的研究与创新,加强医疗器械知识产权保护,提高医疗器械自主创新能力。

第十条　国家加强医疗器械监督管理信息化建设,提高在线政务服务水平,为医疗器械行政许可、备案等提供便利。

第十一条　医疗器械行业组织应当加强行业自律,推进诚信体系建设,督促企业依法开展生产经营活动,引导企业诚实守信。

第十二条　对在医疗器械的研究与创新方面做出突出贡献的单位和个人,按照国家有关规定给予表彰奖励。

第二章　医疗器械产品注册与备案

第十三条　第一类医疗器械实行产品备案管理,第二类、第三类医疗器械实行产品注册管理。

医疗器械注册人、备案人应当加强医疗器械全生命周期质量管理,对研制、生产、经营、使用全过程中医疗器械的安全性、有效性依法承担责任。

第十四条　第一类医疗器械产品备案和申请第二类、第三类医疗器械产品注册,应当提交下列资料:

(一)产品风险分析资料;

(二)产品技术要求;

(三)产品检验报告;

（四）临床评价资料；

（五）产品说明书以及标签样稿；

（六）与产品研制、生产有关的质量管理体系文件；

（七）证明产品安全、有效所需的其他资料。

产品检验报告应当符合国务院药品监督管理部门的要求，可以是医疗器械注册申请人、备案人的自检报告，也可以是委托有资质的医疗器械检验机构出具的检验报告。

符合本条例第二十四条规定的免于进行临床评价情形的，可以免于提交临床评价资料。

医疗器械注册申请人、备案人应当确保提交的资料合法、真实、准确、完整和可追溯。

第十五条　第一类医疗器械产品备案，由备案人向所在地设区的市级人民政府负责药品监督管理的部门提交备案资料。

向我国境内出口第一类医疗器械的境外备案人，由其指定的我国境内企业法人向国务院药品监督管理部门提交备案资料和备案人所在国（地区）主管部门准许该医疗器械上市销售的证明文件。未在境外上市的创新医疗器械，可以不提交备案人所在国（地区）主管部门准许该医疗器械上市销售的证明文件。

备案人向负责药品监督管理的部门提交符合本条例规定的备案资料后即完成备案。负责药品监督管理的部门应当自收到备案资料之日起 5 个工作日内，通过国务院药品监督管理部门在线政务服务平台向社会公布备案有关信息。

备案资料载明的事项发生变化的，应当向原备案部门变更备案。

第十六条　申请第二类医疗器械产品注册，注册申请人应当向所在地省、自治区、直辖市人民政府药品监督管理部门提交注册申请资料。申请第三类医疗器械产品注册，注册申请人应当向国务院药品监督管理部门提交注册申请资料。

向我国境内出口第二类、第三类医疗器械的境外注册申请人，由其指定的我国境内企业法人向国务院药品监督管理部门提交注册申请资料和注册申请人所在国（地区）主管部门准许该医疗器械上市销售的证明文件。未在境外上市的创新医疗器械，可以不提交注册申请人所在国（地区）主管部门准许该医疗器械上市销售的证明文件。

国务院药品监督管理部门应当对医疗器械注册审查程序和要求作出规定，并加强对省、自治区、直辖市人民政府药品监督管理部门注册审查工作的监督指导。

第十七条　受理注册申请的药品监督管理部门应当对医疗器械的安全性、有效性以及注册申请人保证医疗器械安全、有效的质量管理能力等进行审查。

受理注册申请的药品监督管理部门应当自受理注册申请之日起 3 个工作日内将注册申请资料转交技术审评机构。技术审评机构应当在完成技术审评后，将审评意见提交受理注册申请的药品监督管理部门作为审批的依据。

受理注册申请的药品监督管理部门在组织对医疗器械的技术审评时认为有必要对质量管理体系进行核查的，应当组织开展质量管理体系核查。

第十八条　受理注册申请的药品监督管理部门应当自收到审评意见之日起 20 个工作日内作出决定。对符合条件的，准予注册并发给医疗器械注册证；对不符合条件的，不予注册并书面说明理由。

受理注册申请的药品监督管理部门应当自医疗器械准予注册之日起 5 个工作日内，通过国务院药品监督管理部门在线政务服务平台向社会公布注册有关信息。

第十九条　对用于治疗罕见疾病、严重危及生命且尚无有效治疗手段的疾病和应对公共卫生事件等急需的医疗器械，受理注册申请的药品监督管理部门可以作出附条件批准决定，并在医疗器械注册证中载明相关事项。

出现特别重大突发公共卫生事件或者其他严重威胁公众健康的紧急事件，国务院卫生主管部门根据预防、控制事件的需要提出紧急使用医疗器械的建议，经国务院药品监督管理部门组织论证同意后可以在一定范围和期限内紧急使用。

第二十条　医疗器械注册人、备案人应当履行下列义务：

（一）建立与产品相适应的质量管理体系并保持有效运行；

（二）制定上市后研究和风险管控计划并保证有效实施；

（三）依法开展不良事件监测和再评价；

（四）建立并执行产品追溯和召回制度；

（五）国务院药品监督管理部门规定的其他义务。

境外医疗器械注册人、备案人指定的我国境内企业法人应当协助注册人、备案人履行前款规定的义务。

第二十一条　已注册的第二类、第三类医疗器械产品，其设计、原材料、生产工艺、适用范围、使用方法等发生实质性变化，有可能影响该医疗器械安全、有效的，注册人应当向原注册部门申请办理变更注册手续；发生其他变化的，应当按照国务院药品监督管理部门的规定备案或者报告。

第二十二条　医疗器械注册证有效期为5年。有效期届满需要延续注册的，应当在有效期届满6个月前向原注册部门提出延续注册的申请。

除有本条第三款规定情形外，接到延续注册申请的药品监督管理部门应当在医疗器械注册证有效期届满前作出准予延续的决定。逾期未作决定的，视为准予延续。

有下列情形之一的，不予延续注册：

（一）未在规定期限内提出延续注册申请；

（二）医疗器械强制性标准已经修订，申请延续注册的医疗器械不能达到新要求；

（三）附条件批准的医疗器械，未在规定期限内完成医疗器械注册证载明事项。

第二十三条　对新研制的尚未列入分类目录的医疗器械，申请人可以依照本条例有关第三类医疗器械产品注册的规定直接申请产品注册，也可以依据分类规则判断产品类别并向国务院药品监督管理部门申请类别确认后依照本条例的规定申请产品注册或者进行产品备案。

直接申请第三类医疗器械产品注册的，国务院药品监督管理部门应当按照风险程度确定类别，对准予注册的医疗器械及时纳入分类目录。申请类别确认的，国务院药品监督管理部门应当自受理申请之日起20个工作日内对该医疗器械的类别进行判定并告知申请人。

第二十四条　医疗器械产品注册、备案，应当进行临床评价；但是符合下列情形之一，可以免于进行临床评价：

（一）工作机理明确、设计定型，生产工艺成熟，已上市的同品种医疗器械临床应用多年且无严重不良事件记录，不改变常规用途的；

（二）其他通过非临床评价能够证明该医疗器械安全、有效的。

国务院药品监督管理部门应当制定医疗器械临床评价指南。

第二十五条　进行医疗器械临床评价，可以根据产品特征、临床风险、已有临床数据等情形，通过开展临床试验，或者通过对同品种医疗器械临床文献资料、临床数据进行分析评价，证明医疗器械安全、有效。

按照国务院药品监督管理部门的规定，进行医疗器械临床评价时，已有临床文献资料、临床数据不足以确认产品安全、有效的医疗器械，应当开展临床试验。

第二十六条　开展医疗器械临床试验，应当按照医疗器械临床试验质量管理规范的要求，在具备相应条件的临床试验机构进行，并向临床试验申办者所在地省、自治区、直辖市人民政府药品监督管理部门备案。接受临床试验备案的药品监督管理部门应当将备案情况通报临床试验机构所在地同级药品监督管理部门和卫生主管部门。

医疗器械临床试验机构实行备案管理。医疗器械临床试验机构应当具备的条件以及备案管理办法和临床试验质量管理规范，由国务院药品监督管理部门会同国务院卫生主管部门制定并公布。

国家支持医疗机构开展临床试验，将临床试验条件和能力评价纳入医疗机构等级评审，鼓励医疗机构开展创新医疗器械临床试验。

第二十七条　第三类医疗器械临床试验对人体具有较高风险的，应当经国务院药品监督管理部门批准。国务院药品监督管理部门审批临床试验，应当对拟承担医疗器械临床试验的机构的设备、专业人员等条件，该医疗器械的风险程度，临床试验实施方案，临床受益与风险对比分析报告等进行综合分析，并自受理申请之日起60个工作日内作出决定并通知临床试验申办者。逾期未通知的，视为同意。准予开展临床试验的，应当通报临床试验机构所在地省、自治区、直辖市人民政府药品监督管理部门和卫生主管部门。

临床试验对人体具有较高风险的第三类医疗器械目录由国务院药品监督管理部门制定、调整并公布。

第二十八条　开展医疗器械临床试验，应当按照规定进行伦理审查，向受试者告知试验目的、用途和可能产生的风险等详细情况，获得受试者的书面知情同意；受试者为无民事行为能力人或者限制民事行为能力人的，应当依法获得其监护人的书面知情同意。

开展临床试验，不得以任何形式向受试者收取与临床试验有关的费用。

第二十九条　对正在开展临床试验的用于治疗严重危及生命且尚无有效治疗手段的疾病的医疗器械，经医学观察可能使患者获益，经伦理审查、知情同意后，可以在开展医疗器械临床试验的机构内免费用于其他病情相同的患者，其安全性数据可以用于医疗器械注册申请。

第三章　医疗器械生产

第三十条　从事医疗器械生产活动，应当具备下列条件：

（一）有与生产的医疗器械相适应的生产场地、环境条件、生产设备以及专业技术人员；

（二）有能对生产的医疗器械进行质量检验的机构或者专职检验人员以及检验设备；

（三）有保证医疗器械质量的管理制度；

（四）有与生产的医疗器械相适应的售后服务能力；

（五）符合产品研制、生产工艺文件规定的要求。

第三十一条　从事第一类医疗器械生产的，应当向所在地设区的市级人民政府负责药品监督管理的部门备案，在提交符合本条例第三十条规定条件的有关资料后即完成备案。

医疗器械备案人自行生产第一类医疗器械的，可以在依照本条例第十五条规定进行产品备案时一并提交符合本条例第三十条规定条件的有关资料，即完成生产备案。

第三十二条　从事第二类、第三类医疗器械生产的，应当向所在地省、自治区、直辖市人民政府药品监督管理部门申请生产许可并提交其符合本条例第三十条规定条件的有关资料以及所生产医疗器械的注册证。

受理生产许可申请的药品监督管理部门应当对申请资料进行审核，按照国务院药品监督管理部门制定的医疗器械生产质量管理规范的要求进行核查，并自受理申请之日起20个工作日内作出决定。对符合规定条件的，准予许可并发给医疗器械生产许可证；对不符合规定条件的，不予许可并书面说明理由。

医疗器械生产许可证有效期为5年。有效期届满需要延续的，依照有关行政许可的法律规定办理延续手续。

第三十三条　医疗器械生产质量管理规范应当对医疗器械的设计开发、生产设备条件、原材料采购、生产过程控制、产品放行、企业的机构设置和人员配备等影响医疗器械安全、有效的事项作出明确规定。

第三十四条　医疗器械注册人、备案人可以自行生产医疗器械，也可以委托符合本条例规定、具备相应条件的企业生产医疗器械。

委托生产医疗器械的，医疗器械注册人、备案人应当对所委托生产的医疗器械质量负责，并加强对受托生产企业生产行为的管理，保证其按照法定要求进行生产。医疗器械注册人、备案人应当与受托生产企业签订委托协议，明确双方权利、义务和责任。受托生产企业应当依照法律法规、医疗器械生产质量管理规范、强制性标准、产品技术要求和委托协议组织生产，对生产行为负责，并接受委托方的监督。

具有高风险的植入性医疗器械不得委托生产，具体目录由国务院药品监督管理部门制定、调整并公布。

第三十五条　医疗器械注册人、备案人、受托生产企业应当按照医疗器械生产质量管理规范，建立健全与所生产医疗器械相适应的质量管理体系并保证其有效运行；严格按照经注册或者备案的产品技术要求组织生产，保证出厂的医疗器械符合强制性标准以及经注册或者备案的产品技术要求。

医疗器械注册人、备案人、受托生产企业应当定期对质量管理体系的运行情况进行自查，并按照国务院药品监督管理部门的规定提交自查报告。

第三十六条　医疗器械的生产条件发生变化，不再符合医疗器械质量管理体系要求的，医疗器械注册人、备案人、受托生产企业应当立即采取整改措施；可能影响医疗器械安全、有效的，应当立即停止生产活动，并向原生产许可或者生产备案部门报告。

第三十七条　医疗器械应当使用通用名称。通用名称应当符合国务院药品监督管理部门制定的医疗器械命名规则。

第三十八条　国家根据医疗器械产品类别，分步实施医疗器械唯一标识制度，实现医疗器械可追溯，具体办法由国务院药品监督管理部门会同国务院有关部门制定。

第三十九条　医疗器械应当有说明书、标签。说明书、标签的内容应当与经注册或者备案的相关内容一致，确保真实、准确。

医疗器械的说明书、标签应当标明下列事项：

（一）通用名称、型号、规格；

（二）医疗器械注册人、备案人、受托生产企业的名称、地址以及联系方式；

（三）生产日期，使用期限或者失效日期；

（四）产品性能、主要结构、适用范围；

（五）禁忌、注意事项以及其他需要警示或者提示的内容；

（六）安装和使用说明或者图示；

（七）维护和保养方法，特殊运输、贮存的条件、方法；

（八）产品技术要求规定应当标明的其他内容。

第二类、第三类医疗器械还应当标明医疗器械注册证编号。

由消费者个人自行使用的医疗器械还应当具有安全使用的特别说明。

第四章 医疗器械经营与使用

第四十条 从事医疗器械经营活动，应当有与经营规模和经营范围相适应的经营场所和贮存条件，以及与经营的医疗器械相适应的质量管理制度和质量管理机构或者人员。

第四十一条 从事第二类医疗器械经营的，由经营企业向所在地设区的市级人民政府负责药品监督管理的部门备案并提交符合本条例第四十条规定条件的有关资料。

按照国务院药品监督管理部门的规定，对产品安全性、有效性不受流通过程影响的第二类医疗器械，可以免于经营备案。

第四十二条 从事第三类医疗器械经营的，经营企业应当向所在地设区的市级人民政府负责药品监督管理的部门申请经营许可并提交符合本条例第四十条规定条件的有关资料。

受理经营许可申请的负责药品监督管理的部门应当对申请资料进行审查，必要时组织核查，并自受理申请之日起20个工作日内作出决定。对符合规定条件的，准予许可并发给医疗器械经营许可证；对不符合规定条件的，不予许可并书面说明理由。

医疗器械经营许可证有效期为5年。有效期届满需要延续的，依照有关行政许可的法律规定办理延续手续。

第四十三条 医疗器械注册人、备案人经营其注册、备案的医疗器械，无需办理医疗器械经营许可或者备案，但应当符合本条例规定的经营条件。

第四十四条 从事医疗器械经营，应当依照法律法规和国务院药品监督管理部门制定的医疗器械经营质量管理规范的要求，建立健全与所经营医疗器械相适应的质量管理体系并保证其有效运行。

第四十五条 医疗器械经营企业、使用单位应当从具备合法资质的医疗器械注册人、备案人、生产经营企业购进医疗器械。购进医疗器械时，应当查验供货者的资质和医疗器械的合格证明文件，建立进货查验记录制度。从事第二类、第三类医疗器械批发业务以及第三类医疗器械零售业务的经营企业，还应当建立销售记录制度。

记录事项包括：

（一）医疗器械的名称、型号、规格、数量；

（二）医疗器械的生产批号、使用期限或者失效日期、销售日期；

（三）医疗器械注册人、备案人和受托生产企业的名称；

（四）供货者或者购货者的名称、地址以及联系方式；

（五）相关许可证明文件编号等。

进货查验记录和销售记录应当真实、准确、完整和可追溯，并按照国务院药品监督管理部门规定的期限予以保存。国家鼓励采用先进技术手段进行记录。

第四十六条 从事医疗器械网络销售的，应当是医疗器械注册人、备案人或者医疗器械经营企业。从事医疗器械网络销售的经营者，应当将从事医疗器械网络销售的相关信息告知所在地设区的市级人民政府负责药品监督管理的部门，经营第一类医疗器械和本条例第四十一条第二款规定的第二类医疗器械的除外。

为医疗器械网络交易提供服务的电子商务平台经营者应当对入网医疗器械经营者进行实名登记，审查其经营许可、备案情况和所经营医疗器械产品注册、备案情况，并对其经营行为进行管理。电子商务平台经营者发现入网医疗器械经营者有违反本条例规定行为的，应当及时制止并立即报告医疗器械经营者所在地设区的市级人民政府负责药品监督管理的部门；发现严重违法行为的，应当立即停止提供网络交易平台服务。

第四十七条 运输、贮存医疗器械，应当符合医疗器械说明书和标签标示的要求；对温度、湿度等环境条件有特殊要求的，应当采取相应措施，保证医疗器械的安全、有效。

第四十八条 医疗器械使用单位应当有与在用医疗器械品种、数量相适应的贮存场所和条件。医疗器械使用单位应当加强对工作人员的技术培训，按照产品说明书、技术操作规范等要求使用医疗器械。

医疗器械使用单位配置大型医用设备，应当符合国务院卫生主管部门制定的大型医用设备配置规划，与其功能定位、临床服务需求相适应，具有相应的技术条件、配套设施和具备相应资质、能力的专业技术人员，并经省级以上人民政府卫生主管部门批准，取得大型医用设备配置许可证。

大型医用设备配置管理办法由国务院卫生主管部门会同国务院有关部门制定。大型医用设备目录由国务院卫生主管部门商国务院有关部门提出，报国务院批准后执行。

第四十九条 医疗器械使用单位对重复使用的医疗器械，应当按照国务院卫生主管部门制定的消毒和管理的规定进行处理。

一次性使用的医疗器械不得重复使用，对使用过的应当按照国家有关规定销毁并记录。一次性使用的医疗器械目录由国务院药品监督管理部门会同国务院卫生主管部门制定、调整并公布。列入一次性使用的医疗器械目录，应当具有充足的无法重复使用的证据理由。重复使用可以保证安全、有效的医疗器械，不列入一次性使用的医疗器械目录。对因设计、生产工艺、消毒灭菌技术等改进后重复使用可以保证安全、有效的医疗器械，应当调整出一次性使用的医疗器械目录，允许重复使用。

第五十条　医疗器械使用单位对需要定期检查、检验、校准、保养、维护的医疗器械，应当按照产品说明书的要求进行检查、检验、校准、保养、维护并予以记录，及时进行分析、评估，确保医疗器械处于良好状态，保障使用质量；对使用期限长的大型医疗器械，应当逐台建立使用档案，记录其使用、维护、转让、实际使用时间等事项。记录保存期限不得少于医疗器械规定使用期限终止后5年。

第五十一条　医疗器械使用单位应当妥善保存购入第三类医疗器械的原始资料，并确保信息具有可追溯性。

使用大型医疗器械以及植入和介入类医疗器械的，应当将医疗器械的名称、关键性技术参数等信息以及与使用质量安全密切相关的必要信息记载到病历等相关记录中。

第五十二条　发现使用的医疗器械存在安全隐患的，医疗器械使用单位应当立即停止使用，并通知医疗器械注册人、备案人或者其他负责产品质量的机构进行检修；经检修仍不能达到使用安全标准的医疗器械，不得继续使用。

第五十三条　对国内尚无同品种产品上市的体外诊断试剂，符合条件的医疗机构根据本单位的临床需要，可以自行研制，在执业医师指导下在本单位内使用。具体管理办法由国务院药品监督管理部门会同国务院卫生主管部门制定。

第五十四条　负责药品监督管理的部门和卫生主管部门依据各自职责，分别对使用环节的医疗器械质量和医疗器械使用行为进行监督管理。

第五十五条　医疗器械经营企业、使用单位不得经营、使用未依法注册或者备案、无合格证明文件以及过期、失效、淘汰的医疗器械。

第五十六条　医疗器械使用单位之间转让在用医疗器械，转让方应当确保所转让的医疗器械安全、有效，不得转让过期、失效、淘汰以及检验不合格的医疗器械。

第五十七条　进口的医疗器械应当是依照本条例第二章的规定已注册或者已备案的医疗器械。

进口的医疗器械应当有中文说明书、中文标签。说明书、标签应当符合本条例规定以及相关强制性标准的要求，并在说明书中载明医疗器械的原产地以及境外医疗器械注册人、备案人指定的我国境内企业法人的名称、地址、联系方式。没有中文说明书、中文标签或者说明书、标签不符合本条规定的，不得进口。

医疗机构因临床急需进口少量第二类、第三类医疗器械的，经国务院药品监督管理部门或者国务院授权的省、自治区、直辖市人民政府批准，可以进口。进口的医疗器械应当在指定医疗机构内用于特定医疗目的。

禁止进口过期、失效、淘汰等已使用过的医疗器械。

第五十八条　出入境检验检疫机构依法对进口的医疗器械实施检验；检验不合格的，不得进口。

国务院药品监督管理部门应当及时向国家出入境检验检疫部门通报进口医疗器械的注册和备案情况。进口口岸所在地出入境检验检疫机构应当及时向所在地设区的市级人民政府负责药品监督管理的部门通报进口医疗器械的通关情况。

第五十九条　出口医疗器械的企业应当保证其出口的医疗器械符合进口国（地区）的要求。

第六十条　医疗器械广告的内容应当真实合法，以经负责药品监督管理的部门注册或者备案的医疗器械说明书为准，不得含有虚假、夸大、误导性的内容。

发布医疗器械广告，应当在发布前由省、自治区、直辖市人民政府确定的广告审查机关对广告内容进行审查，并取得医疗器械广告批准文号；未经审查，不得发布。

省级以上人民政府药品监督管理部门责令暂停生产、进口、经营和使用的医疗器械，在暂停期间不得发布涉及该医疗器械的广告。

医疗器械广告的审查办法由国务院市场监督管理部门制定。

第五章　不良事件的处理与医疗器械的召回

第六十一条　国家建立医疗器械不良事件监测制度，对医疗器械不良事件及时进行收集、分析、评价、控制。

第六十二条　医疗器械注册人、备案人应当建立医疗器械不良事件监测体系，配备与其产品相适应的不良事件监测机构和人员，对其产品主动开展不良事件监测，并按照国务院药品监督管理部门的规定，向医疗器械不良事件监测技术机构报告调查、分析、评价、产品风险控制等情况。

医疗器械生产经营企业、使用单位应当协助医疗器械注册人、备案人对所生产经营或者使用的医疗器械开展不良事件监测；发现医疗器械不良事件或者可疑不良事件，应当按照国务院药品监督管理部门的规定，向医疗器械不良事件监测技术机构报告。

其他单位和个人发现医疗器械不良事件或者可疑不良事件，有权向负责药品监督管理的部门或者医疗器械不良事件监测技术机构报告。

第六十三条 国务院药品监督管理部门应当加强医疗器械不良事件监测信息网络建设。

医疗器械不良事件监测技术机构应当加强医疗器械不良事件信息监测，主动收集不良事件信息；发现不良事件或者接到不良事件报告的，应当及时进行核实，必要时进行调查、分析、评估，向负责药品监督管理的部门和卫生主管部门报告并提出处理建议。

医疗器械不良事件监测技术机构应当公布联系方式，方便医疗器械注册人、备案人、生产经营企业、使用单位等报告医疗器械不良事件。

第六十四条 负责药品监督管理的部门应当根据医疗器械不良事件评估结果及时采取发布警示信息以及责令暂停生产、进口、经营和使用等控制措施。

省级以上人民政府药品监督管理部门应当会同同级卫生主管部门和相关部门组织对引起突发、群发的严重伤害或者死亡的医疗器械不良事件及时进行调查和处理，并组织对同类医疗器械加强监测。

负责药品监督管理的部门应当及时向同级卫生主管部门通报医疗器械使用单位的不良事件监测有关情况。

第六十五条 医疗器械注册人、备案人、生产经营企业、使用单位应当对医疗器械不良事件监测技术机构、负责药品监督管理的部门、卫生主管部门开展的医疗器械不良事件调查予以配合。

第六十六条 有下列情形之一的，医疗器械注册人、备案人应当主动开展已上市医疗器械再评价：

（一）根据科学研究的发展，对医疗器械的安全、有效有认识上的改变；

（二）医疗器械不良事件监测、评估结果表明医疗器械可能存在缺陷；

（三）国务院药品监督管理部门规定的其他情形。

医疗器械注册人、备案人应当根据再评价结果，采取相应控制措施，对已上市医疗器械进行改进，并按照规定进行注册变更或者备案变更。再评价结果表明已上市医疗器械不能保证安全、有效的，医疗器械注册人、备案人应当主动申请注销医疗器械注册证或者取消备案；医疗器械注册人、备案人未申请注销医疗器械注册证或者取消备案的，由负责药品监督管理的部门注销医疗器械注册证或者取消备案。

省级以上人民政府药品监督管理部门根据医疗器械不良事件监测、评估等情况，对已上市医疗器械开展再评价。再评价结果表明已上市医疗器械不能保证安全、有效的，应当注销医疗器械注册证或者取消备案。

负责药品监督管理的部门应当向社会及时公布注销医疗器械注册证和取消备案情况。被注销医疗器械注册证或者取消备案的医疗器械不得继续生产、进口、经营、使用。

第六十七条 医疗器械注册人、备案人发现生产的医疗器械不符合强制性标准、经注册或者备案的产品技术要求，或者存在其他缺陷的，应当立即停止生产，通知相关经营企业、使用单位和消费者停止经营和使用，召回已经上市销售的医疗器械，采取补救、销毁等措施，记录相关情况，发布相关信息，并将医疗器械召回和处理情况向负责药品监督管理的部门和卫生主管部门报告。

医疗器械受托生产企业、经营企业发现生产、经营的医疗器械存在前款规定情形的，应当立即停止生产、经营，通知医疗器械注册人、备案人，并记录停止生产、经营和通知情况。医疗器械注册人、备案人认为属于依照前款规定需要召回的医疗器械，应当立即召回。

医疗器械注册人、备案人、受托生产企业、经营企业未依照本条规定实施召回或者停止生产、经营的，负责药品监督管理的部门可以责令其召回或者停止生产、经营。

第六章 监督检查

第六十八条 国家建立职业化专业化检查员制度，加强对医疗器械的监督检查。

第六十九条 负责药品监督管理的部门应当对医疗器械的研制、生产、经营活动以及使用环节的医疗器械质量加强监督检查，并对下列事项进行重点监督检查：

（一）是否按照经注册或者备案的产品技术要求组织生产；

（二）质量管理体系是否保持有效运行；

（三）生产经营条件是否持续符合法定要求。

必要时，负责药品监督管理的部门可以对为医疗器械研制、生产、经营、使用等活动提供产品或者服务的其他相关单位和个人进行延伸检查。

第七十条　负责药品监督管理的部门在监督检查中有下列职权：

（一）进入现场实施检查、抽取样品；

（二）查阅、复制、查封、扣押有关合同、票据、账簿以及其他有关资料；

（三）查封、扣押不符合法定要求的医疗器械，违法使用的零配件、原材料以及用于违法生产经营医疗器械的工具、设备；

（四）查封违反本条例规定从事医疗器械生产经营活动的场所。

进行监督检查，应当出示执法证件，保守被检查单位的商业秘密。

有关单位和个人应当对监督检查予以配合，提供相关文件和资料，不得隐瞒、拒绝、阻挠。

第七十一条　卫生主管部门应当对医疗机构的医疗器械使用行为加强监督检查。实施监督检查时，可以进入医疗机构，查阅、复制有关档案、记录以及其他有关资料。

第七十二条　医疗器械生产经营过程中存在产品质量安全隐患，未及时采取措施消除的，负责药品监督管理的部门可以采取告诫、责任约谈、责令限期整改等措施。

对人体造成伤害或者有证据证明可能危害人体健康的医疗器械，负责药品监督管理的部门可以采取责令暂停生产、进口、经营、使用的紧急控制措施，并发布安全警示信息。

第七十三条　负责药品监督管理的部门应当加强对医疗器械注册人、备案人、生产经营企业和使用单位生产、经营、使用的医疗器械的抽查检验。抽查检验不得收取检验费和其他任何费用，所需费用纳入本级政府预算。省级以上人民政府药品监督管理部门应当根据抽查检验结论及时发布医疗器械质量公告。

卫生主管部门应当对大型医用设备的使用状况进行监督和评估；发现违规使用以及与大型医用设备相关的过度检查、过度治疗等情形的，应当立即纠正，依法予以处理。

第七十四条　负责药品监督管理的部门未及时发现医疗器械安全系统性风险，未及时消除监督管理区域内医疗器械安全隐患的，本级人民政府或者上级人民政府负责药品监督管理的部门应当对其主要负责人进行约谈。

地方人民政府未履行医疗器械安全职责，未及时消除区域性重大医疗器械安全隐患的，上级人民政府或者上级人民政府负责药品监督管理的部门应当对其主要负责人进行约谈。

被约谈的部门和地方人民政府应当立即采取措施，对医疗器械监督管理工作进行整改。

第七十五条　医疗器械检验机构资质认定工作按照国家有关规定实行统一管理。经国务院认证认可监督管理部门会同国务院药品监督管理部门认定的检验机构，方可对医疗器械实施检验。

负责药品监督管理的部门在执法工作中需要对医疗器械进行检验的，应当委托有资质的医疗器械检验机构进行，并支付相关费用。

当事人对检验结论有异议的，可以自收到检验结论之日起7个工作日内向实施抽样检验的部门或者其上一级负责药品监督管理的部门提出复检申请，由受理复检申请的部门在复检机构名录中随机确定复检机构进行复检。承担复检工作的医疗器械检验机构应当在国务院药品监督管理部门规定的时间内作出复检结论。复检结论为最终检验结论。复检机构与初检机构不得为同一机构；相关检验项目只有一家有资质的检验机构的，复检时应当变更承办部门或者人员。复检机构名录由国务院药品监督管理部门公布。

第七十六条　对可能存在有害物质或者擅自改变医疗器械设计、原材料和生产工艺并存在安全隐患的医疗器械，按照医疗器械国家标准、行业标准规定的检验项目和检验方法无法检验的，医疗器械检验机构可以使用国务院药品监督管理部门批准的补充检验项目和检验方法进行检验；使用补充检验项目、检验方法得出的检验结论，可以作为负责药品监督管理的部门认定医疗器械质量的依据。

第七十七条　市场监督管理部门应当依照有关广告管理的法律、行政法规的规定，对医疗器械广告进行监督检查，查处违法行为。

第七十八条　负责药品监督管理的部门应当通过国务院药品监督管理部门在线政务服务平台依法及时公布医疗器械许可、备案、抽查检验、违法行为查处等日常监督管理信息。但是，不得泄露当事人的商业秘密。

负责药品监督管理的部门建立医疗器械注册人、备案人、生产经营企业、使用单位信用档案，对有不良信用记录的增加监督检查频次，依法加强失信惩戒。

第七十九条　负责药品监督管理的部门等部门应当公布本单位的联系方式，接受咨询、投诉、举报。负责药品监督管理的部门等部门接到与医疗器械监督管理有关的咨询，应当及时答复；接到投诉、举报，应当及时核实、处理、答复。对咨询、投诉、举报情况及其答复、核实、处理情况，应当予以记录、保存。

有关医疗器械研制、生产、经营、使用行为的举报经调查属实的，负责药品监督管理的部门等部门对举报人应当给予奖励。有关部门应当为举报人保密。

第八十条　国务院药品监督管理部门制定、调整、修改本条例规定的目录以及与医疗器械监督管理有关的规范，应当公开征求意见；采取听证会、论证会等形式，听取专家、医疗器械注册人、备案人、生产经营企业、使用单位、消费者、行业协会以及相关组织等方面的意见。

第七章　法律责任

第八十一条　有下列情形之一的，由负责药品监督管理的部门没收违法所得、违法生产经营的医疗器械和用于违法生产经营的工具、设备、原材料等物品；违法生产经营的医疗器械货值金额不足1万元的，并处5万元以上15万元以下罚款；货值金额1万元以上的，并处货值金额15倍以上30倍以下罚款；情节严重的，责令停产停业，10年内不受理相关责任人以及单位提出的医疗器械许可申请，对违法单位的法定代表人、主要负责人、直接负责的主管人员和其他责任人员，没收违法行为发生期间自本单位所获收入，并处所获收入30%以上3倍以下罚款，终身禁止其从事医疗器械生产经营活动：

（一）生产、经营未取得医疗器械注册证的第二类、第三类医疗器械；

（二）未经许可从事第二类、第三类医疗器械生产活动；

（三）未经许可从事第三类医疗器械经营活动。

有前款第一项情形、情节严重的，由原发证部门吊销医疗器械生产许可证或者医疗器械经营许可证。

第八十二条　未经许可擅自配置使用大型医用设备的，由县级以上人民政府卫生主管部门责令停止使用，给予警告，没收违法所得；违法所得不足1万元的，并处5万元以上10万元以下罚款；违法所得1万元以上的，并处违法所得10倍以上30倍以下罚款；情节严重的，5年内不受理相关责任人以及单位提出的大型医用设备配置许可申请，对违法单位的法定代表人、主要负责人、直接负责的主管人员和其他责任人员，没收违法行为发生期间自本单位所获收入，并处所获收入30%以上3倍以下罚款，依法给予处分。

第八十三条　在申请医疗器械行政许可时提供虚假资料或者采取其他欺骗手段的，不予行政许可，已经取得行政许可的，由作出行政许可决定的部门撤销行政许可，没收违法所得、违法生产经营使用的医疗器械，10年内不受理相关责任人以及单位提出的医疗器械许可申请；违法生产经营使用的医疗器械货值金额不足1万元的，并处5万元以上15万元以下罚款；货值金额1万元以上的，并处货值金额15倍以上30倍以下罚款；情节严重的，责令停产停业，对违法单位的法定代表人、主要负责人、直接负责的主管人员和其他责任人员，没收违法行为发生期间自本单位所获收入，并处所获收入30%以上3倍以下罚款，终身禁止其从事医疗器械生产经营活动。

伪造、变造、买卖、出租、出借相关医疗器械许可证件的，由原发证部门予以收缴或者吊销，没收违法所得；违法所得不足1万元的，并处5万元以上10万元以下罚款；违法所得1万元以上的，并处违法所得10倍以上20倍以下罚款；构成违反治安管理行为的，由公安机关依法予以治安管理处罚。

第八十四条　有下列情形之一的，由负责药品监督管理的部门向社会公告单位和产品名称，责令限期改正；逾期不改正的，没收违法所得、违法生产经营的医疗器械；违法生产经营的医疗器械货值金额不足1万元的，并处1万元以上5万元以下罚款；货值金额1万元以上的，并处货值金额5倍以上20倍以下罚款；情节严重的，对违法单位的法定代表人、主要负责人、直接负责的主管人员和其他责任人员，没收违法行为发生期间自本单位所获收入，并处所获收入30%以上2倍以下罚款，5年内禁止其从事医疗器械生产经营活动：

（一）生产、经营未经备案的第一类医疗器械；

（二）未经备案从事第一类医疗器械生产；

（三）经营第二类医疗器械，应当备案但未备案；

（四）已经备案的资料不符合要求。

第八十五条　备案时提供虚假资料的，由负责药品监督管理的部门向社会公告备案单位和产品名称，没收违法所得、违法生产经营的医疗器械；违法生产经营的医疗器械货值金额不足1万元的，并处2万元以上5万元以下罚款；货值金额1万元以上的，并处货值金额5倍以上20倍以下罚款；情节严重的，责令停产停业，对违法单位的法定代表人、主要负责人、直接负责的主管人员和其他责任人员，没收违法行为发生期间自本单位所获收入，并处所获收入30%以上3倍以下罚款，10年内禁止其从事医疗器械生产经营活动。

第八十六条　有下列情形之一的，由负责药品监督管理的部门责令改正，没收违法生产经营使用的医疗器械；违法生产经营使用的医疗器械货值金额不足 1 万元的，并处 2 万元以上 5 万元以下罚款；货值金额 1 万元以上的，并处货值金额 5 倍以上 20 倍以下罚款；情节严重的，责令停产停业，直至由原发证部门吊销医疗器械注册证、医疗器械生产许可证、医疗器械经营许可证，对违法单位的法定代表人、主要负责人、直接负责的主管人员和其他责任人员，没收违法行为发生期间自本单位所获收入，并处所获收入 30% 以上 3 倍以下罚款，10 年内禁止其从事医疗器械生产经营活动：

（一）生产、经营、使用不符合强制性标准或者不符合经注册或者备案的产品技术要求的医疗器械；

（二）未按照经注册或者备案的产品技术要求组织生产，或者未依照本条例规定建立质量管理体系并保持有效运行，影响产品安全、有效；

（三）经营、使用无合格证明文件、过期、失效、淘汰的医疗器械，或者使用未依法注册的医疗器械；

（四）在负责药品监督管理的部门责令召回后仍拒不召回，或者在负责药品监督管理的部门责令停止或者暂停生产、进口、经营后，仍拒不停止生产、进口、经营医疗器械；

（五）委托不具备本条例规定条件的企业生产医疗器械，或者未对受托生产企业的生产行为进行管理；

（六）进口过期、失效、淘汰等已使用过的医疗器械。

第八十七条　医疗器械经营企业、使用单位履行了本条例规定的进货查验等义务，有充分证据证明其不知道所经营、使用的医疗器械为本条例第八十一条第一款第一项、第八十四条第一项、第八十六条第一项和第三项规定情形的医疗器械，并能如实说明其进货来源的，收缴其经营、使用的不符合法定要求的医疗器械，可以免除行政处罚。

第八十八条　有下列情形之一的，由负责药品监督管理的部门责令改正，处 1 万元以上 5 万元以下罚款；拒不改正的，处 5 万元以上 10 万元以下罚款；情节严重的，责令停产停业，直至由原发证部门吊销医疗器械生产许可证、医疗器械经营许可证，对违法单位的法定代表人、主要负责人、直接负责的主管人员和其他责任人员，没收违法行为发生期间自本单位所获收入，并处所获收入 30% 以上 2 倍以下罚款，5 年内禁止其从事医疗器械生产经营活动：

（一）生产条件发生变化、不再符合医疗器械质量管理体系要求，未依照本条例规定整改、停止生产、报告；

（二）生产、经营说明书、标签不符合本条例规定的医疗器械；

（三）未按照医疗器械说明书和标签标示要求运输、贮存医疗器械；

（四）转让过期、失效、淘汰或者检验不合格的在用医疗器械。

第八十九条　有下列情形之一的，由负责药品监督管理的部门和卫生主管部门依据各自职责责令改正，给予警告；拒不改正的，处 1 万元以上 10 万元以下罚款；情节严重的，责令停产停业，直至由原发证部门吊销医疗器械注册证、医疗器械生产许可证、医疗器械经营许可证，对违法单位的法定代表人、主要负责人、直接负责的主管人员和其他责任人员处 1 万元以上 3 万元以下罚款：

（一）未按照要求提交质量管理体系自查报告；

（二）从不具备合法资质的供货者购进医疗器械；

（三）医疗器械经营企业、使用单位未依照本条例规定建立并执行医疗器械进货查验记录制度；

（四）从事第二类、第三类医疗器械批发业务以及第三类医疗器械零售业务的经营企业未依照本条例规定建立并执行销售记录制度；

（五）医疗器械注册人、备案人、生产经营企业、使用单位未依照本条例规定开展医疗器械不良事件监测，未按照要求报告不良事件，或者对医疗器械不良事件监测技术机构、负责药品监督管理的部门、卫生主管部门开展的不良事件调查不予配合；

（六）医疗器械注册人、备案人未按照规定制定上市后研究和风险管控计划并保证有效实施；

（七）医疗器械注册人、备案人未按照规定建立并执行产品追溯制度；

（八）医疗器械注册人、备案人、经营企业从事医疗器械网络销售未按照规定告知负责药品监督管理的部门；

（九）对需要定期检查、检验、校准、保养、维护的医疗器械，医疗器械使用单位未按照产品说明书要求进行检查、检验、校准、保养、维护并予以记录，及时进行分析、评估，确保医疗器械处于良好状态；

（十）医疗器械使用单位未妥善保存购入第三类医疗器械的原始资料。

第九十条　有下列情形之一的，由县级以上人民政府卫生主管部门责令改正，给予警告；拒不改正的，处 5 万元以上 10 万元以下罚款；情节严重的，处 10 万元以上

30 万元以下罚款，责令暂停相关医疗器械使用活动，直至由原发证部门吊销执业许可证，依法责令相关责任人员暂停 6 个月以上 1 年以下执业活动，直至由原发证部门吊销相关人员执业证书，对违法单位的法定代表人、主要负责人、直接负责的主管人员和其他责任人员，没收违法行为发生期间自本单位所获收入，并处所获收入 30% 以上 3 倍以下罚款，依法给予处分：

（一）对重复使用的医疗器械，医疗器械使用单位未按照消毒和管理的规定进行处理；

（二）医疗器械使用单位重复使用一次性使用的医疗器械，或者未按照规定销毁使用过的一次性使用的医疗器械；

（三）医疗器械使用单位未按照规定将大型医疗器械以及植入和介入类医疗器械的信息记载到病历等相关记录中；

（四）医疗器械使用单位发现使用的医疗器械存在安全隐患未立即停止使用、通知检修，或者继续使用经检修仍不能达到使用安全标准的医疗器械；

（五）医疗器械使用单位违规使用大型医用设备，不能保障医疗质量安全。

第九十一条　违反进出口商品检验相关法律、行政法规进口医疗器械的，由出入境检验检疫机构依法处理。

第九十二条　为医疗器械网络交易提供服务的电子商务平台经营者违反本条例规定，未履行对入网医疗器械经营者进行实名登记，审查许可、注册、备案情况，制止并报告违法行为，停止提供网络交易平台服务等管理义务的，由负责药品监督管理的部门依照《中华人民共和国电子商务法》的规定给予处罚。

第九十三条　未进行医疗器械临床试验机构备案开展临床试验的，由负责药品监督管理的部门责令停止临床试验并改正；拒不改正的，该临床试验数据不得用于产品注册、备案，处 5 万元以上 10 万元以下罚款，并向社会公告；造成严重后果的，5 年内禁止其开展相关专业医疗器械临床试验，并处 10 万元以上 30 万元以下罚款，由卫生主管部门对违法单位的法定代表人、主要负责人、直接负责的主管人员和其他责任人员，没收违法行为发生期间自本单位所获收入，并处所获收入 30% 以上 3 倍以下罚款，依法给予处分。

临床试验申办者开展临床试验未经备案的，由负责药品监督管理的部门责令停止临床试验，对临床试验申办者处 5 万元以上 10 万元以下罚款，并向社会公告；造成严重后果的，处 10 万元以上 30 万元以下罚款。该临床试验数据不得用于产品注册、备案，5 年内不受理相关责任人以及单位提出的医疗器械注册申请。

临床试验申办者未经批准开展对人体具有较高风险的第三类医疗器械临床试验的，由负责药品监督管理的部门责令立即停止临床试验，对临床试验申办者处 10 万元以上 30 万元以下罚款，并向社会公告；造成严重后果的，处 30 万元以上 100 万元以下罚款。该临床试验数据不得用于产品注册，10 年内不受理相关责任人以及单位提出的医疗器械临床试验和注册申请，对违法单位的法定代表人、主要负责人、直接负责的主管人员和其他责任人员，没收违法行为发生期间自本单位所获收入，并处所获收入 30% 以上 3 倍以下罚款。

第九十四条　医疗器械临床试验机构开展医疗器械临床试验未遵守临床试验质量管理规范的，由负责药品监督管理的部门责令改正或者立即停止临床试验，处 5 万元以上 10 万元以下罚款；造成严重后果的，5 年内禁止其开展相关专业医疗器械临床试验，由卫生主管部门对违法单位的法定代表人、主要负责人、直接负责的主管人员和其他责任人员，没收违法行为发生期间自本单位所获收入，并处所获收入 30% 以上 3 倍以下罚款，依法给予处分。

第九十五条　医疗器械临床试验机构出具虚假报告的，由负责药品监督管理的部门处 10 万元以上 30 万元以下罚款；有违法所得的，没收违法所得；10 年内禁止其开展相关专业医疗器械临床试验；由卫生主管部门对违法单位的法定代表人、主要负责人、直接负责的主管人员和其他责任人员，没收违法行为发生期间自本单位所获收入，并处所获收入 30% 以上 3 倍以下罚款，依法给予处分。

第九十六条　医疗器械检验机构出具虚假检验报告的，由授予其资质的主管部门撤销检验资质，10 年内不受理相关责任人以及单位提出的资质认定申请，并处 10 万元以上 30 万元以下罚款；有违法所得的，没收违法所得；对违法单位的法定代表人、主要负责人、直接负责的主管人员和其他责任人员，没收违法行为发生期间自本单位所获收入，并处所获收入 30% 以上 3 倍以下罚款，依法给予处分；受到开除处分的，10 年内禁止其从事医疗器械检验工作。

第九十七条　违反本条例有关医疗器械广告管理规定的，依照《中华人民共和国广告法》的规定给予处罚。

第九十八条　境外医疗器械注册人、备案人指定的我国境内企业法人未依照本条例规定履行相关义务的，由省、自治区、直辖市人民政府药品监督管理部门责令改正，给予警告，并处5万元以上10万元以下罚款；情节严重的，处10万元以上50万元以下罚款，5年内禁止其法定代表人、主要负责人、直接负责的主管人员和其他责任人员从事医疗器械生产经营活动。

境外医疗器械注册人、备案人拒不履行依据本条例作出的行政处罚决定的，10年内禁止其医疗器械进口。

第九十九条　医疗器械研制、生产、经营单位和检验机构违反本条例规定使用禁止从事医疗器械生产经营活动、检验工作的人员的，由负责药品监督管理的部门责令改正，给予警告；拒不改正的，责令停产停业直至吊销许可证件。

第一百条　医疗器械技术审评机构、医疗器械不良事件监测技术机构未依照本条例规定履行职责，致使审评、监测工作出现重大失误的，由负责药品监督管理的部门责令改正，通报批评，给予警告；造成严重后果的，对违法单位的法定代表人、主要负责人、直接负责的主管人员和其他责任人员，依法给予处分。

第一百零一条　负责药品监督管理的部门或者其他有关部门工作人员违反本条例规定，滥用职权、玩忽职守、徇私舞弊的，依法给予处分。

第一百零二条　违反本条例规定，构成犯罪的，依法追究刑事责任；造成人身、财产或者其他损害的，依法承担赔偿责任。

第八章　附　则

第一百零三条　本条例下列用语的含义：

医疗器械，是指直接或者间接用于人体的仪器、设备、器具、体外诊断试剂及校准物、材料以及其他类似或者相关的物品，包括所需要的计算机软件；其效用主要通过物理等方式获得，不是通过药理学、免疫学或者代谢的方式获得，或者虽然有这些方式参与但是只起辅助作用；其目的是：

（一）疾病的诊断、预防、监护、治疗或者缓解；

（二）损伤的诊断、监护、治疗、缓解或者功能补偿；

（三）生理结构或者生理过程的检验、替代、调节或者支持；

（四）生命的支持或者维持；

（五）妊娠控制；

（六）通过对来自人体的样本进行检查，为医疗或者诊断目的提供信息。

医疗器械注册人、备案人，是指取得医疗器械注册证或者办理医疗器械备案的企业或者研制机构。

医疗器械使用单位，是指使用医疗器械为他人提供医疗等技术服务的机构，包括医疗机构、计划生育技术服务机构、血站、单采血浆站、康复辅助器具适配机构等。

大型医用设备，是指使用技术复杂、资金投入量大、运行成本高、对医疗费用影响大且纳入目录管理的大型医疗器械。

第一百零四条　医疗器械产品注册可以收取费用。具体收费项目、标准分别由国务院财政、价格主管部门按照国家有关规定制定。

第一百零五条　医疗卫生机构为应对突发公共卫生事件而研制的医疗器械的管理办法，由国务院药品监督管理部门会同国务院卫生主管部门制定。

从事非营利的避孕医疗器械的存储、调拨和供应，应当遵守国务院卫生主管部门会同国务院药品监督管理部门制定的管理办法。

中医医疗器械的技术指导原则，由国务院药品监督管理部门会同国务院中医药管理部门制定。

第一百零六条　军队医疗器械使用的监督管理，依照本条例和军队有关规定执行。

第一百零七条　本条例自2021年6月1日起施行。

医疗器械说明书和标签管理规定

1. *2014年7月30日国家食品药品监督管理总局令第6号公布*
2. *自2014年10月1日起施行*

第一条　为规范医疗器械说明书和标签，保证医疗器械使用的安全，根据《医疗器械监督管理条例》，制定本规定。

第二条　凡在中华人民共和国境内销售、使用的医疗器械，应当按照本规定要求附有说明书和标签。

第三条　医疗器械说明书是指由医疗器械注册人或者备案人制作，随产品提供给用户，涵盖该产品安全有效的基本信息，用以指导正确安装、调试、操作、使用、维护、保养的技术文件。

医疗器械标签是指在医疗器械或者其包装上附有的用于识别产品特征和标明安全警示等信息的文字说明及图形、符号。

第四条　医疗器械说明书和标签的内容应当科学、真实、完整、准确，并与产品特性相一致。

医疗器械说明书和标签的内容应当与经注册或者备案的相关内容一致。

医疗器械标签的内容应当与说明书有关内容相符合。

第五条 医疗器械说明书和标签对疾病名称、专业名词、诊断治疗过程和结果的表述,应当采用国家统一发布或者规范的专用词汇,度量衡单位应当符合国家相关标准的规定。

第六条 医疗器械说明书和标签中使用的符号或者识别颜色应当符合国家相关标准的规定;无相关标准规定的,该符号及识别颜色应当在说明书中描述。

第七条 医疗器械最小销售单元应当附有说明书。

医疗器械的使用者应当按照说明书使用医疗器械。

第八条 医疗器械的产品名称应当使用通用名称,通用名称应当符合国家食品药品监督管理总局制定的医疗器械命名规则。第二类、第三类医疗器械的产品名称应当与医疗器械注册证中的产品名称一致。

产品名称应当清晰地标明在说明书和标签的显著位置。

第九条 医疗器械说明书和标签文字内容应当使用中文,中文的使用应当符合国家通用的语言文字规范。医疗器械说明书和标签可以附加其他文种,但应当以中文表述为准。

医疗器械说明书和标签中的文字、符号、表格、数字、图形等应当准确、清晰、规范。

第十条 医疗器械说明书一般应当包括以下内容:

(一)产品名称、型号、规格;

(二)注册人或者备案人的名称、住所、联系方式及售后服务单位,进口医疗器械还应当载明代理人的名称、住所及联系方式;

(三)生产企业的名称、住所、生产地址、联系方式及生产许可证编号或者生产备案凭证编号,委托生产的还应当标注受托企业的名称、住所、生产地址、生产许可证编号或者生产备案凭证编号;

(四)医疗器械注册证编号或者备案凭证编号;

(五)产品技术要求的编号;

(六)产品性能、主要结构组成或者成分、适用范围;

(七)禁忌症、注意事项、警示以及提示的内容;

(八)安装和使用说明或者图示,由消费者个人自行使用的医疗器械还应当具有安全使用的特别说明;

(九)产品维护和保养方法,特殊储存、运输条件、方法;

(十)生产日期,使用期限或者失效日期;

(十一)配件清单,包括配件、附属品、损耗品更换周期以及更换方法的说明等;

(十二)医疗器械标签所用的图形、符号、缩写等内容的解释;

(十三)说明书的编制或者修订日期;

(十四)其他应当标注的内容。

第十一条 医疗器械说明书中有关注意事项、警示以及提示性内容主要包括:

(一)产品使用的对象;

(二)潜在的安全危害及使用限制;

(三)产品在正确使用过程中出现意外时,对操作者、使用者的保护措施以及应当采取的应急和纠正措施;

(四)必要的监测、评估、控制手段;

(五)一次性使用产品应当注明“一次性使用”字样或者符号,已灭菌产品应当注明灭菌方式以及灭菌包装损坏后的处理方法,使用前需要消毒或者灭菌的应当说明消毒或者灭菌的方法;

(六)产品需要同其他医疗器械一起安装或者联合使用时,应当注明联合使用器械的要求、使用方法、注意事项;

(七)在使用过程中,与其他产品可能产生的相互干扰及其可能出现的危害;

(八)产品使用中可能带来的不良事件或者产品成分中含有的可能引起副作用的成分或者辅料;

(九)医疗器械废弃处理时应当注意的事项,产品使用后需要处理的,应当注明相应的处理方法;

(十)根据产品特性,应当提示操作者、使用者注意的其他事项。

第十二条 重复使用的医疗器械应当在说明书中明确重复使用的处理过程,包括清洁、消毒、包装及灭菌的方法和重复使用的次数或者其他限制。

第十三条 医疗器械标签一般应当包括以下内容:

(一)产品名称、型号、规格;

(二)注册人或者备案人的名称、住所、联系方式,进口医疗器械还应当载明代理人的名称、住所及联系方式;

(三)医疗器械注册证编号或者备案凭证编号;

(四)生产企业的名称、住所、生产地址、联系方式及生产许可证编号或者生产备案凭证编号,委托生产的还应当标注受托企业的名称、住所、生产地址、生产许可证编号或者生产备案凭证编号；

（五）生产日期，使用期限或者失效日期；

（六）电源连接条件、输入功率；

（七）根据产品特性应当标注的图形、符号以及其他相关内容；

（八）必要的警示、注意事项；

（九）特殊储存、操作条件或者说明；

（十）使用中对环境有破坏或者负面影响的医疗器械，其标签应当包含警示标志或者中文警示说明；

（十一）带放射或者辐射的医疗器械，其标签应当包含警示标志或者中文警示说明。

医疗器械标签因位置或者大小受限而无法全部标明上述内容的，至少应当标注产品名称、型号、规格、生产日期和使用期限或者失效日期，并在标签中明确"其他内容详见说明书"。

第十四条　医疗器械说明书和标签不得有下列内容：

（一）含有"疗效最佳"、"保证治愈"、"包治"、"根治"、"即刻见效"、"完全无毒副作用"等表示功效的断言或者保证的；

（二）含有"最高技术"、"最科学"、"最先进"、"最佳"等绝对化语言和表示的；

（三）说明治愈率或者有效率的；

（四）与其他企业产品的功效和安全性相比较的；

（五）含有"保险公司保险"、"无效退款"等承诺性语言的；

（六）利用任何单位或者个人的名义、形象作证明或者推荐的；

（七）含有误导性说明，使人感到已经患某种疾病，或者使人误解不使用该医疗器械会患某种疾病或者加重病情的表述，以及其他虚假、夸大、误导性的内容；

（八）法律、法规规定禁止的其他内容。

第十五条　医疗器械说明书应当由注册申请人或者备案人在医疗器械注册或者备案时，提交食品药品监督管理部门审查或者备案，提交的说明书内容应当与其他注册或者备案资料相符合。

第十六条　经食品药品监督管理部门注册审查的医疗器械说明书的内容不得擅自更改。

已注册的医疗器械发生注册变更的，申请人应当在取得变更文件后，依据变更文件自行修改说明书和标签。

说明书的其他内容发生变化的，应当向医疗器械注册的审批部门书面告知，并提交说明书更改情况对比说明等相关文件。审批部门自收到书面告知之日起20个工作日内未发出不予同意通知件的，说明书更改生效。

第十七条　已备案的医疗器械，备案信息表中登载内容、备案产品技术要求以及说明书其他内容发生变化的，备案人自行修改说明书和标签的相关内容。

第十八条　说明书和标签不符合本规定要求的，由县级以上食品药品监督管理部门按照《医疗器械监督管理条例》第六十七条的规定予以处罚。

第十九条　本规定自2014年10月1日起施行。2004年7月8日公布的《医疗器械说明书、标签和包装标识管理规定》（原国家食品药品监督管理局令第10号）同时废止。

医疗器械使用质量监督管理办法

1. 2015年10月21日国家食品药品监督管理总局令第18号公布

2. 自2016年2月1日起施行

第一章　总　　则

第一条　为加强医疗器械使用质量监督管理，保证医疗器械使用安全、有效，根据《医疗器械监督管理条例》，制定本办法。

第二条　使用环节的医疗器械质量管理及其监督管理，应当遵守本办法。

第三条　国家食品药品监督管理总局负责全国医疗器械使用质量监督管理工作。县级以上地方食品药品监督管理部门负责本行政区域的医疗器械使用质量监督管理工作。

上级食品药品监督管理部门负责指导和监督下级食品药品监督管理部门开展医疗器械使用质量监督管理工作。

第四条　医疗器械使用单位应当按照本办法，配备与其规模相适应的医疗器械质量管理机构或者质量管理人员，建立覆盖质量管理全过程的使用质量管理制度，承担本单位使用医疗器械的质量管理责任。

鼓励医疗器械使用单位采用信息化技术手段进行医疗器械质量管理。

第五条　医疗器械生产经营企业销售的医疗器械应当符合强制性标准以及经注册或者备案的产品技术要求。医疗器械生产经营企业应当按照与医疗器械使用单位的合同约定，提供医疗器械售后服务，指导和配合医疗器械使用单位开展质量管理工作。

第六条 医疗器械使用单位发现所使用的医疗器械发生不良事件或者可疑不良事件的，应当按照医疗器械不良事件监测的有关规定报告并处理。

第二章 采购、验收与贮存

第七条 医疗器械使用单位应当对医疗器械采购实行统一管理，由其指定的部门或者人员统一采购医疗器械，其他部门或者人员不得自行采购。

第八条 医疗器械使用单位应当从具有资质的医疗器械生产经营企业购进医疗器械，索取、查验供货者资质、医疗器械注册证或者备案凭证等证明文件。对购进的医疗器械应当验明产品合格证明文件，并按规定进行验收。对有特殊储运要求的医疗器械还应当核实储运条件是否符合产品说明书和标签标示的要求。

第九条 医疗器械使用单位应当真实、完整、准确地记录进货查验情况。进货查验记录应当保存至医疗器械规定使用期限届满后 2 年或者使用终止后 2 年。大型医疗器械进货查验记录应当保存至医疗器械规定使用期限届满后 5 年或者使用终止后 5 年；植入性医疗器械进货查验记录应当永久保存。

医疗器械使用单位应当妥善保存购入第三类医疗器械的原始资料，确保信息具有可追溯性。

第十条 医疗器械使用单位贮存医疗器械的场所、设施及条件应当与医疗器械品种、数量相适应，符合产品说明书、标签标示的要求及使用安全、有效的需要；对温度、湿度等环境条件有特殊要求的，还应当监测和记录贮存区域的温度、湿度等数据。

第十一条 医疗器械使用单位应当按照贮存条件、医疗器械有效期限等要求对贮存的医疗器械进行定期检查并记录。

第十二条 医疗器械使用单位不得购进和使用未依法注册或者备案、无合格证明文件以及过期、失效、淘汰的医疗器械。

第三章 使用、维护与转让

第十三条 医疗器械使用单位应当建立医疗器械使用前质量检查制度。在使用医疗器械前，应当按照产品说明书的有关要求进行检查。

使用无菌医疗器械前，应当检查直接接触医疗器械的包装及其有效期限。包装破损、标示不清、超过有效期限或者可能影响使用安全、有效的，不得使用。

第十四条 医疗器械使用单位对植入和介入类医疗器械应当建立使用记录，植入性医疗器械使用记录永久保存，相关资料应当纳入信息化管理系统，确保信息可追溯。

第十五条 医疗器械使用单位应当建立医疗器械维护维修管理制度。对需要定期检查、检验、校准、保养、维护的医疗器械，应当按照产品说明书的要求进行检查、检验、校准、保养、维护并记录，及时进行分析、评估，确保医疗器械处于良好状态。

对使用期限长的大型医疗器械，应当逐台建立使用档案，记录其使用、维护等情况。记录保存期限不得少于医疗器械规定使用期限届满后 5 年或者使用终止后 5 年。

第十六条 医疗器械使用单位应当按照产品说明书等要求使用医疗器械。一次性使用的医疗器械不得重复使用，对使用过的应当按照国家有关规定销毁并记录。

第十七条 医疗器械使用单位可以按照合同的约定要求医疗器械生产经营企业提供医疗器械维护维修服务，也可以委托有条件和能力的维修服务机构进行医疗器械维护维修，或者自行对在用医疗器械进行维护维修。

医疗器械使用单位委托维修服务机构或者自行对在用医疗器械进行维护维修的，医疗器械生产经营企业应当按照合同的约定提供维护手册、维修手册、软件备份、故障代码表、备件清单、零部件、维修密码等维护维修必需的材料和信息。

第十八条 由医疗器械生产经营企业或者维修服务机构对医疗器械进行维护维修的，应当在合同中约定明确的质量要求、维修要求等相关事项，医疗器械使用单位应当在每次维护维修后索取并保存相关记录；医疗器械使用单位自行对医疗器械进行维护维修的，应当加强对从事医疗器械维护维修的技术人员的培训考核，并建立培训档案。

第十九条 医疗器械使用单位发现使用的医疗器械存在安全隐患的，应当立即停止使用，通知检修；经检修仍不能达到使用安全标准的，不得继续使用，并按照有关规定处置。

第二十条 医疗器械使用单位之间转让在用医疗器械，转让方应当确保所转让的医疗器械安全、有效，并提供产品合法证明文件。

转让双方应当签订协议，移交产品说明书、使用和维修记录档案复印件等资料，并经有资质的检验机构检验合格后方可转让。受让方应当参照本办法第八条关于进货查验的规定进行查验，符合要求后方可使用。

不得转让未依法注册或者备案、无合格证明文件或者检验不合格，以及过期、失效、淘汰的医疗器械。

第二十一条　医疗器械使用单位接受医疗器械生产经营企业或者其他机构、个人捐赠医疗器械的，捐赠方应当提供医疗器械的相关合法证明文件，受赠方应当参照本办法第八条关于进货查验的规定进行查验，符合要求后方可使用。

不得捐赠未依法注册或者备案、无合格证明文件或者检验不合格，以及过期、失效、淘汰的医疗器械。

医疗器械使用单位之间捐赠在用医疗器械的，参照本办法第二十条关于转让在用医疗器械的规定办理。

第四章　监督管理

第二十二条　食品药品监督管理部门按照风险管理原则，对使用环节的医疗器械质量实施监督管理。

设区的市级食品药品监督管理部门应当编制并实施本行政区域的医疗器械使用单位年度监督检查计划，确定监督检查的重点、频次和覆盖率。对存在较高风险的医疗器械、有特殊储运要求的医疗器械以及有不良信用记录的医疗器械使用单位等，应当实施重点监管。

年度监督检查计划及其执行情况应当报告省、自治区、直辖市食品药品监督管理部门。

第二十三条　食品药品监督管理部门对医疗器械使用单位建立、执行医疗器械使用质量管理制度的情况进行监督检查，应当记录监督检查结果，并纳入监督管理档案。

食品药品监督管理部门对医疗器械使用单位进行监督检查时，可以对相关的医疗器械生产经营企业、维修服务机构等进行延伸检查。

医疗器械使用单位、生产经营企业和维修服务机构等应当配合食品药品监督管理部门的监督检查，如实提供有关情况和资料，不得拒绝和隐瞒。

第二十四条　医疗器械使用单位应当按照本办法和本单位建立的医疗器械使用质量管理制度，每年对医疗器械质量管理工作进行全面自查，并形成自查报告。食品药品监督管理部门在监督检查中对医疗器械使用单位的自查报告进行抽查。

第二十五条　食品药品监督管理部门应当加强对使用环节医疗器械的抽查检验。省级以上食品药品监督管理部门应当根据抽查检验结论，及时发布医疗器械质量公告。

第二十六条　个人和组织发现医疗器械使用单位有违反本办法的行为，有权向医疗器械使用单位所在地食品药品监督管理部门举报。接到举报的食品药品监督管理部门应当及时核实、处理。经查证属实的，应当按照有关规定对举报人给予奖励。

第五章　法律责任

第二十七条　医疗器械使用单位有下列情形之一的，由县级以上食品药品监督管理部门按照《医疗器械监督管理条例》第六十六条的规定予以处罚：

（一）使用不符合强制性标准或者不符合经注册或者备案的产品技术要求的医疗器械的；

（二）使用无合格证明文件、过期、失效、淘汰的医疗器械，或者使用未依法注册的医疗器械的。

第二十八条　医疗器械使用单位有下列情形之一的，由县级以上食品药品监督管理部门按照《医疗器械监督管理条例》第六十七条的规定予以处罚：

（一）未按照医疗器械产品说明书和标签标示要求贮存医疗器械的；

（二）转让或者捐赠过期、失效、淘汰、检验不合格的在用医疗器械的。

第二十九条　医疗器械使用单位有下列情形之一的，由县级以上食品药品监督管理部门按照《医疗器械监督管理条例》第六十八条的规定予以处罚：

（一）未建立并执行医疗器械进货查验制度，未查验供货者的资质，或者未真实、完整、准确地记录进货查验情况的；

（二）未按照产品说明书的要求进行定期检查、检验、校准、保养、维护并记录的；

（三）发现使用的医疗器械存在安全隐患未立即停止使用、通知检修，或者继续使用经检修仍不能达到使用安全标准的医疗器械的；

（四）未妥善保存购入第三类医疗器械的原始资料的；

（五）未按规定建立和保存植入和介入类医疗器械使用记录的。

第三十条　医疗器械使用单位有下列情形之一的，由县级以上食品药品监督管理部门责令限期改正，给予警告；拒不改正的，处1万元以下罚款：

（一）未按规定配备与其规模相适应的医疗器械质量管理机构或者质量管理人员，或者未按规定建立覆盖质量管理全过程的使用质量管理制度的；

（二）未按规定由指定的部门或者人员统一采购医疗器械的；

（三）购进、使用未备案的第一类医疗器械，或者从未备案的经营企业购进第二类医疗器械的；

（四）贮存医疗器械的场所、设施及条件与医疗器械品种、数量不相适应的，或者未按照贮存条件、医疗器械有效期限等要求对贮存的医疗器械进行定期检查并记录的；

（五）未按规定建立、执行医疗器械使用前质量检查制度的；

（六）未按规定索取、保存医疗器械维护维修相关记录的；

（七）未按规定对本单位从事医疗器械维护维修的相关技术人员进行培训考核、建立培训档案的；

（八）未按规定对其医疗器械质量管理工作进行自查、形成自查报告的。

第三十一条 医疗器械生产经营企业违反本办法第十七条规定，未按要求提供维护维修服务，或者未按要求提供维护维修所必需的材料和信息的，由县级以上食品药品监督管理部门给予警告，责令限期改正；情节严重或者拒不改正的，处5000元以上2万元以下罚款。

第三十二条 医疗器械使用单位、生产经营企业和维修服务机构等不配合食品药品监督管理部门的监督检查，或者拒绝、隐瞒、不如实提供有关情况和资料的，由县级以上食品药品监督管理部门责令改正，给予警告，可以并处2万元以下罚款。

第六章 附　　则

第三十三条 用于临床试验的试验用医疗器械的质量管理，按照医疗器械临床试验等有关规定执行。

第三十四条 对使用环节的医疗器械使用行为的监督管理，按照国家卫生和计划生育委员会的有关规定执行。

第三十五条 本办法自2016年2月1日起施行。

医疗器械标准管理办法

1. 2017年4月17日国家食品药品监督管理总局令第33号公布

2. 自2017年7月1日起施行

第一章 总　　则

第一条 为促进科学技术进步，保障医疗器械安全有效，提高健康保障水平，加强医疗器械标准管理，根据《中华人民共和国标准化法》、《中华人民共和国标准化法实施条例》和《医疗器械监督管理条例》等法律法规，制定本办法。

第二条 本办法所称医疗器械标准，是指由国家食品药品监督管理总局依据职责组织制修订，依法定程序发布，在医疗器械研制、生产、经营、使用、监督管理等活动中遵循的统一的技术要求。

第三条 在中华人民共和国境内从事医疗器械标准的制修订、实施及监督管理，应当遵守法律、行政法规及本办法的规定。

第四条 医疗器械标准按照其效力分为强制性标准和推荐性标准。

对保障人体健康和生命安全的技术要求，应当制定为医疗器械强制性国家标准和强制性行业标准。

对满足基础通用、与强制性标准配套、对医疗器械产业起引领作用等需要的技术要求，可以制定为医疗器械推荐性国家标准和推荐性行业标准。

第五条 医疗器械标准按照其规范对象分为基础标准、方法标准、管理标准和产品标准。

第六条 国家食品药品监督管理总局依法编制医疗器械标准规划，建立医疗器械标准管理工作制度，健全医疗器械标准管理体系。

第七条 鼓励企业、社会团体、教育科研机构及个人广泛参与医疗器械标准制修订工作，并对医疗器械标准执行情况进行监督。

第八条 鼓励参与国际标准化活动，参与制定和采用国际医疗器械标准。

第九条 国家食品药品监督管理总局对在医疗器械标准工作中做出显著成绩的组织和个人，按照国家有关规定给予表扬和奖励。

第二章 标准管理职责

第十条 国家食品药品监督管理总局履行下列职责：

（一）组织贯彻医疗器械标准管理相关法律、法规，制定医疗器械标准管理工作制度；

（二）组织拟定医疗器械标准规划，编制标准制修订年度工作计划；

（三）依法组织医疗器械标准制修订，发布医疗器械行业标准；

（四）依法指导、监督医疗器械标准管理工作。

第十一条 国家食品药品监督管理总局医疗器械标准管理中心（以下简称“医疗器械标准管理中心”）履行下列职责：

（一）组织开展医疗器械标准体系的研究，拟定医疗器械标准规划草案和标准制修订年度工作计划建议；

（二）依法承担医疗器械标准制修订的管理工作；

（三）依法承担医疗器械标准化技术委员会的管

理工作；

（四）承担医疗器械标准宣传、培训的组织工作；

（五）组织对标准实施情况进行调研，协调解决标准实施中的重大技术问题；

（六）承担医疗器械国际标准化活动和对外合作交流的相关工作；

（七）承担医疗器械标准信息化工作，组织医疗器械行业标准出版；

（八）承担国家食品药品监督管理总局交办的其他标准管理工作。

第十二条　国家食品药品监督管理总局根据医疗器械标准化工作的需要，经批准依法组建医疗器械标准化技术委员会。

医疗器械标准化技术委员会履行下列职责：

（一）开展医疗器械标准研究工作，提出本专业领域标准发展规划、标准体系意见；

（二）承担本专业领域医疗器械标准起草、征求意见、技术审查等组织工作，并对标准的技术内容和质量负责；

（三）承担本专业领域医疗器械标准的技术指导工作，协助解决标准实施中的技术问题；

（四）负责收集、整理本专业领域的医疗器械标准资料，并建立技术档案；

（五）负责本专业领域医疗器械标准实施情况的跟踪评价；

（六）负责本专业领域医疗器械标准技术内容的咨询和解释；

（七）承担本专业领域医疗器械标准的宣传、培训、学术交流和相关国际标准化活动。

第十三条　在现有医疗器械标准化技术委员会不能覆盖的专业技术领域，国家食品药品监督管理总局可以根据监管需要，按程序确定医疗器械标准化技术归口单位。标准化技术归口单位参照医疗器械标准化技术委员会的职责和有关规定开展相应领域医疗器械标准工作。

第十四条　地方食品药品监督管理部门在本行政区域依法履行下列职责：

（一）组织贯彻医疗器械标准管理的法律法规；

（二）组织、参与医疗器械标准的制修订相关工作；

（三）监督医疗器械标准的实施；

（四）收集并向上一级食品药品监督管理部门报告标准实施过程中的问题。

第十五条　医疗器械研制机构、生产经营企业和使用单位应当严格执行医疗器械强制性标准。

鼓励医疗器械研制机构、生产经营企业和使用单位积极研制和采用医疗器械推荐性标准，积极参与医疗器械标准制修订工作，及时向有关部门反馈医疗器械标准实施问题和提出改进建议。

第三章　标准制定与修订

第十六条　医疗器械标准制修订程序包括标准立项、起草、征求意见、技术审查、批准发布、复审和废止等。具体规定由国家食品药品监督管理总局制定。

对医疗器械监管急需制修订的标准，可以按照国家食品药品监督管理总局规定的快速程序开展。

第十七条　医疗器械标准管理中心应当根据医疗器械标准规划，向社会公开征集医疗器械标准制定、修订立项提案。

对征集到的立项提案，由相应的医疗器械标准化技术委员会（包括标准化技术归口单位，下同）进行研究后，提出本专业领域标准计划项目立项申请。

涉及两个或者两个以上医疗器械标准化技术委员会的标准计划项目立项提案，应当由医疗器械标准管理中心负责协调，确定牵头医疗器械标准化技术委员会，并由其提出标准计划项目立项申请。

第十八条　医疗器械标准管理中心对医疗器械标准计划项目立项申请，经公开征求意见并组织专家论证后，提出医疗器械标准计划项目，编制标准制修订年度工作计划建议，报国家食品药品监督管理总局审核。

国家食品药品监督管理总局审核通过的医疗器械标准计划项目，应当向社会公示。国家标准计划项目送国务院标准化行政主管部门批准下达；行业标准计划项目由国家食品药品监督管理总局批准下达。

第十九条　医疗器械生产经营企业、使用单位、监管部门、检测机构以及有关教育科研机构、社会团体等，可以向承担医疗器械标准计划项目的医疗器械标准化技术委员会提出起草相关医疗器械标准的申请。医疗器械标准化技术委员会结合标准的技术内容，按照公开、公正、择优的原则，选定起草单位。

起草单位应当广泛调研、深入分析研究，积极借鉴相关国际标准，在对技术内容进行充分验证的基础上起草医疗器械标准，形成医疗器械标准征求意见稿，经医疗器械标准化技术委员会初步审查后，报送医疗器械标准管理中心。

第二十条　医疗器械标准征求意见稿在医疗器械标准管理中心网站向社会公开征求意见，征求意见的期限一般为两个月。承担医疗器械标准计划项目的医疗器械标准化技术委员会对征集到的意见进行汇总后，反馈给标准起草单位，起草单位应当对汇总意见进行认真研究，对征求意见稿进行修改完善，形成医疗器械标准送审稿。

第二十一条　承担医疗器械标准计划项目的医疗器械标准化技术委员会负责组织对医疗器械标准送审稿进行技术审查。审查通过后，将医疗器械标准报批稿、实施建议及相关资料报送医疗器械标准管理中心进行审核。

第二十二条　医疗器械标准管理中心将审核通过后的医疗器械标准报批稿及审核结论等报送国家食品药品监督管理总局审查。审查通过的医疗器械国家标准送国务院标准化行政主管部门批准、发布；审查通过的医疗器械行业标准由国家食品药品监督管理总局确定实施日期和实施要求，以公告形式发布。

医疗器械国家标准、行业标准按照国务院标准化行政主管部门的相关规定进行公开，供公众查阅。

第二十三条　医疗器械标准批准发布后，因个别技术内容影响标准使用、需要进行修改，或者对原标准内容进行少量增减时，应当采用标准修改单方式修改。标准修改单应当按照标准制修订程序制定，由医疗器械标准的原批准部门审查发布。

第二十四条　医疗器械标准化技术委员会应当对已发布实施的医疗器械标准开展复审工作，根据科学技术进步、产业发展以及监管需要对其有效性、适用性和先进性及时组织复审，提出复审结论。复审结论分为继续有效、修订或者废止。复审周期原则上不超过5年。

医疗器械标准复审结论由医疗器械标准管理中心审核通过后，报送国家食品药品监督管理总局审查。医疗器械国家标准复审结论，送国务院标准化行政主管部门批准；医疗器械行业标准复审结论由国家食品药品监督管理总局审查批准，并对复审结论为废止的标准以公告形式发布。

第四章　标准实施与监督

第二十五条　医疗器械企业应当严格按照经注册或者备案的产品技术要求组织生产，保证出厂的医疗器械符合强制性标准以及经注册或者备案的产品技术要求。

第二十六条　医疗器械推荐性标准被法律法规、规范性文件及经注册或者备案的产品技术要求引用的内容应当强制执行。

第二十七条　医疗器械产品技术要求，应当与产品设计特性、预期用途和质量控制水平相适应，并不得低于产品适用的强制性国家标准和强制性行业标准。

第二十八条　食品药品监督管理部门对医疗器械企业实施医疗器械强制性标准以及经注册或者备案的产品技术要求的情况进行监督检查。

第二十九条　任何单位和个人有权向食品药品监督管理部门举报或者反映违反医疗器械强制性标准以及经注册或者备案的产品技术要求的行为。收到举报或者反映的部门，应当及时按规定作出处理。

第三十条　医疗器械标准实行信息化管理，标准立项、发布、实施等信息应当及时向公众公开。

第三十一条　食品药品监督管理部门应当在医疗器械标准发布后，及时组织、指导标准的宣传、培训。

第三十二条　医疗器械标准化技术委员会对标准的实施情况进行跟踪评价。医疗器械标准管理中心根据跟踪评价情况对强制性标准实施情况进行统计分析。

第五章　附　　则

第三十三条　医疗器械国家标准的编号按照国务院标准化行政主管部门的规定编制。医疗器械行业标准的代号由大写汉语拼音字母等构成。强制性行业标准的代号为“YY”，推荐性行业标准的代号为“YY/T”。

行业标准的编号由行业标准的代号、标准号和标准发布的年号构成。其形式为：YY××××1－××××2和YY/T××××1－××××2。

××××1为标准号，××××2为标准发布年号。

第三十四条　依法成立的社会团体可以制定发布团体标准。团体标准的管理应当符合国家相关规定。

第三十五条　医疗器械标准样品是医疗器械检验检测中的实物标准，其管理应当符合国家有关规定。

第三十六条　本办法自2017年7月1日起施行。2002年1月4日发布的《医疗器械标准管理办法（试行）》（原国家药品监督管理局令第31号）同时废止。

医疗器械网络销售监督管理办法

1. *2017年12月20日国家食品药品监督管理总局令第38号公布*
2. *自2018年3月1日起施行*

第一章　总　　则

第一条　为加强医疗器械网络销售和医疗器械网络交易服务监督管理，保障公众用械安全，根据《中华人民共和国网络安全法》、《医疗器械监督管理条例》、《互联网信息服务管理办法》等法律法规，制定本办法。

第二条　在中华人民共和国境内从事医疗器械网络销售、提供医疗器械网络交易服务及其监督管理，应当遵守本办法。

第三条　国家食品药品监督管理总局负责指导全国医疗器械网络销售、医疗器械网络交易服务的监督管理，并组织开展全国医疗器械网络销售和网络交易服务监测。

省级食品药品监督管理部门负责医疗器械网络交易服务的监督管理。

县级以上地方食品药品监督管理部门负责本行政区域内医疗器械网络销售的监督管理。

第四条　从事医疗器械网络销售的企业、医疗器械网络交易服务第三方平台提供者应当遵守医疗器械法规、规章和规范，建立健全管理制度，依法诚信经营，保证医疗器械质量安全。

从事医疗器械网络销售的企业，是指通过网络销售医疗器械的医疗器械上市许可持有人（即医疗器械注册人或者备案人，以下简称持有人）和医疗器械生产经营企业。

医疗器械网络交易服务第三方平台提供者，是指在医疗器械网络交易中仅提供网页空间、虚拟交易场所、交易规则、交易撮合、电子订单等交易服务，供交易双方或者多方开展交易活动，不直接参与医疗器械销售的企业。

第五条　从事医疗器械网络销售的企业、医疗器械网络交易服务第三方平台提供者应当采取技术措施，保障医疗器械网络销售数据和资料的真实、完整、可追溯。

第六条　从事医疗器械网络销售的企业、医疗器械网络交易服务第三方平台提供者应当积极配合食品药品监督管理部门开展网络监测、抽样检验、现场检查等监督管理，按照食品药品监督管理部门的要求存储数据，提供信息查询、数据提取等相关支持。

第二章　医疗器械网络销售

第七条　从事医疗器械网络销售的企业应当是依法取得医疗器械生产许可、经营许可或者办理备案的医疗器械生产经营企业。法律法规规定不需要办理许可或者备案的除外。

持有人通过网络销售其医疗器械，医疗器械生产企业受持有人委托通过网络销售受托生产的医疗器械，不需要办理经营许可或者备案，其销售条件应当符合《医疗器械监督管理条例》和本办法的要求。

持有人委托开展医疗器械网络销售的，应当评估确认受托方的合法资质、销售条件、技术水平和质量管理能力，对网络销售过程和质量控制进行指导和监督，对网络销售的医疗器械质量负责。

第八条　从事医疗器械网络销售的企业，应当填写医疗器械网络销售信息表，将企业名称、法定代表人或者主要负责人、网站名称、网络客户端应用程序名、网站域名、网站 IP 地址、电信业务经营许可证或者非经营性互联网信息服务备案编号、医疗器械生产经营许可证件或者备案凭证编号等信息事先向所在地设区的市级食品药品监督管理部门备案。相关信息发生变化的，应当及时变更备案。

第九条　从事医疗器械网络销售的企业，应当通过自建网站或者医疗器械网络交易服务第三方平台开展医疗器械网络销售活动。

通过自建网站开展医疗器械网络销售的企业，应当依法取得《互联网药品信息服务资格证书》，并具备与其规模相适应的办公场所以及数据备份、故障恢复等技术条件。

第十条　从事医疗器械网络销售的企业，应当在其主页面显著位置展示其医疗器械生产经营许可证件或者备案凭证，产品页面应当展示该产品的医疗器械注册证或者备案凭证。相关展示信息应当画面清晰，容易辨识。其中，医疗器械生产经营许可证件或者备案凭证、医疗器械注册证或者备案凭证的编号还应当以文本形式展示。相关信息发生变更的，应当及时更新展示内容。

第十一条　从事医疗器械网络销售的企业在网上发布的医疗器械名称、型号、规格、结构及组成、适用范围、医疗器械注册证编号或者备案凭证编号、注册人或者备案人信息、生产许可证或者备案凭证编号、产品技术要求编号、禁忌症等信息，应当与经注册或者备案的相关内容保持一致。

第十二条　从事医疗器械网络销售的企业应当记录医疗器械销售信息，记录应当保存至医疗器械有效期后 2 年；无有效期的，保存时间不得少于 5 年；植入类医疗器械的销售信息应当永久保存。相关记录应当真实、完整、可追溯。

第十三条　从事医疗器械网络销售的企业，经营范围不得超出其生产经营许可或者备案的范围。

医疗器械批发企业从事医疗器械网络销售，应当销售给具有资质的医疗器械经营企业或者使用单位。

医疗器械零售企业从事医疗器械网络销售，应当销售给消费者。销售给消费者个人的医疗器械，应当是可以由消费者个人自行使用的，其说明书应当符合医疗器械说明书和标签管理相关规定，标注安全使用的特别说明。

第十四条 从事医疗器械网络销售的企业，应当按照医疗器械标签和说明书标明的条件贮存和运输医疗器械。委托其他单位贮存和运输医疗器械的，应当对被委托方贮存和运输医疗器械的质量保障能力进行考核评估，明确贮存和运输过程中的质量安全责任，确保贮存和运输过程中的质量安全。

第三章 医疗器械网络交易服务

第十五条 医疗器械网络交易服务第三方平台提供者应当依法取得《互联网药品信息服务资格证书》，具备与其规模相适应的办公场所以及数据备份、故障恢复等技术条件，设置专门的医疗器械网络质量安全管理机构或者配备医疗器械质量安全管理人员。

第十六条 医疗器械网络交易服务第三方平台提供者应当向所在地省级食品药品监督管理部门备案，填写医疗器械网络交易服务第三方平台备案表，并提交以下材料：

（一）营业执照原件、复印件；

（二）法定代表人或者主要负责人、医疗器械质量安全管理人身份证明原件、复印件；

（三）组织机构与部门设置说明；

（四）办公场所地理位置图、房屋产权证明文件或者租赁协议（附房屋产权证明文件）原件、复印件；

（五）电信业务经营许可证原件、复印件或者非经营性互联网信息服务备案说明；

（六）《互联网药品信息服务资格证书》原件、复印件；

（七）医疗器械网络交易服务质量管理制度等文件目录；

（八）网站或者网络客户端应用程序基本情况介绍和功能说明；

（九）其他相关证明材料。

第十七条 省级食品药品监督管理部门应当当场对企业提交材料的完整性进行核对，符合规定的予以备案，发给医疗器械网络交易服务第三方平台备案凭证；提交资料不齐全或者不符合法定情形的，应当一次性告知需要补充材料的事项。

省级食品药品监督管理部门应当在备案后7个工作日内向社会公开相关备案信息。备案信息包括企业名称、法定代表人或者主要负责人、网站名称、网络客户端应用程序名、网站域名、网站IP地址、电信业务经营许可证或者非经营性互联网信息服务备案编号、医疗器械网络交易服务第三方平台备案凭证编号等。

省级食品药品监督管理部门应当在医疗器械网络交易服务第三方平台提供者备案后3个月内，对医疗器械网络交易服务第三方平台开展现场检查。

第十八条 医疗器械网络交易服务第三方平台提供者名称、法定代表人或者主要负责人、网站名称、网络客户端应用程序名、网站域名、网站IP地址、电信业务经营许可证或者非经营性互联网信息服务备案编号等备案信息发生变化的，应当及时变更备案。

第十九条 医疗器械网络交易服务第三方平台提供者，应当在其网站主页面显著位置标注医疗器械网络交易服务第三方平台备案凭证的编号。

第二十条 医疗器械网络交易服务第三方平台提供者应当建立包括入驻平台的企业核实登记、质量安全监测、交易安全保障、网络销售违法行为制止及报告、严重违法行为平台服务停止、安全投诉举报处理、消费者权益保护、质量安全信息公告等管理制度。

第二十一条 医疗器械网络交易服务第三方平台提供者应当对申请入驻平台的企业提供的医疗器械生产经营许可证件或者备案凭证、医疗器械注册证或者备案凭证、企业营业执照等材料进行核实，建立档案并及时更新，保证入驻平台的企业许可证件或者备案凭证所载明的生产经营场所等许可或者备案信息真实。

医疗器械网络交易服务第三方平台提供者应当与入驻平台的企业签订入驻协议，并在协议中明确双方义务及违约处置措施等相关内容。

第二十二条 医疗器械网络交易服务第三方平台提供者应当记录在其平台上开展的医疗器械交易信息，记录应当保存至医疗器械有效期后2年；无有效期的，保存时间不得少于5年；植入类医疗器械交易信息应当永久保存。相关记录应当真实、完整、可追溯。

第二十三条 医疗器械网络交易服务第三方平台提供者应当对平台上的医疗器械销售行为及信息进行监测，发现入驻网络交易服务第三方平台的企业存在超范围经营、发布虚假信息、夸大宣传等违法违规行为、无法取得联系或者存在其他严重安全隐患的，应当立即对其停止网络交易服务，并保存有关记录，向所在地省级食品药品监督管理部门报告。

发现入驻网络交易服务第三方平台的企业被食品药品监督管理部门责令停产停业、吊销许可证件等处罚，或者平台交易的产品被食品药品监督管理部门暂停销售或者停止销售的，应当立即停止提供相关网络交易服务。

第二十四条　医疗器械网络交易服务第三方平台提供者应当在网站醒目位置及时发布产品质量安全隐患等相关信息。

第四章　监督检查

第二十五条　食品药品监督管理部门依照法律、法规、规章的规定,依职权对从事医疗器械网络销售的企业和医疗器械网络交易服务第三方平台实施监督检查和抽样检验。

第二十六条　对从事医疗器械网络销售的企业违法行为的查处,由其所在地县级以上地方食品药品监督管理部门管辖。

未经许可或者备案从事医疗器械网络销售,能确定违法销售企业地址的,由违法销售企业所在地县级以上地方食品药品监督管理部门管辖;不能确定违法销售企业所在地的,由违法行为发生地或者违法行为结果地的县级以上地方食品药品监督管理部门管辖。通过医疗器械网络交易服务第三方平台销售的,由医疗器械网络交易服务第三方平台提供者所在地省级食品药品监督管理部门管辖;经调查后能够确定管辖地的,及时移送有管辖权的食品药品监督管理部门。

对医疗器械网络交易服务第三方平台提供者违法行为的查处,由其所在地省级食品药品监督管理部门管辖。

网络销售的医疗器械发生重大质量事故或者造成其他严重危害后果的,可以由违法企业所在地、违法行为发生地或者违法行为结果地省级食品药品监督管理部门管辖;后果特别严重的,省级食品药品监督管理部门可以报请国家食品药品监督管理总局协调或者组织直接查处。

对发生医疗器械网络销售违法行为的网站,由省级食品药品监督管理部门通报同级通信主管部门。

第二十七条　国家食品药品监督管理总局组织建立国家医疗器械网络交易监测平台,开展全国医疗器械网络销售和网络交易监测与处置,监测情况定期通报省级食品药品监督管理部门。对监测发现的涉嫌违法违规信息,及时转送相关省级食品药品监督管理部门。省级食品药品监督管理部门应当及时组织处理。

第二十八条　省级食品药品监督管理部门自行建立的医疗器械网络销售监测平台,应当与国家医疗器械网络交易监测平台实现数据对接。

第二十九条　食品药品监督管理部门开展医疗器械网络销售日常监督管理,或者对涉嫌违法违规的医疗器械网络销售行为进行查处时,有权采取下列措施:

(一)进入企业医疗器械经营场所、办公场所和服务器所在地等实施现场检查;

(二)对网络销售的医疗器械进行抽样检验;

(三)询问有关人员,调查企业从事医疗器械网络销售行为的相关情况;

(四)查阅、复制企业的交易数据、合同、票据、账簿以及其他相关资料;

(五)调取网络销售的技术监测、记录资料;

(六)依法查封扣押数据存储介质等;

(七)法律、法规规定可以采取的其他措施。

第三十条　对网络销售医疗器械的抽样检验,按照医疗器械质量监督抽查检验相关管理规定实施。

检验结果不符合医疗器械质量安全标准的,食品药品监督管理部门收到检验报告后,应当及时对相关生产经营企业开展监督检查,采取控制措施,及时发布质量公告,对违法行为依法查处。

第三十一条　食品药品监督管理部门对医疗器械网络销售的技术监测记录、信息追溯资料等,可以作为认定医疗器械网络销售违法事实的依据。

第三十二条　从事医疗器械网络销售的企业实际情况与备案信息不符且无法取得联系的,经所在地设区的市级食品药品监督管理部门公示后,依法注销其《医疗器械经营许可证》或者在第二类医疗器械经营备案信息中予以标注,并向社会公告。相关网站由省级食品药品监督管理部门通报同级通信主管部门。

医疗器械网络交易服务第三方平台提供者实际情况与备案信息不符且无法取得联系的,经原备案所在地省级食品药品监督管理部门公示后,在其备案信息中予以标注,向社会公告;备案时提供虚假资料的,由省级食品药品监督管理部门向社会公告备案单位。其网站由省级食品药品监督管理部门通报同级通信主管部门。

第三十三条　食品药品监督管理部门在检查中发现从事医疗器械网络销售的企业或者医疗器械网络交易服务第三方平台未按规定建立并执行相关质量管理制度,且存在医疗器械质量安全隐患的,食品药品监督管理部门可以责令其暂停网络销售或者暂停提供相关网络交易服务。

恢复网络销售或者恢复提供相关网络交易服务的,从事医疗器械网络销售的企业或者医疗器械网络交易服务第三方平台提供者应当向原作出处理决定的食品药品监督管理部门提出申请,经食品药品监督管理部门检查通过后方可恢复。

第三十四条　从事医疗器械网络销售的企业、医疗器械网络交易服务第三方平台提供者，有下列情形之一的，食品药品监督管理部门可以依职责对其法定代表人或者主要负责人进行约谈：

（一）发生医疗器械质量安全问题，可能引发医疗器械质量安全风险的；

（二）未及时妥善处理投诉举报的医疗器械质量问题，可能存在医疗器械质量安全隐患的；

（三）未及时采取有效措施排查、消除医疗器械质量安全隐患，未落实医疗器械质量安全责任的；

（四）需要进行约谈的其他情形。

约谈不影响食品药品监督管理部门依法对其进行行政处理，约谈情况及后续处理情况可以向社会公开。

被约谈企业无正当理由未按照要求落实整改的，省级食品药品监督管理部门、所在地设区的市级食品药品监督管理部门应当依职责增加监督检查频次。

第三十五条　有下列情形之一的，食品药品监督管理部门可以将从事医疗器械网络销售的企业、医疗器械网络交易服务第三方平台提供者及其法定代表人或者主要负责人列入失信企业和失信人员名单，并向社会公开：

（一）拒不执行暂停网络销售或者暂停提供相关网络交易服务决定的；

（二）企业被约谈后拒不按照要求整改的。

第三十六条　县级以上地方食品药品监督管理部门应当定期汇总分析本行政区域医疗器械网络销售监督管理情况，报告上一级食品药品监督管理部门，并依法向社会公开。

省级食品药品监督管理部门应当每年汇总分析医疗器械网络销售和网络交易服务第三方平台监督管理情况，报告国家食品药品监督管理总局，并依法向社会公开。

第五章　法律责任

第三十七条　从事医疗器械网络销售的企业、医疗器械网络交易服务第三方平台提供者违反法律法规有关规定从事销售或者交易服务，法律法规已有规定的，从其规定。构成犯罪的，移送公安机关处理。

第三十八条　违反本办法规定，未取得医疗器械经营许可从事网络第三类医疗器械销售的，依照《医疗器械监督管理条例》第六十三条的规定予以处罚；未取得第二类医疗器械经营备案凭证从事网络第二类医疗器械销售的，依照《医疗器械监督管理条例》第六十五条的规定予以处罚。

第三十九条　从事医疗器械网络销售的企业未按照本办法规定备案的，由县级以上地方食品药品监督管理部门责令限期改正，给予警告；拒不改正的，向社会公告，处1万元以下罚款。

第四十条　有下列情形之一的，由县级以上地方食品药品监督管理部门责令改正，给予警告；拒不改正的，处5000元以上1万元以下罚款：

（一）从事医疗器械网络销售的企业未按照本办法要求展示医疗器械生产经营许可证或者备案凭证、医疗器械注册证或者备案凭证的；

（二）医疗器械网络交易服务第三方平台提供者未按照本办法要求展示医疗器械网络交易服务第三方平台备案凭证编号的。

第四十一条　有下列情形之一的，由县级以上地方食品药品监督管理部门责令改正，给予警告；拒不改正的，处5000元以上2万元以下罚款：

（一）从事医疗器械网络销售的企业备案信息发生变化，未按规定变更的；

（二）从事医疗器械网络销售的企业未按规定建立并执行质量管理制度的；

（三）医疗器械网络交易服务第三方平台提供者备案事项发生变化未按规定办理变更的；

（四）医疗器械网络交易服务第三方平台提供者未按规定要求设置与其规模相适应的质量安全管理机构或者配备质量安全管理人员的；

（五）医疗器械网络交易服务第三方平台提供者未按规定建立并执行质量管理制度的。

第四十二条　医疗器械网络交易服务第三方平台提供者未按本办法规定备案的，由省级食品药品监督管理部门责令限期改正；拒不改正的，向社会公告，处3万元以下罚款。

第四十三条　有下列情形之一的，由县级以上地方食品药品监督管理部门责令改正，给予警告；拒不改正的，处1万元以上3万元以下罚款：

（一）从事医疗器械网络销售的企业、医疗器械网络交易服务第三方平台条件发生变化，不再满足规定要求的；

（二）从事医疗器械网络销售的企业、医疗器械网络交易服务第三方平台提供者不配合食品药品监督管理部门的监督检查，或者拒绝、隐瞒、不如实提供相关材料和数据的。

第四十四条　有下列情形之一的，由县级以上地方食品药品监督管理部门责令改正，处1万元以上3万元以下罚款：

（一）从事医疗器械网络销售的企业超出经营范围销售的；

（二）医疗器械批发企业销售给不具有资质的经营企业、使用单位的。

医疗器械零售企业将非消费者自行使用的医疗器械销售给消费者个人的，依照前款第一项规定予以处罚。

第四十五条　从事医疗器械网络销售的企业未按照医疗器械说明书和标签标示要求运输、贮存医疗器械的，依照《医疗器械监督管理条例》第六十七条的规定予以处罚。

第四十六条　负责监管医疗器械网络销售的食品药品监督管理部门工作人员不履行职责或者滥用职权、玩忽职守、徇私舞弊的，依法追究行政责任；构成犯罪的，移送司法机关追究刑事责任。

第四十七条　医疗器械网络交易服务第三方平台提供者提供的医疗器械产品或者服务造成他人人身、财产损失的，根据相关法律法规的规定承担民事责任。

第六章　附　　则

第四十八条　医疗器械网络交易服务第三方平台备案凭证的格式由国家食品药品监督管理总局统一制定。

医疗器械网络交易服务第三方平台备案凭证由省级食品药品监督管理部门印制。

医疗器械网络交易服务第三方平台备案凭证编号的编排方式为：（×）网械平台备字〔××××〕第×××××号。其中：

第一位×代表备案部门所在地省、自治区、直辖市的简称；

第二到五位×代表4位数备案年份；

第六到十位×代表5位数备案流水号。

第四十九条　医疗器械网络信息服务按照《互联网药品信息服务管理办法》执行。

第五十条　本办法自2018年3月1日起施行。

医疗器械不良事件监测和再评价管理办法

1. 2018年8月13日国家市场监督管理总局令第1号公布
2. 自2019年1月1日起施行

第一章　总　　则

第一条　为加强医疗器械不良事件监测和再评价，及时、有效控制医疗器械上市后风险，保障人体健康和生命安全，根据《医疗器械监督管理条例》，制定本办法。

第二条　在中华人民共和国境内开展医疗器械不良事件监测、再评价及其监督管理，适用本办法。

第三条　医疗器械上市许可持有人（以下简称持有人），应当具有保证医疗器械安全有效的质量管理能力和相应责任能力，建立医疗器械不良事件监测体系，向医疗器械不良事件监测技术机构（以下简称监测机构）直接报告医疗器械不良事件。由持有人授权销售的经营企业、医疗器械使用单位应当向持有人和监测机构报告医疗器械不良事件。

持有人应当对发现的不良事件进行评价，根据评价结果完善产品质量，并向监测机构报告评价结果和完善质量的措施；需要原注册机关审批的，应当按规定提交申请。

境外持有人指定的代理人应当承担境内销售的进口医疗器械的不良事件监测工作，配合境外持有人履行再评价义务。

第四条　本办法下列用语的含义：

（一）医疗器械上市许可持有人，是指医疗器械注册证书和医疗器械备案凭证的持有人，即医疗器械注册人和备案人。

（二）医疗器械不良事件，是指已上市的医疗器械，在正常使用情况下发生的，导致或者可能导致人体伤害的各种有害事件。

（三）严重伤害，是指有下列情况之一者：

1. 危及生命；

2. 导致机体功能的永久性伤害或者机体结构的永久性损伤；

3. 必须采取医疗措施才能避免上述永久性伤害或者损伤。

（四）群体医疗器械不良事件，是指同一医疗器械在使用过程中，在相对集中的时间、区域内发生，对一定数量人群的身体健康或者生命安全造成损害或者威胁的事件。

（五）医疗器械不良事件监测，是指对医疗器械不良事件的收集、报告、调查、分析、评价和控制的过程。

（六）医疗器械重点监测，是指为研究某一品种或者产品上市后风险情况、特征、严重程度、发生率等，主动开展的阶段性监测活动。

（七）医疗器械再评价，是指对已注册或者备案、上市销售的医疗器械的安全性、有效性进行重新评价，并采取相应措施的过程。

第五条　国家药品监督管理局建立国家医疗器械不良事件监测信息系统，加强医疗器械不良事件监测信息网络和数据库建设。

国家药品监督管理局指定的监测机构（以下简称国家监测机构）负责对收集到的医疗器械不良事件信息进行统一管理，并向相关监测机构、持有人、经营企业或者使用单位反馈医疗器械不良事件监测相关信息。

与产品使用风险相关的监测信息应当向卫生行政部门通报。

第六条　省、自治区、直辖市药品监督管理部门应当建立医疗器械不良事件监测体系，完善相关制度，配备相应监测机构和人员，开展医疗器械不良事件监测工作。

第七条　任何单位和个人发现医疗器械不良事件，有权向负责药品监督管理的部门（以下简称药品监督管理部门）或者监测机构报告。

第二章　职责与义务

第八条　国家药品监督管理局负责全国医疗器械不良事件监测和再评价的监督管理工作，会同国务院卫生行政部门组织开展全国范围内影响较大并造成严重伤害或者死亡以及其他严重后果的群体医疗器械不良事件的调查和处理，依法采取紧急控制措施。

第九条　省、自治区、直辖市药品监督管理部门负责本行政区域内医疗器械不良事件监测和再评价的监督管理工作，会同同级卫生行政部门和相关部门组织开展本行政区域内发生的群体医疗器械不良事件的调查和处理，依法采取紧急控制措施。

设区的市级和县级药品监督管理部门负责本行政区域内医疗器械不良事件监测相关工作。

第十条　上级药品监督管理部门指导和监督下级药品监督管理部门开展医疗器械不良事件监测和再评价的监督管理工作。

第十一条　国务院卫生行政部门和地方各级卫生行政部门负责医疗器械使用单位中与医疗器械不良事件监测相关的监督管理工作，督促医疗器械使用单位开展医疗器械不良事件监测相关工作并组织检查，加强医疗器械不良事件监测工作的考核，在职责范围内依法对医疗器械不良事件采取相关控制措施。

上级卫生行政部门指导和监督下级卫生行政部门开展医疗器械不良事件监测相关的监督管理工作。

第十二条　国家监测机构负责接收持有人、经营企业及使用单位等报告的医疗器械不良事件信息，承担全国医疗器械不良事件监测和再评价的相关技术工作；负责全国医疗器械不良事件监测信息网络及数据库的建设、维护和信息管理，组织制定技术规范和指导原则，组织开展国家药品监督管理局批准注册的医疗器械不良事件相关信息的调查、评价和反馈，对市级以上地方药品监督管理部门批准注册或者备案的医疗器械不良事件信息进行汇总、分析和指导，开展全国范围内影响较大并造成严重伤害或者死亡以及其他严重后果的群体医疗器械不良事件的调查和评价。

第十三条　省、自治区、直辖市药品监督管理部门指定的监测机构（以下简称省级监测机构）组织开展本行政区域内医疗器械不良事件监测和再评价相关技术工作；承担本行政区域内注册或者备案的医疗器械不良事件的调查、评价和反馈，对本行政区域内发生的群体医疗器械不良事件进行调查和评价。

设区的市级和县级监测机构协助开展本行政区域内医疗器械不良事件监测相关技术工作。

第十四条　持有人应当对其上市的医疗器械进行持续研究，评估风险情况，承担医疗器械不良事件监测的责任，根据分析评价结果采取有效控制措施，并履行下列主要义务：

（一）建立包括医疗器械不良事件监测和再评价工作制度的医疗器械质量管理体系；

（二）配备与其产品相适应的机构和人员从事医疗器械不良事件监测相关工作；

（三）主动收集并按照本办法规定的时限要求及时向监测机构如实报告医疗器械不良事件；

（四）对发生的医疗器械不良事件及时开展调查、分析、评价，采取措施控制风险，及时发布风险信息；

（五）对上市医疗器械安全性进行持续研究，按要求撰写定期风险评价报告；

（六）主动开展医疗器械再评价；

（七）配合药品监督管理部门和监测机构组织开展的不良事件调查。

第十五条　境外持有人除应当履行本办法第十四条规定的义务外，还应当与其指定的代理人之间建立信息传递机制，及时互通医疗器械不良事件监测和再评价相关信息。

第十六条　医疗器械经营企业、使用单位应当履行下列主要义务：

（一）建立本单位医疗器械不良事件监测工作制度，医疗机构还应当将医疗器械不良事件监测纳入医疗机构质量安全管理重点工作；

（二）配备与其经营或者使用规模相适应的机构

或者人员从事医疗器械不良事件监测相关工作；

（三）收集医疗器械不良事件，及时向持有人报告，并按照要求向监测机构报告；

（四）配合持有人对医疗器械不良事件的调查、评价和医疗器械再评价工作；

（五）配合药品监督管理部门和监测机构组织开展的不良事件调查。

第三章　报告与评价

第一节　基本要求

第十七条　报告医疗器械不良事件应当遵循可疑即报的原则，即怀疑某事件为医疗器械不良事件时，均可以作为医疗器械不良事件进行报告。

报告内容应当真实、完整、准确。

第十八条　导致或者可能导致严重伤害或者死亡的可疑医疗器械不良事件应当报告；创新医疗器械在首个注册周期内，应当报告该产品的所有医疗器械不良事件。

第十九条　持有人、经营企业和二级以上医疗机构应当注册为国家医疗器械不良事件监测信息系统用户，主动维护其用户信息，报告医疗器械不良事件。持有人应当持续跟踪和处理监测信息；产品注册信息发生变化的，应当在系统中立即更新。

鼓励其他使用单位注册为国家医疗器械不良事件监测信息系统用户，报告不良事件相关信息。

第二十条　持有人应当公布电话、通讯地址、邮箱、传真等联系方式，指定联系人，主动收集来自医疗器械经营企业、使用单位、使用者等的不良事件信息；对发现或者获知的可疑医疗器械不良事件，持有人应当直接通过国家医疗器械不良事件监测信息系统进行医疗器械不良事件报告与评价，并上报群体医疗器械不良事件调查报告以及定期风险评价报告等。

医疗器械经营企业、使用单位发现或者获知可疑医疗器械不良事件的，应当及时告知持有人，并通过国家医疗器械不良事件监测信息系统报告。暂不具备在线报告条件的，应当通过纸质报表向所在地县级以上监测机构报告，由监测机构代为在线报告。

各级监测机构应当公布电话、通讯地址等联系方式。

第二十一条　持有人应当对收集和获知的医疗器械不良事件监测信息进行分析、评价，主动开展医疗器械安全性研究。对附条件批准的医疗器械，持有人还应当按照风险管控计划开展相关工作。

第二十二条　持有人、经营企业、使用单位应当建立并保存医疗器械不良事件监测记录。记录应当保存至医疗器械有效期后2年；无有效期的，保存期限不得少于5年。植入性医疗器械的监测记录应当永久保存，医疗机构应当按照病例相关规定保存。

第二十三条　省级监测机构应当对本行政区域内注册或者备案的医疗器械的不良事件报告进行综合分析，对发现的风险提出监管措施建议，于每季度结束后30日内报所在地省、自治区、直辖市药品监督管理部门和国家监测机构。

国家监测机构应当对国家药品监督管理局批准注册或者备案的医疗器械的不良事件报告和各省、自治区、直辖市药品监督管理部门的季度报告进行综合分析，必要时向国家药品监督管理局提出监管措施建议。

第二十四条　省级监测机构应当按年度对本行政区域内注册或者备案的医疗器械的不良事件监测情况进行汇总分析，形成年度汇总报告，于每年3月15日前报所在地省、自治区、直辖市药品监督管理部门和国家监测机构。

国家监测机构应当对全国医疗器械不良事件年度监测情况进行汇总分析，形成年度报告，于每年3月底前报国家药品监督管理局。

省级以上药品监督管理部门应当将年度报告情况通报同级卫生行政部门。

第二节　个例医疗器械不良事件

第二十五条　持有人发现或者获知可疑医疗器械不良事件的，应当立即调查原因，导致死亡的应当在7日内报告；导致严重伤害、可能导致严重伤害或者死亡的应当在20日内报告。

医疗器械经营企业、使用单位发现或者获知可疑医疗器械不良事件的，应当及时告知持有人。其中，导致死亡的还应当在7日内，导致严重伤害、可能导致严重伤害或者死亡的在20日内，通过国家医疗器械不良事件监测信息系统报告。

第二十六条　除持有人、经营企业、使用单位以外的其他单位和个人发现导致或者可能导致严重伤害或者死亡的医疗器械不良事件的，可以向监测机构报告，也可以向持有人、经营企业或者经治的医疗机构报告，必要时提供相关的病历资料。

第二十七条　进口医疗器械的境外持有人和在境外销售国产医疗器械的持有人，应当主动收集其产品在境外发生的医疗器械不良事件。其中，导致或者可能导致严重伤害或者死亡的，境外持有人指定的代理人和国产医疗器械持有人应当自发现或者获知之日起30日内报告。

第二十八条 设区的市级监测机构应当自收到医疗器械不良事件报告之日起10日内，对报告的真实性、完整性和准确性进行审核，并实时反馈相关持有人。

第二十九条 持有人在报告医疗器械不良事件后或者通过国家医疗器械不良事件监测信息系统获知相关医疗器械不良事件后，应当按要求开展后续调查、分析和评价，导致死亡的事件应当在30日内，导致严重伤害、可能导致严重伤害或者死亡的事件应当在45日内向持有人所在地省级监测机构报告评价结果。对于事件情况和评价结果有新的发现或者认知的，应当补充报告。

第三十条 持有人所在地省级监测机构应当在收到持有人评价结果10日内完成对评价结果的审核，必要时可以委托或者会同不良事件发生地省级监测机构对导致或者可能导致严重伤害或者死亡的不良事件开展现场调查。其中，对于国家药品监督管理局批准注册的医疗器械，国家监测机构还应当对省级监测机构作出的评价审核结果进行复核，必要时可以组织对导致死亡的不良事件开展调查。

审核和复核结果应当反馈持有人。对持有人的评价结果存在异议的，可以要求持有人重新开展评价。

第三节 群体医疗器械不良事件

第三十一条 持有人、经营企业、使用单位发现或者获知群体医疗器械不良事件后，应当在12小时内通过电话或者传真等方式报告不良事件发生地省、自治区、直辖市药品监督管理部门和卫生行政部门，必要时可以越级报告，同时通过国家医疗器械不良事件监测信息系统报告群体医疗器械不良事件基本信息，对每一事件还应当在24小时内按个例事件报告。

不良事件发生地省、自治区、直辖市药品监督管理部门应当及时向持有人所在地省、自治区、直辖市药品监督管理部门通报相关信息。

第三十二条 持有人发现或者获知其产品的群体医疗器械不良事件后，应当立即暂停生产、销售，通知使用单位停止使用相关医疗器械，同时开展调查及生产质量管理体系自查，并于7日内向所在地及不良事件发生地省、自治区、直辖市药品监督管理部门和监测机构报告。

调查应当包括产品质量状况、伤害与产品的关联性、使用环节操作和流通过程的合规性等。自查应当包括采购、生产管理、质量控制、同型号同批次产品追踪等。

持有人应当分析事件发生的原因，及时发布风险信息，将自查情况和所采取的控制措施报所在地及不良事件发生地省、自治区、直辖市药品监督管理部门，必要时应当召回相关医疗器械。

第三十三条 医疗器械经营企业、使用单位发现或者获知群体医疗器械不良事件的，应当在12小时内告知持有人，同时迅速开展自查，并配合持有人开展调查。自查应当包括产品贮存、流通过程追溯，同型号同批次产品追踪等；使用单位自查还应当包括使用过程是否符合操作规范和产品说明书要求等。必要时，医疗器械经营企业、使用单位应当暂停医疗器械的销售、使用，并协助相关单位采取相关控制措施。

第三十四条 省、自治区、直辖市药品监督管理部门在获知本行政区域内发生的群体医疗器械不良事件后，应当会同同级卫生行政部门及时开展现场调查，相关省、自治区、直辖市药品监督管理部门应当配合。调查、评价和处理结果应当及时报国家药品监督管理局和国务院卫生行政部门，抄送持有人所在地省、自治区、直辖市药品监督管理部门。

第三十五条 对全国范围内影响较大并造成严重伤害或者死亡以及其他严重后果的群体医疗器械不良事件，国家药品监督管理局应当会同国务院卫生行政部门组织调查和处理。国家监测机构负责现场调查，相关省、自治区、直辖市药品监督管理部门、卫生行政部门应当配合。

调查内容应当包括医疗器械不良事件发生情况、医疗器械使用情况、患者诊治情况、既往类似不良事件、产品生产过程、产品贮存流通情况以及同型号同批次产品追踪等。

第三十六条 国家监测机构和相关省、自治区、直辖市药品监督管理部门、卫生行政部门应当在调查结束后5日内，根据调查情况对产品风险进行技术评价并提出控制措施建议，形成调查报告报国家药品监督管理局和国务院卫生行政部门。

第三十七条 持有人所在地省、自治区、直辖市药品监督管理部门可以对群体不良事件涉及的持有人开展现场检查。必要时，国家药品监督管理局可以对群体不良事件涉及的境外持有人开展现场检查。

现场检查应当包括生产质量管理体系运行情况、产品质量状况、生产过程、同型号同批次产品追踪等。

第四节 定期风险评价报告

第三十八条 持有人应当对上市医疗器械安全性进行持

续研究，对产品的不良事件报告、监测资料和国内外风险信息进行汇总、分析，评价该产品的风险与受益，记录采取的风险控制措施，撰写上市后定期风险评价报告。

第三十九条　持有人应当自产品首次批准注册或者备案之日起，每满一年后的60日内完成上年度产品上市后定期风险评价报告。其中，经国家药品监督管理局注册的，应当提交至国家监测机构；经省、自治区、直辖市药品监督管理部门注册的，应当提交至所在地省级监测机构。第一类医疗器械的定期风险评价报告由持有人留存备查。

获得延续注册的医疗器械，应当在下一次延续注册申请时完成本注册周期的定期风险评价报告，并由持有人留存备查。

第四十条　省级以上监测机构应当组织对收到的医疗器械产品上市后定期风险评价报告进行审核。必要时，应当将审核意见反馈持有人。

第四十一条　省级监测机构应当对收到的上市后定期风险评价报告进行综合分析，于每年5月1日前将上一年度上市后定期风险评价报告统计情况和分析评价结果报国家监测机构和所在地省、自治区、直辖市药品监督管理部门。

国家监测机构应当对收到的上市后定期风险评价报告和省级监测机构提交的报告统计情况及分析评价结果进行综合分析，于每年7月1日前将上一年度上市后定期风险评价报告统计情况和分析评价结果报国家药品监督管理局。

第四章　重点监测

第四十二条　省级以上药品监督管理部门可以组织开展医疗器械重点监测，强化医疗器械产品上市后风险研究。

第四十三条　国家药品监督管理局会同国务院卫生行政部门确定医疗器械重点监测品种，组织制定重点监测工作方案，并监督实施。

国家医疗器械重点监测品种应当根据医疗器械注册、不良事件监测、监督检查、检验等情况，结合产品风险程度和使用情况确定。

国家监测机构组织实施医疗器械重点监测工作，并完成相关技术报告。药品监督管理部门可根据监测中发现的风险采取必要的管理措施。

第四十四条　省、自治区、直辖市药品监督管理部门可以根据本行政区域内医疗器械监管工作需要，参照本办法第四十三条规定，对本行政区内注册的第二类和备案的第一类医疗器械开展省级医疗器械重点监测工作。

第四十五条　医疗器械重点监测品种涉及的持有人应当按照医疗器械重点监测工作方案的要求开展工作，主动收集其产品的不良事件报告等相关风险信息，撰写风险评价报告，并按要求报送至重点监测工作组织部门。

第四十六条　省级以上药品监督管理部门可以指定具备一定条件的单位作为监测哨点，主动收集重点监测数据。监测哨点应当提供医疗器械重点监测品种的使用情况，主动收集、报告不良事件监测信息，组织或者推荐相关专家开展或者配合监测机构开展与风险评价相关的科学研究工作。

第四十七条　创新医疗器械持有人应当加强对创新医疗器械的主动监测，制定产品监测计划，主动收集相关不良事件报告和产品投诉信息，并开展调查、分析、评价。

创新医疗器械持有人应当在首个注册周期内，每半年向国家监测机构提交产品不良事件监测分析评价汇总报告。国家监测机构发现医疗器械可能存在严重缺陷的信息，应当及时报国家药品监督管理局。

第五章　风险控制

第四十八条　持有人通过医疗器械不良事件监测，发现存在可能危及人体健康和生命安全的不合理风险的医疗器械，应当根据情况采取以下风险控制措施，并报告所在地省、自治区、直辖市药品监督管理部门：

（一）停止生产、销售相关产品；

（二）通知医疗器械经营企业、使用单位暂停销售和使用；

（三）实施产品召回；

（四）发布风险信息；

（五）对生产质量管理体系进行自查，并对相关问题进行整改；

（六）修改说明书、标签、操作手册等；

（七）改进生产工艺、设计、产品技术要求等；

（八）开展医疗器械再评价；

（九）按规定进行变更注册或者备案；

（十）其他需要采取的风险控制措施。

与用械安全相关的风险及处置情况，持有人应当及时向社会公布。

第四十九条　药品监督管理部门认为持有人采取的控制措施不足以有效防范风险的，可以采取发布警示信息、暂停生产销售和使用、责令召回、要求其修改说明书和标签、组织开展再评价等措施，并组织对持有人开展监督检查。

第五十条 对发生群体医疗器械不良事件的医疗器械，省级以上药品监督管理部门可以根据风险情况，采取暂停生产、销售、使用等控制措施，组织对持有人开展监督检查，并及时向社会发布警示和处置信息。在技术评价结论得出后，省级以上药品监督管理部门应当根据相关法规要求，采取进一步监管措施，并加强对同类医疗器械的不良事件监测。

同级卫生行政部门应当在本行政区域内暂停医疗机构使用相关医疗器械，采取措施积极组织救治患者。相关持有人应当予以配合。

第五十一条 省级以上监测机构在医疗器械不良事件报告评价和审核、不良事件报告季度和年度汇总分析、群体不良事件评价、重点监测、定期风险评价报告等过程中，发现医疗器械存在不合理风险的，应当提出风险管理意见，及时反馈持有人并报告相应的药品监督管理部门。省级监测机构还应当向国家监测机构报告。

持有人应当根据收到的风险管理意见制定并实施相应的风险控制措施。

第五十二条 各级药品监督管理部门和卫生行政部门必要时可以将医疗器械不良事件所涉及的产品委托具有相应资质的医疗器械检验机构进行检验。医疗器械检验机构应当及时开展相关检验，并出具检验报告。

第五十三条 进口医疗器械在境外发生医疗器械不良事件，或者国产医疗器械在境外发生医疗器械不良事件，被采取控制措施的，境外持有人指定的代理人或者国产医疗器械持有人应当在获知后 24 小时内，将境外医疗器械不良事件情况、控制措施情况和在境内拟采取的控制措施报国家药品监督管理局和国家监测机构，抄送所在地省、自治区、直辖市药品监督管理部门，及时报告后续处置情况。

第五十四条 可疑医疗器械不良事件由医疗器械产品质量原因造成的，由药品监督管理部门按照医疗器械相关法规予以处置；由医疗器械使用行为造成的，由卫生行政部门予以处置。

第六章 再 评 价

第五十五条 有下列情形之一的，持有人应当主动开展再评价，并依据再评价结论，采取相应措施：

（一）根据科学研究的发展，对医疗器械的安全、有效有认识上改变的；

（二）医疗器械不良事件监测、评估结果表明医疗器械可能存在缺陷的；

（三）国家药品监督管理局规定应当开展再评价的其他情形。

第五十六条 持有人开展医疗器械再评价，应当根据产品上市后获知和掌握的产品安全有效信息、临床数据和使用经验等，对原医疗器械注册资料中的综述资料、研究资料、临床评价资料、产品风险分析资料、产品技术要求、说明书、标签等技术数据和内容进行重新评价。

第五十七条 再评价报告应当包括产品风险受益评估、社会经济效益评估、技术进展评估、拟采取的措施建议等。

第五十八条 持有人主动开展医疗器械再评价的，应当制定再评价工作方案。通过再评价确定需要采取控制措施的，应当在再评价结论形成后 15 日内，提交再评价报告。其中，国家药品监督管理局批准注册或者备案的医疗器械，持有人应当向国家监测机构提交；其他医疗器械的持有人应当向所在地省级监测机构提交。

持有人未按规定履行医疗器械再评价义务的，省级以上药品监督管理部门应当责令持有人开展再评价。必要时，省级以上药品监督管理部门可以直接组织开展再评价。

第五十九条 省级以上药品监督管理部门责令开展再评价的，持有人应当在再评价实施前和再评价结束后 30 日内向相应药品监督管理部门及监测机构提交再评价方案和再评价报告。

再评价实施期限超过 1 年的，持有人应当每年报告年度进展情况。

第六十条 监测机构对收到的持有人再评价报告进行审核，并将审核意见报相应的药品监督管理部门。

药品监督管理部门对持有人开展的再评价结论有异议的，持有人应当按照药品监督管理部门的要求重新确认再评价结果或者重新开展再评价。

第六十一条 药品监督管理部门组织开展医疗器械再评价的，由指定的监测机构制定再评价方案，经组织开展再评价的药品监督管理部门批准后组织实施，形成再评价报告后向相应药品监督管理部门报告。

第六十二条 再评价结果表明已注册或者备案的医疗器械存在危及人身安全的缺陷，且无法通过技术改进、修改说明书和标签等措施消除或者控制风险，或者风险获益比不可接受的，持有人应当主动申请注销医疗器械注册证或者取消产品备案；持有人未申请注销医疗器械注册证或者取消备案的，由原发证部门注销医疗器械注册证或者取消备案。药品监督管理部门应当将注销医疗器械注册证或者取消备案的相关信息及时向社会公布。

国家药品监督管理局根据再评价结论，可以对医疗器械品种作出淘汰的决定。被淘汰的产品，其医疗器械注册证或者产品备案由原发证部门予以注销或者取消。

被注销医疗器械注册证或者被取消备案的医疗器械不得生产、进口、经营和使用。

第七章　监督管理

第六十三条　药品监督管理部门应当依据职责对持有人和经营企业开展医疗器械不良事件监测和再评价工作情况进行监督检查，会同同级卫生行政部门对医疗器械使用单位开展医疗器械不良事件监测情况进行监督检查。

第六十四条　省、自治区、直辖市药品监督管理部门应当制定本行政区域的医疗器械不良事件监测监督检查计划，确定检查重点，并监督实施。

第六十五条　省、自治区、直辖市药品监督管理部门应当加强对本行政区域内从事医疗器械不良事件监测和再评价工作人员的培训和考核。

第六十六条　药品监督管理部门应当按照法规、规章、规范的要求，对持有人不良事件监测制度建设和工作开展情况实施监督检查。必要时，可以对受持有人委托开展相关工作的企业开展延伸检查。

第六十七条　有下列情形之一的，药品监督管理部门应当对持有人开展重点检查：

（一）未主动收集并按照时限要求报告医疗器械不良事件的；

（二）持有人上报导致或可能导致严重伤害或者死亡不良事件的报告数量与医疗机构的报告数量差距较大，提示其主体责任未落实到位的；

（三）瞒报、漏报、虚假报告的；

（四）不配合药品监督管理部门开展的医疗器械不良事件相关调查和采取的控制措施的；

（五）未按照要求通过不良事件监测收集产品安全性信息，或者未按照要求开展上市后研究、再评价，无法保证产品安全有效的。

第六十八条　持有人未按照要求建立不良事件监测制度、开展不良事件监测和再评价相关工作、未按照本办法第四十八条规定及时采取有效风险控制措施、不配合药品监督管理部门开展的医疗器械不良事件相关调查和采取的控制措施的，药品监督管理部门可以要求其停产整改，必要时采取停止产品销售的控制措施。

需要恢复生产、销售的，持有人应当向作出处理决定的药品监督管理部门提出申请，药品监督管理部门现场检查通过后，作出恢复生产、销售的决定。

持有人提出恢复生产、销售申请前，可以聘请具备相应资质的独立第三方专业机构进行检查确认。

第六十九条　省级以上药品监督管理部门统一发布下列医疗器械不良事件监测信息：

（一）群体医疗器械不良事件相关信息；

（二）医疗器械不良事件监测警示信息；

（三）需要定期发布的医疗器械不良事件监测信息；

（四）认为需要统一发布的其他医疗器械不良事件监测信息。

第八章　法律责任

第七十条　持有人有下列情形之一的，依照《医疗器械监督管理条例》第六十八条的规定，由县级以上药品监督管理部门责令改正，给予警告；拒不改正的，处5000元以上2万元以下罚款；情节严重的，责令停产停业，直至由发证部门吊销相关证明文件：

（一）未主动收集并按照时限要求报告医疗器械不良事件的；

（二）瞒报、漏报、虚假报告的；

（三）未按照时限要求报告评价结果或者提交群体医疗器械不良事件调查报告的；

（四）不配合药品监督管理部门和监测机构开展的医疗器械不良事件相关调查和采取的控制措施的。

第七十一条　医疗器械经营企业、使用单位有下列情形之一的，依照《医疗器械监督管理条例》第六十八条的规定，由县级以上药品监督管理部门和卫生行政部门依据各自职责责令改正，给予警告；拒不改正的，处5000元以上2万元以下罚款；情节严重的，责令停产停业，直至由发证部门吊销相关证明文件：

（一）未主动收集并按照时限要求报告医疗器械不良事件的；

（二）瞒报、漏报、虚假报告的；

（三）不配合药品监督管理部门和监测机构开展的医疗器械不良事件相关调查和采取的控制措施的。

第七十二条　持有人未按照要求开展再评价、隐匿再评价结果、应当提出注销申请而未提出的，由省级以上药品监督管理部门责令改正，给予警告，可以并处1万元以上3万元以下罚款。

第七十三条　持有人有下列情形之一的，由县级以上药品监督管理部门责令改正，给予警告；拒不改正的，处5000元以上2万元以下罚款：

（一）未按照规定建立医疗器械不良事件监测和再评价工作制度的；

（二）未按照要求配备与其产品相适应的机构和人员从事医疗器械不良事件监测相关工作的；

（三）未保存不良事件监测记录或者保存年限不足的；

（四）应当注册而未注册为医疗器械不良事件监测信息系统用户的；

（五）未主动维护用户信息，或者未持续跟踪和处理监测信息的；

（六）未根据不良事件情况采取相应控制措施并向社会公布的；

（七）未按照要求撰写、提交或者留存上市后定期风险评价报告的；

（八）未按照要求报告境外医疗器械不良事件和境外控制措施的；

（九）未按照要求提交创新医疗器械产品分析评价汇总报告的；

（十）未公布联系方式、主动收集不良事件信息的；

（十一）未按照要求开展医疗器械重点监测的；

（十二）其他违反本办法规定的。

第七十四条　医疗器械经营企业、使用单位有下列情形之一的，由县级以上药品监督管理部门和卫生行政部门依据各自职责责令改正，给予警告；拒不改正的，处5000元以上2万元以下罚款：

（一）未按照要求建立医疗器械不良事件监测工作制度的；

（二）未按照要求配备与其经营或者使用规模相适应的机构或者人员从事医疗器械不良事件监测相关工作的；

（三）未保存不良事件监测记录或者保存年限不足的；

（四）应当注册而未注册为国家医疗器械不良事件监测信息系统用户的；

（五）未及时向持有人报告所收集或者获知的医疗器械不良事件的；

（六）未配合持有人对医疗器械不良事件调查和评价的；

（七）其他违反本办法规定的。

药品监督管理部门发现使用单位有前款规定行为的，应当移交同级卫生行政部门处理。

卫生行政部门对使用单位作出行政处罚决定的，应当及时通报同级药品监督管理部门。

第七十五条　持有人、经营企业、使用单位按照本办法要求报告、调查、评价、处置医疗器械不良事件，主动消除或者减轻危害后果的，对其相关违法行为，依照《中华人民共和国行政处罚法》的规定从轻或者减轻处罚。违法行为轻微并及时纠正，没有造成危害后果的，不予处罚，但不免除其依法应当承担的其他法律责任。

第七十六条　各级药品监督管理部门、卫生行政部门、监测机构及其工作人员，不按规定履行职责的，依照《医疗器械监督管理条例》第七十二条和第七十四条的规定予以处理。

第七十七条　持有人、经营企业、使用单位违反相关规定，给医疗器械使用者造成损害的，依法承担赔偿责任。

第九章　附　　则

第七十八条　医疗器械不良事件报告的内容、风险分析评价报告和统计资料等是加强医疗器械监督管理、指导合理用械的依据，不作为医疗纠纷、医疗诉讼和处理医疗器械质量事故的依据。

对于属于医疗事故或者医疗器械质量问题的，应当按照相关法规的要求另行处理。

第七十九条　本办法由国家药品监督管理局会同国务院卫生行政部门负责解释。

第八十条　本办法自2019年1月1日起施行。

医疗器械检验工作规范

1. 2019年8月30日国家药品监督管理局发布
2. 国药监科外〔2019〕41号

第一章　总　　则

第一条　为加强医疗器械检验工作，提升医疗器械检验机构（以下简称检验机构）的检验能力和管理水平，提高医疗器械检验工作质量和效率，根据《医疗器械监督管理条例》《检验检测机构资质认定管理办法》《医疗器械检验机构资质认定条件》及相关法律法规文件，制定本规范。

第二条　本规范适用于符合《医疗器械监督管理条例》《检验检测机构资质认定管理办法》《医疗器械检验机构资质认定条件》及相关法律法规规定要求开展医疗器械检验工作的检验机构。

第三条　检验机构开展检验工作应当坚持科学、独立、公正、权威的原则，对检验工作负责，并承担相应法律责任。

第四条　检验机构应当承担相应的社会责任，积极参与医疗器械安全社会共治工作。检验机构在开展常规检验工作的同时，应当优先完成政府相关部门查办医疗器械安全案件和医疗器械突发事件相关检验工作。

检验机构应当建立应急、创新及优先等医疗器械检验的绿色通道和特别程序。

第五条　检验机构应当按照国家有关法律法规规定，落实检验机构环境保护、安全控制和人员健康防护，规范危险品、废弃物、实验动物等的管理和处置，加强安全检查，制定检验事故应急处置程序，保障检验工作安全和公共安全。

第二章　机构和人员

第六条　检验机构应当建立和实施与其开展的检验工作相适应的管理体系。风险管理应当贯穿质量管理全过程，并根据风险程度，采用适当的管理措施，有效应对风险。

第七条　检验机构应当具有与其检验工作相适应的设施和场地，并对其拥有独立支配权和使用权。

第八条　检验机构应当获得正确开展实验室活动所需的设备，并对其拥有独立支配权和使用权，规范管理，建立并保持测量结果的计量溯源性。

第九条　检验机构应当确保外部提供的产品和服务的适宜性，建立和保持对检验质量有影响的产品和服务进行选择和购买的程序，制定和落实产品、服务的购买、验收、贮存的制度和标准，并保存对供应商的评价记录和合格供应商名单。

第十条　鼓励和支持检验机构有效利用信息化技术等新科技和数据共享平台，积极开展检验技术、检验设备、标准物质等创新研发工作。

第十一条　检验机构应当建立有关医疗器械的法律法规、政府主管部门公告公示、相关的技术标准等文件的信息库，关注医疗器械安全风险信息和医疗器械行业的发展动态，确保管理体系内部和外部文件的有效。

第十二条　检验机构应当建立信息公示平台，采取公开的方式，公布已获得的检验资质认定、检验能力及范围、工作流程和投诉渠道等信息，接受社会监督。

第十三条　检验机构应当配备与其检验工作相适应的人员，确保其人员的专业领域和数量与检验工作相匹配，规范人员的选择、培训、监督、授权和监控管理。

第十四条　检验机构应当加强对人员有关医疗器械法律法规、标准、规范、操作技能、质量控制要求、实验室安全与防护知识、计量溯源和数据处理知识等方面的培训考核，并建立相应的激励机制，确保其人员能力持续满足工作需求。

第十五条　检验机构人员应当能够按照规定程序开展检验活动，具有按照采用的医疗器械标准/技术文件的要求进行检验和预评价的能力，能够按规定程序判定所检测医疗器械存在的或者潜在的危害，并具有准确评估其风险的能力。

第三章　受理与样品管理

第十六条　检验机构受理样品时，应当获得开展检验工作所需的产品技术要求、技术资料、标准品/参考品及其它辅助用品等信息和物品。

第十七条　检验机构在受理检验申请或者样品检验过程中，发现检验用样品存在虚假等不真实情况的，应当不予受理或者终止检验，并及时报告相关医疗器械监督管理部门。

第十八条　检验机构应当结合医疗器械样品的特点，建立和保持检验样品运输、接收、处置、保护、存储、保留、清理或者返还的管理程序，避免样品的变质、污染、丢失或者损坏。

第十九条　检验机构应当有能够清晰识别样品实物及相关文件的标识系统。适当时，标识系统应当包含一个样品或者一组样品的组成和样品的传递，样品在检验机构负责检验的期间内应当保留该标识。该标识系统应当确保样品在实物上、记录或者其他文件中不被混淆。

第二十条　检验机构应当确保可能对人体或者环境造成危害的医疗器械样品的处置过程安全可控；应当确保废弃的样品不再进入流通环节或者被使用；应当采取相应的安全措施处理废弃物，防止有害物质对人体和环境的危害。

第四章　检　　验

第二十一条　检验机构应当具有依据国家标准、行业标准、补充检验项目和检验方法、产品技术要求等开展检验工作的能力，并具备对委托方提交的产品技术要求进行预评价的能力。医疗器械检验包括注册检验、监督抽查检验、评价性检验、风险监测以及委托检验等。

第二十二条　检验机构应当建立并遵守检验方法管控程序，跟踪检验方法的变化和发展，适时对检验方法进行重新验证或者确认。

第二十三条　检验机构应当建立并保持记录管理程序，确保记录的标识、贮存、保护、检索、保留和处置符合法律和程序要求。检验机构应当确保每一项与检验工作相关活动的记录信息完整、真实、可靠。检验机构应当对与检验工作相关活动的记录归档留存，确保记录可追溯。

第二十四条 检验机构应当按照与委托方签订的合同开展相关工作，经过预评价的产品技术要求和预评价意见随检验报告一同出具给委托方。预评价意见应当至少包含产品技术要求中性能指标的完整性与适用性，检验方法的可操作性和可重复性是否与检验要求相适应，引用标准和条款的完整性、适宜性和适用性等内容。

第二类、第三类医疗器械产品因许可事项变更进行检验时，检验机构应当关注产品技术要求适用性的预评价工作。

第二十五条 检验机构在使用移动设备进行检验和抽样时，应当在适当的技术控制和有效监督下进行，确保满足检验要求。

第二十六条 检验机构承担医疗器械监督抽查检验工作时，应当严格按照监督抽查检验方案及相关工作程序规定开展检验工作。

第二十七条 承担医疗器械监督抽查检验任务的复检机构，应当依据相关法律法规和相关程序规定开展复检工作，并在医疗器械监督管理部门规定的时限内作出复检结论。如无正当理由，检验机构对复检申请或者委托不得推诿。

第二十八条 检验机构承担评价性检验、风险监测或者政府相关部门其他委托检验任务的，应当制定相应的工作程序，实施有针对性的质量控制，严格按照任务委托部门制定的计划、实施方案和指定的检验方法进行检验和提交结果，不得事先告知被抽样单位有关检验和结果等信息，不得瞒报、谎报数据结果，不得擅自对外发布或者泄露数据。

第五章　报告与记录

第二十九条 检验机构应当独立、客观地出具准确、清晰、完整、论证充分、结论明确的检验结果报告，并在报告上加盖检验机构专用章，标注资质认定标志。

第三十条 检验机构对其报告中的信息负责。检验报告应当用字规范，语言简练、准确，幅面整洁，不允许涂改。报告格式应当符合检验报告模板（见附件）的要求。

第三十一条 检验机构应当建立健全包括检验原始记录、检验报告、技术记录、质量管理记录、合同以及标准等涉及检验工作的文件管理制度，并有确保存档材料安全性、完整性的措施。档案保存期限应当符合相关法律法规要求和检验工作追溯需要。

第三十二条 检验机构应当建立电子化或者纸质化的数据控制和信息管理系统，用于收集、处理、记录、报告、存储或者检索数据，其中计算机系统的建设应当遵循国家药品监督管理局已发布的信息化标准，以便于监管信息的互联互通。

检验机构应当建立和保持保护数据完整性和安全性的程序；使用计算机系统创建、更改数据时，应当通过审计追踪功能或者替代方法满足数据可追溯性的要求；纸质数据的归档应当确保安全便于查阅。检验机构应当对计算和数据传送及时进行适当和系统的检查。

第三十三条 检验机构应当建立健全投诉处理制度，及时处理对检验结果的异议和投诉，保存有关记录。

第六章　能力验证及比对试验

第三十四条 能力验证是重要的外部质量评价活动，检验机构有责任和义务寻求并参加能力验证，应当积极参加国家监管机构组织的能力验证。

第三十五条 医疗器械检验机构比对试验是国家药品监督管理部门组织的能力验证活动，用于评价和提高检验机构的能力，加强对检验机构的监督管理。

第三十六条 国家药品监督管理部门组织制定比对试验工作规划、年度计划，组织指导比对试验技术交流与培训。

中国食品药品检定研究院（以下简称“中检院”）根据比对试验年度计划，组织制定和实施比对试验实施方案，组织开展比对试验结果的评价工作，并向国家药品监督管理部门报送比对试验总结报告；建立并保存比对试验档案；组织成立比对试验专家组；对检验机构技术能力进行综合评价。

比对试验专家组成员由医疗器械相关专业专家及统计学专家组成，负责对比对试验方案策划、结果评价和其他技术问题向中检院提出意见及建议。

第三十七条 具备比对试验项目检验资质的检验机构必须参加该项目的比对试验。

第三十八条 检验机构在接到样品后应当按照比对试验实施方案的作业指导书、标准进行检验，并在规定时间内将结果报送中检院。中检院根据比对试验实施方案进行结果判定，并组织比对试验专家对判定结果提出技术意见及建议。判定结果分为：满意、可疑和不满意三种。中检院起草比对试验总结报告报送国家药品监督管理部门。

第三十九条　结果被判定为可疑的检验机构应当进行风险分析，制定并实施改进措施，必要时进行整改；结果被判定为不满意的检验机构应当根据比对试验结果进行整改，并向中检院提交整改材料，在整改结束前不得接受该检验项目的检测。

第七章　从业道德规范与纪律

第四十条　检验机构的人员不得同时在两个以上检验机构从业。

第四十一条　检验机构及其人员从事检验工作，应当遵守国家相关法律法规的规定，遵循独立客观、公平公正、诚实信用原则，恪守职业道德，承担社会责任，确保检验数据、结果的真实、客观、准确和可追溯性。

第四十二条　检验机构及其人员应当排除、抵制来自各方面的干扰、利益诱惑和不正当的压力影响，保证检验机构以科学的方法、公正的行为、准确的数据为客户进行服务。

第四十三条　检验机构及其人员不得出具不真实数据和虚假结果的检验报告，不得有以下行为：

（一）与其所从事的检验项目委托方或者利益相关方，存在不正当利益关系；

（二）利用检验数据和结果进行检验工作之外的有偿活动；

（三）从事检验活动之外或者参与与类似的竞争性项目有关系的医疗器械生产、经营、服务活动；

（四）向委托方、利益相关方索取或者接受不正当利益；

（五）泄露检验活动中所知悉的国家秘密、商业秘密和技术秘密；

（六）以广告或者其他形式向消费者推荐医疗器械；

（七）其他影响检验工作独立性、公正性和诚信的活动。

第四十四条　检验机构应当明确各类管理人员、技术人员和关键支持人员职责，建立相应的管理和质量监控机制，并采取必要的措施，对检验工作中出现的违法违纪违规行为，及时纠正，对于情节严重的，应当严肃追责。

第八章　附　　则

第四十五条　本规范由国家药品监督管理局负责解释。

第四十六条　本规范自发布之日起施行。

附件：（略）

医疗器械注册与备案管理办法

1. 2021年8月26日国家市场监督管理总局令第47号公布
2. 自2021年10月1日起施行

第一章　总　　则

第一条　为了规范医疗器械注册与备案行为，保证医疗器械的安全、有效和质量可控，根据《医疗器械监督管理条例》，制定本办法。

第二条　在中华人民共和国境内从事医疗器械注册、备案及其监督管理活动，适用本办法。

第三条　医疗器械注册是指医疗器械注册申请人（以下简称申请人）依照法定程序和要求提出医疗器械注册申请，药品监督管理部门依据法律法规，基于科学认知，进行安全性、有效性和质量可控性等审查，决定是否同意其申请的活动。

医疗器械备案是指医疗器械备案人（以下简称备案人）依照法定程序和要求向药品监督管理部门提交备案资料，药品监督管理部门对提交的备案资料存档备查的活动。

第四条　国家药品监督管理局主管全国医疗器械注册与备案管理工作，负责建立医疗器械注册与备案管理工作体系和制度，依法组织境内第三类和进口第二类、第三类医疗器械审评审批，进口第一类医疗器械备案以及相关监督管理工作，对地方医疗器械注册与备案工作进行监督指导。

第五条　国家药品监督管理局医疗器械技术审评中心（以下简称国家局器械审评中心）负责需进行临床试验审批的医疗器械临床试验申请以及境内第三类和进口第二类、第三类医疗器械产品注册申请、变更注册申请、延续注册申请等的技术审评工作。

国家药品监督管理局医疗器械标准管理中心、中国食品药品检定研究院、国家药品监督管理局食品药品审核查验中心（以下简称国家局审核查验中心）、国家药品监督管理局药品评价中心、国家药品监督管理局行政事项受理服务和投诉举报中心、国家药品监督管理局信息中心等其他专业技术机构，依职责承担实施医疗器械监督管理所需的医疗器械标准管理、分类界定、检验、核查、监测与评价、制证送达以及相应的信息化建设与管理等相关工作。

第六条　省、自治区、直辖市药品监督管理部门负责本行政区域内以下医疗器械注册相关管理工作：

（一）境内第二类医疗器械注册审评审批；

（二）境内第二类、第三类医疗器械质量管理体系核查；

（三）依法组织医疗器械临床试验机构以及临床试验的监督管理；

（四）对设区的市级负责药品监督管理的部门境内第一类医疗器械备案的监督指导。

省、自治区、直辖市药品监督管理部门设置或者指定的医疗器械专业技术机构，承担实施医疗器械监督管理所需的技术审评、检验、核查、监测与评价等工作。

设区的市级负责药品监督管理的部门负责境内第一类医疗器械产品备案管理工作。

第七条 医疗器械注册与备案管理遵循依法、科学、公开、公平、公正的原则。

第八条 第一类医疗器械实行产品备案管理。第二类、第三类医疗器械实行产品注册管理。

境内第一类医疗器械备案，备案人向设区的市级负责药品监督管理的部门提交备案资料。

境内第二类医疗器械由省、自治区、直辖市药品监督管理部门审查，批准后发给医疗器械注册证。

境内第三类医疗器械由国家药品监督管理局审查，批准后发给医疗器械注册证。

进口第一类医疗器械备案，备案人向国家药品监督管理局提交备案资料。

进口第二类、第三类医疗器械由国家药品监督管理局审查，批准后发给医疗器械注册证。

第九条 医疗器械注册人、备案人应当加强医疗器械全生命周期质量管理，对研制、生产、经营、使用全过程中的医疗器械的安全性、有效性和质量可控性依法承担责任。

第十条 国家药品监督管理局对临床急需医疗器械实行优先审批，对创新医疗器械实行特别审批，鼓励医疗器械的研究与创新，推动医疗器械产业高质量发展。

第十一条 国家药品监督管理局依法建立健全医疗器械标准、技术指导原则等体系，规范医疗器械技术审评和质量管理体系核查，指导和服务医疗器械研发和注册申请。

第十二条 药品监督管理部门依法及时公开医疗器械注册、备案相关信息，申请人可以查询审批进度和结果，公众可以查阅审批结果。

未经申请人同意，药品监督管理部门、专业技术机构及其工作人员、参与评审的专家等人员不得披露申请人或者备案人提交的商业秘密、未披露信息或者保密商务信息，法律另有规定或者涉及国家安全、重大社会公共利益的除外。

第二章 基本要求

第十三条 医疗器械注册、备案应当遵守相关法律、法规、规章、强制性标准，遵循医疗器械安全和性能基本原则，参照相关技术指导原则，证明注册、备案的医疗器械安全、有效、质量可控，保证全过程信息真实、准确、完整和可追溯。

第十四条 申请人、备案人应当为能够承担相应法律责任的企业或者研制机构。

境外申请人、备案人应当指定中国境内的企业法人作为代理人，办理相关医疗器械注册、备案事项。代理人应当依法协助注册人、备案人履行《医疗器械监督管理条例》第二十条第一款规定的义务，并协助境外注册人、备案人落实相应法律责任。

第十五条 申请人、备案人应当建立与产品相适应的质量管理体系，并保持有效运行。

第十六条 办理医疗器械注册、备案事项的人员应当具有相应的专业知识，熟悉医疗器械注册、备案管理的法律、法规、规章和注册管理相关规定。

第十七条 申请注册或者进行备案，应当按照国家药品监督管理局有关注册、备案的要求提交相关资料，申请人、备案人对资料的真实性负责。

注册、备案资料应当使用中文。根据外文资料翻译的，应当同时提供原文。引用未公开发表的文献资料时，应当提供资料权利人许可使用的文件。

第十八条 申请进口医疗器械注册、办理进口医疗器械备案，应当提交申请人、备案人注册地或者生产地所在国家（地区）主管部门准许该医疗器械上市销售的证明文件。

申请人、备案人注册地或者生产地所在国家（地区）未将该产品作为医疗器械管理的，申请人、备案人需提供相关文件，包括注册地或者生产地所在国家（地区）准许该产品上市销售的证明文件。

未在申请人、备案人注册地或者生产地所在国家（地区）上市的创新医疗器械，不需提交相关文件。

第十九条 医疗器械应当符合适用的强制性标准。产品结构特征、预期用途、使用方式等与强制性标准的适用范围不一致的，申请人、备案人应当提出不适用强制性标准的说明，并提供相关资料。

没有强制性标准的，鼓励申请人、备案人采用推荐性标准。

第二十条 医疗器械注册、备案工作应当遵循医疗器械分类规则和分类目录的有关要求。

第二十一条 药品监督管理部门持续推进审评审批制度改革，加强医疗器械监管科学研究，建立以技术审评为主导，核查、检验、监测与评价等为支撑的医疗器械注册管理技术体系，优化审评审批流程，提高审评审批能力，提升审评审批质量和效率。

第二十二条 医疗器械专业技术机构建立健全沟通交流制度，明确沟通交流的形式和内容，根据工作需要组织与申请人进行沟通交流。

第二十三条 医疗器械专业技术机构根据工作需要建立专家咨询制度，在审评、核查、检验等过程中就重大问题听取专家意见，充分发挥专家的技术支撑作用。

第三章 医疗器械注册

第一节 产品研制

第二十四条 医疗器械研制应当遵循风险管理原则，考虑现有公认技术水平，确保产品所有已知和可预见的风险以及非预期影响最小化并可接受，保证产品在正常使用中受益大于风险。

第二十五条 从事医疗器械产品研制实验活动，应当符合我国相关法律、法规和强制性标准等的要求。

第二十六条 申请人、备案人应当编制申请注册或者进行备案医疗器械的产品技术要求。

产品技术要求主要包括医疗器械成品的可进行客观判定的功能性、安全性指标和检测方法。

医疗器械应当符合经注册或者备案的产品技术要求。

第二十七条 申请人、备案人应当编制申请注册或者进行备案医疗器械的产品说明书和标签。

产品说明书和标签应当符合《医疗器械监督管理条例》第三十九条要求以及相关规定。

第二十八条 医疗器械研制，应当根据产品适用范围和技术特征开展医疗器械非临床研究。

非临床研究包括产品化学和物理性能研究，电气安全研究，辐射安全研究，软件研究，生物学特性研究，生物源材料安全性研究，消毒、灭菌工艺研究，动物试验研究，稳定性研究等。

申请注册或者进行备案，应当提交研制活动中产生的非临床证据，包括非临床研究报告综述、研究方案和研究报告。

第二十九条 医疗器械非临床研究过程中确定的功能性、安全性指标及方法应当与产品预期使用条件、目的相适应，研究样品应当具有代表性和典型性。必要时，应当进行方法学验证、统计学分析。

第三十条 申请注册或者进行备案，应当按照产品技术要求进行检验，并提交检验报告。检验合格的，方可开展临床试验或者申请注册、进行备案。

第三十一条 检验用产品应当能够代表申请注册或者进行备案产品的安全性和有效性，其生产应当符合医疗器械生产质量管理规范的相关要求。

第三十二条 申请注册或者进行备案提交的医疗器械产品检验报告可以是申请人、备案人的自检报告，也可以是委托有资质的医疗器械检验机构出具的检验报告。

第二节 临床评价

第三十三条 除本办法第三十四条规定情形外，医疗器械产品注册、备案，应当进行临床评价。

医疗器械临床评价是指采用科学合理的方法对临床数据进行分析、评价，以确认医疗器械在其适用范围内的安全性、有效性的活动。

申请医疗器械注册，应当提交临床评价资料。

第三十四条 有下列情形之一的，可以免于进行临床评价：

（一）工作机理明确、设计定型，生产工艺成熟，已上市的同品种医疗器械临床应用多年且无严重不良事件记录，不改变常规用途的；

（二）其他通过非临床评价能够证明该医疗器械安全、有效的。

免于进行临床评价的，可以免于提交临床评价资料。

免于进行临床评价的医疗器械目录由国家药品监督管理局制定、调整并公布。

第三十五条 开展医疗器械临床评价，可以根据产品特征、临床风险、已有临床数据等情形，通过开展临床试验，或者通过对同品种医疗器械临床文献资料、临床数据进行分析评价，证明医疗器械的安全性、有效性。

按照国家药品监督管理局的规定，进行医疗器械临床评价时，已有临床文献资料、临床数据不足以确认产品安全、有效的医疗器械，应当开展临床试验。

国家药品监督管理局制定医疗器械临床评价指南，明确通过同品种医疗器械临床文献资料、临床数据进行临床评价的要求，需要开展临床试验的情形，临床评价报告的撰写要求等。

第三十六条 通过同品种医疗器械临床文献资料、临床数据进行临床评价的，临床评价资料包括申请注册产品与同品种医疗器械的对比，同品种医疗器械临床数据的分析评价，申请注册产品与同品种产品存在差异时的科学证据以及评价结论等内容。

通过临床试验开展临床评价的，临床评价资料包括临床试验方案、伦理委员会意见、知情同意书、临床试验报告等。

第三十七条 开展医疗器械临床试验，应当按照医疗器械临床试验质量管理规范的要求，在具备相应条件并按照规定备案的医疗器械临床试验机构内进行。临床试验开始前，临床试验申办者应当向所在地省、自治区、直辖市药品监督管理部门进行临床试验备案。临床试验医疗器械的生产应当符合医疗器械生产质量管理规范的相关要求。

第三十八条 第三类医疗器械进行临床试验对人体具有较高风险的，应当经国家药品监督管理局批准。

临床试验审批是指国家药品监督管理局根据申请人的申请，对拟开展临床试验的医疗器械的风险程度、临床试验方案、临床受益与风险对比分析报告等进行综合分析，以决定是否同意开展临床试验的过程。

需进行临床试验审批的第三类医疗器械目录由国家药品监督管理局制定、调整并公布。需进行临床试验审批的第三类医疗器械临床试验应在符合要求的三级甲等医疗机构开展。

第三十九条 需进行医疗器械临床试验审批的，申请人应当按照相关要求提交综述资料、研究资料、临床资料、产品说明书和标签样稿等申请资料。

第四十条 国家局器械审评中心对受理的临床试验申请进行审评。对临床试验申请应当自受理申请之日 60 日内作出是否同意的决定，并通过国家局器械审评中心网站通知申请人。逾期未通知的，视为同意。

第四十一条 审评过程中需要申请人补正资料的，国家局器械审评中心应当一次告知需要补正的全部内容。申请人应当在收到补正通知 1 年内，按照补正通知的要求一次提供补充资料。国家局器械审评中心收到补充资料后，按照规定的时限完成技术审评。

申请人对补正通知内容有异议的，可以向国家局器械审评中心提出书面意见，说明理由并提供相应的技术支持资料。

申请人逾期未提交补充资料的，终止技术审评，作出不予批准的决定。

第四十二条 对于医疗器械临床试验期间出现的临床试验医疗器械相关严重不良事件，或者其他严重安全性风险信息，临床试验申办者应当按照相关要求，分别向所在地和临床试验机构所在地省、自治区、直辖市药品监督管理部门报告，并采取风险控制措施。未采取风险控制措施的，省、自治区、直辖市药品监督管理部门依法责令申办者采取相应的风险控制措施。

第四十三条 医疗器械临床试验中出现大范围临床试验医疗器械相关严重不良事件，或者其他重大安全性问题时，申办者应当暂停或者终止医疗器械临床试验，分别向所在地和临床试验机构所在地省、自治区、直辖市药品监督管理部门报告。未暂停或者终止的，省、自治区、直辖市药品监督管理部门依法责令申办者采取相应的风险控制措施。

第四十四条 已批准开展的临床试验，有下列情形之一的，国家药品监督管理局可以责令申请人终止已开展的医疗器械临床试验：

（一）临床试验申请资料虚假的；

（二）已有最新研究证实原批准的临床试验伦理性和科学性存在问题的；

（三）其他应当终止的情形。

第四十五条 医疗器械临床试验应当在批准后 3 年内实施；医疗器械临床试验申请自批准之日起，3 年内未有受试者签署知情同意书的，该医疗器械临床试验许可自行失效。仍需进行临床试验的，应当重新申请。

第四十六条 对正在开展临床试验的用于治疗严重危及生命且尚无有效治疗手段的疾病的医疗器械，经医学观察可能使患者获益，经伦理审查、知情同意后，可以在开展医疗器械临床试验的机构内免费用于其他病情相同的患者，其安全性数据可以用于医疗器械注册申请。

第三节 注册体系核查

第四十七条 申请人应当在申请注册时提交与产品研制、生产有关的质量管理体系相关资料，受理注册申请的药品监督管理部门在产品技术审评时认为有必要对质量管理体系进行核查的，应当组织开展质量管理体系核查，并可以根据需要调阅原始资料。

第四十八条 境内第三类医疗器械质量管理体系核查，由国家局器械审评中心通知申请人所在地的省、自治区、直辖市药品监督管理部门开展。

境内第二类医疗器械质量管理体系核查，由申请人所在地的省、自治区、直辖市药品监督管理部门组织开展。

第四十九条 省、自治区、直辖市药品监督管理部门按照医疗器械生产质量管理规范的要求开展质量管理体系核查，重点对申请人是否按照医疗器械生产质量管理规范的要求建立与产品相适应的质量管理体系，以及与产品研制、生产有关的设计开发、生产管理、质量控制等内容进行核查。

在核查过程中，应当同时对检验用产品和临床试验产品的真实性进行核查，重点查阅设计开发过程相关记录，以及检验用产品和临床试验产品生产过程的相关记录。

提交自检报告的，应当对申请人、备案人或者受托机构研制过程中的检验能力、检验结果等进行重点核查。

第五十条　省、自治区、直辖市药品监督管理部门可以通过资料审查或者现场检查的方式开展质量管理体系核查。根据申请人的具体情况、监督检查情况、本次申请注册产品与既往已通过核查产品生产条件及工艺对比情况等，确定是否现场检查以及检查内容，避免重复检查。

第五十一条　国家局器械审评中心对进口第二类、第三类医疗器械开展技术审评时，认为有必要进行质量管理体系核查的，通知国家局审核查验中心根据相关要求开展核查。

第四节　产品注册

第五十二条　申请人应当在完成支持医疗器械注册的安全性、有效性研究，做好接受质量管理体系核查的准备后，提出医疗器械注册申请，并按照相关要求，通过在线注册申请等途径向药品监督管理部门提交下列注册申请资料：

（一）产品风险分析资料；

（二）产品技术要求；

（三）产品检验报告；

（四）临床评价资料；

（五）产品说明书以及标签样稿；

（六）与产品研制、生产有关的质量管理体系文件；

（七）证明产品安全、有效所需的其他资料。

第五十三条　药品监督管理部门收到申请后对申请资料进行审核，并根据下列情况分别作出处理：

（一）申请事项属于本行政机关职权范围，申请资料齐全、符合形式审核要求的，予以受理；

（二）申请资料存在可以当场更正的错误的，应当允许申请人当场更正；

（三）申请资料不齐全或者不符合法定形式的，应当当场或者在5日内一次告知申请人需要补正的全部内容，逾期不告知的，自收到申请资料之日起即为受理；

（四）申请事项依法不属于本行政机关职权范围的，应当即时作出不予受理的决定，并告知申请人向有关行政机关申请。

药品监督管理部门受理或者不予受理医疗器械注册申请，应当出具加盖本行政机关专用印章和注明日期的受理或者不予受理的通知书。

医疗器械注册申请受理后，需要申请人缴纳费用的，申请人应当按规定缴纳费用。申请人未在规定期限内缴纳费用的，视为申请人主动撤回申请，药品监督管理部门终止其注册程序。

第五十四条　技术审评过程中需要申请人补正资料的，技术审评机构应当一次告知需要补正的全部内容。申请人应当在收到补正通知1年内，按照补正通知要求一次提供补充资料；技术审评机构收到补充资料后，在规定的时限内完成技术审评。

申请人对补正通知内容有异议的，可以向相应的技术审评机构提出书面意见，说明理由并提供相应的技术支持资料。

申请人逾期未提交补充资料的，终止技术审评，药品监督管理部门作出不予注册的决定。

第五十五条　对于已受理的注册申请，申请人可以在行政许可决定作出前，向受理该申请的药品监督管理部门申请撤回注册申请及相关资料，并说明理由。同意撤回申请的，药品监督管理部门终止其注册程序。

审评、核查、审批过程中发现涉嫌存在隐瞒真实情况或者提供虚假信息等违法行为的，依法处理，申请人不得撤回医疗器械注册申请。

第五十六条　对于已受理的注册申请，有证据表明注册申请资料可能虚假的，药品监督管理部门可以中止审评审批。经核实后，根据核实结论继续审查或者作出不予注册的决定。

第五十七条　医疗器械注册申请审评期间，对于拟作出不通过的审评结论的，技术审评机构应当告知申请人不通过的理由，申请人可以在15日内向技术审评机构提出异议，异议内容仅限于原申请事项和原申请资料。技术审评机构结合申请人的异议意见进行综合评估并反馈申请人。异议处理时间不计入审评时限。

第五十八条　受理注册申请的药品监督管理部门应当在技术审评结束后，作出是否批准的决定。对符合安全、有效、质量可控要求的，准予注册，发给医疗器械注册证，经过核准的产品技术要求以附件形式发给申请人。对不予注册的，应当书面说明理由，并同时告知申请人享有依法申请行政复议或者提起行政诉讼的权利。

医疗器械注册证有效期为5年。

第五十九条 对于已受理的注册申请，有下列情形之一的，药品监督管理部门作出不予注册的决定，并告知申请人：

（一）申请人对拟上市销售医疗器械的安全性、有效性、质量可控性进行的研究及其结果无法证明产品安全、有效、质量可控的；

（二）质量管理体系核查不通过，以及申请人拒绝接受质量管理体系现场检查的；

（三）注册申请资料虚假的；

（四）注册申请资料内容混乱、矛盾，注册申请资料内容与申请项目明显不符，不能证明产品安全、有效、质量可控的；

（五）不予注册的其他情形。

第六十条 法律、法规、规章规定实施行政许可应当听证的事项，或者药品监督管理部门认为需要听证的其他涉及公共利益的重大行政许可事项，药品监督管理部门应当向社会公告，并举行听证。医疗器械注册申请直接涉及申请人与他人之间重大利益关系的，药品监督管理部门在作出行政许可决定前，应当告知申请人、利害关系人享有要求听证的权利。

第六十一条 对用于治疗罕见疾病、严重危及生命且尚无有效治疗手段的疾病和应对公共卫生事件等急需的医疗器械，药品监督管理部门可以作出附条件批准决定，并在医疗器械注册证中载明有效期、上市后需要继续完成的研究工作及完成时限等相关事项。

第六十二条 对附条件批准的医疗器械，注册人应当在医疗器械上市后收集受益和风险相关数据，持续对产品的受益和风险开展监测与评估，采取有效措施主动管控风险，并在规定期限内按照要求完成研究并提交相关资料。

第六十三条 对附条件批准的医疗器械，注册人逾期未按照要求完成研究或者不能证明其受益大于风险的，注册人应当及时申请办理医疗器械注册证注销手续，药品监督管理部门可以依法注销医疗器械注册证。

第六十四条 对新研制的尚未列入分类目录的医疗器械，申请人可以直接申请第三类医疗器械产品注册，也可以依据分类规则判断产品类别并向国家药品监督管理局申请类别确认后，申请产品注册或者进行产品备案。

直接申请第三类医疗器械注册的，国家药品监督管理局按照风险程度确定类别。境内医疗器械确定为第二类或者第一类的，应当告知申请人向相应的药品监督管理部门申请注册或者进行备案。

第六十五条 已注册的医疗器械，其管理类别由高类别调整为低类别的，医疗器械注册证在有效期内继续有效。有效期届满需要延续的，应当在医疗器械注册证有效期届满6个月前，按照调整后的类别向相应的药品监督管理部门申请延续注册或者进行备案。

医疗器械管理类别由低类别调整为高类别的，注册人应当按照改变后的类别向相应的药品监督管理部门申请注册。国家药品监督管理局在管理类别调整通知中应当对完成调整的时限作出规定。

第六十六条 医疗器械注册证及其附件遗失、损毁的，注册人应当向原发证机关申请补发，原发证机关核实后予以补发。

第六十七条 注册申请审查过程中及批准后发生专利权纠纷的，应当按照有关法律、法规的规定处理。

第四章 特殊注册程序

第一节 创新产品注册程序

第六十八条 符合下列要求的医疗器械，申请人可以申请适用创新产品注册程序：

（一）申请人通过其主导的技术创新活动，在中国依法拥有产品核心技术发明专利权，或者依法通过受让取得在中国发明专利权或其使用权，且申请适用创新产品注册程序的时间在专利授权公告日起5年内；或者核心技术发明专利的申请已由国务院专利行政部门公开，并由国家知识产权局专利检索咨询中心出具检索报告，载明产品核心技术方案具备新颖性和创造性；

（二）申请人已完成产品的前期研究并具有基本定型产品，研究过程真实和受控，研究数据完整和可溯源；

（三）产品主要工作原理或者作用机理为国内首创，产品性能或者安全性与同类产品比较有根本性改进，技术上处于国际领先水平，且具有显著的临床应用价值。

第六十九条 申请适用创新产品注册程序的，申请人应当在产品基本定型后，向国家药品监督管理局提出创新医疗器械审查申请。国家药品监督管理局组织专家进行审查，符合要求的，纳入创新产品注册程序。

第七十条 对于适用创新产品注册程序的医疗器械注册申请，国家药品监督管理局以及承担相关技术工作的机构，根据各自职责指定专人负责，及时沟通，提供指导。

纳入创新产品注册程序的医疗器械，国家局器械审评中心可以与申请人在注册申请受理前以及技术审评过程中就产品研制中的重大技术问题、重大安全性问题、临床试验方案、阶段性临床试验结果的总结与评价等问题沟通交流。

第七十一条 纳入创新产品注册程序的医疗器械，申请人主动要求终止或者国家药品监督管理局发现不再符合创新产品注册程序要求的，国家药品监督管理局终止相关产品的创新产品注册程序并告知申请人。

第七十二条 纳入创新产品注册程序的医疗器械，申请人在规定期限内未提出注册申请的，不再适用创新产品注册程序。

第二节 优先注册程序

第七十三条 满足下列情形之一的医疗器械，可以申请适用优先注册程序：

（一）诊断或者治疗罕见病、恶性肿瘤且具有明显临床优势，诊断或者治疗老年人特有和多发疾病且目前尚无有效诊断或者治疗手段，专用于儿童且具有明显临床优势，或者临床急需且在我国尚无同品种产品获准注册的医疗器械；

（二）列入国家科技重大专项或者国家重点研发计划的医疗器械；

（三）国家药品监督管理局规定的其他可以适用优先注册程序的医疗器械。

第七十四条 申请适用优先注册程序的，申请人应当在提出医疗器械注册申请时，向国家药品监督管理局提出适用优先注册程序的申请。属于第七十三条第一项情形的，由国家药品监督管理局组织专家进行审核，符合的，纳入优先注册程序；属于第七十三条第二项情形的，由国家局器械审评中心进行审核，符合的，纳入优先注册程序；属于第七十三条第三项情形的，由国家药品监督管理局广泛听取意见，并组织专家论证后确定是否纳入优先注册程序。

第七十五条 对纳入优先注册程序的医疗器械注册申请，国家药品监督管理局优先进行审评审批，省、自治区、直辖市药品监督管理部门优先安排医疗器械注册质量管理体系核查。

国家局器械审评中心在对纳入优先注册程序的医疗器械产品开展技术审评过程中，应当按照相关规定积极与申请人进行沟通交流，必要时，可以安排专项交流。

第三节 应急注册程序

第七十六条 国家药品监督管理局可以依法对突发公共卫生事件应急所需且在我国境内尚无同类产品上市，或者虽在我国境内已有同类产品上市但产品供应不能满足突发公共卫生事件应急处理需要的医疗器械实施应急注册。

第七十七条 申请适用应急注册程序的，申请人应当向国家药品监督管理局提出应急注册申请。符合条件的，纳入应急注册程序。

第七十八条 对实施应急注册的医疗器械注册申请，国家药品监督管理局按照统一指挥、早期介入、随到随审、科学审批的要求办理，并行开展医疗器械产品检验、体系核查、技术审评等工作。

第五章 变更注册与延续注册

第一节 变更注册

第七十九条 注册人应当主动开展医疗器械上市后研究，对医疗器械的安全性、有效性和质量可控性进行进一步确认，加强对已上市医疗器械的持续管理。

已注册的第二类、第三类医疗器械产品，其设计、原材料、生产工艺、适用范围、使用方法等发生实质性变化，有可能影响该医疗器械安全、有效的，注册人应当向原注册部门申请办理变更注册手续；发生其他变化的，应当在变化之日起30日内向原注册部门备案。

注册证载明的产品名称、型号、规格、结构及组成、适用范围、产品技术要求、进口医疗器械的生产地址等，属于前款规定的需要办理变更注册的事项。注册人名称和住所、代理人名称和住所等，属于前款规定的需要备案的事项。境内医疗器械生产地址变更的，注册人应当在办理相应的生产许可变更后办理备案。

发生其他变化的，注册人应当按照质量管理体系要求做好相关工作，并按照规定向药品监督管理部门报告。

第八十条 对于变更注册申请，技术审评机构应当重点针对变化部分进行审评，对变化后产品是否安全、有效、质量可控形成审评意见。

在对变更注册申请进行技术审评时，认为有必要对质量管理体系进行核查的，药品监督管理部门应当组织开展质量管理体系核查。

第八十一条 医疗器械变更注册文件与原医疗器械注册证合并使用，有效期截止日期与原医疗器械注册证相同。

第二节 延续注册

第八十二条 医疗器械注册证有效期届满需要延续注册的，注册人应当在医疗器械注册证有效期届满6个月前，向原注册部门申请延续注册，并按照相关要求提交申请资料。

除有本办法第八十三条规定情形外，接到延续注册申请的药品监督管理部门应当在医疗器械注册证有效期届满前作出准予延续的决定。逾期未作决定的，视为准予延续。

第八十三条　有下列情形之一的，不予延续注册：

（一）未在规定期限内提出延续注册申请；

（二）新的医疗器械强制性标准发布实施，申请延续注册的医疗器械不能达到新要求；

（三）附条件批准的医疗器械，未在规定期限内完成医疗器械注册证载明事项。

第八十四条　延续注册的批准时间在原注册证有效期内的，延续注册的注册证有效期起始日为原注册证到期日次日；批准时间不在原注册证有效期内的，延续注册的注册证有效期起始日为批准延续注册的日期。

第八十五条　医疗器械变更注册申请、延续注册申请的受理与审批程序，本章未作规定的，适用本办法第三章的相关规定。

第六章　医疗器械备案

第八十六条　第一类医疗器械生产前，应当进行产品备案。

第八十七条　进行医疗器械备案，备案人应当按照《医疗器械监督管理条例》的规定向药品监督管理部门提交备案资料，获取备案编号。

第八十八条　已备案的医疗器械，备案信息表中登载内容及备案的产品技术要求发生变化的，备案人应当向原备案部门变更备案，并提交变化情况的说明以及相关文件。药品监督管理部门应当将变更情况登载于备案信息中。

第八十九条　已备案的医疗器械管理类别调整为第二类或者第三类医疗器械的，应当按照本办法规定申请注册。

第七章　工作时限

第九十条　本办法所规定的时限是医疗器械注册的受理、技术审评、核查、审批等工作的最长时间。特殊注册程序相关工作时限，按特殊注册程序相关规定执行。

国家局器械审评中心等专业技术机构应当明确本单位工作程序和时限，并向社会公布。

第九十一条　药品监督管理部门收到医疗器械注册申请及临床试验申请后，应当自受理之日起3日内将申请资料转交技术审评机构。临床试验申请的受理要求适用于本办法第五十三条规定。

第九十二条　医疗器械注册技术审评时限，按照以下规定执行：

（一）医疗器械临床试验申请的技术审评时限为60日，申请资料补正后的技术审评时限为40日；

（二）第二类医疗器械注册申请、变更注册申请、延续注册申请的技术审评时限为60日，申请资料补正后的技术审评时限为60日；

（三）第三类医疗器械注册申请、变更注册申请、延续注册申请的技术审评时限为90日，申请资料补正后的技术审评时限为60日。

第九十三条　境内第三类医疗器械质量管理体系核查时限，按照以下规定执行：

（一）国家局器械审评中心应当在医疗器械注册申请受理后10日内通知相关省、自治区、直辖市药品监督管理部门启动核查；

（二）省、自治区、直辖市药品监督管理部门原则上在接到核查通知后30日内完成核查，并将核查情况、核查结果等相关材料反馈至国家局器械审评中心。

第九十四条　受理注册申请的药品监督管理部门应当自收到审评意见之日起20日内作出决定。

第九十五条　药品监督管理部门应当自作出医疗器械注册审批决定之日起10日内颁发、送达有关行政许可证件。

第九十六条　因产品特性以及技术审评、核查等工作遇到特殊情况确需延长时限的，延长时限不得超过原时限的二分之一，经医疗器械技术审评、核查等相关技术机构负责人批准后，由延长时限的技术机构书面告知申请人，并通知其他相关技术机构。

第九十七条　原发证机关应当自收到医疗器械注册证补办申请之日起20日内予以补发。

第九十八条　以下时间不计入相关工作时限：

（一）申请人补充资料、核查后整改等所占用的时间；

（二）因申请人原因延迟核查的时间；

（三）外聘专家咨询、召开专家咨询会、药械组合产品需要与药品审评机构联合审评的时间；

（四）根据规定中止审评审批程序的，中止审评审批程序期间所占用的时间；

（五）质量管理体系核查所占用的时间。

第九十九条　本办法规定的时限以工作日计算。

第八章　监督管理

第一百条　药品监督管理部门应当加强对医疗器械研制

活动的监督检查，必要时可以对为医疗器械研制提供产品或者服务的单位和个人进行延伸检查，有关单位和个人应当予以配合，提供相关文件和资料，不得拒绝、隐瞒、阻挠。

第一百零一条　国家药品监督管理局建立并分步实施医疗器械唯一标识制度，申请人、备案人应当按照相关规定提交唯一标识相关信息，保证数据真实、准确、可溯源。

第一百零二条　国家药品监督管理局应当及时将代理人信息通报代理人所在地省、自治区、直辖市药品监督管理部门。省、自治区、直辖市药品监督管理部门对本行政区域内的代理人组织开展日常监督管理。

第一百零三条　省、自治区、直辖市药品监督管理部门根据医疗器械临床试验机构备案情况，组织对本行政区域内已经备案的临床试验机构开展备案后监督检查。对于新备案的医疗器械临床试验机构，应当在备案后60日内开展监督检查。

省、自治区、直辖市药品监督管理部门应当组织对本行政区域内医疗器械临床试验机构遵守医疗器械临床试验质量管理规范的情况进行日常监督检查，监督其持续符合规定要求。国家药品监督管理局根据需要对医疗器械临床试验机构进行监督检查。

第一百零四条　药品监督管理部门认为有必要的，可以对临床试验的真实性、准确性、完整性、规范性和可追溯性进行现场检查。

第一百零五条　承担第一类医疗器械产品备案工作的药品监督管理部门在备案后监督中，发现备案资料不规范的，应当责令备案人限期改正。

第一百零六条　药品监督管理部门未及时发现本行政区域内医疗器械注册管理系统性、区域性风险，或者未及时消除本行政区域内医疗器械注册管理系统性、区域性隐患的，上级药品监督管理部门可以对下级药品监督管理部门主要负责人进行约谈。

第九章　法 律 责 任

第一百零七条　违反本办法第七十九条的规定，未按照要求对发生变化进行备案的，责令限期改正；逾期不改正的，处1万元以上3万元以下罚款。

第一百零八条　开展医疗器械临床试验未遵守临床试验质量管理规范的，依照《医疗器械监督管理条例》第九十四条予以处罚。

第一百零九条　医疗器械技术审评机构未依照本办法规定履行职责，致使审评工作出现重大失误的，由负责药品监督管理的部门责令改正，通报批评，给予警告；造成严重后果的，对违法单位的法定代表人、主要负责人、直接负责的主管人员和其他责任人员，依法给予处分。

第一百一十条　负责药品监督管理的部门工作人员违反规定，滥用职权、玩忽职守、徇私舞弊的，依法给予处分。

第十章　附　　则

第一百一十一条　医疗器械注册或者备案单元原则上以产品的技术原理、结构组成、性能指标和适用范围为划分依据。

第一百一十二条　获准注册的医疗器械，是指与该医疗器械注册证及附件限定内容一致且在医疗器械注册证有效期内生产的医疗器械。

第一百一十三条　医疗器械注册证中“结构及组成”栏内所载明的组合部件，以更换耗材、售后服务、维修等为目的，用于原注册产品的，可以单独销售。

第一百一十四条　申请人在申请医疗器械产品注册、变更注册、临床试验审批中可以经医疗器械主文档所有者授权，引用经登记的医疗器械主文档。医疗器械主文档登记相关工作程序另行规定。

第一百一十五条　医疗器械注册证格式由国家药品监督管理局统一制定。

注册证编号的编排方式为：

×1械注×2××××3×4××5××××6。其中：

×1为注册审批部门所在地的简称：

境内第三类医疗器械、进口第二类、第三类医疗器械为“国”字；

境内第二类医疗器械为注册审批部门所在地省、自治区、直辖市简称；

×2为注册形式：

“准”字适用于境内医疗器械；

“进”字适用于进口医疗器械；

“许”字适用于香港、澳门、台湾地区的医疗器械；

××××3为首次注册年份；

×4为产品管理类别；

××5为产品分类编码；

××××6为首次注册流水号。

延续注册的，××××3和××××6数字不变。产品管理类别调整的，应当重新编号。

第一百一十六条　第一类医疗器械备案编号的编排方式为：

×1械备××××2××××3。其中：

×1 为备案部门所在地的简称：

进口第一类医疗器械为“国”字；

境内第一类医疗器械为备案部门所在地省、自治区、直辖市简称加所在地设区的市级行政区域的简称（无相应设区的市级行政区域时，仅为省、自治区、直辖市的简称）；

××××2 为备案年份；

××××3 为备案流水号。

第一百一十七条 药品监督管理部门制作的医疗器械注册证、变更注册文件电子文件与纸质文件具有同等法律效力。

第一百一十八条 根据工作需要，国家药品监督管理局可以依法委托省、自治区、直辖市药品监督管理部门或者技术机构、社会组织承担有关的具体工作。

第一百一十九条 省、自治区、直辖市药品监督管理部门可以参照本办法第四章规定制定本行政区域内第二类医疗器械特殊注册程序，并报国家药品监督管理局备案。

第一百二十条 医疗器械产品注册收费项目、收费标准按照国务院财政、价格主管部门的有关规定执行。

第一百二十一条 按照医疗器械管理的体外诊断试剂的注册与备案，适用《体外诊断试剂注册与备案管理办法》。

第一百二十二条 定制式医疗器械监督管理的有关规定，由国家药品监督管理局另行制定。

药械组合产品注册管理的有关规定，由国家药品监督管理局另行制定。

医疗器械紧急使用的有关规定，由国家药品监督管理局会同有关部门另行制定。

第一百二十三条 香港、澳门、台湾地区医疗器械的注册、备案，参照进口医疗器械办理。

第一百二十四条 本办法自 2021 年 10 月 1 日起施行。2014 年 7 月 30 日原国家食品药品监督管理总局令第 4 号公布的《医疗器械注册管理办法》同时废止。

体外诊断试剂注册与备案管理办法

1. 2021 年 8 月 26 日国家市场监督管理总局令第 48 号公布
2. 自 2021 年 10 月 1 日起施行

第一章 总 则

第一条 为了规范体外诊断试剂注册与备案行为，保证体外诊断试剂的安全、有效和质量可控，根据《医疗器械监督管理条例》，制定本办法。

第二条 在中华人民共和国境内开展体外诊断试剂注册、备案及其监督管理活动，适用本办法。

第三条 本办法所称体外诊断试剂，是指按医疗器械管理的体外诊断试剂，包括在疾病的预测、预防、诊断、治疗监测、预后观察和健康状态评价的过程中，用于人体样本体外检测的试剂、试剂盒、校准品、质控品等产品，可以单独使用，也可以与仪器、器具、设备或者系统组合使用。

按照药品管理的用于血源筛查的体外诊断试剂、采用放射性核素标记的体外诊断试剂不属于本办法管理范围。

第四条 体外诊断试剂注册是指体外诊断试剂注册申请人（以下简称申请人）依照法定程序和要求提出体外诊断试剂注册申请，药品监督管理部门依据法律法规，基于科学认知，进行安全性、有效性和质量可控性等审查，决定是否同意其申请的活动。

体外诊断试剂备案是指体外诊断试剂备案人（以下简称备案人）依照法定程序和要求向药品监督管理部门提交备案资料，药品监督管理部门对提交的备案资料存档备查的活动。

第五条 国家药品监督管理局主管全国体外诊断试剂注册与备案管理工作，负责建立体外诊断试剂注册与备案管理工作体系，依法组织境内第三类和进口第二类、第三类体外诊断试剂审评审批，进口第一类体外诊断试剂备案以及相关监督管理工作，对地方体外诊断试剂注册与备案工作进行监督指导。

第六条 国家药品监督管理局医疗器械技术审评中心（以下简称国家局器械审评中心）负责境内第三类和进口第二类、三类体外诊断试剂产品注册申请、变更注册申请、延续注册申请等的技术审评工作。

国家药品监督管理局医疗器械标准管理中心、中国食品药品检定研究院、国家药品监督管理局食品药品审核查验中心（以下简称国家局审核查验中心）、国家药品监督管理局药品评价中心、国家药品监督管理局行政事项受理服务和投诉举报中心、国家药品监督管理局信息中心等其他专业技术机构，依职责承担实施体外诊断试剂监督管理所需的体外诊断试剂标准管理、分类界定、检验、核查、监测与评价、制证送达以及相应的信息化建设与管理等相关工作。

第七条 省、自治区、直辖市药品监督管理部门负责本行政区域内以下体外诊断试剂注册相关管理工作：

（一）境内第二类体外诊断试剂注册审评审批；

（二）境内第二类、第三类体外诊断试剂质量管理体系核查；

（三）依法组织医疗器械临床试验机构以及临床试验的监督管理；

（四）对设区的市级负责药品监督管理的部门境内第一类体外诊断试剂备案的监督指导。

省、自治区、直辖市药品监督管理部门设置或者指定的医疗器械专业技术机构，承担实施体外诊断试剂监督管理所需的技术审评、检验、核查、监测与评价等工作。

设区的市级负责药品监督管理的部门负责境内第一类体外诊断试剂产品备案管理工作。

第八条 体外诊断试剂注册与备案遵循依法、科学、公开、公平、公正的原则。

第九条 第一类体外诊断试剂实行产品备案管理。第二类、第三类体外诊断试剂实行产品注册管理。

境内第一类体外诊断试剂备案，备案人向设区的市级负责药品监督管理的部门提交备案资料。

境内第二类体外诊断试剂由省、自治区、直辖市药品监督管理部门审查，批准后发给医疗器械注册证。

境内第三类体外诊断试剂由国家药品监督管理局审查，批准后发给医疗器械注册证。

进口第一类体外诊断试剂备案，备案人向国家药品监督管理局提交备案资料。

进口第二类、第三类体外诊断试剂由国家药品监督管理局审查，批准后发给医疗器械注册证。

第十条 体外诊断试剂注册人、备案人应当加强体外诊断试剂全生命周期质量管理，对研制、生产、经营、使用全过程中的体外诊断试剂的安全性、有效性和质量可控性依法承担责任。

第十一条 国家药品监督管理局对临床急需体外诊断试剂实行优先审批，对创新体外诊断试剂实行特别审批。鼓励体外诊断试剂的研究与创新，推动医疗器械产业高质量发展。

第十二条 国家药品监督管理局依法建立健全体外诊断试剂标准、技术指导原则等体系，规范体外诊断试剂技术审评和质量管理体系核查，指导和服务体外诊断试剂研发和注册申请。

第十三条 药品监督管理部门依法及时公开体外诊断试剂注册、备案相关信息，申请人可以查询审批进度和结果，公众可以查阅审批结果。

未经申请人同意，药品监督管理部门、专业技术机构及其工作人员、参与评审的专家等人员不得披露申请人或者备案人提交的商业秘密、未披露信息或者保密商务信息，法律另有规定或者涉及国家安全、重大社会公共利益的除外。

第二章 基本要求

第十四条 体外诊断试剂注册、备案，应当遵守相关法律、法规、规章、强制性标准，遵循体外诊断试剂安全和性能基本原则，参照相关技术指导原则，证明注册、备案的体外诊断试剂安全、有效、质量可控，保证信息真实、准确、完整和可追溯。

第十五条 申请人、备案人应当为能够承担相应法律责任的企业或者研制机构。

境外申请人、备案人应当指定中国境内的企业法人作为代理人，办理相关体外诊断试剂注册、备案事项。代理人应当依法协助注册人、备案人履行《医疗器械监督管理条例》第二十条第一款规定的义务，并协助境外注册人、备案人落实相应法律责任。

第十六条 申请人、备案人应当建立与产品研制、生产有关的质量管理体系，并保持有效运行。

第十七条 办理体外诊断试剂注册、备案事项的人员应当具有相关专业知识，熟悉体外诊断试剂注册、备案管理的法律、法规、规章和注册管理相关规定。

第十八条 申请注册或者进行备案，应当按照国家药品监督管理局有关注册、备案的要求提交相关资料，申请人、备案人对资料的真实性负责。

注册、备案资料应当使用中文。根据外文资料翻译的，应当同时提供原文。引用未公开发表的文献资料时，应当提供资料权利人许可使用的文件。

第十九条 申请进口体外诊断试剂注册、办理进口体外诊断试剂备案，应当提交申请人、备案人注册地或者生产地所在国家（地区）主管部门准许上市销售的证明文件。

申请人、备案人注册地或者生产地所在国家（地区）未将该产品作为医疗器械管理的，申请人、备案人需提供相关文件，包括注册地或者生产地所在国家（地区）准许该产品上市销售的证明文件。

未在申请人、备案人注册地或者生产地所在国家（地区）上市的按照创新产品注册程序审批的体外诊断试剂，不需提交相关文件。

第二十条 体外诊断试剂应当符合适用的强制性标准。产品结构特征、技术原理、预期用途、使用方式等与强制性标准的适用范围不一致的，申请人、备案人应当提出不适用强制性标准的说明，并提供相关资料。

没有强制性标准的，鼓励申请人、备案人采用推荐性标准。

第二十一条　体外诊断试剂注册、备案工作应当遵循体外诊断试剂分类规则和分类目录的有关要求。

第二十二条　药品监督管理部门持续推进审评审批制度改革，加强监管科学研究，建立以技术审评为主导，核查、检验、监测与评价等为支撑的体外诊断试剂注册管理技术体系，优化审评审批流程，提高审评审批能力，提升审评审批质量和效率。

第二十三条　医疗器械专业技术机构建立健全沟通交流制度，明确沟通交流的形式和内容，根据工作需要组织与申请人进行沟通交流。

第二十四条　医疗器械专业技术机构根据工作需要建立专家咨询制度，在审评、核查、检验等过程中就重大问题听取专家意见，充分发挥专家的技术支撑作用。

第三章　体外诊断试剂注册

第一节　产品研制

第二十五条　体外诊断试剂研制应当遵循风险管理原则，考虑现有公认技术水平，确保产品所有已知和可预见的风险以及非预期影响最小化并可接受，保证产品在正常使用中受益大于风险。

第二十六条　从事体外诊断试剂产品研制实验活动，应当符合我国相关法律、法规和强制性标准等的要求。

第二十七条　申请人、备案人应当编制申请注册或者进行备案体外诊断试剂的产品技术要求。

产品技术要求主要包括体外诊断试剂成品的可进行客观判定的功能性、安全性指标和检测方法。

第三类体外诊断试剂的产品技术要求中应当以附录形式明确主要原材料以及生产工艺要求。

体外诊断试剂应当符合经注册或者备案的产品技术要求。

第二十八条　申请人、备案人应当编制申请注册或者进行备案体外诊断试剂的产品说明书和标签。

产品说明书和标签应当符合《医疗器械监督管理条例》第三十九条要求以及相关规定。

第二十九条　体外诊断试剂研制，应当根据产品预期用途和技术特征开展体外诊断试剂非临床研究。

非临床研究指在实验室条件下对体外诊断试剂进行的试验或者评价，包括主要原材料的选择及制备、产品生产工艺、产品分析性能、阳性判断值或者参考区间、产品稳定性等的研究。

申请注册或者进行备案，应当提交研制活动中产生的非临床证据。

第三十条　体外诊断试剂非临床研究过程中确定的功能性、安全性指标及方法应当与产品预期使用条件、目的相适应，研究样品应当具有代表性和典型性。必要时，应当进行方法学验证、统计学分析。

第三十一条　申请注册或者进行备案，应当按照产品技术要求进行检验，并提交检验报告。检验合格的，方可开展临床试验或者申请注册、进行备案。

第三十二条　同一注册申请包括不同包装规格时，可以只进行一种包装规格产品的检验，检验用产品应当能够代表申请注册或者进行备案产品的安全性和有效性，其生产应当符合医疗器械生产质量管理规范的相关要求。

第三十三条　申请注册或者进行备案提交的检验报告可以是申请人、备案人的自检报告，也可以是委托有资质的医疗器械检验机构出具的检验报告。

第三类体外诊断试剂应当提供3个不同生产批次产品的检验报告。

第三十四条　对于有适用的国家标准品的，应当使用国家标准品对试剂进行检验。中国食品药品检定研究院负责组织国家标准品的制备和标定工作。

第二节　临床评价

第三十五条　体外诊断试剂临床评价是指采用科学合理的方法对临床数据进行分析、评价，对产品是否满足使用要求或者预期用途进行确认，以证明体外诊断试剂的安全性、有效性的过程。

第三十六条　体外诊断试剂临床试验是指在相应的临床环境中，对体外诊断试剂的临床性能进行的系统性研究。

国家药品监督管理局制定体外诊断试剂临床试验指南，明确开展临床试验的要求、临床试验报告的撰写要求等。

第三十七条　开展体外诊断试剂临床评价，应当进行临床试验证明体外诊断试剂的安全性、有效性。

符合如下情形的，可以免于进行临床试验：

（一）反应原理明确、设计定型、生产工艺成熟，已上市的同品种体外诊断试剂临床应用多年且无严重不良事件记录，不改变常规用途的；

（二）通过进行同品种方法学比对的方式能够证明该体外诊断试剂安全、有效的。

免于进行临床试验的第二类、第三类体外诊断试剂目录由国家药品监督管理局制定、调整并公布。

第三十八条　免于进行临床试验的体外诊断试剂，申请人应当通过对符合预期用途的临床样本进行同品种方法学比对的方式证明产品的安全性、有效性。

国家药品监督管理局制定免于进行临床试验的体外诊断试剂临床评价相关指南。

第三十九条　体外诊断试剂临床评价资料是指申请人进行临床评价所形成的文件。

开展临床试验的，临床试验资料包括临床试验方案、伦理委员会意见、知情同意书、临床试验报告以及相关数据等。

列入免于进行临床试验目录的体外诊断试剂，临床评价资料包括与同类已上市产品的对比分析、方法学比对数据、相关文献数据分析和经验数据分析等。

第四十条　同一注册申请包括不同包装规格时，可以只采用一种包装规格的产品进行临床评价，临床评价用产品应当代表申请注册或者进行备案产品的安全性和有效性。

校准品、质控品单独申请注册不需要提交临床评价资料。

第四十一条　开展体外诊断试剂临床试验，应当按照医疗器械临床试验质量管理规范的要求，在具备相应条件并按照规定备案的医疗器械临床试验机构内进行。临床试验开始前，临床试验申办者应当向所在地省、自治区、直辖市药品监督管理部门进行临床试验备案。临床试验体外诊断试剂的生产应当符合医疗器械生产质量管理规范的相关要求。

第四十二条　对于体外诊断试剂临床试验期间出现的临床试验体外诊断试剂相关严重不良事件，或者其他严重安全性风险信息，临床试验申办者应当按照相关要求，分别向所在地和临床试验机构所在地省、自治区、直辖市药品监督管理部门报告，并采取风险控制措施。未采取风险控制措施的，省、自治区、直辖市药品监督管理部门依法责令申办者采取相应的风险控制措施。

第四十三条　体外诊断试剂临床试验中出现大范围临床试验体外诊断试剂相关严重不良事件，或者其他重大安全性问题时，申办者应当暂停或者终止体外诊断试剂临床试验，分别向所在地和临床试验机构所在地省、自治区、直辖市药品监督管理部门报告。未暂停或者终止的，省、自治区、直辖市药品监督管理部门依法责令申办者采取相应的风险控制措施。

第四十四条　对预期供消费者个人自行使用的体外诊断试剂开展临床评价时，申请人还应当进行无医学背景的消费者对产品说明书认知能力的评价。

第四十五条　对正在开展临床试验的用于诊断严重危及生命且尚无有效诊断手段的疾病的体外诊断试剂，经医学观察可能使患者获益，经伦理审查、知情同意后，可以在开展体外诊断试剂的临床试验的机构内免费用于其他病情相同的患者，其安全性数据可以用于体外诊断试剂注册申请。

第三节　注册体系核查

第四十六条　申请人应当在申请注册时提交与产品研制、生产有关的质量管理体系相关资料，受理注册申请的药品监督管理部门在产品技术审评时认为有必要对质量管理体系进行核查的，应当组织开展质量管理体系核查，并可以根据需要调阅原始资料。

第四十七条　境内第三类体外诊断试剂质量管理体系核查，由国家局器械审评中心通知申请人所在地的省、自治区、直辖市药品监督管理部门开展。

境内第二类体外诊断试剂质量管理体系核查，由申请人所在地省、自治区、直辖市药品监督管理部门组织开展。

第四十八条　省、自治区、直辖市药品监督管理部门按照医疗器械生产质量管理规范的要求开展质量管理体系核查，重点对申请人是否按照医疗器械生产质量管理规范的要求建立与产品相适应的质量管理体系，以及与产品研制、生产有关的设计开发、生产管理、质量控制等内容进行核查。

在核查过程中，应当同时对检验用产品和临床试验产品的真实性进行核查，重点查阅设计开发过程相关记录，以及检验用产品和临床试验产品生产过程的相关记录。

提交自检报告的，应当对申请人、备案人或者受托机构研制过程中的检验能力、检验结果等进行重点核查。

第四十九条　省、自治区、直辖市药品监督管理部门可以通过资料审查或者现场检查的方式开展质量管理体系核查。根据申请人的具体情况、监督检查情况、本次申请注册产品与既往已通过核查产品生产条件及工艺对比情况等，确定是否现场检查以及检查内容，避免重复检查。

第五十条　国家局器械审评中心对进口第二类、第三类体外诊断试剂开展技术审评时，认为有必要进行质量管理体系核查的，通知国家局审核查验中心根据相关要求开展核查。

第四节　产品注册

第五十一条　申请人应当在完成支持体外诊断试剂注册的安全性、有效性研究，做好接受质量管理体系核查的准备后，提出体外诊断试剂注册申请，并按照相关要求，通过在线注册申请等途径向药品监督管理部门提交下列注册申请资料：

（一）产品风险分析资料；

（二）产品技术要求；

（三）产品检验报告；

（四）临床评价资料；

（五）产品说明书以及标签样稿；

（六）与产品研制、生产有关的质量管理体系文件；

（七）证明产品安全、有效所需的其他资料。

第五十二条 药品监督管理部门收到申请后对申请资料进行审核，并根据下列情况分别作出处理：

（一）申请事项属于本行政机关职权范围，申请资料齐全、符合形式审核要求的，予以受理；

（二）申请资料存在可以当场更正的错误的，应当允许申请人当场更正；

（三）申请资料不齐全或者不符合法定形式的，应当当场或者在5日内一次告知申请人需要补正的全部内容，逾期不告知的，自收到申请资料之日起即为受理；

（四）申请事项依法不属于本行政机关职权范围的，应当即时作出不予受理的决定，并告知申请人向有关行政机关申请。

药品监督管理部门受理或者不予受理体外诊断试剂注册申请，应当出具加盖本行政机关专用印章和注明日期的受理或者不予受理的通知书。

体外诊断试剂注册申请受理后，需要申请人缴纳费用的，申请人应当按规定缴纳费用。申请人未在规定期限内缴纳费用的，视为申请人主动撤回申请，药品监督管理部门终止其注册程序。

第五十三条 技术审评过程中需要申请人补正资料的，技术审评机构应当一次告知需要补正的全部内容。申请人应当在收到补正通知1年内，按照补正通知要求一次提供补充资料；技术审评机构收到补充资料后，在规定的时限内完成技术审评。

申请人对补正通知内容有异议的，可以向相应的技术审评机构提出书面意见，说明理由并提供相应的技术支持资料。

申请人逾期未提交补充资料的，终止技术审评，药品监督管理部门作出不予注册的决定。

第五十四条 对于已受理的注册申请，申请人可以在行政许可决定作出前，向受理该申请的药品监督管理部门申请撤回注册申请及相关资料，并说明理由。同意撤回申请的，药品监督管理部门终止其注册程序。

审评、核查、审批过程中发现涉嫌存在隐瞒真实情况或者提供虚假信息等违法行为的，依法处理，申请人不得撤回注册申请。

第五十五条 对于已受理的注册申请，有证据表明注册申请资料可能虚假的，药品监督管理部门可以中止审评审批。经核实后，根据核实结论继续审查或者作出不予注册的决定。

第五十六条 体外诊断试剂注册申请审评期间，对于拟作出不通过的审评结论的，技术审评机构应当告知申请人不通过的理由，申请人可以在15日内向技术审评机构提出异议，异议内容仅限于原申请事项和原申请资料。技术审评机构结合申请人的异议意见进行综合评估并反馈申请人。异议处理时间不计入审评时限。

第五十七条 受理注册申请的药品监督管理部门应当在技术审评结束后，作出是否批准的决定。对符合安全、有效、质量可控要求的，准予注册，发给医疗器械注册证，经过核准的产品技术要求和产品说明书以附件形式发给申请人。对不予注册的，应当书面说明理由，并同时告知申请人享有依法申请行政复议或者提起行政诉讼的权利。

医疗器械注册证有效期为5年。

第五十八条 对于已受理的注册申请，有下列情形之一的，药品监督管理部门作出不予注册的决定，并告知申请人：

（一）申请人对拟上市销售体外诊断试剂的安全性、有效性、质量可控性进行的研究及其结果无法证明产品安全、有效、质量可控的；

（二）质量管理体系核查不通过，以及申请人拒绝接受质量管理体系现场检查的；

（三）注册申请资料虚假的；

（四）注册申请资料内容混乱、矛盾，注册申请资料内容与申请项目明显不符，不能证明产品安全、有效、质量可控的；

（五）不予注册的其他情形。

第五十九条 法律、法规、规章规定实施行政许可应当听证的事项，或者药品监督管理部门认为需要听证的其他涉及公共利益的重大行政许可事项，药品监督管理部门应当向社会公告，并举行听证。医疗器械注册申请直接涉及申请人与他人之间重大利益关系的，药品监督管理部门在作出行政许可决定前，应当告知申请人、利害关系人享有要求听证的权利。

第六十条　对用于罕见疾病、严重危及生命且尚无有效诊断手段的疾病和应对公共卫生事件等急需的体外诊断试剂，药品监督管理部门可以作出附条件批准决定，并在医疗器械注册证中载明有效期、上市后需要继续完成的研究工作及完成时限等相关事项。

第六十一条　对附条件批准的体外诊断试剂，注册人应当在体外诊断试剂上市后收集受益和风险相关数据，持续对产品的受益和风险开展监测与评估，采取有效措施主动管控风险，并在规定期限内按照要求完成研究并提交相关资料。

第六十二条　对附条件批准的体外诊断试剂，注册人逾期未按照要求完成研究或者不能证明其受益大于风险的，注册人应当及时申请办理医疗器械注册证注销手续，药品监督管理部门可以依法注销医疗器械注册证。

第六十三条　对新研制的尚未列入体外诊断试剂分类目录的体外诊断试剂，申请人可以直接申请第三类体外诊断试剂产品注册，也可以依据分类规则判断产品类别并向国家药品监督管理局申请类别确认后，申请产品注册或者进行产品备案。

直接申请第三类体外诊断试剂注册的，国家药品监督管理局按照风险程度确定类别。境内体外诊断试剂确定为第二类或者第一类的，应当告知申请人向相应的药品监督管理部门申请注册或者进行备案。

第六十四条　已注册的体外诊断试剂，其管理类别由高类别调整为低类别的，医疗器械注册证在有效期内继续有效。有效期届满需要延续的，注册人应当在医疗器械注册证有效期届满6个月前，按照调整后的类别向相应的药品监督管理部门申请延续注册或者进行备案。

体外诊断试剂管理类别由低类别调整为高类别的，注册人应当按照改变后的类别向相应的药品监督管理部门申请注册。国家药品监督管理局在管理类别调整通知中应当对完成调整的时限作出规定。

第六十五条　医疗器械注册证及其附件遗失、损毁的，注册人应当向原发证机关申请补发，原发证机关核实后予以补发。

第六十六条　注册申请审查过程中及批准后发生专利权纠纷的，应当按照有关法律、法规的规定处理。

第四章　特殊注册程序

第一节　创新产品注册程序

第六十七条　符合下列要求的体外诊断试剂，申请人可以申请适用创新产品注册程序：

（一）申请人通过其主导的技术创新活动，在中国依法拥有产品核心技术发明专利权，或者依法通过受让取得在中国发明专利权或其使用权，且申请适用创新产品注册程序的时间在专利授权公告日起5年内；或者核心技术发明专利的申请已由国务院专利行政部门公开，并由国家知识产权局专利检索咨询中心出具检索报告，载明产品核心技术方案具备新颖性和创造性；

（二）申请人已完成产品的前期研究并具有基本定型产品，研究过程真实和受控，研究数据完整和可溯源；

（三）产品主要工作原理或者作用机理为国内首创，产品性能或者安全性与同类产品比较有根本性改进，技术上处于国际领先水平，且具有显著的临床应用价值。

第六十八条　申请适用创新产品注册程序的，申请人应当在产品基本定型后，向国家药品监督管理局提出创新医疗器械审查申请。国家药品监督管理局组织专家进行审查，符合要求的，纳入创新产品注册程序。

第六十九条　对于适用创新产品注册程序的体外诊断试剂注册申请，国家药品监督管理局以及承担相关技术工作的机构，根据各自职责指定专人负责，及时沟通，提供指导。

纳入创新产品注册程序的体外诊断试剂，国家局器械审评中心可与申请人在注册申请受理前以及技术审评过程中就产品研制中的重大技术问题、重大安全性问题、临床试验方案、阶段性临床试验结果的总结与评价等问题沟通交流。

第七十条　纳入创新产品注册程序的体外诊断试剂，申请人主动要求终止或者国家药品监督管理局发现不再符合创新产品注册程序要求的，国家药品监督管理局可终止相关产品的创新产品注册程序并告知申请人。

第七十一条　纳入创新产品注册程序的体外诊断试剂，申请人在规定期限内未提出注册申请的，不再适用创新产品注册程序。

第二节　优先注册程序

第七十二条　满足下列情形之一的体外诊断试剂，可以申请适用优先注册程序：

（一）诊断罕见病、恶性肿瘤，且具有明显临床优势，诊断老年人特有和多发疾病且目前尚无有效诊断手段，专用于儿童且具有明显临床优势，或者临床急需且在我国尚无同品种产品获准注册的医疗器械；

（二）列入国家科技重大专项或者国家重点研发

计划的医疗器械；

（三）国家药品监督管理局规定的其他可以适用优先注册程序的医疗器械。

第七十三条 申请适用优先注册程序的，申请人应当在提出体外诊断试剂注册申请时，向国家药品监督管理局提出适用优先注册程序的申请。属于第七十二条第一项情形的，由国家药品监督管理局组织专家进行审核，符合的，纳入优先注册程序；属于第七十二条第二项情形的，由国家局器械审评中心进行审核，符合的，纳入优先注册程序；属于第七十二条第三项情形的，由国家药品监督管理局广泛听取意见，并组织专家论证后确定是否纳入优先注册程序。

第七十四条 对纳入优先注册程序的体外诊断试剂注册申请，国家药品监督管理局优先进行审评审批，省、自治区、直辖市药品监督管理部门优先安排注册质量管理体系核查。

国家局器械审评中心在对纳入优先注册程序的医疗器械产品开展技术审评过程中，应当按照相关规定积极与申请人进行沟通交流，必要时，可以安排专项交流。

第三节 应急注册程序

第七十五条 国家药品监督管理局可以依法对突发公共卫生事件应急所需且在我国境内尚无同类产品上市，或者虽在我国境内已有同类产品上市但产品供应不能满足突发公共卫生事件应急处理需要的体外诊断试剂实施应急注册。

第七十六条 申请适用应急注册程序的，申请人应当向国家药品监督管理局提出应急注册申请。符合条件的，纳入应急注册程序。

第七十七条 对实施应急注册的体外诊断试剂注册申请，国家药品监督管理局按照统一指挥、早期介入、随到随审、科学审批的要求办理，并行开展体外诊断试剂产品检验、体系核查、技术审评等工作。

第五章 变更注册与延续注册

第一节 变更注册

第七十八条 注册人应当主动开展体外诊断试剂上市后研究，对体外诊断试剂的安全性、有效性和质量可控性进行进一步确认，加强对已上市体外诊断试剂的持续管理。

已注册的第二类、第三类体外诊断试剂产品，其设计、原材料、生产工艺、适用范围、使用方法等发生实质性变化，有可能影响该体外诊断试剂安全、有效的，注册人应当向原注册部门申请办理变更注册手续；发生其他变化的，应当在变化之日起30日内向原注册部门备案。

注册证载明的产品名称、包装规格、主要组成成分、预期用途、产品技术要求、产品说明书、进口体外诊断试剂的生产地址等，属于前款规定的需要办理变更注册的事项。注册人名称和住所、代理人名称和住所等，属于前款规定的需要备案的事项。境内体外诊断试剂生产地址变更的，注册人应当在办理相应的生产许可变更后办理备案。

发生其他变化的，注册人应当按照质量管理体系要求做好相关工作，并按照规定向药品监督管理部门报告。

第七十九条 已注册的第二类、第三类体外诊断试剂，产品的核心技术原理等发生实质性改变，或者发生其他重大改变、对产品安全有效性产生重大影响，实质上构成新的产品的，不属于本章规定的变更申请事项，应当按照注册申请的规定办理。

第八十条 对于变更注册申请，技术审评机构应当重点针对变化部分进行审评，对变化后产品是否安全、有效、质量可控形成审评意见。

在对变更注册申请进行技术审评时，认为有必要对质量管理体系进行核查的，药品监督管理部门应当组织开展质量管理体系核查。

第八十一条 医疗器械变更注册文件与原医疗器械注册证合并使用，有效期截止日期与原医疗器械注册证相同。

第二节 延续注册

第八十二条 医疗器械注册证有效期届满需要延续注册的，注册人应当在医疗器械注册证有效期届满6个月前，向原注册部门申请延续注册，并按照相关要求提交申请资料。

除有本办法第八十三条规定情形外，接到延续注册申请的药品监督管理部门应当在医疗器械注册证有效期届满前作出准予延续的决定。逾期未作决定的，视为准予延续。

第八十三条 有下列情形之一的，不予延续注册：

（一）未在规定期限内提出延续注册申请；

（二）新的体外诊断试剂强制性标准或者国家标准品发布实施，申请延续注册的体外诊断试剂不能达到新要求；

（三）附条件批准的体外诊断试剂，未在规定期限内完成医疗器械注册证载明事项。

第八十四条　延续注册的批准时间在原注册证有效期内的，延续注册的注册证有效期起始日为原注册证到期日次日；批准时间不在原注册证有效期内的，延续注册的注册证有效期起始日为批准延续注册的日期。

第八十五条　体外诊断试剂变更注册申请、延续注册申请的受理与审批程序，本章未作规定的，适用本办法第三章的相关规定。

第六章　体外诊断试剂备案

第八十六条　第一类体外诊断试剂生产前，应当进行产品备案。

第八十七条　进行体外诊断试剂备案，备案人应当按照《医疗器械监督管理条例》的规定向药品监督管理部门提交备案资料，获取备案编号。

第八十八条　已备案的体外诊断试剂，备案信息表中登载内容及备案的产品技术要求发生变化的，备案人应当向原备案部门变更备案，并提交变化情况的说明以及相关文件。药品监督管理部门应当将变更情况登载于备案信息中。

第八十九条　已备案的体外诊断试剂管理类别调整为第二类或者第三类体外诊断试剂的，应当按照本办法规定申请注册。

第七章　工作时限

第九十条　本办法所规定的时限是体外诊断试剂注册的受理、技术审评、核查、审批等工作的最长时间。特殊注册程序相关工作时限，按特殊注册程序相关规定执行。

国家局器械审评中心等专业技术机构应当明确本单位工作程序和时限，并向社会公布。

第九十一条　药品监督管理部门收到体外诊断试剂注册申请后，应当自受理之日起3日内将申请资料转交技术审评机构。

第九十二条　体外诊断试剂注册技术审评时限，按照以下规定执行：

（一）第二类体外诊断试剂注册申请、变更注册申请、延续注册申请的技术审评时限为60日，申请资料补正后的技术审评时限为60日；

（二）第三类体外诊断试剂注册申请、变更注册申请、延续注册申请的技术审评时限为90日，申请资料补正后的技术审评时限为60日。

第九十三条　境内第三类体外诊断试剂质量管理体系核查时限，按照以下规定执行：

（一）国家局器械审评中心应当在体外诊断试剂注册申请受理后10日内通知相关省、自治区、直辖市药品监督管理部门启动核查；

（二）省、自治区、直辖市药品监督管理部门原则上在接到核查通知后30日内完成核查，并将核查情况、核查结果等相关材料反馈至国家局器械审评中心。

第九十四条　受理注册申请的药品监督管理部门应当自收到审评意见之日起20日内作出决定。

第九十五条　药品监督管理部门应当自作出体外诊断试剂注册审批决定之日起10日内颁发、送达有关行政许可证件。

第九十六条　因产品特性以及技术审评、核查等工作遇到特殊情况确需延长时限的，延长时限不得超过原时限的二分之一，经医疗器械技术审评、核查等相关技术机构负责人批准后，由延长时限的技术机构书面告知申请人，并通知其他相关技术机构。

第九十七条　原发证机关应当自收到医疗器械注册证补办申请之日起20日内予以补发。

第九十八条　以下时间不计入相关工作时限：

（一）申请人补充资料、核查后整改等所占用的时间；

（二）因申请人原因延迟核查的时间；

（三）外聘专家咨询、召开专家咨询会、需要与药品审评机构联合审评的时间；

（四）根据规定中止审评审批程序的，中止审评审批程序期间所占用的时间；

（五）质量管理体系核查所占用的时间。

第九十九条　本办法规定的时限以工作日计算。

第八章　监督管理

第一百条　药品监督管理部门应当加强体外诊断试剂研制活动的监督检查，必要时可以对为体外诊断试剂研制提供产品或者服务的单位和个人进行延伸检查，有关单位和个人应当予以配合，提供相关文件和资料，不得拒绝、隐瞒、阻挠。

第一百零一条　国家药品监督管理局建立并分步实施医疗器械唯一标识制度，申请人、备案人应当按照相关规定提交唯一标识相关信息，保证数据真实、准确、可溯源。

第一百零二条　国家药品监督管理局应当及时将代理人信息通报代理人所在地省、自治区、直辖市药品监督管理部门。省、自治区、直辖市药品监督管理部门对本行政区域内的代理人组织开展日常监督管理。

第一百零三条　省、自治区、直辖市药品监督管理部门根据医疗器械临床试验机构备案情况，组织对本行政区域内已经备案的临床试验机构开展备案后监督检查。对于新备案的医疗器械临床试验机构，应当在备案后60日内开展监督检查。

省、自治区、直辖市药品监督管理部门应当组织对本行政区域内医疗器械临床试验机构遵守医疗器械临床试验质量管理规范的情况进行日常监督检查，监督其持续符合规定要求。国家药品监督管理局根据需要对医疗器械临床试验机构进行监督检查。

第一百零四条　药品监督管理部门认为有必要的，可以对临床试验的真实性、准确性、完整性、规范性和可追溯性进行现场检查。

第一百零五条　承担第一类体外诊断试剂产品备案工作的药品监督管理部门在备案后监督中，发现备案资料不规范的，应当责令备案人限期改正。

第一百零六条　药品监督管理部门未及时发现本行政区域内体外诊断试剂注册管理系统性、区域性风险，或者未及时消除本行政区域内体外诊断试剂注册管理系统性、区域性隐患的，上级药品监督管理部门可以对下级药品监督管理部门主要负责人进行约谈。

第九章　法律责任

第一百零七条　违反本办法第七十八条的规定，未按照要求对发生变化进行备案的，责令限期改正；逾期不改正的，处1万元以上3万元以下罚款。

第一百零八条　开展体外诊断试剂临床试验未遵守临床试验质量管理规范的，依照《医疗器械监督管理条例》第九十四条予以处罚。

第一百零九条　医疗器械技术审评机构未依照本办法规定履行职责，致使审评工作出现重大失误的，由负责药品监督管理的部门责令改正，通报批评，给予警告；造成严重后果的，对违法单位的法定代表人、主要负责人、直接负责的主管人员和其他责任人员，依法给予处分。

第一百一十条　负责药品监督管理的部门工作人员违反规定，滥用职权、玩忽职守、徇私舞弊的，依法给予处分。

第十章　附　　则

第一百一十一条　体外诊断试剂的命名应当遵循以下原则：

体外诊断试剂的产品名称一般由三部分组成。第一部分：被测物质的名称；第二部分：用途，如测定试剂盒、质控品等；第三部分：方法或者原理，如磁微粒化学发光免疫分析法、荧光PCR法、荧光原位杂交法等，本部分应当在括号中列出。

如果被测物组分较多或者有其他特殊情况，可以采用与产品相关的适应症名称或者其他替代名称。

第一类产品和校准品、质控品，依据其预期用途进行命名。

第一百一十二条　体外诊断试剂的注册或者备案单元应为单一试剂或者单一试剂盒，一个注册或者备案单元可以包括不同的包装规格。

校准品、质控品可以与配合使用的体外诊断试剂合并申请注册，也可以单独申请注册。

第一百一十三条　获准注册的体外诊断试剂，是指与该医疗器械注册证及附件限定内容一致且在医疗器械注册证有效期内生产的体外诊断试剂。

第一百一十四条　医疗器械注册证中"主要组成成分"栏内所载明的独立试剂组分，用于原注册产品的，可以单独销售。

第一百一十五条　申请人在申请体外诊断试剂产品注册、变更注册中可以经医疗器械主文档所有者授权，引用经登记的医疗器械主文档。医疗器械主文档由其所有者或代理机构办理登记，相关工作程序另行规定。

第一百一十六条　医疗器械注册证格式由国家药品监督管理局统一制定。

注册证编号的编排方式为：

×1械注×2××××3×4××5××××6。其中：

×1为注册审批部门所在地的简称：

境内第三类体外诊断试剂、进口第二类、第三类体外诊断试剂为"国"字；

境内第二类体外诊断试剂为注册审批部门所在地省、自治区、直辖市简称；

×2为注册形式：

"准"字适用于境内体外诊断试剂；

"进"字适用于进口体外诊断试剂；

"许"字适用于香港、澳门、台湾地区的体外诊断试剂；

××××3为首次注册年份；

×4为产品管理类别；

××5为产品分类编码；

××××6为首次注册流水号。

延续注册的，××××3和××××6数字不变。产品管理类别调整的，应当重新编号。

第一百一十七条　第一类医疗器械备案编号的编排方式为：

×1 械备××××2××××3。

其中：

×1 为备案部门所在地的简称：

进口第一类体外诊断试剂为“国”字；

境内第一类体外诊断试剂为备案部门所在地省、自治区、直辖市简称加所在地设区的市级行政区域的简称(无相应设区的市级行政区域时，仅为省、自治区、直辖市的简称)；

××××2 为备案年份；

××××3 为备案流水号。

第一百一十八条　药品监督管理部门制作的医疗器械注册证、变更注册文件电子文件与纸质文件具有同等法律效力。

第一百一十九条　根据工作需要，国家药品监督管理局可以依法委托省、自治区、直辖市药品监督管理部门或者技术机构、社会组织承担有关的具体工作。

第一百二十条　省、自治区、直辖市药品监督管理部门可以参照本办法第四章规定制定本行政区域内第二类体外诊断试剂特殊注册程序，并报国家药品监督管理局备案。

第一百二十一条　体外诊断试剂产品注册收费项目、收费标准按照国务院财政、价格主管部门的有关规定执行。

第一百二十二条　体外诊断试剂紧急使用的有关规定，由国家药品监督管理局会同有关部门另行制定。

第一百二十三条　国内尚无同品种产品上市，医疗机构根据本单位的临床需要自行研制，在执业医师指导下在本单位内使用的体外诊断试剂，相关管理规定由国家药品监督管理局会同有关部门另行制定。

第一百二十四条　香港、澳门、台湾地区体外诊断试剂的注册、备案，参照进口体外诊断试剂办理。

第一百二十五条　本办法自 2021 年 10 月 1 日起施行。2014 年 7 月 30 日原国家食品药品监督管理总局令第 5 号公布的《体外诊断试剂注册管理办法》同时废止。

医疗器械生产监督管理办法

1. 2022 年 3 月 10 日国家市场监督管理总局令第 53 号公布
2. 自 2022 年 5 月 1 日起施行

第一章　总　　则

第一条　为了加强医疗器械生产监督管理，规范医疗器械生产活动，保证医疗器械安全、有效，根据《医疗器械监督管理条例》，制定本办法。

第二条　在中华人民共和国境内从事医疗器械生产活动及其监督管理，应当遵守本办法。

第三条　从事医疗器械生产活动，应当遵守法律、法规、规章、强制性标准和医疗器械生产质量管理规范，保证医疗器械生产全过程信息真实、准确、完整和可追溯。

医疗器械注册人、备案人对上市医疗器械的安全、有效负责。

第四条　根据医疗器械风险程度，医疗器械生产实施分类管理。

从事第二类、第三类医疗器械生产活动，应当经所在地省、自治区、直辖市药品监督管理部门批准，依法取得医疗器械生产许可证；从事第一类医疗器械生产活动，应当向所在地设区的市级负责药品监督管理的部门办理医疗器械生产备案。

第五条　国家药品监督管理局负责全国医疗器械生产监督管理工作。

省、自治区、直辖市药品监督管理部门负责本行政区域第二类、第三类医疗器械生产监督管理，依法按照职责负责本行政区域第一类医疗器械生产监督管理，并加强对本行政区域第一类医疗器械生产监督管理工作的指导。

设区的市级负责药品监督管理的部门依法按照职责监督管理本行政区域第一类医疗器械生产活动。

第六条　药品监督管理部门依法设置或者指定的医疗器械审评、检查、检验、监测与评价等专业技术机构，按照职责分工承担相关技术工作，为医疗器械生产监督管理提供技术支撑。

国家药品监督管理局食品药品审核查验中心组织拟订医疗器械检查制度规范和技术文件，承担重大有因检查和境外检查等工作，并对省、自治区、直辖市医疗器械检查机构质量管理体系进行指导和评估。

第七条　国家药品监督管理局加强医疗器械生产监督管理信息化建设，提高在线政务服务水平。

省、自治区、直辖市药品监督管理部门负责本行政区域医疗器械生产监督管理信息化建设和管理工作，按照国家药品监督管理局的要求统筹推进医疗器械生产监督管理信息共享。

第八条　药品监督管理部门依法及时公开医疗器械生产许可、备案、监督检查、行政处罚等信息，方便公众查询，接受社会监督。

第二章　生产许可与备案管理

第九条　从事医疗器械生产活动，应当具备下列条件：

（一）有与生产的医疗器械相适应的生产场地、环境条件、生产设备以及专业技术人员；

（二）有能对生产的医疗器械进行质量检验的机构或者专职检验人员以及检验设备；

（三）有保证医疗器械质量的管理制度；

（四）有与生产的医疗器械相适应的售后服务能力；

（五）符合产品研制、生产工艺文件规定的要求。

第十条 在境内从事第二类、第三类医疗器械生产的，应当向所在地省、自治区、直辖市药品监督管理部门申请生产许可，并提交下列材料：

（一）所生产的医疗器械注册证以及产品技术要求复印件；

（二）法定代表人（企业负责人）身份证明复印件；

（三）生产、质量和技术负责人的身份、学历、职称相关材料复印件；

（四）生产管理、质量检验岗位从业人员学历、职称一览表；

（五）生产场地的相关文件复印件，有特殊生产环境要求的，还应当提交设施、环境的相关文件复印件；

（六）主要生产设备和检验设备目录；

（七）质量手册和程序文件目录；

（八）生产工艺流程图；

（九）证明售后服务能力的相关材料；

（十）经办人的授权文件。

申请人应当确保所提交的材料合法、真实、准确、完整和可追溯。

相关材料可以通过联网核查的，无需申请人提供。

第十一条 省、自治区、直辖市药品监督管理部门收到申请后，应当根据下列情况分别作出处理：

（一）申请事项属于本行政机关职权范围，申请资料齐全、符合法定形式的，应当受理申请；

（二）申请资料存在可以当场更正的错误的，应当允许申请人当场更正；

（三）申请资料不齐全或者不符合法定形式的，应当当场或者在5个工作日内一次告知申请人需要补正的全部内容，逾期不告知的，自收到申请资料之日起即为受理；

（四）申请事项依法不属于本行政机关职权范围的，应当即时作出不予受理的决定，并告知申请人向有关行政机关申请。

省、自治区、直辖市药品监督管理部门受理或者不予受理医疗器械生产许可申请的，应当出具加盖本行政机关专用印章和注明日期的受理或者不予受理通知书。

第十二条 法律、法规、规章规定实施行政许可应当听证的事项，或者药品监督管理部门认为需要听证的其他涉及公共利益的重大行政许可事项，药品监督管理部门应当向社会公告，并举行听证。医疗器械生产许可申请直接涉及申请人与他人之间重大利益关系的，药品监督管理部门在作出行政许可决定前，应当告知申请人、利害关系人享有要求听证的权利。

第十三条 省、自治区、直辖市药品监督管理部门应当对申请资料进行审核，按照国家药品监督管理局制定的医疗器械生产质量管理规范的要求进行核查，并自受理申请之日起20个工作日内作出决定。现场核查可以与产品注册体系核查相结合，避免重复核查。需要整改的，整改时间不计入审核时限。

符合规定条件的，依法作出准予许可的书面决定，并于10个工作日内发给《医疗器械生产许可证》；不符合规定条件的，作出不予许可的书面决定，并说明理由，同时告知申请人享有依法申请行政复议或者提起行政诉讼的权利。

第十四条 医疗器械生产许可证分为正本和副本，有效期为5年。正本和副本载明许可证编号、企业名称、统一社会信用代码、法定代表人（企业负责人）、住所、生产地址、生产范围、发证部门、发证日期和有效期限。副本记载许可证正本载明事项变更以及车间或者生产线重大改造等情况。企业名称、统一社会信用代码、法定代表人（企业负责人）、住所等项目应当与营业执照中载明的相关内容一致。

医疗器械生产许可证由国家药品监督管理局统一样式，由省、自治区、直辖市药品监督管理部门印制。

医疗器械生产许可证电子证书与纸质证书具有同等法律效力。

第十五条 生产地址变更或者生产范围增加的，应当向原发证部门申请医疗器械生产许可变更，并提交本办法第十条规定中涉及变更内容的有关材料，原发证部门应当依照本办法第十三条的规定进行审核并开展现场核查。

车间或者生产线进行改造，导致生产条件发生变化，可能影响医疗器械安全、有效的，应当向原发证部门报告。属于许可事项变化的，应当按照规定办理相关许可变更手续。

第十六条 企业名称、法定代表人（企业负责人）、住所变更或者生产地址文字性变更，以及生产范围核减的，应当在变更后30个工作日内，向原发证部门申请登记事项变更，并提交相关材料。原发证部门应当在5个工作日内完成登记事项变更。

第十七条　医疗器械生产许可证有效期届满延续的，应当在有效期届满前90个工作日至30个工作日期间提出延续申请。逾期未提出延续申请的，不再受理其延续申请。

原发证部门应当结合企业遵守医疗器械管理法律法规、医疗器械生产质量管理规范情况和企业质量管理体系运行情况进行审查，必要时开展现场核查，在医疗器械生产许可证有效期届满前作出是否准予延续的决定。

经审查符合规定条件的，准予延续，延续的医疗器械生产许可证编号不变。不符合规定条件的，责令限期改正；整改后仍不符合规定条件的，不予延续，并书面说明理由。

延续许可的批准时间在原许可证有效期内的，延续起始日为原许可证到期日的次日；批准时间不在原许可证有效期内的，延续起始日为批准延续许可的日期。

第十八条　医疗器械生产企业跨省、自治区、直辖市设立生产场地的，应当向新设生产场地所在地省、自治区、直辖市药品监督管理部门申请医疗器械生产许可。

第十九条　医疗器械生产许可证遗失的，应当向原发证部门申请补发。原发证部门应当及时补发医疗器械生产许可证，补发的医疗器械生产许可证编号和有效期限与原许可证一致。

第二十条　医疗器械生产许可证正本、副本变更的，发证部门应当重新核发变更后的医疗器械生产许可证正本、副本，收回原许可证正本、副本；仅副本变更的，发证部门应当重新核发变更后的医疗器械生产许可证副本，收回原许可证副本。变更后的医疗器械生产许可证编号和有效期限不变。

第二十一条　有下列情形之一的，由原发证部门依法注销医疗器械生产许可证，并予以公告：

（一）主动申请注销的；

（二）有效期届满未延续的；

（三）市场主体资格依法终止的；

（四）医疗器械生产许可证依法被吊销或者撤销的；

（五）法律、法规规定应当注销行政许可的其他情形。

第二十二条　从事第一类医疗器械生产的，应当向所在地设区的市级负责药品监督管理的部门备案，在提交本办法第十条规定的相关材料后，即完成生产备案，获取备案编号。医疗器械备案人自行生产第一类医疗器械的，可以在办理产品备案时一并办理生产备案。

药品监督管理部门应当在生产备案之日起3个月内，对提交的资料以及执行医疗器械生产质量管理规范情况开展现场检查。对不符合医疗器械生产质量管理规范要求的，依法处理并责令限期改正；不能保证产品安全、有效的，取消备案并向社会公告。

第二十三条　第一类医疗器械生产备案内容发生变化的，应当在10个工作日内向原备案部门提交本办法第十条规定的与变化有关的材料，药品监督管理部门必要时可以依照本办法第二十二条的规定开展现场核查。

第二十四条　任何单位或者个人不得伪造、变造、买卖、出租、出借医疗器械生产许可证。

第三章　生产质量管理

第二十五条　医疗器械注册人、备案人、受托生产企业应当按照医疗器械生产质量管理规范的要求，建立健全与所生产医疗器械相适应的质量管理体系并保持其有效运行，并严格按照经注册或者备案的产品技术要求组织生产，保证出厂的医疗器械符合强制性标准以及经注册或者备案的产品技术要求。

第二十六条　医疗器械注册人、备案人的法定代表人、主要负责人对其生产的医疗器械质量安全全面负责。

第二十七条　医疗器械注册人、备案人、受托生产企业应当配备管理者代表。管理者代表受法定代表人或者主要负责人委派，履行建立、实施并保持质量管理体系有效运行等责任。

第二十八条　医疗器械注册人、备案人、受托生产企业应当开展医疗器械法律、法规、规章、标准以及质量管理等方面的培训，建立培训制度，制定培训计划，加强考核并做好培训记录。

第二十九条　医疗器械注册人、备案人、受托生产企业应当按照所生产产品的特性、工艺流程以及生产环境要求合理配备、使用设施设备，加强对设施设备的管理，并保持其有效运行。

第三十条　医疗器械注册人、备案人应当开展设计开发到生产的转换活动，并进行充分验证和确认，确保设计开发输出适用于生产。

第三十一条　医疗器械注册人、备案人、受托生产企业应当加强采购管理，建立供应商审核制度，对供应商进行评价，确保采购产品和服务符合相关规定要求。

医疗器械注册人、备案人、受托生产企业应当建立原材料采购验收记录制度，确保相关记录真实、准确、完整和可追溯。

第三十二条 医疗器械注册人、备案人委托生产的，应当对受托方的质量保证能力和风险管理能力进行评估，按照国家药品监督管理局制定的委托生产质量协议指南要求，与其签订质量协议以及委托协议，监督受托方履行有关协议约定的义务。

受托生产企业应当按照法律、法规、规章、医疗器械生产质量管理规范、强制性标准、产品技术要求、委托生产质量协议等要求组织生产，对生产行为负责，并接受医疗器械注册人、备案人的监督。

第三十三条 医疗器械注册人、备案人、受托生产企业应当建立记录管理制度，确保记录真实、准确、完整和可追溯。

鼓励医疗器械注册人、备案人、受托生产企业采用先进技术手段，建立信息化管理系统，加强对生产过程的管理。

第三十四条 医疗器械注册人、备案人应当负责产品上市放行，建立产品上市放行规程，明确放行标准、条件，并对医疗器械生产过程记录和质量检验结果进行审核，符合标准和条件的，经授权的放行人员签字后方可上市。委托生产的，医疗器械注册人、备案人还应当对受托生产企业的生产放行文件进行审核。

受托生产企业应当建立生产放行规程，明确生产放行的标准、条件，确认符合标准、条件的，方可出厂。

不符合法律、法规、规章、强制性标准以及经注册或者备案的产品技术要求的，不得放行出厂和上市。

第三十五条 医疗器械注册人、备案人应当建立并实施产品追溯制度，保证产品可追溯。受托生产企业应当协助注册人、备案人实施产品追溯。

第三十六条 医疗器械注册人、备案人、受托生产企业应当按照国家实施医疗器械唯一标识的有关要求，开展赋码、数据上传和维护更新，保证信息真实、准确、完整和可追溯。

第三十七条 医疗器械注册人、备案人、受托生产企业应当建立纠正措施程序，确定产生问题的原因，采取有效措施，防止相关问题再次发生。

医疗器械注册人、备案人、受托生产企业应当建立预防措施程序，查清潜在问题的原因，采取有效措施，防止问题发生。

第三十八条 医疗器械注册人、备案人应当按照医疗器械生产质量管理规范的要求，对可能影响产品安全性和有效性的原材料、生产工艺等变化进行识别和控制。需要进行注册变更或者备案变更的，应当按照注册备案管理的规定办理相关手续。

第三十九条 新的强制性标准实施后，医疗器械注册人、备案人应当及时识别产品技术要求和强制性标准的差异，需要进行注册变更或者备案变更的，应当按照注册备案管理的规定办理相关手续。

第四十条 医疗器械注册人、备案人、受托生产企业应当按照医疗器械不良事件监测相关规定落实不良事件监测责任，开展不良事件监测，向医疗器械不良事件监测技术机构报告调查、分析、评价、产品风险控制等情况。

第四十一条 医疗器械注册人、备案人发现生产的医疗器械不符合强制性标准、经注册或者备案的产品技术要求，或者存在其他缺陷的，应当立即停止生产，通知相关经营企业、使用单位和消费者停止经营和使用，召回已经上市销售的医疗器械，采取补救、销毁等措施，记录相关情况，发布相关信息，并将医疗器械召回和处理情况向药品监督管理部门和卫生主管部门报告。

受托生产企业应当按照医疗器械召回的相关规定履行责任，并协助医疗器械注册人、备案人对所生产的医疗器械实施召回。

第四十二条 医疗器械生产企业应当向药品监督管理部门报告所生产的产品品种情况。

增加生产产品品种的，应当向原生产许可或者生产备案部门报告，涉及委托生产的，还应当提供委托方、受托生产产品、受托期限等信息。

医疗器械生产企业增加生产产品涉及生产条件变化，可能影响产品安全、有效的，应当在增加生产产品30个工作日前向原生产许可部门报告，原生产许可部门应当及时开展现场核查。属于许可事项变化的，应当按照规定办理相关许可变更。

第四十三条 医疗器械生产企业连续停产一年以上且无同类产品在产的，重新生产时，应当进行必要的验证和确认，并书面报告药品监督管理部门。可能影响质量安全的，药品监督管理部门可以根据需要组织核查。

第四十四条 医疗器械注册人、备案人、受托生产企业的生产条件发生变化，不再符合医疗器械质量管理体系要求的，应当立即采取整改措施；可能影响医疗器械安全、有效的，应当立即停止生产活动，并向原生产许可或者生产备案部门报告。

受托生产企业应当及时将变化情况告知医疗器械注册人、备案人。

第四十五条 医疗器械注册人、备案人、受托生产企业应当每年对质量管理体系的运行情况进行自查，并于次年3月31日前向所在地药品监督管理部门提交自查报告。进口医疗器械注册人、备案人由其代理人向代理人所在地省、自治区、直辖市药品监督管理部门提交自查报告。

第四章　监督检查

第四十六条　药品监督管理部门依法按照职责开展对医疗器械注册人、备案人和受托生产企业生产活动的监督检查。

必要时，药品监督管理部门可以对为医疗器械生产活动提供产品或者服务的其他单位和个人开展延伸检查。

第四十七条　药品监督管理部门应当建立健全职业化、专业化医疗器械检查员制度，根据监管事权、产业规模以及检查任务等，配备充足的检查员，有效保障检查工作需要。

检查员应当熟悉医疗器械法律法规，具备医疗器械专业知识和检查技能。

第四十八条　药品监督管理部门依据产品和企业的风险程度，对医疗器械注册人、备案人、受托生产企业实行分级管理并动态调整。

国家药品监督管理局组织制定重点监管产品目录。省、自治区、直辖市药品监督管理部门结合实际确定本行政区域重点监管产品目录。

省、自治区、直辖市药品监督管理部门依据重点监管产品目录以及医疗器械生产质量管理状况，结合医疗器械不良事件、产品投诉举报以及企业信用状况等因素，组织实施分级监督管理工作。

第四十九条　省、自治区、直辖市药品监督管理部门应当制定年度医疗器械生产监督检查计划，确定医疗器械监督管理的重点，明确检查频次和覆盖范围，综合运用监督检查、重点检查、跟踪检查、有因检查和专项检查等多种形式强化监督管理。

对生产重点监管产品目录品种的企业每年至少检查一次。

第五十条　药品监督管理部门组织监督检查时，应当制定检查方案，明确检查事项和依据，如实记录现场检查情况，并将检查结果书面告知被检查企业。需要整改的，应当明确整改内容和整改期限。

药品监督管理部门进行监督检查时，应当指派两名以上检查人员实施监督检查。执法人员应当向被检查单位出示执法证件，其他检查人员应当出示检查员证或者表明其身份的文书、证件。

第五十一条　药品监督管理部门对医疗器械注册人、备案人自行生产的，开展监督检查时重点检查：

（一）医疗器械注册人、备案人执行法律法规、医疗器械生产质量管理规范情况；

（二）按照强制性标准以及经注册、备案的产品技术要求组织生产，实际生产与医疗器械注册备案、医疗器械生产许可备案等内容的一致情况；

（三）质量管理体系运行持续合规、有效情况；

（四）法定代表人、企业负责人、管理者代表等人员了解熟悉医疗器械相关法律法规情况；

（五）管理者代表履职情况；

（六）法定代表人、企业负责人、管理者代表、质量检验机构或者专职人员、生产场地、环境条件、关键生产检验设备等变化情况；

（七）用户反馈、企业内部审核等所发现问题的纠正预防措施；

（八）企业产品抽检、监督检查、投诉举报等发现问题的整改落实情况；

（九）内部审核、管理评审、变更控制、年度自查报告等情况；

（十）其他应当重点检查的内容。

第五十二条　药品监督管理部门对医疗器械注册人、备案人采取委托生产方式的，开展监督检查时重点检查：

（一）医疗器械注册人、备案人执行法律法规、医疗器械生产质量管理规范情况；

（二）质量管理体系运行是否持续合规、有效；

（三）管理者代表履职情况；

（四）按照强制性标准以及经注册或者备案的产品技术要求组织生产情况；

（五）用户反馈、企业内部审核等所发现问题的纠正预防措施；

（六）内部审核、管理评审、变更控制、年度自查报告等情况；

（七）开展不良事件监测、再评价以及产品安全风险信息收集与评估等情况；

（八）产品的上市放行情况；

（九）对受托生产企业的监督情况，委托生产质量协议的履行、委托生产产品的设计转换和变更控制、委托生产产品的生产放行等情况；

（十）其他应当重点检查的内容。

必要时，可以对受托生产企业开展检查。

第五十三条　药品监督管理部门对受托生产企业开展监督检查时重点检查：

（一）实际生产与医疗器械注册备案、医疗器械生产许可备案等内容的一致情况；

（二）受托生产企业执行法律法规、医疗器械生产质量管理规范情况；

（三）法定代表人、企业负责人、管理者代表等人员了解熟悉医疗器械相关法律法规情况；

（四）法定代表人、企业负责人、管理者代表、质量检验机构或者专职人员、生产场地、环境条件、关键生产检验设备等变化情况；

（五）产品的生产放行情况；

（六）企业产品抽检、监督检查、投诉举报等发现问题的整改落实情况；

（七）内部审核、管理评审、年度自查报告等情况；

（八）其他应当重点检查的内容。

必要时，可以对医疗器械注册人、备案人开展检查。

第五十四条 药品监督管理部门对不良事件监测、抽查检验、投诉举报等发现可能存在严重质量安全风险的，应当开展有因检查。有因检查原则上采取非预先告知的方式进行。

第五十五条 药品监督管理部门对企业的整改情况应当开展跟踪检查。

跟踪检查可以对企业提交的整改报告进行书面审查，也可以对企业的问题整改、责任落实、纠正预防措施等进行现场复查。

第五十六条 医疗器械注册人和受托生产企业不在同一省、自治区、直辖市的，医疗器械注册人所在地省、自治区、直辖市药品监督管理部门负责对注册人质量管理体系运行、不良事件监测以及产品召回等法定义务履行情况开展监督检查，涉及受托生产企业相关情况的，受托生产企业所在地药品监督管理部门应当配合。

受托生产企业所在地省、自治区、直辖市药品监督管理部门负责对受托生产企业生产活动开展监督检查，涉及注册人相关情况的，应当由注册人所在地药品监督管理部门对注册人开展监督检查。

医疗器械注册人、受托生产企业所在地省、自治区、直辖市药品监督管理部门应当分别落实属地监管责任，建立协同监管机制，加强监管信息沟通，实现监管有效衔接。

第五十七条 医疗器械注册人和受托生产企业不在同一省、自治区、直辖市，医疗器械注册人、受托生产企业所在地省、自治区、直辖市药品监督管理部门需要跨区域开展检查的，可以采取联合检查、委托检查等方式进行。

第五十八条 跨区域检查中发现企业质量管理体系存在缺陷的，医疗器械注册人、受托生产企业所在地省、自治区、直辖市药品监督管理部门应当依据各自职责，督促相关企业严格按照要求及时整改到位，并将检查以及整改情况及时通报相关药品监督管理部门。

对受托生产企业监督检查中发现相关问题涉及注册人的，应当通报注册人所在地药品监督管理部门；发现可能存在医疗器械质量安全风险的，应当立即采取风险控制措施，并将相关情况通报注册人所在地药品监督管理部门。注册人所在地药品监督管理部门接到通报后，应当立即进行分析研判并采取相应的风险控制措施。

对注册人监督检查中发现相关问题涉及受托生产企业的，应当通报受托生产企业所在地药品监督管理部门，联合或者委托受托生产企业所在地药品监督管理部门进行检查。

第五十九条 在跨区域检查中发现可能存在违法行为的，医疗器械注册人、受托生产企业所在地省、自治区、直辖市药品监督管理部门应当依据各自职责进行调查处理。违法行为处理情况应当及时通报相关药品监督管理部门。

需要跨区域进行调查、取证的，可以会同相关同级药品监督管理部门开展联合调查，也可以出具协助调查函商请相关同级药品监督管理部门协助调查、取证。

第六十条 第一类医疗器械备案人和受托生产企业不在同一设区的市，需要依法按照职责开展跨区域监督检查和调查取证的，参照本办法第五十六条至第五十九条的规定执行。

第六十一条 进口医疗器械注册人、备案人应当指定我国境内企业法人作为代理人，代理人应当协助注册人、备案人履行医疗器械监督管理条例和本办法规定的义务。

第六十二条 进口医疗器械的生产应当符合我国医疗器械生产相关要求，并接受国家药品监督管理局组织的境外检查。代理人负责协调、配合境外检查相关工作。

进口医疗器械注册人、备案人、代理人拒绝、阻碍、拖延、逃避国家药品监督管理局组织的境外检查，导致检查工作无法开展，不能确认质量管理体系有效运行，属于有证据证明可能危害人体健康的情形，国家药品监督管理局可以依照医疗器械监督管理条例第七十二条第二款的规定进行处理。

第六十三条 药品监督管理部门开展现场检查时，可以根据需要进行抽查检验。

第六十四条　生产的医疗器械对人体造成伤害或者有证据证明可能危害人体健康的，药品监督管理部门可以采取暂停生产、进口、经营、使用的紧急控制措施，并发布安全警示信息。

监督检查中发现生产活动严重违反医疗器械生产质量管理规范，不能保证产品安全、有效，可能危害人体健康的，依照前款规定处理。

第六十五条　药品监督管理部门应当定期组织开展风险会商，对辖区内医疗器械质量安全风险进行分析和评价，及时采取相应的风险控制措施。

第六十六条　医疗器械注册人、备案人、受托生产企业对存在的医疗器械质量安全风险，未采取有效措施消除的，药品监督管理部门可以对医疗器械注册人、备案人、受托生产企业的法定代表人或者企业负责人进行责任约谈。涉及跨区域委托生产的，约谈情况应当通报相关药品监督管理部门。

第六十七条　省、自治区、直辖市药品监督管理部门应当建立并及时更新辖区内第二类、第三类医疗器械注册人、受托生产企业信用档案，设区的市级负责药品监督管理的部门应当依法按照职责建立并及时更新辖区内第一类医疗器械备案人、受托生产企业信用档案。

信用档案中应当包括生产许可备案和生产产品品种、委托生产、监督检查结果、违法行为查处、质量抽查检验、不良行为记录和投诉举报等信息。

对有不良信用记录的医疗器械注册人、备案人和受托生产企业，药品监督管理部门应当增加监督检查频次，依法加强失信惩戒。

第六十八条　药品监督管理部门应当在信用档案中记录企业生产产品品种情况。

受托生产企业增加生产第二类、第三类医疗器械，且与该产品注册人不在同一省、自治区、直辖市，或者增加生产第一类医疗器械，且与该产品备案人不在同一设区的市的，受托生产企业所在地药品监督管理部门还应当将相关情况通报注册人、备案人所在地药品监督管理部门。

第六十九条　药品监督管理部门应当公布接受投诉、举报的联系方式。接到举报的药品监督管理部门应当及时核实、处理、答复。经查证属实的，应当按照有关规定对举报人给予奖励。

第七十条　药品监督管理部门在监督检查中，发现涉嫌违法行为的，应当及时收集和固定证据，依法立案查处；涉嫌犯罪的，及时移交公安机关处理。

第七十一条　药品监督管理部门及其工作人员对调查、检查中知悉的商业秘密应当保密。

第七十二条　药品监督管理部门及其工作人员在监督检查中，应当严格规范公正文明执法，严格执行廉政纪律，不得索取或者收受财物，不得谋取其他利益，不得妨碍企业的正常生产活动。

第五章　法 律 责 任

第七十三条　医疗器械生产的违法行为，医疗器械监督管理条例等法律法规已有规定的，依照其规定。

第七十四条　有下列情形之一的，依照医疗器械监督管理条例第八十一条的规定处罚：

（一）超出医疗器械生产许可证载明的生产范围生产第二类、第三类医疗器械；

（二）在未经许可的生产场地生产第二类、第三类医疗器械；

（三）医疗器械生产许可证有效期届满后，未依法办理延续手续，仍继续从事第二类、第三类医疗器械生产；

（四）医疗器械生产企业增加生产产品品种，应当依法办理许可变更而未办理的。

第七十五条　未按照本办法规定办理第一类医疗器械生产备案变更的，依照医疗器械监督管理条例第八十四条的规定处理。

第七十六条　违反医疗器械生产质量管理规范，未建立质量管理体系并保持有效运行的，由药品监督管理部门依职责责令限期改正；影响医疗器械产品安全、有效的，依照医疗器械监督管理条例第八十六条的规定处罚。

第七十七条　违反本办法第十五条第二款、第四十二条第三款的规定，生产条件变化，可能影响产品安全、有效，未按照规定报告即生产的，依照医疗器械监督管理条例第八十八条的规定处罚。

第七十八条　有下列情形之一的，由药品监督管理部门依职责给予警告，并处 1 万元以上 5 万元以下罚款：

（一）医疗器械生产企业未依照本办法第四十二条第二款的规定向药品监督管理部门报告所生产的产品品种情况及相关信息的；

（二）连续停产一年以上且无同类产品在产，重新生产时未进行必要的验证和确认并向所在地药品监督管理部门报告的。

第七十九条　有下列情形之一的，由药品监督管理部门依职责责令限期改正；拒不改正的，处 1 万元以上 5 万元以下罚款；情节严重的，处 5 万元以上 10 万元以下罚款：

（一）未按照本办法第十六条的规定办理医疗器械生产许可证登记事项变更的；

（二）未按照国家实施医疗器械唯一标识的有关要求，组织开展赋码、数据上传和维护更新等工作的。

第八十条 药品监督管理部门工作人员违反本办法规定，滥用职权、玩忽职守、徇私舞弊的，依法给予处分。

第六章 附 则

第八十一条 本办法自2022年5月1日起施行。2014年7月30日原国家食品药品监督管理总局令第7号公布的《医疗器械生产监督管理办法》同时废止。

医疗器械经营监督管理办法

1. 2022年3月10日国家市场监督管理总局令第54号公布
2. 自2022年5月1日起施行

第一章 总 则

第一条 为了加强医疗器械经营监督管理，规范医疗器械经营活动，保证医疗器械安全、有效，根据《医疗器械监督管理条例》，制定本办法。

第二条 在中华人民共和国境内从事医疗器械经营活动及其监督管理，应当遵守本办法。

第三条 从事医疗器械经营活动，应当遵守法律、法规、规章、强制性标准和医疗器械经营质量管理规范等要求，保证医疗器械经营过程信息真实、准确、完整和可追溯。

医疗器械注册人、备案人可以自行销售，也可以委托医疗器械经营企业销售其注册、备案的医疗器械。

第四条 按照医疗器械风险程度，医疗器械经营实施分类管理。

经营第三类医疗器械实行许可管理，经营第二类医疗器械实行备案管理，经营第一类医疗器械不需要许可和备案。

第五条 国家药品监督管理局主管全国医疗器械经营监督管理工作。

省、自治区、直辖市药品监督管理部门负责本行政区域的医疗器械经营监督管理工作。

设区的市级、县级负责药品监督管理的部门负责本行政区域的医疗器械经营监督管理工作。

第六条 药品监督管理部门依法设置或者指定的医疗器械检查、检验、监测与评价等专业技术机构，按照职责分工承担相关技术工作并出具技术意见，为医疗器械经营监督管理提供技术支持。

第七条 国家药品监督管理局加强医疗器械经营监督管理信息化建设，提高在线政务服务水平。

省、自治区、直辖市药品监督管理部门负责本行政区域医疗器械经营监督管理信息化建设和管理工作，按照国家药品监督管理局要求统筹推进医疗器械经营监督管理信息共享。

第八条 药品监督管理部门依法及时公开医疗器械经营许可、备案等信息以及监督检查、行政处罚的结果，方便公众查询，接受社会监督。

第二章 经营许可与备案管理

第九条 从事医疗器械经营活动，应当具备下列条件：

（一）与经营范围和经营规模相适应的质量管理机构或者质量管理人员，质量管理人员应当具有相关专业学历或者职称；

（二）与经营范围和经营规模相适应的经营场所；

（三）与经营范围和经营规模相适应的贮存条件；

（四）与经营的医疗器械相适应的质量管理制度；

（五）与经营的医疗器械相适应的专业指导、技术培训和售后服务的质量管理机构或者人员。

从事第三类医疗器械经营的企业还应当具有符合医疗器械经营质量管理制度要求的计算机信息管理系统，保证经营的产品可追溯。鼓励从事第一类、第二类医疗器械经营的企业建立符合医疗器械经营质量管理制度要求的计算机信息管理系统。

第十条 从事第三类医疗器械经营的，经营企业应当向所在地设区的市级负责药品监督管理的部门提出申请，并提交下列资料：

（一）法定代表人（企业负责人）、质量负责人身份证明、学历或者职称相关材料复印件；

（二）企业组织机构与部门设置；

（三）医疗器械经营范围、经营方式；

（四）经营场所和库房的地理位置图、平面图、房屋产权文件或者租赁协议复印件；

（五）主要经营设施、设备目录；

（六）经营质量管理制度、工作程序等文件目录；

（七）信息管理系统基本情况；

（八）经办人授权文件。

医疗器械经营许可申请人应当确保提交的资料合法、真实、准确、完整和可追溯。

第十一条 设区的市级负责药品监督管理的部门收到申请后，应当根据下列情况分别作出处理：

（一）申请事项属于本行政机关职权范围，申请资料齐全、符合法定形式的，应当受理申请。

（二）申请资料存在可以当场更正的错误的，应当允许申请人当场更正。

（三）申请资料不齐全或者不符合法定形式的，应当当场或者在5个工作日内一次告知申请人需要补正的全部内容。逾期不告知的，自收到申请资料之日起即为受理。

（四）申请事项不属于本行政机关职权范围的，应当即时作出不予受理的决定，并告知申请人向有关行政部门申请。

设区的市级负责药品监督管理的部门受理或者不予受理医疗器械经营许可申请的，应当出具加盖本行政机关专用印章和注明日期的受理或者不予受理通知书。

第十二条　法律、法规、规章规定实施行政许可应当听证的事项，或者药品监督管理部门认为需要听证的其他涉及公共利益的重大行政许可事项，药品监督管理部门应当向社会公告，并举行听证。医疗器械经营许可申请直接涉及申请人与他人之间重大利益关系的，药品监督管理部门在作出行政许可决定前，应当告知申请人、利害关系人享有要求听证的权利。

第十三条　设区的市级负责药品监督管理的部门自受理经营许可申请后，应当对申请资料进行审查，必要时按照医疗器械经营质量管理规范的要求开展现场核查，并自受理之日起20个工作日内作出决定。需要整改的，整改时间不计入审核时限。

符合规定条件的，作出准予许可的书面决定，并于10个工作日内发给医疗器械经营许可证；不符合规定条件的，作出不予许可的书面决定，并说明理由。

第十四条　医疗器械经营许可证有效期为5年，载明许可证编号、企业名称、统一社会信用代码、法定代表人、企业负责人、住所、经营场所、经营方式、经营范围、库房地址、发证部门、发证日期和有效期限等事项。

医疗器械经营许可证由国家药品监督管理局统一样式，由设区的市级负责药品监督管理的部门印制。

药品监督管理部门制作的医疗器械经营许可证的电子证书与纸质证书具有同等法律效力。

第十五条　医疗器械经营许可证变更的，应当向原发证部门提出医疗器械经营许可证变更申请，并提交本办法第十条规定中涉及变更内容的有关材料。经营场所、经营方式、经营范围、库房地址变更的，药品监督管理部门自受理之日起20个工作日内作出准予变更或者不予变更的决定。必要时按照医疗器械经营质量管理规范的要求开展现场核查。

需要整改的，整改时间不计入审核时限。不予变更的，应当书面说明理由并告知申请人。其他事项变更的，药品监督管理部门应当当场予以变更。

变更后的医疗器械经营许可证编号和有效期限不变。

第十六条　医疗器械经营许可证有效期届满需要延续的，医疗器械经营企业应当在有效期届满前90个工作日至30个工作日期间提出延续申请。逾期未提出延续申请的，不再受理其延续申请。

原发证部门应当按照本办法第十三条的规定对延续申请进行审查，必要时开展现场核查，在医疗器械经营许可证有效期届满前作出是否准予延续的决定。

经审查符合规定条件的，准予延续，延续后的医疗器械经营许可证编号不变。不符合规定条件的，责令限期整改；整改后仍不符合规定条件的，不予延续，并书面说明理由。逾期未作出决定的，视为准予延续。

延续许可的批准时间在原许可证有效期内的，延续起始日为原许可证到期日的次日；批准时间不在原许可证有效期内的，延续起始日为批准延续许可的日期。

第十七条　经营企业跨设区的市设置库房的，由医疗器械经营许可发证部门或者备案部门通报库房所在地设区的市级负责药品监督管理的部门。

第十八条　经营企业新设立独立经营场所的，应当依法单独申请医疗器械经营许可或者进行备案。

第十九条　医疗器械经营许可证遗失的，应当向原发证部门申请补发。原发证部门应当及时补发医疗器械经营许可证，补发的医疗器械经营许可证编号和有效期限与原许可证一致。

第二十条　有下列情形之一的，由原发证部门依法注销医疗器械经营许可证，并予以公告：

（一）主动申请注销的；

（二）有效期届满未延续的；

（三）市场主体资格依法终止的；

（四）医疗器械经营许可证依法被吊销或者撤销的；

（五）法律、法规规定应当注销行政许可的其他情形。

第二十一条　从事第二类医疗器械经营的，经营企业应当向所在地设区的市级负责药品监督管理的部门备案，并提交符合本办法第十条规定的资料（第七项除外)，即完成经营备案，获取经营备案编号。

医疗器械经营备案人应当确保提交的资料合法、真实、准确、完整和可追溯。

第二十二条 必要时，设区的市级负责药品监督管理的部门在完成备案之日起3个月内，对提交的资料以及执行医疗器械经营质量管理规范情况开展现场检查。

现场检查发现与提交的资料不一致或者不符合医疗器械经营质量管理规范要求的，责令限期改正；不能保证产品安全、有效的，取消备案并向社会公告。

第二十三条 同时申请第三类医疗器械经营许可和进行第二类医疗器械经营备案的，或者已经取得第三类医疗器械经营许可进行第二类医疗器械备案的，可以免予提交相应资料。

第二十四条 第二类医疗器械经营企业的经营场所、经营方式、经营范围、库房地址等发生变化的，应当及时进行备案变更。必要时设区的市级负责药品监督管理的部门开展现场检查。现场检查不符合医疗器械经营质量管理规范要求的，责令限期改正；不能保证产品安全、有效的，取消备案并向社会公告。

第二十五条 对产品安全性、有效性不受流通过程影响的第二类医疗器械，可以免予经营备案。具体产品名录由国家药品监督管理局制定、调整并公布。

第二十六条 从事非营利的避孕医疗器械贮存、调拨和供应的机构，应当符合有关规定，无需办理医疗器械经营许可或者备案。

第二十七条 医疗器械注册人、备案人在其住所或者生产地址销售其注册、备案的医疗器械，无需办理医疗器械经营许可或者备案，但应当符合规定的经营条件；在其他场所贮存并销售医疗器械的，应当按照规定办理医疗器械经营许可或者备案。

第二十八条 任何单位和个人不得伪造、变造、买卖、出租、出借医疗器械经营许可证。

第三章 经营质量管理

第二十九条 从事医疗器械经营，应当按照法律法规和医疗器械经营质量管理规范的要求，建立覆盖采购、验收、贮存、销售、运输、售后服务等全过程的质量管理制度和质量控制措施，并做好相关记录，保证经营条件和经营活动持续符合要求。

第三十条 医疗器械经营企业应当建立并实施产品追溯制度，保证产品可追溯。

医疗器械经营企业应当按照国家有关规定执行医疗器械唯一标识制度。

第三十一条 医疗器械经营企业应当从具有合法资质的医疗器械注册人、备案人、经营企业购进医疗器械。

第三十二条 医疗器械经营企业应当建立进货查验记录制度，购进医疗器械时应当查验供货企业的资质，以及医疗器械注册证和备案信息、合格证明文件。进货查验记录应当真实、准确、完整和可追溯。进货查验记录包括：

(一)医疗器械的名称、型号、规格、数量；

(二)医疗器械注册证编号或者备案编号；

(三)医疗器械注册人、备案人和受托生产企业名称、生产许可证号或者备案编号；

(四)医疗器械的生产批号或者序列号、使用期限或者失效日期、购货日期等；

(五)供货者的名称、地址以及联系方式。

进货查验记录应当保存至医疗器械有效期满后2年；没有有效期的，不得少于5年。植入类医疗器械进货查验记录应当永久保存。

第三十三条 医疗器械经营企业应当采取有效措施，确保医疗器械运输、贮存符合医疗器械说明书或者标签标示要求，并做好相应记录。

对温度、湿度等环境条件有特殊要求的，应当采取相应措施，保证医疗器械的安全、有效。

第三十四条 医疗器械注册人、备案人和经营企业委托其他单位运输、贮存医疗器械的，应当对受托方运输、贮存医疗器械的质量保障能力进行评估，并与其签订委托协议，明确运输、贮存过程中的质量责任，确保运输、贮存过程中的质量安全。

第三十五条 为医疗器械注册人、备案人和经营企业专门提供运输、贮存服务的，应当与委托方签订书面协议，明确双方权利义务和质量责任，并具有与产品运输、贮存条件和规模相适应的设备设施，具备与委托方开展实时电子数据交换和实现产品经营质量管理全过程可追溯的信息管理平台和技术手段。

第三十六条 医疗器械注册人、备案人委托销售的，应当委托符合条件的医疗器械经营企业，并签订委托协议，明确双方的权利和义务。

第三十七条 医疗器械注册人、备案人和经营企业应当加强对销售人员的培训和管理，对销售人员以本企业名义从事的医疗器械购销行为承担法律责任。

第三十八条 从事第二类、第三类医疗器械批发业务以及第三类医疗器械零售业务的经营企业应当建立销售记录制度。销售记录信息应当真实、准确、完整和可追溯。销售记录包括：

(一)医疗器械的名称、型号、规格、注册证编号或者备案编号、数量、单价、金额；

（二）医疗器械的生产批号或者序列号、使用期限或者失效日期、销售日期；

（三）医疗器械注册人、备案人和受托生产企业名称、生产许可证编号或者备案编号。

从事第二类、第三类医疗器械批发业务的企业，销售记录还应当包括购货者的名称、地址、联系方式、相关许可证明文件编号或者备案编号等。

销售记录应当保存至医疗器械有效期满后 2 年；没有有效期的，不得少于 5 年。植入类医疗器械销售记录应当永久保存。

第三十九条　医疗器械经营企业应当提供售后服务。约定由供货者或者其他机构提供售后服务的，经营企业应当加强管理，保证医疗器械售后的安全使用。

第四十条　医疗器械经营企业应当配备专职或者兼职人员负责售后管理，对客户投诉的质量问题应当查明原因，采取有效措施及时处理和反馈，并做好记录，必要时及时通知医疗器械注册人、备案人、生产经营企业。

第四十一条　医疗器械经营企业应当协助医疗器械注册人、备案人，对所经营的医疗器械开展不良事件监测，按照国家药品监督管理局的规定，向医疗器械不良事件监测技术机构报告。

第四十二条　医疗器械经营企业发现其经营的医疗器械不符合强制性标准、经注册或者备案的产品技术要求，或者存在其他缺陷的，应当立即停止经营，通知医疗器械注册人、备案人等有关单位，并记录停止经营和通知情况。医疗器械注册人、备案人认为需要召回的，应当立即召回。

第四十三条　第三类医疗器械经营企业停业一年以上，恢复经营前，应当进行必要的验证和确认，并书面报告所在地设区的市级负责药品监督管理的部门。可能影响质量安全的，药品监督管理部门可以根据需要组织核查。

医疗器械注册人、备案人、经营企业经营条件发生重大变化，不再符合医疗器械经营质量管理体系要求的，应当立即采取整改措施；可能影响医疗器械安全、有效的，应当立即停止经营活动，并向原经营许可或者备案部门报告。

第四十四条　医疗器械经营企业应当建立质量管理自查制度，按照医疗器械经营质量管理规范要求进行自查，每年 3 月 31 日前向所在地市县级负责药品监督管理的部门提交上一年度的自查报告。

第四十五条　从事医疗器械经营活动的，不得经营未依法注册或者备案，无合格证明文件以及过期、失效、淘汰的医疗器械。

禁止进口、销售过期、失效、淘汰等已使用过的医疗器械。

第四章　监 督 检 查

第四十六条　省、自治区、直辖市药品监督管理部门组织对本行政区域的医疗器械经营监督管理工作进行监督检查。

设区的市级、县级负责药品监督管理的部门负责本行政区域医疗器械经营活动的监督检查。

第四十七条　药品监督管理部门根据医疗器械经营企业质量管理和所经营医疗器械产品的风险程度，实施分类分级管理并动态调整。

第四十八条　设区的市级、县级负责药品监督管理的部门应当制定年度检查计划，明确监管重点、检查频次和覆盖范围并组织实施。

第四十九条　药品监督管理部门组织监督检查，检查方式原则上应当采取突击性监督检查，现场检查时不得少于两人，并出示执法证件，如实记录现场检查情况。检查发现存在质量安全风险或者不符合规范要求的，将检查结果书面告知被检查企业。需要整改的，应当明确整改内容以及整改期限，并进行跟踪检查。

第五十条　设区的市级、县级负责药品监督管理的部门应当对医疗器械经营企业符合医疗器械经营质量管理规范要求的情况进行监督检查，督促其规范经营活动。

第五十一条　设区的市级、县级负责药品监督管理的部门应当结合医疗器械经营企业提交的年度自查报告反映的情况加强监督检查。

第五十二条　药品监督管理部门应当对有下列情形的进行重点监督检查：

（一）上一年度监督检查中发现存在严重问题的；

（二）因违反有关法律、法规受到行政处罚的；

（三）风险会商确定的重点检查企业；

（四）有不良信用记录的；

（五）新开办或者经营条件发生重大变化的医疗器械批发企业和第三类医疗器械零售企业；

（六）为其他医疗器械注册人、备案人和生产经营企业专门提供贮存、运输服务的；

（七）其他需要重点监督检查的情形。

第五十三条　药品监督管理部门对不良事件监测、抽查检验、投诉举报等发现可能存在严重质量安全风险的，原则上应当开展有因检查。有因检查原则上采取非预先告知的方式进行。

第五十四条　药品监督管理部门根据医疗器械质量安全风险防控需要，可以对为医疗器械经营活动提供产品或者服务的其他相关单位和个人进行延伸检查。

第五十五条　医疗器械经营企业跨设区的市设置的库房，由库房所在地药品监督管理部门负责监督检查。

医疗器械经营企业所在地药品监督管理部门和库房所在地药品监督管理部门应当加强监管信息共享，必要时可以开展联合检查。

第五十六条　药品监督管理部门应当加强医疗器械经营环节的抽查检验，对抽查检验不合格的，应当及时处置。

省级以上药品监督管理部门应当根据抽查检验结论及时发布医疗器械质量公告。

第五十七条　经营的医疗器械对人体造成伤害或者有证据证明可能危害人体健康的，药品监督管理部门可以采取暂停进口、经营、使用的紧急控制措施，并发布安全警示信息。

监督检查中发现经营活动严重违反医疗器械经营质量管理规范，不能保证产品安全有效，可能危害人体健康的，依照前款规定处理。

第五十八条　药品监督管理部门应当根据监督检查、产品抽检、不良事件监测、投诉举报、行政处罚等情况，定期开展风险会商研判，做好医疗器械质量安全隐患排查和防控处置工作。

第五十九条　医疗器械注册人、备案人、经营企业对存在的医疗器械质量安全风险，未采取有效措施消除的，药品监督管理部门可以对医疗器械注册人、备案人、经营企业的法定代表人或者企业负责人进行责任约谈。

第六十条　设区的市级负责药品监督管理的部门应当建立并及时更新辖区内医疗器械经营企业信用档案。信用档案中应当包括医疗器械经营企业许可备案、监督检查结果、违法行为查处、质量抽查检验、自查报告、不良行为记录和投诉举报等信息。

对有不良信用记录的医疗器械注册人、备案人和经营企业，药品监督管理部门应当增加监督检查频次，依法加强失信惩戒。

第六十一条　药品监督管理部门应当公布接受投诉、举报的联系方式。接到举报的药品监督管理部门应当及时核实、处理、答复。经查证属实的，应当按照有关规定对举报人给予奖励。

第六十二条　药品监督管理部门在监督检查中，发现涉嫌违法行为的，应当及时收集和固定证据，依法立案查处；涉嫌犯罪的，及时移交公安机关处理。

第六十三条　药品监督管理部门及其工作人员对调查、检查中知悉的商业秘密应当保密。

第六十四条　药品监督管理部门及其工作人员在监督检查中，应当严格规范公正文明执法，严格执行廉政纪律，不得索取或者收受财物，不得谋取其他利益，不得妨碍企业的正常经营活动。

第五章　法律责任

第六十五条　医疗器械经营的违法行为，医疗器械监督管理条例等法律法规已有规定的，依照其规定。

第六十六条　有下列情形之一的，责令限期改正，并处1万元以上5万元以下罚款；情节严重的，处5万元以上10万元以下罚款；造成危害后果的，处10万元以上20万元以下罚款：

（一）第三类医疗器械经营企业擅自变更经营场所、经营范围、经营方式、库房地址；

（二）医疗器械经营许可证有效期届满后，未依法办理延续手续仍继续从事医疗器械经营活动。

未经许可从事第三类医疗器械经营活动的，依照医疗器械监督管理条例第八十一条的规定处罚。

第六十七条　违反医疗器械经营质量管理规范有关要求的，由药品监督管理部门责令限期改正；影响医疗器械产品安全、有效的，依照医疗器械监督管理条例第八十六条的规定处罚。

第六十八条　医疗器械经营企业未按照要求提交质量管理体系年度自查报告，或者违反本办法规定为其他医疗器械生产经营企业专门提供贮存、运输服务的，由药品监督管理部门责令限期改正；拒不改正的，处1万元以上5万元以下罚款；情节严重的，处5万元以上10万元以下罚款。

第六十九条　第三类医疗器械经营企业未按照本办法规定办理企业名称、法定代表人、企业负责人变更的，由药品监督管理部门责令限期改正；拒不改正的，处5000元以上3万元以下罚款。

第七十条　药品监督管理部门工作人员违反本办法规定，滥用职权、玩忽职守、徇私舞弊的，依法给予处分。

第六章　附　　则

第七十一条　本办法下列用语的含义是：

医疗器械批发，是指将医疗器械销售给医疗器械生产企业、医疗器械经营企业、医疗器械使用单位或者其他有合理使用需求的单位的医疗器械经营行为。

医疗器械零售，是指将医疗器械直接销售给消费者个人使用的医疗器械经营行为。

第七十二条 从事医疗器械网络销售的，应当遵守法律、法规和规章有关规定。

第七十三条 本办法自2022年5月1日起施行。2014年7月30日原国家食品药品监督管理总局令第8号公布的《医疗器械经营监督管理办法》同时废止。

4. 化妆品管理

化妆品监督管理条例

1. 2020年6月16日国务院令第727号公布
2. 自2021年1月1日起施行

第一章 总 则

第一条 为了规范化妆品生产经营活动,加强化妆品监督管理,保证化妆品质量安全,保障消费者健康,促进化妆品产业健康发展,制定本条例。

第二条 在中华人民共和国境内从事化妆品生产经营活动及其监督管理,应当遵守本条例。

第三条 本条例所称化妆品,是指以涂擦、喷洒或者其他类似方法,施用于皮肤、毛发、指甲、口唇等人体表面,以清洁、保护、美化、修饰为目的的日用化学工业产品。

第四条 国家按照风险程度对化妆品、化妆品原料实行分类管理。

化妆品分为特殊化妆品和普通化妆品。国家对特殊化妆品实行注册管理,对普通化妆品实行备案管理。

化妆品原料分为新原料和已使用的原料。国家对风险程度较高的化妆品新原料实行注册管理,对其他化妆品新原料实行备案管理。

第五条 国务院药品监督管理部门负责全国化妆品监督管理工作。国务院有关部门在各自职责范围内负责与化妆品有关的监督管理工作。

县级以上地方人民政府负责药品监督管理的部门负责本行政区域的化妆品监督管理工作。县级以上地方人民政府有关部门在各自职责范围内负责与化妆品有关的监督管理工作。

第六条 化妆品注册人、备案人对化妆品的质量安全和功效宣称负责。

化妆品生产经营者应当依照法律、法规、强制性国家标准、技术规范从事生产经营活动,加强管理,诚信自律,保证化妆品质量安全。

第七条 化妆品行业协会应当加强行业自律,督促引导化妆品生产经营者依法从事生产经营活动,推动行业诚信建设。

第八条 消费者协会和其他消费者组织对违反本条例规定损害消费者合法权益的行为,依法进行社会监督。

第九条 国家鼓励和支持开展化妆品研究、创新,满足消费者需求,推进化妆品品牌建设,发挥品牌引领作用。国家保护单位和个人开展化妆品研究、创新的合法权益。

国家鼓励和支持化妆品生产经营者采用先进技术和先进管理规范,提高化妆品质量安全水平;鼓励和支持运用现代科学技术,结合我国传统优势项目和特色植物资源研究开发化妆品。

第十条 国家加强化妆品监督管理信息化建设,提高在线政务服务水平,为办理化妆品行政许可、备案提供便利,推进监督管理信息共享。

第二章 原料与产品

第十一条 在我国境内首次使用于化妆品的天然或者人工原料为化妆品新原料。具有防腐、防晒、着色、染发、祛斑美白功能的化妆品新原料,经国务院药品监督管理部门注册后方可使用;其他化妆品新原料应当在使用前向国务院药品监督管理部门备案。国务院药品监督管理部门可以根据科学研究的发展,调整实行注册管理的化妆品新原料的范围,经国务院批准后实施。

第十二条 申请化妆品新原料注册或者进行化妆品新原料备案,应当提交下列资料:

(一)注册申请人、备案人的名称、地址、联系方式;

(二)新原料研制报告;

(三)新原料的制备工艺、稳定性及其质量控制标准等研究资料;

(四)新原料安全评估资料。

注册申请人、备案人应当对所提交资料的真实性、科学性负责。

第十三条 国务院药品监督管理部门应当自受理化妆品新原料注册申请之日起3个工作日内将申请资料转交技术审评机构。技术审评机构应当自收到申请资料之日起90个工作日内完成技术审评,向国务院药品监督管理部门提交审评意见。国务院药品监督管理部门应当自收到审评意见之日起20个工作日内作出决定。对符合要求的,准予注册并发给化妆品新原料注册证;对不符合要求的,不予注册并书面说明理由。

化妆品新原料备案人通过国务院药品监督管理部门在线政务服务平台提交本条例规定的备案资料后即完成备案。

国务院药品监督管理部门应当自化妆品新原料准予注册之日起、备案人提交备案资料之日起5个工作日内向社会公布注册、备案有关信息。

第十四条 经注册、备案的化妆品新原料投入使用后3

年内，新原料注册人、备案人应当每年向国务院药品监督管理部门报告新原料的使用和安全情况。对存在安全问题的化妆品新原料，由国务院药品监督管理部门撤销注册或者取消备案。3年期满未发生安全问题的化妆品新原料，纳入国务院药品监督管理部门制定的已使用的化妆品原料目录。

经注册、备案的化妆品新原料纳入已使用的化妆品原料目录前，仍然按照化妆品新原料进行管理。

第十五条　禁止用于化妆品生产的原料目录由国务院药品监督管理部门制定、公布。

第十六条　用于染发、烫发、祛斑美白、防晒、防脱发的化妆品以及宣称新功效的化妆品为特殊化妆品。特殊化妆品以外的化妆品为普通化妆品。

国务院药品监督管理部门根据化妆品的功效宣称、作用部位、产品剂型、使用人群等因素，制定、公布化妆品分类规则和分类目录。

第十七条　特殊化妆品经国务院药品监督管理部门注册后方可生产、进口。国产普通化妆品应当在上市销售前向备案人所在地省、自治区、直辖市人民政府药品监督管理部门备案。进口普通化妆品应当在进口前向国务院药品监督管理部门备案。

第十八条　化妆品注册申请人、备案人应当具备下列条件：

（一）是依法设立的企业或者其他组织；

（二）有与申请注册、进行备案的产品相适应的质量管理体系；

（三）有化妆品不良反应监测与评价能力。

第十九条　申请特殊化妆品注册或者进行普通化妆品备案，应当提交下列资料：

（一）注册申请人、备案人的名称、地址、联系方式；

（二）生产企业的名称、地址、联系方式；

（三）产品名称；

（四）产品配方或者产品全成分；

（五）产品执行的标准；

（六）产品标签样稿；

（七）产品检验报告；

（八）产品安全评估资料。

注册申请人首次申请特殊化妆品注册或者备案人首次进行普通化妆品备案的，应当提交其符合本条例第十八条规定条件的证明资料。申请进口特殊化妆品注册或者进行进口普通化妆品备案的，应当同时提交产品在生产国（地区）已经上市销售的证明文件以及境外生产企业符合化妆品生产质量管理规范的证明资料；专为向我国出口生产、无法提交产品在生产国（地区）已经上市销售的证明文件的，应当提交面向我国消费者开展的相关研究和试验的资料。

注册申请人、备案人应当对所提交资料的真实性、科学性负责。

第二十条　国务院药品监督管理部门依照本条例第十三条第一款规定的化妆品新原料注册审查程序对特殊化妆品注册申请进行审查。对符合要求的，准予注册并发给特殊化妆品注册证；对不符合要求的，不予注册并书面说明理由。已经注册的特殊化妆品在生产工艺、功效宣称等方面发生实质性变化的，注册人应当向原注册部门申请变更注册。

普通化妆品备案人通过国务院药品监督管理部门在线政务服务平台提交本条例规定的备案资料后即完成备案。

省级以上人民政府药品监督管理部门应当自特殊化妆品准予注册之日起、普通化妆品备案人提交备案资料之日起5个工作日内向社会公布注册、备案有关信息。

第二十一条　化妆品新原料和化妆品注册、备案前，注册申请人、备案人应当自行或者委托专业机构开展安全评估。

从事安全评估的人员应当具备化妆品质量安全相关专业知识，并具有5年以上相关专业从业经历。

第二十二条　化妆品的功效宣称应当有充分的科学依据。化妆品注册人、备案人应当在国务院药品监督管理部门规定的专门网站公布功效宣称所依据的文献资料、研究数据或者产品功效评价资料的摘要，接受社会监督。

第二十三条　境外化妆品注册人、备案人应当指定我国境内的企业法人办理化妆品注册、备案，协助开展化妆品不良反应监测、实施产品召回。

第二十四条　特殊化妆品注册证有效期为5年。有效期届满需要延续注册的，应当在有效期届满30个工作日前提出延续注册的申请。除有本条第二款规定情形外，国务院药品监督管理部门应当在特殊化妆品注册证有效期届满前作出准予延续的决定；逾期未作决定的，视为准予延续。

有下列情形之一的，不予延续注册：

（一）注册人未在规定期限内提出延续注册申请；

（二）强制性国家标准、技术规范已经修订，申请延续注册的化妆品不能达到修订后标准、技术规范的要求。

第二十五条　国务院药品监督管理部门负责化妆品强制性国家标准的项目提出、组织起草、征求意见和技术审查。国务院标准化行政部门负责化妆品强制性国家标准的立项、编号和对外通报。

化妆品国家标准文本应当免费向社会公开。

化妆品应当符合强制性国家标准。鼓励企业制定严于强制性国家标准的企业标准。

第三章　生产经营

第二十六条　从事化妆品生产活动，应当具备下列条件：

（一）是依法设立的企业；

（二）有与生产的化妆品相适应的生产场地、环境条件、生产设施设备；

（三）有与生产的化妆品相适应的技术人员；

（四）有能对生产的化妆品进行检验的检验人员和检验设备；

（五）有保证化妆品质量安全的管理制度。

第二十七条　从事化妆品生产活动，应当向所在地省、自治区、直辖市人民政府药品监督管理部门提出申请，提交其符合本条例第二十六条规定条件的证明资料，并对资料的真实性负责。

省、自治区、直辖市人民政府药品监督管理部门应当对申请资料进行审核，对申请人的生产场所进行现场核查，并自受理化妆品生产许可申请之日起 30 个工作日内作出决定。对符合规定条件的，准予许可并发给化妆品生产许可证；对不符合规定条件的，不予许可并书面说明理由。

化妆品生产许可证有效期为 5 年。有效期届满需要延续的，依照《中华人民共和国行政许可法》的规定办理。

第二十八条　化妆品注册人、备案人可以自行生产化妆品，也可以委托其他企业生产化妆品。

委托生产化妆品的，化妆品注册人、备案人应当委托取得相应化妆品生产许可的企业，并对受委托企业（以下称受托生产企业）的生产活动进行监督，保证其按照法定要求进行生产。受托生产企业应当依照法律、法规、强制性国家标准、技术规范以及合同约定进行生产，对生产活动负责，并接受化妆品注册人、备案人的监督。

第二十九条　化妆品注册人、备案人、受托生产企业应当按照国务院药品监督管理部门制定的化妆品生产质量管理规范的要求组织生产化妆品，建立化妆品生产质量管理体系，建立并执行供应商遴选、原料验收、生产过程及质量控制、设备管理、产品检验及留样等管理制度。

化妆品注册人、备案人、受托生产企业应当按照化妆品注册或者备案资料载明的技术要求生产化妆品。

第三十条　化妆品原料、直接接触化妆品的包装材料应当符合强制性国家标准、技术规范。

不得使用超过使用期限、废弃、回收的化妆品或者化妆品原料生产化妆品。

第三十一条　化妆品注册人、备案人、受托生产企业应当建立并执行原料以及直接接触化妆品的包装材料进货查验记录制度、产品销售记录制度。进货查验记录和产品销售记录应当真实、完整，保证可追溯，保存期限不得少于产品使用期限届满后 1 年；产品使用期限不足 1 年的，记录保存期限不得少于 2 年。

化妆品经出厂检验合格后方可上市销售。

第三十二条　化妆品注册人、备案人、受托生产企业应当设质量安全负责人，承担相应的产品质量安全管理和产品放行职责。

质量安全负责人应当具备化妆品质量安全相关专业知识，并具有 5 年以上化妆品生产或者质量安全管理经验。

第三十三条　化妆品注册人、备案人、受托生产企业应当建立并执行从业人员健康管理制度。患有国务院卫生主管部门规定的有碍化妆品质量安全疾病的人员不得直接从事化妆品生产活动。

第三十四条　化妆品注册人、备案人、受托生产企业应当定期对化妆品生产质量管理规范的执行情况进行自查；生产条件发生变化，不再符合化妆品生产质量管理规范要求的，应当立即采取整改措施；可能影响化妆品质量安全的，应当立即停止生产并向所在地省、自治区、直辖市人民政府药品监督管理部门报告。

第三十五条　化妆品的最小销售单元应当有标签。标签应当符合相关法律、行政法规、强制性国家标准，内容真实、完整、准确。

进口化妆品可以直接使用中文标签，也可以加贴中文标签；加贴中文标签的，中文标签内容应当与原标签内容一致。

第三十六条　化妆品标签应当标注下列内容：

（一）产品名称、特殊化妆品注册证编号；

（二）注册人、备案人、受托生产企业的名称、地址；

（三）化妆品生产许可证编号；

（四）产品执行的标准编号；

（五）全成分；

（六）净含量；

（七）使用期限、使用方法以及必要的安全警示；

（八）法律、行政法规和强制性国家标准规定应当标注的其他内容。

第三十七条 化妆品标签禁止标注下列内容：

（一）明示或者暗示具有医疗作用的内容；

（二）虚假或者引人误解的内容；

（三）违反社会公序良俗的内容；

（四）法律、行政法规禁止标注的其他内容。

第三十八条 化妆品经营者应当建立并执行进货查验记录制度，查验供货者的市场主体登记证明、化妆品注册或者备案情况、产品出厂检验合格证明，如实记录并保存相关凭证。记录和凭证保存期限应当符合本条例第三十一条第一款的规定。

化妆品经营者不得自行配制化妆品。

第三十九条 化妆品生产经营者应当依照有关法律、法规的规定和化妆品标签标示的要求贮存、运输化妆品，定期检查并及时处理变质或者超过使用期限的化妆品。

第四十条 化妆品集中交易市场开办者、展销会举办者应当审查入场化妆品经营者的市场主体登记证明，承担入场化妆品经营者管理责任，定期对入场化妆品经营者进行检查；发现入场化妆品经营者有违反本条例规定行为的，应当及时制止并报告所在地县级人民政府负责药品监督管理的部门。

第四十一条 电子商务平台经营者应当对平台内化妆品经营者进行实名登记，承担平台内化妆品经营者管理责任，发现平台内化妆品经营者有违反本条例规定行为的，应当及时制止并报告电子商务平台经营者所在地省、自治区、直辖市人民政府药品监督管理部门；发现严重违法行为的，应当立即停止向违法的化妆品经营者提供电子商务平台服务。

平台内化妆品经营者应当全面、真实、准确、及时披露所经营化妆品的信息。

第四十二条 美容美发机构、宾馆等在经营中使用化妆品或者为消费者提供化妆品的，应当履行本条例规定的化妆品经营者义务。

第四十三条 化妆品广告的内容应当真实、合法。

化妆品广告不得明示或者暗示产品具有医疗作用，不得含有虚假或者引人误解的内容，不得欺骗、误导消费者。

第四十四条 化妆品注册人、备案人发现化妆品存在质量缺陷或者其他问题，可能危害人体健康的，应当立即停止生产，召回已经上市销售的化妆品，通知相关化妆品经营者和消费者停止经营、使用，并记录召回和通知情况。化妆品注册人、备案人应当对召回的化妆品采取补救、无害化处理、销毁等措施，并将化妆品召回和处理情况向所在地省、自治区、直辖市人民政府药品监督管理部门报告。

受托生产企业、化妆品经营者发现其生产、经营的化妆品有前款规定情形的，应当立即停止生产、经营，通知相关化妆品注册人、备案人。化妆品注册人、备案人应当立即实施召回。

负责药品监督管理的部门在监督检查中发现化妆品有本条第一款规定情形的，应当通知化妆品注册人、备案人实施召回，通知受托生产企业、化妆品经营者停止生产、经营。

化妆品注册人、备案人实施召回的，受托生产企业、化妆品经营者应当予以配合。

化妆品注册人、备案人、受托生产企业、经营者未依照本条规定实施召回或者停止生产、经营的，负责药品监督管理的部门责令其实施召回或者停止生产、经营。

第四十五条 出入境检验检疫机构依照《中华人民共和国进出口商品检验法》的规定对进口的化妆品实施检验；检验不合格的，不得进口。

进口商应当对拟进口的化妆品是否已经注册或者备案以及是否符合本条例和强制性国家标准、技术规范进行审核；审核不合格的，不得进口。进口商应当如实记录进口化妆品的信息，记录保存期限应当符合本条例第三十一条第一款的规定。

出口的化妆品应当符合进口国（地区）的标准或者合同要求。

第四章 监督管理

第四十六条 负责药品监督管理的部门对化妆品生产经营进行监督检查时，有权采取下列措施：

（一）进入生产经营场所实施现场检查；

（二）对生产经营的化妆品进行抽样检验；

（三）查阅、复制有关合同、票据、账簿以及其他有关资料；

（四）查封、扣押不符合强制性国家标准、技术规范或者有证据证明可能危害人体健康的化妆品及其原料、直接接触化妆品的包装材料，以及有证据证明用于违法生产经营的工具、设备；

（五）查封违法从事生产经营活动的场所。

第四十七条 负责药品监督管理的部门对化妆品生产经营进行监督检查时，监督检查人员不得少于2人，并应当出示执法证件。监督检查人员对监督检查中知悉的被检查单位的商业秘密，应当依法予以保密。被检查单位对监督检查应当予以配合，不得隐瞒有关情况。

负责药品监督管理的部门应当对监督检查情况和处理结果予以记录，由监督检查人员和被检查单位负责人签字；被检查单位负责人拒绝签字的，应当予以注明。

第四十八条 省级以上人民政府药品监督管理部门应当组织对化妆品进行抽样检验；对举报反映或者日常监督检查中发现问题较多的化妆品，负责药品监督管理的部门可以进行专项抽样检验。

进行抽样检验，应当支付抽取样品的费用，所需费用纳入本级政府预算。

负责药品监督管理的部门应当按照规定及时公布化妆品抽样检验结果。

第四十九条 化妆品检验机构按照国家有关认证认可的规定取得资质认定后，方可从事化妆品检验活动。化妆品检验机构的资质认定条件由国务院药品监督管理部门、国务院市场监督管理部门制定。

化妆品检验规范以及化妆品检验相关标准品管理规定，由国务院药品监督管理部门制定。

第五十条 对可能掺杂掺假或者使用禁止用于化妆品生产的原料生产的化妆品，按照化妆品国家标准规定的检验项目和检验方法无法检验的，国务院药品监督管理部门可以制定补充检验项目和检验方法，用于对化妆品的抽样检验、化妆品质量安全案件调查处理和不良反应调查处置。

第五十一条 对依照本条例规定实施的检验结论有异议的，化妆品生产经营者可以自收到检验结论之日起7个工作日内向实施抽样检验的部门或者其上一级负责药品监督管理的部门提出复检申请，由受理复检申请的部门在复检机构名录中随机确定复检机构进行复检。复检机构出具的复检结论为最终检验结论。复检机构与初检机构不得为同一机构。复检机构名录由国务院药品监督管理部门公布。

第五十二条 国家建立化妆品不良反应监测制度。化妆品注册人、备案人应当监测其上市销售化妆品的不良反应，及时开展评价，按照国务院药品监督管理部门的规定向化妆品不良反应监测机构报告。受托生产企业、化妆品经营者和医疗机构发现可能与使用化妆品有关的不良反应的，应当报告化妆品不良反应监测机构。鼓励其他单位和个人向化妆品不良反应监测机构或者负责药品监督管理的部门报告可能与使用化妆品有关的不良反应。

化妆品不良反应监测机构负责化妆品不良反应信息的收集、分析和评价，并向负责药品监督管理的部门提出处理建议。

化妆品生产经营者应当配合化妆品不良反应监测机构、负责药品监督管理的部门开展化妆品不良反应调查。

化妆品不良反应是指正常使用化妆品所引起的皮肤及其附属器官的病变，以及人体局部或者全身性的损害。

第五十三条 国家建立化妆品安全风险监测和评价制度，对影响化妆品质量安全的风险因素进行监测和评价，为制定化妆品质量安全风险控制措施和标准、开展化妆品抽样检验提供科学依据。

国家化妆品安全风险监测计划由国务院药品监督管理部门制定、发布并组织实施。国家化妆品安全风险监测计划应当明确重点监测的品种、项目和地域等。

国务院药品监督管理部门建立化妆品质量安全风险信息交流机制，组织化妆品生产经营者、检验机构、行业协会、消费者协会以及新闻媒体等就化妆品质量安全风险信息进行交流沟通。

第五十四条 对造成人体伤害或者有证据证明可能危害人体健康的化妆品，负责药品监督管理的部门可以采取责令暂停生产、经营的紧急控制措施，并发布安全警示信息；属于进口化妆品的，国家出入境检验检疫部门可以暂停进口。

第五十五条 根据科学研究的发展，对化妆品、化妆品原料的安全性有认识上的改变的，或者有证据表明化妆品、化妆品原料可能存在缺陷的，省级以上人民政府药品监督管理部门可以责令化妆品、化妆品新原料的注册人、备案人开展安全再评估或者直接组织开展安全再评估。再评估结果表明化妆品、化妆品原料不能保证安全的，由原注册部门撤销注册、备案部门取消备案，由国务院药品监督管理部门将该化妆品原料纳入禁止用于化妆品生产的原料目录，并向社会公布。

第五十六条 负责药品监督管理的部门应当依法及时公布化妆品行政许可、备案、日常监督检查结果、违法行为查处等监督管理信息。公布监督管理信息时，应当保守当事人的商业秘密。

负责药品监督管理的部门应当建立化妆品生产经营者信用档案。对有不良信用记录的化妆品生产经营者，增加监督检查频次；对有严重不良信用记录的生产经营者，按照规定实施联合惩戒。

第五十七条　化妆品生产经营过程中存在安全隐患，未及时采取措施消除的，负责药品监督管理的部门可以对化妆品生产经营者的法定代表人或者主要负责人进行责任约谈。化妆品生产经营者应当立即采取措施，进行整改，消除隐患。责任约谈情况和整改情况应当纳入化妆品生产经营者信用档案。

第五十八条　负责药品监督管理的部门应当公布本部门的网站地址、电子邮件地址或者电话，接受咨询、投诉、举报，并及时答复或者处理。对查证属实的举报，按照国家有关规定给予举报人奖励。

第五章　法律责任

第五十九条　有下列情形之一的，由负责药品监督管理的部门没收违法所得、违法生产经营的化妆品和专门用于违法生产经营的原料、包装材料、工具、设备等物品；违法生产经营的化妆品货值金额不足1万元的，并处5万元以上15万元以下罚款；货值金额1万元以上的，并处货值金额15倍以上30倍以下罚款；情节严重的，责令停产停业、由备案部门取消备案或者由原发证部门吊销化妆品许可证件，10年内不予办理其提出的化妆品备案或者受理其提出的化妆品行政许可申请，对违法单位的法定代表人或者主要负责人、直接负责的主管人员和其他直接责任人员处以其上一年度从本单位取得收入的3倍以上5倍以下罚款，终身禁止其从事化妆品生产经营活动；构成犯罪的，依法追究刑事责任：

（一）未经许可从事化妆品生产活动，或者化妆品注册人、备案人委托未取得相应化妆品生产许可的企业生产化妆品；

（二）生产经营或者进口未经注册的特殊化妆品；

（三）使用禁止用于化妆品生产的原料、应当注册但未经注册的新原料生产化妆品，在化妆品中非法添加可能危害人体健康的物质，或者使用超过使用期限、废弃、回收的化妆品或者原料生产化妆品。

第六十条　有下列情形之一的，由负责药品监督管理的部门没收违法所得、违法生产经营的化妆品和专门用于违法生产经营的原料、包装材料、工具、设备等物品；违法生产经营的化妆品货值金额不足1万元的，并处1万元以上5万元以下罚款；货值金额1万元以上的，并处货值金额5倍以上20倍以下罚款；情节严重的，责令停产停业、由备案部门取消备案或者由原发证部门吊销化妆品许可证件，对违法单位的法定代表人或者主要负责人、直接负责的主管人员和其他直接责任人员处以其上一年度从本单位取得收入的1倍以上3倍以下罚款，10年内禁止其从事化妆品生产经营活动；构成犯罪的，依法追究刑事责任：

（一）使用不符合强制性国家标准、技术规范的原料、直接接触化妆品的包装材料，应当备案但未备案的新原料生产化妆品，或者不按照强制性国家标准或者技术规范使用原料；

（二）生产经营不符合强制性国家标准、技术规范或者不符合化妆品注册、备案资料载明的技术要求的化妆品；

（三）未按照化妆品生产质量管理规范的要求组织生产；

（四）更改化妆品使用期限；

（五）化妆品经营者擅自配制化妆品，或者经营变质、超过使用期限的化妆品；

（六）在负责药品监督管理的部门责令其实施召回后拒不召回，或者在负责药品监督管理的部门责令停止或者暂停生产、经营后拒不停止或者暂停生产、经营。

第六十一条　有下列情形之一的，由负责药品监督管理的部门没收违法所得、违法生产经营的化妆品，并可以没收专门用于违法生产经营的原料、包装材料、工具、设备等物品；违法生产经营的化妆品货值金额不足1万元的，并处1万元以上3万元以下罚款；货值金额1万元以上的，并处货值金额3倍以上10倍以下罚款；情节严重的，责令停产停业、由备案部门取消备案或者由原发证部门吊销化妆品许可证件，对违法单位的法定代表人或者主要负责人、直接负责的主管人员和其他直接责任人员处以其上一年度从本单位取得收入的1倍以上2倍以下罚款，5年内禁止其从事化妆品生产经营活动：

（一）上市销售、经营或者进口未备案的普通化妆品；

（二）未依照本条例规定设质量安全负责人；

（三）化妆品注册人、备案人未对受托生产企业的生产活动进行监督；

（四）未依照本条例规定建立并执行从业人员健康管理制度；

（五）生产经营标签不符合本条例规定的化妆品。

生产经营的化妆品的标签存在瑕疵但不影响质量安全且不会对消费者造成误导的，由负责药品监督管理的部门责令改正；拒不改正的，处2000元以下罚款。

第六十二条　有下列情形之一的，由负责药品监督管理的部门责令改正，给予警告，并处1万元以上3万元以下罚款；情节严重的，责令停产停业，并处3万元以上5万元以下罚款，对违法单位的法定代表人或者主要负责人、直接负责的主管人员和其他直接责任人员处1万元以上3万元以下罚款：

（一）未依照本条例规定公布化妆品功效宣称依据的摘要；

（二）未依照本条例规定建立并执行进货查验记录制度、产品销售记录制度；

（三）未依照本条例规定对化妆品生产质量管理规范的执行情况进行自查；

（四）未依照本条例规定贮存、运输化妆品；

（五）未依照本条例规定监测、报告化妆品不良反应，或者对化妆品不良反应监测机构、负责药品监督管理的部门开展的化妆品不良反应调查不予配合。

进口商未依照本条例规定记录、保存进口化妆品信息的，由出入境检验检疫机构依照前款规定给予处罚。

第六十三条　化妆品新原料注册人、备案人未依照本条例规定报告化妆品新原料使用和安全情况的，由国务院药品监督管理部门责令改正，处5万元以上20万元以下罚款；情节严重的，吊销化妆品新原料注册证或者取消化妆品新原料备案，并处20万元以上50万元以下罚款。

第六十四条　在申请化妆品行政许可时提供虚假资料或者采取其他欺骗手段的，不予行政许可，已经取得行政许可的，由作出行政许可决定的部门撤销行政许可，5年内不受理其提出的化妆品相关许可申请，没收违法所得和已经生产、进口的化妆品；已经生产、进口的化妆品货值金额不足1万元的，并处5万元以上15万元以下罚款；货值金额1万元以上的，并处货值金额15倍以上30倍以下罚款；对违法单位的法定代表人或者主要负责人、直接负责的主管人员和其他直接责任人员处以其上一年度从本单位取得收入的3倍以上5倍以下罚款，终身禁止其从事化妆品生产经营活动。

伪造、变造、出租、出借或者转让化妆品许可证件的，由负责药品监督管理的部门或者原发证部门予以收缴或者吊销，没收违法所得；违法所得不足1万元的，并处5万元以上10万元以下罚款；违法所得1万元以上的，并处违法所得10倍以上20倍以下罚款；构成违反治安管理行为的，由公安机关依法给予治安管理处罚；构成犯罪的，依法追究刑事责任。

第六十五条　备案时提供虚假资料的，由备案部门取消备案，3年内不予办理其提出的该项备案，没收违法所得和已经生产、进口的化妆品；已经生产、进口的化妆品货值金额不足1万元的，并处1万元以上3万元以下罚款；货值金额1万元以上的，并处货值金额3倍以上10倍以下罚款；情节严重的，责令停产停业直至由原发证部门吊销化妆品生产许可证，对违法单位的法定代表人或者主要负责人、直接负责的主管人员和其他直接责任人员处以其上一年度从本单位取得收入的1倍以上2倍以下罚款，5年内禁止其从事化妆品生产经营活动。

已经备案的资料不符合要求的，由备案部门责令限期改正，其中，与化妆品、化妆品新原料安全性有关的备案资料不符合要求的，备案部门可以同时责令暂停销售、使用；逾期不改正的，由备案部门取消备案。

备案部门取消备案后，仍然使用该化妆品新原料生产化妆品或者仍然上市销售、进口该普通化妆品的，分别依照本条例第六十条、第六十一条的规定给予处罚。

第六十六条　化妆品集中交易市场开办者、展销会举办者未依照本条例规定履行审查、检查、制止、报告等管理义务的，由负责药品监督管理的部门处2万元以上10万元以下罚款；情节严重的，责令停业，并处10万元以上50万元以下罚款。

第六十七条　电子商务平台经营者未依照本条例规定履行实名登记、制止、报告、停止提供电子商务平台服务等管理义务的，由省、自治区、直辖市人民政府药品监督管理部门依照《中华人民共和国电子商务法》的规定给予处罚。

第六十八条　化妆品经营者履行了本条例规定的进货查验记录等义务，有证据证明其不知道所采购的化妆品是不符合强制性国家标准、技术规范或者不符合化妆品注册、备案资料载明的技术要求的，收缴其经营的不符合强制性国家标准、技术规范或者不符合化妆品注册、备案资料载明的技术要求的化妆品，可以免除行政处罚。

第六十九条　化妆品广告违反本条例规定的，依照《中华人民共和国广告法》的规定给予处罚；采用其他方式对化妆品作虚假或者引人误解的宣传的，依照有关法律的规定给予处罚；构成犯罪的，依法追究刑事责任。

第七十条　境外化妆品注册人、备案人指定的在我国境内的企业法人未协助开展化妆品不良反应监测、实施产品召回的,由省、自治区、直辖市人民政府药品监督管理部门责令改正,给予警告,并处 2 万元以上 10 万元以下罚款;情节严重的,处 10 万元以上 50 万元以下罚款,5 年内禁止其法定代表人或者主要负责人、直接负责的主管人员和其他直接责任人员从事化妆品生产经营活动。

境外化妆品注册人、备案人拒不履行依据本条例作出的行政处罚决定的,10 年内禁止其化妆品进口。

第七十一条 化妆品检验机构出具虚假检验报告的,由认证认可监督管理部门吊销检验机构资质证书,10 年内不受理其资质认定申请,没收所收取的检验费用,并处 5 万元以上 10 万元以下罚款;对其法定代表人或者主要负责人、直接负责的主管人员和其他直接责任人员处以其上一年度从本单位取得收入的 1 倍以上 3 倍以下罚款,依法给予或者责令给予降低岗位等级、撤职或者开除的处分,受到开除处分的,10 年内禁止其从事化妆品检验工作;构成犯罪的,依法追究刑事责任。

第七十二条 化妆品技术审评机构、化妆品不良反应监测机构和负责化妆品安全风险监测的机构未依照本条例规定履行职责,致使技术审评、不良反应监测、安全风险监测工作出现重大失误的,由负责药品监督管理的部门责令改正,给予警告,通报批评;造成严重后果的,对其法定代表人或者主要负责人、直接负责的主管人员和其他直接责任人员,依法给予或者责令给予降低岗位等级、撤职或者开除的处分。

第七十三条 化妆品生产经营者、检验机构招用、聘用不得从事化妆品生产经营活动的人员或者不得从事化妆品检验工作的人员从事化妆品生产经营或者检验的,由负责药品监督管理的部门或者其他有关部门责令改正,给予警告;拒不改正的,责令停产停业直至吊销化妆品许可证件、检验机构资质证书。

第七十四条 有下列情形之一,构成违反治安管理行为的,由公安机关依法给予治安管理处罚;构成犯罪的,依法追究刑事责任:

(一)阻碍负责药品监督管理的部门工作人员依法执行职务;

(二)伪造、销毁、隐匿证据或者隐藏、转移、变卖、损毁依法查封、扣押的物品。

第七十五条 负责药品监督管理的部门工作人员违反本条例规定,滥用职权、玩忽职守、徇私舞弊的,依法给予警告、记过或者记大过的处分;造成严重后果的,依法给予降级、撤职或者开除的处分;构成犯罪的,依法追究刑事责任。

第七十六条 违反本条例规定,造成人身、财产或者其他损害的,依法承担赔偿责任。

第六章 附 则

第七十七条 牙膏参照本条例有关普通化妆品的规定进行管理。牙膏备案人按照国家标准、行业标准进行功效评价后,可以宣称牙膏具有防龋、抑牙菌斑、抗牙本质敏感、减轻牙龈问题等功效。牙膏的具体管理办法由国务院药品监督管理部门拟订,报国务院市场监督管理部门审核、发布。

香皂不适用本条例,但是宣称具有特殊化妆品功效的适用本条例。

第七十八条 对本条例施行前已经注册的用于育发、脱毛、美乳、健美、除臭的化妆品自本条例施行之日起设置 5 年的过渡期,过渡期内可以继续生产、进口、销售,过渡期满后不得生产、进口、销售该化妆品。

第七十九条 本条例所称技术规范,是指尚未制定强制性国家标准、国务院药品监督管理部门结合监督管理工作需要制定的化妆品质量安全补充技术要求。

第八十条 本条例自 2021 年 1 月 1 日起施行。《化妆品卫生监督条例》同时废止。

化妆品注册备案管理办法

1. 2021 年 1 月 7 日国家市场监督管理总局令第 35 号公布
2. 自 2021 年 5 月 1 日起施行

第一章 总 则

第一条 为了规范化妆品注册和备案行为,保证化妆品质量安全,根据《化妆品监督管理条例》,制定本办法。

第二条 在中华人民共和国境内从事化妆品和化妆品新原料注册、备案及其监督管理活动,适用本办法。

第三条 化妆品、化妆品新原料注册,是指注册申请人依照法定程序和要求提出注册申请,药品监督管理部门对申请注册的化妆品、化妆品新原料的安全性和质量可控性进行审查,决定是否同意其申请的活动。

化妆品、化妆品新原料备案,是指备案人依照法定程序和要求,提交表明化妆品、化妆品新原料安全性和质量可控性的资料,药品监督管理部门对提交的资料存档备查的活动。

第四条 国家对特殊化妆品和风险程度较高的化妆品新原料实行注册管理,对普通化妆品和其他化妆品新原料实行备案管理。

第五条　国家药品监督管理局负责特殊化妆品、进口普通化妆品、化妆品新原料的注册和备案管理，并指导监督省、自治区、直辖市药品监督管理部门承担的化妆品备案相关工作。国家药品监督管理局可以委托具备相应能力的省、自治区、直辖市药品监督管理部门实施进口普通化妆品备案管理工作。

国家药品监督管理局化妆品技术审评机构（以下简称技术审评机构）负责特殊化妆品、化妆品新原料注册的技术审评工作，进口普通化妆品、化妆品新原料备案后的资料技术核查工作，以及化妆品新原料使用和安全情况报告的评估工作。

国家药品监督管理局行政事项受理服务机构（以下简称受理机构）、审核查验机构、不良反应监测机构、信息管理机构等专业技术机构，承担化妆品注册和备案管理所需的注册受理、现场核查、不良反应监测、信息化建设与管理等工作。

第六条　省、自治区、直辖市药品监督管理部门负责本行政区域内国产普通化妆品备案管理工作，在委托范围内以国家药品监督管理局的名义实施进口普通化妆品备案管理工作，并协助开展特殊化妆品注册现场核查等工作。

第七条　化妆品、化妆品新原料注册人、备案人依法履行产品注册、备案义务，对化妆品、化妆品新原料的质量安全负责。

化妆品、化妆品新原料注册人、备案人申请注册或者进行备案时，应当遵守有关法律、行政法规、强制性国家标准和技术规范的要求，对所提交资料的真实性和科学性负责。

第八条　注册人、备案人在境外的，应当指定我国境内的企业法人作为境内责任人。境内责任人应当履行以下义务：

（一）以注册人、备案人的名义，办理化妆品、化妆品新原料注册、备案；

（二）协助注册人、备案人开展化妆品不良反应监测、化妆品新原料安全监测与报告工作；

（三）协助注册人、备案人实施化妆品、化妆品新原料召回工作；

（四）按照与注册人、备案人的协议，对投放境内市场的化妆品、化妆品新原料承担相应的质量安全责任；

（五）配合药品监督管理部门的监督检查工作。

第九条　药品监督管理部门应当自化妆品、化妆品新原料准予注册、完成备案之日起 5 个工作日内，向社会公布化妆品、化妆品新原料注册和备案管理有关信息，供社会公众查询。

第十条　国家药品监督管理局加强信息化建设，为注册人、备案人提供便利化服务。

化妆品、化妆品新原料注册人、备案人按照规定通过化妆品、化妆品新原料注册备案信息服务平台（以下简称信息服务平台）申请注册、进行备案。

国家药品监督管理局制定已使用的化妆品原料目录，及时更新并向社会公开，方便企业查询。

第十一条　药品监督管理部门可以建立专家咨询机制，就技术审评、现场核查、监督检查等过程中的重要问题听取专家意见，发挥专家的技术支撑作用。

第二章　化妆品新原料注册和备案管理

第一节　化妆品新原料注册和备案

第十二条　在我国境内首次使用于化妆品的天然或者人工原料为化妆品新原料。

调整已使用的化妆品原料的使用目的、安全使用量等的，应当按照新原料注册、备案要求申请注册、进行备案。

第十三条　申请注册具有防腐、防晒、着色、染发、祛斑美白功能的化妆品新原料，应当按照国家药品监督管理局要求提交申请资料。受理机构应当自收到申请之日起 5 个工作日内完成对申请资料的形式审查，并根据下列情况分别作出处理：

（一）申请事项依法不需要取得注册的，作出不予受理的决定，出具不予受理通知书；

（二）申请事项依法不属于国家药品监督管理局职权范围的，应当作出不予受理的决定，出具不予受理通知书，并告知申请人向有关行政机关申请；

（三）申请资料不齐全或者不符合规定形式的，出具补正通知书，一次告知申请人需要补正的全部内容，逾期未告知的，自收到申请资料之日起即为受理；

（四）申请资料齐全、符合规定形式要求的，或者申请人按照要求提交全部补正材料的，应当受理注册申请并出具受理通知书。

受理机构应当自受理注册申请后 3 个工作日内，将申请资料转交技术审评机构。

第十四条　技术审评机构应当自收到申请资料之日起 90 个工作日内，按照技术审评的要求组织开展技术审评，并根据下列情况分别作出处理：

（一）申请资料真实完整，能够证明原料安全性和质量可控性，符合法律、行政法规、强制性国家标准和技术规范要求的，技术审评机构应当作出技术审评通过的审评结论；

（二）申请资料不真实，不能证明原料安全性、质量可控性，不符合法律、行政法规、强制性国家标准和技术规范要求的，技术审评机构应当作出技术审评不通过的审评结论；

（三）需要申请人补充资料的，应当一次告知需要补充的全部内容；申请人应当在 90 个工作日内按照要求一次提供补充资料，技术审评机构收到补充资料后审评时限重新计算；未在规定时限内补充资料的，技术审评机构应当作出技术审评不通过的审评结论。

第十五条　技术审评结论为审评不通过的，技术审评机构应当告知申请人并说明理由。申请人有异议的，可以自收到技术审评结论之日起 20 个工作日内申请复核。复核的内容仅限于原申请事项以及申请资料。

技术审评机构应当自收到复核申请之日起 30 个工作日内作出复核结论。

第十六条　国家药品监督管理局应当自收到技术审评结论之日起 20 个工作日内，对技术审评程序和结论的合法性、规范性以及完整性进行审查，并作出是否准予注册的决定。

受理机构应当自国家药品监督管理局作出行政审批决定之日起 10 个工作日内，向申请人发出化妆品新原料注册证或者不予注册决定书。

第十七条　技术审评机构作出技术审评结论前，申请人可以提出撤回注册申请。技术审评过程中，发现涉嫌提供虚假资料或者化妆品新原料存在安全性问题的，技术审评机构应当依法处理，申请人不得撤回注册申请。

第十八条　化妆品新原料备案人按照国家药品监督管理局的要求提交资料后即完成备案。

第二节　安全监测与报告

第十九条　已经取得注册、完成备案的化妆品新原料实行安全监测制度。安全监测的期限为 3 年，自首次使用化妆品新原料的化妆品取得注册或者完成备案之日起算。

第二十条　安全监测的期限内，化妆品新原料注册人、备案人可以使用该化妆品新原料生产化妆品。

化妆品注册人、备案人使用化妆品新原料生产化妆品的，相关化妆品申请注册、办理备案时应当通过信息服务平台经化妆品新原料注册人、备案人关联确认。

第二十一条　化妆品新原料注册人、备案人应当建立化妆品新原料上市后的安全风险监测和评价体系，对化妆品新原料的安全性进行追踪研究，对化妆品新原料的使用和安全情况进行持续监测和评价。

化妆品新原料注册人、备案人应当在化妆品新原料安全监测每满一年前 30 个工作日内，汇总、分析化妆品新原料使用和安全情况，形成年度报告报送国家药品监督管理局。

第二十二条　发现下列情况的，化妆品新原料注册人、备案人应当立即开展研究，并向技术审评机构报告：

（一）其他国家（地区）发现疑似因使用同类原料引起严重化妆品不良反应或者群体不良反应事件的；

（二）其他国家（地区）化妆品法律、法规、标准对同类原料提高使用标准、增加使用限制或者禁止使用的；

（三）其他与化妆品新原料安全有关的情况。

有证据表明化妆品新原料存在安全问题的，化妆品新原料注册人、备案人应当立即采取措施控制风险，并向技术审评机构报告。

第二十三条　使用化妆品新原料生产化妆品的化妆品注册人、备案人，应当及时向化妆品新原料注册人、备案人反馈化妆品新原料的使用和安全情况。

出现可能与化妆品新原料相关的化妆品不良反应或者安全问题时，化妆品注册人、备案人应当立即采取措施控制风险，通知化妆品新原料注册人、备案人，并按照规定向所在地省、自治区、直辖市药品监督管理部门报告。

第二十四条　省、自治区、直辖市药品监督管理部门收到使用了化妆品新原料的化妆品不良反应或者安全问题报告后，应当组织开展研判分析，认为化妆品新原料可能存在造成人体伤害或者危害人体健康等安全风险的，应当按照有关规定采取措施控制风险，并立即反馈技术审评机构。

第二十五条　技术审评机构收到省、自治区、直辖市药品监督管理部门或者化妆品新原料注册人、备案人的反馈或者报告后，应当结合不良反应监测机构的化妆品年度不良反应统计分析结果进行评估，认为通过调整化妆品新原料技术要求能够消除安全风险的，可以提出调整意见并报告国家药品监督管理局；认为存在安全性问题的，应当报请国家药品监督管理局撤销注册或者取消备案。国家药品监督管理局应当及时作出决定。

第二十六条　化妆品新原料安全监测期满 3 年后，技术审评机构应当向国家药品监督管理局提出化妆品新原料是否符合安全性要求的意见。

对存在安全问题的化妆品新原料，由国家药品监督管理局撤销注册或者取消备案；未发生安全问题的，由国家药品监督管理局纳入已使用的化妆品原料目录。

第二十七条 安全监测期内化妆品新原料被责令暂停使用的，化妆品注册人、备案人应当同时暂停生产、经营使用该化妆品新原料的化妆品。

第三章 化妆品注册和备案管理

第一节 一般要求

第二十八条 化妆品注册申请人、备案人应当具备下列条件：

（一）是依法设立的企业或者其他组织；

（二）有与申请注册、进行备案化妆品相适应的质量管理体系；

（三）有不良反应监测与评价的能力。

注册申请人首次申请特殊化妆品注册或者备案人首次进行普通化妆品备案的，应当提交其符合前款规定要求的证明资料。

第二十九条 化妆品注册人、备案人应当依照法律、行政法规、强制性国家标准、技术规范和注册备案管理等规定，开展化妆品研制、安全评估、注册备案检验等工作，并按照化妆品注册备案资料规范要求提交注册备案资料。

第三十条 化妆品注册人、备案人应当选择符合法律、行政法规、强制性国家标准和技术规范要求的原料用于化妆品生产，对其使用的化妆品原料安全性负责。化妆品注册人、备案人申请注册、进行备案时，应当通过信息服务平台明确原料来源和原料安全相关信息。

第三十一条 化妆品注册人、备案人委托生产化妆品的，国产化妆品应当在申请注册或者进行备案时，经化妆品生产企业通过信息服务平台关联确认委托生产关系；进口化妆品由化妆品注册人、备案人提交存在委托关系的相关材料。

第三十二条 化妆品注册人、备案人应当明确产品执行的标准，并在申请注册或者进行备案时提交药品监督管理部门。

第三十三条 化妆品注册申请人、备案人应当委托取得资质认定、满足化妆品注册和备案检验工作需要的检验机构，按照强制性国家标准、技术规范和注册备案检验规定的要求进行检验。

第二节 备案管理

第三十四条 普通化妆品上市或者进口前，备案人按照国家药品监督管理局的要求通过信息服务平台提交备案资料后即完成备案。

第三十五条 已经备案的进口普通化妆品拟在境内责任人所在省、自治区、直辖市行政区域以外的口岸进口的，应当通过信息服务平台补充填报进口口岸以及办理通关手续的联系人信息。

第三十六条 已经备案的普通化妆品，无正当理由不得随意改变产品名称；没有充分的科学依据，不得随意改变功效宣称。

已经备案的普通化妆品不得随意改变产品配方，但因原料来源改变等原因导致产品配方发生微小变化的情况除外。

备案人、境内责任人地址变化导致备案管理部门改变的，备案人应当重新进行备案。

第三十七条 普通化妆品的备案人应当每年向承担备案管理工作的药品监督管理部门报告生产、进口情况，以及符合法律法规、强制性国家标准、技术规范的情况。

已经备案的产品不再生产或者进口的，备案人应当及时报告承担备案管理工作的药品监督管理部门取消备案。

第三节 注册管理

第三十八条 特殊化妆品生产或者进口前，注册申请人应当按照国家药品监督管理局的要求提交申请资料。

特殊化妆品注册程序和时限未作规定的，适用本办法关于化妆品新原料注册的规定。

第三十九条 技术审评机构应当自收到申请资料之日起90个工作日内，按照技术审评的要求组织开展技术审评，并根据下列情况分别作出处理：

（一）申请资料真实完整，能够证明产品安全性和质量可控性、产品配方和产品执行的标准合理，且符合现行法律、行政法规、强制性国家标准和技术规范要求的，作出技术审评通过的审评结论；

（二）申请资料不真实，不能证明产品安全性和质量可控性、产品配方和产品执行的标准不合理，或者不符合现行法律、行政法规、强制性国家标准和技术规范要求的，作出技术审评不通过的审评结论；

（三）需要申请人补充资料的，应当一次告知需要补充的全部内容；申请人应当在90个工作日内按照要求一次提供补充资料，技术审评机构收到补充资料后审评时限重新计算；未在规定时限内补充资料的，技术审评机构应当作出技术审评不通过的审评结论。

第四十条 国家药品监督管理局应当自收到技术审评结论之日起20个工作日内，对技术审评程序和结论的合法性、规范性以及完整性进行审查,并作出是否准予注册的决定。

受理机构应当自国家药品监督管理局作出行政审批决定之日起 10 个工作日内,向申请人发出化妆品注册证或者不予注册决定书。化妆品注册证有效期 5 年。

第四十一条　已经注册的特殊化妆品的注册事项发生变化的,国家药品监督管理局根据变化事项对产品安全、功效的影响程度实施分类管理:

(一)不涉及安全性、功效宣称的事项发生变化的,注册人应当及时向国家药品监督管理局备案;

(二)涉及安全性的事项发生变化的,以及生产工艺、功效宣称等方面发生实质性变化的,注册人应当向国家药品监督管理局提出产品注册变更申请;

(三)产品名称、配方等发生变化,实质上构成新的产品的,注册人应当重新申请注册。

第四十二条　已经注册的产品不再生产或者进口的,注册人应当主动申请注销注册证。

第四节　注册证延续

第四十三条　特殊化妆品注册证有效期届满需要延续的,注册人应当在产品注册证有效期届满前 90 个工作日至 30 个工作日期间提出延续注册申请,并承诺符合强制性国家标准、技术规范的要求。注册人应当对提交资料和作出承诺的真实性、合法性负责。

逾期未提出延续注册申请的,不再受理其延续注册申请。

第四十四条　受理机构应当在收到延续注册申请后 5 个工作日内对申请资料进行形式审查,符合要求的予以受理,并自受理之日起 10 个工作日内向申请人发出新的注册证。注册证有效期自原注册证有效期届满之日的次日起重新计算。

第四十五条　药品监督管理部门应当对已延续注册的特殊化妆品的申报资料和承诺进行监督,经监督检查或者技术审评发现存在不符合强制性国家标准、技术规范情形的,应当依法撤销特殊化妆品注册证。

第四章　监 督 管 理

第四十六条　药品监督管理部门依照法律法规规定,对注册人、备案人的注册、备案相关活动进行监督检查,必要时可以对注册、备案活动涉及的单位进行延伸检查,有关单位和个人应当予以配合,不得拒绝检查和隐瞒有关情况。

第四十七条　技术审评机构在注册技术审评过程中,可以根据需要通知审核查验机构开展现场核查。境内现场核查应当在 45 个工作日内完成,境外现场核查应当按照境外核查相关规定执行。现场核查所用时间不计算在审评时限之内。

注册申请人应当配合现场核查工作,需要抽样检验的,应当按照要求提供样品。

第四十八条　特殊化妆品取得注册证后,注册人应当在产品投放市场前,将上市销售的产品标签图片上传至信息服务平台,供社会公众查询。

第四十九条　化妆品注册证不得转让。因企业合并、分立等法定事由导致原注册人主体资格注销,将注册人变更为新设立的企业或者其他组织的,应当按照本办法的规定申请变更注册。

变更后的注册人应当符合本办法关于注册人的规定,并对已经上市的产品承担质量安全责任。

第五十条　根据科学研究的发展,对化妆品、化妆品原料的安全性认识发生改变的,或者有证据表明化妆品、化妆品原料可能存在缺陷的,承担注册、备案管理工作的药品监督管理部门可以责令化妆品、化妆品新原料注册人、备案人开展安全再评估,或者直接组织相关原料企业和化妆品企业开展安全再评估。

再评估结果表明化妆品、化妆品原料不能保证安全的,由原注册部门撤销注册、备案部门取消备案,由国务院药品监督管理部门将该化妆品原料纳入禁止用于化妆品生产的原料目录,并向社会公布。

第五十一条　根据科学研究的发展、化妆品安全风险监测和评价等,发现化妆品原料存在安全风险,能够通过设定原料的使用范围和条件消除安全风险的,应当在已使用的化妆品原料目录中明确原料限制使用的范围和条件。

第五十二条　承担注册、备案管理工作的药品监督管理部门通过注册、备案信息无法与注册人、备案人或者境内责任人取得联系的,可以在信息服务平台将注册人、备案人、境内责任人列为重点监管对象,并通过信息服务平台予以公告。

第五十三条　药品监督管理部门根据备案人、境内责任人、化妆品生产企业的质量管理体系运行、备案后监督、产品上市后的监督检查情况等,实施风险分类分级管理。

第五十四条　药品监督管理部门、技术审评、现场核查、检验机构及其工作人员应当严格遵守法律、法规、规章和国家药品监督管理局的相关规定,保证相关工作科学、客观和公正。

第五十五条　未经注册人、备案人同意，药品监督管理部门、专业技术机构及其工作人员、参与审评的人员不得披露注册人、备案人提交的商业秘密、未披露信息或者保密商务信息，法律另有规定或者涉及国家安全、重大社会公共利益的除外。

第五章　法律责任

第五十六条　化妆品、化妆品新原料注册人未按照本办法规定申请特殊化妆品、化妆品新原料变更注册的，由原发证的药品监督管理部门责令改正，给予警告，处1万元以上3万元以下罚款。

化妆品、化妆品新原料备案人未按照本办法规定更新普通化妆品、化妆品新原料备案信息的，由承担备案管理工作的药品监督管理部门责令改正，给予警告，处5000元以上3万元以下罚款。

化妆品、化妆品新原料注册人未按照本办法的规定重新注册的，依照化妆品监督管理条例第五十九条的规定给予处罚；化妆品、化妆品新原料备案人未按照本办法的规定重新备案的，依照化妆品监督管理条例第六十一条第一款的规定给予处罚。

第五十七条　化妆品新原料注册人、备案人违反本办法第二十一条规定的，由省、自治区、直辖市药品监督管理部门责令改正；拒不改正的，处5000元以上3万元以下罚款。

第五十八条　承担备案管理工作的药品监督管理部门发现已备案化妆品、化妆品新原料的备案资料不符合要求的，应当责令限期改正，其中，与化妆品、化妆品新原料安全性有关的备案资料不符合要求的，可以同时责令暂停销售、使用。

已进行备案但备案信息尚未向社会公布的化妆品、化妆品新原料，承担备案管理工作的药品监督管理部门发现备案资料不符合要求的，可以责令备案人改正并在符合要求后向社会公布备案信息。

第五十九条　备案人存在以下情形的，承担备案管理工作的药品监督管理部门应当取消化妆品、化妆品新原料备案：

（一）备案时提交虚假资料的；

（二）已经备案的资料不符合要求，未按要求在规定期限内改正的，或者未按要求暂停化妆品、化妆品新原料销售、使用的；

（三）不属于化妆品新原料或者化妆品备案范围的。

第六章　附　　则

第六十条　注册受理通知、技术审评意见告知、注册证书发放和备案信息发布、注册复核、化妆品新原料使用情况报告提交等所涉及时限以通过信息服务平台提交或者发出的时间为准。

第六十一条　化妆品最后一道接触内容物的工序在境内完成的为国产产品，在境外完成的为进口产品，在中国台湾、香港和澳门地区完成的参照进口产品管理。

以一个产品名称申请注册或者进行备案的配合使用产品或者组合包装产品，任何一剂的最后一道接触内容物的工序在境外完成的，按照进口产品管理。

第六十二条　化妆品、化妆品新原料取得注册或者进行备案后，按照下列规则进行编号。

（一）化妆品新原料备案编号规则：国妆原备字＋四位年份数＋本年度备案化妆品新原料顺序数。

（二）化妆品新原料注册编号规则：国妆原注字＋四位年份数＋本年度注册化妆品新原料顺序数。

（三）普通化妆品备案编号规则：

国产产品：省、自治区、直辖市简称＋G妆网备字＋四位年份数＋本年度行政区域内备案产品顺序数；

进口产品：国妆网备进字（境内责任人所在省、自治区、直辖市简称）＋四位年份数＋本年度全国备案产品顺序数；

中国台湾、香港、澳门产品：国妆网备制字（境内责任人所在省、自治区、直辖市简称）＋四位年份数＋本年度全国备案产品顺序数。

（四）特殊化妆品注册编号规则：

国产产品：国妆特字＋四位年份数＋本年度注册产品顺序数；

进口产品：国妆特进字＋四位年份数＋本年度注册产品顺序数；

中国台湾、香港、澳门产品：国妆特制字＋四位年份数＋本年度注册产品顺序数。

第六十三条　本办法自2021年5月1日起施行。

化妆品生产经营监督管理办法

1. 2021年8月2日国家市场监督管理总局令第46号公布
2. 自2022年1月1日起施行

第一章　总　　则

第一条　为了规范化妆品生产经营活动，加强化妆品监督管理，保证化妆品质量安全，根据《化妆品监督管理条例》，制定本办法。

第二条　在中华人民共和国境内从事化妆品生产经营活

动及其监督管理，应当遵守本办法。

第三条 国家药品监督管理局负责全国化妆品监督管理工作。

县级以上地方人民政府负责药品监督管理的部门负责本行政区域的化妆品监督管理工作。

第四条 化妆品注册人、备案人应当依法建立化妆品生产质量管理体系，履行产品不良反应监测、风险控制、产品召回等义务，对化妆品的质量安全和功效宣称负责。化妆品生产经营者应当依照法律、法规、规章、强制性国家标准、技术规范从事生产经营活动，加强管理，诚信自律，保证化妆品质量安全。

第五条 国家对化妆品生产实行许可管理。从事化妆品生产活动，应当依法取得化妆品生产许可证。

第六条 化妆品生产经营者应当依法建立进货查验记录、产品销售记录等制度，确保产品可追溯。

鼓励化妆品生产经营者采用信息化手段采集、保存生产经营信息，建立化妆品质量安全追溯体系。

第七条 国家药品监督管理局加强信息化建设，为公众查询化妆品信息提供便利化服务。

负责药品监督管理的部门应当依法及时公布化妆品生产许可、监督检查、行政处罚等监督管理信息。

第八条 负责药品监督管理的部门应当充分发挥行业协会、消费者协会和其他消费者组织、新闻媒体等的作用，推进诚信体系建设，促进化妆品安全社会共治。

第二章 生产许可

第九条 申请化妆品生产许可，应当符合下列条件：

（一）是依法设立的企业；

（二）有与生产的化妆品品种、数量和生产许可项目等相适应的生产场地，且与有毒、有害场所以及其他污染源保持规定的距离；

（三）有与生产的化妆品品种、数量和生产许可项目等相适应的生产设施设备且布局合理，空气净化、水处理等设施设备符合规定要求；

（四）有与生产的化妆品品种、数量和生产许可项目等相适应的技术人员；

（五）有与生产的化妆品品种、数量相适应，能对生产的化妆品进行检验的检验人员和检验设备；

（六）有保证化妆品质量安全的管理制度。

第十条 化妆品生产许可申请人应当向所在地省、自治区、直辖市药品监督管理部门提出申请，提交其符合本办法第九条规定条件的证明资料，并对资料的真实性负责。

第十一条 省、自治区、直辖市药品监督管理部门对申请人提出的化妆品生产许可申请，应当根据下列情况分别作出处理：

（一）申请事项依法不需要取得许可的，应当作出不予受理的决定，出具不予受理通知书。

（二）申请事项依法不属于药品监督管理部门职权范围的，应当作出不予受理的决定，出具不予受理通知书，并告知申请人向有关行政机关申请。

（三）申请资料存在可以当场更正的错误的，应当允许申请人当场更正，由申请人在更正处签名或者盖章，注明更正日期。

（四）申请资料不齐全或者不符合法定形式的，应当当场或者在5个工作日内一次告知申请人需要补正的全部内容以及提交补正资料的时限。逾期不告知的，自收到申请资料之日起即为受理。

（五）申请资料齐全、符合法定形式，或者申请人按照要求提交全部补正资料的，应当受理化妆品生产许可申请。

省、自治区、直辖市药品监督管理部门受理或者不予受理化妆品生产许可申请的，应当出具受理或者不予受理通知书。决定不予受理的，应当说明不予受理的理由，并告知申请人依法享有申请行政复议或者提起行政诉讼的权利。

第十二条 省、自治区、直辖市药品监督管理部门应当对申请人提交的申请资料进行审核，对申请人的生产场所进行现场核查，并自受理化妆品生产许可申请之日起30个工作日内作出决定。

第十三条 省、自治区、直辖市药品监督管理部门应当根据申请资料审核和现场核查等情况，对符合规定条件的，作出准予许可的决定，并自作出决定之日起5个工作日内向申请人颁发化妆品生产许可证；对不符合规定条件的，及时作出不予许可的书面决定并说明理由，同时告知申请人依法享有申请行政复议或者提起行政诉讼的权利。

化妆品生产许可证发证日期为许可决定作出的日期，有效期为5年。

第十四条 化妆品生产许可证分为正本、副本。正本、副本具有同等法律效力。

国家药品监督管理局负责制定化妆品生产许可证式样。省、自治区、直辖市药品监督管理部门负责化妆品生产许可证的印制、发放等管理工作。

药品监督管理部门制作的化妆品生产许可电子证书与印制的化妆品生产许可证书具有同等法律效力。

第十五条 化妆品生产许可证应当载明许可证编号、生产企业名称、住所、生产地址、统一社会信用代码、法定代表人或者负责人、生产许可项目、有效期、发证机关、发证日期等。

化妆品生产许可证副本还应当载明化妆品生产许可变更情况。

第十六条 化妆品生产许可项目按照化妆品生产工艺、成品状态和用途等，划分为一般液态单元、膏霜乳液单元、粉单元、气雾剂及有机溶剂单元、蜡基单元、牙膏单元、皂基单元、其他单元。国家药品监督管理局可以根据化妆品质量安全监督管理实际需要调整生产许可项目划分单元。

具备儿童护肤类、眼部护肤类化妆品生产条件的，应当在生产许可项目中特别标注。

第十七条 化妆品生产许可证有效期内，申请人的许可条件发生变化，或者需要变更许可证载明事项的，应当向原发证的药品监督管理部门申请变更。

第十八条 生产许可项目发生变化，可能影响产品质量安全的生产设施设备发生变化，或者在化妆品生产场地原址新建、改建、扩建车间的，化妆品生产企业应当在投入生产前向原发证的药品监督管理部门申请变更，并依照本办法第十条的规定提交与变更有关的资料。原发证的药品监督管理部门应当进行审核，自受理变更申请之日起 30 个工作日内作出是否准予变更的决定，并在化妆品生产许可证副本上予以记录。需要现场核查的，依照本办法第十二条的规定办理。

因生产许可项目等的变更需要进行全面现场核查，经省、自治区、直辖市药品监督管理部门现场核查并符合要求的，颁发新的化妆品生产许可证，许可证编号不变，有效期自发证之日起重新计算。

同一个化妆品生产企业在同一个省、自治区、直辖市申请增加化妆品生产地址的，可以依照本办法的规定办理变更手续。

第十九条 生产企业名称、住所、法定代表人或者负责人等发生变化的，化妆品生产企业应当自发生变化之日起 30 个工作日内向原发证的药品监督管理部门申请变更，并提交与变更有关的资料。原发证的药品监督管理部门应当自受理申请之日起 3 个工作日内办理变更手续。

质量安全负责人、预留的联系方式等发生变化的，化妆品生产企业应当在变化后 10 个工作日内向原发证的药品监督管理部门报告。

第二十条 化妆品生产许可证有效期届满需要延续的，申请人应当在生产许可证有效期届满前 90 个工作日至 30 个工作日期间向所在地省、自治区、直辖市药品监督管理部门提出延续许可申请，并承诺其符合本办法规定的化妆品生产许可条件。申请人应当对提交资料和作出承诺的真实性、合法性负责。

逾期未提出延续许可申请的，不再受理其延续许可申请。

第二十一条 省、自治区、直辖市药品监督管理部门应当自收到延续许可申请后 5 个工作日内对申请资料进行形式审查，符合要求的予以受理，并自受理之日起 10 个工作日内向申请人换发新的化妆品生产许可证。许可证有效期自原许可证有效期届满之日的次日起重新计算。

第二十二条 省、自治区、直辖市药品监督管理部门应当对已延续许可的化妆品生产企业的申报资料和承诺进行监督，发现不符合本办法第九条规定的化妆品生产许可条件的，应当依法撤销化妆品生产许可。

第二十三条 化妆品生产企业有下列情形之一的，原发证的药品监督管理部门应当依法注销其化妆品生产许可证，并在政府网站上予以公布：

（一）企业主动申请注销的；

（二）企业主体资格被依法终止的；

（三）化妆品生产许可证有效期届满未申请延续的；

（四）化妆品生产许可依法被撤回、撤销或者化妆品生产许可证依法被吊销的；

（五）法律法规规定应当注销化妆品生产许可的其他情形。

化妆品生产企业申请注销生产许可时，原发证的药品监督管理部门发现注销可能影响案件查处的，可以暂停办理注销手续。

第三章 化妆品生产

第二十四条 国家药品监督管理局制定化妆品生产质量管理规范，明确质量管理机构与人员、质量保证与控制、厂房设施与设备管理、物料与产品管理、生产过程管理、产品销售管理等要求。

化妆品注册人、备案人、受托生产企业应当按照化妆品生产质量管理规范的要求组织生产化妆品，建立化妆品生产质量管理体系并保证持续有效运行。生产车间等场所不得贮存、生产对化妆品质量有不利影响的产品。

第二十五条 化妆品注册人、备案人、受托生产企业应当建立并执行供应商遴选、原料验收、生产过程及质量控制、设备管理、产品检验及留样等保证化妆品质量安全的管理制度。

第二十六条 化妆品注册人、备案人委托生产化妆品的，应当委托取得相应化妆品生产许可的生产企业生产，并对其生产活动全过程进行监督，对委托生产的化妆品的质量安全负责。受托生产企业应当具备相应的生产条件，并依照法律、法规、强制性国家标准、技术规范和合同约定组织生产，对生产活动负责，接受委托方的监督。

第二十七条 化妆品注册人、备案人、受托生产企业应当建立化妆品质量安全责任制，落实化妆品质量安全主体责任。

化妆品注册人、备案人、受托生产企业的法定代表人、主要负责人对化妆品质量安全工作全面负责。

第二十八条 质量安全负责人按照化妆品质量安全责任制的要求协助化妆品注册人、备案人、受托生产企业法定代表人、主要负责人承担下列相应的产品质量安全管理和产品放行职责：

（一）建立并组织实施本企业质量管理体系，落实质量安全管理责任；

（二）产品配方、生产工艺、物料供应商等的审核管理；

（三）物料放行管理和产品放行；

（四）化妆品不良反应监测管理；

（五）受托生产企业生产活动的监督管理。

质量安全负责人应当具备化妆品、化学、化工、生物、医学、药学、食品、公共卫生或者法学等化妆品质量安全相关专业知识和法律知识，熟悉相关法律、法规、规章、强制性国家标准、技术规范，并具有 5 年以上化妆品生产或者质量管理经验。

第二十九条 化妆品注册人、备案人、受托生产企业应当建立并执行从业人员健康管理制度，建立从业人员健康档案。健康档案至少保存 3 年。

直接从事化妆品生产活动的人员应当每年接受健康检查。患有国务院卫生行政主管部门规定的有碍化妆品质量安全疾病的人员不得直接从事化妆品生产活动。

第三十条 化妆品注册人、备案人、受托生产企业应当制定从业人员年度培训计划，开展化妆品法律、法规、规章、强制性国家标准、技术规范等知识培训，并建立培训档案。生产岗位操作人员、检验人员应当具有相应的知识和实际操作技能。

第三十一条 化妆品经出厂检验合格后方可上市销售。

化妆品注册人、备案人应当按照规定对出厂的化妆品留样并记录。留样应当保持原始销售包装且数量满足产品质量检验的要求。留样保存期限不得少于产品使用期限届满后 6 个月。

委托生产化妆品的，受托生产企业也应当按照前款的规定留样并记录。

第三十二条 化妆品注册人、备案人、受托生产企业应当建立并执行原料以及直接接触化妆品的包装材料进货查验记录制度、产品销售记录制度。进货查验记录和产品销售记录应当真实、完整，保证可追溯，保存期限不得少于产品使用期限期满后 1 年；产品使用期限不足 1 年的，记录保存期限不得少于 2 年。

委托生产化妆品的，原料以及直接接触化妆品的包装材料进货查验等记录可以由受托生产企业保存。

第三十三条 化妆品注册人、备案人、受托生产企业应当每年对化妆品生产质量管理规范的执行情况进行自查。自查报告应当包括发现的问题、产品质量安全评价、整改措施等，保存期限不得少于 2 年。

经自查发现生产条件发生变化，不再符合化妆品生产质量管理规范要求的，化妆品注册人、备案人、受托生产企业应当立即采取整改措施；发现可能影响化妆品质量安全的，应当立即停止生产，并向所在地省、自治区、直辖市药品监督管理部门报告。影响质量安全的风险因素消除后，方可恢复生产。省、自治区、直辖市药品监督管理部门可以根据实际情况组织现场检查。

第三十四条 化妆品注册人、备案人、受托生产企业连续停产 1 年以上，重新生产前，应当进行全面自查，确认符合要求后，方可恢复生产。自查和整改情况应当在恢复生产之日起 10 个工作日内向所在地省、自治区、直辖市药品监督管理部门报告。

第三十五条 化妆品的最小销售单元应当有中文标签。标签内容应当与化妆品注册或者备案资料中产品标签样稿一致。

化妆品的名称、成分、功效等标签标注的事项应当真实、合法，不得含有明示或者暗示具有医疗作用，以及虚假或者引人误解、违背社会公序良俗等违反法律法规的内容。化妆品名称使用商标的，还应当符合国家有关商标管理的法律法规规定。

第三十六条 供儿童使用的化妆品应当符合法律、法规、强制性国家标准、技术规范以及化妆品生产质量管理规范等关于儿童化妆品质量安全的要求，并按照国家药品监督管理局的规定在产品标签上进行标注。

第三十七条 化妆品的标签存在下列情节轻微，不影响产品质量安全且不会对消费者造成误导的情形，可以认定为化妆品监督管理条例第六十一条第二款规定的标签瑕疵：

（一）文字、符号、数字的字号不规范，或者出现多字、漏字、错别字、非规范汉字的；

（二）使用期限、净含量的标注方式和格式不规范等的；

（三）化妆品标签不清晰难以辨认、识读的，或者部分印字脱落或者粘贴不牢的；

（四）化妆品成分名称不规范或者成分未按照配方含量的降序列出的；

（五）其他违反标签管理规定但不影响产品质量安全且不会对消费者造成误导的情形。

第三十八条 化妆品注册人、备案人、受托生产企业应当采取措施避免产品性状、外观形态等与食品、药品等产品相混淆，防止误食、误用。

生产、销售用于未成年人的玩具、用具等，应当依法标明注意事项，并采取措施防止产品被误用为儿童化妆品。

普通化妆品不得宣称特殊化妆品相关功效。

第四章 化妆品经营

第三十九条 化妆品经营者应当建立并执行进货查验记录制度，查验直接供货者的市场主体登记证明、特殊化妆品注册证或者普通化妆品备案信息、化妆品的产品质量检验合格证明并保存相关凭证，如实记录化妆品名称、特殊化妆品注册证编号或者普通化妆品备案编号、使用期限、净含量、购进数量、供货者名称、地址、联系方式、购进日期等内容。

第四十条 实行统一配送的化妆品经营者，可以由经营者总部统一建立并执行进货查验记录制度，按照本办法的规定，统一进行查验记录并保存相关凭证。经营者总部应当保证所属分店能提供所经营化妆品的相关记录和凭证。

第四十一条 美容美发机构、宾馆等在经营服务中使用化妆品或者为消费者提供化妆品的，应当依法履行化妆品监督管理条例以及本办法规定的化妆品经营者义务。

美容美发机构经营中使用的化妆品以及宾馆等为消费者提供的化妆品应当符合最小销售单元标签的规定。

美容美发机构应当在其服务场所内显著位置展示其经营使用的化妆品的销售包装，方便消费者查阅化妆品标签的全部信息，并按照化妆品标签或者说明书的要求，正确使用或者引导消费者正确使用化妆品。

第四十二条 化妆品集中交易市场开办者、展销会举办者应当建立保证化妆品质量安全的管理制度并有效实施，承担入场化妆品经营者管理责任，督促入场化妆品经营者依法履行义务，每年或者展销会期间至少组织开展一次化妆品质量安全知识培训。

化妆品集中交易市场开办者、展销会举办者应当建立入场化妆品经营者档案，审查入场化妆品经营者的市场主体登记证明，如实记录经营者名称或者姓名、联系方式、住所等信息。入场化妆品经营者档案信息应当及时核验更新，保证真实、准确、完整，保存期限不少于经营者在场内停止经营后2年。

化妆品展销会举办者应当在展销会举办前向所在地县级负责药品监督管理的部门报告展销会的时间、地点等基本信息。

第四十三条 化妆品集中交易市场开办者、展销会举办者应当建立化妆品检查制度，对经营者的经营条件以及化妆品质量安全状况进行检查。发现入场化妆品经营者有违反化妆品监督管理条例以及本办法规定行为的，应当及时制止，依照集中交易市场管理规定或者与经营者签订的协议进行处理，并向所在地县级负责药品监督管理的部门报告。

鼓励化妆品集中交易市场开办者、展销会举办者建立化妆品抽样检验、统一销售凭证格式等制度。

第四十四条 电子商务平台内化妆品经营者以及通过自建网站、其他网络服务经营化妆品的电子商务经营者应当在其经营活动主页面全面、真实、准确披露与化妆品注册或者备案资料一致的化妆品标签等信息。

第四十五条 化妆品电子商务平台经营者应当对申请入驻的平台内化妆品经营者进行实名登记，要求其提交身份、地址、联系方式等真实信息，进行核验、登记，建立登记档案，并至少每6个月核验更新一次。化妆品电子商务平台经营者对平台内化妆品经营者身份信息的保存时间自其退出平台之日起不少于3年。

第四十六条 化妆品电子商务平台经营者应当设置化妆品质量管理机构或者配备专兼职管理人员，建立平台内化妆品日常检查、违法行为制止及报告、投诉举报处理等化妆品质量安全管理制度并有效实施，加强对平台内化妆品经营者相关法规知识宣传。鼓励化妆品电子商务平台经营者开展抽样检验。

化妆品电子商务平台经营者应当依法承担平台内化妆品经营者管理责任，对平台内化妆品经营者的经营行为进行日常检查，督促平台内化妆品经营者依法履行化妆品监督管理条例以及本办法规定的义务。发现违法经营化妆品行为的，应当依法或者依据平台服务协议和交易规则采取删除、屏蔽、断开链接等必要措施及时制止，并报告所在地省、自治区、直辖市药品监督管理部门。

第四十七条　化妆品电子商务平台经营者收到化妆品不良反应信息、投诉举报信息的，应当记录并及时转交平台内化妆品经营者处理；涉及产品质量安全的重大信息，应当及时报告所在地省、自治区、直辖市药品监督管理部门。

负责药品监督管理的部门因监督检查、案件调查等工作需要，要求化妆品电子商务平台经营者依法提供相关信息的，化妆品电子商务平台经营者应当予以协助、配合。

第四十八条　化妆品电子商务平台经营者发现有下列严重违法行为的，应当立即停止向平台内化妆品经营者提供电子商务平台服务：

（一）因化妆品质量安全相关犯罪被人民法院判处刑罚的；

（二）因化妆品质量安全违法行为被公安机关拘留或者给予其他治安管理处罚的；

（三）被药品监督管理部门依法作出吊销许可证、责令停产停业等处罚的；

（四）其他严重违法行为。

因涉嫌化妆品质量安全犯罪被立案侦查或者提起公诉，且有证据证明可能危害人体健康的，化妆品电子商务平台经营者可以依法或者依据平台服务协议和交易规则暂停向平台内化妆品经营者提供电子商务平台服务。

化妆品电子商务平台经营者知道或者应当知道平台内化妆品经营者被依法禁止从事化妆品生产经营活动的，不得向其提供电子商务平台服务。

第四十九条　以免费试用、赠予、兑换等形式向消费者提供化妆品的，应当依法履行化妆品监督管理条例以及本办法规定的化妆品经营者义务。

第五章　监督管理

第五十条　负责药品监督管理的部门应当按照风险管理的原则，确定监督检查的重点品种、重点环节、检查方式和检查频次等，加强对化妆品生产经营者的监督检查。

必要时，负责药品监督管理的部门可以对化妆品原料、直接接触化妆品的包装材料的供应商、生产企业开展延伸检查。

第五十一条　国家药品监督管理局根据法律、法规、规章、强制性国家标准、技术规范等有关规定，制定国家化妆品生产质量管理规范检查要点等监督检查要点，明确监督检查的重点项目和一般项目，以及监督检查的判定原则。省、自治区、直辖市药品监督管理部门可以结合实际，细化、补充本行政区域化妆品监督检查要点。

第五十二条　国家药品监督管理局组织开展国家化妆品抽样检验。省、自治区、直辖市药品监督管理部门组织开展本行政区域内的化妆品抽样检验。设区的市级、县级人民政府负责药品监督的部门根据工作需要，可以组织开展本行政区域内的化妆品抽样检验。

对举报反映或者日常监督检查中发现问题较多的化妆品，以及通过不良反应监测、安全风险监测和评价等发现可能存在质量安全问题的化妆品，负责药品监督管理的部门可以进行专项抽样检验。

负责药品监督管理的部门应当按照规定及时公布化妆品抽样检验结果。

第五十三条　化妆品抽样检验结果不合格的，化妆品注册人、备案人应当依照化妆品监督管理条例第四十四条的规定，立即停止生产，召回已经上市销售的化妆品，通知相关经营者和消费者停止经营、使用，按照本办法第三十三条第二款的规定开展自查，并进行整改。

第五十四条　对抽样检验结论有异议申请复检的，申请人应当向复检机构先行支付复检费用。复检结论与初检结论一致的，复检费用由复检申请人承担。复检结论与初检结论不一致的，复检费用由实施抽样检验的药品监督管理部门承担。

第五十五条　化妆品不良反应报告遵循可疑即报的原则。国家药品监督管理局建立并完善化妆品不良反应监测制度和化妆品不良反应监测信息系统。

第五十六条　未经化妆品生产经营者同意，负责药品监督管理的部门、专业技术机构及其工作人员不得披露在监督检查中知悉的化妆品生产经营者的商业秘密，法律另有规定或者涉及国家安全、重大社会公共利益的除外。

第六章　法律责任

第五十七条　化妆品生产经营的违法行为，化妆品监督管理条例等法律法规已有规定的，依照其规定。

第五十八条　违反本办法第十七条、第十八条第一款、第十九条第一款，化妆品生产企业许可条件发生变化，或者需要变更许可证载明的事项，未按规定申请变更的，由原发证的药品监督管理部门责令改正，给予警告，并处 1 万元以上 3 万元以下罚款。

违反本办法第十九条第二款，质量安全负责人、预留的联系方式发生变化，未按规定报告的，由原发证的药品监督管理部门责令改正；拒不改正的，给予警告，并处 5000 元以下罚款。

化妆品生产企业生产的化妆品不属于化妆品生产许可证上载明的许可项目划分单元，未经许可擅自迁址，或者化妆品生产许可有效期届满且未获得延续许可的，视为未经许可从事化妆品生产活动。

第五十九条　监督检查中发现化妆品注册人、备案人、受托生产企业违反化妆品生产质量管理规范检查要点，未按照化妆品生产质量管理规范的要求组织生产的，由负责药品监督管理的部门依照化妆品监督管理条例第六十条第三项的规定处罚。

监督检查中发现化妆品注册人、备案人、受托生产企业违反国家化妆品生产质量管理规范检查要点中一般项目规定，违法行为轻微并及时改正，没有造成危害后果的，不予行政处罚。

第六十条　违反本办法第四十二条第三款，展销会举办者未按要求向所在地负责药品监督管理的部门报告展销会基本信息的，由负责药品监督管理的部门责令改正，给予警告；拒不改正的，处 5000 元以上 3 万元以下罚款。

第六十一条　有下列情形之一的，属于化妆品监督管理条例规定的情节严重情形：

（一）使用禁止用于化妆品生产的原料、应当注册但未经注册的新原料生产儿童化妆品，或者在儿童化妆品中非法添加可能危害人体健康的物质；

（二）故意提供虚假信息或者隐瞒真实情况；

（三）拒绝、逃避监督检查；

（四）因化妆品违法行为受到行政处罚后 1 年内又实施同一性质的违法行为，或者因违反化妆品质量安全法律、法规受到刑事处罚后又实施化妆品质量安全违法行为；

（五）其他情节严重的情形。

对情节严重的违法行为处以罚款时，应当依法从重从严。

第六十二条　化妆品生产经营者违反法律、法规、规章、强制性国家标准、技术规范，属于初次违法且危害后果轻微并及时改正的，可以不予行政处罚。

当事人有证据足以证明没有主观过错的，不予行政处罚。法律、行政法规另有规定的，从其规定。

第七章　附　　则

第六十三条　配制、填充、灌装化妆品内容物，应当取得化妆品生产许可证。标注标签的生产工序，应当在完成最后一道接触化妆品内容物生产工序的化妆品生产企业内完成。

第六十四条　化妆品监督管理条例第六十条第二项规定的化妆品注册、备案资料载明的技术要求，是指对化妆品质量安全有实质性影响的技术性要求。

第六十五条　化妆品生产许可证编号的编排方式为：×妆××××××××。其中，第一位×代表许可部门所在省、自治区、直辖市的简称，第二位到第五位×代表 4 位数许可年份，第六位到第九位×代表 4 位数许可流水号。

第六十六条　本办法自 2022 年 1 月 1 日起施行。

附：

* 市场监督管理行政处罚文书格式范本（2021 年修订版）[①]
* 市场监督管理行政处罚文书格式范本使用指南（2021 年修订版）

* 市场监督管理综合行政执法事项指导目录（2022 年版）
* 《市场监督管理综合行政执法事项指导目录（2022 年版）》说明

① 因篇幅所限，带 * 号文件收录在二维码中，请读者扫描二维码阅读。

资料补充栏

资料补充栏

资料补充栏

资料补充栏